Staudinger
Sonderedition

AGB-Recht

Die Autoren des Kommentars

Dr. Michael Coester
Professor an der Universität München

Dr. Dagmar Coester-Waltjen
Professorin an der Universität Göttingen

Dr. Rüdiger Krause
Professor an der Universität Göttingen

Dr. Peter Schlosser
Professor an der Universität München

Sonderedition der §§ 305–310; UKlaG aus

J. von Staudingers
Kommentar zum Bürgerlichen Gesetzbuch
mit Einführungsgesetz und Nebengesetzen
Neubearbeitung 2013

Staudinger
Sonderedition

AGB-Recht

Kommentar

von

Michael Coester
Dagmar Coester-Waltjen
Rüdiger Krause
Peter Schlosser

Sellier – de Gruyter · Berlin

„AGB-Recht" erscheint in der Staudinger „Sonderedition", bearbeitet von
§§ 305–306a; § 310; Einleitung zum UKlaG; UKlaG: Peter Schlosser
§§ 307: Michael Coester
§§ 308, 309: Dagmar Coester-Waltjen
Anh zu § 310: Rüdiger Krause

Sachregister

Rechtsanwältin Dr. Martina Schulz, Pohlheim

Zitierweise

Staudinger/Schlosser (2013) Vorbem 1 zu §§ 305 ff
Staudinger/Coester (2013) § 307 Rn 1
Staudinger/Coester-Waltjen (2013) § 308 Nr 1 Rn 1
Staudinger/Krause (2013) Anh zu § 310 Rn 1
Staudinger/Schlosser (2013) Einl 1 zum UKlaG
Staudinger/Schlosser (2013) § 1 UKlaG Rn 1

Zitiert wird nur nach Paragraph bzw Artikel und Randnummer.

Hinweise

Das Abkürzungsverzeichnis befindet sich auf www.staudingerbgb.de.

Der Stand der Bearbeitung ist jeweils mit Monat und Jahr auf den linken Seiten unten angegeben.

Am Ende eines jeden Bandes befindet sich eine Übersicht über den aktuellen Stand des Gesamtwerks Staudinger.

Die Deutsche Nationalbibliothek verzeichnet diese Publikation in der Deutschen Nationalbibliografie; detaillierte bibliografische Daten sind im Internet über http://dnb.dnb.de abrufbar.

ISBN 978-3-8059-1178-8

Satz: fidus Publikations-Service, Nördlingen.

Druck und Bindearbeiten: Hubert & Co., Göttingen.

Umschlaggestaltung: Grafikhaus, München.

⊗ Gedruckt auf säurefreiem Papier, das die DIN ISO 9706 über Haltbarkeit erfüllt.

Inhaltsübersicht

* Zitiert wird nicht nach Seiten, sondern nach Paragraph bzw Artikel und Randnummer; siehe dazu auch S IV.

Abschnitt 2
Gestaltung rechtsgeschäftlicher Schuldverhältnisse durch Allgemeine Geschäftsbedingungen

Vorbemerkungen zu §§ 305 ff

Älteres Schrifttum (Auswahl)

BRANDNER s ULMER

COESTER-WALTJEN s SCHLOSSER

DIETLEIN-REBMANN, AGB aktuell Erläuterungen zum Gesetz zur Regelung des Rechts der Allgemeinen Geschäftsbedingungen (1976)

FEHL, Systematik des Rechts der Allgemeinen Geschäftsbedingungen (1979)

GRABA s SCHLOSSER

KOCH/STÜBING, Allgemeine Geschäftsbedingungen, Kommentar zum Gesetz zur Regelung des Rechts der Allgemeinen Geschäftsbedingungen (1977)

KÖTZ, Welche gesetzgeberischen Maßnahmen empfehlen sich zum Schutz des Endverbrauchers gegenüber Allgemeinen Geschäftsbedingungen und Formularverträgen?, 50. Deutscher Juristentag (1974) A 1 ff

LÖWE/vWESTPHALEN/TRINKNER, Kommentar zum Gesetz zur Regelung des Rechts der Allgemeinen Geschäftsbedingungen zu §§ 10 ff (2. Aufl 1983, sonst 1. Aufl 1977)

RAISER, Das Recht der Allgemeinen Geschäftsbedingungen (1935, Neudruck 1961)

SCHLOSSER/COESTER-WALTJEN/GRABA, Kommentar zum Gesetz zur Regelung des Rechts der Allgemeinen Geschäftsbedingungen (1977)

SCHMIDT-SALZER, Allgemeine Geschäftsbedingungen (2. Aufl 1977)

SOERGEL/U STEIN, Kommentar zum BGB (12. Aufl 1991)

STEIN, Gesetz zur Regelung des Rechts der Allgemeinen Geschäftsbedingungen, Kommentar (1977)

STÜBING s KOCH

TRINKNER s LÖWE

ULMER, Welche gesetzgeberischen Maßnahmen empfehlen sich zum Schutz des Endverbrauchers gegenüber Allgemeinen Geschäftsbedingungen und Formularverträgen? 50. Deutscher Juristentag (1974) H 8 ff.

Neueres Schrifttum (ab 1995)

Anwaltskommentar, BGB-Schuldrecht (1. Teilband [2005] §§ 305 ff bearb von KOLLMANN)

BAMBERGER/ROTH, Kommentar zum BGB, §§ 305 ff bearb von J BECKER und H SCHMIDT

BAUMBACH/HOPT/MERKT, Handelsgesetzbuch (32. Aufl 2006)

ERMAN, Handkommentar zum Bürgerlichen Gesetzbuch (12. Aufl 2008), §§ 305 ff bearbeitet von ROLOFF

LEUSCHNER, Gebotenheit und Grenzen der AGB-Kontrolle AcP 207 (2007) 491

LOCHER, Recht der Allgemeinen Geschäftsbedingungen (3. Aufl 1997)

Münchner Kommentar zum Bürgerlichen Gesetzbuch (6. Aufl), bearb von BASEDOW und (4. Aufl 1993 – §§ 13 ff AGBG) MICKLITZ

NIEBLING, Allgemeine Geschäftsbedingungen (9. Aufl 2011)

PALANDT, Bürgerliches Gesetzbuch (Kommentar, 72. Aufl 2012), §§ 305 ff bearb von GRÜNEBERG, UKlaG von BASSENGE

STOFFELS, AGB-Recht (2. Aufl 2009)

ULMER/BRANDNER/HENSEN, AGB-Recht (11. Aufl 2011), zit als ULMER ggf mit Bearbeiter

GRAF vWESTPHALEN, Verbraucherschutz nach zwei Jahrzehnten Klauselrichtlinie, NJW 2013, 961 ff

WOLF/LINDACHER/PFEIFFER, AGB-Recht (5. Aufl 2010, 6. Aufl im Erscheinen 2013), zit als WOLF ggf mit Bearbeiter.

Weitere Schrifttumsnachweise bei § 307 sowie – zum Arbeitsrecht – bei § 310 Rn 84.

Systematische Übersicht

Alphabetische Übersicht

I. Die Entstehung der gesetzlichen Regelung der AGB

1. Der rechtstatsächliche Befund vor Schaffung des AGBG

Das Gesetz zur Regelung des Rechts der Allgemeinen Geschäftsbedingungen (AGBG) v 9. 12. 1976 (BGBl I 3317) war die überreife Frucht einer nahezu 40 Jahre langen, wenn auch in Intervallen geführten rechtspolitischen Diskussion, die ihren Ausgangspunkt 1935 in Ludwig Raisers Monographie „Das Recht der Allgemeinen Geschäftsbedingungen" (Neudruck 1961) genommen hatte (zur Rechtsgeschichte Hellwege, Allgemeine Geschäftsbedingungen, einseitig gestellte Vertragsbedingungen und die allgemeine Rechtsgeschäftslehre [2010]). Anfang der 70er Jahre war der rechtstatsächliche Befund aufgearbeitet. Folgendermaßen sah und sieht er aus: 1

a) Das BGB geht von der Modellvorstellung des in seinen Einzelheiten frei ausgehandelten und darum in seiner inhaltlichen Richtigkeit bestätigten (Schmidt-Rimpler AcP 147, 130) Vertrags aus. Die – auch rechtsvergleichend – unerhörte Zurückdrängung des zwingenden Rechts im BGB ist der markanteste Ausdruck dieser Grundeinstellung. Diesem Modell entsprach niemals die Wirklichkeit. Es verfehlt sie mehr denn je. 2

b) Die Wirklichkeit weicht zum einen wegen des typischen Machtgefälles zwischen den Vertragspartnern vom Modell ab. Schon der Individualvertrag wird in seiner „Richtigkeitsgarantie" sehr häufig durch die überlegene Stellung eines der Beteiligten verfälscht. Wie könnte es sonst zu Notverkäufen unter Wert kommen? Die fortwährende Anreicherung des privaten Mietrechts durch zwingende Vorschriften war gewiss nicht wegen der üblichen Gestaltung vorformulierter Mietvertragsbedingungen nötig. Jedoch hat sich die Verhandlungsüberlegenheit bestimmter Anbieter oder Anfrager gerade in AGB ihr typisches Machtinstrument geschaffen. 3

Zu Anfang der Diskussion sah man daher nur die wirtschaftliche Überlegenheit bestimmter Anbieter, später auch die intellektuelle. Die gesamte AGB-Problematik erschöpfte sich für diese Sicht in der Bekämpfung der systematischen Ausnutzung von Monopolstellungen.

c) Charakteristisch für die AGB-Problematik ist aber zum anderen die Überlegenheit des Aufstellers von Bedingungswerken, die in seiner Position als mehrfacher Verwender liegt. Diesen zentralen zweiten Gesichtspunkt hat die Rechtswissenschaft erst relativ spät entdeckt: Für den Verwender lohnt sich der Regelungsaufwand. Er, der gleichförmige Leistungen anbietet oder bezieht, meist massenhaft, hat mit Sicherheit den Vorteil ihn begünstigender Bedingungen. Das abgewälzte Risiko würde sich im statistischen Mittel effektiv zu seinen Lasten auswirken. Häufig kann er, will er verantwortungsbewusst kalkulieren, gar nicht anders, als Verträge auf vorformulierter Basis abzuschließen. Das streckenweise nur eine sehr geringe Regelungsdichte aufweisende dispositive Recht würde eine solche Kalkulationsgrundlage nicht abgeben; ohne massenhafte gleichförmige Vertragsabschlüsse ließe sich eine rationalisierte Vertragsabschlusspraxis nicht aufbauen (dazu sehr eindringlich Koch/Stübing Einl 9 ff zu § 1). In einer Marktwirtschaft kann der Abnehmer, wenn er nicht Groß- und Massenabnehmer ist, an der Institution Vertragsfreiheit in Gestalt der Auswahl, nicht aber in der individuellen Mitausgestaltung 4 teilhaben. Die Verwirklichung verschiedener, üblicherweise in AGB geregelter Risiken gerade in seinem Interessenkreis ist so unwahrscheinlich, dass sich eine Einarbeitung in die Regelungsmaterie und der anschließende Verhandlungsaufwand für bessere Bedingungen nicht lohnt. Für ihn wäre Interessenwahrung mit zu hohen Transaktionskosten verbunden (so erstmals herausgearbeitet von Kötz, 50. Deutscher Juristentag [1974] A 31 f). Das aber wiederum führt dazu, dass auch ein Konditionenwettbewerb ausbleibt. Selbst im AGB-bewussten unternehmerischen Rechtsverkehr sind Verhandlungsversuche zur Einzelabänderung gestellter AGB außerordentlich selten. Der Kampf geht meist nur um die globale Einbeziehung der Bedingungen der einen oder der anderen Seite. Zwangsläufig eskalierte die durch Wettbewerb nicht kontrollierte Kautelarpraxis zu immer groteskeren Steigerungen in der Suche nach Bedingungsvorteilen für den Aufsteller.

2. Die Gesetzgebungsarbeit für das AGBG

5 Dieser rechtstatsächliche Befund hat das Ziel der Arbeit am AGBG vorgezeichnet: eine griffige, aber von den Schwerfälligkeiten bürokratischer Beaufsichtigung frei gehaltene Inhaltskontrolle musste geschaffen werden. Alles andere waren Fragen der rechten Dosierung und der Exaktheit der Detailregelung. Weitere Einzelheiten s Staudinger/Schlosser AGBG (1998).

6 Die offiziellen Arbeiten begannen im Dezember 1972 mit der Einsetzung einer **„Arbeitsgruppe"** durch den Bundesminister der Justiz, der fünfzehn Persönlichkeiten aus Wissenschaft, Justiz, Ministerialverwaltung, Wirtschafts- und Verbraucherverbänden angehörten (Einzelheiten bei Hensen, in: FS Heinrichs [1998] 335 ff). Der Auftrag der Gruppe war es, „Vorschläge für eine Verbesserung des Schutzes des Letztverbrauchers gegenüber Allgemeinen Geschäftsbedingungen zu erarbeiten".

Im März 1974 legte die Arbeitsgruppe unter dem Titel „Vorschläge zur Verbesserung des Schutzes des Verbrauchers gegenüber Allgemeinen Geschäftsbedingungen" einen ersten Teilbericht vor (hrsg vom Bundesminister der Justiz; dazu Dietlein NJW 1974, 969, 1065). Dieser enthielt einen ausformulierten Entwurf zu den als regelungsbedürftig empfundenen materiellrechtlichen Fragen, nicht nur bezogen auf die Belange des Letztverbrauchers. Das Grundsystem des AGBG, Verschärfung der Einbeziehungsvoraussetzungen, „schwarze Liste" unwirksamer Klauseln (unterteilt nach solchen mit und ohne Bewertungsspielraum für den Rechtsanwender) und Generalklausel geht auf diesen Entwurf zurück. Denn auch der Mitte 1975 bei den gesetzgebenden Körperschaften eingebrachte Regierungsentwurf – RegE – (BT-Drucks 7/3919 = BR-Drucks 360/75) brachte keine wesentliche Änderungen. Zwischenzeitlich aufkommende Kritik verwertend, gestaltete er freilich den § 2 AGBG (heute § 305 Abs 2) über die Einbeziehungsvoraussetzungen um. Außerdem entschärfte er an einigen Stellen den Katalog unwirksamer Klauseln.

7 Gedrängt durch eine Initiative der damaligen Opposition glaubte der Deutsche Bundestag, auf eine Verfahrensregelung auch nicht vorläufig und mit der Absicht verzichten zu können, sich des Problems in der folgenden Legislaturperiode gründlich anzunehmen. Er musste sich aber dann wegen des bevorstehenden Endes der Legislaturperiode notgedrungen für die vorgeschlagene kleine Verfahrenslösung entscheiden: Unterlassungsklage statt Aufsichtsverfahren, kein Musteraufstellungs-

verfahren, keine Klageberechtigung öffentlicher Behörden (zu den einzelnen Stadien der parlamentarischen Gesetzgebungsarbeit: BT-Drucks 7/5412 – Antrag des Rechtsausschusses des Bundestages; BT-Drucks 7/5422 – Bericht des Rechtsausschusses; BT-7/5617 – Anrufung des Vermittlungsausschusses durch den Bundesrat; BT-Drucks 7/5636 – Antrag des Vermittlungsausschusses. Die Materialien sind wiedergegeben bei Dietlein/Rebmann „AGB-aktuell". Zur Angabe der stenographischen Berichte aus den gesetzgebenden Körperschaften s Löwe nach Einl 24 zu § 1).

II. Gesetzgebung seit Inkrafttreten des AGBG

1. Unbedeutende Änderungen bis 1996

Bis 1996 erfuhr das AGBG nur marginale Änderungen: § 10 Nr 8 AGBG (Rechts- 8
wahlklauseln) schaffte das IPRG von 1986 ab. Später wurde § 11 Nr 1 AGBG (Preiserhöhungsklauseln) an eine Neufassung der PreisauszeichnungsVO angepasst. Mehrfach wurden auch die Ausnahmeregelungen von § 23 Abs 2 AGBG (s jetzt § 305a und § 310 Abs 2) an geänderte Gesetzeslagen adaptiert. § 16 Nr 1 AGBG ist im Hinblick auf den Wegfall der Genehmigungspflicht für AVB geändert worden. § 22 (Streitwertgrenze) wurde inhaltlich zu § 12 Abs 1 S GKG DDR (s Staudinger/Schlosser [1998] Anm zu § 30 AGBG).

2. Die EG-Richtlinie über missbräuchliche Vertragsklauseln und ihre Umsetzung

Die EG-Richtlinie 93/13/EWG des Rates vom 5. 4. 1993 (Schrifttum: Nassall, in: 9
Gebauer ua, Zivilrecht unter europäischem Einfluss [2. Aufl 2011] 175 ff; Kapnopoulou, Das Recht der missbräuchlichen Klauseln in der EU [1997], aber nur Deutschland und Griechenland berücksichtigend; Heinrichs, Die EG-Richtlinie über missbräuchliche Klauseln in Verbraucherverträgen, NJW 1993, 1817; vWestphalen, Verbraucherschutz nach zwei Jahrzehnten Klauselrichtlinie, NJW 2013, 961; zur Lit aus der wechselvollen Entstehungsgeschichte Ulmer/Habersack Einl Rn 91 ff; im Übrigen s § 310 Rn 18 ff) hat in Gestalt ihrer verspäteten Umsetzung durch § 24a AGBG zur ersten bedeutenden Änderung des AGBG geführt (G v 19. 7. 1996, BGBl I 1013, s BT-Drucks 13/2713). Sie verstärkte den Trend zur Inhaltskontrolle, der aber im Übrigen bereits das gesamte Vertragsrecht ergriffen hatte (s Erl § 310 Rn 12 ff und 18 ff). Die Richtlinie nimmt wie § 8 AGBG die Hauptleistungspflichten von der Inhaltskontrolle aus, Art 4 Abs 2, zwingt aber die nationalen Gesetzgeber, die Inhaltskontrolle nicht auf Klauselwerke zu beschränken, die für eine Vielzahl von Verträgen vorformuliert sind. Art 5 S 2 enthält eine dem § 305c Abs 2 vergleichbare Regel. Die Auslegung „gegen" die Interessen des Vertragspartners im Rahmen des Verbandsprozesses findet sich in S 3 dieser Norm wieder.

Die Einbeziehungsvoraussetzungen spricht die Richtlinie nicht an. Der Zentralbegriff der RL für die Inhaltskontrolle ist jener der **Missbräuchlichkeit**, die in Art 3 generalklauselartig definiert ist (weitere Einzelheiten: Staudinger/Coester § 307 Rn 105 f). Immerhin ist dort betont, dass nur ein „erhebliches" Missverhältnis der vertraglichen Rechte und Pflichten der Vertragspartner eine Klausel missbräuchlich macht, nicht schon, wie in § 9 AGBG und jetzt § 307 Abs 1, jede gegen Treu und Glauben verstoßende unangemessene Benachteiligung. Auf nähere Inhalte konnte man sich nicht festlegen, so dass man dem Art 3 anhangweise nur einen unverbindlichen Katalog (s Rn 14) beigefügt hat, der zudem wesentlich moderater ist als das, was die deutsche Rspr aus den §§ 9–11 AGBG gemacht hatte. Da ein verstärkter Verbraucherschutz nach dem nationalen Recht ausdrücklich gestattet ist (Art 8; EuGH v 4. 6. 2010 C-484/08 – Ausbanc NJW 2010, 2265; EuGH C-953/10 – Pereničová v 15. 3. 2012, NJW 2012, 1781), war für Deutschland nur im Rahmen des § 24a AGBG eine Umsetzung der Richtlinie nötig, der durch das SchuldRModG, abgesehen von redaktionellen Anpassungen, wörtlich in § 310 Abs 3 überführt wurde. Deutschland ist deutlich strenger, als der konzeptionelle Anschluss an den Begriff der Missbräuchlichkeit in der Richtlinie verlangt hätte (dazu näher Schlosser IPRax 2012, 507, 514 f). Daher geht die Rechtsprechung des EuGH für Deutschland ins Leere (vgl EuGH C-137/08 RIW 2011, 876 – Pénzügyi Lizing: dazu vWestphalen aaO 962): Das nationale Gericht sei von Amts wegen verpflichtet „Untersuchungsmaßnahmen durchzuführen", um die Missbräuchlichkeit nach nationalem Recht nach Möglichkeit anzunehmen.

10 Gleichwohl wird für Randbereiche behauptet, das deutsche Recht habe die Richtlinie nicht vollständig umgesetzt, was zu einer richtlinienkonformen Uminterpretation von Vorschriften des AGB-Rechts führen müsse. Das einzige greifbare Monitum nach Abschaffung der Begünstigung der VOB/B im früheren § 309 Nr 8(b)(ff) besteht jedoch in Folgendem (Ulmer/Habersack Einl Rn 98; Heinrichs, in: FS Trinkner [1995] 157, 175): Art 4 Abs 2 nehme die Hauptleistungspflichten nur dann von der Missbrauchskontrolle aus, „sofern diese Klauseln klar und verständlich abgefasst sind"; § 307 Abs 1 S 3 (früher: § 8 AGBG) enthalte einen solchen Vorbehalt nicht; daher könne er, richtlinienkonform ausgelegt, einer Inhaltskontrolle der wechselseitigen Hauptleistungspflichten nicht entgegenstehen, was man sinnvollerweise nur so verstehen kann: wenn sich das Verhältnis der Hauptleistungspflichten nach Auflösung der Intransparenz der Klausel als missbräuchlich darstelle; da § 306 dann nicht angewandt werden könne, müsse der Richter zu einer ergänzenden Vertragsauslegung schreiten. Für Rechtsordnungen, die die Figur der ergänzenden richterlichen Vertragsauslegung nicht kennen, wäre derartiges freilich ein nicht vollziehbares Ansinnen. Aus diesem Grund hat Frankreich, das die EG-Richtlinie ziemlich wortgetreu umgesetzt hat, den Zusatz „sofern diese Klauseln klar und verständlich abgefasst sind" schlicht weggelassen (Loi n° 95–96 vom 1. 2. 1995 Art 1er = Art L.132. 1 Abs 7 code de la consommation) und sich mit der Übernahme von Art 5 RL (als Art L.133. 2 code de la consommation) begnügt. Auch Deutschland sollte sich vor einem funktionslosen Umsetzungsperfektionismus und einer entsprechenden richtlinienkonformen Auslegung hüten. Häufig wird man sich bei intransparenter Formulierung von Hauptleistungspflichten mit § 305 Abs 2 helfen lassen. Zudem ordnet Art 5 RL als Sanktion auf den Mangel an Klarheit und Verständlichkeit ohnehin nur an, dass dann die dem Verbraucher günstigere Interpretation maßgebend sein soll. Man kann den Hinweis auf das Erfordernis klarer und verständlicher Umschreibung selbst der Hauptleistungsverpflichtung in Art 4 Abs 2 RL unschwer dahin verstehen, dass auch dann Unklarheiten nur zur Sanktion der kundengünstigen Auslegung führen. Auch bezüglich der Hauptleistungspflichten können die Mitgliedsstaaten freilich für den Fall unklarer Ausdrucksweisen weitere Sanktionen festlegen (insofern zutr Wolf Art 5 RL Rn 7; Kapnopoulou 144). Eine direkte Inhaltskontrolle am Maßstab des Transparenzgebots hat aber das deutsche Recht bezüglich der Hauptleistungspflichten gerade nicht vorgesehen (s aber § 305 Rn 142).

11 Zum anderen hatte die Richtlinie kein Gegenstück zur Privilegierung der VOB in § 309 Nr 8 b ff aF. In dem von der Rspr herausgearbeiteten Anwendungsbereich der

Privilegierung (Staudinger/Coester-Waltjen [2006] § 309 Nr 8 Rn 93) liegt jedoch eine missbräuchliche Verwendung der VOB/B nicht vor (LG Tübingen NJW-RR 2003, 1379). Der Katalog von Anh zu Art 3 Abs 3 RL ist ohnehin nicht verbindlich (s Rn 14). Aktuell zur VOB Staudinger/Coester-Waltjen aaO (diese Auflage) und § 310 Rn 13a.

Im Zusammenhang mit einem AGB-Fall kann der **Gerichtshof der EU** in Luxemburg befasst werden, um zu entscheiden, welche Auslegung des Gesetzes richtlinienkonform ist oder nicht (dazu Staudinger/Coester § 307 Rn 62 ff; Heinrichs NJW 1996, 2190, 2196; Nassall JZ 1995, 689, 691. Allgemein zur richtlinienkonformen Auslegung Canaris, Die richtlinienkonforme Auslegung und Rechtsfortbildung im System der juristischen Methodenlehre, in: FS Bydlinski [2002] 47 ff). Nach Art 267 AEUV kann der EuGH aber nur angerufen werden, um den Inhalt der Richtlinie zu finden, der dann Maßstab für eine richtlinienkonforme Auslegung wird (st Rspr, zuletzt C-137/08 EuGH Slg 2010 I 10547= RIW 2010, 876). Die Hypothese ist freilich realitätsfern, sofern es um die textliche Umsetzung der Richtlinie geht, weil im Dickicht generalklauselartiger Formulierungen gar keine sinnvolle abstrakte Rechtsfrage formuliert werden kann, die sich zur Vorlage an den EuGH eignete. In der in Rn 10 erörterten Situation müsste schon angefragt werden, was „klar und verständlich“ iSv Art 4 Abs 2 RL bedeutet und ob eine Vertragsgestaltung nach Art der dem Ausgangsgericht vorliegenden (auf abstraktem Niveau formuliert) dem Erfordernis der Klarheit und Verständlichkeit entspricht oder nicht. Im Lichte der Grundsatzentscheidung des EuGH zur Missbräuchlichkeit von Vertragsklauseln (s Rn 13 aE) sind solche Vorlagen unzulässig. Im letzten Fall (C-453/10 NJW 2012, 1781) wurde dem Gerichtshof eine inhaltlich ganz selbstverständlich zu beantwortende Frage vorgelegt. Jedenfalls hat der Gerichtshof die in einer früheren Entscheidung („Oceano Grupo“ EuGH Slg 2000 I 4941 = NJW 2000, 2571) vertretene Auffassung, er könne die Missbräuchlichkeit einer Klausel voll überprüfen, inzwischen zurückgenommen, wenn auch wie üblich verbrämt (C-243/08, „Pannon GSM“, EuGH Slg 2009 I 4713 = NJW 2009, 2367). Auch die Frage, ob eine Klausel hinreichend transparent ist, entscheidet der Gerichtshof nicht (Pehotovost s.r.o. vs Irena Korčkovská, C-76/10 Rn 64 ff). 12

Nahezu bei jeder Klausel, von der man sich fragen kann, ob sie gegen eine der Unwirksamkeitsgründe der §§ 307–309 verstößt, kann man sich auch fragen, ob sie iS der RL missbräuchlich ist. Kommt das Ausgangsgericht zu der Schlussfolgerung, die Klausel sei iSv § 307 unangemessen, dann entfällt jeder Grund für eine Vorlage. Denn dann ist allenfalls mehr Verbraucherschutz geleistet, als nach der RL geboten wäre. Dies ist nach Art 8 RL allemal möglich. Kommt das Ausgangsgericht aber zu der Überzeugung, die fragliche Klausel unterfalle, am Maßstab der §§ 307–309 gemessen, nicht der Inhaltskontrolle, dann besteht freilich rein theoretisch immer noch die Möglichkeit, dass der EuGH sie europarechtlich für missbräuchlich hält. Zwar ist eine Entscheidung des EuGH ergangen, die im Verbrauchergeschäft die Missbräuchlichkeit einer Klausel festhält, die den Sitz des Gewerbetreibenden als Gerichtsstand ausweist, eine Entscheidung, die zudem eine Amtsprüfung der Zuständigkeit im Falle missbräuchlicher Gerichtsstandsklauseln verlangt (EuGH Slg 2000 I 4941 = RIW 2000, 700; EuGH Slg 2009 I 4713 = NJW 2009, 2367). Die Entscheidung ist aber überholt durch das Grundsatzurteil „Freiburger Kommunalbauten GmbH“ (EuGH Slg 2004 I 3403 = NJW 2004, 1647; ebenso EuGH v 26. 4. 2012 C-472/10 „Invitel“, RIW 2012, 483). Dort heißt es: „Es ist Sache des nationalen Gerichts festzustellen, ob eine Vertrags- 13 klausel … die Kriterien erfüllt, um als missbräuchlich im Sinne von Art 3 Abs 1 der Richtlinie qualifiziert zu werden.“ Besonders für das Unterlassungsverfahren hat der EuGH sehr kategorisch entschieden, dass die Beurteilung der Angemessenheit einer Klausel Sache des nationalen Gerichts ist. Ein Gericht kann also durchaus, ohne dem EuGH vorlegen zu müssen, argumentieren, die Klausel sei weder nach deutschem Rechtsverständnis unangemessen, noch gar iSd Klauselrichtlinie missbräuchlich (Schlosser IPRax 2012, 507, 514).

Zwar ist in der Entscheidung „Freiburger Kommunalbauten GmbH“ einschränkend hinzugefügt: *„Vertragsklausel wie die, die Gegenstand des Ausgangsverfahrens ist.“* Jedoch ist den Urteilsgründen keine Einschränkung auf bestimmte Arten von Vertragsklauseln zu entnehmen.

14 Der Katalog im **Anhang zu Art 3 Abs 3** ist für den nationalen Rechtssetzer und Rechtsanwender ohnehin nicht verbindlich. Mit diesem Katalog hat der Richtliniengeber für die nationalen Gerichte nur einen Denkanstoß geben wollen (ähnlich Damm JZ 1994, 161, 171; Ulmer EuZW 1993, 337, 338; für stärkere Verbindlichkeit iS einer „widerleglichen Vermutung“ der Missbräuchlichkeit Kapnopoulou 139 ff; ähnlich Staudinger/Coester § 307 Rn 88). In der letzten einschlägigen Entscheidung des EuGH (Aziz v Catalunyacaixa Rs C-415/11 RJW 2013, 374) hat der Gerichtshof im Tenor, obwohl gar nicht eigens danach gefragt, demonstrativ wörtlich festgehalten: „Art 3 Abs 3 der Richtlinie 93/13 ist dahin auszulegen, dass der Anhang auf den diese Vorschrift verweist, lediglich eine als Hinweis dienende und nicht erschöpfende Liste von Klauseln enthält, die für missbräuchlich erklärt werden können“. Dieser Zurückhaltung würde es nicht entsprechen, wenn er dazu berufen wäre, verbindlich zu erklären, bestimmte Klauseln seien missbräuchlich und andere nicht. Der Richtliniengeber hat selbst gesehen, dass sich eine europäisch einheitliche Bewertung von Klauseln als missbräuchlich oder nicht missbräuchlich beim gegenwärtigen Stand des Vertragsrechts in Europa nicht erreichen lässt. Für Gerichtsstandsklauseln hat der EuGH entschieden, dass die für die „Missbräuchlichkeit“ sprechenden Umstände von Amts wegen ermittelt werden müssen (VB Pénzügyi Zrt vs Verena Schneider, C-137/08 = EuZW 2011, 27). Man kann nur hoffen, dass dies nicht für andere Klauseln Schule macht, wenn damit mehr gemeint sein sollte, als dass keine Rüge des Verbrauchers nötig ist.

In jüngster Zeit hat der EuGH (C-453/10 „Perenitová“ NJW 2012, 1781) eine Verbindung zwischen dem Missbrauchstatbestand und dem Lauterkeitsrecht vorgenommen (dazu vWestphalen NJW 2013, 961, 964).

3. Weitere Gesetzesänderungen vor Inkrafttreten des SchuldRModG

15 Das sog „Begleitgesetz“ zum TelekommunikationsG (BGBl 1997 I 3108) schuf die heutige Nr 2 des § 305a.

Das HandelsrechtsreformG von 1998 (BGBl I 1474) ersetzte den Begriff des Kaufmanns durch jenen des Unternehmers, der jetzt in § 14 BGB (früher: § 24 Nr 1 AGBG) definiert ist. In § 13 BGB hat man dem die Definition des Verbrauchers zur Seite gestellt und § 24a AGBG entsprechend entlastet (Einzelheiten: Pfeiffer NJW 1999, 169 ff).

Das ÜberweisungsG (BGBl 1999 I 1642) brachte das neue Institut der Kundenbeschwerden (heute §§ 14 ff UKlaG, früher § 29 AGBG) und eine Ermächtigung für allgemeine Bedingungen für die Entsorgung von Abwasser (s STAUDINGER/SCHLOSSER [2003] Art 243 EGBGB Rn 1).

Schließlich besetzte das Gesetz über Fernabsatzverträge (BGBl 2000 I 897) den inzwischen frei gewordenen (s Rn 8) § 22 AGBG mit einem Unterlassungsanspruch bei Zuwiderhandlungen gegen Verbraucherschutzvorschriften und erstellte im § 22a AGBG die Liste der zur Erhebung einer solchen Klage qualifizierten Einrichtungen. Mit diesem Gesetz wurden die Richtlinien 97/7/EG (Abl EG L 144 v 4. 6. 1997, 0039) über den Verbraucherschutz bei Vertragsabschlüssen im Fernabsatz und die Richtlinie 98/27/EG (ABl EG L 166 v 11. 6. 1998, 0051) über Unterlassungsklagen zum Schutz von Verbrauchern umgesetzt.

4. Das Schuldrechtsmodernisierungsgesetz

Das SchuldRModG (BGBl 2001 I 3138) war ua von dem Grundgedanken geprägt, alle **16** dem Verbraucherschutz dienenden Rechtsregeln, einschließlich der Umsetzung der Richtlinie über den Verbrauchsgüterkauf, in das BGB zu integrieren. Auch das AGBG wollte man davon nicht ausnehmen (näher STOFFELS, AGB-Recht Rn 49 ff mwNw), obwohl es weit mehr als nur Verbraucherschutz bezweckte. Seine Rechtsnormen waren in der Tat zu zentralen Normen des Bürgerlichen Recht geworden. Man wollte jedoch eine völlig neue Bezifferung der Rechtsregeln des BGB vermeiden. Daher standen, nachdem der Verfahrensteil in das neue UnterlassungsklagenG eingefügt worden war, für die bisherigen §§ 1–11, 23–24a AGBG nur die durch anderweitige Umsystematisierungen freigewordenen Paragraphenziffern 305–310 zur Verfügung. Das hat zu einer gestauchten und auch sonst wenig transparenzbewussten Gesetzgebungstechnik geführt. Einzelheiten sind im jeweiligen Sachzusammenhang kommentiert.

Inhaltlich hat sich wenig geändert, wenn man davon absieht, dass die Kataloge unzulässiger Klauseln (mit und ohne Wertungsvorbehalt) dem neuen Schuldrecht angepasst werden mussten. Für die Praxis am wichtigsten ist die Einschränkung verschiedener Bereichsausnahmen, vor allem auf dem Gebiet des Arbeitsrechts, sowie die Unzulässigkeit des Haftungsausschusses für fahrlässige Pflichtverletzungen des Verwenders, die zu Tod oder Körper- bzw Gesundheitsverletzungen führen, § 309 Nr 7a. Auf weitere Einzelheiten und seitherige Gesetzesänderungen wird im jeweiligen Sachzusammenhang hingewiesen. VOB/B s § 310 Rn 13a.

III. Grundstrukturen des Abschnitts 2

1. Die Gesetzessystematik

Eine äußere Systematik, so wie sie dem AGBG eignete, haben die §§ 305–310 nicht mehr.

a) In den §§ 305–306 findet sich im Wesentlichen das Gedankengut von § 1–8 **17** AGBG wieder: Nichteinbeziehung überraschender Klauseln (§ 305c Abs 1), Vorrang der Individualabrede (§ 305b), Auslegung zu Lasten des Verwenders (§ 305c

Abs 2), und von § 139 abweichende Grundsätze über das Schicksal des Gesamtvertrages im Falle misslungener Einbeziehungsversuche (§ 306) waren auch schon vor Inkrafttreten des AGBG allzeit und unterschiedslos für alle Vertragsarten und alle denkbaren Vertragspartner anerkannte Rechtsregeln. Die Funktion der ausdrücklichen gesetzlichen Festschreibung dieser Grundsätze im AGBG erschöpfte sich daher im Wesentlichen in einer Vertiefung des Rechtsbewusstseins und einer Ausdifferenzierung in Einzelaspekte.

Lediglich die Verschärfung der Einbeziehungsvoraussetzungen in § 2 AGBG – die aber nur für den Verkehr mit privaten Letztverbrauchern galten, § 24 Abs 1 AGBG – war eine inhaltliche Neuschöpfung des Gesetzes, die jetzt in § 305 Abs 2 überführt ist. Freilich war sie, gemessen an der Grundanlage des Gesetzes, ein Fremdkörper in ihm. Dass über eine Verschärfung der Einbeziehungsvoraussetzungen der allseits beklagten einseitigen Interessenwahrung durch AGB-Aufsteller nicht abgeholfen werden konnte, war Allgemeingut der Diskussion. Man kann daher § 2 AGBG und den jetzigen § 305 Abs 2 sinnvollerweise auch nur als Vorschrift interpretieren, welche die Information des Vertragspartners über den Inhalt der einbezogenen AGB für den Fall von Störungen in der Vertragsabwicklung gewährleisten soll (§ 305 Rn 138).

Nur für den Bereich von § 305 Abs 2 bis § 306a gilt die weite Begriffsbestimmung von AGB in § 305 Abs 1 des Gesetzes, die alles „Allgemeine Geschäftsbedingungen" sein lässt, was in der Absicht vorformuliert wurde, für eine „Vielzahl" von Verträgen Inhalt zu werden, uU auch vorformuliert nur zur einmaligen Verwendung (§ 310 Abs 3 Nr 2). Über diesen beschränkten Anwendungsbereich der Definitionsnorm von § 305 Abs 1 darf man sich auch nicht dadurch täuschen lassen, dass der Wortlaut der Norm eine solche Beschränkung nicht erkennen lässt. § 307 Abs 3 gibt aber für die Normen, welche die Inhaltskontrolle (s Rn 18) regeln, eine eingeschränkte AGB-Definition. Die Regelungen im UKlaG schließen sich ihrerseits an letztere Begriffsbestimmung an. Denn sie beziehen sich nur auf AGB-Bestimmungen iSd §§ 307–309 (§ 1 UKlaG). Eben diese stehen aber nach § 307 Abs 3 unter dem Vorbehalt des dort niedergelegten eingeschränkten AGB-Begriffs.

18 **b)** Die §§ 307–309 sind das Kernstück des Abschnitts 2, so wie §§ 9–11 AGBG dessen Kernstück waren. Dass dies wegen der praktischen Bedeutung dieser Normen so gesagt werden kann, liegt auf der Hand. Die Aussage gilt vor allen Dingen aber auch in Bezug auf die inhaltlichen Neuerungen, welche die §§ 9–11 AGBG entgegen dem Anschein gebracht hatten, der sich bei oberflächlicher Lektüre eingestellt haben mag. Hinter der Systematik: Unwirksamkeitsbestimmungen, die dem Rechtsanwender keine Wertungsmöglichkeit lassen (§ 11 AGBG – entspricht § 309), Unwirksamkeitsbestimmungen mit wertausfüllungsbedürftigen Tatbestandsmerkmalen (§ 10 AGBG – entspricht § 308) und Generalklausel (§ 9 AGBG – entspricht § 307) verbarg sich nämlich ein gegenüber der vormaligen „richterlichen" Inhaltskontrolle völlig neuartiger Ansatz. Klauseln, welche den Anforderungen der §§ 9–11 AGBG nicht entsprachen (und heute den §§ 307–309 nicht entsprechen), sind nämlich unwirksam und nicht nur einschränkend auszulegen. Die frühere Rspr hatte nämlich immer wieder versucht, mit teleologischer Reduktion, einschränkender Auslegung, Unzulässigkeit der „Berufung" auf Klauseln im Einzelfall und ähnlichen Hilfstechniken zu arbeiten, um eine Klausel auf ihren gerade noch zulässigen Inhalt zurückzuführen. Dadurch war dem Vertragspartner des Verwenders das Interpretationsrisiko zugeschoben, das mit einer Klausel verbunden war. Weitgehend konnte es sich ein Verwender leisten, überzogene Klauseln zu verwenden und berechtigter Weise zu hoffen, die Gerichte würden sie schon auf ihr (gerade noch) zulässiges Maß beschränken. Jeder Verwender war sogar gut beraten, so vorzugehen. Andernfalls hätte er es riskiert, dass er seinem Vertragspartner in falscher Einschätzung der Rspr mehr Zugeständnisse machte, als unerlässlich waren. Die Gesetz gewordenen Vorschriften über die Inhaltskontrolle weisen das Interpretationsrisiko nunmehr grundsätzlich dem Verwender zu. Er muss sich entscheiden, was er seinem Kunden gewähren will und was nicht. Bleibt er hinter der in §§ 307–309 festgeschriebenen Mindestrechtsstellung seiner Kunden zurück, dann ist die entsprechende Klausel insgesamt unwirksam. Das dispositive Gesetzesrecht tritt an ihre Stelle und nicht das gerade noch zulässige Maß. Allerdings hat die Entwicklung der Rspr zu der Einsicht geführt, dass der Schlachtruf „Kampf der geltungserhaltenden Reduktion" auch zu großen Härten führen kann und seinerseits der Nuancierung bedarf (Einzelheiten § 306 Rn 15a).

2. Das Normenverhältnis der abgestuften Spezialität

a) Das AGBG unternahm es, und §§ 305 ff unternehmen es, dem Phänomen unangemessener Formularbedingungen von verschiedenen Ansatzpunkten her beizukommen, die im Verhältnis der **abgestuften Spezialität** zueinander stehen. **19**

Am klarsten kommt dies in den §§ 307–309 zum Ausdruck. Die verschiedenen Nummern des § 309 sind Spezialregelungen. Was unter die durchgehend deskriptiven Tatbestandsmerkmale dieser Norm fällt, ist an §§ 307 und 308 nicht mehr zu messen. Was unter die deskriptiven Tatbestandsmerkmale des § 308 fällt, bedarf keiner Wertung mehr nach der Generalklausel.

Nichts anderes gilt aber im Prinzip auch für das Verhältnis der §§ 305–305c zu den Vorschriften über die Inhaltskontrolle. Erstere sollen nach der Konzeption des Gesetzes die erste Prüfungsphase konstituieren. Was „nicht Bestandteil des Vertrages" geworden ist, bedarf nicht mehr der Prüfung, ob es auch nach §§ 307–309 unwirksam ist oder nicht. §§ 305 Abs 2, § 305b und § 305c sind leges speciales im Verhältnis zu den Vorschriften über die Inhaltskontrolle.

Für das Verhältnis der letzteren Vorschriften zueinander lässt sich sicherlich ein Vorrang von § 305 Abs 2 als einer Formvorschrift (dazu § 305 Rn 102) behaupten. Jedoch hat dies praktisch keinen großen Aussagegehalt, weil § 305 Abs 2 die Einbeziehung eines gesamten Klauselwerks und nicht Einzelklauseln betrifft, die Anwendungsbereiche von § 305 Abs 2 einerseits und der §§ 305b, 305c andererseits sich also nahtlos aneinanderreihen. Zwischen § 305b und § 305c Abs 1 ein Rangverhältnis ausmachen zu wollen, ist im Grunde müßig, weil die Rechtsfolgen beider Bestimmungen die gleichen sind (s im Einzelnen § 305b Rn 2, 16; § 305c Rn 102).

b) Es ist zudem nie zu übersehen, dass eine strikte Beachtung eines im Gesetz zum Ausdruck kommenden Spezialverhältnisses verschiedener Normbereiche zueinander nur Sinn gibt, wenn die speziellere Norm eine andere Rechtsfolge anordnet als die generelle. Wo die Rechtsfolgen die gleichen sind, ist es dem Rechts- **20**

anwender erlaubt, die genaue Abgrenzung der Anwendungsbereiche verschiedener Normen dahingestellt sein zu lassen und zu argumentieren, wenn nicht schon die eine von mehreren zur gleichen Rechtsfolge führender Normen angewandt werden könne, so dann jedenfalls eine andere. Die Rechtsfolgen „nicht Vertragsbestandteil geworden" und „unwirksam" lassen sich in Bezug auf ein und dieselbe AGB-Bestimmung in der Tat auch nicht unterscheiden (heute wohl allgM zB Ulmer/Brandner § 9 Rn 26 f). In der Praxis der Rechtsanwendung ist folglich im Allgemeinen eine Abgrenzung der Anwendungsbereiche der Normen §§ 305 Abs 2–305c und der §§ 307–309 sowohl im Einzelnen als auch in Bezug auf die beiden Gruppen entbehrlich. Für das Verhältnis der §§ 307–309 zueinander lässt sich dies mit Gründen nicht bestreiten. Es gilt grundsätzlich aber auch für das Verhältnis der Gesamtheit der Vorschriften über die Inhaltskontrolle zur Gesamtheit der §§ 305 Abs 2–305c. Allerdings können nur die Vorschriften über die Inhaltskontrolle als Prüfungsmaßstab einer Unterlassungs- und Widerrufsklage dienen. Das aber ist für den im Individualprozess zur Inzidentprüfung aufgerufenen Richter kein Hinderungsgrund, die Abgrenzung der Anwendungsbereiche der beiden Normgruppen offen zu lassen und zu sagen, eine Klausel sei überraschend, ob sie nun der Inhaltskontrolle verfallen würde oder nicht, oder umgekehrt: sie verfalle der Inhaltskontrolle, ob sie nun überraschenden Charakter habe oder individualvertragswidrig sei (Stoffels, AGB-Recht Rn 264 m zutr Hinweis auf eine solche Vorgehensweise in BGH NJW 1989, 222 [223]; **aM** Löwe Einf 21 zu § 8).

Auch im Unterlassungsverfahren kann die inhaltliche Unangemessenheit einer Klausel aus ihrem tendenziell überraschenden oder individualvertragsfernen Charakter hergeleitet werden (Staudinger/Coester § 307 Rn 14).

IV. Gesetzliche Sonderformen der Kontrolle von AGB

Das AGBG hat zwar erstmals das Phänomen der Unangemessenheit von AGB nahezu umfassend in den Griff zu nehmen versucht. Auf Sondergebieten war der Gesetzgeber jedoch schon wesentlich früher tätig geworden. Er hat hierbei außerhalb gewerberechtlicher Verbotsgesetze (dazu Staudinger/Sack [2003] § 134, insbes Rn 232 ff, 264) unterschiedliche Regelungstechniken entwickelt. Ein Beispiel des Verbots von AGB durch Verwaltungsakt liefert das Versicherungsrecht (BVerwGE 107, 101 = NJW 1998, 101).

1. Verordnungsrecht

21 Gelegentlich hat ein Gesetz zwingendes Recht auf einem Gebiet gesetzt, wo praktisch nur mit vorformulierten Vertragstexten gearbeitet wird. Dann ist das Gebiet durch die Spezialgesetzgebung erschöpfend geregelt. Einer zusätzlichen Kontrolle nach dem AGB-Recht unterliegen die Verträge nicht mehr. Das SchuldRModG hat die meisten solcher Spezialgesetze in das BGB integriert. Von vornherein der Inhaltskontrolle nach den §§ 307–309 entzogen sind auch die Fälle, in denen der Inhalt von Vertragsbestimmungen durch **Rechtsverordnung** als staatlichem Recht vorgegeben oder begrenzt ist (**aA** mit kühner Begründung Rott/Butters VuR 1999, 197 ff), selbst wenn sie abdingbare Bestandteile haben. Beispiele für positiv erschöpfende Regelungen von Vertragsbeziehungen durch AGB, die den Charakter von Rechtsverordnung haben, bietet das Verkehrswesen (§ 309 Nr 7) und das Energieversorgungs-

wesen (Erl zu § 310 Nr 2; Bsp: VOen über Allgemeine Bedingungen über die Grundversorgung von Haushaltskunden und die Ersatzversorgung mit Elektrizität aus dem Niederspannungsnetz bzw Gas aus dem Niederdrucknetz vom 26. 10. 2006, BGBl I 2391, 2396). Der Umstand, dass in solchen Fällen zwingendes Recht nicht durch förmliches Gesetz, sondern durch Rechtsverordnung geschaffen worden ist, bringt für die Rechtsanwendung keine Besonderheiten mit sich. Ein AGB-Problem entsteht nicht. Das BGB ist nicht etwa höherrangiges Recht, an welchem solche Rechtsverordnungen zu messen wären, etwa dahingehend, ob sie mit den Anforderungen der §§ 307 ff an den inhaltlichen Standard eines Bedingungswerkes „übereinstimmen". Speziell für die genannten Energieversorgungsbedingungen ist in § 310 Abs 2 S 1 sogar klar vorausgesetzt, dass sie als Normen des objektiven Rechts den §§ 308 und 309 nicht unterliegen. Zu den Benutzungsordnungen von öffentlich-rechtlichen Trägern der Leistungsverwaltung s § 305 Rn 4.

2. Konditionenkartelle und -empfehlungen

Schon in seiner ursprünglichen Fassung ließ das GWB in § 2 Konditionenkartelle zu, 22
unterwarf sie nicht einmal einer Genehmigungspflicht, sondern machte zur Wirksamkeitsvoraussetzung nur, dass die Kartellbehörde nicht binnen 3 Monaten nach Anmeldung widerspricht. Dabei war es nach § 2 Abs 2, § 9 GWB idF 1998 geblieben. Konditionenkartelle spielen aber praktisch eine geringe Rolle.

Von größerer praktischer Bedeutung waren **Konditionenempfehlungen**, weil auch das AGBG für kleinere und mittelständische Betriebe nicht mehr zu meistern und die Beauftragung eines Rechtsanwaltes durch jeden von ihnen nicht rentabel war. Konditionenempfehlungen waren erst seit 1973 statthaft (dazu Rinck WuW 1974, 291 ff), haben jedoch seit Erlass des AGBG stark zugenommen. Nach § 22 Abs 3 Nr 2 GWB mussten sie, um zulässig zu sein, beim Bundeskartellamt angemeldet werden. Im Tätigkeitsbericht 2001/2002 nannte das Bundeskartellamt 349 Anmeldungen (BT-Drucks 15/226 unter 5. 8). Es gab aber seit Jahren nichts mehr zu den Einzelheiten seiner Praxis bekannt.

Mit der großen Kartellrechtsnovelle 2005 (BGBl I 1954; zum RegE BT-Drucks 15, 3640) ist das Empfehlungsverbot generell entfallen und daher auch kein Raum mehr für eine Ausnahme von ihm (dazu krit Wagner/vPapp WuW 2005, 379 ff). Konditionenkartelle unterliegen dem Prinzip der Legalausnahmen. Das Bundeskartellamt kann nur noch repressiv unter dem Gesichtspunkt „abgestimmte Verhaltensweisen" eingreifen, zu denen aber die bloße Befolgung einer Empfehlung nicht gehört.

3. Allgemeine Gewerbeaufsicht

Die Verwendung oder Empfehlung „unwirksamer" AGB-Klauseln kann auch Anlass für ein gewerberechtliches Einschreiten sein. So hat das BVerwG (BVerwGE 107, 101 = NJW 1998, 3216) entschieden, dass das Bundesaufsichtsamt für das Versicherungswesen unbeschadet der nach dem UKlaG bestehenden Möglichkeiten eine Missstandsaufsicht ausüben kann. 23

V. Rechtsprechungsentwicklung seit Inkrafttreten des AGBG

1. Die Bedeutung des AGB-Rechts in der Rechtspraxis

24 Die Bedeutung des AGB-Rechts für das deutsche Zivilrecht ist kaum zu überschätzen. Der Umfang der inzwischen zum Recht der AGB-Kontrolle entstandenen Erläuterungswerke und die darin gesammelte veröffentlichte Judikatur sind dafür ein beredtes Zeugnis. Deswegen und wegen der Ausstrahlungswirkung des AGBG auf das Ausland, insbesondere vermittelt durch die EG-Richtlinie (s Rn 9), kann man von einer „Erfolgsbilanz" des deutschen AGB-Rechts sprechen (so mit Recht vWestphalen ZIP 2007, 149 ff). Der in Deutschland herrschende Drang zur juristischen Perfektion und zur möglichst ausdehnenden Anwendung von Aufsichtsnormen hat aber auch wahre Urstände gefeiert. Dies zeigt sich nicht nur in einer Vergötzung des dispositiven Gesetzesrechts (Bsp BGHZ 110, 88 = NJW 1990, 206; BGH NJW 2006, 47; BGH NJW-RR 2006, 267 Rn 36; BGH NJW-RR 1998, 1426 – keine Freizeichnung von einfachfahrlässiger Haftung für Erfüllungsgehilfen bei Verletzung vertragswesentlicher Pflichten; weitere Bsp bei Graf vWestphalen BB 2010, 195, 201) sondern auch in vielerlei anderer Hinsicht. Die Überstrapazierung der Generalklausel des früheren § 9 AGBG (jetzt § 307) hat zum einen dazu geführt, dass der an sich für den kaufmännischen Verkehr nicht gedachte Katalog unwirksamer Klauseln (§§ 10, 11 AGBG, heute §§ 308 f) auf dem Umweg über die Generalklausel auch diesen Bereich fast vollständig beherrscht (dies zu Recht beklagend Lenkaitis/Löwisch ZIP 2009, 441; Berger ZIP 2006, 2149). Zum anderen ist auch die Wohlabgewogenheit des Programms dieses Katalogs durch die übermäßige Anwendung der Generalklausel in weiten Teilen über Bord geschwemmt worden. So hatte sich etwa der Gesetzgeber gehütet, in § 11 Nr 7 AGBG (jetzt § 309 Nr 7b) auch solche Klauseln für unwirksam zu erklären, die die Haftung für ein vertragliches Fehlverhalten unterhalb der Schwelle der groben Fahrlässigkeit ausschließen oder – vor allem – beschränken. Der von der Rspr eingeführte Kunstbegriff der Verletzung – zuerst – von „Kardinalpflichten" und – sodann – von „wesentlichen Vertragspflichten" (s Erl Staudinger/Coester § 307 und Staudinger/Coester-Waltjen § 309 Nr 7) hat demgegenüber dazu geführt, dass ein rechtswissenschaftlicher Beitrag mit dem Titel „Die Nutzlosigkeit von Haftungsfreizeichnungsklauseln im kaufmännischen Verkehr" (Graf vWestphalen DB 1997, 1805) erscheinen konnte. Der Kautelarpraxis wird denn auch der wenig hilfreiche Rat erteilt, wenn man schon Haftungsbeschränkungsklauseln aufstellen wolle, dann solle man auf jeden Fall hinzufügen, sie gälten nicht für die Verletzung wesentlicher Vertragspflichten. Auch für vernünftige Redaktoren Allgemeiner Geschäftsbedingungen ist es heute nicht mehr möglich, die zahllosen Fallstricke zu vermeiden, die die Rspr ausgelegt hat.

Gewiss finden sich immer wieder Klauseln, die den von der Rspr aufgestellten Maßstäben nicht entsprechen. Das wurde generell als Beleg dafür ins Feld geführt, dass wir noch weit entfernt von einer „flächendeckenden" Durchsetzung des AGB-Rechts seien (Ulmer[9] Einl Rn 58, mNw aus der Zeit Mitte der 80er Jahre). Man könnte aber ebenso die zahllosen Gerichtsverfahren, in denen sich ein Mangel an Respekt vor Normen des BGB und seiner übrigen Nebengesetze herausstellt, als Beleg für die mangelnde Implementierung dieser Gesetze bringen, um von einem Defizit an flächendeckender Durchsetzung der Steuergesetze oder der StVO gar nicht erst zu sprechen. Der Wille der Masse der Klauselaufsteller, dem jeweiligen Stand der Rspr gerecht zu werden, ist ebenso unverkennbar, wie ihre Enttäuschung darüber verständlich ist, mit immer neueren Verschärfungen der Rspr konfrontiert zu werden, zumal es nicht selten um bloße Formalien geht. Meist sind es auch nur kleinere Formulierungsnachlässigkeiten, die einer in der Haupttendenz durchaus akzeptablen Klausel zum Verhängnis werden. So hat etwa vor einigen Jahren der BGH (BB 1997, 2547, 2548) entschieden, Klauseln in Bank-Bedingungen über Aufwandsentgelt bei Bearbeitung von Lastschriften, Überweisungsaufträgen und Schecks könnten nicht als Schadenspauschalen gewertet werden, weil dem Kunden iSv § 11 Nr 5b AGBG (entspricht § 309 Nr 5b) der Nachweis eines wesentlich geringeren Schadens abgeschnitten werde. Heute besteht eher Anlass, vor Überperfektionismus zu warnen, als über die fortwährende Auffindbarkeit angreifbarer Klauseln zu klagen.

2. Die herausragende Bedeutung der Generalklausel des § 307

In der traditionellen Flucht deutscher Juristen in die Generalklauseln ist früher dem § 9 AGBG und jetzt dem § 307 zudem eine Funktion zugekommen, für die die Norm nicht gedacht war. **25**

Einmal ist die Inhaltskontrolle weit in den Bereich der Bestimmung der Hauptleistungspflichten vorgedrungen. Das Zauberwort der „Preisnebenabrede" hat dafür die scheinbare Legitimation abgegeben.

Zum anderen ist das von der Rspr in dieser Norm angesiedelte Transparenzgebot zu einem eigenen Zweig des „AGB-Rechts" geworden. Gewiss zeigt Art 5 EG-Richtlinie („... müssen sie stets klar und verständlich abgefasst sein"), dass es ein wichtiges Anliegen des Verbraucherschutzes ist, verständliche Texte zu verlangen. Aber in komplizierten Bereichen lässt sich dieses Postulat nur sehr eingeschränkt verwirklichen. Der Klauselaufsteller findet zwischen dem Verständlichkeitspostulat einerseits und dem Erfordernis der Eindeutigkeit des Regelungsgehalts andererseits nicht mehr hindurch. Dachte er, das Beste sei es, sich an den damaligen gesetzlichen Begriff der „Wandelung" anzulehnen, so musste er sich auf den Vorwurf gefasst machen, Unverständliches geschrieben zu haben (BGHZ 79, 117 = NJW 1981, 867, st Rspr). Man verlangt inzwischen von einem AGB-Verfasser ein wesentlich höheres Maß an Formulierungssorgfalt, als sie der Gesetzgeber selbst zeigt! Wie das Beispiel der Tilgungsbestimmung bei Annuitätsdarlehen zeigte (dazu Staudinger/Coester § 307 Rn 131, 135), hat sich die Rspr hierbei gelegentlich völlig von der sozialpsychologischen Realität entfernt. Als ob es gälte, Bankkunden zu schützen, die mangels Transparenz der entsprechenden Regelung nicht gemerkt haben, dass sich die Verzinsung des Restdarlehens nach dem Stand zum 31. Dezember des Vorjahres richtet, und die sich bei hinreichender Transparenz an eine andere Bank mit der Anfrage gewandt hätten, ob dort Kredite zu den gleichen sonstigen Bedingungen aber ohne die fragliche Klausel gewährt würden!

3. Einbeziehungskontrolle neben der Inhaltskontrolle weiter nötig?

Damit ist bereits ein weiterer Punkt angeschnitten. Die vertragsrechtliche Konzeption, die dem Gesetz zugrunde liegt, fußt auf einer juristischen Retortensicht. Der Vertragspartner des Verwenders soll mindestens Gelegenheit haben, die ihm präsentierten AGB zur Kenntnis zu nehmen, idealtypischerweise sie sogar wahrgenommen haben, bevor er sich auf den Vertragsschluss zu ihrem Inhalt einlässt. Daher hat **26** man neben der Inhaltskontrolle auch die Einbeziehungsvoraussetzungen des § 2 AGBG (jetzt § 305 Abs 2) geschaffen. Gerade die im nicht kaufmännischen Bereich angesprochenen Vertragspartner sind aber regelmäßig überfordert, wenn sie sich aufgrund der Lektüre der ihnen vorgelegten AGB für oder gegen den Vertragsschluss entscheiden sollen. Eine Durchsicht der zu § 2 AGBG bzw § 305 Abs 2 veröffentlichten zahlreichen Gerichtsentscheidungen offenbart: regelmäßig handelt es sich um ein Zufallsgeschenk an den Vertragspartner, wenn die Einbeziehung der AGB an dieser Norm gescheitert ist. Es ist so gut wie unvorstellbar, dass der Vertragspartner, wäre dem Erfordernis des § 2 AGBG bzw § 305 Abs 2 Rechnung getragen worden, den vorformulierten Text aufmerksam unter dem Gesichtspunkt durchgelesen hätte, ob er sich auf den Vertragsschluss einlassen soll oder nicht. Dieser Fehler liegt freilich schon im Gesetz selbst, dessen Verfasser zwar erkannt haben, dass die Einbeziehungskontrolle das nicht leistet, was man lange Jahrzehnte von ihr gedacht hat, aber dennoch nicht die Energie aufbrachten, sie im Lichte der neu ins Gesetz gebrachten und sehr griffigen Inhaltskontrolle zu vernachlässigen.

Allerdings gibt es keine vernünftige Alternative zur vertragsrechtlichen Konzeption von AGB (zutreffend Ulmer/Habersack Einl Rn 40 ff gegen wieder aufgekommene Normentheorien, vor allem durch Pflug, Kontrakt und Status im Recht der allgemeinen Geschäftsbedingungen [1986] passim). Nicht zuletzt die EG-Richtlinie (Textanh zu § 310), die durchgängig von „Vertragsklauseln" spricht und nicht zwischen vorformulierten und Einzelklauseln und Einzelverträgen unterscheidet, zeigt, dass die Vertragskonzeption dem geltenden Recht entspricht. Mit Recht hat die Richtlinie aber auf eine Einbeziehungskontrolle verzichtet. Nur verschämt in den Erwägungsgründen (Nr 20) steht, dass der Verbraucher „tatsächlich" die Möglichkeit haben muss, von den Vertragsklauseln Kenntnis zu nehmen. Von den Fällen abgesehen, in denen der Verbraucher auf einen sofortigen Vertragsschluss angewiesen ist, hat er diese Möglichkeit aber immer auch gehabt, wenn er den Vertragsschluss von einer vorherigen Vorlage der AGB hätte abhängig machen können. Dass ihm der Text der AGB für die Zeit der Vertragsabwicklung zur Verfügung stehen muss, steht auf einem anderen Blatt (s § 305 Rn 138, 149).

4. Culpa in contrahendo oder Lauterkeitsrecht

27 Die Konfrontierung eines künftigen Vertragspartners mit klar unwirksamen Klauseln ist, wenn dem Verwender wirklich als Verschulden zurechenbar, culpa in contrahendo (OLG Karlsruhe 3. 5. 2012 9 U 74/11). Der Verwender unwirksamer Klauseln ist bei Vorsatz dem Vertragspartner schadenersatzpflichtig für dessen Aufwendungen, um den Anforderungen der Klausel zu genügen (BGHZ 181, 188 = NJW 2009, 188), aber nicht am Maßstab einer hypothetisch zulässigen Klausel (BGH NJW 2012, 222). Der BGH hält das Auftreten mit klar unwirksamen Klauseln sogar für einen Verstoß gegen das Lauterkeitsrecht (NJW 2012, 3577).

5. Arbeitsrecht

28 Durch die Einführung von § 310 Abs 4 S 2–4 ist auch das Arbeitsrecht der Inhaltskontrolle eröffnet worden. Das hat eine wahre Flut von Rechtsprechung dazu ausgelöst, s Anh zu § 310 Rn 1 ff. Insgesamt ist dadurch die akribische Handhabung der Inhaltskontrolle noch verstärkt worden (krit zur Entwicklung Benedikt JZ 2012, 172 ff; s auch Rn 16).

6. Rechtsvergleichung

Einen fundierten Überblick über die Umsetzung der Richtlinie geben ULMER/ HABERSACK Einl Rn 105 ff und WOLF/PFEIFFER Einl Rn 47 ff, jeweils mit Angaben auch zum deutsch-sprachigen Schrifttum. Es fällt auf, dass in keinem Land auch nur annähernd so viel Rechtsprechung veröffentlicht wurde wie in Deutschland (monographische Lit in deutscher Sprache TRILLMICH, Klauselkontrolle nach spanischem Recht im Vergleich mit der Klauselrichtlinie 93/13/EWG [2009]). 29

§ 305
Einbeziehung Allgemeiner Geschäftsbedingungen in den Vertrag

(1) Allgemeine Geschäftsbedingungen sind alle für eine Vielzahl von Verträgen vorformulierten Vertragsbedingungen, die eine Vertragspartei (Verwender) der anderen Vertragspartei bei Abschluss eines Vertrages stellt. Gleichgültig ist, ob die Bestimmungen einen äußerlich gesonderten Bestandteil des Vertrages bilden oder in die Vertragsurkunde selbst aufgenommen werden, welchen Umfang sie haben, in welcher Schriftart sie verfasst sind und welche Form der Vertrag hat. Allgemeine Geschäftsbedingungen liegen nicht vor, soweit die Vertragsbedingungen zwischen den Vertragsparteien im Einzelnen ausgehandelt sind.

(2) Allgemeine Geschäftsbedingungen werden nur dann Bestandteil eines Vertrags, wenn der Verwender bei Vertragsschluss

1. **die andere Vertragspartei ausdrücklich oder, wenn ein ausdrücklicher Hinweis wegen der Art des Vertragsschlusses nur unter unverhältnismäßigen Schwierigkeiten möglich ist, durch deutlich sichtbaren Aushang am Ort des Vertragsschlusses auf sie hinweist und**

2. **der anderen Vertragspartei die Möglichkeit verschafft, in zumutbarer Weise, die auch eine für den Verwender erkennbare körperliche Behinderung der anderen Vertragspartei angemessen berücksichtigt, von ihrem Inhalt Kenntnis zu nehmen, und wenn die andere Vertragspartei mit ihrer Geltung einverstanden ist.**

(3) Die Vertragsparteien können für eine bestimmte Art von Rechtsgeschäften die Geltung bestimmter Allgemeiner Geschäftsbedingungen unter Beachtung der in Absatz 2 bezeichneten Erfordernisse im Voraus vereinbaren.

Neueres Schrifttum zu Abs 1

BORGES, Zur AGB-Kontrolle interner Richtlinien, ZIP 2005, 185

GRÜNEWALD, Was sind Vertragsbedingungen iSv § 305 BGB?, in: FS Graf vWestphalen (2010) 229

HABERSACK/SCHÜRNBRAND, Unternehmenskauf im Wege des Auktionsverfahrens aus AGB-rechtlicher Sicht, in: FS Canaris (2008) I 359

HEIDERHOFF, Die Wirkung der AGB des Internetauktionators auf den Kaufvertrag zwischen den Nutzern ZIP 2006, 793

SYLVIA KAUFHOLD, „Echte" und „unechte" AGB in der Klauselkontrolle – rechtpolitisch, BB 2012, 1235 ff

H SCHMIDT, Einbeziehung von AGB im unternehmerischen Geschäftsverkehr, NJW 2011, 3329
SCHUHMANN, Das Waisenkind des AGB-Gesetzes: Der Mustervertrag im kaufmännischen Individualgeschäft, JZ 1998, 127
CHRISTIAN SPRUSS, Einbeziehung Allgemeiner Geschäftsbedingungen im deutschen Recht unter Berücksichtigung des europäischen Rechts und des UN-Kaufrechts (2011).

Neueres Schrifttum zu Abs 2 außer reiner Berichtsliteratur

DERLEDER/PALLAS, Vertragsschluss und AGB-Einbeziehung im kreditwirtschaftlichen Distanzgeschäft, ZIP 1999, 1285
FREUND, Die Änderung Allgemeiner Geschäftsbedingungen in bestehenden Verträgen (1998)
HELLWEGE, Allgemeine Geschäftsbedingungen, einseitig gestellte Vertragsbedingungen und die allgmeine Rechtsgeschäftslehre (2010)
KAMANABROU, Vorgaben der E-Commerce Richtlinie für die Einbeziehung von AGB bei Online-Rechtsgeschäften, CR 2001, 421
KREIENBAUM, Transparenz und AGB-Gesetz (1998)
MÜLLER, Ist das Kenntnisnahmegebot des § 2 Abs 1 Nr 2 AGBG abdingbar?, MDR 1997, 608
H SCHMIDT, Einbeziehung von AGB im unternehmerischen Geschäftsverkehr, NJW 2011, 3229
SCHRÖDER, Die Einbeziehung allgemeiner Geschäftsbedingungen nach dem AGB-Gesetz und die Rechtsgeschäftslehre (1983).

S auch Schrifttum zu § 310.

Systematische Übersicht

Alphabetische Übersicht

I. Gesetzesgeschichte und systematische Stellung der beiden ersten Absätze

Die Abs 2 und 3 entsprechen wörtlich den Abs 1 und 2 des § 2 AGBG in der ursprünglichen Fassung. Lediglich die Obliegenheit zur Rücksichtnahme auf Behinderte ist später, nämlich durch das SchuldRModG 2001, eingeführt worden. Die Regelungsgegenstände der Absätze des § 305 sind denn auch sehr verschieden. Allein der beschränkte Ziffernraum an zentraler Stelle des BGB war der Grund für das Zusammenstauchen der Regelungen in einen Paragraphen. Sowohl in den Principles of European Contract Law (2:209. 3) als auch in den (UNIDROIT-)Principles of International Commercial Contracts (2. 1. 19, Ausgabe 2004) werden Allgemeine Geschäftsbedingungen definiert – beide Male mit subtilen Abweichungen von § 305 Abs 1 (dazu Köhler, in: Gebauer, Zivilrecht unter europäischem Einfluss [2. Aufl 2009] 33, 57 ff). Die UNIDROIT-Definition etwa lautet: 1

> **„Standard terms are provisions which are prepared in advance for general and repeated use by one party and which are actually used without negotiation with the other party."**

2 Die Hauptfunktion von Abs 1 besteht darin, AGB-Bestimmungen von Individualvereinbarungen abzugrenzen (dazu im Einzelnen Rn 35 ff). Er bestimmt den Anwendungsbereich des Gesetzes für alle Vereinbarungen, auf welche es seinem sachlichen und persönlichen Geltungsbereich nach (§ 310) ganz oder in Teilen anwendbar ist, also auch für vorformulierte Konkretisierungen von Hauptleistungspflichten. Auch **Leistungsbeschreibungen** stellen AGB dar, sie unterliegen der Inhaltskontrolle der §§ 307–309 jedoch nicht, soweit sie nicht besonders zu vergütende Nebenleistungen betreffen (zB BGH NJW 1996, 2374; BGHZ 124, 254 = NJW 1994, 318; Sachregister „Leistungsbeschreibungen", „Versicherungsbedingungen", „Preisnebenabreden"). In § 307 Abs 3 S 1 ist dann ein Teil der von § 305 erfassten Bestimmungen (gesetzesändernde und -ergänzende Abreden) besonders hervorgehoben und der Inhaltskontrolle unterstellt. Die Definition ist dem erst zum Schluss des Gesetzgebungsverfahrens zum AGBG entstandenen Verfahrensteil nicht angepasst worden, so dass sich insoweit Friktionen ergaben, die sich im UKlaG wiederfinden (dazu § 1 UKlaG Rn 11 f).

2a Bei Fällen mit Auslandsbezug gelten die Art 5 ff Rom I VO (s Rn 103).

II. Allgemeine Geschäftsbedingungen als privatrechtliche Vertragsbedingungen

1. Die Notwendigkeit privatvertraglicher Ingeltungsetzung vorformulierter Bedingungen

3 §§ 305 ff gelten für alle vorformulierten Bedingungen zu privatrechtlichen Verträgen, wobei schon eine zur wiederkehrenden Verwendung formulierte Klausel genügt, um eine vorformulierte Vertragsbedingung in diesem Sinn anzunehmen (BGH NJW 1992, 2759; 1988, 410). Unter den Voraussetzungen von § 310 Abs 2 Nr 3 genügt auch einmalige Verwendung. Dass die Verwendung der Bedingungen im Einzelfall einer öffentlich-rechtlichen Genehmigung bedarf, ist ohne Belang (BGHZ 86, 284 = NJW 1983, 1322; BGH NJW 2007, 997; BGH NJW 2007, 3344; OLG Hamm WM 2010, 702; OLG Stuttgart ZIP 2010, 74). Vertraglichen Charakter haben Bestimmungen nicht, die rechtlich in **anderer Form als durch vertragliche Vereinbarung** wirksam werden oder – im Hinblick auf die Klage nach dem UKlaG – wirksam werden sollen. Betont höfliche Formulierungen stehen einem Text als Eignung zu einer AGB-Klausel nicht entgegen, wie etwa Hinweise auf Taschenkontrollen in einem Supermarkt (BGHZ 133 184; 191 = NJW 1996, 2574 [2575]; Heinrich NJW 1997, 1407; **aA** Graf vWestphalen NJW 1994, 367) oder die mit „bitte" versehene Aufforderung, Mängel unverzüglich geltend zu machen, was bei kundenfeindlicher Auslegung (s § 305c Rn 108) als Präklusionsvorschrift zu verstehen ist (LG Hamburg CR 2004, 135). Erst recht schließt die textliche Gestaltung als „Hinweis" die Natur des Geschriebenen als AGB nicht aus (LG Köln ZIP 1997, 1328). Echte **Hinweise** sind aber nicht AGB (OLG München MMR 2007, 47; anders aber, wenn sie für vorvertragliche Rechtsverhältnisse Bedeutung erlangen sollen: OLG Düsseldorf NJW-RR 2001, 1563; OLG Köln ZIP 1997, 1328, s Rn 11), etwa nicht der in einem Schreiben, aber auch nach ständiger Formulierungsgewohnheit, ausgedrückte Hinweis eines Maklers an einen Interessenten, dieser habe die Frage nach Vorkenntnis verneint (fälschlich als Individualvereinbarung gewertet in OLG Frankfurt NJW-RR 2000, 435). Der vorformulierte Charakter eines solchen Textes kann aber dazu führen, dass sein Wert als Beweisanzeichen gemindert ist. Auch echte, unmissverständlich als solche zu wertende Bitten sind keine AGB (BGHZ 124, 37 = NJW 1994, 188). AGB sind aber

auch vorformulierte Spezifizierungen der vertragscharakteristischen Leistung wie zB durch VOB/C (OLG Celle BauR 2003, 1040). Texte, die in einem Katalog oder Prospekt erschienen sind, aber nicht greifbar den Inhalt eines abzuschließenden Vertrags regeln wollen, sind vor einem darauf Bezug nehmenden Vertragsschluss keine AGB, etwa nicht die Formel „Änderungen und Irrtümer vorbehalten" (BGHZ 179, 319 = NJW 2009, 1337; OLG Hamm WM 2008, 499 krit GRUNEWALD). Auf den Inhalt des Vereinbarten kommt es nicht an (PRÜTTING/BERGER Rn 1). Auch vorvertragliche oder deliktische Beziehungen können so geregelt werden (Rn 11).

Der Vertragsabschluss (BGH NJW 2002, 363, 365 – Internetauktionen), einschließlich der Einbeziehungsvereinbarung nach Abs 2 letzter Halbsatz (BGH NJW 1982, 1388), und der Festlegung des Vertragspartners (BGH NJW 1985, 1394) hat von Haus aus individuellen Charakter und unterliegt nicht dem AGB-Recht (Näheres STAUDINGER/BORK [2003] § 156 Rn 10a).

a) Das AGB-Recht gilt nicht für Bestimmungen, die Bestandteil des geschriebenen objektiven Rechts sind, wozu auch Rechtsverordnungen und Satzungen gehören (Einl 21). Auch die EG-Richtlinie (s Vorbem 9 ff) bezieht sich nur auf Vertragsklauseln in Rechtsverhältnissen zu „Gewerbebetreibenden" (**aA** HIRTE, in: FS Ulmer [2003] 1153 ff, 1160). Dazu gehören Inhalte von Rechtsverhältnissen, die durch objektives Recht bestimmt werden, nicht. In Art 2(c) der Richtlinie heißt es zwar: „... auch wenn diese [scl gewerbliche oder berufliche Tätigkeit] dem öffentlich-rechtlichen Bereich zuzurechnen ist." Jedoch sagt Art 1, dass sich die Richtlinie nicht auf Klauseln bezieht, die auf „bindenden Rechtsvorschriften beruhen". Der im deutschen Text erscheinende Widerspruch ist aufgelöst, wenn man den englischen Text von Art 2 heranzieht, wo es heißt: „... whether publically owned or privately owned." In der Tat wichtig ist dies insbesondere für die Tarifabnehmer von **elektrischer Energie** und Gas (s dazu Erl zu § 310 Abs 2). Wegen der Funktionsgleichheit mit AGB sollten aber auf manche durch Rechtsverordnung oder Satzung geregelte Leistungsverhältnisse die für AGB geltenden Auslegungsgrundsätze einschließlich § 305b und § 305c Abs 2 entsprechend angewendet werden (BGH NJW 2011, 3219; BGH NJW 2011, 3223; BGH WM 1980, 444, 445; OLG München BB 1980, 496; ULMER/HABERSACK Rn 9; **aA** für Verordnungen BGH NJW 1982, 930, 931), s § 310 Rn 14 ff. Das LG Heilbronn (NJW-RR 1997, 505) hat die Härte des Haftungsausschlusses in § 83 Abs 1 lit b iVm § 83 Abs 2 EisenbahnverkehrsG dadurch vermieden, dass es der Bahn die „Berufung" hierauf versagte, wenn sie den Kunden nicht eigens auf diese Regelung hingewiesen hatte. Die öffentliche Hand hat im Allgemeinen freie Wahl, ob sie die Benutzung der von ihr unterhaltenen Einrichtungen öffentlichrechtlich oder privatrechtlich ausgestalten will (betont für Gasversorgung durch BGH NJW 2009, 2662, 2667). Wählt sie die privatrechtliche Ausgestaltung der Rechtsbeziehungen zu den Bürgern (oder zu anderen öffentlich-rechtlichen Körperschaften), galt das AGB-Gesetz (BGH ZIP 1981, 989, 990) und gelten jetzt §§ 305 ff. Soweit dabei Anstalts- und Benutzungsordnungen oder Lieferbedingungen der öffentlichen Hand in das Vertragsverhältnis einbezogen wurden, unterliegen auch diese den §§ 305 ff (BGH NJW 1990, 2686; 1989, 3010; 1979, 2353, 2354). Wo die öffentliche Hand auf absolute Gleichbehandlung aller Vertragspartner verpflichtet ist, kann sie sich aber ein einseitiges Leistungsbestimmungsrecht zur Festsetzung von „Tarifen" einschließlich AGB ausbedingen, was dann allerdings der Kontrolle nach § 315 Abs 3 ausgesetzt ist (BGH MDR 1984, 472). Da auch die Angestellten des öffentlichen Dienstes in einem Privatrechtsverhältnis 4 stehen, sind die Regelungen in der sog „Satzung" der Vorsorgungsanstalt Bund/Länder AGB (BGHZ 48, 35; BGH NJW 1999, 3558). Nur im Falle der Wiederholung zwingender Gesetzesbestimmungen mangelt es grundsätzlich am Merkmal des „Stellens". Zur Wiederholung dispositiven Rechts (deklaratorische Klauseln) s § 307 Abs 3 (Staudinger/Coester § 307 Rn 29 ff). Unbeschadet des Umstandes, dass für eine Inhaltskontrolle von Klauseln kein Raum ist, die nur objektives Recht wiedergeben, handelt es sich um AGB (BGH NJW 1988, 2951; vorausgesetzt auch in BGH NJW 2007, 3334). Soweit die Entgelte für jeden Partner verbindlich sind, sind AGB aber nur die übrigen Bestandteile des mit dem Nutzer abgeschlossenen Vertrags (BGH NJW 2005, 2919 – Abfallentsorgung). Das gilt insbesondere für die Pflegesätze in Krankenhausverträgen (im Übrigen s BGHZ 105, 160 = NJW 1988, 2951). Dem AGB-Recht unterliegen insbesondere **VOB Teil B** (BGH/178, 1 ff = ZIP 2008, 1729 ff)), **ADSp** und AGNB, die keine „fertig bereit liegende Rechtsordnung" sind, sondern deren Geltung ausschließlich auf einer rechtsgeschäftlich-vertraglichen Grundlage beruht (s Rn 159 ff). Der BGH (NJW 1995, 1490; 3117, 3118; 2224, 2225) will in diesem Falle freilich zwischen einseitig aufgestellten und solchen AGB unterscheiden, die unter Mitwirkung der maßgebenden Verkehrskreise zustande gekommen sind. Letztere sollen Erleichterungen bei der Inhaltskontrolle erfahren (**aA** Koller EWiR 1995, 1490; Löwe ZIP 1995, 1273; Heinrichs NJW 1996 1381), die VOB (BGH NJW 2004, 1597), und wohl auch die anderen genannten, nur, wenn ihre Geltung ohne Änderung vereinbart wurde. Auch Vorschriften, die auf Empfehlungen **internationaler Organisationen** zurückgehen, können AGB darstellen, wie zB die von der IATA empfohlenen Beförderungssbedingungen im Flugverkehr (BGHZ 86, 284 = NJW 1983, 1322). Mit Recht hat der BGH das Fehlen einer außerhalb der Rechtsgeschäftslehre stehende Sonderstellung von **sportlichen Regelwerken** betont, vor allem wenn diese in Verträge mit Sportlern einbezogen werden, die nicht Mitglieder des eine Sportveranstaltung tragenden Verbands sind (BGHZ 128, 93, 110 = NJW 1995, 583, 585; s § 310 Rn 81; abl Ulmer/Habersack Rn 42 mwNw). Es gibt dort allerdings keine im Prinzip gegenläufigen Interessen wie bei einem Austauschverhältnis. Mit dem BGH sind daher sportlichen Regelwerke aus dem Anwendungsbereich der §§ 307 ff zu weisen. Dies gilt aber nicht deshalb, weil allenfalls dessen § 307 als Maßstab der Inhaltskontrolle in Betracht komme und § 242 dasselbe Maß an Inhaltskontrolle verbürge. Letzteres Begründungselement ist eine kräftige Übersteigerung der durch § 242 getragenen Begrenzung der Privatautonomie. Aber gerade deshalb ist die höchst vorsichtige Kontrolle, die letztere Norm nur erlaubt, für sportliche Regelwerke der richtige Maßstab, auch dann, wenn sie in einen Vertrag über die Teilnahme an einer Veranstaltung oder einen auf die Förderung von Spitzensportlern gerichteten Vertrag einbezogen werden. Zur Einbeziehung s Rn 103 (zum Gesamtkomplex der Schiedsgerichtsbarkeit von Sportorganisationen s SchiedsVZ 2004, Heft 4).

Keine Vertragsbedingungen und daher auch keine AGB sind grundsätzlich die geschäftsplanmäßigen Erklärungen des Versicherers, die auf öffentlichem Recht beruhen (BGH NJW 1995, 189, 191; 1988, 1734). Sie stellen aber dann AGB dar, wenn Versicherungsverträge oder Versicherungsbedingungen ausdrücklich darauf verweisen (BGH NJW aaO). Als AGB setzte das Gesetz auch alle in § 23 Abs 2 AGBG (jetzt § 305a, § 309 Nr 7 nach Buchstabe b, Nr 9 nach Buchstabe c u dergl) genannten Bedingungswerke und Formularverträge voraus (BGH NJW 2002, 1713 – Berechtigungsvertrag und alle Bestimmungen des Verteilungsplans der GEMA).

b) §§ 305 ff gelten entsprechend auch für öffentlichrechtliche Verträge, hM. Erst recht sind sie es bei Verwendung in öffentlich-privaten Partnerschaftsverträgen (ÖPP-Vertrage), die ohnehin dem Privatrecht unterliegen (Einzelheiten zum AGB-Recht in diesem Bereich KUNKEL/WEIGELT NJW 2007, 2423 dd). 5

c) §§ 305 ff gelten analog, wenn Rechtsbeziehungen durch **einseitiges Rechtsgeschäft** zustande kommen, welches Bestandteile enthält, die nicht vom Erklärenden, sondern von demjenigen vorformuliert werden, demgegenüber die Erklärung abzugeben ist, oder der sonst an ihrer Abgabe interessiert ist (BGH NJW 1988, 1908; ULMER/HABERSACK Rn 16 ff; SPRUSS a 462; GRUNEWALD ZIP 1987, 353, 354; heute allgM). Dies ergibt sich für vorformulierte Bedingungen in Vertragsangeboten schon aus §§ 308 Nr 1, 309 Nr 13 und beruht auf dem Gedanken, dass der Verwender dabei die rechtsgeschäftliche Gestaltungsfreiheit einseitig in Anspruch nimmt. Auch VOB Teil A hat daher dann AGB-Charakter, wenn der Unternehmer gehalten wird, auf ihrer Grundlage ein Angebot zu machen (Einzelheiten s ULMER/CHRISTENSEN 1785). Das hat insofern Bedeutung, als dann Teil A gegenüber abweichenden Ausschreibungsbedingungen die Anwendung der Unklarheitenregel zugunsten des Unternehmers rechtfertigen kann (§ 305c Rn 124). Zum Versuch, die Wirkung individueller Bestandteile in formularmäßigen Angeboten auszuschließen, s § 305b Rn 33. AGB sind aber auch vorformulierte Texte, mit denen der Verwender versucht, während der Vertragsabwicklung Vereinbarungen zustande zu bringen (OLG Frankfurt JZ 2005, 471 – „Scheckfalle"). 6

Die Regelung für einseitige Rechtsgeschäfte gilt auch für die dem Vertragspartner vom Verwender vorformulierten **rechtsgeschäftsähnlichen Handlungen**, etwa für Einwilligungen in eine Heilbehandlung (BGH NJW 1990, 2313, 2314; ULMER/HBERSACK Rn 17; GOUNALAKIS NJW 1990, 752; NIEBLING MDR 1982, 194; HOLLMANN NJW 1978, 2332; BGHZ 141, 124 = NJW 1999, 1864; OLG München MMR 2007, 47 – BGH NJW 1999, 1864 AGBG analog auf Einverständnis in Telefonwerbung angewandt, s aber Rn 8). Meist sind solche Erklärungen aber Teil eines Vertrags und dann ohnehin AGB (BGHZ 177, 23 = NJW 2008, 3055; BGH WM 2010, 2331), s Rn 8. Eine anzukreuzende Einwilligung in Datenverwertung ist keine AGB, wenn an das Unterlassen der Ankreuzung keine rechtlichen Folgen geknüpft sind (KG NJW 2011, 466). 7

„Handeln auf eigene Gefahr" s Rn 12.

Vom Verwender vorformulierte **einseitige Rechtsgeschäfte** oder sonstige rechtlich bedeutsame Erklärungen des Vertragspartners unterliegen den §§ 305 ff, insbesondere dann (enger WOLF/PFEIFFER Rn 11; OLG Koblenz NJW-RR 1994, 58 – Zusammenhang mit vertraglicher Beziehung ausreichend und erforderlich), wenn sie wirtschaftlich oder gar rechtlich in die Begründung oder Abwicklung eines Vertragsverhältnisses eingebettet sind, jedenfalls, wenn sie Bestandteil eines Vertrages sind (OLG Stuttgart NJW 1979, 223) oder der planmäßigen Vertragsergänzung bzw -abwicklung dienen sollen (OLG Frankfurt WM 1986, 570, 571). Denn was normalerweise ein einseitiges Rechtsgeschäft ist, wird dann zu einer Vertragsregelung. Zu nennen sind vor allem **Bevollmächtigungen** des Verwenders (BGH NJW 1987, 2011; OLG Nürnberg WM 1988, 1188, 1189) oder Dritter (zu Notariatsangestellten s Rn 54). Hinzu kommen aber auch planmäßig vorgesehene Regelungen, die in die Abwicklung eines Vertragsverhältnisses eingebunden sind. Unwirksame Bevollmächtigungen können aber Vollmachtsurkunden 8 iSv § 172 sein. Weitere Beispiele: Beweislastabändernde Tatsachenbestätigungen (OLG Stuttgart NJW-RR 1986, 275, 276), Einverständnis in Telefonwerbung (BGH NJW 2008, 3055; BGH NJW 2000, 2677; s Rn 7; **aA** Lette NJW 2001, 42); Einwilligungen in die Weitergabe von Daten (BGH NJW 2003, 1237, 1240; BGH NJW 1986, 47; OLG Hamburg ZIP 1983, 1435; Schuster/Simon NJW 1980, 1288); Bestätigung der ärztlichen Aufklärung und Einwilligung zur Operation oder Obduktion (OLG Koblenz 1989, 2950, 2851; Gounalakis NJW 1990, 752; Niebling MDR 1982, 193, 194; Kothe AcP 185, 105, 129; Ulmer/Habersack Rn 19); Entbindung von der ärztlichen oder sonstigen Schweigepflicht (Hollmann NJW 1978, 2332; 1979, 1923; **aA** Schütte NJW 1979, 592), nicht hingegen Gesundheitsanfragen (OLG Bremen VersR 1996, 317); grundbuchmäßige Eintragungsbewilligungen, die einen Vertrag in Bezug nehmen, der unwirksame Klauseln enthält (BayObLG NJW 1980, 2818; OLG Stuttgart NJW 1979, 222, 223; OLG Celle Rpfleger 1979, 261); Einziehungsermächtigungen für den Bankverkehr und Überweisungen im Rahmen eines Girovertrages (BGHZ 98, 24, 28; Häuser ZIP 1982, 14, 19); Empfangsbestätigungen (BGH NJW 1988, 2106, 2108); Nachweisbestätigungen mit Provisionsklausel im Rahmen eines Maklervertrags (OLG Düsseldorf NJW-RR 1997, 370); Schuldanerkenntnisse und Verzichtserklärungen (OLG Karlsruhe NJW 1991 112); Versicherung, Vollkaufmann zu sein (BGHZ 87, 109, 111); Weisung bei Geschäftsbesorgungsauftrag.

9 Inwieweit Bedingungen in **Wertpapieren**, die zum Publikumsabsatz geschaffen wurden, AGB sind, wurde längere Zeit kontrovers erörtert, nachdem der BGH in der sogenannten Klöckner-Entscheidung den AGB-Charakter von Genussscheinbedingungen angenommen hatte (BGHZ 119, 305, 312 = NJW 1993, 57; LG München I 5 HK 0 20632/10 – juris). Unter Hinweis auf die Wahrung der Eigen- und Emittenteninteressen und weniger der Anlegerinteressen durch die Emissionsbanken wurde dem gelegentlich gefolgt (Ulmer/Habersack Rn 71, vor allem auf die empirischen Befunde von Bosch gestützt, Bankrecht und Bankpraxis [1997] E.I. 3a; Hopt, in: FS Steindorff [1990] 341, 364; Stoffels, AGB-Recht Rn 117; Masuch, Anleihebedingungen und AGB-Gesetz [2003] 149 ff; Schimansky/Bunte/Lwowski-Grundmann, Bankrechtshandbuch Bd III [2001] § 112 Rn 115). Verwender ist dann nicht die Bank, sondern der Emittent.

Andere leugneten dies tendenziell generell oder jedenfalls dann, wenn die Emissionsbanken selbst die ersten Nehmer sind (Kallrath, Die Inhaltskontrolle der Wertpapierbedingungen von Wandel- und Optionsscheinen, Gewinnschuldverschreibungen und Genussscheinen [Diss Köln 1994] 37 ff; Joussen WM 1995, 1861, 1865; Ekkenga ZHR 160 [1996] 59, 70; Joussen WM 1995, 1861 ff; Bungert DZWiR 1996, 185; Wolf, in: FS Zöllner [1999] 651 ff; vBaum, Die prozessuale Modifizierung von Wertpapieren durch Gerichtsstands- und Schiedsvereinbarungen [1998] 128 ff – jedenfalls AGB bei Direktvertrieb Emittent/Anleger; Randow ZBB 1994, 23 ff). Die Problematik dürfte aber mit der sehr klaren Entscheidung des XI. Senats des BGH vom 28. 6. 2005 (BGHZ 163, 311 = NJW 2005, 2917 = BB 2005, 1871) bereinigt sein, der Anleihebedingungen von Inhaberschuldverschreibungen zwar als AGB ansprach, aber wegen der Verkehrsfähigkeit der Papiere die Anwendung von § 2 AGBG (= § 305 Abs 2) ablehnte. Die Frage der Inhaltskontrolle hat der BGH nicht angesprochen (grundlegend zu der ganzen Problematik Assmann WM 2005, 1053 ff). Insoweit hat auch das Schuldverschreibungsgesetz vom 31. 7. 2009 nichts geändert, wenn es auch für die Sinnhaftigkeit einer Inhaltskontrolle neue Aspekte geschaffen haben mag (dazu Sester AcP 2009, 628 ff).

10 Soweit jemand für **eigene einseitige Rechtsgeschäfte** (zB Vollmachterteilungen oder rechtsgeschäftsähnliche Erklärungen) vorformulierte Texte verwendet oder vorsieht, stellen diese keine AGB dar, da der Erklärende nur seine eigene Gestaltungsmacht in Anspruch nimmt (HEINRICHS NJW 1997, 1408; ARNOLD BB 1996, 601; ULMER/HABERSACK Rn 18; FRICKE VersR 93, 402; WERBER MDR 92, 729; **aA** GRUNEWALD, in: FS Graf vWestphalen [2010] 229 ff; BECKMANN NJW 1996, 1379 mwNw). Etwas anderes gilt aber bei Empfangsbevollmächtigten (BVerwG NJW 1998, 3216), allerdings nur, wenn ein gesetzlich vorgesehener Vollmachtsumfang eingeschränkt werden soll (BGH NJW 1999, 1633, 1635). Nicht davon erfasst sind aber Haftungsbeschränkungen gegenüber Teilnehmern an Preisausschreiben aller Art, wie etwa als Auslobung zu qualifizierende Sportveranstaltungen, weil insoweit nicht nur, wie bei Festlegung der Wettkampfbedingungen, eigene Gestaltungsmacht in Anspruch genommen, sondern in Sorgfaltsrechtsverhältnisse eingegriffen wird, die zwischen den Veranstaltungsteilnehmern und den Veranstaltern bestehen (BGH NJW 2011, 141).

2. Die Gleichgültigkeit des Vertrags-(Vereinbarungs-)gegenstands

Ausgenommen vom Anwendungsbereich des AGB-Rechts sind nur die in § 310 **11**
Abs 4 erwähnten Bedingungen auf dem Gebiet des Arbeits-, Erb- und Familienrechts sowie des Gesellschaftsrechts. Im Übrigen ist es gleichgültig, welchen Gegenstand der Vertrag hat, dem die vorformulierten Bedingungen beigegeben worden sind oder werden sollen oder ob diese ganze Bedingungswerke oder nur Regelungen von Einzelaspekten sind. Auch ganz kurze „Zusatzvereinbarungen" sind AGB, wenn dem Kunden vorformuliert vorgelegt. Abstrakte Schuldbegründungen und -anerkenntnisse fallen nicht aus dem Begriff AGB heraus (BAG NJW 2005, 3164). Auch reine Haftungsbegrenzungsversuche unterliegen, wenn vorformuliert, den §§ 305 ff (BGH NJW 1999, 3485; BGH NJW 2011, 141; OLG Stuttgart BB 2001, 2607 – Haftungausschluss zugunsten der GbR-Gesellschafter). Gleichgültig ist auch, ob die vorformulierten Bestandteile eines Vertrages Hauptleistungspflichten betreffen oder Nebenbestimmungen enthalten (BGH NJW 1990, 576, 577). Nur die Kontrollfähigkeit vorformulierter Hauptleistungspflichten ist stark eingeschränkt (s STAUDINGER/COESTER § 307 Rn 3 ff). Aus § 11 Nr 7 AGBG folgte, dass AGB sich auch auf **vorvertragliche Schuldverhältnisse** beziehen können (OLG Düsseldorf NJW-RR 2001, 1563; OLG Köln ZIP 1997, 1328; GRUNEWALD, in: FS Graf vWestphalen [2010] 229, 230). Die Entbehrlichkeit eines gesonderten Verweises auf diese in § 309 Nr 7 hat daran nichts geändert (STOFFELS, AGB-Recht Rn 111). Zu bloßen Hinweisen s Rn 3.

a) Die §§ 305 ff sind zugeschnitten auf **schuldrechtliche** Verträge, auch unselb- **12**
ständige Dienstverträge die keine Arbeitsverträge sind (BGH NJW 1989, 2683 – Vorstand einer Aktiengesellschaft; zur GmbH HOSSFELD, in: FS Uwe H Schneider [2011]). Auch schuldrechtliche Verträge können sich aber darauf beschränken, das Entstehen eines **gesetzlichen Schuldverhältnisses** auszuschließen (s Rn 10) oder die Rechtsfolgen eines solchen in einer vom Gesetz abweichenden Weise zu regeln. AGB können zur Rückabwicklung eines gescheiterten vertraglichen Austauschverhältnisses vereinbart werden. Sie können ausschließlich der Abbedingungen oder der Begrenzung deliktischer Haftung dienen (BGH VersR 1967, 65). Der Anschlag „Benutzung auf eigene Gefahr" hat uU AGB-Charakter, dann nämlich, wenn er ausdrückt, die Benutzung soll nur unter der Voraussetzung gestattet sein, dass der Benutzer für den Fall einer Schädigung auf Haftungsansprüche verzichtet. Denn dann ist der Anschlag darauf angelegt, dass der Benutzer gem § 151 S 1 durch die Benutzung

sein Einverständnis kundtut (zur Wirksamkeit solcher Klauseln STAUDINGER/COESTER-WALTJEN § 309 Nr 12 Rn 19). Geschieht derartiges außerhalb bestehender Vertragsbeziehungen, so spricht man dem Anschlag Bedeutung freilich nur für die Verschuldensabwägung nach § 254 zu (BGHZ 34, 355 = NJW 1961, 655; MünchKomm/BASEDOW Rn 88; näher s STAUDINGER/SCHIEMANN § 254 Rn 62, 66). Auch ein Pkw-Fahrer, der gefälligkeitshalber Personen befördert und sich von ihnen regelmäßig ein Revers unterschreiben lässt, wonach sie auf eigene Gefahr mitreisten, verwendet AGB (s Rn 25 f). Soll ein Anschlag hingegen nur auf eine Gefahrenlage hinweisen, fehlt ihm, weil keine Einordnung in vertragliche Beziehungen vorgesehen ist, AGB-Charakter.

13 **b)** Obwohl §§ 305 ff auf schuldrechtliche Verträge zugeschnitten sind, sind sie auch auf **sachenrechtliche Verträge** anwendbar (allgM). Ebenso sind die Vorschriften auf sonstige Vereinbarungen anwendbar, die ausschließlich Verfügungswirkung haben (hM, **aA** FEHL, Finanzierungsleasing und Bauherrenmodell [1986] 10, Systematik 131, 136 ff). Das gilt vor allem für die **Vorausabtretung von Forderungen** zu Sicherungszwecken (BGH WM 1985, 605, 607) und für die Vereinbarung eines durch eine Verarbeitungsklausel **„verlängerten" Eigentumsvorbehalts**. Hierher gehören aber auch die Fälle, in denen formularmäßig abstrakte Schuldanerkenntnisse (OLG Stuttgart NJW 1979, 22; zur Wirksamkeit s auch STAUDINGER/COESTER-WALTJEN § 309 Nr 12 Rn 5) oder **Verzichtserklärungen** abgegeben werden, wie sie etwa in der Praxis im Verhältnis zwischen der Bank als Zessionar und dem Schuldner in Gestalt einer Forderungsbestätigung üblich sind, die auf einen Einwendungsverzicht hinausläuft. Die Bestellung von Hypotheken und Grundschulden, ein Gebiet, auf welchem auch das Sachenrecht großen Vereinbarungsspielraum lässt und auf welchem die Kautelarpraxis viele den Hypothekenbesteller stark belastende Gestaltungen hervorgebracht hat, unterliegt den §§ 305 ff erst recht (BGHZ 99, 205). Zur Eintragungsbewilligung s Rn 8. **Teilungserklärungen** und Gemeinschaftsordnungen nach dem WEG hat der BGH anhand von § 242 kontrolliert, ohne das AGBG zu erwähnen (NJW 2002, 3244; NJW 1994, 2250, 2252; ebenso unter ausdrücklicher Ablehnung der Anwendbarkeit des AGBG BayObLG DNotZ 1989, 428, 429). Andere wollen das AGB-Recht analog anwenden (zB ULMER/HABERSACK Rn 12 mwNw zum Streitstand; LG Magdeburg Rpfleger 1997, 108; krit zu Recht RÖLL, s auch § 310 Rn 35; ohne sich endgültig festzulegen an dieser Hypothese zweifelnd BGH Z 151, 164, 173, zuletzt NJW 2012, 676).

14 **c)** Selbst vorformulierte **prozessuale** Vereinbarungen und einseitige Erklärungen können AGB-Charakter haben, etwa eine in AGB enthaltene Vollstreckungsunterwerfung (BGH NJW 2002, 138; BGHZ 99, 274 = NJW 1987, 904; BGHZ 101, 271; BGHZ 114, 9 = NJW 1991, 1677; BGHZ 185, 133 = ZIP 2010, 1072; OLG Stuttgart NJW 1979, 222; LG Hamburg NJW 2008, 2784; HEINZE AcP 211 [2011] 105, 118) oder Gerichtsstands- (s § 305c Rn 15, s auch oben Rn 7), Schieds- oder Beweisführungsklausel. Bezüglich der Schiedsklauseln enthält das 10. Buch der ZPO aber Sonderregelungen zu Bestimmungen (auch in AGB), die keine integre Zusammensetzung des Schiedsgerichts garantieren (STEIN/JONAS/SCHLOSSER [22. Aufl 2002] § 1029 Rn 26 mwNw z Steitstand; HANEFELD/WITTINGHOFER SchiedsVZ 2005, 217, 225; **aA** LACHMANN, Handbuch fd Schiedsgerichtspraxis [3. Aufl 2008] Rn 546 ff m umfgr Erörterung der gesamten AGB-Problematik). Nach der Rechtsprechung verfällt eine als AGB vereinbarte Schiedsklausel der Inhaltskontrolle, wenn ein ausländischer Schiedsort dem schwächeren Vertragsteil seine Rechtswahrung stark erschwert, insbesondere die Beachtung von EU-Schutzrecht unwahrscheinlich macht (OLG München IHR 2006, 166). Im Übrigen ist bei der Inhaltskontrolle von

Schiedsvereinbarungen große Zurückhaltung geboten (dazu STEIN/JONAS/SCHLOSSER, Kommendar zur ZPO [23. Aufl im Erscheinen] § 1029 Rn 45 ff).

d) Vertragsbedingungen können sich – scheinbar – darauf beschränken, bloße **Tatsachen bekunden zu lassen**. Sollen derartige **Tatsachenbekundungen unwiderleglich** sein, dann kommt ihnen der Sache nach die Bedeutung einer Abbedingung gesetzlicher Vorschriften zu. Hat etwa der Mieter eines PkW formularmäßig anerkannt, dass sich dieser in einwandfreiem Zustand befinde, so soll damit die Haftung des Vermieters nach §§ 537 f ausgeschlossen werden (s den Fall BGH WM 1967, 118). Die für den Gewährleistungsausschluss des Vermieters sich aus § 307 ergebenden Maßstäbe (s STAUDINGER/COESTER-WALTJEN § 309 Nr 10 Rn 11) sind anwendbar. Soll eine Tatsachenerklärung **widerleglich** sein, so bringt die Klausel der Sache nach eine Beweislastumkehr und unterliegt dann dem § 309 Nr 12. 15

e) Das Ausstellen einer einfachen Quittung ist kein Vertrag. Soweit dieses unter Verwendung von Formularen des Geschäftspartners des Quittierenden geschieht, sind aber §§ 305 ff ausweislich § 309 Nr 2b („Empfangsbestätigungen") gleichwohl anwendbar. Auf Quittungen, die Erlass- oder Verzichtserklärungen enthalten, sind §§ 305 ff anwendbar, da sie Verträge bzw einseitige Rechtsgeschäfte darstellen (WOLF § 1 AGBG Rn 11). 16

III. Die Bestimmung vorformulierter Vertragsbedingungen für eine Vielzahl abzuschließender Verträge

1. Die formelle Begriffsbestimmung

Der Gesetzgeber hat im Interesse der Rechtssicherheit einen formalen Begriff von AGB gewählt. Er hat den Vorschlag, allein auf das materielle Kriterium des einseitigen Diktats bei Vertragsabschluss abzustellen, ursprünglich nicht aufgegriffen. Ein einseitig diktierter einmaliger Vertrag unterfiel dem AGB-Gesetz ursprünglich niemals. Werden Bestimmungen für eine Vielzahl von Verträgen verwandt, dann ist auch für die Frage nach der wirtschaftlichen oder sonstigen Übermacht des Verwenders kein Raum mehr, allenfalls noch danach, ob nicht entgegen dem äußeren Anschein eines AGB-Vertrages ein Individualvertrag vorliegt. Durch den in Vollzug der EG-Richtlinie über missbräuchliche Klauseln 1996 neu eingefügten § 24a Nr 2 AGBG waren §§ 5, 6 und 8 bis 12 AGBG auch dann auf vorformulierte Vertragsbedingungen in Verbraucherverträgen anzuwenden, wenn diese nur zur einmaligen Verwendung bestimmt waren, soweit der Verbraucher keinen Einfluss auf den Inhalt ausüben konnte. § 310 Abs 3 Nr 2 hat dies ohne inhaltliche Änderung übernommen. Im Bereich der Verbraucherverträge wird das Kriterium der Bestimmung für eine Vielzahl somit obsolet. In der Regel sind vorformulierte Klauseln aber für eine Vielzahl von Verträgen bestimmt, so dass die Bedeutung der neuen Regelung diesbezüglich gering sein dürfte. 17

2. Bestimmte und unbestimmte Vielzahl

AGB müssen, um die Anwendbarkeit der §§ 305 ff auszulösen, im Allgemeinen also für eine Vielzahl von Verträgen vorformuliert sein. Unerheblich ist dabei, ob es sich um eine bestimmte (zB OLG Celle NJW-RR 1991, 667) oder unbestimmte Vielzahl von 18

Mehrfachverwendungen handelt (heute allgM). Die von einem Bauträgerunternehmen für eine bestimmte Zahl von Eigentumswohnungen aufgestellten, einheitlichen Verkaufsbedingungen sind also ebenso AGB (BGH NJW 1981 2344, 2345; OLG Düsseldorf NJW-RR 1997, 659), wie die im Klauselwerk übereinstimmenden Verträge mit Mietern eines Hauses.

3. Bestimmung für künftige Verträge

19 Damit Vertragsbestimmungen AGB-Charakter haben, genügt es, dass die einzelne Klausel für eine Vielzahl von Verträgen konzipiert ist. Ist dies der Fall, so gelten die Bedingungen auch schon im ersten Anwendungsfall als AGB (BGH NJW 1981, 2343, 2344). Entscheidend ist daher, ob ihr **Schöpfer** sie im Zeitpunkt des Vertragsschlusses (BGHZ 144, 242 = NJW 2000, 2988; BGH WM 2008, 28 – einen missverständlichen Zungenschlag aus VZBau 2001, 682 korrigierend) – oder bei der Unterlassungsklage im Zeitpunkt der Urteilsfällung – für eine Vielzahl von Verträgen gedacht hat, auch wenn sie der Verwender selbst nur einmal gebraucht, s Rn 20. So reicht die Verwendung gegenüber einer Vielzahl von Auftragsbewerbern nicht aus, wenn sie nur auf den Abschluss *eines* Vertrages abzielt (BGH NJW 1997, 135). Nicht nötig ist, dass sie auch der Verwender mehrmals zu gebrauchen gedenkt (nahezu allgM, vgl BGH VII ZR 87/04 v 24. 11. 2005; BGH NZBau 2005, 590; BGH NJW 1991, 843; 1992, 2160, 2162; BAG NJW 2010, 550; **aA** Michalski/Römermann ZIP 1993, 1434, 1436 f), oder dass auf ihrer Grundlage bereits Verträge abgeschlossen wurden. Eine Kontrolle ist im letzteren Fall allerdings nur durch die Unterlassungsklage nach dem UKlaG möglich, nicht im Individualprozess, der voraussetzt, dass die AGB tatsächlich in einen Vertrag einbezogen wurden. Entsprechend sind die §§ 305 ff ihrem Schutzzweck nach anwendbar, wenn ein Verwender die AGB im Einzelfall zu seinen Gunsten abändert (Michalski/Römermann ZIP 1993 1434). Eine für einen bestimmten Vertrag individuell vereinbarte Klausel wird aber nicht deshalb nachträglich zu einer Allgemeinen Geschäftsbedingung, weil sie später noch einmal benutzt worden ist (BGH WM 1994, 1136, 1137; Ulmer/Habersack Rn 22). Derartige Klauseln erlangen zu dem Zeitpunkt AGB-Charakter, indem sie ihr Schöpfer mit einer gewissen Planmäßigkeit anwendet, oder ein anderer sie in der Absicht aufgreift, sie für eine Vielzahl von Verträgen zu verwenden. Eine Vermutung für den Charakter einer Vertragsbestimmung als AGB wird immer dann begründet, wenn inhaltlich übereinstimmende Vertragsbedingungen einer Mehrzahl von Rechtsgeschäften zugrunde gelegt werden (Ulmer/Habersack Rn 24; allgM), wobei die nur einmal wiederholte Anwendung nicht genügt (BGH BB 1996, 2535). Zu Beweislastfragen s Rn 51. Die Tatsache, dass bei Abschluss des Dienstvertrags mit einem Vorstandsmitglied einer AG auf Klauseln aus entsprechenden Verträgen mit anderen Vorstandsmitgliedern zurückgegriffen wurde, war für den BGH aber ohne Bedeutung (BB 1989, 1577). Übertrieben ist es allerdings, AGB schon dann anzunehmen, wenn aus einem Vorrat an Vertragsmustern die Klauseln ausgewählt werden, die einem neuen Vertrag zu Grunde gelegt werden sollen (**aA** BGH NZBau 2005, 590).

4. Der Begriff „Vielzahl"

20 Die Tatsache, dass ein einmal ausgearbeiteter Vertragstext bei sich ungeplant ergebender Gelegenheit wieder versandt wird, macht die Klauseln nicht zu AGB (BGH NJW-RR 2002, 13). Eine beabsichtigte „Vielzahl" der Verwendung ist jedenfalls anzunehmen, wenn Vertragsbestimmungen für eine unbestimmte Zahl von Verträ-

gen gedacht sind, wobei genügt, dass der Inhalt der verwendeten Klauseln im Wesentlichen gleich ist (BGH NJW 1979, 2387, 2388; OLG Koblenz NJW-RR 1987, 95, 96). Bestimmungen in einem Mietvertrag über eine Einliegerwohnung werden nicht zu AGB, wenn sich der Vermieter vornimmt, die gleichen Mietvertragsbedingungen bei Freiwerden der Wohnung wieder zu verwenden. Auch Klauseln sind aber AGB, die von vornherein nur für eine bestimmte Vielzahl von Verträgen gedacht sind, etwa für Eigentumswohnungen in einem bestimmten Bau (BGHZ 150, 226 = NJW 2002, 2470). Die Absicht einer zweifachen Verwendung sah der BGH nicht als ausreichend an (NJW 1997, 135). Die von ihm für Notarverträge aufgestellte Faustregel einer beabsichtigten dreimaligen Verwendung ist verallgemeinerungsfähig (BGHZ, NJW 2002, 138; BGH NJW 2004, 1452; BAG NJW 2007, 3018; vWestphalen NJW 2002, 1688). Mehrfachverwendungsabsicht bezüglich eines einzigen Projekts (OLG Schleswig MDR 2001, 262; OLG Frankfurt 19. 3. 2013 – juris) oder gegenüber einem einzigen Vertragspartner (BGH NJW 2004, 1454; BAG NJW 2007, 3018) genügt. Jedoch muss es sich in letzterem Fall um materiell und zeitlich unterschiedliche Verträge handeln. Aufspaltung eines Vertragskomplexes in formell verschiedene Verträge begündet noch keine AGB. Bei gewerblich tätigen Verwendern besteht immer ein solcher Anschein der Mehrfachverwendung, dass er auf eine entsprechende Behauptung hin substantiiert reagieren muss. Von Dritten verfasste Muster verlieren nicht im Einzelfall deshalb ihren Charakter, weil der Verwender nur ein einziges Mal von ihnen Gebrauch macht (BGH WM 2006, 247; BGHZ 184, 259 = NJW 2010, 1131).

„Aus Inhalt und Gestaltung der … verwendeten Bedingungen kann sich ein vom Verwender zu widerlegender Anschein ergeben, dass sie zur Mehrfachverwendung vorvormuliert worden sind“ (so wörtlich BGH NJW 2004, 502 f; BGHZ 118, 229 = NJW 1992, 2160; s Rn 59 – Beweislast; skeptisch vWestphalen, Vertragsrecht, Stichwort „Individualvereinbarungen“ Rn 6).

IV. Die Vorformulierung von Vertragsbestimmungen

1. „Vorformulierung“ als entscheidendes Kriterium

Vertragsbestimmungen müssen, um AGB werden zu können, „vorformuliert“ sein. 21
Für Verbraucherverträge genügt dies nach § 310 Abs 3 Nr 2 zur Annahme von AGB (s dort Rn 38). **Formularverträge** sind natürlich insgesamt AGB (BGH NJW 1995, 190 mwNw), auch wenn sie das Gepräge eines Individualvertrages haben (BGH ZIP 1998, 1956 – auf Anforderung einer Bank erklärte Patronatserklärung der Muttergesellschaft der Kreditschuldnerin). Im Übrigen setzt das Gesetz zusätzlich voraus, dass Klauselwerke nicht lediglich konkret für einen einzelnen Vertrag entworfen worden, sondern zumindest auch als Grundlage für gleichartige Verträge aufgestellt worden sind (s auch Rn 17 ff), wobei unerheblich ist, von wem sie aufgestellt wurden. Werden ursprünglich für einen Individualvertrag entworfene Bedingungen später für andere Verträge verwandt, sind sie von diesem Zeitpunkt an AGB (Ulmer/Habersack Rn 22). Die „Vorformulierung braucht nicht auf völlige Textidentität in allen abzuschließenden Verträgen abzustellen“ (BGH NJW 2000, 1110 [1111]; OLG Düsseldorf NZG 1998, 352; OLG Dresden BB 1999, 228). Auch können einzelne Klauseln in im Übrigen individuell konzipierten Verträgen AGB sein (BGH NJW 1997, 135 f; OLG Rostock BauR 2005, 1037). Meist sind sie es aber nicht (s Rn 36a). Bei Verträgen der ehemaligen **Ost-Treuhand** handelt es sich regelmäßig um AGB, soweit nicht einzelne Elemente iSv Abs 1 S 3

ausgehandelt wurden (BGH NJW 1998, 2600). Interne Betriebsanweisungen für Vertragsabwicklung, etwa des Inhalts, dem Kunden bestimmte „Gebühren" in Rechnung zu stellen, sind keine AGB (OLG Hamm BKR 2002, 1016 [1017]), können aber nach § 306a angreifbar sein (BGH NJW 2005, 1645; mit beachtlichen Gründen gegen die damit betriebene Umgehung des Lauterkeitsrechts Freitag ZIP 2005, 2052; § 306a Rn 4). Richtlinien über die Ausübung von Leistungsbestimmungsrechten iSv § 315 BGB sind nicht selbst AGB. Die durch die Ausübung bewirkte Festlegung ist aber AGB, die nachträglich in den Vertrag einzufügen sich der Verwender vorbehalten hat (Wolf/Pfeiffer Rn 13; als Umgehung iSv § 306a gewertet bei Borges ZIP 2005, 185, 195). Der Urheber der Vorformulierung ist gleichgültig. Auch Bedingungswerke, die unter Beteiligung aller relevanten Marktseiten geschaffen wurden, sind AGB, etwa die Vergabe- und Vertragsbedingungen für Bauleistungen – VOB/B und VOB/C (allgM).

2. Unbeachtlichkeit des Vorhandenseins eines stofflichen Trägers

22 Keine Voraussetzung ist, dass der Wortlaut der Klauseln auf einem **stofflichen Träger** festgehalten ist, da dies keinen Einfluss auf die Schutzbedürftigkeit des Vertragspartners hat. Abs 1 S 2 stellt nur klar, dass die Schriftart unerheblich ist, setzt aber keine schriftliche Fixierung voraus (NJW 1992, 2759; BGH NJW 1988, 410; OLG Dresden BB 1999, 228; OLG Köln NJW-RR 1995, 758; LG Dortmund NJW-RR 2001, 1205; OLG Frankfurt NJW-RR 2001, 55; OLG Hamm NJW-RR 1997, 1215 – beide für „im Kopf des Verwenders gespeicherter" Text, der handschriftlich auf jedes Vertragsformular gesetzt wurde; ähnlich OLG Koblenz VersR 1999, 875, OLG Dresden BB 1999, 228 – heute allgM). Schon gar nicht muss die Einbeziehung schriftlich geschehen (s Rn 163). Auch im Rahmen einer Unterlassungsklage gilt nichts Abweichendes (BGHZ 141, 108 = NJW 1999, 2180).

23 Auf welche Weise die vorformulierten Bestimmungen in den Text aufgenommen werden, spielt keine Rolle. Vordrucke, die im Wege der Textverarbeitung erstellt werden, sind AGB, auch wenn der Ausdruck als Texteinheit erscheint. Der Verwender muss dann den äußeren Eindruck der Vorformulierung widerlegen (Gruber, in: FS Kramer [2004] 502). So reicht es aus, dass ein Blankett hand- oder maschinenschriftlich mit derartigen Klauseln ausgefüllt wird (BGHZ 141, 108 = NJW 1999, 2180; BGH NJW 2005, 2543; BGH NJW 1998, 2815; NJW 1996, 249, 250; 1992, 2759; 1988, 410; OLG Stuttgart NJW-RR 1998, 312; OLG Hamm NJW-RR 1987, 244; allg LitM zB Borges ZIP 2005, 185), wiederholt verwendete Textbausteine individuell zusammengesetzt werden (OLG Frankfurt NJW 1991, 1489, 1490) oder zwischen mehreren vorgegebenen Fassungen **gewählt** werden kann. Das BAG (NZA 2009, 49) lässt sogar mündlich dem Arbeitnehmer gemachte Zusagen genügen. Keine AGB liegen vor, wenn der Kunde den Vertrag ganz ohne AGB wählen kann oder dann, wenn auch nicht vorformulierte Alternativen zur Wahl stehen (Rn 27, 38 ff).

24 Unschädlich ist, wenn eine Klausel noch um **unselbständige Angaben** durch den jeweiligen Verwender ergänzt werden muss, um sie dem Einzelfall anzupassen, ohne dass diese Ergänzung den Kerngehalt der vorformulierten Klausel verdrängt (BGH NJW 1992, 1107, 1108), wie zB die Höhe einer Schadenspauschale oder die Länge einer Frist, den Namen des jeweiligen Schuldners (BGHZ 102, 152, 158), eine Zweckerklärung für Grundpfandrechte (BGH WM 1987, 498), den aktuellen Listenpreis in einer Tagespreisklausel (BGH NJW 1983, 1603), die Höhe der Steigerungssätze bei ärztlichen Honorarklauseln (BGH ZIP 1992, 186 f), den Umfang der abzutretenden Forderungen

oder Sachen (Ulmer/Habersack Rn 56). Dabei ist zu beachten, dass einzelne Klauseln, die für sich genommen unselbständig sind, in der Gesamtheit mit den übrigen Ergänzungen durchaus zu selbständigen Ergänzungen werden können (BGH WM 1994, 1136, 1137). Wird die Vertragslaufzeit individuell in eine dafür vorgesehene Stelle eingefügt, so handelt es sich nicht um eine vorformulierte Bestimmung (BGH NJW 1998, 1066; s auch Rn 38).

An dem Merkmal des Vorformuliertseins kann es fehlen, wenn bestimmte Vertrags- 25
inhalte allein kraft **Handelsbrauchs** gelten. Einzelheiten Rn 188 ff.

V. Die (beabsichtigte) Einseitigkeit der Einführung in den Vertrag

Bedingungen müssen, um den Charakter von AGB zu haben, nach dem Wortlaut 26
der Vorschrift solche sein, die eine Vertragspartei (Verwender) der anderen bei Abschluss des Vertrages **„stellt"**.

1. Regelungszweck und Begriffsbestimmung

Dieses Begriffsmerkmal dient dem Regelungsanliegen des Gesetzes, den Verwender von AGB von seinem Vertragspartner abzugrenzen, der von der einseitigen Inanspruchnahme der Vertragsgestaltungsfreiheit durch den Verwender geschützt werden soll, allgM. Die nachfolgenden Vorschriften des Gesetzes gewähren fast ausnahmslos nur dem Vertragspartner des Verwenders Schutz. Daraus folgt aber nicht, dass Verwender ist, **zu wessen Gunsten** sich eine Klausel auswirkt (BGHZ 130, 50, 57 f = NJW 1995, 2034; heute allgM).

Durch den 1996 eingeführten § 24a Nr 1 AGBG, eine jetzt in § 310 Abs 3 Nr 2 übernommene Regelung, gelten in **Verbraucherverträgen** AGB als von dem Unternehmer gestellt, es sei denn, dass sie durch den Verbraucher in den Vertrag eingeführt worden sind. Der Gesetzgeber ging bei der Umsetzung der EG-Richtlinie davon aus, dass eine Streichung des Merkmals „Stellen" im Gesetzestext nicht möglich ist, da durch dieses Merkmal der Verwender definiert wird, an den zahlreiche Vorschriften des AGB-Rechts anknüpfen. Um die Anforderungen der Richtlinie zu erfüllen und eine Inhaltskontolle auch hinsichtlich der von einer neutralen Person vorformulierten Vertragsbedingungen zu ermöglichen, vermutet die Umsatzregelung, dass in Verbraucherverträgen verwendete AGB als vom Unternehmer gestellt wurden (BT-Drucks 13/2713, 7). Bedeutung hat dies vor allem für notarielle Standardklauseln (s Rn 28, 54 ff).

Eine Vertragsbedingung ist von jener Partei iSd Gesetzes „gestellt", die sie in die 27
Verhandlungen eingeführt hat (BGH NJW 1985, 2477) bzw der die Einführung zuzurechnen ist, wobei dies für jeden Vertrag und jede Klausel gesondert festgestellt werden muss (Wolf/Pfeiffer Rn 25). Eine enge Auslegung iSd Erfordernisses einer einseitigen Durchsetzung oder gar „Ausübung" angemessener Gestaltungsmacht (Lischek/Mahnken ZIP 2007, 158 ff) entspricht nicht dem Schutzzweck des Gesetzes und ist nur schwer mit der in Abs 2 vorausgesetzten Einbeziehungsvereinbarung und der Erwähnung der Möglichkeit des Aushandelns in Abs 1 S 3 zu vereinbaren (Ulmer/Habersack Rn 26). Der Verwender selbst kann, auch wenn er eine Klausel gestellt hat, sich niemals auf deren Unwirksamkeit berufen (BGH NJW 1998, 2280). Bei

Mietverhältnissen kommen sowohl Vermieter wie Mieter als Verwender in Betracht (Einzelheiten bei Stoffels WuM 2011, 268 und Lehmann/Richter, Mietvertragsbedingungen und ihre AGB-rechtliche Verwendung, „Verwendung", „Stellen" „Aushandeln" und Verbraucherverträge. Die Lehren aus der „Gebrauchtwagen"-Entscheidung des BGH [hier s Rn 36a]). Jedoch fehlt es am „Stellen", wenn der andere Teil die Möglichkeit gehabt hat, ein anderes Formular ins Gespräch zu bringen, sich aber für das vom Vertragspartner vorgelegte entschieden hat (BGHZ 184, 259 = NJW 2010, 1131 – lebhaft zust Graf vWestphalen ZIP 2010, 1110, dadurch der Kritik an der Rechtsprechung zu Individualvereinbarungen den Boden entzogen sehend, s Rn 35 ff). Das kann insbesondere bei Geschäften unter zwei Verbrauchern so sein. Auch dann trifft die Beweislast den auf den AGB-Charakter pochenden Teil (s Rn 51). Der Anscheinsbeweis ist aber erbracht, wenn der Text zulasten der Interessenlage des anderen Teils zugeschnitten ist. S auch Rn 31.

2. Die Bestimmung des Verwenders

28 Einerlei ist, von wem und in wessen Auftrag die Bestimmungen vorformuliert worden waren (BGH NJW 1984, 360) und ob sie der andere Teil wegen der Schwäche der Verhandlungsposition oder deshalb akzeptiert hat, weil er sie als ausgewogen und branchenüblich kannte. Grundsätzlich können auch außerhalb von Verbraucherverträgen (s Rn 26) solche Klauseln unter den Anwendungsbereich der §§ 305 ff fallen, die von Dritten, wie zB Notaren oder Verfassern von Fachliteratur, aufgestellt wurden. Voraussetzung ist aber, dass eine Vertragspartei die Klausel sich als Verwender **zurechnen** lassen muss (BGH NJW 1994, 2825, 2826), was regelmäßig der Fall ist, wenn jemand Empfehlungen aufgreift, die von dritter Seite aufgestellt wurden, und sie seinem Vertragspartner stellt (s Rn 29). Eine Häufung von Klauseln, die dem präsumtiven Verwender günstig sind, hat der BGH zwar einmal genügen lassen (BGHZ 118, 229 = NJW 1992, 2160). Generell hat er es aber abgelehnt, von dem Inhalt der Klauseln auf die Verwendereigenschaft zu schließen (BGHZ 184, 259 = NJW 2010, 1131). Der Verwender selbst muss in dieser Situation nicht die Absicht des Mehrfachgebrauchs haben. Schiedsrichter sind aber nicht Verwender von Haftungsausschlussklauseln in Schiedsordnungen (**aA** öOGH SZ 71/76, 446 ff = XXVI Yearbook Commercial Arbitration [2001] 221, 228 – in Anwendung deutschen Rechts), weil der die Schiedsrichter begünstigende Charakter der Klausel unwesentlich ist (s Rn 26) und die Parteien die Schiedsordnung „verwenden", wenn sie an potenzielle Schiedsrichter herantreten.

Das Handeln von Vertretern und Handlungsgehilfen ist der vertretenen Vertragspartei jeweils so wie deren rechtsgeschäftliches Auftreten zuzurechnen (BGH NJW 1991, 36, 39; 1984, 360). Obwohl **„Stellen"** keine Willenserklärung, sondern ein tatsächliches Handeln ist (Bartsch NJW 1986, 23, 30), gelten für die Zurechnung die Grundsätze des § 166 entsprechend (BGH BB 1984, 564; **aA** [§ 278] Bartsch NJW 1986, 28, 30). Das Vorhandensein eines Architekten auf Seiten des Bauherrn ist irrelevant, wenn dieser in die Vertragsverhandlungen nicht eingeschaltet war (OLG Saarbrücken NZBau 2006, 787 f). Die Verwenderstellung geht auf den Rechtsnachfolger im Vertrag über (BGH ZIP 1987, 916, 917). Bei Forderungsabtretung kann die Unwirksamkeit von AGB gegenüber dem Zessionar gem § 404 geltend gemacht werden (Wolf/Pfeffer Rn 26). Nicht ausreichend für eine Zurechnung (als Verwender im Rahmen der Unterlassungsklage) ist eine (enge) wirtschaftliche Verbindung mit dem Primärverwender oder ein wirtschaftliches Eigeninteresse, wie zB das des Vorlieferanten, der die Ware direkt an den Käufer liefert und sich diesem gegenüber auf die AGB beruft, die ihm der Verkäufer gestellt hat (BGH NJW 1991, 36, 39). In der gewerblichen Versicherung kann ein vom Versicherungsnehmer beauftragter Makler Bedingungswerke stellen. Dann ist der Versicherungsnehmer Verwender und die Versicherung wird geschützt (BGH NJW-RR 2010, 39; MünchKomm/Basedow Rn 22), soweit der Makler nicht üblicherweise vom Versicherer gestellte Bedingungen wiederholt (Langheid/Müller-Frank NJW 2010, 344).

Wenn ein **Notar** Formulare verwendet, die er von einer Partei erhalten hat, so ist diese Partei Verwender (BGH NJW 2002, 490; NJW 1990, 576; 1986, 1171, 1172; s Rn 54).

Außerhalb des Anwendungsbereiches von § 310 Abs 3 Nr 1 (s § 310 Rn 42 ff) ist aber **29**
im Übrigen eine Vertragsbestimmung nicht gestellt, wenn ein unparteiischer Dritter (Notar; s aber Rn 54 ff) ohne Veranlassung durch einen Vertragspartner eine Klausel in den Vertrag einführt (BGHZ 144, 242 = NJW 2000, 2988; BGH NJW-RR 2002, 13 OLG Köln MDR 1998, 1089; OLG Hamm VerR 2000, 98 – Makler-Direktanspruch gegen Käufer). Der Einlieferer ist nicht Verwender der Bedingungen des Versteigerers (BGHZ 149, 129 = NJW 2002, 365), der Internetauktionator macht durch seine Bedingungen keine Partei zum Verwender (OLG Hamm NJW 2011, 1142; s Rn 106). Problematisch ist der Fall, in dem eine von einem Dritten vorgeschlagene Klausel eine Partei eindeutig und offensichtlich **begünstigt** oder sich eine Partei auf eine derartige Klausel nach Vertragsschluss beruft. Zum Teil rechnet man eine solche Klausel der Partei als Verwender mit der Begründung zu, dass sie sich dieser Klausel gleichsam mittelbar bediene, indem sie sich diese zu Nutze mache (BGH NJW 1982, 2243, 2244; 1979, 1406 – für Verträge vor Inkrafttreten des AGBG; OLG Karlsruhe DNotZ 1987, 688 f; OLG Nürnberg NJW-RR 1990, 1467; OLG München NJW 1981, 2472, 2473; Kramer ZHR 146 [1982] 105, 114). Auch der Hinweis auf den Schutzzweck des AGB-Rechts ändert jedoch nichts daran, dass diese Ansicht nicht mit dem Verwenderbegriff zu vereinbaren ist. Im Übrigen liegt eben kein Fall der Inanspruchnahme einseitiger Gestaltungsmacht vor (BGH NJW 1991, 843; Wolf/Pfeiffer Rn 31; Medicus, Zur gerichtlichen Inhaltskontrolle notarieller Verträge 13 f; Stürner JZ 1979, 758; Thomas DNotZ 1979, 747; Ulmer/Habersack DNotZ 1981, 95; Roth BB 1987, 977, 979; Palandt/Grüneberg Rn 10). Wenn ein Vertrag allerdings fast ausschließlich die eine Seite belastende Bedingungen enthält, kann davon ausgegangen werden, dass sie kein „unabhängiger Notar" entworfen hat. Das Klauselwerk des Hausnotars für den auf mehrfache Verwendung zielenden Auftraggeber sind dessen AGB (BGHZ 118, 229, 238 f = NJW 1992, 2160, 2163; BGHG NJW 1985, 2577. S auch Rn 54 f).

Soweit nach dem Ausgeführten keine der Parteien als Verwender zu qualifizieren ist, kommt uU eine Inhaltskontrolle gemäß § 242 in Betracht, insbesondere bei **notariellen Verträgen** (s Rn 28, 54 ff).

Bei „Abschluss des Vertrages" sind die AGB dann vom Verwender gestellt, wenn er **30**
sie in den Verhandlungen gestellt hat (OLG Düsseldorf BB 1997, 754 – Sonderangebot „unter Ausschluss jeglicher Gewährleistung") und von ihnen bis zum Vertragsschluss nicht abgerückt ist (Wolf/Pfeiffer Rn 34). „Gestellt" sind Klauseln aber auch dann, wenn sie auf Initiative einer Partei in den Vertrag erst nachträglich per Vertragsänderung einbezogen werden sollen, zB durch Aufdruck auf der Rechnung oder der Vertragsbestätigung, unabhängig davon, ob sie zum Vertragsinhalt werden (BGH NJW 1987, 1634; OLG Frankfurt WM 1986, 570, 571; Ulmer/Habersack Rn 31; Wolf/Peiffer Rn 34). Es

kann vorkommen, dass eine Partei nur deswegen als erste auf bestimmte AGB zu sprechen kommt, weil sie davon ausgeht, dass die andere Seite ohne deren Einbeziehung niemals zum Vertragsschluss bereit wäre. Insoweit ist entgegen der rein formalen Betrachtungsweise die Partei Verwender, auf welche die Einbeziehung letztlich zurückgeht (BGH NJW 1997, 2043; BGH NJW-RR 2006, 740; OLG Brandenburg IBR 2008, 514 – von der anderen Seite vorformuliertes Angebot). Mit Vorsicht kann als Indiz für die Verwendereigenschaft der Umstand dienen, dass ein Bedingungswerk einen Vertragspartner stark begünstigt (s Rn 26). AGB stellt auch, wer (etwa durch eine invitatio ad offerendum) den anderen Teil veranlasst, sie in sein Angebot aufzunehmen, selbst wenn das Verlangen nicht ausdrücklich geäußert, sondern vom anderen Teil aufgrund der bisherigen Vertragspraxis vorausgesetzt wurde (BGH NJW-RR 1987 – obiter; BGH NJW 1997, 2043; BGH NJW 2006, 740; allgM).

3. Verwender bei VOB- und Bauherrn-Modell-Vertrag – gegenseitiges Stellen von AGB

31 Liegt die VOB einer Ausschreibung zugrunde, so ist der Bauherr Verwender, hat sie der Bauunternehmer seinem Angebot beigefügt, weil keine Ausschreibung erfolgte, ist Letzterer Verwender, soweit sich nicht ergibt, dass die Einbeziehung auf den Bauherrn zurückgeht. Häufig einigen sich fachkundige Vertragspartner auf die Geltung der VOB/B als ein von ihnen für ausgeglichen gehaltenes Klauselwerk. Keine Seite ist dann Verwender. Man muss über die Rechtsprechung des BGH (s Rn 27) hinausgehen und unabhängig von der zeitlichen Reihenfolge der Vertragsschlussinitiative die Einigung auf ein beiden Teilen wohlbekanntes, marktgängiges und nicht einer Marktseite verbundenes Klauselwerk als ohne „Stellen" durch eine Seite begreifen (Ulmer/Habersack Rn 29).

Geht die Einbeziehung einer Klausel auf die Initiative beider Parteien gleichermaßen zurück, so haben sich die Vertragsparteien diese **gegenseitig gestellt**. Diese Voraussetzungen liegen auch dann vor, wenn es nur eine Frage des Zufalls war, welche Vertragsseite zuerst auf die VOB zu sprechen kam. Vorformulierte Bedingungen für diesen Fall vom Begriff der AGB auszunehmen, ist sachgerecht (s Rn 27; BGHZ 184, 259 = NJW 2010, 1133; heute allgM: **aA** Staudinger/Schlosser [2006]). Es ist sinnlos, dann doch einzelne Bestimmungen aus den §§ 305 ff anzuwenden. Der normale Umgang mit dem Vertragsrecht reicht aus (**aA** Ulmer/Habersack Rn 30). §§ 305 ff sind aber insoweit anwendbar, als sie keine Antinomie von Verwender und seinem Vertragspartner voraussetzen. Dies gilt vor allem für § 305c Abs 1; §§ 305b, 306 (AnwKomm/Kollmann Rn 11; Palandt/Grüneberg Rn 13; Ulmer/Habersack Rn 30 f).

32 Bei **Bauherrenmodellen** handelt es sich meist um vorformulierte Verträge, die von einem Treuhänder im Namen oft noch nicht feststehender Bauherren geschlossen werden. Dabei ist davon auszugehen, dass die Vertragsbedingungen im Zweifel der Bauträger als Verwender gestellt hat, was auch gilt, wenn die Mitwirkung des Treuhänders wegen Verflechtung mit dem Bauträger diesem und nicht den Bauherren zuzurechnen ist (BGH NJW 1994, 2825 f; BGH WM 1992, 1989, 1992; Schäfer, in: Klauselwerke „Bauherrenmodell" [1993] Rn 23; Ulmer/Habersack Rn 27a). Das rechtsgeschäftliche Vertreterhandeln und das tatsächliche Handeln bei den Vertragsverhandlungen muss nicht immer der gleichen Person zugerechnet werden (Bartsch NJW 1986, 28, 30), so dass es für die Verwendereigenschaft darauf ankommt, inwieweit der Treu-

händer im Interesse und mit Billigung des Baubetreuers tätig wird (BGH NJW 1985, 2477 – Bauträger als Verwender, auch wenn ein mit der Ausarbeitung der Verträge beauftragter Wirtschaftsprüfer später die Verträge als Treuhänder der Bauherrn mit dem Bauträger abschließt). Es fehlt an der Verwendereigenschaft des Baubetreuers mangels „Stellens", wenn der vom Baubetreuer unabhängige Treuhänder als Vertreter und im Auftrag des Bauherrn die Formularbedingungen gemeinsam mit dem Baubetreuer ausarbeitet (BGH BB 1984, 564) oder wenn sich eine Vertragspartei einen vom Notar vorgeschlagenen Regelungswortlaut zu eigen macht (BGH MittBayNot 1991, 21; DNotZ 1993, 328, 329).

4. Verwender im Unterlassungsprozess

Im Rahmen der Klage nach § 1 UKlaG ist der „Verwender"-Begriff abweichend von 33
dem bisher Gesagten zu verstehen. Die Definition in (ursprünglich) § 1 AGBG wurde im Laufe des damaligen Gesetzgebungsverfahrens nicht mehr an den erst später eingefügten Verfahrensteil angepasst. Bei der Zerlegung des AGBG in §§ 305 ff BGB und UKlaG übersah man die Diskrepanz erst recht. Für die Anwendung des UKlaG ist es nicht notwendig, dass der Verwender die Bedingungen bei einem Versuch zum Abschluss eines Vertrags stellt. Es reicht vielmehr aus, wenn sie mit Wiederholungsabsicht in den rechtsgeschäftlichen Verkehr gebracht worden sind oder wenn eine baldige Verwendung so gut wie sicher bevorsteht (s § 1 UKlaG Rn 19). Beruft sich ein Verwender auf eine bereits einbezogene, aber unwirksame Klausel, ist dies ebenfalls eine Verwendung iSd UKlaG (BGH NJW 1981, 1511). Die Aufnahme in einen Katalog ist aber noch kein „Stellen", vor allem wenn dort steht „Irrtum vorbehalten" (BGHZ 179, 319 = NJW 2009, 1337).

VI. Die Unerheblichkeit der gewählten AGB- oder Vertragsform

Die Betonung der Unmaßgeblichkeit der Form der AGB oder des Vertrages, in den 34
sie einbezogen werden sollen, hat lediglich klarstellende Funktion.

Unerheblich ist der formale Bezug der AGB zum Vertrag. So stellen auch Formularverträge AGB dar (s Rn 21). Auch einzelne Bedingungen außerhalb der im Vertrag so bezeichneten „AGB" können darunter fallen, soweit sie nach allgemeinen Kriterien als Vertragsinhalt in Frage kommen. Dabei ist die Qualifikation als AGB von der Frage abzugrenzen, ob diese auch zum Vertragsinhalt wurden.

Neben umfangreichen Klauseln können auch einzelne kurze Bedingungen in einem individuell abgefassten Vertrag AGB darstellen (BGH NJW 1979, 2387, 2388) oder einzelne Worte wie zB „Gerichtsstand" im Briefkopf (BGH ZIP 1987, 1185) oder zB Haftungsausschlüsse durch Anschläge an Garderoben, Gebäuden, Wegen etc. AGB können sich auch auf die Modifikation einer Individualvereinbarung (etwa Laufzeit) oder der Leistungsfestlegungen beziehen (BGHZ 143, 104 = NJW 2000, 1110 – Verlängerungsoption). Die Tatsache der maschinenschriftlichen Ausfüllung einer Leerstelle allein nimmt dem Text nicht die Eigenschaft einer AGB-Klausel, s Rn 42.

Unerheblich ist, in welcher Form der Vertrag geschlossen wurde. AGB sind meist Bestandteil eines schriftlich abgeschlossenen Vertrages. Wie sie Vertragsbestandteil werden, wenn die Wirksamkeit des Vertrages von der Einhaltung der Schriftform unabhängig ist, regelt Abs 2. Ist für einen Vertrag Schriftform vorgeschrieben, so muss die zu leistende Unterschrift auch die AGB erfassen, § 126 (im Übrigen Rn 14). AGB können auch Bestandteil eines mündlich abgeschlossenen Vertrages werden (BGH NJW 2000, 2635 [2636] – Telefonkartenvertrag). Nur müssen sie auch dann „vorformuliert" (s Rn 21 ff) gewesen und in einer dem Abs 2 entsprechenden Weise Vertragsbestandteil geworden sein. Auch notarielle Verträge sind unter Abs 1 fallende Formularverträge oder enthalten AGB, sofern die übrigen Voraussetzungen des Abs 1 vorliegen (s hierzu Rn 28).

Dem anderen Teil muss die Eigenschaft des angestrebten Vertragsinhalts als AGB nicht bekannt oder erkennbar sein (Wolf § 1 AGBG Rn 21).

VII. Individualvereinbarungen*

35 Nach § 310 Abs 3 Nr 2 sind einige Vorschriften des AGB-Rechts auf vorformulierte Bedingungen in Verbraucherverträgen auch dann anzuwenden, wenn sie nur zur einmaligen Verwendung bestimmt sind. Dies gilt jedoch nicht, soweit die Parteien eine Individualvereinbarung getroffen haben. Dabei weicht die Formulierung in Anlehnung an Art 3 Abs 2 RL von § 305 Abs 1 S 3 ab („... auf ihren Inhalt keine Einfluss nehmen konnte" anstatt „... im Einzelnen ausgehandelt"). Bezüglich des Inhalts ergeben sich aber keine Besonderheiten, so dass die folgenden Grundsätze auch für § 310 Abs 3 Nr 2 gelten (BAG NJW 2010, 2827 Rn 25; Heinrichs NJW 1996, 2190, 2193; **aA** vWestphalen BB 1996, 2102; sonst Lit aus Anlass der Umsetzung der RL: Wolf, in: FS Brandner 305; Kanzleitner DNotZ 1996, 869). Besonderheiten gelten hinsichtlich der Beweislast (s Rn 57). Auch individuell „ausgehandelte" Vertragsbestandteile können aber als sittenwidrig unwirksam sein (LAG Berlin-Brandenburg 25 Sa 29/09 GWR 2010, 255 – ungenau § 242 als Maßstab für gestörte Vertragsparität nennend). Nicht mit dem Verwendungsgegner, sonder kollektiv ausgehandelte Klauseln sind keine Individualvereinbarungen (BAG ZIP 2009, 1533). Das Gleiche gilt, wenn der Inhalt des ausgehandelten Vertrags der Absicherung Dritter gilt und diese Klauseln beanstanden (BGHZ 183, 220 = NJW 2010, 1277). Das Übergabeprotokoll eines gewerblichen Vermieters ist aber in der Regel eine Individualvereinbarung (AG Hannover ZMR 2011, 212; **aA** AG Gießen ZMR 2011, 555).

1. Formalisierung des Abgrenzungskriteriums in der Gesetzesredaktion

36 Die im Interesse eines praktikablen Normenvollzugs getroffene gesetzliche Schlussentscheidung zugunsten der stark formal bestimmten Begriffsbestimmung hat ihren Niederschlag vor allem in Abs 2 gefunden. Entscheidend ist allein, ob ein Individualvertrag oder eine individuelle Einzelvereinbarung innerhalb eines Standardvertrages vorliegt oder nicht. Dann gibt es nur AGB oder Individualvereinbarungen, aber nichts Drittes. Mischformen von Vertragstexten, zusammengesetzt aus Individualvereinbarung und AGB-Bestimmungen, sind gut denkbar (Bsp OLG Karlsruhe IBR 1996, 368; s Rn 9). Die eigenständige Bedeutung von Abs 1 S 3 ist freilich gering. Vertragsbestandteile, die nicht oder nur für einen oder zwei Fälle vorformuliert

* **Schrifttum**: Miethaner, AGB-Kontrolle versus Individualvereinbarung (2010); ders NJW 2010, 3121.

sind (s Rn 17), unterliegen dem Gesetz schon nach Sätzen 1 und 2 nicht, s aber § 310 Rn 61 ff. Eine vorformulierte Klausel kann freilich gerade wegen einer Individualvereinbarung der Inhaltskontrolle verfallen (BGH NJW 1993, 532; BGH NJW 2006, 2116; s Rn 41). Eine Honorarvereinbarung mit einem Zahnarzt, abgestimmt auf die spezifische Behandlung eines Patienten, ist keine „Individualvereinbarung" (s aber OLG Düsseldorf VersR 2001, 1564), sondern Teil eines individuellen Vertrags. Einen eigenständigen Sinn hat Abs 1 S 3 nur für solche Bedingungen und Bedingungsbestandteile, die ursprünglich für eine Vielzahl von Verträgen vorformuliert und der Gegenpartei gestellt worden waren, im Laufe der Verhandlungen aber den Charakter von Einzelvereinbarungen annahmen (**aA** Ulmer/Habersack Rn 43). Der BGH (BGHZ 143, 103 = NJW 2000, 1110, bestätigt in BGHZ 153, 311, 321 = NJW-RR 2005, 1040; NJW 2013, 856; zust OLG Köln WM 2002, 853 ff; OLG Schleswig MDR 1991, 262; OLG Hamm NJW-RR 2002, 1487) hat frühere Aussagen (NJW 1998, 2000 – frühere Treuhandanteile; NJW 1992, 1107; NJW 1991, 1679; NJW 1988, 410; NJW-RR 1987, 144, 145) zusammenfassend alles auf folgenden Punkt gebracht (s auch Rn 44 ff): Aushandeln iS des § 1 Abs 2 AGBG bedeutet mehr als verhandeln. Es genügt nicht, dass das gestellte Formular dem Verhandlungspartner bekannt ist und nicht auf Bedenken stößt, dass der Inhalt lediglich erläutert oder erörtert wird und den Vorstellungen des Partners entspricht. Von einem Aushandeln in diesem Sinne kann vielmehr nur dann gesprochen werden, wenn der Verwender zunächst den in seinen AGB enthaltenen „gesetzesfremden Kerngehalt", also die den wesentlichen Inhalt der gesetzlichen Regelung ändernden oder ergänzenden Bestimmungen, inhaltlich ernsthaft zur Disposition stellt und dem Verhandlungspartner Gestaltungsfreiheit zur Wahrung eigener Interessen einräumt mit zumindest der realen Möglichkeit, die inhaltliche Ausgestaltung der Vertragsbedingungen zu beeinflussen. Er muss sich also deutlich und ernsthaft zur gewünschten Änderung einzelner Klauseln bereit erklären. Später hat der BGH betont, die Verhandlungsbereitschaft müsse der anderen Seite bewusst gewesen sein, weshalb eine Prozessbehauptung ohne dieses Element nicht schlüssig sei (BGH NJW 1998, 2600, 2601). In aller Regel schlägt sich eine solche Bereitschaft auch in erkennbaren Änderungen des vorformulierten Texts nieder. Allenfalls unter besonderen Umständen kann ein Vertrag auch dann als Ergebnis eines Aushandelns gewertet werden, wenn es schließlich nach gründlicher Erörterung bei dem gestellten Entwurf verbleibt. Der BGH verlangt mit dieser Formulierung, dass gerade eine bestimmte Klausel ausgehandelt wurde (zu Recht so festgehalten durch Ulmer/Habersack Rn 45). Eine Art Ausstrahlungswirkung des Aushandelns von Klauseln auf andere Klauseln leugnet er (BGH NJW 1984, 2941; so auch zu schließen aus BGH NJW 1998, 2600, 2601; BAG NJW 2000, 2827 Rn 26).

Sehr zurückhaltend ist die Rechtsprechung bezüglich eines Verhandlungsergebnisses, das die Klausel gegen Zugeständnisse an anderer Stelle, insbesondere im Preis, aufrecht erhält (BGH NJW 1998, 2600). In der Literatur wird demgegenüber eine gewisse „Ausstrahlungswirkung" durchaus anerkannt (Graf vWestphalen ZIP 2007, 153 ff; **aA** Ulmer/Habersack Rn 55).

In der „Anlassrechtsprechung" zur Bürgenhaftung (§ 305c Rn 39) taucht der Begriff „zur Disposition stellen" abermals auf (BGH NJW 2002, 2388; BGH NJW 2002, 3098). Bei Vertragsstrafenbedingungen ist allerdings auch nach der Rspr nicht erforderlich, dass die Vertragsstrafe „von Grund auf" zur Disposition gestellt wird (BGH NJW 1998, 3488). Zur Disposition gestellt werden muss nämlich nur der sonst einer Inhaltskontrolle verfallende Teil der AGB (AnwKomm/KOLLMANN Rn 22). Zusätzlich noch subjektive Aushandelnsfähigkeiten beim Partner zu verlangen (WOLF Rn 35 – den Begriff „Gestaltungsfreiheit" in BGH NJW 1983, 386 missverstehend), geht ebenso fehl wie der Versuch, den AGB-Charakter einer Klausel zu leugnen, wenn sie zur individuellen Verhandlung „bestimmt", also formuliert und nicht vorformuliert sind (KAUFHOLD BB 2012, 1235 ff). Letzteres kann man einer Klausel selten ansehen.

2. Der praktische Zwang zu einer flexiblen Handhabung des Gesetzestextes

36a Die zitierte Grundsatzentscheidung des BGH ist in einem Fall ergangen, in dem sich zwei Unternehmen gegenüberstanden, von denen eines klar eine überlegene wirtschaftliche Machtstellung innehatte (Mineralölkonzern und Tankstelleneigentümer). Für die Begriffsbestimmung von AGB macht der Gesetzestext keinen Unterschied zwischen Machtgefälle unter Vertragspartnern, etwa nach Verbraucherbeteiligung oder deren Fehlen (ULMER/HABERSACK Rn 52. Für die Inhaltskontrolle mag dies alles von Bedeutung sein, s dazu KIENINGER AnwBl 2012, 301 ff). Dennoch ist es eine klare und grobe Übertreibung des Strebens nach Schutz vor unangemessenen vorformulierten Vertragsbedingungen, ein „Aushandeln" auch dann noch zu leugnen, wenn über einen von einer Seite formulierten Vertragsentwurf unter Partnern insgesamt intensiv verhandelt wird (KOCH BB 2010, 1810 ff; SCHIFFER/WEICHEL BB 2011, 1283 ff; DRYGALA JZ 2012, 983 ff; MICHEL/HILPERT DB 2000, 2513 ff; tendenziell ebenso MIETHANER NJW 2010, 3121), vor allem wenn zu Lasten des präsumtiven Bedingungsstellers auf dem Markt spürbare Konkurrenz besteht (K P BERGER NJW 2001, 2152; M WOLF, in: FS BGH [2000] I 120; tendenziell ebenso HENSEN NJW 1987, 1987; RABE NJW 1987, 1980). Kautelarjuristische Tricks wie – auf Seiten des Verwenders – inakzeptable Klauseln vorzuformulieren, um ein Aushandeln zu erzwingen, oder – auf Seiten des anderen Teils – auf ein Verhandlungsangebot zu schweigen, um den Verwender in die AGB-Falle laufen zu lassen, sind aufrüttelnde Symptome für einen verkehrten Grundansatz, der auch rechtsvergleichend kein Gegenstück hat (akribisch herausgearbeitet von MÜLLER/SCHILLING BB 2012, 23 ff). Der Umstand, dass eine Organisation wie der Verband Deutscher Maschinen- und Anlagenbau eV seinen Mitgliedern ua aus diesem Grund empfiehlt, in Vertragsverhandlungen auf die Anwendbarkeit schweizerischen Rechts zu drängen (HOBECK SchiedsVZ 2005, 112 – so als Vertragspraxis der Siemens AG berichtend. Dazu PFEIFFER, in: FS Graf vWestphalen [2009] 55 ff), spricht ebenso Bände wie ein unter der Ägide der Internationalen Handelskammer ergangener Schiedsspruch (SchiedsVZ 2005, 109), der eine im Anlagenbau übliche Haftungsbegrenzung bei Anwendbarkeit deutschen Rechts als Individualvereinbarung aufrechterhielt, obwohl sie routinemäßig in das Angebot des Herstellers eingefügt war und sich die nachfolgenden Vertragsverhandlungen nicht speziell auf sie, sondern auf andere Teile des Angebots bezogen. K P BERGER (ZGS 2004, 421) weist mit Recht darauf hin, dass der Gesetzgeber des Transportrechts von 1998 den Begriff des „im Einzelnen ausgehandelt" mit dem Begriff gleichgesetzt hat „Verhandlungen über die entsprechenden Vertragsbedingungen haben stattgefunden" (BT-Drucks 7/3119 S 17). In solchen Situationen versucht der andere Vertragspartner bei vielen Klauseln gar nicht erst, eine Änderung zu erreichen, weil er sie für akzeptabel hält. Andere Klauseln mag der „Steller" aus gutem Grund als nicht verhandelbar erklären. In solchen Situationen ist dem Gesetzessinn Genüge getan, wenn über das gesamte Vertragswerk ernsthaft verhandelt wurde oder wenn die fragliche Klausel in sinnvoller Weise zur besonderen Aufmerksamkeit des Kunden gebracht wurde, wenn es auch zu pauschaliert ist, allein auf die finanzielle Größenordnung des Vertrags abzustellen (so mit Recht OETKER AcO 212 [2011] 230 gegen ua LEUSCHNER AcP 207 [2007] 525). Demgegenüber lässt sich auch nicht überzeugend einwenden: Dann werden schon keine Klauseln übrig geblieben sein, die der Inhaltskontrolle verfallen. Dem steht die Erfahrung entgegen, dass die Gerichte allzu häufig sehr eng an dem dispositiven Gesetzesrecht als vermeintlichem verallgemeinerten Ausdruck der Gerechtigkeit haften. Außerdem muss in solchen Fällen der Verwender sicher sein, sich über die Angemessenheit der ihm essentiellen Klauseln nicht erst in Auseinandersetzungen einlassen zu müssen. Für den anderen Vertragsteil ist es zudem gleichgültig, ob eine Klausel in dem ihm unterbreiteten Vertragsentwurf aus dem Textvorrat des Verwenders stammt oder für einen Geschäftsvorgang individuell formuliert wurde. Der Vertragspartner des Verwenders ist auch nicht schutzwürdig, wenn er auf das Aushandelnsangebot nicht eingeht (tendenziell ebenso WOLF/PFEIFFER Rn 30, LISCHEK/MAHNKEN ZIP 2007, 3127; GRAF vWESTPHALEN BB 2010, 195, 198; AnwKomm/KOLLMANN Rn 27, MünchKomm/BASEDOW Rn 37; **aA** ERMAN/ROLOFF Rn 19), mag dieses auch unplakativ gehalten sein, s Rn 44. Das Kriterium des Verhandelns über den gesamten Vertrag einschließlich der AGB ist auch zur Lösung der Problematik besser geeignet als das Abstellen darauf, ob die anstehenden Transaktionskosten vor einer Durcharbeitung des vorformulierten Textes abschrecken (so LEUSCHNER JZ 2010, 875 ff). Ans Absurde grenzt es, wenn für M & A-Verträge über mehrfache Millionenwerte eine ABG-Kontrolle obwalten soll. Auch wenn eine Seite ein Formular einbringt, kann von der anderen Seite eine genaue Prüfung der Klauseln verlangt werden (LEUSCHNER 207 AcP [2007] 492). Als Grenzwert wird ein Vertragswert von € 1 Mio vorgeschlagen (MIETHAHNER aaO 209 ff, ders NJW 2010, 3127). Reformbestrebungen sind freilich auch auf Ablehnung gestoßen (CHRISTOPH SCHÄFER BB 2012, 1231).

Eine Umorientierung ist freilich nicht nur gegenüber Unternehmern nötig. Das BVerfG (NJW 2005, 1036) hat es zu Recht als einen Verstoß gegen die Berufsfreiheit eines Zahnarztes angesehen, wenn an die Vereinbarung über das Ausmaß der Gebührensteigerungssätze Anforderungen gestellt werden, wie sie der BGH für ein „Aushandeln" entwickelt hat. Diese Entscheidung ist verallgemeinerungsfähig auch für Fälle, in denen Kapitalgesellschaften Verwender sind, und daher der Gesichtspunkt der individuellen Berufsfreiheit in den Hintergrund tritt. Gegenüber einer sich einfressenden Doktrin ist festzuhalten, dass das BVerfG keineswegs die Möglichkeit einer inhaltlichen Einflussnahme des Verwendungsgegners als Verfassungsnorm postuliert hat. Ein Verwender, der seine AGB als unverhandelbar erklärt, handelt nicht verfassungswidrig, sondern riskiert nur die Inhaltskontrolle.

Teilweise sieht man die notwendige Korrektur der Rechtsprechung durch ein BGH-Urteil vollzogen, das es mit der Verwendung eines Formulars für einen Gebrauchtwarenkauf zwischen zwei Verbrauchern zu tun hatte (KAUFHOLD ZIP 2010, 631 ff; GRAF vWESTPHALEN BB 2010, 195, 197; ders ZIP 2010, 110 ff; R KOCH BB 2010, 1810, 1813; KOCH ZGR 2011, 62; ders ZGS 2001, 62). Die beiden Verhandlungspartner hatten über das zu verwendende Formular gesprochen und sich auf eines dem Verkäufer vorliegendes geeinigt. Der BGH (BGHZ 184, 259 = NJW 2010, 1131 Nr 18) hat das Vorliegen von „gestellten" Bedingungen geleugnet und in diesem Zusammenhang Folgendes gesagt: 36b

„Charakteristisch für Allgemeine Geschäftsbedingungen sind, wie vorstehend ausge-

führt (unter I 1 c), die Einseitigkeit ihrer Auferlegung sowie der Umstand, dass der andere Vertragsteil, der mit einer solchen Regelung konfrontiert wird, auf ihre Ausgestaltung gewöhnlich keinen Einfluss nehmen kann (BT-Drucks 7/3919 S 15 f). An dem hierin durch einseitige Ausnutzung der Vertragsgestaltungsfreiheit einer Vertragspartei zum Ausdruck kommenden Stellen vorformulierter Vertragsbedingungen fehlt es jedoch, wenn deren Einbeziehung sich als das Ergebnis einer freien Entscheidung desjenigen darstellt, der vom anderen Vertragsteil mit dem Verwendungsvorschlag konfrontiert wird (vg. Urteil vom 4. März 1997, aaO). Dazu genügt es zwar nicht, dass der andere Vertragsteil lediglich die Wahl zwischen bestimmten, von der anderen Seite vorgegebenen Formulierungsalternativen hat. Erforderlich ist vielmehr, dass er – wenn er schon auf die inhaltliche Gestaltung des vorgeschlagenen Formulartextes keinen Einfluss nehmen konnte (vgl BGHZ 126, 326, 333) – in der Auswahl der in Betracht kommenden Vertragstexte frei ist und insbesondere Gelegenheit erhält, alternativ eigene Textvorschläge mit der effektiven Möglichkeit ihrer Durchsetzung in die Verhandlungen einzubringen (vgl BGH, Urteile vom 3. Dezember 1991 – XI ZR 77/91, WM 1992, 50 unter II 3 a; vom 7. Februar 1996 – IV ZR 16/95, WM 1996, 483, unter I 2 a; ferner BGHZ 141, 110; krit: Niebling ZMR 2010, 482; ders. ZfS 2010, 482).“

Zwar ist es in der Tat richtig, eine Individualvereinbarung anzunehmen, wenn vorformulierte Texte nicht als AGB anzusehen sind (s Rn 21, 29). Jedoch gibt das Urteil keine Argumentationsbasis dafür ab, immer schon dann eine Individualvereinbarung anzunehmen, wenn die Einbeziehung sich als das Ergebnis einer freien Entscheidung desjenigen deuten lässt, der vom anderen Teil mit dem vorformulierten Vorschlag konfrontiert wird. Auch zu der Frage der stehen gebliebenen Teile eines nur von einer Seite in die Verhandlungen eingebrachten vorformulierten Texts, auch wenn über andere Teile verhandelt wurde, gibt das Urteil nichts her. Keinesfalls kann aus dem Urteil geschlossen werden, dass immer dann, aber auch nur dann, wenn der die Initiative ergreifende Teil seine Verhandlungsbereitschaft bezüglich einer bestimmten Klausel erklärt, das Merkmal des Stellens fehle (gegen eine Überschätzung des Urteils auch Leuschner JZ 2010, 875 ff; Abels BB 2010, 918; **aA** Kauhold aaO mit auf dieser ihrer Basis vorgenommenen, gut ausargumentierten Differenzierungen bezüglich der Beweislast). Vor allem ist mindestens außerhalb der B2C-Verträge die Einsicht notwendig, das der Textformulierer gewisse Dinge als unverhandelbar erklärt, ohne dass deshalb der Gesamtcharakter des schließlich zustande gekommenen Vertrags als Individualvertrag geleugnet wird. Daher ist die Forderung nach einem Eingreifen des Gesetzgebers naheliegend (Müller/Griebeler/Pfeil BB 2009, 2658; Berger ZIP 2006, 2149; ders NJW 2010, 465; Lischek/Mahnke ZIP 2007, 160 ff; Lenkaritis/Löwisch ZIP 2009, 441; Kessel/Juttner BB 2008, 1350; Leuschner JZ 2010, 875; Dauner-Lieb ZIP 2010, 309; Drygala JZ 2012, 483 ff; **aA** insbesondere Graf vWestphalen NJW 2009, 2977; ders ZIP 2007, 150). Der 69. Deutsche Juristentag von München (2012) empfiehlt immerhin: *„Im b2b-Bereich sind die Anforderungen an das Aushandeln von Vertragsbedingungen den Gepflogenheiten unternehmerischer Vertragsverhandlungen anzupassen“* (BB 2012, 2446). Immer wieder werden auch Vorschläge gemacht, wie man über Individualvereinbarungen überbordenden Inhaltskontrollen begegnen kann (für Schönheitsreparaturklauseln in Mietverträgen Kappus NZM 2010, 529). Auf der anderen Seite ist auch zu berücksichtigen, dass sich bei branchenfremden Geschäften mit nicht allzu großem Umfang der Aufwand der Einarbeitung in das Klauselgefüge und der Verhandlungsaufwand häufig nicht lohnen (so mit Recht Drygala JZ 2012, 983 ff).

3. Aushandeln bei Abänderung des Textes

a) Selbständige Textänderungen

37 Als Individualvereinbarung zu werten ist ein Vertragsbestandteil jedenfalls immer dann, wenn er im Vergleich zur Vorformulierung **Abweichungen** aufweist, die nicht ihrerseits für einen engeren Kreis von Kunden als Art von Sonderbedingungen vorformuliert sind und somit selbst AGB darstellen, wobei dann schon idR keine AGB iSv Abs 1 S 1 vorliegen, und es nicht zur Anwendung von S 2 kommt (Ulmer/Habersack Rn 47; Wolf § 1 AGBG Rn 35; **aA** Stein Rn 24). Wird eine formularmäßige Regelung durch die Erklärung des Verwenders auf Wunsch der anderen Vertragspartei dahin ergänzt, dass unter bestimmten Bedingungen nicht davon Gebrauch zu machen ist (OLG Köln VersR 1996, 119, 120: bezüglich Vertragsstrafenversprechen) oder dann etwas Anderes gilt (BGH NJW-RR 2009, 947), so wird diese Regelung zur Individualvereinbarung iSv Abs 1 S 3. Gleichgültig ist, ob die Abänderung eine Verbesserung oder Verschlechterung des vorformulierten Textes darstellt (Ulmer/Habersack Rn 47; Schnur MDR 1978, 95; vWestphalen DB 1981, 67; s oben Rn 26; **aA** Reich ZVP 1978, 244; Wolf NJW 1977, 1939), soweit nicht ein planmäßiges Vorgehen des Verwenders mit Umgehungsabsicht vorliegt, was zur Anwendung der AGB-Vorschriften führt (Ulmer/Habersack Rn 47). Nicht ausreichend ist, dass die **Streichung** einzelner Klauseln möglich war (BGHZ 98, 28 = NJW 1986, 2428; BGH NJW 1987, 2011) oder gar geschehen ist. Sind aber im Wege des Aushandelns einzelne Klauseln geändert worden, so kann dies Ausstrahlungswirkung auf andere, ja das ganze Klauselwerk haben (Michel/Hilpert DB 2000, 2513; Palandt/Grüneberg Rn 22; s auch Rn 36a ff). Möglich ist auch, dass von einem längeren Text einzelne Klauseln ausgehandelt wurden, andere nicht.

38 Werden dem Kunden zu Einzelpunkten oder zu einem Strukturelement des Vertrags inhaltlich verschieden formulierte **Alternativen** – insbesondere zu **Vertragslaufzeiten** – zur Wahl angeboten (übliches Stichwort „Tarifwahl"), so sollte nach früher hM allein dadurch die gewählte Alternative nicht zur Individualvereinbarung werden, unabhängig davon, wie die Durchführung der Wahl formell gestaltet ist (OLG Hamburg VersR 1995, 325, 326; OLG Hamm VersR 1995, 403; BGH BB 1992, 169, 170; WM 1985, 1208, 1209; Ulmer/Habersack Rn 53; Wolf § 1 AGBG Rn 38; Palandt/Heinrichs Rn 16; **aA** OLG Karlsruhe VersR 1995, 645, 646; Leverenz NJW 1997, 421, 423). Dies gilt immer noch, wenn nur eine Alternative vorgedruckt ist, durch ein Raster aber dem Kunden die Möglichkeit gegeben wird, eine selbständige Alternative – etwa zur Vertragslaufzeit – einzusetzen; übt der Vertragspartner keine Wahl aus, so verbleibt es beim AGB-Charakter des Vorgedruckten (BGH NJW 1996, 1676; BGH VersR 1997, 345; OLG Stuttgart ZIP 1993, 1238; teilw krit Leverenz NJW 1997, 421 [422]). Anders liegen die Dinge, wenn der Vertragspartner zwischen klar als gleichwertig präsentierten, wenngleich auch mit unterschiedlichen Preisgestaltungen versehenen (BGHZ 175, 76 = NJW 2008, 787 – Wahltarif bei Ärzten; BGH NJW 2003, 1313) Alternativen, selbst formulierten Alternativen (BGH VersR 1996, 741; BGH NJW 1998, 1066) oder weiterer Festlegungen nicht bedürftigen simplen Alternativen (so mit Recht OLG München VersR 1999, 93; Lettl NJW 2001, 43 gegen BGH 2000, 2677 – Einverständnis oder nicht mit Telefonwerbung durch Ankreuzen eines von zwei Kästchen) wählen kann. Darauf abzustellen, ob der Kunde selbständig eine Alternative begründen oder nur zwischen vorgegebenen Alternativen wählen kann (so Graf vWestphalen, Vertragsrecht, Stichwort Individualvereinbarungen Rn 3), kann es vernünftigerweise nicht ankommen. Die Voraussetzungen dieses Sonderfalls liegen aber nicht vor, wenn der abschließende Versicherungsagent Beginn und Ende der

Laufzeit des Versicherungsvertrages in das Formular einträgt und dabei in Übereinstimmung mit seiner ständigen Praxis eine bestimmte Vertragsdauer festlegt (OLG Köln VersR 1995, 647; mit abl Anm Wille VersR 1995, 1413). Das Gleiche gilt, wenn dem Kunden die Wahl einer der Alternativen suggestiv nahe gelegt wird (NJW 1996, 1676; 1998, 1066; 2003, 1314). Erst recht sind Steigerungssätze in privatärztlichen Formularverträgen nicht deshalb ausgehandelt, weil sie vor Vorlage an den Patienten handschriftlich eingetragen worden waren (BGHZ 115, 391 = NJW 1992, 746).

39 Im Übrigen hat der BGH (NJW 2003, 1313, 1315) seine Rechtsprechung zum paradigmatischen Fall der Vertragslaufzeiten folgendermaßen nuanciert, was umso gewichtiger ist, als der Fall keinen Anlass zu einem solchen obiter dictum gab: „Hätte [die Verwenderin] behauptet, sie wäre bereit gewesen, Laufzeiten zwischen zwölf und 25 Jahren einzuräumen [und] das [der Vertragspartnerin] zur Kenntnis gebracht, hätte ein Aushandeln … in Frage kommen können." Auch ein erhöhtes Nutzungsentgelt bei kürzeren Vertragslaufzeiten macht eine Regelung nicht zu AGB.

40 Für die Annahme einer Individualvereinbarung reicht es nicht aus, dass zwischen **verschiedenen AGB mit jeweils verschiedener Gegenleistung** ausgewählt werden kann, außer wenn hinsichtlich einer konkreten Klausel und der ihr korrespondierenden Gegenleistung eine Wahl- und Verhandlungsmöglichkeit eingeräumt ist, wie vor allem zwischen Haftung und Entgelt (BGH NJW 1988, 410; Ulmer/Habersack Rn 54; **aA** Michalski/Römermann ZIP 1993, 1434, 1414; Korbion/Lochner, AGBG und Bauerrichtungsverträge [1987] 6 Rn 5; Schnur MDR 1978, 92, 95; s Rn 38).

b) Unselbständige Textänderungen und „Rest"-AGB

41 Im Falle von individuellen Teiltextänderungen tendiert die Rspr dazu, den Charakter der nicht geänderten Textteile als AGB aufrechtzuerhalten. Der BGH (NJW 2006, 2116) sagt insbesondere: *„Ein zur Unwirksamkeit einer Formularklausel führender sog Kumulierungseffekt aufgrund des Zusammentreffens – für sich genommen unbedenklicher Klauseln – kann auch dann vorliegen, wenn nur eine der beiden Klauseln formularmäßig, die andere individuell vereinbart worden ist."* In einem einzigen solchen Fall hat der BGH die Transformation einer AGB-Regelung in eine Individualvereinbarung angenommen. Die Versicherung des in einem PKW transportierten „Reiselagers" eines Juweliers „auch für kurze Zeit des Fehlens einer Beaufsichtigung zwischen 8 Uhr und 20 Uhr" war in „zwischen 7 Uhr und 22 Uhr, gelegentlich auch bis 24 Uhr, bis zur Dauer von 2 Stunden" abgeändert worden. Auch der stehen gelassene Begriff „ständige Beaufsichtigung" hatte dadurch den Charakter einer Individualvereinbarung angenommen (BB 1986, 21, 22; ähnlich OLG Köln VersR 2002, 901). Es versteht sich, dass Klauseln in einem Formularvertrag AGB bleiben, wenn sie mit den ausgehandelten Vertragsbestandteilen nichts zu tun haben (BGHZ 97, 212, 215 = NJW 1986, 1803). Das gilt etwa für Varianten der erfolgsunabhängigen **Maklerprovision**, die nur deren Höhe (Schwerdtner NJW 1990, 369 f; **aA** OLG Schleswig NJW 1990 394) betrifft. Der Steigerungssatz einer ärztlichen Honorarvereinbarung wurde vom BGH auch bei handschriftlichem Eintrag als AGB gewertet (BGH NJW 1992, 746). Der seit 1995 verwandte Begriff „persönliche Absprache im Einzelfall" ist jedoch eine Spezialregelung und nicht mit dem AGB-rechtlichen der Individualvereinbarung identisch (Paulic, Allgemeine Geschäftsbedingungen im Arztvertrag [2003] 33 ff, zu den Konsequenzen der Änderung der GOÄ v 18. 12. 1995 im Übrigen s Taupitz ArztR 1996, 209, 212). Ähnlich steht es um vorformulierte **Zweckerklärungen für**

Grundschulden, wenn lediglich die Kennzeichnung des Grundpfandrechts und die Benennung des Kreditnehmers individuell eingetragen werden müssen (BGHZ 99, 204, 205 = NJW 1987, 1636; BGHZ 131, 55, 58 = NJW 1996, 191), auch wenn die Grundschuldbestellungen aufgrund des Formulars des Kreditgebers notariell beurkundet werden und es hierbei außer zur Verlesung des Textes zu einigen allgemeinen Belehrungen gekommen ist (BGHZ 102, 152, 157 = NJW 1988, 558; BGH NJW 1991, 1677).

In der zuletzt erwähnten Entscheidung entwickelte der BGH die Formel von der „**unselbständigen individuellen** Ergänzung", die den Charakter einer Klausel als AGB nicht in Frage stelle (s auch RGH NJW 2013, 1668). Selbst wenn die Art der durch Bürgschaft gesicherten Kredite maschinenschriftlich eingefügt wurde, nahm er eine unselbständige Ergänzung an (NJW 1998, 2815). Das Gleiche gilt für maschinenschriftlich eingesetzte Laufzeitregelungen (BGH NJW 2010 3431). Solange der BGH bei Globalabtretungen und Raumsicherungsverträgen zur Vermeidung von Übersicherungen gestützt auf § 9 AGBG Freigabeklauseln forderte, entfiel der AGB-Charakter des Klauselwerkes nicht dadurch, dass der Sicherungsvertrag individuelle Bestandteile enthielt, die mit dem Anliegen, Übersicherung zu vermeiden, nichts zu tun hatten, etwa nur einen nominellen Mindestwert der abgetretenen Forderungen festlegten (BGH WM 1991, 1499). Schwerpunkt der Rspr waren Fälle, in denen Formulare verwandt wurden, die nicht nur zur Festlegung von Vertragsparteien und Vertragsgegenstand individueller Ausfüllung bedurften. Auch insoweit nahm der BGH die Formel von der „unselbständigen Ergänzung" auf. Immer sind die unveränderten Textbestandteile als AGB gewertet worden. Schon in der Tagespreisklausel-Entscheidung (NJW 1983, 1603) wurden die vorgedruckten Bestandteile „Listenpreis" und „zur Zeit" auch nach Ausfüllung des Formulars als AGB angesprochen. Sodann hat der BGH die Bedingungen, unter denen eine Vertragsstrafe geschuldet wurde, als AGB gewertet, obwohl die Höhe der Vertragsstrafe während der Verhandlungen individuell in das Vertragsformular eingesetzt worden war (NJW-RR 1988, 654). Ist jedoch der gesamte „gesetzesfremde Kern", nämlich die Strafhöhe und ggfs die Verschuldensunabhängigkeit ausgehandelt, so ist die gesamte Vertragsstrafenregelung keine AGB (BGH NJW 1998, 3488). Das Gleiche wurde für die vorformulierte „Pachtentschädigung" in Höhe von 25% der nicht erreichten Abnahme an Bier durch den Pächter-Gastwirt angenommen, obwohl die Mindestabnahmeverpflichtung individuell in das Vertragsformular eingetragen worden war (BGH NJW 1990, 567). In jener Entscheidung, die man wohl als Leitentscheidung ansprechen kann (NJW 1992, 503), ging es um Kreditformulare einer Bank. Sie wiesen im oberen Teil zahlreiche Leerspalten auf, in die beim einzelnen Vertragsschluss die vereinbarten Konditionen (ua Kreditart und -betrag, Zins- und Auszahlungssatz, Tilgung) einzutragen waren. Es konnte jeweils unter mehreren Varianten ausgewählt werden, die für Bank und Kunden unterschiedlich vor- oder nachteilig waren. Der BGH sagt wörtlich: „Eine AGB-Klausel liegt [...] dann vor, wenn der Kunde nur die Wahl zwischen bestimmten, vom Verwender vorgegebenen Alternativen hat. Dabei kann es nicht entscheidend sein, ob der Verwender für jede der Alternativen ein gesondertes Formular benutzt, oder ob er alle Alternativen in einem Formular abdruckt und den Kunden die gewünschte kennzeichnen lässt." Für den Fall eines Pkw-Mietvertrages, in dem nur zwei Alternativen für Haftung bzw Haftungsausschluss vorgesehen waren, hatte der BGH schon vorher im gleichen Sinne entschieden (NJW 1986, 1608). Die Möglichkeit der individuellen Festlegung des Beginns eines War- 42 tungsvertrags schließt die Eigenschaft der formularmäßigen Festlegung der Laufzeit als AGB nicht aus (BGH NJW 1993, 1651, 1652).

43 Zu weit geht es allerdings, generell handschriftlich oder maschinenschriftlich in ein Formular eingesetzte Beträge als AGB-Bestandteile anzusehen, weil auch insoweit einseitig Gestaltungsmacht in Anspruch genommen worden sei (aber BGH NJW-RR 1987, 548 – „Vertragssumme", nämlich zu zahlendes Entgelt für Annahme einer Person als Handelsvertreter; OLG Stuttgart NJW-RR 1986, 275 – Auslagenpauschale zugunsten eines Maklers für den Fall, dass es bezüglich des nachgewiesenen Objekts nicht zum Vertragsschluss kommt; OLG Stuttgart NJW-RR 98, 312). Außerhalb des in § 310 Abs 3 Nr 2 angesprochenen Bereichs kann einseitige Gestaltungsmacht auch bei Individualverträgen in Anspruch genommen werden, ohne dass der Vertrag dadurch dem AGB-Recht unterstellt würde. Auch bezüglich unselbständiger Textänderungen ist, wie bei Unterbleiben einer Textänderung (s Rn 44), ein Umdenken nötig (s Rn 36a). Zusätze, die ihrerseits Vorformuliertes in Bezug nehmen, können insgesamt Individualvereinbarungen sein, wenn das Vorformulierte üblich ist, etwa wenn handschriftlich eine Schiedsklausel eingefügt wird, die auf eine Schiedsordnung Bezug nimmt, oder wenn sonst nicht ersichtlich ist, dass der Verfasser gerade auf die angezeigte Art der Schiedsgerichtsbarkeit besonderen Wert legt (Spohnheimer, Gestaltungsfreiheit bei antezipiertem Legalanerkenntnis des Schiedsspruchs [2010] 101 ff).

4. Aushandeln auch ohne Abänderung im Text

44 Vertragsklauseln können ausnahmsweise (z Regelfall s Rn 34), bei Großgeschäften unter Wirtschaftsunternehmen aber doch nicht nur selten, in der Tat auch dann zu Individualvereinbarungen geworden sein, wenn sich **an ihrem Text nichts geändert hat** (hM; BGHZ 143, 103 = NJW 2000, 112; BGH NJW 1998, 2601; BGH NJW-RR 1996, 783 Rn 72; BGH NJW 1992, 2285; 1991, 1678, 1679; 1988, 410; NJW-RR 1987, 145; BGHZ 84, 109, 111 = NJW 1982, 2309; NJW 1979, 367; OLG Köln WM 1995, 1595 – allesamt allerdings nur obiter dicta; LG Koblenz NJW-RR 2009, 1063 – vorformulierte Zusatzvereinbarung zu einem bereits wirksam abgeschlossenen Vertrag dennoch Individualvereinbarung; BAG NZA 2009, 1553 – vorformulierte Zusatzvereinbarung auf Wunsch des Arbeitnehmers; OLG Nürnberg MDR 2011, 345 – Preisanpassungsklausel in wenigen Großverträgen, die der Verwender zur Grundlage von Investitionsentscheidungen macht **aA** Michalski/Römermann ZIP 1993, 1434, 1438 f; Stübing NJW 1982, 2309; Trinkner Rn 24; Braun BB 1979, 692; vWestphalen DB 1977, 946). Dies ist nicht nur der Fall, wenn eine Vertragsbedingung zwischen den Parteien eingehend besprochen wurde und der Vertragspartner des Verwenders aufgrund der Verhandlung die Bestimmung in seinen freien rechtsgeschäftlichen Gestaltungswillen aufgenommen hat (insoweit zust BGH NJW 2005, 2543; Graf vWestphalen NJW 2009, 2981; viel zurückhaltender allerdings BGHZ 143, 103 aaO; OLG Schleswig MDR 2001 262). Dass die andere Seite „Gelegenheit gehabt hat, die einzelnen Vertragsbestimmungen zu prüfen", reicht nicht aus (BGH NJW 2005, 1574). Umfangreiche und langwierige Verhandlungen über viele Aspekte eines komplexen Vertrages können auch stehen gebliebene Klauseln zu Individualvereinbarungen machen (OLG Köln DWW 2001, 302; OLG Düsseldorf VersR 2002, 901), vor allem (KG NJW-RR 2003, 1599), aber nicht notwendigerweise (**aA** KG aaO), wenn Kompensation an anderer Stelle gewählt wird (Berger ZIP 2010, 2153). Nur darf eine Klausel im Allgemeinen nicht als unverhandelbar erklärt werden (s Rn 45; Graf vWestphalen BB 2009, 2658, 2661 – sich aber in nicht konsistenter Weise gegen den Vorschlag von Müller ua, s Rn 36b, wendend, auch nicht im Blickfeld der Verhandelnden stehende

Klauseln als Teil der Individualvereinbarung im Ganzen zu sehen). Dass der Vertragspartner von der sachlichen Gerechtigkeit der Regelung überzeugt worden sein muss (BGH ZIP 1998, 1049 = NJW 1998, 2601; NJW-RR 1996, 783, 787), kann man allerdings nicht verlangen. Wenn über viele Verhandlungsrunden hinweg eine größere Zahl von Klauseln gestaltet, umgestaltet und neu systematisiert wurde, ist auch eine einzelne stehen gebliebene Klausel nicht mehr „gestellt", sondern ausgehandelt (OLG Köln VersR 2002, 901). Allerdings sagt der BGH zu Recht (NJW 2001, 1110, 1111), wenn sich das „Aushandelnsergebnis" nicht im Text niedergeschlagen habe, könne kaum je von einem echten „Aushandeln" gesprochen werden.

Ausgehend von dem Grundsatz, dass Aushandeln mehr als Verhandeln bedeutet (s Rn 36), betont der BGH meist ausdrücklich, dass der Verwender den wesentlichen Inhalt der die gesetzliche Regelung ändernden Geschäftsbedingungen ernsthaft zur Disposition stellen und dem Verhandlungspartner einen Einfluss auf die inhaltliche Ausgestaltung der Vertragsbedingungen tatsächlich einräumen muss (BGHZ 143, 103 = NJW 2000, 1110; NJW-RR 1996, 787; 1993, 504, 505; NJW 1991, 1678; 1992, 1107, 1108; 2759, 2760; 2283, 2285). Dabei ist die reale Möglichkeit danach zu beurteilen, ob **der Vertragspartner von der Abänderungsmöglichkeit Kenntnis gehabt hat und ihm der Eintritt in die Verhandlung möglich und zumutbar gewesen ist** (MünchKomm/Basedow Rn 34; abl Michalski/Römermann ZIP 1993, 1434, 1439, die aus Praktikabilitätsgründen eine tatsächliche Änderung des ursprünglichen Textes verlangen). Die allgemein geäußerte Bereitschaft, Vertragsklauseln auf Anfordern des Geschäftspartners zu ändern, genügt manchen Gerichten nicht (OLG Celle BauR 2005, 1944). Ist die Bereitschaft an unübersehbarer Stelle erklärt und fehlt es an Zeitdruck oder lohnt sich Verhandeln wegen der Größenordnung des Vertrags, sollte man anders entscheiden. Übertrieben ist es aber, ein Aushandeln zu leugnen, wenn es dem Kunden ausdrücklich freigestellt war, eine vorgeschlagene formularmäßige Zusatzvereinbarung zu akzeptieren oder nicht (**aA** BGH NJW 2005, 2543; BGH NJW 2005, 1373). Das Fehlen eines Verhandlungsvermerks in den Akten des Verwenders hat keine Indizwirkung (**aA** OLG Hamburg IBR 2005, 2). Die Übersendung „zur Durchsicht und Unterschrift" genügt allerdings nicht (BGH JW 1983, 385), wohl aber die Aufforderung, nicht gewollte Teile zu streichen (**aA** BGH WM 1987, 646, 647). Auch in folgendem, in indirekter Rede wiedergegebenen Parteivortrag hat der BGH (BGH NJW 2003, 1805, 1907) keine schlüssige Behauptung des Aushandelns gesehen: [seien] die einzelnen Klauseln erörtert und gemeinsam gelesen [worden]. Es sei frühzeitig über die Terminsicherheit und Festschreibung der Vertragsstrafe gesprochen worden. Sie habe alle Klauseln zur Verhandlungsdisposition gestellt und Änderungen akzeptiert, wenn eine vertretbare Gesamtlösung herausgekommen sei. Die T habe hinsichtlich der Absicherung der Termine eine Garantieversicherung vorgeschlagen, die jedoch deshalb nicht akzptiert worden sei, weil diese Lösung in Deutschland für den verhandelten Erfüllungszeitpunkt nicht möglich gewesen sei. Danach hätten alle Verhandlungsführer eingesehen, dass es bei den achtenswerten Interessen der Bekl zu bleiben habe mit der Folge, dass der ansonsten nicht beanstandete Vertragstext verbleiben könne. Die T habe die Höhe der Vertragsstrafe und ihre Gestaltung nicht beanstandet.

Selbst dann, wenn einzelne **Klauseln für unabdingbar erklärt** werden, können sie **45** ausnahmsweise zu Individualvereinbarungen werden (Canaris JZ 1987, 993, 1003; Palandt/Grüneberg Rn 22). Die Kritik an der dies seinerzeit für den kaufmännischen Verkehr festhaltenden Entscheidung des BGH (NJW 1992, 2283, 2285 – Bindung der Bank bei Verwaltung von Fördermitteln an die Vorgaben des Förderprogramms; zust OLG Köln ZIP 1995, 1636, 1637; Rabe NJW 1987, 1978; **aA** Ulmer/Habersack Rn 51; Wellenhofer-Klein ZIP 1997, 774, 778; Graf vWestphalen ZIP 2007, 149, 153) übersieht, dass dieser keineswegs gesagt hat, eine Individualvereinbarung scheitere immer schon dann, wenn der Verwender eine bestimmte Klausel für unabdingbar erklärt. Vielmehr soll selbst eine als unabdingbar erklärte Klausel im Einzelfall Individualvereinbarung sein können. Insbesondere bei Großgeschäften unter Wirtschaftsunternehmen muss man dies aber im Lichte des bei Rn 36a Entwickelten in der Tat so sehen. Wie die dort besprochene Zahnartzentscheidung des BVerfG zeigt, muss dies aber häufig auch außerhalb des unternehmerischen Verkehrs so gesehen werden. Die Erklärung der generellen Verhandlungsbereitschaft muss im B2B-Geschäft genügen (Berger ZIP 2006, 2149, 2152), auch wenn der Verwender auf einzelnen der Klauseln bestehen bleibt. Im Einzelnen ist aber Misstrauen angebracht, wenn kaum etwas geändert wurde (so für den Fall von „öffentlich-privaten Partnerschaften" betont bei Kunkel/Weigelt NJW 2007, 2432 ff). Wird eine vorformulierte Klausel gestrichen, aber handschriftlich wieder eingefügt, so liegt eine Individualvereinbarung vor, wenn der Vertragspartner individuell darauf aufmerksam gemacht wurde, auch wenn der Verwender auf diesem Vertragsbestandteil besteht (**aA** OLG Braunschweig 13 U 63/08, NJW Spezial 2012, 493).

46 Ist ein größeres Klauselwerk unverändert in Bezug genommen, so kann es so gut wie nie insgesamt zu einer Summe von Individualvereinbarungen geworden sein. Die für das Gegenteil beanspruchte Entscheidung des BGH (BGHZ 84, 109 111 = NJW 1982, 2309) bezieht sich nur auf einzelne Klauseln. Umgekehrt kann aus der Tatsache allein, dass kurze vorformulierte Texte nur einen Punkt regeln, niemals auf das Vorliegen einer „ausgehandelten AGB-Klausel" geschlossen werden. Immer muss dem anderen Vertragsteil eine Abänderungsbereitschaft des Textverwenders erkennbar gewesen sein (**aA** Reichart ZIP 1992, 186 f, 190 zu ärztlichen Honorarvereinbarungen).

Die Zumutbarkeit oder Unzumutbarkeit des Eintritts in Verhandlungen hängen zum einen von der Person des Vertragspartners des Verwenders ab: von Erfahrung im Geschäftsleben, insbesondere im jeweiligen Geschäftsbereich, von intellektuellen Fähigkeiten und der beruflicher Stellung; zum anderen von den Umständen, die das Geschäft betreffen: seinem Umfang und Inhalt und dem Umfang der Klauseln, die für den Geschäftsabschluss zur Verfügung stehen (BGH NJW 1977, 624, 626; Wolf § 1 AGBG Rn 35; ders NJW 1977, 1937, 1938 f; Garrn JZ 1978, 302 f). Zwar ist insoweit auch das Bestehen eines wirtschaftlichen Gefälles zwischen den Vertragsparteien ein wichtiger Gesichtspunkt (Heinrichs Rn 18; Rabe NJW 1987, 1978, 1980). Es kann jedoch durchaus auch Brancheninsidern gegenüber allein aus Zeitgründen unzumutbar sein, bei jedem Auftrag umfangreiche Klauselwerke zu überprüfen. Insoweit sind Bestimmungen in AGB auch nicht schon deshalb „im Einzelnen ausgehandelt", weil sie der Vertragspartner kennt und ihrer Einbeziehung ausdrücklich global zugestimmt hat.

47 **Nicht ausreichend** für die Annahme einer „ausgehandelten AGB-Klausel" ist, dass der Verwender oder ein Notar die **Vertragsbedingungen verlesen** hat (BGH NJW 1982, 1035, 2244; 1988, 559), der Vertragspartner im Einzelnen über die Klauseln belehrt wurde (BGH NJW 1992, 2759; 1984, 171; OLG Koblenz BB 1993, 2183), was bei komplizierten

Klauseln wegen § 305c notwendig sein kann, der Vordruck dem Vertragspartner des Verwenders bekannt ist (BGH NJW-RR 1987, 144, 145), jede Seite des Vertrages handschriftlich abgezeichnet wurde, einzelne Klauseln gesondert unterschrieben (BGH NJW 1988, 2465, 2466) oder die Abänderungsbereitschaft formularmäßig erklärt wurde (BGHZ 104, 232 = NJW 1986, 2428, 2429). Das Gleiche gilt für eine unter der Unterschriftspalte vorgedruckte und eigens zu unterschreibende Klausel über die Mithaftung der namens des Vertragspartners abschließenden Person (BGH NJW 1988, 2465 [2466]). Selbst wenn Klauseln eingehend besprochen wurden, der Verwender dabei um ihre inhaltliche Rechtfertigung bemüht ist und schließlich sein Vertragspartner nicht mehr widerspricht, entsteht noch keine ausgehandelte Vertragsbestimmung (BGH NJW 1983, 385, 386; 1991, 1678, 1679; 1992, 2759). Eine Vertragsklausel wird auch nicht schon allein dadurch zu einer Individualabrede, dass sie in einen im entscheidenden Punkt aus dem Computer stammenden, aber einen individuellen Eindruck vermittelnden Brief (LG Düsseldorf NJW-RR 1999, 200 – Zahnarzthonorar) oder zusätzlich in einen an den Kunden persönlich gerichteten Brief aufgenommen wird (Heinrichs NJW 1996, 381, 382; Ulmer/Habersack Rn 49; **aA** OLG München NJW-RR 1995, 1524). Dass der Vertragspartner des Verwenders eine Erklärung unterschreibt, der Vertrag sei in allen Einzelheiten ausgehandelt worden (BGH NJW 1987, 1634; 1977, 432, 624; OLG Hamm NJW 1981 1049), ist in diesem Zusammenhang ohne Bedeutung (s Rn 45). **Preiszugeständnisse**, um bestimmte vorformulierte Vertragsbedingungen unverändert durchzusetzen, führen aber in aller Regel zu ausgehandelten Bedingungen (Erman/Roloff Rn 18; Brambring NJW 1987, 102; **aA** OLG Köln NJW 2002, 1487 – Zugeständnis für Zahlungssequenzen bei Vorauszahlungsklausel; Ulmer/Habersack Rn 54; Wolf § 1 AGBG Rn 38).

Haben die Parteien in einem Folgevertrag auf vorformulierte Bedingungen verwiesen, die sie einem **früheren Vertrag** zugrunde gelegt hatten, so hat man es nach hM mit AGB zu tun, auch wenn im früheren Vertrag das Klauselwerk wegen erklärter Verhandlungsbereitschaft als eine Summe von ausgehandelten Vereinbarungen zu betrachten gewesen sein sollte (BGH NJW 1979, 367, 368; Palandt/Grüneberg Rn 20; **aA** Ulmer/Habersack). Das ist inkonsequent (AnwKomm/Kollmann Rn 28), weil ausgehandelte Bedingungen keine AGB mehr sind. Auch ein Aushandeln für mehrere in Zukunft ins Auge gefasste Vertragsschlüsse ist denkbar. Ein Zurückgreifen auf frühere Vertragsbedingungen kann diese aber zu AGB werden lassen. **48**

5. Nachträgliche Änderungen

Werden Vertragsbestimmungen, die ursprünglich AGB-Charakter hatten, nachträglich individuell geändert, so verlieren sie ihre ursprüngliche Eigenschaft, wenn es sich um eine wesentliche Änderung handelt, die der gesamten Bestimmung das entscheidende Gepräge gibt (OLG Hamm NJW-RR 1994, 531, 532; NJW 1981, 1094; Palandt/Grüneberg Rn 23; Wolf/Pfeiffer Rn 41; Ulmer/Habersack Rn 46; Voraussetzungen nicht vorliegend bei Vereinbarung eines geringfügigen Zurückbehaltungsrechts bei vereinbarter Vorleistung des Käufers BGH BB 2013, 909; einschränkend OLG Hamm NJW-RR 2002, 1487 – spätere Abmilderung einer AGB Vorleistungsklausel), auch wenn die neue Gestalt der Bestimmung als AGB-Klausel noch immer der Inhaltskontrolle verfallen würde. Den AGB-Charakter aus Gründen der Schutzbedürftigkeit des Vertragspartners trotz Vorliegens der Voraussetzungen des Abs 1 S 3 anzunehmen, ist nicht mit der **49**

Formalisierung des Abgrenzungskriteriums S 3 zu vereinbaren (MICHALSKI/RÖMERMANN ZIP 1993, 1434, 1437 f; **aA** BRAUN BB 1979, 693). Zur Änderung von AGB s Rn 172.

6. Verhandlungsprotokolle

50 Bei Vergabeverhandlungen und bei gewerblichen Großeinkäufen werden die „Ergebnisse" der Verhandlungen häufig in die dafür vorgesehenen Rubriken eingetragen. Da meist der Sachbearbeiter des Abnehmers klare Vorstellungen davon hat, was eingesetzt werden soll, liegen regelmäßig AGB vor. Nur wenn Angaben des Auftragnehmers eingesetzt werden, ist dies anders (GRAF vWESTPHALEN, Vertragsrecht Stichwort „Individualvereinbarungen" Rn 35).

VIII. Beweis- und Beweislastfragen

1. Vorliegen von AGB

51 Wer Rechtsfolgen aus dem AGB-Recht herleiten will, hat die tatsächlichen Voraussetzungen für das Vorliegen von AGB zu beweisen. IdR werden sich diese schon aus der äußeren Form ergeben, zB wenn ersichtlich vervielfältigte Vertragsbestimmungen vorliegen (BGHZ 118, 229 = NJW 1992, 2160) oder formelhafte Klauseln verwendet werden, die nicht auf die konkrete Situation abgestimmt sind (BGH NJW 2009, 3717; BGHZ 157, 102 = NJW 2004, 502). Dann besteht ein Anscheinsbeweis für AGB und der Textersteller muss den AGB-Charakter substanziell bestreiten (BGHZ 157, 102 = BGH NJW 2004, 503; BGH NJW-RR 2004, 814; BGH NJW 2000, 1111; BGH WM 1996, 2025, 2027). Das gilt auch bei privaten Verwendern, etwa Bauherrn, die den Text mit mehreren Bauhandwerkern verwenden (BGH NJW 2009, 3717). Allein die Tatsache, dass ein aus einem Computer ausgedruckter Vertrag vorliegt, reicht aber für die Annahme von AGB nicht aus. Es muss im Bestreitensfall auch der (Indizien-)Beweis für die Absicht der Mehrfachverwendung geführt werden. Ignoriert ein Gericht kommentarlos die Behauptung, Vertragsbestandteile seien AGB, ist das rechtliche Gehör verletzt, wenn die ernsthafte Möglichkeit besteht, dass die fraglichen Bestimmungen der Inhaltskontrolle verfallen (BAG NJW 2006, 110). Wird eine Klausel in jahrelangem zeitlichen Abstand wieder verwendet, besteht keine tatsächliche Vermutung der Absicht der Wiederverwendung (OLG Hamm NJW 2013, 392). Eine besonders lange Angebotsbindungsfrist, die ein individuelles Datum enthält, spricht für eine Individualvereinbarung (OLG Celle MDR 2012, 1402).

2. Vorliegen einer Individualabrede

52 Steht fest, dass eine Verhandlungsseite in der Absicht der Mehrfachverwendung von vorformulierten Texten Gebrauch gemacht hat, trifft diese als Verwender die Beweislast dafür, dass es sich bei einer Klausel um eine ausgehandelte Vereinbarung handelt (BGH NJW 2003, 1313, 1314). Wurde das Klauselwerk nach seinem Druck in hand- oder maschinenschriftlicher Form **verändert**, spricht ein Anscheinsbeweis für den Charakter einer Vereinbarung als Individualabrede (ULMER/HABERSACK Rn 63, 63a – „kann der äußere Anschein für eine Individualvereinbarung sprechen"; **aA** SOERGEL/STEIN AGBG § 9 Rn 30; WOLF/PFEIFFER Rn 60). Dieser Anschein kann durch den Nachweis erschüttert werden, dass die Abweichungen inhaltlich identisch sind mit solchen in anderen vom Verwender geschlossenen Verträgen (OLG Karlsruhe VersR 1995, 647, 648), soweit der nicht nachweist, dass die Klauseln jeweils das Ergebnis eines Aushandelns mit dem Vertragspartner waren (Ulmer/Habersack Rn 63). Dass eine Klausel nach Vorformulierung des Klauselwerkes eingefügt worden ist, muss der Verwender beweisen, wobei das äußere Erscheinungsbild meist dagegen spricht, wenn alle Klauseln fortlaufend durchnummeriert und mit einheitlichem Schrifttyp geschrieben sind (OLG Bremen NJW-RR 1987, 468).

Sind die AGB **äußerlich unverändert**, muss der Verwender den vollen Beweis für das Aushandeln erbringen. Je ungünstiger und komplexer die Regelung für den Kunden ist, umso höher sind die Anforderungen, die an den Nachweis zu stellen sind (BGH BB 1992, 169, 170 BGH NJW 1979, 1406; Ulmer/Habersack Rn 64), wobei praktisch ein solcher Nachweis ohnehin nur bezüglich einzelner Klauseln in Betracht kommt. Ein Indiz dafür, dass eine Klausel für den Verwender verhandlungsfähig war, ist die Tatsache, dass er bei anderen gleichartigen Verträgen mit einer Abänderung einverstanden war (OLG Hamm NJW-RR 1994, 531, 532; Ulmer/Habersack aaO). Dagegen kann vor allem der Inhalt einer Klausel sprechen, wenn sie einseitig der Wahrung der Interessen des Verwenders dient und erheblich von gesetzlichen Regelungen abweicht, die den Vertragspartner schützen (BGH NJW 1981, 2343; Peters NJW 1982, 562).

Eine **formularmäßige Bestätigung** des Vertragspartners, der Vertrag sei im Einzelnen ausgehandelt, ist nach § 309 Nr 12 b auch im Falle gesonderter Unterschrift unwirksam, unabhängig davon, ob es sich um eine Beweislastumkehr oder nur um ein vom Gericht frei zu würdigendes Beweisanzeichen handelt (hM, zB BGH NJW 1983, 385; 1977, 424, 426; **aA** OLG Karlsruhe BB 1983, 725 f), und hat keinerlei Beweiswert (BGHZ NJW 1987, 1634; LG Konstanz BB 1981, 1420; **aA** für Indizwirkung bei deutlicher Hervorhebung: BGH NJW 1977, 624, 626). Eine **individuelle Versicherung**, Bedingungen seien ausgehandelt, ist nicht typischerweise richtig, so dass sie ein gewisses Beweisindiz, aber keinen Anscheinsbeweis erringen kann (weiter Ulmer/Habersack Rn 65; **aA** Soergel/Stein Rn 30; Soergel/H Hefermehl Rn 30). Bei § 310 Abs 3 Nr 2 gilt eine andere Beweislast als für § 305 Abs 1 S 3: Der Verbraucher muss bei den Einzelvertragsbedingungen beweisen, dass er keine Möglichkeit der Einflussnahme hatte. Dabei ist aber zu berücksichtigen, dass er sich bei komplizierteren Regelungen auf den Beweis des ersten Anscheins berufen kann (Heinrichs NJW 1996, 2190, 2193). 53

IX. Überprüfung notariell beurkundeter Verträge

1. AGB in notariell beurkundeten Verträgen

Unterliegt ein Vertrag **zwingend notarieller Beurkundung**, so müssen auch die in ihn eingehenden AGB mit beurkundet werden. Sie verlieren aber ihre besondere Eigenschaft nicht dadurch, dass sie zu Bestandteilen eines notariell beurkundeten Vertrages werden (s auch Rn 32, 44). Das AGB-Recht gilt daher immer dann, wenn der Notar ein Vertragsformular verwendet, das von einer Partei benannt (BGH NJW 1990, 576; BGH NJW 1986, 1171; BGH NJW 1985, 2744) oder zur Verfügung gestellt wurde (BGHZ 83, 56, 58 = NJW 1983, 1035 BGH BB 1982, 149; BGHZ 118, 239 = NJW 1992, 2116; OLG Köln 15 U 229/07), evtl auch zur Verwendung für künftige Verträge oder sonst eine Vielzahl (OLG Köln VersR 2000, 730) von Verträgen. Der Charakter eines Bedingungswerkes als AGB ist indes nicht davon abhängig, dass es derjenige formuliert hat, der 54 es der anderen Partei stellt (Rn 23). Die Tatsache allein, dass der Notar die Bedeutung von Klauseln erläutert, macht diese nicht zu Individualvereinbarungen (OLG Düsseldorf BauR 1994, 128), dass er Formularverträge selbst ausgearbeitet hat, führt daher nicht zur Unanwendbarkeit des AGB-Rechts. Hiermit gleichzustellen ist es, wenn eine Partei ständig einen Hausnotar einschaltet, dessen Vertragsmuster sie kennt und gezielt zur Anwendung bringen will (Ulmer/Habersack Rn 32a). Zu groß wäre die Versuchung für den Notar (Hausnotar eines Bauträgers), Formularverträge im Hinblick darauf zu gestalten, mit ihnen möglichst viele Anbieter von Grundstücken, Eigenheimen und Eigentumswohnungen anzuziehen, gerade deshalb, weil nur vom Notar selbst entworfene Vertragsmuster nicht dem AGB-Recht unterfielen. Auch die von Schippel und Brambring (NJW 1979, 1802 ff) eindrucksvoll beschworene Verpflichtung zur Unparteilichkeit des Notars steht dem nicht entgegen, vor allem in den Gebieten der Bundesrepublik nicht, wo keine Inkompatibilität von Anwaltschaft und Notariat besteht. Nach § 310 Abs 3 gelten für Verbraucherverträge auch notariell entworfene Verträge (KG NJW-RR 2002, 490) als vom Unternehmer gestellt.

Nach früherer Rspr lagen AGB auch dann nicht vor, wenn ein Notar Klauseln verwendet, die er ganz abstrakt zur vielfachen Verwendung für Gelegenheitsgeschäfte vorformuliert hat (BGH WM 1986, 799; NJW 1991, 843; OLG Hamm NJW-RR 1999, 999 – Standard-Maklerklauseln; Ulmer AGBG[9] § 1 Rn 32), selbst dann nicht, wenn der Verdacht nahe lag, der Notar habe damit gezielt eine Marktseite begünstigt (aA OLG Düsseldorf NJW-RR 1997, 659). Diese Rspr ist aber bei Beteiligung eines Verbrauchers inzwischen obsolet (Vollmachtsformular eines Notars für das Auftreten von Notarangestellten namens von Grundschuldbestellern nach § 3 AGBG überprüft [BGH NJW 2003, 885; s § 305c Rn 36]). Klauseln, mit denen die Pflichten und Befugnisse des Notars festgelegt werden, will das OLG Köln aber vom AGB-Begriff ausnehmen (RNotZ 202, 338). Das kann aber für Befugnisse, die die strukturell stärkere Partei begünstigen (Voraussetzungen für vollstreckbare Ausfertigungen), nicht gelten.

AGB liegen jedoch nicht schon dann vor, wenn eine Vertragspartei in eindeutiger und offensichtlicher Weise begünstigt wird. Dies kann allenfalls ein Indiz dafür sein (BGH NJW 1992, 2160, 2163; Wellkamp DB 1995, 813, 814; Wolf/Pfeffer Rn 26).

2. Inhaltskontrolle von Bestandteilen notariell beurkundeter Verträge ohne AGB-Charakter

55 Notarverträge unterliegen jedoch unter bestimmten Umständen einer **Inhaltskontrolle nach § 242**. Hierzu hat sich im Bereich der **Freizeichnungsklauseln** bei Verträgen über den Kauf von Wohngrundstücken und Eigentumswohnungen eine mittlerweile gefestigte Rspr entwickelt. Der BGH hat die Verwendereigenschaft zunächst, ohne Rücksicht darauf, welche Vertragspartei die Initiative zur Auswahl des Notars ergriffen hatte, bejaht (NJW 1979, 1406). Er begründete dies damit, dass sich die eine Vertragspartei ein notarielles Formblatt „einseitig zu ihren Gunsten zunutze" mache und sich somit seiner „gleichsam mittelbar" bediene. In einem weiteren Urteil aus dem Jahr 1982 entschied der BGH (NJW 1982, 2243), dass diejenige Partei, die eine vom Notar vorgefertigte Freizeichnungsklausel zu ihren Gunsten ausnütze, nach Treu und Glauben wie ein Verwender dieser Klausel behandelt

werden müsse. Im Jahr 1984 folgte eine dritte Entscheidung (NJW 1984, 2094), nunmehr unter Geltung des AGBG, bei der die Freizeichnung des Veräußerers von Gewährleistungspflichten in einem notariell beurkundeten Vertragsangebot des Erwerbers enthalten war. Der Antrag des Erwerbers enthielt auch keine Vertragsbedingungen, die für eine Vielzahl von derartigen Verträgen vorformuliert waren. Der BGH stellte ausdrücklich fest, dass der Vertrag daher nicht der Inhaltskontrolle nach dem AGB-Gesetz unterliege. Der nicht auf Initiative des Kaufinteressenten in das Angebot gelangte Gewährleistungsausschluss wurde jedoch gleichwohl wegen eines Verstoßes gegen Treu und Glauben für unwirksam gehalten. In der darauf folgenden Entscheidung bezeichnet der BGH (WM 1986, 799) die dargelegten Grundsätze als „gefestigte Rechtsprechung“. Er stellt sie nur unter den Vorbehalt, dass in der Notarverhandlung die einschneidenden Rechtsfolgen mit dem Käufer eingehend besprochen worden sind (BGH WM 2007, 1140; BGHZ 101, 350 = NJW 1988, 135)

Die vom BGH aufgestellten Grundsätze lassen sich wie folgt zusammenfassen: Die 56
in einem Individualvertrag enthaltenen formelhaften Klauseln unterliegen dann einer Inhaltskontrolle, wenn die einschneidenden Rechtsfolgen solcher Klauseln nicht vorher zwischen den Vertragsparteien erörtert werden und der Erwerber darüber nicht nachhaltig belehrt wird. Eine formelhafte Klausel liegt dabei immer dann vor, „wenn diese üblicherweise in Formularverträgen zu finden und nicht auf den Individualvertrag zugeschnitten ist“.

Der Maßstab dieser Inhaltskontrolle ist § 242. Der BGH stellte anfangs (so in den 57
Urteilen NJW 1982, 2244; 1984, 2094) noch darauf ab, ob die „formelhafte“ Klausel des Individualvertrags bei Verwendung „in einem notariell beurkundeten Formularvertrag unwirksam wäre“. Er wendete die Maßstäbe des AGBG also im Rahmen einer hypothetischen Vorüberlegung an. In späteren Entscheidungen zu Freizeichnungen von Gewährleistungsansprüchen (NJW-RR 1987, 1035; JR 1988, 327; BB 1988, 1841) verzichtet der BGH aber wieder auf diese hypothetische Zwischenerwägung. Er sieht die Fallgruppe „Freizeichnung“ inzwischen so gefestigt an, dass es der Zwischenerwägung in diesem Bereich nicht mehr bedarf. Als formelhafte Klausel wird hierbei vom BGH der völlige, aber auch der teilweise Ausschluss von Gewährleistungspflichten angesehen, so für „alle erkennbaren Mängel“ (NJW-RR 86, 1026), für alle „sichtbaren Mängel“ (BGHZ 101, 350) oder für alle Ansprüche, für die der Veräußerer nicht selbst Ersatz verlangen kann (NJW-RR 1987, 1035).

Auf folgende Vertragstypen sind bisher diese Grundsätze angewandt worden: Erwerb von neu errichteten oder im Bau befindlichen oder erst zu errichtenden Häusern und Eigentumswohnungen (BGHZ 101, 350, 35 = NJW 1988, 135); Erwerb von Eigentumswohnungen, die durch Umwandlung eines Altbaus geschaffen worden sind, wenn mit dem Verkauf der Wohnungen eine Herstellungsverpflichtung des Veräußerers verbunden ist (BB 1988, 1841); Erwerb einer Eigentumswohnung, die durch Umwandlung eines Bungalows in ein Haus mit zwei Eigentumswohnungen geschaffen worden ist (BB 1988, 1841). Mit Recht betonen Ulmer/Habersack (Rn 81), dass der BGH offensichtlich bemüht ist, die Rechtsprechung auf den Kauf von neuen Immobilien zu beschränken,

Die Rechtsfolge eines Verstoßes gegen § 242 ist **nur Unwirksamkeit der Klausel**. Der 58
Vertrag bleibt im Übrigen wirksam. Dem durch die anstößige Klausel Begünstigten,

meist dem Erbringer der Sachleistung, muss es jedoch gestattet sein, sich unter Anwendung des Rechtsgedankens des § 306 Abs 3 darauf zu berufen, dass das Festhalten am Vertrag unzumutbar sei (Medicus, Inhaltskontrolle 41), umso mehr als ihm die formelhafte Klausel nicht zuzurechnen ist.

59 Die **Beweislast** richtet sich nach den allgemeinen Regeln. Sie trägt also zunächst der, der die Unwirksamkeit einer Klausel geltend macht (**aA** für Beweislast der Partei, die sich auf die Wirksamkeit der Freizeichnungsklausel beruft BGHZ 108, 164, 170 f = NJW 1989, 2748). Wenn der Notar allerdings keinerlei Notizen über seine Belehrung oder nur einen salvatorischen Generalvermerk in das Verhandlungsprotokoll aufgenommen hat, besteht ein Anscheinsbeweis dafür, dass die notwendige intensive Belehrung unterblieben ist.

60 Die Rspr des BGH ist in der dogmatischen Literatur häufig und sehr im Grundsätzlichen kritisiert worden. Die Kritik ist teilweise eingebettet in prinzipielle Auseinandersetzungen mit dem Gedanken einer Inhaltskontrolle von Individualverträgen (Brambring DNotZ 1984, 782; 1986, 615; 1988, 296; Fastrich, Richterliche Inhaltskontrolle im Privatrecht [1992] 94 ff, 103 ff; Habersack, Richtigkeitsgewähr notariell beurkundeter Verträge, AcP 189 [1989] 403 ff; Kanzleiter DNotZ 1989, 274; Medicus, Zur gerichtlichen Inhaltskontrolle notarieller Verträge [1989]). Hier ist nicht der Ort, das Thema in seiner ganzen Breite zu behandeln. Was die notariell beurkundeten Verträge speziell anbelangt, hält man die den Notar ohnehin treffende Belehrungspflicht für ausreichend und den vom BGH gebrauchten Begriff „formelhaft" für viel zu verwaschen. Vor allem will man die Rechtssicherheit bei notariell beurkundeten Verträgen gewahrt wissen und den über die notariellen Belehrungsmängel enttäuschten Teil auf den Schadensersatzanspruch gegen den Notar verweisen. Mit Recht ist vor allem vermisst worden, dass die Tragweite der Rspr ungewiss ist. Verteidigt wird die Rspr, wenn auch zT halbherzig, entweder mit Pauschalhinweisen auf die gestörte Vertragsparität oder weil man in der Judikatur inzwischen eine festgefügte richterliche Rechtsfortbildung sieht. Eine gewisse Zurückhaltung anderer Senate des BGH (NJW 1991, 643 – 5. Senat – Verkauf seit Langem bebauter Grundstücke; ebenso BGHZ 98, 100 = NJW 1986, 2824) rechtfertigt nicht (**aA** Ulmer/Habersack Rn 81 ff mwNw) die Schlussfolgerung, auf die Rechtsprechung des VII. Senats lasse sich die Inhaltskontrolle von Klauseln, die keinen AGB-Charakter haben, nicht mehr stützen.

Es ist kein Zufall, dass das Problem bisher immer nur bei der Veräußerung neu erstellter oder zu erstellender Wohngebäude oder Eigentumswohnungen aufgetreten ist. In diesem Bereich leistet die Neutralität der Beratung des Notars nicht, was ihr zugedacht ist. Die anbietende Marktseite sucht den Notar aus. Für viele Notare bringt das Bauträgergeschäft einen erheblichen Teil des Umsatzes. Dies hat in tendenziell massiver Weise zu einer solch verkäuferfreundlichen Vertragsgestaltung geführt, dass Inhaltskontrolle unabweisbar geworden ist. Eine auf einen vernünftigen Interessenausgleich bedachte Kautelarjurisprudenz hätte etwa von sich aus darauf drängen müssen, dass es zu werkvertraglichen Lösungen kommt. Die psychischen und intellektuellen Reserven, aufgrund notarieller Belehrung auf eine Änderung von Klauseln zu dringen oder notfalls nach langer Suche des richtigen Objekts und des Aufstellens einer objektbezogenen Finanzierung jetzt noch vom Erwerb Abstand zu nehmen, wird ein Käufer so schnell nicht aufbringen.

Für das Verhältnis des gewerblichen Verkäufers zum Verbraucher iS des § 310 Abs 3 hat die Rspr des BGH inzwischen nicht nur eine gesetzliche Bestätigung, sondern eine inhaltliche Ausweitung erfahren (s Rn 42). Ob eine Klausel „formelhaft" gebraucht wurde oder nicht, ist nicht mehr wesentlich. Auf die Intensität der notariellen Belehrung kommt es nicht mehr an (Näheres s § 310 Rn 65). Dem AGB-Recht lässt sich ohnehin keine Sperrwirkung gegenüber anderen Formen der Inhaltskontrolle von Verträgen entnehmen (Ulmer/Habersack Rn 79; Wolf/Pfeiffer Rn 47 ff). 61

(Rn 62–100 sind frei.)

X. Grundsätzliches zu Abs 2

1. Regelungsanliegen

Der Gesetzgeber des AGBG war sich sehr wohl im Klaren darüber, dass dem Phänomen unangemessener AGB mit einer Verschärfung der Einbeziehungsvoraussetzungen nicht zentral beizukommen war. Jedoch sollten trotz Inhaltskontrolle AGB nicht einseitig zum Vertragsbestandteil gemacht werden dürfen. Obwohl die Rspr schon vor Inkrafttreten des Gesetzes das vertragsrechtliche Verständnis der Unterwerfung unter AGB betonte (grundlegend BGHZ 9, 1 = NJW 1953, 541), war sie zum Schluss von der Anerkennung einer Befugnis des Verwenders zur einseitigen Ingeltungsetzung seiner AGB nicht mehr weit entfernt. Es sollte genügen, wenn der Vertragspartner vom Einbeziehungswillen des Verwenders „wissen musste" (BGH aaO; BGHZ 12, 142 = NJW 1954, 795; BGHZ 18, 99 = NJW 1955, 1513; VersR 1958, 189; NJW 1959, 1679; NJW 1973, 2154; NJW 1974, 2177; NJW 1976, 2075). Obwohl diese Rspr als mit herkömmlichen Rechtsgeschäftsprinzipien unvereinbar zurecht vielfach kritisiert wurde (Biedenkopf, in: FS Böhm [1965] 2 f; Schmidt/Salzer [1967] 112 ff; Emmerich JuS 1972, 364; Brandner JZ 1973, 614; wN), war es notwendig, ihr legislatorisch jedenfalls für den Verkehr mit privaten Verbrauchern ausdrücklich entgegenzuwirken und sich davon eine gewisse Ausstrahlung auch auf die Einstellung der Rechtspraxis für den beiderseits unternehmerischen Verkehr zu erhoffen. Allerdings kann objektiver Erklärungswert einer Willenserklärung auch ohne Ausdrücklichkeit zukommen, und Abs 2 stellt insoweit an die Erklärungen von Unternehmern untereinander sowie des Vertragspartners des Verwenders keine besonderen Anforderungen. Insbesondere kann Ersterer in einer Weise auftreten und verhandeln, die dem Verwender den Schluss erlaubt, sein Verhandlungspartner wisse um seinen Willen, nur zu bestimmten AGB abschließen zu wollen. Geht dem Vertragspartner des Verwenders diese Kenntnis ab, so kann man sagen, er hätte sie, so wie er aufgetreten sei, jedenfalls haben „müssen". Das heißt aber nichts anderes, als dass jedermann, der am Geschäftsverkehr teilnimmt, das Wissen zugerechnet wird, das zu besitzen er den Eindruck vermittelt. Mag sein, dass mit der „Wissen-Müssen-Formel" gelegentlich nichts anderes ausgedrückt sein sollte (so Ulmer/Habersack Rn 108; Canaris, in: Großkomm-HGB § 357 Rn 1209). Missverständlich ist sie dennoch. Für den Verkehr mit Privaten war sie auf jeden Fall durch § 2 AGBG obsolet geworden und ist es durch § 305 Abs 2 geblieben. Für den Handelsverkehr sollte sie vermieden werden. 101

Die Klauselrichtlinie (s Vorbem 9 ff) behandelt die Einbeziehungsvoraussetzungen nicht. Dementsprechend ist das rechtsvergleichende Bild, wie Philipp Hellwege (s Schrifttum § 305) herausgearbeitet hat, vielfältig und verwirrend. Seine Schlussfolgerung (aaO 497), auf die Kodifizierung der Einbeziehungsvoraussetzungen getrost zu verzichten, da Konformität mit allgemeinen rechtsgeschäftlichen Grundsätzen das Gleiche leiste, ist aber allzu kühn.

2. Abs 2 als Formvorschrift

102 Abs 2 ist eine Formvorschrift iSv § 125 (OLG Karlsruhe WRP 1980, 640, 642; Koch/Stübing Rn 15; **aA** Stoffels, AGB-Recht Rn 268 Fn 15; Wolf/Pfeiffer Rn 1; Schröder 88 ff – Ausdrücklichkeitserfordernisse grundsätzlich nicht als Formvorschriften wertend) und deshalb zwingend (Grunewald ZIP 1987, 353 ff). Formularmäßige Bestätigungsklauseln sind insoweit ohne Bedeutung (AnwKomm/Kollmann Rn 77; Bsp: BGHZ 100, 373 = NJW 1987, 2012, 2014; BGH NJW 1991, 1750). Dass bei Formularverträgen die Form der Einbeziehungsvereinbarung von selbst gewahrt ist (BGH NJW 1995, 195) und man in seltenen Ausnahmefällen einen individuellen Verzicht des Vertragspartners auf die Kenntnisverschaffungsobliegenheit zulassen muss, steht dem nicht entgegen.

Das Formerfordernis der Ausdrücklichkeit schränkt die Möglichkeiten einer Auslegung von Erklärungen als auf Einbeziehung von AGB gerichtet in Abweichung von §§ 133, 157 stark ein (BGH NJW-RR 1987, 112 – „Formalisierung" des Einbeziehungsvorgangs; **allgA**). Abs 2 bezieht sich ausschließlich auf die zur Einbeziehung der AGB führende Erklärung (Angebot oder Annahme) des Verwenders von AGB. Dies gilt auch für die in Abs 3 vorgesehene Rahmenvereinbarung (Rn 178 ff). Abs 2 gilt auch, wenn sich eine Partei bei Vertragsschluss vorbehält, Nebenbestimmungen formularmäßig für ihre Vertragspartner nach § 315 festzulegen, was durchaus nicht prinzipiell ausgeschlossen ist (Rn 172 ff, Staudinger/Coester § 307 Rn 43). Wie alle Formerfordernisse müssen sie gegenüber dem konkret rechtsgeschäftlich namens des Vertragspartners Handelnden erfüllt werden, ggf also auch gegenüber dessen Bevollmächtigtem. Die Existenz eines kundigen Hintergrundberaters genügt nicht (OLG Saarbrücken NZBau 2006, 787).

Die Ausgestaltung von Abs 2 als Formvorschrift zeigt im Verein mit den Bestimmungen über die Inhaltskontrolle aber auch die Anknüpfung des AGBG, und jetzt des AGB-Rechts im BGB, an das herkömmliche Verständnis einer vertraglichen Einigung. Insbesondere ist auch heute die Einbeziehungsvereinbarung genauso wenig wie früher (so mit Recht Canaris, Die Vertrauenshaftung im deutschen Privatrecht [1971] 214 ff) ein vom Vertragsschluss zu sonderndes, eigenständiges Rechtsgeschäft, allgA. Die durch Abs 2 nicht berührten Regeln des Vertragsabschlussrechts des BGB gelten auch für die Einbeziehung von AGB. Zur Möglichkeit, Regelungsinhalte, die wegen Nichtbeachtung von Abs 2 nicht Vertragsbestandteil werden, individualvertraglich in Geltung zu setzen, s Rn 37 ff. Grundsätzlich kann sich auch der Verwender auf die Unwirksamkeit des Einbeziehungsversuchs berufen. Dies ist aber dann als sinnwidrig ausgeschlossen, wenn der Vertragspartner die Geltung bestätigt, etwa durch wiederholte Berufung auf die AGB im Prozess (OLG Düsseldorf NJW-RR 1996, 1422).

3. Geltungsbereich von Abs 2

103 Nach § 310 Abs 4 S 2 gilt Abs 2 nur eingeschränkt für Arbeitsverträge. Sonderregelungen im Verhältnis zu Abs 2 sind auch denkbar, wenn sie nicht Normierungen entstammen, die speziell auf AGB ausgerichtet sind. Für Gerichtsstandsvereinbarungen zwischenstaatlichen Zuschnitts etwa ist Art 23 EuGVVO eine Sondervorschrift, die auch für Gerichtsstandsklauseln in AGB gilt (BGH NJW 1994, 2699 und umfr Rspr EuGH). § 7 VVG ist Sonderregelung für Versicherungsverträge (dazu SCHIRMER VersR 1996, 1045; DÖRNER/ST HOFMANN NJW 1996, 153 ff; PRAVE, in: FS Graf vWestphalen [2010] 569; Bsp: OLG Hamm VerR 2001, 709; s Rn 152). Für vor dem 31. 12. 1994 abgeschlossene Versicherungsverträge galt die Privilegierung nach § 23 Abs 3 AGBG damaliger Fassung. Natürlich gilt Absatz 2 nicht, wenn der Inhalt eines Vertrags durch Rechtsvorschriften geregelt ist wie meist bei der Energieversorgung (s § 310 Rn 15).

Beim Fernabsatz von Finanzdienstleistungen hat die Regelung des AGBG zu aberwitzigen Komplikationen geführt. Insbesondere entwickelten die Finanzdienstleister die Konstruktion, der Kunde mache ein Angebot, der Dienstleister nehme es geändert durch seine beigefügten Bedingungen an (§ 150 Abs 2), der Kunde akzeptiere sodann iSv § 151 durch Inanspruchnahme der Diensleistung oder eine andere in den AGB bestimmten Handlung (dazu näher DERLEDER/PALLAS ZIP 1999, 1285 ff). Daher begreift man § 312c Abs 2 sinnvollerweise als Sondervorschrift zu § 305 Abs 2 Nr 2, und zwar bei allen **Fernabsatzgeschäften** (MünchKomm/WENDEHORST § 312c Rn 2; **aA** GRIGOLEIT NJW 2002, 1151 [1156]; PALANDT/GRÜNEBERG § 312c Rn 8). Die einzige realistischerweise bestehende Funktion der Obliegenheit zur Verschaffung der Kenntnisnahmemöglichkeit (s Rn 49) wird dadurch auch gewahrt. Es wäre überzogener Formalismus, zusätzlich noch die Erfüllung geringfügiger Nuancierungen nach § 305 Abs 2 zu verlangen, s Rn 152.

Sonderregelungen sind auch zahlreiche Vorschriften aus dem Verkehrsrecht, wonach der Beförderungsbrief Beweis für ua den Inhalt des Beförderungsvertrags erbringt, zB § 409 Abs 1 HGB, Art 9 Abs 1 CMR, Art 3 Abs 2, Art 4 Abs 2, Art 11 Warschauer Abkommen über die Luftbeförderung idF 1955. Der Vorbehalt, dass der Beweis des Gegenteils möglich bleibt, kann sich sinnvollerweise nur auf gegenteilige Abreden, nicht aber auf den Nachweis eines Geschehensablaufs beziehen, der normalerweise die Einbeziehung von AGB nicht decken würde. Diese Konsequenz fordert das Prinzip der möglichst einheitlichen Auslegung internationaler Verträge (**aA** wohl KOLLER, Transportrecht [5. Aufl 2004] vor Art 1 WA m nicht ergiebigen Rsprverw).

Die Einbeziehung von Regelungswerken von Sportverbänden in Vereinbarungen mit Sportlern hat der BGH mit Recht der Kontrolle nach §§ 307–309 entzogen (s Rn 4). Auch die Einbeziehungsvoraussetzungen des Abs 2 passen nicht (ADOLPHSEN, Internationale Dopingstrafen [2003] 103 ff).

Für Anleihebedingungen zu **Inhaberschuldverschreibungen** hat der BGH (NJW 2005, 2917) in einer funktionellen Reduktion die Geltung von § 305 Abs 2 BGB abgelehnt (s Rn 116).

Von Sonderregelungen abgesehen gilt Abs 2 für alle Geschäfte, in denen als Vertragspartner des Verwenders weder ein Unternehmer noch eine juristische Person des öffentlichen Rechts oder ein öffentlichrechtliches Sondervermögen (§ 310 Abs 1) auftritt, gleichgültig, ob der Verwender Unternehmer (§ 14) ist oder nicht. Darauf, ob ein Nichtunternehmer in den Bereichen, in welchen er das Geschäft abschließt, rechtserfahren ist, kommt es nicht an. Zum Fall der Doppelverwendung s Rn 31. Abs 2 gilt für AGB jeder Art, auch für solche, die keinen gesetzesmodifizierenden oder -ergänzenden Charakter haben (s STAUDINGER/COESTER § 307 Rn 1), und auch für kundengünstige. In letzteren Fällen kann es aber später leicht zu einer Individualvereinbarung über einen Klauselinhalt kommen. Wenn sich der Vertragspartner später auf die AGB (insgesamt!) beruft, ist der Mangel der Einbeziehungsform geheilt (Rn 37, 172). Verwender iSv Abs 2 ist auch, wer den anderen Teil zu Angeboten der Einbeziehung seiner AGB veranlasst (BGH NJW 1988, 2108), s Rn 30. Auf **Formularverträge** ist Abs 2 naturgemäß nicht anzuwenden (BGHZ 108, 232 = NJW 1988, 2465; BGH NJW 1995, 190; **allgA**). Rn 129–142 gelten aber auch für sie (HEINRICHS NJW 1995, 1394 f). An einmal wirksam einbezogene AGB ist jeder **Rechtsnachfolger** gebunden, ohne das ihm gegenüber Abs 2 erneut erfüllt worden sein müsste (OLG Frankfurt WM 1993, 2089).

Zum beiderseits unternehmerischen Verkehr s unten Rn 107, 185 ff. Zu AGB für den vorvertraglichen Bereich s LIESE, Vereinbarungen über vorvertragliche Rechtspflichten und ihre Begrenzung durch das AGB-Gesetz (1993). Im Verkehr mit Unternehmen gelten allgemeine **IPR-Grundsätze** für die Einbeziehungsvereinbarung (BGH WM 2004, 1177; Rechtsbank Zwolle [NL] IHR 2005, 34). Soweit – im Verkehr mit Verbrauchern – Abs 2 einschlägig ist, gilt Art 11 Rom I VO, da Abs 2 Formvorschrift ist, s Rn 102 (**aA** WOLF/PFEIFFER – normale IPR-Grundsätze über Vertragsschluss anwendend). Die Vertragsabschlussregeln des **CISG** beziehen sich auch auf die Einbeziehung von AGB (BGH NJW 2002, 370; STADLER, Allgemeine Geschäftsbedingungen im Internationalen Handel [2004] 89 ff mit vielen Einzelerörterungen; STAUDINGER/MAGNUS [2005] Art 4 CISG Rn 25 m umfangr wNw). Lediglich die Inhaltskontrolle ist dem nationalen Recht überlassen. Zum CISG im Übrigen s Rn 157. Die dortigen Einbeziehungsvoraussetzungen sind auch im unternehmerischen Verkehr strenger als nach § 305 BGB. Erforderlich sind ausdrücklicher Hinweis und Textübermittlung (Nw auch zu ausländischer Rspr bei PILTZ NJW 2007, 2161, Bsp BGH NHW 2002, 370; OLG München IHR 2009, 185). Unwirksamkeit der AGB-Einbeziehung kann dazu führen, dass der versuchte Ausschluss des CISG missglückt (Rechtsbank Zwolle aaO). Im Verhältnis zu Verbrauchern kann deutsches AGB-Recht auch anwendbar sein, wenn sonst ein ausländisches Vertragsrecht berufen ist, s Art 10 Abs 2, Art 6 Abs 2 Rom I VO. Zur AGB-Problematik bei Geschäften mit Auslandsbezug s im Übrigen Kommentierung RAUSCHER/vHEIN, Europäisches Zivilprozess- und Kollisionsrecht (2011) Art 3 Rom I VO Rn 42 ff und HAU/EICHEL AL 2010, 84 ff. Für **Schiedsvereinbarungen** (dazu Kommentierungen zu § 1031 ZPO und Art II New Yorker Übereinkommen – etwa STEIN/JONAS/SCHLOSSER[22] Anh § 1061 Rn 23 ff [23. Aufl im Erscheinen]) und Gerichtsstandsvereinbarungen (dazu HAU IPRax 2005, 301 und Kommentare zu Art 23 Brüssel I VO) gelten Besonderheiten. S auch Art 46b EGBGB, der Art 6 Abs 2 der Richtlinie umsetzt. Neben der Rom I VO ist aber die Bedeutung dieser Vorschrift gering. Sie ist nur bei Verträgen anwendbar, auf die sich Rom I nicht bezieht.

4. Zeitpunkt für die Erfüllung der Formvorschrift

104 Hinweis- und Kenntnisverschaffungsobliegenheit müssen „bei Vertragsschluss" erfüllt sein (s aber Rn 149). Jedoch reicht eine entsprechende Aktivität während der Vertragsverhandlungen aus (HELLWEGE, Lit vor § 305, S 446 ff. Zum Einverständnis der anderen Vertragsseite Rn 154 ff). Dennoch können AGB **nachträglich** in den Vertrag einbezogen werden. Es handelt sich dann um einen Änderungsvertrag (BGH NJW 2010, 864 Rn 39; BGHZ 86, 135, 137 = NJW 1983, 816, 817; BGH NJW 1984, 1112; BGH WM 1986, 1194, 1197; KG NJW-RR 1994, 1265; OLG Köln NJW-RR 1994, 1430, 1431; LG Gießen NJW-RR 1996, 630; OLG Nürnberg 1 U 1470/09 ZNER 2010, 410), für den Abs 2 ebenfalls gilt (BGH, KG, LG Gießen aaO; **aA** Bunte BB 1983, 780). Durch bloße nachträgliche Zusendung der AGB kommt aber eine solche Vertragsänderung nicht zustande, selbst nicht zwangsläufig mit deren Unterzeichnung durch den Vertragspartner (KG aaO – Überrumpelung mit der Aufforderung „die AGB noch zu unterzeichnen"; LG Gießen aaO). Auch werden diese nicht durch beiderseitige Berufung auf die VOB im Anwaltsprozess einbezogen (BGH NJW 1999, 3261 f; **aA** OLG Düsseldorf NJW-RR 1996, 1423). Leitet der andere Vertragsteil aus den AGB des Verwenders, dessen Einbeziehungswille feststeht, Rechte her, so kann ihm nicht das Fehlen des Hinweises oder der Kenntnisverschaffung entgegengehalten werden (OLG Düsseldorf BauR 1996, 757), jedoch muss der Vertragspartner dann die AGB insgesamt akzeptieren. Zu Rechnungen und Lieferscheinen s Rn 114. Einseitige Änderungsklauseln sind unzulässig (BGH NJW-RR 2009, 1641). Nur unter besonderen Umständen hat der BGH sie zugelassen (BGH NJW 1991, 2559). Gegen das heute übliche Vorgehen, die Bedingungen in der jeweils geltenden und dem Partner von Dauerschuldverhältnissen unter Widerspruchsvorbehalt mitgeteilten Gestalt für maßgebend zu erklären, ist aber nichts einzuwenden (s Staudinger/Coester-Waltjen § 308 Nr 4 BGB).

XI. Die bei Vertragsschluss bestehende Hinweisobliegenheit

1. Ausdrücklichkeit und Klarheit des Hinweises

Soweit nicht die Ausnahme in Abs 2 Nr 1 (Rn 128 ff) eingreift, muss der Verwender **105**
seinen Vertragspartner ausdrücklich – schriftlich oder mündlich (BGH NJW 1982, 817) – darauf hinweisen, dass bestimmte AGB Vertragsbestandteil werden sollen. Diese Formobliegenheit (s Rn 102) setzt sich gegenüber einer nach allgemeinem Vertragsabschlussrecht anerkannten Bedeutung einer Verkehrssitte durch (Ulmer/Habersack Rn 119; ausführliche Detailerörterung Hellwege, Lit vor § 305; 423 ff).

a) Ausdrücklichkeit bedeutet in diesem Zusammenhang grundsätzlich: **Hinweis in Worten**. Ein schlüssiges Verhalten genügt aber, wenn es eindeutig und unverkennbar ist (BGH NJW-RR 1987, 112; Hellwege, Lit vor § 305, 442). Insbesondere genügt die kommentarlose Übersendung oder Mitaushändigung eines Exemplars des Klauselwerkes, wenn es klar auf den Typus des abzuschließenden Geschäfts zugeschnitten ist. Im Verhältnis zu **Ausländern** genügt bei Anwendbarkeit deutschen Rechts auf den Vertragsschluss (Staudinger/Magnus [2011] Internationales Vertragsrecht 1, Rom I VO) und das Hinweiserfordernis ein Hinweis in deutscher **Sprache**, wenn diese auch im Übrigen die Verhandlungssprache ist (BGHZ 87, 112 = NJW 1983, 1489, allgA), sonst nicht (OLG Düsseldorf IHR 2005, 24; OLG Hamburg NJW 1980, 1232; OLG Bremen RIW 1978, 747; OLG Stuttgart MDR 1964, 412; wohl auch OLG Karlsruhe NJW 1972, 2185). Auch ein Hinweis in der von der Verhandlungssprache möglicherweise verschiedenen Vertragssprache reicht nicht aus (Ulmer/Habersack Rn 124; Wolf/Pfeiffer Rn 69; OLG Frankfurt RIW 1981, 411), auch nicht, wenn der Kunde das Vertragsdokument unterschreibt (**aA** Weimar DB 1978, 243; LG Frankfurt aM WM 1977, 298 – kaufmännisches Bestätigungsschreiben). Lediglich dann, wenn der Kunde auch die Vertragssprache mühelos versteht, kann man eine Ausnahme zugestehen (OLG Stuttgart IPRax 1988, 293). Auch bei Vertragsgegenständen von erheblichem Wert ist ein stärkerer Hinweis als bei Verbrauchern, die der deutschen Sprache mächtig sind, nicht zumutbar (aA Palandt/Grüneberg Rn 42). Verwendet bei Geschäftsbeziehungen, die sich im Korrespondenzwege abspielen, jeder Vertragsteil seine eigene Sprache, so genügt ein Hinweis in der Sprache des Verwenders (so wohl BGH NJW 1971, 2126). Der Hinweis ist auch dann erforderlich, wenn der Verwender die Vertragsabschlusstechnik „Angebot des anderen Teils" wählt (BGH NJW 1988, 2108 – formulargebundener Antrag auf Gewährung eines Hypothekenkredits). Zur Einbeziehung Allgemeiner Versicherungsbedingungen gegenüber Analphabeten s OLG Karlsruhe VersR 1983, 169.

106 **b) Der sprachliche Ausdruck** muss so **klar und übersichtlich** platziert sein (OLG Düsseldorf BB 1983, 84; OLG Stuttgart 7 U 133/10 Rn 149 – juris), dass er bei demjenigen, für den er bestimmt ist, keine Zweifel über das Gemeinte aufkommen lassen kann (BGH NJW-RR 1987, 112; OLG Nürnberg WM 1990, 1371; OLG Celle NJW 2011 1085 – Auktionsbedingungen in gut lesbarer Form an den Sitzbänken der Bieter ausliegend). Sinnentstellende Druck- oder Tippfehler sind fatal (OLG Hamm NJW 1989, 274 – „Verbindungsleistung" anstatt „Verdingungsordnung" für Bauleistungen). Dem Vertragspartner unverständliche Abkürzungen (zB „VOB") können die Einbeziehung verhindern (OLG Hamm NJW-RR 1988, 1366), aber führen dazu nur dann, wenn sich nicht aus dem beigefügten Text das Gemeinte zweifelsfrei ergibt. Es genügt, dass das als Vertragsbestandteil vorgesehene Klauselwerk in seiner äußeren Identität genau bezeichnet wird, sei es auch nur in der Form: „Im Übrigen gelten unsere allgemeinen Zahlungs- und Lieferungsbedingungen". Auch der Hinweis, dass das Geschäft gemäß „den üblichen Bedingungen" getätigt werden soll, muss ausreichen, wenn der Hinweisende nur eine Art von Klauselwerken zu verwenden pflegt (aA LG Lübeck BB 1956, 575); die Kenntnisverschaffungsobliegenheit kommt ja noch dazu. Aus diesem Grund reicht auch die Formel „Lieferbedingungen VDMA" aus (BGH NJW 1970, 2023). Ein Hinweis darauf, dass das in Bezug genommene Regelungswerk den Rechtscharakter von AGB oder überhaupt von Vertragsbestimmungen hat, ist entbehrlich (OLG Frankfurt NJW 1986, 2712, 2713). Bei einem Schulungsvertrag über längere Zeit genügt der Ausdruck „Studienordnung" (OLG Saarbrücken OLGR 2006, 295). Der Einbeziehungsversuch ist aber misslungen, wenn die AGB, auf die verwiesen wird, für das fragliche Geschäft nicht passen; dann sind auch geschäftsneutrale Bestimmungen aus dem Bedingungswerk nicht einbezogen (BGH ZIP 1981, 1220 – selbst für den Verkehr mit Gewerbetreibenden; BGHZ 59, 23 = NJW 1972, 1622 – Gerichtsstandsklausel in Verkaufsbedingungen, die der Käufer verwendet). Etwas anderes gilt nur, wenn klargemacht wird, dass AGB einbezogen werden sollen, obwohl sie für den vertraglichen Geschäftstyp nicht geschaffen sind (BGH NJW 1978, 1918 – AGB für Lohnfuhrverträge).

107 Eine Bezugnahme auf „Allgemeine Bedingungen für …" entspricht den Anforderungen von Abs 2 nicht, wenn im Verkehr mehrere solche Bedingungswerke gebräuchlich sind und es an einer zusätzlichen klaren Individualisierung, etwa durch Mitverschicken oder Aushängen eines Exemplars der Bedingungen am Ort des Vertragsschlusses, fehlt (BGH VersR 1972, 791; Ulmer/Habersack Rn 126). Bezieht sich der Hinweis auf mehrere Klauselwerke, von denen nur eines für das abgeschlossene Geschäft passt, so ist das zutreffende Bedingungswerk nur dann Vertragsbestandteil geworden, wenn das Gemeinte für den Vertragspartner ohne weiteres offensichtlich ist (BGH ZIP 1981, 1220). Komplizierte Auslegungsüberlegungen dazu, welches von mehreren möglichen Klauselwerken gemeint sein könnte, sind dem Vertragspartner

nicht zuzumuten, insbesondere nicht Überlegungen darüber, welche Bestandteile verschiedener Bedingungswerke identisch sind, um wenigstens diesen Geltung zu verschaffen. Liegt eine frühere und eine geänderte Fassung von AGB vor, wird diejenige Fassung Vertragsbestandteil, von deren Inhalt iSv Nr 2 Kenntnisverschaffungsmöglichkeit gewährt wurde (OLG Nürnberg NJW-RR 1993, 1245), wenn bezüglich beider Fassungen, die neuere. Bringt die nicht einbezogene Neufassung Verbesserungen für den Vertragspartner, sind diese unter Umständen nach cic-Grundsätzen fiktiv einzubeziehen (BGH NJW 1982, 926).

Erstreckung der vertraglichen Bindung auf einen **zusätzlichen Vertragspartner** als solche ist kein AGB-Problem und bedarf besonders deutlicher Kennzeichnung, kann aber durchaus legitim sein, etwa beim Erwerb von Software. Jedoch gelingt das Unterfangen nur, wenn der Dritte sein Einverständnis kund getan hat. Für die Einbeziehung von AGB in das Verhältnis zum weiteren Vertragspartner gilt wieder Abs 2 (Wolf/Pfeiffer Rn 62). **108**

Ist der Hinweis unklar, so gilt das Prinzip, dass er gegen denjenigen auszulegen ist, der ihn formuliert hat. Ist daher nicht klar, ob ein ganzes Bedingungswerk oder nur einzelne seiner Teile einbezogen sein sollen, so kann sich der Vertragspartner auf die ihm günstigen Bedingungen berufen, ohne sich ihn benachteiligende entgegenhalten lassen zu müssen. „Zahlbar gem Verkaufsbedingungen ... Anlage Verkaufsbedingungen XY ...“ nimmt nur die Zahlungsbedingungen, nicht die Verkaufsbedingungen in Bezug (OLG Düsseldorf NJW 1965, 762; vWestphalen Rn 35), freilich beides, wenn sie ein in sich geschlossenes Klauselwerk sind. Sind freilich nur Teile von Bedingungswerken genannt („Gewährleistungen nach VOB“), besteht keine Unklarheit. Nur der genannte Teil ist einbezogen (KG BauR 1971, 264). Gleiches gilt, wenn auf umseitige „AGB“ verwiesen wird und die dortigen Regelungen in „Vorbemerkung“ und „AGB“ gegliedert sind (BGH NJW 1987, 2431, 2432). Zur Einbeziehung an sich nicht passender AGB s auch § 305c Rn 13, § 305b Rn 10. **109**

c) „Ausdrücklich“ bedeutet nicht: mündlich oder individuell handschriftlich (BGH NJW 1983, 816; allgA). Auch vorgedruckte Hinweise, etwa in Bestellformularen, Anträgen auf Abschluss von Versicherungsverträgen oder auf Briefköpfen auch in AGB selbst – reichen aus, wenn sie so auffällig angebracht sind, dass sie auch bei nur flüchtiger Durchsicht unübersehbar sind (BGH NJW-RR 1987, 113), sobald dem Vertragspartner ein Exemplar des Textes verschafft wird. Dies aber muss man verlangen (BGH DB 1971, 2106; OLG Bamberg BB 1972, 1341; LG Frankfurt aM NJW 1984, 1626; L Raiser 184 ff; Schmidt/Salzer D 52). Wird der Kunde nur auf einen Auszug aus Bedingungen hingewiesen, so werden im Auszug nicht enthaltene Bestimmungen mangels Hinweis nicht Vertragsbestandteil, auch wenn im Auszug steht, die vollständigen Bedingungen könnten dem Kunden auf dessen Wunsch im Geschäftslokal zur Einsicht gegeben werden (LG Frankfurt aM NJW 1984, 1626). Wie der Gegensatz zur subsidiär anwendbaren Aushangregel zeigt, verlangt Abs 2 einen **Hinweis im Zusammenhang mit einer individuell** an den Vertragspartner gerichteten Handlung. Allgemeine Veröffentlichungen oder allgemein gehaltene Rundschreiben reichen nicht aus (s auch Rn 117). Auch der Abdruck auf der Rückseite einer vertragskonstitutiven Erklärung genügt nicht, wenn ein Hinweis auf der Vorderseite des entscheidenden Vertragsdokuments fehlt (LG Münster VersR 1980, 100; allgA). Erfasst der Hinweis nur einen Teil des auf der Rückseite Abgedruckten, so ist nur dieser Teil einbezogen (BGH NJW **110**

1987, 2431, 2432). Ebenso wenig ausreichend ist ein versteckter oder missverständlicher Hinweis (OLG Düsseldorf VersR 1982, 872; OLG Nürnberg BB 1990, 1999) oder der Abdruck in einem Katalog (LG Berlin MDR 1980, 1401). Selbst „Rückseite beachten!" auf einem der vertragskonstitutiven Dokumente reicht nicht aus (OLG Nürnberg RIW 1985, 990 – entschieden zu Art 17 EuGVÜ, aber verallgemeinerungsfähig). Bei einem nicht online geschlossenen Vertrag reicht ein Hinweis im Internetauftritt des Verwenders nur aus, wenn der andere Vertragsteil seine Bestellung unter Bezugnahme auf diesen Auftritt tätigt (OLG Hamburg DWW 2002, 339 – aber im SV unklar). Der **Form**, in der der Vertrag schließlich unter Einbeziehung der AGB geschlossen wurde, ohne dass Formzwang bestünde, bedarf der Hinweis nicht (s unten Rn 112 ff). Bei einem online geschlossenen Vertrag reicht es aus, ist aber auch erforderlich, dass das Bestellformular deutlich auf die im **Internetauftritt** zur Verfügung gestellten AGB verweist (LG Essen NJW-RR 2003, 1207; ULMER/HABERSACK Rn 135b mwNw; LÖHNIG NJW 1997, 1688; teilw **aA** MEHRINGS BB 1998, 2373 ff – schon im Internetauftritt des Verkäufers ein Angebot im technischen Sinne sehend, wenn keine Verwahrung dagegen gemacht wird. Zur Möglichkeit der Kenntnisnahme bei Internetgeschäften s Rn 151). Wird nach einer Internetkonsultation durch den Kunden der Vertrag in anderer Form als online geschlossen, so muss der Hinweis gesondert gegeben werden (OLG Hamburg MMR 2002, 677). Für den Fall der Weiterverweisung s Rn 112 ff. Natürlich muss der Hinweis in der Sprache gefasst sein, die der Verwender auch sonst im Verkehr mit seinem Vertragspartner verwendet, s Rn 141.

111 **d)** **Unterbleibt** der vorgeschriebene ausdrückliche Hinweis, so werden die AGB nicht Vertragsbestandteil, sofern sich nicht der Vertragspartner von sich aus mit der Geltung der AGB einverstanden erklärt, indem er etwa aus Kenntnis der Vertriebsgewohnheiten des Verwenders auf sie in seiner Bestellung hinweist (BGH NJW-RR 1987, 112, s Rn 30, HELLWEGE, Lit vor § 305, 440). Nach § 306 hat dies aber auf das Zustandekommen des Vertrags (zu den gesetzlichen Bedingungen) keinen Einfluss. Fehlt der Hinweis „bei Vertragsschluss", ergibt sich der Einbeziehungswille des Verwenders aber gleichwohl, dann hat der Vertragspartner des Verwenders freilich das Recht, sich auf die Bedingungen zu berufen (s Rn 104) etwa, wenn er, in der Ware verpackt, eine Garantiekarte findet.

112 **e)** Gelegentlich ist die **Reihenfolge** des Geltungsanspruchs verschiedener in Bezug genommener Bedingungswerke nicht klar gekennzeichnet. Das gilt vor allen Dingen für das Bauwesen, wo häufig neben der VOB noch andere Bedingungswerke als verbindlich angegeben werden, ohne dass ein klares Subsidiaritätsverhältnis herausgestellt würde. In einem aufgrund im Unterlassungsklageprozess erstrittenen Urteil hat der BGH (s Rn 143) die **Staffelverweisung** grundsätzlich gebilligt, sie aber dann für unzulässig erklärt, wenn „die Verwendung mehrerer Klauselwerke wegen des unklaren Verhältnisses konkurrierender Regelungen zur Unverständlichkeit führt". Der BGH meint, dann gälten die gesetzlichen Vorschriften. Das ist aber häufig unsachgemäß (Bsp BGH NJW-RR 2006, 1350, wo eine Aufrechnung für zulässig erklärt wurde, obwohl sie nach beiden Klauselwerken unzulässig war). Die gesetzeskonforme Lösung besteht darin, dem Kunden nach § 305c Abs 2 sich die jeweils für ihn günstigste Bestimmung aussuchen zu lassen. Das Gleiche gilt, wenn unklar ist, auf welche Teile eines Bedingungswerks verwiesen werden soll (**aA** OLG Stuttgart NJW-RR 1988, 786 – Einbeziehung insgesamt missglückt). Zur Obliegenheit, dem Vertragspartner Kenntnis der VOB zu verschaffen, s Rn 146, zu Staffelverweisungen für den Fall der Unwirksamkeit der primär einzubeziehenden AGB s § 306 Rn 11.

f) Tätigt der Verwender **üblicherweise verschiedene Arten von Geschäften**, für die er unterschiedliche AGB verwendet, so ist der Hinweis nicht ausreichend, wenn sich erst durch Auslegung ermitteln lässt, für welche Arten von Geschäften welche AGB gelten (BGH ZIP 1981, 1220; ebenso f d schweiz Recht Cour de Justice Genf Yearbook Commercial Arbitration 1981, 612, 613). Der Verwender muss aber diejenigen AGB gegen sich gelten lassen, mit denen der Vertragspartner rechnen darf (BGH VersR 1971, 755; s oben Rn 106), s Rn 109. **113**

2. Die Rechtzeitigkeit des Hinweises

a) Der Wille des Verwenders zur Einbeziehung von AGB muss **spätestens im Augenblick des Vertragsschlusses** zum Ausdruck gebracht sein. Das wirkt sich vor allen Dingen dann aus, wenn **Bestellungen telefonisch** aufgegeben und angenommen werden (s Rn 124). Auch ihnen folgende, AGB einbeziehende schriftliche Auftragsbestätigungen reichen dann nicht aus, um sie in Abänderung des bereits geschlossenen Vertrages dessen Bestandteil werden zu lassen. Haben vertragliche Beziehungen den Charakter eines **Sukzessivlieferungsvertrags**, so vermag ein Hinweis anlässlich einer oder mehrerer Einzellieferungen AGB nicht zum Vertragsbestandteil zu machen (OLG Karlsruhe DB 1966, 936; Schmidt/Salzer D 95; s unten Rn 178). Auch eine wiederholte widerspruchslose Entgegennahme solcher Leistungen kann nicht als Einverständnis mit einer Vertragsänderung gedeutet werden. Schon nach BGB-Grundsätzen genügt ein Verweis auf AGB nicht, wenn er in **Lieferscheinen, Versandanzeigen, sonstiger nach vertraglicher Korrespondenz** oder **Rechnungen** enthalten ist, die nach Vertragsschluss übermittelt werden (BGH NJW 1959, 1679; OLG Hamburg ZIP 1984, 1241, WM 2003, 581; OLG Köln NJW-RR 1994, 1430: KG NJW-RR 1994, 1265; OLG Frankfurt NJW 1973, 64; OLG Düsseldorf BB 1960, 422; dass VersR 1975, 235; OLG Zweibrücken OLGZ 1968, 391; LG Frankfurt aM NJW 1991, 2842; LG Gießen NJW-RR 1996, 630; LG Karlsruhe BB 1996, 1580; Ulmer/Habersack Rn 127 mwNw), auch nicht, wenn dies im Rahmen laufender Geschäftsbeziehungen ständig geschieht (s Rn 185) und der Kunde die Papiere vielleicht sogar unterzeichnet (BGH DB 1978 1587 – mit Andeutungen zur Bereitschaft, für das Verhältnis unter Kaufleuten großzügiger zu sein, s Rn 124, 127, 185). Das gilt insbesondere auch hinsichtlich des Versuchs, sich auf diese Weise die Vertragsmäßigkeit eines Eigentumsvorbehalts oder einer seiner Erweiterungsformen (OLG München BB 1959, 650) auszubedingen. Ein so erklärter einfacher Eigentumsvorbehalt ist aber jedenfalls dann sachenrechtlich wirksam, wenn der Kunde den Vermerk auf dem Lieferschein bei dessen Empfang gelesen hat (OLG Hamburg NJW 1978, 223), oder wenn er ihm so zugegangen ist, dass von ihm eine Lektüre erwartet werden konnte (BGH NJW 1988, 1774, 1776; BGH BB 1986, 1672 = WM 1986 1081; BGH NJW 1982, 1749; NJW 1982, 1749; NJW 1982, 1751; NJW 1982, 1751; NJW 1979, 213; hA; **aA** Kemper BB 1983, 95 – individuellen Hinweis des Verkäufers verlangend; Bunte ZIP 1982, 449, 451; vWestphalen ZIP 1987, 1361, 1368). Meist verlangt man Zugang bei einer für die Ausgestaltung von Verträgen zuständigen Person (BGH NJW 1979, 2199; nahezu allgA). Jedoch genügt die Erklärung gegenüber jener Person, die zur Entgegennahme der Ware zuständig ist, weil sie auch zur Erklärung des Eigentumserwerbswillens befugt ist. In manchen Branchen ist der Eigentumsvorbehalt so ausnahmslos üblich, dass man Rechnungen bei früherer Gelegenheit mit entsprechendem Aufdruck auf der Rückseite genügen **114**

lassen will (FG Hamburg ZfZ 2003, 64). Ein einseitig erklärter Eigentumsvorbehalt ist meist auch nicht vertragswidrig, weil der Verkäufer nicht vorleistungspflichtig ist (Lieb, in: FS Baumgärtel [1990] 311 ff) und mit der Übergabe ohne Zahlung schon mehr getan hat, als seiner Zug-um-Zug-Leistungspflicht entspricht. Zu Vertragsschlüssen unter Anwesenden, die mit Aushändigung eines Dokuments enden, s Rn 121.

115 Wird eine Bestellung durch Zusendung der bestellten Ware „angenommen", so werden AGB gegenüber Privaten auch dann nicht ohne Weiteres Vertragsbestandteil, wenn ein Hinweis auf sie in beiliegenden Rechnungen oder Lieferscheinen enthalten ist. Die Zusendung an den Kunden fällt aber unter § 150 Abs 2. Mit Entgegennahme von Ware und beiliegenden Mitteilungen ist das geänderte Angebot iSv § 151 S 1 im beiderseits unternehmerischen Verkehr seinerseits angenommen (MünchKomm/Basedow Rn 57, 89; **aA** Palandt/Grüneberg Rn 43 für nicht unternehmerischen Verkehr; s Rn 125). Wird längere Zeit vor Leistungserbringung der abgeschlossene Vertrag unter Hinweis auf die AGB bestätigt, so hat der nicht widersprechende Kunde, auch der Privatkunde, das Änderungsangebot, als welche die Bestätigung zu qualifizieren ist, angenommen, wenn die Einbeziehung von AGB üblich ist und der Kenntnisverschaffungsobliegenheit Genüge getan ist.

116 Ist der in **Wertpapieren verbriefte Vertragsinhalt** (Vertragstheorie) vorformuliert (Rn 12), so muss den Anforderungen von Abs 2 vor Zustandekommen des Begebungsvertrags Genüge getan sein (näher dazu bei Ulmer/Habersack Rn 13; Wolf/Pfeiffer Rn 64). In Eintrittskartenvorverkaufsstellen muss auf die AGB sämtlicher Veranstalter hingewiesen werden (s Rn 121). Die Hinweisobliegenheit kann nicht dadurch umgangen werden, dass der Verwender zur Festlegung von Einzelheiten ermächtigt wird (BGH NJW 1988, 2106; s Rn 103 und 105). Besonderheiten gelten für kapitalmarktgängige Wertpapiere (s Rn 9). Zu Anleihebedingungen s Rn 103.

117 **b)** Die gesetzlichen Worte „bei Vertragsschluss" zielen auch auf eine zu lange Zeit vor Vertragsschluss (vWestphalen BB 1990, 1). Abgesehen vom Sonderfall einer ständigen intensiven Geschäftsbeziehung (BGH NJW-RR 1991, 571; BGH DB 1973, 1393) reicht ein Hinweis **bei früherer Gelegenheit** nicht aus, auch wenn nach normalen Vertragsabschlussregeln das Verhalten des Verwenders beim Abschluss des jetzt anstehenden Vertrages als eine schlüssige Bezugnahme auf den früheren Hinweis verstanden werden könnte. Gegenüber einem unternehmerischen, erst recht gegenüber einem nicht unternehmerischen Vertragspartner genügt es daher zur Einbeziehung von AGB in die vertragliche Regelung nicht, wenn früher (vielleicht sogar laufend) mit ihm Verträge unter Zugrundelegung von AGB geschlossen wurden (BGHZ 117, 195 = NJW 1992, 1232; RR 1987, 112; Ulmer/Habersack Rn 159; Heinrichs NJW 1994, 1380; wohl allgA).

Nimmt sich freilich später eine Bestellung einer Lieferung oder einer Leistung ersichtlich als Erweiterung eines früheren Vertrages aus, so muss man vernünftigerweise einen damals gegebenen Hinweis – ebenso wie die seinerzeitige textliche Übermittlung der Bedingungen – ausreichend sein lassen. Das Gleiche gilt aber nicht bei einer schon kurze Zeit nach Lieferung notwendig gewordenen Ersatzbestellung (**aA** nach früherem Recht OLG Düsseldorf NJW 1977, 253; zum AGBG: Schmidt/Salzer D 92).

„Bei Vertragsschluss“ kann sinnvollerweise nicht heißen, dass der vom Gesetz verlangte ausdrückliche Hinweis auf AGB **Bestandteil** jener Willenserklärung sein müsse, welche sich als vertragskonstitutiv, als **Angebot** oder als **Annahme** des Verwenders darstellt (allgA). Dem kann schon deshalb nicht so sein, weil in Vertragsverhandlungen neue Angebote und modifizierte Annahmen häufig gar nicht von Anfang bis Ende neu durchformuliert werden. Es genügt daher sicherlich, wenn irgendwann einmal im Laufe der Vertragsverhandlungen ausdrücklich auf AGB hingewiesen wurde, die der Verwender zum Vertragsbestandteil machen möchte, etwa durch Überlassung von Bestellformularen, die dann auch tatsächlich benutzt wurden (Ulmer/Habersack Rn 132; Hellwege, Lit vor § 305, 449), in einer **Vorkorrespondenz** (BGH MDR 1956, 665; BGH VersR 1958, 189; OLG Hamburg DB 1967, 35), in einem Schreiben, das die Vertragsverhandlungen eröffnete und einen entsprechenden Aufdruck trug („wir arbeiten ausschließlich auf der Basis der ADSp“), in einem „unverbindlichen“ **Kostenvoranschlag** oder in einem früheren Angebot, das im Hauptpunkt durch eine ein neues Angebot darstellende, modifizierende Annahme erledigt war. 118

Allgemeine, an eine größere oder kleinere Öffentlichkeit gerichtete Erklärungen, wie **Inserate** oder **Prospekte**, genügen freilich grundsätzlich nicht (BGH NJW 1986, 1748; allgA). Ist in einer solchen Verlautbarung aber an auffälliger Stelle auf AGB hingewiesen, und stellen sich die nachfolgenden vertragskonstitutiven Erklärungen nach der Verkehrsanschauung als unter Bezugnahme auf diese Inserate oder diese Prospekte abgegeben dar, so muss anderes gelten (L Raiser 183; AG Frankfurt aM BB 1978, 524; **aA** Ulmer/Habersack Rn 130), insbesondere wenn ihnen die Leistungsbeschreibung auch im Übrigen zu entnehmen ist, wie dies bei einem Reiseveranstaltervertrag der Fall zu sein pflegt. Immer muss sich der Hinweis auf einen bestimmten, angestrebten Vertrag beziehen. War ein Angebot abgelehnt worden, wurde aber einige Zeit später ein Vertrag mit gleichem oder ähnlichem Inhalt, wie seinerzeit angeboten, geschlossen, so wirkt der frühere Hinweis nicht fort (Schmidt/Salzer D 97; **aA** BGH VersR 1965, 973), wenn die Ablehnung grundsätzlich gemeint war. 119

3. Hinweisobliegenheit und typische Formen von schriftlichem und mündlichem Vertragsabschluss

Ist der Vertrag **schriftform- oder beurkundungsbedürftig**, so geht das Erfordernis eines ausdrücklichen Hinweises ebenso wie das der Ermöglichung der Kenntnisnahme in der Formbedürftigkeit der Einbeziehung der AGB auf (Rn 29 f). Im Übrigen braucht der vom Gesetz verlangte Hinweis nicht der Form des Vertrags zu folgen, welche die Parteien freiwillig gewählt haben (Soergel/Stein AGBG § 9 Rn 8; **aA** AnwKomm/Kollmann Rn 45; Ulmer/Habersack Rn 129), wenngleich die Vermutung der Vollständigkeit eines schriftlichen Vertrags wenig Spielraum für die Annahme lässt, dass der Hinweis außerhalb der Vertragsurkunde gemacht worden sein könnte, auch wenn der Text der AGB dem Vertragspartner kommentarlos mit übermittelt wird. In der Praxis haben sich jedoch für schriftliche und mündliche Vertragsabschlüsse typische Formen der Einbeziehung von AGB herausgebildet, die nachfolgende Erläuterungen rechtfertigen. 120

a) Sehr häufig kommt es vor, dass der Verwender auf **mündlichen Antrag unter Anwesenden** (ganz anders bei nachträglicher Zusendung, KG MDR 1981, 933) und im 121 unmittelbaren Anschluss an eine anscheinend schlüssige Annahme noch mit einer **Auftragsbestätigung, einer Quittung, einem Einlieferungsschein, einem Versicherungsschein, einem Lagerschein oder mit einem ähnlichem Papier** (Gepäckaufbewahrungsschein, Garderobenmarke, Legitimationszeichen von Reparaturwerkstätten, Eintrittskarte, Fahrscheine aller Art) reagiert. Zum Teil glaubte und glaubt man, dass solche Hinweise nicht mehr rechtzeitig seien, weil der Vertrag schon vorher zustande gekommen sei und einseitig nicht mehr geändert werden könne (L Raiser 188 mNw aus der älteren Rspr; Palandt/Grüneberg Rn 30; Ulmer/Habersack Rn 134; Wolf/Pfeiffer Rn 77; Soergel/Stein AGBG § 9 Rn 33; LG Berlin NJW 1982, 343; andeutungsweise auch BGH NJW 1984, 801). Da, wo die Ausgabe solcher Papiere üblich ist, ist der Vertragsschluss aber erst mit ihrer Aushändigung perfekt (LG Frankfurt aM NJW-RR 1988, 955; AG Frankfurt aM NJW-RR 2002, 641; Löwe Rn 10, 20; Koch/Stübing Rn 23). Mag man vielleicht in der Aushändigung des Dokuments die Vertragsannahme durch den Unternehmer und wegen des Verweises auf AGB in ihr eine modifizierte Annahme sehen, so ist die kommentarlose Entgegennahme des Papiers durch den Kunden fast immer ein Einverständnis mit den darin festgehaltenen Vertragsbedingungen. Die Dinge liegen dann völlig anders als im Falle einer modifizierten Annahme eines Angebots, die im Korrespondenzweg erklärt wird (s auch unten Rn 125, 205).

122 Freilich sind alle Klauseln als überraschende unwirksam, mit denen nach dem äußeren Erscheinungsbild des Kleindokuments und den Umständen der vorausgehenden Verhandlungen nicht zu rechnen ist. Wenn das Papier die Überschrift „Empfangsbestätigung“ trägt, kann es keine Haftungsbegrenzungsklauseln zum Vertragsinhalt machen. Haftungsausschlüsse auf Eintrittskarten zu Theater- und Sportveranstaltungen sind nach § 309 Nr 7, 8 unwirksam und Haftungsbegrenzungen überraschend (vgl BGH NJW 1984, 801, 802). Sind AGB auf der **Rückseite** eines solchen Dokuments abgedruckt, ohne dass auf der Vorderseite darauf hingewiesen worden wäre, so ist auch in diesem Zusammenhang (allgA; s oben Rn 110) der Versuch der Einbeziehung gescheitert (LG Mönchengladbach NJW 1958, 792; Schmidt-Salzer D 88 mNw aus älterer Rspr; Löwe Rn 10). Auch im Verkehr mit Gewerbetreibenden lässt sich außerhalb des Bereichs, in dem die Einbeziehung bestimmter Bedingungswerke handelsüblich ist (Rn 187 f), mit Fug nichts anderes vertreten. Findet sich der Hinweis auf der Vorderseite und ist er leicht wahrnehmbar (BGH DAR 1968, 215), so wäre es überspannt, noch zusätzliche individuelle Hinweise zu verlangen. Sind die Bedingungen auf der Vorderseite selbst abgedruckt, gelten die Grundsätze über Formularverträge (s Rn 123; **aA** LG Trier NJW 1993, 1474). Im Übrigen reicht aus, wenn sich der Text der AGB oder die Verweisung auf sie an einer Stelle befindet, wo sie auch bei flüchtiger Lektüre nicht übersehen werden können (Bsp: für zu kleinen Druck LG Trier NJW 1993, 1474).

123 **b)** Häufig findet sich der Hinweis in einem **längeren schriftlich fixierten Text eingebaut**, welcher die Individualvereinbarungen festhält und ggf besonders bedeutsame Bestandteile aus den AGB wiederholt. Auch wenn der Hinweis formularmäßig gehalten ist (BGH DB 1971, 2106), und selbst wenn sich der gesamte Text des Dokuments überwiegend aus vorformulierten Bestandteilen zusammensetzt, ist mit seiner Aushändigung an den Vertragspartner der Hinweisobliegenheit Genüge getan, sofern die äußere Anordnung nicht zum Überlesen verführt (BGH aaO; OLG Bamberg BB 1972, 1341). Örtliche Nähe zur Unterschrift ist nicht erforderlich. Wenn auf der **Vorderseite** eines von den Parteien unterzeichneten Formularvertrags auf die Bedingungen verwiesen wird, welche auf der Rückseite abgedruckt sind, oder wenn am **Fußende** eines zum Vertragsschluss führenden Schreibens der Hinweis zu finden ist, so reicht dies aus (BGH BB 1971, 677; BGH NJW 1977, 196; OLG Bamberg aaO; SCHMIDT/SALZER D 54 mw Einzelheiten; **aA** WOLF/PFEIFFER Rn 73; ULMER/HABERSACK Rn 129). Der rückseitige Abdruck allein ohne einen entsprechenden Hinweis auf der Vorderseite genügt jedoch nicht, allgA. Eine wirksame Einbeziehung liegt auch nicht vor, wenn AGB auf einer Seite eines beidseitig bedruckten Formblatts enthalten sind, die zwar als „S 1" bezeichnet wird, sich dem durchschnittlichen Betrachter aber als Rückseite darstellt (OLG Nürnberg WM 1990, 1370). Auf der Rückseite der Vertragsurkunde abgedruckte AGB, auf die auf der Vorderseite in einer gegenüber dem sonstigen Text stark vertretenen Schriftrichtung hingewiesen wird, sind ebenfalls nicht wirksam einbezogen (OLG Düsseldorf BB 1983, 84). Notariell zu beurkundende Verträge müssen auch die AGB mit beurkunden. Ein Hinweis auf sie genügt nicht, s Rn 54.

c) Von besonders großer Tragweite ist Abs 2 für den **telefonischen und den über das Internet vollzogenen Vertragsschluss** (zur Einbeziehung bei Teleshopping: BDEIWI K&R 2011, 22 ff; ECKERT DB 1994, 717 u ULMER/HABERSACK 135a ff). **124**

Gegenüber einem nichtunternehmerischen Vertragspartner des Verwenders gilt auch insoweit Abs 2 uneingeschränkt. Gerade im Hinblick auf diese Art eines Vertragsabschlusses wird dessen Schutzfunktion besonders wirksam, weil ein unterbliebener Hinweis auch nicht durch Anschläge oder Aushänge ersetzt werden kann. Der Verwender, der telefonisch zu AGB abschließen will, wird zu einer beim Kunden uU eine gewisse Befremdung auslösenden ausdrücklichen Erklärung gezwungen. Unterbleibt diese, wird aber der Vertrag im Laufe des Telefonats bereits abgeschlossen, so ist er ohne Einbeziehung von AGB zustande gekommen. Nachträgliche „Auftragsbestätigungen" oder eine irgendwie geartete Verkehrssitte vermögen daran nichts mehr zu ändern, auch nicht, nachdem der Kunde die Leistung entgegengenommen hat (LG Karlsruhe BB 1996, 1580). Freilich muss der Kunde im Streitfall beweisen, dass der Vertrag schon auf telefonischem Wege bindend geworden war. Hat jedoch vor telefonischem Vertragsschluss eine Vorkorrespondenz stattgefunden, in der auf die AGB hingewiesen wurde, so genügt dies, wenn das Telefonat klar nur den Zweck hatte, den endgültigen Vertragsschluss oder die Hauptleistungspflichten sowie besonders wichtige Einzelheiten (wie Garantiefristen und -umfang) festzulegen. Bei Internetangeboten ist ein Hyperlink ausreichend (s Rn 151).

Im **Verkehr mit Unternehmern** kann der Wille, AGB zum Vertragsbestandteil zu machen, auch schlüssig und damit auch konkludent in einem Telefonat erklärt werden. Wenn keine Verkehrssitte und kein Handelsbrauch besteht (Rn 186 ff), ist derartiges freilich nur bei Bestehen laufender Geschäftsbeziehungen (Rn 185) oder kraft der bindenden Wirkung eines unwidersprochen gebliebenen echten kaufmännischen Bestätigungsschreibens (Rn 197 ff) denkbar. Der BGH hatte freilich unter Bezugnahme auf die verfehlte Wissen-Müssen-Formel (Rn 101) auf die telefonische Beauftragung eines Spediteurs die ADSp angewandt (NJW 1970, 1505).

d) Wird ein schriftliches Angebot mit der Maßgabe angenommen, dass AGB gelten sollen, so ist dies nach § 150 Abs 2 BGB ein neues Angebot. Der objektive Erklärungswert erfasst den Einbeziehungswillen gegenüber der Suggestion, die vom **125**

Begriff „Annahme" ausgeht, nur wenn der Vorbehalt deutlich ist (BGH WM 1983, 313, 314; OLG Köln WM 1993, 369, 370; AG Freudenstadt NJW-RR 1994, 238, 139; allgLitM, s Rn 75). Widerspruchslose Erbringung bzw Entgegennahme der Vertragsleistung ist aber ihrerseits eine Annahme des „neuen Angebots" (LG Düsseldorf RRa 2007, 34; BGH NJW 1995, 1671, 1672 – kein AGB-Fall).

4. Beweislast

126 Die Beweislast dafür, dass der Vertragspartner des Verwenders auf AGB rechtzeitig hingewiesen wurde, trifft denjenigen, der aus einer vorformulierten Bestimmung Rechte ableitet, meist also den Verwender (BGH NJW 1991, 1750 [1753]; BGH NJW-RR 1987, 112 = WM 1996, 1194; KG ZIP 1982, 188). Es kann dies uU aber auch der Vertragspartner des Verwenders sein. Bestätigungsklauseln sind nach § 309 Nr 12b im Allgemeinen bedeutungslos (BGH NJW 1988, 2106), können aber, wenn zusätzlich unterschrieben oder drucktechnisch besonders hervorstechend, den Beweis für den notwendigen Hinweis erbringen (Ulmer/Habersack Rn 166). Nach § 306 ist aber der Vertrag als solcher in jedem Falle auch wirksam, wenn er mangels eines Hinweises nicht unter Einbeziehung von AGB zustande gekommen ist. Die normalerweise nahe liegende Argumentation, weder ein Vertragsschluss unter Einbeziehung von AGB, noch ein solcher ohne ihre Einbeziehung lässt sich nachweisen, ist durch Abs 2 Nr 1 versperrt.

5. Kaufleute/Unternehmer

127 Die Obliegenheit eines ausdrücklichen Hinweises gilt nicht (§ 310 Abs 1) gegenüber Unternehmern (bis 30. 6. 1998: Kaufleuten) und juristischen Personen des öffentlichen Rechts (dazu ausführlich: O Fischer, Praktische Probleme der Einbeziehung von AGB unter Kaufleuten, insbesondere bei laufenden Geschäftsverbindungen, BB 1995, 2491). Auch ihnen gegenüber muss aber der Wille des Verwenders, bestimmte AGB zum Vertragsbestandteil werden zu lassen, in irgendeiner Weise schlüssig zum Ausdruck kommen (BGH NJW 1992, 1232; für CISG-Fälle BGH NJW 2002, 370 s Rn 103; OLG Dresden NJW-RR 1999, 846 [847]; Rüffert MDR 1992, 922; allgA). Dass der Kunde vom Verwendungswillen des anderen Teils „wissen muss" (s Rn 101), ist als solches bedeutungslos. Selbst das positive Wissen des Kunden davon, dass sein Partner Vertragsschlüssen AGB zugrunde zu legen pflegt, reicht nicht aus (BGH WM 1979, 19; Ulmer/Habersack Rn 170a). Allein entscheidend ist, ob der objektive Erklärungsgehalt der Verwenderäußerung auf Einbeziehung gerichtet ist. Ein Hinweis unter der Unterschriftsleiste genügt nicht (BGH ZIP 1981, 1220). Es genügt aber der Hinweis auf „unsere" AGB, auch wenn es sich um Verbandsempfehlungen handelt (Graf vWestphalen NJW 2002, 1690; **aM** OLG Düsseldorf NJW-RR 2002, 1562). Die kommentarlose Beifügung eines AGB-Exemplars zu einer vertragskonstitutiven Erklärung (s Rn 5) muss zwar unter Kaufleuten genügen (Erman/Roloff Rn 47; Ulmer/Habersack Rn 170; **aA** vWestphalen Rn 35), nicht aber vermag dies der Abdruck auf der Rückseite eines Schreibens, wenn ein Hinweis auf der Vorderseite fehlt (vWestphalen Rn 35; Schmidt/Salzer BB 1980, 2; OLG Düsseldorf BB 1983, 84; OLG Hamburg ZIP 1984, 1241; vorausgesetzt wohl in BGH ZIP 1981, 1220; **aA** wohl Erman/Roloff aaO, der sogar den Hinweis auf der Rückseite genügen lässt. Ulmer/Habersack Rn 170; Wolf/Pfeiffer Rn 125; Soergel/Stein AGBG § 9 Rn 34). Zur Bedeutung der schlüssigen Bezugnahme auf früher abgeschlossene Verträge s unten Rn 185 ff. Bloße öffentliche Bekanntmachung reicht, auch

wenn sie in Zeitabständen wiederholt wird, nicht aus (aA noch BGH VersR 1967, 63 – Benutzungsbedingungen des Hamburger Hafens in Bezug auf ständige Benutzer). Der Glaube des RG (RGZ 103, 86), dadurch könnte die Kenntnis der Bedingungen Allgemeingut werden, ist pure Fiktion. Auch eine schlüssige Kundgabe des Einbeziehungswillens hat grundsätzlich vor Vertragsschluss zu geschehen. Erklärungen irgendwelcher Art, die nach Vertragsschluss abgegeben werden (Rechnungen, Lieferscheine, s Rn 114), sind außerhalb der zur verbindlichen Wirkung des kaufmännischen Bestätigungsschreibens geltenden Grundsätze (s Rn 197 ff) unbeachtlich (OLG Karlsruhe NJW-RR 1993, 567; s auch Rn 185 ff). Kommt der Vertrag durch die Zusendung bestellter Ware zustande, so vermögen auch gegenüber Unternehmern beigefügte Rechnungen und Lieferscheine AGB nicht einzubeziehen (OLG Hamburg ZIP 1984, 1241, 1242). Äußerungen, die anlässlich früher abgeschlossener oder angestrebter Verträge gefallen sind, wirken auch im Verkehr mit einem Unternehmer grundsätzlich nicht fort. Denkbar sind aber Handelsbräuche (s Rn 186 ff), insbesondere solche, denen zufolge der Abschluss gewisser Geschäfte impliziert, dass der Vertragspartner oder ein Dritter ermächtigt ist, eine Vertragsergänzung durch Einbeziehung von Bedingungswerken vorzunehmen. Zu nennen sind hier einmal kaufmännische Bestätigungsschreiben (Rn 197 ff), die häufig auf eine Vertragsergänzung hinauslaufen. Vor allem gilt dies für den **Schlussschein der Handelsmakler**. Vielfach existiert ein Handelsbrauch, wonach ein Handelsmakler, dessen Dienste in Anspruch genommen worden sind, berechtigt ist, nach Abschluss der nur zu den Hauptleistungspflichten des Vertrags geführten Verhandlungen AGB in den Vertrag einzuarbeiten (s den bei Straatmann/Ulmer, Handelsrechtliche Schiedsgerichtspraxis D 1 b Nr 20 veröffentlichten Schiedsspruch). Zu Besonderheiten beim Eigentumsvorbehalt s Rn 114.

Das Sprachenproblem ist genauso wie im Verkehr mit Privaten zu lösen (OLG Frankfurt NJW 1977, 507; s Rn 105).

XII. Die ausnahmsweise fehlende Notwendigkeit eines ausdrücklichen Hinweises

Von dem Erfordernis eines ausdrücklichen Hinweises macht das Gesetz eine Ausnahme für den Fall, dass er. 128

(1) nur unter unverhältnismäßigen Schwierigkeiten möglich ist und

(2) durch einen deutlich sichtbaren Aushang am Ort des Vertragsschlusses ersetzt wird.

Ist der Aushang praktisch nicht möglich oder nach der Lebenserwartung völlig zwecklos, so kann er in analoger Anwendung von § 305a Nr 2 entfallen.

1. Unverhältnismäßigkeit von Schwierigkeiten für einen ausdrücklichen Hinweis

Gedacht hat der Gesetzgeber an „gewisse gleichmäßige und häufige Verträge des täglichen Lebens, bei denen AGB üblicherweise erwartet werden, ein ausdrücklicher Hinweis aber in der Praxis kaum möglich ist". Das trifft zu auf **Beförderungs-** und **Bewachungs**verträge, Parkplatz- (BayVfGH NVwZ 1998, 722) und **Parkhaus**benut- 129 zungsverträge (LG Frankfurt aM NJW-RR 1988, 955), Verträge über die Benutzung **automatischer Schließfächer** (LG Essen VersR 1995, 1198), **Kleiderablagen, Versteigerungen** (BGH NJW 1985, 850), Autowaschanlagen (als selbstverständlich vorausgesetzt in BGH NJW 2005, 422) und dgl (BR-Drucks 360/75, 18). Der Anwendungsbereich der Ausnahme betrifft also vor allen Dingen Verträge, die massenhaft unter Verwendung von Kurzformeln ohne vollständige schriftliche Fixierung abgeschlossen werden oder welche überhaupt nur durch beiderseits schlüssiges Verhalten zustande kommen. Ein ausdrücklicher Hinweis ist vor allem dann entbehrlich, wenn es verkehrsüblich ist, bestimmte Leistungen kommentarlos in Anspruch zu nehmen, erst nach Schluss der Inanspruchnahme oder während ihrer Dauer zu bezahlen und uU erst dann eine schriftliche Fixierung der gesamten Vertragsinhalte entgegenzunehmen. So liegen die Dinge, wo von einem Beförderungsmittel durch bloßes Einsteigen Gebrauch gemacht werden kann (bzw muss) und erst am Ziel oder während der Fahrt die Fahrkarte zu lösen ist. Das Gleiche gilt für **Flug-, See-** und **Binnenwasserhäfen**, die zur Landung bzw zum Anlegen benutzt werden, sowie für Parkplätze und Pkw-Waschanlagen („hier gelten die Vorschriften der StVO"). Darauf, ob der Kunde mit dem Aushang rechnen musste, kommt es nicht an (Löwe Rn 9). Das alles gilt vornehmlich auch, wenn eine außervertragliche Haftung ausgeschlossen oder begrenzt werden soll (Staudinger/Coester-Waltjen § 309 Rn 4). Für Handeln auf eigene Gefahr s Rn 161.

130 Unverhältnismäßig sind die Schwierigkeiten für einen ausdrücklichen Hinweis nur, wenn sie in der **Technik des Vertragsabschlusses** begründet sind (BGH aaO). Dass ein solcher Hinweis nach der (bisherigen) **Verkehrssitte peinlich** wirkt und die Gefahr mit sich bringt, den Kunden (wenn vielleicht auch unbegründeterweise) misstrauisch zu machen, reicht nicht aus, um die Anwendung der Ausnahmebestimmung zu rechtfertigen. Die Hinweisregel setzt sich gegenüber der nach allgemeinem Vertragsrecht gegebenen Bedeutung der Verkehrssitte durch (Ulmer/Habersack Rn 119). Ist es üblich oder leicht möglich, bereits mit Vertragsschluss schriftliche Fixierungen des Vertragsinhalts zu erstellen und auszuhändigen – sei es auch nur in kleinem äußeren Format – so ist ein ausdrücklicher Hinweis auf AGB kaum je unverhältnismäßig schwierig. Auf **Empfangsbestätigungen (chemische Reiniger), Eintrittskarten, Einlieferungsquittungen** und dgl kann ein solcher Hinweis ohne weiteres angebracht werden. Absolut unmöglich braucht der Hinweis nicht zu sein (**aA** wohl Löwe 10; Koch/Stübing Rn 28). Es genügt, wenn er – gemessen an der Bedeutung des Vertrags – eine unzumutbare Belästigung der Massenabfertigung bedeuten würde (Ulmer/Habersack Rn 139; heute allgA). Das ist etwa der Fall, wenn zur Abfertigung üblicherweise nur Personal eingesetzt wird, das für die Weitergabe rechtlicher Informationen ungeeignet ist, wie zB bei Autowaschanlagen (OLG Bamberg NJW 1984, 929; OLG Hamburg DAR 1984, 260; OLG Düsseldorf BB 1980, 388; LG Essen NJW-RR 1987, 949; LG Bayreuth NJW 1982, 1766). Wenn in ein- und demselben Lokal (Selbstbedienungsläden) Verträge unterschiedlicher wirtschaftlicher Bedeutung abgeschlossen werden, muss und kann vernünftigerweise aber nicht nach eben deren Größenordnung differenziert werden (Koch/Stübing § 2 AGBG Rn 27; **aA** hM, zB Ulmer/Habersack Rn 142; Wolf/Pfeiffer Rn 82). Wenn ein gedruckter Hinweis auf einem Dokument seine Funktion nicht zu erfüllen vermag, weil eine Lektüre nicht nur unüblich und unverhältnismäßig zeitraubend, sondern ganz unmöglich ist, dann freilich kann der Hinweis, obwohl technisch leicht möglich, unterbleiben. Das muss man etwa für Karten annehmen, die ein Parkhausbenutzer bei der Einfahrt aus einem Automaten zu ziehen hat und die folglich vor dem Einparken nicht gelesen werden können (so schon nach früherem Recht OLG München DAR 1969, 129). Dann freilich muss der ausdrückliche Hinweis durch einen Aushang ersetzt werden.

2. Hinweisersatz durch Aushang

Dass sich am Ort des Vertragsabschlusses ein deutlich sichtbarer Aushang des **131**
gesamten Textes der AGB befindet, die Vertragsbestandteil werden sollen, ist keine unverzichtbare Voraussetzung für das Eingreifen der Ausnahmeregelung. Ausgehändigte AGB würden ohnehin kaum gelesen werden. Es genügt daher ein Hinweis auf den Einbeziehungswillen (Ulmer/Habersack Rn 42; Wolf/Pfeiffer Rn 82; Soergel/Stein AGBG § 9 Rn 16; Heinrichs NJW 1994, 1380, 1381; heute allgA) und die Möglichkeit, wie man leicht Kenntnis nehmen kann. Solange niemand nachfragt, kann das Fehlen eines Exemplars an der angegebenen Stelle vernünftigerweise nicht schädlich sein. Ein deutlich wahrnehmbarer Aushang des gesamten Textes ersetzt aber den Hinweis auf diesen (Ulmer/Habersack Rn 42). Der Aushang eines umfangreichen kleingedruckten Klauselwerks reicht nicht aus (OLG Hamburg VersR 1989, 202).

a) Der Aushang muss **als Objekt auffallen**. Sind bei Vertragsschluss Karten oder **132**
Marken zu lösen oder ist sogleich bar zu bezahlen, so muss er sich in unmittelbarer Nähe des Schalters befinden. Nicht etwa reicht es aus, wenn er irgendwo im Geschäftslokal an der Wand angebracht ist. Bei einem Schließfach genügt aber der Aushang in der Mitte der Gepäckschließfachreihe, ein weiterer Hinweis an den Schließfächern selbst ist nicht nötig (LG Essen VersR 1995, 1198). Der Aushang darf nicht in einer Fülle anderer Anschläge, vor allen solchen werbenden Inhalts, untergehen (Schmidt-Salzer F 47).

Der Verwender muss alles Zumutbare unternehmen, um seinen Vertragspartner **auf die Existenz seiner AGB aufmerksam zu machen und ihre Kenntnisnahme zu erleichtern**. Durch ein Schlagwort muss er den in üblicher Entfernung stehenden Kunden leicht erkennbar machen, dass sich der Anschlag auf AGB bezieht und nicht etwa irgendwelche sicherheits- oder gesundheitsbehördlichen Anordnungen oder Kostenvoranschläge (OLG Karlsruhe DAR 1988, 26) enthält, sofern es sich um einen längeren Text handelt, der nicht insgesamt in auffällig großer Schrift angebracht werden kann. Immer muss gewährleistet sein, dass der Text bei normaler Stellung eines durchschnittlich großen Menschen ohne Mühe lesbar ist. Werden für verschiedene Geschäftstypen unterschiedliche Bedingungen verwandt, so muss klar gesagt sein, welche Bedingungen für welche Art von Geschäften gelten sollen (BGH BB 1953, 514). Ist eine Verkaufsstelle für viele Unternehmer tätig (Vorverkaufsstelle für Eintrittskarten aller Art), so genügt ein Globalhinweis auf die Bedingungen der einzelnen Unternehmer nicht.

Ist die **Verhandlungssprache** (s oben Rn 105) nicht deutsch, so genügt ein Aushang in **133**
deutscher Sprache nicht, etwa nicht in einem Hotel, in dem der Beherbergungsvertrag in fremder Sprache geschlossen wird. Angesichts der heutigen internationalen Verbreitung der englischen Sprache genügt aber ein zusätzlicher Hinweis auch in englischer Sprache auf jeden Fall. Ein Grundsatz, dass Anschläge auch dann nur dem sprachkundigen Ausländer gegenüber wirken (Ulmer/H Schmidt Anh II zu § 305 Rn 14), kann freilich nicht anerkannt werden, weil er den Sprachunkundigen im

praktischen Ergebnis ungerechtfertigterweise privilegieren würde. Auch wer mit Ausländern als Vertragspartner rechnet, muss seine Anschläge nicht in fremder Sprache wiederholen (aA Koch/Stübing Rn 18; Reich NJW 1978, 517), auch nicht in einer Weltsprache (AG Langenfeld NJW RR 98, 1524 – deutscher Kunde einer niederländischen Firma), wenn der Massenverkehr ohne „nähere" sprachliche Kommunikation abgewickelt wird.

134 **b)** Der Anschlag hat sich am **Ort** des Vertrags**schlusses** zu befinden. Der Ort einer Erfüllungshandlung reicht nicht aus. Aushänge im Inneren eines Hotelzimmers oder eines Taxis genügen also nicht. Eine Ausnahme muss man aber im Wege einer teleologischen Reduktion der Vorschrift für den Fall entwickeln, dass der Verkehr einen Anschlag an anderer Stelle als am Ort des Vertragsschlusses erwartet, weil dort die wahre Funktion des Anschlags im Hinblick auf bestimmte Risiken, die dem Kunden des Verwenders bei Vornahme bestimmter Handlungen drohen, besser gewährleistet ist. Der an der Einfahrt eines Parkplatzes angebrachten Benutzungsregelung unterwirft sich jeder Benutzer (BayVerfGH NVwZ 1998, 727). Überall da, wo der Verwender durch AGB die **Inanspruchnahme von Gegenständen und Einrichtungen** als unentgeltliche oder geringfügig vergütete Nebenleistungen **nur auf eigene Gefahr** (Rn 7) gestatten will, erwartet der Verkehr einen Anschlag nicht am Ort des Vertragsschlusses, sondern an der Stelle der Benutzung, etwa am Eingang eines Parkplatzes (Ulmer/Habersack 144; Bsp: LG Frankfurt aM NJW-RR 1988, 955). Wenn aber an einem Parkwärterhaus ein Parkschein zu lösen ist, kommt der Vertrag dort zu den dort aushängenden AGB zustande (wohl auch BGH NJW 1968, 1718). Gehört zur Leistungspflicht des Unternehmers eines Theaters oder sonstiger Publikumsveranstaltungen auch die Bereithaltung einer Garderobe, was immer anzunehmen ist, wenn das Publikum auf Garderobe angewiesen ist, so genügt ein Anschlag über die Haftungsbegrenzung, wenn er sich nur am Ort der Garderobe befindet.

135 **c)** Der Anschlag muss **zur Zeit des Vertragsschlusses** ausgehangen haben und sich auf die AGB beziehen, deren Einbeziehung in den Vertrag reklamiert wird. Dass dies der Fall war, muss der Verwender im Streitfall **beweisen**. Bestehen auch nur geringe Anhaltspunkte dafür, dass der Anschlag (ggf die Bedingungen selbst) zu diesem Zeitpunkt nicht oder in anderer Fassung ausgehangen hat (etwa wegen Reinigungsarbeiten oder weil sie abgerissen oder durch Plakate überdeckt gewesen sein könnten), so ist dieser Beweis nicht erbracht. Ist jedoch bewiesen, dass die Bedingungen im Allgemeinen am Vertragsabschlussort aushängen, so reicht die bloße hypothetische Möglichkeit, sie könnten im Zeitpunkt des Vertragsschlusses zufällig gerade nicht ausgehangen haben, nicht aus, um hinreichende Zweifel daran zu begründen, dass den gesetzlichen Erfordernissen Genüge getan war. Gegenüber Stammkunden genügt eine Auswechslung des Anschlags nicht (OLG Hamm MDR 1979, 937; Ulmer/Habersack Rn 143).

136 **d)** Ist nicht nur ein ausdrücklicher Hinweis auf die Existenz von AGB, sondern auch **ihr Aushang am Ort des Vertragsabschlusses unverhältnismäßig schwierig und unterbleibt er daher**, so werden die AGB nicht Vertragsbestandteil.

137 **e)** Das Erfordernis eines Aushangs gilt im Verkehr mit **Unternehmern und juristischen Personen des öffentlichen Rechts** ebenso wenig wie die Ausdrücklichkeitsregel. Jedoch verlangen häufig die allgemeinen bürgerlichrechtlichen Grundsätze

über die Einbeziehung von Vertragsbestandteilen auch in diesem Bereich einen deutlich sichtbaren Aushang (s auch Rn 127).

XIII. Obliegenheit, die Möglichkeit der Kenntnisnahme zu verschaffen

1. Die Grundstruktur der Vorschrift

Man muss sich auf die **Funktion der Ermöglichung der Kenntnisnahme** besinnen, um 138
die Tragweite der Regel ermessen zu können. Der Gesetzgeber hat sicherlich nicht utopischerweise (s Vorbem 4 zu §§ 305 ff) erwartet, Letztverbraucher würden sich dadurch in ihrer Entscheidung über den Vertragsschluss und zur Aufnahme von Verhandlungsversuchen über den Inhalt des Klauselwerks motivieren lassen, dass ihnen vor Eingehung einer Bindung der Text der einzubeziehenden AGB zur Kenntnis gebracht wird. Dann hätte das Gesetz vorsehen müssen, das Bedingungswerk sei dem Vertragspartner so rechtzeitig zur Kenntnis zu bringen, dass er es vor Vertragsschluss durcharbeiten kann. Einzige realistische Funktion der Vorschrift ist es, den Vertragspartner des Verwenders in die Lage zu versetzen, im Konfliktfall und zu seiner Orientierung während der Vertragsabwicklung mühelos einen Text der Bedingungen zur Verfügung zu haben. Nur aus einem solchen Verständnis der Funktion der Vorschrift heraus kann man auch ihre Tragweite sinnvoll bestimmen: Dem Sinn der Vorschrift würde es zwar zuwiderlaufen, wenn man einen **Verzicht** durch formularmäßige Erklärungen (beim Angebot des Kunden) zuließe (Ulmer/Habersackr Rn 149). Einer Individualvereinbarung dahingehend, dass der Vertragspartner auf die Beschaffung eines Textes der AGB verzichtet, stehen aber keine Bedenken entgegen (AnwKomm/Kollmann Rn 55; Ulmer/Habersack Rn 149; MünchKomm/Basedow Rn 67; Palandt/Grüneberg Rn 35; Ulmer/Habersack Rn 149 LG Braunschweig NJW-RR 1986, 639; heute allgA). Vor allem bei fernmündlichen Buchungen aller Art muss man dies annehmen (**aA** für die Buchung von Flugreisen Giemulla/Schmid NJW 1999, 1057 [1060], AG Krefeld NJW 1997, 245). Ausdrücklichkeit des Verzichts kann man nicht verlangen (**aA** Hellwege, Lit vor § 305, 467 ff; AG Krefeld NJW 1997, 245). Nicht nur der Verwender, sondern auch der andere Teil kann an einem raschen Vertragsschluss interessiert sein. Nach Vertragsschluss ist der Verzicht auf die Kenntnisverschaffungsobliegenheit auch einseitig möglich. Beruft sich der Vertragspartner des Verwenders auf AGB, die er sich vielleicht lange nach Vertragsschluss anderweitig beschafft hat, so sind ihre Bestimmungen als Vertragsbestandteil zu behandeln. Zur Rechtzeitigkeit der Erfüllung der Kenntnisverschaffungsobliegenheit s Rn 149. Die Erfüllung oder Nichterfüllung der in § 312e BGB niedergelegten Pflichten hat mit § 305 Abs 2 nichts zu tun (allgM).

2. Anforderungen an die Textgestaltung

a) Mit dem Erfordernis, dass dem Vertragspartner des Verwenders der Text der 139
AGB zur Verfügung stehen muss (s Rn 138), sind Anforderungen an die Textgestaltung verbunden. Der zur Verfügung gestellte Text **muss mit dem vorausgehenden Hinweis übereinstimmen** (Rn 106). Spätere Änderungen, auch wenn noch vor Vertragsschluss „in Kraft gesetzt", bleiben außer Betracht (OLG Nürnberg NJW-RR 1993, 1245); Sondernormen s Rn 152. Der Vorschrift entnimmt man überwiegend auch ein materielles Transparenzgebot (zu diesem Grundsatz BGHZ 106, 42 = NJW 1989, 222; BGHZ 106, 259 = NJW 1989, 530), das jetzt selbst in Art 5 der EG-Richtlinie seine Grundlage

hat (so mit Recht HEINRICHS, in: FS Trinkner [1995] 157). Deshalb ist es in § 307 Abs 1 S 2 ausdrücklich verfügt. Daher sollte man im Transparenzgebot vor allem ein Problem der Inhaltskontrolle sehen (AnwKomm/KOLLMANN Rn 67; Näheres s STAUDINGER/COESTER § 307 Rn 170 ff). Auszugsweise Bekanntgabe führt nur zur Einbeziehung des bekannt gemachten Teils und auch dies nur, wenn er eine geschlossene Sinneinheit darstellt (AnwKomm/KOLLMANN Rn 57). Eine verwirrende Verweisungstechnik verhindert aber auch schon die Einbeziehung (AG Frankfurt NJW 2006, 3010).

Gesetzlich vorgeschriebene Verbraucherinformationen können zwar in AGB integriert werden (NICLAS ITRB 2002, 54). Widerrufsbelehrungen sind aber praktisch nur bei Formularverträgen denkbar und bedürfen individueller Ergänzungen.

140 **b)** Der Text der Bestimmungen muss **mühelos lesbar sein** (LG Aachen NJW 1991, 2159, 2160; LÖWE Rn 17; PALANDT/GRÜNEBERG Rn 39; großzügiger ULMER/HABERSACK Rn 154, aber den Unterschied zwischen „mühelos" und üblichem Erscheinungsbild von AGB überbetonend; THAMM/DETZER BB 1989, 1133). Die Drucktypen dürfen nicht so klein gehalten sein, dass sie dem Kunden besondere Anstrengungen bei der Lektüre abnötigen (BGH NJW-RR 1986, 1311; BGH NJW 1983, 2772 – beide selbst für Konnossementbedingungen unter Kaufleuten; NJW 1978, 2243; NJW 1977, 195; OLG Saarbrücken NJW-RR 1988, 858; dass NJW-RR 2009, 989 – im konkreten Fall sehr kleinen sauberen Druck für ausreichend erklärend; OLG Hamm NJW-RR 1988, 944; zu Einzelheiten THAMM/DETZER BB 1989, 1033 ff). Vorgeschlagen wird ein unteres Limit von 6 Punkten (AnwKomm/KOLLMANN Rn 61). Die geregelten Fragen müssen klar getrennt sein. Dem Vertragspartner ist bei umfangreichen AGB nicht zuzumuten, jeweils den gesamten Text durchzulesen, um die für eine bestimmte Frage einschlägige Bestimmung zu finden. Sind Untergliederungen durch Überschriften kenntlich gemacht, so sind Bestimmungen unwirksam, die sich nicht an eine durch die jeweilige Überschrift indizierten Stelle befinden. **Widersprüche** und häufige **Regelungsüberschneidungen** stehen einem Verständnis entgegen. In gravierenden Fällen kann es dann an der Wirksamkeit der Einbeziehung des gesamten Klauselwerkes fehlen (OLG Celle aaO; auch etwa der Fall BGHZ 51, 55 = NJW 1969, 230, in dem freilich noch inhaltliche Anstößigkeiten des Klauselwerkes hinzukamen). Die AGB dürfen im Verhältnis zur Bedeutung des Vertragsgegenstandes auch nicht übermäßig lang sein (PALANDT/GRÜNEBERG Rn 39; zum Internet s LG Bielefeld NJW-RR 1992, 955; LG Freiburg NJW-RR 1992, 1018).

141 Deutsche Texte werden jedenfalls dann Vertragsbestandteil, wenn Deutsch Verhandlungs- und Vertragssprache war und auch der Hinweis auf Deutsch geschah (BGHZ 87, 112 = NJW 1983, 1489). Es genügt aber, wenn der Text der AGB in der von beiden Teilen freiwillig gewählten Verhandlungs- oder (**aA** BGHZ 87, 112 = NJW 1983, 1489; ULMER/SCHMIDT Anh § 305 Rn 16 mwNw: nur Verhandlungssprache) **Vertragssprache** gehalten ist (in diesem Sinne, aber den Gegensatz Vertragssprache – Verhandlungssprache nicht betonend, OLG Düsseldorf IHR 2005, 24 [26]; dass DB 1973, 2390; dass DB 1963, 929; OLG Hamburg NJW 1980, 1232; dass NJW 1964, 500; OLG Frankfurt WM 1977, 298; OLG Karlsruhe NJW 1972, 2185; OLG Stuttgart MDR 1964, 412; STARK BB 1968, 490; SCHMIDT/SALZER D 110; nur auf Vertragssprache abstellend RIEBLE, in: FS Löwisch [2007] 239). Es ist bei AGB nicht stärker auf die Sprachschwierigkeiten des Vertragspartners Rücksicht zu nehmen als generell für den Vertragsschluss (erschöpfender Überblick über die Sprachproblematik im Allgemeinen IPR und besonders bei Einbeziehung von AGB bei SPELLENBERG IPRax 2007, 98 ff). Eine Obliegenheit, sich „der Sprache des Verbrauchers" zu bedienen, gibt es nicht.

Mit Vertragsschluss haben die Parteien alles als Vertragsinhalt akzeptiert, was in der Vertragssprache formuliert ist. Ist der Hinweis in der Verhandlungssprache gehalten (Rn 105), dann ist es für den Vertragspartner zumutbar, vom AGB-Inhalt in der Vertragssprache Kenntnis zu nehmen (OLG München NJW 1974, 2181; AG Langefeld NJW-RR 1998, 1524; verhalten **aA** Klaus Peter Berger ZGS 2004, 329, 335; vWestphalen NJW 2002, 13 aE offen gelassen im BGH NJW 1995, 190 wegen sprachkundiger Begleitung; s Rn 150). Auch Geschäfte von großer Tragweite machen keine Ausnahme (**aA** de lege ferende vWestphalen NJW 2002, 12, 13 f). Fehlt es an dem Hinweis in der Verhandlungssprache, dann reicht eine Unterschrift unter ein nicht in dieser gehaltenes Vertragsformular nicht aus, um dessen vorformulierte Teile Vertragsbestandteil werden zu lassen (Ulmer/Schmidt aaO; Drobnig, in: FS Mann [1977] 595; **aA** Löwe Rn 17 und Anh Rn 12; Schmidt/Salzer D 107). Anders sieht es nur aus, wenn lediglich ein in einer anderen als der Vertragssprache gehaltenes Formular verwandt wurde, in welches Eintragungen kamen, die Kenntnis der Formularsprache nicht voraussetzten (so der Fall OLG Stuttgart IPRax 1988, 2937 – allerdings gegenüber Kaufleuten). Auch die Abfassung der AGB in einer „Weltsprache“ reicht nur aus, wenn man es mit solchen Partnern zu tun hat, bei denen man die Kenntnis dieser Sprache voraussetzen kann (ohne diese Einschränkung für den internationalen Rechtsverkehr OLG München IHR 2009, 201; Drobnig aaO; Reinhart RIW/AWD 1977, 20; ganz abl OLG Düsseldorf RIW/AWD 1974, 103). Ein bloßer Hinweis in der Sprache des Vertragspartners reicht sonst nicht aus (**aA** LG Köln ZIP 1992, 851). Sofern der Vertragspartner und alle Personen, die sich in voraussehbarer Weise mit der Vertragsabwicklung befassen könnten, auch zur mühelosen Lektüre einer anderen als der Vertrags- oder Verhandlungssprache befähigt sind, können AGB auch in ihr verfasst sein. Bei Anbahnung von Distanzgeschäften können AGB im Übrigen nur einbezogen werden, wenn sie in der Sprache gehalten sind, die der Adressat im Ausland versteht (Jayme, in: FS Bärmann [1975] 514; ders ZHR 1978, 110 f; vWestphalen Anh § 2 12). Bei Internetgeschäften wird alles von der Sprache des Internetauftritts dominiert (AnwKomm/Kollmann Rn 74).

c) **Der Sinn der Bestimmung muss aber wenigstens andeutungsweise auch materiell erfassbar sein.** Im Übrigen gilt das anderwärts verankerte Transparenzgebot (Gottschalk AcP 2006, 555, 596, s Rn 139). Den Mieter mit „Nebenkosten“ zu belasten ist zwar bei Geschäftsraummieten (OLG Hamburg NJW-RR 2002, 802), nicht aber bei Wohnraummiete (OLG Düsseldorf NJW-RR 1991, 1354) zulässig (s § 305c Rn 117). AGB zu Geschäften des täglichen Lebens, welche sich an einen Durchschnittsverbraucherkreis richten, dürfen nicht in einer unnötig **juristischen Sprache** gehalten sein (s Sebastian Müller NJW 1996, 1520; Ulmer/Habersack Rn 152; im Grunde allgA). Bezugnahmen auf textlich nicht wiedergegebene Vorschriften, die nicht ohnehin gelten würden, sind aber nicht unwirksam. So sind in Mietverträgen die kurz gefasste Klausel „Betrieskostenumlagen gem § 3 BetriebskostenVO“ zulässig. Mit einem Erfordernis der textlichen Aufblähung würde man dem Mieter nicht nützen (MünchKomm/Basedow Rn 70 mit Verweis auf ua BayObLG NJW 1984, 1761; OLG Karlsruhe NJW-RR 1998, 91; OLG Hamm NJW-RR 1998, 1090). Formulierungen, die einen begrifflichen Anschluss an das Gesetz in der Weise wählen, dass nur die Paragraphenzahl angegeben ist, nicht ihr Inhalt, sind insgesamt für Vertragspartner unverständlich und daher unwirksam (BGH NJW 1981, 867; OLG Düsseldorf NJW-RR 1997, 1151; OLG Schleswig NJW 1995, 2858; OLG Karlsruhe NJW-RR 1986, 91, 92; AG Dortmund NJW-RR 1996, 1355, 1356). Auf solche gesetzliche Vorschriften, die zum Einbezug gedacht sind, wie die früheren mietrechtlichen BerechnungsVO, kann aber schlicht verwiesen werden (Bay- 142

ObLG NJW 1984, 1761; OLG Hamm MDR 1997, 1016; **aA** OLG Karlsruhe aaO; AG Dortmund aaO; OLG Stuttgart NJW 1981, 1105; OLG Nürnberg NJW 1977, 1402; vgl auch S Müller NJW 1996, 1520), selbst wenn die Geltung gesetzlicher Vorschriften abgedungen werden soll (LG Berlin WuM 1996, 707). Die Betonung, dass bestimmte Rechte nicht abgedungen werden sollen, kann aber kurz durch Angabe der unberührt bleibenden Gesetzesbestimmung geschehen. Zur Bezugnahme auf Basiszins s Rn 141. Alles ist eine Frage des nach dem Geschäftstyp dem Verwender und seinem Vertragspartner Zumutbaren. Manche Geschäftstypen und Regelungsgegenstände verlangen, auch wenn der Vertrag mit einem juristisch nicht vorgebildeten Durchschnittskunden geschlossen wird, nach einer exakten und technischen Terminologie, etwa Geschäfte über Sicherheiten an Grundstücken oder differenzierte und die Gefahr von Unwirksamkeit vermeidende Haftungsbegrenzungsbestimmungen. Im Übrigen werden die an AGB zu stellenden Transparenzanforderungen heute an § 307 gemessen (Bsp BGH NJW 1995, 2052, 2054; s dort Rn 121 ff). In der Tagespreisklauselentscheidung hatte der BGH den Gebrauch des Begriffs „Wandelung“ anstatt „Rückgängigmachung des Vertrags“ iSv § 11 Nr 10b AGBG beanstandet, ohne § 2 oder § 9 AGBG zu nennen, s aber § 305c Rn 138.

143 **d) Wird, was zulässig ist** (BGH NJW 1990, 3197), in AGB auf **andere Bedingungswerke verwiesen**, so unterfallen auch diese dem Bekanntmachungserfordernis (BGH NJW 1983, 816). Dies gilt etwa bei Abtretung der kaufrechtlichen Gewährleistungsansprüche durch den Leasinggeber (Wolf/Pfeiffer Rn 85; vWestphalen BB 1990, 1, 2). Jedoch muss man sich auch in diesem Bereich vor funktionslosen Übertreibungen hüten. Versicherungsbedingungen unterliegen nicht der Nr 2, wenn der Verwender seine Leistungspflicht auf die Erstattungsansprüche aus seiner Haftpflicht- oder Kaskoversicherung beschränkt. Soll durch Weiterverweisung auf mehrere Bedingungswerke Bezug genommen werden, so muss aus den vertraglichen Inbezugnahmen ohnehin klar sein, wie sich der Anwendungsbereich der verschiedenen Bedingungswerke zueinander verhält. Andernfalls ist die **Staffelverweisung** unzulässig (BGH NJW-RR 2006, 1350; BGH NJW 1990, 3197, 3198; OLG Stuttgart NJW-RR 1988, 786 ff), s Rn 112. Unschädlich für die prinzipielle Möglichkeit der Weiterverweisung ist es, wenn in den AGB, auf die verwiesen wird, unwirksame Klauseln enthalten sind (BGH NJW 1990, 3197). Formulierungen wie „ergänzend“, sollten auch noch die Bedingungen anderer Unternehmen gelten, führen zu Unwirksamkeit der gesamten Bezugnahme auf AGB, sofern nicht die ergänzend in Bezug genommenen Bedingungen erkennen lassen, dass sie ganz andere Fragen regeln wollen als die primär zum Vertragsbestandteil gewordenen (s BGH VersR 1965, 230 – eigene Konnossementbedingungen sowie diejenigen „der am Transport beteiligten Firmen“ bedeutet: Beschränkung der Konnossementbedingungen der Verfrachter auf das Verhältnis zu ihren Kunden). Ist das Bedingungswerk, auf welches in einem primären Bedingungswerk verwiesen worden ist, für einen anderen Vertragstyp gedacht und ist es schwierig, seinen Anwendungswillen bezüglich des konkret abgeschlossenen Geschäfts zu ermitteln, so ist die Weiterverweisung ebenfalls unwirksam. Gleiches gilt, wenn nicht klar ist, ob auf einzelne Bestimmungen eines anderen Bedingungswerks verwiesen wird oder auf alle (OLG Stuttgart NJW-RR 1988, 7860). Zum Verweis auf internationale Abkommen im Flugverkehr OLG Hamburg NJW-RR 1986 1440.

144 Wird in AGB Bezug auf **Preislisten** genommen, so unterliegen diese nicht der Kenntnisverschaffungsobliegenheit. Nähme man an, sie würden wegen „Nichtbe-

achtung" von § 305 Abs 2 nicht, wie vorgesehen, Vertragsbestandteil, so bliebe dem Verwender dennoch das Recht zur Preisfestsetzung gem § 315. Die Anwendung von Abs 2 in Bezug auf die Obliegenheit, die Kenntnisverschaffung zu ermöglichen, wäre also funktionslos. Übertrieben ist es, von einem Mobilfunkunternehmen die Angabe der von ihm betriebenen Funkstationen zu verlangen (**aA** AG Offenburg NJW 1996, 1014).

3. Einzelheiten der Obliegenheit, die Kenntniserlangung zu ermöglichen

a) Fast immer entspricht der Verwender dem Abs 2 Nr 2 nur, wenn er seinem Vertragspartner ein vollständiges (OLG Frankfurt NJW 1989, 1095 – fehlende Teile nicht miteinbezogen) **Exemplar des Klauselwerks aushändigt oder zusendet** (BGH NJW 1988, 2106; OLG Frankfurt MDR 1988, 261). Bei schriftlichem Vertragsschluss unter Abwesenden gilt dies auch für beiderseits rechtskundige Vertragspartner (AG Frankfurt aM BB 1978, 524). Es genügt freilich, wenn der AGB-Text sich in Prospekten oder Katalogen befindet, die dem Kunden bei Anbahnung von Vertragsverhandlungen zugesandt wurden oder in deren Besitz er sich aus sonstigen Gründen befindet (BGH NJW 2009, 1486), s Rn 148, sofern der vom Verwender ausgehende Hinweis die Fundstelle bezeichnet. Für unter Anwesenden geschlossene Verträge kann nur insoweit etwas anderes gelten, als ein Hinweis darauf genügt, dass im Abschlussraum ein Exemplar eingesehen werden kann (BGH NJW-RR 2007, 32; allgA). Dass der Kunde die Aushändigung nicht eigens verlangt, macht keinen Unterschied (BGHZ 109, 192, 196 = NJW 1990, 715; **aA** Ulmer/Habersack Rn 147). Zwar betont der BGH nur die nötige Verwenderaktivität zur Verschaffung der Kenntnisnahmemöglichkeit. Wie diese anders geschehen könnte als durch Zuleitung des Textes ist aber nicht ersichtlich. Bestandteile von Klauselwerken, die nicht mit abgedruckt oder nicht mitgeteilt worden sind, werden nicht Vertragsbestandteil (BGH NJW-RR 1990, 958; OLG Frankfurt NJW 1989, 1095). Auch die Tatsache, dass sich der Kunde die Kenntnis anderweit beschaffen könnte, etwa durch käuflichen Erwerb eines Exemplars (zB der VOB) oder der Einsichtnahme beim Verwender (OLG Sachsen-Anhalt NJW-RR 2011, 1101), ist bedeutungslos (Ulmer/Habersack Rn 147; Löwe Rn 14; Schlüter, Das AGB-Gesetz im Spiegel des BauR 107; **aA** Koch/Stübing Rn 32; Locher NJW 1977, 1802). Wegen der Publizitätsfunktion der Obliegenheit, Kenntnisnahme zu ermöglichen (s Rn 138), genügt es im Allgemeinen auch nicht, wenn dem Kunden das Klauselwerk nur zur Durchsicht vorgelegt oder angeboten (**aA** LG Ansbach NJW 1990, 563) oder wenn dieser gar auf ein Publikationsorgan (insoweit wie hier Löwe Rn 14) oder – bei längeren Texten – einen Aushang (OLG Hamburg VersR 1989, 202) verwiesen wird. Der bloße Hinweis auf die „Geltung" von AGB genügt nicht (**aA** Ulmer/Habersack Rn 148 mwNw). **145**

Auch bei umfangreichen Bedingungswerken, wie etwa der **VOB/B** (heute: Vergabe- und Vertragsbedingungen für Bauleistungen), kann nach der Rspr gegenüber Partnern, die nicht professionelle Bauleute sind, auf eine Aushändigung des vollständigen Textes nicht verzichtet werden (BGHZ 109, 192 = NJW 1990, 715; BGH NJW 1999, 3261 f; BGH NJW 1999, 1246 – trotz Bereiterklärung, den Text kostenlos zur Verfügung zu stellen; BGH NJW-RR 1991, 727; NJW 1994, 2547; OLG Hamm NJW-RR 1993, 27; dass NJW-RR 1988, 1366; MDR 1998, 834; so sogar bei Einbeziehung in CISG-Vertrag: BGH NJW 2002, 370 [372]; ebenso OLG Düsseldorf BauR 1996, 712; dass IHR 2005, 24). Eine Teilinformation über dem Bauherrn günstige Regelungen der VOB genügt nicht (BGH NJW-RR 1991, 727). Selbst das Angebot kostenloser Übersendung soll nicht ausreichend sein (BGH NJW-RR 99, **146**

1246). Jedoch ist diese Einstellung übertrieben (Ulmer/Christensen VOB/B Rn 4; s auch Rn 184), da der Vertragspartner, der die VOB nicht anfordert, sie auch bei Mitversendung nicht angesehen hätte. Bei Einschaltung eines Bauherren-Architekten hält auch die Rspr die Zuleitung der VOB für entbehrlich (OLG Hamm NJW-RR 1991, 277; s auch gegenüber Bauhandwerkern OLG Hamm NJW-RR 1994, 1501). Meist ist freilich infolge der Ausschreibungspraxis nicht der Bauunternehmer, sondern der Bauherr VOB-Verwender. Er braucht Bauhandwerkern nicht die Möglichkeit zu verschaffen, von der VOB Kenntnis zu nehmen (OLG Hamm NJW-RR 1994, 1501, OLG Naumburg NJW-RR 2000, 391). Zur Hinweisobliegenheit bezüglich VOB s Rn 112, zu Unternehmern Rn 157. Zur Privilegierung der VOB bei der Inhaltskontrolle oben Rn 4.

Auch die dem Kunden klar bezeichnete Verfügbarkeit des Textes im **Internet** kann genügen; wenn der Vertragspartner einen privaten Internetanschluss hat, wäre es missbräuchlich, wollte er einwenden, der Verwender erfülle damit nicht gegenüber allen Kunden seine Obliegenheit zur Kentnisverschaffsmöglichkeit (so schon für BTX Paefgen, Bildschirmtext aus zivilrechtlicher Sicht [1988] 38 f).

147 **b)** Die **Beweislast** für die Umstände, aus denen der Verwender herleitet, dem anderen Teil eine zumutbare Möglichkeit der Kenntnisnahme verschafft zu haben, trifft wie bezüglich der Hinweisobliegenheit (s Rn 126), den Verwender. Empfangsbestätigungen sind nur unter Beachtung von § 309 Nr 12 b wirksam (BGH NJW 1988, 2106). Bei Internetgeschäften ist der Verwender für den Text der AGB beweisbelastend, die zur Zeit des Vertragsschlusses abrufbar waren (Heinrichs NJW 1998, 1598). Durch ein Sende- oder Empfangsprotokoll soll der Inhalt der übermittelten Daten nicht bewiesen sein (OLG Hamburg CR 2002, 915). Einen Anscheinsbeweis anzunehmen, wäre realistischer.

148 **c)** Die Obliegenheit nach Abs 2 Nr 2 entfällt als sinnlos, wenn der Vertragspartner des Verwenders oder sein Bevollmächtigter (s Rn 2) **bereits Kenntnis vom Inhalt der einzubeziehenden AGB** hat (BGHZ 86, 135, 138 = NJW 1983, 816; BGHZ 105, 290, 292 = NJW 1989, 836; OLG Köln NJW-RR 1994, 1501; allgA). Bei einem Architekten ist der Besitz eines VOB-Exemplars vorauszusetzen (OLG Hamm NJW-RR 1988, 1366; dass 1991, 277).

149 **d)** Entgegen dem, was die grammatikalische Struktur der Vorschrift auszudrücken scheint („bei Vertragsschluss"), verlangt sie als Voraussetzung der Rechtzeitigkeit der Kenntnisverschaffung entgegen fast allgA (BGH NJW 2010, 864, 867 – unter Ablehnung der hier vertretenen Ansicht, aber ohne dies zu begründen; BGH NJW 2009, 1486 – Reisebedingungen, Entscheidung gestützt auf § 6 Abs 3 BGBInfO; LG Frankfurt aM NJW-RR 1992, 441; OLG Köln WM 1993, 369; AG Freudenstadt NJW-RR 1994, 238 – allesamt Kreditkartenbedingungen betreffend, die zusammen mit der Kreditkarte versandt wurden; einh Lit A) nicht, dass die andere Vertragspartei die Möglichkeit zur Kenntnisnahme der einzubeziehenden AGB bereits vor Abschluss des Vertrags erhält oder gar genügend Zeit hat, sie durchzustudieren. Wenn der Hinweis auf AGB rechtzeitig war und der Vertragspartner eine Risikoerklärung (Rn 160) nicht abgeben will, muss er um Aushändigung des Textes vor Vertragsschluss bitten. Andernfalls wären rasche, insbesondere **telefonische Vertragsabschlüsse** unter Zugrundelegung von AGB praktisch unmöglich. Diese Konsequenz hat das Gesetz aber mit Sicherheit nicht gewollt (1. Teilber 13 f). Die hA behilft sich, um sie zu vermeiden, mit gekünstelten, aber bei richtiger Deutung des Gesetzes unnötigen Hilfskonstruktionen, wie bei Ladengeschäften

die Aushändigung an der Kasse noch als „bei Vertragsschluss" geschehen zu betrachten (OLG Hamm NJW RR 1998, 199; MünchKomm/Basedow Rn 78), einen schlüssigen Verzicht des Kunden auf Kenntnisverschaffung anzunehmen (Ulmer/Habersack § 2 AGBG Rn 149; Wolf/Pfeiffer Rn 110; **aA** AG Krefeld NJW-RR 1997, 245 – nur ausdrücklicher Verzicht; Heinrichs NJW 1997, 1409), sich mit der ausdrücklichen Erklärung der Versandbereitschaft zufriedenzugeben (Müller-Graff JZ 1977, 249) oder mit dem Ratschlag, in diesem Fall den „Wortlaut" des Gesetzes außer Betracht zu lassen (Löwe Rn 16). In der übergroßen Mehrzahl der Fälle ist der Vertragspartner nur daran interessiert, sich gegebenenfalls über seine Rechte und Pflichten näher informieren zu können. Dem muss man Rechnung tragen, auch wenn dem Gesetzgeber die Nähe zu allgemeinen rechtsgeschäftlichen Grundsätzen vorgeschwebt haben mag (so auch richtig dingfest gemacht durch Hellwege, Lit vor § 305, 458 ff). Der Kenntnisverschaffungsobliegenheit muss nur unverzüglich nach Vertragsschluss nachgekommen werden. Für die kurze Zeit bis zur Erfüllung der Obliegenheit ist die Einbeziehungsabrede schwebend unwirksam. Angesichts des von der hM gepflegten funktionslosen Formalismus mit Abs 2 Nr 2 ist es auch nicht überraschend (**aA** OLG Nürnberg ZIP 1007, 1781), wenn aus Gründen der Arbeitsökonomie beim Vertragsschluss folgendermaßen vorgegangen wurde: Der Leistungserbringer (etwa Kreditkartenunternehmer) lehnte das Formularangebot des Kunden nach § 150 Abs 2 mit dem Ansinnen ab, seine ABG Vertragsbestandteil werden zu lassen und bot dem Kunden an, sein nunmehriges neues Angebot nach § 151 durch Leistung der Unterschrift oder Aufnahme der Vertragsabwicklungsbeziehungen anzunehmen. Zu Unrecht will man (Derleder/Pallas ZIP 1999, 1285 ff) eine wirksame Vertragsannahme wegen Fehlens richtiger Vorstellungen beim Kunden leugnen. Auch sonst wertet man die Inanspruchnahme vertraglicher Leistungen als subsidiäre Angebotsannahme. Für den Spezialfall der heute üblichen Fernabsatzverträge s Rn 103. Den ganzen Vertragsschluss von der Kenntnisnahme der Bedingungen abhängig zu machen, ist allerdings als überraschende Maßgabe unwirksam (OLG Nürnberg WM 1998, 121); jedoch wird das in einer solchen Erklärung liegende neue Angebot (§ 150 Abs 2) durch Inanspruchnahme der Leistung ohne vorherige Kenntnisnahme der Bedingungen angenommen (zur Problematik der Einbeziehung von Luftbeförderungsbedingungen Giemulla/Schmid NJW 1999, 1057 ff). S auch Rn 163

e) Aus diesem Grunde läuft auch die im Gesetzestext angeordnete angemessene **150**
Rücksichtnahme auf **Behinderte** realistischerweise leer. Wenn ohnehin so gut wie kein Verbraucher AGB vor Vertragsschluss liest, ist es unsinnig, dem Verwender die Bereitstellung von Sehhilfen oder gar das Vorlesen des Klauselwerks (so aber vWestphalen NJW 2002, 13) abzuverlangen. Der Verwender muss auch nicht für jeden Fall die Möglichkeit der Kenntnisnahme garantieren (Wolf/Pfeiffer Rn 91). Daher braucht er auch nicht für den seltenen Fall eines blinden Kunden Exemplare in Braille-Schrift vorhalten. Eine analoge Anwendung der Vorschrift auf Sprachunkundige ist abzulehnen (RegE BT-Drucks 14/60 40 S 151; Wolf/Pfeiffer Rn 91; nahezu allgA; **aA** Graf vWestphalen NJW 2002, 12)

f) Für den Abschluss im **Internet** genügt zwar, auf die Möglichkeit, elektronisch **151**
vom Inhalt der AGB Kenntnis zu nehmen, etwa durch „down-loading" oder durch Gebrauch eines „Hyperlink" auf dem elektronischen Bestellformular (BGH NJW 2006, 2976; OLG Hamburg WM 2003, 581; LG Essen NJW-RR 2003, 1207; Heinrichs NJW 1999, 1598; Ernst NJW-COR 1997, 165; Köhler NJW 1998, 185 [188]). Bei Geschäften geringen

Umfangs muss der Kunde auch die AGB auf dem Bildschirm erfassen können (Mehrings BB 1998, 2373). Jedoch muss auch in dieser Situation der Kunde auf den Einbeziehungswillen des Verwenders hingewiesen werden (OLG Hamburg WM 2003; zum Vertragsschluss bei Internetauktionen s BGHZ 149, 129 = NJW 2002, 363 – krit Hager JZ 201, 786. Zum Bildschirmtext s Staudinger/Schlosser[12] § 2 AGBG Rn 33a).). Bei nicht allzu umfangreichen und gut gegliederten AGB soll es auch genügen, wenn der Text unmittelbar auf dem Bildschirm lesbar ist (OLG Kölne NJW-RR 1998, 1277).

152 **g)** In einer Reihe von Spezialgesetzen stehen Informationspflichten, die sich auch auf AGB beziehen. Soweit dies der Fall ist (zB § 7 VVG; §§ 313c, 312e, 492 BGB), und die AGB keine über die mitteilungspflichtigen Bestandteile hinaus gehenden Elemente beinhalten, ist daneben § 305 Abs 2 Nr 2 nicht anzuwenden. Dies wäre eine formale Komplizierung der Rechtslage, die dem Verbraucher allenfalls seltene Zufallsvorteile brächte. Das Reisevertragsrecht verschärft ohnehin (§ 6 Abs 3, 4 BGBInfV) die Anforderungen an die Kenntnisverschaffungsobliegenheit. Meist wird allerdings § 305 kumulativ für anwendbar gehalten (Ulmer/Habersack Rn 149b; zum Versicherungsvertrag Präve, in: FS Graf vWestphalen [2010] 569 ff. S auch Rn 103).

153 **h)** Beim **Schutzhüllenvertrag** ist eine andere als die übliche Art der Vertragsabschlusstechnik praktisch nicht möglich. Daher reicht es aus, dass der Nutzungsvertrag mit dem Hersteller zu dessen Bedingungen mit dem Öffnen der Schutzhülle zustande kommt (**aA** AnwKomm/Kollmann Rn 57; Wolf/Pfeiffer Rn 98). Man mag deshalb verstärkte Maßstäbe an die Inhaltskontrolle stellen (Einzelheiten: Marly, Softwareüberlassungsverträge [1997] Rn 365 ff). Zur Problematik wurde nur eine einzige Gerichtsentscheidung veröffentlicht (OLG Stuttgart NJW 1989, 2633, 2634), in der in einem wettbewerbsrechtlichen Zusammenhang obiter die Einbeziehung des AGB (und damit der Vertragsschluss) durch Aufreißen des Schutzhüllenumschlags angenommen worden ist.

154 **i)** Aus der Publizitätsfunktion der Obliegenheit, die Kenntnisnahme zu ermöglichen, folgt aber auch, dass der Verwender dem anderen Vertragsteil die Möglichkeit der **Kenntnisnahme für die gesamte Dauer der Vertragsabwicklung** erhalten muss. Bedingungen, die am Tage des Vertragsabschlusses aushängen, später aber nicht mehr, verlieren mit ihrem Verschwinden auch ihre inhaltliche Gestaltungswirkung für den Vertrag. Dem Vertragspartner des Verwenders ist es nicht zuzumuten, dann, wenn er darauf angewiesen ist, sich den Text der Bedingungen zu verschaffen, die seinerzeit ausgehangen haben. Bei Internetverträgen ist der Kunde aber selbst verantwortlich, sich die AGB des Verwenders rechtzeitig auszudrucken.

155 **k)** Kommt es zum Vertragsschluss unter **Einbeziehung von AGB über einen Hinweis durch Aushang** (Rn 128 ff), so ist zu unterscheiden. Wird auch der Text der AGB mit ausgehängt, so muss er einfach, leicht verständlich sein (OLG Hamburg VersR 1989, 202) und sich auf wenige bündige Klauseln beschränken. Wird auf den Einbeziehungswillen nur hingewiesen (s Rn 131), so muss der Text der AGB an einer im Aushang bezeichneten Stelle des Geschäftslokals sofort und mühelos erreichbar sein, etwa „an der Kasse ausliegend“ (allgA). Wird der Vertrag nicht im Geschäftslokal abgeschlossen, so reicht Ausliegen dort nicht aus (OLG Saarbrücken NJW-RR 2001, 992).

l) Schließt ein Bevollmächtigter oder gesetzlicher Vertreter den Vertrag ab, kommt es für das Merkmal der Ermöglichung der Kenntnisnahme nach § 166 Abs 2 auf dessen Person an (BGH NJW 1985, 850). Dem muss man einen Boten gleichstellen, der sich in die Geschäftsräume des Verwenders begibt. In einer solchen Annahme „objektive Willkür" zu sehen (BayVerfGH NJW 2008, 770), ist unverständlich. **156**

m) Natürlich können AGB auch **nachträglich** in einen Vertrag **einbezogen** werden. Dann müssen aber die Anforderungen des § 305 ebenfalls erfüllt werden (BGH NJW 2010, 864 Rn 39). Ein bloß widerspruchslose Entgegennahme durch den Kunden genügt bei Fehlen sonstiger Anhaltspunkt für eine schlüssige Einbeziehungsabrede nicht (BGH NJW 1984, 1112; MünchKomm/Basedow 79). **156a**

4. Der Verkehr gegenüber einem Unternehmer

Im Verhältnis zu Unternehmern gilt Abs 2 nicht, daher auch nicht dessen Nr 2. Die Rspr verlangt auch nicht (entgegen Wolf § 2 AGBG Rn 68; Palandt/Heinrichs Rn 26) die zumutbare Ermöglichung der Kenntnisnahme. Der BGH (BGHZ 102, 304 = NJW 1988, 1212) sprach zwar einmal davon, dass der Vertragspartner in der Lage sein müsse, „sich über die Bedingungen ohne weiteres Kenntnis zu verschaffen". Es ging aber nur um Unklarheiten darüber, welche Bedingungswerke einbezogen sein sollten. Wenn die Bedingungen nicht beigefügt sind, genügt der Hinweis auf „unsere" Bedingungen häufig nicht (OLG Düsseldorf NJW-RR 2001, 1531). Die These der Unwirksamkeit vertraglicher Bezugnahme auf Texte, die den Vertragsschließenden oder einem von ihnen unbekannt sind, findet im Gesetz keine Stütze (so mit Recht Diederichsen ZHR 1969, 238 gegen Schreiber NJW 1967, 1441). Daher brauchen die AGB dem Adressaten eines schriftlichen Angebots nicht zugeleitet zu werden (BGH NJW 1976, 1886; NJW 1982, 1750; BGH BB 1985, 884; BGH NJW-RR 1992, 1232; indirekt bestätigt in NJW 2002, 370). Es muss nur der Einbeziehungswille des Verwenders zum Ausdruck kommen, wozu freilich nicht ausreicht, dass der Verhandlungsführer des Kunden als früherer Angestellter des Verwenders dessen Gebräuche kennt (BGH, in: Bunte, AGBG I § 2 Nr 2). Der andere Vertragsteil muss zudem in der Lage gewesen sein, sich über die Bedingungen – zwar nicht „ohne weiteres", aber eben doch – Kenntnis zu verschaffen (BGH NJW-RR 1989, 1104; BGHZ 117, 190 [198] = NJW 1992, 1232; OLG Düsseldorf VersR 1996, 1394; OLG Naumburg 2 U 68/02 – juris). Grundsätzlich genügt die Möglichkeit, sie beim Verwender anzufordern (BGH NJW 1982, 1750; LG Köln CR 2003, 484). In einem Fall ähnlich dem vom Hong Kong Supreme Court (Aboitiz Jebsen Bulk Transport Corp v Kit Shipping v 16. 3. 1990 [1990] 1 HKC 390) entschiedenen müsste man auch nach deutschem Recht eine wirksame Einbeziehung annehmen: Auf der Vorderseite stand, für den Vertrag gälten die auf der Vorderseite und der Rückseite abgedruckten Bedingungen; nur die Vorderseite wurde gefaxt und unterschrieben zurückgefaxt. Solange der Vertragspartner sie nicht anfordert, brauchen die AGB auch nicht in einer dem anderen Teil verständlichen Sprache abgefasst zu sein (OLG Naumburg aaO). Wenn der Verwender der Aufforderung, eine Fundstelle zu benennen, nicht nachkommt, scheitert die Einbeziehung (OLG Hamm DB 1983, 2619). Wegen des gesteigerten Informationsbedarfs im internationalen Handel soll aber hierfür die Obliegenheit der Mitversendung der AGB beim Angebot gelten, insbesondere für CISG-Verträge (BGHZ 149, 113 [117] = NJW 2002, 370; OLG Düsseldorf IHR 2005, 24; zust Schlechtriem/Schwenzer, Kommentar zum UN-Kaufrecht [5. Aufl 2008] Art 14 Rn 43; Staudinger/Magnus [2005] Art 14 CISG Rn 41 m umfr Nw; gute Darst d Rspr Klaus Peter Berger **157**

ZGS 2004, 415 [416]). Dem ist mit Recht widersprochen worden (SCHMIDT-KESSEL NJW 2002, 3444). S auch Rn 103.

158 **Eine gewisse Ausstrahlungswirkung von Abs 2 Nr 2 auch auf den Verkehr mit Unternehmern** sollte man freilich nicht leugnen. Sollen textlich dem Vertragspartner mitgeteilte AGB einbezogen werden, so müssen sie ohne allzu große Mühe lesbar sowie drucktechnisch und systematisch übersichtlich sein (BGH WM 1978, 978, 979; OLG Hamm NJW-RR 1988, 944). Nur mit der „Lupe lesbare" (Konnossement-)Bedingungen hielt der BGH nicht für wirksam einbezogen (NJW 1983, 2772, 2773; BGH WM 1986, 769, 770). Dem ist im Prinzip zuzustimmen, wenn auch für seerechtliche Verhältnisse Besonderheiten gelten mögen (OLG Hamburg, in: BUNTE, AGBE V Nr 6; HERBER, in: FS Stimpel [1985] 1026; RABE RIW 1984, 589; HENSEN ZIP 1984, 146). Die Maßstäbe der Judikatur (s OLG Hamburg BB 1987, 1704 und OLG Hamm NJW-RR 1988, 944) sind erstaunlich streng. Hat der Vertragspartner des Verwenders Schwierigkeiten, sich die Bedingungen zu verschaffen, und schickt sie ihm der Verwender auf Anforderungen nicht unverzüglich zu, sind sie schließlich auch nicht anderweit leicht erhältlich, wie die ADSp, die AGB der privaten Geschäffsbanken, die VOB und ähnlich einheitlich und weit verbreitete Bedingungswerke, so muss man ihm das Recht zubilligen, eine weitere Vertragsabwicklung auf der Grundlage dieser Bedingungen abzulehnen (OLG Hamm DB 1983, 2619). Der Verwender hat seine Rechte aus den AGB auf diese Weise verwirkt. Darüber hinauszugehen, gibt es aber keinen Grund. Auch ein mit einem **auslandsansässigen Partner** auf dem Korrespondenzwege schriftlich abgeschlossener Vertrag kann AGB mit einbeziehen, die zunächst nicht mit versandt wurden (**aA** OLG Düsseldorf DB 1963, 929). Nur kann eine auslandsansässige Person, die einen Text der Bedingungen zu haben wünscht, schlechterdings nicht auf andere Bezugsquellen verwiesen werden als auf seinen deutschen Vertragspartner und Verwender. Wird ihm ein in einer anderen als der Vertrags- oder Verhandlungssprache gehaltener Text zur Verfügung gestellt, so ist dies der Verweigerung der Kenntnisverschaffung gleichzustellen.

XIV. Das Einverständnis des Vertragspartners des Verwenders

1. Einverständnis nach ausdrücklichem Hinweis

159 **a)** Die in Abs 2 festgehaltene Notwendigkeit des Einverständnisses des Vertragspartners mit der Einbeziehung der AGB in den Vertrag ist trotz der sorglosen Redaktion („einverstanden" anstatt „Erklärung des Einverständnisses") eine **Bestätigung traditioneller rechtsgeschäftlicher Grundsätze** (BGH WM 1982, 444, 445; HELLWEGE, Lit vor § 305, 470; STOFFELS, AGB-Recht Rn 290; hA; **aA** PFLUG, Kontrakt und Status im Recht der AGB [1986] 320), die angesichts der Laschheit der Praxis (Rn 101) nötig war. Auch bei Bedingungswerken, die nicht interessengebunden erarbeitet wurden und von beiden Marktseiten gleichermaßen verwendet werden, hat die Rechtsprechung dies bestätigt, selbst wenn sie wegen der Besonderheit solcher AGB von einer „fertig bereit liegenden Rechtsordnung" (BGHZ 129, 349 = NJW 1995, 3117; für ADSp; BGHZ 129, 323 = NJW 1995, 2225 – AGNB) spricht, zumal dieser Begriff ausdrücklich synonym zu „allgemein geregelte Vertragsordnung" gebraucht wird (BGHZ 127, 275 = NJW 1995, 1491; für ADSp; BGH NJW 2004, 1597 – für VOB/B), s auch Rn 4.

160 **b)** Ist der Vertragspartner des Verwenders iSv Abs 2 Nr 1 **ausdrücklich** darauf

hingewiesen worden, dass bestimmte AGB Vertragsbestandteil werden sollen, so ist eine Situation kaum noch denkbar, in welcher der objektive Erklärungswert seiner darauf folgenden, nicht weiter eingeschränkten Erklärung der Zustimmung zum Vertragsschluss nicht schlüssig auch das Einverständnis mit der Geltung der Bedingungen bedeuten sollte (BGH NJW 1982, 1388; OLG Hamm BB 1981, 148; Stoffels, AGB-Recht Rn 291). AGB werden auch Vertragsbestandteil, wenn der Kunde ein sie oder einen Hinweis auf sie enthaltenes Formular unterschreibt oder entgegennimmt, ohne sie gelesen zu haben (statt aller: BGHZ 1, 86 = NJW 1951, 402; BGHZ 17, 2 = NJW 1955, 1145; BGHZ 33, 219 = NJW 1961, 212) – selbst wenn er nicht einmal zur Kenntnis nimmt, dass Vertragsinhalte geregelt werden sollen. Der rechtsgeschäftliche Verkehr duldet auch **Risikoerklärungen** (so der zutreffende Ausdruck von Siegel AcP 111, 92 f und L Raiser 170). Eine Bestätigung, auch eine formularmäßige (BGH BB 2004, 179, 180), von bei- oder vorliegenden AGB Kenntnis genommen zu haben, ist ein gewichtiges Indiz für eine zumutbare Möglichkeit der Kenntnisnahme (BGH NJW 1982, 1388; krit Bohle BB 1983, 16). Bei der Einbeziehungsvereinbarung wieder zwischen individuell oder vorformuliert unterscheiden zu wollen (so LG Frankfurt aM NJW-RR 2002, 124 mit der Folge, dass geringfügige Textänderungen für eine Individualvereinbarung ausreichen sollen), entspricht dem Gesetz nicht. Wie im Verkehr mit Unternehmern (BGHZ 117, 190 = NJW 1992, 1232; BGH NJW-RR 2003, 751) werden bei Verbrauchern nach Erfüllung der Voraussetzungen von Abs 2 die AGB einbezogen, wenn sie bei Vertragsschluss ihrer Geltung nicht widersprechen.

Allerdings kann das Verhalten des Vertragspartners des Verwenders auch schlüssig **161** ergeben, dass er mit der Geltung der AGB nicht einverstanden sein will. Verwendet der Besteller einer Ware nicht das ihm vom Verkäufer überlassene und den Hinweis enthaltene Formular, sondern einen eigenen Kaufvertragsentwurf, der keinen Hinweis auf AGB enthält, so hat er sein Einverständnis nicht erklärt. Schlüssigkeit eines Einverständnisses mit der Geltung von AGB ist aber anzunehmen, wenn die AGB oder ein Hinweis auf sie in einer dem Abs 2 entsprechenden Weise und unter den Voraussetzungen aushängen, unter denen nach dieser Vorschrift der Aushang einen ausdrücklichen Hinweis ersetzen kann (Ulmer/Habersack Rn 161). Jedoch gehen Unklarheiten darüber, ob der Vertragspartner mit der Zustimmung zum Vertragsschluss auch die AGB einbeziehen wollte, auf die er hingewiesen wurde, zu Lasten des Verwenders. Denn nach der Formulierung des Gesetzes trifft auch insoweit die **Beweislast** den Verwender (zur vielfältigen Problematik von Schildern „Benutzung auf eigene Gefahr“ s Staudinger/Schiemann § 254 BGB Rn 62).

c) Die in der Zeit vor Inkrafttreten des AGBG die Literatur – erstaunlicher **162** Weise nicht die Rspr – beschäftigende Frage einer etwaigen Einschränkung des **Irrtumsanfechtungsrechts** in solchen Fällen, in denen die Bindung des Vertragspartners nicht auf eine schlüssige Willenserklärung, sondern auf eine objektive Zurechnung zurückgeführt wurde, spielt im Anwendungsbereich von Abs 2 keine Rolle mehr. Nach Erfüllung der dem Verwender obliegenden Hinweispflicht kann es auf Seiten des Vertragspartners nur noch eine „Zurechnung“ kraft objektiven Erklärungswertes seiner Äußerung geben oder gar keine mehr (Rn 160; für positiven Vertrauensschutz anstatt rechtsgeschäftlicher Bindung Schröder 20 ff). Ist der Vertragspartner mit der Geltung der AGB in Wirklichkeit doch nicht einverstanden gewesen, weil er etwa den Hinweis auf sie versehentlich nicht zur Kenntnis genommen hat, so kann er seine Erklärung mit der sich aus § 306 ergebenden Folge wegen Irrtums über ihren Inhalt anfechten (Löwenheim AcP 180, 433 ff; Ulmer/Habersack Rn 162; allgA). Wenn er sich jedoch keine Gedanken über etwa einbezogene AGB gemacht hat, war er auch keinem Irrtum erlegen. Für einen etwaigen Irrtum trifft den Vertragspartner die **Beweislast**, der kaum je nachgekommen werden kann. Auch wird es dem Anfechtenden häufig schwer fallen, Gründe anzugeben, dass er die Erklärung bei verständiger Würdigung der Sachlage nicht so abgegeben haben würde, wie sie sich ihrem objektiven Erklärungswert nach ausnimmt (so mit Recht Grunsky aaO). Insbesondere scheidet eine Anfechtung fast immer aus, wenn ein Vertragsschluss anderwärts zu günstigeren Bedingungen nicht möglich ist (zu Einzelheiten Löwenheim aaO; Schröder aaO). Auch eine Anfechtung wegen Verkennens des Sinnes einer Klausel ist grundsätzlich möglich (BGH NJW 1983, 1854). Die Anfechtungsvoraussetzungen werden aber selten beweisbar sein.

2. Vertragsschluss nach allgemeinen Regeln als Einbeziehungsvoraussetzung

163 **a)** Voraussetzung für die wirksame, nicht notwendiger Weise schriftliche (BGH NJW 2001, 2635 [2636] – Telefonkartenvertrag), Einbeziehung von AGB in einen Vertrag ist aber, dass der Partner des Verwenders dem mit der Einbeziehung von AGB eine Rechtsgeschäftseinheit bildenden (Rn 102) Vertragsschluss überhaupt zustimmt (in diesem Sinne auch BGH NJW 1984, 1112, s Rn 127). Der Verwender kann nicht etwa durch AGB einseitig die Voraussetzungen eines Vertragsschlusses anders regeln wollen, als das Gesetz es in den §§ 145, 147, 148, 151 tut oder zulässt (BGH NJW-RR 1010, 39; Ulmer/Habersack Rn 163; Grunewald ZIP 1987, 356; AG Freudenstadt NJW-RR 1994, 238, 239), etwa im Falle eines Transportunternehmens bestimmen wollen, dass ein Beförderungsvertrag bei angenommenen Beförderungsgut nicht zustande kommt, wenn das Gut nicht bedingungsgemäß ist (BGH NJW 2006, 2976; BGH NJW-RR 2006, 1210; BGH NJW-RR 2007, 179). Der Verwender kann auch nicht einseitig bestimmen, dass ein von ihm nach § 150 Abs 2 geändertes Angebot als stillschweigend angenommen gilt, wenn nicht die Voraussetzungen vorliegen, unter denen man dies ohnehin annehmen würde (**aA** Stübing NJW 1978, 1618). Der Verwender kann nicht in seinen AGB für die rechtlich als Vertragsangebot zu wertende Bestellung eines Kunden Schriftform vorschreiben oder nur eigene schriftliche Erklärungen als Vertragsangebot oder Vertragsannahme gelten lassen wollen. Zur Schriftformklausel im Übrigen s § 305b Rn 20 ff. Der Verwender kann auch nicht bestimmen, dass sein Angebot nach Ablauf einer Widerspruchsfrist als angenommen anzusehen ist (AG Medebach MDR 1966, 584; Löwe Rn 19). Niemand kann aufgrund seiner mit einem erbetenen **Kostenvoranschlag** mitversandten AGB Kostenersatz verlangen (LG Landau MDR 1959, 588), wenn derartiges nicht im Verkehr mit Unternehmern branchenüblich und im Auftrag auf Erstellung eines Kostenvoranschlags bereits mit inbegriffen ist. Verschickt ein **Makler** eine **Verkaufsaufgabe** unter Verzicht auf Antwort bei Nichtgefallen, legt er seine AGB bei, und kommt es längere Zeit danach zu einem Verkauf des Objekts durch Vermittlung eines anderen Maklers, so kann der erste tätig gewordene Makler nicht aufgrund seiner Bedingungen Ansprüche geltend machen, selbst wenn er in ihnen gesagt hat, die Aufnahme von Verhandlungen mit der nachgewiesenen Partei gelte als Auftragserteilung (OLG Bremen NJW 1965, 977). Wohl aber kann in einem dem Kunden gestellten Formular für ein Vertragsangebot eine der Bedeutung der Angelegenheit angemessene Bindungsfrist stehen, auch in der Form, der Vertrag komme zu Stande, wenn der Verwender nicht binnen dieser Frist widerspreche (OLG Düsseldorf NJW 2005, 1515). Eine Abänderung eines

einmal geschlossenen Vertrages kommt noch nicht dadurch zustande, dass der Kunde nachträglich AGB unterzeichnet. Der objektive Erklärungswert seiner Äußerung muss beinhalten, dass er sich ihres Charakters als auf Vertragsänderung gerichtet bewusst war (KG NJW-RR 1994, 1265). Zusendung der AGB nach Vertragsschluss und darauf folgendes Schweigen des Kunden bringen eine Einbeziehung nur unter den Voraussetzungen eines unternehmerischen Bestätigungsschreibens zustande. Bei einer modifizierten Auftragsbestätigung kann die widerspruchslose Entgegennahme der Sachleistung aber Einverständnis bedeuten, wenn eine vertretungsberechtigte Person dabei mitwirkte. Einem bewussten Sich-Verschließen vor der Kenntnisnahme des Einbeziehungswillens des Verwenders ist unbeachtlich (OLG Köln NJW-RR 98, 1276). Zur Einbeziehung der Teilnahmebedingungen des niedersächsischen Zahlenlottos (s OLG Celle NJW-RR 1986, 833). Der Veranstalter einer Internetauktion kann aber in seinen AGB darauf hinweisen, dass der Vertrag mit dem Höchstbieter bei Ablauf der Frist zu Stande kommt (BGH NJW 2002, 363 [365]; s Rn 3, 151) und dass vorher kein Rücktritts- oder Widerrufsrecht besteht (vWESTPHALEN ZGS 2005, 216).

Bestellt jemand Waren oder Leistungen und werden diese erbracht, aber gleichzeitig mit einer **Auftragsbestätigung** oder einem sonstigen Vertragsannahmedokument, das – erstmals – einen Hinweis auf AGB enthält, so ist das Einverständnis mit deren Geltung durch Leistungsannahme zum Ausdruck gebracht (Rn 195 ff). Erschöpft sich der Sinn eines Vertrages darin, AGB in ein nicht vertraglich begründetes Schuldverhältnis einzubeziehen (Rn 12), so kommt das Einverständnis zum Ausdruck, wenn der Partner des Verwenders die Handlungen vornimmt, die ihm der Verwender nach Annahme seiner Bedingungen gestattet, sofern die Rechtmäßigkeit der Handlung von einer solchen Gestattung abhängt. Wer weiß, dass Einrichtungen nur auf der Basis bestimmter Bedingungen benutzt werden dürfen, unterwirft sich ihnen mit der Benutzung (BGH VersR 1967, 63; s Rn 37 aE). **164**

b) Der **Spielraum** bezüglich des Zustandekommens des Vertrages, **den das Gesetz demjenigen gibt, der ein Angebot macht**, kann auch **durch AGB ausgefüllt** werden. Durch AGB kann die Bindung an ein Angebot ausgeschlossen werden, s § 145. AGB können iSv § 148 Fristen festsetzen (LG Duisburg NJW 1964, 160) und auf den Zugang der Annahmeerklärung verzichten (§ 151). Auch der Adressat eines Angebots kann die vom Gesetz gelassenen Spielräume in den Grenzen von § 307 für sich ausnutzen, soweit er faktisch erzwingt, dass an ihn gerichtete Angebote nur mit von ihm selbst zur Verfügung gestellten Formularen („Bestellscheinen") abgegeben werden, und er auf andere Angebote nicht mit deren schlichter Annahme reagiert. **165**

c) Beziehen sich AGB auch auf **einseitige Erklärungen** des Vertragspartners (Rn 7), so bedeutet dessen erklärtes Einverständnis mit der Einbeziehung des Klauselwerks nicht, dass eine solche einseitige Erklärung auch dann unwiderruflich sei, wenn sie auch als individuell abgegebene es nicht wäre. Eine AGB-Vollmacht ist widerruflich, wenn sie nicht als unwiderruflich iSv § 168 S 2 erteilt ist. Ein Ausschluss von Eigentumsvorbehalt in Einkaufsbedingungen kann durch den Vertragspartner des Verwenders widerrufen werden, mag dies auch eine Vertragsverletzung sein. Der Zugang eines solchen Widerrufs kann aber nur dann angenommen werden, wenn er in einer Form geschieht, die die reale Kenntnisnahme durch eine zur Passivvertretung des Adressaten berechtigte Person verbürgt. Aufdrucke und ma- **166**

schinenschriftliche Zusätze auf Rechnungen sind dazu untauglich. Für den Fall der nachträglich und vertragswidrigerweise auf Lieferscheinen und Rechnungen erklärten Eigentumsvorbehalten s Rn 144, 198 ff.

3. Wirkung von AGB für und gegen Dritte?

167 **a)** AGB können nicht **zu Lasten Dritter** vereinbart werden, die ihrer Geltung nicht zugestimmt haben (BGH NJW 2008, 63, 66). Gestattet ein Grundstückseigentümer dem Kreditnehmer einer Bank zur Sicherheit für einen bestimmten, diesem gewährten Kredit eine Grundschuldabtretung oder -bestellung, so vermögen die AGB der Banken das Rechtsverhältnis zwischen Bank und Grundstückseigentümer nicht zu erfassen (OLG Frankfurt WM 1973, 1150). Jedoch sind stillschweigende Ermächtigungen durch Dritte denkbar, zu ihren Lasten, auf der Grundlage von üblichen AGB Verträge abzuschließen. Dann müssen nicht ihnen, sondern denjenigen gegenüber die Hinweis- und Kenntnisverschaffungsobliegenheiten erfüllt werden, die im eigenen oder fremden Namen (s oben Rn 102) die Verträge schließen.

168 Diese Grundsätze spielen eine große Rolle bei **Transportverträgen**. Der Reisekunde ermächtigt das Reiseunternehmen, auch zu seinen Lasten die Beförderungsbedingungen der Fluggesellschaften zu vereinbaren (OLG Oldenburg TranspR 1993, 441 – Ergebnis verfehlt aus Vertrag zugunsten Dritter hergeleitet; zum Ganzen Gansfort TranspR 1989, 131 ff). Häufig ist der Auftraggeber mit dem Eigentümer des beförderten Gutes nicht identisch. Die deliktische Haftung diesem gegenüber ist daher durch die Vereinbarung der Geltung von AGB grundsätzlich nicht miterfasst. Überlässt freilich jemand einem anderen sein Eigentum mit dem Auftrag, Verträge über die Beförderung des Gutes mit Dritten abzuschließen, so liegt darin eine schlüssige Ermächtigung, dies zu den üblichen Vertragsbedingungen zu tun, sofern der Überlassende mit den Vertragsgestaltungsgewohnheiten des Transportgewerbes vertraut ist. Letzteres muss man von jeder Firma, die gewerbsmäßig unter Zuziehung fremder Unternehmen Waren versendet (BGH NJW 1974, 2177 – tschechische Firma, die „weiß", dass der Spediteur Zwischenspediteure in der Bundesrepublik beauftragen muss, die ausschließlich nach den ADSp arbeiten) oder die Transportmittel zur Verfügung stellt, die mit Hilfe anderer Transportmittel weiter befördert werden (OLG Hamburg VersR 1977, 812 – Schleppverträge), voraussetzen. Was das Pfandrecht in § 50 ADSp und § 23 AGNB (s Staudinger/Coester § 307 Rn 175) anbelangt, so ist es überraschend und unangemessen, soweit es Güter des Dritten auch für Forderungen erfassen soll, die mit dem Beförderungsvertrag nicht im Zusammenhang stehen (BGHZ 17, 2 = NJW 1955, 1145 – damals noch mit einer einschränkenden Auslegung der Einbeziehungsvereinbarung arbeitend). Nicht anders liegen die Dinge auch im Falle eines Distanzkaufes, wenn der Käufer Partner des Transportvertrages ist, dem Verkäufer aber während des Transportes noch das Eigentum an der transportierten Ware zusteht. Da die Vereinbarung eines Pfandrechts wegen Forderungen aus dem Transportverhältnis üblich ist – nicht aber wegen inkonnexer Forderungen –, hat der Verkäufer den Käufer auch zu einer solchen Vereinbarung ermächtigt, wenn er ihm den Abschluss des Transportvertrags überlässt (Raiser 214 f mNw aus der älteren Rspr), sofern er gewerbsmäßig derartige Geschäfte abzuschließen pflegt. Selbst da wirkt ein rechtsgeschäftlich bestelltes Pfandrecht zu Lasten Dritter, wo die Bestellung nur im Hinblick auf fehlendes Eigentum des Vertragspartners vorgenommen wurde, wie dies in Reparaturbedingungen der Fall ist (BGH NJW 1977, 1240; **aA** Picker NJW 1978, 1417). Denn der berech-

tigte Besitzer einer reparaturanfälligen Sache ist meist ermächtigt, die mit Reparaturaufträgen üblicherweise verbundenen Pfandrechtsbestellungen vorzunehmen. Darauf zielende Klauseln sind daher durchaus nicht tendenziell auf Hintergehung des Eigentümers angelegt.

Haftungsbegrenzungsklauseln gelten aber durchaus nicht auch zu Lasten eines **Privatmanns**, der jemanden beauftragt, um die Versendung seines Eigentums besorgt zu sein. Verwendet ein Fluggast Gepäckstücke eines Verwandten oder Bekannten, so trifft diesen alles, was in den Flugbeförderungsbedingungen zur Haftungsbegrenzung und zur Begründung von Anmeldeobliegenheiten steht, nicht, sofern es um die deliktische Haftung ihm gegenüber geht (Ulmer/Habersack Rn 168a; AG Köln NJW 1976, 2076). Auch im Verhältnis zu jemandem, der einen Transport nicht veranlasst hat, insbesondere im Verhältnis zum Empfänger der Sendung, kann ein irgendwie gearteter Haftungsausschluss in Beförderungs- oder Speditionsbedingungen nicht wirken (BGH NJW 1959, 1679). Das Gleiche gilt im Verhältnis zu Personen, denen dingliche Sicherheiten an dem transportierten Gut zustehen. **169**

b) AGB können aber nach den Grundsätzen eines Vertrags zugunsten Dritter oder mit Schutzwirkungen für Dritte sehr wohl **zugunsten Dritter** vereinbart werden (BGH ZIP 1985, 687, 689; BGH MDR 1980, 648; OLG Celle VersR 1983, 683; OLG Köln OLGZ 1982, 372; OLG München NJW 1981, 1963; heute wohl allgM. Lit: Blaurock ZHR 146, 1982, 238 ff), etwa Haftungsbeschränkungen zugunsten der Arbeitnehmer des Verwenders (BGHZ 22, 109 = NJW 1956, 1915; BGH NJW 1962, 388). Haftungsbeschränkungen zugunsten des Hauptfrachtführers gelten auch zugunsten des Unterfrachtführers (BGH MDR 1977, 819), solche in Verträgen des Verfrachters mit dem Befrachter auch zugunsten der Eigentümer des Seeschiffes und der Schiffsbesatzung (BGH RIW 1983, 377). Zur Frage, wann Haftungsbegrenzungsklauseln in diesem Sinne auszulegen sind, s auch § 305c Rn 10. Vor allen Dingen die Beteiligung öffentlicher Institutionen an Vereinbarungen kann dazu führen, dass die Vertragspartner sich verpflichten, Dritten Ansprüche zu gewähren, die in AGB enthalten sind. Auch wenn Dritte durch AGB begünstigt sind, richtet sich die Frage, wem gegenüber den Obliegenheiten von Abs 2 Rechnung zu tragen ist, nach dem Verhältnis zwischen Versprechenden und Versprechensempfänger (OLG Düsseldorf NJW-RR 1993, 823). **170**

4. Sonderregelungen

Sonderregelungen bringen § 5 VVG für den Fall, dass der Versicherer das sog Policenmodell wählt, sowie § 492 (s auch Rn 152). **171**

5. Spätere Änderungen von AGB

a) Grundsätzlich werden und bleiben AGB Vertragsbestandteil nur in der **Gestalt, die sie im Zeitpunkt des Vertragsabschlusses** hatten. Später geänderte Fassungen können ohne neue Einigung auf früher abgeschlossene Verträge nicht angewandt werden (LG Frankfurt aM NJW 1991, 2842 – Kreditkarten). Kein Vermieter kann nach Abschluss von Mietverträgen eine Hausordnung „erlassen“ (LG Köln MDR 1959, 762; grundsätzlich zur Einbeziehung von Hausordnungen Häublein WuM 2009, 435 ff). Wenn AGB das Problem ihrer eigenen Änderung (s Rn 174 f) nicht regeln, muss eine Einbeziehung geänderter Fassungen in früher abgeschlossene Verträge dem Abs 2 entspre- **172**

chen (OLG Saarbrücken NJW-RR 1989, 92; Ulmer/Habersack Rn 164; MünchKomm/Basedow Rn 77; Freund, Die Änderung allgemeiner Geschäftsbedingungen in bestehenden Verträgen [1998] insbes S 68 Rn 39; Schmidt/Salzer D 100). Die Bitte, das Einverständnis mit der neuen Fassung zu erklären, muss aber nicht von Erläuterungen begleitet sein (Freund aaO 55 f). Allein die Tatsache, dass dem Vertragspartner des Verwenders eine neue Fassung zugeschickt wird, genügt für die Annahme von dessen Einverständnis auch bei Dauerschuldverhältnissen nicht (OLG Karlsruhe DB 1966, 935; LG Frankfurt aM NJW 1991, 2842; **aA** P Hofmann NJW 1966, 2169; Wolf/Pfeiffer Rn 105). Auch **Versicherungsverträge** machen insoweit keine Ausnahme (OLG Frankfurt VersR 1998, 1540; OLG Saarbrücken NJW-RR 1989, 92; OLG Nürnberg NJW-RR 1993, 1245). Ein Versicherungsvertrag kommt mit dem Text der Bedingungen zustande, der dem Versicherungsnehmer bei der Antragsstellung überreicht wird und nicht mit dem Text der bei Vertragsschluss geltenden, dem Kunden nicht bekannten Fassung (OLG Nürnberg aaO), s aber § 5 VVG. Zu Änderungsvorbehalten: Staudinger/Coester § 307 Rn 193. Das Schuldverschreibungsgesetz vom 31. 7. 2009 sieht gewisse Änderungen durch Mehrheitsbeschluss der Anleihegläubiger vor.

Eine Erklärungsfiktion nach Zusendung der Neufassung und Aufforderung, innerhalb einer angemessenen Frist zuzustimmen, muss man aber anerkennen, wenn die Änderungen nur insgesamt unwesentliche Einzelheiten betreffen (LG Köln WM 2001, 1946). Bei Fortsetzung von Dauerschuldverhältnissen ist stillschweigend zugestimmt (BGH NJW-RR 1991, 570; Ulmer/Habersack Rn 114), wenn auf die wesentlichen Änderungen ausdrücklich hingewiesen wird, zB in sukzessiven Rechnungen, und fristgerechter Widerspruch ausbleibt.

Im Falle von geänderten AGB, die dem Vertragspartner ganz überwiegend **günstig** sind, kann man § 151 entsprechend anwenden. Im Sinne von § 147 Abs 2 läuft die Annahmefähigkeit, bis der Vertragspartner im Laufe der Vertragsabwicklung auf die ihm begünstigende Regelung zurückkommt. Überwiegend günstiger sind auch solche Änderungen, die einer Judikatur zur Inhaltskontrolle Rechnung tragen oder ihr vorbeugen wollen. Denn es würde weit über den Schutzzweck des §§ 305 ff hinausgehen, den Verwender für Altverträge auf Dauer an den Folgen des Verbots geltungserhaltender Reduktion (§ 306 Rn 16 f) festzuhalten.

173 **b)** Besonderheiten gelten, wenn **ABG die Möglichkeit ihrer einseitigen Änderung** auch mit Wirkung für bereits abgeschlossene Verträge vorsehen. Zu beachten ist freilich, dass die Worte „in der jeweils gültigen Fassung" sich meist auf die Fassung zur Zeit des Vertragsschlusses beziehen und daher keine Probleme aufwerfen (Schmidt/Salzer D 98; Löwe Rn 66).

Eine Klausel in AGB, in welcher sich der Verwender vorbehaltslos das Recht einräumt, seine AGB auch mit **Wirkung für bestehende Verträge** zu ändern, ist mit Recht schon nach der früher von der Rspr zur Inhaltskontrolle herausgearbeiteten Grundsätzen für sittenwidrig erklärt worden (BGH VersR 1971, 1116; nach geltendem Recht ebenso Stoffels, AGB-Recht Rn 288; Palandt/Grüneberg Rn 48; Ulmer/Habersack 165; Schmidt/Salzer D 98; Kirchherr/Stützle ZIP 1985, 515, 518). Eine Ausnahme lässt sich auch nicht für Klauselwerke rechtfertigen, die von dritter Seite formuliert wurden, selbst wenn sich der Verwender an die vom Aufsteller selbst getroffenen Änderungen des Klauselwerkes bindet, zB bezüglich der VOB (**aA** bei Unmissverständlichkeit für Versicherungsbedingungen OLG Saarbrücken VersR 1989, 245 = NJW-RR 1989, 92). Lediglich dann, wenn das zugrundeliegende Verhältnis ein **dauerndes Geschäftsverbindungsverhältnis** ist, wie etwa im Bankenverkehr, und sich in vielfältigen neuen Diensten des Verwenders manifestiert, werden die geänderten Bedingungen für künftige Geschäftsvorfälle kraft neuer (schlüssiger) Einbeziehungsvereinbarung Vertragsbestandteil dadurch, dass der Kunde die Geschäftsbeziehung nach Kenntnisnahme der Änderung fortsetzt (BGHZ 52, 61, 62 f; OLG Koblenz BB 1983, 1635; OLG Stuttgart WM 1994, 626, 630; die Wirksamkeit eines Globaländerungsvorbehalts zu Recht abgelehnt für Versorgungsanstalt des Bundes und der Länder BGH VersR 1977, 446; ohne Eingrenzung auf das Erfordernis vielfältiger neuer Dienste des Verwenders ebenso ULMER/HABERSACK Rn 165; SCHMIDT/SALZER D 101). Ein globaler Änderungsvorbehalt dahingehend, dass etwaige Änderungen dem Kunden lediglich „mitzuteilen" sind, ist aber auch insoweit nicht möglich (ULMER/HABERSACK Rn 1 65; **aA** SCHMIDT/SALZER D 99). Schon gar nicht berechtigt der Widerspruch des Kunden gegen die Einbeziehung neuer AGB zur fristlosen Kündigung (OLG Köln NJW 1996, 1065). Jedoch kann das Einverständnis des Kunden mit der Einbeziehung der geänderten Fassung unter Beachtung der Kautelen von § 308 Nr 5 fingiert werden (SEYBOLD VersR 1989, 1231, 1235; ULMER/HABERSACK Rn 165; wohl allgA; s dort Rn 8). Ein überraschendes und daher nicht Vertragsbestandteil werdendes Element der Neufassung kann sich dann freilich auch aus dem Vergleich mit der alten Fassung ergeben. Zur Änderung iSv Abs 3 pauschal einbezogener AGB s unten Rn 180.

c) Der Verwender kann sich freilich einseitige **Einzeländerungen seiner AGB vorbehalten**, wenn ihre Zielsetzung hinreichend bestimmt ist (auch insoweit wohl **aA** LÖWE Rn 21). Der Grundgedanke von Abs 2 verlangt aber, dass eine Änderung für den einzelnen Kunden nur wirksam wird, wenn sie ihm ausdrücklich mitgeteilt und wenn ihm gleichzeitig oder mindestens unverzüglich danach (Rn 149) der Text der geänderten Bedingungen zur Kenntnis gebracht wird. Dies gilt auch dann, wenn die Einbeziehung handelsüblich ist. § 307 Nr 5 ist bei zulässigem einseitigen Änderungsvorbehalt nicht anwendbar (FREUND aaO 92 ff). Zu vorbehaltenen Änderungen Allgemeiner Versicherungsbedingungen s STAUDINGER/COESTER § 307 Rn 541. **174**

d) Bei sich wiederholenden Geschäftsbeziehungen gelten keine Besonderheiten. Zwischenzeitlich geänderte AGB liegen den neuen Verträgen nur zu Grunde, wenn die Voraussetzungen der erstmaligen Einbeziehung von AGB erfüllt sind. S zu den ADSp Rn 190. **175**

6. Formbedürftige Verträge

Gilt für das Geschäft **gesetzliche Schriftform**, genügt eine Bezugnahme auf AGB nur, wenn diese in Form eines schriftlich niedergelegten Textes mit den individuell gebildeten Teilen der Urkunde äußerlich zusammengefasst sind (ULMER/HABERSACK Rn 163a). Ob eine Bezugnahme auf Bedingungen ausreicht, die dem Hauptdokument in einer Anlage angeheftet sind (so RGZ 107, 294; 125, 159; 136, 425; 148, 353), oder ob eine Zusammenfassung in der Weise nötig ist, dass die Trennung eine gewisse Gewaltanwendung erfordert (so BGHZ 40 263 = NJW 1964, 395), ist wie bei der Zusammenfügung sonstiger Textteile zu einer Vertragsurkunde zu entscheiden (s Erl STAUDINGER/HERTEL [2004] § 126). **176**

Ist **notarielle Beurkundung** vorgeschrieben, dann gilt § 9 BeurkG. Zur AGB Problematik notariell beurkundeter Verträge s im Übrigen Rn 54 ff. Hinsichtlich der Rechtsfolgen von Formverletzungen s § 306 Rn 6.

7. Unternehmer

177 Auch im Verkehr mit Unternehmern bedeutet ein einfaches „ja" zum Vertragsschluss Einbeziehung von AGB, wenn der Verwender auf seinen Einbeziehungswillen ausdrücklich oder durch positiv-schlüssige Erklärungen hingewiesen hat. Gegenüber einem Unternehmer kann es zur Einbeziehung von AGB freilich auch durch beiderseits stillschweigend-schlüssige Erklärungen kommen (Rn 188 ff – Verkehrssitte, Handelsbrauch; Rn 185 ff – länger dauernde Geschäftsbeziehung), etwa durch Mitverschicken, nicht aber durch bloßen Abdruck auf der Rückseite eines Angebotsschreibens (OLG Hamm DAR 2006, 390 – auszugsweiser kommentarloser Abdruck der Neuwagenverkaufsbedingungen auf der Rückseite eines Leasing-Formularvertrags; **aA** Wolf/Pfeiffer Rn 125; Ulmer/Habersack Rn 170). Auch die Zugehörigkeit von Firmen zu einem Verband, der für die verbandstypischen Rechtsbeziehungen Geschäftsbedingungen aufgestellt hat, oder die Zugehörigkeit von Firmen zu verschiedenen Verbänden, die sich über Geschäftsbedingungen für den Verkehr unter ihren Mitgliedern geeinigt haben (BGH WM 1956, 1232), schafft diese Voraussetzungen, wenn im Verkehr der verbandsangehörigen Firmen der Gebrauch der fraglichen AGB allgemein üblich geworden ist – selbst wenn ein allgemeiner Handelsbrauch noch nicht zustande gekommen sein sollte. Aus der Zugehörigkeit zu Verbänden, welche die Empfehlung von AGB für den Verkehr ihrer Mitglieder untereinander vereinbart haben, ergibt sich aber für diese noch keine Verpflichtung gegenüber ihren Vertragspartnern (BGH BB 1954, 6). Der Besitz eines AGB enthaltenden Katalogs durch den Besteller bedeutet noch nicht dessen Einbeziehungseinverständnis (LG Berlin MDR 1980, 404). Die einzubeziehenden AGB müssen aber immer eindeutig identifizierbar sein (BGH NJW 1988, 1210, 1212 – „Vorschriften und Bedingungen der Straßenbauverwaltung von Rheinland-Pfalz" zu ungenau).

XV. Pauschalvereinbarungen nach Abs 3

1. Das Verhältnis zum nicht unternehmerisch auftretenden Vertragspartner

178 **a)** Weil das Einverständnis des Vertragspartners des Verwenders formfrei erklärt werden kann, kann es auch in der Gestalt einer Pauschalerklärung zustande kommen, die sich mit entsprechenden Erklärungen des Verwenders zu einem Rahmenvertrag zusammenfügt. Solche Vereinbarungen können nicht schlechthin alle (Ulmer/Habersack Rn 201), wohl aber sämtliche Geschäfte einer bestimmten Art erfassen, welche die Vertragspartner in Zukunft abzuschließen gedenken. Es muss aber durch Individualvereinbarung eine **laufende Geschäftsbeziehung**, mindestens eine lose Abfolge gleichartiger Verträge in Aussicht genommen worden sein. Wenn im Zusammenhang mit einem zunächst einmaligen Geschäftsabschluss AGB verwandt werden, in denen steht, dass sie auch für alle „künftigen Geschäfte" der Vertragsparteien gelten sollen, so ist dies für zukünftig tatsächlich getätigte Geschäfte noch keine ausreichende Einbeziehungsvereinbarung (so mit Recht L Raiser 180; Schmidt/Salzer D 91 f; Ulmer/Habersack Rn 206 – als überraschende Klausel unwirksam; Löwe Rn 23; BGHZ 117, 190 = NJW 1992, 1232, 1233 – sogar für den Verkehr mit einem Unter-

nehmer dann, wenn diesem die AGB nicht textlich mitgeteilt worden sind; **aA** OLG Celle BB 1971, 547). Ebenso wenig kann aus wiederholter Einbeziehung von AGB in eine Vielzahl von Einzelverträgen oder häufigen Hinweisen in Rechnungen und Lieferscheinen auf eine Rahmenvereinbarung geschlossen werden (BGH NJW-RR 1987, 112 = 1986, 1994; Wolf § 2 AGBG Rn 52; Ulmer/Habersack aa; wohl allgA).

b) Abs 3, welcher die grundsätzliche Möglichkeit pauschaler Einbeziehungsvereinbarungen außer Streit stellt, will aber **keinesfalls** für diesen Fall auch **Formerleichterungen** für die vom Verwender ausgehenden Handlungen gewähren. Das würde dem Schutzzweck von § 305 Abs 2 zuwiderlaufen. Ein Rahmenvertrag nach Abs 3 ist daher im Verhältnis zum nicht gewerblichen Vertragspartner des Verwenders nur wirksam, wenn dieser vor Vertragsabschluss iSd Ausführungen in Rn 105 ff ausdrücklich **auf seine AGB hingewiesen** und diese seinem Vertragspartner unverzüglich (Rn 149) zur Kenntnis gebracht hat. Das Ausdrücklichkeitserfordernis muss man in diesem Falle sinnvollerweise auch darauf beziehen, dass die AGB für alle künftigen Geschäfte der gleichen Art gelten sollen (BGH WM 1986, 1194, 1195 f). Soll eine Geschäftsbeziehung angebahnt werden, die bewusst als laufende gedacht ist, so werden AGB freilich auch dann ihr Bestandteil, wenn der Verwender ein Exemplar seiner Bedingungen überreicht, aus denen sich klar ergibt, dass sie nicht für ein einmaliges Geschäft, sondern für die gesamte laufende Geschäftsbeziehung unter den Parteien gelten sollen (BGH WM 1974, 273 – AGB-Banken auch für die spätere Anlage eines Sparbuches; Schmidt/Salzer D 90). 179

c) Auch Pauschalvereinbarungen können im Übrigen nur **bestimmte AGB** in Bezug nehmen und nicht auf beliebige Änderungen („jeweils geltende Fassung") verweisen (1. Teilber 46; Ulmer/Habersack Rn 208; Löwe Rn 24; Wolf/Pfeiffer Rn 117; allgM; s Rn 173). 180

d) Ist eine nach Abs 3 zugelassene Pauschalvereinbarung wirksam zustande gekommen, so braucht ein **künftiges Einzelgeschäft weder ausdrücklich noch auch nur schlüssig darauf Bezug zu nehmen**. Vielmehr gilt die Einbeziehung kraft der ursprünglichen Pauschalvereinbarung. Freilich kann der Sinn eines später abgeschlossenen Geschäfts den Ausschluss der AGB oder einzelner ihrer Klauseln ergeben (BGH MDR 1959, 120 = WM 1958, 1480 – Ausschluss des Pfandrechts der Bank bei nur vorübergehender Verwahrung). 181

e) Eine Pauschalvereinbarung iSv Abs 3 kann auch **zugunsten Dritter** mit der Wirkung abgeschlossen werden, dass bei Abschluss von Verträgen mit diesen deren Bedingungen gelten sollen (Rn 170). 182

f) Eine **dogmatische Einordnung** von Abs 3 iS eines Vergleichs mit der antizipierten sachenrechtlichen Einigung (L Raiser Rn 12) trifft aber für die schuldrechtlichen Bestandteile von AGB nicht zu. Der Umstand, dass diese als solche keine Verpflichtungen begründen, hat Schwierigkeiten bei dem Versuch einer dogmatischen Einordnung bereitet. Eine solche ist aber entbehrlich. Die Frage nach einer einseitigen Kündbarkeit einer Rahmeneinbeziehungsvereinbarung ist nämlich gegenstandslos. Erklärt der Kunde des Verwenders bei Abschluss des Einzelvertrags ausdrücklich oder schlüssig, er wolle nicht mehr auf der Grundlage der damals vereinbarten AGB abschließen, so kommt der Vertrag allerdings auch nicht zustan- 183 de, wenn über alle anderen Punkte Einigung erzielt wird (§ 306 Rn 4). Vertragsbestandteil werden sogar andere AGB, wenn nach Abschluss einer solchen Rahmenvereinbarung unter klarer Bezugnahme auf solche geliefert wird (aA OLG Hamburg NJW 1977, 1402). Jedoch kann dieses Ergebnis mühelos damit erklärt werden, dass ein Vertragsschluss auch von der Änderung eines früheren Vertrags abhängig gemacht werden kann. Auch wenn die Rahmeneinbeziehungsvereinbarung keine Verpflichtungs- oder Verfügungswirkung hat, so ist sie dennoch ein Vertrag (BGH WM 1974, 272). Ein solcher kann sich nämlich darauf beschränken, den Sinn künftigen Verhaltens einvernehmlich festzulegen (Ulmer/Habersack Rn 205). Weil es sich um einen Vertrag handelt, bedarf er auch, um zustande zu kommen, des Einverständnisses des Vertragspartners. Ein Rundschreiben genügt dazu nicht (Schmidt/Salzer D 31).

184 **g)** Eine allgemeine Einziehungsvereinbarung kann Teile früher „geltender" AGB unberührt lassen. Sie ist aber insoweit regelmäßig überraschend, als für den Vertragspartner ungünstigere Regelungen aufrecht erhalten werden sollen, ohne dass dies auf einsichtigem Hintergrund betont wird.

2. Unternehmer

185 Im Verhältnis des Verwenders zu Unternehmern können AGB Vertragsbestandteil auch dadurch werden, dass die Parteien schon öfter Geschäftsbeziehungen der fraglichen Art auf AGB-Basis gepflogen haben, und sich aus der Art des Geschäftsabschlusses ergibt, dass sie beide von der Geltung bestimmter AGB als selbstverständlich ausgehen (BGH IPRax 2006, 596 = RIW 2005, 778; BGHZ 117, 190 = NJW 1992, 132; BGH NJW-RR 1991, 570; BGH BB 1985, 884; BGH NJW 1976, 1886; OLG Celle WM 1987, 1569; OLG Koblenz BB 1983, 1635; Ulmer/Habersack Rn 176; Schmidt/Salzer D 19; vWestphalen Rn 38; Überblick bei Fischer BB 1995, 2491; s aber auch Rn 179). Dann ist eine schlüssige Rahmenvereinbarung zustande gekommen. Wenn ein Kunde aufgrund früherer ausdrücklicher Vereinbarungen oder durch Hinweise in früheren, Vertragsgrundlage gewordenen Auftragsbestätigungen und kaufmännischen Bestätigungsschreiben **ständig** an bestimmte AGB gebunden wurde, und der Wille des Verwenders, auch weiterhin zu seinen AGB abzuschließen, klar zutage lag, muss der Kunde eine kommentarlose Weiterbestellung als auf der Grundlage dieser Bedingungen gemeint gegen sich gelten lassen, auch wenn Vertragspartner Verbraucher ist (Hellwege, Lit vor § 305, 440). Das Gleiche gilt, wenn eine Geschäftsbeziehung auf Dauer angelegt war und bei Begründung der ersten Leistungsaustauschvorgänge AGB einbezogen wurden. Geänderte AGB werden dann für die Fortsetzung der Geschäftsverbindung Vertragsbestandteil, sobald der Geschäftspartner über die Änderung informiert worden ist. Eine Einbeziehung aufgrund stillschweigend-schlüssigen Verhaltens ist freilich auch dann möglich, wenn bei **früherer Gelegenheit** bestimmte **AGB immer erst nach Vertragsabschluss** Bestandteil eines Vertrages geworden sind. So gilt etwa im Verhältnis zwischen bestellendem Buchhändler und Verlag die Annahme einer Büchersendung nebst Faktur als nachträgliche Annahme der darin enthaltenen Verweisungen auf AGB (OLG Freiburg NJW 1952, 1416). In einem vom BGH entschiedenen Fall (NJW 1965, 1324) enthielten die Versandanzeigen eines Lieferanten ständig die Klausel „Auf Rechnung und Gefahr des Käufers". Der Käufer bezahlte immer anstandslos die Versandrechnungen; dadurch wurde die Klausel immer nachträglich Vertragsbestandteil. Nachdem dieses Verfahren üblich geworden war, bezogen weitere Aufträge diese Klausel von vornherein stillschweigend ein. Der BGH will im Rahmen laufender Geschäftsbeziehungen Vermerken auf Rechnungen – anders als solchen auf Lieferscheinen (s Rn 114) – ausnahmsweise vertragsgestaltende Kraft zumessen (BGH RIW 2005, 776, 778; BGH DB 1978, 1587 – obiter; BGH NJW-RR 1991, 570; ebenso OLG Saarbrücken NJW-RR 2002, 1722 – Ständige Rechnungshinweise „wir arbeiten auf der Grundlage der ADSp"). Zwar gelangen Rechnungen üblicher Weise nicht in die Hände der zum Vertragsabschluss ermächtigten Mitarbeiter (s Rn 102; krit daher zu Recht OLG Karlsruhe NJW 1993, 567). Im Interesse der europäischen Rechtseinheit sollte man aber das Recht mit dem BGH in dem Sinne fortbilden, wie es der EuGH für Gerichtsstandsvereinbarungen in der Form von Rechnungsvermerken getan hat (Slg 1997 I 911 = RJW 1997, 415 Mainschiffahrtsgenossenschaft eG v Les Gravières Rhénanes SARL), wenngleich dieser ausdrücklich nur davon sprach, es könne ein Handelsbrauch sein, aus der wiederholten widerspruchslosen Bezahlung von Rechnungen mit Hinweisen auf AGB eine vertraglich pauschale Einbeziehungsvereinbarung erwachsen zu lassen.

Vom Fall der im voraus für eine unbestimmte Anzahl von Fällen getroffene Ein- 186
beziehungsvereinbarung ist eine individuell, nämlich ausgehandelte Rahmenvereinbarung über Vertragsbedingungen zu unterscheiden, die für alle Geschäfte zwischen zwei Unternehmern oder den Angehörigen zweier Konzerne gelten sollen. Insoweit fehlt es am Schutzbedürfnis eines der beiden Teile. Daher sind die ausgehandelten Bedingungen und damit das ausgehandelte Bedingungswerk keine AGB (so zu Recht herausgearbeitet von AnwKomm/Kollmann Rn 97).

XVI. Sonderproblem: Verkehrssitte, Branchenüblichkeit und Handelsbrauch

Rechtsquellenmäßig muss strikt zwischen Verkehrssitte und Handelsbrauch unterschieden werden.

1. Die Verkehrssitte

Im Gegensatz zum Verkehr unter Kaufleuten bzw Unternehmern (s Rn 188) gibt es 187
im Verhältnis unter und zu **Privaten** nur Verkehrssitten. Diesen wohnt keinerlei normatives Element inne. Es handelt sich nur um Regeln, die aus einer Abstraktion allgemeinen Verhaltens gewonnen werden. Es gibt keine „normative Verkehrssitte" (Sonnenberger, Verkehrssitten im Schuldvertrag [1970] 61 ff – in grundlegender Auseinandersetzung mit den in sich sehr heterogen und meist auch stark diffusen, mehr oder weniger normativ gefärbten Gegenansichten; zust Ulmer/Habersack Rn 180). Sie können daher, wie auch in § 157 festgehalten ist, lediglich eine Auslegungshilfe sein (Canaris, Die Vertrauenshaftung im deutschen Privatrecht [1971] 220; Sonnenberger 167 ff). So kann es auch in kaufmännischen Spezialbereichen Verkehrssitte sein, AGB stillschweigend einzubeziehen, wenn am Ort des Vertragsschlusses die AGB aushängen (BGH NJW 1968, 1719), ohne dass bereits ein Handelsbrauch entstanden sein müsste. Gegenüber den Formerfordernissen von Abs 2 hat Verkehrssitte keinen Vorrang, allgM. **Branchenüblichkeit** ist eine auf spezielle Verkehrskreise beschränkte Verkehrssitte. Die Branchenüblichkeit der Verwendung von AGB allein reicht daher auch zwischen Unternehmern nicht aus. Ohne Einbeziehungsvereinbarung ist ein Stadtfremder nicht an die ortsüblichen „Einlagerungsbedingungen" gebunden (OLG Hamburg EWiR 1997, 895). Entweder muss als Ausdruck der Einbeziehungsvereinbarung hinzukommen, dass auch der Vertragspartner der inländischen Branche angehört (BGH IPRax 2005, 446; BGH

NJW 1985, 1838; NJW 1990, 514 – Verkehr der Kreditinstitute untereinander; BGH NJW-RR 1992, 626; OLG Dresden, NJW-RR 1999, 846 [848] – Maklerbedingungen gegenüber Maklerkunden nicht kraft Verkehrsüblichkeit einbezogen; SCHRÖDER 68 ff; s auch auch Rn 190 ff; H SCHMIDT NJW 2011, 3332 mwNw); oder aber die AGB werden im Umfeld des Vertragsschlusses mit der beanspruchten Verkehrsüblichkeit verwendet (FG Hamburg ZfZ 2003, 64 – im Mineralölhandel Abdruck auf der Rückseite von Rechnungen). Bei Beteiligung ausländischer Geschäftspartner genügt die inländische Branchenüblichkeit nicht.

2. Handelsbräuche

188 Ein Handelsbrauch (Lit: DRETTMANN, Handelsbräuche und AGB, in: FS Graf vWestphalen [2010] 73 ff) ist demgegenüber nicht nur etwas unter Kaufleuten faktisch Gebräuchliches. Ihm wohnt auch ein normatives Element inne, das dazu führt, dass er praktisch von einer Norm des dispositiven Gewohnheitsrechts nicht zu unterscheiden ist. Je mehr sich der Rechtsbegriff des Unternehmers verfestigt, wird der Handelsbrauch nicht mehr auf das Verhältnis unter Kaufleuten beschränkbar bleiben. Im Zusammenhang mit der AGB-Problematik sind zwei Wirkungsweisen von Handelsbräuchen zu unterscheiden (BASEDOW ZHR 150, 1986, 485 ff; DRETTMANN aaO). Es kann einen Handelsbrauch zu der Art und Weise geben, wie AGB in Verträge einbezogen werden. Bestimmten, tatbestandsartig umschreibbaren Verhaltensweisen entnimmt man die privatautonome Festlegung von AGB. Die wichtigste Form ist die Bindung an ein unwidersprochen gebliebenes kaufmännisches Bestätigungsschreiben (s Rn 195 ff). Der EuGH hat in Zusammenhang mit Gerichtsstandsvereinbarungen nach Art 23 Brüssel I VO Handelsbräuche für möglich gehalten, die wiederholte kaufmännische Bestätigungsschreiben oder Rechnungsaufdrucke mit nachfolgender widerspruchslosen Bezahlung zum Vertragsinhalt werden lassen, s Rn 185 aE. Es kann aber auch sein, dass bestimmte ergänzende Inhalte von Verträgen selbst kraft Handelsbrauch gelten, ohne dass also irgendeine Art der Einbeziehung geschehen sein müsste. Voraussetzung ist eine fast ausnahmslos geschehene Abwicklung vertraglicher Beziehungen nach solchen Regeln und das Bewusstsein, dass dies so verbindlich ist (Einzelheiten s BASEDOW ZHR 150 [1986] 469 ff; Kommentare zu § 146 HGB). Dass ein durchformuliertes Klauselwerk auf diese Art und Weise inhaltlich zum Handelsbrauch wird, ist naturgemäß höchst ungewöhnlich (mit Recht zur Vorsicht mahnend: SONNENBERGER 78 f). Entsprechend sind in der Rspr als Handelsbrauch nur anerkannt worden: Die **Tegernseer Gebräuche im Holzhandel** (BGH BB 1986, 1395) und die Bedingungen der Reederei in der Rheinschifffahrt (RheinschiffahrtsOG Köln VersR 1978, 370). Postuliert wird die Handelsgebräuchlichkeit für die Allgemeinen deutschen Seeversicherungsbedingungen – ADS (PALANDT/HEINRICHS Rn 30), für die **Incoterms der Internationalen Handelskammer** (OLG Düsseldorf IPRax 1982, 101, 102 für die nähere Inhaltsbestimmung der cif-Klausel) und für die Einheitlichen Richtlinien und Gebräuche für Dokumentenakkreditive – **ERA** (LG Frankfurt aM WM 1996, 153 – „kraft Handelsbrauchs konkludente Einbeziehung"; **aA** vWESTPHALEN NJW 1994, 543; zu Richtlinien der Internationalen Handelskammern generell STÖTTER RJW/AWD 1981, 86; PETERS WM 1978, 1030, WÄLZHOLZ WM 1994, 1457 mwNw; CANARIS Großkommentar HGB Rd III/3 Rn 925 f). Makler-AGB sind nicht Handelsbrauch (OLG Dresden NJW-RR 1999, 846). Auch einzelne Klauseln können inhaltlich handelsgebräuchlich geworden sein. Das wird verschiedentlich für einfache und verlängerte Eigentumsvorbehalte angenommen (LG Marburg NJW. RR 1993, 1505 – für Textilbranche; s auch Rn 190). Über die Behauptung, es bestehe bezüglich der „Geltung" von Bedingungen ein Handelsbrauch, muss auf entsprechendes Anerbieten Beweis erhoben werden (BGH NJW 1993, 1798 – Schiedsklauseln des „International Hide & Skin Contract Nr 2" sollen als Handelsbrauch gelten). Zur Inhaltskontrolle STAUDINGER/COESTER § 307 BGB Rn 154.

Für alle übrigen, insbesondere die „großen" und weit verbreiteten AGB-Werke wird geleugnet, dass ihr Inhalt Handelsbrauch sei. Allerdings ist man bei ihrer Einbeziehung in den Vertrag großzügiger als sonst (s auch Rn 3). Im Einzelnen: **189**

ADSp: Ohne den Gesichtspunkt Handelsgebräuchlichkeit zu thematisieren, betrachtet der BGH die Einbeziehung gegenüber allen Spediteuren mit Sitz in Deutschland als stillschweigend vollzogen (WM 1999, 1335; WM 1997, 1571; NJW 1996, 1313; 1985, 2410, 2412; BGH VersR 1981, 975 – selbst für Lagergeschäfte des Spediteurs; früher schon BGHZ 9, 1 = NJW 1953, 541; BGHZ 12, 142 = NJW 1954, 795; ebenso OLG Düsseldorf NJW-RR 1993, 1190; OLG München NJW 1993, 167). Sind beide Vertragspartner Spediteure, gelten, auch wenn dies nicht näher spezifiziert ist, die Bedingungen des beauftragten Spediteurs (BGH VersR 1971, 123; OLG Frankfurt VersR 1988, 33). Dies gilt selbst bei Beauftragung eines deutschen Spediteurs durch einen ausländischen Auftraggeber (OLG Schleswig NJW-RR 1988, 283; BGH MDR 1982, 113 – für einen Sonderfall; offen gelassen durch BGH NJW 1981, 1906). Bei Auftragserteilung aufgrund von Ausschreibungen führt die Üblichkeit der ADSp zu ihrer Einbeziehung (BGH NJW 1981, 905). Gegenüber Frachtführern bedarf die Einbeziehung der ADSp aber einer gesonderten Vereinbarung (OLG Dresden VersR 1999, 1258). Allerdings wird geltend gemacht, der Verbreitungsgrad der ADSp sei in mehrfacher Hinsicht zurückgegangen, so dass ihre Branchenüblichkeit fraglich geworden sei (SCHLÜTER FS Horn, 2008, 537, 554). Für die spezielle Frage der Haftungsbegrenzung im Transportrecht gelten Besonderheiten (s Kommentare zu § 449 HGB u SCHLÜTER aaO). Der BGH (NJW 2003, 1397) hat sich daher sehr zurückhaltend zur Fortgeltung der alten, liberalen Einbeziehungsgrundsätze geäußert. **190**

AGB-Banken: Im Verkehr unter Banken gelten sie zugunsten jener Bank als Verwender, deren Dienste in Anspruch genommen werden (BGHZ 49, 167 = NJW 1968, 588), auch im Verhältnis zu ausländischen Banken. Aber auch sonst gelten die AGB der entsprechenden Bankengruppe gegenüber anderen Banken, auch ausländischen, kraft Branchenüblichkeit (BGH WM 2004, 1177 = IPRax 2005, 446). Der BGH fügt zwar hinzu „sofern erwartet werden kann, dass ihnen die Branchenüblichkeit der Einbeziehung von AGB bekannt ist". Jedoch ist dem sicherlich immer so. Da die Branchenüblichkeit der Bankenbedingungen in der ganzen Geschäftswelt bekannt ist, werden sie stillschweigend auch im Verkehr mit sonstigen Geschäftskunden Vertragsbestandteil, die regelmäßig Finanzdienstleistungen beanspruchen. **191**

AGNB: Es gelten keine Besonderheiten (OLG Hamm VersR 1994, 1374). **192**

VOB/B: Bei Unternehmen, die beiderseits in der Baubranche tätig sind, besteht keine Obliegenheit zur Kenntnisverschaffung (BGH BB 1983, 599 = NJW 1983, 816; **aA** BUNTE DB 1983, 599). Es genügt die Erwähnung innerhalb anderer AGB (BGHZ 86, 135 = NJW 1983, 816; s auch Rn 112, 145). Angesichts der zahlreichen Verwendung von Zusatzbedingungen und der Tatsache, dass auch viele Bauverträge auf der Grundlage des BGB abgeschlossen werden, kann eine stillschweigende Einbeziehung auch unter Professionellen allenfalls dann angenommen werden, wenn sich zwischen **193**

ihnen eine ständige Geschäftsbeziehung auf dieser Basis herausgebildet hat. Zu Verträgen mit nicht professionellen Partnern Rn 146.

194 **Branchenübliche Verkaufsbedingungen**: Die reine Branchenüblichkeit von Verkaufsbedingungen reicht ohne Einbeziehungsvereinbarung nicht aus (BGH NJW-RR 1992, 626). Kraft stillschweigender Unterwerfung kann es aber zu einem verlängerten Eigentumsvorbehalt kommen (BGHZ 42, 53 = NJW 1964, 1789; Eckert/Nebel WM 1988, 1545, 1550), nicht aber bei einer Abwehrklausel in Einkaufsbedingungen (BGH NJW 1985, 1838, 1840, hLitM, etwa Ulmer/Habersack Rn 195). Insbesondere kann eine stillschweigend-schlüssige Unterwerfung unter branchenübliche AGB dann angenommen werden, wenn dem Vertragspartner füglich nicht entgangen sein kann, dass sein Verhandlungsgegner zu diesen Bedingungen abschließen will. In einem Fall (NJW-RR 2004, 555 – Windanlagenbau) hat der BGH sogar die Existenz eines Handelsbrauchs für möglich gehalten und deshalb die Sache zurückverwiesen. Jedoch wird die allgemeine Handelsüblichkeit des verlängerten Eigentumsvorbehalts geleugnet (Ulmer/Habersack Rn 195; BGH NJW 1995, 1838 – obiter). Der **einfache Eigentumsvorbehalt** ist sachenrechtlich immer wirksam (Rn 114 ff). Er kann kraft Handelsgebräuchlichkeit zwar auch schuldrechtlich wirksam werden; jedoch gibt es für keine Branche dazu empirische Feststellungen (tendenziell zust für den einfachen Eigentumsvorbehalt hLitM, etwa Ulmer/Habersack Rn 195 mwNw; Wolf/Damann 5. Teil E 11 ff – dort höchst detaillierte Studie zu der Gesamtproblematik Eigentumsvorbehalt und AGB). Immerhin hat das LG Marburg für die Textilbranche Handelsüblichkeit angenommen (LG Marburg NJW-RR 1993, 1505).

XVII. Sonderproblem: Auftragsbestätigung und kaufmännisches (heute: unternehmerisches) Bestätigungsschreiben

1. Der Verkehr gegenüber einem Unternehmer

195 Ist ein Vertragspartner des Verwenders von AGB Unternehmer, so führt die Unanwendbarkeit von Abs 2 dazu, dass es bei den von der überkommenen Rspr herausgearbeiteten Grundsätzen über die „Einbeziehung“ von AGB in die vertragliche Regelung durch „kaufmännisches“ Bestätigungsschreiben bleibt. Nach dieser Rspr ist freilich scharf zwischen einem **kaufmännischen Bestätigungsschreiben** und einer **Auftragsbestätigung** zu unterscheiden (BGHZ 18, 212 = NJW 1955, 1794; BGH DB 1956, 474; BGHZ 61, 282 = NJW 1973, 2106; BGH BB 1974, 1136; OLG Köln BB 1994, 741).

196 **a)** Letzteres ist nichts anderes als die vertragskonstituierende Angebotsannahme nach §§ 147 ff. Bringt diese zum Ausdruck (Rn 114, 159 ff), dass ein Angebot nur unter Einbeziehung bestimmter AGB angenommen werden soll, was klar und deutlich geschehen muss (BGH WM 1983, 313, 314), so handelt es sich um eine modifizierte Annahme iSv § 150, die als neues Angebot gilt (Bsp: BGH NJW 1988, 2106, 2108 – außerhalb des kaufmännischen Verkehrs in dem vom Verwender stammenden Angebotsformular stehende Ermächtigung an diesen, Einzelheiten festzulegen, ohne Belang). So liegen die Dinge etwa auch in einem Fall, in welchem der Bestätigende den Adressaten ausdrücklich bittet, die von der mündlichen Vereinbarung abweichenden Inhalte des Bestätigungsschreibens gegenzubestätigen (BGH NJW 1964, 1269; BGH DB 1977, 1311). AGB werden in einer solchen Situation nur Vertragsbestandteil, wenn auch die modifizierte Annahme vom ursprünglichen Anbieter ihrerseits wieder angenommen wird,

was freilich bei einem Unternehmer auch durch Annahme oder Fordern der Leistung nach Erhalt der modifizierten Annahme geschehen kann (BGHZ 18, 202 = NJW 1955, 1794; BGH NJW 1963, 1254; BGHZ 61, 282 = NJW 1973, 2106; BGH NJW 1995, 1672; BGH NJW-RR 2000, 1154: allgLitM, zB Stoffels, AGB-Recht Rn 292; **aA** scheinbar Erman/Roloff Rn 41 unter Missverständnis von Lit u Rspr, die nur den Fall behandeln, dass die Kenntnisverschaffung nicht rechtzeitig geschah). Die scheinbar entgegen stehende BGH-Entscheidung ZIP 1986, 1126 betrifft einen Fall, in dem der Vertragspartner nicht Kaufmann war. Bei Verbrauchern muss die vorbehaltlose Zahlung hinzukommen (AnwKomm/Kollmann Rn 99).

b) Im Gegensatz dazu steht das **echte „kaufmännische“** (heute besser: unternehmerische) **Bestätigungsschreiben**, in manchen Branchen auch „Schlussschein“ genannt: „Die schriftliche Wiederholung und Zusammenfassung eines vom Bestätigenden behaupteten Inhalts eines als geschlossen hingestellten Vertrags“ (BGHZ 40, 45 ff = NJW 1963, 1922; BGH NJW 1969, 125; BGH NJW 1970, 2023). Es muss feststehen, dass Vertragsverhandlungen vorausgegangen sind. Das Problem liegt darin, dem Absender nicht Nachweise an die „Abschlussreife“ der Verhandlungen abzuverlangen, die die Rechtssicherheit zerstören würden, die mit der angenommenen Bindung an ein unwidersprochen gebliebenes kaufmännisches Bestätigungsschreiben gerade erreicht werden soll. Wird das Bestätigungsschreiben in unmittelbarem Anschluss an die Vertragsverhandlungen abgesandt, und widerspricht der Adressat nicht unverzüglich, so gilt sein Inhalt einschließlich der in Bezug genommenen AGB als vereinbart (BGH NJW 1982, 1751). Im Übrigen ist ungeklärt, wie weit Verhandlungen fortgeschritten sein mussten, um die charakteristischen Wirkungen eines kaufmännischen Bestätigungsschreibens zu tragen. **197**

Einzelheiten zu den Voraussetzungen eines Rechtsbindung auslösenden unternehmerischen Bestätigungsschreiben s erläuternd die Lit z Handelsrecht insbes z § 346 HGB. S auch Rn 208.

Als ein Satz des Gewohnheitsrechts oder eines auch nach Art 9 Abs 2 CISG maßgeblichen Handelsbrauchs (LG Kiel KPRax 2007, 451) ist die bindende Wirkung im Prinzip heute allgemein anerkannt, wobei auch schon vor dem 30. 6. 1998 nicht strikt auf den technischen Kaufmannsbegriff abgestellt wurde, s Rn 202. Allerdings muss im Schreiben selbst eindeutig auf AGB Bezug genommen worden sein, um diese zum Vertragsbestandteil werden zu lassen. Die bloße Beifügung des Textes selbst, etwa mit dem Hinweis „Anlage: Lieferbedingungen“, reicht nicht aus (OLG Düsseldorf NJW 1965, 762; allgA). Im Gegensatz zu den Verhältnissen im Falle einer vertragskonstitutiven Erklärung (Rn 196) muss man verlangen, dass ein kaufmännisches Bestätigungsschreiben die Vorstellung des Absenders über die getroffenen Abmachungen vollständig und inhaltlich geschlossen wiedergibt. Aus diesem Grunde kann man sich nach widerspruchsloser Entgegennahme eines kaufmännischen Bestätigungsschreibens auch nicht mehr darauf berufen, stillschweigend seien dort nicht erwähnte AGB mit vereinbart worden (BGH VersR 1974, 327; Ulmer/Habersack Rn 178). Wird in einem Schreiben nur auf einen Teil eines Klauselwerkes Bezug genommen („Zahlungsbedingungen“), in der Anlage aber das gesamte Klauselwerk mitgeschickt („Verkaufs- und Zahlungsbedingungen“), so sind nur die besonders genannten Teile Vertragsbestandteil geworden (OLG Düsseldorf NJW 1965, 762). Eine Mitversendung der AGB ist entbehrlich (BGHZ 7, 187; MünchKomm/Basedow Rn 100).

198 Der Bestätigende weiß im Übrigen häufig genau, dass in den vorangehenden Verhandlungen von AGB nicht gesprochen wurde. Die im Bestätigungsschreiben zum Ausdruck gebrachte Bekundung, man betrachte den Vertrag als (stillschweigend) auf der Basis bestimmter AGB geschlossen, reicht aus. Darüber hinausgehend kann man sogar von einer gewohnheitsrechtlich (richterrechtlich) begründeten Befugnis zur **Vertragsergänzung in Nebenpunkten** (BGHZ 7, 187 = NJW 1952, 1369; BGH WM 1968, 402; OLG Düsseldorf BB 1963, 929) sprechen. Die AGB müssen nicht branchentypisch sein (H Schmidt NJW 2011, 3333; **aA** Ulmer/Schäfer § 305 c Rn 56; Wolf/Pfeiffer Rn 135). Freilich dürfen im Bestätigungsschreiben keine Bestandteile (BGH st Rspr zuletzt NJW 1987, 1942) und somit in einbezogenen AGB auch keine Klauseln zu finden sein, mit deren Billigung man vernünftigerweise nicht rechnen kann (BGHZ 7, 190 = NJW 1952, 1369; BGHZ 11, 4 = NJW 1954, 105; BGHZ 40, 40 = NJW 1963, 1922; BGH WM 1970, 1052; dazu näher Walchshöfer BB 1975, 719). Das kann man insbesondere dann nicht, wenn die Vertragsverhandlungen auf der Grundlage anderer AGB geführt worden waren, die Einbeziehung bestimmter AGB ausdrücklich abgelehnt worden war (BGH DB 1963, 929; BGH NJW 1982, 1751; Ulmer/Habersack § 2 AGBG 179; Wolf/Pfeiffer Rn 135; **aA** bei mündlichen Verhandlungen Schmidt-Salzer D 79) oder nach Vertragsschluss ausdrücklich darauf hingewiesen worden war, dass AGB nicht einbezogen worden seien (BGH BB 1973, 1044). Zum Verhältnis von Individualvereinbarungen zu AGB, die aufgrund kaufmännischer Bestätigungsschreiben einbezogen worden sind, s § 305b Rn 10.

199 Die AGB brauchen, um Vertragsbestandteil zu werden, dem Bestätigungsschreiben genauso wenig beizuliegen (BGHZ 7, 187 = NJW 1952, 1369; allgM) wie im Falle einer vertragskonstituierenden Angebots- oder Annahmeerklärung (s Rn 157 f).

200 Zu nicht bestätigten **mündlichen Nebenabreden** s § 305b Rn 23 ff. Zum Verkehr mit **ausländischen Geschäftspartnern** s Rn 103. Für **Gerichtsstandsklauseln** iSv Art 23 EuGVO hat der EuGH (seinerzeit Art 17 EuGVÜ) ähnlich wie die deutsche Rspr entschieden, aber sehr stark auf die Handelsüblichkeit abgestellt (Slg 1997 I 911 = RIW 1997, 415 MSG Mainschiffahrtsgenossenschaft eV v Les Gravières Rhénanes SARL; s Rn 188).

2. Der Verkehr mit Verbrauchern

201 **a)** Ob der Vertragspartner des Verwenders Unternehmer ist oder nicht: Wenn er **Leistungen entgegennimmt**, ohne sich der in einer (gegebenenfalls eine modifizierte Annahmeerklärung darstellenden) vorangehenden Auftragsbestätigung oder in einer sonstigen vor bindendem Vertragsabschluss gegebenen Erklärung des Verwenders enthaltenen Bezugnahme auf dessen AGB zu widersetzen, so liegt allein schon darin eine vertragliche Einigung (MünchKomm/Baswdow Rn 56, 84; **aA** OLG Karlsruhe VersR 1999, 1127 – gegenüber damaligem Minderkaufmann; vWestphalen NJW 2002, 14; Palandt/Grüneberg Rn 43 Rn 16). S aber Rn 172 zu Besonderheiten von § 5 VVG.

202 **b)** Auch **Nichtkaufleute** können unter Umständen als Empfänger eines Schreibens auf die Grundsätze über Bindungswirkung eines „kaufmännischen" Bestätigungsschreibens verpflichtet sein (Einzelheiten bei Palandt/Ellenberger § 147 Rn 9). Soweit gegenüber Verbrauchern die Einbeziehung von AGB in einen Vertrag kraft kaufmännischen Bestätigungsschreibens in Frage steht, ist Abs 2 eine Sonderregelung, welches derartiges ausschließt (Ulmer/Habersack Rn 177).

XVIII. Sonderproblem: AGB-Konkurrenzen

Nicht selten treten Fälle auf, in welchen im Laufe von Vertragsverhandlungen beide Seiten versucht haben, die Einbeziehung ihrer AGB durchzusetzen, in denen also das Verhandlungsergebnis in diesem Punkte nicht klar zutage liegt. Jede Partei muss zwar auch dann ihre nichtunternehmerischen Vertragspartner ausdrücklich auf die AGB, die sie als Vertragsbestandteil betrachtet, hingewiesen und ihr auch Gelegenheit zur Kenntnisnahme verschafft haben. Im Übrigen aber bringt Abs 2 zur Lösung dieser Problematik keine Aspekte. Wohl tut dies aber § 306. 203

1. Sich kreuzende Bestätigungsschreiben

Relativ einfach ist die Rechtslage, wenn unternehmerische Bestätigungsschreiben beider Teile sich kreuzen oder doch in kurzen Zeitabständen wechselseitig versandt werden und widersprüchliche Bezugnahmen auf AGB enthalten. Die Einbeziehungsversuche heben sich gegenseitig auf, weil sie rechtzeitig wechselseitige Widersprüche gegen den auf AGB bezüglichen Inhalt des Bestätigungsschreibens des jeweils anderen Teils sind. Der Teil, welcher das Bestätigungsschreiben seines Gegners zuletzt erhalten hat, braucht nicht noch einmal zu widersprechen, auch wenn er die ihm aus dem Vertrage zustehende Leistung annimmt (BGH NJW 1982, 1751; BGH MDR 1973, 845). Auch Teile der Bedingungen der einen Seite, die in den Bedingungen der anderen kein thematisches Gegenstück haben, werden nicht Vertragsbestandteil. Denn in der Bezugnahme auf eigene AGB liegt, nach Treu und Glauben interpretiert, eine antizipierte Verwahrung gegen jede Bezugnahme auf andere Geschäftsbedingungen durch die Gegenseite. 204

2. Unterschiedliche Verweisungen in vertragskonstitutiven Erklärungen

Sehr viel schwieriger liegen die Dinge, wenn die vertragskonstituierenden Willenserklärungen in **Bestellung** und **Auftragsbestätigung** unterschiedliche AGB in Bezug nehmen. 205

a) Unter dem Eindruck des in § 306 niedergelegten Rechtsgedankens wendet man heute im Falle kollidierender AGB in Angebot und Annahmeerklärung nicht mehr § 150 an und stellt auch nicht darauf ab, wer vor der ersten Entgegennahme einer Vertragsleistung als Letzter auf den Willen hingewiesen hat, seine AGB in den Vertrag einzubeziehen. Vielmehr hält man die Auslegungsregel des § 154 für widerlegt und das dispositive Gesetzesrecht anwendbar (Stoffels, AGB-Recht Rn 320; Ulmer/Habersack Rn 188; allgLitM). Die Parteien wollen in der Regel den Vertragsschluss nicht daran scheitern lassen, dass sie die Geltung ihrer AGB nicht durchsetzen können oder dass sie durch weiteres Insistieren das Verhandlungsklima verderben. Vor allem dann, wenn mit der Vertragsdurchführung schon begonnen wurde, ist die Auslegungsregel des § 154 meist widerlegt (Graf vWestphalen ZIP 2007, 149 f unter Hinweis auf OLG Düsseldorf NJW-RR 1997, 946; OLG Saarbrücken NJW-RR 1998, 1664; OLG Dresden NJW-RR 199, 846). Allerdings hat der BGH dies bisher nur für den Fall festgehalten, dass der Anbietende in seine AGB eine Abwehrklausel aufgenommen hatte (stRspr zuletzt BGH-RR 2001, 484; BGH NJW 1991, 2533 [2634]; BGH NJW-RR 1986, 984; NJW 1985, 1838, 1839; BGH WM 1990, 1671, 1672; BGH NJW 1991, 1606; für einen CISG-Fall RGH NJW 2002, 1651 = RIW 2002, 397; OLG Düsseldorf NJW-RR 1997, 946; OLG Karlsruhe 206

VersR 1990, 1281; STAUDINGER/BORK § 150 Rn 1718) und offen gelassen, wie groß die Reichweite einer Abwehrklausel in ihrer jeweiligen Formulierung sein soll (etwa in NJW 1982, 1749 [1751]; BGH ZIP 1986, 1052). Der BGH (NJW-RR 2001, 484) entschied in einem Fall, dass die Bedingungen der in ihrer Bestellung die Abwehrklausel verwendenden Einkäuferin galten, unterscheidet aber insoweit den Fall nicht von dem Versuch des Verkäufers, durch eine eigene Abwehrklausel seine AGB Vertragsbestandteil werden zu lassen. In dem fraglichen Fall lautete die Abwehrklausel des Bestellers: „Anderslautende Bedingungen, soweit sie nicht in dieser Bestellung festgelegt sind, gelten nicht." In der als „modifiziertes Angebot" zu wertenden Auftragsbestätigung hatte die Verkäuferin unter Mitversendung, aber sonst kommentarlos, ihre eigenen Bedingungen in Bezug genommen Das reichte dem BGH zur Durchsetzung der Verkäuferin nicht aus. Der BGH (NJW 2002, 1651 = RIW 2002, 397) dehnt seinen Standpunkt auch auf CISG-Fälle aus.

207 Auf die Existenz einer Abwehrklausel kann es aber vernünftigerweise nicht ankommen (OLG Köln BB 1980, 1237; OLG Stuttgart ZIP 1981, 176; OLG Hamm BB 1983, 1814; dass WM 1984, 507; GRAF vWESTPHALEN, in: FS Horn [2006] 159 ff, den BGH NJW-RR 2001, 484 aber wohl als zu rigoros festgelegt verstehend; ULMER/HABERSACK Rn 188; s auch die in Rn 208 Genannten). Man muss nur verlangen, dass der Wille, den Vertrag als geschlossen zu betrachten, nach dem Austausch von Angebot und Annahme (unter dem Versuch jeweils eigene AGB einzubeziehen) noch manifestiert wird, was meist durch Anfordern oder Erbringung einer versprochenen Vertragsleistung geschehen wird (OLG Köln aaO; OLG Stuttgart aaO; **aA** ULMER/HABERSACK – schon mit Vertragseinigung Rn 188; SCHLECHTRIEM, in: SCHLECHTRIEM/LESER, Zum deutschen und internationalen Schuldrecht [1983] 10 f). Andernfalls muss man mindestens den eindeutig und nicht in einem Klauselwerk versteckt ausgedrückten Willen respektieren, nur dann zum Vertragsschluss bereit zu sein, wenn der Partner die Bedingungen des Erklärenden akzeptiert (so zutreffend H ROTH, Vertragsänderungen, s Lit bei § 306, S 10 f; ULMER/HABERSACK aaO; SCHLECHTRIEM aaO; s auch § 6 Rn 1, 4).

208 **b)** Allerdings kann auch dann, wenn die vertragskonstituierenden Erklärungen über die Einbeziehung von AGB einen Einigungsmangel offenbaren, noch ein **unternehmerisches Bestätigungsschreiben** die Einbeziehung bewirken. Entgegen manchen im Schrifttum vertretenen Ansichten (etwa SCHLECHTRIEM, in: FS Wahl [1973] 78 f) ist der Anwendungsbereich dieses Rechtsinstituts im Falle eines schriftlichen Vertragsabschlusses oder eines Vertragsabschlusses auf dem Korrespondenzweg nur beschränkt, aber nicht ausgeschlossen. Wenn anlässlich eines solchen Vertragsabschlusses Unklarheiten über nicht unwesentliche Fragen des Vertragsinhalts geblieben sind, so ist es genauso wie bei mündlichen Vertragsverhandlungen gerechtfertigt, den Empfänger eines unverzüglich nach Vertragsende abgesandten kaufmännischen Bestätigungsschreibens an dessen Inhalt zu binden, wenn er nicht unverzüglich widerspricht. Diese Voraussetzungen liegen sehr wohl vor, wenn Zweifel bestehen, ob bestimmte AGB Vertragsbestandteil geworden sind. Allerdings gilt dann nach den in Rn 197 ff herausgearbeiteten Grundsätzen das Schweigen auf das Bestätigungsschreiben nicht als Zustimmung, wenn klar zutage lag, dass die AGB der Gegenseite bereits einbezogen (SCHMIDT-SALZER D 79) oder die jeweiligen Versuche, eigene AGB einzubeziehen, misslungen waren.

209 **c)** Ist der Versuch der einen Seite, ihre AGB Vertragsbestandteil werden zu lassen, nach den in Rn 204 ff dargelegten Grundsätzen gescheitert, so ist es ausnahmsweise dennoch möglich, dass einzelne Klauseln Wirksamkeit erlangen. Dies kann dann anzunehmen sein, wenn sich in den AGB beider Seiten übereinstimmende Bestandteile finden (BGH NJW-RR 2001, 484, s aber Rn 206; BGH NJW 1991, 1604 BGH NJW 1985, 1838 obiter, nahezu allgA; **aA** VORDEROBERMEIER 101 ff), Bedingungen der einen Seite auf die der anderen abgestimmt sind (OLG Düsseldorf NJW 1988, 946) oder soweit Bedingungen der jeweils anderen Seite günstig sind, ohne dass darin nur eine Kompensation für anderweitige AGB-Belastungen steckte (MEDICUS, Bürgerliches Recht, Rn 75; WOLF/PFEIFFER Rn 144; ULMER/HABERSACK Rn 194). Keinesfalls besteht eine Vermutung für die „Restgültigkeit" (BGH NJW 2002, 1651 = RIW 2002, 297); denn der Umstand, dass einzelne Bestimmungen sich nicht widersprechen, genügt für ihre Gültigkeit nicht. Nicht auch ist darüber hinaus (BGH NJW 1985, 1838 – den Eigentumsvorbehalt und seine Verlängerungsformel betreffend) etwa schon deshalb Wirksamkeit anzunehmen, weil eine Bestimmung „handelsüblich" ist, s Rn 194. Theoretisch kann sich zwar ein stillschweigendes Einverständnis auch mit anderen Einzelbestandteilen der AGB der Gegenseite ergeben (so ULMER/HABERSACK Rn 194). Jedoch wird dem kaum je so sein (STRIEWE JuS 1982, 752; WOLF/PFEIFFER aaO). Auch dann, wenn eine handelsübliche Bestimmung in den AGB der Gegenseite nicht ausgeschlossen ist, wird sie nicht isoliert Vertragsbestandteil, sollte die Einbeziehung des gesamten Bedingungswerks scheitern (BGH NJW-RR 1986, 984, 985; BGH NJW 1985, 1838, 1840 – für den Fall einer generellen Abwehrklausel in Einkaufsbedingungen; BGH NJW 1979, 2199; vWESTPHALEN ZIP 1987, 1361 ff – umfängliche Besprechung der BGH-Judikatur). Die Existenz von solchen Bedingungen auf der Marktgegenseite ist im Übrigen allein schon ein Indiz gegen die Handelsüblichkeit der eigenen Bedingungen. Dies alles soll auch für den in den Bedingungen der einen Seite enthaltenen verlängerten oder erweiterten **Eigentumsvorbehalt** gelten (**aA** ULMER/HABERSACK Rn 196 – aber ohne nähere Begründung). An dem privatautonomen Vorrang der Abwehrklausel in Einkaufsbedingungen kommt man nicht vorbei. Der Eigentumsvorbehalt wird schuldrechtlich nicht deshalb wirksam, weil sich der Käufer in seinen Bedingungen zu diesem Punkt ausschweigt (BGH aaO). Jedoch ist der sachenrechtliche Aspekt eines einfachen Eigentumsvorbehalts eine einseitige Erklärung, die ohne Rücksicht auf ein Einverständnis der Gegenseite wirksam ist (s oben Rn 10, 40). Deshalb hat der Verkäufer ein legitimes Interesse daran, sich die Genehmigung zur Weiterveräußerung vorzubehalten und sie davon abhängig zu machen, dass der Kaufpreis für die entsprechende Lieferung bezahlt ist. Auch das „gemeinsame Minimum" wird bei unterschiedlichen Klauseln (Zahlungsfrist von 12 bzw 4 Wochen) nicht Vertragsinhalt (ULMER/HABERSACK Rn 192; **aA** BUNTE ZIP 1982, 449), weil das scheinbar gemeinsame Minimum sich auf unterschiedliche Pflichten bezieht. Nur wenn die Gemeinsamkeit auch sinngemäß aufgeht, gilt sie (WOLF/PFEIFFER Rn 142).

§ 305a
Einbeziehung in besonderen Fällen

Auch ohne Einhaltung der in § 305 Abs. 2 Nr. 1 und 2 bezeichneten Erfordernisse werden einbezogen, wenn die andere Vertragspartei mit ihrer Geltung einverstanden ist,

1. **die mit Genehmigung der zuständigen Verkehrsbehörde oder auf Grund von internationalen Übereinkommen erlassenen Tarife und Ausführungsbestimmungen der Eisenbahnen und die nach Maßgabe des Personenbeförderungsgesetzes genehmigten Beförderungsbedingungen der Straßenbahnen, Obusse und Kraftfahrzeuge im Linienverkehr in den Beförderungsvertrag,**

2. **die im Amtsblatt der der Bundesnetzagentur für Elektrizität, Gas, Telekommunikation, Post und Eisenbahnen veröffentlichten und in den Geschäftsstellen des Verwenders bereitgehaltenen Allgemeinen Geschäftsbedingungen**

   a) **in Beförderungsverträge, die außerhalb von Geschäftsräumen durch den Einwurf von Postsendungen in Briefkästen abgeschlossen werden,**
   b) **in Verträge über Telekommunikations-, Informations- und andere Dienstleistungen, die unmittelbar durch Einsatz von Fernkommunikationsmitteln und während der Erbringung einer Telekommunikationsdienstleistung in einem Mal erbracht werden, wenn die Allgemeinen Geschäftsbedingungen der anderen Vertragspartei nur unter unverhältnismäßigen Schwierigkeiten vor dem Vertragsschluss zugänglich gemacht werden können.**

1 Die Vorschrift entspricht thematisch den Nr 1–1b von § 23 Abs 2 AGBG. Da die Erfordernisse des § 305 Abs 2 gegenüber Unternehmern ohnehin nicht gelten, hat § 305a nur gegenüber Verbrauchern Bedeutung (Erman/Roloff Rn 1). Die übrigen Elemente des vormaligen § 23 AGBG sind entweder entfallen (etwa durch Wegfall der „Allgemeinen Versicherungsbedingungen" früheren Zuschnitts) oder in § 310 aufgenommen. Eine Verschärfung der Einbeziehungsvoraussetzungen ist insofern eingetreten, als jetzt ausdrücklich festgehalten ist, dass sich die andere Vertragspartei mit der Geltung der ABGB einverstanden erklären muss (vWestphalen NJW 2002, 14). Dies tut aber jedermann mit Inanspruchnahme der Leistung (Erman/Roloff Rn 2; AnwKomm/Kollmann Rn 3), auch wenn er sich nicht im Klaren ist, dass die „Tarife" nicht von selbst, sondern nur auf rechtsgeschäftlicher Basis gelten.

I. Nr 1

2 **1.** Die gegenüber § 23 Abs 2 Nr 1 nur redaktionell geänderte Nr 1 regelt drei Fälle von AGB. Nicht darunter fallen Bestimmungen mit Rechtsnormcharakter und schon mangels der tatbestandlichen Voraussetzungen nicht die Rechtsverordnungen nach § 23 Abs 2, 3 GüKG. Grund für die Ausnahme ist die durch Gesetz angeordnete Veröffentlichung der Tarife in bestimmter Form (§ 12 Abs 6 AEG, §§ 39 Abs 7, 41 Abs 3, 45 Abs 3 PBefG). Entscheidend für die Freistellung dieser AGB ist daher die ordnungsgemäße Veröffentlichung. Nur dann sind die AGB im Sinne der Nr 1 „erlassen" (Ulmer/Schäfer Rn 9). Bekanntmachungsorgan ist der Tarif- und Verkehrsanzeiger (s www.bundesnetzagentur.de).

3 **a)** Unter den Begriff **„mit Genehmigung der zuständigen Verkehrsbehörde erlassenen Tarife und Ausführungsbestimmungen der Eisenbahnen"** fällt wegen ihres normativen Charakters nicht die EVO (BGBl III 930-1 idF BGBl 2002 I 4046). Die Ausnahme nach Nr 1 gilt heute nur noch für den Personenverkehr aller Eisenbahnverkehrsunternehmen iSv § 3 Abs 1 Nr 1 AEG. Die Tarife gehören, wie das gesamte Rechts-

verhältnis des Eisenbahnunternehmens zum Kunden dem Privatrecht an. „Tarife" sind in § 12 Abs 1 AEG legal definiert. Der Umfang der Genehmigungspflicht folgt aus § 12 Abs 3 Nr 1 AEG und aus § 5 Abs 3 EVO für gegenüber der EVO abweichende Beförderungsbedingungen. Die zuständige Genehmigungsbehörde ist § 5 AEG zu entnehmen. Der Erlass von „Ausführungsbestimmungen" ist in der EVO und im AEG nicht weiter vorgesehen. Insoweit lief schon § 23 Nr 1 AGBG leer. § 12 EVO, der das erhöhte Beförderungsentgelt bei „Schwarzfahrten" vorsieht, ist auch ohne Vorliegen eines Beförderungsvertrags anwendbar (Ulmer/Schäfer Rn 9 mwNw).

b) Der Begriff aufgrund von internationalen Übereinkommen erlassener **„Tarife und Ausführungsbestimmungen der Eisenbahnen"** bezieht sich auf das Übereinkommen über den internationalen Eisenbahnverkehr (COTIF) v 9. 5. 1980 (BGBl 1985 II 130 idF BGBl 2006 II 827). In dessen Anhang A (ER/CIV) ist die Personen- und Gepäckbeförderung und in Anhang B (ER/CIM) die Güterbeförderung geregelt. Anlässlich der Reform 2006 (BGBl 2006 II 827) wurde auf Beförderungs- und Tarifpflicht verzichtet. 4

c) Der gesamte Bereich der nach dem PBefG genehmigten „Beförderungsbedingungen der Straßenbahnen, Obusse und Kraftfahrzeuge im Linienverkehr" ist weitgehend durch die nach § 57 Abs 1 Nr 5 PBefG erlassene „Verordnung über die allgemeinen Beförderungsbedingungen für den Straßenbahn- und Obusverkehr sowie den Linienverkehr mit Kraftfahrzeugen" v 27. 2. 1970 (ABB, BGBl I 230, zuletzt geändert BGBl 2007 I 2569) geregelt, die als normative Regelung auch ohne vertragliche Einbeziehung Geltung hat (als selbstverständlich vorausgesetzt in BGH NJW 2005, 1774) Eigene Beförderungsbedingungen unterliegen nicht der Inhaltskontrolle soweit sie mit der Verordnung übereinstimmen (OLG Karlsruhe ZGR 2005, 397). Bedeutung hat daher die Regelung in § 305a Nr 1 insoweit nur für die besonderen Beförderungsbedingungen. Unternehmen können nämlich in ihren Beförderungsbedingungen nach § 39 Abs 6 PBefG von den Allgemeinen Beförderungsbedingungen mit Zustimmung der Genehmigungsbehörde abweichen (Besondere Beförderungsbedingungen). Deren Geltung setzt die vertragliche Einbeziehung in den Beförderungsvertrag voraus. Beförderungsentgelte dagegen sind stets genehmigungspflichtig und sind nach erteilter Genehmigung allgemeinverbindlich (§ 39 Abs 1 PBerfG). Mit erfasst von der Nr 1 sind auch U-Bahnen, die nach § 4 Abs 2 PBerfG den Straßenbahnen gleichstehen (BGH NJW 1981, 569). 5

2. Nicht erfasst von der Ausnahme der Nr 1 ist der **Luftlinienverkehr** (BGHZ 86, 292), die Schifffahrt und die Personenbeförderung außerhalb des Linienverkehrs, Bsp Taxiverkehr. Auch kommt eine analoge Anwendung wegen der fehlenden amtlichen Kundbarmachung der Beförderungsbedingungen nicht in Betracht (Ulmer/Schäfer Rn 10). 6

3. Vom Anwendungsbereich der §§ 305 ff ist nur § 305 Abs 2 ausgenommen. Die nach allgemeinem Vertragsrecht für die Einbeziehung von AGB in vertragliche Regelungen erforderlichen Mindestvoraussetzungen müssen dennoch erfüllt sein, dh eine mindestens schlüssige Einbeziehungsvereinbarung, so wie man sie heute im Verhältnis zu Unternehmern verlangt (s § 305 Rn 127, 157; Ulmer/Schäfer Rn 8). Auch die genehmigten Bedingungen unterliegen einer Inhaltskontrolle nach §§ 307 ff (Wolf/Pfeiffer Rn 4), soweit nicht die weitere Privilegierung nach § 309 Nr 7 letzter HS 7 eingreift oder staatsvertragliche Absicherungen Vorrang beanspruchen (dazu s § 12 Rn 3 ff). Selbst von internationalen Organisationen empfohlene Bedingungen unterliegen der AGB-Kontrolle (BGH BB 83, 527 für den Luftverkehr). Soweit in den Tarifen lediglich ohnehin anzuwendende Rechtsnormen wiederholt werden, ist § 307 Abs 3 zu beachten (s Rn 5). Soweit Tarifzwang besteht (zB § 39 Abs 3 PBerfG; § 12 Abs 2 AEG), sind abweichende Vereinbarungen über die Entgelte generell unzulässig.

II. Nr 2*

8 Nr 2 entspricht thematisch § 23 Abs 2 Nr 1a, 1b AGBG, hat aber die Privilegierungen erheblich eingeschränkt. Grundgedanke der Regelung ist nur noch, dass von den Erfordernissen des § 305 Abs 2 lediglich dann abgesehen werden soll, wenn ihnen aus praktischen Gründen nicht entsprochen werden kann. Heute gilt die Vorschrift für alle Unternehmen, die per Einwurf Transportsendungen übernehmen. Zur Rechtslage vor Inkrafttreten des SchuldRModG s Staudinger/Schlosser (1998) § 23 AGBG Rn 18 ff.

9 **1.** Buchst a regelt den Fall, dass mit der Post AG ein Vertrag durch Einwurf eines Briefes oder eines Päckchens in einen Briefkasten zustande kommt, der außerhalb einer Postdienststelle steht (s auch § 305 Rn 128). Von der Post zu verlangen, in ihren Postdienststellen AGB auszuhängen, wenn sie dort Briefkästen aufstellt (oder Abgabekörbe bereitstellt), ist eine funktionslose bürokratische Schikane – als ob der Briefeinwerfer daran interessiert wäre, erst die für Briefsendungen geltenden AGB zur Kenntnis zu nehmen.

10 **2.** Buchst b gilt nur für Dienstleistungen, die während einer Telekommunikationsverbindung erbracht werden und über die Herstellung der Verbindung hinausgehen wie Telefonauskunft. Im RE (BT-Drucks 14/6040) heißt es dazu wörtlich:

„Buchstabe b erfasst Vertragsschlüsse im sog Call-by-Call-Verfahren sowie Verträge über Mehrwert- und Informationsdienste, die während der Dauer einer Telefonverbindung, welche das jeweilige Telekommunikationsunternehmen bereithält ‚in einem Mal' erbracht werden. Die Formulierung … soll dem Umstand Rechnung tragen, dass der Telekommunikationsanbieter im offenen Call-by-Call-Verfahren (vergl. § 43 Abs 6 Telekommunikationsgesetz), das lediglich in der Herstellung einer Telefonverbindung besteht, und bei der Erbringung von Mehrwertdiensten (z. B. 0190-Verbindungen) oder Informationsdiensten (z. B. Telefonauskunft) keine Möglichkeit hat, dem Anrufer den Inhalt der Allgemeinen Geschäftsbedingungen ohne erheblichen Zeitverlust für den anrufenden Kunden bekannt zu machen. Hier besteht aber von Seiten des Kunden gerade ein Bedürfnis nach einer möglichst schnellen Verbindung bzw einer möglichst schnellen Erbringung der jeweiligen Dienstleistung, so dass der mit der Erleichterung der Einbeziehungsvoraussetzungen verbundene Transparenzverlust hier hinnehmbar und vom Kunden gerade gewollt ist. Die Privilegierung setzt voraus, dass die Dienstleistung unmittelbar durch den Einsatz von Fernkommunikationsmitteln (derzeit definiert in § 1 Abs. 2 FernAbsG = § 312b Abs. 2 RE) und voll-

* **Schrifttum**: Michalski, Die (Nicht-)Einbeziehung der neuen Telefontarife der Telekom in laufende und neue Verträge, ZIP 1996, 1327.

ständig während der Erbringung einer Telekommunikationsdienstleistung, die in der Regel im Aufrechterhalten einer Telefonverbindung besteht, erfolgt."

Für Dienste im Rahmen eines Fernkommunikationsanschlusses des Benutzers gelten die AGB des Telekommunikationsunternehmens ohnehin. Zur Abgrenzung von Call-by-Call-Verfahren und zum Verhältnis zu § 312c DITSCHEID/RUDLOFF K&R 2005, 258 ff, und Erläuterungen zu § 312c BGB.

3. Entscheidend ist auch bei Nr 2a u Nr 2 b, wie schon bei Nr 1, die durch Gesetz **11**
gewährleistete Kundbarmachung der Bedingungen (ULMER/SCHÄFER Rn 16). Über die amtliche Veröffentlichung hinaus ist Voraussetzung für die Freistellung von § 305 Abs 2 das Bereithalten des Wortlauts der Geschäftsbedingungen und Leistungsentgelte bei den Niederlassungen der genannten Unternehmen zur Einsichtnahme. Gemeint sind dabei nur **selbständige Niederlassungen**, nicht Zweigstellen und Filialen ohne eigene Verwaltung (BT-Drucks 12/6718 121; ULMER/SCHÄFER Rn 18). Kleingedrucktes oder sonst Vorgedrucktes liest auch in diesem Bereich vor Vertragsschluss so gut wie niemand. Haben die in Nr 2 genannten Unternehmen durch allgemeine organisatorische Maßnahmen sichergestellt, dass ihre Geschäftsbedingungen bei allen Niederlassungen bereitgehalten werden, so ist dem Sinn der Vorschrift genüge getan (BGH NJW 1998, 3190 – zu einem vergleichbaren, heute obsolet gewordenen Fall). Einzelne Vorratslücken wären ein nicht zu rechtfertigendes Zufallsgeschenk an den Kunden (**aA** vWESTPHALEN NJW 2002, 15; MICHALSKI ZIP 1996, 1324; ders EWiR 1997, 152). Die Beweislast trägt das Unternehmen.

Jedes der Post- und Telekommunikationsunternehmen muss dabei nur die für seinen Bereich geltenden AGB bereithalten. Entscheidend ist, welche konkreten Verträge in den einzelnen Niederlassungen abgeschlossen werden können (MünchKomm/BASEDOW Rn 20; MICHALSKI ZIP 96 1329).

4. Für die **Änderung** der AGB in den **bestehenden Verträgen** und die Erneuerung **12**
bzw Ersetzung von Leistungsvergütungen gelten keine Besonderheiten mehr (zur Überleitung anlässlich der „Tarifreform 1996" der Telecom: BGH NJW 1998, 3188. Zur Rechtslage davor STAUDINGER/SCHLOSSER [1998] § 23 AGBG Rn 18).

§ 305b
Vorrang der Individualabrede

Individuelle Vertragsabreden haben Vorrang vor Allgemeinen Geschäftsbedingungen.

Systematische Übersicht

Alphabetische Übersicht

I. Der Stellenwert der Norm im System des Zivilrechts

1. Der Anwendungsbereich der Vorschrift im System des AGB-Rechts

a) § 305b gilt für sämtliche AGB **unabhängig von Vertragsgegenstand und Vertragsparteien** (s Staudinger/Coester Vorbem 13 zu §§ 307 ff; § 310 Rn 6). Auch **Versicherungsbedingungen** machen keine Ausnahme. Zusicherungen des Versicherungsagenten werden Vertragsbestandteil (BGH NJW 1983, 2638), auch dann, wenn die Zusicherung in offenem Widerspruch zum klaren Wortlaut der einschlägigen Versicherungsbedingungen steht (Schmidt/Salzer E 13 ff). Der Vorrang ist unabhängig davon, ob die Individualvereinbarung ausdrücklich oder schlüssig zustande kam oder ob die Parteien sich der Abweichung von den AGB bewusst waren (BGH NJW 2006, 138). Auch unternehmerische Bestätigungsschreiben haben als Individualvereinbarungen Vorrang (BGH NJW-RR 1995, 179; s § 305 Rn 15). § 305b gilt nicht im Verhältnis zu vorformulierten „Einmal"-Klauseln (s § 310 Abs 3 Nr 3). Jedoch kommt man mit dem allgemeinen rechtsgeschäftlichen Grundsatz des Vorrangs der jeweils spezielleren Regelung fast immer zum gleichen Ergebnis (Ulmer/Schäfer Rn 3c). Wie das AGBG insgesamt (§ 305 Rn 6), so gilt auch § 305b selbst für bloße Vertragsangebote. Nimmt sich ein solches in seinen individuellen Bestandteilen als bindend aus, so scheitern Bindungsausschlussklauseln in beigefügten AGB an § 305b (Ulmer/Schäfer Rn 10a; Schmidt/Salzer E 19; **aA** BGH LM Nr 3 zu § 276 [Fa]); eine „Ansichtslieferung" kann umgekehrt nicht durch beigefügte AGB zum auflösend bedingten Vertragsangebot gemacht werden (Schmidt/Salzer E 19). Auch individuelle Modifikationen vorformulierter einseitiger Rechtsgeschäfte unterfallen dem § 305 (BGH NJW 1987, 2011). Eine Klausel, die mündlichen Nebenabreden Verbindlichkeit vorenthält, ist aber gerade in Verbraucherverträgen häufig überraschend (s § 305c Rn 4). Der überraschende Charakter folgt dann aus der mündlichen Nebenabrede als begleitendem Umstand iSv § 310 Abs 3 Nr 3. 1

b) Für den mit einer konkreten Klausel im **Individualprozess befassten Richter** ist es nicht immer nötig, das Verhältnis der Anwendungsbereiche von §§ 307–309 einerseits und von § 305b andererseits klarzustellen. Er kann sich in Fällen, in denen ihrem persönlichen Anwendungsbereich nach beide Normen bzw Normgruppen herangezogen werden können, damit begnügen zu sagen, jedenfalls sei die Klausel nach einer der in Frage kommenden Maßstäbe nicht wirksam Vertragsbestandteil geworden. Ja er kann sogar argumentieren: Wenn man schon nicht die eine Norm heranziehen wolle, dann müsse man jedenfalls die andere anwenden. Unfruchtbar ist daher die Frage, ob § 305b nicht überhaupt erst dann zur Anwendung komme, wenn eine AGB-Bestimmung der Inhaltskontrolle standgehalten habe. Dennoch muss über die jeweiligen Anwendungsbereiche der §§ 307–309 einerseits und von § 305b andererseits Klarheit herrschen. Denn § 305b ist auf jeden unter Einbeziehung von AGB geschlossenen Vertrag anwendbar (BGH NJW-RR 1990, 613 f). Die §§ 308, 309 sind es auf solche Verträge nicht, bei denen als **Vertragspartner des Verwenders Unternehmer oder die öffentliche Hand auftreten**. 2

Es ist allerdings nicht zu verkennen, dass es auch in den §§ 307–309 Bestimmungen gibt, die der Effizienz von Individualvereinbarungen dienen, man denke nur an § 309 Nr 1 über die Preisgarantie. Solche Vorschriften sind Sonderausprägungen des Schutzes von Individualvereinbarungen. Ihr gemeinsames Merkmal besteht darin, dass ihnen widersprechende AGB-Klauseln ohne Kenntnis irgendeiner Individualvereinbarung bewertet werden können. Um § 309 Nr 1 anwenden zu können, braucht man nicht zu wissen, welcher Preis vereinbart wurde. Deswegen braucht man aber die generalisierenden Sonderausprägungen des Schutzes von Individualvereinbarungen nicht als leges speciales im Verhältnis zu § 305b zu begreifen (**aA** Ulmer/Schäfer Rn 2a). Dem Sinn des Gesetzes entspricht es besser, § 305b und die Normen aus dem Bereich der Inhaltskontrolle, welche dem Schutz von Individualvereinbarungen dienen oder dienen können, als kumulativ anwendbar zu betrachten. Eine AGB-Klausel „Lieferfristen sind unverbindlich", ist nach § 309 Nr 1 „unwirksam", wenn die Lieferfrist vorformuliert ist, sie ist zusätzlich auch nach § 305b nicht Vertragsbestandteil geworden, wenn die Lieferfrist individuell vereinbart wurde. Im Ergebnis ist man sich jedenfalls darin einig, dass im Individualprozess der Richter die Einbeziehung nach § 305b leugnen kann, ohne die Klausel vorher einer Inhaltskontrolle zu unterziehen, und dass die Chancen des Unterlassungsklägers nicht dadurch beeinträchtigt werden, dass die angegriffene Klausel in Einzelfällen schon wegen § 305b nicht Vertragsbestandteil geworden ist. Jedenfalls ist für die Vorrangregel nur Raum, wenn Auslegung von AGB und Individualvereinbarung einen Widerspruch ergeben (Stoffels, AGB-Recht Rn 348).

3 **c)** Zum Schutze von Individualvereinbarungen oder jedenfalls auch zu deren Schutz sind etwa unter folgenden Voraussetzungen folgende Bestimmungen aus den Vorschriften über die Inhaltskontrolle anwendbar:

4 Im Verhältnis zu **§ 308 Nr 1** ist § 305b anzuwenden, wenn die AGB in einer Weise gefasst sind, die eine individuelle Bestimmung einer Leistungsfrist nicht vorsieht („die Lieferung erfolgt frühestens vier Wochen nach Vertragsschluss"), individuell aber eine andere als die vorformulierte Lieferfrist vereinbart wurde (s dazu OLG Stuttgart ZIP 1981, 875 ff; sowie BGH NJW 1984, 2468, zum Liefertermin für ein Fertighaus). Steht in den vorformulierten Bestandteilen des eigentlichen Vertragstextes eine Leistungsfrist, welche durch beigefügte AGB-Klauseln wieder aufgelockert wird, so ist nach dem Prinzip der kundengünstigen Auslegung zu verfahren (s § 305c Rn 5). Allein § 308 Nr 1 ist anwendbar, wenn nur formularmäßig eine Frist vereinbart worden ist. Sind die AGB in einer Weise gefasst, die jeder denkbaren Individualvereinbarung zur Leistungsfrist Wirksamkeit nehmen soll („Angaben zur Leistungsfrist sind nicht rechtlich verbindlich", oder „Fixgeschäfte werden nicht getätigt"), so ist Bewertungsmaßstab § 305b neben § 308 Nr 1 (nur § 4 [AGBG] anwendend BGH ZIP 1982, 1444 ff). Auf letztere Norm kann im Rahmen von § 1 UKlaG der Unterlassungsanspruch gestützt werden (BGH NJW 1983, 1320).

5 Ein Recht, sich willkürlich vom Vertrag zu lösen **(§ 308 Nr 3)**, ist sicherlich der denkbar gröbste Verstoß gegen das Prinzip einer notwendigerweise individuell zustande gekommenen vertraglichen Bindung. Die Klausel „Lieferung freibleibend" stößt daher auf jeden Fall auch gegen § 305b, wenn die individuellen Bestandteile eines Vertrages einen solchen Vorbehalt nicht kennen (insoweit zutreffend Schmidt-Salzer E 11; Koch/Stübing Rn 25; **aA** Ulmer/Schmidt Rn 16 zu § 308 Nr 3). Eine Klausel in AGB, welche eine Lösungsmöglichkeit ohne Rücksicht auf Individualerklärungen – ungeachtet dessen, wie diese getroffen sein mögen – vorsieht, ist auch ohne Rücksicht auf konkrete Indivdualerklärungen messbar und daher zusätzlich auch nach § 308 Nr 3 unwirksam. Für § 308 Nr 3 allein bleiben als Anwendungsbereich alle die

Fälle, in denen kein unbeschränktes Vertragsaufkündigungsrecht vorgesehen ist, sondern ein solches unter Voraussetzungen, die sachlich iSv § 308 Nr 3 nicht gerechtfertigt sind.

Die vertragscharakteristische Leistung wird bald formularmäßig, bald individuell, bald in gemischter Weise festgelegt. In vorformulierter Weise kann sie sowohl schlagwortartig – „Kaufvertrag über ein X-Gerät" – als auch durch eingehende Beschreibung – „Baubeschreibungen", „Risikobeschreibungen" in Versicherungsverträgen – festgelegt sein. Widersprüche zwischen den vorformulierten Angaben zum Inhalt der Hauptleistung und anderen Bestimmungen des Formularvertrages bzw der ihn ergänzenden AGB sind nach **§ 308 Nr 4** bzw § 307 Abs 2 Nr 2 auszugleichen. Diese Normen gelten neben § 305b auch, wenn Leistungsänderungsvorbehalte in AGB so gefasst sind, dass sie die vom Aufsteller berücksichtigten, möglichen Individualvereinbarungen erfassen. Denn selbst dann ist die Klausel auch ohne Kenntnis irgendeiner Individualvereinbarung bewertbar. Dem ist so, wenn etwa in einem Formular für einen Bauausführungsvertrag das zu verwendende Material individuell eingesetzt ist, die Klausel aber generell die Verwendung eines anderen als des vereinbarten Materials vorbehält, oder wenn in einem Formular steht, an die Stelle der vereinbarten Markenware könne eine andere treten. Ausschließlich § 305b aber ist anzuwenden, wenn eine Bestimmung aus einem Klauselwerk deshalb zu einem Fremdkörper im Vertrag wird, weil sie einer im Vertragsformular nicht vorgesehenen, aber tatsächlich getroffenen Individualvereinbarung zur vertragscharakteristischen Hauptleistung widerspricht. Häufig nennt man Beispiele, in denen die Angaben im Versicherungsschein von dem abweichen, was mündlich abgesprochen und im Versicherungsantrag individuell angegeben war. Dies wären in der Tat gute Beispiele, wenn nicht § 5 VVG (s dazu Rn 21) eine Sonderregelung darstellen würde. Lehrreich sind aber Fälle, in denen Angaben über die Quantität der zu liefernden Ware in AGB als in einer Messeinheit abgegeben gedeutet werden, die dem objektiven Erklärungssinn der Individualvereinbarung widerspricht (OLG Stuttgart BB 1961, 67). Ist durch Individualvertrag die Montage des Kaufgegenstandes übernommen worden, so ist eine AGB-Bestimmung wirkungslos, welche sagt, der Verkäufer habe seine Verpflichtungen mit Ablieferung der Ware erfüllt (Schmidt-Salzer Rn 90 – im Anschluss an ausländische Rspr). 6

§ 309 Nr 1 regelt nicht das Problem des **bereits im Zeitpunkt des Vertragsschlusses akuten Widerspruches zwischen individueller Preisfestsetzung und AGB-Bestimmungen**. Dann ist allein § 305b anwendbar, so zB wenn in den AGB einer Bank ein höherer Zinssatz steht als individuell vereinbart wurde (OLG München WM 1983, 223, 224). Klauseln, welche die Korrektur von Kalkulationsirrtümern oder Rechenfehlern ermöglichen sollen, sind nach § 305b unwirksam (vgl LG Essen NJW 1979, 555, wo aber umständlich auf den Überraschungseffekt der Klausel abgehoben wurde). Klauseln über zusätzlich vom Kunden zu übernehmende Kosten für bestimmte, angeblich Nebenleistungen darstellende Dienste sind unwirksam, wenn die Absprache über „den Preis" so gefasst ist, dass die fragliche Nebenleistung als mit abgedeckt anzusehen ist. Keine Wirkung hat etwa die Klausel über die Kosten der Gerüsterstellung, wenn der Preis für eine Wandverkleidung pro m^2 Wandfläche angegeben war, oder eine solche über Zuschläge für Auslands- und Nachttätigkeit. Zu Klauseln über Preiserhöhungen, wenn der Kunde nicht bestimmte Nebenleistungen übernimmt, s § 305c Rn 21. Der Widerspruch zwischen vorformuliertem Preis (Druck auf der Vorderseite des 7

Formulars) und zusätzlichen versteckten Preisbestandteilen in AGB (Rückseite) ist nach dem Prinzip der Unwirksamkeit überraschender Klauseln bzw nach den Grundsätzen über kundenfreundliche Auslegung aufzulösen (s § 305c Rn 17). Eine Ausnahme gilt für Geschäfte mit einem Unternehmer, soweit der auf der Vorderseite vereinbarte Preis nach den Allgemeinen Geschäftsbedingungen als Nettopreis (zzgl MwSt) anzusehen ist (s § 305c Rn 25). Denn eine Preisangabe ohne Zusatz muss bei einem Unternehmer das Nachforschungsbedürfnis auslösen, ob es sich tatsächlich, wie meist, um einen Nettopreis handelt. Umgekehrt sind Regelungen, wonach vom individuell vereinbarten Preis Skonti abgezogen werden können, unwirksam, wenn sie sich in Einkaufsbedingungen finden (**aA** Ulmer/Schäfer Rn 21). Kein Widerspruch besteht aber zwischen einer Vorschussklausel und einer individuell vereinbarten Skontoabrede (BGH NJW 1981, 1959 ff).

8 Möglich ist es, dass die in Individualvereinbarungen verwandten **Begriffe** (typischerweise) eine gewisse **Bandbreite** aufweisen. Dann können AGB die nötigen Präzisierungen bringen. Klauseln, die die Modalitäten der Zinsberechnung festlegen (Annuitätendarlehensfälle), stehen nicht im Widerspruch zum individuell vereinbarten oder nach § 6 PreisAVO zwingend anzugebenden Nominalzins. Die Nominalzinsvereinbarung sagt ohnehin nichts über den häufig ebenfalls vereinbarten effektiven Jahreszins aus. Nach der Verkehrssitte konkretisiert die **Zinsberechnungsklausel** den Nominalzins.

9 Werden im Verhältnis zu privaten Kunden Bedingungen verwandt, die eine Preisgleitklausel enthalten, welche auch für Leistungen gelten soll, die früher als vier Monate nach Vertragsschluss zu erbringen sind, so ist es im Individualprozess gleichgültig, ob man § 309 Nr 1 oder § 305b anwendet. Die wichtigste Konkurrenzfrage im Verhältnis dieser Norm zu jener ist aber die: Geschieht solches in AGB-Verträgen mit Unternehmern, ist dann die Klausel nach § 305b unwirksam, wenn der Preis individuell festgesetzt wurde? Nach den hier für die Abgrenzung der beiden Normen herausgearbeiteten Prinzipien (s Rn 2) ist dies in der Tat anzunehmen. Es liegt nahe, **Preisgleitklauseln**, die für Lieferungen und Leistungen gelten sollen, welche später als vier Monate nach Vertragsschluss zu erbringen sind, in gleicher Weise generell an § 305b zu messen und ihre Eigenschaft als Vertragsbestandteil zu leugnen, wenn der Preis individuell vereinbart wurde (so Löwe Rn 3; Koch/Stübing Rn 2). Jedoch hätte dann § 309 Nr 1 praktisch keinen Anwendungsbereich mehr. Denn typischerweise geschieht eine Preisvereinbarung individuell. Auch dann, wenn der Kunde den ihm genannten Listenpreis akzeptiert, ist die Preisvereinbarung nicht vorformuliert. Daher ist dem § 309 Nr 1 zu entnehmen, dass er nicht nur die Anpassung formularmäßig festgesetzter Preise regeln, sondern Preisanpassungsbestimmungen bei Leistungsfristen von über vier Monaten generell erlauben will. Eine Ausnahme ist nur für den Fall zu machen, dass ein Festpreis vereinbart wird (s dazu § 305c Rn 25).

10 **d)** Klauseln, deren Tendenz es ist, Individualvereinbarungen zu bestimmten Gegenständen ohne Rücksicht auf ihren konkreten Inhalt wirkungslos zu machen (tendenziell individualvertragswidrige Klauseln), sind auch nach § 307 bewertbar (s Staudinger/Coester Vorbem 18 zu §§ 307 ff) und möglicher Gegenstand einer Unterlassungsklage (BGH NJW 1985, 320 ff; s auch § 1 UKlaG Rn 24c).

2. Rechtsnatur der Vorschrift

11 Ulmer und Kötz haben versucht, die Bestimmung der Rechtsnatur der Vorschrift nach dem Gegensatz Auslegungsregel für AGB-Bestimmungen (so Ulmer/Schäfer Rn 7 ff) oder Rangabstufung, vergleichbar dem Verhältnis höherrangigem zu niederrangigem Recht (so MünchKomm/Kötz[2] § 4 AGBG 2 Rn 2) oder speziellerem zu allgemeinerem Recht (so Spruss, Lit § 305, Rn 269 ff) vorzunehmen. In der Tat findet sich auch in der übrigen Literatur die eine (für Rangverhältnis vor allen Zoller JZ 1991, 850, 853; E Schmidt JuS 1987, 929, 933) wie die andere (für Auslegungsregel Koch/Stübing Rn 3, 7) Wendung. Mit Recht verzichten jedoch einige Autoren gänzlich auf eine solche Einordnung (zB Larenz, AT § 29 a II). Sie ist müßig, weil praktisch ohne Konsequenzen.

Selbst auf dem Boden der Rangabstufungslehre kann angenommen werden, im Zweifel seien AGB auch für den Fall einbezogen worden, dass eine ihnen zunächst entgegenstehende Individualvereinbarung wieder entfällt (Bamberger/Schmidt Rn 1). Ein verfassungswidriges Gesetz ist „nichtig“, s § 78, § 80 Abs 3 BVerfGG; eine individualvertragswidrige AGB-Klausel hat nur „Nachrang“, ähnlich wie gegenüber dem Europarecht das nationale Recht wieder auflebt, wenn Europarecht ihm nicht mehr entgegensteht (zu Letzterem BVerwG RIW 1991, 426).

II. Die inhaltlichen Aussagen der Norm

12 Man muss sich vor der illusionären Annahme hüten, dass immer feststeht, was Inhalt einer Individualvereinbarung ist. Die bekannte, auf die Gesetzesinterpretation gemünzte methodologische Metapher von **Begriffskern und Begriffshof** passt auf rechtsgeschäftliche Willenserklärungen erst recht. Daher ist es eine legitime Funktion von AGB, in den Begriffshof von vorausgesehenen Individualvereinbarungen Konturen zu ziehen. AGB können nicht nur als individualvertragswidrig unwirksam sein (2.), sondern auch individualvertragskonkretisierende Funktion haben (3.). Nach einer Klärung des Begriffs der Individualvereinbarung (1.) ist dies näher auszuführen. Zum Prinzip der individualvertragskonformen Auslegung s § 305c Rn 17 ff.

1. Der Begriff der Individualvereinbarung

a) Individualvereinbarung ist sicherlich alles, was iSv § 305 Abs 2 „ausgehandelt“ oder individuell für einen Anlass abgesprochen worden ist. Dazu gehört auch die Einfügung einzelner spezifizierender Zusätze wie die Worte „und“ bzw „oder“ in den vorformulierten Kontoeröffnungsantrag bei einer Bank (OLG Köln NJW-RR 1990, 1007 ff) oder die Eintragungen in eine auszufüllende Spalte (OLG Hamm CR 1995, 535). Ein Vertrag kann auch durch eine spätere Individualvereinbarung überlagert werden, etwa durch ein Übergabeprotokoll bei Antritt der Wohnungsmiete, in dem Schönheitsreparaturen geregelt werden (BGH NJW 2009, 1075).

Die Funktion von § 305b zwingt jedoch dazu, den **Begriff der Individualvereinbarung** als den Vorrang erheischenden Vertragsbestandteil etwas **weiter** zu fassen, als der Begriff „ausgehandelt“ in § 305 Abs 2 audrückt. In § 305b schlägt sich nämlich ein verallgemeinerungsfähiges Rechtsprinzip, das auch schon vor Inkrafttreten des AGB-Gesetzes galt (BGH WM 1982, 447), nieder. Eine relativ speziellere Regelung hat Vorrang vor einer relativ allgemeineren (Wolf/Hau Rn 6; **aA** Ulmer/Schäfer Rn 10, der aber § 305b auf relativ speziellere AGB-Klauseln analog anwendet). § 305b gilt daher für alles, was – innerhalb eines sich als Einheit begreifenden Klauselwerkes – spezielleren Charakter hat. Auf dem Flugschein selbst gedruckte Bedingungen gehen den lediglich in Bezug genommenen vor (Fischer MDR 1999 140 mwNw). In einem Konnossement ist die auf der Vorderseite deutlich vorgenommene Festlegung des Charterers als Verfrachter eine Überlagerung der Nennung des Reeders als Verfrachter in den Konnossementbedingungen (BGH NJW 2007, 2036; s Rn 14).

Die Spezialität bezieht sich aber nicht nur auf die Detailliertheit der Regelung, sondern auch auf den Kreis der Geschäfte, für den sie gedacht ist, im prototypischen Fall auf den einen Vertrag, für den sie vereinbart wurde (s § 305 Rn 19). Wird ein bestimmtes **Formular** auch zum Abschluss von Verträgen gebraucht, für die es nicht gedacht ist, so kann dies mit einer Häufigkeit geschehen, die den handschriftlichen Eintragungen den Charakter von Individualvereinbarungen iSv § 305 Abs 2 nimmt. Im Sinne von § 305b sind die „formularfremden" Abweichungen dennoch Individualvereinbarungen; s zu der Verwendung eines falschen Formulars auch Rn 18.

Auch Sonderbestimmungen für einen – gemessen am vorgestellten Anwendungsbereich der AGB – speziellen Vertragstyp gehen, wenn von beiden Parteien einbezogen, den Grundbedingungen vor. Besondere Versicherungsbedingungen etwa hatten immer Vorrang vor „Allgemeinen Versicherungsbedingungen" früheren Stils (BGH VersR 1968, 294). Nur wenn sich keine relativ speziellere Natur einer AGB-Bestimmung ausmachen lässt, ist der Widerspruch durch Auslegung beider Klauseln aufzulösen (AnwKomm/Kollmann Rn 5),

13 **b)** Individualvereinbarungen können auch **schlüssig**, uU sogar beiderseits stillschweigend getroffen werden (allgM, s etwa BGH NJW 1995, 1494, 1496; Ulmer/Schäfer Rn 12). Beispiele: Formularmäßige Zweckbestimmungserklärungen in Sicherungsverträgen der Banken, denen konkludent vereinbarte individuelle Zweckbestimmungen entgegenstehen (s Clemente ZIP 1985, 193 ff); Verzicht auf Gesundheitsprüfung bei Abschluss einer Arbeitsunfähigkeitsversicherung als Vereinbarung einer unwiderleglichen Vermutung für Berufsfähigkeit vor Vertragsschluss (LG Hamburg VersR 2002, 407); konkludente Umdeutung von „Allgemeinen Versicherungsbedingungen" (BGH NJW 1983, 2638) oder anderen AGB (BGHZ 113, 251, 259 = NJW 1991, 1604; BGH NJW 1995, 1494, 1496) durch **individuelle Sinngebung**; stillschweigende Eigenschaftszusicherung (heute: Beschaffenheitsangaben) des Verkäufers (BGH NJW 86, 1807 ff). Eine stillschweigende relativ speziellere Abänderung einer AGB-Regelung ist es auch, wenn die Parteien ihre gleich bleibenden Verträge ständig abweichend abwickeln (OLG Frankfurt ZIP 1982, 1331 ff). Zum Einwendungsdurchgriff vor Inkrafttreten des VerbrKrG BGH NJW 1986, 43.

14 **c)** Im Einzelfall kann eine (konkludente) Individualvereinbarung sogar zugunsten des Verwenders wirken (BGH NJW 1995, 1494, 1496; Zoller JZ 1991, 850, 853; Ulmer/Schäfer Rn 25; Wolf/Lindacher Rn 2; wohl allgM). Ein individueller Risikoausschluss in einem Versicherungsschein geht einem denselben Sachverhalt betreffenden Risikoausschluss in den Versicherungsbedingungen auch dann vor, wenn er günstiger für den Versicherer ist (OLG Karlsruhe VersR 1984, 829, 830). Bevor man § 305b zugunsten des Verwenders anwendet, ist aber zu prüfen, ob nicht zu seinen Lasten die Un-

klarheitenregel des § 305c Abs 2 eingreift (s ULMER/SCHÄFER Rn 25). Nur soweit die Individualvereinbarung ebenfalls vom Verwender formuliert worden und daher bei Unklarheit uU gegen ihn auszulegen ist (Einzelheiten s STAUDINGER/DILCHER 12 § 133), kann sich aber für den Vertragspartner der doppelte Vorteil (vorteilhafte Teile der AGB-Bestimmung und der Individualvereinbarung) ergeben. Klare Individualvereinbarungen haben demgegenüber prinzipiell Vorrang vor AGB. So hat das OLG Hamburg fälschlich die Klauseln in Konnossementbedingungen, die den Reeder als Verfrachter ausweisen, obwohl der Charterer auf der Vorderseite des Konnossements als Vertragspartner eingetragen ist (Identity of Carrier – IoC-Klausel), nach § 305c Abs 2 beurteilt: Der Empfänger könne beide als Verfrachter in Anspruch nehmen (OLG Hamburg TranspR 1989, 70 ff). Demgegenüber hält der BGH mit Recht fest, dass die Bezeichnung des Charterers als Vertragspartner auf der Vorderseite des Vertrages gegenüber den Konnossementbedingungen die speziellere Regelung ist (BGH NJW-RR 1990, 613, 614; BGH NJW 91, 1420 ff, in Auseinandersetzung mit Gegenansichten in der Lit). Der Verwender, der eine Individualvereinbarung zu seinen Gunsten durchsetzen will, muss den Vertragspartner nicht darüber aufklären, dass er gegenüber anderen Vertragspartnern diskriminiert wird, weil es einen rechtlichen Grundsatz der Gleichbehandlung von Vertragspartnern nur im Falle von Monopolstrukturen auf dem Markt gibt (**aA** ULMER/SCHÄFER Rn 25).

d) Der individuelle Text eines kaufmännischen Bestätigungsschreibens repräsentiert die individuellen Bestandteile eines Vertrags. Er hat deshalb Vorrang vor AGB-Regelungen, auf die das Bestätigungsschreiben Bezug nimmt (COESTER DB 1982, 1551, 1554) oder die früher vereinbart waren (BGH NJW-RR 1995, 179). **15**

2. Die Unwirksamkeit individualvertragswidriger Klauseln

Häufig wird zwischen einem unmittelbaren und einem mittelbaren Verstoß von AGB-Klauseln gegen Individualvereinbarungen unterschieden, die beide von § 305b erfasst sein sollen (ULMER/SCHÄFER Rn 12; TRINKNER Rn 16; SCHMIDT-SALZER E 20 ff). Der den Vertragspartner des Verwenders benachteiligende mittelbare Verstoß ist hier unter dem Gesichtspunkt des überraschenden Charakters von Klauseln behandelt (s § 305c Rn 23 ff – individualvertragsferne Klauseln). Der Sache nach macht dies wenig Unterschied. § 305b ist im Grunde nur eine **Sonderausprägung des in § 305c Abs 1 allgemein verankerten Rechtsgedankens**. Sollten AGB vorkommen, die mittelbar einer **den Aufsteller** begünstigenden Individualabrede entgegenstehen, so bleiben sie im Zweifel nach § 305c Abs 1 aufrechterhalten. § 305b gilt, soweit die iSv § 154 Abs 2 BGB ausstehende Beurkundung in der Einbeziehung von AGB besteht (CLEMENTE ZIP 1985, 193, 198; **aA** BGH WM 1982, 443 – mündliche Zweckbestimmung einer Grundschuld und nachträgliche Unterzeichnung eines banküblichen Zweckbestimmungsformulars). **16**

Im Übrigen lässt sich der Regelungsgehalt der Vorrangregel nur an Hand lehrreicher Rechtsprechungsbeispiele erläutern.

a) Eine individuell gegebene **Eigenschaftszusicherung** (heute Beschaffenheitsvereinbarung iSv § 434 Abs 1 S 2) ging den AGB des Verkäufers über Haftungsbeschränkungen (GSELL, in: FS Eggert [2008] 10 ff) jenen eines Auktionators vor, die Beschreibungen im Katalog den Charakter von Zusicherungen vorenthalten wollen (LG München I NJW 1990, 1999). Dasselbe gilt für eine handschriftlich niedergelegte **17**

Zusicherung über die Kilometerlaufleistung eines Motors, auch wenn die AGB des Verkäufers diese als nicht zugesichert bezeichnen (OLG Hamm BB 1983, 21). **Zur** Vereinbarung der **Verschuldensabhängigkeit** der Eigenschaftszusicherung s Rn 29. Eine formularmäßige Gewährleistungsbeschränkung des Verkäufers, selbst wenn sie sich in einem kaufmännischen Bestätigungsschreiben befindet, ist ohnehin regelmäßig nicht auf das Fehlen der vereinbarten Beschaffenheit bezogen.

18 **b)** Die Verwendung eines **„falschen" Formulars** macht alle Bedingungen unanwendbar, die dem Sinn des wirklich vereinbarten Vertragstyps entgegenstehen und nicht individualvereinbarungskonform ausgelegt werden können (s § 305c Rn 13). Die fälschliche Verwendung eines Formulars für die Eröffnung eines Anderkontos anstatt für die Eröffnung für ein gewöhnliches Sonderkonto macht alle anderkontentypischen Klauseln unanwendbar (BGHR § 4 AGBG konkludente Individualabrede 1). Insbesondere sind vorgedruckte Bestimmungen in einem Formular unanwendbar, wenn sie – ersichtlich nur versehentlich im Hinblick auf einen nicht vorgesehenen individuellen Zusatz – im formularmäßig abgegebenen Angebot nicht geändert werden (OLG München BB 1958, 787). Wird in Maklerbedingungen, die für den Alleinauftrag gedacht sind, der Auftraggeber zur Zahlung der gesamten Provision verpflichtet, falls er das Objekt direkt veräußert, so geht dem ein handschriftlicher Zusatz vor, der dem Auftraggeber einen direkten Verkauf vorbehält (BGHZ 49, 87 = NJW 1968, 150; Ulmer/Schäfer Rn 22).

19 **c)** In der Rspr haben des Öfteren Individualverabredungen zur **Vertragsdauer** eine Rolle gespielt, die den auf Dauerschuldverhältnisse ausgelegten AGB widersprachen. Eine in einem Leasingvertrag vereinbarte bestimmte Vertragslaufzeit hat Vorrang vor einer in den Leasingsbedingungen für den Fall der Unterbleibens einer Kündigung enthaltenen Klausel über eine automatische Verlängerung (BGH NJW-RR 2009, 989). Ein Makleralleinauftrag „bis zum restlosen Verkauf der Wohnungen" geht einer AGB-Bestimmung über die freie Kündbarkeit des Maklerauftrages vor (BGH NJW 1969, 1626 f). Das Gleiche gilt gegenüber einer in AGB enthaltenen freien Kündigungsklausel für die Bestimmung in einem Kreditvertrag über seine Kündbarkeit nur aus wichtigem Grund (OLG Frankfurt BB 1952, 871) oder über konkrete Zusagen zu den Voraussetzungen, unter denen der Kredit „abgerufen" werden kann (LG Bielefeld VersR 1964, 38 ff). Genaue Angaben zum Endzeitpunkt eines Versicherungsvertrages gehen der in den Versicherungsbedingungen enthaltenden Verlängerungsklausel vor. Auch automatische Verlängerungsklauseln eines Sportstudios sind unwirksam, wenn zunächst eine individuelle Vertragsdauer vereinbart war (LG Stuttgart VuR 1994, 274).

20 **d)** Klauseln, die dem Kunden die Berufung auf einen vereinbarten Liefertermin oder ein Fixgeschäft abschneiden wollen, verstoßen gegen § 305b (BGH ZIP 1982, 1444 f; s auch Rn 4).

21 **e)** Ist die **Verjährung** individuell ersichtlich abschließend geregelt, verdrängt diese Vereinbarung anders lautende AGB (BGH NJW-RR 1990, 371; s § 306 Rn 16 ff).

22 **f)** In Auftragsbestätigungen individuell enthaltene und Vertragsinhalt gewordene Bestimmungen über die Zuständigkeiten von Gerichten oder Schiedsgerichten gehen **Gerichtstandsklauseln** in AGB vor. Im Einzelfall bleibt freilich der AGB-Klausel regelmäßig die Bedeutung, das zuständige Gericht für den Fall festzulegen, dass die Schiedsklausel unwirksam ist oder wird (BGHZ 52, 30 = NJW 1969, 1536).

g) Bei **Bankvollmachten** werden die Teile der Vollmacht von § 305b verdrängt, die der Kunde nach den mündlichen Verhandlungen ersichtlich nicht erteilen wollte (s Rn 47). Die Vereinbarung einer bestimmten Sicherheit bei Darlehen beinhaltet nach zutreffender Ansicht nicht die Vereinbarung, dass dadurch der Rückgriff auf andere Sicherheiten ausgeschlossen sein soll (s OLG München WM 1982, 550 ff, wo gleichzeitig festgestellt wird, dass § 19/2 damalige AGB-Banken der Inhaltskontrolle nach §§ 9 und 3 AGBG standhält). Zur Wirksamkeit von Zinsberechnungsklauseln bei Annuitätendarlehen, die nach hM ebenfalls nicht unter § 305b fallen (s Rn 8). 23

h) Klauseln, die das **Zustandekommen eines Vertrages mit einem Dritten** regeln, sind nicht tendenziell gegen individualvertragliche Bindungen mit diesem Dritten gerichtet (KG NJW 2002, 1583 – Internetauktion, s auch § 305 Rn 29). 24

Im Übrigen s § 305c Rn 23 ff (individualvertragsferne Klauseln als überraschende Klauseln), § 305c Rn 17 ff (individualvertragskonforme Auslegung von AGB), § 307 Rn 15 (Freizeichnung von Kardinalpflichten), § 309 Nr 1 Rn 17 (Relativierung von Preisvereinbarungen in AGB). Eine Klausel, die den Bauherrn als Verwender zu Abzügen von einem Festpreis ermächtigte, wurde auch als durch eine individuelle Festpreiszusage überlagert angesehen (OLG Frankfurt NJW-RR 1998, 311). Zu Preisbestandteilen, insbesondere **Mehrwertsteuer**, s Rn 7 u § 305c Rn 24. 25

3. Die individualvereinbarungskonkretisierende Funktion von AGB

ABG müssen uU in den Begriffshof von Individualvereinbarungen (s oben Rn 7, 13) Konturen ziehen können (AnwKomm/Kollmann Rn 7). Bei undeutlichen Zusagen im eigentlichen Leistungsbereich ist jedoch eine Abschwächung in AGB („nur wenn ausdrücklich") nach Sinn und Zweck von § 305b nicht möglich (**aA** AnwKomm/Kollmann Rn 7). Im Maschinenbau werden häufig Leistungsgarantien in der Weise gegeben, dass im Garantiefall Schadenersatz nur in bestimmter Höhe oder unter Ausschluss des entgangenen Gewinns zu leisten ist. Darüber wird häufig hart verhandelt. Werden die Dinge nicht textlich auseinander gerissen, so werden auch stehen gebliebene Textbestandteile zu Individualvereinbarungen (s § 305 Rn 44 ff), die zulässig sind (s Rn 29). Zu Klauseln über die Tragung der Mehrwertsteuer s § 305c Rn 24. 26

Im Rahmen eines kaufmännischen Bestätigungsschreibens können AGB eine Individualvereinbarung konkretisieren, genauso wie im kaufmännischen Bestätigungsschreiben selbst die bereits mündlich getroffenen vertraglichen Vereinbarungen inhaltlich konkretisiert und ergänzt werden können (s Lindacher WM 1981, 702 ff). Ein generelles Verbot der Erweiterung des „Funktionsbereiches" des Individualvertrags durch AGB gibt es nicht (Ulmer/Schäfer Rn 15; Wolf/Hau § 305c Rn 7). Vor Übertreibungen schützt § 305c Abs 1 (s dazu Rn 19). In den Grenzen der §§ 305c, 309 und der allgemeinen Grundsätze über die Einbeziehung von Personen als weitere Vertragspartner können auch durch AGB Pflichten „dritter" Personen begründet werden. 27

28 Für den Fall, dass ein **Leistungszeitpunkt** oder -zeitraum festgelegt wird, hat das Gesetz mehrere Regelungen dazu getroffen, was im Fall der Nichteinhaltung rechtens ist. Nicht jede Abweichung von dieser Regelung bedeutet schon einen Verstoß gegen individuelle Festsetzung einer Leistungszeit. Eine auf diese zielende rechtsgeschäftliche Erklärung schließt allerdings den Willen ein, dass die Nichteinhaltung der Frist von Rechts wegen irgendwie sanktioniert wird. Eine Abbedingung aller effektiven Sanktionen ist daher mit dem Sinn einer Leistungszeitfestsetzung nicht vereinbar. Die Unwirksamkeit solcher Freizeichnungsklauseln ist für die Einhaltung der Leistungszeit bereits in § 309 Nr 8 und – für den Verkehr zwischen Unternehmern – in § 307 (s Staudinger/Coester-Waltjen § 309 Nr 8 Rn 12) festgehalten. Freizeichnungsklauseln, welche sich im Rahmen der zulässigen Grenzen bewegen, sind aber auch kein Verstoß gegen eine individuelle Leistungszeitbestimmung. Umgekehrt kann in manchen Situationen ein formularmäßiger Zusatz einer Zeitangabe aus einem Geschäft ein Fixgeschäft machen (s Staudinger/Coester-Waltjen § 309 Nr 4 Rn 14).

29 Nichts anderes gilt beim Kauf im Verhältnis von **Beschaffenheitsangaben** und Freizeichnungsklausel. Dass die Rechtsfolge der Nichteinhaltung einer Beschaffenheitsangabe eine **verschuldensunabhängige** Haftung sei, ist keinesfalls eine ausgemachte Sache der Gerechtigkeit. Wird in AGB für das Fehlen angegebener Beschaffenheit eine Haftung nur im Verschuldensfalle übernommen, so ist dies eine Bestimmung, welche sich im Allgemeinen zulässigerweise im Begriffshof einer Beschaffenheitsangabe bewegt. Etwas anderes gilt nur, wenn der Verkäufer iSv § 444 eine regelrechte Beschaffenheitsgarantie übernommen hat. Dann ist nach manchen eine Haftungsbeschränkung nicht einmal individualvertraglich wirksam. Die durch das FernAbsÄndG vorgenommene Ersetzung des Wörtchens „wenn" durch „soweit" in § 444 Abs 2 muss entsprechend aber auch für § 443 gelten. Es wäre völlig absurd, den Garanten vor die Wahl zu stellen, entweder eine in den Schadenersatzfolgen unbegrenzte oder gar keine Garantie zu geben (s Rn 28). Näheres s auch Bem zu § 444.

30 Eine Klausel, die den Verwender berechtigt, seine Stellung als Vertragspartner auf einen Dritten zu übertragen, betrachtet das Gesetz ausweislich seines § 309 Nr 10 noch nicht per se als unvereinbar mit der individualvertraglichen Festlegung des Vertragspartners (BGH NJW-RR 1990, 613, 614; OLG Hamburg RIW 1982, 205; s aber Rn 10 aE).

III. Das Zustandekommen einer AGB-Klauseln verdrängenden Individualvereinbarung

31 Eine Individualvereinbarung, zu der auch eine während der Vertragsverhandlungen vom Verwender gegebene oder akzeptierte Interpretation von AGB, sowie die **nachträgliche** Abweichung von AGB-Klauseln gehören, muss nach den normalen **rechtsgeschäftlichen Grundsätzen wirksam** zustande gekommen sein. (1) Selbstverständlich müssen insbesondere die **gesetzlichen Formvorschriften** eingehalten werden, zB bei abweichenden Vereinbarungen zu **notariell** beurkundungspflichtigen Kauf-, Gesellschafts- und Treuhandverträgen (Lode BB 1986, 84, 87; Wolfsteiner DNotZ 1979, 579 ff). Sonderprobleme ergeben sich daraus, dass AGB häufig Individualver-

einbarungen für formbedürftig erklären (2) und/oder die Vertretungsmacht zum Abschluss von Individualvereinbarungen ausschließen (3).

1. Individuelle Wünsche als Teil des Angebots oder der Annahme

a) Soweit **AGB individuelle Bestandteile** des auf ihrer Basis geschlossenen Vertrages vorsehen (zB die Einfügung individueller Steigerungssätze bei einer Arzthonorarvereinbarung), entsteht kein Problem. Die Vereinbarung kommt durch individuelle Einigung zustande. Mindestens die vertragliche Bindung dem Grunde nach muss immer individuell vereinbart sein. Im extremen Falle können zwar sowohl der Leistungsgegenstand (Leistungsverzeichnis) als auch das Entgelt vorformuliert sein. Meist sind AGB aber für Verträge gedacht, deren Hauptleistungspflichten individuell vereinbart werden. 32

b) **Individuelle Erklärungen, die in AGB nicht vorgesehen sind** und vielleicht sogar auf deren teilweise Abbedingung hinauslaufen, sind dann Teil eines Vertragsangebots, wenn sie mündlich ausdrücklich formuliert wurden, sich in einem vollständig individualschriftlich abgefassten Dokument oder individualschriftlich in einer Weise in ein Formular eingefügt finden, dass sie normalerweise nicht übersehen werden können. Dem ist beispielsweise so, wenn in der entsprechenden Spalte neben der AGB-Klausel etwas der Klausel Widersprechendes eingetragen wurde (OLG Hamm CR 1995, 535). Wenn der Angebotsadressat als Schöpfer des Formulars die Klausel in den Text aufgenommen hat, bei Bestellung hätten **individuelle Zusätze** und Durchstreichungen **keine Gültigkeit**, so ist dies ohne rechtliche Bedeutung. Denn niemand kann den Zugang rechtswirksamer Angebote zu sich verhindern oder einschränken. Ein solcher Zusatz ist nur ein Hinweis darauf, dass Bestellungen mit individuellen Zusätzen nicht angenommen werden. Antwortet der Adressat dennoch mit einem uneingeschränkten „ja", ist die Individualvereinbarung nach dem objektiven Erklärungswert der Annahme zustande gekommen. Hat sie der Adressat und Schöpfer des Formulars übersehen, kann er aber nach § 119 anfechten. 33

Im **Versicherungsrecht** gilt die Sonderregelung von § 5 VVG für die Vertragsannahme. Auch für das Versicherungsrecht hat die Rspr aber klargestellt, dass individuelle Zusätze im Versicherungsantrag wirksam Bestandteil des Angebots sind (OLG Celle VersR 1960, 121; Ulmer/Schäfer Rn 18; Schmidt-Salzer E 12 ff; Helm NJW 1978, 133; s Rn 1). 34

Freilich muss der Besteller seinen individuellen Zusatz zu einem von anderer Seite vorformulierten Text besonders **augenfällig anbringen**, um ihn dem objektiven Erklärungswert seines Angebots einzuverleiben. Genauso wie nämlich vorformulierte Bestandteile eines Klauselwerkes nicht Vertragsbestandteil werden, wenn sie ihrer äußeren Form nach überraschend sind (s § 305c Rn 26), so werden auch nicht vorgesehene Individualerklärungen nicht Vertragsbestandteil, wenn sie in einer Form abgegeben werden, mit der der Erklärungsempfänger nicht zu rechnen brauchte. Ist auf der Vorderseite eines Formulars auf die rückseitigen Bedingungen verwiesen, und werden diese ganz oder teilweise durchgestrichen, ohne dass auch die Vorderseite mit einem individuellen Zusatz versehen würde, so ist das ganze Klauselwerk Vertragsbestandteil geworden. Aber auch kürzere und leicht übersehbare Durchstreichungen im Vertragsformular selbst müssen klar gekennzeichnet werden. 35

Eine Ausnahme gilt dann, wenn es sich um einen notariell beurkundeten Vertrag handelt, der sich aus vorformulierten individuellen Bestandteilen zusammensetzt (LG Köln WIB 1995, 251). Durch die notarielle Form ist der Schutz vor Überrumpelung des Adressaten gewährleistet.

36 Antwortet der Adressat eines in Gestalt eines geänderten Formulars gehaltenen Angebots mit einem Schreiben, das auf die im Formular ursprünglich enthaltenen Bedingungen hinweist oder diese sogar abermals abgedruckt enthält, dann gilt dies als Ablehnung des individuellen Zusatzes (AG Frankfurt aM MDR 1964, 594). Nimmt der Besteller die Leistung gleichwohl an, so kommt der Vertrag ohne den individuellen Zusatz zustande (s § 305 Rn 196). Wird freilich in der Auftragsbestätigung nur formularmäßig auf die Bedingungen des Unternehmers hingewiesen, dann spricht sehr viel dafür, dass man es lediglich mit einer Verwaltungsroutine zu tun hat. Betrifft der Individualzusatz im Angebot nur eine Einzelheit, so muss man sie daher gleichwohl als angenommen betrachten, wenn sich der Annehmende nicht gegen sie verwahrt.

37 **c)** Findet sich der individuelle Zusatz in einer Erklärung, der rechtlich die Funktion einer Angebotsannahme zukommen soll, etwa in einer Auftragsbestätigung des Verwenders oder in einer Angebotsannahme des Kunden, dann handelt es sich um einen Fall des § 150 Abs 1. Solange keine Leistung erbracht wurde, ist der Vertrag wegen versteckten Dissenses nicht zustande gekommen. Hat der Adressat der Angebotsannahme seine Leistung ganz oder teilweise erbracht, so ist das freilich als Annahme des geänderten Angebots anzusehen (s dazu § 305 Rn 196). Hat der individuelle Zusatz nur die Funktion einer Verwahrung gegen die Geltung einer AGB-Klausel, dann gilt § 306. Dass auch **nach Vertragsschluss zustande gekommene Individualvereinbarungen** Vorrang haben, ist eine bare Selbstverständlichkeit (s Rn 31).

38 **d)** Individuelle Zusagen der einen oder anderen Seite können auch längere Zeit vor Vertragsschluss gemacht worden sein. Sie sind dann nach § 154 Abs 1 S 2 nicht bindend. Wenn sie nicht widerrufen werden, gelten sie jedoch fort.

2. Schriftformklauseln in AGB

39 AGB enthalten häufig Klauseln, wonach nicht nur das Zustandekommen des Vertrages als solches, sondern auch ein individueller Zusatz der Schriftform (einfache Schriftformklausel) oder der schriftlichen Bestätigung durch eine übergeordnete Stelle im Unternehmen (qualifizierte Schriftformklausel) bedarf. Der RegE z AGBG hatte solche Klauseln in den Katalog der absolut unzulässigen AGB-Bestimmungen aufgenommen (BR-Drucks 360/75, 7, 39). Das Parlament hat dies verworfen, weil es ihm „zu wenig flexibel" erschien (BT-Drucks 7/5422, 3). Daher kann man die Unwirksamkeit von Klauseln, welche mündliche Nebenabreden nicht gelten lassen wollen, auch nicht gestützt auf § 307 oder § 305b generell annehmen (so mit Recht Ulmer/Schäfer Rn 32 m umfr wNw, sowie BGHZ 79, 281; BGH NJW 1995, 1488; BAG aaO zur generellen Unwirksamkeit „einfacher Schriftformklauseln" nach § 307 s Rn 40). Die Rechtsprechung wendet neben oder anstatt § 305b (darauf abstellend BGH NJW 2006, 138) aber meist (auch) § 307 als gegen die Unverbindlichkeit späterer Individualvereinbarungen gerichtete und deshalb unangemessene Klausel an (BAG aaO; BGHZ 145, 103 = NJW 2001, 292; BGH NJW 1991, 2559), vor allem natürlich im UKlaG-Verfahren.

a) Vereinbaren Personen die **Schriftform für künftige Abreden**, so kann diese **40** Abmachung durch eine entgegenstehende mündliche Abrede wieder aufgehoben werden. Der Abschluss einer ernsthaft gemeinten mündlichen Abrede ist schlüssig eine solche Wiederaufhebung (BGHZ 164, 133 = NJW 2006, 138; BAG MMR 2010, 336; BAG NJW 2006, 138;; BGH NJW 1962, 1908; NJW 1965, 293; NJW 1968, 33; BGH WM 1971, 1301; WM 1974, 105; BAG NJW 2007, 3739; BAG NJW 1989, 2149; BAG FamRZ 1984, 692). Dagegen kann man sich entgegen früherer höchstrichterlicher Rspr (BGHZ 66, 378 = NJW 1976, 1395; BGH NJW-RR 1991, 1290; BFH BB 1992, 50) auch nicht dadurch absichern, dass man einen Verzicht auf die Schriftform seinerseits nur gelten lassen will, wenn er schriftlich zustande gekommen ist – sog doppelte Schriftformklausel (D Reinicke DB 1976, 2289 ff; Ostermeier ZGR 2007, 260; Soergel/Hefermehl § 125 Rn 33). Als bindend gewollte Vereinbarungen, welche getroffen worden sind, nachdem dem Vertragspartner des Verwenders dessen Erklärung zugegangen ist, dass er seine AGB in den Vertrag einbezogen wissen will, gehen der Schriftformklausel schon nach BGB-Grundsätzen und erst recht nach § 305b auf jeden Fall vor (BGHZ 164, 133 = NJW 2006, 138; BGH NJW 1995, 179 – selbst für unternehmerisches Bestätigungsschreiben; BGH NJW 2009, 3376 und BAG NJW 2009, 315 – beide selbst für sog doppelte Schriftformklauseln; LG Rostock AfP 2011, 407), auch und gerade wenn die Schriftformklausel nicht der Inhaltskontrolle verfällt (BGHZ 164, 133 aaO). So hat man wiederholt eine mündliche Bankauskunft als bindende Vereinbarung ihrer Richtigkeit gewertet, obwohl die allgemeinen Bankbedingungen nur schriftlich bestätigte Auskünfte gelten lassen wollten (so der Sache nach auch BGH WM 1956, 1056; BGHZ 49, 107 = NJW 1968, 589; vgl auch BGH NJW 55, 828 [LS] – entgegen einer Bestimmung in AGB wird Gewähr auch für mündlich übernommene Aufträge übernommen). Das Gleiche gilt auch für sonstige Auskünfte, etwa auch solche von Rechtsanwälten (Schmidt/Salzer E 19) oder anderen freiberuflich Tätigen. Der BGH hat solche Schriftformklauseln rundum als gegen § 9 AGBG (jetzt: § 307) verstoßend betrachtet (NJW 1985, 321, 322; NJW 1995, 1488; BGH NJW 1991, 1751; BGH NJW 2001, 292), da der Vertragspartner durch diese Klauseln von der Durchsetzung seiner Rechte abgehalten werden könnte.

b) Die Rechtslage ist aber im Ergebnis nicht anders, wenn mündliche Verhand- **41** lungen und Hinweise auf AGB praktisch zeitlich zusammenfallen, wenn also Verhandlungen unter Anwesenden mit einem fertigen Vertrag auf Formularbasis enden. Mündliche Vereinbarungen und Schriftformklausel stehen im Widerspruch zueinander. Daher ist die Schriftformklausel unter den konkreten Umständen des Einzelfalles aus den gleichen Gründen wie in der sogleich zu behandelnden Fallgestaltung ungewöhnlich und überraschend (**aA** Ulmer/Schäfer Rn 31; Wolf/Damann Klauseln Rn 12). Es kommt im Grunde also gar nicht darauf an, ob die mündliche Nebenabrede schon wegen ihrer individuellen Natur Vorrang hat (so BGH NJW 1988, 2463, 2464; NJW 1986, 1809; NJW 1982, 1289; Palandt/Grüneberg § 309 Rn 146). Schriftformklauseln, die sich auf neben dem schriftlich abgeschlossenen Vertrag später behauptete Nebenabreden beziehen, sind im Übrigen fast immer als Vollständigkeitsklauseln (Rn 51) zu werten. Die häufig zur Unwirksamkeit von Schriftformklauseln pauschal zitierte Rechtsprechung bezog sich auch fast immer auf Fälle, in denen auch künftige Nebenabreden erfasst sein sollten.

42 **c)** Häufig spielt sich die Vertragsgestaltung folgendermaßen ab: Die mündlichen Verhandlungen enden damit, dass der Kunde auf einem vorgedruckten Formular eine Erklärung abgibt, die nach der Anlage des Vordrucks den Charakter einer **Bestellung** haben soll, welche noch angenommen werden muss. Der Sinn mündlicher Nebenabreden ist dann der, dass sie gelten sollen, falls der Vertrag zustande kommt. Bestätigt der Adressat den Auftrag mit dem individuellen Zusatz, mündliche Nebenabreden sollten nicht gelten, so ist dies, falls solche getroffen worden sind, eine modifizierte Annahme iSv § 150 Abs 2, welche mit Annahme der versprochenen Leistung ihrerseits angenommen wird (s § 305 Rn 196). Enthält die Auftragsbestätigung hingegen formularmäßig oder gar nur in AGB, auf welche verwiesen worden ist, eine Klausel, wonach mündliche Nebenabreden nicht getroffen worden sind, so ist diese Bestimmung häufig „nach den Umständen" so ungewöhnlich, dass der Kunde mit ihr nicht zu rechnen brauchte (AG Passau BB 1978, 12). Nicht verfängt der Einwand, Schriftformklauseln in AGB seien im Gegenteil alltäglich. Der am Erwartungshorizont des Kunden orientierte Vergleichsmaßstab ist in diesem Fall, weil die Schriftformklausel keinen vertragstypisch-spezifischen Sinn hat (§ 305c Rn 8 ff), die gesamte Vertragsabwicklungspraxis. Dass mündlich fest Vereinbartes keine Gültigkeit haben soll, ist aber mit Sicherheit sehr ungewöhnlich. Damit braucht der Kunde nicht zu rechnen.

43 **d)** Demnach sind für den Fall des vom Firmeninhaber selbst oder von einem wirksam bevollmächtigten Vertreter ausgehenden Handelns im Verhältnis zu nicht professionell auftretenden Vertragspartnern Schriftformklauseln im praktischen Ergebnis meist wirkungslos (s BGH NJW 1983, 1853, zur Wirksamkeit von Schriftformklauseln beim Einmannbetrieb). Mit dem Gedanken der unzulässigen Rechtsausübung zu arbeiten (BGH WM 1971, 218; NJW 1975, 1695; OLG Köln 1975, 2271), ist eine entbehrliche Verlegenheitslösung.

44 **e)** Im beiderseitigen **Handelsverkehr** und bei Verträgen mit professionell Handelnden können die Dinge freilich etwas anders liegen. Da, wo nach Abschluss der Verhandlungen ein die Vertragsbestandteile geschlossen wiedergebendes Dokument häufig vorkommt, kann der Unternehmer nicht überrascht sein, wenn die in Bezug genommenen und Vertragsbestandteil gewordenen AGB den während der Vertragsverhandlungen getroffenen mündlichen Nebenabreden Wirksamkeit vorenthalten.

3. Beschränkung der Vertretungsmacht in AGB

45 Selten tritt als konkrete Vertragsabschlussperson auf Seiten des Verwenders (einer) der Firmeninhaber oder der Organwalter einer juristischen Person persönlich auf. Deshalb ergibt sich häufig die Frage, ob die Vertragsabschlussvollmacht des Vertreters formularmäßig dahin eingeschränkt werden kann, dass er zu mündlichen Nebenabreden nicht befugt ist, bzw noch weitergehend, dass mündliche und schriftliche Nebenabreden der Bestätigung durch eine andere Betriebsstelle bedürfen.

46 **a)** Die Rspr behandelte früher solche Klauseln als unwirksam gemäß § 309 und gemessen an § 305b für nachrangig (BGH WM 1982, 445, 446) und verdrängte dadurch den bürgerlichrechtlichen und handelsrechtlichen Ausgangspunkt. Dieser besteht darin, dass die jeweils rechtsgeschäftlich erteilte **Innenvollmacht mit der AGB-Kundgabe über Bevollmächtigungen übereinstimmt**. Auf eine bestehende Begrenzung

einer Vollmacht kann in verständlicher Form auch in AGB hingewiesen werden (BGH NJW 1986, 1809, 1811; OLG Stuttgart BB 1984, 2218; ULMER/SCHÄFER Rn 44). Ein solcher Hinweis verfällt nicht der Inhaltskontrolle, auch wenn er darauf zielt, das Entstehen von Duldungs- oder Anscheinsvollmachten zu verhindern (BGH NJW-RR 1995, 80 = BB 1994, 2169). Der „Hinweis" kann auch das Entstehen einer Anscheins- oder Duldungsvollmacht verhindern, wenn die Klausel als zu weit gehend der Inhaltskontrolle verfällt (ULMER/SCHÄFER Rn 31, 35). Ist einem Vertreter Inkassovollmacht nicht eingeräumt, so kann in AGB auch darauf aufmerksam gemacht werden (OLG Hamm ZIP 1952, 594 f). Die Vorstellung einer durch AGB vorgenommenen „Einschränkung" einer Vollmacht ist daher bezüglich solcher Vollmachten, deren Umfang der Vollmachtgeber festlegt, schief.

b) Die Problematik besteht vielmehr schwerpunktmäßig darin, ob durch eine AGB-Regelung eine aus Rechtsscheinsgründen bestehende gesetzliche Vollmacht oder der gesetzlich festgelegte Umfang einer Vollmachtsart eingeschränkt werden kann. Es handelt sich um folgende Situationen: **47**

Ist der **Verwender nicht Unternehmer**, dann müssen, soll eine durch einen insoweit **vollmachtslosen Vertreter** getroffene Sondervereinbarung wirksam sein, mindestens die Voraussetzungen einer **Duldungsvollmacht** oder Anscheinsvollmacht vorliegen. Die Wirkungen einer Duldungsvollmacht können durch AGB zwar nicht ausgeschlossen werden (OLG Hamm ZIP 1982, 594 f). Jedoch kann auf diese Weise ein Indiz gegen die Duldungsbereitschaft des Verwenders entstehen, s Rn 46.

Ist **der Verwender Kaufmann**, dann kann sich seine Bindung an eine von der eingeschalteten dritten Person getroffene Individualvereinbarung nach § 50 (Prokurist), § 54 Abs 1 S 3 (Handlungsbevollmächtigter), § 55 (Handlungsgehilfe und Handelsvertreter mit Abschlussvollmacht im Außendienst), § 75h (Handlungsgehilfe ohne Abschlussvollmacht jedenfalls für das konkret anstehende Geschäft), § 91a (selbständiger Handelsvertreter ohne Abschlussvollmacht für das konkret anstehende Geschäft) HGB ergeben. Für Unternehmer, die nicht Kaufleute sind, gilt das aber nicht. **48**

Selten werden als Vertreter Personen auftreten, die unter keine der genannten Vorschriften fallen. Keine Bindung zu Lasten seines Prinzipals auslösen kann etwa, wer auch nicht dem Scheine nach die Stellung eines Handlungsgehilfen hatte, wie zB ein Parkwächter (BGH NJW 1968, 1718). Vermittlungsvertreter gelten als Empfangsvertreter. Ihrem Auftraggeber ist das ihnen übergebene Vertragsabschlussangebot des Kunden mit dem Inhalt der Individualabsprache zugegangen (ULMER/HABERSACK Rn 42; KOCH/STÜBING Rn 16, wenn nicht die Voraussetzung von Rn 49 erfüllt sind). Hat der Verwender Vollmachten seines Vertragspartners vorformuliert (s § 305 Rn 6), so gehen individuelle Erklärungen des Letzteren vor (BGH NJW 1987, 2011 – Bankvollmacht bei mündlichem Ausschluss der Kreditaufnahme).

Wenn der in AGB stehende Hinweis untypische und vom Vertragspartner nicht zu vermutende Vollmachtsgrenzen benennt, bleiben die Wirkungen einer Anscheinsvollmacht erhalten. Das gilt etwa dann, wenn solchen Personen das Treffen mündlicher Nebenabreden versagt bleiben soll, die normalerweise umfassende Vollmacht haben (s den Fall BGH NJW 1985, 623, 630 – Bestätigungsklausel für jedwede Änderung des vorformulierten Textes in Opel-Vertragshändlerbedingungen).

49 **c)** In all den genannten Fällen kann die Wirksamkeit der aus Rechtsscheinsgründen gesetzlich begründeten Vertretungsmacht nicht „abbedungen“ werden (Schmidt-Salzer E 19). Es kommt vielmehr darauf an, ob eine AGB-Regelung dazu führen kann, dass der Kunde die Beschränkung der jeweiligen Vertretungsmacht kennen musste oder gar gekannt hat, je nachdem, unter welcher dieser Voraussetzungen die gesetzlich vorgesehene Vertretungsmacht jeweils entfällt. Häufig sind Hinweise auf Grenzen einer Vollmacht aber so formuliert, dass sie auch nicht einschränkbare gesetzliche Vollmachten erfassen. Sie verfallen dann der Inhaltskontrolle (zB OLG Stuttgart BB 1984, 2218).

50 **d)** Lediglich dann, wenn dem Kunden der Hinweis auf die Vertretungsmachtbeschränkung in einer Weise nahe gebracht wurde, dass man auch unter Berücksichtigung seiner typischen Unerfahrenheit normalerweise von einer effektiven Kenntnisnahme ausgehen kann, musste der Kunde sie im Rechtssinne kennen. Dann treten auch die Folgen ein, die nach dem Gesetz an das Kennenmüssen des Umfangs der Vertretungsmacht geknüpft sind, etwa nach § 54 Abs 3 HGB. Das ist beispielsweise der Fall, wenn ein Formular unterzeichnet wird, auf dem die Klausel über die Grenzen der Vertretungsmacht **drucktechnisch hervorgehoben** und **in Unterschriftsnähe** zu finden ist. Nur unter diesen Voraussetzungen ist auch die Rechtsscheinswirkung einer Anscheinsvollmacht zerstört (str, meist undifferenziert nach konkreter Ausgestaltung; für Zerstörung des Rechtsscheins OLG Hamm ZIP 1982, 594 f; Ulmer/Schäfer Rn 44; **aA** OLG Stuttgart BB 1984, 2218). Eine „einfache“ Schriftformklausel irgendwo in den AGB genügt dafür aber nicht (BGH WM 1982, 445, 446; **aA** Ulmer/Schäfer Rn 44). Die Voraussetzungen einer Duldungsvollmacht werden aber durch AGB-Klauseln nicht berührt (Ulmer/Schäfer Rn 44). Allenfalls kann die Substantiierungslast dessen verstärkt werden, der sich auf die Duldung beruft.

4. Vollständigkeitsklauseln

51 Soweit die Vertragsparteien eine Vertragsurkunde errichtet haben, ist auf diese die von der Rspr entwickelte Regel der Vermutung der vollständigen Wiedergabe aller Vereinbarungen (s dazu Staudinger/Hertel § 125 BGB Rn 92) anzuwenden, gleichgültig, ob die einbezogenen AGB eine Schriftformklausel enthalten oder nicht (Ulmer/Schäfer Rn 39) oder ob der Vertrag formbedürftig war oder nur aus freien Stücken schriftlich abgeschlossen wurde (BGH NJW 2000, 217). Die Klausel verfällt auch nicht der Inhaltskontrolle. Die Klausel „weitere Vereinbarungen sind nicht getroffen“ gibt lediglich diese **Vollständigkeitsvermutung** wieder, ohne den Gegenbeweis auszuschließen (so auch BGH NJW 2000, 217; BGH NJW 1981, 922, 923; NJW 1985, 623, 630; NJW 1987, 2012 f, wo die Vollständigkeitsvermutung auch auf einen bloßen Bestellschein angewendet wurde).

§ 305c
Überraschende und mehrdeutige Klauseln

(1) Bestimmungen in Allgemeinen Geschäftsbedingungen, die nach den Umständen, insbesondere nach dem äußeren Erscheinungsbild des Vertrags, so ungewöhnlich sind, dass der Vertragspartner des Verwenders mit ihnen nicht zu rechnen braucht, werden nicht Vertragsbestandteil.

(2) Zweifel bei der Auslegung Allgemeiner Geschäftsbedingungen gehen zu Lasten des Verwenders.

Schrifttum zu beiden Absätzen: GOTTSCHALK, Das Transparenzgebot und Allgemeine Geschäftsbedindgungen 206 AcP (2006) 555 ff.

Systematische Übersicht

Alphabetische Übersicht

I. Rechtssystematischer Standort von Abs 1*

1 Schon die richterliche Inhaltskontrolle Allgemeiner Geschäftsbedingungen **vor Inkrafttreten des AGBG** hat sich erst in der Schlussphase dazu aufgerafft, unangemessene Klauseln wegen ihrer inhaltlichen Anstößigkeit zu verwerfen. Lange Jahrzehnte stand der indirekte Weg im Vordergrund, den auch § 305c Abs 1 weiterhin aufrechterhält. Man orientierte sich an dem Vertragspartner des Verwenders, welcher dessen AGB Vertragsbestandteil werden ließ, ohne sie inhaltlich zur Kenntnis zu nehmen. Man postulierte dann als Einbeziehungsgrenze den – gemessen an Vertragstyp und Individualvereinbarung – überraschenden Charakter einzelner Klauseln. In zahllosen Gerichtsentscheidungen wurden beide Wege begangen (s Rn 2 sowie für vorformulierte Hauptleistungspflichten Rn 4). Die wichtigste Frage zum rechtlichen Stellenwert von Abs 1 liegt denn auch darin, sein Verhältnis zu den Vorschriften über die Inhaltskontrolle zu bestimmen (1). Aber auch eine Besinnung auf sein Verhältnis zu den sonstigen Regeln über das Zustandekommen rechtgeschäftlicher Vereinbarungen tut not (2). Jedenfalls gilt § 305c Abs 1 auch im beiderseits unternehmerischen Verkehr sowie außerhalb der durch § 307 Abs 3 gezogenen Grenzen der Inhaltskontrolle, also auch für die Hauptleistungspflichten (BGH NJW 1995, 2637, 2638; s Rn 22). Im Falle der Einbeziehung durch „kaufmännisches" Bestätigungsschreiben werden überraschende Klauseln schon nach den für dieses Rechtsinstitut geltenden Grundsätzen nicht Vertragsbestandteil (s § 305 Rn 197). Zu Einzel-Verbraucherverträgen § 310 Rn 61 ff.

1. Unwirksamkeit überraschender Klauseln und Inhaltskontrolle

2 Leicht ist es festzustellen, dass inhaltlich anstößige Klauseln nicht überraschend und überraschende nicht inhaltlich anstößig zu sein brauchen. Ebenso klar liegt der logische Vorrang von Abs 1 gegenüber den Vorschriften über die Inhaltskontrolle auf der Hand. Eine Inhaltskontrolle wird – logisch strikt gesehen – nur nötig, wenn feststeht, dass eine Klausel – abgesehen von den Rechtsfolgen ihrer etwaigen Anstößigkeit – Vertragsbestandteil geworden ist. Eine überschneidungslose Abgrenzung der Anwendungsbereiche von Abs 1 einerseits und §§ 307 ff andererseits ist dennoch weder praktisch möglich, noch durch den Zweck des Gesetzes angezeigt (Ulmer/Schäfer Rn 5). Das gilt auch angesichts der durch das SchuldRModG erstmals gesetzlich (§ 307 Abs 1 S 2) verankerten Transparenzkontrolle. Folgerungen über den richterlichen Arbeitsplan im Individualprozess ließen sich von einem etwaigen

* **Schrifttum zu Abs 1**: Schlechtriem, Die sogenannte Unklarheitenregel des § 5 AGBG, in: FS Heinrichs (1998) 503 ff; Vogenauer (rechtsgeschichtlich) in: Zimmermann ua (ed), Historisch-kritischer Kommentar zum BGB Bd II (2007) 1475 ff. Übriges Schrifttum längere Zeit vor 2002 in Vorauflage.

Abgrenzungskriterium auf keinen Fall ableiten (s Vorbem 20), wenn man von der Klugheitsregel absieht, der Richter solle bei inhaltlicher Anstößigkeit auch eine Inhaltskontrolle vornehmen, damit beim Verwender keine Illusion über mögliche Remeduren entstehen (so mit Recht WOLF/HAU Rn 7). Darauf zu pochen, dass die sachliche Angemessenheit einer Regelung mit der Ungewöhnlichkeitskontrolle nichts zu tun habe (ULMER/SCHÄFER Rn 12; SCHMIDT-SALZER F 24), hieße, sich die Augen davor zu verschließen, dass der Vertragspartner des Verwenders einen Schutz vor sachlich angemessenen Überraschungen nicht nötig hat und dass manches Vorformulierte nur deshalb tolerierbar wird, weil es dem Vertragspartner des Verwenders ins Auge springt (s Rn 4, 30). Auch von der Schutzfunktion des Gesetzes her ist es sinnvoll, die Anwendungsbereiche von Abs 1 einerseits und §§ 307–309 andererseits sich überschneiden zu lassen (hM, etwa SOERGEL/STEIN, AGBG § 9 Rn 2). Deshalb ist es aber nicht nötig und wäre der Griffigkeit der Unterlassungsklage nach §§ 1 ff UKlaG auch abträglich, die Inhaltskontrolle auf Klauseln zu erstrecken, die unabhängig vom Einzelfall überraschend sind (s § 1 UKlaG Rn 12, 17). Zwar gibt es keine Klauseln, die ohne jede Rücksicht auf ihre Einbeziehungsmodalität überraschend wären (ULMER/SCHÄFER Rn 13a). Jedoch verrät manches Klauselwerk, dass es tendenziell auf Verheimlichung wichtiger Inhalte angelegt ist. Dann ist eine Regelung aber auch sachlich unangemessen. Schließlich sind die Rechtsfolgen der Anwendbarkeit von Abs 1 und der von §§ 307–309 die gleichen (ULMER/SCHÄFER Rn 5). Insbesondere ist auch im Anwendungsbereich von Abs 1 eine **geltungserhaltende Reduktion** grundsätzlich nur in gleichem Umfang zulässig, wie im Falle von Klauseln, die der Inhaltskontrolle verfallen (s § 306 Rn 22 ff). Ist eine Klausel iSv Abs 1 überraschend, kann offen bleiben, ob die fraglichen AGB nach § 305 Abs 2 wirksam einbezogen worden sind (WOLF/HAU Rn 5). Allerdings sollte tendenziell der ehrlichere Weg beschritten werden (so mit Recht STOFFELS, AGB-Recht Rn 330).

Die Gerichtsentscheidungen sind daher auch zahlreich, in denen eine Klausel sowohl der Inhaltskontrolle verfiel als auch wegen ihres Überraschungscharakters nicht Vertragsbestandteil werden konnten (Beispiele: BGH NJW 2002, 3627; BGH NJW 1996, 249; BGHZ 130, 19 = NJW 1995, 2553 – Entscheidungen zur überraschenden Erweiterung von Bürgschaften und Besicherungen; BGHZ 110, 88, 97 = NJW 1990, 2065 – Liefertermine und -fristen in Einkaufsbedingungen als „fix"; LG Frankfurt aM NJW-RR 1987, 745; OLG Düsseldorf ZIP 1994, 288). Die Aufbereitung des in der bisherigen Rspr auftauchenden und der Kautelarpraxis entnommenen Anschauungsmaterials für die Zwecke dieser Kommentierung ließe sich daher in weiten Bereichen sowohl den Vorschriften über die Inhaltskontrolle als auch § 305b Abs 1 zuordnen. Als praktikables Abgrenzungskriterium für die Behandlung des Stoffes dient in diesem Kommentar nicht der logische Vorrang von Abs 1. Nahezu die gesamte Inhaltskontrolle müsse sonst schon unter diesem Gesichtspunkt behandelt werden. Auf die unzähligen Aussagen in Rspr und Literatur, in denen §§ 307b–309 und § 305c bzw ihre Vorgängernormen nebeneinander angewandt wurden, der Akzent aber klar auf der Inhaltskontrolle lag, wird an dieser Stelle meist nicht eingegangen. Auch im beiderseits unternehmerischen Verkehr liegt der Schwerpunkt einer Klauselbeurteilung häufig auf § 307 und nicht auf Abs 1 (eine akribische Analyse der Rspr bis zum Jahr 1999 bringt THALMAIR, Vom Postulat der Überraschungsfreiheit von AGB-Klauseln zu ihrer Transparenzkontrolle [Inauguraldissertation München 1999]). Letztere Norm bleibt aber insbesondere Bewertungsmaßstab für Klauseln, deren überraschender Charakter sich am Maßstab für Individualvereinbarungen zeigt (s Rn 24 sowie für vorgedruckte Bedingungen, die nach § 307 Abs 3 S 1 der

Inhaltskontrolle nicht unterfallen, Rn 23 sowie 44). Die **EG-Richtlinie**, die auf Verdrängung missbräuchlicher Klauseln gerichtet ist, hat zwar auch ein Transparenzerfordernis aufgestellt, Art 5 S 1, aber daneben überraschende Klauseln nicht gesondert angesprochen. Für Allgemeine Geschäftsbedingungen iSv § 305 Abs 1 bringt Abs 1 daher eine zusätzliche Kontrolle. Im Übrigen s § 310 Rn 61 ff. In der Schweiz hat die Entwicklung des AGB-Rechts in der EU kaum Spuren hinterlassen (dazu Wiegand, in: FS Kramer [2004] 331 ff).

2. Abs 1 und sonstige Rechtsgeschäftsprinzipien

3 Einer Abgrenzung bedarf der Anwendungsbereich von Abs 1 einerseits von dem der Vorschriften des BGB über Zustandekommen und Wirksambleiben vertraglicher Vereinbarungen und andererseits von § 305b über individuelle Abmachungen.

4 **a)** Abs 1 ist sicherlich eine **Teilpositivierung allgemeiner Grundsätze der Rechtsgeschäftslehre**. Wird in einem Vertrag, dessen Text der eine Teil verfasst hat, auf einen Text verwiesen, den der andere Teil nicht kennt, so wird man häufig auch außerhalb des Anwendungsbereichs von Abs 1 dazu gelangen, Bestimmungen aus dem einbezogenen Text die Wirksamkeit zu versagen, wenn sie überraschend sind (daher Kritik von Wolf/Hau Rn 3 nicht treffend). Trotz § 23 Abs 1 AGBG hatte das BAG die Vorschrift als Ausdruck eines allgemeinen Rechtsgedankens schon zu einer Zeit auch auf Arbeitsverträge angewandt, als es noch kein Gegenstück zu § 310 Abs 4 S 2 gab (BAG ZIP 1998, 439; BAG NZA 1996, 534 = AP Nr 1 zu § 3 AGBG/Fastrich; ähnlich LAG Berlin DB 1993, 942). Für den AGB-Bereich ist Abs 1 jedenfalls eine **für den Verkehr mit Privaten und Unternehmern gleichermaßen geltende Sondervorschrift**, welche die Frage danach obsolet macht, welche Rechtsfolgen sich ergäben, wenn das allgemeine BGB-Vertragsrecht anwendbar wäre. Abs 1 gilt auch für Vertragsangebote, die nach Vorstellungen des Verwenders unter bestimmten Voraussetzungen nicht bindend werden sollen, aber nach der durch Abs 1 bedingten Eliminierung vorformulierter Bestandteile doch bindend werden (s § 305 Rn 6). Abs 1 ist insbesondere eine Sondervorschrift auch im Verhältnis zu den Bestimmungen über Notwendigkeit und Zulässigkeit einer **bürgerlichrechtlichen Anfechtung**. Einer solchen bedarf es gegenüber einer in AGB enthaltenen überraschenden Klausel nicht. Vor allen Dingen muss der Kunde nicht dem Verwender unverzüglich, nachdem er eine solche entdeckt hat, mitteilen, dass er sich an sie nicht gebunden fühlt. Dagegen ist Abs 1 keine Sonderregelung des versteckten Dissenses (Ulmer/Schäfer Rn 2; **aA** Löwe/Trinkner Rn 6), der nur vorliegt, wenn sich die Vertragspartner konkret unterschiedliche Vorstellungen vom Vertragsinhalt machten, und der objektive Erklärungswert ihrer Äußerungen nicht eindeutig ist (lehrreiches Bsp: BGH NJW 1995, 2637). Auch der objektive Erklärungswert überraschender Klauseln ist aber meist eindeutig (so mit Recht Götz, Zum Schweigen im rechtsgeschäftlichen Verkehr [1968] 127). Selbst wenn der Verwender arglistig gehandelt haben sollte (so etwa der Fall LG Nürnberg-Fürth NJW 1961, 1310 – wesentliche Ausnahme von der auf der Vorderseite des Formulars angepriesenen 2-Jahres Garantie), weil er etwa genau weiß, dass der Kunde auf die eine oder andere Klausel sich niemals eingelassen hätte, wenn er ihren Inhalt erfasst hätte, bedarf es keiner Anfechtung wegen arglistiger Täuschung. Das ergibt sich daraus, dass Abs 1 zugunsten des Vertragspartners des Verwenders grundsätzlich die schärfere Waffe ist und kein Grund besteht, sie ihm zu nehmen, wenn er arglistig getäuscht wurde oder sich

konkrete Fehlvorstellungen über den AGB-Inhalt gemacht hat. Eine Haftung des Verwenders aus cic bleibt aber unberührt (dazu näher LASS JZ 1996, 67, 68). War freilich eine arglistige Täuschung über den Inhalt von Geschäftsbedingungen motivierend für den Vertragsschluss schlechthin, so bleibt es bei der allgemeinen Regel von § 123 (s § 306 Rn 8). Deswegen eine unzumutbare Härte iSv § 306 Abs 3 anzunehmen, wenn sich der Vertragspartner aufgrund arglistigen Verhaltens des Verwenders vom Vertrag lösen möchte (LASS 74), bedarf es genauso wenig wie das Absehen von der Jahresfrist des § 124 Abs 1.

Abs 1 gilt grundsätzlich für alle AGB zu privatrechtlichen Rechtsgeschäften. Auch **Versicherungsbedingungen** oder behördlich genehmigte Bedingungen machen keine Ausnahme (s aber unten Rn 40).

Freilich verlangt der erkennbare Sinn von Abs 1, den Kunden des Verwenders zu schützen, in einer Hinsicht eine einschränkende Auslegung der Vorschrift. Finden sich in AGB – gemessen am dispositiven Gesetzesrecht oder am individuellen Zuschnitt des Vertrags – **„überraschende" Vergünstigungen**, so unterfallen sie der Vorschrift nicht (allgM). Das folgt bereits daraus, dass Abs 1 nur Klauseln nennt, mit denen der Kunde nicht zu rechnen „brauchte", nicht aber solche, auf die er nicht hoffen konnte. Auch wenn sich eine in der Hauptstoßrichtung die Vertragspartner des Verwenders benachteiligende Vorschrift im Einzelfall zugunsten des Kunden auswirken würde, muss man sie für anwendbar halten, wie überhaupt Abs 1 unanwendbar ist, wenn der Vertragspartner es so wünscht.

b) Tendenziell überraschende Klauseln verlieren diesen ihren Charakter und 5
werden dann Vertragsbestandteil, wenn der **Vertragspartner des Verwenders** von ihrem Inhalt vor Vertragsschluss in einer Weise **Kenntnis genommen hat** oder zumutbarerweise hätte Kenntnis nehmen können, dass er ihren Sinn erfasste (BGH BB 2004, 181 = NJW-RR 780: bloße textliche Entdeckung nicht ausreichend) oder der Verwender jedenfalls darauf vertrauen durfte (hM; **aA** LG München NJW-RR 1989, 417; OLG Düsseldorf WM 1984, 84; SOERGEL/STEIN AGBG § 9 Rn 5, 15, die einem etwaigen Hinweis nur im Rahmen von § 305 Abs 2 Beachtung schenken will). Dies ist insbesondere dann der Fall, wenn der Vertragspartner auf den Inhalt besonders **hingewiesen** (BGHZ 131, 55, 59 = NJW 1996, 191; BGH NJW 1992, 1822; allgM) oder die Klausel markant drucktechnisch hervorgehoben wurde (BGH BB 2004, 179, 181 = NJW-RR 2004, 780; BGH NJW-RR 2002, 485, 486; nicht ausreichend aber im Fall BGH BB 2001, 2019, s Rn 39 ff). Für notarielle Verträge ist die Rechtsprechung uneinheitlich (s BGHZ 75, 55; BGH NJW-RR 2001, 1420; BGH ZIP 1988, 12, 14 f; BGHZ 114, 338, 340). Eine klare Gliederung und eine verständliche Sprache der AGB allein vermögen die Einbeziehung allerdings nicht zu gewährleisten (BGHZ 131, 55, 59; LINDACHER JZ 1981, 158), sind aber ein Indiz dafür (ULMER/HABERSACK Rn 23; s Rn 30). Eine notarielle Beurkundung (BGH NJW 2001, 1421, ständige Rspr) oder die **Lektüre** durch den Vertragspartner allein muss den überraschenden Charakter der Klausel nicht aufheben (Beispiele: BGH NJW 1978, 1519, 1520; BGH BB 1982, 1018, 1019; LG Düsseldorf NJW 1979, 605 – Situation des Patienten bei Abschluss des Krankenhausaufnahmevertrags; OLG Düsseldorf WM 1984, 82, 85; OLG Köln NJW 1990, 776; OLG Oldenburg NJW-RR 1990, 1523). Die **Beweislast** für einen etwaigen Hinweis trägt nach allgA der Verwender (BGH NJW-RR 2001, 1421; BGHZ 109, 197, 203 = NJW 1990, 576, 577), obwohl nach der Tatbestandsstruktur von Abs 1 die faktischen Voraussetzungen für einen überraschenden Charakter einer Klausel der Vertragspartner dartun und beweisen müss-

te. Man kann jedoch den Überraschungsausschluss eines Hinweises als ungeschriebenes negatives Tatbestandsmerkmal ansehen. Ein Hinweis vermag einer Klausel freilich nur ihren überraschenden Charakter zu nehmen. Es entfällt aufgrund des Hinweises also lediglich die Anwendbarkeit von Abs 1. Nichts vermag ein Hinweis auszurichten, wenn eine Klausel nach §§ 307–309 unwirksam ist. Im Bestreben, den möglichst einfachen Weg zu gehen (s Staudinger/Coester Vorbem 17 f zu §§ 307 ff), kann freilich ein Gericht, ist ein besonderer Hinweis unterblieben, bzgl einer möglicherweise der Inhaltskontrolle verfallenen Klausel auch heute noch argumentieren, „jedenfalls" sei sie wegen Abs 1 nicht Vertragsbestandteil geworden.

Ist der Kunde über die Tragweite einer Klausel ins Bild gesetzt worden, so wird diese aber noch nicht zur **Individualvereinbarung** (s § 305 Rn 47).

6 **c)** Werden in etwa zeitgleich von denselben Partnern in wirtschaftlichen Zusammenhang stehende mehrere formell selbständige Verträge geschlossen, so ist im Rahmen des § 139 die Frage zu behandeln, ob sie wirtschaftlich als einheitliches Geschäft zu betrachten sind – ggf mit der Folge, dass die Nichtigkeit des einen die Unwirksamkeit des anderen nach sich zieht. Sind beide Verträge von einer Seite vorformuliert, dann greift die sonst an die formelle Verschiedenheit von Verträgen geknüpfte Vermutung gegen die Geschäftseinheit nicht. Es entsteht aber auch keine gegenteilige Vermutung (**aA** Ulmer/Schäfer Rn 7). Vielmehr ist allein darauf abzustellen, ob die Aufrechterhaltung eines der Verträge aus der Sicht des Vertragspartners des Verwenders einen wirtschaftlichen Sinn ergibt. Mit Abs 1 hat die Problematik nichts zu tun (**aA** LG München I BB 1980, 1552, 1553).

II. Objektive Ungewöhnlichkeit und normative Diskrepanz von AGB-Inhalt und Erwartungshorizont des Kunden als Bewertungsmaßstab

Damit Abs 1 anwendbar wird, muss eine Klausel mit einem bestimmten Inhalt irgendwo im unteren Teil einer von „niemals" bis „immer" reichenden Skala der Verwendungshäufigkeit zu finden sein (1). Das Gesetz begnügt sich damit aber nicht, sondern bringt („so dass") ein zweites Tatbestandsmerkmal, das schwierig zu fassen ist (2).

1. Das empirische Tatbestandsmerkmal „ungewöhnlich"

7 Werden bestimmte Klauseln **häufig verwandt**, erscheinen sie redaktionstechnisch nicht unüblich versteckt, und hat sich der Vertragsschluss auch nicht unter unüblichen Begleitumständen oder mit unüblich individuellem Zuschnitt abgespielt, so kann eine offene Inhaltsklausel die Unwirksamkeit der Bestimmung ergeben; als ungewöhnlich nach Abs 1 lässt sie sich dann aber nicht schon deshalb aus dem Vertrag ausscheiden, weil sie aus der Perspektive eines unprofessionellen Vertragspartners des Verwenders tatsächlich überraschend ist (BGH NJW 1981, 117 – Wiederveräußerungsverbot als neu gekaufte Automobile vor Erstzulassung; Ulmer/Schäfer Rn 16; **aA** noch Löwe/Trinkner Rn 12). **Aufrechnungsausschlüsse** sind etwa so weit verbreitet, dass sie nicht unter Abs 1 fallen, auch wenn der mit der AGB-Praxis nicht vertraute Vertragspartner des Verwenders mit einer solchen Klausel tatsächlich nicht rechnen konnte (OLG Nürnberg WM 1972, 264). Bestimmungen in AGB werden allerdings nicht

schon dadurch zu üblichen, dass das Klauselwerk, in dem sie stehen, sehr weit verbreitet ist.

a) Der **Vergleichsmaßstab** für das Urteil „in einem bestimmten Maße gewöhnlich oder ungewöhnlich" lässt sich in einer griffigen Formel nicht darstellen. Das Abstraktionsniveau der Vergleichsbasis ist nämlich sehr unterschiedlich – je nachdem, ob eine Bestimmung auf einen speziellen Vertragstyp zugeschnitten ist oder von Regelungen des allgemeinen Schuldrechts bzw von relativ abstrakten Regelungen des besonderen Schuldrechts (Beispiel: Werkvertrag) abweicht, ohne dass dies durch den konkreten Vertragstyp indiziert wäre (Wolf/Hau Rn 24; **aA** Canaris NJW 1987, 609; Kolhosser ZIP 1986, 1429; Ulmer/Schäfer Rn 14, die immer auf den konkreten Vertragstyp abstellen, aber doch Abs 1 AGBG auch gegenüber sehr weit verbreiteten AGB für anwendbar halten). Wird bei einer Berufshaftpflichtversicherung für Unternehmensleiter von der Versicherungswirtschaft Versicherung nur auf der Basis des „claims-made-Prinzips" angeboten, dann ist Vergleichsmaßstab diese spezielle Art der Berufshaftpflichtversicherung (OLG München NZG 2009, 714). Wird die Gewährleistung für die Reparatur bestimmter Geräte geregelt, so ist Vergleichsbasis die Gesamtheit von Reparaturverträgen bzgl solcher Geräte. Denn es liegt auf der Hand, dass für jeden Werkvertragstyp – und selbst für jeden Reparaturvertragstyp – gewährleistungsrelevante Sondergegebenheiten existieren, die in den sehr abstrakten Regelungen der §§ 633 ff unberücksichtigt geblieben sind. **Annuitätendarlehen** sind ein eigener Vertragstyp. In ihnen fanden sich bis zum Ende der 80er Jahre Zinsberechnungsklauseln, die als Berechnungsbasis von Kreditständen vom Ende des vergangenen Jahres ausgehen, so dass zwischenzeitliche Teilamortisationen nicht berücksichtigt wurden. Ganz überwiegend wurden solche Klauseln wegen ihrer weiten Verbreitung zu Recht nicht als überraschend iSv § 3 AGBG angesehen (Nachweise bei Ulmer/Schäfer Rn 41a). Der BGH hatte ausschließlich mit § 9 AGBG gearbeitet (BGHZ 106, 42, 47 ff = NJW 1989, 222; s Staudinger/Coester § 307 Rn 186). Das Gleiche gilt für nur wenige Tage ausmachende Wertstellungsklauseln in AGB der Banken für Kontoführungen (OLG Karlsruhe WM 1987, 1447; s Staudinger/Coester § 307 Rn 90). In einem Grundstückskaufvertrag verfällt eine solche Regelung aber sicher dem Abs 1, so wie der BGH für eine Verzinsungspflicht ab einem Zeitpunkt, der mehrere Monate vor Vertragsschluss liegt, auch entschieden hat (BGHZ 114, 340). Für **Aufrechnungs- und Abtretungsverbote** lassen sich hingegen häufig aus der Spezifität des jeweiligen Vertragstyps keine eigenständigen Bewertungsgesichtspunkte entnehmen. Vergleichsbasis ist dann die Häufigkeit innerhalb der Gesamtheit der Schuldverträge und nicht nur innerhalb der Gesamtheit der dem abgeschlossenen Vertragstypen gleichen Verträge. Es ist dann zu fragen, ob die Vereinbarung eines Aufrechnungs- oder Abtretungsverbots beim Abschluss eines schuldrechtlichen Vertrags ungewöhnlich ist oder nicht. Immer gehören zur Vergleichsbasis auch die Verträge, die ohne Zugrundelegung von AGB geschlossen werden. Nicht etwa ist Abs 1 so zu verstehen, dass auf die Häufigkeit bestimmter Klauselinhalte nur bezogen auf solche Verträge geachtet werden müsste, die unter Einbeziehung von AGB geschlossen werden. Wenn freilich auf dem Markt Verträge eines bestimmten Typs so gut wie ausschließlich auf der Grundlage bestimmter AGB oder bestimmter AGB-Klauseln geschlossen zu werden pflegen, so verfallen diese, auch wenn sie für den Vertragspartner des Verwenders zwangsläufig überraschend sind, dem Abs 1 nur, sofern sie einen Regelungsgegenstand betreffen, der nicht vertragstypspezifisch ist. Bestimmungen in **Allgemeinen Versicherungsbedingungen** und erst recht in auch heute noch behördlich 8 genehmigungspflichtigen Monopolbedingungen sind daher Angriffen aus Abs 1 weniger stark ausgesetzt als andere AGB (Bsp: OLG Saarbrücken NJW-RR 2006, 1623 – Beschränkung der Krankenversicherung auf Behandlung durch niedergelassenen Arzt). Die früher verfochtene These, solche Bedingungen seien gewissermaßen immun gegen § 3 AGBG (Löwe/Trinkner Rn 30; Bruckner WM 1987, 449, 456; **aA** hM) wurde durch zahlreiche erstaunliche Rechtsprechungsfälle desavouiert (s Rn 40). Auch die Einbeziehung solcher Bestimmungen in einen Vertrag kann nach Abs 1 vor allem daran scheitern, dass sie individualvertragsfern (Rn 23) oder in der äußeren Ausgestaltung ungebräuchlich (Rn 29) sind (zu den Versicherungsbedingungen s auch Rn 45 und Staudinger/Coester § 307 Rn 555 ff). Selbst **notarielle Verträge** aufgrund vorformulierter Texte eines Vertragsteils können überraschende Bestandteile haben (BGH NJW 2002, 490; BGH NJW 1991, 2142; vorausgesetzt in BGHZ 106, 42 = NJW 1989, 222; BGHZ 75, 15, 20 ff = NJW 1979, 2387). Das bloße Verlesen des Vertrags in der Notariatsverhandlung ändert daran selten etwas.

9 Wegen der erkennbaren Zielrichtung der Norm sollte dann, wenn der Kunde des Verwenders durch die Klausel typischerweise überrascht wird, ein möglichst **kundengünstiger Vergleichsmaßstab** genommen werden. Dadurch verflüchtigt sich das im Tatbestandsmerkmal „ungewöhnlich" steckende empirische Element. Auch Bestimmungen in monopolartig den Markt beherrschenden Bedingungswerken können iSv Abs 1 überraschend sein und sind es dann, wenn sie an verdeckter Stelle oder systematisch falsch platziert sind oder Ausnahmeregelungen darstellen, die dem von der Regel geprägten Erwartungshorizont des Vertragspartners zuwiderlaufen (s Rn 23). Geht es nämlich um den in der Redaktionstechnik liegenden **Überrumpelungseffekt**, so ist Vergleichsmaßstab der generelle Standard vertraglicher Regelung und nicht der spezielle Geschäftstyp. Differenzieren kann man auch nach dem tendenziell ausschließlich angesprochenen Kundenkreis und deutlich großzügiger sein, wenn die Verwendung lediglich gegenüber Unternehmern gedacht ist, auch wenn im Einzelfall wirklich ein (in diesem Fall sicherlich wirtschaftlich nicht unbedarfter) Verbraucher Vertragspartner ist (Oetker AcP 212 [2011] 231).

10 Da Gewöhnlichkeit oder Ungewöhnlichkeit streng genommen empirisch fassbare Sachverhalte sind, müssten im Falle kontroverser Beurteilung durch die Parteien so Beweis erhoben werden wie über die Existenz eines Handelsbrauches. Es ist freilich noch kein Fall bekannt geworden, in dem ein Gericht einen solchen Beweis erhoben hätte oder in dem sein Unterlassen einer Beweisaufnahme auch nur beanstandet worden wäre. Man kann es daher als eine gewohnheitsrechtliche Regel betrachten, dass die **Gerichte** über Gewöhnlichkeit oder Ungewöhnlichkeit aufgrund ihres **Erfahrungswissens** entscheiden (zur Häufigkeit, Mieter in einem Einkaufszentrum zum Beitritt zu einer Werbegemeinschaft zu verpflichten: BGH NJW 2006, 3057).

11 Eine lehrreiche Illustration für das Gesagte ist die Rspr zur Gültigkeit formularmäßiger **Gerichtsstandsvereinbarungen**, soweit diese nach § 38 ZPO überhaupt zulässig sind. Schwerpunktmäßig hat die Praxis heute die Problematik in der Inhaltskontrolle nach § 307 angesiedelt (s dort Rn 370) und im Verbrauchergeschäft die Unterlassungsklage gegen Gerichtsstandsklauseln zugelassen, die nach § 38 ZPO nicht zulässig sind (BGH BB 1983, 524). Aber auch für Abs 1 bleibt ein Restanwendungsbereich. Die Vereinbarung eines Gerichtsstands am Sitz des Lieferanten oder des sonst die Sachleistung erbringenden Teils ist sehr weit verbreitet und wird

jedenfalls nicht wegen ihres überraschenden Charakters verworfen (OLG Frankfurt NJW 1974, 194; OLG München NJW 1973, 1620 lfde Nrn 17 und 18; OLG Köln VersR 1976, 537; OLG Hamburg MDR 2000, 170 – Großstadt in der Nähe des Lieferantensitzes). Eine Klausel, welche ein Gericht an einem Ort zuständig machen will, der mit der Abwicklung des konkreten Vertragsverhältnisses in keinem Zusammenhang steht (OLG Hamm NJW 1995, 2499; OLG Köln 1989, 1068, 1069; LG Konstanz BB 1983, 1372; heute wohl allgM), insbesondere nicht dem allgemeinen Gerichtsstand der einen oder anderen Partei (OLG Karlsruhe BB 1973, 1604; OLG Hamburg NJW-RR 1999, 1506 – Zulässigkeit bei örtlicher Nähe des prorogierten Gerichts) oder der die Vertragsverhandlung führenden Niederlassung, sondern der entfernten Hauptverwaltung (LG München I BB 1973, 167; LG Nürnberg Fürth NJW 1973, 1618) entspricht, ist indes ungewöhnlich und damit nach Abs 1 unzulässig, wenn das weitere Tatbestandsmerkmal dieser Norm vorliegt (s Rn 12). Mit dem Argument, Art 23 EuGVVO/Brüssel I-VO, LugÜ regele nur die Form einer Gerichtsstandsvereinbarung, hält man überwiegend Abs 1 auch im Bereich dieser Regelung für anwendbar (OLG Karlsruhe NJW 1982, 1950 OLG Düsseldorf NJW-RR 1989, 1330 = RIW 580; Wolf § 9 AGBG Rn G 135). Dem allgemeinen Trend entspricht es besser, die Missbrauchskontrolle, zu der auch die Unterbindung von Gerichtsstandsvereinbarungen mit überraschendem Effekt zählt, als Aufgabe der Fortbildung von EuGVVO/Brüssel I-VO, EuGVÜ/LugÜ selbst zu betrachten (näher Schlosser, EU-Zivilprozessrecht [3. Aufl 2009] Art 23 Rn 31 mwNw). Sind Art 23 EuGVVO/Brüssel I-VO, Art 17 EuGVÜ/LugÜ nicht anwendbar, vor allem wenn die internationale Zuständigkeit der deutschen Gerichte zugunsten eines Gerichts in einem Nichtvertragsstaat derogiert wird, ist Abs 1 einschlägig, soweit auf die Gerichtsstandsvereinbarung deutsches Recht anwendbar ist (s OLG Düsseldorf NJW-RR 1988, 1260: selbst bei schweizerischem Wohnsitz des Vertragspartners, Vereinbarung der Zuständigkeit schweizerischer Gerichte überraschend, wenn die Anwendbarkeit des deutschen Rechts in der Sache vereinbart worden ist).

b) Dem zusätzlichen Tatbestandsmerkmal „nach den Umständen“, insbesondere „nach dem äußeren Erscheinungsbild des Vertrages“ ist ein Sinn nicht abzugewinnen, wenn man nur an den Inhalt der Klauseln denkt. Denn ob Inhalte von AGB-Klauseln in einem bestimmten Grade üblich oder unüblich sind, kann unmöglich von den Umständen und dem Erscheinungsbild des Vertrages abhängen. Gemeint ist, dass auch ein ungewöhnlicher äußerer Zuschnitt der Klausel oder ihrer Unüblichkeit, gemessen an den Umständen des Vertragsschlusses, sie zu einer ungewöhnlichen iSv Abs 1 machen können. Seine Rspr zusammenfassend sagt der BGH (NJW 2001, 1417; ebenso NJW-RR 2001, 1421 u BAGE 115, 372 sowie LG Flensburg 1 S 71/10 – juris, versteckte Entgeltsklausel): „Die Erwartungen des Vertragspartners werden von allgemeinen und von individuellen Begleitumständen [des Vertragsschlusses] bestimmt. Zu Ersteren zählen etwa der Grad der Abweichung vom dispositiven Gesetzesrecht sowie für den Geschäftskreis übliche Gestaltung, zu Letzteren der Gang und der Inhalt der Vertragsverhandlungen sowie der äußere Zuschnitt des Vertrags.“ Lehrreich ist die Behandlung von versteckten Entgeltklauseln bei „Angeboten“ zur Aufnahme in ein Verzeichnis (BGH VII ZR 262/11 – juris). 12

Die Vertragscharakterisierung durch Überschrift kann einzelne Klauseln überraschend machen (OLG Hamburg IBR 2005, 3; s auch Rn 39). Die individuellen Begleitumstände können aber die Indizwirkung der Überschrift auch aufheben (LG Saarbrücken NJW-RR 2002 915). Sind mehrere konzernmäßig verbundene Banken Vertragspartner von Darlehensverträgen, die der Finanzierung eines Objekts dienen, dann ist die Nichtabnahmeentschädigung in einem der Darlehensverträge für den Fall überraschend, dass die Finanzierung des Gesamtobjekts daran scheitert, dass eine andere konzernangehörige Bank, die Gewährung des beantragten Kredits ablehnt (BGH NJW 1998, 683). Dem BGH (BGH NJW 1988, 558; BGHZ 130, 150, 154 = NJW 1995, 2637; BGH NJW 1997, 3372, 3374) zufolge ist nicht auf die „Kenntnismöglichkeit des konkreten Vertragspartners", sondern vielmehr auf die „Verständnismöglichkeit des typischerweise bei Verträgen der geregelten Art zu erwartenden Durchschnittskunden" abzustellen. Bei speziellen Wertpapieren wie Genussscheinen ist die Verwendung technischer oder betriebwirtschaftlicher Begriffe nicht ungewöhnlich (LG München I 5 HK O 20632/10). In Fällen eines breit gestreuten personellen Anwendungsbereichs von AGB muss man aber auf die Verständnismöglichkeit des am Wenigsten geschulten Kreises von Vertragspartnern abstellen. Dass eine Klausel im Verhältnis zu manchen Vertragspartnern dem Abs 1 verfällt, im Verhältnis zu anderen nicht, ist unschädlich. Ist eine Reise durch ein selbständiges Reisebüro vermittelt worden, so ist eine Klausel überraschend (und unangemessen), die die Geltendmachung von Reisemängeln bei diesem Reisebüro ausschließt (LG Frankfurt aM NJW-RR 1987, 745). Ein Umstand, der gegen die Einbeziehung spricht, ist auch, dass die Bedingungen dem Kunden aus Anlass einer Erklärung unterschoben werden, die während der Vertragsdurchführung abgegeben wurde (s auch Rn 41). **Bevollmächtigungsklauseln** können nach den Umständen zu Lasten des Vertragspartners überraschend sein (BGH NJW 1991, 923, 925 – gegenseitige Bevollmächtigung von Ehegatten, zu Lasten des Gemeinschaftskontos unbeschränkt Verbindlichkeiten einzugehen). In einem Bauvertrag ist aber eine erhebliche Einschränkung der dem Architekten an sich erteilten Vollmacht nicht überraschend (OLG Düsseldorf NJW-RR 1996, 1485).

Vor allem eine besonders **raffiniert gehaltene Aufteilung** von kundenfreundlichen Klauseln und Klauselbestandteilen (fettgedruckt auf der Vorderseite) und kundenunfreundlichen Klauseln (kleingedruckt auf der Rückseite) kann Letztere oder einen Teil von ihnen zu ungewöhnlichen iSv Abs 1 machen (BGH NJW 1978, 1519 – in „Darlehensvorvertrag" einer Brauerei mit einem Gastwirt zwar Bierbezugspflicht festgeschrieben, nicht aber der Anspruch auf das Darlehen; LG Köln Schäfer/Finnern Z 2. 321 LAB 26, 34; OLG München BB 1976, 1001 – alle für den versteckten Ausschluss der Bauhandwerkersicherungshypothek; LG Wuppertal NJW-RR 1991, 1148 – im BTX-Angebot nur ein Bruchteil der auf den Kunden zukommenden Kosten genannt, im Übrigen auf umfangreiche AGB verwiesen). Der äußeren Form nach unüblich können auf den oberflächlichen Leser abgestellte **Verklausulierungen** von Bestimmungen sein. Die Berechnung etwa von **Verzugszinsen** von ursprünglichen Leistungsentgelten und nicht von noch geschuldeten Beträgen, gehört sicher hierher. Meist wird man überhaupt die Angabe von Zinssätzen dem Abs 1 unterstellen müssen, wenn sie an eine andere Ausgangsgröße als den jeweils noch kreditierten Betrag anknüpfen (s aber Rn 8).

Den Kunden belastende Klauseln hat die Rspr auch immer wieder deshalb nicht mit Vertragsbestandteil werden lassen, weil sie an **systematisch unpassender Stelle** standen. Meist verfielen solche Klauseln aber auch gleichzeitig der Inhaltskontrolle (OLG Köln NJW 1994, 1483 – Neuanlaufen der sechsjährigen Vertragsdauer in jedem Fall einer „technologischen Anpassung"; OLG Düsseldorf DB 1993, 2176 – in AGB versteckte Verpflichtung eines gewerblichen Mieters, eine monatliche Abgabe an eine Werbegemeinschaft zahlen; BGH NJW 1977, 63). Trotz Überschrift „Anzeigenaboauftrag" ist ein im Fließtext versteckt stehender Auftrag zur mehrmaligen Wiederholung einer Anzeige überraschend (LG Saarbrücken NJW-RR 2002, 915). Sind Übergabeprotokolle bei Abschluss oder Beendigung eines Mietverhältnisses AGB – aber nur dann! –, sind Änderungen mietvertraglicher Bestimmungen überraschend (Kappus, in: FS Graf vWestphalen [2010] 374 ff, aber unzulässigerweise Gedanken auf alle Übergabeprotokolle übertragend). Die Regelung in Bestimmungen zu einer Firmenkreditkarte, dass auch jene firmenangehörige Person, auf die die Kreditkarte ausgestellt ist und die den Antrag dazu unterzeichnet hat, gesamtschuldnerisch mithaftet, ist nicht zu beanstanden, wenn dies im Formular in einer ins Auge springenden Weise zum Ausdruck kommt (OLG Frankfurt NJW-RR 1989, 1523 – Eurocard; OLG München NJW 1988, 1076 – Eurocard), ohne diese Voraussetzung aber doch (LG Bremen NJW-RR 1989, 1522 – DINERS). Überraschend ist auch eine Klausel, die den Ausschluss der anfänglichen Garantiehaftung des Vermieters in der systematischen Stellung „Aufrechnung, Zurückbehaltung" versteckt (BGH NJW 2010, 3152). Unüblich können auch Klauseln sein, die zwar häufig vorkommen, aber zu dem im Widerspruch stehen, was Werbung vorgetäuscht hat (BGH NJW 1974, 73; Ulmer/Schäfer Rn 11; Einzelheiten s Rn 29). Versteckte Kostenklauseln bei Internetdienstleistungen, die mit dem Anschein des unentgeltlichen Bezugs feilgeboten werden, werden als überraschend nicht Vertragsbestandteil (Berger ZGS 2009, 252). Gegenüber **sprachungewandten Ausländern** gelten keine Besonderheiten (Schäfer JZ 2003, 882).

2. Das normative Tatbestandsmerkmal „nicht zu rechnen brauchen"

Entgegen dem, was die etwas sorglose Redaktion von Abs 1 anzudeuten scheint, ist 13
der Umkehrschluss von der Ungewöhnlichkeit auf die Ungeeignetheit, Vertragsbestandteil zu werden, nicht zwingend. Auch die akzelerative Verknüpfung des Begriffs „ungewöhnlich" mit dem des „Rechnen müssens" drückt das Gemeinte nur unvollständig aus. Es ist nämlich keineswegs so, dass die Vereinbarungshäufigkeit nur eine bestimmte Marke (Rn 6) unterschreiten müsste, um die Rechtsfolge von Abs 1 auszulösen. Dann könnte niemand erstmals bestimmte Klauseln einführen (s unten Rn 17). Zur Ungewöhnlichkeit kommt vielmehr noch ein **normatives Tatbestandselement**, das in dem Begriff „nicht zu rechnen braucht" versteckt ist. In der amtlichen Begründung zum AGBG ist es mit „deutlicher Diskrepanz zwischen den durch die Umstände des Vertragsschlusses begründeten Erwartungen des Kunden und dem tatsächlichen Inhalt der betreffenden AGB" (BR-Ducks 360/75, 19 f) ausgedrückt. Noch besser stellt man auf das Fehlen von Befürchtungen, auf die Arglosigkeit des Kunden, auf den ihn treffenden **Überrumpelungseffekt** ab (BGH st Rspr, etwa NJW 2001, 1421; NJW 1995, 2637, 2638; BAG ZIP 1998, 439. Zur entsprechenden Judikatur des öOGH Gruber, in: FS Kramer [2004] 508 ff). Daher spielen individuelle Umstände eine große Rolle (AnwKomm/Kollmann Rn 9), etwa ein besonderer Hinweis (BAGE 121, 257). Ein besonders flagrantes Beispiel ist die von einer Versicherung konzipierte „Scheckfalle" (OLG Frankfurt JZ 2005, 471). Jedenfalls kann die Diskrepanz zwischen dem Erwartungshorizont des Kunden und dem Inhalt der AGB nur wertend begriffen werden, nämlich nach den Auswirkungen, die die Klausel für den Kunden hat. In der Gerichtspraxis hat die Orientierung an diesem Wertungsbegriff die Feststellung der objektiven Ungewöhnlichkeit weitgehend verdrängt. Die hM stellt auf den für die fraglichen Verträge typischerweise zu erwartenden „Kunden"-Kreis ab (BGH st Rspr, zuletzt BGHZ 130, 150, 154 = NJW 1995, 2637; Ulmer/Habersack Rn 13; Wolf/Hau § 3 AGBG Rn 35 und viele andere; lehrreiches Bsp BGH NJW 1987, 2080 – Gewährleistungsfrist in den in Bezug genommenen „zusätzlichen Vorschriften für Straßenbauarbei-

ten für ein Fachunternehmen vorhersehbar"). Für gewerbliche Mieter in einem Einkaufszentrum ist es nicht ungewöhnlich, dass sie einer Werbegemeinschaft beitreten müssen (BGH NJW 2006, 3057). Auf den intellektuellen Standard des konkreten Vertragspartners zu blicken, ist in der Tat unangebracht. Wichtig ist aber festzuhalten, dass das Durchschnittskundenniveau im Lichte der für den Verwender erkennbaren Umstände des Vertragsschlusses gesehen werden muss (heute wohl unstr; Bsp BGH NJW 1987, 2011; BGH NJW 1981, 117, 118; BGH NJW 1977, 195, 197; Ulmer/Schäfer Rn 13a). Ein lehrreiches Beispiel für die Eignung einer Klausel als Vertragsbestandteil trotz ihres rein psychologisch gesehen durchaus überraschenden Charakters bietet die BGH-Entscheidung (BGH BB 1976, 1616), in der eine Klausel bestätigt wurde, der zufolge die unbefugte Mehrfachverwendung eines von einem Adressenverlag zur Verfügung gestellten Materials – unter Kaufleuten (heute: Unternehmern) – eine Vertragsstrafe in Höhe des Zehnfachen der vereinbarten Vergütung auslöst. Auch die Regel in Verkaufsbedingungen für neuwertige Kfz, dass Abtretung des Auslieferungsanspruchs und Weiterveräußerung vor Erstzulassung unzulässig seien, ist sinnvoll und dem Käufer zumutbar und wäre sicherlich auch dann nicht an § 305c Abs 1 (§ 3 AGBG) gescheitert, wenn Vertragshändler anderer Hersteller noch nicht solche Klauseln verwandt hätten (s BGH NJW 1981, 117).

14 Damit zeigt sich aber, dass Abs 1 im Grunde nichts anderes ist als eine besondere Variante der Inhaltskontrolle. Sind die §§ 307–309 zugeschnitten auf die Machtlosigkeit des Vertragspartners des Verwenders, so setzt Abs 1 an seiner Arglosigkeit an und trifft, wie ausgeführt (Rn 2), regelungstypisch solche Klauseln, deren Anstößigkeit sich gerade aus der Uninformiertheit des Kunden und seiner daraus erwachsenen Überrumpelung herleitet. In § 864a öABGB ist die „Nachteiligkeit" einer Klausel Tatbestandsvoraussetzung für das Verdikt „überraschende Klausel". In Deutschland ist sie als selbstverständlich vorausgesetztes Tatbestandselement. Auch eine ganz unübliche Klausel braucht dem Verdikt nicht zu unterfallen. Sie tut es dann nicht, wenn sie sich in einem sinnvollen Rahmen hält, insbesondere wenn sie sich harmonisch in einem bisher unüblichen Vertragstyp einfügt. Man kann aber sagen: je unüblicher eine Klausel ist, umso mehr muss sie sich durch inhaltliche Angemessenheit ausweisen, um vor Abs 1 bestehen zu können. Dabei ist im Individualprozess nicht nur nach typischen Kundengruppen zu differenzieren, sondern auf den Erfahrungshorizont des konkreten Kunden abzustellen, so wie er dem Verwender im Zeitpunkt des Vertragsschlusses erkennbar war. Eine häufig vorkommende Klausel kann freilich nur nach den §§ 307 ff kontrolliert werden (anders insoweit das österreichische Recht, s Gruber, in: FS Kramer [2004] 506 ff)

15 Greift man das in Rn 11 gebrauchte Beispiel der **Prorogation eines Gerichts** wieder auf, das von den allgemeinen Gerichtsständen der Beteiligten weit entfernt ist, so zeigt sich: eine solche Bestimmung ist nicht nur sehr ungewöhnlich. Sie ist meist auch inhaltlich eine Zumutung, weil sie für den Vertragspartner von einschneidender Bedeutung ist, zumal keine auch nur annähernd gleichwertigen Interessen des Verwenders dem gegenüberstehen und weil jener *deshalb* nicht mit ihr zu rechnen braucht. Bestehen aus besonderen Gründen legitime Interessen des Verwenders an einer solchen Klausel, dann kann die Klausel nach Aufklärung des Kunden wirksam werden. Das ist etwa der Fall, wenn der Verwender mit der Abwicklung von Rechtsstreitigkeiten eine Inkassofirma an einen bestimmten Ort beauftragen will oder weil er die Parteilichkeit der für den Wohnsitz seines Vertragspartners zuständigen Gerichte zu seinen Lasten als Großunternehmer fürchtet und anstatt seines eigenen Gerichtsstands ein lokal neutrales Gericht wählen möchte oder weil im vorgesehenen Gericht eine Spezialkammer (etwa für Baurecht) existiert, die bekanntermaßen rasch und kompetent arbeitet.

Eine Sonderstellung nehmen freilich Prorogationen der **internationalen Zuständigkeit und Schiedsklauseln in internationalen Handelsgeschäften** ein. Wenn eine Rechtsbeziehung Bezüge zu mehreren Staaten hat, dann ist es weder unüblich noch überraschend, wenn die Gerichte eines der in Frage kommenden Staaten und bei dieser Gelegenheit auch innerhalb dieses Staates die Gerichte am Sitze einer der beteiligten Parteien gewählt werden (BGH WM 1974, 244). Im Rahmen internationaler Beziehungen ist auch die Vereinbarung der Zuständigkeit der Gerichte eines nach redlichen Gesichtspunkten ausgewählten neutralen Landes nicht ungewöhnlich, etwa bei Handelsgeschäften unter europäischen Firmen die Vereinbarung der Zuständigkeit schweizerischer Gerichte. Auch **Rechtswahlklauseln** können an Abs 1 scheitern, wenn auf die Rechtswahlvereinbarung deutsches Recht zur Anwendung kommt (OLG Düsseldorf ZIP 1994, 288; dass RIW 1996, 681 f). Eine Überraschung kann aber nicht aus der Vereinbarung eines Rechts hergeleitet werden, das mit der Vertragsdurchführung eng zusammenhängt (Termingeschäfte an der Londoner Börse) oder gar aus dem Inhalt eines der EU angehörigen Staates (deshalb das OLG Düsseldorf aaO zu Recht kritisierend Aden RIW 1997, 723, 724). 16

III. Einzelheiten von Abs 1

Die kaum noch überschaubare Rspr lässt sich nicht glatt systematisieren. Die nachfolgende Darstellung ist daher mehr stichwortartig. Die Stichworte beziehen sich zunächst auf die Art von Regelungen, die im Zusammenhang mit den unterschiedlichsten Vertragstypen als überraschend oder nicht überraschend gewertet wurden (1). Bei manchen Vertragsarten zeigt sich eine Häufigkeit von Rechtsprechungsfällen, in denen der Maßstab des Abs 1 (bzw von § 3 AGBG) angelegt wurde. Die Rspr zu diesen Vertragsarten wird gesondert dargestellt werden (2). Die **Neuartigkeit** eines Bestandteils von eingeführten Bedingungswerken als solche begründet freilich noch keine Verwirklichung von Abs 1 (Soergel/Stein AGBG § 9 Rn 8; **aA** Wolf/Hau § 3 AGBG Rn 26; Ulmer/Schäfer Rn 20). Eines ausdrücklichen Hinweises auf die Neuerung bedarf es nur dann, wenn mit dem Kunden ständig aufgrund früherer Fassung kontrahiert wurde und die Änderung von einschneidender Bedeutung ist. 17

1. Überraschende Bestimmungen in den AGB zu den unterschiedlichsten Vertragselementen

a) Die Rspr hatte es häufig mit Fällen zu tun, in denen ein **weiteres Geschäft**, in den AGB versteckt, vereinbart werden sollte, das eine qualitative Erweiterung der vertraglichen Beziehungen unter den Parteien schon in den **Hauptleistungspflichten** bedeutete. Wenn der gesamte Vertrag nicht deutlich als gemischter Vertrag ausgewiesen ist (etwa **„Kauf- und Wartungsvertrag"**), so unterfällt derartiges dem Abs 1 (Ulmer/Schäfer Rn 6), etwa in AGB zu Kaufverträgen sich findende Klauseln über **Wartungsaufträge** oder über fortlaufende Belieferung mit **Betriebsmitteln zu gekauften Maschinen** (allgM). Nichts anderes gilt im umgekehrten Falle, in dem in den zur Ausgestaltung eines Miet- oder Dienstleistungsvertrages gedachten AGB auch Ein- 18 kaufsverpflichtungen auftauchen. Hierher gehören auch in AGB versteckte **bedingte Abschlussverpflichtungen**, etwa die Verpflichtung des Vertragspartners einer Versicherungsgesellschaft, die als Kreditgeber auftritt, sämtliche oder bestimmte Arten von Versicherungen ausschließlich bei ihr zu nehmen (Ulmer/Schäfer Rn 30; Schmidt-Salzer E 24; OLG Stuttgart VersR 1968, 466 – beide für den Fall der das mit Grundpfandrechten zu belastenden Grundstück betreffenden Sachversicherungen). Auch Ankaufsverpflichtungen in Erbbaurechtsverträgen sind, wenn formularmäßig gehalten, überraschende Klauseln (BGH NJW 1979, 2387). Ein Wiederkaufsrecht der Gemeinde für den Fall unterbliebener Bebauung ist aber nicht überraschend (OLG Koblenz MDR 1995, 1110). Wenn entsprechende Illoyalitäten zu befürchten sind, sind **Abwerbungsunterlassungsverpflichtungen** in AGB nicht überraschend (BGH BB 1963, 712; LG Hagen BB 1970, 1511; **aA** Schmidt-Salzer E 25). In der amtlichen Begründung zum AGBG sind als Beispiel für die Anwendbarkeit von § 3 AGBG auch Maklerbedingungen genannt, die **Provisionsleistungen für Folgegeschäfte** unter den Partnern des ursprünglich vermittelten Geschäfts vorsehen, obwohl genauso gut § 307 angewandt werden könnte (vgl BGHZ 60, 243 = NJW 1973, 990 – allein auf die Unangemessenheit abstellend; noch etwas anders akzentuierend BGH BB 1964, 1451). ISv Abs 1 ungeeignet, Vertragsbestandteil zu werden, sind in Darlehensverträgen von Brauereien mit Wirten Bestimmungen, welche eine **Bierbezugsverpflichtung** unabhängig von der Inanspruchnahme des Darlehens begründen sollen (BGH NJW 1978, 519), sowie eine Bestimmung in den AGB des Getränkegroßhändlers, wonach der Kunde außer Flaschenpfand auch noch Miete für das Leergut bezahlen soll (LG Köln MDR 1987, 672). In **Ausgleichsquittungen**, etwa arbeitsrechtlicher Art, ist ein Verzicht, auf Einwendungen gegen die Kündigung (LAG Berlin BB 1993, 942) oder gar ein Verzicht auf alle mit dem Arbeitsverhältnis zusammenhängenden Ansprüche (LAG Düsseldorf DB 2005, 1463) überraschend, vor allem bei missverständlicher Überschrift (BAG BB 2005, 1795). In formularmäßig fixierten Aufträgen, vorvertragliche Handlungen zu tätigen, wie ein Grundstück schätzen zu lassen oder Kostenvoranschläge zu machen, sind Entgeltzusagen überraschend (BGH WM 1982, 202; OLG Köln ZIP 1980, 981; **aA** KG WM 1982, 1332 – unter der selbstverständlichen Voraussetzung, dass der Kunde den Auftrag mit der Klausel unterschrieben hat, bevor er den Kostenvoranschlag in Auftrag gab). Die Verzinslichkeit des noch nicht fälligen „Grundstückskaufpreises ab Nutzungsübergang" ist aber nicht überraschend (BGH NJW-RR 2001, 195). Preisanpassungsklauseln außer in Verträgen über Dauerschuldverhältnisse können überraschend sein (Echelt, Vertragsanpassungsrecht [2008] 137). Zur ergänzenden Vertragsauslegung bei Unwirksamkeit solcher Klauseln s § 306 Rn 12 ff.

19 **b)** Zu den atypischen und daher in zu beanstandender Weise überraschenden **Vertragserweiterungen** gehören auch Bestimmungen über die Erweiterung der vertragscharakteristischen Leistung (s Rn 23), natürlich auch eine in einer „Vertragsannahme" enthaltene Entgeltpflicht für im Internet angebotene „Anmeldungen", für die nur ganz versteckt von Entgeltlichkeit die Rede war (LG Berlin NJW-RR 2012, 424). Im **Baurecht** kann zwar vereinbart werden, dass der Bauunternehmer gegen entsprechende Entgelte **zusätzliche Leistungen** übernehmen muss, zu denen sich der Bauherr während der Bauausführung entschließt, sofern sie sich in vernünftigem Rahmen halten. Dessen Option auf Leistungen, die die Arbeitsplanung des Bauunternehmens grundlegend sprengen, kann aber nicht versteckt in AGB vorgesehen werden (vWestphalen, Das AGBG im Spiegel des Baurechts 56), verfällt zudem häufig auch der Inhaltskontrolle (Ulmer/Christensen „Bauverträge" Rn 11). Überraschend ist

auch eine Klausel in einem Katalog von Aufschließungskosten, die kostenpflichtige Begründung von Bauleistungen, die mit der eigentlichen Errichtung des zu einem Festpreis bestellten Hauses nichts zu tun haben (BGH NJW 1984, 171). Ein Generalübernehmer kann sich in AGB nicht wirksam bevollmächtigen lassen, im Namen des Bauherrn Bauleistungen an Dritte zu vergeben (BGH NJW-RR 2002, 1312). In einem Vertrag zwischen einem Generalübernehmer und einem Nachunternehmer kann nicht auf Bedingungen des Bauherrn verwiesen werden, die trotz Pauschalpreisvereinbarung einen teilweisen Leistungsentzug gegen entsprechende Entlohnungskürzung gestatten (BGH NJW 2007, 3423). In **Einkaufsbedingungen** sind überraschende Klauseln solche, die Liefertermine und -fristen als „fix" (BGH NJW 1990, 2065 – gleichzeitig unwirksam auch nach § 307) ausweisen. In Bedingungen, in denen ein **Auktionator** beauftragt wird, eine Sache für den Interessenten zu versteigern, kann aber eine Erhöhung um 5–10% des genannten Höchstbetrags vereinbart werden, wenn dies an auffälliger Stelle des Vertragsformulars so vorgesehen ist und ein nicht einverstandener Kunde den Zusatz unschwer streichen kann (BGH NJW 1980, 1619, 1620). Auch bedingte Laufzeitverlängerungen können an § 305c Abs 1 scheitern (AG Itzehoe NJW-RR 2000, 1507). Besondere, im Fluss sich befindliche politische oder regionalwirtschaftliche Rahmenbedingungen können auch eine Kaufpreisanpassungsklausel als nicht überraschend ausweisen (BGHZ 146, 331, 336 = NJW 2001, 2399). Bei der Vermietung noch zu erstellender Räume ist die bloße Angabe von Berechnungsgrundlagen für den Mietzins ebenfalls nicht überraschend (BGH NJW-RR 2001, 439), genauso wenig wie der Verfall von Entgeltsnachlässen, wenn gerichtliche Einklagung nötig wird (LG Köln MDR 2002, 630).

c) Zu den überraschenden Vertragserweiterungen gehört der Grundidee nach 20
auch das, was andererseits als sog Erweiterung des **Funktionsbereichs des Vertrags** oder im Laufe der Vertragsabwicklung erstellter Papiere unter § 306 (so Löwe/Trinkner Rn 31) behandelt wird (wie hier Ulmer/Schäfer § 305b Rn 15). Dazu gehört der Versuch der Koppelung mehrerer Verlagsverträge mit einem und demselben Autor dergestalt, dass ein großer Verkaufserfolg aus einem Buch zu Abzügen zu Lasten des Autors führt, weil der Verkaufserfolg der anderen Bücher die jeweils vereinbarte Mindesthonorargarantie nicht erreicht (OLG Frankfurt NJW 1991, 1489); in Vollmachtsurkunden enthaltene Regelungen über das Geschäftsbesorgungsverhältnis, etwa die Verjährung von Ersatzansprüchen, sind jedenfalls dann überraschend, wenn dort nur der Verweis auf eine auf den Vertrag an sich nicht anwendbare gesetzliche Vorschrift steht und der Vertragspartner keine Kopie erhält (OLG Düsseldorf OLG Rspr Düsseldorf 1997, 86); in Anwaltsvollmachten enthaltene Abtretungen von Kostenerstattungsansprüchen (LG Nürnberg-Fürth AnwBl 1976, 166 – generell; OVG Münster NJW 1987, 3029 für Verwaltungs- und Verwaltungsstreitverfahren); Regelung über die Kündigung eines Heizkostenablese- und Abrechnungsvertrags in einem Heizkostenabrechnungsformular (OLG Stuttgart WRP 1989, 201); Verzicht auf Ansprüche gegen jeden Dritten in vorformulierten Bestandteilen eines Abfindungsvergleichs (BGH VersR 1986, 467). Die **persönliche Haftung eines Bevollmächtigten**, der einen Vertrag oder gar nur ein während der Vertragsabwicklung ausgestelltes Papier unterzeichnet (LG Frankfurt aM NJW-RR 1987, 828); insbesondere die Einbeziehung von **Angestellten**, die den Vertrag **für ihre Firma unterzeichnen**, in die persönliche Haftung, etwa bei KFZ-Mieten in der Form, dass der „Fahrer" als Mitmieter bezeichnet wird – darauf spekulierend, dass der zur Abholung des Fahrzeugs geschickte „Fahrer" den Mietvertrag unterzeichnen werde (OLG Naumburg NJW-RR 1997, 49); Begründung einer

Gesamtschuldnerstellung in einer Einzugsermächtigung eines Dritten (LG Mönchengladbach NJW-RR 1998, 1359); Haftungsübernahme durch Minderheitsgesellschafter im Kontoeröffnungsantrag für die GmbH bezüglich der Schulden der späteren GmbH (OLG Brandenburg NJW-RR 2002, 685); zur Bürgschaft siehe Rn 39; Auferlegung der Mithaftung für die Behandlungskosten zu Lasten eines einen Notfallpatienten in ein Krankenhaus einliefernden Begleiters (OLG Düsseldorf NJW 1995, 3062). Nicht überraschend sind Regelungen in Bank AGB, wonach sich nach dem Ableben des Kunden eine Verfügungsbefugnis aufgrund qualifizierter Vorlage letztwilliger Verfügungen ergibt (OLG Celle NJW 1998, 82). Auch Haftungsbegrenzungen zugunsten anderer Personen als des Vertragspartners oder seiner Hilfspersonen sind regelmäßig als überraschend nicht einbezogen (BGH BB 2004, 179 = NJW-RR 2004, 780; BGH BB 2004, 179).

21 **d)** Auch untypische **Nebenleistungspflichten und -obliegenheiten** werden nach Abs 1 nicht Bestandteil eines Vertrags, wenn sie in AGB stehen. Formularmäßig kann nicht vereinbart werden, der Baukunde müsse sein Haus als Musterhaus zur Besichtigung bereitstellen – schon gar nicht mit der Maßgabe, widrigenfalls erhöhe sich der Preis (OLG Nürnberg MDR 1977, 137). Ein Mieter kann nicht versteckt in umfangreichen AGB verpflichtet werden, eine Versicherung für von ihm nicht zu vertretene Schäden zu nehmen (AG Düsseldorf NJW-RR 1990, 1429 – richtiger Weise wohl auch als Verstoß gegen § 307 zu werten). Einem Kfz-Mieter kann nicht in AGB abverlangt werden, das Objekt nur durch einen Fahrer mit mindestens einjähriger Fahrpraxis fahren zu lassen (OLG Hamm NJW-RR 1992, 1275). Die Haftungsfreistellung des **Mieters eines Kfz** kann aber sehr wohl davon abhängig gemacht werden, dass er bei Unfällen unverzüglich die Polizei verständigt (OLG Stuttgart VersR 1988, 97). Bei einem Mietvertrag über Geschäftsräume ist die Umlage von „Kosten der kaufmännischen und technischen Hausverwaltung“ nicht überraschend (BGH NJW 2010, 621; BGH NZM 2012, 83). Für einen Teilnehmer an einem von einem Versandhaus veranstalteten Gewinnspiel ist es überraschend, wenn ihm die Zustimmung zur beliebigen Verwendung seiner Daten und seines Lichtbildes zu Werbezwecken abverlangt wird (OLG Karlsruhe NJW-RR 1988, 302). Überraschend ist auch die Auferlegung von Kosten für die Überlassung von Adressen an einen Handelsvertreter (OLG Saarbrücken NJW-RR 1997, 99). Absurd ist es freilich, eine Zustimmung des Mieters einer Erdgeschosswohnung zur Freihaltung des Hauszugangs von Schnee und Eis für überraschend zu erklären, nachdem dieser die Verpflichtung viele Jahre lang befolgt hat (LG Frankfurt aM NJW-RR 1988, 782); der inzwischen 76 Jahre alt gewordenen Mieterin hätte nach den Grundsätzen über den Wegfall der Geschäftsgrundlage dergestalt geholfen werden müssen, dass diese Pflicht demjenigen Mieter auferlegt wird, dem es am ehesten zumutbar war – unter entsprechender Anpassung des jeweiligen Mietzinses. Vor allem können Klauseln überraschend sein, die eine im Gesetz nicht vorgesehene Haftung begründen (OLG Frankfurt NJW 2004, 2602). Allerdings darf man nicht den Blick verengt nur auf das klagende Opfer (oder Möchtegern-Opfer) richten. Wenn in Teilnahmebedingungen für Lernveranstaltungen von einer Haftungseinschränkung die Rede ist, so entspricht es vernünftiger Auslegung, sie auch auf die Haftung der Teilnehmer untereinander zu beziehen, einer Auslegung, von der das Opfer genauso hätte profitieren können (**aA** OLG Koblenz – 12 U 1529/09 – VRR 2011, 384).

22 **e)** Eine **überraschende Einschränkung** von Rechten des Vertragspartners liegt vor, wenn Verjährungsfristen so verkürzt werden, dass es auf die Kenntnis des An-

spruchsgrundes oder die Möglichkeit von deren Erlangung nicht ankommt (Saarl OLG NJW-RR 2004, 780), wenn Kreditbedingungen den Kreditnehmer verpflichten, die Valuta vorrangig zur Ablösung eines anderen Kredits zu verwenden (OLG Hamburg ZIP 1983, 1432, 1433), sofern dies nicht dem abgesprochenen Sinn des Geschäfts entspricht. Gleiches hat die Rspr auch angenommen, wenn § 639 Abs 2 aF abbedungen werden sollte (OLG Hamburg WM 1985, 586) oder wenn Garantiebedingungen andere Einschränkungen gegenüber dem enthalten, was das Garantieschlagwort nahe legt (AG Rastatt DAR 1988, 170). Wenn „Eigenschaftszusicherungen" nach früherem Kaufrecht formularmäßig mit den Worten eingeschränkt werden sollten „soweit dem Verkäufer bekannt", so wurde dies ebenfalls als unwirksam angesehen (KG NJW-RR 1998, 131; **aA** für privaten Verkäufer LG Zweibrücken NJW 1999, 585, s Rn 124; OLG Düsseldorf MDR 2002, 635 – für Laufleistung eines Fahrzeugs). Zu Risikoausschlüssen in Versicherungsbedingungen s Rn 39. Nicht anders verhält es sich, wenn andere **Schlagworte im Vertrag** den Eindruck vermitteln, der Kunde erhalte ein grundbuchmäßig abgesichertes **Time-sharing-Recht**, aus den AGB sich aber ergibt, dass der Verwender seine Verpflichtungen schon dadurch erfüllt, dass er den Käufer in das „Gemeinschaftsregister" einträgt (BGH NJW 1995, 2637), oder wenn sich lediglich aus beigefügten AGB ergibt, dass der Patient einen gespaltenen Krankenhausvertrag dergestalt eingegangen ist, dass der Krankenhausträger nicht Schuldner der ärztlichen Leistungen sein soll (BGHZ 121, 107 = NJW 1993, 779 = JZ 1062 Anm Rieling; s auch OLG Köln NJW 1990, 776). In AGB kann auch nicht stehen, dass der Vermieter nur eine Raumtemperatur von 18°C zusagt (LG Heidelberg WuM 1982, 2). Gleiches gilt, wenn der nach dem äußeren Erscheinungsbild eines Vertrags die charakteristische Leistung erbringende Teil auch um ihre Finanzierung bemüht sein soll, in seinen Bedingungen aber festhält, die Gültigkeit des Kauf- oder Werkvertrages hänge vom Erfolg seiner Bemühungen nicht ab. Häufig wird freilich auch in solchen Fällen eine mindestens schlüssig getroffene Individualabrede dahin vorliegen, der Abschluss des Kauf- oder Werkvertrages solle solange aufschiebend bedingt sein, bis eine Finanzierungsregelung zustande gekommen ist. Müssen individuell zu fertigende Anlagen nach individuellen Plänen behördlich genehmigt werden, so ist ein Auftrag zur Erstellung der Anlage nach seinem sozialtypischen Sinn von der Erteilung der Genehmigung abhängig. AGB können dann nur die Abwicklung im Fall der Genehmigungsverweigerung näher regeln. Sie können aber nicht bestimmen, dass die Verweigerung der Genehmigung auf die weitere Gültigkeit des Vertrags überhaupt keinen Einfluss haben soll (OLG Düsseldorf NJW 1965, 762). In **Reisebedingungen** kann nicht bestimmt werden, dass nur jener, der als Bevollmächtigter auftritt, die Ansprüche des Vollmachtgebers geltend machen können soll (OLG Düsseldorf NJW-RR 1987, 888). In Arbeitsvertragsbedingungen ist eine Probezeit von sechs Monaten überraschend, wenn das Arbeitsverhältnis ohnehin auf ein Jahr befristet ist (BAG BB 2008, 1736). **Nicht überraschend** ist hingegen die Überwälzung von **Schönheitsreparaturen** auf den Wohnraummieter (BGHZ 105, 71, 84 = NJW 1988, 2790; zur Inhaltskontrolle s aber Staudinger/Coester § 307 Stichwort „Schönheitsreparaturen"), das Entfallen eines Mietzinsnachlasses im Falle gerichtlicher Geltendmachung der Miete (LG Köln MDR 2002, 630) sowie eine Regelung in einem **Kfz-Mietvertrag**, dass neben dem Mieter (und anderen als Fahrer genannten Personen) weitere Personen nur bei ausdrücklicher Genehmigung des Vermieters das Fahrzeug führen dürfen (OLG Karlsruhe VersR 1980, 432). Wird das **Werkunternehmerpfandrecht** ausgeschlossen, so ist dies ebenso wenig überraschend (BGH NJW 1984, 2100, hA; **aA** Wolf/Hau Rn 30) wie die Einräumung eines Vertragspfandrechts zugunsten des Werkunternehmers (BGH WM 1983, 843). Überraschend sind aber Verfallklauseln bezüglich bezahlter Vorschüsse (LG Frankfurt NJW RR 1999, 284). In Kundenbedingungen sind Klauseln überraschend, die die natürliche Preiserwartung der Gegenseite begrenzen, wie die Formel in einem Bauvertrag „Auch bei einem Einheitspreisvertrag ist die Auftragssumme limitiert" (BGH NJW-RR 2005, 246). Als überraschend wurden Klauseln auch deshalb beurteilt, weil sie von dem Gewährleistungsmodell des an sich den Fall beherrschenden CISG abwichen (OLG Düsseldorf IHR 2005, 24).

23 **f)** In Fällen, in denen die Hauptleistungspflicht vernünftigerweise in einer formularmäßigen **Leistungsbeschreibung** näher konkretisiert werden kann, muss der Kunde sich freilich grundsätzlich auf die Leistungsbeschreibung verweisen lassen, auch wenn diese unübliche und für ihn nicht ohne weiteres voraussehbare Inhalte aufweisen sollte. Denn damit, dass eine Hauptleistungsbeschreibung von Firma zu Firma individuell unterschiedlich ausfällt, muss jedermann rechnen. Die Aussagen von AGB zur Konkretisierung von Hauptleistungspflichten vor Vertragsschluss durchzustudieren, ist auch jedem Vertragspartner zuzumuten. Beispiele für **wirksame** Regelungen: BGH NJW 1996, 2374 – Abgrenzung des Anwendungsbereichs des Sondertarifs für Postzustellungen von Zeitungen; OLG Koblenz NJW 1989, 2950 – Gestattung der „inneren Leichenschau" in einem Krankenhausaufnahmevertrag (s auch BGH NJW 1989, 1950, 1951, wo Prüfung nach § 3 abgelehnt und Vereinbarkeit mit § 9 festgestellt wurde); OLG Hamm NJW 1986, 2581 – bei Kastenmöbeln Holzbezeichnung nur auf sichtbare Frontflächen bezogen; BGH WM 1985, 542, 543 – zehnjährige Laufzeit für Mietverträge über Fernsprechnebenstellenanlagen (s aber BGH NJW 2003, 886 – bei Wartungsvertrag für eine gekaufte Anlage 10-Jahresklausel unwirksam nach § 307); AG Koblenz VersR 2002, 1231; AG Karlsruhe VersR 2001, 310 – Mehrwertsteuerklausel im Gebrauchtwagenhandel (**aA** LG Braunschweig VersR 2001, 1279). Die Frage, ob deshalb, weil nach öffentlichrechtlichen Vorschriften Krankenhäusern eine Erhöhung der **Pflegesätze auch rückwirkend** genehmigt werden kann, AGB-Klauseln akzeptiert werden müssen, die eine solche Rückwirkung weitergeben, ist umstritten. Instanzgerichte haben sie häufig als überraschend gewertet (LG Frankfurt aM NJW 1985, 686; LG Frankfurt aM NJW 1978, 595; LG Düsseldorf NJW 1979, 605; LG Essen DB 1978, 886; LG Köln NJW 1979, 2357; **aA** BGH NJW 1979, 2354). Heute wird das Problem als solches der Inhaltskontrolle behandelt (s STAUDINGER/COESTER § 307 Rn 513). Die in Nr 9 I 4 AGB-Banken enthaltene Stornoklausel bezüglich der Vorbehaltsgutschrift eines Schecks ist auch dann nicht überraschend, wenn man sie dahin auslegt, dass sie auch noch nach „Bezahltmeldung" der Bank des Ausstellers und damit nach deren unwiderruflicher Erklärung ihrer Zahlungsbereitschaft angewandt werden kann (BGH NJW 1997, 2112).

Es kann aber auch im Bereich der formularmäßigen Leistungsbeschreibungen zu raffinierten und an Abs 1 scheiternden Verklausulierungen kommen (s Rn 12, 29; Bsp: BGH NJW 1984, 171 – an versteckter Stelle unter „Aufschließungskosten" gemogelte Kosten des Aushubs eines Grundstücks und damit der Belastung des Kunden mit einem zusätzlichen Kaufpreis für einen schlüsselfertigen Bau). „Defizitäre" Herstellergarantien können überraschende Bestandteile enthalten (SCHÜNEMANN NJW 1988, 1943). Zu Versicherungsbedingungen s Rn 40, zu Entgeltregelungen Rn 35. Die überraschend weite Fassung von Zweckerklärungen zu Grundschulden ist immer wieder an § 3 AGBG (= § 305 Abs 1 BGB) gescheitert (BGHZ 109, 197, 203 = NJW 1990, 576; BGHZ 131, 55, 59 = NJW 1998, 191; BGH NJW 2002, 2710).

g) **Maßstab** für den überraschenden Charakter einer Bestimmung ist nicht nur der Vertragstyp. Auch **individuelle Abreden**, vor allem in den Überschriften und Anfangsworten festgelegte Kerngehalte von Verträgen müssen diese Funktion haben können (VORDEROBERMEIER, Die Einbeziehung von AGB im kaufmännischen Geschäftsverkehr [1992] 151 ff). Es gibt nämlich Klauseln, welche nicht direkt und logisch unauflösbar mit einer Individualvereinbarung im Widerspruch stehen, die aber dennoch der Individualvereinbarung viel von ihrem wirtschaftlichen Sinn nehmen. In der Anwendbarkeit von Abs 1 auf solche **individualverhandlungs- oder -vertragsferne** Klauseln (im Gegensatz zu den individualvertragswidrigen, s § 305b Rn 16) liegt eine seiner gegenüber der in §§ 307–309 geregelten Inhaltskontrolle selbständigen Funktionen (WOLF/HAU Rn 10, 20; individualvereinbarungswidrige und -ferne Klauseln identifizierend AnwKomm/KOLLMANN § 305b Rn 9). Dem Ausdruck „Mietzinsgarantie" kann nicht durch ineinandergeschachtelte AGB formell verschiedener Verträge der Sinn gegeben werden, dass der Vertragspartner nur den garantierten Betrag erhält, auch wenn höhere Miete erzielt wird (OLG Düsseldorf NJW-RR 1987, 48). Die hA wendet in Situationen des „mittelbaren" Verstoßes einer AGB-Bestimmung gegen eine Individualvereinbarung § 306 an (ULMER/SCHÄFER § 305b Rn 12; TRINKNER Rn 15; SCHMIDT-SALZER E 20). Jedoch bekommt man die Grauzone zwischen Verstoß und Nichtverstoß, vor allem die im Falle besonderer Aufklärung des Kunden sich ergebende Lage, mit einer Anwendung von Abs 1 besser in den Griff. Denn eine Aufklärung über oder auch nur redaktionstechnische Hervorhebung von AGB-Bestimmungen macht diese noch nicht zu Individualvereinbarungen (s § 305 Rn 47), kann aber in ihrer Abgrenzung der Tragweite der Individualvereinbarung des überraschenden Charakters entbehren, so dass ein Schutz des Kunden nicht mehr nötig ist. So sind die Nachbewertungsklauseln der ehemaligen Treuhand als nicht überraschend angesehen worden (BGHZ 146, 331; BGH MDR 2002, 752). Zudem kann es zweifelhaft sein, ob eine mündliche Absprache mit Rücksicht auf § 154 Abs 2 BGB im Rechtssinne schon Gültigkeit hätte – und doch kann sie Maßstab von Abs 1 sein. Schließlich braucht man, wendet man Abs 1 an, nicht den diffizilen Fragen nachzugehen, ob eine formularmäßige Erklärung wegen Inhaltsirrtums anfechtbar ist. So hat der BGH (BGHZ 99, 203, 206 = NJW 1987, 1636) mit § 3 AGBG gearbeitet, als es darum ging, dass eine mündliche spezielle Zweckerklärung zu Grundschulden durch eine formularmäßige allgemein gehaltene abgelöst wurde. Dem Abs 1 verfällt auch eine Klausel, die es einem **Chefarzt** als Partner eines privatärztlichen Behandlungsvertrages beliebig gestattet, ärztliche Leistungen durch andere Ärzte erbringen zu lassen (OLG Düsseldorf NJW 1995, 2421; OLG Karlsruhe NJW 1987, 1489; LG Fulda NJW 1988, 1519; **aA** KÜBIS NJW 1989, 1512, 1515). Zusatzzahlungen durch den **Mieter** eines **Kraftfahrzeugs** für einen Haftungsausschluss berechtigen zur Erwartung einer den ganzen Wagen erfassenden **Kaskoversicherung** (LG Lüneburg NJW-RR 1988, 473). Wird freilich trotz beiderseitiger Vertragsunterschrift in AGB das Zustandekommen des Vertrags (und nicht nur der Beginn der beiderseitigen Leistungspflichten) hinausgeschoben, so ist dies eindeutig schon nach § 306 unbeachtlich (LG Frankfurt aM NJW-RR 1988, 1451 – Zustandekommen des Reisevertrages erst mit Bezahlung und Einsteigen in Bus). Von individuell vereinbarten abweichende formularmäßige Darlehensbedingungen sind aber nach § 306 zu beurteilen (**aA** OLG Köln MDR 2000, 1365). Nicht Vertragsbestandteil werden auch Bestimmungen, die, gemessen an früheren mit denselben Kunden geschlossenen Verträgen, überraschend sind (öOGH JurBl 1991, 442). 24

Schulbeispiel für eine individualvertragsferne und darum nicht Vertragsbestandteil 25 werdende AGB-Bestimmung ist etwa eine Regelung, nach der der Privatkunde zusätzlich zu einem bezifferten Entgelt noch die **Mehrwertsteuer** zu übernehmen hat (BGH WM 1973, 677; Schaumburg NJW 1974, 1735; konsequenterweise nur § 306 für anwendbar haltend: Ulmer/Schäfer § 305b Rn 19; Löwe Rn 4). Ob im Verkehr gegenüber Unternehmern eine schlichte Preisbezeichnung die Mehrwertsteuer einschließt oder nicht, ist kontrovers. Zwar hat sich der BGH (zuletzt NJW 1991, 2484; NJW 1988, 2042) für ihren Einschluss in eine Preisangabe ausgesprochen. Gleichwohl wird wegen der Eigenschaft der Mehrwertsteuer als eines Durchlaufpostens häufig wie selbstverständlich auf der Basis von Nettopreisen verhandelt. Ein Unternehmer, der in einem Angebot eine Preisangabe ohne Erwähnung der Mehrwertsteuer sieht, kann daher nicht als selbstverständlich voraussetzen, der Preis schließe die Mehrwertsteuer ein, vor allem nicht, wenn es sich um eine runde Summe handelt. Durch einen nicht gerade ganz versteckt sich in den AGB findenden Zusatz, dass alle Preise Nettopreise seien, kann er auch nicht überrumpelt werden, s auch Rn 115. Bei Internetauktionen ist der Zusatz „zzgl MwSt" nicht überraschend und bewirkt, dass die Ersteigerung zum Nettopreis zuzüglich Mehrwertsteuer zustande kommt (LG Osnabrück CR 2005, 536).

26 Nicht überrascht kann es auch sein, wenn formularmäßig näher festgelegt ist, wofür das Entgelt steht und welche Leistung (etwa Fracht, Verpackung) eigens berechnet werden, sofern damit nicht Verkehrserwartungen enttäuscht werden (s Staudinger/Coester-Waltjen s § 309 Rn 1, 13).

27 **h)** Was für Individualvereinbarungen gilt, gilt auch bzgl **einseitiger**, nicht vertragswidriger **Erklärungen**. Bietet ein Kunde der Bank Wechsel zum Diskont an, will die Bank aber darauf nicht eingehen, so ist er überrumpelt, wenn sie den Wechsel behalten will, weil es sich um ein Wertstück handelt, das mit seinem Willen in ihren Besitz gelangt ist und deshalb dem Pfandrecht aus ihren AGB unterliegen soll (BGH WM 1968, 695 = MDR 647).

28 **i)** **Lohn- und Pensionsabtretungsklauseln** sind in Geldkreditverträgen nicht überraschend (OLG Frankfurt NJW 1986, 2712; LG Nürnberg-Fürth BB 1987, 1559 = ZIP 1381), wohl aber in Bürgschaftsverträgen (LG Düsseldorf NJW-RR 1989, 756), Mietverträgen (LG Lübeck 1985, 2958) oder in Verträgen über Warenbestellungen, auch wenn eine andere Zahlungsweise als sofortige Barzahlung vorgesehen ist (OLG Hamm BB 1983, 1304; OLG Celle Bunte AGBE I § 3 Nr 9 – beide für Möbelkauf). Bei drittfinanzierten Verträgen ist eine Lohnabtretungsklausel zugunsten des Finanzierungsinstituts aber nicht überraschend.

29 **k)** Ist in einem Kaufvertragsformular eine **Rügeobliegenheit** oder eine **Rügefrist** ausgewiesen, die für seinen gedachten Anwendungsbereich unzumutbar ist, dann verstößt die Bestimmung gegen § 307. Ist der Anwendungsbereich des Formulars breit angelegt und wird nur im konkreten Fall eine Ware gekauft, die zumutbarer Weise nicht oder nicht binnen der vorgesehenen Frist untersucht werden kann, so ist die Klausel, gemessen an diesem Vertrag, überraschend. Die individuelle Festlegung der Hauptleistung kann Klauseln zu unüblich individualvertragsfernen (s dazu Rn 24) machen. Nicht etwa sind solche Klauseln ähnlich wie ein Gesetz mit anscheinend zu breitem Anwendungsbereich einschränkend zu interpretieren (so noch die Vorstellung

von BGH MDR 1959, 482). Interpretiert werden kann im Individualprozess immer nur der konkrete Vertrag mit allen seinen Bestandteilen.

l) Maßstab für Üblichkeit und Erwartungshorizont des Kunden sind aber auch **gebräuchliche, in sich logische und transparente Rechtsgestaltungsformen** (s Rn 12). Bei **abwicklungsbezogenen Regelungen** kann man vom Vertragspartner freilich größere Verständnisanstrengungen verlangen (so mit Recht Koller, in: FS Steindorff [1990] 677, 683 f; Wolf/Hau Rn 14; im Übrigen zum Transparenzgebot Staudinger/Coester-Waltjen § 307 Rn 121 ff). Selbst wenn in AGB Gründe genannt sind, bei deren Vorliegen dem Verwender ein Festhalten am Vertrag in der Tat nicht mehr zumutbar ist, ist eine Klausel überraschend, die daran die Rechtsfolge eines **automatischen Entfallens vertraglicher Bindung** knüpfen möchte. Nur die Einräumung eines Rücktritts- oder Kündigungsrechts konnte der Kunde erwarten. Das Gleiche gilt für **automatische Lösungen in Preisanpassungsklauseln** (s Staudinger/Coester-Waltjen zu § 309 Nr 1). Die Verbindung von technologischer Nachrüstung eines Mietobjekts mit einer Mietzeitverlängerung an einer systematisch ganz anderen Stelle als der Mietzeitregelung macht eine Klausel überraschend (OLG Köln NJW 1994, 1483). Ebenso ist der Kunde durch Abs 1 vor unüblich formalen Anforderungen an Erklärungen geschützt, die ihm obliegen. Unüblich sind Bestimmungen, die in solchen Situationen dem **Verwender nur die Rolle eines Leistungsvermittlers** zuweisen oder ihm das Recht geben, seine Verpflichtung darauf zu beschränken, wo der Verkehr eine eigene Leistungspflicht annimmt. **Vermittlerklauseln** in Reiseveranstaltungsverträgen etwa fielen darunter (BGHZ 61, 275 = NJW 1974, 37), bevor dieser Vertragstyp gesetzlich eigens geregelt wurde (s Staudinger/Eckert [2003] § 651a Rn 96). Dem Abs 1 und nicht nur dem § 307 unterfallen Klauselkomplexe, die so formuliert sind, dass ihnen **Verheimlichungsfunktion** zukommt (Wolf/Lindacher Rn 22). Insbesondere die Berechnung von Gegenleistungen für Kreditgewährung muss transparent sein. Ist der **effektive Jahreszins** angegeben, dann brauchen die Details seiner Berechnung aber für den Kunden nicht verständlich zu sein. Der Gegenstand einer Regelung muss der **Überschrift** (BAG NJW 1996, 2117) und ggf dem beschränkten Sinn einer raum-zeitlich isolierten Einzelabmachung entsprechen. Zu formularmäßigen Ausgleichsquittungen mit unüblichen Verzichtserklärungen s Rn 18. In einer „Garantiekarte" des Warenherstellers darf nicht die Produzentenhaftung ausgeschlossen sein (Löwe/Trinkner Rn 9). Auch **vertragstypfremde Regelungen** können als überraschende Einbeziehung ungeeignet sein, etwa der Ausschluss einer Gewährleistung für die vorgesehene Nutzungsdauer einer Sache, wenn der die Benutzung regelnde Vertrag ausdrücklich als Mietvertrag bezeichnet ist, mag er auch Leasingelemente enthalten (BGH NJW 1977, 195). Rechtserhebliche **Bekundungen** des Vertragspartners über bestehende Tatsachen und Zustände sind in AGB fast immer überraschend und nicht zu erwarten, etwa die Bekundung, Vollkaufmann zu sein (BGH DB 1982, 1821). Überzogen war es aber, dem Vermieter eines KFZ abzuverlangen, bzgl der Kaskoversicherung „AKB" anstatt „Versicherungsbedingungen" zu schreiben (so aber LG Mönchengladbach VersR 1986, 587). In **Vollmachtsurkunden** sind Verjährungsabkürzungen für Schadensersatzansprüche überraschend, vor allem wenn sie verklausuliert gehalten sind (OLG Düsseldorf NJW-RR 1997, 1150). 30

m) Umgekehrt kann eine inhaltlich ungewöhnliche Klausel durch **drucktechnische Hervorhebung** oder einen besonders klaren und deutlichen Hinweis (BGHZ 109, 197 = NJW 1990, 576 – mündliche Erläuterung; BGH NJW 1996, 191; BGH NJW 2002, 2710; BGH NJW 31

2009, 1408) ihren überraschenden Charakter verlieren, wenn man unter normalen Umständen davon ausgehen muss, der Kunde werde sie dann zur Kenntnis nehmen (Ulmer/Schäfer Rn 23). Jedoch hat der BGH dies in den Fällen der überraschenden Erweiterung von Bürgenhaftung und Besicherungsumfang von Sicherungsgut nicht für ausreichend gehalten (s Rn 5, 39). Eine drucktechnische Hervorhebung der Einschränkung der Bürgenhaftung nimmt der Klausel dann nicht die Überraschungswirkung, wenn sie den den Vertragsschluss begleitenden Umständen nicht entspricht (BGH NJW-RR 2002, 485). Davon, dass eine halbe Druckseite AGB-Text vor der Unterschrift unter einen Krankenhausaufnahmevertrag so intensiv gelesen zu werden vermag, dass sie nichts Überraschendes mehr enthalten kann (BGH NJW 1979, 2354), kann aber keine Rede sein.

32 **n)** Unüblich und überraschend sind auch Klauseln, die für die Abwicklung von **Dauerschuldverhältnissen** rückwirkend Änderungsmöglichkeiten, etwa Preisanpassungen vorsehen. Zu den rückwirkenden Erhöhungen von Krankenhauspflegesätzen s Rn 23. Auch die Verpflichtung, Entgelte für die Zeit weiter zu leisten, zu der der Verwender seine eigene Leistung nicht erbringt, etwa für die er zur Sicherheit das Mietobjekt wieder an sich nimmt (OLG Karlsruhe NJW-RR 2000, 1538; OLG Hamm BB 1976, 1049), oder für die das Mietverhältnis bereits einvernehmlich aufgehoben sein würde, wurden als überraschend gewertet. Weder unüblich noch überraschend, nicht unangemessen und schon gar kein Problem des Vorrangs von Individualvereinbarungen ist die konkretisierende Festlegung dessen, was einen wichtigen Grund zur fristlosen Kündigung abgeben oder nicht abgeben kann, sofern hierbei Gesichtspunkte redlicher Abwägung nicht verschmäht werden (**aA** OLG Karlsruhe BB 1971, 888; Schmidt-Salzer E 19). Bei fester Vertragsdauer ist jede Möglichkeit einer ordentlichen Kündigung, die von Seiten des Verwenders denkbar fern liegt, eine Vergünstigung des Vertragspartners. „Begrenzungen" eines solchen Kündigungsrechts sind daher nur Einschränkung einer positive überraschenden Klausel (nicht überraschend nach KG NJW-RR 2003, 1062 und OLG Saarbrücken OLGR 2004, 295). Die Begrenzung des Kündigungsrechts bei Spareinlagen ist ebenso wenig überraschend wie eine marktgerechte Sollzinsberechnung bei vorzeitiger Auszahlung, wenn sichergestellt ist, dass der Kunde nicht mehr an Zinsen zahlen muss, als der verbleibende Rest des Guthabens abwirft (Servatius BKR 2005, 295 ff). Im Arbeitsrecht kann sich der Arbeitgeber gegen Ausscheiden ohne Einhaltung der Kündigungsfrist durch maßvolle Vertragsstrafen absichern (LAG Schleswig-Holstein NAZ-RR 2005, 351).

Mit **Vertragsverlängerungsklauseln** kann durchaus zu rechnen sein (Beispiel: LG Trier NJW-RR 1993, 564 – bei Ausbleiben der „Kündigung" um eine weitere Dreijahresperiode), ist es jedoch dann nicht, wenn auf der unterschriebenen Vorderseite des Vertrags in drucktechnisch hervorgehobener Form steht „jeweils ein Jahr" (BGH NJW 1989, 2255). Bei einem befristeten Mietverhältnis kann die Klausel, Mieterhöhungen nach dem MHG seien zulässig, überraschend sein (AG Offenbach ZMR 1987, 472; abl Wolfram). In Wirklichkeit hängt es von der vorgesehenen Vertragsdauer ab, ob der Mieter mit einer konstant bleibenden Miete rechnen konnte. Regelungen über Vertragslaufzeiten werden heute (Ausnahmen: AG Werl NJW-RR 2002, 203 – Werbeflächen; AG Itzehoe NJW-RR 2000, 1507 – Verlängerung bei schwangerschaftsbedingter Unterbrechung eines Fitnessstudio-Vertrags) nach den Grundsätzen der Inhaltskontrolle behandelt (s aber Rn 23). Zur Laufzeit von Mietverträgen über Fernsprechanlagen s Rn 23.

o) Denkbar ist, dass sich der ungewöhnliche Charakter einer Klausel erst in einem **Zeitpunkt nach Vertragsschluss** auswirkt. Obwohl Abs 1 primär darauf abstellt, ob der Kunde im Zeitpunkt des Vertragsschlusses mit einer bestimmten Klausel zu rechnen brauchte, ist dann eine teleologische Reduktion der Vorschrift gestattet. Ebenso wie die überraschende Natur einer Klausel vor Vertragsschluss durch individuellen Hinweis entfallen kann (s Rn 5), muss man es für die Gültigkeit einer Bestimmung auch für **ausreichend halten, wenn ihr die überraschende Wirkung genommen wird, bevor sie sich zu Lasten des Vertragspartners des Verwenders ausgewirkt hat** (aA Ulmer/Schäfer Rn 24a; Wolf/Hau Rn 38). Derartiges ist natürlich bei Klauseln, die dem Vertragspartner inhaltlich wirtschaftliche Nachteile bringen, nicht möglich, wohl aber bei Klauseln, die eine relativ leicht zu erfüllende Obliegenheit mit weit tragenden Folgen ihrer Nichtbeachtung bringen. Die Unterscheidung von Koller (s Rn 30) kann hier fruchtbar gemacht werden. Eine Bestimmung in den AKB besagte, der Versicherungsnehmer verliere rückwirkend den vorläufigen Versicherungsschutz, wenn er die fällig gewordene Prämie nicht unverzüglich nach Übersendung des Versicherungsscheins bezahle. Mit Recht wertete der BGH (BGHZ 47, 352 = NJW 1967, 1800) diese Klausel als ungewöhnlich, obwohl die AKB sämtliche Versicherungsverträge über Kraftfahrzeughaftpflicht monopolartig beherrschten (s Rn 8). Gemessen an der Vergleichsbasis einer üblichen Abwicklung von Leistungsstörungen ist es ungewöhnlich, dass einem Vertragspartner seine Rechtsstellung, insbesondere eine solche, die inzwischen den Wert der eigenen Leistung um ein Vielfaches übersteigen kann, wegen Verzugs mit der eigenen Leistung verlustig geht, ohne dass ihm zumindest eine Nachfrist gesetzt worden sein müsste. Der BGH hat die Wirksamkeit der Klausel aber dennoch mit Recht für den Fall angenommen, dass eine Zahlungsaufforderung einen Hinweis auf den drohenden Verlust des Versicherungsschutzes enthält. Dann kann sich die Klausel in der Tat nicht mehr zu Lasten des Kunden „überraschend" auswirken. Wirken sich Klauseln erst durch nicht vorhergesehene Ereignisse nach Vertragsschluss überraschend aus, so ist ihnen insoweit die Wirksamkeit zu versagen, etwa ein Eigentumsvorbehalt, der textlich auch für Vorkasse-Lieferungen gelten würde, die später wegen der Liquiditätsprobleme des Käufers vereinbart wurden (OLG Saarbrücken ZInsO 2010, 92). 33

Umgekehrt verliert eine ursprünglich überraschende Klausel diesen Charakter dann, wenn sie dem Vertragspartner Verpflichtungen auferlegt, die er wiederholt, bei Dauerschuldverhältnissen vielleicht sogar über längere Zeit ständig erfüllt, ohne dass er sich jemals über eine Überraschung beklagt hätte (s Rn 29 aE).

p) Auch die Abweichung von **öffentlichrechtlichen Vorschriften**, einschließlich der dem Publikum bekannten Verwaltungsvorschriften, kann die Rechtsfolge des Abs 1 auslösen, etwa wenn sich in Ausschreibungsbedingungen öffentlichrechtlicher Bauauftraggeber solche Abweichungen von der VOB/A und/oder B finden, welche die VOB selbst als Verwaltungsanweisung (s § 305 Rn 6) untersagt. Das Gleiche gilt für nicht zu erwartende Einschränkungen dessen, was öffentliches Recht an Erwartung aufgebaut hat, etwa im Falle einer Sicherheitsvereinbarung im Sinne von § 7 MBVO, so dass der Erwerber nur noch einen mit viel Mühe und Zeitverlust durchsetzbaren Anspruch hat. 34

q) Eine nicht unwesentliche Rolle spielt Abs 1 bei **Entgeltvereinbarungen**, obwohl heute über den Kunstbegriff der Preisnebenabrede auch dieses Problem schwer- 35 punktmäßig in die Inhaltskontrolle verlagert ist. Wo Entgeltlichkeit zweifelhaft ist, sich also nicht aufdrängt wie bei „Angebot“ zur Aufnahme in ein dem Publikum zur Verfügung stehendes Verzeichnis, sind in einem längeren Text versteckt stehende Hinweise auf die Entgeltlichkeit überraschend und daher unwirksam (LG Rostock NJW-RR 2008, 1450; LG Bochum 15. 11. 2011 AZ 11 S 24/11 – juris). Das gilt auch, wenn ein solches „Angebot“ in der Überzeugung angenommen wird, die Aufnahme sei unentgeltlich (BGH BB 2012, 2718). Verfallklauseln für bevorschusste, aber nicht in Auftrag gegebene Werkleistungen sind nach Abs 1 unwirksam (LG Frankfurt aM MJW-RR 1999, 289). Insbesondere undurchsichtige Preisgestaltungen unterliegen dem Abs 1. Die räumliche Aufspaltung des vom Auftraggeber zu zahlenden Betrags in zwei Teile dergestalt, dass der „Grundbetrag“ am Anfang eines längeren unübersichtlichen Textes steht, „Erhöhungsbeträge“ aber nach zahlreichen anderen Bedingungen erst an seinem Ende, führt zur Anwendung von Abs 1 (BGH BB 1978, 636 = WM 1723), sofern die Annahme nicht völlig unrealistisch ist, für die vom Vertragspartner in Anspruch genommene Leistung lediglich den „Grundbetrag“ zahlen zu müssen. Meist hatten in der Rspr allerdings die angegriffenen Regelungen vor § 3 AGBG Bestand. Formularmäßige Honorarvereinbarungen für Ärzte sind im Prinzip nicht iSv Abs 1 überraschend (BGH NJW 1992, 746 – Erhöhungsbeträge aber nach § 9 AGBG für unwirksam erklärt), müssen aber in ihrer Abweichung von der GOÄ klar und verständlich sein (AG Euskirchen NJW 1988, 5525); zur Einbeziehungsproblematik s § 305 Rn 36a. Eine Entgeltsverpflichtung des Patienten für den Fall, dass der Sozialversicherungsträger nicht einspringt, ist allerdings überraschend (OLG Bremen NJW 1991, 2354). Der Ausschluss von Verlegerbeilagen von der Entgeltbegünstigung für Zustellung von Zeitungen im Postdienst ist nicht überraschend (BGH NJW 1996, 2374). Eine **Vorleistungspflicht** des Käufers ist bei einem Briefmarkenauktionsvertrag nicht überraschend (BGH NJW 1985, 850, 851). Zur Vergütungspflicht für Kostenvoranschläge oder sonstige vorvertragliche Aufwendungen s Rn 18 aE. Mit der Bemessung der Miete nach der „Bruttomietfläche“ muss der Mieter gewerblicher Räume häufig rechnen (BGH NJW-RR 2001, 439; **aA** OLG Düsseldorf NJW-RR 2000, 1681). Zu Mieterhöhungsklauseln in befristeten Mietverträgen s Rn 32, zu „Umlagen“ s Rn 21.

2. Häufige Anwendung von Abs 1 (und früher § 3 AGBG) in Bezug auf ausgewählte Vertragsarten

36 **a)** Nach Vorarbeit durch viele OLG hat der BGH in einer Serie von Entscheidungen klargestellt, dass in einer formularmäßigen **Zweckvereinbarung zu Grundschuldbestellungen oder -übertragungen** eine Klausel unzulässigerweise überraschend ist, wenn der Grundstückseigentümer mit dem Darlehensnehmer nicht identisch ist und die Grundschuld der Absicherung auch anderer Kredite dienen soll als jener, die Anlass für die Grundschuldbestellung waren; insbesondere gilt dies, wenn das Formular alle gegenwärtigen und künftigen Verbindlichkeiten des Schuldners gegenüber dem Kreditgeber nennt, und sei es beschränkt auf Verbindlichkeiten aus bankmäßiger Geschäftsverbindung (zuletzt BGH NJW 2002, 2710 – Schulden anderer Miteigentümer; BGH NJW 1997, 2677; BGH NJW 1996, 191; vorher schon BGHZ 83, 56 = NJW 1982, 1035; BGH NJW 1987, 1636; BGHZ 102, 152, 159 = NJW 1988, 558; BGHZ 106, 19 = NJW 1989, 831 – Haftung des anderen Ehegatten mit seinem Grundstücksanteil für alle persönlichen Schulden des anderen; BGH NJW 1990, 576; BGH NJW 1992, 1822 – auch wenn gesichertes Darlehen nicht zweckgebunden ist; OLG Hamm WM 1999, 1065, 2017). Das gilt auch, wenn der Sicherungsgeber ein zusätzliches Formular unterschreibt, das auf eine Zweckerweiterung hinweist (BGH NJW 1996, 19 aaO). Rührt die Überrumpelung des Vertragspartners aus individuellen Umständen des Vertragsschlusses, spielt auch eine etwaige Üblichkeit einer Klausel keine Rolle (Wolf/Lindacher § 3 AGBG Rn 25;s Rn 24, 30 f). Überraschend ist ebenfalls die formularmäßige Abtretung der Ansprüche des nicht persönlich schuldenden Eigentümers auf Rückübertragung vor- und gleichrangiger Grundschulden bei Bestellung einer nachrangigen Grundschuld (OLG Koblenz ZIP 1988, 1109 – aus anderen Gründen aufgehoben durch BGH, s Rn 117). Anders liegen die Dinge, wenn Anlass der Besicherung nicht eine bestimmte Kreditforderung war (BGHZ 100, 82, 85 f = NJW 1987, 1885), wenn bei einer Erneuerung der ursprünglichen Zweckerklärung inzwischen viele Jahre vergangen sind (BGH NJW 2001, 1416; BGH NJW 2001, 1417) oder wenn der Grundstückseigentümer auf die Folge der Haftungserweiterung hingewiesen worden ist (BGH NJW-RR 1992, 1521) oder schließlich, wenn Grundstückseigentümer und persönlicher Schuldner identisch sind (BGH NJW 1997, 2320, 2321; BGHZ 101, 29, 33 = NJW 1987, 2228, hA; BGH NJW 2003, 885 – entsprechende Bevollmächtigung einer Notariatsangestellten nicht überraschend; **aA** Eickmann ZIP 1989, 137, 139), wenn der Grundschuldbesteller zugleich Gesellschafter-Geschäftsführer der Schuldnerin ist (OLG Köln ZIP 1999, 1840; **aA** mit beachtlichen Gründen Volmer WM 1998, 914, 915) oder wenn zum Zeitpunkt der Zweckerklärung der Kredit längst hingegeben war und es weitere Umstände nahe legen, dass alle Kredite der in einer Rechtsgemeinschaft stehenden Personen gesichert werden sollten (BGH WM 1996, 2233). Verwandtschaftliche Beziehungen zu Gesellschaftern oder Geschäftsführern rechtfertigen keine tolerantere Beurteilung (OLG Hamm WM 1999, 2065). Ohne drucktechnisch betonte Hervorhebung ist auch die Begründung der persönlichen Haftung des Grundschuldbestellers überraschend (OLG Saarbrücken DNotZ 2004, 712). Eine zu weit geratene Sicherungsvereinbarung kann nach der **neuen Lehre zur geltungserhaltenden Reduktion** (s § 306 Rn 21, 24 f) auf die formularmäßig sicherbaren Forderungen zurückgeführt werden, vor allem wenn sich dies durch Streichung einzelner Worte in der Klausel bewerkstelligen lässt (Bsp BGHZ 101, 29, 34 = NJW 1987, 2228 – allerdings ohne sich mit der Problematik der geltungserhaltenden Reduktion näher auseinander zu setzen). Erklärungen des mit dem Darlehensschuldner identischen Grundstückseigentümers, sich der Zwangsvollstreckung in sein gesamtes Vermögen zu unterwerfen, sind unproblematisch (BGH WM 2006, 87, allgM). Auch die Erstreckung auf alle aus der bankmäßigen Geschäftsverbindung stammende Forderungen ist nicht zu beanstanden (BGH NJW-RR 2005, 985 = ZIP 2005, 1034).

Ein **abstraktes Schuldversprechen** in Höhe des Grundschuldbetrages durch die Grundstückseigentümer, die gleichzeitig Darlehensnehmer sind, ist unproblematisch (BGHZ 99, 274, 282 = NJW 1987, 904), im Falle der fehlenden Identität von Schuldner und Eigentümer auch in Anbetracht der Schwierigkeiten, eine Haftung aus Grundpfandrecht zu realisieren, aber doch sehr (**aA** OLG Düsseldorf NJW-RR 1986, 1312; BGH WM 1990, 304 – bei Bestellung durch notarielle Urkunde). 37

Ganz ähnliche Grundsätze wie zur Zweckvereinbarung bei Grundschulden gelten für die **Besicherung eines Kredits durch bewegliche Sachen**. Nur der Anlasskredit ist gesichert (OLG Oldenburg WM 1993, 2162). Vorübergehend zur Aufbewahrung einer Bank übergebene Wertsachen werden vom Pfandrecht der Banken nicht erfasst (BGH NJW 1959, 142). 38

39 **b)** Eine Serie höchstrichterlicher Urteile hat klargestellt, dass auch Bestandteile von vorformulierten **Bürgschaftsverträgen** überraschend sind und nicht Vertragsbestandteil werden, wenn sie die Bürgschaft auf alle (gegenwärtigen und künftigen) Verbindlichkeiten des Hauptschuldners erstrecken, der Anlass („Anlass"-Rechtsprechung) für die Bürgschaft aber nur eine konkrete Kreditvergabe war (BGH NJW 1997, 3230, 3232; BGHZ 132, 6 = NJW 1996, 924; BGH 1996, 1470; BGHZ 130, 19 = NJW 1995, 2553; BGH NJW 1994, 1657; BGH NJW 1994, 2145). Das gilt auch, wenn Kreditnehmer eine BGB-Gesellschaft ist, zu der der Bürge gehört, und sich die Bürgschaft formularmäßig auf alle Privatschulden der Gesellschafter erstreckt (BGH NJW 1988, 558) und für eine Höchstbetragsbürgschaft (BGH NJW 1996, 1470, 1472), alles selbst bei drucktechnischer Hervorhebung der kritischen Erweiterung (OLG Karlsruhe WM 1993, 787). Auch die Bindung des Bürgen an ein Schuldanerkenntnis des Hauptschuldners ist überraschend (öOGH RdW 2002, 646 – nach Gruber, in: FS Kramer [2004] Verdikt trotz Üblichkeit der Klausel in Bankvormularen). Anders liegen die Dinge, wenn der Bürge (als Geschäftsführer, geschäftsführerähnlich Bevollmächtigter oder Mehrheitsgesellschafter) die Höhe der Hauptverbindlichkeit selbst bestimmen kann (BGH NJW 2002, 1038; BGH MDR 2000, 714; BGHZ 142, 213 = NJW 1999, 3195; BGHZ 130, 19 = NJW 1995, 2555; BGHZ 126, 174 = NJW 1994, 2147; BGHZ 100, 82 = NJW 1987, 1885) oder in dem seltenen Fall, in dem für einen der Höhe nach nicht begrenzten Kontokorrentkredit gebürgt wird (OLG Düsseldorf BB 1997, 118). Bei einer summenmäßig begrenzten Bürgschaft scheitert deren Erweiterungen auf **Zinsen, Provisionen und Kosten** an Abs 1 (OLG Nürnberg NJW 1991, 232; Derleder NJW 1986, 97 ff; **aA** OLG Koblenz NJW-RR 1993, 175; LG Stuttgart WM 1993, 1181 – bzgl nicht ausdrücklich als Höchstbetragsbürgschaft bezeichneter Bürgschaft), wenn die Erweiterung nicht in unmittelbarem Anschluss an die Bürgschaftssumme genannt ist (so der Fall BGH WM 1984, 198). Dass die Formel nur deklarativ sei, ist angesichts des Umstandes, dass Höchstbetragsbürgschaften im BGB nicht geregelt sind, unrichtig. Eine formularmäßige Vereinbarung, dass **mehrere Höchstbetragsbürgschaften** nebeneinander gelten, scheitert nicht an Abs 1 (OLG Düsseldorf NJW-RR 1989, 1397). Die Überschrift „Ausfallbürgschaft" macht Bestimmungen überraschend, die die Bürgschaft einer selbstschuldnerischen annähern (BGH NJW 1998, 2138, 2141), „Höchstbetragsbürgschaft" in einem Vertragsformular jede Erweiterungen auf Nebenforderungen überraschend, auch wenn drucktechnisch hervorgehoben (OLG Hamm WM 1995, 1872, 1874). Unterzeichnen Ehegatten einen Vertrag über eine Höchstbetragsbürgschaft von einer bestimmten Summe, so verbietet Abs 1 eine Auslegung dahingehend, dass jeder sich für diesen Betrag verbürgt habe. Abs 1 steht einer Klausel entgegen (OLG Köln WM 1989, 1883 = NJW-RR 1266; **aA** Ulmer/Schäfer Rn 38; der „richterlichen" Inhaltskontrolle aber noch standhaltend in BGH NJW 1985, 614), wonach Zahlungen des Bürgen bis zur vollständigen Befriedigung des Gläubigers nur als Sicherheit gelten sollen (mit der Absicht, das Rückgriffsrecht des Bürgen auszuschließen), obwohl die Rechte, die der Bürge als Beauftragter des Hauptschuldners hat, ohnehin nicht angetastet werden. Dem Bürgen eine Verpflichtung zur Sicherheitsleistung aufzuerlegen, ist ebenfalls überraschend (BGHZ 92, 295, 300 = NJW 1985, 45). Bei einer Zeitbürgschaft ist die Abdingung der Obliegenheit aus § 771 Abs 1 S 2 überraschend (BGH NJW 2004, 2232).

Eine Bürgschaftsurkunde kann aber auch formularmäßig Bereicherungsansprüche für den Fall der Unwirksamkeit des Darlehensvertrages sichern (BGH NJW 1992, 1234)). Auch bei einem Wucherdarlehen ist anstößig nur die Höhe des vereinbarten Zinses, nicht das Verlangen nach Rückerstattung der Valuta (zur Bürgschaft und Garantie auf erstes Anfordern und der formularmäßig begründeten Pflicht, solche zu stellen STAUDINGER/HORN [2013] Vorbem 25, 72 zu §§ 765 ff). Der BGH arbeitet außer mit § 307 durchaus auch mit § 305c Abs 1 (NJW 2002, 3627; siehe auch vWESTPHALEN NJW 2003, 1982 f; ders BB 2003, 116).

Was für Bürgschaften entwickelt wurde, gilt auch für eine formularmäßig begründete oder näher ausgestaltete gesamtschuldnerische Haftung (OLG Düsseldorf WM 1998, 1875 [1881 ff]).

c) Auch in **Versicherungsbedingungen**, die nach früherem Recht behördlich ge- **40**
nehmigt werden mussten, entdeckte die Rspr manches Überraschende. Zur hier nicht vollständigen aufführbaren Rspr s in VersR jeweils über § 3 AGBG und seit 2003 über § 305c Abs 1 erschließbar.

Beispiele für überraschende Klauseln: BGH NJW 1985, 971 (Verminderung der Versicherungssumme um den Betrag, der bei einem früheren Versicherungsfall gezahlt wurde); BGH NJW-RR 1991, 855 (Stichtagsmeldung bei Feuerversicherung); OLG Hamm NJW-RR 1992, 1057 (Beendigung statt Suspension einer Krankentagegeldversicherung bei Eintritt der Berufsunfähigkeit; **aA** BGH NJW-RR 1989, 1298). OLG Saarbrücken NJW-RR 1994, 539, 540 (Hausratsversicherung über ein Einfamilienhaus so, dass der Diebstahl durch einen in die Einliegerwohnung eingestiegenen Dieb, der dann freien Zugang zur Hauptwohnung hat, nicht erfasst wird). AG Neuss NJW-RR 1991, 743 (Beschränkung des Versicherungsschutzes auf einen Höchstbetrag von DM 130 je Glas in der Brillenversicherung – 743); LG München I NJW-RR 1989, 417 (in KFZ-Betriebshaftpflicht Ausschluss schwer verständlich formuliert und inhaltlich die fragliche Erstreckung des Versicherungsschutzes fast vollständig wieder aufhebend); LG München I VersR 1988, 1171 (in untergeordneter Stelle eines Anlagenblatts zum Versicherungsschein untergebrachter Hinweis auf zusätzliche Ausschlussklauseln); LG Berlin NJW-RR 1989, 990 (in der Reisekrankenversicherung praktisch völliger Ausschluss des Versicherungsschutzes, wenn der Reisende die Staatsangehörigkeit des Ziellandes hat); obwohl Leistungsbeschreibungen der Inhaltskontrolle nicht unterliegen, hat der BGH Risikoausschlüsse der Inhaltskontrolle verfallen lassen, wenn dadurch der Versicherungsschutz in vertragszweckwidriger Weise hinter der Risikodeckung zurückbleibt, die der Versicherungsnehmer erwarten kann (Bsp BGHZ 123, 83 = NJW 1993, 2369). Der Sache nach ist dies aber die Wertung von Abs 1 (so richtig: OLG Stuttgart NJW-RR 2001, 1202 für Ausschluss der Folgen „leicht fahrlässiger Bedienungsfehler“ von der Kaskoversicherung).

Beispiele für nicht überraschende Klauseln: BGH NJW 1984, 47, 48 (Ausschluss des Risikos eines Fehlverhaltens des Bauunternehmens selbst bei der Bauwesenversicherung); BGH NJW 1990, 767 (Kündigungsrecht wegen Mehrfachversicherung in der privaten Krankentagegeldversicherung); BGH NJW-RR 1991, 668 (Ausschluss der Haftpflichtversicherung für Betätigungen in Vereinigungen aller Art); BGH NJW 1992, 2233, 2234 (Ausschluss von Rechtsschutzversicherung aller Fälle, die später als 2 Jahre nach Vertragsbeendigung gemeldet werden); BGH NJW 1992, 753 (Ausschluss von Leistungen eines nicht ärztlich vorgebildeten psychologischen Therapeuten von der Krankenversicherung); BGH VersR 2001, 752 (Umstellung einer Berufsunfähigkeitsrente); BGH VersR 2001, 752 (Umstellung einer Berufsunfähigkeitsrente); BGH NJW-RR 2004, 1397 (abschließende Aufzählung erstattungsfähiger Hilfsmittel in Krankenversicherungsbedingungen); BGHZ 159, 360 – keine Unfallversicherung für krankhafte Störungen infolge psychischer Reaktionen; BGH VersR 2008, 524 – Haftpflichtversicherung nicht zugunsten mitversicherter Personen, s auch Rn 8; BGH AnwBl 2011, 783 = NJW 2011, 3798 – Ausnahme von Scheinsozien bei der Vermögensschadensversicherung von Anwälten gegen Veruntreuungen durch Sozien nicht überraschend; BGH VersR

32012, 48 – Nichtberücksichtigdung der Erkrankung eines Auges bei der Berufsunfähigkeitsversicherung; OLG München NJW 1983, 53 (Ausschluss des Diebstahlrisikos für Gepäck, das in einem unbewacht abgestellten PKW lagert); OLG Düsseldorf VersR 1986, 905 (Kündigungsregelung in der Krankentagegeldversicherung); OLG Hamm VersR 1986, 55 (Obliegenheit, Ansprüche aus Versicherungsverträgen sechs Monate nach Ablehnung der Regulierung durch die Versicherung gerichtlich geltend zu machen); OLG Hamm NZV 1990, 155 (Risikoausschluss für Ansprüche gegen mitversicherte Personen, auch wenn der Fahrer ein anderes Kraftfahrzeug des Halters beschädigt); OLG Köln VersR 1990, 369 (Ausschluss von bereits bestehenden Gesundheitsrisiken bei Restschuldversicherung); OLG Hamm NJW 1991, 1118; OLG Köln NJW 1996, 3088 (bei Hinweis Erstattungsausschluss von Rechnungen überhöht abrechnender Ärzte); OLG Hamburg VersR 1979, 154, 155 (Beschränkung des Unfalltagegelds auf 60 Tage); OLG Hamm NJW-RR 1994, 1506 (Ausschluss der Rechtsschutzversicherung für das Handelsvertreterrecht); OLG Karlsruhe VersR 1998, 183 (Ausschluss des Versicherungsschutzes für Datenverlust in der AVFE 76); OLG Jena VersR 2002, 229 (Geschäftsgeld von Hausratsversicherung nicht erfasst); AG München NJW-RR 1999, 204 (Selbstbehalt in der Schadensversicherung); OLG Köln NJW-RR 2003, 1699; OLG Saarbrücken NJW-RR 2001, 1788 (beide für Verpflichtung des Krankenhauspatienten, bei Leistungsverweigerung einer Kasse oder „anderer Sozialleistungsträger" persönlich zahlungspflichtig zu sein); OLG Celle VersR 2001, 182 (Krankenbehandlung durch Verwandte); OLG Frankfurt VersR 2001, 321 (Angehörigenklausel in der Haftpflichtversicherung); OLG Düsseldorf „Berufsunfähigkeitsversicherung" VersR 2002, 1273; OLG Köln VersR 2003, 722; OLG Oldenburg VersR 2002, 696; OLG Köln VersR 2003, 899 (allesamt für „Psychotherapeutenklausel" in Krankenversicherungsbedingungen); OLG Saarbrücken VersR 2005, 394 („Erdrutschungen" aus Betriebshaftpflichtversicherung ausgeschlossen); AG München NJW-RR 1999, 204 (Selbstbehalt in der Schadensversicherung); LG Berlin VersR 2002, 175 (Autoinhaltsversicherung); AG Sinsheim VersR 2001, 456 (Reiserücktrittsversicherung); OLG Hamm VersR 2005, 1527 (in Forderungsausfallversicherung Risikoausschluss bei Vorsatz oder Wohnsitzlosigkeit des Schuldners nicht überraschend) OLG Karlsruhe VersR 2008, 1203 – Arbeitsunfähigkeitsversicherung nicht bei behandlungsbedürftiger psychischer Erkrankung; OLG Hamm VersR 2008, 342 – Unfallversicherung nicht für Zeckenbisse und ihre Folgen; BGH VersR 2008, 524 – Haftpflichtversicherung nicht zugunsten mitversicherter Personen; BGH NJW 2011, 3798 – Ausnahmen von Scheinsozien bei der Vermögensschadenversicherung von Anwälten gegen Veruntreuungen von Sozien; BGH VersR 2012, 48 – Nichtberücksichtigung der Erkrankung eines Auges bei der Berufsunfähigkeitsversicherung. Bei der D & O-Versicherung ist es üblich und daher nicht überraschend, wenn Ansprüche ausgeschlossen sind, die gegen den Versicherungsnehmer erst nach Ablauf der Versicherungzeit geltend gemacht werden (OLG München VersR 2009, 1066, 1067; MünchKomm/Basedow Rn 16).

41 **d)** Die Bedeutung des AGBG für **Leasingverträge** liegt darin, dass diese vom BGH als eine besondere Art von Mietverträgen qualifizierten Verträge sich im Grunde nicht an einem gesetzlichen Modell orientieren und daher nur durch AGB Konturen erhalten können. Auch insoweit unternimmt heute die Rspr in viel stärkerem Maß Inhaltskontrolle, als dass sie Klauseln wegen ihres überraschenden Charakters die Anwendung versagte. Eine formularmäßig ausbedungene Weiterhaftung des Erstleasingnehmers nach einer Vertragsübernahme scheitert an Abs 1 (vWestphalen NJW 1997, 2906). Häufig wurden in Teilamortisationsverträgen Klauseln wegen ihrer überraschenden zusätzlichen Belastung (s Rn 19, 35) nicht angewandt, die darauf hinausliefen, dass ein fiktiver Restwert des geleasten Gutes für die Zeit der Beendigung des Vertrages angesetzt wurde, den der Leasingnehmer zu garantieren hatte, ohne dass er auf dieses Risiko eindringlich hingewiesen worden wäre (OLG Karlsruhe NJW-RR 1986, 1112; OLG Oldenburg NJW-RR 1987, 1003; AG Hamburg NJW-RR 1991,

507; OLG Schleswig OLG-Rep 1997, 119; **aA** OLG Karlsruhe NJW-RR 1987, 1006). Gegen eine Klausel, die bei einem Immobilienleasing die jährliche Erhöhung des Verwaltungskostenbeitrags vorsieht, ist aber ebenso wenig etwas einzuwenden (OLG Hamm DB 1997, 569) wie gegen die Ausgestaltung des Leasingvertrags auf unbestimmte Zeit (BGH NJW 1990, 247, 249). Ist ein Leasingvertrag über ein KFZ auf Kilometerabrechnung basierend geschlossen, so ist eine (nicht näher hervorgehobene, in einer Vielzahl von Regelungen versteckte) Klausel überraschend, die für den Fall vorzeitiger ordentlicher Kündigung eine Umstellung auf Restwertberechnung vorsieht (BGH NJW 1987, 377; OLG Celle NJW-RR 1994, 743), insbesondere wenn dadurch dem Leasingnehmer das volle Risiko für einen Wertverlust auferlegt wird (MDR 1985, 762). Ein Andienungsrecht des Leasinggebers kann überraschend sein (AG Langenfeld NJW-RR 1990, 565). Jedenfalls sind Ersatzoptionen des Leasinggebers versteckt in rückseitigen AGB überraschend, wenn sie gegenüber dem auf der Vorderseite des Vertrags drucktechnisch hervorgehobenen Andienungsrecht die Rechtsstellung des Leasinggebers verschlechtern (OLG Nürnberg NJW-RR 2000, 278). Das Ansinnen an den Leasingnehmer, eine Kaskoversicherung zu nehmen, bei der die Leistungsfreiheit nach § 61 VVG ausgeschlossen ist, scheiterte auch an Abs 1 (OLG Düsseldorf MDR 2005, 618).

e) Ist in einem **Maklervertrag** durch Unterstreichung entsprechender Partien in 42
einem Formular festgehalten, dass der die Dienste des Maklers als verkaufswillige Seite beanspruchende Kunde „zu keinerlei Zahlungen" an den Makler verpflichtet sein soll, so ist eine Klausel in dem auf der Rückseite abgedruckten AGB überraschend, wenn sie einen Provisionsanspruch für den Fall postuliert, dass der Auftraggeber ohne Einschaltung des Maklers verkauft – auch wenn im Auftragsformular der Begriff „Alleinauftrag" vorkommt oder sogar hervorgehoben ist. Das Gleiche gilt für Klauseln in Maklerbedingungen, die den Auftraggeber verpflichten, auch alle ohne Vermittlung des Maklers auftauchenden Interessenten an diesen zu verweisen (unter anderem wegen des für den Kunden subjektiv überraschenden Effekts dieser Klausel für unwirksam erklärt von BGHZ 60, 377 = NJW 1973, 1194) oder eine Provision für den bloßen Nachweis einer Geschäftsabschlussgelegenheit (BGH WM 1964, 1319 = BB 1451; BGH NJW 1967, 1225) oder für das Zustandekommen einer mündlichen oder privatschriftlichen Einigung über einen Grundstücksankauf (BGH NJW 1970, 93; BGH WM 1971, 190; OLG Düsseldorf NJW 1972, 1816) vorsehen (**aA** OLG Karlsruhe OLGZ 1969, 327, s auch Staudinger/Coester § 307 Rn 250). Provisionszahlungsklauseln, die in Nachweisbestätigungen enthalten sind, sind ebenfalls überraschend (OLG Düsseldorf NJW-RR 1997, 370; OLG Hamm NJW-RR 1988, 687).

f) Bei **Internetauktionen** berührt ein geheimer Mindestpreisvorbehalt das Zu- 43
standekommen des Geschäfts nicht, wenn das Höchstgebot darüber lag (AG Hannover NJW-RR 2002, 131). Sonst ist er als überraschend unbeachtlich. Zu Internetauktionen s § 305 Rn 3, 151, § 305b Rn 24.

g) Sonstige Rechtsprechungsbeispiele: LG Köln EWiR 2004, 837 (Hensen): 44
Bezüglich des Mindestalters eines neben dem Kfz-Mieter berechtigten Fahrers Verweis auf „die jeweils gültige Preisliste"; BGH NJW 2012, 3173 und dazu Nordemann NJW 2012, 3121 ff – urheberrechtliche Nutzungseinräumungsverträge.

(Rn 45–100 sind frei)

IV. Allgemeines zu Abs 2*

1. Entstehungsgeschichte und Zweck der Vorschrift

101 Neben den allgemeinen Regeln über die Auslegung privater Willenserklärungen, §§ 133, 157 (s Rn 138 ff), gelten für AGB zusätzliche, in Rspr und Lehre seit langem anerkannte Auslegungsgrundsätze. In Gestalt von § 5 hatte das AGBG die wichtigste jener Regeln ausdrücklich ins Gesetz geschrieben. Die übrigen sollten unberührt bleiben (BT-Drucks 7/5442, 5). Die Unklarheitenregel gilt im Übrigen auch sonst zu Lasten der überlegenen Vertragspartei, die den Vertragstext formuliert hat (OLG Frankfurt OLGZ 1973, 230), s auch § 310 Abs 1 Nr 2, nicht freilich auch im Übrigen. Eine allgemeine Auslegungsregel „contra proferentem" kennt das deutsche Recht nicht (Staudinger/Singer [2004] § 133 Rn 62; für vorsichtige Erweiterung Meyer aaO 141 ff). Es unterscheidet sich dadurch von den UNIDROIT-Prinzipien Art 4.6 und der dem CISG meist zuteil werdenden Interpretation (s etwa Staudinger/Magnus [2013] Wiener UN-Kaufrecht Art 8 Rn 18). Einige Besonderheiten gelten bei Willenserklärungen, die durch elektronische Kommunikationstechniken abgegeben werden (s Päfgen JuS 1988, 595). Abs 2 beruht auf dem Gedanken, dass der Verwender die Verantwortung für den Inhalt der von ihm formulierten AGB trägt (dagegen Meyer aaO 117 ff und für „Anreizfunktion"). Er verdrängt bei mehrdeutigen Klauseln (Rn 105) die allgemeinen Regeln des BGB über Dissens und Inhaltsirrtum. In der Judikatur beruft man sich häufig auf die Norm, obwohl schon nach allgemeinen Auslegungsgrundsätzen sich dasselbe Ergebnis eingestellt hätte (zB AG Saarlouis NJW-RR 1993, 428 – Euroscheck „der ersten Generation" nicht eingelöst; OLG Hamm BB 1994, 1739 – Rücktrittsrecht bei Preisänderungen von mehr als 5% auch gegeben, wenn zwei Preisänderungen zusammen mehr als 5% ausmachen). Ist eine Klausel durchgängig unklar, so ist sie wegen Verstoßes gegen das in § 307 Abs 1 S 2 verankerte Transparenzgebot unwirksam (s Staudinger/Coester § 307 Rn 121 ff; Bsp OLG Celle NJW-RR 1994, 888; OLG Hamm NJW 1992, 1275, aber zu Unrecht Unwirksamkeit aus § 5 AGBG hergeleitet). Versuche des Verwenders, für den Fall der ihn treffenden Rechtsfolge von Abs 1 Ersatzregelungen vorzusehen, sind aber kein Bestreben, sich in unzulässiger Weise den Rechtsfolgen der Vorschrift zu entziehen (so aber BGH NJW 1999, 1866).

2. Anwendungsbereich

102 **a)** Die Vorschrift bezieht sich auf AGB gleich welcher Art. Sie gilt auch im beiderseits unternehmerischen Verkehr (BGH NJW-RR 2002, 1027, 1029). Die Beschränkung des persönlichen Anwendungsbereichs von Teilen des AGBG nach § 310 Abs 1 gilt für sie nicht (BGH NJW-RR 1988, 114). Abs 2 betrifft auch vorformulierte Angaben zu den Hauptleistungspflichten, etwa Leistungsbeschreibungen in (Allgemeinen) Versicherungsbedingungen. Nur die Anwendung der §§ 307 bis 309 hängt nach § 307 Abs 3 davon ab, dass der Inhalt des Vorformulierten eine Abweichung oder Ergänzung von gesetzlichen Vorschriften darstellt. Das CISG ist an sich aus seinen eigenen Auslegungsregeln heraus zu interpretieren. Die maßgeblichen

* **Neueres Schrifttum**: Hellwege Lit vor § 305, 498 ff; Olaf Meyer, Contra Proferentem?, ZHR 174 (2010) 108 ff; Zimmermann/Vogenauer, Historisch-kritischer Kommentar zum BGB Bd II (2007); Schorn, Die Unklarheitenregel des § 305c Abs 2, insbesondere im Arbeitsrecht (2011).

Grundsätze laufen aber ziemlich genau auf das für AGB nach deutschem Recht Geltende hinaus (STADLER, Allgemeine Geschäftsbedingungen im internationalen Handel [2004] 103 ff).

b) Da die Bestimmung aus dem Grundsatz der Formulierungsverantwortung erwachsen ist, gilt sie entsprechend für den Text der **Einbeziehungsvereinbarung**, der – vorformuliert – vom Verwender immer wieder verwandt wird. **103**

c) Eine aus dem Sinn der gesetzlichen Regelung zu folgernde Ausnahme besteht nur dann, wenn eine Vorschrift textgleich oder nahezu **textgleich mit einer gesetzlichen Bestimmung** ist. Denn dann soll sie dem Kunden nur zur Information über die Gesetzeslage dienen. Eines besonderen Hinweises auf die Identität einer Klausel mit gesetzlichen Regelungen bedarf es nicht. Wer nur das Gesetz abschreibt, übernimmt keine Formulierungsverantwortung. Hat der Verwender versucht, den Sinn gesetzlicher Regelungen mit eigenen Worten wiederzugeben, dann trifft ihn, wenn es sich um dispositives Recht handelt, wiederum das Risiko unklarer Formulierungen. **104**

d) Abs 2 hat **logischen Vorrang vor der Inhaltskontrolle**, die voraussetzt, dass der Inhalt einer Klausel durch Auslegung ermittelt wurde. Eine auslegungsunfähige unbestimmte Klausel, wie „ungünstige Auskünfte" über den Vertragspartner als Tatbestandsvoraussetzung für Rechte des Verwenders, greift dennoch ins Leere (BGH NJW 1985, 53, 56; allgM). Müßig ist es, sich darüber zu streiten, ob dies aus § 305c Abs 1, Abs 2 (WOLF/HAU Rn 103) oder aus § 307 Abs 1 S 2 (Transparenzgebot) folgt (dazu STAUDINGER/COESTER § 307 Rn 121 ff). Jedenfalls ist auch § 307 Abs 1 S 2 anwendbar, so dass solche Klauseln mit der Verbandsklage angegriffen werden können. Generell geht die Tendenz dahin, dass das Transparenzgebot des § 307 Abs 1 S 2, § 305c Abs 2 in den Hintergrund drängt (STOFFELS, AGB-Recht Rn 368). **105**

e) Abs 2 stellt zwar in gewisser Weise eine **logisch nachrangige Auslegungsregel** dar (ULMER/SCHÄFER Rn 62; WOLF/HAU Rn 105 ff): Ihre Anwendung setzt voraus, dass nach **Ausschöpfung aller in Betracht kommender Auslegungsmethoden ein nicht behebbarer Zweifel** bleibt und mindestens zwei Auslegungen rechtlich vertretbar sind (BGH 2002, 3232 [3233]; BGH NJW 2002, 2102 [2103]; BGH NJW 2002, 2103; NJW 1997, 3434; NJW-RR 1996, 858; BGH NJW-RR 1995, 1304; WM 1997, 1258, 1260; BGH NJW 2007, 505; BGH NJW 2008, 2495; BGH NJW 2009, 3716 – „weißen" kann generell „neu tünchen" als auch dazu weiße Farbe verwenden bedeuten; BGH NJW 2010, 293 – „Mietraumfläche"; BGH NJW 2011, 14 mwNw). Lässt sich eine Klausel ohne Anwendung von Abs 2 eindeutig in einem bestimmten Sinne auslegen, so ist – auch für die Inhaltskontrolle – von dieser Interpretation auszugehen (BGH NJW 2002, 3233), vor allem, wenn die Parteien eine Klausel in einem bestimmten Sinne verstanden haben (BGH NJW 2002, 2102). Nur theoretisch denkbare, aber praktisch ausscheidende Auslegungshypothesen können dabei außer Betracht bleiben (lehrreiches Bsp: BGH NJW 2008, 2495 – „Bankeinzug" und „Abbuchung" bedeutet nur „Einzugsermächtigung"). Konnte der Verwender im Zeitpunkt der Aufstellung eine Konstellation vernünftigerweise nicht voraussehen, so ist Abs 2 unanwendbar (MEYER aaO 129). Der Ausdruck „spätestens" ist häufig als „frühestens" auszulegen (s den Fall KG VersR 2002, 1554). Absatz 2 kommt erst zur Anwendung, wenn alle in Betracht kommenden Auslegungsmethoden nicht zu einem verlässlichen Ergebnis führen (BGH NJW-RR 2010, 63: BGH NJW 2005, 1183; allgA). „In Be- **106**

tracht" kommen aber nicht alle bei sonstigen Willenserklärungen einsetzbaren **Auslegungsmethoden**, sondern zu Lasten des Vertragspartners nur **liquide** und im konkreten Fall wirklich verlässliche, die er bei zumutbarer Anstrengung auch hätte finden können (zust Schlechtriem, in: FS Heinrichs [1998] 503, 509; s auch Rn 126 ff). Auslegungsdifferenzen in Lit und Rspr allein bezüglich weit verbreiteter AGB, wie etwa der VOB/B, eröffnen noch nicht von selbst den Anwendungsbereich von Abs 2 (BGH NJW-RR 1995, 1303; BGH NZV 1996, 233), können aber Anzeichen von Mehrdeutigkeit sein (Locher, in: FS Korbion [1986] 283, 287). Eine eindeutige Regelung liegt selbst dann vor, wenn Klauseln generalisierend auf andere Klauseln im gleichen Bedingungswerk verweisen (BGH NJW 1982, 167), gesetzliche Begriffsdefinitionen in verwandten Rechtsgebieten benutzt (BGH NJW 2009, 1408) oder dispositive Regelungen ergänzend herangezogen werden können (Bsp BGH NJW 1981, 388, 389, der für die nicht ausdrücklich geregelte Rückabwicklung im Rahmen eines Kfz-Vermittlungsauftrags § 675 iVm §§ 667, 670 angewandt wissen will), zur Bestimmung der Höhe eines Vorschusses auf § 315 (BGH NJW 1981, 1959) verwiesen wird oder durch eine „salvatorische Klausel" eindeutig gesetzliche Bestimmungen in Bezug genommen werden. Die vor Inkrafttreten des AGBG geübte Praxis, über eine extensive Auslegung der „Unklarheitenregel" eine verdeckte Inhaltskontrolle auszuüben, ist durch die Möglichkeit der offenen Inhaltskontrolle überholt. Weitere Erörterung der Auslegungsprinzipien Rn 126.

Abs 2 gilt auch, wenn es darum geht, ob AGB in den konkreten Vertrag einbezogen worden sind, kann also Bedeutung gewinnen für die Frage, ob eine Klausel, nach Abs 2 ausgelegt, überraschend iSv Abs 1 ist oder einer Individualabrede widerspricht.

Bestehen hingegen Zweifel über die Rechtsnatur des Vertrags, in den die AGB einbezogen werden oder werden sollen, ist Abs 2 ebenso wenig anwendbar (BGH NJW 1981, 388, 389) wie dann, wenn die Einbeziehung der AGB auf die Initiative beider Parteien zurückgeht (Ulmer/Schäfer Rn 87; s § 305 Rn 29, 31). Aus dem Prinzip der Formulierungsverantwortung folgt, dass der Maßstab „günstiger" abstrakt zu verstehen ist und nicht bezogen auf die später aufgetretene Situation. Das gilt vor allen Dingen bei Gerichtsstands- und Schiedsklauseln (Meyer aaO 132 – auch auf der Basis seiner Präventionslehre). S auch Rn 110.

3. Der Begriff des Verwenders

107 Der Gesetzesbegriff des Verwenders ist in § 305 Abs 1 festgelegt. Zur Identifizierung des Verwenders dient Abs 2 nicht (BGH NJW-RR 2003, 926), es sei denn, mehrere konzernverbundene Unternehmen verwenden dieselben AGB. Auch wenn die Bedingungen von dritter Seite formuliert worden sind, liegt meist klar zutage, wer ihr Verwender ist (§ 305 Rn 19 ff). Selbst wenn der Abschluss bestimmter Geschäfte verkehrstypisch zu bestimmten Bedingungen geschieht, so dass diese zwischen Unternehmern (s § 305 Rn 185 ff) auch stillschweigend vereinbart werden können, ist Verwender die Partei derjenigen Marktseite, welche die Bedingungen geschaffen hat. Es sind freilich Fälle denkbar, in denen die Bedingungen beiden Marktseiten gleichmäßig zugerechnet werden müssen und in welchem auch die Einbeziehungsinitiative beider Teile gleich zu bewerten ist (s § 305 Rn 31).

V. Das Prinzip der Auslegung gegen den Verwender

1. Auslegung im Individualprozess und im abstrakten Unterlassungsverfahren

Traditionellerweise wurde im Anschluss an einen in der 12. Auflage entwickelten Vorschlag die Anwendung des § 5 AGBG zwischen Individualprozess und abstraktem Unterlassungsverfahren unterschieden. Im Individualprozess wurde aus § 5 AGBG gefolgert, dass die in Frage stehende Klausel möglichst verwenderfeindlich auszulegen sei, während man im abstrakten Unterlassungsverfahren die kundenfeindlichste Auslegung anwendete, um dann zur Inhaltskontrolle zu kommen (bis zu Beginn der 90er Jahre allgA; Bsp BGH NJW 1983, 1671; BGH NJW 1985, 320; BGHZ 95, 350 = NJW 1986, 43, 44; NJW 1990, 1141; NJW 1991, 1886, 1887; NJW 1992, 1097; NJW 1992, 3158; BGH NJW 2008, 360; BGH NJW 2009, 2052 – möglicherweise über das Zulässige hinaus gehendes Entgeltfestsetzungsrecht einer Sparkasse, wobei der Zusatz „soweit nicht anderes vereinbart" zu ignorieren ist; anschauliches Beispiel: LG Hamburg CR 2004, 136 – „bitte" als AGB), was natürlich eine Differenzierung nach Vertragsarten nicht ausschloss (MünchKomm/Micklitz § 13 AGBG Rn 55). Diese Sicht der Dinge ist auch in Art 5 EG-Richtlinie eingegangen. Zweifel an der Vereinbarkeit der erwähnten Rechtsprechung mit der Richtlinie (OLG Brandenburg NJW-RR 2002, 1640; dass NJW-RR 2004, 273) sind unbegründet (vWestphalen NJW 2003, 1637). Für den Individualprozess führte dies zur Aufrechterhaltung der Wirksamkeit von mehrdeutigen Klauseln, die bei kundenfeindlicher Auslegung der Inhaltskontrolle verfallen wären. Schon eine, nach Ausschöpfung der zur Verfügung stehenden Auslegungsmöglichkeiten (s Rn 106, 126) gut möglich bleibende, freilich nicht eine spitzfindige Auslegung, ist der Kontrolle im Unterlassungsklageprozess zugrunde zu legen (BGH NJW 1985, 361). Deshalb hat sich in neuerer Lit und Rspr die Auffassung breitgemacht, auch im **Individualprozess** zunächst zu prüfen, ob die Klausel bei **kundenfeindlicher Auslegung** der Inhaltskontrolle standhält (BGH NJW 1994, 1799; BGH NJW 1992, 1097, 1099; BGH NJW 2007, 3776 – „Wohnung fachgerecht renoviert zurückzugeben" als möglicherweise ohne Rücksicht auf Renovierungsbedürftigkeit gemeint; BGH NJW 2007, 1743 – Zustimmungspflichtigkeit des Wohnungsvermieters zu „von der bisherigen Ausführungsart abweichenden Schönheitsreparaturen"; BGHZ 175, 76 = NJW 2008, 987; BGHZ 176, 244 = NJW 2008, 2176; BGH NJW 2009, 3714 – der zur „Vorlage der Rechnung" als Voraussetzung der Inanspruchnahme einer Garantie Verpflichtete könnte den Eindruck haben, er sei vorleistungspflichtig; BGHZ 180, 257 = NJW 2009, 2051; BGH NJW 2010, 57; BGHZ 184, 345 = NJW 2010, 1449; BGH NJW 2010, 2877 – Schönheitsreparaturen „ausführen zu lassen" als mögliche Verweigerung der Anerkennung von Eigenleistungen – sicherlich eine weltfremde Wortklauberei). Liegt bei kundenfeindlicher Auslegung ein Verstoß gegen §§ 307–309 vor, ist danach auch im Individualprozess von der Unwirksamkeit der Klausel auszugehen, wenn die Rechtsfolge der Unwirksamkeit, nämlich Anwendung von § 306 Abs 2, für den Kunden günstiger ist als die kundenfreundliche Auslegung. Nur im seltenen Fall einer kundenungünstigen Ersatzregelung oder bei kontrollunfähigen Bestimmungen wie Leistungsbeschreibungen soll danach eine Klausel unmittelbar kundenfreundlich ausgelegt werden. Diese Lehre ist freilich eine Übertreibung des Schutzes des Vertragspartners. Wenn sich eine Klausel durch Auslegung auf ein diesem zumutbares Maß zurückführen lässt, hat er kein Anrecht auf den Zufallsvorteil, der sich aus einer Inhaltskontrolle am Maßstab der kundenfeindlichsten Auslegung ergibt. Eine Harmonisierung (so Stoffels aaO) der Auslegungsmethoden in beiden Verfahren ist deshalb auch entbehrlich. Selbst 108 wenn ein Verwender, der rechtskräftig zur Unterlassung der Verwendung verurteilt worden ist, versuchen sollte, die Klausel seinem Vertragspartner mit verwenderungünstigem Auslegungsgehalt entgegenzuhalten, würde dem Kunden kein substanzielles Unrecht geschehen. Entgegen der Kritik von MEYER (aaO 136) gilt dies aber nur, wenn eine objektive Auslegung obwaltet hat (s Rn 106, 126). Auf jeden Fall führen alle hier erörterten Auslegungsvorschläge zu einem höheren Schutzniveau, als nach der Richtlinie erforderlich ist und verstoßen daher nicht gegen EU-Recht (MünchKomm/BASEDOW Rn 20).

109 In beiden Verfahren ist eine Klausel aber nicht deshalb unwirksam, weil sie für eine höchst selten vorkommende Situation, für die sie der Inhaltskontrolle verfiele, keine Ausnahme macht (BGH ZIP 1987, 916, 919; BGHZ 91, 55, 61 = NJW 1984, 2161; WOLF/HAU § 5 AGBG Rn 120 mwNw), vor allem, wenn sie mit dem salvatorischen Zusatz „soweit gesetzlich zulässig" arbeitet (Rn 107). Insoweit ist dem AGB-Aufsteller genauso wenig wie dem Gesetzgeber zuzumuten, alle denkbaren Ausnahmesituationen zu berücksichtigen, was schließlich zu Lasten der Übersichtlichkeit ginge. So schließt etwa eine Laufzeitregelung mit der Möglichkeit einer ordentlichen Kündigung die Kündigung aus wichtigem Grund nicht aus (BGH NJW 1993, 1133, 1135). Die Klausel „zahlbar sofort netto ohne Abzug" besagt nichts über Gegenansprüche und Zurückbehaltungsrechte des Kunden (OLG Celle NJW-RR 1993, 1334; WOLF/HAU Rn 20 mwBsp).

110 Es gibt Fälle, in welchen vor Entstehen einer konkreten Situation gar nicht gesagt werden kann, welche Auslegung wem günstiger ist. Wenn etwa fraglich ist, ob eine Gerichtsstandsklausel als Ausbedingung eines ausschließlichen oder eines zusätzlichen fakultativen Gerichtsstands aufzufassen ist, so ist die Auslegung iS einer Ausschließlichkeit dann dem Vertragspartner günstiger, wenn er gerade nicht an seinem Sitz verklagt werden will. In solchen Fällen kann man meist nur auf diejenige Auslegung abstellen, die dem Vertragspartner normalerweise günstig ist. Daher ist etwa die genannte Klausel iS eines fakultativen Gerichtsstands aufzufassen, nicht nur bei internrechtlichen Prorogationen (**aA** bei internationalrechtlichen Prorogationen vHOFFMANN RIW/AWD 1972, 571 ff). Sich auf eine Interessenforschung dahin einzulassen, wann was dem Aufsteller günstiger ist und was er daher jeweils in Anbetracht der nur internrechtlichen oder der internationalrechtlichen Funktion der Klausel gemeint haben könnte, ist dem Kunden keinesfalls zuzumuten. Lässt sich ein „Normalfall" nicht konzipieren, ist kundengünstig die Auslegung, auf die sich der Kunde in der Vertragsabwicklungsphase beruft, etwa bei unklaren Kündigungsfristen (der Sache nach so LG Kassel NJW-RR 2000, 601).

Die Regel des Abs 2 gilt nur zu Lasten des Verwenders, nicht etwa zu Lasten Dritter, die nach dem AGB-Text als zusätzlicher Vertragspartner in Betracht kommen könnten (BGH WM 2003, 1535 = EWiR 2004, 101 – GSELL).

2. Die praktische Regel: Einschränkende Auslegung

111 AGB sind nicht selten darauf angelegt, die einem Kunden nach dispositivem Gesetzestext zukommenden Positionen zu beschneiden. Abs 2 führt in diesem Falle dazu, die Klauseln eng auszulegen. Schiedsgutachtenklauseln müssen die bindende Wirkung der Entscheidung des Gutachters klar ausdrücken (OLG Köln NJW-RR 2009, 159). Freilich ist hierbei zu beachten, dass das Prinzip der kundenfreundlichen Auslegung in der Rspr vor 1976 als ein notdürftiger Ersatz für die im Gesetz nicht verankerte Inhaltskontrolle angesehen wurde und daher Übertreibungen erfahren hat, die heute nicht mehr gerechtfertigt sind. Denn wenn eine zur Unwirksamkeit der Klausel führende Inhaltskontrolle angebracht ist, sollte man ihr nicht unter Rückzug auf Abs 2 ausweichen (Ulmer/Schäfer Rn 62).

a) Aus der Rspr vor 1976 lassen sich folgende Beispiele für eine **richtige Anwendung** des Grundgedankens der Norm anführen: 112

Die wichtigste Rolle spielte das Prinzip der engen Auslegung von AGB-Bestimmungen bei **Haftungsbegrenzungsklauseln** (s auch Rn 21). Steht in Bedingungen für die Vermietung eines Pkw, für den durch die **Versicherung nicht gedeckten Teil des Schadens**, wie insbesondere für vorsätzlich oder grob fahrlässig verursachte Kaskoschäden, hafte der Mieter in voller Höhe, so gilt dies nicht im Falle unverschuldet verursachter Schäden (LG Berlin VersR 1969, 164). Haftungsbegrenzungen für den Fall des **Streiks** gelten nicht bei Aussperrungen (Dieter Schmid NJW 1979, 19; s aber auch Staudinger/Coester-Waltjen § 10 Nr 3 und § 11 Nr 7). Der Ausschluss von Schadensersatzansprüchen in den Bedingungen eines **Elektrizitäts- und Gasversorgungsunternehmens** (s heute § 310 Abs 2) bezieht sich nur auf Störungen in der Stromversorgung, nicht aber auf Schäden, die Leute des Elektrizitätswerks bei Arbeiten an Sachen, die dem Auftraggeber gehören (BGH NJW 1959, 38; NJW 1969, 1904) oder sonst in Fällen auslösen, in denen sie gegen unselbständige vertragliche Nebenpflichten verstoßen (BGH NJW 1969, 1903; 1971, 2267). Der Haftungsausschluss für den „Anschluss an das Leitungsnetz" schließt den für unsachgemäßes Vorgehen bei Umstellung von Stadt- auf Erdgas nicht mit ein (BGH VersR 1978, 538). Haftungsbeschränkungen für **„Betriebsstörungen"** eines Abwasserunternehmens beziehen sich nicht auf Leitungsverstopfungen oder Rückstauungen infolge mangelhafter Wartung oder Verlegung der Abwasserleitungen (BGHZ 57, 305 = NJW 1970, 2208; BGH BB 1974, 1368). Ein **Ausschluss „weiterer Gewährleistung"** bezieht sich nicht auf Verschuldenshaftung (BGH WM 1969, 96), der Ausschluss „jedweder Gewährleistung" erfasste nicht die Anfechtbarkeit wegen Irrtums über verkehrswesentliche Eigenschaften, soweit diese nicht in Fehlern iSv §§ 459 aF ff bestanden (BGH NJW 1979, 160 – Baujahr eines Gebrauchtwagens; BGH WM 1962, 512; **aA** BGH BB 1967, 96). 113

Vor allem konnte auch eine bestimmte **systematische Einordung** einer Haftungsbegrenzungsklausel zu einer einengenden Auslegung führen, etwa wenn Haftungsvorbehalte unter der Rubrik „Lieferzeit" standen (BGHZ 24, 39 = NJW 1957, 873; s Rn 12 und § 3 Rn 29). Eine Gewährleistungseinschränkung, die unter der Überschrift „Mängel" steht, erfasst nicht Ansprüche aus unerlaubter Handlung (BGH NJW 1992, 2016, 2017). Ein **Haftungsausschluss, der unter der Rubrik „Gewährleistung"** steht, umfasst nicht eine Haftung für die Nichterbringung der Vertragsleistung (BGH VersR 1971, 350; ders Baurecht 1975, 134) oder für eine damals so genannte „positive Vertragsverletzung", die nicht in der Mangelhaftigkeit des Leistungsobjekts besteht (BGH NJW 1960, 1661), etwa in der Verursachung eines Brandes durch Schweißarbeiten (BGH BB 1970, 898) oder in der Unterlassung einer vertraglich zugesagten Ablieferungsinspektion (BGH NJW 1969, 1710). Haftungsbegrenzungen in „Verkaufsbedingungen" erfassen nicht die Haftung für mangelhafte Erbringung vereinbarter Zusatzleistungen (BGH BB 1971, 415 – falsche Beratung durch Architekten; BGH VersR 1971, 931; WM 1971, 1372 – fehlerhafte Kostenschätzung durch Architekten; BGH MDR 1964, 228 – Beratungspflicht; BGH BB 114

1970, 898; VersR 1972, 274 – beide eine Montage betreffend). Eine **„Gewährleistungseinschränkung auf Nachbesserung“** schließt Schadensersatzansprüche wegen Verzugs mit der Nachbesserung (OLG Celle BB 1969, 1243) oder wegen positiver Verletzung der Nachbesserungspflicht (BGH NJW 1976, 234) nicht aus. Gewährleistungsbeschränkungen für Material und Bearbeitung beziehen sich nicht auf Konstruktionsfehler (OLG Celle BB 1970, 513). Die Rspr hat die in **Architektenbedingungen** enthaltenen Haftungsbegrenzungen auf folgende Vorgänge nicht angewandt: Falsche Beratung nach Fertigstellung des Architektenwerks (BGH BB 1971, 415), fehlerhafte Kostenschätzung vor Vertragsschluss (BGH WM 1971, 1372; VersR 1971, 931).

115 **b)** Jedoch war der Anwendungsbereich des Prinzips der einschränkenden Auslegung von ABG-Klauseln schon vor 1976 nicht auf Haftungs- und Gewährleistungsbegrenzungen beschränkt. Eine Klausel in **Bankbedingungen**, wonach die Unterlassung rechtzeitiger Erinnerung gegen eine Buchungs- oder Saldomitteilung als Genehmigung zu gelten habe, schließt einen Bereicherungsanspruch auf Herausgabe des fingierten Anerkenntnisses nicht aus (BGB NJW 1968, 591) und beschränkt sich auf die aus der Mitteilung unmittelbar ersichtlichen Maßnahmen (BGH DB 1976, 572). Wird ein Kraftfahrzeug auf Kredit verkauft und enthalten die Geschäftsbedingungen des Verkäufers eine Klausel, wonach sich der **Eigentumsvorbehalt** auch auf „alle weiteren Ansprüche“ bezieht, „die dem Lieferwerk gegen den Besteller erwachsen sind oder aus der bestehenden Geschäftsverbindung noch erwachsen“, so sind damit nur Ansprüche gemeint, die aus dem konkreten Kaufgeschäft, nicht solche, die aus einem künftigen Kauf erwachsen (BGH NJW 1968, 885). Eine **Preisangabe** „Nettopreis + Mehrwertsteuer“ ist im Verbrauchergeschäft gleichbedeutend mit „einschließlich **Mehrwertsteuer“** (OLG München NJW 1970, 661; s auch Rn 25).

116 **c)** Auch in der **seit 1976** zu § 5 AGBG entstandenen Judikatur spielen unmittelbare und mittelbare **Gewährleistungs- und Haftungseinschränkungen** eine große Rolle. Die in den Bedingungen eines Ferntransportunternehmens stehende Klausel, eine Kontrolle des Transportswegs durch „schriftliche Ein- und Ausgangsdokumentation an den einzelnen Umschlagsstellen“ werde nicht durchgeführt, betrifft nur die Dokumentation nicht die Kontrolle selbst (BGH NJW-RR 2002, 1257). Die Klausel in Verkaufsbedingungen für **fabrikneue Kfz** „Der Verkäufer leistet Gewähr für eine dem jeweiligen Stand der Technik des Typs entsprechende Fehlerfreiheit während eines Jahres seit Auslieferung“ gibt dem Käufer Gewährleistungsrechte nicht nur für Mängel, die schon bei Auslieferung vorhanden sind, soweit sie nicht auf seinem Verschulden oder auf Ursachen aus seinem Verantwortungs- und Einflussbereich beruhen (BGH NJW 1996, 2504). Sehen solche Bedingungen bezüglich der Zulässigkeit der früheren „Wandelung“ für den Fall erfolgloser Nachbesserung eine andere Regelung vor als die Garantiebedingungen des Herstellers, gilt trotz äußerlicher Selbständigkeit der beiden Klauselwerke die kundengünstigere Regelung (OLG Frankfurt DB 1981, 637; s Rn 124). Hat der Kfz-Käufer den Verkäufer davon zu unterrichten, dass er „Ansprüche“ auf Mängelbeseitigung bei einer anderen Vertragswerkstatt des Herstellers geltend gemacht hat, so genügt eine Mitteilung, wenn der letzte Nachbesserungsversuch misslungen ist (BGH NJW 2007, 504). In einem Baubetreuungsvertrag ist die Formel „... kann der Betreuer dadurch erbringen, dass er ... Architekt oder Unternehmer ... im Namen und für Rechnung des Bauherrn beauftragt“, ist doppeldeutig und schließt insoweit die Leistungspflicht des Betreuers nicht aus (OLG Saarbrücken NJW-RR 1999, 1397). Sind in einem Mietvertrag Zurück-

behaltungs- und Aufrechnungsrechte ausgeschlossen, so betrifft dies nicht das Minderungsrecht (OLG Düsseldorf NJW-RR 1999, 953).

d) Seit Inkrafttreten des AGBG hat freilich einschränkende Auslegung einer Klausel aufgrund von dessen § 5 auch außerhalb von Haftungs- und Gewährleistungsbeschränkungen stark zugenommen. Das gilt vor allem für formularmäßigen Beschreibungen von Hauptleistungspflichten und der Vertragspartner (BGH RIW 2012, 81 – für Schiedsklauseln). Eine in den AGB für eine **Kreditkarte** enthaltene Klausel mit, „der Inhaber der Hauptkarte und der Inhaber der Zusatzkarte haften gesamtschuldnerisch für alle Verbindlichkeiten aus der Vereinbarung über die Zusatzkarte", ist dahin auszulegen, dass sich die gesamtschuldnerische Haftung nur auf die Verbindlichkeiten aus der Zusatzkarte bezieht (LG Wiesbaden BB 1984, 1966). Ist ein Widerrufsrecht des Karteninhabers vor Leistungserbringung des Kartenunternehmens an das Vertragsunternehmen nicht klar ausgeschlossen, so bleibt es nach § 671 bestehen (LG Tübingen NJW-RR 1995, 746, 747). Eine **Verjährungsregelung** bezüglich Gewährleistung für Mängel einer gelieferten Sache, die offen ließ, ob auch die damals so genannten „entferntere Mangelfolgeschäden" erfasst werden sollten, war unklar und daher auf diese Schäden nicht anzuwenden (BGH WM 1982, 980, 982). Eine Klausel, bei der unklar ist, ob die ausbedungene Vertragsstrafe weitergehende Schadensersatzansprüche ausschließen soll, schließt sie aus (OLG Düsseldorf BB 1994, 1739). „Verzugszinsen bis zu 1,5% pro Monat" bedeutet: Obergrenze bei diesem Betrag, aber in diesem Rahmen Schadensnachweis erforderlich (OLG Hamm BB 1983, 2074); eine „Nichtabnahmeentschädigung" in einem Darlehensvertrag für den Fall des Rücktritts vom Vertrag bezieht sich nur auf eine vom Darlehensnehmer verursachte Nichtgewährung des Darlehens (OLG Celle WM 1987, 1484, 1486). Das Verhältnis einer Klausel in einem **Baubetreuungs- und Geschäftsbesorgungsvertrag**, die dem Anleger eine bestimmte Mindestmieteinnahme garantiert, zu der nachfolgenden Klausel, nach welcher der Verwender ermächtigt wird, einen Mietvertrag mit geringerem Mietzins abzuschließen, ist unklar; die garantierte Miete gilt auch bei Vermietung für einen geringeren Mietzins (OLG Celle NJW-RR 1988, 119; s auch OLG Düsseldorf Rn 24). Bei Bestellung einer Grundschuld und gleichzeitiger **Abtretung der Ansprüche auf Rückgewähr vorrangiger Grundschulden** besagt die formularmäßige Zweckerklärung, die vorrangigen Rechte sollten als weitere Sicherheit dienen, im Lichte des Abs 2, dass der Gläubiger nur den Vorrang ausnutzen, nicht aber über die Höhe seiner nachrangigen Grundschuld hinaus Befriedigung verlangen kann (BGHZ 110, 108, 113 = NJW 1990, 1177 – OLG Koblenz, s Rn 35, aufgehoben). Die Frage einer eventuell einschränkenden Auslegung der Zweckerklärung bei der Grundschuldbestellung hat zu sehr komplizierten Erwägungen der nicht immer einschlägigen höchstrichterlichen Rechtsprechung geführt (dazu näher Piekenbroch 125 ZZP [2012] 171, 191). Die in eine Zweckerklärung eines Grundstücks für die Grundschuldhaftung aufgenommene Bestimmung, die Miteigentümer bevollmächtigten sich wechselseitig, „Willenserklärungen" mit Wirkung für die anderen abzugeben, deckt nicht eine Haftungserweiterung (BGHZ 103, 72 = NJW 1988, 1375). Nr 7 der **Bürgschaftsbedingungen** der Sparkassen, die vorsehen, dass die Rechte der Gläubigerin gegen den Hauptschuldner nur dann auf den zahlenden Bürgen übergehen, wenn sie wegen aller ihrer Ansprüche gegen den Hauptschuldner volle Befriedigung erlangt hat, und dass die Zahlungen des Bürgen bis dahin nur als Sicherheit gelten sollen, bezieht sich gem Abs 2 lediglich auf den Forderungsübergang gem § 774 Abs 1 S 1 und steht der Geltendmachung eines Aufwendungsersatzanspruchs des Bürgen gegen den 117

Hauptschuldner gem § 670 nicht entgegen (OLG Köln NJW-RR 1989, 1266 = WM 1883, 1886 – s zu dieser Entscheidung auch Rn 39 aE). Die „Erhöhung der Entgeltzahlung bei Erzielung eines Mehrerlöses" bei späterer Veräußerung erfasst nicht einen unter dem Verkehrswert liegenden ursprünglichen Kaufpreis (BGH NJW-RR 2003, 494). Eine Bürgschaftsverpflichtung umfasst im Zweifel nicht einen später dem Hauptschuldner gewährten Kredit (BGH WM 2009, 1460). „Schuldanerkenntnis" eines Kindes im Zusammenhang mit Übertragung belasteten Grundbesitzes bedeutet nur Anerkennung der dinglichen Haftung (OLG Hamm NJW-RR 1993, 113). „Alle Ansprüche an Kapital, Zinsen und Nebenleistungen, welche dem Gläubiger aus der Grundschuld" zustehen, gilt nur, soweit die Grundschuld valutiert ist und ein Zessionar in den Sicherungsvertrag eingetreten ist, auch schon vor Schaffung von § 1192 Abs 1a BGB (BGHZ 185, 133 = BB 2010, 1495 mit weiterführenden Erläuterungen von Herler BB 2010, 1939). Die Unklarheit in einer Klausel über den anzuwendenden Verschuldensmaßstab wirkt sich zu Lasten des Verwenders aus (BGH NJW 1995, 56). Eine Gerichtsstandsklausel begründet keinen ausschließlichen Gerichtsstand (KG MDR 1999, 56). Die Vereinbarung eines **ausschließlichen internationalen Gerichtsstands** in AGB kann wegen Abs 2 in der Regel nicht zugleich als Aufrechnungsverbot verstanden werden (LG Berlin 1996, 960 ff; generell zur Zulässigkeit der Aufrechnung ohne Rücksicht auf Gerichtsstände EuGH Slg 1995, 2053 und Schlosser, EK-Zivilprozessrecht [2. Aufl 2003] vor Art 2 EuGVVO Rn 15). Legt eine Klausel fest, dass eine **Vertragsstrafe** fällig wird, sobald der Schuldner in Verzug gerät, und dass es einer *besonderen* Inverzugsetzung nicht bedarf, ist unklar, ob das Erfordernis einer Mahnung abbedungen ist, oder ob es lediglich entbehrlich ist, den Schuldner, der sich bereits in Verzug befindet, ein zweites Mal zu mahnen. Es ist dann davon auszugehen, dass die allgemeinen Verzugsvoraussetzungen erfüllt sein müssen (BGH NJW 1986, 2049 f). Eine Zahlungsklausel, wonach der Besteller eines Softwarepaketes neben einer Anzahlung „40% des Kaufpreises nach Abschluss der Installation und Einweisung" zahlen soll, ist dahin auszulegen, dass die Rate erst fällig wird, wenn die Leistung abnahmereif ist (OLG Düsseldorf NJW-RR 1996, 821). Die Klausel, der gewerbliche **Mieter** habe **„alle Nebenkosten"** (s § 305 Rn 142) zu tragen, deckt nicht ohne weiteres Bewachungskosten; daher geht die Unklarheit zu Lasten des Vermieters (OLG Düsseldorf NJW-RR 1991, 1354; zur Umlage von Nebenkosten für vermieteten Gewerberaum s auch Kinne, Grundeigentum [1996] 292 ff). Der Begriff „Verwaltungskosten" ist bei Geschäftsraummiete aber auslegungsfähig (OLG Hamburg NJW-RR 2002, 802; s auch § 305 Rn 142). Sieht ein Formularmietvertrag eine Mietzeit von drei Jahren und eine Kündigungsfrist von drei Monaten vor, ohne die Kündigungsmöglichkeit auf die Zeit nach Ablaufen der drei Jahre zu beschränken, ist der Mieter auch vorher zur Kündigung berechtigt (LG Gießen NJW-RR 1996, 1293; LG Kassel NJW 2001, 601; LG Wiesbaden WuM 1994, 430). In Bedingungen des gewerblichen Mieters umfasst „Straßen-, Fußwegreinigung und Winterdienst nicht nur öffentliche Verkehrsflächen", sondern alle Flächen, die die Kunden benutzen (LG Hannover MDR 1994, 796). Verpflichtet sich der Mieter „zu seinem eigenen Schutz" eine Hausratsversicherung abzuschließen, kann der Vermieter daraus keine Rechte herleiten (AG Hamburg NJW-RR 1999, 663). Fristenunklarheiten für die Vornahme von Schönheitsreparaturen in Mieträumen gehen ebenso zu Lasten des Vermieters (LG Stade NJW-RR 2000, 890) wie Unklarheiten über den Umfang (AG Charlottenburg MM 2005, 1466; zum ganzen Komplex Börstinghaus DWW 2005, 92 und Kinne ZMR 2005, 921 ff). Unklar ist auch, ob Schwangerschaft ein Fall „fehlender Gesundheit" ist. Der BGH hat einen Aufrechnungsausschluss – vermeintlich einschränkend – so interpretiert, dass er nicht auch dem Einwand der unzulässigen

Rechtsausübung entgegensteht (BGH 1991, 2908, 2909 – Bürge kann sich trotz Aufrechnungsausschluss darauf berufen, dass der Gläubiger Sicherheiten des Hauptschuldners verschleudert hat). Der Einwand der unzulässigen Rechtsausübung kann aber nach § 307 ohnehin nicht generell ausgeschlossen werden. Eine Schriftformklausel für Änderungen und Ergänzungen des Vertrags gilt nach Abs 2 nicht für die Vertragsaufhebung (OLG Düsseldorf NJW-RR 1991, 375). Die Verpflichtung des Auftraggebers eine **Maklers**, keine Maklerdienste Dritter in Anspruch zu nehmen, hindert Ersteren nicht, mit einem Interessenten abzuschließen, dem die Abschlussgelegenheit durch einen anderen Makler nachgewiesen worden ist (OLG Frankfurt NJW-RR 2002, 1062). Bei Provisionsklauseln, die von „Finanzierungsvermittlungsgebühr" und „Courtage" reden, ist von Gesamtprovision auszugehen, zu denen die jeweilige Vermittlungsgesellschaft den Auftrag insgesamt ausführen soll (BGHZ 186, 96 = NJW-RR 2011, 270 Rn 28 ff; BGH NJW 2011, 2794 Rn 11).

e) Vielfach wurde mit Abs 2 auch bei Auslegung von **Versicherungsbedingungen** gearbeitet. Der Zusatz „wissenschaftlich allgemein anerkannt" in § 5 Abs 1 in den Allgemeinen Bedingungen für die Krankenkosten- und Krankenhaustagegeldversicherung ist mehrdeutig (AG Hamburg VersR 1990, 477 f). § 13 Abs 2 AKB, der bestimmt, dass bei Zerstörung eines kaskoversicherten Omnibusses nicht der Neupreis, sondern nur der Zeitwert zu ersetzen ist, ist wegen seiner Unklarheit auf Kleinbusse nicht anzuwenden. (BGH NJW 1986, 431). Der im § 12 Abs 1 Nr 2 (e) AKB enthaltene **Ausschluss des Versicherungsschutzes für Betriebsschäden** gilt nicht, wenn der Campinganhänger des versicherten Pkw durch die Sogwirkung eines vorbeifahrenden Lkw gegen die Hinterfront des Pkw gestoßen wird (BGH NZV 1996, 233 = VersR 1996, 622). Sind in Bedingungen für Blitzschäden „Überspannungsschäden" ausgeschlossen, so gilt dies nicht für solche Überspannungsschäden, die durch Induktion als Folge eines Blitzeinschlags entstehen. Ersatz für die Funktionsunfähigkeit einer Hand erfasst auch die Funktionsunfähigkeit nur des Handgelenks (BGH NJW-RR 2003, 1247). Der Versicherungsausschluss für „Kutschpferde" betrifft nicht gelegentlich als solche eingesetzte Tiere (OLG Oldenburg NJW-RR 2004, 1029). Die in der „Gliedertaxe" § 7 I (2)(a) AUB vorkommende Wendung „Funktionsunfähigkeit einer Hand im Handgelenk" erfasst jede Funktionsunfähigkeit des Handgelenks (BGH NJW-RR 2003, 1247), die Formel „Funktionsunfähigkeit eines Arms im Schultergelenk" jede Funktionsunfähigkeit des Schultergelenks (OLG Karlsruhe Az 12 U 167/05). In der Neuwertversicherung ist unter „wirklichem Versicherungswert" der Neuwert zu verstehen (OLGR-Karlsruhe 2005, 835). **118**

f) Kein Raum für eine einschränkende oder ausdehnende Auslegung (s Rn 121) besteht jedoch dort, wo eine Klausel **eindeutig** ist. Eine Wortklauberei ist auch zugunsten des Vertragspartners des Verwenders nicht am Platze. Dieser muss zumutbare Anstrengungen unternehmen, um den Sinn einer Klausel richtig zu verstehen (s Rn 106). Klauseln über den verlängerten Eigentumsvorbehalt, die die Forderung aus der „Veräußerung der Ware gleich in welchem Zustand" erfassen, betreffen auch die Fälle des Einbaus der Ware in ein Grundstück (BGHZ 7, 365 = NJW 1953, 22; BGHZ 26, 128 = NJW 1958, 417). Die Klausel „gekauft wie besichtigt und unter Ausschluss jeder Gewährleistung" ist eindeutig (BGHZ 74, 383 ff = NJW 1977, 1055; 1979, 1886), auch wenn „gekauft wie besichtigt" allein die Gewährleistung nur hinsichtlich sichtbarer Mängel ausschließen würde. Eine Haftungsbegrenzung erfasst auch **Ansprüche aus unerlaubter Handlung**, ohne dass dies ausdrücklich fest- **119**

gehalten werden müsste (Wolf/Hau Rn 108; s aber Rn 114; stark einschränkend BGH BB 1992, 1377 für Regelung über „Mängelrüge und Gewährleistung"). Die Klausel „Sämtliche Ansprüche wegen Fehler der Kaufsache verjähren mit Ablauf der Gewährleistungsfrist von sechs Monaten ab Auslieferung" konnte nicht dahingehend ausgelegt werden, dass Wandelungsansprüche erst zu verjähren begannen, wenn feststand, dass der Fehler nicht beseitigt werden konnte (OLG Frankfurt DB 1982, 2397). Eine Verjährungsregelung für „alle Ansprüche aus dem Reisevertrag" umfasst eindeutig auch Ansprüche wegen Nichtleistung (LG Frankfurt aM NJW 1982, 1538). § 51 lit b S 2 ADSp enthält eine klare Beweislastregelung zum Nachteil des Auftraggebers (BGH NJW 1995, 3117 ff). Ein Mieter eines Kfz, der einen Führerschein hat, aber mit einem Fahrverbot belegt ist, hat keinen „gültigen Führerschein" (BGH NJW 1984, 289 f). Die Sicherungsübereignungsklausel eines Kreditinstituts ist nicht iS einer auflösend bedingten Sicherungsübereignung auszulegen (BGH NJW 1984, 1184 f). Wird der Begriff „Wert der Forderung" in einer formularmäßigen Globalzession zugunsten einer Bank zur Bestimmung der Deckungsgrenze und der Freigabepflicht ohne weiteren Zusatz verwendet, ist der Nennwert gemeint (BGH NJW 1994, 445). Trotz einer unzulänglichen Wortwahl („Gegenstand") bestehen keine nach Abs 2 beachtlichen Zweifel daran, dass auch die Vorauszessionen im Rahmen eines verlängerten Eigentumsvorbehalts für die Berechnung der Prozentgrenze in einer Freigabeklausel zu berücksichtigen sind (BGH BB 1985, 1085, 1087). Die Klausel in den **AGB eines Autovermieters**, die bestimmt, dass bei „Unfällen" die Polizei zuzuziehen ist, bezieht sich auch auf den Fall, dass nur das Mietfahrzeug beschädigt wird (OLG Stuttgart VersR 1988, 97 f). Bestimmt eine Klausel in den AGB eines Autovermieters, dass „bei Zuwiderhandlungen gegen die Bestimmungen dieses Mietvertrags" ein vereinbarter Haftungsausschluss entfällt, nimmt sie unzweifelhaft auch Bezug auf die an anderer Stelle des Formulars statuierte Regelung, wonach der Mieter bei einem Unfall zur Hinzuziehung der Polizei verpflichtet ist (BGH WM 1981, 1383 f). § 13 Nr 1a S 3 der AEB (Einbruchsdiebstahls-Versicherung), wonach binnen dreier Tage nach Feststellung des Verlustes eine Aufstellung der entwendeten Sachen bei der Polizei einzureichen ist, widrigenfalls der Versicherungsschutz entfällt, ist klar (OLG Hamm VersR 1992, 489). Das Gleiche gilt für § 2 IV AUB 94 – Versicherungsausschluss für „krankhafte Störungen in Folge psychischer Reaktion" (BGHZ 159, 360 = NJW 2004, 2589). Die Klausel in einem Wohnraummietvertrag, nach der die Abrechnung des Vermieters über die Betriebskosten jährlich bis zu einem bestimmten Zeitpunkt zu erfolgen hat, kann nicht als Ausschlussklausel ausgelegt werden (LG Limburg WuM 1997, 120 f). Die Einräumung eines **Vorschussanspruches** für den Verwender **ohne Bezifferung seiner Höhe** ist nicht unklar; § 315 ist anzuwenden (BGH NJW 1981, 1959). Abtretungsausschlüsse gelten auch im Konkurs (BGH NJW 1997, 3434, 3435).

120 Ein besonderer Fall der Gefahr einer **überzogenen Anwendung** des Prinzips der kundenfreundlich engen Auslegung betrifft die Verwendung **falscher Formulare**. Wird für den Verkauf eines gebrauchten Pkw ein Formular verwandt, das seinen Anwendungsbereich mit „Verkauf unter Einschaltung eines Vermittlers" angibt, ergibt aber eine genaue rechtliche Würdigung der bei Vertragsschluss abgegebenen Erklärungen, dass die auf der Verkäuferseite auftretende Person in Wirklichkeit selbst Verkäufer geworden ist und nicht nur Vermittler war, dann liegt eine individuell vereinbarte Ausdehnung des Anwendungsbereichs der Bedingungen vor. Solche Klauseln, bei denen jeder Anhaltspunkt dafür fehlt, dass sie im Zusammenhang mit der vorgesehenen Einschaltung eines Vermittlers stehen, müssen angewandt werden (s Rn 26, § 305b Rn 18). Wird für den Verkauf eines gebrauchten Pkw ein Formular verwandt, das für den Verkauf eines neuwertigen Pkw vorgesehen ist, und das deshalb durchweg Bestimmungen enthält, die dem Kunden vergleichsweise günstig sind, dann gelten nicht etwa die gesetzlichen Gewährleistungsregeln, sondern die im Formular stehenden und im Vergleich dazu immer noch eingeschränkten. Auch hier ist der Anwendungsbereich des Formulars individualvertraglich geändert (s auch Rn 131).

Ist nicht feststellbar, welche Auslegung für den Vertragspartner günstiger ist, so soll die Klausel nach Ansicht des OLG Dresden nach § 307 unwirksam sein (VersR 2009, 1260). Näher am Gesetz liegt man, wenn man dann dem Vertragspartner eine Option für die von ihm bevorzugte Auslegung einräumt, vor allen wenn es um unterschiedliche Grade seiner Belastung geht. **120a**

3. Die praktische Ausnahme: Ausdehnende Auslegung mit Eliminierung von Widersprüchen

Dass Abs 2 zu einer einengenden Auslegung führt, ist nur eine statistische Häufigkeitsregel. Die Vorschrift kann sich auch in umgekehrter Richtung auswirken. Vielfach entscheidet die Formulierung der Klausel darüber, ob sie einschränkend oder ausdehnend auszulegen ist. Bei Rügefristen ist von einem späten Beginn und Maßgeblichkeit des Zugangs auszugehen (OLG Zweibrücken MDR 1998, 29). Die Vorschrift kann insbesondere dann, **wenn dem Vertragspartner des Verwenders Rechte gewährt werden, die ihm nach dispositivem Gesetzesrecht nicht zustehen**, zu einer ausdehnenden Auslegung führen (Bsp: BGH NJW 1982, 2314 – Hinweis auf Widerrufsrecht im Fall von Abzahlungskäufen auch auf den konkreten Kauf mit Zahlung bei Lieferung angewandt). **121**

a) Vor allen Dingen gilt dies im Bereich der Beschreibung der Hauptleistungspflichten des Verwenders, die ja gerade typischer Weise nicht gesetzlich geregelt sind. In einem Wohnraummietvertrag ist nach Absatz 2 die Bezeichnung „Mietraumfläche“ für eine Wohnung mit Dachschrägen unter dem üblichen Abzug für Dachschrägen zu verstehen (BGH NJW 2010, 293). Wenn ein Franchisegeber verpflichtet ist, „Vorteile zur Erreichung optimaler Geschäftserfolge“ an den Franchisenehmer weiterzuleiten, so betrifft dies sämtliche Einkaufsrabatte (BGH NJW-RR 2003, 1635). In einem Vertrag mit einem Berufsfußballspieler ist „Punktaufstiegsprämie“ als einsatzunabhängig zu interpretieren (LAG Rheinland-Pfalz 9 Sa 444/10 – juris). Abs 2 kann sich dahin auswirken, dass in Versicherungsbedingungen im Zweifel ein Risiko mit abgedeckt ist (s auch oben Rn 2). Bestimmen die **besonderen Bedingungen einer Betriebshaftpflichtversicherung** unter den versicherten Risiken auch die aus dem Gebrauch nicht zulassungs- und versicherungspflichtigen Kraftfahrzeuge, und enthält ein Klammerzusatz das Beispiel „Gabelstapler“, die grundsätzlich aber zu den zulassungs- und versicherungspflichtigen Kraftfahrzeugen gehören, muss die Versicherung für Risiken aus dem Gebrauch dieser Fahrzeuge einstehen (BGH NJW-RR 1995, 1303 ff). Bei **AVB**, die für jeden „Aufenthaltstag“ im Krankenhaus die Zahlung von Krankenhaustagegeld vorsehen, ist zu Lasten des Versicherers anzunehmen, dass dies auch für Tage gilt, an denen sich der Versicherungsnehmer nur teilweise im Krankenhaus aufhält (BGH NJW 1984, 1818 f). Ebenso umfasst der insoweit unklare Begriff „stationäre Behandlung“ auch „teilstationäre“ (OLG Hamm NJW-RR 1986, 1291). Ist in einer Versicherung für Schäden durch Leitungswasser der Verschuldens- **122**

maßstab für Obliegenheitsverletzungen nicht klar, so tritt Leistungsfreiheit nur bei grober Fahrlässigkeit ein (BGH NJW 1995, 56). Eine Einbruchs-Diebstahlversicherung kann aber vernünftiger Weise nicht auf ein Fahrzeug bezogen werden, auch nicht auf ein Wohnmobil, selbst wenn nicht ausdrücklich gesagt ist, dass sie sich auf Gebäude beschränken soll (LG Konstanz VersR 1991, 883; LG Landau VersR 1989, 1045; **aA** OLG Köln VersR 1992, 490; LG Hamburg NJW 1995, 923). „Versicherungsschutz für Wasserrohrbruch" innerhalb eines Gebäudes erfasst auch einen Rohrbruch zwischen den Streifenfundamenten (OLG Nürnberg VersR 1998, 234). Eine Einbruchsversicherung gegen „Vorkommnisse in Europa" soll auch Einbrüche in politisch zu Europa gehörenden Territorien wie den Kanarischen Inseln decken (LG Berlin VersR 2007, 941). Denkt man an Martinique oder gar Neukaledonien ist die Abweichung vom geographischen Europabegriff abzulehnen.

123 **b)** Werden die dem Vertragspartner zur Rechtswahrung zustehenden Befugnisse in unsystematischer Abfolge unterschiedlich bezeichnet, so stehen sie ihm alle **mit dem relativ weiteren Begriffsinhalt** offen. Ist in Wettbestimmungen auf den Zugang des Wettscheins bald bei einer Annahmestelle, bald bei der Zentrale abgestellt, so ist die Abgabe des Wettscheins rechtzeitig, wenn er entweder bei der Zentrale oder bei der Annahmestelle rechtzeitig eingeht (BGHZ 5, 115 = NJW 1955, 657). Widersprechen die Angaben bezüglich des Adressaten etwaiger Erklärungen des Versicherungsnehmers auf dem Versicherungsschein den Angaben auf einem Merkblatt, findet Abs 1 Anwendung (OLG Brandenburg VersR 1997, 347). In einer formularmäßigen Vereinbarung ist die Klausel „das Darlehen wird nach Inkrafttreten dieser Vereinbarung ausgezahlt, nachdem der Partner Sicherheit durch Beibringung einer Bankbürgschaft geleistet hat" dahingehend zu verstehen, dass der gesamte Vertrag unter der aufschiebenden Bedingung der Beibringung der Bürgschaft steht (BGH BB 1997, 90 f), wenn sich die eine Partei zur Gewährung eines Darlehens, die andere zur Abnahme von Produkten verpflichtet hat. Die AGB-Klausel in einem **öffentlich geförderten Darlehensvertrag** (sog Existenzgründungsdarlehen), nach der die Geltendmachung des Darlehensrückzahlungsanspruchs ausgeschlossen ist, soweit und solange sie zu einer vom Darlehensnehmer nicht verschuldeten Existenzgefährdung führen würde, bedeutet, dass die Geltendmachung des Rückzahlungsanspruchs auch bei einer Gefährdung der Existenz des Darlehensnehmers und nicht nur bei der des geförderten Unternehmens ausgeschlossen ist (BGH NJW 1997, 257). Enthält ein **formularmäßiger KFZ-Vertragshändlervertrag**, der eine neue Rechtsgrundlage für ein schon länger bestehendes Vertragsverhältnis bringt, eine an die Laufzeit des Vertrages gestaffelte Kündigungsfristregelung, ist bei Kündigung durch den Verwender gemäß Abs 1 die Dauer des gesamten Vertragsverhältnisses zu berücksichtigen (BGH WM 1987, 964 f). Die Klausel in einem vom Bauherrn gestellten Formularvertrag **„Garantieleistungen entsprechend VOB bzw BGB"** bringt zugunsten des Unternehmens auch für die allgemeine Gewährleistung die verkürzte Verjährungsfrist nach VOB (OLG Hamm BB 1989, 301 f). Unklarheiten in Bedingungen des Bauherrn über besonders zu vergütende Leistungen gehen zu seinen Lasten (OLG Düsseldorf NJW-RR 1999, 313). Ist in einer Klausel festgehalten, dass der Besteller eine bestimmte Zeit an sein Angebot gebunden ist, so erlöschen dessen Wirkungen nach Ablauf der Frist automatisch, also ohne dass es eines Widerrufs bedürfte (LG Duisburg NJW 1964, 160). Eine Übertreibung der verwenderfeindlichen Auslegung ist es aber, in der Zusage einer Haftungsfreistellung „nach Art einer Kaskoversiche-

rung" die üblichen Begrenzungen einer Kaskoversicherung nicht als eingeschlossen zu betrachten (**aA** OLG Stuttgart Versicherungsrecht 2001, 773).

c) Im Falle eines **Widerspruchs zwischen zwei Klauseln** gilt im Prinzip die für den Kunden günstigere (Ulmer/Schäfer Rn 88), sofern dadurch Klarheit erreicht werden kann (BGHZ 150, 226 = NJW 2002, 2471 – sich widersprechende Gewährleistungsregelung; BGH NJW 2001, 2166 – unauflösbare Verquickung zweier Leasing-Vertragsmodelle; BGH NJW 1998, 2207, aber in dem Zusatz „soweit [dem Verwender] bekannt" künstlich einen Widerspruch zum Klauselrest sehend [zum Zusatz „soweit bekannt" s Rn 22]; BAG ZInsO 2009, 779 – widersprechende Laufzeit- und Kündigungsregel; KG NJW-RR 2002, 490). Sonst sind beide Klauseln unwirksam. Im Individualprozess ist kundengünstiger diejenige Auslegung, die sich in der konkreten Vertragsabwicklungssituation für den Kunden günstiger auswirken würde (BGH NJW 1979, 2353, 2354; LG Berlin NJW-RR 2000, 1177 – fehlende Durchstreichung eines von zwei sich ausschließenden Begriffen; Wolf/Hau Rn 13; **aA** OLG Hamm NJW 1986, 2888, 2890; Ulmer/Schäfer Rn 92a; H Roth WM 1991, 2130, 2135). Ist in Bedingungen für den Fall des Eintritts bestimmter Ereignisse bald von automatischer Vertragsauflösung oder einem fingierten Rücktritt, bald von einem Rücktrittsrecht die Rede, so ist der Vertrag automatisch aufgelöst, wenn der Vertragspartner von ihm losstrebt (AG Wuppertal MdR 1971, 756). Im umgekehrten Fall kann er als weitergeltend betrachtet werden, wenn das Rücktrittsrecht nicht wirksam ausgeübt wurde. Die günstigere Klausel gilt auch in dem Fall, dass sich zwei verschiedene Klauselwerke, die gleichzeitig Geltung beanspruchen, widersprechen (Ulmer/Schäfer Rn 88). **124**

VI. Sonstige AGB-spezifische Auslegungsmaximen*

1. Das Restriktionsprinzip

Das lange Zeit als geltend hingestellte sog Restriktionsprinzip besagt, dass Klauseln eng auszulegen sind, die die Rechte des Vertragspartners des Verwenders einschränken, welche anderwärts – meist im dispositiven Recht – verankert sind und sonst Vertragsbestandteil würden. Die Rspr arbeitete mit dieser Regel häufig in Fällen, in welchen man ebenso gut das Prinzip der Auslegung gegen den Verwender heranziehen könnte (etwa BGHZ 24, 45 = NJW 1957, 872; BGH WM 1983, 525, 526; WM 1984, 944; BGH NJW 1986, 2757, 2758; BGH WM 1989, 855, 857 – „mittelbare Folgeschäden" sind nur vertragsuntypische Schäden). In diesem Bereich ist es müßig, das Verhältnis beider Prinzipien zueinander bestimmen zu wollen. Ein unterschiedlicher Anwendungsbereich für Abs 2 und den „Auslegungsgesichtspunkt" der Restriktion liegt auch nicht darin, dass Letzterer die objektive Mehrdeutigkeit der auszulegenden Klausel voraussetzte (**aA** Ulmer/Schäfer Rn 100). Denn eine objektiv eindeutige Klausel kann schwerlich restriktiv ausgelegt werden. Zur notwendigen Liquidität der Auslegungsmittel siehe Rn 106. Indes sind Fälle denkbar, wenn auch selten, in denen sich einschränkende Klauseln auf Rechte beziehen, die dem Verwender selbst zustehen. Da er es ist, der die Textverantwortung hat, muss dann der Grundsatz der Auslegung gegen den Verwender vorgehen. Von dem behaupteten Restriktionsgrundsatz bleibt bei näherem Zusehen daher neben Abs 2 so gut wie nichts übrig (heute wohl allgM; **125**

* **Schrifttum**: Rüssmann, Die ergänzende Auslegung Allgemeiner Geschäftsbedingungen, BB 1987, 843.

Stoffels, AGB-Recht Rn 377 ff; Ulmer/Schäfer Rn 100 f; Meyer aaO 137 ff; Soergel/Stein AGBG § 9 Rn 3, 9; Sambuc NJW 1981, 314 f). Der Inhaltskontrolle kann man mit restriktiver Auslegung keinesfalls entkommen (BGH BB 1988, 1627 – mit Verbot geltungserhaltender Reduktion arbeitend, wenn in einem Mietvertrag über eine Gaststätte die die Versagung der Betriebserlaubnis betreffende Klausel nicht zwischen Gründen unterscheidet, die im Mietobjekt und solchen, die in der Person des Mieters liegen; Sambuc 316).

2. Objektive Auslegung?

126 **a)** Nach ständiger Rspr (zur Entwicklung Zimmermann/Vogenauer aaO Rn 24 ff) und Teilen der Lit gilt der Grundsatz der objektiven Auslegung, wonach AGB, ausgehend von der Verständnismöglichkeit eines rechtlich nicht vorgebildeten Durchschnittskunden, einheitlich, dh **ohne Berücksichtigung der Umstände des Einzelfalls**, so auszulegen sind, wie sie von verständigen und redlichen, rechtlich nicht vorgebildeten (BGH NJW 2001, 292, 296; BGH NJW 2004, 2589, 2590; BGH NJW 2007, 505; BGHZ 180, 257 = NJW 2009, 2051; BGH BB 2010, 654; BGH NJW-RR 2010, 1436, 1438; BGH NJW 2012, 1066 – für die Einräumung eines Widerrufsrechts; BAGE 126, 198; = NJW 2011, 329) Vertragspartnern unter Abwägung der Interessen der normalerweise beteiligten Personen verstanden werden (zB BGH NJW 2004, 2961, 2962; BGH NJW 1996, 2155, 2156; BGH NJW 1993, 1381, 1382; 1992, NJW 2629; NJW 1990, 1177, 1178, BGHZ 109, 240, 248 f = NJW 1990, 716; BGHZ 98, 303, 308 = NJW 1987, 487 st Rspr; Ulmer/Schäfer Rn 73 ff; AnwKomm/Kollmann Rn 41; Wolf/Hau Rn 1064 f; Palandt/Grünewald Rn 18; Schmidt-Salzer JZ 1995, 223; Graf vWestphalen NJW 2008, 2234; **aA** Hellwege – Lit vor § 305, 507 ff – hochtheoretisch). Primär soll der Wortlaut (BGH NJW 2002, 441 – „soweit“ = „in dem Maße wie“), bei Zweifeln die Sicht der „typischerweise an Geschäften dieser Art beteiligten Verkehrskreise“ maßgebend sein (BGH NJW 2001, 2166; BGH NJW 1993, 1381, 1382). Außer Betracht bleiben „solche Verständnismöglichkeiten, die zwar theoretisch denkbar, praktisch aber fernliegend und nicht ernstlich in Betracht zu ziehen“ sind (BGHZ 152, 262, 265 = NJW 2003, 294, st Rechspr, zuletzt BGH BB 2011, 654). Bei notariell beurkundeten AGB (Vollstreckungsunterwerfungen) sind allerdings auch solche individuellen Zwecke und Interessen der Parteien zu berücksichtigen, die aus der Urkunde ersichtlich sind (BGH NJW 2008, 3363; BGH NJW 2011, 2041, 2042). Ursprünglich mit der heute überwundenen Einordnung der AGB als gesetzesähnlich begründet (RGZ 170, 230, 240 f; 171, 43, 47; BGH NJW 1959, 38; BB 1981, 452, 454 f), wird die Ansicht jetzt auf die Besonderheiten der AGB, vor allem ihre Regelungsfunktion und ihren Massencharakter gestützt (BGHZ 79, 117, 118 = NJW 1981, 867; BGH NJW 1983, 2638; Ulmer/Schäfer Rn 80). Es ist auch nichts anderes gemeint, wenn gesagt wird, AGB-Klauseln seien „vor dem Hintergrund des gesamten Vertrags zu interpretieren“ (BGH st Rspr, zuletzt NJW 1989, 582). Gemeint ist damit das Gesamtgefüge von Standardvertrag und Klauselwerk wie bei einem Bankgiroverhältnis. Für die Auslegung als Basis der Inhaltskontrolle von Verbraucherverträgen ist diese Einstellung durch § 310 Abs 3 Nr 3 und die Vorgängernorm § 24a Nr 3 AGBG überholt (s § 310 Rn 70). Dann hat sie aber auch generell keine Berechtigung mehr, weil die Frage für Verbraucherverträge und andere Verträge schwerlich unterschiedlich beantwortet werden kann (Hellwege – Lit vor § 305, 513 ff). In der Praxis sind die Auswirkungen der verschiedenen Auffassungen jedoch gering. Bei Auslegung technischer Vertragsbedingungen, deren Wortlaut nicht eindeutig ist, kommt der Verkehrssitte zentrale Bedeutung zu (BGH NJW 2004, 1248).

b) Soweit die Parteien übereinstimmend einer Klausel einen von ihrem objektiven Sinngehalt abweichenden Inhalt zumessen, ist im Ergebnis völlig unbestritten von diesem auszugehen (BGH NJW-RR 2010 63; BGH NJW 2009, 3422; BGH WM 2008, 1350; BGH NJW 2002, 2102; BGHZ 113, 251, 259 = NJW 1991, 975; BGH NJW 1995, 1496; BAG NJW 2010, 551; s Rn 130; § 305b Rn 14). Angaben zur Interpretation von Versicherungsbedingungen, die ein **Versicherungsagent** macht, muss sich der Versicherer zurechnen lassen. Selbst die bloße Tatsache, dass ein Versicherungsagent den Versicherungsnehmer in seinem Irrtum belassen hat, geht zu Lasten der Versicherung (BGH 1963, 1998). Was sich ganz zwanglos aus §§ 133, 157 ergibt, kann von der eine objektive Auslegung postulierenden hA nur über die Annahme einer in der Regel fiktiven Individualabrede (MünchKomm/Kötz² § 4 AGBG Rn 4) oder dem „Rechtsgedanken" des § 305b (Ulmer/Schäfer Rn 84) begründet werden. Ebenso einhellig werden unterschiedliche Verständnismöglichkeiten der am Geschäftsverkehr mit dem Verwender beteiligten verschiedenen Kundenkreise anerkannt (zB Ulmer/Schäfer Rn 83). 127

c) Richtig ist, dass individuelle Umstände selten sind. Weder im Rahmen einer **abstrakten Unterlassungsklage** (zu Besonderheiten, wenn eine Klausel wegen Verstoßes gegen das Transparenzgebot angegriffen wird, Lindacher NJW 1997, 2741) noch im Zusammenhang mit einer verwaltungsgerichtlichen Klage über die Genehmigungsfähigkeit von AGB können sie eine Rolle spielen. Auch im **Individualprozess** fehlt es meist an individuellen auslegungsrelevanten Gegebenheiten, weil die AGB auf typische Art und Weise Vertragsbestandteil geworden sind. Insoweit bleibt es schon nach den allgemeinen Auslegungsgrundsätzen bei einem objektivierten Maßstab. Die Auslegung richtet sich dann nach dem Wortlaut, der systematischen Stellung der Klausel, ihrem Sinn und Zweck und den typischen Interessen der Vertragsparteien (s Rn 126). Dabei ist zu berücksichtigen, dass nach dem Sinn von Abs 2 nur **luzide**, dem Verständnis der typischerweise an Geschäften solcher Art beteiligten Vertragspartnern zugängliche **Auslegungsmittel** einzusetzen sind (BGHZ 60, 177 = NJW 1973, 998; BGH BB 1978, 629; BGH NJW-RR 1996, 857; Palandt/Grüneberg Rn 15; Ulmer/Schäfer Rn 82). Das **Beurteilungsvermögen** des Vertragspartners richtet sich nach einem **objektiv-typisierten Maßstab**. Dem Verwender unbekannte individuelle Defizite beim Vertragspartner bleiben unberücksichtigt. Besonderes Wissen geht jedoch entsprechend den allgemeinen Regeln zu dessen Lasten (RGZ 116, 207; Brandner AcP 162, 256). Soweit jedoch der Verwender gezielt mit gruppenspezifisch geschäftsungewandten Personen kontrahiert (**Kaffeefahrten**; Senioren), muss auf den Verständnishorizont gerade dieses Personenkreises abgestellt werden (H Roth WM 1991, 2129; Wolf/Hau Rn 112). Für Verbrauchergeschäfte ist von einem rechtsunkundigen Durchschnittskunden auszugehen, soweit Rechtskenntnisse für die betroffenen Vertragspartner nicht typisch sind (BGH NJW 1989, 582, 583; NJW 1990, 1177, 1178; st Rspr). So ist bei den **AVB** auf den durchschnittlichen **Versicherungsnehmer** ohne versicherungsrechtliche Spezialkenntnisse abzustellen (BGHZ 123, 83, 85 = NJW 1993, 2369; BGH NJW-RR 1996, 857; st Rspr; krit Schmidt/Salzer JZ 1995, 223) und bei **Bankgeschäften** auf die Verständnismöglichkeit eines durchschnittlichen, juristisch und bankfachlich nicht vorgebildeten Bankkunden (BGH NJW-RR 1990, 109). Bei Formularverträgen von **Ärzten** oder im Krankenhausbereich ist die besondere Lage des Patienten zu bedenken (LG Duisburg NJW 1988, 1523; Soergel/Stein AGBG § 9 Rn 8). Für die AVB für Transporte im **grenzüberschreitenden Straßenverkehr** ist auf einen AGB-kundigen Unternehmer in der betreffenden Branche abzustellen (BGH NJW 1985, 559), für AGB von Bauherren auf den Verständnishorizont eines durchschnittlichen Bauunternehmers (OLG Frankfurt 128

NJW-RR 1986, 245, 246). Haben Fachbegriffe nur ihre fachliche Bedeutung, so gilt diese, sonst ist nach Kundenkreisen mit und ohne typische Kenntnis zu differenzieren; gegenüber Laien gilt immer die günstigere Alternative (Wolf/Hau Rn 113). **Rechtswissenschaftliche Begriffe** (dazu grundlegend Dreher AcP 189, 342 ff 12 ff), die in der Alltagssprache keine abweichende, fest gefügte Bedeutung haben, gelten in ihrer Fachbedeutung (AnwKomm/Kollmann Rn 44; zB für Anspruch aus dem dinglichen Recht: BGH NJW 1992, 1511, 1512; für den Begriff „nicht zulassungs- und nicht versicherungspflichtig": BGH NJW-RR 1995, 1303 f; obiter für „Fehlschlagen der Nachbesserung" BGH NJW 1994, 1004), auch wenn diese nicht volkstümlich ist (überholt wohl BGHZ 79, 117 = NJW 1981, 107 – Begriff „Wandelung" als unklar eingestuft). Gleiches gilt, wenn AGB sich erkennbar auf gesetzliche Formulierungen beziehen (BGH ZIP 2003, 1095 – Klausel über Eigentumsverschaffung, die erkennbar auf § 931 BGB Bezug nimmt) oder vom typischen Kundenkreis Kenntnis der Rechtsbedeutung eines Begriffs zu erwarten ist. In den verbleibenden seltenen Fällen gilt auch hier die kundengünstigere Alternative (Wolf/Hau Rn 113; **aA** – für vorrangige Geltung der Fachbedeutung – Palandt/Grüneberg Rn 16; Dreher 368 ff).

129 **d)** Die **Entstehungsgeschichte einer Klausel** darf zu Lasten des Vertragspartners des Verwenders (zu seinen Gunsten: BGH NJW-RR 2000; 1341; BGH NJW 1983, 2088, 2089) nur herangezogen werden, wenn sie beiden Teilen bekannt ist (Ulmer/Schäfer Rn 82; Wolf/Hau Rn 115), auch wenn es sich um staatlich genehmigte AGB handelt, wie die früheren AVB (BGH BB 1981, 452, 454; Wolf/Hau aaO), als auch für die von den maßgeblichen beteiligten Wirtschaftskreisen aufgestellten AGB wie den Allgemeinen Deutschen Seeversicherungsbedingungen (**aA**, aber überholt, weil noch von gesetzesgleicher Auslegung sprechend, BGH MDR 1972, 126). Geschäftsplanmäßige Erklärungen gegenüber der Versicherungsaufsicht können daher nicht zur Auslegung von Versicherungsbedingungen herangezogen werden (BGH NJW 1996, 1409). Gleiches soll für eine **teleologische** (BGH NJW 1992, 1236 f; NJW 1988, 3149 f) oder **systematische Auslegung** (BGH NJW 1992, 180 f; NJW 1992, 1097, 1099) gelten, deren man sich dann also nicht soll bedienen dürfen, wenn ihre Sinnhaftigkeit nur bei der Lektüre der gesamten AGB erkennbar sei, wozu keine Obliegenheit bestehe (H Roth WM 1991, 2118). Bei Vertragsabwicklungsregelungen (s Rn 30) kann man aber auch vom Vertragspartner verlangen zu überlegen, was der Verwender sinnvollerweise hat regeln wollen. **Maßgeblicher Zeitpunkt** für die Auslegung von Begriffen ist der **Vertragsschluss** (BGH NJW 1983, 2088), bei Zweifeln gilt aber auch insoweit die kundengünstigere Bedeutung (Wolf/Hau Rn 116).

130 **e)** Allerdings gibt es keinen Grund, unter Annahme von AGB-spezifischen Sonderregeln, die außerhalb regelrechter Individualvereinbarungen liegenden **individuellen Umstände des Vertragsschlusses** außer Betracht zu lassen, wenn sie ausnahmsweise so gelagert sind, dass ihnen eine Auslegungsbedeutung abzugewinnen ist (Wolf/Lindacher Rn 5 f; Palandt/Grünebeerg Rn 15, Schmidt-Salzer JZ 1995, 223, 228 ff) und die fragliche Information offen zutage liegt. So vorzugehen fordert auch das Postulat richtlinienkonformer Auslegung (Schmidt-Salzer aaO; **aA** Ulmer/Schäfer Rn 66c; Graf vWestphalen EWS 1993, 166; Michalski DB 1999, 679; Stoffels, in: GS Wolf [2011] 112; Damann, in: GS Wolf [2011] 11 ff). Art 4 RL spricht individuelle Umstände zwar in der Tat nur in Zusammenhang mit der Inhaltskontrolle an. Jedoch ist unerfindlich, weshalb sie dann nicht auch für die Auslegung einer Klausel sollten herangezogen werden dürfen. Heranzuziehen sind sie aber nur, wenn der Verwender den Eindruck erweckt, dass er besondere Umstände berücksichtige, oder wenn der Verwender oder seine Hilfspersonen **Erläuterungen** über auslegungsfähige AGB gegeben haben, unabhängig von einer etwaigen Abschlussvollmacht (BGH NJW 1983, 2638). Dabei reicht es aus, dass der Verwender der für ihn erkennbaren atypischen Auslegung des Kunden nicht widersprochen hat (BGH NJW 1963, 1978; Wolf/Hau Rn 111). Das Interesse des Verwenders an einer identischen Auslegung seiner AGB gegenüber allen Vertragspartnern ist im Rahmen der allgemeinen Auslegungsgrundsätze wohl zu berücksichtigen (Wolf/Hau Rn 106); der individuelle Eindruck, den er vermittelt, hat aber Vorrang. Der Verwender muss seine Belange selbst dadurch wahren, dass er individuellen Umständen keine Auslegungungsbedeutung zuwachsen lässt.

3. Individualvertragskonforme Auslegung von AGB-Klauseln und ihre Grenzen

Steht eine Individualvereinbarung im Gegensatz zu dem gesamten Inhalt einer **131** AGB-Klausel (s statt aller: BGH NJW-RR 1990, 613) oder ist eine solche – gemessen an individuellen Bestandteilen eines Vertrages – ungewöhnlich und überraschend (s Rn 24), so ist die vorformulierte Bedingung unanwendbar. Denkbar ist aber, dass die AGB-Klausel im Hinblick auf eine Individualvereinbarung nur einschränkend oder ausdehnend interpretiert zu werden braucht, um beide in Übereinstimmung miteinander zu bringen, oder dass eine Individualvereinbarung den Ausschlag zugunsten mehrerer, dem Wortlaut der Klausel nach möglichen Auslegungen gibt. Aus dem Vorrang der Individualabrede folgt dann das Prinzip der Individualvertragskonformen Auslegung von AGB-Klauseln (Wolf/Hau Rn 117; Bsp OLG München OLGRspr München 1995, 190 – Zusatz in einer Höchstbetragsbürgschaft bezüglich „zuzüglich eventueller Überziehungen" kann sich nur auf Nebenverbindlichkeiten des Hauptschuldners beziehen; teilweise **aA** Ulmer/Schäfer Rn 69). Zu betonen, die Berücksichtigung der gemeinsamen Vorstellungen der Parteien von Inhalt und Bedeutung der Vertragsgrundlage gewordenen Allgemeinen Geschäftsbedingungen gehöre zur objektiven Auslegung (so Stoffels, AGB-Recht Rn 381), ist Wortakrobatik, die an der substanziellen Einordnung der vorgeschlagenen methodischen Operation als individualvertragskonformer Auslegung nichts zu ändern vermag.

a) Sofern eine Klausel lediglich bei einschränkender Auslegung als nicht nach **132** §§ 307–309 unwirksam angesehen werden kann, ist eine solche Auslegung nur dann zulässig, wenn sie für den jeweiligen typischen Vertragspartner vernünftiger Weise außer Zweifel steht (Wolf/Hau Rn 117). Wurde ein für den Verkauf gebrauchter Fahrzeuge gedachtes Formular (mit einer insoweit anerkennungswerten Gewährleistungsbeschränkung) für den Verkauf eines Pkw verwandt, in den nach den Vertragsabsprachen wichtige Teile neu eingesetzt werden sollten und wurden, so bezieht sich der Gewährleistungsausschluss aus Käufersicht erkennbar nicht auf diese Teile (BGH LM Nr 8 zu § 348 HGB; s auch Rn 13). Grenze der individualvertragskonformen Auslegung ist die **geltungserhaltende Reduktion**, soweit sie unzulässig ist (s Rn 138).

b) Geldentwertung, Kosten- und Preissteigerungen sind in unserer Zeit vertraute **133** Erscheinungen. Eine **individuelle Preisvereinbarung** für Leistungen, die erst nach längerer Zeit zu erbringen sind, steht zwar deshalb nicht automatisch unter dem Vorbehalt einer Preisanpassung. Der Sinn einer individuellen Preisvereinbarung ist aber angesichts der allgemeinen wirtschaftlichen Verhältnisse nicht so dicht, dass eine Preisanpassungsklausel einen Widerspruch zu ihr darstellen oder ungewöhnlich und überraschend sein muss. Nur individuelle **„Festpreis"-Zusagen** gehen Preisgleitklauseln in AGB vor. Hat jemand einen erst nach längerer Zeit zu liefernden Gegenstand zu einem ausgehandelten Preis gekauft, der € 250 unter dem empfohlenen Richtpreis und dem üblicherweise verlangten Preis liegt, steht in den Bedingungen, dass im Falle einer im Betrieb des Verwenders allgemein vorgenommenen Preiserhöhung die im Lieferzeitpunkt empfohlenen Richtpreise oder allgemein verlangten Preise gelten sollen, so mag man den ausgehandelten Preis uU als eine die Klausel ganz verdrängende Festpreisabsprache werten. Wenn die Lieferzeit eine Zeitspanne überdeckt, in der üblicherweise mit Preiserhöhungen zu rechnen ist, so ist die Klausel auch gemessen an der individuellen Preisvereinbarung nicht ungewöhnlich. Sie muss aber entsprechend den Umständen des Einzelfalls so interpretiert werden, dass auch der zum Lieferzeitpunkt geschuldete Preis den vereinbarten Nachlass enthält. Zu Preisgleitklauseln allgemein s § 305b Rn 7; Staudinger/Coester-Waltjen § 309 Nr 1. Zur Anpassung einer Ausgleichszahlungsvereinbarung in den AGB eines Leasinggebers an eine individuell vereinbarte günstigere Kündigungsmöglichkeit des Leasingnehmers s OLG Frankfurt NJW-RR 1987, 241, 242. Zur ergänzenden Auslegung s Rn 138.

134 **c)** Haben Parteien ein allgemein gehaltenes Formular für den Verkauf bestimmter Waren verwandt, war aber unter ihnen klar, dass die Ware zu Weiterverarbeitung im Betrieb des Käufers verwandt werden sollte und ist dieser Betrieb vor Abnahme der Ware zerstört worden, so ist eine in den Bedingungen enthaltene „höhere-Gewalt-Klausel" dahin auszulegen, dass die Abnahmepflicht entfällt, auch wenn im üblichen Anwendungsbereich des Formulars eine Störung des (Handels-)Betriebs des Käufers eine solche Auslegung nicht rechtfertigt.

135 **d)** Wenn eine **Individualvereinbarung** ihren Verfasser und Verwender des Klauselwerks begünstigt, trifft diesen die Formulierungsverantwortung. Dies rechtfertigt es, in einem solchen Fall dem Prinzip von Abs 2 Vorrang zwar nicht vor § 306b wohl aber vor dem Prinzip der individualvertragskonformen Auslegung beizumessen.

136 **e)** Zur Problematik der Individualabreden als Kriterium für den überraschenden Charakter der Klausel s Rn 24.

137 **f)** Die These, AGB Klauseln seien im Individualprozess ex post danach auszulegen, ob im konkreten Einzelfall ein angemessenes Ergebnis verbürgt ist (Basedow ACP 182, 335, 357), ist unhaltbar (so mit Recht: Ulmer/Schäfer Rn 79 mwNw z Streitstand).

4. Allgemeine Auslegungsgrundsätze

138 Soweit keine AGB-spezifischen Auslegungsgrundsätze eingreifen, sind auch vorformulierte Bedingungen nach den Prinzipien auszulegen, die für private Willenserklärungen gelten. Im Übrigen stehen wirtschaftlicher Zweck des Vertrages und von einzelnen seiner Klauseln sowie das Postulat eines gerechten Interessenausgleichs, wie auch sonst, im Vordergrund (Schmidt-Salzer E 43 mit zahlreichen RsprBsp). Einräumung eines „Vorpachtrechts" an den Pächter auf „fünf weitere Jahre" ist ohne Rücksicht auf Vorformuliertheit gleichbedeutend mit einer Verlängerungsoption (**aA** OLG Hamm NJW-RR 1993, 750 – § 5 AGBG angewandt); Schadensersatzpauschalen bei

Nichtabnahme, die in Prozentsätzen des Kaufpreises ausgedrückt sind, meinen den Nettokaufpreis (OLG Celle OLGRspr Celle 1995, 182), weil Schadensersatzleistungen nicht umsatzsteuerpflichtig sind. Aus Abs 2 folgt freilich nicht, dass eine **Auslegung aufgrund vermuteter Redlichkeit** des Textverfassers unmöglich wäre (**aA** zB Ulmer NJW 1981, 2025; Wolf/Hau Rn 119). Das klar ersichtlich Gemeinte gilt trotz nachlässiger Textgestaltung. Haftungserleichterungen für „unvorhergesehene" Ereignisse meinen „unvorhersehbare" (BGH NJW 1962, 1196; BGH BB 1970, 466). Der Ausschluss von Gewährleistungsansprüchen nach „begonnener" Verarbeitung trifft nicht den Fall rechtzeitig erhobener Mängelrügen. Lieferung nach dem neuesten Stand der Technik heißt nicht unter Bruch fremder Rechte des gewerblichen Rechtsschutzes. Die unter Rn 109 dargestellte Außerachtlassung von atypischen Ausnahmesituationen bei der Auslegung als Basis der Inhaltskontrolle und die daraus folgende Sonderbehandlung solcher Situationen im Individualprozess ergibt sich aus den allgemeinen Auslegungsgrundsätzen (Ulmer/Schäfer Rn 101). Ist ein nach der Vorstellung des Verwenders ua durch AGB geregelter Vertrag deshalb lückenhaft, weil AGB-Bestimmungen nicht Vertragsbestandteil geworden oder unwirksam sind, so ist für **ergänzende Auslegung** iS einer richterlichen Vertragsergänzung nur im Rahmen von § 306 Raum (s dort Rn 12). Im Übrigen aber wird der Spielraum für die ergänzende Vertragsauslegung nicht dadurch enger, dass ein Vertrag teilweise oder gar überwiegend durch AGB geregelt ist (allgA, vgl zB BGHZ 79, 16, 25 = NJW 1981, 816; BGHZ 92, 363, 369 ff = NJW 1985, 480; BGH NJW 2006, 996, 999). Jedoch sind Maßstab auch dann die individuellen Verhältnisse der Parteien (NJW 1981, 2025; Wolf/Hau Rn 122; **aA** MünchKomm/Basedow Rn 12; Soergel/Stein AGBG § 9 Rn 10 – aus der Sicht der Lehre von der objektiven Auslegung), wenn solche mit entsprechender Relevanz existieren. Auch ergänzende Auslegung von AGB-Klauseln in Dauerschuldverhältnissen ist möglich (BGH NJW 2001, 2921), etwa bei Preiserhöhungsklauseln, die den nicht vorhersehbaren Kostensteigerungsfaktor textlich nicht erfassen (BGH NJW 2004, 43 = WM 2004 m 267), und verstößt nicht gegen § 305c Abs 2.

VII. Auslegung in Revisionsverfahren

Nur soweit die Möglichkeit bestand, dass die Auslegung der streitigen AGB die **139**
Gerichte von mindestens zwei verschiedenen OLG-Bezirken beschäftigt, war sie vor 2002 in der Revisionsinstanz im Rahmen der sonstigen Revisionszulassungsvoraussetzungen voll überprüfbar (BGHZ 98, 256, 258 = NJW 1987, 319, 320; st Rspr, zuletzt BGH NJW 1997, 258). Dies war nicht der Fall, wenn in den AGB eine Gerichtstandsklausel steht, die nur die Gerichte eines OLG Bezirks zuständig machen will (BGH NJW 1983, 985). Seit die Revision auch gegen Urteile von Landgerichten zulässig sein kann, nimmt der BGH das Recht zur selbständigen Auslegung von AGB auch in Anspruch, wenn Auslegung durch verschiedene Berufungsgerichte – gleich welcher Art – denkbar ist (BGHZ 163, 321 = NJW 2005, 2919). Die letztere Einschränkung scheint er aber stillschweigend aufgegeben zu haben (BGH NJW 2010, 2877) und die Auslegung aller AGB zu beanspruchen (BGH 17. 4. 2013 VIII ZR 225/12 – juris).

VIII. Die Auslegung von AGB, die im internationalen Verkehr verwendet werden

Auch die Maßstäbe zur Auslegung von AGB ausländischen oder internationalen **140**
Gepräges müssen primär von dem Vertrag her bestimmt werden, in den sie ein-

bezogen worden sind. Die Vorstellung, es gäbe **„ausländische"**, „ausländisch geprägte" oder „internationale" AGB, deren Auslegung der Revision durch den BGH entzogen sei (BGHZ 104, 178, 181 = NJW 1988, 3090 – VglSchO IHK; BGH RIW 1990, 1014, 1015; BGHZ 112, 204, 210 = NJW 1991, 36; BGH NJW 1994, 1408, 1409 mwNw – gleichwohl revisionsrechtliche Nachprüfung, ob auch Haftungsausschluss für deliktische Ansprüche), ist sehr ungenau. Aus dem Zweck der Revisibilität der AGB lässt sich eine solche Beschränkung nur ableiten, wenn die Verbreitung von Bedingungen ausländischen Gepräges in Deutschland sich auf den Bezirk eines OLG beschränkt oder wenn auch der Vertrag, in den AGB einbezogen worden sind, ausländischem Recht untersteht. Allein das Vertragsstatut sagt, anhand welcher Rechtsordnung AGB auszulegen sind (Aden RIW 1989, 607, 609; für Revisibilität ohne Rücksicht auf deutsches Vertragsstatut: Ulmer/Schäfer Rn 72; Jayme ZHR 1978, 105, 122 f; H Roth WM 1991, 2131). Der BGH (BGHZ 104, 178 = NJW 1988, 3090) hat die ICC-SchiedsO bei ausländischem Schiedsgerichtssitz als ausländische AGB behandelt. Ohne Rücksicht auf etwa anwendbares nationales Recht konzipierte und für das internationale Geschäft zu Standards gewordene Bedingungen können jedoch wie internationales Einheitsrecht interpretiert werden (Raeschke-Kessler, in: FS Schlosser [2005] 713, 720).

Die Bedingungen können aber einen **internationalen Verbreitungsgrad** dergestalt haben, dass sie auch von beiderseits ursprungslandfernen Vertragspartnern verwendet werden oder dass sie gar nicht in einem bestimmten Ursprungsland entstanden sind. Verträge, in welche sie einbezogen werden, können – den Schöpfern des Klauselwerkes durchaus bewusst – von unterschiedlichen Rechten beherrscht sein, welche auch unterschiedliche Rechtsnormen über die Auslegung von Verträgen und möglicherweise speziell auch ihrer vorformulierten Bestandteile entwickelt haben können. Auch dann unterliegen die einbezogenen AGB dem jeweiligen Vertragsstatut. Die in der internationalen Schiedsgerichtsbarkeit häufig diskutierte sog „lex mercatoria" im Sinne eines übernational sich entwickelnden Handelsgewohnheitsrechts, hat für Sachentscheidungen deutscher Gerichte bisher keine Rolle gespielt. Eine einheitliche Auslegung eines der „lex mercatoria" zugerechneten Klauselwerks lässt sich folglich prinzipiell nicht erreichen. Allerdings werden die für die jeweiligen Vertragsverhältnisse geltenden nationalen Rechtsordnungen im Allgemeinen den Grundsatz anerkennen, dass bei Auslegung von Formularen für einen international weit gestreuten Benutzerkreis die Ansichten und Gebräuche dieses Kreises zu berücksichtigen sind, also wie internationales Einheitsrecht behandelt werden können. Auf spezialisierten Gebieten kann sich auch die handelsübliche Begriffswelt so sehr an eine Rechtsordnung, etwa an die englische, angelehnt haben, dass über die Brücke der Berücksichtigung der Anschauung der typischen Benutzer die in dieser Rechtsordnung geltenden Auslegungsgrundsätze maßgebend werden. Dabei braucht sich nicht in einer gerichtsförmig nachweisbaren Weise für bestimmte Klauseln ein bestimmtes internationales Benutzerverständnis herausgebildet zu haben. Es genügt, wenn die entsprechende Kautelarpraxis generell die Anlehnung an die Begrifflichkeit eines ausländischen Rechts erkennen lässt. Das ist etwa auf dem Gebiet der Seeversicherung häufig der Fall (Bsp: BGH RIW AWD 1968, 228).

Unterliegt der Vertrag deutschem Recht, so gilt Abs 1 auch für eine in den Bedingungen enthaltene internationale Prorogationsklausel (s oben Rn 11, 110). Zur Einbeziehung von AGB bei Geschäften mit Ausländern s § 305 Rn 105, 140.

§ 306
Rechtsfolgen bei Nichteinbeziehung und Unwirksamkeit

(1) Sind Allgemeine Geschäftsbedingungen ganz oder teilweise nicht Vertragsbestandteil geworden oder unwirksam, so bleibt der Vertrag im Übrigen wirksam.

(2) Soweit die Bestimmungen nicht Vertragsbestandteil geworden oder unwirksam sind, richtet sich der Inhalt des Vertrags nach den gesetzlichen Vorschriften.

(3) Der Vertrag ist unwirksam, wenn das Festhalten an ihm auch unter Berücksichtigung der nach Absatz 2 vorgesehenen Änderung eine unzumutbare Härte für eine Vertragspartei darstellen würde.

Schrifttum

Boemcke-Albrecht, Rechtsfolgen unangemessener Bestimmungen in Allgemeinen Geschäftsbedingungen (1989)
Canaris, Gesamtunwirksamkeit und Teilgültigkeit rechtsgeschäftlicher Regelungen, in: FS Steindorff (1990) 519, 547
J Hager, Gesetzes- und sittenkonforme Auslegung von Rechtsgeschäften (1983)
ders, Der lange Abschied vom Verbot der geltungserhaltenden Reduktion, JZ 1996, 175
Köhler, Die Verwendung unwirksamer Vertragsklauseln – ein Fall für das UWG, GRUR 2010, 1047
Kolmsee, Die Anpassung von Allgemeinen Geschäftsbedingungen in Dauerschuldverhältnissen (2011)
Lindacher, Reduktion oder Kassation übermäßiger AGB-Klauseln?, BB 1983, 154
Medicus, Rechtsfolgen für den Vertrag bei Unwirksamkeit von AGB, in: Heinrichs/Löwe/Ulmer (Hrsg), Zehn Jahre AGB-Gesetz (1987) 83
vMettenheim, Methodologische Gedanken zur geltungserhaltenden Reduktion im Recht der allgemeinen Geschäftsbedingungen, in: FS Piper (1996) 937
Michalski/Römermann, Die Wirksamkeit salvatorischer Klauseln, NJW 1987, 886
Neumann, Geltungserhaltende Reduktion und ergänzende Auslegung von Allgemeinen Geschäftsbedingungen (1988)
H Roth, Vertragsänderung bei fehlgeschlagener Verwendung von Allgemeinen Geschäftsbedingungen (1994)
ders, Geltungserhaltende Reduktion im Privatrecht, JZ 1989, 411)
Schlosser, Todesstoß für ergänzende Vertragsauslegung von AGB in Verbraucherverträgen?, IPRax 2012, 507 ff
H Schmidt, Vertragsfolgen der Nichteinbeziehung und Unwirksamkeit von Allgemeinen Geschäftsbedingungen (1986)
K Uffmann, Das Verbot geltungserhaltender Reduktion (2010).

Systematische Übersicht

Alphabetische Übersicht

I. Der in Abs 1 zum Ausdruck gekommene Grundsatz

1. Gesetzesgeschichtliches

Die wörtlich aus § 6 AGBG übernommene Vorschrift entspricht in ihrer Hauptstoßrichtung – Aufrechterhaltung des Vertrags im Falle der Einbeziehung unwirksamer AGB-Klauseln – der bereits vor Erlass des AGBG vorherrschenden Judikatur, welche freilich der dogmatischen Rechtswissenschaft sehr viel, heute überholtes Kopfzerbrechen bereitet hat. Die Vorschrift ist im Verhältnis zu § 139 lex specialis (BGH NJW 1992, 896; allgM), vor allem im Interesse des Vertragspartners des Verwenders (BGHZ 128, 156, 166 = NJW 1995, 721; Medicus 83 f; s auch Rn 22). 1

Art 6 Abs 1 HS 2 RL will ebenfalls die Geltung des Vertrags ohne die missbräuchlichen Klauseln, „wenn er ohne die missbräuchlichen Klauseln bestehen kann". Wann das der Fall ist, bestimmt die lex causae und die von ihr bereitgestellten Möglichkeiten der richterlichen Vertragsergänzung (BGH WRP 2005, 1535 – Vorlagebeschluss zum EuGH, s aber Rn 12). Fasst man den Begriff „unzumutbar" in § 306 Abs 3 entsprechend weit, so entspricht er der RL (Schmidt-Salzer BB 1995, 1493, 1494). Ein Vertrag kann auch dann nicht „bestehen", wenn sein gestutzter Inhalt dem Verwender nicht mehr zumutbar ist (**aA** Ekert ZIP 1996, 1238, 1241; Heinrichs NJW 1995, 154, 159; Ulmer/Schmidt Rn 4b). Rechtlich „bestehen" kann nur, was zumutbar ist. Schützenswertes Vertrauen in die Beibehaltung der Rspr zur Inhaltskontrolle gibt es nur höchst selten (dazu Lecheler WM 1994, 2049).

2. Der Anwendungsbereich der Norm

Die Regelung in Abs 1, ebenso wie jene in den folgenden Absätzen, gilt für alle AGB, auch für solche, die nur gegenüber einem **Unternehmer** Verwendung finden. Sie ist freilich zugeschnitten auf Fälle, in denen die Einbeziehung von Bestimmungen aus AGB nach den §§ 307–309 unwirksam oder nach §§ 305 gescheitert ist, in denen aber im Übrigen die Voraussetzungen für einen wirksamen Vertragsschluss vorliegen. § 306 gilt im Rahmen der § 305 Abs 2 und § 305c auch dann, wenn vorformulierte Textbestandteile über **Hauptleistungspflichten** nicht einbezogen wurden (Schlosser Jura 1984, 642 f; Palandt/Grüneberg Rn 5; **aA** Erman/Roloff Rn 4; Ulmer/Schmidt Rn 10 für essentialia negotii im weit verstandenen Sinn). Es gilt dann die fragliche 2

GebührenO, Festsetzungsbefugnis durch den Richter wie in der Tagespreisklauselentscheidung (s Rn 12), oder schlichter Wegfall einer Leistungseinschränkung (s Rn 11 f). Ist die formularmäßige Festlegung der Sachleistungspflichten misslungen, so ist die Aufrechterhaltung des Restvertrages häufig iSv Abs 3 unmöglich (mit dieser Einschränkung zutr MEDICUS 87). Scheitert die Einbeziehung am Vorrang einer Individualabrede, so gilt diese.

Den Anwendungsbereich von § 306 auf die Fälle zu beschränken, in denen die wirksame Einbeziehung von AGB oder einzelner ihrer Bestimmungen aus einem in dem §§ 305–309 geregelten Grunde gescheitert ist, lässt sich nicht rechtfertigen. Es wäre zB absurd, den gesamten Vertrag daran scheitern zu lassen, dass sich in AGB eine Klausel befindet, die gegen **zwingendes Gesetzesrecht** verstößt (BGH NJW 1992, 897; allgM) oder der ein einsehbarer Sinn nicht abzugewinnen ist. Der BGH (BGHZ 128, 156, 166 = NJW 1995, 721) bezeichnete es als eine „sich aufdrängende Frage, ob § 6 Abs 1 AGBG (jetzt § 306 Abs 1) jedenfalls dann keine Anwendung findet, wenn sonst § 139 BGB [...] zum Nachteil des Kunden verdrängt würde." Die Rechtsfolgen von Einbeziehungshindernissen, die sich aus Normen außerhalb der §§ 305 ff ergeben, bedürfen im Licht dieser „Frage" freilich einer differenzierten Betrachtungsweise und stehen nicht prinzipiell außerhalb von § 306 (so aber H ROTH, Vertragsänderung 9 ff). § 306 gilt im Rahmen von § 310 Abs 3 Nr 2 auch, wenn Bedingungen nur zum Zwecke einmaliger Verwendung vorformuliert wurden, nicht aber bei unwirksamen Individualvereinbarungen (ULMER/SCHMIDT Rn 6).

Wenn der Vertragspartner des Verwender aufgrund unwirksamer Klauseln Leistungen erbringt (etwa bei Wohnraummiete Schönheitsreparaturen), kann er Bereicherungsausgleich und bei Verschulden des Verwenders auch Schadenersatz verlangen (BGH NJW 2009, 2590; BGH NJW 2009, 2088; BGH NJW 2010, 2873). Die Verwendung unwirksamer Klauseln, vor allem die Ankündigung ihrer Verwendung, kann auch unter lauterkeitsrechtlichen Aspekten relevant werden (BGH GRUR 2010, 1117; BGH GRUR 2010, 1123: dazu KÖHLER GRUR 2010, 1047 ff).

3 **a)** **Verstoßen Bestimmungen** in AGB **gegen gesetzliche Vorschriften**, die **zwingend** den Inhalt von Verträgen festlegen oder begrenzen, so ist die Interessenlage grundsätzlich nicht anders als bei einem Verstoß gegen §§ 307–309. Der Vertrag und die übrigen Teile der Bedingungen bleiben wirksam (BGH NJW 1992, 896; allgM). Das gilt auch, wenn die **Sittenwidrigkeit** des gesamten Vertrags aus einer Vielzahl schäbiger Klauseln hergeleitet werden soll, wie dies vor Inkrafttreten des Gesetzes insbesondere bei Automatenaufstellverträgen gelegentlich angenommen worden ist (BGHZ 51, 55; heute ebenso für einen Franchise-Vertrag OLG München BB 2002, 2521). Unwirksam ist der ganze Vertrag auch dann nur noch im Rahmen von Abs 3, wobei sich eine Unzumutbarkeit häufig auch für den Vertragspartner des Verwenders ergeben wird (ULMER/SCHMIDT Rn 22; MEDICUS 87).

4 **b)** Häufig bezieht sich ein **versteckter Einigungsmangel** lediglich auf die Einbeziehung von AGB. Typisch dafür sind die Fälle sich kreuzender kaufmännischer Bestätigungsschreiben und gerade wegen der einzubeziehenden AGB divergierender Bestellungen und Auftragsbestätigungen (s § 305 Rn 203 ff): Die Parteien glauben an den wirksamen Abschluss des Vertrags und sind nur unterschiedlicher Meinung darüber, ob oder welche AGB sein Bestandteil geworden sind. Es besteht kein

Grund, diesen Fall anders zu behandeln als jenen, in welchem die Einbeziehung daran gescheitert ist, dass der Vertragspartner des Verwenders iSv § 305 Abs 2 nicht ausreichend auf den Einbeziehungswillen hingewiesen worden ist und/oder keine Möglichkeit, den Inhalt der AGB zur Kenntnis zu nehmen, erhalten hat (Medicus 84; Ulmer/Schmidt Rn 5; **aA** Wolf/Hau Rn 8; H Roth, Vertragsänderung 12 – Wirksamkeit des Vertrags nur bei seiner Durchführung). Anders ist die Rechtslage aber dann, wenn das Vertragsangebot keine wirksame Einbeziehung von AGB enthält und die Annahme als neues Angebot unter Einbeziehung von AGB zu werten ist (§ 150 Abs 2 BGB), das nicht seinerseits angenommen wurde (so als selbstverständlich vorausgesetzt in BGH NJW 1988, 2106, 2108).

c) Zum Fall des **offenen Dissenses** s § 305 Rn 206. 5

d) Auch wegen eines **allgemeinen Formmangels** kann die Einbeziehung scheitern 6
(§ 305 Rn 176), etwa bzgl einer Gerichtsstandsklausel (s § 38 Abs 2 S 2 ZPO). Wenn das Gesetz im Falle einer Nichtbeachtung der im § 305 Abs 2 verankerten besonderen Formvorschrift den Vertrag im Übrigen aufrechterhält, so besteht kein Grund, bei Nichtbeachtung allgemeiner gesetzlicher Formvorschriften anders zu werten, solange nur die vertragliche Bindung wegen der beiderseitigen Hauptleistungspflichten formgültig zustande gekommen ist (wohl unbestr, s Ulmer/Schmidt Rn 7). Zu einer vertraglich vereinbarten Form, insbesondere von Schriftformklauseln, die in AGB selbst enthalten sind, s § 305b Rn 39 ff.

e) Haben die Parteien anscheinend **eine iSv § 305 Abs 3 generelle Vereinbarung** 7
dahin getroffen, ihren künftigen Geschäften bestimmte AGB zugrunde zu legen, und ist die Vereinbarung aus irgendeinem Grunde unwirksam, so ist die Rechtslage schwierig zu beurteilen. Im Verkehr **unter Gewerbetreibenden** liegt in der Vornahme von Einzelgeschäften jedenfalls eine stillschweigend-schlüssige Bezugnahme auf die vorangehende Pauschalvereinbarung. Für die Wirksamkeit einer solchen Bezugnahme ist es gleichgültig, ob die Pauschalvereinbarung aus irgendeinem Grunde unwirksam war. War sie wirklich unwirksam, und bekundet einer der Vertragsteile, dass er sich künftig nicht mehr daran gebunden halte, so liegt ein versteckter Einigungsmangel vor, wenn der andere Teil im Glauben, die Bindung wirke fort, weitere Verträge schließt. Der Vertrag ist dann nach § 306 zu werten. Im Verkehr mit **Privatkunden** können AGB nicht durch beiderseits stillschweigend-schlüssige Bezugnahmen Vertragsbestandteil werden (s § 305 Rn 187). Ist daher eine Pauschalvereinbarung unwirksam, so bedarf es für künftige Einbeziehungsfälle der Erfüllung der im § 306 Abs 2 aufgestellten Formerfordernisse. Weil aber der am Fortwirken der Vereinbarung interessierte Teil davon ausgehen kann, dass sich der andere Teil noch im Besitz des Textes der AGB befindet, muss er ihm diesen erst auf Anforderung hin erneut zur Kenntnis bringen (s § 305 Rn 145).

f) Hat sich der Vertragspartner des Verwenders – oder auch dieser selbst – über 8
den objektiven Erklärungswert seiner Einbeziehungserklärung oder über den Inhalt einer Klausel konkret falsche Vorstellungen gemacht, so kann er wegen **Irrtums anfechten** (s § 305 Rn 162). Die Rechtsfolgen der Anfechtung einzelner Bestimmungen eines Vertrags richten sich nach § 139 (s Staudinger/Roth [2003] § 142 Rn 26). Dann ist es auch gerechtfertigt, die im AGB-Bereich für Teilnichtigkeit geltenden besonderen Vorschriften anzuwenden, wenn AGB-Bestandteile eines Vertrags wegen Inhaltsirr-

tums angefochten werden. Die durch Überperfektionismus geprägte Lit zu diesem Problem steht aber in keinem Verhältnis zu seiner (fehlenden) praktischen Bedeutung (vgl Ulmer/Schmidt Rn 18; Wolf/Hau Rn 12). Hat der Verwender persönlich oder sein Bevollmächtigter anläßlich der Vertragsverhandlungen eine **arglistige Täuschung** über einen Klauselinhalt verübt, so ist das Vorgespiegelte kraft Individualabrede Vertragsbestandteil geworden. Dies gilt meist auch, wenn sich in AGB eine Schriftformklausel (§ 305b Rn 39 ff) oder eine Beschränkung der Vertretungsmacht (§ 305b Rn 45 ff) findet. Arglistige Täuschungen, die nicht zu einer individualvertraglichen Überlagerung von AGB-Bestimmungen führen, bleiben daher auf den Bereich beschränkt, in dem ausnahmsweise Schriftform- oder Vertretungsmachtbeschränkungsklauseln wirksam sind oder die Täuschung von einem Dritten ausgeht. In diesen Fällen ermöglicht aber Abs 3 eine sachgerechte Lösung. War die Täuschung motivierend für den Vertragsschluss schlechthin, so ist der ganze Vertrag anfechtbar (Christiane Lass JZ 1997, 67, 73, die aber die Möglichkeit, dass der Vertrag iSv § 139 ohne den nichtigen Teil vorgenommen worden würde, nicht sieht und daher den Bereich überschätzt, in dem § 306 den Vertragspartner an einen Vertrag bindet, von dem er sich nach BGB lösen könnte).

3. Abdingbarkeit von Abs 1?

9 Die Frage, nach der **„Abdingbarkeit"** von Abs 1 hat verschiedene Aspekte (zur Abdingbarkeit der Abs 2 und 3 s Rn 16 ff, 32). Nach den Grundsätzen der Privatautonomie können die Parteien sicherlich individuell vereinbaren, dass der Vertrag nicht gültig ist, wenn näher bezeichnete Teile der einbezogenen AGB unwirksam sein sollten (Ulmer/Schmidt Rn 23; MünchKomm/Basedow Rn 5; selbst insoweit **aA** Wolf/Hau Rn 13; Soergel/Stein AGBG § 9 Rn 7). Auch kann der Verwender individuell unmissverständlich klarmachen, dass er sich nur dann an den Vertrag für gebunden halten will, wenn die andere Seite mit der Einbeziehung der AGB einverstanden ist (heute wohl allgM; s § 305 Rn 205 ff). Formularmäßige Klauseln, die den Vertrag als solchen in Frage stellen, wenn Bestimmungen in AGB für unwirksam erklärt werden sollten, wären meist überraschend und, soweit sie noch nach Beginn der Vertragsdurchführung auf Seiten des Verwenders gelten sollten, iSv § 307 unangemessen, iE allgM. § 306 ist auch anwendbar, wenn der Kunde sein von § 305 Abs 2 gefordertes Einverständnis nicht erklärt (heute wohl allgM, etwa AnwKomm/Kollmann Rn 4); zu Abwehrklauseln s § 305 Rn 205 ff.

II. Der Inhalt des wirksam gebliebenen Vertrags

10 Abs 2 gilt nur für den Individualprozess. Im abstrakten Unterlassungsprozess interessiert es das Gericht nicht, was an die Stelle etwa unwirksamer AGB tritt (s Rn 19). Im Entwurf der Arbeitsgruppe (§ 10) und im Regierungsentwurf (§ 5) (s Coester Vorbem 6 ff zu §§ 307 ff), war subsidiär zu den gesetzlichen Vorschriften noch auf die Natur des Vertrages verwiesen worden. Der Rechtsausschuss des Bundestages (BT-Drucks 7/5422, 5) hatte in den Beratungen zum AGBG diese Ergänzung wieder gestrichen, weil sich ihr Inhalt aus § 157 iVm § 133 BGB, die ja „gesetzliche Regelungen" darstellten, von selbst ergäben. Ersatzregelungen sind auch Spezialvorschriften für spezielle Verträge wie § 172 Abs 2 VVG aF (OLG Celle VersR 2005, 535; OLG Braunschweig VersR 2003, 1520). In einer Grundsatzentscheidung hat der BGH aber auch eine auf Grund dieser Bestimmung gefasste Treuhänderentscheidung für unwirksam erklärt, wenn sie inhaltlich auf die beanstandete Regelung hinausläuft

(NJW 2005, 3559 [3564] = VersR 2005, 1565; zust Elfring NJW 2005, 3677. Die Entscheidung vorbereitend B Schünemann „Zillmerierung" ohne Kostenverrechnungsklausel VersR 2005, 323 ff: s Rn 12). Die Entstehungsgeschichte des Gesetzes verbietet es freilich nicht, sondern legt es geradezu nahe, unter „gesetzlichen Vorschriften" auch Generalklauseln und methodische Vorschriften zur Füllung von Vertragslücken zu verstehen, vor allem die Grundsätze über ergänzende Vertragsauslegung (s Rn 12 ff; BGHZ 90, 69 = NJW 1984, 1177 – Tagespreisklauseln; BGHZ 92, 363 = NJW 1985, 480; nahezu allgM; **aA** Ulmer/Schmidt Rn 26, ergänzende Vertragsauslegung subsidiär aber dennoch zulassend, Rn 31). Ob man die Berechtigung hierzu der Vorschrift unmittelbar oder nur einer analogen Anwendung entnimmt (s Rn 12), bleibt sich gleich. Die Gegenansicht übersieht, dass das Verhältnis von dispositivem Recht zur ergänzenden Vertragsauslegung (s Rn 12 ff) sich ganz generell danach bestimmt, ob es eine für den entsprechenden Vertragstyp gedachte ausformulierte oder gewohnheitsrechtliche Regelung des dispositiven Rechts gibt oder nicht (grundlegend Sandrock zur ergänzenden Vertragsauslegung im materiellen und internationalen Schuldvertragsrecht [1966, 48 ff]; s auch Staudinger/Roth [2003] § 157 Rn 27 ff; s auch u Rn 12). Daran ist auch hier anzuknüpfen. Abs 2 gilt auch zu Lasten des Vertragspartners (AnwKomm/Kollmann Rn 78), es sei denn, in der kommentarlosen Vertragsabwicklung liege eine nachträgliche Einbeziehung, s aber Rn 20.

1. Das konkretisierte dispositive Gesetzesrecht als primäre Ersatzordnung

Das dispositive Gesetzesrecht muss privatrechtlicher Natur sein. Die MaBV gehört als Wirtschaftsrecht nicht dazu (Quadbeck MDR 2000, 1111 mwNw), § 28 Abs 4 II BerechnungsVO (BGH WuM 2010, 296; BGH ZMR 2011, 457) aber sehr wohl. Zum dispositiven Gesetzesrecht gehören neben Generalklauseln (s Rn 10) auch das **Gewohnheitsrecht** und die durch die Rspr vollbrachte **Rechtsfortbildung** sowie methodologische Prinzipien wie Analogieschlüsse (analoge Anwendung von § 28 VVG zur Schließung der in einem PKW-Mietvertrag dadurch entstandenen Lücke, dass eine Haftungswiederauflebensklausel für unwirksam erklärt wurde: BGH NJW 2012, 2501. Analoge Anwendung von § 81 Abs 2 VVG auf berechtigten Führer eines gemieteten PKW: BGH XII. Senat NJW 2012, 222, aber sehr wohl auch analoge Anwendung von § 28 Abs 2, 3 VVG entgegen IV. Senat aaO und VI Senat NJW 2012, 217; zum Ganzen Wittchen NJW 2012, 2480) und gesetzliche Auslegungsregeln (BGH NJW 1996, 2093; NJW 1996, 2788; allgM), nicht aber branchenübliche andere AGB wie die VOB/B (BGHZ 142, 46 = NJW 1999, 2052). In diesem Rahmen lässt sich der Regelungsgehalt von Abs 2 im Grunde nur durch lehrreiche Beispiele erschließen: Schulbeispiel ist die Geltung von § 276, wenn ein Haftungsausschluss oder eine Haftungsbeschränkung der Inhaltskontrolle nicht standhalten (s etwa BGH NJW-RR 2003, 1060; BGHZ 96, 26 = NJW 1986, 1611 – Fahrlehrgang Nürburgring). Lehrreiche Beispiele sind auch die Geltung von §§ 377, 378 HGB, wenn sich Bestimmungen über Untersuchungs- und Rügeobliegenheit in Verkaufs- und Einkaufsbedingungen widersprechen (BGH NJW 1991, 2633, 2634) sowie die Orientierung an § 147 Abs 2 BGB, wenn eine Bindungsfrist nach § 308 Nr 1 zu lang ist (BGH WM 2010, 1514). Lehrreich ist auch die Geltung von §§ 635, 638 BGB aF, wenn die Klausel entfällt, dass von VOB/B oder BGB die für den Bauherrn jeweils günstigere Regelung gelten soll (BGH NJW 1986, 924). Ist die einem Festpreis beigefügte Preiserhöhungsklausel unwirksam, gilt der Festpreis (BGHZ 94, 342 = NJW 1985, 2270; s aber Rn 13). Ist ein Werkvertrag auf vierfache jährliche Wiederholung abgeschlossen und ist dies nach § 309 Nr 9a unwirksam, so kann nicht etwa erst nach Ablauf von zwei Jahren gekündigt werden; vielmehr gilt dann § 649 (BGH NJW 1982, 2311). Die Rspr hat 11 schon in früherer Zeit das dispositive Kaufvertragsrecht herangezogen, wenn in Verträgen, die klar als Kaufverträge einzuordnen waren, AGB-Bestimmungen, meist Gewährleistungsklauseln oder Klauseln über den Ausschluss von Verschuldenshaftung, für unwirksam erklärt worden waren (BGH NJW 1972, 1227; BGH DB 1973, 517; LG Tübingen NJW 1964, 1998). Sind Pauschalierungsbestimmungen unwirksam, muss mit Belegen abgerechnet werden (BGH NJW 2004, 2713). Bei Verträgen, die, gemessen an den gesetzlich geregelten Vertragstypen, **gemischte Inhalte** haben, ist das für die jeweilige Klausel maßgebliche Element zu suchen. Nicht selten wird auf Vorschriften des allgemeinen Schuldrechts zurückzugreifen sein. Nicht weiter führt der Gedanke, für Abs 2 sei nur Raum, wenn sich nach Wegfall der unwirksamen Klausel eine Regelungslücke auftue (H Roth, Vertragsänderung 49). Die Existenz passenden dispositiven Rechts belegt von selbst, dass ohne dieses der Vertrag lückenhaft wäre. Immer ist jedoch zu fragen, ob die nach Wegfall der unwirksamen Bestimmung verbleibende Vertragsordnung dem gesetzlichen Ausgangspunkt noch entspricht und daher die Ergänzung durch das sich anzubieten scheinende dispositive Recht verträgt. Scheitert eine dem Kunden wesentlich günstigere Regelung als § 649 an ihrer Unklarheit, so tritt an die Stelle von § 649 der Kerngehalt der gescheiterten vertraglichen Regelung (OLG Koblenz NJW-RR 2000, 871). Der Kundenschutz verlangt dann geltungserhaltende Reduktion (s Rn 25).

Wenn Gesetzesbestimmungen sich zur analogen Anwendung eignen, falls eine Klausel für unwirksam erklärt wird, kann die (auf den Vertrag eindeutig passende) Rechtsvorschrift zum Vertragsbestandteil gemacht werden. Das hat der EuGH (Rs 92/11 RIW 2013, 299) in seinem verbraucherschützenden Übereifer übersehen und eine Preisanpassungsklausel in Gaslieferungsverträgen als kontrollierbar eingestuft, die die für Tarifkunden geltende rechtliche Regelung wörtlich übernahm (zum Ganzen aber noch in der oben genannten EuGH-Entscheidung Böhme EuZW 2013, 62).

Vom **„ersatzlosen" Wegfall** der Klausel (so etwa BGH NJW 1985, 852; BGHZ 108, 1 = NJW 1989, 2247, 2249 – Überwälzung von Kleinreparaturen auf den Mieter ohne Angabe eines Höchstbetrags; BGH NJW 1992, 896 – ersatzloser Wegfall der Erweiterung der Bürgschaft auf künftige Ansprüche gegen den Hauptschuldner; BGH NJW 1996, 1408) kann man dann sprechen, wenn das dispositive Recht keine dem Klauselinhalt thematisch entsprechende Ansprüche oder Anspruchsausschlüsse kennt und kein Anlass für eine ergänzende Vertragsauslegung besteht (s Rn 12 f, 20). Warum der unwirksame Verzicht des Bürgen auf die Einrede der Aufrechenbarkeit zur Unwirksamkeit der Sicherungsabrede führen soll (LG Köln BauR 2011, 1008), ist aber nicht einzusehen.

2. Ergänzende Vertragsauslegung als sekundäre Ersatzordnung

12 Wenn eine in einem Dauervertrag enthaltene Klausel aufgrund neuer Gesetzeslage unwirksam wird (BAG NJW 2005, 1822), vor allem wenn für eine Interimszeit zur Anpassung der Klauselwerke an neue Rechtsprechung (BGH NJW 2002, 3098; BGH BB 2004, 1360; s aber Rn 20, 23) ausformuliertes dispositives Gesetzesrecht nicht zur Verfügung steht und die ersatzlose Streichung der Klausel keine angemessene Regelung darstellt (so die ursprüngliche Formel des BGH, s Rn 13), ist der **Richter** im Rahmen des Abs 2 (s Rn 9) zur ergänzenden Vertragsauslegung aufgerufen (grundlegend BGHZ 90, 69, [75 ff] = NJW 1984, 1177 – Tagespreisklausel; weiter: BGHZ 92, 363 = BGH NJW 1985, 480 [481]; NJW 1985, 621; NJW 1985, 2585; BGH NJW 1986, 924; BGHZ 96, 18 = NJW 1986, 1610;

BGHZ 107, 273, 276 = NJW 1989, 3010 – stark auch die Grenzen der ergänzenden Vertragsauslegung betonend; BGH NJW 1990, 115; NJW 1992, 1165; BGHZ 119, 305 [325] = NJW 1993, 57; BGHZ 120, 108 = NJW 1993, 326 [330]; BGHZ 137, 153, 157 = NJW 1998, 450; BGH NJW 2000, 1110 [1114]; BGH NJW 2001, 292 [293]; BGH NJW 2007, 3422 – Bei wirksamer Zinsvariabilitätsklausel, aber unwirksamer Anpassungsklausel Zinsfestlegung durch ergänzende Vertragsauslegung [293]; OLG Stuttgart NJW-RR 2003, 420; heute wohl allgLitM, zB Wolf/Hau Rn 15 mwNw; iE auch Ulmer/Schmidt Rn 34; Kolmsee aaO 35 ff). Die Entscheidung des EuGH vom 14. 6. 2012 (Rs 618/10 Banco Espanol de Crédito vs Joaquim Calderón Camino, C-618/10, IPRax 2012, 536) zur Richtlinienwidrigkeit der im spanischen Recht vorgesehenen richterlichen Befugnis zur Schaffung von Ersatzklauseln ist verunglückt und deshalb so eng wie möglich auszulegen und auf die ergänzende Vertragsauslegung auch im Verbrauchergeschäft nicht übertragbar (dazu näher Schlosser IPRax 2012, 507 ff). Der BGH (NJW 2013, 991, 993) hat den gordischen Knoten durchschlagen und gemäß der überkommenen dogmatischen Fassade angenommen, ergänzende Vertragsauslegung sei etwas grundsätzlich Anderes als richterliche Vertragsergänzung. Ergänzende Vertragsauslegung bleibt insbesondere da zulässig, wo eine Klausel zwar nach deutschem Recht unwirksam ist, aber das Verdikt der „Missbräuchlichkeit" im Sinne der Richtlinie nicht trägt (Schlosser aaO 514 f; s auch Rn 15a). Ist eine ermessensabhängige Freigabeklausel in einem Vertrag über die Gestellung revolvierender Sicherheiten unwirksam, so gelten die sich nach § 242 richtenden Grundsätze über den Freigabeanspruch des Bankkunden (BGH GS BGHZ 137, 212, 221 = NJW 1998, 671). Zu der Zeit, als der BGH bei Bestellung von Globalsicherheiten eine griffige Freigabeklausel forderte, ließ er zum Schluß nicht auch den gesamten Sicherheitenbestellungsvertrag unwirksam sein, wenn die Freigabeklausel unwirksam war. Vielmehr trat an deren Stelle eine solche Freigabeklausel, wie sie sich in ergänzender Auslegung des Sicherungsvertrags ergab (BGH NJW 1996, 2092, 2093; BGHZ 124, 371, 376 = NJW 1994, 861; zust Canaris ZIP 1996, 1109, 1115). Ist die Bürgenhaftung oder die Zweckerklärung für eine Grundschuld in einer überraschenden Weise formularmäßig ausgedehnt, so verhindert ergänzende Vertragsauslegung die Unwirksamkeit des ganzen Vertrags (BGHZ 131, 55 = NJW 1996; 191 BGH NJW 1998, 450; s Rn 15). Enthält eine Lohn- und Gehaltsabtretungsklausel nichts zu den Verwertungsmodalitäten und ist sie deshalb „unwirksam", so ist sie durch Obliegenheiten wie etwa der vorherigen Verwertungsandrohung zu ergänzen (OLG Köln WM 2005, 742 ff). Ist in einem Vertrag über Fitnessleistungen die Vertragsdauer zu lang, so kann sie im Wege ergänzender Vertragsauslegung auf ein minderes Maß festgesetzt werden (OLG Karlsruhe MDR 1985, 57). Ist eine Klausel unwirksam, wonach der Erwerber eines Time-sharing nur über einen Treuhänder im Grundbuch einzutragen ist, so erwirbt er einen Anspruch auf eine ins Grundbuch einzutragende eigene Rechtsstellung (BGH NJW-RR 1996, 1034). Zu Personalsicherheiten „auf erstes Anfordern" siehe Rn 20, 23. Ergänzende Vertragsauslegung kann der Sache nach **Rechtsfortbildung praeter legem** sein (Canaris ZIP 1996, 1109, 1115, s Rn 10; diese Beobachktung verabsolutierend Uffmann 188 ff). Dann gilt Abs 2 unmittelbar. Im Übrigen ist er auf die ergänzenden Vertragsauslegung mindestens analog anzuwenden (Canaris aaO mit weiteren Differenzierungen; **aA** Neumann 133 ff, der nur bei gesetzlich nicht geregelten Vertragstypen ergänzende Vertragsauslegung zulassen will). Keineswegs muss ergänzende Vertragsauslegung ohne Rücksicht auf den hypothetischen Willen der konkret am Vertrag beteiligten Parteien betrieben werden (so aber H Roth, Vertragsänderung 62 f). Zwar ist zu Recht darauf hingewiesen worden (Eike Schmidt JuS 1987, 925, 935), dass es ungereimt erscheint, auf die ergänzende Vertragsauslegung zu verfallen, wenn der wirkliche Wille der Parteien feststand und nur wegen der Inhaltskontrolle nicht zum Vertragsinhalt wurde. Auch lässt sich dem nicht entgegenhalten, der festgestellte Parteiwille sei in Wirklichkeit nur der Wille des Verwenders, weil sein Vertragspartner die vorformulierten Vertragsbedingungen ohnehin nicht lese. Der „Wille" der Vertragsparteien, der ergänzender Vertragsauslegung vorgeht, ist auch in Vertragsbedingungen manifestiert, die vor Unterschrift nicht zur Kenntnis genommen worden sind. Die Inhaltskontrolle bedeutet jedoch, dass der in den aus inhaltlichen Gründen (und nicht nur wegen Transparenzmangels) als unwirksam befundenen Klauseln manifestierte Wille des Verwenders für die Vertragsdurchführung keine Bedeutung mehr erlangen darf (zust STOFFELS, AGB-Recht Rn 613). Meist fehlt es jedoch an einem hypothetischen Individualwillen beider Parteien. Ergänzende Vertragsauslegung heißt unter dieser Prämisse, das zum Vertragsinhalt zu machen, was die Parteien nach einem „objektiv generalisierenden Maßstab" vermutlich redlicherweise vereinbart hätten, wenn sie die Unwirksamkeit der fraglichen Bedingung gekannt hätten (BGH NJW 1994, 1008, 1011; allgM). Der objektiv generalisierende Maßstab gilt vor allem für nach Unwirksamkeit von Klauseln notwendig gewordene richterliche Ergänzung von Versicherungsbedingungen (insoweit mustergültig unter Abgrenzung zu § 164 VVG für die Lebensversicherung BGHZ 164, 297 = NJW 2005, 3559; bestätigt in NJW-RR 2007, 1629; s Rn 10, 13). Bestehen bleibende vorformulierte Teile können unter Nichtbeachtung der unwirksamen Klausel den Vertrag so weit außerhalb des gesetzlich geregelten Typus stellen, dass ergänzende Vertragsauslegung anstelle der Anwendung des dispositiven Gesetzesrechts angezeigt ist. Aber auch die ergänzende Auslegung eines Vertrages, der unter eine im besonderen Schuldrecht des BGB geregelte Kategorie fällt, ist möglich, zB wenn er unvollständige Bestandteile enthält, die im BGB kein Gegenstück haben (BGH NJW 1985, 491 – Zahlung einer Abstandssumme durch den Mieter bei sinnlos gewordener Schönheitsreparatur). Vor allem passt das Werksvertragsrecht des BGB auf zahlreiche Aspekte eines Bauwerkvertrages nicht. Bei der Unwirksamkeit von Regelungen zu Abschlagszahlungen wäre das Ergebnis einer uneingeschränkten Vorleistungspflicht des Bauunternehmers grob unausgewogen. Daher ist der Vertrag um vernünftige Abschlagszahlungsverpflichtungen zu ergänzen (s Rn 25; **aA** BASTY, Der Bauträgervertrag[3] Rz 111). Entgegen der Rechtsprechung (BGHZ 164, 209 = BGH NJW 2005, 3559) kann die ergänzende Vertragsauslegung auch dazu führen, dass eine unwirksame Klausel durch eine „inhaltsgleiche" ersetzt wird, wenn die Unwirksamkeit nur am Mangel der Transparenz liegt.

13 Die **Grenze der ergänzenden Vertragsauslegung** liegt da, wo passendes dispositives Recht zur Verfügung steht und neuere Rechtsprechung – vor allem aus Anlass von unwirksamen Preisanpassungs- und Schönheitsreparaturklauseln; s aber Rn 13a, wo der ersatzlose Wegfall der Klausel zu einer unzumutbaren Härte für den Verwender führen würde (BGHZ 176, 244 = NJW 2008, 2072; BGH NJW 2009, 1738; BGH NJW BGH 2010, 298; BGH NJW 2010, 674; BGHZ 186, 180 = NJW 2011, 50; BGH NJW 2011, 1342 – sehr kritisch zu Recht UFFMANN NJW 2011, 1313 ff). Nur dann soll ergänzende Vertragsauslegung zulässig sein, wenn sie auch geboten wäre, falls die unwirksame Klausel von vornherein nicht im Klauselwerk gestanden hätte (s für diesen Fall grundlegend BGH NJW 2004, 1590, 1591) oder wenn die unwirksame Klausel ein atypisches Vertragselement tendenziell akzeptabel regelte und nur zu weit geraten ist (Preisregelung für den Fall einer um lange Zeit hinausgeschobenen Lieferfrist), dann aber auch wenn verschiedene Gestaltungen in Betracht kommen, da immer die relativ ausgewogenste gewählt werden kann (ULMER/SCHMIDT Rn 12a, beispielhaft getan etwa beim Finanzierungsleasing, s BGH NJW 2005, 2253; s Rn 15). Da dem Verwender das Risiko des Gebrauchs unangemessener Klauseln mit einer die Belange des Kunden voll berücksichtigenden ergänzenden Vertragsauslegung nicht im Prinzip abgenommen wird, ist es auch nicht gerechtfertigt, sie als Sanktion zu versagen, wenn die Unwirksamkeit evident ist oder auf den Mangel der Berücksichtigung höchstrichterlicher Rechtsprechung zurückgeht (Uffmann aaO 185 ff; **aA** BGH WM 2004, 1079). Dass eine ergänzende Vertragsauslegung bei einer grundsätzlichen strukturprägenden Änderung der Gesetzeslage nicht möglich ist (BGH NJW 2007, 3568), steht auf einem anderen Blatt.

Allerdings haben einige Senate des BGH in letzter Zeit die Voraussetzungen für ergänzende Vertragsauslegung erheblich verschärft (s Rn 13; dazu zu Recht sehr kritisch Uffmann aaO im Anschluss an die gleiche Beobachtung von Graf vWestphalen NJW 2010, 2257). Nicht der Umstand, dass das dispositive Gesetzesrecht keine angemessene Lösung bereit hält (so BAGE 115, 19 Rn 35 und noch „zweites Tagespreisurteil" des BGH s Rn 14, aber auch auf dieser Basis ergänzende Vertragsauslegung bei Fehlen einer zeitlichen Begrenzung für Provisionsansprüche eines Handelsvertreters zu Recht abgelehnt: BGH NJW 2010, 1742), sondern erst die Tatsache, dass der ersatzlose Wegfall der Klausel dem Verwender unzumutbar, weil das Vertragsgefüge krass störend ist, soll der ergänzenden Vertragsauslegung nicht im Wege stehen (Kartellsenat des BGH, BGHZ 176, 244 = NJW 2008, 2172). Insbesondere ist so bei unwirksamen Anpassungsklauseln in Energielieferverträgen entschieden worden (VIII. Senat BGHZ 179, 186 = NJW 2009, 578; BGHZ 182, 59 = NJW 2009, 2662; BGH NJW 2010, 993; BGHZ 186, 180, NJW 2011, 50; BGH NJW 2011, 1342). Diese als wenig reflektiert und als Verschärfung auch gar nicht ausgewiesene Rechtsprechung ist verfehlt (Uffmann aaO Ulmer/Schmidt Rn 37a; Graf vWestphalen, in: FS Meilicke [2010] 106 ff), weil der zu schützende Kunde mit einer „angemessenen" Lösung hinreichend geschützt wird und der Verwender die akribische Rechtsprechung in langfristigen Verträgen unmöglich kalkulatorisch berücksichtigen kann. 13a

In allerjüngster Zeit hat der für Energierecht zuständige VIII. Senat allerdings Prämissen gesetzt (NJW 2012, 1865; NJW 2013, 991, 993; im Recht aber noch liberaler OLG Koblenz 21. 2. 2013 – U 692/12 BB-ONLINE BBL 2013-514-1), die auch in anderen Bereichen zur Überwindung untragbarer Folgen der angeblichen Unzulässigkeit ergänzender Vertragsauslegung nutzbar gemacht werden können. Der Kunde soll trotz der aufgrund der Inhaltskontrolle unwirksamen Preiserhöhungsklausel den erhöhten Preis nicht angreifen können, wenn er ihn „nicht innerhalb eines Zeitraums von drei Jahren nach Zugang der jeweiligen Jahresrechnung beanstandet hat". Dies soll sich aus ergänzender Vertragsauslegung ergeben, nicht etwa nur aus dem Gesichtspunkt unzulässiger Rechtsausübung im Einzelfall. Die vom VIII. Senat gesetzten Prämissen gehen auch über die Korrektur einer Unbilligkeit im Einzelfall weit hinaus. Durch den Wegfall der Preiserhöhungsklausel sei „im Regelungsplan der Parteien eine Lücke entstanden". Warum dies nur für den Fall mehrjähriger Passivität des Kunden gelten soll, sagt das Gericht nicht. Vielmehr führt es aus: „Bei langfristigen Vertragsverhältnissen .... besteht ein anerkennenswertes Bedürfnis, das bei Vertragsschluss bestehende Verhältnis von Leistung und Gegenleistung über die gesamte Vertragsdauer im Gleichgewicht zu halten". Daher muss man die Aussage des BGH auf alle Verdikte über Klauseln in Verträgen über Dauerschuldverhältnisse erstrecken, die greifbar kostenwirksam sind und für die eine spezifische Lösung nicht zur Verfügung steht. Das gilt beispielsweise für Klauseln über Schönheitsreparaturen, denn diese Materie hat in der Praxis durchlaufend eine von § 535 Abs 1

BGB abweichende Sonderbehandlung erfahren. Durch den Wegfall einer Klausel über Schönheitsreparaturen entsteht somit eine Vertragslücke. Dem praktisch kein Kündigungsrecht zustehenden Vermieter ist es schlechthin unzumutbar, auf unabsehbare Zeit Schönheitsreparaturen selbst zu tragen, deren Kosten er nicht in die Miete einkalkuliert hat, s Rn 15. Mit Recht plädiert SCHÖNE (in GRAF vWESTPHALEN, Vertragsrecht, Stichwort „Stromlieferungsverträge" Rn 247) für Großzügigkeit mit folgenden Worten: „Kein Kunde hat einen Anspruch auf einen Strompreis, der, weil er aufgrund unzulässiger Preisänderungsklausel nicht in zulässiger Weise erhöht werden kann, gegebenenfalls unter Marktpreisniveau sinken würde … Das Vorhandensein einer Preisänderungsklausel ist in Dauerschuldverhältnissen nahezu zwingend und von beiden Parteien gewollt."

13b Soweit vorhanden, ist in die ergänzende Vertragsauslegung auch der individuelle Zuschnitt des Vertrages einzubringen. Eine objektiv generalisierende Struktur der Ergänzung ist nur insoweit geboten, als nicht im Vertrag schon enthaltene „Regelungen und Wertungen" – auch in wirksamer Weise vorformulierte – Geltung erheischen (BGH aaO). Niemals darf aber ergänzende Vertragsauslegung zu einer gravierenden Verschiebung des Vertragsgefüges führen (OLG Karlsruhe OLGR 2010, 256). In diesem Rahmen kann die ergänzende Vertragsauslegung durchaus zu ähnlichen, wenn auch zu Lasten des Vertragspartners weniger einschneidenden Vertragsinhalten führen, wie sie die unwirksame Klausel bringen wollte. Lehrreich sind unter diesem Aspekt zwei Fälle zur Krankentagegeldversicherung. Der BGH sah die Regelung, wonach der Versicherungsvertrag mit einem Selbständigen endet, sobald der Versicherungsnehmer Berufsunfähigkeitsrente bezieht, als unwirksam an (NJW 1992, 1164): Nach Ende der Berufsunfähigkeit dürfe der Versicherungsnehmer nicht darauf verwiesen werden, sich zu den viel ungünstigeren Prämien erneut versichern zu lassen. Im Wege ergänzender Vertragsauslegung kam der BGH zu dem Ergebnis, dass ein Anspruch auf Versicherungsleistungen während der Zeit des Rentenbezugs nicht bestehe. In einem vom OLG Oldenburg (WM 1996, 1397) entschiedenen Fall war die Krankentagegeldversicherung Teil einer Restschuldversicherung. Deren Sinn war es gerade, eine Kreditsicherung für den Fall der Einkommensminderung zu erlangen. Infolgedessen fiel die Berufsunfähigkeitsklausel ersatzlos weg. Ein großer Bedarf an ergänzender Vertragsauslegung ist auch durch die jüngste Rechtsprechung des BGH (NJW 2012, 3023) zur Unzulässigkeit der sog „Zillmerung" in Lebensversicherungsverträgen entstanden. Es wird vorgeschlagen, sich an der Neuregelung im VVG zu orientieren, obwohl sich diese ausdrücklich auf Altverträge nicht bezieht (ARMBRÜSTER NJW 2012, 3001, 3002). Allerdings gilt für Lebensversicherungsverträge die Besonderheit des § 164 VVG, s Rn 14 aE, Rn 35.

14 Im Vertrag, selbst seinen AGB, können auch für den Fall der Unwirksamkeitserklärung Anpassungsregelungen, meist Gestaltungsrechte, enthalten sein, die aber, wenn zu allgemein formuliert, ihrerseits der Inhaltskontrolle verfallen können (grundlegend ECKELT, Vertragsanpassungsrecht [2008] Teil 5 Kap 1). Die ergänzende Vertragsauslegung kann auch dazu führen, dass der die vertragscharakteristische Leistung erbringende Vertragsteil für befugt erklärt wird, **nach § 315** angemessene, insbesondere allgemein übliche **Bedingungen festzusetzen** (BGHZ 90, 69). Bezieht etwa ein Unternehmer Fernwärme, hat er sich aber geweigert, die für seine Abnehmerkategorie vorgesehenen Bedingungen (s STAUDINGER/SCHLOSSER [2003] Art 243 EGBGB Rn 3) anzuerkennen, so kann das Werk die billigem Ermessen entsprechenden Teile seiner Bedingungen festsetzen (BGH WM 1971, 1456; s § 305 Rn 4 u § 310 Rn 14 ff). Auf diese Weise kann etwa ein Haftungsausschluss für leicht fahrlässig verursachte Versorgungsunterbrechungen oder -schwankungen wirksam werden, ein Haftungsausschluss, der in der Tat für diesen Vertragstyp mit seinen ins Unermessliche steigenden Risikoerhöhungen angemessen ist. Nicht aber kann auf diese Weise ein Aufrechnungsausschluss zustande kommen (aA BGH aaO). Denn der Gerechtigkeitsgehalt der die Aufrechnung erlaubenden Vorschriften des BGB erheischt keine Sonderbetrachtung, die aus der Natur gerade eines Wärmeversorgungsvertrages herrühren könnte. Nach Feststellung der Unwirksamkeit der Mercedes-Tagespreisklauseln (BGHZ 82, 21 = NJW 1982, 331) wurde Mercedes im Wege der ergänzenden Vertragsauslegung in entsprechender Anwendung von §§ 315, 316 die Befugnis gewährt, im Falle jahrelanger Lieferfristen den Tagespreis als Kaufpreis festzusetzen – gegenüber der für unwirksam erklärten Regelung nur eingeschränkt durch die Einräumung eines Rücktrittsrechts des Käufers (BGHZ 90, 69 = NJW 1984, 1177). Im Falle einer unwirksamen Zinsänderungsklausel hat der BGH den Rückgriff auf § 315 BGB deshalb abgelehnt, weil die Gefahr der Festsetzung einer ähnlichen Regelung bestehe, und das Berufungsgericht zu einer eigenständigen ergänzenden Regelung aufgefordert (BGHZ 185, 166 = NJW 2010, 1742; BGH WM 2011, 306). Allerdings hat er recht gekünstelt (so mit Recht gerügt durch Graf vWestphalen NJW 2011, 2099) danach unterschieden, ob der zunächst fest vereinbarte Preis aufgrund der Preisanpassungsklausel nachträglich geändert werde oder ob von vornherein ein variabler Zinssatz vereinbart werden sollte; nur in letzterem Falle sei die Variabilitätsklausel insoweit aufrechtzuerhalten und nur ihren Anpassungsteil der Inhaltskontrolle zu unterwerfen. Entgegen einer bedauerlichen Formulierung in manchen Entscheidungen (BGHZ 96, 18 = NJW 1986, 1611, 1612; BGH NJW 1993, 1786, 1787) ist die ergänzende Vertragsauslegung aber nicht deshalb zulässig, weil die Unwirksamkeit der Klausel Lücken im Gesetz (sic!) offenbart hätte. Eine aus solchem Anlass entdeckte Gesetzeslücke ist selbstverständlich schon nach herkömmlichen Grundsätzen, die zur Füllung von Gesetzeslücken entwickelt worden sind, zu beheben. Das Fehlen geeigneten dispositiven Rechts ist etwas anderes als eine „Gesetzeslücke" und hat meist seinen Grund im hohen Abstraktionsgrad des Allgemeinen Teils des BGB, meist auch seines Schuldrechts. Ergänzende Vertragsauslegung ist besonders angezeigt, wenn gerade in Bezug auf zweifelhafte AGB-Klauseln neues Recht geschaffen wurde und sich das spätere justizielle Verdikt über Klauseln auf Altverträge bezieht, für die das neue Recht formell noch nicht gilt. Dann liegt es denkbar nahe, den Inhalt der Neuregelung zum Inhalt der ergänzenden Vertragsauslegung zu machen. Diese Methode steht etwa anlässlich des Verdikts über die Klauseln der „Zillmerung" bei Lebensversicherungsverträgen an (s Rn 35).

Die ergänzende Vertragsauslegung darf freilich nicht wegen der nach Wegfall der unwirksamen Bestimmung operierenden grammatikalischen Logik der verbleibenden Klauseln zu einer Erweiterung des Vertragsgegenstandes führen. In dem unter Rn 12 aE erörterten, vom BGH entschiedenen Fall war eine Klausel über die Beendigung einer Krankentagegeldversicherung deshalb unwirksam, weil vernünftigerweise nur eine Unterbrechung der Leistungspflicht der Versicherung für die Zeit des Bezugs einer Berufsunfähigkeitsrente des Versicherungsnehmers hätte festgelegt werden können, aber nicht die Beendigung des Versicherungsvertrags. Die ergänzende Vertragsauslegung konnte nicht dazu führen, dass nunmehr für die Zeit der Berufsunfähigkeit Anspruch auf Bezahlung von Krankentagegeld entstand. 15

15a Die gelegentlich beschworene Regel, eine ergänzende Vertragsauslegung scheide aus, wenn die **Vertragslücke in mehrfacher Weise ausgefüllt werden kann** und ein hypothetischer Wille der Parteien nicht zu ermitteln ist (ergänzende Vertragsauslegung daher abgelehnt in BGH NJW 2006, 996, 999; BGH WM 2005, 1168; BGHZ 93, 33 = NJW 1985, 623; BGHZ 93, 358 = NJW 1985, 3011 [3016]; BGHZ 90, 69, 80 = NJW 1984, 1177; BGH NJW 1984, 1177), hat keinen greifbaren Inhalt (daher zu Recht abl Bamberger/Schmidt Rn 13; Wolf/Hau Rn 21; vor Überbetonung dieses Gedankens auch warnend Stoffels, AGB-Recht Rn 620; Ulmer/Schmidt Rn 38). Fast immer sind mehrere Lösungen zur Lückenausfüllung denkbar. Da, wo es die Rspr danach drängte, sich nicht mit dem „ersatzlosen“ Wegfall von Klauseln zufrieden zu geben, hat sie allemal eine der denkbaren angemessenen Ersatzregelungen getroffen. Der VIII. Senat des BGH (BB 2005, 2206) hat in einem Fall die ergänzende Vertragsauslegung daran scheitern lassen, dass ein Vertrag zur Abtretung von GmbH-Gesellschaftsanteilen bei einem Anteil zu einem Nennwert von unter DM 100 geführt hätte und sich kein Gesichtspunkt dazu finden ließ, welchem der beiden Erwerber die Winzigkeit mehr oder weniger zukommen sollte! Der IV. Senat hat aber mit Recht den entgegengesetzten Standpunkt eingenommen (NJW 2005, 3559 [3565]). Die ergänzende Vertragsauslegung kann auch dazu führen, dass Anspruch auf Neuverhandlung und bei deren Scheitern auf einen finanziellen Ausgleich besteht (LG Düsseldorf NJW 2006, 3071 – bei überzogenen Klauseln zu Schönheitsreparaturen des Wohnungsmieters: Zu den Reaktionsmöglichkeiten des Vermieters Kappes NJW 2006, 3101; **aA** BGHZ 177, 186 = NJW 2008, 2840; BGH NJW 2009, 1410).

Weitere Beispiele: BGH NJW 1985, 2585, 2587: anstelle einer unwirksamen Kündigungsregel in einem Internatsvertrag tritt die Möglichkeit der ordentlichen Kündigung zum Ende des ersten Schulhalbjahres; BGHZ 120, 108 = NJW 1993, 326, 330: Kündigungsmöglichkeit zum Schuljahresende bei Unwirksamkeit einer fest vereinbarten zweijährigen Laufzeit für einen Vertrag zur Ausbildung als Tänzer; LG Düsseldorf NJW-RR 2003, 1472: Bedingungen eines Lebensversicherungsvertrags so intransparent, dass kein klares Bild über den Rückkaufswert möglich.

Die ergänzende Vertragsauslegung ist revisibel (BGH NJW 2010, 1742).

Ergänzende Vertragsauslegung als Notlösung für eine Übergangszeit: s Rn 23.

15b Im Verfahren nach dem UKlaG hält die Rechtsprechung eine ergänzende Vertragsauslegung für unzulässig (BGH NJW 2007, 1054). Auch wenn die Argumentation des BGH nicht überzeugend ist (so mit Recht Graf vWestphalen NJW 2007, 2228), so ist dennoch schwer vorstellbar, wie ergänzende Vertragsauslegung in diesem Rahmen gehandhabt werden könnte. Immerhin könnte im Rahmen von § 9 Nr 3 UKlaG klargestellt werden, dass die Verwendung von Klauseln, die das Gericht konform mit einer zulässigen ergänzenden Vertragsauslegung hält, nicht untersagt ist.

15c Für AGB, die gegenüber einem Verbraucher verwendet werden, gelten keine Besonderheiten. In einer denkbar unglücklichen und begründungsarmen Entscheidung hat der EuGH (C-618/11 Banco Español de Crédito SA v Joachim Caldrón Camino) allerdings entschieden, das nationale Recht dürfe den Richter nicht ermächtigen, anstatt der „missbräuchlichen“ eine angemessene Klausel zu schaffen. Seine zentrale Begründung lautete lediglich, sonst werde der Verwender vom Gebrauch „missbräuchlicher“ Klauseln nicht hinreichend abgeschreckt. Mit Sicherheit hat jedoch die deutsche Rechtsprechung zur ergänzenden Vertragsauslegung den Abschreckungseffekt der Inhaltskontrolle, sollte er je bestanden haben, nicht gemindert. Deshalb ist es gerechtfertigt, die Entscheidung so eng wie möglich auszulegen und sie auf gesetzliche Regelungen zu beschränken, die den Richter zur ausdrücklichen Schaffung von Ersatzklauseln ermächtigen (näher ausgeführt bei SCHLOSSER in einer kritischen Besprechung des Urteils, IPRax 2012, 507 ff).

3. Abdingbarkeit von Abs 2?

Die Frage nach der **Abdingbarkeit von Abs 2** kann sich in sinnvoller Weise nur stellen, wenn anstatt des konkretisierten dispositiven Rechts eine Ersatzordnung vorgesehen werden (a) oder wenn Richtlinien für eine Vertragsergänzung oder eine ergänzende Vertragsauslegung gesetzt werden sollen (b). 16

a) Individuell konkretisierte Ersatzklauseln (salvatorische Klauseln im weiteren Sinn) sind in der Praxis selten, weil sie für den Rechtsanwender eine zusätzliche unbewusste Motivation werden könnten, die Primärregelung für unwirksam zu halten. Ein Beispiel wäre etwa: „Sollte die Pauschalierung von Schadensersatzansprüchen auf DM X+Y unwirksam sein, so gilt eine Pauschale von DM X als vereinbart." 17

Gegen die Zulässigkeit einer entsprechenden **vorformulierten** Vertragsgestaltung wird geltend gemacht, sie beschränke das Unwirksamkeitsrisiko des Verwenders zu Lasten des anderen Vertragsteils (BGH NJW-RR 1996, 783 [789] – allerdings bei einer salvatorischen Klausel in engerem Sinn; BGHZ 109, 240 = NJW 1990, 716, 718 – „erhebliche Bedenken"; OLG München NJW-RR 1988, 786; STOFFELS aaO Rn 625; SOERGEL/STEIN AGBG § 9 Rn 18; ULMER/SCHMIDT Rn 40). Ein solches Unwirksamkeitsrisiko hat das Gesetz aber *dem Verwender* nicht auferlegt. Nur *den Gerichten* soll dieser nicht die Aufgabe überbürden können, den noch zulässigen Inhalt möglicher formularmäßiger Vertragsgestaltung ausfindig zu machen (s Rn 22 ff). Gegen übersichtliche und klare Ersatzklauseln ist im Prinzip nichts einzuwenden (AnwKomm/KOLLMANN Rn 14; HAGER 202 f; ders JZ 1996, 175, 178; vOLSHAUSEN ZHR 141, 1987, 640 f; FELL, Systematik des Rechts der allgemeinen Geschäftsbedingungen [1979] 103 f). Entgegen manchen von unterschwelliger Aversion gegen Klauselverwender gespeisten Tönen ist es das Recht des Verwenders, die gesetzlichen Möglichkeiten zu seinen Gunsten auszuschöpfen. Deshalb muss er in Zweifelsfällen auch die Befugnis haben, dies durch primär Gewolltes und subsidiäre Ersatzregelungen zu tun. Keineswegs ist das dispositive Gesetzesrecht die Untergrenze des tolerierbaren Standards (so aber STOFFELS, AGB-Recht Rn 627). Da das AGBG nicht auf eine Bestrafung des forschen AGB-Verwenders angelegt ist, gibt es auch keine Grundlage, danach zu unterscheiden, ob die Unwirksamkeit der primär gewollten AGB-Regelung vorhersehbar war (s Rn 13). Viele Übertreibungen der Inhaltskontrolle durch die Rspr waren und sind „vorhersehbar" – und doch kann man vom Verwender nicht verlangen, schon vorauseilend zu kapitulieren. Vorformulierte Subsidiärklauseln verletzten auch nicht das bei salvatorischen Klauseln im engeren Sinn relevant werdende (dazu BGH NJW-RR 1996, 783 [789]) Transparenzgebot. Der Verwender kann immer vorformuliert Vorsorge für den Eintritt von ihm nicht gewünschter Vertragsabwicklungsbegebenheiten treffen (**aA** für einen Extremfall BGH NJW 2013, 1668).

Häufig wird (individuell oder formularmäßig) auf AGB verwiesen, die **subsidiär einbezogen** werden sollen. Sie müssen dem Gebot einer klaren Regelung entsprechen (s § 305 Rn 102). Entsprechen sie diesem Erfordernis, dann sind sie aber inhaltlich unbedenklich (verhalten zust Wolf/Hau Rn 23; **aA** OLG München NJW-RR 1988, 788; Fell ZIP 1987, 690 ff – für den Fall einer Primärgeltung und Subsidiärgeltung verschleiernden Vertragsgestaltung). Deshalb können sie im Zweifel auch auf den Fall der Unwirksamkeit einer primär einbezogenen Klausel angewandt werden und nicht nur auf den Fall der Lückenhaftigkeit der Primärregelung. Eine detaillierte Individualvereinbarung (etwa der Verjährung) verdrängt aber einbezogene AGB zum fraglichen Gegenstand nicht, soweit die Individualvereinbarung keine Regelung enthält (**aA** BGH NJW-RR 1990, 371). In der neueren Rspr des BGH werden Ersatzklauseln denn auch akzeptiert (NJW 2003, 502, 504).

18 **b) Salvatorische Klauseln im engeren Sinne** sind demgegenüber in der Vertragsgestaltung sehr häufig. Meist verpflichten sie die Parteien darin oder sie ermöglichen dem Verwender, iSv § 315 eine dem ursprünglichen wirtschaftlichen Ziel der unwirksamen Klausel möglichst nahe kommenden Regelung zu treffen, oder sie gestatten dem Rechtsanwender eine Umdeutung in diesem Sinne. Rspr und Lit lehnen die Wirksamkeit solcher Klauseln fast einhellig ab, wobei die Anbindung dieser Einstellung an gesetzliche Normen oder Rechtsgedanken schwankt (BGH NJW-RR 1999, 1865; BGH NJW 2002, 895 – wegen § 307 unwirksam; BAGE 115, 18 = NJW 2005, 3305; OLG Düsseldorf NJW-RR 1995, 440 – Verstoß gegen § 305c Abs 1; OLG Köln NJW-RR 1987, 885, 886; Stoffels aaO Rn 622 ff, 628 ff; Ulmer/Schmidt Rn 39 mit zahlreichen Hinweisen auf Entscheidungen von Instanzgerichten; Soergel/Stein AGBG § 9 Rn 18; Hager JZ 1996, 175, 178; mit Einschränkungen Wolf/Hau Rn 48 f; H Roth, Vertragsänderung 64 ff). Dem ist nicht zu folgen. Auch hier gilt: Das Verbot der geltungserhaltenden Reduktion soll die Gerichte davor bewahren, den gerade noch zu Lasten des Vertragspartners zulässigen Inhalt der Regelung ausfindig zu machen. Nicht aber soll der Verwender gehindert werden, den Freiraum, den ihm das Gesetz noch lässt, in seinem Interesse optimal auszunützen. Bringt eine Klausel zudem deutlich zum Ausdruck, dass sie nur eine solche Ersatzregelung anstrebt, die sich in das Vertragsgefüge einpasst und der Billigkeit entspricht, läuft sie auf eine zulässige ergänzende Vertragsauslegung und deren instrumentale Steuerung (etwa Leistungsbestimmungsrecht des Verwenders nach § 315 anstatt von selbst geschehene Anpassung) hinaus und ist dann zulässig. Abs 2 macht die „gesetzliche" Vorschriften nicht zu zwingenden (Michalski/Römermann NJW 1988, 886, 888 – die aber Bedenken gegen das Erfordernis der Billigkeit anmelden). Auch die Formel „... der unwirksamen Regelung nahe kommt", bedeutet nur, dass dem Unwirksamkeitsgrund voll Rechnung getragen werden muss. Ist eine formularmäßig begründete Verpflichtung zur Gestellung von Sicherheit unwirksam, aber vorgesehen, dass der Verwender in einem solchen Fall eine Regelung treffen kann, die der unwirksamen möglichst nahe kommt, dann ist er mit einem hinreichend bestimmten Leistungsfestsetzungsrecht ausgestattet, das den Vertragspartner nicht stärker belastet, als wenn schon primär nichts anderes vorgesehen wäre (**aA** BGH NJW 2000, 895 – bei Unwirksamkeit einer Zusage, eine bestimmte Sicherheit zu leisten, keine Ersatzsicherheit). Die Wirksamkeit einer salvatorischen Erhaltungsklausel (Wirksamkeit der nicht betroffenen Bestimmungen) hat auch die Rechtsprechung anerkannt (BGH NJW 2005, 2225).

Ist generell eine subsidiäre Ersatzordnung für nicht formularvertragliche geregelte

Fragen vereinbart (etwa dann die Geltung der VOB/B), dann entspricht es dem Sinn der Regelung, sie auch im Fall der Unwirksamkeit von Klauseln anzuwenden (aA BGH NJW 2004, 504; OLG Oldenburg MDR 2000, 763).

4. Besonderheiten im Rahmen eines UKlaG-Verfahrens

Im Individualprozess muss der Richter im Allgemeinen entscheiden, ob der Vertrag insgesamt unwirksam ist oder, ausgefüllt mit dispositiven Recht bzw ergänzend ausgelegt, weiter besteht. Der mit einer abstrakten Unterlassungsklage befasste Richter braucht dies nicht zu tun. Er kann sich darauf beschränken, die Klauseln zu bezeichnen, die nicht weiterverwandt werden dürfen (s Rn 15b). Auch wo eine Klausel nur eine Marke in einer quantitativen Skala anzeigt (Rn 20), genügt es, wenn der Richter die Unwirksamkeit der Bestimmung, so wie sie gebraucht wird, ausspricht. Ob, verglichen mit der unwirksamen Regelung, ein bestimmter anderer Zinssatz, eine geringere Schadenspauschale oder eine Haftungsbegrenzung auf Vorsatz und grobe Fahrlässigkeit möglich wären, kann er offen lassen. Freilich überschreitet er seine Befugnisse nicht, wenn er in den Gründen seiner Entscheidung dem Verwender Fingerzeige zu den Toleranzgrenzen gibt (s § 11 UKlaG Rn 1). Wenn sich der Verwender in der Vertragsabwicklung daran hält, verstößt er nicht gegen das Unterlassungsurteil. 19

5. Das Prinzip des geringstmöglichen Eingriffs in die vertragliche Regelung – Teilbarkeit von Klauseln

a) Nur so viel an Elementen eines Klauselwerks wird nicht Vertragsbestandteil bzw ist unwirksam, wie nach dem Zweck der Norm notwendig ist, die die Klausel nicht Vertragsinhalt werden lässt. Dem ist auch so, wenn es darum geht, dass alle Klauselbestandteile aufrechterhalten bleiben, die einen gegenüber der unwirksamen Klausel selbständigen grammatikalischen Sinn haben, der seinerseits nicht beanstandenswert ist. Die Kritik an dieser Rechtsprechung (Uffmann aaO 157 ff) ist unberechtigt, soweit sie nicht meint, der „blue-pencil-test" sei nicht ausreichend. Für dieses Vorgehen gibt es aus der Rspr zahlreiche Anwendungsbeispiele (grundlegend BGH NJW 1982, 178 [181] – Verpflichtung, gekauften PKW auf eigenen Namen zuzulassen, unwirksam, Weiterverkaufsverbot hingegen nicht; BGH NJW 1985, 325 f – Aufzählung von Rücktrittsgründen teilweise anerkannt; BGH NJW 1989, 3215 – Wirksamkeit des Aufrechnungsausschluss trotz möglicher Unwirksamkeit des Ausschlusses der Zurückhaltungsrechts; BGH WM 1996, 1322, 1324 – Gewährleistungsausdehnung in Generalunternehmerbedingungen wirksam, auch wenn Regelung des Beginns der Gewährleistungsfrist unwirksam; BGH NJW 1997, 314 unwirksame Abnahmefiktion erfasst nicht Regelung der Abnahme imBGH NJW 2007, 3437 und BGH NJW 1997, 3437, 3439 – Vollmacht zum Empfang von Willenserklärung aufrechterhalten; BGH NJW 1998, 2284 [2285] – ein spezifizierter Kündigungsgrund aus einem Leasingvertrag eliminiert; BGH BB 1998, 1127; BGH NJW 1999, 1108; BGHZ 145, 203; BGH NJW 2001, 294 – nur in Parenthese stehender Teil gestrichen; BGH NJW 2005, 2225 – salvatorische Erhaltungsklausel von salvatorischer Ersetzungsklausel trennbar; BGH NJW 2003, 2899; BGH NJW 2003, 2899 – Kautionsklausel als solche wirksam, auch wenn Fälligkeitsregelung und Höhe gegen § 551 Abs 2 verstoßen; BGH NJW 2004, 1240; BGH WM 2005, 2153 – Instandhaltung gemeinschaftlich gemieteter Gewerbeflächen; BAG ZIP 2008, 1651; BGH WM 2007, 1856 – intransparenter Klammerzusatz gestrichen; BGH NJW 2009, 1666 – isolierter Wegfall des Verzichts des Bürgen auf Einreden nach § 768; BGHZ 170, 31 = NJW 2007, 674 – Voraussetzung geleugnet; BGH NJW 2009, 1486 – Voraussetzung geleugnet; BGH NJW 20

2009, 1408 – Voraussetzung geleugnet; BGH NJW 2004, 2586; 2006, 2915 und NJW 2007, 1743 – Voraussetzung in besonders kleinlicher Weise geleugnet bei Schönheitsreparaturklausel; LG München 1 NJW-RR 2003, 1098; OLG Koblenz NJW-RR 2000, 871 – nur der mit „sofern" beginnende Halbsatz entfällt; Unwirksamkeit der Klausel über die Schlussrenovierung der Mietwohnung tangiert nicht die Klausel über periodische Renovierungen), wobei man gelegentlich sogar über gewisse grammatikalische Verwerfungen hinwegsah (zB in BGHZ 124, 351 = NJW 1994, 1060, 1067 – „DAIHATSU"-Vertragshändler; BGHZ 130, 19 = NJW 1995, 2553; krit Reich/Schmitz NJW 1995, 2533, s auch Rn 15 aE), die dem übriggebliebenen Text zu eigen war, heute nahezu allgM. Auch bei unwirksamen beispielhaften Aufzählungen bleibt davor stehende generelle Bestimmung wirksam (BayObLG NJW-RR 1997, 1371). Strategische Aufspaltung von Texten wie „Haftungsausschluss bei leicht oder grob fahrlässigem Verhalten" sind zielführend. Zu Unrecht hat der BGH eine Teilstreichung in einem Fall abgelehnt, in dem, und weil, der Restbestand eine Rückführung auf das gerade noch zulässige Maß bedeuten würde (NJW 2004, 2586). Das gerade noch zulässige Maß anzustreben, ist legitim, wenn nicht der Richter selbständige textliche Vertragsgestaltung betreiben soll. Übertrieben ist es auch, zwei Klauseln insgesamt zu streichen, wenn, isoliert betrachtet, eine davon wirksam wäre – nur weil dem Verwender nicht gestattet sein soll, die Unwirksamkeit der einen Klausel zu akzeptieren, um die andere zu retten (so BGH NJW 2003, 3192). Die Erklärung als teilunwirksam scheidet nur aus (BGH/107, 191), „wenn der als unwirksam beanstandete Klauselteil von so einschneidender Bedeutung ist, dass … von einer gänzlich neuen Vertragsgestaltung gesprochen werden muss …".

20a Am lehrreichsten sind die zahlreichen Fälle, in denen die Sicherungsabrede bezüglich einer Bürgschaft oder einer Grundschuld gegenständlich zu weit gegangen waren. Die Sicherungsabrede wurde (nur) zugunsten derjenigen Verbindlichkeiten aufrechterhalten, deren Besicherung Anlass für das Sicherungsgeschäft war (BGHZ 106, 19 = NJW 1989, 831, 833; st Rspr, zuletzt BGHZ 130, 19, 34 = NJW 1995, 2553; NJW 1996, 191; NJW 1996, 249; NJW 1996, 924, 925; s auch § 305c Rn 36 ff). Aber auch in den Fällen, wo der Zusatz „auf erstes Anfordern" bei Garantie oder **Bürgschaft** der entscheidende Anlass für die Unwirksamkeit einer Klausel kraft Inhaltskontrolle war, hätte meist der Rest der Klausel aufrechterhalten werden können (so in der Tat BGH XI. Senat, BB 2003, 70 f; OLG Zweibrücken NZA-RR 2005, 485 – Arbeitnehmerbürgschaft; **aA** BGH VII. Senat NJW 2002, 3098; ders BB 2004, 1360 = NJW 2002, 3098 – nur für kurze Anpassungsfrist „ergänzende Vertragsauslegung" duldend; ebenso, wenn auch resignierend vWestphalen NJW 2003, 1638). In der Entscheidung zum Bürgschaftsverlangen der öffentlichen Hand stand die Bürgschaftsverpflichtung in einem Formblatt, auf das der Hauptteil des Vertrags verwies (BB 2004, 1360 = NJW 2004, 880). Auch in diesem Bereich kann der Text um einige Worte („auf erstes Anfordern") gekürzt werden, ohne grammatikalisch verstümmelt zu werden, auch wenn dann nur eine gesetzliche und nicht einmal eine selbstschuldnerische Bürgschaft übrig bleibt (s Rn 23).

20b Eine **negative Klausel** nach dem Muster „jede andere Gewährleistung oder Haftung ist ausgeschlossen" kann entfallen, ohne den übrigen Text von Gewährleistungs- und Haftungsregelungen zu berühren (BGHZ 93, 29 = NJW 1985, 623, 627). Beziehen sich AGB auf mehrere Geschäftstypen, so kann im Unterlassungsverfahren ihre Verwendung nur für bestimmte Geschäftstypen untersagt werden (BGH NJW 1985, 320, 325 f). Soll die in einem Vertrag eingebettete Vollmacht unwiderruflich sein und ist gerade ihre Unwiderruflichkeit eine unangemessene Benachteiligung des Vertragspartners, so verfällt nur das Wort „unwiderruflich" der Inhaltskontrolle (BGH NJW 1984, 2816, 2817; weitere Bsp bei Ulmer/Schmidt Rn 12). Eine Teilaufrechterhaltung einer Klausel unter grammatikalischer Umformulierung ist nicht möglich (s Rn 22).

Eine **„personelle Teilunwirksamkeit"** ist allenfalls bei einer grammatischen Teilbarkeit vertretbar, aber auch dann nur, wenn so das Sinngefüge zu Gunsten und zu Lasten beider Vertragsteile nicht zerstört wird. Eine zu lange Vertragsdauer kann nicht nur zu Gunsten des Vertragspartners gekürzt werden (aA OLG Düsseldorf NJW-RR 2000, 279 [284]; Stoffels, AGB-Recht Rn 601). Wenn sich ein Vertragspartner auf eine Klausel beruft, die beiden Teilen Vor- und Nachteile bringt, so hat er sie wie eine Individualvereinbarung akzeptiert. Da die §§ 305 Abs 2, 305b und 305c Abs 1 sowie §§ 307–309 dem Schutz des „anderen" Vertragsteils dienen, muss es diesem frei stehen, nachträglich auf diesen Schutz zu verzichten und sich auf die AGB des Verwenders zu berufen. Dies kann aber redlicher Weise nur insgesamt geschehen. So kann der Verwender der VOB gehindert sein, sich auf deren fehlgeschlagene Einbeziehung zu berufen (OLG Celle BauR 2005, 1176), wenn der andere Vertragsteil aus ihnen Rechte herleitet. Dann aber sind fürderhin die VOB insgesamt einbezogen. Teilaufrechterhaltung selbständig anwendungsfähiger Normteile ist eine methodische Selbstverständlichkeit und im AGB-Recht nicht einmal eine „Ausnahme" (so aber Stoffels, AGB-Recht Rn 600) vom Verbot geltungserhaltender Reduktion (s auch Rn 10 aE), s auch Rn 24 aE. 20c

Dass der Verwender sich nicht selbst auf die Unwirksamkeit einer Bestimmung berufen kann, um zu dem für ihn günstigeren dispositiven Recht zu gelangen (BGH BB 1998, 915 = NJW-RR 1998, 594), ist eine bare Selbstverständlichkeit.

b) Manche wollen zwar in diesem Zusammenhang zwischen Text und Gehalt der Klausel unterscheiden und der grammatikalischen Konsistenz der nach Streichen des unwirksamen Textteils verbliebenen Regelung Bedeutung zu Gunsten einer teilweisen Aufrechterhaltung der Klausel absprechen, weil damit durch Belohnung geschickter Formulierungen eine geltungserhaltende Reduktion in dem von der Rspr perhorreszierten Form (s Rn 22) Vorschub geleistet werde (Fastrich, Richterliche Inhaltskontrolle im Privatrecht [1992] 337 f; Ulmer/Schmidt Rn 13; H Roth, Vertragsänderung 45 f). Auch wenn man die hA zur geltungserhaltenden Reduktion teilt, ist das jedoch eine Übertreibung im Kampf gegen unangemessene AGB. Das Verbot geltungserhaltender Reduktion, vor allem im Kontext der hA, bringt vielfach Zufallsgeschenke für den Vertragspartner des Verwenders, die man in Kauf nimmt, damit der Richter nicht selbst das gerade noch zulässige Maß bestimmen muss (s Rn 22). Wenn der Verwender durch „geschickte Formulierungen" das gerade noch zulässige Maß selbst trifft, ist die Rechtfertigung für das Verbot geltungserhaltender Reduktion auf jeden Fall obsolet geworden. Ohnehin ist es eine rational nicht nachvollziehbare Aversion gegen Klauselverwender, wenn als quasi-selbstverständlich vorausgesetzt wird, diese sollten nicht die Früchte „geschickten Formulierens" ernten dürfen. Die als Alternative angebotene Formel, auf den gegenständlichen materiellen Regelungsgehalt sei abzustellen (etwa Medicus 91), ist viel zu unbestimmt, um handhabbar zu sein. Eine inhaltliche Zerlegung auch dann, wenn der wirksam bleibende Rest der Bestimmung grammatikalisch umformuliert werden muss, hat der BGH (BGHZ 130, 19, 34 = NJW 1995, 2553) dann gutgeheißen, wenn diese die Hauptleistungspflicht betrifft, deren Festlegung mit einer der Inhaltskontrolle unterliegenden Nebenbe- 21 stimmung sprachlich untrennbar verbunden war (zust Ulmer/Schmidt Rn 13a; s auch Rn 34).

In manchen Urteilen steht zwar der salvatorische Satz: „Wenn der als wirksam angesehene Rest im Gesamtgefüge des Vertrages nicht mehr sinnvoll ist, insbesondere wenn der als unwirksam beanstandete Klauselteil von so einschneidender Bedeutung ist, dass von einer ganz neuen, von der bisherigen völlig abweichenden Vertragsgestaltung gesprochen werden muss, ergreift die Unwirksamkeit der Teilklausel die Gesamtregelung" (BGH aaO; BGHZ 93, 33, 41 f = NJW 1985, 623; BGHZ 107, 185, 191 = NJW 1989, 3215; BGH NJW 1992, 896, 897). Zu einer Anwendung der postulierten Regel ist es aber in der veröffentlichten Rspr noch nicht gekommen. Häufig lässt sich auch dann mit ergänzender Vertragsauslegung helfen (daher gegen diese Rspr Ulmer/Schmidt Rn 12 aE). Hat ein Klauseltext nach Streichung unwirksamer Bestandteile keine grammatikalische Konsistenz mehr, ist eine nur teilweise Unwirksamkeit nicht möglich. Anstelle der insgesamt unwirksamen Regelung tritt Abs 2.

6. Unzulässigkeit geltungserhaltender Reduktion?

22 **a)** In der Zeit nach Inkrafttreten des AGBG bestand auf der Grundlage der zu unwirksamen Individualvereinbarungen entstandenen Rspr (etwa BGH NJW 1972, 1459) eine spezifische Sorge: Man befürchtete, die Klauselverwender könnten sich bei ihrer Textgestaltung von dem Motiv leiten lassen, die zu ihren Gunsten denkbar günstigste Interpretation des Gesetzes zu wählen oder gar sorglos unwirksame Klauseln weiterzuverwenden – darauf vertrauend, im Ernstfall würden die Gerichte eine geltungserhaltende Reduktion vornehmen, die die Klausel auf das gerade noch zulässige Maß zurückführt. Eine solche Strategie risikolos zu stellen, wäre mit dem unverkennbaren Ziel des Gesetzes unvereinbar gewesen, dem anderen Vertragsteil nicht erst im Zivilprozess Schutz zu gewähren, sondern ihn davor zu bewahren, dass ihm in der Vertragsabwicklungspraxis Klauseln entgegengehalten werden, von deren Unwirksamkeit er nichts wissen kann. Auch in diesem Zusammenhang gebraucht man den Begriff „Transparenzgebot" (Ulmer/Schmidt Rn 15). Daher hat die Rspr, unterstützt von der weitaus hLitM, die Regel von der Unzulässigkeit der geltungserhaltenden Reduktion entwickelt. Mit dieser Begrifflichkeit wandte sie sich ganz gezielt gegen die Vorstellung, es sei Aufgabe des Richters, eine unwirksame Klausel auf das gerade noch zulässige Maß zurückzuführen (BGHZ 84, 114 = NJW 1982, 2309; BGHZ 90, 69 = NJW 1984, 1177; BGHZ 92, 312 = NJW 1985, 319; BGHZ 96, 18 = NJW 1986, 1610; BGHZ 106, 259, 267 = NJW 1989, 852; BGHZ 115, 324 = NJW 1992, 575; BGHZ 120, 108, 122 = NJW 1993, 326; BGH NJW 1996, 1607; BGH MJW 2000, 1113; BGHZ 146, 377, 385 = NJW 2001, 1419; BGH NJW 2002, 894 – Sicherheitseinbehalt ohne angemessenen Ausgleich; BGH NJW 2002, 894 – Sicherheitseinbehalt ohne angemessenen Ausgleich; BGH NJW-RR 2003, 1060; BGHZ 153, 293 = NJW 2003, 1521, 1523; BGH NJW 2005, 1574; BGHZ 161, 189 = NJW 2005, 1275; BGH NJW 2006, 1059; BGH NJW 2006, 1793; BGH NJW-RR 2006, 1236; Besonders strikt BGH NJW 2007, 1743; BGH NJW 2009, 1486; BGH NJW 2009, 1408; BGH NJW 2010, 674 – beide übertrieben kleinlich für Schönheitsreparaturklauseln, BGHZ 170, 31 = NJW 2007, 674. Lit außerhalb der üblichen Erläuterungswerke: Schulze-Hagen, Übermäßige AGB-Klauseln: Kassation oder Reduktion?, BauR 2003, 785; Stoffels, AGB-Recht Rn 595 ff; vHoyningen-Huene, Inhaltskontrolle nach § 9 AGBG [1991] Rn 69; Neumann 58 ff, 81. In der Erläuterungslit besonders pointiert Ulmer/Schmidt Rn 14 f, 15; **aA** MünchKomm/Basedow Rn 13 Rn 8 ff; Schmidt/Salzer F 56 ff; vor allem Uffmann aaO passim und die in Rn 25 Genannten). Die Notwendigkeit einer

grammatikalischen Umformulierung schließt danach die teilweise Aufrechterhaltung einer unwirksamen Klausel aus (BGHZ 146, 377, 385 = NJW 2001, 1419; s Rn 20 f). Dass die Gerichte auch durch die AGB-Floskel „soweit gesetzlich zulässig" nicht zu einer geltungserhaltenden Reduktion gezwungen werden können, versteht sich (BGH NJW-RR 1996, 783 [789]). Eine Klausel kann auch nicht mit der Maßgabe aufrechterhalten werden, dass in realistischerweise zu erwartenden Sonderfällen eine Berufung auf sie treuwidrig wäre (BGH NJW 2005, 2006; Teilunwirksamkeit s Rn 20). Dass eine Klausel nur bei Verwendung gegenüber Gewerbetreibenden wirksam ist, hat mit geltungserhaltender Reduktion nichts zu tun (BGH NJW 1990, 1601). Nicht einmal bei einer Verschärfung der höchstrichterlichen Rechtsprechung soll der Verwender Vertrauensschutz wenigstens durch ergänzende Vertragsauslegung genießen (BGH NJW 2008, 1438). Die an anderer Stelle berichtete EuGH-Rechtsprechung, siehe Rn 12, 15a, wird demgemäß auch allgemein dahin interpretiert, dass sie eine geltungserhaltende Reduktion in diesem Sinne ausschließt.

Ganz konsequent konnte die Rspr ihr Postulat aber noch nie durchhalten (s etwa den Überblick bei UFFMANN aaO 149 ff und früher HAGER JZ 1996, 175 ff). Musterbeispiel hierfür ist die Entscheidung des BGH, in der es darum ging, dass der Bürgschaftsvertrag aufrecht erhalten wurde, obwohl seine vorgedruckten Bestandteile eine von § 9 AGBG nicht mehr gedeckte Haftungsausdehnung ergaben, ohne dass durch Streichung einzelner Satzbestandteile eine Reduzierung der Haftung auf das Kreditlimit zustande gekommen wäre, das dem Hauptschuldner zur Zeit der Begründung der Bürgschaft zustand (s Rn 12, 20, 34). Für eine Übergangszeit lässt der BGH eine recht komplizierte „ergänzende Vertragsauslegung" auch zu, um zu einer selbstschuldnerischen Bürgschaft zu gelangen, wenn der Zusatz „auf erstes Anfordern" unwirksam ist (BB 2004, 1360 = NJW-RR 2004, 880; BGHZ 151, 229 = NJW 2002, 3098; OLG Zweibrücken NZA-RR 2005, 485; s auch Rn 15, 20). Insbesondere über die ergänzende Vertragsauslegung (Rn 12 ff) kam der BGH gelegentlich zu ähnlichen Ergebnissen, wie sie eine geltungserhaltende Reduktion gebracht hätte. Wirklich trennscharf abgrenzen lassen sich ergänzende Auslegung und geltungserhaltende Reduktion ohnehin nicht (UFFMANN aaO 222 ff). Dies zeigt sich so etwa in der Rspr zur Tagespreisklausel (Rn 13). In einem anderen Fall (BGHZ 96, 18 = NJW 1986, 1610, 1612) konzedierte der BGH, dass in „zwingenden Sonderlagen" es nicht bei dem Haftungsmaßstab von § 276 verbleiben könne, wenn eine überzogene Haftungsbeschränkungsklausel wegfällt. Der für **Transportrecht** zuständige I. Senat des BGH hält eine geltungserhaltende Reduktion bei nicht einseitig aufgestellten, sondern unter Mitwirkung maßgebender Verkehrskreise zustande gekommener AGB wie ADSp oder AGNB für zulässig (BGHZ 129, 323 = NJW 1995, 2224; BGHZ 129, 349 = NJW 1995, 3117; BGH 127, 275 = NJW 1995, 1491; **aA** STOFFELS, AGB-Recht Rn 603; s § 305 Rn 159). Er verschleiert dies nur mit der Redewendung, uU dürfe sich der Verwender auf eine seiner Klauseln nicht „berufen". Von vorneherein obsolet ist der Grund für die Unzulässigkeit geltungserhaltender Reduktion im Falle einer Verwender und Partner gleichmäßig treffenden Klausel, die nur wegen der Belastung des Letzteren unwirksam ist (BGH NJW-RR 2005, 34; ULMER/SCHMIDT Rn 16). Gelegentlich hat der BGH auch eine textlich zu weit geratene Klausel in teleologischer Interpretation auf das zurückgeführt, was vernünftigerweise nur gemeint sein konnte (etwa in BGHZ 87, 246 = NJW 1983, 250 bezüglich des Stornorechts der Banken; BGHZ 92, 396 = NJW 1985, 738 – „Selbstbelieferung vorbehalten"). 23

24 **b)** In jüngerer Zeit hat sich freilich gezeigt, dass es den Verwendern meist gar nicht mehr darum ging, auf geltungserhaltende Reduktion durch die Gerichte zu spekulieren. Sie passten ihre AGB vielmehr der einschlägigen höchstrichterlichen Rspr an, sahen sich dann aber mit einer ständig sich verschärfen Inhaltskontrolle der Gerichte konfrontiert. Für Verwender ist es zudem häufig äußerst schwierig zu überblicken, was berücksichtigt werden muss. Das Risiko von Formulierungsfehlern ist auch bei größter Sorgfalt beträchtlich geworden. Daher regt sich seit einiger Zeit stärker werdende Opposition gegen die These, eine geltungserhaltende Reduktion sei immer unzulässig (vor allem Uffmann aaO durchgehend). Diese Opposition wendet sich hauptsächlich gegen einen der beiden Ausgangspunkte der Rspr, nämlich den Präventionsgedanken, dass man also Textstrategien verhindern müsse, die die Verwender zu einer riskanten oder gar klar unwirksamen Klausel verleiteten, weil sie der Hoffnung sein könnten, die Gerichte würden im Ernstfall selbst das zulässige Maß aus den Klauseln herausfiltrieren. Je weniger dem Verwender die missglückte Klausel vorwerfbar ist, um so mehr sollen manchen neueren Stimmen zufolge, die Gerichte zu einer geltungserhaltenden Reduktion bereit sein (Hager aaO; Boemke/Albrecht, Die Rechtsfolgen unangemessener Bestimmungen in Allgemeinen Geschäftsbedingungen [1989] 38 ff, 115 ff; H Roth JZ 1989, 418 f; ders Vertragsänderung 34 ff; vMettenheim, in: FS Piper [1996] 950). Canaris (aaO insbes 567 ff) hat dies sehr überzeugend in den übergreifenden Zusammenhang gestellt, in dem im Privatrecht der Gesichtspunkt der Prävention, eingeschränkt durch das Prinzip des rechten Maßes, verankert ist. Es kommt allerdings noch ein wichtiges Moment hinzu: unter geltungserhaltender Reduktion verstehen die Genannten nicht die Aufrechterhaltung in dem zugunsten des Verwenders höchstmöglichen Ausmaß, sondern nur in angemessenem Umfang (etwa Uffmann aaO 226 f, 229; Canaris 549; MünchKomm/Basedow Rn 13; Hager aaO; Roth aaO). Dies Letztere nimmt gewiss dem, was man sonst unter der Hypothese einer geltungserhaltenden Reduktion von AGB versteht, viel von dem Erschreckenden, das ihm innewohnt. Die Anhänger der neuen Lehre meinen, die hM, die unter geltungserhaltender Reduktion die Zurückführung auf das gerade noch zulässige Maß versteht, sei von einer „unzweckmäßigen" Begriffsbildung ausgegangen und kämpfe gegen ein aberwitziges Postulat an. Dieses Postulat war aber jedenfalls bei Inkrafttreten des AGBG naheliegend, weil es sich nahtlos in den privatautonomen Geltungsgrund von AGB-Regelungen hatte einfügen lassen. Nach der neuen Konzeption gilt die vom Richter „gefundene" Regelung nicht mehr, weil sie das Gewollte bis zu dem Punkt respektiert, zu dem es mit rechtlicher Wirkung gewollt werden darf. Anstelle des Gewollten tritt eine richterliche Gestaltung, die an sich nur auf gesetzlicher Grundlage möglich ist. Führende Anhänger der neuen Sichtweise führen denn auch, um dies zu rechtfertigen, die geltungserhaltende Reduktion auf die allgemeinen Grundsätze über ergänzende Vertragsauslegung zurück (Hager JZ 1996, 175, 176; Canaris 550). So ist der Sache nach auch der Große Senat des BGH (BGHZ 137, 212, 221 f = NJW 1998, 673) im Zusammenhang mit dem Fehlen von angemessenen Freigabeklauseln im Falle revolvierender Globalsicherheiten verfahren. Die Berufung auf die Kompetenz zur richterlichen Rechtsfortbildung (Uffmann aaO 194 ff) greift allerdings zu weit, weil das Ergebnis der geltungserhaltenden Reduktion zwar manchmal, aber nicht regelmäßig, den üblichen Abstraktionsgrad von (fortgebildeten) Rechtssätzen erreicht. An die Stelle der unwirksamen Regelung tritt die Vertragsergänzung, freilich in diesem generellen Zusammenhang besser als richterliche Rechtsfortbildung gewertet.

In dieser Form hat die **neuere Lehre** einen anderen Inhalt als die klassische Hypothese der geltungserhaltenden Reduktion. Ihr ist **tendenziell zuzustimmen**. Angesichts der Existenz von Abs 1 trifft die Grundsatzkritik von HÄSEMEYER (FS Ulmer [2003] 1197 ff), geltungserhaltende Reduktion vermindere nur die Hemmschwelle vor Eingriffen in die Privatautonomie, auf das AGB-Recht nicht zu. Auch in anderen zentralen Bereichen hat die durch die Rspr gesteuerte und konsolidierte Rechtsentwicklung richterliche Gestaltungsmacht gebracht, die notwendig geworden war, um untragbaren Ergebnissen entgegenzuwirken, zu denen ein strikter Legalismus geführt hätte. Die Betonung der „Formulierungsverantwortung" der Parteien (so STOFFELS, AGB-Recht Rn 596) geht am Problem vorbei. Es heißt, eine Ersatzordnung zu schaffen, wenn die Wahrnehmung der Formulierungsverantwortung der Parteien missglückt ist. Da richterliche Reduktion auf ein angemessenes Maß dem deutschen Recht bekannt ist, lässt sie sich mit der nötigen Vorsicht auch da einsetzen, wo das Scheitern von Versuchen, vorformulierte Texte zum Vertragsinhalt zu machen, gerechterweise nicht zu deren „ersatzlosem Wegfall" oder gar zur Totalnichtigkeit des Vertrages führen können. Eine umgekehrt analoge Anwendung des Abs 3 kann diese Einstellung zusätzlich unterstützen (Rn 34). Der vom BGH (NJW 1986, 1611, 1612) gewählte Begriff der „zwingenden Sonderlagen" bringt das Richtige schlagwortartig zum Ausdruck und mahnt gleichzeitig zur nötigen Zurückhaltung (großzügiger wohl HAGER JZ 1996, 175 ff). Zwar ist an der Formel (etwa von H ROTH, Vertragsänderung 37), bei objektiven Missbrauch des Verwenders entfalle eine geltungserhaltende Reduktion, nichts unrichtig. Subjektive Momente können aber auch eine Rolle spielen, vor allem zugunsten des Verwenders der Umstand, dass er die spätere Fortentwicklung der Rspr nicht absehen konnte (für zeitlich begrenzte Zulässigkeit einer geltungserhaltenden Reduktion in diesem Fall etwa vWESTPHALEN BB 1978, 71; für eine kurze Abwicklungszeit s Rn 20; 23; **aA** WOLF/HAU § 6 AGBG Rn 3) und einen entsprechenden Sicherheitsabstand nicht einhalten musste (CANARIS 557 ff mit insoweit berechtigter Kritik etwa an BGH ZIP 1988, 169 – Totalnichtigkeit einer Vertragsstrafenregelung, weil keine summenmäßige Obergrenze; WOLF/HAU Rn 33) oder, zugunsten des Vertragspartners, dass der Verstoß der Klausel gegen die Wirksamkeitsvoraussetzungen auch nur bei geringer Sorgfalt erkennbar gewesen wäre. Prävention war ohnehin nie am Platze, wenn AGB wie ADSp, oder VOB von den beteiligten Verkehrskreisen erarbeitet wurden, auch wenn diese Bedingungswerke gelegentlich Bestandteile enthielten und enthalten, die – isoliert betrachtet – der Inhaltskontrolle nicht standhalten (s § 305 Rn 4, 159 ff) und selbst wenn der Zungenschlag von der „fertig bereitliegenden Rechtsordnung" ungute Erinnerungen an vergangene Zeiten aufkommen lässt (s Vorbem 25 zu §§ 305 ff). Ein besonders abschreckendes Beispiel für die ungerechtfertigte Verweigerung einer geltungserhaltenden Reduktion ist das Urteil des BGH zu einem nach der MBVO unwirksamen Zahlungsplan (NJW 2007, 1947 – krit mit Recht DRASDO NJW 2007, 2741). Der Generalbauunternehmer soll dann auf § 641 angewiesen, bei Auseinandersetzungen über Baumängel also für Jahre vorleistungspflichtig sein. Einer Umdeutung einer unwirksamen Klausel nach § 140 steht das Verbot geltungserhaltender Reduktion ohnehin nicht entgegen (BGH MDR 2003, 145 – unwirksame Abtretung von Ansprüchen in Ermächtigung zur Geltendmachung in eigenem Namen). 25

Der scheinbar rettende Zusatz in einer Klausel oder gar als Präambel zu einem Klauselwerk, alles solle nur gelten, **„soweit gesetzlich zulässig"**, würde geradewegs eine Rückführung der betroffenen Klauseln auf das gerade noch zulässige Maß 26 bedingen. Er ist daher bedeutungslos (BGH NJW 1996, 783; allgM). Nur einmal hat der BGH einen solchen Zusatz – und auch dies nur am Rande – zur Auslegung einer Klausel herangezogen (WM 1993, 914).

27 **c) Beispiele für geltungserhaltende Reduktion**: Fehlen einer Regelung für den seltenen Fall der rechtskräftigen Feststellung eines Anspruchs iSv § 309 Nr 3 (BGHZ 107, 185 = NJW 1989, 3215) – anders freilich, wenn auch der häufige Fall von unbestrittenen Forderungen nicht ausgeschlossen wird; Aufrechnungsausschluss ohne der konkursrechtlichen Besonderheiten zu gedenken (BGH ZIP 1986, 494); einschränkende Auslegung der Stornoklausel der AGB-Banken gerade deshalb vorgenommen, um ihrer Unwirksamkeit nach § 9 AGBG zuvorzukommen (st Rspr, zuletzt BGHZ 87, 256 = NJW 1983, 2501, 2502). Mit einer geltungserhaltenden Reduktion hat folgende Situation aber nichts zu tun: Dem Verwender wird ein Gestaltungsrecht, etwa ein Preisanpassungsrecht, eingeräumt; dass er dieses im Zweifel nach § 315 nur in billiger Weise ausüben und deshalb bei einer Zinsanpassungsklausel sich an der Entwicklung des Kapitalmarktzinses zu orientieren hat, folgt unmittelbar aus der genannten Norm (BGHZ 97, 212 = NJW 1986, 1803).

27a **d)** Eine **preisliche Kompensation** für den Wegfall einer Klausel wird dem Verwender nicht zugestanden, etwa dem Vermieter keine Mieterhöhung über die örtliche Vergleichsmiete hinaus (BGH NJW 2008, 2840; BGH NJW 2009, 1410).

27b **e)** Sind ABG auf internationale Verbreitung angelegt und stoßen sie auf anwendbares deutsches Recht, dann wäre die subsidiäre Anwendung deutschen dispositiven Rechts sinnwidrig. Eine Kombination von geltungserhaltender Reduktion und ergänzender Vertragsauslegung wird dann zwingend.

28 **f)** Bei der Unterlassungsklage nach dem UKlaG ist eine „geltungserhaltende Reduktion" weder nach der traditionellen noch nach der neueren Art möglich, allgM, zur Problematik einer ergänzenden Vertragsauslegung s Rn 19. Werden AGB sowohl gegenüber Verbrauchern wie Gewerbetreibenden verwendet, so können sie im letzteren Fall wirksam, im ersteren demgegenüber aber unwirksam sein.

III. Unwirksamkeit des Vertrags als Ausnahme

1. Die rechtliche Grundstruktur von Abs 3

29 Die Struktur von Abs 3 ist aus zwei Gründen nicht ganz glücklich. Einmal ist die Frage einer von selbst bestehenden Wirksamkeit oder Unwirksamkeit des Vertrages in unsachgemäßer Weise vom Vorhandensein oder Nichtvorhandensein subjektiver Belange einer der Parteien abhängig gemacht worden, von Belangen zudem, von denen nicht gesagt ist, welcher Zeitpunkt ihrer Bewertung zugrunde zu legen ist. Der durch den Wegfall einer Klausel in unzumutbarer Weise benachteiligten Partei ein auf Vertragsauflösung gerichtetes Gestaltungsrecht einzuräumen, wäre besser gewesen. Zum anderen passt der Begriff „unzumutbar" nicht, wenn die formularmäßige Bestimmung der „essentialia negotium" unwirksam ist. Auch in letzterem Fall muss der Vertrag insgesamt unwirksam sein (LG Mannheim NJW-RR 2002, 916; Spruss, Lit § 305, 472, soweit nicht mit der meist sich anbietenden ergänzenden Vertragsauslegung geholfen werden kann, s Rn 12). Zweifel an der Richtlinienkonformität (Ulmer/Schmidt

Rn 4d; STOFFELS, AGB-Recht Rn 631) sind unbegründet. Richtlinien sind ihrem Wesen nach hauptsächlich Tendenzbestimmung und stehen sinnvollen Ausnahmevorschriften, vor allem geschmeidigeren Formulierungen in der nationalen Umsetzungsgesetzgebung nicht entgegen. In Art 288 Abs 3 AEUV heißt es dazu wörtlich: „Die Richtlinie ist für jeden Mitgliedsstaat … hinsichtlich des zu erreichenden Ziels verbindlich, überlässt jedoch den innerstaatlichen Stellen die Wahl der Form und der Mittel.“ GEIGER/KOTZUR (EGV/AEUV[5] Art 288 Rn 11) sagen dazu völlig zu Recht: „Die verbindliche Zielvorgabe soll … nur zur Einhaltung von mehr oder weniger konkreten Leitlinien verpflichten.“ Daran hat auch das Urteil des EuGH in Sachen „Pereničová“ (v 15. 3. 2012 – C-453/10 NJW 2012, 1781) nichts geändert (teilsw **aA** GRAF vWESTPHALEN NJW 2012, 1781). Dort heißt es in der zentralen Aussage: *„Art. 6 I der Richtlinie … über missbräuchliche Klauseln in Verbraucherverträgen ist dahin auszulegen, dass sich das angerufene Gericht … nicht ausschließlich auf die etwaige Vorteilhaftigkeit der Nichtigerklärung des betreffenden Vertrags in seiner Gesamtheit für eine der Parteien, in vorliegendem Fall den Verbraucher, stützen kann.“* Die Worte „wenn er [der Vertrag] ohne die missbräuchliche Klausel bestehen kann“ (Art 6 Abs 2 Richtlinie) und „unzumutbare Härte für eine Vertragspartei“ gegeneinander auszuspielen, macht keinen Sinn.

a) Abs 3 ist aus der Perspektive des im Individualprozess entscheidenden Richters geschrieben („festhalten“). Es kommt auf die Abwägung aller Einzelumstände an. Die **Belange der benachteiligten Partei** müssen also für diesen Zeitpunkt und nicht etwa für den **Zeitpunkt** des Vertragsschlusses beurteilt werden (BGHZ 130, 115, 122 = NJW 1996, 2221; allgM). Das bedeutet, dass solche Klauseln nicht mehr berücksichtigt werden können, für die es wegen der fortgeschrittenen Vertragsabwicklung keinen Anwendungsbereich mehr gibt. Das ist auch gerechtfertigt. Ist trotz eines in vielen Punkten erdrückenden Klauselwerks das meiste „gutgegangen“ und wegen des ausstehenden Restes der Vertragsabwicklung eine ergänzende Vertragsauslegung möglich oder gar nicht nötig, so kann man die Partei auch getrost am Vertrag festhalten. **30**

b) Die Vorschrift ist eine Ausnahmeregelung. Die Annahme der Unwirksamkeit des ganzen Vertrags soll nach Möglichkeit vermieden werden (BGH NJW 1986, 928, 930). Der BGH hat selbst den Fehlschlag, in die Deckungszusage eines Kaskoversicherers die Allgemeinen Versicherungsbedingungen aufzunehmen, nicht ausreichend sein lassen, um diese Deckungszusage als insgesamt unwirksam zu werten (NJW 1982, 824, 825). Es müssen besondere Gründe existieren, um die Unwirksamkeit des ganzen Vertrags zu rechtfertigen. Aus der Rechtsprechung des EuGH erfährt man, wie ausgeführt (s Rn 29 aE) nur, dass sich das Gericht nicht ausschließlich an den Interessen der Verbraucher zu orientieren hat. Meist wird sich die **unzumutbare Härte auf Seiten des Verwenders** einstellen. Deswegen braucht man aber nicht besonders strenge Maßstäbe an die Anwendung dieses Begriffes zu stellen (**aA** BAMBERGER/SCHMIDT Rn 3). So kann es eine Rolle spielen, dass Unwirksamkeit oder Fehlschlag der Einbeziehung für den Verwender vorhersehbar (BGH WM 2008, 313, 316) oder nicht vorhersehbar waren und die Aufrechterhaltung des Vertrags ohne die unwirksame Klausel das Äquivalenzverhältnis der Hauptleistungen völlig zerstören würde, insbesondere wenn der Verwender den Vertrag ohne die Klausel nicht geschlossen hätte (BGH NJW-RR 2002, 1136; 1996, 1009 [1010]; ULMER/SCHMIDT Rn 47). Es reicht aber für den Fortfall der vertraglichen Bindung nicht allein aus, dass die **31**

Anwendung des dispositiven Rechts den Vertrag in seinem Wesen verändern würde, weil auch dann häufig durch ergänzende Vertragsauslegung geholfen werden kann (s Rn 21a). Es kann gerade ein Grund für ergänzende Vertragsauslegung sein, die Totalnichtigkeit des Vertrags zu vermeiden (Canaris 546, 556; **aA** konsequenterweise Ulmer/Schmidt Rn 48). Es ist aber auch denkbar, dass das Festhalten am Vertrag für den **Partner des Verwenders unzumutbar** ist (lehrreiches Beispiel AG Köln 28. 3. 2013, 137 C-603/12 – juris), etwa wenn er sich nach BGB-Grundsätzen wegen der Arglist des Verwenders vom Vertrag lösen möchte (Lass JZ 1997, 67, 74; s auch einige der in Rn 33 gebrachten Rspr-Bsp). Bei einem gesetzlich nicht geregelten Vertrag kann der nach Wegfall zahlreicher unwirksamer Klauseln verbleibende Rest so rudimentär sein, dass auch mit ergänzender Vertragsauslegung nichts mehr zu erreichen ist (OLG München BB 2002, 2521; KG MDR 1998, 760; LG Köln BB 1993, 1975). Die Frage nach dem Verhältnis von Abs 3 zu den Grundsätzen über den **Wegfall der Geschäftsgrundlage** stellt sich nicht, weil AGB-Bestandteile nicht nachträglich wegfallen können, sondern von vornherein unwirksam oder nicht einbezogen sind (wegen des Meinungsstandes zu diesem Scheinproblem s Ulmer/Schmidt Rn 44). Sind Umstände nachträglich unter den Voraussetzungen des **Wegfalls der Geschäftsgrundlage** weggefallen, die Klauseln rechtfertigen, so tritt eine richterliche Vertragsanpassung, wie sonst bei Wegfall der Geschäftsgrundlage, an ihre Stelle.

32 **c)** Erklären beide Parteien vor Gericht, an einem Vertrag mit hinreichend bestimmbar gebliebenen Inhalt festhalten zu wollen, so wäre es gewiss skurril, ihnen zu eröffnen, der Vertrag sei unwirksam, weil er für eine von ihnen dennoch eine unzumutbare Härte darstelle. Wer auf seiner Seite eine Härte sieht und diese als unzumutbar empfindet, muss dies geltend machen (Ulmer/Schmidt Rn 48). In einem stark von individuellen Besonderheiten geprägten Fall hat der BGH (NJW-RR 2003, 419) einen gesamten Pkw-Kauf für unwirksam erklärt, weil ohne die unwirksame Schätzpreisklausel der Vertrag nicht zustande gekommen wäre, unausgesprochen aber wohl, weil es an einer Preisbestimmung fehlte. Die Frage ist, ob dem erklärten Willen der Parteien auch generell dadurch Rechnung zu tragen ist, dass Abs 3 **abbedungen** werden kann (so Ulmer/Schmidt Rn 55). Die Antwort muss differenziert ausfallen.

Ist der Vertrag deshalb unwirksam, weil es ihm nach Ausscheiden der anstößigen oder nicht einbezogenen Klauseln an einem **hinreichend bestimmten Inhalt fehlt**, so kann auch eine Parteivereinbarung daran nichts ändern. Das Gesetz verlangt für das Eingehen einer solchen Bindung, dass mindestens ein bestimmungsberechtigter Dritter benannt wird, § 317.

Eine **formularmäßige** Klausel, wonach Abs 3 abbedungen wird und die im Klartext heißt, sollten die AGB oder einzelne ihrer Klauseln nicht Vertragsbestandteil geworden sein, so bleibe der Vertrag auch wirksam, wenn dies für eine Partei – oder gar nur für den Vertragspartner des Verwenders – eine unzumutbare Härte darstellen sollte, ist sicherlich ungewöhnlich und überraschend und damit nach § 305c Abs 2 nicht wirksam (Ulmer/Schmidt Rn 55).

Einer **Abdingbarkeit von Abs 3 durch Individualvertrag** steht aber nichts im Wege. Folgt eine solche Vereinbarung dem ursprünglichen Vertrags-„Abschluss" zeitlich nach, so liegt in ihr eine Bestätigung iSv § 141, die daher den Erfordernissen dieser

Norm entsprechen muss, insbesondere also das Bewusstsein von der möglichen Unwirksamkeit des Vertrages voraussetzt.

2. Einzelne Anwendungsfälle

Der Anwendungsbereich von Abs 3 ist gedanklich vielgefächert, ohne dass eine klare Systematik entwickelt werden könnte. In der Praxis der veröffentlichten Rspr spielte die Norm bisher keine große Rolle. Die in Rn 31 f genannten Rspr-Fälle lassen sich, wie folgt, ergänzen: 33

Der denkbar nächstliegende Fall ist der, dass ein klar anwendbares dispositives Recht zur Verfügung steht – und dennoch das Festhalten am Vertrag für einen Teil ausnahmsweise eine unzumutbare Härte darstellen würde. Der BGH (NJW 1992, 2626; WM 1994, 1613, 1614) hat eine formularmäßige Sicherungsabtretung von Arbeitseinkommen insgesamt für unwirksam erklärt, weil er die Verwertungsregelung in Nr 20 Abs 2 AGB-Banken 1986 für unwirksam hielt. Für Globalabtretungen und Sicherungsübereignungen hat er das Gegenteil für richtig befunden (BGHZ 130, 115, 120 ff = NJW 1996, 2221; BGH NJW 1996, 847; BGHZ 128, 295, 301). Den Unterschied hat er mit der Erwägung begründet, dass die „Lohn- und Gehaltszession für den Abtretenden häufig von existenzieller Bedeutung ist und er insoweit nur durch die Unwirksamkeit der Abtretung insgesamt wirksam geschützt werden kann". Setzt man voraus, dass nur die Verwertungsregelung, aber nicht die formularmäßige Abtretung als solche anstößig war (s § 305 Rn 28), ist der Unterschied allerdings nicht einsichtig. Dass der Verwender aus **preiskalkulatorischen Gründen** den Vertrag lieber gar nicht als zu den Bedingungen des dispositiven Rechts abgeschlossen hätte, reicht für die Annahme einer unzumutbaren Härte zu seinen Lasten im Allgemeinen nicht aus, wohl aber dann, wenn der Preis im Vertrauen auf den Bestand eines Klauselwerks erheblich unter dem Marktpreis kalkuliert wurde (BGH WM 1996, 2018, aber zu Recht einsichtige Substantiierung verlangend; Ulmer/Schmidt Rn 52). In einem anderen Fall (Kommissionsagenturvertrag über den Betrieb eines Einzelhandelsmarkts) hat der BGH das allgemeine Schuldrecht für ausreichend gehalten, um eine unzumutbare Härte zu leugnen (NJW-RR 2003, 981).

Der wohl praktisch interessanteste Fall ist der, dass einschlägiges dispositives Recht fehlt und die dem Richter zu einer Vertragsergänzung zur Verfügung stehenden **Mittel nicht ausreichen**, um dem Vertrag einen **hinreichend bestimmten Inhalt** zu geben. Das ist dann der Fall, wenn nach Ausschaltung der vorformulierten Vertragsbestandteile nichts hinreichend Bestimmbares übrig bleibt, das eine vertragliche Bindung begründen könnte, etwa wenn das Zustandekommen eines Formularvertrags mit vorformulierten Bestandteilen zu den Hauptleistungspflichten an § 305 Abs 2 scheitert (Ulmer/Schmidt Rn 53). Aber auch das Scheitern der Einbeziehung von AGB-Teilen kann Anlass geben, einen Vertrag insgesamt für unwirksam zu halten, anstatt ihn ergänzend auszulegen. Ist etwa die im Zusammenhang mit einem Kreditvertrag formularmäßig vorgesehene Art der Sicherheitsleistung unwirksam, so steht es dem Richter nicht zu, eine andere, dem Kreditnehmer mögliche Sicherheit festzulegen. Dem Kreditgeber aber ist es meist unzumutbar, den Kredit ohne Sicherheit weiterzugewähren. Wenn aber der Kreditgeber am Vertrag festhalten will – etwa weil er den Kredit nach Vertrags- und nicht nach Kondiktionsgrundsätzen zurückverlangen möchte –, so ist der Vertrag ohne Sicherheitsleistung als wirksam zu behandeln. Vor allem im Zusammenhang mit Automatenaufstellungsverträgen hatte die Rspr schon vor Inkrafttreten des AGBG häufig angenommen, ihre Mittel reichten zu einer sinnvollen Vertragsergänzung nicht aus, weil diese den Verträgen zwangsläufig ein ganz neues Gesicht geben würde, wenn man eine Fülle in ihnen formularmäßig enthaltener anstößiger Bestimmungen korrigieren wollte (BGHZ 51, 55 = NJW 1969, 230; BGH NJW 1971, 1034). In der Rspr wurden gelegentlich Timesharing-Verträge (LG Köln BB 1993, 1975; OLG Köln NJW-RR 1995, 1333; vgl dazu auch Hildenbrand NJW 1995, 95) und Franchise-Verträge (s Rn 31) für insgesamt unwirksam erklärt, weil wesentliche Bestandteile wegen Verschleierung der Vertragspartner oder der Unklarheit der erworbenen Rechtsposition unwirksam waren. Richtlinienkonform ausgelegt (s Rn 1), umfasst der Begriff „unzumutbar" auch das Ansinnen, an einem grob lückenhaft gewordenen Vertrag festhalten zu sollen.

Im Falle von **Dauerschuldverhältnissen** reicht im Allgemeinen aus, dass von dem nicht abdingbaren Recht zur Kündigung aus wichtigem Grund Gebrauch gemacht werden kann, allgM. Es wurde aber auch ein „Trainings- und Coachingvertrag" mit „nichtssagenden eher verschleiernden als klärenden Leistungsbeschreibungen" und einer Vielzahl unwirksamer Einzelklauseln für insgesamt unwirksam erklärt (OLG Frankfurt OLG-Rspr 1997, 89).

Für den **Verkehr unter Gewerbetreibenden** haben sich Ulmer/Schmidt (Rn 56) zugunsten einer relativ großzügigeren Anwendung von Abs 3 ausgesprochen (krit dazu Wolf/Hau Rn 67).

3. Analoge Anwendung zugunsten der Aufrechterhaltung des Vertrags?

34 Auf abstrakter Ebene lässt sich unbestreitbar postulieren, Unzumutbares dürfe von Rechts wegen niemandem zugemutet werden. Daraus würde in analoger Anwendung von Abs 3 folgen: Eine Regelung ist teilweise wirksam, wenn ihre sonst zu konstatierende völlige Unwirksamkeit, vor allem die Unwirksamkeit des ganzen Vertrags, für einen Vertragsteil eine unzumutbare Härte bedeuten würde. Gibt es für einen solchen Gedanken einen praktischen Anwendungsbereich? Konkret kann man an die in Rn 20 aE erörterte Hypothese denken, dass eine Bürgschaft wegen sprachlich nicht trennbarer Einbeziehung anderer als der Anlassschulden des Hauptschuldners insgesamt unwirksam wird. Auch der Gedanke der Prävention kann eine solch einschneidende Rechtsfolge nicht rechtfertigen. Generell ist der hier aufgeworfene Gedanke geeignet, Übertreibungen im Verbot geltungserhaltender Reduktion entgegenzuwirken.

4. Ausnahmeregelung für Versicherungsverträge

35 Wegen der dort besonders genau zu nehmenden Risikokalkulation hat das Gesetz für Versicherungsverträge eine Sonderregelung geschaffen. Nach § 164 VVG ist bei Lebensversicherungen und nach § 203 Abs 4 iVdgm § 164 VVG der Versicherer berechtigt, Bestimmungen, die durch höchstrichterliche Entscheidung oder durch Verwaltungsakt für unwirksam erklärt worden sind, durch eine Neuregelung zu ersetzen, wenn „dies zur Fortführung des Vertrags notwendig ist oder wenn das Festhalten an dem Vertrag ohne neue Regelung für eine Vertragspartei auch unter Berücksichtigung der Interessen der anderen Vertragspartei eine unangemessene

Härte bedeuten würde. Die neue Regelung ist nur wirksam, wenn sie unter Wahrung des Vertragsziels die Belange der Versicherungsnehmer angemessen berücksichtigt". Es handelt sich um ein Verfahren, das mit Wirkung für alle Versicherungsverträge gelten muss, auch solche anderer Versicherungen mit gleichartigen Klauseln. Solange der Versicherer von seiner Befugnis nicht Gebrauch macht oder wenn eine Klausel durch ein Instanzgericht für unzulässig erklärt wird, steht die Bestimmung einer ergänzenden Vertragsauslegung oder einer geltungserhaltenden Reduktion in dem hier herausgearbeiteten sonst möglichen Zuschnitt nicht entgegen (Ulmer/Schmidt Rn 2a unter Verweis auf BGHZ 164, 297 = NJW 2005, 1670 Rn 37 – früheres Treuhänderverfahren).

§ 306a
Umgehungsverbot

Die Vorschriften dieses Abschnitts finden auch Anwendung, wenn sie durch anderweitige Gestaltungen umgangen werden.

Die Vorschrift ist einer etwas übertriebenen Ängstlichkeit entsprungen, wie sie sich jetzt auch in § 312g Abs 2 wieder findet. Dies bringt die Gefahr methodischer Nachlässigkeit bei Gesetzesauslegung und analoger Anwendung gesetzlicher Vorschriften mit sich (krit auch Ulmer/Schmidt Rn 1; **aA** insbes Löwe Rn 4). Von den möglichen Formen der Gesetzesumgehung (s dazu § 117) kommt nicht diejenige der Tatbestandserschleichung, sondern nur die Umgehung von Verbots- und Schutzgesetzen in Betracht. Wie sonst, so ließen sich auch im Bereich der positivierten Umgehungsregel an sich alle Probleme mit den herkömmlichen Methoden der Gesetzesauslegung und Analogie lösen (zutr Teichmann JZ 2003, 761; Stoffels, AGB-Recht Rn 91). Für eine Inhaltskontrolle ohne Umgehungsmöglichkeiten sorgt die Generalklausel des § 307. Insbesondere läuft § 306a, soweit der sachliche Anwendungsbereich des AGB-Rechts nach § 310 Abs 1 beschränkt ist, wegen des Auffangtatbestandes von § 307 leer. Klarer als dieser Norm lassen sich auch dem § 306a Wertungen für die Inhaltskontrolle von vorformulierten Bedingungen nicht entnehmen. Scheinbar wirksame AGB-Gestaltungen, die wirtschaftlich vollständig oder mit nur geringfügigen Nuancenunterschieden auf inhaltlich unwirksame Klauseln hinauslaufen, sind nach der einen wie der anderen Norm klar erfassbar – und wären es auch bei Fehlen beider. Für den Anwendungsbereich der §§ 305–306 und des UKlaG sind Umgehungsfälle ebenfalls praktisch nicht denkbar (BGHZ 112, 204, 217 = NJW 1991, 36; Ulmer/Schmidt Rn 6), zu salvatorischen Klauseln s § 306 Rn 18. Insbesondere ist die Wahl von Individualvereinbarungen anstatt vorformulierter Vertragsbedingungen keine Umgehung des AGBG (allgA). Dass gleichförmig gepflogene, hand- oder maschinenschriftliche Vertragszusätze AGB-Charakter haben, ist an anderer Stelle schon dargelegt (s § 305 Rn 23). 1

Zu den Voraussetzungen der Gesetzesumgehung, insbesondere der Entbehrlichkeit einer Umgehungsabsicht, s § 117 BGB. 2

Die dem Gesetzessinn entsprechende Anwendung der §§ 307–309 auf Klauselgestaltungen, mit denen eine Umgehung versucht worden sein könnte, ist im jeweili- 3 gen Einzelzusammenhang behandelt (s etwa § 306 Rn 22). Auch die Rspr, in der die Vorschrift nur in Neben- und Zusatzargumenten eine Rolle gespielt hat, arbeitet durchweg in diesem Sinne und kommt auf § 306a nur in dem Argumentationsmuster zurück, „andernfalls" seien die Vorschriften des AGBG umgangen (Bsp: BGH NJW 1985, 852 – nur Hinterlegung anstatt Bezahlung fällt ebenfalls unter § 309 Nr 2a; BGH NJW 1988, 2106 s § 306 Rn 4 OLG Stuttgart NJW 1981, 1105). Gelegentlich wird auch nur ein theoretischer Vorbehalt gemacht, es könne Situationen geben, in der eine Klauselgestaltung auf eine Umgehung von Vorschriften der §§ 305 ff hinauslaufe (BGH NJW 1987, 1931, 1932 – für die Vereinbarung von Vorleistungspflichten, die aber grundsätzlich zulässig sind).

4 Einzelfälle: Gebrauchmachen von gesetzlichen Vertragstypen wie einem abstrakten Schuldversprechen ist keine Umgehung der §§ 305 ff (OLG Stuttgart NJW 1979, 222; OLG Düsseldorf NJW-RR 1986, 1312, 1314; Ulmer/Schmidt Rn 12); Aufführung der Vertragsabschlussperson als weiterer Vertragspartner ist keine Umgehung von § 309 Nr 11 (BGH NJW 1988, 1908, 1909); die Zwischenschaltung von Konsortialbanken als Unternehmer bei der Fremdemission von Schuldverschreibungen ist keine Umgehung einer im Interesse des ersten Nehmers etwa angebrachten Inhaltskontrolle (OLG Frankfurt WM 1993, 2089; **aA** Randow ZBB 1994, 23, 28), weil das Verhandlungsinteresse der Konsortialbanken wegen deren Plazierungsinteresse anlegerorientiert ist (Joussen WM 1995, 1861, 1865). Betriebsinterne Anweisungen zu Vertragsabwicklungsgebaren unterliegen nach Ansicht des BGH (BGH NJW 2005, 1645) dem UKlaG, wenn damit von Verpflichtungen des Kunden ausgegangen wird, die durch AGB nicht hätten begründet werden können. Zum Gebrauch gesellschaftsrechtlicher Fassaden s § 310 Rn 78. Die Rechtsprechung zu den Preisnebenabreden (Staudinger/Coester § 307 Rn 322) verhindert, dass die Inhaltskontrolle durch unechte Hauptleistungspflichten umgangen wird.

5 Der BGH (BGHZ 162, 294 = NJW 2005, 1645) sah eine Umgehung in einer internen Anweisung einer Bank, für Scheck- und Lastschriftrückgaben mangels Kontodeckung eine Schadenspauschale von € 6 in Rechnung zu stellen, was in AGB vorzusehen vorher für unzulässig erklärt worden war (BGHZ 137, 43 = NJW 1998, 309). Die Entscheidung ist aber deshalb in sich widersprüchlich, weil das Vorliegen von AGB geleugnet, aber dennoch eine Inhaltskontrolle nach den §§ 307 ff und die Anwendung von § 1 UKlaG vorgenommen wurden – wohl um die Klagebefugnis des im Verfahren auftretenden Verbrauchervereins nicht zu gefährden. In Wirklichkeit liegt ein Fall von § 3 UKlaG vor, wenn Kunden methodisch nicht geschuldete Beträge in Rechnung gestellt werden (so mit Recht Freitag ZIP 2005, 2052).

Vorbemerkungen zu §§ 307–309

Schrifttum

Siehe § 307.

Systematische Übersicht

Alphabetische Übersicht

Die §§ 307–309 haben die Inhaltskontrolle vorformulierter Vertragsbedingungen **1**
zum Gegenstand und sind das Kernstück des AGB-Rechts. Sie betreffen, von ganz

wenigen Ausnahmen abgesehen, sämtliche vorformulierten Vertragsbestandteile. Für Spezialmaterien und Sondersituationen halten die Gesetze aber noch zusätzlich Kontrollen bereit, welche das AGB-Recht unberührt gelassen hat, die also kumulativ zu ihm eingesetzt werden sollen (dazu STAUDINGER/SCHLOSSER Vorbem 19 ff zu §§ 305 ff sowie § 307 Rn 17 ff).

I. Die Inhaltskontrolle von AGB in der Kontinuität der Rechtsentwicklung

2 Die §§ 307–309 sind aus der Entwicklung von Rspr und Lehre erwachsen, die 1935 ihren Ausgangspunkt in den beiden berühmten Monographien von LUDWIG RAISER (Das Recht der Allgemeinen Geschäftsbedingungen [unveränderter Nachdruck 1961]) und GROSSMANN-DOERTH (Selbstgeschaffenes Recht der Wirtschaft und staatliches Recht) genommen hatte. In verschiedener Hinsicht ist freilich die erstmalig durch das AGB-Gesetz von 1977 normierte Inhaltskontrolle von AGB über die früher von der Richterschaft beanspruchte Überprüfungsbefugnis hinausgegangen.

1. Die Entwicklung vor 1977

a) Rechtsprechung

3 Das BGB hat – verglichen mit Rechtsordnungen benachbarter Staaten – den Kreis des dispositiven Rechts sehr weit, den zwingender gesetzlicher Vorschriften sehr eng gezogen. Erinnert sei nur daran, dass etwa nach französischem und schweizerischem Recht die Haftung für eigenes grobes Verschulden auch individualvertraglich nicht ausgeschlossen werden kann (Art 100, 101 Abs 3 SchwOR; FERID/SONNENBERGER, Das französische Zivilrecht [2. Aufl 1986] 2 C 29; TERRÉ/SIMLER/LEQUETTE, Droit Civil [8. Aufl 2002] Rn 615 mwNw). Es war daher zwangsläufig, dass die Rechtsprechung schon sehr frühzeitig angesichts der Tatsache Unbehagen empfand, dass die vom deutschen Recht gewählte Vertragsausgestaltungsfreiheit von Aufstellern Allgemeiner Geschäftsbedingungen systematisch zu ihren eigenen Gunsten ausgenutzt wurde (zur Entwicklung der Rspr ausführlich SCHLOSSER/GRABA Rn 8; zur Entwicklung eines AGB-rechtlichen Problembewusstseins und erster, punktueller Lösungsansätze schon im 19. Jahrhundert ausführlich HELLWEGE, Allgemeine Geschäftsbedingungen [2010] S 4–200; zum 20. Jahrhundert bis 1945 ebd S 201–312). Der erste Schritt zur Eindämmung einseitiger Vertragsausgestaltungsstrategien war der Gedanke des **Monopolmissbrauchs** (RGZ 62, 266; 99, 109; 102, 397; 103, 83; 115, 219; 168, 329). Schon in der Schlussphase seines Bestehens hat das RG freilich den Gedanken artikuliert, auch wenn es an regelrechter Sittenwidrigkeit des Verhaltens fehle, könne es **Treu und Glauben** widersprechen, sich auf bestimmte AGB-Klauseln zu berufen (RGZ 168, 329). Die Inhaltskontrolle von AGB ganz von dem allzu engen Gedanken ihrer Anbindung an die sittenwidrige Ausnutzung einer Monopolstellung gelöst und – im Anschluss an LUDWIG RAISER (277 ff) – eine an § 242 anknüpfende eigenständige Inhaltskontrolle entwickelt zu haben, war freilich dem BGH vorbehalten. In seiner grundlegenden Entscheidung vom 29. 10. 1956 (BGHZ 22, 90) zum Gewährleistungsausschluss beim Kauf neuer Möbel stellte er erstmals ganz klar auf die durch den Gedanken der Privatautonomie nur noch im geringen Maße zu rechtfertigende Eigenart der Einbeziehung von AGB in ein Vertragswerk ab. Eine Regelung, die auf einen völligen Ausschluss der Gewährleistung hinauslief, erklärte er uneingeschränkt für unwirksam. Die nachfolgende Rechtsprechung blieb lange Zeit nicht frei von einem gewissen Zögern. Dieses schlug sich in dem Drängen nieder, lieber mit einer einschränkenden Auslegung

harter Klauseln und einer im Einzelfall sich ergebenden Unzulässigkeit, sich auf sie „zu berufen“, also mit einer Ausübungskontrolle zu arbeiten, als offene Inhaltskontrolle obwalten zu lassen. Insgesamt hat sich jedoch das vom BGH aufgestellte Postulat der grundsätzlichen Zulässigkeit der Inhaltskontrolle Anfang der sechziger Jahre durchgesetzt (zur Fülle der Rspr siehe Schlosser/Graba Vorb zu §§ 9–11 AGBG Rn 9 ff; ausführliche Darstellung bei Hellwege aaO 313 ff). Im Jahre 1974 fasste der BGH die in der Rspr anerkannten Grundsätze zur richterlichen Inhaltskontrolle von AGB selbst zusammen (BGHZ 63, 256). Im Grundsätzlichen hatte die Entwicklung der Rechtsprechung damit einen Fixpunkt erreicht. Der Katalog unwirksamer Klauseln in den heutigen §§ 308, 309 (zuvor §§ 10, 11 AGBG) ist zum großen Teil Niederschlag dieser Rspr.

b) Lehre

In der Lehre war schon mit Ludwig Raisers Schrift der Bann praktisch gebrochen. **4**
Ludwig Raiser war es, der die Notwendigkeit einer Inhaltskontrolle vom Gedanken des Monopolmissbrauchs löste, weil er das Phänomen der intellektuellen Unterlegenheit des Vertragspartners des Verwenders entdeckt hatte, seine Ausgeliefertheit an die der Gegenseite zur Verfügung stehende, zentral organisierte Beherrschung der rechtlichen Möglichkeit der Vertragsgestaltung (S 284). Die von Raiser aus seinem Befund gezogene Konsequenz der Notwendigkeit einer richterlichen Inhaltskontrolle von AGB schon de lege lata schien zwar manchem zu kühn. Jedoch hat sich eine artikulierte Gegenströmung zu Raiser niemals herausgebildet. Die sich an Raiser anschließende Entwicklung in der Rechtslehre lässt sich vielmehr nur als kontinuierliche Verdichtung des Bewusstseins von der Richtigkeit der Position von Raiser begreifen. Nach dem 2. Weltkrieg ging es eigentlich nur noch um die richtige dogmatische Einordnung der richterlichen Inhaltskontrolle (dazu näher Schlosser/Graba Vorb zu §§ 9–11 AGBG Rn 3 ff). Die beiden originellsten dogmatischen Einfälle waren die These, das Aufstellen von AGB sei einer einseitigen Leistungsbestimmung iSv § 315 gleichzustellen (Flume, in: 100 Jahre deutsches Rechtsleben I [1960] 169 f; Flume, Allgemeiner Teil § 37, 2; Lukes NJW 1963, 897; Schmidt/Salzer, AGB [1. Aufl 1971] 66 ff) und die Deutung des Verlangens nach Einbeziehung von unangemessenen AGB als ein Vorgang, der culpa in contrahendo begründet (Diederichsen ZHR 132 [1969] 232, 253; dazu § 307 Rn 45).

Erst relativ spät mündete die Diskussion in eine rechtspolitische Auseinandersetzung ein, welche ihren Publizitätshöhepunkt auf dem 50. Deutschen Juristentag 1974 in Hamburg fand (dazu Kötz Gutachten A 1 ff; Ulmer H 8 ff; Wiedergabe des zuvor erreichten Diskussionsstandes im 1. Teilbericht S 18 ff). Die Problematik und ihre Ursachen waren aber im Grunde schon offenkundig. Ein erstmals 1974 entdecktes Element der Diagnose verdient freilich Erwähnung: Die Vereinzelung des den Vertragspartner des Verwenders betreffenden Risikos ist es, die es ihm von vornherein als unverhältnismäßigen Aufwand erscheinen lassen Muss, Informations- und Verhandlungsaufwand in die Verbesserung der ihm präsentierten AGB zu investieren (siehe Staudinger/Schlosser Vorbem 4 zu §§ 305 ff). Im Übrigen ging es seit Beginn der siebziger Jahre nur noch um die richtige Therapie, vor allen Dingen um eine ausgewogene Dosierung der Inhaltskontrolle von AGB. In mancher Hinsicht war der 1977 Gesetz gewordene Unwirksamkeitskatalog zwar strenger, als es die Rechtsprechung bis 1976 gewesen war. Jedoch wäre die Rechtsprechung auch nicht auf der Stelle getreten, wenn das Gesetz ausgeblieben wäre.

2. Das AGB-Gesetz von 1976

5 Das zum 1. 4. 1977 in Kraft getretene AGB-Gesetz brachte die rechtspolitische Diskussion zu einem gewissen Abschluss. Es konsolidierte die bisherigen Erkenntnisse von Rechtsprechung und Lehre, entwickelte sie aber stellenweise auch weiter. Die klare strukturelle Unterscheidung des Gesetzes von Einbeziehungskontrolle, Inhaltskontrolle und Verfahrensfragen prägt bis heute das geltende deutsche AGB-Recht. Dabei hat sich in der 25-jährigen Anwendungsgeschichte des AGBG die Inhaltskontrolle als der nicht nur dogmatisch wie rechtspolitisch, sondern auch als der praktisch bei weitem dominierende Schutzansatz des Gesetzes erwiesen. Innerhalb der Inhaltskontrolle hatte sich der Schwerpunkt eindeutig auf § 9 AGBG (jetzt: § 307 Abs 1, 2) verlagert. Dies lag nicht nur am gegenüber den besonderen Klauselverboten unschärferen Tatbestand der Generalklausel und der daraus folgenden schwächeren Orientierungskraft für die Klauselaufsteller, sondern auch an der Auffangfunktion der Generalklausel gegenüber den speziellen Klauselverboten und ihrer alleinigen Maßgeblichkeit für den kaufmännischen Verkehr (§ 24 AGBG = § 307 Abs 1). Darüber hinaus bevorzugte die Rechtsprechung die Behandlung von Fragen, die systematisch eigentlich anderweitig angesiedelt waren (zB des Aspekts der Unklarheit, des Konflikts mit Individualabreden oder des Verstoßes gegen zwingendes Gesetzesrecht [dazu § 307 Rn 232]) als solche der inhaltlichen Unangemessenheit; neben größerer Flexibilität wurde dadurch auch der Zugriff im Verbandsklageverfahren nach § 13 AGBG (jetzt: § 1 UKlaG) gesichert (zur Kritik aber § 307 Rn 232). Im Ergebnis hatten sich damit schon relativ kurze Zeit nach dem Inkrafttreten des AGBG über dessen Wortlaut neue Schichten von Richterrecht gelagert, die das Gesetz konkretisierten, ergänzten oder sogar modifizierten (vgl Heinrichs, in: 10 Jahre AGBG S 23, 25; Wolf, in: FS BGH Bd 1 [2000] 11 ff). Dies war keine Fehlentwicklung, sondern angesichts der Dynamik des Rechts wie des Wirtschaftslebens unvermeidlich. Insbesondere die Generalklausel des § 9 AGBG (jetzt: § 307) ermöglichte es darüber hinaus dem BGH, im Gesetz nicht oder nicht vollständig geregelte Vertragstypen nach und nach zu konturieren und damit das „selbst geschaffene Recht der Wirtschaft" (Grossmann-Doerth Rn 2) der objektiven Rechtsordnung zu integrieren (vgl Wolf aaO).

6 Die Einschätzung von Effekt und Effektivität des AGBG war bis zum Zeitpunkt seiner Auflösung umstritten – der rechtspolitische Disput setzt sich unter der Herrschaft des geltenden Rechts in seiner Grundtendenz fort. Eine nicht abreißende Flut von ober- und höchstgerichtlichen Entscheidungen zeigte und zeigt bis heute, dass das Ziel insbesondere des Verbandsklageverfahrens, den Rechtsverkehr von unangemessenen Klauseln zu reinigen und freizuhalten, noch nicht erreicht (und wohl auch utopisch) ist. Auch die Aussage, über die Grenzen wirksamer Klauselgestaltung könne heute kaum noch Unklarheit bestehen (vgl Schlosser ZIP 1985, 449), erscheint trotz vieler erreichter Klärungen in Grundsatz- und Einzelfragen als zu euphorisch. Realität ist jedenfalls eine bemerkenswerte Dichte und Stringenz der richterlichen Inhaltskontrolle von AGB, deren Legitimität höchst unterschiedlich beurteilt wird. Kritische Stimmen werfen der Rechtsprechung Missachtung der gebotenen Zurückhaltung gegenüber privatautonomer Gestaltungsfreiheit vor; von einer „Feindeinstellung der Gerichte gegenüber AGB" ist die Rede (Schmidt/Salzer, Freizeichnungsklauseln [1985] Rn 3.068 ff), von einer „Kontrollhektik" (Zöllner AcP 176 [1976] 246; Hellner, in: FS Steindorff [1990] 573, 580) oder gar „Kontrolltyrannei"

(vgl Canaris, in: FS Steindorff [1990] 548, 558), die das subjektive richterliche Richtigkeitsempfinden an die Stelle der gesetzlichen Wertungen setze (Littbarski NJW 2001, 3315, 3316 f; kritisch im Zusammenhang mit den sog „Kardinalpflichten" [zu diesen § 307 Rn 275] auch Schlosser, in: 10 Jahre AGBG S 121 ff). Andere halten die richterliche Kontrollpraxis – unbeschadet vereinzelter Überziehungen – für den Intentionen des Gesetzgebers entsprechend und grundsätzlich angemessen; das AGBG habe sich in seiner Anwendung insgesamt bewährt (Brandner, in: 10 Jahre ABGB S 43, 47; Bunte/Heinrichs, Aktuelle Rechtsfragen S 14 f; Schlosser ZIP 1985, 449, 452; Ulmer EuZW 1993, 337, 347). Dieser Einschätzung ist beizupflichten, gelegentliche dogmatische Verirrungen oder Ungenauigkeiten sind reparabel und trüben das positive Gesamtbild nur wenig.

3. Die Klauselrichtlinie der EG von 1993

Wesentliche neue Impulse hat das deutsche AGB-Recht schwerpunktmäßig auf dem 7
Gebiet der Inhaltskontrolle durch die EG-Richtlinie 93/13/EWG vom 5. 4. 1993 (ABl EG vom 21. 4. 1993, Nr L 95, S 29; zu den europarechtlichen Grundlagen und zur Entstehungsgeschichte der RL s Staudinger/Schlosser § 310 Rn 18 ff; Kapnopoulou 52 ff, 65 ff; Damm JZ 1994, 161 ff; Hommelhoff/Wiedenmann ZIP 1993, 562 ff; Ulmer EuZW 1993, 337 ff; der **Text der RL** ist abgedruckt im Anhang zu § 310) erhalten. Der auf **Verbraucherschutz** und damit auf das rollenspezifische Kräftegefälle der Vertragsparteien abstellende Ansatz des EG-Rechts fügte dem deutschen AGB-Recht eine ihm zwar nicht fremde (s § 307 Rn 5), aber es bisher nicht konzeptionell tragende Komponente hinzu (§ 307 Rn 2, 6 f). Diese wirkt sich bei „Verbraucherverträgen" iSd Art 2 RL nicht nur in einer gegenständlichen Erweiterung der Inhaltskontrolle aus („Drittklauseln", § 310 Abs 3 Nr 1; „Einmalklauseln", § 310 Abs 3 Nr 2), sondern auch in einer Veränderung der materiellen Maßstäbe und ihrer Ermittlung (§ 310 Abs 3 Nr 3). Wegen des Vorrangs des Europarechts und des daraus fließenden Gebots richtlinienkonformer Auslegung nationalen Rechts (dazu § 307 Rn 78 ff) existiert für den deutschen Rechtsanwender seit dem Inkrafttreten der RL am 1. 1. 1995 hinter den §§ 307–309 eine zweite Linie normativer Maßstäbe, die kumulativ zu beachten sind (im Einzelnen § 307 Rn 61 ff, 105, 141, 207 ff). Obwohl die Kontrollmaßstäbe des EG-Rechts tendenziell mit denen des deutschen Rechts übereinstimmen (und deshalb nicht explizit vom Gesetzgeber umgesetzt worden sind), haben sie doch grundsätzlich eigenständigen Gehalt, da sie (1) einem autonomen normativen System entstammen (EG-Recht), (2) in ihrer generellen Bedeutung von einer übernationalen Instanz verbindlich interpretiert werden (EuGH) und (3) die verbraucherschützende Ausrichtung des EG-Rechts in Einzelheiten abweichende Akzentsetzungen durchaus erwarten lässt (so schon die konkret-individuelle Auslegung und Bewertung gem § 310 Abs 3 Nr 3, Art 4 Abs 1 RL; allerdings sollten die Unterschiede in den Ergebnissen auch nicht überschätzt werden, vgl § 307 Rn 6). Der Vorschlag, wegen dieser konzeptionellen Diskrepanz zwecks Umsetzung der RL neben das (unverändert bleibende) nationale AGB-Recht ein gesondertes Gesetz zum Schutz des Verbrauchers vor vorformulierten Klauseln zu stellen (Hommelhoff/Wiedenmann ZIP 1993, 562 ff), hat sich nicht durchgesetzt. Das minimalistische Umsetzungskonzept des deutschen Gesetzgebers (seinerzeit § 24a AGBG, jetzt § 310 Abs 3) darf aber nicht darüber hinwegtäuschen, dass in Deutschland fortan zwei inhaltlich überlappende, konzeptionell aber verschiedene Schutzansätze gegen AGB nebeneinander stehen (zu den Konsequenzen für die richtlinienkonforme Auslegung der §§ 307–309 s § 307 Rn 78 ff, zur Vorlagepflicht an den EuGH ebenda Rn 68 ff).

Die EG-Richtlinie 93/13/EWG ist nach wie vor maßgeblich für die europarechtlichen Maßstäbe der Inhaltskontrolle von AGB. Ansätze, auch diese Richtlinie in einer übergreifenden Verbraucherrechte-RL aufgehen zu lassen (KOM [2008] 614; dazu Tonner/Tanner JZ 2009, 277 ff, 281), wurden letztlich nicht verwirklicht: Die schließlich erlassene, auf Vollharmonisierung zielende RL 2011/83/EU über die Rechte der Verbraucher (ABL EU L 304/64) erstreckt sich nicht auf die Klauselkontrolle. Sie begnügt sich insoweit mit der Einfügung einer Meldepflicht der nationalen Gesetzgeber, wenn diese intern über den Schutzbereich der RL 93/13/EWG hinausgehen (Art 8a dieser RL, eingefügt durch Art 32 der Verbraucherrechte-RL).

Über die Klausel-RL von 1993 hinaus ist mittelfristig mit Versuchen zu rechnen, auch den AGB-Einsatz im **unternehmerischen Verkehr** gemeinschaftsrechtlich zu erfassen (vgl Mitteilung der Kommission vom 11. 10. 2004, KOM [2004] 651 endg; dazu Najork GPR 2005, 54 ff). Ansätze hierzu finden sich im EU-VO-Vorschlag für ein europäisches Kaufrecht (unten 5.).

4. Die Integration des AGB-Rechts in das BGB im Rahmen der Schuldrechtsmodernisierung 2002

8 Das innere System der Inhaltskontrolle ist durch die Verlagerung des AGB-Rechts in das BGB durch das Schuldrechtsmodernisierungsgesetz 2002 (dazu Staudinger/Schlosser Vorbem 16 zu §§ 305 ff) nicht wesentlich berührt worden. Eine Reihe von Textänderungen beruht nur darauf, dass die materiellen Regelungen des AGB-Rechts nunmehr in nur noch 10 Paragraphen untergebracht sind; den notwendigen Zusammenfassungen (etwa von §§ 8 und 9 AGBG in § 307, oder der Integration zahlreicher Ausnahmen des § 23 AGBG in die jeweiligen Klauselverbote der §§ 308, 309) entspricht keine inhaltliche Änderung (Synopse des alten und neuen AGB-Rechts bei Stoffels [1. Aufl 2003] Anh 2 [S 555 ff]). Letztlich das gleiche gilt für das Transparenzgebot, das nunmehr ausdrücklich in § 307 Abs 1 S 2 und Abs 3 S 2 hervorgehoben wird: Die Regelungen artikulieren den schon zuvor erreichten Stand von Rechtsprechung und Lehre und sollen die Richtlinienkonformität des deutschen Rechts (Art 4 Abs 2, 5 RL) außer Zweifel stellen (vgl EuGH NJW 2001, 2244; Stoffels Rn 560 f; anders noch BT-Drucks 13/2713 S 6; zur Kritik am früheren Recht Staudinger/Coester [1998] § 9 AGBG Rn 156 ff). Sachliche Änderungen im Text der speziellen Klauselverbote beruhen vor allem auf der Neukonzeption des Leistungsstörungsrechts im Allgemeinen Schuldrecht (s insbes § 309 Nr 8); die Neuregelung der Haftungsfragen in § 309 Nr 7 hingegen verdeutlicht mehr den unter der Altfassung (des § 11 Nr 7 AGBG) erarbeiteten Stand des Rechts, als dass sie ihn verändert.

9 Trotz dieser eher marginalen Textanpassungen haben sich im Bereich der Inhaltskontrolle dennoch bedeutsame Änderungen ergeben, die jedoch nicht aus dem AGB-Recht selbst, sondern aus der **Veränderung des normativen Bezugssystems im Schuldrecht** durch die Schuldrechtsmodernisierung folgen. Insbesondere über die „Leitbildfunktion des dispositiven Rechts“ gem § 307 Abs 2 Nr 1 (s § 307 Rn 247 ff, 251) beeinflusst das neue Schuldrecht massiv die Interpretation der AGB-rechtlichen Generalklausel. Die Auswirkungen auf die höchstrichterliche Klauselbewertung im Einzelnen zeichnen sich im Laufe der Jahre bereits deutlich ab (vgl Canaris, in: FS Ulmer [2003] 1073 ff; Pfeiffer, in: Dauner-Lieb/Konzen/Schmidt, Das neue Schuldrecht in der Praxis S 225 ff).

Letzteres gilt schließlich auch für einen Sonderbereich der Inhaltskontrolle, der erst im Laufe des Gesetzgebungsverfahrens in die Neufassung des AGB-Rechts aufgenommen wurde: die Inhaltskontrolle von **Arbeitsverträgen**, § 310 Abs 4 S 2, 3. Der gesetzliche Anwendungsvorbehalt von „im Arbeitsrecht geltenden Besonderheiten" hat zur Herausbildung eines arbeitsrechtsspezifischen AGB-Rechts geführt, das neben die Sonderregeln für Unternehmer und für Verbraucher tritt (s Rn 16, 17; zum arbeitsrechtlichen AGB-Recht s die Bestandsaufnahme von Stoffels ZfA 2009, 862 ff sowie ausführlich die Kommentierung bei Staudinger/Krause Anh zu § 310; zu Einzelaspekten s noch unten Rn 11, 16 sowie § 307 Rn 11, 33, 36, 43, 158, 162–164, 183, 187, 197, 201, 218 f, 235, 241, 250, 297, 300, 301). **10**

5. Europäisches Einheitsrecht

Am Horizont zeichnet sich die Entstehung eines *europäischen Einheitsrechts* auf dem Gebiet des Schuldrechts, zumindest aber des Kaufrechts ab, das auch eigenständige Regelungen zur AGB-Kontrolle enthält. Der 2009 veröffentlichte „Draft Common Frame of Reference" (DCFR) ist ein Produkt europäischer Rechtswissenschaftler (vBar/Clive/Schulte-Nölke [Hrsg], Principles, Definitions and Model Rules of European Private Law – Draft Common Frame of Reference, Outline Edition [2009]; Full Edition [6 Bde] [2009]; dazu Leyens/Schäfer AcP 210 [2010] 771 ff; Kieninger RabelsZ 73 [2009] 793, 812 ff; Oetker AcP 212 [2012] 202, 210 ff, 234), das die wesentlichen Bereiche des Schuldrechts abdeckt und auch eigenständige Regelungen über die Kontrolle vorformulierter Vertragsklauseln enthält (Book II, Chap 9, Sec 4; dazu Wolf/Pfeiffer Einl Rn 91; Sagaert/Storme/Terryn [Hrsg], The Draft Common Frame of Reference: National and Comparative Perspectives [2012]). Anders als die Klausel-RL von 1993 (Rn 7) wird hier auch – wenngleich mit deutlich abgeschwächtem Maßstab – der Vertrag zwischen Unternehmern der AGB-Kontrolle unterworfen (näher Oetker AcP [2012] 202, 211 ff). Die politischen Instanzen haben sich dieses Modell jedoch (noch) nicht zu Eigen gemacht, sondern im Oktober 2011 den Verordnungsvorschlag für ein „Common European Sales Law" (CESL) vorgelegt (Proposal for a Regulation of the European Parliament and of the Council on a Common European Sales Law, 11. 10. 2011 [COM] [2011] 635 [final]; näher dazu Schulze/Stryck [Hrsg], Towards a European Contract Law [2011]; Mankowski RIW 2012, 97 ff). Dieses auf das Kaufrecht beschränkte Einheitsrechts-Modell lehnt sich (mit kleinen Abweichungen) an den DCFR an und enthält ebenfalls einen Abschnitt über die gerichtliche Klauselkontrolle (dazu ausführlich Möslein, in: Schmidt-Kessel [Hrsg], Ein einheitliches europäisches Kaufrecht? [2012] 255 ff). Diese erfasst grundsätzlich auch Unternehmensverträge (Art 86 CESL), allerdings nur, wenn zumindest auf einer Seite ein kleines oder mittleres Unternehmen (KUM) beteiligt ist (Art 7 Abs 1 CESL). Sollte die Verordnung erlassen werden, wird sie zwar verbindliches Recht in den Vertragsstaaten; sie wird aber nicht die nationalen Kauf- und diesbezüglichen ABG-Rechte verdrängen, sondern sich als *optionales Regelungsmodell* neben dem jeweils anwendbaren nationalen Recht anbieten: Nur wenn es von den Vertragsparteien gewählt wird, soll es an die Stelle des nationalen Rechts treten („Opt-in-Modell"; vgl Mankowski aaO 98 ff; Drygala JZ 2012, 983 zum CESL als Modell für eine mögliche Reform des deutschen AGB-Rechts). Das politische Schicksal des VO-Entwurfs ist derzeit noch ungewiss. **10a**

II. Anwendungsbereich der §§ 307–309

1. International

11 Die Vorschriften über die Inhaltskontrolle von AGB gehören grundsätzlich zum **Vertragsstatut**, das entweder durch **Rechtswahl** der Parteien (zu Rechtswahlklauseln in AGB s § 307 Rn 561) oder – hilfsweise – nach **objektiven Kriterien** bestimmt wird. Die insoweit maßgebliche, im Wesentlichen übereinstimmende Rechtsgrundlage richtet sich nach dem Datum des Vertragsschlusses: **Vor dem 17. 12. 2009** geschlossene Verträge unterstehen weiterhin den **Art 27 ff EGBGB**, während **nach diesem Datum** abgeschlossene Verträge den Regelungen der **Rom I-VO** (Art 3 ff) folgen (Art 3: Rechtswahl; Art 4 ff: Objektive Anknüpfung). Bei *Verbraucherverträgen* ist insoweit gem Art 29 Abs 2 EGBGB bzw Art 6 Rom I-VO der gewöhnliche Aufenthalt des Verbrauchers maßgeblich, beim *Arbeitsvertrag* gem Art 30 Abs 2 EGBGB bzw Art 8 Rom I-VO in der Regel der Arbeitsort, sonst der Staat mit der engsten Verbindung zum Vertrag, Art 28 EGBGB bzw Art 8 Abs 2, 3 Rom I-VO (zum IPR des AGB-Rechts ausführlich Staudinger/Hausmann [2011] Art 10 Rom I-VO Rn 79 ff sowie IntVertrVerfR Rn 258, 372 ff; Staudinger/Winkler von Mohrenfels [2011] Art 11 Rom I-VO Rn 60, 139). Dies gilt auch für internationale Kaufverträge zwischen Unternehmern, die dem **CISG** unterstehen: Dieses regelt zwar autonom die Einbeziehung von AGB, überlässt aber die Inhaltskontrolle dem kollisionsrechtlich berufenen Vertragsrecht (Art 4 S 2 Nr 1 CISG).

12 Ist demnach ausländisches Recht Vertragsstatut, so können insbesondere bei Rechtswahl der Parteien §§ 307–309 dennoch anzuwenden sein, wenn sie kraft **Sonderanknüpfung** kollisionsrechtlich neben dem Vertragsstatut berufen sind. Dies ist – bei näher definierter Sachverhaltsnähe zu Deutschland – der Fall bei **Verbraucherverträgen** gem Art 29 Abs 1 und 29a EGBGB bzw – nach dem 17. 12. 2009 – Art 46b EGBGB und bei **Arbeitsverträgen** gem Art 30 Abs 1 EGBGB bzw Art 8 Abs 1 Rom I-VO. Eine Sonderanknüpfung nach der allgemeinen Vorschrift des Art 34 EGBGB bzw Art 9 Rom I-VO kommt daneben nur noch in Ausnahmefällen in Betracht. Für Einzelheiten ist auf die Kommentierung der zitierten Vorschriften des EGBGB bzw der Rom I-VO zu verweisen (Staudinger/Magnus [2002]; MünchKomm/Martiny [5. Aufl 2010] sowie – zum neuen Recht ab 17. 12. 2009 – die beiden Staudinger-Bände „Internationales Vertragsrecht 1 und 2“ [2011]).

2. Sachlich

13 Der **sachliche** Anwendungsbereich wird von § 305 Abs 1 sowie § 310 Abs 3 Nr 1, 2 positiv umschrieben (AGB und – in Verbraucherverträgen – sonstige vorformulierte Vertragsbedingungen), negative Ausgrenzungen für einzelne Sachbereiche und Vertragstypen enthalten § 310 Abs 2, 4 S 1 sowie §§ 308 Nr 5, 309 Nr 7, 8 a HS 2, 8 b ff HS 2, 9 c HS 2. Im Umkehrschluss aus den dort vorgesehenen, teilweisen Privilegierungen **behördlich genehmigter AGB** sowie aus § 8 Abs 2 UKlaG ergibt sich, dass diese *grundsätzlich* ebenfalls der gerichtlichen Inhaltskontrolle unterliegen (BGH NJW 1992, 171; 1998, 3188; 2005, 2919, 2920). Dies gilt jedenfalls im Ergebnis unabhängig davon, ob die Genehmigung Wirksamkeitsvoraussetzung der AGB ist oder ob sie nur aufsichtsrechtliche Bedeutung hat (vgl Wolf/Wolf § 307 Rn 66, 67 m zahlr Beispielen). Insbesondere werden die genehmigten AGB nicht zu „Rechtsvorschriften“, die gem

§ 307 Abs 3 S 1 der AGB-Kontrolle entzogen wären (BGH NJW 2011, 1801 Rn 17 zu §§ 3, 8, 9 BSpkG; vgl auch §§ 43 InVG oder 30, 31, 33 I Nr 2 TKG). Erst recht gilt dies für AGB, bei denen eine **behördliche Mitwirkung geringerer Intensität** vorgeschrieben ist, etwa eine Anmeldung mit behördlicher Widerspruchs- oder Untersagungsmöglichkeit (zB § 21 Abs 2 LuftVG; § 23 Abs 3, 4 TKG). Gerade die Umschreibung und Beschränkung der Überprüfungskompetenzen der Behörden in diesen Fällen zeigen deutlich, dass sich behördliche und gerichtliche AGB-Kontrolle von Ziel und Thematik her nur teilweise decken (vgl Bunte BB 1980, 325; Henning/Jarre DB 1980, 1429). Außerdem folgt aus dem Prinzip der Gewaltenteilung, dass die rechtliche Inhaltskontrolle von AGB letztverantwortlich der Judikative zusteht (BGH NJW 1983, 1322, 1324; NJW-RR 1987, 45; Rechtsausschuss, BT-Drucks 7/5422, 4). Anderes gilt nur, wenn der Inhalt von AGB ganz oder teilweise **gesetzlich vorgegeben** ist (zB §§ 15 S 2 HypBankG oder 5 Abs 2, 3 BauSparkG; vgl Wolf/Wolf § 307 Rn 73). Ansonsten äußert die behördliche Genehmigung oder sonstige Mitwirkung nicht einmal begrenzte präjudizielle Wirkung für die gerichtliche Überprüfung: Fehlt die (gebotene) Genehmigung, kann die Klausel dennoch gemäß § 307 als angemessen und wirksam erachtet werden. Ist die Genehmigung erteilt (oder die Klausel nicht beanstandet), folgt hieraus noch keine Wirksamkeitsvermutung nach § 307 – auch dies folgt aus dem nicht deckungsgleichen Prüfungsthema und der Letztverantwortung der Gerichte für Rechtsfragen. Bei der Maßgeblichkeit von technischen oder branchenspezifischen Besonderheiten können die Gerichte die Kompetenz einer Fachbehörde jedoch gebührend berücksichtigen (eine „gewisse Indizwirkung" wird eingeräumt in BGH NJW 2003, 1449; 2005, 2919, 2923).

Die Kontrollkompetenz deutscher Gerichte wird auch nicht dadurch eingeschränkt, dass AGB von **internationalen Dachorganisationen** wie etwa der IATA im Flugverkehr entworfen und empfohlen worden sind und praktisch „weltweit" verwendet werden. Damit werden sie nicht zu der nationalen Kontrolle entzogenen „Internationalen AGB"; internationale Verbände, die AGB empfehlen, stehen – solange sie privatrechtlicher Natur sind und kein Völkerrecht setzen können – entsprechenden deutschen Verbänden gleich (BGH NJW 1983, 1322, 1323 f mwNw für die Allgemeinen Beförderungsbedingungen der Lufthansa). Eine andere Beurteilung ergibt sich auch nicht für Verbraucherverträge aus Art 1 Abs 2 EG-RL, der die Kontrollfreiheit von Klauseln anordnet, die mit internationalen Übereinkommen übereinstimmen (vgl § 307 Rn 294 ff). Zwar haben die Empfehlungen der IATA teilweise Regelungen des Warschauer Abkommens von 1929 übernommen, dies privilegiert aber nicht die Empfehlungen insgesamt (BGH NJW 1983, 1322, 1323; Wolf/Dammann Klauseln B 259; Micklitz ZEuP 1993, 522, 525; Kapnopoulou 101). 14

Unterstellt die **öffentliche Hand** ihre Beziehungen zu privaten Kunden „Allgemeinen Bedingungen", so ist zu unterscheiden: Haben die Bedingungen die Qualität von **Rechtsnormen**, etwa die erlassene Ordnung über die Versorgung mit Energie (AVBEltV v 21. 6. 1979; AVBFernwärmeV v 20. 6. 1980; AVBGasV v 21. 6. 1979; AVBWasserV v 9. 12. 1976; weitere Beispiele: Beförderungsbedingungen vom 27. 2. 1970 [gemäß § 58 PersBefG]; Eisenbahn-Verkehrsordnung (EVO) [BGBl 1999 I 782]), so ist eine AGB-Kontrolle schon deshalb ausgeschlossen, weil es sich nicht um „Vertragsbedingungen" iSv § 305 Abs 1 handelt (OLG Karlsruhe ZGS 2005, 397; LG Frankfurt/M NJW 2003, 3641; LG Dortmund NJW-RR 2004, 638 [alle zu § 17 S 1 EVO]); im Übrigen schiede eine Kontrolle nach § 307 Abs 3 S 1 aus (BGH NJW 1987, 1622; Ulmer/ 15

Fuchs Vorb v § 307 Rn 45 f; Möslein, in: Riesenhuber/Nishitani, Inhaltskontrolle 233, 241; **krit**: 50. DJT NJW 1974, 1988; Kötz, 50. DJT [1974] Gutachten A 46 Fn 91; Staudinger/Schmidt-Bendun NJW 2004, 646, 649; zu den eigenständigen Anforderungen der Rechtsprechung an solche normativen Bedingungen und der entsprechenden Gerichtskontrolle vgl BGH DB 1980, 970; NJW 1988, 129; Hiddemann WM 1976, 1294, 1302; Eith BB 1974, 487 ff). Sind die Kundenbeziehungen hingegen **privatrechtlich** ausgestaltet, wie etwa gegenüber Sonderkunden von Versorgungsunternehmen oder bei der Versorgungsanstalt des Bundes und der Länder (VBL; vgl BGHZ 48, 35, 37 ff; 142, 103, 105 ff; BVerfG NJW 2010, 1439 Rn 79, s dazu noch § 307 Rn 18), so folgt aus dem öffentlichrechtlichen Status des Verwenders keine Beschränkung für die Kontrolle nach §§ 307–309 (allg M; vgl AG Karlsruhe FamRZ 2009, 2018; Ulmer/Fuchs Rn 45) – dies selbst dann, wenn der Klauselinhalt mit dem übereinstimmt, was bei öffentlich-rechtlicher Ausgestaltung des Benutzungsverhältnisses ohne weiteres zulässig gewesen wäre: Das Privatrecht unterliegt eigenständigen Grundsätzen (BGH NJW 2005, 2919, 2922) – unbeschadet auch öffentlich-rechtlicher oder verfassungsrechtlicher Beurteilung (vgl BVerfG NJW 2010, 1439 Rn 80 ff). Das öffentliche Recht kann auch kein „Leitbild" iS § 307 Abs 2 Nr 1 bereitstellen (BGH aaO). Setzen die AGB lediglich deklaratorisch normative Vorgaben um, sind sie jedoch – allgemeinen Grundsätzen entsprechend – gemäß § 307 Abs 3 der Inhaltskontrolle entzogen (vgl BGH NJW 1988, 2951 f zu einem Krankenhausaufnahmevertrag, dessen Bedingungen mit § 19 Abs 2 S 2 BPflVO übereinstimmten [allerdings wurde diese Vorschrift für nichtig erachtet]; BGH NJW 2005, 2919, 2920 [einseitiges Leistungsbestimmungsrecht bei Abfallentsorgung]). Eine Mittelstellung **nehmen Verträge öffentlich-rechtlicher Natur** ein. Ihre Voraussetzungen und Wirksamkeitsschranken sind primär in §§ 54 ff VerwVerfG, insbesondere § 59 festgelegt. Allerdings verweist das VerwVerfG selbst subsidiär auf die Vorschriften des „Bürgerlichen Gesetzbuchs" (§§ 59 Abs 1, 62 S 2). Damit gelten die Vorschriften der §§ 307–309 auch für öffentlich-rechtliche Verträge (Palandt/Grüneberg vor § 307 Rn 4; BVerwG NJW 1986, 2589, 2590 leitet dieses Ergebnis aus dem auch im öffentlichen Recht geltenden Grundsatz von Treu und Glauben her; **anders** OVG Münster NJW 1989, 1879, 1880 [für Subordinationsverträge]).

3. Persönlich

16 Für den **persönlichen Anwendungsbereich** der §§ 307–309 gibt es auf der *Verwenderseite* keine besonderen Voraussetzungen (zur öffentlichen Hand vorstehend Rn 15; zur Konstellation Unternehmer – Verbraucher s sogleich unten), insbesondere unterliegen auch von nicht beruflich handelnden Privaten verwendete AGB der Inhaltskontrolle. Hinsichtlich des *Vertragspartners* differenziert das Gesetz in § 310 Abs 1 danach, ob es sich um einen Unternehmer (§ 14), eine juristische Person des öffentlichen Rechts oder ein öffentlichrechtliches Sondervermögen handelt oder nicht (siehe Rn 17). Weitere Differenzierungen haben sich durch die Sonderregelung für *Verbraucherverträge* (§ 310 Abs 3) ergeben: Die Definition des Verbrauchervertrags knüpft an besondere Eigenschaften und Tätigkeitsbereiche der Vertragsparteien an (Unternehmer/Verbraucher, § 14/§ 13) und verbindet damit einen erweiterten Anwendungsbereich der §§ 307–309 (auch Drittbedingungen, § 310 Abs 3 Nr 1, und vorformulierte Einmalverträge, § 310 Abs 3 Nr 2). Darüber hinaus ist die gerichtliche Überprüfung in diesem Bereich inhaltlich nicht nur durch § 310 Abs 3 Nr 3 modifiziert, sondern generell mit dem EG-Recht abzustimmen (vgl Rn 7). Eine weitere Modifikation des AGB-Rechts hat schließlich die Einbeziehung von *Arbeitsverträgen* mit sich gebracht: Zum einen erlaubt der generelle Vorbehalt von „im

Arbeitsrecht geltenden Besonderheiten" (§ 310 Abs 4 S 2 HS 1) die Entwicklung eines arbeitsrechtsspezifischen AGB-Rechts (oben Rn 10); zum zweiten sind nach zutreffender Ansicht jetzt auch des BAG (NZA 2005, 1111, 1115) Arbeitnehmer auch als „Verbraucher" iSv §§ 13, 310 Abs 3 anzusehen (s § 307 Rn 218; vgl zum Streitstand Erfurter Kommentar/Preis § 611 BGB Rn 8; Preis NZA 2003 Beil H 16, S 19, 21 f). Als Konsequenz sind die Modifikationen des § 310 Abs 3 und Abs 4 S 2 kumulativ anzuwenden (näher Staudinger/Krause Anh zu § 310 Rn 113). Allerdings scheidet ein gemeinschaftsrechtlicher Zwang zur *richtlinienkonformen Auslegung* (dazu § 307 Rn 78 ff) bei Arbeitsverträgen aus, da Arbeitnehmer im Gemeinschaftsrecht nicht als Verbraucher angesehen werden und deshalb von der Klausel-RL nicht geschützt werden (vgl Hümmerich/Holthausen NZA 2002, 172, 173 mwNw). Eine einheitliche Anwendung des § 310 Abs 3 für Verbraucher und Arbeitnehmer auf der Ebene des deutschen Rechts bleibt – sofern sie sachangemessen erscheint – dadurch unbenommen (vgl § 307 Rn 79 und Staudinger/Krause aaO Rn 110).

Damit sind im Ergebnis schwerpunktmäßig **vier Varianten der AGB-rechtlichen Inhaltskontrolle** zu unterscheiden, mit zT unterschiedlichen normativen Grundlagen und inhaltlichen Maßstäben, je nach den beteiligten Personen auf Kundenseite: 17

(1) *Besonders erfahrene Vertragspartner* (**Unternehmer** [Begriff § 14, vor allem Kaufleute, sonstige Gewerbetreibende, Freiberufler], juristische Personen des öffentlichen Rechts, öffentlichrechtliche Sondervermögen); § 310 Abs 1: keine Anwendung der §§ 308, 309; Inhaltskontrolle nur bei AGB und nur nach § 307, inhaltlich modifiziert durch Berücksichtigung der Besonderheiten des Handels- oder sonstigen beruflichen Verkehrs (vgl § 310 Abs 1 S 2 aE).

(2) *Besonders schutzbedürftige Vertragspartner:* (a) **Verbraucher** (§ 13) gegenüber Unternehmern; § 310 Abs 3 = volle Inhaltskontrolle nach §§ 307–309, erstreckt auf AGB und alle sonstigen vorformulierten, nicht vom Verbraucher eingebrachten oder ausgehandelten Bedingungen; inhaltliche Überlagerung und damit auch Modifizierung durch EG-Recht als zusätzliche normative Grundlage. (b) **Arbeitnehmer** (gegenüber Arbeitgeber) = möglicherweise Anwendung der verbraucherspezifischen Variante des AGB-Rechts (vorstehend [a]; s Rn 16); jedenfalls aber Berücksichtigung arbeitsrechtlicher Besonderheiten (was nicht gleichbedeutend ist mit einer Erhöhung des Schutzniveaus, vgl BAG NZA 2004, 727, 731 f: Vertragsstrafenklausel entgegen § 309 Nr 6 grundsätzlich zulässig).

(3) Verträge zwischen **Privatpersonen**: Dieser verbleibende „Normalbereich" der AGB-Kontrolle ergibt sich im Wege der Subtraktion beider vorgenannten Sondergruppen. Für diesen Restbereich gilt die Grundkonzeption der §§ 307–309 für die Inhaltskontrolle ohne Einschränkungen, Erweiterungen oder Modifikationen (vgl Palandt/Grüneberg Überblick vor § 305 Rn 10–12).

III. Gesetzliche Systematik und Prüfungsreihenfolge

Die Vorschriften über die Inhaltskontrolle von AGB sind zwar das Kernstück des Gesetzes, jedoch sind sie nicht das einzige Waffenbündel, das die Rechtsordnung zum Schutz des Vertragspartners des AGB-Verwenders geschaffen hat. Es wäre wenig sinnvoll, den Anwendungsbereich der verschiedenen Behelfe genau gegen- 18 einander abgrenzen zu wollen (vgl oben Rn 6; für entsprechende Bemühungen vgl jedoch Koller, in: FS Steindorff [1990] 667 ff). Der gesetzlichen Intention entspricht es, vom Grundsatz des Überlappens der Anwendungsbereiche der verschiedenen sich gegen unangemessene AGB richtenden Vorschriften auszugehen. Das gilt sowohl für das Verhältnis der verschiedenen der Inhaltskontrolle gewidmeten Vorschriften als auch für deren Verhältnis zu anderen Gesetzesbestimmungen (siehe im Einzelnen § 307 Rn 17 ff).

19 Den gedanklich ersten Schritt im Rahmen der Inhaltskontrolle hat das Gesetz nunmehr von der Spitze des Regelungskomplexes (vormals § 8 AGBG) in § 307 Abs 3 verlagert: die **Umschreibung und Abgrenzung des kontrollunterworfenen Bereichs**. Kontrollfähig sind nach dem Wortlaut von § 307 Abs 3 nur solche AGB, die von Rechtsvorschriften abweichende oder diese ergänzende Regelungen enthalten (dazu ausführlich § 307 Rn 281 ff). Dahinter steht zum einen der Gedanke, dass – im Hinblick auf den Grundsatz der Gewaltenteilung – objektives Recht nicht schon deshalb richterlicher Angemessenheitskontrolle unterworfen sein kann, weil es deklaratorisch in einer AGB-Klausel wiederholt wird – das Recht ist Maßstab, nicht Gegenstand der Inhaltskontrolle. Daraus folgt aber noch eine weitere, dem Gesetzeswortlaut nur mittelbar zu entnehmende Eingrenzung: Inhaltskontrolle als Rechtskontrolle (siehe unten Rn 25) kann nur dort stattfinden, wo objektive, staatliche Richtigkeitsmaßstäbe bestehen oder aus übergreifenden Prinzipien entwickelt werden können. Wo dies nicht der Fall ist, könnte Inhaltskontrolle nur darauf hinauslaufen, willkürliche privatautonome Gestaltung durch subjektive Richterwillkür zu ersetzen (für Einzelheiten siehe § 307 Rn 283 ff, 310 ff). Für Verbraucherverträge verfolgt die EG-RL 93/13/EWG im Wesentlichen das gleiche Konzept, wenngleich klarer formuliert (Art 1 Abs 2, 4 Abs 2 und Erwägungsgründe 13, 19; s § 307 Rn 286). Quantitativ gesehen bezeichnen die nach § 307 Abs 3 kontrollfreien Klauselthemen jedoch nur die Bereiche, an denen eine grundsätzlich und auch tatsächlich umfassende Inhaltskontrolle an ihre Grenzen stößt – wo ein rechtlicher Kontrollmaßstab zur Verfügung steht und die Klausel nicht in vollem Umfang der Marktkontrolle unterworfen ist, findet inhaltliche Angemessenheitskontrolle statt (§ 307 Rn 329).

20 An die Spitze der Vorschriften, die sich mit der **Durchführung der Inhaltskontrolle** befassen, hat der Gesetzgeber die Grundsatznorm des **§ 307 Abs 1** gestellt. Sie legt übergreifend *Ziel* und *Maßstab* der Inhaltskontrolle fest („unangemessene Benachteiligung des Vertragspartners entgegen den Geboten von Treu und Glauben") sowie die aus einer Verletzung der gesetzlichen Anforderungen resultierenden *Rechtsfolgen* (Unwirksamkeit der Klausel, weiter ausgeführt in § 306). § 307 Abs 1 ist nicht nur Programmsatz oder unselbständige Rechtsnorm, sondern ein vollständiger, Normtatbestand und Rechtsfolge umfassender Kontrollmaßstab, der im Verhältnis zu den folgenden gesetzlichen Konkretisierungen insbesondere auch eine *Auffangfunktion* erfüllt (BT-Drucks 7/3919, 22; Becker 23, 120). Der Kontrollmaßstab des § 307 Abs 1 wird sodann vom Gesetz schrittweise entfaltet und konkretisiert (anschaulich Becker 44–47, 203): Zunächst in **§ 307 Abs 2**, der als wichtigste Fälle einer unangemessenen Benachteiligung solche AGB-Bestimmungen hervorhebt, die gegen wesentliche Grundgedanken sonst einschlägiger Rechtsvorschriften verstoßen (Nr 1) oder die sich aus der Natur des Vertrages ergebende wesentliche Rechte des Vertragspartners so einschränken, dass die Erreichung des Vertragszwecks gefährdet ist (Nr 2). Als Vergleichsmaßstab für eine konkrete AGB-Klausel werden also zum einen das dispositive Recht, zum anderen die grundsätzlich vereinbarte Vertragsordnung, insbesondere deren Zweck und Sinngehalt, zur Verfügung gestellt. Damit normiert das Gesetz in § 307 Abs 2 *Sondertatbestände,* die für ihren Anwendungsbereich den allgemeinen Maßstab der „unangemessenen Benachteiligung" gem Abs 1 konkretisieren (zur methodischen Bedeutung für die Rechtsanwendung siehe § 307 Rn 222 ff, 226), ihn aber sachlich nicht voll auszuschöpfen vermögen (vgl § 307 Rn 227).

Noch konkreter, dh bezogen auf bestimmte Klauselthemen wird der Kontrollmaßstab umgesetzt in den Verbotskatalogen der §§ 308 und 309. In § **308 (Klauselverbote mit Wertungsmöglichkeit)** lenkt das Gesetz das Augenmerk auf typische und tendenziell gefährliche Klauseln, eröffnet mit unbestimmten Rechtsbegriffen wie „unangemessen", „zumutbar", „ohne sachlich gerechtfertigten Grund" oder ähnlichen aber jeweils Wertungsräume (und -verpflichtungen), innerhalb derer der Rechtsanwender den grundsätzlichen Kontrollmaßstab des § 307 Abs 1 in der gesetzlich konkretisierten Zielrichtung einzubringen und verantwortlich zu beurteilen hat. Die richterliche Wertung gehört bei § 308 konstitutiv zum Verbotstatbestand, dieser setzt sich also aus einer deskriptiven und einer wertenden Komponente zusammen. Eine Verlagerung der Darlegungs- und Beweislast iS einer „Unwirksamkeitsvermutung" enthält § 308 jedoch nicht. Fällt die Wertung negativ aus, bedarf es keiner weiteren Kontrollen nach § 307 Abs 1, 2 mehr. Eine Klausel, die zwar unter die Thematik einer der Nummern des § 308 fällt, die der dort vorgeschriebenen Bewertung hingegen standhält, kann *insoweit* nicht mehr erneut am allgemeinen Maßstab des § 307 Abs 1, 2 in Frage gestellt werden. Wenn die konkret anzustellende Bewertung den allgemeinen Kontrollmaßstab nach § 307 Abs 1 im Wesentlichen erschöpft (zB „unangemessen lange" Annahmefrist, § 308 Nr 1), ist die Klausel damit einer zusätzlichen Überprüfung praktisch entzogen, die positive Bewertung nach § 308 ist auch hier ausschlaggebend für die gesamte Inhaltskontrolle. Andererseits ist es durchaus denkbar, dass zB die Zugangsfiktion des § 308 Nr 6 eine Erklärung ohne „besondere Bedeutung" betrifft, sie aber dennoch aus anderen Gründen als unangemessen iSv § 307 Abs 1 gewertet werden Muss. Es ist also bei den einzelnen Klauselverboten des § 308 differenzierend darauf abzustellen, ob und inwieweit der dort eröffnete Wertungsspielraum die nach § 307 Abs 1 letztentscheidende Gesamtwertung ausschöpft (vgl § 307 Rn 10 ff). 21

In § **309 (Klauselverbote ohne Wertungsmöglichkeit)** schließlich sind die Wertungsspielräume für den Rechtsanwender verengt (allerdings nicht – wie die Überschrift suggeriert – beseitigt, vgl nur Nr 8b cc [„erforderlich"], dd [„unverhältnismäßig"]). Die Vorschrift ist das (der Rechtsentwicklung angepasste) Spiegelbild der Klauseln, die in der Rechtspraxis bis zum Erlass des AGB-Gesetzes 1977 als eindeutig unangemessen herausgearbeitet worden waren („schwarze Liste"). Entsprechend verkürzt ist die Darlegungs- und Argumentationslast des Kunden oder Verbrauchers, der die Unwirksamkeit einer unter den Katalog des § 309 fallenden Klausel behauptet. 22

Das Fortschreiten des Gesetzes vom Allgemeinen zum Besonderen spiegelt sich in einer **umgekehrten Prüfungsreihenfolge** bei der Beurteilung einer konkreten Klausel wieder: Nach der **gesetzlichen Grundkonzeption** ist zunächst Unwirksamkeit nach § 309, dann nach § 308, schließlich nach § 307 Abs 2 und hilfsweise nach § 307 Abs 1 zu prüfen. Folgt die Unwirksamkeit schon aus einem der Klauselverbote der § 308 oder § 309, bedarf es keiner Prüfung am Maßstab des § 307 mehr – insbesondere 23 kann das Unwirksamkeitsurteil durch eine Abwägung nach § 307 nicht wieder in Frage gestellt oder möglicherweise sogar revidiert werden. Hat sich aus den vorgelagerten Stufen der Prüfung keine Klauselunwirksamkeit herleiten lassen, so hindert dies hingegen nicht grundsätzlich den Rückgriff auf die Generalklausel des § 307 Abs 1. So will das Gesetz mit § 309 Nr 9 zB nicht sagen, dass Vertragslaufzeiten unterhalb der dort festgelegten äußersten Grenzen stets wirksam seien (vgl § 307 Rn 11, 527 ff); entsprechendes gilt etwa für die Freizeichnung von einfacher Fahrlässigkeit (§ 309 Nr 7b; vgl § 307 Rn 431 ff). Die offene und umfassende Klauselbewertung nach § 307 ergänzt die Typisierungen der §§ 308, 309. Bei **Verbraucherverträgen** gilt vom Prüfungsaufbau her das Gleiche, nur wird das Prüfungsprogramm durch die EG-RL angereichert (s Rn 16). Hat schon das deutsche Recht zur *Verwerfung der Klausel* geführt, so kann die Bewertung nach EG-Maßstäben regelmäßig dahinstehen, weil ggf strengeres nationales Recht von der RL unberührt bleibt, Art 8 RL (vgl Heinrichs NJW 1996, 2190, 2196; Nassall WM 1994, 1645, 1648; ders JZ 1995, 689, 690; zur europarechtlichen Würdigung dieses „Mindeststandardprinzips" Kiendl ZfRV 1994, 138 ff; Heiss ZEuP 1996, 625, 627 ff). Allerdings bleibt auch hier noch zu prüfen, ob die gegenüber dem EG-Recht strengere deutsche Bestimmung eine mittelbare Handelsbarriere im Sinne der Art 23–31 EGV bedeutet und als solche gem Art 30 EGV der Rechtfertigung bedarf (vgl EuGH Rs 261/81, EuGHE 1982, 3961; Rs C-470/93, EuZW 1995, 611; vgl Ulmer EuZW 1993, 337, 338; Heiderhoff WM 2003, 509; Heiderhoff 78 ff [ausführlich mit Streitstand]). Ist Letzteres nicht der Fall, so ist die deutsche Regelung trotz Art 8 RL nichtig (vgl Dreher JZ 1997, 172 mwNw). Bei *Wirksamkeit der Klausel* nach deutschen Grundsätzen bedarf es der Kontrolle, ob die Auslegung des unbestimmten Rechtsbegriffs der „unangemessenen Benachteiligung" (§ 307 Abs 1) im konkreten Fall mit dem europarechtlichen Maßstab des „erheblichen und ungerechtfertigten Missverhältnisses" übereinstimmt (Art 3 Abs 1 RL; zur Interpretationskompetenz des EuGH siehe § 307 Rn 68 ff; zur Bedeutung des Klauselanhangs der RL siehe § 307 Rn 120 ff). Ob diese Kontrolle im Wege der „richtlinienkonformen Auslegung" von vornherein in die Anwendung des § 307 integriert oder in einem zweiten Prüfungsschritt nachgeholt wird (so Heinrichs NJW 1996, 2190, 2196; wohl auch Nassall WM 1994, 1645, 1652; vgl § 307 Rn 53), ist nicht gleichgültig: Die zunächst erfolgende Beurteilung nach deutschem Recht kann (bei Verwerfung der Klausel) den Rekurs auf europäisches Recht ersparen. Damit fehlt es für etwaige Vorlagen an den EuGH (siehe § 307 Rn 68 ff) solange an der Voraussetzung der Entscheidungserheblichkeit der Interpretation der RL, als nicht feststeht, ob die Klausel nicht schon nach nationalen Maßstäben unwirksam ist (§ 307 Rn 69). Hat die Klausel nach deutschem Recht deshalb Bestand, weil sie gemäß § 307 Abs 3 S 1 der Inhaltskontrolle entzogen ist, so hat wegen Art 1 Abs 2, 4 Abs 2 RL ein entsprechendes Prüfungsverfahren stattzufinden (siehe § 307 Rn 286).

Bei **Arbeitsverträgen** gilt das selbe Prüfungsprogramm wie bei Verbraucherverträgen, wenn man Arbeitnehmer als „Verbraucher" einstuft (Rn 16). Insbesondere sind vor der Generalklausel des § 307 die besonderen Klauselverbote der §§ 309, 308 zu prüfen, allerdings mit zwei Einschränkungen: Manche Klauselverbote passen schon thematisch von vornherein nicht auf Arbeitsverträge (zB §§ 308 Nr 1, 2; 309 Nr 1, 8 b), andere passen nur teilweise (zB § 309 Nr 6), und selbst wenn sie grundsätzlich passen, ist in einer zusätzlichen Prüfungsstufe zu erwägen, ob arbeitsrechtliche Besonderheiten ihrer Anwendung entgegenstehen (§ 310 Abs 4 S 2; s Rn 10, 16, sowie Staudinger/Krause Anh zu § 310 Rn 143 ff).

Im **unternehmerischen Verkehr** schließlich kommt als Prüfungsmaßstab von vornherein nur § 307 in Betracht (§ 310 Abs 1); die EG-RL regelt diesen Bereich nicht. Allerdings sind die gesetzlichen Wertungen der §§ 308, 309 im Rahmen der Abwägung nach § 307 zu berücksichtigen (§ 310 Abs 1 S 2 HS 1).

IV. Allgemeine Grundsätze der Inhaltskontrolle

Da § 307 die Grundnorm für die gesamte Inhaltskontrolle darstellt und §§ 308, 309 **24** nur punktuelle Konkretisierungen vornehmen, erscheint es sinnvoll und gerechtfertigt, die Konzeption und Prinzipien der Inhaltskontrolle im Einzelnen im Rahmen der Kommentierung von § 307 geschlossen zu erläutern. Die dortigen Ausführungen gelten, vorbehaltlich normierter Besonderheiten, ohne weiteres grundsätzlich auch für die Inhaltskontrolle nach §§ 308 und 309. Hier ist nur noch kurz auf den organisatorischen Rahmen der Inhaltskontrolle einzugehen.

Die Inhaltskontrolle von AGB ist **Rechtsanwendung** – noch dazu: Anwendung **25** zwingenden Rechts – und daher von jedem Rechtsanwender **von Amts wegen** vorzunehmen (Fastrich 9). Bei Verbraucherverträgen gilt dies auch hinsichtlich der Beachtung der EG-KlauselRL (oben Rn 7; EuGH, Rs C-240/98 v 27. 6. 2000 [„Océano Grupo"], ZiP 2000, 1165 Rn 22; Rs C-243/08 v 4. 6. 2009 [„Pannon"], NJW 2009, 2367 Rn 32). Es bedarf keiner „Berufung" einer Partei auf die Unangemessenheit einer AGB-Bestimmung, um dem Rechtsanwender zu erlauben, sie für unwirksam zu halten. Nur soweit ein Unwirksamkeitsurteil von tatsächlichen Feststellungen abhängt, müssen diese in einer dem Verhandlungsgrundsatz entsprechenden Weise in den Prozess eingeführt werden.

Die Verpflichtung, die Gesetzesbestimmungen zur Inhaltskontrolle von AGB von **26** sich aus zu beachten, gilt für jeden, der zur amtlichen Rechtsanwendung berufen ist, insbesondere für die **Gerichte** im zivilprozessualen Verfahren (Individual- oder Verbandsklageverfahren nach §§ 1, 3 UKlaG). Aber auch in der freiwilligen Gerichtsbarkeit können die Wirksamkeitsmaßstäbe der §§ 307–309 zu beachten sein. So sind zB in **Grundbuchsachen** nach hM §§ 307 ff (neben §§ 134, 138) zu prüfen, etwa bei Eintragungsbewilligungen, die auf vorformulierte Texte verweisen oder selbst formularmäßig gefasst sind, oder bei entsprechenden Auflassungen oder Teilungserklärungen einer WEG (BayObLG NJW 1980, 2818; OLG Stuttgart NJW 1979, 222; LG Aschaffenburg BB 1979, 697; LG Nürnberg-Fürth BB 1979, 698; LG Stuttgart JZ 1977, 760; vgl Schlenker, Die Bedeutung des AGBG im Grundbuchantragsverfahren [Diss 1982]; H Schmid BB 1979, 1663; ders Rpfleger 1987, 133; Stürner BWNotZ 1977, 106; **aM** OLG Köln NJW-RR 1989, 780, 781 ff; OLG Hamm DNotZ 1979, 752, 754; Staudinger/Rapp[12] § 7 WEG Rn 38). Wegen der akzessorischen Natur des dinglichen Rechts bei der Hypothek gilt dies auch für den schuldrechtlichen Darlehensvertrag, auf den in der Eintragungsbewilligung Bezug genommen wird (OLG Celle Rpfleger 1979, 261; BayObLG BB 1980, 283). Allerdings ist das Grundbuchamt zu einer systematischen Überprüfung aller Eintragungsbewilligungen nicht verpflichtet. Nur wenn sich ihm aus Anlass eines Geschäftsvorfalls die Unwirksamkeit einer in der Eintragungsbewilligung in Bezug genommenen AGB-Bestimmung aufdrängt (insbesondere bei Verstößen gegen § 309, uU aber auch gegen § 308), darf es zur Inhaltskontrolle schreiten (BayObLG aaO; OLG Köln NJW-RR 1989, 780, 781; Ulmer, in: FS Weitnauer [1980] 224; Ulmer/Fuchs Vorb v § 307 BGB Rn 108).

Anderes gilt für das **familiengerichtliche Genehmigungsverfahren** nach §§ 1643, 1821 ff, 1908i. Zwar hat das Gericht unabhängig vom Mündelinteresse bei gesetzwidrigen oder sittenwidrigen Verträgen die Genehmigung zu verweigern (Staudinger/Engler [2004] § 1828 Rn 13 mwNw; Gernhuber/Coester-Waltjen § 60 Rn 60). Zum einen gilt dies aber nur bei klarer Rechtslage – bei Zweifeln ist zu genehmigen und die Entscheidung dem Prozessgericht zu überlassen. Zum zweiten führen nach §§ 307–309 unwirksame Klauseln nicht zur Unwirksamkeit des Gesamtvertrags, § 306 Abs 1, sondern gelten nicht oder mit dem gem § 306 Abs 2 modifizierten Inhalt fort. Bei klarer Klauselunwirksamkeit ist der so modifizierte Vertrag im Lichte der Mündelinteressen zu beurteilen. Damit ist der Gesetzesbindung des Gerichts genügt; die Nichtgenehmigung des Vertrags nur wegen der Unwirksamkeit einzelner Klauseln würde nicht nur gegen das Mündelinteresse, sondern auch gegen den Grundgedanken des § 306 Abs 1, 2 verstoßen.

27 Die Pflicht zur Inhaltskontrolle nach §§ 307–309 von Amts wegen gilt schließlich auch für **Notare**, wenn es um die *Beurkundung* von Standardverträgen (dazu BGH NJW 1991, 843) oder auch Einzelverträgen gegenüber Verbrauchern geht (§ 310 Abs 3 Nr 1, 2). Aus den Prüfungs-, Belehrungs- und Ablehnungspflichten der §§ 4, 17 BeurkG ergibt sich bei zweifelhaften Klauseln eine Hinweis- und Erörterungspflicht, bei eindeutig unwirksamen Klauseln sogar eine Ablehnungspflicht (Ulmer/Fuchs Vorb v § 307 BGB Rn 107 zur Haftung des Notars gem § 19 Abs 1 BNotO bei unterlassener Aufklärung über die Unwirksamkeit eines Vertrags siehe BGH NJW 1993, 1587, 1588 [dort zu § 138]). Bei bloßer *Unterschriftsbeglaubigung* besteht hingegen keine umfassende inhaltliche Prüfungs- und Belehrungspflicht; bei offensichtlicher Unwirksamkeit gem § 307–309 (oder anderen zwingenden Rechtsvorschriften) kann sich allerdings aus § 40 Abs 2 BeurkG eine Ablehnungspflicht ergeben (Schippel/Brambring DNotZ 1977, 131, 138; Wolf/Wolf § 307 Rn 359). Der Umstand, dass der notariell beurkundete oder beglaubigte Vertrag seinerseits der gerichtlichen Inhaltskontrolle nach §§ 307 ff (ggf über § 310 Abs 3 Nr 1) oder nach § 242 bei Nichtanwendbarkeit des AGB-Rechts unterliegt (vgl § 307 Rn 35), steht der eigenverantwortlichen Prüfungspflicht des Notars nicht entgegen.

28 Entsprechendes gilt, soweit **Behörden** zur Überprüfung und ggf Genehmigung von AGB berufen sind. Auch wenn diese Überprüfung häufig andere Ziele verfolgt (oben Rn 13), so stellen doch die Maßstäbe der §§ 307–309 ebenfalls verbindliche Vorgaben dar. Andererseits wird durch derartige behördliche Vorprüfungen eine spätere gerichtliche AGB-Kontrolle weder ausgeschlossen noch auch nur eingeschränkt (BGH NJW 1983, 1322, 1324; siehe oben Rn 13). Dies gilt selbst dann, wenn die AGB zu ihrem Wirksamwerden einer **behördlichen Genehmigung** bedurften, wie etwa im Versicherungs- oder Bankenbereich (vgl OLG Karlsruhe NJW 1991, 362, 363 [zu § 5 Abs 3 BausparG]).

29 Zu beachten ist, dass der Rechtsanwender die vom Gesetz an sich vorgezeichneten Prüfungsschritte (oben Rn 23) nicht nachvollziehen Muss, sondern er kann die Unwirksamkeit einer AGB-Bestimmung in jeder ihm sicher erscheinenden Weise feststellen, also etwa sagen kann, sie ergebe sich „jedenfalls“ aus § 307 Abs 1 S 1 oder 2, wenn sie nicht schon aus einer der Nummern von §§ 308 oder 309 folge (siehe § 307 Rn 10).

Die Anwendung der §§ 307 ff auf konkrete Fälle ist als Rechtsanwendung grundsätzlich **revisibel**, auch soweit es sich um seltene, nur auf Einzelsituationen bezogene Klauseln handelt. Es kommt nicht darauf an, ob der Verwendungsbereich einer Klausel den Bezirk eines OLG überschreitet (BGH NJW 1997, 3022, 3023). Bei ausländischen AGB ist die Revisibilität nur dann zu verneinen, wenn das ausländische Recht, vor dessen Hintergrund die AGB verfasst sind, in concreto auch Vertragsstatut ist (BGH NJW 1992, 1032, 1033 mwNw). Zur Überprüfung nationaler Gerichtsentscheidungen durch den **EuGH** s § 307 Rn 68 ff. 30

§ 307
Inhaltskontrolle

(1) Bestimmungen in Allgemeinen Geschäftsbedingungen sind unwirksam, wenn sie den Vertragspartner des Verwenders entgegen den Geboten von Treu und Glauben unangemessen benachteiligen. Eine unangemessene Benachteiligung kann sich auch daraus ergeben, dass die Bestimmung nicht klar und verständlich ist.

(2) Eine unangemessene Benachteiligung ist im Zweifel anzunehmen, wenn eine Bestimmung

1. mit wesentlichen Grundgedanken der gesetzlichen Regelung, von der abgewichen wird, nicht zu vereinbaren ist, oder

2. wesentliche Rechte oder Pflichten, die sich aus der Natur des Vertrags ergeben, so einschränkt, dass die Erreichung des Vertragszwecks gefährdet ist.

(3) Die Absätze 1 und 2 sowie die §§ 308 und 309 gelten nur für Bestimmungen in Allgemeinen Geschäftsbedingungen, durch die von Rechtsvorschriften abweichende oder diese ergänzende Regelungen vereinbart werden. Andere Bestimmungen können nach Absatz 1 Satz 2 in Verbindung mit Absatz 1 Satz 1 unwirksam sein.

Materialien: zum AGBG §§ 8, 9: 1. Teilber 26, 74; RefE 39; RegE BT-Drucks 7/3919, 75; zum SchuModG DiskE § 311 (Canaris, Schuldrechtsmodernisierung 2002, 16, 194); KonsDiskE § 307 (Canaris aaO 363); RegE BT-Drucks 14/6040 § 307 (= Canaris aaO 450, 704 ff); RAusschuss BT-Drucks 14/7052 § 307 (= Canaris aaO 1084 f).

Schrifttum

Siehe auch Schrifttumsnachweise Staudinger/Schlosser Vorbem zu §§ 305–310.

Abels/Lieb, AGB und Vertragsgestaltung nach der Schuldrechtsreform (2005)
Armbrüster, Das Transparenzgebot für Allgemeine Geschäftsbedingungen nach der Schuldrechtsmodernisierung, DNotZ 2004, 437
Artz, Schuldrechtsmodernisierung 2001/2002 – Integration der Nebengesetze in das BGB, JuS 2002, 528
Basedow, Handelsbräuche und AGB-Gesetz, ZHR 150 (1986) 469
ders, Der Bundesgerichtshof, seine Rechtsanwälte und die Verantwortung für das europäische Privatrecht, in: FS Brandner (1996) 651
Baukelmann, Der Ausschluss der Abtretbar-

keit von Geldforderungen in AGB-Fragen zu § 354 a HGB, in: FS Brandner (1996) 185

Becker, Die Auslegung des § 9 II AGBG (1986)

Beineke, Die richterliche Kontrolle von Entgeltklauseln der Kreditwirtschaft nach dem AGB-Gesetz (2001)

Bennemann, Fiktionen und Beweislastregelungen in AGB (1987)

Berger, Schiedsgerichtsbarkeit und AGB-Recht, in: FS Graf von Westphalen (2010) 13

Berger/Kleine, AGB-Gestaltung und Transparenzgebot, NJW 2007, 3526

Billing, Die Bedeutung von § 307 III 1 BGB im System der AGB-rechtlichen Inhaltskontrolle (2006)

Bloching/Ortolf, Schriftformklauseln in der Rechtsprechung von BGH und BAG, NJW 2009, 3393

Boemke-Albrecht, Rechtsfolgen unangemessener Bestimmungen in AGB (1989)

Borges, Die Inhaltskontrolle von Verbraucherverträgen (1999)

ders, AGB-Kontrolle durch den EuGH, NJW 2001, 2061

Brandner/Ulmer, EG-Richtlinie über missbräuchliche Klauseln in Verbraucherverträgen, BB 1991, 701

Broihan, Die Reichweite formularmäßiger Sicherungsabreden bei Bürgschaft und Grundschuld (1992)

Bungert, Wertpapierbedingungen und Inhaltskontrolle nach dem AGBG, DZWiR 1996, 185

Bunte, Die EG-Richtlinie über missbräuchliche Klauseln in Verbraucherverträgen und ihre Umsetzung durch das Gesetz zur Änderung des AGBG, DB 1996, 1389

ders, Gedanken zur Rechtsharmonisierung in der EG auf dem Gebiet der missbräuchlichen Klauseln in Verbraucherverträgen, in: FS Horst Locher (1990)

Bunte/Heinrichs, Aktuelle Rechtsfragen zur Freizeichnung nach dem AGBG (1985)

vCampenhausen, Das Transparenzgebot als Pflicht zur Aufklärung vor Vertragsschluss (1994)

Canaris, Die Problematik der Sicherungsfreigabeklauseln im Hinblick auf § 9 AGBG und § 138 BGB, ZIP 1996, 1109

ders, Die Problematik der AGB-Kontrolle von Postenpreisen für Buchungsvorgänge auf Girokonten, WM 1996, 273

ders, Zinsberechnungs- und Tilgungsverrechnungsklauseln beim Annuitätendarlehen, NJW 1987, 607

ders, Wandlungen des Schuldvertragsrechts, AcP 200 (2000) 273

ders, Die AGB-rechtliche Leitbildfunktion des neuen Leistungsstörungsrechts, in: FS Peter Ulmer (2003) 1073

Coester-Waltjen, Die Inhaltskontrolle von Verträgen außerhalb des AGBG, AcP 190 (1990) 1

dies, Das deutsche AGB-Gesetz, in: AGB – Eine Zwischenbilanz (1991)

Cziupka, Dispositives Vertragsrecht (2010)

Damm, Europäisches Verbrauchervertragsrecht und AGB-Recht, JZ 1994, 161

Dauner-Lieb, Verbraucherschutz durch Ausbildung eines Sonderprivatrechts (1983)

Däubler/Dorndorf, AGB-Kontrolle im Arbeitsrecht (2004)

Derleder/Metz, Die Nebenentgelte der Banken – Rechtsgrundlagen und rechtliche Grenzen, ZIP 1996, 573 ff, 621 ff

Drexl, Die wirtschaftliche Selbstbestimmung des Verbrauchers – ein Beitrag zum deutschen und europäischen Privatrecht (1998)

Dylla-Krebs, Schranken der Inhaltskontrolle Allgemeiner Geschäftsbedingungen (1990)

Eckert, Das neue Recht der AGB, ZIP 1996, 1238

Einmahl, Die Preispolitik großer deutscher Investmentfondgesellschaften im Lichte des deutschen AGB-Rechts, ZIP 2002, 381

Eggenka, Die Inhaltskontrolle von Franchiseverträgen nach dem AGB-Gesetz und § 138 BGB (1989)

Evermann, Die Anforderungen des Transparenzgebots an die Gestaltung von Allgemeinen Geschäftsbedingungen (2002)

Fahr, Inhaltskontrolle, Transparenzgebot und § 8 AGBG (1999)

Fastrich, Richterliche Inhaltskontrolle im Privatrecht (1992)

FEHL, Systematik des Rechts der Allgemeinen Geschäftsbedingungen (1979)
FRANZEN, Privatrechtsangleichung durch die Europäische Gemeinschaft (1999)
GRUNDMANN, Europäisches Schuldvertragsrecht (1999)
HABERSACK, Vertragsfreiheit und Drittinteressen (1992)
HABERSACK/KLEINDIEK/WIEDENMANN, Die EG-Richtlinie über missbräuchliche Klauseln in Verbraucherverträgen und das künftige AGBG, ZIP 1993, 562
HADDING/HOPT (Hrsg), Verbraucherkredit, AGB-Gesetz und Kreditwirtschaft (Bankrechtstag 1990)
HANSEN, Das sogenannte Transparenzgebot im System des AGB-Gesetzes, WM 1990, 1521
HEIDERHOFF, Grundstrukturen des nationalen und europäischen Verbrauchervertragsrechts (2004)
HEINRICHS, Die EG-Richtlinie über missbräuchliche Klauseln in Verbraucherverträgen, NJW 1993, 1817
ders, Umsetzung der EG-Richtlinie über missbräuchliche Klauseln in Verbraucherverträgen durch Auslegung, NJW 1995, 153
HEINRICHS/LÖWE/ULMER (Hrsg), Tagungsband zum 10-jährigen Bestehen des AGBG (1987)
HELLWEGE, Allgemeine Geschäftsbedingungen, einseitig gestellte Vertragsbedingungen und die allgemeine Rechtsgeschäftslehre (2010)
HOMMELHOFF/WIEDENMANN, AGB gegenüber Kaufleuten und unausgehandelte Klauseln in Verbraucherverträgen, ZIP 1993, 562
HORN, Die richterliche Kontrolle von Entgeltklauseln nach dem AGB-Gesetz am Beispiel der Kreditwirtschaft, WM 1997 Beil Nr 1 S 3 ff
vHOYNINGEN-HUENE, Unwirksamkeit von AGB bei bloßer Intransparenz, in: FS Trinkner (1995) 179
ders, Die Inhaltskontrolle nach § 9 AGBG (1991)
JOOST, Der Ausschluss der Inhaltskontrolle bei Entgeltregelungen in AGB, ZIP 1996, 1685
JOUSSEN, Die Inhaltskontrolle von Wertpapierbedingungen nach dem AGB, WM 1995, 1861
JUNGMANN, Bankgebühren für die Nichteinlösung von Lastschriften, NJW 2005, 1621
KALLRATH, Die Inhaltskontrolle von Wertpapierbedingungen (1994)
KAMANABROU, Vertragliche Anpassungsklauseln (2004)
KAPNOPOULOU, Das Recht der missbräuchlichen Klauseln in der Europäischen Union (1997)
KINDLER, Entgeltklauseln in der Kreditwirtschaft, in: HADDING/HOPT/SCHIMANSKY (Hrsg), Entgeltklauseln in der Kreditwirtschaft und E-Commerce von Kreditinstituten (2002) 1
KIPPELS, Die Inhaltskontrolle von AGB im kaufmännischen Geschäftsverkehr nach § 9 II AGBG unter besonderer Berücksichtigung der Klauselverbote nach §§ 10 und 11 AGBG (1991)
KLAAS, Zur EG-Richtlinie über missbräuchliche Klauseln in Verbraucherverträgen, in: FS Brandner (1996) 247
KOLLER, Die Wirksamkeit formularmäßiger Haftungsfreizeichnungsklauseln zwischen Schadensausgleich und Schadensprävention, ZIP 1986, 1089
ders, Das Transparenzgebot als Kontrollmaßstab Allgemeiner Geschäftsbedingungen, in: FS Steindorff (1990) 667
KÖNDGEN, Grund und Grenzen des Transparenzgebots im AGB-Recht, NJW 1989, 943
KÖTZ, Inhaltskontrolle Allgemeiner Geschäftsbedingungen der Banken, ZEuP 2012, 332
KREIENBAUM, Transparenz und AGB-Gesetz (1998)
KUNTZ, Angemessenheit weiter formularmäßiger Zweckerklärungen bei Globalbürgschaften, Grundschulden und anderen Sicherungsrechten, AcP 209 (2009) 242
LANGHEID, § 8 AGB-Gesetz im Lichte der EG-AGB-Richtlinie: Kontrollfähigkeit von Leistungsbeschreibungen durch Intransparenz, NVersZ 2000, 63
LEIBLE, Wege zu einem europäischen Privatrecht – Anwendungsprobleme und Entwicklungsperspektiven des Gemeinschaftsprivatrechts (2001)
LEUSCHNER, Gebotenheit und Grenzen der AGB-Kontrolle, AcP 207 (2007) 491
ders, AGB-Kontrolle im unternehmerischen Verkehr, JZ 2010, 875

Leyens/Schäfer, Inhaltskontrolle allgemeiner Geschäftsbedingungen, AcP 210 (2010) 771
Lieb, Sonderprivatrecht für Ungleichgewichtslagen? Überlegungen zum Anwendungsbereich der sogenannten Inhaltskontrolle privatrechtlicher Verträge, AcP 178 (1978) 196
Lindacher, Zur Zulässigkeit der formularmäßigen Ausbedingung von Vertragsabwicklungsgebühren bei Dauerschuldverhältnissen im Dienstleistungsbereich, ZIP 2002, 49
Löwisch, Unangemessene Benachteiligung von Unternehmen in Allgemeinen Geschäftsbedingungen atypischer Verträge mit arbeitsrechtlichem Bezug, in: FS Heldrich (2005) 297
Looschelders, Die Kontrolle Allgemeiner Versicherungsbedingungen nach dem AGBG, JR 2001, 397
Lübke-Detring, Preisklauseln in AGB (1989)
Lutz, AGB-Kontrolle im Handelsverkehr unter Berücksichtigung der Klauselverbote (1991)
Markwardt, Die Rolle des EuGH bei der Inhaltskontrolle vorformulierter Verbraucherverträge (1999)
Masuch, Anleihebedingungen und AGB-Gesetz: Die Bedeutung des AGB-Gesetzes für Emissionsbedingungen von Anleihen (2001)
Mentis, Schranken prozessualer Klauseln in AGB (1994)
Michalski, Änderungen des AGB-Gesetzes durch die EG-Richtlinie über missbräuchliche Klauseln in Verbraucherverträgen, DB 1994, 665
Miethaner, AGB-Kontrolle versus Individualvereinbarung (2010)
Möslein, Dispositives Recht (2011)
ders, Kontrolle vorformulierter Vertragsklauseln, in: Schmidt-Kessel (Hrsg), Ein einheitliches europäisches Kaufrecht? (2012) 255 ff
Munz, Allgemeine Geschäftsbedingungen in den USA und Deutschland im Handelsverkehr (1992)
Nassall, Die Auswirkungen der EU-Richtlinie über missbräuchliche Klauseln in Verbraucherverträgen auf nationale Individualprozesse, WM 1994, 1645
ders, Die Anwendung der EG-Richtlinie über missbräuchliche Klauseln in Verbraucherverträgen, JZ 1995, 689
Niebling, Schranken der Inhaltskontrolle (1988)
Niedenführ, Informationsgebote in AGB (1986)
Oechsler, Gerechtigkeit im modernen Austauschvertrag (1997)
Offner, Abtretungsverbote in AGB. Das pactum de non cedendo als Auslegungsproblem des § 9 AGBG (1987)
Oetker, Dynamische Verweisungen in AGB als Rechtsproblem, JZ 2002, 337
ders, AGB-Kontrolle im Zivil- und Arbeitsrecht, AcP 212 (2012) 202
Ohlendorf/vHertel, Kontrolle von AGB im kaufmännischen Verkehr gem § 24 (1988)
Ohlroggen, Die allgemeinen Geschäftsbedingungen der Banken (1993) und der allgemeine Bankvertrag (1997)
Pallas, Die Preisverzeichnisse der Kreditinstitute und ihre AGB-rechtlichen Grundlagen (2001)
Pamp, Entgeltklauseln für die Ausstellung einer Ersatzkarte bei Beschädigung oder Verlust der Kreditkarte, WM 2002, 573
Pfeiffer, Die Reichweite der Inhaltskontrolle nach Art 4 Abs 2 RL 93/13/EWG und § 8 AGBG im Kontext der „Schuldrechtsmodernisierung", VuR 2001, 95
ders, Neues Schuldrecht – neues Leitbild im AGB-Recht, in: Dauner-Lieb/Konzen/Schmidt (Hrsg), Das neue Schuldrecht in der Praxis (2003) 225
Pfütze, Die Inhaltskontrolle von Rechtswahlvereinbarungen im Rahmen der Verordnungen ROM I – III, ZEuS 2011, 35
Präve, Versicherungsbedingungen und AGB-Gesetz (1998)
ders, Allgemeine Versicherungsbedingungen und das Transparenzgebot, ZfV 2003, 472
Pres, Maßgaben für die Inhaltskontrolle Allgemeiner Geschäftsbedingungen im Handelsverkehr (2005)
Raiser, Das Recht der AGB (1961)
Riesenhuber/Nishitani, Inhaltskontrolle und Inhaltsregeln im Schuldvertragsrecht (2007)
Römer, Schranken der Inhaltskontrolle von Versicherungsbedingungen in der Rechtsprechung nach § 8 AGBG, in: FS Egon Lorenz (1994) 449

ders, Gerichtliche Kontrolle Allgemeiner Versicherungsbedingungen nach §§ 8, 9 AGBG, NVersZ 1999, 97

Rosenow/Schaffelhuber, Neues zur Transparenzkontrolle im AGB-Recht, ZIP 2001, 2211

Roth, Herbert, EG-Richtlinien und Bürgerliches Recht JZ 199, 529

Roth, Wulf-Henning, Generalklauseln im Europäischen Privatrecht, in: FS Drobnig (1998) 135

Roussos, Freizeichnung von Schadensersatzansprüchen im Recht der AGB (1982)

Schäfer, Das Transparenzgebot im Rahmen der AGB (1992)

Schimansky, Inhaltskontrolle von Allgemeinen Geschäftsbedingungen der Kreditinstitute, in: FS aus Anlaß des fünfzigjährigen Bestehens von Bundesgerichtshof, Bundesanwaltschaft und Rechtsanwaltschaft beim Bundesgerichtshof (2000) 3

Schindler, Die Kontrolle Allgemeiner Geschäftsbedingungen im Wettbewerbsrecht (2007)

Schirmers, Konditionenempfehlungen, kartellrechtliche Kontrolle und AGBG (1983)

Schlosser, Entwicklungstendenzen im Recht der AGB, ZIP 1985, 449

Schmidt, Vertragsformen der Nichteinbeziehung und Unwirksamkeit von AGB. Ein Beitrag zur Auslegung der §§ 6, 9–11, 21 AGBG (1986)

Schmidt-Salzer, Allgemeine Geschäftsbedingungen (1971)

ders, Leistungsbeschreibungen insbesondere in Versicherungsverträgen und Schranken der Inhaltskontrolle (AGB-Gesetz und EG-Richtlinie über missbräuchliche Klauseln in Verbraucherverträgen), in: FS Brandner (1996) 259

ders, Freizeichnungsklauseln (1985)

Schünemann, Abschlusskostenklausel in Kapitallebensversicherungsverträgen, VuR 2002, 85

ders, Allgemeine Versicherungsbedingungen – „Leistungsberechnungen“ oder inhaltskontrollierte Vertragskonditionen?, VersR 2000, 144

Schwab, Zur Bedeutung des § 8 AGBG für die Inhaltskontrolle von Vollmachtsklauseln – BGH, NJW 1997, 3437, JuS 2001, 951

Servatius, Die AGB-rechtliche Behandlung von Vorschusszinsregelungen im Sparverkehr, BKR 2005, 295

Siems, Globale Haftungsklauseln im Bürgschaftsrecht - BGHZ 143, 95, JuS 2001, 429

Specht-Jonen, § 9 AGBG und die Ausuferung der richterlichen Inhaltskontrolle (1992)

Spindler, Inhaltskontrolle von Internet-Provider-Verträgen – Grundsatzfragen, BB 1999, 2037

Staudinger, Das Transparenzgebot im AGB-Gesetz: Klar und verständlich? Zu den Grundsätzen der RL-Transformation, WM 1999, 1546

Stein, Die Inhaltskontrolle vorformulierter Verträge des allgemeinen Privatrechts. Zum Spannungsverhältnis des Kontrollverfahrens nach AGBG und § 242 BGB (1982)

Steiner, Entgelte der Kreditinstitute (2000)

Steuer, Die höchstrichterliche Rechtsprechung des Bundesgerichtshofes zu Preisen und Entgelten – eine kritische Bestandsaufnahme, in: FS Walther Hadding (2004) 1169

Steppeler, Bankentgelte: Zulässige Entgelte für kreditwirtschaftliche Leistungen (2003)

Stoffels, Schranken der Inhaltskontrolle, JZ 2001, 843

ders, Gesetzlich nicht geregelte Schuldverträge (2001)

ders, AGB-Recht (2003)

Tettinger, Zu den Freizeichnungsmöglichkeiten des Verkäufers einer mangelhaften Sache, AcP (2005) 1

Thomas, Preisfreiheit im Recht der Allgemeinen Geschäftsbedingungen, AcP 209 (2009) 84

Tiedtke, Zur Unzulässigkeit der formularmäßigen weiten Sicherungsabrede bei der Grundschuld, DNotZ 2001, 627

Tschöpe, Sind Entgeltabreden der Inhaltskontrolle nach §§ 305 ff BGB unterworfen?, DB 2002, 1830

Uffmann, Das Verbot der geltungserhaltenden Reduktion (2010)

dies, Vertragsgerechtigkeit als Leitbild der Inhaltskontrolle, NJW 2012, 2225

Ulmer, Zur Anpassung des AGBG an die EG-Richtlinie über missbräuchliche Klauseln in Verbraucherverträgen, EuZW 1993, 337

Unberath, Mediationsklauseln in der Vertragsgestaltung, NJW 2011, 1320

Wackerbarth, Unternehmer, Verbraucher und

die Rechtfertigung der Inhaltskontrolle vorformulierter Verträge, AcP 200 (2000) 45
WESTERMANN, Das Transparenzgebot – ein neuer Oberbegriff der AGB-Inhaltskontrolle, in: FS Steindorff (1990) 817
ders, Zwecke der AGB-Kontrolle im Bankvertragsrecht, in: FS Heinsius (1991) 31
vWESTPHALEN, AGB-Recht und BGH – Eine erste Bestandsaufnahme, NJW 2002, 12
ders, Vertragsrecht und AGB-Klauselwerke (Stand Oktober 2012)
ders, Verbraucherschutz nach zwei Jahrzehnten Klauselrichtlinie, NJW 2013, 961
WITTE, Inhaltskontrolle und deren Rechtsfolgen im System der Überprüfung Allgemeiner Geschäftsbedingungen (1983)
WOLF, Auslegung und Inhaltskontrolle von AGB im internationalen kaufmännischen Verkehr, ZHR 153 (1989) 300.
WOLF, Vertragsfreiheit und Vertragsrecht im Lichte der AGB-Rechtsprechung des Bundesgerichtshofs, in: CANARIS/HELDRICH, Bürgerliches Recht (2000) 111
ders, Bedeutung und Funktion des AGB-Rechts und der AGB in einem neuen Umfeld, in: EGON LORENZ (Hrsg), Schuldrechtsmodernisierung (2003) 101.

Systematische Übersicht

Alphabetische Übersicht
(s auch Vorbem zu §§ 307–309)

I. Grundlagen

1. Normbedeutung und Entstehungsgeschichte

1 Die Vorschrift ist die Leitnorm für die Inhaltskontrolle von AGB; sie formuliert das Grundprinzip, das den besonderen Klauselverboten der §§ 308, 309 zugrunde liegt, und erfüllt als Generalklausel diesen gegenüber gleichzeitig eine Auffangfunktion (näher unten Rn 8 ff). Die Vorschrift vereint die (unveränderten) Texte der früheren Regelungen in § 9 (jetzt: § 307 Abs 1, 2) und § 8 AGBG (jetzt: § 307 Abs 3 S 1; vgl Vorbem 8 zu §§ 307–309); hinzugefügt wurde lediglich die ausdrückliche Anerkennung des Transparenzgebots (Abs 1 S 2, Abs 3 S 2; dazu unten Rn 170 ff, 288, 309, 317 f) als (gemeinschaftsrechtlich gebotene) Klarstellung des schon zuvor geltenden materiellen Rechts (BT-Drucks 14/6040, 153; zur Gesetzesgeschichte s Vorbem zu §§ 307 ff Rn 5 ff).

2. Rechtfertigung und Zweck der Inhaltskontrolle

a) Gesetzliche Konzeption

2 Die inhaltliche Angemessenheitsüberprüfung von Verträgen Privater durch staatliche Gerichte bedeutet einen schwerwiegenden Eingriff in das System freier Marktwirtschaft, das auf privatautonomer Freiheit, individueller Selbstverantwortlichkeit und Interessenausgleich „über den Markt“, also durch Wettbewerb aufbaut. Die

demnach notwendige Rechtfertigung einer gegenüber den allgemeinen Grenzen privatautonomer Gestaltungsfreiheit (vor allem §§ 134, 138 BGB) vorverlagerten Inhaltskontrolle wird im Wesentlichen aus **zwei Aspekten** hergeleitet: (1) **Schutz des Vertragspartners** des AGB-Verwenders vor Vertragsbedingungen, die inhaltlich einem fairen Interessenausgleich nicht entsprechen, die er aber mangels Aushandels- oder Ausweichmöglichkeiten praktisch akzeptieren musste, und (2) Abwehr und Prävention des Missbrauchs privatautonomer Gestaltungsfreiheit durch den Verwender, der diese – von der Rechtsordnung eigentlich beiden Vertragspartnern gemeinsam zugewiesene – Freiheit einseitig und unter übermäßiger Voranstellung seiner Interessen in Anspruch nimmt und damit die **freiheitliche Marktregulierung** untergräbt und gefährdet (näher unten Rn 4, 7, 315, 320; zur Unterscheidung beider Aspekte besonders deutlich Fastrich 86 ff, 91, 93 mwNw; Hellwege, Allgemeine Geschäftsbedingungen [2010] 566 ff, 583 ff; sie kommen auch – mehr oder weniger deutlich – in den üblichen Äußerungen über Rechtfertigung und Zweck der Inhaltskontrolle zum Ausdruck [„Schutz und Abwehr bezüglich der Inanspruchnahme einseitiger Gestaltungsmacht durch den Verwender“], vgl BT-Drucks 7/3919, 15; BGH NJW 1976, 2345, 2346; 1977, 624, 625; 1994, 2825, 2826; 1995, 2034, 2035; H Roth BB 1987, 977, 981 f; Ulmer EuZW 1993, 337, 341; abweichend Joost ZIP 1996, 1685, 1686 ff; für eine rechtsökonomische Analyse des Schutzzwecks der AGB-Kontrolle s Kötz JuS 2003, 209 ff; Zusammenstellung und Kritik der wesentlichen Begründungsversuche für die richterliche AGB-Vertragskontrolle bei Hellwege aaO 540 ff).

Die **Schutzfunktion** der Inhaltskontrolle nach dem ursprünglichen Konzept des AGBG, das auch nach dem geltenden Recht der §§ 307–309 zugrunde liegt, darf nicht, wie heute fast allgemein anerkannt wird, schlicht mit dem Gedanken des *Verbraucherschutzes* gleichgesetzt werden (Anklänge in dieser Richtung aber vor allem im Vorfeld und der Frühphase des AGBG, vgl Regierungsbegründung zum Gesetzesentwurf BT-Drucks 7/3919, 43; BGHZ 60, 243, 245; Damm JZ 1978, 173 ff; Fehl 89 ff; Pflug 24 ff). Prämisse des Verbraucherschutzgedankens ist ein Macht- und Kräftegefälle zwischen beiden Vertragsparteien, das einen angemessenen Interessenausgleich nicht erwarten lässt (insoweit wird verbreitet von einem **„strukturellen Ungleichgewicht“** gesprochen, vgl BVerfG NZA 2007, 85, 87 [für den Arbeitsvertrag]; Oetker AcP 212 [2012] 202, 216, 226; zum Verbrauchervertrag unten Rn 6). Dieses Gefälle muss jedoch, wie schon die grundsätzliche Erstreckung des AGB-Schutzes auch auf professionell handelnde Vertragspartner zeigt (§ 310 Abs 1), für die Auslösung der Inhaltskontrolle keineswegs immer vorliegen. Die Überlegenheit des Verwenders ist vielmehr unabhängig von Macht und persönlicher Qualifikation **situativ bedingt** (Lieb AcP 178 [1978] 196, 201; Fastrich 91; Oetker AcP 202 [2012] 217 ff, 226): Während der Verwender die Bedingungen im vorhinein ohne Zeitdruck und regelmäßig unter Inanspruchnahme rechtskundiger Beratung in seinem Sinne ausformulieren kann, steht der Vertragspartner oft unter dem Druck einer konkreten Abschlusssituation, ist mit dem Lesen und Verstehen der AGB häufig auch intellektuell überfordert, erliegt leicht der Scheinautorität des Gedruckten (vgl Canaris AcP 200 [2000] 273, 323: „Sogwirkung“ des vorformulierten Textes) und verzichtet auch sonst in aller Regel auf Lektüre und Abänderungsversuche, weil Aufwand und Ertrag solcher Mühe nicht nur subjektiv, sondern auch objektiv in einem Missverhältnis stehen (vgl schon L Raiser, AGB 184; Überblick über die komplexen Gründe des Autonomieversagens gegenüber AGB bei Fastrich 180–186 mwNw; Drexl 340 f; Pres 42 ff; Leuschner AcP 207 [2007] 491 ff, 495 f; zur ökonomischen Analyse des Kundenverhaltens s Kötz, Gutachten zum 50. DJT A 31 f; Adams BB 1989, 781, 783 ff; Wolf, in: Hadding/Hopt [1990] 73 ff). Auch die marktkonformen Verhaltensalternativen 3

(Ausweichen auf andere Anbieter; Abstandnahme vom Vertrag) sind entweder unproportional (angesichts geringen Geschäftsvolumens oder Angewiesenheit auf zeitsparende Bedarfsdeckung) oder im Zeitalter standardisierter Massengeschäfte nicht erfolgversprechend: Vergleichbare Bedingungen werden überall verwendet, ein effizienter Konditionenwettbewerb unter den Anbietern findet nicht statt (Canaris AcP 200 [2000] 273, 323 f; Wackerbarth AcP 200 [2000] 45, 69 ff; Fastrich 80; Koller, in: FS Steindorff [1990] 667, 669 f).

Die konstitutiven Voraussetzungen für das Eingreifen des AGB-rechtlichen Schutzes korrespondieren mit dieser typisierten Konfliktsituation: das „strategische" Element bei der Konzeption der AGB-Regelung („für eine Vielzahl von Verträgen vorformuliert", § 305 Abs 1 S 1; zweifelnd insofern allerdings Oetker AcP 212 [2012] 202, 227 f), die einseitige Konfrontation des Vertragspartners mit dieser Regelung („Stellen") durch den Verwender (§ 305 Abs 1 S 1) sowie das Fehlen von inhaltlicher Mitgestaltung durch den Vertragspartner (§ 305 Abs 1 S 2). Die vorgelagerten Schutzmechanismen der §§ 305 ff, die darauf zielen, zumindest die für eine selbstverantwortliche Interessenwahrung durch den Vertragspartner notwendige Information über Existenz und Inhalt der AGB sicherzustellen (§§ 305 Abs 2, 307 Abs 1 S 2, Abs 3 S 2) oder das durch pauschale, in der Regel stillschweigende Akzeptanz übernommene Risiko inhaltlich zu begrenzen (§§ 305b, 305c Abs 1), genügen nicht, um die bei Verwendung von AGB bestehenden Funktionsschwächen des Vertragsmechanismus zu kompensieren: Erst die offene gerichtliche Inhaltskontrolle sichert die effektive und grundsätzlich gleichberechtigte Berücksichtigung auch der Interessen des Vertragspartners bei AGB-Klauseln (so unter verfassungsrechtlichem Aspekt [Art 12 Abs 1 auf Seiten des Verwenders] iE auch BVerfG NJW 2005, 1036, 1037 [allerdings mit undifferenzierter Begründung]).

4 Die **Abwehrfunktion** der Inhaltskontrolle richtet sich demgegenüber unmittelbar gegen den Verwender (oder Empfehler) von AGB. Systematische Ausnutzung des vom dispositiven Recht eröffneten Gestaltungsfreiraums zur Durchsetzung eigener Interessen durch einseitige Regelaufstellung wird als Missbrauch der Vertragsfreiheit angesehen – insoweit stellt sich die Inhaltskontrolle von AGB auch als Ausprägung der allgemeinen Grundsätze zum **Institutionenmissbrauch** dar (Larenz-Wolf, AT [9. Aufl 2004] § 16 Rn 16; im Normtext der EG-RL [Art 3 Abs 1] kommt der Missbrauchsaspekt deutlicher zum Ausdruck als in § 307). Allerdings umschließt die Inhaltskontrolle, soweit sie im Einzelfall oder generell auf Zurückdrängung missbräuchlicher Klauseln gerichtet ist, *auch* die vorerwähnte individuelle Schutzfunktion (Rn 3), denn die Säuberung und Freihaltung des Rechtsverkehrs von unangemessenen Klauseln kommt gerade jenen besonders schutzbedürftigen Vertragspartnern zugute, die AGB nicht nur widerstandslos akzeptieren, sondern sich im konkreten Konfliktfall auch nicht gegen unangemessene Regelungen wehren. Die Abwehrfunktion der Inhaltskontrolle greift aber weiter, über den Interessenkreis des Vertragspartners hinaus: Sie sichert das grundsätzliche Funktionieren der Vertragsautonomie auch im notwendigerweise standardisierten Massenverkehr. Darin steckt, genau gesehen, zweierlei: Für die Praxis die Erleichterung einer Teilnahme an diesem Verkehr auf grundsätzlich fairer, rechtssicherer Grundlage; für die Rechtsordnung die Abstützung, damit letztlich aber auch Absicherung der Privatautonomie als zentrales Strukturelement unserer Privatrechtsordnung (zur immanenten Problematik dieses Ansatzes s noch unten Rn 5; das öffentliche Interesse an einer Bekämpfung missbräuchlicher Klauseln betont schon

L RAISER 283; vgl im Übrigen FASTRICH 55 ff, 89, 91 mwNw). Eine rechtsökonomische Sicht stützt die Inhaltskontrolle insoweit auf ein „Marktversagen" (so schon L RAISER 277; vgl MünchKomm/BASEDOW vor § 305 Rn 5), wobei eine mikro- (Vertragsverhältnis) und eine makroökonomische Ebene unterschieden werden können (WOLF, in: HADDING/HOPT [1990] 74 ff mwNw). So gesehen, kann auch die Abwehrfunktion der Inhaltskontrolle als *Schutzmechanismus* verstanden werden – allerdings hier nicht auf Individualschutz gerichtet, sondern auf **Schutz des funktionierenden, wettbewerbsgesteuerten Marktes** (besonders deutlich KÖNDGEN NJW 1989, 943, 946, 950: „Aufrechterhaltung des Wettbewerbsprozesses" als Schutzgut des [damaligen] AGBG; dieses als „dritter Weg zur Kontrolle marktwidrigen Unternehmerverhaltens" [neben GWB und UWG]; vgl Rn 47 und 315; s auch RIESENHUBER, Privatrechtsgesellschaft [2007] 21 mwNw; zum Marktbezug auch der EU-KlauselRL s unten Rn 7). Dass die diesem Markt eigenen Kontroll- und Korrekturmechanismen auf dem Gebiet der Klauselpraxis nicht funktionieren (eher umgekehrt: statt „Lauterkeitswettbewerb" eher „Unlauterkeitswettbewerb"), ist allgemein anerkannt (vgl KÖTZ, Gutachten zum 50. DJT A 29 ff; ULMER ebd H 19 f; KÖNDGEN NJW 1989, 943, 946 f; MünchKomm/BASEDOW vor § 305 Rn 6).

Zwecke und Funktion der Inhaltskontrolle haben als gemeinsamen Richtpunkt die (konkrete und generelle) **Gewährleistung von Vertragsgerechtigkeit** im Sinne einer **„vertraglichen Richtigkeitsgewähr"** (zu diesem Begriff grundlegend SCHMIDT-RIMPLER AcP 147 [1941] 130 ff; ders, in: FS Raiser [1974] 3 ff; als Richtpunkt vertraglicher Inhaltskontrolle vor allem FASTRICH 51 ff, 91 f). Aus **verfassungsrechtlicher Sicht** greift die Inhaltskontrolle deshalb nicht in die Berufsfreiheit des Verwenders (Art 12 GG) ein, sondern dient vielmehr der Kompensation ungleicher Verhandlungsmacht und damit der **„Herstellung praktischer Konkordanz" zwischen der Privatautonomie beider Vertragspartner** (BVerfG NJW 2011, 1339 Rn 35, 38; NZA 2007, 85, 87). Es werden sich auch kaum aus allgemeinen Verfassungsgarantien (Vertragsfreiheit; Differenzierungsgebot gem Art 3 Abs 1 GG) konkrete Gestaltungsanforderungen für den Gesetzgeber ableiten lassen (so aber LEUSCHNER AcP 207 [2007] 491 ff, 525 ff für Lockerungen im unternehmerischen Verkehr). Als euphemisch erscheinen demgegenüber Versuche, sie mit dem Konzept der Privatautonomie dadurch zu harmonisieren, dass man sie als Instrument zur Ermöglichung und Wiederherstellung *wirtschaftlicher Selbstbestimmung* begreift (so vor allem DREXL 342 f; vgl HEINRICHS, in: HADDING/HOPT [1990] 111). Dies trifft zwar zu, soweit die Kontrolle nicht auf den sachlichen Inhalt, sondern auf die Klarheit und Verständlichkeit der Klauseln gerichtet ist (zum Transparenzgebot Rn 170). Im Übrigen können aber keine Formulierungskünste darüber hinwegtäuschen, dass richterliche Angemessenheitskontrolle private wirtschaftliche Selbstbestimmung grundsätzlich nicht „wiederherstellt", sondern substantiell *ersetzt.* Auch wenn dies aus der übergreifenden Verantwortung des Staates für eine grundsätzlich gerechte Privatrechtsordnung legitimiert werden kann (vgl FASTRICH 54 f), so dürfen die mit staatlicher Inhaltskontrolle privater Verträge verbundenen Gefahren doch nicht überspielt werden. Diese bestehen nicht nur in einer Einschränkung privater Gestaltungsfreiheit, sondern auch in jenem circulus vitiosus, der zwischen staatlichem Schutz und individueller Selbstverantwortung besteht: Der Schutz will geminderter Selbstverantwortlichkeit Rechnung tragen, führt aber seinerseits zu einer Minderung des Verantwortungsgefühls. Wenn die Rechtsprechung gelegentlich hervorhebt, es sei nicht Zweck des AGB-Rechts, dem Vertragspartner jedes Risiko aus eigener Nachlässigkeit oder Unüberlegtheit zu nehmen (BGH BB 1984, 941, 942; ZIP 1997, 282, 285; OLG Köln NJW 1983, 1002, 1003), so ist damit dieselbe Problematik bezeichnet, die sich **5** auf verbraucherschutzrechtlicher Ebene in den miteinander kollidierenden Leitbildern des „hilflosen, uninformierten Verbrauchers" oder des „verständigen, zu eigener Interessenwahrung grundsätzlich fähigen und bereiten Verbrauchers" widerspiegelt (vgl Dreher JZ 1997, 167 ff mwNw; Reich JZ 1997, 609 f; Schünemann, in: FS Brandner [1996] 2279 ff; Kapnopoulou 21 ff zum gemeinschaftsrechtlichen Verbraucherbegriff). Es handelt sich um die **angemessene Grenzlinie zwischen gebotener Inhaltskontrolle als Kompensation für einen nicht mehr funktionsfähigen Vertragsmechanismus und jenem Restbereich an Eigenverantwortlichkeit, die dem Vertragspartner auch gegenüber AGB noch möglich und zumutbar ist** (eine besonders deutliche Ausprägung der Problematik findet sich bei den Anforderungen, die an die Transparenz einer Klausel für den „Durchschnittskunden" zu stellen sind, dazu unten Rn 94 ff). Hier liegt der Kern der Meinungsverschiedenheiten bei der rechtspolitischen Bewertung der richterlichen Kontrollpraxis (s Vorbem 5 zu §§ 307–309). Schnelle Faustformeln oder Vermutungen helfen dabei nicht weiter: Wer „in dubio pro libertate" plädiert, scheint sich auf ein dem Privatrechtssystem immanentes Ordnungsprinzip berufen zu können (s oben Rn 2; für den unternehmerischen Bereich tendenziell Pres 143 ff; 166 ff, 203 ff), läuft aber Gefahr, nur der Freiheit des AGB-Verwenders das Wort zu reden. Wer wohlgemeinte Fürsorge zum Leitprinzip erhebt, fördert damit unausweichlich das Bild vom „unmündigen Bürger" und trägt zur Erosion der Privatautonomie bei (vgl Medicus, Abschied von der Privatautonomie im Privatrecht [1990]; ders JuS 1996, 761 ff; Dreher JZ 1997, 167, 176 ff; Hommelhoff, Verbraucherschutz [1996]; Rittner, in: FS Müller-Freienfels [1986] 509 ff). **Die Konkretisierung der Grenzlinie ist eine ständig neu zu leistende Aufgabe**, deren erhebliche Bedeutung für die Grundlagen der Privatrechtsordnung bewusst bleiben sollte. Es handelt sich damit aber um eine Aufgabe auch schon auf **verfassungsrechtlicher Ebene** (s oben; Oetker AcP 212 [2012] 202, 215 ff). § 307 weist mit seiner generalklauselartigen Fassung (vgl unten Rn 9) diese Aufgabe im Wesentlichen (im Rahmen der gesetzlichen Vorgaben) den Gerichten zu; darin steckt die Entscheidung des Gesetzgebers für eine fall- und situationstypisch orientierte, also ausdifferenzierte Konkretisierung anstelle einer abstrakt-pauschalierenden Grenzziehung.

b) Erstreckung auf Verträge zwischen Unternehmern

5a Die vorstehend herausgearbeiteten Legitimationsgrundlagen für eine gerichtliche AGB-Kontrolle haben im Grundsatz auch Bedeutung für den unternehmerischen Rechtsverkehr. Dies gilt vor allem für die *situative Unterlegenheit* desjenigen, der von der anderen Seite mit vorformulierten Vertragsbedingungen konfrontiert wird; aber auch *strukturelles Ungleichgewicht* (vgl Rn 3) ist in der Geschäftswelt kein unbekanntes Phänomen. Der Gesetzgeber hat dem Rechnung getragen durch die Einbeziehung auch des unternehmerischen Verkehrs in die AGB-Kontrolle, wenngleich in flexibilisierter Form (§ 310 Abs 1): Die besonderen Klauselverbote der §§ 308, 309 sind nicht unmittelbar anwendbar; die gerichtliche Klauselkontrolle bei Unternehmerverträgen findet ausschließlich im Rahmen der Generalklausel des § 307 statt, womit – wie es auch § 310 Abs 1 S 2 HSatz 2 ausdrücklich anordnet – den Besonderheiten des Unternehmerverkehrs Rechnung getragen werden kann. Zu der diesbezüglichen Prüfung der Gerichte gehört insbesondere auch die Frage, ob gesetzgeberischen Wertungen aus §§ 308, 309 auch im konkreten unternehmerischen Vertrag Gewicht und damit Bedeutung im Rahmen der Abwägung nach § 307 zukommt (näher Rn 14; Staudinger/Schlosser § 310 Rn 1 ff).

Die Erstreckung der AGB-Kontrolle auf den unternehmerischen Bereich („B2 B-Verträge") war bei Schaffung des AGBG zunächst umstritten (Schlosser/Coester-Waltjen/Graba, AGBG [1977] § 9 Rn 17 ff [Graba], § 24 Rn 1 ff [Schlosser]), und ist es auch in jüngster Zeit wieder in besonderem Maße (krit insb Berger ZIP 2007, 2149 ff; ders NJW 2010, 465 ff; Dauner-Lieb/Axer ZIP 2010, 309 ff; Leuschner JZ 2010, 875 ff; Kessel, Referat zum GutA Micklitz, 69. DJT [2012]; **dagegen** vWestphalen ZIP 2007, 149 ff; ders NJW 2009, 2977; ders BB 2011, 193 ff; vgl des Weiteren Leyens/Schäfer AcP 210 [2010] 771, 793 ff; Leo/Ghassemi-Taber NJW 2010, 3710). Hintergrund der Kritik ist zum einen die weitgehende Übertragung der Verbotswertungen der §§ 308, 309 auf den unternehmerischen Bereich durch die Rechtsprechung – der BGH will ihnen eine Indizwirkung im Rahmen der Unangemessenheitskontrolle des § 307 beimessen (BGHZ 174, 1, 5), was dem AGB-Verwender praktisch eine Gegen-Darlegungslast zuweist (Oetker AcP 212 [2012] 202, 224 mit Hinweis auf insoweit inkonsistente Aussagen des BGH). Damit bleibt – der Kritik zufolge – dem unternehmerischen Verkehr nur wenig Zusatzfreiraum im Vergleich zum Verkehr mit Verbrauchern. Zum zweiten verweist die Kritik an der deutschen Rechtspraxis auf angeblich zuwiderlaufende europäische Tendenzen: Zahlreiche Staaten kontrollieren AGB im unternehmerischen Verkehr gar nicht oder äußerst begrenzt (zur Rechtsvergleichung s Wolff/Pfeiffer Einl Rn 47 ff, Ulmer/Habersack Einl Rn 105 ff), und die EG-KlauselRL beschränkt sich auf Verbraucherverträge (vgl Vorbem 7 zu §§ 307–309). Die Tendenzen des Gemeinschaftsrechts sind aber nicht klar: Der DCFR (vBar/Clive/Schulte-Nölke ua, Principles, Definitions and Model Rules of European Private Law: Draft Common Frame of Reference, Outline Edition [2009], Book II, Chap 9, Sec 4) sieht eine – wenngleich im Vergleich zum deutschen Recht eingeschränkte – AGB-Kontrolle auch im unternehmerischen Bereich vor (Art II – 9:405; dazu Leyens/Schäfer ATP 210 [2010] 771 ff; Oetker AcP 212 [2012] 202, 210 ff), und auch der VO-Vorschlag der Europäischen Union für ein Gemeinsames Europäisches Kaufrecht (KOM [2011] 635 endg) erstreckt die dort vorgesehene AGB-Kontrolle (Art 82–85) mit abgeschwächtem Kontrollmaßstab auf Unternehmervertäge (Art 86). Bemerkenswerterweise wird dabei aber auch innerhalb des unternehmerischen Bereichs differenziert zwischen Großunternehmen und „kleinen oder mittleren Unternehmen" (KUM): Nur wenn zumindest ein KUM Vertragspartei ist, findet die abgeschwächte AGB-Kontrolle statt (Art 7 Abs 1) – Verträge zwischen Großunternehmen sollen also völlig kontrollfrei bleiben (ähnlich Literaturvorschläge *de lege ferenda,* Verträge ab einem gewissen Volumen kontrollfrei zu stellen, Leuschner AcP 207 [2007] 491, 528; ders JZ 2010, 875, 882 [1.000. 000 €]; Becker JZ 2010, 1098, 1105 [500.000 €]; ablehnend Oetker AcP 212 [2012] 202, 219). In diesen Regelungen klingt neben der situativen Unterlegenheit des Kunden auch der Gesichtspunkt einer strukturellen Unterlegenheit bzw Unerfahrenheit *innerhalb* des unternehmerischen Bereichs an (so nachdrücklich Micklitz, GutA 69. DJT [2012] A 34). Insgesamt ist weder von der Sache noch vom Gemeinschaftsrecht her ein Grund erkennbar, warum die gesetzgeberische Entscheidung revidiert werden sollte, auch im unternehmerischen Bereich AGB einer (flexiblen) Missbrauchskontrolle zu unterziehen (ähnlich MünchKomm/Basedow § 310 Rn 3 [„vernünftige Mittellösung"]; Oetker AcP 212 [2012] 202, 219, 233). Unberührt bleibt die Notwendigkeit, über die angemessenen Differenzierungen zwischen Verbraucher- und Unternehmerbereich, aber auch innerhalb des Unternehmerbereichs erneut nachzudenken (vgl dazu auch Kessel, Referat zum GutA Micklitz, 69. DJT; Drygala JZ 2012, 983 ff). 5b

c) Der gemeinschaftsrechtliche Verbraucherschutzansatz

Die Anknüpfung des gemeinschaftsrechtlichen Schutzes vor missbräuchlichen Klau- 6 seln im Verbrauchervertrag (sowie des darauf aufbauenden § 310 Abs 3, 4 S 2) hat einen **anderen Ausgangspunkt** als die ursprüngliche Konzeption des deutschen AGB-Rechts (s schon Vorbem 7 zu §§ 307 ff). Die Abweichungen sollten aber weder im Grundsätzlichen noch in den Ergebnissen überschätzt werden. Der Verbraucherschutz war vom AGBG zwar nicht zum Tatbestand erhoben, von dessen eigenständigem Schutzansatz aber ohne weiteres „mitgeleistet" worden: Die „Vertragspartner" im nichtberuflichen Verkehr sind ganz überwiegend auch „Verbraucher". Die Zulassung der Verbraucherschutzverbände zur Verbandsklage (§ 1, 3 UKlaG) zeigt, dass sich der Gesetzgeber des verbraucherschützenden Effekts der AGB-Kontrolle nicht nur bewusst war, sondern ihn gezielt gefördert hat (vgl Heinrichs NJW 1993, 1817, 1818; Pflug 28; E Schmidt JuS 1987, 929, 932; ausführlich Damm JZ 1994, 161, 166 ff). Umgekehrt nehmen auch die EG-RL sowie § 310 Abs 3 ihren Ausgangspunkt nicht beim konkret-individuellen Macht- und Kräftegefälle zwischen den Vertragsparteien, sondern bei einer – der bisherigen deutschen Konzeption durchaus ähnlichen – **situativen Unterlegenheit des Vertragspartners** (vgl oben Rn 3): derjenigen des privat handelnden Individuums, das professionellen Akteuren auf deren Berufsfeld gegenübertritt (vgl BVerfG NJW 2007, 286, 287 f: „Ausgleich eines strukturellen Ungleichgewichts zweier Vertragspartner"; dazu auch Leuschner AcP 207 [2007] 491 ff). Das eine Inhaltskontrolle legitimierende Ungleichgewicht der Kräfte wird also *rollenspezifisch* definiert (Dauner-Lieb, Verbraucherschutz 141 ff; Frey ZIP 1993, 572; Heinrichs NJW 1996, 2190, 2194; Hommelhoff AcP 172 [1972] 71, 90 ff) – in der geschützten Rolle des „Verbrauchers" können sich ohne weiteres auch rechts- und geschäftskundige Personen wie beispielsweise Wirtschaftsführer oder Rechtsanwälte wiederfinden, soweit sie außerhalb ihrer Berufstätigkeit Verträge schließen; in der Rolle des „Unternehmers" befinden sich auch Handwerker oder Kleingewerbetreibende. Auch das EG-Recht zielt also primär auf die *Situation,* nicht die *Personen* des Vertragsschlusses ab; nur werden Paritätsstörung und Schutznotwendigkeit aus etwas abweichenden Kriterien hergeleitet. Dieser Einschätzung stehen nicht Art 4 Abs 1 RL, § 310 Abs 3 Nr 3 entgegen, die das Augenmerk des Rechtsanwenders auf die „den Vertragsschluss begleitenden Umstände" lenken. Wie insbesondere Erwägungsgrund 16 der RL verdeutlicht, soll es auch insoweit nicht primär um die persönlichen Qualifikationen der Vertragsbeteiligten gehen, sondern um eine „globale Bewertung der Interessenlage der Parteien", um das „Kräfteverhältnis zwischen den *Verhandlungspositionen* der Parteien" (Hervorhebung hinzugefügt) – unbeschadet des Umstands, dass dabei auch die ökonomische oder intellektuelle Stärke der Parteien selbst eine Rolle spielen kann (näher Staudinger/Schlosser § 310 Rn 72). Es bleibt zu ergänzen, dass eine nach Rollen und Verkehrskreisen differenzierende Sicht auch dem BGB nicht fremd ist (s § 310 sowie unten Rn 111 ff).

7 Verbraucherschutz vor missbräuchlichen Klauseln und herkömmlicher Schutz vor AGB sind demnach **zwei Interventionsansätze, die sich weitgehend im Ziel decken, dies jedoch auf unterschiedlichem Weg zu erreichen versuchen**. Dies gilt auch insoweit, als neben dem jeweils intendierten Individualschutz für beide Ansätze auch der **Marktschutz** einen bedeutsamen Gesichtspunkt darstellt (für das deutsche AGB-Recht s oben Rn 4; für die Klausel-RL EuGH v 16. 11. 2010 – Rs C-76/10 [Pohotovost], BeckRS 2012, 81370 Rn 41; EuGH v 14. 6. 2012 – Rs C-618/10 [Banco Español de Credito], NJW 2012, 2257 Rn 69). Die Treffsicherheit des Verbraucherkriteriums für reale Schutzbedürftigkeit scheint dabei geringer als das der „AGB" gem § 305 (vgl Rn 3; kritisch zur Ausblendung der „Kleinhändler" gegenüber den Großlieferanten oder -abnehmern Kapnopoulou

81 ff; DAMM JZ 1994, 161 ff, 167 ff). Liegen letztere vor, so ist der vom EG-Recht vorgezeichnete Verbraucherschutz vom herkömmlichen deutschen AGB-Schutz grundsätzlich mitumfasst; im übergreifenden Schutzbereich „AGB im nichtberuflichen Verkehr" wird lediglich ein Sonderbereich „Verbrauchervertrag" konstituiert, in dem die Maßstäbe des deutschen Rechts fortan vom (weitgehend deckungsgleichen) EG-Recht überlagert werden (Einzelheiten Rn 62 ff; zum Verbraucherschutzansatz als „minus" gegenüber dem deutschen AGB-Recht s ULMER EuZP 1993, 337, 341, 346). Liegen keine AGB vor, so ist der Verbraucherbegriff zu diffus, um eine generelle Vertragskontrolle rechtfertigen zu können (so jedoch zunächst der RL-Entwurf ABlEG 1990 C 243/2; s auch FASTRICH 117 ff; HOMMELHOFF AcP 192 [1992] 71, 90 f). Anders jedoch, wenn das Merkmal der „Vorformulierung" einer Vertragsbedingung hinzutritt: Mag auch dieses für sich genommen noch nicht genügen, um eine gerichtliche Inhaltskontrolle zu legitimieren (BGH ZIP 1987, 1439; COESTER-WALTJEN AcP 190 [1990] 1, 20 f; FASTRICH 94 ff, insbesondere 100 ff; LIEB DNotZ 1989, 274, 291), so kann doch im Zusammenwirken mit dem rollenspezifischen Schutzansatz des Verbraucherrechts eine tragfähige und hinreichend abgrenzbare Grundlage gesehen werden. Als Rechtfertigung der Inhaltskontrolle ersetzt die rollentypische Unterlegenheit des Verbrauchers also funktional die besondere Schutzbedürftigkeit des Vertragspartners, die nach § 305 Abs 1 aus der strategischen Konzeption von AGB („Vielzahl von Verträgen") und dem gezielten Einsatz durch den Verwender („Stellen") hergeleitet wird (Einzelheiten bei STAUDINGER/SCHLOSSER § 310 Rn 61 ff). Damit kann die Inhaltskontrolle von AGB auch in den Gesetzesfassungen seit 1996 (zunächst AGBG, dann §§ 305 ff) als zwar thematisch erweiterte, in sich aber insgesamt noch stimmige Schutzintervention bei Verwendung vorformulierter Vertragsbedingungen und deshalb gestörter Vertragsparität angesehen werden (s Vorbem zu §§ 307 ff).

3. Funktion und systematische Stellung des § 307

a) Funktion

§ 307 ist die **Leitnorm** für die richterliche Inhaltskontrolle von AGB und vorformulierten Verbraucherverträgen (s Vorbem 13 zu §§ 307 ff). Sie bezeichnet die *Schutzrichtung* der Kontrolle (Interessen des Vertragspartners; näher unten Rn 93), ihren *Maßstab* und die *Eingriffsschwelle* (unangemessene Benachteiligung; näher Rn 83) sowie die *Folgen eines Verstoßes* gegen die Anforderungen der §§ 307–309 (s Rn 54 ff). Der Kontrollmaßstab wird in Abs 2 sowie §§ 308, 309 teils systematisch, teils punktuell entfaltet, im Übrigen obliegt seine Konkretisierung den Gerichten. In sachlicher Hinsicht kommt § 307 im Verhältnis zu den gesetzlichen Klauselverboten der §§ 308, 309 eine **Auffangfunktion** zu (vgl Vorbem 20 zu §§ 307 ff), für die Inhaltskontrolle im beruflichen Verkehr ist § 307 die alleinige Grundlage (§ 310 Abs 1). 8

Obwohl als vollzugsfähige Norm ausgestaltet (Vorbem 20 zu §§ 307 ff), hat § 307 aufgrund seiner weitgreifenden, auch in Abs 2 noch sehr unbestimmten Rechtsbegriffe den Charakter einer **Generalklausel**, die an Bedeutung derjenigen des § 242 heute kaum nachsteht (HEINRICHS, in: HADDING/HOPT S 101, 106 f will ihr sogar den ersten Platz im Verhältnis zu §§ 138, 242 einräumen; vgl auch ders, in: 10 Jahre AGBG 23, 28). Insoweit gelten für § 307 dieselben rechtstheoretischen methodischen Erkenntnisse, wie sie schon für andere Generalklauseln entwickelt worden sind (vgl vor allem WIEACKER, Zur rechtstheoretischen Präzisierung des § 242 BGB [1956]): Unter Begriffe wie „unangemessene Benachteiligung" oder „Treu und Glauben" kann nicht subsumiert werden; „An- 9 wendung" der Generalklausel bedeutet **Konkretisierung** der allgemeinen Wertungsvorgaben des Gesetzes für eine bestimmte Klausel und den Lebenssachverhalt, in den sie eingebettet ist. Dabei handelt es sich um eine wertende Abwägung, die den im Allgemeinen bleibenden Ordnungsplan des Gesetzes „zu Ende denkt" (zum hermeneutischen Prozess des Hin- und Herwanderns des Blicks zwischen Norm und Sachverhalt vgl ESSER, Vorverständnis und Methodenwahl [1972] 40 ff, 153; zur Rechtskonkretisierung bis hin zu einer „Fallnorm" vgl FIKENTSCHER, Methoden des Rechts IV 129 ff). Hierzu hat der Gesetzgeber mit den „offenen" Tatbestandsmerkmalen des § 307 die Gerichte beauftragt und ermächtigt (KÖNDGEN NJW 1989, 943, 946; ULMER, in: 10 Jahre AGBG 1, 10 f; WESTERMANN, in: FS Steindorff [1990] 817, 819). Im Zentrum ihrer Verantwortung liegt dabei die sich kasuistisch vorantastende, aber doch einer stimmigen rechtspolitischen wie -dogmatischen Konzeption verpflichtete Konkretisierung der Grenzlinie zwischen gebotenem Schutz und privater Freiheit sowie Selbstverantwortung (Rn 5).

b) Verhältnis zu §§ 308 und 309

10 Zur gesetzlichen Systematik der §§ 307–309 und der sich daraus ergebenden Prüfungsreihenfolge s bereits Einl 23 zu §§ 307–309. Obwohl § 307 demnach eigentlich nur subsidiär zum Zuge käme, ist seine praktische Bedeutung wesentlich größer. So muss es zunächst als legitim bezeichnet werden, wenn der Rechtsanwender bei Auslegungszweifeln über einzelne Klauselverbote der §§ 308 oder 309 im konkreten Fall auf die Begründung ausweicht, die Klausel sei „jedenfalls" nach einem der Tatbestände des § 307 wirksam (Vorbem 29 zu §§ 307 ff). Im Interesse einer klaren Ausdifferenzierung des gesetzlichen Systems und der Übersichtlichkeit der Rechtsentwicklung wäre es freilich zu begrüßen, wenn sich die Gerichte im Allgemeinen um eine Abgrenzung des Anwendungsbereichs der verschiedenen der Inhaltskontrolle dienenden Normen bemühten (zum Verhältnis von § 307 Abs 1 und 2 s noch unten Rn 227). Des Weiteren wirkt § 307 insoweit in §§ 308, 309 hinein, als der grundlegende Maßstab des § 307 Abs 1 auch dort, insbesondere bei den Wertungsbegriffen des § 308 zu beachten ist (WOLF/WOLF § 307 Rn 6). Daraus sowie aus dem Spezialitätsgrundsatz folgt aber auch, dass eine nach §§ 308 oder 309 für unwirksam befundene Klausel nicht einer erneuten Gesamtabwägung nach § 307 unterzogen und dabei möglicherweise doch für wirksam erklärt werden kann (Vorbem 21, 23 zu §§ 307 ff).

11 Schließlich fungiert § 307 als **Auffangvorschrift** für die Beurteilung aller Klauseln, die an §§ 308, 309 nicht oder nicht abschließend gemessen werden können. Für den **unternehmerischen Verkehr** weist das Gesetz in § 310 Abs 1 S 2 auf diese Funktion des § 307 – vorbehaltlich der Besonderheiten des beruflichen Verkehrs – hin. So kann beispielsweise auch unter Unternehmern der Verwender nicht einen vagen Rücktrittsvorbehalt bezüglich seines eigenen Leistungsversprechens statuieren (vgl § 308 Nr 3) und damit die vereinbarte Äquivalenz von Leistung und Gegenleistung in Frage stellen (BGH NJW 2009, 575 Rn 27 f, 32 ff, 38 [Leasingvertrag]). § 307 kommt aber auch generell als Auffangvorschrift in Betracht, wenn die Klauselthematik von den Verbotskatalogen gar nicht erfasst wird (auch etwa wegen gezielter „Umgehungsversuche", so dass § 306a ohne weiteres in § 307 aufgeht) oder wenn ein Verbot innerhalb der Kataloge den Wertungsbereich des § 307 nicht ausschöpft (vgl Vorbem 21 zu §§ 307–309 sowie Einzelkommentierung STAUDINGER/COESTER-WALTJEN zu §§ 308, 309), insbesondere wenn es nur allgemeine Mindeststandards festlegt (wie etwa die mindestens viermonatige Preisstabilität nach § 309 Nr 1 [vgl BGH NJW 2003, 507, 508], die maximalen zeitlichen Vertragsbindungen nach § 309 Nr 9 oder die unabdingbare Haftung jedenfalls für grobes Verschulden nach § 309 Nr 7b), oberhalb dieser Standards aber keine endgültige Bewertung treffen will. Diese Bewertung mag von der konkreten Klauselausgestaltung oder dem besonderen Vertragstyp abhängen, für den die Klausel Geltung beansprucht (vgl BGH NJW-RR 2005, 1496, 1498 f [Beweislast beim Vertragshändlervertrag – kein Verstoß gegen § 309 Nr 12, aber unangemessen gem § 307 Abs 1]). Deshalb können zB auch Preisänderungsvorbehalte nach Ablauf von 4 Monaten (BGHZ 82, 21, 23; NJW 1980, 2518; 1983, 1604), kürzere Laufzeitbindungen als in § 309 Nr 9 (BGHZ 90, 280, 283) oder ein Haftungsausschluss für leichte Fahrlässigkeit trotz seiner Verträglichkeit mit § 309 Nr 7b im Einzelfall als unangemessen iSv § 307 eingestuft werden (zur Bedeutung des konkreten Vertragstyps vgl zB für den Fall einer sechsmonatigen Verlängerungsklausel bei Nichtkündigung innerhalb der Primärlaufzeit: OLG Düsseldorf NJW-RR 1995, 369 [Partnerschaftsvermittlung: unwirksam]; OLG Celle NJW-RR 1995, 370, 371; BGH ZIP 1997, 282, 284 f [Fitness-Studio: wirksam]; vgl im Einzelnen Rn 550, 604). Das Gleiche gilt, wenn ein besonderes Klauselverbot – wie zB § 309 Nr 6 für das Vertragsstrafeversprechen – wegen der „im Arbeitsrecht geltenden Besonderheiten" (§ 310 Abs 4 S 2) auf **Arbeitsverträge** nicht anzuwenden ist: Die konkrete Ausgestaltung der Vertragsstrafenklausel kann dann immer noch am Maßstab des § 307 gemessen werden (BAG NZA 2004, 727, 732 mwNw). Erst recht ist der Rekurs auf § 307 möglich, wenn und soweit die Vertragsstrafenklausel über den Tatbestand des § 309 Nr 6 hinausgeht (BGH NJW 1999, 1108 ff; 2000, 2106, 2107; 2002, 2322, 2323; NJW-RR 2002, 806; BAG NZA 2005, 1053, 1054 f).

12 Allerdings darf dabei eine gewisse **Rückwirkung der gesetzlichen Wertungen in §§ 308, 309 auf die Abwägung nach § 307** nicht übersehen werden. Dies gilt zum einen für die Abgrenzung der nach §§ 308, 309 grundsätzlich *unbedenklichen* Regelungsinhalte (zur Einstufung als „Erlaubnisnormen" s Rn 302 ff). So kann beispielsweise aus § 309 Nr 9b die Auffassung des Gesetzgebers entnommen werden, dass stillschweigende Vertragsverlängerungen bis zu einem Jahr *regelmäßig* hinzunehmen sind; aus § 309 Nr 13 kann gefolgert werden, dass die Einhaltung einfacher Schriftform durch AGB im Allgemeinen vorgeschrieben werden darf. Derartige Regelwertungen des Gesetzes dürfen von den Gerichten im Rahmen einer Beurteilung nach § 307 nicht „auf den Kopf gestellt werden" (BGH NJW 1987, 2012, 2013). Vielmehr ist in einem ersten Schritt sorgfältig zu ermitteln, welche Interessen und Gesichtspunkte der Gesetzgeber bei Aufstellung der Regelwertung bereits berücksichtigt hat – diese allein können dann bei einer Beurteilung nach § 307 nicht eine gegenteilige Bewertung tragen. Ebensowenig kann die gesetzliche Regelwertung nicht schon durch „allgemeine Überlegungen" relativiert werden; wohl aber können besondere, „fallspezifische" Gesichtspunkte, die in einem zweiten Schritt herauszuarbeiten sind, das Unwirksamkeitsverdikt nach § 307 rechtfertigen (vorbildlich BGH ZIP 1997, 282, 284 für eine Verlängerungsklausel beim Fitnessvertrag; im Einzelnen Rn 604).

Des Weiteren können die **Klauselverbote der §§ 308, 309** aber auch als **punktuelle Ausprägungen eines übergreifenden Rechtsprinzips** verstanden werden – etwa § 308 Nr 7 für den Grundsatz, dass die synallagmatische Leistungsverknüpfung beim gegenseitigen Vertrag auch bei der Rückabwicklung zu beachten und AGB-rechtlich zu schützen ist. Insoweit kann, wenn die konkrete Klausel nicht unter den begrenzten Verbotstatbestand fällt, dieser dennoch zur Abstützung und Konkretisierung eines entsprechenden „Grundgedankens der gesetzlichen Regelung" iSv § 307 Abs 2

Nr 1 herangezogen werden und somit über diese Vorschrift das Unwirksamkeitsurteil mittelbar beeinflussen (vgl BGH BB 1982, 72, 73 [zu § 10 Nr 7 AGBG]; ZIP 1998, 70, 71 [zu § 11 Nr 10 b AGBG]; vgl weiter unten Rn 242). In ähnlicher Weise kann die Wertung des § 309 Nr 3 bei der Frage herangezogen werden, inwieweit die Aufrechnungsbefugnis des *Bürgen* (§ 770 Abs 2) als unangemessen einzustufen ist gem § 307 Abs 1, 2 (BGH NJW 2003, 1521, 1522 f).

13 Eine Konkretisierungsfunktion für den Unangemessenheitsmaßstab des § 307 entfalten die §§ 308, 309 des Weiteren bei **Kunden-AGB** („Einkaufsbedingungen"). §§ 308, 309 sind aus der Perspektive der Klauselverwender geschrieben, welche selbst die vertragscharakteristische Hauptleistung erbringen sollten: Gedacht hat man an AGB des Verkäufers, Werkunternehmers, Vermieters usw. Nicht selten stellt aber gerade der Abnehmer der vertragscharakteristischen Hauptleistung „seine" AGB. Die aktuelle Tendenz der Kautelarpraxis ist geradezu dadurch gekennzeichnet, dass sich die Abnehmer ihrer Marktmacht mehr und mehr gerade auf diesem Gebiet bewusst werden. Aufgrund der Ausschreibungspraxis ist dies vor allen Dingen im Bauwesen der Fall (für Großmärkte/Baumärkte vgl BGH NJW 2006, 47 ff). Auf die aus Sicht des Abnehmers formulierten Regelungen passen die Verbotstatbestände der §§ 308, 309 oft inhaltlich nicht, so dass als Kontrollgrundlage nur § 307 in Betracht kommt. Wertungsmäßig können die speziellen Verbote dennoch einschlägig sein, da und soweit ihre Sachthematik in den Kunden-AGB nur „von der anderen Seite her" behandelt wird. Dann bietet sich im Rahmen von § 307 eine **spiegelbildlich-analoge Anwendung von Vorschriften aus den Verbotskatalogen** an: Der Verwender kann zB seinem Vertragspartner keine unangemessen kurze Leistungs- oder Nachfrist (§ 281 Abs 1, 323 Abs 1) auferlegen oder ihn einer unangemessen kurzen Fristbestimmung aussetzen (§ 308 Nr 1, 2). Er darf für den Fall seines Rücktritts vom Vertrag oder einer Vertragskündigung auch keine von ihm selbst zu leistende unangemessen niedrige Vergütung für die Nutzung oder den Gebrauch einer Sache oder für erbrachte Leistungen und Aufwendungen vorsehen (vgl § 308 Nr 7). Haftungsverschärfungen für den Lieferanten-Kunden unterliegen entsprechenden Beschränkungen wie Freizeichnungen von eigener Haftung des Verwenders (vgl vWestphalen, in: FS Trinkner [1995] 441 ff, 452 f; zu Freizeichnungsklauseln unten Rn 431 ff). Die Vorschriften des § 309 lassen sich freilich spiegelbildlich-analog in aller Regel nur in einer wertausfüllungsbedürftigen Form anwenden. Sicherlich kann der Besteller einer gekauften Sache oder einer Werkleistung die gesetzliche Gewährleistungspflicht verlängern (vgl Staudinger/Coester-Waltjen § 309 Nr 10 Rn 90), aber nicht in einem unangemessenen Ausmaß (vgl BGH NJW 2006, 47: ja auf 3 Jahre [S 48], nicht aber auf 10 Jahre [S 50]). Da, wo das an sich dispositive Recht, welches einem speziellen Klauselverbot zugrundeliegt, nicht nur Maximal- oder Minimallösungen vorsieht, sondern den Anspruch erhebt, nach beiden Richtungen angemessener Interessenausgleich zu sein, gibt es aber sogar im Rahmen von § 309 einen Anwendungsbereich für eine unmittelbare spiegelbildliche Anwendung der Norm. So kann der AGB-Verwender als Besteller einer Leistung seinem Vertragspartner nicht formularmäßig ein Vertragsstrafeversprechen für den Fall des Leistungsverzugs abverlangen. Der Besteller einer Werkleistung kann formularmäßig nicht das Nachbesserungsrecht des Werkunternehmers zugunsten eines Minderungsrechts abbedingen (vgl Staudinger/Coester-Waltjen § 309 Nr 8 Rn 99).

14 Eine ähnliche Bedeutung können die Verbote der §§ 308, 309 bei der Klauselbeurteilung nach § 307 im **unternehmerischen Verkehr** entfalten. Unmittelbar anwendbar sind die Kataloge nicht (§ 310 Abs 1), was allerdings einer Kontrolle einschlägiger Klauseln nach § 307 nicht entgegensteht; dabei ist jedoch auf die Besonderheiten des Handels- und des beruflichen Verkehrs Rücksicht zu nehmen. Die Grundentscheidung des AGBG-Gesetzgebers, die Klauselkontrolle grundsätzlich auch auf den beruflichen Verkehr auszudehnen, ist auch bei den späteren Gesetzesänderungen (Umsetzung der EG-KlauselRL; Integrierung ins BGB im Rahmen der Schuldrechtsreform) bestätigt worden. Ausgehend von dem Umstand, dass §§ 308, 309 als gesetzliche Konkretisierungen der Generalklausel des § 307 fungieren, wird die Regelung des § 310 Abs 1 zT so verstanden, dass den Klauselverboten für den beruflichen Verkehr zwar keine strikte Geltung, wohl aber eine *Indizwirkung* zukommt, die nur mit Hinblick auf die besonderen kaufmännischen oder sonstigen beruflichen Interessen widerlegt werden könne. Begründet wird dies auch mit dem generellen Gerechtigkeitsgehalt der Klauselverbote, der grundsätzlich auch für den beruflichen Verkehr zuträfe, und damit, dass viele der Verbote vor Erlass des AGBG von der Rechtsprechung gerade auch für den kaufmännischen Bereich entwickelt worden waren (BGHZ 90, 278; NJW 1985, 2693; vgl Begründung zum RegE BT-Drucks 7/3919, 43; nähere Darstellung bei Lutz 26 f, 28 ff). Über die angemessene Intensität der Kontrolle wird allerdings derzeit heftig gestritten. So wird einerseits speziell für den Katalog des § 308 eine prinzipiell uneingeschränkte Geltung auch für den beruflichen Verkehr über § 307 postuliert, weil dessen besonderen Bedürfnissen im Rahmen der unbestimmten Rechtsbegriffe des § 308 ohne weiteres Rechnung getragen werden könne (so Tilman ZHR 142 [1978] 58). Dem ist allerdings der klare Wortlaut des § 310 Abs 1 entgegenzuhalten sowie der bei einzelnen Verboten des § 308 thematisch begrenzte Wertungsspielraum (Lutz 23 f; Canaris, Handelsrecht § 24 I 3 e). Auf der Gegenseite wird die Kontrollpraxis der Gerichte im unternehmerischen Bereich als zu rigide und wirtschaftsschädlich kritisiert und ihre erhebliche Zurücknahme gefordert (zB Berger NJW 2010, 465 ff; Leuschner AcP 207 [2007] 491 ff, 525 ff [sogar verfassungsrechtlich geboten]; ders JZ 2010, 875, 882 ff; Dauner-Lieb/Axer ZiP 2010, 309 ff); aber auch dieser Forderung ist widersprochen worden (vWestphalen NJW 2009, 2977 ff; Leo/Ghassemi-Taber NJW 2010, 3710; Ulmer/Fuchs Rn 371; MünchKomm-Wurmnest Rn 78). Auch der DCFR sowie das optionale Kaufrecht der EU sehen eine AGB-Kontrolle im unternehmerischen Verkehr vor, allerdings mit unterschiedlichen Kontrollmaßstäben (Art 9:403 und 9:405 [DCFR] bzw Art 83 und 86 [Eu-VO]).

Auch im Übrigen kann eine **Indizwirkung der Kataloge in §§ 308, 309 nicht pauschal** angenommen werden (zur Kritik auch Pres 13 ff, 216 f; gegen jede Indizwirkung Munz 170 ff). Zum einen ist vorgeschlagen worden, auch innerhalb des unternehmerischen Bereichs nach Interessenlagen und dem Grad der Geschäftserfahrungen zu differenzieren (Palandt/Grüneberg Rn 40) oder auf deutliche Erfahrungs- und Machtunterschiede im Einzelfall abzustellen (vgl LG Itzehoe NJW 2002, 2479). Darüber hinaus ist nach dem Inhalt des jeweiligen Klauselverbots zu differenzieren: Manche Verbote entsprechen auch oder gar besonders den kaufmännischen oder beruflichen Interessen (zB § 308 Nr 4, § 309 Nr 8b aa, Nr 12a), sie indizieren deshalb ohne weiteres Unangemessenheit nach § 307 auch im beruflichen Verkehr. Andere Verbote hingegen laufen den besonderen Bedürfnissen des Handels- oder sonstigen Berufsverkehrs eher zuwider (zB § 308 Nr 5, vgl demgegenüber das Institut des „Schweigens auf ein kaufmännisches Bestätigungsschreiben"; § 309 Nr 6), so dass sie im beruflichen Verkehr nicht einmal präsumtiv als unangemessen eingestuft werden können (grundlegend LUTZ, AGB-Kontrolle 35 ff [mit sorgfältiger Analyse aller speziellen Klauselverbote auf ihre Tauglichkeit für den kaufmännischen Verkehr]; differenzierend auch CANARIS, Handelsrecht § 24 I 3; HEINRICHS, in: 10 Jahre AGBG S 23, 31; RABE NJW 1987, 1980 ff). Für die demnach erforderliche Einzelanalyse jedes speziellen Klauselverbots im Hinblick auf seine Bedeutung für den beruflichen Verkehr ist auf die Erläuterungen zu §§ 308 und 309 zu verweisen.

15 Eine etwas andere Akzentsetzung ist für diejenigen Sachbereiche angebracht, für die **§ 310 Abs 2** zwar die Anwendung aller speziellen Klauselverbote der §§ 308, 309 ausschließt, oder §§ 308 Nr 5 (aE), 309 Nr 7 (aE), 8 a HS 2, 8 b ff HS 2, 9 c HS 2 die Anwendung einzelner Klauselverbote, in denen jedoch nicht die AGB-rechtliche Inhaltskontrolle insgesamt ausgeschlossen wird (wie in § 310 Abs 4 S 1; zur dennoch möglichen Inhaltskontrolle auf anderer Grundlage, jedoch mit ähnlichen Grundsätzen s zum Gesellschaftsrecht FASTRICH 124 ff; speziell zur Bedeutung der Klauselkataloge der §§ 10, 11 AGBG [jetzt §§ 308, 309] im Rahmen derartiger Kontrolle FASTRICH 317 ff). Wollte der Gesetzgeber in § 310 Abs 1 nur die pauschale Übertragung der Verbote auf den beruflichen Verkehr verhindern und eine differenzierte Beurteilung gem § 307 erzwingen, so liegt den vorgenannten Ausschlüssen die gesetzgeberische Vorstellung zugrunde, dass die bezeichneten Verbote für den jeweiligen Sachbereich im Allgemeinen nicht passen – vorbehaltlich besonderer, im Rahmen von § 307 zu würdigender Umstände (vgl BT-Drucks 7/3919, 41 f). Hier wäre die Annahme einer Indizwirkung der ausgeschlossenen Verbote von vornherein verfehlt; der gesetzlichen Regelwertung ist bei der Beurteilung nach § 307 vielmehr Rechnung zu tragen.

c) Sonstige Abgrenzungen

16 Zur Bedeutung des **Verbotskatalogs im Anhang der EG-RL** für die Konkretisierung des § 307 bei **Verbraucherverträgen** s unten Rn 120–122; zum Verhältnis des § 307 zu den §§ 305 Abs 2, 3, 305a–306a s jeweils dort sowie STAUDINGER/SCHLOSSER Vorbem 17, 19 zu §§ 305 ff.

4. Verhältnis zu anderen Vorschriften

17 Da mit §§ 307–309 spezifische Grenzen und Kontrollmaßstäbe für AGB und vorformulierte Klauseln in Verbraucherverträgen aufgestellt werden, ist deren Verhältnis zu anderweitigen Vorschriften zu klären, die entweder privatautonomes Handeln generell beschränken, gezielt auf die Erhaltung freier Marktbedingungen gerichtet sind (GWB, UWG) oder die für Vertragsstörungen Vorsorge treffen. Zum innergesetzlichen Verhältnis der §§ 307–309 zu den Schutzmechanismen der §§ 305 Abs 2 bis 305c s STAUDINGER/SCHLOSSER Vorbem 17, 19 zu §§ 305 ff; zur behördlichen Vorkontrolle von AGB s Vorbem 13, 28 zu §§ 307–309.

a) Verfassungsrecht

18 Zur verfassungsrechtlichen Unbedenklichkeit der Inhaltskontrolle von Verträgen s bereits oben Rn 5. Eine Kontrolle von AGB unmittelbar an den Ordnungsstrukturen der Verfassung, insbesondere den Grundrechten, käme nur dann in Betracht, wenn man – wie die Normentheorie – AGB dem objektiven Recht zurechnen würde (so zuletzt wieder EIKE SCHMIDT JuS 1987, 929 ff; PFLUG, Kontrakt und Status [1986], insbesondere 248 ff, 298 ff [„Normen des objektiven Rechts“, „para-legales Recht“] – ohne sich allerdings mit den Konsequenzen einer unmittelbaren Verfassungsbindung auseinanderzusetzen; im Sinne der Nor-

mentheorie zuvor auch MEYER-CORDING, Die Rechtsnormen [1971] 92 ff; zur Problematik schon L RAISER 59 ff). Nach richtiger und ganz überwiegend vertretener Auffassung („Vertragstheorie") ändern die generell-abstrakte Regelformulierung und das einseitige „Stellen" der AGB jedoch nichts an dem rechtsgeschäftlichen Charakter dieser Vertragsbedingungen (s ULMER/ULMER Einl Rn 22 ff; SOERGEL/STEIN § 2 Rn 1; FASTRICH 33 ff; STOFFELS Rn 100 ff). Damit scheidet eine unmittelbare Grundrechtsbindung des Verwenders aus, vielmehr gelten die Grundsätze der „Drittwirkung der Grundrechte im Privatrecht" ohne weiteres auch, soweit es um die Kontrolle vorformulierter Vertragsklauseln geht (vHOYNINGEN-HUENE Rn 87; grundlegend zur Rechtfertigung der Inhaltskontrolle außerhalb des AGB-Rechts BVerfG ZIP 1990, 573; 1993, 1775). Demnach fließen die in den Grundrechten verkörperten Werte in die Konkretisierung unbestimmter Rechtsbegriffe des Privatrechts, wie etwa die des § 308 und vor allem der Generalklausel des § 307 Abs 1 ein – das BVerfG spricht insoweit von einer „Schutzpflicht" bezüglich verfassungsrechtlicher Grundwerte, die auch den Zivilgerichten obliegt (JZ 1990, 691 ff; 2007, 576, 577; s auch Vorbem 15 zu § 307). So könnte etwa bei langen Vertragsbindungen auf höchstpersönlichem Gebiet (zB beim Partnerschaftsvermittlungsvertrag) die Abwägung nach § 307 Abs 1 auch im Lichte von Art 1, 2 GG erfolgen bzw von Art 12 GG bei Arbeitsverträgen (BAG NJW 2008, 680 Rn 24 [langfristige Bindung an Arbeitsverhältnis durch Bonus-Rückzahlungsklauseln]; ähnlich bei Rückzahlung von Aus- oder Fortbildungskosten STAUDINGER/KRAUSE Anh zu § 310 Rn 210, 212). Eine Verrechnung von Versicherungsleistungen mit Abschlussgebühren kann die Eigentumsgarantie des Art 14 Abs 1 GG verletzen (BVerfG NJW 2006, 1783 ff; BGH NJW 2012, 3023 Rn 25 ff; vgl dazu auch Rn 280). Ähnliches gilt für Klauseln, die belastende Auswirkungen auf Dritte zeitigen (vgl Rn 142 ff). Der Schutz des allgemeinen Persönlichkeitsrechts und des Rechts auf informationelle Selbstbestimmung kann Klauseln in Versicherungsbedingungen entgegenstehen, die die Obliegenheit des Versicherungsnehmers begründen, im Versicherungsfall alle beteiligten Gesundheitsinstitutionen (Ärzte, Krankenhäuser oder -anstalten) generell und umfassend von ihrer Schweigepflicht zu entbinden (BVerfG JZ 2007, 576, 578 f). Angesichts der neueren Tendenz, privater Freiheit gegenüber gruppenspezifischen Differenzierungen (etwa betreffend Ausländer), die in der gesellschaftlichen Umwelt als Diskriminierung und damit als Missbrauch von Freiheit wirken, engere Grenzen zu ziehen (so BEZZENBERGER AcP 196 [1996] 395 ff mit Interventionsansatz über § 138; s jetzt aber Rn 162), müsste – soweit nicht ohnehin ein Diskriminierungsverbot des AGG eingreift – Art 3 GG gegenüber einseitiger Regelsetzung erst recht ins Spiel gebracht werden können. Allerdings besteht keine Rechtfertigung, insoweit nur auf die Grundrechte des Vertragspartners abzustellen: § 307 erfordert die Abwägung der *beiderseitigen* Interessen, so dass auch grundrechtsgeschützte Positionen des Verwenders beachtet werden können (vHOYNINGEN-HUENE Rn 88; vgl BGH NJW 1982, 644, 646 [Dispositionsrecht des Zeitschriftengroßhändlers im Hinblick auf Art 5 GG, im Ergebnis offenlassend]; dies gilt auch schon auf vorgelagerter Ebene, etwa der Abgrenzung von AGB und Individualvereinbarungen [BVerfG NJW 2005, 1036 ff]).

Eine Zwischenstellung zwischen staatlichen Normen und AGB nehmen nach Auffassung des BVerfG solche privatrechtlichen AGB ein, mit denen ein Organ des öffentlichen Rechts eine öffentliche Aufgabe wahrnimmt – wie zB die Versorgungsanstalt des Bundes und der Länder (VBL): Diese sind unmittelbar an den Grundrechten des GG zu messen (BVerfG NJW 2010, 1439 Rn 80).

b) Zwingendes und dispositives Gesetzesrecht

19 Soweit AGB gegen **zwingende Vorschriften** des Privat- oder sonstigen Rechts (etwa im Miet- oder Reisevertragsrecht, im Prozessrecht [§ 38 ZPO] oder im Wirtschaftsrecht [GWB, VVG]) verstoßen, sind sie ex lege nichtig; es bedarf weder eines Rückgriffs auf § 134 noch einer Angemessenheitsbeurteilung nach § 307 (vHOYNINGEN-HUENE Rn 90; ULMER/FUCHS Rn 208; anders gelegentlich die Rechtspraxis, vgl BGH WM 2010, 1038, 1042 f). Letztere wäre nicht nur überflüssig, sondern verfehlt: Richterliche inhaltliche Billigung kann gesetzlich angeordnete Unwirksamkeit nicht revidieren. Aus Gründen der Prozessökonomie ist es jedoch den Gerichten unbenommen, bei Zweifeln über den zwingenden Charakter einer Norm die Unwirksamkeit „jedenfalls“ aus §§ 307–309 herzuleiten. Umgekehrt besagt die Verträglichkeit einer Klausel mit zwingendem Recht nichts über ihre Angemessenheit nach § 307 – die Interventionsgrenze gegenüber AGB ist im Vergleich zu den allgemeinen Grenzen privatautonomer Freiheit weit vorverlagert (vgl ULMER/BRANDNER AGBG § 9 Rn 41).

20 Gegen diese im Allgemeinen unstreitige Auffassung scheint die Tendenz der Gerichte zu sprechen, als „gesetzliche Regelung“ iSv § 307 Abs 2 Nr 1, die den Maßstab der Inhaltskontrolle angibt, auch zwingende Vorschriften gelten zu lassen (im Einzelnen unten Rn 232). Dahinter steht offenkundig das Bestreben, Klauseln im Verbandsklageverfahren nach § 1 UKlaG nicht nur nach den dort genannten §§ 307–309, sondern auch wegen sonstiger Gesetzesverstöße für nichtig erklären zu können. Anstatt den dogmatisch unstimmigen Weg über § 307 Abs 2 S 1 zu gehen, wäre dieses – nahezu allseits für wünschenswert gehaltene – Ergebnis besser über eine teleologische Extension des § 1 UKlaG zu erreichen.

21 **Dispositives Recht** kann im Grundsatz auch durch AGB abbedungen werden – hierin liegt sogar eine wesentliche Funktion von AGB und gleichzeitig, als Korrektiv, auch die Rechtfertigung für eine Inhaltskontrolle (§ 307 Abs 3 S 1). Allerdings hat sich der Gesetzgeber seiner Aufgabe, für AGB eine gegenüber den allgemeinen Schranken der Privatautonomie vorverlagerte Eingriffsgrenze zu etablieren, dadurch entledigt, dass er in Ergänzung zu den enumerativen Katalogen der §§ 308 und 309 generalklauselartig die Grundwertungen des dispositiven Rechts als inhaltlichen Maßstab für einen angemessenen Interessenausgleich vorgegeben hat (§ 307 Abs 2 Nr 1). Damit ist den Gerichten die Aufgabe übertragen, in einer Summe ameisenhaft zusammengetragener Kasuistik einen Kernbereich innerhalb des dispositiven Rechts zu konstituieren, der AGB-resistent, also „relativ zwingend“ ist (die Abstufung der Dispositivität je nach Richtigkeitsgewähr ist ein schon von der „Tarifdispositivität“ her bekanntes Phänomen – vgl nur GAMILLSCHEG, Kollektives Arbeitsrecht Bd I [1997] 698 ff – dort eine Erweiterung des dispositiven Bereichs wegen erhöhter, hier eine Einengung wegen verminderter Richtigkeitsgewähr). Zusammen mit dem Bestand an AGB-festem Recht, der außerhalb des dispositiven Rechts durch richterliche Rechtsfortbildung im Rahmen von § 307 Abs 2 Nr 2 gebildet wird, sowie den gesetzlichen Katalogen in §§ 308 und 309 wird so die vorverlagerte Grenze und Eingriffsschwelle gegenüber einseitig okkupierter Vertragsautonomie konkretisiert.

c) Anfechtung, §§ 119–123

22 Zu einem Konkurrenzproblem zwischen der **Irrtumsanfechtung** nach § 119 und der AGB-rechtlichen Inhaltskontrolle kann es kommen, wenn der Vertragspartner bestimmte, aber falsche Vorstellungen vom Inhalt der ihm gestellten AGB hatte (zur

Anfechtung der Einbeziehungserklärung s Staudinger/Schlosser § 305 Rn 162). Schon nach allgemeinen Grundsätzen scheidet eine Anfechtung mangels „Irrtums" aus, wenn sich der Vertragspartner *keine Vorstellungen* vom Inhalt der AGB gemacht hat (Loewenheim AcP 180 [1980] 433, 444; Ulmer/Fuchs Vorbem v § 307 Rn 72; Staudinger/Singer [2012] § 119 Rn 26; vHoyningen-Huene Rn 42); gleichzustellen ist die vage Annahme, in den AGB werde nur das „Übliche" stehen. Auch der bloße Irrtum über die *Rechtsfolgen* einer (inhaltlich bekannten) Klausel berechtigt als Motivirrtum idR nicht zur Anfechtung (Loewenheim AcP 180 [1980] 433, 445 f; Medicus/Petersen, Bürgerliches Recht Rn 133; MünchKomm/Armbrüster § 119 Rn 82). Aber auch soweit die Anfechtungsmöglichkeit beim Rechtsfolgenirrtum großzügiger beurteilt wird (Staudinger/Singer aaO Rn 26), werden die praktischen Erfolgsaussichten insoweit skeptisch beurteilt (Staudinger/Singer aaO Rn 28 f). Konkrete Fehlvorstellungen über den *Inhalt* können demgegenüber darauf gegründet sein, dass der Kunde von einem unveränderten Fortbestand der ihm aus früheren Geschäften bekannten AGB ausgeht, diese jedoch geändert worden sind, oder dass er die Existenz einer bestimmten branchenüblichen Regelung unterstellt, während sich in den AGB eine unübliche Regelung findet.

In diesen Fällen ist von dem Grundsatz auszugehen, dass die Vorschriften der §§ 305 ff die allgemeinen Behelfe des bürgerlichen Rechts zwar ergänzen, aber nicht ausschließen. Demgemäß wird die Möglichkeit einer Irrtumsanfechtung fast durchgehend bejaht (vgl nur Ulmer/Fuchs Vorbem § 307 Rn 68 ff; Wolf/Wolf Rn 10; Staudinger/Singer [2012] § 119 Rn 26 ff [allerdings skeptisch bezüglich der Erfolgsaussichten]; vHoyningen-Huene Rn 93). Dabei sind jedoch gewisse Rückwirkungen des AGB-Rechts auf die Irrtumsanfechtung zu beachten. Zum einen kann es sich als wesentlich erweisen, ob die betreffende Klausel AGB-rechtlich wirksam ist oder nicht. Ist sie inhaltlich angemessen und nicht überraschend, möglicherweise sogar branchenüblich, so wird es in der Regel (wenngleich nicht notwendig immer) an der Erheblichkeit des Irrtums iSv § 119 Abs 1 fehlen („bei verständiger Würdigung des Falles"). Ist die Klausel hingegen unwirksam, so könnte eine Anfechtung gegenstandslos sein oder die Kausalität des Irrtums für die Willenserklärung des Vertragspartners fehlen. 23

Allerdings ist diese Frage verflochten mit der weiteren, welche **Rechtsfolgen** die Anfechtung auslöst. Da sich der Irrtum auf einzelne Bestimmungen beschränkt und der Vertrag im Übrigen als sinnvolles Rechtsgeschäft Bestand haben kann, ist schon nach allgemeinen Grundsätzen auch die Nichtigkeit auf den irrtumsbehafteten Teil beschränkt, das weitere Schicksal des Gesamtvertrages beurteilt sich bürgerlichrechtlich nach § 139 (Staudinger/Roth [2010] § 139 Rn 63 f, § 142 Rn 26). Bei AGB oder vorformulierten Klauseln in Verbraucherverträgen drängt es sich auf, statt dessen auf das umgekehrte Regel-/Ausnahmeverhältnis gem § 306 bzw Art 6 Abs 1 HS 2 RL abzustellen (Palandt/Grüneberg § 306 Rn 3, vor § 307 Rn 20; vHoyningen-Huene Rn 95; Loewenheim AcP 180 [1980] 433, 457 ff; **aM** H Schmidt, Vertragsfolgen 38; Locher BB 1981, 818, 821 f [nur § 139]). Ein *Wahlrecht* des Vertragspartners könnte sich von vornherein nicht auf die Alternative Klauselnichtigkeit/Vertragsnichtigkeit beziehen (missverständlich insoweit Wolf/Wolf Rn 10, der für ein Wahlrecht eintritt; ebenso Ulmer/Fuchs Vorbem v § 307 Rn 75; Stoffels Rn 397), sondern nur auf die Folgen einer Teilnichtigkeit gem § 306 oder § 139. Aber auch dann würde übersehen, dass § 306 nicht nur dem mutmaßlichen Kundeninteresse dient, sondern auch – durch Aufrechterhaltung und Ergänzung nur teilfehlerhafter Verträge – der Sicherheit und Stabilität rechtsgeschäftlicher Vereinbarungen, also dem Rechtsverkehr insgesamt. Damit wäre eine 24

„Rosinenlösung", die zumindest ansatzweise auf ein Reuerecht des Kunden hinauslaufen würde, nicht zu vereinbaren (Lass JZ 1997, 67, 73 [für Anfechtung nach § 123]). Aus denselben Erwägungen muss auch eine Beschränkung des § 306 auf solche Anfechtungsfälle scheitern, bei denen der Irrtum vom Verwender zu verantworten ist (Ulmer/Schmidt AGBG § 6 Rn 18; Canaris, Vertrauenshaftung 216 Fn 100). Es wäre nicht sachgerecht, die Vernichtung des Gesamtvertrages zu erleichtern, wenn nur der Vertragspartner den Irrtum verschuldet hat – der Verwender mag erhebliches Interesse an dessen (gem § 306 Abs 2 modifizierter) Aufrechterhaltung haben (etwa bei Bürgschaften des Vertragspartners, vgl BGH NJW 1994, 1656). Bei Interessewegfall kann er hingegen, soweit § 306 Abs 3 nicht eingreift, über § 122 Abs 1 vom Vertragspartner die Vertragsaufhebung verlangen (vHoyningen-Huene Rn 95; Loewenheim AcP 180 [1980] 433, 460; **aA** Ulmer/Fuchs Vorbem § 307 Rn 75). Im Ergebnis ist also festzuhalten: Wegen § 306 Abs 1 beschränkt sich eine Irrtumsanfechtung gegenständlich auf die irrtumsbehaftete Klausel. Ist diese AGB-rechtlich gar nicht wirksam, liefe eine Anfechtung deshalb ins Leere. Scheidet eine Schadensersatzpflicht des Vertragspartners nach § 122 Abs 1 in concreto aus, kann der Rechtsanwender allerdings die Abwägung nach § 307 dahingestellt sein lassen und die Unwirksamkeit „jedenfalls" auf §§ 119 Abs 1, 142 stützen.

25 Etwas anders stellt sich die Situation dar bei einer Anfechtung wegen **arglistiger Täuschung**, § 123 (Drohung dürfte kaum je vorkommen, wäre aber gleich zu behandeln). Die Täuschung kann durch aktives Tun erfolgen (Vorspiegeln eines anderen oder gezielte Verschleierung des wahren Klauselinhalts) oder durch Unterlassung gebotener Hinweise oder Aufklärung. Ob eine Aufklärungspflicht generell besteht, wenn eine Klausel überraschend iSd § 305c Abs 1 ist (so Lass JZ 1997, 67, 72), mag dahinstehen; jedenfalls kann sie sich aus der konkreten Vertragsabschlusssituation ergeben (vgl BGH NJW 1994, 1656, 1657 [Zweckerweiterungsklausel im Bürgschaftsvertrag, wenn der Bürge seine – von der Klausel abweichende – Auffassung vor Unterzeichnung zum Ausdruck gebracht hatte]).

26 Klauseln, über deren Inhalt der Vertragspartner arglistig getäuscht worden ist, werden regelmäßig schon AGB-rechtlich nicht wirksam sein: Entweder werden sie wegen ihres Überraschungseffekts gem § 305c Abs 1 nicht Vertragsbestandteil oder sie sind unwirksam nach §§ 307–309; bei Vorspiegeln eines anderen Klauselinhaltes ist letzterer als Individualabrede iSv § 305b zu bewerten und verdrängt den vorformulierten Text. Dabei lässt die Rechtsprechung es zumeist bewenden, eine Anfechtung nach § 123 wird nicht mehr erörtert. Auch die hL hält die Anfechtung für gegenstandslos, wenn die Klausel nicht wirksam ist (Ulmer/Schmidt § 306 Rn 18), beurteilt aber jedenfalls auch hier die Folgen nach § 306, damit der Vertragspartner die Täuschung nicht auf die Gefahr hin geltend machen muss, über § 139 den gesamten Vertrag zu verlieren (Löwe § 6 Rn 3; vHoyningen-Huene Rn 96; Soergel/Stein § 6 Rn 4). Dabei wird jedoch nicht berücksichtigt, dass der Vertragspartner nicht selten an dem Vertrag gar nicht mehr festhalten will. Selbst wenn er über die Vertragsmodifizierung gem § 306 Abs 2 das erhält, was ihm vorgespiegelt worden war (vgl BGH NJW 1995, 2637, 2638: ein auf Täuschung über die mangelnde dingliche Berechtigung angelegter Time-Sharing-Vertrag wird mit der Maßgabe wirksam, dass der Verwender die Eintragung des Wohnrechts im Grundbuch zu bewirken hat), mag er aus gutem Grund wegen der zerstörten Vertrauensgrundlage die Rechtsbeziehungen mit dem Verwender auflösen wollen. § 306 Abs 3 kann in diesen Fällen kaum helfen. Das BGB weist das Risiko des Vertragsverlustes dem Täuschenden zu, und es würde dem Zweck des AGB-Rechts zuwiderlaufen, ihm dieses Risiko nur deshalb abzunehmen, weil er mittels oder im Zusammenhang mit vorformulierten Klauseln getäuscht hat. Oder umgekehrt: Warum soll der getäuschte Bürge sein Lösungsrecht im Bürgschaftsvertrag gem § 123 nur deshalb verlieren, weil der Vertrag vorformuliert war (Lass JZ 1997, 67 ff, insbesondere 73 unter Hinweis auf BGH NJW 1994, 1656)? Die Wertungen des § 123 und der §§ 307 ff sind deshalb durch ein **Wahlrecht des Vertragspartners** in Einklang zu bringen, womit auch dessen unterschiedlichen Interessenlagen Rechnung getragen werden kann. Der Vertragspartner kann demnach entweder versuchen, sich die Vertragsbasis zu erhalten (dh Anfechtung beschränkt auf die betroffene Klausel; Teilnichtigkeit und Vertragsergänzung nach § 306 Abs 1, 2; Lösungsmöglichkeit des Verwenders allenfalls unter den Voraussetzungen des § 306 Abs 3), oder sich vom Vertrag zu befreien. Dies ist ohne weiteres durch Anfechtung der vertragskonstitutiven Willenserklärung nach §§ 123, 142 möglich, wenn die täuschungsbedingte Fehlvorstellung kausal für die Abschlussentscheidung des Vertragspartners war. Kann dies nicht zweifelsfrei dargelegt werden, führen Klauselanfechtung und § 139 in der Regel zum selben Ziel (dogmatisch anders, aber im Ergebnis ähnlich Lass JZ 1997, 67, 74 [gegen das dort vorgeschlagene Lösungsrecht des Vertragspartners entspr § 6 Abs 3 AGBG (jetzt § 306 Abs 3) zutreffend Heinrichs NJW 1997, 1407, 1413]; für die Anfechtung nach § 123 ist also dem von Wolf/Wolf § 307 Rn 10 propagierten Wahlrecht zuzustimmen; ähnlich Ulmer/Schmidt § 306 Rn 18; Stoffels Rn 397 [ohne Beschränkung auf § 123]).

d) Auslegung, §§ 133, 157

Vom Ansatz und Ziel her gibt es eigentlich keine Überschneidungen von Auslegung **27**
und Inhaltskontrolle. Erstere ermittelt den Inhalt des Gewollten und Vereinbarten, zweitere misst das Ergebnis am objektiven Recht (vgl BGH NJW 1993, 2369; OLG Saarbrücken NJW-RR 1995, 117, 118; Fastrich 22: „Die Inhaltskontrolle beginnt, wo die Auslegung endet"). Die besonderen Regeln für die Auslegung von AGB (§ 305c Abs 2) ändern an diesem Verhältnis im Grundsatz nichts. Dennoch finden sich in der Praxis zahlreiche Berührungspunkte und Grenzüberschreitungen. Das im Auslegungsvorgang steckende Korrekturpotential wird schon daraus deutlich, dass die Rechtsprechung in den Anfängen statt mit offener Inhaltskontrolle bevorzugt mit einschränkender Auslegung (oder Ausübungskontrolle) gearbeitet hat (Vorbem 3 zu §§ 307 ff). Aber auch heute sind in der Rechtspraxis zahlreiche, funktional weitgehend austauschbare methodische Ansätze zu beobachten, mittels derer schon in der Vorphase, bei der Inhaltsermittlung und „Aufbereitung" einer Klausel für die eigentliche Inhaltskontrolle objektive Richtigkeitsvorstellungen eingebracht werden können (vgl Medicus, in: 10 Jahre AGBG 83, 86 ff; Canaris, in: FS Steindorff 519 ff). Damit wird erreicht, dass die so aufbereitete Klausel dann der Angemessenheitsprüfung nach § 307 standhält. Hierher gehören vor allem die *einschränkende Auslegung* weiterreichenden Klauselwortlauts (zB BGH BB 1983, 662, 663; 1985, 218, 222; 1985, 227, 228; 1985, 294; 1985, 826, 829; 1986, 1874 f; ZIP 1996, 1220, 1221; OLG Celle NJW-RR 1995, 1133, 1134. Einschränkende Auslegung hingegen **abgelehnt** BGH NJW 1985, 2270, 2271; 1987, 1931, 1938; 1993, 1061, 1062; 1993, 1063; ZIP 1996, 1470, 1471), die *ergänzende Auslegung* bei Lücken oder Fehlen kompensatorischer Rechte des Vertragspartners (BGH ZIP 1984, 330 [Rücktrittsrecht des Vertragspartners bei Tagespreisklausel]; ZIP 1996, 1164, 1167 [Freigabeklausel in Sicherungstreuhandvertrag]; ZIP 1996, 1426 und 1429 [Deckungsgrenze und Bewertungsklausel bei Globalzession]), aber auch die Isolierung des unangemessenen Regelungselements einer sprachlich zusammenhängenden Klausel in einer sachlichen „Teilregelung" unter

Aufrechterhaltung des beanstandungsfreien Klauselrestes (zB die „Unwiderruflichkeit" eines Überweisungsauftrags, BGH NJW 1984, 2816, 2817; vgl weiter BGH BB 1985, 218, 222; NJW 1989, 3215; 1991, 1750, 1752 f; 1993, 1061, 1062; 1993, 1133, 1135; näheres Staudinger/Schlosser § 306 Rn 20 f) sowie schließlich – wenngleich schon auf der Rechtsfolgenebene – die geltungserhaltende Reduktion (dazu Staudinger/Schlosser § 306 Rn 22 ff sowie Staudinger/Roth [2010] § 157 Rn 47 ff).

28 Die geltungserhaltende (einschränkende oder ergänzende) Auslegung ist nicht schon im Ansatz methodisch illegitim. Zwar ist die Auslegung konzeptionell auf die Ermittlung des Gewollten und nicht auf die Erreichung des Gesollten gerichtet (grundsätzlich anders Hager, Auslegung 132 ff, 169 ff, der für die Auslegung und reduzierende Korrektur einheitliche Prinzipien entwickeln will und die Reduzierung als gegenüber der Nichtigkeit des Rechtsgeschäfts schonenderen, Parteiwillen und objektives Recht versöhnenden Interventionsansatz einstuft; vgl ders JZ 1996, 175 ff; dagegen die ganz überwiegende Auffassung, vgl Fastrich 22 f; Roth JZ 1989, 411, 419). Aber auch das Gewollte kann nicht losgelöst von objektiven Gesichtspunkten bestimmt werden: Parteien wollen regelmäßig die Wirksamkeit ihrer Vereinbarung, und § 157 beruft auch den objektiven Verständnishorizont als Auslegungsmaßstab. Deshalb sind auch dort, wo der Grundsatz „kundenfeindlicher Auslegung" von AGB gilt (zum Verbandsprozess BGH ZIP 1996, 1470, 1471 mwNw; NJW 2013, 292 Rn 25, 31; zum Individualprozess BGH NJW 1992, 1097, 1099; 1994, 1798, 1799; OLG Schleswig ZIP 1995, 762; im Einzelnen s Staudinger/Schlosser § 305c Rn 107 ff), Tendenzen zurückzuweisen, den Regelungsgehalt von Klauseln auf theoretische, fernliegende Fallgestaltungen zu beziehen und von dort her die Klausel insgesamt zu verwerfen (Bunte/Heinrichs 36 f mit Beispielen; vgl weiter BGH NJW 1984, 2161, 2162; 1985, 320, 321; 1993, 1133, 1135; 1994, 1798, 1799; OLG Zweibrücken EWiR § 9 AGBG 14/97 S 865 f [krit Anm vWestphalen]): Die Auslegung nach den Kriterien der §§ 133, 157 sowie § 305c Abs 2 kann das Spektrum denkmöglicher Sinngehalte einer Klausel verengen durch Ausgrenzung „jedenfalls" nicht miterfasster Bedeutungen (BGH NJW 2001, 3406 f [Verwandtenklausel in der Krankenversicherung]). Gleichermaßen verfehlt ist es jedoch umgekehrt, eine demnach unangemessene Regelung durch reduzierende Auslegung zu „entschärfen" und so dem Unwirksamkeitsverdikt des § 307 zu entziehen. Vom Ergebnis her gibt es dafür oft gute rechtspolitische Gründe, aber die Verlagerung der Korrektur in die Auslegung und damit ihrer Begründung in den Parteiwillen verschleiert die Rechtfertigung und die sachliche Bedeutung der Intervention (so auch Fastrich 22; vgl weiter Staudinger/Roth [2010] § 157 Rn 49; Ulmer/Ulmer/Schäfer § 305c Rn 100 f; Tiedtke ZIP 1987, 1089, 1092; tendenziell anders Wolf/Wolf Rn 36 ff). Die Neigung der Praxis zu diesem Vorgehen ist vor dem Hintergrund ihrer grundsätzlichen Ablehnung einer geltungserhaltenden Reduktion zu sehen (dazu Staudinger/Schlosser § 306 Rn 22 ff); bei den Rechtsfolgen angesiedelte Probleme sind aber methodisch korrekter auch dort zu lösen (vgl Canaris, in: FS Steindorff 519 ff; Hager JZ 1996, 175 ff; zu einem Sonderfall vgl unten Rn 36). Im Übrigen muss sich die Rechtsprechung beim Einsatz der einschränkenden Auslegung auch den Vorwurf der Unberechenbarkeit gefallen lassen. Sehr großzügige, geltungserhaltende Entscheidungen (zB BGH BB 1985, 294 [klauselmäßiges Pfandrecht beschränkt auf Forderungen aus „bankmäßiger Geschäftsverbindung"]; BB 1986, 1874 f [Zinsanpassungsklausel durch Auslegung gebunden an Refinanzierungsmöglichkeiten]; ZIP 1996, 508, 510 [Schadenspauschalierung steht Nachw geringeren Schadens nicht entgegen]) stehen anderen gegenüber, in denen die Ausnutzung naheliegender Auslegungsmöglichkeiten engherzig verweigert wird (zB BGH NJW 1987, 1931, 1938 [Reisevertrag; trotz Wortgleichheit der Klausel mit § 651h Abs 1 wurde die einschränkende Auslegung des Gesetzes auf vertraglichen Schadensersatz nicht auch für die Klausel übernommen]; vgl auch BGH ZIP 1996, 1470, 1471 [Vorbehalt der Taschenkontrolle im Supermarkt, nicht beschränkt auf konkreten Diebstahlsverdacht]; BGH NJW 1998, 677, 678 und 679, 680 [Definition der „fehlgeschlagenen Nachbesserung" im beruflichen Verkehr]).

In diesen Zusammenhang gehört auch die Frage, inwieweit vorformulierte Regelungen so zu verstehen sind, dass sie die allgemeinen Behelfe des dispositiven Rechts für Ausnahmesituationen (zB Kündigung aus wichtigem Grund, § 314; Wegfall der Geschäftsgrundlage, § 313) unberührt lassen, oder ob Nichterwähnung dieser Behelfe in der Klausel deren Abbedingung bedeuten soll. Bei kundenfeindlicher Auslegung zB einer einjährigen Vertragsbindung ohne entsprechenden Vorbehalt käme man leichter zu einer Unangemessenheit nach § 307, als wenn das Ventil der außerordentlichen Kündigung gem § 314 offen stünde. Andererseits dürfen auch im Lichte des Transparenzgebots (unten Rn 170 ff) keine überspannten Anforderungen an die Vollständigkeit von AGB gestellt werden – sie brauchen nicht die gesamte objektive Rechtslage um die getroffene Sonderregelung herum darzustellen (Rn 199; BGH ZIP 1996, 1164, 1166; vgl BGH NJW-RR 1990, 888; NJW 1993, 1061, 1063; Rellermeyer WM 1994, 1053, 1056 f). Jedenfalls befriedigt es nicht, wenn die Rechtsprechung im einen Fall die einjährige Primärlaufzeit unter Hinweis auf eine nach § 314 stets mögliche außerordentliche Kündigung billigt (BGH BB 1984, 941, 942 [Direktunterrichtsvertrag]; ähnlich jetzt auch die weitgehend konsentierte neue Linie der BGH-Senate zu Freigabeklausel, Deckungsgrenze und Bewertungsmaßstäben bei Globalzessionen und Sicherungstreuhand, BGH ZIP 1996, 1164, 1166; 1996, 1426; 1996, 1429; einschränkend 1997, 234 f: hier werden durch Richterrecht Normen des objektiven Rechts geschaffen, die insoweit lückenhafte Formular-Sicherungsverträge ohne weiteres sachlich ergänzen und – entgegen früherer Rechtsprechung – damit dem Unangemessenheitsverdikt entziehen), im anderen Fall die fortdauernde Zahlungspflicht über die feste Laufzeit von 1 Jahr (auch ohne Nutzung der Einrichtung) wegen der Nichtberücksichtigung möglicher Härtefälle aber missbilligt, ohne die allgemeinen Behelfe der außerordentlichen Kündigung oder des Wegfalls der Geschäftsgrundlage als Abhilfe in Betracht zu ziehen (BGH NJW 1997, 193, 195 [Fitness-Studio-Vertrag]; dazu auch unten Rn 614 f). Dass der in einer festen Primärlaufzeit implizierte Kündigungsausschluss auch die außerordentliche Kündigung aus wichtigem Grund miterfassen soll, wird an anderer Stelle immerhin als „völlig fernliegende Auslegungsmöglichkeit" ausgeschieden (BGH NJW 1993, 1133, 1135). 29

Im Einzelfall wird es wesentlich darauf ankommen, inwieweit die Klauselfassung eine Schein-Rechtslage suggeriert, die resignierende Vertragspartner zur Erfüllung unberechtigter Forderungen des Verwenders veranlassen könnte (ähnlich problematisch ist der argumentative Stellenwert einer stets möglichen *Ausübungskontrolle*, dazu unten Rn 37). 30

e) Gesetzliche Verbote, § 134

§ 134 betrifft Verbotsgesetze, die – wie insbesondere bei solchen des öffentlichen Rechts – keine Aussage über die zivilrechtlichen Folgen eines verbotswidrig abgeschlossenen Geschäfts enthalten, und fügt die Nichtigkeitsfolge hinzu. Daraus folgt, dass § 307 ebenso wenig wie §§ 308, 309 Verbotsgesetze iSd § 134 sind, denn die Unwirksamkeit folgt unmittelbar aus den Vorschriften selbst. § 307 gehört damit zu den zwingend ausgestalteten Normen des Privatrechts, für die es eines Rückgriffs auf § 134 nicht bedarf (allg M; vgl Rn 19). Sind bestimmte AGB durch Vorschriften 31 außerhalb der §§ 305–310 (mit anderer Zielrichtung) verboten, so können diese Verbote zusammen mit § 134 allerdings zur Nichtigkeit führen, auf § 307 kommt es dann nicht mehr an (vHoyningen-Huene Rn 99).

f) Sittenwidrigkeit, § 138

32 § 138 und § 307 unterscheiden sich in Funktion, Voraussetzungen und Rechtsfolgen voneinander. § 138 steckt (neben § 134) den äußersten Rahmen privatautonomer Gestaltungsfreiheit im Allgemeinen ab (MünchKomm/Armbrüster § 138 Rn 1; Fastrich 20), während § 307 mit dem der Sittenwidrigkeit deutlich vorgelagerten Kriterium der Unangemessenheit (BGH NJW 1993, 533; ZIP 1996, 961) die Ergebnisse einseitiger Rechtsgestaltung durch den Verwender vorformulierter Klauseln korrigieren will. Auf subjektive Elemente kommt es bei § 307, anders als bei § 138, grundsätzlich nicht an; andererseits dient die AGB-rechtliche Inhaltskontrolle unter der Prämisse gestörter Vertragsparität gezielt dem Schutz des Vertragspartners (BGH NJW 1994, 1798; näher unten Rn 93), während § 138 die rechtliche und gesellschaftliche Wertordnung insgesamt absichert. Sittenwidrige Geschäfte sind regelmäßig insgesamt nichtig, bei teilweiser Sittenwidrigkeit über § 139 (die für § 138 entwickelten Ausnahmen berühren diese Grundsätze nicht; vgl Hager, Auslegung 87 ff; Fastrich 21; Staudinger/Sack/Fischinger [2011] § 138 Rn 92 ff), während die Unangemessenheit einer vorformulierten Vertragsbedingung den Bestand des Vertrages selbst grundsätzlich nicht berührt (§ 306). Wegen dieses konzeptionellen Unterschiedes konnte der Versuch nicht weiterführen, die Inhaltskontrolle von AGB aus § 138 zu entwickeln (vgl das RG seit RGZ 62, 264, 266; zuletzt 161, 76, 80; vgl in einem neueren Ansatz auch Hönn JZ 1983, 677, 682 f; dagegen L Raiser 280 ff; M Wolf, Rechtsgeschäftliche Entscheidungsfreiheit 36 ff; Fastrich 18 f).

33 **Das Nebeneinander beider Vorschriften** ist dort unproblematisch, wo **nur der Tatbestand der einen oder der anderen Norm erfüllt ist**. Als Anwendungsschwerpunkte von § 138 auch bei Verwendung von AGB kommen insoweit in Betracht

- die Beeinträchtigung der Interessen Dritter oder der Allgemeinheit (s Rn 145), etwa anderer Gläubiger bei Sicherungsgeschäften (Wolf, in: FS Baur [1981] 52 ff; MünchKomm/Wurmnest vor § 307 Rn 10);

- sonstige sittenwidrige Umstände des Einzelfalls, die im Rahmen der Inhaltskontrolle von AGB keine Berücksichtigung finden, wie etwa die Ausnutzung einer Machtstellung des Verwenders (vHoyningen-Huene Rn 101; für den Verbrauchervertrag ist jedoch auch dieser Aspekt zu berücksichtigen, Art 4 Abs 1 und Erwägungsgrund 16 der RL [„Kräfteverhältnis"], dazu auch Staudinger/Sack [2003] § 138 Rn 165) oder eines Loyalitätskonflikts des Kunden, verbunden mit seiner krassen Überforderung (BGH NJW 1997, 3372, 3374 [Angehörigenbürgschaft]; NJW 2004, 161 ff [Arbeitnehmerbürgschaft]);

- Missverhältnisse bei den Hauptleistungen des Vertrags (insoweit Kontrollfreiheit nach § 307 Abs 3 S 1, vgl unten Rn 327).

Für die gem § 310 Abs 4 S 1 von der Inhaltskontrolle ausgenommenen Bereiche ist eine Konkurrenz des § 138 mit §§ 307 ff ohnehin ausgeschlossen; allerdings bedarf es der Abgrenzung zu den dort entwickelten, spezifischen Formen der Inhaltskontrolle (zum Gesellschaftsrecht Fastrich 17 ff, 124 ff; zum Familienrecht BVerfG FamRZ 2001, 343; 2001,

985; BGH FamRZ 2004, 601; BERGSCHNEIDER FamRZ 2004, 1757 ff). Umgekehrt besteht aufgrund der vorverlagerten Eingriffsschwelle des § 307 ein weites Anwendungsfeld für diese Bestimmung, ohne dass die Kriterien der Sittenwidrigkeit nach § 138 erfüllt sein müssen.

Im **Überschneidungsbereich** sind beide Vorschriften grundsätzlich nebeneinander anwendbar (WOLF/WOLF Rn 24; vHOYNINGEN-HUENE Rn 102; STAUDINGER/SACK/FISCHINGER [2011] Rn 189; ULMER/FUCHS Vorbem v § 307 Rn 60). Beschränkt sich die Sittenwidrigkeit jedoch auf eine Klausel oder abgrenzbare Sachthematik, so muss das AGB-Recht mit seiner Sonderregelung für Teilnichtigkeit (§ 306) allerdings als lex specialis angesehen werden, sie gilt dann (anstelle § 139) auch für § 138 (s vorstehende Nachw sowie BGH NJW 1979, 805; NJW 2001, 2466, 2468). Insoweit bedarf es der Prüfung des § 138 regelmäßig nicht mehr, wenn die Unwirksamkeit einzelner Klauseln nach § 307 feststeht (BGH NJW 2001, 2466, 2469: § 306 Abs 1 und 2 „reicht aus"). Allerdings kann nach allgemeiner Auffassung eine Vielzahl unwirksamer Klauseln in einem Vertragswerk auch – über den punktuellen Kontrollansatz des § 307 hinaus – zu der Bewertung führen, dass der Vertrag *insgesamt* sittenwidrig und nichtig ist (aM MünchKomm/WURMNEST vor § 307 Rn 10: Gesamtnichtigkeit nach § 306). Bei dieser Gesamtwürdigung nach § 138 sind die nach § 307 unwirksamen Klauseln mitzuberücksichtigen (allg M, BUNTE WM 1984 Beil 1 S 12 f; LÖWE NJW 1980, 2078, 2079); es ist nicht Sinn der §§ 306, 307, bedenkliche Verträge von anstößigen Elementen zu „reinigen" und damit dem Verdikt des § 138 zu entziehen (BGH NJW 1972, 1227, 1229; 1982, 1455; 1986, 2564, 2566; 1988, 1373; 1997, 3372, 3374; 2004, 161, 163; ULMER/FUCHS Vorbem v § 307 Rn 60; WOLF/WOLF Rn 26; vHOYNINGEN-HUENE Rn 103). Deshalb kann es für das Sittenwidrigkeitsurteil im Rahmen des § 138 auch den Ausschlag geben, wenn zur generellen Bedenklichkeit des Vertrags noch unangemessene AGB-Bestimmungen hinzutreten (BGH NJW 1981, 1206, 1209; 2004, 161, 163). Ob hingegen eine „sittlich verwerfliche Gesinnung" hinzutreten muss (so BGH NJW 2001, 2466, 2468), erscheint zweifelhaft. Das Ziel der Gesamtnichtigkeit des Vertrags, das so über § 138 (eventuell mit § 139) erreicht wird, ließe sich allerdings in der Regel auch im Rahmen von § 306 Abs 3 verwirklichen (Sittenwidrigkeit des Gesamtvertrages und unzumutbare Härte für den Vertragspartner dürften häufig zusammenfallen). Eines Rückgriffs auf § 138 bedarf es auch dann nicht, wenn die nach § 307 unwirksamen Klauseln so wesentliche Vertragsbestandteile betreffen, dass mit ihrem Wegfall ein auch nicht gem § 306 Abs 2 ergänzbarer Vertragstorso zurückbliebe. Dies kann insbesondere der Fall sein, wenn auch die Regelung der Hauptleistungspflichten unter dem Blickwinkel des Transparenzgebots (§ 307 Abs 3 S 2) eine unangemessene Benachteiligung darstellt (zum früheren Recht vgl OLG Köln NJW 1994, 59 f; LG Köln BB 1993, 1975; ähnlich OLG Jena OLG-NL 95, 127; zum Transparenzgebot bei Hauptleistungspflichten 315 ff). Es gehört nicht zur Aufgabe und Kompetenz der Gerichte, Verträge in ihrem konstitutiven Inhalt neu zu schreiben (zu § 138 schon BGH NJW 1972, 1227; 1983, 159, 162; WOLF/WOLF Rn 25). 34

g) Treu und Glauben, Ausübungskontrolle, § 242

Überschneidungen zwischen §§ 307–309 und § 242 ergeben sich daraus, dass das heutige System der offenen Inhaltskontrolle von der Rechtsprechung ursprünglich aus § 242 entwickelt worden ist (s Vorbem 3 zu §§ 307 ff). §§ 307–309 können somit als *Teilpositivierung* der insoweit aus § 242 entwickelten Grundsätze angesehen werden, sie schließen in ihrem Anwendungsbereich als *leges speciales* den Rückgriff auf § 242 35 aus (ganz hM, vgl zuletzt BGHZ 114, 338, 340; STAUDINGER/LOOSCHELDERS/OLZEN [2009] § 242 Rn 374 f; vHOYNINGEN-HUENE Rn 107; WOLF/WOLF Rn 28; **aA** FEHL, Systematik 109, 115; ROUSSOS JZ 1988, 997 ff, 1006). Außerhalb dieses Anwendungsbereichs bleibt eine auf § 242 gestützte Inhaltskontrolle von Vertragsbedingungen demnach ohne weiteres möglich – insbesondere bei den allgemeinen Bereichsausnahmen des § 310 Abs 4 S 1 (BT-Drucks 7/5422, 13; bei Zweifeln über den vereinsinternen Charakter einer Satzungsregelung kann die Grundlage der Inhaltskontrolle [§ 242 oder § 307] wegen Ähnlichkeit der Maßstäbe offenbleiben, OLG Köln WM 1996, 1294, 1305) oder bezüglich der nach § 307 Abs 3 S 1 kontrollfreien Hauptleistungspflichten. Auch die Kontrolle von formelhaften Bedingungen in notariell beurkundeten Verträgen ist vom BGH auf § 242 gestützt worden, weil es hier an den Voraussetzungen für eine Anwendung des AGB-Rechts fehlte (BGH NJW 1984, 2094; 1988, 135; 1988, 172; ausführliche Darstellung bei vHOYNINGEN-HUENE Rn 64 ff). Seit jedoch die Inhaltskontrolle auf derartige Verträge erstreckt worden ist, soweit es sich um „Verbraucherverträge" im Sinne § 310 Abs 3 handelt, ist für eine Inhaltskontrolle nach § 242 deshalb nur dann noch Raum, wenn § 310 Abs 3 nicht eingreift (vgl KANZLEITER DNotZ 1996, 867 ff; zur grundsätzlichen Legitimität dieser Inhaltskontrolle s BVerfG ZIP 1990, 573 [Handelsvertreter]; ZIP 1993, 1775 [Bürgschaft von Familienangehörigen]; dazu auch WELLENHOFER-KLEIN JZ 1997, 774 ff mit neuen Fallgruppen).

36 Aber auch neben bzw ergänzend zur AGB-rechtlichen Inhaltskontrolle hat § 242 eine wichtige Funktion als Basis einer **Ausübungskontrolle** (einen Sonderfall bildet die Kontrolle der Ausübung [vertraglich oder gesetzlich eingeräumter] *einseitiger Leistungsbestimmungsrechte* – Kontrollmaßstab ist hier § 315 Abs 1; vgl Rn 43). Hierbei handelt es sich um eine Ausprägung des generellen, sich aus dem Prinzip von Treu und Glauben ergebenden Gedankens, dass die Ausübung eines bestehenden Rechts in einer konkreten Situation wegen bestimmter, außergewöhnlicher Umstände *rechtsmissbräuchlich* und deshalb unzulässig sein kann (zur Institution des Rechtsmissbrauchs als Anwendungsfall des § 242 vgl – für die ganz hA – MünchKomm/ROTH/SCHUBERT § 242 Rn 235 ff mwNw; speziell für AGB STAUDINGER/LOOSCHELDERS/OLZEN [2009] § 242 Rn 383). Dies gilt für subjektive Rechte aller Art innerhalb von (vertraglichen) Sonderverbindungen (zu diesem Erfordernis LARENZ, Schuldrecht I § 10 I; MünchKomm/ROTH/SCHUBERT § 242 Rn 87; MEDICUS/LORENZ, Schuldrecht I Rn 144), also auch solche aus vorformulierten Vertragsbedingungen. Während die *Inhaltskontrolle* die *Wirksamkeit* einer Bedingung zum Gegenstand hat und sich deshalb gegenüber AGB an generalisierten, typisierten Kriterien ausrichtet (Rn 109 ff), setzt die *Ausübungskontrolle* die grundsätzliche Wirksamkeit einer Klausel voraus (ist der Inhaltskontrolle also gedanklich nachgeschaltet) und ist auf die Frage gerichtet, ob besondere, situationsgebundene Umstände nach Treu und Glauben einer Realisierung des aus der Klausel fließenden Rechtes in diesem Einzelfall entgegenstehen (BGH NJW-RR 1986, 271, 272; 1987, 883; 1988, 2790, 2792; NJW 1988, 2536, 2537; 1989, 582, 583; 2013, 1519 Rn 25; OLG Celle NJW-RR 1988, 946, 947; OLG Düsseldorf NJW-RR 1988, 884, 885; PALANDT/GRÜNEBERG vor § 307 Rn 17), etwa die Berufung auf eine Ausschlussfrist (BGH BB 1991, 932: BAG NZA 2005, 1111, 1116 [obiter]), auf die Zustimmungsbedürftigkeit einer Forderungsabtretung (BGH ZIP 2000, 78, 79; vgl unten Rn 357) oder die Ausübung eines Gestaltungsrechts (BGH BB 1985, 218, 223 f [Einsetzung weiterer Vertragshändler durch den Hersteller nach dessen Ermessen]). Die Unzulässigkeit der Ausübung im konkreten Fall lässt das Recht in seiner Substanz im Übrigen unberührt (vHOYNINGEN-HUENE Rn 109; FASTRICH 25), sie folgt ipso iure aus dem objektiven Recht und ist deshalb von den Gerichten auch dann zu beachten, wenn sich der Vertragspartner nicht darauf „beruft" (Staudinger/Looschelders/Olzen [2009] § 242 Rn 322 ff, 328).

Trotz dieser funktional und methodisch klaren Abgrenzbarkeit von Inhalts- und Ausübungskontrolle (prägnant Fastrich 24 ff) sind die Übergänge in der praktischen Rechtsanwendung doch fließend. Vor dem AGBG haben die Gerichte aus Scheu vor offener Inhaltskontrolle vertraglicher Vereinbarungen oft **Zuflucht zur Ausübungskontrolle** (dazu unten Rn 43 f) genommen und damit unangemessene AGB in ihren Auswirkungen bekämpft (s Vorbem 3 zu §§ 307 ff). Heute ist dies überflüssig und verfehlt, aber dennoch sind Abgrenzungsschwierigkeiten unverkennbar. Das Ausgangsproblem ist dasselbe wie bei der Auslegung von Klauseln (oben Rn 28): Eine weitgefasste Regelung würde in einer nicht naheliegenden, aber denkmöglichen Situation unangemessen wirken. Wollen die Gerichte (vor allem im Verbandsprozess) die Klausel nicht nach § 307 verwerfen, kommt nicht nur eine einschränkende Auslegung in Betracht; die Klausel kann auch erhalten werden mit dem Hinweis, dass etwaiger unangemessener Gebrauch im Einzelfall mittels Ausübungskontrolle gem § 242 abgewehrt werden könnte (so zB BGH VersR 1979, 187; NJW 1980, 1619 [in beiden Fällen zu weitgehende Freizeichnungsklauseln]; NJW 1985, 1537, 1539 [uneingeschränktes Vertretungsverbot für Leasingnehmer]; BB 1985, 218, 223 f [Ermessensfreiheit des Herstellers zur Einsetzung weiterer Vertragshändler; Kündigungsrecht durch ihn bei jeglicher Rechtsübertragung durch den Vertragshändler]; NJW 1986, 43, 46 [Nichtinanspruchnahme einzelner Schuldner zu Lasten des selbstschuldnerisch haftenden Bürgen]; NJW 1988, 2790, 2794 [zu weitgehende Überwälzung von Schönheitsreparaturen auf den Mieter]; NJW 2001, 3406, 3407 f [genereller Erstattungsausschluss des Krankenversicherers bei ärztlicher Behandlung durch Verwandte]). Diese „verdeckte Inhaltskontrolle" wird weitgehend abgelehnt (vHoyningen-Huene Rn 109; Fastrich 25), unbeschadet der prozessökonomisch legitimen Möglichkeit, im Individualprozess die grundsätzliche Wirksamkeitsfrage offenzulassen und der Klausel jedenfalls für die gegebene Situation gem § 242 die Wirkung zu versagen (vgl BGH NJW-RR 1986, 271, 272; Wolf AGBG § 9 Rn 27; hierauf läuft auch BGH BB 1980, 13, 14 hinaus, wo bei einem gem § 9 Abs 2 Nr 1 AGBG [jetzt: § 307 Abs 2 Nr 1] bedenklichen Haftungsausschluss dem Verwender die Berufung auf einen generell denkbaren Rechtfertigungsgrund für diese Regelung versagt wird, weil er in concreto besonderes Vertrauen für seine Kompetenz in Anspruch genommen hatte). Im Übrigen wird der geltungserhaltende Verweis auf eine mögliche Ausübungskontrolle der präventiven Schutzfunktion der Inhaltskontrolle nicht gerecht (vgl Rn 4). Zulässigkeit und Grenzen des Verweises sind in Übereinstimmung mit den Grundsätzen zur Auslegung von AGB (oben Rn 27) zu definieren: Wo im Rahmen der Auslegung gewisse Anwendungsmöglichkeiten einer Klausel als rein theoretisch, als „völlig fernliegend" (BGH NJW 1993, 1133, 1135; 1994, 1798, 1799) ausgeschieden werden können, darf für den unwahrscheinlichen Fall des Eintritts dieser Möglichkeit auf die Ausübungskontrolle nach § 242 verwiesen werden. Umfasst die Auslegung nach allgemeinen Grundsätzen jedoch auch Anwendungssituationen, in denen sich die Klausel unangemessen auswirken würde, so darf dem Verwender das Risiko sachgerechter Klauselbegrenzung weder durch einschränkende Auslegung noch durch den Verweis auf die mögliche Ausübungskontrolle abgenommen werden (BGH NJW 1997, 3022, 3024). Dies ist, über den obigen Grundsatz hinaus, allenfalls dann vertretbar, wenn eine weitere generell-abstrakte Präzisierung sachbedingt nicht möglich ist – auch hier mag die Ausübungskontrolle als Auffangnetz dienen (BGH BB 1985, 218, 223 f). Werden diese Grenzen zwischen Inhalts- und Ausübungskontrolle nicht beachtet, wird das Ergebnis richterlicher Inhaltskontrolle unbere- 37 chenbar und hängt von methodischer Beliebigkeit ab (vgl BGH BB 1985, 218, 224: [1] zu weitgehendes Kündigungsrecht des Herstellers bei Rechtsübertragung durch Vertragshändler unter Verweis auf mögliche Kontrolle nach § 242 aufrechterhalten; [2] zu weitgehendes Kündigungsrecht bei „jeder Streitigkeit" im Unternehmen des Vertragshändlers verworfen, ohne geltungserhaltenden Verweis auf Ausübungskontrolle zu erwägen).

38 Als allgemeines schuldrechtliches Institut kann sich der Einwand unzulässiger, weil **missbräuchlicher Rechtsausübung** auch gegen den **Vertragspartner** des Verwenders richten, wenn er vertragliche Rechte geltend macht – auch soweit sie aus den AGB des Verwenders folgen. Verfehlt ist hingegen die Vorstellung, es könne dem Vertragspartner nach Treu und Glauben (§ 242) verwehrt sein, sich „auf die Unwirksamkeit einer Klausel zu berufen" (so LOCHER, AGB 75; STAUDINGER/LOOSCHELDERS/OLZEN [2009] § 242 Rn 384; offengelassen in BGH NJW 1988, 410, 411). Entweder ist die Klausel unwirksam oder sie ist es nicht, auf die „Berufung" einer Seite auf die objektive und von Amts wegen zu beachtende Rechtslage kommt es nicht an (vgl oben Vorbem 25 zu §§ 307 ff). Wird die angebliche Missbräuchlichkeit im Individualprozess darauf gestützt, dass die Klausel dem Vertragspartner vor Vertragsschluss ausführlich erläutert worden ist oder er ihr gar zugestimmt hat (vgl die vorstehenden Nachw), so legt § 305 Abs 1 S 2 die maßgeblichen Kriterien dafür fest, wann die Beteiligung des Vertragspartners an der Klauseleinführung zur Mitverantwortung und damit zum Entfall des Schutzes durch das AGB-Recht führt (s STAUDINGER/SCHLOSSER § 305 Rn 35 ff). Im Übrigen wird die Unangemessenheit eines Klauselinhalts nicht dadurch geheilt, dass der Vertragspartner über diesen Inhalt aufgeklärt wird oder er ihm (unterhalb der Grenze des „Aushandelns" gem § 305 Abs 1 S 2) zustimmt (oft genug notgedrungen, vgl BGH NJW 1988, 410, 411) oder gar eine gleiche Klausel gegenüber seinen Kunden anwendet (LG Essen NJW-RR 1986, 139, 140). Kommt als Grund für die Unangemessenheit nicht der sachliche Inhalt, sondern die Intransparenz der Klausel in Frage (vgl unten Rn 170), so ist für den Gedanken des Rechtsmissbrauchs ebenfalls kein Raum: Ist der Vertragspartner hinreichend aufgeklärt worden, entfällt für diesen Fall die Intransparenz und damit die Unangemessenheit (s unten Rn 202); war er von vornherein hinreichend informiert über die Klauselbedeutung (Beweislast beim Verwender), kann nichts anderes gelten (näher Rn 204). „Erkennen-Können" der Klauselbedeutung durch diesen Vertragspartner beseitigt hingegen weder die Intransparenz (Maßstab: Durchschnittskunde, Rn 79) noch macht es die Berufung auf sie rechtsmissbräuchlich – es besteht keine Obliegenheit zum Lesen von AGB oder zur Anspannung seiner Geisteskräfte dabei.

39 Kein besonderes Anwendungsfeld kommt § 242 schließlich bei **versicherungsvertraglichen Verwirkungsklauseln** zu. Für diese im Rahmen des § 6 VVG zulässigen Klauseln hat die Rechtsprechung zusätzliche, einschränkende Anforderungen aufgestellt. Die Grundlage für dieses Vorgehen wird zT in § 242 gesehen (WOLF/WOLF Rn 40). In Wirklichkeit praktizieren die Gerichte hier eine reduzierende Auslegung der Klausel (dazu oben Rn 27 ff; deutlich in BGH NJW 2005, 1185, 1186 f [ohne Rekurs auf § 242]); vor der eigentlich angebrachten teleologischen Reduktion des § 6 VVG schrecken sie zurück, wollen aber die Klausel wegen ihrer Übereinstimmung mit dem Gesetzestext auch nicht verwerfen. Mit § 242 hat das nichts zu tun (es handelt sich auch nicht um eine Art Ausübungskontrolle, da nicht auf atypische Besonderheiten eines Einzelfalls reagiert wird, vgl oben Rn 37).

h) Billigkeitskontrolle, § 315

Da auch § 315 die richterliche Kontrolle einseitiger Bestimmung des Vertragsinhalts durch eine Vertragspartei vorsieht, ist vor allem vor Erlass des AGBG versucht worden, die Inhaltskontrolle von AGB auf diese Bestimmung zurückzuführen (Lukes NJW 1963, 1897, 1900; Flume, Allgemeiner Teil § 37, 2 [S 671]; Larenz, Schuldrecht I [12. Aufl] § 6 III [S 73]; noch nach dem AGBG MünchKomm/Söllner [2. Aufl] § 315 Rn 29; aus der vereinzelten Rechtsprechung BGHZ 38, 183, 186). Beide Kontrollansätze unterscheiden sich jedoch in Voraussetzungen und Folgen, vor allem aber in der Grundkonzeption wesentlich, so dass diese schon damals kritisierte Sichtweise (Esser/Schmidt, Schuldrecht I [5. Aufl] § 9 IV [S 106]; vHoyningen-Huene, Billigkeit 154 ff mit umf Nachw in Fn 14) heute praktisch nicht mehr vertreten wird (ablehnend in neuerer Zeit zB vHoyningen-Huene Rn 111 ff; Wolf/Wolf Rn 41; Staudinger/Rieble [2009] § 315 Rn 43 ff, 50; Fastrich 11 f; Stoffels Rn 391; abweichend für nach § 307 Abs 3 kontrollfreie Preisvereinbarungen jedoch BGH NJW 1993, 1128, 1129 f – die dort [alternativ] auf § 315 Abs 3 gestützte Inhaltskontrolle wäre aber richtiger aus § 242 herzuleiten, vgl Rn 35). Die Kontrolle nach § 315 setzt die wirksame Einräumung eines einseitigen Bestimmungsrechts durch vertragliche Vereinbarung voraus; mangels anderweitiger Ausübungsregelung bindet das Gesetz den Berechtigten an den Maßstab der „Billigkeit" (dazu ausführlich Staudinger/Rieble [2009] § 315 Rn 305 ff; vHoyningen-Huene, Billigkeit 36 ff, 113 ff). Eine unbillige Bestimmung führt nicht zur Nichtigkeit, sondern zur Unverbindlichkeit, § 315 Abs 3 S 1 (Staudinger/Rieble [2009] § 315 Rn 348 ff), an ihre Stelle tritt richterliche Leistungsbestimmung als Akt richterlicher Vertragshilfe, § 315 Abs 3 S 2. 40

Die einseitige Regelaufstellung durch den AGB-Verwender ist demgegenüber nicht durch vertragliche Übertragung entsprechender Gestaltungsmacht legitimiert; dem gesetzlichen Kontrollmaßstab der „Angemessenheit" (§ 307 Abs 1) fehlt die der Billigkeit eigentümliche, auf den Einzelfall bezogene Ermessenskomponente (vgl Staudinger/Rieble [2009] § 315 Rn 299 ff; zum Vergleich beider Maßstäbe vHoyningen-Huene, Billigkeit 96 ff; BGH NJW 1993, 1128, 1129 f sieht keinen Unterschied), und die unangemessene Bestimmung ist unwirksam, § 307 Abs 1 (unbeschadet des unbestreitbaren Umstandes, dass auch bei AGB in vielfältiger Form „Vertragshilfe" geleistet wird [zB einschränkende Klauselauslegung; ergänzende Auslegung als Ersatzrecht im Rahmen von § 306 Abs 2; geltungserhaltende Reduktion], vgl Rn 27, 28, 37). 41

Hieraus folgt für die **Abgrenzung beider Kontrollansätze** zueinander: 42

Der **Bestand** eines einseitigen Bestimmungsrechts ist Voraussetzung für § 315, fehlt es an diesem Recht, unterfällt die Bestimmung nur der AGB-rechtlichen Inhaltskontrolle. Ein einseitiges Bestimmungsrecht kann durch Gesetz (vgl BGH NJW 2005, 2919, 2920 zur Berliner Abfallentsorgung), aber auch *durch AGB* vorgesehen sein; ob es wirksam begründet worden ist, kann sich nur aus § 307–309 ergeben (BGH BB 1984, 233, 234; NJW 1985; 623; BGHZ 93, 358, 361; NJW 1991, 2559, 2564; vHoyningen-Huene Rn 113; Horn WM 1997 Beil 1 S 1, 11). Im Rahmen dieser Angemessenheitskontrolle verlangt die Rechtsprechung *schwerwiegende rechtfertigende Gründe* für die einseitige Bestimmungsmacht des Verwenders und ihre klauselmäßige *Konkretisierung in Voraussetzungen und Umfang* (BGHZ 124, 351, 362 f; 142, 358, 381; NJW 2000, 651, 652; NJW-RR 2005, 1496, 1501; vgl OLG Düsseldorf NJW 2004, 1532, 1535 zu Zinsanpassungsklauseln im Sparvertrag); der bloße Verweis auf billiges Ermessen oder ähnliches genügt insoweit, insbesondere im Lichte des Transparenzgebotes, nicht (BGH aaO; Heinrichs, in:

FS Trinkner [1995] 157, 163; PAULUSCH, in: 10 Jahre AGBG S 50 ff; zum Transparenzgebot s Rn 317). Inhaltlich unangemessen ist ein Leistungsbestimmungsrecht, das eine Änderung des vertraglich vereinbarten Äquivalenzverhältnisses und der Kalkulationsgrundlagen des Vertragspartners zulässt (BGH NJW-RR 2005, 1496, 1501; s ausführlich Rn 330).

43 Besteht ein einseitiges Bestimmungsrecht, so unterliegt seine **Ausübung** allein der Billigkeitskontrolle nach § 315 (s obige Nachw sowie Rn 36; vor allem HORN aaO). Dies gilt auch dann, wenn das Bestimmungsrecht auf einer nach §§ 307–309 wirksamen Klausel beruht (vgl BAG NJW 2005, 1820, 1822 [arbeitsvertragliches Widerrufsrecht], zu III. der Urteilsgründe BGH NJW 2009, 502 Rn 26 ff [Preiserhöhungen des Gasversorgers]). Allerdings meint der BGH, die Bindung an billiges Ermessen müsse in der Klausel selbst zum Ausdruck kommen – ein entsprechender Hinweis genüge, weil er die gesetzliche Rechtslage wiederholt (BGH BB 1985, 218, 219), sei aber auch notwendig, um die angemessene Berücksichtigung der Interessen des Vertragspartners sicherzustellen (BGH NJW 1993, 1061, 1062).

44 Dabei wird zu unterscheiden sein: Begründet die Klausel lediglich das Bestimmungsrecht *ohne Regelung* der Ausübung, so besteht ohne weiteres Billigkeitsbindung nach § 315 Abs 1 – dies ergibt sich zwanglos aus der Klauselauslegung nach §§ 133, 157, nicht im Wege der Reduktion (vgl oben Rn 28). Anders ist die Rechtslage, wenn die Klausel hingegen *eigene Maßstäbe* für die Ausübung benennt oder jede Bindung ausschließt (zB Verteilung der Betriebskosten im Mietverhältnis nach einem vom Vermieter zu bestimmenden „geeigneten Umlagemaßstab", BGH NJW 1993, 1061): Aus § 315 Abs 1 („im Zweifel") ergibt sich, dass die Bindung an billiges Ermessen dispositiv, also grundsätzlich abdingbar oder durch andere Maßstäbe ersetzbar ist (vgl vHOYNINGEN-HUENE Rn 116; WOLF RdA 1988, 270, 271). Abweichungen vom dispositiven Recht durch AGB unterliegen nur der Angemessenheitskontrolle nach §§ 307–309, insbesondere nach § 307 Abs 2 Nr 1. An die Stelle der formelhaft verdrängten Billigkeitskontrolle des Ausübungsergebnisses nach § 315 tritt also eine Inhaltskontrolle in Bezug auf Berechtigung und Maßstäbe der Ausübung. Hält die Klausel dieser Kontrolle stand, bleibt es bei den autonom festgelegten Ausübungsmaßstäben (vHOYNINGEN-HUENE Rn 116); ist sie unwirksam, ist über § 306 Abs 2 wieder § 315 anzuwenden. In der Sache wird eine *ersatzlose* Abdingung der Billigkeitsbindung als unangemessene Benachteiligung des Vertragspartners zu werten sein (WOLF/WOLF Rn 42). Aber auch Ersatzmaßstäbe in der Klausel müssen bestimmten Anforderungen genügen: Indem der BGH den alleinigen Maßstab der „Geeignetheit" verworfen hat (NJW 1993, 1061, 1062), hat er den im „billigen Ermessen" steckenden Verweis auf die *beiderseitigen* Interessen zu den wesentlichen Grundgedanken der gesetzlichen Regelung des § 315 Abs 1 gezählt (§ 307 Abs 2 Nr 1) und damit für AGB-fest erklärt.

Auf die Kriterien der Billigkeitskontrolle nach § 315 Abs 1 im Übrigen ist hier nicht einzugehen (vgl dazu STAUDINGER/RIEBLE [2009] § 315 Rn 299 ff; exemplarisch für die Gebührenänderungen der Banken DERLEDER/METZ ZIP 1996, 573, 582 ff).

i) Culpa in contrahendo

45 Auch cic (§ 311 Abs 2) ist vereinzelt als **Grundlage für die Inhaltskontrolle** von AGB in Betracht gezogen worden (DIEDERICHSEN ZHR 132 [1969] 232 ff; s Vorbem 4 zu §§ 307–

309). Beide Ansätze passen jedoch von den Prämissen, tatbestandlichen Voraussetzungen und Rechtsfolgen schlecht zueinander (ausführliche – und nicht nur von seinem rechtsdogmatischen Standpunkt aus zutreffende – Kritik bei PFLUG 197 ff; vgl auch FASTRICH 69). Heute wird richterliche Inhaltskontrolle auch dort nicht auf cic gestützt, wo das AGB-Recht nicht anwendbar ist.

Dennoch behält die cic ihre Bedeutung auf der **Rechtsfolgenseite**, wenn AGB aus anderen Gründen (§§ 307–309; §§ 138, 134) unwirksam sind: Hier kann neben die Rechtsfolgen des § 306 eine Schadensersatzpflicht des Verwenders aus cic treten (näher ULMER/SCHMIDT § 306 Rn 34a, 49, 53; ERMAN/ROLOFF vor §§ 307–309 Rn 19). 46

k) Wettbewerbsrecht

aa) Grundsätzliches Verhältnis

Das AGB-Recht und die wettbewerbsrechtlichen Gesetze **(GWB, UWG)** haben vom Ausgangspunkt her unterschiedliche Schutzbereiche: Einerseits Schutz der Marktteilnehmer vor unangemessenen AGB (vgl RegE BT-Drucks 7/3919, 15), andererseits Schutz des Wettbewerbs als Ordnungsprinzip (RITTNER, Wettbewerbs- und Kartellrecht § 5 Rn 41 f). Daher sind die Regelungen des Kartellrechts wie auch des UWG grundsätzlich uneingeschränkt neben dem AGB-Recht anwendbar (vgl KG WuW 1992, 538, 542). Dabei ist zu erwarten, dass neben dem nationalen auch das **EG-Kartellrecht** (insb Art 81, 82 EGV) eine zunehmende Rolle spielen wird (näher STOFFELS Rn 413, 414; vgl EuGH EuZW 1999, 212 [betr Bankbedingungen]). 47

Allerdings stehen beide Bereiche nicht beziehungslos nebeneinander. Zum einen ergänzen §§ 305 ff das Wettbewerbsrecht, dessen Instrumentarium oftmals allein nicht ausreicht, um die Verwendung angemessener AGB durch die Unternehmen sicherzustellen (ULMER Einl Rn 6; SCHIRMERS, Konditionenempfehlungen, kartellrechtliche Kontrolle und AGBG [1983] 44, 65 ff; KÖNDGEN NJW 1989, 943, 950). Zum zweiten gibt es (mit zunehmender Tendenz) auch Überschneidungen: Schon das Instrument der Verbandsklage nach §§ 1, 3 UKlaG zeigt, dass der Schutzbereich der §§ 307 ff über den Individualschutz hinaus auch marktwirtschaftliche Zwecke verfolgt (BAUDENBACHER, Wirtschafts-, schuld- und verfahrensrechtliche Probleme der Allgemeinen Geschäftsbedingungen [1983] 214 ff; KÖNDGEN NJW 1989, 943, 946 f mwNw; KAPNOPOULOU 37; zuletzt und umfassend DREXL 356 ff). Eine weitere Gleichrichtung der Schutztendenzen hat sich durch die Anerkennung des Transparenzgebots im Rahmen von § 307 ergeben: Insbesondere soweit die Transparenzkontrolle auch auf die Hauptleistungspflichten und das Äquivalenzverhältnis erstreckt wird (§ 307 Abs 3 S 2, dazu unten Rn 315 ff), steht hier erklärtermaßen die Wahrung und Wiederherstellung von Wettbewerbsvoraussetzungen im Vordergrund (deutlich KÖNDGEN NJW 1989, 943, 950; BGH NJW 1994, 2693, 2695). Weitere Verschränkungen beider Kontrollbereiche sind durch die zunehmende Betonung des Verbraucherschutzaspekts durch das EG-Recht zu konstatieren (für den AGB-Bereich s Einl §§ 307 ff Rn 7 und unten Rn 61 ff; für das Kartellrecht s ULMER/FUCHS Vorbem v § 307 Rn 77, 77a; für das Lauterkeitsrecht s vor allem auch die EG-Richtlinie über unlautere Geschäftspraktiken [RL 2005/29/EG v 11. 5. 2005, ABl EU Nr L 149 v 11. 6. 2005 S 22] sowie über irreführende und vergleichende Werbung [RL 2006/114/EG v 12. 12. 2006, ABl EU Nr L 376 v 27. 12. 2006, S 21], die beide den Aspekt des Verbraucherschutzes betonen). Im „Markt" finden also AGB-Recht und Wettbewerbsrecht ihr (teilweise) gemeinsames Schutzobjekt.

bb) Kartellrecht

48 Die **präventive kartellbehördliche Inhaltskontrolle von AGB** (Konditionenkartelle und -empfehlungen) ist mit der 7. GWB-Novelle 2005 abgeschafft worden. Das neue Recht ist dem europäischen Recht (Art 101 AEUV) angeglichen, es verbindet ein *generelles Verbot* wettbewerbsbeschränkender Maßnahmen (§ 1 GWB) mit einer *gesetzlichen Freistellung* unter bestimmten Voraussetzungen (§ 2 GWB; für Mittelstandskartelle § 3 GWB). Ob diese Voraussetzungen im Einzelfall vorliegen, müssen die Unternehmen eigenverantwortlich beurteilen; eine präventive behördliche Kontrolle findet nicht statt (Ulmer/Fuchs Vorbem v § 307 Rn 84, 85). Stattdessen kann die Kartellbehörde gegen *Konditionenkartelle,* die nicht unter die Freistellungstatbestände der §§ 2, 3 GWB fallen, mit repressiven Mitteln gem §§ 32 ff GWB einschreiten (uU auch Bußgeldverhängung nach § 81 GWB). Für (in der Praxis häufigere) *Konditionenempfehlungen* kennt das neue Recht weder ein spezielles Verbot (vgl § 22 Abs 1 GWB aF) noch – naturgemäß – besondere Ausnahmetatbestände. Unterfallen sie dem Tatbestand des § 1 GWB (verbindliche Vereinbarung oder abgestimmte Verhaltensweise), sind sie verboten; als unverbindliche Empfehlungen unterliegen sie nunmehr hingegen keinen wettbewerbsrechtlichen Einschränkungen (Ulmer/Fuchs Vorbem v § 307 Rn 85; Stoffels Rn 407). Ihre rechtliche Beurteilung unterliegt allein den §§ 305 ff, Verstöße können nach dem UKlaG geltend gemacht werden.

49 Die Kartellbehörde hat gem § 32 GWB die Einhaltung der Vorschriften des GWB sowie der Art 81, 82 AEUV zu überwachen und Zuwiderhandlungen repressiv abzustellen. Es besteht jedoch Einigkeit, dass bei Konditionenkartellen oder -empfehlungen auch eine Unangemessenheit nach §§ 307–309 zu beachten ist (Tätigkeitsbericht BKartA 1987/88; BT-Drucks 11/4611, 30; Schindler, Kontrolle 101 ff; Immenga/Mestmäcker § 2 GWB Rn 14 f; Stoffels Rn 409; offengelassen von KG WuW 1992, 538, 542; BGHZ 125, 315, 317). Die AGB-rechtliche Inhaltskontrolle versteht das BKartA als Teil einer allgemeinen Rechtmäßigkeitskontrolle, die neben die wettbewerbsrechtliche Kontrolle tritt. Dabei beeinflussen sich beide Kontrollmaßstäbe wechselseitig, stehen aber grundsätzlich selbständig nebeneinander. Soweit es um die Angemessenheit der Konditionen iSd §§ 307–309 geht, sind die Maßstäbe für das BKartA grundsätzlich die gleichen wie bei der gerichtlichen Kontrolle (hM Schirmers 44 ff, 65 ff; Immenga/Mestmäcker GWB § 2 Rn 14). In der Praxis beanstandet das BKartA dabei jedenfalls offensichtliche Verstöße gegen das AGB-Recht (Tätigkeitsbericht 1977, BT-Drucks 8/1925, 15). Die kartellrechtliche Missbrauchsaufsicht erstreckt sich über die Inhaltskontrolle nach §§ 307–309 hinaus jedoch auch auf den Wettbewerbsschutz: Konditionenkartelle und -empfehlungen dürfen nicht zur Durchsetzung von im Wettbewerb nicht erreichbaren Konditionen führen (Kiecker, in: Langen/Bunte, Kartellrecht § 12 Rn 10). Auf die AGB-rechtliche Zulässigkeit kommt es dabei nicht an (KG WuW 1992, 538; offengelassen in BGHZ 125, 315, 317; vgl BGH NJW 1984, 1354). Insoweit kann der Kontrollmaßstab des Kartellamts im Ergebnis schärfer sein als der nach §§ 307–309, wenn die Konditionen die Wettbewerbsverhältnisse am Markt negativ verändern, insbesondere den Wettbewerb beschränken oder beseitigen (BGH NJW 1984, 1354 [Druckereikonditionen]; KG WuW 1992, 538 [Mustermietvertrag II]; offengelassen in BGHZ 125, 315, 317 [Mustermietvertrag II]). Die Vereinbarkeit mit §§ 307 ff impliziert also nicht die Vereinbarkeit mit dem Kartellrecht und umgekehrt (KG aaO; vHoyningen-Huene Rn 117; Stoffels Rn 410). Soweit die Missbilligung durch das BKartA über §§ 307 ff hinausgeht, beruht sie jedoch nicht auf AGB-rechtlichen, sondern

allein auf wettbewerbsrechtlichen Erwägungen (vgl BGH NJW 1984, 1354; KG aaO; BKartA WuW 1991, 947, 951 f; HENNIG/PAETOW DB 1978, 2349, 2352).

Umgekehrt kann von den Kartellbehörden nicht erwartet werden, dass sie die **50**
Angemessenheitskontrolle nach §§ 307–309 bis ins Detail korrekt beherrschen und anwenden, um mehr als eine prima-facie-Kontrolle handelt es sich insoweit nicht. Daher kommt den kartellbehördlichen und -gerichtlichen Entscheidungen keinerlei Rechtskraft oder auch nur Indizwirkung hinsichtlich der Angemessenheit nach §§ 307–309 zu. Umgekehrt aber bindet eine gerichtliche Feststellung der Unwirksamkeit von AGB im Verbandsklageverfahren nach § 1 UKlaG wegen der Rechtskrafterstreckung nach § 11 UKlaG auch die Kartellbehörden und -gerichte (KEMP BB 1977, 1121, 1123).

Besonderen Beschränkungen und einer entsprechenden Kontrolle durch das Kar- **51**
tellamt unterliegen **Unternehmen mit marktbeherrschender Stellung**. Zu diesen Beschränkungen gehört vor allem das **Diskriminierungsverbot für marktbeherrschende Unternehmen gem § 20 Abs 1 GWB**. Eine „unbillige Behinderung" im Sinne dieser Vorschrift liegt auch vor, wenn einzelnen Unternehmen unangemessene oder schlechtere Bedingungen angeboten werden als anderen. Die Unbilligkeitsprüfung nach § 20 Abs 1 GWB berücksichtigt grundsätzlich auch die Unangemessenheit einer Klausel nach § 307 (BGH WuW 1995, 733, 739). Grundsätzlich jedoch *sind beide Normen nebeneinander und unabhängig voneinander anwendbar,* denn im Rahmen der Prüfung nach § 20 Abs 1 sind auch spezifisch wettbewerbsrechtliche Gesichtspunkte zu beachten (WOLF/WOLF Rn 55 ff; vWESTPHALEN NJW 1982, 2465, 2467). Außerdem gilt für § 307 ein generalisierend-typisierender Prüfungsmaßstab (unten Rn 109), während im Rahmen des § 20 Abs 1 GWB eine individuelle Interessenabwägung vorzunehmen ist (BGH NJW 1989, 3010, 3012). Allerdings ist eine *wechselseitige Beeinflussung* nicht zu verkennen: ISv § 307 angemessene AGB stellen in der Regel keine unbillige Behinderung dar (BGH NJW 1982, 644, 646; OLG Stuttgart NJW-RR 1986, 1488, 1489), andererseits können Klauseln schon aufgrund ihrer groben Unangemessenheit nach § 307 gleichzeitig eine Behinderung des Wettbewerbs darstellen (BGHZ 78, 190, 198; BGH NJW 1982, 644, 646). Umgekehrt führt ein Verstoß des marktbeherrschenden Unternehmers gegen das Diskriminierungsverbot des § 20 GWB nicht *per se* zur Unangemessenheit der entsprechenden AGB-Klauseln iSv § 307 (ULMER/FUCHS Vorbem v § 307 Rn 86), kann aber die Abwägung im Rahmen dieser Vorschrift maßgeblich beeinflussen (vWESTPHALEN NJW 1982, 2465, 246; STOFFELS Rn 411).

Neben dem Diskriminierungsverbot des § 20 Abs 1 GWB unterliegen marktbeherr- **52**
schende Unternehmen mit ihren AGB auch noch der allgemeinen **Missbrauchsaufsicht nach § 19 GWB**. Bei der Prüfung eines Missbrauchs der marktbeherrschenden Macht sind auch die Angemessenheitskriterien der §§ 307 ff zu berücksichtigen, wenngleich nicht allein ausschlaggebend (ULMER/FUCHS Vorbem v § 307 Rn 87; WOLF/WOLF Rn 56, 58; für die Angemessenheitsprüfung nach § 307 ist umgekehrt die marktbeherrschende Stellung des Verwenders grundsätzlich unwesentlich). Allerdings relativiert der BGH im Rahmen des GWB die belastende Wirkung von AGB dadurch, dass er diese im Rahmen eines „Leistungsbündels" zusammen mit dem Verhältnis von Leistung und Gegenleistung würdigt (BGH WM 1985, 490, 492; kritisch BUNTE WM 1985, 1217 ff; ULMER/FUCHS s Vorbem v § 307 Rn 88; zu dem im Rahmen von § 307 grundsätzlich unbeachtlichen Preisargument s unten Rn 129 ff).

cc) UWG

53 Auch das UWG schützt, neben den Mitbewerbern eines AGB-Verwenders, die Funktionsfähigkeit des Marktes und die Marktgegenseite; insoweit sind Überschneidungen von AGB-Recht und UWG denkbar. Die materiellen (§§ 1, 3 UWG) und verfahrensrechtlichen Instrumente des UWG (§§ 12 ff) treten neben §§ 307 ff, wenn unlauterer Wettbewerb gerade unter Ausnutzung von AGB betrieben wird. Dabei kann die Beeinflussung beider Rechtsgebiete wechselseitig sein:

53a Zum einen kann die **AGB-Praxis** eines Verwenders **lauterkeitsrechtliche Konsequenzen** haben. Das ist etwa der Fall, wenn planmäßig unangemessene AGB eingesetzt werden im Vertrauen darauf, dass sich die wenigsten Kunden gegen die darin begründeten Scheinverpflichtungen zur Wehr setzen werden. Darin liegt nach allgemeiner Auffassung eine Ausnutzung der geschäftlichen Unerfahrenheit oder Leichtgläubigkeit der Kunden iSv § 4 Nr 2 UWG, die sich gegen unwirksame AGB eher selten zur Wehr setzen (näher Ulmer/Fuchs Vorbem v § 307 Rn 90); neuerdings wird darin auch ein Verstoß gegen § 4 Nr 11 UWG gesehen (Verstoß gegen §§ 307 ff als „Marktregelung", OLG Frankfurt CR 2008, 124, 125; 2009, 253, 256; MünchKomm/Wurmnest v § 307 Rn 12). Gleiches sollte auch bei der planmäßigen Weiterbenutzung von für unwirksam erklärten AGB gelten (Köhler NJW 2008, 177 ff; **aA** die überwiegende Meinung, vgl Ulmer/Fuchs aaO Rn 90 mwNw des Streitstandes). Des Weiteren wird eine Verletzung des § 4 Nr 11 UWG insbesondere bei Verstößen gegen das *Transparenzgebot* wegen seines unmittelbaren Marktbezuges zu bejahen sein (Stoffels Rn 413; Ulmer/Fuchs aaO Rn 90a; vgl Rn 175 ff). Ob dies auch bei materiellen Verstößen gegen §§ 307–309 zu bejahen ist, ist streitig, aber jedenfalls für Verbraucherverträge unter dem Einfluss der EG-RL 2005/29/EG (s Rn 47) und der sie umsetzenden UWG-Reform 2008 in der Regel anzunehmen (BGH NJW 2012, 3577 Rn 45 ff; vgl schon BGH NJW 2011, 76 Rn 26 ff [zu § 475 Abs 1 S 1]; OLG Hamm MMR 2013, 241 Rn 9 f; Köhler NJW 2008, 177, 179 77; erwägend auch Oetker AcP 212 [2012] 202, 209 f [mit Hinweis auf Art 8 schweiz UWG und die Rechtsprechung des öst OGH]; einschränkend Ulmer/Fuchs Vorbem v § 307 Rn 90b; ablehnend Armgardt WRP 2009, 122, 126). Schließlich können die AGB eines Unternehmers auch gegen das **Irreführungsgebot** des § 5 UWG verstoßen, insbesondere bei Verträgen mit Verbrauchern (Maßstab ist insoweit der Horizont des „durchschnittlichen Verbrauchers", § 3 Abs 2 UWG). Dies ist etwa der Fall, wenn vollmundige Leistungsversprechen in der Werbung in den AGB nur unter engen Voraussetzungen oder mit erheblichen Einschränkungen gelten sollen (BGH GRUR 1983, 654, 655; NJW 1995, 3124, 3125; KG NJW 1986, 2175 f; GRUR 1991, 787; OLG Stuttgart WRP 1981, 604). Auch das bloße Unterlassen von vertragswesentlichen Informationen in den AGB (zB Liefer-, Zahlungs- oder Leistungsbedingungen) kann gem § 5a UWG zu einem Wettbewerbsverstoß führen (Ulmer/Fuchs aaO Rn 92a). Liegt nach alledem in dem Gebrauch von unwirksamen oder irreführenden AGB gleichzeitig ein Wettbewerbsverstoß, können dagegen nicht nur die Kunden oder die Verbraucherschutzverbände nach dem UKlaG vorgehen (dazu Staudinger/Schlosser, Kommentierung zu §§ 1 ff UKlaG), sondern auch die übrigen Marktteilnehmer mit den Sanktionsmitteln des UWG (insbesondere Unterlassungsanspruch gem § 8 Abs 1, 3 Nr 1 UWG, durchsetzbar mittels Abmahnung, einstweiliger Verfügung oder Klage; so Köhler NJW 2008, 17 ff; tendenziell ebenso BGH NJW 2008, 3055 Rn 27 ff; 2011, 76, 78 Rn 31; **aA** noch OLG Köln NJW 2007, 3647).

53b Umgekehrt können aber auch Wertungen des UWG im Rahmen der AGB-rechtlichen Wirksamkeitsprüfung beachtlich sein – insbesondere bei der Frage, ob eine Benachteiligung „unangemessen" ist iS § 307 Abs 1 S 1 oder ob die UWG-Vorschriften, von denen in AGB abgewichen wird, zu den „wesentlichen Grundgedanken" der gesetzlichen Regelung iS § 307 Abs 2 Nr 2 zu rechnen sind (bejaht von BGH NJW 2008, 2355 Rn 27, 33: unverlangte Werbung per E-Mail/SMS gem § 7 Abs 2 Nr 3 UWG nur bei ausdrücklicher Einwilligung des Kunden zulässig [„opt-in"]; „opt-out"-Regelungen in AGB deshalb Verstoß gem § 307 Abs 2 Nr 1 BGB; vgl auch ULMER/FUCHS Vorbem v § 307 Rn 95). Desgleichen können die besonderen Transparenzanforderungen in § 4 Nr 4–6 UWG die AGB-rechtlichen Transparenzanforderungen (Rn 176, 194 ff, 315 ff) beeinflussen.

5. Gegenstand und Rechtsfolgen der Inhaltskontrolle

a) Grundsätze

Halten AGB-Regelungen der Inhaltskontrolle nach §§ 307–309 stand (was ihre vertragliche Einbeziehung gem § 305 Abs 2, 3 voraussetzt), so entfalten sie im Grunde dieselbe vertragsgestaltende Wirkung wie Individualvereinbarungen. Werden sie als unangemessen verworfen, so sind sie unwirksam; der Vertrag im Übrigen bleibt grundsätzlich bestehen (Ausnahme: § 306 Abs 3), die Lücke wird durch dispositives Gesetzesrecht oder ergänzende Vertragsauslegung gefüllt, §§ 306 Abs 1, 2. Daneben kann eine Haftung aus cic (§ 311 Abs 2) wegen schuldhafter Verwendung unwirksamer Klauseln treten (Rn 45 f). 54

Die Modifizierung einer für unangemessen erachteten Klausel mit dem Ziel, sie rechtskonform zu gestalten und damit aufrechterhalten zu können, wird von der hM grundsätzlich abgelehnt (sogenanntes Verbot der **„geltungserhaltenden Reduktion"**): Die Inhaltskontrolle kassiert, sie reformiert nicht (ausführlich STAUDINGER/SCHLOSSER § 306 Rn 22 ff; STOFFELS Rn 592 ff). Allerdings kann vor allem durch „einschränkende Auslegung" ein vergleichbar geltungserhaltender Effekt erzielt werden (oben Rn 27 ff); trotz klarer methodischer Trennbarkeit verschwimmen die Übergänge in der Praxis. Auch darf nicht verkannt werden, dass das Ergebnis einer ergänzenden Vertragsauslegung im Rahmen von § 306 Abs 2 praktisch dem sehr nahe kommt, was sich auch bei einer geltungserhaltenden Korrektur der ursprünglichen Klausel ergeben hätte (vgl vor allem CANARIS, in: FS Steindorff [1990] 519, 550 f; ders ZIP 1996, 1109, 1114; HAGER, Auslegung 31 ff, 125 ff, 154 ff; ders JZ 1996, 175, 176; aus der Rechtsprechung vgl BGH ZIP 1991, 309; 1996, 1164, 1166; 1996, 1429, 1432; vgl auch § 310 Rn 116 zu arbeitsrechtlichen Altverträgen). Zwischen dem Konzept der Unwirksamkeit gem § 307 Abs 1, das auf Sanktionen gegenüber dem Verwender zielt, und dem der Geltungserhaltung gem § 306, das den Vertragspartner schützen will, besteht ein gesetzesimmanentes, bis heute nicht befriedigend gelöstes Spannungsverhältnis (vgl auch STAUDINGER-Eckpfeiler/COESTER [2012] Allg Geschäftsbedingungen Rn 74). 55

Die Unwirksamkeitssanktion beschränkt sich von vornherein auf eine **einzelne Bestimmung** innerhalb eines Klauselwerks (vgl den Wortlaut der §§ 307–309), die auch nur – im Grundsatz isoliert (vgl aber Rn 124) – den Gegenstand der Inhaltskontrolle bildet. Für den Begriff der „Bestimmung" kommt es nicht auf die sprachliche Gestaltung der AGB an, sondern darauf, dass es sich um eine ein eigenständiges Regelungsthema betreffende, aus sich heraus verständliche und deshalb auch sprachlich getrennt darstellbare Vertragsbedingung handelt **(materieller Klauselbegriff)**. Liegt eine solche „Bestimmung in materiellem Sinne" vor, so verliert sie ihre 56

Eigenständigkeit nicht dadurch, dass sie in dem Klauselwerk sprachlich mit anderen Bestimmungen in einem Satz verknüpft ist (BGH NJW 1982, 178, 181; NJW 1984, 2687, 2688; 1985, 623; 1989, 831, 833; 1992, 896, 898; ausführliche Darstellung bei Neumann, Geltungserhaltende Reduktion 82 ff; H Schmidt, Vertragsfolgen 77 ff; E Schmidt JA 1980, 401 ff, 403; Ulmer NJW 1981, 2025, 2031). Anders gewendet: Ist die Bestimmung unwirksam, so werden sprachlich mit ihr verbundene andere Bestimmungen hiervon nicht notwendig berührt. Ist beispielsweise die Regelung über eine Abstandszahlung bei vorzeitiger Lösung aus dem Vertrag unwirksam, so kann doch die Festlegung der Primärlaufzeit Bestand haben (BGH NJW 1993, 1133, 1135). Wird dieses Kriterium der „Trennbarkeit" miteinander verbundener Bestimmungen jedoch erstreckt auf die bloße „Streichbarkeit" einzelner, unselbständiger Regelungselemente wie etwa „in sonstiger Weise" bei Aufzählung möglicher Schädigungsursachen (BGH NJW 1991, 1750, 1752 f) oder „Antenne" bei Verbot von „Kabelzweitanschluss oder Antenne" (BGH NJW 1993, 1061, 1062; vgl auch NJW 1997, 3437, 3439 [Empfangs- und Erklärungsvollmacht]), dann ist die Grenze zur „geltungserhaltenden Reduktion" ebenso eindeutig überschritten, wie wenn überlange Laufzeiten in ihrem „angemessenen Kern" aufrechterhalten, also richterlich abgekürzt werden (so BGH BB 1983, 662, 663). Für Einzelheiten s die Erläuterungen zu § 306.

57 Umgekehrt kann nach dem materiellen Klauselbegriff die Unwirksamkeit einer Klausel auch auf **textlich gesonderte, andere Klauseln** übergreifen, wenn sie mit diesen zusammen zu einem einheitlichen Regelungskomplex verflochten ist, der nur einheitlich stehen oder fallen kann. Obwohl das Abstraktionsprinzip eine solche Zusammenfassung beim schuldrechtlichen und dinglichen Rechtsgeschäft grundsätzlich verbietet, will sie der BGH doch annehmen im Recht der fiduziarischen Sicherheiten: Wie beim Individualvertrag (§ 138) soll die Unwirksamkeit der Sicherungsabrede die der Sicherungsübereignung automatisch nach sich ziehen (ständige Rechtsprechung, zuletzt BGH ZIP 1994, 305, 307; implizit auch NJW 1998, 671, 672). Dem kann für das miterfasste, für sich beanstandungsfreie dingliche Geschäft noch nicht § 307 Abs 3 entgegengehalten werden (so aber Canaris ZIP 1996, 1109, 1120), entscheidend ist vielmehr die Begründung einer Schutzverklammerung (zutreffend Roth JZ 1998, 462) – eine bislang nur unzulänglich ausgelotete Fragestellung.

b) Abweichende Bestimmungen in AGB

58 Die Unwirksamkeitssanktion des § 307 Abs 1 ist **zwingendes Recht**, sie kann durch AGB nicht abbedungen werden. Möglich ist allenfalls eine individualvertragliche **Bestätigung** gem § 141, die die Bestimmung der AGB-Kontrolle entzieht (BGH NJW 1985, 57, 58).

Durch Individualabrede **abdingbar** ist das Prinzip der **Gesamtwirksamkeit** (§ 306 Abs 1; Staudinger/Schlosser § 306 Rn 9). Anordnungen der Gesamtnichtigkeit in AGB müssen sich hingegen – sofern sie nicht schon als überraschend zu verwerfen sind (§ 305c Abs 1; vgl Staudinger/Schlosser § 306 Rn 9) – gem § 307 Abs 2 Nr 1 am Schutzzweck des § 306 Abs 1 messen lassen; vorbehaltlich etwaiger Besonderheiten des unternehmerischen Verkehrs, also vor allem im privaten Verkehr werden sie deshalb in aller Regel als unangemessene Benachteiligung des Vertragspartners einzustufen sein (ebenso Ulmer/Fuchs Vorbem v § 307 Rn 100).

Hingegen bestehen keine Bedenken gegen eine Klausel, die für *individualvertrag-*

liche Vereinbarungen die bei Teilunwirksamkeit eigentlich einschlägige Regelung des § 139 abbedingt und durch ein umgekehrtes Regel-/Ausnahmeverhältnis oder eine dem § 306 entsprechende Regelung ersetzt (**„salvatorische Erhaltungsklausel"**; BGH WM 1992, 1576; NJW 1994, 1651; NJW 1996, 773; NJW 2005, 2225, 2226). Bei *AGB* entspricht die Erhaltungsklausel ohnehin § 306 Abs 1; unwirksam wäre allerdings ein Ausschluss von § 306 Abs 3.

Weitergehende Gestaltungsautonomie auch durch AGB besteht schließlich hinsichtlich der an die Stelle einer unwirksamen Klausel tretenden **Ersatzregelung**, § 306 Abs 2. Allerdings können in AGB vorgesehene Ersatzregelungen leicht zu Unklarheiten darüber führen, welche Regelung denn nun wirklich gilt, und damit gegen das Transparenzgebot verstoßen. Dies ist vor allem bei **salvatorischen Klauseln** der Fall, die eine Bestimmung mit dem **allgemeinen Vorbehalt „soweit gesetzlich zulässig"** (oder ähnlich) versehen. Der Verwender kann die Gerichte nicht ermächtigen, eine pauschal und unsorgfältig gefasste Bestimmung auf das gesetzlich noch zulässige Maß zu reduzieren und damit überhaupt erst zu konkretisieren. Die Verantwortung für eine angemessene und transparente Klauselfassung liegt bei ihm (BGH BB 1985, 218, 222; NJW 1991, 2361, 2362; 1993, 1061, 1062; 1996, 1407, 1408; KG NJW 1998, 829, 831; Bunte/Heinrichs 41; Lindacher BB 1983, 154; Mäsch JZ 2008, 359, 362; großzügiger BGH NJW 1993, 657, 658 f [Gewährleistungsausschluss, „soweit der Verwender nicht gesetzlich zwingend haftet" – wirksam, da damit die Fälle von Arglist, Zusicherung oder sonstiger Individualzusage ausgenommen seien] – im Lichte des Transparenzgebots eine zweifelhafte Entscheidung). Ein derartiger salvatorischer Vorbehalt hat nur dann eine legitime Funktion, wenn wegen (auch nach sorgfältiger Prüfung) unklarer Rechtslage die Formulierung einer eindeutig angemessenen, dh rechtskonformen Bestimmung nicht möglich ist, der Verwender ihre Auslegung mit zulässigem Inhalt aber dennoch sicherstellen möchte (Schlosser WM 1978, 562, 568; Lindacher BB 1983, 154 ff, 157; Bunte/Heinrichs 41). Ist die Rechtslage hingegen klar, wird eine salvatorische, derzeit unzulässige Klausel auch nicht durch den Zusatz gerechtfertigt, „dass sich die Gesetzeslage oder die Rechtsprechung ändern könnte(n) …" (BGH NJW 2013, 1668 Rn 2, 3). 59

Salvatorischen Charakter haben schließlich auch **Ersatzklauseln**, die positiv die Regelung benennen, die bei Unwirksamkeit der Primärklauseln in Kraft treten soll. Hierbei gibt es verschiedene Varianten, von denen diejenigen, die dem Verwender ersatzweise ein nicht genau umschriebenes Bestimmungsrecht einräumen oder die eine Verpflichtung beider Parteien begründen, eine Ersatzregelung zu vereinbaren, jedenfalls wegen Intransparenz der gültigen Regelung als unangemessen einzustufen sind (BAG NZA 2005, 1111, 1115; BGH NJW-RR 1996, 783, 784; OLG Celle WM 1994, 886, 893; OLG Düsseldorf ZIP 1997, 1845 ff; LG Dortmund AGBE I § 6 Nr 11; Bunte/Heinrichs 46 f; Heinrichs NJW 1995, 1395, 1398; vgl auch KG NJW 1998, 829, 831; weiter differenzierend Neumann, Geltungserhaltende Reduktion 104 ff; Garrn JA 1981, 151 ff; zu Bedingungsanpassungsklauseln im Versicherungsvertrag BGH NJW 1999, 1865, 1866; Matusche-Beckmann NJW 1998, 112 ff; für Wirksamkeit des zweiten Klauseltyps Michalski/Römermann NJW 1994, 886 ff mwNw; zur Intransparenz s auch Rn 190). Praktisch auf dasselbe läuft es hinaus, wenn eine Anpassungsklausel es dem Verwender ermöglicht, eine durch Unwirksamkeit einer anderen AGB-Klausel entstandene Lücke durch eine neue Regelung zu füllen (vgl BGH NJW 1999, 1865, 1866 [allerdings nicht wegen Intransparenz, sondern materieller Unangemessenheit: § 306 Abs 2 als Leitbild iSv § 307 Abs 2 Nr 1]; ebenso BAG NZA 2005, 1111, 1115). Eine deskriptive sachliche Ersatzregelung wird hingegen überwiegend für zulässig 60 gehalten, soweit sie ihrerseits der Inhaltskontrolle standhält (Hager, Auslegung 202; Neumann, Geltungserhaltende Reduktion S 106 f; *differenzierend* Garrn JA 1981, 151, 155; **aM** OLG München NJW-RR 1988, 786; H Schmidt, Vertragsfolgen 230; Ulmer/Schmidt § 306 Rn 40). Dies gilt im Grundsatz auch für subsidiär hintereinander gestaffelte AGB-Werke, die etwa bei Bauverträgen häufiger vorkommen, obwohl hier eher Probleme mit dem Transparenzgebot auftreten können (Einzelheiten s Staudinger/Schlosser § 306 Rn 17 mwNw; **aM** OLG München NJW-RR 1988, 786; Ulmer/Schmidt § 306 Rn 40; Fell ZIP 1987, 691, 692 f). Seit der BGH allerdings § 306 Abs 2 für AGB-fest erklärt hat jedenfalls insoweit, als diese Regelung nicht durch ein Klauselersetzungsrecht des Verwenders verdrängt werden kann (NJW 1999, 1865, 1866: „nur soweit gesetzliche Vorschriften die Anpassung nicht leisten, ist Raum für eine Bedingungsanpassungsklausel"), ist zweifelhaft, ob nicht Ersatzklauseln generell durch diese Rspr ausgeschlossen werden (so offenbar BAG NZA 2005, 1111, 1115).

II. Bedeutung des europäischen Gemeinschaftsrechts bei Verbraucherverträgen

1. Allgemeines

61 Seit Inkrafttreten der **EG-RL 93/13/EWG** am 1. 1. 1995 werden Geltungsbereich und Maßstäbe der Inhaltskontrolle vom Gemeinschaftsrecht überlagert, soweit die Situation eines Verbrauchervertrages iSv Art 2 RL, § 310 Abs 3 gegeben ist (zum **Text** der RL s Anh zu § 310; zum unterschiedlichen Schutzansatz s Vorbem 7 zu §§ 307 ff [dort auch zu ersten Ansätzen einer Ausweitung auf den unternehmerischen Verkehr] und Vorbem 16 [zu Arbeitnehmern als Verbrauchern] und oben Rn 6). Die Umsetzung der RL in §§ 307 Abs 1 S 2, Abs 3 S 2, 310 Abs 3 ändert daran nichts (zur Maßgeblichkeit der RL schon vor der Umsetzung vgl EuGH Rs C-91/92, NJW 1994, 2473; BGH NJW 1995, 2034, 2036; OLG Schleswig NJW 1995, 2858, 2859; Bunte DB 1996, 1389, 1393; Heinrichs NJW 1995, 154, 156; Pfeiffer WM 1995, 1566; Wolf JZ 1996, 798). Nach der Lehre vom **„Vorrang des Gemeinschaftsrechts"** (dazu im Allgemeinen Ipsen, Europäisches Gemeinschaftsrecht [1972] 267 ff; Zuleeg, Das Recht der Europäischen Gemeinschaften im innerstaatlichen Bereich [1969] 160 ff; Heiderhoff 55 ff; Schilling, Der Staat 33 [1994] 555 ff; Schweitzer/Hummer, Europarecht [5. Aufl 1996] Rn 851; aus der Rechtsprechung des EuGH: Rs 6/64, Slg 1964, 1251, 1269 ff; Rs 14/68, Slg 1969, 1, 14; Rs 249/85, Slg 1987, 2345 ff; aus der Rechtsprechung des BVerfG vgl BVerfGE 22, 293 ff; 31, 173 f; 37, 271 ff; 73, 339 ff; 89, 155 ff) bleibt dieses auch gegenüber nationalen Umsetzungsgesetzen die letztmaßgebliche Rechtsquelle (EuGH Rs 14/83, NJW 1984, 2021; vgl Wolf/Wolf Art 1 RL Rn 13) und beansprucht darüber hinaus Vorrang auch gegenüber dem sonstigen, thematisch einschlägigen nationalen Recht (vgl EuGH Rs 106/89, Slg 1990, 4135, 4159; dazu Brechmann, Die richtlinienkonforme Auslegung [1994] 72 ff, 273). Dies könnte für die Inhaltskontrolle nach § 307 von großer Bedeutung sein, denn § 310 Abs 3 erledigt nur gewissermaßen die strukturelle Grobanpassung des positiven Rechts an die RL, während die inhaltliche Feinanpassung vor allem im Rahmen der Anwendung der §§ 307–309 von den Gerichten zu leisten ist (vgl Heinrichs NJW 1996, 2190, 2191, 2196; zu den sich daraus ergebenden vier Varianten des AGB-Rechts [beruflich Handelnde, Verbraucher, Arbeitnehmer, Normalkunden] s Vorbem 17 zu §§ 307 ff). Dabei sind, unbeschadet der praktischen Möglichkeit, die richtlinienkonforme Auslegung schon dem allgemeinen Auslegungskanon deutscher Normen zu integrieren (vgl Palandt/Sprau Einl vor § 1 Rn 43), idealtypisch folgende gedanklichen Schritte zu unterscheiden:

62 Da die RL nur einen einheitlichen Mindestschutz für Verbraucher sicherstellen will und strengere nationale Vorschriften unberührt lässt (Art 8; zur – einstweilen – gescheiterten Vollharmonisierung s Vorbem 7 zu §§ 307 ff), hat die **Prüfung einer Klausel im konkreten Fall** zunächst nach deutschem Recht zu erfolgen; ist sie schon danach *unwirksam,* bedarf es einer Prüfung am Maßstab der RL nicht mehr (allerdings können strengere nationale Vorschriften unter Umständen gegen die Grundfreiheiten des EGV verstoßen, vgl Vorbem 23 zu §§ 307 ff). Ist die Klausel in einem Verbrauchervertrag nach deutschem Recht als (zumindest möglicherweise) *wirksam* einzustufen, so muss in einem zweiten Schritt die Vereinbarkeit auch mit der EG-RL/93/113/EWG geprüft werden.

63 Dies setzt zunächst die **Feststellung des RL-Inhalts** voraus, sowohl im Allgemeinen wie im Hinblick auf die fragliche Klausel. Da auch die RL mit unbestimmten Rechtsbegriffen und Generalklauseln arbeitet, bedarf es insoweit der *Auslegung* und *Konkretisierung* des RL-Textes. Diesem methodischen Prozess der Rechtserkenntnis ist die Frage vorgeschaltet, wem die **Kompetenz** hierfür zusteht – den nationalen Gerichten oder dem EuGH (dazu im Einzelnen unten 2.)?

64 Steht der Inhalt der Richtlinie fest (von vornherein oder nach Interpretation durch das zuständige Gericht) und erweist sich die Klausel auch nach diesem Maßstab als wirksam, so ist ihre rechtliche Verbindlichkeit endgültig geklärt (vgl BGH NZM 2004, 734). Hat sich hingegen eine Wertungsdiskrepanz zwischen nationalem deutschen Recht und der EG-RL dergestalt ergeben, dass die Klausel EG-rechtlich als unwirksam einzustufen wäre, so ist auf die Ebene des deutschen Rechts zurückzukehren und die Möglichkeit seiner **richtlinienkonformen Auslegung** zu prüfen (dazu unten 3.). Können auf diesem Wege EG-Recht und deutsches Recht in inhaltliche Übereinstimmung gebracht werden, so ist die Klausel nach dem so angeglichenen deutschen Recht endgültig zu beurteilen und zu verwerfen. Nur wo richtlinienkonforme Auslegung (ausnahmsweise) nicht möglich ist, setzt sich das vorrangige Gemeinschaftsrecht unmittelbar durch.

2. Die Feststellung des RL-Inhalts

65 Aus dem Vorrang des Gemeinschaftsrechts vor dem nationalen Recht folgt, dass die Auslegung und Konkretisierung unbestimmten Gemeinschaftsrechts dem Grundsatz nach nicht Sache der nationalen Gerichte sein kann. Vielmehr steht dem **EuGH** für die Auslegung, Konkretisierung und Fortentwicklung des Gemeinschaftsrechts ein **Monopol** zu (Gutachten 1/76, Slg 1977, 741 ff; 1/91, Slg 1991, I-6079 ff), dessen Ausübung durch das Vorabentscheidungsverfahren gem Art 234 EGV gesichert und geregelt ist (dazu Rn 68 ff). Eine unvermittelte Anwendung des Gemeinschaftsrechts durch das letztinstanzliche nationale Gericht kommt nach allgemeinen Grundsätzen nur in Betracht, wenn keine Auslegungsbedürftigkeit besteht – entweder weil der gemeinschaftsrechtliche Normtext klar oder durch frühere EuGH-Entscheidungen geklärt ist.

a) Entbehrlichkeit einer EuGH-Vorlage im Allgemeinen

66 Nach der **„acte-clair-doctrine"** entfällt eine Vorlagepflicht an den EuGH, wenn der Inhalt des Gemeinschaftsrechts „derart offenkundig ist, dass für einen vernünftigen Zweifel keinerlei Raum bleibt" (EuGH Slg 1982, 3415 ff. [Tenor]). Um von einer Vorlage

absehen zu können, genügt es also nicht, wenn das letztinstanzliche Gericht eine bestimmte Auslegung der RL nach seiner Überzeugung für richtig hält. Diese Gewissheit kann schon durch die unterschiedlichen sprachlichen Fassungen der RL erschüttert werden (dazu Salvestroni RivDirCom XCIII (1995) 11, 14). Es ist aber auch die Gefahr oder auch nur die Möglichkeit abzuschätzen, dass der EuGH zu einer abweichenden Beurteilung des RL-Inhalts kommen könnte (Brandner MDR 1997, 312, 315; Hasselbach ZIP 1996, 1457, 1458; ders DWiR 1998, 110, 111; Nassall WM 1994, 1645, 1647). Aus dem Ziel der europäischen Rechtsangleichung folgt, dass in diese Konsensüberprüfung grundsätzlich auch die Fachgerichte der EU-Staaten einzubeziehen sind. Allerdings wird hier nicht schon die theoretische Möglichkeit einer Divergenz genügen, sondern erst die durch abweichende Entscheidungen belegte Auslegungsdivergenz (Canaris EuZW 1994, 417; anders Hasselbach DWiR 1998, 110, 111; vgl zum HWiG BGH NJW 1996, 55 [11. Senat]; NJW 1996, 930 ff [9. Senat] betreffend die Erstreckung der RL 85/577/EWG auf einseitige Sicherungsgeschäfte: der 11. Senat hielt die RL soweit offenbar für „klar" und legte nicht vor; der 9. Senat vertrat in der Sache die Gegenauffassung und musste deshalb – da die Auslegungsdivergenz offenkundig geworden war – dem EuGH vorlegen). Angesichts der generalklauselartigen Weite insbesondere des Art 3 Abs 1 RL, aber auch der Unbestimmtheit der sonstigen Begriffe des RL-Textes, wird, jedenfalls solange konkretisierende Urteile des EuGH fehlen, von einer „Klarheit" im Sinne der „acte-claire-Doktrin" regelmäßig nicht ausgegangen werden können (ähnlich Markwardt, Die Rolle des EuGH 218 ff, 228 f). Dabei ist zu beachten, dass auch bei gleichem oder ähnlichem Wortlaut von RL und nationalem Recht die innerstaatliche Interpretation nicht einfach dem EG-Recht auferlegt werden kann: Die alle Mitgliedstaaten übergreifende Einheitlichkeit des EG-Rechts erfordert dessen autonome, von den nationalen Rechten grundsätzlich unabhängige Auslegung (vgl Vorbem 23 zu §§ 307 ff; Steindorff, EG-Vertrag und Privatrecht [1996] 448; ders EuZW 1990, 251, 252; Lutter JZ 1992, 592, 603). Dies wird zu beachten sein, auch wenn und insoweit den nationalen Gerichten speziell im AGB-Recht eine erweiterte Auslegungskompetenz zukommt (dazu unten Rn 73 ff).

67 Ist der Normtext nicht klar im vorstehenden Sinne, so können doch richterrechtliche **Interpretationen durch den EuGH** im Rahmen früherer Verfahren für die nötige Klarstellung gesorgt haben. Bisher liegen nur wenige Erkenntnisse des EuGH zur Klausel-RL vor; aufgrund des „judicial self-restraint" des EuGH in dieser Materie (Rn 73) ist mit umfassender Kasuistik auch nicht zu rechnen. Zu dem bislang konkretisierten Inhalt der Klausel-RL gehört aber immerhin:

(1) Die RL verfolgt in Art 6 und 7 das Ziel, die Unverbindlichkeit von missbräuchlichen Klauseln und damit den Schutz des Verbrauchers sowie das Funktionieren des Binnenmarktes sicherzustellen (vgl Rott EuZW 2003, 5, 6). Dies ist nur gewährleistet, wenn das nationale Gericht die etwaige Unwirksamkeit einer Vertragsklausel **von Amts wegen** prüft (EuGH NJW 2000, 2571 Rn 26–28 [Océano Grupo]; dazu Freitag EWiR 2000, 783; Borges NJW 2001, 2061 ff; ebenso EuGH NJW 2003, 275 Rn 32, 33 [Cofidis]; dazu noch näher Rn 76).

(2) Das Ziel der Art 6, 7 RL wird auch nur dann effektiv erreicht, wenn die Berufung auf die Missbräuchlichkeit der Klauseln **nicht** durch **Ausschlussfristen** eingeschränkt wird (EuGH NJW 2003, 275 Rn 35 [Cofidis]; dazu Herresthal, in: Langenbucher, Europarechtliche Bezüge des Privatrechts § 2 Rn 111; Rott EuZW 2003, 5 ff).

(3) Eine Klausel, die als **Gerichtsstand** den vom Wohnsitz des Verbrauchers verschiedenen Sitz des Unternehmers bestimmt, schreckt den Verbraucher von der Geltendmachung seiner Rechte nach der Klausel-RL ab (vgl RL-Anhang Nr 1q) und ist deshalb missbräuchlich iSv Art 3 Abs 1 RL (EuGH NJW 2000, 2571 Rn 21–24 [Océano Grupo]; dazu noch unten Rn 72).

b) Vorlage an den EuGH zur Vorabentscheidung

aa) Allgemeine Grundsätze

Die Vorabentscheidung durch den EuGH nach Art 234 EGV soll die einheitliche Interpretation und Anwendung des Gemeinschaftsrechts durch die Organe der Mitgliedsstaaten sichern. Das Vorabentscheidungsverfahren ist ein Mittel der Kommunikation zwischen nationalen Gerichten und EuGH. Die Thematik des Vorabentscheidungsverfahrens ist nach Art 234 Abs 1 EGV ausschließlich die **Gültigkeit** des EG-Rechts und vor allem seine **Auslegung** (im weitesten Sinne, umfassend auch die Konkretisierung von Generalklauseln, vgl HEIDERHOFF WM 2003, 509, 510). Das vorliegende Gericht hat deshalb mittels einer abstrakt formulierten Rechtsfrage nach dem **Inhalt des Gemeinschaftsrechts** zu fragen *(nicht* nach der gemeinschaftsrechtlichen Wirksamkeit einer Klausel!). 68

Nicht der Beurteilung durch den EuGH unterliegen

- die *Anwendung der gemeinschaftsrechtlichen Maßstäbe auf den konkreten Ausgangsfall* (ganz hM; krit zur Dichotomie Auslegung/Anwendung hingegen GROH, Die Auslegungsbefugnis des EuGH im Vorabentscheidungsverfahren [2004] 32 ff),
- die *Auslegung nationalen Rechts,*
- die *Vereinbarkeit nationalen Rechts mit dem EG-Recht.*

Konsequenterweise stellt sich die Vorabentscheidung des EuGH als abstrakte Rechtsauskunft über den Inhalt des EG-Rechts dar; dieser ist vom nationalen Gericht bei der Fortsetzung des ausgesetzten Ausgangsverfahrens zwingend zugrunde zu legen.

Jedes deutsche Gericht *kann,* das letztinstanzliche Gericht (je nach konkretem Instanzenzug, zum Streit vgl SCHWARZE EGV Art 234 Rn 41; OPPERMANN, Europarecht Rn 761; HEIDERHOFF WM 2003, 509, 510 Fn 14; **aA** BLECKMANN, Europarecht Rn 921; DAUSES, Handbuch des EU-Wirtschaftsrechts, Bd II, P II, Rn 94a) *muss* den Rechtsstreit grundsätzlich immer dann aussetzen und dem EuGH zur Vorabentscheidung vorlegen, wenn die Auslegung der EG-RL 93/13/EWG im konkreten Fall *entscheidungserheblich* ist. Allerdings billigt der EuGH insoweit dem nationalen Gericht ein weites Entscheidungsermessen zu, eine Vorlagefrage wird vom EuGH nur dann zurückgewiesen, wenn „offensichtlich kein Zusammenhang" zwischen der erbetenen Auslegung des EG-Rechts und Entscheidung im Ausgangsfall besteht (EuGH NJW 2003, 275 Rn 20 [COFIDIS] mwNw). 69

bb) Besonderheiten bei der Klausel-RL

α) Literaturstreit

Ob die vorgenannten Grundsätze zur Vorlagepflicht auch gelten, soweit die Inhalts- 70 kontrolle von AGB in Verbraucherverträgen betroffen ist, also die Beurteilung einer Klausel insbesondere am Maßstab der Generalklausel des Art 3 RL, ist in der Literatur außerordentlich streitig erörtert worden (umfassender Überblick bei HEIDERHOFF 121 ff). Hintergrund ist der unabweisbare Befund, dass die Missbräuchlichkeit einer Klausel immer nur im Vergleich mit der Rechtslage beurteilt werden kann, die ohne die Klausel bestünde – diese Rechtslage kann sich aber nur aus dem auf den Vertrag anwendbaren nationalen Privatrecht ergeben. Angesichts einer „untrennbaren Gemengelage von europäischem und nationalem Recht" (H ROTH JZ 1999, 529, 535) und der fehlenden Kompetenz des EuGH zur Beurteilung und Anwendung des nationalen Rechts ist deshalb eine weitgehende oder gar völlige **Rücknahme der Überprüfungskompetenz des EuGH** gefordert worden. Zur Begründung im Einzelnen wurde im Wesentlichen vorgetragen: Die Vorlagepflicht bestünde nur bei Zweifeln über die *Auslegung* von Gemeinschaftsrecht, nicht aber, wenn es sich um die rechtsbildende *Konkretisierung* von Generalklauseln handle (FRANZEN 536 ff; ders, Jahrbuch junger Zivilrechtswissenschaftler 1997, 285 ff, 298 ff; dagegen zutreffend HEIDERHOFF WM 2003, 509, 510); der Umsetzungsspielraum, den eine Richtlinie den nationalen Gesetzgebern generell (Art 249 Abs 3 EGV) und speziell bei der Verwendung von Generalklauseln (Art 3 Abs 1 Klausel-RL) lasse, dürfe durch eine bis zur einzelnen Klauselbeurteilung vordringende Konkretisierungskompetenz des EuGH nicht wieder zurückgenommen werden (H ROTH, in: FS Drobnig [1999] 135, 141 ff; vgl schon CANARIS EuZW 1994, 417; dagegen HEIDERHOFF WM 2003, 509, 511); eine Klauselbewertung umfasse notwendig auch das umgebende nationale Vertragsrecht, auf das sich die Kompetenz des EuGH aber nicht erstrecke (HEINRICHS NJW 1996, 2190, 2196 f; ähnlich [für § 307 Abs 2 Nr 1] HEIDERHOFF WM 2003, 509, 511; FRANZEN 557 f; dagegen STAUDINGER/COESTER [1998] § 9 AGBG Rn 57); die Beurteilung einer Vertragsklausel im Lichte von Art 3 Abs 1 RL sei nicht mehr Auslegung, sondern – dem EuGH gerade nicht mehr zustehende – *Anwendung* des EG-Rechts auf den konkreten Fall (HEINRICHS NJW 1996, 2190, 2196; ders NJW 1998, 1447, 1454 f; BORGES, Inhaltskontrolle 81; dagegen BRANDNER MDR 1997, 312, 315; STAUDINGER/COESTER [1998] § 9 AGBG Rn 59); schließlich und vor allem habe der EuGH gar nicht die Möglichkeit einer Klauselbeurteilung am Maßstab des Gemeinschaftsrechts, weil ein materielles „europäisches Schuldrecht" noch (nicht) existiere (HEINRICHS aaO; FRANZEN 568 f; NASSALL WM 1994, 1645, 1651; ders JZ 1995, 689, 690 f) und – mangels gemeinschaftsrechtlicher Kompetenz – auch nicht vom EuGH geschaffen werden dürfe (H ROTH JZ 1999, 529, 536; NASSALL JZ 1995, 689, 691; insoweit anders BASEDOW, in: FS Mestmäcker [1996] 347, 359; GRUNDMANN JZ 1996, 274, 277; STAUDINGER/COESTER [1998] § 9 AGBG Rn 58), insbesondere enthalte auch Art 3 Abs 1 Klausel-RL keinen entsprechenden Rechtsschöpfungsauftrag (so aber NASSALL WM 1994, 1645, 1651; dagegen H ROTH JZ 1999, 529, 536).

71 Eine **Gegenauffassung** in der Literatur hielt diese Argumente für nicht durchschlagend und bejahte eine weitgehend uneingeschränkte Beurteilungskompetenz (und ein entsprechendes Monopol) des EuGH auch bezüglich einzelner Vertragsklauseln. Schon die Richtlinie selbst enthalte einzelne konkrete Beurteilungsmaßstäbe und ihr Anhang zeige, dass der Richtliniengeber von einer gemeinschaftsrechtlich eigenständigen Beurteilungsmöglichkeit auch einzelner Klauseln ausgegangen sei. Darüber hinaus biete sich auch das übrige primäre und sekundäre Gemeinschaftsrecht als Wertfundus für den EuGH an, insbesondere im Verbraucherschutzrecht, und schließlich werde der EuGH auch legitimerweise auf gemeinsame Rechtsgrundsätze innerhalb der europäischen Gemeinschaft zurückgreifen (dagegen FRANZEN 571 ff).

Das nationale Vertragsrecht, in das eine Klausel eingebettet ist, sei zwar unverzichtbarer Verständnishintergrund einer Klausel, nicht aber Beurteilungsgegenstand des EuGH. Auch bedeute die Konkretisierung der Generalklausel des Art 3 Abs 1 RL im Hinblick auf eine bestimmte AGB-Klausel (vor dem Hintergrund des maßgeblichen Vertragsrechts) noch nicht die „Anwendung“ des EG-Rechts auf den Ausgangsfall – dieser bleibe den nationalen Gerichten vorbehalten (vgl zum Ganzen STAUDINGER/COESTER [1998] § 9 AGBG Rn 55 ff mwNw; ders, in: FS Heinrichs [1998] 99, 105 ff; tendenziell ähnlich MünchKomm/BASEDOW v § 305 Rn 44 f; MARKWARDT 217 ff; NASSALL JZ 1995, 689, 692 ff; ULMER, Karlsruher Forum 1997 [1998] 39; HEIDERHOFF WM 2003, 509, 511 f; der Sache nach auch BGH ZIP 2002, 1197 f).

β) Position des EuGH

72 Der EuGH selbst hat bisher nur in wenigen Entscheidungen zur Inhaltskontrolle von AGB-Klauseln Stellung bezogen, mit wechselnder Tendenz und nicht ganz klarem Ergebnis (in zwei weiteren Entscheidungen zur Klauselrichtlinie ging es nicht um die Missbräuchlichkeit einer Klausel, vgl EuGH EuZW 2002, 465 [Kommission/Schweden]: Bedeutung des RL-Anhangs, [dazu unten Rn 120], und EuGH NJW 2003, 275 [COFIDIS], dazu oben Rn 67 [die Missbräuchlichkeit der umstrittenen Klausel wurde für die Zwecke der Entscheidungsthematik unterstellt]).

In einem ersten Urteil vom 27. 6. 2000 (NJW 2000, 2751 [„Océano Grupo“]) ging es um die Gerichtsstandklausel in den AGB eines Unternehmers (s schon Rn 67). Nach den Worten des EuGH erfüllt eine Klausel, die den ausschließlichen Gerichtsstand auf den Geschäftssitz des Verkäufers ohne Rücksicht auf den Wohnsitz des Käufers (Verbrauchers) legt, „alle Kriterien, um als missbräuchlich im Sinne der Richtlinie qualifiziert werden zu können“ (EuGH aaO Rn 21). Sie schrecke den Verbraucher von der gerichtlichen Wahrnehmung seiner Rechte nach der RL ab, was auch gem RL-Anhang Nr 1q die Missbräuchlichkeit der Klausel indiziere (EuGH aaO Rn 22–24). Der EuGH griff also (ohne weitere Problematisierung) auf die unmittelbare Klauselbeurteilung am Maßstab des EG-Rechts durch (obwohl das vorliegende spanische Gericht gar nicht danach gefragt hatte; zum EuGH s FREITAG EWIR 2000, 783; BORGES NJW 2001, 2061; HAU IPRax 2001, 96).

73 Die zweite Entscheidung des EuGH stammt vom 1. 4. 2004 und hatte das Problem der Verteilung der Beurteilungskompetenz zwischen EuGH und nationalen Gerichten zum zentralen Gegenstand (NJW 2004, 1647 [„Freiburger Kommunalbauten“], auf Vorlage durch den BGH ZIP 2002, 1197 [dazu VOLMER EWIR 2002, 591]); sie wurde in der Literatur als **„Kehrtwende“** bezeichnet (VOLMER ZfIR 2004, 461, 462; ähnlich auch FREITAG EWIR 2004, 397; TILMANN GPR 2004, 182 ff). Der EuGH bezeichnet als wesentliche normative Vorgaben des Art 3 Abs 1 RL für die Missbräuchlichkeit einer Klausel die Begriffe „Treu und Glauben sowie ein erhebliches und ungerechtfertigtes Missverhältnis zwischen den Rechten und Pflichten der Vertragspartner“ (EuGH aaO Rn 19), stellt fest, dass gem Art 4 RL zur konkreten Klauselbeurteilung auch das umgebende nationale Recht zu prüfen sei (EuGH aaO Rn 21) und kommt so zu **folgender Kompetenzverteilung** (im Anschluss an Generalanwalt GELHOED NZG 2003, 1089):

- Die Definition der „allgemeinen Kriterien“ der Richtlinie für die Missbräuchlichkeit einer Klausel ist Sache des EuGH;

- die „Anwendung dieser allgemeinen Kriterien auf eine bestimmte Klausel" (Rn 22), bzw deutlicher: Die Feststellung „ob eine Vertragsklausel [...] die Kriterien erfüllt, um als missbräuchlich im Sinne von Art 3 Abs 1 der Richtlinie qualifiziert zu werden" (Rn 25), ist Sache des nationalen Gerichts.

Dieses Konzept bestätigt und konkretisiert der EuGH in einigen späteren Entscheidungen (Urt v 26. 10. 2006, NJW 2007, 135 [„Mostaza Claro"]; v 4. 6. 2009, NJW 2009, 2367 [„Pannon"]; dazu PFEIFFER NJW 2009, 2369; Urt v 26. 4. 2012, RIW 2012, 483 Rn 22 [„Invitel"]; Urt v 14. 3. 2013, RIW 2013, 374 Rn 66 [„Aziz"]); es gilt *auch* für die Anwendung des gemeinschaftsrechtlichen *Transparenzgebots* (EuGH Urt v 15. 3. 2012, NJW 2012, 1781 Rn 44 [„Pereničová"]; EuGH Urt v 26. 4. 2012; EuZW 2012, 786 [„Nemzeti"]).

Zu „Océano Grupo" (Rn 72) grenzt sich der EuGH mit dem Hinweis ab, dort habe die Missbräuchlichkeit der Klausel ohne Rückgriff auf das nationale Recht festgestellt werden können (EuGH NJW 2004, 1647 Rn 23; dazu noch unten Rn 76). Diese Position hat der EuGH in weiteren Entscheidungen, trotz Kritik aus einzelnen Ländern, im Grundsatz bestätigt (EuZW 2011, 27, 29 [VB Pénzügyi Lízing]; Mitteilung v 16. 11. 2010, Rs C-76/10 [Pohotovost]; BeckEuRS 2010, 556225 Rn 71, 72 [zur gerichtlichen Transparenzkontrolle]). Im Ergebnis verweigerte der EuGH eine sachliche Antwort auf die Frage nach der Missbräuchlichkeit der streitigen Klausel und verwies die Problematik insoweit an die nationalen Gerichte zurück, konkretisierte dabei aber die von den nationalen Gerichten vorzunehmenden Prüfungsschritte (EuZW 2011, 27 Rn 50, 52; dazu auch vWESTPHALEN NJW 2013, 961, 962 f). Der BGH prüft seitdem in Übernahme der Abgrenzung des EuGH AGB-Klauseln in Verbraucherverträgen zweistufig: Einer Bewertung am Maßstab der §§ 307 ff folgt – soweit die Klausel dieser Kontrolle standhält – gesondert eine weitere am Maßstab des Art 3 RL (BGH NZM 2004, 734).

γ) Ergebnis und Würdigung

74 Der EuGH hat sich zu einer **restriktiven Auslegung seiner Kompetenz** entschieden („judicial self-restraint") und liegt damit im Ergebnis auf der Linie der in Rn 70 dargestellten Literaturmeinungen (PALANDT/GRÜNEBERG § 310 Rn 25; ähnlich wie der EuGH schon die Abgrenzung bei BORGES, Inhaltskontrolle S 82 mwNw; ders NJW 2001, 2061, 2062; H ROTH, in: FS Drobnig [1999] 135, 143). Für die Vorlagepflicht unter der Richtlinie 93/13/EWG gelten demnach besondere Grundsätze (vgl Rn 68): Nicht erst die *Anwendung* von EG-Recht auf den konkreten Fall ist den nationalen Gerichten zugewiesen, sondern schon *dessen Interpretation* im Lichte des nationalen Rechtshintergrundes (so deutlich EuGH NJW 2004, 1647 Rn 25). Über die „acte-claire-doctrine" (Rn 66) hinaus ist die Vorlage an den EuGH damit auch dann entbehrlich, wenn die rechtliche Beurteilung einer Klausel nach den Maßstäben der Richtlinie nicht „klar" ist (insoweit zutreffend schon H ROTH JZ 1999, 529, 536). Eine Vorabentscheidung durch den EuGH ist regelmäßig nur, aber auch immer dann einzuholen, wenn normative Kriterien der Richtlinie (zB „erhebliches und ungerechtfertigtes Missverhältnis", Art 3 Abs 1; dazu FRANZEN 556 f; „Hauptgegenstand des Vertrags", Art 4 Abs 2; weitere Beispiele bei BORGES, Inhaltskontrolle 82; es kommen wohl nicht nur Begriffe der Richtlinie selbst, sondern auch – trotz mangelnder Bindungswirkung [Rn 120] – des *Anhangs* in Betracht; anders FRANZEN 558 ff) *in ihrer allgemeinen Bedeutung* für die Fallentscheidung der Auslegung bedürfen – ohne Ansehung einer konkreten, vom nationalen Vertragsrecht geprägten Problemsituation. Der Vorlagebeschluss des BGH zu Preisanpassungsklauseln in Erdgas-Sonderkundenverträgen (NJW 2011, 1392 = BeckRS 2011, 04021) zeigt, dass die

Ausklammerung des nationalen Rechtshintergrunds auch eine Frage des Formulierungsgeschicks ist. Die Unterscheidung zwischen den *generellen Vorgaben* der Klausel-RL mit Bezug auf bestimmte Klauseltypen und der Beurteilung, ob die Klausel vor dem Hintergrund des nationalen Rechts *konkret* diesen Vorgaben genügt, kann auch durchaus sinnvoll durchgeführt werden (vgl zB zu „Preisänderungsklauseln" EuGH v 26. 4. 2012 – Rs C-472/10 [NFH/Invitel] – Rn 22 ff; zu den Folgen einer Klauselnichtigkeit EuGH v 15. 3. 2012 – Rs C-453/10 [Jaha Pereničová/SOS], NJW 2012, 1781; dazu vWESTPHALEN NJW 2012, 1770 ff; EuGH v 14. 6. 2012 – Rs C-618/10 [Banco Español de Credito], NJW 2012, 2257 Rn 58 ff, 73; vgl unten Rn 330e).

Die Selbstrücknahme des EuGH mit Bezug auf eine konkrete Klauselbeurteilung **75**
mag gerechtfertigt sein im Hinblick auf die ungesicherte Kompetenzgrundlage für die Formulierung gemeinschaftsrechtlicher Aussagen zum materiellen Vertragsrecht; fachliche Überforderung und Überlastungsgefahr werden weitere Motive des EuGH gewesen sein (vgl Generalanwalt GELHOED NZG 2003, 1089; HEIDERHOFF 132 f; zur Legitimität dieses Gesichtspunkts GROH [Rn 68] 65 ff, 102). Dabei wird nun allerdings in Kauf genommen, dass ein eigenständiger Verbraucherschutz durch die RL (gegenüber den nationalen Rechten) praktisch nicht stattfindet und dass die RL von den Gerichten verschiedener Mitgliedstaaten, auch bezüglich gleicher Klauseln, möglicherweise unterschiedlich interpretiert wird (FRANZEN 554 ff; NAJORK GPR 2005, 54, 55) – das mag in Unterschieden der jeweiligen nationalen Rechtsordnung begründet sein, muss aber nicht.

Unklar bleibt schließlich die **Restkompetenz des EuGH zur Beurteilung einzelner** **76**
Klauseln. Mit der Abgrenzung zur „Océano-Grupo"-Entscheidung hält sich der EuGH insoweit eine Tür offen. Die ausnahmsweise Verwerfung einer Klausel unmittelbar durch den EuGH in jener Entscheidung wurde damit begründet, dass dort (1) die Klausel ausschließlich vorteilhaft für den Verwender war und keine Gegenleistung für den Kunden enthielt, (2) sie unabhängig vom Vertragstyp und den Vertragsumständen sowie den Rahmenbedingungen des nationalen Rechts beurteilt werden konnte und sie (3) den Gerichtsschutz für den Verbraucher in Frage stellte (EuGH NJW 2004, 1647 Rn 23). Vor allem der Gesichtspunkt des gerichtlichen Verbraucherschutzes hat den EuGH in der Folgezeit mehrfach veranlasst, eigenständige Wertungen des Gemeinschaftsrechts zu formulieren und durchzusetzen. Diese beziehen sich vor allem auf die **amtswegige Kontrollpflicht der nationalen Gerichte** (neben „Océano Grupo" auch NJW 2003, 275 Rn 34, [„Cofidis"]; NJW 2007, 135 Rn 29 [„Mostaza Claro"]; NJW 2009, 2367 Rn 32, 35 [„Pannon": rügelose Einlassung des Verbrauchers genügt nicht]; IPRax 2012, 536, insb Rn 42 ff [„Banco Español"] [Kontrollpflicht selbst dann, wenn im nationalen Recht ausgeschlossen (Mahnverfahren)], dazu näher HAU JZ 2012, 965 f; krit zur amtswegigen Kontrollpflicht im Hinblick auf den bei Beibringungsgrundsatz des deutschen Prozessrechts MünchKomm/BASEDOW § 305 Rn 38; vWESTPHALEN NJW 2013, 961, 965). Diese Kontrollpflicht erstreckt sich auf den gesamten Vertrag, über die beanstandete Klausel hinaus, und uU sogar auf einen anderen Vertrag, von dem die Klausel abhängt (EuGH NJW 2013, 987 Rn 40 [Banif Plus Bank]). Das nationale Gericht kann eine missbräuchliche Klausel auch ohne entsprechenden Parteiantrag (oder über einen beschränkten Parteiantrag hinaus, EuGH v 30. 5. 2013 – Rs C-488/11 [„Jahani BV"], betr Herabsetzung einer klauselmäßig [unwirksam] vereinbarten Vertragsstrafe) für unwirksam erklären, muss jedoch die Parteien über seine Einschätzung „informieren und ihnen Gelegenheit geben, dies in der von den nationalen Verfahrensvorschriften dafür

vorgesehenen Form kontradiktorisch zu erörtern" (EuGH aaO Rn 36). Nicht gestattet ist des Weiteren eine **Umgehung** dieser Grundsätze **durch Schiedsklauseln** (EuGH NJW 2007, 135 Rn 30 ff [„Mostaza Claro"]; SchiedsVZ 2010, 110 Rn 47, 53, 54 [„Asturcom"]; dazu mwNw Coester-Waltjen, in: FS Siehr [2010] 59 ff; Hilbig SchiedsVZ 2010, 74 ff). Selbst **nationales Verfahrensrecht/Zwangsvollstreckungsrecht**, das es dem Verbraucher unmöglich macht, seine Einwände gegen eine Vertragsklausel so rechtzeitig und effektiv geltend zu machen, dass er nicht schon vor der erkenntnisgerichtlichen Klauselbeurteilung im getrennten Zwangsvollstreckungsverfahren irreparable Schäden erleidet (Verlust des Familienheims), verstößt gegen das der Klausel-RL zugrundeliegende Prinzip eines effektiven Verbraucherschutzes (EuGH RIW 2013, 374 Rn 50 ff [„Aziz"], unter Verweis auf das in der Entscheidung „Mostaza Claro" proklamierte „Effektivitätsprinzip", EuGH RIW 2007, 226 Rn 24). Das Gemeinschaftsrecht erstreckt sich schließlich auch auf die **Folgen einer Klauselunwirksamkeit** (ergänzende Vertragsauslegung; geltungserhaltende Reduktion? (ablehnend insoweit EuGH IPRax 2012, 536 Rn 58 ff; krit und einschränkend insoweit Schlosser IPRax 2012, 507, 509 ff). **Offen bleibt dabei**, ob die derart ausnahmsweise begründete Interpretationskompetenz des EuGH gleichzeitig wieder ein *Entscheidungsmonopol* begründet (davon geht Volmer wie selbstverständlich aus, ZfIR 2004, 460, 461). In diesem Fall wäre schon jetzt der Autonomiezuwachs der nationalen Gerichte begrenzter, als es den Anschein hat: In Zweifelsfällen muss weiterhin vorgelegt werden, damit der EuGH darüber befinden kann, ob schon das Gemeinschaftsrecht genügend Substanz hergibt, um ein Verdikt über die AGB-Klausel zu fällen (vgl MünchKomm/Wurmnest Rn 30; Volmer aaO; **krit** zur unzureichenden Vorlagepraxis der nationalen Gerichte Kötz ZEuP 2012, 332, 344 ff [mit Bezug auf England und Deutschland]). Nach dem jetzigen Stand des Privatrechts in Europa wird dies derzeit nur ausnahmsweise der Fall sein, die Gewichte können und werden sich aber verschieben etwa mit der Verabschiedung eines einheitlichen (wenngleich optionalen) EU-Kaufrechts (s Vorbem 10a zu §§ 307 ff). Aber auch unabhängig davon ist bereits jetzt eine Intensivierung des EuGH-Einflusses auf die AGB-Kontrolle zu beobachten: Die Vorlagefragen der nationalen Gerichte sind zunehmend derart spezifiziert auf die jeweilige Problemstellung im Ausgangsstaat zugeschnitten, dass die „Rechtsauskunft" des EuGH über den Inhalt des Gemeinschaftsrechts die spätere Fallentscheidung des nationalen Gerichts schon weitgehend präjudiziert (vgl Heiss, Qualifikation, in: Leible/Unberath [Hrsg], Brauchen wir eine Rom O-Verordnung? [2013]).

c) Verletzung der Vorlagepflicht

77 Die Prozessparteien können eine Vorlage an den EuGH anregen, aber auch dann nicht erzwingen, wenn sie geboten wäre (EuGH Rs 283/81, Slg 1982, 3415 ff). Europarechtlich bedeutet eine Verletzung der Vorlagepflicht gem Art 234 EGV eine Verletzung des EGV durch den Mitgliedstaat und kann zu einem Aufsichts- bzw Vertragsverletzungsverfahren führen (Art 226, 228 EGV); das rechtskräftige Urteil im Ausgangsfall kann dadurch aber nicht mehr berührt werden (Nicolaysen, Europarecht I § 11 II. 5. d). Allerdings bleibt den Parteien doch ein Weg, die Vorlage an den EuGH mittelbar zu erzwingen: Mit einer Verfassungsbeschwerde kann die Verletzung der Garantie des gesetzlichen Richters (Art 101 Abs 1 S 2 GG) gerügt werden, zu dem das BVerfG auch den EuGH in seiner Funktion nach Art 234 EGV rechnet (BVerfG EuGRZ 1988, 109; BVerfGE 75, 233 ff; BVerfG NZA 1997, 931). Jedenfalls bei willkürlichen, dh unvertretbaren Nichtvorlagen wird das BVerfG die Gerichtsentscheidung zwecks Durchführung des Vorabentscheidungsverfahrens aufheben (im Einzelnen Nicolaysen, Europarecht I § 11 II. 5. d; Wölker EuGRZ 1988, 97 ff).

3. Richtlinienkonforme Auslegung des § 307

Aus dem Vorrang des Gemeinschaftsrechts (s Rn 61) sowie der Pflicht der Mitgliedstaaten zur Gemeinschaftstreue (Art 10 EGV) folgt die Pflicht der Gerichte, Auslegungsspielräume im deutschen Recht so zu nutzen, dass Konformität mit dem EG-Recht erreicht wird. Diese Pflicht zur **richtlinienkonformen Auslegung** (oben Rn 64) ist inzwischen sowohl vom EuGH wie auch von allen deutschen Gerichten anerkannt (EuGH Slg 1990 I, 4135, 4158 Rn 8 [Marleasing]; NJW 1994, 921, 922 Rn 20, 21; grundlegende Darstellung bei Brechmann, Die richtlinienkonforme Auslegung [1994] mit umf Nachw; dazu Grundmann ZEuP 1996, 399 ff; Franzen 291 ff; Herrmann, Richtlinienumsetzung durch die Rechtsprechung [2003] 87 ff; Heiderhoff 87 ff; vgl auch Ehricke RabelsZ 59 [1995] 598 ff; Di Fabio NJW 1990, 947), sie besteht ohne weiteres auch bezüglich der RL 93/13/EWG (EuGH NJW 2000, 2571 Rn 30–32) und für jedes Gericht (Brandner MDR 1997, 312, 313; Damm JZ 1994, 161; Eckert WM 1993, 1070; Heinrichs NJW 1993, 1817; Remien ZEuP 1994, 34; schon vor Inkrafttreten des deutschen Umsetzungsgesetzes BGH NJW 1995, 2034, 2036; OLG Schleswig NJW 1995, 2858, 2859; Bunte DB 1996, 1389, 1393; Heinrichs, in: FS Trinkner [1995] 157, 169 ff; Wolf JZ 1996, 798). Sie bezieht sich nicht nur auf die Vorschriften, die in unmittelbarer Umsetzung der RL erlassen worden sind (hier also §§ 307 Abs 1 S 2; Abs 3 S 2; 310 Abs 3), sondern auf das gesamte, thematisch einschlägige nationale Recht (EuGH Rs 106/89, Slg 1990, I-4135 ff [dazu Brechmann 66 ff]; Rs C-421/92, EuZW 1994, 375), vor allem also auch auf § 307 Abs 1 S 1 (für die entsprechende Situation bei § 3 UWG iVm RL 84/450/EWG s Sack VersR 1994, 1383). 78

Allerdings besteht das Gebot der richtlinienkonformen Auslegung nur im Geltungsbereich der RL, also **nur bei Verbraucherverträgen** (vgl Vorbem 7 zu §§ 307 ff). Nicht unter die RL fallen *Arbeitsverträge,* auch wenn man Arbeitnehmer als Verbraucher iSv § 310 Abs 3 einstuft – iS der RL sind sie es nicht (s Vorbem 16 zu §§ 307 ff). Soweit die §§ 307 ff weitergehend auch AGB erfassen, die gegenüber einem Unternehmer verwendet werden oder zwischen Verbrauchern, besteht *keine europarechtliche Pflicht,* das Gesetz auch in diesem Bereichen richtlinienkonform auszulegen – selbst dort nicht, wo der Gesetzeswortlaut *auch* und explizit der RL-Umsetzung dient, wie zum Beispiel beim Transparenzgebot (§ 307 Abs 1 S 2, Abs 3 S 2; vgl Palandt/Grüneberg Einl § 1 Rn 44; Habersack/Mayer JZ 1999, 913, 919 ff; Büdenbender ZEuP 2004, 36, 47 mwNw; Herresthal, in: Langenbucher, Europäische Bezüge des Privatrechts [2008] § 2 Rn 106; Hommelhoff, in: FS BGH [2000] 887, 915; Herrmann [vorst Rn] 127). Die Position des EuGH insoweit ist nicht ganz klar, jedoch lässt der EuGH Vorlagefragen auch dann zu, wenn der Sachverhalt nicht unter die Richtlinienthematik fällt (EuGH EuZW 1991, 319, 320; 1997, 658, 660). Streitig ist, ob im Interesse der inneren Rechtseinheit *aus deutschem Recht* das Gebot einheitlicher, also notwendigerweise richtlinienkonformer Auslegung folgt (so insbesondere MünchKomm/Basedow vor § 305 Rn 30, 56, 61). Für den Bereich des AGB-Rechts ist diese Frage zu verneinen, da das Gesetz selbst keinen Einheitsmaßstab für alle Verträge aufstellt, sondern nach den beteiligten Personen differenziert (Vorbem 7 zu §§ 307 ff). Die richtlinienkonforme Auslegung des § 307 gesellt sich so ohne weiteres zu den Sonderregeln für Verbraucherverträge, die das positive Recht in § 310 Abs 3 aufstellt, die aber keine darüber hinausgehende Geltung beanspruchen (im Ergebnis ebenso Palandt/Sprau Einl § 1 Rn 44; Palandt/Grüneberg Einl § 305 Rn 13; Herresthal, in: Langenbucher, Europäische Bezüge des Privatrechts [2008] § 2 Rn 106; vgl übergreifend Oetker AcP 212 [2012] 202, 208; Mayer/Schürnbrand JZ 2004, 545, 549 [kein generelles Verbot der „Normspaltung"]). 79

80 **Voraussetzungen** einer richtlinienkonformen Auslegung sind:

(1) *Auslegungsfähigkeit und -bedürftigkeit des deutschen Rechts* (dies ist aus deutscher Sicht zu beurteilen, Steindorff, EG-Vertrag und Privatrecht [1996] S 451 f) – ist der Sinn einer Vorschrift eindeutig, kann diese nicht richtlinienkonform korrigiert werden (vgl BAG NJW 1990, 65, 66; 1990, 67 f; BFH DB 1991, 1966; Scholz SAE 1984, 252; Beyer/Möllers JZ 1991, 26 – alle in Parallele zu den Grundsätzen der „verfassungskonformen Auslegung"; zur Konsequenz möglicher unmittelbarer Richtlinienwirkung in diesen Fällen vgl Steindorff 444 f sowie EuGH NJW 2005, 3695 Rn 55 f; dazu Bauer/Arnold NJW 2006, 6, 8 ff). Die unbestimmten Rechtsbegriffe des § 307 ermöglichen damit weitestgehende Flexibilität zur Gewährleistung von Konformität zwischen deutschem und europäischem Recht. Das Bestehen von Auslegungsspielräumen richtet sich allein nach dem Gesetzestext; vorhandene, auch in ständiger Rechtsprechung erhärtete Interpretationen auf der Ebene des deutschen Rechts engen diese Spielräume für die Zwecke der richtlinienkonformen Auslegung nicht ein.

(2) *Gewissheit über den Inhalt der RL.* Dies impliziert dreierlei: Zum einen müssen die Bestimmungen der RL hinreichend *genau* und *unbedingt* sein (das ist bedeutungsvoll vor allem *vor* Umsetzung der RL durch den nationalen Gesetzgeber, vgl EuGH Rs C 91/92, NJW 1994, 2473), zum zweiten muss ihre Auslegung im Hinblick auf die konkrete Fragestellung außer Zweifel stehen (zur Bedeutung des Anhangs zur Klausel-RL s Rn 120 ff), und drittens muss eine inhaltliche Divergenz zwischen dem so ermittelten Inhalt der Richtlinie und dem aus deutschem Recht folgenden Ergebnis bestehen (vgl Rn 64). Angesichts des vagen Wortlauts der RL und der weitgehenden Interpretationskompetenzen der deutschen Gerichte (Rn 73 ff) ist nicht zu erwarten, dass Divergenzen häufiger festgestellt werden (vgl oben Rn 74 aE).

(3) Der Inhalt des EG-Textes muss innerhalb des Auslegungsspektrums liegen, das die deutsche Norm eröffnet (dies wird bei § 307 regelmäßig der Fall sein).

81 **Grenzen** der Pflicht zur richtlinienkonformen Auslegung ergeben sich nicht nur aus den vorstehenden Voraussetzungen (ausführlich auch Herrmann, Richtlinienumsetzung durch die Rechtsprechung [2003] 134 ff), sondern auch aus dem **Mindeststandardprinzip der RL** (Art 8). Hat die Rechtsprechung unbestimmten Rechtsbegriffen bisher eine Bedeutung beigelegt, die ein höheres Schutzniveau gewährleistet als die RL, so kann wegen Art 8 eine richtlinienkonforme Anpassung der Interpretation unterbleiben (so im Hinblick auf andere, insoweit ähnlich strukturierte RL BGHZ 110, 47, 69 ff [verdeckte Sacheinlagen bei Kapitalgesellschaften, RL 77/91/EWG]; BAG DB 1992, 2035, 2036; AP Nr 21 zu § 613a BGB [Widerspruchsrecht des Arbeitnehmers bei Betriebsübergang, RL 77/187/EWG] – bestätigt durch EuGH Rs C-132/91, C-138/91, C-139/91, NZA 1993, 169 ff; Brechmann 126). In diesen Fällen bleibt europarechtlich nur zu prüfen, ob die strengere deutsche Vorschrift bzw Auslegung mit den Grundfreiheiten des EGV vereinbar ist (dazu Vorbem 23 zu §§ 307 ff).

82 *Keine* richtlinienkonforme Auslegung liegt schließlich vor, wenn sich deutsche Gerichte (insbesondere der BGH) von der RL „anregen" lassen, § 307 anders als bisher zu interpretieren – etwa im Sinne einer Gleichschaltung des Schutzes von Aufrechnungs- und Zurückbehaltungsbefugnis (vgl Palandt/Grüneberg § 309 Rn 20 und RL-Anh Nr 1b) oder beim Ausbau des Prinzips der „Waffengleichheit" (dazu unten Rn 163).

Wenn sich diese Neuinterpretation als autonome Fortbildung deutschen Rechts versteht und nicht als Vollzug einer europarechtlichen Anpassungspflicht, kann letztere, sofern sie zweifelhaft ist (etwa bei Übernahme von Gesichtspunkten aus dem Richtlinienanhang), dahingestellt bleiben. Mangels Erheblichkeit entfällt dann auch eine Vorlagepflicht, wenn der genaue Inhalt der Richtlinie unklar ist (zutreffend HEINRICHS NJW 1996, 2190, 2197).

III. Unangemessene Benachteiligung des Vertragspartners: Abs 1 als Grundtatbestand

1. Allgemeines

Abs 1 erfüllt als **Grundtatbestand** im Wesentlichen zwei Funktionen: Zum einen werden übergreifend und grundsätzlich Ziel, Maßstab und Rechtsfolgen der AGB-rechtlichen Inhaltskontrolle festgelegt (mit Gültigkeit auch im Rahmen von §§ 307 Abs 2, 308 und 309, dazu Vorbem 10 zu §§ 307 ff), zum zweiten stellt die Vorschrift aber auch einen eigenständigen, subsumtionsfähigen Auffangtatbestand zur Verfügung, der generalklauselartig auch solche Regelungen der Inhaltskontrolle unterwirft, die von der konkreteren, aber auch begrenzteren Prüfungsthematik der anschließenden Vorschriften nicht erfasst werden (im Einzelnen oben Rn 8 ff; vgl auch BGH ZIP 1984, 420, 423; DB 1984, 1614, 1615; BECKER, Auslegung 195 ff). 83

Als **Grund- und Leitnorm der Inhaltskontrolle** nach §§ 307–309 ist Abs 1 deshalb der geeignete Anknüpfungspunkt für die Darstellung der allgemeinen Grundsätze und Kriterien der Inhaltskontrolle, auch soweit diese über den Gesetzeswortlaut hinaus von Rechtsprechung und Wissenschaft entwickelt worden sind. Die in Abs 1 verkörperte konzeptionelle Einheitlichkeit der Inhaltskontrolle rechtfertigt zwar nicht, aber entschuldigt eine nachlässige Zitierpraxis in Rechtsprechung und Literatur, die oft nur pauschal von „§ 307" (bzw früher „§ 9 AGBG") spricht (zB BGH NJW 1984, 871, 872; NJW 1984, 1177; NJW 1989, 582 f; kritisch vHOYNINGEN-HUENE Rn 132) oder ein (mehr oder weniger genaues) Gesetzeszitat erst nach durchgeführter Inhaltskontrolle „nachreicht" (Nachw bei BECKER, Auslegung 27 f), nur auf die allgemeine Regel des Abs 1 zurückgreift, obwohl ein Tatbestand des Abs 2 einschlägig gewesen wäre (BGH BB 1982, 517, 518; 1985, 1418, 1419; 1986, 690, 692; ZIP 1997, 1540, 1541) oder beide Absätze kumulativ nennt (zB BGH DB 1996, 1279, 1280; 1996, 1562; zum Verhältnis der einzelnen Tatbestände des § 307 zueinander näher Rn 227 und 263, zur Prüfungsreihenfolge Vorbem 13 zu §§ 307 ff). 84

Als **Auffangvorschrift** hat Abs 1 durchaus einen eigenständigen Anwendungsbereich. Aus der Rechtspraxis lassen sich vor allem folgende Fallgruppen herausschälen: 85

(1) Halten in einem Klauselwerk mehrere Einzelbestimmungen für sich genommen der Inhaltskontrolle (gerade noch) stand, so kann doch aus ihrem **Zusammenwirken** eine unangemessene Benachteiligung gem Abs 1 folgen (näher unten Rn 139 f).

(2) Häufig machen Klauseln von einer **gesetzlichen Regelungsalternative oder Gestaltungsmöglichkeit** Gebrauch. Hierher gehören zB Haftungseinschränkungen des Verwenders (vgl §§ 444, 651h) oder Gestaltungen zu seiner stärkeren Absicherung

(Vertragsstrafe, § 339; Abtretungsverbot, § 399; Eigentumsvorbehalt, § 449; Schuldversprechen oder -anerkenntnis, §§ 780, 781; Unterwerfung unter die sofortige Zwangsvollstreckung, § 794 Abs 1 Nr 5 ZPO). Obwohl derartige Klauseln gesetzlich vorgesehene Regelungen enthalten, sind sie nicht nach Abs 3 der Inhaltskontrolle entzogen (s Rn 301). Über diese Frage hinaus ist umstritten, ob die Kontrolle nach § 307 Abs 2 Nr 1 oder nach Abs 1 zu erfolgen hat (*für Abs 2 Nr 1* Stürner JZ 1977, 431, 432; Baur/Stürner, Zwangsvollstreckungs-, Konkurs- und Vergleichsrecht Rn 233 [alle zu § 794 Abs 1 Nr 5 ZPO]; *für Abs 1* Dietlein JZ 1977, 637, 638; Kümpel WM 1978, 746, 747 [beide zu § 794 Abs 1 Nr 5 ZPO]; generell vHoyningen-Huene Rn 126 ff). Der Streit hat nicht nur systematische Bedeutung, denn hinter ihm steht eine Meinungsverschiedenheit über den Aussagegehalt des Gesetzes: Kann in den genannten Fällen ein gesetzliches Regel-/Ausnahmeverhältnis unterstellt und eine gesetzliche Leitbildfunktion gem Abs 2 Nr 1 im Sinne der Regelalternative angenommen werden? So ist für § 794 Abs 1 Nr 5 ZPO vertreten worden, Regelfall und gesetzliches Leitbild sei die Zwangsvollstreckung aus Urteilen, an dem klauselmäßige Abweichungen iSv § 794 Abs 1 Nr 5 ZPO gerechtfertigt werden müssten (so Stürner aaO). Ähnlich könnte man in allen anderen Beispielsfällen argumentieren. Dabei handelt es sich jedoch um den falschen Frageansatz, um eine petitio principii. Für § 794 Abs 1 Nr 5 ZPO hat der BGH zutreffend darauf hingewiesen, dass das Gesetz die Zwangsvollstreckung aus Urteilen und vollstreckbaren notariellen Urkunden als gleichwertige Alternative nebeneinanderstellt (BGH NJW 1987, 904, 906). Die Eröffnung von Gestaltungsmöglichkeiten im Gesetz deutet darauf hin, dass der Gesetzgeber alle Varianten als grundsätzlich vertretbar angesehen hat, sofern sie vom Parteiwillen getragen sind. Die Formulierung im Regel-/Ausnahmeverhältnis ist durch die lückenfüllende Funktion des dispositiven Rechts bei fehlendem Parteiwillen vorgegeben, sie muss deshalb keine inhaltliche Gewichtung enthalten. Jedenfalls würde es befremden, wenn der Gebrauch gesetzlicher Gestaltungsmöglichkeiten über § 307 Abs 2 Nr 1 als „regelmäßig unangemessen" eingestuft würde (Becker, Auslegung 116 f, 199 f; vHoyningen-Huene Rn 128; anders liegt es natürlich, wenn die AGB-Regelung den gesetzlichen Gestaltungsrahmen überschreitet – insoweit kann die Prüfung gem § 307 Abs 2 Nr 1 am Gesetz ausgerichtet werden, vgl BGH NJW 1987, 1931, 1937 f). Das wirkliche Problem liegt beim *Parteiwillen.* In allen Beispielsfällen werden die Rechte der Vertragspartner wesentlich beschränkt oder erhebliche Verpflichtungen begründet. Bei besonders schwerwiegenden Nachteilen beugt das Gesetz durch Formzwang etwaigem Leichtsinn oder Unerfahrenheit des Vertragspartners vor (§§ 780, 781, 794 Abs 1 Nr 5 ZPO). Diese Schutzfunktion der Form ist jedoch auf Individualverträge zugeschnitten. Bei klauselmäßiger Gestaltung tritt die spezifische Legitimationsschwäche einseitig gestellter Vertragsbedingungen hinzu (vgl Rn 3, 6, 7), die zunächst den Weg zur AGB-rechtlichen Inhaltskontrolle überhaupt eröffnet. Da nach der gesetzlichen Konzeption ein seriöser Parteiwille alle Gestaltungsalternativen tragen kann, geht es bei der Inhaltskontrolle allein um die Kompensation des Willensdefizits beim Vertragspartner, nicht um die Rechtfertigung einer regelmäßig missbilligten Gestaltung. Hierfür ist die „offene" Prüfung und Interessenabwägung nach § 307 Abs 1 der richtige Ansatz, nicht die inhaltlich „eingefärbte" Prüfung nach Abs 2 Nr 1.

86 (3) Ein weiterer Anwendungsbereich für Abs 1 ist bei Klauseln eröffnet, für deren Thematik es am Maßstab einer gesetzlichen Regelung iSv Abs 2 Nr 1 fehlt (entweder, weil der Vertragstyp insgesamt ungeregelt ist, oder weil eine vergleichbare gesetzliche Regelung wegen des atypischen Charakters des Vertrages nicht passt) und für die auch nicht der Aushöhlungsaspekt des Abs 2 Nr 2 zutrifft (zB BGH BB 1984, 941 [Laufzeit bei Direktunterrichtsvertrag – § 5 FernUSG oder BBiG unpassend, also § 9 Abs 1 AGBG [jetzt: § 307 Abs 1]; ebenso BGH NJW 1993, 326; OLG Celle NJW-RR 1995, 1465, 1466]; BGH NJW 1994, 2693, 2694 [Laufzeit bei Versicherungsvertrag – gesetzliche Regelung fehlt]; BGH ZIP 1996, 2075, 2077 [Verwendungsrisiko bei Fitness-Studio-Vertrag – mietvertragliche Regelung unpassend]; BGH ZIP 1997, 282 [Verlängerungsklausel in Fitness-Studio-Vertrag – § 11 Nr 12b AGBG nicht verletzt, dennoch Prüfung nach § 9 Abs 1 AGBG, dazu auch oben Rn 11]). Der heterogene Charakter dieser Fallgruppe lässt die Auffangfunktion von § 307 Abs 1 besonders deutlich hervortreten.

(4) Vor der Schuldrechtsreform wurde auch das *Transparenzgebot* als Kriterium der Inhaltskontrolle in (§ 9) Abs 1 angesiedelt (BGH NJW 1996, 1346, 1347; ZIP 1997, 496; s Staudinger/Coester AGBG [1998] § 9 Rn 68). Der Gesetzgeber ist dem mit der Hinzufügung von Abs 1 S 2 gesetzessystematisch gefolgt (dazu näher unten Rn 170 ff). 87

Wenn man die Fälle der Falschinformation über die Rechtslage oder gar bewusster Irreführung des Vertragspartners nicht unter das Transparenzgebot fassen will (unten Rn 192), handelte es sich um eine weitere, gesonderte Gruppe im Anwendungsbereich von § 307 Abs 1.

Keines Rückgriffs auf Abs 1 bedarf es hingegen, um von den Regelwertungen des Abs 2 Nr 1, 2 erforderlichenfalls zu einer *umfassenden Interessenabwägung* gelangen zu können (so aber Becker, Auslegung 51 ff, 197; Canaris, in: FS Ulmer [2003] 1073, 1075 ff). Die gesetzliche Formulierung „im Zweifel" im Eingangssatz von Abs 2 gebietet diese kumulative Prüfung beider Absätze nicht (näher Rn 226); die Tatbestände von Nr 1 („nicht zu vereinbaren") und Nr 2 (Gefährdung des Vertragszwecks) gebieten hinreichend Spielraum für die Interessenabwägung. 88

Allerdings kommt eine Anwendung des Abs 1 neben Abs 2 Nr 1 in Betracht, wenn eine Klausel vom gesetzlichen Leitbild nicht abweicht (und damit die Unvereinbarkeitsprüfung nach Abs 2 Nr 1 entfällt), aber zu prüfen bleibt, ob gerade der klauselmäßige Gebrauch für ein bestimmtes Lebensverhältnis zu unangemessener Benachteiligung führt (vgl BGH NJW 1997, 3437, 3439; Roth JZ 1998, 251; dazu unten Rn 727).

Keiner Sonderwürdigung im Rahmen des Abs 1 bedarf schließlich das *Gewohnheitsrecht*, es unterfällt dem Begriff der „gesetzlichen Regelung" in Abs 2 Nr 1 (vHoyningen-Huene Rn 131 sowie unten Rn 231).

2. Tatbestand des Abs 1 S 1

a) Gegenstand der Inhaltskontrolle ist eine Bestimmung in AGB (zum Gesamtkontext des Klauselwerks Rn 124), dh eine Vertragsbedingung iSv § 305 Abs 1. Zweifel über den Regelungscharakter einer Klausel sind bereits dort zu lösen (vgl zB BGH ZIP 1993, 1728 und ZIP 1996, 1470 [Ankündigung einer Taschenkontrolle im Supermarkt]; im Einzelnen Staudinger/Schlosser § 305 Rn 3). Eine *Lücke*, dh das Fehlen einer (gebotenen) Regelung kann für sich nicht Kontrollgegenstand sein, zumal auch die Unwirksamkeitssanktion ins Leere ginge (BGH WM 1995, 27). Vielmehr können in diesen Fällen die positiven Regelungen, zu denen Einschränkungen oder Konkretisierungen fehlen, 89 unangemessen sein (vgl BGH aaO: es fehlten Kriterien zur Feststellung eines zu verteilenden Überschusses bei einer Lebensversicherung [in concreto aber nicht unangemessen]).

90 **b)** Aus der Bestimmung muss eine **Benachteiligung** für den Vertragspartner des Verwenders folgen. Anknüpfungspunkt für den notwendigen Vergleich ist die *Rechtsstellung des Vertragspartners, wie sie sich ohne die fragliche Klausel ergeben würde* (vHoyningen-Huene Rn 134). Es handelt sich an dieser Stelle um eine im Wege des Vergleichs gewonnene *Feststellung,* die sich mit der bei § 307 Abs 3 anzustellenden Prüfung, ob es sich um eine deklaratorische oder konstitutive Regelung handelt, teilweise überschneidet (vgl BGH NJW 1984, 2161; Niebling, Schranken 22 ff; s Rn 291); das Wertungselement wird dem Vergleich erst bei der Angemessenheitsprüfung hinzugefügt (vgl BGH NJW 1994, 1069, 1070).

91 Auf der Grenze zwischen Feststellung und Wertung liegt die zusätzliche Anforderung, dass die Benachteiligung von **nicht unerheblichem Gewicht** sein muss. Dieses Erfordernis folgt zwar nicht unmittelbar aus dem Gesetzeswortlaut, sollte aber schon mit der negativen Fassung des Bewertungsmaßstabs („unangemessen", s Rn 95) ausgedrückt werden (Rechtsausschuss BT-Drucks 7/5422, 6) und wird heute überwiegend auch aus der gesetzlichen Bezugnahme auf „Treu und Glauben" hergeleitet (Ulmer/Fuchs Rn 101; vHoyningen-Huene Rn 143; zum erforderlichen Gewicht vgl auch BGH NJW 1982, 178, 180; OLG Hamm NJW 1981, 1049, 1050; OLG Frankfurt NJW-RR 1987, 1462, 1463; OLG Stuttgart NJW 1988, 1150, 1151). Als eine Begrenzung der Kontrollintensität folgt es richtigerweise schon aus der von Verfassungs wegen herzustellenden Konkordanz zwischen Privatautonomie und rechtlicher Schutzintervention (Fastrich 299). Eine gelegentliche „Tendenz zur Kleinlichkeit" in der Rechtsprechung (Fastrich 299 f; ebenfalls kritisch mit vielen Beispielen Schlosser JR 1988, 1, 4 ff [„Übereifer"]; zum Fahrtzeitenurteil [BGHZ 91, 316, 319] auch ders ZIP 1985, 449, 455; Micklitz BB 1988, 639, 643; Thamm DB 1985, 375, 377) betrifft deshalb nicht nur ein Stil-, sondern ein Grundproblem. Allerdings ist das notwendige Gewicht des Nachteils keine statische Größe, sondern wird wesentlich auch von den legitimen Interessen des Verwenders an der Klauselregelung abhängen; sind solche nicht erkennbar, genügen auch geringe Beeinträchtigungen des Kunden (BGH NJW 2005, 2919, 2923).

92 Ein besonderes Problem stellt sich bei **individuellen Bagatellnachteilen im Massenverkehr**, etwa bei Wertstellungs- oder Gebührenregelungen der Banken (vgl BGH NJW 1989, 582; 94, 318, 319; ZIP 1997, 1146, 1147 [unangemessene Benachteiligung bejaht]; bei jahrelanger Vertragsdurchführung können sich die Nachteile allerdings zu erheblichen Beträgen summieren, vgl BGH ZIP 1997, 1540). Entscheidend ist dabei weniger die Frage, ob auch die Belastungen Dritter mitberücksichtigt und zusammengerechnet werden können (so Ulmer/Fuchs Rn 131 f; zu Drittinteressen bei der Abwägung nach § 307 s Rn 142 ff), oder der Hinweis auf die volkswirtschaftliche Bedeutung (die sich doch gerade nicht auf die Nachteile für die Vertragspartner bezieht), sondern ob die Unangemessenheit nach § 307 Abs 1 statt auf die Benachteiligung des Vertragspartners auch und nur auf die *Vorteile* bezogen werden kann, die der Verwender kumuliert aus massenhaften Bagatellbenachteiligungen zieht (vgl BGH ZIP 1997, 1146, 1147; besonders deutlich OLG Frankfurt WM 1997, 109 ff: „ungerechtfertigte Wertstellungsgewinne"; das Problem wird von BGH [NJW 1989, 582, 583; 1994, 318, 319; 1997, 2752, 2753; ZIP 1997, 2151, 2152 und 2153, 2154] verschleiert, wenn er auf den Zweck der Verbandsklage hinweist, auch den Rechtsverkehr zu schützen). Woher werden die Kriterien der Unangemessenheit genommen, wenn

Bezugspunkt (nur) ein Vorteil des Unternehmers ist; woraus folgt die Legitimation einer Kontrolle und Begrenzung „unangemessener" Gewinne? Die Relevanz von solchen Bagatellentgelten für das AGB-Recht lässt sich nur begründen, wenn man den *Bezugspunkt* der „Benachteiligung" ändert: Sind diese Entgelte ungerechtfertigt (etwa weil sie mit der Grundgebühr schon „mitbezahlt" sind, vgl Rn 329), verändern sie nicht nur das vereinbarte Äquivalenzverhältnis, sondern konterkarieren damit auch die *Marktentscheidung* des Kunden, die in aller Regel nur an den Grundgebühren orientiert ist. Hierin – nicht im finanziellen Nachteil – liegt nun allerdings stets eine AGB-rechtlich relevante Benachteiligung (so tendenziell wohl auch Stoffels Rn 452; Billing S 107 f; vgl Rn 149).

c) Die Benachteiligung muss gerade den **Vertragspartner des Verwenders** treffen. 93
Diese Beschränkung des geschützten Personenkreises ergibt sich aus der Funktion der Inhaltskontrolle, die bei AGB gestörte Vertragsparität zu kompensieren (vgl Rn 3, 6). Deshalb gibt es aber auch keine darüber hinausgehenden Beschränkungen: Geschützt ist grundsätzlich auch der unternehmerisch handelnde Vertragspartner und auch der gewerbliche Leistungserbringer, der von seinen Auftraggebern mit Einkaufs-, Subunternehmer- oder sonstigen Kundenbedingungen konfrontiert wird (Ulmer/Fuchs Rn 164; vHoyningen-Huene Rn 147; Koch/Stübing Rn 34; zu Einkaufsbedingungen: BGH NJW 1981, 280; 1990, 2065; 1991, 2633; 2006, 47; zu Ausschreibungsbedingungen bei Bauverträgen: BGH NJW 1988, 258; 1989, 1602; 1989, 2124. Zum Maßstab bei Kunden-AGB s oben Rn 13).

Die Benachteiligung des Vertragspartners muss jedoch nicht im Rechtsverhältnis zum Verwender eintreten, es genügen auch Dritten gegenüber eintretende oder drohende Nachteile (BGH NJW 1984, 2816; 1988, 1726, 1728 [intransparente Darstellung der Rechte des Vertragspartners gegen Dritte]). Auch muss dem Nachteil beim Vertragspartner nicht ein entsprechender Vorteil beim Verwender gegenüberstehen – dieser kann bei Dritten eintreten (BGH NJW 1988, 1726; NJW 2010, 2041 Rn 31) oder auch ganz fehlen.

Nicht geschützt ist der **Verwender selbst**, er kann aus der etwaigen Unwirksamkeit 94
der von ihm gestellten AGB keine Rechtsvorteile ziehen (BT-Drucks 7/5422, 6; BGH NJW 1987, 837, 838). Auch Belastungen des Verwenders sind unbeachtlich; so wird eine dem Vertragspartner nachteilige Regelung nicht dadurch aufgewogen, dass sie gleichermaßen auch für den Verwender gilt (BGH NJW 1992, 433 [Schiedsgutachtenklausel]), und auch Nachteile für den Verwender aus der gerichtlichen Unwirksamkeitserklärung stehen dieser nicht entgegen (BGH NJW 1987, 2575, 2577). Nicht geschützt sind grundsätzlich auch **Dritte** (zur Berücksichtigung von Drittinteressen ausführlich Rn 142 ff).

d) Die Benachteiligung des Vertragspartners muss **unangemessen** sein. Diesem 95
Begriff liegt die Vorstellung zugrunde, dass ein Vertrag wesensmäßig einen Interessenausgleich zwischen den Vertragspartnern darstellt; idealtypischer Richtpunkt ist die „Richtigkeit" des Ausgleichs, wie sie als Ergebnis individuellen, privatautonomen Aushandelns vom deutschen Privatrecht regelmäßig erwartet wird („vertragliche Richtigkeitsgewähr", vgl Rn 5). Versagt das beiderseitige Wollen als Garant inhaltlicher Richtigkeit, fehlt es an objektiven materiellen Ersatzmaßstäben für einen positiv angemessenen Interessenausgleich – diesen Grenzen objektiver Beurteilungsmöglichkeiten trägt die negative Fassung des Gesetzes („unangemessen")

Rechnung (zum Ringen um die richtige Fragestellung bei der AGB-rechtlichen Inhaltskontrolle vor dem AGBG vgl Schmidt-Salzer AGB [1971] 87, der 27 verschiedene Umschreibungen ausgemacht hat; Heinrichs, in: 10 Jahre AGBG 23 ff, 27; der BGH hatte geschwankt zwischen „positiver Angemessenheit" [BGHZ 51, 55, 59; BB 1971, 413], ebenso noch der erste Teilbericht [Staudinger/SchlosserVorbem 6 zu §§ 305–310] 26; RegE BT-Drucks 7/3919, 72], und der eher restriktiven Eingriffsgrenze des „Missbrauchs einseitiger Gestaltungsmacht" [BGHZ 54, 106, 109; NJW 1965, 246]). Die hierin zum Ausdruck kommende Zurückhaltung bei der Bewertung ist aber nicht nur faute de mieux erzwungen, sondern gemäß dem Verhältnis der Privatautonomie zur staatlichen Intervention (oben Rn 5 und Rn 90 ff) auch geboten: Privatautonome Gestaltungsfreiheit und auch Verantwortung sind bei Einsatz von AGB eingeschränkt, aber nicht beseitigt; nicht nur wenig hilfreich, sondern auch bedenklich sind deshalb Wendungen, die den konzeptionellen Unterschied zwischen negativer und positiver Kontrollfrage aufheben (vgl die vom BGH häufig gebrauchte Formel: „Das Verbot unangemessener Benachteiligung soll einen angemessenen Interessenausgleich sicherstellen", zB ZIP 1996, 2075, 2077).

96 Die Bezugnahme auf den vertraglichen Interessenausgleich enthält immerhin die Vorgabe für den Rechtsanwender, dass das Urteil der Unangemessenheit auf einer umfassenden **Abwägung der beiderseitigen Interessen** der Vertragspartner im Hinblick auf die fragliche Klausel zu beruhen hat (allg M, vgl aus neuerer Zeit BGH NJW 2000, 1110, 1112; 2003, 1447, 1448; 2003, 886, 887; 2005, 1645, 1648 mwNw; 2005, 1774, 1775; BAG NZA 2005, 1053, 1055; Wolf/Wolf Rn 159 ff; Soergel/Stein Rn 6; vHoyningen-Huene Rn 136, 154 ff; deutlicher der Wortlaut von Art 3 Abs 1 RL, dazu unten Rn 105 f); der ergänzende Bezug auf „Treu und Glauben" stellt klar, dass der **Interessenausgleich ein grundsätzlich fairer zu sein hat** (dazu sogleich noch Rn 97; zu weitgehend deshalb vHoyningen-Huene Rn 137 f, wonach der Begriff der Unangemessenheit gar keine eigene Wertung enthalte, eine Leerformel sei; ebenso schon ders, Billigkeit 98). Dabei sind allerdings die generellen *Grenzen der AGB-Kontrolle* zu beachten, die durch § 307 Abs 3 S 1 (unvollkommen) bezeichnet werden: Die *originäre* Festlegung der *vertraglichen Hauptpflichten* und damit auch der Bestimmung des Wertverhältnisses von Leistung und Gegenleistung *(Äquivalenzverhältnis)* ist gerichtlicher Angemessenheitskontrolle nicht unterworfen (ie Rn 319 ff). Das gilt aber schon nicht mehr für Klauseln, die es dem Verwender erlauben, das etablierte Äquivalenzverhältnis einseitig (zB durch Preiserhöhung) zu *verändern* (vgl Rn 125 ff, 164) – sie sind daraufhin kontrollunterworfen, ob sie das vereinbarte Äquivalenzverhältnis zu verändern geeignet sind oder nicht (BGH NJW 2010, 993 Rn 25; BGHZ 158, 149, 158; NJW 2007, 1054 Rn 21). Die **wesentlichen Kriterien** der Angemessenheitsprüfung sind also, neben der Benachteiligung (= Interessenbeeinträchtigung) des Kunden (Rn 90 ff), etwa **rechtfertigende Gegeninteressen des Verwenders** (Rn 156 ff), die daraus folgende **Erforderlichkeit der Interessenbeeinträchtigung** (Rn 98, 162) und deren mögliche **Kompensation** durch anderweitige Vorteile (Rn 125 ff). Darüber hinaus enthält das Merkmal der „unangemessenen Benachteiligung" jedoch keine sachliche oder gar subsumtionsfähige Aussage, sondern formuliert nur die Wertungsaufgabe für den Rechtsanwender im Einzelfall (zur Funktion von § 307 Abs 1 als Generalklausel s Rn 9). Soweit die Konkretisierungshilfen der §§ 307 Abs 2 nicht eingreifen, muss der Rechtsanwender die Kriterien und Maßstäbe eigenverantwortlich entwickeln; die zentrale Bedeutung des Tatbestandsmerkmals „Unangemessenheit" liegt deshalb nicht auf sachlicher, sondern auf methodischer Ebene. Wie bei allen Generalklauseln, ergeben sich die Konturen dieses Rechtsbegriffs erst aus den Prinzipien und Kriterien, die sich als Quintessenz langjähriger Kasuistik und wissenschaftlicher Systematisierung und Dogmatik herausschälen lassen (zu methodischen Aspekten der Interessenabwägung Rn 107 f; zu allgemeinen Konkretisierungsgrundsätzen Rn 109; zu Einzelkriterien der Abwägung Rn 152).

e) Die Benachteiligung des Vertragspartners muss den Geboten von **Treu und Glauben** widersprechen. Hierbei handelt es sich nicht um ein zusätzliches Tatbestandsmerkmal neben der Unangemessenheit, sondern um eine Verdeutlichung ihres Bezugspunkts (s schon Rn 96). Unverzichtbar wäre diese Verdeutlichung nicht, zumal sich die gesamte Inhaltskontrolle aus § 242 entwickelt hat (oben Rn 35); insbesondere lassen sich Folgerungen, die mit „Treu und Glauben" begründet werden, auch oder gar besser aus dem Begriff der Unangemessenheit gewinnen. Dies gilt vor allem für das Gebot der Interessenabwägung im Rahmen von § 307 Abs 1 (nach vHoyningen-Huene Rn 142 soll es sich erst aus Treu und Glauben ergeben; vgl demgegenüber oben Rn 96), aber auch für die Beschränkung des Tatbestands auf Benachteiligungen von nicht unerheblichem Gewicht (s Rn 90 ff mwNw). Die gesetzliche Hervorhebung ist aber dennoch hilfreich. Sie stellt klar, dass die Interessen beider Vertragspartner nicht nur von außen je für sich betrachtet und gewogen werden sollen, sondern in einer *inneren Beziehung zueinander* stehen. Dem Verwender, der faktisch die Vertragsgestaltung einseitig okkupiert, wird mittelbar die treuhandähnliche Obliegenheit zugewiesen, dabei auch die Interessen der Gegenseite angemessen zu berücksichtigen (BGH NJW 1982, 178, 179; NJW 1984, 1182, 1183; 1990, 3197, 3198; NJW-RR 1990, 1075) – dies ist gewissermaßen der Preis für die grundsätzliche Anerkennung von AGB durch das Vertragsrecht. Treuwidrig ist es deshalb, wenn der Verwender die Gelegenheit der Regelaufstellung zur **einseitigen, rücksichtslosen Interessenverfolgung** nutzt (vgl BGH NJW 1976, 2354, 2346; 1981, 761; 1994, 2825, 2826; 1995, 2034, 2035; 1997, 3022, 3023; OLG Frankfurt NJW-RR 2004, 991, 992 [„Bild einer Rechte und Pflichten grob verzerrenden Konstruktion"]), und die gesetzliche Formulierung erleichtert den argumentativen Brückenschlag zur Unangemessenheit. Gleiches gilt auch für das *Transparenzgebot* als Kriterium der Inhaltskontrolle (§ 307 Abs 1 S 2): Die nach Treu und Glauben gebotene Rücksicht des Verwenders auf die Interessen des Vertragspartners umfasst auch die weitestmögliche, inhaltliche wie systematische Klarheit der gestellten Vertragsbedingungen. Die Treuwidrigkeit vermeidbarer Unklarheiten liegt auf der Hand; die tatbestandliche Verknüpfung der Unangemessenheit mit Treu und Glauben erlaubt ihre Erstreckung über die Regelungsinhalte hinaus auf die Regelungsdarstellung (im Einzelnen Rn 174 ff). 97

Besonders engen Bezug zur Treubindung des Verwenders hat schließlich der als Bewertungskriterium anerkannte **Grundsatz der Verhältnismäßigkeit** (Ulmer/Fuchs s Rn 105; Fastrich 317). Auch das BVerfG will über die Generalklauseln des Zivilrechts (vgl Rn 18) das verfassungsrechtliche Übermaßverbot zur Korrektur gestörter Vertragsparität angewendet wissen (ZIP 1990, 573, 575). Aus dem Grundsatz der Verhältnismäßigkeit folgt zunächst das Gebot eines *möglichst geringfügigen oder schonenden Eingriffs* in die Rechte des Vertragspartners (BGH NJW 2010, 1958 Rn 34 ff); dabei muss allerdings dem Verwender ein gewisser Gestaltungsspielraum zugestanden werden (Ulmer/Fuchs Rn 105). Dessen Grenze bezeichnet dann letztlich wieder das Gebot von Treu und Glauben (deutlich BGH NJW 2005, 1774, 1776; NJW 2010, 1958 aaO und Rn 20 ff; weitere Beispiele Rn 162). Aber auch die *Verhältnismäßigkeit* im engeren Sinne kann eine Rolle spielen, etwa wenn eine relativ geringfügige Vertragswidrigkeit des Vertragspartners zu unproportional schwerwiegenden Sanktionen führen soll (vgl 98

BGH NJW 1990, 767, 768 f [Leistungsfreiheit bei geringfügiger Obliegenheitsverletzung in der privaten Krankenversicherung], ähnlich BGH NJW-RR 1991, 1013, 1014; Wolf AGBG § 9 Rn 114; Einzelheiten unten Rn 162).

99 Für **Verbraucherverträge** kommt der Grundsatz der Erforderlichkeit und Verhältnismäßigkeit in der RL deutlicher zum Ausdruck als im deutschen Recht: Art 3 Abs 1 spricht von einem „Missverhältnis" der beiderseitigen vertraglichen Rechte und Pflichten, und Nr 1e des RL-Anhangs verbietet die Auferlegung eines „unverhältnismäßig hohen Entschädigungsbetrags" als Sanktion für Vertragsverletzungen des Vertragspartners.

100 **f) Maßgeblicher Zeitpunkt**, auf den für die Beurteilung einer Klausel abzustellen ist, ist grundsätzlich der Moment des **Vertragsschlusses** (BGH ZIP 1990, 980, 982; NJW 2010, 2041, Rn 30; Palandt/Grüneberg Rn 7; Heinrichs NJW 1996, 1381, 1385; Medicus NJW 1995, 2577, 2579; Ulmer EuZW 1993, 337, 345); für den Verbrauchervertrag wird dies durch Art 4 Abs 1 RL und § 310 Abs 3 Nr 3 bestätigt (dazu näher Damm JZ 1994, 161, 172 mwNw). Bei der Verbandsklage muss statt dessen der Zeitpunkt der richterlichen Entscheidung maßgeblich sein (Medicus NJW 1995, 2577, 2580; zur Rückwirkung des Urteils auf vorher geschlossene Verträge BGH NJW 1984, 1511).

101 **Spätere Änderungen** tatsächlicher Art oder in der Bewertung können die Wirksamkeit einer vertraglich einbezogenen Klausel grundsätzlich nicht mehr berühren; andernfalls wäre die Wirksamkeit von AGB immer nur eine schwebende; Rechtssicherheit und Vertrauensschutz für den Verwender würden unerträglich beeinträchtigt (grundlegend Medicus NJW 1995, 2577 ff). Dieser Grundsatz kann nicht mit der These unterlaufen oder relativiert werden, ein Bewertungswandel trete regelmäßig nicht erst mit einer Änderung der Rechtsprechung ein, vielmehr sei diese Änderung Ausdruck eines schon vorher (allgemein oder branchenspezifisch) vollzogenen Bewertungswandels (so Heinrichs NJW 1996, 1381, 1385; Palandt/Grüneberg Rn 3 aE; tendenziell auch Medicus NJW 1995, 2577, 2581). Erstens dürfte die für einen konkreten Vertragsschluss erforderliche zeitliche Bestimmtheit kaum je zu erreichen sein, und zweitens bleibt ein rechtlicher Bewertungswandel im Rahmen von § 307 solange unabgeschlossen und fraglich, als er nicht höchstrichterlich übernommen worden ist.

102 Der BGH nimmt demgegenüber in Anspruch, AGB generell nach der gerichtlichen **Rechtsüberzeugung im Zeitpunkt der Entscheidung** zu beurteilen, auch wenn damit eine **Änderung der bisherigen Rechtsprechung** verbunden ist (BGH NJW 1994, 2693, 2694; weitere Beispiele sind die Urteile zur Zweckbestimmung bei Bürgschaften [BGH NJW 1995, 2553, 2556; 1996, 1470, 1472; 1998, 450, 451] oder zu Bewertungsgrundsätzen und Freigabegrenze bei der Sicherungstreuhand [BGH ZIP 1996, 542; 1996, 957; 1996, 1164; 1996, 1426 und 1429]; neuerdings einschränkend allerdings BGH NJW 1996, 924, 925; vgl auch ZIP 1997, 632; Canaris ZIP 1997, 813 ff; Pfeiffer ZIP 1997, 49 ff; Serick NJW 1997, 1529). Dabei wird verkannt, dass zwar bessere Rechtserkenntnis und Rechtsfortbildung jederzeit möglich sein müssen (Art 20 Abs 3 GG), davon aber die Frage der intertemporalen Geltung der neuen Grundsätze strikt zu unterscheiden ist (vgl Medicus NJW 1995, 2577, 2580 f: was bei neuen Gesetzen selbstverständlich ist, muss auch für neues Richterrecht gelten). Es geht auch nicht an, dem AGB-typischen Formulierungs- und Wirksamkeitsrisiko des Verwenders die Dimension zukünftiger Änderungen zuzuschlagen (so der Rechtfertigungsversuch in BGH

NJW 1996, 924, 925) – dies bedürfte erst noch einer eigenständigen Begründung im Lichte rechtsstaatlicher Grundsätze (vgl BVerfGE 72, 175, 196; 74, 129, 152 ff). Diskutabel ist allenfalls, den **Vertrauensschutz bei uneinheitlicher oder unklarer Rechtsprechung** zurücktreten zu lassen (entspr Unterscheidung auch bei Ulmer/Fuchs Rn 117, 118). Ob hierfür schon überwiegende Kritik an der bisherigen Rechtsprechung oder Wertungswidersprüche zur Rechtsprechung anderer BGH-Senate genügen (so BGH NJW 1996, 924, 925), bliebe zu klären. Zu Recht scheint der BGH hier bereit, die Rückwirkungsproblematik durch eine großzügige, über seine sonstigen Grundsätze hinausgehende geltungserhaltende Reduktion (dazu Rn 27 ff) abzumildern (vgl BGH NJW 1995, 2553, 2557 [ohne Offenlegung dieser Motivation]; ausdrücklich Medicus NJW 1995, 2577, 2583; Canaris, in: FS Steindorff [1990] 547 ff; Heinrichs NJW 1996, 1381, 1385. Hager [JZ 1996, 175 ff] sieht hier den Ansatz zu einem „Abschied vom Verbot der geltungserhaltenden Reduktion"; zu einem Abhilfevorschlag de lege ferenda s Neuhof ZIP 1995, 883 ff, mit berechtigter Kritik durch Hensen ZIP 1995, 1139 ff; Medicus NJW 1995, 2577, 2584). Alternativ kommt auch ein entsprechend großzügiger Einsatz der „ergänzenden Vertragsauslegung" iRv § 306 Abs 2 in Betracht: Was hätten die Parteien redlicherweise vereinbart, wenn sie die künftige Rechtsänderung (und die daraus folgende Klauselunwirksamkeit) gekannt hätten (so BAG NZA 2005, 465, 468; Willemsen/Grau RdA 2003, 321, 325 [zur Anwendung des AGB-Rechts auf arbeitsrechtliche „Altverträge"], s dazu § 310 Rn 116)?

Unberührt von den vorstehenden Grundsätzen bleibt die unbedenkliche Möglichkeit, späteren tatsächlichen Änderungen im Rahmen der Ausübungskontrolle gem § 242 (s Rn 36) Rechnung zu tragen (Heinrichs NJW 1996, 1381, 1385). **103**

g) Die **Darlegungs- und Beweislast** spielt bei Abs 1 kaum eine Rolle (zu Abs 2 s Rn 228), da es hier regelmäßig um Wertungsfragen und nicht um Tatsachen geht (BGH NJW 1985, 2587; Kötz, Gutachten A 65; Palandt/Grüneberg Rn 5; eine entsprechende „Wertungslast" ist dem geltenden Recht fremd; vgl Becker, Auslegung 38, 47 ff). Soweit aber doch einmal Tatsachen im Streit sind, trägt nach allgemeinen Grundsätzen derjenige die Beweislast, der die daraus folgende Unwirksamkeit einer Klausel behauptet, im Individualprozess also der Vertragspartner (BGH NJW 1983, 1854; 1991, 2763; 1996, 388, 389; 2003, 2158, 2161; Palandt/Grüneberg Rn 5). Wird bei einer Sicherungs-Globalabtretung die Deckungsobergrenze auf 200% festgelegt, so ist es demnach nicht Sache des Verwenders, dies zu rechtfertigen, sondern des Vertragspartners, darzulegen, warum die Grenze zu hoch sei (BGH NJW 1996, 388, 389). Allerdings genügen dabei, angesichts des generellen Prüfungsmaßstabs bei AGB-Klauseln (unten Rn 109), Darlegung und gegebenfalls Beweis derjenigen Umstände, aus denen *typischerweise* die Unangemessenheit folgen würde (BGH NJW 1991, 2763, 2764). Besondere Umstände, die die Klausel dennoch gerechtfertigt erscheinen lassen, sind sodann vom Verwender darzulegen und zu beweisen – etwa bei einer ungewöhnlich hohen Vergütungs- oder Schadenspauschale (BGH NJW 1991, 2763, 2764) oder Deckungsobergrenze (BGH NJW 1996, 388, 389 [hilfsweise Rechtfertigung des Verwenders]). **104**

3. Tatbestand des Art 3 RL

Bei **Verbraucherverträgen** wird § 307 von der EG-RL 93/13/EWG überlagert (Einzelheiten oben Rn 61 und Vorbem 23 zu §§ 307 ff). Deren Art 3 Abs 1 enthält eine den § 307 Abs 1 funktional vergleichbare Generalklausel, die trotz unterschiedlichen Wortlauts im Ergebnis weitgehend mit § 307 Abs 1 übereinstimmen dürfte (zum **Text der RL** **105** s Textanhang zu § 310; zur Bedeutung des RL-Anhangs unten Rn 120 ff; im Übrigen RegE BT-Drucks 1/2713, 5; BUNTE DB 1996, 1389; HEINRICHS NJW 1993, 1818, 1819; ders NJW 1996, 2190, 2196; KAPNOPOULOU 113 ff; ULMER EuZW 1993, 337, 345; zutreffend BRANDNER MDR 1997, 312, 313 [Maßstäbe inkommensurabel, aber i Erg weitgehend deckungsgleich]; vgl Vorbem 23 zu §§ 307 ff). Allerdings ist die Interpretation der Vorschrift noch offen, da sich der EuGH für die Beurteilung einzelner Klauseln für nicht zuständig hält, sondern nur für die Auslegung der „allgemeinen Kriterien" der RL (oben Rn 73). Ohne Ansehung konkreter, durch eine Klausel aufgeworfener Fragestellungen können die RL-Begriffe aber kaum sinnvoll konkretisiert werden (oben Rn 74). Im Ergebnis bleibt die Auslegung auch des Art 3 RL weitgehend Sache der nationalen Gerichte. Wegen des unterschiedlichen konzeptionellen und begrifflichen Hintergrunds (Vorbem 23 zu §§ 307 ff) sind dabei jedoch vorschnelle Projektionen deutschen Verständnisses in den Tatbestand zu Art 3 Abs 1 RL verfehlt. Im Einzelnen ist zu beachten:

106 Gleicher Wortlaut gewährleistet noch nicht gleichen Inhalt, vor allem nicht bei einem unbestimmten Rechtsbegriff wie „Treu und Glauben" (zu diesem Begriff im deutschen und im EG-Recht HEIDERHOFF 343 ff; vgl NASSALL WM 1994, 1645, 1652; ders JZ 1995, 689, 690). Verschiedene Wortwahl muss andererseits nicht verschiedenen Inhalt bedeuten (bei der Auslegung nach dem Wortlaut ist auch der verbindliche englische und französische Text heranzuziehen). So kann nicht aus dem Umstand, dass die RL von „missbräuchlichen" statt von „unangemessenen" Klauseln spricht, auf eine höhere Interventionsschwelle, etwa im Sinne der vom BGH vor Erlass des AGBG gelegentlich propagierten Missbrauchsgrenze (oben Rn 95) geschlossen werden. Denn die Missbräuchlichkeit im Sinne der RL ergibt sich nach Art 3 Abs 1 aus einem „Missverhältnis" der vertraglichen Rechte und Pflichten; hiermit wird das Leitbild eines fairen Interessenausgleichs und das Gebot einer umfassenden Interessenabwägung deutlicher als in § 307 Abs 1, aber sachlich übereinstimmend ausgedrückt (vgl Rn 96). Nimmt man das Erfordernis einer erheblichen Benachteiligung des Verbrauchers (vgl Rn 90 ff) entgegen den Geboten von Treu und Glauben (vgl Rn 97 ff) zum Zeitpunkt des Vertragsschlusses (vgl Rn 100 und Art 4 Abs 1 RL) hinzu, so tritt die Ähnlichkeit beider Tatbestände deutlich hervor (unbeschadet der autonomen Auslegung des Art 3 Abs 1 [vgl Rn 66; ausführlich dazu KAPNOPOULOU 113 ff, 126 ff]). Allerdings tritt gemeinschaftsrechtlich neben das Leitbild des fairen Interessenausgleichs noch – stärker als im deutschen Recht – das Leitkriterium der „legitimen Verbrauchererwartungen" (ausführlich HEIDERHOFF 331 ff, 423; vgl auch unten Rn 362).

Unterschiedlich ist vor allem der *Gegenstand* der Inhaltskontrolle: Bei Verbraucherverträgen sind auch vorformulierte Einzelverträge und Drittbedingungen einbezogen (Art 3 Abs 1, 2 RL; § 310 Abs 3 Nr 1, 2; vgl Vorbem 7 zu §§ 307 ff). Die Erstreckung auf Hauptpflichten unter dem Aspekt der Transparenz (Art 4 Abs 2 RL) hingegen ist nunmehr auch im deutschen Recht gesetzlich festgeschrieben, § 307 Abs 3 S 2 (s unten Rn 315 ff).

4. Interessenabwägung: Allgemeine Grundsätze

a) Methodische Grundstruktur

107 Zur Konkretisierung des unbestimmten Rechtsbegriffs der „unangemessenen Benachteiligung" (wie auch des „erheblichen und ungerechtfertigten Missverhältnisses der vertraglichen Rechte und Pflichten" gem Art 3 Abs 1 RL) bedarf es einer

umfassenden Interessenabwägung in Bezug auf die in Frage stehende Klausel (s Rn 96; zur Beachtung des übrigen Regelungskontextes unten Rn 124). Dabei können folgende gedanklichen Schritte unterschieden werden:

(1) Auf tatsächlicher Ebene die *Feststellung der Situation und Interessen* beider Vertragsparteien, einschließlich des Gewichts der jeweiligen Interessen (dazu im Einzelnen unten Rn 156 ff);

(2) auf der Wertungsebene das Aufsuchen einschlägiger Beurteilungskriterien für die Gewichtung und den Ausgleich der Interessen; als Quelle kommen hier vor allem die rechtlichen Regelungen zum betreffenden Vertragstyp, allgemeine Rechtsgrundsätze sowie die im Rahmen des § 307 entwickelten AGB-spezifischen Maßstäbe in Betracht (vgl Rn 119 und Rn 152 ff);

(3) die eigentliche *Abwägung,* dh Gegenüberstellung der beiderseitigen Interessen im Lichte der relevanten Wertungsgesichtspunkte sowie deren Verdichtung und letztlich Integration zu einer Gesamtwertung iSd § 307 Abs 1.

Die idealtypische Unterscheidung der Schritte kann nicht darüber hinwegtäuschen, **108** dass sie im Einzelfall untrennbar hermeneutisch miteinander verflochten sind. Insbesondere folgt maßgeblich aus dem normativen Hintergrund, welche Tatsachen relevant sind; umgekehrt ergeben erst die Fakten, welche der Kriterien aus dem allgemeinen Arsenal von Wertungsgesichtspunkten in concreto potenziell einschlägig sind. Das demnach unvermeidliche „Hin- und Herwandern des Blicks" zwischen Recht und Sachverhalt (Engisch, Logische Studien 15; Esser, Vorverständnis und Methodenwahl in der Rechtsfindung [1972] 40 ff, 153; Fikentscher, Methoden IV 197, 385; Wieacker, in: FS Weber [1974] 421, 432 f) sollte aber nicht davon abhalten, den zum Urteil führenden Denkvorgang möglichst transparent und nachvollziehbar offenzulegen (sorgfältig zB BGH NJW 1994, 2693, 2694; OLG Stuttgart NJW-RR 1995, 116 f; vgl auch vHoyningen-Huene Rn 154 ff; Ulmer/Fuchs Rn 102 ff; nicht verträglich mit der hier vertretenen Auffassung ist hingegen die These von Fastrich [280 ff], wonach die Konkretisierung des Abs 1 in zwei Schritten zu erfolgen habe: zunächst Erarbeitung eines „Leitbilds des angemessenen Interessenausgleichs", anschließend die „eigentliche Inhaltskontrolle" der Klausel am Maßstab dieses Leitbilds).

b) Genereller Prüfungsmaßstab und Einzelfallumstände

aa) Grundsatz

Nach allgemeiner Ansicht kommt es bei der Interessenfeststellung und -abwägung **109** nicht auf die konkreten Vertragsparteien und die Umstände des Einzelfalls an. Vielmehr ist – dem generellen Charakter von AGB entsprechend – eine **generalisierende, typisierende Betrachtungsweise** geboten: Eine Klausel ist unwirksam, wenn sie die bei der fraglichen Art von Rechtsgeschäften regelmäßigen und typischerweise bestehenden Interessen des betroffenen Kundenkreises nicht angemessen berücksichtigt (BGH NJW 1982, 765; 1982, 1391, 1392; 1987, 487, 489; 1989, 3010; 1990, 1601, 1602; 1992, 1626, 1627; 1997, 3022, 3024). Abzustellen ist also nicht auf den konkreten Vertragspartner, sondern auf den **Durchschnittskunden** bei Geschäften dieser Art (die Generalisierung gilt also zunächst nur für die Kunden-, nicht die Verwenderseite: der Verwender hat es in der Hand, die speziellen Bedürfnisse und Interessen seines Unternehmens maßgerecht zu wahren; er ist nicht von vornherein auf branchenübliche Regelungen beschränkt; deutlich Fastrich 311). Kommen in den AGB aber spezielle Interessen nicht zum Ausdruck, ist auch auf die generellen, typischen Interessen dieser Marktseite abzustellen. Bei der Verbandsklage liegt die Notwendigkeit eines derartigen, von den konkreten Gegebenheiten abstrahierenden Prüfungsmaßstabs auf der Hand (BGH NJW 1982, 765; Ulmer/Fuchs s Rn 113), er ist aber jedenfalls dem Grundsatz nach auch im Individualprozess angebracht (OLG Köln NJW 2013, 1454 Rn 46; zu entsprechenden Erwägungen bei der Auslegung s Staudinger/Schlosser § 305c Rn 126; zu Einschränkungen des Grundsatzes unten Rn 113). Die Inhaltskontrolle von AGB rechtfertigt sich gerade auch aus dem generellen, auf eine Vielzahl gleichförmiger Geschäfte zugeschnittenen Charakter; das Einzelgeschäft erscheint so nur als einer von vielen Anwendungsfällen, der Vertragspartner weniger in seiner Individualität, sondern als Vertreter der durch ihn repräsentierten Kundengruppe (vgl Becker, Auslegung 56 f; Tilman ZHR 142 [1978] 52, 62). Aus Verwendersicht können bei der Formulierung von AGB nur die typischen Interessen des angesprochenen Kundenkreises berücksichtigt werden, folglich muss sich auch die Inhaltskontrolle gem § 307 Abs 1 hierauf beschränken: Sie ist nach der gesetzlichen Konzeption Klauselkontrolle, nicht Vertragskontrolle. Dem Vertragspartner gewährleistet die Inhaltskontrolle nicht mehr als die Angemessenheit einer ihn treffenden generellen Regelung; konsequenterweise wird diese bei Unwirksamkeit durch eine andere generelle Regelung ersetzt (dispositives Recht, § 306 Abs 2; vgl Fastrich 310; Heinrichs NJW 1996, 2190, 2193; Hommelhoff/Wiedenmann ZIP 1993, 562, 568; Löwe BB 1982, 648, 650; grundsätzlich anderer Ansicht Basedow AcP 182, [1982] 335 ff, insbesondere 356 f; Schmidt-Salzer JZ 1995, 223 ff; ders NJW 1995, 1641, 1643; Kötz BB 1982, 644, 647). Für Korrekturen zugunsten individueller Vertragsgerechtigkeit steht als Auffangnetz die *Ausübungskontrolle* nach § 242 zur Verfügung (vgl oben Rn 36; Wolf/Wolf Rn 29 ff; Ulmer/Fuchs Vorbem v § 307 Rn 63; Becker, Auslegung 56 f, 64. Munz [242 ff] will – nach Auswertung US-amerikanischer Erfahrungen – diesem Ansatz jedenfalls für den unternehmerischen Bereich wesentlich erweiterte Bedeutung zuweisen).

110 Im Einzelnen blendet die generalisierende Betrachtungsweise **persönliche Umstände** aus, wie zB die konkrete Schutzbedürftigkeit, Geschäftserfahrung oder Rechtskenntnis des Vertragspartners (auch im beruflichen Verkehr kommt es nur auf den typischen, nicht den konkreten Geschäftspartner an, vgl Rn 111 f); dabei kommt es auf den Vertragspartner selbst, nicht seinen Vertreter an (KG WM 1991, 1250, 1252: § 166 nicht einschlägig). Ausgeblendet werden des Weiteren die **Auswirkungen der Klausel auf das konkrete Vertragsverhältnis**: Maßgebend für die Beurteilung nach § 307 Abs 1 sind nur die von der Klausel generell eröffneten Wirkungsmöglichkeiten und Folgen. Führen diese zum Verdikt der Unangemessenheit, so spielt es keine Rolle, wenn sich im Einzelfall das unangemessene Wirkungspotential nicht realisiert hat (wichtige Einschränkung aber unten Rn 113), etwa auch, weil der Verwender von einer ihm unangemessenerweise eingeräumten Rechtsposition keinen Gebrauch gemacht hat (BGH NJW 1982, 870, 872; ZIP 1996, 2075, 2078), vielleicht auch gar nicht machen konnte mangels technisch-organisatorischer Voraussetzungen (BGH NJW 1994, 1060, 1061) oder eine Schutzmaßnahme zugunsten des Vertragspartners ergriffen hat (zB Verwertungsandrohung bei Sicherungen), obwohl eine entsprechende Verpflichtung in den AGB fehlte, die Maßnahme jedoch objektiv geboten war (vgl BGH NJW 1992, 2626, 2627; im Übrigen BGH NJW 1980, 1947; 1987, 1634; 1993, 2369, 2371). Gleichermaßen unbeachtlich ist auch der Einwand des Verwenders, die unangemessene Klausel werde zumeist durch anderslautende Individualvereinbarungen verdrängt (unten Rn 113). Umgekehrt wird eine generell angemessene Schutzklausel zugunsten des

Verwenders (zB Verlängerung der Gewährleistungsfrist bei Flachdächern für Bau-Auftraggeber) nicht deshalb für den Einzelfall unwirksam, weil sie hier wegen besonderer Umstände (besondere Schutzvorkehrungen durch den Vertragspartner) nicht nötig gewesen wäre (BGH DB 1996, 1562, 1563). Eine den typischen Zeitablauf bei Scheckeinreichung berücksichtigende Wertstellungsklausel ist angemessen, auch wenn eine frühere Gutschrift durch die bezogene Bank in Einzelfällen nicht auszuschließen ist (BGH ZIP 1997, 1146, 1148).

bb) Gruppentypische Differenzierungen

Der generalisierende Prüfungsansatz schließt aber **Differenzierungen** nicht aus, soweit diese nicht nur auf den Einzelfall abstellen. Lassen sich im Anwendungsbereich der AGB unterschiedliche Interessengruppen ausmachen, sind Differenzierungen sogar geboten, damit nicht Ungleiches gleich behandelt wird. Hier liegt sogar eine Hauptfunktion der flexiblen, generalklauselartigen Fassung des § 307 Abs 1: Anders als bei den zunehmend vorstrukturierten Wertungen der §§ 307 Abs 2, 308 und 309 sollen mit § 307 Abs 1 alle übrigen, naturgemäß heterogenen AGB-Regelungen aufgefangen und direkt anhand des letztentscheidenden Maßstabs („unangemessene Benachteiligung") kontrolliert werden (vgl Rn 83 ff). Die notwendige Offenheit der Generalklausel impliziert einen Verweis des Rechtsanwenders auf alle wertungsrelevanten Umstände des Einzelfalls (vgl Engisch, Einführung in das juristische Denken [8. Aufl 1983] 120 ff; Larenz/Canaris, Methodenlehre [3. Aufl 1995] 44 f, 109 ff) – bei der AGB-Kontrolle nur eben mit der Einschränkung, dass individuelle Besonderheiten gerade *dieser* Vertragsparteien unberücksichtigt bleiben (Rn 109): Einzelfallgerechtigkeit bedeutet hier „Einzelklauselgerechtigkeit", was die Beachtung der gesamten Regelungssituation erfordert. **111**

In diesem Sinne können sich gruppentypische Unterschiede nach der **Art des Geschäfts** oder Vertrages oder nach der Branche ergeben (zB müssen bei Verträgen mit höchstpersönlichem Charakter wie dem Partnerschaftsvermittlungsvertrag die Lösungsmöglichkeiten für den Vertragspartner offener gehalten werden als bei anderen Verträgen, vgl BGH NJW 1989, 1479 [Kündigung gem § 627 BGB]; OLG Düsseldorf NJW-RR 1995, 369 [Laufzeit-Verlängerungsklausel]; beim Werftvertrag erlaubt die regelmäßige Sachversicherung des Schiffseigners eine sonst missbilligte Haftungsfreizeichnung der Werft, BGH NJW 1988, 1785; schon das Gesetz selbst differenziert zwischen dem Verkauf von Neu- oder Gebrauchtwaren, § 309 Nr 8b [im Anschluss an BGH NJW 1957, 17; 1974, 1322; 1979, 1886]). Untergruppen mit unterschiedlichen Prüfungsmaßstäben können sich jedoch auch nach den auf Kundenseite **beteiligten Personen** bilden lassen. Schon das Gesetz differenziert insoweit zwischen Unternehmern (§ 310 Abs 1), Verbrauchern (§ 310 Abs 3), Arbeitnehmern (§ 310 Abs 4 S 2) und „Normalkunden" (vgl Vorbem 16 f zu §§ 307 ff). Auch innerhalb dieser Personenkreise können sich gruppentypische Interessenlagen finden – etwa zwischen Kaufleuten und Kleingewerbetreibenden (vgl die sachlichen Differenzierungen im HGB), zwischen Kaufleuten und Freiberuflern oder innerhalb der Verbrauchergruppe zwischen „reinen Privaten" und solchen geschäftserfahrenen Berufspersonen, die nur außerhalb ihres Berufsfeldes handeln (hier erlauben schon Art 4 Abs 2 RL, § 310 Abs 3 Nr 3 entsprechende Unterscheidungen, dazu Rn 114 f; ähnlich Heinrichs NJW 1986, 2190, 2194, jedoch ohne die Möglichkeit gruppentypischer Differenzierungen). Selbst bereichsspezifische, feine Differenzierungen sind zulässig, wenn sie aussagekräftig für eine unterschiedliche Interessenlage und hinreichend deutlich abgrenzbar sind (*bejaht* von BGH NJW 1990, 1601, 1602: zwei Gruppen von Grund- **112** schuld-Sicherungsgebern, je nachdem ob sie Eigentümer des haftenden Grundstücks sind oder nicht [in Bezug auf die Abtretbarkeit des Grundschuld-Rückgewähranspruchs]; *verneint* von BGH NJW 1992, 1097, 1098: mangels klarer Abgrenzbarkeit keine Differenzierung zwischen privaten Groß- und Kleinkreditnehmern [in Bezug auf die Transparenzanforderungen]). Im Ergebnis gilt: „Werden Allgemeine Geschäftsbedingungen für verschiedene Arten von Geschäften oder gegenüber verschiedenen Verkehrskreisen verwendet, deren Interessen, Verhältnisse und Schutzbedürfnisse generell unterschiedlich gelagert sind, so ist die Abwägung in den durch die am Sachstand orientierte typische Interessenlage gebildeten Vertrags- oder Fallgruppen vorzunehmen und kann zu gruppentypisch unterschiedlichen Ergebnissen führen" (BGH NJW 1990, 1601, 1602; vgl BGH NJW 1985, 320; 1986, 2102; 1987, 2575).

cc) Einschränkungen und Ausnahmen

113 Obwohl der generalisierende, typisierende Prüfungsmaßstab als übergreifender Grundsatz jeder Inhaltskontrolle bezeichnet werden kann (Rn 109), erleidet er doch gewisse **Einschränkungen im Individualprozess**. So legt das *konkrete Vertragsverhältnis* fest, auf welche Fall- oder Personengruppe die Kontrolle zu beziehen ist, wenn sich der generelle Anwendungsbereich der AGB auf mehrere solcher Gruppen mit je typischen Interessen und entsprechend eigenständigem Prüfungsmaßstab (Rn 111) erstreckt. So kann im Individualstreit zwischen Unternehmern eine Klausel nicht deshalb für unwirksam erklärt werden, weil sie konzeptionell auch für den privaten Verkehr gilt und dort, aber auch nur dort, unangemessen wäre. Hat der Mieter die Wohnung renoviert übernommen, ist die generelle Überwälzung der Schönheitsreparaturen in den Mietbedingungen nicht deshalb für unwirksam zu erklären, weil sie es gegenüber einem Mieter wäre, der die Anfangsrenovierung selbst durchgeführt hat (vgl Staudinger/Emmerich [2011] § 535 Rn 107a). Hieraus folgt: Die Einzelfallumstände sind im Individualprozess, im Gegensatz zur Verbandsklage, dann und insoweit zu beachten, als sie im generellen Anwendungsbereich der AGB einen Sonderbereich mit gruppentypischen Interessen bezeichnen (offenbar weitergehend Wolf/Wolf Rn 86 ff).

114 Des Weiteren ist fraglich, inwieweit **Individualabreden** oder sonstige Einzelfallumstände berücksichtigt werden können. Im *Verbandsprozess* liegen diese nicht vor; es kann auch vom Verwender nicht eingewendet werden, eine inhaltlich oder wegen Unvollständigkeit oder Unklarheit unangemessene Klausel werde in der Praxis regelmäßig durch solche Individualabreden begleitet, die den Mangel behöben, wenn die Klausel selbst solche Abreden nicht gewährleistet (BGH NJW 1983, 1320, 1322; 1986, 43, 44; 1987, 1634; 1991, 36, 37; 1992, 179, 180; 1992, 180, 181; 2003, 1237, 1238 f; OLG Köln ZIP 1981, 1101). Im *Individualprozess* müssen Individualabreden schon im Hinblick auf § 305b beachtet werden. Aber auch außerhalb des Anwendungsbereichs dieser Vorschrift können solche Abreden zu berücksichtigen sein, wenn sie geeignet sind, die Interessenabwägung nach § 307 Abs 1 zu beeinflussen. Dies ist beispielsweise der Fall, wenn Individualabsprachen die für die Klauselbeurteilung wesentliche Faktenlage ergänzen (vgl BGH LM Nr 5 zu § 9 [Cb] AGBG) oder Teilregelungen in AGB vervollständigen. Problematischer hingegen ist die Beachtung von Einzelfallumständen, wenn sie dazu dienen, die Bedenklichkeit einer – generalisierend gesehen – unangemessenen Klausel in concreto auszuräumen. So verfährt der BGH bei Verstößen gegen das Transparenzgebot: Er eröffnet dem Verwender die Möglichkeit, die Intransparenz einer Klausel im Einzelfall durch entsprechende Aufklärung des Kunden vor oder bei Vertragsschluss zu beseitigen; dem Kunden wird sodann nicht nur die Berufung auf die Intransparenz der Klausel im Einzelfall verweigert (Ausübungskontrolle gem § 242), vielmehr gilt die Intransparenz als beseitigt, die Klausel selbst wird in diesem Fall für wirksam erachtet (s unten Rn 202 ff).

Des Weiteren wird auch vertreten, dass **individuelle Zugeständnisse** des Verwenders 115
(beim Preis oder bei anderen Vertragsbedingungen) als Ausgleich für eine bedenkliche Klausel berücksichtigt werden könnten (Schlosser/Graba Rn 51; Petev JR 1978, 4, 6). Solange diesen Zugeständnissen der kausale Bezug zur Akzeptanz der Klausel durch die Vertragspartner fehlt, bleiben sie bei der Klauselbewertung jedenfalls unbeachtet (so auch Becker 64; zum Kompensationsargument im Übrigen unten Rn 125). Besteht aber direkter Verhandlungsbezug, dann sollte die Zug-um-Zug gegen ein Zugeständnis des Verwenders akzeptierte Klausel regelmäßig als „ausgehandelt" iSv § 305 Abs 1 S 2 angesehen und der Inhaltskontrolle entzogen werden (vgl BGH NJW 1988, 410; 1991, 1678, 1679; 1992, 2283, 2285; Becker 63 f wollte ein ähnliches Ergebnis über § 4 AGBG [jetzt: § 305b] erreichen, jedoch fehlt es hier am Widerspruch zwischen Klausel und Individualabrede). Das setzt allerdings voraus, dass der Vertragspartner die Klausel voll in seinen Willen aufgenommen hat (BGH NJW-RR 1986, 54; NJW 1992, 2283, 2285 bejaht dies sogar für den Fall, dass der Verwender den Vertragspartner von der sachlichen Notwendigkeit der Regelung überzeugt hat und sein „Zugeständnis" für die Akzeptanz nur die Bereitschaft zum Vertragsschluss ist); dies ist nicht der Fall, wenn er sich bei einer insgesamt unerwünschten Regelung angesichts der grundsätzlichen Unnachgiebigkeit des Verwenders resignierend mit einer Abmilderung zufrieden gibt (vgl BGH NJW 1991, 1678, 1679: Provisionspflicht des Grundstückseigentümers gegenüber Makler auch bei Eigenverkauf; als Verhandlungsergebnis lediglich Absenkung der Provisionshöhe; für Einzelheiten vgl Staudinger/Schlosser § 305 Rn 35 ff). Liegen die Voraussetzungen des § 305 Abs 1 S 2 nicht vor, unterfällt die belastende Klausel also der Inhaltskontrolle, dann hängt die Berücksichtigungsfähigkeit individueller Abreden von der allgemeinen Frage ab, inwieweit bei der Beurteilung einer Klausel auch der vertragliche Gesamtzusammenhang zu berücksichtigen ist (dazu unten Rn 124). Ist demnach eine Kompensations- oder Summierungswirkung mehrerer Regelungen grundsätzlich möglich, so kann es nicht darauf ankommen, ob eine dieser Vertragsbedingungen individuell vereinbart worden ist: Vereinbaren zB Vermieter und Mieter, dass ersterer – entgegen dem Formulartext des Mietvertrags – die Anfangsrenovierung durchführt, kann die klauselmäßige Überwälzung der Schönheitsreparaturen in diesem Fall nicht mehr als unangemessen eingestuft werden. Hierin liegt der richtige Kern, aber auch die Begrenzung der oft pauschal geäußerten These, dass bei der Prüfung einer Klausel der gesamte Vertragsinhalt *einschließlich seiner Individualteile* zu würdigen sei (BGH NJW 1993, 532 mw Rspr; BayObLG NJW-RR 1993, 1097, 1098; Ulmer/Fuchs Rn 116; Damm JZ 1994, 161, 174; in der Rechtsprechung ging es dabei zumeist um den Summierungseffekt, fast ausschließlich aber jedenfalls um die Einbeziehung anderer *Klauseln,* nicht Individualabreden). Jenseits der Grenze eines nach allgemeinen Grundsätzen beachtlichen Gesamtzusammenhangs verschließt der generalisierende-typisierende Prüfungsmaßstab von AGB jedoch auch im Individualprozess die Berücksichtigung von Einzelfallumständen. Auch für den *unternehmerischen Verkehr* gilt insoweit nicht grundsätzlich etwas anderes (**aM** Munz 192 f; dazu auch oben Rn 109 aE).

dd) Abweichungen beim Verbrauchervertrag

Für Verbraucherverträge gelten die vorstehenden Grundsätze nur modifiziert. Nach 116

Art 4 Abs 2 RL ist die Missbräuchlichkeit einer Klausel zu bestimmen „unter Berücksichtigung der Art der Güter oder Dienstleistungen, die Gegenstand des Vertrages sind, aller den Vertragsschluss begleitenden Umstände [...] zum Zeitpunkt des Vertragsschlusses". § 310 Abs 3 Nr 3 gebietet als Sonderregelung nur die Berücksichtigung der Einzelfallumstände – im Übrigen bestand kein Umsetzungsbedarf, weil der darüber hinausgehende Text des Art 4 Abs 2 RL gruppentypische Unterschiede betrifft, die auch bei § 307 zu beachten sind (Rn 111 f). Damit steht dem generalisierenden, typisierenden Prüfungsmaßstab des allgemeinen AGB-Rechts ein **konkret-individueller Maßstab** bei Verbraucherverträgen gegenüber. Obwohl einiges dafür spricht, dass es sich hierbei um ein Relikt aus früheren RL-Entwürfen handelt, die auch die Inhaltskontrolle von Individualvereinbarungen vorsahen (Damm JZ 1994, 161, 173 mwNw), beansprucht dieser Prüfungsansatz Geltung nicht nur bei Einzelvertragsklauseln (§ 310 Abs 3 Nr 2), sondern auch bei AGB – sofern es sich nur um einen Verbrauchervertrag handelt (Brandner MDR 1997, 312, 314; Heinrichs NJW 1996, 2190, 2194; Damm JZ 1994, 161, 173). Dies mag damit gerechtfertigt werden, dass die RL den Schutz des Verbrauchers (als präsumtiv „schwächeren" Vertragsteil) in den Mittelpunkt stellt und nicht – wie das deutsche AGB-Recht – den Schutz jedes Vertragspartners vor der gezielten Ausschaltung seiner vertraglichen Mitbestimmung (hierauf könnte auch die unterschiedliche Wortwahl hindeuten: „Unangemessenheit" einer Klausel zielt auf ihre abstrakte Würdigung anhand eines objektiven Maßstabs, „Missbräuchlichkeit" hingegen auf ihren Einsatz im konkreten Vertrag).

117 Allerdings ersetzt die konkret-individuelle Betrachtung bei Verbraucherverträgen nicht den generalisierenden Prüfungsmaßstab, sondern **tritt nur ergänzend hinzu** (Heinrichs NJW 1996, 2190, 2193 f [„Kombinationslösung"]; Damm JZ 1994, 161, 174; **aA** Schmidt-Salzer JZ 1995, 223). Dies ergibt sich unzweideutig aus den Erwägungsgründen 15 und 16 der RL, die den generellen Prüfungsmaßstab als Grundsatz und die konkret-individuelle Betrachtung als Ergänzung darstellen, welche aus dem RL-Verweis auf „Treu und Glauben" folge (unrichtig deshalb Hommelhoff/Wiedenmann ZIP 1993, 562, 568 f, die den konkret-individuellen Ansatz der RL als primären bewerten wollen; kritisch dazu Damm JZ 1994, 161, 174). Auch der Klauselanhang zur RL lässt erkennen, dass der RL-Geber generalisierende Bewertungen in seinen Schutzansatz mitaufnehmen wollte (zutreffender Hinweis von Heinrichs NJW 1996, 2190, 2193). Schließlich enthält Art 4 Abs 1 RL selbst einen Vorbehalt zugunsten der Verbandsklage, bei der notwendigerweise nur abstrakt-typisierend geprüft werden kann. Damit erweist sich § 310 Abs 3 Nr 3, der „auch" die konkret-individuelle Betrachtung eröffnet, als richtliniengetreue Umsetzung; aus dem Wortlaut der Vorschrift („die den Vertragsschluss begleitenden Umstände") wird überdies deutlich, dass die Sonderregelung **nur für das Individualverfahren** gilt (vgl zum Ganzen auch Staudinger/Schlosser § 310 Rn 69 ff).

118 Was im Rahmen der konkret-individuellen Betrachtung in die Bewertung einfließen kann, macht **Erwägungsgrund 16 der RL** deutlich. Demnach „ist besonders zu berücksichtigen, welches Kräfteverhältnis zwischen den Verhandlungspositionen der Parteien bestand, ob auf den Verbraucher in irgendeiner Weise eingewirkt wurde, seine Zustimmung zu der Klausel zu geben", ob eine Sonderbestellung des Verbrauchers vorlag und ob der Verwender den Interessen des Verbrauchers loyal und billig Rechnung getragen hat. Damit kann die Inhaltskontrolle bei Verbraucherverträgen auch Gesichtspunkte berücksichtigen, die sonst durch § 305c Abs 1 erfasst werden – der fehlende Verweis auf diese Vorschrift in § 310 Abs 3 Nr 2 ist bedeutungslos (vgl Schmidt-Salzer, in: FS Trinkner [1995] 361 ff, 374 f; abweichend, aber mit gleichem Ergebnis der Rechtsausschuss, BT-Drucks 13/4699, 6). Zu beachten ist dabei, dass nicht unmittelbar auf das Kräfteverhältnis der Parteien, sondern nur ihrer Verhandlungspositionen abgestellt wird (s oben Rn 6). Immerhin ist damit aber eine konkrete Paritätsprüfung eröffnet, auf die es außerhalb von Verbraucherverträgen nach §§ 307 ff gerade nicht ankommt. Spätestens hier (wenn man nicht schon gruppentypisch differenzieren will) kann in die Bewertung einfließen, ob es sich um eine Großbank oder einen Gemüsehändler (auf Unternehmerseite) bzw um einen geschäftserfahrenen oder einen unkundigen, leichtsinnigen Verbraucher handelte (Heinrichs NJW 1996, 2190, 2194; für den Arbeitnehmer Bayreuther NZA 2005, 1337, 1339). Daraus wird deutlich, dass sich die einzelfallorientierte Würdigung korrigierend „in beide Richtungen" auswirken kann – nichtigkeitsbegründend oder geltungserhaltend (OLG Frankfurt NJW-RR 2001, 780; Heinrichs NJW 1996, 2190, 2194; Palandt/Grüneberg § 310 Rn 21; Börner JZ 1997, 595 ff; Brandner MDR 1997, 312, 314). Vor der RL-Umsetzung konnte noch – unter Berufung auf den Verbraucherschutzzweck – eine nur „halbseitige", nur den Verbraucher *begünstigende* (also klauselvernichtende) Berücksichtigung von Einzelfallumständen im deutschen Recht propagiert werden; die Nichtberücksichtigung von dem Verwender günstigen Umständen wäre als strengere Regel iSv Art 8 RL zulässig gewesen (so Heinrichs NJW 1993, 1817, 1821; Damm JZ 1994, 161, 174, 177). § 310 Abs 3 Nr 3 hat jedoch eine umfassende, im Ergebnis offene Einzelfallprüfung vorgeschrieben (konsequent Heinrichs NJW 1996, 2190, 2194; vgl im Übrigen auch die Erläuterungen Staudinger/Schlosser § 310 Rn 69 ff).

c) Quellen normativer Maßstäbe

Als Erkenntnisquelle für normative Maßstäbe, anhand derer eine Klausel nach § 307 **119** Abs 1 zu beurteilen ist, steht dem Rechtsanwender die **Gesamtheit der Rechtsordnung** zur Verfügung. Hierzu gehört in erster Linie das AGB-Recht selbst – insbesondere die Verbotskataloge der §§ 308 und 309 (dazu im Einzelnen Rn 10 ff). Außerhalb des AGB-Rechts sind, nicht erst kraft ausdrücklichen Verweises in § 307 Abs 2 Nr 1, alle *Gesetze im materiellen Sinne* potenzielle Wertquellen, einschließlich der ungeschriebenen, dem positiven Recht immanenten Rechtsprinzipien. Auch das *Verfassungsrecht* (dazu Rn 18) sowie das Europa- und internationale Recht können bei der Konkretisierung der Wertmaßstäbe des § 307 Abs 1 Bedeutung erlangen (vgl BGHZ 59, 82, 85 zur Berücksichtigung einer Entschließung der UNESCO zum internationalen Kulturgüterschutz bei der Beurteilung eines Vertrages nach § 138). Legitime Orientierungsfunktion entfaltet des Weiteren die bisherige *Rechtsprechung,* ohne dass es auf die Diskussion über ihre richterrechtliche Qualität ankäme (zum Stellenwert in Abs 2 Nr 1 s Rn 236 f). Außerhalb positivierter Entscheidungsmaßstäbe gehört die Suche nach Konsens zu den legitimen Vergewisserungskriterien für den zur Wertkonkretisierung aufgerufenen Rechtsanwender (Coester, Das Kindeswohl als Rechtsbegriff [1983] 388 ff mwNw). Angesichts des Kontinuitätszusammenhangs zwischen den §§ 305 ff, dem AGBG und den von der Rechtsprechung vor 1977 erarbeitenden Grundsätzen zur Inhaltskontrolle (Vorbem 3 zu §§ 307 ff) kann insoweit auch auf die Rechtsprechung vor dem SchuModG 2002 zurückgegriffen werden.

Hilfsweise und letztmaßgeblich bleibt der Rechtsanwender auf die *Leitidee der Vertragsgerechtigkeit* zurückgeworfen, auf die das Gesetz in § 307 Abs 1 und Abs 2 Nr 2 ausdrücklich verweist.

120 Weitgehend geklärt erscheint inzwischen die Bedeutung des **Klauselanhangs zur EG-RL** (**Text** im Anh zu § 310; zu den Klauselanhängen im geplanten Europäischen Einheitsrecht [DCFR und EU-VO-Vorschlag für ein europäisches Kaufrecht] s Staudinger/Eckpfeiler des Zivilrechts/Coester [2012] Allg Geschäftsbedingungen Rn 79 f) für die Inhaltsbestimmung von Art 3 Abs 1 RL und damit auch für die richtlinienkonforme Auslegung des § 307 bei Verbraucherverträgen (dazu oben Rn 61 ff). Der Anhang beansprucht von vornherein nicht eine den Verbotskatalogen der §§ 308, 309 vergleichbare Verbindlichkeit. Gem Art 3 Abs 3 RL soll er exemplarisch verdeutlichen, was als „missbräuchliche Klausel" iSv Art 3 Abs 1 RL in Betracht kommt – er bietet also eine Konkretisierungshilfe für die Generalklausel. Demgemäß enthält er nur eine „als **Hinweis dienende und nicht erschöpfende Liste**" (ähnlich Erwägungsgrund 17: „Die Liste der Klauseln im Anhang kann für die Zwecke dieser Richtlinie nur Beispiele geben [...]"; zur Diskussion zu diesem Konzept vgl Eckert WM 1993, 1070, 1076; Hommelhoff/Wiedenmann ZIP 1993, 562, 563). Dies hat der EuGH im Verfahren Kommission/Schweden nochmals bekräftigt und verdeutlicht (EuZW 2002, 465 Rn 20, 21): Die Liste im Anhang zu Art 3 RL habe keine über Art 3–7 RL hinausgehende normative Bedeutung, sie wolle nur das dort Angeordnete beispielhaft verdeutlichen. Eine im Anhang aufgeführte Klausel müsse nicht zwangsläufig als missbräuchlich einzustufen sein, der in Art 3 Abs 1 RL eröffnete „Ermessensspielraum" werde nicht eingeschränkt (unrichtig deshalb Heiderhoff 434: „feste Untergrenzen für die Inhaltskontrolle"). Umgekehrt könnten die Gerichte auch im Anhang nicht aufgeführte Klauseln für missbräuchlich erklären (ebenso EuGH NJW 2004, 1647 Rn 20 [„Freiburger Kommunalbauten"]; RIW 2012, 483 Rn 25 [„Invitel"]; RIW 2013, 374 Rn 70 [„Aziz"]). Der Vorschlag für eine – auch das AGB-Recht umfassende – Verbraucherrechte-RL von 2008 (s Vorbem 7 zu §§ 307–309) sah – ähnlich dem deutschen Recht – zwei Verbotskataloge vor („schwarze" bzw „graue Liste"), die iS einer Vollharmonisierung verbindliches Recht geworden wären (Tonner/Tamm JZ 2009, 277, 281). Die 2011 verabschiedete RL 2011/83/EU ließ das Konzept der Klausel-RL von 1993 aber unberührt (s Vorbem aaO).

121 Die Hilfsfunktion des RL-Anhangs für den eigentlichen Normtext der RL hat Konsequenzen für die **Umsetzungspflicht** der Mitgliedsstaaten: Eine Übernahme des Anhangs-Texts in das nationale Recht war nicht erforderlich (EuGH EuZW 2002, 465 Rn 21), so dass es gemeinschaftsrechtlich unschädlich ist, dass die besonderen Klauselverbote der §§ 308, 309 zwar weitgehend, aber nicht völlig mit dem RL-Anhang übereinstimmen (bewusster Verzicht auf Gleichschaltung in BT-Drucks 13/2713, 6; vgl Wolf Art 3 RL Rn 31; Heinrichs NJW 1993, 1817, 1821; Damm JZ 1994, 161, 175; Eckert WM 1993, 1070, 1076; ders ZIP 1996, 1238, 1241; *für* eine Angleichung vor allem Frey ZIP 1993, 572, 579; Kapnopoulou 141 f). Wohl aber muss sichergestellt werden, dass der Anhang seine Funktion als „Informationsquelle" für Behörden und Verbraucher in den Mitgliedsstaaten erfüllen kann (EuGH aaO Rn 22). Dies setzt hinreichende Unterrichtung der Allgemeinheit voraus. Ob diesem Erfordernis in Deutschland genügt worden ist, wird unterschiedlich beurteilt (bejahend Palandt/Grüneberg § 310 Rn 28; zweifelnd und weitere Publikationsmaßnahmen fordernd Pfeiffer EuZW 2002, 467, 468; Stoffels Rn 578 [sicherheitshalber Angleichung der Kataloge §§ 308, 309 mit RL-Anhang]; Rott EuZW 2003, 5, 9; Herresthal, in: Langenbucher, Europarechtliche Bezüge des Privatrechts § 2 Rn 118). Bedenkt man, dass die handelsüblichen Texte zum BGB EG-Richtlinien nicht mit abdrucken, geschweige denn den Anhang, und dass Verbraucher kaum den Zugang zum Bundesgesetzblatt und zu juristischen Kommentaren haben, müsste der deutsche Ge-

setzgeber in puncto Publikation wohl noch etwas „nachlegen" (Schadenersatzpflichten drohen aber kaum, vgl HERRESTHAL aaO).

Daraus folgt aber nicht die Bedeutungslosigkeit des RL-Anhangs für den Rechtsanwender. So hat auch der EuGH das Klauselbeispiel in RL-Anhang Nr 1q herangezogen, um die Missbräuchlichkeit von Gerichtsstandsklauseln zu begründen (EuGH NJW 2000, 2571 Rn 22; s oben Rn 67, 72, 73). Seitdem die RL-Anwendung auf konkrete Klauseln den nationalen Gerichten zugewiesen ist (oben Rn 73 ff), wird der Anhang auch den deutschen Gerichten bei der Interpretation der RL als Orientierungshilfe zu dienen haben (BUNTE DB 1996, 1389, 1390; NASSALL WM 1994, 1645, 1651). 122

Es bleibt die Frage nach dem **Gewicht des Anhangs** für die Inhaltsbestimmung von Art 3 Abs 1 RL. Aus der Hinweis- und Verdeutlichungsfunktion des RL-Anhangs rechtfertigt sich dessen Einstufung als **Unwirksamkeitsindiz** (ähnlich GELHOED NZG 2003, 1089; WOLF/WOLF Art 3 RL Rn 32; HERRESTHAL, in: LANGENBUCHER, Europarechtliche Bezüge des Privatrechts [2008] § 2 Rn 119; KAPNOPOULOU 141 spricht von einem „Vermutungscharakter" des Anhangs; in diesem Sinne auch MICKLITZ ZEuP 1993, 530; REMIEN ZEuP 1994, 61; wesentlich zurückhaltender FRANZEN 561 ff; ausführliche Diskussionsdarstellung bei PFEIFFER, in: GRABITZ/HILF, RL 93/13/EWG Art 3 Rn 78 ff). Dies zwingt nicht nur zur besonders sorgfältigen Prüfung einschlägiger Klauseln, sondern auch zur Begründung, warum sie im gegebenen Fall *nicht* entsprechend der tendenziellen Verwerfung durch den RL-Geber für missbräuchlich erachtet werden (ähnlich WOLF/WOLF Anh RL Rn 1). Damit erfüllt der RL-Anhang eine Funktion, die zT auch dem dispositiven Recht in Abs 2 Nr 1 beigemessen wird. Er stellt eine widerlegbare, aber auch **widerlegungsbedürftige Regelwertung** auf (zu Abs 2 Nr 1 s unten Rn 224). Diese verlangt aus sich heraus Berücksichtigung auch durch nationale Gerichte bei der Konkretisierung des Art 3 Abs 1 RL; es bedarf für ihre Heranziehung nicht zusätzlicher legitimierender Erwägungen, etwa der Förderlichkeit für effektiven Verbraucherschutz oder anderweitiger Gemeinschaftsnormen, die die Regelwerte abstützen (so aber HEINRICHS NJW 1996, 2190, 2197).

Für die **Rechtsanwendungspraxis** wird dies im Wesentlichen nur relevant, soweit die Kataloge im Anhang der RL und in §§ 308, 309 nicht übereinstimmen. Bei *Übereinstimmung* folgt die Unwirksamkeit einer einschlägigen Klausel nicht aus § 307, sondern schon aus §§ 308 oder 309, die, weil sie keine umfassende Gesamtabwägung mehr voraussetzen, als strengere nationale Regelung (Art 8 RL) gegenüber Art 3 Abs 1, Abs 3 RL in Verbindung mit dem RL-Anhang anzusehen sind – auf das Gemeinschaftsrecht kommt es insoweit nicht mehr an. Findet eine im RL-Anhang aufgeführte Klausel in § 308 ihre Entsprechung und wird sie im Rahmen der dort eröffneten Wertung ausnahmsweise für angemessen erachtet, so ist diese Wertung zwar nicht de iure, wohl aber im praktischen Ergebnis regelmäßig präjudiziell auch für die Nichtanwendbarkeit der entsprechenden Regelwertung im Klauselanhang (vgl WOLF/WOLF Anh RL Rn 145 [zu § 308 Nr 4]). Dabei ist es unerheblich, ob das Klauselverbot des RL-Anhangs einen vergleichbaren Wertungsspielraum eröffnet, die Widerlegbarkeit aus dem Einzelfall heraus ist dem gesamten RL-Anhang aufgrund seiner begrenzten Funktion (oben Rn 122) immanent. Bei *Nichtübereinstimmung* der Kataloge (über den deutschen Gesetzestext hinausgehend insbesondere das Gleichbehandlungsprinzip in RL-Anhang Nr 1c, d, f) kann die Situation eintreten, dass das deutsche Gericht die – von §§ 308, 309 nicht erwähnte – Klausel auch nach § 307 für 123 noch hinnehmbar einstuft, bei der ergänzenden Kontrolle nach EG-Recht aber auf ein einschlägiges Verbot im RL-Anhang stößt. Will das Gericht der Regelwertung der RL folgen, so ist nun im Wege der richtlinienkonformen Auslegung die Wertung nach § 307 zu revidieren und die Klausel zu verwerfen (vgl Rn 78 ff). Hält das Gericht die Klausel trotz der Erwähnung im Anhang ausnahmsweise für gerechtfertigt, bedarf es einer besonderen Rechtfertigung aus dem Gemeinschaftsrecht heraus, warum die Regelwertung im Einzelfall nicht zur Missbräuchlichkeit der Klausel gem Art 3 Abs 1 RL führt.

d) Gesamtzusammenhang des Vertrags

aa) Grundproblematik

124 Obwohl Gegenstand der Inhaltskontrolle eine einzelne Klausel ist (oben Rn 56), ist bei der Angemessenheitsprüfung nach allgemein üblicher Darstellung doch stets auch „der gesamte Vertragsinhalt einschließlich seiner Individualteile zu würdigen" (BGH NJW 1993, 532; vgl BGH NJW 1982, 644, 645; 1989, 582; 1990, 761; NJW-RR 1990, 1141; NJW 1992, 179; 1992, 180; BayObLG NJW-RR 1993, 1097, 1098 sowie allg M). Gemeint ist dabei von vornherein nicht, dass nun doch das gesamte Klauselwerk oder der Vertrag Gegenstand der Bewertung sein sollen – sie bilden nur den Verständnis- und Bewertungshintergrund für die zu prüfende Klausel. Aber auch insoweit ist die Aussage noch zu pauschal und missverständlich. Sie lässt die entscheidende Frage offen, *wann und unter welchen Voraussetzungen* anderweitige Regelungen des Vertrags die Wirkung einer Klausel beeinflussen können. Wäre dies unbeschränkt möglich, würde die Prüfung letztlich doch auf einer vergleichende Gesamtschau der Rechtstellung des Vertragspartners, auf einen „Günstigkeitsvergleich" hinauslaufen, der schnell an die durch § 307 Abs 3 S 1 betonten Grenzen der Justiziabilität stoßen würde (vgl Fastrich 302 mit Hinweis auf das vergleichbare Problem des „Günstigkeitsvergleichs" im Tarifvertragsrecht [dazu Zöllner/Loritz, Arbeitsrecht § 36 III 4 mwNw; MünchHdbArb/Löwisch Bd III § 265 Rn 32 ff]; vgl weiter Bunte, in: FS Korbion [1986] 17, 22; Bunte/Heinrichs 86 ff; Becker 63, 69; Lieb AcP 178 [1978] 196, 223). Eine entsprechende Relativierung durch den vertraglichen Gesamtzusammenhang lassen auch die Klauselverbote in § 309 nicht und in § 308 allenfalls begrenzt zu (Bunte aaO). Demgemäß haben Rechtsprechung und Literatur auch Grundsätze entwickelt, wann der anderweitige Vertragsinhalt die Bedenken gegen eine Klausel abschwächen (Kompensation) oder umgekehrt verstärken kann (Summierung) (dazu anschließend Rn 125 ff; zum Einbezug von Individualabreden oben Rn 114). Über die dabei festgelegten Voraussetzungen und Grenzen der Berücksichtigungsfähigkeit kann auch die allgemeine These von der Beachtlichkeit des „Gesamtzusammenhangs" nicht hinausgehen (ähnlich Fastrich aaO). Damit sind auch Möglichkeiten und Grenzen definiert für die Berücksichtigung von Individualabreden trotz generalisierenden Prüfungsmaßstabs (oben Rn 114).

bb) Kompensation

125 Die Benachteiligung des Vertragspartners durch eine Klausel kann durch einen anderweitig vereinbarten Vorteil ausgeglichen werden, wenn

- Vor- und Nachteil derart *sachlich zusammenhängen,* dass sie als Gesamtregelung einer einheitlichen Thematik angesehen werden können, und

- der anderweitige Vorteil auch vom *Gewicht* her geeignet ist, einen angemessenen Ausgleich zu bieten.

α) Über das Erfordernis des **sachlichen Zusammenhangs** besteht trotz unterschiedlicher Formulierungen weitgehend Einigkeit (vgl Bunte, in: FS Korbion [1986] 17, 24; Bunte/Heinrichs 87; Wolf/Wolf Rn 219; Ulmer/Fuchs Rn 151 ff; Palandt/Grüneberg Rn 10 [„zusammengehörende Regelungen", „Wechselverhältnis"]; ähnlich Becker 69 [„enge Wechselbeziehung"]; Fastrich 302 [„Funktionsgleichheit"]; **aA** allerdings vHoyningen-Huene Rn 173, 174; Munz 198 ff). Es stellt die unverzichtbare Brücke dar für die Ausdehnung des Wertungsfeldes über die fragliche Klausel hinaus. Die einheitliche Thematik erlaubt dem Rechtsanwender eine an objektiven Maßstäben orientierte Beurteilung, ohne in eine allgemeine Bewertung des **Äquivalenzverhältnisses** der vertraglichen Leistungen und Pflichten eintreten zu müssen (vgl Rn 96; die „Dahinstellung" dieses Erfordernisses in BGH NJW 1996, 389, 390 sollte deshalb nicht als Infragestellung verstanden werden; es war nur nicht entscheidungserheblich).

Ein prägnantes **Beispiel** für **hinreichenden Sachzusammenhang** ist der Gewährleis- **126** tungsausschluss durch den Leasinggeber gegen Abtretung aller Gewährleistungsansprüche gegen den Hersteller/Verkäufer (BGH NJW 1982, 105 f; 1987, 1072, 1073; NJW-RR 2003, 51) oder die Abwälzung der Sach- und Preisgefahr auf den Leasingnehmer gegen Einräumung eines kurzfristigen Kündigungs- oder sonstigen Lösungsrechts (zuletzt BGH NJW 2004, 1041, 1042 mwNw). Ähnlich kann die Restwertbestimmung beim Leasingobjekt nach dem Händlereinkaufspreis kompensiert werden durch ein Recht des Leasingnehmers, einen Drittkäufer zu benennen oder die Sache selbst zum festgesetzten Preis zu übernehmen (BGH ZIP 1997, 1457, 1459). Weiterhin werden genannt die Gewährung von Versicherungsschutz als Ausgleich für eine Haftungsfreizeichnung (BGH AGBE II § 9 Nr 24a; NJW-RR 1991, 570, 572; NJW 1996, 1407, 1408 [in concreto verneint]; Bunte/Heinrichs 88); eine schuldrechtliche Freigabeklausel bei zu Übersicherung tendierender Sicherungsabtretung (BGH NJW 1985, 1836, 1838); ein Rückgaberecht des Zeitschriften-Einzelhändlers als Abmilderung einer vom Großhändler festgesetzten Abnahmepflicht (BGH NJW 1982, 644, 645); die Einräumung günstiger Nebenbedingungen der Gewährleistung (Servicehilfe, Fristverlängerung für Mängelanzeige, günstige Kostenpauschalen) gegen Überwälzung der Nachbesserungskosten im kaufmännischen Verkehr (Lutz 162 f; Nickel NJW 1981, 1420) oder die Verpflichtung zur Neuwertversicherung bei gebrauchten Sachen gegen Verzicht des Versicherers, bei Reparaturen einen Abzug „neu für alt" vorzunehmen (BGH NJW 1993, 2442, 2443 [in concreto jedoch abgelehnt, dazu Rn 127]). Der in den Aufnahmebedingungen eines Krankenhauses klauselmäßig vereinbarte Eigentumsverlust an zurückgelassenen Sachen der Patienten wird hinnehmbar, wenn durch flankierende Regelungen vorherige Information und Warnung des Eigentümers und eine Sonderbehandlung hochwertiger Sachen sichergestellt wird (BGH NJW 1991, 761, 764). Der notwendige **Sachzusammenhang fehlt** hingegen, wenn gegenüber einer für sich gesehen unangemessenen Benachteiligung nur auf die wirtschaftliche Günstigkeit des Vertrages für den Vertragspartner hingewiesen wird (so aber vHoyningen-Huene Rn 174; zum „Preisargument" noch unten Rn 129). Auch kann ein unangemessen weiter Änderungsvorbehalt des Verwenders nicht durch ein Kündigungsrecht des Kunden ausgeglichen werden (BGH NJW 1998, 454, 456); dasselbe gilt, wenn bei angemessenem Änderungsvorbehalt ein Kündigungsrecht des Kunden erst *nach* Eintritt der Preiserhöhung wirksam würde (BGH NJW 2007, 1053 Rn 30).

127 **β)** Um Kompensationswirkung annehmen zu können, muss zum Sachzusammenhang jedoch noch ein **dem Nachteil äquivalentes Gewicht des Vorteils** hinzutreten. Daran fehlt es von vornherein, wenn die vorteilhafte Klausel nur die ohnehin geltende Rechtslage wiederholt (vgl BGH NJW 1996, 389, 390 [Kostenübernahme des Verwenders bei unberechtigtem Nachbesserungsverlangen des Vertragspartners]) oder einen nur theoretischen, praktisch aber kaum zu erwartenden Vorteil vorsieht, während die Realisierung des Nachteils dem regelmäßigen Verlauf der Dinge entspricht (vgl BGH NJW 1990, 115 [Preisänderungsklausel mit Lohnkosten als Bezugsgröße, was idR auf Preiserhöhung statt auf -ermäßigung hinausläuft]; anders wohl BGH NJW 2010, 993 Rn 25 ff für Preisänderungsklausel bei Erdgaslieferungsvertrag [Anpassung nur bei Kostensteigerung – unangemessene Benachteiligung des Kunden]; BGH NJW 1996, 389, 390 [teilweise Abwälzung der Nachbesserungskosten auf den Vertragspartner, dafür Verlängerung der Gewährleistungsfrist – kein wesentlicher Vorteil, da der Verwender den Fristbeginn ohnehin nicht kontrollieren konnte]). Aber auch wirkliche Vorteile können vergleichsweise zu gering sein und deshalb als Kompensation ausscheiden – so etwa beim Verzicht des Versicherers auf einen Abzug „neu für alt" gegen die generelle Verpflichtung des Versicherungsnehmers, gebrauchte Sachen zum Neuwert, also zu erhöhtem Prämiensatz zu versichern (BGH NJW 1993, 2442, 2444, dazu auch oben Rn 126; weitere Fälle: BGH NJW 1988, 55, 57 [zu § 16 Nr 3 II VOB/B]; 1990, 2384, 2385 [zu § 16 Nr 6 S 1 VOB/B]; 1989, 1673 [Kündigung des Mietverhältnisses in Abweichung von § 554 BGB]; 1991, 1886, 1888 [Kundenkreditkarte – Kreditierungsfunktion kein Ausgleich für Überwälzung des Missbrauchsrisikos]). An der Gleichwertigkeit des Vorteils, zB der statt einer Haftung des Spediteurs eingeräumten Transportversicherung, kann es auch deshalb fehlen, weil der Anspruch gegen die Versicherung unklar formuliert ist und der geschädigte Kunde bei der Durchsetzung mit Rechtsstreitigkeiten und Verzögerungen rechnen muss (BGH NJW 1996, 1407, 1408). Das Gewicht des Vorteils kann auch dadurch gemindert sein, dass eine Geltendmachung für den Vertragspartner mit neuen, anderen Nachteilen verbunden wäre (BGH BB 1985, 218, 222 [Kündigungsrecht des Vertragshändlers bei einseitigen Gewährleistungsänderungen des Produzenten; Ausübung beseitigt Existenzgrundlage des Vertragshändlers]; BGH NJW 2010, 993 Rn 35 [Sonderkündigungsrecht bei Preiserhöhungen des Gaslieferers: nutzlos bei dessen Monopolstellung] oder dass der Kunde über Kompensationsmöglichkeiten [zB Sonderkündigungsrecht] nicht rechtzeitig informiert wird [BGH aaO Rn 34]). Begründet die Klauselformulierung die Gefahr missbräuchlicher Handhabung durch den Verwender, kann dieser nicht auf den „Vorteil" dann bestehender Schadensersatzansprüche des Vertragspartners als Kompensation verweisen (BGH BB 1996, 1279, 1280).

128 **γ)** In Abweichung von den vorstehenden Grundsätzen soll nach Auffassung des BGH eine weitergehende Kompensationswirkung möglich sein, wenn es sich um **kollektiv ausgehandelte** oder insgesamt als **ausgewogen anerkannte Klauselwerke** handelt (i Erg zust Kretschmann BauR 2005, 615 ff, gegen Pläne, die Privilegierung der VOB/B im AGB-Recht aufzuheben). Ein solches pauschales Gütesiegel wollte der BGH früher der VOB/B zuerkennen (BGHZ 86, 135, 141; aufgegeben für Verbraucherverträge in BGHZ 178, 1 ff; für Unternehmerverträge s jetzt § 310 Abs 1 S 3, dazu Staudinger/Schlosser § 310 Rn 13a sowie Ulmer/Christensen Teil 4 [9] Rn 9; MünchKomm/Wurmnest Rn 134, 144), den ADSp – Allgemeine Deutsche Spediteurbedingungen (BGH NJW 1982, 1820; 1995, 1490; 1995, 3117, 3118; dazu jetzt Ulmer/Schäfer Teil 2 [14] Rn 2 ff) und offenbar immer noch den AGNB – Allgemeine Güternahverkehrsbedingungen (BGH NJW 1995, 2224, 2226; kritisch dazu Koller EWiR § 9 AGBG 5/95 S 835; Heinrichs NJW 1996, 1381; Ulmer/Schmidt § 306 Rn 15b). Die bloße Beteiligung der anderen Marktseite an der Regelaufstellung

genügt allerdings nicht (BGHZ 100, 314 [Kfz-Reparaturbedingungen]; BGHZ 113, 57 [BVB]), kann aber immerhin eine Indizwirkung im Rahmen der Abwägung nach § 307 Abs 1 entfalten (Rn 153). Da es sich bei solch branchenprägenden Klauselwerken nach Auffassung der beteiligten Verkehrskreise um einen in der Gesamtbilanz ausgewogenen Interessenausgleich handele (in NJW 1995, 1490 und 2225 spricht der BGH sogar von „fertig bereitliegenden Rechtsordnungen"; kritisch zu diesem Rückfall in die Normentheorie von AGB Heinrichs aaO; Löwe ZIP 1995, 1273), könnten solche Bedingungswerke nicht als einseitig aufgestellt angesehen und AGB gleichbehandelt werden. Es komme – so wird argumentiert – hier nicht auf den Sachzusammenhang einzelner Vor- und Nachteile an, die Ausgewogenheit des Gesamtwerks genüge (vgl Heinrichs, in: 10 Jahre AGBG 23, 30 f; Bunte, in: FS Korbion [1986] 17 ff). Diese Sichtweise ist heute weitgehend aufgegeben. Konsequenterweise scheidet diese übergreifende Kompensationswirkung ohnehin aus, wenn das betreffende Regelwerk nicht als Ganzes, sondern nur teilweise in Bezug genommen wird; insoweit gelten dann – vorbehaltlich § 310 Abs 1 S 3 für die VOB/B – wieder die allgemeinen, einschränkenden Grundsätze zur Kompensation (BGHZ 113, 315, 322; ZIP 1996, 1220, 1221; NJW 2004, 1597; näher Rn 300) wie auch zur Inhaltskontrolle generell (vgl BGH NJW-RR 1987, 1046; 1989, 85; NJW 2003, 1321, 1322 [2-jährige Verjährungsfrist gem § 13 Nr 4 VOB/B als Einzelklausel unwirksam gem § 307 Abs 2 Nr 1 iVm § 638 Abs 1 aF, jetzt: § 634a Abs 1 Nr 2]).

cc) Insbesondere: Preisargument, Tarifwahl

In besonderer Gestalt präsentiert sich das Kompensationsproblem, wenn es um die **129**
Frage geht, ob nachteilige Vertragsbedingungen durch einen günstigen Preis ausgeglichen werden können (finanzielle Kompensation). Das „Preisargument" kann dabei in zwei Varianten begegnen: Entweder wird ein unterdurchschnittlicher Preis behauptet oder jedenfalls die Notwendigkeit von Preiserhöhungen, wenn die beanstandete Klausel wegfallen müsste (zu letzterem BGH NJW 1980, 1953; 1993, 2442, 2444). In der Rechtsprechung und Literatur herrscht allgemein die These vor, das Preisargument sei zur Rechtfertigung nachteiliger Bedingungen grundsätzlich ungeeignet (vgl nur BGHZ 22, 90, 98; NJW 1993, 2442, 2444; LM § 9 [B c] AGBG Nr 6 [Fastrich]; Palandt/Grüneberg Rn 14; Ulmer/Fuchs Rn 9; Wolf/Wolf Rn 224; ausführliche Erörterung und weitere Nachw bei Pflug 85 ff, 183 ff; Fastrich 302 ff; vgl schon L Raiser 289 f; zurückgewiesen wurde auch der Versuch, den niedrigen Preis zum Maßstab für die Warenqualität zu erklären, OLG Frankfurt ZIP 1983, 1213, 1217 [Verstoß gegen Leitbild des § 243 Abs 1]); allerdings sind in der Praxis auch zahlreiche Durchbrechungen dieses Grundsatzes zu beobachten.

Die Gründe für eine Ablehnung der Kompensation durch niedrigen Preis sind mehrschichtig:

(1) Erstens steht schon die *Richtigkeit (Gültigkeit) des Preisarguments* in Zweifel: **130**
Es ist betriebswirtschaftlich nicht belegbar, dass und inwieweit sich eine dem Verwender günstige Gestaltung der Nebenregelungen eines Vertrags in einer Preissenkung niederschlägt (Kliege, Rechtsprobleme der AGB in wirtschaftswissenschaftlicher Analyse [1966] 51 ff; Pflug 86 f). Selbst wenn eine Kostensenkung eintritt, ist keineswegs gewährleistet, dass sie an den Kunden weitergegeben wird (Kliege 58; zu optimistisch Fastrich 86, 303). Der für eine Kompensationswirkung grundsätzlich erforderliche Kausalzusammenhang *kann* vorliegen (deshalb ist die strikte theoretische Trennung von Hauptleistung und Nebenbedingungen bei Wolf [Entscheidungsfreiheit 33 und passim] verfehlt; kritisch auch Pflug 184), *muss* aber nicht. Insofern wird entscheidend, dass er jedenfalls

praktisch *nicht nachweisbar* ist (Kliege aaO 67; Becker 69 f; Pflug 88; **aA** Bunte/Heinrichs 111 f).

131 (2) Zweitens führt die Berücksichtigung eines (angeblich) günstigen Preises zwangsläufig in einen der Inhaltskontrolle grundsätzlich verschlossenen Bereich – die Bewertung des **Äquivalenzverhältnisses** (dazu Rn 284, 310; besonders deutlich Pflug, Status und Kontrakt 90). Daran ändert sich im Prinzip auch dann nichts, wenn man im Einzelfall durch Marktvergleich einen unterdurchschnittlichen Preis feststellen könnte. Die Frage des *iustum pretium* ist im geltenden Privatrecht dem Marktmechanismus überlassen (vgl Hübner, in: FS Steindorff [1990] 589 ff mwNw); auch wenn in einer sozialen Marktwirtschaft und insbesondere im Verbraucherschutzrecht die Ansprüche an inhaltliche Angemessenheit von Verträgen gestiegen sind (so Hübner 591), so stellt Abs 3 (wenngleich mangelhaft) doch klar, dass § 307 jedenfalls nicht der richtige Ansatz für den Zugriff auf das Äquivalenzverhältnis ist (anders offenbar Hübner aaO; zur Ausnahme beim Transparenzaspekt s unten Rn 315 ff). Die bloße Unterschreitung des üblichen Marktpreises als Beleg für einen (zur Benachteiligung kausalen) „Preisvorteil" zu nehmen, griffe überdies zu kurz.

132 (3) Drittens hätte die generelle Anerkennung des Preisarguments unerwünschte gesamtwirtschaftliche und rechtspolitische Konsequenzen. Der Wettbewerb um die Kunden erfolgt ganz dominant über den Preis (und allenfalls noch einige populäre Nebenleistungen), jedenfalls nicht über die Qualität von AGB. Der wettbewerbsorientierte Unternehmer hätte deshalb praktisch nicht die Wahl zwischen fairen AGB mit hohen Preisen und den Vertragspartner stark belastenden AGB mit niedrigen Preisen – es würde ein „Konditionenwettbewerb nach unten" einsetzen (vgl Adams BB 1989, 781, 784; Schäfer/Ott, Lehrbuch der ökonomischen Analyse des Rechts [1986] 323; Fastrich 86; ders, in: LM § 9 [Bc] AGBG Nr 6; Frey ZIP 1993, 572, 574; Becker 69 f). Außerdem wäre den Verwendern mit dem Preisargument eine wohlfeile und pauschale Rechtfertigung aller belastenden Klauseln in die Hand gegeben, die Inhaltskontrolle drohte leerzulaufen (BGH NJW 1993, 2442, 2444).

133 (4) Viertens schließlich fehlt es häufig am äquivalenten Gewicht von Belastungen des Vertragspartners und (unterstelltem) Preisvorteil, vor allem bei Freizeichnungen von Schadenshaftung oder Gewährleistung. Behält der Verwender das Risiko bei sich und legt es auf die Preise um, wirkt das wie eine Versicherungslösung – alle Kunden zahlen für das sich in wenigen Fällen verwirklichende Risiko. Überwälzung und damit Vereinzelung des Risikos beim Kunden wirkt hingegen wie Nichtversicherung: Einem erheblichen Schadenspotential steht die Ersparnis der „Prämie" gegenüber (vgl Fastrich 303 f; Becker 69 f).

134 Anderes gilt für das *Bonitätsrisiko bei Vertragsvermittlung* (zB Handelsvertreter): Hier hält das Gesetz selbst (§§ 86b, 394 HGB) eine finanzielle Kompensation des dem Vermittler zugeschobenen Risikos für möglich (Delkredereprovision), so dass hier das Preisargument nicht mit dem Hinweis auf grundsätzlich fehlende Äquivalenz von Vor- und Nachteil abgelehnt werden darf (vgl aber BGH ZIP 1996, 1347, 1348 [obiter]).

135 Aus diesen Gründen gegen die Zulassung des Preisarguments erklären sich zT auch die in der Rechtsprechung zu findenden **Ausnahmen** (s auch NK-BGB/Kollmann Rn 10):

(1) Werden nicht Schadens- oder Gewährleistungsrisiken abgewälzt, sondern regelmäßig entstehende *Kosten,* wie etwa bei Wegekosten beim Werkvertrag (BGHZ 91, 316, 318), so fehlt es an der vorerwähnten Disproportionalität von Risiko und Vorteil – die überwälzten Kosten entsprechen quantitativ dem Betrag, der sonst vom Verwender über Preiserhöhungen sukzessive eingefordert würde. Auch ist hier die Erwartung, dass sich die Kostenverteilung tatsächlich in der Preisgestaltung niederschlägt, besonders lebensnah. Deshalb erscheint in diesen Fällen die Berücksichtigung des Preisarguments durch die Rechtsprechung als vertretbar (das gilt auch für die Fahrtzeiten-Entscheidung, BGHZ 91, 316, wo nur der Gewinnanteil, nicht der Kostenanteil in der Berechnung beanstandet wurde).

(2) Zu einer weiteren Ausnahme neigt die Rechtsprechung in Fällen, in denen einer *geringwertigen Hauptleistung* ein sich zwar selten verwirklichendes, dann aber *gewichtiges Schadenspotential* gegenübersteht, etwa bei Parkplatz-Bewachungen (BGH NJW 1968, 1718, 1720), Reinigungen (BGHZ 77, 126, 133), kurzen Transporten oder Banküberweisungen. Hier würde – nach der Argumentation des BGH – die Risikoübernahme durch den Verwender zu einer relativ erheblichen Preissteigerung führen; die Masse der Kunden müsste für die wenigen, bei denen sich das Risiko verwirklicht, mitbezahlen (so auch schon BGH NJW 1951, 1424; OLG Saarbrücken OLGZ 1968, 389; OLG München NJW-RR 1993, 737). **136**

Das vermag so allgemein nicht zu überzeugen. Dies gilt vor allem für das Argument, der Kunde könne schon aus dem niedrigen Preis erkennen, dass der Verwender das Schadensrisiko nicht übernehmen wolle (so vHoyningen-Huene Rn 183; Wolf/Wolf Rn 228). Erkennbarkeit oder gar Offenlegung der Kalkulation können eine sachlich unangemessene Risikoverteilung nicht rechtfertigen (zur offenen Tarifwahl s aber unten Rn 138). Der Verwender könnte durch eine eigene Versicherung das Risiko abdecken und bräuchte dann nur die Prämien auf seine Preise umzulegen. Das gilt jedenfalls für zu erwartende, typische Schäden, wenn überhaupt ein Schadensfall eintritt (zutreffend KG NJW-RR 1991, 698, 699). Im Interesse aller Kunden müssen hingegen untypische Risiken nicht unbedingt übernommen und über den Preis abgedeckt werden; allerdings fordert der BGH dann zum Beispiel bei den Reinigungen, dass die Begrenzung bei Vertragsschluss offengelegt und dem Kunden fakultativ eine Zusatzversicherung angeboten wird (BGHZ 77, 126, 133; vgl auch [abgrenzend] KG aaO). Nur mit dieser Einschränkung wäre das Preisargument auch in allen anderen Fällen akzeptabel (so offenbar auch vHoyningen-Huene Rn 184, 218; Ulmer/Fuchs Rn 146); es ist nicht einsichtig, wieso es sich strukturell um „Sonderfälle" handeln sollte, für die die gesetzliche Haftungsregelung nicht passt (so aber Fastrich 304). Das gilt auch für die Bedingungen von Energieversorgungsunternehmen, die nach Auffassung der Rechtsprechung ihre Preise aus sozialen Gründen niedrig kalkulieren müssen (BGHZ 64, 355; 67, 359; 71, 226, 228; NJW 1955, 1423; VersR 1977, 571, 572; 1978, 538, 539; 1980, 355, 356). Gerade aus sozialen Gründen ist es auch kaum zu rechtfertigen, einzelne Kunden auf hohen Schäden sitzen zu lassen; auch hier bietet die Versicherungslösung den angemessenen Ausweg (Emmerich, Vorschläge und Gutachten zur Überarbeitung des Schuldrechts, Bd III [1983] 161, 164; Bunte/Heinrichs 114 f). **137**

138 (3) Das Preisargument ist nach weitgehend übereinstimmender Ansicht schließlich beachtlich, wenn der Verwender dem Kunden eine **Tarifwahl** eröffnet zwischen Vertragsmodellen, in denen unterschiedliche Risikotragung mit entsprechender Preisgestaltung verknüpft ist (zur Anerkennung des Preisarguments bei der Tarifwahl vgl BGH NJW 1980, 1953, 1954; OLG Köln ZIP 1981, 1101; Bunte/Heinrichs 115; Becker, Auslegung 70; Fastrich 302; vHoyningen-Huene Rn 182; Palandt/Grüneberg Rn 14; Ulmer/Fuchs Rn 148; Wolf/Wolf Rn 227). Dies begegnet vor allem in der Versicherungsbranche (zB verschiedene Tarife bei gestaffeltem Schadens-Selbstbehalt); auf eine Tarifwahl läuft es auch hinaus, wenn (etwa bei Reinigungen) nur die typischen Risiken vom Verwender übernommen und im Übrigen eine Zusatzversicherung angeboten wird (oben Rn 136 f). Der Grund für die Anerkennung solcher Gestaltungen bleibt allerdings zumeist unklar, die bloße Offenlegung der Preis-/Risiko-Relation genügt jedenfalls nicht (Rn 136 f). Dem Kern näher kommt das Argument, der Kunde könne bei der Tarifwahl sein Risiko frei selbst kalkulieren (OLG Köln aaO), und die übliche Einschränkung, die teurere Tarifvariante müsse sachgerecht kalkuliert, dh nicht übermäßig verteuert sein, damit der Kunde auch eine wirkliche Wahl habe (vgl die vorstehenden Nachw). Die Problematik des hier notwendig werdenden, bewertenden Zugriffs auf die Äquivalenz der Hauptleistungen (s Rn 131) wird nicht angesprochen. Sie löst sich, wenn die entsprechende und unverzichtbare Kontrolle nicht als solche des Inhalts der Regelung (§ 307), sondern ihrer Aushandlung gem § 305 Abs 1 S 2 verstanden wird: Nur bei Angebot einer sachgerechten Alternative hat der Verwender die Risikoabwälzung auf den Kunden wirklich „zur Disposition gestellt" (vgl Staudinger/Schlosser § 305 Rn 36; BGH NJW 2009, 3227 Rn 21 [beim Mobilfunkvertrag Wahl zwischen Online-Rechnung und (zusätzlich kostenpflichtiger) Papierrechnung]; ähnlich in BGH NJW 2012, 3227 Rn 20, 21); eine entsprechende Prüfung ist nicht durch § 307 Abs 3 verwehrt. Bestand demnach eine „echte" Wahlfreiheit im Sinne ökonomisch vernünftiger Alternativen, kommt mit der Wahl durch den Kunden eine *Individualvereinbarung* zustande, die nicht weiter kontrollfähig ist (so Fastrich 305; Ulmer/Fuchs Rn 152; zu Unrecht ablehnend vHoyningen-Huene Rn 182; näher Staudinger/Schlosser § 305 Rn 38 ff). Das gilt auch, wenn nicht Tarifwahl innerhalb eines einheitlichen Vertrags angeboten wird, aber unterschiedliche Tarife je nach Verbindung mit einem zusätzlichen Vertrag (Kaufvertrag Mobiltelefon mit/ohne Abschluss eines Mobilfunkvertrags; so auch Ulmer/Fuchs Rn 149). Bestand hingegen keine Wahlfreiheit in diesem Sinne, handelt es sich bei der gewählten Variante um eine einseitig gestellte und damit kontrollfähige Regelung, der Aspekt einer Tarifwahl bleibt außer Betracht (zur möglichen Anwendung des § 309 Nr 7 auf Tarifwahlklauseln s Staudinger/Coester-Waltjen ebenda Rn 27).

dd) Summierung

139 Bei der Gesamtschau aller Vertragsbedingungen kann auch ein der Kompensation gegenteiliger Effekt eintreten: Die Bedenken gegen einzelne, für sich aber noch hinnehmbare Klauseln können sich in ihrer Gesamtwirkung derart **summieren**, dass insgesamt von einer unangemessenen Benachteiligung des Vertragspartners ausgegangen werden muss (Ulmer/Fuchs Rn 155; Wolf/Wolf Rn 213 [„Verstärkereffekt"]). Gegenstand der Unangemessenheitsprüfung nach Abs 1 ist hier also, neben den Einzelklauseln, zusätzlich die klauselübergreifende Gesamtregelung. Insoweit kann ein Summierungseffekt auch zwischen einer AGB-Klausel und einer *Individualvereinbarung* eintreten (BGH NJW 2006, 2116 Rn 16, 17; NZM 2009, 233 [ist die Klausel unwirksam, kommt für die Individualvereinbarung § 139 in Betracht]; insoweit missverständlich BGH NJW

2009, 1075 Rn 13 [Individualabrede bleibt grundsätzlich wirksam]). Die einschränkende Voraussetzung eines *inneren Sachzusammenhangs* (zur Kompensation s Rn 125 ff) muss allerdings auch hier gegeben sein. Unwirksam sind dann alle im wechselseitigen Verstärkungszusammenhang stehenden Klauseln (Beispiele aus der Rechtsprechung: Kombination von Anfangsrenovierung und Schönheitsreparaturen als Mieterpflichten, BGH NJW 1998, 3114, 3115; 2003, 2234; 2003, 3192; 2004, 2087; OLG Stuttgart NJW 1984, 2585; 1986, 2115; NJW-RR 1989, 520; Mietvorauszahlungsklausel und Aufrechnungsverbot, BGH NJW 1995, 254, 255 f [anders BayObLG NJW-RR 1993, 1097 f]; Gewährleistungseinschränkungen und darüber hinaus Zurückbehaltungsrecht des Verkäufers, BGHZ 48, 264, 267; Gewährleistungseinschränkung und darüber hinaus Haftungsfreizeichnung für wesentliche Mängel, BGH ZIP 1986, 653; Automatenaufstellvertrag: Vielzahl unangemessener Regelungen, BGH NJW 1983, 159; Bauvertrag: Sicherung des Auftraggebers sowohl durch Erfüllungsbürgschaft des Auftragnehmers wie durch 10%-igen Einbehalt der anerkannten Werklohnforderungen, BGH NJW 2011, 2125 Rn 19 ff, 22 ff; Reisevertrag: Abtretungsverbot der Ansprüche gegen Veranstalter an Mitreisende und Verschleierung deren eigener Ansprüche, BGH NJW 1989, 2750, 2752; keine Unangemessenheit hingegen bei Kombination von 5-jähriger Laufzeitklausel und Einschränkung des Kündigungsrechts bei Prämienerhöhungen in Rechtsschutzversicherungsvertrag; BGH ZIP 1997, 1343, 1345 f; bei Zusammentreffen zweier Vertragsstrafen, wenn die Summe das Erfüllungsinteresse des Gläubigers nicht übersteigt, BGH NJW 1998, 2600, 2602). Der Umstand, dass jede für sich Bestand haben könnte, ist unbeachtlich. Das Gericht kann nicht entscheiden, welche Klausel wirksam und welche unwirksam sein sollen (BGH NJW 1995, 254, 255; 2007, 997, 999; 2011, 2125 Rn 22 f; Palandt/Grüneberg Rn 9; Wolf/Wolf Rn 213; Geldmacher WuM 1992, 585, 586). Für den Vertragspartner ist nicht transparent, welche Klauseln gelten sollen (s unten Rn 189 f; das gilt auch für unselbständige Klauselteile, die in ihrer Kombination unwirksam sind, BGH NJW 1991, 2630, 2632 [Ausschluss von Wandlung *und* Minderung]). Anderes mag ausnahmsweise gelten, wenn die eine Klauselgestaltung gesetzlich ausdrücklich erlaubt ist (zB Mietkaution in dreifacher Höhe der Monatsmiete, § 551 Abs 1); dann ist nur eine zusätzlich belastende Klausel (zB Bürgschaftsbeibringung) nichtig (BGH NJW 2004, 3045, 3046 f).

Letztlich gilt aber auch nichts anderes, **wenn eine von zwei in Wechselwirkung stehende Klauseln schon für sich als unwirksam zu betrachten wäre**. Zwar könnte dann theoretisch die andere, für sich nicht unangemessene Klausel Bestand haben (so BayObLG NJW-RR 1993, 1097, 1098; LG Berlin WuM 1993, 190); dabei würde aber der innere Zusammenhang der Klauseln sowie die generalpräventive Funktion der Inhaltskontrolle und das Transparenzgebot übersehen (BGH NJW 2003, 2234, 2235 und 3192 f [Schönheitsreparaturen und Endrenovierung]; BGH NJW 2012, 3023 Rn 35[Kapitallebensversicherung: „Erstreckungswirkung" einer unwirksamen Klausel auf damit verknüpfte weitere Klauseln];Wolf/Wolf Rn 213 spricht davon; dass eine wirksame Klausel eine andere „infiziert"): Das Nebeneinander der Klauseln im AGB-Text kann Kunden davon abhalten, ihre bestehenden Rechte geltend zu machen. Außerdem kann sich der Verwender für die Wirksamkeit einer Klausel nicht darauf berufen, dass eine andere, von ihm selbst gestellte Bedingung unangemessen und unwirksam sei (zutreffend BGH NJW 1995, 254, 255 f; ähnlich schon NJW 1991, 2631, 2632). 140

Nicht summierbar in vorstehendem Sinne sind jedoch bei einer **Vielzahl von Kunden** eintretende **Bagatellnachteile** (dazu oben Rn 92; **aA** offenbar Wolf AGBG § 9 Rn 133).

ee) Besonderheiten beim Verbrauchervertrag

141 Art 4 Abs 1 EG-RL (zum **Text der RL** s Textanhang zu § 310) fordert bei der Interessenabwägung unter anderem die Berücksichtigung **„aller anderen Klauseln desselben Vertrags oder eines anderen Vertrages, von dem die Klausel abhängt"**. Die daraus folgende grundsätzliche Beachtlichkeit des Gesamtzusammenhangs entspricht dem deutschen Recht, weshalb man eine Mitaufnahme dieses Aspekts in § 310 Abs 3 Nr 3 für entbehrlich hielt (RegE BT-Drucks 13/2713, 8). Allerdings bleiben doch einige Zweifel über die vollständige Übereinstimmung der RL mit § 307. Wohl noch keine Diskrepanz besteht insoweit, als auch die Bestimmungen „eines anderen Vertrages" in die Berücksichtigung miteinbezogen werden können (vgl Rn 138). Art 4 Abs 1 RL fordert als Voraussetzung dafür ausdrücklich eine kausale Zweckverbindung zwischen den Klauseln der beiden Verträge („abhängt"), die etwa bei Sicherungs- und Darlehensvertrag oder bei Rahmen- und Einzelvertrag zu bejahen wäre (vgl Wolf/Wolf Art 4 RL Rn 9). Unter dieser Voraussetzung kann auch bei der Abwägung nach § 307 ein „anderer Vertrag" berücksichtigt werden (so wohl auch Wolf/Wolf aaO). Probleme bereitet jedoch Erwägungsgrund 19 S 2, 3, der die vertraglichen **Hauptleistungen** in die Interessenabwägung einbezieht und damit die Grundsätze zum „Preisargument" berührt. Das steht in Widerspruch zu Art 4 Abs 2 RL, der Hauptleistungen und Äquivalenzverhältnis grundsätzlich der Beurteilung entzieht und insoweit nur eine Transparenzkontrolle erlaubt – offenbar schwebte den RL-Gebern eine (allenfalls theoretisch mögliche) Unterscheidung der Hauptleistung als Wertungshintergrund oder als Wertungsgegenstand vor. Die beispielhafte Verdeutlichung am Versicherungsvertrag zeigt aber, dass nicht einmal die Grenze zur Bewertung des Äquivalenzverhältnisses selbst beachtet wurde (kritisch deshalb Heinrichs NJW 1993, 1817, 1820; Frey ZIP 1993, 572, 577 f; Ulmer EuZW 1993, 337, 345; wohl auch Brandner ZIP 1992, 1590, 1591). Inwieweit Erwägungsgrund 19 die RL-Interpretation beeinflussen wird, ist auch angesichts dieser Unklarheiten derzeit nicht abzusehen (eine deutliche Diskrepanz zwischen deutschem und EG-Recht sieht [und befürwortet] Kapnopoulou 136 f). Soweit die RL-Regelung zu erweiterten *Kompensationsmöglichkeiten* führt, kann der deutsche Rechtsanwender sie – einem Vorschlag von Heinrichs folgend – getrost ignorieren (NJW 1993, 1817, 1820): Die strengere Haltung des deutschen Rechts kommt den Verbrauchern zugute und ist deshalb vorrangig (Art 8 RL; Wolf/Wolf Art 4 RL Rn 8; übersehen von Brandner MDR 1997, 312, 315). Bei möglicher *Summierung* ist dieser Ausweg aber nicht gangbar: Kann eine belastende, aber für sich noch hinnehmbare Klausel deshalb für missbräuchlich erklärt werden, weil der Verwender auch noch einen hohen Preis verlangt? Da es sich um eine generelle Frage der RL-Interpretation handelt, wäre die Antwort auch im Lichte der eingeschränkten Überprüfungskompetenz vom EuGH im Vorabentscheidungsverfahren einzuholen (vgl Rn 74).

e) Berücksichtigungsfähige Interessen

aa) Drittinteressen

142 Da die Inhaltskontrolle der Kompensation gestörter Aushandlungsparität dient, konzentriert sich die gebotene Abwägung auf die Interessen beider Vertragsparteien. Bei der Frage nach der Berücksichtigungsfähigkeit von **Drittinteressen** sind zwei Aspekte zu unterscheiden. Erstens: Inwieweit kann sich die rechtliche Wirkung von AGB auf Dritte erstrecken? Und zweitens: Kann die sonstige Berührung von Drittinteressen im Rahmen der Interessenabwägung nach § 307 berücksichtigt werden?

(1) Die Vorformulierung und einseitige Einführung von Vertragsbedingungen gegenüber dem Vertragspartner eröffnet dem Verwender jedenfalls keine weitergehenden Zugriffsmöglichkeiten auf die Rechtsstellung Dritter, als dies mittels Individualvertrag geschehen könnte (Fastrich 242, 306). So sind **Klauseln zu Lasten Dritter** von vornherein wirkungslos (für Wirkungsmöglichkeiten *zugunsten* Dritter, etwa bei Freizeichnungsklauseln des Verwenders für seine Leute, vgl BGH NJW 1962, 388; VersR 1985, 595; Bunte/Heinrichs 49; s auch unten Rn 437, 445): Von einer Dritten gegenüber eigenständig bestehenden Verbindlichkeit kann sich der Verwender nicht gegenüber dem Vertragspartner freizeichnen (Bunte/Heinrichs 11 f, 48; anderes gilt bei wirksamen Freizeichnungen dem Vertragspartner gegenüber, wenn Dritte nur in den Schutzbereich des Vertrages einbezogen sind – an der grundsätzlichen Haftungseinschränkung nehmen sie ohne weiteres teil), der Vertragspartner kann über solche Rechte Dritter nicht (etwa durch Abfindungserklärung) disponieren (BGH BB 1985, 147, 148 [Abfindungserklärung gegenüber Versicherung, wirksam nur für Versicherungsnehmer selbst]). Werden im Formularvertrag zwischen Gläubiger und Inkassounternehmen die Einziehungskosten auf den Schuldner überwälzt, so kann dies keine über die nach §§ 280 Abs 1, 2, 286 ohnehin schon bestehende Ersatzpflicht des Schuldners begründen (vgl vWestphalen BB 1994, 1723; anders Rudloff, Ausgewählte Rechtsfragen der Inkassounternehmen [1997] 121 ff). Sieht im beruflichen Verkehr eine Klausel die persönliche Mithaftung des Vertreters des Vertragspartners vor, so ist dieser auch dann noch nicht verpflichtet, wenn er den Vertrag nur in Vertretung für den Vertragspartner unterzeichnet (s Staudinger/Coester-Waltjen § 309 Nr 11 Rn 8 f; Lutz 193 f). Entsprechendes gilt für die Mithaftung zB von Familienangehörigen bei Bürgschafts- oder Schuldbeitrittsverträgen. Auch Vertretungsmacht für Dritte kann durch AGB nicht begründet werden (unten Rn 722). 143

Soweit Verträge **sonst die Rechte oder Interessen Dritter beeinträchtigen** können, werden die notwendigen Grenzen durch zwingendes Recht und insbesondere § 138 gezogen; die Verwendung von AGB begründet dabei keine zusätzliche Gefährdung Dritter und damit kein zusätzliches Schutzbedürfnis. Auch für Vereinbarungen mit Verfügungscharakter (Sicherungsübereignung, Globalzession, Bestellung eines Unternehmerpfandrechts) gilt insoweit nichts Besonderes: Ist der Vertragspartner nichtberechtigt, sind die gesetzlichen Gutglaubensvorschriften ausschlaggebend für Umfang und Grenzen des Eigentümerschutzes; für den Schutz anderer Gläubiger bei Globalzessionen und echtem Factoring etc sind die zu § 138 entwickelten Grundsätze der Rechtsprechung maßgeblich (s Staudinger/Sack/Fischinger [2011] § 138 Rn 430, 431). 144

Von daher erscheint es insgesamt als gerechtfertigt, dass das Gesetz in § 307 Abs 1 allein auf die Benachteiligung des Vertragspartners, nicht aber Dritter abstellt (s oben Rn 93; OLG Celle NJW 1998, 82, 84); für nötigen Drittschutz steht § 138 als Auffangregel zur Verfügung (vgl oben Rn 33).

(2) Konsequenterweise sind im Grundsatz auch **im Rahmen der Interessenabwägung** nach § 307 Abs 1 **Drittinteressen unbeachtlich** (BGH NJW 1982, 178, 180; OLG Celle NJW 1998, 82, 84; Ulmer/Fuchs Rn 134; Rieble BB 1995, 195, 203 f; prinzipiell anders Habersack, Vertragsfreiheit und Drittinteressen [1992] 172 ff, der generell davon ausgehen will, dass ein Vertragspartner bei Individualverträgen auch die mitbetroffenen Drittinteressen angemessen berücksichtigt, und ein entsprechendes Kompensationsbedürfnis bei AGB sieht). So kann im vorerwähnten Inkassobeispiel (Rn 143) eine Gebührenvereinbarung zwischen Gläubiger 145

und Inkassounternehmen – ihre Kontrollfähigkeit im Lichte von Abs 3 einmal unterstellt – nicht daran gemessen werden, ob sie die Kosteninteressen des Schuldners optimal berücksichtigt (so aber wohl vWestphalen BB 1994, 1723; wie im Text Rudloff, Ausgewählte Rechtsfragen der Inkassounternehmen [1997] 120 f). Solange nur die Gebühren als adäquat-kausale Folge des Schuldnerverzugs anzusehen sind, besteht die Ersatzpflicht nach §§ 280, 286, engere Schranken im Drittinteresse werden dieser Vorschrift durch § 307 nicht eingezogen (insoweit richtig Rieble BB 1995, 195, 203 f; werden nach diesen Grundsätzen nicht erstattungsfähige Kosten vereinbart, s oben Rn 143 und unten Rn 150).

Diesem Grundsatz steht allerdings nicht entgegen, dass Drittinteressen reflexartig mitgeschützt werden, wenn sie mit denen des Vertragspartners korrespondieren: Von der Unwirksamkeit einer zu weit reichenden Sicherung profitieren iE auch die anderen Gläubiger (Fastrich 306 f; der BGH hält es sogar für bedenklich, wenn der Vorteil letztlich [ökonomisch] *nur* den Drittgläubigern zugute kommt, ZIP 1994, 1010, 1011; 1996, 1164, 1167; zustimmend Roth JZ 1998, 462). Aber auch darüber hinaus erleidet der Grundsatz einige **Einschränkungen**:

146 So werden die Interessen Dritter denen des **Vertragspartners** integriert, wenn dieser dafür **rechtlich oder kraft persönlicher Verbundenheit verantwortlich** ist. Das wird zB für die Personen angenommen, die nach den Grundsätzen des „Vertrages mit Schutzwirkung zugunsten Dritter" in den Schutzbereich des Vertrages zwischen Verwender und Vertragspartner einbezogen sind (BGH NJW 1989, 2750, 2751 [Mitreisende beim Reisevertrag]; OLG Frankfurt AGBE IV § 9 Rn 14; Ulmer/Fuchs Rn 133); erst recht ist beim *Vertrag zugunsten Dritter* auf die Interessen des Berechtigten, nicht des Vertragspartners abzustellen (BGH NJW 1993, 2442, 2444 [Versicherung für fremde Rechnung]). Ähnliches gilt für die Interessen des Treugebers, wenn der Vertragspartner als *Treuhänder* für ihn tätig geworden ist (Fastrich 307). *Nicht* fürsorgepflichtig in diesem Sinne ist der Vertragspartner jedoch für seine *Erben* (BGH NJW 1982, 2314, 2316).

147 Weiterhin können die Interessen des Vertragspartners mit denen Dritter in einer Weise verflochten sein, dass diese bei Würdigung seiner Interessen **mittelbar mitbeachtet** werden müssen. Dies kann beispielsweise der Fall sein beim Ausschluss einer Drittschadensliquidation durch den Vertragspartner oder bei drohenden Regressansprüchen Dritter gegen den Vertragspartner (etwa nach Verfügungen als Nichtberechtigter, vgl Rn 143). Ein weiterer Anwendungsfall wären die Situationen, in denen ausnahmsweise drittbelastende Vereinbarungen getroffen werden können (Rn 144) – dass dann die Drittinteressen angemessen mitzuberücksichtigen sind, ist eine Selbstverständlichkeit.

148 Fraglich ist, inwieweit sich der **Verwender** gegenüber einer unangemessenen Benachteiligung des Vertragspartners darauf berufen kann, er habe in seinen AGB **auch die Interessen anderer Kunden zu beachten** – etwa im Sinne einer allgemeinen Gleichbehandlung, einer Niedrighaltung der Preise, einer Sicherstellung der Versorgung etc. Bei sogenannten „kollektiven Vertragssystemen" (zB Versichertengemeinschaft) wird diese Frage oft bejaht (BT-Drucks 7/3919, 23; vHoyningen-Huene Rn 152; Ulmer/Fuchs Rn 135; einschränkend auch Becker 72), oder bei Verträgen über Gruppenunterricht, wenn zwecks Erhaltung der „Klassenstärke" die Kündigungsmöglichkeit erschwert wird (s Rn 640). Auch bei Weiterveräußerungsverboten, wenn es um die gleichmäßige und breitflächige Versorgung der Bevölkerung mit einem Wirtschaftsgut und die Verhinderung eines „grauen Marktes" von Spekulanten geht (BGH NJW 1982, 178, 180 [Neuwagen]; vgl BGH NJW 1981, 117; soweit „öffentliche Interessen" dabei hereinspielen, s Rn 151). So ließen sich auch Abtretungs- oder Veräußerungsverbote bei Eintrittskarten zu populären Großveranstaltungen (Fußball-WM) rechtfertigen (vgl auch Rn 350 ff). Bei genauem Hinsehen zeigt sich jedoch, dass sich hinter der (wohlklingenden) Berufung des Verwenders auf Drittinteressen oder „Solidarinteressen" der Kunden sehr heterogene Gesichtspunkte verbergen können: Zum Teil das (grundsätzlich unzulässige) Preisargument und das Rationalisierungsinteresse, das als solches durchaus beachtlich, aber eben eines des *Verwenders selbst* ist (dazu Rn 156). Die Sachargumente des Verwenders sollten nicht wegen ihrer Einkleidung als Drittinteressen der inhaltlichen Würdigung entzogen werden (so nachdrücklich Soergel/Stein Rn 14). Dem Verwender hilft auch nicht eine Berufung auf den „typisierenden" Ansatz von AGB und ihrer Prüfung (vgl Rn 109), um die Benachteiligung einzelner Kunden zu rechtfertigen: Erkennbaren Interessenunterschieden bei den Kunden muss der Verwender Rechnung tragen (zutreffend Soergel/Stein Rn 14; anders Fastrich 308). Auch wo dies nicht möglich ist, kann das „Kollektivargument" jedenfalls schwerwiegende Nachteile beim Vertragspartner nicht aufwiegen (BGH NJW 1994, 2693, 2694; Becker 72; **anders** hingegen bei der gesonderten „Abschlussgebühr" bei Bausparverträgen, mit der die Bausparkasse die Neuwerbung weiterer Kunden finanziert: Dieses liegt systembedingt im Interesse der schon geworbenen Kunden, BGH NJW 2011, 1801 Rn 48; Ulmer/Fuchs Rn 135). Auch ist es nicht geeignet, den durch das Internet (e-bay) eröffneten, nahezu unbegrenzten Marktchancen auch für Private effektive Grenzen zu setzen – der „graue Markt" ist omnipräsent und als Gegebenheit einzukalkulieren.

Zu den vorerwähnten „kollektiven Vertragssystemen" gehören insbesondere auch **149**
die Verträge zwischen **Banken und Kunden**. Hier begegnet die Berufung auf Drittinteressen in zweifacher Funktion: Zum einen sollen damit Entgelte für Zusatzverrichtungen der Banken gerechtfertigt werden. Es sei gerechter, die Kosten der Bank nach dem **„Verursacherprinzip"** erstatten zu lassen als sie – im Rahmen einer erhöhten Grundgebühr – auf alle (also auch unbeteiligte) Kunden zu verteilen (BGH NJW 2003, 1447, 1448 [Zeichnungsgebühr bei Aktien-Neuemissionen]; vgl generell Steppeler Rn 120 f, 196 f [„Solidargemeinschaft" der Kontoinhaber]; krit zu diesem Argument Pallas 215; Billing § 4 IV 6; Krüger WM 2000, 2021, 2027; van Gelder WM 2000, 101, 110). Das Problem liegt nicht in dieser – grundsätzlich einleuchtenden – Erwägung, sondern in der *Abgrenzung* zwischen gerechtfertigten Zusatzentgelten und ungerechtfertigter „Doppelbepreisung" schon generell mitbezahlter Funktionen (dazu unten Rn 329).

Zum Zweiten geht es nur scheinbar um Drittinteressen, wenn **massenhafte Bagatellnachteile**, etwa bei Bankgebühren, zu einer nach § 307 Abs 1 beachtlichen Gesamtbenachteiligung zusammengerechnet werden (so aber die hM, vgl oben Rn 92). Ist keiner der Kunden für sich iSv § 307 Abs 1 schutzbedürftig, sind sie es auch im Kollektiv nicht; der Anstößigkeitsvorwurf zielt statt dessen schwerpunktmäßig auf die als unangemessen empfundene Vorteilsverschaffung durch den Verwender (Rn 92).

Es sollte aber eine **weitere Ausnahme** von den vorerwähnten Grundsätzen erwogen **150**
werden, dass Drittinteressen nicht zu berücksichtigen sind. Vor allem das **Transparenzgebot** (s Rn 170) soll vor den Gefahren schützen, die dem Vertragspartner aus

Unklarheit und Unkenntnis der vertraglichen Rechte drohen; er soll davor bewahrt werden, unter dem Eindruck einer Schein-Rechtslage eigene Rechte nicht geltend zu machen oder Forderungen des Verwenders nachzugeben. Dieser Schutz des § 307 hat deutlich generalpräventiven Charakter, er zielt vor allem auf die große Mehrzahl von Kunden, die angesichts der Suggestivkraft des „Kleingedruckten" vor einem Rechtsstreit zurückscheuen. In diese Gefährdungslage können aber auch Dritte geraten, selbst wenn sie mit dem Vertragspartner nicht in einem Interessenverbund stehen (wie etwa beim mithaftenden Familienangehörigen). Das (ggf kollusive) Paktieren von Verwender und Vertragspartner zu Lasten von Dritten kann diese zwar rechtlich nicht benachteiligen, wohl aber faktisch-psychologisch im zuvor bezeichneten Sinne. So liegt es nicht fern zu vermuten, dass viele Schuldner bei der Schuldbeitreibung durch Inkassobüros wegen einer entsprechenden AGB-Regelung alle Kosten des Einzugs mitbezahlen, obwohl ihre Erstattungspflicht nach §§ 280, 286 durchaus begrenzt oder umstritten ist (vgl schon oben Rn 143, 145; zum sachlichen Streitstand BGH NJW 1980, 991; OLG Dresden NJW-RR 1994, 1139; LG Rottweil NJW 1994, 265 f; Jäckle, Die Erstattungsfähigkeit der Kosten eines Inkassobüros [1978]; Seitz, Inkasso-Handbuch [2. Aufl 1985] Rn 88 f; Löwisch NJW 1986, 1728 ff; Rieble DB 1995, 195 ff, 200 ff; Siegert BB 1965, 1767 ff; vStakelberg BB 1965, 891 ff). Im Individualprozess bedarf es des § 307 nicht, weil eine §§ 280, 286 überschreitende Erstattungspflicht durch die Klausel nicht begründet werden konnte (Rn 143). Im Verbandsprozess hingegen sollten entsprechende Klauseln gem § 307 Abs 1 (oder Abs 2 Nr 1) untersagt werden können, ohne dass es auf Zurechenbarkeit der Drittinteressen zum (jedenfalls mitgeschützten) „Rechtsverkehr im Ganzen" ankommt. Auch der Umstand, dass es sich bei den überwälzten Gebühren um die Hauptpflichten der Parteien des Inkassovertrags handelt, steht einer Kontrolle nicht entgegen: Erstens hat die Überwälzungsabrede hieran nicht mehr teil, und zweitens sind auch Hauptpflichten dem Transparenzgebot unterworfen (§ 307 Abs 3 S 2 sowie unten Rn 315 ff; das übersieht Rieble DB 1995, 195, 204).

bb) Allgemeininteressen

151 Neben das Interesse der Vertragsparteien und Dritter könnte noch an eine Berücksichtigung der Interessen der Allgemeinheit, dh des Staates oder der Gesellschaft insgesamt gedacht werden (gelegentlich werden unter diesem Topos auch sogenannte „Solidarinteressen" der Kundengemeinschaft erörtert, dazu bereits vorstehend Rn 148, 149). Eine entsprechende Berücksichtigung wird vor allem von Wolf und neuerdings Baetge gefordert (Wolf/Wolf Rn 231 f; ders, in: Hadding/Hopt 37 ff, 81 f; Baetge AcP 202 [2002] 972 ff; Ulmer/Fuchs Rn 137 ff; Fastrich 241; für den Bereich des Urheberrechts Zech, in: Leible/Ohly/Zech (Hrsg), Wissen – Märkte – Geistiges Eigentum (2010) S 187 ff, 198), und auch die Rspr bezieht gelegentlich Gemeinwohlaspekte in die Interessenabwägung nach § 307 mit ein – so etwa bei **Sektionsklauseln** in Krankenhausaufnahmeverträgen (BGH NJW 1990, 2313, 2315; ebenso die Vorinstanz OLG Koblenz NJW 1989, 2950, 2953; zustimmend Baetge AcP 202 [2002] 972, 986 f; Ulmer/Fuchs Rn 138; ablehnend Deutsch NJW 1990, 2315; Ackmann JZ 1990, 925; s auch unten Rn 412), bei AGB der früheren **Treuhandanstalt** (jetzt: BvS) im Hinblick auf deren besondere, dem Allgemeinwohl verpflichtete Aufgabenstellung (Vertragsstrafe zur Sicherung der Investitionsverpflichtungen der Unternehmenskäufer, BGH NJW 1998, 2600, 2602; 1999, 2662; WM 2003, 839; Gewährleistungsausschlüsse, LG Berlin ZIP 1994, 1320, 1321; Mehrerlösklauseln, OLG Dresden OLG-NL 2000, 73; zum ganzen übergreifend Klauselwerke/Schäfer-Furmans „AGB der Treuhandanstalt") oder bei Vertragsstrafeklauseln öffentlicher Auftraggeber zur Abwehr

von **Submissionskartellen** (BGH NJW 1996, 1209; dazu BAETGE AcP 202 [2002] 972, 976 f, 982 ff). Soweit zur Begründung dieser Position die Sicherung grundrechtlich geschützter Werte genannt wird (zB Wissenschaft, öffentliche Gesundheitsfürsorge, Pressefreiheit, Berufsfreiheit), handelt es sich allerdings um ein Problem der Drittwirkung der Grundrechte, also der Grundrechtsbindung des Zivilrichters bei der Konkretisierung von Generalklauseln (vgl zu § 242 STAUDINGER/LOOSCHELDERS/OLZEN [2009] Rn 146), nicht aber um ein „Interesse" der Gemeinschaft im Rahmen der Interessenabwägung. Aber auch sonst kann ein besonderer Stellenwert der Allgemeininteressen bei der Abwägung nach § 307 weder mit dem Hinweis auf mögliche gesamtwirtschaftliche Folgen der richterlichen Entscheidung (so WOLF, in: HADDING/HOPT aaO) noch auf die Stellung des Gerichts als Staatsorgan begründet werden. Die Parteien eines privatrechtlichen Vertrags sind dem Gemeinwohl zweifellos nicht verpflichtet, dessen Wahrung wird vielmehr über die Marktregulierung erhofft oder ist vom Staat unmittelbar zu gewährleisten. Die Grenze des öffentlichen Interesses gegenüber privatautonomer Freiheit wird durch §§ 134, 138 markiert (Rn 32). Die richterliche Inhaltskontrolle dient aber nur der Kompensation des bei AGB gestörten Vertragsmechanismus; in der Legitimation der richterlichen Intervention liegt zugleich ihre Begrenzung. Es ist keine Rechtfertigung ersichtlich, private *Verträge* anlässlich der Kontrolle nach § 307 gemeinwohlpflichtig werden zu lassen (zumal nicht in so persönlichkeitssensiblen Bereichen wie der Einwilligung in Sektionen). Soweit die *Gerichte* gerade bei der Konkretisierung und Fortbildung des Rechts gehalten sind, die ökonomischen und gesellschaftlichen Folgen ihrer Entscheidung zu berücksichtigen, handelt es sich nicht um eine AGB-spezifische, sondern eine allgemein-methodische Problematik (dazu zuletzt DECKERT, Folgenorientierung in der Rechtsanwendung [1995] mit umf Nachw). Soweit in diesem übergreifenden Kontext eine allgemeine Folgenberücksichtigung für möglich oder gar notwendig erachtet wird (so weitgehend DECKERT insbes 237 f), muss dies allerdings ohne weiteres auch für § 307 gelten (insoweit vertretbar BGH NJW 2003, 1447, 1448 betr Zeichnungsgebühr bei Aktien-Neuemission: „Allgemeininteresse an funktionierenden Kapitalmärkten"). Eine weitere Ausnahme mag auch gerechtfertigt sein für als Treuhänder des Gemeinwohls verpflichtete AGB-Verwender (vgl BAETGE AcP 202 [2002] 972, 987 ff; **aA** KIEHTE VIZ 2001, 345, 352). Grundsätzlich ist aber der Gefahr zu wehren, dass die AGB-Kontrolle von einem Instrument zum Schutze der Vertragsgerechtigkeit zu einer Vertragskontrolle im gesellschaftlichen Interesse wird. Daran muss auch die wohlgemeinte Forderung scheitern, nicht nur die Interessen des Verwenders bei Konnexität mit Allgemeininteressen aufzuwerten, sondern ggfls umgehend auch solche des Vertragsgegners (so ULMER/FUCHS Rn 139 mit beispielhaftem Verweis auf Kartellrechtsverletzungen durch den Verwender).

5. Einzelne Abwägungskriterien

Die Klauselbewertung nach § 307 Abs 1 erfordert die Berücksichtigung aller wertungsrelevanten Umstände, sowohl normativer wie tatsächlicher Art (Rn 111). In jahrzehntelanger AGB-Rechtsprechung hat sich insoweit ein Arsenal typischer Gesichtspunkte herausgebildet, das jedoch nicht abschließend sein kann; auch handelt es sich bei den einzelnen Kriterien um nicht mehr als Entscheidungstopoi, die im Einzelfall mehr oder weniger bedeutungsvoll sein können. 152

Zahlreiche Kriterien dieser Art sind bereits im jeweiligen systematischen Zusammenhang behandelt worden: Gruppen- und sachtypische Differenzierungen (Art und Gegenstand des Geschäfts, beteiligte Verkehrskreise) (s Rn 112); Drittinteressen (Rn 145 ff), Solidarinteressen (Rn 148) und Allgemeininteressen (Rn 151); der Gesamtzusammenhang der vertraglichen Regelungen (Rn 124), insbesondere wechselseitige Kompensation (Rn 125) oder Summierung (Rn 139) mehrerer Klauseln und das Preisargument (Rn 129); die Bedeutung behördlicher Vorkontrollen (Vorbem 13, 28 zu §§ 307 ff) und kollektiver Aushandlung von AGB (Rn 128), sowie der Klauselverbote der §§ 308, 309 (Rn 10 ff) und des RL-Anhangs (Rn 120 ff) im Rahmen des § 307. Einige andere Kriterien von allgemeiner Bedeutung sollen im Folgenden hervorgehoben werden (zum Transparenzgebot unten Rn 170).

a) Konformität mit etablierten Standards

153 Der **Verstoß** einer Klausel gegen etablierte Standards **(Verkehrssitte, Handelsbrauch, Standesrichtlinien, Üblichkeit)** indiziert Unangemessenheit (so für Standesrichtlinien vHoyningen-Huene Rn 197; Ulmer/Fuchs Rn 140; Palandt/Grüneberg Rn 13; Erman/Roloff Rn 14; Bunte NJW 1981, 2657, 2658; **aA** Deutsch VersR 1974, 301, 303. Seit BVerfG NJW 1988, 191 ist diese Indizwirkung allerdings fraglich geworden, Soergel/Stein Rn 24; daran festhaltend jedoch vHoyningen-Huene Rn 196). Voraussetzung ist, dass die Klausel nicht schon an § 305c Abs 1 scheitert. Ist eine dem Kunden günstige Verhaltensweise, wie etwa die jederzeitige Beachtung eines Scheckwiderrufs durch die Bank, zur Verkehrssitte oder Handelsbrauch erstarkt, wird sie über § 157 normalerweise auch Vertragspflicht; eine diese Pflicht ausschließende Klausel weicht von der Verkehrssitte ab und stellt regelmäßig eine unangemessene Benachteiligung des Vertragspartners gem § 307 Abs 1 dar (so BGH NJW 1988, 3149, 3158 zum Scheckwiderruf; als „gesetzliche Vorschrift" iSv § 307 Abs 2 Nr 1 kommt die Verkehrssitte nicht in Betracht, vgl Rn 239; vgl auch BGH NJW 1987, 2012, 2013, wonach eine zweijährige Laufzeit beim Zeitschriftenbezugsvertrag möglicherweise unangemessen wäre, wenn sie als „unüblich" nachweisbar gewesen wäre).

Inwieweit umgekehrt die **Konformität mit etablierten Standards** eine Klausel *stabilisieren* kann, ist differenziert zu beantworten. Hinsichtlich der Üblichkeit (oder Branchenüblichkeit) einer Klausel besteht weitgehend Einigkeit, dass dieser lediglich faktische Befund noch nicht die Angemessenheit als Werturteil präjudizieren kann: Weder über Rechtskonformität noch über die Anerkennung der beteiligten Verkehrskreise ist damit etwas ausgesagt (BGH BB 1984, 939, 940 [Textilveredelung, Haftungsbeschränkung]; NJW 1984, 2160 [Fahrtzeiten als Arbeitszeiten]; NJW 1987, 1931, 1935 [Vorleistungsklauseln beim Reisevertrag]; 1989, 222, 224 [Zinsberechnung bei Annuitätendarlehen]; 1989, 582, 583 [Wertstellung bei Bankeinzahlungen]; 1991, 1677, 1678 [persönliche Haftung des Grundschuldbestellers]; Ulmer/Fuchs Rn 141; Bunte/Heinrichs 92 f). Auch wenn eine Klausel jahrelang unbeanstandet geblieben oder gar für wirksam erachtet worden ist, erwächst hieraus für den Verwender *kein Vertrauensschutz,* die spätere Verwerfung bedeutet keine rückwirkende Rechtsänderung (BGH NJW 1981, 1511, 1512; 1989, 222, 224; 1996, 924, 925; vgl oben Rn 102). Allerdings kann die Üblichkeit einer Klausel als ein Gesichtspunkt unter vielen durchaus berücksichtigt werden (vgl BGH NJW 1985, 2693 [zweijährige Laufzeit bei Bierlieferungsverträgen]), nur ersetzt sie nicht die sachliche Angemessenheitsprüfung (dies tut auch – entgegen der Kritik vHoyningen-Huene Rn 211 – BGH NJW 1987, 2575, 2576 nicht [Überwälzung von Schönheitsreparaturen bei Mietvertrag]; differenzierend Ulmer/Fuchs Rn 141) und steht bei deren negativem Ergebnis einer Unwirksamkeit der Klausel nicht entgegen. Entstammen Standards oder Regeln jedoch einem Interessenausgleich der beteiligten Verkehrskreise (ohne dadurch der

AGB-Kontrolle gleich gänzlich entzogen zu sein, vgl Rn 128), können sie als *Indiz* für die Angemessenheit einer entsprechenden Klausel dienen (BAG NZA 2006, 40, 47).

Bei der **Verkehrssitte** und ihrer handelsrechtlichen Ausprägung, dem **Handelsbrauch**, tritt zur tatsächlichen Übung das Element der Kenntnis und Billigung durch die beteiligten Verkehrskreise hinzu. Das rechtfertigt ihre grundsätzliche Berücksichtigung im Rahmen der Angemessenheitsbeurteilung. Für die Handelsbräuche folgt dies bereits aus § 310 Abs 1 S 2 HS 2, gilt aber darüber hinaus auch für die Verkehrssitten im Allgemeinen Geschäftsverkehr (BGH NJW 1985, 480, 481; 1987, 2575, 2576; 1989, 2247, 2248 [Verkehrssitte in concreto verneint]; vgl PALANDT/GRÜNEBERG Rn 13; ULMER/FUCHS Rn 143). Allerdings macht auch die Übereinstimmung einer Klausel mit einer Verkehrssitte/Handelsbrauch die sachliche Angemessenheitsprüfung nicht entbehrlich, weil letztere ihrerseits nicht notwendig mit den Erfordernissen von Treu und Glauben übereinstimmen müssen. Ergeben sich insoweit jedoch keine Bedenken gegen die Verkehrssitte selbst, so sollte sie auch als Indiz für die Angemessenheit der Klausel genommen werden (LUTZ 13 ff; aA SOERGEL/STEIN Rn 24). Der BGH will dies auch auf Klauselwerke anwenden, die – nach Aushandlung durch alle beteiligten Verkehrskreise oder durch neutrale, fachkundige Instanzen – in jahrzehntelanger Praxis zur branchenspezifischen Verkehrssitte erstarkt sind (vgl BASEDOW ZHR 150 [1986] 469, 483 ff). Besonderes soll nach Auffassung des BGH allerdings gelten, wenn ein Regelwerk als solches, zB die Tegernseer Gebräuche, zum *Handelsbrauch* geworden sind; dann gelte es kraft gesetzlicher Verweisung (§ 346 HGB) und sei nicht mehr AGB iSv § 305 Abs 1 (BGH NJW-RR 1987, 94, 95; ebenso ULMER/FUCHS Rn 143). Diese Sicht ist verfehlt: § 346 HGB verleiht den Handelsbräuchen keine normative Wirkung, sie gelten nur gem §§ 346 HGB, 157 BGB im Zweifel als Teil der rechtsgeschäftlichen Regelung (CANARIS, Handelsrecht § 24 Rn 1, 2, 11, 12). Der Umstand, dass eine Klausel nicht nur mit einem Handelsbrauch übereinstimmt, sondern selbst Handelsbrauch geworden ist, verleiht diesem keine höhere Dignität, er vermittelt der Klausel nur Indizwirkung für Angemessenheit (dies allerdings nicht im Sinn einer Leitbildfunktion gem Abs 2 Nr 1, dazu Rn 239). 154

Bei Konformität einer Klausel mit **Standesrichtlinien** freier Berufe (zu Verstößen gegen Standesrichtlinien s Rn 153) ist zu beachten, dass diese – soweit der Kundenschutz (etwa bei Kunstfehlern) betroffen ist – regelmäßig nur das standesrechtliche Minimum an Verantwortlichkeit sicherstellen wollen (PALANDT/GRÜNEBERG Rn 13). Außerdem fehlt es an einer Beteiligung und Billigung der Kundenseite (vHOYNINGEN-HUENE Rn 197; ULMER/FUCHS Rn 142). Durch die Entscheidung des BVerfG von 1987 (NJW 1988, 191) hat das Gewicht von Standesrichtlinien eine weitere Schwächung erfahren; die Übernahme wesentlicher Regelungspunkte durch die BRAO (zB Mindesthaftpflichtversicherung und Möglichkeit der vertraglichen Haftungsbegrenzung, §§ 51 ff) hat für Rechtsanwälte den dogmatischen Standort entsprechender Klauselbeurteilungen verlagert. 155

b) Typische Verwenderinteressen

Aus dem Kreis von Verwenderinteressen, die zur Rechtfertigung einer kundenbelastenden Regelung in Betracht kommen, ist zunächst das **Rationalisierungsinteresse** zu nennen. Es wird im modernen Massenverkehr für grundsätzlich legitim gehalten, seine Anerkennung ist der Hauptgrund für die grundsätzliche Akzeptanz von AGB überhaupt. Der Zweck einer Erleichterung, Vereinfachung, Gleichschaltung und 156

Kostenersparnis kann deshalb auch generelle Regelungen rechtfertigen, die den Kunden lästig sind – wie zB Abtretungsverbote, Vorleistungspflichten, Lastschriftverfahren oder Schriftformerfordernisse (ganz hM; BGH NJW 1981, 117, 118; 1996, 988, 989; 2003, 2014, 2016; OLG Frankfurt NJW 1983, 1681, 1682; grundsätzlich ablehnend KOCH/STÜBING Rn 28). Indem mehrere spezielle Klauselverbote die Grenzen solcher Rationalisierung abstecken (vgl § 308 Nr 5, Erklärungsfiktionen; § 308 Nr 6, Zugangsfiktionen; § 309 Nr 3, Aufrechnungsverbot; § 309 Nr 5, Schadenspauschalierungen; § 309 Nr 13, Formerfordernisse), sind sie gleichzeitig Ausdruck der grundsätzlichen Akzeptanz entsprechender Verwenderbestrebungen. Allerdings ist das Rationalisierungsinteresse gegen eine damit verbundene Benachteiligung der Vertragspartner abzuwägen (sorgfältig BGH NJW 1996, 988, 989 [Lastschriftverfahren bei Kabelanschluss]; NJW 2010, 2719 Rn 27 ff [Ausschluss der Barzahlung durch Flugunternehmen]; zum Zusammenhang zwischen Rationalisierung und inhaltlicher Benachteiligung s ULMER/HABERSACK Einl Rn 4 f), und es besteht Einigkeit, dass es schwerwiegende Interessenbeeinträchtigungen auf der Gegenseite nicht zu rechtfertigen vermag (vHOYNINGEN-HUENE Rn 188; SOERGEL/STEIN Rn 16; ULMER/FUCHS Rn 121 ff; STOFFELS Rn 67 ff). So kann beispielsweise nicht der Zwang zur Neuwertversicherung von Gebrauchtsachen mit einer Berechnungsvereinfachung begründet werden, wenn er für die Versicherungsnehmer zu einer spürbaren Prämienerhöhung führt (BGH NJW 1993, 2442, 2444). Ein Online-Anbieter kann hingegen *Barzahlungen* durch die Kunden wegen des damit verbundenen Verwaltungsaufwands ausschließen (BGH NJW 2010, 2719 Rn 31 ff). Liegt eine unangemessene Benachteiligung des Vertragspartners vor, hat demgegenüber das Interesse des Verwenders an einem „Aufbrauchen" der gedruckten AGB-Formulare keinen legitimen Stellenwert (BGH NJW 1980, 2518, 2519; 1983, 1320, 1322; 1983, 1322, 1326). Auch die Nähe zum Preisargument ist zu beachten: Der Belastungseffekt von Rationalisierungen ist nicht mit dem Hinweis zu relativieren, dass andernfalls höhere Preise verlangt werden müssten (BGH NJW 1993, 2442, 2444).

157 Neben seinem begrenzten Gewicht stößt das Rationalisierungsinteresse auf weitere Schranken: Der Verwender ist zwar nicht zur Gleichbehandlung aller Vertragspartner verpflichtet (Rn 163; so aber SOERGEL/STEIN Rn 16), er darf aus Rationalisierungsgründen aber nicht unterschiedliche Fallgestaltungen und Interessengruppen einebnen und gebotene gruppentypische Differenzierungen unterlassen (BGH NJW 2006, 47, 50: Gleichbehandlung von Unternehmern und Verbrauchern durch Erstreckung verbraucherschutzrechtlicher Vorschriften auf erstere; zutreffend auch SOERGEL/STEIN Rn 16; vgl oben Rn 111). Auch das (generell gültige, vgl Rn 98, 162) **Verhältnismäßigkeitsgebot** wird in diesem Zusammenhang zu Recht besonders betont: Vom Rationalisierungsinteresse nicht mehr gebotene Interesseneinschränkungen der Vertragspartner sind keinesfalls gerechtfertigt (SOERGEL/STEIN Rn 16; ULMER/FUCHS Rn 123).

158 Bei den **sonstigen Interessen** des Verwenders können **wirtschaftliche Gesichtspunkte** im weitesten Sinne eine Rolle spielen, etwa die Erhaltung eigener Dispositionsfreiheit (zB BGH NJW 1981, 280, 281 [Ausschluss von Eigentumsvorbehalt in Einkaufsbedingungen]; BB 1985, 218, 223 [Einsetzung weiterer Vertragshändler]; Vermeidung von Auftragsverlusten [BGH NJW 1982, 178, 180], Markenschutz [OLG Frankfurt ZIP 1983, 952, 959] oder allgemeine Sicherungsinteressen [zB BGH NJW 1983, 2701, 2702; 1984, 1184 1186; 1989, 2383, 2384]). Aber auch insoweit bedarf es natürlich noch der Abwägung gegen die Interessen der Vertragspartner: So dient es zweifellos der Dispositionsfreiheit der Kreditgeber, wenn die Freigabegrenze bei überschießenden Globalsicherungen nicht im vorhinein deskriptiv festgelegt wird, sondern in das Beurteilungsermessen des Kreditgebers gestellt wird. Auf der Gegenseite wird damit jedoch die Realisierung des Freigabeanspruchs des Sicherungsgebers überhaupt gefährdet (vgl Rn 100).

Neben wirtschaftlichen können auch andere Interessen des Verwenders zu berücksichtigen sein, zB **pädagogische Interessen** beim Unterrichtsvertrag (BGH NJW 1985, 2585, 2586 [Internat]; vgl Rn 640) oder **wissenschaftliche Interessen** etwa im medizinischen Bereich (BGH NJW 1990, 2313, 2315 [Sektionsklausel im Krankenhausvertrag], mit kritischer Anmerkung Deutsch, s dazu oben Rn 151).

Zu berücksichtigen sind aber stets **nur berechtigte Interessen des Verwenders**. Übermäßige Interessenverfolgung ist ebenso illegitim (vgl Rn 98, 162) wie der funktionswidrige Einsatz von Sanktionsmitteln. So darf zB eine **Vertragsstrafe** vorgesehen werden einerseits als Druckmittel zur korrekten Vertragserfüllung, andererseits auch als Mittel erleichterter Schadloshaltung bei Pflichtverletzung – nicht aber zur Schöpfung neuer, vom Sachinteresse des Verwenders losgelöster Geldforderungen (BGH NJW 1983, 385, 387; 2003, 1805, 1808; BAG NZA 2005, 1053, 1055; NZA 2006, 34, 37). Ein solches Verwenderinteresse ist nicht nur unbeachtlich, die Funktionswidrigkeit des Vertragsstrafeversprechens führt vielmehr unvermittelt zur Unangemessenheit gem § 307 Abs 1. Zum selben Ergebnis führt auch der Übermaßgedanke, wenn die Vertragsstrafe breitflächig sämtliche Pflichtverletzungen des Schuldners abdecken soll (BAG NZA 2005, 1053, 1056).

c) Typische Interessen des Vertragspartners

Auf Seiten des Vertragspartners sind nicht nur, aber typischerweise spiegelbildliche Gegeninteressen zu berücksichtigen. In wirtschaftlicher Hinsicht steht der Schutz der eigenen **Dispositions- und Handlungsfreiheit** im Vordergrund; Letztere kann beeinträchtigt sein durch lange Vertragsbindungen (zu Laufzeitklauseln unten Rn 527 ff) oder durch Abtretungsverbote, Übersicherungen, Vollmachts- und Lohnabtretungsklauseln in Kreditverträgen (BGH NJW 1989, 2383, 2384; BB 1990, 229 ff). Gegenüber der Eingriffsgrenze der wirtschaftlichen Knebelung bei § 138 (dazu Staudinger/Sack/Fischinger [2011] § 138 Rn 302 ff) ist diejenige der Unangemessenheit nach § 307 insoweit deutlich vorverlagert (Ulmer/Fuchs Rn 127). Hierher gehören auch Einflussmöglichkeiten des Verwenders auf Geschäftsinterna des Vertragspartners (vgl BGH BB 1985, 218, 224 [Kündigungsrecht des Herstellers bei internen Problem im Unternehmen des Vertragshändlers]). 159

Auch der **Schutz des eigenen Vermögens** kann eine Rolle spielen, etwa die Vermeidung von Haftungsrisiken, die in der Veräußerungskette nicht weitergegeben werden können (BGH NJW 1985, 623 ff; OLG Frankfurt ZIP 1983, 952, 955) oder von Schadensrisiken im Konkursfall des Verwenders (BGH NJW 1987, 1931, 1933; 1993, 263, 264 [Vorleistungspflicht beim Reisevertrag]) oder das Interesse an nochmaliger, ausdrücklicher Androhung durch den Kreditgeber vor Verwertung der vom Vertragspartner gestellten Sicherheiten (BGH NJW 1989, 2383, 2385; 1992, 2626 f; 1994, 2754 f; 1995, 2221, 2222; insbesondere vor Offenlegung bei Lohnpfändungen BGH NJW 1992, 2626, 2627; 1995, 1085; 1995, 2219, 2220 f; vgl auch 1996, 847). Weiterhin spielt der **Schutz eigener vertraglicher Rechte** eine wichtige Rolle, etwa durch Erhalt von Aufrechnungs- oder Zurückbehaltungsmöglichkeiten (vgl BGH NJW 2011, 1729 Rn 16 ff; ein Argument auch gegen Vorleistungspflichten, dazu OLG Düsseldorf NJW-RR 1995, 1015 ff), bei Zugangs- und Erklärungsfiktionen 160 oder auch in prozessualer Hinsicht, zB bei Gerichtsstandsklauseln im unternehmerischen Verkehr (vgl LG Karlsruhe NJW 1996, 1417 ff und unten Rn 470 ff). Die Sicherung gegen Freizeichnung von sog *„Kardinalpflichten"* des Verwenders ist spezifische Funktion des § 307 Abs 2 Nr 2 (s unten Rn 275).

161 Auch **nichtvermögensrechtliche Interessen** können bedeutungsvoll sein, so zB gegenüber Pflicht- und Haftungsausschlüssen das Recht auf *Leben und körperliche Unversehrtheit* (Soergel/Stein Rn 19); die in Nr 1a des Klauselanhangs zur RL für Verbraucher vorgenommene Konkretisierung dieses Interesses (Verbot jeder Haftungsbeschränkung bei Personenschäden) ist jetzt in § 309 Nr 7a ausdrücklich übernommen worden (vgl unten Rn 440; zum Klauselanhang der RL oben Rn 120 ff). Von noch zunehmender Bedeutung dürften **Datenschutzinteressen** des Vertragspartners sein (BGH NJW 1986, 46; OLG Hamburg ZIP 1983, 1435, 1436 [Schufa-Klausel]; dazu auch S Simitis JZ 1986, 188; vgl OLG Hamm NJW-RR 1986, 931; OLG Koblenz NJW-RR 1990, 823 [Speicherung und Weitergabe von Daten]; OLG Karlsruhe NJW-RR 1988, 302 [Veröffentlichung von Bild und Daten bei Gewinnspiel]). Qualität und eignungsorientierte Flexibilität spielen bei Ausbildungsverträgen eine Rolle (BGH NJW 1985, 2585, 2586; s unten Rn 639 f).

d) Grundsatz der Erforderlichkeit und Verhältnismäßigkeit

162 Aus der Bezugnahme des Gesetzes und der EG-RL auf Treu und Glauben folgt auch bei der Verfolgung berechtigter Verwenderinteressen das **Verbot übermäßiger Interessenbeeinträchtigung des Vertragspartners** (s oben Rn 98). Im Lichte dieses Grundsatzes erscheinen zB Klauseln als unangemessen, die den Kunden in höherem Maße belasten, als es für die angemessene Interessenwahrung des Verwenders erforderlich wäre (zB BGH NJW 2004, 2586, 2587 zu „starren" Fristen für **Schönheitsreparaturen** des Mieters; dazu auch BGH NJW 2005, 3416; Börstinghaus NZM 2005, 761, 771 mwNw; BGH NJW 2008, 218 Rn 15 zum Verbot der Tierhaltung durch Mieter; NJW 2008, 1451, 1453 [Mitgliederdarlehen bei Sportverein: Sicherung gegen vorzeitige oder gehäufte Rückzahlungsverlangen legitim, nicht aber praktischer Ausschluss der Rückzahlung]; BGH NJW 2006, 47, 51 zu Käuferrechten, wenn die Liefersache gewerbliche Schutzrechte Dritter verletzt). Unangemessen sind auch Klauseln, die an geringfügige Vertragsverletzungen des Vertragspartners unproportional scharfe oder weitgehende Sanktionen knüpfen – etwa durch Ausblendung eines Verschuldens des Vertragspartners (bei Vertragsstrafen: BGH NJW-RR 1991, 1013, 1015; 1997, 135; Vorfälligkeitsklauseln bei Zahlungsrückstand: BGH BB 1985, 1418 und 1419; Sachgefahr, Zufallshaftung: BGH NJW 1983, 159, 162; WM 1991, 1368, 1370; JZ 1993, 629; OLG Bamberg NJW 1993, 2813) oder der Ursächlichkeit von Obliegenheitsverletzungen für eine Gefährdung der Versichererinteressen (BGH NJW-RR 1991, 1013, 1014). Sie dürfen auch sonst nicht außer Relation zur Pflichtverletzung des Vertragspartners stehen (BGH NJW 1990, 767, 768 f [Leistungsfreiheit des Versicherers bei nur geringfügigen Obliegenheitsverletzungen]; vgl Rn 97 f). Entschädigungsbeträge dürfen nicht, gemessen am zu erwartenden Schaden, unverhältnismäßig hoch sein (vgl RL-Anhang Nr 1e) und müssen ggf durch Höchstbeträge begrenzt sein (BGH NJW 1989, 2247, 2248 f [Kleinreparaturklausel im Mietvertrag; auch Begrenzung auf Gegenstände erforderlich, die dem Zugriff des Mieters ausgesetzt sind]). Als übermäßig wurde es auch erachtet, wenn ein Arbeitgeber pauschal sämtliche (schweren) Pflichtverletzungen des Arbeitnehmers mit einer Vertragsstrafe belegt (BAG NZA 2005, 1053, 1056; s Rn 158) oder jeden Einzelfall eines Wettbewerbsverstoßes mit einer hohen Strafe (BAG NZA 2006, 34, 37). Rechte, die sich der Verwender vorbehält, dürfen nicht vage und weitreichend formuliert sein, sondern sind so zu konkretisieren, dass auch die Gegeninteressen des Vertragspartners weitestmöglich gewahrt werden (zB BGH NJW 1980, 2518, 2519 [unbeschränkte Preisänderungsklausel]; 1986, 1608, 1609 [Verwender kann Verjährung eigener Ansprüche praktisch nach seinem Ermessen hinausschieben]; 1986, 2428, 2429 [Fakultativklausel bei Banküberweisungen]; 1987, 1692 [unbeschränkte Widerrufsmöglichkeit bei Untermieterlaubnis]; ZIP 1996, 1470, 1472 [Taschenkontrollrecht ohne konkreten Diebstahlsverdacht]). Rechtseinschränkungen beim Vertragspartner sind strikt an ihrer Erforderlichkeit auszurichten (vgl BGH NJW 1985, 2585, 2586 f [Kündigungsausschluss im Internatsvertrag]; 1991, 2141, 2142 [jederzeitige Ankaufspflicht des Erbbauberechtigten auf Verlangen, ohne zeitliche Eingrenzung zwischen dem 10. und 99. Jahr der Laufzeit und ohne ausreichende Frist zur Kreditbeschaffung]; BGH NJW 2005, 1774, 1775 f [dazu Rn 98]; NJW 2010, 1958 Rn 34 ff [beim „cross-ticketing" kein vollständiger Ausschluss des Anspruchs auf Teilleistungen (= Einzelflüge), sondern nur Anpassung der Einzelflugpreise]; NJW 2008, 218 Rn 15 [Tierhalteverbot in Mietwohnung nur für störende Tiere]) und müssen ggf durch ausgleichende Maßnahmen in ihren Auswirkungen abgemildert werden (BGH NJW 1987, 1931, 1933 ff [Vorleistungsklausel im Reisevertrag: ohne ausgleichende Sicherungen für den Reisenden setze der Veranstalter seine „verständlichen Interessen" „über Gebühr" durch]; NJW 1989, 1796 f [Neufestsetzung der Kreditbedingungen durch Bank: Kündigungsrecht des Kreditnehmers als Ausgleich erforderlich]; NJW 1990, 763, 764 f [Haftungsausschluss und Eigentumsübergang auf Krankenhaus bei zurückgelassenen Sachen; aber Zur-Verfügung-Stellung von Schließfächern und vorangehende Aufforderung zur Abholung]; JR 1998, 150, 152 [Gewährleistungseinbehalt des Werkbestellers nur bei Einzahlung auf Sperrkonto und Verzinsung], zustimmend Anmerkung Peters; ähnlich zu Tagespreisklauseln BGH ZIP 1980, 765; 1982, 11, 12 [Anmerkung Hiddemann]; ZIP 1985, 284, 285 f [Anmerkung Bunte]; ZIP 1986, 919, 920; vgl dazu auch RL-Anhang Nr 11).

e) Gleichbehandlung

Zur **Gleichbehandlung aller Vertragspartner** wird der Verwender schon aus Rationalisierungsgründen tendieren, darf hierbei aber gruppentypische unterschiedliche Interessenlagen nicht unberücksichtigt lassen (oben Rn 111, 157). Ob unbeschadet solcher gebotenen Differenzierungen eine Gleichbehandlungspflicht besteht, folgt nicht unmittelbar aus § 307. Privatautonomie und Gleichbehandlungspflicht vertragen sich schlecht nicht miteinander; über § 138 begründete Ausnahmen, etwa zum Kontrahierungszwang, sind eng begrenzt geblieben. Inwieweit sich AGB-rechtlich die inhaltliche Bindung und Kontrollunterworfenheit über das Verhältnis der Vertragspartner hinaus auf eine Gleichbehandlung der Kunden erstreckt, ist noch nicht geklärt und bedürfte jedenfalls eigenständiger Begründung. Dogmatischer Ansatz könnte nur die Drittwirkung von Art 3 GG sein, legitimierender Gesichtspunkt der überindividuelle, typisierende Regelungscharakter und das einseitige Stellen der Bedingungen. Aber auch dann kann Art 3 GG nicht zu allgemeiner Gleichbehandlungspflicht in AGB führen, sondern allenfalls zum Verbot systematischer Diskriminierung von Personengruppen (BGH NJW 2013, 1519 Rn 16; dazu Anm Looschelders JZ 2013, 570 ff). Mit der Umsetzung der vier **Anti-Diskriminierungs-RL der EG** durch das AGG vom 14. 8. 2006 (BGBl I 1897) hat sich die Rechtslage jedoch nicht nur für Individualverträge, sondern auch AGB-rechtlich erheblich verändert. Für zivilrechtliche Verträge aller Art gelten die Diskriminierungsverbote des Art 19 Abs 1–3 AGG; für Arbeitsverträge der (auch das Merkmal „Weltanschauung" umfassende) Katalog des § 1 AGG. Während im Arbeitsrecht spezifische Sanktionen bei Verstößen gegen die Diskriminierungsverbote vorgesehen sind (§§ 13–16 AGG), ist die Rechtsfolge diskriminierender vertraglicher Vereinbarungen im Zivilrecht unklar. Eine Nichtigkeit über § 134 BGB (so BT-Drucks 16/1780 S 47; MünchKomm/Thüsing § 21 AGG Rn 81 ff; Palandt/Grüneberg § 21 AGG Rn 2) ist nicht anzunehmen. Vielmehr 163 ergibt sich aus § 21 Abs 1 und 4 AGG, dass nur die diskriminierenden Bestimmungen des Vertrages unwirksam sein sollen, der Vertrag im Übrigen aber wirksam bleiben soll (so zutr Erman/Armbrüster § 21 AGG Rn 24 ff, 28). Nach § 21 Abs 4 AGG kann sich der Klauselverwender auf eine diskriminierende Klausel nicht berufen. AGB-rechtlich entspricht das im Grundsatz §§ 307 ff, 306 (AG Karlsruhe FamRZ 2009, 2018). Der Umstand, dass es sich beim AGG um zwingendes Recht handelt, steht nach der Praxis des BGH einer Verwerfung der Klausel im Verbandsklageverfahren nicht entgegen (Rn 232). Insgesamt zeigt sich, dass das AGG zwar kein Gleichbehandlungsgebot aller Kunden des AGB-Verwenders aufstellt, wohl aber (negativ) diskriminierende Ungleichbehandlungen rechtlich verwirft – der Einschnitt in die allgemeine Vertragsfreiheit durch das AGG macht auch vor den AGB nicht Halt.

164 Andere Probleme wirft die Frage auf, ob AGB **Verwender und Vertragspartner** grundsätzlich gleich behandeln müssen – etwa bei der Gewährung oder Begrenzung von Rechten, bei Fristen oder der Verhängung von Sanktionen für Vertragsverletzungen (Prinzip der **Waffengleichheit** oder **Symmetriegebot**). § 307 gibt hierfür nur insoweit etwas her, als der Verwender gehalten ist, auch die Interessen des Vertragspartners angemessen zu berücksichtigen – eine Pflicht zur „gleichen" Behandlung folgt daraus aber noch nicht, da die rechtliche und wirtschaftliche Ausgangssituation beider Parteien verschieden sein können und ihre Interessen zur selben Thematik (zB Kündigungsfristen, Zurückbehaltungsrechte) idR sogar gegenläufig sind (bedenklich deshalb die vorschnelle Gleichsetzung von „Unangemessenheit" mit „Unausgewogenheit der beiderseitigen Rechte und Pflichten" [vgl Esser/J Schmidt § 11 III 1; Köndgen NJW 1989, 943, 949], soweit damit mehr gemeint ist als faire Berücksichtigung der Gegeninteressen). Auch kommt oft weder eine „gleiche" noch eine „gleichwertige" Berechtigung in Betracht, sondern allenfalls ein adäquater Ausgleich der Rechte des Verwenders (mit einem Preisanpassungsrecht des Autoverkäufers korrespondiert nicht ein Recht des Vertragspartners zum Modellwechsel, sondern eine Rücktrittsmöglichkeit [vgl Rn 162]; Vorleistungspflichten können naturgemäß nur eine Vertragsseite treffen). Ungleiche Behandlung in AGB taugt deshalb nicht einmal als Indiz für Unangemessenheit (vgl für mietrechtliche Kündigungsfristen BGH NJW 2001, 3480, 3482 mwNw).

Andererseits sind durchaus Konstellationen denkbar, in denen ungleiche Rechtsausstattung oder Belastung beider Vertragspartner unangemessen ist: So etwa, wenn die vorbehaltlose Annahme der Schusszahlen durch den Bauunternehmer spätere Nachforderungen ausschließt, nicht aber das Recht des Auftraggebers, Überzahlungen zurückzuverlangen (BGH NJW 1988, 55, 57). Im Arbeitsrecht ist aus gesetzlichen Vorschriften wie § 622 Abs 6 (gleichlange Kündigungsfristen für Arbeitgeber und Arbeitnehmer) sowie aus dem Verjährungsrecht (grundsätzlich gleichlange Fristen für beide Vertragsseiten; vgl Rn 652) ein *Leitbild* gefolgert worden, dass Fristen grundsätzlich für beide Seiten gleich ausgestaltet sein müssten (BAG NZA 2004, 852, 857 f); ähnlich hat der BGH zum Handelsvertreterrecht entschieden (NJW 1980, 286; ZIP 1990, 1469, 1471). Neuerdings werden diese Ansätze ausgebaut zu einem umfassenden „materiellen Äquivalenzgebot" im kontrollfähigen Bereich von AGB (zur Kontrollfreiheit der originären Äquivalenz von Leistung und Gegenleistung s Rn 284, 310, 321): Belastungen oder Rechtseinbußen, die einseitig nur den Kunden treffen, sind schon deshalb unangemessen (BAG NZA 2006, 324 [Ausschlussfristen]; NJW 2012, 103 Rn 48 ff [Ausschluss von Ansprüchen]; BGH NJW 2009, 912 f [Kündigungsrechtsausschluss nur für den Mieter]). Umgekehrt gewährleistet formale Gleichstellung noch nicht angemessene

Gleichbehandlung: Ist dem Erwerber einer versicherten Sache ebenso wie dem Versicherer das Recht genommen, anlässlich des Erwerbsvorgangs zu kündigen, werden damit nur die Interessen des Erwerbers nennenswert beeinträchtigt (BGH NJW 1990, 2686; keine Unangemessenheit hingegen, wenn die Gleichbehandlung trotz ungleicher Auswirkungen im Gesetz ihre Entsprechung findet, BGH NJW-RR 1991, 35 [Verjährung von wechselseitigen Ansprüchen des Handelsvertreters und des Unternehmers]).

Für **Verbraucherverträge** könnte jedoch durch die RL eine andere Beurteilung erforderlich geworden sein. Schon der Wendung vom „ungerechtfertigten Missverhältnis der vertraglichen Rechte und Pflichten der Vertragspartner" könnte das Leitbild einer grundsätzlichen Gleichberechtigung entnommen werden (aussagekräftiger die englische bzw französische Formulierung „imbalance", „déséquilibre"; in diesem Sinne Wolf/Wolf Art 3 RL Rn 5; vgl auch Nassall JZ 1995, 689, 694). Das wird bestätigt durch den Anhang zur RL (insbesondere Nr 1c, d, f und o), wo die fehlende Wechselseitigkeit einer Berechtigung entscheidender Gesichtspunkt für die Missbräuchlichkeit ist (Nassall aaO; Heinrichs NJW 1996, 2190, 2197; Palandt/Grüneberg § 310 Rn 29). 165

Scheint demnach das Prinzip der Waffengleichheit relativ gesicherter Bestandteil der RL zu sein, so sind seine Konsequenzen im Einzelnen doch äußerst unklar. Im Ansatz zutreffend unterscheidet Wolf zwischen formeller und materieller Gleichheit und will letzterer ausschlaggebende Bedeutung beimessen (Wolf/Wolf Art 3 RL Rn 5). Dies ist schon deshalb unausweichlich, weil formale Gleichstellung oft gar nicht möglich oder sinnvoll ist (oben Rn 164). Auch dem RL-Geber schwebte offenbar materielle Gleichberechtigung vor, wie Nr 1d des Anhangs zeigt: Dem Verfall vom Vertragspartner geleisteter Beträge muss als Kompensation ein gleich hoher Entschädigungsanspruch des Vertragspartners gegenüberstehen, falls der Verwender den Vertragsabschluss verweigert (zum Vergleich im Einzelnen Wolf/Wolf Anh RL Rn 55). Wie weit der Gesichtspunkt materieller Gleichberechtigung allerdings trägt, ist offen: Genügt es nicht, dass eine Vertragsstrafe beidseitig angeordnet ist, sondern muss für den Unternehmer eine wesentlich höhere Summe vorgesehen sein, damit ein wirtschaftlich vergleichbarer Sanktionsdruck für beide Seiten erreicht wird (vgl das Beispiel bei Wolf Art 3 RL Rn 5)? Wer bestimmt die Vergleichbarkeit? Hier werden schnell Grenzen der Justitiabilität erreicht, denen sowohl § 307 Abs 3 S 1 wie auch die Richtlinie sonst grundsätzlich Rechnung tragen wollen (Art 4 Abs 2 und Erwägungsgrund 19). Darüber hinaus bleiben die Probleme einer „Gleichbehandlung", wenn eine beidseitig wirkende Regelung nicht möglich ist (zB Vorleistungspflichten) und statt „Waffengleichheit" nur ausgleichende Kompensation in Frage kommt (zB Rücktrittsrecht bei Preiserhöhungen) oder dasselbe Recht schlicht für beide Vertragsseiten ganz unterschiedliche Bedeutung hat (zB bei Haftungsausschlüssen, Schadenspauschalen). Ob das Gleichbehandlungsprinzip der RL begrenzt werden kann auf Klauseln, die „für den Vertragspartner in annähernd gleicher Weise praktische Bedeutung erlangen" wie für den Verwender (so Wolf/Wolf Rn 222), erscheint zweifelhaft. Jedenfalls wäre die Waffengleichheit ein lohnendes Interpretationsthema für den EuGH (vgl Rn 74).

f) Risikoverteilung

Die Frage der Risikoverteilung spielt bei der vertraglichen Gestaltung eine zentrale Rolle, und AGB-Verwender sind naturgemäß bestrebt, in ihren Regelungen inso- 166 weit eine Verbesserung ihrer Rechtsposition zu erreichen. Generelle Kriterien für die Angemessenheitsprüfung sind nur begrenzt möglich, da der Risikoaspekt verschiedene Bezugspunkte haben kann – es kann um das Inhalts- oder Unwirksamkeitsrisiko bei AGB-Klauseln gehen, um Leistungs- oder Fehlerrisiken, um das Verwendungsrisiko hinsichtlich der Leistung, um Fälschungs- oder Schadensrisiken.

Das **Inhalts- und Wirksamkeitsrisiko** hat der Gesetzgeber ausdrücklich dem AGB-Verwender zugewiesen (§§ 305c Abs 2, 306); im Rahmen von § 307 kann es nur darum gehen, diese Wertung auch gegenüber Klauseln durchzusetzen, die diese Verteilung zu revidieren suchen – etwa salvatorische Klauseln oder Ersatzklauseln (dazu oben Rn 59 f; auch das Verbot geltungserhaltender Reduktion unwirksamer Klauseln [dazu Staudinger/Schlosser § 306 Rn 22 ff] hat dasselbe Ziel).

167 Das **Risiko der (fehlerfreien) Leistung** ist grundsätzlich dem Schuldner zugewiesen. Klauseln, die dieses Risiko abwälzen wollen, werden zT auf vorgelagerter Linie von § 305b oder § 307 Abs 2 Nr 2 abgewehrt. Aber auch, soweit es sich nicht um vertragswesentliche Pflichten handelt, kann die Regelung nach § 307 Abs 1 unangemessen sein. Übergreifende, auch für die **übrigen Risikobereiche** (Verwendung, Fälschung, Schaden) grundsätzlich maßgebliche Gesichtspunkte sind dabei **Risikobeherrschung** und **Risikonähe**: Welche der Vertragsparteien ist besser in der Lage, *Maßnahmen zur Abwendung der Risikoverwirklichung* zu treffen? Welchem Vertragspartner obliegt es nach den Umständen eher, letztlich unvermeidbare Risiken durch *Versicherungsschutz* abzudecken? Wessen *Sphäre* ist das Risiko eher zuzurechnen? Auch wenn das Gesetz den Sphärengedanken nicht zur Grundlage des Haftungssystems genommen hat (BGHZ 114, 238, 240 f; ZIP 1997, 838, 839), so ist er doch aussagekräftig für die Frage, ob und wann eine Risikoüberwälzung unangemessen ist (BGH NJW 2002, 2234, 2237 [Kreditkartenmissbrauch]; OLG Oldenburg NJW 2004, 2907, 2908; OLG Koblenz NJW 2004, 3563, 3564 [jeweils zur Haftung für Zusatz-Kreditkarten]; krit Langenbucher NJW 2004, 3522, 2524 mwNw; einschränkend für den kaufmännischen Bereich Munz 196 f).

168 Im Lichte dieses Kriteriums erscheint es unangemessen, wenn ein Verwender das Risiko pünktlicher Selbstbelieferung durch seinen Lieferanten (BGH NJW 1983, 1320) oder das Risiko leicht fahrlässiger Fehlleitung von Banküberweisungen (BGH NJW 1989, 2353, 2354; OLG Frankfurt NJW 1983, 1681, 1682 [zu den inzwischen geänderten AGB-Banken]) auf den Vertragspartner abwälzt. Schon vor dem AGBG hatte der BGH eine Haftungsfreizeichnung des Öllieferanten bei Überlaufen der Tanks für unwirksam erklärt, weil die entsprechende Überwachung eher Sache des Fachpersonals des Lieferanten beim Abfüllvorgang als die des Kunden sei (NJW 1971, 1036). Der Sphärengedanke wird deutlich bei der Verwerfung einer Klausel in den Bedingungen eines *Kreditkartenunternehmens,* mit der den Kunden das *Risiko bestimmungswidrigen Gebrauchs* durch die Vertragsunternehmen zugeschoben wurde – da der Kunde die Kreditkarte diesen Unternehmen zur Herstellung des Belastungsbelegs aushändigen muss, hat er keine Überwachungsmöglichkeiten mehr; zwar hat auch das Kreditkartenunternehmen diese Möglichkeit nicht, muss die Vertragsunternehmen als seine Vertragspartner aber seiner Risikosphäre zurechnen lassen (BGH BB 1984, 1897, 1898). Das Gleiche gilt im Ergebnis für das Risiko einer Scheckfälschung, soweit der Kunde diese nicht zu verantworten hat: Das Risiko liegt im von den Banken

beherrschten Schecksystem begründet und ist wesentlich erhöht durch Regelungen im Rationalisierungsinteresse der Banken (keine Streichbarkeit des Überbringervermerks; keine Identitätsprüfung beim Einreicher). Die Überwälzung einer Risikoverwirklichung auf die Kunden wäre deshalb unangemessen (BGH ZIP 1997, 838, 840 mwNw). Konsequenterweise wird eine Überwälzung verbreitet dann für wirksam gehalten, wenn die Fälschungsursachen der Risikosphäre des Kunden zuzurechnen sind (KG WM 1989, 7, 9; OLG Frankfurt ZIP 1990, 369 f; OLG Celle WM 1993, 101; OLG Hamburg WM 1994, 1107, 1108; andeutungsweise wohl auch BGH ZIP 1997, 838, 840; dazu noch sogleich). Zu differenzieren ist hingegen beim *Risiko des Missbrauchs nach Kreditkartenverlust:* Einerseits hat der Kunde den Verlust in der Regel entweder zu vertreten oder seiner Sphäre zuzurechnen, andererseits ist das vom Verwender betriebene Kreditkartensystem immanent missbrauchsanfällig (BGH ZIP 1991, 792, 795; NJW 2002, 2234, 2237). Dies steht einer völligen Risikoabwälzung auf den Kunden entgegen, erlaubt aber eine höhenmäßig und zeitlich begrenzte Risikobeteiligung (vgl OLG Bamberg NJW 1993, 2813; Taupitz NJW 1996, 217 ff). Entsprechend wurde entschieden für die Risikoverteilung zwischen Kartenunternehmen und Vertragsunternehmen (BGH NJW 2002, 2234, 2237 [Missbrauch beim Mailorder-Verfahren], krit dazu Freitag ZBB 2002, 322, 327 ff), während das Risiko eines Fehlgebrauchs der Partnerkarte dem Inhaber der Hauptkarte zugeschoben werden kann (s Rn 167, aber auch Rn 187 zum Transparenzaspekt). Gleiches müsste dann aber auch für den vom Kunden zu verantwortenden Scheckverlust gelten.

Gelegentlich vermengt der BGH den Aspekt der Risikosphäre mit dem Vertretenmüssen einer Störung. So soll das Verwendungsrisiko beim Fitness-Studio-Vertrag nur insoweit beim Kunden liegen, als dieser seine Nichtnutzung zu vertreten hat, während unverschuldete Verhinderungen (Verletzung, Krankheit) zu einem Entfall der Entgeltpflicht führen sollen (BGH ZIP 1996, 2075, unter Ablehnung des § 552 [jetzt: § 537] als maßgebliche Regelung des Verwendungsrisikos; zweifelnd Heinrichs EWiR § 9 AGBG 1/97 S 2; s unten Rn 613 ff).

Soweit es bei Freizeichnungsklauseln um die angemessene Verteilung des **Schadens- 169
risikos** geht, setzt sich der Sphärengedanke auf der Ebene der **Versicherbarkeit** fort: Es kommt darauf an, wer von beiden Vertragspartnern das Risiko üblicherweise, leichter oder zumutbarer unter Versicherungsschutz stellen kann (BGH NJW 1998, 1640, 1643 f; NJW 2013, 292 Rn 52; vgl vHoyningen-Huene Rn 216 ff; Palandt/Grüneberg Rn 15; Ulmer/Fuchs Rn 156, 159; Munz 197 f für den kaufmännischen Bereich). Dem steht die Möglichkeit der einen oder anderen Seite gleich, unvermeidbare Schadensrisiken **„wirtschaftlich breit zu verteilen"**, also kalkulatorisch abzufangen (BGH ZIP 1997, 838, 840 [Scheckfälschungsrisiko]; ZBB 2002, 317, 321 [Kreditkartenmissbrauch im Telefon- oder Mailorder-Verfahren]). Einzelheiten dazu unten Rn 420 und Rn 441.

6. Transparenzgebot, Abs 1 S 2

a) Überblick

Es ist übergreifende, grundsätzliche Obliegenheit des Verwenders, die von ihm 170
einseitig gestellten Regelungen für den Vertragspartner möglichst klar und verständlich zu gestalten **(Transparenzgebot)**. Obwohl das Gebot klarer und verständlicher Regeldarstellung von Anfang an zu den Bedingungen gehörte, unter denen das Gesetz die einseitige Regelstellung durch den Verwender überhaupt erst grund-

sätzlich akzeptierte (vgl Rn 171 ff; NIEDENFÜHR, Informationsgebote [1985] 4 ff; vgl HEINRICHS, in: FS Trinkner [1995] 157, 161), und auch die Rechtsprechung diesen Aspekt schon immer beachtet hat – zwar schwerpunktmäßig bei der Einbeziehungs-, zunehmend aber auch bei der Inhaltskontrolle – (vgl L RAISER 175 mit Nachw aus den ersten drei Jahrzehnten des BGB; nach Inkrafttreten des AGBG vgl vor allem BGH NJW 1980, 2518, 2519; 1984, 171; 1988, 1726; vgl auch WESTERMANN, in: FS Steindorff [1990] 817, 822), war die Thematik vor dem SchuModG 2002 unter dem Schlagwort „Transparenzgebot" erst durch die als Paukenschläge empfundenen Urteile des BGH von 1988/1989 zur nachschüssigen Zinsberechnung bei Hypothekendarlehen (NJW 1989, 222; 1989, 530) und zur Wertstellung von Einzahlungen auf Girokonten (NJW 1989, 582) in den Mittelpunkt der AGB-rechtlichen Diskussion gerückt. Obwohl die **EG-RL 93/13/EWG** für den Verbrauchervertrag entsprechende Regelungen ausdrücklich vorsieht (dazu unten Rn 207 ff), sah der Gesetzgeber im Umsetzungsgesetz von 1996 von einer Positivierung des Transparenzgebots zunächst ab, weil es bereits Bestandteil des geltenden materiellen Rechts in Deutschland sei (BT-Drucks 13/2713, 6; vgl auch Rechtsausschuss BT-Drucks 13/4699, 6). Die in der Literatur geäußerten Zweifel, ob Deutschland damit seinen Umsetzungsverpflichtungen korrekt nachgekommen war (vgl STAUDINGER/COESTER [1998] AGBG § 9 Rn 152 sowie STAUDINGER WM 1999, 1564 ff; LEIBLE EuZW 2001, 439), erhielten durch ein EuGH-Urteil von 2001 erheblichen Nachdruck, wonach der Verweis auf nationales Richterrecht für eine klare und eindeutige Umsetzung der Richtlinie nicht genüge (NJW 2001, 2244 Rn 17–22). Deshalb entschloss man sich im Rahmen der Schuldrechtsmodernisierung dann doch zu einer Aufnahme des Transparenzgebots in den Gesetzestext des § 307 Abs 1 S 2 und Abs 3 S 2; eine inhaltliche Änderung gegenüber den bisher entwickelten Grundsätzen war damit nicht bezweckt (zu *anderweitigen gesetzlichen Verankerungen* des Transparenzgebots s Rn 171; zur *Entwurfsgeschichte* vgl BT-Drucks 14/6040, 153 [Intransparenz als neues Regelbeispiel in Abs 2 Nr 3]; BT-Drucks 14/7052, 188 [Beschlussempfehlung des Rechtsausschusses: jetzige Fassung]; speziell zu *Abs 3 S 2* s Rn 288, 309, 317). Damit gilt das Transparenzgebot nicht nur für Verbraucherverträge, sondern für **alle Verträge**. Von einer „überschießenden Umsetzung" der RL kann dennoch keine Rede sein, weil das Gesetz auch insoweit nur den Rechtszustand verlautbart, der schon vorher (und auch vor Erlass der RL) für alle Verträge nach deutschem Recht gegolten hatte (eine inhaltliche Änderung war ausdrücklich nicht beabsichtigt, BT-Drucks 14/6040, 153). Die demnach gebotene „gespaltene Auslegung" des Gesetzes (richtlinienkonform für Verbraucherverträge, s Rn 211 ff; autonom im Übrigen, s Rn 180 ff [„Normalauslegung"], Rn 206 für Verträge gegenüber Unternehmern) ist keine Besonderheit des Transparenzgebots (s grundsätzlich Rn 79).

b) Grundlagen

aa) Gesetzliche Systematik

171 **Gesetzlich verankert** ist das Transparenzgebot nicht nur in § 307, sondern kommt an mehreren Stellen des Gesetzes zum Ausdruck, aber stets nur in einzelnen Ausprägungen, nicht als übergreifendes Prinzip des AGB-Rechts. Im Rahmen der **Einbeziehungskontrolle** verwehrt § 305 Abs 2 nur solchen Klauseln oder Klauselwerken den Eingang in den Vertrag, bei denen die Möglichkeit des Vertragspartners fehlt, „in zumutbarer Weise ... von ihrem Inhalt Kenntnis zu nehmen" (Abs 2 Nr 2) (zum Zusammenhang des Transparenzgebots bei der Einbeziehung und der Inhaltskontrolle von AGB s Klauselwerke/GRAF VON WESTPHALEN „Transparenzgebot" Rn 3 ff; ders, in: FS Schlosser [2005] 1103, 1106). Wie auch aus § 305c Abs 2 folgt, wird die Einbeziehungsschranke des § 305 Abs 2 nicht schon ausgelöst, wenn Unklarheiten über den Klauselinhalt im

Einzelnen bestehen; erfasst werden erst grobe Unklarheiten, die letztlich zur „Unverständlichkeit" der Klausel insgesamt führen (Staudinger/Schlosser § 305 Rn 142; Wolf, in: FS BGH Bd 1 [2000] 111, 117; Heinrichs ebenda 101, 103; ders, in: FS Trinkner [1995] 157, 160 [nur „Kernbereich des Transparenzgebots" abgedeckt]; ausführlich zum Transparenzgebot bei der Einbeziehung in Schäfer 39 ff; vgl im Übrigen die Erläuterungen zu § 305). Die Filterwirkung des § 305 Abs 2 bei solch unverständlichen Klauseln macht das Transparenzgebot des § 307 Abs 1 S 2 jedoch nicht gegenstandslos: § 305 Abs 2 schützt nur den Kunden im Individualverfahren; der generellen Gefährlichkeit der Klausel kann im Verbandsverfahren nur begegnet werden, wenn die Unklarheit *auch* zur Unwirksamkeit gem § 307 Abs 1 S 2 führt (vgl § 1 UKlaG; vWestphalen NJW 2002, 12, 17; Artz JuS 2002, 528, 529).

Auch **§ 305c Abs 1** betrifft nur eine „besondere qualifizierte Erscheinungsform der Intransparenz" (Heinrichs, in: Hadding/Hopt 101, 103 f; ders, in: FS Trinkner [1995] 157, 160; Horn WM 1997 Beil 1 S 3 ff, 8, 14, 20; ausführlich zum entstehungsgeschichtlichen Zusammenhang beider Vorschriften Thalmair, Vom Postulat der Überraschungsfreiheit von AGB-Klauseln zu ihrer Transparenzkontrolle [Diss München 1999]; Schäfer 95 will dagegen die Kriterien des § 305c Abs 1 [Ungewöhnlichkeit, Überraschungseffekt] jedenfalls prinzipiell vom Transparenzgedanken abkoppeln); in der Regel ergibt sich das hier geforderte Überraschungsmoment erst aus einem Zusammenwirken von formellen und inhaltlichen Gesichtspunkten, dh von Undeutlichkeit und Ungewöhnlichkeit (vgl Staudinger/Schlosser § 305c Rn 13 ff). Das spezifische Anliegen dieser Vorschrift (Schutz vor Überraschungen) kann im Übrigen auch dann berührt sein, wenn inhaltliche Klarheit und Angemessenheit iSd § 307 Abs 1 S 2 nicht zu beanstanden sind (vgl BGH NJW 1985, 53, 55; 1989, 222, 223; 1993, 779, 780; vHoyningen-Huene Rn 201). Gleichermaßen überschneidet sich auch die **Unklarheitenregel des § 305c Abs 2** nur teilweise mit § 307 Abs 1 S 2. Auch § 305c Abs 2 ist Ausprägung des das ganze AGB-Recht beherrschenden Transparenzgebots (Staudinger/Schlosser § 305c Rn 2), die Vorschrift hat aber eine spezifische Schutzrichtung gegenüber unklaren AGB („Meistbegünstigungsprinzip"). Dabei setzt der Befund der „Unklarheit" zunächst voraus, dass Deutungsspielräume des AGB-Textes nicht nach den anerkannten Regeln der Auslegung konkretisiert und der Textinhalt damit „geklärt" werden können. Ist das möglich, dann entfällt ohne weiteres auch der Vorwurf der Intransparenz (vgl BGH NJW 2005, 1426, 1427; 2004, 2087; 1999, 942, 944). Bleibt die Klausel jedoch auch nach den gebotenen Auslegungsbemühungen unklar, so entfaltet § 305c Abs 2 eine differenzierte Wirkungsweise: Führt (im Individual- wie im VerbandsProzess) die kundenfeindlichste Auslegung zur materiellen Unangemessenheit und Unwirksamkeit der Klausel nach § 307–309, so ist dies in der Regel gleichzeitig auch die kundenfreundlichste Auslegung, da an die Stelle der Klausel das dispositive Gesetzesrecht (oder ergänzende Vertragsauslegung) tritt (§ 306 Abs 1, 2; Staudinger/Schlosser § 305c Rn 107 ff). In diesen Fällen erledigt *§ 305c Abs 2 vorrangig* den gebotenen Kundenschutz gegen unklare AGB, das Transparenzgebot des § 307 kommt nicht zum Zuge. Anderes mag nur gelten, wenn die sachlich kundenfreundlichste Auslegungsalternative den Kunden besser stellen würde als die Ersatzregeln gem § 306 Abs 2: Dann gilt die so ausgelegte Klausel, allerdings auch hier *vorrangig* gegenüber § 307, das heißt es besteht kein Anlass mehr, die Unklarheit der Klausel im Rahmen der Inhaltskontrolle negativ zu bewerten (BT-Drucks 14/7052, 188; Artz JuS 2002, 528, 530). Im Verhältnis zu § 305c Abs 2 kommt das Transparenzgebot des § 307 deshalb letztlich nur zum Zuge, wenn der Auslegungsprozess im Rahmen des § 305c Abs 2 (noch) nicht zu einer materiell 172 unangemessenen Klauselvariante geführt hat, nach § 307 aus der Intransparenz selbst aber dann doch eine unangemessene Benachteiligung des Kunden gefolgert wird (vgl Rn 174 ff; im Ergebnis ähnlich BAMBERGER/ROTH/H SCHMIDT Rn 26). Dieser sich aus der Gesetzessystematik ergebende RechtsfindungsProzess wird nicht nur abgekürzt, sondern in gewisser Weise auch vergröbert, wenn die Auslegung einer unklaren Klausel offen gelassen und sie wegen ihrer Unklarheit für „jedenfalls" unwirksam gem § 307 Abs 1 S 2 (bzw Abs 3 S 2) erklärt wird (in diesem Sinne KÖNDGEN NJW 1989, 943, 949; BILLING § 2 III 5b, d bb, 7d; ARMBRÜSTER DNotZ 2004, 437, 440 f). Andererseits erscheint ein solches Vorgehen aber doch prozessökonomisch und deshalb legitim, wenn die materielle Unwirksamkeit der kundenfeindlich ausgelegten Klausel erheblichen Begründungsaufwand erfordern würde, die Intransparenz und daraus folgende Benachteiligung aber offen zu Tage liegt (vgl BGH NJW 2003, 507, 509 f; s auch unten Rn 315).

173 Auf der Ebene der **Inhaltskontrolle** schließlich stellen neben § 307 mehrere Klauselverbote der §§ 308 und 309 den Zusammenhang zwischen Unbestimmtheit einer Regelung oder nicht hinreichender Aufklärung des Vertragspartners über vertragswesentliche Punkte und inhaltlicher Unangemessenheit her (so vor allem §§ 308 Nr 1, 2, 3; 309 Nr 8b bb, 10a, 12 S 2; dazu NIEDENFÜHR, Informationsgebote 5; HEINRICHS, in: HADDING/HOPT 101, 105; ders, in: FS Trinkner [1995] 157, 161 f).

Versuche, den Gesichtspunkt der Transparenz ausschließlich der Einbeziehungskontrolle zuzuweisen (so vor allem KOLLER, in: FS Steindorff [1990] 667 ff; PFLUG Die AG 1992, 1 ff, 17; SCHÄFER 141 ff, 158 f [einschränkend allerdings 166 ff; dazu unten Rn 226]), können nach alledem als überholt angesehen werden. Der Gesetzgeber selbst hat das Transparenzgebot nunmehr ausdrücklich *beiden* Kontrollansätzen zugewiesen (zutreffend KÖNDGEN NJW 1989, 943, 949: „Keine strenge Alternativität zwischen den beiden Kontrollmodalitäten"; s auch ULMER/FUCHS Rn 326; CANARIS WuB I E 4.-2. 89).

bb) Unangemessenheit durch Unklarheit?

174 Damit konzentriert sich die Fragestellung darauf, ob und wann Intransparenz als solche den Tatbestand des § 307 Abs 1 erfüllen kann. Auszuscheiden sind dabei Fallgestaltungen, in denen die unklare Fassung nur als unterstützendes Argument für die Unangemessenheit einer sachlich bedenklichen Klausel herangezogen wird (WESTERMANN, in: FS Steindorff [1990] 817, 822). Nicht weiterzuverfolgen ist des Weiteren der (gelegentlich nicht ganz fernliegende) Verdacht, dass die Rechtsprechung mitunter die Intransparenz einer Klausel beanstandet, wenn sie vor einer offenen Missbilligung des Klauselinhalts zurückscheut (vgl BGH NJW 1982, 870, 872; 1989, 2750, 2751; 1993, 263, 264; WESTERMANN, in: FS Steindorff [1990] 817, 824 f; krit ARMBRÜSTER DNotZ 2004, 437, 440 f).

Spätestens seit der gesetzlichen Regelung des Transparenzgebots in § 307 sollte die (schon zuvor herrschende) Auffassung nicht mehr in Frage gestellt werden, dass die bloße Unklarheit einer Regelung ohne Bezug zu einer inhaltlichen Benachteiligung des Vertragspartners ihre Unwirksamkeit nach § 307 noch nicht begründen kann: „Unklarheit" bezieht sich zunächst nur auf die Darstellung und Aussage einer Klausel, ist also wesensmäßig ein *formeller Gesichtspunkt* (vgl BGH NJW 1989, 582; 1993, 3261, 3262; JZ 1993, 629, 631), während „unangemessene Benachteiligung" trotz aller Bedeutungsweite nicht ohne einen *„materiellen Kern"* gedacht werden kann

(Köndgen NJW 1989, 943, 950). Dies zeigt sich besonders deutlich bei dem Kunden *günstigen,* aber unklaren Klauseln: Sie über das Transparenzgebot zu Fall zu bringen, würde dem Schutzzweck des AGB-Rechts geradezu zuwiderlaufen (MünchKomm/Wurmnest Rn 56; vWestphalen NJW 2002, 12, 17; Armbrüster DNotZ 2004, 437, 439).

Das Transparenzgebot in § 307 *ersetzt* also nicht das beherrschende Leitkriterium des Abs 1 S 1 („unangemessene, treuwidrige Benachteiligung des Vertragspartners"), sondern zeigt nur eine spezifische Form auf, in der dieses Kriterium (auch) erfüllt werden kann (offengelassen in BGH NJW-RR 2011, 1144 Rn 16; für die **hM** vor allem Heinrichs, in: FS Trinkner [1995] 157, 162; NK-BGB/Kollmann Rn 19; Westermann, in: FS Steindorff [1990] 817, 830; Armbrüster DNotZ 2004, 437, 440; Artz JuS 2002, 528, 529; Koch WM 2002, 2175; Köndgen NJW 1989, 943, 950; Wolf, in: FS BGH Bd 1 [2000] 111, 118; **unklar** Bamberger/Roth/H Schmidt Rn 26; vWestphalen NJW 2002, 12, 17; Stoffels Rn 562 [im Ansatz wie aM, aber für eine „unwiderlegliche Vermutung" zugunsten einer Benachteiligung]; **aM** BGH NJW 1996, 455, 456; NJW 2001, 2365; Palandt/Grüneberg Rn 24). Dieses Verständnis wird durch den *Gesetzeswortlaut* unterstützt: In Abs 1 knüpft S 2 unmittelbar an die „unangemessene Benachteiligung" des S 1 an und bestimmt, dass diese sich auch aus der Intransparenz einer Klausel ergeben „kann" (aber eben nicht automatisch „ergibt"!). Des Weiteren stellt Abs 3 S 2 endgültig klar, das Intransparenz nur „in Verbindung mit" der unangemessenen Benachteiligung im Sinne von Abs 1 S 1 zur Unwirksamkeit führen kann. Schließlich weist auch die *Entstehungsgeschichte des Gesetzes* in dieselbe Richtung: Statt der Einstufung der Intransparenz als weiteres „Regelbeispiel" für unangemessene Benachteiligung (§ 307 Abs 2 Nr 3 RegE) wurde der offeneren Formulierung in Abs 1 S 2 der Vorzug gegebenen (BT-Drucks 14/7052, 188 = Canaris, SchuMod 2002, 1085 [Rechtsausschuss]).

Die somit unverzichtbare Verknüpfung von Intransparenz und unangemessener Benachteiligung darf allerdings nicht dahingehend missverstanden werden, dass Intransparenz nur dann Folgen hat, „wenn die materielle Rechtslage des Kunden durch den – intransparenten – Klauselinhalt verschlechtert wird" (so vWestphalen NJW 2002, 13, 17; ähnlich Wandt VersR 2001, 1455 ff; Kirscht VersR 2003, 1075 ff). **Die Intransparenz einer Klausel kann vielmehr *als solche* den Kunden sachlich benachteiligen** – nicht mehr verlangt auch § 307 Abs 1 S 2. Eine eigenständige Benachteiligungswirkung von Intransparenz wird **sogar im Regelfall zu unterstellen** sein (Ulmer/Fuchs Rn 331; Armbrüster DNotZ 2004, 437, 440); sie ergibt sich im Wesentlichen aus den **zwei folgenden Begründungsansätzen**:

(1) **Unangemessene Benachteiligung durch Vereitelung von Marktchancen**: Die Intransparenz kann den Vertragspartner an der sachgerechten Beurteilung hindern, ob es sich um einen für ihn günstigen oder zumindest akzeptablen Vertrag handelt. Damit hindert sie einen Marktvergleich und ggf Ausweichmöglichkeiten des Vertragspartners, aber auch schon den Versuch, durch Verhandlungen mit dem Verwender bessere Bedingungen zu erreichen. Schon in dieser Chancenvereitelung eine „unangemessene Benachteiligung" des Vertragspartners iSd § 307 Abs 1 S 1 zu sehen, erscheint nicht zu weit hergeholt. Der „Nachteil" in Abs 1 ist nicht näher eingegrenzt, und seine Erstreckung auf Chancenvereitelung hält sich im Rahmen allgemeiner Sprach- und Sinndeutung (wie hier OLG Celle NJW-RR 1995, 1133; Ulmer/Fuchs Rn 332; Heinrichs, in: FS Trinkner [1995] 157, 163; Palandt/Grüneberg Rn 20; Armbrüster DNotZ 2004, 427, 440). Man könnte (in Anlehnung an Köndgen) von einer „markt- 175

bezogenen Unangemessenheit" sprechen (NJW 1989, 943, 950, allerdings in anderem Sinne, dazu sogleich) und diese einer „rechtsbezogenen Unangemessenheit" gegenüberstellen (dazu Rn 178). Die Einheitlichkeit des Benachteiligungsbegriffs wird deutlich, wenn man beide Aspekte nicht als Gegensätze begreift, sondern die marktbezogene Unangemessenheit eher als eine Art Vorstufe, als eine sich noch im Unbestimmten verwirklichende Form der rechtlichen Benachteiligung (ähnlich Drexl 356: Transparenzkontrolle sei kein aliud, sondern ein minus im Verhältnis zum typischen Fall der Inhaltskontrolle). „Inhaltlich", „materiell" ist die Benachteiligung in beiden Fällen, unterschiedlich nur der sachliche Bezugspunkt: typischerweise das Ergebnis, hier aber auch die bloße Chance (zur rechtlichen Beachtlichkeit von „Chancen" in anderen Zusammenhängen vgl EuGH NZA 1995, 1095, 1096 [Chancengleichheit]; Mäsch, Chance und Schaden [2004], insb 146 ff, 242 ff). Gemeinsam wiederum ist der persönliche Bezugspunkt, die Benachteiligung gerade *„des Vertragspartners"* (dazu im Einzelnen Rn 93 ff). Auch bei marktbezogener Unangemessenheit besteht weder Anlass noch Legitimation, in der Schutzrichtung des Abs 1 vom Individualschutz zum allgemeinen Marktschutz umzuschwenken (so aber, zumindest tendenziell, Köndgen NJW 1989, 943, 950; zutreffende Kritik insoweit bei Schäfer 161 ff; Westermann, in: FS Steindorff [1990] 817, 825; vgl auch Bruchner, in: Hadding/Hopt 129; Krämer ebenda 139 f; Joost ZIP 1996, 1685, 1686 f). So unbestreitbar der „marktpolizeiliche" Charakter des AGB-Rechts auch ist (vgl Rn 47), so werden entsprechende Effekte doch konzeptionell *über* den Individualschutz, nicht im unmittelbaren Zugriff erzielt – das gilt, wenngleich mit gewisser Abschwächung – auch für das Verbandsklageverfahren. Soweit sich aus einer marktorientierten Betrachtung jedoch eine individuelle Benachteiligung herleiten lässt, ist es verfehlt, diesen Aspekt bei der AGB-Kontrolle auszublenden (so aber Schäfer, Bruchner, Krämer, Joost aaO). Dabei ist allerdings zu beachten, dass die AGB-rechtliche Sicherung der „Marktchancen" dem Kunden nicht die allgemeine Eigenverantwortung als Marktteilnehmer *abnimmt* (näher Rn 196) – nur deren *Wahrnehmung* soll gesichert werden. Für das *Gemeinschaftsrecht,* das tendenziell stärker auf den Binnenmarkt als auf Individualschutz gerichtet ist, gilt nach dem Konzept der EG-RL 93/13/EWG im Ergebnis nichts anderes (vgl Heiderhoff 318 ff).

176 Marktbezogene Benachteiligung durch Intransparenz verwirklicht sich **vor oder bei Vertragsschluss** (es ist vor allem das Verdienst von Koller, in: FS Steindorff [1990] 678, 680 ff, auf die unterschiedliche Bedeutung von Abschluss- und Abwicklungstransparenz [zu letzterer unten Rn 178] hingewiesen zu haben; daran anknüpfend auch Fastrich 321 ff; Drexl 356; Wolf, in: Hadding/Hopt 76 ff; relativierend allerdings Heinrichs, in: Hadding/Hopt 101, 111; Ulmer/Fuchs Rn 326; ders, in: FS Trinkner [1995] 157 ff). Insoweit liegt der Einwand nahe, ein Transparenzgebot für diese Situation ignoriere „die seit Jahrzehnten bestehende Rechtswirklichkeit" (Schäfer 163): AGB würden erfahrungsgemäß nicht gelesen, ein Konditionenwettbewerb finde praktisch nicht statt (vgl Rn 3, 48 ff, 129 ff). Obwohl das AGB-Gesetz dieser Erkenntnis vor allem mit den §§ 305b, 305c, 307–309 Rechnung trägt, wird in § 305 Abs 2 dennoch der Versuch unternommen, die **Abschlusstransparenz** jedenfalls im Grundsätzlichen zu sichern und dem Vertragspartner die Möglichkeit marktgerechten Verhaltens offenzuhalten. Damit ist der Einwand fehlender Kausalität zwischen Intransparenz und Abschlussentscheidung allerdings noch nicht ausgeräumt, da § 305 Abs 2 das Realverhalten der Kunden nicht verändert hat. Jedoch ist der Einwand zu pauschal: Auch bei Verträgen mit AGB finden inhaltliche Abschlusserwägungen der Vertragspartner statt, die zwar nicht das gesamte Spektrum aller Vertragsbedingungen einbeziehen, wohl aber auf die fundamentalen

Marktparameter gerichtet sind. Dies sind vor allem die wechselseitigen Hauptleistungen als solche, aber – je nach Vertragsart und -gegenstand – auch sonstige, wettbewerbsrelevante Nebenbedingungen wie Zahlungsmodalitäten, Finanzierungsmöglichkeiten, Garantiefristen, Bindungsdauer etc. Folgerichtig statuiert auch das **UWG** (§ 4 Nr 4–6) besondere Transparenzgebote in Bereichen, in denen typischerweise unerfahrene Verbraucher in Vertragsschlüsse gelockt werden (Rabatte, Gewinnspiele etc). Deshalb macht die Informationsfunktion von AGB (dazu vor allem Niedenführ 4 ff; Drexl 334; Koller, in: FS Steindorff [1990] 667, 674) auch vor den sonst kontrollfreien Regelungen über die Hauptpflichten des Vertrags nicht Halt (Abs 3 S 2; näher unten Rn 315 ff), und aus dieser Funktion folgt untrennbar das immanente Rechtsgebot, dass diese Informationen (ungeachtet ihres Bezugs auf Haupt- oder Nebenpunkte) dem Adressaten so klar und verständlich wie möglich zu erteilen sind (dies verkennt, wer allein die Abwicklungstransparenz [Rn 178] als Gegenstand der Transparenzkontrolle nach § 307 Abs 1 S 2 bezeichnet, so Oetker JZ 2002, 337, 340; Diehn NZA 2004, 129, 134). Völlig zutreffend hat der BGH deshalb die Konsequenz gezogen, dass eine die nötige Abschlusstransparenz nicht gewährleistende Klausel nicht nur unwirksam ist gem § 307 Abs 1 S 2, sondern auch nicht – bei fortbestehendem Lebensversicherungsvertrag – durch eine inhaltsgleiche, aber nunmehr transparent formulierte Klausel ersetzt werden kann: „Der Eingriff in die Entschließungs- und Auswahlfreiheit bliebe unbeseitigt und bestünde … fort" (BGH NJW 2005, 3559, 3565; zust Elfring NJW 2005, 3577 f).

Nicht sachgerecht erscheint andererseits der Vorschlag von Koller, die Verlage- 177
rung der abschlusswesentlichen Informationen in AGB nicht nur zu kompensieren durch das Gebot einer insoweit *gesteigerten Transparenz,* dh durch das Gebot einer ins Auge fallenden, sich geradezu aufdrängenden Darstellung (dazu unten Rn 315), sondern die Verletzung dieses Gebots nicht mehr nach § 307, sondern nur noch nach § 305c Abs 1 zu sanktionieren (Koller, in: FS Steindorff [1990] 667 ff, 684). Es können nicht alle nicht gebührend hervorgehobenen marktrelevanten Regelungspunkte als „überraschend" eingestuft werden (das gilt auch, wenn man mit Koller nicht auf die Üblichkeit, sondern auf die Erwartungshaltung des Durchschnittskunden abstellen wollte, vgl 685). Einbeziehungs- und Inhaltskontrolle stehen in keinem strikten Ausschließlichkeitsverhältnis, so dass Informationsdefizite, die nicht befriedigend mit §§ 305 Abs 2, 305c Abs 1 aufgefangen werden können, durchaus und sachgerecht im Rahmen der Inhaltskontrolle berücksichtigt werden können, sofern sie dem Vertragspartner die Chance marktorientierten Verhaltens nehmen und ihn dadurch benachteiligen. Dem Unterschied von Abschlusstransparenz (ex ante) und Abwicklungstransparenz (ex post, dazu folgende Rn) ist im Rahmen der Anforderungen nach § 307 Rechnung zu tragen (Rn 194 ff).

(2) **Unangemessene Benachteiligung durch Erschwerung der Rechtswahrung**: AGB, 178
die unklar sind oder gar eine andere als die bestehende Rechtslage suggerieren, begründen oft unmittelbar die Gefahr, dass der Vertragspartner im Konfliktfall seine Rechte nicht erkennt, sie nicht richtig einschätzt oder sonst nicht sachgerecht durchsetzt (**Abwicklungstransparenz**, vgl Rn 176 f). Entsprechendes gilt für die Beurteilung der Rechte des Verwenders und die darauf abgestimmte Rechtswahrungsstrategie des Vertragspartners: Vor Schein-Rechten des Verwenders wird kapituliert, wirklich bestehende Eigenrechte werden nicht geltend gemacht (besonders deutlich Koller, in: FS Steindorff [1990] 667, 670 ff, 677 f; Schäfer 165 ff; vgl auch BGHZ 104, 82, 93; WM

1995, 27, 30; NJW 1999, 2671, 2676; 2001, 292, 301 f; 2003, 1241, 1244; 2004, 1041, 1043; NJW-RR 2005, 1496, 1500; NJW 2008, 218 Rn 16 [Genehmigungsvorbehalt des Vermieters bei Tierhaltung des Mieters]; 2011, 1144 ff [Haftung bei Kfz-Miete (Car-Sharing)]; ULMER/FUCHS Rn 328; HEINRICHS, in: FS Trinkner [1995] 157, 162 f; ARMBRÜSTER DNotZ 2004, 437, 440). Das Durchschlagen formeller Intransparenz auf eine materielle Benachteiligung des Vertragspartners ist hier offenkundig (anders jedoch FASTRICH 322; ULMER/FUCHS Rn 334); dass diese nicht erst dann anzunehmen ist, wenn die objektive Rechtslage zu Ungunsten des Vertragspartners verändert worden ist, folgt schon aus den einschlägigen Klauselverboten der §§ 308 und 309 (s Rn 173). Beispielsweise drängt sich der Zusammenhang zwischen undeutlichen, tendenziell zu weit gefassten Sicherungsklauseln und der Gefahr einer Übersicherung des Kreditgebers geradezu auf – „das führt regelmäßig zu einer unangemessenen Benachteiligung der Kreditnehmer" (BGH NJW 1993, 2383, 2385). Ähnlich stellt das Gesetz selbst in § 632a beim Werkvertrag einen funktionalen Zusammenhang her zwischen der Pflicht des Kunden zur Abschlagszahlung (Abs 1) und der des Unternehmers zur Sicherheitsstellung (Abs 3); regeln die AGB nur die Pflicht des Kunden und verschweigen die korrespondierende gesetzliche Pflicht des Unternehmers, könnte der Kunde von deren Einforderung abgehalten werden (BGH NJW 2013, 219 Rn 20 ff). Andererseits ist der Kausalzusammenhang zwischen Unklarheit und Benachteiligung nicht zwangsläufig gegeben, sondern stets im Einzelfall festzustellen (vgl BGH WM 1995, 27, 29 f: Überschussverteilung bei Lebensversicherung aG gemäß „Geschäftsplan" – trotz Unklarheit keine Gefahr der Beeinträchtigung der Rechtsdurchsetzung; BGH NJW 2013, 292 Rn 39 ff: Haftungsbeschränkung „auf die bei Vertragsschluss vorhersehbaren und vertragstypischen Schäden"). Bei den *Klarheitsanforderungen im Einzelnen* kann der Umstand berücksichtigt werden, dass *nach* Vertragsschluss und Offenbarwerden des Konflikts vom Vertragspartner eine ruhige, sorgfältige Lektüre der einschlägigen AGB-Bestimmungen erwartet werden kann (vgl oben Rn 177 aE; KOLLER, in: FS Steindorff [1990] aaO). Insofern kann die Kausalität von Intransparenz auch zu dieser Art Benachteiligung nicht mit dem Argument widerlegt werden, AGB würden von den Vertragspartnern generell nicht gelesen.

cc) Unangemessenheit trotz Klarheit?

179 Das Verhältnis von Transparenzgebot und inhaltlicher Angemessenheitskontrolle kann auch unter einem anderen Blickwinkel problematisiert werden: Ist bei voller Klarheit und Verständlichkeit einer Klausel überhaupt noch Raum und Rechtfertigung für materielle Inhaltskontrolle unterhalb der Schwelle des § 138? Diese Frage wird zT jedenfalls für solche Situationen verneint, in denen eine – in sich klare – Klausel nicht eingebettet ist in ein umfassendes AGB-Werk (woraus per se eine gewisse Intransparenz folgen mag), sondern isoliert und damit gewissermaßen „glasklar" steht, wie etwa das unübersehbare Schild vor der Einfahrt einer Autowaschanlage: „Wir übernehmen keine Haftung!" (GRUNDMANN 271 f; WACKERBARTH AcP 200 [2000] 45, 81, 83; das Beispiel ist entlehnt von CANARIS AcP 200 [2000] 273, 322; weitere Beispiele wären Aufdrucke auf Fahr- und Eintrittskarten, Eigentumsvorbehalte auf Bestellscheinen etc, vgl FASTRICH 85 f). WACKERBARTH will, über die „Einzelklausel" hinaus, jede (transparente) „beherrschbare Datenmenge" von AGB von jeder Kontrolle ausnehmen (aaO 81). Hintergrund ist die grundsätzlich zutreffende Sicht, dass die AGB-rechtliche Inhaltskontrolle der Kompensation von Marktversagen und fehlender „vertraglicher Richtigkeitsgewähr" dient (Rn 5 sowie unten 324), hier aber die Teilnahme der Klausel an der Marktentscheidung des Kunden gesichert erscheint. Dem kann noch nicht entgegengehalten werden, solche Einzelklauseln nähmen doch nicht am Marktmechanismus teil, weil sie in aller Regel nicht „verhandlungsfähig“ seien (so aber CANARIS AcP 200 [2000] 273, 323; HEIDERHOFF 425 [vor allem auch mit Blick auf die EG-Klauselrichtlinie]) – der „Markt“ bietet als Alternativen auch das Ausweichen auf andere Anbieter oder den Vertragsverzicht. Dennoch stimmt das Ergebnis: Das Versagen von Markt und Vertragsmechanismus beruht auf einer Vielzahl komplex miteinander verbundener Faktoren (näher Rn 4, 6, 320 ff), die auch bei klaren Einzelklauseln wirken können (insbesondere Scheinautorität des Gedruckten, Massengeschäft, Resignation vor [vermeintlicher] Üblichkeit, Vertrauen auf Nichtaktualisierung von Sekundärregelungen [vgl Rn 324], Unproportionalität von Konditionenvergleich und Ausweichen). Deshalb zieht auch die Behauptung von „Nachlässigkeit“ des Kunden nicht, mit der seine Risikotragung begründet werden soll (WACKERBARTH AcP 200 [2000] 45, 83). Im Ergebnis macht auch volle Transparenz einer Klausel nicht per se eine materielle Inhaltskontrolle entbehrlich; anderes gilt nur im Bereich der Preis- und Leistungsbestimmungen gem Abs 3 – allerdings ist auch hier Transparenz nur Voraussetzung, nicht aber Grund der Kontrollfreiheit (dazu Rn 309, 314, 320 ff; iE übereinstimmend CANARIS AcP 200 [2000] 273, 322 ff; HEIDERHOFF 425). Dies folgt auch schon daraus, dass überhaupt nur bekannt gemachte (§ 305 Abs 2) und nicht überraschende Klauseln (§ 305c Abs 1) die Eingangskontrolle passieren, also nach der gesetzlichen Systematik nur grundsätzlich verständliche Klauseln überhaupt der Inhaltskontrolle zugeführt werden.

c) Inhalt und Ausgestaltung des Transparenzgebots im Einzelnen

aa) Inhalt und Folgen

Das Transparenzgebot verpflichtet den Verwender, seine Regelungen so klar und verständlich für den Vertragspartner zu stellen, wie dies den Umständen nach nötig und möglich ist (BGH NJW 1989, 222, 223; 1989, 582, 583; 1990, 2383, 2384; 2007, 1198 Rn 41). Zu den „Umständen“ zählen dabei insbesondere Branche und Vertragsgegenstand, die Thematik der Regelung sowie der Verständnis- und Erwartungshorizont des Durchschnittskunden (Rn 183). Dabei führt das Transparenzgebot in zweierlei Richtung über die bloße Klarheit der Regelung hinaus: *Zum einen* kann es positive **Informationspflichten** begründen, sofern bestimmte Informationen erforderlich sind, um dem Vertragspartner das Verständnis oder die Handhabung einer Regelung zu erleichtern (vgl § 308 Nr 5b, § 309 Nr 10a; DREXL 334; NIEDENFÜHR 5 ff und passim; KOLLER, in: FS Steindorff [1990] 667, 674 ff; **dagegen** vCAMPENHAUSEN 43; kritisch auch BRUCHNER, in: HADDING/HOPT 121 ff, 129; näher unten Rn 199 und 215 f). Der BGH fasst diese Anforderungen unter der Bezeichnung: **„Bestimmtheitsgebot“** zusammen (BGHZ 164, 11, 16; NJW 2007, 1198 Rn 41). *Zum zweiten* muss die Regelung nicht nur sprachlich klar, sondern auch, was die Darstellung der Rechtslage betrifft, inhaltlich **richtig** sein. Begründet schon die Unklarheit einer Regelung die Gefahr nicht sachgemäßer Rechtswahrung und damit eine Benachteiligung für den Vertragspartner, gilt dies umso mehr für irreführende Darstellung (näher Rn 192). 180

Statt vielfältiger Differenzierungs- und Typisierungsversuche, wie sie in der Literatur vorgeschlagen werden, erscheint vor allem die Erkenntnis bedeutsam, dass die gebotene Transparenz einen **doppelten Bezugspunkt** hat: 181

(1) Den **Text** der Regelung, dh die *sprachliche* und *systematische* Klarheit (hierzu der „rechtslinguistische“ Beitrag von SCHWINTOWSKI NJW 2003, 632 ff; Einzelheiten unten Rn 186 ff), und

(2) die **objektive Rechtslage**, dh die Rechte und Pflichten beider Vertragspartner auf der Grundlage der AGB (deutlich BGH NJW 1996, 191, 192 zur Zweckerklärung bei der Sicherungsgrundschuld; vgl Börner JZ 1997, 595, 596; zur möglichen Erstreckung der Darstellung auf die gesetzliche Rechtslage s unten Rn 198, 216). Auf Zweiteres kommt es letztlich entscheidend an, jedoch kann textliche Unklarheit schon den Zugang zum Verständnis der Rechtslage erschweren oder vereiteln (unten Rn 186, 189). Umgekehrt nützt dem Vertragspartner sprachliche Klarheit nichts, wenn sich der Verwender beispielsweise weitgehende Gestaltungsrechte vorbehält, ohne deren Voraussetzungen und Grenzen näher zu bezeichnen (unten Rn 193). Bezogen auf die Rechtslage enthält das Transparenzgebot deshalb auch ein inhaltliches **Konkretisierungs- und Bestimmtheitsgebot** (BGH NJW-RR 2005, 1496, 1498; NJW 2004, 1738, 1739; Wolf/Wolf Rn 253 ff; Ulmer/Fuchs Rn 338 ff; vHoyningen-Huene Rn 205; Heinrichs, in: FS Trinkner [1995] 157, 167; Armbrüster DNotZ 2004, 437, 438; Einzelheiten unten Rn 187). Eine Brücke zwischen textlicher und inhaltlicher Unklarheit wird geschlagen, wenn die Rechtsprechung zur nachschüssigen Tilgungsverrechnung bei Darlehensverträgen mehrere Klauseln von „geradezu gläserner Klarheit“ deshalb beanstandet, weil ihre getrennte Darstellung dem Vertragspartner den Effekt nicht deutlich werden ließ, der gerade aus ihrem *Zusammenwirken* resultierte (BGH NJW 1989, 222, 223; 1990, 2383, 2384; WM 1992, 218, 219; 1992, 395, 396; 1995, 1262, 1263; ZIP 1997, 496, 497).

182 Rechtliche **Folgen** hat die Intransparenz zunächst insoweit, als bei unklar dargestellter Rechtslage die **Auslegungsregel des § 305c Abs 2** zu Lasten des Verwenders eingreift (BGH NJW-RR 2011, 1144 Rn 14). Im Übrigen äußert Intransparenz nicht als solche schon rechtliche Folgen, sondern nur, wenn sie zu einer unangemessenen Benachteiligung des Vertragspartners und damit zur Unwirksamkeit der intransparenten Klausel gem Abs 1 S 1 führt (Rn 174 ff). Konsequenterweise sollte der Transparenzaspekt nur subsidiär herangezogen werden: Ergibt sich die unangemessene Benachteiligung des Vertragspartners aus anderen, sachlichen Gründen, so kommt es auf die Intransparenz der Regelung regelmäßig nicht mehr an (dazu näher Rn 191). Wird statt dessen das Unwirksamkeitsverdikt nur auf Intransparenz gestützt, muss die gleiche Klausel in klarerer Fassung uU später nochmals, sachlich geprüft werden; bei ihrer Verwerfung wird dann der Verwender in seiner Erwartung enttäuscht, mit der sprachlichen Verbesserung der Klausel „das Seine“ getan zu haben. Insbesondere im Verbandsverfahren geht es zudem häufig um grundsätzliche materiellrechtliche Fragen, an deren Klärung auch bei offenkundiger Intransparenz der Regelung ein allgemeines Interesse besteht (vgl BGH NJW 2005, 1645 ff [interne Regelungen ohne Mitteilung an die Kunden, vgl Rn 199], wo der Transparenzaspekt gar nicht erwähnt wird; anders noch LG Dortmund NJW-RR 2001, 1205, 1206; LG Köln BKR 2003, 879, 880 [Vorinstanz]).

Die Folgen im Einzelnen ergeben sich konsequenterweise auch hier aus § 306 (dazu Staudinger/Schlosser § 306, insb Rn 10 ff; Ulmer/Fuchs Rn 360 ff; s auch oben Rn 54 ff). Nur bei leistungsbezogenen Klauseln kann es Probleme mit der Ersatzregelung gem § 306 Abs 2 geben (dazu unten Rn 318).

bb) Maßstab und Adressaten der Transparenz

183 Bei der Frage nach der gebotenen Klarheit und Verständlichkeit ist auf den **Durchschnittskunden** bei der Art von Verträgen abzustellen, für die die AGB konzipiert sind (hM, vgl BGH NJW 1981, 117, 118; 1988, 222, 223 f; 1989, 582, 583; ZIP 1990, 980, 981; NJW

1991, 3025, 3027; 1993, 263, 264; 1995, 2286 f; BAG NJW 1994, 213, 214; Bundschuh, in: Hadding/Hopt 135, 137; Horn ebenda 143; vHoyningen-Huene Rn 200). Zu den sich daraus ergebenden Anforderungen im Einzelnen s Rn 194 ff. Besondere Fachkunde und Verständnismöglichkeiten gerade des konkreten Vertragspartners bleiben unberücksichtigt – in Verbandsklageverfahren ohnehin, aber auch im Individualprozess. Die Kritik hieran (Bruchner, in: Hadding/Hopt 119, 124; Krämer ebenda S 139) übersieht zum einen, dass der Bezug auf die jeweilige Vertragsart gruppentypische Differenzierungen innerhalb der Vertragspartner nicht nur ermöglicht, sondern sogar gebietet (vgl KG WM 1991, 1250, 1252: berufliche oder gewerbliche Kreditnehmer bei Wohnungsbaudarlehen; BGH NJW-RR 2005, 1496, 1500: „durchschnittlicher Händler"; BAG NZA 2005, 1111, 1113: im Arbeitsrecht „Verständnis eines durchschnittlichen Arbeitnehmers"; zum Maßstab der Inhaltskontrolle im Allgemeinen schon oben Rn 112; zu Unternehmern unten Rn 206; zu Verbrauchern Rn 207 ff). Zum zweiten folgt die Maßgeblichkeit des Durchschnittskunden schon aus dem generell-abstrakten Charakter der AGB selbst: Der Verwender selbst braucht diese „Kunstfigur" (Bruchner aaO) als Richtpunkt der zu wahrenden Verständlichkeitsanforderungen. So wenig, wie er befürchten muss, dass im Individualprozess unterdurchschnittliche Erkenntnismöglichkeiten des Vertragspartners die Wirksamkeit einer hinreichend transparenten Klausel beeinträchtigen können, so wenig können ihm überdurchschnittliche Fach- und Rechtskenntnisse des konkreten Vertragspartners zugute kommen, wenn die Klausel – generell gesehen – intransparent ist. Auch handelt der erfahrene Vertragspartner im Prozess nicht rechtsmissbräuchlich, wenn er sich auf die generelle Intransparenz einer Klausel beruft – erstens kommt es auf dieses „Berufen" gar nicht an (Vorbem 25 zu §§ 307 ff), und zweitens riskieren weitgehend nur die intellektuell und wirtschaftlich stärkeren Kunden Individualprozesse, fungieren damit aber praktisch als Repräsentanten der großen Masse von „Durchschnittskunden", die sich gegen unangemessene AGB regelmäßig nicht wehren (unglücklich deshalb die Bezeichnung „Trittbrettfahrer" bei Köndgen NJW 1989, 943, 951). Auch im Individualprozess entfaltet das AGB-Recht seine generalpräventive und „marktpolizeiliche" Nebenwirkung.

Neben dem **Verständnishorizont** spielt für die Transparenzanforderungen auch der **184**
Erwartungshorizont des Durchschnittskunden eine wichtige Rolle (Horn WM 1997 Beil 1 S 3 ff, 20). Je weiter sich eine Regelung von diesen Erwartungen entfernt, umso deutlicher muss dies in den AGB hervorgehoben werden – hier findet der Rechtsgedanke des § 305c Abs 1 innerhalb der Inhaltskontrolle noch einmal, wenngleich abgeschwächt, Berücksichtigung. Da es beispielsweise den Kundenerwartungen in hohem Maße widerspricht, wenn bei **Annuitätendarlehen** auch bereits getilgte Kapitalteile noch monatelang weiterverzinst werden müssen, fordert der BGH insoweit eine ins Auge fallende, ausdrückliche Klarstellung in den AGB selbst – die Notwendigkeit eigener Denkschritte des Kunden wird als Beleg für mangelnde Transparenz genommen (BGH ZIP 1990, 980, 982; vgl auch ZIP 1991, 1054, 1056; 1997, 496, 497; vHoyningen-Huene Rn 209b). Sind jedoch, bei jährlicher Zinsberechnung, quartalsmäßige Teilleistungen des Darlehensnehmers vorgesehen, so geht auch der Durchschnittskunde regelmäßig davon aus, dass diese Quartalsleistungen anteilig auf Zinsen und Tilgung verrechnet werden und nicht nur der Tilgung dienen – einer besonderen Hervorhebung insoweit bedurfte es deshalb nicht (BGH NJW 1993, 3261, 3262 [derselbe Fall wie vorstehend ZIP 1990, 980]; vgl noch unten Rn 187). Gleichermaßen geht jeder **Leasingnehmer** auch ohne ausdrückliche Klarstellung davon aus, dass von ihm abgeschlossene und bezahlte Kaskoversicherungen zwar formal dem Leasinggeber,

wirtschaftlich – dh im Innenverhältnis – aber ihm zugutekommen (BGH NJW 2004, 1041, 1043). Lehnt sich andererseits eine Versicherung in ihren Bedingungen an sozialversicherungsrechtliche Begriffe und Strukturen an (zB beim Begriff der „Arbeitslosigkeit"), so bedarf es besonderer Hervorhebung, wenn in Einzelpunkten ein davon abweichendes Verständnis gelten soll (BGH NJW-RR 2005, 1189, 1191).

185 Ähnlich, aber nicht deckungsgleich ist der Gesichtspunkt der **Schwere der** (potenziellen) **Benachteiligung** des Kunden. Wo materielle Benachteiligung und Benachteiligungsgefahr durch Intransparenz gemeinsam die Unangemessenheitswertung tragen, liegt es nahe, an die Transparenz umso höhere Anforderungen zu stellen, je größer die auf dem Spiel stehende Benachteiligung des Vertragspartners ist (BGH ZIP 1990, 980, 982; WM 1993, 2001, 2003; HORN WM 1997 Beil 1 S 3 ff, 22; vHOYNINGEN-HUENE, in: FS Trinkner [1995] 179, 190 [wenngleich mit etwas anderem Ansatz]).

cc) Typische Anwendungsfälle des Transparenzgebots

186 Die vorstehenden Grundsätze zum Transparenzgebot sind in einer Fülle von Gerichtsentscheidungen kasuistisch ausgeformt worden. Eine weitergehende Systematisierung und Abgrenzung von Fallgruppen erscheint derzeit kaum möglich, es lassen sich jedoch gewisse Anwendungsschwerpunkte bzw topoi erkennen. Die Aufgliederung in „Verständlichkeitsgebot", „Bestimmtheitsgebot" und „Täuschungsverbot" bei HEINRICHS (FS Trinkner [1995] 157, 160; PALANDT/GRÜNEBERG Rn 26 ff; dem folgend KREIENBAUM 142 ff; OETKER JZ 2002, 337, 340; ähnlich ARMBRÜSTER DNotZ 2004, 437 f [statt Täuschungsverbot „Vollständigkeitsgebot"]) kennzeichnet insoweit wesentliche Stoßrichtungen des Transparenzgebots, ist wegen der Vielfältigkeit und der Überschneidungen der Gesichtspunkte zur Ordnung des Fallmaterials aber nur begrenzt geeignet (vgl neben den folgenden Beispielen auch Rn 317 f zu leistungsbestimmenden Klauseln).

187 Unproblematische Anwendungsfälle des Transparenzgebots betreffen Klauseln, die von ihrem **Text** her entweder **unverständlich** sind oder die **Rechte und Pflichten der Parteien nicht hinreichend deutlich bezeichnen** (BGH NJW-RR 2011, 1144 Rn 10; NJW 2005, 1183, 1184). Solche Klauseln ermöglichen es dem Verwender, berechtigte Ansprüche des Kunden abzuwehren, bzw halten den Kunden von vornherein von der Geltendmachung ab (BGH NJW 2011, 50 Rn 43; 2005, 3567, 3569). Allerdings dürfen **unbestimmte Rechtsbegriffe des Gesetzes** („wichtiger Grund", „Fehlschlagen der Nacherfüllung") auch in AGB verwendet werden (BGH NJW 1994, 1004, 1005). **Für unwirksam befunden** wurde aber beispielsweise die Beschränkung der Heizpflicht des Vermieters auf die vom Mieter „hauptsächlich benutzten Räume" (BGH NJW 1991, 1750, 1753), die Abtretung von Lohnforderungen und „sonstiger Ansprüche gegen Dritte" zur Sicherung „der" Ansprüche der Bank (welcher?) und die mangelnde Konkretisierung der Verwertungsvoraussetzungen (BGH NJW 1993, 2383, 2384 f) oder einer vom Verwender geforderten Nachweispflicht des Kunden (BGH NJW-RR 2005, 1496, 1500) oder der „wichtigen Verlagsinteressen", die einer Eigenverwertung durch den Autor nach Jahresfrist entgegenstehen (BGH NJOZ 2012, 1638 Rn 58 f); des Weiteren die fehlende Angabe von Voraussetzungen und Grenzen von Änderungs- und Widerrufsvorbehalten des Verwenders (BGH NJW 2004, 1588 f; NJW 2004, 681, 683; NJW 2003, 507, 509; 2003, 746, 748 [krit dazu R SCHMID NJW 2003, 947 ff]; BGH NJW 2010, 889 Rn 14 [fristauslösende „Belehrung" nur in bestimmter Form]; BAG NJW 2005, 1820, 1821 f; LAG Hamm NZA-RR 2004, 515, 516 ff; zu offenen Problemen insoweit bei Arbeitsverträgen HÜMMERICH NZA 2005, 1137, 1139 f; DIEKMANN/BIEDER DB 2005, 722, 725), aber auch die Ermessensbindung gem § 315 Abs 1 bei der Ausübung (oben Rn 43), die Anknüpfung von Kündigungsrechten des Verwenders an so vage Begriffe wie „Rentabilität" (BGH NJW 1983, 159, 161 [Automatenaufsteller]) oder „ausreichende Einnahmen" (BGH NJW 1985, 53, 55; OLG Celle NJW-RR 1988, 946, 947 f [Automatenaufsteller]) oder „ungünstige Auskünfte", „oder ähnliches" (BGH NJW 1985, 53, 56), der Fristbeginn „frühestens" ab einem bestimmten Zeitpunkt (BGH NJW 2010, 989 Rn 15 [wann genau?]), die Anknüpfung einer Vertragsstrafe pauschal an „schuldhaft vertragswidriges Verhalten" (BAG NZA 2005, 1053, 1055; dazu aber Rn 197) bzw die unklare Angabe ihrer Höhe (BAG NJW 2008, 458 Rn 27), die Zugrundelegung *schwer durchschaubarer Berechnungsgrundlagen* (vgl jedoch BGH WM 1995, 27, 29 f [Überschussverteilung bei Lebensversicherung] oben Rn 178), etwa für Abschlusszahlungen beim Leasingvertrag (BGH NJW 1982, 870, 872; OLG Köln NJW 1995, 2044 f [Notwendigkeit eines nicht benannten und nicht zur Verfügung gestellten Computerprogramms für die Berechnung]), für „zeitanteilige" Kostentragung bei Schönheitsreparaturen (BGH NJW 2008, 1438 Rn 18 [Mietvertrag]), für Arzthonorare (LG Berlin NJW 1991, 1555 f), für die Rückzahlung von „Preisnachlässen", deren Höhe nicht beziffert wird (BAG NJW 1994, 213 f [Jahreswagen für Werksangehörige]; keine überzeugende Kritik insoweit bei NICOLAI ZIP 1995, 359, 362; KOLLER SAE 1994, 50 [Arbeitnehmer könne sich unschwer selbst informieren]), für Skontoregelungen (BGH NJW 1996, 1346, 1347), für den Aufwendungsersatz des Vertragshändlers (BGH NJW-RR, 1496, 1501 f) oder für den Werklohn des Bauunternehmers (OLG Karlsruhe NJW-RR 1989, 52). Unklar sind auch Klauseln, die dem Kunden ein *Risiko* zuweisen, dessen Ausmaß aber eher verschleiern: So muss ein Kreditkarteninhaber nicht nur wissen, dass er für eine Zusatzkarte (Partnerkarte) Allein- oder Gesamtschuldner ist; das Risiko wird erst hinreichend deutlich, wenn auch darauf hingewiesen wird, dass eine isolierte Sperrung der Partnerkarte nicht möglich ist (anders OLG Koblenz NJW 2004, 3563, 3565; tendenziell auch OLG Oldenburg NJW 2004, 2907 ff; wie hier LANGENBUCHER NJW 2004, 3522, 3523). Intransparent bleiben dem Durchschnittskunden seine Rechte auch bei **salvatorischen Vorbehalten** wie „soweit gesetzlich zulässig", „soweit nicht anderes gesetzlich vorgeschrieben" etc (BGH NJW 1985, 623, 627; 1991, 2631, 2632; 1993, 1061, 1062; 1996, 1407, 1408; großzügiger allerdings BGH NJW 1993, 657, 658 f [Gewährleistungsausschluss, „soweit der Verkäufer nicht zwingend haftet": hinreichend transparent]; s auch oben Rn 58 ff).

Sofern schriftlich nicht fixierte, **„im Kopf des Verwenders gespeicherte" Regelungen** **188**
in Frage stehen, sind zwei Sachverhalte zu unterscheiden: (1) Der Verwender (oder seine Gehilfen) setzen den „im Kopf gespeicherten Text" in jedes Vertragsformular (vgl OLG Frankfurt NJW-RR 2001, 55; OLG Hamm NJW 1997, 1215): Dann liegen zwar „AGB" iSd § 305 Abs 1 vor (STAUDINGER/SCHLOSSER § 305 Rn 22), hinsichtlich der Transparenz kommt es aber nicht auf die „Kopfspeicherung" an, sondern nur auf den dann schriftlich fixierten Text. (2) Der Verwender hält sein Personal durch interne Anweisungen zu gleichförmigem Verhalten bei der Vertragsdurchführung an, ohne dass dies den Kunden offengelegt wird (vgl BGH NJW 2005, 1645; BORGES ZIP 2005, 185 ff; ders, in: ABELS/LIEB [2005] 55 ff; WEIGEL, ebenda 47, 52 ff): Hier liegen von vornherein keine AGB vor, weil keine „Vertragsbedingungen" iSd § 305 Abs 1 S 1 angestrebt werden (s alle Vorzitate). Über § 306a kommt der BGH dennoch zur Inhaltskontrolle nach § 307 (NJW 2005, 1645, 1647; krit dazu BORGES ZIP 2005, 185, 187 ff; FREITAG ZIP 2005, 2052, 2053 f: nur wettbewerbsrechtlich zu erfassen), stellt aber trotz offenkundiger Intransparenz der Regelung nicht darauf, sondern nur auf die materielle Unangemessenheit ab (vgl dazu oben Rn 182 sowie unten Rn 264).

189 Die Intransparenz kann sich des Weiteren, bei für sich klarem Text der Einzelklauseln, gerade aus dem **Zusammenwirken mehrerer Klauseln** ergeben (zu einem Sonderproblem bei der Summierung s oben Rn 139 f) oder aus ihrer **systematischen Stellung** innerhalb des gesamten Klauselwerks. Hierher gehören vor allem die Entscheidungen zur nachschüssigen Tilgungsberechnung bei Annuitätendarlehen (BGH NJW 1989, 222; ZIP 1990, 980; 1992, 105; 1992, 469; 1995, 1171; 1997, 496) sowie zur Wertstellung bei Einzahlungen oder Überweisungen auf Girokonten (BGH NJW 1989, 582). Um den kostensteigernden Zusammenhang zwischen verzögerter Wertstellung bzw Tilgungsverrechnung und Zinspflicht deutlich werden zu lassen, bedarf es nach Auffassung des BGH einer „Verzahnung" der Einzelregelungen auch in der Formulierung, um den Summierungseffekt deutlicher hervortreten zu lassen. Die geforderte Deutlichkeit richtet sich im Einzelnen danach, wieweit sich die Gesamtregelung vom üblichen Erwartungshorizont entfernt (s Rn 184; im Urteil „Wertstellung II" stellt der BGH gar nicht mehr auf Intransparenz, sondern nur noch auf inhaltliche Unangemessenheit ab, ZIP 1997, 1146, 1147; vgl dazu oben Rn 92). Bei Annuitätendarlehen wird demnach eine nur quartalsweise Tilgungsverrechnung offenbar für erwartungsgemäß und deshalb nicht gesondert hervorhebungsbedürftig gehalten (BGH ZIP 1991, 1054, 1056; NJW 1993, 3261, 3262), während ein jährlicher Abrechnungsrhythmus mit nahezu prohibitiven Transparenzanforderungen sanktioniert wird (BGH ZIP 1997, 496 f). Bei komplexen Vertragsgegenständen wie *Versicherungen* ergibt sich eine gewisse textliche Sonderung von grundsätzlicher Leistungsbeschreibung und Konkretisierungen bzw Eingrenzungen aus der Natur der Sache – sie kann sogar im Interesse der Transparenz *geboten* sein (BGH NJW-RR 2005, 902, 904). Auch eine demnach zulässige textliche Aufteilung kann aber nicht verhindern, dass die **Unwirksamkeit einer der leistungsbezogenen Klauseln auch zur Unverständlichkeit anderer, damit thematisch verbundener Klauseln führt** (zur Lebensversicherung BGH NJW 2012, 3023 Rn 53 ff [„Zillmerverfahren"]).

190 Bei **mehreren Klauseln mit gleichem Regelungsthema** kann auch unklar bleiben, welche von ihnen unter welchen Voraussetzungen gelten soll. Dies ist zB der Fall, wenn sich **zwei Klauseln zum selben Thema widersprechen** (BGH NJW 2008, 680 Rn 16 ff [Bonuszahlung zugesagt, an anderer Stelle Freiwilligkeitsvorbehalt]) oder wenn von mehreren in Bezug genommenen Normen **die dem Verwender jeweils günstigere gelten soll** (BGH NJW 1986, 924, 925 [Gewährleistung des Bauunternehmens nach BGB oder VOB/B]) oder die noch zulässige oder – bei Unwirksamkeit – eine den AGB „möglichst nahekommende" (BGH NJW 1983, 159, 162). Auch **Ersatzklauseln** sind (wenn überhaupt) nur dann wirksam, wenn die Voraussetzungen ihrer Geltung deutlich dargestellt sind (oben Rn 60).

191 Einen weiteren Schwerpunkt findet die Transparenzrechtsprechung in den Fällen der **Verschleierung oder des Versteckens** einer dem Vertragspartner ungünstigen Regelung. Diese kann darin bestehen, dass die Leistungspflichten des Verwenders erwartungswidrig eingeschränkt (BGH NJW 1987, 1931, 1935 [Reisevertrag]; NJW-RR 1991, 1013, 1014 [Garantievertrag]) oder die Belastung des Vertragspartners erwartungswidrig erhöht werden (BGH NJW 1984, 171, 172 f [Aufschließungskosten]; vgl aber BGH NJW 1997, 135, 136 [bei hinreichender Klarheit Kontrollfreiheit nach § 307 Abs 3 S 1]). In schwerwiegenden Fällen werden derartige Klauseln auch von Abs 2 Nr 2 erfasst (Aushöhlung vertragswesentlicher Pflichten) (Rn 262; vgl Ulmer/Fuchs Rn 342 f). Auch im Übrigen ist ein „Verstecken" beispielsweise zu bejahen, wenn eine Regelung im Klauselwerk systemwidrig oder unter irreführender Überschrift untergebracht wird (OLG Nürnberg NJW 1977, 1402 [LS]; KG ZfJR 2001, 912, 913 [Provisionsklausel unter „Rücktrittsrechte"], dazu Bethge ZfJR 2001, 914 f). Zusammengehörende und -wirkende Regelungen sind auch in räumlichem Zusammenhang darzustellen. Noch nicht zu beanstanden ist hingegen, wenn der vage Text einer Klausel in einer Fußnote konkretisiert wird (BGH NJW 2004, 2087). Ein „Verschleiern" kann auch darin liegen, dass die Formulierungen der AGB den Umstand zu verdecken suchen, dass der Vertragspartner die von ihm verkehrsüblich erwartete Rechtsposition gerade nicht erhält – zB eine dingliche Berechtigung beim früheren Time-sharing-Vertrag (OLG Köln NJW 1994, 59 f; OLG Jena OLG-NL 1995, 127; der BGH [NJW 1995, 2637, 2638] stufte eine entsprechende Regelung schon als überraschend iSd § 305c Abs 1 ein). Führt eine harmlos wirkende Regelung (zB Abtretungsverbot der Rechte aus einer Bürgschaft) zu einschneidenden rechtlichen Folgewirkungen, die der Durchschnittskunde nicht erkennt (bei Abtretung nur der Hauptforderung erlischt die Bürgschaft), so liegt in der Nichthervorhebung dieser Folgen eine Verschleierung und eine zur Unwirksamkeit der Regelung führende Intransparenz (BGH NJW 1991, 3025, 3027. Zur Obliegenheit des Verwenders zur Rechtsdarstellung s auch unten Rn 199 und 211).

Damit ergibt sich ein gleitender Übergang zur unangemessenen Benachteiligung **192** durch **irreführende Darstellung der Rechtslage** (zu dieser Fallgruppe s schon oben Rn 187; vgl Heinrichs NJW 1994, 1381, 1384; ders, in: FS Trinkner [1995] 157, 163 f, 168). Verbreitet wird aus dem Transparenzgebot ein **Täuschungsverbot** abgeleitet (Ulmer/Fuchs Rn 342; vgl vHoyningen-Huene Rn 204), so dass entsprechende AGB nach Abs 1 S 2 unwirksam seien (zB BGH NJW 1988, 1726, 1727 f [Herstellergarantie suggeriert, dass der Käufer keine Ansprüche gegen den Verkäufer hat]; NJW 1988, 2951, 2952 [Krankenhausaufnahmevertrag suggeriert, dass Pflegesatz rückwirkend erhöht werden könne]; NJW 2005, 3567, 3569 [Recht zur Ersatzlieferung bei Nichtverfügbarkeit der bestellten Ware suggeriert Vertragsmäßigkeit der Ersatzware]; NJW-RR 2005, 1496, 1501 [Anspruch auf „Aufwendungsersatz" lässt nicht erkennen, dass auch Gewinnentgang ersetzt werden soll]). Hierbei ist jedoch zu differenzieren, je nachdem, ob die Irreführung aus schlichter Unklarheit, aus Suggestion einer falschen Rechtslage (etwa auch durch den unzutreffenden Klauselzusatz: „Diese Regelung beruht auf der Rechtsprechung des BGH", BGH NJW 2003, 1241, 1244, oder durch eine „doppelte Schriftformklausel", die den Kunden über den Vorrang von Individualvereinbarungen täuscht, vgl OLG Rostock NJW 2009, 3376) oder aus direkter Falschdarstellung resultiert. Die Heranziehung des Transparenzaspekts in den ersten beiden Fällen erscheint sachgerecht, nicht jedoch im dritten Fall: Entsprechende Klauseln weichen vom geltenden Recht ab; ist dieses zwingend, sind sie per se nichtig, ist es dispositiv, kann die Abweichung nach Abs 2 Nr 1 unangemessen und unwirksam sein. Unwirksame Klauseln in AGB bewirken stets die Irreführung, sie seien wirksam – dieser Täuschungseffekt führt aber nicht zur Anwendung des Abs 1 S 2, weil die Klausel bereits aus anderen Gründen unwirksam ist. Insbesondere in diesen Fällen besteht die Gefahr, dass die Gerichte mit dem Transparenzgebot arbeiten, obwohl die Klausel richtigerweise aus sachlichen Gründen zu verwerfen gewesen wäre (zB BGH NJW 1989, 2750, 2752 [Geltendmachung von Ersatzansprüchen aus Reisevertrag nur durch den Anmelder einer Reisegruppe]: der Ausschluss eigenständiger Geltendmachung durch Mitreisende war unangemessen, aber durchaus transparent; BGH NJW 1993, 263, 264 [Anzeige von Reisemängeln nur bei Zentrale in Deutschland]: der BGH hält die Klausel für sachlich unangemessen, *deshalb* als falsche Rechtsdarstellung und erst *deshalb* für intransparent und unwirksam!]). Das gilt auch, wenn die Klausel erst in kundenfeindlicher Auslegung (s Rn 28) unangemessen ist, weil sie notwendige Einschränkungen nicht enthält:

Dann ist es dieser sachliche Inhalt der Klausel, der zur Unwirksamkeit führt, nicht aber die Nichterkennbarkeit der gebotenen Einschränkung (vgl Rn 122; anders wiederum BGH NJW 1993, 263, 264 [Pflicht zur unverzüglichen Anzeige von Reisemängeln mit Sanktion des Rechtsverlusts; keine Ausnahme für offensichtlich nicht erfolgversprechende Anzeigen] BGH NJW 1986, 43, 44 [Trennungsklausel bei finanziertem Abzahlungskauf]).

193 Als Anwendungsfall des Transparenzgebots weithin akzeptiert, auch von sonst kritischen Autoren, sind **weitgehende und nicht hinreichend konkretisierte Gestaltungsmöglichkeiten** des Verwenders. Bezugspunkt der Intransparenz ist hier von vornherein nicht der Klauseltext, sondern sind die sich aus der Klausel ergebenden Rechte und Pflichten der Parteien (oben Rn 180 f; das wird übersehen von Drexl 357; für die ganz hM Ulmer/Fuchs Rn 340; Palandt/Grüneberg Rn 23; Heinrichs, in: Hadding/Hopt 101, 108 f; ders, in: FS Trinkner [1995] 157, 163; Koller, in: FS Steindorff [1990] 667, 671 f; Westermann, in: FS Steindorff [1990] 817, 820, 825 f). Die Benachteiligung des Vertragspartners besteht darin, dass die weite Klauselfassung sprachlich auch unangemessene Ausübungsformen abdeckt und der Vertragspartner dadurch davon abgehalten werden kann, sich gegen diese Ausübung zu wehren (Heinrichs, Koller aaO; Schäfer 170 f). Insoweit können am Transparenzgebot scheitern: der Vorbehalt einseitiger Bestimmungsrechte des Verwenders (dazu sowie zum Verhältnis zu § 315 oben Rn 40 ff; insbesondere genügt zur Konkretisierung nicht der Verweis auf „billiges Ermessen" des Verwenders, BGH NJW 1984, 1182; 1985, 623, 627; zur früheren Rechtsprechung bei Freigabeklauseln BGH NJW 1990, 716; 1991, 2768; dazu Rn 100); **Änderungsrechte** des Verwenders, bezogen auf den Preis (BGHZ 94, 335, 340; NJW 1986, 3134; 1990, 115; NJW 2003, 507, 509; 2003, 746, 747 [krit R Schmid NJW 2003, 947 ff]; vgl BGH NJW 1994, 1061, 1063 [Rabatte für Vertragshändler]; dazu übergreifend Paulusch, in: 10 Jahre AGBG 55 ff, 71 ff; Heinrichs, in: Hadding/Hopt 101, 110 ff) oder sonstige Vertragsbedingungen (Bedingungsanpassungsklauseln, vgl BGH ZIP 1988, 1182, 1186 [Gebietsänderung bei Vertragshändler], insbesondere auch bei Ersatzklauseln für den Fall der Unwirksamkeit [oben Rn 60] oder zur „Beseitigung von Auslegungszweifeln", BGH NJW 1999, 1865, 1866 [auf wessen Zweifel kommt es an?]; BGH NJW 1998, 454 ff [Versicherungsbedingungen bei VVaG]; OLG Düsseldorf DWiR 1998, 112 ff [Rechtsschutzversicherung]; zur Änderung von AGB s übergreifend Staudinger/Schlosser § 305 Rn 172; vWestphalen, in: FS Schlosser [2005] 1103, 1106); unkonkretisierte Kündigungs- oder sonstige Lösungsrechte (vgl BGH NJW 1983, 1322, 1325 [Flugabsage, „wenn es die Umstände erfordern"]; BB 1985, 218, 224 [Kündigung des Vertragshändlervertrages „bei jeder Streitigkeit"]).

dd) Klarheitsanforderungen und ihre Grenzen

194 Die vorgestellten Grundsätze werfen die Frage auf, welche Klarheitsanforderungen das Transparenzgebot an den Verwender stellt. Zunächst ist festzuhalten, dass es insoweit keine generellen und allgemeingültigen Maßstäbe geben kann – die Höhe der Anforderungen ist *variabel* und wird von einer Vielzahl von Faktoren bestimmt. Hierzu gehören vor allem der typische Kundenkreis (zu Unternehmern, Arbeitnehmern und Verbrauchern unten Rn 206 ff), die Abschlussrelevanz der Regelung (zur Unterscheidung von Abschluss- und Anwendungstransparenz s Rn 176 ff), die Schwere einer Belastung für den Vertragspartner (oben Rn 185) und das Ausmaß, in dem vom üblichen Erwartungshorizont des Vertragspartners abgewichen wird (oben Rn 184). Eine brauchbare **Faustformel** für die Praxis hat das BAG entwickelt: Der Vertragspartner müsse schon aus der Klausel erkennen können, „was auf ihn zukommt"; die Verdeutlichungspflicht des Verwenders bestehe andererseits aber nur „im Rahmen des Möglichen" (zuletzt BAG NJW 2013, 410 Rn 18 mwNw; s auch BGH NJW 2013, 292 Rn 42 ff).

Mit diesem Vorbehalt ist der Verwender *grundsätzlich* gehalten, sich am **Verständnishorizont seiner Durchschnittskunden** auszurichten (oben Rn 184) und „zwischen mehreren möglichen Klauselfassungen diejenigen zu wählen, bei der die kundenbelastende Wirkung einer Regelung nicht unterdrückt, sondern deutlich gemacht wird" (BGH ZIP 1990, 980, 981; BAG NJW 1994, 213, 214). Dabei besteht Einigkeit, dass die **Klarheitsanforderungen nicht überspannt werden dürfen**: Zum einen ist völlige Klarheit und Unzweideutigkeit praktisch kaum je erreichbar – dies insbesondere angesichts gelegentlich sehr hoher Transparenzanforderungen durch die Rspr und deren genereller Tendenz, in concreto zwar Unklarheit festzustellen, nicht aber korrekte Formulierungsalternativen aufzuzeigen (vgl R Schmid NJW 2003, 947, 948: „Steine statt Brot"). Das Risiko für den AGB-Formulierer wird dadurch kaum kalkulierbar. Zum zweiten gerieten überzogene, kaum erfüllbare Anforderungen mit Verfassungsrechten der Verwender in Konflikt (Art 2, 12, 14 GG; Rechtsstaatsprinzip), und drittens nicht zuletzt auch mit dem Transparenzgebot selbst: Klarstellungen führen tendenziell zur Texterweiterung, insbesondere wenn einer hochdifferenzierten Kasuistik der höchstrichterlichen Rspr Genüge getan werden soll – nicht zuletzt unter dem Zwang einer sonst drohenden kundenfeindlichen Auslegung und Verwerfung interpretationsfähiger Klauseln (vgl zuletzt BGH NJW 2006, 47, 48 f [Neulauf der Verjährung]). Mit dem Volumen der AGB steigt aber wiederum ihre Unübersichtlichkeit (zum ganzen BGH ZIP 1990, 980, 981; NJW 1993, 252, 263; 1993, 2052, 2054; NJW-RR 2005, 902, 903; NJW 2013, 292 Rn 45; Hellner, in: FS Steindorff [1990] 573, 585; Horn WM 1997 Beil 1 S 3 ff, 19; Paulusch, in: 10 Jahre AGBG 55, 74; Diekmann/Bieder DB 2005, 722, 725; Hümmerich NZA 2005, 1137, 1140; Kappus NJW 2006, 15, 16; s auch unten Rn 317). Damit ergibt sich eine generelle und immanente **Beschränkung des Transparenzgebots auf das Mögliche und Zumutbare** (BGH NJW 2012, 3023 Rn 45 ff; NJW-RR 2005, 1496, 1498, 1505; NZM 2004, 903; NJW 2004, 1738; zum BAG s Rn 194). Dieser Maßstab kann nur und muss in jedem *Einzelfall* unter Abwägung der beiderseitigen Interessen konkretisiert werden; an ihm ist dann die fragliche Klausel zu messen. 195

Für **Inhalt und Grenzen des Transparenzgebots im Einzelfall** können dabei insbesondere folgende Gesichtspunkte beachtlich sein (zu den besonderen Anforderungen bei leistungsbestimmenden Klauseln s Rn 317 ff): 196

α) Die zumutbare **Anspannung seiner eigenen Erkenntniskräfte** durch den Vertragspartner. Letztlich geht es hier um die ausgewogene Konkordanz zwischen Schutzprinzip einerseits und Freiheits- bzw Verantwortungsprinzip im Schuldrecht andererseits. Trotz einer gelegentlichen Überbetonung des Schutzprinzips, insbesondere bei Verbrauchern (s oben Rn 5), nimmt die Rechtsprechung dem Vertragspartner jedoch nicht jede Selbstverantwortung ab (eher zweifelhaft erscheint jedoch, ob man hieraus eine dem Transparenzgebot korrespondierende „Informationsobliegenheit" des Vertragspartners [entsprechend § 254] konstituieren sollte [so Bruchner, in: Hadding/Hopt 119, 127 f; Krämer ebenda 141, 142]). Auch wenn AGB in der Praxis von den Kunden kaum gelesen werden (Rn 3), so muss Maßstab für die Transparenzanforderungen (wie für die Auslegung von AGB generell, vgl BGH NJW 1993, 2369 f; NJW-RR 2005, 32 f; NJW-RR 2005, 175, 177; NJW-RR 2005, 1189, 1191) doch der **aufmerksame und sorgfältige Vertragspartner** sein (Palandt/Grüneberg Rn 19; NK-BGB/Kollmann Rn 16), von dem durchaus auch eigenes Mitdenken erwartet werden kann (BGH NJW-RR 2005, 902, 903; NJW 1993, 2052, 2054; NJW 1990, 2383, 2384). Selbstverständlichkeiten brauchen deshalb in AGB nicht erwähnt, abwegige Auslegungsmöglichkeiten nicht ausgeschlossen zu werden (BGH NJW 2001, 2335, 2336 f; verfehlt jedoch BGH NJW 1999, 1865, 1866: Sollte der geänderte Versicherungsvertrag bei Widerspruch des Kunden „mit den ursprünglichen Bedingungen" weiterlaufen, seien damit möglicherweise auch unwirksame Bedingungen erfasst; zutr Kritik bei vWESTPHALEN, in: FS Schlosser [2005] 1103, 1109). Eindeutige Zusammenhänge und einfache Rechenvorgänge muss sich auch der nicht vorgebildete Durchschnittskunde erschließen, zB die Laufzeit beim Vertrag über die Lieferung eines 24-bändigen Lexikons mit festen Lieferperioden (BGH NJW 1993, 2052, 2054). Bei Bauspardarlehen wurde der Belastungseffekt als ausreichend verdeutlicht angesehen, der sich aus einer Verzinsung eingegangener Sparbeträge erst ab dem nächsten oder übernächsten Monatsersten ergab (BGH ZIP 1991, 1054, 1055 f). Auch die Aufspaltung der Gesamtkosten für den Bausparer in Darlehenszinsen und Abschlussgebühr ist hinreichend transparent, auch wenn sie die Vergleichbarkeit des Bauspardarlehens mit anderen Finanzierungsmodellen erschwert (BGH NJW 2011, 1801 Rn 24) – auf Erleichterungen in dieser Hinsicht hat der Kunde keinen Anspruch. Das Gleiche gilt für den Verteuerungseffekt bei Annuitätendarlehen, der sich bei jährlicher Zinspflicht, aber quartalsweiser Zahlungspflicht aus dieser „Teilvorauszahlung" der Zinsen ergibt (BGH NJW 1993, 3261, 3262). Andererseits soll der Durchschnittskunde nicht erkennen können, dass bei quartalsweiser Zahlung und Zinsberechnung, verbunden mit der Regelung, dass der Tilgungsanteil der Zahlungen erst am Schluss des Quartals auf das Kapital verrechnet wird, eine vorübergehende Weiterverzinsung getilgter Schuldbeträge und damit eine Kreditverteuerung vorliegt (BGH ZIP 1997, 496, 497). Gleichermaßen wird der Bankkunde bei längerfristigen Spareinlagen damit rechnen, dass er bei vorzeitiger Abhebung Vorfälligkeitszinsen zahlen muss; dass diese aber uU höher sein können als der Guthabenzins und damit das Sparkapital mindern, bedürfte jedoch einer unmissverständlichen Hervorhebung (vgl SERVATIUS BKR 2005, 295, 299 f [im Rahmen von § 305c Abs 1]). Reduziert ein Reiseveranstalter seine im Ausland zu erbringenden Leistungen auf das „landesübliche" Niveau, so bleibt dessen Inhalt unklar (BGHZ 100, 157, 173 f). Der Bezug der Transparenzanforderungen zu den Erkenntnismöglichkeiten des Durchschnittskunden kann also – je nach den Umständen – sowohl zu einer Absenkung wie zu einer Steigerung der gebotenen Deutlichkeit führen (s auch Rn 184 sowie 317).

Zum Problem (aus Sicht des Vertragspartners) *fremdsprachiger* AGB s unten Rn 213 f.

β) Tatsächliche oder rechtliche Konkretisierungsgrenzen

197 Abgesehen davon, dass ein Klarheitsgewinn durch zusätzliche Informationen stets abzuwägen ist gegen die damit verbundene Umfangserweiterung der AGB (oben Rn 194 f), können weiteren Konkretisierungen auch von der Sache her Grenzen gesetzt sein. Dies vor allem dann, wenn der Verwender sich einen gewissen Ermessensspielraum offenhalten will, der sachlich legitim ist (BGH NJW 1986, 1803; 1989, 1796, 1797; 1992, 1751) – Fehlgebräuchen im Einzelfall ist dann durch Ausübungskontrolle zu begegnen (Rn 36). So hängt beispielsweise die Entscheidung des Automobilherstellers, ob er weitere Vertragshändler einsetzt, derart von künftigen Entwicklungen und unternehmerischen Dispositionen ab, dass eine entsprechende Befugnis in den AGB nicht genauer eingegrenzt werden kann (BGH BB 1985, 218, 223). Des

Weiteren sind bei belastenden Regelungen oft Ausnahmevorbehalte für besondere Fallgestaltungen geboten; diese dürfen generalklauselartig gefasst werden, wenn sonst die Gefahr besteht, dass bei detaillierter Aufzählung der Ausnahmen doch denkmögliche Fälle übersehen werden (und die Klausel deshalb bei kundenfeindlicher Auslegung unwirksam sein könnte) (BGH NJW-RR 2005, 1496, 1498 [Vertragshändlervertrag – „angemessener Ausgleich" durch Hersteller für Verluste durch Direktverkauf]; OLG Köln WM 1996, 1294, 1306). Tatsächliche Konkretisierungsgrenzen bestehen schließlich, wenn durch Preis- oder Leistungsanpassungsklauseln ungewissen künftigen Entwicklungen Rechnung getragen werden soll: Die Ungewissheit legitimiert nicht nur das einseitige Anpassungsrecht (oben Rn 42 f), sondern hindert auch oft die klare Umschreibung der Voraussetzungen (Horn WM 1997 Beil 1 S 1, 11; vgl auch BGH NJW 1999, 2671, 2676; 2013, 292 Rn 47 ff). Ähnliches sollte auch bei Sanktionen (etwa: Vertragsstrafeklauseln) für Vertragsverletzungen bedacht werden: Für zu unbestimmt hielt das BAG die Anknüpfung an „schuldhaft vertragswidriges Verhalten", das eine fristlose Arbeitgeberkündigung gem § 626 rechtfertigte (BAG NZA 2005, 1053, 1055). Der Arbeitnehmer könne nicht erkennen, „was auf ihn zukommt" (vgl BAG NJW 2005, 1820, 1822), die pauschale Klausel entfalte nicht die nötige Warnfunktion. Wie aber soll ein Arbeitgeber alle nur denkbaren Pflichtverletzungen eines Arbeitnehmers in einer AGB-Klausel bezeichnen können? Die Bezugnahme auf § 626 sicherte im Ausgangsfall die nötige *Schwere* der Pflichtverletzung; alles weitere ist nicht vorhersehbar (wie auch im Ausgangsfall) und deshalb auch nicht im vorhinein konkretisierbar (auf anderer Ebene liegen die Bedenken gegen die *inhaltliche* Angemessenheit im Sinne eines funktionswidrigen Einsatzes der Vertragsstrafe, vgl Rn 158).

γ) Gesetzliche Deutlichkeit als Maßstab?

198 Gelegentlich wird darauf verwiesen, dass selbst der Gesetzgeber nicht immer völlige Klarheit erreiche (krit Däubler NJW 2004, 993 f unter Verweis auf das AGB-rechtliche Transparenzgebot; zur Transparenzpflicht des Gesetzgebers bei Umsetzung der EG-RL 93/13/EWG s EuGH NJW 2001, 2244 f); mehr als vom Gesetzgeber dürfe aber auch vom AGB-Verwender nicht verlangt werden (BGH NJW-RR 1990, 888; NJW 1993, 1061, 1063; Bruchner, in: Hadding/Hopt 119, 126; Heinrichs ebenda 101, 107; Hellner, in: FS Steindorff [1990] 573, 585). Diese Parallele kann jedoch nicht uneingeschränkt gelten – schon deshalb nicht, weil der Gesetzgeber nicht gleichermaßen an das Transparenzgebot gebunden ist wie ein AGB-Verwender. Der Regelungsbereich von AGB ist oft enger und branchenbezogener als der von Gesetzen, so dass von AGB entsprechend konkretere Formulierungen verlangt werden können (Heinrichs aaO). Des Weiteren wird die Auslegung von Gesetzesbestimmungen von übergreifenden Rechtsprinzipien gesteuert (wie etwa dem Verschuldenserfordernis im Schadensersatzrecht), während der AGB-Verwender wohlberaten ist, auf derart sinnvolle Ergänzungen seiner unvollständigen Klauseln nicht zu vertrauen, sondern eher mit kundenfeindlicher und damit klauselvernichtender Auslegung zu rechnen (warnend Kappus NJW 2003, 322 ff mit Beispielen aus dem Miet- und Reisevertragsrecht; vgl als Kontrast einerseits BGH NJW 1987, 1931, 1937 f [Klausel wortgleich mit § 651 h Abs 1 – die dort ins Gesetz hineingelesene Beschränkung auf *vertragliche* Schadensersatzansprüche wurde bei kundenfeindlicher Auslegung jedoch nicht auf die AGB übertragen, also unwirksam], andererseits BGH NJW 1993, 1061, 1063 [das bei unterlassener Mängelanzeige in § 545 Abs 2 aF (jetzt § 536c Abs 2) hineingelesene Verschuldenserfordernis wurde ohne weiteres als Bestandteil auch einer wortgleichen AGB-Klausel verstanden]; vgl auch OLG Karlsruhe NJW 2004, 1116, 1117 [Mehrwertsteuererstattung – Klausel identisch mit § 249 Abs 2 S 2,

aber kundenfeindlich ausgelegt und deshalb intransparent]). Mit diesen Vorbehalten gilt aber grundsätzlich, dass sich auch der AGB-Verwender juristischer Fachausdrücke und Regeltechnik bedienen darf, soweit dies nicht erkennbar den Verständnishorizont der angesprochenen Durchschnittskunden übersteigt (so schon L RAISER 176, 254; vgl weiter BGH NJW-RR 1990, 886, 888; NJW 1994, 1004, 1005 [„Fehlschlagen der Nacherfüllung"]; OLG Köln NJW-RR 1989, 1266, 1268; HEINRICHS, in: FS Trinkner [1995] 157, 165 f). Insoweit dürften deutliche Unterschiede zwischen dem unternehmerischen und dem privaten Verkehr bestehen (vgl Rn 206 ff).

Eng damit zusammen hängt die weitere Frage:

δ) Pflicht zur Rechtserläuterung?

199 Grundsätzlich verpflichtet auch das Transparenzgebot den Verwender nicht, „jede Klausel gleichsam mit einem umfassenden Kommentar zu versehen" (BGH ZIP 1990, 980, 981). Es besteht keine allgemeine Belehrungspflicht über das Gesetz oder das sonstige objektive Recht oder gängige Rechtsbegriffe (BGH ZIP 1996, 1164, 1166 zum Freigabeanspruch bei nichtakzessorischen Sicherheiten [der Sache nach bestätigt durch BGH – GS – NJW 1998, 671, 673, 674]; BGH NJW-RR 2005, 1496, 1504 [Begriff der „Wertminderung"]; NJW 2011, 1801 Rn 22 [rechtliche Einordnung der Zahlungspflicht des Kunden]; RELLERMEYER WM 1994, 1053, 1056 f) – diesbezügliche Kenntnisverschaffung ist dem eigenen Verantwortungsbereich des Vertragspartners zugewiesen (vgl Rn 196). Auch auf Konkretisierungen, die auslegungsbedürftige Klauseln durch ständige Rechtsprechung erfahren haben, kann der AGB-Verwender aufbauen (BGH NJW 1994, 1060, 1062 [Selbstbelieferungsklausel]) – im beruflichen Verkehr tendenziell mehr, gegenüber Verbrauchern eher weniger (dazu noch unten Rn 215 f). So braucht etwa bei Laufzeitfestlegungen nicht auf das Recht auf außerordentliche Kündigung aus wichtigem Grund hingewiesen zu werden (vgl Rn 531) oder bei Vollmachtsklauseln auf die Widerrufsmöglichkeit (BGH NJW 1997, 3437, 3440 – für Verbraucher allerdings problematisch, vgl OLG Celle WuM 1990, 103, 113 und unten Rn 215 f, 728). Doch stoßen auch diese Grundsätze auf Grenzen, nicht nur im Hinblick auf die verschiedenen Auslegungsmaßstäbe bei Gesetz und AGB (oben Rn 198). So ist der von der Rechtspraxis gebrauchte Begriff der „Kardinalpflichten" (Rn 275 f) ohnehin konturenlos, so dass seine Verwendung in AGB zur Intransparenz führt (BGH NJW-RR 2005, 1496, 1505 f [ob es hilft, wenn der Verwender „eine abstrakte Erläuterung des Begriffs" hinzufügt – so der BGH –, erscheint zweifelhaft; so auch KAPPUS NJW 2006, 15, 16 f]; ähnlich BERGER/KLEINE NJW 2007 3526, 3528). Ergibt sich eine wesentliche oder gar die entscheidende Wirkung einer Klausel nicht aus ihrem Text, sondern erst als dem Durchschnittskunden nicht ohne weiteres erkennbare Folge aus dem objektiven Recht, so ist der naheliegenden Gefahr einer Irreführung durch entsprechende Erläuterung in den AGB vorzubeugen (BGH NJW 1993, 2052, 2054; dazu oben Rn 192; BGH NJW 1993, 1061, 1062, dazu Rn 44 und 187). Wendet sich der Verwender mit seinen AGB auch an ausländische Kunden, so werden der deutschen Rechtsordnung eigentümliche Begriffe und Institutionen (zB Sicherungsübereignung, Abstraktionsprinzip, Eigentumsvorbehalt) jedenfalls weitergehend erläuterungsbedürftig sein als gegenüber deutschen Kunden (s noch unten Rn 211; zum Sprachenproblem bei der AGB-Verwendung im internationalen Verkehr STAUDINGER/SCHLOSSER § 305 Rn 105, 133, 141 und unten Rn 213 f; ULMER/SCHMIDT Anh § 305 Rn 13 ff).

ε) Verweisung auf anderweitige Regelungen

200 Ein Verweis auf Vorschriften des Gesetzes oder anderer Klauselwerke führt nicht generell zur Intransparenz (BGH WM 1995, 27, 30; vgl BGH NJW 2004, 681, 683 [Verweis auf Reisekatalog]; zur Einbeziehungsproblematik s Staudinger/Schlosser § 305 Rn 139, 142). Dabei ist zu berücksichtigen, dass Verweise auf externe Regelungen oder Konkretisierungen auch eine die AGB entlastende Wirkung haben – insoweit also die Übersichtlichkeit der AGB im Übrigen fördern (BGH NJW 1996, 2374, 2375). Dies gilt auch für spezifizierende *Anlagen,* etwa zum Leistungsumfang, wenn ihre Aufnahme in den AGB-Text diesen unübersichtlich gemacht hätte (BGH aaO). Allerdings muss bei einer „Staffelverweisung", wie sie insbesondere im Bauvertragsrecht üblich ist, das Rangverhältnis der verschiedenen Regelungen (BGH NJW 1990, 3197, 3198; OLG Frankfurt VersR 1995, 283) sowie auch die sich aus der Zusammenschau ergebende Gesamtregelung klar sein (BGH aaO). Verweisungen auf Gesetzesbestimmungen werden von der Rechtsprechung für intransparent gehalten, wenn sie unschwer durch „Klartext" hätten ersetzt werden können (vgl OLG Nürnberg NJW 1977, 1402 [„§ 537 BGB ist unanwendbar"]) oder wenn sie dem Vertragspartner nicht ohne weiteres zugänglich sind (OLG Hamm NJW-RR 1987, 311, 313). Wird die *Anwendbarkeit* einer Gesetzesbestimmung auf den konkreten Vertrag erst durch den Verweis in den AGB begründet, so muss sie mitabgedruckt werden; Entsprechendes gilt, wenn eine eigentlich anwendbare Vorschrift abbedungen wird (OLG Schleswig NJW 1995, 2858; **aA** OLG Rostock NJW 2006, 3217 f). Abs 3 S 1 steht hier einer Kontrolle ebenso wenig entgegen wie bei Klauseln, die inhaltlich gesetzeskonform, aber intransparent formuliert sind (vgl 309): Schon die Unklarheit als solche birgt die Gefahr von Irreführungen des Vertragspartners und damit seiner materiellen Benachteiligung in sich. Ob diese in concreto besteht, ist im Rahmen des Abs 1 zu prüfen.

Besonders problematisch im Lichte des Transparenzgebots erscheinen **„dynamische Verweisungen"**, die ein externes Regelwerk mit seinen wechselnden Inhalten in Bezug nehmen – muss doch hier der Kunde gewissermaßen „die Katze im Sack kaufen". Dennoch können auch solche Verweisungen hinnehmbar sein, wenn sie sich unter Abwägung der Verwender- und Kundeninteressen als angemessene Regelungstechnik erweisen. Dabei ist eine etwaige Bindung des Verwenders an die externen Vorgaben zu beachten (zB Tarifbindung), oder sein Interesse an gleichförmiger Handhabung gegenüber den Kunden; die häufige Inhaltsänderung des Bezugstextes, die – ohne dynamische Verweisung – zu ständigen Änderungen (und erneute Einbeziehung) der AGB zwingen würde, sowie die Zugänglichkeit des Textes für den Kunden (Staudinger/Coester-Waltjen § 308 Nr 5 Rn 8). In diesem Sinne wurde eine Klausel gebilligt, die die Leistungen eines Heimträgers „nach dem jeweils gültigen Rahmenvertrag gem § 75 SGB XI" bestimmte (BGH NJW 2002, 507 ff; vgl übergreifend Oetker JZ 2002, 337 ff, 340 f; s auch Rn 699 ff zu den jetzigen „Wohn- und Betreuungsverträgen") sowie eine arbeitsvertragliche Verweisung auf den jeweils geltenden Tarifvertrag (BAG DB 2003, 2126 [implizit; keine Erwägungen zur Inhaltskontrolle]; vgl Diehn NZA 2004, 129, 134; Stoffels NZA 2004, Beil 1, S 19, 25 f; Thüsing/Lambrich NZA 2002, 1361, 1364; zu Verweisung auf Tarifverträge s auch Rn 219, 300 sowie Staudinger/Schlosser § 310 Rn 97, 113). 201

d) Heilung der Intransparenz durch Individualaufklärung

Nach Auffassung der *Rechtsprechung* kann die Intransparenz einer Klausel durch Aufklärung vor oder bei Vertragsschluss ausgeglichen, dh geheilt werden. Eine solche Aufklärung soll ohne weiteres im *Individualprozess* beachtlich sein (BGH ZIP 1996, 1289, 1291; BAG NJW 1994, 213, 214; ebenso Ulmer/Fuchs Rn 346); im *Verbands-* 202

Prozess steht sie einem Unterlassungsurteil zwar nicht entgegen, im anschließenden Folge-Individualverfahren kann eine Individualaufklärung jedoch entsprechend § 11 UKlaG eingewendet werden (BGH ZIP 1991, 1474, 1476; ULMER/FUCHS Rn 347; HEINRICHS, in: HADDING/HOPT 101, 112 f).

In der *Literatur* wird diese Heilungsmöglichkeit zT aus einer entsprechenden Anwendung des § 305b hergeleitet (KÖNDGEN NJW 1989, 943, 951; ablehnend vHOYNINGEN-HUENE Rn 203), zT aus § 305 Abs 1 S 3 analog (HEINRICHS, in: HADDING/HOPT 101, 112). Andere wollen die Individualaufklärung nur im Rahmen der Ausübungskontrolle gem § 242 (dazu Rn 36) berücksichtigen (vHOYNINGEN-HUENE Rn 203; WESTERMANN, in: FS Steindorff [1990] 817, 827 ff).

203 Der Berücksichtigung von Individualaufklärung steht nicht der generalisierend-typisierende Kontrollmaßstab der Inhaltskontrolle entgegen (dazu Rn 109 ff). Immerhin ist stets auch der Gesamtzusammenhang des Vertrages zu beachten (Rn 124 ff), zu dem auch Individualabreden gehören, wenn sie nach allgemeinen Grundsätzen kompensierungs- oder summierungsfähig sind (Rn 110 ff). Inhaltlich bedenkliche Belastungen des Vertragspartners können demnach nur durch sachliche Zusammenhänge, gleichwertige Vorteile ausgeglichen werden. Bei Unangemessenheit wegen *Intransparenz* kommt als ausgleichendes Korrelat (nur) eine anderweitige *Aufklärung* in Betracht, so dass die Grundsätze zur Kompensation durch Individualabrede entsprechend herangezogen werden können. Der Gleichgewichtigkeit eines sachlichen Vorteils entspricht hier die informationelle Geeignetheit der Aufklärung, die sich aus der Intransparenz der Klausel ergebenden Gefahren abzuwenden. Bezieht sich die Unklarheit inhaltlich auf die Rechte und Pflichten aufgrund einer Klausel, muss die Aufklärung das Verständnis des Vertragspartners insoweit auch wirklich gewährleisten (vgl BGH NJW 1996, 191, 192 [zu § 305c Abs 1]). Des Weiteren werden *mündliche* Erläuterungen vor oder bei Vertragsschluss zur Beseitigung einer Klauselintransparenz nur dann zuzulassen sein, soweit Informationen betroffen sind, die für die Abschlussentscheidung des Vertragspartners wesentlich sind (zB Effektivzins; Umfang einer Zweckerklärung bei Sicherungsgeschäften). Intransparenz bei Abwicklungsfragen kann hingegen auf diese Art nicht beseitigt werden, da Konflikte regelmäßig erst später auftreten – dann wird die Klausel gelesen, die mündlichen Zusatzinformationen sind vergessen oder werden sonst nicht richtig berücksichtigt. Erläuterungen *nach* Vertragsschluss, etwa erst im Rahmen von Streitigkeiten, können die Benachteiligung durch Intransparenz aber von vornherein nicht mehr beseitigen (vgl OLG Celle NJW-RR 1995, 1133). Da nur die wenigsten Daten ausschließlich der Abschlussentscheidung, alle anderen aber sowohl der Abschluss- wie Abwicklungstransparenz zugeordnet werden können (HEINRICHS, in: FS Trinkner [1995] 157, 166; ders, in: HADDING/HOPT 101, 111), bedarf es zur Heilung von Klauselintransparenz deshalb fast immer einer *schriftlichen* Zusatzaufklärung.

204 Wird demnach, wenngleich eingeschränkt, die Beseitigung von Klauselintransparenz durch zusätzliche Informationen des Verwenders zugelassen, so scheint es eine Frage der Konsequenz zu sein, in einem weiteren Schritt auch schon vorhandenes **Eigenwissen des Vertragspartners** zu berücksichtigen (so BGH ZIP 1996, 1289, 1291). Dies wäre jedoch verfehlt: Wie die sachliche Unangemessenheit einer Klausel ist auch ihre Intransparenz am Maßstab des *Durchschnittskunden* zu beurteilen (Rn 183; ULMER/FUCHS Rn 346). Individuelle Besonderheiten des konkret betroffenen Kunden sind grundsätzlich unbeachtlich; speziell über sein „Eigenwissen" bei Vertragsschluss wird im Einzelfall trefflich zu streiten sein. Ist eine Klausel für den Durchschnittskunden intransparent, so obliegt es dem Verwender, diese Intransparenz spätestens bei Vertragsschluss durch geeignete Aufklärung – wiederum ausgerichtet am Durchschnittshorizont – zu beseitigen. Sowenig er sich bei der Klauselfassung oder Individualaufklärung unterdurchschnittliches Verständnis des Kunden entgegenhalten lassen muss, sowenig entlastet ihn von seiner Obliegenheit überdurchschnittliches Wissen des Vertragspartners (Rn 183). Heilungsgegenstand ist die – generalisierend zu beurteilende – Intransparenz einer Klausel, nicht das Verständnisdefizit eines bestimmten Vertragspartners.

Im **Verbandsprozess** will der BGH Zusatzinformationen des Verwenders nur berück- **205**
sichtigen, wenn sie in den AGB selbst oder in einem anderen Schriftstück enthalten sind, das mit den AGB „in einem Formular zusammengefasst" ist (BGH ZIP 1997, 496, 497; vgl schon ZIP 1991, 1474, 1476; 1991, 1566, 1567. Zur Berücksichtigung anderer Zusatzinformationen im Folgeverfahren s oben Rn 202). Das erscheint etwas engherzig in Bezug auf solche Angaben, die – wie der Effektivzins bei Darlehen – stark situationsabhängig sind und deshalb nicht wie die AGB selbst vorgegeben werden können. In anderen Zusammenhängen lässt es der BGH genügen, wenn die AGB auf die Notwendigkeit zusätzlicher Informationen im Individualvertrag hinweisen und diese gewährleisten (Rn 114). Dieser Weg muss auch Darlehensbanken offenstehen, so dass der Effektivzins nicht unbedingt im selben Formular wie die AGB angegeben werden muss (zur Verweisungsproblematik bei AGB s Rn 202 f).

e) Transparenzgebot im unternehmerischen Verkehr

Auch wenn an die Verständnismöglichkeiten einer beruflich handelnden Person **206**
höhere Anforderungen zu stellen sind als beim privaten Durchschnittskunden, so besteht doch kein Anlass, Kaufleute und sonstige Berufspersonen gänzlich vom Schutz des Transparenzgebots auszunehmen (so aber Bruchner, in: Hadding/Hopt 124; Lutz 116 Fn 32). Dies folgt schon aus der Geltung des § 305c (als Ausprägung des Transparenzgebots) auch für den beruflichen Verkehr (Wolf/Wolf Rn 252) und entspricht der hM (vgl BGH ZIP 1990, 980, 981; NJW 1994, 1060, 1062; ZIP 1996, 1165, 1166; NJW 2007, 2176 Rn 19; NJW 2010, 3152 Rn 30; NJW 2012, 55 Rn 16; Köndgen NJW 1989, 943, 952). Allerdings sind die Transparenzanforderungen dem unternehmerischen Horizont anzupassen, was zu einer gewissen Lockerung führt (BGH NJW 1996, 2374, 2375; NJW 1999, 942, 944; OLG Saarbrücken NJW 2010, 880 f; krit Analyse der Rspr bei Berger/Kleine NJW 2007, 3526 ff). Insbesondere kann hier die Kenntnis rechtlicher und wirtschaftlicher Fachausdrücke regelmäßig vorausgesetzt werden (nicht aber Rechtsprechungsformeln wie „Kardinalpflichten", s Rn 199; Berger/Kleine NJW 2007, 3526, 3527 f wollen insoweit noch unterschiedliche Unternehmergruppen unterscheiden); gleiches gilt für die Bedeutung der üblichen Handelsklauseln (zu den Incoterms ausführlich Baumbach/Hopt, HGB, Handelsrechtliche Nebengesetze Nr 6). Ist eine mehrdeutige AGB-Klausel durch ständige Rechtsprechung inhaltlich konkretisiert und festgelegt, so bedarf es insoweit keiner weiteren Erläuterungen im Text der AGB (BGH NJW 1994, 1060, 1062 [Selbstbelieferungsklausel]). Im Ergebnis können bestimmte Klauseln, die gegenüber privaten Kunden wegen Intransparenz unwirksam sind, gegenüber beruflich oder gewerblich handelnden Kunden generell unbedenklich sein (KG WM 1991, 1250, 1252 für nachschüssige Tilgungsverrechnungsklauseln bei Wohnungsbaudarlehen). Die bloße Marktmacht (auch) des Kunden, die ihn in die Lage versetzt hätte, bei Vertragsabschluss

auf klarere Regelungen zu drängen, ist allein allerdings noch kein Grund, ihm den Schutz gegen Intransparenz gem § 307 Abs 1 S 2 zu versagen (BGH NJW 2012, 55 Rn 16).

f) Besonderheiten beim Verbrauchervertrag

aa) Grundlagen

207 Die **EG-RL 93/13/EWG** äußert sich ausdrücklich und in grundsätzlicher Form zum Transparenzgebot: Nach Art 5 S 1 müssen schriftliche Klauseln „stets klar und verständlich abgefasst sein"; Art 4 Abs 2 unterwirft auch Hauptleistungen und Äquivalenzverhältnis insoweit der Missbräuchlichkeitskontrolle, soweit es um ihre transparente Darstellung geht; schließlich findet sich schon im 20. Erwägungsgrund die Forderung nach klarer und verständlicher Vertragssprache und der Möglichkeit der Kenntnisnahme durch den Verbraucher (zur Umsetzung ins deutsche Recht s oben Rn 170).

bb) Systematische Zuordnung des gemeinschaftsrechtlichen Transparenzgebots

208 Im Gegensatz zur Auffassung des deutschen Gesetzgebers, der das gemeinschaftsrechtliche Transparenzgebot wie selbstverständlich sowohl der **Einbeziehungs- wie der Inhaltskontrolle** zugeordnet hat (so auch Brandner ZIP 1992, 1590, 1591; Eckert WM 1993, 1070, 1076), wird vereinzelt die These vertreten, es handele sich ausschließlich um ein Element der (sonst in der RL nicht geregelten) Einbeziehungskontrolle; bei der Inhaltskontrolle gem Art 3 Abs 1 RL sei der Transparenzaspekt nicht zu berücksichtigen (Heinrichs, in: FS Trinkner [1995] 157, 171 ff; vWestphalen EWG 1993, 161, 165; andeutungsweise, wenngleich iE offen Wolf/Wolf Art 5 RL Rn 1). Diese These ist aus verschiedenen Gründen nicht haltbar.

(1) Transparenz- und Informationspflichten stellen einen **zentralen Schutzansatz des europäischen Verbraucherschutzrechts** dar, der in nahezu allen einschlägigen Richtlinien seinen Niederschlag gefunden hat (zB Verbraucherrechte-RL 2011/83/EU Art 5 ff; Pauschalreise-RL 90/314/EWG Art 4 Abs 2; Teilnutzungs-RL 2008/122/EG Art 3 ff). Grundlage ist das Leitbild eines selbständigen, dh kritischen und sorgfältigen Verbrauchers (dazu oben Rn 5), der zur eigenverantwortlichen Interessenwahrung in der Lage ist, sofern er nur ausreichend informiert ist. Auch wenn sich Transparenz- und Informationspflichten bei vorformulierten Vertragsklauseln (anders als bei den in anderen RL geregelten Individualverträgen) stets mit dem Einwand auseinandersetzen müssen, dass solche Klauseln, insbesondere in der Form von AGB, von den Adressaten häufig nicht gelesen werden (dazu oben Rn 175 f), und auch wenn man berücksichtigt, dass die einschlägigen Bestimmungen in den Entwürfen der RL nicht von Anfang an, sondern erst relativ spät, als Reaktion auf Kritik aus dem nationalen Bereich vorgesehen waren (erstmalig RL-Vorschlag der Kommission vom 5. 3. 1992, ABl C 73 S 7; zur vorangehenden Kritik am Fehlen des Transparenzgebots im RL-E s nur Brandner/Ulmer BB 1991, 701, 705), so liegt es doch nahe, auch die Transparenzanforderungen der RL 93/13/EWG als Ausprägung dieses übergreifenden Leitprinzips des gemeinschaftsrechtlichen Verbraucherschutzes zu begreifen (so vor allem vWestphalen NJW 2013, 961, 964; Heinrichs NJW 1996, 2190, 2197; Nassall JZ 1995, 689, 692 f). Schon dieses grundlegende Gewicht des Transparenzaspekts im EG-Recht spricht gegen seine Ausblendung aus der Inhaltskontrolle.

(2) Auch die **historische, systematische und teleologische Auslegung** der RL selbst stützt die (wohl auch nicht mehr aufrechterhaltene) These von HEINRICHS nicht. Zwar legt die Entwurfsgeschichte in der Tat das Verständnis nahe, jedenfalls bei Art 5 S 1 handele es sich um das Rudiment einer zuvor weitergehend konzipierten Einbeziehungskontrolle (die Bestimmung wurde gemeinsam mit einem Art 5 Abs 2 aufgenommen, der die Einbeziehungskontrolle regelte; während Abs 2 später wegfiel [vgl jetzt aber Erwägungsgrund 20], blieb der frühere Abs 1 des Art 5 isoliert stehen). Andererseits bezeichnet schon Art 4 Abs 2 die Intransparenz eindeutig als Kriterium der Missbrauchskontrolle nach Art 3 Abs 1 (vgl OLG Celle NJW-RR 1995, 1133) – warum dies *nur* bei Hauptpflichten gelten soll, ist nicht ersichtlich. Ebensowenig sind die die Generalklausel des Art 3 Abs 1 konkretisierenden Maßgaben der RL auf den Art 3 Abs 2, 3 sowie Art 4 beschränkt (so aber HEINRICHS, in: FS Trinkner [1995] 157, 172 f) – auch Art 5 kann dem zwanglos zugeordnet werden. Im den Art 3 Abs 1 konkretisierenden Klauselanhang enthalten jedenfalls die Ziff i, k und m auch Transparenzaspekte. Diese drei Ziffern betreffen zu weit gefasste Gestaltungsvorbehalte des Verwenders, die wegen Intransparenz der Rechtsstellung des Vertragspartners auch nach § 307 unwirksam wären (vgl Rn 192). Die in Ziff i angesprochene Bestätigungsklausel wird im deutschen Recht zwar der Einbeziehungskontrolle zugeordnet, aber selbst hier wird eine Unangemessenheit auch iSv § 307 diskutiert (vgl STAUDINGER/SCHLOSSER § 305 Rn 102). Die RL jedenfalls stuft Klauseln gem Ziff i als potenziell *missbräuchlich* iSv Art 3 Abs 1 ein (Art 3 Abs 3 RL). Diese Auslegung der RL stimmt mit der für das deutsche Recht nahezu unstreitig gewordenen Erkenntnis überein, dass es keine scharfe Trennungslinie zwischen Einbeziehungs- und Inhaltskontrolle gibt und insbesondere das Transparenzgebot auf beiden Ebenen berücksichtigt werden muss. **209**

(3) Schließlich ist zu beachten, dass die RL ein **eigenständiges Konzept der Einbeziehungskontrolle nicht kennt**; gleiches gilt für manche nationalen Rechte innerhalb der EU (vgl den rechtsvergleichenden Überblick bei MünchKomm/BASEDOW vor § 305 Rn 22 ff; ULMER/HABERSACK Einl Rn 105 ff; WOLF/PFEIFFER Einl Rn 47 ff). Es ist deshalb zu erwarten, dass die Gerichte anderer Staaten, aber auch der EuGH Transparenzprobleme wie selbstverständlich im Rahmen der Missbrauchskontrolle nach Art 3 Abs 1 RL abhandeln werden (so jetzt deutlich EuGH, Urt v 26. 4. 2012 – Rs C-472/10 [NFH v Invitel] Rn 27 ff). **210**

Als Ergebnis ist festzuhalten, dass das Transparenzgebot als Kriterium der Inhaltskontrolle auch in der RL 93/13/EWG festgeschrieben und insoweit bei Verbraucherverträgen zu beachten ist. Zur hieraus folgenden Pflicht zur richtlinienkonformen Auslegung sowie gegebenenfalls Vorlage an den EuGH s Rn 68 ff, 78 ff.

cc) Inhalt und Reichweite des gemeinschaftsrechtlichen Transparenzgebots

Die Transparenzgebote der **RL** und des **deutschen AGB-Rechts stimmen in wesentlichen Punkten überein** (HEINRICHS NJW 1996, 2190, 2197; PALANDT/GRÜNEBERG § 310 Rn 26; ULMER/FUCHS Rn 354). Dies gilt für die Ausrichtung am Verständnishorizont des Verbrauchers, der nicht nur im Gemeinschaftsrecht, sondern auch als „Durchschnittsverbraucher" im Sinne deutschen AGB-Rechts als grundsätzlich verständig und selbstverantwortungsfähig vorzustellen ist (oben Rn 5, 208; vgl Einzelbeispiele bei Pfeiffer NJW 2011, 1 ff [„Was kann ein Verbraucher?"]). Eine Aufgliederung in verschiedene „Verbrauchergruppen" mit je typischem Verständnisvermögen ist bisher nicht propagiert **211** worden (vgl Pfeiffer NJW 2011, 1, 3 ff). Die konkreten Umstände bei Vertragsschluss sind auch im Lichte von § 310 Abs 3 Nr 3 nicht weitergehend zu beachten als auch sonst bei der Transparenzkontrolle (s Rn 203; vgl Borges, Inhaltskontrolle 70 ff, 126 ff, 136). Bezugspunkt der Kontrolle ist auch beim Verbrauchervertrag die Rechtsposition des Vertragspartners und nicht Marktschutz als solcher (oben Rn 175). Auch wenn sich die RL als Instrument zur Herstellung des europäischen Binnenmarktes versteht (Erwägungsgrund 1), so wird dieses Ziel doch ausschließlich *über* den Verbraucherschutz und nicht neben ihm verfolgt (nicht ganz klar insoweit Nassall JZ 1995, 681, 692). Gemeinsam ist die Erstreckung der Transparenzkontrolle auf die Hauptpflichten des Vertrages (Abs 3 S 2 sowie Art 4 Abs 2 RL; dazu näher Rn 315 ff), und schließlich sollte auch das Transparenzgebot des Gemeinschaftsrechts nicht – wie Art 5 S 1 RL suggerieren könnte – auf *schriftliche* Vertragsbedingungen beschränkt werden: Immerhin fordert Erwägungsgrund 11 der RL gleichen Schutz bei mündlichen und schriftlichen Verträgen (ebenso Wolf/Wolf Art 5 RL Rn 5; Ulmer EuZW 93, 337, 344 Fn 71; Heinrichs, in: FS Trinkner [1995] 157, 173 f; ähnlich im Ergebnis auch Kapnopoulou 145 ff; das letzte Wort hat insoweit natürlich der EuGH. Zur Bedeutung der Schriftlichkeit in Art 5 S 1 s noch unten Rn 213 f).

212 Diese Übereinstimmungen dürfen jedoch nicht zu der Auffassung verleiten, mit der Beachtung des deutschen Transparenzgebots sei stets und automatisch auch der EG-RL Genüge getan. Welches die Transparenzanforderungen der RL („klar und verständlich") im Einzelnen sind, ergibt sich aus der **autonomen Auslegung des Gemeinschaftsrechts** (Rn 66), so dass Deckungsgleichheit der Maßstäbe nicht ohne weiteres unterstellt werden kann. Als problematisch wurde insbesondere angesehen, dass das deutsche Recht ausdrücklich einen Bezug zwischen Unklarheit und Benachteiligung verlangt (Abs 1 S 2, Abs 3 S 2) und demgemäß Unklarheit auch nur zur unangemessenen Benachteiligung führen „kann", während in der EG-RL von dergleichen nicht die Rede ist (Klauselwerke/Pfeiffer „Änderungen AGB-rechtlicher Vorschriften durch die Schuldrechtsreform" [2002] Rn 24; Thode NZBau 2002, 360, 365; Kappus NJW 2003, 322). Der Unterschied dürfte allerdings zu einem scheinbaren schrumpfen, wenn man die Benachteiligung bereits (im Regelfall) aus der Intransparenz als solcher herleitet (Rn 174 ff). Entsprechend der oben dargestellten Kompetenzverteilung zwischen EuGH und nationalen Gerichten (Rn 65 ff) werden Interpretationsfragen, die sich unabhängig vom maßgeblichen nationalen Recht beantworten lassen (wie etwa auch die vorerwähnte „Schriftlichkeit" gem Art 5 S 1 RL, oder Verständlichkeitsanforderungen im Verkehr mit Ausländern bzw im Ausland [Rn 213 f]; des Weiteren Zulässigkeit des Gebrauchs unbestimmter Rechtsbegriffe oder der Verweisung auf anderweitige Regelungen [dazu Heinrichs NZM 2003, 11; Palandt/Grüneberg § 310 Rn 26]), vom EuGH im **Vorabentscheidungsverfahren** zu entscheiden sein, während die Klauselbeurteilung im Rahmen des umgebenden nationalen Rechts auch am Maßstab des gemeinschaftsrechtlichen Transparenzgebots den deutschen Gerichten obliegt. Vorhandene Erkenntnisse des EuGH sind dabei im Wege der **richtlinienkonformen Auslegung** zu berücksichtigen (s Rn 78 ff).

213 Dabei zeichnet sich schon jetzt die Möglichkeit einiger divergierender Einzelfragen ab:

α) Das Sprachenproblem

Das Sprachenproblem im internationalen Rechtsverkehr wird regelmäßig im Rahmen der Einbeziehungskontrolle erörtert (s Staudinger/Schlosser § 305 Rn 105, 133;

Ulmer/Schmidt Anh § 305 Rn 13 ff; Spellenberg IPRax 2007, 98 ff), kann aber auch für die Verständlichkeit von AGB iR der Inhaltskontrolle Bedeutung gewinnen (Reich NJW 1995, 1857, 1860). Angesichts der Sprachenvielfalt in der EU und des Umstands, dass die RL auf die Errichtung des Binnenmarktes zielt (Erwägungsgrund 1), wird für möglich gehalten, dass das gemeinschaftsrechtliche Transparenzgebot in weiterem Umfang sprachliche Zugänglichkeit der AGB auch für Ausländer fordert als das deutsche Recht (Heinrichs NJW 1996, 2190, 2197; Palandt/Grüneberg § 310 Rn 26; Reich NJW 1995, 1857, 1860). Nach diesem genügt es, wenn Hinweise auf die AGB und diese selbst in der Sprache des Landes, dem der Vertrag kollisionsrechtlich unterliegt, oder in der Verhandlungssprache verfasst sind. Übersetzungen in eine davon abweichende Muttersprache des Vertragspartners sind nicht erforderlich (BGH NJW 1983, 1489; 1995, 190; Bamberger/Roth/Becker § 305 Rn 61; näher Staudinger/Schlosser § 305 Rn 105). Nun wird man auch gemeinschaftsrechtlich den Unternehmen kaum ansinnen können, ihre AGB stets in allen EU-Sprachen vorrätig zu halten (Heinrichs NJW 1996, 2190, 2197; zur griechischen Umsetzung des Gemeinschaftsrechts insoweit Kapnopoulou 244 f). Wer allerdings gezielt auf anderssprachigen Märkten wirbt und Verträge schließt, kann schon nach deutschem Recht die Einbeziehung seiner AGB nur dann erreichen, wenn sie in der Sprache des Ziellandes verfasst sind (Staudinger/Schlosser § 305 Rn 105) – diese Interpretation kann auch dem gemeinschaftsrechtlichen Transparenzgebot unterlegt werden. Wer auf dem gesamten Binnenmarkt agiert, kommt dann um eine Übersetzung der AGB in alle EU-Sprachen nicht herum. In Zweifelsfragen ist eine Vorlage an den EuGH geboten (Rn 212).

Wenden sich EU-Ausländer an ein Unternehmen, das in seiner Geschäftstätigkeit 214
auf den deutschen Markt beschränkt ist, so wird es, wie im deutschen Recht, grundsätzlich auf die Vertrags- oder Verhandlungssprache ankommen. Bei erkennbaren Sprachschwierigkeiten des Verbrauchers wird man aus dem Transparenzgebot der RL aber möglicherweise ein weitergehendes **„Verständlichkeitsgebot"** (Reich NJW 1995, 1857, 1860) folgern, dem durch Individualaufklärung Rechnung zu tragen wäre (Art 4 Abs 1 stellt ausdrücklich auch auf die Individualumstände ab; zur entsprechenden, in Ausnahmefällen bejahten Pflicht bei Individualverträgen vgl BGH ZIP 1997, 1058, 1061). Auch Gewicht und Tragweite des Vertrags werden dabei zu berücksichtigen sein (vgl Heinrichs NJW 1996, 2190, 2197; Palandt/Grüneberg § 310 Rn 26). Ein pauschales Gebot, im Inland grundsätzlich die deutsche Sprache zu benutzen, könnte hingegen die Grundfreiheiten des EGV (Art 28) verletzen (EuGH EuZW 1999, 464).

β) Rechtserläuterungen

Nach deutschem Recht müssen AGB nicht Regelungen und Grundsätze aufführen, 215
die sich aus dem objektiven Recht ohnehin ergeben (Rn 199). Allerdings kann es bei Verbrauchern schon generell geboten sein, nicht allgemein vertraute Rechtsbegriffe „erklärend zu definieren" (vgl BGH NJW 2010, 889 Rn 14 [„Textform"]). Liegen Kenntnis bzw Kenntnisverschaffung insoweit im Verantwortungsbereich des Vertragspartners, so kann Gleiches nicht ohne weiteres für den Verbraucher auf europäischer Ebene postuliert werden. Ist (kraft Rechtswahl oder objektiver Anknüpfung) Vertragsstatut nicht das Heimatrecht des Verbrauchers und sind die AGB vor dem Hintergrund des Vertragsstatuts formuliert, können aus der Verschiedenheit der nationalen Rechtsordnungen folgende Verständnisprobleme nicht einseitig dem Verantwortungsbereich des Verbrauchers zugeschoben werden. Andererseits dürfte auch aus dem Transparenzgebot der Richtlinie nicht die Anforderung an den Gewerbetrei-

benden zu entnehmen sein, gegenüber EU-Ausländern stets umfangreiche Informationen über die objektive Rechtslage vorzusehen.

216 Zur **Problembewältigung** bieten sich vor allem zwei Wege an: Im europäischen Rechtsverkehr ist – weitergehender als im innerdeutschen Bereich (Rn 198, 200 f) – auf **rechtliche Fachausdrücke und Bezugnahmen soweit wie möglich zu verzichten**, die an einem nationalen Rechtshorizont ausgerichtet sind. Art 5 S 1 RL (und damit § 307 in richtlinienkonformer Auslegung) sind so zu lesen, dass die vorformulierte Klausel „stets *aus sich heraus* klar und verständlich abgefasst sein" muss (hervorgehobener Teil hinzugefügt). Des Weiteren wird man verlangen müssen, dass in vorformulierten Vertragsbedingungen gegenüber Verbrauchern solche **Rechtsbegriffe und -institutionen**, die nicht als gesamteuropäisches Gemeingut und deshalb als allgemeinverständlich angesehen werden können (vgl oben Rn 199), **näher erläutert werden**. Das gilt insbesondere für Institutionen des deutschen Rechts, die ausländischem Rechtsdenken nicht oder nicht gleichermaßen geläufig sind (wie zB Sicherungsabtretung, Eigentumsvorbehalt, Grundsätze der Sicherungsverwertung), zumal wenn sie sich nicht aus dem Gesetz, sondern erst aus Richterrecht ergeben (Nassall JZ 1995, 689, 693). Insoweit wird die Balance zu finden sein zwischen transparenzerhöhenden Erläuterungen und transparenzhinderlicher Umfangserweiterung (vgl Rn 194 f).

γ) Heilung durch Individualaufklärung

217 Die Bezugnahme auf „schriftliche" Klauseln in Art 5 S 1 RL könnte so verstanden werden, dass die Beseitigung von Intransparenz erst durch mündliche oder individualvertragliche Aufklärung (vgl Rn 202) gemeinschaftsrechtlich nicht zugelassen ist. Hierfür könnte auch das Ziel der RL, die Gewährleistung des europäischen Binnenmarktes, sprechen (Nassall JZ 1995, 689, 692 f). Auf der anderen Seite ordnet die RL selbst die Beachtung aller Einzelfallumstände bei der Beurteilung einer Klausel an (Art 4 Abs 1; dazu oben Rn 116), und es hat sich gezeigt, dass der rechtlichen und sprachlichen Vielfalt in Europa nicht durchgehend schon im Text der AGB Rechnung getragen werden kann – „Transparenz-Nachbesserungen" im Einzelfall sind unvermeidlich. Deshalb sollte der RL insoweit nicht grundsätzlich anderer Inhalt beigemessen werden als dem deutschen Recht (zu diesem Rn 202 ff). Allerdings wird auch diese Frage letztlich vom EuGH zu entscheiden sein.

g) Besonderheiten beim Arbeitsvertrag

218 Mit der grundsätzlichen Erstreckung der AGB-Kontrolle auch auf Arbeitsverträge (§ 310 Abs 4 S 2) gilt für diese ohne weiteres auch das allgemeine Transparenzgebot des § 307 Abs 1 S 2. Dies gilt jedoch nicht für die gemeinschaftsrechtlichen Transparenzanforderungen beim Verbrauchervertrag (dazu Rn 207 ff): Auch wenn man Arbeitnehmer generell als „Verbraucher" einstuft (vgl Vorbem 16 zu §§ 307 ff; Staudinger/Krause Anh zu § 310 Rn 108 ff), sind die vorstehenden **Sonderregeln zum Transparenzgebot bei Verbraucherverträgen** doch **nicht generell** auch **auf Arbeitsverträge anzuwenden**. Diese Regeln basieren auf den Transparenzanforderungen der RL 93/13/EWG, die jedoch – wie das übrige Gemeinschaftsrecht – auch unselbständig beruflich Handelnde vom Verbraucherbegriff ausschließt (Art 2 b RL). Die Verbrauchereigenschaft von Arbeitnehmern kann also nur für das deutsche Recht (§ 13) gelten (Bülow/Artz NJW 2000, 2049, 2050). Dieses enthält AGB-rechtliche Sonderregeln für Verbraucher jedoch nur in § 310 Abs 3. Abgesehen von der Maßgeblichkeit auch der

Einzelfallumstände (§ 310 Abs 3 Nr 3; vgl Rn 217) ist aus dieser Vorschrift für die Bedeutung des Transparenzgebots nichts zu entnehmen.

Die nach § 310 Abs 4 S 2 bei arbeitsvertraglichen AGB zu berücksichtigenden **Besonderheiten des Arbeitsrechts** können sich aber auch im Bereich des Transparenzgebots auswirken. Insoweit ist zu beachten, dass das BAG schon vor dem SchuModG Grundsätze zur nötigen Klarheit von vertraglichen Regelungen aufgestellt hatte, die den besonderen Verhältnissen im Arbeitsleben Rechnung tragen (vgl BAG DB 2003, 2126, 2127 mwNw; zum Streit, ob nur rechtliche oder auch tatsächliche „Besonderheiten" von § 310 Abs 4 S 2 in Bezug genommen sind, vgl COESTER Jura 2005, 251, 256 mwNw). Diese Grundsätze könnten sich deshalb über § 310 Abs 4 S 2 auch unter neuem Recht durchsetzen (ausführlich und Einzelheiten bei STAUDINGER/KRAUSE Anh zu § 310 Rn 238 ff). 219

IV. Die Konkretisierungen des Abs 2

1. Funktion und Bedeutung des Abs 2

a) Inhalt und Zweck

In Abs 2 sowie den anschließenden §§ 308, 309 hat der Gesetzgeber es unternommen, die Generalklausel des Abs 1 schrittweise zu konkretisieren; der Wertungsfreiraum wird zunehmend verengt bis hin zu den überwiegend schlicht subsumtionsfähigen Tatbeständen des § 309 (vgl Vorbem 20 ff zu §§ 307 ff; FASTRICH 88 ff; MÖSLEIN, Dispositives Recht [2011] 215 f). Als erste Stufe der Konkretisierung haben die beiden Tatbestände des Abs 2 zwar selbst noch generalklauselartige Weite, geben dem Rechtsanwender aber bereits bestimmte Richtpunkte und Maßstäbe für die Angemessenheitskontrolle vor. Damit wollte der Gesetzgeber – wenngleich seinerseits in Anlehnung an die bisherige Rechtsprechung – der Praxis **Orientierungshilfen** geben und die Rechtsanwendung erleichtern (BT-Drucks 7/3919, 23). 220

Maßstab der Klauselkontrolle ist in beiden Fällen ein **objektives Gerechtigkeitsmodell**: in Nr 1 ein im objektiven Recht vorfindbares, das in Abwesenheit der Klausel gelten würde, in Nr 2 ein aus der „Natur des Vertrages" vom Rechtsanwender zu erarbeitendes Modell angemessenen Interessenausgleichs. Der Gesetzgeber ist aber nicht bei der Vorgabe dieser Maßstäbe stehengeblieben, er hat beide Unterfälle der Generalklausel zu eigenständigen Normen ausgeformt. Auf **tatbestandlicher Ebene** werden sowohl die Maßstäbe selbst noch konkretisiert (Nr 1: „wesentliche Grundgedanken" der abbedungenen Regelung; Nr 2: „wesentliche Rechte oder Pflichten" aus der Natur des Vertrags) wie auch die Grenze zwischen hinnehmbaren und unangemessenen Abweichungen (Nr 1: „nicht zu vereinbaren"; Nr 2: „Gefährdung des Vertragszwecks"). Die beiden Tatbeständen gemeinsame **Rechtsfolge** ist im Eingangssatz vorweggenommen: Der Begriff „unangemessene Benachteiligung" nimmt unmittelbar Bezug auf Abs 1 und ist damit Kurzform für die gesetzliche Aussage: „Eine Bestimmung benachteiligt den Vertragspartner entgegen den Geboten von Treu und Glauben unangemessen und ist deshalb unwirksam, wenn sie …" Allerdings soll diese Rechtsfolge nach dem Gesetzeswortlaut nur „im Zweifel" eintreten. Dies hat zu Unsicherheiten über die systematische und methodische Bedeutung des Abs 2 geführt. 221

b) Systematische und methodische Bedeutung

222 Vereinzelt wird Abs 2 wegen der nur „im Zweifel“ anzunehmenden Unangemessenheit als **Beweislastregelung** angesehen, die sich nicht nur auf die tatsächlichen Grundlagen der Entscheidung beziehe, sondern auch auf die Wertungsfrage: Ein non liquet soll insoweit zu Lasten des Verwenders ausschlagen (Wolf/Wolf Rn 100; vgl Wolf JZ 1974, 41, 42 f; Palandt/Grüneberg Rn 25; Pres 224). Diese Auffassung wird zu Recht überwiegend abgelehnt. Einer Beweislastregelung zugänglich sind nur Tatsachen (dazu im Rahmen von Abs 2 unten Rn 228), eine rechtliche Bewertung muss und kann nicht „bewiesen“ werden. Auch wenn sich schwierige Abwägungs- und Wertungsfragen stellen, so müssen diese vom Richter verantwortlich entschieden werden (Stoffels Rn 498; vHoyningen-Huene Rn 237; Ulmer/Fuchs Rn 195; Becker 37 ff; Oechsler 313; vgl auch Canaris, in FS Ulmer [2003] 1073, 1079).

Verbreiteter ist die Deutung des Abs 2 als **Unwirksamkeitsvermutung**, die an die Erfüllung der Tatbestände von Nr 1 oder Nr 2 anknüpfe, aber aus besonderen Gründen widerlegbar sei (Palandt/Grüneberg Rn 25; Wolf/Wolf Rn 96; Soergel/Stein Rn 31; Jauernig/Stadler Rn 10; Fehl 114; Zoller 73; vgl BT-Drucks 360/75, 23; Trinkner BB 1973, 1502). Hiergegen richten sich die gleichen, vorerwähnten Einwände. In Betracht käme eine Rechtsvermutung, die sich jedoch nur auf das Bestehen von Rechten (zB des Eigentums gem § 1006) beziehen kann, nicht auf eine verantwortliche Konkretisierung wertausfüllungsbedürftiger Tatbestände (vgl vor allem Becker 39 ff; s auch Canaris, in: FS Ulmer [2003] 1073, 1079; Stoffels Rn 498; vHoyningen-Huene Rn 238; Ulmer/Fuchs Rn 195; Oechsler 313 f).

223 Die rechtsmethodischen Einwände gegen die vorgenannten Deutungen werden vermieden, wenn die Funktion des Abs 2 in einer **Umkehr der Argumentationslast** gesehen wird: Während im Rahmen von Abs 1 die Unangemessenheit einer Regelung positiv zu etablieren sei, werde sie bei Erfüllung des Tatbestandes von Abs 2 *indiziert* – nicht weniger, aber auch nicht mehr. Für die abschließende Gesamtwürdigung sei zu Abs 1 zurückzukehren, wo dann nur noch triftige, klar überwiegende Gesichtspunkte *für* die Klauselregelung diese vor dem Verdikt der Unangemessenheit retten könnten (Canaris, in: FS Ulmer [2003] 1073, 1078 ff; ähnlich Ulmer/Fuchs Rn 195; im Ansatz auch schon Krebs AcP [1995] 173, 181).

224 Zunehmende Gefolgschaft findet in neuerer Zeit die von Becker entwickelte Interpretation des Abs 2 als **gesetzliches Regelbeispiel** (Becker 41 ff; dem folgend vor allem vHoyningen-Huene Rn 236, 239; Ulmer/Fuchs Rn 194; Bamberger/Roth/Schmidt Rn 32; bei Palandt/Grüneberg Rn 25 werden Regelbeispielstechnik und Unwirksamkeitsvermutung miteinander verbunden). Demnach stelle Abs 2 eine Sonderregelung gegenüber Abs 1 dar, die eine Verkürzung und Erleichterung des richterlichen Prüfungsvorgangs bezwecke (Ulmer/Fuchs aaO: „Kanalisierungsfunktion“). Die allgemeine und umfassende Interessenabwägung nach Abs 1 werde durch konkrete Prüfungsgesichtspunkte und eine Regelwertung ersetzt, die in Abwesenheit besonderer Umstände die Beurteilung einer Klausel abschließend erledige. Die Gesetzesformulierung „im Zweifel“ (nach Becker 50 zu lesen im Sinne von „in der Regel“) berechtige und verpflichte jedoch den Richter zu prüfen, ob solche besonderen tatsächlichen Umstände vorhanden und ob sie geeignet sind, die Richtigkeit der Regelwertung in Frage zu stellen (Widerlegungsprüfung). Bejahendenfalls seien damit die Regelwertung entkräftet und Abs 2 funktionslos geworden; nunmehr bedürfe es einer umfassenden Interes-

senabwägung und Entscheidung nach Abs 1 (zusammenfassend zum Prüfungsvorgang Becker 136 f; vgl auch vHoyningen-Huene Rn 239. Ähnlich vereinzelt die Rechtsprechung, vgl BGH BB 1984, 1449, 1451; JZ 1993, 629 f; **krit** zu dieser Sichtweise Stoffels Rn 500; Canaris, in: FS Ulmer [2003] 1073, 1080 [mit Hinweis auf die Regelbeispiel-Technik im Strafrecht]).

Der Sache nach folgt diesem Ansatz auch die *Rechtspraxis*: mit inzwischen schon formelhaften Wendungen wird regelmäßig zunächst ein Tatbestand des Abs 2 (Unvereinbarkeit mit wesentlichen Grundgedanken, S 1, oder Vertragszweckgefährdung, S 2) konstatiert und sodann – ohne nähere inhaltliche Ausführungen – eine unangemessene Benachteilung iSv Abs 1 festgestellt (vgl nur BGH NJW 2003, 1447, 1448; 2005, 1275 f; 2005, 1645, 1647 f; 2013, 995 Rn 41; s aber noch unten Rn 227).

Kritik: Dieses Verständnis des Abs 2 als dem Abs 1 vorgelagerte Sondervorschrift, 225
die die Anwendung des Abs 1 zwar modifiziert, aber – auf zweiter Stufe – nicht entbehrlich macht, erscheint methodisch stimmig, vermag allerdings nicht vollständig zu überzeugen (anders die Bedeutung des Anhangs zur EG-Klausel RL, s Rn 122). Sie verfehlt zum einen die Realität der Rechtsanwendung, die häufig „§ 307" (bzw früher § 9 AGBG) mehr oder weniger undifferenziert der konkreten Klauselkontrolle zugrunde legt (s Rn 84). Der dagegen naheliegende Vorwurf methodischer Unsauberkeit verliert an Gewicht, wenn man sich vergegenwärtigt, dass die Tatbestände der Inhaltskontrolle in §§ 307–309 (wie auch die sonstigen Schutzmechanismen etwa der §§ 305 Abs 2, 305b, 305c Abs 1) nicht scharf voneinander gesondert, sondern überlappend ausgestaltet und Ausdruck desselben Grundgedankens (§ 307 Abs 1) sind. Zum zweiten und vor allem aber wirkt die von Becker propagierte, letztlich aber von allen dargestellten Auffassungen befürwortete und von der Rechtsprechung praktizierte Funktionsaufteilung zwischen Abs 2 und 1 konstruiert und überflüssig. Die Tatbestände des Abs 2 Nr 1 und 2 enthalten jeweils zentrale Wertungsbegriffe (Nr 1: „nicht zu vereinbaren"; Nr 2: „Vertragszweckgefährdung"), die alle zur Klauselbeurteilung relevanten Gesichtspunkte in sich aufnehmen (näher Rn 253 ff, 278 ff). Es erschiene befremdlich, wenn beispielsweise der Richter im Rahmen der Nr 1 zunächst unter Abstrahierung von den sachlichen, strukturellen oder persönlichen Besonderheiten des Vertrags (zB Verkauf gebrauchter Sachen unter Kaufleuten) die Unvereinbarkeit einer AGB-Bestimmung mit wesentlichen Grundgedanken der gesetzlichen Regelung festzustellen hätte, um sodann unter Einbeziehung eben dieser Besonderheiten zu der Erkenntnis zu gelangen, dass Abs 2 Nr 1 auf die vorliegende Klausel gar nicht passt und eine Beurteilung nach Abs 1 vorzunehmen ist. Ob gesetzliche Regelungen im Sinne der Nr 1 angesichts etwaiger Besonderheiten überhaupt auf den Vertrag anwendbar wären, ist schon im Rahmen des Tatbestandes von Nr 1 zu entscheiden (näher Rn 246); *sind* sie anwendbar, so kann die dadurch begründete Maßgeblichkeit des Regelungskonzepts der Nr 1 nicht durch erneuten, abschließenden Rekurs auf tatsächliche Besonderheiten „entkräftet" werden (vgl Oechsler 313 f). Diese müssen vielmehr bei der Unvereinbarkeitsprüfung berücksichtigt werden (Rn 252). Wird der normative Kontrollmaßstab gem Nr 2 aus der „Natur des Vertrages" entwickelt, so fließen dessen Besonderheiten von vornherein in die Beurteilungsgrundlagen mit ein, für eine spätere „Widerlegungsprüfung" fehlt schon der Ansatz (das erkennt Becker selbst, 68).

Eigene Position: Abs 2 normiert konkrete Anwendungsfälle der Generalklausel des 226

Abs 1, die – gäbe es Abs 2 nicht – in deren Rahmen im Wege der Ausdifferenzierung hätten entwickelt werden müssen (und in der Tat von der vorgesetzlichen Rechtsprechung ansatzweise schon entwickelt worden sind). Die Tatbestände des Abs 2 lassen dem Rechtsanwender zwar noch erheblichen Wertungsspielraum, sind aber als eigenständige, in sich abgeschlossene **Sondertatbestände der Inhaltskontrolle** konzipiert, die für ihren Bereich die Angemessenheitsbeurteilung endgültig determinieren (vergleichbar etwa dem Verhältnis von § 138 Abs 2 zu 1) (wie hier auch STOFFELS Rn 500). Die Prüfung, ob gesetzliche Regelungsmuster auf den konkreten Vertragstyp passen, ist ebenso dem Tatbestand integriert (Rn 243 ff) wie eine umfassende, verantwortliche Interessenabwägung – sie findet ihren Platz in den Prüfungsstationen der „Unvereinbarkeit" (Nr 1; s Rn 253) bzw „Vertragszweckgefährdung" (Nr 2; s Rn 278 f); die tatbestandlichen Vorgaben des Abs 2 steuern jedoch den Beurteilungsblickwinkel und engen ihn ein, so dass Abs 2 durchaus die vom Gesetzgeber beabsichtigte Orientierungs- und Erleichterungsfunktion für die Rechtspraxis entfaltet (Rn 220 f). Damit steht Abs 2 gesetzessystematisch und methodisch in einer Reihe mit § 308.

Mit dem gesetzlichen Merkmal „im Zweifel" wollte der Gesetzgeber ersichtlich der Gefahr steuern, dass bei der Anwendung des Abs 2 mit seinem Bezug auf objektive Gerechtigkeitsmodelle die tatsächlichen Besonderheiten des konkreten Vertrags aus dem Blick geraten. Die Zuordnung dieses Merkmals zur Rechtsfolgenseite ist jedoch normsystematisch verfehlt; der intendierte „Vorbehalt des Besonderen" ist überdies in den Tatbeständen der Nr 1 und 2 hinreichend sichergestellt, so dass die gesetzliche Wendung „im Zweifel" insgesamt überflüssig und funktionslos ist (ebenso STOFFELS Rn 500). Es ist CANARIS zuzugeben, dass ein solcher Befund methodologisch „bedenklich" ist, weil der Gesetzesanwender nicht willkürlich einzelne Tatbestandsmerkmale ignorieren kann (FS Ulmer [2003] 1073, 1076). Andererseits mangelt es nicht an anderweitigen Beispielen funktionsloser Gesetzeswendungen, und mit der hier vertretenen Auffassung wird der gesetzlich vorgeschriebene Wertungsvorgang nicht verkürzt – es geht nur um die gesetzessystematische Verortung der (unverzichtbaren) abschließenden Gesamtabwägung der beiderseitigen Parteieninteressen. Schließlich wird bei der zweistufigen Prüfung der Abätze 2 und 1 gem der hM das Tatbestandsmerkmal der „Unvereinbarkeit" (Abs 2 Nr 1) bzw das der „Vertragszweckgefährdung" (Abs 2 Nr 2) tendenziell auf Null reduziert (dazu noch Rn 253). Es bleibt demnach dabei: Die Tatbestände der Nr 1 und 2 sind so anzuwenden, wie sie formuliert sind; sind sie in concreto erfüllt, bestehen weder Anlass noch Rechtfertigung, die Rechtsfolgen der Klauselunwirksamkeit zu relativieren im Sinne einer „Vermutung" oder eines „Indizes" (vgl BGH NJW 1982, 644, 645; BB 1984, 941; BECKER 48, 50) oder sie unter den Vorbehalt einer „Widerlegungsprüfung" zu stellen.

c) Verhältnis zu Abs 1

227 Das Verhältnis zu Abs 1 ergibt sich als Konsequenz aus dem vorstehend dargelegten Gesetzesverständnis. Abs 2 ist für seinen Bereich **vorrangig** (so im Ergebnis auch BECKER 46 f, 203; vHOYNINGEN-HUENE Rn 236), auch wenn die Rechtspr häufig pauschal mit „§ 307 Abs 1" arbeitet selbst in Fällen, in denen offenkundig ein Sondertatbestand des Abs 2 Nr 1 oder 2 vorliegt (vgl zuletzt BGH NJW-RR 2005, 1496 ff [durchgehend]). Eines Rückgriffs auf Abs 1 zur Begründung der Unwirksamkeitsfolge bedarf es ebenso wenig (vgl Rn 221; anders BGH BB 1982, 72, 73) wie zur Durchführung einer

Gesamtinteressenabwägung – Abs 2 ist keine unvollständige Hilfsnorm. Dem folgt wenn nicht konzeptionell, so aber doch der Sache nach auch die **Rechtspraxis**, die nach Prüfung und Bejahung des Abs 2 den Abs 1 nur noch formelhaft miterwähnt, aber nicht mehr sachlich prüft (besonders deutlich BGH NJW 2013, 995 Rn 41 und 51 [Unvereinbarkeit mit „wesentlichen Grundgedanken der gesetzlichen Regelung *und damit* [Hervorhebung v Verfasser] eine unangemessene Benachteilung iSv § 307 I 1 …"]).

Eine nach Abs 2 begründete Unwirksamkeit kann auch nicht über eine erneute Abwägung nach Abs 1 in Frage gestellt werden (vgl oben Rn 225). Allerdings behält Abs 1 seine eigenständige Bedeutung für alle Abwägungsaspekte, die vom Tatbestand des Abs 2 nicht erfasst werden (s Rn 85 ff). In der Regel können die im Rahmen von Abs 1 erörterten Beurteilungsgrundsätze und Wertungsgesichtspunkte (Rn 152 ff) jedoch schon bei der Abwägung im Rahmen des Abs 2 berücksichtigt werden – insoweit bleibt es bei der ausschließlichen Maßgeblichkeit dieser Tatbestände.

Zum Verhältnis der Nr 1 und Nr 2 innerhalb des Abs 2 s unten Rn 263.

d) Darlegungs- und Beweislast

Hinsichtlich der Darlegungs- und Beweislast gilt für Abs 2, entgegen verbreiteter Auffassung, nichts grundsätzlich anderes als für Abs 1 (s oben Rn 104, 222). Die Rechts- und Wertungsfragen in Nr 1 und 2 sind einer Beweislastregelung ohnehin unzugänglich; die tatsächlichen Grundlagen hat derjenige beizubringen und gegebenenfalls zu beweisen, der daraus Vorteile für seine Position ableitet. Vom Vertragspartner darzulegen und zu beweisen sind demnach vor allem die Umstände, die eine Unvereinbarkeit von Klausel und Gesetz (Nr 1) oder eine Vertragszweckgefährdung (Nr 2) begründen. Beruft sich der Verwender demgegenüber auf besondere Umstände, die entweder schon einer Anwendbarkeit der gesetzlichen Vergleichsnorm oder zumindest dem Unvereinbarkeitsurteil entgegenstehen oder der Gefahr einer Vertragszweckgefährdung entgegenwirken, so hat er diese gegebenenfalls zu beweisen (im Ergebnis ähnlich BGH NJW 1985, 914, 916; Palandt/Grüneberg Rn 5; Ulmer/Fuchs Rn 195). **228**

2. Abs 2 Nr 1: Unvereinbarkeit mit dem gesetzlichen Gerechtigkeitsmodell

a) Norminhalt- und -zweck

Abs 2 Nr 1 beschreibt die Demarkationslinie der AGB-Festigkeit dispositiven Rechts generalklauselartig und generell für alle Fälle, in denen der Gesetzgeber keine ausdrückliche Regelung getroffen hat (nahezu vollständige AGB-Festigkeit zB in § 449 Abs 2 HGB). Besteht für eine Klauselthematik eine sonst einschlägige gesetzliche Regelung, so tritt an die Stelle einer offenen Angemessenheitsprüfung und Interessenabwägung nach Abs 1 der inhaltliche Vergleich der Klausel mit dieser Regelung. Dem liegt die Vorstellung zugrunde, dass das Gesetz grundsätzlich auf einen angemessenen Interessenausgleich der Vertragsparteien ausgerichtet ist und somit ein Gerechtigkeitsmodell für die Regelungsthematik bereitstellt, das als konkreter Maßstab der Inhaltskontrolle dienen kann. Eine entsprechende **Leitbildfunktion des dispositiven Rechts** ist – der Sache nach – bereits nachdrücklich von L Raiser propagiert (282 ff, 293 ff) und von der Rechtsprechung schon vor dem AGBG wiederholt hervorgehoben worden (zB BGHZ 41, 151, 154; 54, 106, 109 f; 60, 377, 380; 89, 206, 211; generell zustimmend die Literatur, vgl vHoyningen-Huene Rn 241; Fastrich 285; grund- **229** legend jetzt Möslein, Dispositives Recht [2011], insb 31 ff [Funktionen], 301 ff [Determinanten individuellen Dispositionsverhaltens]; Cziupka, Dispositives Vertragsrecht [2010] 212 ff [mit grundsätzlicher, normtheoretischer Kritik]). Abs 2 Nr 1 hat diesen Gedanken aufgegriffen und ausgeformt (vgl BGH NJW 2013, 292 Nr 29).

230 Dispositive gesetzliche Regelungen haben – im Hinblick auf die angestrebte Vertragsgerechtigkeit – zunächst nur **Modellcharakter**, weil sie zumeist nicht den im Lichte der Gerechtigkeitsidee einzig denkbaren Interessenausgleich konstituieren, sondern nur eine von mehreren vertretbaren Ausgleichsmöglichkeiten (vgl Möslein aaO 40 f: Referenzpunkt für vorbildliches Sozialverhalten; grundsätzlich anders Cziupka aaO: uneingeschränkte Geltung, aber nur bedingter Sollensanspruch, 219 ff, 224 ff; so schon Sonnenberger, Verkehrssitten im Schuldvertrag [1969] 264). Außerdem muss sich der Gesetzgeber notwendigerweise an abstrahierten Vertragstypen und Problemkonstellationen ausrichten, seine Lösungen sind deshalb regelmäßig nicht maßgeschneidert auf besondere Bedürfnisse eines bestimmten Personen- oder Geschäftskreises. Dennoch formulieren dispositive Gesetzesnormen nicht nur einen beliebigen, ohne weiteres ignorierbaren Regelungsvorschlag, sondern ein **Gerechtigkeitsmodell**. Dieses ist individualvertraglich disponibel, in seinem **Gerechtigkeitskern** aber verbindlich gegenüber einseitig gesetzten, abstrakt-generellen Regelungen wie in AGB. Dabei ist dieser Gerechtigkeitskern keine klar abgrenzbare, durch Anschauung erkennbare Größe, wie etwa die in der Rspr gängige Unterscheidung von Zweckmäßigkeits- und Gerechtigkeitsregelungen suggerieren könnte (unten Rn 249), sondern ein **richter(recht)licher Wertungsakt** angesichts Norm einerseits, Vertrag und AGB-Klausel andererseits (vgl Cziupka aaO 234 f). Deshalb ist auch dem AGB-Verwender nicht *jede* Abweichung vom Gesetz verwehrt, sondern nur eine grundlegende Veränderung der vom Gesetz als gerecht vorgegebenen Ausgleichsstruktur (zum Begriff der „Grundgedanken" Rn 247 ff, zur Unvereinbarkeitsprüfung Rn 253 ff). Die Grenze privatautonomer Gestaltungsfreiheit für Individualabreden hat der Gesetzgeber in den §§ 134, 138 und mit der Entscheidung über den zwingenden oder dispositiven Charakter der Rechtsvorschriften markiert; Abs 2 Nr 1 soll diese Grenzziehung für vorformulierte Abreden nachholen.

b) Begriff der „gesetzlichen Regelung"

aa) Gesetzlich

231 Ausgangspunkt für die Frage, welche vorfindbare Regelung als „gesetzlich" anzusehen ist, ist sicherlich Art 2 EGBGB (Becker 81 f; vHoyningen-Huene Rn 247), so dass ohne weiteres alle **Gesetze im formellen und materiellen Sinne** umfasst sind einschließlich des *Gewohnheitsrechts* (allg M; zur Bedeutung von Verfassungsnormen s oben Rn 18). Dabei spielt keine Rolle, ob eine Gesetzesvorschrift unmittelbar oder nur *analog* anwendbar ist (zB § 779 auf bestätigende Schuldanerkenntnisse, BAG NJW 2005, 3164, 3166, oder des Verjährungsrechts auf Ausschlussfristen, BAG NZA 2005, 1111, 1113; s noch Rn 245), **es genügt**, wenn einer gesetzlichen Regelung **„Modellcharakter"** auch für den in Frage stehenden Bereich zukommt (BGH ZIP 1997, 1457, 1459: Zinsregelung in § 11 Abs 1 VerbrKrG [jetzt: § 497] als Modell für Zinsklausel in Leasingvertrag; BGH NJW 2005, 1574, 1576: Höchstdauer des Kündigungsausschlusses bei Staffelmiete, § 557a Abs 3, auch maßgeblich für vertraglichen Kündigungsverzicht; NJW 2011, 2122 Rn 33: Regelungen des TKG im Telefon-Festnetzbereich bedeutsam auch für fairen Interessenausgleich im Mobilfunkbereich [s dazu auch Ulmer/Fuchs Rn 167]; BGH NJW 2012, 222 Rn 11, 19: „Leitbild der Kraftfahrzeugvollversicherung" auch für Kfz-Miete mit vollkasko-ähnlichen Freistellungsregelungen; ähnlich BGH NJW 2012, 2501 Rn 16, 21).

Es kommt auch nicht darauf an, ob sich das „Gesetz" aus einer *einzelnen Vorschrift* ergibt (in materiellem Sinne – es genügt uU ein Absatz oder Satz, wie zB § 767 Abs 1 S 3 [Verbot der Fremddisposition] vgl Rn 334), aus einem Regelungskomplex (die „Miete", BGH NJW 1991, 1750, 1751) oder ob es sich um einen dem *gesetzlichen System immanenten Grundgedanken* handelt (zB Ausgleich rechtsgrundloser Vermögensverschiebungen als „Grundgedanke des Bereicherungsrechts", BAG NJW 2005, 3164, 3165; zum „Äquivalenzprinzip" bei Schuldverträgen s Rn 235, 250 – dort auch zu den Grenzen dieses Ansatzes).

Allerdings setzt die von Abs 2 Nr 1 angeordnete Vergleichs- und Wirksamkeitsprüfung voraus, dass es sich um grundsätzlich *abdingbare Vorschriften* handelt – Abweichungen vom **zwingenden Recht** sind unvermittelt oder über § 134 unwirksam (Rn 19 f; vgl BGH BB 1984, 174 [§§ 225 aF mit 134]; 1984, 2221 [§§ 651 g, l mit 134]) und können sinnvollerweise keiner weiteren Inhaltskontrolle auf ihre Angemessenheit und Bestandskräftigkeit unterzogen werden. Dies entspricht der herrschenden Lehre (vHoyningen-Huene Rn 252; Ulmer/Fuchs Rn 208; Becker 103 ff; Fastrich 284), nicht aber der Praxis des BGH jedenfalls in Verbandsklageverfahren: Ohne Problematisierung werden hier Klauseln unter Berufung auf Abs 2 Nr 1 zu Fall gebracht, auch wenn sie gegen zwingendes Gesetzesrecht verstoßen (vgl BGH NJW 1983, 1320, 1322 [Gerichtsstandsklausel, § 38 ZPO; ebenso OLG Düsseldorf BB 1981, 1663; LG Düsseldorf NJW-RR 1995, 440]; BGH NJW 1983, 1612, 1614 und NJW 1987, 1931, 1938 [Reisevertrag, §§ 651 k (jetzt: l) mit 651h Abs 1]; BGH NJW 2003, 681, 682 [Reisevertrag, §§ 615a Abs 2, 651 m]; NJW 2003, 290, 293 sowie 1241, 1242 f und 1244, 1245 [Ausgleichsanspruch des Handelsvertreters, § 89b Abs 4 S 1 HGB; ebenso OLG Frankfurt NJW 1982, 2198, 2200]; BGH NJW 1991, 1750, 1754 [§ 541b BGB]; BGH ZIP 1996, 1470, 1472 [allgemeines Persönlichkeitsrecht]; BGH NJW 2007, 997, 999 [Verstoß gegen Art 17 Montrealer Abkommen im internationalen Luftverkehr]). Hierfür spricht nicht schon, dass die Abgrenzung zwischen zwingendem und dispositivem Recht oft schwierig ist – sie muss auch sonst getroffen werden. Allerdings fehlt es im Verbandsklageverfahren an einem konkreten Vertrag, und vom Präventivzweck dieses Verfahrens her steht es gleich, ob die Rechtswidrigkeit der Klauselverwendung auf einem Verstoß gegen Abs 2 Nr 1 oder gegen andere Gesetzesvorschriften beruht. Die Rechtsprechung meint offenbar, wegen der Beschränkung der Verbandsklage auf Verstöße gegen §§ 307–309 (§ 1 UKlaG) § 307 Abs 2 Nr 1 auf zwingendes Recht ausdehnen zu müssen. Vorzugswürdig wäre jedoch eine analoge Anwendung des § 1 UKlaG auch auf andere Gründe der Klauselunwirksamkeit (Becker 106 f; vHoyningen-Huene Rn 254; so offenbar auch BGH BB 1985, 218, 225 [betreffend § 89 b HGB]); bei Verstoß gegen Verbraucherschutzrechte (etwa Reisevertrag) sollte auch eine Anwendung von § 2 UKlaG in Erwägung gezogen werden – damit würde der Verstoß gegen zwingendes Recht unmittelbar erfasst (die hM hält bei Verwendung von AGB § 1 UKlaG allerdings für die ausschließliche Rechtsgrundlage eines Unterlassungsanspruchs, vgl Palandt/Bassenge, UKlaG § 2 Rn 2; Staudinger/Schlosser, UKlaG § 2 Rn 3). 232

Der Ausschluss zwingender Vorschriften aus Abs 2 Nr 1 gilt jedoch sinnvollerweise nur dann, wenn sie auf eine fragliche Klausel anwendbar sind. Sind sie es nicht, verstößt die Klausel aber gegen einen in ihnen verkörperten Grundgedanken (etwa Freistellungsregelungen bei der Kfz-Miete gegen Regelungen der Vollkaskoversicherung, Rn 231), kann statt über „Gesetzesumgehung" nach Abs 2 Nr 1 vorgegangen werden (Fastrich 284; zustimmend Ulmer/Fuchs Rn 209). Das gilt auch, wenn eine Gesetzesvorschrift erst *nach* Formulierung und Verwendung einer AGB-Klausel in Kraft getreten ist – ihre Wertung beeinflusst die richterliche Beurteilung im *Entscheidungszeitpunkt* (BGH NJW 2012, 222 Rn 14; NJW 2012, 2501 Rn 23; Looschelders/Paffenholz JR 2010, 290, 293).

233 Der Gesetzesbegriff des Abs 2 Nr 1 ist jedoch **nicht deckungsgleich mit** dem des **Art 2 EGBGB**. Er muss vielmehr aus dem Sinn und Zweck der Vorschrift definiert werden. Entscheidend für die Maßstabs- oder Leitbildqualität einer vorfindbaren Regelung muss demnach sein, ob sie ein in rechtlicher Verantwortung gem Art 20 Abs 3 GG entwickeltes und **der objektiven Rechtsordnung zurechenbares Gerechtigkeitsmodell** enthält, das der seinerseits gem Art 20 Abs 3 GG gebundene Rechtsanwender deshalb seiner Bewertung zugrundelegen kann.

234 Damit gehören auch **ungeschriebene Rechtsgrundsätze**, die hinter den gesetzlichen Vorschriften stehen und aus ihnen ableitbar sind, zur „gesetzlichen Regelung" im Sinne des Abs 2 Nr 1. Dem kann nicht entgegengehalten werden, solche Prinzipien seien zu allgemein, „gesetzliche Regelungen" seien nur unmittelbar subsumtionsfähige Rechtssätze; nur Prinzipien, die ohne weiteres in solche Rechtssätze umformuliert werden könnten (wie etwa der Grundsatz der Formfreiheit schuldrechtlicher Verträge), fielen unter Nr 1 (Becker 87 ff, 103 ff; dem folgend vHoyningen-Huene Rn 250). Dabei wird verkannt, dass nach Nr 1 nicht schon die Abweichung von einer gesetzlichen Regelung, sondern nur von ihren *Grundgedanken* zur Unangemessenheit führen kann. Grundgedanken sind aber nicht subsumtionsfähig, wohl aber entfalten sie die von Nr 1 vorausgesetzte Leitbildfunktion. Nur hierauf kommt es an. Die Forderung nach Subsumtionsfähigkeit ist funktionsfremd. Demgemäß entspricht die Zugrundelegung auch ungeschriebener Rechtsprinzipien in Nr 1 der ganz **herrschenden Lehre und Rechtspraxis** (BGH NJW 1982, 644, 645; 1983, 1671, 1672; BB 1984, 1192; ZIP 1985, 478; NJW 1987, 1931, 1932 f; BGHZ 114, 238, 240; 115, 38, 42; NJW 1993, 721, 722; ZIP 1997, 838, 840; NJW 1997, 2752 f; ZIP 1998, 784, 786; NJW 2001, 3480, 3482; BAG NJW 2010, 2455 Rn 41; Brandner, in: 10 Jahre AGBG 43, 49); auch der **EuGH** verfährt so bei Auslegung der Klausel-RL (NJW 2000, 2571 Rn 24 [„Treu und Glauben"]).

235 Die „gesetzlichen Regelungen" iSd Rn 231–234 können sehr unterschiedliche Gestalt haben. Sie können zB **sehr speziell** sein, wie etwa die lediglich dingliche Haftung eines Grundschuldgebers, die mangelnde Verpflichtung des Bürgen, für das eigene Haftungsversprechen auch noch Sicherheit zu leisten, oder die Pflicht zur sofortigen Herausgabe des Empfangenen durch den Geschäftsbesorger (Nachw für alle Beispiele unten Rn 250). Es kann sich aber auch um **allgemeine Rechtsinstitute** handeln, wie etwa die Ausgleichsordnungen der GoA oder des Bereicherungsrechts (BGH NJW 2004, 502, 504; NJW-RR 2005, 246; BAG NJW 2005, 3164, 3165). Schließlich kommen auch **allgemeine, gesetzesimmanente Grundsätze** in Betracht, zB die Wahrung der autonom konkretisierten **„Äquivalenz" von Leistung und Gegenleistung** oder – mit gleichem Bedeutungsgehalt – der **„Vertragsgerechtigkeit"** (BGH NJW 2010, 3568 Rn 13; Verstöße gegen das Äquivalenzprinzip wurden bejaht von BGH NJW 1982, 331, 332 [Kauf, Tagespreisklausel]; NJW 1985, 2270 [Bauvertrag, Preiserhöhungsklausel trotz Festpreisvereinbarung]; NJW 1999, 1865, 1866 [Anpassungsklausel zum Nachteil des Versicherungsnehmers, allerdings zu Abs 1]; insbesondere zum Thema „Leistungspflicht ohne Gegenleistung" vgl BGH BB

1982, 580; NJW 1985, 855, 857 [Abschlagszahlung beim Bauvertrag ohne entsprechende Teilleistungen]; BGH BB 1984, 1192, 1193 [Entgelt für nicht in Anspruch genommene Leistung des Baubetreuers]; BGH NJW 1986, 179, 180 [Kostenerstattungspflicht trotz Scheiterns des Leasingvertrages]; BGH NJW 1988, 204, 206 [strikte Zahlungspflicht des Leasingnehmers schon bei Übernahmebestätigung]; NJW 2011, 1729 Rn 16 ff [Aufrechnungsverbot]; NJW 2001, 2635, 2637 f [Verfall von Telephonkarten]; OLG Frankfurt NJW-RR 1989, 633 [Zahlungspflicht für Fitness-Center auch zu Zeiten dessen ferienbedingter Schließung]), soweit diese nicht schon in speziellen Normen ihren Niederschlag gefunden haben (zB §§ 628 oder 645, vgl BGH NJW-RR 2005, 642, 643; NJW 2010, 150 Rn 23). Das Äquivalenzprinzip ist auch verletzt, wenn die Verpflichtung des Vertragspartners unbestimmt bleibt (OLG München BauR 1987, 554, 555 f). Ebenfalls recht allgemein ist das **„Verschuldensprinzip“**, etwa bei Vertragsstrafen (BGH NJW 1985, 57; NJW-RR 1991, 1013, 1015; 1997, 135; 2003, 1056, 1060; OLG Celle NJW-RR 1988, 946, 947) oder sonstigen Sanktionen (Zinsen, Kapitalfälligkeit, Haftung) sowie bei Vertragsverletzungen des Vertragspartners (BGH BB 1985, 1418, 1419 [Vorfälligkeitsklauseln]; NJW 2002, 1950, 1952 [positive Forderungsverletzung]; 1983, 159, 162; BGHZ 114, 138, 142; JZ 1993, 629; ZIP 1997, 838, 840; NJW 2005, 1645, 1647; NJW 2006, 47, 49 f; OLG Bamberg NJW 1993, 2813 [alle bezüglich Haftungs- und Risikoklauseln]; vgl unten Rn 485 zur Kündigung eines Heimvertrags) oder der „Grundsatz eines adäquaten, umfassenden Schadensausgleichs“ (Bunte/Heinrichs 120). Leitbildfunktion kann auch der **Grundsatz „pacta sunt servanda“** haben, wenn es darum geht, ob Anpassungsklauseln bei Dauerschuldverhältnissen auch die Befugnis zur nachhaltigen Veränderung des Äquivalenzverhältnisses umfassen dürfen (BAG NZA 2005, 465, 467 [Widerrufsvorbehalt bei übertariflichen Leistungen]; BGH NJW 1999, 1865, 1866 [ohne das Leitbild explizit zu erwähnen]; vgl Prölss, in: Prölss/Martin, VVG Vorbem I Rn 28; zu Unrecht krit vWestphalen, in: FS Schlosser [2005] 1103, 1107). Umgekehrt ist auch das **Recht zur außerordentlichen Kündigung bei Dauerschuldverhältnissen** (vgl §§ 626 Abs 1, 543 Abs 1, 314 Abs 1) ein AGB-fester Rechtsgrundsatz (BGH NJW 2012, 1431 Rn 27). Auch die **Darlegungs- und Beweislast** eines Anspruchstellers für die Voraussetzungen seines Anspruchs, bevor Erfüllung verlangt werden kann, wurde als Leitbild iSd Abs 2 Nr 1 angesehen (BGH NJW 2005, 2919, 2923). Allerdings muss ein Grundsatz im Sinne der Nr 1 doch immer noch **hinreichend konkret** sein, um eine Leitbildfunktion für die Lösung eines bestimmten Interessenkonflikts entfalten zu können (Ulmer/Fuchs Rn 213 ff [mit Einzelbeispielen]) – die „Privatrechtsordnung“ oder „Gesamtrechtsordnung“ taugt deshalb ebenso wenig als Vergleichsmaßstab (Becker 81; vgl demgegenüber M Schwab JuS 2001, 951, 956 ff [„vertragliche Selbstbestimmung“ als Ausfluss des Prinzips der Privatautonomie]) wie die „Vertragsgerechtigkeit“, wenn sie nicht für eine bestimmte Folgerung (Synallagma, Äquivalenz) steht. Ort für Abwägungen auf dieser allgemeinen Ebene ist Abs 1. Unbrauchbar sind auch diffuse „Leitbilder“ oder „Grundgedanken“ einer Gesamtregelung, aus denen die Rechtsprechung mitunter Erkenntnisse ableiten will (zum Beispiel „Leitbild des Bürgschaftsvertrags“, BGH BB 1984, 2147, 2148, vgl auch NJW 1989, 1284; 1991, 100; „des Werkvertrages“, BGH NJW 1984, 2160; 1991, 976; „des Dienstvertragsrechts“, BGH ZIP 1996, 1347, 1348; OLG Frankfurt NJW 1984, 180; „des Erbbaurechts“, BGH NJW 1991, 2141; oder „Grundgedanken des Schadenersatzrechts“, BGH NJW 1998, 592, 593). Zum Teil hätten die Leitbilder konkreter im Gesetz belegt werden können (wie zum Beispiel bei der Bürgschaft das „Verbot der Fremddisposition“ in § 767 Abs 1 S 3, so BGH ZIP 1995, 1244, 1249; 1996, 456; 1996, 1289, 1290; NJW 1998, 450, 451; beim Dienstvertrag das Verwendungsrisiko des Dienstherrn, vgl BGH ZIP 1996, 1347, 1348; beim Schadenersatzrecht die Begrenzung auf den wahrscheinlichen Schaden, § 252, so BGH NJW 1998, 592, 593; bei „Grundgedanken des Besitzrechts“ das Verbot der Selbsthilfe, § 858, vgl KG NJW 1998, 829, 831), so wie der BGH das oft beschworene „Leitbild der Kaskoversicherung" (vgl Rn 231) mit dem neu gefassten § 28 Abs 2, 3 VVG konkretisiert hat (NJW 2012, 2501 Rn 21 f). Zum Teil handelt es sich aber auch um vom Gericht aus der Vertragsnatur, also gem Abs 2 Nr 2 entwickelte Leitbilder („Bürgschaftsvertrag mit einer Bank", BGH BB 1984, 2147, 2148), die lediglich zur Begründungsverkürzung in das gesetzliche Regelungsschema projiziert werden (kritisch auch Ulmer/Fuchs Rn 213).

236 Praktisch unmöglich ist eine Abgrenzung zwischen ungeschriebenen Gesetzesprinzipien und **Richterrecht** (gegen die Beachtung richterrechtlicher Regelungen Becker 84). Auf letzterem beruhen erhebliche Teile insbesondere des allgemeinen und besonderen Schuldrechts; ihm zuzurechnen sind eng an das Gesetz angelehnte Rechtssätze (teleologische Extensionen, Analogien), Konkretisierungen von Generalklauseln (zum Beispiel § 242), rechtsfortbildende Ergänzungen des gesetzlichen Regelungsplans (zB Allgemeines Persönlichkeitsrecht als schmerzensgeldbewehrtes Schutzgut des Haftungsrechts, §§ 280 Abs 1, 823 Abs 1, 253 Abs 2) bis hin zum „gesetzesvertretenden Richterrecht", das bei gesetzgeberischer Untätigkeit vom Richter als „Ersatzgesetzgeber" geschaffen werden muss (zum Beispiel im Arbeitskampfrecht; zur Lehre vom Betriebs- und Arbeitskampfrisiko s unten Rn 390 ff; oder die Haftungsprivilegien für Arbeitnehmer). Die grundsätzliche Legitimität selbst dieser offenen Form richterlicher Rechtsschöpfung ist vom Bundesverfassungsgericht anerkannt (BVerfG NJW 1991, 2549, 2550); in Abs 2 Nr 2 wird der Richter für neue Vertragstypen mittelbar sogar dazu aufgefordert (anders Fastrich 290; vgl unten Rn 266). Das Schuldrecht ist ohne die konstitutive richterrechtliche Komponente gar nicht operabel (zum Stellenwert des arbeitsgerichtlichen Richterrechts bei der AGB-Kontrolle von Arbeitsverträgen s allerdings § 310 Rn 104, 110).

237 Der rechtsquellentheoretische Streit um die Anerkennung und Qualität von Richterrecht (vgl nur Meyer-Cording, Die Rechtsnormen [1971] 66 ff) kann deshalb nicht dazu führen, dieses aus dem Begriff der „gesetzlichen Regelung" in Nr 1 auszuklammern. Ein Ausweichen in die Kategorie des Gewohnheitsrechts wäre nur für einen Kernbereich ungesetzten Rechts möglich. Ungeachtet aller Unsicherheit über Geltungsgrund und Abgrenzung von Richterrecht bleibt festzustellen, dass auch richterliche Rechtssätze in Verantwortung vor „Gesetz und Recht" (Art 20 Abs 3 GG) gebildet werden und jedenfalls dann, wenn sie sich zu ständiger Rechtsprechung verdichtet haben, die Rechtswirklichkeit normativ beherrschen. Damit steht nichts entgegen, ihnen grundsätzlich auch eine Leitbildfunktion im Sinne von Nr 1 zuzuerkennen (im Ergebnis ebenso wie selbstverständlich die Rechtsprechung, vgl BGHZ 54, 109 und OLG Karlsruhe NJW-RR 1988, 370, 372 [Vorteilsausgleichung]; BGH NJW 1993, 2738, 2739 [Wegfall der Geschäftsgrundlage]; BGH ZIP 1997, 1457, 1458 f [Leasingvertrag; dazu vWestphalen EWiR § 9 AGBG 13/97, 817]; BGH ZIP 1998, 784, 786; NJW-RR 2005, 1496, 1502 [Rücknahmeanspruch des Vertragshändlers]; vgl des Weiteren Coester-Waltjen AcP 190 [1990] 1, 32; Fastrich 285; Roth AcP 190 [1990] 292, 294; **krit** – auch im Hinblick auf die Verwischung der Grenzlinie zu Abs 2 Nr 2 – Ulmer/Fuchs Rn 212). Damit können auch rechtliche Strukturen, die die Rechtsprechung bei gesetzlich ungeregelten Vertragstypen kasuistisch – nicht zuletzt auch gem Abs 2 Nr 2 – erarbeitet hat, im Verlauf ihrer Konsolidierung und Verfestigung in den Tatbestand des Abs 2 Nr 1 „hinüberwachsen" (s Rn 266, 270).

238 Als gesetzliche Regelungen im Sinne von Abs 2 Nr 1 kommen auch **internationale Normen** in Betracht, die kraft völkerrechtlicher oder europarechtlicher Grundlage

im Inland unmittelbar anwendbar sind – insbesondere das UN-Kaufrecht (CISG) oder das geplante Europäische Kaufrecht (zum CISG s Einl §§ 307 ff Rn 11; zum Europäischen Kaufrecht ebenda Rn 10a). Voraussetzung dafür ist die Maßgeblichkeit dieser Normen für den konkreten Vertrag oder Vertragstypus und die kollisionsrechtliche Anwendbarkeit der §§ 305 ff. In gleicher Weise können auch **ausländische Rechtsnormen** der Kontrolle nach Abs 2 Nr 1 zugrunde gelegt werden, wenn sie zum kollisionsrechtlich maßgeblichen Vertragsstatut gehören (dazu Vorbem 1 f zu §§ 307 ff). Die Grundsätze der **EG-Richtlinie** zur Kontrolle missbräuchlicher Klauseln in Verbraucherverträgen (oben Rn 6) scheiden hingegen als Vergleichsmaßstab im Sinne von Abs 2 Nr 1 aus: Sie sind nicht unmittelbar anwendbar, vielmehr ist das *deutsche* Recht richtlinienkonform auszulegen (Rn 78) und mit diesem Inhalt in Nr 1 zugrunde zu legen. Anderes gilt hingegen für primäres Gemeinschaftsrecht (vgl Hasselbach DWiR 1998, 110, 111 f zu Art 6 EGV).

Nicht in Nr 1 zugrunde gelegt werden können hingegen **Verkehrssitten** oder **Handelsbräuche** (zu VOB s Rn 128). Sie sind private Regelungswerke, die nicht als gesetzliches Gerechtigkeitsmodell gelten können, selbst wenn sie (als AGB) behördlich genehmigt worden sind (vgl Vorbem 13, 28 zu §§ 307 ff) oder das Gesetz ihre Beachtlichkeit anordnet (§§ 157 BGB, 346 HGB) (vgl Becker 84). Ihre mangelnde Eignung als Leitbild im Sinne von Abs 2 Nr 1 schließt jedoch nicht aus, dass sie als Angemessenheitskriterium im Rahmen von Abs 1 berücksichtigt werden (s oben Rn 153 f). Auch die AGB-Praxis kann einen besonderen Vertragstypus herausbilden (Leasingvertrag, Kaskoversicherung), der den Erwartungshorizont der beteiligten Verkehrskreise prägt und damit gem Abs 2 Nr 1 Beachtung finden kann (zum „Leitbild der Kaskoversicherung“ oben Rn 231, 235; zu Abs 2 Nr 2 im Übrigen Rn 272 ff). 239

bb) Kreis der in Frage kommenden Rechtsvorschriften

Gesetzliche Regelungen in vorstehendem Sinne finden sich vor allem im Schuldrecht (einschließlich der handelsrechtlichen Vorschriften), aber auch im gesamten sonstigen Privatrecht (zu § 1 UWG BGH NJW 1999, 1864, 1865; zu § 53 UrHG Zech, in: Leible/Ohly/Zech [Hrsg], Wissen – Märkte – Geistiges Eigentum [2010] 187 ff, 197; zu § 81 Abs 2 VVG BGH NJW 2012, 222, Rn 19; weitere Beispiele Rn 250). Selbst öffentlich-rechtliche (vgl BGHZ 93, 358, 362 ff [öffentlich-rechtliches Äquivalenzprinzip als Maßstab für Vertragsverhältnis zwischen gemeindlicher Wasserversorgung und Benutzer]; BGH NJW 1997, 2752, 2753 [Freistellungsaufträge: Kosten aus der Erfüllung dem Staat gegenüber bestehenden Verpflichtungen („Gemeinkosten“) muss jeder Rechtsunterworfene (hier: die Bank) selbst tragen]; zeitliche Kostenverteilung in „Riester-Verträgen“ nach Leitbild in § 1 Abs 1 S 1 Nr 8 AltZertG, BGH NJW 2013, 368 Rn 15 ff) oder strafrechtliche Vorschriften können von Bedeutung sein, jedenfalls zur Stützung überpositiver Prinzipien (vgl BGH ZIP 1993, 1798, 1799; 1996, 1470, 1472 [Kontrollen im Privatbereich nur bei konkretem Tatverdacht]). Hierzu gehören auch Grundwerte der Verfassung, soweit sie im Privatrecht (wenn auch nur mittelbar) zu beachten sind (zB Art 2 GG als Ausdruck des Selbstbestimmungsrechts in höchstpersönlichen Angelegenheiten, oder Art 3 GG als Verbot systematischer Diskriminierung (vgl BGH NJW 2013, 1519 Rn 16; oben Rn 163). Allerdings kann sich ein öffentlicher Versorgungsbetrieb nicht auf öffentlich-rechtliche Regelungsprinzipien berufen, wenn die Benutzungsverhältnisse privatrechtlich ausgestaltet sind (BGH NJW 2005, 2919, 2922). Desgleichen können sozialversicherungsrechtliche Grundsätze nicht den Maßstab geben für eine – thematisch verwandte – Privatversicherung (BGHZ 141, 137, 142; BGH NJW-RR 2005, 1189, 1190 [Arbeitslosenversicherung]). 240

241 Umstritten ist, ob auch **Vorschriften des AGB-Rechts** selbst im Rahmen von Nr 1 zugrunde gelegt werden dürfen. Hierbei ist zu unterscheiden zwischen den allgemeinen Bestimmungen der §§ 305–306 und den Klauselverboten der §§ 308, 309. In ersterer Hinsicht versuchen AGB-Klauseln gelegentlich die Schutzmechanismen der Einbeziehungsvorschriften auszuhebeln durch Einbeziehungs- oder Kenntnisbestätigungsklauseln (zB BGH NJW 1990, 761; 1996, 1819; OLG Frankfurt DB 1981, 884) oder durch Aushandelnsbestätigungen (BGH NJW 1987, 1634; OLG Stuttgart NJW-RR 1986, 275; 1987, 143). In vielfacher Weise wird auch versucht, nach § 305b eigentlich vorrangige Individualvereinbarungen zu verdrängen (Schriftformklauseln, Leugnung oder Ungültigerklärung von etwaigen Individualvereinbarungen; Änderungen der Lieferfrist oder des Preises) oder die Auslegungsgrundsätze des § 305c Abs 2 zu verändern (BGH NJW 1986, 924; vgl auch BGH NJW 1999, 1865, 1866 [Änderungsrecht des Versicherers bei unklaren Klauseln: Verstoß gegen Leitbild des § 305c Abs 2]) oder die Folge der Unwirksamkeit einzelner Klauseln (§ 306, s oben Rn 54 ff). Derartige Bestimmungen verstoßen zum Teil gegen besondere Klauselverbote, etwa § 309 Nr 12; dieser zusätzliche Schutz durch Vorschriften der Inhaltskontrolle darf jedoch nicht darüber hinwegtäuschen, dass es sich bei den §§ 305–306 um zwingendes Recht handelt – entsprechende Klauseln werden entweder gar nicht einbezogen oder sind wirkungslos. §§ 305–306 gehören deshalb nicht zu den „gesetzlichen Regelungen" im Sinne von Abs 2 Nr 1 (Becker 108 ff; vHoyningen-Huene Rn 255 ff; Ulmer/Fuchs Rn 210). Die gegenteilige Auffassung (BGH NJW 1983, 1853; 1987, 1931; BAG NZA 2005, 1111, 1115 [zu § 306 Abs 2]; OLG Rostock NJW 2009, 3376 f; Wolf/Wolf Rn 111; Witte, Inhaltskontrolle 70 ff) kann nicht den Präventivzweck der Verbandsklage ins Feld führen – wie bei sonstigem zwingenden Recht (oben Rn 20, 232) liegt auch hier der richtige Korrekturansatz bei § 1 UKlaG (ebenso Becker und vHoyningen-Huene aaO).

242 Nichts anderes gilt im Ergebnis für die **Klauselverbote der §§ 308, 309**. Soweit diese unmittelbar anwendbar sind, bedarf es des Rückgriffs auf § 307 regelmäßig nicht (näher Rn 10 ff); auch wenn es im Ergebnis unschädlich ist, wenn die Rechtsprechung gelegentlich mit § 307 arbeitet, obwohl eigentlich ein Klauselverbot der §§ 308 oder 309 einschlägig wäre (oben Rn 10), so wäre es doch jedenfalls verfehlt, Abs 2 Nr 1 in Verbindung mit einem speziellen Klauselverbot anzuwenden. Sind die Verbote jedoch nicht unmittelbar anwendbar, wie generell im beruflichen Verkehr oder weil ihr Tatbestand die fragliche Klausel nicht erfasst, so kann eine Klausel auch nicht von ihnen „abweichen" im Sinne Abs 2 Nr 1 (dazu Rn 243; ähnlich vHoyningen-Huene Rn 257a). Das heißt nicht, dass den Verboten der §§ 308, 309 nicht eine auch im § 307 beachtliche Leitbildfunktion zukommen könnte (vgl Rn 12; so zB – noch zum AGBG – BGH BB 1996, 1030, 1031 [bezüglich § 11 Nr 10e]; ZIP 1998, 70, 71 [bezüglich § 11 Nr 10b]; vgl BGH NJW 1997, 739, 740 [§ 11 Nr 12a erwogen, aber nicht einschlägig]; BGH NJW 2008, 1148, Rn 18 [zu § 308 Nr 1]; NJW 2009, 575 Rn 26 ff [zu § 308 Nr 3]; NJW 2012, 1431 Rn 25; NJW 2013, 292 Rn 37; Boemke-Albrecht 148). Diese kann aber regelmäßig nur im Rahmen von Abs 1 berücksichtigt werden; in Abs 2 Nr 1 allenfalls dann, wenn von einer anderen gesetzlichen Regelung abgewichen wird und deren Grundgedanken von einem Verbot der §§ 308 oder 309 unterstützt werden (vgl vHoyningen-Huene Rn 257b bis d mit Beispielen). Die Einstufung einer nach §§ 308, 309 noch zulässigen Klausel als „unangemessene Benachteiligung" iS Abs 1 darf aber nicht die gesetzgeberische Wertung in diesen Vorschriften „auf den Kopf stellen" (BGH NJW 1997, 739, 740); die Unangemessenheit muss sich – unter Beachtung dieser Wertung – aus zusätzlichen, von §§ 308, 309 nicht erfassten Gründen ergeben (BGH NJW 2012, 1431 Rn 25).

c) „Abweichung" als Identifizierungskriterium

aa) Methodische Funktion

Als Quelle eines Kontrollmaßstabs kommt nach Abs 2 Nr 1 nur diejenige gesetzliche Regelung in Betracht, „von der abgewichen wird". Dahinter steht folgender Gedanke: Leitbilder und Wertmaßstäbe für die Angemessenheitsprüfung können der gesamten Rechtsordnung entnommen werden, sind jedoch im Allgemeinen im Rahmen der umfassenden Abwägung nach Abs 1 zu berücksichtigen. Die gezielte Ausrichtung und damit Verengung der Prüfung auf eine bestimmte Norm in Abs 2 Nr 1 rechtfertigt sich daraus, dass diese – wäre sie nicht durch die AGB-Bestimmung verdrängt worden – das konkrete Regelungsthema beherrscht hätte. Demgemäß geht es bei dem Kriterium der „Abweichung" vor allem auch um die *Identifizierung* der für die Prüfung nach Abs 2 Nr 1 zugrunde zu legenden gesetzlichen Regelungen im Wege eines **Rechtslagenvergleichs** ohne und mit AGB-Klausel (vgl SCHLOSSER/GRABA Rn 26; vHOYNINGEN-HUENE Rn 236; zum ähnlich strukturierten, aber funktional unterschiedlichen Rechtslagenvergleich bei Feststellung einer „Benachteiligung" nach Abs 1 s Rn 90; zur entsprechenden Fragestellung im Rahmen von Abs 3 s Rn 292). Festzustellen ist also nicht nur eine Abweichung, sondern – als logisch vorgelagerter Schritt – zunächst die eigentlich einschlägige gesetzliche Regelung. Bei dieser doppelten Feststellung handelt es sich noch nicht um eine Wertung: Auf der Wertungsebene setzt Abs 2 Nr 1 die Kriterien „Grundgedanken" und „Unvereinbarkeit" zueinander in Beziehung. 243

bb) Arten der Abweichung

In welcher Weise eine Abweichung von der ohne die Klausel geltenden Rechtslage herbeigeführt wurde, spielt keine Rolle – nur auf den **inhaltlichen Unterschied** kommt es an (vHOYNINGEN-HUENE Rn 263; SOERGEL/STEIN Rn 34). Insoweit stimmt der Prüfungsvorgang mit dem bei Abs 3 überein (s Rn 292 ff). So kann die gesetzliche Regelung durch **textliche Weglassungen** oder inhaltlich geändert worden sein (vgl BGH NJW 2011, 2122 Rn 27, 32: Zurückbehaltungsrecht *ohne* Ausnahme für verhältnismäßig geringfügige Teile der Gegenleistung). Auch **Hinzufügungen** *können* eine Veränderung (= Abweichung) bedeuten, wenn dem Fehlen einer entsprechenden gesetzlichen Regelung eine Wertung entnommen werden kann – etwa die Formfreiheit bei Abwesenheit besonderer Formvorschriften. Ist das Klauselthema hingegen im gesetzlichen Wertungsplan schlicht ungeregelt geblieben, fehlt es an einer Leitnorm, von der abgewichen wurde, Abs 2 Nr 1 scheidet aus (BGH NJW 1994, 2693, 2694; ZIP 1997, 1343, 1344 [zur Laufzeit bei Versicherungsverträgen]). 244

Eine besonders augenfällige Form der Abweichung von einer gesetzlichen Regelung liegt in ihrer **Abbedingung** – entweder ersatzlos oder durch Klauselverweis auf eine andere Regelung. Gerade hier zeigt sich die zentrale Bedeutung, die einer sorgfältigen Identifizierung der eigentlich einschlägigen Vorschrift im Rahmen des Abs 2 Nr 1 zukommt: Auch die **Bezugnahme auf gesetzliche Vorschriften** befreit eine AGB-Klausel nicht von der Inhaltskontrolle nach § 307 Abs 2 Nr 1, wenn diese sonst nicht anwendbar gewesen wären. Ein solcher Verweis kann pauschal sein, indem ein Vertrag insgesamt dem Regelungsschema eines anderen Vertragstyps unterstellt wird (formularmäßige **„Umtypisierung"**), etwa der Werkvertrag über ein zu erstellendes Haus dem Kaufrecht (BGH NJW 1973, 1235; 1974, 143; 1975, 47; 1976, 515; 1977, 1336; 1979, 2207) oder ein Maklervertrag dem Dienstvertragsrecht (BGH NJW 1965, 246; für Partnerschaftsvermittlungsverträge OLG Hamburg NJW 1986, 325; OLG Karlsruhe NJW 1986, 2035; vgl im Übrigen BGH NJW 1984, 2161; ZIP 1998, 784, 786 [Erstreckung der gesetzlichen 245

Regelung auf vom Gesetz nicht erfassten Personenkreis]; vHOYNINGEN-HUENE Rn 264; BECKER 99). Es genügt aber auch der Verweis auf eine einzelne gesetzliche Vorschrift: Deren eigentliche Nichtanwendbarkeit ist offenkundig, wenn sie einem anderen Vertragstyp entstammt; sie ist aber auch zu bejahen, wenn sie zum für diesen Vertrag maßgeblichen Normenbestand gehört, wegen tatsächlicher Besonderheiten aufgrund teleologischer Reduktion aber in concreto doch ausscheidet (anschaulich BGH NJW 1984, 2161 f zur Tilgungsverrechnung gem § 367 bei Ratenkreditverträgen; dazu auch CANARIS, Bankvertragsrecht Rn 1332; FASTRICH 290 f; kritisch DYLLA-KREBS 79 ff; SCHLOSSER ZIP 1985, 449, 452). Umgekehrt liegt keine Abweichung vom Gesetz vor, wenn die in Bezug genommene Vorschrift zwar nicht direkt, wohl aber analog anwendbar wäre (vgl oben Rn 231 und näher noch unten Rn 246).

cc) Insbesondere: atypische Verträge

246 Die vorstehenden Grundsätze gelten ohne Einschränkungen auch für Verträge, die nicht ohne weiteres einem gesetzlichen Regeltypus zugeordnet werden können – also atypische oder neuartige Verträge. Die **Rechtsprechung**, insbesondere aber auch die Lehre von Abs 2 als „Regelbeispielstechnik" (Rn 224) gehen demgegenüber **zweistufig** vor: Zunächst wird das grundsätzlich maßgebliche gesetzliche Regelungssystem im Wege der typologischen Zuordnung, des globalen Ähnlichkeitsvergleichs festgestellt (etwa: die Unterstellung des Finanzierungsleasing unter das Mietrecht; die Qualifizierung des echten Factoring als Forderungskauf) und als die „gesetzliche Regelung" im Sinne von Abs 2 Nr 1 etabliert. Im Rahmen einer auf die Gesetzesformulierung „im Zweifel" gestützten „Widerlegungsprüfung" wird sodann jedoch untersucht, ob die – bisher ausgeblendeten – Besonderheiten des konkreten Vertragstyps die „Regelwertung" des Abs 2 Nr 1 als doch nicht einschlägig erscheinen lassen (BECKER 65 ff, 95 f, 134 ff; vgl vHOYNINGEN-HUENE Rn 260 [im Rahmen der „Grundgedanken"]; aus der Rechtsprechung vgl BGHZ 81, 298, 303; 97, 135, 139 f [Finanzierungsleasing]; vgl auch BGH NJW 1982, 1747 f; NJW 1984, 2253, 2255; 1990, 2880, 2881 [Kreditkartenvertrag]). Die Zuordnung eines Vertrags zu einer Normengruppe erfolgt also unter dem Vorbehalt, dass deren Einzelvorschriften angesichts der atypischen Struktur des Vertrags auch wirklich „passen" (ausführlich OECHSLER 303 ff). Dies ist im Rahmen des Abs 2 Nr 1 ein **überflüssiger und fehlleitender methodischer Ansatz**: Gegenstand der Inhaltskontrolle ist immer nur eine einzelne AGB-Bestimmung (Rn 89), Maßstab nach Abs 2 Nr 1 ihr gesetzliches Pendant, dh die gesetzliche Vorschrift mit demselben Regelungsthema. Deren „eigentliche" Anwendbarkeit (direkt oder analog) ist konstitutive Tatbestandsvoraussetzung des Abs 2 Nr 1 und als solche sogleich und abschließend festzustellen. Die übergreifende typologische Zuordnung des Vertrags hat allenfalls heuristischen Wert, kann aber auch den Blick für einschlägige Einzelregelungen aus anderen normativen Zusammenhängen verstellen (OECHSLER 310). Ob zB also die §§ 433 ff auch auf Kaufverträge über Gebrauchtsachen oder § 367 auf Ratenkreditverträge anwendbar ist (vgl Rn 245) oder die mietrechtliche Vorschrift des § 537 auf Sportstudioverträge (Rn 168), muss hier entschieden werden; ob Besonderheiten des Vertragstyps eine Abweichung von der gesetzlichen Regelung rechtfertigen, ist eine Frage der Unvereinbarkeitsprüfung (Rn 253).

d) Wesentliche Grundgedanken

247 Ungeachtet der Frage, ob Abs 2 Nr 1 als sprachlich gelungen zu betrachten ist (in früheren Entwürfen hieß es „wesentliche Grundsätze", RegE BT-Drucks 7/3919, 5, oder „Gerechtigkeitsgehalt", 1. Teilbericht 26, 55), macht die Gesetzesformulierung doch hinreichend deutlich, dass nicht *jede* Abweichung von einer gesetzlichen Regelung unangemessen sein soll im Sinne von Abs 2 Nr 1 (BGH NJW 1993, 3261, 3262), sondern nur diejenige, die die **tragenden Gedanken des gesetzlichen Gerechtigkeitsmodells** beeinträchtigt (vgl Rechtsausschuss BT-Drucks 7/5422, 6: „Gerechtigkeitsgehalt der gesetzlichen Regelung als Richtschnur"). Der Rechtsanwender ist also aufgerufen, innerhalb der gesetzlichen Regelungen zu unterscheiden zwischen AGB-disponiblem Randbereich und einem „Gerechtigkeitskern", der **Leitbildfunktion** für einen angemessenen Interessenausgleich entfaltet und potenziell AGB-fest ist (vgl Rn 229 f). Ist der Gerechtigkeitsgehalt einer Norm in vorstehendem Sinne festgestellt, bedarf es keiner gesonderten **„Wesentlichkeitsprüfung"** mehr. Die gesetzliche Formulierung „wesentliche Grundgedanken" ist ein Pleonasmus, unwesentliche Grundgedanken sind nicht vorstellbar (Becker 128; Schmidt-Salzer, AGB [2. Aufl 1977] F 42; zur Bedeutung von „wesentlich" in Nr 2 s Rn 272).

Wesentlich ist der Bezugspunkt der demnach ausschlaggebenden Gerechtigkeits- 248
überlegungen: Entsprechend dem Schutzzweck des AGB-Rechts ist die **Vertragsgerechtigkeit**, speziell die gesetzliche Risiko- und Lastenverteilung **(Äquivalenzverhältnis)** angesprochen, mit besonderem Augenmerk auf der **Rechtsstellung des Vertragspartners**, dessen unangemessene Benachteiligung es zu verhindern gilt (BGH NJW 2010, 3568 Nr 13; 2007, 3423 Rn 18; vgl Becker 125; vHoyningen-Huene Rn 259; Soergel/Stein Rn 35). Einschlägige Wertungen müssen nicht in der verdrängten gesetzlichen Regelung selbst ausgedrückt sein; es genügt, wenn diese als Ausprägung eines übergreifenden (positivierten oder ungeschriebenen) Grundsatzes verstanden werden kann oder sonst an ihm teil hat (BGHZ 114, 238, 240; ZIP 1996, 1347, 1348).

Veränderungen in diesem Bereich durch AGB sind nicht per se unzulässig, müssen sich aber im Rahmen der Unvereinbarkeitsprüfung am gesetzlichen Leitbild messen lassen. Veränderungen in weniger gerechtigkeitssensiblen Fragen betreffen keine „Grundgedanken" und sind deshalb nicht nach Abs 2 Nr 1 kontrollierbar (unbeschadet einer Überprüfung nach Abs 1; zur entsprechenden Fragestellung bei Abs 2 Nr 2 s Rn 279).

Weniger hilfreich erscheint es, mit einer vor allem in der Rechtsprechung verbrei- 249
teten Auffassung zwischen Normen mit Gerechtigkeitsgehalt und anderen zu unterscheiden, die lediglich **Zweckmäßigkeits- oder Ordnungsfragen** betreffen (vgl BGHZ 22, 90; 41, 151, 154; 54, 106, 110; 60, 377, 380; NJW 1973, 1193; 1991, 1750, 1751; ZIP 1996, 1347, 1348; 1997, 838, 840; NJW 2007, 3637, 3640; **krit** Unberath/Cziupka AcP 209 [2009] 37, 75 ff; Cziupka, Dispositives Vertragsrecht 238 ff; Stoffels Rn 503; Ulmer/Fuchs Rn 222). Zwar kann eine Norm neben der Verwirklichung materieller Gerechtigkeit auch andere Zwecke verfolgen (vgl Canaris, in: FS Ulmer [2003] 1073, 1082: Ziel der Schuldrechtsreform, „möglichst einfache Regelungen zu schaffen oder mit möglichst wenigen Ausnahme- und Sondervorschriften auszukommen"; ders, Schuldrechtsmodernisierung XXXIV f), eine scharfkantige Abgrenzung in vorgenanntem Sinne ist jedoch nicht möglich: Reine Ordnungsnormen ohne Gerechtigkeitsgehalt sind zwar denkbar, im Zivilrecht aber bis jetzt praktisch nicht bekannt geworden. **Nur nach dem mehr oder minder großen Gerechtigkeitsgehalt einer Regelung kann gefragt werden** – eine schwierige, aber durchaus mögliche Unterscheidung (ähnlich wohl Canaris, in: FS Ulmer [2003] 1073, 1082, 1094; Möslein, in: Riesenhuber/Nishitani 246 f; **aM** Grunsky BB 1971, 1115; Trinkner BB 1973, 1501; Wolf JZ 1974, 466), zu der das Tatbestandsmerkmal der „Grundgedanken" den

Rechtsanwender verpflichtet. Dabei handelt es sich letztlich um eine **Wertungsfrage**, die zwar noch nicht endgültig über die Indisponibilität der Regelung entscheidet, aber schon vor dem Hintergrund der Herausbildung eines AGB-festen Teils des dispositiven Rechts erfolgt (vgl Rn 230).

250 Die entsprechenden Konkretisierungen in der **Rechtspraxis** sind demgemäß ihrerseits von abgestufter Plausibilität. Gelegentlich drängt sich die Qualifizierung als „Grundgedanke" aus der gesetzlichen Konzeption geradezu auf, wie etwa im „klassischen" Fall des *Maklervertrags* die Ursächlichkeit der Maklertätigkeit als konstitutive Voraussetzung für den Vergütungsanspruch, § 652 (BGHZ 60, 377, 381 f; 60, 385, 390; BB 1984, 1192, 1193). Ähnlich offenkundig ist der Gerechtigkeitsgehalt der *Verjährungsregelungen* (BAG NZA 2005, 1111, 1113 [auch mit Bezug auf Ausschlussfristen]; s im Einzelnen Rn 645 ff), der *Regelungen des allgemeinen Schuldrechts*, angefangen vom *Grundsatz von Treu und Glauben* (§ 242; BGH NJW 2010, 1958 Rn 22 ff [Möglichkeit des Gläubigers, nur Teilleistungen zu verlangen, etwa beim „cross-ticketing" im Flugverkehr]) über den *Leistungsaustausch* (Zug-um-Zug-Leistung, § 320 Abs 1 S 1; BGH NJW 1987, 1931, 1933; 1991, 1749; 1993, 3264, 3265; NJW 2013, 1431 Rn 21, 25; bzw Vorleistungspflicht des Werkunternehmers gem § 641 Abs 1 S 1; BGH NJW 2013, 1431 Rn 24; Rechtzeitigkeit der Leistung: BGH NJW-RR 2003, 1056, 1059 f; Synallagma: BGH NJW 1982, 181 f; Konnexität bei Zurückbehaltungsrecht: BGH NJW 1985, 1220, 1221; Gattungsware mittlerer Art und Güte: BGH NJW 1985, 320, 324; Zinspflicht nicht vor Fälligkeit: BGH NJW 1986, 1805, 1806), die Unverbindlichkeit unbilliger einseitiger Leistungsbestimmung gem § 315 Abs 3 (BGH NJW 2005, 2919, 2923), aber auch das gesetzliche *System bei Leistungsstörungen* (vgl BGH NJW 1982, 870, 871 [keine Kumulierung von Kündigung, Sachwegnahme und fortbestehender Zahlungsverpflichtung bei Verzug des Leasingnehmers]; NJW 1982, 992, 993 [Einstandspflicht für anfängliches Unvermögen nicht abdingbar; ebenso OLG Frankfurt BB 1984, 300]; BGH NJW 1984, 2941 [Verzugsschaden nur bei Geltendmachung, vgl §§ 286, 288]; NJW 1998, 991, 992 [keine Fälligkeitszinsen im privaten Verkehr, vgl §§ 286, 288]; NJW 1985, 320, 324 [Überwälzung der Mahnkosten auf den Schuldner, entgegen § 286]; BB 1985, 220, 225 [neben Verzugsschaden kein weiteres Entgelt geschuldet]; NJW 1986, 842, 843 [Obliegenheit zur Nachfristsetzung gem § 326 aF nicht abdingbar]; NJW 1987, 2506, 2507 [keine fristlose Kündigung des Mietvertrags schon bei geringfügigen oder kurzzeitigen Mietzinsrückständen, vgl §§ 543 Abs 2 Nr 3, 569 Abs 3 aF; ähnlich für Leasingvertrag BGH ZIP 1990, 1406, 1409]; NJW 2008, 1148 Rn 25 [Verwendungsrisiko beim Mietvertrag, § 537 Abs 2]; NJW 2004, 1104, 1107; 2005, 824, 825 [Verwendungsrisiko gem § 615 S 2]). Hierzu gehört auch das *Verschuldensprinzip* im Schadenersatzrecht (zuletzt OLG Brandenburg v 6. 2. 2013 – 7 U 6/12 – [juris]). Beim *Sachkauf* gehört die Besitzverschaffung (§ 433 Abs 1) zum wesentlichen Kern der Verkäuferpflichten (BGH NJW 2003, 2607, 2608 f; krit dazu SCHULZE-SCHRÖDER NJW 2003, 3031 ff). Beim *Bürgschaftsvertrag* folgt das „Verbot der Fremddisposition" ohne weiteres aus § 767 Abs 1 S 3 (BGH ZIP 1995, 1244, 1249; 1996, 456; 1996, 1289, 1290; NJW 1998, 450, 451; 2003, 1521, 1522; die Einreden des Bürgen aus §§ 770 Abs 1, 771, 776 BGB sollen hingegen AGB-disponibel sein, BGH NJW 1986, 43, 45; OLG Köln NJW-RR 1990, 439, 441; zur Einrede nach § 770 Abs 2 s jedoch BGH NJW 2003, 1521, 1522), beim *Vergleich* oder bestätigenden Schuldanerkenntnis das Erfordernis „gegenseitigen Nachgebens" aus § 779 (BAG NJW 2005, 3164, 3166). Auch das Erfordernis *sofortiger Abnahme* nach Fertigstellung des Werks lässt sich in Existenz und Gewicht unschwer aus §§ 640, 641 ableiten (BGH NJW 1996, 1346), während die Pflicht des *Geschäftsbesorgers* (Bank) zur unverzüglichen Weiterleitung empfangener Beträge oder Gutschriften (§§ 675, 667, 271) weniger zweifelsfrei als „Grundgedanke" einzustufen ist (vgl aber die Wertstellungsurteile des BGH, oben Rn 172). Umgekehrt beruht der *Aufwendungsersatzan-*

spruch des Geschäftsführers gem § 670 auf dem wesentlichen Grundgedanken, dass die Aufwendungen im „wohlverstandenen Fremdinteresse" getätigt worden sind (BGH WM 2012, 1344 Rn 51). Auch die *Vergütungsregelung des § 649 S 2* bei vorzeitiger Kündigung des Werkvertrags ist wesentlich für den Gerechtigkeitsausgleich zwischen Werkunternehmer und Besteller (BGH NJW 2007, 3423, 3424). Gleiches gilt für die Ableitungen, die die Rechtsprechung aus dem dem Vertragsrecht immanenten *Äquivalenzprinzip* folgern will (s oben Rn 235 sowie 284) – so richtig der Ausgangspunkt, so wenig determiniert er in seiner Allgemeinheit einzelne Abgrenzungsfragen (vgl BGH NJW 2001, 2635, 2637 f: Verfallfrist bei Kino- oder Geschenkgutscheinen akzeptabel, bei Telephonkarten hingegen nicht). Eine Norm mag aber als *Ausdruck* des übergreifenden Äquivalenzprinzips gedeutet werden (so zum Anspruch auf Nacherfüllung gem § 439 Abs 1 Canaris, Schuldrechtsmodernisierung 2002, XXXV); in diesem Fall lässt sich durch den Prinzipienbezug der Norm deren „Wesentlichkeit", dh deren *Leitbildfunktion* begründen. Sehr allgemein sind auch Grundgedanken des *Persönlichkeitsschutzes oder des allgemeinen Persönlichkeitsrechts* – hier bedarf es in der Regel der ergänzenden Bezugnahme auf spezielle Schutzvorschriften (vgl BGH NJW 1986, 46, 47 [Schufa-Klausel, Konflikt mit § 3 BDSG; dazu auch OLG Koblenz NJW-RR 1990, 822, 823; OLG Hamburg ZIP 1983, 1435, 1436]; BGH ZIP 1996, 1470, 1472 [Taschenkontrolle im Supermarkt, nicht zulässig ohne konkreten Tatverdacht, arg e §§ 229, 859 und strafrechtlichen Ermittlungsgrundsätzen; dazu auch BGH ZIP 1993, 1798, 1799; Graf vWestphalen NJW 1994, 367]). Als solche speziellen Schutzvorschriften können im *Dienstvertragsrecht* auch die besonderen Kündigungsvorschriften der §§ 621 Nr 5 oder 627 angesehen werden (BGH NJW 2011, 2955 Rn 14, 18; 2010, 1520 Rn 26 f [Ausnahmefälle offenlassend]). Zu den Grenzfällen dürfte auch das Sonderkündigungsrecht des Mieters bei verweigerter Untermieterlaubnis (§ 540 Abs 1 S 2 BGB) gehören (Grundgedanken bejahend BGH NJW 1995, 2034, 2035) oder die Abwälzung der Schönheitsreparatur-Last auf den Mieter entgegen § 535 Abs 1 S 2 (Grundgedanken verneinend BGH NJW 1985, 480; 1987, 2575; 1988, 2790; OLG Saarbrücken EWiR § 548 BGB 1/97, 15 [Eckert]; weniger großzügig ist die Rechtsprechung bei *allgemeinen* Reparaturen: Das Leitbild der §§ 536, 548 [aF] erlaube formularmäßige Einschränkungen nur bezüglich Kleinreparaturen, BGH NJW 1989, 2247, 2248; 1991, 1750, 1752). Auch die grundsätzlichen *Gebrauchsgewährungspflicht des Vermieters nach § 535 Abs 1* gehört zu den „Grundgedanken" des § 307 Abs 2; sie umfasst auch die Tierhaltung, wenn keine konkreten Interessen des Vermieters oder anderer Mieter entgegenstehen (BGH NJW 2013, 1526 Rn 19; NJW-RR 2013, 522; 2013, 584). Die gesetzliche Fortsetzung des Mietverhältnisses bei widerspruchsloser Weiterbenutzung der Sache durch den Mieter (§ 545) hat hingegen auch der BGH nicht mehr als wesentliche Schutzvorschrift für den Mieter, sondern vorwiegend als Ordnungsvorschrift eingestuft (BGH NJW 1991, 1750, 1751). Auch die Zinsberechnung nur aus dem aktuellen Schuldsaldo konnte angesichts § 20 Abs 2 HypBG nicht als Grundgedanke des Darlehensrechts angesehen werden (BGH NJW 1989, 222, 223), ebenso wenig das Prinzip jährlicher Zinsfälligkeit in § 488 Abs 2 (BGH NJW 1993, 3261, 3262).

Die Frage nach der „Leitbildfunktion" dispositiver Vorschriften hat im Lichte der **251**
Schuldrechtsreform besondere Aufmerksamkeit und Unsicherheit erregt (vgl schon Vorbem 9 zu §§ 307 ff; Canaris, Schuldrechtsmodernisierung 2002, XXXIII ff; ders, in: FS Ulmer [2003] 1073 ff; Pfeiffer, in: Dauner-Lieb ua 225 ff; Hk-BGB/Schulte-Nölke Rn 19 [„Paradigmenwechsel"]; Westermann JZ 2001, 530, 535 f; Schubel JZ 2001, 1113 ff). In der Tat hat die Reform von 2002 vor allem im Verjährungsrecht, im Allgemeinen Leistungsstörungsrecht sowie im Kauf- und Werkvertragsrecht zu wesentlichen Veränderungen

auch im rechtspolitischen Wertungsansatz geführt, und es stellt sich die Frage, ob und inwieweit die neuen Ansätze „wesentliche Grundgedanken" iSv § 307 Abs 2 Nr 1 enthalten und ob und inwieweit einzelne Normen Träger eines solchen Grundgedankens sind oder auch eine eigenständige Leitbildfunktion entfalten. Umgekehrt sind aber auch die zum bisherigen Recht von der Rspr herausgearbeiteten „Leitbilder" daraufhin zu überprüfen, ob sie im Licht des neuen Schuldrechts noch gültig sind – so kann, was früher unwirksam war, den Grundgedanken des heute geltenden Rechts entsprechen (zB ein verschuldensunabhängiges Rücktrittsrecht, vgl § 323 Abs 1, oder die Kombination von Rücktritt und Schadenersatz, vgl § 325, oder eine Verlängerung der Gewährleistungspflicht beim Kauf auf 3 Jahre, BGH NJW 2006, 47 [nicht aber auf 10 Jahre, aaO S 50]), während früher wirksame Gestaltungen uU gegen wesentliche Grundgedanken des neuen Rechts verstoßen (etwa kenntnisunabhängiger Beginn der Verjährungsfrist, vgl § 199 Abs 1; oder die Garantiehaftung des Verkäufers für Rechtsmängel, BGH NJW 2006, 47, 50). Es war nicht Sache des Gesetzgebers, dies festzulegen – die verantwortliche Abgrenzung des AGB-festen Teils des dispositiven Rechts ist, wie schon bisher, über Abs 1 Nr 1 vor allem den Gerichten übertragen (für gesetzgeberische Hilfestellung insoweit Westermann JZ 2001, 530, 536). Dabei sollte bewusst bleiben, dass die Frage nach der Leitbildfunktion der neuen Vorschriften nur einen ersten Schritt bei dieser künftig zu leistenden Aufgabe bedeutet: Eine von wesentlichen Grundgedanken des Gesetzes abweichende Klausel ist nicht schon per se unwirksam, sondern nur, wenn sie sich auch im Lichte einer *Gesamtinteressenabwägung* als nicht gerechtfertigt erweist (nach hM findet diese Abwägung als zweite, abschließende Wertungsstation im Rahmen von Abs 1 statt; nach der hier vertretenen Auffassung im Rahmen der „Unvereinbarkeitsprüfung" nach Abs 2 Nr 1 [zu dieser unten Rn 253 ff; zur Gesetzessystematik oben Rn 222 ff]). Hier können besondere Interessen des Verwenders ebenso einfließen wie etwa vom Verwender angebotene Ersatzlösungen.

Die Frage, inwieweit das neue Recht „wesentliche Grundgedanken" iSv Abs 2 Nr 1 enthält, kann nicht pauschal, sondern nur für jeden Sachzusammenhang und jede gesetzliche Wertung gesondert beurteilt werden (vgl zB für das Verjährungsrecht BGH NJW 2006, 47 Rn 9, 37; MünchKomm/Wurmnest Rn 67 sowie unten Rn 645 ff; für das Kaufrecht die Verweise in Rn 491; für das Werkvertragsrecht in Rn 740; zum allgemeinen Leistungsstörungsrecht s vor allem Canaris, in: FS Ulmer [2003] 1073, 1083 ff sowie die Kommentierungen bei den einzelnen Vorschriften, zB Staudinger/Otto [2009] § 280 Rn H 1 ff; § 281 Rn E 177 ff; § 282 Rn 73; § 283 Rn 96 f; § 284 Rn 14; § 326 Rn B 61; Staudinger/Otto/Schwarze [2009] § 323 Rn B 138 ff). Hier festzuhalten ist zunächst nur, dass ein übergreifendes Leitbild „des neuen Schuldrechts", etwa im Sinne einer generellen Verbraucherschutzorientierung, ebenso wenig zu begründen ist wie umgekehrt eine generelle Ablehnung der Leitbildfunktion des Kaufrechts für den unternehmerischen Verkehr. Zwar hat der deutsche Gesetzgeber die Verbrauchsgüterkaufrichtlinie in §§ 433 ff überschießend, dh mit allgemeinem Geltungsanspruch umgesetzt, dennoch regeln diese Vorschriften – schon nach dem ausdrücklichen Willen des Gesetzgebers – nicht nur verbrauchervertragsspezifische Interessenkonflikte. Auch das Regelungsmodell des (auf den Unternehmerverkehr ausgerichteten) UN-Kaufrechts stand Pate bei der Konzeption der §§ 433 ff (Pfeiffer ZGS 2002, 23, 24 f), so dass es – wie bisher – stets einer Einzelfallprüfung bedarf, ob eine gesetzliche Wertung auch angesichts der besonderen Interessenlage im unternehmerischen Verkehr Leitbildfunktion entfaltet oder nicht (zutreffend Pfeiffer, in: Dauner-Lieb ua 225 ff, 230 ff, gegen die Bedenken vor allem von Westermann JZ 2001, 530 ff; Schubel JZ 2001, 1113 ff). Wo allerdings das Gesetz selbst – trotz grundsätzlicher Einheitlichkeit des Kaufrechts – Sondervorschriften für Verbraucher vorgesehen hat, wird eine klauselmäßige Erstreckung auf Unternehmer idR gegen den gesetzlichen Grundgedanken (§ 307 Abs 2 Nr 1) verstoßen (vgl BGH NJW 2006, 47, 49 [zu § 476], 50 [zu §§ 478, 479]).

Eine differenzierte Beurteilung erfordern Klauseln, die von **gesetzlich eröffneten Gestaltungsmöglichkeiten**, etwa dem Versprechen einer Vertragsstrafe oder der Einräumung eines einseitigen Leistungsbestimmungsrechts, Gebrauch machen: Ohne Vereinbarung lässt das Gesetz solche Gestaltungen nicht eintreten, so dass die Klausel zweifelsohne eine Abweichung von der sonst geltenden Rechtslage bewirkt (Fastrich 296; Zoller BB 1987, 421, 422 f). Eine gesetzliche Erlaubnis zum formularmäßigen Gebrauch kann in der Bereitstellung nicht gesehen werden, so dass die Kontrolle nicht nach Abs 3 ausgeschlossen ist (s dort Rn 301 ff). Allerdings enthält das Gesetz keine Leitwertung darüber, ob und auf welche Weise solche Gestaltungen zu vereinbaren sind – insbesondere ist ihm nicht das Leitbild zu entnehmen, dass es dafür grundsätzlich einer Individualvereinbarung bedürfte (vgl den begrenzten Regelungsbereich des § 309 Nr 6). An die Stelle der dort maßgeblichen privatautonomen Entscheidung der Vertragspartner tritt bei formularmäßigem Gebrauch zwar die inhaltliche Angemessenheitskontrolle (zur Vertragsstrafe vgl Nachw in Rn 710 sowie BAG NZA 2004, 727, 731) diese vollzieht sich jedoch in der Regel als offene Abwägung im Sinne des Abs 1 (Ulmer/Fuchs Rn 232). Abs 2 Nr 1 kommt als Kontrollmaßstab ausnahmsweise dann in Betracht, wenn entweder (1) das Gesetz eine *Regelwertung* vorgibt und abweichende Gestaltungen lediglich erlaubt (zur Verjährungsverlängerung nach § 477 Abs 1 S 2 aF vgl BGH NJW 1990, 2065, 2066) oder wenn (2) vom *Inhalt* des gesetzlichen Regelungsmodells abgewichen wird (bei der Vertragsstrafe etwa vom Verschuldensprinzip, §§ 339 S 1, 286 Abs 4, BGH NJW-RR 1991, 1013, 1015; NJW 1997, 135; OLG Hamm OLGR 2002, 91, 92; NJW-RR 2004, 58; oder von der Einrede des Fortsetzungszusammenhangs, BGH NJW 1993, 721 f; vgl näher Erläuterungen Rn 710 ff sowie Staudinger/Coester-Waltjen § 309 Nr 6). 252

e) Unvereinbarkeit

aa) Methodische Funktion

Mit der von Abs 2 Nr 1 vorgeschriebenen Prüfung, ob die Abweichung einer Klausel von der gesetzlichen Regelung mit deren Grundgedanken „nicht zu vereinbaren ist", ist die entscheidende **Wertungsstation** dieses Tatbestands erreicht. Es hat eine **Interessenabwägung** stattzufinden, die allerdings nicht gleichermaßen offen und umfassend ist wie bei Abs 1 (vgl oben Rn 226 f; anders aber wohl BGH ZIP 1996, 1470, 1472; OLG Düsseldorf NJW-RR 1988, 1051, 1053). Vielmehr sind die Interessen des Vertragspartners sowie ihr Schutz und Ausgleich mit den Interessen der Gegenseite an der verdrängten gesetzlichen Regelung als Modell vorgegeben. Hieran hat sich die Unvereinbarkeitsprüfung konkret auszurichten (vgl BGH NJW 2005, 824, 825 f [der Sache nach]). Daraus folgt, dass gezielt nach den *Abweichungsinteressen* des Verwenders zu fragen ist und danach, wie die gesetzlich geschützten Interessen des Vertragspartners im Alternativmodell der AGB-Bestimmung Berücksichtigung finden. Diese Prüfung ist mit dem verunglückten gesetzlichen Merkmal „im Zweifel" angesprochen (vgl oben Rn 226). Die verbreitet postulierte **Umkehr der Argumentationslast** (bzw ähnliche, weniger treffende Formulierungen, s Rn 222 ff) ist dem Tatbestand des Abs 2 Nr 1 integriert: Ergeben sich in beiderlei Hinsicht keine substantiellen 253

Gesichtspunkte zugunsten der Klausel oder können sie diese letztlich nicht rechtfertigen (nach BGH NJW 1990, 2065, 2066 ist nach einem „besonderen Interesse des Verwenders" zu fragen, „das das Interesse der Gegenseite an der Einhaltung der durch das Gesetz gezogenen Grenze übersteigt" [zur Verjährungsverlängerung]; zur Fragestellung näher Rn 254), so ist ihre Unvereinbarkeit mit der gesetzlichen Regelung und damit ihre Unangemessenheit festgestellt – ein bekräftigender oder auch relativierender Rückgriff auf Abs 1 scheidet aus (oben Rn 227; vgl BGH BB 1996, 1279, 1280; im Ergebnis ähnlich, wenngleich auf der Basis der „Regelbeispielstechnik" [Rn 224] Becker 131 f; vHoyningen-Huene Rn 267). Auf diese Weise realisiert sich die Leitbildfunktion der gesetzlichen Regelung und die damit verbundene, von Abs 2 bezweckte Erleichterung der Rechtsfindung (vgl Rn 220).

Ein grundlegend anderes Verständnis der Unvereinbarkeitsprüfung ergäbe sich, wenn man – um dem Tatbestandsmerkmal „im Zweifel" Genüge zu tun – die abschließende Gesamtabwägung im Rahmen von Abs 1 stattfinden lassen wollte (vgl Rn 226). Dann bliebe für das Tatbestandsmerkmal „nicht zu vereinbaren" kaum ein sinnvoller Anwendungsbereich (Canaris, in: FS Ulmer [2003] 1073, 1077 f will hier danach fragen, ob die Klausel dem wesentlichen Ziel der [abbedungenen] gesetzlichen Regelung widerspricht oder nicht – dies kann aber doch nur unter Einbeziehung der Interessenlage der Parteien beantwortet werden [die aber erst in Abs 1 stattfinden soll], und eine Klausel, die im Wesentlichen dasselbe Ziel verfolgt wie das Gesetz, weicht schon nicht von dessen „wesentlichen Grundgedanken" ab [dies zeigt auch das von Canaris aaO 1095 f gebrachte Beispiel]).

bb) Fragestellung

254 Da Abs 2 Nr 1 nicht den konkreten Inhalt der gesetzlichen Regelung, sondern nur den in ihr verkörperten Gerechtigkeitsausgleich als AGB-festes Modell vorgibt, kann die **Grundfrage** bei der Abwägung nur darauf gerichtet sein, ob der AGB-Verwender

- im großen und ganzen nur einen anderen Weg zu einer im Wesentlichen gleichwertigen Lasten- und Rechteverteilung eingeschlagen
- oder ob er die gesetzliche Interessenwertung grundsätzlich verschoben hat (zu dieser Fragestellung auch Becker 133 f; vHoyningen-Huene Rn 268).

Die Ermittlung und Abwägung der Interessen beider Parteien vor dem Hintergrund des gesetzlichen Ausgleichsmodells münden also in einen **wertenden, letztlich entscheidenden Ergebnisvergleich** (Becker 133 mwNw; vHoyningen-Huene Rn 268; Ulmer/Fuchs Rn 228 will den oben beschriebenen „Rechtslagenvergleich" [Rn 243] und den hier angesprochenen „Ergebnisvergleich" in einem *einheitlichen* wertenden Akt zusammenfassen – *praktisch* dürfte beides in der Tat eng verbunden sein). Dabei führt nicht jede, geringfügige Verschlechterung der Rechtsposition des Vertragspartners zur Verwerfung der Klausel, sondern nur eine **erhebliche Benachteiligung** gegenüber der sonst vom Gesetz gewährten Rechtsstellung (vgl BGH NJW 1992, 1628, 1630; BGH NJW 2006, 47, 48, 50 [Verlängerung der Gewährleistungsfrist von 2 Jahren (§ 438 Abs 1 Nr 3) auf 3 Jahre noch akzeptabel, nicht jedoch auf 10 Jahre]). Dies ergibt sich aus dem Wertungsbegriff „unvereinbar" sowie aus dem Umstand, dass Abs 2 Nr 1 eine Konkretisierung von Abs 1 darstellt (zum Erfordernis einer „erheblichen Benachteiligung" in Abs 1 s Rn 91). Die (häufig beispielhaft erwähnte) „Recht- oder Schutzlosstellung" des Vertragspartners (BGH NJW

1979, 1686, 1688; 1990, 761, 764) fällt zweifellos hierunter, muss aber als Grad der Benachteiligung nicht unbedingt erreicht sein (Becker 133; Ulmer/Fuchs Rn 230; Palandt/Grüneberg Rn 28; Soergel/Stein Rn 37).

cc) Einzelne Gesichtspunkte

(1) Die Abweichung kann vor allem durch **Besonderheiten des Vertragstyps** gerechtfertigt sein, die zwar nicht so stark sind, dass sie die Vorschriften des gesetzlichen Regeltyps als unanwendbar erscheinen lassen (s Rn 246), wohl aber zu einer anderen Risiko- und Lastenverteilung Anlass geben könnten. Solche Besonderheiten können sich vor allem aus dem Vertragsgegenstand, seinem Zweck, seiner Struktur oder aus den beteiligten Geschäftskreisen ergeben (vgl oben Rn 111 f). So erstrecken sich die kaufrechtlichen Gewährleistungsvorschriften (§§ 434 ff) unterschiedslos auf Verträge über Neu- oder Gebrauchtsachen; dennoch folgt schon aus § 309 Nr 8b, dass das Abweichungsinteresse bei beiden Sacharten verschieden sein kann (vgl Staudinger/Coester-Waltjen § 309 Nr 8 Rn 27 ff). Bezieht sich ein Werkvertrag auf den Bau von Flachdächern, so kann deren Mängelanfälligkeit, die sich aber oft erst nach mehreren Jahren herausstellt, zu einer Verlängerung der Gewährleistungsfrist berechtigen (BGH DB 1996, 1562 f). Die Sachmängelhaftung des Vermieters (§§ 536 ff) stellt sich beim Finanzierungsleasing als abdingbar heraus (BGH NJW 1987, 1072; 1988, 2465; 1989, 1279). Bei der Überwälzung von Schönheitsreparaturen auf den Mieter macht es einen bedeutsamen Unterschied, ob der Mieter oder der Vermieter die Anfangsrenovierung zu tragen hat (BGH NJW 1993, 532, 533; Staudinger/Emmerich [2011] § 535 Rn 107a). Die Besonderheiten des kaufmännischen oder beruflichen Verkehrs werden schon von § 310 Abs 1 als Grund genannt, die Gestaltungsfreiheit durch AGB möglicherweise großzügiger zu beurteilen als im Privatverkehr; im Verbrauchervertrag gilt eine umgekehrte Tendenz, außerdem können sich Besonderheiten aus den konkreten Vertragsumständen ergeben, § 310 Abs 3 Nr 3 (dazu Rn 116 ff). 255

Allerdings folgt aus einer besonderen Interessenlage nicht notwendig ein **berechtigtes Abweichungsinteresse** des Verwenders. So besteht zB im Scheckverkehr ein hohes Fälschungsrisiko, dessen Abwälzung auf die Kunden vor allem deshalb als angemessen erscheinen könnte, weil diese die Herrschaft über die Scheckformulare haben. Andererseits haben die Banken im eigenen Vereinfachungsinteresse das Schecksystem so ausgestaltet, dass die Missbrauchsgefahr wesentlich erhöht wird (keine Streichbarkeit des Überbringervermerks; keine obligatorische Identitätsprüfung beim Einreicher), so dass letztlich doch die Rechtfertigung zu verneinen ist, das grundsätzlich bei der Bank liegende Fälschungsrisiko auf die Kunden abzuwälzen und so auch noch vom Verschuldensprinzip des Haftungsrechts abzuweichen (BGH ZIP 1997, 838, 840 mit umf Nachw des Streitstandes [= EWiR § 9 AGBG 8/97, 531 (Joost) = JZ 1997, 1066 (Koller)]; Ähnliches gilt für den Kreditkartenverkehr, BGHZ 114, 238, 240, sowie bei EC-Karten, OLG Hamm ZIP 1997, 878 ff). Dem Verwenderverhalten kann auch noch auf der Ebene der **Ausübungskontrolle** (§ 242; s Rn 36) Rechnung getragen werden: Hat der Verwender bei Risikogeschäften dem Vertragspartner gegenüber besondere Kompetenz und Erfahrung für sich in Anspruch genommen, so kann er sich auf eine Risikoverlagerung auf den Vertragspartner nicht berufen (vgl BGH BB 1980, 13, 14 [Werkvertrag über Konstruktion einer Maschine, die „technisches Neuland" bedeutete]; s auch BGH NJW-RR 1986, 271, 272). 256

257 (2) Neben Besonderheiten des Vertragstyps kommt die **annähernde Gleichwertigkeit des** vom Verwender vorgesehenen **Regelungssystems** als Rechtfertigung der Abweichung in Betracht. Hierzu bedarf es einer Gewichtung des Gerechtigkeitsgehalts beider Modelle. So, wie der Gerechtigkeitswert der gesetzlichen Regelung relativiert werden kann etwa durch fundierte *rechtspolitische Kritik,* insbesondere auch bei veralteten Normen (vgl aber BGH NJW 1990, 2065, 2066: Trotz „beachtlicher" Kritik in der Literatur wurde § 477 aF als Leitbild für Abs 2 Nr 1 zugrunde gelegt), oder durch *rechtsvergleichende Divergenzen,* bei der der deutschen Regelung gleichwertige, aber andere Lösungen anderer Rechtsordnungen gegenüberstehen, so kann umgekehrt der Gerechtigkeitsgehalt der Klausel durch diese und andere Gesichtspunkte gestützt werden. Hierzu gehört auch ihre Übereinstimmung mit (in concreto) nicht anwendbaren, aber internationale Vorbildwirkung entfaltenden Regelungsmodellen, etwa dem CISG oder den zum „Europäischen Privatrecht" vorgelegten Prinzipien der Lando-Kommission oder von UNIDROIT (vgl Staudinger/Coester-Waltjen § 309 Nr 5 Rn 10).

258 Bei der Frage „Gleichwertigkeit trotz Abweichung" kann auch dem Gesichtspunkt der **Kompensation** wesentliche Bedeutung zukommen (BGH NJW 1991, 1886, 1888; 1991, 2414, 2415). Wird zB die im Gesetz zugrunde gelegte Freiheit des Käufers, über Art und Menge der zu liefernden Ware zu bestimmen, vom Verwender eingeschränkt, so wird dies ausgeglichen durch ein kostenneutrales Remissionsrecht des Käufers bezüglich zuviel gelieferter Ware: Lasten und Risiken werden anders als im Gesetz, aber in ausgewogener Weise verteilt (BGH NJW 1982, 644, 645 f; ausführlich zur Kompensation Rn 125 ff).

259 (3) Auch im Übrigen können die zur Interessenabwägung im Rahmen des Abs 1 erörterten Gesichtspunkte bei der Prüfung der Unvereinbarkeit eine Rolle spielen. Das **Rationalisierungsinteresse** des Verwenders ist allerdings – trotz genereller Beachtlichkeit (oben Rn 156 f) – wenig geeignet, eine Abweichung von Grundgedanken der gesetzlichen Regelung im Sinne von Abs 2 Nr 1 zu rechtfertigen (Becker 128; anderer Ansicht offenbar Schapp DB 1978, 624 f): Weder die Massenhaftigkeit der Vertragsabschlüsse noch die Üblichkeit von Klauseln (BGH NJW 1982, 644, 645) bedingen wesentliche Einbußen an der gesetzlich vorgezeichneten Gerechtigkeitskonstellation. Allerdings wird es auch auf die Art des Vertrages ankommen: Bei Heimverträgen zB erkennt der BGH im Grundsätzlichen (wenngleich nicht im Ergebnis) ein legitimes Verwenderinteresse an Pauschalierung und Vereinfachung der Abwicklung an (NJW 2005, 824, 825 [vgl auch Rn 483]).

260 Nicht übersehen werden darf jedoch das **Verhältnismäßigkeitsprinzip** (Rn 162): Auch bei einem anerkennenswerten Abweichungsinteresse des Verwenders behält die gesetzliche Regelung noch insoweit Leitbildcharakter, als nicht jede, sondern nur sachbedingt erforderliche Einschränkungen zulässig sind (vgl vor allem Schlosser/Graba Rn 28, 45 ff: Neben dem Abweichungsinteresse sei auch das „Inhaltsinteresse" zu prüfen). Die Obliegenheit des Gläubigers etwa, sich die Geltendmachung einer Vertragsstrafe bei Annahme der Leistung vorzubehalten (§ 341 Abs 3), lässt sich bei Bauverträgen auf den Zeitpunkt der Schlusszahlungen verschieben, ohne wesentliche Gerechtigkeitsanliegen zu beeinträchtigen (BGH NJW 1979, 213; NJW-RR 2000, 1468), nicht aber ersatzlos abbedingen (OLG Köln BauR 1977, 425; OLG Düsseldorf NJW-RR 2001, 1387; Palandt/Grüneberg § 341 Rn 4; Ingenstau/Korbion, VOB/B § 11 Anmerkung 7). Auch

berechtigt der Umstand, dass bei Reisekrankenversicherungen im Hinblick auf ihren kurzfristigen Abschluss keine Risikoprüfung durch den Versicherer stattfindet, diesen nicht zu einer über diese Besonderheit hinausgehenden Einschränkung seiner durch §§ 16 ff VVG vorgezeichneten Leistungspflicht (BGH NJW 1994, 1534, 1536).

3. Abs 2 Nr 2: Gefährdung des Vertragszwecks

a) Norminhalt und -zweck

Mit Nr 2 wollte der Gesetzgeber der Angemessenheitsprüfung auch für jene Themenbereiche von AGB-Klauseln einen konkretisierten Maßstab vorgeben, für die es an einem gesetzlichen Gerechtigkeitsleitbild fehlt. Dies betrifft neuartige, gänzlich ungeregelte Vertragstypen (zur Rückwirkung technischer, wirtschaftlicher oder gesellschaftlicher Innovationen auf das Recht Möslein, Dispositives Recht [2011] 441 ff, 458 ff [Tendenz zur Entstaatlichung]) ebenso wie atypische Varianten gesetzlich normierter Verträge, auf die die gesetzliche Regelung nicht passt, wie schließlich Klauselthemen, für die das Gesetz trotz grundsätzlicher Erfassung des Vertragstyps keine Regelung enthält (zu diesem Normzweck vgl 1. Teilbericht 15, 55 f; RegE BT-Drucks 7/3919, 9; für die allgemeine Meinung vgl Soergel/Stein Rn 41; Ulmer/Fuchs Rn 238; Becker 138 ff, 166 ff; Fastrich 286; zur Anwendung von Abs 2 Nr 2 bei lückenhafter gesetzlicher Regelung vgl BGH NJW 1985, 1165 [Reisevertrag]). Statt aus den Grundgedanken des Gesetzes (Nr 1) soll hier der AGB-indisponible Kern der Vertragsregelung aus der **„Natur des Vertrags“** ermittelt werden (näher Rn 267). Trotz der Vagheit des Begriffs wird damit der Wille des Gesetzgebers erkennbar, die Inhaltskontrolle nicht vom (eher zufälligen) Vorhandensein einer gesetzlichen Parallelwertung abhängig zu machen, sondern den Schutz des Vertragspartners vor einseitiger Interessenverfolgung durch den Verwender umfassend und mit gleicher Intensität auch im nichtpositivierten Bereich zu gewährleisten (vgl Brandner, in: 10 Jahre AGBG 43, 48; Schlosser/Graba Rn 30). Folgerichtig weist Nr 2 eine der Nr 1 analoge Struktur auf: Den „Grundgedanken der gesetzlichen Regelung“ entsprechen die „wesentlichen Rechte und Pflichten aus der Natur des Vertrags“, dem „Abweichen“ das „Einschränken“ und der wertenden Unvereinbarkeitsprüfung die der Vertragszweckgefährdung (s Rn 278 f). **261**

Das Merkmal der Vertragszweckgefährdung weist jedoch, im Zusammenhang mit den Gesetzesmaterialien (BT-Drucks 3919, 23; erster Teilbericht 56), auf eine weitere ratio legis hin: Angeknüpft wurde offensichtlich an das in der Rechtsprechung entwickelte Verbot der „Aushöhlung von Kardinalpflichten“ (BGHZ 38, 183, 186; NJW 1973, 2107; BGHZ 71, 167, 173; NJW 1984, 1350; 1985, 914, 916; dazu noch Rn 275 f). **Schutzgut** sind demnach **die zentralen Leistungs- und Schutzerwartungen**, die der Vertragspartner aufgrund des Vertrags hegen durfte; das **Aushöhlungsverbot** sichert die innere Stimmigkeit der vertraglichen Abreden (Lieb DB 1988, 946, 953 f [der die Kontrolle nach Abs 2 Nr 2 allerdings hierauf beschränken will]; Schlosser/Graba Rn 37; Ulmer/Fuchs Rn 240; vgl BGH NJW 1985, 914, 916; NJW 2012, 3023 Rn 18 mwNw; die Herleitung aus dem allgemeinen Verbot des *venire contra factum proprium* [so Stoffels Rn 523 ff] vermengt hingegen die Gestaltungs- mit der Ausübungsebene, zutr Ulmer/Fuchs Rn 242). Klauseln, die hiergegen verstoßen, werden in aller Regel auch „wesentliche Rechte oder Pflichten“ (Nr 2) bzw „Grundgedanken der gesetzlichen Regelung“ (Nr 1) beeinträchtigen (zum Verhältnis zur Nr 1 s Rn 263 ff); dennoch enthält das Aushöhlungsverbot einen Wertungsgesichtspunkt, der eigenständige Bedeutung entfalten kann und die Rechtsfindung zu steuern vermag (vHoyningen-Huene Rn 279; Palandt/Grüneberg Rn 31; Ulmer/Fuchs **262**

Rn 240 ff; anders BECKER 153 ff; vgl unten Rn 278 ff). Nicht so deutlich, aber der Sache nach ähnlich findet sich dieser Aspekt auch im Missbrauchsbegriff des Art 3 Abs 1 RL (vgl KAPNOPOULOU 122, 124 [„Vertrauensprinzip"] unter Hinweis auf Erwägungsgrund 16 S 3 der RL [Gebot „loyalen und billigen" Verhaltens]).

b) Verhältnis zu Nr 1

263 Über das Verhältnis beider Tatbestände des Abs 2 zueinander besteht Uneinigkeit – teilweise wird von einem Vorrang von Nr 1 ausgegangen (BECKER 191 ff; vHOYNINGEN-HUENE Rn 282; SCHLOSSER/GRABA Rn 30), teilweise – bezüglich des Aushöhlungsverbots – von Nr 2 (PALANDT/GRÜNEBERG Rn 33). Gelegentlich wird ein wechselseitiger Vorrang überhaupt abgelehnt (SOERGEL/STEIN Rn 32; WOLF/WOLF Rn 97) oder die Frage für müßig erklärt (SOERGEL/STEIN Rn 32). Letztere Position drängt sich auf, wenn man bedenkt, dass beide Tatbestände Konkretisierungen der einheitlichen Wertungsfrage des Abs 1 sind und in den Rechtsfolgen übereinstimmen. Nicht nur aus Gründen methodischer Sauberkeit bedarf das Verhältnis von Nr 1 und 2 dennoch näherer Untersuchungen; dabei ist zwischen Verträgen, die einem gesetzlich geregelten Typus unterfallen, und atypischen Verträgen zu unterscheiden.

264 Bei **normativen Regeltypen** gibt das Gesetz das maßgebliche Gerechtigkeitsmodell für die Verteilung von Rechten, Pflichten und Risiken vor (Nr 1); dieses durch Überlegungen zur „Natur des Vertrags" relativieren oder gar ersetzen zu wollen, verbietet schon die Bindung des Richters an das Gesetz (BECKER 192 f). Etwaigen Besonderheiten des Vertrags ist im Rahmen der Unvereinbarkeitsprüfung nach Nr 1 Rechnung zu tragen (oben Rn 253). Ein gesetzliches Leitbild hat also Vorrang vor aus dem Vertrag entwickelten Leitbildern (anders WEICK NJW 1978, 11 ff; SCHAPP DB 1978, 621, 625, die die gesetzlichen Regeltypen ausdifferenzieren wollen in spezielle Leitbilder zB für den Gebrauchtwagen-, Zeitungs-, Möbelkauf etc; kritisch dazu BECKER 135). Anders verhält es sich jedoch mit dem *Aushöhlungsgedanken,* der in Nr 1 weitgehend mitenthalten, in Nr 2 aber gesondert hervorgehoben ist. Nichts steht entgegen, insoweit auch bei gesetzlichen Regeltypen auf Nr 2 zurückzugreifen – entweder anstelle von Nr 1, wenn die Unvereinbarkeit mit gesetzlichen Grundgedanken zweifelhaft ist, oder kumulativ-bekräftigend (WOLF/WOLF Rn 132). Letztere Argumentationsweise findet sich gelegentlich in der Rechtsprechung, etwa bezüglich Klauseln in Versicherungsverträgen, die einzelne Risiken überproportional auf den Versicherungsnehmer abwälzen (BGH NJW 1993, 2442, 2444 [DTV-Maschinenklausel: Leitbild §§ 778 HGB; gleichzeitig Vertragszweckgefährdung]; BGH NJW 1994, 1534, 1536 [Reisekrankenversicherung: Leitbild §§ 16 ff VVG; gleichzeitig Aushöhlung des Versicherungsschutzes]; vgl auch BGH NJW 1982, 870, 871; BB 1984, 1320; NJW-RR 1986, 271, 272; ZIP 1995, 1244, 1249 [zur Bürgschaft; BGH ZIP 1996, 1289, 1290 zitiert zur selben Frage nur noch Nr 1]; OLG Frankfurt NJW 1983, 1681 ff; BB 1984, 300; OLG Hamburg ZIP 1983, 1432, 1433). Als Beispiel für einen konstitutiven Wechsel von Nr 1 zu Nr 2 sind die Fälle des Haftungsausschlusses für leichte Fahrlässigkeit zu nennen: Anstatt hier „Grundgedanken" in § 276 zu projizieren, die dort nicht angelegt sind (vgl auch § 309 Nr 7), überzeugt vom methodischen Ansatz mehr die Argumentation mit dem Aushöhlungsgedanken der Nr 2 (Einzelheiten Rn 275).

265 Bei **atypischen Verträgen** scheint von vornherein nur Nr 2 in Betracht zu kommen. Dennoch sind Grenzverschiebungen möglich und in der Praxis sogar beliebt – etwas überspitzt könnte man von einer „Flucht auf den gesicherten Boden des Gesetzes" gem Nr 1 sprechen (hierher gehört auch die Zugrundlegung eines sehr allgemeinen „Leitbilds" [des Werk-, Dienstvertrags, der Bürgschaft etc], wenn die konkrete Folgerung nicht im Gesetz verankert ist, s Rn 234, oder sogar die freie Entwicklung eines vertraglichen Leitbilds „aus der Natur und dem Zweck" des Vertrags, so BGH NJW 2011, 1726 Rn 19 [Verkaufsvermittlung durch Pkw-Händler – „Platzmietpauschale"]). Auf eine Fehltendenz in diesem Zusammenhang hat jüngst OECHSLER hingewiesen (insbesondere 296 ff, 315 ff; zuvor schon LIEB DB 1988, 946 ff). Auch bei neuartigen Vertragstypen wie Leasing oder Kreditkartenvertrag wird üblicherweise vorrangig versucht, sie im Wege typologischer Betrachtung einem gesetzlichen Regeltypus zuzuordnen – etwa das Leasing dem Mietvertrag (BGHZ 96, 103, 105 f; NJW 1977, 195, 196; 1977, 848, 849) oder das Kreditkartengeschäft im Verhältnis Kartenunternehmen-Vertragsunternehmen dem Schuldbeitritt (AVANCINI ZfRV 1972, 121, 129 f; heute überholt), dem Forderungskauf (BGH NJW 1990, 2880, 2881; ECKERT WM 1987, 161; HÖNN ZBB 1991, 6, 12) oder dem Garantievertrag bzw abstrakten Schuldversprechen innerhalb eines Geschäftsbesorgungsvertrags (BGH NJW 2002, 285, 287 f; 2002, 2234, 2236 f; BankR-Hdb/MARTINEK/OECHSLER § 67 Rn 2; LANGENBUCHER, Die Risikozuordnung im bargeldlosen Zahlungsverkehr [2001] 257; Klauselwerke/PFEIFFER „Kreditkartenvertrag" Rn 11 ff; HADDING, in: FS Pleyer [1986] 17, 31 ff; vgl LG Düsseldorf WM 1984, 990, 992). Abweichungen des Realtyps vom gesetzlichen Vertragsmodell oder ergänzenden Besonderheiten wird sodann in einem zweiten Schritt, bei der „Widerlegungsprüfung" im Rahmen des Abs 2 Nr 1 Rechnung getragen: Es wird geprüft, ob die der Klauselthematik entsprechende Einzelregelung des Gesetzes (zB die Gewährleistungsregelung der §§ 536 ff) auf den atypischen Vertrag (Leasing) wirklich passt (zB BGHZ 81, 298, 303; 97, 135, 139 f; vgl OECHSLER 306: Die typologische Zuordnung erfolgt also stets unter konkretem „Ähnlichkeitsvorbehalt" für einzelne Regelungsthemen). Dabei kann es aber zu Verzerrungen der Fragestellung kommen. Anstatt eine angemessene Rechte- und Risikoverteilung gem Abs 2 Nr 2 unmittelbar und unvoreingenommen aus dem besonderen Erscheinungsbild des atypischen Vertrages zu entwickeln, wird vom Leitbild des typologisch nächststehenden Vertrages und seiner Einzelregelungen ausgegangen und nur noch gefragt, ob Besonderheiten des Realtypus eine Abweichung rechtfertigen können. Die „innere Vertragslogik" wird vom Angemessenheitsmaßstab (Nr 2) zum Korrektiv eines vorgegebenen, nicht genau passenden Gerechtigkeitsmodells zurückgestuft (Nr 1), wobei die Nähe der Klauselregelung zu diesen Vorgaben größeres Gewicht erlangen kann als die unmittelbar problembezogene Sachgerechtigkeit (OECHSLER 327, 329 [„auf der Grundlage dieses Vorverständnisses kann das zu lösende Problem häufig nur als Abweichung vom Regelungsprogramm eines Normstrukturtypus erfasst und nicht in seiner Individualität und Eigenart erkannt werden"]; dies wird konkret belegt an Beispielen des Finanzierungsleasings und des Kreditkartengeschäfts, 325 ff; zum Leasing auch LIEB DB 1988, 946 ff). Die Verlagerung konzeptionell zu Nr 2 gehörender Fragestellungen in Nr 1 (besonders deutlich in BGH NJW 2011, 1726 Rn 19, 26, 30) kann die Rechtsfindung also sachlich, aber nicht unbedingt sachgerecht beeinflussen. Statt dessen sollte gelten: Entweder findet sich bei atypischen Verträgen für die konkrete Klauselthematik eine analog maßgebliche gesetzliche Regelung (dann Nr 1) oder das Gerechtigkeitsmodell ist gem Nr 2 zu entwickeln (ebenso OECHSLER aaO).

Dies schließt jedoch nicht aus, dass die Rechtsprechung für atypische Verträge nach 266
und nach rechtliche Strukturen erarbeitet (nicht nur, aber auch in Anwendung des Abs 2 Nr 2), die sich zu einem weitgehend konsentierten, die Rechtspraxis beherrschenden Regelungssystem verdichten – dem Realtypus wird ein adäquater, normativer Strukturtypus „eingezogen", der nicht auf Gesetz, aber auf verfestigtem **Richterrecht** beruht. Ist dieser Entwicklungsstand erreicht, erscheint eine Inhalts-

kontrolle nach Nr 2 – also stets erneut auf die „Vertragsnatur" rekurrierend – nicht mehr passend; die etablierten richterrechtlichen Grundsätze können im Sinne der Nr 1 den weiteren Kontrollaufgaben zugrunde gelegt werden (krit ULMER/FUCHS Rn 212; anders BECKER 92 ff; zum Richterrecht in Nr 1 s Rn 236 f). Die Abgrenzungsschwierigkeit zwischen bloßen (richterlichen und wissenschaftlichen) Ordnungsversuchen und Richterrecht in obigem Sinne ist offenkundig, kann aber die Möglichkeit eines „Hinüberwachsens" der Inhaltskontrolle von Nr 2 in Nr 1 nicht grundsätzlich in Frage stellen (anschaulich FASTRICH 287; vgl BGH NJW 1978, 1432; 1982, 870, 871 [Leasingvertrag]; BB 1984, 1320 [„Wesen des Versicherungsvertrags"]; 1985, 218, 225 [Vertragshändlervertrag]; anderer Ansicht BECKER 175 f, 208, der solche „vertragstypenspezifischen Leitbilder" nur im Rahmen von Nr 2 beachtet wissen will). Dabei besteht Einigkeit, dass die **Üblichkeit** oder **faktische Durchsetzung einer Klausel** allein nicht genügt, um sie vom Objekt der Kontrolle gar zu deren Maßstab (im Sinne von Nr 1) werden zu lassen (BGH NJW 1982, 644, 645; 1984, 2160 f; 1985, 3016, 3017; 1987, 1931, 1935; BAG NJW 2012, 103 Rn 53; BECKER 174 f; BOEMKE-ALBRECHT 156; FASTRICH 288 f; vHOYNINGEN-HUENE Rn 211; LIMBACH ZRP 1975, 117, 121). Es überzeugt auch nicht, wenn konkrete, aus der Natur des Vertrags (zB „Bürgschaftsvertrag mit einer Bank") gewonnene Folgerungen nicht nach Nr 2 begründet werden, sondern als Ergebnis eines allgemeinen, angeblichen gesetzlichen Leitbilds im Sinne der Nr 1 (BGH BB 1984, 2147, 2148 zum Bürgschaftsvertrag; vgl oben Rn 235; zutreffend hingegen BGH NJW-RR 1987, 45, 46: konkrete, im Gesetz nicht geregelte Fragen des Versicherungsvertrags werden aus dessen „Natur" gem Nr 2 abgeleitet). Schlüssig und legitim ist hingegen die Berufung zB auf „leasingtypische" Regelungen oder das „Leitbild des Leasingvertrags" im Rahmen der Nr 1 (vgl die Einzeldarstellung Rn 280), soweit damit auf die in Jahrzehnten verfestigten Rechtsprechungsgrundsätze Bezug genommen wird.

c) Natur des Vertrags als Quelle wesentlicher Rechte und Pflichten

267 Stärker noch als bei den „Grundgedanken der gesetzlichen Regelung" gem Nr 1 handelt es sich bei den nach Nr 2 maßgeblichen „Rechten oder Pflichten aus der Natur des Vertrages" um eine hermeneutisch verknüpfte, praktisch kaum trennbare Fragestellung. Dennoch ist die Vorstellung von einer die einzelnen Rechte und Pflichten übersteigenden Vertragsnatur hilfreich, um zu einem Leitbild und Maßstab gelangen zu können, an dem die vertraglichen Vereinbarungen gemessen werden können.

aa) Natur des Vertrages

268 Der „Vertrag" wird konstituiert durch die vereinbarten Regelungen, wozu auch die zu prüfende Klausel gehört. Schon hieraus wird deutlich, dass die „Natur" des Vertrages von den konkret vereinbarten Regelungen abstrahieren und auf ein Austausch- und Gerechtigkeitsmodell referieren muss, das die Parteien zwar mit ihren konkreten Vereinbarungen berufen haben, aber nicht beherrschen (etwas anders OECHSLER 320: Aufteilung des Vertrags in Hauptleistungs- und Nebenpflichten; erstere geben die Vertragsnatur und demgemäß den Maßstab für die Kontrolle der übrigen Vertragsbestimmungen vor: „Natur" als naturalia negotii). Verfehlt wäre es jedoch, die Gesetzesformulierung als Verweis auf überpositive, naturrechtliche Gerechtigkeitsmaßstäbe zu verstehen (dagegen vor allem OECHSLER 316 f und passim mwNw); das für Nr 2 maßgebliche Leitbild ist vielmehr **aus der vertraglichen Ordnung selbst zu entwickeln** (BECKER 175 ff; SCHLOSSER/GRABA Rn 130; vHOYNINGEN-HUENE Rn 283; SOERGEL/STEIN Rn 42). Dabei müssen jedoch, will man zirkuläres Denken vermeiden, die **privatautonom gesetzten Daten** mit den

übergreifend geltenden Grundsätzen und Wertungen des objektiven Rechts angereichert und in einer Zusammenschau zu einem normativen, keineswegs mehr rein vertragsimmanenten Gerechtigkeitsmodell vereinigt werden (so auch Stoffels Rn 536; Fastrich 282, 287 f, gegen Lieb DB 1988, 946, 953, der die Kontrolle auf vertragsimmanente Stimmigkeit beschränken will; anders als hier wohl auch Oechsler 320 [„trägt jede vorformulierte Parteivereinbarung ihren Maßstab in sich …"]). Im Rahmen der Leitbilderarbeitung gem Abs 2 Nr 2 ist es zwar nicht unmittelbar Aufgabe der Rechtsprechung, positive Ordnungsentwürfe für atypische Verträge aufzustellen; die Inhaltskontrolle zielt nur auf Ausgrenzung „jedenfalls" unangemessener Gestaltungen (anschaulich Fastrich 287: Die Rechtsprechung „tastet sich anhand allgemeiner Grundsätze und Wertungen gleichsam von außen her über die Falsifikation einzelner Vertragsklauseln an das Leitbild des jeweiligen Vertragstyps hin, dessen positiver Inhalt sich bisweilen erst am Ende einer Rechtsprechungsreihe aus der Negativform entwickeln lässt". Siehe auch Becker 173, 176 ff, 184 f, 208). Dennoch kommt auch diese eingeschränkte Fragestellung nicht ohne ein positives Vergleichsbild aus; für eine etwa notwendige Lückenfüllung gem § 306 Abs 2 braucht man es ohnehin. Nur bedarf es eben nicht der isolierten, umfassenden Etablierung einer „Vertragsnatur"; diese ist nur als Quelle und Begründung für eine Vergleichsregelung von Interesse, die der konkreten Klausel gegenübergestellt wird. Im Rahmen des § 307 Abs 2 Nr 2 kann die Erarbeitung einer „Vertragsnatur" aus konkretem Leistungsversprechen und allgemeinen Rechtsgrundsätzen aber durchaus als „archimedischer Punkt" bezeichnet werden (Pfeiffer, in: Dauner-Lieb ua 225 ff, 236), von dem aus – in Ermangelung positivrechtlicher Maßstäbe – eine Klauselbeurteilung (und gegebenenfalls Verwerfung) überhaupt erst möglich wird.

Bezugspunkt der Leitbildkonkretisierung ist nicht der Einzelvertrag, sondern der **269** durch die Vereinbarungen bezeichnete **Vertragstyp** – auch wenn es sich um ganz neuartige Gestaltungen handeln sollte. Dies folgt aus der abstrakten Konzeption von AGB und dem dementsprechend generalisierend-typisierenden Prüfungsansatz (oben Rn 109), aber auch aus dem Begriff der „Natur des Vertrages", der auf ein über dem Einzelvertrag stehendes Austauschmodell verweist. Deshalb gilt auch für Einmalklauseln bei Verbraucherverträgen (§ 310 Abs 3 Nr 2) letztlich nichts anderes: Der Vertrag muss als Erscheinungsform eines Vertragstyps begriffen werden, damit ein normatives Leitbild gewonnen werden kann.

Kriterien der Konkretisierung können zum einen vorfindbare, verfestigte Vorstel- **270** lungen zur Vertragsnatur sein – entweder rechtlicher oder tatsächlicher Art. Von *Rechtsprechung und Rechtswissenschaft* schon erarbeitete Leitbilder können ab einer gewissen Konsolidierung einer Klauselkontrolle gem Abs 2 Nr 1 zugrunde gelegt werden (Rn 266); vor ihrer Verfestigung zum Richterrecht können sie immerhin legitime Orientierungspunkte bei der verantwortlichen Leitbilderarbeitung nach Abs 2 Nr 2 sein. *Übliche Klauselpraxis* kann nicht den Maßstab rechtlicher Kontrolle abgeben (oben Rn 266), aber als ein Gesichtspunkt unter anderen eine Rolle spielen (vgl Rn 153), vor allem hinsichtlich des *Erwartungshorizonts der beteiligten Verkehrskreise.* Als (empirisch nachzuweisendes) Faktum besagen die Kundenerwartungen allerdings auch nicht mehr als die bloße Klauselüblichkeit; wird statt dessen – wie allgemein vertreten – auf die nach Treu und Glauben berechtigten Erwartungen des Durchschnittskunden abgestellt (vHoyningen-Huene Rn 284; Soergel/Stein Rn 42; Becker 177; Oechsler 321, 327, 338), handelt es sich in Wahrheit um eine Hilfsvorstellung für die rechtspolitisch-verantwortliche Leitbilderarbeitung durch den Rechtsanwender (Rn 271).

271 Mangels vorfindbarer Anhaltspunkte für die Vertragsnatur und die aus ihr folgende Rechte- und Pflichtenverteilung oder in Ergänzung zu ihnen sind **vertragstypenspezifische Gerechtigkeitserwartungen** als Leitbild zu entwickeln. Hierbei kommt es auf die Art des Vertrages an (Dauerschuldverhältnis, Personenbezug, Risikogeschäft oä), auf nach Treu und Glauben berechtigte Kundenerwartungen (Rn 270), wie sie etwa für das Kaufrecht in § 434 Abs 1 S 2 und 3 konkretisiert sind (vgl Pfeiffer, in: Dauner-Lieb ua 225 ff, 237 f, 240, der sogar eine Übertragung dieser Regelung auf andere Verträge für möglich hält [„allgemeines Konzept zur Konkretisierung des vertraglichen Leistungsversprechens"]; ders ZGS 2002, 23, 31 f); aber ebenso auf die berechtigten Verwenderinteressen (Stoffels Rn 542), auf die typischerweise beteiligten Verkehrskreise (Geschäfts- oder Privatverkehr, Verbraucherverträge), aber auch – auf normativer Ebene – auf rechtliche Regelungs- und Wertungsmuster aus anderen Zusammenhängen, die für die Klauselthematik dennoch fruchtbar gemacht werden könnten (zB in Anlehnung an ähnliche Verträge [Becker 178]; Übernahme öffentlich-rechtlicher Grundsätze, etwa aus dem Datenschutz [Becker 179], aus dem Wasserschutz [BGH NJW 1971, 1036, 1037 f betreffend Überwachung der Heizölabfüllung] oder der öffentlich-rechtlichen Leistungsverwaltung [BGHZ 93, 358, 362 f, Äquivalenzprinzip]). Zu fragen ist nach der (dispositiven) Regelung, die der Gesetzgeber unter Beachtung all dieser Umstände aufgestellt hätte (hypothetische gesetzliche Regelung) (Schlosser/Graba Rn 31; Becker 176; Gilles NJW 1983, 2819, 2820). Unschädlich ist auch die Hilfsvorstellung des „hypothetischen Parteiwillens" (ergänzende Vertragsauslegung), solange klar bleibt, dass es sich dabei um objektive Normbildung durch den Rechtsanwender und nicht um eine „Auslegung" der Parteivereinbarungen handelt (Fastrich 288 mwNw; deutlich auch Becker 177). Zu einzelnen Anwendungsbeispielen aus der Rechtspraxis s Rn 280.

bb) Wesentliche Rechte oder Pflichten

272 Gemeint sind – wie sich aus dem Erfordernis der „Einschränkung" ergibt (Rn 277) – Rechte des Vertragspartners oder Pflichten des Verwenders. Das Merkmal der „Wesentlichkeit" ist hier, anders als bei den „wesentlichen Grundgedanken" der Nr 1 (Rn 255), sinnvoll, um ein gewisses Gewicht der Kundenbenachteiligung zu betonen (zur Generalklausel des Abs 1 s Rn 91 f). Die Vorstellung, dass angesichts des einheitlichen, haftungsauslösenden Merkmals der „Pflichtverletzung" in § 280 Abs 1 fortan eine Unterscheidung wesentlicher und unwesentlicher Pflichtverletzungen nicht mehr zulässig sei, ist abwegig: Diese Unterscheidung ist in § 307 Abs 2 Nr 2 konstitutiv angeordnet (zutr Pfeiffer, in: Dauner-Lieb ua 225, 234 f [unter Bezugnahme auf entsprechende Vorstellungen der Praxis nach der Schuldrechtsreform]).

Die üblichen Definitionen „wesentlicher Rechte oder Pflichten" sind zumeist tautologisch und helfen dem Rechtsanwender kaum weiter. So soll es darauf ankommen, ob die Rechte oder Pflichten „für den jeweiligen Vertragstyp nach der Verkehrssitte als grundlegend und prägend erachtet werden" (Schlosser/Graba Rn 32; zustimmend vHoyningen-Huene Rn 287; ähnlich Soergel/Stein Rn 43) oder ob die Parteien selbst sie als wesentlich angesehen haben bzw sie „zum Schutz vertragsspezifischer Interessen erforderlich sind" (Wolf/Wolf Rn 138; ähnlich Soergel/Stein Rn 43) oder ob sie „zur Erfüllung eines angemessenen Interessenausgleichs billigerweise in einem Vertrag der konkreten Art aufzunehmen sind" (Soergel/Stein Rn 43). Statt Definitionen muss man sich mit heuristischen Hilfsformeln begnügen, insbesondere den **zentralen Leistungs- und Schutzerwartungen**, die der Vertragspartner aufgrund des Vertrages hegen darf (begrenzt auf Leistungserwartungen SCHLOSSER WM 1978, 562; vgl auch OECHSLER 320 f). Dabei spielt das (auch im § 305b zum Ausdruck kommende) Verbot widersprüchlichen Verhaltens eine Rolle. Man darf nicht durch vorformulierte Klauseln nehmen, was man (mehr oder weniger) ausdrücklich versprochen hat (deutlich BGH BB 1984, 1449, 1450 f; NJW-RR 1986, 271, 272; STOFFELS Rn 524 ff). Auch insoweit kann die kaufrechtliche Regelung des § 434 Abs 1 S 2 und 3 als typisierte gesetzliche Grenzlinie genommen werden zwischen einem konkreten Leistungsversprechen (ohne AGB) und seiner Einschränkung durch AGB (s Rn 271).

So gehört es beispielsweise zu den wesensimmanenten Vorteilen des Bauträgervertrags, dass sich der Erwerber nur mit *einem* Vertragspartner und nicht mit den einzelnen Bauhandwerkern auseinandersetzen muss – eine Subsidiaritätsklausel bei der Gewährleistungshaftung beseitigt diesen Vorteil (BGH NJW 2002, 2470, 2472). Zum AGB-festen Kern der vertraglichen Abrede gehören tendenziell des Weiteren die **grundsätzliche Lasten- und Risikoverteilung** und die **Verwirklichung des zentralen Vertragsinteresses des Vertragspartners** (vgl BGH NJW 1982, 1694, 1695; 1985, 1165 f; ZIP 1991, 792, 795; ZBB 2002, 317, 320; NJW 2002, 2470, 2472). Auch das **Schutzinteresse** erlangt vertragswesentliches Gewicht, wenn die Vertragserfüllung durch den Verwender Gefährdungen der Person oder des Vermögens des Vertragspartners mit sich bringt: Es folgt aus der „Natur des Vertrags", dass dem Verwender insoweit Sorgfalts- und Schutzpflichten obliegen, deren Erfüllung ebenfalls (unter Umständen mehr noch als die Leistung selbst) zu den zentralen und berechtigten Erwartungen des Vertragspartners gehört (zu abweichenden Auffassungen und zu den „Kardinalpflichten" näher noch Rn 275 f). §§ 241 Abs 2 und 282 sind gesetzlicher Ausdruck dieses Gedankens; da die „Wesentlichkeit" der Pflichtverletzung dem Tatbestand des § 282 immanent ist, würde eine vorformulierte Abbedingung dieser Vorschrift nach § 307 Abs 2 Nr 2 unwirksam sein (vWESTPHALEN NJW 2002, 12, 13; PFEIFFER, in: DAUNER-LIEB ua 225 ff, 235).

Die Grenze zwischen wesentlichen und unwesentlichen Rechten bzw Pflichten ist 273
nicht identisch mit der Unterscheidung von **Haupt- und Nebenpflichten** des Vertrags. Im **Leistungsbereich** werden allerdings die Hauptleistungspflichten (sofern sie überhaupt kontrollfähig sind, § 307 Abs 3 S 1, vgl Rn 321) praktisch immer zum AGB-festen Kern im Sinne von Abs 2 Nr 2 gehören (allg M, vgl Rn 327, 328; BGH NJW 2002, 673, 675; NJW 2005, 1774; OLG Saarbrücken NJW-RR 1995, 117, 118; vHOYNINGEN-HUENE Rn 288; PALANDT/GRÜNEBERG Rn 33; SOERGEL/STEIN Rn 43). **Nebenleistungen oder Nebenleistungspflichten** sind in ihrem Gewicht für das Vertragsinteresse des Kunden hingegen sorgfältig zu überprüfen, können aber nicht generell aus Abs 2 Nr 2 ausgeblendet werden (so aber wohl OECHSLER 320). Ihre „Wesentlichkeit" wird vor allem dann zu bejahen sein, wenn sie **engen Bezug zur Hauptleistung** haben, etwa als deren notwendige Voraussetzung oder Ergänzung, oder wenn sie die Interessen des Vertragspartners schwerwiegend und einseitig berühren (zB Anspruchsverzicht in Ausgleichsquittung, BAG NZA 2006, 324; NJW 2012, 103 Rn 48 ff). **Beispiele** aus der Praxis: ordnungsgemäße Abrechnung bei einem „Tankschecksystem" (BGH BB 1984, 1449, 1450) oder Buchung von Einzahlungen bei der Bausparkasse (BGH NJW 1991, 2559, 2563); Zur-Verfügung-Stellung der für die Vertragsausführung erforderlichen Unterlagen oder Materialien (OLG Karlsruhe BB 1983, 725, 726 [Bauvertrag]) oder Informationen (BGH NJW 1985, 1165, 1166 [Reisevertrag: „Grundvoraussetzung für das Gelingen der

Reise"]; OLG Frankfurt ZIP 1984, 976 f [Auskunftei]), auch soweit diese nicht dem Vertragspartner, sondern den eigenen Erfüllungsgehilfen zu erteilen sind (BGH NJW 1973, 2154 [Speditionsvertrag]); schnellstmögliche Vorlagepflicht der Bank beim Scheckinkasso (BGH NJW-RR 1988, 559, 560) oder pünktliche Belieferung des Vertragshändlers durch den Kfz-Hersteller (BGH NJW 1994, 1060, 1063); ermessensunabhängige Freigabepflicht des fiduziarischen Sicherungsnehmers bei dauerhafter Überschreitung der Deckungsgrenze (BGH NJW 1998, 671, 673, 675).

274 Im **Schutzbereich** kommt es hingegen auf die Unterscheidung von Haupt- und Nebenpflichten nicht an, sondern auf das Gewicht des vom Vertrag „naturgemäß" mitumfassten Integritätsinteresses des Vertragspartners. Maßgeblich ist demgemäß die Höhe des Schadenspotentials (BGH BB 1984, 1449, 1450; NJW-RR 1986, 271, 272; OLG Köln NJW-RR 1994, 25; OLG München NJW-RR 1994, 742 f) oder des Risikos für den Vertragspartner (BGH ZIP 1995, 1244, 1249 [Bürgschaft]; dazu näher Rn 166 ff), seine höchstpersönliche Betroffenheit (BGH ZIP 1996, 1470, 1472 [Taschenkontrolle im Supermarkt]) oder die Wahrscheinlichkeit einer Integritätsverletzung, die zu erhöhten Schutzvorkehrungen nötigen (BGH NJW-RR 1986, 271, 272 [Klimaanlage für gegen Feuchtigkeit hochempfindlichen Computerraum]; BGHZ 89, 363, 367 [Kaltlagerung von Tiefkühlgut]; BGH BB 1984, 939, 940 [pflegliche Behandlung von Textilien]).

cc) Insbesondere: „Kardinalpflichten"

275 Nach den Gesetzesmaterialien sollte Abs 2 Nr 2 auch an eine Rechtsprechung des BGH anknüpfen, wonach eine Freizeichnung von sogenannten „Kardinalpflichten" oder von der Haftung für ihre Verletzung ausgeschlossen sei (BT-Drucks 360/75, 23; zuerst BGH NJW 1956, 1065; für die weitere Rechtsprechung und Darstellung der früheren Diskussion s Becker 140 ff, 151; Staudinger/Schlosser[12] Rn 15). Demgemäß wurde der Kardinalpflichtgedanke dem Begriff der „wesentlichen Rechte oder Pflichten" des Abs 2 Nr 2 integriert; gestützt auf das dieser Vorschrift immanente **Aushöhlungsverbot** wurden Pflicht- oder Haftungsfreizeichnungen auch für leichte Fahrlässigkeit immer dann verboten, wenn das Gericht meinte, eine „Kardinalpflicht" bejahen zu können (BGHZ 71, 226, 228 [fachgerechte Verlegung einer Wasserleitung]; BGH NJW 1984, 1350 f [Kaltlagerung von Lebensmitteln]; NJW 1985, 1165 f [Informationspflicht des Auslandsreiseveranstalters]; NJW 1985, 3016, 3018 [Sorgfaltspflichten bei Textilveredelung]; NJW 1985, 914, 916 [Abrechnungspflicht bei Tankschecksystem]; NJW-RR 1986, 271, 272 [Klimaanlage für EDV-Raum]; NJW-RR 1988, 559 [Pflicht zur unverzüglichen Vorlage bei Scheckinkasso]; NJW 1993, 335 [Sorgfaltspflichten eines Forschungslabors]; NJW-RR 1993, 560 [Planungsleistung des Werkunternehmers]; NJW 1994, 1060, 1063 [pünktliche Belieferung des Vertragshändlers]; vgl weiter OLG Köln NJW-RR 94, 25; OLG München NJW-RR 94, 742 f; OLG Saarbrücken NJW-RR 1995, 117, 118). Die schnelle Bereitschaft der Praxis zu dieser Bejahung und die damit verbundene Verdrängung derjenigen Vorschriften, die einen differenzierten Ansatz bei Haftungsfreizeichnungen verfolgen (§§ 309 Nr 7, 276), haben zu verbreiteter **Kritik** am Konzept der „Kardinalpflichten" und zu verschiedenen abweichenden Lösungsvorschlägen geführt. So wird zum Teil versucht, den diffusen, aber Trennschärfe vortäuschenden Begriff der Kardinalpflichten zu konkretisieren und zu verengen, etwa auf die Verletzung von Organisationspflichten (Roussos, Freizeichnung, insbesondere 90 ff, 102 ff; ders JZ 1988, 997 ff; vWestphalen WM 1983, 974, 979; kritisch dazu Becker 146 ff;), auf grob fahrlässige Pflichtverletzungen (so – differenzierend – Tettinger AcP 205 [2005] 1 ff, 13 f zur Verkäuferhaftung) oder auf Freizeichnung von der Pflicht selbst (Pflichtausschlussklauseln), deren Haftungsfreizeichnung bei Pflichtverletzung ausschließlich nach § 309 Nr 7 oder § 276 in Verbindung mit § 307 Abs 2 Nr 1 zu beurteilen sei (Becker 153 ff; ähnlich schon Schlosser, in: 10 Jahre AGBG 121 ff; ders WM 1978, 562 ff; Lutz 141; kritisch Liese 137 Fn 75). Weitergehend wird der Begriff der „Kardinalpflichten" für gänzlich überflüssig gehalten, teils weil er – auf der Basis der vorstehenden Auffassung – dasselbe besage wie das Gesetz mit „wesentlichen Pflichten" (so vor allem Schlosser aaO), teils weil solche Pflichten stets individuell vereinbart und deshalb schon gem § 305b AGB-fest seien (Schmidt-Salzer E 20 ff; kritisch dazu Becker 149 f; differenziert Bunte/Heinrichs 29 f, 129 f). Vielleicht unter dem Eindruck dieser Kritik ist **von „Kardinalpflichten" in der neueren Rechtsprechung weniger die Rede** (s aber BGH NJW-RR 2005, 1496, 1505; NJW-RR 2004, 900, 902; NJW 2002, 673, 674; NJW-RR 2001, 768, 779; WM 2000, 426, 429; auch die praxisorientierte Literatur arbeitet weiter mit diesem Begriff, vgl L Schmitt, in: Abels/Lieb 131 ff; Tettinger ebenda 145 ff), auch wenn der Sache nach am Aushöhlungsverbot in Abs 2 Nr 2 festgehalten wird (vgl Rn 262, 278). Darüber hinaus distanziert sich der BGH offenbar auch zunehmend vom Begriff der „Kardinalpflichten"(BGHZ 164, 11, 36; NJW 2013, 292 Rn 46 [„Begriff der Kardinalpflicht aber weder in der Umgangssprache noch der Gesetzessprache geläufig"]). Auch ist eine größere Zurückhaltung bei der Einstufung von Nebenpflichten als „wesentlich" zu beobachten (ablehnend zB BGH NJW 1990, 255 [Dokumentenprüfung durch die Bank]; NJW 1990, 764 [Obhutspflicht des Krankenhauses bezüglich eingebrachter Sachen]; BGHZ 103, 316, 322 [Hamburger Werftbedingungen]; zur Kritik an der Kardinalpflichtlehre s auch Heinrichs, in: Hadding/Hopt 101, 114; Koller ZIP 1986, 1089; Kötz NJW 1984, 2447; Lutz 140 ff).

Stellungnahme: Aus gesetzesgeschichtlichen wie sprachlichen Gründen ist offen- **276**
sichtlich, dass die Formulierungen in Abs 2 Nr 2 („wesentliche Rechte oder Pflichten", „Vertragszweckgefährdung") genau das bezeichnen sollen, was die Rechtsprechung vor dem AGBG mit dem Aushöhlungsverbot bei Kardinalpflichten ausdrücken wollte – für ein Konzept der „Kardinalpflichtverletzung" *neben* dem Tatbestand des Abs 2 Nr 2 (der aus § 9 AGBG unverändert in § 307 übernommen wurde) ist deshalb kein Raum. Selbst als sprachliche Kurzform für die „wesentlichen Pflichten aus der Natur des Vertrages" eignen sich die Kardinalpflichten nicht, weil dieser Begriff – wie die Diskussion zeigt – Missverständnisse fördert und vom gesetzlichen Tatbestand ablenkt (zur Unklarheit des Begriffs im Lichte des Transparenzgebots BGH NJW-RR 2005, 1496, 1505; vgl dazu auch Kappus NJW 2006, 15, 16; Berger/Kleine NJW 2007, 526 ff).

Damit entfallen aber Grund und Legitimation, den Tatbestand des Abs 2 Nr 2, das heißt die „wesentlichen Pflichten" und das Aushöhlungsverbot so einzuengen, wie es in der Literatur vorgeschlagen wird. Dies gilt auch für die Unterscheidung zwischen unmittelbarem Pflichtausschluss und „bloßer Haftungsfreizeichnung": Wird eine Pflicht übernommen, ihre Verletzung aber sanktionslos gestellt, läuft dies praktisch auf eine wesentliche, oft vertragszweckgefährdende Einschränkung im Sinne von Abs 2 Nr 2 hinaus (BGH NJW 2002, 673, 675; NJW-RR 2001, 768, 770 [Auskunftsvertrag]). Auch kann man Haftungsbeschränkungen nicht stets und befriedigend über Abs 2 Nr 1 lösen: § 309 Nr 7 gibt (außerhalb von Personenverletzungen) für leichte Fahrlässigkeit kein Leitbild her, und auch § 276 ist insoweit kein Grundgedanke zu entnehmen (insbesondere sind „wesentliche Pflicht" und Verschuldensgrad inkommensurable Größen, anders Schlosser WM 1978, 562 ff; **krit** dagegen Lutz 141). Der demnach grundsätzlich gebotenen offenen Interessenabwägung nach Abs 1 stellt Abs 2 Nr 2 jedoch die verbindliche Teilkonkretisierung voran, dass die klauselmäßige

Aushöhlung gerechtfertigter, zentraler Leistungs- und Schutzerwartungen des Vertragspartners *stets* unangemessen ist, und sei es in der Form der Haftungsfreizeichnung für leichte Fahrlässigkeit auch von Erfüllungsgehilfen. Insoweit ist Abs 2 Nr 2 lex specialis gegenüber § 309 Nr 7 oder § 276 – aber auch nur insoweit: Der richtige Ansatz zur Abgrenzung beider Systeme liegt in der sachgerechten, das heißt **normzweckorientiert restriktiven Interpretation** der „wesentlichen Pflichten" und der „Vertragszweckgefährdung". Für eine breitflächige Aushebelung des differenzierten Freizeichnungssystems, wie es in § 309 Nr 7 und § 276 angelegt und gem Abs 1 rechtsfortbildend zu vollenden ist, ist Abs 2 Nr 2 in der Tat nicht gedacht.

d) Einschränkung

277 Die von Abs 2 Nr 2 geforderte Einschränkung der vertragswesentlichen Rechte oder Pflichten ergibt sich – wie die „Abweichung" gem Nr 1 (Rn 243; vgl auch Rn 292) – aus einem **Vergleich der Rechtslage** ohne und mit Klausel (Stoffels Rn 545). Vom Schutzzweck her kommen nur Beeinträchtigungen der Rechtsstellung des Vertragspartners in Betracht, solche des Verwenders sind irrelevant (sie könnten allerdings als Kompensation für Nachteile des Vertragspartners berücksichtigt werden). Verbesserungen der Rechtsstellung des Verwenders werden regelmäßig als Kehrseite den Vertragspartner benachteiligen, insoweit sind auch sie eine „Einschränkung" (vHoyningen-Huene Rn 292; Wolf AGBG § 9 Rn 91). Sachlich ist der Begriff der Einschränkung im weitesten Sinne zu verstehen; sie ist auch dann zu bejahen, wenn eine Pflicht nicht als solche, wohl aber die Sanktion für ihre Verletzung ausgeschlossen wird. Sie bezieht sich auch auf Nebenpflichten, sofern diese als wesentlich eingestuft worden sind (zB die Informationspflicht des Auslandsreiseveranstalters über die Einreisebedingungen ins Zielland, BGH NJW 1985, 1165 f [dort allerdings sogar als Hauptpflicht bezeichnet]; vgl dazu auch Rn 280). Die Einschränkung kann auch darin liegen, dass eine Beweislastregelung bezüglich der Voraussetzungen einer Leistungspflicht des Verwenders dem belasteten Vertragspartner in „vorprogrammierte Beweisnot" bringt und damit die Anspruchsdurchsetzung selbst oft vereitelt (OLG München I NJW 1983, 1685).

e) Vertragszweckgefährdung

278 Das Merkmal der Vertragszweckgefährdung ist keineswegs, wie gelegentlich vertreten wird (Staudinger/Schlosser[12] Rn 27; tendenziell ähnlich Becker 182 f) unergiebig und bedeutungslos. Entsprechend der Unvereinbarkeitsprüfung in Nr 1 (Rn 253 ff) liegt hier die **abschließende und entscheidende Wertungsstation** für den Rechtsanwender (zurückhaltend zustimmend Stoffels Rn 546–548) – gleichzeitig kommt in ihm der **Aushöhlungsgedanke** als eigenständiger Wertungsgesichtspunkt besonders deutlich zum Ausdruck (Rn 262; vgl auch Ulmer/Fuchs Rn 261).

Der **Begriff des Vertragszwecks** steht in engem Zusammenhang mit der „Natur des Vertrags". Nur ist hier kein gemeinsamer Zweck der Vertragsparteien gemeint (der in der Regel auch gar nicht existiert), sondern – der Schutzrichtung des Gesetzes entsprechend – der „Vertragszweck" des Kunden im Sinne seiner **berechtigten, zentralen Leistungserwartung** (vgl Rn 272), die vom bloßen Motiv zum Inhalt der Parteivereinbarung erhoben worden ist (vgl vHoyningen-Huene Rn 294). Sie können sich ohne weiteres aus der Natur des Vertrages ergeben (Beispiele s Rn 280), aber auch aus besonderen Zweckvereinbarungen, die die Parteien in Konkretisierung eines allgemeinen Vertragstyps getroffen haben (vgl BGH NJW-RR 1986, 271 ff: Werkvertrag über Installation einer Klimaanlage zum Schutz von hochwertigen und hochempfindlichen Computern: Eine „normale" Anlage, die diesem besonderen Schutzzweck nicht gerecht wird, verfehlt den Vertragszweck).

Stimmt damit der „Vertragszweck" weitgehend mit den „wesentlichen Rechten oder Pflichten aus der Natur des Vertrags" überein, so liegt der eigenständige Akzent dieses Tatbestandsmerkmals auf der **Gefährdung**. Geringfügige Beeinträchtigungen scheiden demnach, der allgemeinen Konzeption des § 307 entsprechend (Rn 91), aus (BGH NJW 2012, 3023 Rn 18 mwNw; vHOYNINGEN-HUENE Rn 295; SOERGEL/STEIN Rn 44; ULMER/FUCHS Rn 262; STOFFELS Rn 548; speziell für den kaufmännischen Verkehr MUNZ 189 f). Nur gewichtige Einschränkungen oder die realistische Möglichkeit, dass der Vertragszweck nicht erreicht wird, höhlen das Leistungsversprechen des Verwenders aus und erfüllen damit den Gefährdungstatbestand (BGH NJW 1998, 1069 f; zum Problem der Bagatellnachteile im Massenverkehr s Rn 92). Sichere Zweckvereitelung ist andererseits nicht erforderlich (vHOYNINGEN-HUENE Rn 295; SCHLOSSER/GRABA Rn 36; WOLF/WOLF Rn 147). Mit der qualifizierten Grenze der Vertragszweckgefährdung eröffnet der Gesetzgeber gleichzeitig auch einen gewissen (Aus-)Gestaltungsspielraum für AGB *unterhalb* dieser Grenze; solange sie nicht erreicht ist, nehmen auch vorformulierte Leistungskonkretisierungen und -begrenzungen am Privileg der Kontrollfreiheit gem Abs 3 S 1 teil (näher unten Rn 327). 279

Wann diese Voraussetzung erfüllt ist, kann stets nur in Ansehung der Vertragsnatur, aller tatsächlichen Umstände und der Wirkungsweise der jeweiligen Klausel beurteilt werden. Im Rahmen der **hier gebotenen, umfassenden Interessenabwägung** (vgl STOFFELS Rn 548; s zB BGH ZBB 2002, 317, 320 f [Verteilung des Missbrauchsrisikos im Kreditkartenverkehr]; BGH NJW 2005, 1645, 1648 [Kostenverteilung bei Nichteinlösung von Lastschriften zwischen Bankkunde, seiner Bank und der Inkassobank], dazu auch JUNGMANN NJW 2005, 1621 ff; vgl auch BGH NJW 2003, 1447; NJW 2005, 1275) können auch kompensatorische Aspekte berücksichtigt werden und zu dem Ergebnis führen, dass trotz der Einschränkung vertragswesentlicher Rechte des Vertragspartners die Erreichung des Vertragszwecks nicht gefährdet ist (vgl BGH NJW 1988, 1785 [Werftvertrag]; zur Kompensation im Allgemeinen Rn 125 ff). In der Regel begründen die Gerichte die notwendige Vertragszweckgefährdung sorgfältig und plausibel. Einige **Beispiele**: Ein *finanzierter Abzahlungskauf* soll dem Kreditnehmer den Erwerb einer Kaufsache ermöglichen; dieser Zweck wird gefährdet durch eine Klausel, nach der mit dem Kredit vorrangig eine offene andere Kreditschuld getilgt werden soll. In ähnlicher Weise wird der Erfüllungszweck einer *Banküberweisung* gefährdet, wenn die Bank den Betrag auch einem anderen Konto des Empfängers gutschreiben kann (BGH NJW 1986, 2428, 2429 [Fakultativklausel]). Bei der *Kaltlagerung von Lebensmitteln* steht und fällt der Vertragszweck mit der sorgfältigen Einlagerung und Kühlung durch den Kühlhausbetreiber; wird dessen Haftung für Pflichtverletzungen auf einen Bruchteil des Warenwertes beschränkt, ist damit die zentrale Leistungserwartung des Vertragspartners ausgehöhlt (BGH NJW 1984, 1350 f; ähnlich OLG München NJW-RR 1994, 742 f [Geldtransport]; OLG Köln NJW-RR 1994, 25 [Parkplatzbewachung]). Schließt der *Auslandsreiseveranstalter* seine Informationspflicht über die Einreisebedingungen ins Zielland aus, wird der ohne Pass oder Visum dort eintreffende Kunde zurückgeschickt, so dass schon der Pflichtausschluss den Vertragszweck gefährdet (BGH NJW 1985, 1165, 1166). Ähnlich wird beim *Beförderungsvertrag* die Hauptpflicht des Beförderers ausgeschlossen, wenn verlorengegangene Fahrausweise weder ersetzt noch erstattet 280 werden; hierin liegt eine unangemessene Vertragszweckgefährdung, wenn der Beförderer die Gefahr einer doppelten Inanspruchnahme auch mit weniger einschneidenden Mitteln abwenden kann (BGH NJW 2005, 1774, 1775 f).

Beim *Mietvertrag* sichert § 356 die Äquivalenz von Gebrauchsgewährung und Mietzins; soll Letzterer (im gewerblichen Bereich) geschuldet sein trotz mängelbedingter Gebrauchseinschränkung, liegt hierin eine unangemessene Risikoverlagerung zu Lasten des Mieters (BGH NJW 2008, 2254 Rn 20; 2008, 2497 Rn 20). Beim *Vertragshändlervertrag* steht die Markenbindung des Vertragshändlers in Korrelation zu einer allgemeinen Loyalitäts- und Förderungspflicht des Herstellers; behält dieser sich unbegrenzt das Recht zu Direktgeschäften vor, werden damit die Repräsentantenfunktion des Vertragshändlers vor Ort und seine Marktchancen so wesentlich beeinträchtigt, dass der Vertragszweck gefährdet erscheint (BGH NJW 1994, 1060, 1061; großzügiger BGH BB 1985, 218, 223 bezüglich des Rechts des Herstellers, weitere Vertragshändler einzusetzen; gegen Abs 2 Nr 1 soll nach dieser Entscheidung jedoch der Ausschluss des § 89b HGB verstoßen [225]). Zur Natur der *Bürgenverpflichtung* gehört ihre Begrenzung auf den vom Bürgen bestimmten Sicherungsanlaß; diese wesentliche Rechtsposition des Bürgen wird ausgehöhlt, wenn Hauptschuld und damit Bürgenverpflichtung ohne seine Zustimmung erhöht werden können (vgl auch § 767 Abs 1 S 3: Verbot der Fremddisposition, BGH ZIP 1995, 1244, 1249 [neben Abs 2 Nr 1 auch Nr 2]; BGH NJW 1998, 450, 451 mwNw; 1998, 2815; NJW-RR 2002, 343, 344; NJW 2003, 1521, 1522; vgl Kuntz AcP 209 [2009] 242 ff, 247 ff). Für die *Grundschuld* sollte – entgegen der Rspr des BGH – ebenfalls eine Vertragszweckgefährdung iSv Abs 2 Nr 2 angenommen werden (vgl Rn 334 aE). Das abstrakte Zahlungsversprechen des Kreditkartenunternehmens gegenüber dem Vertragsunternehmen wird ausgehöhlt, wenn dem Vertragsunternehmen schuldunabhängig das gesamte Risiko des Kartenmissbrauchs (im Telefon- oder Mailorderverfahren) zugeschoben wird (BGH NJW 2002, 2234, 2237; vgl Rn 167, 168). Bei *fiduziarischen Sicherheiten* (Globalzession, Sicherungsübereignung) gehört zum wesentlichen Vertragszweck nicht nur das Sicherungsinteresse des Gläubigers, sondern auch die verbleibende wirtschaftliche Bewegungsfreiheit des Schuldners. Wird der Rechtsanspruch auf Sicherungsfreigabe bei dauerhafter Überschreitung der Deckungsgrenze durch einen bloßen Anspruch des Schuldners ersetzt, dass der Gläubiger das ihm eingeräumte Freigabeermessen fehlerfrei ausübe, so ist „in der Regel" der Zweck des Sicherungsvertrags gefährdet (BGH NJW 1998, 671, 673, 675 = JZ 1998, 456 ff [Anm Roth]: Deckungsgrenze 110% des Kredits, Freigabeanspruch bei 150% des Schätzwertes der Sicherheiten). Angesichts dieser aus den vorstehenden Entscheidungen erkennbaren Tendenz zur Interpretation des Abs 2 Nr 2 befremdet es auf den ersten Blick, wenn sich eine Bank von der Haftung für eine leicht fahrlässige Verletzung der Prüfungspflicht von Dokumenten freizeichnen könnte, sofern auf Vorlage dieser Dokumente erhebliche Summen auszuzahlen sind (so BGH NJW 1990, 255 f). Bedenkt man jedoch, dass es sich um „bankfremde" Dokumente handelte (Kfz-Briefe und -Scheine, Torpässe), deren Prüfung erheblichen Zeitaufwand erfordert hätte, was wiederum nicht im Interesse beider Parteien lag, so bedeutete die teilweise Abwälzung des Fälschungsrisikos keine Aushöhlung der Sorgfaltspflichten der Bank und keine unangemessene Benachteiligung des Auftraggebers (zur gebotenen Zurückhaltung bei der Annahme vertragswesentlicher Pflichten iSv Abs 2 Nr 2 bei Haftungsbeschränkungen s Rn 210). Gleichermaßen höhlt es noch nicht den Vertragszweck einer *Unfall- oder Krankenversicherung* aus, wenn rein psychische Beeinträchtigungen vom Versicherungsschutz ausgenommen, organische Schäden aber einschließlich ihrer psychischen Folgewirkungen ersetzt werden (BGH NJW-RR 2005, 32, 33; NJW 2004, 2589, 2591), oder wenn die Erstattungsfähigkeit von Therapien auf ärztliche Behandler begrenzt wird (BGH NJW-RR 2005, 175, 176 f; OLG Hamm NJW 2003, 3356, 3357 f). Problematisch erscheint demgegenüber eine *Ausschlussfrist* für die Geltendmachung von Invaliditätsschäden, auch wenn der Versicherungsnehmer eine Fristversäumung nicht zu vertreten hat – hier wird die Substanz des Leistungsversprechens formalen Interessen des Versicherers („arbeits- und kostensparende Abwicklung") geopfert, ein geradezu klassischer Fall der Aushöhlung ohne hinreichende Rechtfertigung (anders jedoch BGH NJW 1998, 1069 f; NJW-RR 2005, 902, 903 f). Gleiches gilt für die *Kapitallebensversicherung,* wenn aufgrund des „Zillmer-Verfahrens" (Verrechnung der Abschlusskosten mit den Versicherungsansprüchen der ersten Versicherungsjahre) bei vorzeitiger Beendigung des Versicherungsvertrags der Rückkaufswert praktisch „Null" beträgt. Damit wird der mit der Versicherung auch verfolgte Zweck der Kapitalanlage und Vermögensbildung vereitelt und den Vertragszweck entsprechend gefährdet (BGH NJW 2012, 3023 Rn 23).

V. Schranken der Inhaltskontrolle, Abs 3

1. Systematische Bedeutung von Abs 3

Während Abs 1 und 2 das Ziel und die wesentlichen Grundsätze der Inhaltskontrolle von AGB beschreiben, bezeichnet Abs 3 die Grenzen dieses Kontrollansatzes, das heißt es wird (höchst unvollständig, vgl Rn 310) negativ definiert, welche Regelungen der Inhaltskontrolle gem §§ 307 Abs 1, 2, 308 und 309 *nicht* unterliegen. Abs 3 S 1 übernimmt ohne Änderung den früheren § 8 AGBG; der neu hinzugefügte S 2 bringt inhaltlich ebenfalls nichts Neues, sondern stellt nur – um den Umsetzungspflichten aus der RL 93/13/EWG, Art 4 Abs 2 zu genügen (Rn 170, 283 mwNw) – explizit klar, was der nahezu einhelligen Meinung schon vor der Schuldrechtsreform entsprach (zum Transparenzgebot im Allgemeinen Rn 170 ff, bei Hauptleistungspflichten s Rn 315 ff; kritisch zur Umsetzung in Deutschland zuletzt wieder Kötz ZEuP 2012, 332, 341, 346 ff). Die Zusammenfassung der früheren §§ 8 und 9 AGBG in einer Vorschrift diente nicht nur der (durch die Integration ins BGB erzwungenen) Normenreduzierung; die Verortung der früheren Ausgangsnorm des § 8 AGBG im jetzigen Abs 3 war auch als gesetzgeberische Stellungnahme zum Regel-/Ausnahmeverhältnis von Inhaltskontrolle und Kontrollfreiheit gedacht (BT-Drucks 14/6857 = Canaris, SchuMod 2002, 706; ebenso Freitag ZBB 2002, 322, 324 f) – dies ist nicht eine eher müßige Streitfrage (Stoffels JZ 2001, 843 Fn 1; für Kontrollfreiheit als Ausnahme schon Ulmer/Brandner [9. Aufl 2001] § 8 Rn 5; umgekehrt – mit Hinweis auf das Prinzip der Privatautonomie – Joost ZIP 1996, 1685 f, 1690), sondern berührt das Grundverständnis von Abs 3 (dazu näher Rn 319 ff). Für die Bedeutung von Abs 3 im *Arbeitsrecht* enthält § 310 Abs 4 S 1, 3 noch klarstellende Regelungen (dazu Rn 300). 281

2. Regelungsgehalt

Abs 3 schließt für die unter seinen Tatbestand fallenden AGB-Klauseln die **materielle Inhaltskontrolle** (Angemessenheitskontrolle) gem §§ 307–309 aus; die (grundsätzlich inhaltsneutrale) **Transparenzkontrolle** bleibt jedoch ausdrücklich vorbehalten (S 2). **Unberührt** bleiben auch die AGB-spezifischen Schutzansätze der §§ 305 Abs 2, 305b und 305c Abs 1, sowie natürlich die allgemeinen Grenzen privatauto- 282 nomer Gestaltungsfreiheit (insbesondere §§ 134, 138, 242, 315). Der Verwender kann Kontrollfreiheit gem Abs 3 auch nicht dadurch erreichen, dass er nach dieser Vorschrift kontrollfreie (Leistungs-)Bestimmungen sprachlich unteilbar mit kontrollunterworfenen (Neben-)Bestimmungen verbindet (s Rn 329 ff) – dann unterliegt die *gesamte* Klausel der Inhaltskontrolle (BGH NJW 2013, 995 Rn 39 f).

3. Normzweck

283 Situativ bedingtes Funktionsversagen der Privatautonomie bei Verwendung von AGB und die daraus folgende Gefahr einseitiger Interessenverfolgung durch den Verwender (s Rn 2 ff) liefern nicht nur die Legitimation für rechtliche Interventionen in die Vertragsfreiheit, sondern zeichnen auch schon die Grenzen des gebotenen Kundenschutzes vor: Wo der Kunde sich zumutbarerweise selbst schützen kann oder wo die AGB mit dem objektiven Recht übereinstimmen, ist vertragliche Inhaltskontrolle nicht nur unnötig, sondern würde auch gegen übergreifende Prinzipien der Rechtsordnung verstoßen (Grundsatz der Privatautonomie, vgl Rn 3; Bindung der Gerichte an Gesetz und Recht, Art 20 Abs 3 GG, vgl Rn 290). Dieser Grundgedanke des Abs 3 kommt in seinem Wortlaut allerdings nur höchst unvollkommen zum Ausdruck – entsprechend unklar und umstritten sind deshalb Inhalt und Tragweite der Norm im Einzelnen (der Versuch, die [unstreitige] Erstreckung der inhaltlichen Kontrollfreiheit auch auf *leistungsbestimmende Klauseln* [dazu Rn 225, 226, 252 ff] auch im *Normtext* deutlich zu machen [§ 307 Abs 3 KonsDisKE, Canaris, SchuMod 2002, 363; positiv dazu Stoffels JZ 2001, 843, 849; vgl auch Pfeiffer VuR 2001, 99], ist im Gesetzgebungsverfahren zum SchuModG nicht weiterverfolgt worden). Die Richtigkeit, ja Unabweisbarkeit des Ausgangspunktes wird dadurch aber nicht berührt; er wird vielmehr durch eine **weitgehend übereinstimmende Regelung in der EG-RL 93/13/EWG (Art 1 Abs 2, 4 Abs 2 sowie Erwägungsgründe 13 und 19**; vgl noch unten Rn 286, 288, 291, 308, 316) bestätigt (Infragestellung allerdings bei Riesenhuber, in: Riesenhuber [Hrsg], Privatrechtsgesellschaft [2007] 1 ff, 21; Ranieri, ebenda 355, 368 ff).

Das Verständnis von Abs 3 wird aber nicht nur durch den Wortlaut, sondern auch dadurch erschwert, dass das Konzept eines kontrollfreien Bereichs auf verschiedenen, sich teilweise überschneidenden rechtspolitischen Gesichtspunkten beruht. Im Anschluss an Fastrich (252 ff; vgl auch schon Westermann, in: 10 Jahre AGBG S 135 ff) können insoweit mangelnde **Kontrollfähigkeit** und mangelndes **Kontrollbedürfnis** unterschieden werden.

284 Schon an der **Kontrollfähigkeit** fehlt es, wo rechtliche Kontrollmaßstäbe fehlen und auch nicht aus der objektiven Rechtsordnung entwickelt werden können oder dürfen (Joost ZIP 1996, 1685, 1690). Dies betrifft zum einen die in Abs 3 S 1 unmittelbar angesprochenen **rechtsdeklaratorischen Klauseln**. Das Gesetz selbst kann nicht Maßstab seiner eigenen Überprüfung sein (bzw der inhaltsgleicher AGB-Klauseln); andere Maßstäbe sind aber nicht vorhanden und dürfen im Hinblick auf Art 20 Abs 3 GG auch nicht entwickelt werden (vgl Vorbem 19 zu §§ 307 ff; ausführlicher unten Rn 289 ff). Zum zweiten fehlen im Allgemeinen rechtliche Maßstäbe für die Bestimmung der **vertraglichen Hauptleistungen**: Dies gilt zunächst schon für die Frage des **Abschlusses bzw der Beendigung** eines Vertrages (BAG NJW 2008, 3372 Rn 22 [Aufhebungsvertrag]), aber auch für seine konstitutiven Inhalte: Was verkauft, gebaut oder vermietet wird, welche Dienste in welchem Umfang zu erbringen sind oder welche

Risiken versichert werden sollen, und welche Gegenleistung jeweils zu erbringen ist, kann in einer auf Privatautonomie und freier Marktwirtschaft aufbauenden Rechtsordnung schlechterdings nicht staatlich vorgeschrieben werden (vgl Fastrich 257). Dies leuchtet für den Leistungsgegenstand ohne weiteres ein, gilt aber auch für die Gegenleistung: Für das iustum pretium gibt es regelmäßig keine objektiven Maßstäbe; an die Stelle objektiver Gerechtigkeit tritt die Marktgerechtigkeit (ausführlich Rn 129 ff). Dies impliziert, dass auch das originäre **Äquivalenzverhältnis** in gegenseitigen Verträgen nicht kontrolliert werden kann (BGH NJW 2011, 1801 Rn 26; BAG NJW 2012, 103 Rn 40, 44; Dylla-Krebs 154 ff; Fastrich 258 ff; Canaris NJW 1987, 609, 613; Brandner, in: FS Hauß [1978] 1, 9; Stoffels JZ 2001, 843, 844, 848). Es finden sich zwar immer wieder Versuche insbesondere in der Rechtsprechung, auch für die Preisgestaltung rechtlich verbindliche Maßstäbe aufzubauen (zB BGHZ 124, 254, 260 [kein Entgelt für „allgemeine Betriebskosten"]; ähnlich BGH NJW 1997, 2752, 2753 [für „Gemeinkosten" in Erfüllung öffentlich-rechtlicher Verpflichtungen]; BGHZ 114, 330, 333; ZIP 1994, 21, 22 [kein Entgelt für vertraglich geschuldete Leistungen]; OLG Hamburg NJW 1996, 1902, 1904 [nicht doppeltes Entgelt für die gleiche Leistung]; BGHZ 111, 287, 293 [Entgelt nur in üblicher Höhe]). Dabei handelt es sich aber oft um richterliche Interventionen in betriebswirtschaftliche Kostenkalkulation und Preisbildungsfragen, die in der geltenden Verfassungs- und Privatrechtsordnung unzulässig sind (Canaris WM 1996, 237 ff; ders AcP 200 [2000] 273, 334 f; Köndgen NJW 1996, 558, 563; Meder NJW 1996, 1849, 1854; Horn WM 1997 Beil 1 S 3, 15 ff). Preise sind grundsätzlich nicht inhaltlich zu rechtfertigen, sondern müssen sich am Markt durchsetzen (Horn S 18). Die genannten Kontrollansätze haben nur Platz in einer Billigkeitskontrolle nach § 315 Abs 3, soweit diese ausnahmsweise eröffnet ist (unten Rn 326; oben Rn 40 ff). Außerdem kann **das originär vereinbarte Äquivalenzverhältnis** von Leistung und Gegenleistung seinerseits den **Maßstab bilden für die Kontrolle von Klauseln**, die dieses Äquivalenzverhältnis **zu verändern** geeignet sind (vgl Rn 235, 250, 310, 330, 332).

Daneben kann es aber auch an der **Kontrollbedürftigkeit** fehlen. Das ist immer dann **285** der Fall, wenn die vorrangigen Mechanismen der privatautonomen Interessenwahrung funktionieren. Ausdruck dieses Gedankens ist zunächst § 305 Abs 1 S 3, der ausgehandelte Bedingungen schon dem Begriff der AGB entzieht (zur Parallele vgl auch Börner JZ 1997, 595, 598; auch die Regelung des Abs 3 sollte noch nach dem Teilbericht 1 zum AGBG im AGB-Begriff des damaligen § 1 [jetzt § 305 Abs 1] untergebracht werden). Im Rahmen des Abs 3 kommen hier diejenigen Vertragsbedingungen in Betracht, die auch im Massenverkehr unter Verwendung von AGB regelmäßig für die Abschlussentscheidung der Kunden wesentlich sind und deshalb deren Aufmerksamkeit finden, selbst wenn sie vorformuliert sind (nachdrücklich auch Stoffels JZ 2001, 843, 847 ff; Wackerbarth AcP 200 [2000] 45, 78 ff). Das gilt vor allem, aber nicht denknotwendig nur für die vertraglichen *Hauptpflichten.* Zwar werden die Kunden nur in Ausnahmefällen erfolgreich auf die Abänderung solcher Klauseln hinwirken können (vgl Canaris NJW 1987, 609, 613); insbesondere Werbung und Warenteste sorgen jedoch für Markttransparenz solcher Bedingungen und weisen damit realistische Ausweichmöglichkeiten auf (Börner JZ 1997, 595, 599 ff; Fastrich 267 Fn 269; Horn WM 1997 Beil 1 S 3, 19; Koller, in: FS Steindorff [1990] 667, 676; dazu noch unten Rn 320 ff). Zwar lassen sich bei Nebenleistungspflichten (Sonderentgelte, Zusatzgebühren etc) durchaus Sachkriterien für eine „gerechte" Preisgestaltung finden (vgl Derleder/Metz ZIP 1996, 573, 576 f: Kostendeckungsinteresse, Verteilungsgerechtigkeit unter den Kunden, legitime marktpolitische Gründe), jedoch gehen Marktregulierung und selbstverantwortliche Interessenwahrnehmung der staatlichen Regulierung grundsätzlich vor. Für das Funktionieren des Marktes ist auf den an Informationen interessierten, flexiblen Kunden abzustellen. Würde die Unterlassung zumutbarer Interessenwahrung auf dem „Markt" durch gerichtliche Inhaltskontrolle kompensiert, würden damit die Funktionsbedingungen der freien Marktwirtschaft untergraben (vgl Rn 4 f). Der richtige rechtspolitische Ansatz muss demgegenüber in der Stärkung der Marktfunktion liegen (vgl Rn 320 ff).

286 Das gilt grundsätzlich auch für **Verbraucherverträge**: Die EG-RL 93/13/EWG geht – wie das sonstige Gemeinschaftsrecht der EG – vom Leitbild des mündigen, selbstverantwortlichen Verbrauchers aus (s Rn 6); folgerichtig legt die RL einen Schwerpunkt auf die **Informierung** des Verbrauchers (Art 4 Abs 2, 5) und lässt es für die Hauptpflichten bei der Transparenzkontrolle bewenden (zum Transparenzgebot der EG-RL im Allgemeinen Rn 207 ff; zur Transparenzkontrolle bei leistungsbestimmenden AGB unten Rn 315 ff; zu Art 4 Abs 2 RL vgl Schmidt-Salzer, in: FS Brandner [1996] 259 ff, 265 ff) – eine Angemessenheitskontrolle wird, deutlicher als in Abs 3, ausdrücklich ausgeschlossen. Damit dürfte allenfalls geringer Raum bestehen, bei generell funktionierendem Markt unter Berufung auf die Einzelfallumstände (§ 310 Abs 3 Nr 3) zu einer Erweiterung des Kontrollbereichs zu gelangen (zu § 310 s dort Rn 52 ff; vgl oben Rn 85 f; Börner JZ 1997, 595, 599). Dabei ist zu beachten, dass selbst bei Bejahung erweiterter Kontrollbedürftigkeit die *Kontrollfähigkeit* im Leistungsbereich eingeschränkt bleibt (Rn 284; zu Übergriffen in den Hauptleistungsbereich gem § 315 Abs 3 BGB s unten Rn 326). Sollte sich nach künftiger EuGH-Rechtsprechung herausstellen, dass der kontrollfreie Bereich nach der EG-RL *enger* definiert wird als nach deutschem Recht, so ist dieses im Wege der richtlinienkonformen Auslegung anzupassen (vgl Rn 78 ff; Brandner, in: FS-BGH [2000] 299, 308; Stoffels, Schuldverträge 375). Sollte sich hingegen der nach Art 4 Abs 2 RL kontrollfreie Bereich als *größer* erweisen als der nach Abs 3, so ist dies für den deutschen Rechtsanwender unbeachtlich (Art 8 RL, allerdings vorbehaltlich einer Verletzung der gemeinschaftsrechtlichen Grundfreiheiten, vgl Vorbem 23 zu §§ 307 ff).

287 Keine Bedeutung im Rahmen des Abs 3 kommt, über die vorgenannten rationes legis hinaus, dem Gesichtspunkt einer **materiellen Benachteiligung** des Vertragspartners durch eine Klausel zu (anders vHoyningen-Huene, in: FS Trinkner [1995] 179, 184). Die Abweichung vom objektiven Recht eröffnet stets die Inhaltskontrolle; ob der Vertragspartner hierdurch unangemessen benachteiligt wird, ist schon Thema dieser Inhaltskontrolle selbst.

4. Transparenzkontrolle, Abs 3 S 2

288 Die Kontrollfreiheit von rechtsdeklaratorischen und leistungsbestimmenden Klauseln nach Abs 3 S 1 bezieht sich nur auf die inhaltliche (materielle) Unangemessenheit iSv Abs 1 S 1 (insofern ist Abs 3 S 1 unsauber formuliert), Abs 2 und §§ 308, 309. Die Kontrolle auch dieser Klauseln auf Klarheit und Verständlichkeit (als formelle Anforderung) bleibt nach Abs 3 S 2 ausdrücklich vorbehalten. Dies entspricht zwar der Sache nach dem herrschenden Rechtsverständnis schon vor dem SchuModG (vgl Staudinger/Coester [1998] AGBG § 8 Rn 15 ff m umf Nachw), bedurfte aber der Verdeutlichung (noch 2001 meinte der BGH, die materielle Kontrollfähigkeit von Klauseln nach dem damaligen § 8 AGBG feststellen zu müssen, bevor zur Transparenzkontrolle geschritten werden konnte, NJW 2001, 2012 ff und 2014 ff). Außerdem war die Übernahme ins positive Recht für Verbraucherverträge gemeinschaftsrechtlich geboten (Vorbem 8 zu §§ 307 ff): Für leistungsbestimmende Klauseln gewährt Art 4 Abs 2 der EG-RL 93/13/EWG die Freiheit von materieller Inhaltskontrolle mit dem ausdrücklichen Vorbehalt der Transparenzkontrolle, und Art 1 Abs 2, Art 5 sowie Erwägungsgründe 13, 19 und 20 konstituieren ein übergreifendes Gebot der Klarheit und Verständlichkeit von vorformulierten Klauseln. Abs 3 S 2 bekräftigt – darüber hinausgehend – das Transparenzgebot auch für im Übrigen kontrollfreie Klauseln **ohne Beschränkung auf Verbraucherverträge** und unterscheidet insoweit auch nicht zwischen **leistungsbestimmenden** und **rechtsdeklaratorischen** Klauseln.

Im Wesentlichen gelten für die Transparenzkontrolle dieser Klauseln die schon zu Abs 1 S 2 dargelegten Grundsätze (oben Rn 170 ff). Auf Besonderheiten bei leistungsbestimmenden oder rechtsdeklaratorischen Klauseln wird unten im jeweiligen Zusammenhang eingegangen (Rn 309 und 317 ff).

5. Rechtsdeklaratorische Klauseln

a) Grundlagen

Die Kontrollfreiheit von Klauseln, die lediglich das wiedergeben, was von Rechts wegen ohnehin für die betreffende Thematik gilt, ergibt sich aus dem Wortlaut von Abs 3 und entspricht allgemeiner Meinung (aus der Praxis vgl BGH NJW 1984, 2161; 1989, 222, 223; 1989, 582, 583; 1991, 1750, 1754; 1993, 1061, 1063; ZIP 1996, 2075, 2076; NJW 2005, 2919, 2920). Vereinzelt werden solche Klauseln schon nicht als „AGB" im Sinne von § 305 Abs 1 oder als „Regelung" im Sinne von Abs 3 eingestuft (gegen die Qualifikation als AGB vor allem Niebling 24 ff; ders BB 1984, 1713; Löwe Rn 16; Fehl 148 f; LG Rottweil AGBE III § 9 Nr 6 S 145, 146 f; begrenzt auf die Wiederholung zwingender Rechtsvorschriften auch Dylla-Krebs 52 ff; gegen den Regelungscharakter Leonardy DRiZ 1976, 108, 110; Rehbein JR 1985, 506, 507; Becker 115), jedoch folgt schon aus der Formulierung von Abs 3, dass der Gesetzgeber auch solche Bestimmungen – entsprechend ihrer äußeren Gestalt – grundsätzlich als AGB-Regelung angesehen hat. **289**

Die **Kontrollfreiheit ist begründet** in der **mangelnden Kontrollfähigkeit** rechtsdeklaratorischer Klauseln (oben Rn 284). Ihre Kontrolle würde überdies auf eine mittelbare Angemessenheitskontrolle des Gesetzes durch die Gerichte hinauslaufen, was mit der Gesetzesbindung der Judikative (Art 20 Abs 3 GG) nicht zu vereinbaren wäre (vgl BT-Drucks 7/3919, 22; BGH NJW 1984, 2161; Becker 115; Bruchner WM 1987, 449, 456; Canaris NJW 1987, 609, 611; Dylla-Krebs 65 f [mit Hinweis auch auf Art 100 Abs 1 GG]; Niebling BB 1984, 1713; Stoffels JZ 2001, 843, 844). Die Kontrollfreiheit rechtsdeklaratorischer Klauseln ergibt sich deshalb insgesamt schon aus der Rechtsordnung, Abs 3 S 1 stellt dies seinerseits nur deklaratorisch klar (Billing 3 f). Zur Begründung der Kontrollfreiheit rechtsdeklaratorischer Klauseln wird des Weiteren rechtspragmatisch darauf hingewiesen, dass – ihre Unwirksamkeitserklärung unterstellt – gem § 306 Abs 2 ohnehin das gleichlautende Gesetz an ihre Stelle treten würde (vgl nur BGHZ 147, 354, 358; NJW 2002, 1950, 1951; WM 2012, 1344 Rn 15; Stoffels JZ 2001, 843, 844). Auf dieses Hilfsargument kommt es angesichts der vorerwähnten Gründe nicht mehr an (kritisch auch Dylla-Krebs 63 f). **290**

Für **Verbraucherverträge** stehen insoweit hinter Abs 3 der Art 1 Abs 2 und Erwägungsgrund 13 der RL 93/13/EWG. „Bindende Rechtsvorschriften" im Sinne des **291**

Art 1 Abs 2 sind auch solche des dispositiven Rechts (Erwägungsgrund 13 S 2 HS 2). Allerdings ergeben sich auf der europäischen Ebene erhebliche Probleme aus der fortbestehenden Unterschiedlichkeit der nationalen Rechte (dazu näher Rn 308).

b) Feststellung des rechtsdeklaratorischen Charakters von AGB-Bestimmungen

aa) Grundsätze

292 Um den rechtsdeklaratorischen Charakter bzw umgekehrt die Kontrollfähigkeit einer Klausel festzustellen, bedarf es zunächst der *Ermittlung* der für die Klauselthematik *sonst geltenden rechtlichen Regelung* (dies umfasst ggf die *kollisionsrechtliche* Auswahl der maßgeblichen Rechtsordnung, vgl Rn 308) sowie sodann des *Vergleichs* mit der *Klauselregelung* (ein entsprechender „Rechtslagenvergleich" ist – mit etwas anderer Fragestellung – auch im Rahmen des Abs 1 und Abs 2 Nr 1 vorzunehmen, vgl Rn 243, 277). Zum Begriff der „Rechtsvorschriften" als normativer Vergleichspunkt s nachfolgend bb). Der *Klauselinhalt* als anderer Vergleichspunkt ist zunächst im Wege der *Auslegung* festzustellen (BGH NJW 1986, 43, 44; 1986, 46, 47; Ulmer/Fuchs Rn 25); es gilt der materielle Klauselbegriff (näher Rn 56). Dabei gelten die allgemeinen Auslegungsgrundsätze für AGB (§ 305c Abs 2; s Erläuterungen Staudinger/Schlosser zu § 305c und oben Rn 27 ff); mit der Anlehnung an das Gesetz kann der Verwender nicht erreichen, dass nun auch die Klausel derselben Auslegung wie das Gesetz unterliegt (so aber BGH NJW 1993, 1061, 1063; s auch unten Rn 299). Dass dies aus Verwendersicht ungerecht erscheinen mag, ist kein durchgreifendes Gegenargument: Der Verwender kann sich bei Klauselaufstellung rechtlich beraten lassen und im Übrigen kommt es entscheidend auf die mögliche Klauselwirkung auf den *Vertragspartner* an, der vor Missverständnissen und Unklarheiten geschützt werden muss (ebenso BGH NJW 1986, 43, 44; 1986, 46, 47; 1987, 1931, 1937; Raiser 259 f; Dylla-Krebs 58; näher noch unten Rn 299).

293 Für die Kontrollfreiheit fordert Abs 3 die **Übereinstimmung** mit vorhandenem Recht (bejaht beispielsweise in BGH NJW 2008, 3050 Rn 15 ff [zu §§ 4, 4a Abs 1 BDSG], Rn 41 ff [zu § 28 Abs 1 Nr 1 BDSG], Rn 48 ff [zu § 28 Abs 1 Nr 1 Alt 1 BDSG]; verneint Rn 26 ff [zu § 7 Abs 2 Nr 3 Var 3 UWG]). Fehlt die Übereinstimmung, etwa weil die gesetzliche Regelung die Klauselthematik nicht miterfaßt (vgl BGH NJW 2005, 1774 [VO über allg Beförderungsbedingungen regelt beschädigte oder unleserliche Fahrausweise, nicht aber – wie die AGB-Klausel – verlorengegangene]) oder die Klausel von der Rechtslage nach dem Gesetz abweicht (dazu auch Rn 299), ist Abs 3 S 1 nicht einschlägig. Die von Abs 3 S 1 geforderte Übereinstimmung zwischen Klausel und Gesetz ist auch nicht notwendig schon bei gleicher Sach- und Regelungsthematik gegeben (zB Preisanpassung bei Dauerlieferungsverträgen). Wenn Gesetz und Klausel unterschiedliche Regelungsanliegen verfolgen (zB §§ 1, 2 PreisklauselG: währungspolitische Ziele; konkrete Klausel in Gaslieferungsvertrag: Sicherung des Äquivalenzverhältnisses von Preis und Leistung im Laufe der Zeit; vgl BGH NJW 2010, 2189 Rn 24), dann besagt eine Konformität von Klausel und Gesetz noch nichts über die Angemessenheit der vertraglichen Regelung iS § 307 (BGH aaO). Außerdem sind solche Verweisungsklauseln auch nur dann rein rechtsdeklaratorisch, wenn sie das gesetzliche Regelungssystem *vollständig* übernehmen: Wird zB in Energielieferungsverträgen das in den einschlägigen Verordnungen vorgesehene Preisanpassungsrecht der Lieferer übernommen, nicht aber das daran anknüpfende besondere Kündigungsrecht des Kunden, so wird die Rechtslage *verändert* – die Klausel ist kontrollfähig (und – in concreto – unwirksam,

BGH NJW 2011, 1342 Rn 31 ff); gleiches gilt, wenn die Klausel nur Preissteigerungen berücksichtigt (BGH NJW 2009, 2667 Rn 28 f) oder diese nicht gegen Gewinne oder Einsparungen verrechnet (BGH NJW 2009, 2262 Rn 25–27). Schließlich sind auch solche Klauseln nicht mehr rein deklaratorisch, die zwar an eine Rechtsvorschrift anknüpfen, in ihrem Regelungsgehalt aber darüber hinausgehen (BGH WM 2012, 1344 ff: Aufwendungsersatzanspruch der Bank gegen Kunden [Kreditnehmer] angelehnt an § 670 BGB, aber in Voraussetzungen und Umfang über den gesetzlichen Anspruch hinausgehend – dies ist keine Konkretisierung des gesetzlichen Anspruchs mehr, sondern eine „Erweiterung", BGH aaO Rn 23). Die AGB können die Übereinstimmung auch dadurch bewirken, dass sie auf einschlägige gesetzliche Bestimmungen **verweisen** – dann stellt sich aber in besonderem Maße das Problem der Regelungstransparenz (Rn 309; s auch Rn 300 für Teilverweisungen). Kontrollfähig sind demgegenüber auch AGB-Bestimmungen, für die kein rechtliches Pendant existiert (**„rechtsergänzende Klauseln"**, vgl Rn 306). Insofern problematisch sind Bestimmungen, die gesetzlich vorgesehene Gestaltungsmöglichkeiten konkret realisieren – entweder sehr allgemein gehaltene Gestaltungsinstrumente wie §§ 241, 311 Abs 1 (dazu Dylla-Krebs 60 f, 66) oder besondere Regelungen, die das Gesetz als vereinbarungsfähig zur Verfügung stellt (dazu näher Rn 301 ff). Der rechtsergänzende Charakter einer Klausel ist jedoch auch dort zu bejahen, wo großflächig dispositives Recht fehlt, etwa bei neuartigen Vertragstypen (vgl Rn 275). Der Begriff der „Ergänzung" setzt nicht schon vorhandene Regelungsansätze im objektiven Recht voraus, die lediglich weiterentwickelt werden (so aber wohl Sonnenberger, in: FS Ferid [1977] 377 ff für das damalige internationale Schuldrecht). Vielmehr lag es gerade in der Absicht des Gesetzgebers, auch für AGB in bislang ungeregelten Bereichen eine Kontrolle zu ermöglichen (Teilbericht 1, 55; vgl Abs 2 Nr 2, Rn 261). Klauseln bei atypischen oder gesetzlich ungeregelten Verträgen dürfen jedoch nicht vorschnell als „ergänzend" und damit kontrollfähig eingestuft werden; vorgeschaltet ist die Prüfung, ob analog anwendbares Gesetzesrecht vorhanden ist (zB § 546a Abs 1 [§ 557 Abs 1 aF] bei verspäteter Rückgabe der Leasingsache, BGH ZIP 1989, 647, 648) oder im Wege der Rechtsfortbildung etablierte Regeln des Richterrechts. Die durch Übereinstimmung mit Richterrecht vermittelte Kontrollfreiheit einer Klausel kann sich aber immer nur auf die Angemessenheitsprüfung gem §§ 307–309 beziehen; die verantwortliche Prüfung, ob die in einer früheren Gerichtsentscheidung aufgestellte Regel als Ausfluss und Bestandteil des objektiven Rechts betrachtet werden kann, obliegt gem Art 20 Abs 3 GG jedem späteren Richter (vgl Dylla-Krebs 81; Niebling 70 f). Bejahendenfalls ist die Klausel (bei Übereinstimmung) kontrollfrei, verneinendenfalls fehlt eine einschlägige Rechtsregel, so dass die Klausel als „ergänzend" der Angemessenheitskontrolle unterworfen ist.

bb) „Rechtsvorschriften" als Bezugspunkt

Kontrollfähigkeit von AGB setzt nach Abs 3 S 1 das Vorhandensein von „Rechtsvorschriften" für die jeweilige Klauselthematik voraus. Die Definition dieses Begriffs ergibt sich aus seiner Funktion: Gemeint sind alle „rechtsnormativen Vorgaben" (Joost ZIP 1996, 1685, 1690), alle Regelungen, die im *positiven Recht* enthalten sind oder sich als Bestandteil der *objektiven Rechtsordnung* begreifen lassen. Es kann sich um Gesetze oder RechtsVO handeln (zB OLG Karlsruhe ZGS 2005, 397 [BeförderungsbedingungenVO]; **krit** dazu Gregor NZV 2006, 518 ff); um einzelne Vorschriften (zB § 311 Abs 1: Notwendigkeit eines Vertrags für die Begründung von Leistungspflichten, BGH NJW-RR 2005, 1496, 1500 [irrtümlich noch § 305 aF zitierend]) oder um ganze gesetzliche Regelungskomplexe (vgl BAG NZA 2005, 682, 685 [Bereicherungsrecht]; NZA 294

2005, 1111, 1113 [Verjährungsrecht]; zur entsprechenden Fragestellung bei Abs 2 Nr 1 s oben Rn 231). Für den Bereich des *Arbeitsrechts* gehören hierzu auch Tarifverträge sowie Betriebs- oder Dienstvereinbarungen, § 310 Abs 4 S 3 (vgl Rn 300, § 310 Rn 110, 113; zu Einzelproblemen s Coester Jura 2005, 251, 252 f). Für die VOB/B vgl Rn 300. Wo derartige Maßstäbe fehlen, kann eine AGB-Klausel auch nicht wegen Übereinstimmung mit dem Recht kontrollfrei sein. Formuliert eine Klausel hingegen einen Anspruch (auf ein Entgelt, Aufwands- oder Schadensersatz), der sich auch ohne die Klausel aus dem Gesetz ergeben hätte, dann scheidet gem Abs 3 S 1 eine Inhaltskontrolle aus (zB BGHZ 150, 269, 272 f [Aufwendungsersatzanspruch der Inkassobank gegen Scheckeinreicher gem §§ 670, 675]; BGH NJW-RR 2004, 1124, 1125 [Bereicherungsanspruch des Kreditkartenunternehmens gegen Vertragsunternehmen bei Zahlung von Nichtschuld], dazu noch Rn 299). Weicht die Klausel jedoch vom Gesetz ab, ist damit nicht nur die Inhaltskontrolle eröffnet, sondern zugleich der Kontrollmaßstab vorgegeben.

Neben **gesetztem Recht** sind Rechtsvorschriften iSd Abs 3 S 1 deshalb auch **ungeschriebene Regeln und allgemeine Grundsätze**, die sich als Bestandteil der Rechtsordnung begreifen lassen (vgl zB das „Äquivalenzprinzip" von Leistung und Gegenleistung, BGH NJW 2001, 2635, 2636, vgl Rn 235, die grundsätzliche „Bindungswirkung" von Verträgen, BAG NJW 2011, 2153 Rn 10 oder M Schwab JuS 2001, 951, 956 ff: Selbstbestimmung über die eigenen Rechtsverhältnisse als Ausfluss der Privatautonomie [zu BGH NJW 1997, 3437 – Vollmachtsklausel im Mietvertrag]), die als **Gewohnheitsrecht** eingestuft werden können oder sich als verfestigtes **Richterrecht** darstellen (Dylla-Krebs 71 ff; zur Ausnahme beim bisherigen arbeitsgerichtlichen Richterrecht s § 310 Rn 104). Insofern kann auf die Ausführungen zu Abs 2 Nr 1 verwiesen werden (Rn 234 ff). Auch **Verwaltungsakte** sind – in Verbindung mit ihrer gesetzlichen Ermächtigungsgrundlage – insofern als Teil des objektiven Rechts anzusehen (OLG Köln CR 2004, 911 zur Entgeltgenehmigung durch die Regierungsbehörde nach § 28 Abs 2 TKG). Unstreitig **nicht** zu den „Rechtsvorschriften" gem Abs 3 S 1 gehören **Verkehrssitten** und **Handelsbräuche** (vgl Rn 239). Zwingendes Recht gehört zwar ohne weiteres („erst recht") zur objektiven Rechtsordnung, ist aber vom Begriff der Rechtsvorschriften in Abs 3 ebenfalls nicht mit umfasst: Abweichungen vom zwingenden Recht sind grundsätzlich per se unwirksam (vgl Rn 232). Vorsicht ist hingegen geboten bei **tatsächlichen Feststellungen oder Erklärungen** in AGB: Diese scheinen sich dem Vergleich mit „Rechtsvorschriften" von vornherein zu entziehen. Wie sich aus § 309 Nr 12 ergibt, griffe diese Sicht aber zu kurz: Solche Klauseln weichen von gesetzlichen Beweislastregelungen ab oder verändern sie und sind insoweit durchaus kontrollunterworfen (näher Staudinger/Coester-Waltjen § 309 Rn 11 ff).

295 **Zweifelhaft** ist die Subsumtion von ungeschriebenen Rechtssätzen unter Abs 3 S 1, die vor einer gerichtlichen Klauselbeurteilung nicht schon als geltendes Recht etabliert sind, sondern **erst ad hoc** durch **ergänzende Vertragsauslegung** (§§ 157, 242) oder aus der **Natur des Vertrags** (entsprechend Abs 2 Nr 2, vgl Rn 268 ff) **entwickelt werden**. Die Befugnis der Gerichte zu solcher Art Rechtsfindung ist unbestreitbar, sie ergibt sich aus den Generalklauseln und unbestimmten Rechtsbegriffen des Gesetzes sowie – für die Konstituierung einer „Vertragsnatur" – aus Abs 2 Nr 2. Davon zu unterscheiden ist jedoch die Frage, ob man die so gewonnenen Rechtssätze als „Rechtsvorschriften" iSd Abs 3 S 1 einstufen muss, um sodann die AGB-Klausel mit ihnen vergleichen und bei Abweichung zur materiellen Inhaltskontrolle gem Abs 1, 2 oder §§ 308, 309 schreiten zu können. Die überwiegende Meinung bejaht dies (BGH NJW 1985, 3013, 3015; ZIP 1993, 292, 294; NJW 1998, 383; 2002, 1950, 1951; Ulmer/Fuchs Rn 26, 30; Joost ZIP 1996, 1685, 1691; Erman/Roloff Rn 39). Die Gegenauffassung ist überzeugend von Stoffels begründet worden (JZ 2001, 843, 846 f; ders Rn 433, 434), ihr wird auch hier gefolgt: Nur die Übereinstimmung einer Klausel mit einer Vorschrift des geltenden Rechts begründet ihre Kontrollfreiheit nach Abs 3. Ist eine Regelungsidentität nicht feststellbar, ist die Klausel nicht privilegiert – gleich, ob sie von einer Rechtsvorschrift abweicht oder ob eine solche Vorschrift (noch) gar nicht vorhanden ist. Klauseln, für die ein Rechtsmaßstab erst ad hoc von den Gerichten entwickelt werden muss, sind stets **rechtsergänzend** (Rn 293) und insofern *kontrollbedürftig* gem Abs 3 S 1; komplementär begründet Abs 2 Nr 2 auch die *Kontrollfähigkeit* anhand eines rechtlichen Maßstabs (vgl Rn 283 f und 319 ff). Wenn die Gerichte fallbezogen einen Rechtsmaßstab entwickeln und die Klausel daran messen, so ist dieser Vorgang also methodisch bereits in Abs 2 Nr 2 zu verorten – er *ist* bereits Inhaltskontrolle im Sinne einer Angemessenheitskontrolle. Die Projektion der ad hoc gewonnenen Rechtsregel in Abs 3 S 1, um so „grünes Licht" für die Inhaltskontrolle zu erreichen, ist überflüssig (weil die Klausel von vornherein nicht lediglich vorhandenes Recht widerspiegelte) und kurzschlüssig.

Für den Bereich der **Verbraucherverträge** ist der Begriff der „bindenden Rechtsvorschriften" in **Art 1 Abs 2 RL** in gleichem Sinne zu verstehen, insbesondere ist damit auch das dispositive Recht umfasst (Erwägungsgrund 13 S 2 HS 2). Auch soweit Art 1 Abs 2 RL daneben die „Bestimmungen oder Grundsätze internationaler Übereinkommen" stellt, bedeutet dies noch keine Besonderheit gegenüber dem deutschen Recht (vgl Rn 238). Nach der RL begründet allerdings die Klauselübereinstimmung auch mit solchen Übereinkommen, denen Deutschland nicht, wohl aber die EU selbst beigetreten ist, die Kontrollfreiheit (vgl näher Micklitz ZEuP 1993, 522, 525; Kapnopoulou 100 ff). Dies führt aber nicht zur Unzulässigkeit einer Kontrolle nach §§ 307–309 – als insoweit strengeres Recht bleiben diese Vorschriften von der RL unberührt (Art 8 RL; s allerdings Vorbem 23 zu §§ 307 ff). 296

cc) Einzelfragen und Zweifelsfälle

α) Scheindeklaratorische Klauseln

Ebenso wie bei der „Abweichung" einer Klausel vom Gesetz iSd Abs 2 Nr 1 ist schon hinsichtlich ihres rechtsdeklaratorischen oder rechtskonstitutiven Charakters ein Vergleich nicht nur mit dem Gesetzestext geboten, sondern mit der *Gesamtheit der Rechtslage,* wie sie sich ohne die Klausel für die fragliche Thematik ergäbe – einschließlich richterrechtlicher Erweiterungen, Einschränkungen und sonstiger gesetzlicher oder übergesetzlicher Ergänzungen (s Rn 244). Gesetzeswiederholende Klauseln können deshalb **„scheindeklaratorisch"** sein (vgl Dylla-Krebs 75). Dies gilt zum einen für die **„Umtypisierung" von Verträgen**, also die Unterstellung beispielsweise eines Werkvertrags unter kaufrechtliche Gewährleistungsregeln (näher mNw Rn 245) oder eines Arbeitsvertrags unter einen fachlich, räumlich oder zeitlich nicht einschlägigen **Tarifvertrag** (BAG NZA 2007, 1045; Thüsing/Lambrich NZA 2002, 1361, 1363; Lakies NZA 2004, 569, 571; Witt NZA 2004, 135, 137; Coester Jura 2005, 251, 253) oder eines **Heimvertrags** unter den – aus sich heraus noch nicht verbindlichen – Rahmenvertrag gem § 75 SGB XI (BGH NJW 2002, 507, 509; vgl Rn 699). Das Gleiche gilt aber auch für die Wiederholung oder den Verweis auf grundsätzlich einschlägige Vorschriften, die jedoch wegen Besonderheiten der speziellen Vertragsgestaltung nicht „passen" und deshalb im Wege teleologischer Einschränkung als nicht anwendbar anzusehen sind 297

(SOERGEL/STEIN Rn 19; ULMER/FUCHS Rn 29; SCHMIDT-SALZER, in: FS Brandner [1996] 259 ff, 263). Viel zitiertes Beispiel ist die Reduktion des § 367 bei Ratenkreditverträgen (dazu mNw Rn 245). In gleicher Weise passt das Kündigungsrecht gem § 8 Abs 2 VVG beim Krankenhaustagegeldvertrag nicht mit dem Bedürfnis des Versicherten nach kontinuierlichem Versicherungsschutz im Krankheitsfall zusammen (BGH NJW 1983, 2632 f; vgl unten Rn 679). Die Kostenregelungen der §§ 91 ff ZPO passen nicht für das Schiedsverfahren (BGH NJW-RR 2005, 1496, 1501). In neuerer Zeit hat der BGH den Vertrag mit einem Fitnesscenter zwar als (atypischen) Mietvertrag eingestuft, die mietvertragliche Vorschrift über das Verwendungsrisiko aber für nicht anwendbar erachtet: Eine den § 552 aF (jetzt: § 537) übernehmende Klausel wurde deshalb als konstitutiv und damit kontrollfähig angesehen (BGH ZIP 1996, 2075, 2076 f; vgl Rn 613). Konstitutiv ist auch eine Bestimmung, die zwar für den Normalfall der geregelten Verträge nur das Gesetz wiederholt, die aber – mangels entsprechender Einschränkung – auch besondere Vertragsgestaltungen abdeckt, für die anderes Recht gälte (BGH NJW 1987, 1886).

298 Konstitutiv wirkt weiterhin eine gesetzeswiederholende Klausel, wenn die **Gesetzesvorschrift unwirksam** ist (BGH NJW 1988, 2951: Das rückwirkende Inkrafttreten von Krankenhauspflegesätzen gem § 19 Abs 2 S 2 BPflVO verstieß gegen den Grundsatz der Gesetzmäßigkeit der Verwaltung, Art 20 Abs 3 GG; vgl weiter DYLLA-KREBS 80 f), oder wenn sie kollisionsrechtlich durch eine Eingriffsnorm (vgl Art 29a EGBGB) verdrängt wird (SCHMIDT-SALZER, in: FS Brandner [1996] 259 ff, 264).

β) Teilwiedergabe des Gesetzes oder Teilverweise

299 Problematischer, aber letztlich nicht anders einzustufen sind Klauseln, die sich auf eine **Teilwiedergabe der Rechtslage** beschränken. Dies kann geschehen durch Weglassung eines Teils der gesetzlichen Vorschrift, vor allem aber durch Nichterwähnung ergänzender gesetzlicher Regelungen, die zum Gesamtverständnis notwendig sind, oder gesetzesübersteigender Grundsätze oder richterrechtlicher Einschränkungen oder Ergänzungen (zB BGH NJW 1988, 1726, 1728: Herstellergarantie ohne Erwähnung fortbestehender Gewährleistungsrechte gegen den Verkäufer [dazu auch COESTER-WALTJEN JR 1989, 191 ff]; BGH NJW 1989, 2750, 2752: Informationspflicht des Kunden bei Reisemängeln gegenüber Veranstaltern lässt nicht erkennen, dass in der Regel Information gegenüber örtlicher Organisation genügt [vgl auch BGH NJW 1992, 3158; 1993, 263, 264]; BGH NJW 1987, 1931, 1937 f: Haftungsbeschränkung entsprechend § 651 h Abs 1 erwähnt nicht die richterrechtliche Einschränkung auf *vertragliche* Schadensersatzansprüche; BGH NJW-RR 1991, 1013, 1015: Vertragsstrafeklausel ohne Erwähnung des Verschuldenserfordernisses [vgl auch BGH NJW 1997, 135]; BGHZ 83, 301, 302: Hinweis auf das Trennungsprinzip beim finanzierten Abzahlungskauf „unterschlägt" Möglichkeit des Einwendungsdurchgriffs bei Geschäftsverbund [vgl aber BGH WM 1986, 995, 996]; BGHZ 95, 362 ff: „Schufa-Klausel" enthält nicht die nach § 24 Abs 1 BDSG erforderliche Interessenabwägung [dazu auch SIMITIS JZ 1986, 188]; vgl auch PFEIFFER LMK 2004, 159, 160 [zu BGH NJW-RR 2004, 1124, oben Rn 294]: Klausel, die Bereicherungsanspruch formuliert, aber § 818 Abs 3 nicht erwähnt). Zunächst stellen sich Fragen auf der *Auslegungsebene:* Sollte das nicht erwähnte Kriterium implizit ausgeschlossen sein (Verschulden bei Vertragsstrafe; Interessenabwägung bei Datenweitergabe), so ist damit schon der rechtsändernde Charakter der Klausel belegt. Sonst kann sich die weitere Frage stellen, ob die Klausel ohne weiteres an einer einschränkenden oder ausweitenden Gesetzesauslegung (zB Haftungsbeschränkung für § 651 h Abs 1 nur für vertragliche Schadensersatzansprüche) teilnimmt. Dies ist nicht der Fall, da für die Auslegung auf das

Verständnis des Durchschnittskunden abzustellen ist (oben Rn 292). Also *fehlt* ein Element der objektiven Rechtslage in der Klausel. Nun könnte argumentiert werden, dass die unvollständige Klauselregelung durch das objektive Recht ergänzt wird; auch besteht keine Obliegenheit des Verwenders zur umfassenden Rechtsaufklärung (Rn 199, 215 f). Damit würde aber die kundenschützende Intention des Gesetzes verfehlt: *Teilweise* Wiedergabe der Rechtslage ist *keine* Deklaration des Rechts, sondern *suggeriert eine falsche Rechtslage.* Damit ist die Klausel kontrollfähig und in der Regel auch unangemessen nach Abs 1, 2 (so im Ergebnis alle vorstehend zitierten Entscheidungen; vgl weiter OLG Hamburg ZIP 1983, 1432 f; OLG Düsseldorf ZIP 1984, 719, 721 f; SOERGEL/STEIN Rn 17, 20; DYLLA-KREBS 75, 81 f).

Eine ähnliche Problematik ergibt sich bei **Teilverweisungen auf Gesamtregelungen**, 300
die wegen ihrer immanenten Richtigkeitsgewähr einer Inhaltskontrolle am Maßstab der §§ 307 ff nicht unterworfen sind – die also in ihrer Gesamtheit „wie Rechtsnormen" iSd Abs 3 behandelt werden (dazu Rn 294). Dies hat der BGH früher für die **VOB/B** angenommen (s jetzt § 310 Abs 1 S 3 und die Kommentierung von STAUDINGER/SCHLOSSER ebenda; ERMAN/ROLOFF Rn 15); gleiches gilt kraft Gesetzes für die Kollektivvereinbarungen des Arbeitsrechts (**Tarifverträge, Betriebs- und Dienstvereinbarungen**, § 310 Abs 4 S 1 und 3; für Einzelheiten s STAUDINGER/KRAUSE Anh zu § 310 Rn 87 ff). Bezüglich der **VOB/B** hat der BGH zunächst auch Teilbezugnahmen als gleichermaßen privilegiert angesehen, solange hierdurch eine wesentliche Beeinträchtigung des in der **VOB/B** verwirklichten Gesamtinteressenausgleichs nicht bewirkt wurde (umf Nachw zu Rechtsprechung und Kritik hieran bei BGH ZIP 2004, 511, 512). Diese Abgrenzung hat sich aber als letztlich nicht tragfähig erwiesen, so dass der BGH bei Verbraucherverträgen nunmehr *jede,* auch nur teilweise Bezugnahme als „Eingriff in die Ausgewogenheit der VOB/B" betrachtet (ZIP 2004, 511, 512; vgl Rn 128). Für **arbeitsrechtliche Kollektivvereinbarungen**, insbesondere Tarifverträge bedarf es insoweit einer teleologischen Interpretation des § 310 Abs 4 S 3. Wenig Streit besteht hinsichtlich der Bezugnahme (Verweis oder wörtliche Wiedergabe) auf *Einzelbestimmungen* dieser Regelungswerke: Sie können an deren Ausgewogenheit nicht teilnehmen und sind deshalb gem §§ 310 Abs 4 S 2, 307 ff kontrollunterworfen (KONZEN, in: FS Hadding [2004] 145, 147; RIEBLE NZA 2004, 304), es sei denn, das Gesetz erlaubt solche Einzelbezugnahmen ausdrücklich (zB §§ 622 Abs 4 BGB oder 13 Abs 1 S 2, 3 BUrlG). Einzelheiten bei STAUDINGER/KRAUSE Anh zu § 310 Rn 88 ff.

γ) Gesetzliche Gestaltungsmöglichkeiten

Umstritten ist der rechtsdeklaratorische Charakter von AGB, durch die von einer 301
gesetzlich eröffneten Gestaltungsmöglichkeit Gebrauch gemacht wird – etwa der Vereinbarung einer Vertragsstrafe (§ 339), eines abstrakten Schuldversprechens oder Schuldanerkenntnisses (§§ 780, 781), der Unterwerfung unter die sofortige Zwangsvollstreckung (§ 794 Abs 1 Nr 5 ZPO), eines Abtretungsausschlusses (§ 399), Rücktrittsvorbehalts (§ 346) oder Eigentumsvorbehalts (§ 449), einer Vollmachtserteilung (§ 167), eines einseitigen Leistungsbestimmungsrechts (§ 315), eines Gewährleistungsausschlusses (§ 444), einer Haftungsbeschränkung (§ 651 h Abs 1) etc. Im Arbeitsrecht kommen auch kollektivvertraglich erlaubte Gestaltungen in Betracht, § 310 Abs 4 S 3 (vgl Rn 300; BAG NZA 2006, 40, 46). In solchen Fällen sind zwei Fragen zu unterscheiden: (1) Kann die Gestaltung überhaupt *nur* durch Individualabrede erfolgen, ist also klauselmäßige Nutzung generell ausgeschlossen? Ein sol-

cher Wille des Gesetzgebers muss – in Zeiten standardisierter Massengeschäfte – deutlich erkennbar sein (vgl zB § 449 Abs 2 S 1 HGB); die praktische Gebräuchlichkeit von AGB im betroffenen Bereich spricht gegen eine solche Einschränkung (vgl zB für den Reisevertrag und § 651h BGH NJW 1987, 1931, 1937; ebenso für den Mietvertrag [§ 557a Abs 3] BGH NJW 2009, 353 Rn 16; BT-Drucks 8/2343, 11). (2) Wenn die Gestaltung, wie in der Regel, grundsätzlich auch durch vorformulierte Klauseln vorgenommen werden kann, sind diese dann – weil rechtsdeklaratorisch – kontrollfrei nach Abs 3 (vorbehaltlich der Transparenzkontrolle) oder unterliegen sie der Inhaltskontrolle nach Abs 1, 2 bzw §§ 308, 309? Insofern ist grundsätzlich festzustellen: Werden solche Gestaltungen *mit anderem Inhalt* vereinbart als gesetzlich vorgesehen (zB eine Vertragsstrafe ohne Verschuldensvoraussetzung), dann liegt die konstitutive Wirkung der Klausel (und damit ihre Kontrollfähigkeit) auf der Hand (zur Vertragsstrafe BGH NJW-RR 1991, 1013, 1015; NJW 1997, 135; vgl generell Dylla-Krebs 75 ff, 108 ff). Hält sie sich *im Rahmen des Gesetzes*, so scheint sie nur deklaratorisch zu sein. Diese Sicht griffe aber zu kurz: Zum einen lässt das Gesetz oft auch *inhaltlich* einen gewissen Gestaltungsspielraum, dessen Ausfüllung durch vorformulierte Vertragsbedingungen grundsätzlich der AGB-Kontrolle unterliegt (vgl BGH NJW 2003, 507, 508 zu § 651a Abs 4 S 3; s auch Rn 306). Zum zweiten treten all die erwähnten Gestaltungen nicht ex lege ein; das Gesetz erlaubt nur ihre (konstitutive) Vereinbarung. Die Klausel *verändert* deshalb die Rechtslage, indem sie diese Vereinbarung etabliert. Auch wenn das „Wie" der Gestaltung gesetzeskonform ist, so ist doch das „Ob" gesetzlich nicht vorgegeben (vgl Fastrich 296). Diesbezügliche Kontrollfähigkeit schiede aus, wenn die gesetzliche Zulassung solcher Gestaltungsmöglichkeiten generell auch den Gebrauch durch vorformulierte Klauseln umfasste. Dass der Gesetzgeber dies nicht so gesehen hat, sondern für diesen Fall von der grundsätzlichen Kontrollbedürftigkeit ausgegangen ist, folgt zweifelsfrei aus einschlägigen Verboten der §§ 308, 309 (§ 308 Nr 3; § 309 Nr 6, 8b). Dementsprechend geht die ganz hM generell von der **Kontrollfähigkeit** klauselmäßiger Nutzung gesetzlich eröffneter Gestaltungsmöglichkeiten aus (vgl BAG NZA 2004, 727, 729; 2005, 1054 ff; NJW 2011, 408 Rn 17; BGH NJW 2003, 1805, 1808 [alle zur Vertragsstrafe]; BGH NJW 1981, 280, 281 [Ausschluss des Eigentumsvorbehalts]; 1982, 2314, 2315 [Empfangsvollmacht]; 1984, 1177 [Tagespreisklausel]; 1985, 623, 624 [Leistungsänderungsrecht]; 1987, 1931, 1937 [§ 651 h Abs 1 BGB]; 1989, 222, 223 [§ 20 Abs 2 aF HBG]; 2002, 3240, 3245 [§ 26 Abs 1 S 2, 4 WEG]; NJW 2009, 353 Rn 14 ff [Kündigungsausschluss bei Staffelmiete, § 557a Abs 3]; NJW 2010, 2041, Rn 20 ff [implizit zur Unterwerfung unter die sofortige Zwangsvollstreckung gem § 794 Abs 1 Nr 5 ZPO]; Soergel/Stein Rn 18; Ulmer/Fuchs Rn 33; Wolf/Wolf Rn 338; Dylla-Krebs 69; Fastrich 296; BAG NZA 2006, 40, 46 [kollektivvertraglich eröffnete Befristung von Arbeitsverträgen]; vHoyningen-Huene, in: FS Trinkner [1995] 179, 184 f; Löwe NJW 1987, 937; Taupitz JuS 1989, 520, 524; Trinkner/Wolfer BB 1987, 425, 427; offenlassend BGH NJW-RR 2001, 743, 746 zu Art 16 § 8 des 3. DurchfG im Versicherungsrecht; ie oben Rn 85). Eine **andere Beurteilung** ist nur dann angebracht, wenn und soweit die gesetzlich eröffnete Gestaltung einen **eigenständigen Vertragsschluss** betrifft: Die bloße Nutzung gesetzlich angebotener Vertragstypen (wie zB Schuldversprechen, Schuldanerkenntnis, §§ 780, 781) bedeutet nur die (klauselmäßige) **Vereinbarung der essentialia negotii**; mangels vorhandener Rechtsmaßstäbe für das „Ob" eines solchen Vertragsschlusses bleibt dieser gem Abs 3 S 1 kontrollfrei (Rn 327; BAG NZA 2004, 597, 603 [Aufhebungsvertrag]; NJW 2005, 3164, 3165 [abstraktes Schuldanerkenntnis; anders konsequenterweise beim nur bestätigenden Schuldanerkenntnis, aaO S 3166]). Alle anderen eingangs erwähnten Gestaltungsmöglichkeiten modifizieren nur das Gefüge der Rechte und Pflichten im Rahmen eines bestehenden Schuldverhältnisses; ihr Gebrauch ist deshalb nicht rechtsdeklaratorisch und betrifft auch nicht den normfreien Kern der vertraglichen Leistungsbegründung und -festlegung.

Fraglich kann allenfalls sein, ob sich aus der **Kombination verschiedener Gestaltungsmöglichkeiten** eine unangemessene Benachteiligung ergeben kann – etwa aus der Kombination von Zwangsvollstreckungsunterwerfung mit freier und getrennter Abtretbarkeit von Forderung und Sicherungsgrundschuld durch den Gläubiger. Diese setzt den Schuldner der Gefahr aus, vom Zessionar aus der Grundschuld in Anspruch genommen zu werden, ohne Einwendungen aus dem Sicherungsvertrag entgegenhalten zu können. Der BGH (NJW 2010, 2041 ff) hat diese Gestaltung dennoch nicht als unangemessene Benachteiligung des Schuldners eingestuft – allerdings sei die Unterwerfung des Schuldners unter die sofortige Zwangsvollstreckung (kundenfreundlich) so zu interpretieren, dass sie „nur im Rahmen der ursprünglichen Grundschuld erfolgt" (BGH aaO Rn 37). Entsprechende Einwendungen kann (und muss) der Schuldner im Klauselerteilungsverfahren gem §§ 732, 768 ZPO geltend machen: Entweder hat der Erstgläubiger (Zedent) die treuhänderische Bindung aus dem Sicherungsvertrag ausdrücklich auf den Zessionar mit übertragen, so dass sie auch diesem entgegengehalten werden kann, oder die Unterwerfung unter die sofortige Zwangsvollstreckung gilt nicht gegenüber dem Zessionar (zu dieser Rechtsprechung Stürner JZ 2010, 774 ff; Hinrichs/Jaeger NJW 2010, 2017 f; Ulmer/Fuchs Rn 192 und Teil 2 [10] Rn 26 ff).

Fraglich bleibt nur, ob nicht im Einzelfall die gesetzliche **Zulassung** einer Gestaltung so verstanden werden kann, dass sie *auch* die **klauselmäßige Vereinbarung in vollem Umfang, dh inhaltlich mit umfasst („Erlaubnisnorm")**. Damit hätte der Gesetzgeber auch das „Wie" der Vereinbarungsfähigkeit an sich gezogen, die Klausel müsste der gerichtlichen Kontrolle entzogen sein (vgl vor allem Canaris NJW 1987, 609, 611 ff). 302

Die Möglichkeit des Gesetzgebers, eine derart „qualifizierte Erlaubnis" (Dylla-Krebs 98) auszusprechen, folgt unproblematisch aus dem Vorrang des Gesetzes (Art 20 Abs 3 GG; zutreffend Dylla-Krebs 93 ff; inzwischen allg M, vgl Palandt/Grüneberg Rn 54; Stoffels Rn 436). Die Frage ist nur, *wann* ein solcher Wille des Gesetzgebers anzunehmen ist; da sich die Gesetze in aller Regel insoweit nicht ausdrücklich äußern, kann er nur durch Auslegung ermittelt werden. Canaris (aaO) will eine auf klauselmäßige Vereinbarung bezogene Erlaubnisnorm schon dann annehmen, wenn in dem betreffenden Vertragstyp AGB derart vorherrschen, dass Individualabreden kaum vorkommen (ablehnend BGH NJW 1989, 222, 223; Dylla-Krebs 95 ff; Niebling 42 ff; tendenziell auch OLG Koblenz NZM 2005, 397). Andere fordern Zurückhaltung bei der Annahme von Erlaubnisnormen: Ein entsprechender Wille des Gesetzgebers müsse „eindeutig" erkennbar sein (Niebling 42 f; Wolf/Wolf Rn 340), sei nur ausnahmsweise anzunehmen (Ulmer/Fuchs Rn 33; Stoffels Rn 436), an die Bejahung seien „strengste Anforderungen" zu stellen (Dylla-Krebs 98). Auf jeden Fall setzt die Einstufung als „Erlaubnisnorm" voraus, dass die gesetzliche Regelung überhaupt am vertraglichen Interessenausgleich orientiert ist und nicht uU ganz andere, zB öffentlich-rechtliche Ziele verfolgt (wie zum Thema „Preisänderungsrecht" [Rn 330] das währungspolitisch orientierte PreisklauselG; vgl BGH NJW 2010, 2789 Rn 24; Staudinger/Coester-Waltjen § 309 Nr 1 Rn 6).

Im Übrigen ist für die Gesetzesauslegung zu berücksichtigen, dass die in Frage 303 stehenden Gestaltungsmöglichkeiten zumeist schwerwiegende Rechtsnachteile für eine Vertragspartei mit sich bringen (vgl nur Vertragsstrafe, Schuldanerkenntnis, Unterwerfung unter die sofortige Zwangsvollstreckung). Sie der Vereinbarungsfreiheit der Parteien zu überlassen setzt deshalb funktionierende Vertragsautonomie voraus; die selbstverantwortete Zustimmung der belasteten Partei ist rechtspolitische Rechtfertigung für die vereinbarte Gestaltung. Es ist deshalb davon auszugehen, dass der Gesetzgeber primär Individualvereinbarungen vor Augen hatte und – wie bei der generellen Abgrenzung von zwingendem und dispositivem Recht (Rn 168) – zu den besonderen Gestaltungsgrenzen für einseitige Regelaufstellung durch AGB gar keine Aussage getroffen hat. Dies ist offenkundig für alle vor 1977 erlassenen Gesetze, gilt regelmäßig aber auch für späteres Gesetzesrecht. „Auslegung" bedeutet deshalb die *Hinzufügung* bzw *Nachholung* einer vom historischen Gesetzgeber offengelassenen Wertungsfrage. Dabei muss die Antwort nicht auf eine Bejahung oder Verneinung klauselmäßiger Vereinbarungsfreiheit beschränkt sein – wie die speziellen Verbote der §§ 308 Nr 3, 309 Nr 6 und 8b zeigen, liegt es auch hier nahe, diese Freiheit im Vergleich zu Individualvereinbarungen zwar einzuschränken, nicht aber ganz zu beseitigen. So erscheint es zB sachgerecht, an die Stelle der wohlabgewogenen Zustimmung des Vertragspartners zu einem Vertragsstrafeversprechen das objektive Kriterium eines „anerkennenswerten Bedürfnisses" für den Verwender treten zu lassen. Diese differenzierte Beurteilung kann aber nicht im Rahmen von Abs 3, sondern nur bei der Angemessenheitsprüfung nach Abs 1, 2 erfolgen (Rn 251, auch zur Abgrenzung von Abs 1 zu Abs 2 Nr 1).

304 Die völlige **Freigabe von Gestaltungsmöglichkeiten auch für klauselmäßige Vereinbarungen** kann deshalb nur dort angenommen werden, wo der Wille des Gesetzgebers zu einer rechtspolitisch so bedeutsamen Weichenstellung hinreichend klar erkennbar ist (der Versuch, die Nutzung von Gestaltungsmöglichkeiten durch AGB-Klauseln pauschal als mutmaßlich angemessen einzustufen [so Art 3 Abs 2 Nr 1 RegE eines Überweisungsgesetzes, BT-Drucks 163/99], ist unter dem Druck der Kritik [Köndgen ZBB 1999, 105; Löwe ZIP 1999, 830 ff] fallengelassen worden). Dies ist von vornherein nur bei legislativen Akten nach 1977 denkbar, seitdem sich der Gesetzgeber der AGB-Problematik angenommen hat (so zutreffend Dylla-Krebs 98; zu älteren Gesetzen wie zB §§ 51 ff BRAO s vWestphalen ZIP 1995, 546 ff). Des Weiteren reicht die bloße Beibehaltung von Normen bei punktuellen Reformeingriffen in ältere Gesetze nicht, solange die Gesetzesmaterialien nicht die konstitutive Entscheidung erkennen lassen, die entsprechende Gestaltung fortan auch durch AGB zu erlauben (Dylla-Krebs 104). Aber selbst neueren Gesetzen kann eine solche Entscheidung regelmäßig **nicht** entnommen werden – etwa **§ 651h Abs 1** (BGH NJW 1987, 1931, 1937; Staudinger/Staudinger [2011] § 651h Rn 33 f [m Nachw d Gegenmeinung]; einschränkend MünchKomm/Tonner § 651h Rn 12 ff; anders Dylla-Krebs 106 f; Stoffels Rn 436). **Ausdrückliche Erlaubnisnormen** finden sich hingegen in **§§ 51a Abs 1 Nr 2 BRAO, 67a Abs 1 StBerG, 54a Abs 1 WPO** und **45a PatAnwO**. Im gleichen Sinne hat das BAG **§ 622 Abs 3** verstanden (6-monatige Probezeit-Klausel im Arbeitsvertrag, NZA 2008, 521, 522). Die Einstufung von **§ 449 Abs 2 S 2, 3 HGB** ist hingegen streitig; im Hinblick auf die gesteigerten Transparenzanforderungen des Gesetzes (§ 449 Abs 2 S 2 Nr 1 HGB), die auf Selbstschutz durch den Kunden zielen, sollte die Vorschrift jedoch als Erlaubnisnorm verstanden werden – materielle Inhaltskontrolle ist gem § 307 Abs 3 BGB ausgeschlossen (ebenso Wolf/Wolf Rn 340; Koller TranspR 2000, 1; **aA** Ramming VersR 1999, 1177, 1184; Baumbach/Hopt/Merkt, HGB § 449 Rn 2).

Als Erlaubnisnorm hat der BGH ferner **§ 309 Nr 9a** eingestuft: Die Zumutbarkeit der zweijährigen Laufzeit sei dort für den Normalfall festgeschrieben, nur aus den Besonderheiten eines konkreten Vertragstyps könne die Nichteinschlägigkeit dieser gesetzgeberischen Wertung und damit die Kontrollfähigkeit gem Abs 1 begründet werden (NJW 1987, 2012, 2013 [Zeitschriften-Abonnementsvertrag, s dazu Rn 600 ff]; 2012, 1431 Rn 22 f [Sportstudiovertrag, zur Laufzeitregelung s Rn 536]; für diese Interpretation des BGH auch Fastrich 297; im Ergebnis zustimmend Fehl BB 1983, 223, 225). Diese Rechtsprechung ist auf verbreitete Kritik gestoßen – die nicht gegebene Einschlägigkeit der §§ 308, 309 könne nicht mit einer positiven Erlaubnis gleichgesetzt werden (Dylla-Krebs 100 f; Ulmer/Christensen § 309 Nr 9 Rn 14; Wolf/Dammann § 309 Nr 9 Rn 106–108; Staudinger/Coester-Waltjen § 309 Nr 9 Rn 18). Dem entsprechen BGH-Entscheidungen zu anderen Klauselverboten (zB BGH NJW 1982, 331; 1990, 115; 2003, 507, 508 [alle zu § 309 Nr 1: Nichteingreifen dieses Verbots schließt Kontrolle nach § 307 nicht aus]; BGH NJW 1999, 1865 f [zu § 308 Nr 5: Wahrung der dortigen Transparenzanforderungen legitimiert noch nicht eine Änderung des vertraglichen Äquivalenzverhältnisses], krit dazu Graf von Westphalen, in: FS Schlosser [2005] 1103, 1110). Allerdings kann die Frage nach dem positiven Wertungsgehalt der §§ 308, 309 nicht pauschal beantwortet werden; auch die Differenzierung des BGH nach „Regelwertung" und „Besonderheiten" schöpft die Auslegungsmöglichkeiten noch nicht aus. Festzuhalten ist hier nur, dass aus §§ 308, 309 zwar nicht generell eine positive Erlaubniskomponente herausgelesen werden kann, dass diese Interpretation nach sorgfältiger Abwägung der Gesetzesmaterialien und des konkreten Vertrags im Einzelfall aber durchaus möglich ist (vgl Rn 12 sowie die Einzelerläuterungen Staudinger/Coester-Waltjen zu §§ 308, 309). **305**

δ) Rechtsergänzende Klauseln

Gelegentlich gibt das Gesetz für vertragliche Gestaltungsmöglichkeiten „die Richtung vor", lässt aber die notwendigen Einzelheiten offen: So fordert zB § 169 Abs 3 S 1 VVG die Berechnung der Versicherungsleistung und des Rückkaufswerts bei der Lebensversicherung „nach den anerkannten Regeln der Versicherungsmathematik", lässt aber Spielräume für die Berechnung im Einzelnen (vgl BGH NJW 2001, 2012, 2014). Oder § 651a Abs 4 S 1 fordert „genaue Angaben" zur Berechnung einer Preiserhöhung beim Reisevertrag und überlässt die Konkretisierung dieser gesetzlichen Forderung dem Reiseveranstalter (BGH NJW 2003, 507). Oder § 632 Abs 1 gestattet dem Werkunternehmer die Forderung einer Abschlagszahlung, regelt aber nicht deren genaue Höhe und Fälligkeit (BGH NJW 2013, 219 Rn 13). Der BGH spricht hier von einem gesetzlichen „Rahmen", der ausfüllungsbedürftig sei. Geschieht dies in AGB im Anschluss an die textliche Wiederholung der gesetzlichen Regelung oder diese voraussetzend, so sind die AGB nicht mehr rein deklaratorisch, sondern **rechtsergänzend** und damit gem Abs 3 S 1 der materiellen Inhaltskontrolle zugänglich (so die vorzitierten BGH-Entscheidungen sowie BGH NJW 2004, 1104, 1107 [Heimvertrag]). Enthalten die AGB keine Ergänzung, sind sie rechtsdeklaratorisch und deshalb der materiellen Inhaltskontrolle nicht unterworfen, aber intransparent (Abs 3 S 2; s Rn 309). **306**

ε) Günstigkeit der Klausel als Kriterium in Abs 3?

Keine Sonderstellung kommt schließlich im Rahmen des Abs 3 denjenigen Klauseln zu, die für den Vertragspartner **günstigere Regelungen** als das Gesetz enthalten (aA LG Konstanz BB 1981, 1420, 1421; Dylla-Krebs 86; im Einzelfall anders § 449 Abs 2 S 2 Nr 2 HGB). Die Frage der Günstigkeit ist keineswegs einfach zu beantworten, wie die Diskussionen zu Art 30 aF EGBGB bzw jetzt zu Art 8 Abs 1 Rom I-VO und im **307** materiellen Arbeitsrecht zeigen (vgl Münchner Handbuch zum Arbeitsrecht/LÖWISCH/RIEBLE § 272 Rn 32 ff). Eine Abweichung vom Gesetz iSv Abs 3 liegt unzweifelhaft vor, so dass die weitere Beurteilung sachgerecht im Rahmen der Inhaltskontrolle erfolgen kann – einer teleologischen Reduktion des Abs 3 bedarf es nicht. Gleiches gilt für unklare Klauseln, die auch bei kundenfeindlichster Auslegung den gesetzlichen Schutzstandard nicht unterschreiten (anders vHOYNINGEN-HUENE, in: FS Trinkner [1995] 179, 183 ff, 189 f; es handelt sich wohl um eine recht akademische Fragestellung).

c) Europarechtliche Problematik

308 Für den Bereich der **Verbraucherverträge** ist oben die weitgehende Übereinstimmung von Abs 3 mit Art 1 Abs 2 RL konstatiert worden (Rn 281, 296; s auch Rn 309). Die Kontrollfreiheit rechtsdeklaratorischer Klauseln nach beiden Vorschriften führt aber, bedingt durch die Unterschiedlichkeit der nationalen Rechte in der EU, möglicherweise zu verschiedenen Ergebnissen. Zwar wird eine mit deutschem Recht übereinstimmende Klausel nicht dadurch konstitutiv und kontrollfähig, dass es anderslautende Gesetze in anderen Mitgliedsstaaten gibt. Es kommt auf den Vergleichsmaßstab an. Vergleichsmaßstab können sowohl nach Abs 3 wie nach Art 1 Abs 2 RL immer nur die Rechtsvorschriften sein, die bei Abwesenheit der Klausel auf den Fall *anwendbar* wären (NASSALL WM 1994, 1645, 1651; KAPNOPOULOU 97); dies ist eine kollisionsrechtliche Vorfrage (s grundsätzlich FRANZEN 555). Wohl aber kann die gleiche Klausel je nachdem, ob sie für deutschem oder ausländischem Recht unterstehende Verträge verwendet wird, auf der Grundlage des einen Rechts kontrollfrei, auf der eines anderen Rechts kontrollfähig sein. So kann es passieren, dass die nationalen Gerichte eine solche Klausel im Lichte von Art 1 Abs 2 RL für den italienischen Rechtsbereich als kontrollfrei, für Frankreich als kontrollfähig, aber wirksam und für Deutschland als missbräuchlich und unwirksam erklärten (NASSALL aaO). Damit werden die Grenzen der Rechtsangleichung im AGB-Recht offenbar (vgl Rn 70) – es handelt sich um derzeit unvermeidbare Konflikte, die erst durch sachliche Rechtsvereinheitlichung überwunden werden könnten (vgl Rn 75 f).

d) Transparenzkontrolle

309 Auch rechtsdeklaratorische Klauseln sind nach Abs 3 S 2 der Transparenzkontrolle unterworfen. Unklare, wenngleich nicht unrichtige Wiedergabe des geltenden Rechts kann die sachgerechte Interessenwahrung durch den Vertragspartner behindern (vgl Rn 127). Dabei können die Klarheitsanforderungen an den Verwender höher sein als an den Gesetzgeber (Rn 142) – es kann je nach Sachzusammenhang ein über die gesetzliche Regelung hinausgehendes Bedürfnis des Kunden nach weiterer Unterrichtung oder Konkretisierung bestehen (BGH NJW 2001, 2012, 2013; 2001, 2014, 2015). Übernimmt beispielsweise die Klausel in einem Arbeitsvertrag das Direktionsrecht des Arbeitgebers gem § 106 GewO, so muss sie – über den Gesetzeswortlaut hinaus – erkennen lassen, dass die Zuweisung geringerwertiger Tätigkeiten nicht miterfasst ist (BAG NJW 2011, 329 Rn 25). Insbesondere genügt eine gesetzesidentische Klausel dann nicht den Klarheitsanforderungen des Abs 3 S 2, wenn das Gesetz lediglich eine Gestaltungs- oder Abweichungsmöglichkeit eröffnet (Rn 306; vgl BGH NJW 1987, 1931, 1937; 1989, 222, 223) oder eine ergänzungsbedürftige Rahmenregelung enthält: Fehlt die Ergänzung in der AGB-Bestimmung, ist diese unklar und führt zu einer Benachteiligung des Kunden gem Abs 3 S 2 iVm Abs 1 S 2 und S 1 (so BGH NJW 2001, 2012 ff und 2014 ff zu Rückzahlungsklauseln in Lebensversicherungsverträgen, die sich auf die teilweise Wiedergabe von §§ 174, 176 VVG beschränken; ULMER/FUCHS

Rn 35; **anders** BGH NJW 2005, 2919, 2920; Armbrüster DNotZ 2004, 437, 443). Enthalten die AGB die nötige Ergänzung, können sie dem Transparenzgebot genügen (sie können es aber auch verfehlen, vgl BGH NJW 2003, 507, 509), sind als rechtsergänzende Regelungen aber der materiellen Inhaltskontrolle unterworfen (Rn 306; BGH NJW 2003, 507, 508 [zu § 651a Abs 4: „genaue Angaben" zur neuen Preisberechnung als ausfüllungsbedürftige gesetzliche Rahmenvorgabe]).

6. Leistungsbestimmungen

a) Problemstellung

Wie bereits dargelegt (Rn 284 ff), sind die originäre Festlegung von **Leistung** und **Gegenleistung** sowie das **Äquivalenzverhältnis** zwischen beiden („Preisgerechtigkeit") grundsätzlich weder kontrollfähig (mangels rechtlicher Maßstäbe) noch kontrollbedürftig (wegen Marktregulierung). Dies gilt unbeschadet der Möglichkeit, dass die „Äquivalenz" iS fairer Rechts- und Lastenverteilung („Beidseitigkeit") auch im Bereich kontrollfähiger Nebenabreden (Rn 321) eine wesentliche Rolle spielen kann (Rn 164, 329a). Das Absehen von einer materiellen Inhaltskontrolle (Angemessenheitskontrolle) jedenfalls hinsichtlich eines Kernbereichs der Leistungs- und Preisbestimmung, für die es keine rechtlichen Maßstäbe gibt, gehört deshalb, auch wenn der Normtext insoweit unmittelbar nichts aussagt (anders immerhin die Gesetzesbegründung zum AGBG, BT-Drucks 7/3919, 22; deutlicher insoweit die EG-RL 93/13/EWG, vgl Rn 207 ff), ebenso zum gesicherten Norminhalt wie die Unterwerfung auch dieser Bestimmungen immerhin unter das Transparenzgebot, Abs 3 S 2 (vgl Rn 317). Auf der anderen Seite gibt es unstreitig vielerlei Art leistungsbestimmender oder jedenfalls leistungsrelevanter Klauseln, für die (1) ein rechtlicher Vergleichsmaßstab durchaus vorhanden oder entwickelbar ist und (2) nicht auf funktionierende Marktregulierung verwiesen werden kann, weil sie nicht im Zentrum der für den Kunden Abschlussentscheidenden Daten stehen und deshalb ebenso wie sonstige „Nebenbestimmungen" unbeachtet bleiben (vgl Rn 285). Dabei kann es sich um *Erweiterungen oder Einschränkungen der Hauptleistung* handeln (zB Erstreckung der Bürgenhaftung auf alle [künftigen] Verbindlichkeiten des Schuldners gegenüber dem Gläubiger; Einschränkungen eines Garantieversprechens [BGH NJW-RR 1991, 1013, 1014; NJW 2008, 214 Rn 13] oder der Reiseleistungen auf „Landesüblichkeit" [BGH NJW 1987, 1931, 1935] oder um Laufzeitregelungen [527 ff]), um *Modalitäten der Leistungserbringung* (zB Zwang zu Lastschriftverfahren [BGH NJW 1996, 988]), um *Nebenleistungen oder Nebenpflichten* (zB Zusatzgebühren für einzelne Bankleistungen [BGH ZIP 1994, 21, 22: Ein- und Auszahlung bei Girokonten; ZIP 1996, 1079, 1080 f: Bankautomat; BGH NJW 1998, 383 und OLG Hamburg NJW 1996, 1902: Auslandseinsatz von Kreditkarten; vgl weiter BGH NJW 1984, 2160 und 1992, 688: Entgeltpflichtigkeit von Fahrzeiten; NJW 1982, 765: Entgeltpflichtigkeit von Kostenvoranschlägen]) oder um *sonstige Risikoverlagerungen* (zB Gewährleistungsausschluss; Haftungsbeschränkungen [vgl Rn 331 ff]). Die Kontrollfähigkeit derartiger Bestimmungen und ihre Abgrenzung zum gem Abs 3 S 1 kontrollfreien Bereich ist äußerst umstritten. 310

Die Existenz eines kontrollfähigen Bereichs auch bei leistungsbezogenen Klauseln ergibt sich dem Grundsatz nach schon aus dem Umstand, dass mehrere Verbote der §§ 308 und 309 derartige Klauseln betreffen (§ 308 Nr 1, 2, 3, 4, 7a; § 309 Nr 1, 2a, 6, 8, 9) – der Gesetzgeber selbst ist also nicht von der Kontrollfreiheit des gesamten Leistungsbereichs ausgegangen (zum Vorrang der gesetzlichen Wertungen in §§ 308, 309 vor 311

§ 307 Abs 3 S 1 vgl Stoffels, Schuldverträge 394 f; ders, AGB-Recht Rn 453; Kamanabrou 112; Billing § 1 I 4; Niebling WM 1992, 852). So unzweifelhaft dieser Befund ist (anders – soweit ersichtlich – nur vCampenhausen 40), **so unklar und umstritten** ist doch die **Grenzziehung im Einzelnen**. Ganz überwiegend wird – mit den unterschiedlichsten Formulierungen im Einzelnen – versucht, die entscheidende Linie zwischen *leistungsbestimmenden* und (kontrollunterworfenen) *leistungsausgestaltenden* Klauseln zu ziehen; tendenziell ähnlich ist der Versuch, zwischen *Haupt-* und *Nebenleistungspflichten* zu unterscheiden (ie unten Rn 321).

Nach einer anderen Unterscheidung soll es darauf ankommen, ob die Klauselregelung die Hauptleistungen *unmittelbar* betrifft oder nur *mittelbar* (BGH NJW 1989, 222, 223; BGHZ 116, 117, 119; NJW 1993, 1129, 1130; Canaris NJW 1987, 609, 613; ders NJW 1987, 2407 f; ders AcP 200 [2000] 273, 330; Horn WM 1997 Beil 1 S 3, 8, 13 ff [der auch von „primären Entgeltbestimmungen" spricht, im Gegensatz zu Preisnebenabreden als „sekundären Entgeltbestimmungen"]; Dylla-Krebs 177 ff, 188; kritisch zu dieser Unterscheidung Fastrich 265). Zum Teil wird dabei noch darauf abgestellt, ob die Regelung marktkonform oder marktirregulär ist (Canaris aaO; kritisch dazu Dylla-Krebs 180 ff; Niebling 130 f).

Ohne breitere Gefolgschaft ist der Vorschlag von Dylla-Krebs (185 ff) geblieben, den kontrollfreien Leistungsbereich danach abzugrenzen, ob die *„effektive Gesamtbelastung"* des Vertragspartners durch eine Klausel beeinflusst wird. Dabei wird verkannt, dass Gegenstand der Inhaltskontrolle grundsätzlich Einzelbestimmungen in AGB sind und nicht das Klauselwerk oder der Vertrag insgesamt (Rn 70, 90 ff); außerdem wird damit der kontrollfähige Bereich übermäßig eingeschränkt (kritisch Ulmer/Fuchs Rn 44 f; Wolf/Wolf Rn 289).

312 Nicht weiterführend ist schließlich der gelegentlich vom BGH verfolgte Ansatz, bei der Frage der Kontrollunterworfenheit zwischen „echten Leistungen" und **„Scheinleistungen"** zu unterscheiden, bei denen der Verwender Vergütung für Maßnahmen verlangt, die er aus rechtlichen oder ökonomischen Gründen ohnehin vornehmen müsste – mangels echter „Leistung" an den Kunden soll hier Abs 3 S 1 von vornherein nicht einschlägig sein (umfass Nachw in BGH NJW 2011, 1801 Rn 26). In Wirklichkeit geht es bei den einschlägigen Klauseln nicht um *Leistungs*bestimmungen, sondern um die Erzielung ungerechtfertigter *Entgelte*. Nicht der Leistungsbegriff entscheidet über die Kontrollunterworfenheit solcher Klauseln, sondern die Frage, ob diese bei Vertragsschluss in die Marktentscheidung des Kunden angemessen eingeflossen sind (dazu Rn 324; zu „Scheinleistungen" im Einzelnen unten Rn 329 aE) oder ob sie das vertraglich vereinbarte Äquivalenzverhältnis von Leistung und Gegenleistung verändern (Rn 327). Zutreffend ist die Position des BGH allerdings bei einem anderen, allerdings nur vereinzelt vorkommenden Typ von „Scheinleistungen": Wenn eine Klausel als „Leistungsbestimmung" aufgezäumt wird, obwohl sie in Wirklichkeit nur eine Rechtsbeschränkung des Vertragspartners bezweckt (BGH NJW 2003, 290, 293: Vergütung des Tankstellenpächters zu 50% als „Verwaltungsvergütung" gekennzeichnet, um unter Umgehung von § 89b HGB seinen künftigen Ausgleichsanspruch zu schmälern). Abs 3 S 1 bekräftigt hier geradezu die Kontrollfähigkeit.

313 Gelegentlich wird der Rechtsprechung auch vorgeworfen, die Abgrenzungen seien nichts als ergebnisorientierte Begründungsstrategien: Die Angemessenheitsbeurteilung einer Klausel stehe im Vordergrund; was im Lichte der §§ 307 ff für unangemessen gehalten werde, qualifiziere die Klausel damit fast automatisch als kontrollfähige „Preisnebenabrede" oder als Modifikation der „eigentlichen" Leistungsvereinbarung im Sinne des Abs 3 S 1 (vgl Westermann, in: 10 Jahre AGBG 135, 144: „erlaubt ist's, wenn's missfällt"; ausdrücklich billigend Niebling 62 ff, 201 f [„deklaratorischer Charakter" des § 8]; kritisch hingegen Dylla-Krebs 189). Dabei wirken die Ergebnisse in der Tat oft zufällig und dementsprechend unvorhersehbar (kritisch auch Horn WM 1997 Beil 1 S 3, 7), wie insbesondere die Beurteilung von Entgeltklauseln für Nebenleistungen im Bankverkehr zeigt: So darf ein Entgelt für die Abhebung von Girokonten am Schalter (in begrenztem Umfang) nicht erhoben werden (BGH ZIP 1994, 21, 22; 1996, 1079, 1080 f), wohl aber für solche am Bankautomaten (BGH ZIP 1996, 1079, 1080 f; die Banken sehen die Kostenbelastung genau umgekehrt und privilegieren neuerdings die Automatenabhebung); die Zusatzbelastung durch die Verwaltung von Freistellungsaufträgen soll nicht auf die Kunden abgewälzt werden dürfen (BGH NJW 1997, 2752 f), ebenso nicht der Verwaltungsaufwand (insb Drittschuldnererklärung) bei Kontopfändung (BGH NJW 1999, 2776 ff; 2000, 651 f), eine Sondergebühr für den Kreditkarteneinsatz im Ausland soll hingegen eine kontrollfreie Leistungsbestimmung sein (BGH NJW 1998, 383 f; krit dazu Hasselbach DWiR 1998, 110 ff).

Zusammenfassend lässt sich feststellen, dass es nach allgemeiner Ansicht einen **kontrollfreien Kern** der Leistungsbestimmung in AGB gibt, dass dessen **Grund und Grenzen** und die Kriterien einer Kontrollfähigkeit im Randbereich aber nach wie vor **unklar** sind. Die Unsicherheit insbesondere in älterer Rechtsprechung und Literatur muss allerdings auch im Zusammenhang damit gesehen werden, dass lange Zeit die Bedeutung und Reichweite des *Transparenzgebots* im Rahmen der Inhaltskontrolle umstritten war – vor allem auch seine Geltung gegenüber inhaltlich kontrollfreien Klauseln iSv Abs 3 (früher § 8 AGBG; vgl zu diesem Thema Dylla-Krebs 142 ff; Niedenführ 185; Horn WM 1997 Beil 1 S 3, 18 ff; Koller, in: FS Steindorff [1990] 667 ff). Das Unbehagen der Gerichte über leistungsbezogene Klauseln beruhte zumeist darauf, dass der belastende Effekt dem Vertragspartner nicht deutlich wurde. Weil nicht zwischen Transparenzkontrolle und materieller Inhaltskontrolle unterschieden wurde, hielten die Gerichte – um zur Unangemessenheit wegen Intransparenz nach Abs 1 kommen zu können – es für nötig, die Grenze der Kontrollfähigkeit auch im Leistungsbereich sehr weit vorzuverlegen. Nachdem aber der Gesetzgeber in Abs 3 S 2 die uneingeschränkte Maßgeblichkeit des Transparenzgebots und die Möglichkeit einer Transparenzkontrolle auch bei leistungsbestimmenden Klauseln ausdrücklich hervorgehoben hat (oben Rn 288), bedarf es insoweit nicht mehr einer forcierten Begründung inhaltlicher Kontrollfähigkeit. Andererseits wird durch diese Entwicklung der **hermeneutische Zusammenhang zwischen Transparenzkontrolle und Angemessenheitskontrolle** im Leistungsbereich deutlich (dazu auch noch Rn 333): Soweit über das Transparenzgebot ein funktionierender, das heißt selbst regulierender Markt gewährleistet werden kann, ist dem Staat weitergehende Inhaltskontrolle verwehrt. **Erst wo Transparenz allein Störungen des Marktmechanismus nicht zu beheben vermag, darf eine inhaltliche Angemessenheitskontrolle als Korrektiv stattfinden**. Demgemäß sind **vorrangig** Grund und Grenzen der **Transparenzkontrolle** bei leistungsbezogenen Klauseln (nachfolgend b) und erst auf dieser Grundlage der Restbereich weitergehender **Inhaltskontrolle** (unten c) zu untersuchen. 314

b) Transparenzkontrolle im Leistungsbereich

aa) Rechtfertigung

315 Schon früh ist erkannt worden, dass Transparenz bei leistungsbestimmenden Klauseln sogar in besonderem Maße geboten ist (Koller, in: FS Steindorff [1990] 669 f, 678, 680; Drexl 359, 461; vgl auch BGH ZIP 1990, 980 f; NJW 1994, 213, 214; OLG Celle NJW-RR 1995, 1133; Wolf, in: Hadding/Hopt 76 ff; Heinrichs NJW 1996, 2190, 2196; Horn WM 1997, Beil 1 S 3, 18). Funktionsbedingung des Marktes ist das Vorliegen von Informationen für die Marktparteien über die wesentlichen Daten von Angebot oder Nachfrage (zum „informationspolitischen Ansatz" gerade auch des AGB-Rechts vgl Drexl 332; Niedenführ [1986]; Koller, in: FS Steindorff [1990] 669 ff), andernfalls fehlt die Basis für Änderungsverhandlungen oder Ausweichen auf andere Angebote; Verschleierungen im Leistungsbereich vereiteln Marktregulierung (Koller und Drexl aaO; Wolf, in: Hadding/Hopt 76 ff; vgl BGH NJW 1989, 222, 224; ZIP 1990, 980 f; NJW 1994, 213, 214; OLG Celle NJW-RR 1995, 1133 ff). Die Beschränkung der Vertragsfreiheit durch das Gesetz legitimiert sich generell aus der Gefahr des Marktversagens bei Verwendung von AGB (Rn 2 ff). Die Wiederermöglichung des „Marktes" durch Informationsverbesserung steht als autonomiebezogener Schutzansatz („Hilfe zur Selbsthilfe") neben dem heteronomen Schutz durch materielle Inhaltskontrolle (oben Rn 4; vgl insbesondere Drexl 543 ff mwNw, der allerdings den heteronomen Charakter der Inhaltskontrolle verdrängt und beides unter dem Aspekt „Wiederherstellung der wirtschaftlichen Selbstbestimmung" zusammenfassen will); dass Klauseltransparenz für einen funktionierenden Markt zwar notwendig, aber allein noch nicht ausreichend ist (Rn 324), spielt dabei keine Rolle. Aus verfassungsrechtlichen Gründen (Verhältnismäßigkeitsprinzip) gebührt ersterem Ansatz als „milderem Mittel" sogar der *Vorrang:* Marktstörungen, die durch Transparenzsteigerung behoben werden können, berechtigen nicht zur inhaltlichen rechtlichen Regulierung (so auch Römer, in: FS E Lorenz [2004] 615, 625; ders NVersZ 2002, 532, 535; zur umgekehrten Sicht s Rn 172). Oder anders gewendet: Die inhaltliche Kontrollfreiheit leistungsbestimmender Klauseln nach Abs 3 S 1 setzt voraus, dass die diese Freiheit legitimierenden Funktionsvoraussetzungen, das heißt die Klarheit und Verständlichkeit der Klauseln als Voraussetzung ihrer „Marktteilnahme", kontrollunterworfen sind (Börner JZ 1997, 595, 597 f; Canaris NJW 1987, 609, 613; Köndgen NJW 1989, 943, 948; vgl auch BVerfG NJW 1990, 1469, 1470: Prinzip der Selbstbestimmung setzt voraus, dass „die Bedingungen freier Selbstbestimmung tatsächlich gegeben sind" – darauf hat die Interpretation zivilrechtlicher Generalklauseln ausgerichtet zu sein). Dabei stellt sich die Transparenzkontrolle im Leistungsbereich als Fortführung des Kundenschutzes dar, der in § 305c Abs 1 für überraschende Klauseln normiert ist und seinerseits ebenfalls nicht vor leistungsbestimmenden Klauseln haltmacht (vgl Horn WM 1997 Beil 1 S 3, 8, 14, 20, 22; Wolf/Lindacher § 3 Rn 16). Einer Abgrenzung innerhalb des Leistungsbereichs (essentialia, Preisnebenabreden etc) bedarf es deshalb für die Transparenzkontrolle ebenso wenig wie bei § 305c Abs 1.

316 Damit ergibt sich für den Bereich der **Verbraucherverträge** grundsätzliche **Übereinstimmung** von Abs 3 und **Art 4 Abs 2 der EG-RL 93/13/EWG** (so zutreffend Franzen 567 mwNw; Heinrichs NJW 1996, 2190, 2196 f; ders, in: FS Trinkner [1995] 157 ff; Horn WM 1997 Beil 1 S 3, 19; **aA** in Verkennung des Abs 3 Nassall JZ 1995, 689, 692. Kapnopoulou [106] plädiert für eine sehr enge Auslegung des kontrollfreien „Hauptgegenstands des Vertrags", ohne jedoch konkrete Unterschiede zur hier vertretenen Auslegung deutlich werden zu lassen), der Hauptleistung und Äquivalenzverhältnis von der inhaltlichen Missbrauchskontrolle freistellt (vgl auch Art 1 Abs 2; 5 sowie Erwägungsgründe 13, 19, 20), aber die Transparenz-

kontrolle ausdrücklich vorbehält. Allerdings ist speziell bei Verbraucherverträgen eine Abweichung des gemeinschaftsrechtlichen und des nationalen Transparenzgebots in Einzelfragen nicht ausgeschlossen. Die Abweichung kann sich zB auf die Transparenzanforderungen im konkreten Fall beziehen, aber auch auf Grundfragen wie die Abgrenzung des kontrollfreien Leistungsbereichs (der Begriff „Hauptgegenstand des Vertrags" ist dem deutschen Recht als solcher unbekannt und ist nicht ohne weiteres mit „Hauptleistungen" identisch). Entsprechend den oben dargelegten Grundsätzen zur Interpretationskompetenz hinsichtlich des Gemeinschaftsrechts obliegt dessen einzelfallbezogene Auslegung den nationalen Gerichten, während bei Zweifeln über Grundfragen vom letztinstanzlichen Gericht die Entscheidung des EuGH im Vorabentscheidungsverfahren einzuholen ist (Rn 73 ff).

bb) Transparenzanforderungen

Kriterien für die Transparenz von Klauseln speziell im Leistungsbereich sind bisher **317** nur vereinzelt erörtert worden (vgl vor allem Koller, in: FS Steindorff [1990] 667 ff, 678, 680 ff; Horn WM 1997 Beil 1 S 3, 19 ff; Fahr 155 ff; Ulmer/Fuchs Rn 335 ff). Zunächst gelten auch hier die zum Transparenzgebot im Allgemeinen entwickelten Kriterien (Rn 186 ff). Darüber hinaus wird zu beachten sein: Da Marktverhalten sich auf der **Ebene der Abschlussentscheidung** verwirklicht, müssen – trotz grundsätzlich legitimer Unterbringung der Leistungsregelung in AGB – die entscheidungsrelevanten Informationen so präsentiert werden, dass sie dem Durchschnittskunden *vor* Vertragsschluss in vergleichbarer Weise vor Augen liegen wie beim Individualvertrag (vgl Koller 676; dazu näher **Rn 176**). Das bedeutet, dass sie aus sich selbst heraus, ohne nennenswerte gedankliche Interpretationsleistung des Vertragspartners und ohne Zeitaufwand verständlich sind (der Ansatz von Derleder/Metz [ZIP 1996, 573 ff, 578 und 621 ff, 630], diesbezügliche Transparenzprobleme auch mit „härteren Kriterien der Einbeziehungsprüfung" nach § 305 Abs 2, 3 abzufangen, erscheint wenig erfolgversprechend): Der Verwender muss dem Kunden „klar und verständlich vor Augen führen, was dieser erwarten kann" (BGH NJW 1999, 2279, 2280 [Versicherung gegen „unfreiwillige Arbeitslosigkeit"; Ausschluss bei Gründen „in der Person" des Versicherungsnehmers: intransparent], dazu Basedow NVersZ 1999, 349, 350; zum Rückkaufswert einer Kapitallebensversicherung BGH NJW 2001, 2012, 2013 f [Verweis auf „versicherungsmathematische Grundsätze" genügt nicht]; ähnlich BGH NJOZ 2012, 1638 Rn 34 ff [lückenhafte und unklare Honorarberechnung bei Journalisten], vgl dazu Nordemann NJW 2012, 3121 ff; BGH NJW 2001, 2014, 2017 f, vgl dazu Reiff ZIP 2001, 1058 f; Schwintowski NVersZ 2001, 337 ff; Littbarski NJW 2001, 3315 ff; Präve ZfV 2003, 472, 475; Römer, in: FS E Lorenz [2004] 615, 622) bzw – bei belastenden Klauseln – „was auf ihn zukommt" (BAG NZA 2005, 465 [Widerrufsvorbehalt]; NZA 2005, 1053, 1055; NZA 2006, 34, 37 [Vertragsstrafe]). Die notwendige Deutlichkeit hängt auch von dem mitgebrachten und dem vom Verwender mitgeprägten Erwartungshorizont des Kunden und seinen durchschnittlichen Erkenntnismöglichkeiten ab (vgl oben Rn 183 ff, 204 insb zu Tilgungsverrechnungsklauseln und Vorschusszinsregelungen im Sparverkehr), wobei auch hier auf einen verständigen, aufmerksamen Vertragspartner abzustellen ist (Rn 196). Auch von diesem ist jedoch nicht zu erwarten, dass er eine Klausel, die ihm nach Warenrücksendung eine Gutschrift des Preises auf dem Kundenkonto verspricht, so versteht, dass er auch Bar-Rückzahlung verlangen kann (BGH NJW 2006, 211, 213 f). Aber auch hier sind die Grenzen zu beachten, die den Transparenzbemühungen des Verwenders im Allgemeinen oder je nach Sachzusammenhang gesetzt sind (Rn 195 ff); auch können legitime *Interessen des Verwenders* an einer flexiblen, dh „offenen" Klauselgestaltung zu berücksichtigen sein, insbesondere, wenn die Kundeninteressen dadurch nicht nennenswert beeinträchtigt werden. Deshalb ist es unter Transparenzgesichtspunkten akzeptabel, wenn bei preisgebundenem Mietraum die „jeweils gesetzlich zulässige Miete" vereinbart wird (BGH NJW 2004, 1598, 1600), nicht jedoch, wenn bei preisfreiem Wohnraum „alle allgemein … eintretenden Mieterhöhungen" als vereinbart gelten (BGH NJW 2004, 1738 [Anlass der Mieterhöhung? Obergrenze?]; vgl Staudinger/Coester-Waltjen § 309 Nr 1 Rn 17). Bei **einseitigen Leistungsbestimmungsrechten** (vgl Rn 42) müssen Anlass, Kriterien und Grenzen der Bestimmung so konkret wie nach den Umständen möglich angegeben werden (BGH NJW-RR 2005, 1496, 1501; NJW 2000, 651, 652 [Bankentgelt bei Kontopfändung]; BAG NZA 2005, 465, 468 [Widerruf von Arbeitgeberleistungen]; OLG Düsseldorf NJW 2004, 1532, 1535 [variable Zinsanpassung durch die Bank beim Sparvertrag]; LG Dortmund NJW 2001, 2638; LG Köln BB 2001, 1271). Wird zB bei einer Preisanpassungsklausel der Anlass einer Preiserhöhung, nicht aber deren Höhe konkretisiert, ist die Klausel intransparent und unwirksam (BGH NJW 2009, 578 Rn 14 ff [Erdgassondervertrag]). Bezieht sich das Bestimmungsrecht auf die Gegenleistung des Kunden (zB Schuldzinsen), werden höhere Anforderungen an die Transparenz gestellt als bei Leistungen des Verwenders (zB Sparzinsen; vgl OLG Düsseldorf aaO; OLG Hamm ZIP 2003, 1142, 1143). Bei **differenzierten Leistungen**, insbesondere Rechtsprodukten wie **Versicherungen**, ist eine Aufgliederung in grundsätzliche Leistungsbeschreibung und -eingrenzung unvermeidbar und sogar im Transparenzinteresse geboten (zu Telekommunikationsverträgen ausführl Ulmer/Fuchs Rn 355 f). Der Verwender wandelt aber auf einem schmalen Grat zwischen verdeutlichender Ausdifferenzierung seines Leistungsversprechens und zu hoher, schon wieder intransparenter Komplexität (vgl Rn 195). Wenn er ein „Regelungsgefüge" schafft, das geprägt ist von Leistungszusage, Ausnahmen, Gegenausnahmen mit unterschiedlichen Kriterien, und das Zusammenspiel aller Regelungen auch nicht anhand von Beispielen verdeutlicht wird, muss er sich den Vorwurf der „Verdunklung" iSv Intransparenz gefallen lassen (BGH NJW 2001, 1132, 1133 f [Auslandsreise – Krankenversicherung]). Bei (grundsätzlich zulässiger, vgl BGH NJW 2011, 2640 Rn 24 mwNw; s noch unten Rn 329) **Preisspaltung** wirkt der Transparenzaspekt gleichermaßen ambivalent: Die Aufspaltung eines „Kostenblocks" in Einzelposten *kann* die Transparenz und damit Kalkulierbarkeit für den Kunden fördern (BGH NJW 2002, 507, 511), sie kann aber auch zur Unübersichtlichkeit führen. Deshalb muss die „Zusammenschau aller regelmäßigen Teilentgelte" ermöglicht werden (Horn aaO 21), tunlichst in einer tabellarischen Zusammenfassung, synoptischen Auflistung von Leistungen und Preisen oder in ähnlicher Weise, die die Gesamtbelastung des Kunden deutlich macht (Fahr 155 ff; vgl das Beispiel in OLG Koblenz AgrarR 2000, 190, 192 [Entgelt für Jagdpacht, „Wildschadenspauschale"]; zur Inhaltskontrolle bei Preisaufspaltungen s unten Rn 329). In diese Richtung zielt die Preisangabenverordnung, die vom BGH zuvor geforderte Effektivzinsangabe (BGH NJW 1989, 222, 223) und §§ 492, 493 für den Verbraucherkredit; die **BGB-InfoV** hat jetzt für Verbraucherverträge, Reiseverträge, Überweisungsverträge und den elektronischen Geschäftsverkehr zwingende Vorgaben gesetzt, die auch generell für die Transparenz im Leistungsbereich als Richtschnur dienen können (vgl BGH NJW 2006, 211 ff). Der Verweis auf Preisverzeichnisse oder -aushänge kann nicht generell ausgeschlossen werden, allerdings müssen dann der Verweis und diese Verzeichnisse den vorgenannten Anforderungen genügen (Horn aaO; Fahr 155 ff; recht großzügig insoweit BGH NJW 1998, 383, 384). Zu **dynamischen Verweisen** auf externe Regelungswerke (Tarifvertrag; sozialrechtliche Rahmenverträge) vgl oben Rn 201, 300 sowie § 310 Rn 85, 97, 113.

Problematisch erscheint hingegen die Einbeziehung auch des **Preisgrundes** in die Transparenzanforderungen – ob der Grund für ein Teilentgelt klar erkennbar ist, ist für das Marktverhalten des Kunden regelmäßig bedeutungslos, wenn nur seine Effektivbelastung deutlich feststeht. Aus diesem Grunde braucht auch regelmäßig die dem Preis zugrundeliegende **Kalkulation** nicht offengelegt zu werden (BGH ZIP 1997, 1457, 1458; NJW 2003, 1447, 1449; NJW 2011, 1801 Rn 22). Das Gleiche soll – nach Auffassung des BGH – für die „rechtliche Einordnung" einer Zahlungspflicht gelten (NJW 2003, 1447; **aA** LG Köln WM 2001, 1946, 1947 f). Nun besteht zwar generell keine Pflicht des Verwenders zu Rechtserläuterungen (Rn 199), aber die Einstufung als „Entgelt" oder als „Aufwendungsersatz" hat doch wesentliche Bedeutung für die *Kontrollfähigkeit* (andeutungsweise auch LG Köln aaO; näher Rn 325), so dass Unklarheit insoweit den Kunden benachteiligen kann. Wird die Kontrolle schließlich darauf erstreckt, ob die Verknüpfung einer Teilleistung mit einem Teilentgelt *sachgerecht* ist, so hat dies nichts mehr mit Transparenz zu tun – auch wenn man sich auf eine Negativkontrolle beschränkt in dem Sinne, dass die Entgeltanknüpfung „nicht irreführend" sein darf (so Horn aaO). Hier geht es um Angemessenheitsfragen im Leistungsbereich, die nur gestellt werden dürfen, wenn die materielle Inhaltskontrolle überhaupt eröffnet ist (dazu Rn 320 ff).

cc) Folgen der Intransparenz

Intransparenz einer Klausel führt über den Verweis auf Abs 1 S 1 zur Unwirksamkeit und damit zu den weiteren Folgen des § 306 (Rn 182). Bei Klauseln im Leistungsbereich können sich dabei allerdings Probleme ergeben: Lückenfüllendes dispositives Recht fehlt in aller Regel, und auch für ergänzende Vertragsauslegung, soweit sie überhaupt zulässig ist (vgl Staudinger/Schlosser § 306 Rn 13 ff; Uffmann NJW 2012, 2225 ff), gibt es hinsichtlich Leistung oder Preis keine *rechtlichen* Angemessenheitsmaßstäbe. Der ersatzlose Wegfall der intransparenten Regelung führt zu akzeptablen Ergebnissen, soweit es sich um *Nebenabreden* handelt. Leistungseinschränkungen gelten nicht, Zusatzentgelte sind nicht geschuldet – in beiden Fällen trägt der Verwender das Risiko der Unwirksamkeit. Es besteht idR kein Anlass, hier mit ergänzender Vertragsauslegung Vertragshilfe zu leisten (grds ebenso jetzt EuGH v 14. 6. 2012 – Rs C-618/10 [Banco Español de Credito] – NJW 2012, 2257 Rn 58 ff, 73; ebenfalls sehr restriktiv BGH NJW 2012, 222 f; **anders** Heiderhoff 438 f). Ausnahmefälle bedürfen besonderer Begründung – etwa bei Lebens- und Risikoversicherungen, die auf dem „Grundgedanken einer Risikogemeinschaft" beruhen, so dass auch das Risiko einer Klauselunwirksamkeit von beiden Vertragspartnern gemeinsam zu tragen ist (BGH NJW 2005, 3559 Rn 41, 42). Aber auch dann darf nicht einfach die intransparente Klausel durch eine transparente, inhaltlich aber gleiche Klausel ersetzt werden (BGH aaO Rn 44; Ulmer/Fuchs Rn 362; Elfring NJW 2005, 3677 ff). Die Intransparenz der Alt-Klausel hat schon die Abschlussfreiheit des Kunden beeinträchtigt – diese Benachteiligung kann nicht rückwirkend beseitigt werden. In diesen Fällen bleibt nur eine objektive, den Interessen beider Vertragsparteien Rechnung tragende richterliche Vertragsergänzung (BGH aaO Rn 46 ff). Bei den *Hauptleistungen* im Sinne der essentialia negotii fällt mit der Klausel allerdings auch der ganze Vertrag weg – eine für den Kunden uU nachteilige Folge, die § 306 Abs 1, 2 gerade zu verhindern sucht. Hier kann von vornherein keine richterliche Ergänzung in Betracht kommen – diese wäre nicht „Vertragsauslegung", sondern „Vertragskonstituierung" nach freien, rechtlich nicht gesteuerten Billigkeitserwägungen, für die im AGB-Recht kein Raum ist (vgl Vorbem 25 zu §§ 307 ff sowie Rn 327). Für den Kunden 318 bleibt nur ein Schadensersatzanspruch aus cic, §§ 311 Abs 2, 280 Abs 1 (vgl Rn 46; tendenziell anders ULMER/FUCHS Rn 369).

c) Materielle Inhaltskontrolle im Leistungsbereich

319 Ob und wann bei leistungsbezogenen Klauseln – die gem Abs 3 S 2 notwendige Transparenz unterstellt – die inhaltliche Angemessenheit überprüft werden kann, gehört zu den umstrittensten Grundfragen des AGB-Rechts. Im Folgenden wird dargelegt, dass Abs 3 S 1 insoweit eine doppelte Aussage zu entnehmen ist: Zum einen versperrt diese Vorschrift unter dem Aspekt mangelnder Kontrollbedürftigkeit den Weg zur Inhaltskontrolle gem §§ 307 ff, soweit eine Klausel uneingeschränkt dem Regulierungsmechanismus des Marktes (wie ein Individualvertrag) ausgesetzt war (unten aa)). In dieser Funktion wirkt Abs 3 S 1 *konstitutiv;* angesichts ihrer grundlegenden Bedeutung im Zivilrechtssystem mag dahinstehen, ob der Filterfunktion nennenswertes praktisches Anwendungsfeld zugeordnet werden kann. Die zweite Aussage des Abs 3 S 1 ergibt sich – wenngleich häufig übersehen – unmittelbar aus dem Gesetzeswortlaut: Nur *rechtliche* Maßstäbe („Rechtsvorschriften") sind legitimer Anknüpfungspunkt für AGB-rechtliche Angemessenheitskontrolle; wo solche fehlen, kann AGB-Kontrolle als Rechtskontrolle (Vorbem 25 zu §§ 307 ff) nicht stattfinden, sie wäre – von §§ 307 ff nicht eröffnete – Billigkeitskontrolle (vgl Rn 40 ff; dazu unten bb). Insoweit verdeutlicht Abs 3 S 1 nur das gesetzliche Konzept der AGB-Kontrolle, ihm kommt nur *deklaratorische* Bedeutung zu (weitergehend – deklaratorisch in vollem Umfang – NIEBLING 62 ff, 201 f sowie BILLING 154 f).

aa) Marktregulierung als Kontrollgrenze

320 Der Leistungsbereich ist nicht generell der Inhaltskontrolle entzogen (Rn 311), sondern nur insoweit, als, dem Konzept des Abs 3 entsprechend, Kontrollbedürftigkeit oder Kontrollfähigkeit fehlen (Rn 284 f). Beide Gesichtspunkte spielen auch bei leistungsbestimmenden Klauseln eine Rolle, allerdings in anderer Weise als bei rechtsdeklaratorischen Klauseln (dazu oben Rn 289 ff). Im Vordergrund steht hier zunächst die möglicherweise fehlende **Kontrollbedürftigkeit** (vgl Rn 285; zur Kontrollfähigkeit s unten bb). Inhaltliche Angemessenheitskontrolle ist demgemäß nicht am Platz, wenn und soweit, trotz Verwendung von AGB, von funktionierender Privatautonomie ausgegangen werden kann: Die staatliche Angemessenheitskontrolle beginnt dort, wo die dem Markt immanenten Kontrollmechanismen (Information, Verhandeln, Ausweichen) enden. Diese Mechanismen sind bei Verwendung von AGB erheblich geschwächt (Rn 3 ff), aber nicht notwendig per se außer Kraft gesetzt. Fließt eine vorformulierte Klausel nach den Umständen typischerweise in die Abschlussentscheidung des Kunden ein und gibt es einen „Markt" für die erstrebte Leistung, so fehlt es an einer Rechtfertigung dafür, die staatliche Eingriffsgrenze gegenüber §§ 134, 138 iSd § 307 Abs 1, 2 vorzuverlegen. Dieser Grund für die Kontrollfreiheit nach Abs 3 S 1 bezeichnet gleichzeitig auch deren Grenzen. Erkennt man die **funktionierende Selbstregulierung durch den Markt als ein wesentliches Kriterium** für Kontrollfreiheit im Leistungsbereich (vgl FASTRICH 265; DYLLA-KREBS 176 ff; CANARIS NJW 1987, 609, 613; besonders pointiert zuletzt STOFFELS JZ 2001, 843, 847; ders Rn 449 ff; ULMER/FUCHS Rn 43 ff, 53 f; KÖTZ ZEuP 2012, 332, 346 ff; krit hingegen BILLING 120 f), so wird offenbar, dass die üblicherweise genannten Abgrenzungskriterien auf tendenziell Ähnliches zielen, aber den Ausschlag gebenden Gesichtspunkt nicht deutlich genug hervortreten lassen.

Dies gilt zum einen für die Unterscheidung zwischen den (kontrollfreien) **Hauptpflichten** (oder: essentialia negotii) und (kontrollfähigen) **Nebenpflichten** (oder: Nebenabreden, Nebenleistungspflichten) (vgl BGH NJW 1984, 2160; 1987, 1931, 1935; 1989, 222, 223; NJW-RR 1991, 1013, 1014; NJW 1992, 688, 689; 1993, 1128, 1129; 1994, 1060, 1061; 1994, 2693, 2694; 1996, 1346, 1347; 2000, 577, 578 f; 2010, 2789 Rn 19, 20; BAG NJW 2012, 103 Rn 42; Brandner, in: FS Hauß [1978] 1, 8 ff). Hauptpflichten sollen nur die wechselseitigen Leistungen sein, die miteinander im Äquivalenzverhältnis stehen; alles andere sind kontrollunterworfene Nebenabreden (vgl BAG NJW 2012, 103 Rn 42: Beim arbeitsrechtlichen Aufhebungsvertrag stehen *Aufhebung* und *Abfindung* wechselseitig im Äquivalenzverhältnis, während die *Ausgleichsklausel* [negatives Schuldanerkenntnis des Arbeitnehmers] eine kontrollfähige Nebenabrede darstellt). Soweit die Kontrollbedürftigkeit in Frage steht (zur mangelnden Kontroll*fähigkeit* bei essentialia negotii s unten Rn 327), ist es sicher richtig, dass sich die Aufmerksamkeit und damit das Marktverhalten des Durchschnittskunden auf „das Wesentliche" konzentriert und dass Nebenpunkte üblicherweise unbeachtet bleiben (vgl insbes BGH NJW 1998, 46, 48; 1999, 222, 223; Stoffels JZ 2001, 843, 848; ders NJW 2012, 107, 108). Zutreffend ist auch darauf hingewiesen worden, dass eine Vertragsannahme ohne Kenntnis der essentialia negotii eine bewusste *Risikoerklärung* ist, bei der kein Anlass besteht, den Erklärenden unterhalb der Schwelle des § 138 vom übernommenen Risiko zu entlasten (Wackerbarth AcP 200 [2000] 45, 78). Das „Wesentliche" für den Marktteilnehmer ist aber nicht notwendig deckungsgleich mit der juristischen Unterscheidung zwischen Haupt- und Nebenpflichten aus einem Vertrag (s auch Ulmer/Fuchs Rn 42). Ob eine Leistungs- oder Preiskomponente am Marktmechanismus teilnimmt, also in die Abschlussentscheidung des Kunden einfließt, hängt nicht von rechtlichen, sondern von wirtschaftlichen Gesichtspunkten ab (einschließlich Werbung, Medieninformation, Trends etc). Insbesondere zeigt sich, dass der Wettbewerb der Unternehmen häufig einzelne Leistungsaspekte des Produkts (Benzinverbrauch bei Pkw; Auflösungsgrad bei digitalen Kameras) oder einzelne Preiskomponenten (Zinsen unter Hintanstellung der Gebühren, oder umgekehrt; Monatszahlung beim Pkw-Leasing unter Hintanstellung von Einmalzahlung, Gewährleistung oder Kilometerkontingent, etc) in den Mittelpunkt der Kundenwerbung rückt, so dass Aufmerksamkeit und Vergleichsbasis des Kunden unabhängig davon gesichert sein können, ob es sich um Haupt- oder Nebenpunkte handelt. So geht das BAG (NZA 2005, 1111, 1116) davon aus, dass auch Abreden über Nebenpunkte bis zur Grenze des § 138 kontrollfrei sind, wenn „die Möglichkeit (besteht), die Vertragsbedingungen im Einzelnen auszuhandeln". In diesem Fall sei davon auszugehen, dass die Parteien „ihre Interessen selbst angemessen vertreten können." In der Urteilsbegründung wird der Unterschied von Individualabreden iSd § 305 Abs 1 S 3 und kontrollfreien AGB gem Abs 3 S 1 nicht recht klar; dies ist im gegebenen Zusammenhang aber unschädlich: Der Vorrang funktionierender Privatautonomie vor staatlicher Inhaltskontrolle beherrscht als Grundprinzip der Privatrechtsordnung das gesamte AGB-Recht, von der grundsätzlichen Weichenstellung in § 305 Abs 1 S 3 über die punktuelle Konfliktlösung in § 305b bis zur inhaltlichen Kontrollfreiheit solcher Klauseln, die in freier, bewusster Marktentscheidung akzeptiert werden, § 307 Abs 3 S 1 (s noch Rn 324). Dass die Unterscheidung von Haupt- und Nebenpunkten dabei keine Rolle spielen kann, hat das BAG zutreffend erkannt. 321

Ähnliches gilt für die Unterscheidung von **leistungsbestimmenden** (oder: -festlegenden) Klauseln einerseits und andererseits solchen **Bestimmungen, „die das Haupt-** 322

leistungsversprechen einschränken, verändern, ausgestalten oder modifizieren" (so der BGH in ständiger Rechtsprechung, vgl BGH NJW-RR 1991, 1013, 1014; NJW 1993, 1128, 1129; 1993, 2442; 1994, 1534; 1994, 2693, 2694; 1999, 2279, 2280; NJW 2001, 751, 752; 2003, 294; 2003, 1237, 1238; NJW-RR 2005, 902, 903; NJW 2008, 214 Rn 13; 2010, 2789 Rn 19, 20; 2010, 2046 Rn 9; 2011, 3510 Rn 10, 26). Hinsichtlich der Gegenleistung entspricht dem die Gegenüberstellung von **Preis** und **Preisnebenabrede** (vgl etwa BGHZ 137, 27, 29; NJW 2009, 2051 Rn 16; 2011, 1801 Rn 26, 43 mwNw; 2011, 2640 Rn 19; WM 2012, 1344 Rn 37; **anders** aber BGHZ 141, 380, 383 ff; BGH NJW 2000, 651 f): Während Preisklauseln entsprechend § 307 Abs 3 S 1 kontrollfrei seien, handelt es sich bei Preisnebenabreden um Entgelte, denen keine besondere Leistung des Verwenders gegenübersteht, sondern mit denen vielmehr allgemeine Kosten des Verwenders (Betriebs- oder regelmäßige Erfüllungskosten oder eigene Aufwendungen) auf den Kunden abgewälzt werden (dazu näher Rn 329). Das Gleiche soll für die „Bepreisung" von Tätigkeiten gelten, die ausschließlich oder ganz wesentlich im Interesse des Verwenders selbst liegen (BGH NJW 2009, 2051 Rn 13 ff; 2010, 2141, 2142; 2010, 2719 Rn 42). Hier wird mit dem Denkmodell eines vorgegebenen Leistungsgegenstandes oder „des" Preises gearbeitet, an dem der AGB-Verwender etwas ändert (besonders deutlich BGH NJW 2010, 2789 Rn 21; 2011, 3510 Rn 23 ff; ähnlich BAG NJW 2010, 550 Rn 35). In Wahrheit sind „Leistung" und „Preis" aber *grundsätzlich* der privatautonomen Bestimmung überlassen und je nach Vertragsgegenstand ohne ausgestaltende Konkretisierung gar nicht markt- und vertragsfähig – vor allem im Dienstleistungsbereich, aber auch schon bei komplexen Produkten (zB Bestellung eines Neuwagens „VW Golf"). Der BGH versucht der Unsicherheit neuerdings dadurch zu begegnen (und gleichzeitig den Kontrollbereich auszudehnen), dass der Bereich der leistungsbeschreibenden (und damit inhaltlich kontrollfreien) Klauseln verengt wird auf die „essentialia", ohne die mangels identifizierbaren Inhalts „ein wirksamer Vertrag nicht mehr angenommen werden kann" (BGH NJW 1994, 2693, 2694; 2008, 214 Rn 12; 2011, 3510 Rn 20 [„kontrollfreies Minimum"]). Die Anreicherung dieser rein deskriptiven Leistungsbezeichnung durch die Grundsätze des allgemeinen Teils des BGB und des allgemeinen Schuldrechts (einschließlich des Grundsatzes von Treu und Glauben, § 242) gehört dann schon wieder zum kontrollunterworfenen Bereich (vgl BGH NJW 2010, 1958 Rn 20, 23). Hier wird nicht sauber zwischen Kontrollbedürftigkeit und Kontrollfähigkeit (vgl Rn 284, 285) unterschieden. Geht es – wie hier zunächst – nur um erstere, so gerät wie schon bei den „Hauptleistungen" (Rn 321) der eigentlich entscheidende Gesichtspunkt des *Marktmechanismus* zu sehr aus dem Blickfeld (ebenso Ulmer/Fuchs Rn 85; zur ganz anderen Frage der Kontroll*fähigkeit* s unten Rn 325). Insgesamt führt die Unterscheidung von leistungsbestimmenden und leistungsausgestaltenden Klauseln in einen circulus vitiosus: Die nicht hinterfragte Vorentscheidung, inwieweit eine Leistung oder ein Preis mit oder ohne Ausgestaltung als „festgelegt" zu verstehen ist, bestimmt gleichzeitig das Ergebnis hinsichtlich der Kontrollfähigkeit (zutreffend Horn WM 1997, Beil 1 S 3, 12; ebenso Stoffels, Schuldverträge 386; Billing 25 f). Schon die Wortfülle beim Versuch, die Grenzlinie zu beschreiben, signalisiert inhaltliche Unsicherheit.

323 Auf ähnlicher Ebene wie die vorgenannte Abgrenzung liegt die Unterscheidung von **unmittelbaren** und (nur) **mittelbaren** Regelungen der Hauptleistungen (BGH NJW 1989, 222, 223; BGHZ 116, 117, 119; NJW 1993, 1129, 1130; Canaris NJW 1987, 609, 613; ders NJW 1987, 2407 f; Horn WM 1997 Beil 1 S 3, 8, 13 ff; Ulmer/Fuchs Rn 71 ff; Dylla-Krebs 177 ff, 188; krit zu dieser Unterscheidung Fastrich 265). Nicht weiterführend erscheint auch der Ansatz, als „Nebenabrede" solche Klauseln einzustufen, an deren Stelle – bei ihrem

Fehlen – **dispositives Recht treten könnte** (BGH NJW 1994, 318; 1998, 383; NJW-RR 2004, 1206; BGH Urt v 22. 11. 2012 – VII ZR 222/12 – BeckRS 2012, 25452 Rn 16; **krit** STOFFELS JZ 2001, 843, 847). Hier werden Kontrollfähigkeit und -bedürftigkeit unzulässig in eins gesetzt (vgl Rn 325 ff): Nicht alles, was geregelt werden *kann, darf* in einer freiheitlich-marktwirtschaftlichen Ordnung auch geregelt werden (JOOST ZIP 1996, 1685, 1689). Die Existenz von Hilfsregeln im dispositiven Recht kann den Vorrang eines (unterstellt) funktionierenden Marktmechanismus nicht in Frage stellen. Umgekehrt bedeutet das Fehlen dispositiven Rechts nicht, dass eine entsprechende Regelung nicht vereinbart werden dürfte (CANARIS AcP 200 [2000] 273, 333).

Im **Ergebnis** zeigt sich, dass es kein Kriterium gibt, das die konstitutive Schranke für **324**
AGB-rechtliche Inhaltskontrolle, die Abs 3 S 1 immanent ist, gleichermaßen treffsicher bezeichnet wie die **Teilnahme einer Klausel an der marktorientierten, privatautonomen Auswahlentscheidung des Vertragspartners** (vgl STOFFELS JZ 2001, 843, 848; KÖTZ ZEuP 2012, 332, 347;ULMER/FUCHS Rn 43 ff; 85 ff). Dabei ist dieser, wie generell im Schutzkonzept des AGB-Rechts (Rn 6) als verständiger, selbstverantwortungsbereiter und -fähiger Kunde vorzustellen; für den Verbraucher gilt nach der Rechtsprechung des EuGH im Grundsatz nichts anderes (Rn 6, 286). Ob eine Bestimmung den Regulierungskräften von Markt und Vertragsmechanismus überlassen werden kann oder wegen deren Versagen der Inhaltskontrolle gem § 307 unterworfen ist, bestimmt sich nach der Gesamtheit der Faktoren, die die materielle Angemessenheitskontrolle von AGB in einem von Privatautonomie ausgehenden Zivilrecht überhaupt grundsätzlich rechtfertigen (dazu Rn 3, 5, 179, 285). Die gem Abs 3 S 2 erforderliche **Transparenz** einer Regelung muss deshalb der Hauptansatzpunkt staatlicher Kontrolle und ggf Intervention sein (vgl Rn 315 ff), da das Preis-/Leistungsverhältnis auch bei Alltagsgeschäften im Zentrum des Kundeninteresses steht. Dennoch werden AGB auch insoweit oft nicht gelesen oder verstanden (näher Rn 179). Ob eine transparente Klausel „den regulierenden Kräften des Marktes und des Wettbewerbs ausgesetzt ist" (STOFFELS JZ 2001, 843, 848), bedarf jeweils der positiven Feststellung, die – angesichts der typischen Situation beim Einsatz von AGB – oft nicht zu treffen sein wird. Dennoch muss diese Möglichkeit aus grundsätzlichen Gründen offengehalten werden, sie sichert – in Fortführung des Gedankens aus § 305 Abs 1 S 3 – den grundsätzlichen Vorrang privatautonomer Freiheit und Verantwortung vor staatlicher Richtigkeitskontrolle. Als ein praktisches Beispiel mag die **„Nachbewertungsklausel"** angeführt werden, die die (ehemalige) **Treuhandanstalt** in ihre Grundstücksverkaufsverträge aufgenommen hat. Obwohl nach dieser Klausel der im Vertrag bezifferte Kaufpreis später geändert werden konnte, hat der BGH im Ergebnis zutreffend eine Inhaltskontrolle nach §§ 307–309 abgelehnt (ZIP 2001, 463 ff; 2002, 808 ff [m umf Nachw weiterer Rspr und Lit]): Der Preis war von vornherein als „vorläufiger Wertansatz" bezeichnet; es blieb offen, ob er das *gewollte* Äquivalenzverhältnis korrekt wiedergab, und die Käufer haben die mögliche spätere Preiskorrektur aufgrund eines Sachverständigengutachtens von vornherein mit in ihre freie Abschlussentscheidung einbezogen. Es bestand deshalb kein Kontrollbedürfnis unterhalb der Grenze des § 138.

Neben der „Marktfunktion" erweisen sich **alle sonstigen**, vorerwähnten **Abgrenzungskriterien** in diesem Lichte nicht als völlig unbrauchbar; sie sind jedoch nicht mehr als (mehr oder weniger starke) **Indizien** für die Beantwortung der Frage, ob eine Leistungs- oder Preisbestimmung den Regulierungskräften des Marktes ausgesetzt ist oder nicht. Dazu gehört auch der Versuch, zwischen komplexen AGB und „beherrschbaren Datenmengen" zu unterscheiden (Wackerbarth AcP 200 [2000] 45, 81; dazu oben Rn 179). Nichts anderes gilt letztlich auch für den einzigen Gesichtspunkt, der gelegentlich mit unmittelbarem Bezug zur Marktentscheidung des Kunden genannt wird (Stoffels JZ 2001, 843, 848): Regelungspunkte, die die Belastung des Kunden **unmittelbar und in jedem Fall** berühren (zB Kontoführungsgebühren der Banken), werden regelmäßig (aber nicht begriffsnotwendig) seine Abschlussentscheidung beeinflussen; Regelungen für **Sondersituationen, die nicht unbedingt eintreten müssen** (Gewährleistungsrechte; Bankgebühren bei Kontopfändung durch Dritte, vgl BGH NJW 1999, 2276 f; 2000, 651), werden hingegen erfahrungsgemäß als „nicht einschlägig" oder „unwesentlich" eingestuft und bleiben demgemäß bei der Abschlussentscheidung in der Regel unberücksichtigt. Anderes gilt insoweit, wenn es bei solchen Sondersituationen (zB vorzeitige Abhebung einer langfristig festgelegten Spareinlage) einer erneuten Entschließung des Kunden bedarf (im Beispiel: Änderungs- bzw Aufhebungsvertrag mit der Bank) und er dabei nochmals ausdrücklich auf die Konsequenzen (Vorschusszinsen lt Bankbedingungen) hingewiesen wird: Hier fließen die zusätzlichen Belastungen in die Marktentscheidung des Kunden ein, ob er den Aufhebungsvertrag schließen will oder nicht; die Vorschusszinsregelung der Bank unterliegt deshalb keiner Angemessenheitskontrolle (vgl Servatius BKR 2005, 295, 301 f).

bb) Grund und Grenzen der Überprüfbarkeit kontrollunterworfener leistungsbestimmender Klauseln

325 Ist nach den vorgenannten Grundsätzen die Kontrollbedürftigkeit einer leistungsbezogenen Klausel zu bejahen (Rn 320 ff), so können sich doch auf zweiter Ebene noch Probleme ihrer **Kontrollfähigkeit** ergeben, weil rechtliche Maßstäbe für Leistung und Preis in einer Marktwirtschaft regelmäßig nicht vorhanden sind. Diese Feststellung gilt in erster Linie aber nur für **Preis oder Leistung unmittelbar festlegende Normen**. Weniger zurückhaltend ist das Recht bezüglich **allgemeiner Regeln über die Leistungsfestsetzung oder -erbringung**. Diese Regeln gehen weit über die üblicherweise genannten Erfüllungsmodalitäten (zB Leistungszeit und -ort) hinaus; sie umfassen **alle leistungsrelevanten Rechtsvorschriften** iSd Rn 234 ff, 294 ff, von Einreden und Ersetzungsbefugnissen über Diskriminierungsverbote nach dem Allgemeinen Gleichbehandlungsgesetz bis hin zu den Grundfreiheiten des EGV (zu den beiden letztgenannten Beispielen Wolf, in: FS BGH Bd 1 [2000] 111 ff, 116, 123 ff). Unbeschadet grundsätzlicher Leistungs- und Preisgestaltungsfreiheit sind die Parteien an solche rechtlichen Rahmenbedingungen selbstverständlich gebunden, eine diesbezügliche Inhaltskontrolle von AGB ist ohne weiteres möglich. Soweit die AGB allerdings die geschuldete Leistung nur in einer Weise konkretisieren, wie sie sich auch sonst aus dem Gesetz oder dessen Auslegung ergeben hätte („geschuldet wird nur Ware mittlerer Art und Güte"), bleiben sie schon als „rechtsdeklaratorische Klauseln" gem § 307 Abs 3 S 1 kontrollfrei (s auch Staudinger/Coester-Waltjen § 308 Nr 4 Rn 5 mit zahlreichen Beispielen).

Hinsichtlich der unmittelbaren Festlegung von Preis und Leistung liegt eine die Regel eher bestätigende **Ausnahme** dort vor, wo der Gesetzgeber die Leistungsbestimmung aus besonderen Gründen der privatautonomen Selbstregulierung entzogen und rechtlich festgelegt hat, wie etwa bei den **Gebührenordnungen der freien Berufe** (HOAI; GOÄ; GOZ; RVG; StBGebVO; vgl weiter Staudinger/Peters/Jacoby

[2008] § 632 Rn 108 ff). Soweit diese Ordnungen nicht ohnehin zwingendes Recht enthalten (vgl Rn 232), liefern sie rechtlich abgesicherte Maßstäbe für die Angemessenheitskontrolle nach §§ 307–309 (BGH NJW 1981, 2351 [HOAI]; NJW 1992, 746; NJW 1998, 1786, 1789 [GOZ]; in concreto normative Vorgabe verneinend BGH NJW 2000, 577, 579; LG München I NJW 1982, 2130; AG Bad Homburg 1984, 2637 [alle zur GOÄ]; AG Köln VersR 1993, 691 [GOZ]). Ob der mit der Gebührenfestsetzung verbundene Eingriff in die Vertragsfreiheit durch den Gesetzgeber zulässig war, ist eine außerhalb des AGB-Rechts, schwerpunktmäßig im Verfassungsrecht liegende Frage. Für die Kontrollfähigkeit einer Klausel reicht es auch aus, wenn nicht das Entgelt selbst, sondern nur *Maßstäbe* für seine Bemessung vorgegeben werden (§ 17 Abs 1 S 3 KrankenhausentgeltG; BGH NJW 2010, 2789 Rn 19 mwNw).

Den rechtlichen Entgeltregelungen in obigem Sinne stehen **allgemeine Anspruchsgrundlagen** des objektiven Rechts gleich. Formuliert eine Klausel einen Leistungsanspruch, der sich auch (und in gleichem Umfang, vgl Rn 299) aus dem Gesetz ergäbe, so ist die Klausel deklaratorisch und kontrollfrei (Rn 294); weicht sie vom Gesetz ab, ist sie an diesem zu messen. Dies hat besondere Bedeutung für „funktionsgebundene" Leistungen, wie zB **Aufwendungsersatz** oder **Schadensersatz**. Das Gesetz gibt in § 670 bzw §§ 249 ff Kriterien vor, wann und in welchem Umfang solche Leistungen verlangt werden können, so dass einschlägige Klauseln hieran zu messen sind: Zunächst im Rahmen eines „Rechtsvergleichs" gem Abs 3 S 1 (Rn 292) – bei Übereinstimmung der Klausel mit der objektiven Rechtslage scheidet eine inhaltliche Überprüfung aus („rechtsdeklaratorische Klausel", vgl BGH NJW 2002, 1950, 1951 [Aufwendungsersatz]). Weichen Klauseln hingegen vom sonst geltenden Recht ab, sind sie ohne weiteres nicht nur gem § 309 Nr 5 oder § 308 Nr 7b, sondern auch weitergehend gem § 307 Abs 2 Nr 1 kontrollfähig (vgl BGHZ 141, 380, 384; BGH NJW 2002, 1950, 1951 f; 2003, 1447, 1448; Krüger WM 2000, 2021, 2028; Stoffels, Schuldverträge 394 f; Billing 98 ff).

Keine rechtlichen Leistungsregelungen in diesem Sinne enthalten demgegenüber die **§§ 612 Abs 1, 2, 632, 653 BGB, 354 HGB** – hier geht es nicht um eine Zurückdrängung der Privatautonomie, sondern eher um eine Art „Vertragshilfe", eine Ergänzung lückenhafter Vereinbarungen am Maßstab des Üblichen. Aus dieser Notordnung eine inhaltliche Leitlinie in dem Sinne ableiten zu wollen, dass formularmäßig vom Üblichen nicht mehr abgewichen werden könnte, würde wider die gesetzgeberische Intention wie auch die praktische Vernunft sein (im Ergebnis ebenso BGH NJW 1992, 688, 689; 1993, 1128, 1129; Ulmer/Fuchs Rn 73; Dylla-Krebs 216; Billing 151 ff; Niebling BB 1984, 1713, 1718; Canaris WM 1996, 237, 240; Horn WM 1997 Beil 1 S 3, 13; Schlosser ZIP 1985, 449, 455; anders jedoch noch BGH NJW 1984, 2160 f [Fahrzeitenurteil; kritisch dazu auch Heinrichs, in: 10 Jahre AGBG 23, 33; Thamm DB 1985, 375]; vWestphalen NJW 1980, 2230).

In diesem Rahmen ebenfalls nicht problematisch ist ein weiterer Einbruch der Rechtsprechung in die Preisgestaltungsfreiheit bei **Monopolbetrieben**: Deren Tarife werden nach inzwischen gefestigter Rspr einer Billigkeitskontrolle nach **§ 315 Abs 3** unterzogen (BGH WM 1978, 1097 f; NJW 1987, 1828, 1829; 1993, 1128, 1129; obwohl als Inhaltskontrolle von AGB eingekleidet, gehört hierzu auch BGH NJW 1985, 313; vgl im Übrigen Rn 40 ff). Das Gleiche gilt bei Versorgungsunternehmen mit **Anschluss- und Benutzungszwang** (BGH NJW 2005, 2919, 2920). Dieser Ansatz ist in sich stimmig: Zwar besteht wegen Marktversagens Kontrollbedürftigkeit, aber mangels rechtlicher Maßstäbe für die **326**

Inhaltskontrolle keine Kontrollfähigkeit im Sinne der §§ 307 ff. Demgemäß muss von der Rechtskontrolle (vgl Vorbem 25 zu §§ 307 ff sowie FASTRICH 9 ff, 14 ff) auf die offene Billigkeitskontrolle ausgewichen werden. Dieser Weg ist methodenehrlicher als die Herleitung der Ergebnisse aus sehr allgemeinen Rechtsgrundsätzen wie „Vertragsgerechtigkeit" oder „Prinzip der Verhältnismäßigkeit" (so aber BGH NJW 1985, 3013, 3014 in der Zusatzwasserentscheidung; **kritisch** SCHLOSSER EWiR § 8 AGBG 1/85 S 225); er steht und fällt allerdings mit dem Vorliegen von monopolbedingtem Marktversagen.

327 Von diesen Ausnahmen und vereinzelten anderen abgesehen (vgl zB § 396 Abs 1 HGB zur Provisionspflicht beim Kommissionsvertrag, BGH NJW 2003, 1447, 1448), gibt es jedoch ein weites Feld von AGB-Regelungen, die trotz ihrer Preis-/Leistungsrelevanz als „Nebenbestimmungen" nicht die notwendige Aufmerksamkeit des Marktes finden und deshalb kontrollbedürftig sind, für die das **positive Recht aber keine Beurteilungsmaßstäbe hinsichtlich ihrer Angemessenheit bereithält**. Das Problem wird in seiner quantitativen Bedeutung reduziert, entfällt aber nicht völlig angesichts der Erkenntnis, dass eine Vielzahl der in der Vergangenheit hoch umstrittenen Wertstellungs- oder Tilgungsverrechnungsklauseln (Wertstellung: BGH ZIP 1989, 154; 1997, 1146; 1997, 1540; Tilgungsverrechnung: BGH NJW 1989, 222; 1990, 2383; 1992, 1108; 1995, 2286, 2287) oder der vielfachen Zusatzentgelt- oder Gebührenklauseln (vgl nur BGH NJW 1984, 2160; 1994, 318; 1998, 383) bereits einer gezielten *Transparenzkontrolle* zum Opfer gefallen wären (s oben Rn 315 ff). Erst bei optimaler Transparenz einer Klausel stellt sich das Problem ihrer inhaltlichen Angemessenheit (unbeschadet des hermeneutischen Zusammenhanges beider Gesichtspunkte sowie des Umstands, dass in der Praxis formelle und inhaltliche Gesichtspunkte oft nicht klar getrennt werden, vgl WESTERMANN, in: FS Steindorff [1990] 817, 824 ff). Die Rechtsprechung löst dieses Problem vor allem auf zwei Wegen: entweder durch Auslegung bzw **Fortbildung** (sprich: Schaffung) **dispositiven Rechts** (vgl zB die Entscheidungen zu Sondergebühren der Banken für Abhebungen vom Girokonto am Schalter oder am Automaten, BGH ZIP 1994, 21, 22; ZIP 1996, 1079, 1080 f; vgl dazu CANARIS WM 1996, 237, 239 ff) oder durch Orientierung an den **verkehrstypischen Erwartungen** – verstanden nicht als Häufigkeitstypus (tatsächliche Üblichkeit), sondern als normativ geprägter Typus („berechtigte Erwartungen") (BGH NJW 1987, 1931, 1935; NJW 2011, 1726 Rn 20 [Platzmietpauschale bei Pkw-Verkauf über Händler]). Diese Erwartungen **stellen das entscheidende Leitkriterium** dar, sie prägen auch die Auslegung oder Fortbildung des dispositiven Rechts. Sie liefern den Schlüssel zur Lösung der gesamten Kontrollproblematik: In **Abs 2 Nr 2** beruft der Gesetzgeber die **„Natur des Vertrages"** als Quelle ad hoc zu entwickelnder Kontrollmaßstäbe, wo solche im objektiven Recht nicht vorgegeben sind; aus der Vertragsnatur ergeben sich auch die „verkehrstypischen Erwartungen" (Rn 267 ff, 270). Damit ist nicht nur die generelle **Kontrollfähigkeit von AGB auch in gesetzlich ungeregeltem Bereich** vorgezeichnet (s oben Rn 295; ähnlich im Ansatz PRÄVE, in: FS H Baumann [1999] 249, 254; RÖMER, in: FS BGH [2000] 375, 379; FREITAG ZBB 2002, 322, 324), sondern **auch die Eingriffsgrenze** gegenüber AGB, deren Angemessenheit nicht an einem bereitstehenden Vergleichsbild des objektiven Rechts, sondern nur *aus dem Vertrag selbst heraus* beurteilt werden kann (wenngleich notwendigerweise vor dem Hintergrund der allgemeinen Rechtsordnung, oben Rn 268). Zum einen fehlt es bei Klauseln, die die **essentialia des Vertrages** bestimmen, in Ermangelung gesetzlicher Vorgaben (Rn 326) noch an einer etablierten Vertragsordnung, die als Kontrollmaßstab dienen könnte – insoweit bleibt es also wegen fehlender Kontrollfähigkeit bei der Transparenzkontrolle (zu den Folgen fehlender Transparenz insoweit oben Rn 318), oder – anders gewendet – transparente Festlegungen der essentialia negotii unterliegen gem Abs 3 S 1 **keiner gerichtlichen Angemessenheitskontrolle**. Zum zweiten darf bei **anderen leistungsbestimmenden Klauseln** keine freie Unangemessenheitskontrolle im Sinne des Abs 1 stattfinden, weil diese – mangels *rechtlicher* Beurteilungsmaßstäbe – notwendig auf eine (unzulässige) Billigkeitskontrolle des Äquivalenzverhältnisses hinausliefe (so besonders deutlich Billing 161 f; zum Verhältnis von Rechts- und Billigkeitskontrolle im AGB-Recht s Rn 40 ff). Vielmehr ist unter dem Gesichtspunkt der *Kontrollfähigkeit* die (wegen mangelnder Marktregulierung notwendige, vgl Rn 324) **Inhaltskontrolle vorgezeichnet durch Abs 2**: Sind Vergleichsmaßstäbe des dispositiven Rechts vorhanden, so sind die Klauseln gem **Abs 2 Nr 1** daran zu messen. Gibt es – wie häufig – kein dispositives Recht, so ist mit der in **Abs 2 Nr 2** genannten „Gefährdung des Vertragszwecks" durch Einschränkung „vertragswesentlicher Rechte oder Pflichten", also mit dem **Aushöhlungskriterium** (Rn 278) die Grenze bezeichnet, ab der auch im nicht normierten Bereich rechtlich abgesicherte Unwerturteile wieder möglich werden: An die Stelle mangelnder Kriterien des objektiven Rechts tritt nicht richterliches Gutdünken oder Billigkeitsdenken, sondern die Vertragsordnung. **Abs 3 S 1 in Verbindung mit Abs 2 Nr 2 eröffnet insoweit die materielle Inhaltskontrolle** auch bei unmittelbar leistungsbestimmenden Klauseln, **begrenzt sie aber auch**: Transparente Benachteiligungen, die nicht von dispositivem Recht abweichen, sind unterhalb der Grenze der Vertragszweckgefährdung der Rechtskontrolle nach Abs 1 entzogen (deutlich BGH NJW 1998, 1069, 1070: Freiheit der Leistungsbestimmung, „solange das Leistungsversprechen hinreichend klar ist und der Vertrag nicht ausgehöhlt wird"; BGH NJW-RR 2005, 32, 33: Leistungsbegrenzungen sind der freien unternehmerischen Entscheidung des Versicherers überlassen, Grenze erst Gefährdung = Aushöhlung des Vertrags; ähnlich NJW-RR 2005, 1189, 1190; NJW 2004, 2589, 2591; BGHZ 141, 137, 143; 137, 174, 176; s auch Rn 280); Billigkeitskontrolle nach § 315 Abs 3 ist aber nur unter engen Voraussetzungen möglich (vgl Rn 40 ff).

Im **Ergebnis** sind leistungsbestimmende Klauseln, auch wenn sie wegen nicht funk- 328
tionierender Marktregulierung grundsätzlich kontrollbedürftig sind (Rn 320 ff), wegen ihrer eingeschränkten Kontrollfähigkeit der materiellen Inhaltskontrolle nur außerhalb der essentialia negotii und im Übrigen – sofern positivrechtliche Angemessenheitsmaßstäbe fehlen – nur dann, aber auch immer dann unterworfen, wenn sie zu einer vertragszweckgefährdenden Einschränkung der Rechte oder Pflichten führen. Eine weitergehende Inhaltskontrolle durch die Gerichte führt tendenziell dazu, dass aus der in §§ 307 ff eröffneten *Rechtskontrolle* (Vorbem 25 zu §§ 307 ff; oben Rn 319) eine unzulässige richterliche *Billigkeitskontrolle* wird. Ist die Unangemessenheit einer leistungsbezogenen Klausel weder aus einem besonderen Klauselverbot (§§ 308, 309) noch aus Abs 2 Nr 1 oder Nr 2 begründbar, ist deshalb eine weitergehende **Prüfung** (und gegebenenfalls Verwerfung) **nach Abs 1 unzulässig**. Steht hingegen ein rechtlicher Maßstab gem den vorgenannten Vorschriften zur Verfügung, ist die entsprechende Inhaltskontrolle einer AGB-Klausel ohne weiteres eröffnet und nicht durch Abs 3 S 1 unter dem Aspekt eingeschränkt, dass es sich um eine leistungsbezogene Klausel handelt (deutlich BGH NJW 2003, 1447 f: Abweichung von § 396 Abs 1 HGB eröffnet gem § 307 Abs 3 S 1 BGB ohne weiteres die Inhaltskontrolle; BGH NJW 2001, 2635, 2636 f: Eingriff in das „Äquivalenzprinzip" [vgl Rn 294] bedeutet Abweichung von Rechtsvorschriften iSv § 307 Abs 3 S 1 und ist sodann auch Maßstab der Inhaltskontrolle gem § 307 Abs 2; ebenso – allgemein – Wolf, in: FS BGH Bd 1 [2000] 111 ff, 114 ff). Abs 3 S 1 spricht hiervon nicht, sondern ist vielmehr beim Wort zu nehmen: Ohne *Rechts*maßstäbe

darf keine Inhaltskontrolle stattfinden (vgl BGH NJW 2002, 2710); neben dem objektiven Recht liefert aber nur noch die Vertragsordnung (Abs 2 Nr 2) objektivierbare Rechtsmaßstäbe (zum Ganzen auch ausführlich BILLING, passim, insb §§ 7–9; für den Bereich der Entgeltklauseln der Banken [dazu Rn 329] BEINEKE 138 ff; vgl auch PFEIFFER, in: DAUNER-LIEB ua 225 ff, 238 f; ders ZGS 2002, 23, 32). Dem entspricht auch eine offenbar zunehmende Praxis des BGH, der – wenn eine Unangemessenheit nach Abs 2 erkennbar ist – die Klausel an diesem Maßstab misst und verwirft, ohne Abs 3 S 1 als „Kontrollschranke" überhaupt zu erwähnen (zB NJW-RR 2000, 1077, 1078; ZBB 2002, 317, 320 f; NJW-RR 2005, 175; VersR 2005, 976; NJW 2005, 642, 643; NJW 2005, 1357; NJW 2005, 1645, 1647; vgl BILLING 9 ff).

d) Einzelbeispiele

aa) Preisbezogene Klauseln

329 Soweit preis- und leistungsbezogene Klauseln in der Praxis einer Inhaltskontrolle unterworfen werden, wird häufig weder deutlich unterschieden zwischen Transparenz- und Angemessenheitskontrolle noch – als Vorfrage zur Angemessenheitskontrolle – zwischen Kontrollbedürftigkeit und Kontrollfähigkeit. Je sicherer die Gerichte ein Unwerturteil über eine Klausel fällen zu können glauben, um so eher wird die Kontrollunterworfenheit im Lichte des Abs 3 S 1 bejaht (vgl schon oben Rn 313). In aller Regel fehlt der Mut oder die Bereitschaft, als unbillig empfundene Klauseln „dem Markt zu überlassen", selbst wenn sie klar und verständlich formuliert sind und vom Durchschnittskunden zu erwarten ist, dass er die Regelung in seine Marktentscheidung mit einbezieht. Dies betrifft zum einen **Preisaufspaltungen** aller Art. Die gebotene Transparenz immer vorbehalten, muss es der Gestaltungsfreiheit der Anbieter überlassen bleiben, ob alle Kalkulationsposten in einem Gesamtpreis aufgehen oder ob und welche Einzelposten (Überführung vom Hersteller, Transport, Verpackung, Zubehör, Mehrwertsteuer, Versicherungen etc) gesondert ausgewiesen und berechnet werden (so grundsätzlich auch BGH NJW 1992, 688, 689; ZIP 1996, 1079, 1080; NJW 1998, 383; NJW-RR 1999, 125, 127; NJW-RR 2001, 343 f; NJW 2011, 1801 Rn 31; OLG Koblenz ZMR 2004, 579; OLG München NJW 1997, 3246, 3248; HORN WM 1997 Beil 1 S 3, 9 ff, 20; CANARIS AcP 200 [2000] 273, 329 ff; KÖNDGEN NJW 1996, 558, 562; SCHIMANSKY WM 1995, 461, 465; MEDER NJW 1996, 1849, 1850 spricht anschaulich von einem „Bündel von Leistungen", dem eine „Entgeltkombination" gegenübersteht; zur Rspr auch WEIGEL, in: ABELS/LIEB [2005] 47, 49 ff. Die Gegenposition wird suggestiv von DERLEDER/METZ [ZIP 1996, 573 ff, 621 ff] vertreten, die das „wuchernde, unkalkulierbare Zweitentgeltsystem" der Banken [577] durch inhaltliche Kriterien der Preisbildung zu bekämpfen suchen). Das Transparenzgebot kann es bei komplexen Leistungsverhältnissen geradezu gebieten, das Entgeltsystem durchschaubar, also aufgeschlüsselt darzustellen (Rn 317). Es handelt sich dann nicht um (kontrollfähige) „Nebenabreden", sondern um „einen von mehreren Posten des geschlossenen Preisgefüges" (OLG Koblenz AgrarR 2000, 190, 191 [Jagdpachtgebühren]; dazu auch BGH NJW-RR 2001, 343 f [besteht schon eine gesetzliche Erstattungspflicht, so kann eine „Gebühr" allerdings eine Schadenspauschalierung iSd § 309 Nr 5 darstellen, dazu auch OLG Zweibrücken NJW-RR 2000, 137]). Würde man hier die *bloße* Verkehrserwartung, dass die betreffende Nebenleistung im Hauptpreis mit abgegolten sei, zur Korrektur genügen lassen, fände damit eine unzulässige gerichtliche Preiskontrolle statt (vgl Rn 129 ff, 270; deutlich AG Tettnang NJW-RR 1988, 1141; zu Recht kritisch FAHR 142; konsequent wurden auch gelegentlich entsprechende Klauseln für kontrollfrei gehalten, BGHZ 116, 117, 119 [Anfahrtszeiten]; NJW-RR 1993, 430, 431 [Stellung eines Gerätewagens]; 1993, 375 [Übertragung eines Alleinvertriebsrechts]; ZIP 1996, 1079, 1080 f [Abhebung vom Bankautomaten]; BGH NJW 1998, 383, 384 [Gebühr für

Auslandseinsatz von Kreditkarten]). Das Gleiche gilt für die Konstituierung eines (regelmäßig diffusen) „Leitbilds" eines Vertragstyps, aus dem die Unentgeltlichkeit bestimmter Einzelleistungen folgen soll (so zB LG Hamburg NJW 1996, 599, 600; AG Frankfurt aM NJW-RR 1993, 1136, 1137 [Kreditkartenvertrag]; BGH NJW-RR 1986, 51, 52 [Kaskoversicherung]) – mehr als subjektives Richtigkeitsempfinden steht hinter einem solchen Leitbild nicht (kritisch deshalb MEDER NJW 1996, 1849, 1852; WEICK NJW 1978, 11, 14). Erst der **vertragszweckgefährdende Widerspruch zur selbstgewählten und originär festgelegten Vertragsordnung (Aushöhlungsaspekt)** bietet einen gem Abs 2 Nr 2 abgesicherten Rechtsmaßstab zur Beurteilung eines Zusatzentgelts (zur Konkretisierung des Abs 2 Nr 2 s Rn 267 ff); damit ist die Inhaltskontrolle gem Abs 3 S 1 *eröffnet* und zugleich die Unangemessenheit nach Abs 2 Nr 2 festgestellt. Diese Rücknahme der materiellen Inhaltskontrolle im Leistungsbereich auf die Linie des Abs 2 Nr 2 hätte in den meisten einschlägigen Rechtsprechungsfällen aber nicht zu einem anderen Ergebnis geführt, weil die fraglichen Klauseln richtigerweise schon an der Transparenzkontrolle gescheitert wären (für Zusatzentgelte der Kreditinstitute vgl BGH NJW 1990, 2250 [keine anteilige Rückzahlung des Disagios bei vorzeitiger Darlehensrückzahlung]; NJW 1991, 1953 [Entgelt für Löschungsbewilligung]; NJW 1992, 1751; 1994, 1532 [Überziehungszinsen]; NJW 1986, 376; 1986, 1806; 1987, 184 [Vorfälligkeitszinsen]; ZIP 1994, 21; 1996, 1079 [Ein- und Auszahlungen, Postenpreise]; NJW 1997, 2752 [Gebühr für Freistellungsaufträge]; ZIP 1997, 2151 und 2153 [Gebühr für nicht ausführbare Überweisungsaufträge bzw Lastschriften]; weitere Bankgebühren bei LG Nürnberg-Fürth WM 1996, 1624 ff; LG Düsseldorf ZIP 1997, 1916 [Pfändungs- und Überweisungsbeschlüsse]; vgl weiter BGH NJW 1994, 1532 [Zinsen bei Kreditkartenvertrag]; NJW 1986, 46, 48 [Stundungsvergütung]; NJW 1985, 3013 [Zusatzwasser]; NJW 1984, 171 [Aufschließungskosten bei Bauvertrag trotz Pauschalpreis; vgl aber NJW 1997, 135 f: bei ausreichender Transparenz kontrollfrei]; NJW 1992, 688 [Anfahrtszeiten, in Abkehr von NJW 1984, 2160]; KG NJW-RR 1994, 1543 f; OLG Koblenz NJW-RR 1994, 689 [gegensätzlich zur Zusatzgebühr für Kunden, die keine Lastschriftermächtigung erteilen]). Wird aber einmal unmissverständliche Klarheit der Preiszusammensetzung bis hin zur Gesamtbelastung unterstellt, so sind nur noch wenige Fälle denkbar, in denen Abs 2 Nr 2 eingreifen könnte. Dies wäre noch nicht der Fall bei einer Preisgestaltung, in der der wesentliche Unternehmergewinn nicht im Hauptpreis, sondern in Kostenpositionen untergebracht ist: Hier wird nicht das vereinbarte Äquivalenzverhältnis der Hauptleistungspflichten konterkariert (so aber FASTRICH 266 zur Fahrtkostenpauschale). Denkbar wäre allerdings, den irreführenden Anknüpfungspunkt für das Unternehmerentgelt als Transparenzstörung aufzufassen (vgl HORN WM 1997 Beil 1 S 3, 21).

Unangemessen im Lichte von Abs 2 Nr 2 sind aber beispielsweise – insbesondere im **329a**
Bankbereich verbreitete und umstrittene – Regelungen, die ein **Zusatzentgelt für Leistungen** festlegen, die nach dem Gesamtbild des Vertrags sowie den hieraus folgenden, berechtigten Verkehrserwartungen zur „Grundleistung" des Verwenders gehören, die **mit dem Grundpreis abgegolten** ist (zT rechtfertigend EDELMANN, BankPraktiker 2012, 4 ff). Entscheidend ist hier nicht, ob für die jeweilige Verrichtung einer Bank eine Rechtsnorm einschlägig ist (zB § 1144 für Erteilung einer Löschungsbewilligung, § 700 Abs 1 S 3 oder § 985 für Rückzahlungs- oder Rückgabepflichten) und hierin ein Entgelt nicht vorgesehen ist (so aber andeutungsweise BGHZ 114, 330, 338 f [zu § 1144]; BGH NJW 1996, 2022, 2033 [zu § 700 Abs 1 S 3]; ZIP 2005, 245 und 248 [zu § 985]), denn das Gesetz ordnet hier in aller Regel nicht Unentgeltlichkeit an, sondern ist insoweit in der Regel aussagelos (vertretbar anders BGH NJW 2003, 1447 f zu § 396 Abs 1 HGB [Kommissionsvertrag]; NJW 2013, 995 Rn 25 ff [Pfändungsschutzkonto der Banken]; dazu

auch AHRENS NJW 2013, 975 ff). Geradezu bedenklich ist sogar die weitergehende These des BGH, dass man anfallende Kosten bei der Vertragsdurchführung nur dann dem Vertragspartner auferlegen könne, wenn das Gesetz dies vorsieht. Fehle es daran, habe „jeder Rechtsunterworfene seine gesetzlichen Verpflichtungen zu erfüllen ..., ohne dafür ein gesondertes Entgelt verlangen zu können" (BGH NJW 2002, 2386, 2387 [Deaktivierungsgebühr eines Telephonnetzbetreibers]). Dass es sich hier wirklich um einen „wesentlichen Grundgedanken des dispositiven Rechts" handelt, erscheint in dieser Allgemeinheit kaum belegbar; vielmehr eröffnet sich der BGH mit einer solchen Formel potenziell weitreichende Kontrollmöglichkeiten im Bereich der Preiskalkulation und -festsetzung (vgl auch BGH NJW 2009, 3570 Rn 14 ff [Bearbeitungsgebühr bei Rücklastschrift]). Dennoch lässt sich die Kontrollunterworfenheit und Unangemessenheit von Entgelten für „schon mitbezahlte" Aufwendungen rechtfertigen: Entsprechende Klauseln **verändern das Äquivalenzverhältnis** und höhlen damit die vertragliche Vereinbarung im Kern aus (so vor allem auch BILLING 108 f) bzw weichen vom gesetzlichen Leitbild gem § 307 Abs 2 Nr 1 ab, nach welchem ein Entgelt für solche Aufwendungen nicht noch zusätzlich verlangt werden kann (BGH NJW 2011, 2640 Rn 33). Die Rspr versucht insoweit, einschlägige Klauseln als „Preisnebenabreden" der Kontrolle zu unterwerfen, da und soweit ihnen keine eigenständige Leistung an den Kunden gegenübersteht (oben Rn 322). In Betracht käme insoweit die Gebührenpraxis der Kreditinstitute, wenn neben einer pauschalen, erheblichen *„Bearbeitungsgebühr" für einen Kredit* (2–3% der Kreditsumme) die einschlägigen Einzelmaßnahmen auch noch gesondert gebührenpflichtig gestellt werden (vgl DERLEDER/METZ ZIP 1996, 621; **anders** aber für die Abschlussgebühr der Bausparkassen, mit der die Werbung neuer Kunden finanziert wird: Hieran hat auch der Kunde ein [systemisch bedingtes] Interesse, BGH NJW 2011, 1801 Rn 46 ff). Entsprechendes gilt für *Kontoführungsgebühren bei einem Darlehenskonto:* Die Kontoführung liegt allein im organisatorischen Eigeninteresse der Bank, sie ist keine „Leistung" an den Kreditnehmer und damit nicht gem § 307 Abs 3 S 1 kontrollfrei (BGH NJW 2011, 2640 Rn 28). Weiterhin gehören hierher Gebühren für Barauszahlungen bzw -einzahlungen bei Girokonten: Die Rückzahlung eines Guthabens bzw die Auszahlung eines Darlehenskapitals gehören zu den Grundleistungen der Bank und sind mit den normalen Kontogebühren – jedenfalls im Bereich üblicher Kontobewegungen – abgegolten (BGH NJW 1994, 318, 319; 1996, 2032, 2033). Entsprechend hat die Rspr entschieden zur Ausfertigung einer Löschungsbewilligung bei Grundpfandrechten (BGHZ 114, 330; OLG Köln WM 2002, 853), Entgelten für die Übertragung von Wertpapieren in ein anderes Depot (BGH ZIP 2005, 245 und 248; dazu BILLING MDR 2005, 601 f) oder für die Benachrichtigung über die Nichteinlösung von Schecks oder Lastschriften (BGH NJW 2001, 1419, 1420 f). Ähnlich zu bewerten sind Entgeltklauseln für **„Leistungen", die gar keine sind** (zB Ablehnung von Anträgen oder Maßnahmen im eigenen Interesse des Verwenders, möglicherweise aufgrund eigener rechtlicher Verpflichtung) – etwa auch die Auszahlung eines Restguthabens des Kunden nach Beendigung des Vertrages (BGH NJW-RR 2011, 1618 Rn 22; OLG Schleswig NJW-RR 2013, 496 Rn 89 f [Prepaid-Karten bei Mobilfunkvertrag]) oder auch *Mahnungen* oder *Rücklastschriften* (OLG Schleswig NJW-RR 2013, 496 Rn 106 ff; vgl Rn 312; eine klare Abgrenzung zu den „mitbezahlten" Leistungen ist nicht möglich). Hierher gehören (insb im Bankbereich; dazu auch KÖTZ ZEuP 2012, 339 ff) Gebühren für die Nichtausführung von Aufträgen, die Nichteinlösung von Schecks oder die Rückgabe von Lastschriften, jeweils mangels Deckung (BGH ZIP 1997, 2151 und 2153, 2154 mwNw; NJW 2001, 1419; 2002, 1950, 1951; 2005, 1645, 1647); besondere Gebühren für bestimmte Zahlungsmodalitäten (Barzahlung oder Kreditkartenzahlung [BGH NJW 2003, 1237,

1238; 2010, 2719 Rn 26: unwirksam jedenfalls dann, wenn dem Kunden keine gebührenfreien Zahlungswege eröffnet werden]); für die Verwaltung von Freistellungsaufträgen (BGH NJW 1997, 2752 und 2753; vgl auch NJW-RR 2002, 1716) oder Maßnahmen im Zusammenhang mit Kontopfändungen (BGH NJW 1999, 2276, 2277 f; 2000, 651 f: Drittschuldnererklärung gem § 840 ZPO) oder mit der Durchführung/Verwaltung von Kreditverträgen und Sicherungsverträgen (BGH WM 2012, 1344 Rn 37 ff). Gleiches gilt schließlich für die Umwandlung eines Girokontos in ein Pfändungsschutzkonto oder für die Neueröffnung eines solchen: Der erforderliche Aufwand der Bank gehört noch mit zur allgemeinen Kontoführung und darf nicht gesondert berechnet werden (BGH NJW 2013, 995 Rn 24, 25 ff). Allerdings ist der Ansatz in den vorstehend zitierten Urteilsbegründungen oft nicht ganz treffend: Dort wird das Fehlen einer echten „Leistung an den Kunden" betont, um gem Abs 3 S 1 zur Kontrollunterworfenheit der Klausel zu gelangen. Tatsächlich steht aber nicht die Leistung der Bank, sondern ein *Zusatzentgelt* im Mittelpunkt der Klausel (Rn 312). Stellt sich das „Entgelt" dar als Aufwendungs- oder Schadensersatz, so erlauben die einschlägigen gesetzlichen Regelungen eine Kontrolle gem Abs 2 Nr 1 (s Rn 325). Im Ergebnis gilt das gleiche aber auch bei reinen Leistungsvergütungen: Dass dem Entgelt keine echte Gegenleistung gegenübersteht (differenzierend insoweit Canaris AcP 200 [2000] 273, 341 ff), berührt das vertragliche Äquivalenzverhältnis und führt zur Unangemessenheit im Rahmen von Abs 2 Nr 2 (krit und für Kontrollfreiheit Horn WM 1997 Beil 1 S 3, 13 f; Köndgen ZBB 1997, 134 f; Canaris AcP 200 [2000] 273, 335 f [anders aber 337]). Ähnliche Bestimmungen begegnen gelegentlich auch außerhalb des Bankbereichs, zB die „Deaktivierungsgebühr" eines Mobilfunkbetreibers (BGH NJW 2002, 2386, 2387; vgl OLG Düsseldorf NJW-RR 2002, 1716; s dazu Billing 114 f), oder die „Platzmiete", die ein Autohändler für das in Verkaufskommission genommene Fahrzeug berechnet (BGH NJW 2011, 1726 Rn 16 ff).

Aus dem Vorstehenden folgt im Umkehrschluss, dass ein Zusatzentgelt dann nicht gegen die Vertragsordnung iSv Abs 2 Nr 2 verstößt und deshalb auch im Übrigen kontrollfrei ist gem Abs 3 S 1, wenn es eine identifizierbare, nicht zum normalen Vertragsprogramm gehörende **Sonderleistung des Verwenders** vergütet – etwa die Ausstellung eines Ersatzsparbuches bei Verlust des Originals (BGH NJW-RR 1998, 1661), die erneute Zusammenstellung von Kontoanlagen, die der Kunde verlegt hat (LG Flensburg WM 1998, 1721, 1723) oder übermäßige Kontobewegungen auf dem Girokonto (BGHZ 133, 10, 15); eher zweifelhaft aber die Zeichnungsgebühr bei Aktien-Neuemissionen, wenn der Kunde keine Zuteilung erhält (BGHZ 153, 344, 348). Dass sich aber auch hier die berechtigten Kundenerwartungen ändern und aus „Sonderleistungen" Normalleistungen werden können, die mit dem Grundentgelt „mitbezahlt" sind, zeigt die frühere Gebühr für den Kreditkarteneinsatz im (jedenfalls europäischen) Ausland (BGH NJW 1998, 383, 384) oder für Abhebungen am Bankautomaten (BGH ZIP 1996, 1079, 1080 f). 329b

Eine besondere Rolle spielen in der Praxis auch die **Preisänderungs- oder Preisanpassungsklauseln** bei Dauerschuldverhältnissen. Solche Klauseln sind zu unterscheiden von Bestimmungen, die den Preis von vornherein als „variabel" festlegen (zB Zinsänderungsklauseln der Kreditinstitute) – derartige Klauseln definieren erst die Hauptleistung und erlauben nicht die Änderung eines festgelegten Preises (BGH NJW 2008, 3422 Rn 11; 2010, 1742 Rn 15). Preisänderungsklauseln im hier interessierenden Sinne liegen demgegenüber zB vor, wenn die Vertragsurkunde noch keinen Hinweis auf die Abänderbarkeit des festgelegten Preises enthält, sondern sich diese erst aus 330 den in Bezug genommenen AGB ergibt (BGH NJW 2010, 2789 Rn 21). Solche Klauseln werden nach herrschender Meinung als „kontrollfähige Preisnebenabreden" eingestuft (neben der st Rspr des BGH s auch ULMER/FUCHS Rn 76; **krit** SCHLOSSER ZIP 1985, 449, 461); ihre Vereinbarkeit mit dem Preisklauselgesetz oder der Preisabgabenverordnung ändert daran nichts (dazu Rn 302 sowie STAUDINGER/COESTER-WALTJEN § 309 Ziff 1 Rn 1, 6). Die Regelungen in §§ 309 Nr 1, 308 Nr 4 zeigen, dass auch der Gesetzgeber Änderungsvorbehalte bezüglich der vereinbarten Hauptleistung grundsätzlich für kontrollfähig erachtet hat. Die begrenzten Verbote in §§ 308, 309 besagen nichts über eine etwaige Unwirksamkeit nach § 307 (oben Rn 10 ff); dies gilt insb auch für die Ausklammerung von Dauerschuldverhältnissen aus dem Verbot von § 309 Nr 1 (vgl STAUDINGER/COESTER-WALTJEN § 309 Nr 1 Rn 3). Idealtypisch sind insoweit zwei Klauseltypen zu unterscheiden: **Kostenelementeklauseln** benennen die maßgeblichen Faktoren des Verwenderpreises und binden diesen unvermittelt und mathematisch berechenbar an entsprechende Kostenveränderungen. **Preisanpassungsklauseln** im engen Sinne nehmen eine Kostenänderung auf der Verwenderseite hingegen nur zum Anlass für ein mehr oder weniger konkretisiertes Anpassungsrecht des Verwenders. Dieser dogmatischen Abgrenzung (vgl WOLF ZIP 1981, 235 ff; LÜBKE-DETRING, Preisklauseln in Allgemeinen Geschäftsbedingungen [1989] 19 ff; THOMAS AcP 209 [2009] 84 ff; 87 ff) folgt im Grundsatz auch die Rechtsprechung, wenngleich nicht immer mit klarer Unterscheidung in vorgenanntem Sinne (BGH NJW 2008, 360 Rn 13; THOMAS aaO 89, 109 f).

330a **Zentraler Kontrollmaßstab von Preisanpassungsklauseln** ist das ursprünglich vereinbarte **vertragliche Äquivalenzverhältnis** von Leistung und Gegenleistung (dazu Rn 96, 127, 310 f) – dies darf durch AGB nicht zulasten des Kunden verändert werden (BGH NJW 1980, 2518, 2519; 2007, 1054 Rn 25; 2008, 360 Rn 10, 33; 2009, 2051; 2010, 1742 Rn 26; 2010, 2789 Rn 36 ff). Daraus folgt vorab, dass Änderungsvorbehalte, die nicht an eine spätere Veränderung des vereinbarten Äquivalenzverhältnisses anknüpfen und dem Kunden kein Widerspruchsrecht einräumen, generell unwirksam sind (BGH ZMR 2007, 259 Rn 27 ff; OLG Schleswig NJW-RR 2013, 496 Rn 73 f). Umgekehrt können Preisanpassungsklauseln bei Dauerschuldverhältnissen geradezu *geboten* sein, um die Preis-/Leistungsäquivalenz vor dem Hintergrund geänderter Wirtschaftsdaten zu bewahren – sie entsprechen „dem lebensnahen Bewusstsein der Parteien, dass Preisänderungen im Laufe der auf unbestimmte Zeit angelegten Bezugsverhältnisse zu erwarten sind und deshalb der Gefahr einer zukünftigen Äquivalenzstörung in angemessener Weise zu begegnen ist" (BGH NJW 2012, 1865 Rn 20; der EuGH spricht von einem „berechtigten Interesse des Gewerbebetreibenden, sich gegen eine Änderung der Umstände zu wappnen", Urt v 21. 3. 2013, RIW 2013, 299 Rn 53 [„RWE"]). Auch preisverändernde Zuschläge oder Nachlässe (Rabatte, Skonti) gehören in diesen Bereich, einschließlich der Modifikation erfolgsorientierter Vergütungen durch ein Fixum oder Mindestgarantiezahlungen (OLG Hamburg NJW 1983, 1502, 1503; ULMER/CHRISTENSEN Teil 2 [11] Rn 4). Die Sicherung des Äquivalenzverhältnisses bei Einsatz von Preisanpassungsklauseln dienen zunächst strikten **Transparenzanforderungen**, damit nicht unter dem Stichwort „Anpassung" in Wahrheit Gewinnsteigerungen des Verwenders realisiert werden können (vgl EuGH Urt v 26. 4. 2012, RIW 2012, 483 Rn 26 ff [„Invitel"]; BGH NJW 2008, 360 Rn 11). Zur erforderlichen Transparenz gehört eine weitestmöglich konkrete und für den Kunden nachvollziehbare Darlegung der für die Preis- oder Leistungsveränderung maßgeblichen Kriterien (Kostenelemente und Erhöhungsmaßstäbe). Anlass und Umfang einer möglichen Preisänderung durch den Verwender müssen dem Vertragspartner *schon zum Zeitpunkt des Vertragsschlusses* klar und berechenbar sein (BGH NJW 2003, 507, 509; OLG Schleswig NJW-RR 2013, 496 Rn 80; vgl BAG NZA 2006, 34, 37 [der Arbeitnehmer muss erkennen können, „was gegebenenfalls auf ihn zukommt"]; dazu STAUDINGER/KRAUSE Anh zu § 310 Rn 240). Davon befreien auch dynamische Marktverhältnisse, etwa im Medienbereich, nicht (BGH NJW 2008, 360 Rn 13 ff; NJW-RR 2008, 134 Rn 15 ff). Bei komplexen Verträgen im modernen Wirtschaftsleben stoßen die diesbezüglichen Darlegungsmöglichkeiten des Verwenders allerdings auf Grenzen; außerdem birgt Perfektionismus in diesem Zusammenhang auch leicht die Gefahr der „Unlesbarkeit" und damit – kontraproduktiv – wieder der spezifischen Intransparenz der AGB (vgl Rn 195). Die Rechtsprechung gesteht insoweit sachbedingte Grenzen für die zu fordernde Transparenz zu, verlangt aber auch deren Ausschöpfung (BGH NJW 2008, 360 Rn 13). Eine Ausnahme hat der BGH nur zugelassen, wenn eine Preisanpassungsklausel in Erdgassonderverträgen, die grundsätzlich der Inhaltskontrolle nach § 307 Abs 1 unterliegt (vgl § 310 Abs 2; dazu STAUDINGER/SCHLOSSER § 310 Rn 14 ff), dem gesetzlichen Preisanpassungsrecht in § 4 Abs 1, 2 AVBGGasV für Tarifkunden unverändert nachgebildet ist: Die gesetzliche Regelung genüge zwar nicht den Transparenzanforderungen der Rechtsprechung, sei aber als gesetzgeberische Wertung auch für den Sonderkundenbereich hinzunehmen (BGH NJW 2009, 2662 Rn 24; 2009, 2667 Rn 27). Diese Rspr wird im Lichte der EuGH-Entscheidung in Sachen „RWE" nicht mehr zu halten sein (Urt v 21. 3. 2013, RIW 2013, 299 Rn 47 ff): Der bloße Verweis auf die gesetzliche Regelung für Tarifkunden genügt demnach nicht den Anforderungen von Art 5 der Klausel-RL (aaO Rn 50 ff). Auch ein Kündigungsrecht gleicht diesen Informationsmangel nicht aus (aaO Rn 51).

Materielle Unangemessenheit wegen der Gefahr einer Änderung des vertraglich **330b** vereinbarten Äquivalenzverhältnisses liegt nicht nur bei vagen Änderungsvorbehalten vor (etwa durch die Klausel „Preise freibleibend", BGH NJW 1985, 855; vgl BGH NJW 1998, 454, 456 für Leistungsanpassungsklauseln), sondern schon dann, wenn das Änderungsrecht des Verwenders nicht **explizit an entsprechende Kostensteigerungen gekoppelt wird** (BGH NJW 2008, 2172 Rn 16, 17; 2009, 2051 Rn 22, 27 ff). Dem kann nicht entgegengehalten werden, dass eine entsprechende, immanente Bindung des Verwenders auch über die Ausübungskontrolle gem § 315 sichergestellt werden könnte (so THOMAS AcP 209 [2009] 84 ff, 97) – die Scheinkompetenz des Verwenders auf der Grundlage seiner AGB wird viele Kunden schon im Vorfeld einer Klage nach § 315 resignieren lassen. Des Weiteren verlangt die Rechtsprechung, dass der klauselmäßige Änderungsvorbehalt auch *ausdrücklich* etwaige **Kostensenkungen** miterfasst (BGH NJW 2008, 2172 Rn 17; 2009, 2051 Rn 30 ff; **krit** THOMAS AcP 209 [2009] 84, 99) und dass die zeitliche Umsetzung der Anpassung in der einen oder anderen Richtung nicht unterschiedlich geregelt ist (BGH aaO Rn 21 [im VerbandsProzess bei „kundenfeindlichster Auslegung" zu unterstellen]; **aM** THOMAS aaO 106).

Auch nach den vorstehenden Grundsätzen zulässige Anpassungsvorbehalte müssen **330c** darüber hinaus – ab einer gewissen, quantitativen Änderungsschwelle – von einer **außerordentlichen Kündigungsmöglichkeit** begleitet sein, um ihm eine Alternative zur grundsätzlich hinzunehmenden Preisanpassung zu eröffnen. Folglich muss die Lösung vom Vertrag schon *vor* dem Effektivwerden der Preiserhöhung möglich sein (BGH ZMR 2007, 207 Rn 30; OLG Schleswig NJW-RR 2013, 496 Rn 83). Dies entspricht ständiger Rspr des BGH (seit BGHZ 82, 21, 26 f; BGH ZMR 2007, 259 Rn 27 ff), bei Verbraucherverträgen nun auch gemeinschaftsrechtlichen Vorgaben (EuGH, Urt v 26. 4.

2012, RIW 2012, 483 Rn 26, 31 [„Invitel"]). Mangelt es allerdings schon an der erforderlichen Transparenz der Anpassungsklausel oder an ihrer inhaltlichen Angemessenheit, entfaltet auch ein eingeräumtes Kündigungsrecht des Kunden keine Kompensationswirkung (BGH NJW 2008, 360 Rn 34). Letztere setzt überdies voraus, dass der Kunde sich rechtzeitig, dh *vor* Wirksamwerden einer Preiserhöhung vom Vertrag lösen kann und dass die Kündigung nicht mit finanziellen Nachteilen verbunden ist, die sie wirtschaftlich letztlich sinnlos machen (BGH NJW 2007, 1055 Rn 27 ff; 2009, 2051 Rn 37). Schließlich kann eine Kündigungsmöglichkeit die Belastung durch eine Preisanpassung dann nicht kompensieren, wenn der Verwender praktisch eine Monopolstellung am Markt hat (BGH NJW 2008, 2172 Rn 27). Diese Einschränkungen entsprechen auch *unionsrechtlichen Anforderungen* (EuGH v 26. 4. 2012, RIW 2012, 483 Rn 24, 26, 28 [„Invitel"]; Urt v 21. 3. 2013, RIW 2013, 299 Rn 49 ff [„RWE"]).

330d Im **unternehmerischen Verkehr** gebieten die unterschiedliche Interessenlage und die beiderseitige Eingebundenheit in das Wirtschaftsleben (mit der Angewiesenheit insb auf Flexibilität, Marktentwicklung und Nachfragelage) eine wesentlich großzügigere Beurteilung von Preisanpassungsklauseln (näher THOMAS AcP 209 [2009] 84, 112 ff). Die Grundanforderungen an Transparenz und Wahrung der Vertragsgerechtigkeit (Äquivalenz) sind aber auch hier grundsätzlich indisponibel.

330e **Ist eine Preisanpassungsklausel** nach vorstehenden Grundsätzen **unwirksam**, so ist derzeit äußerst umstritten, ob sie dann gem § 306 Abs 1 *ersatzlos* wegfällt (auch wenn dies angesichts geänderter Wirtschaftsdaten eine Verschiebung des Äquivalenzverhältnisses zu Gunsten des Kunden bedeuten würde), oder ob und unter welchen Voraussetzungen eine angemessene Preisanpassung nach den Grundsätzen der *ergänzenden Vertragsauslegung* zu erfolgen hat (insoweit restriktiv zuletzt BGH NJW 2012, 222 f; **krit** dazu mit umfassenden Nachweisen UFFMANN NJW 2012, 2225 ff; differenzierend STAUDINGER/SCHLOSSER § 306 Rn 22 ff, 25 sowie BGH NJW 2012, 1865 Rn 21 ff).

331 Vom Durchschnittskunden regelmäßig kaum beachtet und damit wegen der Existenz rechtlicher Vergleichsmaßstäbe auch der materiellen Inhaltskontrolle unterworfen sind schließlich auch alle Vertragsbedingungen, die nur die **Voraussetzungen** oder die **Art und Weise der Zahlungspflicht** betreffen. In Übereinstimmung mit Rechtsprechung und ganz hM sind hierzu zu rechnen zB Fälligkeitsregelungen (BGH NJW 1986, 424; 1992, 1107), Vorleistungspflichten (OLG Düsseldorf NJW-RR 1995, 1015), Zahlungsmodalitäten (BGH NJW 1996, 988 [Lastschriftverfahren]), ebenso die Tilgungsverrechnungsklausel bei Annuitätendarlehen (BGH NJW 1989, 222; 1990, 2383; 1992, 1108; 1995, 2286). Gleiches gilt für Klauseln, die künftige Abreden über unmittelbare Leistungspflichten bestimmten Regeln unterwerfen (oben Rn 310) oder die Kosten betreffen, die erst als Folge von Leistungsstörungen entstehen, zB Zinspflichten (nicht jedoch, wenn sie ab oder sogar vor Fälligkeit einsetzen: hierin wird unmittelbar eine Nebenentgeltpflicht begründet, vgl BGH NJW 1986, 1805, 1806) oder Mahnkosten (LG Frankfurt aM WM 1988, 1664). Des Weiteren gehören hierher alle Vertragsbedingungen, die zwar andere Regelungsthemen betreffen, aber mittelbar Auswirkungen auf das Preis-/Leistungsgefüge haben – zB Laufzeitklauseln (BGH ZIP 1994, 1358; VersR 1997, 345, 346; ZIP 1997, 1343, 1344; vgl Rn 527 ff), offene Risikoverlagerungen (vgl Rn 437), Haftungsklauseln (vgl Rn 431 ff) etc.

bb) Leistungsbestimmungen

Die **unmittelbare Festlegung der Hauptleistungspflichten** ist nach der hier vertretenen Auffassung nur (aber immerhin doch) der Transparenzkontrolle zugängig (Rn 315 f, 319), weil entsprechende Klauseln regelmäßig der Marktregulierung unterliegen (Rn 320 ff) und rechtliche Maßstäbe zur Angemessenheitskontrolle fehlen. Hierher gehören nicht nur die Bezeichnungen der Kaufsache oder einer herzustellenden Sache, sondern grundsätzlich auch die Leistungsbeschreibung bei komplexen Leistungsgegenständen, etwa beim Dienstvertrag, Bauvertrag, Architektenvertrag, Unterrichtsverträgen, Versicherungsverträgen (zu Abgrenzungsproblemen Rn 322). Wie bei den Entgelten, hat der Gesetzgeber gelegentlich jedoch auch im Hauptleistungsbereich Regelungen vorgegeben – etwa die Instandhaltungspflicht des Vermieters gem § 535 Abs 1 S 2 (zum Charakter als Hauptpflicht BGH NJW 1977, 36; Staudinger/Emmerich [2011] § 535 Rn 20 mwNw) oder die Abnahmepflicht beim Werkvertrag, § 640 (BGH NJW 1972, 99; **aA** und zum Streitstand Staudinger/Peters/Jacoby [2008] § 640 Rn 44; auch die Abnahmepflicht beim Kauf gem § 433 Abs 2 BGB *kann* eine Hauptpflicht sein, Staudinger/Köhler [2004] § 433 Rn 163 f). Zwar handelt es sich dabei nur um dispositives Recht, aber doch immerhin um gesetzliche Regelungen, von denen Klauseln im Sinne von Abs 2 Nr 1, Abs 3 S 1 abweichen können und die deshalb auf ihre Angemessenheit überprüfbar sind. 332

Die **Ausgestaltung der Leistungspflichten** ist nicht per se der Inhaltskontrolle unterworfen – schon deshalb nicht, weil die Unterscheidung von konstitutiver „Bestimmung" und (nachfolgender) „Ausgestaltung" zwar als Denkmodell einleuchtet, praktisch aber oft nicht klar zu treffen ist (Rn 322). Gerade bei den komplexen Verträgen in der Dienstleistungsbranche läge es am Formulierungsgeschick des Verwenders, ob die AGB-Regelungen als Leistungsbestimmung inhaltlich kontrollfrei oder als Leistungsausgestaltung kontrollunterworfen sind. Entscheidendes Kriterium für die Kontrollfähigkeit muss auch hier sein, ob (1) erwartet werden kann, dass die leistungsbezogene Regelung in die Marktentscheidung des Kunden einfließt, und – soweit dies nicht gewährleistet erscheint – (2) ob ein rechtlicher Maßstab zur Beurteilung der leistungsgestaltenden Klausel zur Verfügung steht (vgl Rn 327). Formulierungsgeschick des Verwenders ist nur im Rahmen der stets möglichen Transparenzkontrolle erheblich, ja sogar gefordert. Die Unterscheidung zwischen einem „Leistungskern" und „ausgestaltenden Nebenregelungen" mag, was den Aspekt der Marktregulierung betrifft, eine gewisse Indizwirkung für die Aufmerksamkeit haben, die der Kunde einer Regelung widmet. Es kommt aber stets auf das Gesamtbild an: So muss es einem Bau-Generalunternehmer, der ein schlüsselfertiges Haus zum Pauschalpreis anbietet, möglich sein, neben dem Umfang seiner Leistungen von vornherein festzulegen, was *nicht* im Pauschalpreis inbegriffen ist. Der Durchschnittskunde weiß, dass die geschuldete Unternehmerleistung mindestens im gleichen Maße wie von den positiven Zusagen von den Grenzen und Einschränkungen geprägt wird, und wird – auch angesichts der wirtschaftlichen Bedeutung des Vertrags – den positiven und negativen Leistungsbeschreibungen gleiche Aufmerksamkeit zuwenden. Wird das Leistungspaket in diesem Sinne in den AGB klar und übersichtlich dargestellt, scheidet eine inhaltliche Überprüfung deshalb von vornherein aus (BGH NJW 1997, 135, 136). Dabei wird der letztlich unauflösliche Zusammenhang deutlich, der zwischen den Aspekten von „Markt" und „Transparenz" einerseits und der inhaltlichen Kontrollfähigkeit einer Klausel am Rechtsmaßstab der „Unangemessenheit" andererseits besteht (zweites der oben erwähnten 333

Kriterien). Je schwerer Leistungsbeschreibung und Grenzen als Einheit zu erkennen sind, um so eher werden letztere (sofern die Transparenzkontrolle überhaupt passiert wird) als Einschränkung der „eigentlichen" Leistungszusage und damit zugleich im Lichte von Abs 2 Nr 2 als unangemessen erscheinen: Zum berechtigten Erwartungshorizont des Kunden (oben Rn 327) gehören insbesondere die Erwartungen, die der Verwender selbst geweckt hat (vgl insoweit § 434 Abs 1 S 3 sowie die Rechtsprechung des BGH zu Wahlleistungen beim Krankenhausvertrag: Das Krankenhaus braucht diese nicht anzubieten [kontrollfrei deshalb ein vorformuliertes Ablehnungsrecht, NJW 1990, 761, 762 f], muss seine Nichtverpflichtung aber deutlich herausstellen, NJW 1993, 779, 780). Dem entspricht für den Versicherungsvertrag mit Verbrauchern auch Erwägungsgrund 19 S 3 der RL 93/13/EWG: Für die Kontrollfreiheit von Risikoeingrenzungen wird ausdrücklich darauf abgestellt, ob diese „deutlich" erfolgen (ebenso BGH NJW 1998, 1069, 1070 [Unfallversicherung]).

334 Leistungsbeschreibung und -begrenzung werden nicht als untrennbare Einheit wahrgenommen, wenn der AGB-Text **in einem Teil** den Eindruck erweckt, hier werde die Leistung des Verwenders oder die des Kunden im Wesentlichen **vollständig beschrieben**, während die so erweckte Vorstellung dann **in anderen Teilen erheblich modifiziert wird** (vgl Staudinger/Coester-Waltjen § 308 Nr 4 Rn 7). Dies wurde vom BGH beispielsweise bejaht, wenn ein Pauschalreiseveranstalter den Teil seines Leistungsversprechens, der im Zielland zu erbringen ist, unter den Vorbehalt der „Landesüblichkeit" stellt (BGH NJW 1987, 1931, 1935; **aA** Dylla-Krebs 275: von vornherein nur landesübliche Qualität geschuldet). Ähnliches gilt, wenn der Verwender einen eingefassten Rücktrittsvorbehalt für seine eigene Leistungspflicht in seinen AGB vorsieht, uU sogar mit fortbestehenden Zahlungspflichten des Kunden (BGH NJW 2009, 575 Rn 24 ff [Leasingvertrag] – hier wird das vertraglich vereinbarte **Äquivalenzverhältnis** nicht beim Preis, sondern schon auf der Leistungsseite erheblich verändert [BGH aaO Rn 38]). Korrekterweise wäre bei solchen Klauseln die inhaltliche Kontrollfähigkeit der Leistungseingrenzung im Lichte von Abs 3 S 1 damit zu begründen, dass sie typischerweise in die Marktentscheidung des Kunden nicht mit aufgenommen wird und gem Abs 2 Nr 2 das vertragliche Leistungsversprechen aushöhlt. Nach den vorgenannten Grundsätzen lässt sich im Einzelfall auch beurteilen, ob eine *Garantiezusage* von vornherein nur beschränkt abgegeben oder – nach zunächst umfassender Erteilung – durch zahlreiche Obliegenheiten des Vertragspartners, deren Nichterfüllung zum Ausschluss der Garantie führt, ausgehöhlt wird (BGH NJW-RR 1991, 1013, 1014; NJW 2008, 214 Rn 13 [die Möglichkeit einer solchen Unterscheidung offenlassend]). Des Weiteren ergibt sich bei einer *Bürgschaft* schon aus ihrem akzessorischen Wesen, dass sie auf eine bestimmte Verbindlichkeit des Schuldners bezogen ist („Anlassschuld"). Die klauselmäßige Erstreckung auf weitere (künftige) Schulden wird vom Durchschnittskunden (Bürgen) auch bei Höchstbetragsbürgschaften in ihrer Bedeutung nicht erfasst und in seine Abschlussentscheidung einbezogen; mit § 767 Abs 1 S 3 steht des Weiteren ein rechtlicher Maßstab bereit, an dem die Klausel gem § 307 Abs 2 Nr 1 gemessen werden kann (vgl BGH ZIP 1995, 1244, 1249; NJW 1996, 924 f; ZIP 1996, 1289, 1291; NJW 1998, 450 f; 2002, 3167, 3169 – stets mit einer auf die Unangemessenheit der Klausel fokussierten Begründung). Anderes soll nach Auffassung des BGH bei der *Grundschuld* als nichtakzessorischem Sicherungsrecht gelten: Für den Sicherungszweck der Grundschuld bestehe kein dem § 767 Abs 1 S 3 entsprechendes Leitbild, die Sicherungsabrede sei daher Sache der freien Vereinbarung, die – mangels rechtlicher Vorgaben – kontrollfrei gem § 307 Abs 3 S 1 sei (BGH NJW 2002, 2710 mNw früherer

Entscheidungen; vgl Joswig ZfIR 1998, 185 ff; ausführliche Rechtfertigung bei Kuntz AcP 209 [2009] 242 ff, 271 ff). Demgegenüber könnte argumentiert werden, dass der wesentliche Grundgedanke des § 767 Abs 3 S 1, das „Verbot der Fremddisposition", auch für die Grundschuld passt (Billing 72 f; **krit** auch Knops ZiP 2006, 1965, 1969 ff; vgl auch Ulmer/Fuchs Rn 192), mit der Folge einer Kontrollfähigkeit „weiter Sicherungsabreden" anhand § 307 Abs 2 Nr 1. Treffender erscheint hingegen Abs 2 Nr 2 (so auch Joswig ZfIR 1998, 185, 188 f): Die formularmäßige Erstreckung des Sicherungszwecks einer Grundschuld über eine bestimmte „Anlassschuld" hinaus auf alle bestehenden und künftigen Verbindlichkeiten des Schuldners verändert das individuell vereinbarte Sicherungskonzept in seiner Grundfunktion; sie verstößt gegen die berechtigten Erwartungen des Sicherungsgebers (Rn 272, 278). Abs 2 Nr 2 stellt einen Kontrollmaßstab für derartige Vereinbarungen bereit, so dass damit auch die Kontrollfähigkeit iSv Abs 3 S 1 gegeben ist (vgl Rn 280; auch BGH ZIP 1995, 1244, 1249 stellt kumulativ auch auf Abs 2 Nr 2 ab).

Für **Leistungsanpassungsklauseln** gilt oben Rn 330 entsprechend.

(Rn 335–349 sind frei.)

VI. Einzelne Klausel- und Vertragstypen

1. Abtretungsverbote*

a) Generelle Erwägungen

aa) Formularmäßige Abtretungsausschlüsse sind gem § 307 Abs 3 S 1 der **Inhaltskontrolle nach § 307 Abs 1 S 1, Abs 2** zu unterwerfen, da § 399 Alt 2 sie nur zulässt, nicht aber anordnet, und ein Abtretungsverbot damit rechtsergänzend ist (vgl oben 350

* **Schrifttum**: Baukelmann, Der Ausschluß der Abtretbarkeit von Geldforderungen in AGB – Fragen zu § 354a HGB, in: FS Brandner (1996) 185; Blaurock, Die Factoring-Zession, ZHR 142 (1978) 325; Burger, Probleme der Vereinbarung eines Abtretungsverbots beim Wareneinkauf, NJW 1982, 80; Canaris, Die Rechtsfolgen rechtsgeschäftlicher Abtretungsverbote, in: FS Serick (1992) 9; Hadding/van Look, Vertraglicher Abtretungsausschluß – Überlegungen de lege lata und de lege ferenda, WM 1988 Beil 7; Henseler, Die Neuregelung des Abtretungsverbots, BB 1995, 5; Hübner, Kollision von verlängertem Eigentumsvorbehalt (Vorausabtretung) mit formularmäßigem Abtretungsverbot des Zweiterwerbers und guter Glaube bei Handelsgeschäften, ZIP 1980, 741; Klamroth, Abtretungsverbote in Allgemeinen Geschäftsbedingungen, BB 1984, 1842; Lukosch, Ansprüche der Bank aus verlängerter Sicherungsübereignung im Konkurs ihres Kreditnehmers trotz Abtretungsverbots, ZIP 1985, 84; Matthies, Abtretungsverbot und verlängerter Eigentumsvorbehalt, WM 1981, 1042; Oefner, Abtretungsverbote in Allgemeinen Geschäftsbedingungen (1987); K Schmidt, Gutgläubiger Eigentumserwerb trotz Abtretungsverbots in AGB – Zur Bedeutung des § 354a HGB für die Praxis zu § 366 HGB, NJW 1999, 400; Schmitt, Abtretungsverbot und Factoring, DB 1980, 244; Ultsch, Rückgabe von Fußball-WM-Tickets nach § 649 BGB, ZGS 2005, 261; Wagner, Materiell-rechtliche und prozessuale Probleme des § 354a HGB, WM 1996 Beil 1; ders, Vertragliche Abtretungsverbote im System zivilrechtlicher Verfügungsfreiheit (1994); ders, Zur Kollision von verlängertem Eigentumsvorbehalt und eingeschränktem Abtretungsverbot, JZ 1988, 698; Weller, Das Übertragungsverbot der Fußball-WM-Tickets – eine angreifbare Vinkulierung durch den DFB, NJW 2005, 934.

Rn 293, 301 ff, 306; OLG Hamm BB 1979, 1425, 1426; Wagner, Abtretungsverbote 486). Die grundsätzliche Zulässigkeit von vertraglichen Abtretungsverboten wird für den **Unternehmervertrag** auch nicht durch **§ 354a HGB** beseitigt – nur die *Wirkung* eines solchen Verbots wird erheblich eingeschränkt (ausführl Canaris, HandelsR [24. Aufl 2005] § 28 Rn 5 ff; Staudinger/Busche [2012] § 399 Rn 69 ff; s im Einzelnen unten Rn 382).

351 **bb)** Sie sind nicht grundsätzlich nach **§ 307 Abs 2 Nr 1** unwirksam, da die Verfügungsfreiheit bezüglich der Forderung zwar in den §§ 398, 137 Satz 1 geschützt wird, jedoch nicht als wesentlicher Grundgedanke der §§ 398 ff bzw des Werk- oder Kaufvertragsrechts (vgl BGH NJW 1981, 117, 118 für eine Warenforderung) anzusehen ist; weil § 399 Alt 2 den Abtretungsausschluss ausdrücklich zulässt, ist nur ein Regel-Ausnahme-Verhältnis, jedoch kein eindeutiges gesetzliches Leitbild gegeben (vgl oben Rn 85; Hadding/van Look 9; Becker 116 f; Baukelmann 189; Wagner, Abtretungsverbote 486; vWestphalen ZIP 1984, 529, 535; **aA** Oefner 209; Burger 83; Sundermann WM 1989, 1197, 1199; vgl allg oben Rn 229 ff). Entscheidend ist daher die Inhaltskontrolle nach § 307 Abs 1 S 1.

352 **cc)** Abtretungsverbote in AGB sind nach Auffassung des BGH gem § 307 Abs 1 S 1 **grundsätzlich nicht zu beanstanden** (BGH NJW 2006, 3486 Rn 14; NJW-RR 2000, 1220, 1221; NJW 1997, 3434, 3435; NJW-RR 1991, 763; **zust** Schmidt-Salzer F 198, 171; Klauselwerke/vWestphalen „Vertragsrecht/Abtretungsausschluss" Rn 7; Wolf/Dammann Klauseln Rn A 28; **krit** Burger 83; Klamroth 1842 ff; Matthies 1043 f; Hübner 743; Canaris, in: FS Serick [1992] 9, 35; **differenzierend** Ulmer/Schmidt Teil 3 [1] Rn 4; **aA** Oefner 209; Hadding/van Look 11; Blaurock 334), da sie an sich nicht zu einer unangemessenen Benachteiligung des Gläubigers führen und den berechtigten Verwenderinteressen an einer übersichtlichen Vertragsabwicklung und der Verhinderung einer im voraus nicht überschaubaren Gläubigerzahl dienen (BGH NJW 1997, 3434, 3435; NJW-RR 1991, 763; NJW 1990, 1601, 1602; 1989, 2750; BGHZ 56, 228, 234; 51, 113, 117 zu § 138; Erman/Roloff Rn 50). Entgegen dieser Regelwertung können aber Besonderheiten des Sachverhalts doch die Unwirksamkeit gem § 307 Abs 1 S 1 begründen, etwa wenn **kein schützenswertes Interesse des Verwenders** gegeben ist oder die **berechtigten Belange des Gläubigers** an der freien Abtretbarkeit **überwiegen** (BGH NJW 2006, 3486 Rn 14; 1997, 3434, 3436; NJW-RR 1991, 763; NJW 1990, 1601, 1602; 1989, 2750, 2751; Staudinger/Busche [2012] § 399 Rn 56; Klauselwerke/vWestphalen „Vertragsrecht/Abtretungsausschluss" Rn 7 f).

353 Diese Ausgangsposition überzeugt nicht. Das vom BGH betonte Verwenderinteresse an „klarer und übersichtlicher Vertragsabwicklung" (zuletzt NJW 1997, 3434, 3435; näher sogleich Rn 354) gleicht dem generellen Rationalisierungsinteresse an der Verwendung von AGB; wie dieses (oben Rn 156 f) ist es nicht gewichtig genug, um spürbare Eingriffe in die Dispositions- und Wirtschaftsfreiheit des Gläubigers generell zu rechtfertigen. Dabei ist auch der durch § 354a HGB veränderte gesetzliche Wertungshintergrund zu berücksichtigen, soweit diese Vorschrift nicht unmittelbar anwendbar ist (dazu Staudinger/Busche [2012] § 399 Rn 69 ff; vgl Baukelmann, in: FS Brandner [1996] 185, 201 ff). Wie auch sonst beim klauselmäßigen Gebrauch gesetzlicher Gestaltungsmöglichkeiten (oben Rn 85) erweist sich deshalb die offene, durch keine Regelwertung verkürzte Interessenabwägung gem § 307 Abs 1 S 1 als der richtige Ansatz zur Kontrolle von Abtretungsausschlüssen (vgl auch die oben nachgewiesene Kritik an der BGH-Rechtsprechung; tendenziell ähnlich Ulmer/Schmidt Teil 3 [1] Rn 4 f).

dd) Im Rahmen der **Interessenabwägung nach § 307 Abs 1 S 1** ist neben dem genannten allgemeinen **Interesse des Verwenders** an der übersichtlichen Vertragsabwicklung, das bei Schuldnern mit *vielfachen Geschäftsbeziehungen* und zahlreichen Filialen besonders ausgeprägt ist (BGH NJW 1997, 3434, 3435; 1990, 1601, 1602; 1980, 2245, 2246), zu berücksichtigen, dass der Schuldner durch das Abtretungsverbot der Gefahr einer *doppelten Inanspruchnahme* für den Fall begegnen will, dass ihn § 407 nicht schützt; denn ihm wird die Kenntnis seiner Angestellten von der Abtretung zugerechnet, auch wenn er aufgrund einer umfangreichen Verwaltungsorganisation noch nicht sichergestellt hat, dass mit der Abwicklung betraute Angestellte keine Zahlung mehr an den ursprünglichen Gläubiger veranlassen (BGH NJW 1990, 1601, 1602; Baukelmann 189; Schmitt 244; Ulmer/Schmidt Teil 3 [1] Rn 4). Als relevante **Schuldnerinteressen** anzuerkennen sind jedoch weder die Erwartung erhöhter *Kulanz* und Rücksichtnahme vom ursprünglichen Gläubiger, da dies lediglich eine ungewisse Hoffnung darstellt (Hadding/van Look 10; **aA** Baukelmann 189; vgl aber auch BGHZ 65, 364, 366, der ein solches Interesse in Betracht zieht, wenn aus bestimmten Gründen eine besondere Rücksichtnahme erwartet werden kann), noch *bloße Unbequemlichkeiten* bei der Forderungsverwaltung, zB durch Änderung der Gläubiger in der EDV, die gem § 242 vom Schuldner zu tragen sind (Hadding/van Look 10; Blaurock 334, zu weitgehend Oefner 209). Berücksichtigenswert ist aber die Befürchtung *prozessualer Nachteile* in einer gerichtlichen Beweisaufnahme, in der der vorherige Gläubiger als Zeuge auftreten kann, weil dies idR eine Verschlechterung der Beweislage bedeutet, selbst wenn das Gericht bei der Beweiswürdigung die Nähe des Zeugen zum Forderungsinhaber einbezieht (Baukelmann 189 f; **aA** Hadding/van Look 10; vgl auch BGH NJW 1989, 2750, 2751). Die **Gläubigerinteressen** sind vor allem auf eine wirtschaftliche Verwertung der Forderung zur Erlangung von Warenkredit (insbesondere in Zusammenhang mit einem verlängerten Eigentumsvorbehalt) oder Geldkredit gerichtet (Hadding/van Look 10; Baukelmann 189). 354

Bei der Interessenabwägung ist es (zugunsten der Wirksamkeit der Klausel) auch zu berücksichtigen, wenn lediglich ein an Formerfordernisse geknüpftes Abtretungsverbot vorliegt; wenn den Gläubigerinteressen durch die Regelung einer Zustimmungsverpflichtung seitens des Schuldners Rechnung getragen wird (vgl Blaurock 334) oder wenn die Abtretung (wie zB in den Fällen BGH NJW 1990, 109; NJW-RR 1989, 1104) zustimmungsfrei von festgelegten Voraussetzungen abhängig gemacht wird. Denn soweit schon ein generelles Abtretungsverbot grundsätzlich zulässig ist, gilt dies erst recht bei einem **abgeschwächten** Abtretungssausschluss (vgl BGH NJW 1991, 559, 560; tendenziell ähnlich Ulmer/Schmidt Teil 3 [1] Rn 5).

ee) Zu weitgehend wäre allerdings, ein generelles Abtretungsverbot mit der Begründung regelmäßig für unwirksam zu halten, dass die Interessen des Schuldners oft schon durch ein **eingeschränktes** Abtretungsverbot wie einen Zustimmungs- oder Anzeigevorbehalt gewahrt werden könnten (zur materiellrechtlichen Bedeutungslosigkeit des Zustimmungsvorbehalts BGH NJW 1997, 3434, 3435; 1990, 109, 110), und für eine wirksame Abtretung grundsätzlich die gleichzeitige Festlegung zumutbarer Bedingungen zu fordern, unter denen der Schuldner der Abtretung zustimmt – zB für den Fall, dass nach Anzeige der Abtretung der Zweitgläubiger den Schuldner bei irrtümlicher Zahlung von einer doppelten Inanspruchnahme freistellt – (so aber Hadding/van Look 11; Blaurock 334; vgl Baukelmann EWiR § 399 BGB 1/91, 134; Schmitt 245). Denn der Verwender erhält durch die Regelung zT nicht einmal das Äquivalent des vollen 355

Schuldnerschutzes der §§ 404 ff, wie zB den des § 406. Daneben fehlt es einer solchen, wegen der Einschaltung von Schuldner und Zessionar schwerfälligeren Handhabung an Praktikabilität (Sundermann WM 1989, 1197, 1199; vgl Wagner, Abtretungsverbote 487). Zudem würde der Gläubiger zur Offenlegung seiner Geschäftsbeziehungen zu den Vorlieferanten gezwungen, was für ihn nicht unerhebliche Nachteile mit sich bringen kann, da dies dem Schuldner einen Geschäftseinblick und uU auch wirtschaftliche Rückschlüsse ermöglicht (Sundermann WM 1989, 1197, 1199; vgl Burger 81, 83).

356 Richtig ist allerdings, dass diese Komplikationen nicht *stets* eintreten müssen. Sind sie bei einer Vertragsgestaltung nicht zu befürchten und kann den Interessen des Verwenders schon durch *Beschränkungen* der Abtretungsfreiheit (zB Form- oder Anzeigeerfordernisse, vgl Rn 379) Rechnung getragen werden, so wäre ein völliges Abtretungsverbot in der Tat unverhältnismäßig und unangemessen (vgl oben Rn 162, 354 f).

357 **ff) Die Berufung auf ein** nach § 307 Abs 1 S 1 wirksames **Abtretungsverbot** kann im Einzelfall gem **§ 242 rechtsmissbräuchlich** sein (BGH NJW 1985, 1537, 1539; Wolf/Dammann Klauseln A 26; Wagner JZ 1998, 259; vgl BGH NJW 1988, 1210, 1212; zur Ausübungskontrolle grds oben Rn 36 ff); wenn zB der Leasinggeber gegenüber dem Leasingnehmer verpflichtet ist, Leistungen einer Versicherung für die Reparatur des Leasingfahrzeugs zu verwenden, und der Leasingnehmer diesen Anspruch entgegen einem Abtretungsverbot an den Reparaturwerkunternehmer abgetreten hat, kann sich der Leasinggeber gegenüber dem Reparaturwerkunternehmer nicht auf das Abtretungsverbot berufen (BGH NJW 1985, 1537, 1539). Die Berufung auf ein Abtretungsverbot kann auch missbräuchlich sein, weil es nicht mehr von einem im Zweckbereich der Klausel liegenden Interesse gedeckt wird (BGH VersR 1983, 823; VersR 1983, 945; NJW-RR 1997, 919; 1996, 1393; 2000, 1220; 2004, 1100, 1101 f); so zB wenn der nur subsidiär leistungspflichtige Reiseversicherer auf Grund einer Verpflichtung zur Vorleistung für Krankheits- und Rücktransportkosten in Vorlage tritt und sich der private Krankenversicherer auf ein in der Krankenversicherung vereinbartes Abtretungsverbot beruft, um den Forderungsübergang nach § 67 Abs 1 VVG zu verhindern (BGH NJW-RR 2004, 1100, 1101 f).

b) Einkaufsbedingungen

358 Abtretungsausschlüsse in **Einkaufsbedingungen** stellen idR keine überraschenden Klauseln iSd **§ 305c Abs 1** dar, da sie durchaus üblich sind (BGH NJW-RR 1991, 763; Hadding/van Look 8); sie werden in großem Ausmaß und insbesondere von marktstarken Schuldnern sowie zT in ganzen Industriezweigen verwendet (Wagner, Abtretungsverbote 35 ff, Blaurock 330, Baukelmann 186). Die Rechtsprechung beanstandet sie aufgrund der berechtigten Verwenderinteressen an der übersichtlichen Gestaltung des Zahlungsverkehrs auch nach **§ 307 Abs 1 S 1, Abs 2** grundsätzlich nicht (BGH NJW-RR 1991, 763; NJW 1980, 2245, 2246 [offengelassen für den Warenverkehr nach AGB-Recht]; vgl BGH WM 2005, 429; im Ergebnis ebenso BGH NJW 1997, 3434, 3435; vWestphalen ZIP 1984, 529, 536; Erman/Roloff Rn 51); das gilt auch für Abtretungsverbote in **Bauauftragsbedingungen** der öffentlichen Hand (BGH NJW 1990, 109, 110; NJW-RR 1989, 1104; NJW 1988, 1210, 1211; BGHZ 56, 173, 175 zu § 138; Erman/Roloff Rn 51).

aa) Zusammentreffen mit einem verlängerten Eigentumsvorbehalt

Abtretungsverbote in den Einkaufsbedingungen eines Zweitkäufers sind nach hM auch dann grundsätzlich gem **§ 307 Abs 1 S 1** wirksam, wenn der Erstkäufer (bzw Verarbeiter oder Bauunternehmer) die Waren unter verlängertem Eigentumsvorbehalt von seinem Lieferanten erworben hat und durch das Abtretungsverbot daran gehindert wird, die Vorausabtretung aus dem verlängerten Eigentumsvorbehalt zu erfüllen (BGH NJW 1988, 1210, 1211; in BGH NJW 1980, 2245, 2246 grundsätzlich offengelassen; BGH NJW 1990, 976, 977; BGHZ 51, 113, 117 ff zu § 138; vgl auch KG BauR 2005, 388 f; vWestphalen ZIP 1984, 529, 535; **krit** Ulmer/Schmidt Teil 3 [1] Rn 2; Burger 82; Hübner 743; Sundermann WM 1989, 1197, 1199; Matthies 1043 f; Klamroth 1842 f; **aA** Wolf, in: FS Baur [1981] 158; Hadding/van Look 11 f; Oefner 209; Mummenhoff JZ 1979, 425, 428 f). Mit dem Abtretungsverbot entfällt allerdings regelmäßig die Ermächtigung zur Weiterveräußerung bzw zu Verarbeitung und Einbau (BGH NJW-RR 1991, 343 f; BGH NJW 1990, 976, 977; 1980, 2245, 2246; BGHZ 51, 113, 116; 40, 156, 162; 30, 176, 181 f; 27, 306, 309; Erman/Roloff Rn 51), so dass der Zweitkäufer allenfalls über §§ 932 BGB, 366 HGB erwerben kann (vgl BGH NJW 1980, 2245, 2246); bei Branchenüblichkeit des Erwerbs unter verlängertem Eigentumsvorbehalt wird guter Glaube jedoch kaum anzunehmen sein – häufig wird eine Erkundigungspflicht des Zweitkäufers bestehen (so BGH NJW 1980, 2245, 2247; vgl auch BGH NJW 1999, 241, 246 mit Anm K Schmidt aaO 400 für den Fall, dass der Veräußerer unter Sicherungsübereignung verbunden mit stiller Zession handelt und der Erwerber die stille Zession in seinen Einkaufsbedingungen auszuschließen versucht; allerdings ist über das Bestehen einer Erkundigungspflicht jeweils im Einzelfall zu entscheiden [BGH NJW-RR 1991, 343, 344]; keine Erkundigungspflicht besteht im Geltungsbereich des § 354a HGB [Henseler 8]), möglicherweise auch eine Schadensersatzpflicht nach §§ 823, 990 (BGH NJW 1980, 2245, 2247; Palandt/Grüneberg § 399 Rn 10; vgl auch K Schmidt NJW 1999, 401). Anstatt diese „hausgemachten" Probleme des Verwenders/Zweitkäufers kompensierend zugunsten der Wirksamkeit des Abtretungsverbotes ins Feld zu führen (Klauselwerke/vWestphalen „Abtretungsausschluss" Rn 19 f), sollte die Rechtsprechung ihre Position – auch im Lichte des § 354a HGB – überdenken. Dem generellen **Verwenderinteresse** an der übersichtlichen Vertragsabwicklung und der Vermeidung der Gefahr doppelter Inanspruchnahme stehen erhebliche Beschwernisse des Vorbehaltskäufers gegenüber: Wenn er nicht auf das Rechtsgeschäft verzichten will, muss er sich entweder bei dem Zweitkäufer um eine Zustimmung zur Abtretung bemühen oder dem Vorbehaltsverkäufer gegenüber die Unmöglichkeit der Abtretung der Weiterveräußerungsforderung offenlegen und dessen Verzicht einholen; zu einer Täuschung und einem Vertragsbruch gegenüber dem Vorbehaltsverkäufer ist er zwar nicht gezwungen (vgl BGHZ 51, 113, 118 zu § 138; vWestphalen ZIP 1984, 529, 535; **krit** Sundermann WM 1989, 1197, 1199; Matthies 1043), wohl aber verleitet (zum Vergleich mit der parallelen Problematik bei der Sicherungs-Globalzession s BGHZ 51, 113, 117 f; Klamroth 1842 f; Burger 82 f). Ein **überwiegendes Interesse des Vorbehaltskäufers** wird bei generalisierend-typisierender Betrachtungsweise deshalb wenigstens dann anzunehmen sein, wenn er ein erhebliches, besonderes Interesse an der Krediterlangung hat, zB branchentypisch auf die Vorfinanzierung angewiesen und ebenso generell mit einem Verzicht auf den verlängerten Eigentumsvorbehalt durch eine Vielzahl der Lieferanten nicht zu rechnen ist. 359

Aus den gleichen Gründen kann auch ein Abtretungsverbot bei Zusammentreffen mit einer **verlängerten Sicherungsübereignung** unwirksam sein (aber nicht schon als Regelfall, BGH NJW 2006, 3486 Rn 15; Wolf/Dammann Klauseln A 29). 360

bb) Factoring und Sicherungsabtretung

361 Eine unangemessene Benachteiligung nach § 307 Abs 1 S 1 will der BGH für den Regelfall auch dann nicht bejahen, wenn der Kunde durch das Abtretungsverbot an der Verwertung der Forderung im Rahmen eines Factoringvertrages gehindert wird (BGH NJW-RR 1991, 763; **aA** Blaurock 334, Lukosch 87 wenn der Zessionar den Schuldner im Fall irrtümlicher Zahlung an den Erstgläubiger von einer zweiten Inanspruchnahme freistellt; ähnl Schmitt 245; für eine generelle Unwirksamkeit von Abtretungsverboten bei Zusammentreffen mit Sicherungszessionen Matthies 1046; Mummenhoff JZ 1979, 425, 427 ff). Das Gleiche gilt für eine Sicherungsabtretung (BGH NJW 1997, 3434, 3435 f). Diese Position ist konsequent, lässt aber die Vernachlässigung der Kundeninteressen besonders deutlich hervortreten. Der BGH umgeht das Problem auch nicht durch eine **einschränkende Auslegung**, dass das Verbot die Abtretung im Rahmen eines echten Factoring nicht erfasse (BGH NJW 1991, 763, 764). In den meisten Fällen wird das Abtretungsverbot jetzt allerdings von § 354a HGB entschärft (s hierzu Staudinger/Busche [2012] § 399 Rn 69 ff).

c) Verkaufsbedingungen

362 Abtretungsausschlüsse in Verkaufsbedingungen sind nicht als überraschende Klauseln iSd **§ 305c Abs 1** anzusehen, da keine Abweichung vom gesetzlichen Leitbild des Kaufvertrages vorliegt (vgl BGH NJW 1981, 117, 118 [eine etwa anzunehmende Abweichung sei jedenfalls nicht bedeutsam] und OLG Hamm BB 1979, 1425, 1426) und da sie üblich sind (BGH NJW 1981, 117, 118; OLG Hamm BB 1979, 1425, 1426; Hadding/van Look 8).

363 **aa)** Ein auf **Sachleistungsforderungen** bezogenes Abtretungsverbot verstößt nicht gegen wesentliche Grundgedanken der gesetzlichen Regelung des Kaufvertrages iSd § 307 Abs 2 Nr 1, da Erfüllungsansprüche nur ausnahmsweise abgetreten werden (BGH NJW 1981, 117, 118). Es ist auch grundsätzlich nicht nach § 307 Abs 1 S 1 unwirksam; dies gilt jedenfalls für den **Neuwagenverkauf** (BGH NJW 1982, 178, 180; 1981, 117, 118, m krit Anm vWestphalen ZIP 1980, 987; vgl auch OLG Köln NJW-RR 1993, 824, 825; Erman/Roloff Rn 51; Palandt/Grüneberg § 399 Rn 10). Beim Neuwagenverkauf stehen den berechtigten Verwenderinteressen an der reibungslosen Vertragsabwicklung idR keine typischen Interessen des Käufers entgegen, den Erfüllungsanspruch abzutreten, da die Wagen gerade zur eigenen Nutzung gekauft werden; nachträglich entstandene Käuferinteressen an der Abtretbarkeit sind zwar bei der Abwägung nach § 307 Abs 1 S 1 nicht einzubeziehen, können jedoch den Einwand unzulässiger Rechtsausübung nach § 242 begründen (BGH NJW 1981, 117, 118 f; vgl oben Rn 38). Als berechtigte Verwenderinteressen sind darüber hinaus auch die Verhinderung von „grauen Märkten", also der Weiterveräußerung von Neuwagen zu höheren als den Lieferpreisen (OLG Köln NJW-RR 1993, 824, 825; OLG Hamm BB 1979, 1425, 1426; vgl BGH NJW 1982, 178, 179 f) sowie der Schutz bestehender Vertriebssysteme – auch im Zusammenhang mit dem Schutz des Rufes der Marke – anzuerkennen (OLG Köln NJW-RR 1993, 824, 825; OLG Hamm 1426; Klauselwerke/vWestphalen „Abtretungsausschluss" Rn 26; offengelassen in BGH NJW 1981, 117, 119).

Ein Abtretungsverbot für **Gewährleistungsansprüche** ist ebenfalls nicht zu beanstanden (Staudinger/Peters [2008] Anh III zu § 638 Rn 8 [für den Werkvertrag]).

364 Beim **Gebrauchtwagenkauf** gelten diese Gesichtspunkte jedoch nicht, so dass für ein Abtretungsverbot keine Rechtfertigung ersichtlich ist.

bb) Bei einem **Kredit- bzw Ratenkauf** (mit Eigentumsvorbehalt) vertraut der Verwender darauf, dass sein Kunde ordentlich mit der Kaufsache verfährt, und hat daher ein Interesse, an seinen ursprünglichen Vertragspartner, über dessen Verlässlichkeit er sich zumindest grundsätzlich ein Bild machen kann, zu leisten; wegen seines Sacherhaltungsinteresses ist daher ein Abtretungsausschluss hinsichtlich der Sachleistungsforderung nach § 307 Abs 1 S 1 grundsätzlich wirksam (BGH NJW 1981, 117, 118 f; Wolf/Dammann Klauseln A 33; Ulmer/Schmidt Teil 3 [1] Rn 6; **aA** Oefner 165 f, der eine erhöhte Eigentumsgefährdung infolge einer Abtretung verneint). 365

cc) Formularmäßige Abtretungsverbote, die sich auf persönlich zu erbringende **Dienstleistungen** beziehen, sind idR wirksam, da der Verwender aufgrund einer **Vertrauensbeziehung** uU ein erhebliches Interesse daran hat, an seinen ursprünglichen Gläubiger zu leisten (vgl die auch in Rahmen des § 307 Abs 1 S 1, Abs 2 zu berücksichtigende Wertung des § 613 S 2; Soergel/Stein § 9 Rn 50; wohl enger Klauselwerke/vWestphalen „Vertragsrecht/Abtretungsausschluss“ Rn 27 für den Fall, dass die Dienstleistung nach dem Individualvertrag höchstpersönliche Prägung aufweist, wobei dann aber zugleich § 399 Alt 1 eingreife, vgl Palandt/Grüneberg § 399 Rn 6). Dies gilt regelmäßig auch für den **Ticket-Verkauf bei sportlichen Großereignissen** (Fußball-WM oder EM; Bundesligaspiele oä). Hier stehen auf dem Spiel das Sicherheitsinteresse der Veranstalter sowie das Interesse an der Verhinderung eines Schwarzmarktes, der den Zugang weiter Teile der Bevölkerung zu diesen Ereignissen zu „normalen“ Preisen vereiteln würde. Ein schuldrechtliches Weiterveräußerungsverbot (§ 137 S 2) in den AGB der Veranstalter wurde deshalb vom BGH (wenngleich ohne Begründung) für wirksam erachtet (NJW 2009, 1504 Rn 24; **zust** Frobenius aaO 1509; vgl Wolf/Dammann Klauseln A 46–60). 366

dd) Entgegen der BGH-Rechtsprechung, nach der eine dem Vorbehaltskäufer im Rahmen eines verlängerten Eigentumsvorbehalts erteilte Einziehungsermächtigung dahin auszulegen ist, dass sie einer Abtretung im Rahmen eines **echten Factoring** nicht entgegensteht (vgl BGHZ 72, 15, 20 ff), verbieten Klauseln **(„Lieferantenabtretungsverbote“)** in den AGB des Vorbehaltsverkäufers ausdrücklich diese Abtretung. Eine solche Klausel stellt kein Abtretungsverbot dar, da der Vorbehaltskäufer infolge der Abtretung aufgrund des verlängerten Eigentumsvorbehalts nicht mehr Gläubiger der Weiterverkaufsforderung ist; sie begrenzt lediglich die Auslegung der Einziehungsermächtigung. Dennoch stellt sie einen Verstoß gegen § 307 Abs 1 S 1 dar, da der Lieferant regelmäßig kein schützenswertes Interesse an diesem Verbot hat (Klauselwerke/vWestphalen „Abtretungsausschluss“ Rn 29; i Erg auch vLambsdorff BB 1982, 336, 337), zumal durch das echte Factoring ein adäquater Gegenwert in das Vermögen des Vorbehaltskäufers gelangt; darüber hinaus liegt eine unangemessene Benachteiligung vor, soweit von dem Abtretungsverbot auch der Teil der Weiterveräußerungsforderung erfasst wird, der dem Vorbehaltskäufer nach der Abrechnung mit dem Verkäufer als Gewinn zufällt, und damit eine Übersicherung gegeben ist (Klauselwerke/vWestphalen „Abtretungsausschluss“ Rn 29; vgl zur Gefahr einer Übersicherung bei einer klauselmäßigen Vollabtretung einer Weiterverarbeitungsforderung BGH WM 1990, 1389, 1391). 367

Nicht zu beanstanden sind allerdings Klauseln in Lieferbedingungen des Vorbehaltsverkäufers, nach denen der Vorbehaltskäufer seine Geldforderungen aus dem Weiterverkauf nicht zu **Sicherungszwecken** an Dritte abtreten darf, da der Vorbehalts- 368 verkäufer ein schützenswertes Interesse daran hat, dass sein Vertragspartner sich nicht (zusätzlich zu dem von ihm gewährten Warenkredit) weiteren Kredit auf der Grundlage dieser Forderung verschafft und die Sicherung des Warenkredites gefährdet (BGH NJW 1982, 164, 165; vgl BGHZ 72, 15, 22; Erman/Roloff Rn 51; Soergel/Stein § 9 Rn 50). Allerdings darf das Abtretungsverbot das Sicherungsinteresse des Vorbehaltsverkäufers nicht übersteigen.

369 **ee)** Kann ein **Franchisenehmer** nach den AGB des Franchisegebers Rechte aus dem Vertrag nicht ohne Zustimmung des Franchisegebers abtreten, so verstößt dies bereits deshalb grundsätzlich nicht gegen § 307 Abs 1 S 1, weil dieser ein anerkennenswertes Interesse daran hat, sein Geschäftssystem zu schützen und eine Beteiligung Dritter zu kontrollieren.

370 **ff)** Eine Klausel, in der der Versicherer die Abtretung von gegen ihn gerichteten Ansprüchen aus einer **Lebensversicherung** von einer Anzeige abhängig macht, wahrt dessen berechtigte Interessen und ist wirksam (BGH NJW-RR 1992, 790; NJW 1991, 559, 560 [zu § 13 Abs 3 ALB nF]).

d) Kontokorrentabrede

371 Eine **Kontokorrentabrede** beinhaltet einen stillschweigenden Abtretungsausschluss bezüglich der einzelnen Ansprüche (BGHZ 70, 86, 92 f; 73, 259, 263; BGH NJW 2002, 2865, 2866; Staudinger/Busche [2012] § 399 Rn 55; Wolf/Dammann Klauseln A 30; Ulmer/Schmidt Teil 3[1] Rn 6; Henseler 6); soweit die Kontokorrentabrede individualvertraglich vereinbart ist, gilt ein solches Abtretungsverbot ohne weiteres. Da eine solche Abrechnungsvereinfachung bei laufenden Geschäftsbeziehungen zweckmäßig ist und einen angemessenen Interessenausgleich darstellt, verstößt aber auch ein formularmäßiges Abtretungsverbot für den Abrechnungszeitraum nicht gegen § 307 Abs 1 S 1, Abs 2; es darf jedoch nicht die Forderung aus dem Schlusssaldo erfassen (Wolf/Dammann Klauseln A 30). Der Wirksamkeit dieses Abtretungsverbots steht auch § 354a HGB nicht entgegen, da sich das Verbot aus dem Wesen der Kontokorrentabrede zwingend ergibt und als Fall des § 399 Alt 1 anzusehen ist (s im Einzelnen Staudinger/Busche [2012] § 399 Rn 55; Henseler 6 f je mwNw).

e) Behinderung der Regressabwicklung

372 Ein formularmäßiger Ausschluss des *gesetzlichen* Übergangs von Schadensersatzansprüchen des Kunden gegen einen **Frachtführer** auf die Transportversicherung nach § 67 Abs 1 S 1 VVG ist unwirksam, da es zum einen für den Schuldner (Frachtführer) idR ohne Schwierigkeiten überprüfbar ist, ob und in welchem Umfang die Forderung auf den Versicherer übergegangen ist; zum anderen würde der Kunde in starkem Maße belastet, weil er gezwungen wäre, die Schadensersatzansprüche erst selbst gegen den Frachtführer durchzusetzen und das Erzielte dann an die Transportversicherung weiterzugeben oder bei Untätigkeit Ersatz zu leisten (BGHZ 65, 364, 366; Ulmer/Schmidt Teil 3 [1] Rn 6). Das Gleiche gilt, wenn eine *rechtsgeschäftliche* Abtretung der Schadensersatzansprüche an den Versicherer ausgeschlossen bzw von der Zustimmung des Frachtführers abhängig gemacht wird (BGHZ 82, 162, 171).

f) Abtretungsverbot und gleichzeitige Beschränkung der Prozessführungsbefugnis

373 Schließt ein **Reiseveranstalter** in seinen AGB eine Abtretung von Forderungen aus

und soll gleichzeitig *allein der Anmelder* die Ansprüche der von ihm angemeldeten Mitreisenden geltend machen können, stellt dies eine unangemessene Benachteiligung der Mitreisenden nach § 307 Abs 1 S 1 dar (BGH NJW 1989, 2750, 2751 f; WOLF/DAMMANN Klauseln A 38; ERMAN/ROLOFF Rn 51; vgl auch OLG Düsseldorf NJW-RR 1987, 888, 889: Unwirksamkeit der Beschränkung der Geltendmachung der Rechte auf den Anmelder nach § 305c Abs 1 und § 307 Abs 2 Nr 2, soweit die Klausel auch Fälle erfasst, in denen der Anmelder im Namen Dritter abschließt; **aA** LG Hannover v 11. 6. 2003 – AZ 13 S 109/12, RRa 2003, 218; AG Hamburg v 8. 5. 2001 – AZ 21 b C 26/01, RRa 2002, 24). Zwar wäre das isolierte Abtretungsverbot grundsätzlich wirksam (BGH NJW 1989, 2750; LG Stuttgart NJW-RR 1993, 1018, 1019; LG Hamburg v 21. 4. 1998 – AZ 332 O 37/38, RRa 1999, 147; AG Hannover NJW-RR 2002, 701; PALANDT/GRÜNEBERG § 399 Rn 10; anders ist es mangels erkennbarer berechtigter Interessen des Reiseveranstalters nach dem LG Hannover [v 11. 3. 2003 – AZ 18 S 20/02, RRa 2003, 117] im Fall einer Familienreise), jedoch führt die Verbindung mit dem zweiten Klauselteil dazu, dass die Mitreisenden etwaige Ansprüche mangels Anspruchsbefugnis nicht selbst gegen den Reiseveranstalter durchsetzen können, sondern darauf angewiesen sind, dass dies der Anmelder in gewillkürter Prozessstandschaft für sie tut, da sie ihm die Ansprüche nicht abtreten können. Ist der Anmelder seinerseits nicht betroffen, fehlt ihm das erforderliche eigene Interesse an der Geltendmachung des fremden Rechts, so dass die Klage als unzulässig abzuweisen wäre und damit eine nicht hinnehmbare Verkürzung der Durchsetzbarkeit der Gewährleistung für die Mitreisenden einträte (BGH NJW 1989, 2750, 2751 f). Diese Gefahr besteht dagegen nicht bei Verbindung des Abtretungsverbots mit einer Einstandspflicht des Anmelders für die vertraglichen Verpflichtungen der Mitreisenden. Letzteres ist daher wirksam (AG Düsseldorf v 8. 4. 2004 – AZ 28 C 8239/01, RRa 2004, 179; **aA** WOLF/DAMMANN Klauseln A 38).

Ein Abtretungsverbot in **allgemeinen Versicherungsbedingungen**, durch das die Aktivlegitimation auf den Versicherungsnehmer beschränkt wird, ist zulässig (BGH NJW-RR 1987, 856), denn der Versicherer hat ein berechtigtes Interesse daran, sich nur mit dem Versicherungsnehmer auseinanderzusetzen (vgl BGHZ 41, 327). Dies gilt insbesondere für Kfz-Versicherungen, weil der Kfz-Versicherer bei Klagen von Versicherten prüfen müsste, ob der Anspruchssteller tatsächlich Versicherter ist, was ihm nicht zugemutet werden kann (OLG Hamm NJW-RR 2005, 113).

g) Grundschuldrückgewähranspruch

Eine Klausel, die es dem Grundstücks*eigentümer* verbietet, einen Grundschuldrückgewähranspruch an Gläubiger abzutreten, die bereits durch eine nachrangige Grundschuld gesichert sind, ist regelmäßig unwirksam (WOLF/DAMMANN Klauseln A 36, offengelassen in BGH NJW 1990, 1601, 1602, wo jedoch die besondere Bedeutung des Rückgewähranspruches auch für den Sicherungsgeber betont wird). Grundsätzlich wirksam ist dagegen ein Zustimmungsvorbehalt, wenn die Grundschuld nicht vom Eigentümer, sondern von einem *Dritten* gestellt worden ist; dieser ist in erster Linie an der Nutzung des Grundpfandrechts selbst zur Kreditsicherung interessiert und hat idR – anders als der Grundstückseigentümer – nicht die Möglichkeit, den Rückgewähranspruch als zusätzliche Sicherheit nachrangiger Gläubiger zur Krediterhöhung zu nutzen. Ferner ist der Sicherungswert des Rückgewähranspruches vor der Tilgung der gesicherten Forderung für einen Kreditgeber, der keine nachrangige Grundschuld innehat, gering, so dass das Klarheits- und Vereinfachungsinteresse des Sicherungsnehmers insgesamt höherrangig einzustufen ist (BGH NJW 1990, 1601, 1602). 374

h) Treuhand

375 Ist im Rahmen eines uneigennützigen Treuhandvertrages ein formularmäßiges Abtretungsverbot bezüglich der dem Treuhänder übertragenen Forderungen vereinbart, verstößt dies nicht gegen § 307 Abs 1 S 1, Abs 2, da der Treuhänder ohnehin mit der Forderung nur im Interesse des Treugebers verfahren darf und das Abtretungsverbot diese Interessenbindung sichert.

Ein Abtretungsverbot in den Bedingungen für Anderkonten von Rechtsanwälten zum Schutz der Belange der Bank ist wirksam, da von ihr nicht verlangt werden kann, jeweils nachzuprüfen, ob der Zessionar in den Treuhandvertrag eintritt, und der Anwalt als Treuhänder auch ohne Abtretungen über das Guthaben im Giroverkehr verfügen kann und daher nicht unangemessen belastet wird (OLG Köln ZIP 1987, 867, 868 f ohne Bezug zum AGB-Recht).

i) Teil- und Mehrfachabtretungen

376 Ein Verbot von **Teilabtretungen** verstößt grundsätzlich nicht gegen § 307 Abs 1 S 1, Abs 2, da diese eine Komplizierung des Geschäftsverkehrs bis hin zur Unübersichtlichkeit sowie uU erhebliche prozessuale Nachteile für den Schuldner zur Folge haben können. Diese können daraus folgen, dass er mehrere Prozesse führen muss, ihm infolge der niedrigeren Einzelstreitwerte ggf der Zugang zum Landgericht als erster Instanz verwehrt wird, aufgrund der Splittung des Streitgegenstandes insgesamt höhere Prozesskosten anfallen, weil die Degression der Kosten bei höheren Streitwerten nicht genutzt wird, oder die Berufungs- oder Revisionssummen nicht erreicht werden (Wolf/Dammann Klauseln A 31; Ulmer/Schmidt Teil 3 [1] Rn 6; vgl auch Kogel NJW 1975, 2063).

377 Gleiches gilt im Ergebnis für ein Abtretungsverbot zur Vermeidung von **Mehrfachabtretungen**. Das Interesse des Verwenders, seinen Geschäftsverkehr klar und übersichtlich zu gestalten, hat bei Mehrfachabtretungen ein gesteigertes Gewicht, weil der Verwender als Schuldner durch §§ 408, 407 nur bei Unkenntnis geschützt wird und er daher, wenn er von den Abtretungen Kenntnis hat, sich aber im Unklaren darüber befindet, welche der Abtretungen wirksam ist, genötigt wäre, ein für ihn aufwendiges Hinterlegungsverfahren gem §§ 372 ff zu betreiben (Wolf/Dammann Klauseln A 32, falls eine tatsächliche Gefahr von Mehrfachabtretungen durch den Gläubiger besteht).

k) Eingeschränkte Abtretungsverbote

aa) Zustimmungsvorbehalt

378 Grundsätzliche Bedenken gegen die Zulässigkeit eines Zustimmungsvorbehaltes in AGB bestehen nicht (BGH NJW-RR 2000, 1229, 1221; NJW 1995, 665, 666). Eine AGB-Klausel, nach der die Wirksamkeit der Abtretung eine **Zustimmung** des Schuldners voraussetzt, ist aber wie ein generelles Abtretungsverbot zu behandeln (BGH NJW-RR 2005, 624, 626; NJW 1990, 1601, 1602; 1990, 109, 110; vgl BGHZ 40, 156, 160; Wolf AGBG § 9 Rn A 26; Erman/Roloff Rn 50), da bis zur Erteilung der Zustimmung ein gegenüber jedermann wirksames, generelles Abtretungsverbot nach § 399 vorliegt (BGH NJW 1997, 3434, 3435). Es gelten daher die vorerwähnten Grundsätze (BGH NJW 1990, 1601, 1602; 1990, 109, 110; NJW-RR 1989, 1104; NJW 1988, 1210, 1211; 1981, 117, 118; 1980, 2245, 2246; Schmidt-Salzer F 171; zu den abw Ansichten s oben Rn 353).

So ist zB eine AGB-Klausel, wonach die Abtretung von Sparbuchguthaben an die Zustimmung der Bank gekoppelt ist, nicht überraschend iSd § 305c, denn Abtretungsverbote und -einschränkungen in AGB von Banken und Sparkassen sind nicht grundsätzlich unüblich (KG NJOZ 2004, 2934, 2935). Ein entsprechender Zustimmungsvorbehalt ist auch nicht unangemessen gem § 307 Abs 2 Nr 1. Es besteht trotz §§ 407 ff ein schützenswertes Interesse der Kreditinstitute; diese laufen bei freier Abtretbarkeit Gefahr, dass ihnen die Kenntnis ihrer Mitarbeiter von der Abtretung zugerechnet wird und sie doppelt in Anspruch genommen werden (KG NJOZ 2004, 2934, 2936).

Ein Zustimmungsvorbehalt kann dahin **auszulegen** sein, dass – nach genehmigter Erstabtretung – **auch Folgeabtretungen** des Zessionars von einer Zustimmung abhängig sein sollen, wenn die Klausel erkennbar die übersichtliche Vertragsabwicklung schützen soll; denn diese ist durch weitere Abtretungen des Zessionars ebenso gefährdet wie durch die Abtretungen durch den Vertragspartner (BGH NJW 1997, 3434, 3435). Hierin liegt keine unangemessene Benachteiligung, allerdings ist hier die Möglichkeit einer treuwidrigen Zustimmungsverweigerung besonders sorgfältig zu prüfen (Wagner JZ 1998, 259).

bb) Formerfordernisse

Keine unangemessene Benachteiligung nach § 307 Abs 1 S 1 liegt vor, wenn die Wirksamkeit einer Abtretung die Einhaltung der **Schriftform**, eine schriftliche **Anzeige** beim Schuldner (durch den Erst- oder zusätzlich auch den Zweitgläubiger) oder die Verwendung eines **Formblattes** voraussetzt (OLG Hamm ZIP 1985, 951 f; Baukelmann EWiR § 399 BGB 1/91, 134; ebenso für eine Anzeigepflicht bei Forderungsabtretungen aus Lebensversicherungen BGH NJW-RR 92, 790 und NJW 91, 559, 560; OLG Hamm VersR 1997, 729; **aA** OLG Schleswig NJW-RR 2001, 818, 819 für die Verwendung eines Formblattes; ebenso Wolf/Dammann Klauseln A 45), da diese Klauselgestaltung den berechtigten Schuldnerinteressen an einer übersichtlichen Vertragsabwicklung dient und nur eine geringfügige Interessenbeeinträchtigung für den Gläubiger bedeutet. Gegenüber Verbrauchern kann eine Klausel, die die Benutzung eines Formblattes vorschreibt, allerdings gegen § 309 Nr 13 verstoßen (Staudinger/Coester-Waltjen § 309 Nr 13 Rn 5; Wolf/Dammann Klauseln A 44). 379

cc) Weiterabtretung

Ein Abtretungsausschluss, der – seine grds Wirksamkeit unterstellt – auch oder erneut eine **weitere Abtretung** durch den Zweitgläubiger erfasst, ist nach § 307 Abs 1, S 1, Abs 2 grundsätzlich nicht zu beanstanden (BGH NJW 1997, 3434, 3435 f; 1990, 109, 110; OLG Hamm ZIP 1985, 951 f; Wolf/Dammann Klauseln A 32). Wenn auch die Interessen des Zweitgläubigers als bloße Drittinteressen nicht direkt in die Interessenabwägung nach § 307 Abs 1 S 1 einfließen (s oben Rn 142 ff; vgl BGH NJW 1982, 178, 180; wohl ebenso BGH NJW 1997, 3434, 3436), kann zwar die Abtretungsbeschränkung den Wert der Forderung für den Vertragspartner des Verwenders herabsetzen und damit über dessen Interessen zu berücksichtigen sein (Wolf, in: FS Baur [1981] 152 ff). Im Fall der Sicherungsabtretung an eine Bank soll dies nach Auffassung des BGH jedoch ohne Bedeutung sein, da es keinen Erfahrungssatz des Inhalts gebe, dass eine Bank nicht daran interessiert sei, eine zur Sicherung abgetretene Forderung selbst zu verwerten (BGH NJW 1997, 3434, 3436). 380

381 Ist aufgrund einer Zustimmung des Schuldners eine Forderung sicherungshalber abgetreten worden, so wird eine **Rückabtretung an den Zedenten** (zu der der Zessionar als Sicherungsnehmer bei anderweitiger Befriedigung aus dem Sicherungsvertrag verpflichtet ist) durch ein formularmäßiges Abtretungsverbot nach dessen Sinn und Zweck allerdings nicht verhindert (BGH aaO).

l) § 354a HGB

382 Stellt das einer Geldforderung zugrundeliegende Rechtsgeschäft für beide Teile ein Handelsgeschäft dar oder ist der Schuldner eine juristische Person des öffentlichen Rechts oder ein öffentlich-rechtliches Sondervermögen (keine analoge Ausweitung dieses Personenkreises, BGH NJW 2006, 3486 Rn 11 f), so ist die Abtretung der Geldforderung auch bei formularmäßigen Abtretungsverboten gem **§ 354a HGB** (vgl hierzu Staudinger/Busche [2012] § 399 Rn 69 ff) wirksam, wenn das Abtretungsverbot nach dem Inkrafttreten des § 354a HGB am 30. 7. 94 vereinbart worden ist. Damit ist für den beiderseits kaufmännischen Verkehr die Problematik der Abtretungsverbote wesentlich entschärft, aber auch hier nicht ganz bedeutungslos geworden: Immerhin kann der Schuldner – die AGB-rechtliche Wirksamkeit des Verbots iü unterstellt – dann nach § 354a Satz 2 HGB unabhängig von der Kenntnis der Abtretung mit befreiender Wirkung an den ursprünglichen Gläubiger leisten (Ulmer/Schmidt Teil 3 [1] Rn 1). Für eine generelle Unwirksamkeit formularmäßiger Abtretungsverbote im Anwendungsbereich des § 354a HGB wegen unangemessener Benachteiligung nach § 307 Abs 2 Nr 1 bzw wegen eines Verstoßes gegen das Transparenzgebot (§ 307 Abs 1 S 2) dagegen OLG Koblenz (OLGR Koblenz 2000, 181).

(Rn 383–389 sind frei.)

2. Arbeitskampfklauseln

a) Ausgangssituation

390 Arbeitskämpfe können die Leistungsbeziehungen eines Unternehmens zu Dritten empfindlich stören; dabei kann es sich um Arbeitskämpfe im eigenen Unternehmen oder um Fernwirkungen anderweitiger Arbeitskämpfe (etwa bei Zulieferern) handeln. Als Leistungsschuldner drohen dem Unternehmen nachteilige Folgen aus Verzug oder Unmöglichkeit, als Leistungsgläubiger kann es in Annahmeverzug (§§ 293 ff) geraten (dazu mwNw MünchArbR/Otto § 290 Rn 109).

Die Auswirkungen von Arbeitskämpfen auf die Leistungsbeziehungen des Unternehmens zu Dritten sind umstritten (ausführlich Löwisch AcP 174 [1974] 202 ff; Löwisch/Rieble, Arbeitskampf- und Schlichtungsrecht [1997] Anm 170. 7 Rn 1 ff; MünchArbR/Otto § 290 Rn 87, jeweils mwNw). Die rechtliche Beurteilung wird kompliziert durch die verschiedenen Erscheinungsformen von Arbeitskämpfen (Streik in all seinen Varianten, Aussperrung, Betriebsstilllegung), durch die unterschiedliche Bewertung rechtmäßiger und rechtswidriger Arbeitskampfmaßnahmen und durch die Doppelrolle des Unternehmens als Arbeitskampfpartei und als Vertragspartei. Einerseits legen gerade diese Unsicherheiten eine Regelung und Risikoeinschränkung durch AGB nahe, andererseits erschwert die Uneinigkeit über die Auswirkungen von Arbeitskämpfen auf die vertraglichen Leistungsbeziehungen die Beurteilung entsprechender Klauseln, insbesondere nach § 307 Abs 2 Nr 1.

Als übergreifende Abwägungsgesichtspunkte sind hervorzuheben: Da Arbeitskämpfe ökonomischen Druck auf die Gegenseite ausüben sollen und in dieser Funktion als Hilfsmittel zur Gestaltung der Arbeits- und Wirtschaftsbedingungen gewährleistet sind (Art 9 Abs 3 GG), bedeutet die Entlastung der Unternehmen von schuldrechtlichen Konsequenzen aus arbeitskampfbedingten Liefer- oder Abnahmeschwierigkeiten eine mittelbare Beeinflussung der **Kampfparität** der Sozialpartner. Solche Entlastungen dürfen deshalb nicht leichthin gewährt werden (Löwisch AcP 174 [1974] 203, 237; MünchArbR/Otto § 290 Rn 87). Diese zunächst für die Beurteilung der schuldrechtlichen Rechtsfolgen eines Arbeitskampfs wesentliche Erkenntnis bedeutet aber auch, dass es dem Unternehmer als AGB-Verwender nicht freistehen kann, sein Arbeitskampfrisiko weitgehend auf den Vertragspartner abzuwälzen. Die Interessen des Vertragspartners müssen nicht grundsätzlich weiter zurückstehen als bei anderen Störungen aus der Risikosphäre des Verwenders. Auf der anderen Seite ist generell zu berücksichtigen, dass die Risiken aus Arbeitskämpfen für die Unternehmen regelmäßig nicht versicherbar sind; allerdings zahlen die Arbeitgeberverbände ihren Mitgliedern einen gewissen Schadensausgleich, der die reale Belastung durch Arbeitskämpfe jedoch nicht erreicht (vgl MünchArbR/Otto § 288 Rn 38). 391

b) Auslegungsfragen

Die Auslegung, ob und inwieweit eine Klausel, die sich mit Leistungsstörungen von Verwenderseite befasst, auch Arbeitskampffolgen umfasst, richtet sich nach § 305c Abs 2. Spricht die Klausel nur von **„höherer Gewalt“**, so ist nach kundenfreundlicher Auslegung hiermit nicht auch der Arbeitskampf umfasst (MünchArbR/Otto § 290 Rn 113; Schmid NJW 1979, 15, 18). Dies gilt jedoch nur für betriebsinterne Arbeitskämpfe, solche in Drittbetrieben können sich aus Sicht der Vertragsparteien durchaus als „höhere Gewalt“ darstellen (Wolf/Stoffels Klauseln A 162). Eine Erweiterung der Höhere-Gewalt-Klausel auf „sonstige“ oder „ähnliche Ereignisse“ umfasst ebenfalls nicht betriebsinterne Arbeitskämpfe, da diese der Risikosphäre des Unternehmers zuzurechnen sind (**anders** BGH NJW 1986, 3134, 3135; Ulmer/Schmidt Teil 3 [2] Rn 3). 392

Spricht der Klauseltext nur von **„Streik“**, so sind hiervon die Aussperrung oder andere vom Unternehmerentschluss abhängige Arbeitskampfmaßnahmen nicht umfasst (Klauselwerke/vWestphalen „Vertragsrecht/Arbeitskampfklauseln“ Rn 6; Schmid NJW 1979, 15, 19). Will der Verwender dies jedoch erreichen, muss die Klausel umfassend auf „Arbeitskampfmaßnahmen“ Bezug nehmen. In diesem Falle betrifft die Klausel unterschiedslos rechtmäßige oder rechtswidrige Arbeitskampfmaßnahmen (OLG Hamm NJW-RR 1987, 311, 315).

Da sich Leistungsstörungen als Fernfolge von **Arbeitskämpfen in Drittbetrieben** für die Vertragsparteien als höhere Gewalt darstellen, werden sie regelmäßig von einer hierauf bezogenen Klausel, nicht aber von einer Arbeitskampfklausel miterfaßt (Wolf/Stoffels Klauseln Rn A 162).

Zur Auslegung von Freizeichnungsklauseln unten Rn 395.

c) Primärpflichten

Als Reaktion auf arbeitskampfbedingte Störungen findet sich häufig die Klausel, dass in diesem Fall die vom Verwender einzuhaltende **Lieferfrist** sich angemessen 393 oder für die Dauer des Arbeitskampfes verlängert; ein Rücktrittsrecht des Bestellers wird dann etwa nur für den Fall eingeräumt, dass er nach Ablauf der vereinbarten Lieferfrist die Lieferung schriftlich anmahnt, diese aber auch innerhalb von sechs Wochen nach Zugang des Mahnschreibens nicht erfolgt, oder nach Ablauf einer absolut bemessenen Verzögerungsdauer (vgl BGH NJW 2001, 292, 296: 4 Monate).

Eine Verlängerung der Lieferfrist ist im Lichte von § 308 Nr 1 und § 307 (Abs 1 S 1 oder Abs 2 Nr 2) zu beurteilen. Sie ist nicht zu beanstanden, wenn der Verwender den Arbeitskampf nicht zu vertreten hat – dies ist der Fall bei rechtmäßigen Arbeitskämpfen sowie bei den Fernwirkungen von Arbeitskämpfen in Drittbetrieben (OLG Stuttgart NJW 1981, 1105; LG Halle NZBau 2001, 564, 567; Ulmer/Schmidt Teil 3 [2] Rn 4; Wolf/Stoffels Klauseln A 168; offengelassen in BGH NJW 2001, 292, 296). Bei rechtswidrigen betriebsinternen Arbeitskämpfen muss der Arbeitgeber allerdings gem § 278 für das Verhalten seiner Leute einstehen (Wolf/Stoffels Klauseln A 168; zweifelnd mit Nachw des Diskussionsstandes MünchArbR/Otto § 290 Rn 104–106); für diesen Fall muss die Klausel als unangemessen nach den vorgenannten Vorschriften angesehen werden (OLG Stuttgart NJW 1981, 1105; OLG Hamm NJW-RR 1987 311, 315; dasselbe gilt, wenn man wie MünchArbR/Otto aaO ein Vertretenmüssen des Verwenders ablehnt, aber die Liquidation des Kundenschadens bei den rechtswidrig Streikenden nach den Grundsätzen der Drittschadensliquidation erlaubt). Die Verlängerungsklausel ist auch dann als Verstoß gegen § 308 Nr 1 oder § 307 Abs 1 S 1, Abs 2 zu werten, wenn sie für den Fall relativer oder absoluter Fixgeschäfte gelten soll (LG Halle NZBau 2001, 564, 567: Verstoß gegen § 305b); eine starre Sechs-Wochen-Frist trägt den Kundeninteressen nicht hinreichend Rechnung (OLG Stuttgart NJW 1981, 1105, 1106; OLG Hamm NJW-RR 1987, 311, 315; für Verlängerungsfristen ohne zeitliche Begrenzung MünchArbR/Otto § 290 Rn 116). Klauseln, die nicht entsprechend den vorbezeichneten Zulässigkeitsgrenzen differenzieren, können nicht zugunsten des Verwenders einschränkend ausgelegt werden, sie sind unwirksam. Das Gleiche Ergebnis kann schon aus dem Verstoß gegen das Transparenzgebot (§ 307 Abs 1 S 2) folgen, wenn die Verlängerungsklausel (und anschließend eingeschränktes Rücktrittsrecht) nicht erkennen lassen, ob die *gesetzlichen* Rücktrittsmöglichkeiten dadurch ausgeschlossen sein sollen (BGH NJW 2001, 292, 296).

394 Andere Klauseln gewähren den Verwendern für den Fall von arbeitskampfbedingten Lieferschwierigkeiten ein **Rücktrittsrecht** oder eine **Befreiung von der Leistungspflicht**. Derartige Klauseln verstoßen gegen § 308 Nr 3 bzw § 307 Abs 2 Nr 2, soweit der Verwender die Störung zu vertreten hat. Dies ist nicht nur bei rechtswidrigen Arbeitskämpfen der Fall, sondern auch, wenn sich der Verwender bei rechtmäßigen Arbeitskämpfen ein **Übernahme-, Vorsorge- oder Abwendungsverschulden** entgegenhalten lassen muss (vgl MünchArbR/Otto § 290 Rn 95–97 mwNw; Ulmer/Schmidt Teil 3 [2] Rn 4; Wolf/Stoffels Klauseln A 169). In diesen Fällen kommt auch Unwirksamkeit nach § 309 Nr 7b, 8a bzw im beruflichen Verkehr gem § 307 Abs 2 Nr 2 in Betracht (Ulmer/Schmidt und Wolf/Stoffels aaO). Aber auch bei vom Verwender nicht zu vertretenden Arbeitskämpfen kann ein uneingeschränktes Befreiungs- oder Rücktrittsrecht gegen § 308 Nr 3 verstoßen, da es den vorübergehenden Charakter des Arbeitskampfes und die Pflicht des Verwenders, zumutbare Leistungserschwerungen hinzunehmen, nicht berücksichtigt (BGH NJW 1983, 1320, 1321 [selbst bei beiderseitigem Rücktrittsrecht]; BGH NJW 1985, 855, 857; Staudinger/Coester-Waltjen § 308 Nr 3 Rn 24; Wolf/Stoffels Klauseln A 169; MünchArbR/Otto § 290 Rn 1143). Beansprucht der Verwender die volle Gegenleistung, obwohl er selbst (vorübergehend oder endgültig) nicht leisten kann, so liegt hierin ein Verstoß gegen das Äquivalenzprinzip, entsprechende Klauseln sind gem § 307 Abs 2 Nr 1 oder Nr 2 unwirksam (vgl Rn 232, 248). Eine Ausnahme gilt bei nur geringfügigem Ausfall (zB weniger Ausgaben einer Tageszeitung) oder wenn der Verwender eine zumutbare Ersatzleistung anbietet (zB die ausgefallene Theatervorstellung an einem anderen Tag) (MünchArbR/Otto § 290 Rn 118 mwNw; Fessmann NJW 1983, 1164, 1167; zur Zumutbarkeit von Ersatzleistungen s § 308 Nr 4 Rn 5 ff). Die gleichen Grundsätze gelten, wenn die Klausel den Rückzahlungsanspruch des Kunden gem § 326 Abs 4 iVm § 346 Abs 1 bezüglich bereits erbrachter Zahlungen ausschließt (Ulmer/Schmidt Teil 3 [2] Rn 5; Wolf/Stoffels Klauseln A 170–180; Erman/Roloff Rn 54; Schmidt NJW 1979, 15 ff [auch Verstoß gegen § 309 Nr 2a]; MünchArbR/Otto § 290 Rn 118).

d) Sekundärpflichten

Die Freizeichnung von Sekundärpflichten (vor allem Schadensersatz) folgt den gleichen Grundsätzen wie die Beschränkung oder Freizeichnung von den Leistungspflichten selbst (oben Rn 392). Für den privaten Verkehr folgt die Unwirksamkeit vor allem aus **§ 309 Nr 8a**, für den beruflichen Verkehr aus § 307 Abs 2 Nr 1 oder 2 (für rechtswidrige, dh vom Verwender zu vertretende Arbeitskämpfe OLG Koblenz NJW-RR 1993, 1078, 1079; LG Frankfurt aM NJW-RR 1987, 823, 824; Klauselwerke/vWestphalen „Vertragsrecht/Arbeitskampfklauseln“ Rn 12). Auch Freizeichnungsklauseln für Lieferstörungen wegen betriebsexterner Arbeitskämpfe sind demnach unwirksam, wenn sie nicht die Fälle des Übernahme-, Vorsorge- oder Abwendungsverschuldens des Verwenders ausnehmen (Ulmer/Schmidt Teil 3 [2] Rn 5; Staudinger/Löwisch/Caspers [2009] § 276 Rn 55). Im Übrigen, dh vor allem für rechtmäßige unternehmensinterne Arbeitskämpfe kann die Haftung hingegen wirksam ausgeschlossen werden – hier liegt der wesentliche Wirkungsbereich von Arbeitskampfklauseln (vgl Ulmer/Schmidt aaO; Wolf/Stoffels Klauseln A 167). Für diesen Bereich kann auch nicht durch Hinweis auf § 276 Abs 1 S 1 aE wegen Übernahme eines Beschaffungsrisikos ein Vertretenmüssen des Verwenders konstruiert und damit seine unabdingbare Haftung begründet werden (Staudinger/Löwisch/Caspers [2009] § 276 Rn 162; **aA** Klauselwerke/vWestphalen „Vertragsrecht/Arbeitskampfklauseln“ Rn 13). Die bloße Gefahr von Arbeitskämpfen begründet allerdings nicht die Übernahme eines Beschaffungsrisikos. **395**

3. Arbeitsvertrag: s Staudinger/Richardi/Fischinger (2011) § 611 Rn 283 ff; Staudinger/Krause Anh zu § 310. **396**

4. Architektenvertrag: s Korbion/Locher, AGB und Bauerrichtungsverträge (4. Aufl 2006); Löffelmann/Fleischmann, Architektenrecht (6. Aufl 2012); Klauselwerke/Motzke „Architektenvertrag“ (Stand 2012). **397**

(Rn 398, 399 sind frei.)

5. Arztverträge

a) Rechtsnatur des Arztvertrags*

Zwischen Arzt und Patient kommt sowohl bei privatärztlicher wie auch bei kassen- **400**

* **Schrifttum**: Spickhoff, Medizinrecht (2011) zu §§ 307–309 BGB; Laufs, Arztrecht (6. Aufl 2000); Giesen, Arzthaftungsrecht (5. Aufl 2007); Laufs/Katzenmeier/Lipp, Arztrecht

ärztlicher Behandlung ein privatrechtlicher Arztvertrag zustande. Arztverträge sind in aller Regel Dienstverträge gem § 611 (Staudinger/Richardi/Fischinger [2011] Vorbem 121 ff zu § 611 ff; BGH NJW 1990, 761, 766); nur ausnahmsweise, etwa bei der Anfertigung von Prothesen oder der Erstellung von Gutachten, kann Werkvertragsrecht anwendbar sein (BGH NJW 1975, 305). Beim Kassenarztvertrag wird der privatrechtliche Arztvertrag zwischen Patient und Arzt ergänzt durch sozialrechtliche Beziehungen zur Sozialversicherung und zur Kassenärztlichen Vereinigung (BVerfG NJW 2005, 1103, 1104; dazu näher Lipp, in: Laufs/Katzenmeier/Lipp III Rn 6; Siewert, Das Kassenarztrecht [4. Aufl 1992]; Natter, Der Arztvertrag mit dem sozialversicherten Patienten [1987]). Der Vergütungsanspruch besteht beim Kassenarztvertrag unmittelbar und ausschließlich gegen die gesetzliche Krankenkasse bzw den Träger der Sozialhilfe (BGH NJW 2005, 2069; OLG Saarbrücken NJW 2001, 1798; BGH NJW 1999, 858; NJW 1984, 1820). Eine Überleitung findet nicht statt, wenn keine gesetzliche Krankenversicherung besteht und der Patient nicht sozialhilfeberechtigt ist (OLG Saarbrücken NJW 2001, 1798, 1799). Der Patient schuldet eine Vergütung persönlich jedoch nur, wenn sich eine entsprechende Haftung aus dem Vertrag ergibt, sei es im Wege der Vertragsauslegung (vgl OLG Saarbrücken NJW 2001, 1798), der Vertragsanpassung wegen Wegfalls der Geschäftsgrundlage (BGH NJW 2005, 2069: bei irriger Annahme des Bestehens einer gesetzlichen Krankenversicherung) oder durch eine – wirksame – vorformulierte Kostenübernahmeerklärung (vgl hierzu Rn 513 aE).

b) Zustandekommen von Behandlungsverträgen

401 Bei **ambulanten Behandlungen** sowohl in der Praxis des niedergelassenen Arztes als auch im Krankenhaus kommt es grundsätzlich zu einem Vertragsschluss zwischen Patienten und liquidationsberechtigtem Arzt, ohne dass es dazu einer besonderen Klausel in den AVB bedürfte (vgl BGH NJW 1987, 2289; OLG Frankfurt NJW-RR 1993, 1248, 1249). Siehe dazu auch Krankenhausverträge Rn 500 ff.

Bei **stationären Krankenhausaufenthalten** kann abweichend vom Leitbild des totalen Krankenhausvertrags durch AGB ein **Arztzusatzvertrag**, insbesondere in Form eines **Chefarztvertrags** (dazu Rn 408) vereinbart werden (zur Frage, unter welchen Voraussetzungen die formularmäßige Vereinbarung eines gespaltenen Krankenhausvertrages zulässig ist, s Rn 408). Jedoch darf das Krankenhaus die Aufnahme nicht vom Abschluss eines Arztzusatzvertrags abhängig machen (LG Bremen NJW 1986, 785, 786).

c) Höchstpersönliche Leistungspflicht und Stellvertretung

402 Ein allgemeines Delegationsrecht auf Stellvertreter („Vertreterklausel") verstößt gegen § 305c Abs 1, wegen der Höchstpersönlichkeit wahlärztlicher Leistungspflichten (vgl hierzu Staudinger/Richardi/Fischinger [2011] § 613 Rn 10) aber auch gegen § 307 Abs 2 Nr 1 iVm § 613 (BGH NJW 2008, 987 Rn 9; OLG Hamm NJW 1995, 794; OLG Karlsruhe NJW 1987, 1489; vgl auch OLG Düsseldorf NJW 1995, 2421 f; LG Fulda NJW 1988, 1519, 1520) und ggf gegen § 308 Nr 4 (OLG Stuttgart NJOZ 2002, 2721; OLG Hamm NJW 1995, 794; LG Hamburg NJW 2001, 3415, 3416; Staudinger/Coester-Waltjen § 308 Nr 4 Rn 7; Miebach/Patt NJW 2000, 3377, 3383). § 309 Nr 10 ist dagegen nicht einschlägig, denn die Vertragsstellung und der Liquidationsanspruch des Chefarztes soll durch die Vertreterklau-

(6. Aufl 2009); Steffen/Pauge, Arzthaftungsrecht (11. Aufl 2010); Paulic, Allgemeine Geschäftsbedingungen im Arztvertrag (Diss Aachen 2003).

sel gerade gewahrt werden (Staudinger/Coester-Waltjen § 309 Nr 10 Rn 12; für eine analoge Anwendung der Vorschrift dagegen Miebach/Patt NJW 2000, 3377, 3383).

Eine Klausel, die ein Delegationsrecht nur für plötzliche **unvorhersehbare Ereignisse** vorsieht, ist jedoch grds wirksam (BGH NJW 2008, 987 Rn 9); sie muss jedoch – bei „Chefarztverträgen" (unten Rn 407) – auf den namentlich benannten, ständigen Vertreter des Chefarztes beschränkt sein (BGH aaO Rn 10, 11; Spickhoff/Kutlu BGB § 307 Rn 2). Sie kann aber – insbesondere wegen des krankheitsbedingt verstärkten Überraschungseffekts – gem § 305c Abs 1 überraschend sein, soweit sie sich nicht in den AVB, sondern nur in deren Anlagen befindet (OLG Karlsruhe NJW 1987, 1489; vgl Kubis NJW 1989, 1512, 1515; vgl auch Miebach/Patt NJW 2000, 3377, 3383). **Vorhersehbare Ereignisse** – wie Kongressbesuche und urlaubsbedingte Abwesenheit – können nur dann Gegenstand einer wirksamen Vertretungsklausel sein, wenn sie ausdrücklich benannt sind (Miebach/Patt NJW 2000, 3377, 3383; vgl auch OLG Stuttgart NJOZ 2002, 2781). Auch eine solche Vertretungsklausel ist aber jedenfalls dann unzulässig, wenn der liquidationsberechtigte Arzt zum Zeitpunkt des Abschlusses der Wahlleistungsvereinbarung und während eines wesentlichen Zeitraums der Behandlung des Patienten abwesend ist mit der Folge, dass der Abschluss einer Wahlleistungsvereinbarung völlig sinnentleert ist und der Patient auf die Abwesenheit nicht hingewiesen wurde (OLG Düsseldorf NJW 1995, 2421, 2422).

Klauseln, nach denen der Arzt Verrichtungen auf nichtärztliche Hilfspersonen *unter Aufsicht* übertragen darf, verstoßen weder gegen § 305c Abs 1 noch gegen § 307 Abs 1 S 1, Abs 2. Sie sind als eigene Leistungen des Arztes anzusehen und dürfen als solche berechnet werden (LG Berlin NJW-RR 1991, 765, 766; vgl LG Hamburg NJW 2001, 3415, 3416).

d) Honorare für ärztliche und zahnärztliche Behandlungen*

Ärzte rechnen, soweit ein gesonderter Arztvertrag besteht, ihre Honorare grds nach **403**
der GOÄ ab (Überblick bei Lipp, in: Laufs/Katzenmeier/Lipp, Arztrecht [6. Aufl 2009] III Rn 40 ff mwNw). Für Zahnärzte gilt die GOZ (vgl hierzu Schwabe ZRP 1987, 270; Hess ZRP 1987, 274). Honorarvereinbarungen nach der GOÄ werden, ohne dass es einer Kontrolle nach §§ 305 ff bedürfte, gem § 612 Abs 2 (Staudinger/Richardi/Fischinger [2011] § 612 Rn 45) Bestandteil des ärztlichen Behandlungsvertrags (Wolf/Stoffels Klauseln K 56).

Von der GOÄ abweichende Honorarvereinbarungen sind gem § 2 Abs 2 GOÄ grundsätzlich zulässig. Durch die Formvorschriften des § 2 Abs 2 GOÄ wird die Einhaltung der **Einbeziehungsvoraussetzungen gem § 305 Abs 2** regelmäßig sichergestellt (AG Euskirchen NJW 1988, 1524; wohl auch BGH NJW 1992, 746, der § 305 Abs 2 in einem solchen Fall gar nicht erst prüft; **aA** AG Bad Homburg NJW 1984, 2637, 2638: keine Möglichkeit zumutbarer Kenntnisnahme bei verklausulierten Gebührenbestimmungen). Zur Wahrung von Art 12 Abs 1 S 1 GG reicht es für eine Individualvereinbarung wegen § 2 Abs 2 S 3 GOZ, der keinen erläuternden Text und keine ergänzenden Vertretungsvereinbarungen zulässt, jedoch aus, wenn in eine Honorarvereinbarung, die teils vorformulierten

* **Schrifttum**: Dörner, Ärztliche Honorarvereinbarung und Verbraucherschutz, in: FS Stree und Wessels (1993) 997 ff; König, Zur Zulässigkeit ärztlicher Honorarvereinbarungen, NJW 1992, 728; Kraemer, Die Novellierung der Gebührenordnung für Ärzte, NJW 1996, 264.

Text enthält, der Name des Patienten, die Gebührenziffer und der Gebührensatz eingefügt wird, sofern der Vereinbarung ein individueller Kosten- und Behandlungsplan zu Grunde liegt. Es ist nicht notwendig, dass die Vertragsbedingungen ernsthaft zur Disposition gestellt werden, wie es § 305 Abs 1 S 3 erfordert (BVerfG NJW 2005, 1036, 1037 f; vgl auch OLG Düsseldorf NJW-RR 2001, 962, 963; LG Düsseldorf NJW-RR 1999, 1046; offengelassen von BGH NJW 1992, 746).

Abweichende formularmäßige Honorarvereinbarungen sind in der Regel auch **nicht überraschend iSv § 305c Abs 1** (BGH NJW 1992, 746, AG Euskirchen NJW 1988, 1524, **aA** OLG Düsseldorf VersR 1984, 370 und LG München NJW 1982, 2130, 2131 für Klauseln, die eine Abrechnung bis zum 3-fachen Höchstsatz der Allgemeinen deutschen Gebührenordnung [Adgo] vorsehen). Jedoch sind Honorarvereinbarungen der **Inhaltskontrolle nach §§ 307–309** unterworfen. § 307 Abs 3 schließt eine Inhaltskontrolle auch von Entgeltklauseln nicht aus, wenn das Gesetz, von dem durch die Klauseln abgewichen wird, gerade die Festlegung von Entgelten zum Gegenstand hat (oben Rn 325 mwNw). Dies ist bei der GOÄ (BGH NJW 1992, 746; LG Duisburg NJW 1986, 2887, 2888; AG Bad Homburg NJW 1984, 2637, 2638; **aA** AG Euskirchen NJW 1988, 1524, 1525; vgl König NJW 1992, 728 ff; Laufs/Reiling JZ 1992, 375) und der GOZ (BGH NJW 1998, 1786, 1789) der Fall.

404 Es kann nicht generell (und schon gar nicht für die Gebührensätze des § 5 GOÄ überschreitende Vereinbarungen) die Auffassung vertreten werden, schon die besonderen Formanforderungen des § 2 Abs 2 GOÄ gewährleisteten eine ausreichende Warnfunktion für den Patienten, die eine Inhaltskontrolle erübrigten (so LG Düsseldorf NJW-RR 1999, 200; Hensen EWiR 1992, 941; Reichhardt ZIP 1992, 189 ff; wie hier dagegen Ulmer/Christensen Teil 2 [2] Arztverträge Rn 2; Wolf/Stoffels Klauseln K 56). Wesentliche Preisermittlungsgrundsätze sind nach der Rechtsprechung vor allem der tatsächliche Schwierigkeitsgrad und Zeitaufwand der erbrachten Leistungen. Abweichungen von diesen Vorschriften sind kontrollfähig. Daraus leitet der BGH ein Differenzierungsgebot und ein Verbot von **Pauschalhonoraren** ab. Derartige Vereinbarungen, die für durchschnittliche wie für besonders aufwendige Leistungen gleichermaßen einen Höchstsatz festlegen, verstoßen gegen die Preisermittlungsgrundsätze der GOÄ und sind daher gem § 307 Abs 2 Nr 1 unwirksam (BGH NJW 1992, 746, 747; LG Duisburg NJW 1986, 2887; Dörner NJW 1987, 699; König NJW 1992, 728; LG Stuttgart NJW 1985, 688). Auch **Überschreitungen des Gebührenrahmens** der GOÄ (§ 5 Abs 1, Abs 2 S 4 und § 4 Abs 3 GOÄ) und der GOZ (§ 5 Abs 1 S 1 GOZ) durch AGB sind gem § 307 Abs 2 Nr 1 unwirksam, wenn sie nicht durch besondere Gründe gerechtfertigt sind (BVerfG NJW 2005, 1036, 1037; BGH NJW 1992, 746, 747; AG Bad Homburg NJW 1984, 2637, 2638 f; Wolf/Stoffels Klauseln K 56; **aA** noch OLG Düsseldorf VersR 1984, 371). Der BGH hat in diesem Zusammenhang allerdings offengelassen, ob eine zeitaufwendige Arbeitsweise unabhängig vom Schwierigkeitsgrad ein berechtigtes Interesse an einer Überschreitung des Gebührenrahmens der GOZ gibt (BGH NJW 1998, 1786, 1790).

405 Klauseln, die nicht erkennen lassen, inwieweit von der GOÄ abgewichen wird, sind als Verstoß gegen das **Transparenzgebot** nach § 307 Abs 1 S 2 unwirksam (LG Berlin NJW 1991, 1554, 1555). Die Erwähnung der Ziffern der Gebührenordnung genügt nicht (OLG Oldenburg NJW 1986, 2888). Auch ein wegen noch nicht voll überschaubarer Leistungen vom Arzt auszufüllender Erhöhungsrahmen ist unzulässig (BGH NJW 1998, 1786; NJW 2000, 1794).

Soweit ein erhöhter Gebührensatz berechnet wird, hat gem § 2 Abs 2 GOÄ ein **Hinweis an den Patienten** zu erfolgen, dass er eventuell nicht von der Krankenkasse erstattet wird (vgl auch OLG Hamburg NJW 1987, 2937). Eine Klausel, die einen Honoraranspruch für einen fest vereinbarten, aber **vom Patienten nicht eingehaltenen Termin** begründet, verstößt nicht gegen § 308 Nr 7 oder § 307 Abs 2 Nr 1 (AG Bremen NJW-RR 1996, 818, 819; AG Fulda ArztuR 2003, 167: bei von § 621 Nr 5 Alt 1 abweichender Kündigungsfrist von 24 Stunden; AG Nettetal NJW-RR 2007, 1216). Der selbstzahlende Patient hat keinen **Anspruch auf Erstattung des gezahlten Honorars** durch die Krankenkasse, wenn der Arzt wegen medizinisch nicht indizierter Überdiagnostik und Therapie von der Erstattungspflicht ausgeschlossen und dem Patienten dies mitgeteilt wurde. Entsprechende AVB der Versicherung verstoßen nicht gegen §§ 305c Abs 1, 307 Abs 1 S 1 (OLG Köln NJW 1996, 3088). 406

e) Chefarztverträge*

Auch Chefarztverträge können als Arztzusatzverträge durch AGB im Rahmen der Krankenhausaufnahme vereinbart werden (LG Duisburg NJW 1988, 1523; Wolf/Stoffels Klauseln K 57; **aA** AG Michelstadt VersR 1983, 192; LG Bremen NJW 1986, 785, 786; differenzierend Schlund, in: FS Trinkner [1995] 337, 341: Chefarztverträge in Krankenhausaufnahmeanträgen sind überraschend und daher unzulässig). Dabei muss der Abschluss eines Zusatzvertrags mit dem Chefarzt für den Patienten hinreichend als solcher erkennbar sein, da ansonsten ein Verstoß gegen § 307 Abs 1 S 2 (Transparenzgebot) vorliegt (grundsätzlich **krit** zur Anwendbarkeit der §§ 305 ff Münzel NZA 2011, 886 ff). Unzulässig wegen Verstoßes gegen § 305c Abs 1 ist eine Klausel, in der lediglich auf gesonderte AGB verwiesen wird, die ihrerseits einen Arztzusatzvertrag enthalten (BGH NJW 1993, 779, 780). So wird durch die Klausel „Zwei-Bett-Zimmer mit gesondert berechenbaren ärztlichen Leistungen" keine Zusatzvereinbarung mit dem Chefarzt geschlossen, da nicht erkennbar ist, welche ärztlichen Leistungen in der Grundversorgung enthalten sind und welche Wahlleistungen sind (LG Duisburg NJW 1988, 1523, allerdings gestützt auf § 305c Abs 2). 407

Chefarzthonorare dürfen nur die ärztlichen Wahlleistungen umfassen. Leistungen, die schon Teil der allgemeinen Krankenhausleistungen sind, sind anzurechnen (LG Duisburg NJW 1988, 1523) und dürfen grds nur bei höchstpersönlicher Leistungserbringung durch den Chefarzt abgerechnet werden (zu „Vertreterklauseln" oben Rn 402).

Die im Hinblick auf die nach § 17 Abs 2 S 1 KHEntgG-Krankenhausentgeltgesetz (früher § 22 Abs 2 S 1 HS 2 BPflV) bestehende Unterrichtungspflicht über Entgelte und den Inhalt der wahlärztlichen Leistungen (vgl zum Umfang der Unterrichtungspflicht BGH NJW 2004, 684, 686) in einem formularmäßigen Antrag auf Gewährung von Wahlleistungen enthaltene Klausel, wonach dem Patienten die Gebührenordnung sowie die Benutzungs- und Hausordnung vorlagen bzw ausgehändigt wurden, verstößt gegen § 309 Nr 12 und führt daher nicht zu einer Verschiebung der Beweislast zum Nachteil des Patienten (BGH NJW-RR 1998, 1348, 1349). 408

f) Ärztliche Abrechnungsstellen – Abtretung von Honorarforderungen

Von erheblicher praktischer Bedeutung ist die Abtretung von ärztlichen Honorar- 409

* Zur Klauselkontrolle bei Chefarztverträgen iSv Verträgen zwischen Chefarzt und Krankenhausträger vgl Reinecke, Gerichtliche Kontrolle von Chefarztverträgen, NJW 2005, 3383.

forderungen an gewerbliche oder ärztliche Abrechnungsstellen. Im Hinblick auf die ärztliche Schweigepflicht ist hierzu die **ausdrückliche Zustimmung** des Patienten erforderlich (BGH NJW 1991, 2955; 1992, 2348, 2350). Eine derartige Einwilligung ist eine rechtsgeschäftsähnliche Erklärung des Patienten. Soweit sie auf Grund von durch den Arzt verwendeten Formularen erfolgt, sind die §§ 305 ff anwendbar (Ulmer/Christensen Teil 2, Arztverträge Rn 5; Hollmann NJW 1978, 2332; 1979, 1923; **aA** Schütte NJW 1979, 592).

Inhaltlich muss ein derartiges Einwilligungsformular Anlass, Umfang und Zielsetzung der Entbindung von der Schweigepflicht klar erkennen lassen (vgl BGH NJW 1992, 2348, 2350). Es muss hinreichend deutlich werden, dass die Entbindung von der Schweigepflicht zum Zwecke der Abtretung, Einziehung und gerichtlichen Geltendmachung der Forderung durch die Abrechnungsstelle erfolgt. Klauseln, die lediglich eine „Weitergabe von Behandlungsunterlagen“ oder eine „Abrechnung durch Dritte“ vorsehen, umfassen kein Einverständnis mit einer Abtretung.

410 Eine den vorstehenden Anforderungen genügende vorformulierte Einverständniserklärung ist nicht überraschend iSv § 305c Abs 1, da der Patient heute mit der Abrechnung über Dritte grds rechnen muss. Auch liegt kein Verstoß gegen die §§ 307 ff vor. Wenn ein derartiges Formular hinreichend den Zweck und die Folgen der Einwilligung verdeutlicht, genügt es auch den Anforderungen des Transparenzgebots (§ 307 Abs 1 S 2). Die weiteren für den Patienten evtl nachteiligen Rechtsfolgen des Übergangs (wie zB die Möglichkeit, den Arzt als Zeugen im Prozess zu vernehmen) sind Ausdruck der gesetzlichen Regelungen der §§ 398 ff und stellen insoweit keine Abweichung von gesetzlichen Regelungen dar, so dass insoweit die §§ 307 ff nicht anwendbar sind. Im Übrigen gefährdet die Abtretung weder den unmittelbaren Vertragszweck, dh die Heilbehandlung noch das Vertrauensverhältnis zum Arzt, das durch eine unmittelbare gerichtliche Geltendmachung durch den Arzt stärker gestört würde.

g) Formularmäßige Aufklärung und Einwilligung

aa) Einwilligung in die ärztliche Behandlung

411 Auf formularmäßige **ärztliche Aufklärungsbögen** sind die §§ 305 ff anwendbar (Gounalakis NJW 1990, 753; Jungbecker MedR 1990, 173; Palandt/Grüneberg § 305 Rn 5). Eine pauschale Bestätigung durch den Patienten, er sei umfassend und ordnungsgemäß aufgeklärt worden, verstößt gegen § 309 Nr 12b, da der Patient dadurch die für etwaige Haftungsprozesse wesentliche, beweispflichtige Tatsache der ordnungsgemäßen Aufklärung bestätigt (Ulmer/Christensen Teil 2, Krankenhausverträge Rn 4; Wolf/Stoffels Klauseln K 61; **aA** Gounalakis NJW 1990, 752; vgl Deutsch NJW 1982, 2585, 2588; Bunte NJW 1986, 2351, 2354). § 309 Nr 12b scheidet allerdings aus, wenn eine entsprechende Klausel auf einem gesondert unterschriebenen Formular erscheint (Jungbecker MedR 1990, 173, 179) oder wenn nur bestätigt wird, dass ein Aufklärungsgespräch stattgefunden hat (BGH NJW 1985, 1399; Gounalakis NJW 1990, 752).

Zur Einwilligung in Abbruch und Fortführung lebensverlängernder Maßnahmen vgl Klauselwerke/Thüsing „Krankenhausaufnahmevertrag“ Rn 34 ff (Stand Mai 2004).

bb) Einwilligung in Obduktion (Sektion) und Transplantation

Weder gegen § 308 Nr 5 noch gegen § 307 Abs 1 S 1 verstoßen nach Ansicht des BGH Klauseln, die eine Obduktion zulassen, soweit diese aus ärztlicher Sicht angezeigt oder wissenschaftlich erforderlich ist und der Patient oder einer seiner nahen Angehörigen nicht widerspricht (BGH NJW 1990, 2313, 2314 f; OLG Koblenz NJW 1989, 2950, 2951 f; Bunte NJW 1986, 2351, 2354; Baetge AcP 202 [2002] 972, 986 f; nähere Darstellung bei Spickhoff/Kutlu, Medizinrecht [2011] § 307 BGB Rn 7; **aA** LG Mainz VersR 1988, 724, 725; Palandt/Grüneberg Rn 108; Ulmer/Stoffels Klauseln K 63; Wolf/Christensen Teil 2, Krankenhausverträge Rn 2, 4; Deutsch NJW 1990, 2315; Haas NJW 1988, 2929, 2933; Laufs NJW 1991, 1516, 1520; Schlund, in: FS Trinkner [1995] 337, 356 ff mwNw). Diese Höherbewertung der Allgemeininteressen gegenüber den Individualinteressen von Patienten und Angehörigen erscheint angesichts der Höchstpersönlichkeit der Thematik äußerst problematisch (vgl oben Rn 151). Ausreichend sind jedoch formularmäßige Zustimmungen des Betroffenen selbst (ausführliche Regelung in § 8 TPG) oder (nach dem Todesfall) seiner nächsten Angehörigen, wie dies § 12 AVB (Allg Vertragsbedingungen für Krankenhäuser) vorsieht (Ulmer/Christensen aaO Rn 4; MünchKomm/Wurmnest Rn 128); die Einbeziehung weiterer, dem Verstorbenen persönlich besonders verbundene Personen (zB Lebenspartner) durch § 12 AVB ist hingegen wegen der Unbestimmtheit dieses Personenkreises und mangelnder Abgrenzung der alternativ Zustimmungsberechtigten bedenklich (Ulmer/Christensen aaO Rn 2). 412

Eine entsprechende **Transplantationsklausel** ist ebenfalls äußerst problematisch. Zwar wird sie vom Transplantationsgesetz (TPG) nicht ausdrücklich verboten. Dieses setzt lediglich eine Einwilligung des Spenders voraus, stellt an diese aber keine besonderen Anforderungen (vgl § 3 Abs 1 Nr 1 TPG), so dass auch eine Einwilligung durch AGB denkbar ist (Klauselwerke/Thüsing „Krankenhausaufnahmevertrag" Rn 33). Im Wesentlichen ähnlich ist die Regelung bezüglich der Zustimmung von Angehörigen nach dem Tod des Spenders (§ 4 TPG). Wegen des gegenüber einer Obduktion noch stärkeren Eingriffs in das postmortale Persönlichkeitsrecht und das Selbstbestimmungsrecht (Art 2 Abs 1 iVm Art 1 Abs 1 GG) müssen aber jedenfalls Transplantationsklauseln als unangemessen gem § 307 Abs 1 S 1 (so auch Wolf/Stoffels Klauseln K 63; **aA** Klauselwerke/Thüsing „Krankenhausaufnahmevertrag" Rn 33, der darauf abstellt, ob dem Patienten die Widerrufsmöglichkeit eröffnet bleibt; eine solche ergibt sich aber schon aus § 3 Abs 2 Nr 1 TPG) und überraschend iSd § 305c Abs 1 (Klauselwerke/Thüsing „Krankenhausaufnahmevertrag" Rn 33) angesehen werden.

cc) Einwilligung in HIV-Tests

Klauseln, nach denen sich Patienten mit einem HIV-Test für den Fall einverstanden erklären, dass dieser aus medizinischer Sicht angezeigt ist, verstoßen nicht gegen § 307 Abs 1 S 1: Sie entsprechen dem schutzwürdigen Interesse des Krankenhauspersonals, einer erhöhten Infektionsgefahr vorzubeugen. Jedoch dürfte eine derartige Klausel in einem Krankenhausaufnahmevertrag dann als überraschend anzusehen sein, wenn sie nicht besonders hervorgehoben ist (vgl Schlund, in: FS Trinkner [1995] 352, 353; vgl zu Vereinbarungen über ärztliche Eingriffe in AGB allgemein: BGH VersR 1983, 1057; OLG Celle VersR 1984, 444). 413

h) Einsicht und Aushändigung von Krankenunterlagen; Anspruch auf Mitteilung des Ergebnisses der ärztlichen Untersuchung

Der Patient hat als vertragliche Nebenpflicht aus dem Behandlungsvertrag nach 414

§ 810 einen Anspruch auf Einsichtnahme in seine Krankenunterlagen einschließlich der Möglichkeit zur Anfertigung von Abschriften und Kopien hinsichtlich der darin enthaltenen Aufzeichnungen über objektive, physische Befunde und Berichte über Behandlungsmaßnahmen, wenn der Patient ersichtlich ein Interesse daran hat und billigenswerte Gründe für eine Verweigerung nicht vorliegen (BGH NJW 1983, 328, 330; BGH NJW 1985, 674; vgl auch LG Saarbrücken MedR 1996, 323). Es besteht jedoch keine Pflicht des Arztes, Kopien oder Abschriften für den Patienten anzufertigen (LG Dortmund NJW-RR 1998, 261; Gehrlein NJW 2001, 2773, 2774). Es besteht grundsätzlich auch kein Anspruch auf Überlassung der Originalakten (LG Dortmund NJW 2001, 2806), so dass **§ 14 AVB** insoweit mit den §§ 305 ff vereinbar ist (Wolf/Stoffels, Klauseln K 62; Wasserburg NJW 1980, 617, 620 ff). In Einzelfällen aber kann eine Verpflichtung zur Herausgabe von Originalunterlagen bestehen (OLG München NJW 2001, 2806: Anspruch auf Herausgabe der Original-Röntgenaufnahme zur Vorlegung bei einem Sachverständigen; vgl auch BayerLSG NZS 1999, 553, 555 f: im Verhältnis des Vertragsarztes zum Medizinischen Dienst der Krankenkasse gem §§ 276 Abs 2 S 1 2. HS, 275 Abs 1 bis 3 SGB V).

Aus dem Selbstbestimmungsrecht (Art 1 iVm Art 2 Abs 1 GG) folgt darüber hinaus ein Anspruch des Patienten auf Mitteilung des ärztlichen Untersuchungsergebnisses sowie Umstände und Verlauf der Behandlung (BVerfG NJW 2005, 1103; BGH NJW 1983, 328, 329). Üblicherweise genügt die mündliche Erläuterung der Diagnose; uU aber ist eine schriftliche Mitteilung angezeigt (BVerfG NJW 2005, 1103: Schwerhörigkeit der Patientin). Wesentliche Einschränkungen dieser Rechte verstoßen gegen § 307 Abs 2 Nr 2 (Wolf/Stoffels, Klauseln K 62).

415 **i) Zur Haftung von Krankenhausärzten** s unten Krankenhausverträge Rn 500 ff.

(Rn 416 ist frei.)

417 **6. Automatenaufstellvertrag**: s unten „Laufzeitklauseln“ Rn 538; Deller, Der Automatenaufstellvertrag (1997); Staudinger/Emmerich (2011) Vorbem zu § 535 Rn 42 ff; Staudinger/Rolfs (2011) § 573c Rn 46 f.

7. Autowaschanlagen*

a) Allgemeines

418 Bei automatischen Autowaschanlagen stellt sich zunächst das Problem der Einbeziehung von AGB (dazu Staudinger/Schlosser § 305 Rn 129; Kappus aaO Rn 4 f). Inhaltlich konzentrieren sich die einschlägigen Bedingungen auf die Eingrenzung des Schadensrisikos; die Konditionenempfehlung des Bundesverbandes des Deutschen Tankstellen- und Garagengewerbes (Bekanntmachung Nr 95/79, BAnz Nr 177v 20. 9. 1979; vgl hierzu näher Kappus aaO Rn 3) werden in der Praxis häufig variiert.

b) Haftungsausschlüsse

419 Haftungsausschlüsse sind regelmäßig vorgesehen für Beschädigungen an Zubehörteilen (Antennen, Spiegel, Scheibenwischer etc) oder am Lack sowie für Folgeschäden. Zu den Möglichkeiten und Grenzen einer Haftungsfreizeichnung im Allgemei-

* **Schrifttum**: Klauselwerke/Kappus „Autowaschanlagen“ (Stand Oktober 2005); Strolch, Rechtsprechungsübersicht: Schaden in der Autowaschanlage, OAR 2004, 574.

nen s Rn 431 ff, zur Kontrollfähigkeit plakativer Haftungsausschlüsse bei Autowaschanlagen vgl oben Rn 179. Ein pauschaler Haftungsausschluss erstreckt sich gem § 305c Abs 2 auch auf Fälle der grob fahrlässigen oder vorsätzlichen Beschädigung und ist deshalb insgesamt nach § 309 Nr 7b unwirksam (OLG Düsseldorf BB 1980, 388; Ulmer/Schmidt Teil 2 [4] Rn 1; Wolf/Dammann Klauseln A 334). Damit reduziert sich die Fragestellung auf Klauseln, die die Haftung für **leicht fahrlässig** verursachte Beschädigungen ausschließen.

Soweit **unmittelbare Schäden** betroffen sind (Zubehör, Lack), wird ein Haftungsausschluss überwiegend gem § 307 Abs 2 Nr 2 für unwirksam gehalten: Es gehöre zu der zentralen Leistungserwartung des Kunden, das Fahrzeug nicht nur gründlich gereinigt, sondern auch unbeschädigt zurückzuerhalten; dieses zu gewährleisten, sei eine zentrale, nicht ausschließbare und damit wesentliche Pflicht des Anlagenbetreibers (BGH NJW 2005, 422, 424; OLG Hamburg DAR 1984, 260, 261; KG NJW-RR 1991, 698 f; LG Düsseldorf VuR 1997, 320; LG Bayreuth NJW 1982, 1766, 1767; LG Essen NJW-RR 1987, 949; LG Hannover DAR 1985, 60; LG München I DAR 1987, 386; Ulmer/Schmidt Teil 2 [4] Rn 1). Dieser Ansicht kann nicht beigepflichtet werden; indem sie pauschal sämtliche Begleitschäden und das allgemeine Integritätsinteresse des Kunden zum wesentlichen Rechte- und Pflichtenbereich des § 307 Abs 2 Nr 2 erhebt, weitet sie diese Vorschrift über Gebühr aus (vgl oben Rn 275 f) und verschließt den Weg zu einer umfassenden Interessenabwägung. Da § 307 Abs 2 Nr 2 ausscheidet, sind entsprechende Klauseln allein an § 307 Abs 1 S 1 zu messen (es erscheint auch nicht sinnvoll, insoweit zwischen Beschädigung von Zubehör und Lackschäden zu unterscheiden, so aber LG Düsseldorf BB 1979, 1632, 1633).

Unergiebig bei der **Interessenabwägung** nach § 307 Abs 1 S 1 ist der Hinweis auf die 420
geringe Schadenswahrscheinlichkeit, er wird sowohl für als auch gegen den Haftungsausschluss ins Feld geführt (einerseits LG Karlsruhe NJW-RR 1986, 153, 154, andererseits KG NJW-RR 1991, 698). Ähnliches gilt für die Kontrollmöglichkeiten beim Waschvorgang, sie bestehen zwar beim Kunden nicht (OLG Hamburg DAR 1984, 260, 261; KG NJW-RR 1991, 698, 699; LG Berlin VersR 1984, 840, 841), aber auch nicht beim Betreiber (OLG Düsseldorf BB 1980, 388). Allerdings liegen eintretende Schäden eher in der *Risikosphäre* des Betreibers (so auch BGH NJW 2005, 422, 424; vgl auch oben Rn 166), dem auch – jedenfalls im Zusammenwirken mit dem Anlagenproduzenten – eher generelle Präventionsmaßnahmen, zum Beispiel durch Wartung, Kontrolle und Überwachung der Anlage und Auswahl des Bedienungspersonals (BGH NJW 2005, 422, 424), möglich sind (für Beispiele s Kappus aaO Rn 7 f; Ulmer/Schmidt Teil 2 [4] Rn 1). Der Betreiber kann auch bestimmte schadensanfällige Fahrzeugmodelle von der Benutzung ausschließen (BGH NJW 2005, 422, 424; zust Kappus aaO Rn 8). Die Annahme einer bewussten, da freiwilligen Risikoübernahme durch den Kunden ist dagegen verfehlt (so aber OLG Bamberg NJW 1984, 929, 930; OLG Karlsruhe NJW-RR 1986, 153, 154). Ausschlaggebend ist jedoch letztlich das Argument der *Versicherbarkeit* (so auch Klauselwerke/vWestphalen, „Vertragsrecht/Freizeichnungsklauseln“ Rn 42; Wolf/Dammann Klauseln A 335; vgl oben Rn 166): Der Betreiber kann das Risiko unschwer versichern, die Umlegung der Prämie auf die Waschkosten würde letztere nur unwesentlich erhöhen. Umgekehrt haben die Kunden nicht die Möglichkeit einer gezielten Versicherung: in der Regel besteht auch keine Vollkaskoversicherung, und selbst wenn sie besteht, droht Rabattverlust bei Inanspruchnahme (vgl zum Ganzen KG NJW-RR 1991, 698, 699; OLG Hamburg DAR 1984, 260, 262; LG Bayreuth NJW 1982, 1766, 1767; LG Essen NJW-RR 1987,

949; vHoyningen-Huene Rn 193, 219). Aus diesem Grunde führt die Risikoabwälzung für leicht fahrlässige Beschädigungen auf den Kunden zu dessen unangemessener Benachteiligung im Sinne von § 307 Abs 1 S 1 (BGH NJW 2005, 422, 424).

421 Diese Bewertung umfasst auch **Folgeschäden**, soweit diese typischer und vorhersehbarer Art sind (Nutzungsausfall, Kosten eines Sachverständigengutachtens) (BGH NJW 2005, 422, 424 mit Zust Kappus LMK 2005, 37; KG NJW-RR 1991, 698, 699; Padeck VersR 1989, 541, 553). Ein Ausschluss für ungewöhnliche, regelmäßig nicht vorhersehbare Schäden entspricht jedoch berechtigten Interessen des Verwenders an einer Risikoeinschränkung und angemessenen Versicherbarkeit (Wolf/Dammann Klauseln A 335).

c) Pflicht zur Schadensanzeige

422 Klauseln, die die Kunden zur unverzüglichen Schadensanzeige noch auf dem Betriebsgelände verpflichten, müssen zwischen offensichtlichen und nicht ohne weiteres erkennbaren Schäden unterscheiden. Da weder Pflicht noch Anlass für den Kunden besteht, sein Fahrzeug nach dem Waschvorgang einer genauen Untersuchung zu unterziehen, sind Klauseln ohne eine entsprechende Differenzierung gem §§ 308 Nr 8b ee oder 307 Abs 1 S 1 unwirksam (KG NJW-RR 1991, 698, 699; Ulmer/Schmidt Teil 2 [4] Rn 2; Wolf/Dammann Klauseln A 333; Padeck VersR 1989, 541, 553; Klauselwerke/Kappus „Autowaschanlagen" Rn 13; vgl auch LG Düsseldorf VuR 1997, 320: jedenfalls im Fall des Vorliegens offensichtlicher Schäden; **aA** LG Hannover sowie LG Amberg beide DAR 1988, 423; ähnlich LG Berlin VersR 1984, 840, 843). Entsprechende Klauseln enthalten zugleich eine Änderung der Beweislastverteilung und sind daher auch gem § 309 Nr 12 unwirksam (LG Tübingen NJW-RR 1992, 310). Anzeigepflichten, die sich ausdrücklich nur auf offensichtliche Schädigungen beziehen, sind (entsprechend dem Rechtsgedanken des § 309 Nr 9b ee) hingegen nicht zu beanstanden (Ulmer/Schmidt Teil 2 [4] Rn 2; Kappus aaO).

(Rn 423, 424 sind frei.)

425 8. **Bankverträge**: Zum **Nebenpreis-System** der Banken/Sparkassen s oben Rn 329a; dazu zuletzt BGH NJW 2012, 2342 (Banken) bzw 2337 (Sparkassen). Zu **Freizeichnungsklauseln** unten Rn 451. Zum **Zahlungsdiensterecht** Staudinger/Omlor (2012) zu §§ 675c–676c (s Index zu „AGB-Banken", „AGB-Sparkassen", „AGB-Kontrolle"), sowie allg Staudinger/Martinek (2006) § 675 Rn 334 ff. Für weitere Literatur: s die Kommentierung der AGB-Banken bzw Sparkassen bei Baumbach/Hopt, HGB (34. Aufl 2010) Nr 8 bzw 8a; Beinecke, Die richterliche Kontrolle von Entgeltklauseln der Kreditwirtschaft nach dem AGB-Gesetz (2001); Billing, Die Bedeutung von § 307 III 1 BGB im System der AGB-rechtlichen Inhaltskontrolle (2006); Klauselwerke/Fandrich „Darlehensvertrag" (Stand Oktober 2005); Kindler, Entgeltklauseln in der Kreditwirtschaft, in: Hadding/Hopt/Schimansky (2002), Entgeltklauseln in der Kreditwirtschaft und E-Commerce von Kreditinstituten 1 ff; Linker, Die Rechtmäßigkeit der Entgelte der Banken im bargeldlosen Zahlungsverkehr (2004); Mackenthun/Sonnenhol, Entgeltklauseln in der Kreditwirtschaft – e-Commerce von Kreditinstituten, WM 2001, 1585; Pallas, Die Preisverzeichnisse der Kreditinstitute und ihre AGB-rechtlichen Grundlagen (2001); Schimansky, Inhaltskontrolle von allgemeinen Geschäftsbedingungen der Kreditinstitute, in: FS 50 Jahre BGH (2000) 3; ders, Zinsanpassungsklauseln in AGB, WM 2001, 1169; Servatius, Die AGB-rechtliche Behandlung von Vorschusszinsregelungen im Sparverkehr, BKR 2005, 295; SONNENHOL, Bankenentgelte – Zulässige Entgelte für kreditwirtschaftliche Leistungen, BKR 2004, 43; STEINER, Entgelte der Kreditinstitute (2000); STEPPELER, Bankentgelte: Zulässige Entgelte für kreditwirtschaftliche Leistungen (2003); ULMER/FUCHS Teil 4 (2); WOLF/PAMP Klauseln B 1 ff; Klauselwerke/vWESTPHALEN „Banken und Sparkassen-AGB" (Stand Oktober 2008).

9. Bauverträge: s STAUDINGER/PETERS (2008) § 640 Rn 66 ff (zur VOB/B und VOB/A s Index dort); KORBION/LOCHER/SIENZ, Das Recht der AGB und Bauerrichtungsverträge (4. Aufl 2006). 426

10. Beförderungsverträge (ADSp; AGNB): s KOLLER, Transportrecht (5. Aufl 2003); Klauselwerke/HÄTTIG „Transportrecht" (Stand Oktober 2006); SCHMIDT, Rechtsprobleme bei der Luftbeförderung im Rahmen von Flugpauschalreisen, NJW 2005, 1168; STAUDINGER/SCHMIDT-BENDUN, Haftung der Bahn für Verspätungsschäden, NJW 2004, 646. 427

11. Bierlieferungsverträge: s unten „Laufzeitklauseln" Rn 539; BÜHLER, Brauerei- und Gaststättenrecht – Höchstrichterliche Rechtsprechung (16. Aufl 2006). 428

12. Bürgschaft: s STAUDINGER/HORN (2013) Vorbem 69–80 zu §§ 765–778 sowie § 765 Rn 12, 16 ff, 25, 48 ff; Klauselwerke/VOGT „Bürgschaft" (Stand Oktober 2008). 429

– *unbesetzt* – 430

13. Freizeichnungsklauseln*

a) Gegenstand und Grundlagen der Inhaltskontrolle von Freizeichnungsklauseln

aa) Gegenstand von Freizeichnungsklauseln

Freizeichnungsklauseln bilden einen Schwerpunkt in den meisten AGB-Klauselwerken und zielen auf die Begrenzung und den Ausschluss der vertraglichen und/oder der gesetzlichen Haftung. Freizeichnungsklauseln liegen unabhängig von Formulierung und rechtlichem Anknüpfungspunkt immer dann vor, wenn im Ergebnis Schadensersatzansprüche des Vertragspartners des Verwenders ausgeschlossen oder beschränkt werden (s dazu Rn 434 f). Gegenstand von Freizeichnungsklauseln sind Schadensersatzansprüche jeglicher Art (zB gem §§ 280 ff wegen vertraglicher Pflichtverletzung aufgrund von Unmöglichkeit, Verzug, Gewährleistung, sonstiger Pflichtverletzung oder aus Delikt etc. Den Schadenersatzansprüchen gleichzustellen sind auch Ansprüche auf **Aufwendungsersatz** gem § 284 (str STAUDINGER/OTTO [2009] § 284 Rn 14; vgl näher STAUDINGER/COESTER-WALTJEN § 309 Nr 7 Rn 2). Da **Ansprüche aus culpa in contrahendo** (§ 311 Abs 2) grds vor Abschluss des Vertrags entstanden sind, bedeuten entsprechende Freizeichnungsklauseln einen Verzicht und sind schon deshalb idR ohne besonderen Hinweis unwirksam (OLG Koblenz NJW-RR 1993, 1078, 1080: Verstoß gegen § 307 Abs 1 S 1, Abs 2 Nr 2). Freizeichnungen von **Ansprüchen aus Delikt** 431

* S auch STAUDINGER/COESTER-WALTJEN, Kommentierung zu § 309 Nr 7.

sind grds zulässig, wenn auch die korrespondierenden vertraglichen Ansprüche ausgeschlossen werden können (BGH NJW 1979, 2148; VersR 1985, 595, 596: jedenfalls im kaufmännischen Bereich; OLG Hamburg VersR 1985, 57, 58). Sie sind jedoch inhaltlich klar zu fassen: Die Freizeichnung von „Schäden irgendwelcher Art" umfasst daher nicht Ansprüche aus Delikt. Dagegen genügt die Formulierung „Ausschluss außervertraglicher Haftung" jedenfalls im unternehmerischen Verkehr (BGH BB 1979, 698, 699). Freizeichnungsklauseln iRv § 651h Abs 1 BGB gelten jedoch nur für den vertraglichen Anspruch (BGH ZIP 1987, 640, 650 [vgl dazu oben Rn 198]; Palandt/Sprau § 651h Rn 1; **aA** Jauernig/Teichmann § 651h Rn 1). Die Freizeichnung von **Ansprüchen Dritter** ist nur zulässig, wenn sie auf Vertrag zugunsten Dritter zwischen Verwender und Vertragspartner beruht (vgl BGHZ 56, 269, 272). Ansprüche des Vertragspartners **gegen Dritte** (zB auch gegen Erfüllungsgehilfen des Verwenders) können grds in gleichem Maße ausgeschlossen werden wie Ansprüche gegen den Verwender selbst (BGH ZIP 1985, 687, 689 für die Gehilfenhaftung; OLG Koblenz VersR 1993, 1164, 1165 für Ansprüche gegen andere Teilnehmer einer Sportveranstaltung; vgl auch oben Rn 142 ff). Allerdings ist besonders zu prüfen, ob eine solche Klausel nicht überraschend iSd § 305c Abs 1 ist (BGH NJW-RR 2004, 780, 781; näher hierzu unten Rn 433 aE).

Haftung bei **höherer Gewalt bzw Zufall** bedarf idR nicht des Ausschlusses, wenn und soweit eine solche Haftung rechtlich nicht begründet ist – eine entsprechende Klausel wäre als rechtsdeklaratorische kontrollfrei (§ 307 Abs 3). Umgekehrt verstieße eine haftungs*begründende* Klausel in diesen Fällen idR gegen das Verschuldensprinzip als gesetzlichen Leitgedanken gem Abs 2 Nr 1 (s Rn 235); daneben können Gesichtspunkte einer angemessenen Risikoverteilung (dazu Rn 441) zur Unangemessenheit einer Klausel gem Abs 1 führen, etwa wenn dem Kunden verschuldensunabhängig Risiken aus der Sphäre des Verwenders zugewiesen werden (so BGH NJW 1997, 1700, 1702 für das Scheckfälschungsrisiko; BGHZ 114, 238, 242 f für das Scheckkartenmissbrauchsrisiko). Kennt das Recht jedoch ausnahmsweise Zufalls- oder Gefährdungshaftung (Zufall: zB §§ 287 S 2, 848; Gefährdungshaftung: zB § 833 S 1 sowie Spezialgesetze), so wäre eine Freizeichnung hiervon (wenn nicht schon nach § 309 Nr 7a) regelmäßig mit wesentlichen Grundgedanken des Gesetzes iSd Abs 2 Nr 1 nicht vereinbar (Staudinger/Coester-Waltjen § 309 Nr 7 Rn 8, 39, 40). Gleiches gilt bei der Abbedingung schuldunabhängiger gesetzlicher Risikozuweisungen (zB §§ 615, 645 Abs 1), auch wenn es dort nicht um „Haftung" in engerem Sinne geht (zur „höheren Gewalt" bei Arbeitskampfklauseln s Rn 392).

bb) Normative Grundlagen der Inhaltskontrolle von Freizeichnungsklauseln

432 **Im nichtberuflichen Verkehr** sind vorrangig die **Klauselverbote der §§ 309 Nr 7–8** zu berücksichtigen, was die Freizeichnung bei Verletzung von Leben, Körper, Gesundheit (§ 309 Nr 7a; vgl Nr 1a des Anhangs der EG-Klausel RL über missbräuchliche Klauseln), bei grobem Verschulden, (§ 309 Nr 7b; vgl auch § 276 Abs 3), den Ausschluss des Rechts, sich vom Vertrag zu lösen (§ 309 Nr 8a) und bei Mängeln (§ 309 Nr 8b) betrifft (s dazu Staudinger/Coester-Waltjen § 309 Rn 5 ff, Nr 8 Rn 5 ff, 31 ff). **Subsidiär** findet **§ 307 Abs 1 S 1, Abs 2** auf Freizeichnungsklauseln grds dann Anwendung, wenn der Verwender Ansprüche des Vertragspartners aus vertraglicher bzw vorvertraglicher Pflichtverletzung oder Delikt bei leichter Fahrlässigkeit ausschließen will (BGH NJW 2001, 673, 674 mwNw).

433 **Im unternehmerischen Bereich** sind gem § 310 Abs 1 S 1 die §§ 309 Nr 7–8 nicht

(unmittelbar) anwendbar. Daher sind hier Freizeichnungsklauseln **grundsätzlich am Maßstab** des **§ 307 Abs 1 S 1, Abs 2** zu messen. Dieser Grundsatz gilt jedoch nicht uneingeschränkt. So sind einerseits die Wertungen der §§ 309 Nr 7–8 im Rahmen von § 307 Abs 1 S 1, Abs 2 auch im unternehmerischen Verkehr zu berücksichtigen (Rn 14; BGH NJW-RR 2003, 1056, 1060; NJW 1994, 1060, 1063 mwNw je zu § 309 Nr 8b; BGH NJW 1998, 677, 678 zu § 309 Nr 8b bb; OLG Saarbrücken NJW-RR 1995, 117, 118; insbesondere ist der Verbotstatbestand des § 309 Nr 7a im unternehmerischen Verkehr über § 307 Abs 2 Nr 1 zu beachten [so auch vWestphalen NJW 2002, 12, 21]; für Anwendbarkeit des § 307 Nr 7b über § 307 Abs 2 Nr 2 Tettinger AcP 205 [2005] 1, 19; zur Anwendbarkeit von § 309 Nr 7 im unternehmerischen Verkehr im Übrigen auch Staudinger/Coester-Waltjen § 309 Nr 7 Rn 42). Andererseits ist gem § 310 Abs 1 S 2 auf Handelsbräuche angemessen Rücksicht zu nehmen. So hat der BGH aufgrund branchentypischer Besonderheiten eines Werftwerkvertrages sogar die Freizeichnung für grobe Fahrlässigkeit für zulässig gehalten (BGH NJW 1988, 1785); die Entscheidung ist jedoch nicht verallgemeinerungsfähig (BGH NJW-RR 2001, 342, 343; NJW-RR 1996, 783, 788; vgl auch NJW 1998, 1426, 1428). Nach allerdings unzutreffender Auffassung des BGH kann im Einzelfall eine Klausel sogar vollständig der Inhaltskontrolle nach § 307 Abs 1 S 1, Abs 2 entzogen sein (so für Haftungsausschlüsse bei grober Fahrlässigkeit bei den Tegernseer Gebräuchen BGH NJW-RR 1987, 94, 95; dazu oben Rn 154).

Das **Transparenzgebot** (§ 307 Abs 1 S 2) bildet auch bei Freizeichnungsklauseln eine eigenständige Prüfungskategorie im Rahmen von § 307 Abs 1 S 1 (BGH NJW-RR 2005, 1496, 1505 f; NJW 2001, 292, 301 f; NJW 1993, 263, 264; OLG Koblenz NJW 2004, 3563, 3565; hierzu näher unten Rn 442). Im beruflichen Verkehr sind allerdings, allgemeinen Grundsätzen entsprechend (Rn 206), weniger hohe Anforderungen an das Transparenzgebot zu stellen (BGH ZIP 1992, 934, 936; s hierzu näher unten Rn 442).

Voraussetzung ist jedoch immer, dass die Freizeichnungsklausel wirksam in den Vertrag mit einbezogen wurde. Zu prüfen ist insbesondere, ob die Freizeichnungsklausel iSd § 305c Abs 1 überraschend ist (vgl zB BGH NJW-RR 2004, 780, 781; NJW-RR 2002, 485, 486). So hat der BGH (NJW-RR 2004, 780, 781) eine Freizeichnungsklausel in einem Prospekt dann für überraschend gehalten, wenn diese auch zugunsten der die betreffende Vermögensanlage vertreibenden selbständigen Unternehmen, also zugunsten Dritter, wirken sollte.

b) Arten von Freizeichnungsklauseln

aa) Haftungsausschlüsse und Haftungsbegrenzungen

Bei Freizeichnungsklauseln kann, anknüpfend an die Unterscheidung in § 309 Nr 7, **434**
zwischen Haftungsausschlüssen und Haftungsbegrenzungen unterschieden werden. **Eine abstrakt begriffliche Abgrenzung** ist zwar möglich, **bringt** aber **für die Bewertung der Zulässigkeit** von **Freizeichnungsklauseln nichts**: Ob eine Haftungsbegrenzung oder ein Haftungsausschluss vorliegt, hängt nämlich immer vom gewählten Bezugspunkt ab: So bezeichnet der BGH eine Freizeichnungsklausel für leichte Fahrlässigkeit einmal als *Haftungsausschluss* (für leichte Fahrlässigkeit: BGH ZIP 1993, 46, 47) und einmal als *Haftungsbeschränkung* (auf grobe Fahrlässigkeit: BGH NJW 1983, 1681, 1682). Auch vom Gewicht der Benachteiligungen und von den Rechtsfolgen her ergeben sich keine grds Unterschiede. Maßgeblich ist allein, ob ein Haftungsausschluss oder eine Haftungsbegrenzung den Vertragspartner unangemessen benachteiligt. Folgerichtigerweise unterwirft die Rspr Haftungsausschlüsse und Haftungsbeschränkun-

gen bei der Inhaltskontrolle den gleichen materiellen Prüfungskriterien. Zu Besonderheiten bei **summenmäßigen Haftungsbeschränkungen** und bei **Haftungsbeschränkungen auf unmittelbare Schäden bzw Mangelschäden** Rn 448 ff.

435 **bb) Mittelbare Haftungsbegrenzungen** liegen vor, wenn die Haftung nach Formulierung oder rechtlichem Anknüpfungspunkt nicht unmittelbar beschränkt oder ausgeschlossen wird, die Klausel jedoch in ihren Rechtswirkungen zu einer Freizeichnung führt. Das ist einmal der Fall, wenn nicht die Haftung selbst, sondern der **zugrundeliegende Pflichtenkreis** des Verwenders **durch AGB eingeschränkt** werden soll (BGH NJW 2001, 751, 752: Klauseln von Kreditinstituten, nach denen bei aus technischen und betrieblichen Gründen erfolgten, zeitweiligen Beschränkungen und Unterbrechungen des Zugangs zum Online-Service auch bei grobem Verschulden nicht gehaftet wird, verstoßen gegen § 309 Nr 7b, denn § 309 Nr 7 setzt keinen ausdrücklichen Haftungsausschluss voraus; ausreichend ist, dass die Klausel nach ihrem Sinn und Zweck den Eindruck eines Haftungsausschlusses erweckt [so bereits BGH NJW 1987, 2818]; BGH NJW 1983, 1322, 1324: Ausschluss der Pflicht einer Fluggesellschaft, das Erreichen von Anschlussflügen sicherzustellen, verstößt gegen früher geltenden § 11 Nr 8b AGBG; OLG Karlsruhe AGBE III Nr 15, 183, 191: Freizeichnung von eigenen Planungsfehlern des Verwenders beim Bauvertrag verstößt gegen § 307 Abs 1, 2; vgl Palandt/Grüneberg Rn 43). Zur Abgrenzung von nicht nach §§ 307 ff kontrollfähigen Leistungsbeschreibungen vgl BGH NJW 2001, 751, 752 und oben Rn 310 ff.

Zum anderen können auch **Rücktritts-, Verjährungs-, Ausschluss-, und Verwirkungsklauseln** mittelbare Haftungsbegrenzungen enthalten (vgl zu Verjährungsklauseln unten Rn 645 ff). Ob derartige Klauseln den unmittelbaren Freizeichnungsklauseln gleichzustellen sind, ist strittig (im Einzelfall dafür BGH NJW-RR 2000, 648 und NJW 1999, 1031, 1032: mittelbare Haftungsfreizeichnung durch Ausschlussfristen; BGH NJW-RR 1987, 1252, 1253 und BGH NJW-RR 1991, 1120, 1123: Verjährungsverkürzung = Haftungsbeschränkung; grundsätzlich offengelassen in BGH NJW 1990, 761, 764). Für den Rücktritt findet sich jetzt in § 309 Nr 8a eine Sonderregelung (Staudinger/Coester-Waltjen § 309 Nr 8 Rn 10). Im Übrigen wird man tragende Grundsätze der Rspr zu Freizeichungsklauseln auch auf die vorgenannten Klauseln anwenden können und müssen, wenn sie in ihren Rechtswirkungen Freizeichnungen gleichkommen (s dazu unten Anhang „Freiberufler" Rn 455 und „Treuhandvertrag" Rn 460).

cc) Salvatorische Freizeichnungsklauseln

436 Freizeichnungen, nach denen die Haftung des Verwenders **„soweit gesetzlich zulässig"** ausgeschlossen sein soll, verstoßen gegen das Transparenzgebot des § 307 Abs 1 S 2 und gegen § 307 Abs 2 Nr 1, da sie die Rechtsfolge des § 306 abbedingen (BGH NJW-RR 1996, 783, 789; vgl dazu auch BGH ZIP 1991, 1362, 1365; BGHZ 93, 29, 48; zu salvatorischen Klauseln grds oben Rn 59 f, 187).

c) Freizeichnung bei leichter Fahrlässigkeit

aa) Grundprinzipien der Inhaltskontrolle von Freizeichnungsklauseln bei leichter Fahrlässigkeit

437 Die Freizeichnung bei leichter Fahrlässigkeit ist, soweit sie sich nicht auf Körper- und Gesundheitsschäden bezieht (vgl § 309 Nr 7a), im privaten wie im beruflichen Verkehr grds zulässig (BGH VersR 1985, 595; NJW 1993, 335). Sie kann jedoch nach § 307 Abs 2 unwirksam sein (vgl BGH NJW 2002, 673, 674 mwNw), wenn es sich um die vertragszweckgefährdende **Verletzung von vertragswesentlichen Pflichten** iSv § 307

Abs 2 Nr 2 (vgl oben Rn 275 ff und unten Rn 438 ff) oder um eine **unangemessene Risikoverlagerung** zu Lasten des Vertragspartners (BGH NJW 1990, 761, 765 mwNw; vgl aus jüngerer Zeit BGH NJW 2004, 422, 424; NJW-RR 2003, 1056, 1059; NJW-RR 2002, 536, 538; NJW 2002, 673, 675; OLG Koblenz NJW 2004, 3563, 3565) handelt. Im letzteren Fall sind die Möglichkeit und Üblichkeit der Versicherung des Risikos durch die Parteien besonders zu berücksichtigen (dazu Rn 441). Schließlich unterliegen Freizeichnungsklauseln dem **Transparenzgebot** gem § 307 Abs 1 S 2, sind also klar und eindeutig zu formulieren (Rn 442). Das Transparenzgebot ist auch von Bedeutung, damit der Vertragspartner die Versicherbarkeit des Risikos untersuchen kann.

Diese Grundsätze gelten trotz der unterschiedlichen anzuwendenden Normen im **privaten wie im beruflichen Verkehr**. Dennoch kann die Anwendung der gleichen Grundsätze im beruflichen Verkehr im Einzelfall zu grundlegend anderen Ergebnissen führen (hierzu zuletzt BGH NJW-RR 2001, 342, 343): So können mit Rücksicht auf die branchenübliche Risikoverteilung Freizeichnungen von wesentlichen Pflichten sogar bei grober Fahrlässigkeit zulässig sein (zB BGH NJW 1988, 1785 für AGB beim Werftwerkvertrag und BGH NJW-RR 1988, 1437, 1438 für Speditionsbedingungen), obgleich sie im nichtberuflichen Verkehr selbst bei leichter Fahrlässigkeit unzulässig sind (vgl zB KG NJW 1991, 698, 699 für AGB der Autowaschanlagen; dazu im Einzelnen Rn 461).

bb) Unwirksamkeit von Haftungsausschlüssen bei vertragswesentlichen Pflichten

α) Grundsatz der Freizeichnungsfestigkeit

Als vertragswesentlich iSv § 307 Abs 2 Nr 2 wird von der Rspr eine Pflicht eingestuft, deren Erfüllung die ordnungsgemäße Durchführung des Vertrags erst ermöglicht und auf deren Erfüllung der Vertragspartner vertraut hat und vertrauen durfte (BGH NJW 1985, 3016, 3018; NJW-RR 1986, 271, 272; NJW 1988, 1785, 1787; ZIP 1990, 1054, 1060; NJW 1993, 335; NJW-RR 1993, 560, 561; 1996, 783, 788; NJW-RR 1998, 1426, 1427; 2005, 1496, 1506; st Rspr). Wesentliche Pflichten können neben **Hauptpflichten** auch **Nebenpflichten** sein, sofern sie für die Erreichung des Vertragszwecks von besonderer Bedeutung sind (oben Rn 273). In Hinblick auf derartige Pflichten ist grundsätzlich jeder Haftungsausschluss wegen **Verstoßes gegen § 307 Abs 2 Nr 2** unzulässig (die entscheidende Weichenstellung liegt in der Qualifizierung als „vertragswesentliche Pflicht", vgl Rn 272; im Übrigen s BGH NJW 1984, 1350, 1351; 1993, 335; 1994, 1061, 1063; 1996, 783, 788; NJW-RR 1993, 560, 561; NJW-RR 2000, 998, 999; NJW 2000, 3275, 3276; 2001, 292, 302; NJW-RR 2002, 915). Dies gilt auch bei leichter Fahrlässigkeit und auch im beruflichen Verkehr (BGH NJW 1998, 1426, 1427; 1985, 914; 915; 3016, 3017 f). **Ausnahmen gelten**, wenn der Kunde das Schadensrisiko beherrschen konnte (BGH NJW 1988, 1785, 1787: Werftarbeiten; vgl BGH ZIP 1991, 792, 794 master card: Risikosphäre des Kunden) oder wenn er das Risiko üblicherweise durch eine eigene Versicherung deckt (BGH NJW 1988, 1785, 1787; 1998, 1426, 1428) bzw die Versicherung durch den einzelnen Kunden ökonomischer ist (BGH NJW 1998, 1640, 1644; vgl hierzu auch Stoffels Rn 490 f). Siehe dazu auch die Ausnahmen bei Rn 441. 438

β) Einzelne vertragswesentliche Pflichten

Haftungsausschlüsse sind insbesondere unwirksam, wenn **Hauptleistungspflichten** des Verwenders beschränkt werden (BGH NJW 2000, 673, 675: Pflicht des Vermieters, die Mietsache in einem zum vertragsgemäßen Gebrauch geeigneten Zustand zu erhalten; BGH NJW 2000, 3275, 3276: Überprüfung der Richtigkeit einer Immobilienabrechnung beim Beratungsvertrag; 439

BGH NJW-RR, 2000, 998, 999: Pflicht, richtig und vollständig Auskunft zu erteilen beim Auskunftsvertrag mit einem Kapitalanlagevermittler; BGH NJW-RR 1996, 783, 788: Herstellung einer mangelfreien Sache beim Werkvertrag; BGH NJW 1994, 1060, 1063: Rechtzeitige Lieferung beim Kaufvertrag; vgl hierzu auch OLG Köln NJW-RR 1998, 1274, 1275).

440 Daneben sind solche Pflichten wesentliche **Pflichten, bei denen der Vertragspartner auf besonders sorgfältiges Handeln** des Verwenders und seiner Erfüllungsgehilfen vertrauen darf: Dieses ist der Fall, wenn den Verwender eine **besondere Verantwortung für Vermögenswerte des Kunden** trifft, insbesondere bei Bank- und Treuhandverträgen (für den Bankvertrag BGH NJW 1991, 2559, 2563: ordnungsgemäße Überweisung; BGH NJW 2000, 3275, 3276; NJW-RR 2000, 998, 999; WM 1987, 581, 582: ordnungsgemäße Anlageberatung; für den Treuhandvertrag BGH NJW 1986, 1171, 1172; für den Fondsprospekt BGH NJW-RR 2002, 915); wenn sich **Vermögensgegenstände des Kunden in der Obhut des Verwenders** oder eines Dritten, auf dessen Auswahl der Verwender Einfluss hat (BGH NJW-RR 2002, 536, 538), befinden, etwa bei Fracht-, Speditions- und Lagerverträgen (s dazu Rn 457 und 459) sowie bei Werkverträgen, soweit sich Sachen des Bestellers in der Obhut des Werkunternehmers befinden (BGH NJW 1985, 3016, 3017 f; KG NJW-RR 1991, 698, 699) oder wenn dem Vermögen des Kunden ein **erheblicher, vom Verwender beherrschbarer Schaden droht** (zB Mangelfolgeschäden an Sachen des Kunden bei fehlerhaften Einbauten: BGH NJW-RR 1986, 271, 272; BGH NJW 2002, 673, 674 ff: Haftungsausschluss für Schadensersatzansprüche des Mieters gegen den Vermieter wegen Schäden an den eingebrachten Sachen des Mieters bei Wohnraum und fehlender Versicherbarkeit durch den Mieter gegen Wassereinbruch). Freizeichnungen sind auch unwirksam für vertragstypische vorhersehbare Schäden (BGH NJW 2002, 673, 675; 2001, 292, 302: Freizeichnungen von Schadenspositionen wie Wertminderung, entgangene Nutzung, entgangener Gewinn, Abschleppkosten, Wageninhalt und Ladung eines Pkw beim Kfz-Kaufvertrag; NJW-RR 2001, 342; NJW 1993, 335; vgl auch Rn 49), sofern sich die Unwirksamkeit nicht bereits aus § 309 Nr 7a bzw aus der Wertung dieser Vorschrift ergibt. Darüber hinaus können Sorgfaltspflichten bei Inanspruchnahme besonderen Vertrauens durch den Verwender (BGH NJW 1986, 272) und insbesondere bei **besonderer beruflicher Vertrauensstellung des Verwenders** (zB Rechtsanwälte; Steuerberater; Wirtschaftsprüfer; BGH NJW 2005, 1357; NJW-RR 2002, 915; vgl im Übrigen Palandt/Grüneberg Rn 46 mwNw; zum Tierarzt OLG Stuttgart VersR 1992, 979, 980) und bei **besonderer Sachkunde des Verwenders** der Freizeichnung entzogen sein (BGH NJW-RR 1986, 271, 272: Anlagenbau durch Fachfirma; BGH NJW 1993, 335: Beratervertrag mit Forschungslabor). Das gilt zB auch für Sachverständige (Hübner NJW 1988, 443). Insoweit kann jetzt auch (über § 307 Abs 2 Nr 1) auf den Rechtsgedanken aus § 311 Abs 3 S 2 zurückgegriffen werden.

γ) **Weitere Einzelfälle** s Anhang Rn 451 ff; zu den möglichen Auswirkungen des geänderten allgemeinen Leistungsstörungsrechts (§§ 280 ff) auf die richterliche Inhaltskontrolle von Freizeichnungsklauseln gem §§ 307 ff vgl Klauselwerke/vWestphalen, „Freizeichnungs- und Haftungsbegrenzungsklauseln“ Rn 47 ff; ders NJW 2002, 12, 22 ff sowie Canaris, in: FS Ulmer (2003) S 1073 ff; Tettinger AcP 205 (2005) S 1 ff mwNw in Fn 1.

cc) Unwirksamkeit von Haftungsausschlüssen bei unangemessener Risikoverteilung

441 Freizeichnungsklauseln sind, auch wenn keine Verletzung vertragswesentlicher Pflichten vorliegt, unwirksam, wenn sie zu einer für den Vertragspartner unange-

messenen Risikoverteilung führen (BGHZ 103, 316, 322; BGH NJW-RR 2001, 342, 343). Zur Bestimmung der angemessenen Risikoverteilung ist auf die **Beherrschbarkeit des Risikos** und die Üblichkeit der Versicherung durch die Parteien abzustellen (so allgemein BGH NJW 1997, 1700, 1702; s auch BGH NJW 2005, 422, 424; 2002, 673, 675 f; NJW-RR 2002, 536, 538; STOFFELS Rn 490 f; vgl KOLLER ZIP 1986, 1089; STOFFELS/LOHMANN VersR 2003, 1343 und oben Rn 166 ff; kritisch zur Versicherbarkeit als Abwägungsgesichtspunkt TETTINGER AcP 205 [2005] S 1, 25 ff). Das Bestehen oder die Pflicht zum Abschluss einer **Haftpflichtversicherung durch den Verwender** begründet dabei die Vermutung der Unzulässigkeit des Haftungsausschlusses (BGH NJW 2002, 673, 675 f; KG NJW-RR 1991, 698, 699). Jedenfalls im nichtberuflichen Verkehr besteht darüber hinaus die (widerlegbare) Vermutung, dass eine **Sachversicherung durch den Kunden** unüblich ist (BGH BB 1992, 1166, 1168). Daher sind unwirksam wegen Verstoßes gegen § 307 Abs 2 Nr 2: Haftungsausschlüsse für leichte Fahrlässigkeit für Schäden an Kfz in Autowaschanlagen (BGH NJW-RR 2005, 1496, 1505 f; KG NJW-RR 1991, 698, 699; vgl Rn 420); für Mängel bei Möbellieferungen (OLG Hamm NJW-RR 1987, 311, 316); für Schäden bei Reinigung und Desinfektion im Krankenhaus (BGH NJW 1990, 761, 765); für Schäden infolge leicht fahrlässiger Verletzung wesentlicher Bauherrenpflichten in AGB des Bauauftraggebers auch im unternehmerischen Verkehr (OLG München NJW-RR 1990, 1358: Verstoß gegen § 307 Abs 1 S 1, Abs 2); für Schäden an eingebrachten Sachen des Mieters bei Wohnraummiete im Fall eines Wassereinbruchs (BGH NJW 2002, 673, 675).

dd) Freizeichnung und Transparenzgebot: Zur Formulierung von Freizeichnungsklauseln

Haftungsfreizeichnungsklauseln sind nur wirksam, wenn sie eindeutig und unmissverständlich formuliert sind (BGH ZIP 1992, 934, 936 Silokipper; NJW 1979, 2148, 2149 Kartonmaschine; grds zum Transparenzgebot oben Rn 170 ff und 433). Dem Transparenzgebot wird von der Rspr im beruflichen und nichtberuflichen Verkehr in unterschiedlicher Weise Geltung verschafft: Haftungsfreizeichnungsklauseln sind **im nichtberuflichen Verkehr** so zu formulieren, dass ihre nachteilige Wirkung dem rechtlich nicht vorgebildeten *Durchschnittskunden* möglichst klar erkennbar ist (BGH NJW 2001, 2635; NJW 1999, 2279; NJW 1998, 454; OLG Koblenz NJW 2004, 3563, 3565). Ein Haftungsausschluss, der zwei Haftungstatbestände vermengt, ist schon wegen Verstoßes gegen das Transparenzgebot unwirksam (BGH NJW 2001, 292, 301 f). Auch die schlagwortartige Verwendung des Begriffs „Kardinalpflicht" ohne eine abstrakte Erläuterung des Begriffs verstößt gegen das Transparenzgebot (BGH NJW-RR 2005, 1496, 1506). Der **berufliche Verkehr**, der von geschäftserfahrenen Personen und nicht vom Durchschnittskunden geprägt ist, ist von dieser Art der Transparenzrechtsprechung ausgenommen. Dennoch gilt das Transparenzgebot in abgeschwächter Form auch hier (Rn 151, 206). Jedoch liegt der Schwerpunkt dann bei der einschränkenden Auslegung unklarer oder intransparenter AGB iRv § 305c Abs 2 (BGH BB 1977, 162, 164; 1979, 698, 699; BGH NJW-RR 1989, 953, 956; BGH ZIP 1992, 934, 936). 442

Ganz allgemein sind Freizeichnungsklauseln klar und eindeutig zu formulieren und **bei Unklarheiten eng auszulegen** (vgl § 305c Abs 2; BGH NJW-RR 1989, 953, 956; ZIP 1992, 934, 936). **Klauseln müssen an systematisch richtiger Stelle und unter der richtigen Überschrift stehen.** Eine Klausel, die deliktische Ansprüche unter der Überschrift „Mängelgewährleistung" ausschließt, ist eng dahingehend auszulegen, dass Ansprüche aus Produkthaftung nicht ausgeschlossen sind (BGH BB 1977, 162, 164 Schwimmschalter; ZIP 1992, 934, 936 Silokipper). Darüber hinaus liegt ein Verstoß gegen das 443

Transparenzgebot vor, wenn Klauseln so formuliert sind, dass ein nicht unerheblicher Teil der Kundschaft von einer Geltendmachung von Ansprüchen abgehalten wird. Daher sind Klauseln, die gegenüber dem Durchschnittskunden durch Wortwahl oder Gestaltung den (objektiv unrichtigen) Eindruck erwecken, die Haftung sei nur auf die Aspekte beschränkt, die in der Klausel erwähnt werden, wegen Verstoßes gegen § 309 Nr 7b bzw das Transparenzgebot unwirksam, da sie den Kunden unangemessen benachteiligen (BGH ZIP 1987, 640, 650 Reisevertrag; BGH NJW 1987, 2818, 2820 Kfz-Reparaturbedingungen; BGH NJW 1993, 263, 264 Reisevertrag). Aus demselben Grund ist auch eine **geltungserhaltende Reduktion** zu weitreichenden Freizeichnungen unzulässig (BGH ZIP 1987, 640, 650; NJW 1998, 677, 679; 1999, 1031, 1032) und zwar auch, wenn die Klausel sprachlich teilbar ist (BGH ZIP 1991, 1362, 1365). Dies gilt auch im beruflichen Verkehr (BGH NJW-RR 2001, 342, 343; NJW 1994, 318; 1994, 2693; 1993, 335, 336).

d) Haftungsausschlüsse bei der Verletzung von Leben, Körper, Gesundheit und bei grobem Verschulden

444 Im **privaten Verkehr** fallen Haftungsausschlüsse für die Verletzung von Leben, Körper, Gesundheit und grober Fahrlässigkeit des Verwenders oder vorsätzlicher oder grob fahrlässiger Pflichtverletzung eines gesetzlichen Vertreters der Erfüllungsgehilfen des Verwenders unter das Klauselverbot des § 309 Nr 7a und b und sind daher generell unwirksam (für Vorsatz des Verwenders vgl § 276 Abs 3). Dabei genügt es, wenn eine Klausel den Eindruck erweckt, sie enthalte eine entsprechende Haftungsbegrenzung (BGH NJW 1987, 2818, 2820).

445 Nach **hM** ist auch **im beruflichen Verkehr** eine Freizeichnung für die Verletzung von Leben, Körper, Gesundheit und bei grobem Verschulden **grundsätzlich unzulässig** (BGH ZIP 1985, 687, 689; OLG München BB 1993, 1753; OLG Köln BB 1993, 2044; OLG Hamm NJW-RR 1996, 969). Zwar ist hier § 309 Nr 7 nicht unmittelbar anwendbar (§ 310 Abs 1 S 1), hat jedoch indizielle Bedeutung. Nach st Rspr des **BGH** kann deshalb der Verwender auch im unternehmerischen Verkehr die Haftung **für eigenes** vorsätzliches (BGH NJW 1978, 1918: wg § 276 Abs 3 BGB) oder grob fahrlässiges **Verhalten** (BGH NJW-RR 1988, 1437, 1438; 1989, 953, 955: wg unangemessener Risikoverteilung und fehlendem Versicherungsschutzes des Kunden) ebenso wenig ausschließen, wie für vorsätzliches oder grob fahrlässiges Verhalten seiner **leitenden Angestellten** (BGH NJW 1998, 1640, 1642; 1999, 1031, 1032; BGHZ 38, 183, 185 f). Zudem kann der Verwender bei Verletzung vertragswesentlicher Pflichten auch die Haftung für Vorsatz und grobe Fahrlässigkeit **einfacher Erfüllungsgehilfen nicht wirksam** ausschließen, § 307 Abs 2 Nr 2 (st Rspr seit BGH NJW 1984, 1350, 1351; 1985, 914, 915). Ob darüber hinaus Haftungsausschlüsse für grobe Fahrlässigkeit entsprechend § 309 Nr 7b auch im beruflichen Verkehr *generell* unzulässig sind, hatte der BGH ursprünglich offengelassen (BGH NJW 1985, 914, 915; 1985, 3016, 3017). Nunmehr scheint der BGH jedoch davon auszugehen, dass entsprechende Haftungsausschlüsse *im Einzelfall* zulässig sein können (BGH NJW-RR 2001, 342, 343; vgl auch BGH NJW 2001, 292; 1998, 1426, 1428):

446 **Ausnahmen vom Freizeichnungsverbot bei grober (und leichter) Fahrlässigkeit** gelten dann, wenn dies mit Rücksicht auf Handelsbräuche, branchenübliche Risikoverteilungen und umfassenden Versicherungsschutz des Vertragspartners als angemessen erscheint. So sollen zB die Tegernseer Gebräuche für Holzmakler gem § 310 Abs 1 der Inhaltskontrolle nach § 307 Abs 1 S 1, Abs 2 vollständig entzogen sein (BGH

NJW-RR 1987, 94, 95; vgl dazu Rn 154, 433). Daneben sind generelle Freizeichnungen für grobe Fahrlässigkeit von Erfüllungsgehilfen insbesondere beim **Werft- und Frachtvertrag** zulässig (weil und soweit das Risiko durch den Kunden versichert ist: BGH NJW 1988, 1785, 1787 für Werftvertrag; ebenso für Speditionsbedingungen BGH NJW-RR 1988, 1437, 1438; NJW 1995, 2224; BGH 26. 6. 1997 – I ZR 248/94: wg Handelsüblichkeit; ebenso für grobe Fahrlässigkeit von Erfüllungsgehilfen im Kaibetrieb OLG Bremen VersR 1987, 772, 773; das gilt jedoch nach Ansicht des OLG Hamburg VersR 1985, 57 nicht für leitende Angestellte). Diese Grundsätze lassen sich jedoch nicht pauschal auf andere Vertragstypen übertragen (BGH NJW-RR 1996, 783, 788 f: Haftungsausschluss für grobe Fahrlässigkeit einfacher Erfüllungsgehilfen im Anlagenbau verstößt gegen § 307 Abs 2 Nr 2, da hier weder ein vergleichbarer Versicherungsschutz noch eine vergleichbare Risikobeherrschung durch den Kunden besteht). Maßgeblich sind die Umstände des Einzelfalls (BGH NJW-RR 2001, 342, 343).

e) Haftungsbeschränkungen

Die Anforderungen an die Zulässigkeit von Haftungsbeschränkungen sind grds die gleichen wie bei Haftungsausschlüssen (s oben Rn 434). Daraus folgt, dass Haftungsbeschränkungen generell zulässig sind, soweit ein vollständiger Haftungsausschluss zulässig wäre und soweit sie gesetzlich zugelassen sind. Andererseits sind Haftungsbeschränkungen sowohl in Hinblick auf Höchstsummen als auch in Bezug auf bestimmte Schäden in der Regel unwirksam, wenn entsprechende Haftungsausschlüsse unwirksam wären (BGH NJW 1985, 3016, 3018: Haftungsbegrenzung für Folgeschäden allenfalls für „kaum vorhersehbare" Schäden). Die Haftung bei Verletzung **wesentlicher Pflichten** darf nicht so beschränkt werden, dass dadurch die Erreichung des Vertragszwecks gefährdet würde (BGH BB 1984, 746, 748; NJW 1985, 3016, 3018; 1985, 914, 915; 1988, 1785, 1787; 1993, 335; 1994, 1061, 1063; vgl dazu oben Rn 438 ff). Im Einzelnen: 447

aa) **Beschränkungen auf Höchstbeträge** verstoßen gegen § 307 Abs 2 Nr 2, wenn sie nicht ausreichen, einen vertragstypischen, vorhersehbaren Schaden einschließlich der Folgeschäden abzudecken (BGH NJW 1993, 335; NJW-RR 1996, 783, 788; NJW 1998, 1640, 1644; 2001, 292, 295, 302; für die Wirksamkeit der Freizeichnung vom Aufwendungsersatzanspruch gem § 284 für „Luxusaufwendungen" im nicht-kommerziellen Bereich dagegen Canaris, in: FS Ulmer [2003] 1073, 1092 ff und Grigoleit ZGS 2002, 124). Daher sind in der Regel solche Haftungsbegrenzungen auch im beruflichen Verkehr unwirksam, die nicht an den Wert der gefährdeten Sache anknüpfen (BGHZ 71, 167, 173; 77, 126, 130; BGH NJW 1984, 1350, 1351; OLG München NJW-RR 1994, 742). 448

bb) Haftungsbegrenzung auf Deckungssumme der Versicherung des Verwenders

Eine Haftungsbegrenzung auf die Versicherungssumme einer vom Verwender abgeschlossenen Haftpflichtversicherung bei Vorsatz oder grober Fahrlässigkeit einfacher Erfüllungsgehilfen ist grds zulässig (**für das Bewachungsgewerbe** gem § 7 der VO über das Bewachungsgewerbe in der Neufassung v 10. 7. 2003, BGBl I 1378). Das gilt jedenfalls, soweit die Klausel wirksam einbezogen wurde und dadurch keine Beschränkung des Umfangs des Erstattungsanspruchs eintritt (BGH NJW-RR 1991, 570, 572 Transportvertrag: s Rn 448 aE; offengelassen OLG Köln NJW-RR 1994, 25; dagegen OLG Düsseldorf DAR 1980, 218). Ebenso sind Haftungsbeschränkungen für **Rechtsanwälte** in den Grenzen des § 51a BRAO zulässig (vgl Zimmermann NJW 2005, 177). Es ist darüber hinaus **im Rahmen der Tarifwahl** grds auch zulässig, dem Kunden eine summenmäßige Haftungsbegrenzung des Verwenders zu einem günstigeren Tarif anzubieten und 449 den Kunden gleichzeitig auf den Abschluss einer eigenen Versicherung zu verweisen, wenn dies dem Kunden ausreichend transparent gemacht wird (vgl Rn 138 sowie Staudinger/Coester-Waltjen § 309 Nr 7 Rn 27).

cc) Beschränkung auf unmittelbare Schäden bzw Mangelschäden

450 Auch wenn im Rahmen des § 280 Abs 1 sprachlich nicht zwischen Mangelschäden und Mangelfolgeschäden unterschieden wird, kann eine Unterscheidung in AGB vorgenommen werden. Freizeichnungsklauseln für Mangelfolgeschäden sind allerdings inhaltlich klar zu fassen (BGH NJW-RR 1989, 953, 956: Ausschluss für „mittelbare Folgeschäden" umfasst nicht vertragstypische Folgeschäden; für enge Auslegung „unmittelbarer Schäden" auch BGH DB 1994, 2073). Soweit Haftungsausschlüsse unzulässig wären, sind auch Haftungsbeschränkungen auf unmittelbare Schäden/Mangelschäden unzulässig, da der Kunde einen Anspruch auf Ersatz aller typischen und daher vorhersehbaren Schäden hat (BGH NJW 2005, 422, 424; 1985, 3016, 3018; einschränkend Tettinger AcP 205 [2005] S 1, 21 ff; weitergehend, dh ohne Beschränkung auf typische Folgeschäden, KG NJW-RR 1991, 698). Haftungsbeschränkungen in Bezug auf unvorhersehbare Schäden bei leicht fahrlässigen Pflichtverletzungen können aber im beruflichen Verkehr zulässig sein (vgl BGH NJW 1985, 3016, 3018; NJW-RR 1989, 953, 956; NJW 1993, 335).

f) Anhang: Freizeichnungsklauseln bei einzelnen Vertragstypen

451 **Bankvertrag**: Die Bank kann ihre Hauptpflicht zur ordnungsgemäßen Ausführung von **Überweisungen** auch bei leichter Fahrlässigkeit ebenso wenig ausschließen (LG Essen NJW-RR 1986, 139, 140: Verstoß gegen § 307 Abs 2 Nr 2, da wesentliche Pflicht) wie ihre Haftung für **Fehlbuchungen** nach Einzahlungen des Kunden (BGH NJW 1991, 2559, 2563, ein Mitverschulden des Kunden bei Fehlausfüllung des Formulars ist aber im Rahmen von § 254 zu berücksichtigen). Schließlich ist auch das **rechtzeitige Inkasso** eine wesentliche Bankpflicht: Auch bei leichter Fahrlässigkeit verstößt ein Haftungsausschluss gegen § 307 Abs 2 Nr 2 (BGH NJW-RR 1988, 559, 561 zum Inkasso durch die Bundesbank). Bei **Anlageberatung** durch eine Bank ist diese zu richtigen und vollständigen Angaben verpflichtet; Haftungsausschlüsse verstoßen gegen § 307 Abs 2 Nr 2 (BGH WM 1987, 836, 837; vgl auch BGH NJW 2000, 3275, 3276 [Beratungsvertrag]; NJW-RR 2000, 998, 999 [Auskunftsvertrag]). Auch zwischen dem Treuhänder einer Bauherrengesellschaft und der Bank besteht ein besonderes Vertrauensverhältnis, so dass eine Freizeichnung auch bei leichter Fahrlässigkeit gegen § 307 Abs 2 Nr 2 verstößt (OLG Celle NJW 1986, 260, 261). **Aber: Echtheitsprüfung von (bankfremden) Dokumenten** keine wesentliche Bankpflicht: Ausschluss bei leichter Fahrlässigkeit zulässig (BGHZ 108, 348, 351; vgl dazu Rn 280).

452 **Bausparverträge**: Die Freizeichnung für wesentliche Pflichten verstößt auch bei leichter Fahrlässigkeit gegen § 307 Abs 1 S 1, Abs 2 (BGH NJW 1991, 2559, 2663).

453 **Beratervertrag**: Bei der Bauberatung kann die Pflicht zur ordnungsgemäßen Vorbereitung und Durchführung der Beratung auch für leichte Fahrlässigkeit selbst im beruflichen Verkehr nicht ausgeschlossen werden (BGH NJW 1993, 335). Ein Haftungsausschluss für die Richtigkeit der Immobilienberechnung ist ebenfalls unwirksam, denn Gegenstand des Beratervertrages und damit zentrale Pflicht ist es, den Anlageinteressenten richtig und umfassend über die Anlageentscheidung zu informieren (BGH NJW 2000, 3275, 3276; s auch oben Rn 451). Dies gilt entsprechend für die

Beratungspflichten des Versicherungsvermittlers jedenfalls in Bezug auf die vermittelte Versicherung (BGH NJW 2005, 1357, 1360).

Bewachungsvertrag: Ein Haftungsausschluss des Parkplatzbewachers beinhaltet die Freizeichnung von grundlegenden Organisationspflichten und von der Hauptpflicht zur ordnungsgemäßen Bewachung und verstößt daher gegen § 307 Abs 2 Nr 2 (OLG Köln NJW-RR 1994, 25; zur Organisationspflicht von Bewachungsdiensten schon BGHZ 33, 216, 222; **aber**: LG Frankfurt aM NJW-RR 1988, 955, 956: Haftungsausschluss für Diebstähle und Beschädigungen im Parkhaus im Hinblick auf technische und wirtschaftliche Schwierigkeiten der Bewachung zulässig; OLG Hamburg VersR 1985, 57: für die Bewachung von Schiffen durch den Frachtführer Haftungsausschluss sogar bei grober Fahrlässigkeit einfacher Erfüllungsgehilfen zulässig). Jedoch ist eine **Haftungsbegrenzung** auf die Höchstsumme einer vom Bewachungsunternehmen abgeschlossenen Versicherung grds **zulässig** (vgl Rn 449). Auch die Begründung von Ausschlussfristen ist im Bewachungsgewerbe wegen des Interesses an einer zügigen Abwicklung und Überprüfung im Bewachungsgewerbe zwar **grds anzuerkennen**, die hierdurch erfolgende mittelbare Haftungsfreizeichnung (s oben Rn 435) hat der BGH im konkreten Fall jedoch für unangemessen gehalten (BGH NJW 1999, 1031, 1032: Pflicht zur unverzüglichen schriftlichen Anzeige; vgl auch BGH NJW-RR 2000, 648). 454

Freiberufler: Die Inanspruchnahme besonderen Vertrauens kann auch berufstypisch sein. So bei **Ärzten** (für den Tierarzt: OLG Stuttgart VersR 1992, 979), **Rechtsanwälten, Steuerberatern** und **Wirtschaftsprüfern**, so dass eine Freizeichnung auch bei leichter Fahrlässigkeit gegen § 307 Abs 2 Nr 2 verstößt (vgl Rn 440; Bunte NJW 1981, 2657, 2659; BB 1981, 1064, 1066; für die Freizeichnung bei RAen vgl im Übrigen Zugehör, in: FS Kreft [2004] S 117). Auch die Verkürzung der gesetzlichen Verjährungsfristen (§§ 51b BRAO, 67a StBG, § 54a WPO; § 8 Abs 3 PartGG) ist als Haftungsbeschränkung unwirksam gem § 307 Abs 2 Nr 1 (vgl BGH NJW-RR 1991, 1120, 1123: „Mindeststandard" auch für den Treuhandvertrag; vgl Rn 435). Dagegen sind **Haftungsbeschränkungen** in den Grenzen des § 51a BRAO für RAe **zulässig** (**aA** vWestphalen ZIP 1995, 546; vgl hierzu auch Zimmermann NJW 2005, 177). 455

Kaufvertrag: Die **fristgerechte Lieferung** ist Hauptpflicht des Verkäufers: Freizeichnung von Verzugsansprüchen verstößt deshalb auch im beruflichen Verkehr gegen § 307 Abs 2 Nr 2 (BGH NJW 1994, 1060, 1063). Gleiches gilt bei Freizeichnung von Ansprüchen bei **vom Verwender zu vertretender Unmöglichkeit** (vWestphalen, in: FS Trinkner [1995] 441, 445). Ebenso verstößt die Freizeichnung **von der Mängelhaftung** auch bei leichter Fahrlässigkeit gegen § 307 Abs 1 S 1, Abs 2 (BGH NJW 2001, 292, 302: Neuwagen-Verkaufsbedingungen; vgl auch OLG Hamm NJW-RR 1987, 311, 316 zur Mängelhaftung im Möbeleinzelhandel unter Hinweis auf Risikobereiche und Versicherbarkeit durch den Verwender). Dass es sich bei der Pflicht des Verkäufers zu mangelfreier Leistung um eine vertragswesentliche Pflicht handelt, folgt bereits aus § 433 Abs 1 S 2 (insofern zutr Tettinger AcP 2005 [2005] S 1, 10, allerdings wiederum einschränkend für die Haftung für nicht unvorhergesehene Schäden bei leichter Fahrlässigkeit des Verkäufers aaO S 21 ff). Dies gilt insbesondere auch nach der Schuldrechtsreform, denn § 309 Nr 8a bb BGB-E, der Klauseln für unwirksam erklären sollte, die einen Ausschluss oder eine entgegen § 309 Nr 7 BGB erfolgende Einschränkung des Anspruchs auf Schadensersatz statt der Leistung anordnen (RegEntw zum SchRModG, BT-Drucks 14/6040), wurde im Hinblick auf § 307 Abs 2 Nr 2 gestrichen. Eine Klausel, nach der der Auftraggeber 456 im Fall des Fehlschlagens von drei Nachbesserungsversuchen berechtigt ist, die Rückgängigmachung des Kaufvertrages oder eine Herabsetzung des Kaufpreises zu verlangen, ist auch im unternehmerischen Verkehr gem § 307 Abs 2 Nr 1 (vgl auch § 309 Nr 8b bb) für unwirksam gehalten worden, denn der Verwender muss alle möglichen Fälle des Fehlschlagens der Nachbesserung aufzählen, dh nicht nur tatsächliches Fehlschlagen, sondern auch Fehlschlagen wegen unberechtigter Verweigerung und unzumutbarer Verzögerung (BGH NJW 1998, 677, 678; 1996, 2504; zur Frage, ob der Ausschluss des Käuferwahlrechts zwischen Ersatzleistung und Nachbesserung [vgl § 439 Abs 1] zulässig ist, vgl PFEIFFER, in: DAUNER-LIEB/KONZEN/K SCHMIDT, Das neue Schuldrecht in der Praxis [2003] S 225, 241 f; für Zulässigkeit im Unternehmensverkehr vgl RegBegr BT-Drucks 14/6040 S 158 und PFEIFFER aaO mwNw in Fn 66). Im Lichte von § 440 dürfte diese Rspr nicht mehr zu halten sein. Im Übrigen können den Verkäufer vertragswesentliche Pflichten in Form von Schutz- und Sorgfaltspflichten treffen, wenn dem Käufer **erhebliche Schäden** drohen, die dieser nicht beherrschen kann (BGH NJW 1971, 1036, 1038: Pflicht des Heizöllieferanten zur Prüfung des Fassungsvermögens eines Tanks) oder wenn der Kunde auf die **besondere Sachkunde** des Verkäufers vertraut und vertrauen darf (BGH NJW 1969, 1708, 1710: Pflicht des **Vertragshändlers** als Neuwagenverkäufer zur Prüfung der Verkehrssicherheit des Kfz; anders aber BGH NJW 1979, 1886 für den Gebrauchtwagenverkäufer, weswegen entsprechende Ausschlüsse dort zulässig sind). Dagegen ist die summenmäßige Haftungsbegrenzung für Verzugsschäden in Höhe von 5% des Kaufpreises beim Kfz-Kaufvertrag für angemessen gehalten worden (BGH NJW 2001, 292, 295: Der Käufer habe es in der Hand, die Zeitdauer des Verzugs und damit die Höhe des Verzugsschadens vergleichsweise gering zu halten, indem er zeitgleich mit der den Schuldnerverzug begründenden Mahnung eine kurz bemessene Nachfrist mit Ablehnungsandrohung [vgl § 326 aF] setzt, um sich nach Fristablauf vom Vertrag lösen und Schadenersatz wegen Nichterfüllung verlangen zu können). Zu **Haftungsverschärfungen in Einkäufer-AGB** vgl vWESTPHALEN, in: FS Trinkner (1995) 441, 452 ff und oben Rn 23, 358 ff.

457 **Lagervertrag**: Unabdingbare Hauptpflicht des Lagervertrags ist die Eignung des Lagerraums (BGH VersR 1979, 901, 902) sowie bei der Kaltlagerung die sachgemäße Behandlung des Kühlguts (BGH BB 1984, 746, 748). Den Lagerhalter trifft auch die Hauptpflicht, das Lagergut nur an den Befugten auszuliefern (BGHZ 38, 183, 185 f). Eine Klausel, wonach eine Lagerhausgesellschaft für Schäden irgendwelcher Art, insbesondere für Verluste oder Beschädigungen von Gütern, nur bei grobem Verschulden (Vorsatz und grobe Fahrlässigkeit) ihrer Organe, leitenden Angestellten und Erfüllungsgehilfen haftet, ist wegen der Freizeichnung für einfache Fahrlässigkeit einfacher Erfüllungsgehilfen gem § 307 Abs 2 Nr 2 im Ganzen unwirksam (BGH NJW-RR 1998, 1426, 1427 ff Bremer Lagerhaus-Gesellschaft).

458 **Reisevertrag**: Dem Reiseveranstalter obliegt die Hauptpflicht zu richtigen Auskünften über Einreisebestimmungen (BGH NJW 1985, 1165, 1166: Freizeichnung verstößt gegen § 307 Abs 2 Nr 2).

459 **Transportverträge**: Die Freizeichnung von der Hauptpflicht des Verfrachters zur Stellung eines ladefähigen Schiffs ist unwirksam (schon BGH NJW 1956, 1065, 1066). Hauptpflicht bei Geld- und Werttransporten ist der sichere Transport (OLG München NJW-RR 1994, 742; Verstoß gegen § 307 Abs 2 Nr 2 auch bei leichter Fahrlässigkeit). Ebenso ist die Spedition zu einer betrieblichen Organisation verpflichtet, die die *Auslieferung* des Transportgutes *an den richtigen Empfänger* sicherstellt (BGH NJW 1973, 2154, 2155;

NJW-RR 1988, 1437, 1438; zum Organisationsverschulden beim Speditionsvertrag vgl auch BGH NJW-RR 2002, 1108). Auch die Haftungsfreizeichnung für den Verlust des Gutes während der Obhut eines Dritten ist gem § 307 Abs 1 unwirksam, denn es besteht die Gefahr, dass der Spediteur im Interesse eines möglichst hohen Gewinns besonders preisgünstige, aber wenig zuverlässige und solvente Frachtführer einsetzt (BGH NJW-RR 2002, 536, 537). Andererseits ist beim Speditionsvertrag eine Freizeichnung sogar für grobe Fahrlässigkeit einfacher Erfüllungsgehilfen zulässig, weil und soweit der Schaden üblicherweise von der Versicherung des Kunden gedeckt wird (BGH NJW-RR 1988, 1437, 1438 aber kein Ausschluss für eigenes grobes Verschulden des Spediteurs).

Treuhandvertrag: Die Pflichten des Treuhänders zur Wahrung fremder Vermögensinteressen sind grds wesentliche Pflichten und können auch nicht bei bei leichter Fahrlässigkeit beschränkt werden (BGH DB 1994, 2073). Daher ist beim Treuhänder einer Bauherrengesellschaft eine Verjährungsverkürzung unter 3 Jahre unzulässig wegen Verstoßes gegen § 307 Abs 2 Nr 1 iVm dem Leitbild aus § 68 StGB, 51b BRAO (BGH NJW-RR 1991, 1120, 1123; ähnlich BGH NJW 1986, 1171, 1172: Verstoß gegen § 307 Abs 1 S 1, Abs 2; ebenso für die PublikumsKG: BGHZ 64, 238, 243 f). Gleiches gilt für eine Klausel, die nur eine subsidiäre Haftung des Treuhänders vorsieht: Sie benachteiligt den Vertragspartner unangemessen, da die Anspruchsverwirklichung gegenüber dem umfassend verpflichteten Treuhänder am aussichtsreichsten ist (BGH NJW-RR 1992, 531; 532 Verstoß gegen § 307 Abs 1 S 1). **460**

Werkvertrag: Zur Freizeichnung von Gewährleistungspflichten ausführlich Staudinger/Peters (2008) § 639 Rn 33 ff. Hier nur einige wichtige Entscheidungen: **461**

Durch Haftungsausschluss für Mangelfolgeschäden beim Anlagenbau wird die Hauptpflicht, Lieferung einer mangelfreien, also sicheren Anlage gefährdet: Verstoß gegen § 307 Abs 2 Nr 2 auch im unternehmerischen Verkehr (BGH NJW-RR 1996, 783, 788). Durch Ausschluss des Schadensersatzes bei fehlerhafter Nachbesserung oder **vertraglicher Pflichtverletzung** wird die Hauptpflicht zur mangelfreien Herstellung des Werks gefährdet: Verstoß gegen § 307 Abs 2 Nr 2 auch im unternehmerischen Verkehr (OLG Saarbrücken NJW-RR 1995, 117, 118; ebenso OLG Hamm NJW-RR 1988, 944, 945 für Anzeigenverträge). Unwirksam ist auch eine Freizeichnung bei Lieferung einer Klimaanlage für absehbare, besonders **hohe Mangelfolgeschäden** an der zu kühlenden Datenverarbeitungsanlage (BGH NJW-RR 1986, 271, 272: wohl Verstoß gegen § 307 Abs 2 Nr 2, letztlich jedoch entscheidend, dass sich der Verwender wegen des besonderen in Anspruch genommenen Vertrauens als Fachbetrieb nicht auf die Freizeichnung berufen darf). Ebenfalls unwirksam ist, auch im unternehmerischen Verkehr, ein Haftungsausschluss für Konstruktionsfehler (so schon BGH NJW 1971, 1795, 1797; für die Wirksamkeit einer Haftungsbegrenzung abweichend von § 311a Abs 2 BGB auf das negative Interesse bei anfänglicher objektiver Unmöglichkeit aber Canaris, in: FS Ulmer [2003] 1073, 1086 f) sowie ein Haftungsausschluss für **Rücktritt *und* Minderung** im Anlagenbau (vgl BGH ZIP 1991, 1362, 1365: Haftungsausschluss für Wandlung und Minderung verstößt gegen § 307 Abs 1 S 1, Abs 2 Nr 2). Befindet sich die zu bearbeitende Sache des Bestellers in der Obhut des Werkunternehmers, hat dieser grds die wesentliche Pflicht, die Sache nicht zu beschädigen. Unwirksam ist auch ein Haftungsausschluss für Schadensersatzforderungen infolge nicht erkannter/verdeckter oder sonstiger Mängel bei der stichprobenartigen Kontrolle des Bauvorhabens und Übernahme der gutachterlichen Mängelerfassung

(§ 307), denn die Klausel enthält eine Freizeichnung auch für den Fall, dass sich der Verwender der Aufdeckung des Mangels bewusst verschließt oder seine Verpflichtung zur Feststellung erkennbarer Mängel grob vernachlässigt (BGH NJW 2002, 749, 750). Freizeichnungen verstoßen regelmäßig auch bei leichter Fahrlässigkeit und auch im beruflichen Verkehr gegen § 307 Abs 2 Nr 2, da der Vertragspartner darauf vertrauen darf, dass er sein Eigentum unbeschädigt zurückerhält (für **Autowaschanlagen** BGH NJW 2005, 422, 424; KG NJW-RR 1991, 698, 699: Kardinalpflicht, jede Beschädigung des Kfz zu vermeiden; **aA** OLG Karlsruhe NJW-RR 1986, 153: keine Vertragszweckgefährdung iSv § 307 Abs 2 Nr 2 bei leicht fahrlässiger Beschädigung des Kfz; dazu oben Rn 419 ff; bei **chemischen Reinigungen** BGH BB 1980, 1011, 1013: Haftungsbeschränkung auf 15-fachen Reinigungspreis unwirksam; dazu unten Rn 565; bei **Textilveredelung** BGH NJW 1985, 3016, 3017 f: Ausschluss von Mangelfolgeschäden an der eingebrachten Werksache verletzt wesentliche Pflicht des Werkunternehmers, mit der Sache pfleglich umzugehen: Verstoß gegen § 307 Abs 2 Nr 2). **Anders** ist es bei **Werftverträgen** (BGH NJW 1988, 1785, 1787; BGH NJW-RR 1989, 953, 955: Haftungsausschluss für grobe Fahrlässigkeit einfacher Erfüllungsgehilfen unter Berücksichtigung der Branchenüblichkeit derartiger Freizeichnungen, sowie aufgrund der Beherrschbarkeit und Versicherbarkeit des Risikos durch den Vertragspartner des Verwenders zulässig).

462 **14. Factoringverträge***: s Staudinger/Busche (2012) Einl 136 ff zu §§ 398 ff; Ulmer/Schmidt Teil 2 (12).

463 **15. Franchiseverträge**: s Ekkenga, Die Inhaltskontrolle von Franchise-Verträgen (1990); Flohr, Aktuelle Tendenzen im Franchise-Recht, BB 2006, 389; Martinek/Habermeier, in: Martinek/Semler/Habermeier/Flohr (Hrsg), Handbuch des Vertriebsrechts (3. Aufl 2010) §§ 26–29; Ulmer/Schmidt Teil 2 (13).

(Rn 464–469 sind frei.)

16. Gerichtsstandsklauseln

a) EU-Gemeinschaftsrecht (Art 23 Abs 1 EuGVO)

470 Für Gerichtsstandsvereinbarungen können zwei unterschiedliche Regelungsregime anwendbar sein – das nationale deutsche Recht oder das gemeinschaftsrechtliche Regime des Art 23 Abs 1 EuGVO (zur künftig geltenden, revidierten Fassung der VO s Mansel/Thorn/Wagner IPRax 2013, 1, 8 f) Letzteres ist anwendbar, wenn mindestens eine Partei ihren Wohnsitz in einem Mitgliedstaat hat *und* wenn die Parteien die Zuständigkeit des Gerichts eines Mitgliedsstaats vereinbart haben. In allen anderen – rein innerstaatlichen wie internationalen – Fällen ist deutsches Recht für die Zulässigkeit und Wirksamkeit von Gerichtsstandsklauseln maßgeblich (dazu unten Rn 471 ff).

470a Im **Anwendungsbereich des Artikel 23 Abs 1 EuGVO** (vgl hierzu Kropholler, Europäisches Zivilprozessrecht, Art 23 EuGVO Rn 1 ff) wird ganz überwiegend und zu Recht davon ausgegangen, dass diese Vorschrift ein in sich geschlossenes einheitsrechtliches Zuständigkeitssystem enthält, das einer Relativierung oder Ergänzung durch das deutsche AGB-Recht nicht zugänglich ist (Staudinger/Hausmann, Internationales Vertragsrecht 2 [2011] IntVertrVerfR Rn 244; Kropholler, Europäisches Zivilprozessrecht, Art 23

* Siehe Fußnote Rn 350.

EuGVO Rn 19; SCHLOSSER, EU-Zivilprozessrecht, Art 23 EuGVO Rn 7; GEIMER/SCHÜTZE, Europäisches Zivilverfahrensrecht, Art 23 EuGVO Rn 72; MANKOWSKI, in: RAUSCHER, Europäisches Zivilprozessrecht, Art 23 Brüssel I-VO Rn 12; KRÖLL ZZP 113 (2000) 135, 149 f; SCHACK, Internationales Zivilverfahrensrecht Rn 472; STEIN/JONAS/BORK, ZPO § 38 Rn 28; LINDACHER, in: FS Schlosser [2005] 491, 496). Zwar enthält Art 23 Abs 1 EuGVO keinen spezifischen Schutz gegen formularmäßigen Missbrauch der dort eröffneten Vereinbarungsmöglichkeiten, der EuGH ist jedoch dabei, im Rahmen dieser Vorschrift eigenständige Schutzmechanismen für unerfahrene und schwächere Vertragsparteien aufzubauen (vgl etwa EuGH ZIP 1997, 475, 477 f; Einzelheiten bei MünchKomm/WURMNEST Rn 24; s auch BGH IPRax 1997, 416; OLG Hamburg IPRax 1997, 419; in diesem Sinne schon SCHLOSSER aaO). Es ist zu erwarten, dass auch die EG-Richtlinie 93/13/EWG über missbräuchliche Klauseln in Verbraucherverträgen (vgl dort insbesondere Anhang Nr 1q) in die Interpretation des Art 23 EuGVO hineinwirken wird (A STAUDINGER, in: RAUSCHER, Europäisches Zivilprozessrecht, Art 17 Brüssel I-VO Rn 6; LEIBLE RIW 2001, 429 ff; **anders** hingegen KROPHOLLER aaO Rn 20, der darauf hinweist, dass die EuGVO durch ihren Abschnitt 4 und insbesondere Art 17 EuGVO bereits ausreichenden Verbraucherschutz gewährt). Der EuGH hat eine internrechtliche Gerichtsstandsklausel in unmittelbarer Anwendung der Klausel-RL für missbräuchlich und unwirksam erklärt („Océano Grupo", NJW 2000, 2751 [Nr 24], vgl oben Rn 72), und es spricht viel dafür, dass dies auch internationalrechtlich Geltung haben soll (so LEIBLE RIW 2001, 422 ff, 430; dagegen KROPHOLLER aaO; BORGES RIW 2000, 93, 938). Nach Art 23 EuGVO ist auch zu beurteilen, ob überhaupt eine „Vereinbarung" zustandegekommen ist (EuGH EuZW 1999, 441, 444; KROPHOLLER aaO Rn 18; LINDACHER, in: FS Schlosser [2005], 491, 496; vgl zu den Voraussetzungen einer wirksamen Vereinbarung iSd Art 23 EuGVO aus neuerer Zeit EuGH EuZW 1999, 441; BGH NJW-RR 2004, 1292; OLG Düsseldorf NJOZ 2004, 3118; OLG Frankfurt NJOZ 2003, 942; BayObLG NJW-RR 2002, 359; OLG Karlsruhe RIW 2001, 621).

Trotz des autonomen Regelungssystems der EuGVO kommt die Anwendung nationalen Rechts in Bezug auf Rechtsfragen in Betracht, die thematisch von der EuGVO nicht abgedeckt sind (zB Geschäftsfähigkeit der Parteien; Willensmängel bei Abschluss der Gerichtsstandsvereinbarung, oder Stellvertretung). Insoweit bestimmt das deutsche IPR das jeweils anwendbare Sachrecht. Stellen sich in dessen Rahmen AGB-rechtliche Fragen, ist umstritten, ob insoweit die Vorschriften des jeweiligen Sachrechts maßgeblich sind (so [zu Art 17 GVÜ] OLG Karlsruhe NJW 1982, 1950, 1951; OLG Düsseldorf NJW-RR 1989, 1330, 1332; WOLF JZ 1989, 695, 696; ULMER/CHRISTENSEN Teil 3 [4] Rn 6) oder ob das Gemeinschaftsrecht (Art 23 Abs 1 EuGVO) auch insoweit das nationale Recht verdrängt (so tendenziell MünchKomm/WURMNEST Rn 246; offen WOLF/HAU aaO G 179). Hierzu bedürfte es allerdings gemeinschaftsrechtlicher Beurteilungskriterien für die diesbezügliche (Einbeziehungs- und) Inhaltskontrolle, zu deren Entwicklung der EuGH aber einstweilen wenig geneigt scheint (EuGH Rs C-159/97 [Castelletti/Trumpy], EuZW 1999, 441; vgl HORN IPRax 2006, 2 ff). Bei **Verbraucherverträgen** ist die Frage entscheidend, inwieweit der EuGH auf der Basis der Klausel-RL 93/13/EWG gemeinschaftsrechtliche Maßstäbe zu entwickeln bereit ist (dazu oben Rn 70 ff). **470b**

b) Nationales deutsches Recht

Außerhalb des Anwendungsbereichs von Art 23 Abs 1 EuGVO kommt eine Inhaltskontrolle nach §§ 307 ff von vornherein nur in Betracht, soweit deutsches Recht anwendbar ist. Dies ist eine Frage des deutschen IPR sowie des IZPR (dazu ausführ- **471**

lich STAUDINGER/HAUSMANN, Internationales Vertragsrecht 2 [2011], IntVertrVerfR Rn 250 ff; vgl auch WOLF/HAU Klauseln G 181 ff). Deutsches Recht wird im Allgemeinen als *lex fori* angewendet, soweit die Zulässigkeit von Gerichtsstandsvereinbarungen im Hinblick auf die Prorogation oder Derogation deutscher Gerichte in Frage steht (BGH NJW 1986, 1438 [mit Anm GEIMER]; WOLF/HAU aaO). Für das Zustandekommen der Gerichtsstandsvereinbarung ist hingegen das Statut des Vertrags maßgeblich, auf den sich die Vereinbarung bezieht (*lex causae,* BGH NJW 1983, 2772, 2773; 1989, 1431). Im Zentrum stehen dabei Fragen der wirksamen *Einbeziehung von AGB* (dazu STAUDINGER/SCHLOSSER § 305 Rn 103, 185, 200; § 305b Rn 22; 305c Rn 11; s auch WOLF/HAU Klauseln G 182 ff; MünchKomm/WURMNEST Rn 248 ff). Fragen der *Inhaltskontrolle* können sich bei deutschem Prorogationsstatut stellen, bei Verbraucherverträgen aber auch aufgrund einer Sonderanknüpfung an deutsche Vorschriften gem Art 6 Abs 2 Rom I-VO oder Art 46b Abs 1, 3 Nr 1 EGBGB (STAUDINGER/HAUSMANN aaO Rn 264). Im Folgenden werden einige **Einzelfragen der AGB-Kontrolle** von Gerichtsstandsvereinbarungen nach deutschem Recht erörtert. Ausgangspunkt ist dabei sowohl für den Unternehmervertrag wie für den Verbrauchervertrag **§ 38 ZPO** – dabei kann die Prorogation eine innerdeutsche oder eine internationale sein (soweit diese nicht von Art 23 Abs 1 EuGVO erfasst wird, Rn 470).

aa) Gesetzlich verbotene Vereinbarungen

472 Bei den generellen gesetzlichen Beschränkungen von Gerichtsstandsklauseln handelt es sich um **zwingendes Recht**, dagegen verstoßende Klauseln sind ohne weiteres nichtig. Eine „Angemessenheitskontrolle" nach §§ 307 ff ist deshalb obsolet; allerdings kann die aus den anderweitigen gesetzlichen Vorschriften folgende Nichtigkeit auch im Verbandsklageverfahren nach §§ 1, 3 UKlaG festgestellt werden (näher oben Rn 232). Im Hinblick auf den Wortlaut der §§ 1, 3 UKlaG wird hingegen – abweichend von der hier vertretenen Auffassung – davon ausgegangen, dass der Gesetzesverstoß auch eine Unwirksamkeit nach § 307 Abs 2 Nr 1 begründet (BGH NJW 1983, 1320, 1322; 1985, 320, 322; 1987, 2867; oben Rn 232). Ob eine Klausel in den Verbotsbereich des § 38 ZPO oder flankierender Vorschriften fällt, ist allerdings nach Maßgabe der Auslegungsgrundsätze des § 305c Abs 2 zu beurteilen: Differenziert eine Klausel nicht zwischen Geschäften mit Unternehmern und anderen Kunden, so erfasst sie auch letztere und ist deshalb nichtig (vgl – allerdings unter Heranziehung von § 307 Abs 2 Nr 1 – BGH NJW 1983, 1320, 1322; 1987, 2867; LG Düsseldorf NJW-RR 1995, 440, 441; LG Karlsruhe MDR 1997, 29; Klauselwerke/vWESTPHALEN „Vertragsrecht/Gerichtsstandsklauseln" Rn 19; **aA** FISCHER MDR 2000, 682). Dem kann der Verwender auch nicht entgegenhalten, dass die Klausel in der Praxis stets nur gegenüber Unternehmern verwendet werde (LG Karlsruhe MDR 1997, 29 [auch im Individualprozess keine geltungserhaltende Reduktion]; **aA** insoweit VOLLKOMMER MDR 1997, 231, 232).

473 **Gesetzeswiederholende Klauseln** verstoßen nicht gegen die gesetzlichen Beschränkungen; sie sind nach § 307 Abs 3 kontrollfrei, allerdings nur, wenn der Gesetzeswortlaut vollständig und unmissverständlich wiedergegeben wird (vgl oben Rn 292 ff, 309). Gerichtsstandsklauseln, die die gesetzlichen Beschränkungen nur pauschal in Bezug nehmen („soweit gesetzlich zulässig" oder ähnlich), genügen diesen Anforderungen nicht, sie verstoßen gegen das Transparenzgebot, § 307 Abs 1 S 2, Abs 3 S 2 (vgl OLG Hamm BB 1983, 1304).

bb) AGB-rechtliche Schranken für generell zulässige Vereinbarungen

Auch soweit Gerichtsstandsvereinbarungen vom Gesetz zugelassen werden, sind bei vorformulierten Klauseln doch zusätzlich die Schranken des AGB-Rechts zu beachten (Ulmer/Schmidt Teil 3 [4] Rn 1, 2; Wolf AGBG § 9 Rn G 135; Zöller/Vollkommer, ZPO § 38 Rn 22, 29; zur speziellen Problematik von Termingeschäften OLG München NJW-RR 1993, 701 ff). 474

Sind die Einbeziehungsvoraussetzungen des § 305 Abs 2 anwendbar, so muss bei einer Gerichtsstandsklausel in AGB, die auf der Rückseite einer Rechnung oder eines Bestellformulars abgedruckt sind, auf der Vorderseite ein entsprechender Hinweis erfolgen (OLG Hamburg ZIP 1984, 1241; BayObLG NJOZ 2004, 2367). Werden die AGB in Vertragsbeziehungen mit nicht deutsch sprechenden Kunden verwendet, muss der Hinweis auf die AGB in der Verhandlungs- oder Vertragssprache erfolgen (vgl oben Rn 213 f; OLG Frankfurt NJW-RR 2003, 704). Bei Unternehmern (vgl § 38 Abs 1 ZPO) richtet sich die Frage der Einbeziehung nach §§ 145 ff (vgl § 310 Abs 1; Staudinger/Schlosser § 305 Rn 127). Wird in Bauverträgen zwischen Unternehmern auf die VOB/B Bezug genommen, liegt hierin zugleich die Vereinbarung der Gerichtsstandsregelung des § 18 Nr 1 VOB/B. Durch diese Vorschrift wird der Gerichtsstand des Erfüllungsortes (§ 29 ZPO) ausgeschlossen (OLG Frankfurt NJW-RR 1999, 604; vgl hierzu Englert NZBau 2004, 360; Rutsatz/Englert NZBau 2002, 22). Da die Vereinbarung unter Unternehmern der Regelfall sein wird, ist im Wesentlichen nur § 307 Abs 2 Nr 1 zu beachten:

Es wird zu Recht davon ausgegangen, dass die §§ **12 ff ZPO** wesentliche Gerechtigkeitsgedanken enthalten, deren Abbedingung am Maßstab des § 307 Abs 2 Nr 1 zu messen ist. Hieraus folgt, dass grundsätzlich – und zwar auch unter Unternehmern – ein berechtigtes Interesse an der abweichenden Regelung bestehen muss, die einseitige Durchsetzung der Verwenderinteressen ist keine Rechtfertigung (Klauselwerke/vWestphalen „Vertragsrecht/Gerichtsstandsklauseln" Rn 14; Stein/Jonas/Bork, ZPO § 38 Rn 18; vgl auch OLG Karlsruhe NJW 1996, 2041). Diese Sicht wird für **Verbraucherverträge** bestärkt durch **Anhang Nr 1q EG-RL**, der Beschränkungen des Gerichtszuganges tendenziell für missbräuchlich erklärt (dazu Wolf RL-Anhang Rn 217; Klauselwerke/vWestphalen „Vertragsrecht/Gerichtsstandsklauseln" Rn 11). Dabei gebietet die richtlinienkonforme Auslegung dem nationalen Gericht, im Zweifel die Missbräuchlichkeit zu bejahen (EuGH NJW 2000, 2571 mit Anm Borges NJW 2001, 2061). Bei groben und sachlich nicht indizierten Abweichungen von der gesetzlichen Zuständigkeitsordnung kann eine Gerichtsstandsklausel auch schon gem § 305c Abs 1 ausgesondert werden (OLG Köln ZIP 1989, 1068, 1069; LG Konstanz BB 1983, 1372). Dies ist beispielsweise der Fall, wenn der gewählte Gerichtsstand keine Beziehung zum Sachverhalt hat oder vom gemeinsamen gesetzlichen Gerichtsstand der Parteien abweicht. Im Einzelnen:

Unter Unternehmern entspricht eine Klausel, die den **Gerichtsstand am Ort des Sitzes des Verwenders** festlegt, allerdings dermaßen den Handelsbräuchen oder kaufmännischen Gewohnheiten, dass sie als durch das Rationalisierungsinteresse des Verwenders gerechtfertigt angesehen werden muss (OLG Köln VersR 1976, 537; OLG Karlsruhe NJW 1996, 2041; Zöller/Vollkommer, ZPO § 38 Rn 22; **aA** vor allem LG Karlsruhe JZ 1989, 690, 695; NJW 1996, 1417 [aufgehoben durch OLG Karlsruhe aaO]). Besondere Umstände können jedoch eine andere Beurteilung begründen, etwa die Unerfahrenheit einer ostdeutschen Gemeinde als Vertragspartner (LG Bielefeld NJW 1993, 2690, 2691; **aA** OLG 475

Hamm NJW 1995, 2499 [LG Bielefeld aaO aufhebend]). Auch die Zuständigkeit des Verwender-Amtsgerichts ohne Rücksicht auf den Streitwert kann unangemessen sein, da sie bei gesetzlicher Zuständigkeit des LG dem Vertragspartner den Weg zum OLG und zum BGH versperrt (Heinrichs NJW 1997, 1407, 1415; **aA** LG Frankenthal NJW 1997, 203). Eine Gerichtsstandsklausel, die einen Ort **abweichend vom Geschäftssitz des Verwenders** bestimmt, ist nicht unangemessen, wenn der Verwender ein berechtigtes Interesse hat oder der Gegner keine einschneidenden Nachteile erleidet. Ein berechtigtes Interesse besteht allerdings nicht bereits dadurch, dass der Verwender an dem Ort einen Großteil seiner Geschäfte abwickelt oder sein Anwalt dort seinen Sitz hat (OLG Hamburg NJW-RR 1999, 1506). Nennenswerte Nachteile bestehen für den Gegner wegen der besseren Infrastruktur im Dienstleistungssektor, der Möglichkeit, eine Berufung am selben Ort durchführen zu können oder spezialisierten Anwälten etwa dann nicht, wenn es sich bei dem von der Gerichtsstandsklausel festgelegten Ort um eine in der Nähe des Verwenders gelegene Großstadt handelt (OLG Hamburg MDR 2000, 170, 171).

476 Räumt die Klausel dem Verwender ein **Wahlrecht zwischen mehreren Gerichtsständen** ein, so ist dies grundsätzlich nicht zu beanstanden (BGH NJW 1983, 996). Wird eine derartige Regelung allerdings mit dem Zusatz versehen „soweit zwingendes Recht nicht entgegensteht“, so ist sie wegen Intransparenz (§ 307 Abs 1 S 2) unwirksam (OLG Hamm BB 1983, 1304, 1307; s oben Rn 58). Eine unangemessene Benachteiligung liegt auch in einer Gerichtsstandsklausel, die nach Wahl des Verwenders bestimmte Gerichte oder ein Schiedsgericht für zuständig erklärt, weil bei Anrufung eines vereinbarten staatlichen Gerichts der Gegner dieses Verfahren unter Berufung auf die Schiedseinrede torpedieren kann (BGH NJW 1999, 282; vgl zu den Wirksamkeitsvoraussetzungen einer solchen Klausel Klauselwerke/vWestphalen „Vertragsrecht/Gerichtsstandsvereinbarungen“ Rn 20).

477 **17. Heimverträge**: s unten „Wohn- und Betreuungsverträge“, Nr 40, Rn 699 ff.

(Rn 478, 479 sind frei.)

480 **18. Kaufverträge**: s Staudinger/Beckmann (2004) § 433 Rn 57, 62, 83, 87; § 447 Rn 12; Vorbem 13 zu §§ 456 ff; § 456 Rn 1, 7, 20; § 463 Rn 9; Staudinger/Matusche-Beckmann (2004) § 434 Rn 36, 40; § 443 Rn 7; § 444 Rn 7 f, 11, 28 ff, 39; Vorbem 43 zu §§ 474 ff; § 475 Rn 2, 15 ff, 64 f, 68 f, 101 ff; § 477 Rn 43; § 478 Rn 4; 103, 106, 114 ff, 136, 170; Bellinghausen, in: Abels/Lieb, AGB und Vertragsgestaltung nach der Schuldrechtsreform (2005) S 71 ff.

(Rn 481–499 sind frei.)

19. Krankenhausverträge*

a) Gegenstand und Rechtsnatur von Krankenhausaufnahmeverträgen

500 Krankenhausaufnahmeverträge sind gemischttypische privatrechtliche Verträge zwi-

---

* Ausführlich zu AGB-rechtlichen Aspekten auch Spickhoff/Kutlu, Medizinrecht (2011), Komm zu § 307 BGB.

schen Patient und Krankenhausträger. Das gilt nicht nur für Privat-, sondern auch für Kassenpatienten (Wolf/Stoffels Klauseln K 51; vgl BGH NJW 1984, 1820, 1821; 1986, 2364). Sie haben ihren Schwerpunkt im Dienstvertragsrecht (BGH NJW 1990, 761, 766). Als spezialgesetzliche Regelungen sind insbesondere die Bundespflegesatzverordnung (BPflVO), das Fallpauschalengesetz (FPG von 2003, zuletzt geändert 8/2012) und die Krankenhausgesetze des Bundes und der Länder von Bedeutung (vgl Schlund, in: FS Trinkner [1995] 337, 338).

Krankenhausverträge kommen in drei typischen **Gestaltungsformen** vor (näher Staudinger/Richardi/Fischinger [2011] Vorbem 110 ff zu §§ 611 ff). Beim **totalen Krankenhausvertrag** verpflichtet sich der Krankenhausträger, alle für die stationäre Behandlung erforderlichen Leistungen einschließlich der ärztlichen Versorgung zu erbringen. Beim **gespaltenen Arzt-Krankenhaus-Vertrag** beschränkt sich der Vertrag mit dem Krankenhausträger auf die Unterbringung, Verpflegung und pflegerische Versorgung, während die ärztlichen Leistungen aufgrund eines besonderen Vertrages mit dem Arzt erbracht werden. Beim **totalen Krankenhausvertrag mit Arztzusatzvertrag** verpflichtet sich das Krankenhaus ebenfalls zur umfassenden Leistungserbringung einschließlich der ärztlichen. Daneben schließt der Patient einen weiteren Vertrag über die ärztlichen Leistungen mit dem behandelnden Arzt.

Man unterscheidet allgemeine Krankenhausleistungen und Wahlleistungen (vgl § 2 Abs 1 BPflVO). **Allgemeine Krankenhausleistungen** sind Krankenhausleistungen, die nach Art und Schwere der Erkrankung für die medizinisch zweckmäßige und ausreichende Versorgung des Patienten notwendig sind (vgl § 2 Abs 2 BPflVO). **Wahlleistungen** sind gesondert zu vereinbarende und zu berechnende Krankenhausleistungen, die über die medizinisch notwendige Behandlung hinausgehen (vgl § 17 KHEntgG). Wahlleistungen sind zB Unterbringung in einem Ein- oder Zwei-Bett-Zimmer oder die Chefarztbehandlung (zur Abgrenzung OLG Düsseldorf NJW-RR 1988, 884, 885). **Nicht** zu den Krankenhausleistungen zählen **Leistungen der Belegärzte**, also von selbständigen Vertragsärzten, die die Einrichtungen des Krankenhauses für die Behandlung ihrer eigenen Patienten in Anspruch nehmen (vgl § 18 Abs 1 KHEntgG; dazu Rn 508).

Als AGB verbreitet sind die Allgemeinen Vertragsbedingungen für Krankenhäuser **501**
(AVB) der Deutschen Krankenhaus Gesellschaft, die (mit oder ohne Variationen) von den einzelnen Krankenhäusern für ihren Bereich verwendet werden.

b) Abschluss und Kündigung von Krankenhausaufnahmeverträgen

Bei Abschluss und Kündigung von Krankenhausaufnahmeverträgen ist zwischen **502**
medizinisch notwendigen allgemeinen Krankenhausleistungen und darüber hinausgehenden Wahlleistungen zu unterscheiden. Hinsichtlich der notwendigen allgemeinen Krankenhausleistungen besteht ein **Kontrahierungszwang**, da die Krankenhäuser durch die Krankenhausgesetze des Bundes und der Länder den gesetzlichen Auftrag haben, die medizinisch notwendige Versorgung der Bevölkerung sicherzustellen (vgl BGH NJW 1990, 761, 762 f).

Bei Klauseln, nach denen der Krankenhausträger **Wahlleistungen versagen darf**, ist zu unterscheiden:

503 Beim **Neuabschluss von Krankenhausaufnahmeverträgen** besteht im Hinblick auf die medizinisch nicht notwendigen Wahlleistungen kein Kontrahierungszwang. Soweit daher ein Patient bei einem früheren Aufenthalt gegen seine vertraglichen Pflichten verstoßen hat, ist eine Beschränkung des neuen Krankenhausvertrags auf die allgemeinen Krankenhausleistungen und eine Versagung von Wahlleistungen zulässig. Eine entsprechende Klausel in AVB ist rein deklaratorisch und unterliegt nicht der Inhaltskontrolle nach §§ 307–309 (BGH NJW 1990, 761, 763).

Anders ist es bei **bereits bestehenden**, unter Einschluss von Wahlleistungen abgeschlossenen **Krankenhausverträgen**. Hier dürfen einmal gewährte Wahlleistungen nicht unter Berufung auf AGB wieder entzogen werden, weil dies einer fristlosen Kündigung gleichkäme. Eine entsprechende Klausel verstößt insoweit gegen den Grundgedanken des § 626, der eine fristlose Kündigung nur aus wichtigem Grund zulässt und ist daher gem § 307 Abs 2 Nr 1 unwirksam (OLG Düsseldorf NJW-RR 1988, 884, 885).

Die **außerordentliche Kündigungsklausel** in AGB ist unbedenklich. Soweit einem Krankenhaus ein Recht zur ordentlichen Kündigung eingeräumt ist, benachteiligt dies den Patienten unangemessen iSv § 307 Abs 1 S 1, da es auch für den Fall gilt, dass der Patient keinerlei Anlass zur Kündigung gegeben hat (OLG Düsseldorf NJW-RR 1988, 884, 885).

c) Einbeziehung von AGB

504 Voraussetzung für die Einbeziehung von AGB ist gem § 305 Abs 2 das Bestehen eines Vertrags zwischen Krankenhausträger und Patient. Bei **Privatpatienten** ist das Vorliegen eines privatrechtlichen Krankenhausvertrages zwischen Krankenhaus und Patient unstrittig (BGH NJW 1987, 2289, 2291). Bei **Kassenpatienten** gingen Rspr und Schrifttum früher von einem Vertrag zwischen Krankenhausträger und Krankenkasse zugunsten des Patienten aus (Steffen, Neue Entwicklungslinien der BGH-Rechtsprechung zum Arzthaftungsrecht 16 f mwNw). Inzwischen tendiert die Rspr aber ersichtlich zur Annahme auch von direkten vertraglichen Beziehungen zwischen Patient und Behandlungsträger (letztlich aber offengelassen in BGH NJW 1986, 2364; 1992, 2962). Verneint man hingegen mit der hM das Vorliegen eines Vertrags zwischen Kassenpatient und Krankenhaus, so ergeben sich erhebliche dogmatische Schwierigkeiten bzgl der Einbeziehung von AVB in den Behandlungsvertrag (vgl Bunte NJW 1986, 2351, 2352).

Eine wirksame Einbeziehung kann nicht durch pauschale Bezugnahme auf gesonderte AVB erfolgen. **Bestätigungsklauseln**, wie zB: „Ich bin ausdrücklich auf die Allgemeinen Vertragsbedingungen (AVB) hingewiesen worden und hatte Möglichkeit, in zumutbarer Weise von ihrem Inhalt Kenntnis zu nehmen“ oder nach der die dort genannten Bestimmungen vorlagen bzw ausgehändigt wurden, sind gem § 309 Nr 12b unwirksam, da sie die Beweislast hinsichtlich des Einbezugs der AVB zu Lasten des Patienten verändern (BGH NJW 1990, 761, 765; OLG Düsseldorf NJW-RR 1998, 1348, 1349; LG Gießen NJW-RR 1998, 1347, 1348). Im Übrigen bestehen angesichts des Umfangs und der Kompliziertheit der AVB einerseits und der Situation des Patienten bei der Aufnahme andererseits grundsätzliche Bedenken, ob überhaupt von einer zumutbaren Möglichkeit der Kenntnisnahme iSv § 305 ausgegangen werden kann (Kramer NJW 1996, 2398; Ulmer/Christensen Teil 2 [18] Krankenhausverträge Rn 2).

d) Haftungsfragen

Bei stationärer Behandlung gilt das **Leitbild des totalen Krankenhausaufnahmevertrags** (vgl zu anderen Gestaltungsmöglichkeiten Rn 500), bei dem Vertragsbeziehungen ausschließlich zum Krankenhausträger bestehen und das Krankenhaus alle ärztlichen und sonstigen Leistungen allein schuldet und entsprechend umfassend haftet (BGH NJW 1978, 1681; auch schon BGHZ 5, 321, 324; vgl auch BGH NJW 1998, 1778, 1779: ggf mit Arztzusatzvertrag; vgl WOLF AGBG § 9 Rn K 21). **Haftungsauschlussklauseln** in AVB sind grds unwirksam, soweit kein **deutlicher Hinweis** auf sie erfolgt (OLG Köln VersR 1989, 372 L). 505

aa) Haftung des Krankenhauses für eigenes Verschulden

Das Krankenhaus haftet für sein eigenes **Organisationsverschulden** (vgl OLG Stuttgart NJW 1993, 2384, 2385; LAUFS NJW 1997, 1609, 1612). Zu verschuldensabhängigen Haftungsausschlüssen s Rn 511. 506

bb) Haftung des Krankenhauses für seine Angestellten

Zu den Angestellten des Krankenhauses, die die Krankenhausleistungen im Rahmen ihres Arbeitsvertrages für das Krankenhaus erbringen, zählen insbesondere die angestellten Ärzte, das Pflege- und Reinigungspersonal sowie die Beschäftigten in den Verpflegungsbetrieben und in der Verwaltung. 507

Das Krankenhaus kann sich nicht durch AGB von seiner Haftung für Erfüllungs- und Verrichtungsgehilfen sowie Organe freizeichnen. Eine entsprechende Klausel verstößt gegen § 307 Abs 2 Nr 1, da dadurch von den wesentlichen Grundgedanken der gesetzlichen Regelungen der §§ 31, 278, 831 abgewichen wird (so OLG Düsseldorf NJW-RR 1988, 884, 887 im Hinblick auf einen Verstoß gegen § 307 Abs 2 Nr 1 iVm § 83; OLG Koblenz NJW 1998, 3425, 3426 [obiter dictum]; **aA** BUNTE NJW 1986, 2351, 2353).

cc) Haftung des Krankenhauses für privatliquidierende Ärzte

Hat der Patient mit dem angestellten Arzt einen Zusatzvertrag über Wahlleistungen geschlossen (s dazu oben Arztverträge Rn 400 ff), so haftet das Krankenhaus dennoch umfassend auch für die ärztlichen Leistungen. Der Patient „kauft" lediglich die zusätzliche Haftung des Arztes hinzu, sog **allgemeiner Krankenhausaufnahmevertrag mit Arztzusatzvertrag** (Leitentscheidung in BGHZ 95, 63, 69 f). 508

Soll entgegen diesem Regelfall durch **AGB ein gespaltener Krankenhausaufnahmevertrag** (zu diesem Vertragstyp näher unten Rn 509) vereinbart werden und damit die Haftung auf die liquidationsberechtigten Ärzte beschränkt werden, so muss der Patient gezielt auf die Befreiung des Krankenhauses von der Haftung für die ärztlichen Leistungen hingewiesen werden. Ansonsten liegt ein Verstoß gegen § 305c Abs 1 vor (BGH NJW 1993, 779, 780). Nicht zu beanstanden ist es zB, wenn der Ausschluss durch ein gesondertes Formular erfolgt, welches die Überschrift „Vereinbarung zum Haftungsausschluss" enthält, inhaltlich den Haftungsausschluss klarstellt und vom Patienten unterschrieben ist (OLG Koblenz NJW 1998, 3425).

Trotz eines Hinweises kann die Haftungseinschränkung aber noch gem § 307 Abs 1 S 1 unwirksam sein, wenn der Patient nicht erkennen kann, gegen wen sich seine Haftungsansprüche konkret richten. Die Behandlungs- und Zuständigkeitsstrukturen im Krankenhaus sind regelmäßig so undurchschaubar, dass ein Rückzug des

Krankenhauses aus der Haftung ohne deutliche Bezeichnung des richtigen Schuldners den Patienten rechtlos stellt (zutreffend KRAMER NJW 1996, 2398, 2340 ff). Nur wenn man eine solche, in der Praxis allerdings oft fehlende Aufklärung unterstellt, verstößt eine in der Haftungsspaltung liegende Haftungsbeschränkung nicht gegen § 307 Abs 1 S 1, Abs 2, da das Krankenhaus die ärztliche Betreuung des Patienten in diesen Fällen nicht übernimmt (BGH NJW 1993, 779, 780; **aA** KRAMER NJW 1996, 2398, 2400 ff: Verstoß gegen §§ 305c Abs 1, 307 Abs 1 S 1, Abs 2 Nr 1 und Nr 2). Ein Verstoß gegen § 307 Abs 1 S 1 kommt darüber hinaus in Betracht, wenn der Haftungsausschluss nicht nur ärztliche Behandlungsfehler, sondern etwa auch Fehler des Pflegepersonals umfasst (OLG Koblenz NJW 1998, 3425, 3426).

dd) Haftung des Krankenhauses bei Behandlung durch Belegärzte*

509 Bei stationärer Behandlung durch selbständige freiberufliche tätige Ärzte (Belegärzte iSv § 18 KHEntgG) besteht abweichend vom Leitbild des totalen Krankenhausaufnahmevertrags (oben Rn 505) ein **gespaltener Krankenhausaufnahmevertrag**. Hier haftet das Krankenhaus nicht für ärztliches Personal. Dessen Tätigkeit ist nicht Gegenstand des Vertrags zwischen Patient und Krankenhaus (grundlegend BGHZ 5, 321, 323 f; vgl auch BGH NJW 1992, 2962 und OLG Koblenz VersR 2001, 897). Klauseln, die eine Haftung des Krankenhauses für ärztliche Handlungen von Belegärzten ausschließen, verstoßen daher nicht gegen §§ 305c Abs 1, 307 (WOLF/STOFFELS, Klauseln K 59; vgl OLG Stuttgart NJW 1993, 2384, 2387: Haftungsausschluss für Fehler des Belegarztes denkbar; FRENZKI/HANSEN NJW 1990, 737, 739, 742; OLG Düsseldorf NJW-RR 1993, 483, 484). Das Krankenhaus haftet folglich in der Regel nur für nichtärztliches Pflegepersonal. Wird dieses jedoch wegen besonderer ärztlicher Weisungskompetenz als Verrichtungsgehilfe (§ 831) oder etwa wegen der Übernahme der Geburtsleitung durch den Belegarzt als Erfüllungsgehilfe (§ 278) des Belegarztes tätig, so haftet ausschließlich dieser (BGH NJW 2000, 2737; OLG Karlsruhe VersR 2001, 116; OLG Stuttgart NJOZ 2001, 523; OLG Koblenz VersR 2001, 897).

Das Krankenhaus kann sich beim Belegarztvertrag durch AGB nicht von seinen Organisationspflichten befreien (OLG Stuttgart NJW 1993, 2384, 2387; vgl auch oben Rn 506).

ee) Haftung des Krankenhauses bei ambulanter Behandlung

510 Die ambulante Behandlung dagegen obliegt grds den selbständigen, niedergelassenen Ärzten. Daher liegt bei **ambulanter Behandlung auch im Krankenhaus** grds nur ein Vertrag zwischen Arzt und Patient vor; das Krankenhaus haftet grds nicht (BGH NJW 1987, 2289; OLG Frankfurt NJW-RR 1993, 1248, 1249: auch bei ambulanter Behandlung nach stationärer Behandlung). Siehe dazu auch Arztverträge Rn 400 ff.

ff) Verschuldensabhängige Haftungsausschlüsse

511 Ein Ausschluss bei **Vorsatz** und **grober Fahrlässigkeit** verstößt schon gegen § 309 Nr 7b. Ein Haftungsausschluss für **leichte Fahrlässigkeit** ist gem § 309 Nr 7a generell unzulässig, soweit es um Verletzungen von Leben, Körper oder Gesundheit geht. Ein Haftungsausschluss für leichte Fahrlässigkeit bei nicht personenbezogenen

* FRENZKI/HANSEN, Der Belegarzt: Stellung und Haftung im Verhältnis zum Krankenhausträger, NJW 1990, 737.

Pflichten ist dagegen gem § 309 Nr 7b zulässig und verstößt auch nicht gegen § 307 Abs 2 Nr 2.

gg) Sonstige Haftungsklauseln

Ein Haftungausschluss für leichte Fahrlässigkeit im Hinblick auf **eingebrachte Sachen**, die der Patient in seiner Obhut behalten hat (§ 16 Abs 1 AVB), verstößt nicht gegen § 307 Abs 2 Nr 2, weil dadurch der Vertragszweck, die Heilung und Pflege des Patienten, nicht gefährdet wird (BGH NJW 1990, 761, 764). Es liegt auch kein Verstoß gegen § 307 Abs 1 S 1 vor, da das Bestreben des Krankenhauses, sich von der Haftung für Nebensächlichkeiten zu entlasten, schutzwürdig ist (OLG Düsseldorf NJW-RR 1988, 884, 887; im Ergebnis ebenso MünchKomm/Wurmnest § 307 Rn 128). Ein Haftungsausschluss für Wertsachen, die der Patient bei sich behalten hat, ist dagegen zulässig, soweit das Krankenhaus geeignete Verwahrungsmöglichkeiten anbietet (OLG Karlsruhe NJW 1975, 597, 599; vHoyningen-Huene Rn 191; vgl hierzu § 16 Abs 1 AVB). 512

Ein Haftungsauschluss für leicht fahrlässige **Schädigungen bei Reinigung, Desinfektion und Entwesung** verstößt nicht gegen § 307 Abs 1 S 1, Abs 2 Nr 1 (OLG Düsseldorf NJW-RR 1988, 882, 888; MünchKomm/Basedow § 307 Rn 105), jedoch gegen § 307 Abs 2 Nr 2, soweit die Notwendigkeit der Reinigung vom Krankenhaus selbst verursacht wurde (BGH NJW 1990, 761, 765: unangemessene Risikoverteilung).

Eine Klausel, nach der **zurückgelassene Sachen** nach 12 Wochen in das Eigentum des Krankenhauses übergehen, **§ 15 Abs 4 AVB**, verstößt weder gegen § 308 Nr 5 noch gegen § 307 Abs 1 S 1, Abs 2 Nr 1 (BGH NJW 1990, 761, 763 f; OLG Düsseldorf NJW-RR 1988, 884, 886).

Ausschlussfristen von 3 Monaten **für die Geltendmachung von Ansprüchen** wegen Verlust oder Beschädigung von Geld- und Wertsachen, **§ 16 Abs 2 AVB**, verstoßen gegen § 307 Abs 1 S 1: Zwar ist das Interesse des Krankenhauses an rascher Prüfung und Abwicklung von Schadensfällen grds schutzwürdig, jedoch umfasst die Klausel auch Fälle, in denen der Krankenhausaufenthalt nach 3 Monaten noch andauert. Die Verpflichtung, während des Krankenhausaufenthaltes Ansprüche geltend machen zu müssen, ist eine unangemessene Benachteiligung des Patienten (BGH NJW 1990, 761, 764; **aA** OLG Düsseldorf NJW-RR 1988, 884, 887).

Die **gesamtschuldnerische Haftung der Begleitpersonen** des Patienten kann in AGB ohne eine hierauf gerichtete und gesonderte Erklärung nicht wirksam angeordnet werden (§ 309 Nr 11a bei Vertretern, sonst § 307 [vgl oben Rn 94]; OLG Köln NJW-RR 1999, 733; LG Düsseldorf NJW 1995, 3062; vgl OLG Düsseldorf NJW 1991, 2352).

e) Pflegesatzvereinbarungen

Mit Wirkung vom 1. 1. 2003 wurde die Vergütung nach Pflegesätzen durch sog Fallpauschalen, die im Grundsatz nach Krankheitsart und durchgeführter Behandlung unterscheiden, ersetzt (**Fallpauschalengesetz**, Rn 500). Lediglich **psychiatrische, psychosomatische und psychotherapeutische Kliniken** und Krankenhäuser rechnen **noch nach** tagesbezogenen **Pflegesätzen** ab (vgl § 17b Abs 1 KHG). 513

Pflegesätze werden grds von den Krankenhausträgern und den Sozialleistungsträgern vereinbart und unterliegen der behördlichen Genehmigung aufgrund des Krankenhausfinanzierungsgesetzes und der Pflegesatzverordnungen des Bundes und der Länder. Die Genehmigung ist ein Verwaltungsakt und unterliegt daher der verwaltungs-, nicht der zivilgerichtlichen Kontrolle (vgl WOLF/STOFFELS, Klauseln K 53).

Pflegesätze gelten unmittelbar für den Krankenhausaufnahmevertrag auch gegenüber Privatpatienten. Eine Einbeziehung nach § 305 Abs 2 ist nicht erforderlich (BGH NJW 1988, 2951, 2952). Ebenso findet keine Inhaltskontrolle nach §§ 307 ff statt (WOLF/STOFFELS, Klauseln K 53).

Jedoch ist eine **Bestätigungsklausel**, die den Empfang des Pflegekostentarifs bestätigt, unwirksam gem § 309 Nr 12 b, da damit die Beweislast hinsichtlich der Verpflichtung des Krankenhauses zur Aushändigung des Pflegekostentarifs zu Lasten des Patienten geändert wird (BGH NJW 1990, 761, 765; OLG Düsseldorf NJW-RR 1998, 1348, 1349, LG Gießen NJW-RR 1998, 1347, 1348).

Die volle **Berechnung des Aufnahme- und Entlassungstags** kann gegen § 307 Abs 1 S 1 verstoßen (BGH NJW 2003, 209: Unangemessenheit iSd § 23 Abs 1 S 3 1. HS BPflVO aF; die Kontrollfähigkeit verneinend dagegen BGH NJW 1999, 864, weil hier Art und Umfang der vertraglichen Hauptleistungspflicht und der zu zahlende Preis geregelt werden; ebenso ULMER/CHRISTENSEN Teil 2 [18] Krankenhausverträge Rn 3; WOLF/STOFFELS, Klauseln K 53; zur Kontrollfähigkeit von Leistungspflichten s oben Rn 310 ff).

Überraschend iSv § 305c Abs 1 und damit ohne gesonderte Aufklärung unwirksam ist grds eine Klausel, wonach ein Kassenpatient anfallende Kosten bei Weigerung der Krankenkasse selbst zahlen muss (OLG Köln VersR 1987, 792, 793; LG Bremen NJW 1991, 2353, 2354). Das OLG Köln (NJW-RR 2003, 1699) hat allerdings offengelassen, ob dies auch dann gilt, wenn beide Seiten ungeprüft von einem bestehenden, aber tatsächlich nicht gegebenen Krankenversicherungsschutz ausgehen. Jedenfalls aber liege ein Verstoß gegen § 307 Abs 1 S 1, Abs 2 Nr 2 vor (zustimmend Klauselwerke/THÜSING „Krankenhausaufnahmevertrag" Rn 24). Kein Verstoß gegen § 305c Abs 1 liegt vor, wenn die Klausel explizit den Fall fehlenden Versicherungsschutzes erfasst (OLG Saarbrücken NJW 2001, 1798, 1799). Etwas anderes gilt bei ärztlichen Wahlleistungen. Eine subsidiäre **Selbstzahlungspflicht** für ärztliche Wahlleistungen ist wirksam, soweit der Patient vor Inanspruchnahme deutlich erkennbar unter Einhaltung der Form des § 309 Nr 12 S 2 darauf hingewiesen wurde (BGH NJW 1990, 761, 766).

Ein **rückwirkendes Inkrafttreten von (höheren) Pflegesätzen** ist gem § 307 Abs 1 S 1 unwirksam. Rückwirkungsklauseln sind wegen Verstoßes gegen die Gesetzmäßigkeit der Verwaltung unwirksam (BGH NJW 1988, 2951, 2952; WOLF/STOFFELS Klauseln K 24; MünchKomm/WURMNEST Rn 128). Anders kann es jedoch bei **Ein- und Zweibettzimmerzuschlägen** sein, wenn die Erhöhung auf rückwirkender Pflegesatz-VO beruht und hierauf bereits bei Vertragsschluss hingewiesen wurde (BGH NJW 1979, 2353, 2354 f; zur Frage der Unangemessenheit von Ein- und Zweibettzimmerzuschlägen iSd § 22 Abs 1 S 3 1. HS BPflV vgl BGH NJW 2001, 892).

Grundsätzlich zulässig gem §§ 307–309 sind **Vorauszahlungsklauseln**. Jedoch kann eine derartige Klausel gegen § 307 verstoßen, wenn die Vorauszahlung außer Verhältnis zur voraussichtlichen Verweildauer steht (so etwa beim 10-fachen Tagessatz Wolf/Stoffels, Klauseln K 25).

f) Hausordnungen

Die Bezugnahme auf Bestimmungen einer Hausordnung in AGB, **§ 14 AVB**, ist gem § 307 Abs 1 S 1 unangemessen, da damit die Einbeziehungsvoraussetzungen des § 305 Abs 2 umgangen werden (OLG Düsseldorf NJW-RR 1988, 884, 886; Ulmer/Christensen Teil 2 [18] Krankenhausverträge Rn 2). Außerdem ist das Tranparenzgebot verletzt. 514

g) Gerichtsstandsklauseln

Klauseln, die den Gerichtsstand am Sitz des Krankenhauses begründen, verstoßen gegen § 307 Abs 2 Nr 1 iVm 38 ZPO (BGH NJW 1985, 320; Nieburg MedR 1985, 262, 267; Schlund, in: FS Trinkner [1995] 337, 351; zu Gerichtsstandsklauseln s auch oben Rn 470 ff). 515

h) Zu **ärztlichen Behandlungverträgen** und **Honoraren**, zur Einsicht in **Behandlungsunterlagen**, sowie zur **Aufklärung und Einwilligung in Behandlung, Transplantation, Obduktion und HIV-Tests**: s oben zum Arztvertrag Rn 400 ff. 516

20. Kreditkartenverträge: s oben Rn 167, 168, 280 sowie Staudinger/Martinek (2006) § 676h Rn 1 ff. 517

(Rn 518–524 sind frei.)

21. Lastschriftklauseln

Die formularmäßige Verpflichtung zur Erteilung einer **Einzugsermächtigung** ist, anders als die Verpflichtung zur **Abbuchungsermächtigung** (vgl MünchKomm/Wurmnest Rn 230; Ulmer/Schmidt Teil 3 [6], Lastschriftklauseln Rn 1; zur Unwirksamkeit einer Abbuchungsklausel BGH NJW 2010, 1275 f; 2008, 2495, 2496), nicht unangemessen iSd § 307 Abs 1 S 1, wenn die Rationalisierungsvorteile des Verwenders die Beschränkungen der Dispositionsfreiheit des Kunden überwiegen (BGH NJW 1996, 988, 989). Dies ist in der Regel der Fall, da bargeldloser Zahlungsverkehr verbreitet ist und das Einzugsverfahren dem Kunden durchaus auch Vorteile bietet (Entlastung von Terminüberwachung und Zahlungsvorgang; vgl BGH NJW 1996, 988, 989; OLG Nürnberg NJW-RR 1995, 1144, 1145). Die mit der Lastschriftklausel verbundene Obliegenheit des Kunden, gegebenenfalls ein Girokonto erst zu eröffnen, ist heutzutage keine unangemessene Belastung (LG Köln NZM 2002, 780). Auch ist die Einzugsermächtigung anders als das Abbuchungsverfahren risikolos, da der Kunde die Lastschrift widerrufen kann und das Insolvenzrisiko bei unberechtigtem Einzug bei der Gläubigerbank bzw Schuldnerbank verbleibt; die Obliegenheit, Zahlungsausgänge auf dem eigenen Konto zu kontrollieren, ist bereits Bestandteil des Girovertrags (OLG Nürnberg NJW-RR 1995, 1144, 1145; KG NJW-RR 1994, 1543, 1544). Zwischen Rechnungszugang und Kontobelastung muss dem Kunden genügend Zeit bleiben, die Rechnung zu prüfen und ggfls Einwendungen erheben zu können (BGH NJW 2003, 1237, 1239; WM 2010, 277, 279; vgl auch Ulmer/Schmidt Teil 3 [6] Lastschriftklauseln Rn 2). Etwas anderes gilt, wenn die einzuziehenden Beträge, wie dies zB bei Mobilfunkdienstleistungen der Fall ist, nicht nur unerheblich und nicht konstant sind, sie unregelmäßig anfallen und nicht sichergestellt ist, dass dem Kunden zwischen dem Zugang der Rechnung und dem Einzug 525 des Rechnungsbetrages ausreichend Zeit – mindestens fünf Werktage – verbleibt, ggf für ausreichende Deckung seines Girokontos zu sorgen (BGH NJW 2003, 1237; vgl auch ULMER/SCHMIDT Teil 3 [6] Lastschriftklauseln Rn 2). Unangemessen wegen Verstoßes gegen das Transparenzgebot (§ 307 Abs 1 S 2) ist auch eine Regelung, wenn ergänzend zu einer Lastschriftklausel in einem Mietvertrag dem Verwender formularmäßig das Recht eingeräumt wird, Zahlungen des Mieters beliebig zu verrechnen, Verwendungszwecke selbst zu bestimmen und Zahlungswünsche des Mieters zu ignorieren (LG Köln NZM 2002, 780).

526 Ein sogenannter **Barzahleraufschlag**, der für die Barzahlung oder Überweisung des geschuldeten Betrags statt Erteilung einer Einzugsermächtigung erhoben wird, ist bei moderatem Umfang eine zulässige Abweichung von der gesetzlichen Bestimmung des § 362, da die Rationalisierungs- und Kostendämpfungseffekte beim Verwender auch dem Kunden zugute kommen (KG NJW-RR 1994, 1543, 1544; OLG Düsseldorf NJW-RR 1997, 374 ff, 377; ULMER/SCHMIDT Teil 3 [6] Lastschriftklauseln Rn 3; MünchKomm/WURMNEST Rn 230; **aA** OLG Frankfurt NJW-RR 1992, 1207, 1208 [dort jedoch unangemessener Druck zum Lastschriftverfahren: 3-monatige Vorleistungspflicht bei Verweigerung]). Der Verwaltungsaufwand für eine (unberechtigte) **Rücklastschrift** darf allerdings nicht mit einer entsprechenden Pauschale dem Kunden angelastet werden – hier werden Aufwendungen, die dem Geschäftsbereich des Gläubigers zuzurechnen sind, entgegen den gesetzlichen Regelungen auf den Kunden abgewälzt (BGH NJW 2009, 3570 Rn 15 ff [in concreto 50 €]).

22. Laufzeitklauseln

a) Problemstellung

527 Der Verwender hat bei Dauerschuldverhältnissen regelmäßig ein besonderes Interesse an einer angemessenen Ausgestaltung der die Vertragsbeendigung betreffenden Klauseln. Bei Abschluss auf unbestimmte Zeit besteht für ihn das **Risiko einseitiger Vertragsbeendigung durch die andere Vertragspartei**. Dem Verlust von Ertragsquelle und Kundenbeziehungen versucht er daher durch sogenannte Laufzeitklauseln entgegenzuwirken. Andererseits hat auch der Vertragspartner ein besonderes Interesse daran, eine nicht unangemessen lange Zeit an dem Vertrag festgehalten zu werden. Die **Entscheidungs- und Handlungsfreiheit des Kunden** gegenüber solchen AGB-Klauseln wird im besonderen durch **§ 309 Nr 9** (vgl insoweit STAUDINGER/COESTER-WALTJEN § 309 Nr 9 Rn 1 ff), ansonsten durch § 307 geschützt (vgl oben 11), zumal eine übermäßig lange Vertragsbindung oftmals unbewusst eingegangen wird. Darüber hinaus gewährleistet dieser Schutz auch den Wettbewerb; lange Vertragsbindungen behindern die Nachfrage nach neuen Angeboten und beschränken somit die Konkurrenz (MünchKomm/WURMNEST § 309 Nr 9 Rn 1).

Insofern ist es also Aufgabe des AGB-Rechts, das Bestandsschutzinteresse des Verwenders einerseits und das Dispositionsinteresse der anderen Vertragspartei sowie den Wettbewerbsschutz andererseits im Rahmen einer **Interessenabwägung** zu berücksichtigen und zu einem angemessenen Ausgleich zu bringen (BGH NJW 1997, 3022, 3023; zur Interessenabwägung und zu den Abwägungskriterien allgemein s oben Rn 107 ff und Rn 152 ff). Diese Fragestellung gilt sowohl für Laufzeitklauseln im engeren Sinne (Erstlaufzeiten) wie auch für Verlängerungsklauseln (zu diesen jedoch noch unten Rn 535). Im Einzelnen kann für die Frage der Unangemessenheit iSd § 307 Abs 1

S 1 von Bedeutung sein: Die Investitions- und Vorhaltekosten des Verwenders (BGH NJW 2000, 1110, 1113; 2003, 886, 888; vgl aber OLG Frankfurt NJW-RR 2005, 1170, 1171: nicht beim Massengeschäft), die Gegenleistung des Kunden (BGH NJW 2003, 886, 888); seine denkbaren Bedürfnisse nach anderweitiger Disposition und etwaige Möglichkeiten zur außerordentlichen Kündigung – einschließlich der Kosten einer vorzeitigen Vertragsbeendigung (OLG Frankfurt NJW-RR 2005, 1170, 1172; vgl auch BGH NJW 2001, 2635, 2637 f und OLG Köln JR 2004, 328: unangemessene Benachteiligung bei Befristung von Telefonkarten wegen ersatzlosem Wegfall des Restguthabens); umgekehrt eine Pflicht des Verwenders, Leistungen oder Vertrag geänderten Bedürfnissen des Kunden anzupassen (vgl zum Ganzen BGH NJW 1985, 2328; 1993, 1133; 1997, 3022).

Daneben ist auch das **Transparenzgebot** (§ 307 Abs 1 S 2) zu beachten. So ist eine Verlängerungsklausel (hierzu näher unten Rn 535) in einem Telefonanlagenmietvertrag, die eine Verlängerung der Laufzeit bei jeder „Erweiterung durch andere Teile als einfache Sprechautomaten“ vorsah, als intransparent angesehen worden, weil sie keine Begrenzung nach dem Aufwandsvolumen der Erweiterung vorsah, noch – für den Fall der mehrfachen Erweiterung und damit kumulierten Verlängerung – eine maximale Vertragslaufzeit vorgegeben war (OLG Düsseldorf NJW-RR 2003, 1496, 1497).

b) Individualvereinbarung oder Formularklausel

Noch vor nicht allzu langer Zeit hat sich die Rechtsprechung des BGH – vor allem im Versicherungsvertragsrecht (hierzu unten Rn 541a) – mit der Abgrenzung zwischen Individualvereinbarung und Formularklausel beschäftigt. Bisweilen versuchen Verwender, die Anwendbarkeit der §§ 305 ff in Bezug auf Laufzeitklauseln durch vermeintliche *Individualvereinbarungen* zu verhindern (vgl § 305 Abs 1 S 3). Dem steht nicht schon das Umgehungsverbot des § 306a entgegen (BGH NJW 1991, 36, 39). Vielmehr ist eine Laufzeitklausel auch dann „vorformuliert“ iSd § 305 Abs 1 S 1, wenn diese mit **ausfüllungsbedürftigten Leerräumen** versehen ist; zudem begründet allein das **Ankreuzen unterschiedlicher Alternativen** noch keine Individualvereinbarung (BGH NJW 1993, 1651, 1652 mwNw [handschriftliche Festlegung des Vertragsbeginns bei vorgegebener Laufzeit eines Wartungsvertrages als „unselbständige Ergänzung“ der Klausel]; BGH NJW 1996, 1676, 1677 und ähnlich BGH NJW-RR 1997, 1000 f [jeweils mit anschaulichem Abdruck der Formulare eines Versicherungsvertrages]; OLG Karlsruhe VersR 1995, 326, 327 [handschriftlicher Eintrag von Beginn und Ende des Versicherungsvertrages bei vorgegebener Laufzeit]; OLG Hamm VersR 1995, 403, 404 [handschriftlicher Eintrag von Beginn und Ende des Versicherungsvertrages und Ankreuzen einer vorgegebenen Laufzeit von fünf oder zehn Jahren]; sehr weitgehend AG Hamburg NJW-RR 1997, 559 [plan- und routinemäßiges Einsetzen der Zehnjahreslaufzeit in einem Versicherungsvertrag als AGB], vgl aber den ähnlich gelagerten Fall OLG Frankfurt NJW-RR 1997, 1485 im abstrakten Verbandsverfahren nach den §§ 13 ff AGBG aF [= §§ 1 ff UKlaG; nicht rechtskräftig]; vgl schon OLG Frankfurt NJW-RR 1988, 177 [nachträgliches maschinenschriftliches Einsetzen der Laufzeit in den vorgedruckten Vertragstext des Bierlieferungsvertrages]; Langheid/Müller-Frank NJW 1996, 3122 und NJW 1997, 3134, 3135 sowie Leverenz NJW 1997, 421, 422 ff mwNw [Versicherungsvertrag]; vgl auch Staudinger/Schlosser § 305 Rn 38 f). Auch können AGB bei einer nur mündlichen Laufzeitvereinbarung vorliegen (BGH NJW 2001, 2635, 2636 [mit dem Abschluss des Telefonkartenvertrages regelmäßig verbundene stillschweigende Abrede, dass die Nutzung nach Maßgabe des auf die Karte aufgedruckten Datums befristet ist]; s auch Staudinger/Schlosser § 305 Rn 22). Keine AGB liegen aber dann vor, wenn sich die Laufzeit erst durch Eintragung des Datums von Vertragsbeginn und Vertragsende ergibt (BGH VersR 1996, 741, 742; NJW 1996, 1676, 1677 f; Bach/Geiger VersR 528

1993, 659, 663; vgl auch OLG Frankfurt NJW-RR 1997, 1485 [vorgabenlose Laufzeitklausel und gleichförmige Ausfüllungspraxis der Versicherungsvertreter]). Dabei steht einem Aushandeln iSd § 305 Abs 1 S 3 nicht entgegen, dass einzelne Laufzeiten mit einem erhöhten Nutzungsentgelt verbunden sind (BGH NJW 2003, 1313, 1314: Laufzeitklausel in Gestattungsvertrag über Breitbandkabelanlage).

c) Kontrollfähigkeit gem § 307 Abs 3

529 Seit der Entscheidung des BGH im Jahre 1994 (NJW 1994, 2693, 2694) steht fest, dass Laufzeitregelungen – insbesondere auch im Versicherungsvertragsrecht – **kontrollfähig** sind (zuletzt bestätigt in BGH NJW 2001, 2635, 2636). Zwar sind *Leistungsbeschreibungen,* die den Gegenstand der Hauptleistung unmittelbar festlegen und ohne deren Vorliegen mangels Bestimmtheit oder Bestimmbarkeit des wesentlichen Vertragsinhalts ein wirksamer Vertrag nicht mehr angenommen werden kann, kontrollfrei (oben Rn 328). Zu diesem engen Leistungsbereich gehört aber nicht die Laufzeit eines Vertrages, da diese lediglich das Hauptleistungsversprechen näher ausgestaltet (BGH NJW 1994, 2693, 2694). Der BGH war schon im Jahre 1985 in seiner Stellungnahme im Verfahren des BVerfG (BVerfGE 70, 115, 120 f [Verfassungsmäßigkeit des § 309 Nr 9 aE im Hinblick auf die Laufzeit eines Versicherungsvertrages]) davon ausgegangen, dass Klauseln über die Vetragsdauer von Versicherungsverträgen nach § 307 kontrollierbar seien.

d) Beginn der Laufzeit

530 Im Zusammenhang mit einer Laufzeitklausel beim Wartungsvertrag (s hierzu unten Rn 541) hat der BGH entschieden, dass die Laufzeit eines Dauerschuldverhältnisses schon mit **Abschluss des Vertrages** und nicht erst mit einem vereinbarten späteren Zeitpunkt der Leistungserbringung beginnt (BGH NJW 1993, 1651, 1652 f mwNw; noch offengelassen in BGH NJW 1993, 326, 327; in diesem Sinne schon LG Bielefeld NJW-RR 1989, 245, 246; vgl auch Klauselwerke/vWESTPHALEN „Direktunterrichtsvertrag" Rn 22; s auch STAUDINGER/COESTER-WALTJEN § 309 Nr 9 Rn 17; **aA** noch KG NJW-RR 1989, 1075 und OLG München NJW-RR 1990, 1016). Hierfür sprechen der Schutzzweck sowie vor allem der Wortlaut des § 309 Nr 9a; eine „bindende" Laufzeit des Vertrags entsteht schon mit dem rechtsgeschäftlichen Vertragsabschluss. Bei einer Laufzeitkontrolle nach § 307 kann nichts anderes gelten.

e) Verhältnis der Laufzeitregelung zu Kündigungsmöglichkeiten

531 Sofern in einem Dienst- oder Mietvertrag eine Erstlaufzeit formularmäßig wirksam vereinbart wurde, ergibt sich schon aus § 620 Abs 2 bzw § 542 Abs 1 der **Ausschluss des ordentlichen Kündigungsrechts** nach § 621 bzw § 573c Abs 1 bzw 580a (BGH NJW 1993, 326, 328 [ordentliche Kündigung des Tänzerausbildungsvertrages]; NJW 2008, 360 Rn 37; vgl auch KG NJW-RR 2003, 1062 und OLG Köln OLGR Köln 1998, 5 zur Zulässigkeit der Beschränkung bzw des Ausschlusses bei einer Heilpraktiker-Ausbildung; in diesem Sinne schon BGH NJW 1985, 2585, 2586 [Kündigungsmöglichkeit von formularmäßig abgeschlossenen Internatsverträgen], wobei sich aber aus der besonderen Eigenart eines Dienstvertrages und den typischen Interessen der Beteiligten gem §§ 242, 157 ein ordentliches Kündigungsrecht ergeben kann, BGH aaO 2586 f; vgl auch BGH NJW-RR 1990, 1075 [Ausschluss der ordentlichen Kündigung in AGB eines Zeitschriftenvertriebsunternehmens für Zeitschriftenzusteller auf die Dauer des ersten Jahres] sowie OLG Celle NdsRpfl 1990, 10 und OLG Hamm NJW-RR 1992, 270 [Ausschluss des ordentlichen Kündigungsrechts nach §§ 564, 565]; vgl ferner BGH NJW 1982, 2309 [Ausschluss der Kündigung nach § 649]).

In diesem Zusammenhang gilt zu beachten, dass § 620 Abs 1 bzw § 542 Abs 1 keinen Maßstab für die Prüfung der Angemessenheit iSd § 307 Abs 1 S 1 bilden (BGH NJW 1993 aaO). Es ist allerdings zu prüfen, ob der Ausschluss oder die Beschränkung des ordentlichen Kündigungsrechts mit wesentlichen Grundgedanken der gesetzlichen Regelung zu vereinbaren ist (§ 307 Abs 2 Nr 1). In jüngerer Zeit hat der BGH etwa den formularmäßigen beidseitigen Verzicht auf das ordentliche Kündigungsrecht bei der Wohnraummiete auch nach der Mietrechtsreform gem § 307 Abs 2 Nr 1 für zulässig erachtet (BGH NJW 2004, 3117; 2005, 1574, 1575); § 573c Abs 4, der nur die Mobilität/Flexibilität des Mieters sichern wolle, stehe nicht entgegen (BGH aaO; vgl auch NJW 2004, 1448, 1449). Für die Frage der Unangemessenheit nach § 307 Abs 1 S 1 gilt das unter Rn 527 Gesagte. So wird etwa der Mieter auch beim grundsätzlich zulässigen beidseitigen Kündigungsverzicht nach § 307 Abs 1 S 1 dann unangemessen benachteiligt, wenn der Kündigungsverzicht für mehr als vier Jahre gilt (BGH NJW 2005, 1574, 1576: 5 Jahre). Dagegen benachteiligt die formularmäßige Beschränkung des ordentlichen Kündigungsrechts zum 12. und 20. Monat eines Heilpraktiker-Ausbildungsvertrags mit 26 monatiger Laufzeit den Vertragspartner wegen den Verwenderinteressen im Hinblick auf Organisation und wirtschaftliche Planung der Kurse nicht unangemessen nach § 307 Abs 1 S 1 (KG NJW-RR 2003, 1062, 1063).

Die bei Dauerschuldverhältnissen grundsätzlich bestehende Möglichkeit zur **außerordentlichen Kündigung** (§§ 314, 626) kann **durch AGB dagegen nicht abbedungen** werden (BGH NJW 2012, 1431 Rn 27 [Sportstudio, s unten Rn 606]; NJW 1986, 3134 mwNw [Abonnementsvertrag]; vgl auch BGH NJW 1985, 53, 54 zum Automatenaufstellvertrag und BGH NJW 1993, 1133, 1135 zum Kabelanschlussvertrag [Kündigung aus wichtigem Grund auch dann, wenn vertragliche Bestimmungen hierüber nicht bestehen]; vgl aber BGH NJW 1997, 3022, 3024 [Bestand des Kündigungsrechts als Voraussetzung]), denn sie setzt die Unzumutbarkeit des Festhaltens am Vertrag voraus. Bei einem **Dienstverhältnis** sind ferner die außerordentlichen und zwingenden Kündigungsrechte nach §§ 624, 627 zu beachten (Staudinger/Preis [2012] § 624 Rn 8; missverständlich BGH NJW 1985, 2585, 2586 sowie BGH NJW 1993, 326, 328 f, da § 624 in Zusammenhang mit einem ordentlichen Kündigungsrecht gem §§ 242, 157 gebracht wird).

Ein bei einem Dauerschuldverhältnis mit Laufzeitklausel eingeführtes **Sonderkündigungsrecht** für nur eine Vertragspartei verstößt dann gegen § 307, wenn die **unterschiedlich lange Bindung** als Folge des Sonderkündigungsrechts gegen wesentliche Grundgedanken der gesetzlichen Regelung verstößt, § 307 Abs 2 Nr 1 (zur „Waffengleichheit" s Rn 164); dies ist jedenfalls bei einem gewerblichen Mietvertrag nicht der Fall (BGH NJW 2001, 3480, 3482 f).

f) Sanktionsfolge eines Verstoßes

532 Verstößt eine Laufzeitklausel gegen die §§ 307 ff, so ist diese Klausel **insgesamt unwirksam** (BGHZ 84, 109, 115 f; 120, 108, 122; OLG Frankfurt NJW-RR 1988, 177); eine *geltungserhaltende Reduktion* ist unzulässig (BGHZ 127, 35, 47; BGH 2000, 1110, 1113 f; vgl oben Rn 28, 55 f sowie Staudinger/Schlosser § 306 Rn 22 ff). *Salvatorische Klauseln* vermögen daran nichts zu ändern, sie verstoßen gegen § 306 Abs 2 (dazu oben Rn 59 f sowie Staudinger/Schlosser § 306 Rn 17 f). Gem § 306 Abs 2 richtet sich die Laufzeit nach den **gesetzlichen Vorschriften**, zu einer Lückenausfüllung nach den Grundsätzen der **ergänzenden Vertragsauslegung** besteht regelmäßig kein Anlass (BGHZ 20, 69, 75; 147, 104; Staudinger/Coester-Waltjen § 309 Nr 9 Rn 23). Zur Schließung der Lücke

kommt es jedoch entscheidend auf den jeweiligen Vertragstyp an (s daher die Ausführungen bei den jeweiligen Vertragstypen unten Rn 536 ff).

Eine Optionsklausel, die den Vertragspartner des Verwenders unangemessen benachteiligt, ist ebenfalls von Anfang an unwirksam; insbesondere kann sie nicht durch eine nachträgliche freiwillige Erhöhung der Gegenleistung Wirksamkeit erlangen (BGH NJW 2000, 1110, 1113). Fehlt entsprechendes dispositives Gesetzesrecht und ergibt die ergänzende Vertragsauslegung nichts anderes, fällt die Optionsklausel ersatzlos weg (BGH aaO 1113 f).

g) Verhältnis § 307 zu § 309 Nr 9

533 Der thematisch einschlägige § 309 Nr 9 erfasst nur **Kauf-, Werk- und Dienstverträge**, die die **regelmäßige Lieferung von Leistungen** durch den Verwender zum Gegenstand haben (BGH NJW 1985, 2328; 1993, 1133, 1134; Staudinger/Coester-Waltjen § 309 Nr 9 Rn 4). Für solche Verträge kommt **§ 307 Abs 1 S 1, Abs 2 grundsätzlich als Auffangvorschrift** in Betracht, insbesondere wenn der in § 309 Nr 9 gezogene Rahmen den Wertungsbereich des § 307 Abs 1 S 1, Abs 2 nicht auszuschöpfen vermag (vgl oben Rn 11). Eine nach § 309 Nr 9 zulässige Klausel muss deshalb nicht unbedingt der Prüfung des § 307 Abs 1 S 1, Abs 2 standhalten (BGHZ 90, 280, 283; Staudinger/Coester-Waltjen § 309 Nr 9 Rn 2). Vertreten wird sogar eine Faustregel, dass Erstlaufzeiten von mehr als einem Jahr nur aufrechterhalten werden, wenn triftige Gründe geltend gemacht werden können, wobei es freilich auf die Besonderheiten des speziellen Vertragstyps ankommen soll (MünchKomm/Wurmnest § 309 Nr 9 Rn 16). Allerdings darf – wie der BGH jüngst wieder betont hat – nun andererseits bei solcher Regelbildung im Rahmen des § 307 Abs 1 S 1, Abs 2 nicht die generelle Wertung des § 309 Nr 9 „auf den Kopf gestellt" werden (BGH NJW 2012, 1431 Rn 25; zuvor schon BGHZ 100, 373, 378; ZIP 1997, 282, 284 mit Besprechung von Heinrichs NJW 1997, 1407, 1413 und EWiR 1997, 241; vHippel JZ 1997, 1009). Für die Unwirksamkeit einer Erstlaufzeit von bis zu 2 Jahren bedarf es bei unter§ 309 Nr 9a fallenden Dauerschuldverhältnissen deshalb einer besonderen Begründung (vgl Rn 602 zum Fitness-Studio-Vertrag, sowie allg Rn 305).

534 *Laufzeitklauseln, die nicht unter § 309 Nr 9 fallen,* werden von vornherein **nur anhand von § 307 Abs 1 S 1, Abs 2** überprüft (BGH NJW 1993, 1133, 1134; OLG Düsseldorf NJW-RR 1990, 1311; LG Hildesheim NJW-RR 1989, 56, 57). Dennoch ist auch hier von einer gewissen **Rückwirkung der gesetzlichen Wertung des § 309 Nr 9** auf die Abwägung nach § 307 Abs 1 S 1, Abs 2 auszugehen (BGH ZIP 1997, 282, 284; LG Frankfurt aM NJW-RR 1989, 176 f und 888; s oben Rn 12). Dies gilt vor allem auch für die in *§ 309 Nr 9 aE* genannten Verträge sowie im Falle des *§ 310 Abs 1 S 1.* Gerade im **unternehmerischen Bereich** ist aber gem § 310 Abs 1 S 2 aE auf die Gebräuche und Gewohnheiten des Handelsverkehrs Rücksicht zu nehmen (vgl oben Rn 153 f). Der auf den Letztverbraucher zugeschnittene § 309 Nr 9 kann daher nicht ohne weiteres für Rechtsgeschäfte gegenüber Unternehmern übernommen werden (BGH NJW-RR 1997, 942; NJW 1985, 2693, 2695; OLG Stuttgart NJW-RR 1994, 952; LG Gießen NJW-RR 1990, 566, 567; AG Esslingen NJW-RR 1991, 885).

h) Verlängerungsklauseln

535 Verlängerungsklauseln für den Fall nicht rechtzeitigen Widerspruchs sind nicht in gleicher Weise legitim wie bindende Erstlaufzeiten. Der Kunde hat sich nur befristet gebunden und übersieht automatische Verlängerungsklauseln häufig oder versäumt

den fristgerechten Widerspruch (OLG Karlsruhe NJW-RR 1989, 243; OLG Hamm NJW-RR 1992, 444; vHIPPEL JZ 1997, 1009). Dennoch können solche Klauseln auch berechtigten Interessen der Parteien dienen, vor allem der Rationalisierung bei mutmaßlichem Verlängerungswillen des Kunden. Dieser kann unterstellt werden, wenn dauerhaft fortbestehende Bedürfnisse des Kunden befriedigt werden (zB Kabelanschluss, Zeitschriftenabonnement). Zu einer generellen Diskreditierung von Verlängerungsklauseln besteht deshalb kein Anlass (**aA** vHIPPEL JZ 1997, 1009). Allerdings ist in der Interessenabwägung der Dispositionsfreiheit des Kunden, seiner finanziellen Belastung und den Gefahren seiner Überrumpelung durch stillschweigende, ungewollte Verlängerung besonderes Gewicht beizumessen. Diesen Gefahren kann der Verwender entgegenwirken, wenn er eine eigene Hinweisobliegenheit vor Ablauf der Widerspruchsfrist konstituiert (vgl vHIPPEL aaO).

Von automatischen Verlängerungsklauseln zu unterscheiden sind Klauseln, durch die dem Verwender die Option zur einseitigen Verlängerung der Erstlaufzeit des Vertrages eingeräumt wird. In diesem Zusammenhang ist zu beachten, dass nach dem BGH für die Inhaltskontrolle der Optionsklausel auf die Gesamtlaufzeit des Vertrages auch dann abzustellen ist, wenn es sich bei der Erstlaufzeit um eine Individualvereinbarung handelt (BGH NJW 2000, 1110, 1112: Optionsklausel bei Alleinbezugsverpflichtung eines Tankstellenvertrags).

i) Einzelne Vertragstypen (alphabetisch geordnet)

Im Rahmen der hier gesondert dargestellten Vertragstypen werden die Probleme **536** der Laufzeitregelungen integriert behandelt (s Rn 550, 601, 639 ff). Für einige andere Verträge wird im Folgenden eine Übersicht über die jeweilige Laufzeitproblematik gegeben.

aa) Abonnementsvertrag

Unter einem Abonnementsvertrag versteht man in erster Linie das **Zeitungs- und Zeitschriftenabonnement**. Es handelt sich um einen Kaufvertrag, der die regelmäßige Lieferung von Waren zum Gegenstand hat (vgl § 505 Abs 1 Nr 2), mithin ein kaufrechtliches Dauerschuldverhältnis.

Das Zeitungs- und Zeitschriftenabonnement fällt daher uneingeschränkt unter § 309 Nr 9. Demnach hält der BGH (BGHZ 100, 373, 378 [Deutsches Allgemeines Sonntagsblatt] mit Anmerkung WOLF JZ 1987, 833) eine Erstlaufzeit von **zwei Jahren** für unbedenklich, sofern keine „besonderen, sich aus der Natur des Vertragsverhältnisses ergebende Gesichtspunkte" bestehen, die für die Angemessenheit einer nur kürzeren Laufzeit sprechen; im Allgemeinen hält sich die finanzielle Belastung des Kunden in Grenzen (**aA** noch die Vorinstanz OLG Hamburg NJW-RR 1987, 47 f; vgl ferner auch BGH NJW-RR 1990, 1075 [Ausschluss der ordentlichen Kündigung in AGB eines Zeitschriftenvertriebsunternehmens für Zeitschriftenzusteller auf die Dauer des ersten Jahres] und OLG Frankfurt NJW-RR 1989, 958 [Laufzeitregelung und Erstbindungsfrist bei einer Buchgemeinschaft]). Vereinzelt wird aber unter Berücksichtigung der Generalklausel des § 307 Abs 1 S 1 eine Laufzeit von mehr als 12 Monaten für unangemessen gehalten; dabei wird auch zwischen allgemeinen Publikumsdruckschriften und Fachzeitschriften unterschieden, des Weiteren dürfen Erscheinungsfolge sowie Preisaspekte nicht außer acht gelassen werden (näher STAUDINGER/COESTER-WALTJEN § 309 Nr 9 Rn 18; ULMER/CHRISTENSEN Teil 2 [39] Rn 3).

Geht man von einer zulässigen Vertragsdauer von zwei Jahren aus, hält der BGH (BGHZ 100, 373, 380) eine Laufzeitverlängerung um **ein Jahr** im Hinblick auf § 309 Nr 9b für unproblematisch; bei besonderen Umständen – insbesondere aufgrund der finanziellen Belastung – können sich jedoch aus § 307 Abs 1 S 1 engere Grenzen ergeben.

Auch bei den **sonstigen Abonnementsverträgen** muss den speziellen Besonderheiten des jeweiligen Vertrages über § 309 Nr 9 hinaus nach § 307 Abs 1 S 1 Rechnung getragen werden (vgl zum Fitness- und Sportstudiovertrag unten Rn 601 ff).

bb) Anzeigenvertrag

537 Der Anzeigenvertrag ist Werkvertrag (BGH NJW 1984, 2406 und LG Gießen NJW-RR 1990, 566, 567 [Vereinbarung über das Anbringen von Werbeplakaten bzw Werbetafel]; vgl auch BGH NJW 1982, 2309 [Laufzeit eines Werkvertrages für fünf Jahre unter Ausschluss auch der Kündigung nach § 649]).

Daher fällt auch der Anzeigenvertrag grundsätzlich unter § 309 Nr 9, so dass die **Höchstfrist** von **zwei Jahren** eingehalten werden muss (vgl AG Köpenick NJW 1996, 1005, 1006). Allerdings wird in diesem Bereich zumeist § 310 Abs 1 S 1 einschlägig sein, so dass eine Überprüfung anhand § 307 zu erfolgen hat. Das LG Gießen (NJW-RR 1990, 566, 567) hat eine Bindungsdauer von **drei Jahren** im *unternehmerischen Bereich* insbesondere mit Verweis auf § 310 Abs 1 S 2 und die Möglichkeit zur Kündigung aus wichtigem Grund nicht beanstandet. Dies ist ein Fehlargument (vgl BGH NJW 1997, 3022, 3024), auch sind keine besonderen Verwenderinteressen im unternehmerischen Bereich ersichtlich, die ein Abweichen von § 309 Nr 9a rechtfertigen könnten.

Erst recht kann eine **Verlängerung** um **drei Jahre** bei gleicher Erstlaufzeit auch im *unternehmerischen Bereich* nicht gebilligt werden (LG Frankfurt aM NJW-RR 1989, 176 zum Mietvertrag; **aA** LG Gießen aaO; vgl oben Rn 535). Sofern Anzeigenaufträge von „jeweils einem Jahr" formularmäßig vereinbart werden, ist eine Verlängerungsklausel um ein weiteres Jahr auf der Rückseite des Formulars überraschend und gem § 305c unwirksam (BGH NJW 1989, 2255 f).

Bei einer Vielzahl unwirksamer Klauseln kann es – mangels ergänzungsfähigen Restes – zur **Gesamtnichtigkeit** des Vertrages kommen (AG Köpenick aaO [mit nicht passender Bezugnahme auf § 306 Abs 3]).

cc) Automatenaufstellvertrag

538 Der Automatenaufstellvertrag ist ein Mischvertrag, bei dem die mietvertraglichen Elemente iSd §§ 535 ff dominieren (Staudinger/Emmerich [2011] Vorbem 41 ff zu §§ 535–536; Klauselwerke/vWestphalen „Automatenaufstellvertrag" [Stand Oktober 2008] Rn 1).

Insofern fällt dieser nicht unter § 309 Nr 9, zusätzlich auch deshalb, weil Gastwirte Unternehmer sind. Eine richterliche Inhaltskontrolle ist daher an § 307 Abs 1 S 1 auszurichten. Im Wesentlichen ist danach zu fragen, ob mit dem Automatenaufstellvertrag die **Gewährung eines Darlehens** verbunden ist (vgl Ulmer/Schmidt Teil 2 [3] Rn 3; **aA** Wolf/Dammann Klauseln A 310; ausführlich hierzu Klauselwerke/vWestphalen aaO Rn 7 f). Ist dies der Fall, besteht ein Äquivalenzinteresse zwischen der Laufzeit des

Automatenaufstellvertrages und der Dauer des Darlehensvertrages, wobei eine Amortisation des Darlehens durch die **Einspielergebnisse** vereinbart wird (Klauselwerke/vWESTPHALEN aaO Rn 7). Eine Bindungsfrist von **fünf Jahren** kann dann angemessen sein, bei einem höheren Darlehen sind auch **zehn Jahre** Vertragslaufzeit denkbar, wiederum abhängig von den Einspielergebnissen (vgl BGH NJW 1983, 159, 161; NJW 1985, 53, 55; so auch WOLF/DAMMANN aaO ohne Rücksicht auf Darlehensgewährung). Wird **kein Darlehen** gewährt, so sollen **drei Jahre** die Obergrenze bilden (vgl BGH NJW-RR 1990, 1076 [Vertragslaufzeit drei Jahre]; ULMER/HENSEN Anh §§ 9–11 Rn 142; Klauselwerke/vWESTPHALEN aaO Rn 8).

Verstößt die Laufzeitklausel gegen § 307 Abs 1 S 1, läuft der Vertrag auf unbestimmte Zeit; es besteht ein **Kündigungsrecht nach § 580a Abs 1 Nr 3 BGB** (im Ergebnis auch Klauselwerke/vWESTPHALEN aaO Rn 9, wobei aber bei einem Verstoß der Laufzeitklausel gegen § 307 Abs 1 S 1 von einer Nichtigkeit des Automatenaufstellvertrages ausgegangen wird). Zudem ist *Sittenwidrigkeit* aufgrund einer unangemessenen Beschränkung der wirtschaftlichen Bewegungsfreiheit des Gastwirtes nach § 138 Abs 1 denkbar, so dass **Gesamtnichtigkeit** eintritt (BGH NJW 1983, 159, 162; vgl aber BGH NJW 1985, 53, 54 sowie NJW-RR 1990, 1076, 1077 [keine Gesamtnichtigkeit unter Verweis auf § 306 Abs 1]; Klauselwerke/vWESTPHALEN aaO Rn 4; ausführlich zum Verhältnis zu § 138 s oben Rn 32 ff).

Eine **Verlängerung** auf **ein Jahr** wird regelmäßig mit § 307 Abs 1 S 1 vereinbar sein, unabhängig von einer Darlehensgewährung (Klauselwerke/vWESTPHALEN aaO Rn 11; großzügiger WOLF/DAMMANN Klauseln Rn A 311 [bis zur Hälfte der Erstlaufzeit]; vgl auch BGH NJW 1985, 53, 55 f [Vereinbarung einer neuen Vertragslaufzeit bei Geräteaustausch unwirksam]).

dd) Bierlieferungsvertrag

Ähnlich ist die Rechtslage beim Bierlieferungsvertrag. Dieser ist ein einheitlicher Vertrag, der neben kaufvertraglichen Elementen zumeist noch Bestandteile anderer Vertragstypen aufweist, regelmäßig handelt es sich um einen Sukzessivlieferungsvertrag (vgl BGH NJW 1977, 35; 1981, 679; vgl aber BGH NJW 1997, 933, 934; zu AGB-Klauseln, die nichts mit der Laufzeit zu tun haben, s ULMER/SCHMIDT Teil 3 [8] Rn 6). **539**

Sofern keine Individualvereinbarung vorliegt, ist nach der Situation des Gastwirtes zu differenzieren: Befindet sich dieser in der *Existenzgründungsphase,* gilt das Einzelverbot des § 309 Nr 9, vor allem gilt nicht § 309 Nr 9 aE, da es sich nicht um einen Vertrag über die Lieferung „als zusammengehörig" verkaufter Sachen handelt (OLG Frankfurt NJW-RR 1988, 177); auf eine Darlehensgewährung kommt es hierbei nicht an, so dass eine Erstlaufzeit von maximal **zwei Jahren** zulässig ist. Ansonsten gilt im regelmäßig *beruflichen Bereich* wegen § 310 Abs 1 S 1 die Generalklausel des § 307 Abs 1 S 1; sofern die Brauerei dem Gastwirt **kein Darlehen** oder **Inventar** gewährt hat, ist unter Berücksichtigung von Art 101 AEUV und Art 5a EG-VO Nr 2790/99 v 22. 1. 99 – ABl L 336/21 (Gruppenfreistellungsverordnung zum Kartellverbot) als Leitbild iS § 307 Abs 2 Nr 1 eine Laufzeit von maximal **fünf Jahren** gerechtfertigt (ULMER/SCHMIDT Teil 2 [8] Rn 1); wird ein **Darlehen oder Inventar** zur Verfügung gestellt, sind auch **zehn Jahre** noch nicht unangemessen (BGH NJW 2001, 2331; BB 2006, 516; NJW-RR 2008, 818, 819; ERMAN/ROLOFF Rn 94; WOLF/DAMMANN Klauseln B 331; ULMER/SCHMIDT Teil 2 [8] Rn 4; **aA** [ohne Differenzierung nach Darlehensgewährung] PALANDT/GRÜNEBERG Rn 78; vgl auch OLG Karlsruhe OLGR Karlsruhe 2002, 1).

Bei Unwirksamkeit nach § 309 Nr 9a oder nach § 307 Abs 1 S 1 ist der Bierlieferungsvertrag **ohne Laufzeitregelung** abgeschlossen (so im Falle des § 309 Nr 9 OLG Frankfurt aaO; **aA** Klauselwerke/vWESTPHALEN aaO Rn 15: für zulässige Höchstlaufzeit im Wege ergänzender Vertragsauslegung); auch hier kommt eine **Kündigung entsprechend § 580a Abs 1 Nr 3 BGB** in Betracht, die sich dann gem § 139 auch auf den Darlehensvertrag bezieht (KG NJW-RR 1989, 630 f; Klauselwerke/vWESTPHALEN aaO). Bei einer *Sittenwidrigkeit* nach § 138 Abs 1 wird eine überlange Bindungsfrist in entsprechender Anwendung von § 139 auf eine **vertretbar lange Frist** reduziert (BGH ZIP 1984, 335, 338; NJW-RR 1990, 816; NJW 1992, 2145, 2146; Klauselwerke/vWESTPHALEN aaO Rn 12).

Sofern nicht schon § 309 Nr 9b einschlägig ist, sind Verlängerungsklauseln von **einem Jahr** bei einer Erstlaufzeit von fünf Jahren und maximal **zwei Jahren** bei einer Erstlaufzeit von zehn Jahren mit § 307 Abs 1 S 1 vereinbar (so vWESTPHALEN, in: Klauselwerke aaO Rn 24). Bei unwirksamer, weil überlanger Bindungsfrist ist auch die Verlängerungsklausel unwirksam (BGH NJW 1988, 2362, 2363). Eine Verlängerungsklausel, die Zeiträume erfasst, während derer der Verwender nicht liefern konnte, ist gem § 307 Abs 1 S 1 unwirksam (vgl BGH NJW 1985, 2693, 2696).

ee) Kabelanschlussvertrag

540 Im Verhältnis zum Anschlusskunden ist der Kabelanschlussvertrag ein mietähnlicher Vertrag, ein Dauerschuldverhältnis mit mietvertraglichem Charakter (BGH NJW 1993, 1133; STAUDINGER/EMMERICH [2011] Vorbem 61 zu § 535). Dagegen handelt es sich im Verhältnis zum Grundstückseigentümer um ein Vertragsverhältnis eigener Art, wenn dieser für die Gebrauchsüberlassung seines Grundstücks keine Mietzahlung erhält, sich zugleich aber der Mietwert der Wohnungen aufgrund des Kabelanschlusses erhöht (BGH NJW 1997, 3022, 3023; OLG Köln NJW-RR 1997, 751 f; vgl schon OLG Frankfurt NJW 1985, 1228, 1229 [Kabelverzweigungsvertrag mit der Post kein Mietvertrag oder mietvertragsähnliches Rechtsverhältnis]).

Deshalb fällt der Kabelanschlussvertrag nicht unter § 309 Nr 9 (BGH NJW 2003, 1313, 1314). Lange Vertragslaufzeiten sind entsprechend dem mietähnlichen Charakter im Verhältnis zum Anschlusskunden üblich (vgl § 544 S 1). Sie sind allerdings an § 307 Abs 1 S 1 zu messen (BGH NJW 2003, 1313, 1314). Mit Verweis auf die Rechtsprechung zu Verträgen über die Belieferung mit Fernwärme (BGHZ 100, 1 [20 Jahre]) sowie die Vermietung von Fernsprechnebenstellanlagen (BGH NJW 1985, 2328 [zehn Jahre]; dagegen aber LG Mönchengladbach NJW-RR 1997, 1000 unter Verweis auf LÖWE NJW 1995, 1726) hat der BGH (NJW 1993, 1133, 1134 f mit Anmerkung HENSEN EWiR 1993, 423) eine Bindungsdauer von **12 Jahren** im Verhältnis zum Anschlusskunden gebilligt, und zwar „wegen der Parallelität der Interessenlage“ sowohl im *beruflichen als auch im privaten Bereich;* zu berücksichtigen seien nämlich die hohen Entwicklungs- und Vorhaltekosten des Verwenders (zustimmend WEHRMANN DWW 1993, 287 und STRAUSS NJW 1995, 697, 700 f; dagegen LG Mönchengladbach aaO). Für die zulässige Vertragsdauer im Verhältnis zum Grundstückseigentümer gelten nach dem BGH als Leitlinien das berechtigte Interesse des Verwenders an der Amortisation seiner Investition einerseits und das berechtigte Interesse des Grundstückeigentümers an der Disposition über sein Eigentum andererseits (BGH NJW 2003, 1313, 1315 mit Verweis auf BGHZ 143, 104, 116 zum Mineralöllieferverṫrag). Dabei ist zu beachten, dass der Vertragspartner des Verwenders, der sich auf die Unwirksamkeit nach § 307 Abs 1 beruft, die Darlegungs- und Beweislast trägt (BGH NJW 2003, 1313, 1315); allerdings ist es Sache des Verwenders, die erforderlichen Daten offenzulegen und ihre Marktkonformität darzustellen (BGH aaO). Im Einzelfall hielt der BGH (NJW 1997, 3022, 3023 f) eine Laufzeit von 20 Jahren im Verhältnis zum Grundstückseigentümer „angesichts der rasant fortschreitenden technischen Entwicklung" für unvereinbar mit § 307 Abs 1 S 1; vgl aber BGH NJW 2003, 1313, 1315: Zulässigkeit einer Laufzeit von 25 Jahren offengelassen.

Eine durch die Unwirksamkeit einer Kündigungsregelung entstandene Vertragslücke ist bei einem Vertrag sui generis mangels gesetzlicher Vorschriften im Wege der **ergänzenden Vertragsauslegung** zu schließen; hierbei kann auch auf die noch zulässige Mindestlaufzeit von **12 Jahren** zurückgegriffen werden (OLG Köln aaO). Dies läuft praktisch auf eine *geltungserhaltende Reduktion* hinaus (s hierzu bereits oben Rn 532).

ff) Versicherungsvertrag

Die Inhaltskontrolle von Laufzeitklauseln bei Versicherungsverträgen (s auch Rn 528, **541**
676) richtet sich ausschließlich nach § 307; § 309 Nr 9 findet gem § 309 Nr 9 aE keine Anwendung, jedoch können die Wertungen des § 309 Nr 9 über § 307 Abs 2 Nr 1 auch auf AVB angewendet werden (OLG Düsseldorf VersR 1991, 989, 990). Die angemessene Laufzeit kann sich je nach Art der Versicherung (zB Lebens-, Kranken-, Hausratsversicherung) unterschiedlich beurteilen, so dass im Folgenden nur allg Tendenzen der Rspr angegeben werden können. Im Einzelnen:

Eine **zehnjährige Laufzeit** fällt zwar nicht unter § 307 Abs 2 Nr 1, da insoweit keine gesetzliche Regelung vorliegt, von der abgewichen werden könnte (BGH NJW 1994, 2693, 2694; BGH VersR 1997, 345, 346), jedoch unter § 307 Abs 1, da sie die Dispositionsfreiheit des Versicherungsnehmers im Hinblick auf sich ändernde wirtschaftliche Verhältnisse weitgehend beschränkt und den Versicherungsnehmer dadurch unangemessen benachteiligt (BGH NJW 1994, 2693, 2695; OLG Düsseldorf VersR 1991, 989: auch Verstoß gegen § 307 Abs 2 Nr 1 iVm der Wertung des § 309 Nr 9 für die Unfallversicherung; ebenso BGH VersR 1994, 1052 für die Hausratversicherung; BGH NJW 1995, 1289, 1290 für die Wohngebäudeversicherung; BGH BB 1994, 1736 für die Produkthaftpflichtversicherung).

Grds akzeptiert werden hingegen **fünfjährige Laufzeiten**, da der Versicherer ein schutzwürdiges Interesse daran hat, aus wettbewerblichen Gründen den Vertrag so zu gestalten, dass günstige Prämien möglich sind, und eine fünfjährige Bindung keine erhebliche Belastung für den VN darstellt, zumal ab 3 Jahren das Sonderkündigungsrecht des § 11 Abs 4 VVG besteht (BGH NJW 1995, 2710, 2711 für die Reparaturkostenversicherung; BGH NJW 1996, 519, 520 für die Unfallversicherung; **aA** OLG Köln NJW-RR 1996, 436, 437: auch hier Verstoß gegen § 307 Abs 1, da dem Nachteil der Bindung keine wesentlichen Vorteile gegenüberstehen; BGH ZIP 1997, 1343, 1344 f für die Rechtsschutzversicherung, auch wenn gleichzeitig Kündigungsrecht für den Fall von Beitragserhöhungen bis zu 15% ausgeschlossen ist; **aA** OLG München NJW-RR 1996, 434, 436). Ausführliche Darstellungen zur Problematik bei Leverenz NJW 1997, 421 ff.

Laufzeitverlängerungsklauseln sind unzulässig, wenn sie die Gewährung einer Versicherungsleistung zwangsweise mit der Vertragsverlängerung verknüpfen; hierdurch wird der Vertragszweck gem § 307 Abs 2 Nr 2 gefährdet (BGH NJW NJW-RR 1987, 45, 46). Zulässig ist jedoch eine stillschweigende Verlängerung der Versicherung von Jahr zu Jahr, wenn der Versicherungsnehmer nicht 2 Monate vor Ablauf der Versicherungszeit mit eingeschriebenem Brief kündigt (BGH NJW-RR 1987, 605, 607).

gg) Wartungsvertrag

542 Laufzeitklauseln tauchen nur bei einem Dauerwartungsvertrag als Werkvertrag mit Dauerwirkung auf, mithin einem Dauerschuldverhältnis (Staudinger/Peters/Jacoby [2008] § 649 Rn 4; ebd Vorbem 41 zu §§ 631 ff; Ulmer/Christensen Teil 2 [37] Rn 1 ff); sicherzustellen ist die Betriebsfähigkeit eines Gerätes für die Dauer des Vertrages, geschuldet wird demnach die Instandhaltung sowie im Störfall die Instandsetzung des Gerätes (KG CR 1986, 772, 773; OLG Karlsruhe CR 1987, 232, 233; OLG Stuttgart NJW-RR 1991, 252 f; Ulmer/Christensen aaO). Aufgrund der fortlaufenden Serviceleistungen liegen aber auch dienstvertragsähnliche Elemente vor (vgl BGH NJW-RR 1997, 942, 943 [Dienstleistungsvertrag]).

Insofern gilt auch § 309 Nr 9, im beruflichen Bereich § 307 Abs 1 S 1. Eine Laufzeit von **zehn Jahren** für die Wartung von technischen Geräten wird im *unternehmerischen Verkehr* grundsätzlich gebilligt, es bestehe insbesondere die Kündigungsmöglichkeit aus wichtigem Grund (OLG Stuttgart NJW-RR 1994, 952 [Telefonanlagenwartung], wobei aber die Entscheidung des Kunden für eine neue Anlage nicht als ausreichender Grund für eine vorzeitige Kündigung anzusehen ist; zustimmend Strauss NJW 1995, 697, 700 mwNw, ablehnend Löwe NJW 1995, 1726, 1727 [langfristige Laufzeitklauseln in vorformulierten Verträgen über technische Anlagen]; offengelassen in BGH NJW 2003, 886, 888); anders ist es jedenfalls, wenn die Klausel dem Verwender darüber hinaus ein Recht zur Preisanpassung gibt, ohne dem Vertragspartner ein Lösungsrecht vom Vertrag einzuräumen (BGH NJW 2003, 886, 888). Dies kann aber jedenfalls dann nicht gelten, wenn Vertragsgegenstand des Wartungsvertrages eine erkennbar veraltete Telekommunikationseinrichtung ist, so dass das Bedürfnis für eine Neuanschaffung offensichtlich ist (BGH NJW-RR 1997, 942, 943 in Abgrenzung zu BGH NJW 1985, 2328; OLG Düsseldorf NJW-RR 2003, 1496 und BGH NJW 1993, 1133). Im Hinblick auf die Schnelllebigkeit moderner Technologien (insb im Telefon- und Computerbereich) sollte aber zumindest hier eine Laufzeit von über **5 Jahren** nicht mehr akzeptiert werden (Wolf/Dammann Klauseln W 22). Im *privaten Verkehr* gilt das Einzelverbot des § 309 Nr 9 uneingeschränkt, so dass eine Bindungsdauer von maximal **zwei Jahren** möglich ist (Ulmer/Christensen Teil 2 [37] Rn 5; Wolf/Dammann Klauseln W 19), vorbehaltlich engerer Grenzen gem § 307.

Eine aufgrund einer unwirksamen Laufzeitbestimmung entstandene Lücke wird gem § 306 Abs 2 durch eine gesetzliche Kündigungsregelung geschlossen. Dabei erscheint § 649 S 1 BGB nicht sachgerecht, so dass unter Verweis auf § 620 Abs 2 eine **Kündigung nach § 621 Nr 3 oder 4** möglich ist (BGH aaO; KG aaO [Computerwartungsverträge sind als Werkverträge mit Dauerwirkung nach Dienstvertragsrecht kündbar]; vgl aber BGH NJW 1985, 2585, 2586 und NJW 1993, 326, 328 zum Dienstvertrag [§ 621 ist nicht anwendbar, da zwar eine unwirksame Kündigungsklausel, aber wirksame Dauer gem § 620 Abs 2 bestimmt wurde]).

543 **23. Leasingverträge**: s Staudinger/Stoffels (2004) Leasing Rn 18, 110 ff, 214 ff; Schattenkirchner, Die Entwicklung des Leasingrechts von Mitte 2009 bis Ende 2011, NJW 2012, 197 ff; vWestphalen, Der Leasingvertrag (6. Aufl 2007); Klauselwerke/vWestphalen „Leasing" (Stand Juli 2011).

24. Maklerverträge: s Staudinger/Reuter (2010) §§ 652, 653 Rn 255 ff; Fischer, Die Entwicklung des Maklerrechts seit 2003, NJW 2007, 3107; ders, Die Entwicklung des Maklerrechts seit 2007, NJW 2009, 3210; ders, Die Entwicklung des Maklerrechts seit 2009, NJW 2011, 3277. 544

25. Mietverträge: s Staudinger/Emmerich (2011) § 535 Rn 101 ff (Schönheitsreparaturen), 127 ff (Reparaturpflicht); Klauselwerke/Drettmann „Wohnraummiete" (Stand Februar 2008); Apitz WuM 2013, 127 (Tierhaltung); Drettmann aaO „Geschäftsraummiete" (Stand März 2006). 545

26. Partnerschafts- und Ehevermittlungsverträge

a) Grundlagen, Vergütungspflicht

Der klassische Ehemaklervertrag (§ 656) ist heute weitgehend durch den **Partnerschaftsvermittlungsvertrag** ersetzt worden. Die Klassifizierung dieses Vertragstyps spielt im Hinblick auf § 656 keine Rolle, weil diese Norm auf alle Spielarten der Ehe- und Partnerschaftsvermittlung entsprechend angewendet wird (BGH NJW 1990, 2550, 2551; NJW-RR 2004, 778, 779). Allerdings kann die Einordnung für Bestand und Fälligkeit der Vergütungspflicht und damit für einschlägige Klauseln im Lichte des § 307 Abs 2 Nr 1 bedeutsam sein. So handelt es sich bei der Ausgestaltung des Vermittlungsvertrages als erfolgsunabhängiger Dienstvertrag – zB durch Vereinbarung einer Laufzeitbegrenzung auf zwei Jahre (OLG Koblenz NJW-RR 2004, 268, 269) – nicht um eine unzulässige „Umtypisierung" (vgl Rn 245, 297, 312), sondern um eine – wirtschaftlich oft notwendige – zulässige Gestaltung (BGHZ 87, 309, 313; Staudinger/Reuter [2010] § 656 Rn 5 ff). Dienstvertragsrecht ist aber auch anwendbar, wenn nicht nur Partnervorschläge unterbreitet werden sollen, sondern auch Partnerzusammenführung Vertragsgegenstand ist – dabei bleibt die analoge Anwendung auch des § 656 unberührt (BGH NJW 1990, 2550, 2551; Staudinger/Reuter [2010] Rn 5 ff). Umgekehrt wird gelegentlich versucht, die Leistungspflicht des Verwenders als „Werk" zu deklarieren und gleichzeitig zu beschränken: Entweder soll der Vertrag schon erfüllt sein durch Ausarbeitung eines Partnerschaftsvorschlags (Verstoß gegen § 307 Abs 1 S 1: OLG Hamburg NJW 1986, 325; Palandt/Grüneberg Rn 84) oder durch einmalige Herstellung eines Adressendepots ohne Verpflichtung, dieses zu aktualisieren. Hierin liegt keine nach § 307 Abs 3 S 1 kontrollfähige Leistungsbeschreibung, sondern eine Aushöhlung der berechtigten Leistungserwartungen des Kunden im Sinne von § 307 Abs 2 Nr 2 (LG Hildesheim FamRZ 1989, 387; vgl Palandt/Grüneberg Rn 84: „bedenklich"). 546

Die Anwendbarkeit des § 656 zwingt die Unternehmen praktisch zu **Vorleistungklauseln**, diese sind allgemein üblich und können nicht als unangemessen eingestuft werden (BGHZ 87, 309, 318; NJW 1986, 927, 928). Allerdings dürfen diese nicht das gesamt Entgelt umfassen, sondern nur eine „Anzahlung" (Ulmer/Christensen Teil 2 [23] Rn 5). Die Grundsätze können auch nicht dadurch umgangen werden, dass schon die notwendigen Vorbereitungstätigkeiten des Vermittlers (Datei- und Videoerstellung) so „bepreist" werden, dass schon bei Vertragsschluss praktisch das gesamte Entgelt fällig wird (BGH NJW 2010, 150 Rn 21 ff; vgl schon BGH NJW 1999, 276, 277). Wirksam ist allerdings eine Klausel, die die Tätigkeitspflicht des Vermittlers erst nach Zahlung des Entgelts einsetzen lässt (BGH NJW 1986, 927, 928). Allerdings bedeutet die formularmäßige Gehaltsabtretung zur Sicherung des Vergütungsanspruchs oder zu seiner Begleichung erfüllungshalber einen unangemessenen Eingriff 547 in die Interessen des Kunden (Ulmer/Christensen Teil 2 [23] Rn 4; Loddenkemper NJW 1984, 160, 161; mit anderer Tendenz [allerdings nicht zu § 307 Abs 1 S 1, Abs 2] LG Trier NJW 1984, 181); die Erteilung einer Einzugsermächtigung wurde allerdings für wirksam erachtet (OLG Nürnberg NJW-RR 1995, 1144). Ebenso unzulässig ist eine Klausel, in der das Partnerschaftsvermittlungsinstitut die Wirksamkeit einer formularmäßigen Teilzahlungsabrede von einer noch zu erteilenden Genehmigung durch seine Zentrale abhängig macht. Wenn dem Kunden, der den Vertrag ohne Teilzahlungsabrede nicht geschlossen hätte, gleichzeitig zugesichert wird, es entstünden ihm aus einer eventuellen Ablehnung keinerlei Nachteile, verstößt eine solche Klausel gegen das Transparenzgebot (§ 307 Abs 1 S 2). Denn im Falle einer Ablehnung wäre er verpflichtet, die vereinbarte Vergütung sofort und in voller Höhe zu entrichten (OLG Nürnberg NJW-RR 1997, 1556, 1557).

b) Kündigung und Vertragsbeendigung

548 Da der Partnerschaftsvermittlungsvertrag auf Dienste höherer Art gerichtet ist, kann das **Kündigungsrecht des Kunden gem §§ 626, 627** in AGB oder Formularverträgen nicht abbedungen werden, § 307 Abs 2 Nr 1 (BGH NJW 1989, 1479, 1480; NJW 1991, 2763; NJW 1999, 276, 277; NJW 2005, 2543; OLG München NJW-RR 1992, 1205). Unzulässig ist auch eine mittelbare Einschränkung des Rechts auf außerordentliche Kündigung durch eine Klausel, die den Rückerstattungsanspruch des Kündigenden aus § 628 Abs 1 S 3 unangemessen kürzt oder beschränkt, § 307 Abs 2 Nr 1 (BGH NJW 1999, 276, 277). Allerdings können für den Fall der Kündigung nach § 627 kürzere Kündigungsfristen festgelegt werden, solange kein wichtiger Grund im Sinne von § 626 vorliegt (vgl OLG Stuttgart NJW-RR 1988, 1514, 1515 [drei Monate allerdings zu lang, Verstoß gegen § 307 Abs 1 S 1 und 2 Nr 1]). Auch ist es legitim, wenn eine Klausel das Kündigungsrecht des Verwenders aus § 627 dahingehend präzisiert, dass der Kunde aus dem Partnerkreis ausgeschlossen werden kann, falls er durch sein Verhalten die Interessen des Vermittlers oder anderer Kunden schädigt (BGH NJW 1987, 2808).

549 Bei **Tod des Kunden** erlischt der Vertrag analog § 672 (AG Dortmund NJW-RR 1991, 689), anderslautende Klauseln wären gem § 307 Abs 2 Nr 1 unwirksam. Für die **Rückabwicklung** nach Vertragsbeendigung durch Tod oder Kündigung ist § 308 Nr 7 zu beachten. Für die Zukunft vorausbezahlte Entgelte sind zurückzubezahlen, entsprechende Ausschlussklauseln sind unwirksam (BGH NJW 1999, 276, 277; BGH NJW 1983, 2817, 2819 [Verstoß gegen § 308 Nr 7]). Auch die Beschränkung der Rückzahlung auf 10% des vorgeleisteten Entgeltes ist unzulässig (OLG München NJW-RR 1992, 1205, 1206). Von der Rückzahlungspflicht anteilig miterfasst ist auch der Grund- bzw Aufnahmebeitrag, je nach dem Verhältnis der abgelaufenen und noch offenstehenden Laufzeit (BGH NJW 1991, 2763). Dem Rückzahlungsanspruch des Kunden kann das Unternehmen über § 628 Abs 1 S 1 zwar die Allgemeinkosten zur Einrichtung und Aufrechterhaltung des Betriebes und zur Betreuung aller Kunden nur pro rata temporis – nicht degressiv – entgegenhalten. Die bereits angefallenen Anlaufkosten des konkreten Vertragsverhältnisses (Provisionen, Reisekosten), die für andere Verträge nicht verwendbar sind, sind jedoch ungekürzt anzusetzen (OLG Nürnberg NJW-RR 1997, 1556).

c) Laufzeit

550 Laufzeitregelungen sind wegen des unabdingbaren Kündigungsrechts des Kunden aus §§ 626, 627 grundsätzlich bedeutungslos (zu Laufzeitregelungen im Allgemeinen s oben

Rn 527 ff), so dass einschlägige Klauseln eher irreführend wirken. Sie können beim Kunden den Eindruck einer festen Bindung erwecken und diesen abhalten, von seinem Recht auf jederzeitige Kündigung gem § 627 Gebrauch zu machen und deshalb nicht nur gegen § 309 Nr 9, sondern auch gegen das Transparenzgebot verstoßen (vgl oben Rn 170 ff, 192; BGH NJW 1999, 276, 278; 2010, 150, 151). Dem können die Verwender entgehen, wenn sie auf das Kündigungsrecht gem §§ 626, 627 ausdrücklich hinweisen. Hierfür müssen diejenigen Tatbestände eindeutig umschrieben werden, bei deren Vorliegen dem Kunden ein jederzeit ausübbares Kündigungsrecht eingeräumt ist. Ein pauschaler Hinweis auf § 627 genügt nicht (Klauselwerke/Kappus „Partnerschaftsvermittlungsvertrag" Rn 20). Eine **automatische Vertragsverlängerung** um sechs Monate ist trotz oder gerade wegen der jederzeitigen Kündigungsmöglichkeit gem § 307 Abs 1 S 1 für unangemessen erachtet worden, weil an dieser Klausel kein schutzwürdiges Interesse des Verwenders bestehen kann (OLG Düsseldorf NJW-RR 1995, 369).

d) Datenschutz

Die formularmäßige Einwilligung zur Datenweitergabe an andere Institute ist, sofern sie nicht die Voraussetzungen des § 4a BDSG – insbesondere eine deutliche Hervorhebung innerhalb des Textes gegenüber anderen Erklärungen – erfüllt, und auch kein Zulässigkeitstatbestand des § 28 BDSG gegeben ist, unwirksam gem § 307 iVm den Vorschriften des BDSG. Dies gilt insbesondere dann, wenn sie über das Vertragsende hinauswirken soll. Sie ist darüber hinaus unangemessen, wenn sie pauschal auch höchstpersönliche Daten umfasst (OLG Nürnberg NJW-RR 1997, 1556, 1557; OLG Düsseldorf NJW-RR 1995, 369, 370). 551

(Rn 552–560 sind frei.)

27. Rechtswahlklauseln

Die Wahl des auf einen Vertrag anwendbaren Rechts ist eine der eigentlichen Vertragsbeurteilung vorgelagerte, kollisionsrechtliche Vereinbarung, die das auf die vertraglichen Beziehungen anwendbare Sachrecht bestimmt. Die Zulässigkeit und Wirksamkeit einer Rechtswahl ist in erster Linie eine Frage des Kollisionsrechts (IPR). Ist das auf einen Vertrag anwendbare Recht in einer AGB-Klausel bestimmt, ist – in zweiter Linie – die Frage nach der Einbeziehung und Wirksamkeit der Rechtswahlklausel nach dem in dieser Klausel bezeichneten Sachrecht zu beantworten (Rn 561a). 561

Auf kollisionsrechtlicher Ebene ist Ausgangspunkt das IPR der lex fori, in Deutschland also deutsches IPR. Hier sind die maßgeblichen Bestimmungen für Schuldverträge allerdings EU-weit (mit Ausnahme Dänemarks; für Großbritannien s ABl EU Nr L 10, S 22) vereinheitlicht **(Rom I-VO)**. Die Bestimmungen der Verordnung gelten für Verträge, die ab dem 18. 2. 2009 geschlossen wurden, und sind an die Stelle der Art 27–37 EGBGB aF getreten sind (für Altverträge *bis* zum 17. 12. 2009 sind diese Artikel des EGBGB weiter anwendbar; dazu im Einzelnen Ulmer/Schmidt Teil 3 [7] Rn 3 ff). Die Rom I-VO steht repräsentativ für die übergreifende Tendenz des gemeinschaftsrechtlichen IPR, der Zulässigkeit und den Wirkungsmöglichkeiten einer Rechtswahl durch die Parteien weiten Raum zu öffnen (vgl Coester-Waltjen/Coester, in: FS Schurig [2012] 33 ff; Pfütze ZEuS 2011, 35 ff, insb 60 ff; für eine entsprechende Generalnorm 561a in einem künftigen „Allgemeinen Teil" des europäischen Kollisionsrechts [„Rom 0-VO"] Mansel/Thorn/Wagner IPRax 2013, 1, 2 mwNw). Nach Art 3 Abs 5, 10 Abs 1 Rom I-VO ist das (in der Rechtswahlklausel) **gewählte Recht** auch (schon) maßgeblich für die Frage, ob die Rechtswahl selbst (als gegenüber dem Hauptvertrag eigenständige Vereinbarung) zustandegekommen und wirksam ist (zur Möglichkeit auch einer stillschweigenden, konkludenten Rechtswahl Wolf/Hau IntGV Rn 16). Bei einer Rechtswahl in AGB sind also die Einbeziehungs- und Wirksamkeitsvorschriften der AGB-Vorschriften des verwiesenen Rechts anzuwenden (näher Staudinger/Magnus [2011] Art 3 Rom I-VO Rn 176 ff). Bei internationalen *Kaufverträgen* ist bei Mitgliedstaaten des UN-Kaufrechts (CISG) allerdings zu beachten, dass die CISG eigenständige Regeln für die Einbeziehung von AGB enthält (die Inhaltskontrolle bleibt auch hier Sache des verwiesenen nationalen Rechts). Es ist deshalb vorab zu prüfen, ob die Verweisung auf nationales (zB deutsches) Recht das UN-KaufR miterfasst (wie grundsätzlich bei pauschalem Verweis auf ein nationales Recht) – dann unterliegt die Einbeziehung der Rechtswahlklausel Art 8 CISG. Schließt der Verweis auf nationales Kaufrecht das CISG jedoch ausdrücklich aus, ist für die Gültigkeit der Rechtswahlklausel nationales Recht anwendbar, bei deutschem Recht also §§ 305–306 BGB (zum Ganzen BGH NJW 2002, 370, 371 [mit konkreter Anwendung des Art 8 CISG auf den Ausgangsfall] und kritischer Anmerkung dazu v Schmidt-Kessel NJW 2002, 3444 ff; Staudinger/Magnus [2011] Art 3 Rom I-VO Rn 63; MünchKomm/Wurmnest Rn 231).

561b Die grundsätzlich gewährte kollisionsrechtliche Rechtswahlfreiheit wird in der Rom I-VO allerdings in besonderen Situationen **eingeschränkt: (1)** Hierzu gehört zunächst der **reine Inlandsfall, Art 3 Abs 3 Rom I-VO**. Die vertragliche Wahl eines ausländischen Rechts kann sich dann nicht über die intern zwingenden Vorschriften hinwegsetzen – es findet nur zusätzlich zu ihnen Anwendung, bei inhaltlicher Unvereinbarkeit setzt sich das Inlandsrecht durch (Staudinger/Magnus [2011] Art 3 Rom I-VO Rn 131; Staudinger/Schlosser § 305c Rn 16). Dies gilt bei Verbraucher- wie bei Unternehmerverträgen. Zu den „zwingenden Vorschriften" im deutschen Recht gehören auch die §§ 305 ff – es genügt der intern zwingende Charakter einer Norm, es muss sich nicht notwendigerweise um eine internationale Eingriffsnorm handeln (Staudinger/Magnus Art 6 Rom I-VO Rn 140, aber auch Rn 141). Ob für den Unternehmerverkehr eine „Abwahl" der §§ 305 ff erreicht werden kann, wenn gleichzeitig eine Schiedsklausel mit Schieds-Ort in Deutschland vereinbart wird, aber gem § 1051 Abs 1 ZPO die §§ 305–310 ff vom im Übrigen gewählten deutschen Recht ausgenommen werden, wird streitig diskutiert (dafür Pfeiffer NJW 2012, 1169 ff; dagegen Mankowski RIW 2011, 30 ff, jeweils mwNw). **(2)** Dieser Grundgedanke wird in **Art 3 Abs 4 Rom I-VO** auf die EU-Ebene „verlängert": Wird bei reinen EU-Binnensachverhalten das Recht eines Drittstaates gewählt, können dadurch die zwingenden Bestimmungen des Gemeinschaftsrechts nicht derogiert werden (Staudinger/Magnus [2011] Art 3 Rom I-VO Rn 149 ff). **(3)** Eine generelle Einbeziehungs-„Bremse" für Rechtswahlklauseln sieht **Art 10 Abs 2 Rom I-VO** vor – der Kunde kann sich bei aus der Sicht seines Aufenthaltsrechts nicht zu erwartenden, überraschenden Regelungen über die Einbeziehung von AGB (etwa: Schweigen auf kaufmännisches Bestätigungsschreiben in einem Land, das dieses Institut nicht kennt) auf sein Heimatrecht berufen: Hier wird also schon die kollisionsrechtliche Maßgeblichkeit des verwiesenen Rechts eingeschränkt (Staudinger/Magnus [2011] Art 3 Rom I-VO Rn 176; Art 10 Rn 43 ff).

Die Rechtswahlfreiheit nach Art 3 und 10 Abs 1 Rom I-VO gilt grundsätzlich auch für den **Verbrauchervertrag (Art 6 Abs 2 S 1 Rom I-VO**; dazu Staudinger/Magnus [2011] Art 6 Rom I-VO Rn 133 ff). Allerdings zieht die VO hier ein weiteres Sicherheitsnetz ein: Die Schutzvorschriften am gewöhnlichen Aufenthaltsort des Verbrauchers setzen – auch bei Auslandsbezug des Sachverhalts – den Mindeststandard, der durch das gewählte Recht nicht unterschritten werden darf **(Art 6 Abs 2 S 2 Rom I-VO**, Ausnahmen in Abs 4; Einzelheiten bei Staudinger/Magnus [2011] Art 6 Rom I-VO Rn 137 ff; zum Verhältnis von Art 3 Abs 3 zu Art 6 Abs 2 S 1 Rom I-VO ders aaO Rn 25 [Vorrang von Art 6 Abs 2 S 1]). 561c

Vorrangig vor Art 6 Rom I-VO gewährleistet allerdings schon **Art 46b EGBGB** Verbraucherschutz auf gemeinschaftsrechtlichem Niveau, wenn eine Rechtswahl zum Recht eines Drittstaates führt, der Vertrag aber engen Zusammenhang mit dem Gebiet eines EU-Staates (nicht notwendig Deutschland) hat: Dann sind die **Verbraucherschutzvorschriften dieses Staates**, die in Umsetzung der in Art 46b Abs 3 EGBGB aufgeführten Verbraucherschutz-Richtlinien erlassen worden sind, auf den Vertrag unabhängig vom im Übrigen anwendbaren Vertragsrecht anzuwenden (Sonderanknüpfung; Einzelheiten bei Staudinger/Magnus [2011] Kommentierung zu Art 46b EGBGB).

Bei **kollidierenden Rechtswahlklauseln** beider Seiten stellt sich – der sachrechtlichen Kollisionsproblematik (zu dieser Staudinger/Schlosser § 305 Rn 205 ff) vorgeschaltet – die Frage, welche der beiden Rechtsordnungen der Prüfung gem Art 3 Abs 5, 10 Abs 5 Rom I-VO zu Grunde zu legen ist. Insoweit werden verschiedene Lösungsansätze vertreten (Einzelheiten bei Rühl 68 ff; Staudinger/Magnus [2011] Art 10 Rom I-VO Rn 36; MünchKomm/Wurmnest Rn 232, Dutta ZVerglRW 104 [2005] 461, 471 ff). Im Hinblick auf den Dissens beider Parteien über das anzuwendende Recht und im Interesse der Praktikabilität ist der Auffassung der Vorzug zu geben, die beide Klauseln als nicht akzeptiert einstuft und das Vertragsstatut objektiv, also nach Art 4 ff Rom I-VO bestimmt (so Staudinger/Magnus aaO). 561d

Aus den vorstehenden Grundsätzen ergibt sich, dass eine Rechtswahlklausel in ABG nur dann wirksam ist, wenn sie nach den sachrechtlichen Maßstäben des von ihr selbst bezeichneten Rechts als **vertraglich einbezogen** und sachlich wirksam angesehen werden kann; dies sind – bei Verweis auf das deutsche Recht – die §§ 305 ff (zur Einbeziehungskontrolle von Rechtswahlklauseln Staudinger/Schlosser § 305c Rn 16; Stoffels Rn 241 ff). Ist sie nach diesen Vorschriften nicht Vertragsbestandteil geworden (§§ 305–305c), untersteht der Vertrag dem Sachrecht, das bei objektiver Anknüpfung nach Art 4 ff Rom I-VO anwendbar ist. 561e

Im Rahmen der **Inhaltskontrolle nach § 307** werden Rechtswahlklauseln regelmäßig nicht für unangemessen erachtet (MünchKomm/Wurmnest Rn 237; BGH RIW 2013, 309 Rn 33 f). Mit Hinweis auf die grundsätzliche Rechtswahlfreiheit im internationalen Vertragsrecht und die Schutzvorkehrungen der Art 3 Abs 3, 4, Art 6 sowie 10 Abs 2 Rom I-VO wird eine Inhaltskontrolle nach §§ 307 ff überwiegend sogar für ausgeschlossen angesehen (Klauselwerke/Thüsing „Rechtswahlklauseln" Rn 23; Stoffels Rn 243 f mwNw). Davon unberührt bleibt allerdings die uneingeschränkte Bedeutung des **Transparenzgebots**, das bei Rechtswahlklauseln sogar besondere Bedeutung erlangen kann (BGH RIW 2013, 309 Rn 36 ff).

28. Reinigungen

a) Allgemeines

562 Der Deutsche Textilreinigungs-Verband (DTV) hat, nach Verurteilung zur Unterlassung seiner Konditionenempfehlungen von 1982 (OLG Köln NJW-RR 1998, 997), am 1. 8. 1997 neugefaßte Konditionenempfehlungen beim Bundeskartellamt angemeldet. Bei den (von den Empfehlungen oft abweichenden) AGB der Reinigungen ist oft schon die Einbeziehung gem § 305 Abs 2 zweifelhaft, weil es an einem hinreichend deutlichen Aushang fehlt. Im Übrigen halten auch die neuen Bedingungen der Inhaltskontrolle nicht in allen Punkten stand.

b) Einzelregelungen

563 Gem Nr 1 AGB wird die „Textilreinigung **sachgemäß und schonend** ausgeführt". Aus dem Textilreinigungsvertrag, einem Werkvertrag (§ 631), schuldet der Unternehmer grundsätzlich nur den Erfolg der Reinigung. Der Kunde kann hierbei jedoch auch erwarten, dass keine veralteten Techniken, aggressiven Mittel und Bearbeitungsmethoden zur Anwendung kommen. Nr 1 AGB ist somit rein deklaratorisch und demgemäß kontrollfrei (Klauselwerke/Kappus „Textilreinigungsvertrag" Rn 7).

564 Problematisch ist Nr 2 AGB, wonach die **Haftung des Textilreinigers ausgeschlossen** wird für **Schäden**, die durch die **Beschaffenheit des Reinigungsgutes** sowie dessen **mangelnde oder** nur **begrenzte Reinigungsfähigkeit** entstehen, soweit dies nicht aufgrund einer dahingehenden Kennzeichnung oder einer fachmännischen Warenschau vorhersehbar war. Bei den meisten Schäden am Reinigungsgut spricht zumindest der erste Anschein für eine unsachgemäße Behandlung und damit ein Verschulden des Reinigers. Ein solches wird iRd §§ 634 Nr 4, 280 Abs 1 S 2 sogar vermutet. Hat der Kunde gem Nr 2 AGB zu beweisen, dass der Schaden nicht auf der Beschaffenheit des Reinigungsgutes beruht, so liegt hierin eine unzulässige Verschiebung der Beweislast (§ 309 Nr 12a; Kappus aaO Rn 13). Reinigungsgut ohne Herstellerhinweis hinsichtlich einer eingeschränkten oder fehlenden Reinigungsfähigkeit darf von einem durchschnittlichen Kunden als reinigbar angesehen werden. Diesbezüglich ist Nr 2 AGB eine überraschende Klausel (§ 305c Abs 1; Kappus aaO Rn 15). Zudem erfasst sie auch Fälle des Vorsatzes und der groben Fahrlässigkeit seitens des Textilreinigers und verstößt somit gegen § 309 Nr 7b (Kappus aaO Rn 16).

565 Als angemessen muss die **Verwertungsklausel** in Nr 3 der AGB angesehen werden: Demnach darf der Verwender binnen eines Jahres nicht abgeholte Ware verwerten, falls ihm der Kunde bzw dessen Adresse unbekannt ist und sich dieser nicht vor der Verwertung meldet. Grundsätzlich hat diese Verwertung nach den gesetzlichen Regelungen (§§ 385, 1221) zu erfolgen. Übersteigt der zu erwartende Erlös nicht die Kosten des gesetzlichen Verwertungsverfahrens, so ist freihändige Verwertung möglich. Der Erlös steht dem Kunden zu (im Ergebnis ebenso Ulmer/Schmidt Teil 2 [31] Rn 3; **aA** OLG Köln ZIP 1981, 1101, 1104 [allerdings zur alten Klausel]).

566 Grundsätzlich nicht zu beanstanden ist die auf **offensichtliche Mängel** beschränkte **Rügefrist** in Nr 4 AGB (Umkehrschluss aus § 309 Nr 8b ee). Die Dauer von zwei Wochen ist angemessen. Eine unangemessene Benachteiligung (§ 307 Abs 1 S 1, 2) kann sich jedoch im Einzelfall daraus ergeben, dass die Klausel keine Angabe darüber enthält, wann die Frist zu laufen beginnt, und ob sie schon mit Absendung

oder erst mit Zugang der Anzeige gewahrt ist (OLG Zweibrücken NJW-RR 1998, 348 [allerdings zur alten Klausel mit Wochenfrist]). Zum Teil problematisch ist auch die **Haftungsregelung** in Nr 5 AGB. Im **Fall des Verlustes** wird der Zeitwert des Reinigungsgutes in unbegrenzter Höhe ersetzt. Dies stimmt mit §§ 249 Abs 1, 251 Abs 1 überein und ist nicht zu beanstanden. Umstritten ist jedoch die **Haftungsbeschränkung bei Sachbeschädigung**. Die Gesamtregelung (volle Haftung bei Vorsatz und grober Fahrlässigkeit, beschränkte Haftung bei leichter Fahrlässigkeit) ist im Grundsatz nicht zu beanstanden. Bedenklich ist jedoch die **Haftungsbegrenzung auf das 15-fache des Reinigungspreises** bei leichter Fahrlässigkeit. Die Sacherhaltung gehört zu den vertragswesentlichen Pflichten gem § 307 Abs 2 Nr 2 (AG Prüm NJW-RR 1991, 227), darüber hinaus gehört das Prinzip vollen Schadensersatzes zu den Grundgedanken der gesetzlichen Haftungsregelung, § 307 Abs 2 Nr 1 (OLG Köln ZIP 1981, 1101, 1103; vgl BGH NJW 1980, 1953, 1955). Die Verknüpfung der Haftungsbeschränkung mit dem Reinigungspreis hat keine sachliche Berechtigung; der vertragstypische Durchschnittsschaden wird auch nicht in allen Fällen abgedeckt (vgl BGH NJW 1980, 1953, 1955; AG Nürnberg NJW 1977, 1200, 1201; AG Prüm NJW-RR 1991, 227; LG Osnabrück VersR 2003, 1264; OLG Köln NJW-RR 1998, 997; OLG Köln ZIP 1981, 1101, 1103 hält sogar die Mehrzahl der Schadensfälle für nicht abgedeckt; umgekehrt KG VersR 1978, 1170, 1171: Höchstbetrag deckt in der Regel alle Schäden ab). Auch mit dem Preisargument kann die Begrenzung nicht gerechtfertigt werden (OLG Köln ZIP 1981, 1101, 1103; vgl grundsätzlich oben Rn 129 ff, 137); wohl aber kann die in einem gesonderten Warnhinweis zu Nr 5 der AGB nunmehr eingeräumte **Möglichkeit des fakultativen Versicherungsabschlusses** die Klausel retten (oben Rn 137; BGH NJW 1980, 1953, 1955; OLG Köln NJW-RR 1998, 997; OLG Köln ZIP 1981, 1101; LG Osnabrück VersR 2003, 1264; **aA** AG Prüm NJW-RR 1991, 227; Ulmer/Christensen Teil 2 [31] Rn 4). Allerdings gilt dies nur, wenn auf diese Möglichkeit nicht nur in den AGB hingewiesen wird, sondern so auffällig und klar, dass der Durchschnittskunde sich vor Abschluss des Reinigungsvertrages hierüber bewusst wird (BGH NJW 1980, 1953, 1955; OLG Köln NJW-RR 1998, 997; LG Osnabrück VersR 2003, 1264; Wolf/Stoffels Klauseln T 116–120). Dies ist in der Praxis regelmäßig nicht der Fall (vgl AG Memmingen NJW-RR 1988, 380; AG Düsseldorf NJW-RR 1989, 497). Insbesondere genügt ein im Anschluss an die AGB abgedruckter Hinweis auf der Rückseite des Einlieferungsscheins nicht (LG Osnabrück VersR 2003, 1264).

(Rn 567–569 sind frei.)

29. Reisevertrag: Siehe § 651a und Kommentierung dazu bei Staudinger/Staudinger (2011); ebenda (Anh zu § 651a Rn 16 f) zu § 6 Abs 3 BGB-InfoV. **570**

(Rn 571–574 sind frei.)

30. Salvatorische Klauseln: s oben Rn 59 f, 187, 436, 532 sowie Staudinger/Schlosser § 306 Rn 17, 18. **575**

31. Schiedsklauseln: Staudinger/Hausmann (2011) IntVertrVerfR Rn 370 ff; BGH JZ 2008, 358 m Anm Mäsch; Berger, Schiedsgerichtsbarkeit und AGB-Recht, in: FS vWestphalen (2010) 13 ff; Coester-Waltjen, Schiedsgerichtsvereinbarungen und ihre Wirksamkeit, in: FS Siehr (2010) 595 ff, 600 ff; Hilbig, Absoluter Verbraucherschutz bei unzulässigen AGB-Schiedsvereinbarungen?, SchiedsVZ 2010, 74 ff. Zu Mediationsklauseln Unberath NJW 2011, 1320. **576**

577 32. **Schriftformklauseln**: s STAUDINGER/SCHLOSSER § 305b Rn 23 ff.

(Rn 578–599 sind frei.)

33. Sportstudio- und Fitnessverträge

a) Gegenstand und Rechtsnatur von Fitnessverträgen

600 Einrichtungen unter Bezeichnungen wie Fitness-Studio, Sport-Studio, Schlankheits- oder Yoga-Studio bieten die Benutzung von in ihren Räumen aufgestellten Sportgeräten und zum Teil auch Sportunterricht und Kurse an. Die Verträge sind regelmäßig **Mischverträge** mit miet- und dienstvertraglichen Elementen, wobei je nach Ausgestaltung eines der Elemente überwiegen und den Gesamtcharakter des Vertrages bestimmen kann. Soweit die Gebrauchsüberlassung von Sportgeräten den wesentlichen Vertragsinhalt ausmacht, findet grundsätzlich **Mietvertragsrecht** Anwendung (BGH NJW 1997, 193, 194; OLG Brandenburg NJW-RR 2004, 273, 274; OLG Karlsruhe NJW-RR 1989, 243; OLG Düsseldorf NJW-RR 1992, 55; LG Saarbrücken NJW-RR 1990, 890; LG Darmstadt NJW-RR 1991, 1015 f; AG Gelsenkirchen-Buer NJW-RR 1989, 245; Klauselwerke/vWESTPHALEN „Fitness- und Sportstudiovertrag" Rn 1). **Dienstvertragsrecht** ist dagegen einschlägig, wenn bzw soweit die Einweisung in die richtige Handhabung der Geräte und/oder die weitere Überwachung des Trainings oder die Teilnahme an Sport- oder Yogakursen den Vertragsschwerpunkt bilden (OLG Hamm NJW-RR 1992, 243; OLG Hamm NJW-RR 1992, 242; OLG Hamm NJW-RR 1992, 444; LG Hamburg NJW-RR 1988, 317; LG Frankfurt aM 1985, 1717; AG Langen NJW-RR 1995, 823). Häufig wird daher bei einem Fitnessvertrag zumindest auch Dienstvertragsrecht anzuwenden sein, wenn nämlich vom Studio neben der Nutzung der Sportgeräte auch die Einweisung in die korrekte Benutzung der Geräte zur Vermeidung gesundheitlicher Risiken geschuldet wird und gerade in der Anfangsphase die dienstvertraglichen Elemente von erheblicher Bedeutung sind (OLG Brandenburg NJW-RR 2004, 273, 274; OLG Hamm NJW-RR 1992, 243; LG Frankfurt aM 1985, 1717; Klauselwerke/vWESTPHALEN „Fitness- und Sportstudiovertrag" Rn 1; offengelassen in BGH NJW 1997, 193, 194 und 739, 740). Ein Vertrag mit Mischcharakter (und nicht etwa ein reiner Mietvertrag) liegt auch vor, wenn ein Fitness-Studio in seinen AGB die Gebrauchsüberlassung seiner Einrichtungen und daneben **Service-Leistungen auf freiwilliger und kostenloser Basis** anbietet, da die Kosten für einen Trainer Teil der Allgemeinkosten sind, die auch auf den Kunden umgelegt werden, und das dienstvertragliche Element nicht allein durch eine AGB-Regelung ausgeschlossen werden kann (OLG Karlsruhe NJW-RR 1989, 243; AG Langen NJW-RR 1995, 823; vWESTPHALEN aaO; zur „Umtypisierung" von Verträgen oben Rn 245).

b) Vertragslaufzeiten

(zu Laufzeitklauseln im Allg s oben Rn 527 ff)

aa) Erstlaufzeiten (mit impliziertem Ausschluss der ordentlichen Kündigung)

601 **Soweit ein Fitnessvertrag als Dienstvertrag** anzusehen ist, ist eine über zwei Jahre hinausgehende formularmäßige Erstlaufzeit nach **§ 309 Nr 9** unwirksam. Da § 309a Nr 9 jedoch wegen der Vielgestaltigkeit der von der Vorschrift erfassten Dauerschuldverhältnisse nur die Höchstfristen festsetzt, sind diese Verträge daneben auch der Inhaltskontrolle am Maßstab des **§ 307 Abs 1** S 1 zu unterwerfen (vgl oben Rn 11; BGHZ 120, 108, 113 f; 100, 373, 375 f; 90, 280, 283 f; OLG Celle NJW-RR 1995, 370, 371; OLG Hamm NJW-RR 1992, 444, 445; LG Köln NJW-RR 1988, 1084; LG Hamburg NJW-RR 1988, 317;

Klauselwerke/vWESTPHALEN „Fitness- und Sportstudiovertrag“ Rn 10). Dies gilt jedoch nur, soweit besondere, von § 309 Nr 9 nicht erfaßte Gründe vorliegen und nicht die in dieser Norm liegende Wertung des Gesetzgebers – Klauseln innerhalb der durch sie vorgegebenen Grenzen seien zulässig – umgangen wird (BGH NJW 1997, 739, 740; NJW 2012, 1431 Rn 25). **Soweit die Fitnessverträge als Mietverträge** anzusehen sind und deshalb von § 309 Nr 9 nicht erfasst werden, sind sie von vornherein **nur** an **§ 307** zu messen (WOLF/DAMMANN Klauseln A 23; Klauselwerke/vWESTPHALEN „Fitness- und Sportstudiovertrag“ Rn 9).

Bei der **Interessenabwägung** nach § 307 Abs 1 S 1 steht dem Interesse des Studioinhabers an einer langfristigen wirtschaftlichen Kalkulation, einer reibungslosen Organisation des Unterrichts und der Amortisierung seiner Anfangskosten das des Kunden gegenüber, sich nach einer angemessenen Bedenkzeit, in der er seine Eignung und Motivation überprüfen kann, vom Vertrag lösen zu können (OLG Karlsruhe NJW-RR 1989, 243, 244; LG Saarbrücken NJW-RR 1990, 890; LG Frankfurt aM NJW 1985, 1717, 1718; Klauselwerke/vWESTPHALEN Rn 10). Bei der Gewichtung des Organisationsinteresses des Inhabers ist zu berücksichtigen, dass der einzelne Teilnehmer beliebig ersetzbar ist, da es keine Bindung an einen Klassenverband gibt (BERGER zu LG Hamburg DB 1987, 1482, ebd 1484; LG Frankfurt aM NJW 1985, 1717, 1718), sowie dass die Teilnahme auch an Kursen regelmäßig nicht an das Einhalten bestimmter Zeiträume gebunden ist, wie etwa im schulischen Bereich (LG Hamburg NJW-RR 1987, 687, 689). Auf der anderen Seite ist zu berücksichtigen, dass § 309 Nr 9a eine zweijährige Laufzeit (für den Dienstvertrag) für grundsätzlich zulässig erklärt, ohne dass bei unvorhersehbaren Nutzungshindernissen stets das Recht zur außerordentlichen Kündigung gewährleistet sein muss (BGH NJW 2012, 1531 Rn 27: AGB-fest). Da diese gesetzlichen Rahmenvorgaben nicht „geradezu auf den Kopf“ gestellt werden dürfen, hat der BGH sich jetzt für die grundsätzliche Zulässigkeit einer zweijährigen Erstlaufzeit ausgesprochen (BGH aaO Rn 25; vgl oben Rn 355 und 533). 602

Hinsichtlich einer **Tarifwahl** zwischen unterschiedlich langen Laufzeiten gilt, dass weder das handschriftliche Eintragen der Laufzeit (BGH NJW-RR 1997, 1000; NJW 1996, 1676, 1677 [jeweils zu Laufzeitklauseln in Versicherungsverträgen]; AG Langen NJW-RR 1995, 823; **aA** AG Tettnang NJW-RR 1987, 55, 56) noch ein Ankreuzen verschiedener Alternativen (LG Stuttgart VuR 2002, 256, 257; Klauselwerke/vWESTPHALEN „Fitness- und Sportstudiovertrag“ Rn 18) allein bereits den **Anforderungen einer Individualvereinbarung** (§ 305 Abs 1 S 3) genügt (BGH NJW 2003, 1313, 1314 [Laufzeitklausel in Gestattungsvertrag über Breitbandkabelanlage]; NJW 1998, 1066, 1067 [Vermietung von Werbeflächen an Einkaufswagen]; LG Mönchengladbach NJW-RR 2004, 416; vgl STAUDINGER/SCHLOSSER § 305 Rn 38; zur Tarifwahl beim Entgelt s oben Rn 138). Obwohl grundsätzlich eine unangemessene Benachteiligung auch nicht mit dem Preisargument gerechtfertigt werden kann (vgl oben Rn 129 ff), kommt eine Ausnahme im Rahmen einer echten Tarifwahl in Betracht, wenn der jeweilige Preis in konkrete Beziehung zu einer bestimmten Vertragsregelung gebracht wird und dem Kunden die Wahlmöglichkeiten offengelegt werden (OLG Karlsruhe NJW-RR 1989, 243, 244; LG Saarbrücken NJW-RR 1990, 890; **aA** WEHRISCH VuR 1995, 354, 355). 603

bb) Verlängerungsklauseln

Als zulässige Höchstfrist für eine Verlängerungsklausel legt **§ 309 Nr 9b**, soweit die Vorschrift auf Fitnessverträge unmittelbar anwendbar ist, ein Jahr fest. Bei der 604

Abwägung im Rahmen des **§ 307 Abs 1 S 1, Abs 2** sind im Wesentlichen dieselben Interessen maßgebend wie auch bei den Erstlaufzeiten. Insbesondere trägt der Kunde bei einer langfristigen Bindung das Risiko einer Veränderung seiner zeitlichen, örtlichen, wirtschaftlichen und körperlichen Verhältnisse (OLG Karlsruhe NJW-RR 1989, 243, 244).

Wenn auch Klauseln mit Verlängerungsperioden von **über drei Monaten** (Klauselwerke/vWestphalen „Fitness- und Sportstudiovertrag" Rn 21; ähnlich in der Tendenz Heidemann VuR 1988, 249, 251), **sechs Monaten** (OLG Düsseldorf VuR 1996, 32, 33; OLG Hamm NJW-RR 1992, 444, 445 [Unwirksamkeit wegen Unvereinbarkeit mit den Grundgedanken der §§ 620, 621, 625 BGB]; AG Norderstedt VuR 1993, 247; **aA** BGH NJW 1997, 739; LG Frankfurt aM NJW-RR 1991, 184) und **12 Monaten** (OLG Düsseldorf NJW-RR 1992, 55; LG Darmstadt NJW-RR 1991, 1015, 1016; LG Saarbrücken NJW-RR 1990, 890; LG Köln NJW-RR 1988, 1084; LG Hamburg NJW-RR 1988, 317, 318; AG Dülmen NJW 1985, 1718 f) bereits für unzulässig gehalten werden, ist grundsätzlich davon auszugehen, dass Verlängerungsklauseln, die sich **im Rahmen der Höchstgrenze des § 309 Nr 9b** halten, entsprechend der darin enthaltenen gesetzlichen Wertung auch nach § 307 Abs 1 S 1 **grundsätzlich nicht zu beanstanden** sind (vgl BGH NJW 1997, 739, 740; ebenso BGHZ 100, 373, 378 f; LG Wuppertal NJW-RR 1989, 1524; vgl Heinrichs NJW 1997, 1407, 1417; Ulmer/Christensen Teil 2 [29] Rn 4; kritisch vHippel JZ 1997, 1009; MünchKomm/Wurmnest § 309 Nr 9 Rn 18; zu Erlaubnisnormen vgl oben Rn 299 ff; speziell zu § 309 Nr 9 vgl oben Rn 302). **Die Wertungen des § 309 Nr 9b** müssen im Rahmen des § 307 Abs 1 S 1, Abs 2 insbesondere berücksichtigt werden, weil ausweislich der amtlichen Begründung des Regierungsentwurfs (BT-Drucks 7/3919, 37) gerade auch Verträge über die Teilnahme an Gymnastik-, Schlankheits- und Bodybuildingkursen von § 309 Nr 9 erfasst werden sollten (OLG Celle NJW-RR 1995, 370, 371). Auch wenn § 309 Nr 9 sich auf Dienstverträge bezieht und nicht auf Mietverträge, sind dessen Höchstfristen auch bei Fitneßverträgen mietrechtlicher Prägung als grundsätzlich zulässig anzusehen, weil der Gesetzgeber die in § 309 Nr 9 ausgenommenen Gebrauchsüberlassungsverträge gerade nicht strenger hat behandeln wollen als die Dienstverträge, da für Raummietverträge nicht einmal die einschränkenden Höchstgrenzen des § 309 Nr 9 gelten sollten (BGH NJW 1997, 739 f). Weder die **Einschränkung der Dispositionsfreiheit** allein (**aA** zB OLG Düsseldorf NJW-RR 1992, 55; AG Gelsenkirchen-Buer NJW-RR 1989, 245) noch die **stillschweigende Verlängerung** (**aA** OLG Karlsruhe NJW-RR 1989, 243, 244; Berger zu LG Hamburg DB 1987, 1482, ebd 1484) bilden einen hinreichenden Grund für eine Unangemessenheit, da der Gesetzgeber die Vertragsart selbst in seine Entscheidung einbeziehen wollte, beide Aspekte ausweislich der amtlichen Begründung des Regierungsentwurfs (BT-Drucks 7/3919, 37) berücksichtigt hat und sie daher als für eine Unangemessenheit nach § 307 Abs 1 S 1, Abs 2 heranzuziehende besondere Umstände nicht in Betracht kommen (BGH NJW 1997, 739, 740; OLG Celle NJW-RR 1995, 370, 371; LG Wuppertal NJW-RR 1989, 1524 f; vgl auch BGHZ 100, 373, 378 f). Eine stillschweigende Verlängerung scheidet jedoch aus, wenn der Kunde von Anfang an trotz Mahnung keine Beiträge bezahlt und die Einrichtungen des Fitneßstudios nie benutzt hat. Eine Berufung auf eine vereinbarte automatische Vertragsverlängerung, sofern keine rechtzeitige schriftliche Kündigung erfolgt, stellt dann eine unzulässige Rechtsausübung dar (AG Schopfheim NJW-RR 2004, 141, 142).

Regelmäßig ist auch keine unangemessene **wirtschaftliche Belastung** des Kunden anzunehmen (vgl BGH NJW 1997, 739, 740 [Belastung von 150 bis 300 € bei sechs Monaten nicht unangemessen]; **aA** LG Köln NJW-RR 1988, 1084 f [360 € bei 12 Monaten unangemessen]; Hei-

DEMANN VuR 1988, 249, 251). Entsprechend dem Grundgedanken des **§ 309 Nr 9b**, der mit einem Jahr eine **maximale Verlängerung um die Hälfte der zulässigen Erstlaufzeit** von zwei Jahren vorsieht, muss die Verlängerung jedoch grundsätzlich deutlich hinter der Erstlaufzeit zurückbleiben (OLG Düsseldorf NJW-RR 1992, 55, 56; OLG Karlsruhe NJW-RR 1989, 243, 244; LG Darmstadt NJW-RR 1991, 1015, 1016; vgl auch OLG Hamburg NJW-RR 1988, 317, 318; MünchKomm/WURMNEST § 309 Nr 9 Rn 18; **aA** bei kurzen Erstlaufzeiten OLG Düsseldorf VuR 1996, 32, 33; LG Frankfurt aM NJW-RR 1991, 184 sowie im Ergebnis BGH NJW 1997, 739; OLG Celle NJW-RR 1995, 370, 371). Ist diese vorformuliert auf höchstens ein Jahr festgelegt (Rn 602), kommt also doch nur eine Verlängerung um maximal 6 Monate in Betracht (tendenziell anders wohl BGH NJW 1997, 739, 740).

Unwirksam ist bei der Anwendung von Mietvertragsrecht jedenfalls eine Verlängerung um **18 Monate** (OLG Karlsruhe NJW-RR 1989, 243, 244).

Als überraschende Klausel (§ 305c Abs 1) wird eine vorformulierte Bestimmung nicht Vertragsbestandteil, nach der sich im Falle eines Ruhens des Vertragsverhältnisses sowie der Beitragszahlungspflicht – zB wegen Schwangerschaft – die Vertragslaufzeit um die Ruhezeit verlängert (AG Itzehoe NJW-RR 2000, 1507).

cc) Kündigungsfristen

Für Kündigungsfristen gilt, soweit Dienstvertragsrecht Anwendung findet, unmittel- 605
bar nach § 309 Nr 9c eine Höchstgrenze von 3 Monaten. Im Allgemeinen ist auch im Rahmen des § 307 Abs 1 S 1 eine Frist von **drei Monaten nicht unangemessen** (WOLF/DAMMANN Klauseln F 27; ULMER/CHRISTENSEN Teil 2 [29] Rn 4; **aA** OLG Hamm NJW-RR 1992, 444, 445 und Klauselwerke/vWESTPHALEN „Fitness- und Sportstudiovertrag" Rn 22). Die Grenze der Dreimonatsfrist darf nicht dadurch überschritten werden, dass nur zum Quartalsende gekündigt werden kann (ULMER/CHRISTENSEN Teil 2 [29] Rn 4). Beträgt die Laufzeit selbst nur wenige Monate, kann eine Korrektur erforderlich sein (ULMER/CHRISTENSEN aaO). Bei einer Verlängerungsperiode von drei Monaten stellt eine Kündigungsfrist von ebenfalls drei Monaten wegen der Kongruenz eine überraschende Klausel iSd § 305c Abs 1 dar, da es widersinnig wäre, wenn der Kunde bereits im Zeitpunkt des Beginns der Verlängerung kündigen müsste (LG Hamburg NJW-RR 1988, 317, 318). Wenn dem Kunden mit einer sechsmonatigen Erstlaufzeit eine **Probezeit** eingeräumt werden soll, gefährdet eine Kündigungsfrist von drei Monaten wesentliche vertragliche Rechte des Kunden gem § 307 Abs 2 Nr 2, da es mit dem Sinn der Probezeit nicht zu vereinen ist, die Entscheidung über die Vertragsfortdauer bereits vor Ablauf der halben Probezeit zu erwarten (LG Hamburg DB 1987, 1482, 1483).

c) Außerordentliche Kündigung gem §§ 314, 626, 627

Neben §§ 626, 543 Abs 1 wurde der allgemeine Rechtsgedanke, dass alle Dauer- 606
schuldverhältnisse aus wichtigem Grund kündbar sind, in § 314 kodifiziert. Unabhängig von der Rechtsnatur des Vertrages (vgl oben Rn 600) kann jedenfalls das Kündigungsrecht aus wichtigem Grund (§§ 314, 626) in AGB wegen Verstoßes gegen § 307 Abs 2 Nr 1 nicht wirksam abbedungen werden (BGH NJW 2012, 1431 Rn 27; OLG München NJW-RR 1995, 1467, 1468; OLG Hamm NJW-RR 1992, 242; OLG Düsseldorf NJW-RR 1992, 55, 56; AG Langen NJW-RR 1995, 823; s oben Rn 531 [Laufzeitklauseln]). Das gilt insbesondere für das Kündigungsrecht bei **längerer Erkrankung** (OLG München NJW-RR 1995, 1467, 1468; OLG Hamm NJW-RR 1992, 242; AG Langen NJW-RR 1995, 823;

Ulmer/Christensen Teil 2 [29] Rn 4; **aA** LG Darmstadt NJW-RR 1991, 1015, 1016 [Krankheit stelle nach § 537 keinen Kündigungsgrund dar]; AG Frankfurt aM NJW-RR 1993, 758) und wegen **Schwangerschaft** (BGH NJW 2012, 1431 Rn 31; Ulmer/Christensen aaO; **aA** noch AG Köln NJW-RR 1987, 1271; AG Tettnang NJW-RR 1987, 55, 56 [Schwangerschaft als nur vorübergehendes Trainingshindernis, das zum Ruhen des Vertrages führt]). Unwirksam sind daher auch Klauseln, die das Ruhen des Vertrages während des **Wehrdienstes** (OLG Hamm NJW-RR 1992, 242) oder lediglich eine Verlängerung des Kurses um die Zeit der Unterbrechung anordnen, falls das Training aus gesundheitlichen Gründen unterbrochen werden muss (OLG München NJW-RR 1995, 1467, 1468).

Ein Ausschluss der außerordentlichen Kündigung liegt nicht schon in der **Festlegung einer verbindlichen Erstlaufzeit**, da selbst bei kundenfeindlichster Auslegung die bloße Nichterwähnung der außerordentlichen Kündigung nicht als Ausschluss zu verstehen ist; die Laufzeitklausel befasst sich mit der normalen Vertragsdurchführung und **lässt das Recht zur außerordentlichen Kündigung** aus wichtigem Grund **unberührt** (BGH NJW 1993, 1133, 1135 zum Kabelanschlussvertrag). Ein Widerspruch zur Auslegung der Weiterzahlungsklausel als einem gleichzeitigen Ausschluss der außerordentlichen Kündigung (Rn 615; OLG Düsseldorf NJW-RR 1992, 55, 56 und OLG Hamm NJW-RR 1992, 242; offengelassen in BGH NJW 1997, 193, 195) liegt nahe (vgl Rn 29); er könnte nur mit dem Argument vermieden werden, dass die Weiterzahlungsklausel – im Gegensatz zur Laufzeitregelung – ausdrücklich „besondere“ Situationen betrifft, die auch zu einer außerordentlichen Kündigung Anlass geben könnten.

607 Ein Ausschluss des Rechts zur vorzeitigen Kündigung bei einer **Verlegung der Räume des Sportstudios** innerhalb des Stadtgebiets bedeutet einen Verstoß gegen § 308 Nr 4 (OLG Frankfurt NJW-RR 2001, 914, 915; OLG Hamm NJW-RR 1992, 444, 445). Aber auch bloße **Beschränkungen oder Erschwerungen** außerordentlicher Kündigungen können dieses Recht des Kunden unangemessen beeinträchtigen. Dies ist etwa der Fall, wenn – bei krankheitsbedingter Nutzungsunfähigkeit des Kunden – ein **detailliertes ärztliches Attest** verlangt wird (BGH NJW 2012, 1431 Rn 33 f) oder wenn eine **kurze Kündigungs-Erklärungsfrist** nach Eintritt des Nutzungshindernisses vorgesehen ist (BGH aaO Rn 35: 2 Wochen).

In der Regel sind bereits die tatbestandlichen Voraussetzungen des **§ 627** beim Fitnessvertrag nicht gegeben (Klauselwerke/vWestphalen „Fitness- und Sportstudiovertrag“ Rn 25). Die Grundwertungen des **§ 628** müssen gewahrt bleiben, so dass der Kunde im Falle einer außerordentlichen Kündigung nur eine anteilige Vergütung zu zahlen hat, § 307 Abs 2 Nr 1.

d) Haftung*

608 Ein genereller Haftungsausschluss für **mitgebrachte Sachen** des Kunden ist nach § 309 Nr 7b unwirksam (OLG Düsseldorf NJW-RR 1992, 55, 56; LG Frankfurt VuR 1998, 205, 206; LG Köln NJW-RR 1988, 1084, 1085), ebenso die Klausel, dass die Benutzung der Geräte **auf eigene Gefahr** erfolge, weil damit jede eigene Haftung des Verwenders ausgeschlossen wird (Wolf/Dammann Klauseln F 29; OLG Koblenz NJW-RR 1990, 501; dagegen differenzierend Klauselwerke/vWestphalen „Fitness- und Sportstudiovertrag“ Rn 27). Ein

* Zu Freizeichnungsklauseln im Allg s Rn 431 ff.

Ausschluss der Haftung für Körper- oder Gesundheitsschäden ist, unabhängig vom Grad des Verschuldens, bereits gem § 309 Nr 7a unwirksam (vgl auch RL-Anhang Nr 1a; OLG Hamm NJW-RR 1992, 243, 244; LG Köln NJW-RR 1988, 1084, 1085).

Ein genereller **Haftungsausschluss** für Vermögensschäden **auch für Fälle leichter Fahrlässigkeit** ist wegen der Gefahr einer Aushöhlung vertragswesentlicher Pflichten und einer Gefährdung des Vertragszwecks gem § 307 Abs 2 Nr 2 unwirksam (Wolf/Dammann Klauseln F 29; im Ergebnis auch OLG München NJW-RR 1995, 1467, 1468 [Unwirksamkeit gem § 307 Abs 2 Nr 1]; OLG Stuttgart NJW-RR 1988, 1082, 1083 [Unwirksamkeit gem § 307 Abs 1 S 1, 2 Nr 1 iVm §§ 276, 278]; OLG Hamm NJW-RR 1992, 243 f; LG Köln NJW-RR 1988, 1084, 1085; vgl auch oben Rn 438 ff). Aus denselben Gründen sowie wegen Verstoßes gegen § 309 Nr 7b ist ein genereller Ausschluss der Haftung für **Folgeschäden** unwirksam (OLG Stuttgart NJW-RR 1988, 1082, 1083; Wolf AGBG § 9 Rn F 126). 609

Wirksam ist ein formularmäßiger Ausschluss der Haftung für **ausschließlich selbstverschuldete Unfälle**, da der Studioinhaber keine Garantiehaftung trägt und die Klausel den Kunden nicht unangemessen benachteiligt (OLG Düsseldorf NJW-RR 1992, 55, 56); anders, wenn die Klausel als Haftungsausschluss für ein eventuelles Mitverschulden zu verstehen ist (Wolf/Dammann Klauseln F 29). 610

Bei einer **Beschränkung der Haftung** des Studios auf die Deckung durch seine **Haftpflichtversicherung** kann die Einbeziehung der Klausel nach § 305 Abs 2 scheitern, wenn für den Kunden nicht erkennbar ist, welcher Schaden in welcher Höhe abgedeckt ist, und es ihm nicht zugemutet werden kann, die Versicherungspolice des Verwenders zu lesen (Ulmer/Schmidt Klauseln F 29). Selbst bei wirksamer Einbeziehung der Klausel haften Unternehmen auch für leicht fahrlässig verursachte Gesundheitsschäden gem § 309 Nr 7a unbegrenzt. Im Übrigen ist eine Haftungsbegrenzung auf die Höhe des von der Versicherung des Inhabers abgedeckten Schadens grundsätzlich nach § 307 Abs 1 S 1, Abs 2 nicht zu beanstanden, wenn die Deckungssumme den vorhersehbaren Schäden entspricht (Fuchs BB 1992, 1217, 1224 mwNw) und das Studio transparent seine Eigenhaftung herausstellt, soweit die Haftpflichtversicherung nicht eintritt (etwa bzgl Selbstbehalt, Deckungsgrenzen, Ausschlüssen). Die Berücksichtigung der Schädigerinteressen erfordert, eine solche Haftungsbeschränkung zuzulassen, damit der Studioinhaber die Möglichkeit hat, einer Existenzgefährdung vorzubeugen (Fuchs BB 1992, 1217, 1224). 611

Eine Klauselbestimmung, dass Begleitpersonen für **minderjährige Nichtmitglieder** über § 832 hinaus haften, ist gem § 307 Abs 2 Nr 1 unwirksam, weil sie vom Grundgedanken dieser gesetzlichen Regelung abweicht (OLG Koblenz NJW-RR 1990, 501). 612

e) Weiterzahlungspflicht trotz Nichtnutzung

Klauseln, die das **Fortbestehen der Beitragspflicht** des Kunden auch dann vorsehen, wenn das Studio **wegen Ferien oder Urlaubs vorübergehend geschlossen** ist, wurden nach **§ 309 Nr 2a** für unwirksam gehalten, weil sie für die Dauer der Studioferien das Leistungsverweigerungsrecht des § 320 ausschlössen (OLG Stuttgart NJW-RR 1988, 1082; OLG Hamm 1992, 243, 244; Wolf/Dammann Klauseln F 28). Richtigerweise sind Ferienklauseln jedoch grundsätzlich nach **§ 307 Abs 2 Nr 1 unwirksam**, da sie gegen das Äquivalenzprinzip verstoßen (vgl oben Rn 235), soweit weder eine Nachholmöglichkeit eingeräumt wird noch § 616 eingreift (OLG Frankfurt NJW-RR 1989, 633; im Ergebnis 613 auch OLG Hamm 1992, 243, 244; LG Köln NJW-RR 1988, 1084). Eine Nachholmöglichkeit führt jedoch nicht zur Angemessenheit, wenn der Kunde, wie regelmäßig, ein Interesse an kontinuierlichem Training hat (LG Köln NJW-RR 1988, 1084; analog kann der Rechtsgedanke des § 615 herangezogen werden). Grundsätzlich fehlt auch eine unverschuldete Verhinderung iSd § 616, da die Entscheidung zur Schließung regelmäßig willkürlich getroffen wird oder auf betriebswirtschaftlichen Gründen beruht (LG Köln NJW-RR 1988, 1084); außerdem ist ein verhältnismäßig nicht erheblicher Zeitraum iSd § 616 bereits bei einer drei- (LG Köln aaO; vgl auch zu § 320 OLG Stuttgart NJW-RR 1988, 1082) bzw fünfwöchigen (OLG Frankfurt NJW-RR 1989, 633) Schließung überschritten.

614 Die Klausel, der Beitrag sei **auch dann regelmäßig zu zahlen, wenn das Mitglied die Einrichtungen nicht nutzt**, führt zu einer unangemessenen Benachteiligung des Kunden iSd **§ 307 Abs 2 Nr 1** (BGH NJW 1997, 193, 195 [Unwirksamkeit nach § 307 Abs 1 S 1]; LG Cottbus VuR 1999, 136, 137; AG Bautzen NJW-RR 1998, 130; Heinrichs EWiR § 9 AGBG 1/97, 2; Klauselwerke/vWestphalen „Fitness- und Sportstudiovertrag" Rn 6). Eine Inhaltskontrolle ist nach Auffassung des BGH nicht gem § 307 Abs 3 deshalb ausgeschlossen, weil die Klausel nur den ohnehin anzuwendenden § 537 S 1 wiederhole; die Gebrauchsüberlassung beim Fitnessvertrag weiche vom gesetzlichen Leitbild des Mietvertrages so erheblich ab, dass die Anwendung des § 537 ausgeschlossen sei (BGH NJW 1997, 193, 194; im Ergebnis ebenso LG Frankfurt aM NJW 1985, 1717 f; Wolf AGBG § 9 Rn F 128, 129; **aA** LG Darmstadt NJW-RR 1991, 1015, 1016; vgl Rn 247). Während das Gesetz davon ausgehe, dass die Mietsache dem Mieter zur alleinigen Verfügung überlassen werde und dieser dann nach § 537 das Verwendungsrisiko trage, würden die Fitnessgeräte auch von anderen Kunden benutzt, wobei nicht sichergestellt sei, dass der Kunde selbst die Geräte regelmäßig nutzen könne; daher habe die Übernahme des vollen Verwendungsrisikos durch den Kunden beim Fitnessvertrag eine grundlegend andere Qualität (BGH NJW 1997, 193, 194). Die Klausel benachteiligt den Kunden deshalb unangemessen nach § 307 Abs 2 Nr 1, weil die Weiterzahlungspflicht entgegen der Regelung des § 326 auch für einen längeren Zeitraum besteht, wenn er aus Gründen, die er nicht beeinflussen kann, an der weiteren **Nutzung auf Dauer** gehindert ist (BGH NJW 1997, 193, 195). Weiterzahlungspflichten bei **kurzzeitigen Verhinderungen** sind hingegen nicht zu beanstanden (Wolf/Dammann Klauseln F 28).

615 Die Weiterzahlungsklausel ist ferner nach § 307 Abs 2 Nr 1 unwirksam, weil sie auch das Kündigungsrecht des **§ 626** ausschließt (OLG Düsseldorf NJW-RR 1992, 55, 56 in kundenfeindlicher Auslegung; OLG Hamm NJW-RR 1992, 242; offengelassen in BGH NJW 1997, 193, 195). Erst recht gilt dies, wenn die Klausel ausdrücklich feststellt, dass **Krankheit oder ein sonstiger Hinderungsgrund** nicht von der Beitragspflicht entbänden (dazu s oben Rn 614).

616 Die Unangemessenheit der Weiterzahlungsklausel wird nicht kompensiert durch eine AGB-Bestimmung, nach der das Sportstudio die **Möglichkeit einer Vertragsaufhebung** unter Berücksichtigung der beiderseitigen Interessen prüfen wird, wenn der Kunde eine Krankheit nachweist, da eine Vertragsaufhebung danach weitgehend im Belieben des Verwenders steht und die Klausel darüber hinaus jedenfalls geeignet ist, den Kunden daran zu hindern, auf einer Vertragsauflösung zu bestehen (BGH NJW 1997, 195, 196; Ulmer/Hensen Anh §§ 9–11 Rn 672).

Eine Klausel, die einen Anspruch des Kunden auf Ersatzstunden und Schadensersatz ausschließt, wenn es dem Studio aus Gründen, die es nicht zu vertreten hat (**„höhere Gewalt"**), unmöglich wird, seine Leistung zu erbringen, ist wegen Verstoßes gegen § 307 Abs 2 Nr 1 unwirksam, wenn die Beitragspflicht entgegen § 326 bestehen bleiben soll (OLG Hamm NJW-RR 1992, 242, 243; LG Frankfurt VuR 1998, 205, 206). **617**

Nicht nach § 307 Abs 2 Nr 1 ist es zu beanstanden, wenn eine Klausel eindeutig feststellt, dass der Beitrag bei einer **vorübergehenden** Erkrankung weiterzuzahlen ist (zeitliche Grenze wie oben Rn 613) sowie wenn der Kunde das Studio aus von ihm selbst zu vertretenden Gründen nicht nutzt, da nach § 615 der Kunde das Risiko eines Annahmeverzug gem §§ 293 ff selbst zu tragen hat. **618**

f) Verzugsklauseln

Zu Verzugsklauseln allgemein s § 308 Nr 2, § 309 Nr 4, 8a und dortige Kommentierung; bei Sportstudio-Verträgen: BGH NJW 1985, 1705, 1706; OLG Brandenburg NJW-RR 2004, 273, 274; OLG München NJW-RR 1995, 1467, 1468; OLG Celle NJW-RR 1995, 370, 371 f; OLG Hamm NJW-RR 1992, 242 f und 444, 445; OLG Stuttgart NJW-RR 1988, 1082 f; LG Stuttgart VuR 2002, 256, 257; LG Köln NJW-RR 1988, 1084, 1085; AG München NJW-RR 1991, 251. **619**

g) Bestätigungsklauseln

aa) Gesundheitsklauseln

Eine Klausel, nach der der Kunde erklärt, **frei von ansteckenden Krankheiten zu sein**, verstößt nicht gegen § 309 Nr 12b, weil sie die Beweislast nicht verändert (OLG Hamm NJW-RR 1987, 947; **aA** OLG Stuttgart NJW-RR 1988, 1082, 1083). Klagt der Studioinhaber gegen den Kunden aus § 280 Abs 1 auf Ersatz von durch eine ansteckende Krankheit verursachten Schäden, muss er ohne oder mit einer solchen Klausel die Erkrankung beweisen (OLG Hamm NJW-RR 1987, 947). **620**

Eine Klausel, mittels derer der Kunde erklärt, **gesund und daher in der Lage zu sein, an einem normalen Training teilzunehmen**, ist nicht nach § 308 Nr 5 (OLG Hamm NJW-RR 1987, 947), wohl aber nach **§ 309 Nr 12b** unwirksam (BGH NJW-RR 1989, 817; OLG München NJW-RR 1995, 1467, 1468; LG Hamburg NJW-RR 1987, 687, 689 [gestützt auf § 307 Abs 1 S 1]; **aA** OLG Hamm NJW-RR 1987, 947). Wenn der Kunde gegen den Studioinhaber Schadensersatzansprüche wegen Verletzung seiner Beratungspflichten bezüglich der körperlichen Belastung und Risiken geltend macht, ist die Klausel geeignet, dem Kunden den ihm obliegenden Beweis für die Pflichtverletzung zu erschweren, da die Bestätigung des Kunden über seinen Gesundheitszustand ein erhebliches Argument gegen das Bestehen einer Beratungspflicht des Studios darstellt, so dass der Kunde seine Erklärung widerlegen oder die Notwendigkeit einer Beratung aufgrund besonderer Umstände nachweisen müsste (BGH NJW-RR 1989, 817 f; OLG München NJW-RR 1995, 1467, 1468).

bb) Sonstige Bestätigungsklauseln

Eine Klausel des Inhalts, dass der Kunde ausreichend Gelegenheit hatte, die Einrichtungen zu überprüfen, ist wegen Verstoßes gegen § 309 Nr 12b unwirksam (LG Köln NJW-RR 1988, 1084, 1085), ebenso Klauseln, die den Erhalt einer Vertragsdurchschrift bzw eines Duplikats bestätigen (OLG Hamm NJW-RR 1992, 444, 445; LG Köln NJW- **621**

RR 1988, 1084, 1085) oder die Tatsache, dass die Hausordnung erhalten wurde (OLG Brandenburg NJW-RR 2004, 273) bzw sich jeder Benutzer hiernach zu richten hat (LG Frankfurt VuR 1998, 205). Hingegen führt die klauselmäßige Bestätigung, dass keine Nebenabreden getroffen wurden, zu keiner unzulässigen Beweislasterschwerung (§ 309 Nr 12b). Da die schriftliche Vertragsurkunde die Vermutung der Vollständigkeit und Richtigkeit für sich hat, trägt der Kunde ohnehin die Beweislast für mündliche Nebenabreden (LG Frankfurt VuR 1998, 205, 207).

h) Sonstige Klauseln

622 Die Klausel, dass die Vereinbarungen gegenüber einem **Rechtsnachfolger** ihre Gültigkeit behalten, verstößt nach einer Auffassung gegen § 308 Nr 4, da es bei einer Übernahme des Studios durch einen Rechtsnachfolger zu unzumutbaren Trainingseinschränkungen kommen kann (OLG Hamm NJW-RR 1992, 444, 445), nach anderer Ansicht gegen § 309 Nr 10 bei Dienstverträgen, im Übrigen gegen § 307 Abs 1 S 1, Abs 2 (Klauselwerke/vWESTPHALEN „Fitness- und Sportstudiovertrag" Rn 30). Unwirksam gem § 308 Nr 4 ist auch eine Klausel, wonach der Verwender die **Trainings- und Öffnungszeiten** jederzeit ändern kann (LG Frankfurt VuR 1998, 205, 206). Auch eine Klausel, die es dem Kunden verbietet, **mitgebrachte Getränke** zu verzehren, stellt eine unangemessene Benachteiligung iSv § 307 Abs 1 S 1 dar (OLG Brandenburg NJW-RR 2004, 273). Zu **Schriftformklauseln** LG Frankfurt VuR 1998, 205, 206 und LG Köln NJW-RR 1988, 1084, 1085 (im Allgemeinen s STAUDINGER/SCHLOSSER § 305b Rn 23 ff). Eine Klausel kann dagegen eine **Vorleistungspflicht** des Kunden für das Monatsentgelt vorsehen, auch wenn der Fitnessvertrag als reiner Mietvertrag anzusehen ist (ULMER/CHRISTENSEN Teil 2 [29] Rn 2); eine Vorleistungspflicht für die gesamte Vertragslaufzeit würde hingegen eventuelle Gegenrechte des Kunden gefährden und ist deshalb unzulässig (ULMER/CHRISTENSEN aaO). Zur Teilnahme am **Lastschriftverfahren** vgl BGH NJW 2003, 1237 (Einzugsermächtigungsklausel in Mobilfunkverträgen); KG NJW-RR 1994, 1543, 1544; Klauselwerke/vWESTPHALEN „Fitness- und Sportstudiovertrag" Rn 7 sowie oben Rn 525.

(Rn 623–634 sind frei.)

34. Unterrichtsverträge

a) Themenbereich

635 Unterrichtsverträge sind regelmäßig **Dienstverträge** mit erheblichen gruppentypischen Differenzierungen je nach Art des Unterrichts (Direkt- oder Fernunterricht; Internat oder Tagesschule), des Unterrichtsstoffes (Schul- und Allgemeinbildung, Sport- oder Musikunterricht, Persönlichkeitsbildung, Fahrschulen) oder der Schüler-Zielgruppe (Kinder, Erwachsene, Berufstätige). Prägendes gemeinsames Merkmal ist die Vermittlung des Lehrstoffs als Dienstleistung, so dass grundsätzlich der Inhaltskontrolle das Leitbild des Dienstvertrags zugrunde gelegt werden kann (BGHZ 120, 108, 111). Werden nur Lern- oder Übungsmöglichkeiten zur Verfügung gestellt, wie häufig bei Fitnessverträgen, so überwiegt das mietvertragliche Element (s oben Rn 600).

636 Rechtlich ist zwischen **Fern- und Direktunterricht** zu unterscheiden. Für den Fernunterricht enthält das FernUSG in der Neufassung vom 4. 12. 2000 zwingende Schutzvorschriften, die weder durch AGB noch individualvertraglich abdingbar

sind; in diesem Bereich haben die §§ 305 ff ihre Bedeutung weitgehend verloren. Dies gilt auch für gesetzlich nicht abgedeckte Regelungsthemen; hier sind die §§ 305 ff zwar subsidiär anwendbar, die behördliche Zulassungskontrolle gem § 12 Abs 2 Nr 4 FernUSG hat jedoch weitgehend zur Rechtskonformität der verwendeten AGB geführt (vgl Rn 17).

b) Direktunterricht

Für den Direktunterricht fehlt es an einer übergreifenden gesetzlichen Regelung; die aufgetauchten Probleme konzentrieren sich auf Entgeltfragen und die Festlegung der Vertragsdauer. **637**

Bei den **Entgeltfragen** wird eine **Vorleistungspflicht** des Teilnehmers überwiegend für unzulässig gehalten: Zum Teil wird ein Verstoß gegen § 307 Abs 2 Nr 1 in Verbindung mit § 614 in Betracht gezogen (OLG Frankfurt NJW-RR 1992, 1207; OLG Celle NJW-RR 1995, 1465; LG München NJW 1999, 60, 61; Palandt/Grüneberg Rn 138; Ulmer/Stoffels Klauseln U 4), jedenfalls aber soll Unangemessenheit gem § 307 Abs 1 S 1 vorliegen (OLG Frankfurt aaO; OLG Celle aaO). Weil jedoch selbst beim Fernunterricht eine Vorauszahlung bis zu drei Monatsentgelten gesetzlich zugelassen ist (§ 2 Abs 2 FernUSG), ist kein Anlass ersichtlich, insoweit beim Direktunterricht strenger zu sein (Ulmer/Schmidt Teil 2 [33] Rn 1; Klauselwerke/Kappus „Direktunterrichtsvertrag" Rn 19; Dörner NJW 1979, 241, 248). Hält man eine Vorleistungspflicht in diesem Rahmen für zulässig, so wird eine entsprechende Klausel nicht dadurch unangemessen, dass sie die Vorleistung nur für den Fall vorsieht, dass der Teilnehmer keine Einzugsermächtigung erteilt – auch sonst rechtfertigen die Erleichterungen des Lastschriftverfahrens gewissen Druck auf den Kunden (vgl oben Rn 526; zum Unterrichtsvertrag **aA** OLG Frankfurt NJW-RR 1992, 1207, 1208; Ulmer/Stoffels Klauseln U 4). Unangemessen ist jedoch eine Klausel, die die Honorarpflicht fortbestehen lässt trotz Unterrichtsausfalls auch während der Schulferien (OLG Frankfurt NJW-RR 1992, 1207, 1208, auch unter Berufung auf das Transparenzgebot; LG Nürnberg NJW-RR 2001, 1349, 1350).

Preisänderungsklauseln sind unwirksam, wenn der Erhöhungsbetrag bereits in den ursprünglichen Preis hätte einkalkuliert werden können (Dörner NJW 1979, 241, 248; Palandt/Grüneberg Rn 138). Auch sonst gelten die allgemeinen, insbesondere vom BGH (NJW 1985, 856; NJW 1982, 331) entwickelten Grundsätze: Entsprechende Klauseln müssen Voraussetzungen und Ausmaß der Preisänderung konkret bezeichnen und gegebenenfalls dem Kunden ein Lösungsrecht einräumen (Palandt/Grüneberg Rn 138). Vorfälligkeitsklauseln, die auch bei unverschuldetem Rückstand der Unterrichtsvergütung die Restschuld fällig stellen, sind im Hinblick auf das Verschuldensprinzip im Verzugsrecht nach § 307 Abs 2 Nr 1, jedenfalls aber nach Abs 1 S 1 unwirksam (BGH NJW 1985, 1705; LG Frankfurt aM BB 1984, 942; Ulmer/Schmidt Teil 2 [33] Rn 2). **638**

Besonders umstritten sind die Regelungen zur **Vertragsdauer**. Diese können unter Umständen schon wegen unzureichender Transparenz nach § 307 Abs 1 S 2 unwirksam sein (LG Bonn NJW-RR 1999, 1361, 1362 [Vertragsbindung nach Erreichen des Ausbildungsziels]). Vorweg gilt hier wie bei allen Dauerschuldverhältnissen, dass das **Recht zur außerordentlichen Kündigung** gem § 626 nicht ausgeschlossen werden kann (vgl allgemein oben Rn 531; zu Unterrichtsverträgen MünchKomm/Wurmnest Rn 126; Palandt/Grüneberg Rn 138; Ulmer/Schmidt Teil 2 [33] Rn 2). Als „wichtiger Grund" ist insbesondere die **639** selbstverantwortliche Entscheidung des Teilnehmers anzuerkennen, dass ihm für den begonnenen Unterricht Eignung oder Neigung fehlen (Ulmer/Schmidt Teil 2 [33] Rn 2; **aA** BGH NJW 1984, 1531, 1532). AGB-fest ist grundsätzlich auch das **Kündigungsrecht gem § 627**, allerdings liegen dessen Voraussetzungen beim Direktunterrichtsvertrag regelmäßig nicht vor: Besonderes Vertrauen wird Personen, nicht aber dem Institut als solchem entgegengebracht (BGH NJW 2008, 1064, 1065; BGHZ 90, 280, 281; BGH NJW 1985, 2585; OLG Celle NJW 1981, 2762; OLG Celle NJW-RR 1995, 1465, 1466; für einen Ausnahmefall [(Schulung zur Persönlichkeitsentwicklung] LG Essen NJW-RR 1993, 758 [anders jedoch auch insoweit OLG Celle OLGZ 93, 367, 368]).

640 Das Recht zur **ordentlichen Kündigung** wird implizit durch die Vereinbarung **fester Laufzeiten** ausgeschlossen. Die Unwirksamkeit einer solchen Vereinbarung kann nicht aus § 307 Abs 2 Nr 1 folgen, da es an gesetzlichen Leitbildern fehlt: § 620 Abs 1 ist zu undifferenziert (BGH NJW 1993, 326, 328), § 621 ist wegen § 620 Abs 2 nicht anwendbar. Das zwingende Kündigungsrecht gem § 5 FernUSG scheidet als Leitbild aus, da die Interessenlage beim Fernunterricht eine andere ist und das Gesetz Direktunterrichtsverträge ausdrücklich nicht regeln wollte (BGHZ 90, 280, 284; 120, 108, 115; OLG Hamm NJW 1982, 1053, 1054; OLG Karlsruhe NJW-RR 2011, 410 Rn 18). Auch die Vorschriften des BBiG können nicht als Angemessenheitsmaßstab herangezogen werden, da die Sachverhalte nicht vergleichbar sind (BGH und OLG Karlsruhe aaO). Richtigerweise eröffnet auch § 309 Nr 9a nicht generell die Zulässigkeit von Laufzeitklauseln unter zwei Jahren (vgl oben Rn 11). Daher ist die Angemessenheit einer Laufzeitbindung jeweils im Einzelfall durch Interessenabwägung nach § 307 Abs 1 S 1 zu ermitteln (BGHZ 90, 280, 284; BGH NJW 1985, 2585, 2586; BGHZ 120, 108, 118 ff; OLG Celle OLGZ 1993, 367, 368). Gegenstand der Prüfung ist dabei die Abweichung des Formularvertrages von der ohne die entsprechende Klausel geltenden Regelung; deren Inhalt ist ggf durch ergänzende Vertragsauslegung zu bestimmen. Die Einzelfallabwägung ist Gegenstand reicher Kasuistik. *Auf der Seite des Betreibers* ist dessen wirtschaftliches Bedürfnis nach längerfristiger **Planung und Organisation** angemessen zu berücksichtigen (st Rspr seit BGHZ 90, 280, 284; BGH NJW 1985, 2585, 2586; OLG Dresden NJW 2000, 3432, 3433). Häufig wird auch auf das Interesse der unterrichtswilligen Teilnehmer abgestellt, die Fortdauer des Unterrichts nicht durch das Absinken der Teilnehmerzahl zu gefährden (zuletzt KG Berlin NJW-RR 2003, 1062, 1063 mwNw). Weil der kündigungswillige Teilnehmer zu diesem Kreis gerade nicht mehr gehört, handelt es sich insoweit um die Berücksichtigung von Drittinteressen (dazu Rn 148). Ähnlich problematisch erscheint der Verweis auf pädagogische Erwägungen. Diese können zwar eine lange Laufzeit begründen, den Folgen des § 620 Abs 1 könnte aber durch die Vereinbarung einer Probezeit begegnet werden. Zudem profitiert wiederum nur derjenige Teilnehmer von dem pädagogischen Konzept, der das Ausbildungsziel noch erreichen will (OLG Köln MDR 1998, 1212, 1214). *Auf der Teilnehmerseite* ist insbesondere zu beachten, ob durch das Grundgesetz geschützte Interessen berührt werden, namentlich die **Art 2 Abs 1, 12 Abs 1 GG** einschlägig sind (BGHZ 120, 108, 120; OLG Köln MDR 1998, 1212; LG Gießen NJW-RR 2001, 1714). Die restriktive Haltung aus BGHZ 90, 280, 284 (fehlende Eignung oder Neigung des Teilnehmers gehen auch hier zu dessen Lasten) ist deswegen für Berufsausbildungen von der Rechtsprechung zurückgenommen worden (BGHZ 120, 108, 118 ff). Dies gilt umso mehr, als es sich um Berufsbilder handelt, die eine besondere Eignung oder Neigung voraussetzen (BGH aaO), gerade wenn das Unterrichtsunternehmen dies nicht deutlich macht (OLG Saarbrücken OLGR 2004, 295). Dabei

wächst der grundrechtliche Einfluss mit der Bedeutung des Unterrichts für die weitere Lebensplanung, die sich auch an der zeitlichen Inanspruchnahme des Teilnehmers ablesen lässt (vgl LG Gießen NJW-RR 2003, 1714). Der Umfang der finanziellen Verpflichtung wiederum entscheidet über die faktische Behinderung, die der Teilnehmer für den Wechsel der Berufsausbildung oder der Ausbildungsstätte zu überwinden hat (vgl BGHZ 120, 108, 121; OLG Köln MDR 1998, 1212, 1214). Im Einzelnen: Eine **Sprachausbildung im Vollzeitunterricht** kann für ein Jahr bindend ausgestaltet werden (BGHZ 90, 280, 286). Angesichts der Erfahrung des Internatsträgers darf beim **Internatsvertrag** das Risiko der Internatseignung des Schülers nicht einseitig zu Lasten der Eltern gehen (vgl auch Rn 166 ff [Risikoverteilung]). Binnen des ersten halben Jahres muss bei Privatschulverträgen eine ordentliche Beendigungsmöglichkeit bestehen, sei es durch Einräumung einer Probezeit oder ein ordentliches Kündigungsrecht zum Ende des ersten Schulhalbjahres (BGH NJW 2008, 1064 Rn 14 ff, 23; 1985, 2585, 2586 f; OLG Celle NJW-RR 1995, 1465; vgl OLG Schleswig NJW-RR 2010, 703 ff [Kündigungsrecht auch zugunsten des Schulträgers]). Die Kündigungsmöglichkeit muss aber in jedem Fall noch bestehen, nachdem die Ergebnisse des Studienjahresabschlusses bekanntgemacht worden sind (OLG Karlsruhe NJW-RR 2011, 410 Rn 19 ff). Auch bei der **Ausbildung zum Tänzer, Tanzlehrer oder Musikdarsteller** wird eine 21-monatige Bindung nicht durch eine dreimonatige Probezeit kompensiert (BGHZ 120, 108, 118 ff). Besonders störempfindlich sind **Schulungsveranstaltungen zur Persönlichkeitsentwicklun**g – ein Kündigungsrecht muss hier spätestens nach vier Monaten eröffnet sein (OLG Celle OLGZ 1993, 367). Widersprüchlich ist die Rechtsprechung zu Heilberufen: Für **Psychotherapeuten** wurde eine 20 monatige Laufzeit für zulässig erachtet (AG Krefeld NJW-RR 1995, 55), während für **Krankengymnasten** entsprechende Laufzeiten für zu lang eingestuft wurden (KG NJW-RR 1989, 1075 [21 Monate]; KG MDR 1994, 348 [24 Monate]). Bei der Ausbildung zum psychologischen Berater ist der Ausschluss der ordentlichen Kündigung für 12 Monate bei einer Laufzeit von 18 Monaten unwirksam (OLG Saarbrücken OLGR 2004, 295). Sehr umstritten ist die Laufzeit bei der **Heilpraktikerausbildung**. Während in der älteren Instanzrechtsprechung um die Zulässigkeit einer Laufzeit von etwa 20 Monaten gestritten wurde (unwirksam: OLG Karlsruhe MDR 1985, 57; LG Berlin NJW-RR 1989, 764; LG Hamburg NJW-RR 1991, 373; LG München I NJW-RR 1992, 1208; OLG Köln MDR 1998, 1212; OLG Koblenz NJW-RR 2011, 1355; wirksam: OLG Köln MDR 1983, 55; OLG München NJW-RR 1990, 1016; OLG Düsseldorf NJW-RR 1997, 1074, 1075), hat die neuere Rechtsprechung in der Regel über den Ausschluss der ordentlichen Kündigung für etwa 12 Monate (bei einer Gesamtlaufzeit zwischen 14 und 30 Monaten) zu entscheiden. Das Ergebnis ist noch immer uneinheitlich (unwirksam: LG Gießen NJW-RR 2001, 1714, 1715; OLG Hamm MDR 02, 750; OLG Saarbrücken OLGR 2004, 295; LG Bremen VuR 2ßß4, 306; wirksam: OLG Dresden NJW 2000, 3432, 3433; KG Berlin NJW-RR 2003, 1062, 1063; OLG Hamburg NJW-RR 2011, 1354). Die Tendenz scheint dennoch in Richtung einer Auslegung zu gehen, die das Gewicht von Art 12 Abs 1 GG stärker als bisher berücksichtigt. Zu Fitness- und Bodybuildingverträgen s oben Rn 601 f.

Wird eine Laufzeitbindung nach vorstehenden Grundsätzen als unwirksam eingestuft, bleibt der Vertrag nach § 306 Abs 1 dennoch wirksam; über die weiteren Rechtsfolgen besteht allerdings keine Einigkeit. Einer Ansicht nach tritt gem §§ 306 Abs 2, 620 Abs 2 das Kündigungsrecht aus § 621 an die Stelle der Laufzeitklausel (LG Bremen VuR 2004, 306, 309; LG Hamburg NJW-RR 1991, 373; OLG Frankfurt NJW-RR 1987, 438; mit Einschränkung Wolf/Stoffels Klauseln). Damit soll dem Vorwurf der geltungs- 641 erhaltenden Reduktion ausgewichen werden (LG Bremen aaO; Wolf/Stoffels aaO). Überwiegend wird richtigerweise vertreten, die entstandene Lücke müsse in Ermangelung gesetzlicher Vorgaben durch **ergänzende Vertragsauslegung** geschlossen werden. Trotz der Unwirksamkeit der Laufzeitreglung ist der Vertrag immer noch auf bestimmte Zeit geschlossen, § 621 deswegen unanwendbar (BGH NJW 1985, 2585, 2587; BGHZ 120, 108, 122 = NJW 1993, 326, 330; OLG Koblenz OLGR 2002, 22; OLG Hamm MDR 2002, 750; OLG Saarbrücken OLGR 2004, 295). Denn das Verdikt der Unwirksamkeit bezieht sich nur auf den Ausschluss eines im Einzelfall durch ergänzende Vertragsauslegung (in Anlehnung an § 624) entwickelten ordentlichen Kündigungsrechts, das die Laufzeit im Übrigen unberührt lässt. Im Ergebnis zweifelhaft ist die Entscheidung des OLG Koblenz aaO, die der Teilnehmerin zwar ein 6-monatiges Sonderkündigungsrecht einräumte, deren Kündigung nach 10 Monaten aber als verspätet verwarf. Abstandszahlungen im Falle einer Lösung vom Vertrag sind an §§ 308 Nr 7, 309 Nr 5, 6 zu messen (vgl auch OLG Schleswig VuR 1999, 99; Ulmer/Schmidt Teil 2 [33] Rn 4; Wolf/Stoffels Klauseln U 8).

(Rn 642–644 sind frei.)

35. Verjährungsklauseln

a) Allgemeines

645 Das Schuldrechtsmodernisierungsgesetz hat unter anderem auch erhebliche Veränderungen im Verjährungsrecht mit sich gebracht (instruktiv Mansel NJW 2002, 89 ff). So haben sich die Regelverjährungsfrist auf drei Jahre reduziert (§ 195), allerdings nur als ultimo-Verjährung (§ 199 Abs 1), die Gewährleistungsfristen aus §§ 438, 634a dagegen erheblich verlängert. Gleichzeitig ist der Fristbeginn gem § 199 Abs 1 Nr 2 nunmehr auch an subjektive Voraussetzungen geknüpft. Für die Praxis bedeutsam ist vor allen Dingen die Ausweitung der Vertragsfreiheit. Wie im Umkehrschluss aus § 202 folgt, kann die Verjährung vertraglich erleichtert oder erschwert werden; letzteres war nach § 225 aF nicht möglich, sofern nicht in Spezialregelungen ausdrücklich vorgesehen. Damit sind die Konstruktionen zum alten Recht unnötig geworden, das Erschwerungsverbot durch mittelbare Regelungen zu umgehen. Es erscheint deshalb erwägenswert, derartige Klauseln im Einzelfall an § 307 Abs 1 S 2 (dazu Rn 170, 178 [Transparenzgebot]) zu messen. Nach der Konzeption des Gesetzgebers ist diese Gestaltungsmöglichkeit die logische Folge der starken Verkürzung der Regelverjährung. Gerade weil der alten Regelung zu Recht der Vorwurf der Inflexibilität gemacht wurde, sollten die neuen Verjährungsregelungen für die Interessen der Parteien offen sein. Aus diesem Grund kommt der **Kontrolle nach § 307 eine größere Bedeutung zu** als unter der Geltung des BGB aF (Mansel/Budzikiewicz, Das neue Verjährungsrecht § 6 Rn 48). Dabei darf aber bei der Prüfung nach § 307 Abs 1, 2 nicht außer Acht gelassen werden, dass den Verjährungsregelungen nach der Neuregelung ein hoher Gerechtigkeitsgehalt innewohnt; die §§ 194 ff geben das Leitbild ab, das der AGB-Prüfung zugrunde gelegt werden muss (zu Einzelheiten s auch Staudinger/Peters/Jacoby [2009] § 202 Rn 6, 9, 15–29).

b) Anwendungsbereich des § 307

646 Die Anwendung des § 307 setzt voraus, dass die betreffenden Klauseln nicht schon nach anderen Normen unwirksam oder nichtig sind, insbesondere nicht schon nach § 134 oder §§ 308, 309 (vgl Rn 10, 31).

aa) Verbote außerhalb der §§ 305 ff

Nicht der Verjährung unterliegende Ansprüche (dazu Staudinger/Peters/Jacoby [2009] § 194 Rn 28, § 195 Rn 55) können natürlich auch nicht durch Bestimmungen in AGB der Verjährung unterstellt werden (Staudinger/Peters/Jacoby [2009] § 194 Rn 28). 647

Im Übrigen findet die Vertragsfreiheit ihre äußerste Grenze in § 202. Demnach kann die Haftung wegen **Vorsatz im Voraus nicht erleichtert** werden, § 202 Abs 1. Die Vorschrift lehnt sich bewusst an § 276 Abs 3 an (BT-Drucks 14/6040, 110), ohne jedoch auf die Erleichterung des § 278 S 2 Bezug zu nehmen. Es spricht daher vieles dafür, **§ 278 S 2 auf § 202 Abs 1 analog anzuwenden** (NK-BGB/Mansel/Stürner § 202 Rn 17). Allerdings müssen die Parteien Ansprüche aus Vorsatzhaftung nicht in jedem Fall ausdrücklich von der Verjährungsregelung ausnehmen, wenn dies auch durch Auslegung zu ermitteln ist (BAG NJW 2005, 3305; LAG Niedersachsen NZA-RR 2005, 410). Sollte die Vereinbarung aber auch diese Ansprüche umfassen, ist sie insgesamt nichtig. Das Verbot der geltungserhaltenden Reduktion gem § 306 Abs 2 gilt auch dann, wenn die Nichtigkeit der Klausel auf anderen Vorschriften beruht, um den Verstoß gegen ein Verbotsgesetz nicht zu privilegieren (**aA** BAG aaO: Teilnichtigkeit und Wirksamkeit im Übrigen gem § 139). Die **Erschwerung der Verjährung** soll nach § 202 Abs 2 nicht über eine Frist von 30 Jahren ab dem gesetzlichen Verjährungsbeginn hinaus möglich sein.

Zwingende Vorschriften enthalten auch die Regelungen über den **Verbrauchsgüterkauf** in § 475 Abs 2 und § 479 Abs 1, 2 iVm § 478 Abs 4. Nicht erfasst sind aber nach §§ 475 Abs 3, 478 Abs 4 S 2 Ansprüche auf Schadensersatz. Unerwähnt in § 478 Abs 4 bleibt auch § 438: Der Lieferant kann die Fristen aus § 438 somit gegenüber dem Unternehmer unbeschadet der §§ 305 ff verkürzen, solange die Ablaufhemmung aus § 479 Abs 2 unberührt bleibt (Schimmel/Buhlmann ZGS 2002, 109, 112). Zwingende Sonderegelungen enthalten ferner §§ 651g, 651m, während in §§ 439 Abs 4, 463, 475a HGB Verjährungsveränderungen durch AGB schlechthin ausgeschlossen werden. 648

bb) Keine Unwirksamkeit nach § 309 Nr 7, 8

Leicht zu übersehen ist **§ 309 Nr 7**, der aber für alle Haftungsbegrenzungen und damit auch für Verjährungserleichterungen gilt (BT-Drucks 14/6040, 159; 269; BGH NJW 2009, 1486 Rn 17 f; NJW-RR 2008, 1129, 1134; NJW 2007, 674 Rn 19; Staudinger/Peters/Jacoby [2009] § 202 Rn 16). Sehen Klauseln daher keine Ausnahme für Schadensersatzansprüche wegen der Verletzung von Leben, Körper und Gesundheit (§ 309 Nr 7a) oder grobe Fahrlässigkeit bzw Vorsatz vor (§ 309 Nr 7b), kann die Klausel schon nach § 309 Nr 7 unwirksam sein. Die Auslegung der Klausel kann aber ergeben, dass die dort genannten besonderen Ansprüche nicht erfasst sein sollen (BAG NJW 2005, 3305, 3306). 649

Im Unterschied zur alten Rechtslage erlaubt § 309 Nr 8b ff nun auch in Grenzen die formularmäßige Erleichterung der Verjährung; zwingend ist nur die 5-jährige Verjährungsfrist aus §§ 438 Abs 1 Nr 2, 634a Abs 1 Nr 2 für Baumaterialien und Bauwerke (sofern nicht die VOB/B insgesamt einbezogen ist; zur Problematik dieser Ausnahme vgl Staudinger/Coester-Waltjen § 309 Nr 8 Rn 91). Im Übrigen kann die Verjährung auf ein Jahr reduziert werden (vgl Staudinger/Coester-Waltjen § 309 Nr Rn 87). In vielen Fällen wird die neu erreichte Gestaltungsfreiheit aber beim 650

Verbrauchsgüterkauf wieder von § 475 Abs 2 zurückgenommen, bedeutsam bleibt § 309 Nr 8b ff unter anderem für **Ansprüche auf Schadensersatz** (§ 475 Abs 3). Wenn § 475 Abs 2 nicht anwendbar ist, werden aber auch häufig die besonderen Klauselverbote nicht zu prüfen sein. Seine größte Bedeutung erreicht § 309 Nr 8b ff damit wohl über die Frage, in **welchem Maße der Regelung** auch im unternehmerischen Verkehr **Indizwirkung im Rahmen des § 307** zukommt (Staudinger/Coester-Waltjen aaO Rn 96; vgl oben Rn 14 [Verhältnis § 307 zu §§ 308, 309]). Nach Pfeiffer (in: Dauner-Lieb/Konzen/Schmidt, Das neue Schuldrecht in der Praxis 225, 252) war es gerade dieser Gesichtspunkt, der den Gesetzgeber dazu bewogen hat, den § 309 Nr 8b trotz seines Funktionsverlustes beizubehalten (vgl auch BT-Drucks 14/6040, 158). Im Übrigen ist § 309 Nr 8b ff beschränkt auf *gesetzliche* Ansprüche wegen Schlechterfüllung; vertragliches Ansprüche, etwa aus Garantie, sind von vornherein nur nach § 307 zu beurteilen (Staudinger/Coester-Waltjen aaO Rn 88).

c) Verkürzung der Verjährungsfristen

aa) Abwägungsmaximen

651 Verjährungserleichterungen waren schon vor der Schuldrechtsreform dem Grunde nach zulässig. Die von der Rechtsprechung entwickelten Grundsätze können daher weiter übernommen werden, wenn sie auch an das neue gesetzliche Umfeld angepasst werden müssen. Die Verjährung dient nicht dazu, begründete Forderungen aufzuheben, sondern den Schuldner vor unbegründeten, unbekannten oder unerwarteten Ansprüchen zu schützen (BGH NJW 1993, 2054, 2055). Die Verkürzung von Fristen ist daher immer dann als Verstoß gegen § 307 Abs 2 Nr 1 zu werten, wenn es dem Gläubiger dadurch weitgehend unmöglich gemacht wird, bestehende Ansprüche geltend zu machen. Dem Gläubiger muss – mit anderen Worten – eine **faire Chance zur Durchsetzung** verbleiben (BT-Drucks 14/6040, 95). Er muss daher die Sach- und Rechtslage in der verbleibenden Zeit prüfen können, ohne alleine wegen der Verjährungsunterbrechung das Kostenrisiko eines Prozesses auf sich nehmen zu müssen (BGH aaO). Auf der anderen Seite soll der Schuldner nicht nur deswegen beansprucht werden, weil er nach gewisser Zeit keine Beweismittel für seine begründeten Einwendungen mehr auffinden kann (BGH aaO). Für diesen Zweck ist die Regelverjährung nicht in jedem Fall geeignet. Es ist daher besonders bei den Gewährleistungsfristen zu fragen, ob im Einzelfall Mängel oder Schäden **typischerweise innerhalb der vereinbarten Frist erkannt** werden können

652 Das Gebot der inhaltlichen Ausgewogenheit wird es in den meisten Fällen erfordern, die Verjährungsfristen nicht nur für eine Partei zu modifizieren, sondern alle gegenseitigen Ansprüche aus dem Vertrag den abweichenden Regelungen zu unterstellen (**Gleichbehandlungsgebot**, BGHZ 75, 218, 219 f; vgl Rn 163).

653 Neben diesen inhaltlichen Vorgaben gilt es auch die **gegenläufigen gesetzgeberischen Maximen** zu berücksichtigen. Den Verjährungsfristen kommt **Ordnungs-** und **Leitbildfunktion** zu. Abweichungen von den gesetzlichen Fristen bedürfen daher einer stärkeren Rechtfertigung als bisher (Mansel/Budzikiewicz, Das neue Verjährungsrecht, § 6 Rn 100). Im Regelfall ist daher eine strikte AGB-Kontrolle geboten. Gleichzeitig wurde aber auch die **Vertragsfreiheit** gestärkt (Ulmer/Christensen Teil 3 [12] Rn 3). Dieser gesetzgeberischen Intention wird man nur dann gerecht, wenn die AGB-rechtliche Kontrolldichte immer dann spürbar zurückgenommen wird, wenn die

Interessenlage von dem gesetzgeberischen Grundmodell zu stark abweicht; die § 195 ff geben für diese Fälle kein Leitbild mehr ab.

bb) Einzelfälle

α) Besondere Gewährleistungsfristen

Inwieweit die Verkürzung der objektiven **Fristen aus §§ 438, 634a** der gerichtlichen Kontrolle im Rahmen des § 307 Abs 2 Nr 1 standhalten wird (vorausgesetzt sie verstößt nicht schon gegen andere Vorschriften wie schon zB § 202 Abs 1 oder § 309 Nr 7, 8, vgl Rn 647 ff), ist schwer absehbar. Dabei ist unbestritten, dass eine Verkürzung grundsätzlich zulässig ist. Teilweise wird in Anlehnung an § 309 Nr 8b ff eine Verjährungsfrist für Ansprüche aus **§§ 438 Abs 1 Nr 3, 634a Abs 1 Nr 3 von unter einem Jahr für unwirksam gehalten** (Klauselwerke/vWESTPHALEN „Vertragsrecht/Verjährungsklauseln" Rn 24; PALANDT/GRÜNEBERG § 309 Rn 82; PFEIFFER aaO S 252). Nach anderer Ansicht soll eine **Frist von 6 Monaten ausreichen** (NK-BGB/MANSEL/STÜRNER § 202 Rn 35; NK-BGB/KOLLMANN § 309 Rn 173; SCHLÜTER, in: DAUNER-LIEB/KONZEN/SCHMIDT 89, 102). Dabei sollte nur vorsichtig auf die Frist aus § 477 aF zurückgegriffen werden. Zwar muss die Leitbildfunktion der durch das Gesetz zur Schuldrechtsmodernisierung eingeführten Neuerungen für den unternehmerischen Verkehr differenziert geprüft werden (dazu PFEIFFER aaO S 230 ff). Die **Anhebung der Gewährleistungsfristen** war aber ein **zentrales Anliegen des Gesetzgebers** über den Verbraucherschutz hinaus („faire Chance der Anspruchsdurchsetzung", BT-Drucks 14/6040, 228 rechte Sp). Die in den Gesetzgebungsmaterialien benannten Fälle betreffen sogar überwiegend den unternehmerischen Verkehr (BT-Drucks 14/6040, 228). Die Zweijahresfrist ist daher nicht nur dem Gebot der Vereinheitlichung geschuldet, die mit der Umsetzung der Verbrauchsgüterkaufrichtlinie verbunden war (BT-Drucks 14/604, 229). Aus der Beibehaltung des in unmittelbarer Anwendung weitgehend funktionslos gewordenen § 309 Nr 8b darf schließlich gefolgert werden, dass der **Jahresfrist im unternehmerischen Verkehr besondere Bedeutung** zukommt (vgl oben Rn 650). Vor diesem Hintergrund kann eine Verkürzung auf sechs Monate nur in seltenen Ausnahmefällen noch als angemessen gesehen werden. Bestehen dagegen im Einzelfall berechtigte Interessen des Verwenders an baldmöglichster Klarheit über den Umfang möglicher Ansprüche, kann die Zweijahresfrist auf ein Jahr abgekürzt werden. Von Bedeutung wird hier auch sein, wann Mängel **typischerweise auftreten** (MANSEL/BUDZIKIEWICZ, Das neue Verjährungsrecht § 6 Rn 119) und ob es sich um Massengeschäfte des täglichen Lebens handelt (BT-Drucks 14/6040, 159). **654**

Anders ist dagegen die Interessenlage bei **§ 438 Abs 1 Nr 2**. Hier entsprach es dem erklärten Willen des Gesetzgebers, dem Bauhandwerker nicht das Regressrisiko aufzubürden (BT-Drucks 14/6040, 227). Der Werkunternehmer ist auch nicht bereits über die Rückgriffsregelungen der §§ 478, 479 geschützt. Die Fünfjahresfrist für Baumaterialien kann daher auch im unternehmerischen Verkehr **nicht ohne Verstoß gegen § 307 Abs 2 Nr 1 verkürzt werden** (Klauselwerke/vWESTPHALEN „Vertragsrecht/Verjährungsklauseln" Rn 25; **aA** NK-BGB/KOLLMANN § 309 Rn 183). Angesichts der im Bauwesen typischerweise spät zu erkennenden Mängel kommt aber auch der Regelung des **§ 634a Abs 1 Nr 2** ein im Vergleich zu der Dreijahresfrist aus den §§ 438 Abs 1 Nr 3, 634 Abs 1 Nr 3 erhöhter Gerechtigkeitsgehalt zu (Klauselwerke/vWESTPHALEN aaO). Im Einzelfall könnte zwar eine Verkürzung auf drei Jahre noch angemessen sein (NK-BGB/KOLLMANN aaO). Da der Gesetzgeber hier jedoch keinen Änderungsbedarf sah (BT-Drucks 14/6040, 264), gelten die Ausführungen in BGHZ 90, 273, 277 weiterhin: **655**

Auch Unternehmer können Baumängel nicht eher entdecken. Regelmäßig ist daher eine Verkürzung der Frist aus § 634a Abs 1 Nr 2 **ebenfalls nach § 307 Abs 2 Nr 1 unwirksam**.

656 Deutlicher verkürzt werden kann wohl die Frist aus **§ 438 Abs 1 Nr 1**, aber sicher nicht auf ein Jahr (BT-Drucks 14/6040 S 159; vgl NK-BGB/Kollmann § 309 Rn 183). Es erscheint aber fast unmöglich, eine in der Praxis nutzbare Kürzung vorzunehmen, die ihrerseits den Gerechtigkeitsgehalt der gesetzlichen Frist unangetastet lässt.

β) Objektive Fristen außerhalb des BGB

657 Vor der Reform des Verjährungsrechts hatte der Gesetzgeber versucht, mit Hilfe spezialgesetzlicher Regelungen interessengerechte Fristen zu erreichen. Der BGH hatte in BGHZ 97, 21, 25 f über die Verkürzung der Fristen aus **§§ 68 StBerG** zu entscheiden und hat diese sowie die **§§ 51b BRAO, 51a WPO** als grundsätzlich AGB-fest beurteilt. Der Gesetzgeber hat diese und andere Spezialregelungen mittlerweile **zugunsten der Regelverjährung der §§ 195 ff aufgehoben**, die der Länge der Verjährungsfrist in den aufgehobenen Vorschriften nahe kommt. Da der Gesetzgeber keine nennenswerten Änderungen an der Rechtslage erreichen wollte, kann die Rückführung in das BGB insofern als Beleg dafür dienen, dass die Schwelle für ein ausnahmsweises Abweichen von der Regelverjährung hoch angesetzt werden muss (vgl BT-Drucks 15/3653, 11). Allerdings ist auch § 88 HGB in der Regelverjährung aufgegangen, dessen Vierjahresfrist nach der Rechtsprechung des BGH auf sechs Monate (NJW-RR 1991, 35 f) verkürzbar war. Eine Differenzierung wäre hier wohl angebracht gewesen. Soweit Spezialvorschriften weiterhin **beibehalten wurden**, wird man diese nun erst recht als **gesetzliches Leitbild** betrachten dürfen, Abweichungen sind daher in der Regel nach § 307 Abs 2 Nr 1 unwirksam.

γ) Regelfrist

658 Nach der Ausgestaltung der Verjährung als gemischtes System muss zwischen der Verkürzung der subjektiven Dreijahresfrist aus § 199 Abs 1 und den objektiven Fristen aus § 199 Abs 2–4 unterschieden werden. Die **subjektive Frist** lässt dem Gläubiger, der bereits die Chance zur Durchsetzung seines Anspruchs hat, eine Bedenkzeit von drei Jahren. Das Gesetz geht also davon aus, dass diese Frist ausreichend, aber auch angemessen ist, um die **Möglichkeiten der (gerichtlichen) Geltendmachung zu prüfen**. Eine Verkürzung dieser Frist sollte immer da möglich sein, wo der zugrunde liegende Sachverhalt weder in tatsächlicher noch in rechtlicher Art komplex ist (Mansel/Budzikiewicz, Das neue Verjährungsrecht § 202 Rn 107) und der Gläubiger auch nicht aus anderen Gründen an der Rechtsverfolgung gehindert ist (vgl BT-Drucks 14/604, 105). In Anbetracht der Rechtsprechung zu dem aufgehobenen § 88 HGB (Rn 657) erscheint eine **Mindestfrist von einem Jahr bei besonders einfach gelagerten Fällen** denkbar (vgl Klauselwerke/vWestphalen „Vertragsrecht/Verjährungsklauseln" Rn 26; **aA** Staudinger/Peters/Jacoby [2009] § 202 Rn 18: mindestens zwei Jahre). In allen anderen Fällen, insbesondere bei Schadensersatzansprüchen aus Delikt oder im Bereich der einstigen §§ 68 StberG, 51 BRAO bewirken Abweichungen in der Regel eine unangemessene Benachteiligung gem § 307 Abs 2 Nr 1.

659 Hinsichtlich der **objektiv beginnenden Fristen** aus § 199 Abs 2 – 4 ist die aus dem alten Recht bekannte Unterscheidung (vgl Staudinger/Peters [2001] § 225 Rn 16) zwischen dem Gläubiger bekannten und geläufigen und diesem zunächst unbekannt

gebliebenen Ansprüchen nicht mehr sinnvoll. Der Schuldner ist durch § 199 Abs 1 Nr 2 bereits vor verspäteter Inanspruchnahme durch den saumseligen Gläubiger geschützt. Die Rechtsprechung zum alten Recht kann insoweit nicht übertragen werden. Raum für Verkürzungen dürfte hier wie bei den besonderen Gewährleistungsfristen dann gegeben sein, wenn Ansprüche aus dem Rechtsverhältnis **typischerweise deutlich vor der einschlägigen objektiven Frist entstehen** (vgl Rn 651 [Verteidigungsmöglichkeit]). Eine Halbierung mag im Einzelfall noch zulässig sein, der Schuldner muss aber besondere Rechtfertigungsgründe auf seiner Seite haben.

Eine Klausel, die den Verjährungsbeginn abweichend von § 199 Abs 1 Nr 2 **ausschließlich an das Vorliegen objektiver Umstände** knüpft, ist gem § 307 Abs 2 Nr 1 unwirksam (vgl Rn 667).

Ausschlussfristen außerhalb der Mängelgewährleistung gem § 309 Nr 8b sind grundsätzlich nicht zu beanstanden, da der Verwender damit nur das Erfordernis der Einredeerhebung umgeht. Weil sie aber die Rechte des Gläubigers noch stärker als Verjährungsklauseln beschneiden (BAG NJW 2005, 3305, 3306), müssen auch sie sich an den **aufgezeigten Grundsätzen messen lassen** (Rn 651 ff). Verjährungs- und Ausschlussfristen sind jedoch zu verschiedenartig, als dass die Fristen aus §§ 195, 199 als Leitbild herangezogen werden könnten (vgl BGH NJW 1991, 1745). Die Prüfung hat sich daher an **§ 307 Abs 1 S 1** auszurichten. Die Klausel ist wirksam, wenn wegen den Umstände des Einzelfalls ein **Bedürfnis nach schneller Klärung** der Ansprüche besteht (BGH NJW 1990, 761: Verlust von Wertsachen nach Krankenhausbehandlung; NJW 1991, 1745: Lotterie; NJW 1999, 1031: Bewachung) und dabei **soweit wie möglich den schutzwürdigen Belangen** des Vertragspartners Rechnung getragen wird (BGH NJW 1990, 761, 765: Mit Rücksicht auf mögliche Störung des Vertrauensverhältnis Fristbeginn erst nach Verlassen des Krankenhauses). Die **Gültigkeitsbefristung auf Telefon-/Prepaidkarten** hat die Rechtsprechung an § 307 Abs 2 Nr 1 iVm § 242 (Störung des Äquivalenzverhältnisses) gemessen und drei (BGH NJW 2001, 2635) bzw ein Jahr (OLG Köln JR 2004, 328) für unangemessen gehalten. Vgl zur Frage der Kontrollbedürftigkeit/-fähigkeit des Äquivalenzverhältnisses Rn 320 ff, 329 und zum Äquivalenzprinzip als Leitbild Rn 235. **660**

d) Verlängerung der Verjährungsfristen

Nachdem sich mittelbar aus § 202 Abs 2 die Möglichkeit der Verlängerung der Verjährungsfrist ergibt, folgt im Umkehrschluss aus § 309 Nr 8b ff), dass diese Verlängerung **auch durch AGB möglich ist**. Im Unterschied zur alten Rechtslage ist es den Vertragsparteien nunmehr freigestellt, auch außerhalb der Mängelgewährleistung die Verjährungsfristen ihren besonderen Interessen anzupassen. Praktische Bedeutung wird diese Gestaltungsmöglichkeit aber wohl auch weiterhin nur im unternehmerischen Verkehr zukommen, um sich gegenüber dem Lieferanten oder dem Bauunternehmer die Rückgriffsmöglichkeit länger offen zu halten. **661**

Tragender Gesichtspunkt der **Gewährleistungsfristen** ist allerdings nicht die Wiederherstellung des Rechtsfriedens, sondern die **angemessene Risikoverteilung**, die die Dispositionsfreiheit des Verkäufers schützen soll (vgl Leenen JZ 2001, 552, 558). Deswegen ist nach der Anhebung der kaufrechtlichen Gewährleistungsfrist aus § 438 Abs 1 Nr 3 deren **Verlängerung auf drei Jahre nicht mehr schlechthin unangemessen** (BGH NJW 2006, 47 f [Baumarkt]), weil sie sich von der durch den Gesetzgeber ge- **662** schaffenen neuen Risikoverteilung nicht so weit entfernt, dass sie mit den gesetzlichen Regelungen nicht mehr vereinbar wäre. Für dieses Ergebnis spricht zudem der Gleichlauf mit der Regelverjährung aus §§ 195, 199, die für konkurrierende Deliktsansprüche einschlägig wäre. Die Fünfjahresfrist aus **§ 634a Abs 1 Nr 2** kann wohl auch nach neuer Rechtslage im Einzelfall auf **zehn Jahre verlängert** werden (vgl BGH NJW 1996, 2155 [Flachdach]).

663 Auch hier muss der Verwender **besondere Gründe vorbringen**, die die Abweichung von der Regelverjährungsfrist rechtfertigen. Die vom BGH und in der Literatur bisher dazu angestellten Überlegungen (BGHZ 110, 88, 92 ff mwNw) haben weiter Gültigkeit. Beispielhaft seien genannt: produktspezifische Besonderheiten (BGH NJW 1996, 2155, 2156 [Flachdächer]; Ulmer/Christensen Teil 3 [12] Rn 5), fehlende Prüfungsmöglichkeit, Notwendigkeit langer Lagerhaltung (BGH NJW 2006, 47, 48 [Baumarkt]). **Nicht ausreichend** ist der Verweis auf noch fortbestehende Regresslücken, die trotz der Angleichung der Fristen und der Sonderregelung der §§ 474 ff in ungünstigen Fällen bestehen bleiben. Da sich der Gesetzgeber der Problematik der Regresslücken angenommen hat, besteht aus Sicht des Gesetzgebers kein berechtigtes Interesse des Verwenders, diese Risiken auf den Vertragspartner abzuschieben (vgl BT-Drucks 14/6040, 227). Diese Überlegungen gelten für § 479 Abs 2 gleichermaßen (Klauselwerke/vWestphalen „Vertragsrecht/Einkaufsbedingungen" Rn 37).

664 Unwirksam gem § 307 Abs 2 Nr 1 ist dagegen die **Verlängerung** der Frist aus § 438 Abs 1 Nr 3 auf **zehn Jahre für Rechtsmängel** der Kaufsache (BGH NJW 2006, 47, 50 [Baumarkt]). Es entsprach dem Willen des Gesetzgebers, die Behandlung von Sach- und Rechtsmängeln soweit wie möglich den selben Regelungen zu unterwerfen. Die Ausnahme in § 438 Abs 1 Nr 1 ist gerade nicht mehr Ausdruck eines gegenteiligen Rechtsgedankens, demzufolge die Haftung für Rechtsmängel erschwert ist, sondern punktuelle Sonderregelung. Die Verfünffachung der gesetzlichen Gewährleistungsfrist verstößt deshalb gegen wesentliche Grundgedanken des Gesetzes (§ 307 Abs 2 Nr 1, BGH aaO).

665 In aller Regel **unwirksam gem § 307 Abs 2 Nr 1** ist die Verlängerung der **Frist aus § 548** (Gruber WuM 2002, 252, 255; Staudinger/Emmerich [2011] § 548 Rn 47 m umfass Nachw; **aA** MünchKomm/Bieber § 548 Rn 26). Der Gesetzgeber hat im Mietrecht bewusst an der kurzen Frist festgehalten, also den Leitbildcharakter weiterhin gewahrt gesehen. Sie soll zwischen den Parteien eines Mietverhältnisses eine rasche Auseinandersetzung gewährleisten und so dem Rechtsfrieden und der Rechtssicherheit dienen (BGHZ 98, 235, 237). Im Einzelfall kann dem Interesse des Vermieters durch die Vereinbarung einer Stundung ausreichend Rechnung getragen werden (Rn 670).

Im Übrigen sind für die **Verlängerung der Regelfrist** aus §§ 195, 199 die unter Rn 651 ff genannten Abwägungsmaximen entsprechend übertragbar.

e) Mittelbare Vereinbarungen über die Verjährung

666 Der Eintritt der Verjährung kann auch mittelbar beeinflusst werden. Zu den mittelbaren Beeinflussungen im engeren Sinne gehören alle Vereinbarungen, die die Verjährungsregelungen selbst nicht verändern, sondern an deren Tatbeständen anknüpfen. Darunter fallen zB Novation, Anerkenntnis, Stillhalteabkommen oder

Bestimmung der Fälligkeit. Häufig werden aber auch Vereinbarungen über Hemmung, Neubeginn oder den Beginn der Verjährung in diese Kategorie eingeordnet.

Soweit mittelbare Vereinbarungen Gegenstand von AGB sein können, ist besonders auf deren **Transparenz** (§ 307 Abs 1 S 2; Rn 170 ff) zu achten (vgl auch Staudinger/Peters/Jacoby [2009] § 202 Rn 23). Sehen AGB vor, dass die Wirkung von Verhandlungen (§ 203) oder eines Anerkenntnisses (§ 212 Abs 1 Nr 1) aufgehoben werden, scheitern diese zumeist schon an § 305c. Das Bestreben der Praxis wird wohl dahin gehen, den **subjektiven Verjährungsbeginn aus § 199 Abs 1 Nr 2 durch einen objektiv bestimmbaren Zeitpunkt zu ersetzen**, um Klarheit über das Fristende zu schaffen. Derartige Klauseln verstoßen oft schon gegen § 309 Nr 7 lit a oder b (vgl BGH NJW 2009, 1486 Rn 17), sonst aber idR gegen § 307 Abs 2 Nr 1 (Staudinger/Peters/Jacoby [2009] § 202 Rn 15; aber Kompensation durch nachhaltige Verlängerung der Frist aus § 195 denkbar). Wo sich der Gesetzgeber für die Abkehr von dem rein objektiven System entschieden hat, muss diese **Systementscheidung als übergeordnetes Leitbild** verstanden werden. Wenn nicht Gründe der angemessenen Risikoverteilung eine objektive Anknüpfung erfordern, sollen Ansprüche (bis zur Höchstfrist aus § 199 Abs 2–4) nicht verjähren, die dem Gläubiger niemals (vorwerfbar) bekannt geworden sind. 667

Selbst wenn man den subjektiven Verjährungsbeginn für grundsätzlich durch AGB abdingbar hält, fehlt es regelmäßig an anerkennenswerten Interessen des Verwenders. Das gilt insbesondere auch für Primär- oder sonstige Ansprüche, die dem Gläubiger typischerweise bekannt sind. In diesen Fällen wird nur die individuelle durch eine generelle Betrachtung ersetzt und dabei doch an die Kenntnis oder das Kennenmüssen des Gläubigers angeknüpft. Letztlich muss daher die Wertungsfrage entschieden werden, wem das Risiko der individuellen Abweichung zuzuweisen ist. Nach der Konzeption des § 199 fällt dieses in die Risikosphäre des Schuldners. Die Unterscheidung zwischen dem Gläubiger typischerweise bekannten und ihm zunächst unbekannt gebliebenen Ansprüchen sollte auch hier aufgegeben werden. 668

Eine Klausel, die jeder **Nachbesserung bzw -lieferung die Wirkung des § 212** zumisst, verstößt gegen § 307 Abs 2 Nr 1 (BGH NJW 2006, 47, 48 f). Nach § 212 Abs 1 Nr 1 muss zumindest ein konkludentes Anerkenntnis des Schuldners vorliegen. Die pauschale Erstreckung der Rechtsfolge des § 212 auf Fälle, in denen der Schuldner ersichtlich nur aus Kulanz handelt, setzt in unangemessener Weise eigene Interessen auf Kosten des Vertragspartners durch (BGH aaO). 669

Der **Eintritt der Verjährung nach § 548** kann durch Stundung oder die Vereinbarung einer Hemmung hinausgeschoben werden, wenn die Untersuchung der Mietsache nicht ausreicht, um sich über das Bestehen oder Nichtbestehen von Ansprüchen Klarheit zu verschaffen (BGH NJW 1986, 1608, 1609; OLG Stuttgart NJW-RR 2002, 1254). Die Belange des Mieters sind aber nur dann ausreichend berücksichtigt, wenn das Ende der Verjährungsfrist für ihn erkennbar ist (BGH aaO). Das setzt **ausreichende Information** voraus, wenn der Eintritt der Verjährung von Handlungen des Vermieters abhängig ist. Außerdem muss eine **angemessene Höchstfrist** vereinbart worden sein (BGH NJW 1994, 1788, 1789; OLG Stuttgart aaO: Fälligkeit nach spätestens sechs Monaten ausreichend). 670

Die Vereinbarung einer **Verjährungshemmung für Grundschuldzinsen** bis zum Ein- 671 tritt des Sicherungsfalles ist gem § 307 Abs 2 Nr 1 unwirksam, da sie im Widerspruch zur gesetzgeberischen Intention binnen kurzer Zeit zum erheblichen Anschwellen des Sicherungsumfangs führt. Die Argumente in BGH NJW 1999, 3705 lassen sich auf die AGB-Kontrolle übertragen.

(Rn 672–677 sind frei.)

678 **36. Vertragsstrafe**: s STAUDINGER/RIEBLE (2009) §§ 339 ff Rn 78 ff.

679 **37. Verwahrungsvertrag**: s STAUDINGER/REUTER (2006) Vorbem 9 ff zu § 688.

38. Vollmachtklauseln

a) Problemstellung

680 Unter dem Stichwort Vollmachtklauseln versteht man zum einen Klauseln, welche formularmäßig eine einseitige oder gegenseitige Erteilung einer rechtsgeschäftlichen Vertretungsmacht (Vollmachterteilung bzw Bevollmächtigung) iSd § 167 vorsehen. Des Weiteren gehört in diesen Zusammenhang das Problem der Beschränkung der rechtsgeschäftlichen oder gesetzlichen Vertretungsmacht durch AGB (zu „Schriftformklauseln“ s STAUDINGER/SCHLOSSER § 305b Rn 23 ff). Da § 309 Nr 11 nur die Haftung des Vertreters betrifft (s hierzu STAUDINGER/COESTER-WALTJEN § 309 Nr 11 Rn 5 ff), geht es hier schließlich auch um die formularmäßige Regelung der Haftung des Vertretenen.

Vollmachtklauseln können erheblich in die Rechtstellung der Vertragspartner, unter Umständen sogar Dritter (zumindest scheinbar) eingreifen und bedürfen deshalb kritischer Prüfung. Sofern eine Klausel nicht schon nach allgemeinen Grundsätzen unwirksam ist (OLG Frankfurt OLGZ 1986, 122, 123 f; s unten Rn 722) oder bereits die Einbeziehung an § 305c Abs 1 scheitert (BGH NJW 1987, 2011 f; vgl auch OLG Frankfurt BB 1976, 1245, 1246), kommt für die **Inhaltskontrolle** sowohl § 307 Abs 1 S 1 (BGH NJW 1989, 2383 f) als auch Abs 2 (OLG Nürnberg NJW 1982, 2326; OLG München NJW 1984, 63, 64; LG Nürnberg/Fürth BB 1987, 1559 f) in Betracht. Bei Empfangsvollmachten ist darüber hinaus noch § 308 Nr 6 zu beachten (BGH NJW 1997, 3437, 3439; KG NJW-RR 1992, 859, 861).

b) Einseitige Bevollmächtigung

681 Dass die Erteilung der Vollmacht lediglich durch einseitige Willenserklärung erfolgt, hindert nicht, Bevollmächtigungsklauseln als **Vertragsbedingungen** iSd § 305 Abs 1 S 1 anzusehen: Für den Schutz der §§ 305 ff ist entscheidend, dass der Verwender bei einseitig von ihm vorformulierten „Kundenerklärungen“ die rechtsgeschäftliche Gestaltungsfreiheit ebenso in Anspruch nimmt wie bei der Ausarbeitung eines Vertragstextes; er greift sogar noch stärker in die rechtsgeschäftliche Gestaltungsfreiheit des Vertragspartners ein und muss daher auch dessen Interessen berücksichtigen (BGH NJW 1987, 2011 mwNw; vgl auch STAUDINGER/SCHLOSSER § 305 Rn 11). Des Weiteren liegt ein Aushandeln iSd § 305 Abs 1 S 3 nicht schon dann vor, wenn der Verwender es dem Vertragspartner überlässt, durch Streichung im Formulartext den Umfang der Vollmacht im Einzelnen zu bestimmen; dies gilt jedenfalls dann, wenn der Vertragspartner den Formulartext ungelesen unterschrieben hat (BGH 1987, 2011; s weiter STAUDINGER/SCHLOSSER § 305 Rn 32).

Sofern **Maklerbedingungen** vorsehen, dass der Auftraggeber verbindlich erklärt, zur Erteilung des Maklerauftrags von sonstigen Miteigentümern und Verfügungsberechtigten bevollmächtigt zu sein, ist diese Erklärung schon nach **allgemeinen Grundsätzen** wirkungslos: Sie kann die vom Vollmachtgeber zu erteilende Vollmacht nicht ersetzen (OLG Frankfurt OLGZ 1986, 122, 123 f; Wolf/Dammann Klauseln V 472; ähnlich Ulmer/Schmidt Teil 3 [13] Rn 1, wobei allerdings auf § 305c Abs 1 abgestellt wird; vgl weiter auch Rn 142 und Staudinger/Coester-Waltjen § 308 Nr 5 Rn 12). 682

Eine **überraschende Klausel iSd § 305c Abs 1** liegt vor, wenn eine Vollmachterteilung bei dem entsprechenden Geschäftstyp oder nach den individuellen Vereinbarungen und den konkreten Umständen an sich nicht zu erwarten ist oder von ihrem Umfang her Geschäfte erlaubt, mit denen nicht gerechnet werden muss (BGH NJW 1987, 2011 f [Kontoeröffnung bei gleichzeitiger Vollmachterteilung an einen Dritten mit Berechtigung zu einer unbegrenzten Überziehung des Girokontos: Verstoß gegen § 305c Abs 1]).

Weder ein Verstoß gegen § 305c Abs 1, 2 noch gegen § 307 liegt aber dann vor, wenn **Bankbedingungen** bei der Kontoeröffnung dem Ehepartner die Befugnis zur Kontoüberziehung und damit zur Kreditaufnahme einräumen, sofern nach dem Willen des Vollmachtgebers, dem Wortlaut der Vollmachterteilung und dem Zweck und der Handhabung der Bankgeschäfte (Finanzierung des gemeinsamen Betriebs der Eheleute) gegen die Wirksamkeit der erteilten Vollmacht keine Bedenken bestehen (OLG Oldenburg NJW-RR 1996, 1201, 1202; **aA** Wolf/Dammann Klauseln V 479). Allerdings ist diesbezüglich eine gefestigte Rechtsprechung nicht auszumachen, insbesondere kann die höchstrichterliche Rechtsprechung zur gegenseitigen Bevollmächtigung (s hierzu im Anschluss Rn 727) hier nicht herangezogen werden, da bei der Einzelbevollmächtigung durch den Kontoinhaber eine Aufbürdung unkalkulierbarer Haftungsrisiken und Begründung zusätzlicher Schuldner nicht gegeben ist (OLG Oldenburg NJW-RR 1996, 1201, 1202). Ferner soll eine Klausel, wonach das Bankinstitut im Falle des Ablebens des Kunden berechtigt ist, bei Vorlage einer Ausfertigung oder beglaubigten Abschrift einer Verfügung von Todes wegen sowie der Niederschrift über die zugehörige Eröffnungsverhandlung die darin als Erbe bezeichnete Person mit befreiender Wirkung verfügen zu lassen, weder gem § 305c Abs 1 überraschend noch gem § 307 unwirksam sein; vielmehr knüpfte die Geschäftsbedingung damit an einen vom Kunden willentlich gesetzten Erklärungstatbestand an, der mit der Erteilung einer **postmortal wirkenden Vollmacht** vergleichbar sei, bei der der Erbe (als Dritter) ohne weiteres benachteiligt werden darf (OLG Celle NJW 1998, 82, 83 f). Im Hinblick auf die Widerrufsmöglichkeiten bei Testamenten, insb gem § 2258 und die erst dem Erbschein zukommende Vermutungswirkung gem § 2365 ist die Auffassung äußerst fragwürdig. 683

Ihre größte Bedeutung erlangt die einseitige Bevollmächtigung durch Formularklauseln aber im zivilen Baurecht, mithin also bei den **Baubedingungen**. Ob eine Vollmachtklausel in einem Bauauftrag, die zum Vertragsabschluss im Namen des Vertretenen ermächtigt, wirksam ist, hängt entscheidend davon ab, ob der Bevollmächtigte Bauträger oder Baubetreuer ist: Wird ein Bauvorhaben von einem Gewerbetreibenden im eigenen Namen für eigene oder fremde Rechnung vorbereitet oder durchgeführt, ist dieser Bauträger iSd § 34c Abs 1 S 1 Nr 4a GewO und somit „Bauherr". Wer dagegen gewerbsmäßig Bauvorhaben im fremden Namen für frem- 684 de Rechnung wirtschaftlich vorbereitet oder durchführt, ist Baubetreuer iSd § 34c Abs 1 S 1 Nr 4b GewO (instruktiv BGH NJW 1981, 757).

Da der **Bauträger** im eigenen Namen handelt und dieses Risiko nicht auf den Auftraggeber abwälzen darf, kann der Bauträgervertrag keine wirksamen Vollmachtklauseln von Bauaufträgen an die Bauunternehmer enthalten; dies gilt insbesondere, wenn im Vertrag mit dem Bauträger ein Festpreis vereinbart wurde, so dass aufgrund der Natur des Vertrages – der Pauschalpreis soll ja gerade einen der Höhe nach voraussehbaren und unabänderlichen Preis gewährleisten – ein **Verstoß gegen § 307 Abs 2 Nr 2** vorliegt (OLG Nürnberg NJW 1982, 2326; OLG München NJW 1984, 63, 64; Ulmer/Schmidt Teil 3 [13] Rn 5). Nach BGH NJW-RR 2002, 1312 folgt die Unwirksamkeit in derartigen Fällen schon aus § 305c Abs 1, weil der Vertragspartner nicht damit rechnen muss, gegenüber Dritten verpflichtet zu werden. Allerdings sind vorformulierte Vollmachtklauseln zur Bestellung von Grundpfandrechten oder zur Eintragung von Auflassungsvormerkungen wirksam, weil und soweit sie den Auftraggeber bzw Käufer begünstigen; in diesen Fällen geht es lediglich um die erfolgreiche Durchsetzung des Auftrages (vgl näher Ulmer/Schmidt aaO).

Die dem **Baubetreuer** vom Bauherrn im Rahmen eines Bauherrenmodells erteilte formularmäßige Vollmacht, Bauverträge im Namen des Bauherrn zu vergeben, ist grundsätzlich **wirksam**, da die Haftung aus den Bauverträgen zur Anerkennung der Bauherrneigenschaft führt und dies vom Bauherrn zu Erlangung steuerlicher Vorteile (bei Grunderwerbsteuer, Einkommensteuer, Mehrwertsteuer) gewollt ist (Wolf/Dammann Klauseln V 485; zum „Bauherrenmodell" vgl BGH NJW 1980, 992 im Anschluss an BGH NJW 1977, 294). Dies gilt auch dann, wenn ein Festpreis vereinbart wurde; eine solche Festpreisabrede lässt sich nämlich zwanglos als Preisgarantie deuten, die den Baubetreuer verpflichtet, den Bauherrn von den über den Festpreis hinausgehenden Forderungen der Bauhandwerker freizustellen (OLG München NJW 1984, 63, 64; vgl auch BGH NJW 1977, 294, 295). Allerdings darf der Baubetreuer nicht im Wege der Vollmachtklausel die Bauherren gesamtschuldnerisch gegenüber dem Bauunternehmer verpflichten (BGH NJW 1980, 992, 994).

685 Sofern **Versicherungsbedingungen** vorsehen, dass der Lebensversicherer nach dem Tode des Versicherungsnehmers den Bezugsberechtigten oder den Inhaber des Versicherungsscheins als bevollmächtigt zum Empfang von Willenserklärungen ansehen kann, liegt **kein Verstoß gegen § 307** vor; die Erteilung einer Empfangsvollmacht entspricht nicht nur den Interessen des Versicherers, sondern auch denen des Versicherungsnehmers, auf etwa abweichende Interessen des Erben des Versicherungsnehmers kommt es hierbei grundsätzlich nicht an (BGH NJW 1982, 2314, 2315 f, des Weiteren besteht auch kein Wahlrecht, sondern zumindest aufgrund einer Auslegung sind vorrangig Erklärungen gegenüber dem Bezugsberechtigten abzugeben, 2316; Wolf/Dammann Klauseln V 488). Etwas anderes gilt aber dann, wenn die Klausel nicht für den Todesfall, sondern allgemein gilt, da der Versicherungsnehmer in diesem Fall selbst ohne weiteres zu erreichen ist (KG NJW-RR 1992, 859, 861 [Nichtigkeit der „Empfangsbotenklausel" mit dem Inhalt, dass die Bank bevollmächtigt sei, für ihren Kreditnehmer Erklärungen der Restschuldversicherung entgegenzunehmen, wegen Verstoßes gegen §§ 305c Abs 1, 2, 307 und 308 Nr 6] in Abgrenzung zu BGH NJW 1982, 2314; Ulmer/Hensen Anh §§ 9–11 Rn 920; Wolf/Dammann Klauseln V 488).

In **Gebrauchtwagenvermittlungsbedingungen** kann eine Vollmachtklausel die Bevollmächtigung des Händlers zum Verkauf des in Zahlung genommenen Gebrauchtwagens im Namen des Eigentümers vorsehen (Wolf/Dammann Klauseln V 487). Allerdings ist eine Klausel, die den Händler bzw Vermittler von den Beschränkungen des § 181 befreit und ihm erlaubt, das Fahrzeug zur vereinbarten unteren Preisgrenze selbst anzukaufen, **gem § 307 Abs 2 Nr 1 unwirksam**, sofern nicht – bei Fremdverkauf – der die untere Preisgrenze übersteigende Mehrerlös nach dem Vertrag die Provision des Vermittlers ist (OLG Stuttgart NJW-RR 1988, 891, 892). 686

Die formularmäßig erteilte **Zustellungsbevollmächtigung des WEG-Verwalters** verstößt weder gegen § 305c Abs 1 noch gegen § 307 Abs 2 Nr 1, da der Verwalter zur Information der Eigentümer verpflichtet bleibt (OLG Hamm NJW-RR 2003, 590, 591).

c) Gegenseitige Bevollmächtigung

Bei der gegenseitigen Bevollmächtigung ist zwischen aktiver und passiver Stellvertretung (§ 164 Abs 3) zu unterscheiden; auch wenn eine Klausel eine gegenseitige Bevollmächtigung zur Entgegennahme und/oder Abgabe von Erklärungen vorsieht, ist diese **entsprechend teilbar**, insbesondere gilt das Verbot der geltungserhaltenden Reduktion bei mehreren voneinander trennbaren Teilen nicht (BGH NJW 1997, 3437, 3439; so auch OLG Celle WuM 1990, 103 f, 113, wobei allerdings eine Aufspaltung wegen fehlender ausdrücklicher Regelung des Widerrufs der Vollmacht abgelehnt wurde). 687

aa) Passive Stellvertretung

Der BGH (NJW 1997, 3437) hat entschieden, dass eine Klausel in **Mietbedingungen**, wonach sich die Mieter zur Entgegennahme von Erklärungen gegenseitig bevollmächtigen, **wirksam** ist. Die obergerichtliche Rechtsprechung hatte dies für das **Mieterhöhungsverlangen** iSd § 558a Abs 1 bereits mit der Begründung festgestellt, dass es beim Erhöhungsverlangen im Gegensatz zur Kündigungserklärung nicht um die Beendigung des Mietverhältnisses gehe (OLG Schleswig NJW 1983, 1862 f; zustimmend OLG Hamm WuM 1984, 20 f sowie den ursprünglichen Vorlagebeschluss WuM 1983, 83; KG NJW-RR 1986, 173, 174). Der BGH (NJW 1997, 3437, 3439) hält die Empfangsvollmacht nun auch für den Kündigungsfall generell für wirksam (zustimmend Wolf/Dammann Klauseln V 484; Roth JZ 1998, 250 f; **aA** OLG Frankfurt NJW-RR 1992, 396, 400; vgl OLG Frankfurt NJW-RR 1991, 459 mwNw; Schwab JuS 2001, 951, 958). 688

Der BGH stellt zunächst klar, dass **kein Verstoß gegen § 308 Nr 6** vorliege, allenfalls dessen Grundgedanke sei in § 307 Abs 1 S 1 mit einzubeziehen (vgl Staudinger/Coester-Waltjen § 308 Nr 6 Rn 1; so auch BGH NJW 1989, 2383 im Bankrecht; vgl OLG Hamm WuM 1984, 20, 21; vgl auch OLG Zweibrücken MDR 1983, 670; **aA** LG Nürnberg-Fürth BB 1987, 1559, 1560).

Des Weiteren liege auch **kein Verstoß gegen § 307 Abs 2 Nr 1** vor. Zwar wird § 425 durch die Klausel nicht abbedungen, aber der Sache nach durch § 164 Abs 3 umgegangen (BGH NJW 1989, 2383, 2384; nach Schwab JuS 2001, 951, 953 folgt daraus insoweit die Kontrollfreiheit gem § 307 Abs 3 S 1 – aber auch die formularmäßige Nutzung von Gestaltungsmöglichkeiten unterliegt der Inhaltskontrolle, vgl Rn 301). Darin liege dennoch keine Abweichung von dem gesetzlichen Leitbild: Im Grundsatz folge aus der Einheitlichkeit des Mietverhältnisses und dem Grundsatz der Einzelwirkung in § 425, dass eine Kündigung gegenüber allen Mitmietern zu erfolgen habe (st Rspr seit BGH NJW 1958,

421; zuletzt NJW 2005, 1715; PALANDT/WEIDENKAFF § 542 Rn 18). Aus § 125 Abs 2 S 3 HGB, § 28 Abs 2 BGB, § 78 Abs 2 S 2 AktG, § 35 Abs 2 S 3 GmbHG, § 1629 Abs 1 S 2 BGB und § 25 Abs 1 S 3 GenG könne jedoch der **allgemeine Rechtsgrundsatz** abgeleitet werden, dass einer Personenmehrheit eine Willenserklärung durch Abgabe gegenüber einem **Gesamtvertreter** zugeht. Dies gilt auch für die GbR, die bei einer Wohngemeinschaft regelmäßig bestehen wird (BGH NJW 1997, 3437, 3439; ähnlich OLG Hamm WuM 1984, 20 f; anders BGH NJW 1989, 2383 f im Bankrecht [zwar liegt lediglich ein Verstoß gegen § 307 Abs 1 S 1 vor, jedoch besteht „keine gegenseitige Erkundigungs- oder Mitteilungspflicht"], vgl auch die Vorinstanz OLG Nürnberg NJW 1988, 1220, 1221 [kein Verstoß gegen § 307 Abs 2 Nr 1]; anders auch SCHWAB aaO [Verstoß gegen Grundsatz der Selbstbestimmung über eigene Rechtsverhältnisse]).

Schließlich stelle die Klausel für die Mieter auch **keine unangemessene Benachteiligung iSd § 307 Abs 1 S 1** dar (vgl oben Rn 88): Das gemeinsame Anmieten und Wohnen sei Ausdruck eines Näheverhältnisses, welches annehmen lasse, dass ein Mieter Erklärungen des Vermieters, die das Mietverhältnis betreffen, den Mitmietern weitergebe; bei einem Auszug eines Mieters sei sein Interesse am Mietverhältnis ohnehin weggefallen (fraglich!); außerdem bestehe stets das Recht zum Widerruf der Empfangsvollmacht aus wichtigem Grund (BGH NJW 1997, 3437, 3439 f). Dem ist zuzustimmen: Die mögliche Unkenntnis der Mitmieter von diesem Widerrufsrecht (darauf abstellend noch OLG Celle WuM 1990, 103, 113) ist keine spezifische Gefahr aus der *klauselmäßigen* Bevollmächtigung; der ausziehende Mitmieter hat Anlass, sich gegebenenfalls über die bestehende Rechtslage zu informieren (vgl oben Rn 199).

689 Es ist davon auszugehen, dass die eben dargelegten Grundsätze auch für **Bankbedingungen** gelten, sofern es dort um die **Kündigung eines Darlehens** geht (vgl OLG Zweibrücken MDR 1983, 670, allerdings lediglich unter Berücksichtigung des § 308 Nr 6; **aA** noch BGH NJW 1989, 2383 [Verstoß gegen § 307 Abs 1 S 1]; COESTER-WALTJEN EWiR 1987, 1051, 1052). Jedenfalls steht der Grundgedanke des § 425 auch hier einer gegenseitigen Bevollmächtigung zur Entgegennahme von Erklärungen der Darlehensnehmer als Gesamtschuldner nicht entgegen (OLG Köln NJW-RR 1988, 174, 175 mit dem Hinweis, dass § 425 sogar selbst abweichende Vereinbarungen zulässt [Eheleute als Darlehensnehmer]; vgl aber LG Berlin ZIP 1988, 1311 f, 1326 zum Bausparvertrag [nur „ausnahmsweise" bei einem berechtigten Bedürfnis oder einer engen Lebensverbindung]). Es ist davon auszugehen dass allein die Tatsache **der gemeinsamen Darlehensaufnahme grundsätzlich ein Näheverhältnis** begründet, das dem in der Mietgemeinschaft ähnelt (vgl BGH NJW 1997, 3437, 3439; ähnlich LG Nürnberg-Fürth BB 1987, 1559, 1560 [eine „enge Lebensverbindung" kann eine Empfangsvollmacht rechtfertigen, allerdings muss die Klausel diesbezüglich differenzieren]; vgl aber LG Berlin ZIP 1988, 1311 f, 1326 [ein etwaiger „erleichterter Büroaufwand" stellt kein berechtigtes Bedürfnis dar]). Des Weiteren besteht die Möglichkeit zum **Widerruf der Vollmacht** (OLG Köln NJW-RR 1988, 174, 175 [Widerrufsmöglichkeit bei Trennung]; OLG Köln NJW-RR 1988, 935, 936 [Widerrufsmöglichkeit ist bei „erheblichen persönlichen Veränderungen, zB Scheidung" ausdrücklich vorgesehen]; anders BGH NJW 1989, 2383, 2384 [Annahme, dass der Darlehensnehmer von seinem Widerrufsrecht Gebrauch macht, ist lebensfremd]).

690 Auch bei **sonstigen Erklärungen** wie etwa der Mahnung oder der Nachfristsetzung ist davon auszugehen, dass eine gegenseitige Bevollmächtigung zur Entgegennahme von Erklärungen grundsätzlich **wirksam** ist.

bb) Aktive Stellvertretung

Ausdrücklich offen gelassen hat der BGH in seiner Entscheidung (NJW 1997, 3437, 3439) allerdings die Frage, ob auch eine gegenseitige Bevollmächtigung zur Abgabe von Erklärungen formularmäßig wirksam vereinbart kann. Es ist aber trotz des Grundgedankens des § 425 auch hier davon auszugehen, dass bei der **Kündigung** jedenfalls **kein Verstoß gegen § 307 Abs 2 Nr 1** vorliegt (**aA** LG Berlin MDR 1983, 757 für die Kündigung durch nur einen Mitmieter; vgl aber OLG Köln NJW-RR 1988, 174, 175 [§ 425 lässt abweichende Vereinbarungen ausdrücklich zu] sowie OLG Köln NJW-RR 1988, 935, 936 [Bevollmächtigung kann bei erheblichen Änderungen der persönlichen Verhältnisse widerrufen werden] im Bankrecht); das Gesetz geht nämlich auch bei der Gesamtvertretung davon aus, dass eine Einzelvertretung wirksam vereinbart werden kann (vgl auch § 125 Abs 2 HGB [bei entsprechender „Ermächtigung“], § 78 Abs 2 S 1 AktG [„wenn die Satzung nichts anderes bestimmt“], § 35 Abs 2 S 2 GmbHG [„ist nichts darüber bestimmt“] und § 25 Abs 1 S 2 GenG [„das Statut kann Abweichendes bestimmen“]). Insofern stellt sich lediglich die Frage, ob eine formularmäßige Vereinbarung eine **unangemessene Benachteiligung iSd § 307 Abs 1 S 1** darstellt (s oben Rn 85). Dabei ist zu berücksichtigen, dass eine Vollmachtklausel, die sich auch auf Kündigungserklärungen erstreckt, jedem Mitmieter die Disposition über das gesamte Mietverhältnis eröffnen würde; der hieraus drohende Nachteil für die anderen Mieter kann nicht durch das Vereinfachungsinteresse des Vermieters gerechtfertigt werden – derartige Rechtsmacht kann nur individualvertraglich, nicht aber vorformuliert erteilt werden (in diesem Sinne auch LG Berlin MDR 1983, 757). Anderes mag gelten, wenn die Klausel Kündigungen ausdrücklich ausnimmt; ohne entsprechende Differenzierung ist sie **insgesamt gem Abs 1 S 1 unwirksam** (OLG Koblenz WuM 1999, 694; OLG Frankfurt NJW-RR 1992, 396, 400; ebenso im unternehmerischen Verkehr: KG Grundeigentum 2004, 753). In der Rechtsprechung wurden unteilbare Klauseln dagegen teilweise durch Auslegung „gerettet“ (OLG Schleswig NJW 1983, 1862 [Empfangsvollmacht wirksam, soweit es lediglich um das Mieterhöhungsverlangen geht]; BGH NJW 1988, 1375, 1377 im Bankrecht unter Verweis auf die Unwirksamkeitsfolge nach § 305c Abs 1, 2; vgl zur geltungserhaltenden Reduktion Staudinger/Schlosser § 306 Rn 3). Dieselben Erwägungen gelten auch für die Kündigung eines Darlehens (vgl OLG Nürnberg NJW 1988, 1220, 1221). 691

Sowohl um eine überraschende Klausel iSd § 305c Abs 1 als auch um eine unangemessene Benachteiligung iSd § 307 Abs 1 S 1 handelt es sich, wenn **Bankbedingungen** vorsehen, dass Darlehensnehmer sich gegenseitig zur **Aufnahme weiterer Darlehen** bevollmächtigen: Aufgrund der damit eventuell verbundenen erheblichen Belastungen sowie eines unkalkulierbaren Haftungsrisikos übersteigen derartige Vollmachten in ihrer Tragweite das Vorstellungsbild des Rechtslaien, sie sind für ihn überraschend und unverständlich; des Weiteren sind diese Risiken gegenüber den Interessen des Verwenders nicht angemessen berücksichtigt (BGH NJW 1989, 2383, 2384; OLG Frankfurt NJW 1982, 583 noch mit richterlicher Inhaltskontrolle gem § 242; in diesem Sinne schon OLG Frankfurt BB 1976, 1245, 1246 mwNw; Ulmer/Schmidt Teil 3 [13] Rn 3; Wolf/Dammann Klauseln V 479; **aA** OLG Köln NJW-RR 1988, 174, 175 und OLG Köln NJW-RR 1988, 935, 936, allerdings ohne nähere Auseinandersetzung). Dies gilt auch für **antizipierte Schuldbeitrittsklauseln** (OLG Frankfurt NJW 1982, 583 f). Schließlich gelten dieselben Erwägungen auch bei einer gegenseitigen Bevollmächtigung zur **Beantragung von Stundungen und Laufzeitverlängerungen** (BGH NJW 1989, 2383, 2384 sowie die Vorinstanz OLG Nürnberg NJW 1988, 1220, 1221, dazu Wolf EWiR 1988, 525, 526; vgl auch LG Berlin ZIP 1988, 1311 f, 1326 f [bei einem Zahlungsaufschub steigen zwangsläufig die Kreditkosten]). Eine Wider- 692 rufsmöglichkeit muss außer Betracht bleiben; im Gegensatz zur Empfangsvollmacht ergeben sich hier nämlich erhebliche Wirkungen daraus, dass der Widerruf nur für die Zukunft wirkt, so dass er bereits bestehende Verpflichtungen nicht zu beseitigen vermag (LG Berlin ZIP 1988, 1311 f, 1327; **aA** OLG Köln NJW-RR 1988, 174, 175 [bei einer Trennung] und OLG Köln NJW-RR 1988, 935, 936). Fraglich bleibt allein, ob eine **Ehe oder eine ähnliche „enge Lebensbeziehung"** an diesem Ergebnis etwas ändern kann: Jedenfalls mangels Differenzierung kann eine Erklärungsvollmacht schon unwirksam sein (LG Nürnberg-Fürth BB 1987, 1559, 1560, vgl auch die Berufungsentscheidung OLG Nürnberg NJW 1988, 1220, 1221, dazu Wolf EWiR 1988, 525, 526; **aA** OLG Köln NJW-RR 1988, 174, 175 mit dem Hinweis auf eine Widerrufsmöglichkeit bei einer Trennung, ansonsten aber ohne nähere Auseinandersetzung; vgl auch Ulmer/Schmidt Teil 3 [13] Rn 2 [umfassende gegenseitige Bevollmächtigungen allenfalls im kaufmännischen Bereich und unter Eheleuten in heiler Ehe]). Im Übrigen ist aber auch bei einer Differenzierung aufgrund etwaiger erheblicher Verpflichtungen von einer unangemessenen Benachteiligung iSd § 307 Abs 1 S 1 auszugehen (vgl BGH NJW 1991, 923, 924 zum Oder-Konto; vgl aber OLG Köln NJW-RR 1988, 935, 936 mit Hinweis auf eine ausdrücklich vorgesehene Widerrufsmöglichkeit bei „erheblichen persönlichen Veränderungen [zB Scheidung]", ansonsten aber auch hier ohne nähere Auseinandersetzung; näher dazu Wolf EWiR 1988, 525, 526 [unter Heranziehung des § 1357, allerdings selbst feststellend, dass die Vollmachtklausel die von § 1357 erfassten Rechtsgeschäfte nicht wesentlich übersteigen darf; genau dies wird aber bei solchen Rechtsgeschäften regelmäßig der Fall sein]). Ebenfalls mangels Differenzierung unwirksam ist ferner eine Klausel, nach der sich **Bruchteilseigentümer eines Grundstücks**, die für ein gemeinsam aufgenommenes Darlehen eine **Sicherungsgrundschuld** bestellen, formularmäßig gegenseitig bevollmächtigen, Willenserklärungen mit Wirkung für den anderen abzugeben und entgegenzunehmen; eine einschränkende Auslegung dahingehend, dass die Klausel jedenfalls keine Erklärungen deckt, welche die Sicherungsabrede erweitern oder die Grundschuld von der Sicherungsabrede isolieren, läuft praktisch auf eine – unzulässige – geltungserhaltende Reduktion hinaus (für eine solche einschränkende Auslegung aber BGH NJW 1988, 1375, 1377 unter Verweis auf § 305c Abs 1; wie hier Ulmer/Schmidt Teil 3 [13] Rn 3).

693 Auch bei einem Gemeinschaftskonto eines Ehepaares, welches im Zweifel ein sogenanntes **Oder-Konto** ist, ist eine gegenseitige Bevollmächtigung zur **Eingehung weiterer Verbindlichkeiten** zu Lasten des gemeinschaftlichen Kontos **gem § 305c Abs 1 überraschend** und stellt zudem eine **unangemessene Benachteiligung gem § 307 Abs 1 S 1** dar (BGH NJW 1991, 923, 924; insbesondere ist die Situation mit der Rechtsprechung des BGH NJW 1989, 2383, 2384 für Ratenkreditverträge vergleichbar; OLG Köln WM 1999, 1003). Gleiches gilt für das Konto einer GbR hinsichtlich einer Einzelbevollmächtigung der ansonsten nur gesamtvertretungsberechtigten Gesellschafter (OLG Köln BB 2001, 2076, 2077). Beschränkt sich die Klausel auf „Überziehungen im **banküblichen Rahmen**", verstößt sie jedoch nicht gegen §§ 305c Abs 1, 307 Abs 1 S 1 (OLG Köln WM 1999, 1003). Eine gewisse Flexibilität wird von den Kunden im Gegenteil gerade erwartet (vgl dazu auch OLG Nürnberg ZIP 1990, 1558, 1559 [für eine gesamtschuldnerische Mithaftung ist eine Kontoüberziehung lediglich in Höhe von drei Monatseinkommen möglich]).

d) Beschränkung der Vertretungsmacht

694 Sofern eine Formularklausel eine Beschränkung der Vertretungsmacht vorsieht, ist zwischen der Beschränkung der gesetzlichen und der rechtsgeschäftlichen Vertretungsmacht zu unterscheiden.

aa) Gesetzliche Vertretungsmacht

Ungeachtet des Streits um die dogmatische Einordnung (dazu CANARIS, Handelsrecht § 16 I 1) beruht die Vertretungsmacht gem **§ 56 HGB** auf gesetzlicher Grundlage; sie ist nicht – schon gar nicht durch AGB – einschränkbar (OLG Stuttgart BB 1984, 2218, 2219; zur Handlungsvollmacht nach §§ 54, 55 HGB s Rn 695).

Im Ergebnis das Gleiche gilt, wie § 72 VVG ausdrücklich klarstellt, für die gesetzliche Vertretungsmacht des Versicherungsvertreters gem **§§ 69–71 VVG** (ULMER/SCHMIDT Teil 3 [13] Rn 7, 8).

Soweit eine vollmachtbeschränkende Klausel die Grundsätze der **Anscheins-** oder 695
Duldungsvollmacht berührt, liegt ebenfalls ein **Verstoß gegen § 307 Abs 2 Nr 1** vor; diese Grundsätze sind (zumindest in der Rspr) anerkannt und gelten daher als wesentliche Grundgedanken der gesetzlichen Regelung iSd § 307 Abs 2 Nr 1 (vgl OLG Stuttgart BB 1984, 2218, 2219 mwNw, allerdings lediglich unter Berücksichtigung des § 307 Abs 1 S 1; vgl aber BGH NJW-RR 1995, 80, 81, allerdings ohne nähere Auseinandersetzung [soweit ein in AGB enthaltener Hinweis auf die fehlende Vollmacht des Bauleiters geeignet ist, das Entstehen von Vertrauenstatbeständen zu verhindern oder zu erschweren, ist dies keine unangemessene Benachteiligung iSv § 307]; vgl auch OLG Zweibrücken AGBE VI § 9 Nr 151 [Zahlungen an einen kraft Rechtsscheins Inkassoberechtigten]). Deshalb kann die Haftung des Vertretenen trotz fehlender Erteilung der Vertretungsmacht in AGB allenfalls insoweit vorgesehen werden, als dies mit den Grundsätzen der Anscheins- oder Duldungsvollmacht übereinstimmt (WOLF/DAMMANN Klauseln V 490).

bb) Rechtsgeschäftliche Vertretungsmacht

Obwohl die **Handlungsvollmacht gem § 54 HGB** eine rechtsgeschäftliche Vertre- 696
tungsmacht begründet, ist ihr *Umfang* doch gesetzlich vorgezeichnet (§ 54 Abs 1, 2 HGB). Beschränkungen im Innenverhältnis Kaufmann-Handlungsbevollmächtigter sind ohne weiteres (unter Umständen auch vorformuliert) zulässig, wirken nach außen aber nur gem § 54 Abs 3, 55, 91 HGB. Die demnach erforderliche Bösgläubigkeit des Vertragspartners wird durch klauselmäßige Beschränkung jedoch grundsätzlich nicht erreicht, so dass diese – sofern im Innenverhältnis wirksam – jedenfalls im Außenverhältnis wirkungslos bleibt (vgl LG Frankfurt aM NJW-RR 1987, 745, 746 f im Hinblick auf § 91 Abs 2 S 2 HGB [Reisebürozuständigkeit für Anspruchsmeldung trotz AGB-Ausschluss]). Der Ausschluss einer **Inkassoberechtigung bei Außendienstlern** wiederholt allerdings nur das Gesetz (§§ 55 Abs 3, 91 HGB) und ist deshalb gem § 307 Abs 3 S 1 kontrollfrei (OLG Zweibrücken AGBE VI § 9 Nr 151, nicht allerdings beim Handlungsbevollmächtigten iSd § 54 HGB).

Sowohl bei der **Innen-** als auch bei der **Außenvollmacht** iSd § 167 Abs 1 besteht die 697
Vertretungsmacht so, wie sie erteilt worden ist; eine formularmäßige Beschränkung ist schon im Hinblick auf den **Vorrang der Individualabrede gem § 305b** nicht mehr möglich. Darüber hinaus verstoßen entsprechende Klauseln gegen § 307 Abs 2 Nr 1 (vgl auch EG-Richtlinie Anhang Nr 1n).

Anders steht es mit **Beschränkungen in der Vollmachturkunde selbst** (§ 172 Abs 1); entsprechende Klauseln betreffen Inhalt und Umfang der Vollmacht, eine Inhaltskontrolle ist gem § 307 Abs 3 S 1 ausgeschlossen. Daher kann in *Baubedingungen* eine Beschränkung der Bauleitervollmacht vorgenommen werden (BGH NJW-RR

1995, 80); dasselbe gilt für die Beschränkung der Architektenvollmacht (OLG Düsseldorf NJW-RR 1996, 1485; vgl auch BGH NJW 1978, 995 zum Umfang der Architektenvollmacht; s weiter zu einem unwirksamen „Notvertretungsrecht" des Auftraggebers von Bauarbeiten BGH NJW-RR 1997, 1513 unter I 13). In diesen Fällen ist nämlich zu beachten, dass es **keine „originäre Vollmacht"** gibt (OLG Düsseldorf NJW-RR 1996, 1485, 1486).

Schließlich ist auch eine Beschränkung der Vertretungsmöglichkeit in einer *Teilungserklärungsklausel,* nach der sich Wohnungseigentümer in der Eigentümerversammlung nur durch den Ehegatten, einen Wohnungseigentümer und den Verwalter derselben Wohnanlage vertreten lassen können, grundsätzlich **wirksam** (BGH NJW 1987, 650, 651).

698 **39. Werkvertrag**: s „Laufzeitklauseln" Rn 527 sowie STAUDINGER/PETERS/JACOBY (2008) § 639 Rn 20–70 (Gewährleistungsbeschränkungen); § 641 Rn 13 ff (Vorauszahlungspflichten); § 645 Rn 45 ff (Gefahrtragung).

40. Wohn- und Betreuungsverträge

699 Das bisherige **Heimgesetz** (zuletzt in der Fassung vom 5. 11. 2001; dazu STAUDINGER/COESTER [2006] Rn 480 ff) ist mit Wirkung vom 1. 10. 2009 durch das **Wohn- und Betreuungsvertragsgesetz (WBVG)** ersetzt worden – ab dem 1. 5. 2010 sogar mit Rückwirkung für früher geschlossene Verträge (vgl auch STAUDINGER/EMMERICH [2011] Vorbem 53 f zu § 535). Das neue WBVG definiert und regelt einen neuen, gemischten Vertragstyp, der Wohnraumüberlassung und Pflege- bzw Betreuungsleistungen miteinander kombiniert (gleich, ob in einheitlichen oder in getrennten Verträgen und/oder durch verschiedene Leistungserbringer, § 1 WBVG). Erfasst sind auch alle neuen Konzepte, die Wohnen und Pflege miteinander verbinden (zB „Betreutes Wohnen"). Das WBVG versteht sich als „Verbraucherschutzgesetz" (Information des BMFSF vom 12. 7. 2012) und verstärkt – angesichts vielfach unangemessener Regelungen der Heime unter dem Heimgesetz (dazu KLIE, Altenheim [1986] 320 ff sowie STAUDINGER/COESTER [2006] Rn 480 ff) – den Schutz pflege- oder betreuungsbedürftiger Volljähriger (§ 1 Abs 1 S 1 WBVG) weitgehend durch zwingende (§ 16 WBVG) oder nur in engem Rahmen disponible Vorschriften (zB Befristung des Vertrags, § 4 Abs 1 WBVG; begrenzte Fortgeltung nach Tod, § 4 Abs 3 S 3 WBVG; Anrechnung von Kostenersparnis bei Abwesenheit des Betreuten, § 7 Abs 5 S 2 WBVG; Ausschluss der Pflicht des Unternehmers, bei geändertem Bedarf des Verbrauchers ein Anpassungsgebot zu unterbreiten, § 8 Abs 4 WBVG; dazu noch Rn 701). Eine Klauselkontrolle nach §§ 307 ff kommt insoweit jedenfalls im Individualverfahren weitgehend nicht mehr in Betracht (anders – nach Auffassung der Rechtsprechung – im Unterlassungsklageverfahren, dazu oben Rn 232; vgl ULMER/SCHMIDT Teil 2 [16] Rn 1). Anderes gilt nur im Rahmen der wenigen, vom Gesetz eröffneten Regelungsspielräume oder bei vom WBVG nicht abgedeckten Regelungsbereichen.

700 In diesem Rahmen bleiben jedoch weiterhin viele Einzelregelungen des Wohn- und Betreuungsverhältnisses denkbar, die in Ermangelung spezialgesetzlicher Vorgaben an §§ 307 ff zu messen sind. Hierzu gehören zB Einschränkungen des Besuchsrechts (vgl LG Neuruppin VuR 1998, 316, 320); Zustimmungsbedürftigkeit der Inbetriebnahme jeglichen Elektrogerätes (OLG Koblenz NZM 2005, 397, 398); „jederzeitige" Verlegbarkeit in ein anderes Zimmer der Einrichtung (STAUDINGER/COESTER [2006] Rn 482); die formularmäßig erteilte Einwilligung in die Einweisung in ein Krankenhaus, auch wenn im Einzelfall ein Widerruf der Einwilligung vorbehalten bleibt (LG Düsseldorf NJW-RR 1991, 696, 697); die Erstreckung auf alle von Besuchern verursachten Schäden ohne Rücksicht auf eine Verantwortlichkeit nach §§ 278, 831 (BGH NJW 1991, 1750, 1752; OLG München NJW-RR 1989, 1499; KG NJW 1998, 829, 831); ein Räumungsrecht des Unternehmers zum Vertragsende als unzulässige Ermächtigung zur Selbsthilfe (KG NJW 1998, 829, 831) oder ein Eigentumsübergang an Sachen des Bewohners 3 Monate nach Ende des Vertragsverhältnisses (OLG Celle OLGR 2001, 201, 202 f).

Als unangemessen werden auch Klauseln einzustufen sein, die von Gestaltungsmöglichkeiten des WBVG Gebrauch machen, aber die dort genannten Gestaltungsgrenzen nicht ausdrücklich mit aufführen (so sogar ausdrücklich § 8 Abs 4 WBVG: Ausschluss der Pflicht des Unternehmers, bei Änderungen des Pflege- oder Betreuungsbedarfs eine entsprechende Leistungsanpassung anzubieten [§ 8 Abs 1 WBVG] – zulässig nur bei berechtigten Interessen des Unternehmers *und* dessen Begründung in der Ausschlussvereinbarung; siehe iÜ auch die in Rn 699 aufgeführten teildisponiblen Vorschriften des WBVG). Solche Klauseln wären intransparent und – bei kundenfeindlicher Auslegung – schon kraft Gesetzes, jedenfalls aber nach § 307 Abs 2 Nr 1 unwirksam. **701**

§ 308
Klauselverbote mit Wertungsmöglichkeit

In Allgemeinen Geschäftsbedingungen ist insbesondere unwirksam

1. (Annahme- und Leistungsfrist)
eine Bestimmung, durch die sich der Verwender unangemessen lange oder nicht hinreichend bestimmte Fristen für die Annahme oder Ablehnung eines Angebots oder die Erbringung einer Leistung vorbehält; ausgenommen hiervon ist der Vorbehalt, erst nach Ablauf der Widerrufs- oder Rückgabefrist nach § 355 Abs. 1 bis 3 und § 356 zu leisten;

2. (Nachfrist)
eine Bestimmung, durch die sich der Verwender für die von ihm zu bewirkende Leistung abweichend von Rechtsvorschriften eine unangemessen lange oder nicht hinreichend bestimmte Nachfrist vorbehält;

3. (Rücktrittsvorbehalt)
die Vereinbarung eines Rechts des Verwenders, sich ohne sachlich gerechtfertigten und im Vertrag angegebenen Grund von seiner Leistungspflicht zu lösen; dies gilt nicht für Dauerschuldverhältnisse;

4. (Änderungsvorbehalt)
die Vereinbarung eines Rechts des Verwenders, die versprochene Leistung zu ändern oder von ihr abzuweichen, wenn nicht die Vereinbarung der Änderung oder Abweichung unter Berücksichtigung der Interessen des Verwenders für den anderen Vertragsteil zumutbar ist;

5. (Fingierte Erklärungen)
eine Bestimmung, wonach eine Erklärung des Vertragspartners des Verwenders bei Vornahme oder Unterlassung einer bestimmten Handlung als von ihm abgegeben oder nicht abgegeben gilt, es sei denn, dass

a) dem Vertragspartner eine angemessene Frist zur Abgabe einer ausdrücklichen Erklärung eingeräumt ist und

b) der Verwender sich verpflichtet, den Vertragspartner bei Beginn der Frist auf die vorgesehene Bedeutung seines Verhaltens besonders hinzuweisen;

6. (Fiktion des Zugangs)
eine Bestimmung, die vorsieht, dass eine Erklärung des Verwenders von besonderer Bedeutung dem anderen Vertragsteil als zugegangen gilt;

7. (Abwicklung von Verträgen)
eine Bestimmung, nach der der Verwender für den Fall, dass eine Vertragspartei vom Vertrag zurücktritt oder den Vertrag kündigt,

a) eine unangemessen hohe Vergütung für die Nutzung oder den Gebrauch einer Sache oder eines Rechts oder für erbrachte Leistungen oder

b) einen unangemessen hohen Ersatz von Aufwendungen verlangen kann;

8. (Nichtverfügbarkeit der Leistung)
die nach Nummer 3 zulässige Vereinbarung eines Vorbehalts des Verwenders, sich von der Verpflichtung zur Erfüllung des Vertrags bei Nichtverfügbarkeit der Leistung zu lösen, wenn sich der Verwender nicht verpflichtet,

a) den Vertragspartner unverzüglich über die Nichtverfügbarkeit zu informieren und

b) Gegenleistungen des Vertragspartners unverzüglich zu erstatten.

§ 308 Nr 1
Annahme- und Leistungsfrist

In Allgemeinen Geschäftsbedingungen ist insbesondere unwirksam

1. (Annahme- und Leistungsfrist)
eine Bestimmung, durch die sich der Verwender unangemessen lange oder nicht hinreichend bestimmte Fristen für die Annahme oder Ablehnung eines Angebots oder die Erbringung einer Leistung vorbehält; ausgenommen hiervon ist der Vorbehalt, erst nach Ablauf der Widerrufs- oder Rückgabefrist nach § 355 Abs. 1 bis 3 und § 356 zu leisten;

Materialien: 1. Teilber 58; RefE 11; RegE 24; BT-Drucks 14/2658, 8; BT-Drucks 14/6040, 154; BT-Drucks 14/6857, 5; s STAUDINGER/SCHLOSSER Vorbem 5 ff zu §§ 305 ff.

Schrifttum

GRUNEWALD, Die Anwendbarkeit des AGB-Gesetzes auf Bestimmungen über den Vertragsabschluß, ZIP 1987, 353

HERRLER/SUTTMANN, Bindungs- und Annahmefrist beim Immobilienkaufvertrag im Anwendungsbereich von § 308 Nr. 1 BGB, DNotZ 2010, 883.

LIESE, Vereinbarungen über vorvertragliche Rechtspflichten (1993)

LINDACHER, § 10 Nr 1 AGBG und die vierwöchige Annahmefrist in Neuwagenverkaufsbestimmungen, JR 1990, 326

MAGNUSSON, Fälligkeitsklauseln in AGB – verzögerte Entschädigung bei strafrechtlichen Ermittlungen gegen Versicherungsnehmer, MDR 1994, 1160

WALCHSHÖFER, Annahmefristen in AGB, WM 1981, 1041

ders, Leistungsfristen in AGB, WM 1986, 1541.

I. Allgemeines

1. Regelungsanliegen

Die Vorschrift betrifft zwei Arten von Klauseln, die im Ergebnis beide darauf abzielen, dem Verwender unter einseitiger Bindung des Vertragspartners einen möglichst großen Entscheidungsspielraum hinsichtlich der Vertragserfüllung einzuräumen. 1

Die **erste Fallgruppe** stellen alle Klauseln dar, durch die sich der Verwender den Vertragsschluss selbst vorbehält. Sowohl der Vertragspartner als auch der Verwender können dabei in der Rolle des Anbietenden auftreten (zu Angeboten des Verwenders unten Rn 8).

Die **zweite Fallgruppe** bilden die Klauseln, die bestimmte Leistungsfristen vorsehen, den Leistungszeitpunkt in das Ermessen des Verwenders stellen oder an bestimmte Ereignisse knüpfen (näher Rn 13 ff).

Beide Arten von Klauseln können dazu führen, dass der über den genauen Zeitpunkt des Vertragsschlusses häufig im Unklaren sich befindende Vertragspartner des Verwenders in seinen Erwartungen zur Rechtzeitigkeit der Leistung, so wie er sie aus seiner Perspektive hegen muss, grob enttäuscht wird. Daher sind alle derartigen Klauseln nach Nr 1 unwirksam, wenn die Fristen entweder unangemessen lang oder nicht hinreichend bestimmt sind.

§ 308 Nr 1 hat große Bedeutung insbesondere im Zusammenspiel mit § 308 Nr 2, 8 und § 309 Nr 1, 4 und 7, 8 a, da er den AGB-Verwender zwingt, hinreichend bestimmte und angemessene Leistungsfristen anzugeben. Dies ist die Grundlage für weitere Vertragsklauseln, die nach den genannten Vorschriften zu beurteilen sind. Die Gefährlichkeit unbestimmter oder unangemessen langer Fristen liegt vor allem darin, dass der Vertragspartner an den Vertrag gebunden ist, ohne durch Mahnung und Fristsetzung zu einer raschen Leistung zwingen oder sich nach angemessener Zeit (zB durch einen Rücktritt wegen nicht oder nicht vertragsgemäß erbrachter Leistung oder bei Ablauf der Bindungsfrist des § 147) anders umsehen zu können. Die Regelung soll eine „Aushöhlung" dieser Rechte und eine Umgehung von § 309 Nr 8a vermeiden (Erman/Roloff Rn 1; MünchKomm/Wurmnest Rn 12; Bamberger/Roth/Becker Rn 2; Stoffels Rn 694).

2. Anwendungsbereich

2 **a) § 308 Nr 2 ergänzt § 308 Nr 1** hinsichtlich der Nachfristen, die als Voraussetzung zur Geltendmachung von Ansprüchen aus Verzug oder von Gewährleistungsansprüchen im Einzelfall zu setzen sind (Walchshöfer WM 1986, 1541). Bei der Prüfung der Angemessenheit der unter § 308 Nr 1 fallenden Fristen kann es erforderlich sein, auch die gegebenenfalls in dem betreffenden Klauselwerk vorgeschriebenen Nachfristen zu berücksichtigen. Zu prüfen ist in jedem Fall, ob die sog „Nachfrist" in Wirklichkeit verdeckter Teil der Leistungsfrist ist (vgl BGH NJW 2001, 292 und NJW 2007, 1198 [unechte Nachfrist]). Dies ist anzunehmen, wenn die Leistungsstörungs- und Verzugsfolgen erst mit Ablauf der Nachfrist eintreten sollen (Palandt/Grüneberg Rn 6; Bamberger/Roth/Becker Rn 4, 19).

3 **b) § 308 Nr 3, 8** einerseits **und § 308 Nr 1** andererseits betreffen ähnliche Fälle, ohne sich jedoch zu überschneiden: Soweit in einem Klauselwerk beispielsweise die Lieferung durch den Verwender unter dem Vorbehalt des „Ob" der Selbstbelieferung steht, ist dies eine **auflösende Bedingung**, die unter § 308 Nr 3 fällt (Schlosser/Coester-Waltjen AGBG § 10 Rn 22, § 10 Nr 3 Rn 34; Ulmer/Schmidt Rn 10, § 308 Nr 3 Rn 6; klarstellend nun Löwe/vWestphalen AGBG § 10 Nr 1 Rn 6). Die Klausel „Selbstbelieferung vorbehalten" betrifft aber im Allgemeinen auch den Leistungszeitpunkt und ist dann sowohl an Nr 1 als auch an Nr 3 von § 308 zu messen (s unten Rn 17, 22). Zu aufschiebenden Bedingungen s unten Rn 9; zur Fiktion der Annahme s unten Rn 6, 9, 12 und § 308 Nr 5 Rn 6; zu den Folgen eines zulässigen Rücktrittsvorbehalts s unten § 308 Nr 8 Rn 2.

4 **c) § 305 und § 308 Nr 1**: Eine abweichend vom Formulartext **individuell vereinbarte Frist** geht einer Klausel, welche die Verbindlichkeit von Fristen einschränkt oder gar aufhebt, in jedem Falle vor (s Staudinger/Schlosser § 305b Rn 4). Dies gilt auch dann, wenn ein vom Verwender ausgehendes Angebot als unverbindlich bezeichnet wird (Schlosser/Coester-Waltjen AGBG § 10 Nr 1 Rn 6). Der AGB-mäßige Leistungsfristvorbehalt ist unwirksam (BGHZ 92, 24; zurückhaltender: BGH NJW 1984, 48); zu „freibleibend" s unten Rn 17.

Manches, was dem äußeren Anschein nach eine individuelle Bestimmung einer Lieferfrist ist, hat in Wirklichkeit aber AGB-Charakter (dazu Staudinger/Schlosser § 305b Rn 47).

5 **d)** Ist eine Klausel über die Leistungszeit unwirksam, so können die Leistungsstörungs- und Verzugsfolgen früher eintreten, als dies nach den Vorstellungen des Verwenders möglich sein soll. Ob freilich ein Lösungsrecht des Vertragspartners eingeschränkt werden kann, bestimmt § 309 Nr 8a, ob für Schadensersatz auslösen-

des Verhalten **Haftungsmaßstab** einfache oder grobe Fahrlässigkeit ist, bestimmt sich nach den Grundsätzen von **§ 309 Nr 7** (s dort).

e) § 308 Nr 1 erfasst – abgesehen von der Einschränkung des § 310 Abs 1, 2, 4 – **alle Arten** von Verträgen. Klauseln, die den Abschluss des Vertrages selbst betreffen, stellen bei genauer Betrachtung noch keine „Vertrags"-Bedingungen dar, da ein Vertrag noch gar nicht abgeschlossen ist. Dies gilt in besonderem Maße für Teil A der VOB, der sich ausschließlich mit den Vorgängen bis zum Zustandekommen des Vertrages befasst. Gleichwohl finden die §§ 305–310 auch auf diese Klauseln Anwendung, s oben Staudinger/Schlosser § 305b Rn 1 (Ulmer/Schmidt Rn 8; Wolf/Dammann Rn 3, 8; MünchKomm/Wurmnest Rn 3 [„Vertrag über Vertragsabschlussverfahren"]; ebenso OLG München BeckRS 2011, 07814; Grunewald ZIP 1987, 353 f; BGH NJW 2010, 2873 Rn 7). Fristen der VOB Teil A im Vergabeverfahren der öffentlichen Hand müssen ohnehin in Bezug auf Bestimmtheit und Länge den Grundsätzen von Treu und Glauben entsprechen (BGH NJW 1992, 827). 6

§ 147 Abs 2 bestimmt für Angebote unter Abwesenden die Grenze der Bindung des Erklärenden an sein Angebot. Durch § 308 Nr 1 wird diese Vorschrift für AGB keineswegs zu zwingendem Recht, wie sich schon aus der Zuordnung des § 308 Nr 1 zu den Verboten mit Wertungsmöglichkeit ergibt. Fingieren die AGB mit Fristablauf eine Ablehnung, so entspricht dies der Regelung des § 146, die Klausel ist also nach § 307 Abs 3 nicht kontrollfähig (BGHZ 194, 121 Rn 18; Erman/Roloff Rn 2). Wird mit fruchtlosem Fristablauf eine Annahme fingiert, so ist der Regelungsbereich des § 308 Nr 1 – soweit es nicht um die Länge der Frist geht – nicht berührt. Wenn die Annahme des Vertragspartners des Verwenders fingiert wird, greift zwar auch § 308 Nr 5 nicht ein (weil es sich nicht um ein Verhalten nach Vertragsschluss handelt, vgl § 308 Nr 5 Rn 6), mangels Einbeziehung kann die Klausel aber keine Wirkungen entfalten (Ulmer/Schmidt § 308 Nr 5 Rn 6; Wolf/Dammann Rn 61); andernfalls müsste die Klausel an § 307 Abs 1, 2 scheitern. Bei einer fingierten Annahme des Verwenders ist der Regelungsgehalt des § 151 als Maßstab zu beachten; soweit die Klausel nicht überraschend ist, wird die Wirksamkeit idR auch nicht an § 307 Abs 1, 2 scheitern (unten Rn 9, 12; Erman/Roloff Rn 2).

f) Sondervorschriften kennt das Versicherungsrecht: § 5 Abs 3 Pflichtversicherungsgesetz bestimmt, dass ein Antrag auf Haftpflichtversicherung als angenommen gilt, wenn er nicht binnen zweier Wochen vom Versicherer schriftlich abgelehnt wird. Nach § 14 Abs 1 VVG sind ferner Geldleistungen des Versicherers erst mit Beendigung der zur Feststellung des Versicherungsfalles und des Umfangs der Leistung des Versicherers nötigen Erhebungen fällig. Die gesetzliche Regelung geht § 308 Nr 1 vor. 7

Als arbeitsrechtliche Besonderheiten sind die §§ 7 Abs 1 a, b, 7a SGB VI zu berücksichtigen, die offensichtlich Langzeitarbeitskonten ermöglichen sollen (Thüsing NZA 2002, 591, 592; Gotthardt Arbeitsrecht nach der Schuldrechtsreform [2003] Rn 291 aE; Heide, Lebensarbeitszeitkonten aus arbeitsrechtlicher Sicht [2008] S 56 ff).

II. Fristen zur Annahme oder Ablehnung eines Angebots

1. Kreis der mit der Frist belasteten Personen

8 Unter die Vorschrift fallen nur **Fristen**, die sich der Verwender **zu Lasten des Kunden** vorbehält (MünchKomm/Wurmnest Rn 4; Palandt/Grüneberg Rn 3). Fristen, die der Verwender zur Annahme seiner eigenen Angebote setzt, sind nicht nach § 308 Nr 1 zu beurteilen. Über den Wortlaut hinaus werden dagegen auch Fristen erfasst, die sich der Verwender zugunsten eines uU erst noch zu benennenden Dritten einräumen lässt (Walchshöfer WM 1986, 1041). Dies geschieht beispielsweise in Bauträgerverträgen, wenn der Bauträger auf einem von ihm stammenden Formular den Käufer ein befristetes Kaufangebot abgeben lässt, das er an einen Dritten weitergeben darf. Der Zweck der Vorschrift, den Kunden nicht unangemessen lang in seiner Dispositionsfreiheit zu beschränken, erfordert ihre Anwendung auch in diesen Fällen (Löwe/vWestphalen AGBG § 10 Nr 1 Rn 10; Ulmer/Schmidt Rn 10). Eine Gestaltung, die eine kurze Bindungsfrist des Vertragspartner, aber eine längere Annahmefrist für den Verwender vorsieht, unterliegt – wenn sie nicht bereits an § 305c scheitert – einer Kontrolle nach § 308 Nr 1, da sie wegen § 152 S 1 ebenfalls die Dispositionsfreiheit des Vertragspartners einzuschränken geeignet ist (diff Herrler/Suttmann DNotZ 2010, 883, 890). Ein Grundstückskaufvertrag, in dem der Vertragspartner des Verwenders als dessen vollmachtloser Vertreter auftritt (dazu Herrler/Suttmann DNotZ 2010, 883, 892), hält der Prüfung nach § 308 Nr 1 jedenfalls dann nicht stand, wenn für die Genehmigung eine über zwei Wochen hinausgehende Frist vorgesehen wird.

Verfehlt wäre eine Betrachtungsweise, die die in den AGB des Verwenders enthaltene Frist zur Annahme ihm zugegangener Angebote als eine von seinem Vertragspartner gesetzte Frist ansähe, nur weil dieser die erste auf den Vertragsschluss selbst gerichtete Erklärung, nämlich das Angebot im technischen Sinne des Wortes, abgegeben hat. Gerade dies soll durch § 308 Nr 1 ausgeschlossen werden (KG BeckRS 2009, 88471; weniger deutlich Löwe/vWestphalen AGBG § 10 Nr 1 Rn 9; Wronka BB 1976, 1582 f).

2. Übermäßig lange Fristen

9 **a)** Nr 1 von § 308 unterliegen alle Fälle, in denen die Bindung des Verwenders an den abzuschließenden Vertrag hinausgeschoben wird. Das gilt zB für Situationen, in denen der Vertragsschluss **stillschweigend** zustande kommen soll („Das Angebot gilt als angenommen, wenn der Verkäufer [= Verwender] nicht binnen vier Wochen widerspricht“). Eine derartige Formulierung ist nach § 308 Nr 1 grundsätzlich zulässig, wenn die Frist nicht unangemessen lang ist (Schlosser/Coester-Waltjen AGBG § 10 Nr 1 Rn 8; Ulmer/Schmidt Rn 10; nach früherem Recht bereits OLG Düsseldorf MDR 1978, 144 für allgemeine Versicherungsbedingungen; differenzierend Löwe/vWestphalen AGBG § 10 Nr 1 Rn 17, der hierin eine nicht hinreichend bestimmte Fiktion sieht; undeutlich, aber ohnehin zu lange Frist, OLG München ZIP 2005, 59; zu unangemessen langen Fristen für die Bestätigung der Annahme: OLG Düsseldorf NJW-RR 2003, 126). § 308 Nr 1 erfasst auch **aufschiebende Bedingungen**, da auch dann eintritt, wovor das Gesetz den Vertragspartner des Verwenders schützen will, nämlich, dass ein Vertrag noch nicht zustande kommt, der Vertragspartner aber gebunden bleibt (OLG Hamm BeckRS 2011, 22783; OLG Karlsruhe NJW-RR 1995, 504; Wolf/Dammann Rn 24 [jedenfalls, wenn der Eintritt der Bedingung im

Beileben des Verwenders liegt]; ERMAN/ROLOFF Rn 2; STOFFELS Rn 697; für „nur" entsprechende Anwendung: BAMBERGER/ROTH/BECKER Rn 4; PALANDT/GRÜNEBERG Rn 3; HERRLER/SUTTMANN DNotZ 2011, 276, 279; offengelassen in BGH NJW 2011, 1215 Rn 15; **aA** ULMER/SCHMIDT Rn 10; BLANK NJW 2010, 2876 [kein Bedürfnis, Anwendung von § 307]). Auch die Hinausschiebung des Fristbeginns ist bei der Berechnung der Frist mitzuberücksichtigen (zustimmend: ERMAN/ROLOFF Rn 2; WOLF/DAMMANN Rn 17). Zu auflösenden Bedingungen s Rn 3. Nicht anwendbar ist § 308 Nr 1 aber auf Fälle, in denen sich der Kunde durch Erteilung einer **unwiderruflichen Vollmacht** langfristig an den Verwender bindet: Solches ist nach den Grundsätzen des § 307 Abs 1, 2 zu überprüfen. Die Vereinbarung eines Options- oder Andienungsrechts des Verwenders für den Zeitraum **innerhalb** der vertraglichen Bindung (zB während der Laufzeit eines Leasing-Vertrages) fällt ebenfalls nicht unter § 308 Nr 1, weil hiermit keine (zur Laufzeit des Vertrages) zusätzliche Bindung des Vertragspartners verursacht wird (OLG Karlsruhe NJW-RR 1987, 1006, eventuell aber unter § 307; ebenso greift § 308 Nr 1 nicht ein für Verlängerungsklauseln: OLG Hamm BeckRS 2011, 22783); etwas anderes gilt für Optionen, die über die wirksame Vertragsbindung hinaus den Vertragspartner binden (MünchKomm/WURMNEST Rn 4).

Eine Wertung der Angemessenheit einer Bindungsdauer hat sich an § 147 Abs 2 zu orientieren. Entscheidend sind dabei objektive Gesichtspunkte unter Berücksichtigung der Belange beider Parteien (BGH NJW 2010, 2873 Rn 8; BGHZ 145, 139; OLGR Düsseldorf 2001, 1; ähnlich OLG Dresden BauR 2005, 599; ULMER/SCHMIDT Rn 11; ERMAN/ROLOFF Rn 3; STOFFELS Rn 699). Zu Unrecht wird verschiedentlich zwischen der Orientierung an § 147 Abs 2 und der Berücksichtigung der beiderseitigen Erwartungen und Umstände unterschieden; § 147 Abs 2 erlaubt Letzteres ebenfalls. Eine alleinige Orientierung am Horizont des Vertragspartners des Verwenders kommt nicht in Betracht. Wesentliche Überschreitungen der Frist des § 147 Abs 2 sind nur zuzulassen, wenn ein sachlich gerechtfertigter Grund dafür vorliegt (BGH NJW 2010, 2873 Rn 8; OLG Hamm NJW-RR 1986, 927). Ein solcher kann gegeben sein, wenn der Verwender nicht ohne Weiteres seine Leistungsfähigkeit überblicken kann, insbesondere wenn er erst Deckungskäufe vornehmen oder behördliche Genehmigungen einholen muss (OLG Köln NJW-RR 2001, 198). Ebenso können Erkundigungen über die Kreditwürdigkeit des Vertragspartners, deren Notwendigkeit nach der Art des Geschäfts auch diesem klar sein muss, bei umfangreicheren Geschäften einen längeren Überlegungs- bzw Prüfungszeitraum erfordern (BGH NJW 2010, 2873 Rn 8; OLG Hamm NJW-RR 1986, 388; STOFFELS Rn 700; ULMER/SCHMIDT Rn 13; BAMBERGER/ROTH/BECKER Rn 8 – ein Monat hinnehmbar). Grundsätzlich wird der Spielraum um so größer sein, je höher der Wert der Leistung, je umfangreicher die organisatorischen Vorkehrungen zur Erbringung der Leistung und je schwieriger die Finanzierungs- und Genehmigungsfragen sind (SOERGEL/STEIN AGBG § 10 Nr 1 Rn 4; STOFFELS Rn 700; OLGR Düsseldorf 2001, 1 – ein Monat bei Zahnarztpraxisübernahme zum Preise von 250 000 DM nicht zu lang; ähnlich BGH NJW 2005, 3641 – Anteilsrückkauf zwei Monate nicht zu lang). Auch ist ein schutzwürdiges Interesse des Verwenders an einer einheitlichen Annahmefrist für Geschäftsabschlüsse ein- und derselben Art anzuerkennen (STOFFELS Rn 700; ULMER/SCHMIDT Rn 5). Die Vereinbarung eines Bindungsentgelts für den Anbietenden kann ebenfalls zu berücksichtigen sein (HERRLER DNotZ 2010, 883, 885). Da, wo die Marktpreise zu schwanken pflegen, ist jede nicht unerlässliche Dauer der Frist unwirksam, weil sie dem Verwender die Möglichkeit ließe, auf Kosten seines Kunden zu spekulieren (MünchKomm/WURMNEST Rn 5; STOFFELS Rn 700; BAMBERGER/ROTH/BECKER Rn 2, 7). 10

b) Einzelbeispiele

11 **Alltagsgeschäfte**: Eine über zehn Tage hinausgehende Bindung ist in jedem Falle unangemessen (Löwe/vWestphalen AGBG § 10 Nr 1 Rn 13; **aM** Wolf/Dammann Rn 14: 2 Wochen; ebenso Erman/Roloff Rn 4; Bamberger/Roth/Becker Rn 8: 14 Tage; zurückhaltend Ulmer/Schmidt Rn 13; Stoffels Rn 700).

Abzahlungsgeschäft (s Kreditgeschäfte).

Arbeitsvertrag: In Arbeitsverträgen dürften entsprechende Klauseln selten sein, ihre Angemessenheit ist nach den Umständen des Einzelfalls zu beurteilen.

Eigentumswohnungen: Bei der **Veräußerung** von Eigentumswohnungen können längere Fristen gerechtfertigt sein, wenn die Verwirklichung des Projekts von einer Mindestzahl von Angeboten abhängt (so auch Cremer/Wagner NotBZ 2004, 331, 333; zurückhaltend Löwe/vWestphalen AGBG § 10 Nr 1 Rn 13 – mehr als 4 Wochen regelmäßig unwirksam). Bei Kauf vom **Bauträger** ist eine Annahmefrist des Letzteren von zehn Wochen weit überzogen (OLG Dresden BauR 2005, 559; Beschwerde gegen Nichtzulassung der Revision zurückgewiesen: BGH IBR 2004, 372; krit dazu Basty MittBayNot 2005, 302; Cremer/Wagner NotBZ 2004, 331; zweifelnd, aber offengelassen BGH NJW 2010, 2873 Rn 13; vier Monate zu lang auch bei zu sanierender Wohnung OLG Nürnberg MDR 2012, 630). Der BGH (NJW 2010, 2873 Rn 9 ff; dazu Herrler notar 2013, 71; Müller/Klues RNotZ 2013, 81) hält eine Bindung von vier Monaten und drei Wochen beim Kauf einer bereits fertiggestellten Eigentumswohnung für völlig überzogen, vier Wochen angemessen. Ebenso BGH NJW 2011, 1954 Rn 17. Sehr knapp (2 Wochen) AG Zwickau BeckRS 2010, 09684. Unwirksam eine Drei-Monats-Frist bei notariellem Grundstückskaufangebot (LG Berlin D-Spezial 1998 Nr 51/52, 14).

Fertighäuser: Eine Frist bis zu vier Wochen, gemessen von dem Zeitpunkt, zu dem der Käufer den Verkäufer definitiv über seine Finanzierungsmöglichkeiten informiert, erscheint angemessen (Schlosser/Coester-Waltjen AGBG § 10 Nr 1 Rn 10; OLG Dresden BauR 2005, 599; die sog Einheimischenklausel – OLG München 1998, 1962 – fällt bereits von ihrem Regelungsziel nicht unter § 308 Nr 1).

Kraftfahrzeuge: Vier Wochen erschienen beim Neuwagenkauf als Höchstgrenze früher zulässig (BGH NJW 1990, 1784 mwNw); aufgrund der schnelleren Informations- und Kommunikationsmöglichkeit jetzt aber wohl schon zu lang (LG Lüneburg NJW-RR 2002, 564; OLG Frankfurt NJW-RR 1998, 556 [Fahrzeug bereit]; ebenso MünchKomm/Wurmnest Rn 7; Hartleb NZM 1998, 295; offen gelassen für Motorradkauf BGH SVR 2004, 300; sechs Wochen bei Nutzfahrzeugen zulässig: LG Marburg DAR 1996, 148; 8 Wochen zu lang OLG Saarbrücken BeckRS 2010, 30658; im Gebrauchtwagenhandel: offen gelassen vier Wochen BGH SVR 2004, 300; 10 Tage für zulässig gehalten OLG Köln NJW-RR 1993, 1404; unzulässig bei Barverkauf LG Bremen NJW 2004, 1050; AG Northeim BeckRS 2009, 05434; zust Palandt/Grüneberg Rn 4).

Kreditgeschäfte: Die Überprüfung der Kreditwürdigkeit des Antragstellers erfordert einen nicht unerheblichen Überlegungszeitraum (BGH NJW 1988, 2106 – 1 Monat angemessen; OLG München ZIP 2005, 160 – nicht angemessen in Kombination mit Regeln des Fristbeginns und des Verzichts auf Zugang; BGH NJW 1986, 1807 – 6 Wochen unangemessen; wie bei Kreditvertrag auch bei **Tankstellenpachtvertrag** 4 Wochen angemessen KG BeckRS 2009, 88471).

Leasing: Zwei Monate zur Annahme des Leasing-Angebots sind unangemessen (OLG Hamm NJW-RR 1986, 927; HARTLEB NZM 1998, 295); zum Options- und Andienungsrecht des Verwenders oben Rn 9.

Miete: Annahmefrist des Veranstalters bis zu Beginn der Messe unangemessen lang (BGH NJW 2008, 1148 Rn 19); mehr als 4 Wochen bei Miete in einem noch zu errichtenden Einkaufszentrum zulässig (KG NZM 2007, 86).

Möbelkauf: Drei Wochen sind als äußerste Grenze anzusehen (SCHLOSSER/COESTER-WALTJEN AGBG § 10 Nr 1 Rn 10; OLG Köln NJW-RR 2001, 198; unangemessen bei vorrätigen Möbeln – BGHZ 145, 139 – zust LINDACHER EWiR 2001, 203, 139; ebenso ERMAN/ROLOFF Rn 5; MünchKomm/WURMNEST Rn 6; anders bei aufwändiger Praxiseinrichtung [vier Wochen angemessen] – OLGR Düsseldorf 2001, 1; WOLF/DAMMANN Rn 16).

Versicherungsverträge: Eine sechswöchige Antragsbindungsfrist bei Lebensversicherungen dürfte angesichts der umfangreichen Risikoprüfung ebenfalls noch angemessen sein (OLG Hamm NJW-RR 1986, 388); ansonsten wohl eher vier Wochen (OLG Naumburg MDR 1998, 845; BAMBERGER/ROTH/BECKER Rn 9).

VOB: § 19 Ziff 2 S 2 VOB/A sieht vor, dass der Bieter nicht länger als 30 Werktage an sein Angebot gebunden sein soll. Dies kann als Regelbeispiel für eine angemessene Bindungsfrist im Baugewerbe gelten (HEIERMANN/RIEDL/RUSAM, Handkommentar zur VOB A § 19 Rn 6; INGENSTAU/KORBION/KRATZENBERG VOB/A § 19 Rn 66; ULMER/SCHMIDT Rn 13; ERMAN/ROLOFF Rn 5); eine längere Bindung kann im Einzelfall zulässig sein, bedarf aber einer besonderen Rechtfertigung (obiter: BGH NJW 1992, 827); eine achtwöchige Bindung des Bieters gegenüber dem Bauträger wurde für unangemessen gehalten (OLG Nürnberg AGBE I § 10 Nr 1 Rn 5). Ob die Frist gegen ein „Bindungsentgelt" verlängert werden kann, erscheint fraglich. Die Grundsätze über die Gewährleistungsbeschränkungen gegen Entgelt („Tarifwahl") gelten hier entsprechend, s § 309 Nr 7 Rn 27.

3. Nicht hinreichend bestimmte Fristen

Maßgebend für den Bestimmtheitsgrad einer Frist und seine Tolerierbarkeit ist die **12**
Sicht des Kunden im Zeitpunkt der Angebotsabgabe: Kann er die Dauer seiner Bindung nicht oder nur unter Zuhilfenahme rechtlicher Beratung errechnen, dann ist die Bestimmung nicht wirksam (PALANDT/GRÜNEBERG Rn 5; MünchKomm/WURMNEST Rn 8; ERMAN/ROLOFF Rn 6; ULMER/SCHMIDT Rn 14; WOLF/DAMMANN Rn 19). Dies ist insb der Fall, wenn die Dauer der Frist von einem in der Verwendersphäre liegenden Ereignis (OLGR Frankfurt 2002, 107 – zwei Wochen nach Bebaubarkeit) oder gar vom Verwenderermessen abhängt, wie beispielsweise bei Klauseln, die vorsehen, dass der Kunde „bis zum Eingang einer sachlichen Antwort" oder „innerhalb von 14 Tagen nach Zusammenstellung der Herstellungsunterlagen" oder „bis nach Eingang der Kreditauskunft" an sein Angebot gebunden sein soll (BGH NJW 1988, 2106; OLG Karlsruhe NJW-RR 1995, 504; OLG Naumburg MDR 1998, 854 und BeckRS 2011, 17486 best LG Magdeburg RDV 2011, 150 Rn 30; LG Düsseldorf BeckRS 2012, 03628; LG Leipzig MMR 2010, 751 – zust WIESE; WIESE VuR 2008, 161, 163; VOGEL BTR 2007, 54, 56; sehr streng OLG Hamm NJW-RR 1992, 1075; **aA** LG Dortmund BeckRS 2011, 07381 [nur Formvorschrift]). Eine unbestimmte Frist liegt auch vor, wenn der Kunde nach ergebnislosem Verstreichen der

Annahmefrist erst ein Rücktritts- oder Widerrufsrecht haben soll, also die Bindung nicht eo ipso entfällt (Ulmer/Schmidt Rn 14; LG Heidelberg v 11. 1. 2013, 5 O 205/12; **aA** OLG Dresden NotBZ 2012, 105; dazu Walter NotBZ 2012, 81). Unwirksam sind ferner nicht eindeutige Zeitbestimmungen wie „bis zum Ende der Saison" oder „des Rechnungsjahres" (AG Aachen NJW-RR 1990, 1015).

Mit der Neufassung der Bestimmbarkeit iSd § 286 Abs 2 dürften die Voraussetzungen im Wesentlichen identisch sein; das die Frist in Gang setzende Ereignis muss aber nur dem Kunden erkennbar sein (MünchKomm/Wurmnest Rn 8; bereits § 284 Abs 2 aF als Orientierung heranziehend: Löwe/vWestphalen AGBG § 10 Nr 1 Rn 16). § 308 Nr 1 will ersichtlich nur die Möglichkeit des Kunden gewährleisten, die Bindungszeit leicht zu durchschauen. Dementsprechend ist es zulässig, die Frist von einer Tätigkeit des Kunden selbst abhängig zu machen, beispielsweise von der Einsendung bestimmter Unterlagen, die der Verwender zur Überprüfung der Durchführbarkeit eines Auftrages benötigt (Schlosser/Coester-Waltjen AGBG § 10 Nr 1 Rn 19; problematisch aber eine „verschachtelte" Frist vgl OLG Frankfurt NJW-RR 2012, 1446). Genügend bestimmt ist auch eine Klausel, die das Zustandekommen des Vertrages vorsieht, wenn der Verwender „auf ein Angebot des Kunden 14 Tage schweigt" (Walchshöfer WM 1986, 1041, 1046; **aM** Löwe/vWestphalen AGBG § 10 Nr 1 Rn 17, der hierin eine unzulässige Fiktion sieht).

Die Bezeichnung eines Kundenangebots als „unwiderruflich" gibt zwar an sich nur die Gesetzeslage wieder, kann aber bei kundenfeindlicher Auslegung wegen der Missverständlichkeit für den juristischen Laien als unbestimmte Bindungsklausel eingeordnet werden (LG Frankfurt aM AGBE I Nr 19; LG Köln AGBE I Nr 9). Ähnliches müsste gelten, wenn der Verwender den Vertragsbeginn auf den Zeitpunkt festlegt, in dem er „dies bestätigt und den Beginn der Belieferung mitteilt". Der BGH (NJW 2013, 291 Rn 15 ff) hält eine derartige Klausel allerdings für hinreichend bestimmt, weil sie nur die gesetzliche Regelung des § 147 Abs 2 wiedergibt. Auf den Laienhorizont stellt der BGH hier nicht ab. Der formularmäßige Verzicht auf den Zugang der Annahmeerklärung gemäß § 151 S 1 ist dagegen nie nach § 308 Nr 1 zu beanstanden (LG Essen NJW-RR 2003, 1207; **aM** Löwe/vWestphalen AGBG § 10 Nr 1 Rn 17; Walchshöfer WM 1986, 1041, 1046; Unwirksamkeit nach § 307: OLG Hamm NJW-RR 1986, 928; OLG Düsseldorf NJW-RR 2003, 126; OLGR Düsseldorf 2000, 91; offen gelassen in BGHZ 144, 371).

III. Fristen zur Erbringung einer Leistung

1. Art der zu erbringenden Leistung

13 § 308 Nr 1 ist nicht nur auf Klauseln beschränkt, die die Erbringung einer Sachleistung durch den Verwender betreffen. Ebenso gut kann es sich um die **Zahlungspflicht** des Verwenders in der Rolle des Empfängers der Sachleistung handeln (Korbion/Locher Teil 1 Rn 328) oder um eine **andere Hauptleistungspflicht**, wie die **Abnahmepflicht** beim Werkvertrag, § 640 (BGH NJW 1997, 394; BGH NJW 1989, 1602; OLG München BB 1984, 1386, 1388; Ulmer/Schmidt Rn 18; Wolf/Dammann Rn 31; Korbion/Locher Teil 1 Rn 169; Palandt/Grüneberg Rn 6; Erman/Roloff Rn 7; BGH NJW 1996, 1346 greift allerdings auf § 307 Abs 1, 2 zurück bei einer Klausel, die förmliche Abnahme ohne Festlegung von Abnahmefristen vorsieht). Hierher gehört auch die Entgeltzahlungspflicht des Arbeitgebers (u Rn 15). Aus der Einbeziehung von Rückgabepflichten in HS 2 kann gefolgert werden, dass auch Nebenpflichten umfasst sind, weil ansonsten diese

Regelung keinen Sinn machen würde (u aE; so auch schon zur früheren Fassung Wolf AGBG § 10 Nr 1 Rn 31). Wird beispielsweise in einer Klausel die Fälligkeit der Zahlung des Werklohnes hinausgeschoben, so kann dies durch das Erfordernis der Rechnungsprüfung sachlich gerechtfertigt sein. Im Bauwesen sieht die vielfach auch unter privaten Parteien vereinbarte VOB/B in § 16 Ziff 3 eine Höchstfrist von zwei Monaten nach Rechnungszugang vor, innerhalb derer die Rechnung zu prüfen und die Zahlung zu leisten ist. Längere Fristen werden im Regelfall nicht hinnehmbar sein (OLG Hamm NJW-RR 1988, 726 – 60 Monate). Wird zugleich die Abnahme – als Fälligkeitsvoraussetzung gem § 641 – hinausgeschoben, so ist dieser Zeitraum der Frist für die Zahlung hinzuzurechnen (BGHZ 107, 75: zwei Monate und mehr unangemessen). Das Gleiche gilt für sog Überziehungsfristen, soweit diese nicht ohnehin wegen Verstoßes gegen § 305b unwirksam sind (s unten Rn 14).

Mit den Neufassungen (2. HS) von 2000/2001 und 2009 berücksichtigt der Gesetzgeber die sich aus dem Eingreifen gesetzlicher Widerrufsrechte des Verbrauchers ergebenden Risiken des Verwenders (dazu vor der Reform Mankowski WM 2001, 833): Der Verwender kann sich die Leistung bis zum Ablauf der Widerrufs- (und Rückgabe-)frist vorbehalten, ohne damit an § 308 Nr 1 zu scheitern. Auch bei Alltagsgeschäften ist daher in diesen Situationen eine zweiwöchige Leistungszeit nicht unangemessen; das Gleiche gilt für die Erbringung weiterer Leistungen (Eigentumsübertragung, Nebenleistungen), wenn die Ware bereits zugesandt ist (§ 356) (zu Unrecht verneint MünchKomm/Wurmnest Rn 24 daher die Bedeutung der Rückgabefrist). Voraussetzung ist allerdings, dass die Rückgabefrist trotz der noch ausstehenden Leistung bereits zu laufen begonnen hat. Hat sich der Verwender für den Zeitraum nach Ablauf der Widerrufs-(Rückgabe-)frist zusätzlich einen Leistungszeitraum vorbehalten (zB „acht Wochen nach Ablauf der Widerrufsfrist"), so ist die Frage der Bestimmtheit der Leistungsfrist unproblematisch, wenn (und weil) der Kunde über die Länge der Widerrufsfrist ordnungsgemäß informiert ist (sein muss). Bei der Beurteilung der Angemessenheit der Frist ist grundsätzlich auch die Dauer der Widerrufsfrist nicht mit einzuberechnen, da dem Verwender die Vorbereitung der Leistung während dieser Unsicherheitsphase nicht ohne weiteres auferlegt werden kann. Bei Fernabsatz- und Fernunterrichtsverträgen hat HS 2 keine Bedeutung, da die Widerrufsfrist erst bei vollständiger Leistung bzw vereinbarter vollständiger erster Teilleistung zu laufen beginnt (§ 312d Abs 2 BGB; § 4 Abs 1 S 2 FernUSG) (BT-Drucks 14/2658, 8; hM; Bamberger/Roth/Berger Rn 29).

2. Übermäßig lange Frist

a) Bei der Prüfung, ob eine Leistungsfrist unangemessen lang ist, sind neben der angegebenen Dauer der Leistungsfrist auch alle Regelungen zu berücksichtigen, die den **Fristbeginn** hinausschieben („Die Leistungszeit beginnt mit Anzahlung", „… drei Wochen nach Vertragsschluss") oder Fristunterbrechungen und Fristverlängerungen vorsehen; Überziehungsfristen sind miteinzubeziehen, soweit sie nicht schon gegen § 305b oder § 307 verstoßen (dazu MünchKomm/Wurmnest Rn 18, 20). Denn maßgeblich ist der Zeitpunkt, zu dem die Leistung fällig wird und der Kunde damit seine Rechte aus § 323, evtl aus den §§ 281, 286 geltend machen oder auf Erfüllung klagen kann (Wolf/Dammann Rn 44; Bamberger/Roth/Becker Rn 19; BGHZ 86, 284; BGH NJW 2007, 1198 Rn 25 [Frist aber nicht zu lang]; OLG Naumburg VuR 1997, 279, 280; LG Zweibrücken VuR 1997, 281). Mit der Schuldrechtsreform hat der Fälligkeitszeitpunkt über die 14 in § 351 aF und § 636 aF gegebenen Fälle hinaus Bedeutung erlangt, da er dem Kunden unabhängig vom Vertretenmüssen des Schuldners (unter den Voraussetzungen des § 323) eine Lösungsmöglichkeit aus der vertraglichen Bindung gibt. Ein Hinausschieben des Beginns der Leistungsfrist bis zum Ablauf der Widerspruchsfrist ist trotz HS 2 nicht möglich, wenn es sich um Fernabsatz- (§ 312d Abs 2) oder Fernunterrichtsverträge (§ 4 Abs 2 S 1 FernUG) handelt, weil hier die Widerrufsfrist erst mit Erbringung der Leistung zu laufen beginnt.

15 **b)** Für die **eigentliche** unter Berücksichtigung all dieser Elemente als tragbar zu wertende **Fristlänge** lassen sich keine festen Regeln aufstellen (Bamberger/Roth/Becker Rn 20; MünchKomm/Wurmnest Rn 19). Während bei Alltagsgeschäften bereits eine Abweichung von der Auslegungsregel des § 271 Abs 1 unangemessen sein kann, sind große Teile des Wirtschaftsverkehrs auf eine sofortige Leistungspflicht nicht eingestellt, insbesondere weil Ware erst beschafft oder die Durchführung einer Leistung erst disponiert werden muss. Insoweit ist eine Festlegung einer Leistungsfrist angebracht. Zu fordern ist freilich in jedem Falle, dass ein sachlich gerechtfertigter Grund vorliegt und die Frist nicht lediglich darauf abzielt, den Verzugseintritt zu verhindern (BGH NJW 2001, 292, 301 – ohne sachlichen Grund und daher unwirksam: „6 Wochen nach Überschreitung eines unverbindlichen Liefertermins." Nachfristsetzung möglich; BGHZ 92, 24 – 6 Wochen für Lieferung eines Fertighauses unangemessen; Ulmer/Schmidt Rn 22; Palandt/Grüneberg Rn 7; Erman/Roloff Rn 8; Wolf/Dammann Rn 48). Zulässig ist es daher, eine Lieferfrist festzulegen, die auch die nicht ausscheidbaren **Selbstbelieferungsrisiken** angemessen berücksichtigt (BGH NJW 1982, 331, 333 – Wochen im Neuwagenhandel noch angemessen; BGH NJW 1983, 1320, 1321 – 3 Monate im Möbelhandel nicht mehr sachgerecht; ebenso BGH NJW 1984, 48; BGH NJW 2007, 1198 Rn 26 ff – unechte Nachfrist von 4 Wochen bei Einbauküche angemessen). Berücksichtigt werden müssen sowohl die objektiven Interessen des Vertragspartners (so vor allem Wolf/Dammann Rn 46) als auch die berechtigten Erwartungen des Vertragspartners (so vor allem Ulmer/Schmidt Rn 22; Bamberger/Roth/Becker Rn 20). Im Arbeitsrecht dürfte die Hinausschiebung des Entgeltzahlungszeitpunktes um mehr als die Hälfte des Abrechnungszeitraumes unangemessen sein (so auch Erman/Belling § 614 Rn 2), bei langen Abrechnungszeiträumen ist bereits eine unter 50% dieses Zeitraums liegende Hinausschiebung der Fälligkeit unangemessen.

16 **c)** Bei Klauseln, die eine **Fristverlängerung bei Leistungsstörungen** vorsehen, ist zunächst festzustellen, wer nach der gesetzlichen Lage für die Leistungsstörung einzustehen hätte, und sodann zu prüfen, ob die Fristverlängerung angemessen ist. Ist in einer solchen Klausel eine Fristverlängerung für Fälle vorgesehen, die der Verwender gem §§ 286 Abs 4, 276 ff selbst zu vertreten hätte, so sind ganz strenge Maßstäbe anzulegen: Nur für den Fall, für den nach § 309 Nr 7, 8 a eine Haftungsfreizeichnung zulässig wäre, kann eine Fristverlängerung überhaupt wirksam in Betracht gezogen werden. Bei einer unzulässigen Haftungsfreizeichnung scheitert auch die Fristverlängerung ohne weiteres (Wolf/DAmmann Rn 46). Ist eine Haftungsbeschränkung zulässig oder geht es um vom Verwender nicht zu vertretende Leistungsverzögerungen, so ist zu prüfen, ob das Festhalten des Kunden am Vertrag angemessen ist. Auch ist die sich so ergebende Gesamtfrist nochmals zu würdigen (Schlosser/Coester-Waltjen AGBG § 10 Nr 1 Rn 37; Wolf/Dammann Rn 17).

Auch hier zeigen sich die Auswirkungen der Schuldrechtsreform: § 323 bietet (im

Gegensatz zu §§ 351, 636 aF) ein allgemeines Leitbild für die Angemessenheit der Vertragsbindung des Partners bei Verzögerungen; nicht erst bei Verzug (also einer vom Schuldner zu vertretenden Verspätung der Leistung – so nach § 326 aF), sondern auch bei vom Schuldner nicht zu vertretenden Hindernissen der rechtzeitigen Leistung kann sich der Gläubiger (evtl erst nach Nachfristsetzung) aus dem Vertrag lösen. Unangemessen ist daher eine Klausel, die den Kunden generell für die Dauer der (vom Verwender nicht zu vertretenden) Störung oder zumindest für einen im Hinblick auf Vertragsobjekt (zB Alltagsgeschäft), Vertragszeitraum und Leistungszeit langen Zeitraum bindet, indem die Fälligkeit hinausgeschoben wird (Wolf/Dammann Rn 46; zur echten Nachfrist – § 308 Nr 2). OLG Köln (NJW-RR 2001, 198) dürfte daher insoweit durch die Schuldrechtsreform überholt sein (für Unangemessenheit – wegen Unbestimmtheit – früher bereits: OLG Naumburg VuR 1997, 279; LG Köln VuR 1999, 62; LG Halle VuR 1998, 53; LG Zweibrücken VuR 1997, 281).

Zulässig kann es sein, die Leistungszeit um den Zeitraum zu verlängern, um den sich der Vertragspartner selbst mit seiner Gegenleistung im Verzug befindet (Schlosser/Coester-Waltjen AGBG § 10 Nr 1 Rn 38; Wolf/Dammann Rn 47).

3. Nicht hinreichend bestimmte Fristen

Nicht hinreichend bestimmte Leistungszeitangaben führen dazu, dass die Leistungszeit mehr oder weniger in das Belieben des Verwenders gestellt wird. Das will die Norm verhindern. Unwirksam ist daher eine Klausel, die dem Verwender die Bestimmung des Leistungszeitpunkts nach § 315 vorbehält, es sei denn, eine Höchstfrist ist festgelegt. Auch Klauseln wie „Leistung so schnell wie möglich", „Lieferung sofort nach Eintreffen der Ware beim Lieferer" oder „Wir werden uns bemühen, die angegebenen Termine einzuhalten" sind daher unzulässig (Schlosser/Coester-Waltjen AGBG § 10 Nr 1 Rn 42; Ulmer/Schmidt Rn 24; Wolf/Dammann Rn 53; Walchshöfer WM 1986, 1541, 1543; OLG Oldenburg NJW-RR 1992, 1527, 1528; OLG Hamm CR 2012, 805). Klauseln, die die Fälligkeit von Handlungen Dritter abhängig machen (BGH NJW 1997, 394; OLG München BB 1984, 1386, 1388 – beide Entsch betreffen Abnahme durch Dritte) oder aus sonstigen Gründen für den Vertragspartner keinen eindeutigen Zeitpunkt erkennen lassen, widersprechen dem Anliegen des § 308 Nr 1 (BGH BB 1985, 483 – Beginn der Lieferfrist erst nach schriftlicher Bestätigung durch den Hersteller; OLG Koblenz NJW-RR 1993, 1078 – Lieferfrist beginnt erst mit Ablauf der Widerrufsfrist – trotz HS 2 auch jetzt noch richtig wegen § 312d Abs 2; OLG Köln BB 1982, 638). Das gilt auch für Klauseln, mit denen der Verwender den Zeitpunkt für die Lieferung durch seinen Vertragspartner festlegen und sich etwa darin nicht näher begrenzte „Änderungen" des Lieferzeitpunktes vorbehalten möchte (Wolf/Dammann Rn 52, 54; Ulmer/schmidt Rn 27). Wird die Lieferzeit generell für unverbindlich erklärt, so wird vielfach § 305b eingreifen, vgl Rn 4 und 13. „Selbstbelieferung vorbehalten" oder „freibleibend" fallen zwar auch unter Nr 3 von § 308, da sie dem Verwender eine einseitige Lösungsmöglichkeit einräumen. Das schließt jedoch nicht aus, sie je nach Zusammenhang auch nach § 308 Nr 1 zu beurteilen (OLG Koblenz ZIP 1981, 509; OLG Oldenburg NJW-RR 1992, 1527, 1528, Schlosser/Coester-Waltjen AGBG § 10 Nr 1 Rn 37, 42; Erman/Roloff Rn 9; **aA** Ulmer/Schmidt Rn 20 – nur unwirksam nach § 308 Nr 3; diff Wolf/Dammann Rn 35). Im Verhältnis zu Privaten ist eine solche Ausgestaltung der Leistungszeit nicht angemessen. Auch unbestimmte Fristverlängerungen sind wie die unklare Hinausschiebung des Fristbeginns unzulässig (Fristverlängerung: OLG Stuttgart NJW 1981, 1105; OLG Hamm NJW-RR 17

1987, 311; LG Bielefeld BeckRS 2007, 03671 [„angemessene Verlängerung"]; Fristbeginn: OLGR Frankfurt 2002, 107; OLG Koblenz NJW-RR 1993, 1078; BGH BB 1985, 483; BGHZ 107, 75). Zulässig ist es hingegen, die Leistungszeiten im Rahmen kalendermäßiger Begriffe nur ungefähr anzugeben, etwa „in spätestens 4 Wochen" (Schlosser/Coester-Waltjen AGBG § 10 Nr 1 Rn 42; Wolf/Dammann Rn 50), auch „ca 2 Wochen" wird man ausreichen lassen (NK-BGB/Kollmann Rn 14; Ulmer/Schmidt Rn 24; Palandt/Grüneberg Rn 8; Bamberger/Roth/Becker Rn 28; strenger: Wolff/Dammann Rn 50; OLG Köln BB 1982, 638 – gewerbliche Lieferzeiten zu unbestimmt; zu weitgehend KG NJW 2007, 2266 – „in der Regel ein bis zwei Tage" zu unbestimmt; ebenso OLG Frankfurt MMR 2011, 800; OLG Bremen, 2 W55/09 und 2 U 49/12, CR 2012, 798; OLG Hamm MMR 2013, 241; für Zulässigkeit aber LG Frankfurt BeckRS 2008, 23027 und LG Hamburg MMR 2009, 871 – „idR" – zulässig; so auch NK-BGB/Kollmann Rn 14). Hier ist dem Vertragspartner eine Bestimmung des Zeitraums, ab wann er den Verwender in Verzug setzen kann, durchaus möglich.

4. Rechtsfolgen unwirksamer Bestimmungen

18 Ist eine die Leistungszeit betreffende Klausel nach § 308 Nr 1 unwirksam, so ist nach §§ 306, 271 Abs 1 die Leistungszeit nach den Umständen zu bestimmen. Die Anhänger der Möglichkeit einer geltungserhaltenden Reduktion „teilunwirksamer" AGB-Klauseln (s Staudinger/Schlosser § 306 Rn 22 ff, insb Rn 25) kommen hier zum selben Ergebnis (Kötz NJW 1979, 787). Unwirksame Annahmefristen bewirken ein Erlöschen des Angebots nach Ablauf der Frist des § 147 (BGH NJW 2873 Rn 14). Problematisch ist die Folgerung, dass die verspätete Annahme durch den Verwender als neues Angebot gewertet wird (§ 150), welches durch Schweigen des Vertragspartners angenommen wird (so OLG Dresden BeckRS 2010, 09683 – aufgehoben durch BGH BeckRS 2010, 9668 [aus anderen Gründen]). Der BGH (NJW 2010, 2873 Rn 17; zust Becker WuB IV C § 308 BGB 1.11) ist in der Wertung „schlüssigen Verhaltens" als Annahme beim Kauf von Eigentumswohnungen zurückhaltend, erforderlich ist das Bewusstsein der möglicherweise erforderlichen Erklärung (krit Kanzleitner MittBayNot 2011, 52, 53).

5. Spiegelbildliche Anwendung – zu kurze Fristen

19 Dass der Verwender seinem Vertragspartner keine unangemessen kurze Leistungsfrist auferlegen oder ihn einer kurzfristigen Leistungsbestimmung aussetzen kann, folgt aus § 307 Abs 1, 2 (Ulmer/Christensen Teil 2, 11 Rn 3; Erman/Roloff § 307 Rn 128; Wolf/Dammann Klauseln E94; andeutungsweise Schlosser/Coester-Waltjen AGBG § 10 Nr 1 Rn 49; s Staudinger/Coester § 307 Rn 13). Dies als einen Fall spiegelbildlicher Anwendung von Bestimmungen aus dem Klauselverbots-Katalog ausdrücklich festzuhalten, ist vor allem deshalb notwendig, weil in Bau-Ausschreibungsbedingungen häufig gegen diese Grundsätze verstoßen wird. Ein Hauptunternehmer kann einen Subunternehmer nicht mit einer Frist von wenigen Tagen zum Beginn seiner Arbeiten verbindlich auffordern oder Termine und Fristen beliebig ändern wollen. Er kann auch nicht bestimmen, durch die vom Auftraggeber zu vertretenden Verzögerungen verlängerten sich die Ausführungszeiten höchstens um die Dauer der tatsächlichen Verzögerung, weil der Subunternehmer unmöglich zeitlich so scharf kalkulieren kann (s auch Ulmer/Christensen Teil 2, 7 Rn 12).

Unzulässig ist es, in Einkaufsbedingungen Unbestimmtheiten über den Abnahmezeitraum zu lassen.

IV. Verbraucher

Die Richtlinie 93/13 enthält in ihrem Anhang kein dem § 308 Nr 1 entsprechendes ausdrückliches Klauselverbot; die Regelung des § 308 Nr 1 ist aber durch Art 3 der Richtlinie gedeckt und insoweit gemeinschaftskonform (MünchKomm/Wurmnest Rn 2, 14; Bamberger/Roth/Becker Rn 16, 32; Ulmer/Schmidt Rn 7). Auf „vorformulierte" Individualverbraucherverträge ist die Regelung über § 310 Abs 3 unter den dortigen Voraussetzungen anwendbar. Damit werden auch individual vereinbarte Bindungs- und Leistungsfristen der gerichtlichen Kontrolle unterworfen, wenn sie vom Verwender nicht zur Disposition gestellt werden (BGH NJW 2010, 2873 Rn 7 f). Dies stellt einen zu weitgehenden Eingriff in die Vertragsfreiheit dar. 20

Die Verwendung nach § 308 Nr 1 unzulässiger Klauseln kann zugleich ein wettbewerbswidriges Verhalten darstellen, weil eine Marktverhaltensregelung betroffen ist (BGH NJW 2012, 3577 Rn 49; OLG Hamm BeckRS 2010, 30658; KG NJW 2007, 2266).

V. Geschäftsverkehr mit Unternehmern

Grundsätzlich wird man von einer Indizwirkung des § 308 Nr 1 auch für den unternehmerischen Verkehr ausgehen können (zögernd – anwendbar zwar für Annahmefristen „eher nicht" für Leistungsfristen: Ulmer/Schmidt Rn 16, 30; Stoffels Rn 704; verneinend: Walchshöfer WM 1986, 1046; NK-BGB/Kollmann Rn 19; wie hier: BGH NJW 2008, 1148 Rn 18; KG NZM 2007, 86 und BeckRS 2009, 88471; OLG Saarbrücken BeckRS 2010, 30658; Palandt/Grüneberg Rn 10; Stoffels Rn 768; Löwe/vWestphalen AGBG § 10 Nr 1 Rn 30; leicht differenzierend: Lutz AGB-Kontrolle im Handelsverkehr 53). Auch und gerade der Kaufmann ist auf eine berechen- und absehbare Bindung angewiesen. Dass im Falle von unverschuldeten Hindernissen, welche die Rechtzeitigkeit der Leistung nur unter unzumutbaren Opfern möglich sein lassen, Verzug nicht eintritt (Löwe/vWestphalen AGBG § 10 Nr 1 Rn 36), folgt schon aus allgemeinen Grundsätzen. Entscheidend ist, dass Kaufleuten gegenüber Vertragsbedingungen, die Privaten gegenüber unwirksam wären, durchaus noch angemessen sein können (zB 4 Wochen bei hochwertigen technischen Geräten – OLG München BeckRS 2011, 07814). Andererseits können die besonderen Bedürfnisse des Handelsverkehrs eine Exaktheit fordern, derer es im Verkehr mit Privaten nicht bedarf. Insbesondere wird unter Kaufleuten der Erwartungs- und der Kenntnishorizont ein anderer sein. Eine Klausel, die gegenüber einem Nichtkaufmann als nicht hinreichend bestimmt einzuordnen ist, weil dem Nichtkaufmann die maßgeblichen Eckdaten und Fakten unbekannt sind, kann gegenüber einem Kaufmann durchaus wirksam sein (Lutz, AGB-Kontrolle im Handelsverkehr 54). Andererseits ist der Kaufmann häufig noch stärker als der Nichtkaufmann auf klare Fristen und die Einhaltung derselben angewiesen. Ähnliches gilt für den in § 310 Abs 1 von der direkten Anwendung der §§ 308, 309 ausgenommenen Kreis der gewerblich und beruflich Tätigen. Erwartungs- und Kenntnishorizont der jeweiligen Branche müssen hier sorgfältig berücksichtigt werden. 21

1. Leistungsfristen

22 Im unternehmerischen Verkehr ist dem Gesichtspunkt angemessener Risikoabsicherung größeres Gewicht als im Verhältnis zu Privaten einzuräumen. Klauseln wie „Lieferungsmöglichkeit vorbehalten" oder (weitergehend) „richtige und rechtzeitige Selbstbelieferung vorbehalten" fallen zwar nicht nur in den Anwendungsbereich des § 307 Abs 1, 2 in Verbindung mit § 308 Nr 1, sie haben aber auch die Funktion, die Lieferfrist unbestimmt zu machen. Dennoch ist unter Kaufleuten, Gewerbetreibenden und Freiberuflern diese Art der Risikoabwälzung im Allgemeinen nicht unangemessen (Palandt/Grüneberg Rn 10; **aA** Bamberger/Roth/Becker Rn 31). Freilich ist eine derartige Klausel nach § 305c so zu interpretieren, dass sie nur bei vom Verwender nicht zu vertretenden Ausbleiben der Selbstbelieferung gelten soll und keine allzu lange Bindung vorsieht, da gerade der kaufmännische Verkehr auf kurze (und sichere) Lieferzeiten angewiesen sein kann; dies ist jedoch branchen- und einzelfallabhängig.

Lange Leistungsfristen, die auch unter Berücksichtigung der speziellen Bedürfnisse des Handelsverkehrs nicht als angemessen angesehen werden können, sind unwirksam (OLG München BB 1984, 1388 – Abnahme durch Dritte). Nicht hinreichende Bestimmtheit ist auch im Geschäftsverkehr mit Unternehmern zu beanstanden, wenn Fristbeginn oder Fristverlängerung von dem Vertragspartner nicht erkennbaren Umständen abhängig gemacht werden (OLG Hamm NJW-RR 1987, 311, 315 – Arbeitskampf); einseitige Änderungsbefugnisse widersprechen idR dem vertraglichen Konsens (so vWestphalen Einkaufsbedingungen Rn 17), dürften daher meistens bereits an § 305b scheitern.

Besonderheiten für den unternehmerischen Verkehr gelten auch bezüglich der **spiegelbildlichen entspr** Anwendung von § 308 Nr 1: Kaufleute können in stärkerem Maße als Private einer kurzen Leistungsfrist oder einer kurzfristigen Bestimmung des Leistungszeitpunktes ausgesetzt werden. Klauseln wie „baldmöglichst", „prompt" räumen dem Vertragspartner des Verwenders demgemäß eine kurze, aber angemessene Lieferzeit ein, innerhalb derer er alle Anstrengungen unternehmen muss. Solche und ähnliche Klauseln haben unter Kaufleuten häufig eine genau festliegende Bedeutung. Während die Klausel „prompt" nur zur möglichst schnellen Absendung der Ware im normalen Geschäftsvorgang verpflichtet, besagt die Klausel „sofort" wesentlich schärfer, dass der Verkäufer alles zur äußersten Beschleunigung der Warenlieferung, gegebenenfalls auch außerhalb des ordnungsgemäßen Geschäftsganges, zu unternehmen hat (Großkomm HGB/Koller Vor § 373 Rn 276, 287). Von den beruflich und gewerblich tätigen Personen wird man idR Ähnliches erwarten dürfen.

2. Angebotsannahmefristen

23 Vorsichtiger als längere oder unbestimmte Leistungsfristen sind entsprechende Angebotsannahmefristen zu betrachten. Im Allgemeinen besteht nämlich auch im Verhältnis unter Unternehmern kein Grund, die Bindung an den Vertrag länger als nach den in Rn 13 ff herausgearbeiteten Grenzen in der Schwebe zu lassen (Ulmer/Schmidt Rn 16; BGH NJW 2008, 1148 Rn 19 – Messeaussteller, Annahmefrist bis Beginn der Messe unzulässig; zurückhaltend: NK-BGB/Kollmann Rn 19 – keine Indizfunktion). Allerdings

sind auch insoweit branchenmäßig verschiedene Interpretationsstandards zu bestimmten Klauseln zu beachten. So hat die Klausel „freibleibend" durchaus verschiedene Bedeutungen. Entweder dient sie als Kennzeichen einer Aufforderung zur Abgabe eines Angebots (insb auch mit dem Zusatz „Zwischenverkauf vorbehalten") oder als Vorbehalt eines jederzeitigen Widerrufs des Angebots bis zum Zugang der Annahmeerklärung (Großkomm HGB/Koller Vor § 373 Rn 222 [einschränkend zum Widerrufsvorbehalt]; Löwe/vWestphalen AGBG § 10 Nr 1 Rn 31). Sie kann aber auch Bestandteil eines bestehenden Vertrages sein und wirkt dann als Rücktrittsvorbehalt, s § 308 Nr 3 Rn 19. Soweit Untersuchungen, Berechnungen etc notwendig sind, ist der dafür notwendige Zeitaufwand bei der Beurteilung der Angemessenheit auch im kaufmännischen Verkehr zu berücksichtigen (BGH NJW 1986, 1807, 1808; OLG München BeckRS 2011, 07814).

§ 308 Nr 2
Nachfrist

In Allgemeinen Geschäftsbedingungen ist insbesondere unwirksam …

2. (Nachfrist)
eine Bestimmung, durch die sich der Verwender für die von ihm zu bewirkende Leistung abweichend von Rechtsvorschriften eine unangemessen lange oder nicht hinreichend bestimmte Nachfrist vorbehält;

Materialien: 1. Teilber 59; RefE 11; RegE 24; BT-Drucks 14/6040, 154; BT-Drucks 14/6857, 5; s Staudinger/Schlosser Vorbem 5 ff zu §§ 305 ff.

Schrifttum

Thamm, Die Dauer einer angemessenen Nachfrist für Lieferung und Mängelbeseitigung, BB 1982, 2018.

I. Allgemeines

1. Gesetzgeberisches Grundanliegen

§ 308 Nr 2 knüpft räumlich wie sachlich an beide Fälle von § 308 Nr 1 an. Beide 1
Vorschriften sind häufig bei der Wertung, ob eine Frist angemessen oder hinreichend bestimmt ist, gemeinsam heranzuziehen. Der vom Gesetzgeber verfolgte Zweck liegt auch bei § 308 Nr 2 in der Vereitelung aller Versuche, den Leistungszeitraum unter einseitiger Bindung des Kunden formularmäßig möglichst lange hinauszuzögern und eine Umgehung von § 308 Nr 1 zu verhindern (MünchKomm/Wurmnest Rn 1); die Rspr vor Erlass des AGBG hatte diese Klauseln unter AGB-spezifischen Gesichtspunkten nicht behandelt und es im Wesentlichen bei der Fest-

stellung belassen, dass § 326 aF dispositives Recht enthalte. Mit der Schuldrechtsreform wurde eine textliche Änderung der auf § 326 aF Bezug nehmenden Norm notwendig, eine sachliche Änderung bedeutet dies insofern, als alle (echten) Nachfristen jetzt bereits nach dem Wortlaut erfasst sind (zur früheren Ausdehnung vgl Staudinger/Coester-Waltjen [1998] § 10 Nr 2 AGBG Rn 4) und aufgrund der Schuldrechtsreform (vgl § 281 Abs 4) mit dem fruchtlosen Ablauf der Nachfrist nicht schon der Erfüllungsanspruch erlischt.

2. Anwendungsbereich

2 **a)** Als so genannte „Nachfristen" in AGB bezeichnete Zeiträume sind häufig Fristen, welche schon den Leistungszeitpunkt hinausschieben sollen; diese unterliegen aber bereits der **Nr 1 von § 308**, s § 308 Nr 1 Rn 2 (BGH NJW 1983, 1320; BGH NJW 2001, 292; BGH NJW 2007, 1198; MünchKomm/Wurmnest § 308 Nr 1 Rn 17; Palandt/Grüneberg Rn 12; Erman/Roloff Rn 13).

3 **b)** § 308 Nr 2 betrifft nur Klauseln, die den Eintritt des Zeitpunktes regeln, bis zu dem die bereits fällige Leistung vom Verwender noch (folgenlos) erbracht werden kann, der Kunde also weder zurücktreten noch Schadensersatz verlangen können soll, während **§ 309 Nr 7, 8a** sich mit dem Haftungsmaßstab für den Eintritt der Verzögerungsfolgen und mit den Verzögerungsfolgen selbst befassen. Betrifft daher eine Klausel nicht nur die Fristbestimmung, sondern schränkt sie darüber hinaus die Rechte des Kunden aus §§ 281, 286, 323 ein, sind § 309 Nr 7, 8a anwendbar (BGHZ 92, 48).

4 **c)** § 308 Nr 2 betrifft alle echten Nachfristen (§§ 281, 323, 637) (so auch Palandt/Grüneberg Rn 12; Erman/Roloff Rn 13; Stoffels Rn 861), also sowohl Fristen zur Leistung als auch zur Nacherfüllung (vgl § 309 Nr 4 Rn 2). Sie ist auch auf die Fristen nach §§ 651c Abs 3, 651e Abs 2 anwendbar (nur entsprechend anwendbar: Palandt/Grüneberg Rn 12). Entscheidend für die Beurteilung der Angemessenheit ist es daher, ob die weitere Bindung des Vertragspartners an den Vertrag (und damit der Ausschluss des Rechts auf Rücktritt, Schadensersatz statt der Leistung) nicht angemessen ist. Durch die Nachfrist wird die Geltendmachung von Verzugsfolgen iSd §§ 286–290 (die von einer Nachfrist unabhängig sind) nicht berührt; insofern haben die Klauseln (wenn sie nicht die Fälligkeit hinausschieben) keine andere Wirkung als nach früherem Recht.

5 **d)** Nachfristen, die der Verwender sich vorbehält, müssen wohl nach der *ratio legis* solche sein, die ihm als Schuldner zugute kommen (MünchKomm/Wurmnest Rn 3); Nachfristsetzungen, die sich der Verwender als Gläubiger vorbehält, sind für den Vertragspartner idR nur nachteilig, wenn sie zu kurz sind (ausnahmsweise kann anderes gelten, wenn der Kunde als Schuldner ein berechtigtes Interesse an einer Klärung der Frage hat, ob der Gläubiger auf Leistung bestehen oder die Sekundärrechte geltend machen will). Letztere Klauseln sind an § 307 zu messen.

6 **e)** Klauseln, die in Abweichung von Rechtsvorschriften in jedem Falle, also auch bei Leistungsverweigerung oder in sonstigen Fällen, in denen eine Nachfrist gesetzlich nicht vorgesehen ist, eine Verpflichtung zur Setzung einer Nachfrist begründen, sind von § 308 Nr 2 nicht erfasst, verstoßen aber fast immer gegen § 307 Abs 1, 2

(Bamberger/Roth/Becker Rn 5; Erman/Roloff Rn 13; NK-BGB/Kollmann Rn 20; Ulmer/Schmidt Rn 8; **aM** Wolf/Dammann Rn 5 – § 308 Nr 2 analog; undeutlich, weil sowohl auf § 307 als auch auf § 308 Nr 2 verweisend AG Schöneberg BeckRS 2011, 23432).

II. Einzelheiten der gesetzlichen Regelung

1. Unangemessene Länge der Frist

Die Unangemessenheit beurteilt sich entsprechend der Angemessenheit in §§ 281 Abs 1, 323 Abs 1 (so auch MünchKomm/Wurmnest Rn 4; Palandt/Grüneberg Rn 13). Unangemessen lang sind sicher alle Fristen, die so lange dauern wie die ursprüngliche Lieferfrist, also eine echte **Ersatzleistungsfrist** darstellen (BGH BB 1985, 485; LG Ravensburg AGBE I Nr 17; MünchKomm/Wurmnest Rn 4; NK-BGB/Kollmann Rn 20). Die Nachfrist muss dem Schuldner keineswegs die Gelegenheit geben, sämtliche zur Leistungserbringung noch notwendigen Handlungen nachholen zu können (BGH BB 1985, 483; Löwe/vWestphalen AGBG § 10 Nr 2 Rn 13; Ulmer/Schmidt Rn 6; Wolf/Dammann Rn 9–14; NK-BGB/Kollmann Rn 21; Bamberger/Roth/Becker Rn 6). Die Besonderheiten des jeweiligen Gewerbezweiges sind zu berücksichtigen (BGH BB 1985, 483). Für die Möbelbranche wurde eine Nachfrist von vier Wochen angesichts der normalen Lieferzeit von 4–6 Wochen beanstandet (BGH NJW 1985, 323; ebenso die sechswöchige Frist: OLG Oldenburg NJW-RR 1992, 1527; erst recht eine achtwöchige Frist: LG Mainz VuR 1996, 29). Vier Wochen hingegen wurden bei einer Maßanfertigung mit Montage für angemessen gehalten (OLG Frankfurt AGBE I Nr 21). Ausnahmsweise kann bei einem Großauftrag (Erman/Roloff Rn 14; hierfür allein auf Individualvereinbarungen verweisend: MünchKomm/Wurmnest Rn 4) auch einmal eine Nachfrist von sechs Wochen zulässig sein; im Allgemeinen ist aber der zulässige Rahmen mit vier, erst recht mit sechs Wochen überschritten (BGH BB 1985, 483 – Fenster; OLG Stuttgart NJW 1981, 1105 – Fensterelemente; BGH NJW-RR 1988, 786 – Fassadenarbeiten; LG Köln CI 2000, 138; LG Nürnberg-Fürth VuR 1999, 94; OLG Düsseldorf EWiR 1999, 577 – m zust Anm Eckert). Ein wesentlicher Angemessenheitsgesichtspunkt ist es, wie großzügig die ursprüngliche Leistungsfrist bemessen war. Je großzügiger sie gehalten war, umso knapper ist die dem Vertragspartner (noch) zumutbare Nachfrist anzusetzen (allgM; zB OLG Frankfurt ZIP 1983, 1213; Thamm BB 1982, 2018). Für die Angemessenheitsprüfung kann ferner berücksichtigt werden, welche Folgen aus der Leistungsverzögerung nach der sonstigen AGB-Regelung hergeleitet werden können und wie die Regelung bei Leistungsverspätungen des Vertragspartners ausgestaltet ist. Für die üblichen Verbrauchergeschäfte sind in der Regel 14 Tage als Nachfrist angemessen (Schlosser/Coester-Waltjen AGBG § 10 Nr 2 Rn 10; Wolf/Dammann Rn 15; Ulmer/Schmidt Rn 6 Fn 12; Palandt/Grüneberg Rn 13; Erman/Roloff Rn 14; obiter: BGH NJW 1985, 320, 323). 7

2. Untragbare Unbestimmtheit der Frist

Der Mangel an hinreichender Bestimmtheit der Nachfrist wurde als Unwirksamkeitsgrund vor allem deshalb in die Vorschrift aufgenommen, um die Möglichkeit eines Umkehrschlusses zu § 308 Nr 1 auszuschließen. Unzureichend bestimmte Nachfristklauseln sind selten. Beispiele: „Der Käufer hat dem Verkäufer die erforderliche Zeit und Gelegenheit zu geben“ (LG Köln NJW-RR 1993, 437); „Die Nachfrist beginnt erst nach Bearbeitung des die Frist setzenden Schreibens durch unser Büro“; „Es wird eine Nachfrist bis zur Selbstbelieferung vereinbart“. Fordert der 8

Text der Klausel eine „angemessene" Nachfrist (beispielsweise § 4 Ziff 7 und § 5 Ziff 4 VOB/B), so ist dies wirksam, weil die Fristbestimmung hier dem Vertragspartner des Verwenders obliegt und im Übrigen (vgl § 307 Abs 3) nur die gesetzliche Lage wiedergibt (Schlosser/Coester-Waltjen AGBG § 10 Nr 2 Rn 12; Ulmer/Schmidt Rn 7; Wolf/Dammann Rn 20; MünchKomm/Wurmnest Rn 6). Entscheidend ist die Erkennbarkeit und Bestimmbarkeit durch den Vertragspartner des Verwenders; unwirksam sind daher alle offenen Nachfristen, die von dem Vertragspartner verborgenen Umständen, vor allem solchen in der Sphäre des Verwenders abhängen (MünchKomm/Wurmnest Rn 6).

3. Unwirksamkeitsfolgen

9 Ist ein formularmäßiges Nachfristerfordernis nach § 308 Nr 2 unwirksam, so hat der Vertragspartner zur Wahrung seiner Rechte gleichwohl die gesetzlichen Vorschriften einzuhalten und eine Nachfrist zu setzen. Hat er sich dabei unter dem „falschen" Eindruck der Wirksamkeit der entsprechenden Klausel zeitlich vergriffen und eine unnötig lange Frist gesetzt, so ist diese Fristsetzung wirksam. Vor dem Risiko, sich an unangemessene AGB-Klauseln zu halten, kann das Gesetz den Vertragspartner des Verwenders nicht bewahren.

III. Verbraucher

10 Die Richtlinie 93/13 erfasst indirekt mit dem Klauselbeispiel im Anhang 1 b auch die unangemessen lange Nachfrist. § 308 Nr 2 ist gemeinschaftskonform, weil der Schutzzweck dieser Regelung mit dem Anliegen der Richtlinie übereinstimmt. Über § 310 Abs 3 Nr 2 gilt das Verbot auch für Klauseln in Individualverträgen, wenn sie dem Verbraucher vorgegeben werden.

IV. Geschäftsverkehr mit Unternehmern

11 Die Ausstrahlung auf den kaufmännischen Bereich ist erheblich, da im Handelsverkehr das Ausbleiben der Erfüllung zum vereinbarten Termin besonders schwerwiegende Folgen haben kann (so auch Bamberger/Roth/Becker Rn 16 – Indizwirkung; Palandt/Grüneberg Rn 14). Vielfach wird in diesem Bereich das Nachfristerfordernis sogar ausgeschlossen (zB Ablade- und Ankunftsklauseln, BGH MDR 1955, 343). Es können daher uU sogar noch kürzere Nachfristen notwendig werden als im Verkehr mit Nicht-Kaufleuten (Lutz AGB-Kontrolle im Handelsverkehr 56 f). Bei der konkreten Beurteilung ist allerdings auch zu berücksichtigen, dass der Kaufmann während des Laufs der Nachfrist durch den Anspruch auf den – bei ihm idR messbaren – Verzugsschaden geschützt ist. Die AGB-mäßige Vereinbarung eines Fix-Geschäfts scheitert idR bereits an § 305c Abs 1 (BGHZ 110, 88), ansonsten an § 308 Nr 3, s § 308 Nr 3 Rn 2.

Für den Bereich der ebenfalls unter den Unternehmerbegriff fallenden Gewerbetreibenden und Freiberufler sind – vorbehaltlich gewisser branchenmäßiger Besonderheiten – die gleichen Wertungen zugrunde zu legen.

§ 308 Nr 3
Rücktrittsvorbehalt

In Allgemeinen Geschäftsbedingungen ist insbesondere unwirksam ...

3. (Rücktrittsvorbehalt)
die Vereinbarung eines Rechts des Verwenders, sich ohne sachlich gerechtfertigten und im Vertrag angegebenen Grund von seiner Leistungspflicht zu lösen; dies gilt nicht für Dauerschuldverhältnisse;

Materialien: 1. Teilber 60; RefE 12; RegE 25; BT-Drucks 14/6857, 5; BT-Drucks 14/6040, 154; s Staudinger/Schlosser Vorbem 5 ff zu §§ 305 ff.

Schrifttum

Salger, Der Selbstbelieferungsvorbehalt, WM 1985, 625.

Systematische Übersicht

I. Allgemeines

1. Gesetzgeberisches Grundanliegen

Klauseln, die die Unverbindlichkeit der Verpflichtung des Verwenders vorsehen, **1**
scheitern bereits an § 305b (Staudinger/Schlosser § 305b Rn 5); Klauseln, die das Fortbestehen der vertraglichen Bindung allein in das Belieben des Verwenders stellen, scheitern in jedem Fall an § 308 Nr 3.

Die Vorschrift des § 308 Nr 3 betrifft alle Klauseln, durch die sich der Verwender einseitig von seiner vertraglichen Leistungspflicht zu befreien sucht. Da in diesem

Fall der Vertrag nicht oder nicht mehr vollständig erfüllt wird und dem Vertragspartner Rechte auf Schadensersatz zustehen können, ist § 308 Nr 3 eine äußerst wichtige Ergänzung der Vorschriften des § 309 Nr 4, 7, 8a, die ohne die Regelung des § 308 Nr 3 weitgehend unterlaufen werden könnten (MünchKomm/Wurmnest Rn 1; Stoffels Rn 771). Ergänzt wird § 308 Nr 3 seinerseits durch § 308 Nr 4, der die Möglichkeiten des Verwenders zur einseitigen Abänderung der Leistungspflicht einschränkt, und durch § 309 Nr 10, der eine willkürliche Abwälzung der Leistungspflicht durch den Verwender auf Dritte verhindert. Schließlich sollen § 308 Nr 7, 8 angemessene Informationen, Rückabwicklungs- und Rückerstattungspflichten bei zulässiger Lösung des Verwenders absichern. § 308 Nr 3 ist daher ein wesentlicher Teil aus den Anstrengungen des Gesetzgebers, unangemessene Eingriffe in das Recht der Leistungsstörungen zu verhindern, insbesondere auch den Kunden vor einem Zustand der Ungewissheit, ob, wann und wie der Vertrag erfüllt werden wird, zu bewahren.

Es mag dabei verwundern, dass die Vorschrift die Angabe des Lösungsgrundes im Wortlaut der Klausel verlangt, da einer der Anlässe für die Schaffung des damaligen AGBG die Überlegung war, dass AGB nicht gelesen zu werden pflegen. **Nach** Vertragsschluss und aus Anlass der Störung von Leistungserwartungen sieht der Vertragspartner des Verwenders aber häufig doch nach (s Staudinger/Schlosser § 305 Rn 138), insbesondere dann, wenn dieser sich auf eine Klausel beruft. Dann kommt das in der Vorschrift konkretisierte **Transparenzgebot** zum Tragen.

Die Vorschrift, die dem Wortlaut von § 10 Nr 3 AGBG entspricht, weicht tendenziell nicht von der aus der Zeit vor Erlass des AGBG stammenden Rspr ab; diese beschränkte sich aber auf eine einengende Auslegung zu weit geratener Klauseln (s die Nachw bei Schlosser/Coester-Waltjen AGBG § 10 Nr 3 Rn 12 ff). Der Hintergrund der Regelung des § 308 Nr 3 hat sich allerdings durch die Modernisierung der gesetzlichen Leistungsstörungsregelungen geändert,

2. Anwendungsbereich

2 **a)** Entgegen der Überschrift des § 308 Nr 3 („Rücktrittsvorbehalt“) ergibt sich aus dem Text der Vorschrift, dass **jede rechtstechnisch mögliche Lösungsmöglichkeit** erfasst ist (allgM; vgl zB AG Forchheim NJW-RR 2000, 72 [bestätigt durch LG Bamberg – S 60/99]): Rücktrittsrechte, Verfallsklauseln, Widerrufsvorbehalte, Anfechtungsvorbehalte (zB erweiterte Anfechtungsrechte wegen Motivirrtums), Befreiungsklauseln, auflösende Bedingungen (OLG Frankfurt NJW-RR 2012, 51 [nicht hingegen aufschiebende – s dazu § 308 Nr 1, BGH NJW 2011, 1215 Rn 15]), Kündigungsrechte. Letztere sind nicht etwa nach § 308 Nr 3 HS 2 vom Anwendungsbereich der Norm deshalb ausgenommen, weil sie für Dauerschuldverhältnisse typisch sind (Schlosser/Coester-Waltjen AGBG § 10 Nr 3 Rn 22; allgM). Insbesondere kommt es nicht darauf an, ob die Lösung von der Leistungspflicht einer besonderen Gestaltungserklärung des Verwenders bedarf oder bei Vorliegen der Voraussetzungen ohne weiteres eintreten soll (Schlosser/Coester-Waltjen AGBG § 10 Nr 3 Rn 23; MünchKomm/Wurmnest Rn 4; Bamberger/Roth/Becker Rn 3; Wolf/Dammann Rn 17; Stoffels Rn 773) bzw ob die Pflichten des Vertragspartners ebenfalls wegfallen oder nicht (OLG München BB 1984, 1386; Wolf/Dammann Rn 13). Die Rspr rechnet hierher auch Klauseln, die nur teilweise die Leistungspflicht des Verwenders entfallen lassen oder die Möglichkeit der Leistungsbefreiung

incidenter voraussetzen (OLG München BB 1984, 1386, 1387; Soergel/Stein AGBG § 10 Nr 3 Rn 27; Erman/Roloff Rn 18), obwohl dies eher Fälle des § 308 Nr 4 sind (Wolf/Dammann Rn 12, 20).

Schließlich gehören hierher Klauseln, die die Voraussetzungen für die gesetzlichen Lösungsrechte zugunsten des Verwenders ändern. Beispiele sind: „Kalkulationsirrtümer berechtigen zur Anfechtung", „die Leistungspflicht beschränkt sich auf den vorhandenen Vorrat". Auch die formularmäßige Vereinbarung einer Fixschuld (des Vertragspartners des Verwenders) fällt in diesen Bereich, weil damit die bloße Leistungsverzögerung des Vertragspartners dem Verwender die sofortige Rücktrittsmöglichkeit ohne die ansonsten erforderliche Fristsetzung (§ 323 Abs 2 Nr 2) eröffnet.

Klauseln, die lediglich die Rechtslage wiedergeben, sind über § 307 Abs 3 der Kontrolle entzogen. Diese Selbstverständlichkeit bedarf hier einer besonderen Betonung, weil die Abgrenzung schwierig ist und manche der als Beispiele wirksamer Klauseln genannten Formulierungen (zB bei Wolf/Dammann Rn 33 f) bereits nach § 307 Abs 3 nicht der Inhaltskontrolle unterliegen. Gerade neben den Lösungsrechten, die sich aus den (jetzt auch gesetzlich fixierten) Rechtsfiguren der pVV und des Wegfalls der Geschäftsgrundlage ergeben, bleibt wenig Raum für einen sachlich gerechtfertigten Grund, der nicht bereits auch ohne die Klausel zur Lösung berechtigen würde (unten Rn 13). Die vertragliche Gestaltung beschränkt sich daher häufig auf eine Klarstellung der Voraussetzungen für die Lösungsmöglichkeiten in den konkreten Beziehungen, insbesondere für jene Grauzone von Ereignissen, bei denen man nicht sicher sagen kann, ob sie die Geschäftsgrundlage entfallen lassen würden (s dazu Staudinger/Löwisch/Caspers [2009] § 275 Rn 21 ff). Die Prüfung verlagert sich damit zunächst jedenfalls auf die Frage, ob eine Abbedingung des geltenden dispositiven Rechts überhaupt vorliegt. Nur wenn diese Frage bejaht wird, kann eine Inhaltskontrolle nach § 308 Nr 3 erfolgen. Wird beispielsweise statt eines nach dispositivem Recht gegebenen Anspruchs auf Anpassung des Vertrages (§ 313 – vgl BT-Drucks 14/6040, 176, nicht mehr *ex lege* Anpassung) ein Rücktrittsrecht vorgesehen, so liegt eine kontrollfähige Klausel vor. Variationen in der Art der Lösung (zB Rücktrittsrecht statt der an sich gegebenen automatischen Leistungsbefreiung) sind zwar rechtsgestaltend, berühren aber nicht den Lösungsgrund. Sie unterliegen, soweit sie die Position des Vertragspartners verändern, der Kontrolle nach § 307 Abs 1, 2. Dass die Praxis allein die Frage nach der Wirksamkeit oder Unwirksamkeit vor Augen hat, entbindet nicht von einer gedanklichen Klarheit bei den einzelnen Prüfungsschritten (näher unten Rn 12 ff). 3

Dass das dispositive Gesetzesrecht die Möglichkeit der Vereinbarung eines Rücktrittsvorbehalts (§ 346), einer Verfallsklausel (§ 323 Abs 2 Nr 2) oder der Vereinbarung einer auflösenden Bedingung (§ 158) vorsieht, entzieht die in AGB getroffene „Abmachung" hingegen nicht der Inhaltskontrolle, denn § 308 Nr 3 will gerade auch den Gebrauch der gesetzlich vorgesehenen Rechtsinstitute durch AGB kontrollieren (Wolf/Dammann Rn 1; Stoffels Rn 776; völlig verfehlt daher die – bei anderen AGB-Klauseln geführte – Argumentation des OLG Stuttgart – NJW 1979, 222 – wie auch des BGH – NJW 2011, 1215 Rn 14; auch schon BGH NJW 1981, 117, 118). 4

Ob dem Kunden lediglich bestimmte **rechtstechnische** Modalitäten einer Lösung des 5

Verwenders vom Vertrag (dazu STAUDINGER/SCHLOSSER § 305c Rn 3) zumutbar sind oder nicht, richtet sich nach §§ 307 Abs 1, 2 und 305c Abs 1 und 3 (SCHLOSSER/COESTER-WALTJEN AGBG § 10 Nr 3 Rn 47). Ähnliches muss auch für eventuell an die Lösung geknüpfte, den Vertragspartner weiter belastende Folgen gelten, die nicht an § 308 Nr 3, sondern an § 308 Nr 7, 8 zu messen sind. Unanwendbar ist § 308 Nr 3 auch, wenn die Folgen eines kraft Gesetzes eintretenden Wegfalls der Leistungspflicht abweichend von der gesetzlichen Rechtslage geregelt werden sollen. Eine Klausel dürfte nach § 307 Abs 1, 2 unwirksam sein, wenn das Gesetz dem Verwender ein Lösungsrecht nur um einen bestimmten Preis einräumt (wie zB § 649) und dieser sich mit der Klausel vorbehält, sich ohne diesen Preis vom Vertrag lösen zu können. Im Bauwesen darf sich daher der Bauherr nicht die Kürzung des Werklohns vorbehalten. § 308 Nr 3 greift nicht ein, wenn in einer Klausel der Zeitpunkt, zu dem der Verwender statt Erfüllung Schadensersatz verlangen kann, vorverlegt wird. Derartige Klauseln fallen in den Bereich des § 309 Nr 4 oder – je nach ihrem Inhalt – des § 307 Abs 1, 2.

6 **b)** Das Verhältnis von § 308 Nr 3 zu anderen gesetzlichen Bestimmungen ist wenig problematisch oder an anderer Stelle schon behandelt. Die im Jahre 2000 eingeführte Regelung des § 308 Nr 8 verlangt für die an einen zulässigen Lösungsvorbehalt geknüpften Rechtsfolgen zugunsten des Verwenders zusätzliche formelle Voraussetzungen, verlängert also den Schutz des Vertragspartners (MünchKomm/WURMNEST Rn 8; BAMBERGER/ROTH/BECKER Rn 30).

7 **aa)** Zum Verhältnis zu § 305b s STAUDINGER/SCHLOSSER § 305b Rn 5.

8 **bb)** Häufig sind sachlich nicht gerechtfertigte Vertragsaufkündigungsklauseln auch überraschend und ungewöhnlich iSv § 305c (zum Verhältnis dieser Norm zur Inhaltskontrolle s STAUDINGER/SCHLOSSER § 305c Rn 2).

9 **cc)** Zum Verhältnis § 308 Nr 3 zu § 308 Nr 1 s § 308 Nr 1 Rn 3. Klauseln wie „Selbstbelieferung vorbehalten", „freibleibend" usw sind außerdem auslegungsbedürftig und je nach Zusammenhang entweder an § 308 Nr 1 oder an § 308 Nr 3 zu messen, s unten Rn 19 ff. Sie können auch nach beiden Normen unwirksam sein. Auflösende Bedingungen fallen unter § 308 Nr 3 (OLG Hamm BeckRS 2011, 22783), aufschiebende unter § 308 Nr 1 (BGH NJW 2011, 1215 Rn 15). Eine Angabe, die iSv § 308 Nr 1 keine hinreichend bestimmte Frist für die Erbringung der Leistung vorsieht, kann auch keinen „im Vertrage angegebenen Grund" iSv § 308 Nr 3 für ein Lösungsrecht im Falle der nicht fristgerechten Erfüllung abgeben.

10 **dd)** § 308 Nr 4 und § 308 Nr 3 stehen in sachlichem Zusammenhang, ohne sich zu überschneiden. § 308 Nr 4 verbietet einseitige, dem Kunden unzumutbare Änderungen des Leistungsinhalts durch den Verwender. Dies kann auch nicht durch ein einseitiges Lösungsrecht des Verwenders für den Fall, dass der Kunde die geänderte Leistung ablehnt, umgangen werden (SCHLOSSER/COESTER-WALTJEN AGBG § 10 Nr 4 Rn 12).

11 **ee)** Zum Verhältnis von § 308 Nr 3 zu § 309 Nr 4 s unten Rn 16 und § 309 Nr 4 Rn 3.

II. Einzelheiten der gesetzlichen Regelung

1. Sachlich gerechtfertigter Grund zur Aufkündigung der Leistungspflicht

a) Eine völlig ins Belieben des Verwenders gestellte Lösungsmöglichkeit verfehlt die Anforderungen des § 308 Nr 3 an eine wirksame Klausel, da ein solches angesichts des Grundsatzes *pacta sunt servanda* und des Erfüllungsinteresses des Vertragspartners sachlich nicht zu rechtfertigen ist (Wolf/Dammann Rn 26 f). Wirksam (aber nach § 307 Abs 3 nicht kontrollfähig – oben Rn 3) sind hingegen alle Klauseln, die für Situationen ein Lösungsrecht vorsehen, in denen dieses bereits nach der Rechtslage auch ohne Vereinbarung gegeben wäre. Beispiele für derartige gesetzliche Regelungen sind §§ 119, 120, 123; 275, 313, 323, 324, 326; 437, 634, 621 Nr 1, 5, 643, 649, 651e, 651j. Der Gesetzgeber wollte über diese Fälle hinaus eine vertragliche Gestaltung durch AGB zulassen. Angesichts der nur eingeschränkten Möglichkeit des Haftungsausschlusses und der Haftungsbegrenzung bei Leistungsstörungen auf Seiten des Verwenders (§ 309 Nr 7, 8 a) und der teilweise AGB-festen Voraussetzungen für ein Lösungsrecht bei Störungen auf Seiten des Vertragspartners (vgl § 309 Nr 4) kann ein solches jedoch nur ausnahmsweise und nur bei Berücksichtigung der sich aus diesen zusätzlichen Grenzen ergebenden Gesichtspunkte wirksam sein (Löwe/vWestphalen AGBG § 10 Nr 3 Rn 11; Ulmer/Schmidt Rn 14; Erman/Roloff Rn 19; MünchKomm/Wurmnest Rn 10). Die Rechtsprechung ist dementsprechend restriktiv, orientiert sich an den gesetzlichen Wertungen und lässt eine darüber hinausgehende Lösungsmöglichkeit nur zu, wenn der Lösungsgrund „durch ein überwiegendes oder zumindest anerkennenswertes Interesse auf Seiten des Klauselverwenders gerechtfertigt ist“ (BGH NJW 1987, 831, 833; BGH NJW 2009, 575 Rn 25 – zust vWestphalen BB 2009, 236, 239; Koch LMK 2009, 273510). Mit dieser – schon sprachlich nicht ganz korrekten – „Leerformel“ lässt sich freilich für konkrete Fälle wenig anfangen. Bei genauer Betrachtung haben bisher fast nur solche Klauseln die „Inhaltskontrolle“ durch den BGH überstanden, die die Rechtslage nachzeichneten, also gerade nicht von der Rechtsgestaltung Gebrauch machten (vgl BGH NJW 1985, 320; BGH NJW 1982, 178, 180; vgl auch BVerwG v 4. 11. 1997 – 8 B 61/97). In Ausschöpfung des gegebenen Spielraums wird man Lösungsvorbehalte nur dann als sachlich gerechtfertigt ansehen können, wenn sie auf Umstände abstellen, bei denen nach Treu und Glauben vom Vertragspartner zu respektieren ist, dass der Verwender sein Vertragsrisiko begrenzt (ähnlich Ulmer/Schmidt Rn 11). Diese Umstände können sowohl in der Sphäre des Verwenders als auch der des Vertragspartners liegen (allgM). Bei der Beurteilung sind zum einen die Individualabrede, die konkrete Leistungsbezeichnung und die typischen Erwartungen des Kunden bei einem entsprechenden Vertrag, zum anderen die vertragliche Gestaltung im Übrigen, also beispielsweise die Leistungs- und Nachfristen, zulässige Leistungsänderungs- und Preisänderungsvorbehalte, Eintrittsrechte, Auskunftspflichten usw mit zu berücksichtigen (s unten Rn 13 ff; MünchKomm/Wurmnest Rn 6; LG Hamburg NJOZ 2010, 1985, 1987 – unverzügliche Informationspflicht). Schließlich spielt eine Rolle, wieweit der Verwender bereits vor oder bei Vertragsschluss die entscheidenden Umstände bzw die Entwicklung erkennen kann (BGH NJW 1987, 831; BAG DB 2005, 2823; LG Frankfurt BeckRS 2011, 20152). Dies gilt sowohl für Lieferschwierigkeiten des Verwenders (s unten Rn 13; BGH NJW 1985, 857) als auch für Fakten und Vorgänge in der Sphäre des Vertragspartners (zB Störung der öffentlichen Ordnung: BGH NJW 1987, 831; bei Vertragsschluss bereits bestehende mangelnde Kreditwürdigkeit: OLG Hamm BB 1983, 1304). Dass eine Typisierung notwendig ist, ergibt sich aus dem Charakter der 12

AGB (s auch unten Rn 26). In jedem Fall muss aber die Klausel für den Vertragspartner klar erkennen lassen, welcher Grund die Lösung des Verwenders vom Vertrag rechtfertigen soll (Transparenzgebot – unten Rn 26).

13 **b)** Umstände, die die Leistung des Verwenders unmöglich iSd § 275 Abs 1 (zur Zumutbarkeit unten Rn 14) machen – also nicht nur Störungen mit vorübergehendem Charakter darstellen (dazu unten c) – befreien den Verwender ohnehin von seiner Leistungspflicht, nicht allerdings ohne weiteres von seiner vertraglichen Bindung und damit von eventuellen Sekundäransprüchen des Vertragspartners. Die für den Vertragspartner in diesem Fall allein relevanten Schadensersatzansprüche, die der Verwender nur in den Grenzen des § 309 Nr 7, 8 b beschränken kann, dürfen nicht durch ein Rücktrittsrecht des Verwenders unterlaufen werden.

Dies bedeutet, dass einem Lösungsrecht des Verwenders idR nicht mit Bedenken zu begegnen ist, wenn der für die (endgültige) Nichtleistung ursächliche Umstand von ihm **nicht zu vertreten (§ 276)** ist; denn in diesem Fall steht dem Vertragspartner schon kraft Gesetzes kein Schadensersatzanspruch zu (§ 280 Abs 1 S 2). Da der Vertragspartner auch den Erfüllungsanspruch nicht mehr durchsetzen kann (§ 275), entfällt sein Interesse, den Verwender am Vertrag festhalten zu können, zumal Dauerschuldverhältnisse ausgenommen sind. Ein Lösungsrecht des Verwenders widerspricht daher weder dem Grundsatz *pacta sunt servanda* noch dem Schutz des Vertragspartners durch Sekundärrechte. Allerdings ist diese Aussage in zweierlei Hinsicht zu relativieren, nämlich zum einen bezüglich der Art des Lösungsrechts mit seinen Folgen, zum anderen bezüglich der AGB-mäßigen Modifizierungen der Voraussetzungen für ein Entfallen der Leistungspflicht und der vom Verwender zu vertretenden Umstände.

So können die Voraussetzungen der gesetzlichen Lösungsmöglichkeiten zugunsten des Verwenders entweder bereits durch den **Inhalt** der Leistungspflicht (zB nur Vorratsschuld) oder durch den Grad des Vertretenmüssens (zB keine Garantie, keine Übernahme des Beschaffungsrisikos) modifiziert werden – auf diesen beiden Ebenen sind vorrangig die Vereinbarkeit der Klausel mit der Individualabrede (§ 305b) und der überraschende Charakter der Klausel (§ 305c) zu prüfen. Wesentliche Gesichtspunkte müssen dabei die bei dem jeweiligen Vertragstyp und -gegenstand angesichts der Individualvereinbarung bestehenden berechtigten Erwartungen des Vertragspartners sein. Beim Kauf beispielsweise vom Produzenten wird eine Beschränkung auf die eigene Produktion und den eigenen Vorrat auch bei einem nur generell gattungsmäßig bezeichneten Vertragsgegenstand dem allgemeinen Kundenverständnis durchaus entsprechen, wenn es sich um ein kleines oder mittleres Produktionsunternehmen handelt (zB Kartoffelbauer, Handwerkerbetrieb). Hier kann bereits die Auslegung des Vertrages ergeben, dass der Inhalt der Leistungspflicht auf den eigenen Vorrat oder die eigene Produktion beschränkt ist; eine Klausel, die dies zusätzlich in Form eines Lösungsvorbehalts zum Ausdruck bringt, ist damit nicht zu beanstanden. Ergibt der individuell vereinbarte Leistungsinhalt jedoch eine solche Beschränkung nicht, so kann die Klausel beispielsweise bei ausdrücklicher Individualvereinbarung einer unbeschränkten Gattungs- oder Beschaffungsschuld nach § 305b als Widerspruch zur Individualvereinbarung (Staudinger/Schlosser § 305b Rn 5; ähnlich MünchKomm/Wurmnest Rn 8; im Ergebnis Unwirksamkeit annehmend Wolf/Dammann Rn 50; Stoffels Rn 783; Erman/Roloff Rn 24; **aA** NK-BGB/Koll-

MANN Rn 32; zu den Engpässen im digitalen und energetischen Bereich DERLEDER NJW 2011, 113), bei einer indifferenten Individualabmachung aber auch als überraschende Klausel nach § 305c unwirksam sein. Ist dies angesichts der getroffenen Vereinbarung und des allgemeinen Erwartungshorizonts – wohl idR nur ausnahmsweise – nicht der Fall, so kann der Leistungsinhalt aus sachlich gerechtfertigtem Grund beschränkt werden.

Die gleichen Grundsätze sind in Bezug auf die Beschränkung des Vertretenmüssens (iSd § 276) anzuwenden. Auch hier bilden bereits die §§ 305b, 305c eine Wirksamkeitshürde. In der Praxis geht es dabei überwiegend um Beschränkungen des Beschaffungsrisikos (§ 276). Stehen derartige Beschränkungen der Leistungspflicht des Verwenders nicht bereits im Widerspruch zur Individualabrede und sind sie auch nicht überraschend, so können sie als sachlich gerechtfertigt nur angesehen werden, wenn der Verwender zumutbarer Vorsorge und Umsicht nachgekommen ist und nachzukommen verpflichtet bleibt, also nicht schon ein Übernahmeverschulden vorliegt oder eine sachlich nicht gerechtfertigte Freizeichnung angestrebt wird. Dazu gehört idR, dass der Verwender bei Beschaffungsschulden einen kongruenten Deckungskauf vorgenommen, aber von seinen Lieferanten nicht beliefert wurde. Nur unter diesen engen Voraussetzungen lassen Rspr und Lit die sog Selbstbelieferungsvorbehalte zu (BGH NJW 1983, 1320, 1321; BGH NJW 1985, 738; OLG Stuttgart ZIP 1981, 875; OLG Stuttgart NJW-RR 2011, 1419; LG Duisburg BeckRS 2007, 08347; BAMBERGER/ROTH/BECKER Rn 29; WIESE VuR 2008, 161, 162). Auch insoweit greift also bei scheinbar nicht zu vertretender Unmöglichkeit § 308 Nr 3 ein.

Sind hingegen für Leistungsinhalt und Vertretenmüssen keine Modifizierungen in der Klausel vorgesehen, so ist auch bei vom Verwender nicht zu vertretender Unmöglichkeit nicht jede Lösungs**art** aus der vertraglichen Bindung sachlich gerechtfertigt. Rücktritt als gesetzlich vorgezeichnete Beendigung der vertraglichen Bindung (§ 323) ist nicht zu beanstanden. Das Gleiche gilt für andere Lösungsrechte, die der zunächst bestehenden Bindung durch Regelung des Rückgewährschuldverhältnisses Rechnung tragen. Sachlich nicht gerechtfertigt ist aber beispielsweise eine Gestaltung, die das Leistungshindernis zu einer auflösenden Bedingung macht und damit den Vertragspartner auf die Rückabwicklung nach Bereicherungsrecht verweist (STAUDINGER/SCHLOSSER § 305c Rn 30 sieht hierin schon eine möglicherweise überraschende Klausel). Die Problematik wird allerdings nunmehr durch § 308 Nr 8 abgeschwächt, der für den Fall eines nach § 308 Nr 3 zulässigen Lösungsrechts zusätzlich die Verpflichtung zur sofortigen Erstattung der vom Vertragspartner erbrachten Gegenleistung vorsieht (also jedenfalls die Entreicherungseinrede ausschließt), s unten § 308 Nr 8.

Hat der Verwender hingegen den Wegfall der Leistungsmöglichkeit zu vertreten (§ 276), so sind die Grenzen des § 309 Nr 7 und 8 zu beachten. Soweit er der Haftung nicht entgehen kann, muss er sich am Vertrag festhalten lassen (MünchKomm/WURMNEST Rn 7; BAMBERGER/ROTH/BECKER Rn 26; ERMAN/ROLOFF Rn 22; PALANDT/GRÜNEBERG Rn 20; vgl BGH NJW 1983, 1320, 1321; OLG Stuttgart ZIP 1981, 875; s auch SALGER WM 1985, 625, 626). Hieran ändert auch § 325 nichts (so aber WOLF/DAMMANN Rn 29). Nur soweit er seine Schadensersatzpflicht wirksam ausschließen kann (also allenfalls für fahrlässige oder zu vertretende, aber nicht verschuldete Pflichtverletzungen), kann er überhaupt unter dem Gesichtspunkt sachlicher Rechtfertigung ein eigenes Lösungsrecht vorsehen. Die für eine sachliche Rechtfertigung der AGB-mäßigen Beschränkung der Leistungspflicht und des Vertretenmüssens ausschlaggebenden Gesichtspunkte gelten hier gleichermaßen. Praktisch relevant wird auch hier wieder der Vorbehalt der Selbstbelieferung, der nur unter den oben bereits erwähnten Kriterien wirksam ist.

c) Das Gleiche gilt, wenn der Umstand lediglich zu einer vom Verwender zu vertretenden Leistungsverzögerung führt. Rechtsgestaltungsraum bleibt hier in geringem Maße bei den vom Verwender nicht zu vertretenden Leistungsverzögerungen. Da der Verwender in diesem Fall dem Vertragspartner weder Schadensersatz statt der Leistung noch Verzugsschaden schuldet, wird aber idR kein gerechtfertigtes Lösungsinteresse gegeben sein (BGH NJW 1985, 855, 857 – Möbelhandel; Ulmer/Schmidt Rn 4, 12). Ein solches mag ausnahmsweise bestehen, wenn der Verwender durch die von ihm nicht zu vertretende Leistungsverzögerung (beachte die Anwendbarkeit des § 276 Abs 1 S 1 – Übernahme eines Beschaffungsrisikos – auch in dieser Frage) in besondere Leistungsschwierigkeiten kommt, zB weil seine (sorgfältige!) Arbeitsplanung auch unter zumutbarem Einsatz nicht aufrecht erhalten bleiben kann (der Erbringer persönlicher Leistungen – Steuerberater, Wirtschaftsprüfer etc – ist durch die zeitliche Verschiebung in dem zur Leistungserbringung in Betracht kommenden Zeitraum völlig überlastet). Außerdem muss dem Vertragspartner ein Ausweichen auf einen anderen Leistungserbringer zumutbar sein. Die Wirksamkeit des Lösungsvorbehalts ist also vom Vertragstyp und der spezifischen Lage in diesem Bereich abhängig. IdR als unwirksam werden Klauseln angesehen, die eine Lösungsmöglichkeit für den Fall der (erfahrungsgemäß nur vorübergehenden) Betriebsstörungen, Arbeitskämpfe etc vorsehen (BGH BB 1985, 483; BGH NJW 1983, 1320, 1321; OLG Koblenz NJW-RR 1989, 1459, 1460; Ulmer/Schmidt Rn 12; vWestphalen Höhere Gewalt Rn 1; Arbeitskampfklauseln Rn 1 ff; Erman/Roloff Rn 25; MünchKomm/Wurmnest Rn 7). Bei den vom Verwender zu vertretenden Leistungsverzögerungen wiederum sind sachlich gerechtfertigte Gründe nur dann anzunehmen, wenn es nicht um die Vermeidung der Verschuldenshaftung geht, sondern wenn die Beschaffungsrisiken, die der Verwender ansonsten verschuldensunabhängig tragen müsste, in einer dem Kunden zumutbaren Weise eingeschränkt werden. Auch hier macht es keinen Unterschied, ob die Klausel beim Vertretenmüssen der Verzögerung oder bei den Folgen ansetzt.

14 **d)** Rechtsgestaltungsmöglichkeiten gibt es auch bei **Leistungserschwerungen** in der Sphäre des Verwenders. Soweit diese Leistungserschwerungen zu einer Unzumutbarkeit der Leistung nach § 275 Abs 2, 3 führen, wird er zwar ohnehin (auf Einrede) von der Leistungspflicht (nicht aber von der vertraglichen Bindung) frei. Auch hier dürfen daher die Sekundärrechte des Vertragspartners durch Lösungsmöglichkeit des Verwenders nicht unterlaufen werden (s oben Rn 13). Soweit Leistungserschwerungen vom Verwender zu vertreten sind, kann ein sachlich gerechtfertigter Grund nur ausnahmsweise anerkannt werden. Dabei sind bei der Beurteilung des Vertretenmüssens nicht nur Übernahme-, Vorsorge- und Abwendungsverschulden zu beachten, sondern auch die Risikozuweisung des § 276 Abs 1 S 1. Es macht wenig Sinn, dem Verwender bei Unmöglichkeit der Leistung die Lösung aus der vertraglichen Bindung nur begrenzt zu ermöglichen (s oben Rn 13), ihm aber im Vorfeld der nur erschwerten Leistung ein Schlupfloch zu eröffnen. Dementsprechend sind auch die meisten Leistungserschwerungen grundsätzlich bei Gattungs- und Beschaffungsschulden nach § 276 Abs 1 S 1 vom Schuldner zu ver-

treten (großzügiger: GRANZER, Die Freizeichnung von verschuldensabhängiger Haftung in AGB [1991] 26). Insbesondere sind erhöhte Kosten zur Beschaffung der zu leistenden Ware (schon im Hinblick auf § 309 Nr 1) kein sachlich gerechtfertigter Grund (MünchKomm/WURMNEST Rn 9; BAMBERGER/ROTH/BECKER Rn 25; BGH NJW 1983, 1320 – Möbelhandel; anders noch OLG Celle AGBE I § 10 Nr 33). Soweit die Grenze des zumutbaren Opfers überschritten wird, entfällt mit der Leistungspflicht auch die Schadensersatzpflicht, wenn der Verwender hierfür nicht einstehen muss. In diesem Fall ist – wie in Rn 13 dargelegt – im Hinblick auf die §§ 275 Abs 2, 3, 280 Abs 1 S 2 ein weiteres Schutzbedürfnis des Vertragspartners nicht ersichtlich. Bei vom Verwender nicht zu vertretenden Leistungserschwerungen sind daher alle Lösungsgründe als sachlich gerechtfertigt anzusehen, die – wären sie nicht ausdrücklich in den Vertrag einbezogen worden – zur Leistungsverweigerung nach § 275 Abs 2, 3 berechtigen oder zu einer Störung der Geschäftsgrundlage (§ 313) und in deren Folge zu einem Erlöschen der Leistungspflicht nach § 313 Abs 3 führen würden. Wäre ohne die Klausel nur eine Anpassung des Vertragsverhältnisses (als Folge des Wegfalls der Geschäftsgrundlage) geboten, so ist die weitergehende vertragliche Regelung dann sachlich gerechtfertigt, wenn dem Vertragspartner eine Lösung der vertraglichen Bindung zumutbar ist. Dies hängt unter anderem von der bereits verstrichenen Frist des Zuwartens auf die Leistung, von der allgemeinen Marktlage etc ab. Problematisch ist, dass diese Ereignisse bei Vertragsschluss und erst recht bei der Formulierung der AGB idR nicht vorhersehbar sind und daher schwerlich im Vorhinein genau festgelegt werden können (s auch unten Rn 26).

e) Bei Umständen, die nicht die Geschäftsgrundlage ausmachen würden, weil sie nach der gesetzlichen oder nach der übrigen Vertragsgestaltung in den Risikobereich eines Vertragspartners fallen (vgl BGHZ 110, 143, 152 – Bauerwartungsland; BGHZ 83, 283, 288 – Schutzrecht), ist die Beurteilung schwieriger. Einerseits darf eine Änderung der Risikosphäre nicht zu einem Widerspruch zur Individualvereinbarung führen, andererseits müssen vertragliche Variierungen möglich sein. Entscheidend sollte sein, ob sich unter Berücksichtigung des Gesamtcharakters des Geschäfts, insbesondere der Individualvereinbarung über die Leistung, der Vertragspartner, wäre er ausdrücklich auf die Verschiebung der Risikobereiche angesprochen worden, nach Treu und Glauben mit einer solchen Regelung einverstanden erklärt hätte. Durch § 305c ist der Vertragspartner zusätzlich vor überraschenden Klauseln geschützt. Bei der Buchung einer Studienreise würde beispielsweise der Vorbehalt des Veranstalters, diese Reise nur bei ausreichender Teilnehmerzahl durchzuführen, idR individualvertraglich akzeptiert werden. Als AGB ist die Regelung bei dieser Art von Reise nicht überraschend, während bei der Buchung eines Linienfluges bereits § 305c eingreifen würde. Scheitert die Klausel nicht an § 305c, so bedarf sie der sachlichen Rechtfertigung (MünchKomm/WURMNEST Rn 5, 9), die nur bei Abgewogenheit der beiderseitigen Interessen an der Nichtdurchführung bzw Durchführung des Vertrages gegeben ist (uneingeschränktes Recht zur Absage der Reise unwirksam: BGHZ 86, 284; zum Vergleich: OLG München VuR 1993, 182; AG Neuruppin RRa 2008, 31; zu wirksamen Leistungsvorbehalten LG Hamburg NJZO 2010, 1985, 1986 f; LG Bamberg RRa 2011, 258 Rn 40 f; LG Köln BeckRS 2012, 12426; zur Unwirksamkeit bei Koppelung mit Vorleistung LG Hamburg NJW-RR 2008, 439). Beim Kauf von Bauerwartungsland trägt idR nach dem Gesamtcharakter des Geschäfts der Spekulant das Risiko der weiteren Entwicklung. Eine Verschiebung dieses Risikos erscheint daher **nur** durch Individualvereinbarung gerechtfertigt (zur problematischen Inhaltskontrolle bei Grundstückskaufverträgen mit nicht „vom **15**

Verwender gestellten Bedingungen": BGH NJW 1984, 2094; MEDICUS, Zur gerichtlichen Inhaltskontrolle notarieller Verträge [1989]; zur Änderung der Rechtslage bei Verbraucherverträgen durch § 310 Abs 3 KANZLEITNER DNotZ 1996, 867; STAUDINGER/SCHLOSSER § 310 Rn 55, 63 und unten Rn 30).

16 **f)** Geht es bei dem Umstand, der zur Lösung berechtigen soll, um Vorgänge oder Zustände in der Verantwortungssphäre des **Vertragspartners** des Verwenders, so sind – soweit nicht bereits ohne die Klausel ein Lösungsrecht gegeben wäre – drei Fallgruppen zu unterscheiden: Wäre ohne eine auf diesen Umstand bezugnehmende Klausel eine Störung der Geschäftsgrundlage (§ 313) gegeben, weil dieser Umstand üblicherweise von den Parteien zur Geschäftsgrundlage gemacht wird, so bedarf der sachlichen Rechtfertigung nur die Frage, warum der Verwender statt der Vertragsanpassung über die Situation des § 313 Abs 3 hinausgehend Lösung von seiner Leistungspflicht beansprucht (s oben Rn 3). Verschiebungen der Risikosphäre sind auch hier nur in engen Grenzen möglich. ZB können spätere Entdeckungen von Umständen, die die Kreditwürdigkeit des Vertragspartners generell (also nicht konkret im Hinblick auf eine Gefährdung der Gegenleistung) betreffen (soweit nicht eine Pflichtverletzung des letzteren vorliegt – dazu unten Rn 17), nicht als Auflösungsgründe vorgesehen werden, weil hierin ein vom Verwender mit Vertragsschluss übernommenes Risiko liegt. So ist ein Rücktrittsvorbehalt bei „Fehlen oder Wegfall der Kreditwürdigkeit" des Kunden unwirksam (OLG Hamm BB 1983, 1304 – kaufmännischer Verkehr; ULMER/SCHMIDT Rn 15; LÖWE/vWESTPHALEN AGBG § 10 Nr 3 Rn 20; ERMAN/ROLOFF Rn 20; OLG Düsseldorf ZIP 1984, 719; vgl auch BGHZ 112, 279, 284; **aA** OLG Karlsruhe AGBE I § 10 Nr 40; OLG Koblenz ZIP 1981, 509, 512; großzügig auch BRUNS ZZP 110 [1997] 305, 327). Auch eine Abhängigkeit der Vertragsbindung von der Erwerbstätigkeit des Vertragspartners kann idR nicht als sachlich gerechtfertigt angesehen werden, weil dieser Umstand keine direkten Auswirkungen auf die Vertragsabwicklung haben muss und es daher für den Kunden nicht zumutbar ist, sich auf eine solche Koppelung einzulassen. Die Möglichkeit der Vertragserfüllung muss ihm eröffnet bleiben.

Die zweite Fallgruppe betrifft Ereignisse und Umstände in Bezug auf die Primärleistungspflicht des Vertragspartners. Hat der Vertragspartner nicht rechtzeitig geleistet, so verbietet § 309 Nr 4 die klauselmäßige Abbedingung der Nachfristsetzung; dementsprechend darf sich der Verwender kein (über die Fälle der nach anderen Regelungen entbehrlichen Nachfristsetzung hinausgehendes) Lösungsrecht ohne vorherige Nachfristsetzung ausbedingen (BAMBERGER/ROTH/BECKER Rn 12; ULMER/SCHMIDT Rn 14; ERMAN/ROLOFF Rn 19). Der Verwender hat damit praktisch nur die Möglichkeit, zum einen Vertragsauflösung mit Ablauf der Nachfrist vorzusehen oder zum zweiten die Rechtsgrundsätze, nach denen eine Nachfristsetzung entbehrlich ist (zB § 323 Abs 2), in der Klausel aufzuführen, oder sich drittens entsprechend § 321 Abs 2 S 2 ein Rücktrittsrecht vorzubehalten. Da er mit den beiden letztgenannten Gestaltungen grundsätzlich nur die bestehende Rechtslage nachzeichnet, scheinen sich derartige Vertragsbestimmungen der Inhaltskontrolle nach § 307 Abs 3 zu entziehen. Entscheidend ist aber die Konkretisierung der in § 323 Abs 2 für die Entbehrlichkeit der Nachfrist, in § 321 für die Abweichung von der vereinbarten Vorleistung aufgeführten Gründe. Die Ausfüllung von § 323 Abs 2 Nr 2 und 3 dürfte dabei idR keine Schwierigkeiten und Unsicherheiten bei der konkreten Umsetzung in AGB bereiten. Problematischer ist die Konkretisierung von § 323

Abs 2 Nr 3. Keine Rolle spielt dabei die (bei Geldschulden ohnehin irrelevante) Frage, ob der Vertragspartner die Leistungsverzögerungen zu vertreten hat, denn der Gesetzgeber räumt in § 323 dem Gläubiger unabhängig vom Verzug des Schuldners ein Rücktrittsrecht ein; ja er gewährt dieses ausnahmsweise sogar bereits vor Fälligkeit. In Betracht kommen als besondere Umstände, die den sofortigen Rücktritt „unter Abwägung der beiderseitigen Interessen" rechtfertigen, Vermögensverschlechterungen und -gefährdungen des Vertragspartners, die unmittelbar auf die Leistungsfähigkeit durchzuschlagen drohen und ein Zuwarten des Verwenders im Hinblick auf die von ihm erbrachte oder zu erbringende (Vor-)Leistung unzumutbar erscheinen lassen. Die Grundgedanken der Regelung des § 321 Abs 2 S 2 sind auch hier mit zu berücksichtigen. Bei Vorleistungspflicht ist § 321 Abs 2 S 2 direkt anwendbar, der wiederum auf § 323 verweist, also uU die Fristsetzung entbehrlich macht. Die Abgabe einer Offenbarungsversicherung hält der BGH (NJW 2001, 292) bei einem Neuwagenkauf für einen ausreichenden Rücktrittsgrund (zustimmend Bamberger/Roth/Becker Rn 19; Erman/Roloff Rn 19). Das Gleiche gilt für die Eröffnung des gerichtlichen Insolvenzverfahrens (BGH NJW 1986, 255), für die Ablehnung der Eröffnung mangels Masse (Erman/Roloff Rn 19) und für vergebliche Zwangsvollstreckungsmaßnahmen (BGH WM 1984, 1217 – Leasing).

Verdachtsgründe bezüglich einer Vermögensverschlechterung reichen jedoch nicht aus (vgl BGHZ 112, 279, 284). Unwirksam sind alle Klauseln, die ein uneingeschränktes Lösungsrecht bei bloßer Gefährdung der Erfüllung gewähren (wie „bei Zahlungsverzug, Vermögensverfall, Arbeitslosigkeit des Kunden", vgl OLG Hamm BB 1983, 1304; OLG Düsseldorf ZIP 1984, 720).

Wirksam sind aber Klauseln, die eine automatische Vertragsauflösung bei fruchtlosem Ablauf der Nachfrist vorsehen („Mit fruchtlosem Ablauf der Nachfrist wird der Verwender von seiner Leistungspflicht frei") oder bei nicht behebbaren Leistungshindernissen in Anlehnung an § 323 Abs 4 ein Rücktrittsrecht geben („Ist der Kunde offensichtlich nicht in der Lage, die Leistung zu erbringen oder weigert er sich endgültig, so kann der Verwender auch bereits vor Fälligkeit zurücktreten").

Die dritte Fallgruppe schließlich betrifft ein als sonstige Pflichtverletzungen (positive Forderungsverletzung) zu qualifizierendes Verhalten des Vertragspartners des Verwenders. Auch hier darf nicht jede Vertragsverletzung als Lösungsgrund vorgesehen sein. Vielmehr muss es sich nach dem Vorbild des § 324 um eine für das Leistungs- und Vertrauensverhältnis bedeutsame Pflichtverletzung handeln. Da die gesetzliche Regelung ein Lösungsrecht des Vertragspartners nach den Grundsätzen von Treu und Glauben zubilligt, bleibt wenig Raum für ein darüber hinausgehendes sachlich gerechtfertigtes Lösungsinteresse des Verwenders (BGH NJW 1986, 320, 325; OLG München NJW-RR 2004, 212 [unrichtige Angabe über Kreditwürdigkeit bedingende Tatsachen]; OLG Frankfurt NJW-RR 2012, 51 [Nichtvorlage der Kreditkarte bei Flugreise]; Bamberger/Roth/Becker Rn 13 ff). Lediglich für Grenzsituationen wird – auch angesichts des Klarstellungsinteresses – ein über das Nachzeichnen der Rechtslage hinausgehender Lösungsvorbehalt möglich sein. Wirksam sind daher Lösungsvorbehalte für den Fall der Verletzung einer für die Vertragserfüllung wesentlichen Mitwirkungspflicht des Vertragspartners, die ein weiteres Warten unzumutbar macht (BGH NJW 1992, 1628 – Schlüsseldienst – unter Betonung der Kennzeichnung als Alltagsgeschäft) oder einer bedeutsamen Anzeige- und Obhutspflicht für die vom Verwender überlassenen Gegen- 17 stände (BGH NJW 1985, 320 – Verletzung von Anzeigepflichten beim Kauf unter Eigentumsvorbehalt). Auch Falschauskünfte, die das Vertrauensverhältnis zerstören oder Umstände betreffen, die für die Vertragserfüllung wesentlich sind, können ein Lösungsrecht rechtfertigen. Insbesondere soweit es um die für die Vertragserfüllung relevanten Angaben zur Person oder zur Vermögenslage geht, erscheinen Falschangaben schwerwiegend (BGH NJW 1985, 320, 325; OLG München NJW-RR 2004, 212; OLG Frankfurt ZIP 1983, 1213; OLG Düsseldorf ZIP 1984, 719; Ulmer/Schmidt Rn 15). Unwirksam sind hingegen beispielsweise Klauseln, die bereits bei jeglichen Falschangaben des Vertragspartners (BGH NJW 1985, 2271; OLG Hamm BB 1983, 1304) oder bei Verletzung von Mitwirkungspflichten ohne Rücksicht auf ihre Bedeutung ein Rücktrittsrecht des Verwenders vorsehen (OLG Hamm NJW-RR 1987, 311, 312).

2. Die inhaltliche Problematik praktisch häufig vorkommender Klauseln

18 Eine Reihe von Klauseln, vor allem Kurzklauseln, können, je nachdem in welchem Zusammenhang sie gebraucht werden, verschiedene Bedeutung haben. Die wichtigsten unter ihnen seien nachfolgend etwas eingehender besprochen. Zu beachten ist immer, dass im Individualprozess und im Unterlassungsverfahren verschiedene Auslegungsgrundsätze gelten (s Staudinger/Schlosser § 305c Rn 108 ff mit Darstellung der Entwicklung, neueren Einschränkungen und Kritik an der herrschenden Praxis).

19 **a)** Wird die Klausel **„freibleibend"** (dazu Staudinger/Schlosser § 305b Rn 5 und oben § 308 Nr 1 Rn 4) ohne weiteren Zusatz verwandt, so soll sie häufig die völlige Unverbindlichkeit eines „Angebots" des Verwenders bedeuten. Das ist nur dann unbedenklich, wenn der objektive Erklärungswert der Äußerung wirklich lediglich eine Aufforderung enthält, ein Angebot zu machen, wenn es also noch um die Phase vor Vertragsschluss geht (iE ebenso MünchKomm/Wurmnest Rn 4; Bamberger/Roth/Becker Rn 33). Ansonsten liegt idR ein eklatanter Verstoß gegen die Individualvereinbarung vor. Ist dies nicht der Fall, so darf des Weiteren der Vorbehalt auch nicht überraschend sein.

Im Handelsverkehr wird einer solchen Klausel demgegenüber nicht selten die Bedeutung beigemessen, dass der Antragende bis zur Annahme des Antrags ein Widerrufsrecht hat oder die Annahme des Angebots durch den Vertragspartner nicht wirksam wird, wenn der Verwender unverzüglich widerspricht (BGH NJW 1984, 1885; Baumbach/Hopt § 346 Rn 40). Ersteres ist in Anwendung von § 145, letzteres hingegen als Minus gegenüber der völligen Bindungslosigkeit prinzipiell wirksam. Häufig sind aber auch solche Klauseln iSv § 305c Abs 1 überraschend. Die Klausel „freibleibend" kann aber auch eine Befreiung des Verwenders von der Lieferpflicht für den Fall meinen, dass er selbst nicht beliefert wird – je nach Situation auch im Falle des Verschuldens des Verwenders (RG HRR 30, 1040; RGZ 132, 305; Großkomm HGB/Koller Vor § 373 Rn 223). Zur Bewertung für solchermaßen ausgelegte Klauseln s oben Rn 13. Mit „freibleibend" kann schließlich die Lieferzeit, der Preis oder die Liefermenge angesprochen sein (Baumbach/Hopt § 346 Rn 40). Dann ist entweder § 308 Nr 1, § 309 Nr 1 oder § 308 Nr 4 einschlägig (Ulmer/Schmidt Rn 5). Dieselbe Bedeutung wie „freibleibend" können auch die Klauseln **„ohne Verbindlichkeit"** oder **„ohne Obligo"** haben (Baumbach/Hopt § 346 Rn 40). „Ohne Obligo" kann ferner als reine Haftungsfreizeichnung gemeint und damit nach § 309 Nr 7, 8 zu beurteilen sein. Klauseln, die nicht eindeutig erkennen lassen, ob es um die Modalitäten der

Annahme durch den Verwender oder um einen Rücktrittsvorbehalt geht, scheitern am § 308 Nr 3 (OLG Düsseldorf EWiR 1999, 577 m zust Anm ECKERT).

b) Klauseln wie **„Selbstbelieferung vorbehalten"** oder „richtige und rechtzeitige Selbstbelieferung vorbehalten" können den Verwender nur dann von der Lieferpflicht befreien, wenn er ein kongruentes Deckungsgeschäft abgeschlossen hat, aus diesem nicht beliefert wird und dies sofort dem Kunden anzeigt (BGHZ 49, 388; BGH NJW 1983, 1320; BGH NJW 1985, 855; BGH NJW 1995, 1959; OLG Stuttgart ZIP 1981, 875, 876). Zu recht wird auf die Erwartungen eines Durchschnittskunden bzgl der jederzeitigen Verfügbarkeit der Güter hingewiesen (MünchKomm/WURMNEST Rn 8; WIESE VuR 2008, 161, 162), so dass auch die Möglichkeit der überraschenden Klausel in Betracht kommt. Richtig ist aber auch, dass bei neuen Produkten im digitalen Bereich Engpässe entstehen, die eine Regelung grundsätzlich legitim erscheinen lassen (vgl DERLEDER NJW 2011, 113, 117, s zur Vorratsschuld auch oben Rn 13). Die an das kongruente Deckungsgeschäft gestellten Forderungen sind unterschiedlich: LG Halle (VuR 1998, 53 ebenso LG Duisburg BeckRS 2007, 08347) fordert Abschluss des Deckungsgeschäfts bei Vertragsschluss; vWESTPHALEN (Einkaufsbedingungen Rn 13) fordert Deckungsgeschäft für konkreten Kunden; beide Anforderungen sind zu weitgehend. Auch ein nach Vertragsschluss oder nicht für den konkreten Vertrag abgeschlossenes Deckungsgeschäft reicht aus, wenn es im engen zeitlichen Zusammenhang mit diesem Vertragsschluss steht. Der Kunde wird zusätzlich durch § 308 Nr 8 geschützt, der neben der von der Rspr bereits zuvor geforderten sofortigen Anzeigepflicht die ausdrückliche Übernahme der Verpflichtung zur Rückzahlung der Gegenleistung als Wirksamkeitsvoraussetzung des Lösungsrechts fordert. 20

In Bezug auf serienmäßig hergestellte Markenartikel ist insbesondere eine von einem Nichtvertragshändler verwandte Klausel wirksam, nach der der Verkäufer zum Rücktritt vom Vertrag berechtigt sein soll, sofern der Hersteller die Produktion der bestellten Ware nicht begonnen oder eingestellt hat (aA OLG Koblenz NJW-RR 1993, 1078). Dass der Händler sich dagegen vorsieht, noch leisten zu müssen, nur weil die Ware vielleicht noch anderwärts als beim Hersteller aufgetrieben werden kann, ist legitim. Dies gilt aber nur, wenn die fehlende Selbstbelieferung Fälle nicht erfasst, in denen den Händler ein Verschulden trifft, etwa weil er eine Erkundigungspflicht hatte, der er nicht nachgekommen ist, oder weil er sich nicht rechtzeitig um ein Deckungsgeschäft bemüht hatte (MünchKomm/WURMNEST Rn 8; BAMBERGER/ROTH/BECKER Rn 29; iE auch PALANDT/GRÜNEBERG Rn 20; ERMAN/ROLOFF Rn 24).

Selbstbelieferungsklauseln können sich aber auch nur auf die Leistungszeit beziehen (BGHZ 24, 39), besagen dann freilich nur, dass der Verkäufer nicht in Verzug kommt, wenn er sich nach Ausbleiben der Selbstbelieferung rechtzeitig um andere Eindeckung bemüht. Die darin liegende Einschränkung der Verantwortlichkeit iSd § 276 kann wirksam sein (s § 309 Nr 7 Rn 13, 39), soweit hier nicht ein Verstoß nach § 308 Nr 1 oder § 309 Nr 8a vorliegt (vgl § 308 Nr 1 Rn 17, 22; 309 Nr 8 Rn 5; ULMER/SCHMIDT Rn 6; WIESE VuR 2008, 161, 165). Im Sinne von Lieferfristverlängerung werden Selbstbelieferungsklauseln häufig im Zusammenhang mit Verträgen über den Bezug von Massenware nach Volumen, Gewicht oder Längenmaß auszulegen sein, wenn die Beschaffung solcher Ware erfahrungsgemäß gelegentlichen Engpässen unterliegt.

Nicht angemessen aber sind Klauseln, die allgemein bei „Marktschwierigkeiten",

„Herstellungsschwierigkeiten", „Verknappung des Vertragsobjekts" eine Rücktrittsmöglichkeit von der Erfüllungsverpflichtung vorsehen (Schlosser/Coester-Waltjen AGBG § 10 Nr 3 Rn 32; MünchKomm/Wurmnest Rn 9). In diesen Fällen würden sonst gerade die Anstrengungen, die der Verwender nach der Rspr zu unternehmen hat, um auch bei solchen Schwierigkeiten die Beschaffungsschuld noch zu erfüllen, herabgesetzt werden (BGH NJW 1983, 1320; OLG Koblenz NJW-RR 1989, 1459; **aA** noch OLG Celle AGBE I § 10 Nr 33). Das Gleiche gilt für den Rücktrittsvorbehalt eines Reiseveranstalters „bei geänderten Dispositionen des Eigentümers" des angebotenen Ferienhauses (AG Neuruppin RRa 2008, 31); anderes kann für andere Leistungshindernisse gelten, die vom Verhalten Dritter abhängig sind (zB Rücktritt bei Fehlen geeigneter Gastfamilie – LG Hamburg NJOZ 2010, 1985, 1986 f; oder von der Buchung durch mehrere Personen – LG Bamberg RRa 2011, 258 Rn 40).

21 **c)** Einen engeren Sinn soll (Baumbach/Hopt § 346 Rn 40) die Klausel **„Lieferungsmöglichkeit vorbehalten"** haben, da sie den Verwender verpflichtet, alles Zumutbare zu unternehmen, um die Lieferung doch noch zu bewirken, s oben Rn 9. Sie dürfte im Wesentlichen die nach den Rechtsvorschriften auch ohne Vereinbarung gegebene Rechtslage treffen, da mit Überschreiten der Zumutbarkeitsgrenze die Leistungspflicht erloschen sein wird (§ 313 Abs 1) oder zum Erlöschen gebracht werden kann (§ 275 Abs 2, 3). Da die Klausel zu den Sekundärrechten nichts sagt, zeichnet sie in dieser engen Auslegung im Wesentlichen nur die Rechtslage nach und ist insoweit unproblematisch (Wolf/Dammann Rn 34; **aA** Stoffels Rn 783). Ohne die enge Auslegung ist sie hingegen bedenklich (s § 309 Nr 7b und Nr 8 a).

22 **d)** Die Formel **„solange Vorrat reicht"** soll den Inhalt der Leistungspflicht bestimmen (vgl oben Rn 13) und diese auf die beim Verwender vorhandene Menge beschränken. Als Bestandteil einer Werbeankündigung legitim, ist der Vorbehalt im Rahmen abgeschlossener Verträge als vorformuliertes Regelungselement unwirksam. Dabei wird idR bereits ein Widerspruch zur Individualvereinbarung (§ 305b) vorliegen oder der Überraschungscharakter zu bejahen sein (§ 305c) (vgl Palandt/Grüneberg Rn 20; Erman/Roloff Rn 25). Selbst wenn diese Klippen überwunden sein sollten, fehlt ein sachlich gerechtfertigter Grund, denn vor Vertragsabschluss kann sich der Verwender erkundigen, ob der Vorrat noch reicht.

23 **e)** Ohne weitere Zusätze gibt die Klausel **„höhere Gewalt vorbehalten"** nur die gesetzliche Lage gemäß §§ 275, 280 Abs 1 S 2 (Erman/Roloff Rn 25) wieder. Wird die Klausel mit Beispielen versehen, so ist für diese gesondert zu prüfen, ob sie einen „sachlich gerechtfertigten Grund" für die Aufkündigung der vertraglichen Bindung abgeben. Ist hinter den Beispielen ein allgemein zu begreifender Lebensausschnitt ersichtlich, so ist die Klausel im Sinne dieser Verallgemeinerungsfähigkeit auszulegen. Heißt es etwa „höhere Gewalt wie zB Streik", dann ist auch die Aussperrung gemeint, die aber (ebenso wie der Streik) idR nicht als sachlich gerechtfertigter Lösungsgrund anzusehen ist (OLG Koblenz NJW-RR 1989, 1459; BGH BB 1985, 483). Konkretisierungen der höheren Gewalt sind als Rücktrittsgründe nur in dem Umfang zulässig, in dem sie auch Haftungsausschlussgründe sein könnten (s § 309 Nr 8 Rn 9 ff), und sofern nicht nur vorübergehende Erfüllungsschwierigkeiten geregelt werden.

24 **f)** Auch ein **Arbeitskampf**, gleich ob Streik oder Aussperrung, führt im Regelfall nur zu einer Leistungsverzögerung. Ein Streik oder eine Aussperrung rechtfertigen es normalerweise nicht, dass der Verwender sich sofort und ohne weiteres vom Vertrag löst (MünchKomm/Wurmnest Rn 7; Erman/Roloff Rn 25; Bamberger/Roth/Becker Rn 24; Wolf/Dammann Rn 51–59; Staudinger/Coester § 307 Rn 394), denn er kann sich gegen derartige Erschwernisse seiner Lieferpflicht durch eine nach § 308 Nr 1 zulässige Vereinbarung einer Verlängerung der Lieferfrist oder durch eine im Rahmen von §§ 307, 309 Nr 7, 8 mögliche Einschränkung seiner Haftung absichern (Schlosser/Coester-Waltjen AGBG § 10 Nr 3 Rn 33; Löwisch BB 1974, 1498). Klauseln wie „Arbeitskämpfe berechtigen Verkäufer, vom Vertrag ganz oder teilweise zurückzutreten" oder „der Verkäufer hat bei Arbeitskämpfen das Recht, zu erklären, dass er von der Lieferung entbunden sei" sind daher nicht wirksam. Enthalten solche Klauseln den weiteren Bestandteil „oder während einer bestimmten Zeit", „oder die Leistung hinauszuschieben", so sind sie insoweit an § 308 Nr 1 zu messen. Wie weit eine Verlängerung der Leistungszeit in Anspruch genommen werden darf, richtet sich dann nach den Umständen, vor allem der Zumutbarkeit (und Möglichkeit), die Leistung durch Dritte erbringen zu lassen.

Eine allgemein gehaltene Arbeitskampfklausel erfasst **Arbeitskämpfe in Zulieferbetrieben** nicht. Sind Arbeitskämpfe in Zulieferbetrieben ohne Einschränkung als Gründe zur einseitigen Vertragslösung ausgewiesen, so ist die Regelung unwirksam, weil häufig die Möglichkeit einer Ersatzbeschaffung besteht (offener vWestphalen Arbeitskampfklauseln Rn 16, 17).

g) § 308 Nr 3 gilt auch für Klauseln, die es dem Verwender gestatten, sich von 25
entscheidenden Teilen seiner Leistungspflicht zu lösen (OLG Nürnberg AGBE I Nr 31; OLG Celle AGBE I Nr 33). Von der in § 664 vorgesehenen Möglichkeit, einen Auftrag auf Dritte mit der Maßgabe zu übertragen, dass nur noch für Auswahlverschulden gehaftet wird, kann jedenfalls bei entgeltlichen Geschäftsbesorgungsverträgen nicht formularmäßig Gebrauch gemacht werden. In § 675 ist § 664 ohnehin nicht genannt. Nr 9 der AGB-Banken aF (bis 1993), die eine Übertragbarkeit von Geschäften vorsah, war daher unwirksam. Die generalklauselartige Ermessensbindung, die sich dort fand, genügt den Erfordernissen von § 308 Nr 3 nicht. Auch die Neufassung in Nr 3 Abs 2 AGB-Banken ist zu unbestimmt (Baumbach/Hopt AGB-Banken 3 Rn 6 mNw für die Gegenmeinung; vgl auch unten § 309 Nr 10).

3. Im Vertrag angegebener Grund

Ein Lösungsgrund muss im Klauseltext konkret und verständlich angegeben wer- 26
den. Dazu müssen die in Betracht kommenden Lösungsgründe wenigstens einigermaßen kasuistisch umschrieben sein (MünchKomm/Wurmnest Rn 5: hinreichend konkret; Soergel/Stein AGBG § 10 Nr 3 Rn 28: verständlich und hinreichend bestimmt; Wolf/Dammann Rn 88: konkret; Ulmer/Schmidt Rn 10: hinreichend bestimmt; idS auch Bamberger/Roth/Becker Rn 5; Erman/Roloff Rn 26; Wiese VuR 2008, 161, 162). Der Vertragspartner des Verwenders muss sich vorstellen können, wann und unter welchen Umständen mit einer Auflösung des Vertrages zu rechnen ist. Je geläufiger ein gebrauchter Begriff ist, umso knapper kann man sich freilich ausdrücken (Palandt/Grüneberg Rn 17). Der Verweis allein auf den „sachlich gerechtfertigten" Grund reicht nicht aus (Erman/Roloff Rn 26; Bamberger/Roth/Becker Rn 6; Ulmer/Schmidt Rn 10; Wolf/Dammann Rn 88; LG Bamberg RRa 2011, 258 Rn 39; OLG Koblenz WM 1983, 1272; OLG Köln NJW-RR 1998, 926:

Handelsverkehr – „aus zwingenden Gründen" – nicht ausreichend; BAG DB 2005, 2823 – arbeitsrechtlicher Vorvertrag).

Klauseln, die dem nicht entsprechen, sind unwirksam (BGHZ 86, 284 – „wenn es die Umstände erfordern" keine ausreichende Angabe; BGH NJW 1983, 1320 – „Betriebsstörungen jeder Art" zu unbestimmt). Das hat zur Folge, dass sich der Verwender auf sie auch nicht berufen kann, wenn er tatsächlich einen Grund, sich vom Vertrag zu lösen, aufführen könnte, der als Lösungsgrund hätte vorgesehen werden können. Eine Reduzierung der Klausel auf den zulässigen Inhalt ist – wie auch sonst (s Staudinger/Schlosser § 306 Rn 22 ff) – nur eingeschränkt möglich.

Nicht wirksam sind daher Formulierungen wie „Rücktritt vorbehalten", „Rücktritt ohne Angabe eines Grundes". Auch die Klausel „freibleibend" muss, soweit sie dem Verwender Rechte für die Zeit nach Vertragsschluss einräumen soll (und nicht bereits aus anderen Gründen unwirksam ist – oben Rn 13, 19), häufig an § 308 Nr 3 scheitern, weil die von der Rspr vorgenommene einschränkende Interpretation, unter der die Klausel als zulässig angesehen wurde, nach den für AGB heranzuziehenden Auslegungsrichtlinien (s Staudinger/Schlosser § § 305c Rn 108 ff) nicht selten unmöglich ist (Schlosser/Coester-Waltjen AGBG § 10 Nr 3 Rn 28).

Die Klauseln „Selbstbelieferung vorbehalten", „richtige und rechtzeitige Selbstbelieferung vorbehalten", „solange Vorrat reicht" (zur ihrer inhaltlichen Problematik s oben Rn 20) sind konkret genug. Nicht hingegen gilt dies für die Klausel „Liefermöglichkeit vorbehalten" gegenüber nichtkaufmännischen Kunden, auch wenn man sie so wie hier (s oben Rn 21) interpretiert (Ulmer/Schmidt Rn 10). Ausreichend bestimmt ist eine Klausel, die ein Lösungsrecht vorsieht, wenn eine ungünstige Kreditauskunft über den Vertragspartner vorliegt (zur Wirksamkeit eines solchen Lösungsgrundes oben Rn 16). Dagegen sind „Umstände, die die Kreditwürdigkeit des Bestellers zu mindern geeignet sind" oder die „auf mangelnde Kreditwürdigkeit" schließen lassen, allein zu unbestimmt (Ulmer/Schmidt Rn 10; Wolf/Dammann Rn 89; Bamberger/Roth/Becker Rn 6).

4. Spiegelbildliche Anwendung

27 § 308 Nr 3 betrifft nur das dem **Verwender** vorbehaltene Lösungsrecht. Klauseln, die das Recht des Kunden, sich vom Vertrag zu lösen, entgegen der gesetzlichen Lage erschweren oder ausschließen, fallen nicht direkt unter § 308 Nr 3. Jedoch ist eine spiegelbildlich-entsprechende Anwendung der Norm am Platze, soweit die Problematik nicht von § 309 Nr 8a erfasst wird (dazu unten § 309 Nr 8 Rn 3 ff). Die Erschwerung bedarf eines sachlich gerechtfertigten Grundes, der im Vertrag konkret anzugeben ist.

5. Teilweise Unwirksamkeit

28 Sind mehrere Gründe zur Vertragsaufkündigung genannt, von denen nur einige den Voraussetzungen von § 308 Nr 3 entsprechen, oder finden sich unter globalen Oberbegriffen Beispiele, die dieser Norm gerecht werden, dann werden die ohne Textänderung isoliert aufrecht zu erhaltenden Klauselbestandteile von der Unwirksamkeit nicht erfasst (BGH ZIP 1981, 1338, 1341; BGH NJW 1985, 320, 325; Palandt/Grüneberg

Rn 22; BAMBERGER/ROTH/BECKER Rn 38; WOLF/DAMMANN Rn 59; ULMER/SCHMIDT Rn 16; ERMAN/ROLOFF Rn 28). Nicht aber kann hier eine unbestimmte Klausel auf das zulässige Maß reduziert werden.

6. Dauerschuldverhältnisse

Die unter Rn 12 ff genannten Einschränkungen der Ausgestaltungsmöglichkeiten formularmäßiger Lösungsrechte sollen nach § 308 Nr 3 HS 2 nicht für Dauerschuldverhältnisse gelten. Der Begriff „Dauerschuldverhältnis", der sich auch in § 309 Nr 1 und 9 (und jetzt in § 314) findet, ist hier zum ersten Mal in die Gesetzessprache übernommen worden. Nach der in der Lit entwickelten Definition umfasst er zum einen alle Schuldverhältnisse, bei denen über längere Zeit hinweg ein dauerndes Verhalten geschuldet wird (s STAUDINGER/OLZEN [2005] § 241 Rn 349 ff; MünchKomm/GAIER § 314 Rn 5). Für den Anwendungsbereich der §§ 305 ff sind vor allem von Bedeutung: Miete, Pacht, Leihe, Verwahrung, Dienst-, Geschäftsbesorgungsverträge, Versicherungsverträge sowie Darlehen; auch Arbeitsverträge fallen hierunter (nicht allerdings der Vorvertrag – BAG DB 2005, 2823). Diesen Verträgen ist gemeinsam, dass sie bereits nach dem Gesetz (vgl jetzt auch § 314) auch ohne Vorliegen eines besonderen Grundes durch ordentliche Kündigung beendet werden können (vgl BGH NJW 1981, 388), weshalb dem Gesetzgeber eine Ausnahme von der in § 308 Nr 3 HS 1 genannten Verpflichtung, bei Vereinbarung eines formularmäßigen Lösungsrechts einen sachlich gerechtfertigten Grund zu benennen, erforderlich erschien. Dabei wurde aber offenbar nicht daran gedacht, dass die ordentliche Kündigung idR befristet ist und bei der formularmäßigen Vereinbarung eines fristlosen Kündigungsrechts die Angabe eines sachlich gerechtfertigten Grundes vom Schutzgedanken des § 308 Nr 3 her gesehen genauso wichtig gewesen wäre (MünchKomm/WURMNEST Rn 14; ERMAN/ROLOFF Rn 27; BAMBERGER/ROTH/BECKER Rn 37). Angesichts des klaren Wortlauts müssen diese Fälle aber vom Anwendungsbereich des § 308 Nr 3 ausgeklammert bleiben (OLG Stuttgart ZNER 2011, 341 Rn 20; OLG Köln WM 1999, 1004; zust SCHEBESTA WuB I A2 Nr 19 AGB-Banken 1993 1. 00) und sind nur nach § 307 Abs 1, 2 zu beurteilen (MünchKomm/WURMNEST Rn 14; BAMBERGER/ROTH/BECKER Rn 37; ERMAN/ROLOFF Rn 27; BGH NJW 2009, 575 [Leasing – kein wirksamer Rücktrittsvorbehalt bei zu vertretenden Leistungsstörungen – zust vWESTPHALEN BB 2009, 236, 239; KOCH LMK 2009, 273510; OLG Hamm BeckRS 2011, 22783; ArbG Düsseldorf BeckRS 2008, 57251 – konkrete Beschreibung der Auflösungsgründe nötig]). Aus § 308 Nr 3 HS 2 kann daher auf keinen Fall hergeleitet werden, dass die formularmäßige Vereinbarung eines unbeschränkten, fristlosen Kündigungsrechts bei Dauerschuldverhältnissen immer wirksam sei (SCHLOSSER/COESTER-WALTJEN AGBG § 10 Nr 3 Rn 25; BAMBERGER/ROTH/BECKER Rn 37). **29**

Zu den Dauerschuldverhältnissen sind – obwohl eigentlich Kaufverträge – auch **Sukzessivlieferungsverträge** zu rechnen, deren Eigenart darin besteht, dass die Parteien einen fortlaufenden Bezug von Waren vereinbart haben (SCHLOSSER/COESTER-WALTJEN AGBG § 10 Nr 3 Rn 25; wohl auch BAMBERGER/ROTH/BECKER Rn 37 aE), nicht aber Teillieferungsverträge, die von vorneherein auf einen bestimmten Lieferungsumfang gerichtet sind (ULMER/SCHMIDT Rn 17; OLG Hamm BeckRS 2011, 22783). Nicht nach § 308 Nr 3 zu prüfen sind somit Kündigungsklauseln in Bierlieferungsverträgen, wohl aber derartige Klauseln in einem Vertrag über die Lieferung eines mehrteiligen Buchwerkes.

Die Ausnahmeregelung des § 308 Nr 3 HS 2 gilt nicht für einen Rücktrittsvorbehalt, der für einen Zeitpunkt formularmäßig vereinbart wurde, zu dem das Dauerschuldverhältnis noch nicht in Vollzug gesetzt ist (BGHZ 99, 182; BGH NJW 2009, 575 Rn 26; Erman/Roloff Rn 27; Bamberger/Roth/Becker Rn 35; Wolf/Dammann Rn 10).

III. Verbraucher

30 Die Richtlinie spricht im Anhang Klauseln mit Lösungsmöglichkeiten für den Verwender in Nr 1 c, f und g an. Auch wenn die Formulierungen sich nicht mit § 308 Nr 3 decken, wird das Anliegen der dortigen Konkretisierungen durch § 308 Nr 3 im Wesentlichen berücksichtigt, weil dem Verwender freie Lösungsrechte untersagt werden. Der Schutzbereich von § 308 Nr 3 geht sogar darüber hinaus. Die von § 308 Nr 3 ausgenommenen Dauerschuldverhältnisse und das Verbot einer Kündigung ohne angemessene Frist werden von § 307 Abs 1, 2 erfasst. Die deutsche Regelung ist also gemeinschaftskonform (MünchKomm/Wurmnest Rn 3 aE; Erman/Roloff Rn 30 aE).

Für vorformulierte Individualverträge bereitet hingegen der umfassende Verweis von § 310 Abs 3 auf §§ 307–309 auch hier Schwierigkeiten. Bei wörtlicher Anwendung der Verweisungskette und des § 308 Nr 3 könnte praktisch eine Vorratsschuld (dazu oben Rn 13) nicht vereinbart werden, wenn der Verwender über diese Begrenzung nicht verhandeln will. Dies kann nicht Sinn des Verbraucherschutzes sein. Damit bleibt nur die Möglichkeit, die Verweisung eng auszulegen und Beschränkungen der Leistungspflicht in der (nicht ausgehandelten, aber ausdrücklich und deutlich erkennbaren) Individualvereinbarung in Anlehnung an Art 3 Abs 2 der Richtlinie und § 307 Abs 3 als nicht kontrollfähig anzusehen (vgl auch die Argumentation bei § 308 Nr 4 Rn 10).

IV. Geschäftsverkehr mit Unternehmern

31 Gegenüber Unternehmern, also insbesondere Kaufleuten, Gewerbetreibenden und Freiberuflern, entfaltet § 308 Nr 3 auch vermittelt über § 307 Abs 1, 2 grundsätzlich nicht seine volle Schutzwirkung (BGH NJW 2009, 575 Rn 27; MünchKomm/Wurmnest Rn 15; Wolf/Dammann Rn 110; Schlosser/Coester-Waltjen AGBG § 10 Nr 3 Rn 50; **aM**, nämlich für die Anwendung des § 308 Nr 3 über § 307 Abs 1, 2 auch auf Kaufleute: OLG München BB 1984, 1386; OLG Köln NJW-RR 1998, 926). Die Rspr vor Inkrafttreten des AGBG befasste sich bereits überwiegend mit Klauseln, die für den kaufmännischen Verkehr vorgesehen waren, und hat hierzu Auslegungsgrundsätze aufgestellt, die auch nach der neuen Rechtslage ihre Geltung behalten (s oben Rn 1). Auch im unternehmerischen Verkehr muss dem Vertragspartner erkennbar sein, für welche Situationen sich der Verwender ein Lösungsrecht vorbehält (LG Offenburg MDR 2009, 317 Rn 30). Dabei mögen zwar etwas höhere Maßstäbe an das Verständnis eines Unternehmers gelegt werden, dies entbindet jedoch nicht von einer hinreichenden Konkretisierung (vgl OLG Köln NJW-RR 1998, 926: „aus zwingenden Gründen" – zu ungenau). Im Einzelnen gilt folgendes:

1. Allgemeiner Rücktrittsvorbehalt

32 Die formularmäßig eingeräumte Möglichkeit, jederzeit und ohne Vorliegen eines

sachlich angemessenen Grundes vom Vertrag zurücktreten zu können, ist in jedem Fall auch gegenüber einem Unternehmer unwirksam (allgM; vgl BGH NJW 2000, 1191 – uneingeschränktes Rückkaufsrecht eines Kfz-Importeurs unwirksam; krit VOIT WuB IV C § 9 AGBG 3. 01). Gerade der Unternehmer, der die Ware in der Regel unverarbeitet oder verarbeitet weiterleitet und daher selbst dem Risiko von Schadensersatzansprüchen ausgesetzt ist, muss sich darauf verlassen können, dass sein Vertragspartner nicht ohne sachlich angemessenen Grund von der Erfüllung seiner Verpflichtungen Abstand nimmt.

Ist in AGB bestimmt, dass die Lieferung auf Abruf zu erfolgen hat und dass bei Ausbleiben des Abrufs innerhalb einer bestimmten Frist das Vertragsverhältnis „als verfallen oder aufgehoben gelten“ soll, so will der Verwender mit dieser Klausel einen für ihn belastenden Schwebezustand – sozusagen in reziproker Anwendung von § 308 Nr 1 – beenden; sachlich angemessen ist dieses Lösungsrecht dann, wenn in der betreffenden Branche längere Vertragslaufzeiten nicht üblich sind (vgl auch OLG Köln NZM 1998, 514). Wann die Angabe des Lösungsgrundes ausreichend ist, bestimmt sich nach dem jeweils speziellen branchenmäßigen Horizont (BGHZ 124, 351, 361; OLG Köln NJW-RR 1998, 926).

2. Sachlich gerechtfertigter Grund bei Leistungsstörungen

Ist der Verwender selbst zur Erbringung der vertragscharakteristischen Leistung 33
verpflichtet, so spielen vor allem die oben unter Rn 20 dargestellten Klauseln eine Rolle, die die Selbstbelieferung oder die richtige oder rechtzeitige Selbstbelieferung zur Bedingung für die eigene Leistungspflicht machen. Unter Berücksichtigung der gerade für den kaufmännischen Verkehr von der Rspr aufgestellten Grundsätze dazu, welche Anstrengungen der Verpflichtete unternehmen muss, bevor er sich auf die Leistungsbefreiung berufen kann, können diese Klauseln auch weiterhin verwendet werden (BGH BB 1985, 146; NJW-RR 1992, 611; NJW 1994, 1060; OLG Stuttgart NJW-RR 2011, 1419, 1421; OLG Frankfurt 1996, 121; LÖWE/vWESTPHALEN AGBG § 10 Nr 3 Rn 79; MünchKomm/WURMNEST Rn 15 aE; ERMAN/ROLOFF Rn 29; BAMBERGER/ROTH/BECKER Rn 39; zweifelnd vWESTPHALEN Einkaufsbedingungen Rn 13; SALGER WM 1985, 625; DERLEDER NJW 2011, 113, 117). Das Gleiche gilt für „Höhere Gewalt-Klauseln“ und die von der Rspr aufgestellten, einschränkenden Grundsätze dazu, wann eine Berufung auf eine derartige Klausel zulässig ist. Stellt die Klausel auf „Betriebsstörungen“ ab, so ist dies nur dann ein angemessener Grund, wenn Fälle von Organisationsverschulden des Verwenders oder von sonstiger grober Fahrlässigkeit ausgeschlossen sein sollen (LÖWE/vWESTPHALEN AGBG § 10 Nr 3 Rn 79; BGH NJW 2009, 575 Rn 27; BGH NJW-RR 2004, 1498), was aber in der Regel anzunehmen ist (eher Verstoß bejahend BGH NJW 2009, 575 Rn 28). Für den kaufmännischen – aber auch für den sonstigen unternehmerischen – Verkehr gilt dabei, dass derjenige, der sich auf eine solche Klausel berufen will, seine Vertragspartner unverzüglich davon zu unterrichten hat. Diese Notwendigkeit wird durch den neu gefassten § 308 Nr 8 besonders hervorgehoben, auch wenn dieser bezüglich einer ausdrücklichen Hervorhebung dieser Verpflichtung im Vertrag im unternehmerischen Verkehr nicht anwendbar ist.

Ist der Verwender der Empfänger der vertragscharakteristischen Leistung, so liegt sein Interesse insbesondere darin, bei Nichteinhaltung einer vereinbarten Lieferfrist umgehend das Vertragsverhältnis zu beenden, um anderweitig einen Deckungskauf vornehmen zu können. IdR wahrt er sein Interesse dadurch, dass er das Geschäft zu einem Fixgeschäft ausgestaltet oder das Erfordernis der Nachfristsetzung iSd § 323 abdingt. Da § 309 Nr 4, der diese Fallgestaltungen in erster Linie betrifft, im unternehmerischen Verkehr nicht uneingeschränkt anwendbar ist (s § 309 Nr 4 Rn 12 ff), ist auch ein derartiges Lösungsrecht als angemessen anzusehen (OLG Düsseldorf DB 1976, 1712).

3. Sachlich gerechtfertigter Grund in der Person oder im Verhalten des Vertragspartners

34 Auch im unternehmerischen Verkehr ist ein Rücktrittsvorbehalt nicht schon für den Fall als angemessen anzusehen, dass über den Vertragspartner eine negative Kreditauskunft vorliegt (OLG Düsseldorf DB 1976, 1712) oder sich seine Vermögensverhältnisse verschlechtern. Trotz ausdrücklicher Benennung des Rücktrittsgrundes auf jeden Fall zu weitgehend ist eine Klausel, wonach als Rücktrittsvoraussetzung ausgewiesene „mangelnde Kreditwürdigkeit" ua dann angenommen werden kann, „wenn sich der Käufer mit der Bezahlung einer früheren Lieferung in Verzug befindet".

§ 308 Nr 4
Änderungsvorbehalt

In Allgemeinen Geschäftsbedingungen ist insbesondere unwirksam …

4. (Änderungsvorbehalt)
die Vereinbarung eines Rechts des Verwenders, die versprochene Leistung zu ändern oder von ihr abzuweichen, wenn nicht die Vereinbarung der Änderung oder Abweichung unter Berücksichtigung der Interessen des Verwenders für den anderen Vertragsteil zumutbar ist;

Materialien: 1. Teilber 60; RefE 12; RegE 25; BT-Drucks 14/6875, 5; BT-Drucks 14/6040, 154; s Staudinger/Schlosser Vorbem 5 ff zu §§ 305 ff.

Schrifttum

Anker/Klingenfuss, Kann das praktisch Erforderliche stets wirksam vereinbart werden?, BauR 2005, 1377
Armbrüster, Änderungsvorbehalte und -vollmachten zugunsten des aufteilenden Bauträgers, ZMR 2005, 244
Bender, Vertretung des Chefarztes bei wahlärztlicher Behandlung, MedR 2008, 336
Bergwitz/Hümmerich, Abschied von der chefärztlichen Entwicklungsklausel, MdR 2005, 185
Bieder/Diekmann, Wirksamkeit von Widerrufsvorbehalten in Formulararbeitsverträgen bei Gewährung freiwilliger Leistungen, DB 2005, 722
Bruns, Schluss mit einseitigen Änderungen des Bauentwurfs nach § 1 Nr 3 VOB/B?, ZfBR 2005, 525
Burkiczak, Zur Frage der Zulässigkeit unein-

geschränkter Zinsänderungsklauseln in AGB bei kurzfristigen Sparprodukten, BKR 2007, 190
ENTZIAN, Zulässigkeit von Bedingungsanpassungsklauseln in Allgemeinen Versicherungsbedingungen, NVersZ 1998, 65
FREUND, Die Änderung Allgemeiner Geschäftsbedingungen in bestehenden Verträgen (1998)
HANAU/HROMADKA, Richterliche Kontrolle flexibler Entgeltregelungen in Allgemeine Arbeitsbedingungen, NZA 2005, 73
KAMANABROU, Vertragliche Anpassungsklauseln (2004)
KUHLA, Liquidation des Chefarztes für Vertreterleistungen, NJW 2000, 841
MATUSCHE-BECKMANN, Die Bedingungsanpassungsklausel – Zulässiges Instrument für den Fall der Unwirksamkeit Allgemeiner Versicherungsbedingungen?, NJW 1998, 112
MEYER, Ausgewählte Probleme des Bauträgervertrages, RNotZ 2006, 497
REINECKE, Gerichtliche Kontrolle von Chefarztverträgen, NJW 2005, 3383
SCHIMMELPFENNIG, Inhaltskontrolle eines formularmäßigen Änderungsvorbehalts, NZA 2005, 603
SCHMID, Die Rechte des Reisenden beim Wechsel der Fluggesellschaft und des Luftfahrzeugs, NJW 1996, 136
SCHNITKER/GRAU, Klauselkontrolle im Arbeitsvertrag, zur Vereinbarkeit von Änderungs-, Anpassungs- und Widerrufsvorbehalten mit dem Recht der AGB, BB 2002, 2120
SPICKHOFF/SEIBL, Die Erstattungsfähigkeit ärztlicher Leistungen bei Delegation an nichtärztliches Personal, NZS 2008, 57
WEIGL, Zur Konkretisierung von Änderungsvollmachten im Formularvertrag, NotBZ 2002, 325
WITTE, Änderungsvorbehalte in IT-Verträgen, JTRB 2005, 237.

I. Allgemeines

1. Grundgedanken der Regelung

Die Kautelarpraxis hatte vor Inkrafttreten des AGB-Gesetzes eine Entwicklung genommen, nach der sich die Verwender immer globalere Vorbehalte für eine nachträgliche Leistungsänderung ausbedungen haben. Angaben über Maße und Gewichte wurden ebenso für unverbindlich erklärt, wie Änderungen aufgrund technischer Weiterentwicklungen schlechthin als zulässig ausgewiesen wurden. Zwar hat die Rspr auf die Ausübung eines solchen Änderungsvorbehaltes § 315 angewandt und ein unangemessenes Verhalten des Verwenders nicht toleriert. Diese Kontrolle konnte aber erst wirksam werden, wenn es zu einer gerichtlichen Auseinandersetzung zwischen Verwender und seinem Vertragspartner gekommen war. Es stand zu befürchten, dass sich viele Kunden allein durch die Tatsache des in AGB enthaltenen (wenngleich unwirksamen) Änderungsvorbehaltes beeindrucken ließen. Daher hat der Gesetzgeber mit § 308 Nr 4 gewährleistet, dass bereits die Klauselgestaltung und nicht erst die Ausübung des Leistungsänderungsrechtes inhaltlich kontrollierbar wurde. Die wichtigste Folge davon ist, dass zu weit geratene Abänderungsklauseln in vollem Umfange unwirksam sind und dann häufig auch eine dem Kunden zumutbare Leistungsänderung nicht mehr abdecken. Treu und Glauben verlangen freilich uU auch dann, dass der Kunde eine Änderung hinnimmt (MünchKomm/ROTH/SCHUBERT § 242 Rn 179). Weil man offensichtlich formularmäßig begründete Leistungsabänderungsbefugnisse nicht gänzlich unterbinden konnte (dazu näher SCHLOSSER/COESTER-WALTJEN AGBG § 10 Nr 4 Rn 8), war die gesetzgeberische Lösung eines Verbots „mit Wertungsmöglichkeit“ vorgezeichnet. 1

2. Anwendungsbereich der Regelung

2 § 308 Nr 4 steht in engem Zusammenhang mit § 308 Nr 3, § 308 Nr 5 sowie mit § 309 Nr 1, § 309 Nr 7, § § 309 Nr 8 und § 309 Nr 10. Wie diese Vorschriften soll auch § 308 Nr 4 absichern, dass der Verwender sich der eingegangenen Verpflichtung nicht entzieht. Die Abgrenzung der Anwendungsbereiche dieser Vorschriften ist idR unproblematisch: § 308 Nr 3 betrifft das Erlöschen der Verwenderpflicht, § 308 Nr 4 demgegenüber ihre Veränderung. Überschneidungen können sich ergeben, wenn durch die Änderung der Leistungspflicht gleichzeitig ein Lösungsgrund ausgelöst wird. § 308 Nr 5 erfasst die Fiktion einer Zustimmung des Vertragspartners zu einer sich automatisch vollziehenden Vertragsänderung, § 308 Nr 4 stellt demgegenüber die Vertragsänderung in das Belieben des Verwenders (zur Abgrenzung im Versicherungswesen: Prölss VersR 1996, 145, 149; Fricke VersR 1996, 1449, 1453). § 309 Nr 1 betrifft speziell den vom Vertragspartner zu zahlenden Preis, § 308 Nr 4 erstreckt sich zwar sowohl auf die vom Verwender als auch auf die vom Vertragspartner (vgl **aA** Ulmer/Schmidt Rn 4; Erman/Roloff Rn 32; Bamberger/Roth/Becker Rn 5; Stoffels Rn 803; MünchKomm/Wurmnest Rn 6; BAG NJW 2006, 3303, 3305; BAG DB 2007, 1985, 1986; OLG Köln ZIP 1999, 21; offen lassend OLG Düsseldorf NJW 2002, 447) zu erbringende Leistung, weil jede Änderung des Äquivalentverhältnisses auch eine Änderung der Leistung des Verwenders bewirkt; § 308 Nr 4 ist aber nicht auf Änderungen der Wertigkeit beschränkt; § 309 Nr 1 enthält für Preisänderungen die Spezialregelung (s dazu BGH NJW 2003, 746). Soweit Klauseln bei geänderten Leistungen des Verwenders Sekundärrechte des Vertragspartners ausschließen, wird idR auch der Anwendungsbereich der § 309 Nr 7, 8 eröffnet sein.

Im Rahmen der von § 308 Nr 4 erfassten Klauseln bleibt der Verwender Vertragspartner, auch wenn er – wie beispielsweise in den „Chefarztverträgen" – Erfüllungshandlungen anderen Personen überträgt (Spickhoff/Seibl NZS 2008, 57, 62; Bender MedR 2008, 336, 340; BGH NJW 2008, 987, 988 *[obiter]*). Insofern unterscheiden sich derartige Klauseln von denen, die eine Auswechslung des Vertragspartners vorsehen und an § 309 Nr 10 zu messen sind.

3 Nicht § 308 Nr 4, sondern § 305b greift ein, wenn die individualvertraglich vereinbarte Leistung in den AGB anders als vereinbart beschrieben wird, beispielsweise aus der vereinbarten Stückschuld eine Gattungsschuld gemacht wird oder die individuell festgelegten Leistungsmöglichkeiten geändert werden (und nicht nur ein Vorbehalt der **Änderungsmöglichkeit** vorgesehen ist, vgl unten Rn 5 ff und Staudinger/Schlosser § 305b Rn 6). Der Vorrang der Individualabrede macht auch Klauseln obsolet, die an sich zumutbare Abweichungen vorsehen (zur Bedeutung üblicher Toleranzen unten Rn 7). Nicht unter § 308 Nr 4 fallen Irrtums- und Änderungsvorbehalte in Produktkatalogen, weil sie nicht Vertragsinhalt sind. Sie können aber über § 306a Bedeutung bekommen (und wirksam sein), wenn der Verwender diesen Vorbehalt zur Legitimierung einer späteren Änderung benutzt (BGH NJW 2009, 1337, 1339 Rn 20; so zB in BGH NJW-RR 2008, 134 Rn 17).

4 § 305c ist heranzuziehen, wenn die **dispositiven** Regelungen über Leistung und Leistungsmodalitäten (zB §§ 311c, 269) durch andere Regelungen ersetzt werden, die als überraschend anzusehen sind. Überraschend kann dabei nicht nur die Abweichung von dem dispositiven Recht iS einer Änderung der Leistung oder der

Leistungsmodalitäten, sondern auch schon der Vorbehalt zu einer derartigen Änderungsmöglichkeit sein. Eine solche Klausel scheitert dann bereits an § 305c. § 308 Nr 4 behält in diesen Fällen insofern Bedeutung, als diese Vorschrift Auseinandersetzungen über die Üblichkeit der Leistungsänderungsklauseln in dem entsprechenden Bereich erübrigt.

II. Der Inhalt der gesetzlichen Regelung

1. Kreis der erfassten Klauseln

a) Das Verbot bezieht sich auf alle Bestimmungen, die dem Verwender das Recht einräumen, etwas zu ändern, was Vertragsinhalt geworden ist. Ist die genaue Bestimmung der Leistung von vornherein der Befugnis des Verwenders überantwortet (vgl zB Entgeltumwandlungsklauseln, dazu Engert ZfA 2004, 310, 318), so liegt eine Schiedsgutachterabrede vor, die nicht dem § 308 Nr 4 unterfällt. Entscheidend ist, ob die Klausel dem Verwender für **spätere** Änderungen Spielraum lässt (BAG ZIP 2013, 417 Rn 34; BAG DB 2012, 2942 Rn 32; BGHZ 158, 149; Bamberger/Roth/Becker Rn 9). Die **formularmäßige** Einräumung eines Leistungsbestimmungsrechts ist, wenn damit Abweichungen vom **Vereinbarten** ermöglicht werden sollen, eine kontrollfähige und -bedürftige Klausel (sehr strikt: BGH NJW 2005, 3420 – Bauträger; BGH NJW 2005, 3567 – Versandhandel; BGHZ 158, 149 – Zinsänderungsklausel, dazu Hensen EWiR 2004, 587; Burkiczak BKR 2007, 190; Schebesta WuB IV C § 308 Nr 4 BGB 1.06; BGH NJW 2008, 3422; BGH NJW 2010, 1742; dazu Rösler EWiR 2010, 559; BGH NJW-RR 2011, 625; Bezahlfernsehen – OLG München MMR 2007, 50 Rn 26). Dies gilt auch für verdeckte Änderungsvorbehalte (zB durch Vollmachtklauseln [LG Nürnberg-Fürth NJW 2009, 3442, 3445; Meyer RNotZ 2006, 497, 501; etwas anders OLG München NJW-RR 2013, 389 Rn 24]; Irrtumsklauseln [OLG Schleswig NJOZ 2010, 606]; Widerrufsrechte [BAG NJW 2011, 2153 Rn 9 mwNw]). Klauseln, die den vom Gesetz eingeräumten Spielraum bei der vertraglichen Festlegung der Leistung und der Leistungsmodalitäten ausschöpfen, fallen **nicht** unter § 308 Nr 4 (MünchKomm/Wurmnest Rn 4; vgl BGHZ 98, 24; dazu Canaris ZIP 1986, 1021 – Fakultativklauseln auf Überweisungsformularen [heute nicht mehr üblich] nicht an § 308 Nr 4, sondern an § 307 Abs 1, 2 gescheitert; BGH MDR 1983, 113), sondern sind – soweit sie im Widerspruch zur Individualabrede stehen – an § 305b, ansonsten an § 305c (s oben Rn 3 f), eventuell an § 307 Abs 1, 2 zu messen (s unten Rn 7). Freilich unterscheidet die Rechtsprechung nicht immer streng (zB BGH NJW 1996, 1346, 1347). Reine Konkretisierungen der Leistung sind nur Beschreibungen der Hauptleistungspflicht und damit der Kontrolle nach den §§ 307 Abs 1, 2, 308, 309 grundsätzlich entzogen (§ 307 Abs 3). So ist beispielsweise die Klausel „Die Holzbezeichnung bezieht sich auf die wesentlichen Flächen der Front, Tischplatte usw …; die Mitverwendung anderer geeigneter Holzarten oder anderer Materialien ist zulässig“ eine Leistungsbeschreibung, die nicht unter § 308 Nr 4 fällt (aber grundsätzlich an §§ 305b, 305c gemessen werden kann; auch im Ergebnis Wirksamkeit bejahend: OLG Koblenz NJW-RR 1993, 1097). Ist bereits nach den dispositiven Rechtsvorschriften eine Toleranz der vereinbarten Leistung immanent – wie beispielsweise häufig bei Naturprodukten –, dann sind Klauseln, die diese Toleranzgrenzen wiederholen oder konkretisieren, ebenfalls der Kontrolle nach §§ 307 Abs 1, 2, 308, 309 entzogen (MünchKomm/Wurmnest Rn 6; vgl LG Nürnberg-Fürth VuR 1999, 94). Soweit der Vertragspartner des Verwenders einen genaueren Maßstab als den üblichen anlegen will, muss er dies zum Ausdruck bringen, so dass entsprechende Toleranzklauseln an § 305b scheitern. Wird ein Leistungsänderungsrecht 5 für die Fälle vorgesehen, in denen sich dieses wegen der besonderen Schwierigkeiten der Beibehaltung der Vereinbarung bereits nach Treu und Glauben aus dem dispositiven Recht ergibt, so handelt es sich um eine nach § 307 Abs 3 kontrollfreie und idR wirksame Klausel. Wird bei einer Gattungsschuld vorgesehen, dass der Verwender das Recht haben soll, Sachen mittlerer Art und Güte zu leisten, so wird nur § 243 Abs 2 BGB, § 360 HGB nachgezeichnet (Erman/Roloff Rn 32).

b) Das Verbot umfasst sowohl den Vorbehalt, eine ganz andere als die geschuldete Leistung zu erbringen (zB die Einräumung eines Widerrufsrechts des Verwenders – BAG NZA-RR 2010, 457 Rn 25; BAG NJW 2011, 2153 Rn 9), als auch nur Abweichungen in der geschuldeten Leistung. Umfasst sind dabei sowohl **Haupt- als auch Nebenpflichten** (KG NJW-RR 1990, 544; LAG Düsseldorf BeckRS 2009, 74990; Ulmer/Schmidt Rn 4; Erman/Roloff Rn 31; Palandt/Grüneberg Rn 24, Bamberger/Roth/Becker Rn 6), die Leistung selbst (Beschaffenheit, Mängel, Umfang) sowie die **Leistungsmodalitäten** (s aber oben Rn 3; Palandt/Grüneberg Rn 24; Erman/Roloff Rn 31; MünchKomm/Wurmnest Rn 4; Wolf/Dammann Rn 9; LG München NJW-RR 1999, 60; LG Frankfurt VuR 1998, 205). Auch eine Änderung der Person des Leistenden fällt bei persönlich zu erbringenden Leistungen unter § 308 Nr 4 (zB „Chefarztverträge" s BGH NJW 2008, 987; Bender MedR 2008, 336; Spickhoff/Seibl NZS 2008, 57) Der Änderungsvorbehalt beispielsweise bezüglich des (uU formularmäßig) festgelegten Erfüllungsortes (OLG Frankfurt NJW-RR 2001, 914) unterliegt den Schranken des § 308 Nr 4; ebenso die Einräumung der Teillieferungsmöglichkeit (OLG Stuttgart VuR 1996, 277; OLG Stuttgart NJW-RR 1995, 116 – Computervertrag), soweit nicht von vorneherein Teilleistungen vereinbart sind (Erman/Roloff Rn 32), die Gewährung von Rabatten (OLG Düsseldorf BeckRS 2008, 23256) oder Provisionen (OLG München NJW-RR 2009, 458, 460), Prämien (BGH NJW 2010, 2046 [Verfall Miles and More]; OLG Köln NJW 2013, 1456 [Prämienänderung wirksam]), die Änderung des Leistungszeitpunktes (KG MDR 2013, 19; OLG Frankfurt v 28. 2. 2013 – 16 U 86/12; OLG Celle RRa 2013, 93; AG Köln RRa 2011, 96; LG Düsseldorf RRa 2012, 242; dazu Staudinger/Krüger NJW 2013, 913). Gleichgültig ist auch, ob die Klausel unmittelbar die Änderungsmöglichkeit einräumt oder dieselbe **mittelbar** dadurch gewährt, dass Rechte des Kunden bei Änderungen ausgeschlossen sein sollen – also beispielsweise im Gewand von Gewährleistungs- und Irrtumsregelungen (MünchKomm/Wurmnest Rn 4; Palandt/Grüneberg Rn 8; Bamberger/Roth/Becker Rn 8; Erman/Roloff Rn 31; BGH NJW-RR 1989, 625, 626; BayObLG RNotZ 2003, 183; NJW-RR 2002, 1669, beide zu Änderungsvollmachten; dazu auch Armbrüster ZMR 2005, 244; Weigl NotBZ 2002, 325; OLG Frankfurt DB 1988, 1488; LG Frankfurt aM WuM 1990, 271, 277). Nicht umfasst sind hingegen Klauseln, die sich nicht auf das Leistungsverhältnis von Verwender und Vertragspartner beziehen (zB Höhe und Dauer des Darlehens beim Kreditvermittlungsvertrag – LG Berlin ZIP 1981, 1087; Garantieleistungen des Verwenders gegenüber Endabnehmern im Vertragshändlervertrag – BGH NJW 1985, 623, 625).

c) Erfasst sind nur Änderungen, die sich der Verwender vorbehält; Vorbehalte zugunsten einer Gestaltung durch den Vertragspartner fallen (schon weil für diesen von Vorteil) nicht unter § 308 Nr 4. Der Änderungsvorbehalt des Verwenders kann sich aber auch auf **Leistungen des Vertragspartners** beziehen (beispielsweise Verfallsklauseln oder Fälligstellungsmöglichkeiten, s oben Rn 2; **aA** BAG NJW 2006, 3303, 3305; BAG DB 2007, 1985, 1986; MünchKomm/Wurmnest Rn 6; Wolf/Dammann Rn 6; Bamberger/Roth/Becker Rn 5; Erman/Roloff Rn 32; Verkleinerungen des vom Vertragspartner auszuführenden Bauvorhabens – offenlassend [Verstoß gegen § 308 Nr 3] OLG Karlsruhe BB 1983, 725

Rn 124; Vergrößerung des Leistungsvolumens des Vertragspartners im Baubereich bei gleichbleibender Gegenleistung des Verwenders – HEIERMANN NJW 1986, 2681, 2684) und zwar auch solche, die dieser an Dritte erbringen soll (OLG Düsseldorf BB 1993, 2176; ablehnend SOERGEL/STEIN AGBG § 10 Nr 4 Rn 38). Die Beschränkung von Änderungsvorbehalten durch § 308 Nr 4 gilt auch für Dauerschuldverhältnisse (vgl BGH BB 1984, 233) und wird daher (jetzt) auch in Arbeitsverträgen relevant (BAG NZA 2005, 465; BAG NZA-RR 2010, 457 Rn 26; BAG NJW 2011, 2153 Rn 9; BAG NZA 2009, 428 Rn 23 – Bezugnahme auf *jeweilige* Fassung der Arbeits- und Sozialordnungen unwirksam; zur dynamischen Verweisung: BAG NZA 2009, 1275 [wirksam]; sich dem BAG anschließend BGH v 10. 10. 2012 – IV ZR 80/11 [Umstellung der kirchlichen Zusatzversorgung]; BAYREUTHER ZIP 2007, 2009; PREIS NZA 2010, 361; FRANZEN, in: GS Zachert [2010] 386; s auch KURTH, Änderungsvorbehalte im Arbeitsvertrag [2012]; STAUDINGER/KRAUSE Anh zu § 310 Rn 161 ff). Änderungen der AGB können grundsätzlich nicht automatisch wirksam werden; es bedarf einer erneuten Einbeziehung, die allerdings auch unter Zuhilfenahme einer nach § 308 Nr 5 zulässigen Einverständnisfiktion erfolgen kann (STAUDINGER/SCHLOSSER § 305 Rn 172 ff, 175; s unten § 308 Nr 5 Rn 8; für Überprüfung auch anhand von § 308 Nr 4 MATUSCHE-BECKMANN NJW 1998, 112, 114; nach § 307 Abs 1, 2: MünchKomm/WURMNEST Rn 3; OLG Düsseldorf VersR 1997, 1272; **aA** VAN LOOK WuB IVC § 9 AGBG 6. 98; zur Differenzierung je nach Art der vorbehaltenen Anpassung nach § 307 Abs 1, 2, auch wenn § 308 Nr 4 nicht eingreift: BGH JZ 1999, 900; dazu BAUMANN JZ 1999, 881, 883; BGH NJW-RR 2008, 134 Rn 11).

2. Zumutbarkeit des Änderungsvorbehalts

a) Nicht nur die später dem Vertragspartner des Verwenders angesonnene Leistungsänderung muss diesem zumutbar sein, sondern bereits der Vorbehalt einer möglichen Änderung. Die Zumutbarkeit bezieht sich darauf, **dass** überhaupt ein Spielraum eingeräumt wird und welcher Spielraum dies ist, nicht auf die Ausschöpfung des Spielraums. Die Klausel muss also so gefasst sein, dass sie zum einen nicht zur Rechtfertigung unzumutbarer Änderungen dient, zum anderen dem Kunden zumindest ein gewisses Maß an **Kalkulierbarkeit** gibt (BGH NJW 2008, 3422 Rn 11; BGH NJW 2008, 1742 – Sparzinsen). Letzteres impliziert eine Abwägung der Interessen des Verwenders an einem derartigen Vorbehalt und der Interessen des Kunden an der Einhaltung der vereinbarten Leistung (ERMAN/ROLOFF Rn 33 f; PALANDT/GRÜNEBERG Rn 25; BAMBERGER/ROTH/BECKER Rn 25), darüber hinaus aber auch eine Transparenz bezüglich der Änderungen, mit denen der Kunde rechnen muss, bzw derjenigen, die er beanstanden kann, wenn die Leistung des Verwenders tatsächlich abweicht (s oben Rn 1; zur Konkretisierung allgemein BGHZ 82, 21; 89, 206, 1182; 93, 29; BGH NJW 2008, 360 Rn 25; BGH NJW-RR 2008, 134 Rn 15). 6

Der Verwender muss also sowohl im Hinblick auf die **Transparenz** als auch zur **Erkennbarkeit** seiner legitimen Änderungsgründe, den Anlass für spätere Änderungen und das Ausmaß möglicher Änderungen hinreichend konkret angeben (BGH NJW 2008, 3422 Rn 15 – Sparvertrag; BGH NJW-RR 2009, 1641 Rn 24 – Emission von Optionsscheinen; BAG NZA 2005, 465, 467; LAG Hamm NZA-RR 2004, 515; ArbG Düsseldorf DB 2004, 81; dazu auch GAUL/NAUMANN ArbRB 2000, 146, 147; HANAU/HROMADKA NZA 2005, 73). Dies gilt auch für Verträge, die vor Eingreifen der Regelung des § 308 Nr 4 abgeschlossen worden sind, wie beispielsweise Arbeitsverträge, die erst in Folge der Schuldrechtsmodernisierung der Inhaltskontrolle an Hand der Spezialregelungen der §§ 305–10 unterworfen worden sind (BAG NZA 2005, 465). Die Problematik liegt hier weniger in der Rückwirkung der Anforderungen, für die das BAG eine gewisse Abfederung ermöglicht, als in der Ausdehnung auf Zusatzleistungen, die nicht unbedingt vom Äquivalenzprinzip geprägt sind (vgl BAG v 20. 3. 2013 – 10 AZR 8/12; BAG NJW 2013, 1020). Dies aber ist ein arbeitsrechtliches, nicht ein AGB-rechtliches Problem (dazu LAG Hamm NZA-RR 2005, 624).

Keinesfalls kann ein Verwender glauben, durch **Anlehnung an den Gesetzestext** aller Sorgen ledig zu werden und eine Klausel aufstellen zu können, der zufolge er „zu jedweder Änderung der versprochenen Leistung befugt ist, die dem Besteller zumutbar ist" (Ulmer/Schmidt Rn 9; Stoffels Rn 798; Erman/Roloff Rn 34; MünchKomm/Wurmnest Rn 8; BGH NJW 2008, 360 Rn 24; BGH NJW-RR 2008, 134 Rn 15; BGHZ 86, 284 – Vorbehalt, unter den erforderlichen Umständen den Flug abzusagen, unwirksam). Zumutbar ist eine Klausel nur, wenn sie Art, **Grund und Ausmaß** der vorbehaltenen Änderung erkennen lässt (vgl BGH BB 1984, 233 – Änderung des Marktverantwortungsbereich im Vertragshändlervertrag; nicht zumutbar: „Änderungen ... soweit gleichwertig" – BGH NJW 2005, 3420; „... qualitativ und preislich gleichwertig ... – selbst bei Rückgabemöglichkeit im Versandhandel –" BGH NJW 2005, 3567; vgl auch OLG Frankfurt DB 1981, 884; OLG Koblenz ZIP 1981, 509; OLG Düsseldorf MMR 2013, 300 – Verfügbarkeit nicht ausreichend; diesen Punkt missachtend: OLG Köln NJW 2013, 1454 Rn 40; krit Lehmann-Richter NJW 2013, 1457 mit Hinweis auf BGH NJW 2010, 2046, die jedoch nicht entgegensteht). Vorbehaltlich der Beschränkung auf legitimen Grund und zumutbares Ausmaß kann etwa die Formulierung „Abweichung in Farbe, Form, Abmessung und Material" (krit Erman/Roloff Rn 35) eine zulässige Beschreibung der Leistungsabweichungsart sein. Die Art der Leistungsänderung braucht aber nicht gegenständlich, sie kann auch funktional gekennzeichnet werden, wenn sich der Sinn der gebrauchten Worte dem vorgestellten Durchschnittsadressaten des Bedingungswerks erschließt. So kann etwa – unter Achtung der übrigen Beschränkungen – eine Änderung entsprechend der technischen Weiterentwicklung vorbehalten werden (problematisch, wenn Ausmaß offen: Erman/Roloff Rn 35; unten Rn 7). Gründe und Ausmaß der Änderung, die für den Kunden zumutbar ist, sind freilich häufig nicht vorhersehbar und können in allgemeinen Geschäftsbedingungen schwerlich oder zumindest nicht immer konkret und abschließend beschrieben werden. Es muss daher auch ausreichen, wenn sich der Verwender insoweit einer „offenen" Klausel bedient, die eine Begrenzung auf legitime Gründe und zumutbares Ausmaß erkennen lässt, wie beispielsweise **„handelsüblich"** (BGH NJW 1987, 1886, bestätigt OLG Hamm NJW 1986, 2581 – Möbelhandel; zust MünchKomm/Wurmnest Rn 10; Bamberger/Roth/Becker Rn 18; ähnlich OLG Frankfurt BB 1988, 1488, 1489 – kein Verstoß gegen § 308 Nr 4 wohl aber gegen § 11 Nr 11 aF) oder „unerheblich" (s aber Rn 7). Nicht hingegen reicht die pauschale Verweisung auf Änderungen „aus wichtigem Grund" (OLG Hamburg NJW-RR 1986, 1440) oder ähnlich unbestimmte Gründe (BGH NJW 2008, 3422 – Sparzins; BGHZ 86, 284; 93, 47; KG NJW 1998, 829, 830).

b) Änderungsvorbehalte in Bedingungen des Bestellers brauchen inhaltlich nicht näher konkretisiert zu sein, weil hier Zumutbarkeit ohnehin nur angenommen werden kann, wenn im Falle eines erhöhten Aufwandes auch ein erhöhter Preis verlangt werden kann (Heiermann NJW 1986, 2681, 2684). Insofern reguliert die Rückwirkung den Preis von selbst. An § 2 Nr 5, 6 VOB/B hat man mit Recht keinen Anstoß genommen, gleichgültig ob der Bauherr oder Bauunternehmer VOB-Verwender ist. Auch § 1 Nr 4 S 1 VOB/B blieb unbeanstandet (BGH NJW 1996, 1346, 1347).

c) Neben der möglichst genauen Konkretisierung des Vorbehalts muss die Vereinbarung auch **inhaltlich zumutbar** sein. Art, Grund und Ausmaß der vorbehaltenen Änderung spielen hier ebenfalls eine Rolle. Allein die Möglichkeit einer Ausübungskontrolle beseitigt nicht die Unangemessenheit (vgl BGHZ 158, 149; BAG NZA 2005, 456, 469; Erman/Roloff Rn 34). Als unbedenklich wurde vor der Schuldrechtsreform idR eine Anlehnung an den Maßstab des § 459 Abs 1 S 2 aF empfunden: Abweichungen, die Wert und Tauglichkeit zu dem (gewöhnlichen oder nach dem Vertrag vorausgesetzten) Gebrauch nicht erheblich mindern, musste der Kunde hinnehmen, denn in diesem Fall standen ihm auch keine Gewährleistungsrechte zu (insofern war die Klausel kontrollfest iSd § 307 Abs 3). Mit der Schuldrechtsreform hat der Kunde aber in diesen Fällen noch das Nacherfüllungs- und Minderungsrecht, das ihm im Anwendungsbereich des § 309 Nr 8b nicht entzogen werden kann. Konsequenterweise muss daher für neu hergestellte Sachen und Werkleistungen auch im Vorfeld der Leistungsänderungen ein entsprechender Spielraum des Verwenders ausgeschlossen sein (ähnlich Erman/Roloff Rn 32). Besondere Vorsicht ist geboten, wenn die Art der Änderung sich auf **wesentliche Leistungsmerkmale** bezieht, beispielsweise die Änderung des Marktverantwortungsgebietes beim Vertragshändler (BGH BB 1984, 233) oder die Erweiterung oder Verringerung der versprochenen Leistung um einen größeren Teil (BGHZ 101, 307 – Durchführung nicht vereinbarter Reparaturen an Kfz des Kunden ohne seine Zustimmung unwirksam; ebenso OLG Celle AGBE I Nr 42; LG Köln NJW 1986, 67; Verkleinerung des Bauvorhabens: LG Konstanz BB 1981, 1420, 1422; Basty MittBayNot 1997, 149; zur Änderung des Versichertenrisikos: BGH JZ 1999, 900 und 902; Prölss VersR 1996, 145, 148; zur besonderen Problematik der Preis- und Konditionenanpassung beim VVaG – BGH JZ 1999, 902; OLG Celle VersR 1996, 1133 und Fricke VersR 1996, 1449. Keine der Inhaltskontrolle unterliegende Klausel [§ 307 Abs 3] liegt hingegen vor, wenn der Versicherer sich die Änderung von Tarifen nach Art 16 § 83 DurchfG vorbehält – BGH NJW-RR 2001, 743 unter Aufhebung von OLG Celle, VersR 2000, 47). Die Zumutbarkeitsgrenze wird auch sehr schnell überschnitten, wenn Ort und Zeit der Leistung integrierender Bestandteil der Leistungsbeschreibung sind und sich der Verwender gerade hierfür eine Änderung vorbehält (Änderung von Flugplänen, von Fluggerät, Flughäfen – unwirksam: BGHZ 86, 284; OLG Köln WRP 2004, 124; OLG Celle RRa 2013, 93; OLG Frankfurt v 28. 2. 2013 – 16 U 86/12; KG MDR 2013, 19 und WRP 2013, 128; LG Köln WRP 2003, 663; LG Kleve NJW-RR 2002, 1058; LG Frankfurt RRa 2001, 124; AG Kleve RRa 2001, 143 f und 144 f; OLG Hamburg NJW-RR 1986, 1440; AG Düsseldorf NJW-RR 1998, 51; AG Köln RRa 2011, 96; zu großzügig: AG Hannover RRa 2003, 80; AG Düsseldorf RRa 2009, 83 [Charterflug]; Möglichkeit der Zuweisung eines anderen Messestandes – unwirksam: OLG Köln NJW-RR 1990, 1232; Kursortänderungsvorbehalt bei Direktunterrichtsverträgen – unwirksam: OLG Frankfurt NJW-RR 2001, 914; LG Berlin AGBE V Nr 18; LG Koblenz VuR 2003, 432; Änderung von Dauer, Ort und Zeit „... aus sonstigen Gründen“ bei Hundeschule unwirksam: LG München NJW-RR 1999, 60; Reduzierung der Unterrichtsstunden unwirksam: LG Heidelberg VuR 1999, 170; anderes Zimmer in Pflegeheim unwirksam: LG Hamburg RzP § 6 AGBG Nr 2; ebenso KG NJW 1998, 829, 830; LG Düsseldorf NJW-RR 1991, 696 f; Änderung des Programm-Angebots bei Bezahlfernsehen unwirksam: BGH NJW 2008, 364 Rn 20 best OLG München MMR 2007, 50 Rn 26; Änderungen der Online-Anzeigen im Internetvertrag: BGH NJW-RR 2008, 134 Rn 17; Änderung der Datenübertragungsrate: AG Fürth BeckRS 2009, 21512; ausführlich Staudinger/Coester § 307 Rn 334), oder wenn er sich Spielraum für die Erbringung von Teilleistungen einräumen lässt (OLG Stuttgart NJW-RR 1995, 116; OLG Stuttgart VuR 1996, 257, 277). Das Gleiche gilt, wenn für persönlich zu erbringende Leistungen, beispielsweise im ärztlichen Bereich, ein Vorbehalt zur Einschaltung eines Stellvertreters getroffen wird (BGH NJW 2008, 987; dazu 7

Bender MedR 2008, 336, 340; Spickhoff/Seibl NZS 2008, 57, 60; Greiner MedR 2012, 50; OLG Hamm NJW 1995, 794; OLG Düsseldorf NJW 1987, 1489; OLG Köln VersR 1997, 115; LG Heidelberg KHE 2012/99; LG Bonn MedR 1997, 81; LG Moosbach VersR 2003, 870; LG Hamburg NJW 2001, 3415; differenzierend OLG Stuttgart VuR 2002, 218 – unwirksam bei Einbeziehung auch vorhersehbarer Verhinderung; **aA** [aber undeutlich] LG Hamburg ZMGR 2005, 65; dazu Miebach/Platt NJW 2000, 3377; Kuhla NJW 2000, 841; Kubis NJW 1989, 1512; Wienke MedR 1997, 82; Rieger MW 1997, 528; s auch § 309 Nr 10; dazu auch Staudinger/Coester § 307 Rn 402).

d) Wie weit im **Immobiliengeschäft** Änderungen zumutbar sind, die durch Interventionen der Bauordnungsbehörden notwendig wurden, lässt sich generell nicht sagen. Es kommt darauf an, ob der Erwerber im Zeitpunkt des Vertragsschlusses vom Vorliegen einer Baugenehmigung ausgehen konnte oder nicht. Im ersten Fall sind nur Änderungen zumutbar, die aufgrund nachträglicher Intervention der Bauordnungsbehörden notwendig geworden sind. Der Verwender trägt grundsätzlich das Risiko für die Übereinstimmung seiner Leistung mit öffentlich-rechtlichen Vorschriften. Der Kunde, welcher unter solchen Umständen die Änderung nicht hinnehmen will, kann gegen den Verwender nach § 311a Abs 2 vorgehen. Ist der Vertrag vor Erteilung der Baugenehmigung zustande gekommen – und weiß der Kunde dies –, dann ist der Risikocharakter des Geschäftes sehr viel stärker ausgeprägt. Auch Leistungsänderungsvorbehalte infolge anderer aufsichtsbehördlicher Genehmigungen sind aber nicht ohne weiteres stets zumutbar (MünchKomm/Wurmnest Rn 10; Ulmer/Schmidt Rn 10; Bamberger/Roth/Becker Rn 29; großzügiger BGH NJW 1991, 2559, 2464 – Vertragsanpassung bei Änderung der AGB der Bausparkasse im Kollektivinteresse legitim und im Hinblick auf die Genehmigungsbedürftigkeit [Genehmigung der Bundesanstalt für Finanzdienstleistungsaufsicht] angemessen; vgl auch § 9 Abs 2 BauSparkG – dazu Hagemeister WM 2002, 1773; zur Lage im Versicherungsbereich oben).

e) Entscheidender Gesichtspunkt für die Beurteilung der Zumutbarkeit ist das legitime Interesse des Verwenders an einem solchen Vorbehalt, also der **Grund der Änderung**. Wird beispielsweise ein Kaufgegenstand in Serienproduktion hergestellt, so hat der Verwender ein erhebliches – und legitimes – Interesse daran, aus der im vorgesehenen Leistungszeitpunkt ausgelieferten Ware leisten zu können. Vorbehaltlich des Ausmaßes der Änderung (auch bei gleicher oder sogar verbesserter Qualität – s unten) wird ein Vorbehalt dem Kunden daher zumutbar sein. UU kann ein legitimes Interesse auch an der Weitergabe der Bedingungen des eigenen Lieferanten bestehen (offen gelassen von BGH NJW 1987, 1886). Die Formulierung „nach Vertragsschluss notwendig werdende, vom Verwender nicht wider Treu und Glauben herbeigeführte Änderungen“ dürfte ein legitimes Interesse signalisieren (so für den Reisevertrag die Konditionsempfehlungen BAnz 1994 Nr 37; Schmied NJW 1996, 1642). Ein legitimer Grund fehlt hingegen, wenn der Verwender bei ordnungsgemäßer Geschäftsführung dem Vertragspartner bereits im Zeitpunkt des Vertragsschlusses die Leistung in der geänderten Form hätte versprechen können (BGH NJW-RR 2009, 1641 Rn 24). Änderungen der Selbstkosten stellen keinen legitimen Grund dar, weil andernfalls über den Leistungsvorbehalt die vertraglichen Risikosphären erheblich verschoben werden könnten. Die Formulierung, aus „irgendwelchen Gründen“ die Leistung ändern zu können, reicht ebenfalls nicht aus (OLG Hamburg NJW-RR 1986, 1440; LG Konstanz BB 1981, 1420, 1422). Auch die Fassungen „aus wettbewerbs- und wirtschaftlichen Gründen zweckmäßig“ und „aus technischen und betrieblichen

Gründen" enthalten keinen nachprüfbaren Begriffskern (BGH NJW 1985, 623, 627; OLG Schleswig NJW-RR 1998, 54 – Mobilfunk; SCHÖPFLIN BB 1997, 106).

Schließlich ist das mögliche **Ausmaß der Änderungen** für die Beurteilung der Zumutbarkeit wesentlich (dies gilt insbes für arbeitsvertragl Entgeltänderungen dazu STAUDINGER/KRAUSE Anh zu § 310 Rn 204 ff, 249). Allein die Beschränkung auf „kleine" Abweichungen reicht nicht (OLG Frankfurt AGBE I Nr 43); auch sind uneingeschränkte Vorbehalte von „Form-, Maß- und Farbabweichungen bei Ergänzungsmöbeln" nicht zumutbar (LG Frankfurt aM AGBE I Nr 46; restriktiver sogar OLG Koblenz NJW-RR 1993, 1078 – unwesentliche Abweichungen bei Maßanfertigung unwirksam, Gewährleistungsausschluss annehmend; ähnlich LG Halle VuR 1998, 53). Ebenso darf nicht uneingeschränkt die Leistung eines **Nachfolgemodells** vorbehalten bleiben (OLG Koblenz ZIP 1981, 509; MünchKomm/WURMNEST Rn 11) oder eine Vertragsänderung ermöglicht sein, die so groß werden kann, dass typischerweise bei Dauerschuldverhältnissen ein Kündigungsrecht gegeben wäre (BGHZ 158, 149 – Zinsänderungen bei Combispar-Vertrag; OLG München NJW-RR 1995, 1467). Der Vorbehalt für einen Wechsel vom Linienflug zum Charterflug wird als unzumutbar eingestuft (SCHMID NJW 1996, 1642; FÜHRICH RRa 1996, 76); ebenso die Vorverlegung der Rückreise vom Nachmittag auf die Nacht (AG Düsseldorf NJW-RR 1998, 51; zu großzügig AG Düsseldorf RRa 2009, 83 – von 17 Uhr auf 5.00 Uhr wirksam bei Charterflug; unzumutbar statt „halben Doppelzimmers" teures Einzelzimmer: LG München RRa 2010, 145). Das Gleiche gilt für die Umlegung pflegebedürftiger Personen (KG NJW 1998, 829, 830) und für Verfallsbestimmungen in Mobilfunkverträgen (OLG Potsdam VuR 2000, 147).

Wesentliches Indiz für die Unzumutbarkeit kann die Änderung des **Äquivalenzverhältnisses** (vgl BGH NJW-RR 2009, 1641; BGH NJW 2008, 360; LAG Wiesbaden MDR 2005, 459 – Äquivalenzstörung verneint) sein (womit aber nicht gesagt ist, dass ein Änderungsvorbehalt für eine gleichwertige Leistung stets wirksam ist). Ob wegen der vorbehaltenen Änderung auch eine Preiserhöhung verlangt werden darf, ist eine von der Zumutbarkeit der Änderung gesondert zu prüfende, wenngleich in der Bewertung zu beachtende Frage. Ist ein Festpreis vereinbart, so wird er durch die Änderung nicht tangiert. Ist die Leistungsabänderungsklausel mit einer Preisabänderungsklausel kombiniert, so ist Letztere gesondert, und zwar nach §§ 309 Nr 1, 307 Abs 1, 2 zu bewerten. Preisänderungen, die der Verwender deshalb vornehmen möchte, weil er von seinem Leistungsänderungsvorbehalt bezüglich seiner eigenen Leistung Gebrauch machen will, sind so gut wie nie angemessen. Ist der Vertrag auf der Basis von Stundenlöhnen und konkreter Materialabrechnung abzuwickeln, so ist ein wesentlicher Gesichtspunkt für die Angemessenheit der Änderung, welche Kostenfolge sie hat (BGH ZIP 1987, 998; OLG Celle AGBE I § 10 Nr 42).

f) Die **Beweislast** für die Frage, ob der Vorbehalt einer Änderung dem Vertragspartner des Verwenders zumutbar ist oder nicht, trägt der Verwender (PALANDT/GRÜNEBERG Rn 25 aE; MünchKomm/WURMNEST Rn 12; BAMBERGER/ROTH/BECKER Rn 36; WOLF/DAMMANN Rn 32). 8

3. Folge der Unwirksamkeit einer Klausel

Klauseln, die gemessen an § 308 Nr 4 zu weit geraten sind, sind in vollem Umfang 9
unwirksam. Eine geltungserhaltende Reduktion ist hier nicht möglich (STAUDINGER/

Schlosser § 306 Rn 22 ff). Teilunwirksamkeit ist nur dann anzunehmen, wenn eine Klausel neben unwirksamen Änderungsvorbehalten auch wirksame enthält und die Klausel bei Streichung des unwirksamen Teils noch sinnvoll bleibt. Der BGH bejaht dies bei (wirksamer, weil kontrollfreier) Vereinbarung eines variablen Sparzinses und setzt an die Stelle des unwirksamen einseitigen Zinsbestimmungsrechts im Wege der ergänzenden Vertragsauslegung den gerichtlichen Anpassungsmaßstab (BGH NJW-RR 2011, 625 Rn 17, 23; BGH NJW 2008, 3422 Rn 18; dazu Rösler EWiR 2010, 559; Burkiczak BKR 2007, 190; Schebesta WuB IV C § 308 Nr 4 BGB 1.06). Das BAG (NJW 2011, 2153 Rn 12; NZA 2005, 465) arbeitet – jedenfalls bei „Altverträgen" – mit einer hypothetischen Vertragsergänzung unter Berufung auf BGHZ 143, 104 (s auch LAG Berlin v 19. 8. 2005 Az 6 Sa 1106/05; LAG Hamm v 21. 9. 2004 Az 19 Sa 575/04 unabhängig von Altfällen; zum Grunsätzlichen Staudinger/Krause Anh zu § 310 Rn 265 ff).

III. Verbraucher

10 Die Richtlinie sieht im Anhang ein Verbot für Klauseln vor, die dem Gewerbetreibenden die Möglichkeit einräumen, die zu erbringende Leistung (zu liefernde Erzeugnisse und Dienstleistungen) **einseitig ohne triftigen Grund** zu ändern (Nr 1 k). Daneben ist mit Nr 1j ein einseitiges Änderungsrecht für die Vertragsbedingungen grundsätzlich ausgeschlossen, soweit nicht die besonderen Vorbehalte der Nr 2b (Zins und Kostenänderung) eingreifen. Während dieses letztgenannte Änderungsverbot im deutschen Recht von § 307 Abs 1, 2 erfasst wird, fällt Nr 1k in den Anwendungsbereich von § 308 Nr 4, der in Bezug auf die Vertragstypen weitergreift. Die Beschränkung auf zumutbare Änderungsvorbehalte schließt in jedem Fall Änderungsvorbehalte ohne triftigen Grund aus (s oben Rn 7). Die Regelung der §§ 307–309 ist also jedenfalls gemeinschaftskonform (OLG Hamm NJW-RR 2003, 630).

Für vorformulierte Individualverträge gilt grundsätzlich zwar auch dieses Verbot über § 310 Abs 3, fraglich ist jedoch, ob in diesem Zusammenhang die im dispositiven Recht eingeräumte Möglichkeit der Leistungsbestimmung (§ 315) die Klausel der Kontrolle entzieht. Der Weg dazu wäre lediglich über § 307 Abs 3 möglich, indem man dahin argumentiert, dass für die Individualverträge die gesetzlich eingeräumten Möglichkeiten über § 310 Abs 3 nicht eingeschränkt werden sollen (zur Unzulässigkeit dieser Argumentation bei AGB oben § 308 Nr 3).

IV. Geschäftsverkehr mit Unternehmern

11 Der Grundgedanke des § 308 Nr 4 gilt auch im kaufmännischen Verkehr (BGH NJW-RR 2009, 1641 Rn 29; BGHZ 124, 351, 362; 93, 29; OLG Düsseldorf DB 1993, 2176; Lutz, AGB-Kontrolle im Handelsverkehr 63; Erman/Roloff Rn 37; Palandt/Grüneberg Rn 26; MünchKomm/Wurmnest Rn 13). Gerade im kaufmännischen Verkehr kann der Vertragspartner auf eine exakte Einhaltung der vereinbarten Leistung besonders angewiesen sein. Soweit Toleranzen handelsüblich sind, liegt entweder keine von dispositiven Rechtsvorschriften abweichende Regelung vor (s oben Rn 5), oder es handelt sich um eine zumutbare Änderung.

12 Für Unternehmer iSd § 14, die nicht unter den Kaufmannsbegriff fallen, aber auch mit § 310 Abs 1 S 1 einer besonderen Inhaltskontrolle unterliegen, gilt nichts anderes.

§ 308 Nr 5
Fingierte Erklärungen

In Allgemeinen Geschäftsbedingungen ist insbesondere unwirksam …

5. (Fingierte Erklärungen)
eine Bestimmung, wonach eine Erklärung des Vertragspartners des Verwenders bei Vornahme oder Unterlassung einer bestimmten Handlung als von ihm abgegeben oder nicht abgegeben gilt, es sei denn, dass

a) dem Vertragspartner eine angemessene Frist zur Abgabe einer ausdrücklichen Erklärung eingeräumt ist und

b) der Verwender sich verpflichtet, den Vertragspartner bei Beginn der Frist auf die vorgesehene Bedeutung seines Verhaltens besonders hinzuweisen.

Materialien: 1. Teilber 89; RefE 20; RegE 38 f; BT-Drucks 14/6857, 5; BT-Drucks 14/6040, 154; s Staudinger/Schlosser Vorbem 5 ff zu §§ 305 ff.

Schrifttum

Bennemann, Fiktionen und Beweislastregelungen in Allgemeinen Geschäftsbedingungen (1987)
Bunte, Das Verhältnis der VOB/B zum AGB-Gesetz, BB 1983, 732
Canaris, Die Auswirkungen der Anerkennung eines aktiven Kontokorrentsaldos auf unverbindliche Börsentermingeschäfte, ZIP 1987, 885
Köndgen/König, Grenzen zulässiger Konditionenanpassung beim Hypothekenkredit, ZIP 1984, 129
Kretschmann, Zum Vorschlag des BMJ zur Änderung der BGB-Regelungen über die Privilegierung der VOB/B, BauR 2005, 615
Nickel, Die Erklärungsfiktion im Bürgerlichen Recht unter besonderer Berücksichtigung des § 10 Nr 5 AGBG (1997)
Pauly, Die Privilegierung der VOB/B nach dem Schuldrechtsmodernisierungsgesetz, MDR 2003, 124
Peters, Die vorbehaltlose Annahme der Schlußzahlung und das AGBG, NJW 1983, 798
Prölss, Vertragsänderungsklauseln in AVB und § 10 Nr 5 AGBG, VersR 1996, 145
Sonnenhol, Änderungen der AGB-Banken zum 1. April 2002, WM 2002, 1259
Stübing, Tatsachenbestätigungen und Fiktionen in AGB, NJW 1978, 1606
vWestphalen, Dauerschuldverhältnisse, Wirksamkeit von Änderungsklauseln zugunsten des AGB-Verwender, in: FS Schlosser (2005) 1103
Weyer, Die Privilegierung der VOB/B: eine – nur vorerst? – entschärfte Zeitbombe, BauR 2002, 857.

Systematische Übersicht

I. Allgemeines

1. Regelungsanliegen und Problematik der Norm

1 **a)** Eine der schwierigsten Aufgaben bei Erstellung des Katalogs unwirksamer Klauseln war es, dem in AGB sehr häufig, aber in sehr unterschiedlichen Zusammenhängen sich findenden Phänomen von **fingierten** und AGB-rechtlich ihnen immer gleichzustellenden **unwiderleglich vermuteten** (Schlosser/Coester-Waltjen AGBG § 10 Nr 5 Rn 1; Ulmer/Schmidt Rn 6a; Wolf/Dammann Rn 27 f – beide auch widerlegliche Vermutungen einbeziehend) Erklärungen des Vertragspartners des Verwenders in den Griff zu bekommen. Meist betreffen solche Klauseln bestimmte **bei Vertragsschluss vorliegende Gegebenheiten**, etwa die vom Verwender vorformulierte Erklärung des Mieters (oder Abnehmers) einer beweglichen Sache, sich vom einwandfreien Zustand des Objekts überzeugt zu haben. In der endgültigen Fassung des Gesetzes sind diese Arten von Erklärungen in den Regelungsbereich des jetzigen § 309 Nr 12 genommen worden (siehe dort Rn 1). Es handelt sich nicht um ein Problem speziell der „fingierten" Erklärungen, sondern um das allgemeine Problem, dass der Vertragspartner des Verwenders kaum jemals den Inhalt der einzubeziehenden AGB vor Vertragsabschluss konkret zur Kenntnis nimmt und daher auch um die ihm für diesen Zeitpunkt bereits unterstellten tatsächlichen Erklärungen nichts weiß. Für eine eigenständige Norm im Katalog unwirksamer Bestimmungen übrig blieben Erklärungen des Vertragspartners des Verwenders, deren Abgabe für einen **Zeitpunkt nach Vertragsschluss** – für den Fall des Eintritts bestimmter Ereignisse im Rahmen der Vertragsabwicklung – fingiert werden soll (Schlosser/Coester-Waltjen AGBG § 10 Nr 5 Rn 20; Ulmer/Schmidt Rn 6b; Wolf/Dammann Rn 15; MünchKomm/Wurmnest § 309 Nr 12 Rn 4), s unten Rn 6. Vor allen Dingen geht es um die **fingierte Genehmigung der Ordnungsmäßigkeit von Vertragsleistungen und Abrechnungen**. Sie gänzlich unwirksam sein zu lassen, verbietet sich. Der Verwender muss die Möglichkeit haben, Klarheit darüber zu erhalten, ob sein Vertragspartner die Ordnungsmäßigkeit der erbrachten (Teil-)Leistungen anerkennt, auch wenn dieser es unterlässt, dazu Erklärungen abzugeben. Wenn der Verwender seinen Kunden sowohl in der einschlägigen AGB-Klausel als auch bei Eintritt des die Fiktion auslösenden Ereignisses ausdrücklich auf den drohenden Rechtsverlust hinweist, hat er alles getan, was man redlicherweise von ihm verlangen kann.

Die Ausnahmeregelung für den Fall, dass die VOB/B vereinbart worden ist, die zunächst in § 23 Nr 5 AGBGB vorgesehen, sodann in § 308 Nr 5 übernommen worden war, ist mit Wirkung vom 1. 1. 2009 durch das Forderungssicherungsgesetz aufgehoben worden. (Gesetz v 23. 10. 2008, BGBl 2008 I S 2022). Überlegungen zu Berechtigung (Kretschmann BauR 2005, 615; Peters NZBau 2002, 113 115) und Voraussetzungen (vgl BGHZ 178, 1 Rn 30; Hensen EWiR 2008, 675) der Privilegierung der VOB/B sind damit verzichtbar geworden. Fiktionsregelungen der VOB unterliegen damit (außerhalb des unternehmerischen Verkehrs – vgl § 310 Abs 1 S 3) einschränkungslos der Inhaltskontrolle (Everts MittBayNot 2009, 190; Hügel NotBZ 2008, 427).

b) Hinter der Formulierung der Vorschrift steht unausgesprochen das Vorstellungsbild von solchen fingierten Erklärungen, die Rechtsfolgen auslösen, mit denen man sich typischerweise nur durch privatautonom gesetzte Akte belasten kann. Für sie bringt § 308 Nr 5 die notwendige Einengung der dem Verwender offen stehenden Möglichkeiten. Die Vorschrift ist aber in ihrem Wortlaut zu weit geraten, weil sie fingierte Erklärungen ohne Rücksicht auf die mit ihnen ausgelösten Rechtsfolgen nennt. Fiktionen sind eine Regelungstechnik, die zur Begründung aller denkbaren Rechtsfolgen einsetzbar ist. Alle über die Regelungstechnik der Fiktion begründeten Rechtsfolgen können aber sachlich unverändert in einer die Fiktion auflösenden Gestalt angeordnet werden (s Larenz/Canaris, Methodenlehre der Rechtswissenschaft 261). Stübing (NJW 1978, 1609) hat daraus zutreffend gefolgert, dass an eine nach dieser Regelung grundsätzlich zulässig erscheinende fingierte Erklärung nicht beliebige Rechtsfolgen geknüpft werden können. Der Verwender muss nicht nur ein berechtigtes Interesse an der fingierten Erklärung haben (so Palandt/Grüneberg Rn 31; Löwe/vWestphalen AGBG § 10 Nr 5 Rn 11), vielmehr müssen die vom Verwender beanspruchten Wirkungen der fingierten Erklärung den Kriterien der §§ 307–309 standhalten (so andeutungsweise schon Schlosser/Coester-Waltjen AGBG § 10 Nr 5 Rn 26; jetzt auch Ulmer/Schmidt Rn 7; Wolf/Dammann Rn 66; MünchKomm/Wurmnest Rn 11; BGH NJW-RR 2008, 134 Rn 30; OLG Düsseldorf NJW-RR 1988, 884, 886 – insoweit bestätigt durch BGH NJW 1990, 761, 763; anders, zumindest unklar noch BGH NJW 1985, 617; **aA** Nickel 209 f). Eine mit § 309 Nr 8b nicht übereinstimmende Beschränkung der gesetzlichen Gewährleistungsrechte wird nicht dadurch ermöglicht, dass an bestimmte Verhaltensweisen des Vertragspartners des Verwenders (widerspruchslose Entgegennahme einer Sache, Unterlassung der Rüge) ein fingierter Verzicht auf diese geknüpft wird, auch nicht, wenn der Verwender sich verpflichtet, seinen Vertragspartner bei Auslieferung der Ware auf die Bedeutung dieses seines Verhaltens hinzuweisen. Eine Klausel, die bestimmt, durch Entgegennahme der gemieteten Sache bestätige der Mieter ihren ordnungsmäßigen Zustand, kann die Haftung des Vermieters nicht einschränken (BGH BB 1967, 118). Eine fingierte „Genehmigung" der Tageskontoauszüge einer Bank wäre unwirksam (BGH NJW 1979, 1164 – Nr 10 AGB Sparkassen aF als rein tatsächliche Erklärung gewertet; zu den AGB-Banken 2002 s Sonnenhol WM 2002, 1259). Die „Genehmigungsfiktion" für Rechnungsabschlüsse bei Kontokorrentkonten ist nicht zu beanstanden, wenn die Rückforderung nicht ausgeschlossen ist (vgl Nr 7 Abs 2, 3 AGB-Banken [2002] – BGH NJW 2008, 3348 Rn 28; BGHZ 144, 349 [AGB-Sparkassen]; BGH NJW 1995, 320; OLG Koblenz WM 1995, 1224; OLG Oldenburg DB 1995, 2467; Baumbach/Hopt AGB-Banken 7 Rn 3; s auch unten Rn 5). Das Gleiche gilt für § 308 Nr 5 genügende Klauseln über die Verlängerung von Hypothekendarlehen (BGH NJW 1985, 617, 618) oder die Abrechnung beim Onlinebanking (Kreditkarte – LG Berlin WM 2010, 1121). Für die Beurteilung nach § 307 Abs 1, 2 ist bei massenhaft wiederkehrenden Geschäftsvorgängen das berechtigte organisatorische Bedürfnis des Verwenders an Genehmigungsfiktionen zu beachten (Bamberger/Roth/Becker Rn 14; Palandt/Grüneberg Rn 31; BGH NJW 1990, 761, 763 – Eigentumserwerb des Krankenhauses an zurückgelassenen Sachen trotz Aufforderung zum Abholen innerhalb bestimmter Frist; OLG Frankfurt VuR 1998, 133 – unwirksam die Berechtigung des Heimwerkermarktes, nicht abgeholte Ware zu verschrotten). Dieses Bedürfnis des Verwenders ist abzuwägen gegen die Bedeutung der durch die Fiktion 2 eintretenden Rechtsfolge für den Vertragspartner und die Zumutbarkeit einer Reaktion von seiner Seite.

3 **c)** Man muss aber auch die umgekehrte Konsequenz sehen. **Rechtsfolgen, die inhaltlich durch AGB für den Fall bestimmter, nicht in der Vornahme eines Rechtsgeschäfts liegender Ereignisse vorgesehen werden können, werden nicht dadurch ausgeschlossen, dass sich der Verwender der Regelungstechnik der Fiktion bedient.** Tut er dies, so braucht er keine angemessene Frist zum Widerspruch zu gewähren oder einer Hinweisobliegenheit zu genügen (Beispiel s § 309 Nr 9 Rn 19). Kann in AGB bezüglich eines Anspruchs auf Schadensersatz nach §§ 280 Abs 1, 241 Abs 2 beispielsweise stehen: „Nach Ablauf von zwei Jahren seit dem Eintritt eines Schadens sind alle Ansprüche ausgeschlossen", so kann es auch heißen: „Macht der Kunde nach Eintritt eines Schadensereignisses zwei Jahre lang keine Ansprüche geltend, so gilt dies als Verzicht". Ist nichts dagegen einzuwenden, dass ein Bau-Generalunternehmer in seinen Vertragsformularen mit Subunternehmern vorsieht: „Der Nachunternehmer hat erkennbare Mängel der Vorleistung vor Beginn seiner eigenen Arbeiten geltend zu machen; im Falle verspäteter Rüge entfällt jeder Anspruch auf Ersatz oder Preiserhöhung", so kann er auch sagen: „Ist eine rechtzeitige Rüge unterblieben, so gilt die Vorleistung in diesem Rahmen als genehmigt" (aM Kroppen, Das AGB-Gesetz im Spiegel des Baurechts, Schriftenreihe der Deutschen Gesellschaft für Baurecht 11, 96 f). Inhaltlich ist gegen eine solche Regelung nichts einzuwenden, weil es dem Generalunternehmer nicht mehr zumutbar ist, sich in Auseinandersetzungen darüber einzulassen, auf das Verschulden welchen Subunternehmers welcher Baumangel zurückzuführen ist, wenn der Mangel der Vorleistung für den nachfolgenden Subunternehmer erkennbar war und dieser nichts beanstandete. Eine Klausel ist selbstverständlich unbedenklich, wenn die aufgrund der fingierten Erklärung ausgelöste Rechtswirkung schon kraft Gesetzes gilt (MünchKomm/Wurmnest Rn 7).

2. Anwendungsbereich

4 **a)** Aus dieser Einsicht ergibt sich bereits der wichtigste aller Grundsätze zum Anwendungsbereich von § 308 Nr 5. Die Norm lässt die Tragweite der übrigen Bestimmungen in §§ 307–309 völlig unberührt (BGH NJW 2010, 2942 Rn 17; BGH NJW-RR 2008, 134 Rn 30; OLG Schleswig BeckRS 2009, 27633). Die Fiktions**wirkungen** sind immer an ihnen zu messen. Nur die Abgrenzung zu § 309 Nr 12 sowie zu § 305 Abs 2 bedarf einiger erklärender Erläuterungen. Von dem Anwendungsbereich des § 309 Nr 12 ist derjenige von § 308 Nr 5 folgendermaßen abzugrenzen: Das Ausgangsverhalten, das die Fiktion der Erklärung begründen soll, muss **nach** Vertragsabschluss liegen, s unten Rn 6. Erklärt der Mieter bei Vertragsabschluss formularmäßig, mit der (später erfolgenden) Übergabe des Mietobjektes dessen Fehlerfreiheit anzuerkennen, so ist § 308 Nr 5 anwendbar. Erklärt er schon im Mietvertrag, sich von der Fehlerfreiheit des Objekts überzeugt zu haben, so ist § 309 Nr 12 einschlägig (MünchKomm/Wurmnest Rn 5 und § 309 Nr 12 Rn 4; Erman/Roloff Rn 42; zur Abgrenzung von § 305 Abs 2 s Rn 8).

5 **b)** Es ist behauptet worden, an eine gemäß § 308 Nr 5 zulässigerweise fingierte Erklärung dürften keine **Beweislastverschiebungen** iSv § 309 Nr 12 geknüpft werden. Jedoch würde eine solche Interpretation des Gesetzes seinem offensichtlichen Sinn widersprechen. Wenn an eine den Kautelen von § 308 Nr 5 entsprechende Fiktion

Rechtsnachteile geknüpft werden können, dann wäre es merkwürdig, wenn diese nicht auch in Beweislastverschiebungen bestehen könnten. Mindestens soweit an die Fiktion ein endgültiger inhaltlicher Rechtsnachteil geknüpft werden kann, muss man als den minderen Rechtsnachteil eine entsprechende Beweiserschwerung zu Lasten des Kunden zulassen. Man muss aber noch darüber hinausgehen und in § 308 Nr 5 gegenüber § 309 Nr 12 eine *lex specialis* sehen. Der vielbesprochenen Fiktions-/Beweislastregelung bei Nichtbeanstandung von Rechnungsabschlüssen in den AGB-Banken (Nr 7 II, vgl auch Nr 7 III AGB Sparkassen) steht daher § 309 Nr 12b nicht entgegen (Wolf/Dammann Rn 11, 30; Baumbach/Hopt AGB-Banken 7 Rn 2; zu vergleichbaren Klauseln bei Telefon-Abrechnungen LG Schwerin, NJW-RR 2000, 585; OLG Köln VersR 1997, 1109; bei Kreditkartenabrechnungen im Online-Banking: LG Berlin WM 2010, 1121). Inhaltlich unangemessene Beweislastverschiebungen aufgrund an sich zulässiger Erklärungsfiktionen sind daher ausschließlich nach der Generalklausel des § 307 Abs 1, 2 zu bewerten.

c) Freilich ist immer zu beachten (s bereits Rn 4), dass sich § 308 Nr 5 ausschließlich auf **Fiktionen** bezieht, **die durch Ereignisse ausgelöst werden, welche nach Vertragsabschluss liegen** (richtig dennoch AG Bergisch-Gladbach NJW-RR 1988, 956, weil dort *ein* Vertrag schon geschlossen; eher zweifelhaft OLG Düsseldorf NJW 2005, 1515 und OLG Bremen VuR 2002, 379). Denn die Worte „bei Vornahme oder Unterlassung bestimmter Handlungen" sind zukunftsorientiert. Diese Abgrenzung hat erhebliche praktische Bedeutung (s Rn 1). Die formularmäßig erteilte „Zustimmung" des Vertragspartners mit der Geltung der einzubeziehenden AGB oder einzelner ihrer Teile hat weder mit § 308 Nr 5 (Schlosser/Coester-Waltjen AGBG § 10 Nr 5 Rn 11; Palandt/Grüneberg Rn 28; MünchKomm/Wurmnest Rn 6; BGH NJW 1990, 2313 – Sektionseinwilligung) noch mit § 309 Nr 12 etwas zu tun (**aA** Schimitowski VW 2007, 715). Es geht vielmehr ausschließlich um die Einbeziehungsvereinbarung, welche durch solche Worte nicht verlässlicher gemacht werden kann, als sie ist. Das Gleiche gilt, wenn der Vertragspartner formularmäßig bestimmten Verhaltensweisen des Verwenders zustimmen soll (BGH NJW 2010, 864 Rn 38; Schlosser/Coester-Waltjen AGBG § 10 Nr 5 Rn 12; Erman/Roloff Rn 42; zum Einverständnis mit Änderungen der AGB unten Rn 8) oder wenn er schon bei Vertragsschluss eine sonstige formularmäßig abgegebene Erklärung über einen Rechtsverzicht abgeben soll, ohne dass es also eines weiteren Verhaltens als Fiktionsausgangstatbestand bedarf (BGH NJW-RR 2001, 1242 – späterer Wegfall einer Mitversicherung der Berufsunfähigkeit; BGHZ 145, 203, 240 – Einverständniserklärung mit Vergütung bei Rückabwicklung; BGHZ 100, 373; vgl auch OLG Hamm NJW 2001, 1142 – Freischalten des Angebots im Internet verpflichtet zur Bindung an Angebot; MünchKomm/Wurmnest Rn 5; Verlängerungsklausel bei Vertragsschluss – BGH NJW 2010, 2942 Rn 14 Bahncard). In letzterem Falle liegt freilich meist ein Verstoß gegen § 307 Abs 1, 2 vor (Schlosser/Coester-Waltjen AGBG § 10 Nr 5 Rn 20 f). 6

d) Regelmäßig wird zwar § 308 Nr 5 die Fiktion **rechtsgeschäftlicher** Erklärungen, § 309 Nr 12 unterstellte **Tatsachen** erklärungen betreffen. Doch ist es nicht richtig, den Anwendungsbereich beider Vorschriften nach diesem Kriterium abgrenzen zu wollen. Eine Klausel aus den AGB von Kraftfahrzeugvermietern, wonach die widerspruchslose Übernahme eines Pkw einer Bestätigung seiner Mangelfreiheit gleichkommt, ist keine fingierte rechtsgeschäftliche Erklärung und unterfällt dennoch dem § 308 Nr 5 (Erman/Roloff Rn 40; Ulmer/Schmidt Rn 8; **aA** Wolf/Dammann Rn 37). 7

8 **e)** Eine einseitige Änderung von AGB durch ihren Verwender kann nur in einzelnen speziellen Hinsichten vorgesehen werden (STAUDINGER/SCHLOSSER § 305 Rn 172 ff; HOEREN AfP 2001, 8; zu dynamischen Verweisungen s STAUDINGER/COESTER § 307 Rn 201 und COESTER Jura 2005, 253). In diesem begrenzten Rahmen kann sich der AGB-Verwender auch der Technik der fingierten Zustimmung seines Vertragspartners zu der Änderung bedienen. Er braucht ihm dann Gelegenheit zum Widerspruch nicht zu geben (s Rn 3). Globale Änderungen von AGB für laufende Geschäftsbeziehungen bedürfen einer dem § 305 Abs 2 genügenden eigenen Einbeziehungsvereinbarung. § 308 Nr 5 ist aber insoweit *lex specialis* gegenüber § 305, als das Einverständnis des Vertragspartners unter den Voraussetzungen dieser Norm fingiert werden kann (ULMER/SCHMIDT Rn 6; ERMAN/ROLOFF Rn 42; vgl Nr 1 II AGB-Banken, die auf § 308 Nr 5 abgestellt ist; str; BAUMBACH/HOPT AGB-Banken 2 Rn 7– wirksam; **aA** MATUSCHE-BECKMANN NJW 1998, 115). Soweit eine Änderung nicht zulässig ist, hilft auch keine Fiktion (vgl LG Düsseldorf VersR 1996, 874; OLG Düsseldorf VersR 1997, 1272; dazu MATUSCHKE-BECKMANN NJW 1998, 112; mit dem Wegfall der aufsichtsrechtlichen Genehmigung ist die Rechtslage hier auch anders als im Bereich der Bausparkassen, dazu § 308 Nr 4 Rn 7).

9 **f)** Da nunmehr bei Vereinbarung der VOB/B die frühere Privilegierung entfallen ist, halten im nicht-unternehmerischen Verkehr § 12 Abs 5 Nr 12 VOB/B sowie § 16 Nr 6 VOB/B der Inhaltskontrolle nach § 308 Nr 5 nicht stand (MünchKomm/WURMNEST Rn 9).

10 **g)** Fingierte, den Vertragspartner benachteiligende Erklärungen des Verwenders sind ausschließlich an § 307 Abs 1, 2 zu messen (ULMER/SCHMIDT Rn 7; MünchKomm/WURMNEST Rn 3, **aA** WOLF/DAMMANN Rn 63 [auch § 309 Nr 12]).

II. Regelungsgehalt der Norm im Einzelnen

1. Das Ausgangsverhalten des Vertragspartners

11 Die Erklärungsfiktion kann grundsätzlich an jedes Verhalten des Vertragspartners des Verwenders anknüpfen. Es kann sich handeln um die Annahme einer Ware, die Inbesitznahme eines Bauwerks (BGH NJW 1984, 725, 726), die Nichtabholung von Gegenständen (BGH NJW 1990, 761, 763), das Nichterheben von Beanstandungen etc (vgl BGHZ 119, 152 und OLG Frankfurt NJW 1982, 2198 – Umbuchung als Rücktritts- und Neuanmeldungserklärung; BGHZ 119, 152 – Verlangen eines Neuanschaffungszuschlags als Erweiterung des Versicherungsvertrages; BGH NJW 1992, 3158 – Umbuchungen als Rücktritt und Neuanmeldung im Reisevertrag; Ausschluss von Einwendungen gegen Rechnung: OLG Schleswig NJW-RR 1998, 54 – Mobilfunk; OLG Jena NJW-RR 2013, 13 – Betriebskostenabrechnung; AG Meldorf NJW-RR 1988, 249 – Sammelbesteller). In der Praxis spielen neben der fingierten Bestätigung von Rechnungsabschlüssen eine große Rolle die **Abnahmefiktionen**. Die Bestimmung, Wohnungseigentum gelte sechs Monate nach Bezugsfreigabe als abgenommen, wenn bis dahin keine Abnahme stattgefunden habe oder kein Abnahmetermin vereinbart sei, kann zwar vernünftigerweise nicht im Sinne einer Unerheblichkeit von Beanstandungen ausgelegt werden (so aber BGH WM 1976, 349). Vielmehr muss man redlicherweise annehmen, dass dem Kunden die Befugnis eingeräumt ist, auch nach Ablauf dieser Frist Beanstandungen vorzubringen. Immerhin hat er die Möglichkeit, durch eine Erklärung die Abnahmefiktion auszuschließen. Gerade deshalb aber ist die Klausel an § 308 Nr 5 zu messen und zu verwerfen, weil sie

nicht vorsieht, dass der Vertragspartner auf sein Beanstandungsrecht eigens aufmerksam gemacht werden muss (Nickel 178; Ulmer/Schmidt Rn 8 – zumindest analog; Schlosser/Coester-Waltjen AGBG § 10 Nr 5 Rn 19 Fn 22 b; Stübing NJW 1978, 1608 f).

Besteht das Ausgangsverhalten in einem **dauernden Unterlassen**, dann ist § 308 Nr 5 anwendbar, wenn dieses bereits mit Vertragsschluss beginnt und einige Zeit nach Vertragsschluss fortdauern muss, um die Fiktionswirkung auszulösen (AG Bergisch-Gladbach NJW-RR 1988, 956).

2. Die fingierte Erklärung

§ 308 Nr 5 ist nur einschlägig, wenn eine „Erklärung" des Vertragspartners fingiert **12**
wird, also eine rechtliche Bedeutung beigelegt wird, die dem Ausgangsverhalten nicht notwendigerweise ohnehin schon zukommt (allgM; unpassend daher die Ausweitung des Anwendungsbereichs durch Derleder VuR 2007, 241, 243). Nicht ist die Norm anwendbar, wenn Tatsachen (OLG Hamm NJW-RR 1987, 947) oder ein sonstiger Vorgang fingiert werden sollen. So bleibt etwa die Rspr des BGH zur Unwirksamkeit von formularmäßigen Vorkenntnisklauseln in Maklerbedingungen (BGH NJW 1971, 1133; 1976, 2345; Ulmer/Schmidt Rn 9; Wolf/Stoffels Klauseln M 13; Erman/Roloff Rn 42; Schwerdtner Maklerrecht [4. Aufl] Rn 920 f) unberührt. Nach diesen Klauseln hat die Tatsache, dass der Kunde dem Makler seine anderweitige Vorkenntnis nicht binnen bestimmter Frist mitteilt, nicht zur Folge, dass eine „Erklärung" des Vertragspartners des Maklers fingiert wird. Angenommen wird dann nur seine Unkenntnis davon, dass sich das angebotene Objekt auf dem Markt befindet. Die aus § 307 Abs 1, 2 herzuleitende Unwirksamkeit dieser Bestimmung kann nicht dadurch verhindert werden, dass der Makler mit der Bekanntgabe eines Objektes auf den Lauf der Frist hinweist und sich dazu in seinen Bedingungen verpflichtet (zur Unwirksamkeit nach § 309 Nr 12 s dort). Auch wenn Makler die gewünschte Rechtsfolge in die Technik einer dem § 308 Nr 5 Rechnung tragenden Fiktion kleiden würden („... gilt als verbindlich zugesagt, noch keine Kenntnis ... gehabt zu haben"), würde der Verstoß der Fiktionswirkung gegen § 307 Abs 1, 2 bestehen bleiben (s Rn 2).

Ist die Tragweite der fingierten Erklärung nicht hinreichend klar, so ist sie nach § 305c Abs 2 zu Lasten des Ausstellers auszulegen (Beispiel: BGH WM 1976, 248 – Genehmigung nur der aus dem Tagesauszug der Bank unmittelbar ersichtlichen Maßnahmen und nicht des Kontostandes schlechthin).

3. Fristsetzung

Die Angemessenheit der Frist variiert naturgemäß je nach Vertragstyp und den **13**
persönlichen Umständen der typischerweise (Ulmer/Schmidt Rn 11; Wolf/Dammann Rn 41) vom Verwender angesprochenen Personen. Für die Überprüfung von Rechnungsabschlüssen wird man wohl vier Wochen konzedieren müssen (vgl BGHZ 144, 349 *[obiter]*; LG Berlin WM 2010, 1121 – vier Wochen bei Online-Banking im Kreditkartenvertrag ausreichend; LG Dortmund NJW-RR 1986, 1170 – zwei Wochen Widerspruchsfrist bei Zinsanpassung nicht angemessen; ebenso AG Hamburg Streit 2008, 184 – zwei Wochen bei Rechtsanwaltsrechnung ausreichend; Erman/Roloff Rn 45 – mindestens zwei Wochen). Bei anderen Geschäften reichen uU kürzere Fristen (Ulmer/Schmidt Rn 11; MünchKomm/Wurmnest Rn 13; Palandt/Grüneberg Rn 29; generell strenger – sechs Wochen – Bamberger/Roth/Becker

Rn 15), andere Geschäfte verlangen längere (BGHZ 141, 153 – vier Wochen bei Änderung von Versicherungsbedingungen nicht ausreichend, weil Einholung von Rechtsrat evtl erwünscht; OLG Düsseldorf NJW 2005, 1515 – vier Wochen für Annahme ausreichend; bei notwendiger Abstimmung einer Eigentümergemeinschaft vier Wochen zu kurz: OLG München NJW 2008, 3574). Die Frist braucht nicht datumsmäßig angegeben zu werden. Es genügt, wenn der Vertragspartner des Verwenders ungefähr weiß, wie lange er Zeit hat. So war es zulässig, wenn nach Nr 32 AGB-Banken (1998) im Wertpapiergeschäft Einwendungen gegen bestimmte Abrechnungen und Anzeigen „unverzüglich" erhoben werden mussten (Ulmer/Schmidt Rn 11; OLG Oldenburg DB 1995, 2467; **aA** Nickel 137). Da Zweifel darüber, wie lange die Frist währt, immer zu Lasten des Verwenders gehen (§ 305c Abs 2), schadet es auch nicht, wenn er in seinem Bedingungswerk nur von einer „angemessenen" Frist spricht (MünchKomm/Wurmnest Rn 12; Ulmer/Schmidt Rn 11; Wolf/Dammann Rn 43; **aM** Erman/Roloff Rn 45 aE). Der Fristbeginn muss aber deutlich erkennbar sein (LG Münster BeckRS 2007, 18400). Jeder Widerspruch, der in einer auch nur bei äußerster Toleranz als vertretbar zu wertenden Frist erklärt wird, ist dann noch rechtzeitig. Ist die Frist zu kurz, so ist die gesamte Klausel unwirksam. Nicht etwa verlängert sich die Frist automatisch auf ein angemessenes Maß (Ulmer/Schmidt Rn 14; Lwowski Die Bank 1978, 189; s dazu Staudinger/Schlosser § 306 Rn 22 ff).

Die in § 308 Nr 5 erwähnte Frist ist eine völlig neue, den im Gesetz geregelten Verjährungs- und Ausschlussfristen nicht vergleichbare Art von Frist, deren Charakteristikum darin besteht, dass sie üblicherweise recht kurz bemessen ist. Sie trägt daher besonderen Umständen in der Person des Vertragspartners, wie etwa urlaubsbedingter Abwesenheit, nicht Rechnung und kann es auch nicht. Es ist daher gerechtfertigt, die für die Wiedereinsetzung in den vorigen Stand geltenden Grundsätze entsprechend anzuwenden (ähnlich Ulmer/Schmidt Rn 11 aE). Der Widerspruch muss unverzüglich nachgeholt werden; der Grund für die Verzögerung ist anzugeben.

4. Die Hinweispflicht und ihre Erfüllung

14 Die in Anspruch genommene Fiktionswirkung tritt nach Fristablauf nur ein, wenn einmal schon in den AGB selbst die Verpflichtung des Verwenders festgehalten ist, seine Vertragspartner bei Beginn der Frist auf die Folgen des Fristablaufs aufmerksam zu machen und wenn zum anderen der Verwender bei Beginn der Frist dieser Verpflichtung auch tatsächlich nachkommt. Ein Hinweis in AGB allein genügt nicht (Schlosser/Coester-Waltjen AGBG § 10 Nr 5 Rn 24).

Es genügt auch nicht, wenn der Verwender seinen Vertragspartner bei Beginn der Frist auf dessen drohenden Rechtsverlust ausdrücklich hingewiesen hat, sofern er es unterlassen hat, seine dahingehende Verpflichtung bereits in den AGB selbst niederzulegen (MünchKomm/Wurmnest Rn 14; Wolf/Dammann Rn 45; Erman/Roloff Rn 46; Bamberger/Roth/Becker Rn 19; OLG Köln NJW-RR 1988, 1459; LG Dortmund NJW-RR 1986, 1170, 1172; offenlassend BGH NJW 1985, 617, 618). Der Hinweis muss, seinem Sinn entsprechend, in einer Form geschehen, die unter normalen Umständen Kenntnisnahme verbürgt. Das Gesetz selbst sagt nicht, dass er ausdrücklich erklärt sein muss. Jedoch ist nicht vorstellbar, wie ein nur schlüssiger Hinweis ausreichen soll. Der Hinweis darf auch nicht in einer größeren Summe von Einzelmitteilungen, die üblicherweise nicht allesamt aufmerksam gelesen werden, versteckt sein. Jedoch kann der Hinweis durchaus vorformuliert sein (Wolf/Dammann Rn 50; Erman/Roloff Rn 46; Schlosser/Coester-Waltjen AGBG § 10 Nr 5 Rn 25; vgl auch OLG Düsseldorf NJW-RR 2001, 299). Beginnt das Ausgangsverhalten des Kunden bereits mit Vertragsschluss zu laufen, so ist die Festschreibung einer Verpflichtung zur Erteilung eines Hinweises sinnlos. Die Tatsache eines Hinweises allein muss dann genügen (MünchKomm/Wurmnest Rn 15). Dem Sinn des Gesetzes entsprechend darf der Hinweis aber dann nicht formularmäßig sein. Das die Fiktionswirkung auslösende Ausgangsverhalten muss dem Verwender nicht immer rechtzeitig bekannt sein. Ein rechtzeitiger Hinweis ist ihm schwerlich zuzumuten, wenn er gar nicht weiß, ob und wann sein Vertragspartner ein solches Verhalten an den Tag legen wird (Beispiel: Ingebrauchnahme einer Sache als Fiktionsausgangstatbestand). In einer solchen Situation muss der in den AGB sich findende Hinweis genügen. Es ist dem Verwender schwerlich zuzumuten, diesen in „nicht allzu großem zeitlichen Abstand vor Beginn der Frist" (MünchKomm/Wurmnest Rn 15; **aA** Wolf/Dammann Rn 50) zu geben.

Der Hinweis ist im Übrigen immer von „besonderer" Bedeutung, weshalb seinetwegen nach § 308 Nr 6 Zugangsfiktionen in AGB unwirksam sind (Ulmer/Schmidt Rn 12; Erman/Roloff Rn 46; Palandt/Grüneberg Rn 33; diff. nach Bedeutung der fingierten Erklärung: Wolf/Dammann Rn 52 und Löwe/vWestphalen AGBG § 10 Nr 5 Rn 20).

Auch der „Bekanntheitsgrad" häufig verwendeter AGB, wie der VOB, vermag gegenüber nichtberuflichen Vertragspartnern von der Hinweisobliegenheit nicht zu befreien (**aM** Jagenburg BauR Sonderheft 1/1977, 22).

5. Anforderungen an den Widerspruch

Das Gesetz sagt, der Vertragspartner müsse Gelegenheit erhalten, durch eine „ausdrückliche Erklärung" den Eintritt der Fiktionswirkung zu verhindern. Gemeint ist damit aber nicht der Gegensatz zu einer bloß „schlüssigen" Erklärung, sondern nur derjenige zum Unterbleiben einer Erklärung. Jedes positiv-schlüssige Verhalten, das als Widerspruch gegen den Eintritt der Fiktionswirkung deutbar ist, muss genügen. Allerdings kann in AGB gemäß § 309 Nr 13 für den Widerspruch Schriftform verlangt werden. 15

III. Verbraucher

Der Anhang der Richtlinie enthält in Nr 1h eine (neben § 309 Nr 9) am Rande auch § 308 Nr 5 berührende Problematik, wobei für den Widerspruch gegen die Verlängerung kein zu früher Zeitpunkt angesetzt sein darf. Diesem Anliegen trägt § 308 Nr 5 in ausreichendem Maße Rechnung. Nr 1i Richtlinien-Anhang betrifft dagegen Fälle, die im deutschen Recht über § 305 Abs 2, 3 gelöst werden. 16

Auch für vorformulierte Individualverträge bereitet das Klauselverbot des § 308 Nr 5 keine Probleme. Die Bedeutung der Anforderungen an eine wirksame Fiktionsvereinbarung wird vor allem in der Notwendigkeit des Nachweises liegen.

IV. Geschäftsverkehr mit Unternehmern

Die Einräumung einer fristgebundenen Widerspruchsmöglichkeit wird man auch im 17 beiderseits kaufmännischen Verkehr immer verlangen müssen, wenn die Fiktionen Rechtsfolgen auslösen, die gegen den Willen des Vertragspartners herbeizuführen nicht zu rechtfertigen sind (Schlosser/Coester-Waltjen AGBG § 10 Nr 5 Rn 28; MünchKomm/Wurmnest Rn 16; Ulmer/Schmidt Rn 15; BGH NJW 2008, 3348 Rn 28; BGHZ 101, 357; 107, 205; OLG Hamburg BeckRS 2012, 00716; OLG Karlsruhe AGBE III § 9 Nr 15; LG Konstanz BB 1981, 1420, 1423; eher ablehnend: Lutz, AGB-Kontrolle im Handelsverkehr 80; Stoffels Rn 658; LG Magdeburg NJW-RR 1998, 329; LG Frankfurt VersR 1998, 1238). Dabei wird die Schutzbedürftigkeit besonders groß in kleinbetrieblich strukturierten Branchen sein (MünchKomm/Wurmnest Rn 16). Auch die sonstigen aus der direkten Anwendung des § 308 Nr 5 herausgenommenen beruflich oder gewerblich tätigen Nichtkaufleute (Unternehmer iSd § 14) dürften idR schutzbedürftig erscheinen. § 307 Abs 1, 2 bietet jedenfalls für den Geschäftsverkehr mit Nichtverbrauchern ausreichend Spielraum (zumal auch die an § 308 Nr 5 nicht gescheiterte Klausel an § 307 Abs 1, 2 zu messen ist, oben Rn 2), der die speziellen Gegebenheiten des jeweiligen Vertrages zu würdigen erlaubt (vgl OLG Hamburg BeckRS 2012, 00716 – Schiffsbau) Auf einen besonderen Hinweis lässt sich jedoch häufig verzichten (Schlosser/Coester-Waltjen AGBG § 10 Nr 5 Rn 28; MünchKomm/Wurmnest Rn 16). Ganz unberührt bleiben die gesetzlichen Vorschriften, welche an Verhaltensweisen des Vertragspartners über die Fiktion von Erklärungen Rechtsfolgen knüpfen, wie zB § 377 Abs 2 HGB (zu AGB-Bestimmungen, welche solche gesetzliche Vorschriften wiederholen, s Staudinger/Coester § 307 Rn 289 ff). In ein kaufmännisches Bestätigungsschreiben kann risikolos der Zusatz aufgenommen werden, dass sein Inhalt verbindlich sei, wenn nicht unverzüglich widersprochen werde. Zu beachten ist, dass im unternehmerischen Verkehr weiterhin die von der Rspr entwickelte, nunmehr in § 310 Abs 1 S 3 vorgesehene Privilegierung der Klauseln der VOB/B gilt, wenn diese insgesamt einbezogen ist (Kuffer NZBau 2009, 73, 78; BGHZ 178, 1 Rn 23, 39; zur Einbeziehung als Ganzes BGHZ 157, 346; zur Schutzwürdigkeit auch von Unternehmern bei Vereinbarung der VOB/B: Popescu JR 2009, 234, 236).

§ 308 Nr 6
Fiktion des Zugangs

In Allgemeinen Geschäftsbedingungen ist insbesondere unwirksam …

6. (Fiktion des Zugangs)
eine Bestimmung, die vorsieht, dass eine Erklärung des Verwenders von besonderer Bedeutung dem anderen Vertragsteil als zugegangen gilt;

Materialien: 1. Teilber 29; RefE 20; RegE 89; BT-Drucks 14/6857, 5; BT-Drucks 14/6040, 154; s Staudinger/Schlosser Vorbem 5 ff zu §§ 305 ff.

Schrifttum

Stübing, Tatsachenbestätigungen und Fiktionen in AGB, NJW 1978, 1606.

I. Allgemeines

1. Regelungsanliegen

Die Vorschrift ist der Rest von Bestrebungen, in AGB Fiktionen grundsätzlich nicht wirksam sein zu lassen (1. Teilber § 8 Nr 18 und S 89). Diese Bestrebungen sind im Laufe des Gesetzgebungsverfahrens zu Recht zusammengeschmolzen. Es war nicht einzusehen, warum sich ein AGB-Verwender nicht ebenso wie der Gesetzgeber der Regelungstechnik von Fiktionen sollte bedienen dürfen (s auch unten Rn 2). In der Praxis hat die Fiktion des Zugangs einer Erklärung besondere Bedeutung. Der Verwender hat ein legitimes Interesse daran, dass sich sein Vertragspartner nicht mit der Behauptung, bestimmte Mitteilungen nicht erhalten zu haben, seinen Verpflichtungen entziehen kann. Der Vertragspartner seinerseits hat ein legitimes Interesse daran, dass nur solche Mitteilungen Rechtsfolgen zu seinem Nachteil auslösen, die er tatsächlich erhalten hat. Für Mitteilungen von besonderer Bedeutung hat der Gesetzgeber diesem Interesse Vorrang eingeräumt und damit den Vertragspartner, welcher sich seiner Sache sicher sein will, zur Verwendung von Einschreibesendungen (mit Rückschein) gezwungen. Auch eine Zugangsfiktion, die an den Ausgangstatbestand der (nachgewiesenen) Absendung einer Erklärung durch die Post geknüpft ist, ist unwirksam, wenn es sich um eine Erklärung von besonderer Bedeutung handelt. Die Regelung des § 308 Nr 6 erfasst auch Vermutungen des Zugangs, selbst wenn dem Vertragspartner die Möglichkeit des Gegenbeweises erhalten bleibt (Ulmer/Schmidt Rn 5; Erman/Roloff Rn 54; MünchKomm/Wurmnest Rn 3; Palandt/Grüneberg Rn 36). Nicht unter § 308 Nr 6 (sondern unter die §§ 309 Nr 12, 307 Abs 1, 2) fallen hingegen Absendevermutungen und -fiktionen sowie Klauseln, die über eine gegenseitige Bevollmächtigung der Vertragspartner des Verwenders zur Entgegennahme seiner Erklärungen gleiche Effekte erzielen (MünchKomm/Wurmnest Rn 4; BGH NJW 1997, 3439; BGHZ 108, 98; BayObLG ZMR 1997, 519; KG NJW-RR 1990, 544, 553; teilweise **aA** Palandt/Grüneberg Rn 36; vgl auch LG Dortmund AGBE IV § 11 Nr 13; für Wirksamkeit auch nach § 307 Abs 1, 2: BGH NJW 1997, 3437 auf Vorlage von BayObLG ZMR 1997, 519; **aM** OLG Celle WM 1990, 103). Das Kernproblem bei der Anwendung von § 308 Nr 6 besteht freilich darin, Erklärungen mit und ohne besondere Bedeutung voneinander abzugrenzen. 1

2. Anwendungsbereich

a) § 308 Nr 6 ist Sondervorschrift im Verhältnis zu § 309 Nr 12. Zwar sind Fiktionen von letzterer Vorschrift nicht erfasst (s dort Rn 4); im Bereich der Vermutungen jedoch decken sich die Regelungen. Als Ausnahme zu § 309 Nr 12 weist § 308 Nr 6 solche Bestimmungen unter bestimmten Voraussetzungen (keine besondere Bedeutung) als wirksam aus (Schlosser/Coester-Waltjen AGBG § 10 Nr 6 Rn 6; Palandt/Grüneberg Rn 35: verdeckt enthaltener Erlaubnistatbestand; MünchKomm/Wurmnest Rn 3 daher für weite Auslegung). 2

b) § 308 Nr 6 ist keine Sondervorschrift im Verhältnis zu § 308 Nr 5. Letztere Bestimmung betrifft tatbestandlich nur die Fiktion von Erklärungen, nicht den Zugang. 3

c) § 308 Nr 6 hat aus der Fülle der Fiktionen, die nach der Generalklausel darauf 4 zu überprüfen sind, ob die an den Ausgangstatbestand geknüpfte Fiktionswirkung angemessen ist oder nicht, die Fiktion des Zugangs einer Willenserklärung herausgegriffen, sie zugelassen, soweit Erklärungen ohne besondere Bedeutung in Frage stehen, und sie für unwirksam erklärt, wenn Erklärungen mit besonderer Bedeutung fingiert werden. Soweit der Verwender nicht eine Fiktion wählt, sondern beispielsweise über Bevollmächtigungen die gleichen Wirkungen erzielt, ist die Klausel – wenn sie nicht bereits an § 308 Nr 5 oder § 309 Nr 12 scheitert – an § 307 Abs 1, 2 zu messen (iE bedenklich BGH NJW 1997, 1439; zust Erman/Roloff Rn 55).

5 **d)** Sondervorschrift ist § 13 VVG.

II. Einzelheiten der Regelung

1. Erklärungen mit oder ohne besondere Bedeutung

6 Der Verwender kann im Stadium der Ausarbeitung seiner Bedingungen jedes Risiko vermeiden und den Text von § 308 Nr 6 dergestalt übernehmen, dass er Zugangsfiktionen für „Erklärungen ohne besondere Bedeutung" aufstellt (Stübing NJW 1978, 1611; Erman/Roloff Rn 56; Stoffels Rn 669). Finden sich in AGB Klauseln, die Zugangsfiktionen unterschiedslos für bedeutsame und nicht bedeutsame Erklärungen aufstellen, so sind sie insgesamt unwirksam und können nicht etwa Wirksamkeit bezüglich solcher Erklärungen entfalten, denen besondere Bedeutung abgeht. So ist auch eine Klausel unwirksam, die besagt, eine Erklärung gelte als zugegangen, wenn sie mit dem postalischen Vermerk „unbekannt verzogen" zurückkomme (OLG Stuttgart BB 1979, 908; zu Zustellungen in diesen Fällen vgl § 185 ZPO). Die salvatorisch abstrakte Ausnahme für „Erklärungen von besonderer Bedeutung" ist angesichts ihrer Unklarheit für den Vertragspartner unwirksam (MünchKomm/Wurmnest Rn 5).

Von „besonderer" Bedeutung sind Erklärungen dann, wenn sie aus dem Rahmen des normalerweise in einer bestimmten Rechtsbeziehung Auftretenden fallen. Dazu gehören vor allen Dingen Kündigungen (OLG Hamburg VersR 1981, 125) und Rücktrittserklärungen, aber auch Jahresabschlüsse und Genehmigungen (LG Koblenz DNotZ 1988, 496; abl Kanzleiter DNotZ 1988, 496), sprich alle Erklärungen, welche Rechtsfolgen auslösen, wenn der Kunde nicht binnen bestimmter Frist widerspricht (allgM). Rechtsgeschäftliche Erklärungen ohne besondere Bedeutung sind schwer vorstellbar, wenn sie den Kunden benachteiligen können (MünchKomm/Wurmnest Rn 5; Stoffels Rn 668; Ulmer/Schmidt Rn 7; Erman/Roloff Rn 53; Bamberger/Roth/Becker Rn 16). Im Bankverkehr kann der Zugang eines Tagesauszugs und einer Ausführungsanzeige fingiert werden, nicht aber der von Rechnungsabschlüssen oder Wertpapieraufstellungen. Die AGB-Banken verzichten nunmehr generell auf die Zugangsfiktion (zur besonderen Bedeutung von Rechnungsabschlüssen OLG Oldenburg NJW 1992, 1839; OLG Düsseldorf NJW-RR 1988, 104). Eine Ladung zu Terminen, in denen rechtlich relevante Entscheidungen getroffen oder vorbereitet werden, ist ebenfalls von besonderer Bedeutung (OLG München NJW-RR 2008, 1182, 1184 – Ladung zur Eigentümerversammlung). Das Fiktionsverbot bezieht sich sowohl auf den Zugang selbst als auch auf den Zeitpunkt. Ist allerdings der Zugang bewiesen, so kann der Zeitpunkt nach Wahrscheinlichkeitsgesichtspunkten berechnet werden (Palandt/Grüneberg Rn 36; Erman/Roloff Rn 54; MünchKomm/Wurmnest Rn 4).

2. Der Fiktionsausgangstatbestand bei Erklärungen ohne besondere Bedeutung

Im Wege des Umkehrschlusses ist dem Gesetz die Aussage zu entnehmen, dass Erklärungen ohne besondere Bedeutung zulässigerweise fingiert werden können und wohl nur theoretisch der Kontrolle durch § 307 Abs 1, 2 unterliegen (so jetzt auch ULMER/SCHMIDT Rn 1, 7; WOLF/DAMMANN Rn 22; ERMAN/ROLOFF Rn 54). Die Norm äußert sich aber nicht über die Annehmbarkeit der Fiktionsausgangstatbestände. Deren Angemessenheit muss daher nach § 307 Abs 1, 2 beurteilt werden. Ist die Zugangsfiktion an den feststehenden und gegebenenfalls zu beweisenden Tatbestand der Absendung einer Erklärung geknüpft, so ist gegen sie nichts einzuwenden (**aM** SOERGEL/STEIN AGBG § 10 Nr 6 Rn 66). 7

III. Verbraucher

Die Richtlinie hat in ihrem Anhang keine dem § 308 Nr 6 entsprechende konkrete Vorschrift (MünchKomm/WURMNEST Rn 2). Die strikte deutsche Regelung ist gemeinschaftskonform, weil die Zugangsfiktion von der Generalklausel des Art 3 der Richtlinie erfasst sein dürfte, im Übrigen über Art 8 der Richtlinie ein weitgehender Verbraucherschutz zulässig ist. Erklärungen iSd Nr 2a sind als Erklärungen mit besonderer Bedeutung einzuordnen. 8

Ob es zum Schutz des Verbrauchers wirklich erforderlich war, das Verbot auch auf nicht ausgehandelte Individualvereinbarungen zu erstrecken, erscheint zumindest zweifelhaft, ist aber angesichts der angemessenen Verteilung der Risikosphären nach den Zugangsregelungen des BGB und den Möglichkeiten, sich Nachweise für den Zugang zu verschaffen, erträglich.

IV. Geschäftsverkehr mit Unternehmern

Gesichtspunkte, die für den Verkehr unter Unternehmern eine andere Bewertung ermöglichten als für den Verkehr unter Privaten, gibt es nicht (OLG Hamburg WM 1986, 383, 385; die Lit-Meinungen sind geteilt: ULMER/SCHMIDT Rn 9 großzügiger für die Einstufung „besondere Bedeutung"; ähnlich STOFFELS Rn 671; ERMAN/ROLOFF Rn 57; MünchKomm/WURMNEST Rn 6; eher wie hier BAMBERGER/ROTH/BECKER Rn 24; PALANDT/GRÜNEBERG Rn 38). 9

§ 308 Nr 7
Abwicklung von Verträgen

In Allgemeinen Geschäftsbedingungen ist insbesondere unwirksam …

7. (Abwicklung von Verträgen)
eine Bestimmung, nach der der Verwender für den Fall, dass eine Vertragspartei vom Vertrag zurücktritt oder den Vertrag kündigt,

a) eine unangemessen hohe Vergütung für die Nutzung oder den Gebrauch einer Sache oder eines Rechts oder für erbrachte Leistungen oder

b) einen unangemessen hohen Ersatz von Aufwendungen verlangen kann.

Materialien: 1. Teilber 69; RefE 14; RegE 26; BT-Drucks 14/6857, 5: BT-Drucks 14/6040, 154; s STAUDINGER/SCHLOSSER Vorbem 5 ff zu §§ 305 ff.

Schrifttum

PETERS, Die Stornierung von Verträgen, JZ 1996, 73

LINDACHER, Zur Zulässigkeit des formularmäßigen Ausbedingens von Vertragsabwicklungsgebühren bei Dauerschuldverhältnissen im Dienstleistungsbereich, ZIP 2002, 49

SERVATIUS, Die AGB-rechtliche Behandlung von Vorschusszinsregelungen im Sparverkehr, BKR 2005, 295.

I. Allgemeines

1. Regelungsanliegen

1 Die Vorschrift ergänzt § 309 Nr 5 und schützt dessen Regelungsgehalt vor nahe liegenden Umgehungsversuchen. Tritt jemand von einem Vertrag zurück oder kündigt jemand ein Vertragsverhältnis, so entstehen Rückabwicklungsprobleme, welche das deutsche Recht scharf von Ansprüchen auf Schadensersatz statt der Leistung trennt. Ist Grund für Rücktritt oder Kündigung ein (behauptetermaßen) vertragswidriges Verhalten des anderen Teils, so kommen Rückabwicklungsansprüche „Schadensersatzansprüchen" sehr nahe, wenn sie zugunsten des Verwenders großzügig pauschaliert werden. Zwangsläufig musste der Gesetzgeber daher Aufwendungs- und Nutzungsersatzpauschalierungen für den Fall des Rücktritts des Verwenders ebenso wie Schadenspauschalen behandeln. Außerdem muss der Vertragspartner des Verwenders davor geschützt werden, von der Ausübung eines ihm zustehenden Rücktritts- oder Kündigungsrechts deshalb zurückzuschrecken, weil hohe Abwicklungsansprüche des Verwenders die Konsequenz davon wären (BGH NJW-RR 2005, 642, 643; LG Göttingen StB 1999, 436, 437). § 308 Nr 7 verbietet nicht generell eine Pauschalierung der vom Vertragspartner zu leistenden Zahlungen, sondern sieht nur einen Angemessenheitsfilter vor. Richtlinie für die Angemessenheitsprüfung sind die gesetzlich gegebenen Ansprüche (BGH NJW 1983, 1491, 1492; BGH NJW 1985, 632; BGH NJW 1991, 2763; BGH NJW-RR 1995, 749; OLG Stuttgart NVersZ 1999, 366; ebenso PALANDT/GRÜNEBERG Rn 41; ERMAN/ROLOFF Rn 63), die typisiert werden können – darin liegt die rechtsgestaltende Komponente einer Klausel, die ansonsten nur die gesetzliche Lage wiedergeben könnte.

2. Anwendungsbereich

2 **a)** § 308 Nr 7 regelt ausschließlich Ansprüche im Zusammenhang mit der Rückabwicklung von Verträgen (im weitesten Sinne – also auch durch Anfechtung, Widerruf), setzt also eine Störung der Vertragsdurchführung voraus (s unten Rn 14; BAMBERGER/ROTH/BECKER Rn 5; ULMER/SCHMIDT Rn 6; iE ebenso PALANDT/GRÜNEBERG Rn 40; ERMAN/ROLOFF Rn 59 [zumindest entsprechend]). Nicht umfasst sind Abreden für den Fall des Nichtzustandekommens des Vertrages (ULMER/SCHMIDT Rn 1; **aA** LG Dortmund NJW-

RR 1994, 305) oder für Zusatzleistungen bei weiterer Vertragsdurchführung (BGH NJW 1992, 1751 – Überziehungszinsen; SERVATIUS BKR 2005, 295, 300 – Regelungen über Vorschusszinsen sind Entgeltvereinbarungen, daher nach § 307 Abs 3 nicht kontrollfähig). Bei gestörter Vertragslage ist eine genaue **Abgrenzung** der Anwendungsbereiche von § 308 Nr 7 und **§ 309 Nr 5** in der Praxis fast immer entbehrlich (dazu BGH NJW 2011, 3030; OLG Köln NJW-RR 1986, 1434; OLG Stuttgart NJW 1981, 1105; MünchKomm/WURMNEST Rn 3; BAMBERGER/ROTH/BECKER Rn 13; PALANDT/GRÜNEBERG Rn 40 aE). Nur wenn der Vertragspartner des Verwenders bestreitet, überhaupt Nutzungen gezogen oder Leistungen erhalten zu haben, kommt es auf eine genaue Einordnung des Vorgangs an. Denn den Beweis im Sinne von Nr 7, dass Nutzungen gezogen wurden, hat der Verwender zu erbringen, den Beweis im Sinne von § 309 Nr 5, dass kein Schaden eingetreten sei, sein Vertragspartner, s § 309 Nr 5 Rn 20. Die Begriffe „angemessen" einerseits (§ 308 Nr 7) und „wesentlich niedriger" andererseits (§ 309 Nr 5) laufen in der praktischen Rechtsanwendung auf das gleiche hinaus. Auch die Gegenbeweismöglichkeit, die nach § 309 Nr 5 dem Vertragspartner des Verwenders zusteht, ist im Anwendungsbereich von § 308 Nr 7 entsprechend gegeben und muss ausdrücklich eingeräumt werden (BGH NJW 2011, 3030 Rn 13; BGH ZIP 1996, 2172, 2173; BGH NJW 1985, 632, 633; BAG NZA 2010, 1237 Rn 32; OLG Stuttgart NJW 1981, 1105; LG Frankfurt NJW-RR 2008, 1079, 1080 – Stornogebühren für Flug- und Eintrittskarten; ULMER/SCHMIDT Rn 4; MünchKomm/WURMNEST Rn 3; PALANDT/GRÜNEBERG Rn 42; ERMAN/ROLOFF Rn 60; s § 309 Nr 5 Rn 6).

b) So wie die Ausbedingung gesetzlich nicht vorgesehener oder die Abdingung gesetzlich begründeter Schadensersatzforderungen nicht nach § 309 Nr 5 (s dort Rn 11), sondern nach § 309 Nr 7 bzw § 307 zu behandeln ist, so ist auch eine Klausel, welche **Nutzungs-, Aufwendungs- oder Leistungsersatzansprüche** außerhalb der Rückabwicklung vorsieht, die das Gesetz nicht kennt, oder sie ausschließt, wo das Gesetz sie begründet, nicht nach § 308 Nr 7, sondern nach § 307 zu bewerten (allgM; vgl OLG Celle OLG-Rp Celle 1997, 245, **aA** WOLF/DAMMANN Rn 22). **3**

c) Ist eine Klausel so gefasst, dass sie in spürbarem Umfange Ersatzansprüche auch für solche Situationen postuliert, in welchen es zu gar keiner Dienstleistung oder Nutzungsüberlassung gekommen ist, so ist der Sache nach eine – formularmäßig unwirksame, § 309 Nr 6 – Vertragsstrafe ausbedungen (SCHLOSSER/COESTER-WALTJEN AGBG § 10 Nr 7 Rn 28; BAMBERGER/ROTH/BECKER Rn 14). **4**

Hat der Vertragspartner vorgeleistet, so ist der Ausschluss des Rückzahlungsanspruchs an § 308 Nr 7 zu messen (OLG Hamm NJW-RR 1987, 243; OLG Koblenz NJW 1987, 74; LG Köln NJW-RR 1990, 1530; BGH MDR 1983, 113).

d) Die zwingenden gesetzlichen Regelungen für Rückabwicklungsansprüche nach § 474 Abs 2 (Verbrauchsgüterkauf – vgl auch EuGH NJW 2008, 1433; BGH NJW 2009, 427), § 495 Abs 2 Nr 3 (Verbraucherkredit); §§ 312, 312a, 357 Abs 3 (Haustürgeschäfte), §§ 312d, 312e (Fernabsatz), §§ 485 Abs 1, 5, 487 (Teilzeit-Wohnrechte) BGB, §§ 4, 8 FernUSG gehen § 308 Nr 7 vor; rechtsgestaltender Spielraum ist nicht gegeben. **5**

II. Die Kündigung eines Vertrags

1. Der Gesetzesbegriff

6 Von Kündigung spricht man dann, wenn ein **Dauerschuldverhältnis** mit Wirkung für die Zukunft beendet werden soll. Es bleibt sich gleich, ob die in § 308 Nr 7 erwähnten Pauschalen an eine Kündigung des Verwenders oder seines Vertragspartners, an eine solche aus wichtigem Grund oder an eine gesetzlich vorgesehene ordentliche Kündigung oder schließlich an eine vertraglich eingeräumte besondere Kündigung geknüpft sind. Eine außerordentliche Kündigung kann mit Schadensersatzansprüchen einhergehen. Eine nach § 308 Nr 7 zulässige Pauschalierung von Ersatzansprüchen schließt nicht die Aufrechnung des Kunden mit Schadensersatzansprüchen aus. Hat der Verwender für den Fall, dass sein Vertragspartner den Kündigungsgrund durch vertragswidriges Verhalten gesetzt hat, die ihm zustehende Pauschale so festgesetzt, dass ihr auch Schadensersatzfunktion zukommt, dann ist § 309 Nr 5 anwendbar, s oben Rn 1. Auch in diesem Fall darf aber der Gedanke des Vorteilsausgleichs nicht vernachlässigt werden. Ein Ingenieur, dessen Ingenieurvertrag nach den Bedingungen nur aus wichtigem Grunde kündbar ist, kann sich auch für den Fall der vorzeitigen Vertragsauflösung aus einem vom Auftraggeber zu vertretenden Grunde nicht die Bezahlung der gesamten vereinbarten Vergütung ohne Rücksicht auf anderweitige Einsatzmöglichkeit seiner Arbeitskraft ausbedingen (BGHZ 60, 259; ähnlich LG Kassel NJW-RR 1999, 1281 [gesamter Seminarpreis]; LG Göttingen StB 1999, 436 [50% – Steuerberater]).

2. Unangemessen hohe Vergütung

7 Die Fälle, welche der Gesetzgeber mit dem Begriff „Vergütung für erbrachte Leistungen" im Auge gehabt hat, orientieren sich bei Dienstverträgen an § **628** (Rudloff, Ausgewählte Rechtsfragen der Inkassounternehmen 145; OLG Stuttgart NJW-RR 1988, 1514, 1515). Das Kündigungsrecht des Dienstleistungsempfängers soll nicht dadurch entwertet werden, dass er wesentlich mehr als die tatsächlich erbrachten Dienstleistungen vergüten muss. Der BGH hat schon nach früherem Recht eine Klausel verworfen, derzufolge der zur Dienstleistung Verpflichtete den vollen Lohn beanspruchte (vgl jetzt auch BGH NJW-RR 2005, 642, 643 – volles Entgelt für Inkassohaftung unabhängig von erbrachten Leistungen unangemessen; OLG Köln BeckRS 2012, 03590 – 100% Verteidigerhonorar unwirksam; OLG Schleswig VuR 1999, 99 – volles Entgelt für Tanzkurs; OLG Koblenz NJW 1987, 74 – volles Entgelt für Übernahme einer Agentur unangemessen; OLG Hamm NJW-RR 1987, 243 – volles Entgelt bei Partnerschaftsvermittlung). Pauschalierungen, die in vertretbarem Verhältnis zu den tatsächlich geleisteten Diensten stehen sollen, können aber nicht einheitlich auf einen bestimmten Prozentsatz des vorgesehenen Entgeltes lauten (BGH NJW 1999, 3261 – 10% der Vertragssumme ohne Anrechnung anderweitigen Erwerbs unwirksam; ähnlich BGH NJW 1999, 418 – fehlende Anrechnungsmöglichkeit nach § 649 S 2 macht Klausel ungültig; BGH NJW-RR 1998, 1391 – nur Anrechnungsmöglichkeit für ersparte Aufwendungen ohne Anrechnung anderweitiger Erwerbsmöglichkeit macht Klausel ungültig; OLG Stuttgart NJW-RR 1988, 1514 – 50% des Gesamthonorars ohne Rücksicht auf Kündigungsgrund unwirksam; OLG Nürnberg NJW-RR 1997, 1556 – 30%ige Aufnahmegebühr beim Partnerschaftsvermittlungsvertrag unangemessen; LG Koblenz VuR 2003, 432 – 35% oder Gesamtsumme bei Ausbildungsvertrag; AG Freiburg NJW-RR 1997, 1284 – 320 DM Grundgebühr bei Fahrschulvertrag zu hoch; AG Bremen NJW-RR 1999, 61 – 3/10 des Transportentgelts; LG Bonn

NJW-RR 1998, 1744 – prozentual an Forderung bemessene „Bearbeitungsgebühr" unangemessen; zu weitgehend, weil generell die Pauschalierung ablehnend, AG Neuss VuR 2002, 223; zur „Abschlusszahlung beim Leasing" BGH NJW 1982, 870; krit dazu KLAMROTH BB 1982, 870), sondern müssen sich an dem Umfang der bereits geleisteten Dienste ausrichten, können dabei freilich bestimmte Zeitläufe zu Einheiten zusammenfassen, sich etwa auf „jede angefangene Woche" beziehen. Die Zeiteinheiten dürfen allerdings nicht zu groß bemessen sein (OLG München NJW-RR 1993, 665 – Jahresspanne bei Pachtvertrag jedenfalls nach § 307 Abs 1, 2 unwirksam; OLG Frankfurt NJW-RR 2001, 1269, 1270 – volle Jahresgebühr für Kreditkarte unangemessen; zust DERLEDER EWiR 2001, 603; THÖNE WuBID 5a Kreditkarte 2. 01). Auch sonstige Pauschalierungen haben sich am „gesetzlichen" Maß auszurichten (BGHZ 87, 112). Dies gilt auch für „Verfallklauseln" bei Kündigung (BGHZ 148, 74; OLG München NJW 2006, 2416, 2418 – prepaid-Karte beim Mobilfunk). Vorhaltekosten dürfen *pro rata temporis* einbezogen werden (BGH NJW 1991, 2763 in Abweichung von BGHZ 87, 309; zum Leasingvertrag: BGH NJW 1982, 1147). Soll die Klausel auch Fälle erfassen, in denen der Dienstleistungsverpflichtete den Vertrag nicht wegen vertragswidrigen Verhaltens des Berechtigten kündigt oder in denen er durch sein eigenes vertragswidriges Verhalten die Kündigung provoziert, so muss sie sicherstellen, dass der Berechtigte nur für solche Dienste eine Vergütung zu entrichten hat, die für ihn trotz der Kündigung noch von Wert sind (OLG Stuttgart NJW-RR 1988, 1514; SCHLOSSER/COESTER-WALTJEN AGBG § 10 Nr 7 Rn 30; ähnlich LG Karlsruhe FamRZ 2010, 2111).

In der Begründung zum RegE zum AGBG (BR-Drucks 360/75, 26) ist **§ 649** ebenfalls genannt. Bei Werkverträgen soll der Unternehmer auch für den Fall der dem Besteller zustehenden vorzeitigen „Kündigung" nicht die Zahlung des gesamten Werklohns verlangen dürfen. Zwar handelt es sich nicht um eine Vergütung für „Leistungen". Der Sinn von § 308 Nr 7 verlangt aber dessen Anwendung auch auf diesen Fall (allgM). Schon nach früherem Recht hat der BGH (WM 1970, 1052) solche Klauseln verworfen. Auf den durchschnittlichen Fall abstellende Pauschalabzüge für ersparte Aufwendungen und anderweitige Einsetzbarkeit der Arbeitskraft sind aber möglich, müssen freilich bei umfangreicheren Werken gestaffelt sein und können nicht Kündigungen gleich nach Vertragsschluss und solche unmittelbar vor Vollendung des Werkes einander gleichstellen (BAMBERGER/ROTH/BECKER Rn 36; vgl AG Fulda ArztuR 2003, 167 – nicht rechtzeitig abgesagter Zahnarzttermin – 150 DM wirksam; OLG Düsseldorf BauR 2002, 1583 – wirksam Ansetzung von 40% des Honorars und Gegenbeweismöglichkeit; AG Buchen BeckRS 2009, 26872 – bei 30% bei Tür- und Fensterherstellung noch angemessen; zu unwirksamen Klauseln vgl die Rspr im vorangegangenen Absatz). § 649 S 3 (5% des Preises für die noch nicht erbrachten Leistungen) wird vom BGH (NJW 2011, 1954 und 3030 Rn 15) keine Leitbildfunktion gegeben, weil es sich lediglich um eine Beweiserleichterung für den Unternehmer handelt (ähnl OLG München IBR 2010, 75). In der Klauselgestaltung braucht auf den Fall, dass die Kündigung des Bestellers durch Vertragsverletzungen des Unternehmers oder durch unbehebbare Mängel des teilweise hergestellten Werkes ausgelöst wurde, nicht eigens Rücksicht genommen zu werden (BGHZ 87, 112; OLG Celle BB 1984, 808, 809; **aA** BAMBERGER/ROTH/BECKER Rn 37, wobei der Verweis auf die leicht geänderte Fassung von § 309 Nr 5b nicht überzeugt; zu weitgehend auch Begründung des Unwirksamkeitsverdikts in LG Rostock BauRB 2003, 229, iE richtig wegen zu hoher Pauschale und Aufwendungsersatz bei vom Verwender verursachter Vertragsauflösung). Auch ohne AGB-Regelung ist dann entgegen dem Wortlaut von § 649 eine Vergütung nicht oder nur zT geschuldet (s STAUDINGER/PETERS/JACOBY [2008] Rn 3).

3. Aufwendungsersatzanspruch

8 Ein Aufwendungsersatzanspruch kommt im Zusammenhang mit der Kündigung von Dauerschuldverhältnissen im Wesentlichen beim Maklervertrag in Betracht (dazu s Staudinger/Reuter [2010] §§ 652, 653 Rn 199 ff). Im Übrigen dürften die Aufwendungen im Entgelt einkalkuliert sein. In Form von Vorhaltekosten dürfen sie bei der Pauschalierung berücksichtigt werden (BGH NJW 1991, 2763; aA Bamberger/Roth/Becker Rn 23 f). Die restriktiver gewordene Haltung des BGH zur Ausbedingung „zusätzlicher Leistungsentgelte" (zB BGH ZIP 1997, 2151; NJW 2001, 1419; 2005, 1645, 1647) hat auch Auswirkungen auf die Frage, wann Aufwendungen als abgegolten gelten und nicht bei Vertragsauflösung „zusätzlich" verlangt werden können (BGH NJW 2002, 2386 [Deaktivierungsgebühr beim Mobilfunk] – hebt OLG Schleswig ZIP 2001, 1963 auf; überholt OLG Schleswig NJW-RR 1998, 54). Der BGH stützt das Unwirksamkeitsurteil aber nicht auf § 308 Nr 7, sondern auf § 307 Abs 1, 2, weil er die Klausel für eine „Preis"vereinbarung hält (ebenso OLG Stuttgart NJOZ 2010, 1627; vgl Staudinger/Coester § 307 Rn 329, 329a; Ungültigkeit auf § 308 Nr 7 stützend zB LG München NJW-RR 2001, 278; LG Düsseldorf MMR 2002, 178; auch Lindacher ZIP 2002, 49, 50 beurteilt die Klauseln an Hand von § 308 Nr 7 nach Vertragslänge gestaffelt; ähnlich für nicht erstattungsfähige einmalige Gebühr [von 2% der Gesamtsumme] OLGR Oldenburg 1998, 350).

III. Der Rücktritt vom Vertrag

1. Der Gesetzesbegriff

9 Von einem Rücktritt vom Vertrag spricht man im Falle einer einseitigen Auflösung eines solchen Vertrages, der keine Dauerbeziehungen, sondern einmalige Leistungsaustauschverhältnisse zum Gegenstand hat. Wie AGB ein Rücktrittsrecht bezeichnen (Annullierung, Widerruf, Stornierung uä) und welche Seite es ausübt, bleibt für die Anwendbarkeit von § 308 Nr 7 gleich. Die Norm umfasst sowohl einen vereinbarten Rücktritt (LG Magdeburg BeckRS 2010, 19922) als auch die Ausübung der in §§ 323, 326 Abs 5 vorgesehenen Rücktrittsrechte. Grundsätzlich ist nichts dagegen einzuwenden, das Rücktrittsrecht mit Schadensersatzansprüchen zu kombinieren, weil dies seit der Schuldrechtsreform auch das deutsche Recht erlaubt (§ 325). Jedoch ist § 309 Nr 5 und nicht § 308 Nr 7 anwendbar, wenn die AGB-Regelung Schadensersatzaspekte wegen vertragswidrigen Verhaltens einbezieht, siehe § 309 Nr 5 Rn 6.

2. Gebrauch einer Sache

10 Da der Gesetzgeber neben den Nutzungen (die bereits die Gebrauchsvorteile einschließen, § 100) den Gebrauch einer Sache ausdrücklich erwähnt, unterscheidet er (offensichtlich in Anlehnung an die zur Zeit des Erlasses des AGBG geltenden Formulierungen in § 346 S 2 und § 347 S 2 aF) zwischen den Verträgen, die eine Gebrauchsüberlassung zum Gegenstand haben, und anderen. Für die Gebrauchsüberlassung angemessen ist immer nur ein Betrag, der sich an der verkehrsüblichen oder hypothetischen Miete orientiert. Meist wird freilich in dem Vertrag (von dem zurückgetreten worden ist) eine Vergütung vorgesehen sein, die sich auf die tatsächliche Nutzungsdauer umrechnen lässt. Ist in AGB in Wiederholung der gesetzlichen Regelung nichts weiter als dies bestimmt, so ist die fragliche Klausel kontrollfrei; ist

hingegen ein Nutzungsentgelt für eine wesentlich längere Überlassung angesetzt, so ist dieses unangemessen (OLG München NJW-RR 1993, 655 – nur jährliche Bemessung des Pachtzinses; BGH NJW 1982, 1747 – Leasingraten für 72 Monate; BGH NJW 1982, 870 – Abschlusszahlung beim Leasing-Vertrag; krit dazu Klamroth BB 1982, 1956).

3. Nutzungen

Eine Vergütung für Nutzungen kommt in Betracht, wenn der Vertrag nicht die Gebrauchsüberlassung zum Gegenstand hat (vgl § 347 S 2 aF). Zur Abgrenzung von den nach § 309 Nr 5 zu bewertenden Wertminderungspauschalen s dort Rn 13. Auch außerhalb des Anwendungsbereiches von § 503 Abs 2 S 3 ist eine Regelung grundsätzlich angemessen, die auf Wertminderung Rücksicht nimmt. Bei Verbrauchergeschäften ist aber zu beachten, dass die Wertminderung durch die Ingebrauchnahme als solche (vgl § 346 Abs 2 Nr 3) nur unter besonderen Voraussetzungen (§ 357 Abs 3 – zur Richtlinienkonformität MünchKomm/Habersack § 357 Rn 6–8) dem Verbraucher angelastet werden darf, wobei die Sonderregelungen von §§ 312e Abs 2, 312 f, 503, 506 zu beachten sind, während die Beschränkung des Wertersatzes in § 346 Abs 2 Nr 3 im Übrigen disponibel ist, jedenfalls soweit der Verwender den Wertersatzanspruch an die Voraussetzungen eines Schadensersatzanspruchs koppelt (§ 346 Abs 4). Anders als dort, wo Pauschalierungsabreden nicht anerkannt werden, kann im Allgemeinen auch auf typischerweise eintretende Wertminderungen abgestellt werden, was häufig in Form degressiver Prozentsätze – bezogen auf das vorgesehene Vertragsentgelt – geschieht (Beweis geringerer Minderung muss möglich sein: OLG Celle AGBE I § 9 Nr 139). Dieses ist im Übrigen die absolute Obergrenze einer tolerierbaren Regelung (BGH NJW 1967, 1807). Wertminderung und Nutzungsentgelt können im Allgemeinen nicht kumulativ verlangt werden, weil im üblichen Nutzungsentgelt die normalerweise eintretende Wertminderung schon berücksichtigt ist. Für den kurzfristigen Gebrauch neuwertiger Sachen ist unter Beachtung der möglicherweise eingreifenden Beschränkungen oder besonderen Voraussetzungen eines Wertersatzes für eine Ingebrauchnahme die hohe Anfangswertminderung beachtlich, so dass auch ein höherer Satz als der für die entsprechende Gebrauchsperiode übliche Mietzins – der unterschiedslos für neue und gebrauchte Sachen gilt – angemessen sein kann. Werden Gebrauchsentgelt und Wertminderung gesondert ausgewiesen, so kommt es ausschließlich darauf an, ob beides in Kumulation angemessen ist oder nicht, weil die Wertminderung nur Rechnungsposten für den Wert der Nutzung sein darf. Wo es übliche Mietzinsen nicht gibt, hat man nach kaufmännischen Gesichtspunkten zu kalkulieren, wie ein Mietzins aussehen müsste. Beim Verbrauchsgüterkauf ist die Spezialregelung des § 474 Abs 2 zu beachten, dass keine Nutzungsherausgabe nach § 439 Abs 4 verlangt werden darf. 11

4. Aufwendungsersatz

§ 308 Nr 7 bringt zunächst zum Ausdruck, dass es nicht unangemessen ist, wenn sich der Verwender für den Fall des Rücktritts vom Vertrag einen Aufwendungsersatzanspruch ausbedingt (im Ergebnis ebenso auf den damaligen § 2 AbzG [dann § 503 Abs 2, jetzt § 508 Abs 2] als Ausdruck gesetzlicher Grundwertungen abstellend: Schlosser/Coester-Waltjen AGBG § 10 Nr 7 Rn 22; ebenso mit Bezugnahme auf § 508 Abs 2 Ulmer/Schmidt Rn 13; Wolf/Dammann Rn 31, MünchKomm/Wurmnest Rn 1, 9). Jedoch muss klargestellt sein, dass dieser nur bestehen soll, wenn der Rücktrittsgrund nicht vom Verwender selbst zu 12 vertreten ist. Realistische Pauschalierungen sind insoweit möglich (vgl BGH NJW 1997, 259, 261 – 60% beim Architektenvertrag zu hoch; BGHZ 87, 112 – 5% angemessene Pauschale beim Fertighausvertrag; BGHZ 92, 244 – 18% beim Fertighaus äußerst zweifelhaft; BGH NJW 2011, 1954 und 3030 – 15% bei Ausbauhaus [entsprach 17,85% des Nettobetrages] äußerst zweifelhaft; BGH NJW-RR 1995, 749 – zulässig 10% beim Fertighaus; ebenso OLG München IBR 2010, 75; OLG Düsseldorf NJW-RR 1995, 1392; BGHZ 144, 133 – zulässig 7,5% beim Fertighaus; OLG Rostock NJW-RR 1998, 310 – zulässig 8% beim Fertighaus; OLG Hamm MDR 2010, 198 – 30% Treppenlift unwirksam; OLG Hamm NJW-RR 1987, 311 – 10% des Bestellpreises im Möbelhandel unangemessen; AG Bonn VersR 1987, 1121 – 100 DM bei Stornierung des Fluges unangemessen). Es müssen jedoch dabei auch die rücktrittsbedingten Ersparnisse des Verwenders berücksichtigt werden (BGH NJW 1985, 633 – voller Flugpreis – unangemessen; ebenso LG Köln NJW-RR 1990, 1530; pauschalen Abzug verneinend: LG Braunschweig RsDE Nr 34, 112 [1996]; LG Köln NJW-RR 2001, 1064 – 90% des Reisepreises bei Rücktritt von Fernreise kurz vor Reisebeginn zulässig; AG Hamburg RRa 1998, 164 – 100% des Flugpreises bei Billigflügen unzulässig; zust Lehmann RRa 1998, 165; LG Frankfurt NJW-RR 2008, 1079 – 60% bzw 80% des Flupreises bzw 500 € Bearbeitungsgebühr, 100% der Eintrittskarte bzw 30% Bearbeitungsgebühr bei Weiterverkauf unangemessen. Zum Aufwendungsbegriff s Staudinger/Bittner [2009] § 256 Rn 5).

5. Schadensersatz wegen Unmöglichkeit der Rückgewähr

13 Eine von § 346 Abs 2 abweichende Schadensersatzregelung in AGB unterfällt nicht § 308 Nr 7, sondern § 309 Nr 5, auch wenn das Gesetz – anders als § 347 aF – nur von Wertersatz spricht.

IV. Sonstige Fälle der Vertragsauflösung

14 Die Regelung von § 308 Nr 7 gilt auch für sonstige Fälle einer Vertragsauflösung, etwa infolge des Eintritts einer **auflösenden Bedingung** oder wegen einer **Anfechtung** (allgM). Wird ein Darlehen nicht abgerufen und „erlischt" nach Ablauf einer bestimmten Zeit die Kreditzusage, so sind Vereinbarungen über Bereitstellungszinsen nach § 308 Nr 7 zu beurteilen. Selbst der Rückkaufswert von Lebensversicherungen muss sich die Kontrolle nach § 308 Nr 7 gefallen lassen; es dürfen nur die echten Risiko-Lebensversicherungs-Prämienbestandteile abgezogen werden (BGHZ 194, 208 Rn 64; BGH NJW-RR 2013, 146 Rn 22).

Nicht aber ist § 308 Nr 7 einschlägig, wenn Aufwendungsersatzklauseln für Ereignisse während des Fortbestehens der vertraglichen Beziehungen ausbedungen werden (Ulmer/Schmidt Rn 7; BGH NJW 1992, 1751 – Überziehungszinsen), etwa Bereitstellungszinsen für die Zeit vor Inanspruchnahme eines Darlehens (dazu bereits kurz oben Rn 8; ausführlich Staudinger/Coester § 307 Rn 329, 329a).

V. Beweislast

15 Die negative Formulierung in den beiden Buchstaben a und b deutet an sich darauf hin, dass die Beweislast für die Umstände, aus denen sich die Unangemessenheit der vorgesehenen Vergütung oder des vorgesehenen Aufwendungsersatzanspruches ergeben soll, den Vertragspartner des Verwenders trifft (BGH NJW 1991, 2763; MünchKomm/Wurmnest Rn 12; **aA** Palandt/Grüneberg Rn 44). Damit ergibt sich eine gewisse Diskrepanz zur Beweislastverteilung in § 309 Nr 5. Die in ihrer Konsequenz nicht

bedachte Formulierung wird in der Praxis dadurch abgeschwächt, dass bereits eine plausible Darlegung des Vertragspartners, die Pauschale sei bei gewöhnlichem Lauf der Dinge zu hoch, ausreicht (BGH NJW 2006, 2551; BGH NJW 1991, 2763; OLG Celle BeckRS 2008, 13972). Der Verwender muss dann die Bemessungsgrundlage der verlangten Pauschale im Einzelnen darlegen – sekundäre Beweislast (OLG Hamm IBR 1997, 323; OLGR Oldenburg 1998, 350; vgl auch Löwe ZfBR 1998, 121). Das Gleiche gilt für die Berechnung der ersparten Aufwendungen, die (nach § 649) vom Werklohn abzuziehen sind (BGH NJW 1997, 259, 260).

VI. Folgen der Unwirksamkeit

Wie allgemein (s Staudinger/Schlosser § 305c Rn 117 ff), so hat der Richter auch im Zusammenhang mit § 308 Nr 7 nicht die Aufgabe, das zugunsten des Verwenders gerade noch zulässige Maß ausfindig zu machen. Für eine Herabsetzungsbefugnis fehlt es an einer Rechtsgrundlage (Ulmer/Schmidt Rn 23). Ist die Klausel unwirksam, dann kann der Verwender aber dennoch bei der konkreten Berechnung des gesetzlichen Anspruchs nicht über die in den AGB vorgesehene Pauschale hinausgehen (BGH NJW 2011, 1954 Rn 36; BGH NJW 2011, 3030 Rn 19; BGH NJW 2000, 205; NJW-RR 1998, 594; krit Ungeheuer WuB IV c § 6 AGBG 1. 98; zur vergleichbaren Situation bei Schadenspauschalierungen s § 309 Nr 5 Rn 22). Behandeln AGB nur die Höhe eines gesetzlich vorgesehenen Vergütungs- oder Nutzungsersatzanspruches, so ist in jedem Einzelfalle der sich aufgrund der Gesetzeslage ergebende Betrag auszurechnen. Sind Nutzungs- und Aufwendungsersatz- oder Leistungsvergütungsansprüche schon dem Grunde nach privatautonom geschaffen worden – vorformuliert oder individuell –, dann sind, wenn die ausbedungene Höhe an § 308 Nr 7 scheitert, die gesetzlichen Vorschriften über die Höhe dieser Ansprüche für solche Fälle, in denen das Gesetz sie gibt, analog anzuwenden (BGHZ 87, 309, 319). Allerdings dürfte eine Lückenfüllung im Wege der ergänzenden Vertragsauslegung nur im Ausnahmefall in Betracht kommen, weil die gesetzlichen Vorschriften idR den typischen Interessen der Vertragsparteien für diese Problemgestaltung ausreichend Rechnung tragen (großzügiger Ulmer/Schmidt Rn 23; MünchKomm/Wurmnest Rn 13; wie der Text Erman/Roloff Rn 67). 16

VII. Analoge Anwendung

Der Verwender darf sich in **spiegelbildlich-entsprechender Anwendung** von § 308 Nr 7 formularmäßig nicht eine Regelung ausbedingen, die im Falle einer Kündigung oder eines Rücktritts dazu führt, dass ein Vertragspartner nur eine unangemessen niedrige Vergütung für die Nutzung oder den Gebrauch einer Sache oder eines Rechts oder für erbrachte Leistungen oder nur einen unangemessen niedrigen Ersatz für Aufwendungen verlangen kann. Dabei bleibt letztlich gleichgültig, ob sich dies im Ergebnis aus der hier vertretenen analogen Anwendung von § 308 Nr 7 oder aus § 307 Abs 1, 2 ergibt (Letzteres bejahen Erman/Roloff Rn 62 aE; Wolf/Dammann Rn 66). 17

Entsprechend § 308 Nr 7 ist auch das **selbständige Strafgedinge** zu behandeln, s § 309 Nr 6 Rn 7. 18

Zum Reugeld s § 309 Nr 6 Rn 9. 19

VIII. Verbraucher

20 Die Richtlinie enthält im Anhang kein entsprechendes ausdrückliches Klauselverbot; ein solches Verbot ergibt sich jedoch in Konkretisierung des Art 3 der Richtlinie, dem § 308 Nr 7 in ausreichendem Maße Rechnung trägt. Der Gedanke der „Parität der Leistungen“ für den Fall der vorzeitigen Vertragsauflösung (so MünchKomm/Wurmnest Rn 2) wird auch in Nr 1 f Richtlinien-anhang aufgenommen. Die Vorschrift ist daher gemeinschaftskonform. Gegen ihre Anwendung bei vorformulierten Individualverträgen bestehen keine Bedenken, da sie für angemessene Vereinbarungen ausreichenden Gestaltungsraum lässt (ebenso Bamberger/Roth/Becker Rn 41 f; MünchKomm/Wurmnest Rn 2).

IX. Geschäftsverkehr mit Unternehmern

21 Die Wertung des § 308 Nr 7 gilt grundsätzlich auch im kaufmännischen Verkehr (BGH NJW-RR 2005, 642; NJW 1994, 1069; 1999, 418; Rudloff, Ausgewählte Rechtsfragen der Inkassounternehmen 145; MünchKomm/Wurmnest Rn 14; Erman/Roloff Rn 68; Stoffels Rn 1006; zurückhaltender: Wolf/Dammann Rn 80). Jedoch lässt sich die Möglichkeit von Pauschalierungen großzügiger beurteilen, wenn ein Bedingungswerk zur Anwendung gegenüber privaten Letztverbrauchern nicht gedacht ist; insbesondere darf in Anlehnung an § 348 HGB uU auch ein gewisser Zwang zur Aufrechterhaltung der vertraglichen Bindung ausgeübt werden (Lutz, AGB-Kontrolle im Handelsverkehr 102). Die Branchenüblichkeit der Pauschale beeinflusst die Bewertung: Das Abschneiden eines Gegenbeweises kann in dem auf schnelle und klare Regelungen angewiesenen Handelsverkehr auch dem Vertragspartner zumutbar sein (Lutz, AGB-Kontrolle im Handelsverkehr 105). Dies hängt ua von der Höhe des zu zahlenden Betrages und der jeweiligen Branche ab. Im Verkehr gegenüber gewerblich oder beruflich tätigen Nichtkaufleuten – also sonstigen Unternehmern – ist erst recht auch nach der Novellierung des § 310 Abs 1 Zurückhaltung in der Annahme der Wirksamkeit geboten.

§ 308 Nr 8
Nichtverfügbarkeit der Leistung

In Allgemeinen Geschäftsbedingungen ist insbesondere unwirksam …

8. (Nichtverfügbarkeit der Leistung)
die nach Nummer 3 zulässige Vereinbarung eines Vorbehalts des Verwenders, sich von der Verpflichtung zur Erfüllung des Vertrags bei Nichtverfügbarkeit der Leistung zu lösen, wenn sich der Verwender nicht verpflichtet,

a) den Vertragspartner unverzüglich über die Nichtverfügbarkeit zu informieren und

b) Gegenleistungen des Vertragspartners unverzüglich zu erstatten.

Materialien: BT-Drucks 14/2658, 8, 51; BT-Drucks 14/6040, 154; BT-Drucks 14/6857, 5; s STAUDINGER/SCHLOSSER Vorbem 5 ff zu §§ 305 ff.

I. Entwicklung

Die Vorgängernorm, § 10 Nr 8 AGBG, beschränkte in der ursprünglichen Fassung des AGBG die formularmäßige Rechtswahl für reine Inlandsverträge. Im Rahmen der Neuregelung des internationalen Privatrechts (Gesetz v 25. 7. 1986 – BGBl I 1142) wurde diese Vorschrift gestrichen und die Thematik inhaltlich in § 12 AGBG behandelt. Dann wurde dieser Regelungsprozess sachgerecht zu Art 29a EGBGB verlagert, der inzwischen in Art 6 Rom I–VO und Art 46b EGBGB aufgegangen ist. Erst in Umsetzung von Art 7 Abs 2 EG-Richtlinie 97/7/EG über den Verbraucherschutz bei Vertragsabschlüssen im Fernabsatz (ABl EG 1997 L 144/19) wurde die vakante Stelle im AGBG mit dem jetzigen Normtext aufgefüllt und mit dem Schuldrechtsmodernisierungsgesetz in das BGB eingefügt. Die Norm beruht also nicht auf der EG Richtlinie 93/13 über missbräuchliche Vertragsklauseln. 1

II. Anwendungsbereich

§ 308 Nr 8 ist eine Ergänzungsregelung zu § 308 Nr 3. Die Vorschrift verlangt zusätzliche ausdrückliche Hinweise für eine Gruppe von Lösungsrechten, die nach § 308 Nr 3 nicht zu beanstanden sind. Der Anwendungsbereich ist damit beschränkt auf Klauseln, die Lösungsrechte des Verwenders wirksam vorsehen. Von diesen betrifft die Regelung aber nur solche, die eine Lösung der Vertragsbindung bei Nichtverfügbarkeit der eigenen Leistung des Verwenders ermöglichen, also im Wesentlichen die Selbstbelieferungs- und Vorratsklauseln (vgl oben § 308 Nr 3 Rn 13). Dies schließt die Relevanz der Vorschrift für die Nichtverfügbarkeit anderer Leistungen (Vermittlung einer Gastfamilie – LG Hamburg NJOZ 2010, 1985; *obiter:* OLG Köln BeckRS 2010, 30975) nicht aus. Relevant kann sie im Übrigen nur dann werden, wenn dieser Lösungsvorbehalt nach § 308 Nr 3 zulässig ist. Nur für diesen Fall stellt § 308 Nr 8 **weitere** Anforderungen an die Beanstandungsfreiheit der Klausel. Die Voraussetzungen von § 308 Nr 3 und § 308 Nr 8 müssen also kumulativ erfüllt sein (BAMBERGER/ROTH/BECKER Rn 3; MünchKomm/WURMNEST Rn 3; missverständlich insofern BT-Drucks 14/2658, 51: „Der Selbstlieferungsvorbehalt ist beispielsweise nur wirksam, wenn … Dies soll weder eingeschränkt noch erweitert werden.“ Dies übernimmt auch BAMBERGER/ROTH/BECKER Rn 3). Einer nach § 308 Nr 3 unwirksamen Klausel kann dadurch, dass den Zusatzanforderungen des § 308 Nr 8 entsprochen wird, keine Wirksamkeit verliehen werden. Der Anwendungsbereich ist daher sehr schmal, zumal die Vorschrift verbraucherorientiert ist und im unternehmerischen Bereich keine Bedeutung hat. 2

III. Regelungsgehalt

1. Hinweispflicht

Entsprechend Art 7 Abs 2 EG-Richtlinie 97/7/EG verlangt § 308 Nr 8 bei einem nach § 308 Nr 3 zulässigen Lösungsvorbehalt des Verwenders (wegen Nichtverfüg- 3 barkeit seiner Leistung) ausdrückliche Hinweise auf zwei vom Verwender zu erfüllende Verpflichtungen, die Benachrichtigung und die Rückgewähr. Beide Verpflichtungen ergeben sich grundsätzlich jedenfalls aus Gesetz; die Benachrichtungs-/Anzeigepflicht aus § 242 (MünchKomm/Wurmnest Rn 4; Wolf/Dammann Rn 13), die Rückerstattung aus §§ 323, 346 ff, allerdings bei anderen Lösungsmodalitäten als dem Rücktritt möglicherweise auch nur aus Bereicherungsrecht (zB bei Vereinbarung einer auflösenden Bedingung, eines Anfechtungsrechts – mit den Schwächen eines bereicherungsrechtlichen Anspruchs). Ob die Verpflichtung zur vollständigen Rückgewähr der Leistung insoweit auch konstitutiv sein kann, wenn der gesetzliche Anspruch hinter einer vollständigen Erstattung der Gegenleistung zurückbleiben sollte, ist nicht ganz eindeutig, iS einer richtlinien-konformen Auslegung wohl zu bejahen, aber letztlich ohne große praktische Bedeutung, denn in den vorstellbaren Konstellationen wird der Entreicherungseinwand wegen § 819 ausgeschlossen sein. Entscheidend für § 308 Nr 8 ist des Weiteren nicht die Erfüllung dieser Verpflichtungen, sondern der ausdrückliche Hinweis auf dieselben bei Vertragsschluss. Im Wesentlichen dient die Regelung damit – wie das Erfordernis der Angabe eines sachlich gerechtfertigten Grundes nach § 308 Nr 3 – der Transparenz, der Unterrichtung des Kunden von seinen Rechten. Dies entspricht dem verbraucherrechtlichen Hintergrund der Gesetzgebung.

Dass es dementsprechend eines ausdrücklichen, nicht nur eines konkludenten Hinweises bedarf, ergibt sich aus der *ratio legis.* Nicht unbedingt erforderlich ist ein formularmäßiger Hinweis, jedoch wird der Verwender Schwierigkeiten haben – insbesondere im Unterlassungsklageverfahren – eine bei Vertragsschluss erfolgte Unterrichtung des Kunden von diesen seinen Verpflichtungen nachzuweisen.

2. Unverzüglichkeit

4 Der Verwender muss sich zur unverzüglichen Erfüllung von Anzeige- und Erstattungspflicht verpflichten. Die Benutzung des Wortes „unverzüglich" reicht – auch im Hinblick auf das Transparenzgebot – aus. Konkretisiert er den Zeitraum (zB „innerhalb einer Woche"), so riskiert er eine zu großzügige Bemessung und damit die Unwirksamkeit der gesamten Klausel.

3. Erstattungsumfang

5 Einschränkungen bei der Erstattung der vom Vertragspartner des Verwenders bereits erbrachten Gegenleistung lässt das Gesetz nicht zu, auch wenn dies textlich nicht zum Ausdruck gebracht worden ist.

IV. Geschäftsverkehr mit Unternehmern

6 Die Norm hat einen verbraucherorientierten Charakter. Die gesetzlichen Verpflichtungen des Verwenders, über die dieser nach § 308 Nr 8 seinen Vertragspartner aufklären muss, bestehen auch gegenüber Unternehmern. Eines expliziten Hinweises auf dieselben bedarf es jedoch unter Unternehmern nicht, denn hier besteht zum einen ein Bedürfnis nach Kürze und Knappheit der Vertragstexte, zum anderen ist auch der Informationsgrad höher (Bamberger/Roth/Becker Rn 7; MünchKomm/Wurmnest Rn 5; Wolf/Dammann Rn 29 aE; vgl BR-Drucks 25/00, 139).

§ 309
Klauselverbote ohne Wertungsmöglichkeit

Auch soweit eine Abweichung von den gesetzlichen Vorschriften zulässig ist, ist in Allgemeinen Geschäftsbedingungen unwirksam

1. (Kurzfristige Preiserhöhungen)
eine Bestimmung, welche die Erhöhung des Entgelts für Waren oder Leistungen vorsieht, die innerhalb von vier Monaten nach Vertragsschluss geliefert oder erbracht werden sollen; dies gilt nicht bei Waren oder Leistungen, die im Rahmen von Dauerschuldverhältnissen geliefert oder erbracht werden;

2. (Leistungsverweigerungsrechte)
eine Bestimmung, durch die

a) das Leistungsverweigerungsrecht, das dem Vertragspartner des Verwenders nach § 320 zusteht, ausgeschlossen oder eingeschränkt wird oder

b) ein dem Vertragspartner des Verwenders zustehendes Zurückbehaltungsrecht, soweit es auf demselben Vertragsverhältnis beruht, ausgeschlossen oder eingeschränkt, insbesondere von der Anerkennung von Mängeln durch den Verwender abhängig gemacht wird;

3. (Aufrechnungsverbot)
eine Bestimmung, durch die dem Vertragspartner des Verwenders die Befugnis genommen wird, mit einer unbestrittenen oder rechtskräftig festgestellten Forderung aufzurechnen;

4. (Mahnung, Fristsetzung)
eine Bestimmung, durch die der Verwender von der gesetzlichen Obliegenheit freigestellt wird, den anderen Vertragsteil zu mahnen oder ihm eine Frist für die Leistung oder Nacherfüllung zu setzen;

5. (Pauschalierung von Schadensersatzansprüchen)
die Vereinbarung eines pauschalierten Anspruchs des Verwenders auf Schadensersatz oder Ersatz einer Wertminderung, wenn

a) die Pauschale den in den geregelten Fällen nach dem gewöhnlichen Lauf der Dinge zu erwartenden Schaden oder die gewöhnlich eintretende Wertminderung übersteigt oder

b) dem anderen Vertragsteil nicht ausdrücklich der Nachweis gestattet wird, ein Schaden oder eine Wertminderung sei überhaupt nicht entstanden oder wesentlich niedriger als die Pauschale;

6. (Vertragsstrafe)
eine Bestimmung, durch die dem Verwender für den Fall der Nichtabnahme oder verspäteten Abnahme der Leistung, des Zahlungsverzugs oder für den Fall,

dass der andere Vertragsteil sich vom Vertrag löst, Zahlung einer Vertragsstrafe versprochen wird;

7. (Haftungsausschluss bei Verletzung von Leben, Körper, Gesundheit und bei grobem Verschulden)

a) (Verletzung von Leben, Körper, Gesundheit)

ein Ausschluss oder eine Begrenzung der Haftung für Schäden aus der Verletzung des Lebens, des Körpers oder der Gesundheit, die auf einer fahrlässigen Pflichtverletzung des Verwenders oder einer vorsätzlichen oder fahrlässigen Pflichtverletzung eines gesetzlichen Vertreters oder Erfüllungsgehilfen des Verwenders beruhen;

b) (Grobes Verschulden)

ein Ausschluss oder eine Begrenzung der Haftung für sonstige Schäden, die auf einer grob fahrlässigen Pflichtverletzung des Verwenders oder auf einer vorsätzlichen oder grob fahrlässigen Pflichtverletzung eines gesetzlichen Vertreters oder Erfüllungsgehilfen des Verwenders beruhen;

die Buchstaben a und b gelten nicht für Haftungsbeschränkungen in den nach Maßgabe des Personenbeförderungsgesetzes genehmigten Beförderungsbedingungen und Tarifvorschriften der Straßenbahnen, Obusse und Kraftfahrzeuge im Linienverkehr, soweit sie nicht zum Nachteil des Fahrgasts von der Verordnung über die Allgemeinen Beförderungsbedingungen für den Straßenbahn- und Obusverkehr sowie den Linienverkehr mit Kraftfahrzeugen vom 27. Februar 1970 abweichen; Buchstabe b gilt nicht für Haftungsbeschränkungen für staatlich genehmigte Lotterie- oder Ausspielverträge;

8. (Sonstige Haftungsausschlüsse bei Pflichtverletzung)

a) (Ausschluss des Rechts, sich vom Vertrag zu lösen)

eine Bestimmung, die bei einer vom Verwender zu vertretenden, nicht in einem Mangel der Kaufsache oder des Werkes bestehenden Pflichtverletzung das Recht des anderen Vertragsteils, sich vom Vertrag zu lösen, ausschließt oder einschränkt; dies gilt nicht für die in der Nummer 7 bezeichneten Beförderungsbedingungen und Tarifvorschriften unter den dort genannten Voraussetzungen;

b) (Mängel)

eine Bestimmung, durch die bei Verträgen über Lieferungen neu hergestellter Sachen und über Werkleistungen

aa) (Ausschluss und Verweisung auf Dritte)

die Ansprüche gegen den Verwender wegen eines Mangels insgesamt oder bezüglich einzelner Teile ausgeschlossen, auf die Einräumung von Ansprüchen

gegen Dritte beschränkt oder von der vorherigen gerichtlichen Inanspruchnahme Dritter abhängig gemacht werden;

bb) (Beschränkung auf Nacherfüllung)

die Ansprüche gegen den Verwender insgesamt oder bezüglich einzelner Teile auf ein Recht auf Nacherfüllung beschränkt werden, sofern dem anderen Vertragsteil nicht ausdrücklich das Recht vorbehalten wird, bei Fehlschlagen der Nacherfüllung zu mindern oder, wenn nicht eine Bauleistung Gegenstand der Mängelhaftung ist, nach seiner Wahl vom Vertrag zurückzutreten;

cc) (Aufwendungen bei Nacherfüllung)

die Verpflichtung des Verwenders ausgeschlossen oder beschränkt wird, die zum Zwecke der Nacherfüllung erforderlichen Aufwendungen, insbesondere Transport-, Wege-, Arbeits- und Materialkosten, zu tragen;

dd) (Vorenthalten der Nacherfüllung)

der Verwender die Nacherfüllung von der vorherigen Zahlung des vollständigen Entgelts oder eines unter Berücksichtigung des Mangels unverhältnismäßig hohen Teils des Entgelts abhängig macht;

ee) (Ausschlussfrist für Mängelanzeige)

der Verwender dem anderen Vertragsteil für die Anzeige nicht offensichtlicher Mängel eine Ausschlussfrist setzt, die kürzer ist als die nach dem Doppelbuchstaben ff zulässige Frist;

ff) (Erleichterung der Verjährung)

die Verjährung von Ansprüchen gegen den Verwender wegen eines Mangels in den Fällen des § 438 Abs. 1 Nr. 2 und des § 634a Abs. 1 Nr. 2 erleichtert oder in den sonstigen Fällen eine weniger als ein Jahr betragende Verjährungsfrist ab dem gesetzlichen Verjährungsbeginn erreicht wird;

9. (Laufzeit bei Dauerschuldverhältnissen)
bei einem Vertragsverhältnis, das die regelmäßige Lieferung von Waren oder die regelmäßige Erbringung von Dienst- oder Werkleistungen durch den Verwender zum Gegenstand hat,

a) eine den anderen Vertragsteil länger als zwei Jahre bindende Laufzeit des Vertrags,

b) eine den anderen Vertragsteil bindende stillschweigende Verlängerung des Vertragsverhältnisses um jeweils mehr als ein Jahr oder

c) **zu Lasten des anderen Vertragsteils eine längere Kündigungsfrist als drei Monate vor Ablauf der zunächst vorgesehenen oder stillschweigend verlängerten Vertragsdauer;**

dies gilt nicht für Verträge über die Lieferung als zusammengehörig verkaufter Sachen, für Versicherungsverträge sowie für Verträge zwischen den Inhabern urheberrechtlicher Rechte und Ansprüche und Verwertungsgesellschaften im Sinne des Gesetzes über die Wahrnehmung von Urheberrechten und verwandten Schutzrechten;

10. **(Wechsel des Vertragspartners)**
eine Bestimmung, wonach bei Kauf-, Darlehens-, Dienst- oder Werkverträgen ein Dritter anstelle des Verwenders in die sich aus dem Vertrag ergebenden Rechte und Pflichten eintritt oder eintreten kann, es sei denn, in der Bestimmung wird

a) **der Dritte namentlich bezeichnet oder**

b) **dem anderen Vertragsteil das Recht eingeräumt, sich vom Vertrag zu lösen;**

11. **(Haftung des Abschlussvertreters)**
eine Bestimmung, durch die der Verwender einem Vertreter, der den Vertrag für den anderen Vertragsteil abschließt,

a) **ohne hierauf gerichtete ausdrückliche und gesonderte Erklärung eine eigene Haftung oder Einstandspflicht oder**

b) **im Falle vollmachtsloser Vertretung eine über § 179 hinausgehende Haftung**

auferlegt;

12. **(Beweislast)**
eine Bestimmung, durch die der Verwender die Beweislast zum Nachteil des anderen Vertragsteils ändert, insbesondere indem er

a) **diesem die Beweislast für Umstände auferlegt, die im Verantwortungsbereich des Verwenders liegen, oder**

b) **den anderen Vertragsteil bestimmte Tatsachen bestätigen lässt;**

Buchstabe b gilt nicht für Empfangsbekenntnisse, die gesondert unterschrieben oder mit einer gesonderten qualifizierten elektronischen Signatur versehen sind;

13. **(Form von Anzeigen und Erklärungen)**
eine Bestimmung, durch die Anzeigen oder Erklärungen, die dem Verwender oder einem Dritten gegenüber abzugeben sind, an eine strengere Form als die Schriftform oder an besondere Zugangserfordernisse gebunden werden.

§ 309 Nr 1
Kurzfristige Preiserhöhungen

Auch soweit eine Abweichung von den gesetzlichen Vorschriften zulässig ist, ist in Allgemeinen Geschäftsbedingungen unwirksam

1. (Kurzfristige Preiserhöhungen)
eine Bestimmung, welche die Erhöhung des Entgelts für Waren oder Leistungen vorsieht, die innerhalb von vier Monaten nach Vertragsschluss geliefert oder erbracht werden sollen; dies gilt nicht bei Waren oder Leistungen, die im Rahmen von Dauerschuldverhältnissen geliefert oder erbracht werden;

Materialien: 1. Teilber 64; RefE 13; RegE 27; BT-Drucks 14/6857, 5; BT-Drucks 14/6040, 155; s Staudinger/Schlosser Vorbem 5 ff zu §§ 305 ff.

Schrifttum

Baur, Preisänderungsklauseln, Vertragsanpassungsklauseln und Höhere-Gewalt-Klauseln in langfristigen Lieferverträgen über Energie, ZIP 1985, 905
Büdenbender, Die neue Rechtsprechung des BGH zu Preisanpassungsklauseln in Energielieferungsverträgen, NJW 2009, 3125
Derleder, Transparenz und Äquivalenz bei bankvertragsrechtlicher Zinsanpassung, WM 2001, 2029
Führich, Preisänderungen beim Reisevertrag, NJW 2000, 3672
Habersack, Zinsänderungsklauseln im Lichte des AGBG und des VerbrKrG, WM 2001, 753
Kamanabrou, Vertragliche Anpassungsklauseln (2004)
Kessel/Schwedler, Preisanpassungsklausel in AGB und ihre Bewertung durch die Rechtsprechung, BB 2010, 585
Langenbucher, Vereinbarungen über den Zinssatz, BKR 2005, 134
Lübke-Detring, Preisklauseln in AGB (1989)
Schebesta, Zinsklauseln im Spiegel der aktuellen Rechtsprechung, BKR 2005, 217
Schimansky, Zinsanpassung im Aktivgeschäft, WM 2003, 1449
ders, Zinsanpassungsklauseln in AGB, WM 2001, 1169
Schmid, Kerosinzuschläge auf Reiseverträge, NJW 2000, 1301
Schöne, Einseitige Preisänderungsklauseln, WM 2004, 262
ders, Einseitige Preisänderungsklauseln – am Beispiel der Stromversorgungswirtschaft, WM 2003, 262
von der Linden, AGB-rechtliches Transparenzgebot bei Zinsanpassungsklauseln, WM 2008, 195
vWestphalen, Das faktische Ende von Preisanpassungsklauseln, MDR 2008, 424
vWestphalen, Dauerschuldverhältnisse, Wirksamkeit von Änderungsklauseln zugunsten des AGB-Verwenders, in: FS Schlosser (2005) 1103
R M Wiedemann, Preisänderungsvorbehalte (1991)
Wolf, Preisanpassungsklauseln in Allgemeinen Geschäftsbedingungen unter Kaufleuten, ZIP 1987, 341.

I. Allgemeines

1. Regelungsanliegen

1 § 309 Nr 1 ist Teil eines Bündels von Regelungen, welche sich gegen eine Klauselpraxis richten, die den Kunden einer Häufung von Ungewissheiten aussetzt. Ist die Lieferfrist unbestimmt, sind evtl außerdem lange oder unbestimmte Fristen iSv §§ 281 Abs 1 S 1, 323 Abs 1 vorgesehen, ist in das Klauselwerk auch noch ein Preisänderungsvorbehalt aufgenommen („am Tage der Lieferung geltende Preise") und ist außerdem ein Leistungsänderungsvorbehalt vorgesehen, so kann der Kunde zum Objekt nahezu beliebiger Preisspekulation gemacht werden. Es geht dabei nicht um die grundsätzliche Garantie des Äquivalenzverhältnisses von Leistung und Gegenleistung, also nicht um Preiskontrolle, sondern um Konstanz und Transparenz der eingegangenen Verpflichtungen, um Erhaltung der Funktionsfähigkeit des Preiswettbewerbs (MünchKomm/Wurmnest Rn 1). Rspr und Lit waren vor Erlass des AGBG sehr tolerant und beschränkten sich darauf, den Umfang von Preiserhöhungen nach § 315 Abs 3 zu überprüfen (s etwa BGHZ 1, 353; MDR 1957, 84; NJW 1971, 835; 1972, 677 – wN bei Schlosser/Coester-Waltjen AGBG § 11 Nr 1 Fn 9, 13). Der Text des damaligen § 11 Nr 1 AGBG ist angelehnt an die Formulierungen der Preisangaben-VO von 1973 (BGBl I 461) in § 1 Abs 1, 5, die über § 1 Abs 1, 4 PAngVO vom 14. 3. 1985 (BGBl I 580, zuletzt geändert durch Gesetz vom 1. 8. 2012, BGBl I 1706) im Wesentlichen in die heutige Fassung übernommen worden sind. Der Text lautet:

> (1) Wer Letztverbrauchern gewerbs- oder geschäftsmäßig oder regelmäßig in sonstiger Weise Waren oder Leistungen anbietet oder als Anbieter von Waren oder Leistungen gegenüber Letztverbrauchern unter Angabe von Preisen wirbt, hat die Preise anzugeben, die einschließlich der Umsatzsteuer und sonstiger Preisbestandteile zu zahlen sind (Endpreise). Soweit es der allgemeinen Verkehrsauffassung entspricht, sind auch die Verkaufs- oder Leistungseinheit und die Gütebezeichnung anzugeben, auf die sich die Preise beziehen. Auf die Bereitschaft, über den angegebenen Preis zu verhandeln, kann hingewiesen werden, soweit es der allgemeinen Verkehrsauffassung entspricht und Rechtsvorschriften nicht entgegenstehen.
>
> …
>
> (5) Die Angabe von Preisen mit einem Änderungsvorbehalt ist abweichend von Absatz 1 Satz 1 nur zulässig
>
> 1. bei Waren oder Leistungen, für die Liefer- oder Leistungsfristen von mehr als vier Monaten bestehen, soweit zugleich die voraussichtlichen Liefer- und Leistungsfristen angegeben werden,
>
> 2. bei Waren oder Leistungen, die im Rahmen von Dauerschuldverhältnissen erbracht werden, oder
>
> 3. in Prospekten eines Reiseveranstalters über die von ihm veranstalteten Reisen, soweit der Reiseveranstalter gemäß § 4 Absatz 2 der BGB-Informationspflichten-Verordnung in der Fassung der Bekanntmachung vom 5. August 2002 (BGBl I 3002), die zuletzt durch die Verordnung vom 23. Oktober 2008 (BGBl I 2069) geändert worden ist, den Vorbehalt einer

Preisanpassung in den Prospekt aufnehmen darf und er sich eine entsprechende Anpassung im Prospekt vorbehalten hat.

Diese Verordnung hat nur aufsichtsrechtlichen Gehalt; geschützt wird die marktwirtschaftliche Ordnung, die dem Verbraucher eine klare und wahre Information und die Möglichkeit zu Preisvergleichen geben soll. Ein Verstoß gegen die PAngVO stellt daher eine Ordnungswidrigkeit dar, berührt aber die Frage der vertraglichen Wirksamkeit nicht; die Normen der PAngVO sind weder Verbotsgesetze iS des § 134 noch Schutzgesetze iS des § 823 Abs 2 (BGH NJW 1974, 859; hM; vgl Erman/Roloff Rn 1; MünchKomm/Wurmnest Rn 7). Zum Preisklauselgesetz u Rn 6.

2. Der Anwendungsbereich

a) § 309 Nr 1 gehört zu den wenigen Vorschriften im Katalog unwirksamer Klauseln, die nicht schon im Wortlaut auf die Benachteiligung des Vertragspartners des Verwenders abstellen. Ist Verwender derjenige Teil, welcher die Geldleistung zu erbringen hat und trägt dieser auch die Formulierungsverantwortung, dann bedarf § 309 Nr 1 freilich einer teleologischen Reduktion. Der Verwender kann sich dann unmöglich den von ihm formularmäßig selbst zugestandenen Preiserhöhungsbefugnissen seines Vertragspartners entziehen. Wenn der Verwender jedoch selbst Bedingungswerke aufgreift (vgl auch § 310 Abs 3 Nr 1), die er auf dem Markt vorfindet oder die von Verbänden empfohlen wurden, dann besteht kein Grund, warum nicht ausnahmsweise auch eine ihn benachteiligende Klausel unwirksam sein soll. Dies dürfte selbst dann gelten, wenn es sich um ein Verbrauchergeschäft handelt (§ 310 Abs 3), was allerdings praktisch kaum relevant werden wird. 2

b) § 309 Nr 1 ist schlechthin unanwendbar auf ein **Dauerschuldverhältnis**. Dazu rechnet man üblicherweise im Anschluss an die Gesetzesmaterialien (BT-Drucks 7, 5422, 8) auch Wiederkehrschuldverhältnisse (allgM; BGH NJW-RR 1986, 211, 212 – Sukzessivlieferungsvertrag über Werbezündhölzer). Raten- oder Teillieferungsverträge sind jedoch keine Dauerschuldverhältnisse (Bamberger/Roth/Becker Rn 32; Wolf/Dammann Rn 23). Zum Begriff des Dauerschuldverhältnisses (zB Darlehens- [OLG Köln ZIP 1999, 21], Versicherungs-, Miet- und Pachtverträge sowie Beförderungs- und Bezugsverträge) näher § 308 Nr 3 Rn 29. 3

Liegt ein Dauerschuldverhältnis vor, so kann eine Entgelterhöhungsklausel selbst dann wirksam sein (s näher dazu unten Rn 22), wenn sie für Leistungen vorgesehen ist, die innerhalb von vier Monaten nach Vertragsschluss erbracht werden sollen. Man wollte damit sicherstellen, dass Unternehmen, die massenhaft Dauerschuldverhältnisse begründen (Versicherungen, Großvermieter), für alle ihre Vertragspartner zu einem einheitlichen Zeitpunkt von dem Vorbehalt Gebrauch machen können (Schlosser/Coester-Waltjen AGBG § 11 Nr 1 Rn 25). Ausnahmsweise wird man jedoch § 309 Nr 1 auf ein Dauerschuldverhältnis dann anwenden können, wenn ein solches für eine Zeit von nur vier Monaten oder für eine noch kürzere Dauer vereinbart worden ist.

Ermächtigungen zu **rückwirkenden** Preiserhöhungen sind auch in Zusammenhang mit Dauerschuldverhältnissen in aller Regel überraschend (s Staudinger/Schlosser

§ 305c Rn 32; MünchKomm/Wurmnest Rn 11) und können somit nicht Vertragsbestandteil werden.

Arbeitsverträge rechnen zu den Dauerschuldverhältnissen, da jedoch der Vertragspartner des Verwenders idR der Arbeitnehmer ist, der keine Geldleistung als Vertragshauptpflicht schuldet, kann eine Preiserhöhung für Arbeitsverträge keine praktische Relevanz entfalten.

4 **c)** Die früher vorgesehene Ausnahme für Beförderungstarife nach § 99 Abs 1, 2 Nr 1 GWB ist bereits mit der Neufassung des GWB vom 22. 12. 1989 (BGBl I 2486) ab 1. 1. 1990 entfallen. Verträge über Elektrizität-, Gas-, Fernwärme und Wasserversorgung sind aus dem Anwendungsbereich von §§ 309 Nr 1 nach § 310 Abs 2 auch dann herausgenommen, wenn sie keine Dauerschuldverhältnisse darstellen. Sie unterliegen aber der Inhaltskontrolle des § 307 Abs 1 und 2 (BGH NJW 2010, 2789 Rn 19 und 2793 Rn 24; BGHZ 179, 186; OLG Frankfurt BeckRS 2007, 65166).

5 **d)** Im Bereich der **Wohnraummiete** sind (für die wegen des hier erfolgten Ausschlusses von Dauerschuldverhältnissen nach § 307 erfolgende Prüfung) die §§ 557 ff zu beachten; nach diesen Regeln nicht zu beanstandende Klauseln können an § 307 scheitern (MünchKomm/Wurmnest Rn 9). Die PreisklauselVO, die Zulässigkeitsgrenzen vorsah, ist durch Gesetz vom 7. 9. 2009 (BGBl I 2246) durch das PreisklauselG ersetzt worden (dazu Rn 6).

Für **Reiseverträge** iS des § 651a Abs 1 sind zusätzlich zu § 309 Nr 1 die weiteren zwingenden Regelungen des § 651a Abs 4, 5 zu berücksichtigen (BGH NJW 2003, 507; OLGR Köln 2002, 161; AG Leipzig BeckRS 2011, 08670; MünchKomm/Tonner § 651a Rn 100); auch eine diesen Regelungen entsprechende Klausel kann aber nach § 307 unwirksam sein (BGH aaO).

6 **e)** Eine § 309 Nr 1 nicht verdrängende Sonderregelung enthalten die an die Stelle von § 3 WährG zunächst getretenen Vorschriften des Preisangaben- und Preisklauselgesetzes (dazu Schmidt-Ränsch NJW 1998, 3166) sowie das diese Regelungen nunmehr ersetzende PreisklauselG vom 7. 9. 2009 (BGBl I 2246). Genehmigte Klauseln sind, weil allein nach währungspolitischen Gesichtspunkten geprüft, nicht der Kontrolle des § 309 Nr 1 oder des § 307 entzogen (hM; BGHZ 86, 284; MünchKomm/Wurmnest Rn 8). Die Tatsache allein, dass durch das Genehmigungsverfahren die Aufmerksamkeit des Kunden in besonderer Weise auf eine solche Klausel gelenkt worden ist, macht diese freilich noch nicht zur Individualvereinbarung. Nicht genehmigte Klauseln waren bereits wegen Verstoßes gegen § 2 Preisangaben- und Preisklauselgesetz unwirksam. Das PreisklauselG verbietet **inkongruente Indexierungen** grundsätzlich und sieht im Übrigen Ausnahmetatbestände vor, die bestimmt sein müssen und keinen Vertragspartner unangemessen benachteiligen dürfen. Die Zulässigkeit nach dem PreisklauselG präjudiziert aber nicht die AGB-mäßige Wirksamkeit (BGH NJW 2010, 2793 Rn 31; MünchKomm/Wurmnest Rn 8).

7 **f)** **Festpreisvereinbarungen** und andere Individualvereinbarungen, die ausdrücklich oder sinngemäß eine Preisänderung ausschließen, gehen während der Dauer ihrer Geltung (vgl BGH NJW 1985, 2270) nach § 305b vor, abweichende AGB sind unwirksam (s Staudinger/Schlosser § 305b Rn 7, 25). Wird der Preis offen gelassen, so

scheidet eine AGB-Kontrolle (nach § 309 Nr 1 ebenso wie nach § 307) aus. Korrekturen können nur über § 315 erfolgen (MünchKomm/Wurmnest Rn 4, 15). Näher dazu unten Rn 17. Nicht jede individualvertragliche Festlegung eines bestimmten Preises schließt jedoch eine Preisänderung aus (ansonsten würde § 309 Nr 1 überwiegend ins Leere gehen).

g) Zu den **kartellrechtlichen Fragen**, die auftreten, wenn AGB die Form von Konditionenempfehlungen annehmen, s Staudinger/Schlosser Vorbem 22 zu §§ 305 ff. **8**

II. Regelungsinhalt

1. Tatbestandlich betroffene Verträge

Die – gemessen an der Begriffsbildung des BGB – auffällige Formel „Waren oder Leistungen" ist Folge einer dogmatischen Sorglosigkeit der Gesetzesredaktion und soll nicht etwa den Anwendungsbereich auf bestimmte Vertragstypen oder -arten beschränken. Grundstücke fallen zwar nicht unter den Begriff „Waren", doch dürfte eine analoge Anwendung angezeigt sein (Ulmer/Fuchs Rn 17; BGHZ 146, 331 [der die Anwendung von § 309 Nr 1 jedenfalls nicht daran scheitern lässt, dass Vertragsgegenstand ein Grundstück ist]; zur Ausdehnung des Begriffs „Leistung" MünchKomm/Wurmnest Rn 11; zurückhaltend Bamberger/Roth/Becker Rn 6; für Anwendung von § 307: Wolf/Dammann Rn 32 und Stoffels Rn 814). Vorverträge unterliegen keiner Ausnahme. Wenn jedoch nicht sicher ist, ob sowohl der Hauptvertrag noch innerhalb von vier Monaten nach Zustandekommen des Vorvertrags geschlossen als auch innerhalb dieser Frist (gemessen vom Abschluss des Vorvertrages an) die Sachleistung erbracht werden soll, ist ein Preisänderungsvorbehalt zulässig (vgl zur Frist unten Rn 10). **9**

Der Begriff **„Entgelt"** umfasst alles, was der Vertragspartner als Gegenleistung aufwenden muss (idS, aber ungenau BGH NJW 1980, 2133; OLG Celle BauR 2001, 1113; zu Aufwendungen ieS unten Rn 18); er bezieht sich seinerseits nicht notwendigerweise auf eine Geldleistung. Auch andere Leistungen und selbst Obliegenheiten des Kunden können gemeint sein, wie etwa dessen Hilfsleistungen im Zusammenhang mit der Abwicklung von Bauverträgen (Schlosser/Coester-Waltjen AGBG § 11 Nr 1 Rn 16; Wolf/Dammann Rn 30). Anders als die PAngVO spricht § 309 Nr 1 nicht von „Preisen". Erfasst sind nur Vereinbarungen, die das Entgelt für **künftig** zu erbringende Leistungen verändern; rückwirkende „Preis"-Erhöhungen fallen nicht unter § 309 Nr 1, dürften aber nach § 307 (im Erst-Recht-Schluss) unwirksam sein, wenn nicht bereits ihre Einbeziehung an § 305c (ebenso MünchKomm/Wurmnest Rn 11; Bamberger/Roth/Becker Rn 10; für Anwendung von § 309 Nr 1: Wolf/Dammann Rn 25, wenn nach Vertragsschluss erbracht worden ist und zwar auch für Dauerschuldverhältnisse, wie hier in Rn 34–39 für vor Vertragsschluss erbrachte Leistungen und Waren) scheitert.

2. Vereinbarte Leistungszeit von weniger als vier Monaten

Das Klauselverbot greift nur ein, wenn als Zeit für die (vollständige!) Erbringung der Leistung höchstens vier Monate vorgesehen sind (OLG Düsseldorf EWiR 1999, 577). Stillschweigend vorausgesetzt ist, dass es sich um die Leistung des Verwenders handelt (Wolf/Dammann Rn 31; s auch oben Rn 2). **10**

11 **a)** Die Vorschrift ist zugeschnitten auf Fälle, in denen vertraglich (formularmäßig oder individuell) eine Leistungszeit vereinbart ist. Es kommt lediglich auf die **vereinbarte Leistungszeit** an (Burck DB 1978, 1385). Wird die versprochene Leistung nur tatsächlich später als vier Monate nach Vertragsabschluss erbracht, so ist dies kein Fall, für den eine Preisänderung nicht an § 309 Nr 1 scheitert (allgM; MünchKomm/Wurmnest Rn 18; Erman/Roloff Rn 5; Palandt/Grüneberg Rn 4; OLG Stuttgart NJW-RR 1988, 786, 788). Die Klausel „Der vereinbarte Preis gilt für vier Monate, danach ..." ist im gesetzeskonformen Sinne so auszulegen, dass er auf die vereinbarte Leistungszeit abstellt. Ist eine Leistungszeit von mehr als vier Monaten vereinbart, wird aber tatsächlich früher geleistet (§ 271 Abs 2), so ist der vereinbarte Vorbehalt zulässig; ob der Verwender die Preisänderung auch für diese Leistung vornehmen kann, unterliegt der Ausübungskontrolle, die an § 309 Nr 1 orientiert durchzuführen ist. Auf die tatsächliche Leistungszeit kann hingegen in einer Klausel für den Fall abgestellt werden, dass die Verschiebung gegenüber der vereinbarten Leistungszeit allein auf einen vom Vertragspartner des Verwenders zu vertretenden (zB Unterlassung einer diesem obliegenden Mitwirkungshandlung) oder in dessen Risikosphäre liegenden Umstand zurückzuführen ist und damit der Leistungszeitpunkt vier Monate nach Vertragsschluss liegt (Ulmer/Fuchs Rn 24; MünchKomm/Wurmnest Rn 18; Palandt/Grüneberg Rn 4; Erman/Roloff Rn 5; enger Bamberger/Roth/Becker Rn 13; **aA** Wolf/Dammann Rn 64 – nur Verzugsregeln).

12 Der bei einer vorgesehenen Leistungszeit von weniger als vier Monaten „vereinbarte" Preisänderungsvorbehalt ist „unwirksam", also nicht Inhalt des Vertrages geworden (zu den Unwirksamkeitsfolgen unten Rn 26). Schon aus rechtslogischen Gründen wird die Klausel daher auch nicht wirksam, wenn die Leistungszeit **nachträglich verlängert** wird, selbst wenn die Verlängerung als solche mehr als vier Monate ausmacht (Schlosser/Coester-Waltjen AGBG § 11 Nr 1 Rn 23 mit zusätzlichen Argumenten; Wolf/Dammann Rn 65; Erman/Roloff Rn 5; Ulmer/Fuchs Rn 25). Werden anlässlich der Verlängerung die AGB erneut in den Vertrag einbezogen, was ggf unter Beachtung von § 305 Abs 1, 2 zu geschehen hat, so ist danach zu unterscheiden, ob die Verlängerung mehr oder weniger als vier Monate ausmacht.

13 Ist die Leistungszeit in einer kalendermäßig bestimmten Weise vereinbart, so sind die Fristen nach §§ 186 ff zu berechnen. Ist die Leistungszeit nicht genau bestimmt, aber immerhin noch in einer dem § 309 Nr 1 Rechnung tragenden Weise festgelegt, so ist von der gerade noch denkbar längsten vertragsmäßigen Leistungsfrist auszugehen (Wolf/Dammann Rn 61).

14 Ist ein **Leistungszeitraum** vereinbart („Lieferzeit 15. 3. bis 15. 4."), so kommt es auf das Ende des Zeitraums an, denn erst zu diesem läuft die Leistungsfrist ab (OLG Frankfurt NJW 1983, 946; Wolf/Dammann Rn 62; Erman/Roloff Rn 5). Die Frist beginnt erst ab Vertragsschluss, nicht bereits ab „Unterschrift" zu laufen (OLG Frankfurt DB 1981, 884; Ulmer/Fuchs Rn 23; Palandt/Grüneberg Rn 4; undeutlich OLG Düsseldorf EWiR 1999, 577).

15 **b)** Ist **keine Leistungszeit** vereinbart, so ist die Leistung nach § 271 im Allgemeinen sofort fällig. § 309 Nr 1 ist dann ohne weiteres anwendbar. Ist eine spätere Leistungszeit im Sinne der genannten Norm „den Umständen zu entnehmen", so sollte man für die Anwendbarkeit von § 309 Nr 1 wiederum auf die gerade noch

denkbar längste vertragsmäßige Leistungszeit für die gesamte Leistung abstellen (OLG Celle BauR 2001, 1113).

c) Im **abstrakten Unterlassungsverfahren** kann es sein, dass Klauseln zu beurteilen sind, ohne dass gesagt werden könnte, ob sie sich auf Leistungsfristen von mehr oder weniger als vier Monaten beziehen, weil im Klauselwerk eine individuelle Festlegung der Leistungsfristen vorgesehen ist. Dann ist die Klausel unwirksam, wenn sie so formuliert ist, dass sie kürzere Leistungsfristen als vier Monate miterfasst (BGH NJW 1985, 855, 856; Erman/Roloff Rn 7; zu Verträgen mit üblicherweise längeren Leistungsfristen LG Itzehoe AGBE I § 11 Nr 10 – Bauverträge; für Wirksamkeit bei Unbestimmtheit, aber branchenüblicher Leistungszeit von mehr als vier Monaten: Wolf/Dammann Rn 66). **16**

3. Erhöhung des Entgelts

a) § 309 Nr 1 verbietet eine Klausel, die eine Erhöhung des Entgelts, dh also eine **Veränderung** der Gegenleistung vorsieht. Eine Veränderung setzt voraus, dass zunächst ein Entgelt – individualvertraglich oder formularmäßig – von den Parteien vereinbart worden ist. Für diesen Fall verbietet § 309 Nr 1 in seinem Anwendungsbereich jegliche Änderung, also auch versteckte Änderungen zB durch die (zusätzliche) Bezugnahme auf den „jeweiligen Listenpreis" (BGHZ 164, 11; OLG Bremen BeckRS 2007, 02607). Fehlt es an einer solchen Vereinbarung und haben die Parteien individualvertraglich das Offenlassen des Preises verabredet, so besteht kein Ansatz für eine Inhaltskontrolle nach den §§ 305 ff (so auch MünchKomm/Wurmnest Rn 16; **aA** im Hinblick auf die PAngVO Ulmer/Fuchs Rn 4); in Betracht kommt lediglich eine Inhaltskontrolle nach den allgemeinen Grundsätzen (dazu Fastrich, Richterliche Inhaltskontrolle im Privatrecht; Coester-Waltjen AcP 191 [1991] 1) bzw nach § 315. Die Anwendung von § 307 Abs 1, 2 scheidet aus, weil die primäre Hauptleistungsbestimmung nach § 307 Abs 3 „inhalts"-kontrollfrei ist; die Preisbestimmung kann aber wegen fehlender Transparenz an § 307 Abs 3 S 2 scheitern (vgl Staudinger/Coester § 307 Rn 315 ff; MünchKomm/Wurmnest Rn 16). Ergibt sich die Unbestimmtheit des Entgelts aus einer AGB-mäßigen Primärvereinbarung, wie zB bei circa-Preisen, „Preis freibleibend" oder „jeweiliger Listenpreis" in der primären Formulierung der Gegenleistungspflicht, so greift § 309 Nr 1 ebenfalls nicht ein (wohl aber § 307 Abs 3 S 2: BGHZ 164, 11, 21; Staudinger/Coester § 307 Rn 317). Hier ist trotz der „formelhaften Wendung" das Augenmerk des Vertragspartners des Verwenders auf die „in sich geschlossene Hauptleistungsbestimmung" gerichtet (MünchKomm/Wurmnest Rn 16; eingeschränkt auch Wolf/Dammann Rn 44; **aA** Ulmer/Fuchs Rn 4, 14; undeutlich BGHZ 164, 11, 21). Kontrollfreiheit idS hat die Rspr auch für die sog Neubewertungsklauseln angenommen (BGHZ 142, 358; 146, 331; WM 2001, 1305; zu den unterschiedlichen Bewertungen bei einseitigem Nachforderungsrecht: OLGR Rostock 1996, 265 – unwirksam – und OLG Karlruhe DB 1998, 1278 – wirksam; offengelassen in BGHZ 146, 331) – ein Problem, das sich inzwischen durch Zeitablauf erledigt haben dürfte. Kennzeichnend aber bleibt insoweit für die Rspr die Unterscheidung zwischen Preisvereinbarungen und Preisnebenabreden (BGHZ 124, 254, 256; 133, 10; NJW 1998, 383; krit dazu Schlosser ZIP 1985, 449, 455; Joost ZIP 1996, 1685; Dylla-Krebs 158 ff). Kontrollfreiheit nach § 309 Nr 1 gilt für Kapitalmarktgeschäfte, bei denen das Entgelt als durch den **jeweiligen** Devisen- oder Kapitalmarktpreis bestimmt vereinbart wird (vgl auch die Ausnahme in RL Anh Nr 2c). Derartige formularmäßige Vereinbarungen sind an § 305c auf ihren überraschenden Charakter und nach § 307 Abs 3 S 2 auf Transparenz zu prüfen (s Stau- **17**

DINGER/COESTER § 307 Rn 315 ff), ferner – soweit es sich überhaupt um inhaltlich kontrollfähige Klauseln handelt (s STAUDINGER/COESTER § 307 Rn 319 ff) – an § 307 Abs 1, 2 zu messen (offengelassen in BGH NJW 1983, 1603, 1605). Ist hingegen ein konkreter Preis vereinbart, der dann durch die formularmäßigen Zusätze „freibleibend" oder „unverbindlich" relativiert wird, so liegt ein Preisänderungsvorbehalt iS des § 309 Nr 1 vor (BGH NJW 1983, 1603, 1604; MünchKomm/WURMNEST Rn 16; wohl auch ULMER/FUCHS Rn 4; WOLF/DAMMANN Rn 42). Dies gilt erst recht, wenn der Vorbehalt nicht in einem unmittelbaren Zusatz zur Entgeltvereinbarung, sondern in anderen Bestimmungen des Klauselwerks enthalten ist, zB „Der [Verwender] ist berechtigt, die am Tag der Lieferung geltenden Preise zu berechnen" (BGH NJW 1985, 855), „Die Preise erhöhen sich um …", „Es gilt der jeweilige Tagespreis" (ähnlich BGH NJW 1983, 1603).

18 **b)** Klauseln, die nur festlegen, für welche Leistungen der Preis nicht gilt (zB Versand- und Verpackungskosten, Fahrtkosten und -zeiten, Montage, Bauwesenversicherung [BGH NJW 2000, 3348] etc) oder für die **zusätzliches Entgelt** verlangt wird, fallen nicht unter § 309 Nr 1 (ULMER/FUCHS Rn 16; MünchKomm/WURMNEST Rn 17; ERMAN/ROLOFF Rn 6). Bei ihnen ist zu unterscheiden, ob sie eine „echte" Preisbestimmung sind, die nach § 307 Abs 3 nur im Hinblick auf die Transparenz zu prüfen ist, ansonsten aber kontrollfrei bleiben, oder ob der ausgegliederte Leistungsteil nur Teil der vereinbarten Hauptleistung ist (zB Baureinigung im Bauvertrag – BGH NJW 2000, 3348) oder auf einer gesetzlichen Verpflichtung des Verwenders beruht. Im letzten Fall wird die Klausel von der Rspr als kontrollfähige Preisnebenabrede eingestuft (vgl dazu die umfangreiche Rspr insb zu „Bankgebühren" ua BGHZ 124, 254; BGH NJW 2013, 995 Rn 15 ff). Dass sich damit für (Verwender und Vertragspartner) uU schwer nachzuvollziehende Abgrenzungsprobleme ergeben, liegt auf der Hand. Soweit eine Preisnebenabrede idS vorliegt, ist ihre Wirksamkeit ebenfalls nach § 305c und § 307 Abs 1, 2 zu prüfen (krit zu dieser Unterscheidung STAUDINGER/COESTER § 307 Rn 313, 315, 322). Soweit sie sich als kontrollfest erweist (BGH ZIP 1987, 2118 – Barclays; OLG Karlsruhe ZIP 1997, 70; unzulässig zB „zuzüglich Umsatzsteuer": BGH NJW 1981, 979; 2000, 651 [Bearbeitungsentgelt nicht transparent]), ist allerdings ein in dieser „Preisnebenabrede" enthaltener Preiserhöhungsvorbehalt ebenfalls an § 309 Nr 1 zu messen (MünchKomm/WURMNEST Rn 17; ULMER/FUCHS Rn 15). Auch hier darf also für innerhalb von vier Monaten zu erbringende Leistungen das Entgelt (auch bei Änderung der Umsatzsteuerhöhe) nicht erhöht werden (vgl BGH NJW 1980, 2133; OLG Celle BauR 2001, 1113 – beide zu Umsatzsteuererhebungen). Etwas anderes kann lediglich dann gelten, wenn es sich um einen reinen Aufwendungsersatz und nicht um eine Gegenleistung handelt (MünchKomm/WURMNEST Rn 17; BAMBERGER/ROTH/BECKER Rn 7). Hier ist allerdings eine sorgfältige Analyse des jeweiligen Vertrages geboten; keinesfalls kann der Verwender über die Ausgliederung von Leistungsteilen als „Aufwendungsersatz" das Risiko der Selbstkostensteigerung auf den Kunden verlagern (BGH NJW 2011, 2640 Rn 20, 28 – Kontoführungsgebühr; BGH NJW 2011, 1801 Rn 28 – dort aber im Ergebnis anders für Vertragsabschlussgebühr – Rn 42 f; LG München BeckRS 2011, 13161 – „Steuern, Gebühren, Abgaben" Teil des Flugpreises). Die Vergütung von Fahrtkosten und Fahrtzeiten bleibt ein Entgelt, auch wenn sie (wirksam) aus dem vereinbarten Preis ausgegliedert sein sollte. Ein Änderungsvorbehalt bei der Erhöhung der Kraftstoffpreise oder der Kfz-Steuer fällt daher ebenfalls unter § 309 Nr 1.

19 **c)** Klauseln, die keine Entgelterhöhung vorbehalten, sondern die Möglichkeit der Verringerung der Gegenleistung (zur Ausgliederung von Leistungsteilen oben Rn 18) vor-

sehen, enthalten keine Preiserhöhung iS des § 309 Nr 1, sondern fallen unter § 308 Nr 4 (s dort Rn 7; MünchKomm/Wurmnest Rn 12; Erman/Roloff Rn 6). Ein Vorbehalt der Entgelterhöhung ist auch nicht gegeben, wenn eine Preisänderung für den Fall vorgesehen wird, dass der Vertragspartner des Verwenders umfangreichere oder aufwendigere Leistungen begehrt. Leistungsänderungen des Verwenders, die dem Kunden nach § 308 Nr 4 zumutbar sind und das Preis-Leistungs-Verhältnis verschieben, sind keine Preiserhöhung iS des § 309 Nr 1 (Wolf/Dammann Rn 53); eine Gegenleistungsänderung, die die Beurteilung der Zumutbarkeit nach § 308 Nr 4 beeinflusst, ist gegebenenfalls an § 307 zu messen (s auch unten Rn 21). Ist die Leistungsänderung durch behördliche Auflagen veranlasst, so ist entscheidend, in wessen Risikobereich derartige Auflagen fallen. Liegen sie in der Sphäre des Kunden – wie zB bei dem Vertragsobjekt zugute kommenden Verbesserungen –, so erscheint seine Belastung ebenfalls nicht unbillig. Liegen sie in der Sphäre des Verwenders – wie zB bei Arbeitssicherheitsvorschriften –, so sind sie auch von diesem zu tragen, denn der Wert der Leistung, die der Kunde erhält, verändert sich dadurch nicht. Insofern handelt es sich um eine Preiserhöhung. Klauseln, die Preisaufschläge im Falle behördlicher Auflagen ermöglichen, müssen daher im Hinblick auf § 305c Abs 2 in der Formulierung deutlich machen, dass sie sich nur auf wertsteigernde Auflagen beziehen.

d) Ansonsten ist für § 309 Nr 1 unerheblich, in welcher Form die **Entgeltveränderung** vorbehalten wird. Hierher gehören sowohl Preisberichtigungsklauseln infolge von Kalkulationsirrtümern, wodurch die Einschränkung des Lösungsrechts in § 308 Nr 3 ergänzt wird (Ulmer/Fuchs Rn 22; Erman/Roloff Rn 4; vWestphalen Preisirrtumsklauseln Rn 7; **aM** [§ 307 Abs 1, 2 anwendbar] Wolf/Dammann Rn 59 – die *falsa demonstratio* ausnehmend), als auch automatische bzw nichtautomatische Preisänderungs- (BGHZ 93, 252, 255; BGH ZIP 1986, 898), Preisvorbehalts- (BGH NJW 1983, 603), Preisgleit-, Preisspannungs- und Preisneuverhandlungsklauseln (dazu Horn AcP 181 [1981] 355; ders NJW 1985, 1118) sowie Klauseln, die die Forderung von Zusatzentgelten oder deren Erhöhung offenlassen (BGH NJW 2009, 2051 Rn 29 – Zinsanpassung). Sie alle werden – soweit sie nicht schon aus anderen Gründen (s oben Rn 5 ff) unwirksam sind – vom Verdikt des § 309 Nr 1 erfasst. Die Praxis musste sich in jüngster Zeit fast nur noch mit Preisänderungsklauseln für längerfristige Leistungserbringung oder in Dauerschuldverhältnissen beschäftigen (s unten Rn 21 ff). 20

4. Zulässige Entgelterhöhungen

a) Soweit ein Preisänderungsvorbehalt grundsätzlich möglich ist – es also um ein Dauerschuldverhältnis geht oder ein Leistungszeitpunkt vereinbart ist, der mindestens vier Monate nach Vertragsschluss liegt –, ist die Änderungsmöglichkeit nach § 307 zu beurteilen (allgM, vgl BGH NJW 2003, 507). Der Kontrolle des § 307 unterliegt dabei die Änderungs**möglichkeit**, während die Ausübung dieser Möglichkeit an §§ 315 ff zu messen ist. Im Rahmen von § 307 sind dabei zum einen die **Transparenz** (§ 307 Abs 3 S 2) zu prüfen (auch für die der Inhaltskontrolle entzogene Preisbestimmung), zum anderen die **Preiserhöhungsmodalitäten** (BGH WuM 2005, 710). 21

Ein **schützenswertes Interesse** des Verwenders an einer Preisänderungsmöglichkeit kann in diesen Fällen nicht generell verneint werden. Der Verwender sollte die Möglichkeit haben, sich vor **(1)** ungewissen, nicht vorhersehbaren **(2)** Kostensteigerungen (BGHZ 95, 335) zu schützen, soweit diese **(3)** erheblich sind und **(4)** seinen Gewinn verringern. Nicht hingegen hat er – außerhalb von Dauerschuldverhältnissen (zu diesen sogleich Rn 22) – ein schützenswertes Interesse an der Steigerung seines Gewinns, wenn sich die Marktlage ändert (BGH ZIP 1989, 1196, 1197; BGHZ 94, 335; BGH NJW 1980, 2518). Insoweit muss sich der Verwender den Grundsatz *pacta sunt servanda* als wesentlichen Grundgedanken der Rechtsordnung entgegenhalten lassen. Gegenüber den berechtigten Interessen des Verwenders gilt es andererseits, den Vertragspartner davor zu schützen, **(5)** dass er des Vorteils eines individuell besonders günstig ausgehandelten Preises verlustig geht (Ulmer/Fuchs Rn 29; BGH NJW 1996, 1347 – zu § 2 Nr 5 S 1 VOB/B), **(6)** dass der Verwender die Preise stärker erhöht, als durch die Veränderung der Kosten veranlasst ist (BGH WuM 2005, 710 – die Überprüfungsmöglichkeit betonend; BGH NJW 2003, 506; 1982, 331; BGH NJW 2010, 2793 Rn 45 ff – Flüssiggas; LG Bonn NJW-RR 1992, 917), und **(7)** dass die vertragliche Belastung für ihn kalkulierbar (BGH WuM 2005, 710; NJW 1980, 2518; OLG Düsseldorf EWiR 1999, 577; LG Kassel BeckRS 2007, 10209) und tragbar bleibt (BGH BB 1986, 1875; BGHZ 119, 55, 59; OLG Potsdam NJW-RR 2002, 1640; OLG Frankfurt BKR 2011, 154). Diese Eckdaten für die Interessenabwägung lassen eine Preisänderungsklausel nur dann wirksam erscheinen, wenn sie zum einen Maß und Gründe der Anpassung soweit wie möglich und sinnvoll konkretisiert (Wiedemann 143; MünchKomm/Wurmnest Rn 23; Erman/Roloff Rn 9, 11; die Rspr stellt hohe Anforderungen: BGH NJW 2003, 746; OLG Düsseldorf BB 1997, 699; zu Reiseverträgen: Eckert RRa 2005, 3; Führich RRa 2003, 4; Kleinert/Tonner RRa 2000, 166; zu Zinsanpassungen: Langenbucher BKR 2005, 134; Schimansky WM 2003, 1449; Derleder WM 2001, 2029; Habersack WM 2001, 753), zum anderen, soweit eine Konkretisierung nicht möglich oder wegen der dadurch entstehenden Unübersichtlichkeit (Intransparenz) nicht sinnvoll ist (Paulusch 74 f; Wolf ZIP 1987, 354; OLG Celle BB 1984, 808, 809), die begrenzte Kalkulier- und Tragbarkeit für den Kunden durch ein Lösungsrecht kompensiert (BGH NJW 2003, 746 [Reisevertrag]; dazu Führich RRa 2003, 4; Eckert RRa 2005, 3; OLG München BeckRS 2006, 11928 – Bezahlfernsehen; OLG Potsdam NJW-RR 2002, 1640; MünchKomm/Wurmnest Rn 26; vWestphalen, Preisanpassungsklauseln Rn 35 ff). Dabei sollten die Gründe die Unvorhersehbarkeit und die wesentliche Erhöhung der Kostenfaktoren erkennen lassen; das Maß der Erhöhung muss angemessen sein und im Verhältnis zum Ausgangspreis stehen (OLG Düsseldorf VuR 1997, 245 – Flüssiggas: Bestimmtheitsgebot verletzt; so auch BGH WuM 2005, 710). Ist die Preiserhöhung auch durch wertsteigernde Leistungsänderungen veranlasst (s oben Rn 19), so werden auch diese in das das Lösungsrecht auslösende Ausmaß der Preiserhöhung einberechnet (OLG Hamm BB 1994, 1739). Das Lösungsrecht muss – auch bei Dauerschuldverhältnissen – eine sofortige Lösung ermöglichen (OLG Potsdam NJW-RR 2002, 1640; OLG Celle BB 1984, 808, 809; zur Unwirksamkeit bei Fehlen eines Lösungsrechts OLG Düsseldorf ZIP 1984, 719) die Lösung schon vor Eingreifen der Preiserhöhung ermöglichen und nicht mit weiteren Nachteilen für den Kunden verbunden sein (BGH NJW 2007, 1054 Rn 31, 32 – Flüssiggas; BGH NJW 2008, 2172 Rn 27 – Erdgas-Monopol)

22 **b)** Bei Entgeltänderungsvorbehalten in **Dauerschuldverhältnissen** gelten diese Grundsätze ebenfalls (ähnlich Schöne WM 2004, 262); allerdings braucht hier die Entgeltänderungsmöglichkeit nicht ausschließlich von Kostensteigerungen abhängig gemacht zu werden, weil die für Dauerschuldverhältnisse typische Bindung für fernere Zeiträume – anders als ein auf einen einmaligen Leistungsaustausch ausgerichteter Vertrag – nicht in gleichem Maße vom Vertrauen des Vertragspartners auf die Unabänderlichkeit der Gegenleistung getragen ist; auch die Möglichkeit einer der

allgemeinen Preisentwicklung entsprechenden Gewinnsteigerung sollte daher nicht ausgeschlossen sein (strenger wohl BGH WuM 2005, 710 – Flüssiggas; ähnlich BGH NJW 2010, 2793 Rn 45 – unwirksam bei Spannungsklausel fehlendem Bezug des Parameters; BGH NJW 2009, 2051, 2053 – jedenfalls wenn ohne Begrenzung und ohne entsprechende Herabsetzungsmöglichkeit; BGH NJW-RR 2008, 134 Rn 19 – wenn ohne Begrenzung – Internet Service; BGH ZIP 1989, 1196, 1197; großzügiger BGH BB 1986, 1875; zu Prämienerhöhungen in Versicherungsbedingungen s auch BGHZ 139, 394 [unwirksam wegen fehlender Transparenz]; OLG Hamm VersR 1993, 1342; BGH VersR 1992, 1211; BVerwGE 61, 59; bei Energieverträgen Baur ZIP 1985, 905; Ebel DB 1982, 2607; Kunth/Wollburg BB 1985, 230), allerdings darf das Äquivalenzverhältnis grundsätzlich nicht verschoben werden (BGHZ 158, 149; 82, 21), es sei denn hier habe eine nicht unbedeutende Störung stattgefunden (BGHZ 141, 153 – zu Bedingungsanpassungen im Versicherungsvertrag vgl auch § 308 Nr 4 Rn 7 und Nr 5 Rn 13).

c) In jedem Fall ist aber auch auf den Vertragsgegenstand, die Angewiesenheit **23**
des Partners auf die versprochene Leistung (auch ohne existentielle Notlage kann aber eine Preiserhöhung unangemessen sein – BGHZ 158, 149, 156) und die Risikobereiche der veränderten Marktverhältnisse abzustellen. Da die Bindung an das vereinbarte Entgelt der Normalfall ist, bedarf der Änderungsvorbehalt, nicht die Unzumutbarkeit der Änderung, einer besonderen **Begründung** (Wolf/Dammann Rn 68–69 andeutungsweise).

d) Die Rechtsprechung hat beispielsweise **Tagespreisklauseln** im Kfz-Neuwagen- **24**
handel (BGHZ 82, 21; BGH NJW 1983, 1603; BGHZ 90, 69; BGH NJW 1985, 622; dazu Trinkner BB 1983, 924; Jung BB 1983, 1058), **Zinserhöhungsklauseln** bei Darlehens- und Sparverträgen (Habersack WM 2001, 752; Schimansky WM 2001, 1169; BGHZ 158, 149 – Combi-Sparvertrag, unwirksam, weil beliebig; ähnlich BGH NJW 2009, 2051 Rn 25; anders früher [aufgegeben durch BGH NJW 2009, 2051 Rn 31] für Darlehenszinsen, die an die Refinanzierung gekoppelt sind: BGH NJW 2000, 2580; BGHZ 97, 212, 216; ähnlich OLG Celle WM 2002, 1878; ausführlich Langenbucher BKR 2005, 134; Kersting ZIP 2007, 56; Metz BKR 2010, 265; Schebesta BKR 2005, 217; weniger streng im Passivgeschäft auch OLG Hamm WM 2004, 309; OLG Düsseldorf NJW 2004, 1532; ohne Lösungsmöglichkeit unwirksam: BGH NJW 1989, 1796; BGH NJW 2009, 2051; zu den Folgen von Basel II auf Zinsanpasungsklauseln von der Linden WM 2008, 195; zur Änderung von Sparzinsen (§ 308 Nr 4) s BGH NJW 2008, 3422), Preisanpassungsklauseln in **Leasingverträgen** (BGH NJW 1986, 1355; OLG Düsseldorf DB 2001, 914 – weil kein Lösungsrecht), bei Vermietung von Fernmeldeanlagen (BGH ZIP 1989, 1196; Schlosser/Coester-Waltjen AGBG § 11 Nr 1 Rn 33 ff), beim Werklieferungsvertrag (Fensterhersteller – BGH NJW 1985, 853), bei Wartungsverträgen (BGH NJW-RR 1988, 819; OLG Celle BB 1984, 808, 809), des Reiseveranstalters (OLG Frankfurt NJW 1982, 2198; OLG München NJW-RR 1989, 46), bei Kabelanschlussverträgen (LG Frankfurt aM VersR 1995, 279) und für Unterrichtsverträge (OLG Frankfurt BB 1984, 942) für unwirksam erklärt. Beanstandet wurde dabei idR die **fehlende Transparenz** der Koppelung an Kostensteigerungen (BGH NJW 2008, 360 Rn 11 – Bezahlfernsehen; OLG Frankfurt BKR 2011, 154, 157 – Miete einer Telefonanlage – Bindung an „listenmäßige Entgelte" unklar; OLG Frankfurt BeckRS 2007, 65166 – Vario-Strom. Tarif) und/oder das **Fehlen eines Lösungsrechts** des Vertragspartners (zB OLG Köln NJW-RR 1995, 758 – Miete von Telefonanlage) oder die Zumutbarkeit der Lösung und Lösungsmodalitäten (BGH NJW 2007, 1054 Rn 31, 32 – Flüssiggas). Für gültig wurde demgegenüber die Kostenerhöhung im Altenheimvertrag gehalten, die an eine Erhöhung der Pflegesätze anknüpft (OLG Düsseldorf NJW-RR 1989, 500).

5. Spiegelbildliche Anwendung der Norm

25 Ein individuell nach den Leistungselementen variabel vereinbarter Preis (zB im Baugewerbe) kann formularmäßig nicht zum Festpreis gemacht werden. IdR wird es hier wegen § 305b oder zumindest § 305c bereits an einer wirksamen Einbeziehung fehlen. Preisermäßigungsklauseln in Einkaufsbedingungen sind nicht nach § 309 Nr 1, sondern nach § 307 zu beurteilen. Hier gelten die spiegelbildlichen Voraussetzungen für die Interessenabwägung (oben Rn 21).

6. Folgen der Unwirksamkeit

26 Unwirksame Preisänderungsklauseln waren der Auslöser für die Rechtsprechung, die Grundsätze der ergänzenden Vertragsauslegung auch im Rahmen von § 306 Abs 2 anzuwenden (BGHZ 90, 69, 75). Diese Rechtsprechung hat sich unter Zustimmung des überwiegenden Teils der Literatur (Ulmer NJW 1981, 2030; Bunte NJW 1984, 1146; Medicus, in: 10 Jahre AGB-Gesetz 96; Ulmer/Fuchs Rn 51 – nur für längerfristige Verträge, für die unter § 309 Nr 1 fallenden unwirksamen Klauseln keine ergänzende Vertragsauslegung; krit Fastrich Richterliche Inhaltskontrolle im Privatrecht 343; Trinkner BB 1983, 1875; Coester-Waltjen Jura 1988, 116; generell zur ergänzenden Auslegung Rüssmann BB 1987, 843) verfestigt (vgl BGH NJW 1996, 1213, 1215; BGH NJW 1996, 2092), obwohl gerade die unwirksamen Preisanpassungsklauseln ein eher unglückliches Beispiel sind, weil es an einer echten Lücke fehlt (so auch BGH NJW 2008, 2172 Rn 29, 32) und die Regelungen über die Störung der Geschäftsgrundlage (§ 313) schwerwiegende Unzuträglichkeiten verhindern. Die Ausfüllung durch die ergänzende Vertragsauslegung läuft idR auf ein Lösungsrecht für die Vertragspartner und eine Anpassung des Preises an konkrete Kostensteigerungen hinaus. Besondere Transparenz und Vorhersehbarkeit bietet diese richterlich Handhabe für keine der Parteien (vgl zB BGH ZIP 1989, 1196, 1197).

III. Verbraucher

27 Eine Parallelregelung zu § 309 Nr 1 sieht die Richtlinie im Anhang Nr 11 vor. Allerdings decken sich Anwendungsbereich und Verbotsumfang nicht in vollem Maße. So erfasst zum einen Nr 11 keine Grundstücksverträge (zur analogen Anwendung von § 309 Nr 1 oben Rn 9) und auch nicht reine Gebrauchsüberlassungsverträge. Des Weiteren verbietet Nr 11 nicht nur Preisänderungsvorbehalte, sondern auch begrenzt offene Preisangaben – wie zB circa-Preise. Schließlich ist nicht die völlige Unzulässigkeit der Preisfestsetzung oder -änderung – auch nicht für eine gewisse Zeit – vorgesehen; vielmehr verbietet Nr 11 nur eine im Vergleich zum bei Vertragsschluss festgesetzten oder (bei circa-Preisen) als Maßstab angegebenen Preis unverhältnismäßige Erhöhung, die nicht mit einem Lösungsrecht des Verbrauchers korrespondiert. Übereinstimmung besteht insofern, als zwar nicht nach dem Wortlaut des Nr 1 l, wohl aber nach dem Gesamtcharakter der europarechtlichen Regelungen, insbesondere bei einer analogen Anwendung von Nr 1j (keine Vertragsänderung ohne triftigen Grund), davon auszugehen ist, dass jedenfalls die Ausübung der Preisfestsetzung oder der Preisänderung vom Vorliegen eines triftigen Grundes abhängig gemacht werden muss (Ulmer/Fuchs Rn 6). Im Unterschied zum deutschen Recht schließlich sehen Nr 2c und d für Geschäfte mit Wertpapieren, Finanzpapieren, Fremdwährungen, Reiseschecks etc und für Preisindexklauseln eine Ausnahmeregelung vor.

Das deutsche Recht ist also in einigen Punkten nach § 309 Nr 1 strenger, da eine absolute Unzulässigkeit für Preisänderungsklauseln vorgesehen ist, wenn die Gegenleistung innerhalb von vier Monaten nach Vertragsschluss erfolgen soll; andererseits greift für die nicht von § 309 Nr 1 erfassten Klauseln § 307 ein, der – wie oben dargelegt (Rn 21) – ebenfalls einen triftigen Grund für den Preisänderungsvorbehalt und ein Lösungsrecht sogar bereits bei nicht unerheblichem Preisanstieg verlangt (Ulmer/Fuchs Rn 7; problematisch evtl EuGH NJW 2001, 2244). Ein Unterschied besteht allerdings insofern, als die deutsche Regelung in den §§ 305–10 zum einen nur den Vorbehalt, nicht die Ausübung des vorbehaltenen Rechts erfasst (Rn 21), zum anderen offene Preisvereinbarungen in der primären Formulierung der Gegenleistungspflicht (circa-Preise, jeweiliger Listenpreis – s oben Rn 17) zwar der Kontrolle des § 305c unterliegen können, im Hinblick auf die Festlegung des primären Leistungsinhalts aber Probleme bezüglich ihrer Transparenz und **inhaltlichen** Kontrollfähigkeit aufwerfen (s Staudinger/Coester § 307 Rn 315 ff, 319 ff; oben Rn 17; MünchKomm/Wurmnest Rn 15). Eine restriktive Auslegung von Nr 1 l, die nur formularmäßige Zusätze zu einem an sich angegebenen Preis erfasst (s Rn 17), erscheint angesichts des klaren Wortlauts zumindest unpassend.

Sonderregelungen enthalten darüber hinaus Anh II Teil 1 Teilzeitnutzungs-Richtlinie RL 2008/122/EG v 14. 1. 2009, die die Time-Sharing-Richtlinie 94/47/EG (NJW 1995, 375, 376) ablöst; Art 11, 19 Verbraucherkreditverträge-Richtlinie RL 2008/48/EG, die die Verbraucherkredit-Richtlinie (ABl L 42/48 v 12. 12. 1987) ersetzt und Art 3 Abs 4 a Pauschalreisen-Richtlinie RL 90/314/EWG (ABl L 158/59 v 23. 6. 1990), die jedoch alle weniger streng sind als § 309 Nr 1 (zu Einzelheiten Nassall JZ 1995, 693).

Problematisch schließlich ist die Anwendung dieser Grundgedanken auf vorformulierte Individualverträge. Dem Verwender wird – zumindest bei Annahme der Kontrollfähigkeit offener Preisvereinbarungen – die Möglichkeit genommen, gegenüber Verbrauchern in Einzelfällen einen Preisvorbehalt zu vereinbaren, wenn die Leistung innerhalb der ersten vier Monate nach Vertragsschluss erbracht werden soll. Unproblematisch hingegen erscheint die Ausrichtung einer offenen Preisvereinbarung und eines Preisvorbehalts für längerfristige Verträge an § 307. Zu den hier nach § 310 Abs 3 in Anlehnung an Art 4 der Richtlinie zu beachtenden Umständen des Einzelfalles gehört sicherlich auch das konkret dem Verwender entgegengebrachte Vertrauen auf eine Beständigkeit des Preises.

IV. Geschäftsverkehr mit Unternehmern

Das strikte Verbot des § 309 Nr 1 ist im unternehmerischen Verkehr auch nicht über 28
§ 307 anwendbar (BGHZ 92, 203; BGHZ 93, 252; OLG Düsseldorf v 7. 9. 2009 – I 16 U 621/08; teilw **aM** vWestphalen, Preisanpassungsklauseln Rn 55; ders NJW 1982, 2465, 2473 – soweit Kaufmann an Verbraucher weiterverkauft). Allerdings sind auch im unternehmerischen Geschäftsverkehr Preisanpassungsklauseln redlich auszugestalten. Hierzu gehört vor allem eine Relation der Preisänderungsmöglichkeiten zu den Preisberechnungsfaktoren sowie ein Schutz vor untragbaren Erhöhungsmöglichkeiten. Das Lösungsrecht des Kunden spielt dabei im unternehmerischen Verkehr eine geringere Rolle (Ulmer/Fuchs Rn 48), ist aber nicht generell entbehrlich (so aber Wolf/Dammann Rn 175; wie hier Bamberger/Roth/Becker Rn 38). Unberechenbarkeit der späteren Preissteige-

rungen und Kalkulierbarkeit des Risikos für den Vertragspartner müssen in einem ausgewogenen Verhältnis stehen. In der Praxis sind bisher Klauseln aus dem kaufmännischen Bereich selten beanstandet worden (BGHZ 92, 200; BGHZ 93, 252; OLG Köln NJW-RR 1990, 401 – Großmarkthallenstand; OLG Hamburg ZIP 1983, 700 – Schmieröl; BGH NJW-RR 1986, 212 – Werbezündhölzer; OLG Frankfurt v 7. 9. 2009 – I 16 U 621/08 – Franchisevertrag, Preiserhöhungsklausel auch ohne Lösungsrecht wirksam; vgl aber BGH NJW 2003, 886 [Kombination von langer Laufzeit, Preiserhöhungsvorbehalt und fehlendes Lösungsrecht unwirksam]; BGHZ 142, 358 [Vertragshändler – Änderungsvorbehalt für Boni, Zuschüsse etc unwirksam]; BGH NJW-RR 2005, 1496 [Vertragshändler-Einkaufspreiserhöhungsvorbehalt keine hinreichende Bestimmung]; wie bei beiden vorgenannten auch OLG Düsseldorf v 1. 10. 2008 – VI-U[Kart]4/08 und vom 26. 6. 2008 – VI-U[Kart]31/08 – Motorradhändler; OLG Düsseldorf DB 1982, 537 – Fertighalle: ohne Offenlegung der Kalkulation unwirksam; OLG Frankfurt BKR 2011, 154, 157 – Miete einer Telefonanlage – Klausel unklar). In dem auf schnelle Reaktion angewiesenen Handelsverkehr wird man auch keine generelle Mindestzeit für unveränderbare Preise angeben können (**aM** Wolf ZIP 1987, 341, 347 – vier bis sechs Wochen).

Vorsichtiger hingegen wird man Preisänderungsvorbehalte prüfen müssen, wenn sie beruflich oder gewerblich tätige Kunden treffen, die nicht Kaufleute sind, aber dennoch aus dem direkten Anwendungsbereich der §§ 308, 309 ausgegliedert sind. Hier ist der generell-abstrakte Maßstab des § 307 je nach Geschäfts- und Berufszweig, Vertragsgegenstand und Vertragsumfang zu variieren.

§ 309 Nr 2
Leistungsverweigerungsrechte

Auch soweit eine Abweichung von den gesetzlichen Vorschriften zulässig ist, ist in Allgemeinen Geschäftsbedingungen unwirksam …

2. (Leistungsverweigerungsrechte)
eine Bestimmung, durch die

a) das Leistungsverweigerungsrecht, das dem Vertragspartner des Verwenders nach § 320 zusteht, ausgeschlossen oder eingeschränkt wird oder

b) ein dem Vertragspartner des Verwenders zustehendes Zurückbehaltungsrecht, soweit es auf demselben Vertragsverhältnis beruht, ausgeschlossen oder eingeschränkt, insbesondere von der Anerkennung von Mängeln durch den Verwender abhängig gemacht wird;

Materialien: 1. Teilber 66; RefE 13; RegE 28; BT-Drucks 14/6857, 5; BT-Drucks 14/6040, 155; s Staudinger/Schlosser Vorbem 5 ff zu §§ 305 ff.

Schrifttum

Annuss, AGB-Kontrolle im Arbeitsrecht: Wo geht die Reise hin?, BB 2002, 4458
Blank, Zulässigkeit einer Notaranderkontoregelung für die letzte Kaufpreisrate im Bauträgervertrag, DNotZ 1997, 298
Kaune/Reiner, Die Gestaltung von Finanzierungsleasingverträgen nach der Schuldrechtsreform, WM 2002, 2314
Teichmann, Die Zulässigkeit von Vorauszahlungsklauseln in Allgemeinen Geschäftsbedingungen der Reiseunternehmer, JZ 1985, 312
Wagner, Wie rechtssicher ist die nachträgliche Absenkung des Verbraucherschutzes in Bauträgerverträgen?, BauR 2001, 1313
Zoller, Vorleistungspflicht und AGB-Gesetz (1986).

I. Allgemeines

1. Gesetzgeberisches Grundanliegen

Die Vorschrift ist der notwendige Ausgleich dafür, dass gesetzliche Zurückbehaltungsrechte in weitem Umfang abdingbar sind. Die Quintessenz der gesetzgeberischen Entscheidung ist, dass nur solche Zurückbehaltungsrechte ausgeschlossen werden können, die nicht auf demselben Vertragsverhältnis beruhen. Die Einrede des nichterfüllten Vertrags wird als ein grundlegendes Gebot vertraglicher Abwicklungsgerechtigkeit bezeichnet (OLG Dresden NJW-RR 1998, 1524; ähnlich BGH NJW 2010, 1449 Rn 12). Das Leistungsverweigerungs- bzw Zurückbehaltungsrecht wird – insbesondere im Synallagma – als entscheidendes Druckmittel zur Durchsetzung der vertraglichen Pflichten der Gegenseite angesehen. Wird es ausgeschlossen, so fehlt dem Vertragspartner des Verwenders (soweit dieser nicht Unternehmer ist und sich auf andere Weise absichern kann oder besondere Handelsbräuche eingreifen) eine wichtige Handhabe. Die Bestimmung ist erheblich strenger als die Rspr vor Erlass des (früheren) AGBG (dazu Schlosser/Coester-Waltjen AGBG § 11 Nr 2 Rn 6 Fn 11). Ein Verbot, formularmäßig eine **Vorleistungspflicht** zu vereinbaren, enthält die Vorschrift aber nicht; allerdings haben sich sowohl die Abgrenzung als auch die Grenzen der formularmäßigen Vereinbarung einer Vorleistungspflicht als ein wesentliches Problem der Rechtsprechung herausgestellt (unten Rn 7). 1

2. Verhältnis der beiden Teile der Vorschrift zueinander

Der zweigliedrige Aufbau der Vorschrift entspricht der Unterscheidung zwischen dem Leistungsverweigerungsrecht bei synallagmatisch miteinander verknüpften Leistungen gem § 320 und dem Zurückbehaltungsrecht bei Ansprüchen „aus demselben rechtlichen Verhältnis" gem § 273. Auf andere gesetzliche Leistungsverweigerungsrechte (etwa §§ 321, 770, 1000, 1160, 1161) bezieht sich die Vorschrift nicht (BGHZ 95, 362 – keine Anwendung auf Aufrechenbarkeitseinrede des Bürgen; allerdings nunmehr (BGHZ 153, 293) formularmäßiger Verzicht auf Aufrechenbarkeitsklausel nach § 307 unwirksam; dazu Medicus EWiR 2003, 629; Erman/Roloff Rn 34; MünchKomm/Wurmnest Rn 17; Ulmer/Schäfer Rn 7; **aA** Wolf/Dammann Rn 31–33 – auch § 321 umfasst). Die sich aus §§ 438 Abs 4, 5, 634a Abs 4, 5 ergebenden Einreden berechtigen zur Zurückbehaltung nach § 273 und fallen daher ebenfalls unter diese Regelung (Wolf/Dammann Rn 31–33). Die handelsrechtlichen Zurückbehaltungsrechte entfalten bei der Prüfung des 2

AGB-mäßigen Ausschlusses wegen der im unternehmerischen Verkehr zu beachtenden Besonderheiten nur begrenzt Bedeutung (s unten Rn 10).

Nr 2 a ist nur anwendbar, wenn sämtliche gesetzliche Voraussetzungen von § 320 (dort Staudinger/Otto [2009] Rn 13 ff) vorliegen. Ihr Anwendungsbereich ist auch nach der Schuldrechtsreform trotz der Neufassung von § 433 Abs 1 S 2 verhältnismäßig klein. Die Norm betrifft vor allem Fälle der unterbliebenen oder erfolglosen Nacherfüllung sowie teilweiser Nichterfüllung bei Sukzessivlieferungsverträgen. Weiter sind die Rückgewährschuldverhältnisse zu nennen, wenn die Vertragsparteien nach Aufhebung des Vertrages die erbrachten Leistungen zurückzugeben haben (MünchKomm/Wurmnest Rn 8; OLG Celle AGBE I § 9 Nr 139 maß allerdings die Pflicht zur sofortigen Rückgabe im Falle des Rücktritts an § 307). § 348 ist durch seinen Verweis auf § 320 mitumfasst (Ulmer/Schäfer Rn 7).

Nr 2 b erfasst das Zurückbehaltungsrecht nach § 273, das von der Rspr durch großzügige Auslegung des Begriffs „aus demselben **rechtlichen Verhältnis**" stark erweitert wurde (Staudinger/Bittner [2009] § 273 Rn 11 ff), nur insoweit, als es sich um „dasselbe **vertragliche Verhältnis**" handelt. Es sind somit nicht alle nach § 273 begründeten Zurückbehaltungsrechte betroffen, insb nicht solche aus früheren Geschäften oder aus anderen Geschäften bei laufender Geschäftsverbindung (Ulmer/Schäfer Rn 9; MünchKomm/Wurmnest Rn 17). Unter Nr 2b fallen stets jedoch alle Rechte aus einem Sukzessiv- oder Ratenlieferungsvertrag sowie aus vertraglichen Dauerschuldverhältnissen (Wolf/Dammann Rn 34–36).

Der letzte Halbsatz „Anerkennung von Mängeln" darf nicht dazu verführen, § 309 Nr 2b nur auf das Leistungsverweigerungsrecht des § 320, nicht aber auch auf das des § 273 zu beziehen. Die Vorschrift hat auch dort ihren Anwendungsbereich, wo § 273 für nichtsynallagmatische Verpflichtungen aus demselben Vertrag eingreift, nämlich im Falle von Schadensersatzansprüchen wegen Verletzung vertraglicher Nebenpflichten. Auf das Leistungsverweigerungsrecht nach § 321 bezieht sich § 309 Nr 2b nicht (s oben Rn 2).

3. Verhältnis von § 309 Nr 2 zu § 309 Nr 8b dd

3 § 309 Nr 8b dd geht weiter als § 309 Nr 2 a, da er nicht nur den Ausschluss der Gegenrechte des Kunden verbietet, sondern auch die Erschwerung der aktiven Geltendmachung der Ansprüche. Welche Vorschrift einschlägig ist, entscheidet sich letztlich danach, ob der Verwender Zahlung verlangt oder der Kunde Nacherfüllung begehrt (Erman/Roloff Rn 20 aE; MünchKomm/Wurmnest Rn 5).

4. Verhältnis von § 309 Nr 2 zu § 309 Nr 3

4 Eine Überschneidung ist dort denkbar, wo die Zurückbehaltung im Ergebnis der Aufrechnung gleichkommt, also dann, wenn sich gleichartige Geld-Forderungen gegenüberstehen. Die Rspr sieht in diesen Fällen in der Geltendmachung eines Zurückbehaltungsrechts eine verdeckte Aufrechnung (BGH BB 1967, 1143; NJW 1974, 367). Diese ist nicht etwa durch § 309 Nr 2 garantiert, soweit die Forderungen aus demselben Vertragsverhältnis stammen. Kommt die Ausübung eines Zurückbehaltungsrechts der Aufrechnung gleich, so gilt nur § 309 Nr 3 (OLG Nürnberg BeckRS 2010,

458; OLG Düsseldorf NJW-RR 1999, 244 [bei streitigem, aber nicht für gerechtfertigt gehaltenen Nacherfüllungsrecht]; OLG Hamm BauR 2004, 1643; LG Oldenburg BauR 2000, 764; Schlosser/Coester-Waltjen AGBG § 11 Nr 2 Rn 26 ff mit Erläuterungen zum Zurückbehaltungsrecht wegen eines Minderungsanspruchs, der nicht gegen den Kaufpreisanspruch, sondern gegen einen anderen Anspruch des Verkäufers geltend gemacht wird). Die Ausübung eines Zurückbehaltungsrechts wegen einer inhaltsgleichen Gegenforderung ist auch AGB-rechtlich wie eine Aufrechnung zu behandeln und im Falle eines wirksam vereinbarten Aufrechnungsverbots ebenfalls ausgeschlossen (OLG Nürnberg BeckRS 2010, 458; Schlosser/Coester-Waltjen AGBG § 11 Nr 2 Rn 25 ff; MünchKomm/Wurmnest Rn 4 aE; Wolf/Dammann Rn 55; Erman/Roloff Rn 25). Dieser Auffassung waren auch die Urheber der Vorschrift (1. Teilber 68; BT-Drucks 7/3919, 29). Wertungswidersprüche ergeben sich insofern nicht, als auch ein mit § 309 Nr 3 konformes Aufrechnungsverbot im Einzelfall an § 307 scheitern kann. Einer Anwendung des § 309 Nr 2 bedarf es nicht (so aber OLG Düsseldorf NJW-RR 1997, 628; Palandt/Grüneberg Rn 20; MünchKomm/Wurmnest Rn 4; Erman/Roloff Rn 31; wie hier BGH NJW-RR 1989, 481; Bamberger/Roth/Becker § 309 Nr 3 Rn 15; ähnlich [rechtsmissbräuchliche Berufung auf wirksames Aufrechnungsverbot] Stoffels Rn 838 und Wolf/Dammann Rn 55).

5. Sonderregelungen

Zum Verhältnis von § 309 Nr 2 zu § 556b s Staudinger/Weitemeyer (2011) Rn 25 5
(§ 556b Abs 2 nur für Individualverträge relevant). § 88a Abs 1 HGB und § 26 VAG werden als *leges speciales* angesehen (Hansen VersR 1988, 1110; MünchKomm/Wurmnest Rn 6). Demgegenüber sind arbeitsrechtliche Besonderheiten, die bei der Anwendung zu beachten sein könnten, nicht ersichtlich (Däubler/Dorndorf/Bonn/Deinert Rn 9; Wolf/Stoffels ArbR Rn 189).

Gesetzliche Ausschlüsse eines Zurückbehaltungsrechts (zB §§ 175, 570) entziehen nach § 307 Abs 3 eine dieselben nachzeichnende Klausel der Inhaltskontrolle.

II. Einzelheiten der gesetzlichen Regelung

Die in der Vorschrift genannten Leistungsverweigerungs- und Zurückbehaltungs- 6
rechte dürfen nicht ausgeschlossen und inhaltlich nicht beschränkt werden. Das Verbot ist strikt und lässt keinen Raum für Einzelfallabwägungen. Letztere können aber über die Vorraussetzungen der gesetzlichen Leistungsverweigerungs- oder Zurückbehaltungsrechte (zB keine eigene Vertragstreue) Bedeutung entfalten. Eine unzulässige Beschränkung liegt bereits dann vor, wenn die Voraussetzungen, unter denen diese gesetzlichen Rechte gegeben sind, in AGB verschärft werden (zB BGH NJW 1992, 2160, 2163). Die Vorgabe von Anzeigefristen und die Formgebundenheit einer Ankündigung (MünchKomm/Wurmnest Rn 20 aE; Erman/Roloff Rn 20; Palandt/Grüneberg Rn 12; **aA** Ulmer/Schäfer Rn 11 – mit Hinweis auf § 309 Nr 13; Bamberger/Roth/Becker Rn 4) der Leistungsverweigerung sind unzulässige Beschränkungen (Die Problematik der Ankündigungspflichten iVm Vorleistungspflichten im Mietvertrag [dazu die uneinheitliche Rspr des LG Berlin – NJW-RR 1997, 223; MM 1998, 260; ZMR 2000, 269; NJW-RR 2002, 381] hat sich durch die nunmehr in § 556b Abs 1 vorgesehene Vorleistungspflicht des Mieters und die dort in Abs 2 ermöglichte Beschränkung des Leistungsverweigerungsrechts erledigt. Derartige Klauseln sind jetzt nach § 307 Abs 3 kontrollfest; zur Einrede des § 320 beim Leasing vWestphalen ZIP 2006, 1653, 1659). Die Vorgabe der Zahlungspflicht bei Teilleistungen (OLG

Stuttgart VuR 1996, 277) sowie Klauseln, die auf eine sofortige Zahlungspflicht schließen lassen, sind ebenfalls nach § 309 Nr 2 unwirksam (OLG Köln VuR 1996, 257; LG Darmstadt BeckRS 2011, 08297; AG Saarbrücken BeckRS 2006, 17289).

7 § 309 Nr 2 steht nicht in Widerspruch dazu, dass die formularmäßige Vereinbarung einer **Vorleistungspflicht** nicht durch eine Spezialregelung beschränkt, sondern an den §§ 305c Abs 1, 307 zu messen ist (so aber MünchKomm/Wurmnest Rn 11; vgl Seiler BB 1986, 1935), denn § 309 Nr 2a umfasst nur Fälle, in denen der Kunde gerade nicht vorleistungspflichtig ist. Dass das Leistungsverweigerungsrecht idR nur dann praktische Bedeutung entfaltet, wenn es um die Richtigkeit der Leistungen des Verwenders geht, gibt weder zu einer restriktiven Auslegung des § 309 Nr 2 (so MünchKomm/Wurmnest Rn 12) noch zu einer Beurteilung auch der Vorleistungspflichtvereinbarung an Hand von § 309 Nr 2 Anlass (so Tonner NJW 1985, 111, 112). Die Rspr hat sich weitgehend in dieser Hinsicht verfestigt (vgl BGH NJW 2010, 1449 Rn 12; BGH NJW 2006, 3134 Rn 6; BGH NJW-RR 2003, 834; NJW 2002, 140; BGHZ 100, 157) und auch die überwiegende Lit greift allein auf § 307 zur Wirksamkeitskontrolle zurück (Erman/Roloff Rn 3; Palandt/Grüneberg Rn 13; Wolf/Dammann Rn 11). Die Akzeptanz einer formularmäßig vereinbarten Vorleistungsklausel nach § 307 (Staudinger/Coester § 307 Rn 547, 622, 637) kann dabei durchaus im Lichte des Anliegens von § 309 Nr 2 gewertet werden (KG NJW-RR 1994, 1266), ohne speziell auf die Umgehungsabsicht nach § 306a abzustellen (so noch BGH NJW-RR 1986, 959). Im nicht unternehmerischen Rechtsverkehr ist die Rspr idR sehr restriktiv in der Absegnung von Vorleistungsklauseln. Der BGH fordert einen sachlichen Grund des Verwenders, der bei Abwägung mit den durch die Vorleistung für den Kunden entstehenden Nachteilen ein solches Verlangen gerechtfertigt erscheinen lässt (vgl zB BGH NJW 2010, 1449 Rn 12; BGHZ 141, 108). Dies wird bejaht, wenn der Werkunternehmer über keinerlei Druckmittel verfügt, seinen Werklohnanspruch zu verfolgen, weil er seine Leistung weder rückgängig machen noch zurückhalten kann (BGH NJW-RR 2003, 834 – Vorkasse für Veröffentlichung im Telefonbuch; ähnlich bei Internet-Systemvertrag – BGH NJW 2010, 1449 Rn 29, 33; wegen der Pflicht zur Leistung des gesamten Werklohnes Unwirksamkeit annehmend: LG Rottweil v 23. 3. 2011 – 1 S 131/10 – Photovoltaikanlage). Bei der Platzmiete von Tennisplätzen (OLG Düsseldorf NJW-RR 1999, 1437) mag dies wie bei Eintrittskarten und Briefmarkenauktionen (BGH NJW 1985, 851) ebenfalls zutreffen, nicht aber bei Kaufverträgen (BGHZ 141, 108; BGHZ 139, 190; BGH NJW 2002, 140 – Grundstück), idR auch nicht, wenn der Gegenstand eingebaut wird (Küche – OLG Köln NJW RR 2002, 1487; OLG Dresden NJW-RR 1998, 1524; Fenster und Türen – OLG Zweibrücken NJW-RR 2002, 274). Im Baugewerbe ist durch die §§ 632a, 648a, 641 Abs 2, 3 sowie durch die Verordnung über Abschlagszahlungen in Bauträgerverträgen (dazu BGH NJW 2007, 1947; Thode ZNotP 2006, 208; Schmidt-Räntsch NZBau 2001, 356; Wagner BauR 2001, 1313; zu problematischen Variationen bei Zahlung auf ein Notaranderkonto LG Frankfurt aM v 5. 7. 2000 – 20 W 217/03; s auch Blank DNotZ 1997, 298) und der Makler- und Bauträgerverordnung die Problematik im Wesentlichen abgefedert. Im Reisevertragsrecht steht § 651k Abs 4 einer für den Kunden ungesicherten Vorleistung entgegen (Vorleistung von 20% des Reisepreises gegen Sicherungsschein nicht zu beanstanden; BGH NJW 2006, 3134 Rn 14 f – krit Schmidt LMK 2006, 197102; Staudinger NJW 2006, 3136; Fälligkeit des vollen Reisepreises vor Durchführung der Reise sicher unwirksam: LG Heilbronn BeckRS 2007, 06555). Bei Versteigerungsbedingungen (BGH DB 1984, 2294; BGH ZIP 1985, 551, 552) und bei Heiratsvermittlung (BGHZ 87, 309, 318; BGH NJW 1986, 927) ist die Vorleistungspflicht als mit § 307 vereinbar angesehen worden. Im Einzelnen hängt die Beurteilung vom Risiko des

Kunden, insbesondere der Höhe der Vorauszahlung ab (Tonner NJW 1985, 111; vgl auch LG Aachen NJW-RR 1994, 60 – Vorleistungspflicht für einen Jahresbeitrag für Teilnahme an datenbankgestütztem Wirtschaftsinformationsdienst unwirksam; KG NJW 1994, 1266 – Halbjahresbetrag für Schneeräumdienst unwirksam).

Von der Regelung nicht umfasst sind Zurückbehaltungsrechte, die sich der Verwender selbst über das gesetzlich vorgesehene Maß hinaus einräumt, etwa **Konzernverrechnungsklauseln** (hierzu OLG Frankfurt NJW-RR 2004, 54 – in der nachfolgenden BGH-Entscheidung – BGHZ 160, 107 – offen gelassen, weil Aufrechnungsmöglichkeit nicht insolvenzfest). AGB größerer Unternehmen sehen teilweise vor, dass diese gegenüber Forderungen ihrer Abnehmer nicht nur wegen eigener Gegenforderungen, sondern auch wegen solcher ihrer Konzernfirmen ein Zurückbehaltungsrecht geltend machen bzw aufrechnen können. Derartige Klauseln sind nach § 307 zu beurteilen. Ihre Unangemessenheit kann sich aus unzumutbaren Auswirkungen auf die Beleihungsfähigkeit der Forderungen des Vertragspartners ergeben. Nicht erfasst sind des Weiteren Klauseln, die den Verwender ermächtigen, sich ohne weitere Nachweise eine vollstreckbare Ausfertigung der Urkunde erteilen zu lassen (OLG Düsseldorf BeckRS 2008, 20386) **8**

Nicht in den Regelungsbereich des § 309 Nr 2 fallen Klauseln, die statt eines Sicherungseinbehalts des Bestellers eine (selbstschuldnerische) Gewährleistungsbürgschaft vorsehen. Diese sind nach § 307 zu beurteilen und idR wirksam (vgl BGH NJW-RR 2004, 814; BGHZ 157, 29; zum Problem der Nichteinzahlung des „Sicherheitseinbehalts" auf das vereinbarte Sperrkonto BGH v 10. 11. 2005 – VII ZR 11/04 = IBR 2006, 23). Verlangt der Besteller hingegen formularmäßig eine Bürgschaft auf erstes Anfordern, so scheitert diese Klausel zwar nicht an § 309 Nr 2, aber wohl regelmäßig an § 307 (BGHZ 150, 299; BGH v 20. 10. 2005 – VII ZR 153/04 = IBR 2006, 92; NJW 2002, 894). In der Praxis bereiten außer diesen hier eigentlich nicht hingehörenden Vorleistungspflicht-Vereinbarungen formularmäßige Ausschlüsse des Leistungsverweigerungs- oder Zurückbehaltungsrechts nur selten Probleme (vgl BGH BB 1995, 1054 – Beschränkung des Zurückbehaltungsrechts nur wegen streitiger Ansprüche unwirksam; Auslegung wohl eher fernliegend).

III. Verbraucher

Für Verbraucherverträge sieht der Anhang der Richtlinie in Nr 1o ein eher unklares, wohl auch Vorleistungspflichten erfassendes Klauselverbot vor. Dennoch dürfte das deutsche Recht im Zusammenspiel von § 307 und § 309 Nr 2 gemeinschaftskonform sein. **9**

Gegen das Verbot entsprechender Klauseln in vorformulierten Individualverträgen bestehen bei dieser reduzierten Auslegung (des Verbots von Vorleistungspflichten) keine Bedenken.

IV. Geschäftsverkehr mit Unternehmern

Grundsätzlich zeigen die §§ 369 ff HGB, dass der Gesetzgeber den Zurückbehaltungsrechten im kaufmännischen Verkehr einen besonders hohen Stellenwert eingeräumt hat. Dennoch wird man bei einer Anwendung des Rechtsgedankens von § 309 **10**

Nr 2 über § 307 im unternehmerischen Verkehr zurückhaltend sein müssen. Dies ist auch die grundsätzliche Haltung der Rechtsprechung (BGHZ 115, 327; OLG Celle BauR 2011, 271; OLG Hamburg NJW-RR 1998, 586; OLG Stuttgart NJW-RR 1992, 118; OLG Frankfurt NJW-RR 1988, 1458; AG Saarbrücken BeckRS 2006, 17289). Ein Ausschluss der Rechte aus §§ 320, 273 wird beispielsweise nicht für möglich gehalten, soweit es sich um unbestrittene oder rechtskräftig festgestellte Forderungen handelt (BGHZ 115, 327). Auch grobe Vertragsverletzungen des Verwenders dürfen nicht zum Ausschluss des Leistungsverweigerungs- bzw Zurückbehaltungsrechts führen (Schlosser/Coester-Waltjen AGBG § 11 Nr 2 Rn 37; OLG Frankfurt NJW-RR 1988, 1458).

Der Handelsverkehr ist in besonderem Maße angewiesen auf die Verwendung von Zahlungsklauseln, die nach höchstrichterlicher Auslegung Zurückbehaltungs- und Leistungsverweigerungsrechte ausschließen wie „Kasse gegen Faktura", „Nettokasse", „Kasse gegen Dokumente". Auch Vorleistungspflichten stoßen im unternehmerischen Verkehr nur ausnahmsweise auf Bedenken (zum Ganzen Lutz, AGB-Kontrolle im Handelsverkehr 112 ff; BGH NJW 2010, 1449 Rn 12).

§ 309 Nr 3
Aufrechnungsverbot

Auch soweit eine Abweichung von den gesetzlichen Vorschriften zulässig ist, ist in Allgemeinen Geschäftsbedingungen unwirksam ...

3. (Aufrechnungsverbot)
eine Bestimmung, durch die dem Vertragspartner des Verwenders die Befugnis genommen wird, mit einer unbestrittenen oder rechtskräftig festgestellten Forderung aufzurechnen;

Materialien: 1. Teilber 68; RefE 14; RegE 29; BT-Drucks 14/6857, 5; BT-Drucks 14/6040, 155; s Staudinger/Schlosser Vorbem 5 ff zu §§ 305 ff.

I. Allgemeines

1. Gesetzgeberisches Grundanliegen

1 Das Bemerkenswerte an der Vorschrift besteht darin, dass sie einen Ausschluss der Aufrechnung nur mit rechtskräftig festgestellten oder unbestrittenen Gegenforderungen unwirksam sein lässt. Denn die Möglichkeit, sich durch Aufrechnung befriedigen zu können, hat durchaus auch darüber hinaus einen hohen Gerechtigkeitsgehalt (so BGHZ 153, 293), ist sie doch ein dem Gläubiger sicheres Befriedigungsmittel, das ihm Veranlassung sein kann, weniger als sonst nötig um die aktive Befriedigung seiner Forderung durch den Schuldner besorgt zu sein. Gesichtspunkte der Abrechnungs- und Beitreibungsrationalisierung verbieten jedoch eine Erstreckung der Bestimmung auf alle Gegenforderungen. Das ist erträglich. Im Prozess ist

nämlich die auf eine Gegenforderung gestützte Widerklage nicht unzulässig, auch wenn erstere nicht zur „Aufrechnung" gestellt werden kann. Wenn der Kunde von dem Bestand seiner Gegenforderung ernsthaft überzeugt ist, wird er diesen Schritt ohne weiteres wagen. Ein durchaus legitimer Zweck des Aufrechnungsausschlusses ist es ja gerade, die rechtliche Auseinandersetzung von Einwendungen frei zu halten, die letztlich nur der Verschleppung dienen sollen (eher zurückhaltend BGH NJW 2011, 1729 Rn 15, 22). Der Ausschluss auch der Widerklage verstößt gegen § 307.

Die Vorschrift übernimmt im Wesentlichen die Ergebnisse der Rspr vor Erlass des AGBG (dazu ausführlich SCHLOSSER/COESTER-WALTJEN AGBG § 11 Nr 3 Rn 5 Fn 3), die freilich meist mit dem Gedanken arbeitete, es verstoße gegen Treu und Glauben, sich in solchen Situationen auf einen Aufrechnungsausschluss zu berufen. Auch heute kann die Berufung auf einen wirksamen formularmäßigen Aufrechnungsausschluss im Einzelfall unwirksam sein – beispielsweise, wenn im Rahmen eines Rechtsstreits die zur Aufrechnung gestellte Forderung entscheidungsreif ist (ULMER/SCHÄFER Rn 4 mit der Begründung, dass es sich um eine nicht bestreitbare und damit unbestrittene Forderung handele; wie hier BGH NJW-RR 2008, 121 Rn 11; BGH NJW 1996, 1757; BGH NJW 2002, 2779 obiter – dazu MUES EWiR 2002, 985; s auch schon BGH WM 1978, 620; OLG Düsseldorf BeckRS 2009, 28073; KG BeckRS 2010, 14587 Rn 80; OLG Koblenz v 22. 2. 2001 – 5 U 1195/99; OLG Düsseldorf BauR 1999, 199; NJW-RR 1997, 757; **aA** MünchKomm/WURMNEST Rn 7 – nur für nicht bestreitbare Forderungen) oder wenn eine Erfüllung nur noch durch Aufrechnung stattfinden kann. Dies ist beispielsweise der Fall, wenn der Verwender insolvent geworden ist oder sich in Liquidation befindet (BGH NJW-RR 1987, 883; hM; beachte bei einer Konzernverrechnungsklausel die fehlende Insolvenzfestigkeit nach § 96 Abs 1 Nr 2 InsO – BGHZ 160, 107). Es gilt gleichermaßen, wenn die Forderung wegen Verjährung nicht durchsetzbar ist (ULMER/SCHÄFER Rn 7; ERMAN/ROLOFF Rn 30; OLG Hamm NJW-RR 1993, 1082). Die Gegenmeinung (BGH NJW-RR 2008, 121 Rn 24 – Einzelfall abhängig; OLGR Karlsruhe 2001, 125; BAMBERGER/ROTH/BECKER Rn 13) nimmt dem Vertragspartner des Verwenders, der auf die Unbestrittenheit der Forderung und damit auf die Aufrechnungslage vertraut hat, ein entscheidendes Sicherungsmittel (PALANDT/GRÜNEBERG Rn 17 – Verstoß gegen § 307). Außerdem bleibt einem an § 309 Nr 3 nicht gescheiterten Aufrechnungsverbot möglicherweise über § 307 die Wirksamkeit versagt (ULMER/SCHÄFER Rn 8; BGH NJW 2011, 1729 Rn 15 ff – wenn der Vertragspartner „gezwungen würde, eine mangelhafte oder unfertige Leistung in vollem Umfang zu vergüten, obwohl ihm Gegenansprüche in Höhe der Mängel" zustehen; BGHZ 163, 274, 279; BGH NJW 2011, 1729; 1995, 254; dazu DNotI, DNotI-Report 2012, 41; BÖRSTINGHAUS MDR 1995, 241 – durch die Neufassung von § 556b [gegenüber § 551 Abs 1] hat sich die dort behandelte Frage aber entscheidend geändert). 2

2. Verhältnis der Vorschrift zu anderen Gesetzesbestimmungen

Zum Verhältnis zu § 309 Nr 2b vgl dort Rn 4. 3

§ 556b Abs 2 sieht als Voraussetzung für eine Aufrechnung durch den vorleistungspflichtigen Mieter die Ankündigung der Aufrechnung vor. Entsprechende – bereits früher in Mietverträgen enthaltene – Klauseln (vgl BGH NJW 1995, 254) sind nach § 307 Abs 3 kontrollfrei. Insoweit liegt eine Sonderregelung zu § 309 Nr 3 vor. Darüber hinausgehende Ausschlüsse der Aufrechnungsmöglichkeiten scheitern an § 309 Nr 3.

Eine Sonderregelung enthält auch § 26 VAG für den Versicherungsverein auf Gegenseitigkeit (dazu HANSEN VersR 1988, 1113).

Die dem Gläubiger gegenüber dem Gemeinschuldner im Insolvenzfall nach §§ 94 ff InsO zustehende Aufrechnungsmöglichkeit bleibt nach der Rspr von einem vertraglichen Aufrechnungsverbot unberührt (BGH NJW 1975, 442 – zur Problematik der Konzernverrechnungsklausel in der Insolvenz BGH NJW 2006, 3631 Rn 11; BGHZ 160, 107; zur Abgrenzung der Verrechenbarkeit der Forderungen bei Bauleistungen BGHZ 163, 274; dazu KESSEN BauR 2005, 1691). Diese Rspr wird daher auch durch § 309 Nr 3 nicht tangiert.

II. Umfang der Ausschlussmöglichkeiten

4 **1.** § 309 Nr 3 ist nur anwendbar, wenn feststeht, dass tatsächlich ein Aufrechnungsausschluss in Anspruch genommen werden soll. Die Formel „Zahlung ohne Abzug" kann etwa nur dann in einem solchen Sinne verstanden werden, wenn besondere Handelsbräuche der Klausel im Einzelfall diesen Inhalt geben. Zur Auslegung typischer Klauseln s Rn 9 ff. Die Formulierung „fällige Gegenansprüche, denen ein Einwand nicht entgegensteht" (§ 19 ADSp) wird dahin ausgelegt, dass sie die Aufrechnung mit unbestrittenen oder rechtskräftig festgestellten Forderungen ermöglicht, und ist daher mit § 309 Nr 3 zu vereinbaren (BGH NJW-RR 1989, 481; BGH NJW-RR 1987, 883).

5 **2. Unbestritten** ist eine Forderung, wenn die Parteien über Bestand und Umfang einer Meinung sind, aber auch dann, wenn ihr der AGB-Verwender nur grundlose oder unsubstantiierte Einwendungen entgegensetzt (BGHZ 12, 136; MünchKomm/WURMNEST Rn 7; vWESTPHALEN Aufrechnungsklauseln Rn 11).

6 **3. Rechtskräftig festgestellt** ist eine Forderung, wenn über sie eine der materiellen Rechtskraft fähige Gerichtsentscheidung vorliegt. Eine bloß vorläufige Titulierung reicht nicht aus. **Entscheidungsreife Forderungen** stehen den rechtskräftig festgestellten Forderungen nicht gleich (MünchKomm/WURMNEST Rn 7; **aA** LG Hanau NJW-RR 1999, 1142), bei ihnen kann aber die Berufung auf den Ausschluss unwirksam sein (oben Rn 2). Bei der Formulierung der Klausel braucht der Klauselaufsteller aber hierauf so wenig wie auf sonstige Umstände Rücksicht zu nehmen, die im Einzelfall nach Treu und Glauben der Berücksichtigung des Aufrechnungsausschlusses entgegenstehen können (Rn 2 – so auch ERMAN/ROLOFF Rn 30; BAMBERGER/ROTH/BECKER Rn 13 aE; STOFFELS Rn 853).

Nicht erforderlich ist eine Ausnahme vom Aufrechnungsausschluss für konnexe Gegenforderungen (BGH NJW-RR 1989, 481). Eine Beschränkung der Aufrechnungsmöglichkeiten auf bestimmte Forderungen entspricht nicht dem nach § 309 Nr 3 Zulässigen (BGH NJW 2007, 3421 Rn 14; PALANDT/GRÜNEBERG Rn 17).

7 **4.** Nicht erfasst werden von § 309 Nr 3 **formularmäßige Erweiterungen der Aufrechnungsmöglichkeit**, sog **Konzernvorbehalte**, s bereits § 309 Nr 2 Rn 8. Diese sind allein an § 307 zu messen (SCHLOSSER/COESTER-WALTJEN AGBG § 11 Nr 3 Rn 20). Ein Bedürfnis nach einer derartigen Erweiterung der Aufrechnungsmöglichkeiten ist beispielsweise dann anzuerkennen, wenn sich der Verwender mehreren wirtschaftlich zusammengehörenden, aber rechtlich selbständigen Vertragspartnern gegen-

übersieht. Andererseits kann diese erweiterte Aufrechnungsmöglichkeit, die vom Grundgedanken des § 398 erheblich abweicht (gesetzliche Ausnahme nur in § 406), die Beleihungsfähigkeit der Forderung erheblich verringern (vgl BGH 1981, 2257; für weitgehende Wirksamkeit JOUSSEN ZIP 1982, 279; zur fehlenden Insolvenzfestigkeit BGH NJW 2006, 3631 Rn 11; BGHZ 160, 107; s auch BGH NJW-RR 2010, 558 Rn 12 [Individualvereinbarung]; OLG Köln NJW 2005, 1127;vgl auch § 449 Abs 3).

5. Wird die Aufrechnungsmöglichkeit generell ausgeschlossen, ohne unbestrittene oder rechtskräftig festgestellte Gegenforderungen auszunehmen, so ist die Klausel unwirksam, eine Aufrechnung also auch mit bestrittenen Forderungen möglich (ERMAN/ROLOFF Rn 29 aE; VWESTPHALEN NJW 2008, 2234, 2238; BGH NJW 2007, 3421 Rn 14; BGH NJW-RR 1986, 1281; BGH ZIP 2003, 621 – dazu MEDICUS EWiR 2003, 629; vgl BGHZ 153, 293 – bei unwirksamem Ausschluss der Aufrechenbarkeitseinrede des Bürgen). Eine Klausel, die die Aufrechnung mit unbestrittenen Forderungen zulässt, ist regelmäßig dahin auszulegen, dass „unbestritten" auch „rechtskräftig festgestellt" umfasst (OLG Frankfurt WM 1986, 139, BGH NJW 1989, 3215), nicht aber führt die Beschränkung auf „rechtskräftig festgestellte Forderungen" zu einer nach § 309 Nr 3 wirksamen Klausel (BGH NJW 2007, 3421 Rn 15); die Aufrechnungsmöglichkeit für „anerkannte Forderungen" reicht nicht aus (OLG Koblenz v 30. 8. 2007 – 5 U 105/07; ähnlich BGH NJW 2007, 3421 Rn 14). **8**

III. Klauselbeispiele

1. Vorleistungsklauseln

„Zusendung erfolgt gegen Nachnahme"; „POD" (= pay on delivery); **„COD"** (= cash on delivery). **9**

Solche Klauseln begründen eine Vorleistungspflicht (vgl LIESECKE WM Sonderbeil Nr 3/1978) und sind nicht grundsätzlich – jedenfalls nicht nach § 309 Nr 3 – zu beanstanden (SCHLOSSER/COESTER-WALTJEN AGBG § 11 Nr 2 Rn 30; WOLF/DAMMANN Rn 20), auch wenn unter § 309 Nr 3 auch solche Klauseln fallen, die die Aufrechnung zwar nicht ausdrücklich, wohl aber der Sache nach ausschließen (zu Verrechnungsverboten OLG Frankfurt BauR 2008, 568 Rn 122 im Anschluss an BGHZ 163, 274). Der BGH (BGHZ 139, 190, dazu JUNG NJW 1999, 2950 und LENZ MDR 1998, 1210; zustimmend MünchKomm/WURMNEST Rn 6; WOLF/DAMMANN Rn 20) hat dennoch in der Nachnahmeklausel einen (unzulässigen) Aufrechnungsausschluss gesehen. Damit wird die Abgrenzung zur Vorleistungsvereinbarung ungenau (so auch ULMER/SCHÄFER Rn 9). Der Vorleistungspflichtige kann seiner Zahlungspflicht durch Aufrechnung nachkommen. Wenn der Verwender sich trotz erfolgter Erfüllung seiner Forderung auf die Nachnahmeklausel beruft, handelt er treuwidrig. Der Heranziehung des § 309 Nr 3 bedarf es dazu aber nicht. Ein Aufrechnungsverbot, das nach § 309 Nr 3 unwirksam wäre, liegt nicht vor.

2. Barzahlungsklauseln

„Zahlung Netto-Kasse"; „Zahlung Kasse"; „Zahlung netto Kasse Zug um Zug"; „Sofortige Kasse"; „Fracht gegen Barzahlung"; „Verkauf gegen sofortige Barzahlung". **10**

Häufig handelt es sich bei solchen und ähnlichen Klauseln nur um eine Zahlungsabrede mit Ausschluss des Skontoabzugs (so BGH WM 1972, 1092 für den Büromaschinenhandel). Ist ein Aufrechnungsausschluss gemeint, wofür es aber besondere Anhaltspunkte geben muss, so liegt ein Verstoß gegen § 309 Nr 3 vor (SCHLOSSER/COESTER-WALTJEN AGBG § 11 Nr 2 Rn 31; WOLF/DAMMANN Rn 16 legt derartige Klauseln idR als [unwirksame] Aufrechnungsverbote aus; **aA** OLG Düsseldorf NJW-RR 1996, 115; OLG Frankfurt v 25. 3. 2004, 1 U 31/03, die einen Aufrechnungsanspruch ohne weiteres bejahen; so jetzt wohl auch vWESTPHALEN Aufrechnungsklauseln Rn 26).

Bei diesen, wie auch bei den Dokumentenklauseln, wird es sich idR um AGB aus dem unternehmerischen Bereich handeln, für die aber hinsichtlich des Aufrechnungsausschlusses für unbestrittene oder rechtskräftig festgestellte Forderungen nichts anderes gilt (unten Rn 14).

3. Dokumentenklauseln

11 „Kasse gegen Dokumente" ist die häufigste Klausel im Außenhandelsgeschäft (LIESECKE 11). Unterfälle sind: „Kasse gegen Lieferschein" (= „cash against documents" = „documents against payment" = „D/P" [s Großkommentar HGB/KOLLER § 346 Rn 220 ff] vor allem in deutschen Seehäfen), „Kasse gegen Duplikat-Frachtbrief" (Waggoneinfuhrgeschäft), „Kasse gegen Rechnung und Verladepapiere" (BGH NJW 1985, 550; OLG Hamburg MDR 1953, 240). Nach der Rspr werden durch diese Handelsklauseln beide Parteien teilweise vorleistungspflichtig, weil der Verkäufer nicht nur die Ware absenden, sondern auch die Versendungsdokumente beschaffen, der Käufer dagegen allein gegen Vorlage der Dokumente, aber ohne die Ware erhalten oder untersucht zu haben, zahlen muss (BGH NJW 1985, 550). Verstärkt wird die Vorleistungspflicht des Käufers noch im Falle einer Klausel „Dokumente gegen Akkreditiv" (= „D/A") oder „Kasse gegen Akkreditiv", weil er dann als weitere Vorleistung die abstrakte Verpflichtung einer Bank in Höhe des Kaufpreises beibringen muss. Die Vorleistungspflicht des Verkäufers wird dagegen verstärkt durch die Klausel „Dokumente gegen Akzept" (= „documents against acceptance"), weil die Verschiffungsdokumente bereits nach Akzeptierung des Wechsels dem Adressaten ausgehändigt werden und – wenn ein Zeitwechsel ausgestellt wird – der Käufer vom Verkäufer einen Kredit eingeräumt erhält (Großkommentar HGB/KOLLER § 346 Rn 167). Auch diese Klauseln enthalten neben der Barzahlungsabrede einen Ausschluss sowohl der Zurückbehaltungsrechte wie der Aufrechnung (SCHLOSSER/COESTER-WALTJEN AGBG § 11 Nr 2 Rn 32; § 11 Nr 3 Rn 14; vWESTPHALEN Aufrechnungsklauseln Rn 23).

4. Bankeinziehungsermächtigung

12 Eine widerruflich erteilte Bankeinziehungsermächtigung ist kein Ausschluss von Zurückbehaltungsrechten oder Aufrechnungsmöglichkeiten, auch wenn sie die Gefahr birgt, dass eines der beiden Rechte wegen Verspätung des Widerrufs der Ermächtigung nicht mehr ausgeübt werden kann.

IV. Verbraucher

13 Der Richtlinienanhang sieht in Nr 1b ua vor, dass für den Verbraucher die Möglichkeit, „eine Verbindlichkeit … durch etwaige Forderungen auszugleichen, nicht ausgeschlossen oder ungebührlich eingeschränkt" werden darf, „wenn der Gewerbetreibende eine der vertraglichen Verpflichtungen ganz oder teilweise nicht erfüllt oder mangelhaft erfüllt". Das Verbot eines Aufrechnungsausschlusses ist also weniger deutlich konturiert und zT weniger streng, andererseits angesichts des Verbots der Beschränkung strenger als im deutschen Recht. Da aber zusätzlich zu § 309 Nr 3 auch § 307 eingreifen kann, sind auch die weiteren Fälle einer Angemessenheitskontrolle unterzogen. Die Regelung des § 309 Nr 3 ist damit gemeinschaftskonform (OLG Hamm MDR 2005, 30; Bamberger/Roth/Becker Rn 18; MünchKomm/Wurmnest Rn 4; vWestphalen NJW 2013, 961, 966 [aber unbefriedigend]; zweifelnd Palandt/Grüneberg § 310 Rn 30 aE; **aA** Pfeiffer EuZW 2002, 467, 468).

V. Geschäftsverkehr mit Unternehmern

Der Gerechtigkeitsgehalt der Aufrechnungsmöglichkeit ist bei Beteiligung von Unternehmern nicht anders als im Verhältnis zu Privaten. § 309 Nr 3 gilt daher über § 307 auch im beiderseits unternehmerischen Verkehr (allgM; BGH NJW 2007, 2413 Rn 15; BGH NJW-RR 1986, 1110; OLG Brandenburg BeckRS 2010, 03474; OLG Koblenz v 30. 8. 2007 – 5 U 105/07; LG Köln v 14. 3. 2012 – 23 O 135/11; dazu Gassemi-Tabar/Schweitzer ZfIR 2012, 224). Allerdings muss insbesondere im Handelsverkehr dem Interesse an bündigen Klauseln (s Rn 10) Rechnung getragen werden („Zahlung Netto-Kasse"). Mit ihnen wird nach verkehrstypischer Bedeutung ein Aufrechnungsausschluss für den Fall anerkannter und rechtskräftig festgestellter Gegenforderungen genauso wenig beansprucht wie für sonstige Fälle, in denen dies treuwidrig wäre (Schlosser/Coester-Waltjen AGBG § 11 Nr 2 Rn 37; Rabe NJW 1987, 1978, 1984; strenger BGHZ 91, 375; BGHZ 92, 312; zur Wirksamkeit von § 32 ADSp aF: BGH NJW-RR 1989, 481; BGH NJW-RR 1987, 883; für eine ausdrücklich rechtskräftig festgestellte und unbestrittene Forderungen vom Aufrechnungsverbot ausnehmende Formulierung auch im unternehmerischen Verkehr: Ulmer/Schäfer Rn 12). Auch Konzernverrechnungsklauseln sind im unternehmerischen Verkehr idR akzeptabel (OLG Frankfurt ZIP 2003, 1408; insofern nicht aufgehoben durch BGHZ 160, 107). 14

§ 309 Nr 4
Mahnung, Fristsetzung

Auch soweit eine Abweichung von den gesetzlichen Vorschriften zulässig ist, ist in Allgemeinen Geschäftsbedingungen unwirksam …

4. (Mahnung, Fristsetzung)
eine Bestimmung, durch die der Verwender von der gesetzlichen Obliegenheit freigestellt wird, den anderen Vertragsteil zu mahnen oder ihm eine Frist für die Leistung oder Nacherfüllung zu setzen;

Materialien: 1. Teilber 68; RefE 14; RegE 29; BT-Drucks 14/6857, 5, 15, 52; BT-Drucks 14/6040, 10, 155; BT-Drucks 14/7052, 188; s Staudinger/Schlosser Vorbem 5 ff zu §§ 305 ff.

I. Allgemeines

1. Gesetzgeberisches Grundanliegen

1 § 309 Nr 4 ist ein wichtiger Beitrag zur Wiederherstellung der gesetzlichen Ordnung innerhalb des Rechts der Leistungsstörungen im weiteren Sinn: Die Vorschrift verbietet Klauseln, wonach der Verwender eine nicht ordnungsgemäße Leistung seines Vertragspartners unvermittelt zum Anlass einschneidender Konsequenzen soll nehmen können. Sie verhindert eine abrupte Aufkündigung der vertraglichen Bindung und ist in diesem Punkt mit § 308 Nr 3 verwandt. Sie verhindert auch, dass dem Verwender statt der ursprünglich geschuldeten Leistung sofort Schadensersatzansprüche oder Vertragsstrafen zustehen, und ergänzt insoweit § 309 Nr 5, 6. Schließlich garantiert sie auch zusammen mit § 308 Nr 1– insofern ein gewisses Gleichgewicht der Vertragspartner, als diese Vorschriften die Flexibilität des Verwenders bezüglich seiner Leistungspflichten einschränken.

2 Die Rspr vor Erlass des AGBG hatte unter Geltung des § 326 aF einen formularmäßigen Verzicht auf Nachfristsetzung nicht beanstandet (BGH NJW 1970, 31), wurde aber in der Lit kritisiert (Schmidt-Salzer AGB Rn 218). Das Argument der Rationalisierung des Abrechnungsverkehrs kann jedenfalls nicht mehr überzeugen.

Die Vorschrift ist aus dem AGBG ohne inhaltliche Änderungen übernommen worden, nur die Formulierung ist an das neue Leistungsstörungsrecht angepasst worden, das nicht mehr von „Nachfristsetzungen“ sondern von Fristen zur Leistung oder Nacherfüllung spricht. Es bestehen aber keine Bedenken, auch innerhalb der neuen Strukturen des Leistungsstörungsrechts diese Fristen als „Nachfristen“ zu bezeichnen, denn es handelt sich um Fristen, die **nach** dem Zeitpunkt für die an sich ordnungsgemäß zu erbringende Leistung gesetzt werden. Das BGB verwendete auch vor der Schuldrechtsmodernisierung den Begriff Nachfrist nicht (insofern wenig nachvollziehbar die Erörterungen in BT-Drucks 14/6040, 10; 14/6857, 15, 52).

2. Anwendungsbereich

3 **a)** § 309 Nr 4 hat einen größeren Anwendungsbereich als die das Lösungsrecht des Verwenders betreffende Regelung des § 308 Nr 3 (zum Verhältnis der Vorschriften zueinander s auch § 308 Nr 3 Rn 16) insofern, als Dauerschuldverhältnisse nicht ausgenommen sind (BGH NJW-RR 2011, 1618 Rn 43; OLG Celle BB 1984, 808). Auch bei Dauerschuldverhältnissen können daher nach § 309 Nr 4 Mahnungs- und Fristsetzungsobliegenheiten für die dort gegebenen Kündigungsrechte oder Schadensersatzansprüche des Verwenders formularmäßig nicht abgedungen werden. Ein weiterer Unterschied zwischen § 308 Nr 3 und § 309 Nr 4 liegt darin, dass § 308 Nr 3 generell vor formularmäßiger Vereinbarung von in der Substanz unbegründeten Rücktrittsrechten schützt, während § 309 Nr 4 dem Vertragspartner die Einhaltung der instrumentalen Voraussetzungen der gesetzlichen Rücktritts- und Schadensersatzrechte durch den Verwender garantiert (insb nachdem die Ablehnungsandrohung des § 326 aF als Voraussetzung entfallen ist).

b) § 309 Nr 4 gilt nur für den Ausschluss von Obliegenheiten des **Verwenders**. Werden dagegen in AGB dem **Vertragspartner** in der Rolle des Schuldners zusätzliche Obliegenheiten auferlegt, die nicht unmittelbar Rechte des Verwenders bei Leistungsstörungen auslösen (beispielsweise die Obliegenheit, die Leistungsbereitschaft früher anzuzeigen), so ist nicht § 309 Nr 4, sondern § 307 einschlägig. Bei Klauseln, die Leistungsverzögerungen des Verwenders betreffen, sind die Grenzen von § 308 Nr 1, 2 und § 307 zu beachten; § 309 Nr 4 greift nicht ein (Erman/Roloff Rn 36 aE; MünchKomm/Wurmnest Rn 5; Ulmer/Schäfer Rn 9).

c) § 309 Nr 4 begründet selbst keine Obliegenheiten zur Mahnung oder Fristsetzung, sondern setzt derartige Obliegenheiten nach der bestehenden Rechtsordnung voraus. Das Verbot kann daher nur dort Bedeutung gewinnen, wo „an sich", dh ohne AGB, eine solche Obliegenheit bestünde. Im Individualprozess ist daher stets zu prüfen, ob eine derartige Obliegenheit besteht oder ob diese ausnahmsweise entbehrlich ist (vgl §§ 323 Abs 2, 281 Abs 2, 286 Abs 2 jeweils insb Nr 3). Im abstrakten Unterlassungs- und Widerrufsverfahren kommt es darauf an, ob die Klausel, welche Mahnung oder Fristsetzung in bestimmten Fällen für entbehrlich erklärt, weiter als die (von der Rspr entwickelten Grundsätze) zur Entbehrlichkeit dieser Obliegenheiten gehalten ist. So ist etwa die Bestimmung in Nr 19 Abs 3 S 1 der AGB-Banken, wonach bei Vorliegen eines wichtigen Grundes fristlos gekündigt werden kann, keine Abbedingung gesetzlicher Obliegenheiten (BGH MDR 1978, 474 zu Nr 17 aF), zumal S 3 die Abhilfefrist ausdrücklich vorsieht, Die Klausel ist daher auch im abstrakten Unterlassungsverfahren nicht zu beanstanden (Baumbach/Hopt AGB-Banken 19 Rn 4 f). Mit der Neufassung der Voraussetzungen für die Rechte des Gläubigers bei Leistungsstörungen (§§ 281 ff, 323 ff) und der Neufassung der Verzugsvoraussetzungen bei Geldschulden in § 286 Abs 3 hat die Vorschrift einen wesentlichen Teil ihrer Bedeutung eingebüßt (vgl auch Erman/Roloff Rn 35; vWestphalen Verzugszinsklauseln Rn 13). Zu beachten ist aber, dass das Klauselverbot nicht nur für den Eintritt des Verzugs, sondern auch für die Rechte aus §§ 280, 281, 321, 323 Bedeutung hat (dazu Pfeiffer, in: Dauner-Lieb/Konzen/Schmidt, Neues Schuldrecht [2003] 225, 246). Bezüglich des Fristsetzungserfordernisses sind außerdem die Regelungen der §§ 250 S 1, 637 Abs 1 zu beachten. 4

Klauseln, die hingegen Fälligkeitszinsen aus anderen als den vom Gesetz vorgesehenen Gründen (vgl §§ 641 Abs 4, 256 BGB, § 353 HGB) vorsehen, sind – soweit es sich nicht um „verkappte" Verzugszinsen handelt (wofür die Höhe entscheidend ist, vgl § 246 BGB, § 352 HGB) – nicht an § 309 Nr 4, sondern an § 307 zu messen (Palandt/Grüneberg Rn 22; BGH NJW 1998, 991; dazu Hensen EWiR 1999, 147; Bülow WuB IV C § 9 AGBG 5. 98; Blank DNotz 1998, 339; insoweit ungenau OLG Köln NJW-RR 1998, 955). Das Gleiche gilt für Zinsforderungen des Verwenders, die sich auf Anspruchsnormen für die Nutzungsherausgabe stützen (zB § 818 Abs 1 – Palandt/Grüneberg Rn 22; BGH NJW 1988, 258; NJW-RR 2000, 1077). Bei den Fälligkeitszinsen unterliegt der Zinsanlass, bei den Nutzungszinsen unterliegen Zinsanlass und Zinshöhe der Kontrolle nach § 307 als Preisnebenabrede.

II. Einzelheiten der gesetzlichen Regelung

1. Freistellung von der gesetzlichen Obliegenheit zur Mahnung

a) Es wäre falsch, lediglich auf eine ausdrückliche Freistellung von der Mahnung abzustellen, obgleich sich auch derartige Klauseln finden und – natürlich – unwirk- 5 sam sind („Einer Mahnung bedarf es nicht", „Der Kunde verzichtet auf das Erfordernis der Mahnung"). § 309 Nr 4 greift auch ein, wenn die Mahnung nicht ausdrücklich, sondern indirekt dadurch abbedungen wird, dass die nach dem Gesetz erst nach erfolgter Mahnung vorgesehenen oder möglichen Rechtsfolgen auch ohne Mahnung eintreten sollen (allgM).

6 **b)** In der Praxis haben Anlass zu – auch höchstrichterlicher – Rspr zum einen Klauseln gegeben, bei denen fraglich war, ob die Mahnung entbehrlich war, weil die Fälligkeit der Leistung den Erfordernissen eines nach „dem Kalender bestimmten" Leistungszeitpunktes entsprachen (OLG Stuttgart NJW-RR 1988, 786). Mit der Neufassung von § 286 Abs 2 und 3 haben sich diese Probleme erledigt, weil auch schon die an ein Ereignis anknüpfende kalendermäßige Bestimmbarkeit (Abs 2 Nr 2) und bei Geldforderungen der Fristablauf von 30 Tagen nach Fälligkeit ausreichen. Probleme können daher jetzt eher dadurch entstehen, dass die nach § 286 Abs 2 Nr 2 anzugebende Zeit für die Leistung (die die Mahnung entbehrlich macht) zu knapp bemessen ist (zB „zwei Tage nach Auftragsbestätigung" oder „zahlbar innerhalb von fünf Tagen nach Rechnungszugang"). Soweit derartige Klauseln nicht die Fälligkeit bestimmen, sind sie an den Vorgaben des § 286 zu messen, was aber wiederum (im Hinblick auf § 286 Abs 2 Nr 1) nicht bedeutet, dass bei Geldschulden Verzug ohne Mahnung erst 30 Tage nach Fälligkeit eintreten darf (OLG Köln MMR 2010, 238 – 10 Tage-Zahlungsfrist nach § 307 unwirksam).

Der überwiegende Teil der gerichtlichen Entscheidungen beschäftigt sich mit Klauseln, die ohne Mahnung Verzugsfolgen vorsehen, zB Kostentragungspflicht für die erste (eigentlich erst verzugsbegründende) Mahnung (BGH NJW 1985, 320, 324; OLG Schleswig NJW-RR 2013, 496 Rn 110; OLG Hamburg NJW-RR 1989, 881, 883; OLG Koblenz NJW 1989, 2350), Zinsen ab Fälligkeit, die über das gesetzlich vorgesehene (vgl §§ 246, 641 Abs 4 BGB, §§ 352 ff HGB) Maß hinausgehen (BGH NJW 1998, 991; OLG Köln VersR 2000, 730; KG BB 1984, 693; dies sind dann verkappte Verzugszinsen, die bezüglich der Höhe zusätzlich gegen das Klauselverbot des § 309 Nr 5b verstoßen können) oder Klauseln, die ein Recht auf Schadensersatz, Schadensersatz statt der Leistung oder Rücktritt vorsehen (BGH NJW 1983, 320; BGH ZIP 1985, 551, 552; BGH NJW 1995, 1488; OLG Schleswig NJW-RR 1998, 56; OLG Hamm NJW-RR 1987, 311, 312; LG München DAR 1991, 188; OLG Frankfurt BB 1994, 1170; LG Hamburg VuR 1997, 175; LG Mannheim VuR 1996, 58; LG Hannover BeckRS 2010, 22157 Rn 44; LG München NJOZ 2009, 4477, 4483; LG Dortmund BeckRS 2009, 22367; AG Zerbst BeckRS 2011, 27277; AG München WM 1997, 367, 368).

7 **c)** Werden in AGB andere Voraussetzungen des Verzugs abbedungen, wie die Fälligkeit der Forderung oder das Verschulden des Schuldners an dem Eintritt der Säumnis (s § 286 Abs 4), so ist dies zwar nicht nach § 309 Nr 4 unwirksam. Es kann aber das Klauselverbot von § 308 Nr 3 oder die Generalklausel des § 307 eingreifen (Schlosser/Coester-Waltjen AGBG § 10 Nr 3 Rn 40; MünchKomm/Wurmnest Rn 11; Wolf/Dammann Rn 51). Dabei ist zu beachten, dass das Rücktrittsrecht (anders als nach §§ 325, 326 aF) nicht mehr vom Vertretenmüssen der Leistungsstörung durch den Schuldner abhängt (§ 323). Abweichungen von den gesetzlichen Voraussetzungen sind bei Leistungsstörungsrechten, die sich der Verwender unabhängig vom Vertretenmüssen durch den Schuldner „einräumt", nur bei Schadensersatzansprüchen (§ 280 Abs 1 S 2) und bei den Verzugsfolgen (§ 286 Abs 4) denkbar.

d) Das Gleiche gilt auch für Klauseln, mit denen der Verwender die Voraussetzungen, unter denen eine Mahnung nach den gesetzlichen Vorschriften entbehrlich ist, modifiziert, also von den Regelungen des § 286 Abs 2 abweichen will (s oben Rn 6 – OLG Stuttgart NJW-RR 1988, 786). Diese Klauseln verstoßen zwar nicht gegen § 309 Nr 4, sind aber, soweit sie nicht bereits bei der Einbeziehung scheitern (§ 305c), an § 307 zu messen (unsauber insofern BGH NJW 1992, 1628; **aA** Staudinger/Schlosser[12] AGBG § 11 Nr 4 Rn 6; wie hier OLG Stuttgart NJW-RR 1988, 786). 8

2. Freistellung von der Obliegenheit der Fristsetzung

Das Gesetz sieht Fristsetzungen als Voraussetzungen für die Geltendmachung von Rechten in §§ 281 Abs 1, 323 Abs 1, daneben aber auch in §§ 250 S 1; 314 Abs 2; 321 Abs 2; 637; 643; 651c Abs 3; 651e Abs 2 vor. Während die beiden letztgenannten Bestimmungen zu § 309 Nr 4 nicht passen, weil es idR nicht der Reisende sein wird, der dem Reiseveranstalter AGB stellt (ungenau daher Erman/Roloff Rn 37), enthalten § 250 S 1, § 321 Abs 2, 314 Abs 2, § 637 und 643 durchaus Fristsetzungen, deren AGB-mäßige Unabdingbarkeit dem Regelungsanliegen des § 309 Nr 4 entspricht (zu § 314 Abs 2 BGH NJW-RR 2011, 1618 Rn 42; zu § 643 OLG Düsseldorf BeckRS 2011, 11600) und die nunmehr nach Aufgabe des Ausdrucks „Nachfrist" auch ohne weiteres unter den Wortlaut subsumiert werden können (Ulmer/Schäfer Rn 7; wie hier Palandt/Grüneberg Rn 22; MünchKomm/Wurmnest Rn 5; Erman/Roloff Rn 37). 9

Auch hier sind entsprechende Klauseln nur zu beanstanden, wenn das Gesetz zum einen eine Fristsetzung vorsieht und zum anderen in den vorgesehenen Situationen nicht für entbehrlich erklärt. Die früheren gesetzlichen Fälle der Rücktrittsmöglichkeiten ohne vorherige Fristsetzung (§§ 361, 636, 455 aF) sind entfallen bzw in die die frühere Rspr kodifizierenden Regelungen der §§ 323 Abs 2, 4, 281 Abs 2 aufgenommen. Beim absoluten Fixgeschäft ergibt sich die Entbehrlichkeit der Fristsetzung aus §§ 275, 283, 326.

Zu Lasten des Verwenders unwirksam (aber zugunsten seines Vertragspartners nach § 306 durchaus gültig! So auch Erman/Roloff Rn 39) sind Klauseln wie „Beide Vertragspartner verzichten auf Setzung einer Nachfrist (Frist)", „Einer Fristsetzung bedarf es in keinem Falle", „Bei Verzug des Kunden ist der Verwender zur Geltendmachung des Schadensersatzes statt der Leistung oder zum Rücktritt vom Vertrag berechtigt". Ebenso sind Klauseln unwirksam, die über die gesetzlich vorgesehenen Fälle der Entbehrlichkeit der Fristsetzung (§§ 281 Abs 2, 323 Abs 2, 4) hinaus bei bestimmtem Verhalten des Vertragspartners eine Fristsetzung für entbehrlich erklären (zB „bei Stundungsbitten des Kunden sind wir zum sofortigen Rücktritt berechtigt" – vgl RGZ 66, 430: Stundungsbitte ist keine Erfüllungsverweigerung). Die nach früherem Recht vorgesehene Entbehrlichkeit der Fristsetzung, wenn der Eigentumsvorbehaltsverkäufer vom Kaufvertrag bei Zahlungsverzug des Käufers zurücktreten wollte (§ 455 Abs 1 aF), hat der Gesetzgeber der Schuldrechtsmodernisierung nicht übernommen, so dass Klauseln, die den Verwender von der Fristsetzung (vor Rücktritt oder Schadensersatzforderung) entbinden, nunmehr auch beim Eigentumsvorbehaltsverkauf an § 309 Nr 4 scheitern (Schulze/Kienle NJW 2002, 2843). In der Praxis dominieren auch hier die Entscheidungen zu Klauseln, in denen sich der Verwender Rechte einräumen lässt, die ihm erst nach fruchtlosem Ablauf der Leistungs- oder Nacherfüllungsfrist zustehen (BGH BB 1983, 524; BGH ZIP 1985, 550, BGH ZIP 1987, 1457;

OLG Celle BB 1984, 808; OLG Düsseldorf BauR 1985, 452; OLG Köln ZIP 1999, 355; LG Berlin NJW-RR 2001, 658, NZM 2002, 118; WuM 2002, 517; LG Frankfurt aM RRa 2001, 127; zu Besonderheiten von Abgeltungsklauseln und Renovierungspflicht STERNEL EWiR 1999, 307, 308; KLIMKE/LEHMANN-RICHTER ZMZ 2005, 417). Zu Klauseln über die Länge der zu setzenden Frist sagt § 309 Nr 4 nichts aus. Sie sind allein an § 307 zu messen (vgl OLG Düsseldorf MDR 1996, 465; OLG Stuttgart Sozialrecht aktuell 2010, 228 Rn 51). Dies gilt auch für „Sperren" in prepaid Mobilfunkverträgen (BGH NJW-RR 2011, 1618 Rn 12 ff – nach § 307 Unwirksamkeit, wenn Sperre nach Beendigung der Leistungspflicht des Verwenders, aber ohne Vorwarnung eintritt).

III. Verbraucher

10 Der Anhang der Richtlinie enthält keine dem § 309 Nr 4 entsprechende Beispielsklausel, die Problematik ist jedoch von Art 3 der Richtlinie mitumfasst; ein weitergehender Verbraucherschutz des deutschen Rechts wäre ohnehin nach Art 8 der Richtlinie gemeinschaftskonform.

§ 310 Abs 3 Nr 3 erhebt die gesetzlichen Erfordernisse der Mahnung und Fristsetzung praktisch zum zwingenden Recht für Verbraucherverträge.

IV. Geschäftsverkehr mit Unternehmern

1. Allgemeines

11 Durch die Neufassung der Voraussetzungen für Verzugseintritt und für die Entbehrlichkeit von Mahnung und Fristsetzung im Rahmen der Schuldrechtsmodernisierung haben sich die Parameter für die Beurteilung von Klauseln, die Mahnung oder Fristsetzung entbehrlich machen sollen, geändert. Die relativ klaren gesetzlichen Regelungen sind auch im unternehmerischen Verkehr angemessen, so dass das Bedürfnis nach Modifizierungen weniger gewichtig ist. Insbesondere in Einkaufsbedingungen ist die Fristsetzung zur Nacherfüllung ein wichtiger Grundsatz, der aber im Handelsverkehr durch entsprechende „Fix-Klauseln" iSd §§ 281 Abs 2, 323 Abs 2 Bedeutung verliert (s unten Rn 13).

2. Freistellung von der gesetzlichen Obliegenheit zur Mahnung

Dennoch ist eine differenzierte Behandlung erforderlich, weil dem Unternehmer die wirtschaftliche Bedeutung rechtzeitiger Leistung klar sein muss. Angesichts der Produktionspläne, schwankender Marktpreise und beschränkter Lagerkapazitäten hat rechtzeitige Erfüllung unter Unternehmern eine ganz besondere Bedeutung. Es ist dem Unternehmer daher eher zuzumuten, den Leistungszeitpunkt auch ohne Mahnung durch den Gläubiger einzuhalten. Daher ist es idR im Rechtsverkehr mit Unternehmern möglich, auch über die Fälle des § 286 Abs 2 hinaus das Erfordernis der Mahnung auszuschließen (str; wie hier ERMAN/ROLOFF Rn 40; BAMBERGER/ROTH/BECKER Rn 9; MünchKomm/WURMNEST Rn 12 und 14; BGH NJW-RR 1991, 995, 997; **aA** PALANDT/GRÜNEBERG Rn 23); großer Gestaltungsraum bleibt allerdings im Hinblick auf die weitgehende gesetzliche Freistellung ohnehin nicht, zumal wichtige Konsequenzen nicht an den Verzug, sondern an die Leistungsverzögerung nach Fristsetzung geknüpft sind. Die AGB-mäßige Festlegung von Nutzungszinsen hat die Rspr beim Unternehmenskauf nicht beanstandet (BGH NJW-RR 2000, 1077). Auf Fälligkeitszinsen besteht im kaufmännischen Verkehr ohnehin ein Anspruch (§ 353 HGB). Auch gegen eine erhöhte Verzinsung ab Ablauf des Zahlungsziels kann nichts eingewendet werden (OLG Celle OLG-Rp Celle 1995, 182; OLG Karlsruhe NJW-RR 1987, 498; BGH NJW-RR 1991, 995, 997; PALANDT/GRÜNEBERG Rn 23). Konsequenterweise gilt dies aber nicht nur für Zinsen, sondern für alle Verzugsfolgen, die allein an den Verzugseintritt (der Folge der Mahnung ist) anknüpfen, also insb § 287. Freilich darf der Verzicht auf Mahnung niemals dazu führen, dass auf den Vertragspartner des Verwenders Verzugsfolgen wegen nicht rechtzeitiger Erfüllung solcher Ansprüche zukommen, von deren Existenz er gar nichts weiß. In den Fällen der §§ 536 Abs 2 Nr 1, 634 Nr 2, 637 BGB, § 13 Nr 5 VOB/B muss daher der Eintritt von Verzugsfolgen davon abhängig bleiben, dass dem Unternehmer die Mängel des Werkes angezeigt werden. Wohl aber kann in AGB bestimmt werden, dass die Anzeige einer Mahnung gleichstehe.

Zu berücksichtigen ist außerdem, wieweit der Unternehmer seinerseits mit den Grundsätzen und Anforderungen des Handelsverkehrs vertraut ist.

3. Freistellung von der Obliegenheit zur Fristsetzung

Was die Obliegenheit einer Fristsetzung anbelangt, so ist die Grundidee von § 309 Nr 4, vermittelt über § 307, in einem eingeschränkten Umfang auch auf den Geschäftsverkehr mit Unternehmern anwendbar. Verschiedene Situationen sind zu unterscheiden: 12

a) Eine Abbedingung der Fristsetzung kann Bedeutung nur dann erlangen, wenn nach der gesetzlichen Lage eine Fristsetzung erforderlich wäre. Im kaufmännischen Verkehr werden Fristen häufig mit Zusätzen versehen wie „fix“, „präzis“, „genau“. Stehen derartige Kurzklauseln in unmittelbarem Zusammenhang mit einer individuellen Angabe der Leistungsfrist, so sind sie, selbst wenn stereotyp immer wieder niedergeschrieben, häufig Teil dieser Individualabrede. Sie machen einen Handelskauf zum **Fixgeschäft** im Sinne von § 376 HGB mit der Folge, dass der Käufer sofort nach Verstreichen der Frist vom Vertrag zurücktreten kann (BAUMBACH/HOPT § 376 Rn 10). Da, wo Fixgeschäfte branchenüblicherweise vorkommen, ist der vorgedruckte Zusatz „fix“ in **unmittelbarem textlichen Zusammenhang** mit der Regelung der Leistungsfrist wirksam, mag diese individuell oder selbst vorformuliert vereinbart sein (s STAUDINGER/SCHLOSSER § 305b Rn 28); jedenfalls dürfte es sich auch bei Vorformulierung nicht um eine überraschende Klausel handeln (Wirksamkeit offenlassend BGH NJW 1990, 2065, 2067; Wirksamkeit verneinend vWESTPHALEN Einkaufbedingungen Rn 9 f). Bei Zeitangaben, die Begriffe mit Grauzonen enthalten, können AGB-mäßige Klauseln – gerade im Hinblick auf die Rechtsfolgen der Fristversäumung – eine angemessene Konturierung enthalten. Diese Grundsätze über den Fixhandels*kauf* sind im Übrigen auch entsprechend auf andere Handelsgeschäfte anzuwenden (WOLF/DAMMANN Rn 65; LUTZ AGB-Kontrolle im Handelsverkehr 185 – wohl nur für Rücktrittsrecht, nicht für Schadensersatz als Folge). Auf andere Unternehmer, die nicht Kaufleute sind, können diese Wertungen aber nur mit Vorsicht übertragen werden. 13

b) Abgesehen von dieser besonderen Gestaltung der Fixgeschäfte, kann ein Geschäft nicht durch AGB-Klauseln zu einem Fixgeschäft gemacht werden (BGH NJW 1990, 2065, 2067). Eine solche Klausel scheitert idR wegen ihres überraschenden 14

Charakters an fehlender Einbeziehung (§ 305c Abs 1). Im Übrigen wäre sie aber auch im Hinblick auf den Grundgedanken von § 309 Nr 4 und § 307 unwirksam (BGH NJW 1990, 2065, 2067).

15 **c)** Außerhalb eines wirksam vereinbarten Fixgeschäfts und der gesetzlich vorgesehenen Entbehrlichkeit der Nachfristsetzung, kann auch im Geschäftsverkehr mit Unternehmern die Notwendigkeit einer Fristsetzung nicht abbedungen werden, denn auch hier besteht ein schützenswertes Bedürfnis des Vertragspartners, vor Eintritt der weitreichenden Folgen (Rücktritt, Schadensersatz oder Schadensersatz statt der Leistung) eine letzte Chance zur Erfüllung zu behalten (Palandt/Grüneberg Rn 23; MünchKomm/Wurmnest Rn 14; Schröter AcP 207 [2007] 28, 63; BGH NJW 1986, 842; OLG Düsseldorf BauR 1985, 452; OLG Köln WM 1989, 526; OLG Köln NJW 1991, 301; OLG Düsseldorf BeckRS 2011, 11600). In Fällen eines notwendig schnellen Warenumsatzes ist der Verwender ausreichend durch die gesetzliche Regelung geschützt (s oben Rn 13).

§ 309 Nr 5
Pauschalierung von Schadensersatzansprüchen

Auch soweit eine Abweichung von den gesetzlichen Vorschriften zulässig ist, ist in Allgemeinen Geschäftsbedingungen unwirksam …

5. (Pauschalierung von Schadensersatzansprüchen)
die Vereinbarung eines pauschalierten Anspruchs des Verwenders auf Schadensersatz oder Ersatz einer Wertminderung, wenn

a) die Pauschale den in den geregelten Fällen nach dem gewöhnlichen Lauf der Dinge zu erwartenden Schaden oder die gewöhnlich eintretende Wertminderung übersteigt oder

b) dem anderen Vertragsteil nicht ausdrücklich der Nachweis gestattet wird, ein Schaden oder eine Wertminderung sei überhaupt nicht entstanden oder wesentlich niedriger als die Pauschale;

Materialien: 1. Teilber 64; RefE 13; RegE 27; BT-Drucks 14/6857, 5; BT-Drucks 14/6040, 155; s Staudinger/Schlosser Vorbem 5 ff zu §§ 305 ff.

Schrifttum

Belke, Schadenspauschalierungen in Allgemeinen Geschäftsbedingungen, DB 1969, 559, 603

Beuthien, Pauschalierter Schadensersatz und Vertragsstrafe, in: FS Larenz (1973) 495

Birkenfeld-Pfeiffer, Schadensersatzpauschalen zwischen legitimer Rationalisierung des Geschäftsverkehrs und einseitiger Selbstbevorzugung des Verwenders (1991)

Canaris, Entgeltpflicht bei Nichtausführung von Daueraufträgen und Nichteinlösung von

Schecks wegen fehlender Kontodeckung, EWiR 1998, 49
Casper, Vorformulierte Verzugszinspauschalierung durch Diskontsatzverweis, NJW 1997, 240
Fischer, Vertragsstrafe und vertragliche Schadenspauschalierungen (1981)
Gerth/Panner, Zur Schadenspauschalierung beim Finanzierungsleasingvertrag, BB 1984, 813
Hensen, Zur Unwirksamkeit einer Fälligkeitszinsklausel in AGB, EWiR 1998, 147
Kilimann, Der Anspruch der Bank auf Überziehungsentgelte bei gekündigtem und ungekündigtem Girovertrag, NJW 1990, 1154
Koch, Auswirkungen der Schuldrechtsreform auf die Gestaltung Allgemeiner Geschäftsbedingungen – Teil I –, WM 2002, 2173
Köhler, Vertragsstrafe und Schadensersatz, GRUR 1994, 260
Lindacher, Zur Zulässigkeit des formularmäßigen Ausbedingens von Vertragsabwicklungsgebühren bei Dauerschuldverhältnissen im Dienstleistungsbereich, ZIP 2002, 49
ders, Schadensersatzpauschalen: Kontrolle und Korrektur, FS Birk (2008) S 515
Martinek, Leergut im Zwischenhandel, JuS 1989, 268
Reifner, Rechtliche Grundlagen der Vorfälligkeitsentscheidungen beim Hypothekenkredit, NJW 1995, 86
ders, Schadensbegriff und Berechnung der Vorfälligkeitsentschädigung beim Hypothekenkredit, NJW 1995, 2945
Schäfer/Schäfer Eigentums- und schadensersatzrechtliche Probleme des Pfandleergutes, ZIP 1983, 656
Schelhaas, Vertragsstrafe und vertraglich vereinbarte Schadenspauschale – Rechtsvergleichung der Lösungen in einigen europäischen Rechtsordnungen, ZEuP 2004, 388
Schmitt, Schadenspauschalierungen und Vertragsstrafen in AGB der öffentlichen Hand, CR 2010, 693
Scholz, Verzugszinsen bei Ratenkrediten – Eine Ergänzung, DB 1987, 263
Schuhmann, Terminsicherung im Anlagenbau: Vertragsstrafe oder pauschalierter Schadensersatz?, ZfBR 2009, 307
Schwirtzek, Mankoabreden nach der Schuldrechtsreform – Zurück in die Zukunft!, NZA 2005, 437
Servatius, Die AGB-rechtliche Behandlung von Vorschusszinsregelungen im Sparverkehr, BKR 2005, 295
Steger/Zenker, Zur Wirksamkeit von Schadenspauschlierungsklauseln am Beispiel von Mobilfunknutzungsverträgen, KuR 2009, 380
Tempel, Stornoklauseln im Reisevertrag und neues Schuldrecht, NJW 2002, 2005
vWestphalen, AGB-Recht ins BGB – Eine erste Bestandsaufnahme, NJW 2002, 12.

Systematische Übersicht

Alphabetische Übersicht

I. Allgemeines

1. Regelungsanliegen

Die Vorschrift verbietet die in bestimmter Weise gestaltete Pauschalierung von Ansprüchen, die dem Verwender infolge einer Vertragsverletzung durch seinen Vertragspartner zustehen können, dh von Schadensersatzansprüchen und Ansprüchen auf Ersatz von Wertminderung. Meist finden sich diese Klauseln in Zusammenhang mit Vertragstypen, bei denen der Verwender uU gar kein Interesse daran hat, den vertragsbrüchigen Teil zur Bezahlung des vereinbarten Entgelts Zug um Zug gegen Annahme der Leistung zu zwingen, sondern sich lieber damit begnügt, Schadensersatz zu verlangen. Die Gefahr, dass der Verwender versucht, sich durch Pauschalierung seiner Ansprüche besser zu stellen, als er bei ordnungsgemäßer Vertragserfüllung durch den Kunden gestanden hätte, liegt auf der Hand. Auf der anderen Seite liegen Schadens- und Wertminderungspauschalen bei angemessenem Ansatz durchaus nicht nur in einem evidenten Rationalisierungsinteresse des Verwenders, sondern auch im Interesse des Kunden. Sie ermöglichen ihm eine schnelle und zuverlässige Beurteilung der Folgen einer Aufkündigung eines Auftrags oder einer Vertragsverletzung (beachte aber Rn 21) und können im Falle eines Rechtsstreits zu erheblichen Kosteneinsparungen beitragen. Insofern sind die Grundsätze des BGB zum Ersatz des in konkreter Höhe nachzuweisenden Schadens nicht von unverzichtbarem Gerechtigkeitsgehalt. Aufgabe des Klauselverbots kann es daher nur sein, gröberen Verfälschungen der konkret „an sich“ bestehenden Ausgleichspflicht entgegenzuwirken, nicht aber Pauschalierungsmöglichkeiten so einzuschränken, dass sie zur Regelung der Masse der Fälle nicht mehr taugen. 1

2. Bedeutung des Klauselverbots

Formularmäßige Schadenspauschalierungen sind in der Praxis üblich, die Entscheidungen zur Wirksamkeit Legion. Zu groß ist die Versuchung, bei der Pauschalierung den typischen Durchschnittsschadensbetrag zu überschreiten oder die Möglichkeit des Gegenbeweises jedenfalls praktisch auszuschalten. Dabei war bereits vor Erlass des AGBG konsentiert, dass formularmäßige Pauschalen lediglich Beweiserleichterungen des Verwenders bewirken, dem Kunden jedoch nicht den Nachweis geringeren Schadens abschneiden dürfen (BGH BB 1977, 761; BB 1978, 247). § 11 Nr 5 AGBG schrieb diese Rspr fest. Schon bald jedoch zeigte sich, dass in vielen Klauseln nicht unmissverständlich deutlich wurde, dass ein solcher Nachweis möglich ist. Mit der Schuldrechtsmodernisierung hat der Gesetzgeber durch Neufassung von Nr 5b klargestellt, dass der Kunde ausdrücklich auf die Möglichkeit des Nachweises geringeren oder fehlenden Schadens bzw Wertminderung hingewiesen werden muss. Damit erübrigt sich die unter der alten Rechtslage uneinheitlich vorgenommene Prüfung, wann eine Klausel dem Kunden den Nachweis abschneidet (vgl unten Rn 19). Die Prüfung behält allerdings Bedeutung für den unternehmerischen Geschäftsverkehr (vgl unten Rn 26). 2

3. Anwendungsbereich

3 **a)** § 309 Nr 5 wird ergänzt durch die Regelungen der §§ 308 Nr 7 über Aufwendungsersatz und 309 Nr 6 über Vertragsstrafen und kann ohne diese Zusammenhänge nicht richtig verstanden werden. Berührungspunkte bestehen ferner mit § 309 Nr 12, der die Beweislastumkehr betrifft. Zusammen bilden die genannten Vorschriften das Gegenstück zu den Regeln über die Haftungsfreizeichnung zugunsten des Verwenders, indem sie eine übermäßige Abwälzung von finanziellen Risiken bei eventuellen Vertragsstörungen auf den Kunden ausschließen.

Die Abgrenzung von Schadenspauschalierungs- und Vertragsstrafeklauseln (§ 309 Nr 5 und 6) ist kein AGB-spezifisches Problem. Die AGB-rechtlichen Regelungen haben theoretisch zwar die Notwendigkeit einer klaren begrifflichen Unterscheidung noch gesteigert und die Streitfrage erledigt, ob die Schadenspauschale gegenüber der Vertragsstrafe überhaupt ein selbständiges Rechtsinstitut darstellt (zur Problematik Fischer, Vertragsstrafe und vertragliche Schadensersatzpauschalierungen [1981] 167; rechtsvgl Schelhaas ZEuP 2004, 388). Praktisch kann aber in den kritischen Fällen eine genaue Einordnung meist unterbleiben. Ist die angegebene Größe der dem Vertragspartner des Verwenders obliegenden Sonderleistung an dem Schaden orientiert, der nach dem gewöhnlichen Lauf der Dinge zu erwarten ist, und ist ihm der Gegenbeweis ausdrücklich gestattet, dann dürfte die Einordnung einer Klausel als Schadenspauschalierung kaum je zweifelhaft sein (OLG Dresden BeckRS 2009, 28641; Han, Zulässigkeit der Vertragsstrafe in vorformulierten Arbeitsverträgen 22 ff). Fehlt es an letzterem, dann ist die Klausel meist unwirksam, unabhängig davon, ob man sie als – fehlgeschlagene – Pauschalierungsregelung oder als Vertragsstrafe qualifiziert. Die Unterscheidung spielt aber eine Rolle für jene Vertragsverletzungen, die § 309 Nr 6 für formularmäßig mit Vertragsstrafe sanktionierbar hält. Denn dann kann häufig nur die Einordnung einer Regelung als Vertragsstrafenabrede ihre Wirksamkeit erhalten. Vertragsstrafen sind Druckmittel zur Erfüllung der Vertragspflichten, haben aber auch das Ziel, den Schadensausgleich zu erleichtern (BGH NJW 1993, 1788; BGH NJW-RR 1988, 39, 41; BGH NJW 1983, 1542; Erman/Roloff Rn 42; Palandt/Grüneberg § 276 Rn 26). Schadenspauschalierungen dienen sicherlich in erster Linie dem zuletzt genannten Ziel, es ist aber wohl unbestreitbar, dass auch die Sanktion durch Schadensersatzansprüche selbst zur Pflichterfüllung anhalten soll (MünchKomm/Wurmnest Rn 6; Belke DB 1969, 559, 603; **aA** Bamberger/Roth/Becker Rn 10 der zudem von der Monofunktionalität der Vertragsstrafe ausgeht). Daher ist die Abgrenzung schwierig (zu den bereits vor Inkrafttreten des früheren AGBG gemachten Vorschlägen in der Lit: Schlosser/Coester-Waltjen AGBG § 11 Nr 5 Rn 15 ff). Als typisch für die Vertragsstrafe kann die fehlende Orientierung an dem bei einem normalen Geschehensablauf üblicherweise zu erwartenden Schaden angesehen werden (Palandt/Grüneberg § 276 Rn 26; MünchKomm/Wurmnest Rn 6; BGH NJW 1993, 1542; KG ZIP 1989, 924). Im Zweifel trägt eine Einordnung als Schadenspauschalierung den berechtigten Interessen der Vertragspartner ausreichend Rechnung (anders Staudinger/Schlosser AGBG § 11 Nr 5 Rn 2; wie hier Wolf/Dammann Rn 38; LG Koblenz VuR 2003, 432; **aA** Erman/Roloff Rn 42 – Anwendung von § 305c Abs 2).

4 **b)** Die Pauschalierung eines Schadensersatzanspruchs bringt in jedem Falle auch eine Verschlechterung der **Beweislage** des Vertragspartners des Verwenders mit sich. **§ 309 Nr 12**, der derartige Beweislastverschiebungen generell verbietet, will aber

eine den Erfordernissen des § 309 Nr 5b entsprechende Klausel nicht erfassen, sondern tritt als allgemeinere Vorschrift hinter der spezielleren des § 309 Nr 5b zurück (Wolf/Dammann Rn 128; Erman/Roloff Rn 43; Ulmer/Fuchs Rn 13; BGHZ 102, 41).

c) § 309 Nr 5 und § 308 Nr 7a ähneln sich und haben einen teilweise sich überschneidenden Anwendungsbereich. Anlass für die Einführung des § 308 Nr 7a war ua die Absicht, unzulässige Schadenspauschalierungen nicht durch Abreden über besonders hohe Vergütungen für erbrachte Teilleistungen umgehbar zu machen (1. Teilber 63). Auf eine Abgrenzung der jeweiligen Anwendungsbereiche der verschiedenartigen Pauschalierungsregelungen ist dann keine größere Sorgfalt mehr verwandt worden. Zwar liegt ein wesentlicher Unterschied zwischen § 309 Nr 5a und § 308 Nr 7 darin, dass letztere Norm nur die Fälle der Rückabwicklung eines vorzeitig beendeten Schuldverhältnisses im Auge hat, während § 309 Nr 5 auch Schadensersatzansprüche bei noch fortbestehender Vertragsbeziehung betrifft (BGH NJW-RR 1995, 749; BGH NJW 2011, 3030 ordnet eine „Abwicklungsklausel" nach § 649 auch § 309 Nr 5 zu). Steht aber ein Schadensersatzanspruch statt der Leistung zur Debatte, so kann durchaus eine „Vergütung" für erbrachte Teilleistungen einer seiner Bestandteile oder sogar sein Gesamtinhalt sein. 5

§ 308 Nr 7a knüpft dabei an tatsächliche Leistungen an, für die ein (pauschaliertes) Entgelt zu zahlen ist, während § 309 Nr 5 reale Leistungen oder Aufwendungen, für die eine Entschädigung verlangt wird, nicht voraussetzt. Sehr wichtig ist die genaue Abgrenzung des jeweiligen Anwendungsbereiches der beiden Normen freilich deshalb nicht, weil auch im Falle von pauschalierten Leistungsvergütungs- und Nutzungsersatzansprüchen dem Kunden des Verwenders der Gegenbeweis der wesentlich geringeren Quantität offen gehalten werden muss (MünchKomm/Wurmnest Rn 4; Erman/Roloff Rn 43; Ulmer/Fuchs Rn 10; Wolf/Dammann § 308 Nr 7 Rn 61). Sachlich ist dies wegen der nahen Verwandtschaft der Regelungsgegenstände gerechtfertigt. Der Unterschied reduziert sich also darauf, dass es im Falle von § 308 Nr 7a dem Verwender obliegt, den Beweis zu erbringen, sein Vertragspartner habe Nutzungen aus seinen Sachen gezogen oder Teilleistungen erhalten. 6

d) Auch der in § 308 Nr 7b angesprochene „Aufwendungsersatz" betrifft nur Fälle, in denen (wie zB nach § 346 Abs 2 Nr 2, Abs 3 Nr 1) Aufwendungsersatz nicht wegen Vertragsverletzung als Schadensersatz geschuldet wird. Insbesondere bleibt § 309 Nr 5 anwendbar, wenn im Rahmen von Schadenspauschalierungen nur ein Rechnungsposten pauschaliert wird, etwa pro Arbeitsstunde oder Telefonat ein bestimmter Betrag. 7

Soweit Aufwendungsersatz aus einer fortbestehenden Vertragsbeziehung verlangt werden soll (zB Aufwendungsersatz in Maklerverträgen), kommt § 308 Nr 7 überhaupt nicht in Betracht (vgl für diese Fälle im Versicherungsrecht Hansen VersR 1988, 1110).

e) Sonderregelungen finden sich in §§ 497 Abs 1, 651i (zu letzterem LG Hamburg NJW 1998, 3281 und LG Berlin BeckRS 2009, 27082). § 2 Abs 5 Nr 2 FernUSG verbietet bei Fernunterrichtsverträgen jede Form von Schadensersatzpauschalen zu Lasten des Teilnehmers (zur entsprechenden Anwendung auf Direktunterrichtsverträge vgl Dörner NJW 1979, 243). 8

9 **f)** § 309 Nr 5a und Nr 5b stehen in ihren Wirksamkeitsvoraussetzungen für Klauseln selbständig nebeneinander und befinden sich nicht etwa in einem Nachrangigkeitsverhältnis. Insbesondere kann der Vertragspartner des Verwenders die Unwirksamkeit einer Klausel sowohl nach § 309 Nr 5a als auch nach § 309 Nr 5b wie auch kumulativ nach beiden Vorschriften geltend machen (Ulmer/Fuchs Rn 30; Erman/Roloff Rn 50 aE). Es empfiehlt sich aber, angesichts der nunmehr strikten und eindeutigen Anforderungen von § 309 Nr 5 b, zunächst die Möglichkeit des Gegenbeweises zu prüfen, weil hieran in der Praxis sehr leicht die Klauseln scheitern. Auf die schwierigere Feststellung des typischen Schadens kommt es dann nicht mehr an (vgl unten Rn 19 ff).

10 **g)** Nicht unter § 309 Nr 5, sondern unter § 307 Abs 1 und 2 fallen Klauseln, die – nicht für Vertragsstörungen, sondern – für Zusatzleistungen ein Entgelt des Kunden vorsehen, soweit nicht über § 307 Abs 3 die inhaltliche Kontrollfähigkeit ausgeschlossen ist. So ist der Anspruch auf Überziehungszinsen für geduldete Kontoüberziehungen (anders als Verzugszinsen) jedenfalls nicht an § 309 Nr 5 zu messen (Kreditzinsanpassungen wirksam: BGHZ 118, 126; Abwälzungen von konkreten Kostensteigerungen und nicht von § 670 BGB gedeckten Aufwendungen nach § 307 unwirksam: BGH NJW 2012, 2337 Rn 13; BGH v 21. 4. 2009 – XI ZP 78/08 Rn 14 [beide AGB-Sparkasse]; ähnlich zu Stundungszinsen BGH NJW 1986, 46; OLG Schleswig NJW 1992, 120; ohne klare Unterscheidung OLG Frankfurt OLG-Rp Frankfurt aM 1997, 89; zu „bring or pay"-Klauseln BGH NJW 2013, 856; s auch OLG Celle BeckRS 2008, 08202 – Vertriebsprämienklausel unwirksam nach § 307; zu „take or pay" in Stromlieferungsverträgen: Gronemeyer ZNER 2012, 376). Das Gleiche gilt für Risiko- und Lastenzuweisungen innerhalb eines Vertragsverhältnisses (zu den sog Wildschadenspauschalen: BGH NJW-RR 2001, 343 und NJW-RR 1999, 125; OLG Koblenz AgraR 2000, 190 – dort keine Inhaltskontrolle wegen § 307 Abs 3 angenommen; etwas anderer Sachverhalt und daher nach § 309 Nr 5 überprüft: OLG Zweibrücken NJW-RR 2000, 137; ebenso für die Abgeltungspauschale in Mietverträgen Eupen/Schmidt NZM 2006, 644, 645) oder für Zusatzleistungen (OLG Frankfurt ZMR 2005, 738; Vorfälligkeitszinsen als Entgelt für zusätzliche Leistungen Servatius BKR 2005, 295; BGH NJW 2011, 2122 Rn 9 – Entgeltzahlungspflicht auch bei unbefugter Nutzung durch Dritte), nicht aber für solche Leistungen, die der Verwender zur Erfüllung eigener Verpflichtungen erbringt (OLG Celle BKR 2008, 473, 476 – Gebühr für Rücklastschriften-Klausel unwirksam, i Erg wie BGHZ 162, 294; ähnlich BGH NJW 2009, 3570 Rn 13).

Ebenfalls nicht nach § 309 Nr 5 ist eine Kumulierung von Rücktritt und Schadensersatz zu beurteilen. Diese nunmehr auch im BGB vorgesehene Möglichkeit (§ 325) hat ein Vorbild in Art 24 EKG, Art 45 Abs 2, 61 Abs 2, 81 Abs 1 S 1 UN-Kaufrecht, was bei einer Beurteilung nach § 307 zu berücksichtigen ist (s dort Staudinger/Coester Rn 251, 257).

Im arbeitsrechtlichen Bereich ist bereits durch die besondere Behandlung von Vertragsstrafen eine gewisse Öffnung für entsprechende Klauseln geschaffen. Ansonsten werden Besonderheiten des Arbeitsrechtsverhältnisses hier kaum relevant, wenn es sich um eine echte Schadenspauschalierung handelt (Däubler/Dorndorf/Bonin/Deinert Rn 3; zu den Mankoklauseln Schwirtzek NZA 2005, 437 und unten Rn 12, 31 und § 309 Nr 6 Rn 25; zur Anwendung der Zulässigkeitsgrenzen des § 309 Nr 5 auf alle Pauschalierungen: Lindacher ZIP 2001, 49, 51).

II. Einzelheiten der gesetzlichen Regelung

1. Kreis der erfassten Ansprüche

§ 309 Nr 5 betrifft nur Klauseln, die ihrerseits vom Bestehen eines Anspruchs auf Schadensersatz oder Ersatz einer Wertminderung ausgehen und diese der Höhe nach pauschal festlegen. Die Pauschalierung ist dabei der wesentliche Gesichtspunkt, nicht das Bestehen des Anspruchs selbst. Nicht nach § 309 Nr 5 zu prüfen ist daher, ob der Anspruch formularmäßig dem Grunde nach überhaupt wirksam vereinbart werden konnte (so bisher die hM; vgl MünchKomm/Wurmnest Rn 10; Erman/Roloff Rn 44; Wolf/Dammann Rn 51–59; Servatius BKR 2005, 295, 300; Gerth/Panner BB 1984, 813, 814; Löwisch NJW 1986, 1725, 1728; OLG Düsseldorf NJW 1987, 2880; LG Bochum NJW-RR 1987, 827; LG Koblenz VuR 2003, 432 und oben Rn 10). Der BGH hat aber nunmehr § 309 Nr 5 auch herangezogen, um die Unwirksamkeit der Klausel im Falle einer nicht bestehenden Schadensersatzpflicht zu begründen (BGHZ 162, 294 [11. Senat]; angedeutet bereits in BGHZ 137, 43, beides zu Bankgebühren für Lastschriftverfahren; ähnlich OLG Celle BKR 2008, 473, 474; BGH NJW 2009, 3570 Rn 11 prüft hingegen zunächst Bestehen einer Schadensersatzpflicht – Rücklastschrift bei Beförderungsentgelt). Dies ist eine unnötige Doppelprüfung (anders und daher richtig – Haftung für nicht zu vertretende Rechtsmängel nach § 307 zu prüfen – BGHZ 194, 208 Rn 13; BGH NJW 2006, 47; OLG Brandenburg v 6. 2. 2013 – 7 U 6/12 Rn 36). Die Einbeziehung der nicht von einem Schadensersatzanspruch umfassten „Schadens"-Posten ist daher ebenfalls an § 307 zu messen (Erman/Roloff Rn 44). Auch die Frage, ob der Primärleistungsanspruch gegen den Vertragspartner weiterbesteht, fällt aus dem Anwendungsbereich des § 309 Nr 5 heraus (OLG Celle OLG-Rp Celle 1997, 245; schwierige Abgrenzung bei „bring or pay"-Klauseln: vgl OLG Hamm AbfallR 2012, 92 Rn 163; best durch BGH NJW 2013, 856). Fehlende Transparenz der Berechnung für den konkreten Fall kann die Klausel auch nach § 307 unwirksam machen (BGHZ 194, 208 Rn 62 ff; BGH NJW-RR 2013, 146 Rn 22 – zu Rückkaufs- und Stornoklauseln in Allg VersBed). 11

Ebenso außer Betracht zu bleiben hat insbesondere die Frage der Zulässigkeit einer Anknüpfung von Schadensersatzansprüchen an ein unverschuldetes Verhalten des Vertragspartners (MünchKomm/Wurmnest Rn 8; BGH NJW 2006, 47); daher fallen auch die sog verschuldensunabhängigen [unwirksamen] Mankoklauseln nicht unter § 309 Nr 5, (s aber unten Rn 31 und § 309 Nr 6 Rn 25). § 309 Nr 5 unterliegen aber alle **Schadensersatzansprüche** iSv § 249, gleich, ob sie materiellen Schaden oder immateriellen Schaden betreffen, auf welchen Leistungsstörungen sie beruhen, an Verschulden anknüpfen oder nicht. 12

Ferner gehören die **Ansprüche auf Ersatz einer Wertminderung hierher**. Diese sind zwar, wenn ein Schadensersatzanspruch besteht, auch Bestandteil des Schadens iSv § 249. Sie könnten aber auch Gegenstand selbständiger Ansprüche sein und sind aus diesem Grund eigens genannt. Freilich verdankt die (neben der die Schadensersatzpauschalierung betreffende) kaum bedeutsame Nennung von Wertminderungsausgleichsansprüchen ihre Existenz einer gedanklichen Unsauberkeit des Gesetzgebers. Orientiert hatte er sich an dem damaligen § 2 Abs 1 S 2 AbzG (BR-Drucks 350/75, 30; jetzt § 508 Abs 2 S 3), in dem aber die Wertminderung nur Element bei Bemessung eines Nutzungsentgelts ist, welches seinerseits in § 308 Nr 7 besonders geregelt ist und nicht unter § 309 Nr 5 fällt (BGHZ 102, 41, 45). Reine Wertminderungsansprüche gibt es nach geltendem Recht etwa in Gestalt von § 346 Abs 2 Nr 3, § 818 Abs 4 iVm 13

§§ 292, 989. Der Minderungsanspruch nach §§ 437 Nr 2, 441 bzw §§ 634 Nr 3, 638 ist aber kein solcher, weil es sich hier schon begrifflich nicht um eine „gewöhnlich eintretende" Wertminderung, sondern um eine bei Gefahrübergang vorhandene Minderwertigkeit handelt (Ulmer/Fuchs Rn 19; Wolf/Dammann Rn 45; MünchKomm/Wurmnest Rn 15; wohl auch Bamberger/Roth/Becker Rn 23; **aM** Palandt/Grüneberg Rn 25 – analoge Anwendung; ebenso Erman/Roloff Rn 45). Nicht umfasst sind ferner reine Nutzungsentgelte (zB nach § 818 Abs 1, § 346 Abs 1) (hM).

2. Einwand der generell zu hohen Pauschale – § 309 Nr 5a

14 **a)** Als wirksam angesehen werden können **Schadenspauschalierungen**, die sowohl von ihrem Anknüpfungspunkt her als auch der Höhe nach dem typischen Durchschnittsschaden entsprechen, wie er nach der Schätzung eines redlichen Beobachters bei Vorliegen der Voraussetzungen des Schadensersatzanspruches entstehen kann (allgM; vgl BGH NJW 1984, 2093, 2094). Der Schadensgrund ist zwar selbst kein Gegenstand der Überprüfung nach § 309 Nr 5, lässt aber Rückschlüsse auf den „gewöhnlichen Lauf der Dinge" zu und ist daher ebenfalls zu berücksichtigen (Schlosser/Coester-Waltjen AGBG § 11 Nr 5 Rn 38; AG Frankfurt aM NJW-RR 1992, 1202). Zu berücksichtigen ist vor allem aber der **Gegenstand des Geschäfts**. Maßgeblich für die Beurteilung ist beispielsweise, ob es sich um fabrikneue oder gebrauchte Ware (Schlosser/Coester-Waltjen AGBG § 11 Nr 5 Rn 38; vgl zB zu den unterschiedlichen Pauschalen beim Neuwagenkauf [15% akzeptiert: BGH NJW 1982, 2316; OLG Naumburg NJW-RR 2000, 720; OLG Jena DAR 2005, 399; OLG Düsseldorf NZV 1998, 159] gegenüber dem Gebrauchtwagenkauf [15% nicht akzeptiert: BGH NJW 1994, 2478; OLG Oldenburg VuR 1998, 89; LG Hamburg NJW-RR 1997, 560; OLG Köln NJW-RR 1993, 1405]), ob es sich um Einzelanfertigungen (30% bei Maßfenstern akzeptiert: OLG Braunschweig BB 1979, 856) oder Massenware handelt, ob ein **Verkaufsgeschäft** (dann Rohgewinn) oder ein (langfristiger) Mietvertrag (dann weitere Faktoren wie technische Wertminderung: BGH NJW 1977, 381; 50% der Restmieten, höchstens drei Jahresmieten bei 10-jährigem Vertrag über Telefonanlage wirksam: KG MDR 1997, 1019) vorliegt, schließlich, ob Waren und Leistungen zu **Marktpreisen** gehandelt zu werden pflegen, oder ob individuelle Preisverhandlungen üblich sind. Weiter sind für die Beurteilung von Bedeutung die branchenübliche Art der Geschäftsabwicklung durch den Verwender, seine Handelsstufe, insbesondere die Einschaltung von Handelsvertretern (OLG Nürnberg MDR 1972, 418; LG Wuppertal NJW 1966, 1129) und weiteren Zwischenhändlern, die Vertriebsform, Finanzierungsmodalitäten durch Einschaltung von Banken, das Erfordernis umfangreicher Geschäfts- oder Kundendienstorganisation, nicht aber schwankende Wettbewerbssituationen. Wichtig ist auch, ob ein Zusammenhang zwischen der Bezugsgröße und dem typischen Schaden besteht (verneint bei 2,5 bzw 1% vom Kaufpreis für Lagerkosten – OLG Hamm NJW-RR 1987, 311, 314; LG Mainz VuR 1996, 29; LG München BB 1979, 702; ebenso auch OLG Koblenz NJW-RR 1993, 1078; Relation auch zu verneinen bei 20% des Honorars bei Terminverlegung beim Coachingvertrag – OLG Frankfurt OLG-Rp Frankfurt aM 1997, 89; OLG Brandenburg v 6. 2. 2013 – 7 U 6/12; LG Köln NJW-RR 2013, 250; bei 8% Verzugszinsen: OLG Brandenburg Grundeigentum 2012, 1375; dazu Bitter IMR 2012, 411).

15 Entscheidend für Pauschalen zur Abgeltung des Nichterfüllungsschadens ist im **Handel** immer die **Bruttogewinnspanne**, abzüglich typischerweise entfallender, aussonderbarer Kosten (OLG Dresden BeckRS 2011, 27566 – branchentypischer Durchschnittsgewinn; OLG Brandenburg BeckRS 2012, 06167). In der **Industrie** kann in die Pauschale ein

realistischer Posten für allgemeine Betriebskosten zuzüglich evtl Bearbeitungsaufwendungen (BGH NJW 1988, 1971; MünchKomm/Wurmnest Rn 13) und der eventuell abzuführenden Mehrwertsteuer (Palandt/Grüneberg Rn 26; OLG Jena DAR 2005, 399) eingesetzt werden. Im Darlehensgeschäft kommen bei Vorfälligkeit Zinsmargenschaden und nur selten ein Zinsverschlechterungsschaden in Betracht (1% des fälligen Darlehensbetrages als Vorfälligkeitsentschädigung zu hoch: BGH ZIP 1988, 20). Beurteilungshilfen geben in diesem Zusammenhang öffentliche Stellungnahmen von Handels- und Industrieverbänden (mit der entsprechenden Vorsicht angesichts der Parteiinteressen). Pauschalierungsklauseln in AGB anderer Verwender sind aber grundsätzlich kein geeigneter Maßstab für die Beurteilung der Angemessenheit einer bestimmten Pauschale und erübrigen nicht den ausdrücklichen Hinweis auf den dem Kunden nach Nr 5b möglichen Gegenbeweis (OLG Brandenburg MDR 2012, 812 Rn 32); sie sind allenfalls ein schwaches Beweisindiz.

16 Die Prüfung der Angemessenheit ist nicht auf die Abstraktionshöhe verpflichtet, für die das fragliche Bedingungswerk Anwendung finden soll, sondern hat sich an verkehrsüblichen Typisierungen auszurichten (Ulmer/Fuchs Rn 21; Erman/Roloff Rn 46). Geht es um die Wirksamkeit einer Pauschalierung von Schäden wegen Nichtabnahme von gebrauchten LKW, so ist auf den Handel mit gebrauchten LKW zurückzugreifen, nicht aber auf den Gebrauchtwagenhandel im Allgemeinen, auch wenn das Bedingungswerk sich auf ihn generell bezieht (wohl auch MünchKomm/Wurmnest Rn 11). Soll eine Pauschale für eine Vielzahl von Fällen unterschiedlicher Typizität gelten, so entspricht sie dem Erfordernis von § 309 Nr 5 nur, wenn sie auch für den Verkehrstypus noch angemessen ist, in dem nach dem gewöhnlichen Lauf der Dinge mit dem geringsten Schaden zu rechnen ist (Schlosser/Coester-Waltjen AGBG § 11 Nr 5 Rn 38; BGH NJW-RR 1990, 1076, 1077). Bedingungen für den Verkauf von Möbeln brauchen nicht nach einzelnen Möbelarten zu differenzieren, auch wenn es hierfür unterschiedliche Gewinnspannen gibt.

17 **b)** Soll eine Klausel (auch) **Wertminderungsaspekte** pauschalieren, so sind als Faktoren für die Beurteilung vor allem die gewöhnliche (dh die durch den geplanten, vertragsgemäßen Gebrauch normalerweise vorauszusetzende) Abnutzung einer Sache, ihr Neuheitsverlust, aber auch Wertverlust infolge von Modellwechsel oder Änderung der Moderichtung maßgebend (Löwe/vWestphalen AGBG § 11 Nr 5 Rn 23), wenn derartiges als in regelmäßigen Abständen eintretend im Voraus geschätzt werden kann. Auch der gesamte Wert einer Sache kann uU pauschaliert als Wertminderung ausbedungen werden, so wenn etwa im Möbelhandel für den Fall des Rücktritts vom Vertrag über Schlafzimmereinrichtungen gesagt ist, dass Matratzen (aus Hygienegründen) nicht „zurückgenommen" werden.

18 **c)** Die **Beweislast** dafür, dass eine Schadens- oder Wertminderungspauschale dem gewöhnlichen Lauf der Dinge entspricht, trägt der Verwender der Klausel (BGHZ 67, 312 zur Rechtslage vor Inkrafttreten des AGBG, aber bereits unter Hinweis auf den damals bevorstehenden § 11 Nr 5a AGBG; jetzt BGHZ 194, 208 = NJW 3023 Rn 65; BGH VersR 2013, 561 Rn 27; BGH NJW-RR 2013, 146 Rn 23; OLG Brandenburg BeckRS 2012, 06167; OLG Köln NJW-RR 1986, 1434; OLG Celle NJW-RR 1991, 667; LG Zweibrücken BeckRS 2008, 10845; Palandt/Grüneberg Rn 29; MünchKomm/Wurmnest Rn 16; Erman/Roloff Rn 48; Bamberger/Roth/Becker Rn 43 f; Steger/Zenker KuR 2009, 380, 384; **aM** Ulmer/Fuchs Rn 22 f – Ausnahme bei offensichtlicher Überhöhung; Gerth/Panner BB 1984, 813, 817; OLG Koblenz NJW-RR 1993,

1078, 1080 – jedenfalls bei einer Pauschalierung, die unterhalb der Grenze des damaligen § 11 Abs 1 VerbrKrG [jetzt § 497 Abs 1] lag; offen gelassen in BGH NJW-RR 2000, 719). Die Gegenansicht kann sich außer auf den Gesetz gewordenen Wortlaut freilich auch noch auf die Tatsache stützen, dass dieser im Lauf der Entstehungsgeschichte des Gesetzes eine beweislastcharakteristische Änderung erfahren hat („Schadenspauschalen sind unzulässig, es sei denn dass …"; § 8 Nr 5 Entwurf 1. Teilber). Es ist jedoch dem Kunden schlechterdings unzumutbar, Beweise zur Kostenstruktur des Geschäftszweigs des Verwenders zu führen. Daher muss die Gegenansicht in kritischen Fällen völlig unterschiedliche Maßstäbe zur „Schlüssigkeit" eines auf die Klausel sich stützenden Sachvortrages anlegen, je nach dem, ob ihr die Angemessenheit der Pauschale *prima vista* plausibel erscheint oder nicht. Schlüssig im Sinne der §§ 300 ff ZPO ist grundsätzlich jeder Schadenspauschalanspruch vorgetragen, der sich auf eine nach den klägerischen Behauptungen Vertragsbestandteil gewordene Pauschalierungsklausel stützt, wenn der Kläger zusätzlich behauptet, die Pauschale entspreche dem durchschnittlich eintretenden Schaden (LG Mainz BeckRS 2011, 13467; **aM** Ulmer/Fuchs Rn 22). Nur wenn bei Gericht offenkundige Erfahrungssätze (§ 291 ZPO) dem entgegenstehen, liegen die Dinge anders. Bei Pauschalen in geringeren Größenordnungen kann man die Behauptung, sie entsprächen dem Durchschnitts-Nichterfüllungsschaden, meist als konkludent aufgestellt betrachten (Ulmer/Fuchs Rn 22). Streng genommen muss der Verwender, um den ihm obliegenden Beweis anzutreten, seine eigene Kalkulation nicht vorlegen, weil es nicht auf den gerade ihm entgangenen Gewinn, sondern auf die Situation im ganzen Geschäftszweig ankommt (BGH aaO; OLG Brandenburg BeckRS 2012, 06167; MünchKomm/Wurmnest Rn 16). Meist bleibt ihm aber gar nichts anderes übrig, als es mit diesem Indizienbeweis zu versuchen.

3. Gegenbeweis des wesentlich niedrigeren oder völlig fehlenden Schadens – § 309 Nr 5b

19 **a)** Wie in der ursprünglichen Fassung (von § 8 Nr 5b RegE) fordert § 309 Nr 5b seit der Änderung durch das Schuldrechtsmodernisierungsgesetz einen ausdrücklichen Vorbehalt der Gegenbeweismöglichkeit in der Klausel selbst. Damit hat der Gesetzgeber langjährigen Forderungen nach einer wirkungsvollen Schutzvorschrift entsprochen (vgl schon Staudinger/Schlosser § 11 Nr 5 AGBG Rn 19; Schlosser/Coester-Waltjen AGBG § 11 Nr 5 Rn 40) und die Rechtsunsicherheiten über eine (nach § 11 Nr 5b AGBG) noch zulässige Formulierung der Gegenbeweismöglichkeit beendet (vgl BGH NJW 1998, 991; NJW 1994, 1060, 1067; NJW 1985, 321).

Es reicht also auf keinen Fall, dass der Nachweis fehlenden oder geringeren Schadens nicht ausdrücklich oder konkludent ausgeschlossen ist, der Kunde muss vielmehr ausdrücklich auf die Möglichkeit des Gegenbeweises hingewiesen werden (zum Versuch der Umgehung durch „im Ernstfall" nicht weiterverfolgte Kontobelastungen: BGHZ 162, 305; zu Beispielen aus der Rspr: OLG Düsseldorf NJW-RR 2002, 1716; BGHZ 137, 43, 46; LG Frankfurt NJW-RR 2004, 160). Dieser Hinweis muss auch dem rechtsunkundigen Vertragspartner ohne weiteres verständlich sein (Palandt/Grüneberg Rn 30; Erman/Roloff Rn 49; Bamberger/Roth/Becker Rn 36; BGH ZIP 2012, 2064 Rn 36; BGH NJW-RR 2013, 146 Rn 23; BGHZ 194, 208 Rn 65 = NJW 2012, 3023). Die Anforderungen an Verständlichkeit und Eindeutigkeit sind die gleichen wie im Rahmen von § 309 Nr 8b bb (MünchKomm/Wurmnest Rn 21). Der Hinweis muss vor allem in der Klausel selbst enthalten sein, damit der Kunde in der konkreten Anwendungssituation seine Rechte der dortigen Formulierung entnehmen kann. Dabei muss ein textlicher Zusammenhang mit der Pauschalierungsklausel gegeben sein. Ein Hinweis in einer besonders klein gedruckten Fußnote reicht nicht aus (Erman/Roloff Rn 49). Ist die Möglichkeit des Gegenbeweises klar und verständlich in der Klausel formuliert, so umfasst der Hinweis auf den „geringeren Schaden" auch die Situation, dass kein Schaden entstanden ist. Eines ausdrücklichen Hinweises auf die letztere Situation bedarf es nicht, weil diese nach allgemeinem deutschen Sprachverständnis mitumfasst ist (BGH NJW 2010, 2122 Rn 18 ff; LG Saarbrücken v 26. 4. 2011 – 2 S 28/10; OLG Koblenz BauR 2010, 1817; Wolf/Dammann Rn 96–99; Lindacher EWiR § 309 BGB 1/10, 411; Tröger JZ 2010, 1069, 1072; Albert/Holthusen BB 2007, 2706, 2707; **aA** OLG Celle BauR 2009, 103; Kappus RRa 2010, 160 162; zweifelnd auch MünchKomm/Wurmnest Rn 21; Ulmer/Fuchs Rn 27).

Der Gegenbeweis muss in vollem Umfang möglich sein. Begrenzungen oder Beschränkungen machen die Klausel unwirksam (LG Köln WM 2000, 353).

b) § 309 Nr 5b hebt nicht wie Nr 5a auf die generelle Überhöhung der Pauschale ab, sondern darauf, ob im **Einzelfall** trotz einer geschäftstypisch angemessenen und damit zulässigen Pauschale ein Schaden bzw eine Wertminderung nicht oder in wesentlich niedrigerem Umfange als pauschaliert eingetreten ist. Aus diesem Grunde ist Nr 5b als Prüfungskriterium im abstrakten Unterlassungsverfahren in dieser Hinsicht (anders bezüglich der Gegenbeweismöglichkeit – s a BGH NJW 1983, 1320) untauglich. **20**

Als „wesentlich" wird schon eine Abweichung von mehr als 10% angesehen werden können, bei größeren Summen mag sogar eine Differenz von 5% ausreichen. Entscheidend ist eine Differenzierung je nach Höhe der Schadenspauschale (Erman/Roloff Rn 49; Palandt/Grüneberg Rn 31; Ulmer/Fuchs Rn 29; Wolf/Dammann Rn 91 ff – differenzierend).

Die Darlegungs- und Beweislast liegt in vollem Umfang beim Vertragspartner des Verwenders (allgM). Er muss die von der zulässigen Pauschalierungsklausel unterstellte Höhe des Schadens widerlegen, beispielsweise durch den Nachweis, dass die von ihm nicht abgenommene Ware ohne Verlust anderweitig an einen Käufer weiterverkauft werden konnte, den der Verwender nicht ohnehin gefunden hätte, oder dass eine unvertretbare Sache (§ 91) anderweitig absetzbar war (MünchKomm/Wurmnest Rn 24). Aber auch in letzterem Falle ist der Schaden des Verwenders nur entfallen, wenn es dem anderweit gefundenen Kunden gerade auf die fragliche Sache ankam. Im Gebrauchtwagenhandel etwa wird die Behauptung, der Wagen sei sofort anderweitig verkauft worden, nicht ausreichend sein (BGH NJW 1970, 32; BGHZ 126, 305, 309), weil der anderweitige Abnehmer häufig auch einen anderen Gebrauchtwagen gekauft hätte.

c) Der Verwender selbst kann sich den „Gegenbeweis" eines im Einzelfall eingetretenen höheren Schadens ebenfalls vorbehalten (Schlosser/Coester-Waltjen AGBG § 11 Nr 5 Rn 42; Wolf/Dammann Rn 100; MünchKomm/Wurmnest Rn 25; Erman/Roloff Rn 49; Bamberger/Roth/Becker Rn 33; Lindacher EWiR § 309 BGB 1/10, 412; Steger/Zenker KuR 2009, 380, 385; BGH NJW 2011, 2122 Rn 13; OLG München NJW 1995, 733, 734; OLG Köln NJW-RR 2001, 198; **aA** Ulmer/Fuchs Rn 31 – aber Ausnahme für Vorbehalt eines ungewöhnlich hohen Schadens; Fischer JR 1983, 65) – allerdings mit spiegelbildlichem Wesentlichkeitserfor- **21**

dernis (GERTH/PANNER BB 1984, 813, 815; BGH NJW 1982, 2316, 2317; KG BB 1984, 1420; OLG Hamm NJW-RR 1987, 311, 312) und einer eindeutigen, ausdrücklichen und klar verständlichen Fassung dieses Vorbehalts (ERMAN/ROLOFF Rn 49; OLG Köln NJW-RR 2001, 198; OLG Koblenz NJW-RR 2000, 872 – dort wegen undeutlicher Fassung „sofern er oder der Bauherr ..." unwirksam), denn auch für den Kunden müssen die Folgen seiner Vertragsverletzung voraussehbar sein; ein Vertrauen auf die abschließende Schadenspauschalierung muss geschützt werden (Beispiel: Der Vermieter eines PKW kann sich das Recht ausbedingen, den Kilometerpreis entweder nach den Angaben des Mieters oder auf der Basis von 100 km Fahrleistung zu berechnen, wenn der Mieter den ihm im Falle eines Versagens des Kilometerzählers treffenden Obliegenheiten nicht nachkommt). Dass § 309 Nr 5 als *lex specialis* zu § 305c Abs 2 Beweislastfragen betrifft, ändert aber nichts daran, dass Klauseln, welche ausdrücklich nur dem Kunden Gegenbeweismöglichkeiten eröffnen, nach § 305 c Abs 2 gegen den Verwender und eine ihm zustehende entsprechende Befugnis auszulegen sind. Ist eine Pauschale als „Mindestschaden" bezeichnet, so ist aber der Vorbehalt zugunsten des Verwenders deutlich genug.

4. Rechtsfolgen der Unwirksamkeit einer Klausel

22 Verstößt eine Klausel bereits gegen § 309 Nr 5 a, entfällt ihre Wirksamkeit. Der Verwender muss im Streitfall seinen Schaden konkret oder mit Hilfe allgemein anerkannter Beweislasterleichterungen belegen. Eine richterliche Reduzierung der Pauschale auf ihre zulässige Höhe ist nicht möglich (allgM: ULMER/FUCHS Rn 32; WOLF/DAMMANN Rn 110–119; MünchKomm/WURMNEST Rn 26; ERMAN/ROLOFF Rn 50; BAMBERGER/ROTH/BECKER Rn 46; **aM** noch KÖTZ NJW 1979, 788).

Hat der Aufsteller nicht, wie § 309 Nr 5b von ihm verlangt, die Gegenbeweismöglichkeit offen gehalten, so ist die Klausel ebenfalls insgesamt unwirksam (BGH NJW 1986, 376, 378; MünchKomm/WURMNEST Rn 26; ULMER/FUCHS Rn 32; WOLF/DAMMANN Rn 110–119). Der Verwender kann dann seinen konkret entstandenen Schaden geltend machen (BGH NJW 1986, 376), ist aber – da das Klauselverbot nur zu seinen Lasten eingreift (vgl BGH NJW 1987, 837) – durch die Schadenspauschale nach oben begrenzt (**aA** ULMER/FUCHS Rn 32; die Berechtigung zu höherem Schaden nicht angesprochen in BGH NJW 1986, 376; vgl aber zu der parallelen Problematik einer höhenmäßigen Begrenzung des Aufwendungsersatzes durch eine unwirksame Pauschalierung BGH NJW 2000, 205). Eine wegen undeutlicher Fassung unwirksame Klausel, mit der sich der Verwender die Geltendmachung höheren Schadens vorbehalten wollte, führt nicht zur Unwirksamkeit der Pauschalierung, wenn diese für sich genommen den Anforderungen des § 309 Nr 5 entspricht (OLG Koblenz NJW-RR 2000, 872), denn dann hat die Klausel im Wege der kundenfreundlichen Auslegung Bestand.

5. Spiegelbildliche Anwendung?

23 Spiegelbildlich ist § 309 Nr 5 insoweit im Rahmen von § 307 anzuwenden, als in Kundenbedingungen keine Pauschalen stehen dürfen, die hinter dem nach dem gewöhnlichen Lauf der Dinge zu erwartenden Schaden zurückbleiben (ULMER/FUCHS Rn 16; teilweise **aA** WOLF/DAMMANN Rn 50 – Klausel auch mit Gegenbeweismöglichkeit unwirksam nach § 309 Nr 12).

III. Verbraucher

Für Verbrauchergeschäfte erklärt Nr 1e des Anhangs der Richtlinie Klauseln, die einen „unverhältnismäßig hohen Entschädigungsbetrag" bei Pflichtverletzungen des Verbrauchers vorsehen, für missbräuchlich iSd Art 3 der Richtlinie. § 309 Nr 5 präzisiert dieses Verbot (in Ergänzung zu § 308 Nr 7) und ist damit gemeinschaftskonform. Dass dieses Verbot nach § 310 Abs 3 auch für vorformulierte Individualverträge gilt, erscheint nicht unangemessen. **24**

IV. Geschäftsverkehr mit Unternehmern

§ 309 Nr 5a gilt, vermittelt über § 307, uneingeschränkt auch gegenüber Unternehmern (allgM). Der BGH hat dies bereits in früheren Entscheidungen ausgesprochen (BGHZ 67, 312; jetzt auch BGH NJW 2013, 856 Rn 17; BGH NJW-RR 2000, 719; NJW-RR 1999, 842; NJW 1998, 592; BGHZ 124, 351; BGH WM 1990, 1198; BGH NJW 1984, 2941, 2942; OLG Dresden BeckRS 2011, 27566; OLG Düsseldorf NJOZ 2008, 1864; OLG Naumburg NJW-RR 2000, 720; OLG Koblenz GuT 2002, 142; OLG Braunschweig NJW-RR 1996, 566; OLG München BB 1994, 1890). Allerdings kann der typische Schaden im Verkehr zwischen Unternehmern einerseits und im Verkehr zwischen Verbrauchern oder Verbrauchern und Unternehmern anderseits unterschiedlich hoch sein und daher auch unterschiedlich pauschaliert werden. **25**

Anders als bei unmittelbarer Anwendung von § 309 Nr 5b braucht aber das Recht zum Gegenbeweis dem Vertragspartner nicht ausdrücklich vorbehalten zu werden (hM vgl BGH NJW-RR 2003, 1056; NJW-RR 2002, 1027; OLG Köln BeckRS 2007, 04453; Erman/Roloff Rn 51; Palandt/Grüneberg Rn 32; MünchKomm/Wurmnest Rn 27; **aA** vWestphalen NJW 2002, 12, 20; ders Verzugszinsklauseln Rn 26 Rn 73; Koch WM 2002, 2173). Es darf andererseits aber der Nachweis fehlenden oder geringeren Schadens auch im Verkehr mit Unternehmern nicht abgeschnitten werden (BGH NJW-RR 2002, 1027; OLG Düsseldorf NJOZ 2008, 1864; Palandt/Grüneberg Rn 32; **aA** Knutel/Rieger NZBau 2010, 285, 289, die allerdings nicht zwischen Vertragsstrafe und pauschaliertem Schadenersatz unterscheiden). Auch ein konkludenter Ausschluss macht die Klausel unwirksam (BGH aaO), doch wird man vom Empfängerhorizont eines Unternehmers ausgehend nicht die zT sehr strikten Anforderungen, die die Rspr vor der Änderung der Fassung von Nr 5b im nicht-unternehmerischen Verkehr gestellt hat (vgl oben Rn 19), übertragen dürfen (MünchKomm/Wurmnest Rn 27; Erman/Roloff Rn 51). Andererseits gehen auch hier Unklarheiten nach § 305c Abs 2 zu Lasten des Verwenders (BGH NJW-RR 2002, 1027; **aA** Bamberger/Roth/Becker Rn 42). **26**

V. Klauselbeispiele

1. Pauschalierter Schadensersatz statt der Leistung

Für den Fall der Nichtdurchführung des Vertrages sehen Klauseln häufig eine an der Gegenleistung orientierte prozentuale Schadenspauschale vor. **27**

Die Rspr hat bei **Nichtabnahme eines Darlehens** Schadenspauschalen von 3% (BGH NJW 1990, 981), 4,5% (BGH NJW-RR 1986, 467), 5% (OLG Düsseldorf NJW-RR 1991, 442) und von 2% (OLG Köln NJW-RR 1986, 1434; OLG Hamm ZIP 1985, 1385) für zulässig gehalten. Bestand für die Bank im konkreten Fall (wegen Fehlens einer Disagio-Vereinbarung und bei kurzer Laufzeit) nur eine geringe Zinsgewinnerwartung, so beanstandete der BGH (NJW 1986, 1809) eine Pauschale von 3% des Darlehensnennbetrages, aber auch schon für Vorfälligkeitszinsen von 1% ohne Abzinsung (BGH NJW-RR 1999, 842; BGH ZIP 1998, 20; allgemein zu Vorfälligkeitsklauseln Reifner NJW 1995, 86).

Pauschalsätze von 35–42/50% des Entgelts beim Rücktritt von **Dauerüberlassungsverträgen** sind ebenfalls beanstandet worden (BGH NJW 1992, 3163 – Mietvertrag über Ferienhaus; BGH NJW-RR 1990, 1076 – Automatenaufstellvertrag; wirksam hingegen 50% bei Fernsprechnebenanlage – BGH NJW-RR 1988, 1490; OLG Dresden BeckRS 2011, 27566 – 75% der Restmietraten unzulässig, LKW-Miete). Bei Kaufverträgen wurden Pauschalen von 15% im **Neuwagenhandel** akzeptiert (BGH NJW 1995, 3380; OLG Celle NJW-RR 1996, 50; OLG Naumburg NJW-RR 2000, 720; OLG Jena DAR 2005, 399; OLG Düsseldorf NZV 1998, 195; OLG Köln NZV 1997, 402; LG Saarbrücken BeckRS 2007, 16153; Erg best durch BGH NJW 2012, 3230 Rn 5), während dieser Satz im **Gebrauchtwagenhandel** abgelehnt wurde (OLG Köln NJW-RR 1993, 1404; LG Hamburg NJW-RR 1997, 560; **aM** LG Hagen DAR 1987, 226 – 20% möglich). Im **Möbelhandel** sind 25% bzw 30% nicht beanstandet worden (BGH NJW 1985, 320 – fabrikneu; AG München v 14. 2. 2008 – 264 C 32516/08; OLG Frankfurt NJW 1982, 2569 – Versandhandel); bei Verträgen über die Lieferung und Montage von Fenstern waren es 30% (OLG Braunschweig BB 1979, 856); 5% waren es beim **Bauträgervertrag** (OLG Hamm OLGZ 1997, 102), während 60% beim **Architektenvertrag** für unwirksam gehalten wurden (BGH NJW 1997, 259; 100% bei Trainervertrag unwirksam – OLG Düsseldorf NJOZ 2008, 1864); bei **Fertighäusern** hat eine 8% Pauschale passiert (OLG Rostock NJW-RR 1998, 310), auch 15% wurden noch für wirksam gehalten (OLG Koblenz BauR 2010, 1817; Pauli BauR 2011, 910, 911); 90% des Neuwertes des Leerguts werden beanstandet (Schäfer/Schäfer ZIP 1983, 656, 660 mwNw; **aM** AG Waldshut-Tiengen EWiR 1987, 105 – Neupreisklausel wirksam als Vertragsstrafe); ebenso 5% des Kaufpreises beim Immobilienmakler (LG Limburg NJW-RR 1999, 847). Eine **Bearbeitungsgebühr** von 50,– € pro Buchung für Rücklastschrift eines Luftfahrtunternehmens ist unwirksam (BGH NJW 2009, 3570); 297,50 € bei Grundversorger (AG Dieburg BeckRS 2011, 05508); 19,95 € bei Mobilfunk (OLG Schleswig CR 2012, 371, 377); 10,– € bei Rücklastschrift Mobilfunk (LG Kiel v 11. 1. 2012 – 17 O 200/11); 9,97 € Pfand für SimCard (OLG Schleswig NJW-RR 2013, 298 Rn 80).

Im **Reisevertragsrecht** ist – unter Beachtung der Vorgaben von § 651i Abs 2, 3 – eine Staffelung nach der Zeit bis zum Reiseantritt möglich (im Einzelnen BGH NJW-RR 1990, 114; zum Gegenbeweis Tempel NJW 2002, 2005; zur Unwirksamkeit einheitlicher Stornogebühren LG Hamburg NJW 1998, 3281; zur Unwirksamkeit 100% Stornokosten LG Berlin BeckRS 2009, 27082; AG Rüsselsheim RRa 2013, 32 Rn 25 ff; unwirksam auch 40% Rücktrittskosten – LG Köln BeckRS 2011, 04145; wirksam 80% bei Storno am Reisetag – LG Zweibrücken BeckRS 2008, 10845).

Die Kombination einer prozentualen Schadenspauschale mit einem konkret berechneten Schaden ist unzulässig (BGH NJW-RR 1995, 749 – Fertighausverkauf 15% plus Schadensposten). Die Einsetzung fester Beträge muss den gewöhnlichen Lauf ausreichend berücksichtigen. Beanstandet wurden daher Klauseln, die bei der Kfz-Miete von einer ununterbrochenen Vermietungsmöglichkeit ausgehen (BGH BB 1976, 571; OLG Saarbrücken NJW-RR 1991, 313) oder der nicht in Anspruch genommenen Leistung keinen Erstattungswert beimaßen (LG Köln NJW-RR 1990, 1530 – Flieg-und-Spar-Tarife; ähnlich AG Bonn VersR 1987, 1121 – Stornierungsgebühren von 100 DM).

2. Pauschalierte Verzugszinsen

Mit der Neufassung von § 288 und dem damit vorgegebenen gesetzgeberischen Leitbild von Basiszinssatz plus 5% für Verzugszinsen sind frühere Streitpunkte im Wesentlichen obsolet geworden (LITZENBURGER RNotZ 2002, 23, 30; s aber OLG Koblenz BeckRS 2010, 29330 – 10% beim Webhostingvertrag unwirksam). Viele Verzugszinspauschalierungen scheitern allerdings an § 309 Nr 5b (BGH BB 1983, 524 – D + 4%, mindestens 7,5%; BGH BB 1984, 1829 – D + 6%, mindestens 9%; OLG Hamm NJW-RR 1986, 1179). An Transparenz fehlt es hingegen nicht (CASPER NJW 1997, 240; **aM** MÜLLER NJW 1996, 1520). 28

Soweit feste Zinssätze vorgesehen werden, ist ebenfalls zu beachten, dass durch die Anhebung des gesetzlichen Zinsniveaus die frühere Rspr kaum Orientierung geben kann. Entscheidend ist neben der absoluten Prozentzahl die Wahl der jeweiligen Bezugsgröße (vgl KILIMANN NJW 1987, 618; OLG Hamm BB 1983, 1304; BGH NJW-RR 1986, 205; BGH NJW 1987, 185; s auch REIFNER BB 1985, 87). Auch hier scheitern viele Klauseln an § 309 Nr 5b (BGH ZIP 1996, 1997).

3. Mahngebühren

Besonders beliebt in AGB sind offensichtlich pauschalierte Mahngebühren (zur Frage des Kostenersatzes für die verzugsbegründende Mahnung oben § 309 Nr 4 Rn 6). Gebühren von 2,50 DM (OLG Hamm BB 1983, 1304), 5 DM (OLG Stuttgart NJW-RR 1988, 1082; OLG Hamm NJW-RR 1992, 242; **aA** OLG Karlsruhe ZIP 1985, 603, 607), 7 DM (OLG Hamburg NJW 1991, 2841), 8 DM (AG Fürth NJW-RR 1986, 154) und 30 DM (BGH NJW-RR 2000, 719) sowie 9,95 € (LG Kiel BeckRS 2011, 12753) und 11 € (AG Dieburg BeckRS 2011, 05508) wurden beanstandet. 29

4. Andere Verzugsschäden

Für Lagerkosten (§ 304, evtl § 280 Abs 1, Abs 2) werden im Möbelhandel Pauschalen nach einem Prozentsatz des Kaufpreises verschiedentlich vorgesehen; wegen fehlender Relation sind sie gescheitert (OLG Koblenz NJW-RR 1993, 1078 – 1%; OLG Hamm NJW-RR 1987, 311 – 2,5%; LG München BB 1979, 702 – 1%). 30

5. Sonstiger Schadensersatz

Bei Beschädigung oder Nichtrückgabe der überlassenen Sachen ist eine Tagesnennwertpauschale überhöht (OLG Köln NJW-RR 1988, 373, 375 [Pfandflaschen]; ebenso OLG Karlsruhe NJW-RR 1988, 370; SCHÄFER/SCHÄFER ZIP 1983, 656). 31

Für die arbeitsrechtlich wohl zulässigen verschuldensabhängigen Mankoklauseln sind bei Pauschalierungen die Grundsätze von § 309 Nr 5 entsprechend anzuwenden (vgl unten § 309 Nr 6 Rn 25).

§ 309 Nr 6
Vertragsstrafe

Auch soweit eine Abweichung von den gesetzlichen Vorschriften zulässig ist, ist in Allgemeinen Geschäftsbedingungen unwirksam …

6. (Vertragsstrafe)
eine Bestimmung, durch die dem Verwender für den Fall der Nichtabnahme oder verspäteten Abnahme der Leistung, des Zahlungsverzugs oder für den Fall, dass der andere Vertragsteil sich vom Vertrag löst, Zahlung einer Vertragsstrafe versprochen wird;

Materialien: 1. Teilber 64; RefE 13; RegE 27; BT-Drucks 14/6857, 5; BT-Drucks 14/6040, 155; s STAUDINGER/SCHLOSSER Vorbem 5 ff zu §§ 305 ff.

Schrifttum

BAYREUTHER, Das Verbot der geltungserhaltenden Reduktion im Arbeitsrecht, NZA 2004, 953
BODENSTEDT/THÜSING, Vertragsstrafen im Profifußball, AuR 2004, 369
BRORS, „Neue" Probleme bei arbeitsvertraglichen Vertragsstrafeklauseln?, DB 2004, 1778
DERLIN, Vertragsstrafe und AGB-rechtliche Inhaltskontrolle, MDR 2009, 597
DILLER, Nachvertragliche Wettbewerbsverbote und AGB-Recht, NZA 2005, 250
DIEHR, Vertragsstrafen nach VOB und VOL – Möglichkeiten und Grenzen des öffentlichen Auftraggebers bei Ausschreibung und Vertragsgestaltung, ZfBR 2008, 768
DORNDORFER, Besonderheiten des Arbeitsrechts nach § 310 Abs 4 BGB, in: FS Bundesarbeitsgericht (2004) 19
DRYGALA, Zur Inhaltskontrolle von Vertragsstrafeklauseln in Unternehmenskaufverträgen mit der Treuhandanstalt, DZWiR 1966, 101
FREITAG, „Überkreuzbuchungen" im Luftverkehr und ihre Sanktionierung durch Verfallklauseln, TranspR 2006, 444
GEHLEN, Angemessene Vertragsstrafe wegen Verzugs im Bau- und Industrieanlagenbauvertrag, NJW 2003, 2961
HENSEN, Vertragsstrafen in Beförderungsbedingungen unzulässig?, BB 1979, 499
JOOST, Vertragsstrafen im Arbeitsrecht – Zur Inhaltskontrolle von Formularverträgen im Arbeitsrecht, ZIP 2004, 1981
KEMPER, Die Vereinbarung von Vertragsstrafe bei Fristüberschreitung in Allgemeinen Geschäftsbedingungen, BauR 2001, 1015
KIETHE, Die Inhaltskontrolle von Investitions- und Arbeitsplatzgarantien in Unternehmenskaufverträgen der THA/BvS, NZG 1998, 569
KRAUSE, Vertragsstrafen in der arbeitsrechtlichen Klauselkontrolle, in: FS Reuter (2010) 627
LINDACHER, Zulässigkeit und Schranken des Ausbedingens und Forderns von Vertragsstrafen zur Bekämpfung von Submissionsabsprachen, ZIP 1986, 817
MICHAELIS, Die Unwirksamkeit von Vertragsstrafenregelungen in den Tarifbestimmungen der Kraftfahrzeugversicherung, DAR 1997, 433
OBERTHÜR, Die Entschädigungsregelung im internationalen Spielertransfer, NZA 2003, 462
PREIS/ROLOFF, Die Inhaltskontrolle vertraglicher Ausschlussfristen, RdA 2005, 144
PURNHAGEN/HAUZENBERGER, Das Verbot von Cross-Ticketing in den AGB von Flugbeförderungsverträgen und deren verbandsklagerechtliche Kontrolle, VuR 2009, 131
REINECKE, Vertragskontrolle im Arbeitsrecht nach der Schuldrechtsreform, NZA 2004, Sonderbeilage zu Heft 18, 27

SCHRADER/SCHUBERT, AGB-Kontrolle von Arbeitsverträgen – Grundsätze der Inhaltskontrolle arbeitsvertraglicher Vereinbarungen, NZA-RR 2005, 225
SCHUHMANN, Terminsicherung im Anlagenbau: Vertragsstrafe oder pauschalierter Schadensersatz?, ZfBR 2009, 307
SCHWIRTZEK, Mankoabreden nach der Schuldrechtsreform – Zurück in die Zukunft!, NZA 2005, 437
SERVATIUS, Die AGB-rechtliche Behandlung von Vorschusszinsregelungen im Sparverkehr, BKR 2005, 295
WOLTER, Neue Obergrenze für Vertragsstrafe in AGB, BauR 2003, 1274.

Systematische Übersicht

Alphabetische Übersicht

I. Allgemeines

1. Gesetzgeberisches Grundanliegen

1 § 309 Nr 6 schließt den Kreis der Schutzvorschriften gegen Klauseln, mit denen der Verwender dem Vertragspartner für den Fall, dass die Abwicklung des Vertragsverhältnisses gestört oder abgebrochen wird, finanzielle Sanktionen auferlegt: Während § 308 Nr 7 für den Fall der vorzeitigen Beendigung eines Vertragsverhältnisses die Zulässigkeit von Vergütungs- und Aufwendungsersatzklauseln regelt und § 309 Nr 5 realitätsferne Schadenspauschalen aller Art unterbindet, nimmt § 309 Nr 6 dem Verwender die Möglichkeit, sich durch unnötige Vertragsstrafen zu bereichern, was er deshalb leicht versuchen könnte, weil deren Geltendmachung den Eintritt wirt-

schaftlicher Nachteile beim Gläubiger nicht voraussetzt (BGH NJW 1966, 2008). Besonders krass wirken sich Vertragsstrafen zugunsten des Verwenders aus, wenn dieser von vornherein damit rechnet, sein Vertragspartner werde den geschlossenen Vertrag nicht erfüllen und deshalb – darauf spekulierend – seine Kalkulation nicht auf die Erbringung von Leistung, sondern auf deren Unterlassung aufbaut. Die im AGB-Gesetz aufgenommene, in das BGB unverändert übernommene Fassung der Vorschrift ist im Vergleich zum Entwurf der Arbeitsgruppe (§ 8 Nr 6) und zum Referentenentwurf (§ 8 Nr 6), wonach vorformulierte Vertragsstrafenklauseln überhaupt unterbunden werden sollten (1. Teilber 173 – RefE 15), erheblich enger ausgefallen. Dort, wo die Folgen einer Vertragsverletzung nicht oder schwierig in Geldeswert ausgedrückt werden können, sind Vertragsstrafen allerdings ein unerlässliches Druck- und Sanktionsmittel (BGHZ 153, 311; BAG NZA 2004, 727). Soweit dies nicht der Fall ist und geldeswerte Schadensberechnungen möglich sind, bedarf es aber keiner „Vertragsstrafen". Insoweit geht § 309 Nr 6 über die vor Erlass des AGBG durch die Rspr entwickelten Grundsätze hinaus, wonach formularmäßige Vertragsstrafevereinbarungen auch gegenüber Nichtkaufleuten als wirksam betrachtet wurden (BGHZ 49, 84 – Maklervertrag; MDR 1963, 296; WM 1976, 638 – Bauvertrag; MDR 1977, 134 – Anzeigenvertrag; Lindacher, Phänomenologie der Vertragsstrafe 203; **aM** OLG Nürnberg NJW 1973, 1974 – Miete eines Getränkeautomaten; Schmidt-Salzer AGB Rn 194; Kleine-Möller BB 1976, 442). Eine sorgfältige Abgrenzung gegenüber dem Rechtsinstitut Schadenspauschale ist allerdings meist unterblieben. Durch § 309 Nr 6 und seinen Vorgänger ist diese Rspr weitgehend überholt. Soweit die Höhe einer Vertragsstrafe in Frage steht (BGHZ 60, 384) oder es sich um andere als die vier in Nr 6 genannten Fälle handelt, hat aber auch die Rspr vor Erlass des AGBG weiterhin Bedeutung für die Anwendung von § 307. Zur Bedeutung von § 307 für Fragen, die im Zusammenhang mit Vertragsstrafen stehen, s unten Rn 22 ff.

2. Verhältnis zu anderen gesetzlichen Vorschriften

a) Zum Verhältnis zu § 309 Nr 5 siehe dort Rn 3. Auf der Rechtsfolgenseite liegt der Unterschied klar zutage: § 309 Nr 5 lässt Schadenspauschalierungen grundsätzlich zu, verhindert nur ihre Überhöhung; § 309 Nr 6 verbietet in seinem Anwendungsbereich Vertragsstrafeversprechen ausnahmslos, gibt jenseits der aufgeführten Fallgruppen aber keine Orientierung (Ulmer/Fuchs Rn 12). 2

b) Bei Bestimmung der jeweiligen Anwendungsbereiche von § 309 Nr 6 und § 308 Nr 7 treten Abgrenzungsschwierigkeiten nicht auf, soweit die Einordnung einer Klausel als Vertragsstraferegelung – im Unterschied zur Schadenspauschale – feststeht. 3

§ 309 Nr 6 bezieht sich nur auf Sanktionen für vertragswidriges Verhalten, § 308 Nr 7 auf Rückabwicklungsregelungen (vgl auch BGH NJW 1992, 1751).

c) § 2 Abs 5 S 1 FernUSG verbietet Vertragsstrafeversprechen generell, gleich ob diese individuell vereinbart oder in AGB enthalten sind. Auf Direktunterrichtsverträge finden diese Vorschriften aber keine Anwendung (BGHZ 90, 280); Vertragsstrafeversprechen in diesen Bereichen können – vorbehaltlich § 309 Nr 6 und § 307 – daher wirksam sein (KG NJW-RR 1989, 1075, 1077). 4

5 **d)** Sonderregelungen finden sich darüber hinaus im Wohnraummietrecht (Verbot einer Vertragsstrafe zu Lasten des Mieters, § 555), bei der Wohnraumvermittlung (Einschränkung auf max 25 €, § 4 WoVermG), und im Hinblick auf die Wettbewerbsfreiheit uU im Kartellrecht (BGH NJW 1994, 384).

Für die nunmehr generell der AGB-Kontrolle der §§ 305 ff unterliegenden Arbeitsverträge (§ 310 Abs 4 S 2) greifen zwar keine gesetzlichen Sonderregelungen in diesem Bereich direkt ein, aus den im Arbeitsverhältnis geltenden Besonderheiten (zB § 888 Abs 3 ZPO) können sich aber besondere Aspekte zur Beurteilung der Klausel ergeben (BAG NZA 2009, 1337, 1339; BAG NZA-RR 2009, 519, 520; BAG NZA 2005, 1053; NZA 2004, 727; näher Derlin MDR 2009, 597; Krause, in: FS Reuter [2010] 627; Lingemann/Gottschalk DStR 2011, 774; Winter BB 2010, 2757; Staudinger/Krause Anh zu § 310 Rn 151, 229 und unten Rn 14, 16, 24).

II. Einzelheiten der gesetzlichen Regelung

1. Begriff der Vertragsstrafe iSv § 309 Nr 6

6 Die Festlegung des Begriffs der Vertragsstrafe iSv § 339 ff ist kein AGB-spezifisches Problem (siehe § 309 Nr 5 Rn 3 und Staudinger/Rieble [2009] Vorbem 1 zu §§ 339 ff; BGHZ 141, 391; BGH NJW 1994, 1532). Wie dem § 339 unterfallen auch dem § 309 Nr 6 nicht nur alle Sanktionen, die auf Zahlung eines Geldbetrages gerichtet sind, sondern auch solche, die die Erbringung einer sonstigen Leistung oder die Verwirkung von Rechten (s näher unten Rn 8) vorsehen. Neben den in §§ 339 ff behandelten sog unselbständigen Vertragsstrafeversprechen gibt es weitere verwandte, aber nicht im Gesetz geregelte Rechtsinstitute, deren Einordnung unter dem Gesichtspunkt von § 309 Nr 6 nicht unproblematisch ist.

7 **a)** Ein **selbständiges Strafgedinge** ist jedenfalls von § 309 Nr 6 erfasst, auch wenn seine Charakterisierung als Vertragsstrafe noch bezweifelt werden sollte (zum Streitstand Staudinger/Rieble [2009] Vorbem 8 zu §§ 339 ff). Es wäre nicht verständlich, weshalb in Fällen, in denen der Kunde überhaupt nicht zur Abnahme verpflichtet ist, etwas zulässig sein soll, was dagegen unwirksam ist, wenn es eine immerhin durchsetzbare Abnahmeverpflichtung sichern soll (Schlosser/Coester-Waltjen AGBG § 11 Nr 6 Rn 10; Erman/Roloff Rn 54; Wolf/Dammann Rn 15; Ulmer/Fuchs Rn 16 f; für analoge Anwendung: Palandt/Grüneberg Rn 33; Stoffels Rn 896; **aM** § 307 anwendbar: Löwe/vWestphalen AGBG § 11 Nr 6 Rn 5). Den Bedürfnissen des Verwenders nach einem gewissen Druck auf das Verhalten des Vertragspartners kann durch eine § 308 Nr 7 entsprechende Aufwendungsersatzklausel Rechnung getragen werden (**aM** Staudinger/Schlosser AGBG § 11 Nr 6 Rn 7).

8 **b)** **Verfallklauseln** sind Vereinbarungen, die im Falle von Vertragsverletzungen eine Verwirkung von Rechtspositionen des Vertragspartners vorsehen. Sollen dessen sämtliche Rechte aus einem Vertrag erlöschen, liegt ein Rücktrittsvorbehalt iSv § 354 vor (zum „cross-ticketing" sogleich). Solche Klauseln stellen nach hM ebenfalls keine Vertragsstrafen dar. Jedoch werden die §§ 339 ff entsprechend auch auf sie angewandt (BGH NJW 2010, 859 Rn 11, BGH NJW-RR 1991, 1013; KG NJW-RR 2009, 1212; MünchKomm/Gottwald Vor 339 Rn 36 [zumindest entsprechend], Bötticher ZfA 1970, 39; für direkte Anwendung Staudinger/Rieble [2009] Vorbem 59 zu § 339 und § 339 Rn 363 Rn 186 **aA**

Ulmer/Fuchs Rn 19). Vorformulierte Verfallklauseln können dementsprechend – sofern sie nicht als Rücktrittsvorbehalte gemäß § 354 und somit nach § 308 Nr 3 zu behandeln sind – nach § 309 Nr 6 zu beurteilen sein (OLG Köln BeckRS 2011, 04591). Erforderlich ist eine klare Unterscheidung danach, ob es sich um Folgen von Leistungsstörungen (vgl Canaris ZIP 1980, 709, 717; BGHZ 95, 362), um den Wegfall einer Vergünstigung bei Obliegenheitsverletzungen oder um eine indirekte Bereicherung des Verwenders handelt. Im letzten Fall ist eine Behandlung als Vertragsstrafe iSd § 309 Nr 6 angebracht (OLG Hamm AGBE § 11 Nr 50). Schon die Rspr vor Erlass des AGBG hat deshalb Verfallklauseln in Form einer formularmäßigen Vereinbarung die Wirksamkeit versagt, wenn sie an eine unberechtigte Aufkündigung des Vertrags geknüpft waren (BGH NJW 1968, 1625 – Verlust von Verwendungsansprüchen des Mieters; BAG NJW 1961, 698 – Verlust des Anspruchs auf rückständige Vergütung). Angesichts des strikten Verbots des § 309 Nr 6 für die dort vorgesehenen Fallgruppen ist die Rspr heute eher zurückhaltend mit der Einordnung als Vertragsstrafe (vgl BGH NJW 1985, 1705, 2329 und BGHZ 85, 362, 372), jedenfalls soweit es um die beiden anderen Gruppen von Verfallklauseln geht. Verfallklauseln, die – wie im Flugverkehr früher üblich – die Inanspruchnahme der Leistung des Verwenders davon abhängig machen, dass die gesamte Leistung in Anspruch genommen wird (kein „cross-ticketing"), können wie eine nach § 309 Nr 6 unzulässige Vertragsstrafe eingeordnet werden, wenn eine Verpflichtung zur vollen Inanspruchnahme der Leistung wirksam vereinbart ist (ähnlich, aber Obliegenheit ausreichend sein lassen Purnhagen/Hauzenberger VuR 2009, 131, 136; Freitag TranspR 2006, 444; Freitag EWiR § 313 BGB 1/08, 99; Kappus NJW 2006, 3012; OLG Frankfurt BeckRS 2008, 26894), oder gegen § 307 Abs 1, wenn man – wie der BGH (NJW 2010, 1958 – auf Rev zu OLG Frankfurt **aaO**) – bereits das Recht des Kunden, die geschuldete Beförderungsleistung bei voller Entgeltzahlung nur teilweise in Anspruch zu nehmen, wegen Verschiebung des Äquivalenzverhältnisses für unzulässig beschrankt hält. Auch an einen Verstoß gegen § 308 Nr 3 ist – je nach Ausgestaltung – zu denken (Erman/Roloff Rn 54).

Knüpfen Verfallklauseln (wie vor allem in Versicherungsverträgen zu finden) an die Verletzung von Obliegenheiten an, so unterfallen sie – wie auch immer man sie sonst im Vergleich zu den in § 339 definierten Vertragsstrafen einordnet –, dem § 309 Nr 6 jedenfalls deshalb nicht, weil sie die Sanktion nicht an einen der vier in dieser Norm missbilligten Gründe knüpfen, sie können gleichwohl an § 307 scheitern (zur Verletzung des Transparenzgebots bei Rückkaufs- und Stornoklauseln BGH NJW-RR 2013, 146 Rn 22; BGH NJW 2012, 3023, 3028; dazu Armbrüster NJW 2012, 3001; Kostenausgleichsklauseln bei Kündigung der Versicherung scheitern ebenfalls an § 307). Das Gleiche gilt etwa für „Verfallklauseln" in Form von Ausschlussfristen, wie sie ua im Arbeitsvertrag anzutreffen sind (dazu Preis/Roloff RdA 2005, 144, die zu Recht [auch] den Strafcharakter verneinen, aber die Ausschlussfristen an § 309 Nr 7 messen wollen; Staudinger/Krause Anh zu § 310 Rn 224 – nur § 307 anwendbar). Der Strafcharakter fehlt (auch) bei Vereinbarung von Vorschusszinsen, die für den vorzeitigen Zugriff auf ein Guthaben vereinbart werden (Servatius BKR 2005, 295, 301; krit Rösler/Wimmer BKR 2007, 8 – mögliche Unwirksamkeit vnach § 307). Hier handelt es sich eher um eine einem Reugeld vergleichbare Vereinbarung.

Die vorzeitige Fälligkeit von Forderungen im Verzugsfall, vor allen Dingen bei Kreditverträgen, begreift der übliche Sprachgebrauch aber nicht als „Vertragsstrafe". Da Klauseln, die solches vorsehen, einem dringenden und berechtigten wirtschaftlichen Anliegen des Verwenders entsprechen können, besteht auch kein Grund, § 309 Nr 6 auf sie anzuwenden. Klauseln in AGB einer **Teilzahlungsbank**, wonach im Verzugs- oder Kündigungsfall das Darlehen sofort fällig werden soll, sind dementsprechend an § 307 zu messen (vgl BGH NJW 1985, 46; BGH NJW 1985, 1705, 2329; BGH NJW-RR 1993, 464; OLG Potsdam NJW-RR 2004, 273; LG Frankfurt aM AGBE I § 9 Nr 143; auch Reifner BB 1985, 87, 90).

9 **c) Reugelder** (§ 353) sind den Vertragsstrafen nicht gleichzusetzen. Sie sollen nicht die Erfüllung einer Verbindlichkeit sichern, sondern gestatten umgekehrt dem Schuldner, sich von der Erfüllung durch Zahlung eines bestimmten Betrages zulässigerweise zu befreien (Staudinger/Rieble [2009] Vorbem 68 zu §§ 339 ff).

Allerdings kann hinter der Bezeichnung Reugeld (oder auch einer Reueprovision) – häufig bei Maklerverträgen für den Fall der Kündigung des Vertrages oder den des Verkaufs ohne Hinzuziehung des Maklers – sachlich eine Vertragsstrafenabrede stehen. Liegt tatsächlich aber ein Reugeld vor, fällt die Regelung nicht unter § 309 Nr 6 (Schlosser/Coester-Waltjen AGBG § 11 Nr 6 Rn 5; MünchKomm/Wurmnest Rn 2; Erman/Roloff Rn 54; Ulmer/Fuchs Rn 18; KG NJW-RR 1989, 1075; **aM** Palandt/Grüneberg Rn 33; Bamberger/Roth/Becker Rn 5). Die Höhe eines Reugeldes ist nicht nach § 309 Nr 5 oder § 308 Nr 7, sondern ausschließlich nach § 307 zu kontrollieren. Die Vereinbarung einer Abstandssumme von 20% für den Fall der Ausübung eines vertraglich zugestandenen Rücktrittsrechts im Zusammenhang mit Verträgen über die Teilnahme an (Schreibmaschinen-)Unterrichtskursen ist daher als solche noch nicht unwirksam (**aM** AG Göppingen NJW 1979, 273; LG Detmold MDR 1978, 756). Sie wird es aber, sollte die Abstandssumme auch dann geschuldet sein, wenn der Kursteilnehmer ein nach § 309 Nr 9 oder § 307 garantiertes Lösungsrecht ausübt.

10 **d) Garantieversprechen**, die nicht auf eine Zuwiderhandlung gegen eine übernommene Vertragsverpflichtung abstellen, sondern auf die Haftung für einen bestimmten Erfolg, sind vom Anwendungsbereich des § 309 Nr 6 ebenfalls ausgenommen (Schlosser/Coester-Waltjen AGBG § 11 Nr 6 Rn 12; Wolf/Dammann Rn 21–29; Erman/Roloff Rn 54 aE; wohl auch Bamberger/Roth/Becker Rn 6). Solche Klauseln können gemäß § 305b, 305c, 307 Abs 2 Nr 1 unwirksam sein. Überschneidungen ergeben sich freilich da, wo der Vertragspartner des Verwenders die Erbringung oder die Dauerhaftigkeit eines vertraglich geschuldeten Erfolgs „garantieren" muss. Denn auch eine Vertragsstrafe kann verschuldensunabhängig vorgesehen werden (siehe unten Rn 26). Ist die Sanktion primär als Erfolgsherbeiführungsverpflichtung ausgestaltet, so handelt es sich um eine Garantie.

11 **e) Abstandszahlungen** betreffen – anders als Reugelder – den Fall, dass von einem gesetzlichen Rücktrittsrecht Gebrauch gemacht wird. Sie sind keine Vertragsstrafen für den Fall der – erlaubten – Lösung vom Vertrag (**aM** Stoffels Rn 900), sondern Regelungen, die nach § 309 Nr 8a zu beurteilen sind (siehe dort Rn 10). Freilich wird in der Kautelarpraxis nicht immer mit diesen Begriffen in ihrem technischen Sinn gearbeitet. Gerade die Begriffe „Abstandssumme", „Reugeld", „Pauschale" werden durchaus für Situationen benutzt, in denen es sich rechtlich um eine Vertragsstrafe handelt (vgl OLG Frankfurt ZIP 1984, 1363; Ulmer/Fuchs Rn 18).

2. Die von § 309 Nr 6 erfassten Anwendungsfälle von Vertragsstraferegelungen

a) Die erste Alternative des § 309 Nr 6 – **Nichtabnahme oder verspätete Abnahme einer Leistung** – bezieht sich auf den Fall, dass der Verwender eine andere als eine Geldleistung zu erbringen hat. Sie erfasst nicht nur die im BGB ausdrücklich geregelten Abnahmepflichten (§§ 433 Abs 2, 640 Abs 1), sondern auch alle anderen Abnahme- oder Mitwirkungspflichten wie die Abnahme einer Dienstleistung oder einer Mietsache. Auch die Fälle des Annahmeverzugs und der Annahmeverweigerung fallen in den Anwendungsbereich von § 309 Nr 6 (Schlosser/Coester-Waltjen AGBG § 11 Nr 6 Rn 14; Wolf/Dammann Rn 31–35; vWestphalen Vertragsstrafe Rn 9; **aA** Ulmer/Fuchs Rn 21 aE). Ob die Abnahmepflicht Haupt- oder Nebenpflicht ist, spielt keine Rolle (BGH NJW-RR 1986, 211 f). Unwirksam ist beispielsweise eine als „Reugeld" bezeichnete, vorformuliert ausbedungene Vertragsstrafe (siehe oben Rn 9) in einem Kreditvermittlungsvertrag in Höhe von 50% der vereinbarten Provision für den Fall der Nichtaufnahme des Kredits (BGH NJW 1979, 367; OLG Celle WM 1977, 1389; OLG Zweibrücken EWiR § 11 Nr 6 AGBG 1/87, 639 – Alisch; KG ZIP 1989, 924). Entscheidend für die Einordnung als Vertragsstrafe ist hier die Nichtorientierung an einem möglichen Schaden; zur Abgrenzung von § 309 Nr 5 vgl oben § 309 Nr 5 Rn 3 und Beispielsfälle Rn 24. 12

b) § 309 Nr 6 erfasst nicht jeden **Verzug** des Vertragspartners des Verwenders mit der ihm obliegenden Leistung, sondern nur den Verzug mit einer Geldleistung (MünchKomm/Wurmnest Rn 10, 13; Erman/Roloff Rn 55; Ulmer/Fuchs Rn 22; Wolf/Dammann Rn 37), wozu allerdings auch eine Leistung an Zahlungs Statt zu rechnen ist. Verzug mit sonstigen Gegenleistungen fällt nicht unter § 309 Nr 6, weil der Verwender bei jenen möglicherweise mangels eines berechenbaren Schadens ein schützenswertes Interesse daran haben kann, über eine Vertragsstrafe einen Druck auf rechtzeitige Erfüllung auszuüben. In Zusammenschau mit § 309 Nr 4 gilt § 309 Nr 6 im Erst-recht-Schluss für Vertragsstrafeversprechen bei schlichten Zahlungsverzögerungen (Palandt/Grüneberg Rn 35; Bamberger/Roth/Becker Rn 9; Wolf/Dammann Rn 38). Das bloße Fälligstellen der Restraten bei Zahlungsverzug ist allerdings noch keine Vertragsstrafe (OLG Hamburg DB 1984, 2504), während eine auf die Zeit **vor** Fälligkeit zurückwirkende Verzinsung bei Nichteinhaltung des Zahlungsziels als Vertragsstrafe einzuordnen ist (BGH NJW 1994, 1532 – § 307 angewandt „Visa"). Eine Vertragsstrafe liegt auch vor, wenn bei Zahlungsverzug des Vertragspartners der Verwender den Vertrag auflösen und eine Geldsumme fordern kann (zu Unrecht auf § 307 rekurriert OLG Düsseldorf EWiR § 24 AGBG 1/96, 98 – krit Eckert aaO). 13

c) Nur die Fälle der ungerechtfertigten Erfüllungsverweigerung durch den Kunden oder der die Unmöglichkeit der Vertragserfüllung verursachenden Vertragsverletzung des Kunden sind als **„Lösung vom Vertrag"** iS der Nr 6 anzusehen (MünchKomm/Wurmnest Rn 12; **aM** Soergel/Stein AGBG § 11 Nr 6 Rn 54: berechtigt oder unberechtigt; Erman/Roloff Rn 55 aE; die dort zitierte BGH-Entscheidung [NJW-RR 1998, 1508] gibt dafür aber nichts her; Unterscheidung wird unterlassen von LG Gera v 30. 1. 2013 – 1 S 133/12). Wird die Ausübung eines gesetzlich vorgesehenen Rücktrittsrechtes mit einer „Sanktion" belegt, so ist § 309 Nr 8a einschlägig (s dort Rn 10). Kann ein vertraglich eingeräumtes Rücktrittsrecht nur um einen solchen Preis ausgeübt werden, so handelt es sich um ein Reugeld (s oben Rn 9). Soweit der Verwender bei Erfüllungsverweigerung durch 14 den Kunden von einer unmittelbaren gerichtlichen Durchsetzung seines Anspruchs absehen will, kann er sich fast immer durch eine entsprechende Schadenspauschale oder eine Vergütungsregelung iSv § 309 Nr 5 oder § 308 Nr 7 sichern, so dass die Vereinbarung einer Vertragsstrafe kaum je nötig ist. Dies gilt auch in Anbetracht der Tatsache, dass in Bezug auf eine ungerechtfertigte „Lösung vom Vertrag" selbst jene Vertragspartner des Verwenders geschützt werden, welche die Sachleistung zu erbringen haben, während die Nr 6 im Übrigen nur den Verwender als Gläubiger der Geldleistung im Auge hat (MünchKomm/Wurmnest Rn 13). Denn dass in solchen Situationen dem Vertragspartner des Verwenders als Schuldner der Sachleistung formularmäßig Vertragsstrafen abverlangt werden, in welchen das Ausbleiben der Sachleistung keinen pauschalierungsfähigen Geldwert repräsentiert, kommt ohnehin praktisch nicht vor. Auch gegenüber Schuldnern der Sachleistung reicht daher für den Fall von deren „Lösung" vom Vertrag eine Schadenspauschalierung aus. Eine der „Lösung" vom Vertrag gleichstehende Erfüllungsverweigerung ist im Übrigen jede Handlung, die erkennen lässt, dass sich der Vertragspartner des Verwenders an den Vertrag nicht mehr für gebunden erachtet (MünchKomm/Wurmnest Rn 12; Palandt/Grüneberg Rn 36; Ulmer/Fuchs Rn 24; BGH NJW-RR 1998, 1508). Zur Unwirksamkeit von Vertragsstrafen (an Stelle von Schadenspauschalen) für „Spaßbieter" AG Waiblingen BeckRS 2009, 27112.

Die unberechtigte Lösung vom Arbeitsvertrag könnte zwar grundsätzlich unter die Anwendungsvoraussetzungen des § 309 Nr 6 fallen, hier erfordern jedoch die Besonderheiten des Arbeitsrechts (§ 310 Abs 4; Staudinger/Krause Anh zu § 310 Rn 229) eine Nichtanwendung der engen Grenzen für Vertragsstrafeklauseln. Das BAG (NZA 2009, 370 Rn 41 f; NZA 2006, 35; 2005, 1053 und NZA 2004/727) hat zu Recht hervorgehoben, dass im Arbeitsrecht ein besonderes Bedürfnis nach einem Druck- und Sanktionsmechanismus bei unberechtigter Leistungsverweigerung besteht, weil § 888 Abs 3 ZPO die Vollstreckung einer Verurteilung zur Arbeitsleistung ausschließt. Derartige Klauseln sind aber einer Kontrolle nach § 307 zu unterziehen (unten Rn 16, 24).

III. Zulässigkeit sonstiger Vertragsstrafeklauseln

15 Die Rspr seit Inkrafttreten des AGBG zeigt, dass – abgesehen von der Abgrenzung zu Schadenspauschalierungen – Klauseln, die echte Vertragsstrafen für die Fallgruppen des § 309 Nr 6 vorsehen, die Gerichte nur noch selten beschäftigen, was Rückschlüsse auf ihr Vorkommen zulassen mag. Vertragsstrafeklauseln, die nicht unter § 309 Nr 6 fallen, sind hingegen häufig Gegenstand richterlicher Entscheidungen. Diese sind nach § 307 nicht grundsätzlich zu beanstanden (so bereits BGH NJW 1979, 105; Schlosser/Coester-Waltjen AGBG § 11 Nr 6 Rn 19).

In weiten Bereichen des Geschäftslebens sind Vertragsstrafeklauseln – auch gegenüber Nichtkaufleuten – sinnvoll. Es lassen sich im Wesentlichen zwei Gruppen – vorbehaltlich ihrer Ausgestaltung im Einzelnen – grundsätzlich zulässiger formularmäßiger Vertragsstrafenregelungen unterscheiden.

1. Vertragsstrafen für den Fall, dass der Schuldner seine Sach-, Werk- oder Dienstleistung nicht oder nicht rechtzeitig erbringt

Der wohl häufigste Anwendungsfall einer formularmäßig vereinbarten Vertrags- 16
strafe ist derjenige, der sich, wie in § 11 VOB/B eigens vorgesehen, in sonstigen („zusätzlichen") Bauvertragsbedingungen findet. Dabei geht es überwiegend um Sanktionen für die nicht rechtzeitige Fertigstellung eines Werks oder Gewerks. Gegen die Zulässigkeit derartiger Klauseln ist nichts einzuwenden (BGH WM 1976, 638; MünchKomm/Wurmnest Rn 14; Ulmer/Fuchs Rn 13; Ingenstau-Korbion/Kratzenberg/Leupertz, Kommentar zur VOB Teil B § 11 Rn 3; Knütel/Rieger NZBau 2010, 285, 289; kein berechtigtes Interesse an zusätzlicher Absicherung des jeweiligen Baubeginns OLG Nürnberg NZBau 2010, 566). Die einzige zuverlässige Möglichkeit für den Bauherrn, finanzielle Folgen aus der verspäteten Fertigstellung eines Baues abzuwenden, ist in der Tat die Vereinbarung einer Vertragsstrafe. Denn irgendwelche, dem „gewöhnlichen Lauf" der Dinge entsprechende, im Voraus pauschalierbare Schäden gibt es in diesem Bereich nicht; jeder Fall ist durch seine individuelle Besonderheit geprägt. Grundsätzlich ist eine **Summierung** der Vertragsstrafen durch parallele oder wiederkehrende Verwirkung möglich. Die Grenzen des Zulässigen sind allerdings erreicht, wenn die Gesamthöhe der Strafe unverhältnismäßig ist (BGH NJW-RR 2008, 615, 616; BGH NJW 1998, 2600; OLG Bremen NJW-RR 1987, 468 – durch Anknüpfung an die Überschreitung von Zwischenfristen; OLG Nürnberg BB 1983, 1307 – 1 % der Bausumme pro überschrittenem Kalendertag; OLG Brandenburg BeckRS 2008, 01801 – keine höhenmäßige Begrenzung, Einsatz von Schwarzarbeitern) oder wenn die Risikobereiche in unzumutbarer Weise verschoben werden (OLG Köln NJW-RR 1988, 654 – Risiko für Schlechtwetter und Bauzeitverlängerung bei Sonderwünschen).

Diese Erwägungen werden auch in den durchaus vergleichbaren Fällen der Vertragsstrafen bei Lösung aus dem Arbeitsvertrag relevant (BAG NZA 2004, 724; BAG NZA 2005, 1053 und unten Rn 25). Auch hier ist Transparenz des Berechnungsmodus erforderlich (BAG NJW 2008, 458, 459; dazu Krause, in: FS Reuter [2010] 627, 630).

Ein weiteres Anwendungsgebiet für formularmäßige Vertragsstrafenregelungen sind 17
Bierlieferungs- und sonstige **Getränkebezugsverträge** mit Ausschließlichkeitsbindung: Der Fremdbezug wird durch Vertragsstrafe sanktioniert. § 309 Nr 6 ist deshalb nicht anwendbar, weil der auslösende Grund allein in der Tatsache des vertragswidrigen Bezugs fremder Getränke, nicht aber in der Nichtabnahme der vertraglichen Menge liegt (Wolf/Dammann Klauseln B 324; Ulmer/Schmidt Teil 2 [08] Rn 6; BGH WM 1980, 1309). Eine Vertragsstrafe, wonach 17 € (35 DM) des vereinbarten Bierbezugspreises pro Hektoliter Fremdbezug zu bezahlen sind, ist daher zulässig (BGH NJW 1993, 64, 66; ähnlich BGH NJW 1990, 567, 569 – 25 % je Hektoliter der fehlenden Abnahmemenge). Im Einzelfall kann eine Vertragsstrafeklausel auch hier unwirksam sein (BGH NJW-RR 1993, 243; OLG Düsseldorf BeckRS 2007, 19902 – 2.500 € pro Zuwiderhandlung unwirksam). Zur Unwirksamkeit von Vertriebsprämienklauseln (nach § 307 oder § 309 Nr 6) OLG Celle BeckRS 2008, 08208.

2. Vertragsstrafen für den Fall der Schlechterfüllung sowie der Verletzung von vertraglichen Nebenpflichten und Obliegenheiten

Die Nichtabnahme einer Leistung kann Verletzung einer Nebenpflicht sein; die 18

„Lösung" vom Vertrag iSv § 309 Nr 6 ist wohl immer eine positive Verletzung der vertraglichen Hauptleistungspflicht. Von diesen beiden Fällen, die § 309 Nr 6 direkt erfasst, abgesehen, können Fälle von Schlechterfüllung und Verletzung vertraglicher Nebenpflichten und vertraglicher Obliegenheiten formularmäßig mit Vertragsstrafen bewehrt werden (vgl auch BAG NZA 2006, 35, 36, im konkreten Fall aber unwirksam; OLG Brandenburg BeckRS 2008, 01801 – Einsatz von Schwarzarbeitern auf Bau).

19 In einem Vertrag, der die **Überlassung von Adressen** zum Inhalt hat, kann formularmäßig wirksam vereinbart werden, dass für den Fall der vertragswidrigen Mehrfachverwendung der Adressen das Zehnfache der vereinbarten Vergütung als Vertragsstrafe zu bezahlen ist (so bereits BGH NJW 1976, 1886 unter Hinweis auf das damals geplante AGBG; BGH ZIP 1986, 866, 868 – offen lassend wegen fehlender Schriftform nach § 24 GWB aF; OLG Frankfurt BB 1985, 1860 – 20 fache Gesamtvergütung akzeptiert; krit vWESTPHALEN EWiR § 9 II AGBG 2/85, 625). Eine Klausel wonach ein **Getränkehändler** für den Fall, dass er Leergut nicht vollständig zurückgibt, nicht mehr die Stornierung einer bestimmten Belastung seiner Konten verlangen kann, ist nach § 309 Nr 6 nicht zu beanstanden (so schon BGH MDR 1964, 45). Klauseln in AGB von **Großhandelsmärkten** für Wiederverkäufer, die die Weitergabe des Einkaufsausweises an Nichtberechtigte mit einer Vertragsstrafe sanktionieren, sind grundsätzlich wirksam (LG Hamburg WRP 1975, 198; LG Dortmund WRP 1975, 536). Wird allerdings die Benutzung des Einkaufsausweises für „Testkäufe" mit einer Vertragsstrafe bedroht, ist dies gemäß § 3 UWG, § 138 BGB unwirksam (LG Berlin WRP 1976, 195). Diese Klauseln fallen jedoch alle nicht unter § 309 Nr 6 (LÖWE/vWESTPHALEN AGBG § 11 Nr 6 Rn 19). Auch ein **„erhöhtes Beförderungsentgelt"**, das im Falle des Fahrens ohne Lösung oder Entwertung einer Fahrkarte erhoben werden soll, ist Vertragsstrafe. Ist eine derartige Klausel wirksam vereinbart, ist sie nicht etwa als Sanktion für einen Verzug des Fahrgastes mit der Bezahlung seines Fahrgelds anzusehen (ULMER/FUCHS Rn 23; PALANDT/GRÜNEBERG Rn 35; WOLF/DAMMANN Rn 39–40; ERMAN/ROLOFF Rn 55; mit anderer Begründung i Erg ebenso MünchKomm/WURMNEST Rn 11; LG München 1984 Nr 12). Zu den vertraglichen Nebenpflichten des Befrachters/Abladers eines Seeschiffes gehört es, richtige **Angaben über Wert, Inhalt, Abmessungen und Gewicht der zu verladenden Güter** zu machen. Eine Verletzung dieser Verpflichtung kann mit einer Vertragsstrafe in Höhe der doppelten, bei richtiger Angabe zu bezahlenden Fracht geahndet werden (BGH NJW 1979, 105; WM 1978, 1236; OLG Hamburg VersR 1976, 1033). Für den Fall der Verletzung des Baugebots durch den Grundstückskäufer kann daher die Verkäufer-Gemeinde ohne Verstoß gegen § 309 Nr 6 für den Fall des Wiederkaufs einen gewissen Einbehalt des Kaufpreises als Vertragsstrafe vereinbaren (falsch daher OLG Koblenz DNotI 1998, 25).

20 Ist in **Fahrschulausbildungsverträgen** bestimmt, dass der Fahrlehrer nur 15 Minuten auf den Fahrschüler warten muss, andernfalls er die Fahrstunde ausfallen lassen kann, der Schüler aber gleichwohl zur Bezahlung des gesamten Stundenhonorars verpflichtet bleibt, so liegt darin zwar möglicherweise auch eine Sanktion für die bloße Verspätung des Schülers; jedoch ist sie auch an die Nichtabnahme der angebotenen Leistung geknüpft (s dazu oben Rn 14) und daher nach § 309 Nr 6 unwirksam. Mit einer den Erfordernissen des § 309 Nr 5 entsprechenden Schadenspauschale wäre ohnehin allen legitimen Interessen des Fahrlehrers Rechnung getragen.

Werden in Kaufhäusern **Fangprämien** für die Ergreifung von **Ladendieben** ausgelobt und die ertappten Diebe damit belastet, so ordnet die Rspr dies schadensrechtlich ein (BGHZ 75, 230; STAUDINGER/RIEBLE [2009] § 339 Rn 29; vWESTPHALEN Vertragsstrafe Rn 13); für eine Vertragsstrafe ist mangels Einigung kein Raum (**aA** AG Konstanz BeckRS 2010, 05159 – wirksam).

Vertragsstrafen können (grundsätzlich) wirksam vereinbart werden für den Fall der Verletzung von **Rückgabepflichten** (OLG Hamburg NJW-RR 1986, 1177, 1179 – Rückgabe überlassener Dias), von **Konkurrenzverboten** (BAG NJZA 2008, 170, 172; OLG Jena BeckRS 2009, 01159; OLG Hamm MDR 1984, 404 – konkret stets Unwirksamkeit wegen unverhältnismäßiger Höhe; ebenso LG München BB 1993 Beil 13, 14; ebenso für den Fall der Weiterverwendung von Namen und Markenzeichen OLG Köln OLG-Rp Köln 1997, 201), von Umschreibeverpflichtungen (AG Aachen DAR 1992, 181 – Kfz-Verkauf). 21

IV. Wirksamkeitsgrenzen für die Einzelausgestaltung von Vertragsstrafen

Auch soweit Vertragsstrafen nach § 309 Nr 6 vereinbart werden können, kann deren Einzelausgestaltung nach § 307 zu ihrer Unwirksamkeit führen. 22

1. Abweichung vom dispositiven Recht der §§ 339 ff

§§ 340 ff, 341 Abs 1, wonach eine verwirkte Vertragsstrafe auf einen eventuellen **Schadensersatzanspruch anzurechnen** ist, sind bereits von der Rspr vor Erlass des AGBG als AGB-fest angesehen worden (BGH NJW 1975, 163; näher LINDACHER, Phänomenologie der Vertragsstrafe 188) und bleiben es auch heute (SCHLOSSER/COESTER-WALTJEN AGBG § 11 Nr 6 Rn 19; WOLF/DAMMANN Rn 64; ERMAN/ROLOFF Rn 56; PALANDT/GRÜNEBERG Rn 39; BGH NJW 1992, 1096; BGH NJW-RR 2009, 1404, 1405; OLG Bremen NJW-RR 1987, 468, 469; OLG Karlsruhe BB 1983, 725). 23

Nach § 341 Abs 3 ist eine für den Fall nichtgehöriger Vertragserfüllung versprochene Vertragsstrafe bei der **Abnahme** der Leistung **vorzubehalten**. Besondere Bedeutung hat diese Vorschrift bei Werkverträgen, insbesondere Bauverträgen, deren Abwicklung in der Regel eine mehr oder weniger förmlich ausgestaltete Abnahme der Leistung erfordert. Die Vorschrift ist im Prinzip AGB-fest (BGHZ 85, 305; OLG Celle BeckRSR 2009, 05828; OLG Rostock IBR 2010, 1326; ULMER/FUCHS Rn 31; WOLF/DAMMANN Rn 65; PALANDT/GRÜNEBERG Rn 39). Jedoch kann der Zeitpunkt, bis zu dem der Vorbehalt erklärt werden muss, hinausgeschoben werden (BGHZ 72, 222 – Schlusszahlung; OLG Rostock IBR 2010, 1326 – Abnahme). Der Vorbehalt kann seinerseits formularmäßig erklärt werden (BGH NJW 1987, 380), nicht aber kann gänzlich auf ihn verzichtet werden (BGH NJW-RR 1997, 1513).

2. Höhe der Vertragsstrafe

Unwirksamkeitsgrund bei an sich möglichen Vertragsstrafeversprechen ist häufig die Höhe. Die Rspr hat sich hier strikt gegen eine geltungserhaltende Reduktion ausgesprochen. Auch eine Herabsetzung nach § 343 kommt nicht in Betracht, da diese eine grundsätzlich wirksame, nur für die konkrete Störung zu hohe Vertragsstrafevereinbarung voraussetzt (BGHZ 85, 305; BGH NJW 1993, 1786; NJW 1988, 1373, 1374; so auch BAG NZA 2004, 727; BAG NZA 2009, 370; LAG Hamm BeckRS 2007, 43975; OLG Jena BeckRS 2009, 01159 – Wettbewerbsverstoß, 10.000 € zu hoch; OLG München BeckRS 2009, 26737; ULMER/FUCHS Rn 26; ERMAN/ROLOFF Rn 56; WOLF/DAMMANN Rn 92–94 diff bzgl Teilbarkeit; **aA** 24

OLG Köln NJOZ 2011, 1960, 1962). Entscheidend für die Beurteilung der Angemessenheit ist dabei der Wert des Gesamtprojekts (BGH NJW 1998, 2600 – Treuhand; 1990, 1076, 1077 – Automatenaufstellervertrag: 2500 € unangemessen, wenn vollständige Nichterfüllung höchstens zu einem Schaden von 3500 € führen konnte), ob die Vertragsstrafe gestaffelt nach der Schwere und Bedeutung der Verstöße ist (BGH NJW 1998, 2600; LG München BB 1983 Beil Nr 13, 14; OLG Köln ZIP 1995, 1636 – dort allerdings individuell ausgehandelt; LG Erfurt BeckRS 2011, 23703 – Wettbewerbsverstöße), ob ein besonders günstiger Kaufpreis im Hinblick auf die Einhaltung der Verpflichtung vereinbart wurde (Brandenburgisches OLG MDR 1996, 893, 894: 12 500 € Einheitsstrafe als Fehlbelegungsabgabe unwirksam), ob die Auswirkung des Verstoßes auf das Gesamtprojekt berücksichtigt ist (OLG Bremen NJW-RR 1987, 468, 469: Strafen für Überschreitungen von Zwischenfristen beim Bauvorhaben ohne Berücksichtigung der Einhaltung des Schlusstermins unwirksam) und ob bei Kumulierung mehrerer Verstöße eine Begrenzung vorgesehen ist (BGH NJW 1998, 2600 – Treuhand; OLG Dresden BeckRS 2008, 19347 – Bauvertrag; OLG Köln OLG-Rp Köln 1997, 201; OLG Köln NJW-RR 1988, 654; OLG Bremen NJW-RR 1987, 468; OLG Nürnberg BB 1983, 1307; BGHZ 146, 318 – Fortsetzungszusammenhang bei Unterlassungsverpflichtungen, keine AGB – Trainingsvertrag). Entscheidend ist dabei einerseits, dass eine Höchstgrenze vorgesehen wird (BGH NJW 1997, 3233 – Vertragshändler; NJW 2002, 2388; BGH NJW 2003, 2158 – zeitliche Höchstgrenze kann in bestimmten Sachverhalten ausreichen; OLG Koblenz NJW-RR 2000, 1042), dass diese Höchstgrenze angemessen ist (BGHZ 153, 311 – Bauvertrag, über 5 % bei großem Vertragsvolumen zu hoch; BGH IBR 2013, 12 – 2x5 % unwirksam; BGH NJW-RR 2008, 615, 616 – unwirksam 10 % der Schlussrechnungssumme als Höchstgrenze; BGH NJW 2002, 3233; BGH NJW-RR 2004, 1463; OLG Köln IBR 2013, 14 – bis 5 % auch bei Großbauvorhaben wirksam; OLG Brandenburg NJW-RR 2012, 465 – 10 % auch bei kleinerem Volumen unwirksam; OLG Köln BeckRS 2011, 2394 – kein Vertrauensschutz für Höchstgrenze von 10 % bei zu hohen Einzelstrafen – Bauvertrag; OLG Jena NJW-RR 2002, 1178; BAG NZA 2004, 727 – ein Monatsgehalt bei kurzer Kündigungsfrist zu hoch; BAG NZA 2006, 35 – ein bis drei Monatsgehälter unangemessen) und dass auch die Höhe der für die einzelnen Vertragsverstöße vorgesehenen Vertragsstrafen angemessen ist (BGH NJW 2002, 2388 – Bauvertrag 0,5 % pro Tag der Fristüberschreitung trotz Obergrenze in Bauvertrag zu hoch; ähnlich BGH NJW 2000, 2106; BAG NZA 2008, 170, 172 unwirksam zwei Monatsgehälter für jeden Wettbewerbsverstoß des AN; zur Höhe Krause, in: FS Reuter [2010] 627, 639; BAG NJOZ 2011, 565 – ein Monatsgehalt nicht unangemessen; BAG NJW 2011, 408 – ein Monatgsehalt bei Probearbeitsverhältnis unangemessen; LAG Schleswig-Holstein LAGE § 307 BGB 2002 Nr 29 – 2 Bruttomonatsgehälter bei kleinem Unternehmen wirksam). Unangemessenheit liegt jedenfalls dann vor, wenn die Höhe der Vertragsstrafe und der typischerweise durch die Verletzung zu erwartende Schaden (untypische Entwicklungen haben außer Betracht zu bleiben: BGHZ 153, 311; BGH BauR 2000, 1049) außer Verhältnis stehen (BGHZ 153, 311; BGH NJW 1997, 3233; BAG NZA-RR 2009, 519, 521). Unangemessenheit liegt auch vor, wenn die Höhe der Vertragsstrafe in keiner Relation zum Gewinn steht, den der Vertragspartner des Verwenders aus dem Vertrag ziehen kann (BGH NJW-RR 1998, 1508 – Substitutionsstrafe – 5. 000 €; BGHZ 153, 311; BGH NJW 2002, 2388 – alle für Bauverträge; OLG München BeckRS 2009, 26737; OLG Celle NJOZ 2009, 4287 – Ponykauf, mehrfaches des Kaufpreises unwirksam). Für unwirksam gehalten wurden beispielsweise Vertragsstrafen in Bauverträgen, die 0,5 % bzw 1,5 % der Auftragssumme je Arbeitstag der Fristüberschreitung (BGH NJW 2002, 2388; 2000, 2106; 1981, 1509; OLG Nürnberg BB 1983, 1307) oder bis zu 5 % der Gesamtauftragssumme bei Überschreitung einer Zwischenfrist (BGH NJW 2013, 1362 Rn 19) vorsehen.

3. Verwirkungsgrund

Unwirksam, weil unangemessen, kann eine Klausel auch dann sein, wenn sie nicht hinreichend erkennen lässt, durch welche konkreten Pflichtverstöße die Vertragsstrafe verwirkt wird (BAG NZA 2005, 465 und 1053; BAG NZA 2006, 35; dazu Krause, in: FS Reuter [2010] 627, 635; zu „Rückzahlungsklauseln" Schmidt NZA 2004, 1002, 1008; OLGR Celle 2004, 542), wenn sie nicht hinreichend zwischen den verschiedenen Arten der Pflichtverstöße angesichts der Höhe der Vertragsstrafe abstuft (BAG NZA 2008, 170, 171; BAG NZA 2009, 370 Rn 54 [keine allg festgelegte Höchstgrenze]; BGA NZA 2005, 465 und 1053; OLG Hamm MDR 2000, 881; OLG Celle EWiR 1998, 157; OLG München NJW-RR 1996, 1181), oder wenn sie letztlich nur der Schöpfung einer neuen Geldquelle dient (BGHZ 153, 311; 85, 305; OLG Rostock NotBZ 2003, 242 – Automatenaufsteller). Wirksam können Klauseln hingegen sein, wenn sie gewichtige sachliche Anliegen durchsetzen sollen (vgl oben Rn 1 und zB BGH VIZ 1999, 746; ZIP 2000, 799; WM 2003, 1967 – alle bzgl Treuhand; s auch Rn 26). 25

4. Verschuldensunabhängige Vertragsstrafe?

Eine verschuldensunabhängige Vertragsstrafe ist für den Schuldner eine erhebliche Belastung und kommt teilweise einem Garantieversprechen gleich. Gleichwohl ist auch die formularmäßige Abdingung des allgemein anerkannten (BGH NJW 1998, 2600; LG Potsdam NJW-RR 2009, 782 mit restriktiver Auslegung der Klausel; Staudinger/Rieble [2009] § 339 Rn 313) Verschuldenserfordernisses nicht grundsätzlich unwirksam, jedoch bedarf es – zumindest beim Nichtkaufmann – eines besonderen Grundes für eine verschuldensunabhängige Vertragsstrafe. Die Rspr hat in den bisher veröffentlichten Entscheidungen das Vorhandensein eines solchen besonderen Grundes meistens verneint, verschuldensunabhängige Mankoklauseln sind daher unwirksam (BGH NJW-RR 2003, 1056 – Mankoklausel; für andere verschuldensunabhängige Vertragsstrafen: BGH NJW-RR 1991, 1013, 1015; BGH NJW 1985, 1705, 1706; BGH NJW 1985, 57; BGH NJW 1997, 135; OLG Nürnberg NJW-RR 2002, 917 – Brauerei; BGH NJW-RR 2008, 615, 616; OLG Düsseldorf NJW-RR 1997, 1378; OLG Oldenburg MDR 2000, 763 – jeweils Bauverträge; anders bei sehr niedrigem Kaufpreis für den kaufmännischen Verkehr OLG Hamm DtZ 1996, 351, 353; anders auch bei besonderem sachlich legitimierten Interesse an der Durchsetzung der Pflicht: BGHZ 141, 391; BGH NJW 1998, 2600; ZIP 2000, 799 – alles Treuhand; OLG Köln NJOZ 2011, 1960; **aA** OLG Düsseldorf NZG 1998, 353 – Treuhand; OLG Rostock OLG-NL 1999, 38; krit zum BGH Kiethe NZG 1999, 919; Wächter/Stender NJW 2000, 395, 399). AGB, die nicht ausdrücklich auf die verschuldensabhängige Verwirkung hinweisen, aber auch keine besondere Legitimation des Verzichts auf das Verschuldenserfordernis erkennen lassen, sind idR unwirksam. Der BGH schließt allerdings bei Einbeziehung der VOB/B (aus § 11 VOB/O) auf eine nur verschuldensabhängige Verwirkung (BGHZ 167, 75). Zu beachten ist immer, dass die Beweislastregeln der §§ 280 Abs 1 S 2, 286 Abs 4 auch gelten, wenn Sanktion der Vertragsverletzung eine Vertragsstrafe ist und dass aus diesem Grunde auch in AGB auf die den Schuldner der Vertragsstrafe treffende Beweislast hingewiesen werden darf. 26

V. Verbraucher

Anhang 1 d der Richtlinie verbietet gewisse Strafklauseln bei fehlender Gegenseitigkeit. Erfasst sind Fälle, die sowohl unter § 308 Nr 7, § 309 Nr 5 und Nr 6 fallen 27 können. Die strengere Regelung des § 309 Nr 6 ist durchgreifend (und gemeinschaftskonform). Vertragsstrafeversprechen, die nicht gegen § 309 Nr 6 verstoßen, können – auch wenn sie dem Gegenseitigkeitserfordernis von Nr 1d entsprechen – uU nach § 307 unwirksam sein; sie können auch nach Art 3 Abs 1 der Richtlinie unwirksam sein (Wolf RL Anh Nr 1 d Rn 51).

Dass über § 309 Nr 6 iVm § 310 Abs 3 Vertragsstrafeklauseln für die dort vorgesehenen Fallgruppen auch in nicht ausgehandelten Individualverträgen mit Verbrauchern unwirksam sind, ist angesichts der in diesen Fällen praktisch immer bestehenden Möglichkeit der Schadenspauschalierung erträglich. Zu Anhang 1 e der Richtlinie s oben § 309 Nr 5 Rn 24. Das generelle Verbot unverhältnismäßig hoher Entschädigungsbeträge erfasst auch Klauseln, die die „Entschädigung" in Form einer Vertragsstrafe vorsehen (Ulmer/Fuchs Rn 8).

VI. Geschäftsverkehr mit Unternehmern

28 Das strikte Verbot des § 309 Nr 6 gilt im kaufmännischen Verkehr auch nicht über § 307. Vielmehr muss man hier von der grundsätzlichen Zulässigkeit einer Vertragsstrafeklausel ausgehen (BGH NJW 2003, 2158; BB 1995, 1437; OLG Rostock NotBZ 2003, 242 – Automatenaufsteller). Allerdings finden im Rahmen der Prüfung nach § 307 die Grenzen, die einer im nichtkaufmännischen Verkehr grundsätzlich zulässigen Klausel gezogen sind (oben Rn 22 ff), Anwendung. Danach sind insb unverhältnismäßig hohe Vertragsstrafeversprechen zu verwerfen (BGH NJW-RR 1998, 1508 – Subunternehmer; NJW 1997, 3233 – Vertragshändler; WM 1990, 1198 – Gastwirt; OLG Hamm MDR 1984, 404 – Handelsvertreter; OLG Köln 1998, 401 – Wettbewerbsverbot, aber 25 000 € nicht unangemessen; OLG München BeckRS 2010, 20437 – Wettbewerbsverstoß – 25 000 € pro Verstoß unangemessen; OLG Jena BeckRS 2009, 01159 – Wettbewerbsverbot in Speditionsvertrag, 10 000 € unangemessen hoch; BGH NJW 1981, 1509 – Baugewerbe; LAG Hamm BeckRS 2007, 43975 – Handelsvertreter; OLG München BeckRS 2009, 26737; zu den Pönalen im Baugewerbe Knütel/Rieger NZBau 2010, 285, 289 – 10% wirksam; Schuhmann ZfBR 2009, 307 – mehr als 5% erforderlich) oder solche, bei denen eine Obergrenze fehlt (BGH JZ 1997, 1122 – Vertragshändler; BGHZ 85, 305; BGH NJW 1987, 380; OLG Brandenburg BeckRS 2008, 01801; OLG Köln OLG-Rp Köln 1997, 201). Die fehlende Verrechnung mit einem Schadensersatzanspruch macht die Klausel unwirksam (BGH NJW 1985, 53, 56), während eine Abweichung von § 341 Abs 3 eingeschränkt möglich ist (BGHZ 85, 305, 307; OLG München BB 1984, 1386, 1387). Die Vertragsstrafedrohung darf aber fühlbaren Druck auf Einhaltung der Verpflichtungen bewirken (OLG Frankfurt BB 1985, 1560).

Eine verschuldensunabhängige Vertragsstrafe kann auch gegenüber einem Kaufmann nur ausnahmsweise vereinbart werden, wenn legitime Gründe für eine solche vorhanden sind (OLG Düsseldorf BeckRS 2006, 12722; OLG Frankfurt BB 1985, 1560). Allerdings wird der Kreis der legitimen Gründe im kaufmännischen Verkehr großzügiger gezogen werden können, wie auch der Spielraum für die Höhe einer angemessenen Vertragsstrafe größer ist. Der Gesetzgeber hat dies in § 348 HGB für den Vollkaufmann zum Ausdruck gebracht. Die Rspr lässt hier für beide Aspekte das Preis-Leistungs-Verhältnis von entscheidendem Gewicht sein (OLG Hamm DtZ 1996, 351, 353: verschuldensunabhängige Arbeitsplatzgarantie – Vertragsstrafe bei Unternehmenskauf für 0,5 €). Soweit infolge der Handelsrechtsnovelle nach § 310 Abs 1 auch beruflich oder gewerblich tätige Personen aus dem Anwendungsbereich der §§ 308, 309 ausgegliedert sind, ist bei der Beurteilung nach § 307 gerade im Hinblick auf Höhe und Verschuldensunabhängigkeit der Vertragsstrafe eine strikte Angemessenheitskontrolle notwendig.

§ 309 Nr 7
Haftungsausschluss bei Verletzung von Leben, Körper, Gesundheit und bei grobem Verschulden

Auch soweit eine Abweichung von den gesetzlichen Vorschriften zulässig ist, ist in Allgemeinen Geschäftsbedingungen unwirksam …

7. (Haftungsausschluss bei Verletzung von Leben, Körper, Gesundheit und bei grobem Verschulden)

a) (Verletzung von Leben, Körper, Gesundheit)

ein Ausschluss oder eine Begrenzung der Haftung für Schäden aus der Verletzung des Lebens, des Körpers oder der Gesundheit, die auf einer fahrlässigen Pflichtverletzung des Verwenders oder einer vorsätzlichen oder fahrlässigen Pflichtverletzung eines gesetzlichen Vertreters oder Erfüllungsgehilfen des Verwenders beruhen;

b) (Grobes Verschulden)

ein Ausschluss oder eine Begrenzung der Haftung für sonstige Schäden, die auf einer grob fahrlässigen Pflichtverletzung des Verwenders oder auf einer vorsätzlichen oder grob fahrlässigen Pflichtverletzung eines gesetzlichen Vertreters oder Erfüllungsgehilfen des Verwenders beruhen;

die Buchstaben a und b gelten nicht für Haftungsbeschränkungen in den nach Maßgabe des Personenbeförderungsgesetzes genehmigten Beförderungsbedingungen und Tarifvorschriften der Straßenbahnen, Obusse und Kraftfahrzeuge im Linienverkehr, soweit sie nicht zum Nachteil des Fahrgasts von der Verordnung über die Allgemeinen Beförderungsbedingungen für den Straßenbahn- und Obusverkehr sowie den Linienverkehr mit Kraftfahrzeugen vom 27. Februar 1970 abweichen; Buchstabe b gilt nicht für Haftungsbeschränkungen für staatlich genehmigte Lotterie- oder Ausspielverträge;

Materialien: 1. Teilber 64; RefE 13; RegE 27; BT-Drucks 14/6857, 5, 14 f, 52 f; BT-Drucks 14/6040, 10, 155 f; BT-Drucks 14/7052, 188 f; s Staudinger/Schlosser Vorbem 5 ff zu §§ 305 ff.

Schrifttum

Blaurock, Haftungsfreizeichnung zugunsten Dritter, ZHR 146 (1982) 238
Brors, Haftungsbeschränkungen gegenüber dem Endverbraucher – neue Wege bei der AGB-Kontrolle?, ZIP 1998, 1663
Canaris, Verstöße gegen das verfassungsrechtliche Übermaßverbot im Recht der Geschäftsfähigkeit und im Schadensersatzrecht, JZ 1987, 993
Fliegner, Der Leistungsbegriff der §§ 280 ff. BGB und Fragen des Haftungsausschlusses, JR 2002, 314
Friedl, Die Haftung des Vorstands und Aufsichtsrats für eine fehlerhafte Stellungnahme gemäß § 271 WpÜG, NZG 2004, 448
Furmans, Haftungsbegrenzung in gemischten Sozietäten und AGB-Kontrolle, NJW 2007, 1400
Geiger, Haftungsprivilegierungen in Forschungsverträgen, MedR 2009, 67
Granzer, Die Freizeichnung von verschuldensunabhängiger Haftung in Allgemeinen Geschäftsbedingungen (1991)
M Haas, Haftungsfreizeichnungsklauseln in Allgemeinen Geschäftsbedingungen (1991)
Härting, Zur Problematik der Haftungsfreizeichnungsklausel, K & R 2001, 219
Hartung, Wissenszurechnung beim Unternehmenskauf, NZG 1999, 524
Hau, Die Schadensersatzhaftung des Mieters und ihre vertragliche Erweiterung, NZM 2006, 561
Henseler, Beispiele zur Haftung und Haftungsbegrenzung im kaufmännischen Verkehr, DWiR 1992, 192
Hertel, „Gekauft wie besichtigt" – Beschaffenheitsvereinbarung und Ausschluss der Mängelrechte beim Altbauverkauf nach neuem Schuldrecht, ZNotP 2002, 126
Horst, Auswirkungen der Schadensersatzreform auf das Mietrecht, NZM 2003, 537
Joachim, Haftungsfreizeichnung im modernen Mietrecht, NZM 2003, 387
Kappus, Die Allgemeinen Reisebedingungen nach der Schuldrechtsreform im Lichte neuester Rechtsprechung, RRa 2003, 198
Klöhn/Spindler, Fehlerhafte Informationen und Software – Die Auswirkungen der Schuld und Schadensrechtsreform, VersR 2003, 273
Kötz, Zur Effizienz von Haftungsausschlußklauseln, in: Ott/Schäfer (Hrsg), Allokationseffizienz in der Rechtsordnung (1989)
ders, Haftungsausschlußklauseln, VersR 1983, Beilage, 145
Koller, Die Wirksamkeit formularmäßiger Haftungsfreizeichnungsklauseln zwischen Schadensausgleich und Schadensprävention, ZIP 1986, 1089
Litzenburger, Das Ende des vollständigen Gewährleitungsausschlusses beim Kaufvertrag über gebrauchte Immobilien, NJW 2002, 1244
Mehrings, Typische Beratungsfallen im Mietrecht – Haftungsklauseln, Schriftform, Untervermietung, NZM 2009, 386
Müller, Schuldrechtsmodernisierung und Auswirkungen auf die Verträge der Wohnungseigentümergemeinschaft mit Dritten, ZWE 2003, 122
Preis/Roloff, Die Inhaltskontrolle vertraglicher Ausschlussfristen, RdA 2005, 144
Roussos, Freizeichnung von Schadensersatzansprüchen im Recht der AGB (1981)
ders, Die Anwendungsgrenzen der Inhaltskontrolle und die Auslegung von § 9 AGBG, JZ 1988, 1003
Schlosser, 10 Jahre AGB-Gesetz, JR 1988, 1
ders, Haftungsgrund, Haftungsmaßstab und AGB-Gesetz, WM 1978, 562
Spickhoff, Wahlärztliche Leistungen im Krankenhaus – Leistungspflicht und Haftung, NZS 2004, 57
Staudinger, Wirksamkeit der Vermittlerklausel und der Fremdleistungsklausel in den Allgemeinen Geschäftsbedingungen für Reiseverträge, RRa 2004, 44
Tettinger, Zuu den Freizeichnungsmöglichkeiten des Verkäfers einer mangelhaften Sache, AcP 205 (2005) 1
Voit, Risikomanagement im Krankenhaus unter geänderten rechtlichen Bedingungen, KHuR 2003, 70
Wackerbarth, Die Haftung für zwischengeschaltete Banken im mehrgliedrigen Überweisungsverkehr, ZIP 2000, 1187

vWESTPHALEN, Die Nutzlosigkeit von Haftungsfreizeichnungs- und Haftungsbegrenzungsklauseln im kaufmännischen Verkehr, DB 1997, 1805
ders, Wirksamkeitsgrenzen von Haftungsfreizeichnungs- und Haftungsbegrenzungsklauseln, AD LEGENDUM 2010, 77
ders, Der abhandengekommene Nutzen von AGB-Klauseln, in: FS Trinkner (1995) 441
ders, Nach der Schuldrechtsreform: Neue Grenzen für Haftungsfreizeichnungs- und Haftungsbegrenzungsklauseln, BB 2002, 209
ders, Freizeichnungsverbote in AGB-Klauseln – Neues und Altes, ZGS 2002, 382.

Systematische Übersicht

Alphabetische Übersicht

I. Regelungsanliegen und Gesetzesgeschichte

1 § 309 Nr 7 ist sicherlich eines der wichtigsten Klauselverbote der §§ 308, 309 und die Grundsatzregelung für die Aufrechterhaltung der verschuldensabhängigen Haftung. Die Norm ist im Rahmen der Schuldrechtsmodernisierung neu gefasst worden. Dabei führt das nunmehr in lit a ausdrücklich aufgenommene Verbot einer Einschränkung der verschuldensabhängigen Haftung für die Verletzung von Leben, Körper und Gesundheit lediglich zu einer Klarstellung. Auch nach dem AGBG wurde eine diesbezügliche Haftungsbeschränkung als unangemessen angesehen und nach § 9 Abs 2 AGBG für unwirksam gehalten (OLG Karlsruhe NJW-RR 1989, 1333, 1335; OLG Stuttgart NJW-RR 1992, 243). Der BGB-Gesetzgeber wollte im Hinblick auf Nr 1a EG-Richtlinie 93/13 und die Anforderungen des EuGH an die Umsetzung (EuGH-RS 244/98, EuZW 2000, 506, 508 – Océano) diese Grundsätze durch ein ausdrückliches Klauselverbot verdeutlichen. Eine inhaltliche Korrektur der Rspr ist damit nicht verbunden.

Auch die Formulierungsänderungen in lit b haben im Wesentlichen klarstellenden – wie die Ersetzung des Begriffs „Vertragsverletzung" durch „Pflichtverletzung" (s unten Rn 4) – oder redaktionellen Charakter – wie die Integration der bisher in § 23 Abs 2 Nr 3, 4 AGBG enthaltenen Beschränkung des Anwendungsbereichs. Die Erwähnung der *cic* konnte im Hinblick auf § 311 Abs 2, 3 entfallen.

Bedeutsamer ist die Änderung des Umfeldes: Die früher in § 11 Nr 8, 9 AGBG enthaltenen weiteren Verbotsklauseln zur Haftungsbegrenzung gegenüber Schadensersatzansprüchen ließen die Abgrenzung der verschiedenen Klauselverbote gegeneinander schwierig erscheinen und Zweifel an der grundsätzlichen Reichweite des Aussagegehalts von § 11 Nr 7 AGBG aufkommen (vgl Staudinger/Coester-Waltjen AGBG § 11 Nr 7 Rn 3, 9 ff). Durch den Wegfall der die weiteren Schadensersatzverpflichtungen betreffenden Klauselverbote wird deutlich, zum einen dass § 309 Nr 7 alle Schadensersatzverpflichtungen betrifft, gleichgültig aus welcher „Störung" diese herrühren (vgl BT-Drucks 14/6857, 16, 53), zum anderen dass § 309 Nr 7 nur Freizeichnungsklauseln für Schadensersatzansprüche betrifft, nicht aber Klauseln in Bezug auf Lösungsrechte generell (dazu § 309 Nr 8a) oder – zusammen mit Nacherfüllungsrechten – bei kauf- oder werkvertragsrechtlichen Sach- oder Rechtsmängeln (dazu § 309 Nr 8b aa, bb). § 309 Nr 7 ist daher kein allgemeiner AGB-fester Haftungsmaßstab, sondern nur ein auf die Freizeichnung von Schadensersatzpflichten bezogener zu entnehmen. Da der Aufwendungsersatzanspruch des § 284 an die Stelle des Schadensersatzes statt der Leistung tritt, insofern also ein Äquivalent des Schadensersatzes darstellt, greift das Klauselverbot des § 309 Nr 7 auch insofern ein, macht diesen Anspruch daher im gleichen Maße wie den Schadensersatzanspruch AGB-fest (Staudinger/Otto [2009] § 284 Rn 14; Grigoleit ZGS 2002, 122, 124; vWestphalen NJW 2002, 12, 23; **aA** Litzenburger RNotZ 23, 33; MünchKomm/Ernst § 284 Rn 38). 2

II. Anwendungsbereich

1. Vertragstypen und -gegenstände

§ 309 Nr 7 erfasst zwar auch Freizeichnungsklauseln im deliktischen Bereich (s unten Rn 4, 19), zur Vereinbarung einer Freizeichnung bedarf es aber einer vertraglichen Einbeziehung. Außer den generell (nach § 310 Abs 4) von der Anwendung der §§ 305 ff ausgenommenen Rechtsgebieten (Erb-, Familien- und Gesellschaftsrecht, Tarifverträge und Betriebsvereinbarungen) und den von der Inhaltskontrolle nach §§ 308, 309 befreiten Ver- und Entsorgungsverträgen über Wasser, Elektrizität, Gas- und Fernwärme (§ 310 Abs 2) (dazu BGHZ 138, 118), sind auch Haftungsbeschränkungen in den nach Maßgabe des Personenbeförderungsgesetzes genehmigten Beförderungsbedingungen nicht nach § 309 Nr 7 zu beurteilen, wenn diese nicht zum Nachteil des Fahrgasts von der Verordnung über die Allgemeinen Beförderungsbedingungen vom 27. 2. 1970 abweichen. Eine Sonderregelung gilt außerdem für Freizeichnungsklauseln in Lotterieverträgen, soweit diese nicht Verletzungen von Leben, Körper und Gesundheit betreffen. Schließlich ist für Arbeitsverträge, soweit die §§ 305 ff anwendbar sind, die Sonderregelung des § 104 SGB VII zu beachten, der eine Beschränkung der Haftung auf Vorsatz erlaubt, weil für fahrlässig herbeigeführte Schäden die gesetzliche Unfallversicherung eingreift (die allerdings kein Schmerzensgeld zahlt – unbedenklich BGH NJW 2009, 2956; BGH MDR 2012, 462). Soweit diese Beschränkungen des Anwendungsbereichs nicht eingreifen, fallen alle Frei- 3 zeichnungsklauseln unabhängig von Vertragstyp und Vertragsgegenstand unter die Klauselkontrolle.

2. Pflichtverletzungen

4 Das Eingreifen des Klauselverbots ist unabhängig davon, um welche Art der Pflichtverletzung es sich handelt und aus welchem Normenbereich sich ein Schadensersatzanspruch ergibt (Palandt/Grüneberg Rn 40). Gleichgültig ist, ob Leistungsverzögerung, Nichtleistung oder Schlechtleistung vertragliche Schadensersatzansprüche (§§ 280 ff) auslösen, ob sich der Schadensersatz aus Verschulden vor oder bei Vertragsschluss ergibt (§§ 311 Abs 2, 3, 241 Abs 2, 280), auf Normen der unerlaubten Handlung (BGH BeckRS 2012, 01206 Rn 41) oder – soweit überhaupt dispositiv und hier relevant – der Gefährdungshaftung beruht (so bereits früher BGH NJW 1995, 1488 – „zumindest entsprechend anwendbar"; OLG Koblenz NJW-RR 2002, 1252; Blaurock ZHR 146 [1982] 238; **aA** für § 309 Nr 7 – nur analoge Anwendung möglich – Erman/Roloff Rn 64). Auch Schadensersatzansprüche Dritter, die aufgrund eines Vertrages mit Schutzwirkung für Dritte entstehen, sind einbezogen (Palandt/Grüneberg Rn 40, Erman/Roloff Rn 64 aE; schon zum früheren Recht Dubischar NJW 1989, 3241, 3245; OLG Düsseldorf WM 1982, 575; Ulmer/Hensen AGBG § 11 Nr 7 Rn 13). Ob auch Haftungsausschlüsse Dritter hierunter fallen, ist umstritten; richtigerweise wird man dies annehmen müssen (so wohl BGHZ 130, 223; OLG Koblenz NJW-RR 2002, 1252), zumal die Wirkung von Freizeichnungsklauseln jedenfalls auch auf Ansprüche gegen Arbeitnehmer oder Bedienstete des Verwenders erstreckt werden (BGHZ 96, 18; Blaurock ZHR 146 [1982] 238; Pfeiffer, in: Dauner-Lieb/Konzen/Schmidt, Das neue Schuldrecht in der Praxis [2003] 225, 249). Soweit das Eingreifen von § 309 Nr 7 für drittbegünstigende Klauseln verneint wird, soll eine Überprüfung nach § 307 erfolgen (MünchKomm/Wurmnest Rn 10).

3. Verhältnis zu anderen Regelungen

5 **a)** Schadensersatzansprüche wegen Rechts- oder Sachmängeln des Kauf- oder Werkvertragsgegenstandes sind von den Klauselverboten des § 309 Nr 8b aa, bb nicht berührt (MünchKomm/Wurmnest Rn 7; BGH NJW 2007, 674, 675; BGH NJW-RR 2010, 1099 Rn 18; OLG Oldenburg BeckRS 2011, 19211; OLG Hamm NJW-RR 2005, 1220, 1221; LG Oldenburg BeckRS 2012, 03552). Soweit sie durch Vorleistungs-, Anzeigepflichten oder Verkürzung der Verjährungsfristen etc eingeschränkt oder insgesamt ausgeschlossen werden, ist § 309 Nr 7 die vorrangig heranzuziehende Norm. Nur in dem von § 309 Nr 7 eröffneten Rahmen sind derartige Beschränkungen möglich. Dieses Klauselverbot gewinnt damit auch für den Verbrauchsgüterkauf Bedeutung, der bezüglich der Schadensersatzhaftung nicht der Disposition der Parteien entzogen ist (§ 475 Abs 3) (zur Notwendigkeit der Inhaltskontrolle auch bei zwingendem Recht BGH MDR 2012, 982 Rn 46; zu Gestaltungsmöglichkeiten der Schadensersatzhaftung wegen Mangelhaftigkeit bei Bauträgerverträgen Litzenburger RNotZ 2002, 23, 31).

6 **b)** Völlig unberührt lässt Nr 7 gesetzliche Vorschriften über die Unzulässigkeit von Haftungsbegrenzungen, die auch gegenüber **Individualvereinbarungen** Geltung beanspruchen, etwa in § 49 LuftVG (Einzelheiten bei Basedow, Der Transportvertrag [1987] 260 f), § 702a Abs 1 S 2 BGB, § 2 Abs 5 FernunterrichtsschutzG, § 8a StVG, § 14 ProdHaftG. Unberührt bleiben auch ges Vorschriften, die ihrerseits eine Haftungsbeschränkung vorsehen (zB § 46 LuftVG; § 427 HGB; § 7 Abs 2 TKV – dazu Spindler

CR 1999, 626, 627); AGB-Klauseln, die derartiges wiederholen, unterliegen bereits nach § 307 Abs 3 nicht der Kontrolle des § 309 Nr 7. Geben Spezialnormen Raum für privatautonome Gestaltung, so wird idR damit keine § 309 Nr 7 widersprechende Gestaltungsmöglichkeit eingeräumt, es sei denn die Spezialnorm ließe deutlich erkennen, dass hiermit auch ein formularmäßig auszufüllender Spielraum eröffnet ist. Die Rspr nimmt dies beispielsweise für § 651h Abs 1 Nr 2 an (BGH 100, 157; OLG Frankfurt NJW 1986, 1618, 1621; zust Bamberger/Roth/Becker Rn 29; ebenso für § 651 m BGH NJW 2009, 1486 Rn 18). Für § 67a StBerG ist dies umstritten (dazu Alvermann/Wollweber DStR 2008, 1707), wobei die Formulierung („fahrlässig verursachter Schaden“) zu Unrecht in Gegensatz zu § 51a BRAO („einfache Fahrlässigkeit“) gesetzt wird (Busse DStR 1995, 660). Von einer abschließenden Spezialregelung auch gegenüber § 309 Nr 7 kann man hier nicht sprechen (wie hier Werber VersR 1996, 917, 921). Dass im Gesetzestext die vorsätzliche Vertragsverletzung des Verwenders selbst nicht erwähnt ist, beruht auf § 276 Abs 3, der einen Haftungsausschluss für vorsätzliches Handeln des Schuldners generell unwirksam sein lässt. Soweit man eine *Haftungsbegrenzung* – im Gegensatz zum völligen Haftungsausschluss – für eigenes vorsätzliches Handeln individualvertraglich für zulässig erachten sollte, müsste § 309 Nr 7 entspr angewandt werden, um solches wenigstens als formularmäßige Regelung unwirksam sein zu lassen.

c) Zum Verhältnis zu § 305c Abs 2 s Staudinger/Schlosser § 305c Rn 113 f; 7
zum Verhältnis zu § 305c Abs 1 s Staudinger/Schlosser Vorbem 19 zu §§ 305 ff. Durch eine zulässige Haftungsfreizeichnungsklausel wird nicht automatisch eine Verletzung von § 309 Nr 12 vorgenommen (BGH ZIP 1985, 687).

III. „Körperschäden“

Die bereits nach § 9 AGBG für unwirksam gehaltene Freizeichnung von verschul- 8
densabhängigen Schadensersatzpflichten wegen Verletzung von Leben, Körper oder Gesundheit (s oben Rn 1) unterliegt nunmehr dem ausdrücklichen Verbot des § 309 Nr 7a. Der Verwender muss für diese Schäden auch bei nur leichter Fahrlässigkeit haften. Er kann seine Haftung auch nicht durch einen Ausschluss oder eine Begrenzung des Schmerzensgeldanspruchs beschränken (zur engen Auslegung und damit Wirksamkeit einer Haftungsklausel OLG Düsseldorf ZGS 2004, 271). Haftungsausschluss oder -beschränkung sind nur im Rahmen der Gefährdungshaftung möglich, soweit diese Dispositionsraum lässt (beachte § 8a StVG, § 14 ProdHaftG) und die Freizeichnung nicht gegen § 307 verstößt (vgl Staudinger/Coester § 307 Rn 431; s auch unten Rn 39 und zur richtlinienkonformen Auslegung Rn 41). IdR scheitern die Haftungsausschluss oder -begrenzungsregelungen an einer zu weiten Formulierung, die die Haftung für Verschulden bei Entstehung von Körperschäden nicht hinreichend deutlich aus dem Haftungsausschluss ausnimmt (vgl OLG Hamm NJW-RR 2005, 1220 – Haftungsausschluss beim privaten Gebrauchtwagenverkauf).

Für die Frage, was als Verletzung von Leben, Körper, Gesundheit anzusehen ist, 9
kann auf die Definitionen im Rahmen von § 823 Abs 1 zurückgegriffen werden (vgl Staudinger/Hager [1999] § 823 Rn B 1 ff, 20 ff). Dies dürfte auch einer richtlinienkonformen Auslegung entsprechen und europarechtskonform sein.

IV. Sonstige Schadensersatzansprüche

1. Pflichtverletzungen

10 Alle Schadensersatzansprüche, die sich nicht aus Verletzungen von Leben, Körper oder Gesundheit ergeben, sind nach § 309 Nr 7b zu beurteilen, dh in erster Linie einer Kontrolle darauf zu unterziehen, ob sie die Haftung des Verwenders für eigene grobe Fahrlässigkeit oder Vorsatz und grobe Fahrlässigkeit seiner Erfüllungsgehilfen und seiner gesetzlichen Vertreter ausschließen oder beschränken. Wird die Haftung für leichte Fahrlässigkeit ausgeschlossen, so kann die Klausel dennoch an § 307 scheitern (Staudinger/Coester § 307 Rn 437 ff und unten Rn 38).

11 Als relevante Pflichtverletzungen können alle Arten von Störungen in Betracht kommen. Auf eine Unterscheidung zwischen Haupt- und Nebenleistungspflichten kommt es nicht an.

12 Unberührt von der Nr 7 bleibt aber die **formularmäßige Festlegung der primären Hauptleistungspflichten**. Das gilt nicht nur für das wirtschaftliche Interesse, auf welches sie sich beziehen, sondern auch für die strukturelle Art, die sie annehmen sollen. So kann es etwa sein, dass der Schuldner nur Sorgfalt, aber keinen Erfolg schuldet. Es kann aber auch sein, dass er sich zur Herbeiführung eines Erfolges oder zur Verhinderung eines bestimmten Erfolges (Bewachungsverträge) verpflichtet. Je nach der gewählten Variante handelt er vertragswidrig schon bei Eintritt bestimmter Erfolge oder erst, wenn ihm ein objektiver Sorgfaltsverstoß zur Last fällt und nachgewiesen werden kann (dazu näher Stoll AcP 176 [1976] 149 ff). Die Ausgestaltung eines Vertrages in dem einen oder dem anderen Sinn kann – vorbehaltlich einer Prüfung nach den §§ 305c Abs 1, 305b, 307 – auch in AGB getroffen werden (zur Kontrollfähigkeit BGHZ 146, 138; zu weitgehend Werber VersR 1996, 917, 919 f, der hier eine auch nicht nach § 307 kontrollierbare Klausel annimmt). Das genaue Schutzobjekt einer Überwachungs- oder Beaufsichtigungsverpflichtung kann näher spezifiziert werden, etwa durch Bedingungen eines Pkw-Parkplatz-Unternehmens, denen zufolge sich die Überwachungsverpflichtung nur auf die abgestellten Fahrzeuge selbst, nicht aber auf darin befindliche Gegenstände beziehen soll. Dann begründet nur das Geschehenlassen einer Entwendung des Pkw selbst eine objektive Vertragsverletzung (wegen der dennoch möglichen Vertragsverletzung bezüglich der im Wagen liegengebliebenen Gegenstände s Rn 17). Ähnliches gilt für Klauseln in AGB der Angehörigen wirtschaftsberatender oder steuerberatender Berufe, wonach die Prüfung Buchfälschungen und sonstige Unregelmäßigkeiten bzw die Richtigkeit, Vollständigkeit und Ordnungsmäßigkeit der übergebenen Unterlagen nicht erfassen soll (**aM** Brandner, in: FS Hauß [1978] 10).

13 Eine kontrollfreie Vertragsbestimmung liegt nur dann vor, wenn es sich um eine reine Beschreibung der tatsächlichen Zustände oder des individual Vereinbarten handelt, nicht aber bei Klauseln, die das Hauptleistungsversprechen einschränken, ausgestalten oder modifizieren (BGHZ 146, 138; 141, 137; 100, 157; OLG Nürnberg WM 2001, 2440). Die Rspr geht freilich zunehmend dazu über, derartige Modifizierungen nach § 309 Nr 7 zu beurteilen (BGHZ 146, 138 – zeitweilige Beschränkungen oder Unterbrechungen des Zugangs zum Online-Service von Kreditinstituten; OLG München NJW-RR 2004, 1064 – Nichtkontrolle des Transportwegs beim Paketbeförderungsdienst; BGH WuM 1996, 553 – Über-

tragung der Verkehrssicherungspflichten auf Mieter als „Quasi-Freizeichnung"; OLG Frankfurt NZBau 209, 599, 601 – Verantwortung für vorausgehende Planung; LG Karlsruhe BeckRS 2007, 10541 – 99% Erreichbarkeit des Servers), weil eine Haftungsbeschränkung bereits vorliegen soll, „wenn die objektive Pflicht, die Grundlage der Haftung ist, ausgeschlossen oder ein bestimmtes Risiko allein dem Vertragspartner auferlegt wird" (BGHZ 146, 138, 142). Damit wird die Chance der flexibleren Beurteilung insb nach den §§ 305c Abs 1, 307 genommen. Denn der Verwender kann durchaus ein legitimes Interesse daran haben, seinen Pflichtenkreis formularmäßig zu umschreiben (vgl BGH NJW-RR 2007, 32 Rn 18 – Frage offenlassend). § 305c Abs 1 schützt den Vertragspartner ausreichend vor überraschenden Klauseln, § 307 vor Klauseln, die die vertragstypische Leistung zu reduzieren versuchen, § 308 Nr 4 vor unzumutbaren Leistungsänderungsvorbehalten.

Da, wo **nur Sorgfalt**, aber kein Erfolg **geschuldet** wird, können in den Grenzen der 14
§§ 305c Abs 1, 307 auch die **geschuldeten** Sorgfaltspflichten näher konkretisiert werden. Die genannten Grenzen sind beispielsweise überschritten, wenn sich ein Verwender davon freizeichnen will, dass er etwas kennt oder kennen muss, indem er seinem Vertragspartner formularmäßig entsprechende Mitteilungspflichten auferlegt (OLG München NJW-RR 1986, 382; LG Frankfurt NJW-RR 2001, 1423; BGH NJW 1985, 1165, 1166). Die frühere Nr 1 Abs 1 der AGB-Banken (Kenntnis von Änderungen in der Vertretungs- und Verfügungsbefugnis erst bei schriftlicher Mitteilung, sofern eine Verpflichtung zur Eintragung in ein Register bestand) war daher unwirksam (beanstandungslos neu formuliert in Nr 11 Abs 1 AGB-Banken 1993 jetzt 2009).

Ist verkehrstypisch ein **Erfolg geschuldet**, wie bei einer Banküberweisung, so können nicht einzelne Sorgfaltspflichten abbedungen werden, die auf den geschuldeten Erfolg bezogen sind. Auch im Flugverkehr kann die Haftung für das Erreichen der gebuchten Verbindungsflüge nicht ausgeschlossen werden (vgl BGH NJW 1983, 1322, 1324 – dort sogar weitergehend und mit dem damaligen § 11 Nr 8b AGBG unvereinbar angesehen). Gleiches gilt für die Eingrenzung vertraglich übernommener Nebenpflichten (BGH ZIP 1984, 1098 – Tankscheckfall; LG Düsseldorf BeckRS 2009, 10541 – Paketbeförderung, Schnittstellenkontrolle).

Der Beschaffungsschuldner kann das Risiko der Beschaffung nur unter ganz be- 15
sonderen Umständen begrenzen oder ausschließen (s unten Rn 39). Diese indirekten Haftungsregelungen sind – je nachdem, ob sie die Haftung wegen Vorsatz und grober Fahrlässigkeit oder das verschuldensunabhängige oder leicht fahrlässige Einstehenmüssen betreffen – im ersten Fall nach § 309 Nr 7, im zweiten nach § 307 zu beurteilen (vgl auch OLG Karlsruhe AGBE III § 9 Nr 15 S 183, 191).

Im Grenzbereich der verkehrstypischen Erwartungen oder im Zusammenhang mit 16
ganz untypischen Verträgen muss es aber möglich sein, auch die beide Vertragsteile treffende Sorgfaltspflicht formularmäßig festzulegen, etwa wenn ein Generalbauunternehmer bestimmen will, welche Arten von Sorgfaltspflichten die verschiedenen Subunternehmer bei ihrem Zusammenwirken an der Baustelle treffen. Auch darf der Verwender von AGB die **Art** festlegen, wie er seiner Sorgfaltspflicht nachzukommen gedenkt. So kann er für Wertgegenstände, die Kunden bei sich führen und von denen diese sich vorübergehend trennen müssen, bestimmte Aufbewahrungsgelegenheiten anweisen und jede Sorgfaltspflicht von sich weisen, wenn dem

nicht nachgekommen wird (im Ergebnis daher heute noch zutreffend OLG Karlsruhe NJW 1975, 597; Unwirksamkeit wegen Unüblichkeit eines solchen Vorgehens annehmend: BGH NJW 1987, 2818. 2821 – iE richtig, aber wohl nicht an § 309 Nr 7, sondern an § 305c Abs 1 zu messen; vgl auch BGH NJW-RR 2007, 32 Rn 18 – Beförderung von Wertgegenständen – offengelassen). Verabredungen über die die Parteien wechselseitig treffenden Sorgfaltspflichten wirken aber niemals absolut. Auch wer eine bestimmte Sorgfaltspflicht nicht übernommen hat, muss haften, wenn sich ihm Gefahren, die andere zu bannen verpflichtet waren, aufdrängten, und er dennoch passiv blieb; zudem kann eine Verschiebung der Risikobereiche – wenn nicht schon an § 305c Abs 1 – an § 307 scheitern (OLG Karlsruhe AGBE § 9 Nr 15 S 183, 191; BGH NJW 1986, 2757, 2758 [„Betreten des Großmarktes auf eigene Gefahr"]; BGH NJW 1997, 1700, 1702 und BGH NJW 1997, 2236, 2237 – Scheckfälschung; BGHZ 114, 238, 242 – Scheckkartenmissbrauch).

17 Ist ein bestimmter Erfolg individuell oder durch AGB als vertraglich nicht geschuldet ausgewiesen (Rn 12), so kann eine auf ihn bezogene Sorgfaltspflicht gleichwohl in Sondersituationen als sekundäre aufleben. Auch wenn ein Parkplatzunternehmer keine auf den Inhalt der abgestellten Fahrzeuge bezogene Überwachungspflicht übernimmt, macht er sich schadensersatzpflichtig, wenn ein Diebstahl aus dem Wagen vor den Augen seines Personals geschieht. In einem eine solche Situation betreffenden Fall hat der BGH ausdrücklich, wenngleich nur obiter (NJW 1968, 1718, 1720 – in der Hauptaussage heute obsolet), festgehalten, dass der Unternehmer haften muss, wenn ihn selbst an dem Abhandenkommen grobes Verschulden trifft.

18 Vorvertragliche Pflichten können nur Gegenstand einer formularmäßigen Reduzierung sein, wenn es zu einem Vertragsschluss oder einem Vorvertrag unter Einbeziehung der Freizeichnungsklausel gekommen ist, wie beispielsweise bei den Teilnahmebedingungen der Toto- und Lottounternehmen (Ulmer/Christensen Rn 22 aE; Grunewald ZIP 1987, 353; **aM** Staudinger/Schlosser AGBG § 23 Rn 24; krit zur unbekümmerten Bejahung der Einbeziehungsvoraussetzungen MünchKomm/Wurmnest Rn 17 f). Keinesfalls reicht die Absicht des Verwenders zum Haftungsausschluss aus (so aber beim Lotto KG NJW 1981, 2822). Kommt es zum Vertragsschluss, so kann ein wirksam vereinbarter Haftungsausschluss grundsätzlich auch auf das vorvertragliche Verhalten zurückwirken (zur grundsätzlichen Frage der Klauseln, die den Vertragsschluss selbst betreffen § 308 Nr 1 Rn 6); er unterliegt daher auch den durch § 309 Nr 7 (und § 307) gesetzten Grenzen (BGH NJW 1992, 828; Ulmer/Christensen Rn 22; Heiermann NJW 1986, 2682; zurückhaltend soweit die Willensbildung betroffen ist Grigoleit Vorvertragliche Informationspflichten 248 f; Ziegler BB 1990, 2345 mit vertraglicher Konstruktion; Bamberger/Roth/Becker Rn 40). Ob er zurückwirkt, ist eine Frage der Auslegung (verneint für Nr 4 Abs 4 AGB-Banken aF [inzwischen ersatzlos gestrichen, Neuregelung der Haftung in Nr 3] durch BGH NJW 1984, 866, 867), allerdings wird man nicht schon im Zweifel eine „Vorwirkung" verneinen können. In diesen Bereich fallende Klauseln findet man vor allem in Versicherungsverträgen, bei denen die Formulierungen im Antragsformular uU den Anschein erwecken, dass objektiv unrichtige Angaben allein in den Verantwortungsbereich des Kunden fallen („für die Richtigkeit der Angaben bin ich allein verantwortlich" – BGH NJW 1992, 828), obwohl Falscheintragungen auch auf das Fehlverhalten des Versicherungsagenten zurückzuführen sein können (OLG Karlsruhe BeckRS 2011, 20171; ähnlich bei Mängeln, die nach Gefahrübergang sichtbar werden: OLG Koblenz VuR 1997, 56).

2. Konkurrierende und sonstige außervertragliche Ansprüche

a) Vom Wortlaut des neugefassten § 309 Nr 7 sind auch Freizeichnungsklauseln für außervertragliche Schadensersatzpflichten umfasst (s oben Rn 4). Bei der Klauselbeurteilung ist aber durch Auslegung zu prüfen, ob sie sich auf deliktische Ansprüche überhaupt beziehen soll (Erman/Roloff Rn 64; Bamberger/Roth/Becker Rn 29; BGH NJW 1992, 2016; BGH VersR 1985, 595 – kaufmännischer Verkehr). Dies ist idR anzunehmen, wenn die Klausel Haftungsfälle umfasst, die typischerweise auch deliktische Ansprüche auslösen (Wolf/Dammann Rn 132; ähnlich Blaurock ZHR 146 [1982] 238, 256; Roussos 228 ff; OLG Köln NJW-RR 1987, 53, 55). Im Reisevertragsrecht bezieht sich die zulässige Höhenbegrenzung der Haftung (§ 651h Abs 1 Nr 1) nicht auch auf deliktische Ansprüche (BGH NJW 1987, 1931). 19

Auch soweit die ausgelöste deliktische Haftung nicht konkret mit einer Vertragsverletzung zusammenfällt, ist § 309 Nr 7 Maßstab einer wirksamen Vereinbarung; insoweit kann also die Haftung für vorsätzliches und grob fahrlässiges Verhalten ebenfalls nicht ausgeschlossen werden (OLG Karlsruhe NJW-RR 1989, 1133). Der BGH erstreckt diesen Maßstab auch auf reine **Gefälligkeitsleistungen**, die im Rahmen eines bestehenden Vertragsverhältnisses erbracht werden sollen (BGH NJW 1995, 1488, 1489).

b) In AGB wird der Vertragspartner des Verwenders häufig verpflichtet, auch **Angehörige des Betriebs** des Verwenders nicht auf Schadensersatz in Anspruch zu nehmen. Ein zu Gunsten der Betriebsangehörigen des Verwenders wirkender Freizeichnungswille muss nicht einmal ausdrücklich oder sonst positiv-schlüssig zum Ausdruck gebracht werden. Die herrschende Rspr erstreckt vielmehr die Wirkungen von Freizeichnungsklauseln meist auch auf Ansprüche gegen die Bediensteten des AGB-Verwenders (BGHZ 96, 18 – Dritter; BGH ZIP 1985, 687; Blaurock ZHR 146 [1982] 238; Ulmer/Christensen Rn 16; Wolf/Dammann Rn 43, 44; zurückhaltender MünchKomm/Wurmnest Rn 10 – nur soweit dies letztlich zu einer Haftungsbeschränkung des Verwenders führen würde; ähnlich Bamberger/Roth/Becker Rn 33, 42 ff). In § 309 Nr 7 sind verallgemeinerungsfähige Aussagen zum AGB-festen Haftungsmaßstab niedergelegt. Wenn der Betriebsangehörige selbst seine Haftung für grobes Verschulden formularmäßig nicht ausschließen kann, dann ist es nur konsequent, dass dies auch Dritte zu seinen Gunsten nicht zu tun vermögen (OLG Karlsruhe NJW-RR 1989, 1133). Dies bedeutet, dass Haftungsausschlüsse und -beschränkungen, die für vorsätzliches oder grob fahrlässiges Verhalten nach § 309 Nr 7b unwirksam sind, für leicht fahrlässiges Verhalten an § 307 gemessen werden müssen. Wirksam ist jedoch eine Klausel, die den Vertragspartner des Verwenders verpflichtet, primär diesen und nur bei seiner Leistungsunfähigkeit dessen Bedienstete in Anspruch zu nehmen (s Rn 23). Praktisch wird dies vor allen Dingen für den Fall, dass Schadensersatzansprüche gegen den Verwender selbst an dessen inzwischen eingetretener Illiquidität scheitern. Allein dadurch, dass die Inanspruchnahme des Arbeitnehmers durch den Arbeitgeber im Innenverhältnis beschränkt ist (vgl Staudinger/Richardi [2011] § 611 Rn 731 ff), ergibt sich keine Reduzierung der „Außenhaftung" des Arbeitgebers gegenüber seinem Vertragspartner (BGHZ 108, 305; BGH NJW 1994, 852; vgl auch BGHZ 130, 223 zur Ausdehnung auf den eingeschalteten Frachtführer mit Hinweis auf die zahlreichen frachtrechtlichen Sonderregelungen). 20

21 **c)** Was gegenüber Betriebsangehörigen des Verwenders gilt, ist auch Rechtens, soweit dieser sonst versucht, seinem Vertragspartner formularmäßig **Freizeichnungen zu Gunsten Dritter** abzuverlangen. Das ist praktisch vor allen Dingen bei Veranstaltungen risikoreicher sportlicher oder quasi-sportlicher Wettbewerbe der Fall, wenn versucht wird, die Teilnehmer auf Schadensersatzansprüche aus etwaigen Verletzungen verzichten zu lassen (BGHZ 96, 18 – Fahrtraining; OLG Karlsruhe NJW-RR 1989, 1133 – Fahrerlehrgang; OLG Stuttgart NZV 2009, 233, 234 – kein konkludenter Ausschluss anzunehmen; ebenso OLG Koblenz BeckRS 2011, 05899). Allerdings können die Einzelheiten des der Veranstaltung entsprechenden Sorgfaltsmaßstabes, etwa in Form von Spielregeln, formularmäßig festgelegt werden. Wenn gemessen an diesen grob fahrlässig gehandelt wird, ist jedoch für die Inanspruchnahme einer formularmäßigen Freizeichnung kein Raum (BGHZ 96, 18).

V. Ausschluss und Begrenzung von Haftung für grobes Verschulden

1. Inhaltliche Haftungsbegrenzung im Gegensatz zur Rechtsausübungsregelung

22 Da sowohl ein Ausschluss als auch eine Begrenzung der Haftung für den Fall groben Verschuldens formularmäßig nicht ausbedungen werden kann, erübrigt sich eine Abgrenzung dieser beiden Begriffe von einander (zu Haftungsausschlussklauseln auch aus jüngerer Zeit OLGR Karlsruhe 2000, 153; LG München NJW-RR 1999, 60; LG Bamberg RRa 1998, 192; LG Stade VuR 1999, 172). Aber nicht jede AGB-Bestimmung, welche eine Abweichung von den gesetzlichen Regeln bringt, wie im Falle einer Pflichtverletzung Schadensersatz zu leisten ist, bedeutet eine „Haftungsbegrenzung".

23 **a)** Eine Haftungsbegrenzung liegt vor, wenn die gesetzlich dem Vertragspartner des Verwenders zugedachten Schadensersatzansprüche **inhaltlich eingeschränkt werden**, aber auch dann wenn besondere Modalitäten ihrer Geltendmachung vorgesehen sind (BGH NJW 2010, 1277 Rn 16; anders noch Voraufl, wie jetzt hier schon Schlosser/Coester-Waltjen AGBG § 11 Nr 7 Rn 32; Wolf/Dammann Rn 53; Ulmer/Christensen Rn 30; MünchKomm/Wurmnest Rn 23; Preis/Roloff RdA 2005, 144; **aA** – im konkreten Fall Verstoß gegen § 307 – BAG NZA 2005, 1111, 1113). Stehen mehr als zwei Parteien in vertraglichen Beziehungen zueinander, so kann nicht wirksam bestimmt werden, dass im Falle der gesamtschuldnerischen Haftung mehrerer auf der gleichen Seite stehender Personen primär der eine und nur **subsidiär** der andere in Anspruch genommen werden darf (BGH NJW 2010, 1277 Rn 16 bestätigt OLG München BeckRS 2009, 05025; Wolf/Dammann Rn 53; MünchKomm/Wurmnest Rn 23; zur Unwirksamkeit des Ausschlusses gesamtschuldnerischer Haftung OLG Köln NJW-RR 1997, 597; s auch schon zur Kontrolle nach § 307 BGH NJW-RR 1991, 1120, 1123).

Auch andere Variationen in den Haftungsvoraussetzungen und -hindernissen unterliegen der Kontrolle nach § 309 Nr 7b, wenn sie zu einer Verkürzung der Rechte des Vertragspartners führen. Die Rspr wertet die formularmäßige Verkürzung der Verjährungsfrist inzwischen mit der Lit überwiegend als unwirksam (BGH BFH/NV 2012, 2110 Rn 34; BGHZ 170, 31 Rn 19; BGH BeckRS 2012, 01206; BGH NJW 2009, 1486; BGH NJW-RR 2008, 1129 Rn 35; BGH NJW-RR 2007, 406 Rn 14; OLG Brandenburg v 19. 12. 2012 – 4 U 126/11 und BeckRS 2010, 30461; OLG Frankfurt v 20. 7. 2012 – 23 U 166/11 und v 23. 1. 2012 – 23 U 114/10; OLG Köln BeckRS 2011, 07578; BGH NJW-RR 1987, 1252; BGH NJW 1995, 2224; AG Bremen

NJW 2013, 705; Ulmer/Christensen Rn 28; MünchKomm/Wurmnest Rn 23; Wolf/Dammann Rn 55; großzügiger bei Unternehmer-Verträgen OLG Frankfurt MDR 1994, 447 – Verkürzung auf ein Jahr auch für deliktische Ansprüche beim Speditionsvertrag nach § 307 wirksam; von grundsätzlich möglicher formularmäßiger Verkürzungsmöglichkeit ausgehend: BGH NJW-RR 1991, 1120, 1123; ebenso OLG Hamm OLG-Rp Hamm 1997, 191; für Anwendung nur von § 307 auf arbeitsvertragliche Ausschlussfristen BAG NJW 2006, 795; BAG NJW 2005, 3005; ArbG Paderborn BeckRS 2011, 70733; krit Matthiessen NZA 2007, 361, 366 f und Staudinger/Krause Anh zu § 310 Rn 18). Die Neuregelung des Verjährungsrechts durch das Schuldrechtsmodernisierungsgesetz hat das früher verständliche Bedürfnis nach einer Verkürzung der teilweise (insb bei pVV und cic) sehr langen Verjährungsfristen entscheidend reduziert. Die Ausgewogenheit der gesetzlichen Regelungen wirkt auch auf die Auslegung der Klauselverbote zurück, so dass eine Verkürzung der Verjährungsfristen als unzulässige Beschränkung der Haftung einzuordnen ist (vgl BGH NJW-RR 2004, 780 – dort als überraschende Klausel, weil Haftung des Vertreibers betreffend eingeordnet; s auch Staudinger/Coester § 307 Rn 651 ff).

Beweislastverschiebungen fallen ohnehin unter § 309 Nr 12, andere Beweiserschwerungen, insb eine Beschränkung der Beweismittel, dürften regelmäßig nach § 307 unwirksam sein (großzügiger Staudinger/Schlosser[12] AGBG § 11 Nr 7 Rn 20). **24**

Eine unzulässige Haftungsbeschränkung liegt auch vor, wenn der Verwender sich Verhalten seines Personals nicht zurechnen lassen will (OLG Karlsruhe BeckRS 2011, 20171; Einzelheiten vgl Kögel DB 1995, 2201).

b) Unzulässig nach § 309 Nr 7 sind Klauseln, welche die Haftung auf eine **Höchstsumme** zu begrenzen versuchen, die Haftung für bestimmte Schäden ausschließen, limitieren, auf einen Teil der Berechtigten beschränken oder die Eigenhaftung von der Haftung anderer Vertragspartner abhängig machen (OLG Düsseldorf VuR 1997, 141 – Mobilfunk). Trotz der unmissverständlichen Fassung des Gesetzes und der einheitlichen Meinungen in Lit (Palandt/Grüneberg Rn 45; MünchKomm/Wurmnest Rn 23 f; Erman/Roloff Rn 68; Bamberger/Roth/Becker Rn 14; Ulmer/Christensen Rn 26 ff) und Rspr finden sich derartige Klauseln in vielen AGB und haben Anlass zu einer umfangreichen Rspr gegeben. Höchstsummenbegrenzungen gibt es vor allem im Bereich der Chemischen Reinigungen (vgl OLG Köln WRP 2013, 119; AG Kassel NJW-RR 1994, 1016; LG Wiesbaden NJW-RR 1992, 118; zur Unwirksamkeit von Nr 5 Empfehlungen des Deutschen Textilreinigungsverbandes: Ulmer/Schmidt Teil 2 [31] Rn 4; offen lassend BGHZ 77, 126, 1953 bzgl früherer „Tarifwahl"-Ansätze; AG Bonn AGBE I § 9 Nr 56; AG Lübbecke MDR 1979, 1024; LG Köln AGBE I § 9 Nr 52; OLG Köln BB 1982, 638; anders jetzt OLG Köln WRP 2013, 119; AG Memmingen NJW-RR 1988, 380; AG Düsseldorf NJW-RR 1989, 497; s aber auch Tierarzt OLGR Hamm 1997, 191; Bewachungsunternehmen BGH NJW 1999, 1031; Mobilfunk OLG Düsseldorf NJW-RR 1997, 374 – zust E Schmidt EWiR 1997, 337), bei der Filmentwicklung (BGH WM 1983, 916), im Frachtvertrag (OLG München NJW-RR 1994, 742 für den kaufmännischen Verkehr) und bei der Baustoffberatung (BGH NJW 1993, 335). Klauseln, die **Folgeschäden** generell ausschließen (OLG Stuttgart NJW-RR 1988, 1082 f – Sportcenter), scheitern ebenso wie solche, die sich auf den Ersatz der **„vorhersehbaren"**, der „unmittelbaren" oder „direkten" Schäden beschränken (OLG Bamberg NJW 1984, 929; vgl Knychalla, Inhaltskontrolle von Architektenformularverträgen [1987] 97). Ebenso ist der Ausschluss bestimmter Arten von Schäden bei vorsätzlichen und grob fahrlässigen Pflichtverletzungen unwirksam (OLG Düsseldorf AGBE I § 11 Nr 56; OLG Braunschweig **25**

AGBE I § 11 Nr 57; LG Köln NJW 1986, 67, 69; LG München DAR 1987, 386; OLG Bamberg NJW 1984, 929 mwNw).

26 Der Ausschluss oder die Begrenzung von Ansprüchen solcher Personen, die nach den ungeschriebenen Grundsätzen über den Vertrag mit **Schutzwirkungen zu Gunsten Dritter** oder nach §§ 844 ff ersatzberechtigt sind, ist eine unzulässige Haftungsbegrenzung (s oben Rn 4).

27 Eine **Tarifwahl** (s Staudinger/Coester § 307 Rn 138, 449, 603) schließt die Anwendbarkeit von Nr 7 zwar nicht schlechthin aus (vgl BGHZ 77, 126; AG Düsseldorf NJW-RR 1989, 497 – beide zu Chemischen Reinigungen). Jedoch kann das Kriterium der Haftungsfreizeichnung als Rechtfertigung für den Tarifunterschied so im Vordergrund stehen, dass die vom Kunden vorgenommene Wahl als Individualvereinbarung eines Haftungsausschlusses zu werten ist. Für den gerade in diesem Bereich häufig vorkommenden Verbrauchervertrag greift allerdings über § 310 Abs 3 Nr 2 auch in diesem Fall die Inhaltskontrolle durch § 309 Nr 7, es sei denn, man würde in der Eröffnung einer Tarifwahl bereits ein „Aushandeln“ sehen.

28 Ein Haftungsausschluss kann auch in verdeckter Form vorkommen, so etwa wenn dem Vertragspartner in AGB eröffnet wird, dass er bestimmte zur Ausführung des Vertrages notwendige Handlungen „auf eigene Gefahr“ vorzunehmen habe. Letzteres kommt im Baurecht vor, wo häufig dem Subunternehmer gesagt wird, dass er die Baustelle auf eigene Gefahr benutzen müsse. Da solche Klauseln auch grobes Verschulden des Generalunternehmers betreffen, sind sie unwirksam (BGH NJW 1986, 2757, 2758 – Betreten des Großmarktes auf eigene Gefahr). Häufig werden derartige Klauseln statt einer nach § 309 Nr 7 unzulässigen Haftungsbegrenzung eine nach § 307 unzulässige Verengung der eigenen Haupt- oder Nebenpflichten enthalten (oben Rn 12 ff).

Zur Frage der Umqualifizierung von Vertragserfüllung als bloße Vermittlungstätigkeit s Staudinger/Schlosser § 305c Rn 30.

29 **c)** Zu den Begriffen **„Vorsatz“** und **„grobe Fahrlässigkeit“** s Staudinger/Löwisch/Caspers (2009) § 276 Rn 21 ff, 29 ff, zum Begriff **„Erfüllungsgehilfe“**, der nicht nur den unselbständigen, sondern auch den selbständigen Erfüllungsgehilfen erfasst (BGHZ 86, 284, 297; Ulmer/Christensen Rn 25; MünchKomm/Wurmnest Rn 21; Erman/Roloff Rn 65; Bamberger/Roth/Becker Rn 7 ff), nicht aber eine Substitution (soweit eine solche nach § 308 Nr 4 und § 309 Nr 10 zulässig ist). Zum Prinzip der Redlichkeit der Auslegung, bevor eine Haftungsbegrenzungsklausel angenommen werden kann, s Staudinger/Schlosser § 305c Rn 138.

2. Arten von Haftungsbegrenzungen – salvatorische Klauseln

30 Die Kautelarpraxis sucht sich häufig durch **salvatorische Klauseln** abzusichern und relativ weitgezogene Haftungsausschlüsse mit dem Zusatz „soweit dem gesetzliche Vorschriften nicht entgegenstehen“ davor zu bewahren, der Inhaltskontrolle zu verfallen. Rein grammatikalisch verstoßen solchermaßen formulierte Klauseln nicht gegen § 309 Nr 7. Jedoch sind sie, wenn der salvatorische Bestandteil sich auf die Aufrechterhaltung der Haftung für grobes Verschulden beziehen soll, unwirksam

(ausführlich dazu SCHLOSSER WM 1978, 568 ff; OLG Stuttgart NJW 1981, 1105; LG Hamburg VersR 1990, 1294; BGH NJW-RR 1996, 783; LG Berlin VuR 2000, 149 – nur nach Maßgabe der gesetzlichen Bestimmungen; generell für die Unwirksamkeit von Klauseln mit salvatorischen Bestandteilen ULMER/SCHMIDT § 306 Rn 39; vgl auch BGH WM 2005, 1291, 1293; **aA** offensichtlich LG Neu-Ruppin NJW-RR 2003, 1108 – „soweit gesetzlich zulässig" wirksam). Dies folgt aus dem Sinn der §§ 305 Abs 2, 3, 305c Abs 2. Anliegen ist es auch, dem Vertragspartner Klarheit über seine Rechte und Pflichten zu geben. Daher sind Klauseln, welche nicht nur in ihren Randzonen Unsicherheit aufweisen, sondern durchgehend Unklarheit verbreiten, schlechthin unwirksam. § 305 Abs 2, 3 verbürgt dem Vertragspartner des Verwenders Kenntnis von dem im Vertrag inkorporierten Bedingungswerk. Unklare Klauseln vermögen dies nicht zu gewährleisten (STAUDINGER/SCHLOSSER § 305 Rn 139 ff).

Eine Bezugnahme auf textlich nicht wiedergegebene, aber ohnehin geltende gesetzliche Vorschriften, noch dazu in sehr allgemeiner Form, ist für den juristischen Laien wertlos und kann eine Klausel, die ohne eine solche Bezugnahme unwirksam wäre, nicht aufrechterhalten. Dies muss, da die §§ 305 Abs 2, 3, 305c Abs 2 auch für den Geschäftsverkehr mit Unternehmern gelten, auch für diesen angenommen werden (BGH NJW 1996, 1407).

Allerdings ist angesichts der von der Rspr aufgestellten engen Grenzen für Haftungsfreizeichnungen bei leicht fahrlässigem Verhalten und der uU unabdingbaren verschuldensunabhängigen Haftung die Formulierung einer wirksamen Haftungsbegrenzung mit der Berücksichtigung aller Grenzen derselben nur schwer in einer – auch dem Kunden – verständlichen Form möglich (vgl zB die eher fern liegende Auslegung durch OLG Koblenz NJW-RR 1997, 436). Insoweit ist zumindest in Randbereichen eine salvatorische Formulierung zulässig (SCHLOSSER, in: Zehn Jahre AGB-Gesetz 123; BUNTE NJW 1983, 1326; LINDACHER BB 1983, 159; OLG Stuttgart NJW 1981, 1105); wenigstens sollte die Auslegung eines für die Parteien eindeutig erscheinenden Textes nicht in einer Weise strapaziert werden, dass die Klausel auch äußerst seltene Situationen erfasst, in denen ein Haftungsausschluss unwirksam ist, wenn dies offensichtlich nicht gewollt war (vgl ULMER/CHRISTENSEN Rn 40; fraglich OLG Stuttgart NJW-RR 1988, 1082). Der BGH hält allerdings nunmehr eine Formulierung, nach der die Haftungsklausel „Kardinalpflichten" nicht berühren soll (auch im unternehmerischen Verkehr) für nicht hinreichend transparent (BGH NJW-RR 2005, 1496 – dazu KAPPUS NJW 2006, 15; OLG Celle MDR 2009, 371). 31

3. Folgen einer unwirksamen Freizeichnung

Trotz der Formulierung von § 307 Nr 7b, die nur auf die Unwirksamkeit des Haftungsausschlusses für Vorsatz und grobe Fahrlässigkeit hinweist, besteht Einigkeit darüber, dass eine gegen § 309 Nr 7 verstoßende Klausel insgesamt unwirksam ist, also nicht bezüglich des uU möglichen Haftungsausschlusses für leichte Fahrlässigkeit bestehen bleibt (BGHZ 170, 31; BGH NJW-RR 2010, 1210 Rn 18; BGH NJW 1995, 1488 „übernimmt keine Haftung"; BGH NJW 1992, 3158 keine Beschränkung auf Verschuldensgrad; BGH ZIP 1987, 989 – Eindruck der Haftungsbeschränkung für grobe Fahrlässigkeit; BGHZ 145, 203 – „Haftung für leichte Fahrlässigkeit nur …" – intransparent; BGH NJW 1999, 1031 – undifferenzierte Einschränkung; OLG Köln WRP 2004, 124; OLG Koblenz NJW-RR 2002, 1252; OLG Hamburg BeckRS 2011, 07060). Eine geltungserhaltende Reduktion findet nicht statt. 32

Auch unzulässige salvatorische Klauseln können nicht – soweit nicht eine Teilbarkeit vorliegt – auf die gerade noch zulässige Haftungsbeschränkung reduziert werden, weil dies dem Anliegen nach Klarheit der Rechtsposition für den Vertragspartner des Verwenders in besonderem Maße widersprechen würde (BGH NJW 1986, 1610, 1611 Anm Prölss JZ 1986, 342, 345; BGH NJW 1986, 2757, 2758; OLG Hamburg BeckRS 2011, 07060). Soweit es sich um branchentypische, allgemein akzeptierte langjährige Regelungen handelt, hat der BGH früher im kaufmännischen Verkehr eine großzügigere Haltung eingenommen. Vgl aber jetzt für den Geschäftsverkehr mit Unternehmern unten Rn 42 (speziell zu den ADSp BGH NJW-RR 2002, 536 – § 52 ADSp; BGH v 15. 9. 2005 – I ZR 53/03 – § 24 ADSp; BGH NJW 1995, 2225 für die Verjährungsregelung in den ADSp aF).

4. Folgen einer wirksamen Haftungsbegrenzung

33 **a)** Auch wenn der Verwender seine Haftung nur im zulässigen Ausmaß begrenzt, wird im konkreten Falle seine bzw seiner Hilfspersonen grobe Fahrlässigkeit vermutet, falls ohne Einbeziehung von AGB nach § 280 Abs 1 S 2 Verschulden vermutet würde. Die hier zum Ausdruck kommende Verschuldensvermutung gilt auch dann, wenn in besonderen Situationen der gesetzliche Haftungsmaßstab grobe Fahrlässigkeit ist (s Staudinger/Otto [2009] § 280 Rn F 16). Dann kann aber auch nichts anderes gelten, wenn der Haftungsmaßstab privatautonom auf grobes Verschulden reduziert wurde.

34 **b)** Auch im Fall abstrakt wirksamer Haftungsbeschränkungen kann es im Einzelfall aus Treu- und Glauben unzulässig sein, die Haftungsbegrenzung in Anspruch zu nehmen (Beispiel BGH BB 1978, 1235: Ein Spediteur, der die Gefährlichkeit des Transportgutes kennt, kann sich auf die Haftungsbegrenzung im Falle des unterlassenen Gefährlichkeitshinweises nicht berufen).

35 **c)** Ob die Haftungsbegrenzung oder der Haftungsausschluss aber letztlich wirksam ist, entscheidet nicht nur die Prüfung an Hand von § 309 Nr 7, vielmehr ist die Freizeichnung von einer Haftung für leichte Fahrlässigkeit oder für verschuldensunabhängige Haftung der Kontrolle nach § 307 zu unterziehen.

VI. Von Nr 7 nicht erfasste Haftungsfragen

1. Mitwirkendes Verschulden

36 Zum Teil will man die Abdingung der gesetzlichen Folgen groben Mitverschuldens an einem Schadensfall unmittelbar der Nr 7 von § 309 unterstellen (OLG Karlsruhe BB 1983, 725; Schlosser/Graba AGBG § 9 Rn 108). Ein Schadensteil, den der Verwender wegen eigenen Mitverschuldens selbst tragen muss, beruht aber gerade nicht auf seiner oder seiner Hilfspersonen Vertragsverletzung. Wenn er daher auch für den Fall eigenen Mitverschuldens die Schadensersatzpflicht seines Vertragspartners ungeschmälert lässt, so schließt er nicht seine Haftung aus, sondern erweitert dessen Haftung über das gesetzlich vorgesehene Maß hinaus. Im streng dogmatischen Sinne liegt bei Mitverschuldensregelungen eine Haftungsbegrenzung des Verwenders nur dann vor, wenn dieser seine eigene Mithaftung für den Fall abbedingt, dass seinen Vertragspartner auch ein Verschulden an einem in dessen Vermögenssphäre eingetretenen Schaden trifft. In diesem Sinne angewandt hätte § 309 Nr 7 zur Folge, dass

in der Grauzone der „richtigen“ Schadenstragungsabwägung, welche § 254 nur in Gestalt einer Blankettvorschrift anspricht, AGB-Regelungen lediglich möglich wären, soweit ein Schaden beim Verwender, nicht soweit er bei seinem Vertragspartner eingetreten ist. Jedoch hat der Gesetzgeber bei Schaffung von Nr 7 an das Problem des Mitverschuldens nicht gedacht. Die Norm verträgt daher eine teleologische Reduktion dahingehend, dass das Problem der Haftungsbegrenzung des Verwenders für den Fall eigenen Mitverschuldens seines Vertragspartners in ihr nicht angesprochen ist. § 309 Nr 7 geht von der Vorstellung aus, dass etwas abbedungen oder eingeschränkt wird, was eindeutig als Rechtsanspruch existiert. Da, wo das Ausmaß der Ersatzpflicht des einen oder anderen Teils weitgehend vom richterlichen Ermessen abhängt, ist eine konkretisierende AGB-Regelung durchaus sinnvoll und legitim, auch wenn sie im Einzelfall zu einem anderen Ergebnis führt, als der Richter in Anwendung von § 254 finden würde. So kann etwa formularmäßig festgelegt werden, dass derjenige den Schaden (allein) zu tragen hat, den typischerweise überwiegendes Verschulden trifft. Es kann aber nicht bestimmt werden, dass der Vertragspartner des Verwenders den Schaden allein zu tragen hat, wenn er Handlungen vornimmt, die eine Aufklärung des Schadensteils, der jeweils auf Handlungen des einen oder anderen Teils zurückzuführen ist, sehr erschwert; hier ist dem Verwender ausreichend mit der durch die Handlung des Vertragspartners ausgelösten Beweislastverschiebung gedient. Die Klausel würde also an § 307 scheitern (aM Staudinger/Schlosser[12] AGBG § 11 Nr 7 Rn 33). Unproblematisch sind Klauseln, die bestimmen, dass der Vertragspartner des Verwenders den Schaden in dem Umfange allein zu tragen hat, der darauf zurückzuführen ist, dass er seiner (durch AGB-Bestimmungen eventuell näher konkretisierten) Schadensabwendungspflicht aus § 254 Abs 2 nicht nachgekommen ist.

Immer aber müssen solche Klauseln von dem Bestreben nach einem angemessenen **37** Interessenausgleich getragen sein und dürfen den Vertragspartner des Verwenders nicht beliebig allen Schaden tragen lassen, der auf beider Vertragspartner Verschulden zurückzuführen ist. In Subunternehmerverträgen des Baurechts findet sich etwa gelegentlich eine Klausel, nach der Bedenken gegen gewählte Materialien oder gegen die Ausführung oder die Konstruktion vom Subunternehmer sofort schriftlich mitgeteilt werden müssen; widrigenfalls solle jedweder Schadensersatzanspruch ausgeschlossen sein. Solche Klauseln sind unwirksam, weil sie nicht die Schadensminderungsobliegenheit des Vertragspartners iSv § 254 Abs 2 betreffen, sondern die gemeinsame Verantwortung am Entstehen eines Schadens, die nicht ohne Rücksicht auf den jeweiligen Verschuldensgrad der beiden Teile einheitlich nur der einen Seite überbürdet werden kann.

2. Ausschluss der Haftung für leichtes Verschulden

Aus § 309 Nr 7 muss im Wege des Umkehrschlusses gefolgert werden, dass die **38** Haftung für einfache Fahrlässigkeit grundsätzlich ausgeschlossen werden kann, soweit nicht § 307 eingreift. Unzulässigkeit nach § 307 liegt insbesondere vor, wenn „wesentliche Rechte und Pflichten“ ausgeschlossen werden (vgl zB LG Frankfurt ZMR 2003, 741; Rheinschifffahrtsobergericht Köln VersR 1999, 914; BGH NJW-RR 2002, 915; NJW 2000, 3275; BGHZ 149, 89; NJW 2005, 422; BGHZ 145, 203 – dazu Klanten DStR 2001, 585; Struck MMR 2001, 227; Einsele JZ 2001, 609; allg Arnold ZGS 2004, 16, 18; OLG München NJW-RR 2002, 694 – Bergführung; zur haftungsmäßigen Begrenzung bei leicht fahrlässiger Pflichtverletzung bei der Photoentwicklung OLG Saarbrücken NJW-RR 2003, 122; OLG Nürnberg NJW-RR 2000, 436; LG Hamburg NJW-RR 2000, 653; zur Orientierung an § 7 TKV bei Freizeichnungen für Netzrisiken in Providerverträgen außerhalb des Anwendungsbereichs des TKV Spindler CR 1999, 626, 629; zur Frage der Einheitlichkeit des Pflichtenprogramms Pfeiffer WuB IV C § 9 AGBG 2. 02; zur Problematik bei Schadensersatzansprüchen aus mangelhaften Kaufsachen Tettinger AcP 205 [2005] 1; Arnold ZGS 2004, 16, 20). Eine Beschränkung auf vorhersehbare und vertragstypische Schäden bei leichter Fahrlässigkeit wird für wirksam gehalten (BGH NJW 2013, 291 Rn 40 ff; BGH BB 1980, 1011; OLG Köln BeckRS 2011, 26071; OLG Celle BeckRS 2008, 13972; BGH NJW-RR 2006, 276; Ulmer/Christensen Rn 39; vWestphalen AD LEGENDUM 2010, 77, 82). Andere halten eine allein an § 307 Abs 1 unter Berücksichtigung der konkreten Umstände des Einzelfalles vorgenommenen Prüfung für angemessen (Tettinger AcP 205 [2005] 1, 24 ff). S für Einzelheiten Staudinger/Coester § 307 Rn 431 ff.

3. Ausschluss gesetzlich begründeter verschuldensunabhängiger Haftung des Verwenders

39 Es gibt Fälle gesetzlich begründeter verschuldensunabhängiger Haftung, die sicherlich formularmäßig abdingbar sind. Die Wirksamkeit beurteilt sich nach § 307 (s im Einzelnen Staudinger/Coester § 307 Rn 431). Das ist etwa bezüglich der sehr weitgehenden Vermieterhaftung nach § 536a zunächst angenommen (OLG Düsseldorf NZM 2000, 188; OLG Hamburg NJW-RR 1991, 1296), nunmehr aber vom BGH (NJW 2002, 673, 675) verneint worden; jedenfalls müssten auch dabei die Grenzen des § 309 Nr 7 beachtet werden (BayObLG NJW 1985, 1716). Die gesetzlich begründete verschuldensunabhängige Haftung kann beispielsweise nicht ausgeschlossen werden bei Übernahme einer Garantie (vgl § 276 Abs 1 S 1 aE). § 309 Nr 7 gibt für die Grenzziehung zwischen zulässigem und unzulässigem Haftungsausschluss keine Kriterien (Granzer, Die Freizeichnung von verschuldensunabhängiger Haftung in AGB [1991] 19). Vielmehr sind hier ähnliche Erwägungen wie bei der Beurteilung der Freizeichnung von den Folgen leicht fahrlässiger Pflichtverletzungen zu treffen (Präventionseffekt der Haftung, Ausgleichsbedürfnis des Geschädigten, Schadenstragungsfähigkeit des Haftenden, Versicherbarkeit, Preis-Leistungs-Verhältnis und Erkennbarkeit seiner Relation zur Schadenstragung – im Einzelnen Koller ZIP 1986, 1089, 1097; MünchKomm/Wurmnest Rn 25; vgl LG Hildesheim DAR 2003, 274 – zu Art 5, 8 ER/CIV die als nicht dispositiv eingestuft werden; zur Risikoverteilung beim Leasing-Vertrag BGH NJW 2004, 1041). Hinzu treten die Berücksichtigung des besonderen Gerechtigkeitsgehalts der Norm, die die verschuldensunabhängige Haftung zuweist (vgl BGHZ 89, 206, 211; BGHZ 96, 103, 109; BGH NJW-RR 2001, 342), sowie die Einbeziehung der legitimen Erwartungen des Vertragspartners. Unter dem ersten Gesichtspunkt spielt eine Rolle, ob die Risikozuweisung durch den Gesetzgeber an spezielle Akte des Risikobelasteten anknüpft oder lediglich deswegen ihm das Risiko auferlegt, weil er demselben ein wenig näher steht als der andere. Für die Zufallshaftung während des Schuldnerverzugs (§ 287 S 2), den Annahmeverzug (insb § 326 Abs 2), die Gefährdungshaftung nach § 7 StVG oder § 833 S 1 ist ersteres der Fall, so dass nur ganz besondere Gründe ausnahmsweise Risikoverlagerungen rechtfertigen können, idR also ein Haftungsausschluss unwirksam ist (wie hier Wolf/Dammann Rn 124; OLG Stuttgart NZV 2009, 233, 235; OLG Koblenz BeckRS 2011, 05899; zurückhaltend OLG Karlsruhe NJW-RR 1989, 1333, 1335 – obiter Ausschluss des § 7 StVG bei Rennfahrern möglich; **aM** Staudinger/Schlosser AGBG § 11 Nr 7 Rn 46; zur europarechtskonformen Anwendung von § 307 bei „Körperschäden" unten Rn 41). Für die ver-

schuldensunabhängige Haftung des im Prozess vorläufig siegreichen Klägers (vgl §§ 717 Abs 2, 302 Abs 4, 600 Abs 2, 945 ZPO) ist eher die zweite Situation anzunehmen (vgl die Argumentation zum umstrittenen Gerechtigkeitsgehalt des § 717 Abs 2 ZPO bei Stein/Jonas/Münzberg [22. Aufl] § 717 Rn 12 ff; zur Betonung des besonderen Gerechtigkeitsgehalts von § 945 ZPO MünchKomm/Drescher ZPO [3. Aufl] § 945 Rn 4). Die verschuldensunabhängige Gastwirtshaftung hält der Gesetzgeber selbst für wohl auch formularmäßig abdingbar, § 702a. Legitime Erwartungen des Vertragspartners spielen insb bei dem verschuldensunabhängigen Einstehenmüssen des Beschaffungsschuldners für seine Leistungspflicht eine Rolle. Der Leistungspflichtige kann sich hier durch seine Beschränkung der Leistungspflicht – soweit dies nicht einen Widerspruch zu § 305b oder eine Überraschung (§ 305c Abs 1) darstellt – weitgehend auch formularmäßig schützen (dazu oben § 308 Nr 3 Rn 14). Daneben kann ein „weiterer Haftungsausschluss" nur bei besonderen schützenswerten Interessen des Verwenders in AGB zulässig sein (zum Selbstbelieferungsvorbehalt oben § 308 Nr 3 Rn 20; wie hier Wolf/Dammann Klauseln G 26 ff; **aM** Staudinger/Schlosser[12] AGBG § 11 Nr 7 Rn 46). IdR ist daher ein formularmäßiges Abbedingen der verschuldensunabhängigen Einstandspflicht unwirksam. Die Beschränkung der verschuldensunabhängigen Haftung nach dem UN-Kaufrecht (CISG) auf Schadensersatz, Art 45 Abs 1 lit b CISG, wird hingegen mit den für die Freizeichnung für leicht fahrlässiges Handeln geltenden Überlegungen zu prüfen und damit idR wirksam sein, soweit nicht wesentliche Vertragspflichten und Vertragszweck gefährdet werden (vgl Schlechtriem/Schwenzer CISG [5. Aufl] Art 35 Rn 42).

4. Die Überbürdung von verschuldensunabhängiger Haftung auf den Vertragspartner des Verwenders

Außer dem Ausschluss einer vom Gesetz dem Verwender zugewiesenen verschuldensunabhängigen Haftung können in AGB auch Klauseln vorkommen, die darüber hinaus dem Kunden das Risiko zuweisen und ihn damit eventuell verschuldensunabhängigen Ersatzansprüchen aussetzen. Derartige Klauseln unterliegen einer Kontrolle nach § 307 (s Staudinger/Coester § 307 Rn 431). Die Lit zum AGBG war bzgl derartiger Klauseln zunächst relativ großzügig und erlaubte dem Verwender, die Zufallshaftung für Gegenstände, die sich in der Obhut des Vertragspartners befinden, diesem aufzuerlegen (vgl Staudinger/Schlosser AGBG § 11 Nr 7 Rn 47 f). Die Rspr legt hier aber – insb in neuerer Zeit – einen besonders strengen Maßstab an. So soll eine Klausel in einem Mietvertrag, nach der der Mieter auch ohne Verschulden für die durch Haushaltsgeräte verursachten Schäden haftet, unwirksam sein (OLG Saarbrücken NJW-RR 1986, 1343; BGH NJW 1992, 158, 3160; näher Hau NZM 2006, 561, 564 f)); das Gleiche gilt für eine schlechthin von Verschulden (des Lieferanten) unabhängige Schadensersatzpflicht für Rechtsmängel, soweit keine Beschaffenheitsgarantie übernommen wurde (BGH v 5. 10. 2005 – VIII ZR 16/05 – Baumarkt-Einkaufsbedingungen). Auch für das Verhalten Dritter darf dem Mieter nicht eine über § 278 herausgehende Haftung aufgebürdet werden (BGH NJW 1991, 1750, 1752). Das Fälschungsrisiko für Schecks (BGH NJW 1997, 1700, 1702; BGH NJW 1997, 2236, 2237) oder das Missbrauchsrisiko bei Scheckkarten (BGHZ 114, 238, 242; zu Kreditkarten: Taupitz NJW 1996, 217) muss nach der Rspr des BGH der Verwender tragen. Nach der Rspr rechtfertigt allein die Tatsache, dass sich der Gegenstand in der Risikosphäre des Vertragspartners befindet, nicht ohne zusätzliche besondere Gründe die Auferlegung der Zufallshaftung (BGH NJW 1991, 2414, 2416; BGH NJW 1992, 3158, 3161; zu weitgehend bei Tierhalter LG 40

München NJW-RR 1999, 60). Der BGH weist vor allem darauf hin, dass in vielen Fällen insb moderner Zahlungsmittel der Verwender die besseren Möglichkeiten der Risikosteuerung habe (BGH NJW 1991, 1886, 1888) und zudem mit seinen Leistungen ein spezifisches Risiko veranlasst habe (BGH NJW 1991, 1868, 1888; BGH NJW 1992, 1761; davon abgrenzend, wenn der Vertragspartner aktiv auf die Benutzung Einfluss nimmt, OLG Koblenz NJW 2004, 3563). Diesen Gedanken wird man entsprechend auf Risikozuweisungen im Zusammenhang mit neuen Medien übertragen können. Das Argument der Versicherbarkeit des Risikos steht selbstverständlich auch hier in der Diskussion. Die Rspr verlangt allerdings, dass die Versicherung aufseiten des Kunden allgemein üblich und praktisch lückenlos verbreitet sein muss (BGH NJW 1992, 1761; differenziert Koller VersR 1980, 1, 8; ders ZIP 1986, 1089, 1093 ff; Ungeheuer JZ 1993, 631, 632).

VII. Verbraucher

41 Die Richtlinie sieht in ihrem Anhang (Nr 1 a) ein absolutes Freizeichnungsverbot für Verbrauchergeschäfte vor, soweit es um Leben oder Körperverletzungen geht, das der Gesetzgeber ansatzweise in Nr 7a nachgezeichnet hat. Die Richtlinie bezieht sich nur auf gesetzlich bestehende Haftung, verlangt aber nicht, dass eine solche Haftung geschaffen wird (allgM; vgl Wolf RL Anh Nr 1a Rn 12). Dass es sich dabei nur um eine Haftung für schuldhaftes Verhalten handeln soll, ergibt sich aus dem Text nicht (wie hier Wolf RL Anh Nr 1a Rn 12; jetzt auch Ulmer/Christensen Rn 6). Damit wird auch die Haftung für Körperverletzung und Tötung im Rahmen der Gefährdungshaftung formularmäßig unabdingbar. Sie ist selbst in Individualverträgen mit Verbrauchern nur ausschließbar, wenn diese Bedingung im Einzelnen ausgehandelt worden ist. Hierin liegt ein weitgehender Eingriff in die Privatautonomie, der insb im Zusammenhang mit der Haftung nach § 7 StVG und der Haftung nach § 833 S 1 außerordentlich problematisch ist. Die Risikozuweisung, insb bei gefährlichen Freizeitbeschäftigungen des Verbrauchers (Rennsport, Reitsport), wird hier in einer nicht mehr vertretbaren Weise festgeschrieben (aM Wolf RL Anh Nr 1a Rn 15–20). In richtlinienkonformer Auslegung muss daher § 307 auch verschuldensunabhängige Verletzungen von Leben, Körper oder Gesundheit einer Freizeichnung entziehen.

Die Richtlinie sieht im Anh in Nr 1b weiterhin vor, dass Ansprüche des Verbrauchers gegenüber dem Gewerbetreibenden nicht ausgeschlossen „oder ungebührlich eingeschränkt werden (dürfen), wenn der Gewerbetreibende eine der vertraglichen Verpflichtungen ganz oder teilweise nicht erfüllt oder mangelhaft erfüllt". Der Ausschluss verschuldensunabhängiger Haftung des Verwenders ist also nach dieser Formulierung nicht möglich; die Einschränkung ist in gewissen Grenzen zulässig, darf aber nicht „ungebührlich" sein. Für die Berücksichtigung dieser Gesichtspunkte läßt § 307 ausreichenden Spielraum. Hervorzuheben ist, dass in Verbrauchergeschäften die Freizeichnungsmöglichkeit des Verwenders ohnehin durch den weitgehend zwingend ausgestalteten Verbrauchsgüterkauf beschränkt ist. Lediglich Schadensersatzansprüche sind im Rahmen der §§ 307–309 dispositiv.

VIII. Geschäftsverkehr mit Unternehmern

42 § 309 Nr 7 hat nach der Rspr des BGH auch für den unternehmerischen Verkehr indizielle Bedeutung (BGHZ 103, 316; NJW-RR 1998, 1426; NJW-RR 2000, 998 und 648; OLG

Nürnberg WM 2001, 2440 – konkreten Verstoß verneint; krit KESSEL/STOMPS BB 2009, 2666, 2675); Nr 7a hat dabei Bedeutung nur, soweit der Unternehmer-Kunde eine natürliche Person ist oder seine Arbeitnehmer im Rahmen eines Vertrages mit Schutzwirkung für Dritte (oben Rn 4) betroffen sind (PFEIFER, in: DAUNER-LIEB/KONZEN/SCHMIDT, Das neue Schuldrecht in der Praxis [2003] 225, 249; OLG Karlsruhe NJW-RR 2009, 1322). Für eigenes vorsätzliches (§ 276 Abs 3) oder eigenes grob fahrlässiges Verhalten (BGH NJW 2007, 3774 Rn 13; dazu LINDACHER WuB IV C § 309 BGB 1.08; BGH NJW-RR 1989, 953, 955; OLG Hamburg BeckRS 2011, 07060 – Unwirksamkeit bei umfassendem Abschluss trotz Hinweises auf branchentypische Regelung; OLG Köln BeckRS 2011, 07578) kann sich daher der Verwender auch gegenüber einem Unternehmer nicht entlasten. Bzgl der Haftung der Erfüllungsgehilfen ist zu differenzieren. Für vorsätzliches oder grob fahrlässiges Verhalten der leitenden Angestellten ist ebenfalls ein Haftungsausschluss nicht zulässig (BGHZ 38, 183, 185; NJW-RR 1989, 953; NJW 1999, 1031). Ob für das grobe Verschulden jedes Erfüllungsgehilfen eine Freizeichnung unwirksam ist, ist nicht ganz eindeutig. Der BGH hat dies in einigen Fällen angenommen (BGHZ 89, 363 – Kaltlagerfall, unter besonderer Betonung der Bedeutung des Vertrauens in die Arbeit des Verwenders; BGHZ 93, 29 – Vertragshändler; BGH NJW 1985, 914 – Tankschecksystem; BGH NJW-RR 1996, 783, 788 – Anlagenbau), soweit eine vertragswesentliche Pflicht betroffen war. Andererseits hat er früher eine Haftungsbeschränkung bei grober Schuld im Rahmen der Speditionsbedingungen wegen der besonderen Stellung dieser Bedingungen zugelassen (BGH NJW 1995, 2224; BGH NJW-RR 1988, 1437, 1438; BGH NJW 1988, 1785, 1787), ist aber nunmehr bei vertragswesentlichen Pflichten auch im unternehmerischen Verkehr sehr zurückhaltend (BGH v 15. 9. 2005 – I ZR 58/03 – § 24 ADSp; BGH NJW-RR 2002, 536). Für die leicht fahrlässige Haftung im unternehmerischen Verkehr sind die Grundsätze aus dem nicht-unternehmerischen Verkehr zwar verwertbar (BGHZ 149, 57; BGH NJW-RR 2001, 342; zur strikten Haftung des Vermieters OLG Hamm NZM 1999, 804; **aA** OLG Düsseldorf NZM 2000, 188; LG Köln TranspR 1998, 313), hier müssen aber großzügigere Freizeichnungsmöglichkeiten eingeräumt werden (vgl dazu die Einzelheiten insb bei den verschiedenen Vertragstypen STAUDINGER/COESTER § 307 Rn 433), wenn nicht vertragswesentliche Pflichten berührt sind (gegen eine Unterscheidung zwischen vertragswesentlichen und nichtvertragswesentlichen Pflichten LANGER WM 2006, 1233, 1236 unter Verweis auf § 51a BRAO). Im Bemühen um Transparenz hat der BGH wohl nunmehr Abschied genommen von den „Kardinalpflichten" und verlangt vom Verwender – auch im unternehmerischen Verkehr – eine allgemein verständliche Umschreibung (BGH NJW-RR 2005, 1496 – dazu KAPPUS NJW 2006, 15). Das Verbot der geltungserhaltenden Reduktion gilt auch hier (OLG Hamburg BeckRS 2011, 07060; OLG Karlsruhe NJW-RR 2009, 1322, 1323). Im umgekehrten Fall eines **undifferenzierten Haftungsvorbehalts** in Vollkaskoversicherungsbedingungen können diese demgegenüber trotz ihrer Unwirksamkeit nach § 307 im Umfang des Leitbildes von § 18 Abs 2 VVG aufrechterhalten bleiben (BGH NJW 2012, 222 Rn 18; ähnlich – Orientierung an § 28 Abs 2 und 3 VVG: BGH NJW 2012, 2501 Rn 27).

Eine weitere Schattierung bringt die Prüfung derartiger Klauseln gegenüber Nichtkaufleuten, die im beruflichen Verkehr tätig sind.

§ 309 Nr 8
Sonstige Haftungsausschlüsse bei Pflichtverletzung

Auch soweit eine Abweichung von den gesetzlichen Vorschriften zulässig ist, ist in Allgemeinen Geschäftsbedingungen unwirksam …

8. (Sonstige Haftungsausschlüsse bei Pflichtverletzung)

a) (Ausschluss des Rechts, sich vom Vertrag zu lösen)

eine Bestimmung, die bei einer vom Verwender zu vertretenden, nicht in einem Mangel der Kaufsache oder des Werkes bestehenden Pflichtverletzung das Recht des anderen Vertragsteils, sich vom Vertrag zu lösen, ausschließt oder einschränkt; dies gilt nicht für die in der Nummer 7 bezeichneten Beförderungsbedingungen und Tarifvorschriften unter den dort genannten Voraussetzungen;

b) (Mängel)

eine Bestimmung, durch die bei Verträgen über Lieferungen neu hergestellter Sachen und über Werkleistungen

aa) (Ausschluss und Verweisung auf Dritte)

die Ansprüche gegen den Verwender wegen eines Mangels insgesamt oder bezüglich einzelner Teile ausgeschlossen, auf die Einräumung von Ansprüchen gegen Dritte beschränkt oder von der vorherigen gerichtlichen Inanspruchnahme Dritter abhängig gemacht werden;

bb) (Beschränkung auf Nacherfüllung)

die Ansprüche gegen den Verwender insgesamt oder bezüglich einzelner Teile auf ein Recht auf Nacherfüllung beschränkt werden, sofern dem anderen Vertragsteil nicht ausdrücklich das Recht vorbehalten wird, bei Fehlschlagen der Nacherfüllung zu mindern oder, wenn nicht eine Bauleistung Gegenstand der Mängelhaftung ist, nach seiner Wahl vom Vertrag zurückzutreten;

cc) (Aufwendungen bei Nacherfüllung)

die Verpflichtung des Verwenders ausgeschlossen oder beschränkt wird, die zum Zwecke der Nacherfüllung erforderlichen Aufwendungen, insbesondere Transport-, Wege-, Arbeits- und Materialkosten, zu tragen;

dd) (Vorenthalten der Nacherfüllung)

der Verwender die Nacherfüllung von der vorherigen Zahlung des vollständigen Entgelts oder eines unter Berücksichtigung des Mangels unverhältnismäßig hohen Teils des Entgelts abhängig macht;

ee) (Ausschlussfrist für Mängelanzeige)

der Verwender dem anderen Vertragsteil für die Anzeige nicht offensichtlicher Mängel eine Ausschlussfrist setzt, die kürzer ist als die nach dem Doppelbuchstaben ff zulässige Frist;

ff) (Erleichterung der Verjährung)

die Verjährung von Ansprüchen gegen den Verwender wegen eines Mangels in den Fällen des § 438 Abs. 1 Nr. 2 und des § 634a Abs. 1 Nr. 2 erleichtert oder in den sonstigen Fällen eine weniger als ein Jahr betragende Verjährungsfrist ab dem gesetzlichen Verjährungsbeginn erreicht wird.

Materialien: 1. Teilber 71 ff; RefE 15; RegE 32; BT-Drucks 14/6857, 5; BT-Drucks 14/6040, 10 f; BT-Drucks 14/6857, 16, 53; BT-Drucks 14/7052, 189; s Staudinger/Schlosser Vorbem 5 ff zu §§ 305 ff.

Schrifttum

Deckers, Die VOB/B, der Verbraucherschutz und die Klauselrichtlinie 93/13/EWG, BauRB 2004, 285
ders, Unwirksame VOB/B-Klauseln in Verbraucherverträgen NZBau 2008, 627
Grziwotz, Zu Mängelansprüchen und zur Bürgschaft bei Bauträgerverträgen, MittBayNot 2007, 208
Hilbig, Informationsabruf aus Onlinedatenbanken – Mängelhaftung und AGB-Klauseln, ITRB 2007, 170
Hoeren, Gestaltungsvorschläge für Musterverträge und Einkaufsbedingungen nach In-Kraft-Treten des Schuldrechtsmodernisierungsgesetzes Teil 2, ZGS 2002, 68
Kiesel, Die VOB 2002 – Änderungen, Würdigung, AGB-Problematik, NJW 2002, 2064
Litzenburger, Das neue Schuldrecht und der Bauträgervertrag, RNotZ 2002, 23
Micklitz, Unvereinbarkeit von VOB/B und Klauselrichtlinie, ZfIR 2004, 613
Pause, Baubeschreibung und Mängelhaftung bei Altbausanierungen, BTR 2004, 142
Peters, Das Baurecht im modernisierten Schuldrecht, NZBau 2002, 113
Schuska, Die Wirksamkeit des Haftungsausschlusses beim Erwerb sanierter Altbauten, NZM 2009, 108
Tempel, Ist die VOB/B noch zeitgemäß?, NZBau 2002, 465
Vogel, Verkauf von Wohnungseigentum nach Abnahme des Gemeinschaftseigentums – Nachzügler, BauR 2010, 1992
vWestphalen, Der Holzweg des Gesetzgebers, ZGS 2005, 173
ders, AGB-Recht im Jahr 2002, NJW 2003, 1635.

Systematische Übersicht

Alphabetische Übersicht

A. Regelungsanliegen der Gesamtvorschrift

I. Gesetzesgeschichte

1 In § 309 Nr 8 sind die früheren Klauselverbote des § 11 Nr 8–1 zusammengeführt und neu strukturiert. Ein wesentlicher Grund für die Neufassung der Klauselverbote ist die Neustrukturierung des Leistungsstörungsrechts. Zusammen mit § 309 Nr 7 sind die Klauselverbote nunmehr grundsätzlich auf den einheitlichen Leistungsstörungsbegriff der Pflichtverletzung abgestimmt. Die früheren Unterscheidungen zwischen Unmöglichkeit, Verzug und positiver Vertragsverletzung (vgl § 11 Nr 7, 8 AGBG) sowie zwischen vollständiger Nichterfüllung/Verzug einerseits und nur teilweiser andererseits (vgl § 11 Nr 8, 9 AGBG) konnten entfallen. Die Gewährleistungsregelungen als Teil des Leistungsstörungsrechts haben zwar – entsprechend der neuen Struktur der gesetzlichen Vorgaben – wie bereits früher in einem Teilbereich eine besondere Regelung durch Klauselverbote erfahren (§ 309 Nr 8b), die Unterscheidung zwischen Fehlern und zugesicherten Eigenschaften (vgl § 11 Nr 10, 11 AGBG) konnte aber ebenfalls wegen der veränderten Fassung der gesetzlichen

Voraussetzungen der Gewährleistungshaftung (unten Rn 16) entfallen. Insofern hat die Schuldrechtsmodernisierung nicht nur zu einer Verschlankung der Leistungsstörungsregelungen, sondern auch der entsprechenden Klauselverbote geführt. Der Streit um das Verhältnis von § 11 Nr 7 und § 11 Nr 8 (dazu Staudinger/Coester-Waltjen [1998] § 11 Nr 8 AGBG Rn 3) spielt keine Rolle mehr (vgl BT-Drucks 14/6857, 53).

II. Bedeutung der Klauselverbote

Zusammen mit § 309 Nr 7 stellt § 309 Nr 8 das Herzstück der AGB-Festigkeit von Sanktionen für Pflichtverletzungen des Verwenders dar (s auch bereits oben § 309 Nr 7 Rn 1 f): Dieser soll nicht nur seine Schadensersatzpflichten nicht unangemessen einschränken können, er soll auch den Vertragspartner nicht an dem Vertrag ungeachtet seiner Vertragsverletzungen festhalten oder – jedenfalls in bestimmten Bereichen – seine Gewährleistungspflichten in unangemessener Weise beschränken können. Der theoretisch großen Bedeutung steht allerdings eine eher bescheidene praktische Relevanz gegenüber. Für § 309 Nr 8a ergibt sich dies daraus, dass die im neuen Schuldrecht erweiterten Lösungsmöglichkeiten des Vertragspartners durch dieses Klauselverbot nicht insgesamt AGB-fest gemacht worden sind, im Übrigen aber in weiten Teilbereichen ohnehin zwingendes Recht besteht; für den vom Anwendungsbereich ohnehin schmalen § 309 Nr 8b haben die nicht abdingbaren Regelungen des Verbrauchsgüterkaufs kaum Raum für AGB-mäßige Abweichungen gelassen. Dennoch mussten sich die Gerichte mit Gewährleistungsbeschränkungen in zahllosen Entscheidungen beschäftigen. 2

B. Die Regelung des § 309 Nr 8 a

I. Anwendungsbereich von § 309 Nr 8a

1. Erfasste Vertragsbeziehungen

Der Anwendungsbereich von § 309 Nr 8a ist nicht auf bestimmte Vertragstypen oder Vertragsinhalte beschränkt. Allerdings findet das Klauselverbot (in Anlehnung an § 23 Abs 2 Nr 3 AGBG) keine Anwendung auf Klauseln in den (nach § 58 Abs 1 Nr 3 PersBefG genehmigten) Beförderungsbedingungen und Tarifvorschriften für Straßenbahnen, Omnibusse und Kraftfahrzeuge im Linienverkehr, soweit diese nicht zum Nachteil des Kunden von der Verordnung über die Allgemeinen Beförderungsbedingungen für den Straßenverkehr etc v 27. 2. 1970 abweichen. Der Regelungsgehalt dieser Verordnung wird also für diesen Bereich als Maßstab akzeptiert, der allenfalls über § 307 im Einzelfall zu korrigieren sein kann. Außerdem ist auch hier zu beachten, dass nach § 310 Abs 4 generell von der Regulierung der Rechtsgestaltung die Rechtsbereiche Erb-, Familien- und Gesellschaftsrecht ausgenommen sind. Außerdem ist § 310 Abs 2 für Verträge über die Versorgung mit Wasser, Fernwärme, Elektrizität und Gas zu beachten. 3

Soweit arbeitsrechtliche Vertragsbedingungen nicht ausgenommen sind (dazu Staudinger/Krause Anh zu § 310 Rn 14, 87 ff), spielt jedoch § 309 Nr 8a praktisch keine Rolle, weil er im Wesentlichen durch die zwingende Norm des § 626 verdrängt ist (Gotthardt Rn 284; Däubler/Dorndorf/Bonin/Deinert Rn 1). 4

2. Erfasste Pflichtverletzungen

5 § 309 Nr 8a gilt grundsätzlich für alle (vom Verwender) zu vertretenden, nicht in einem Mangel der Kaufsache oder des Werkes bestehenden Pflichtverletzungen. Außerhalb des kauf- und werkvertraglichen Gewährleistungsrechts, das auch in seiner gesetzlichen Regelung Modifikationen gegenüber den anderen Leistungsstörungen unterliegt (und nach § 309 Nr 8b bb jedenfalls in bestimmten Fällen, ansonsten nach § 307 ein AGB-festes Rücktrittsrecht bietet – **aA** Litzenburger RNotZ 2002, 23, 35), greift § 309 Nr 8a für alle Pflichtverletzungen ein, gleichgültig ob es sich um Leistungsverzögerungen, Nicht- oder Teilleistungen oder um sonstige Schlechtleistungen handelt. Die früher im Rahmen von § 11 Nr 8a nicht völlig klare Einbeziehung letzterer ist nunmehr unzweifelhaft. Relevant sind alle vom Verwender **zu vertretenden** Pflichtverletzungen. Soweit der Verwender verschuldensunabhängig für Vertragsverletzungen haftet (vgl die §§ 276 Abs 1 S 1 HS 2, 278), greift dieses Klauselverbot daher ebenfalls ein (Erman/Roloff Rn 81), während die Einschränkung der Schadensersatzhaftung bei verschuldensunabhängigen Pflichtverletzungen nicht dem Klauselverbot des § 309 Nr 7, sondern nur der Kontrolle des § 307 unterliegt. Nur für nicht zu vertretende Pflichtverletzungen kann der Verwender im Rahmen von § 309 Nr 8a ein nach dispositivem Recht an sich gegebenes Lösungsrecht des Vertragspartners (zB nach § 323) ausschließen (Palandt/Grüneberg Rn 59). Eine solche Klausel kann dann allenfalls an § 307 scheitern.

3. Erfasste Lösungsrechte

6 Von dem Klauselverbot sind alle dem Vertragspartner des Verwenders (BGH NJW 2009, 575 Rn 26) vom dispositiven Gesetzesrecht eingeräumten Lösungsrechte erfasst. Für nur vertraglich eingeräumte Lösungsrechte (zB Rücktrittsvorbehalt, auslösende Bedingung) greift § 309 Nr 8a nicht ein (Bamberger/Roth/Becker Rn 11), doch wird sich bei jenen idR ein Verstoß gegen das individual Vereinbarte ergeben (§ 305b), oder die Klausel wird als überraschend zu bezeichnen sein (§ 305c); außerdem schützt § 308 Nr 7 den Vertragspartner vor prohibitiven Lösungsfolgen (s dort Rn 1 ff). Beispiel für die gesetzlichen Lösungsrechte sind die Rücktrittsrechte nach den §§ 323, 324, 326 Abs 5 (soweit die Störung vom Verwender zu vertreten) und die Kündigungsrechte, soweit sie dispositiv sind (zB §§ 620 Abs 2, 643, 649) und durch vom Verwender zu vertretende Pflichtverletzungen ausgelöst werden. Das Gleiche gilt für Widerrufsrechte (zB nach § 671). Mangels Dispositivität können das Rücktrittsrecht nach § 651i, die von § 355 umfassten Widerrufsrechte aus Verbraucherverträgen sowie die Kündigung aus wichtigem Grund (§§ 314, 626) und das reisevertragliche Kündigungsrecht nach § 651j auch nicht AGB-mäßig ausgeschlossen werden. Eine Beschränkung, beispielsweise im Rahmen von § 314, ist nur individualvertraglich möglich (BGH BB 1973, 819).

4. Verhältnis zu anderen Vorschriften

7 § 309 Nr 8a wird ergänzt durch § 308 Nr 1–3, die verhindern, dass sich der Verwender durch unbestimmte oder unangemessen lange Leistungsfristen sowie durch unangemessen lange Nachfristen oder durch seine eigene Lossagung der Auslösung von Rücktrittsrechten entzieht (BGHZ 92, 24, 30). Ergänzt wird § 309 Nr 8a ferner durch § 308 Nr 7, der das Verlangen unangemessen hoher Rückabwicklungsvergü-

tungen oder -aufwendungen verhindern soll. Soweit das Gesetz infolge der Ausübung von Lösungsrechten derartige Leistungen des sich Lösenden grundsätzlich vorsieht, sind die Regelungen des Umfangs an § 308 Nr 7 zu messen. Der Anwendungsbereich von § 309 Nr 8a ist nicht berührt. Soweit jedoch der Verwender an die Ausübung gesetzlicher Lösungsrechte durch den Vertragspartner weitere Leistungspflichten des Letzteren knüpft, liegt eine Beschränkung des gesetzlichen Lösungsrechts vor, die unabhängig von der Art und Höhe der weiteren Leistungspflichten an § 309 Nr 8a scheitern muss (ohne diese Differenzierung für generellen Vorrang von § 308 Nr 7 Bamberger/Roth/Becker Rn 6).

Die Unklarheiten des Verhältnisses zwischen § 11 Nr 7 und Nr 8 AGBG sind nunmehr für die Beziehung zwischen § 309 Nr 7 und Nr 8a beseitigt: § 309 Nr 7 betrifft die Schadensersatzhaftung und den hierbei unabdingbaren Haftungsmaßstab; § 309 Nr 8a betrifft die Lösungsmöglichkeiten und erlaubt keine Abweichungen (BGH NJW 2009, 575 Rn 26). Handelt es sich um eine vom Verwender zu vertretende Pflichtverletzung, so greift § 309 Nr 8a ein. Der Verwender kann dem nicht dadurch entgehen, dass er sein Einstehenmüssen nach den §§ 276, 278 variiert. Auch im Falle leicht fahrlässig verursachter Leistungsverzögerungen des Verwenders kann er das Rücktrittsrecht des Vertragspartners nicht ausschließen oder beschränken. Eine Abschwächung seiner Verantwortlichkeit kann er lediglich durch Ausnutzung des engen von § 308 Nr 1–3 gelassenen Gestaltungsraums erreichen (s dort). 8

II. Ausschluss und Einschränkungen der Lösungsrechte

1. Ausgeschlossene Gestaltung

§ 309 Nr 8a verbietet jeglichen Ausschluss und jegliche Einschränkung der Lösungsrechte des Vertragspartners. Dem Lösungsrecht darf daher auch nicht durch Einschränkung der Verantwortung des Verwenders für von ihm an sich zu vertretende Pflichtverletzungen der Boden entzogen werden. 9

Unzulässig sind alle Gestaltungen, die dem Vertragspartner die Ausübung des Lösungsrechts erschweren. Dazu gehören Befristungen (BGH NJW-RR 1989, 625), die Einführung ergänzender Ausübungsvoraussetzungen, zB eine über die gesetzliche Anforderungen hinausgehende oder zusätzliche Nachfrist (OLG Stuttgart BB 1979, 1468), eine Mahnung oder eine vorherige Ablehnungsandrohung (nach dem Vorbild des § 326 aF), die Auferlegung einer Abstandszahlung oder einer sonstigen vom Gesetz nicht vorgesehenen Entschädigung/Vergütung (s oben Rn 6). Auch darf für den Rücktritt nach § 323 nicht Verzug als Voraussetzung gefordert werden, sondern nur die zu vertretende Leistungsverzögerung (mit evtl Fristsetzung, soweit diese nicht nach § 323 Abs 2 oder 4 entbehrlich ist). Die Möglichkeit, vor Fälligkeit der Leistung nach § 323 zurückzutreten, darf dem Vertragspartner daher bei vom Verwender zu vertretenden Leistungshindernissen nicht genommen werden. Die Auferlegung einer bestimmten Form bei der Ausübung des Lösungsrechts ist an § 309 Nr 13 zu messen. 10

2. Verbleibender Gestaltungsraum

Nicht an § 309 Nr 8a scheitern Klauseln, die das Lösungsrecht des Vertragspartners 11 bei nicht vom Verwender zu vertretenden Pflichtverletzungen desselben oder ohne Pflichtverletzungen ausschließen oder beschränken (ERMAN/ROLOFF Rn 81). Soweit damit Kündigungsfristen über drei Monate hinaus entgegen § 309 Nr 9 ausgedehnt werden, sind derartige Klauseln, wenn sie in den Anwendungsbereich von § 309 Nr 9 fallen (s dort Rn 4 ff), nach dieser Vorschrift, ansonsten möglicherweise nach § 307, unwirksam. Auch andere Beschränkungen von Lösungsrechten oder ihr völliger Ausschluss können, wenn sie § 309 Nr 8a passieren, an § 307 scheitern (PALANDT/GRÜNEBERG Rn 59; LG Düsseldorf BeckRS 2010, 20041 – Einschränkung des § 649 beim Internet-System-Vertrag nach § 307 unwirksam; ebenso LG Düsseldorf BeckRS 2011, 21418 [insoweit nicht berührt durch BGH NJW-RR 2011, 1588]; Verpackungsrücksendung als Voraussetzung des Rückgaberechts nach § 307 unwirksam OLG Frankfurt BeckRS 2066, 12443; **aA** CANARIS, in: FS Ulmer [2003] 1073, 1091).

III. Verbraucher

12 Für Verbraucherverträge findet sich im Richtlinien-Anhang keine deckungsgleiche Vorschrift. Nach Nr 1b dürfen aber die Ansprüche des Verbrauchers bei Leistungsstörungen nicht ungebührlich beschränkt werden und nach Nr 10 darf der Verbraucher nicht an seinen Vertragspflichten bei Nichterfüllung durch den Verwender festgehalten werden. Den damit gebotenen Beschränkungen, denen der Ausschluss eines Lösungsrechts des Verbrauchers unterliegt, entsprechen die Regelungen der §§ 307 ff in ausreichendem Maße, da bei einer unzumutbaren Bindung des Verbrauchers bei vom Verwender nicht zu vertretenden Pflichtverletzungen eine Kontrolle nach § 307 erfolgt.

Hervorzuheben ist, dass bei „Einmal-Klauseln" aber bereits die „individuelle" Gestaltung der Leistungs- und Einstandspflichten problematisch ist, wenn der Unternehmer „vorformuliert" hat (dazu oben § 308 Nr 3 Rn 30).

IV. Geschäftsverkehr mit Unternehmern

13 Für den unternehmerischen Geschäftsverkehr wird der Grundsatz des § 309 Nr 8a wegen des besonderen Gerechtigkeitsgehalts der Lösungsrechte ebenfalls für anwendbar gehalten (BGHZ 124, 351; BGH NJW 09, 575). Auch bei leicht fahrlässigen Pflichtverletzungen des Verwenders darf danach ein gesetzliches Lösungsrecht des Vertragspartners nicht ausgeschlossen werden (BGH NJW-RR 2003, 1056). § 309 Nr 8a hat für den unternehmerischen Verkehr Indizfunktion (hM vgl LUTZ, AGB-Kontrolle im Handelsverkehr 146; ERMAN/ROLOFF Rn 85; BAMBERGER/ROTH/BECKER Rn 19; MünchKomm/WURMNEST Rn 11; dies auch für das freie Lösungsrecht nach § 649 bejahend LG Düsseldorf BeckRS 2011, 21418 [nicht Gegenstand der Revision BGH NJW-RR 2011, 1588]).

C. Die Regelung des § 309 Nr 8 b

I. Regelungsanliegen der Klauselverbote des § 309 Nr 8b

14 Die Festschreibung angemessener Gewährleistungsrechte und -pflichten ist für Leistungsaustauschverträge von zentraler Bedeutung. Erst hierdurch wird das Äquivalenzverhältnis von Leistung und Gegenleistung gesichert, denn der Besteller einer

Sache oder Leistung geht bei der Festlegung des Entgeltes von deren Mängelfreiheit aus. Diese gehört wie die Sache oder Leistung selbst zum Äquivalent für den festgesetzten Preis. Ist die Leistung fehlerhaft, so bedarf es zur **Aufrechterhaltung des Äquivalenzverhältnisses** eines entspr Ausgleichs (MünchKomm/WURMNEST Rn 3). Wird dieser wesentlich beschnitten, so führt dies zu einer entscheidenden Beeinträchtigung des angestrebten vertraglichen Wertaustauschverhältnisses. Neben Klauseln mit einer Freizeichnung von Schadensersatzverpflichtungen für verschuldete andere Vertragsverletzungen standen formularmäßige Gewährleistungsbeschränkungen daher bereits zentral im Blickfeld der früheren sog richterlichen Inhaltskontrolle von AGB.

II. Gesetzesgeschichte

Als umfangreichste Bestimmung im Katalog der Klauselverbote ohne Wertungsspielraum sollte § 11 Nr 10 AGBG daher die zulässigen Grenzen formularmäßiger Gewährleistungsbeschränkungen auch im Detail genau abstecken. Die Bestimmung knüpfte in ihren Einzelbestandteilen vielfach an frühere Rspr an (insb Nr 10a 1. Alt, 10 b), geht aber in manchen Fällen auch über diese hinaus (insb Nr 10a 2. u 3. Alt, 10 c-f; Nachweise der umfangreichen früheren Rspr bei SCHLOSSER/COESTER-WALTJEN AGBG § 11 Nr 10 Rn 15 ff; SCHMIDT-SALZER Rn F 66 ff; speziell zu den jeweiligen Einzelverboten vgl auch unten Rn 33, 55, 68, 73, 79, 87). Obwohl über die Regelungen des AGBG insoweit im Gesetzgebungsverfahren relative Einigkeit bestand und die Vorschriften sehr dezidiert gefasst sind, haben sie – insb in den ersten Jahren nach Inkrafttreten des AGBG – Anlass zu einer Flut von Entscheidungen gegeben, die widerspiegeln, wie wichtig die Gewährleistungsrechte bzw ihr Ausschluss für die Parteien sind. **15**

Mit der Schuldrechtsreform haben sich die gesetzlichen Vorgaben und die Ausgestaltung der Rechte im Gewährleistungsbereich von Kauf- und Werkverträgen geändert. Dem tragen einige Formulierungsänderungen der von § 11 Nr 10 in § 309 Nr 8b übernommenen Klauselverbote Rechnung. Abgesehen von einer Klarstellung des Anwendungsbereichs und einer Neuregelung des die Verjährung betreffenden Klauselverbotes (§ 309 Nr 8b ff) sind die Klauselverbote inhaltlich nicht geändert worden. Dennoch hat die Schuldrechtsreform die Bedeutung dieses Bereichs entscheidend reduziert (PFEIFFER, in: ERNST/ZIMMERMANN, Zivilrechtswissenschaft und Schuldrechtsreform [2001] 481, 513). Mit den zwingenden Gewährleistungsregelungen im Verbrauchsgüterkauf, die Freiheit zur Rechtsgestaltung nur bei der Schadensersatzhaftung und im Verjährungsrecht lassen, ist das Gewährleistungsrecht weitgehend zwingendes Recht. Bedeutung entfalten die Klauselverbote des § 309 Nr 8b (außer lit ff) daher nur noch für Verträge zwischen Verbrauchern, in denen jedoch selten AGB verwendet werden, für Verträge über Gegenstände, die nicht Gegenstand eines Verbrauchsgüterkaufs (beachte § 651) sein können (zB neue Häuser und neue Wohnungen), für reine „Werkverträge über neue Sachen" und als Orientierung für Gewährleistungsklauseln im unternehmerischen Verkehr bei der Kontrolle nach § 307. **16**

III. Anwendungsbereich der Vorschrift

1. Die von § 309 Nr 8b erfassten Verträge

17 Die Vorschrift befasst sich mit AGB-Bestimmungen in **Verträgen** über **Lieferungen neu hergestellter Sachen** und **Werkleistungen**. Die durch die Gegenüberstellung von Lieferung und Leistung in § 11 Nr 10 verursachte Unklarheit über die Einbeziehung von Gebrauchsüberlassungsverträgen hat der Gesetzgeber in § 309 Nr 8b nunmehr durch die ausdrückliche Beschränkung auf Werkleistungen beseitigt.

a) Verträge über Lieferung neu hergestellter Sachen

18 Als **Lieferungsverträge** kommen solche in Betracht, bei denen die Besitzüberlassung zum endgültigen Verbleib, also zu Übereignungszwecken erfolgt (allgM; MünchKomm/Wurmnest Rn 13; Ulmer/Christensen Rn 22; Wolf/Dammann vor § 309 Nr 8b Rn 21). Damit sind zum einen Kauf- und bestimmte Werkverträge angesprochen. Nachdem auf Vorschlag des BT-Rechtsausschusses (BT-Drucks 7/5422, 8) die im RegE (S 6) vorgesehene Beschränkung auf die vorgenannten Vertragstypen entfallen ist, werden auch Tausch, Schenkung und alle übrigen atypischen oder gemischten Verträge erfasst, soweit sie als vertragliche Hauptpflicht die Übereignung neu hergestellter Sachen vorsehen und im Falle der Schlechterfüllung für den Lieferungsempfänger kraft Gesetzes oder kraft typisierender Wertung (vgl dazu Leenen, Typus und Rechtsfindung [1971] 152 ff; Weick NJW 1978, 14 ff) Gewährleistungsansprüche zur Folge haben können (Erman/Roloff Rn 86). Nicht hierher gehören Gebrauchsüberlassungsverträge, insb Miete, Pacht, Leasing (MünchKomm/Wurmnest Rn 13; Wolf/Dammann Vor § 309 Nr 8b Rn 21)

19 Gegenstand der Lieferung muss eine neu hergestellte **Sache** sein. Dieser Begriff ist entsprechend Regelungsinhalt und Schutzzweck des § 309 Nr 8b weit auszulegen. *Sachen* iSd Vorschrift sind demnach nicht nur einzelne körperliche Gegenstände (§ 90), sondern auch Sachgesamtheiten und Sachinbegriffe, soweit sie Gegenstand einer einheitlichen vertraglichen Lieferungspflicht und demzufolge einheitlicher Anknüpfungspunkt von Gewährleistungsansprüchen (Wolf/Dammann Vor § 309 Nr 8b Rn 5) sein können. Das Klauselverbot der Nr 8b gilt hingegen nicht für Verträge, welche auf die Verschaffung von **Rechten und Forderungen** gerichtet sind. Bei Rechten, die zum Besitz einer Sache berechtigen (§ 453 Abs 3), sind die Gewährleistungsvorschriften der §§ 434 ff aber auf die vom Besitzrecht erfassten *Sachen* anwendbar. Klauseln, welche die *diesbezüglichen* Gewährleistungsrechte betreffen, sind daher an § 309 Nr 8b zu messen.

20 Auch wenn Tiere keine Sachen sind (§ 90a S 1), ist § 309 Nr 8b entsprechend anwendbar (§ 90a S 2; vgl BGH NJW 2007, 674 Rn 25, 29; BGH NJW-RR 1986, 522; Wolf/Dammann Vor § 309 Nr 8b Rn 5; zum Problem der Neuheit unten Rn 24). Standardsoftware wird – gleichgültig ob auf Datenträger gespeichert oder nicht – jedenfalls für das Gewährleistungsrecht wie eine bewegliche Sache angesehen (BGH NJW 2007, 2394 Rn 15; BGHZ 143, 307, 309; BGH NJW 1990, 3011, 3013; BGH NJW 1993, 2436 mwNw), so dass bei Fehlerhaftigkeit auch § 309 Nr 8b eingreifen kann (MünchKomm/Wurmnest Rn 13; BGHZ 102, 135, 141; **aM** Müller-Hengstenberg NJW 1994, 3128 mit ausf Begründung und weit Nachw). Bei Individualanpassungen oder Änderungen von Software handelt es sich um einen Werkvertrag über eine „Leistung", daher s unten Rn 27 (A Junker NJW

1993, 824, 827). Informationen, die von einer Onlinedatenbank abgerufen werden, sind ebenfalls als Sachen anzusehen (dazu Hilbig ITRS 2007, 170)

Der **zentrale Begriff** ist „neu hergestellt". Im Anschluss an die Rspr vor Erlass des AGBG (BGH NJW 1966, 1070; NJW 1970, 31; dazu Hager NJW 1975, 2276 mwNw; s auch BGH NJW 1979, 1886) hielt der Gesetzgeber eine formularmäßige Gewährleistungsbeschränkung in Verträgen über die Übereignung gebrauchter Sachen jedenfalls nicht grundsätzlich für unangemessen. Dabei spielte die Überlegung eine Rolle, dass der Verkäufer gebrauchter Sachen meist selbst auf Angaben seiner Vorlieferanten zum Zustand des Objekts angewiesen und daher einem ungleich größeren Fehleinschätzungsrisiko ausgesetzt ist, als der Verkäufer neu hergestellter Sachen. Zum anderen bezahlt der Erwerber gebrauchter Sachen gerade wegen der erhöhten Gefahr von Sachmängeln regelmäßig einen niedrigeren Preis, so dass auch durch einschneidende Gewährleistungsbeschränkungen das Äquivalenzverhältnis zwischen Leistung und Preis nicht unzumutbar gestört sein muss (zumal § 307 als Auffangregelung eingreifen kann). 21

Auch wenn diese Überlegungen angesichts der europarechtlichen Vorgaben für die weitgehend zwingende Ausgestaltung des gesetzlichen Gewährleistungsrechts beim Verbrauchsgüterkauf über gebrauchte Sachen an Wirkung verloren haben, sind sie als kennzeichnend für den Schutzzweck des § 309 Nr 8b bei der Auslegung des Begriffs „neu hergestellt" zu berücksichtigen. **Neu hergestellt** iSd Vorschrift ist eine Sache daher nur, wenn sie *nicht* durch Benutzung oder Zeitablauf seit ihrer Herstellung einem zusätzlichen Sachmängelrisiko ausgesetzt war, welches im Geschäftsverkehr regelmäßig durch einen entsprechenden Preisabschlag berücksichtigt zu werden pflegt. Veräußert der Verwender eine Sache als neu, obwohl sie nach objektiver Betrachtungsweise nicht mehr neu ist, so muss die subjektive Vorstellung des Erwerbers ausschlaggebend sein (Erman/Roloff Rn 87). Denn hält dieser, veranlasst durch Erklärungen und Verhalten des Verwenders bei Vertragsabschluss, die Sache für neu hergestellt, so fehlt ihm die für den Gebrauchtwarenerwerb typische Inkaufnahme des erhöhten Mängelrisikos. Er bedarf des Schutzes des § 309 Nr 8b. Veräußert der Verwender eine in Wirklichkeit neu hergestellte Sache als gebraucht, dann bedarf sein Vertragspartner des Schutzes von § 309 Nr 8b aber nicht (vgl OLG München NJW-RR 1998, 1595 – „grauimportiertes" Kfz; anders für Tageszulassung LG Augsburg DAR 1998, 476; **aA** für Verbrauchsgüterkauf BGH NJW 2007, 674, 677 – objektiver Maßstab; wie hier MünchKomm/Wurmnest Rn 16; zurückhaltend bei formularmäßigen Bezeichnungen Ulmer/Christensen Rn 26; zust zur Unterscheidung Wolf/Dammann Vor § 309 Nr 8b Rn 9). Für die Abgrenzung neu hergestellter von gebrauchten Sachen ist daher nicht schlechterdings ein objektiver Maßstab anzulegen, sondern in erster Linie auf die Verkaufserklärungen des Verkäufers und die diesem erkennbaren Erwartungen des Erwerbers abzustellen. Auf diese Weise können auch die vom BGH befürchteten Umgehungen von §§ 474 Abs 1 S 2, 475 Abs 2 eingefangen werden: Bei dem Verkauf einer offensichtlich neuen Sache sind die Erwartungen des Käufers entsprechend hoch – ungeachtet der formularmäßigen oder auch individualvertraglichen Bezeichnung. Geben die Erwartungen des Käufers keinen Aufschluss, kann auf objektive Merkmale, dh hier die allg Verkehrserwartungen zurückgegriffen werden.

Gebrauchsgüter wie Kraftfahrzeuge, Maschinen, Kleidungsstücke, Einrichtungsge- 22 genstände usw sind nicht mehr „neu hergestellt", wenn sie bereits ihrem **bestimmungsmäßigen Gebrauch** zugeführt worden sind. Dies geschieht aber im Allgemeinen nicht schon durch eine bloße probeweise Benutzung (zB Kleidungsstücke zur Anprobe) oder durch Ausstellung, soweit diese üblicherweise keine Qualitätsverluste verursacht (OLG Düsseldorf NJW-RR 1991, 1464 – Möbelstück aus Ausstellung). Dass eine Sache, die bestimmungsgemäß über eine gewisse Zeit speziell für Probevorführungen verwendet wurde, zB **„Vorführwagen"** (ebenso Ulmer/Christensen Rn 25; Möffert/Thamm DAR 2003, 438; MünchKomm/Wurmnest Rn 18; OLG Frankfurt NJW-RR 2001, 780), nicht mehr neu hergestellt ist, versteht sich von selbst. Bei Kraftfahrzeugen geht die Eigenschaft „neu" auf jeden Fall mit Zulassung zum öffentlichen Straßenverkehr verloren; auf die beanspruchte Fahrleistung kommt es nicht an (insoweit mit der Vorinstanz gleicher Meinung BGH NJW 1997, 1847, 1848). Auch die Dauer der „Fremdzulassung" ist nicht entscheidend (LG Gießen NJW-RR 1992, 186 – 1. Tag, dort allerdings nach den Gesamtumständen ohnehin Gebrauchtwagenkauf; vgl auch OLG Oldenburg BB 1996, 2321; OLG Koblenz MDR 1996, 1125). Empfindliche technische Geräte verlieren den Charakter der „Neuheit" schon durch eine einmalige probeweise Belastungsbenutzung aus anderem Anlass als der üblichen Testbenutzung.

23 Ist eine Sache seit ihrer Herstellung zwar noch nicht in bestimmungsgemäßen Gebrauch genommen worden, ist aber andererseits **seit** dem **Herstellungszeitpunkt** bereits ein **längerer Zeitraum verstrichen**, oder ist die Sache ohnehin ein nicht einer Nutzung unterliegendes **Verbrauchsgut**, so ist problematisch, inwieweit durch bloßen **Zeitablauf** die Sache ihre Eigenschaft als „neu hergestellt" verlieren kann. Dies ist der Fall, wenn die Sache in dem Zeitraum, der seit der Herstellung vergangen ist, einem besonderen Sachmängelrisiko ausgesetzt gewesen ist; für den Erwerber muss das durch den Zeitablauf verursachte erhöhte Mängelrisiko erkennbar gewesen und grundsätzlich bei der Preisgestaltung entsprechend berücksichtigt worden sein (BGH NJW-RR 1986, 52 – Forellen).

24 Alte **Kunstgegenstände**, Sammelobjekte wie alte Münzen, Schmuckstücke und **Antiquitäten**, sind nicht als „neu hergestellt" anzusehen (MünchKomm/Wurmnest Rn 15; Ulmer/Christensen Rn 24). Insb im Hinblick auf Echtheit und Herkunft der bezeichneten Gegenstände ist der Veräußerer einem erhöhten Mängelrisiko ausgesetzt, da er sich angesichts des häufigen vorhergehenden Eigentümerwechsels selten durch zumutbare eigene Nachforschungen hierüber Sicherheit verschaffen kann (ebenso BGHZ 63, 369, 374 für Kunstauktionator). Dieses – der Situation im Gebrauchtwarenhandel vergleichbare – für den Verkäufer nicht beherrschbare erhöhte Risiko rechtfertigt es, die zwingende Gewährleistungsbeschränkungsregelung des § 309 Nr 8b nicht anzuwenden, auch wenn Kunstgegenstände und Antiquitäten durch ihr Alter im Gegensatz zu sonstigen gebrauchten Gegenständen regelmäßig nicht an Wert verlieren, sondern gewinnen. Eine formularmäßige Gewährleistungsbeschränkung ist in diesen Fällen an § 307 zu messen (MünchKomm/Wurmnest Rn 15). Anders verhält es sich bei Verbrauchsgegenständen, deren Alter ebenfalls wertsteigernd wird, wie zB beim Wein (Ulmer/Christensen Rn 24; MünchKomm/Wurmnest Rn 16). Hier bestehen keine Bedenken, auch einen alten Wein als „neu hergestellte" Sache anzusehen, weil er – jedenfalls bis zu einem gewissen Zeitpunkt – sich als Produkt entwickelt und von einem gewissen Alter an andere Verkehrserwartungen auslöst (zB Umschlagen kein Mangel, sondern einzukalkulierende Eigenschaft). Ähnliches gilt für **Pflanzen und Lebewesen**; sie können – jedenfalls bis zur üblichen Verkaufszeit – als „neu" angesehen werden (so BGH NJW 2007, 674, 676 [jedenfalls so lange das Tier noch jung ist – sechs Monate altes Fohlen, krit dazu Faust LMK 2007, 211611]; BGH NJW-RR 1986, 52 – lebend gelieferte Forellen, offen gelassen für verwendete Nutztiere; LG Aschaffenburg NJW 1990, 915 – neun Wochen alter Hundewelpe; OLG Köln BeckRS 2010, 06229 – drei Jahre alte, zur Zucht benutzte Stute gebraucht iSd § 474 Abs 1 S 2 – insoweit nicht durch BGH NJW-RR 2010, 1210 beanstandet; ebenso LG Oldenburg RdL 2006, 152 für berittenen Wallach; OLG Düsseldorf ZGS 2004 – vier Jahre alte Zuchtstute auch dann nicht neu, wenn noch nicht zur Zucht verwendet). Menschliche Körpersubstanz, die nach der Trennung vom lebenden Körper ebenfalls als Sache anzusehen ist, lässt sich nur schwer in diese Kategorien einordnen. Man wird wohl angesichts der beschränkten Kommerzialisierbarkeit dieser Güter von einer Anwendung des Gewährleistungsrechts insgesamt absehen müssen und den „Spender" allenfalls wegen Verletzung von Nebenpflichten zur Rechenschaft ziehen, wenn er beispielsweise grob fahrlässig ihm mögliche Hinweise auf eventuelle Infizierungen der Körpersubstanz (zB Aids-infiziertes Blut) unterlässt (allg zu dieser Thematik: Rolf Müller, Die kommerzielle Nutzung menschlicher Körpersubstanzen [1997]).

Keine neu hergestellten Sachen sind mangels „Herstellbarkeit" **unbebaute Grundstücke**, selbst wenn im konkreten Fall das Grundstück im Rechtssinne erst durch Vermessung und Abmarkung entsteht oder der Verkäufer verpflichtet ist, die Nutzungsart des Grundstücks zu verändern (LG Ravensburg NJW-RR 1992, 1277; Brambring NJW 1978, 777; Eickels MittRhNotK 1990, 121; Ulmer/Christensen Rn 24; MünchKomm/Wurmnest Rn 17; Korbion/Locher/Sienz Rn 245). Entsprechend dem Schutzzweck der Nr 8b sind aber auch **Gebäude** und **Eigentumswohnungen** dann neu hergestellte Sachen iSd Vorschrift, wenn sie seit ihrer Errichtung noch nicht ihrer Bestimmung gemäß benutzt worden sind (zur Anwendung des werkvertraglichen Gewährleistungsrechts bei Neubauten BGHZ 101, 350, 352, BGH NJW 2007, 3275 Rn 21; zur Problematik des „Neukaufs" bei zeitlich gestaffelten Verkäufen Grziwotz MittBayNot 2007, 208; zur Anwendung des Werkvertragsrechts bei „Nachzügler-Käufer" Vogel BauR 2010, 1992, 1995). Dass Gebäude gem § 94 immer wesentliche Bestandteile eines (nicht neu herstellbaren) Grundstückes sind, steht einer Trennung von Gebäude und Grundstück im Hinblick auf die Anwendbarkeit des § 309 Nr 8b nicht entgegen. Die §§ 93, 94 wollen nur dingliche Sonderrechte an dem Gebäude ausschließen (vgl Staudinger/Jickeli/Stieper [2012] § 93 Rn 5), nicht aber verbieten, dieses besonderen schuldrechtlichen Beziehungen zu unterwerfen (im Ergebnis ebenso MünchKomm/Wurmnest Rn 17; Palandt/Grüneberg Rn 62; Pause BTR 2004, 142; BGH NJW 1995, 1675, 1676; OLG Celle MDR 1997, 1008; OLG Karlsruhe DNotZ 1987, 688). Nicht mehr neu hergestellt sind Gebäude oder Eigentumswohnungen, welche bereits vor dem Erstverkauf bewohnt wurden (Brambring NJW 1978, 777; OLG Celle NJW-RR 1996, 1416), es sei denn, es hat sich nur um eine kurzfristige Vermietung gehandelt (Palandt/Grüneberg Rn 62; Brambring NJW 1987, 97, 102; Klumpp NJW 1993, 372; BGH NJW 1995, 1675, 1676; BGH NJW 1982, 2243 – Musterhaus; OLGR Düsseldorf 2001, 219; OLG München NJW 1981, 2472 – kurzfristige Vermietung vor Fertigstellung). Stand ein Bauwerk von seiner Herstellung bis zum Vertragsabschluss ohne Nutzung längere Zeit leer, so verliert es hierdurch nach den oben entwickelten Grundsätzen (Rn 23) seine Eigenschaft als neu hergestellte Sache nur, wenn sich durch die abgelaufene Zeit das Sachmängelrisiko wesentlich erhöht hat (zB durch die bei Bauwerken unvermeidbaren Witterungseinflüsse – OLG Frankfurt v 14. 1. 2008, 1 U 17/07 Rn 72–5 Jahre Leerstand, nicht mehr neu) und wenn in einer für den Käufer erkennbaren Weise gerade (auch) hierfür ein Preisabschlag gewährt wird. Die Vorschläge für die Länge dieser Zeiträume liegen zwischen zwei und fünf Jahren (Klumpp NJW 1993, 372; OLGR Düsseldorf 2001, 219). 25

Beim Kauf von Eigentumswohnungen können sich hinsichtlich des Sondereigentums und des Miteigentumsanteils am gemeinschaftlichen Eigentum (§ 1 Abs 2 WEG) Unterschiede in der Anwendung des § 309 Nr 8b ergeben. Wurde in einer Wohnanlage das gemeinschaftliche Eigentum bereits an die Wohnungseigentümergemeinschaft übergeben und von deren Mitgliedern genutzt, so ist es bei einer späteren Veräußerung einzelner noch leer stehender Wohnungen nicht mehr „neu hergestellt", wenn der oben erwähnte das Mangelrisiko erhöhende Zeitraum verstrichen ist (vgl BGH NJW 1985, 1551 – nach zweieinhalb Jahren noch neu). Für den Miteigentumsanteil des späteren Erwerbers an diesem Gemeinschaftseigentum greift daher § 309 Nr 8b nicht ein (Brych MDR 1978, 185; Kanzleiter DNotZ 1987, 649, 659 – für kürzere Zeit bei zwischenzeitlich bewohnten Projekten; **aA** Brambring NJW 1987, 91, 102). Ein diesbezüglicher Gewährleistungsausschluss ist aber an § 307 zu messen. Hiernach dürfte es zulässig sein, dass der Verwender die Haftung für solche Mängel am Gemeinschaftseigentum ausschließt, die erst nach dessen Überlassung an die Wohnungseigentümergemeinschaft entstanden sind, da der Veräußerer das Risiko derartiger Mängel nur in geringem Umfange selbst beherrschen kann.

Dass Altbauten nicht als „neu hergestellt" eingestuft werden können, leuchtet ein (BGH NJW 1986, 2824). Umfangreiche Sanierungsarbeiten, die die Wohnqualität verbessern (neue Leitungssysteme, neue Bäder, andere Raumaufteilung) reichen nicht aus, eine Neuherstellung anzunehmen (BGH NJW 2006, 214 Rn 25; OLG Hamburg BauR 1997, 835; LG Landshut NJW 1993, 407). Hier muss dem Käufer klar sein, dass die Bausubstanz aufgrund des Alters gewisse Mängel aufweisen kann (zu der Frage der Gewährleistung für die sanierten Teile sogleich unten Rn 26, 28). Anders ist es, wenn erhebliche Eingriffe in die Bausubstanz vorgenommen wurden („Entkernung" – OLG Frankfurt NJW 1984, 490; OLG Frankfurt BeckRS 2007, 18432) und das Haus gerade unter Betonung dieser einem Neubau gleichkommenden Arbeiten angeboten wird („Neubau hinter historischer Fassade" – BGHZ 100, 391; Klumpp NJW 1993, 372; Kanzleiter DNotZ 1987, 651; zur Anwendung des Werkvertragsrechts BGH NJW-RR 2007, 59 Rn 11; BGH NJW 2007, 3275 Rn 23; BGH NJW 2005, 1115 – sanierter Altbau – jeweils Haftung auch für die **Altsubstanz**; ähnlich OLG Hamm NJW-RR 2002, 415; dementsprechend ist die Frage der „Neuherstellung" in diesen Fällen irrelevant; **aA** OLG Oldenburg NJW-RR 2004, 1499 – renovierte Eigentumswohnung ist neu hergestellte Sache; ähnlich BGH NJW 1998, 904). Sehr weit geht die Rspr, wenn sie auch schon bei Umbauarbeiten, die eine Nutzungsänderung ermöglichen (BGH NJW 1988, 1922 – gewerblich genutzter Gebäudeteil wird in Eigentumswohnung umgewandelt; BGH NJW 1989, 2748 – Teilung und Umbau eines Bungalow in zwei Eigentumswohnungen), von einem „neu errichteten" Haus ausgeht, weil damit die Mangelanfälligkeit der alten Bausubstanz nicht beseitigt wird (für eine Aufteilung je nach Umfang der Renovierungsarbeiten BGH NJW 2006, 214 Rn 25 ff; ebenso Schuska NZM 2009, 108, 112).

Diese Kontrolle an Hand des § 309 Nr 8b hat für „Hauskäufe" von Verbrauchern besondere Bedeutung, weil idR auch die Bedingungen des notariellen Vertrags als vom Unternehmer gestellt gelten (§ 310 Abs 3 Nr 1 – dazu Brambring, in: FS Heinrichs 39, 36; Kanzleiter DNotZ 1996, 867; Schlünder/Scholz ZfBR 1997, 55, 58). Der – zu Recht viel kritisierte – Weg des BGH (Inhaltskontrolle über § 242 – so BGH NJW 1984, 2094; NJW-RR 1986, 1026; NJW 1988, 135; OLG Celle MDR 1997, 1008 – dazu Stürner DNotZ 1984, 764; Brambring NJW 1987, 99) braucht daher für Verbraucherverträge nicht mehr genommen zu werden.

Neu hergestellt ist grundsätzlich auch eine Sache, bei deren Herstellung **einzelne gebrauchte Teile** verwendet worden sind (ULMER/CHRISTENSEN Rn 24 – Verkehrsanschauung entscheidend; OLGR Düsseldorf 1999, 333), nicht aber, wenn die hergestellte Sache sich aus einer derartigen Vielzahl von gebrauchten Teilen zusammensetzt, dass sie hierdurch insgesamt nach der Verkehrsanschauung als gebrauchte Sache erscheint (MünchKomm/WURMNEST Rn 19). Sind umgekehrt in einem gebrauchten Liefergegenstand **einzelne**, abgrenzbare **neu hergestellte Teile** eingebaut (zB fabrikneuer Motor in gebrauchtem PKW), so kann dies zu einer teilweisen Anwendung des § 309 Nr 8b hinsichtlich des neu hergestellten Teiles führen, wenn die Parteien im Vertrag zwischen gebrauchter Sache und eingebauten neuen Teilen unterschieden haben (ähnlich MünchKomm/WURMNEST Rn 19). Möglicherweise handelt es sich bei dem Einbau der neuen Sachen um eine Reparatur oder Renovierung, bei der nicht die Sache, sondern die Arbeitsleistung im Vordergrund steht. Zur Behandlung reparierter, überholter und renovierter Sachen s unten Rn 28. Wird in eine „neu hergestellte" Sache nach Vertragsschluss durch den Vertragspartner eine andere Sache eingesetzt (Originalteile durch Produkte anderer Hersteller ersetzt), so wird das Geschäft dadurch nicht aus dem Anwendungsbereich des § 309 Nr 8b ausgegliedert (BGH NJW 1994, 1060 – Daihatsu), und die Gewährleistungshaftung des Verwenders für die von ihm gelieferten Produkte muss in den von § 309 Nr 8b gezogenen Grenzen bestehen bleiben. 26

b) Verträge über Leistungen

Auf Vorschlag des BT-Rechtsausschusses (BT-Drucks 7/5422, 8) erfasste § 11 Nr 10 AGBG neben Lieferungsverträgen auch generell **Verträge über Leistungen**. Durch diese Ausdehnung der Vorschrift sollten auch Werkverträge über andere Leistungen als die Herstellung von Sachen erfasst werden – wie zB Verträge über Reparatur-, Wartungs- und Reinigungsarbeiten, Architektenverträge, Bauträgerverträge, Ingenieur- und Statikerverträge, Reiseveranstaltungsverträge und Verträge über die Erstellung von Gutachten oder über die Herstellung von Spezialsoftware (vgl LAUER BB 1982, 1760; BÖRNER CR 1989, 363). Die sich aus der Verwendung des insoweit unpräzisen Begriffs „Leistung" ergebende Unsicherheit, ob hierunter auch Gebrauchsüberlassungsverträge zu subsumieren sind (dazu BGHZ 91, 375 – offen lassend; NJW 1985, 1547 – nicht anwendbar auf Finanzierungsleasing; ebenso BGH NJW-RR 2003, 51), ist durch eine Korrektur des Wortlauts im Rahmen der Schuldrechtsmodernisierung beseitigt worden. Entsprechend dem ursprünglichen Anliegen und der von § 309 Nr 8b vorausgesetzten Gesetzeslage sind nur „Werkleistungen" umfasst. Gewährleistungsausschlüsse oder -beschränkungen bei Gebrauchsüberlassungsverträgen und insbesondere auch bei Leasingverträgen sind allein an § 307 zu messen (s STAUDINGER/COESTER § 307 Rn 255; STAUDINGER/STOFFELS [2004] Leasing Rn 214 ff). 27

Unbestritten ist, dass das Adjektiv „neu hergestellt" sich nur auf die „Lieferung", nicht auch auf die „Werkleistungen" bezieht (ULMER/CHRISTENSEN Rn 27; OLG Hamm NJW-RR 2002, 415). Wird eine gebrauchte Sache (zB Altbau, PKW) zunächst **renoviert oder überholt** und anschließend veräußert, so hat dies die Anwendung des § 309 Nr 8b nicht etwa deshalb zur Folge, weil die Renovierungsarbeiten von der gebrauchten Sachsubstanz zu trennende „Leistungen" iSd Nr 8b darstellten (so GEBHARD MittBayNot 1977, 105 für Altbau; s aber auch oben bei umfassender Renovierung Rn 24 – Haftung auch für Altsubstanz). Damit würde die Veräußerung jeder gebrauchten Sache, welche zuvor repariert oder überholt wurde, von dem Gewährleistungsbeschrän- 28 kungsverbot der Nr 8b erfasst. § 309 Nr 8b greift nur ein, wenn ein zusätzlicher selbständiger Werkvertrag über Renovierung oder Reparatur einer gebrauchten Sache abgeschlossen wurde (Brambring NJW 1978, 778; ders NJW 1987, 97, 103). Er ist in seiner Anwendung beschränkt auf diese Leistung. Allerdings ist bei der Überprüfung von Lieferungsverträgen über renovierte oder generalüberholte Sachen nach § 307 die Tatsache der Überholung und der Renovierung bei der Abwägung besonders zu beachten. Sie führt idR zur Unangemessenheit des Gewährleistungsausschlusses.

29 Garantiebedingungen des Herstellers sind keine Leistungen iS des § 309 Nr 8b. Sie schränken bestehende Rechte nicht ein, sondern geben dem Kunden über die gesetzlichen Gewährleistungsrechte gegenüber dem Verkäufer und den Ansprüchen aus Produkthaftung weitergehende Ansprüche (MünchKomm/Wurmnest Rn 21; BGH NJW 1988, 1726; Anm Wolf JZ 1988, 719; Anm Coester-Waltjen JR 1989, 195). Diese Leistungen dürfen grundsätzlich nach Garantiezusage und Garantiezeit beschränkt werden. Dies gilt allerdings nur, wenn es sich um eine echte Herstellergarantie handelt, nicht um eine als „Garantieerklärung" bezeichnete Gewährleistungsregelung des Verkäufers. Wird diese „Garantie" gegen ein Zusatzentgelt vom Hersteller erworben, so überprüft der BGH Einschränkungen der Leistungspflicht an Hand von § 307 (BGH NJW 2011, 3510 Rn 10). Machen derartige „zusätzlich" eingeräumte Rechte die Garantieleistung von zusätzlichen Bedingungen (zB bzgl Wartung etc – so noch zulässig nach BGH NJW 2008, 843 Rn 17) abhängig, so sieht der BGH darin (jetzt) nicht mehr eine Festlegung der Essentialia der Primärleistung, die nach § 307 Abs 3 der Inhaltskontrolle (OLG Nürnberg NJW 1997, 2186) entzogen ist (BGH NJW 2011, 3510 Rn 10 – Wartungsarbeiten als Voraussetzung nach § 307 Abs 1 S 1 unwirksam).

Auch die Garantiezusage des Herstellers, die an sich ein „Mehr" für den Kunden ist, kann jedoch den Käufer außerdem dann benachteiligen, wenn für den Durchschnittskunden der Eindruck entsteht, dass in dieser Garantieerklärung abschließend alle Gewährleistungsansprüche geregelt sind (BGH NJW 1988, 1726; OLG Köln NJW-RR 1987, 1192; OLG München EWiR § 11 Nr 10 AGBG 1/86, 324; ähnlich auch schon BGHZ 79, 117). Eine derartige Klausel kann daher an § 307 Abs 3 S 2 iVm Abs 1 S 2 wegen Intransparenz scheitern (BGH NJW 1988, 1726).

2. Bereichsausnahmen

30 Neben der generellen Bereichsausnahme des § 310 Abs 4 ist für das Klauselverbot des § 309 Nr 8b die Ausnahme für Verträge mit Elektrizitäts- und Gasversorgungsunternehmen sowie für Verträge über die Versorgung mit Wasser und Fernwärme gem § 310 Abs 2 zu beachten.

Für Arbeitsverträge kann § 309 Nr 8b allenfalls bei „Personaleinkäufen" (Jahreswagen) Relevanz entfalten. Hier wird es sich aber idR um einen Verbrauchsgüterkauf handeln (zum Arbeitnehmer als Verbraucher BAG NZA 2005, 1111, 1115 und Staudinger/Coester Vorbem 16 zu §§ 307–309; Staudinger/Krause Anh zu § 310 Rn 113), bei dem ohnehin – bis auf die Verjährungsregelung und die Schadensersatzbeschränkung – zwingende Normen eingreifen.

3. Abgrenzung zu anderen Vorschriften

a) Gewährleistungsbeschränkende AGB-Klauseln sind an § **307** zu messen, wenn sie in „Lieferungs"-verträgen über Grundstücke, gebrauchte Sachen und Forderungen (Rechte) oder in Gebrauchsüberlassungsverträgen (vgl BGH NJW 2009, 575 Rn 31) enthalten sind. Soweit § 309 Nr 8b hingegen tatbestandlich eingreift, bleibt für eine ergänzende Anwendung der Generalklausel nur in wenigen Fällen Raum, da durch Nr 8b (ergänzt durch Nr 7 und § 308 Nr 4) die Gewährleistungsrechte des Kunden in ihrem Kernbereich sowohl bezüglich der Sach- als auch der Rechtsmängel zulänglich gesichert werden. Besondere Bedeutung entfaltet dabei § 308 Nr 4, wodurch dem Verwender die Möglichkeit genommen wird, eine andere als die vereinbarte Leistung als vertragsgerecht zu behandeln (s oben § 308 Nr 4 Rn 2, 7) 31

b) Das beschränkte Verbot eines Ausschlusses oder einer Begrenzung der Haftung bei Schadensersatzansprüchen (§ 309 Nr 7) ist neben § 309 Nr 8b anwendbar, auch wenn ein Schadensersatzanspruch infolge einer mangelhaften Leistung geltend gemacht wird. 32

IV. Ausschluss der Gewährleistung und Verweisung auf Ansprüche gegen Dritte (§ 309 Nr 8b aa)

1. Allgemeines

§ 309 Nr 8b aa gliedert sich in **drei Verbotstatbestände**. Er untersagt zunächst den **völligen Ausschluss** sämtlicher Gewährleistungsansprüche in AGB (Ausschlussklauseln) und schreibt insoweit die **vor Erlass des AGBG ständige Rspr** fest (BGHZ 22, 90; BGHZ 37, 94, 98; BGHZ 65, 358; BGH NJW 1976, 515; BGH NJW 1979, 1406). Die Norm verbietet weiterhin die **Ersetzung der Gewährleistungspflicht** des Klauselverwenders **durch Einräumung von Ansprüchen gegen Dritte** (Verweisungsklauseln). Die abgetretenen Gewährleistungsansprüche gegen Dritte stellen kein zureichendes Äquivalent für den Ausschluss der unmittelbaren Gewährleistungspflicht des Verwenders dar, da der Kunde auf die Ausgestaltung der abgetretenen Ansprüche, die häufig zu seinen Ungunsten von der gesetzlichen Gewährleistungsregelung abweichen, keinen Einfluss hat und er mit dem Insolvenzrisiko eines ihm unbekannten Dritten belastet wird (vgl ausführlich RegE 33). Mit diesem zweiten Verbotstatbestand geht Nr 8b aa über die **Rspr vor Erlass des AGBG** hinaus (zu dieser Rspr vgl Staudinger/Coester-Waltjen [1998] AGBG § 11 Nr 10 Rn 19). In seinem dritten Verbotstatbestand untersagt § 309 Nr 8b aa nicht jede Form der lediglich subsidiären Eigengewährleistung, sondern verhindert nur, dass die **Gewährleistungsansprüche** des Vertragspartners von der **vorherigen gerichtlichen Inanspruchnahme Dritter** abhängig gemacht werden (Subsidiaritätsklauseln). 33

2. Verbot des vollständigen Gewährleistungsausschlusses (§ 309 Nr 8b aa 1. Alt)

a) Unwirksam sind AGB-Klauseln, welche den **völligen Ausschluss** von Gewährleistungsansprüchen vorsehen. Es geht dabei um die Gewährleistungsrechte wegen Sach- oder Rechtsmängeln im Kauf- oder Werkvertragsrecht, damit um Nacherfül- 34 lung, Rücktritt, Minderung und den verschuldensabhängigen Schadensersatzanspruch.

Zwar ist der Tatbestand des vollständigen Ausschlusses jeder Gewährleistung nur erfüllt, wenn der Verwender dem Vertragspartner nicht mindestens eines der gesetzlichen Gewährleistungsrechte belässt. Das Klauselverbot muss jedoch im Zusammenhang mit Nr 8b bb gesehen werden. Letztere Regelung verbietet dem Verwender, bei Fehlschlagen der Nacherfüllung das Recht des Vertragspartners auf Rücktritt oder Minderung auszuschließen. Dies kann auch für Nr 8b aa nur bedeuten, dass dem Vertragspartner zumindest subsidiär die Wahl zwischen Rücktritt und Minderung bleiben muss (Schlosser/Coester-Waltjen AGBG § 11 Nr 10 Rn 59; **aM** Staudinger/Schlosser § 11 Nr 10 AGBG Rn 20; Ulmer/Christensen Rn 35). Der BGH konnte diese Frage zu § 11 Nr 10a bisher offen lassen (BGH NJW 1981, 1501; BGH NJW-RR 1990, 1141), das OLG München (NJW 1994, 1661) hielt eine Beschränkung auf die Wandelung im Rahmen von § 11 Nr 10a AGBG für möglich; eine Beschränkung auf das Minderungsrecht hingegen wird im Allgemeinen nicht für wirksam gehalten (MünchKomm/Wurmnest Rn 24; Ulmer/Christensen Rn 37). Diese Grundsätze werden in der Lit überwiegend auch auf die Neufassung nach dem Schuldrechtsmodernisierungsgesetz übertragen (Erman/Roloff Rn 91; MünchKomm/Wurmnest Rn 24). Sie überzeugen aber nach wie vor nicht, denn bei Interesse am Behalten der Sache erscheint es unbillig, dem Vertragspartner auch das ihm gesetzlich zustehende Minderungsrecht zu nehmen. Eine Klausel ist daher nach Nr 8b aa auch dann unwirksam, wenn sie das Rücktritts- oder das Minderungsrecht des Vertragspartners ausschließt, während der Ausschluss der Nacherfüllung oder des Schadensersatzes statt der Leistung wirksam vorgenommen werden kann (Bamberger/Roth/Becker Rn 28, 30; zum Ausschluss des Schadensersatzes nach § 280 Abs 1 s § 309 Nr 7; zum inzidenten Ausschluss OLG Celle NJW 2003, 3638; LG Stuttgart VuR 2000, 182). Eine Beschränkung auf den Schadensersatzanspruch könnte faktisch zur Rechtlosigkeit des Vertragspartners führen und ist daher ebenfalls nicht möglich (Wolf/Dammann Rn 16).

35 **b)** Das Verbot des völligen Ausschlusses von Gewährleistungsansprüchen gilt auch für alle **Sonderverkäufe** zu herabgesetzten Preisen (LG Düsseldorf VuR 1996, 206; OLG Düsseldorf VuR 1997, 284), doch wird ein solches Geschäft idR als Verbrauchsgüterkauf iSd § 474 getätigt und damit im Wesentlichen zwingendem Recht unterliegen. Oder aber es handelt sich um gebrauchte Sachen, zB aus einem Nachlass oder einer Insolvenz, für die aber § 309 Nr 8b nicht eingreift (oben Rn 19 ff). Soweit dies nicht der Fall ist, ist die bei Sonderverkäufen häufige Klausel „Preisreduzierte Ware ist von Umtausch (und Rückgabe) ausgeschlossen", an § 309 Nr 8b zu messen. Sie wird im Geschäftsverkehr idR dahingehend verstanden, dass nicht nur das vom Vorliegen eines Mangels unabhängige und dem BGB unbekannte Umtauschrecht, sondern auch Gewährleistungsrechte des Käufers ausgeschlossen sein sollen (Ulmer/Christensen Rn 36; **aM** Muscheler BB 1986, 2279).

36 **c)** Gleichfalls unwirksam sind vollständige **Gewährleistungsausschlüsse** bezüglich **einzelner Teile** der gelieferten Sache oder der erbrachten Leistung. Der Gesetzgeber dachte hierbei besonders an den häufig anzutreffenden Gewährleistungsausschluss bei schadensanfälligen **Teilen** (Glas oder Spiegel bei Möbeln – vgl OLG Karlsruhe AGBE I § 11 Nr 83) oder Teilen, welche von Dritten hergestellt wurden (Bereifung oder Batterie bei Kfz, Bausysteme, Transistoren bei Radio, Fernsehen usw, MünchKomm/Wurmnest Rn 25),

soweit dieser Ausschluss sich nicht erkennbar nur auf ein gewährleistungsunabhängiges Umtauschrecht beschränkt (OLG Stuttgart BB 1984, 2218, 2219). Unzulässig ist auch der isolierte Gewährleistungsausschluss für Montagearbeiten, wenn der Werkunternehmer neben der Lieferung zugleich zum Einbau der bestellten Anlage oder Einrichtung verpflichtet ist (so schon nach früherem Recht BGHZ 62, 323). Zu einem unzulässigen Teilausschluss führt es auch, wenn der Verwender nur für diejenigen Teile seiner Lieferung oder Leistung die Gewährleistung übernimmt, für deren Mängel er sich selbst bei Dritten schadlos halten kann (so schon nach früherem Recht BGH NJW 1976, 1934) oder deren Mängel er verschuldet hat (BGHZ 62, 323; MünchKomm/Wurmnest Rn 26; BGH NJW-RR 1990, 856; OLG München NJW-RR 1988, 336, beide zu § 5 II AVA; BGH NJW-RR 1993, 560 – vgl dazu auch Knychalla, Inhaltskontrolle von Architektenformularverträgen [1987]). Der Gewährleistungsausschluss muss sich nicht auf einen gegenständlich abgrenzbaren Teil der Verwenderleistung beziehen, um von § 309 Nr 8b aa erfasst zu werden. Betrifft er nur bestimmte Eigenschaften der Leistung, so ist § 309 Nr 8b aa mindestens analog anzuwenden. Ein vollständiger Gewährleistungsausschluss für Konstruktionsfehler der gelieferten Sache ist daher mit Recht schon früher für unwirksam erklärt worden (BGH NJW 1971, 1795; BGH LM Nr 3 zu § 459 Abs 1). Auch der Ausschluss bestimmter Ursachen für das Sichtbarwerden von Mängeln ist unwirksam (OLG Koblenz NJW-RR 1993, 1078 – Temperatur, Witterung; anderes gilt, wenn Veränderungen nicht auf Mängeln beruhen), ebenso die Beschränkung auf eine bestimmte Laufzeit, die unterhalb der Gewährleistungsfrist liegt (BGH NJW 1993, 2054). Freilich kann durch AGB in gewissem Rahmen festgelegt werden, welche Eigenschaften eine Sache oder ein Werk haben muss, sofern nichts Überraschendes festgelegt wird (OLG Karlsruhe ZIP 1983, 1031). Ist aber eine Sache mit bestimmten Eigenschaften (etwa ohne Konstruktionsfehler) geschuldet, so kann diesbezüglich nicht die Gewährleistung ausgeschlossen werden (im Ergebnis ebenso MünchKomm/Wurmnest Rn 25). Auch „unerhebliche“ Mängel kann der Verkäufer nicht formularmäßig von der Gewährleistung ausnehmen, soweit sie sich als Sachmängel iS des Gewährleistungsrechts darstellen.

Eine Haftung nur für „verschuldete Mängel“ schließt die Haftung für unverschuldete aus und ist daher unwirksam (BGH NJW-RR 1990, 865).

Unwirksam ist schließlich auch eine Klausel, welche die Gewährleistung auf die in einem Übergabe- oder Abnahmeprotokoll festgehaltenen Mängel beschränkt (BGHZ 124, 351) oder die Gewährleistung von einer Anerkennung der Mängel durch den Verwender abhängig macht (Wolf/Dammann Rn 24; Erman/Roloff Rn 92).

d) Werden neu hergestellte Sachen unter dem ausdrücklichen Hinweis verkauft, **37**
dass sie mit bestimmten Mängeln (zB „Fehlfarben“, „Webfehler“, „beschädigt“) behaftet sind, so liegt hinsichtlich dieser Mängel keine Abweichung von der vertraglich vorausgesetzten Beschaffenheit und damit kein Fehler iSv § 434 vor. Gewährleistungsansprüche und damit auch die Anwendung von § 309 Nr 8b sind folglich in diesen Fällen grundsätzlich ausgeschlossen. Erforderlich ist aber ein Hinweis speziell auf die möglichen Fehler, die Bezeichnung als „Sonderangebot ohne Gewährleistung“ reicht nicht aus (OLG Düsseldorf VuR 1997, 284). Ist der Hinweis auf bestimmte Mängel der Liefersache in den AGB enthalten, so ist dieser aber an den §§ 305c, 307, 308 Nr 4 zu messen.

38 **e)** Klauseln, welche über die §§ 442, 640 Abs 2 hinaus einen Gewährleistungsausschluss an ein bestimmtes Kundenverhalten binden, können ebenfalls an § 309 Nr 8b aa scheitern. Unsachgemäße Behandlung durch den Kunden wird idR den Nachweis der Mangelhaftigkeit bei Gefahrübergang erschweren, kann aber seine berechtigten Gewährleistungsansprüche nicht zu Fall bringen. Allein die Reparaturversuche durch Dritte dürfen daher nicht zum Gewährleistungsausschluss führen (BGH NJW 1980, 831; OLG Hamm NJW-RR 2000, 1224; OLG Karlsruhe ZIP 1983, 1091). Auch ein Ausschluss für den Fall der Hinzufügung oder des Austauschs von Teilen, die nicht vom Hersteller der Ursprungssache stammen, kann in dieser generellen Form nicht wirksam sein, weil damit auch bei sachgerechter Wartung und Behandlung die Gewährleistungsansprüche entfielen (BGH NJW 1994, 1060). Ein wirksamer Ausschluss liegt hingegen vor, wenn die Haftung ausgeschlossen wird für „Fehler, die durch Beschädigung, falschen Anschluss oder falsche Bedienung von Seiten des Kunden verursacht werden", weil es sich bei diesen Schäden nicht um bei Gefahrübergang vorhandene Mängel handelt (vgl BGH NJW 1993, 657, 658).

Unwirksam sind des Weiteren Klauseln, die die Geltendmachung der Gewährleistungsansprüche von der Originalverpackung der Ware abhängig machen (Drygala NJW 1993, 359), denn auch hier wird eine über die §§ 437 ff hinausgehende Anforderung an den Vertragspartner gestellt, die zum Ausschluss des Gewährleistungsrechts führt. Klauseln, die nach einer gewissen Zeit einen Verzicht auf die Gewährleistungsrechte unterstellen, sind vorrangig an Nr 8b ee und an § 308 Nr 5 zu messen, evtl kommt auch eine Überprüfung nach § 309 Nr 12 in Betracht. Klauseln, die den Anforderungen des § 308 Nr 5 entsprechen, können dennoch bzgl ihrer Fiktionsfolgen der Inhaltskontrolle unterzogen werden (s § 308 Nr 5 Rn 4).

3. Verbot der Verweisungsklausel (§ 309 Nr 8b aa 2. Alt)

39 **a)** § 309 Nr 8b aa verbietet dem Verwender, formularmäßig den Vertragspartner abschließend auf Gewährleistungsansprüche gegen Dritte zu verweisen und sich dadurch seinen eigenen Gewährleistungspflichten zu entziehen (zum Grund dieses Verbotes vgl oben Rn 33). Der Verwender kann sich folglich nicht endgültig von der Haftung für Mängel befreien, welche Zulieferern, Auftragsunternehmen, zugezogenen Handwerkern usw anzulasten sind. Dies gilt insb auch für den Bauträger (unten Rn 50), nicht hingegen im Bereich des Finanzierungsleasings, dass aus dem Anwendungsbereich des § 309 Nr 8b heraus fällt (oben Rn 27; BGH NJW 2009, 575 Rn 31). Damit ist nicht die Möglichkeit beseitigt, dass der Verwender Dritte zur Erfüllung der gegenüber dem Vertragspartner bestehenden Gewährleistungspflichten beizieht oder dem Vertragspartner *zusätzliche* Gewährleistungsansprüche gegen Dritte eingeräumt werden. Folglich steht § 309 Nr 8b aa 2. Alt im Regelfall nicht dem sog „Garantiekartensystem" (dazu nach früherem Recht Bader NJW 1976, 209; Stötter DB 1965, 1275) entgegen, soweit dieses neben den zwingenden Vorschriften der Verbrauchsgütergeschäfte überhaupt noch Bedeutung entfalten kann. Soweit in diesem Garantievertrag zwischen Hersteller und Endverbraucher zugleich Gewährleistungsbeschränkungsklauseln enthalten sind, haben diese aber ohnehin keine Wirkung für den Kaufvertrag zwischen Händler und Endverbraucher, sondern beziehen sich allein auf eine mögliche Haftung des Herstellers selbst, insbesondere auf seine Produzentenhaftung (BGHZ 51, 91), die aber nicht im Voraus abdingbar ist (§ 14

ProdHaftG). Der Verweis auf „Vertragsunternehmen“ in einem Garantieschein ist nicht als Haftungsausschluss oder -einschränkung zu verstehen.

b) Das Verbot des § 309 Nr 8b aa 2. Alt gilt auch hinsichtlich **einzelner Teile** des Vertragsgegenstandes (s oben Rn 36). Dem Verwender ist somit insb auch verwehrt, seine eigene Gewährleistung hinsichtlich von Teilen, die von Dritten hergestellt sind, durch Verweisung auf die Haftung dieser Dritten zu ersetzen. **40**

4. Verbot der Subsidiaritätsklausel (§ 309 Nr 8b aa 3. Alt)

a) Zwar verbietet § 309 Nr 8b aa in seiner 2. Alt den abschließenden Ausschluss von Gewährleistungsansprüchen durch Einräumung von Ansprüchen gegen Dritte, gibt anschließend in seiner 3. Alt aber dem Verwender das Recht, in AGB seine eigene Gewährleistung subsidiär zu stellen (zur Entstehungsgeschichte vgl oben Rn 33). Der Verwender darf die gegen ihn gerichteten Gewährleistungsansprüche davon abhängig machen, dass sein Vertragspartner zunächst versucht, abgetretene Gewährleistungsansprüche gegen dritte Personen außergerichtlich geltend zu machen. **41**

b) Eine derartige Subsidiaritätsklausel kann von vorneherein nur die Gewährleistung für solche Mängel erfassen, die **im Verantwortungsbereich eines Dritten** liegen. Beruht die Mangelhaftigkeit eines Bauwerkes beispielsweise nicht auf einer fehlerhaften Bauausführung durch das vom Verwender beauftragte Bauunternehmen, sondern auf einem Fehler in der dem Verwender obliegenden Planung, so bleibt insoweit dessen primäre Haftung bestehen (BGHZ 62, 251, 255; zur AGB-festen gesamtschuldnerischen Haftung von Bauunternehmer und Architekt OLG München NJW-RR 1988, 336; OLG Schleswig BeckRS 2008, 07860; zu den unwirksamen Klauseln in Architekturverträgen Schmidt NJW-Spezial 2011, 428). **42**

c) Wie alle AGB-Bestimmungen sind auch Klauseln, welche eine Abtretung von gegen Dritte gerichtete Gewährleistungsansprüche iVm einer Subsidiarität der Haftung des Verwenders vorsehen, **eng auszulegen**. Tritt der Verwender an den Vertragspartner seine „zukünftigen etwaigen Ansprüche gegen die am Bau beteiligten Bauunternehmer, Bauhandwerker und sonstige Dritte“ ab, so bezieht sich die daran anknüpfende Subsidiarität der Gewährleistung des Verwenders im Zweifel **nicht** auf die bereits **vor und bei Abnahme** festgestellten Mängel, und die Abtretung erfasst im Zweifel nicht Ansprüche gegen den planenden oder die Bauaufsicht führenden Architekten (BGH NJW 1978, 634). **43**

d) Die an den Vertragspartner des Verwenders abgetretenen Gewährleistungsansprüche dürfen in **Inhalt und Umfang** nicht geringer sein als diejenigen Gewährleistungsrechte, welche dem Vertragspartner bei unmittelbarer Inanspruchnahme des Verwenders aufgrund des mit diesem geschlossenen Vertrages zustehen würden, da der Vertragspartner durch die Subsidiaritätsklausel im Endergebnis nicht schlechter gestellt werden soll, als wenn diese nicht vereinbart worden wäre (BGH NJW 2002, 2470; OLG Dresden BeckRS 2011, 21004 insoweit nicht berührt durch BGH IBR 2012, 87, der die bestehenbleibende Haftung betont). Die abgetretenen Gewährleistungsansprüche gegen Dritte müssen folglich in jedem Falle den Mindestanforderungen des § 309 Nr 8b genügen (MünchKomm/Wurmnest Rn 31). Sieht der zwischen Verwender **44**

und Kunden geschlossene Vertrag noch darüber hinausgehende Gewährleistungsrechte vor, so müssen auch diese durch die abgetretenen Ansprüche gedeckt sein. Soweit Letztere hinter den Mindestanforderungen des § 309 Nr 8b oder den zusätzlich vom Verwender eingeräumten Gewährleistungsrechten zurückbleiben, trifft den Verwender eine primäre Eigengewährleistung (Schlosser/Coester-Waltjen AGBG § 11 Nr 10 Rn 39; MünchKomm/Wurmnest Rn 31).

45 **e)** Auf die klauselmäßig festgelegte Subsidiarität seiner Eigenhaftung kann sich der Verwender erst dann berufen, wenn er seine diesbezüglichen vertraglichen **Nebenpflichten** erfüllt hat. Er muss die Gewährleistungsansprüche wirksam an den Kunden abgetreten und diesem alle Urkunden übergeben und Auskünfte erteilt haben, welche dieser zur Inanspruchnahme der beteiligten Dritten benötigt (§ 402) (OLG Düsseldorf MDR 1999, 33). Spätestens auf Verlangen des Kunden oder nach dessen Mängelrüge muss er diesem Namen und Anschrift des für den jeweiligen Mangel in Betracht kommenden Gewährleistungspflichtigen mitteilen (Ulmer/Christensen Rn 42; MünchKomm/Wurmnest Rn 30) und ihn auch über einen eventuellen Abnahme- und Verjährungszeitpunkt informieren (so bereits BGH LM AGB Nr 62 Blatt 3). Werden diese Nebenpflichten vom Verwender nicht rechtzeitig erfüllt, so verbleibt es bei dessen primärer Eigenhaftung.

46 **f)** Die **Anforderungen**, welche der Verwender an eine dem Kunden auferlegte vorherige **außergerichtliche Inanspruchnahme Dritter** stellen darf, dürfen nicht zu hoch angesetzt werden, damit die Vorschrift des § 309 Nr 8b noch ihrem am Kundenschutz ausgerichteten Ziel gerecht werden kann (Ulmer/Christensen Rn 42). Auch der Bundesrat als Initiator der Endfassung des § 11 Nr 10a 3. Alt AGBG (der § 309 Nr 8b aa entspricht) ging davon aus, dass sich der Kunde, sobald der Dritte es unterlässt, dem Gewährleistungsverlangen nachzukommen, „sofort ohne weitere Hindernisse an den Vertragspartner halten kann“ (vgl BR-Stellungnahme BT-Drucks 7/3919, 50; ähnlich BT-Rechtsausschuß BT-Drucks 7/5422, 9). Dem Erfordernis der außergerichtlichen Inanspruchnahme des Dritten hat der Kunde daher im Regelfalle dann Genüge getan, wenn er diesen unter angemessener Fristsetzung zur Erfüllung seiner Gewährleistungspflichten aufgefordert hat. Ist die Frist ohne Reaktion des Dritten abgelaufen, oder verweigert dieser die Erfüllung des Gewährleistungsanspruches, so greift – in Anlehnung an den Gedanken des § 440 S 1 – die subsidiäre Haftung des Verwenders ein (MünchKomm/Wurmnest Rn 30; Ulmer/Christensen Rn 42). Selbst die förmliche Aufforderung mit Fristsetzung ist entbehrlich, wenn der Dritte von vorneherein endgültig die Erfüllung des Gewährleistungsanspruches ablehnt, diese wegen dessen mangelnder Leistungsfähigkeit (zB Insolvenz, Vermögensverfall) aussichtslos ist oder wenn aus anderen Umständen eindeutig hervorgeht, dass der Dritte nicht leisten wird und eine besondere Aufforderung sinnlos wäre (so bereits BGH LM AGB Nr 62 Blatt 3; Ulmer/Christensen Rn 42; s auch § 440). Ist der Dritte in zulässiger Weise (Nr 8b bb) primär nur zur Nacherfüllung verpflichtet und hat er diese versucht, ist sie aber fehlgeschlagen (vgl § 440 S 2), so muss ihn der Kunde zunächst nochmals auffordern, die gem Nr 8b bb vorbehaltenen Gewährleistungsansprüche zu erfüllen. Erst wenn der Dritte dem in angemessener Frist nicht nachkommt, kann der Kunde den Verwender aus dessen subsidiärer Haftung in Anspruch nehmen. Denn durch die Nacherfüllungsversuche hat der Dritte gezeigt, dass er grundsätzlich Gewährleistungsrechte des Kunden anerkennt und somit möglicherweise auch dem Rücktritts-, Minderungs- oder Schadensersatzbegehren nachkommen wird. Für den Kunden ist es idR nicht unzumutbar, den Dritten nochmals zur Erfüllung dieser Gewährleistungsansprüche aufzufordern.

Weitergehende Anforderungen an die Inanspruchnahme des Dritten als vorstehend aufgeführt dürfen formularmäßig nicht verlangt werden. Nicht notwendig ist es aber, dass in den AGB im Detail die Voraussetzungen festgelegt werden, unter denen die subsidiäre Haftung des Verwenders zum Zuge kommt. Es sind derart verschiedenartige Gründe vorstellbar, welche die erfolgreiche Inanspruchnahme des Dritten scheitern und damit die subsidiäre Haftung entstehen lassen können, dass ihre klauselmäßige Festschreibung schwierig ist. Die Klausel muss jedoch auch für den Laien erkennen lassen, dass die gerichtliche Inanspruchnahme **nicht** erforderlich ist (BGH BB 1995, 988; BGH NJW 1995, 1675; insoweit nicht durch BGHZ 150, 226 obsolet geworden). Dies ist nicht der Fall bei einer Klausel, die die „hilfsweise Gewährleistung des Verwenders bei‚tatsächlichen' Hindernissen (Insolvenz = Geschäftsaufgabe)" in der Durchsetzung der Ansprüche gegen den Dritten (BGH NJW 1995, 1675) oder die die Verwenderhaftung für den Fall der „Nichtdurchsetzbarkeit" der Gewährleistungsansprüche gegen den Dritten vorsieht (BGH NJW 1998, 904; insoweit nicht durch BGHZ 150, 226 obsolet geworden).

g) Hat der Kunde vom Verwender die notwendigen Auskünfte und Unterlagen erhalten (oben Rn 45), es aber dennoch schuldhaft unterlassen, den Dritten aus abgetretenen Gewährleistungsrechten rechtzeitig vor Verjährungseintritt oder seiner Zahlungsunfähigkeit in Anspruch zu nehmen, so tritt freilich die subsidiäre Haftung des Verwenders nicht ein (so bereits BGH LM AGB Nr 62 Blatt 3, sub IV; NJW-RR 1991, 242). Der Verwender wäre aufgrund des schuldhaften Verhaltens des Kunden doppelt belastet, einmal durch die Gewährleistungsansprüche des Kunden und zum anderen dadurch, dass er nicht mehr beim Dritten Regress nehmen kann. Sind allerdings die Gewährleistungsansprüche gegen den Dritten verjährt oder schlägt dessen Inanspruchnahme aus sonstigem Grunde fehl, ohne dass der Kunde dies zu vertreten hat, so bleibt die subsidiäre Haftung des Verwenders erhalten, soweit sie ihrerseits noch nicht verjährt ist (BGH NJW 1982, 169). Diese **Verjährung** ist nach § 205 für den Zeitraum **gehemmt**, in welchem der Kunde zur Inanspruchnahme des Dritten verpflichtet ist und in dem der Verwender die Erfüllung von Gewährleistungsansprüchen verweigern kann, also vom Zeitpunkt des Auftretens des Mangels bis zum Fehlschlagen der Inanspruchnahme des Dritten (BGH MDR 1982, 48; MünchKomm/Wurmnest Rn 32). Es ist in Rspr und Lehre anerkannt, dass die Hemmung nach § 205 alle Fälle umfasst, in denen der Durchsetzung des Anspruchs ein *rechtliches Hindernis* entgegensteht, das dazu führt, dass der Verpflichtete sich vorübergehend der Leistung entziehen kann. 47

h) Solange die Mängel nicht beseitigt sind, verbleibt dem Kunden sein diesbezügliches **Zurückbehaltungsrecht** (gem § 320 oder § 273) gegenüber dem Verwender, auch wenn dessen Gewährleistungspflicht von der vorherigen Inanspruchnahme Dritter abhängig gemacht worden ist. Denn auch in diesem Falle besteht die Haftung des Verwenders (subsidiär) fort. Die Zubilligung dieses Zurückbehaltungsrechtes ist notwendig, um dem Kunden zumindest ein mittelbares Druckmittel zur Durchsetzung seiner Gewährleistungsrechte zu verschaffen, da er gegen den Dritten unmittelbar mangels Vertragsverhältnisses keinerlei Leistungsverweigerungsrechte 48 geltend machen kann (Ulmer/Christensen Rn 41). Der formularmäßige Ausschluss eines derartigen Zurückbehaltungsrechtes ist gem § 309 Nr 2 unzulässig.

49 **i)** Besteht eine Subsidiaritätsklausel iSv § 309 Nr 8b aa 3. Alt und macht der Kunde gegen den Verwender Gewährleistungsansprüche geltend, so trägt ersterer die **Beweislast** dafür, dass er den Dritten vorher erfolglos in Anspruch genommen hat, da der Versuch der Inanspruchnahme zum haftungsbegründenden Tatbestand gehört. Verklagt der Kunde den Verwender ohne vorherige Inanspruchnahme des Dritten, so ist die Klage unbegründet. Die Rechtskraft eines aus diesem Grunde die Klage abweisenden Urteils steht einer erneuten Klage auf Gewährleistung gegen den Verwender nicht entgegen, wenn inzwischen der Kunde den Dritten erfolglos in Anspruch genommen hat. Es handelt sich um eine neu gesetzte, die Rechtskraftsperre überwindende Tatsache (MünchKommZPO/Gottwald § 322 Rn 142 ff).

50 Bei einem Bauträgervertrag, bei dem die vorherige Inanspruchnahme Dritter wegen der zwischen Bauträger und Dritten vereinbarten VOB problematisch werden könnte, hat der BGH die § 309 Nr 8b aa passierende Klausel an § 307 scheitern lassen, weil der Verweis auf die (idR zahlreichen) Dritten den Vertragspartner unangemessen benachteilige (BGHZ 150, 226; OLG Stuttgart NJW-RR 2007, 1614, 1615). Damit erübrigen sich die Folgeprobleme einer Abtretung.

5. Verbraucher

51 Die europarechtlichen Vorgaben sind jedenfalls diesbezüglich durch die weitgehend zwingende Ausgestaltung des Gewährleistungsrechts beim Verbrauchsgüterkauf (§§ 474 ff, 652) beachtet.

6. Geschäftsverkehr mit Unternehmern

52 **a)** Ein vollständiger und ersatzloser Ausschluss gesetzlicher Gewährleistungsrechte (vgl aber Art 2 Abs 2 EGVO Nr 2173/79) in Verträgen über neu hergestellte Sachen oder sonstige Leistungen ist auch im Geschäftsverkehr mit Unternehmern idR nicht zulässig und nach § 307 Abs 2 Nr 1 unwirksam. Dies gilt auch für den Gewährleistungsausschluss hinsichtlich einzelner Teile der Lieferung bzw der Leistung (allgM; BGHZ 124, 351; AG Köpenick NJW 1996, 1005; **aM** LG Berlin ZIP 1994, 1320 für Verkäufe der Treuhand). Ist der Vertragspartner des Verwenders Weiterverkäufer iSd Verbrauchsgüterkaufs, so ist die Berufung auf ansonsten wirksame Gewährleistungsausschlüsse im Rahmen von § 478 ausgeschlossen, damit der Zwischenhändler nicht in eine Gewährleistungsfalle gerät.

53 **b)** Eine Klausel, welche die Ersetzung der Gewährleistungsrechte des Vertragspartners durch Einräumung von Ansprüchen gegen Dritte vorsieht (§ 309 Nr 8b aa 2. Alt), ist auch im unternehmerischen Verkehr nach § 307 idR unzulässig, wenn sie nicht für den Fall des Fehlschlagens der gegen den Dritten gerichteten Ansprüche eine Eigenhaftung des Verwenders einräumt (Palandt/Grüneberg Rn 67; Ulmer/Christensen Rn 53; Bamberger/Roth/Becker Rn 27; Erman/Roloff Rn 99). Die Abtretung von Gewährleistungsansprüchen gegen Dritte kann dann das von den Vertragsparteien vorgestellte Äquivalenzverhältnis zwischen Leistung und Gegenleistung nicht wiederherstellen, wenn gegenüber dem Dritten die Ansprüche aus tatsächlichen (Un-

möglichkeit, Misslingen, Unvermögen) oder rechtlichen Gründen (Insolvenz, Leistungsverweigerungsrecht des Dritten) fehlschlagen. Da die Aufrechterhaltung des Äquivalenzverhältnisses zwischen Leistung und Gegenleistung auch im unternehmerischen Verkehr ein zentrales Gerechtigkeitsgebot darstellt, darf der Kunde auch hier im Falle des Fehlschlagens der Ansprüche gegen den Dritten nicht rechtlos gestellt werden. Für den Fall, dass eine Schadloshaltung beim Dritten nicht zum Erfolg führt, muss die Klausel daher selbst eine subsidiäre Eigengewährleistung des Verwenders vorsehen. Es ist unbefriedigend und wenig praktikabel, wenn man die vorherige Aufnahme einer derartigen subsidiären Haftung in der Klausel selbst nicht verlangt, sondern deren Gültigkeit davon abhängig macht, ob im Endergebnis tatsächlich eine Rechtlosstellung des Vertragspartners eintritt.

Die Abhängigkeit der subsidiären Haftung des Verwenders von der vorherigen **gerichtlichen Inanspruchnahme** Dritter (§ 309 Nr 8b aa 3. Alt) dürfte demgegenüber im unternehmerischen Verkehr nur in Ausnahmefällen eine unangemessene Benachteiligung iSv § 307 darstellen, hingegen wohl kaum in den Fällen, in denen dem Verwender auch die Kosten erfolgloser gerichtlicher Inanspruchnahme aufgebürdet werden können (BGHZ 92, 123). **54**

V. Beschränkung der Gewährleistung auf Nacherfüllung (§ 309 Nr 8b bb)

1. Allgemeines

§ 309 Nr 8b bb gestattet eine Beschränkung der Gewährleistungsansprüche auf Nacherfüllung nur, wenn für den Fall des Fehlschlagens die ausgeschlossenen Gewährleistungsrechte „wiederaufleben". Dies entspricht grundsätzlich der Rspr auch vor Erlass des AGBG und vor der Schuldrechtsreform (vgl BGHZ 22, 90, 99, wN bei Schlosser/Coester-Waltjen AGBG § 11 Nr 10 Rn 15). § 309 Nr 8b bb verlangt aber darüber hinaus, dass dem Vertragspartner (außer bei Bauleistungen) ein Wahlrecht zwischen Rücktritt und Minderung als subsidiäre Lösung bleibt und er hierauf ausdrücklich hingewiesen wird. In der Praxis bringt vor allem mangelnde Klarheit dieses Hinweises viele Klauseln zu Fall. **55**

2. Das Mindestrecht auf Nacherfüllung

Das Nacherfüllungsrecht ist ein gesetzliches Gewährleistungsrecht des Werkvertrags- (§§ 634 Nr 1, 6, 635) und seit der Schuldrechtsmodernisierung auch des Kaufvertragsrechts (§§ 437 Nr 1, 439). Es besteht – nach Wahl des Käufers – in der Beseitigung des Mangels (früher Nachbesserung) oder in der Lieferung einer mangelfreien sache (früher Ersatzlieferung) (§ 439), nach Wahl des Werkunternehmers in der Mangelbeseitigung oder Neuherstellung (§ 635). Dass der Verwender den Vertragspartner zunächst auf diese Gewährleistungsrechte verweisen kann, ergibt sich bereits aus dem Gesetz (§§ 437 Nr 2, 3/281 Abs 1, 323 Abs 2 bzw §§ 634 Nr 234/637, 281 Abs 2, 323 Abs 2, 3, 4). Die Regelung des § 309 Nr 8b bb hat daher zum einen für die **Möglichkeit des Verwenders**, sich auch beim Kauf die **Wahl** zwischen den verschiedenen Arten der Nacherfüllung vorzubehalten (Erman/Roloff Rn 100 aE; Palandt/Grüneberg Rn 68; OLG Frankfurt 2002, 39), zum zweiten für die Aufrechterhaltung der subsidiären Gewährleistungsrechte Bedeutung, wobei der Ausschluss letzterer bereits nach § 309 Nr 8b aa unwirksam ist. **56**

3. Fehlschlagen der Nacherfüllung

57 Das Gesetz versteht die Bezeichnung „Fehlschlagen“ als Oberbegriff für sämtliche Fallkonstellationen, in denen die Nacherfüllung nicht innerhalb angemessener Frist zu einer ordnungsgemäßen Behebung des Mangels führt. Der Gesetzgeber des AGBG wollte hierbei bewusst an die bereits von der früheren Rspr entwickelten Fallvarianten anknüpfen (RegE 34; Bericht des Rechtsausschusses BT-Drucks 7/5422, 9). Danach ist der Nacherfüllungsversuch insb dann fehlgeschlagen, wenn die Nacherfüllung **unmöglich** ist, **misslingt, verweigert** oder **unzumutbar verzögert** wird (vgl bereits BGHZ 22, 90, 99) oder aus einem sonstigen Grunde dem Kunden **unzumutbar** ist. Dies nimmt § 440 S 1 nunmehr als Voraussetzung für die Entbehrlichkeit der Nacherfüllung auf und stellt in S 2 eine widerlegliche Vermutung für das Fehlschlagen nach dem zweiten erfolglosen Versuch auf. Diese Arten von Hindernissen für eine erfolgreiche Nacherfüllung dürfen als Fehlschlagen iSd § 309 Nr 8b bb einzuordnen sein.

58 **a)** Der Kunde muss daher sofort auf Rücktritt, Minderung oder (bei zu vertretendem Mangel) auf Schadensersatz statt der Leistung zurückgreifen können, wenn Nacherfüllung **unmöglich** ist (BGH NJW 1994, 1004; BGH NJW 1981, 1501) oder vom Verwender **verweigert** wird (BGHZ 93, 62).

59 **b)** Nach dem zweiten Versuch einer Nacherfüllung ist entspr der Orientierung an § 440 S 2 idR von einem Fehlschlagen auszugehen. Der Verwender müsste darlegen, warum im konkreten Fall ein weiterer Nacherfüllungsversuch zumutbar ist. Der AGB-mäßige Vorbehalt von mehr als zwei Nacherfüllungsversuchen verstößt nur dann nicht gegen § 309 Nr 8b bb, wenn dieser dritte Versuch unter allen für den konkreten Fall denkbaren Situationen zumutbar wäre (BGH NJW 1998, 677; Palandt/Grüneberg Rn 69; zu verneinen beispielsweise bei ständig benutzter Geschäftsausrüstung [Computer] AG Mannheim NJW-RR 1997, 560).

60 **c)** Das Recht auf Rücktritt und Minderung muss wegen Fehlschlagens der Nacherfüllung auch dann wieder aufleben, wenn Letztere **unzumutbar verzögert** wird (BGH NJW 1981, 1501; OLG Koblenz NJW-RR 1992, 760; OLG Hamm CR 1994, 358; LG Köln NJW-RR 1993, 437). Im jeweiligen Einzelfall ist zu ermitteln, welche Frist für die Nacherfüllung dem Kunden zumutbar ist. Hierbei gelten die gleichen Wertungsgesichtspunkte wie bei der Beurteilung der zumutbaren Zahl der Nacherfüllungsversuche (oben Rn 59). Je nach Art des Mangels, des für seine Aufspürung und Beseitigung bei ordnungsgemäßer Durchführung notwendigen Zeitaufwandes sowie der Schwere der Beeinträchtigung des Kunden durch die Mängelbeseitigung, können sich unterschiedliche Nacherfüllungsfristen ergeben (Stötter DB 1969, 648).

Der Verwender kann durch **Festsetzung** einer **Nacherfüllungsfrist in AGB** nicht einseitig den Zeitpunkt hinausschieben, zu welchem nach vorstehenden Grundsätzen vom Fehlschlagen derselben auszugehen ist. Eine Klausel, welche eine unangemessene Nacherfüllungsfrist vorsieht, ist wegen Verstoßes gegen § 309 Nr 8b bb unwirksam, da sie den Verwender trotz objektiv eingetretenem „Fehlschlagen“ weiterhin auf die Nacherfüllungspflicht beschränkt (MünchKomm/Wurmnest Rn 34 für Überprüfung der Frist an § 308 Nr 1 Ulmer/Christensen Rn 53; offengelassen in OLG Düsseldorf NJOZ 2009, 2525, 2527 – weil individualvertraglich ausgehandelt).

d) Entsprechend dem allgemeinen Grundsatz von Treu und Glauben (vgl auch § 13 Nr 6 S 2 VOB/B) darf der Kunde dann **sofort** mindern oder zurücktreten, wenn es ihm von vornherein **unzumutbar** ist, dem Verwender zunächst noch eine Nacherfüllungsmöglichkeit einzuräumen. Dies kann beispielsweise dann der Fall sein, wenn die gelieferte Ware bereits völlig unbrauchbar war und hierdurch oder durch weiteres schuldhaftes Verhalten des Verwenders das zwischen den Vertragsteilen bestehende Vertrauensverhältnis völlig zerstört wurde (BGHZ 93, 29; OLG Köln VersR 1992, 584; MünchKomm/Wurmnest Rn 42; Ulmer/Christensen Rn 68). **61**

e) Das Fehlschlagen iSd § 309 Nr 8b bb setzt **kein Verschulden** des Verwenders voraus. Auch wenn die Mängelbeseitigung aus nicht vom Verwender zu vertretenden Gründen misslingt, kann der Kunde Minderung oder Rücktritt verlangen, denn diese gesetzlichen Gewährleistungsrechte gelangen ihrerseits unabhängig von einem Verschulden des Verwenders zur Anwendung. Der Verwender kann seine Gewährleistung ebenfalls nicht von seinem Verschulden der Mangelhaftigkeit abhängig machen. **62**

4. Vorbehalt von Rücktritt und Minderung

a) § 309 Nr 8b bb fordert, dass der Verwender den Kunden **ausdrücklich** auf seine subsidiären Gewährleistungsrechte hinweist (BGHZ 79, 117; OLG Köln VuR 1996, 257; LG Düsseldorf VuR 1997, 320). Der Kunde soll über diese Rechte so informiert werden, dass er sie auch außerhalb eines gerichtlichen Verfahrens und ohne Inanspruchnahme von Rechtsauskünften ausüben kann (RegE 34). Die Belehrung muss daher auch für einen nicht rechtskundigen Leser verständlich und eindeutig sein (BGH NJW-RR 1990, 1141; BGH-RR 1990, 886). Diesen Ansprüchen ist Genüge getan, wenn die gesetzliche Formulierung verwendet wird. Wird die gesetzliche Formulierung nicht benutzt, so muss der Verwender eine Umschreibung wählen, aus welcher eindeutig hervorgeht, dass der Kunde **wahlweise** das Vertragsverhältnis rückgängig machen oder das Entgelt herabsetzen darf. Nicht erforderlich ist, dass der Kunde im Einzelnen auf diejenigen Fälle hingewiesen wird, in denen es aufgrund des Fehlschlagens der Nacherfüllung zu einem Wiederaufleben der gesetzlichen Gewährleistungsansprüche kommt (so aber Löwe/vWestphalen AGBG § 11 Nr 10b Rn 15; wie hier Ulmer/Christensen Rn 58). Die einzelnen Fälle sind derart vielgestaltig, dass sie nicht vorab klauselmäßig aufgeführt werden können. Es genügt, wenn der Verwender den Ausdruck „Fehlschlagen der Nacherfüllung" verwendet (BGH NJW 1994, 1005; BGH NJW-RR 1990, 886 „bis ein Fehlgeschlagen der Nacherfüllung vorliegt"; BGH NJW 1998, 679, 680; Ulmer/Christensen Rn 58). Die Formulierung „endgültig fehlgeschlagen" wird hingegen für unklar gehalten, weil sie die Fälle der Verweigerung nicht erfasst (OLG Karlsruhe MDR 1988, 778). Es können auch alle wichtigen Fallvarianten (s Rn 57 ff) des Fehlschlagens aufgezählt werden. Der Verwender kann sich dabei aber zusammenfassender Oberbegriffe bedienen – wie es etwa in § 13 Nr 6 VOB/B geschehen ist – die aber eine **vollständige** Erfassung der verschiedenen Fälle des Fehlschlagens bringen müssen (BGH NJW 2006, 3059 Rn 16; BGH NJW 1998, 679, 680; OLG Düsseldorf NJW-RR 1992, 825; OLG Koblenz NJW-RR 1997, 436). Wenn eine Klausel das Recht auf Rücktritt und Minderung erst nach wiederholten vergeblichen Gewährleistungsarbeiten gibt, ist damit nicht der Fall der nicht durchgeführten Nacherfüllung erfasst (OLG Düsseldorf NJW-RR 2002, 203; OLG Köln NJW-RR 1993, 565; OLG Köln NJW-RR 1986, 151; LG Offenburg NJW-RR 1997, 727). **63**

Bei zu enger Formulierung ist die gesamte Klausel unwirksam (BGHZ 93, 62; BGH NJW 1994, 1005; BGH NJW 1996, 2506; BGH ZIP 1998, 70; für eine wirksame Klausel s BGH NJW-RR 1990, 886). Nach § 306 Abs 2 gelten dann die gesetzlichen Gewährleistungsregeln.

64 **b)** Dem Kunden muss **nach seiner Wahl** ein **Minderungs-** (§§ 441, 638) oder **Rücktrittsrecht** (§§ 437/634 iVm § 323) eingeräumt werden. Eine Beschränkung auf nur eines der beiden Rechte führt zur Gesamtunwirksamkeit der Klausel. Die Möglichkeit der Minderung auf „0“ macht die Einräumung eines Rücktrittsrechts nicht entbehrlich (LG Mannheim VuR 1996, 58). Durch die Einräumung des Rücktritts- und Minderungsrechtes wird der **Kunde** aber nicht **verpflichtet**, nach Fehlschlagen der Nacherfüllung wahlweise zu Rücktritt oder Minderung überzugehen. Er kann auch versuchen, im Klagewege den Nacherfüllungsanspruch durchzusetzen, da ihm dieser als primärer Anspruch eingeräumt ist und es nicht im Belieben des Verwenders stehen kann, sich diesem etwa durch bloße Weigerung, Unterlassung oder Verzögerung zu entziehen (Ulmer/Christensen Rn 53 – aber Möglichkeit des formularmäßigen Ausschlusses).

Da § 309 Nr 8b bb über das Fortbestehen eines Selbstbeseitigungsrechtes keinerlei Regelungen enthält, ist § 637 für den werkvertraglichen Nacherfüllungsanspruch im Zweifel ergänzend hinzuzuziehen (BGH NJW 1991, 1883; Palandt/Grüneberg Rn 68; jedenfalls nicht für Kauf: Ulmer/Christensen Rn 54), sofern er nicht in eindeutiger Weise ausgeschlossen ist. Zu beachten ist, dass für den Eintritt des Selbstbeseitigungsrechtes nach § 637 der Verwender sich mit der Nacherfüllung im Verzug (§ 286) befinden muss und somit das bloße Fehlschlagen der Nacherfüllung allein hierfür nicht genügt (zur Versagung auch eines nur begrenzten Anspruchs bei fehlender Aufforderung an den Verkäufer vgl die sehr umstrittene Entscheidung des BGH NJW 2005, 1348 und BGH NJW 2006, 988 Rn 16). Der Verwender kann das Selbstbeseitigungsrecht durch AGB ausschließen. § 309 Nr 8b aa, bb stehen dem nicht entgegen (Bamberger/Roth/Becker Rn 36; **aM** Schmidt-Salzer AGB Rn F 88).

65 **c)** Die Beschränkung der subsidiären Gewährleistungsrechte auf das alleinige Recht zur Minderung ist ausnahmsweise zulässig, wenn eine **Bauleistung** Gegenstand der Gewährleistung ist, da diese im Rahmen einer Vertragsrückabwicklung nur äußerst schwer oder gar nicht zurückgewährt werden kann (RegE 34). Der verbleibende Minderungsanspruch kann im Falle der völligen Untauglichkeit der Bauleistung zum vollständigen Ausschluss des Werklohnanspruchs führen. Die im Rahmen eines Bauträgervertrages erbrachten „baulichen Leistungen“ stellen aber nach inzwischen gefestigter Rspr keine Bauleistung iSd § 309 Nr 8b bb dar, so dass eine Beschränkung auf Minderung in Bauträgerverträgen unwirksam ist (BGH NJW 2002, 511; OLG Koblenz BeckRS 2010, 02440 [insoweit nicht berührt durch Revisionsentscheidung BGH NJW 2010, 1284]; OLG Celle BeckRS 2007, 17833; OLG Saarbrücken BeckRS 2006, 05794; OLGR Karlsruhe 2000, 153; OLG Hamm NJW-RR 1998, 1031; OLG Koblenz NJW-RR 1995, 1104; OLG Köln NJW 1986, 330; Wenner EWiR 2002, 269; **aA** Kanzleiter DNotZ 1987, 661; Brambring NJW 1978, 777, 781). Der BGH hat diesen Grundsatz entsprechend der *ratio legis* erweitert auf Verträge, nach denen zwar Bauleistungen erbracht wurden, aber gleichzeitig Wohnungseigentum zu übertragen war (BGH NJW-RR 2007, 59 Rn 14; krit Grziwotz MittBayNot 2007, 207 mit Hinweis auf die [inzwischen entfallene] Privilegierung der VOB/B Regelungen).

d) § 309 Nr 8b bb verbietet nicht, die (verschuldensabhängigen) Schadensersatzansprüche auszuschließen oder zu beschränken. Die AGB-mäßige Abdingbarkeit eines dispositiven Schadensersatzanspruchs statt der Leistung ergibt sich als Rückschluss aus der Beschränkung der „AGB-festen" Gewährleistungsrechte auf Rücktritt und Minderung (BT-Drucks 14/6857, 53; BAMBERGER/ROTH/BECKER Rn 35). Dies gilt auch für den Schadensersatz statt der Leistung im Verbrauchsgüterkauf (§§ 475 Abs 3, 651). Ausschluss oder Beschränkung können im Einzelfall aber an § 307 scheitern. Für den Anspruch auf Schadensersatz außerhalb des „Schadensersatzes statt der Leistung", also bei der Verletzung von Nebenpflichten oder für Mangelfolgeschäden, ist die Schranke des § 309 Nr 7 zu beachten (s dort Rn 11). Ist die Beschränkung der Gewährleistung nach § 309 Nr 8b bb unwirksam, so bleibt auch das Recht auf den „großen Schadensersatz" erhalten (OLG Celle BeckRS 2007, 17833; OLG Saarbrücken BeckRS 2006, 05794; LG Flensburg BeckRS 2010, 13528). 66

Zur Garantiekarte oben Rn 39 (LG Berlin ZIP 1981, 744; LG Kiel BeckRS 2008, 22130 – Händlergarantie für Gebrauchtfahrzeug – Einschränkung [wie in Rn 38 oben] unwirksam).

5. Geschäftsverkehr mit Unternehmern

Die Regelung des § 309 Nr 8b bb findet mit gewissen Einschränkungen auch im unternehmerischen Verkehr Anwendung (BGH NJW 1998, 679, 680; NJW 1998, 677, 678). § 309 Nr 8b bb ist unstreitig auch insoweit auf das Verhältnis unter Unternehmern anzuwenden, als er die frühere Rspr festschreibt. Im unternehmerischen Geschäftsverkehr genügt es im Allgemeinen aber, wenn dem Kunden subsidiär zur Nacherfüllung ein Rücktrittsrecht eingeräumt wird (BGH NJW 1981, 1501; BGHZ 93, 29; BGH NJW 1993, 2436; WM 1995, 1455). Dieses ist unabdingbar. Ob auch das Minderungsrecht eingeräumt werden muss, hat die höchstrichterliche Rspr noch nicht entschieden, erscheint aber eher zweifelhaft. 67

Besonders zu beachten ist auch hier die „halbzwingende" gesetzliche Regelung für die Lieferkette im Verbrauchsgüterkauf (§ 478 Abs 4). Schadensersatzansprüche des Unternehmers können (im Rahmen des nach § 307 Zulässigen) ausgeschlossen werden. Hingegen kann der Unternehmer nicht statt des Rücktritts auf das verschuldensabhängige Schadensersatzrecht verwiesen werden (ERMAN/ROLOFF Rn 105).

Auch im unternehmerischen Geschäftsverkehr ist der **ausdrückliche Hinweis** auf das subsidiär bestehende Gewährleistungsrecht erforderlich (OLG Stuttgart DB 1984, 501; offengelassen in BGH NJW 1998, 679, 680; NJW 1996, 2504; NJW 1981, 1501; ULMER/CHRISTENSEN Rn 70). Das Erfordernis der Aufnahme des ausdrücklichen Vorbehaltes dient ua dazu, im Interesse des Geschäftsverkehrs von Anfang an klarzustellen, in welchen Grenzen Gewährleistungsausschluss- und -beschränkungsklauseln wirksam sind. In der Formulierung darf zwar die regelmäßig vorhandene Geschäftserfahrung des Kunden berücksichtigt werden (BAMBERGER/ROTH/BECKER Rn 37), unmissverständlich müssen aber dennoch die Formulierungen über das „Wiederaufleben" des Rücktritts- (und evtl Minderungs-)rechts sein (auch bzgl der Fälle des Fehlschlagens BGH NJW 2006, 3059 Rn 16; OLG Düsseldorf NJOZ 2009, 2525, 2528).

VI. Aufwendungen bei Nacherfüllung (§ 309 Nr 8b cc)

1. Allgemeines

68 Sind die Rechte des Kunden entsprechend der Regelung des § 309 Nr 8b bb zunächst auf die Nacherfüllung beschränkt und sehen die Vertragsbedingungen zusätzlich vor, dass erhebliche Kosten der Nacherfüllung den Kunden treffen sollen, so führt dies zu einer Entwertung des Nacherfüllungsrechts und kann den Kunden teilweise rechtlos stellen (RegE 35). Das von den Parteien bei Vertragsabschluss vorgestellte Äquivalenzverhältnis zwischen Verwenderleistung und Gegenleistung des Kunden wird gestört, denn letzterer erhält zwar nach erfolgreicher Nacherfüllung die mangelfreie Lieferung, aber er muss hierfür zusätzlich zur vorgesehenen Vergütung die ihm auferlegten Nacherfüllungskosten aufbringen. Daher verbietet § 309 Nr 8b cc AGB-Klauseln, in denen die Verpflichtung des Verwenders zur Tragung der Nacherfüllungskosten ausgeschlossen oder beschränkt wird. Damit sind die Kostentragungsregelungen der §§ 439 Abs 2, 635 Abs 2 AGB-fest (zur wettbewerbsrechtlichen Bedeutung der Regelung MünchKomm/Wurmnest Rn 50).

Die Vorschrift bezieht sich jedoch nicht auf Garantieerklärungen des Herstellers (Nickel NJW 1981, 1490; vWestphalen NJW 1980, 2227; Reinel NJW 1980, 1610). Ob ein solcher Ausschluss der Kostentragung nach § 307 unwirksam ist, ist streitig (für Unwirksamkeit Nickel NJW 1981, 1492), aber zu verneinen, solange die Garantieleistungen nicht an die Stelle der Gewährleistung treten sollen; zu derartigen Klauseln oben Rn 29, 39.

2. Umfang der zu tragenden Aufwendungen

69 **a)** Das Ausschluss- und Beschränkungsverbot des § 309 Nr 8b cc erfasst sämtliche **Aufwendungen**, die **„zum Zwecke der Nacherfüllung erforderlich“** werden. Die Aufwendungen müssen in **unmittelbarem ursächlichen Zusammenhang mit der Ausführung** der Nacherfüllung stehen und **zielgerichtet** auf diese („zum Zweck“) gemacht werden (MünchKomm/Wurmnest Rn 51, 53). Die Rspr rechnet hierher auch Kosten, die dem Vertragspartner auf Veranlassung des Verwenders zur Durchführung der Nacherfüllung entstehen, ja sogar Kosten, die im Zusammenhang mit dem Nachweis der Mangelhaftigkeit entstehen (BGH NJW 2010, 3649 Rn 23 f [keine AGB]; BGH NJW 1991, 1604, 1607; Löwe/vWestphalen AGBG § 11 Nr 10 Rn 9). Nicht erfasst werden die Kosten, welche dem Kunden durch einen für die Zeit der Nacherfüllung eingetretenen **Nutzungsausfall** entstehen (MünchKomm/Wurmnest Rn 53). Gleichfalls stellen solche Schäden an Rechtsgütern des Kunden keine Aufwendungen iSd Vorschrift dar, die nicht notwendigerweise mit der Nacherfüllungsmaßnahme verknüpft sind. Sowohl der Nutzungsausfall als auch die letztgenannten Schäden sind nicht Aufwendungen „zum Zwecke“ der Nacherfüllung, sondern anlässlich der Nacherfüllung eingetretene Folgen. Würde man jeden Nutzungsausfall und jeden durch die Nacherfüllung verursachten Schaden als AGB-feste Aufwendung iSv §§ 439 Abs 2, 635 Abs 2 ansehen, so gelangte man im Ergebnis zu einer Schadensersatzhaftung ohne Verschulden, welche die gesetzlichen Gewährleistungsbestimmungen bei gewöhnlichen Mängeln nicht vorsehen. Für etwaige anlässlich der Nacherfüllung entstandene Schäden kann der Kunde nur bei schuldhafter Verzögerung oder Schlechterfüllung

der Nacherfüllung möglicherweise aus § 280 Abs 1 oder §§ 280 Abs 2, 286 Ersatz verlangen (vgl BGH NJW 1976, 234).

Etwas anderes gilt, wenn Schädigungen von Rechtsgütern des Kunden von vorneherein notwendig sind, um die Nacherfüllungsmaßnahme durchzuführen (zB Ausbrechen von Mauerwerk zur Reparatur von Rohrleitungen). In diesem Fall gehören die zur Beseitigung der Schäden erforderlichen Kosten zu den Aufwendungen iSd Vorschrift.

b) Als Aufwendungen, denen sich der Verwender formularmäßig weder vollständig noch teilweise entziehen darf, zählt das Gesetz besonders die Transport-, Wege-, Arbeits- und Materialkosten. Zu den **Transportkosten** gehören diejenigen Aufwendungen, die erforderlich sind, damit die mangelhafte Sache vom Sitz des Kunden zum Verkäufer, dessen Werkstatt oder dem von ihm mit der Nacherfüllung beauftragten Dritten und wieder zurück zum Kunden befördert werden kann. § 309 Nr 8b cc verbietet nur, dem Kunden diese Transportkosten aufzuerlegen, nicht aber, von diesem die Rücksendung der fehlerhaften Ware gegen Kostenerstattung zu verlangen. Geschieht dies, so kann der Kunde bei erheblichen Versandkosten vom Verwender einen entsprechenden **Kostenvorschuss** fordern (Löwe/vWestphalen AGBG § 11 Nr 10 Rn 11, 13). Sendet der Kunde die Ware selbst zurück, so hat er die preiswerteste Versandart zu wählen, da der Verwender nur die „erforderlichen" Aufwendungen zu tragen hat. **Wegekosten** sind diejenigen Kosten, welche dem Verwender dadurch entstehen, dass er selbst, seine Bediensteten oder von ihm beauftragte Dritte den Kunden an dessen Sitz zum Zwecke der Nacherfüllung aufsuchen. **70**

c) Die Aufzählung des Gesetzes ist nur beispielhaft. Die Vorschrift erfasst auch alle anderen zur Erfüllung des Nacherfüllungsanspruches erforderlichen Aufwendungen. Eine Formulierung wie „Die Kosten der Ersatzteile trägt der (Verwender)" enthält eine unzulässige Beschränkung und ist daher unwirksam (BGH NJW 1981, 867). Die Kostentragungspflicht des Verkäufers nach § 439 Abs 2 ist uanbhängig von der Lokalisierung des Erfüllungsortes (zu letzterem BGH NJW 2011, 2278 Rn 33).

Aufwendungen hingegen, die infolge unberechtigter Mängelrügen entstehen, fallen nicht in den Anwendungsbereich von Nr 8b cc; sie können möglicherweise (ausnahmsweise) an § 307 scheitern (OLG Düsseldorf NJW-RR 2000, 790; OLG Hamm VuR 2000, 181).

d) Erhöhte Kosten, die dadurch entstehen, dass der Kunde die mangelhafte Sache an einen anderen Ort verbringt, fallen nach der Änderung der schuldrechtlichen Regelungen (vgl § 476a aF) nicht mehr automatisch dem Kunden zur Last (vgl BGH NJW 1991, 1604), können aber den Unternehmer berechtigen, nach § 439 Abs 3/ § 635 Abs 3 die Nacherfüllung zu verweigern (MünchKomm/Wurmnest Rn 52). Kosten des Ausbaus der mangelhaften und Einbaus der mangelfreien Sache obliegen beim Verbrauchsgüterkauf AGB-fest dem Verkäufer (EuGH NJW 2011, 2269 – allerdings mit Beschränkungsmöglichkeit auf einen angemessenen Betrag; BGH NJW 2012, 1073, dazu Ayad/ Lendroth BB 2012, 792, 795). Auch außerhalb des Verbrauchsgüterkaufs können derartige Kosten nach dem Wortlaut des § 309 Nr 8b cc – ohnehin – nicht auf den Käufer abgewälzt und ihre Erstattung auch nicht (formularmäßig) beschränkt wer- **71**

den (so auch andeutend WOLF/DAMMANN Rn 15). Angemessene Ergebnisse sowohl für den Verbrauchsgüterkauf wie auch für den Nicht-Verbrauchsgüterkauf können unter Beachtung der Anforderungen des EuGH und des naheliegenden Erst-recht-Schlusses nur dadurch erzielt werden, dass bei besonders unangemessenem Verhältnis von Kostentragungspflicht und Vertragsverhältnis im konkreten Fall die Nacherfüllung als unzumutbar iSd § 439 Abs 3 oder die Geltendmachung unangemessener Nacherfüllungsaufwendungen für treuwidrig (Ausübungskontrolle) gehalten wird.

3. Geschäftsverkehr mit Unternehmern

72 Auch für den Unternehmer ist es von wesentlichem Interesse, dass das Leistungsaustauschverhältnis nicht dadurch gestört wird, dass er zusätzlich zum vertraglich vereinbarten Entgelt noch Nacherfüllungskosten bezahlen muss, um eine vertragsgemäße Gegenleistung des Verwenders zu erhalten. Insoweit enthalten die §§ 439 Abs 2, 635 Abs 2 einen gesetzlichen Grundgedanken, der auch im Rahmen des § 307 Abs 2 Nr 1 zu beachten ist. Dem Endverbraucher kann der Unternehmer die Nacherfüllungskosten im Regelfall in Anbetracht von § 309 Nr 8b cc bzw der nicht dispositiven Regelung (§ 475 Abs 1) nicht auferlegen. Es entspricht einer am Verursacherprinzip orientierten gerechten Risikoverteilung, dass die Nacherfüllungskosten dem zugerechnet werden, der sie durch die Fehlerhaftigkeit der Sache veranlasst hat. Im Wesentlichen sind die Regelungen der §§ 439 Abs 2, 635 Abs 2 daher auch im unternehmerischen Verkehr AGB-fest (PALANDT/GRÜNEBERG Rn 73; zum Problem der Ausbau- und Einbaukosten oben Rn 71 aE und SCHNEIDER/KATERNDAHL NJW 2007, 2215 mit dem Vorschlag, im unternehmerischen Verkehr ein Selbstvornahmerecht des Käufers zu vereinbaren). Dies gilt insbesondere für die Lieferkette im Verbrauchsgüterkauf (§ 478). Wieweit im Einzelfall eine Abweichung von den gesetzlichen Vorgaben nach § 307 zulässig ist, ist umstritten. Der BGH (NJW 1981, 1510) und ein Teil der Lit (ERMAN/ROLOFF Rn 108; BAMBERGER/ROTH/BECKER Rn 39) stellen auf die Höhe ab, MünchKomm/WURMNEST (Rn 56) hingegen auf den Einflussbereich. Eine Kompensation durch andere Vorteile für den Erwerber kann das Unwirksamkeitsverdikt beseitigen (vgl BGH NJW 1996, 389 – Kompensation aber nicht ausreichend).

VII. Vorenthalten der Mängelbeseitigung (§ 309 Nr 8b dd)

1. Allgemeines

73 Zielen die Nr 8b aa– cc darauf ab, dem Kunden im Falle der Mangelhaftigkeit der Verwenderleistung gewisse Mindestrechte zu sichern, so soll Nr 8b dd gewährleisten, dass der Kunde diese Rechte auch durchsetzen kann, ohne vorab an den Verwender unverhältnismäßig hohe Vorleistungen erbringen zu müssen. Die Vorschrift bildet damit die spiegelbildliche Ergänzung zu § 309 Nr 2. Dieser sichert dem Kunden die Berufung auf ein Leistungsverweigerungs- (§ 320) bzw Zurückbehaltungsrecht (§ 273) wegen Mangelhaftigkeit der Verwenderleistung, wenn er auf Zahlung des Entgeltes in Anspruch genommen wird. § 309 Nr 8b dd ergänzt § 309 Nr 2 für den Fall, dass der Kunde seinerseits aktiv die Mängelbeseitigungsansprüche geltend macht und verbietet dem Verwender, die Durchführung der Nacherfüllung von einer unverhältnismäßig hohen Entgeltzahlung des Kunden abhängig zu machen. Anlass zu Streitigkeiten scheint diese Regelung nicht zu geben, jedenfalls findet sich

kaum veröffentlichte Rspr (BGH NJW 1984, 725, 727 beschäftigt sich insoweit nicht mit AGB; die dortige Situation entspricht iÜ § 309 Nr 2).

2. Vorenthalten der Mängelbeseitigung bis zur vollständigen Entgeltzahlung

Das Verbot, formularmäßig die Mängelbeseitigung von der vollständigen Entgeltzahlung abhängig zu machen, gilt nicht nur, wenn das Bestehen der Mängel im Übrigen unstreitig oder bewiesen ist, sondern gerade auch in dem – praktisch häufigen – Fall, dass das Vorliegen der Mängel noch nicht geklärt ist und zwischen den Parteien hierüber Streit besteht. Macht der Kunde in schlüssiger und hinreichend spezifizierter Weise Mängel geltend, so kann der Verwender die diesbezüglichen Nacherfüllungsansprüche nicht schon mit der bloßen Berufung auf die noch ausstehende Entgeltzahlung des Kunden ablehnen. Kommt es zu einem **Prozess**, so kann das Gericht die geltend gemachte Nacherfüllungsklage ebenfalls nicht bereits mit der Begründung abweisen, dass der Kunde vorleistungspflichtig sei, sondern es muss prüfen, ob die Mängel und damit die Nacherfüllungsansprüche tatsächlich bestehen (BGHZ 48, 271). 74

3. Vorenthalten der Mängelbeseitigung bis zur Zahlung eines unverhältnismäßig hohen Entgeltteiles

§ 309 Nr 8b dd verbietet dem Verwender klauselmäßig die Nacherfüllung bis zur Zahlung eines **unverhältnismäßig hohen Teiles des Entgeltes** vorzuenthalten. Insoweit enthält die Regelung ein – für den Klauselverbotskatalog des § 309 systemwidriges – Wertungselement. Der **Teil** des Entgeltes, von dem die Mängelbeseitigung abhängig gemacht wird, muss in jedem Falle in einem **angemessenen Verhältnis** zum Wert der bereits erbrachten, aber mangelhaften Leistung stehen (MünchKomm/Wurmnest Rn 59; vgl dazu BGH NJW 1984, 725, 727, der sich aber mit § 320 und damit einer § 309 Nr 2 vergleichbaren Situation beschäftigt). Er darf somit keinesfalls den Betrag übersteigen, der sich im Falle des Fortbestehens des Mangels bei einer Minderung des Entgeltes gem § 441 ergeben würde. Im Regelfall muss der so ermittelte Betrag aber sicherheitshalber noch zusätzlich gekürzt werden, um dem Verhältnismäßigkeitserfordernis des § 309 Nr 8b dd zu genügen. Auch für § 320 Abs 2 ist anerkannt, dass der vom Besteller zurückbehaltene Entgeltbetrag den Wert der restlichen Gegenleistung (hier: der Mängelbeseitigung) übersteigen darf (s Staudinger/Otto [2009] § 320 Rn 38 ff). Keinerlei Entgeltanteil als Vorleistung darf der Verwender verlangen, wenn die geleistete Sache für den Kunden ohne Beseitigung des Mangels wertlos ist, weil der Mangel die Möglichkeit ihres bestimmungsgemäßen Gebrauches ausschließt (ähnlich im Ergebnis Ulmer/Christensen Rn 83) und eine kurzfristige Nacherfüllung durch einen Dritten nicht erreichbar ist. 75

4. Rechtsfolge des Verstoßes gegen § 309 Nr 8b dd

a) Macht eine Klausel die Durchführung von Nacherfüllung von der Zahlung des vollen oder eines unverhältnismäßig hohen Entgeltes abhängig, so ist sie **vollständig unwirksam**. Sie kann nicht durch geltungserhaltende Reduktion in Höhe eines angemessenen Entgeltanteiles wirksam aufrechterhalten werden. 76

b) An die Stelle der unwirksamen Klausel tritt die gesetzliche Regelung (§ 306 77

Abs 2). Der Kunde kann die vertraglich oder gesetzlich geschuldete Nacherfüllung ohne **vorherige** Entgeltzahlung verlangen. Der Verwender muss aber nach der Durchführung der Mängelbeseitigung die Herausgabe der nunmehr mangelfreien Sache seinerseits gem § 322 Abs 1 bzw § 274 Abs 1 nur **Zug um Zug** gegen die Entgeltzahlung bewirken können (BGHZ 61, 42). Auf dieses Zurückbehaltungsrecht kann sich der Verwender allerdings nur berufen, wenn der Zahlungsanspruch fällig ist.

5. Geschäftsverkehr mit Unternehmern

78 Auch im unternehmerischen Geschäftsverkehr wird eine Klausel, welche Nacherfüllungsansprüche von der Zahlung des vollen oder eines unverhältnismäßig hohen Entgeltteils abhängig macht, grundsätzlich unangemessen und wegen Verstoßes gegen § 307 unwirksam sein (MünchKomm/Wurmnest Rn 61; Erman/Roloff Rn 112; Palandt/Grüneberg Rn 77; Ulmer/Christensen Rn 87; Lutz, AGB-Kontrolle im Handelsverkehr 165). Auch wenn dem Unternehmer neben dem oder subsidiär zum Nacherfüllungsrecht sämtliche übrigen gesetzlichen Gewährleistungsrechte eingeräumt und Schadensersatzansprüche nicht ausgeschlossen sind, erscheint es unangemessen, wenn der Verwender seine Nacherfüllungspflicht von einer Vorleistungspflicht des Kunden abhängig macht. Nicht angemessen ist es auch, den Kunden bis zur Erbringung seiner Vorleistung allein auf Nacherfüllung zu beschränken und ihm damit den Übergang zu Rücktritt oder Minderung solange zu verweigern, obwohl ihm eine nur mangelhafte Leistung erbracht worden ist. Der Verwender ist auch hier ausreichend durch die Möglichkeit der Vereinbarung einer Vorleistungspflicht des Vertragspartners geschützt (MünchKomm/Wurmnest Rn 61).

VIII. Ausschlussfrist für Mängelanzeige (§ 309 Nr 8b ee)

1. Allgemeines

79 **a)** Die Gewährleistungsvorschriften des BGB sehen keine Obliegenheiten des Kunden zur Untersuchung der gelieferten Sache und zur fristgerechten Rüge von erkennbaren Mängeln vor (abgesehen von der Ausschlussfrist für die Mängelanzeige im Reisevertragsrecht, § 651g, von der aber ohnehin nicht zu Lasten des Kunden abgewichen werden kann, § 651l). In Ergänzung zur gesetzlichen Regelung und in Anknüpfung an § 377 HGB versuchen die Verwender daher häufig, in ihren AGB eine derartige Obliegenheit des Leistungsempfängers zu begründen. Sind die hierbei festgesetzten Ausschlussfristen für die Mängelanzeige des Kunden zu knapp bemessen, so wird der nichtkaufmännische, meist geschäftsungewandte Kunde häufig überfordert und gerät in die Gefahr eines vorzeitigen Rechtsverlustes. Daher begrenzt § 309 Nr 8b ee die Möglichkeiten zur formularmäßigen Festsetzung von Ausschlussfristen für Mängelanzeigen. Da dem Schutz des Kunden vor Überforderung auch ein berechtigtes Interesse des Verwenders gegenübersteht, alsbaldige Klärung darüber zu erlangen, ob Mängelansprüche geltend gemacht werden, verbietet § 309 Nr 8b ee die Festlegung von Rügefristen in Einklang mit der Rspr vor Erlass des AGBG (Nachw bei Schlosser/Coester-Waltjen AGBG § 11 Nr 10 Rn 22) nicht generell, sondern trifft eine nach der Mängelart differenzierte Regelung. Von Bedeutung ist dabei, dass diese Regelung auch für Verbrauchsgüterkäufe relevant ist, weil das dortige Gewährleistungsrecht bezüglich eines Rügeerfordernisses nicht völlig der

vertraglichen Gestaltung entzogen ist (Palandt/Grüneberg Rn 78; AnwKomm/Kollmann Rn 166; LG Berlin BeckRS 2008, 19909; *incidenter* OLG Hamm BeckRS 2007, 17475; **aA** Erman/Roloff Rn 115; Ulmer/Christensen Rn 89; Wolf/Dammann § 309 Nr 8b ee Rn 1; vWestphalen ZGS 2005, 173; Woitkowitsch MDR 2005, 841; LG Cottbus BeckRS 2012, 00336). Die EU-Richtlinie 1999/44 lässt den Mitgliedsstaaten für die grundsätzliche Einführung einer Rügeobliegenheit Gestaltungsraum (Art 5 Abs 2, dazu Roth JZ 2001, 479; s auch unten Rn 84). Dass der deutsche Gesetzgeber entgegen der ursprünglichen Pläne (Hoffmann ZRP 2001, 348) hiervon abgesehen hat, zwingt nicht zu dem Schluss einer diesbezüglichen Versagung der rechtsgeschäftlichen Gestaltung.

b) § 309 Nr 8b ee behandelt Rügefristen, nicht Verjährungsfristen, so dass ein **80** Widerspruch zu § 309 Nr 8b ff nicht besteht. Wer aber auch in der Anzeigefrist des § 309 Nr 8b ee eine Verjährungsfrist iS des § 309 Nr 8b ff sehen will, muss erstere Vorschrift als *lex specialis* einordnen. Der bei Nichteinhaltung der Rügefrist erfolgende indirekte Ausschluss der Gewährleistung ist im Rahmen von Nr 8b ee möglich und widerspricht weder Nr 8b aa noch Nr 8b ff. Für den Fall, dass sich der Verwender der Regelungstechnik einer Fiktion bedient, s § 308 Nr 5 Rn 3 (zu Vermutungsregelungen bei Fristablauf OLG Köln MMR 2010, 619). Macht der Verwender die Mängelanzeige von bestimmten **Form- und Zugangserfordernissen** abhängig, so ist **§ 309 Nr 13** zu beachten.

2. Unterscheidung zwischen offensichtlichen und nicht offensichtlichen Mängeln

Das Verbot des § 309 Nr 8b ee bezieht sich nur auf Ausschlussfristen für Anzeigen **81** von **nicht offensichtlichen Mängeln**, läßt hingegen bei **offensichtlichen Mängeln** grundsätzlich eine Ausschlussfrist zu. Eine Klausel, die nicht zwischen diesen Mängeln differenziert, ist unwirksam (BGHZ 145, 303; LG Köln NJW-RR 1986, 67, 69; OLG Karlsruhe AGBE I § 11 Nr 107; LG Saarbrücken VuR 1991, 129).

a) Der Gesetzgeber ging davon aus, dass dem Kunden bei offensichtlichen Män- **82** geln eine Anzeigepflicht innerhalb angemessener Frist zumutbar sei. Damit aber ein effektiver Schutz des Kunden vor Überforderung gewahrt bleibt, ist ein Mangel nur dann **offensichtlich**, wenn er „so offen zu Tage tritt, dass er auch dem durchschnittlichen nichtkaufmännischen Kunden ohne besonderen Aufwand auffällt“ (RegE 35). Auf Fahrlässigkeit oder gar grobe Fahrlässigkeit des Vertragspartners kommt es nicht an (Wolf/Damann § 309 Nr 8b ee Rn 13–19).

Nicht gleichgesetzt werden darf der Begriff des offensichtlichen Mangels mit dem des „erkennbaren“ Mangels iSv § 377 Abs 2 HGB oder mit einem „sichtbaren“ Mangel (BGH NJW-RR 2005, 247; OLG Stuttgart BB 1979, 908; LG Berlin BeckRS 2008, 19909; LG München AGBE I § 11 Nr 115), denn Letzteres ist ein Mangel schon, wenn er bei einer sachgemäßen und im ordnungsgemäßen Geschäftsgang üblichen Untersuchung als solcher festgestellt werden kann. Für den nichtkaufmännischen Kunden besteht aber keine besondere **Untersuchungspflicht** bei Warenabnahme. Er hat nur solche Mängel zu beachten, die sich bei oberflächlicher Betrachtung oder bei bestimmungsgemäßem Gebrauch der Sache sofort bemerkbar machen. Die Offensichtlichkeit bezieht sich auf die Situation bei Übergabe oder Abnahme (Ulmer/Christensen Rn 92); später offensichtlich gewordene Mängel können nicht einer kurzen Ausschlussfrist unterworfen werden. Könnte jeder zunächst nicht offensichtliche Mangel ab dem Zeitpunkt, wo er vom Kunden erkannt wird, einer derartigen Rügefrist unterworfen werden (so Marly NJW 1988, 1184; Wolf/Dammann § 309 Nr 8b ee Rn 13–19), so liefe das Verbot des § 309 Nr 8b ee häufig ins Leere. Der Kunde müsste, sobald ihm der Mangel bekannt wird, diesen innerhalb der gestellten Frist anzeigen, selbst wenn die gesetzliche Verjährungsfrist noch nicht abgelaufen ist (BGH BB 1985, 483, 485; OLG Köln NJW 1986, 2579, 2581).

83 **b)** Beruft sich der Verwender auf den Ausschluss von Gewährleistungsansprüchen wegen Ablaufs der Rügefrist und ist streitig, ob ein offensichtlicher Mangel (mit zulässiger Ausschlussfrist) oder ein nicht offensichtlicher Mangel (mit unzulässiger Ausschlussfrist) vorliegt, so trägt der Verwender die Darlegungs- und **Beweislast** für die Tatsachen, aus denen sich die Offensichtlichkeit des Mangels und damit die Einschlägigkeit der formularmäßig festgesetzten Ausschlussfrist ergibt. Wer die Folgen des Ablaufes einer Ausschlussfrist geltend macht, muss beweisen, dass die Frist **wirksam festgesetzt** wurde, wann sie angelaufen und wann sie abgelaufen ist. Der Kunde hat hingegen zu beweisen, dass er innerhalb der Frist rechtzeitig gerügt hat.

3. Ausschlussfrist bei offensichtlichen Mängeln

84 Für offensichtliche Mängel dürfen in AGB Rügefristen mit Ausschlusswirkung festgesetzt werden. § 307 bildet aber auch insoweit eine Schranke (für Unwirksamkeit im Verbrauchsgüterkauf Woitkewkitsch MDR 2005, 841; ebenso vWestphalen ZGS 2005, 173). Dem Kunden muss eine **angemessene Mindestfrist** eingeräumt werden. Er muss zunächst überhaupt Gelegenheit erhalten, den offensichtlichen Mangel zu erkennen. Die Frist kann daher erst ab dem Zeitpunkt zu laufen beginnen, ab welchem der Kunde oder dessen Vertreter erstmals die Möglichkeit zur Inaugenscheinnahme bzw zum bestimmungsmäßigen Gebrauch der Sache hatte. Ist eine über einen bestimmten Zeitraum zu erbringende Werkleistung Vertragsgegenstand, so beginnt die Frist erst mit dem vertraglich vereinbarten Ende des Leistungszeitraumes zu laufen. Weiterhin ist bei Bestimmung der Angemessenheit der Frist eine gewisse Überlegungszeit und – im Falle des Erfordernisses einer schriftlichen Mängelrüge – eine Zeitspanne für die Abfassung und Übersendung (Postlaufzeit) der Anzeige zu berücksichtigen. Im Regelfall wird (in Anlehnung an die Widerrufsfrist des § 355) eine **zweiwöchige Frist** die Untergrenze darstellen (BGHZ 145, 203 mindestens eine Woche; LG Bochum BeckRS 2008, 19801; OLG Hamm BeckRS 2007, 17475 – 10 Tage zu kurz; OLG Hamm NJW-RR 1987, 311, 316 – „bei Besitzübergabe" zu kurz; LG Köln NJW 1986, 67, 69 – drei Tage jedenfalls zu kurz; KG NJW-RR 1991, 698 „sofort", LG Düsseldorf VuR 1997, 320 „noch vor Verlassen des Betriebsgeländes" zu kurz; eine Woche für Heimreinigungsgerät jedenfalls bei fünfwöchiger Lieferfrist und unklarem Fristbeginn zu kurz: OLG Zweibrücken MDR 1998, 28, 29; Ulmer/Christensen Rn 93; MünchKomm/Wurmnest Rn 65). Der BGH (NJW 2013, 1431 Rn 46) hat allerdings unter Hinweis auf Art 5 II Richtlinie 1999/44 angedeutet, dass eine Zwei-Wochen-Frist nicht ausreichend sein mag.

4. Ausschlussfrist bei nicht offensichtlichen Mängeln

85 Für nicht offensichtliche Mängel darf die Klausel **keine Ausschlussfrist** festsetzen, die **kürzer** ist **als** die **Mindestverjährungsfrist** für den jeweiligen gesetzlichen Gewähr-

leistungsanspruch. Angesichts der mit der Schuldrechtsreform erfolgten Verlängerung der Verjährungsfristen für Gewährleistungsrechte, die nach § 309 Nr 8b ff und beim Verbrauchsgüterkauf über gebrauchte Sachen nicht auf weniger als ein Jahr verkürzt werden können, beim Verbrauchsgüterkauf über neue Sachen zwei Jahre nicht unterschreiten dürfen (§ 475 Abs 2), ist die Bedeutung dieser Regelung stark vermindert.

Obwohl bei nicht offensichtlichen Mängeln die Rügefrist nicht kürzer als die Verjährungsfrist sein darf, wird die formularmäßige Ausschlussfristsetzung aber nicht völlig sinnlos. Einmal ist zu beachten, dass das Verstreichen der Ausschlussfrist ohne Rüge zu einem Erlöschen der Gewährleistungsansprüche führt und dies im Prozess im Gegensatz zur Verjährung **von Amts wegen** berücksichtigt werden muss und eine Aufrechnung ausschließt. Zum anderen gewinnt die Rügefrist praktische Bedeutung, wenn der Verwender die **Verjährungsfrist** über den gesetzlichen Zeitraum hinaus **vertraglich verlängert** hat.

5. Geschäftsverkehr mit Unternehmern

Die Verbotsklausel des § 309 Nr 8b ee kann für Kaufleute über § 307 keine Anwendung finden (allgM). Mängelrügefristen sind im unternehmerischen Geschäftsverkehr zum Zwecke der zügigen Geschäftsabwicklung und der Schaffung klarer Kalkulationsgrundlagen notwendig und üblich (KG NJW-RR 2007, 998 – 1 Woche in Vertrag über Verteilung von Werbeflyern wirksam). Für den Handelskauf sieht § 377 HGB die Pflicht zur unverzüglichen Untersuchung und Rüge sogar ausdrücklich vor. Grundsätzlich kann dieser Gedanke auch für Werkverträge fruchtbar gemacht werden (Zirkel NZBau 2006, 412, 414) Soweit allerdings ein besonderes Bedürfnis nach zügiger Abwicklung nicht erkennbar ist, versagt der BGH (NJW-RR 2005, 247) gegen § 309 Nr 8b ee verstoßenden Ausschlussklauseln auch im unternehmerischen Geschäftsverkehr die Wirksamkeit. 86

Für offen zu Tage tretende oder nach Untersuchung erkennbare Mängel darf die Frist allerdings nicht kürzer sein als der Zeitraum, den ein ohne schuldhaftes Zögern handelnder, im kaufmännischen Geschäftsverkehr erfahrener Kunde zur Geltendmachung des Mangels benötigt (BGH NJW 1985, 3016).

Für **verborgene**, bei Empfang der Ware auch durch sachgemäße und im ordnungsgemäßen Geschäftsgang tunliche Untersuchung nicht erkennbare **Mängel** darf die Geltendmachung der Gewährleistungsansprüche durch formularmäßige Rügefristen auch für den unternehmerischen Geschäftsverkehr nicht ausgeschlossen werden (BGHZ 115, 324; BGH NJW 1996, 1537; BGH NJW-RR 1986, 52). Klauseln, welche auch für nicht erkennbare Mängel starre Rügefristen vorsehen, verstoßen gegen § 307 Abs 2 S 1.

IX. Verkürzung von Verjährungsfristen (§ 309 Nr 8b ff)

1. Allgemeines

Anders als § 11 Nr 10 f AGBG schließt § 309 Nr 8b ff die Möglichkeit der Verkürzung von Gewährleistungsfristen nicht mehr generell aus. Dies ist vor dem Hinter- 87 grund der nunmehr längeren gesetzlichen Verjährungsfristen und der teilweise der Disposition entzogenen Regelungen zu sehen. So sieht § 475 Abs 2 für den Verbrauchsgüterkauf Grenzen (auch individualvertraglicher) der Disposition vor (abgesehen vom Schadensersatz nicht unter zwei Jahre für neue Sachen [BGH NJW 2007, 674 Rn 24], nicht unter einem Jahr für gebrauchte Sachen); 651g Abs 2 iVm § 651 m S 2 erlaubt eine Verkürzung ebenfalls nur bis zu einem Jahr. Für diese zwingenden gesetzlichen Vorgaben entfaltet § 309 Nr 8b ff daher keine Wirkung (vgl Staudinger/Coester § 307 Rn 650).

88 Die Ausnahmen für Fälle, in denen die VOB/B insgesamt vereinbart worden ist, sind seit 1. 1. 2009 entfallen (Forderungssicherungsgesetz v 23. 10. 2008, BGBl I 2022). Die Vereinbarung der VOB/B als Ganzes privilegiert nur noch im unternehmerischen Verkehr, § 310 Abs 1 S 3 (dazu Deckers NZBau 2008, 631; Motzke NZBau 2009, 579, 581).

2. Anwendungsbereich

89 § 309 Nr 8b ff ist nur anwendbar auf **gesetzliche** Gewährleistungsansprüche (Nacherfüllung, Schadensersatz). Für Ansprüche, die sich aus der Verletzung anderer vertraglicher Pflichten ergeben, kann eine nur nach § 307 zu überprüfende Verjährungsfrist vorgesehen werden. Die Ansprüche, die sich aus der Mangelhaftigkeit ergeben, müssen auf Gesetz beruhen; für vertragliche Ansprüche (zB Garantie) gilt die Regelung nicht (MünchKomm/Wurmnest Rn 72). Sehr wohl werden aber auch die sich aus einer Mangelhaftigkeit der Sache ergebenden deliktischen Ansprüche (ua Weiterfresserschäden) erfasst (Erman/Roloff Rn 119).

90 Rücktritts- und Minderungsrecht unterliegen als Gestaltungsrechte keiner Verjährung (vgl § 438 Abs 4, 5); § 309 Nr 8b ff hat für sie daher über § 218 nur Bedeutung, soweit die Verjährung des Nacherfüllungsanspruchs verkürzt wird. Außerdem ist der Anwendungsbereich der Nr 8b ff entsprechend der Eingangs-Umschreibung in Nr 8b begrenzt (s Rn 17 ff).

3. Verbotene Fristverkürzung

91 Völlig ausgeschlossen ist eine Verkürzung der Verjährungsfrist der §§ 438 Abs 1 Nr 2, 634a Abs 1 Nr 2. Mit der Grundsatzregelung wollte der Gesetzgeber verhindern, dass in den Leistungsbereichen, in denen typischerweise Mängel erst nach längerer Zeit sichtbar werden, die gesetzlichen Gewährleistungsrechte bereits verjährt sind, wenn die Mängel entdeckt werden. Gewährleistungsrechte für Bauleistungen, Bauwerke, in Bauwerke eingebaute Sachen und diesbezügliche Planungs- und Überwachungsleistungen verjähren daher erst in einer grundsätzlich nicht abdingbaren 5-Jahresfrist. Teilabnahmeklauseln in Architektenverträgen (Scholtissek NZBau 2006, 623) verstoßen daher gegen den Grundgedanken von § 309 Nr 8b ff (so BGH NZBau 2006, 519).

92 Der Ausnahmetatbestand für Verträge, in denen die VOB/B insgesamt vereinbart wurde, ist ab 1. 1. 2009 entfallen (s oben Rn 88).

93 Die Gerichte hatten früher keine Zweifel an der Wirksamkeit der Einschränkung gehabt (LG Tübingen NJW-RR 2003, 1376), die Klausel aber eng ausgelegt. So wurde die

Ausnahme nicht bezogen auf Bauträgerverträge (BGH NJW 2002, 511; 1987, 2373; BGHZ 96, 129) und auf Verträge über Architekten-, Statiker- und Ingenieurleistungen (BGH NJW-RR 1987, 144; NJW 1992, 2759), weil das Regelungswerk der VOB/B auf den Inhalt dieser Verträge nicht passt. Das Problem, wann die VOB/B „insgesamt" vereinbart ist (vgl § 308 Nr 5 Rn 1, 9; hohe Anforderungen BGH NJW 2004, 1597; BGH BeckRS 2008, 15864; keine Abweichungen OLG Hamm BeckRS 2009, 21050; OLG Koblenz BauR 2011, 1863, 1864; früher nur Übernahme der Kernbestimmungen – „Kernbereichstheorie" noch BGH NJW 2003, 1321) hat sich damit erübrigt.

Alle (dispositiven) Verjährungsfristen dürfen nach § 309 Nr 8b ff nicht auf weniger als ein Jahr verkürzt werden. 94

§ § 309 Nr 8b ff **verbietet** auch Klauseln, welche die Verjährungsfrist indirekt dadurch über das zulässige Maß einschränken, dass sie einen von der gesetzlichen Regelung abweichenden **früheren Fristbeginn** vorsehen (für Ansprüche wegen Verletzung einer Überwachungspflicht des Architekten beginnt die Verjährungsfrist – zwingend – erst mit Beendigung der Leistungsphase 9 des § 15 HOAI, nicht schon mit Abnahme, KG NZBau 2004, 337; OLG Frankfurt BeckRS 2007, 09846) oder **gesetzliche Hemmungs- bzw Unterbrechungstatbestände** ausschließen oder begrenzen. Die Frist darf in Kaufverträgen somit bei beweglichen Sachen nicht vor Ablieferung, bei Grundstücken nicht vor Übergabe (§ 438 Abs 2) zu laufen beginnen. Bei Werkverträgen darf der Fristbeginn nicht auf einen vor Abnahme (§ 634a Abs 2) des Werkes liegenden Zeitpunkt vorverlegt werden. Indirekt verkürzen auch „Fiktionen der Abnahme" für „Nachzügler-Käufer" die Verjährungsfrist und sind daher ebenfalls unwirksam (Vogel BauR 2010, 1992, 1997). Klauseln, die für den Fall der Nacherfüllung das Eingreifen von § 203 oder § 213 sowie den Neubeginn der Verjährungsfrist ausschließen, scheitern ebenfalls an § 309 b ff, soweit dem Vertragspartner des Verwenders insgesamt nur eine Frist von weniger als einem Jahr zur Verfügung steht, im Übrigen dürften sie nach § 307 unwirksam sein (Klaas/Kleesiek NJOZ 2010, 2148). Im Reisevertragsrecht ist der Beginn der Verjährung ohnehin als zu Lasten des Reisenden nicht abdingbar festgelegt (§§ 651g Abs 2 S 2, 651l). Nicht ausgeschlossen werden kann aber auch die durch die Inanspruchnahme Dritter gem § 205 eintretende Hemmung der Verjährungsfrist gegenüber dem Verwender (dazu oben Rn 47). 95

4. Rechtsfolgen eines Verstoßes gegen § 309 Nr 8b ff

Soweit eine Klausel entgegen § 309 Nr 8b ff eine Verkürzung der Verjährungsfrist vorsieht, ist sie unwirksam. Gem § 306 Abs 2 gelten die gesetzlichen Verjährungsfristen der §§ 438, 634a. Eine sog geltungserhaltende Reduktion (dazu Staudinger/Schlosser § 306 Rn 22 ff) auf die gem § 309 Nr 8b ff zulässigen Fristen würde hier zu keinem anderen Ergebnis führen. 96

5. Geschäftsverkehr mit Unternehmern

Grundsätzlich gilt das Verbot des § 309 Nr 8b ff über § 307 auch im unternehmerischen Verkehr (BGH NJW 1981, 1510; NJW 1984, 1750; NJW 1992, 1236; BGHZ 122, 241; NJW 1999, 2434; OLG Naumburg NJOZ 2010, 2412; OLG Celle BauR 2000, 759; OLG Schleswig BauR 2001, 1286; OLG Düsseldorf NJW-RR 2001, 1531 [noch zum alten Recht]; Palandt/Grüneberg Rn 84; zurückhaltend MünchKomm/Wurmnest Rn 76; Erman/Roloff Rn 123; Lutz AGB-Kon- 97 trolle im Handelsverkehr 170 f – mit Verkürzungsmöglichkeit für offensichtliche und erkennbare Mängel). Der Grundgedanke des Gesetzgebers, dass Verjährungsfristen die Zeiträume angemessen berücksichtigen müssen, in welchen gewöhnlich in Betracht kommende Mängel auftreten und daher eine Verkürzung den Kunden im Hinblick auf zunächst verborgene Mängel in unzumutbarer Weise benachteiligen würde, gilt auch im Handelsverkehr. Durch die Verlängerung der gesetzlichen Verjährungsfristen im Rahmen der Schuldrechtsmodernisierung hat sich diese Problematik verschoben. Weitgehend wird man zumindest die früheren kurzen Verjährungsfristen (6 Monate) für unabdingbar halten müssen (s Staudinger/Coester § 307 Rn 651 ff). Innerhalb einer Lieferkette sind die §§ 479, 478 Abs 3 zu beachten.

X. Spiegelbildliche Anwendung von § 309 Nr 8b

1. Allgemeines

98 In **Einkaufsbedingungen** marktstarker Unternehmen wird häufig dem Lieferanten eine über die gesetzlichen Regeln hinausgehende Gewährleistungshaftung auferlegt. Ausgehend von dem Grundgedanken, dass die gesetzlichen Gewährleistungsregelungen der §§ 434 ff, 633 ff BGB, 377, 378 HGB nicht nur einseitig auf den Schutz des Käufers oder Bestellers abgestellt sind, sondern auch dem Schutz des Verkäufers oder Werkunternehmers vor übertriebener Inanspruchnahme dienen, muss jeweils am Maßstab des § 307 Abs 2 überprüft werden, inwiefern die formularmäßige Festsetzung einer verschärften Gewährleistungshaftung des Lieferanten wirksam ist.

2. Verschärfung und Erweiterung von Gewährleistungspflichten

99 Eine Verschärfung im **Haftungsumfang** durch Festsetzung **zusätzlicher** vom Gesetz nicht begründeter **Gewährleistungspflichten** kann den Lieferanten in einer der gesetzlichen Grundwertung widersprechenden Weise benachteiligen

Die Festlegung eines **jederzeitigen, auf Kosten des Vertragspartners auszuübenden Selbsthilferechtes** des Verwenders, ohne dass die Voraussetzungen des § 637 vorliegen müssten, ist nur in engen Ausnahmefällen möglich, beispielsweise wenn ohne eine sofortige Nacherfüllung durch den Verwender die Nacherfüllung insgesamt unmöglich oder doch in solchem Umfange erschwert wird, dass erheblich höhere Kosten entstehen (Unzulässigkeit bei uneingeschränktem Selbsthilferecht bejaht OLG Koblenz ZIP 1981, 995; Ulmer/Christensen Teil 2 [11] Rn 5; Wolf/Dammann Klauseln E 102). Ein formularmäßiger Verzicht des Vertragspartners auf die Fristsetzung (der §§ 281, 323) ist bereits nach § 309 Nr 4 (s dort Rn 9) unwirksam, für Unternehmer nach § 307 (s § 309 Nr 4 Rn 12 ff; iE ebenso OLG Koblenz ZIP 1981, 995). Der Verwender als Abnehmer einer Werkleistung kann auch nicht das Nacherfüllungsrecht des Unternehmers zugunsten eines Minderungsrechts abbedingen.

Eine **Erweiterung der Schadensersatzhaftung** über die §§ 280 ff hinaus wird sich idR an dem besonderen Gerechtigkeitsgehalt des Verschuldensprinzips stoßen (s Staudinger/Coester § 307 Rn 235; Heinze NJW 1973, 2184, 2185; vWestphalen, in: FS Trinkner [1995] 441, 452; Ulmer/Christensen Teil 2 (11) Rn 5; Wolf/Dammann Klauseln E 103).

3. Ausschluss und Verlängerung von Rügefristen

Ein völliger Ausschluss der in §§ 377 f HGB verankerten **Untersuchungs- und Rügeobliegenheiten** ist angesichts der in diesen Vorschriften enthaltenen angemessenen Interessenwertung (Munz AD LEGENDUM 2010, 91; Heinze NJW 1973, 2184) nur zulässig, wenn dies durch die besondere Interessenlage des Verwenders geboten ist. Bei der jeweiligen Beurteilung ist zu berücksichtigen, dass in dem für den grenzüberschreitenden Handel relevanten UN-Kaufrecht die Abbedingung und Verlängerung der dort vorgesehenen Rüge- und Anzeigepflichten (Art 38, 39 CISG) möglich ist. Zumindest auf den kaufmännischen Verkehr wirkt dieser Grundsatz auch bei formularmäßiger Regelung zurück (Schlechtriem/Schwenzer CISG [5. Aufl] Art 38 Rn 29). Im internationalen Handel ist daher auch bei Anwendung deutschen Rechts Großzügigkeit bei Abbedingung der Rügefristen geboten (restriktiver Ulmer/Christensen Teil 2 [11] Rn 8). Eine Verlängerung der Rügefrist des § 377 HGB ist im Regelfall bis zur Unzumutbarkeitsgrenze zulässig (allgM). Zulässig ist es auch, innerhalb redlicher Grenzen festzulegen, was erkennbare und was nicht erkennbare Mängel sind, und etwa in Einkaufsbedingungen Stichproben für ausreichend zu erklären. 100

4. Ausschluss und Verlängerung von Verjährungsfristen

Eine Verlängerung der Verjährungsfristen der §§ 438, 634a ist seit der Schuldrechtsmodernisierung grundsätzlich möglich (§ 202 Abs 2). Dies kann auch in AGB geschehen (im Einzelnen Staudinger/Coester § 307 Rn 661 ff). Die Verlängerung muss sich aber im Rahmen des Angemessenen halten (BGHZ 145, 203 – drei Jahre in Einkaufsbedingungen eines Baumarktes angemessen; nicht hingegen Neubeginn der Verjährungsfrist ab Nacherfüllung, wenn kein konkludentes Anerkenntnis des Mangels; OLG Hamm BeckRS 2009, 21050 – Bauvertrag; KG BeckRS 2007, 65288; OLG Celle BauR 2008, 533). Bei der Beurteilung der Angemessenheit einer Verlängerung können freilich die dem Kunden zustehenden Möglichkeiten, die Verjährung von Ansprüchen wegen bereits gerügter Mängel hinauszuschieben, nicht außer Betracht bleiben. Es wäre eine einseitige Betrachtungsweise, Gewährleistungsfristverlängerungen nur unter dem Gesichtspunkt der Begünstigungen des Verbrauchers zu sehen. In manchen Bereichen, besonders im Baurecht, kann ebenso gut der Abnehmer, gelegentlich auch der „Verbraucher" Verwender sein und die stärkere Position innehaben. So kann in Nachunternehmerverträgen der Verjährungsbeginn nicht hinausgeschoben werden, bis die Verjährungsfrist für das Verhältnis zwischen Generalunternehmer und Endabnehmer zu laufen beginnt, sofern nicht eine angemessene Obergrenze gesetzt wird. Ein berechtigtes Interesse an einer Verlängerung der Gewährleistungsfrist kann auf jeden Fall dann angenommen werden, wenn der Verwender seinerseits möglicherweise länger dauernden Gewährleistungsansprüchen ausgesetzt ist (Schmidt-Salzer AGB Rn F 163; BGH NJW-RR 1986, 825 – Jahre und 4 Wochen nicht zu lang). Hingegen darf formularmäßig nicht eine vollständige „Parallelschaltung" der Gewährleistungsfristen zwischen Subunternehmer- und Generalunternehmervertrag festgesetzt werden (Locher NJW 1979, 2235, 2237 ff; OLG Karlsruhe BB 1983, 725, 728). Durch die Verlängerung der gesetzlichen Verjährungsfristen für Gewährleistungsansprüche ist das Bedürfnis nach einer vertraglichen Verlängerung der Verjährungsfristen jedoch reduziert. 101

§ 309 Nr 9
Laufzeit bei Dauerschuldverhältnissen

Auch soweit eine Abweichung von den gesetzlichen Vorschriften zulässig ist, ist in Allgemeinen Geschäftsbedingungen unwirksam …

9. (Laufzeit bei Dauerschuldverhältnissen)
bei einem Vertragsverhältnis, das die regelmäßige Lieferung von Waren oder die regelmäßige Erbringung von Dienst- oder Werkleistungen durch den Verwender zum Gegenstand hat,

a) eine den anderen Vertragsteil länger als zwei Jahre bindende Laufzeit des Vertrags,

b) eine den anderen Vertragsteil bindende stillschweigende Verlängerung des Vertragsverhältnisses um jeweils mehr als ein Jahr oder

c) zu Lasten des anderen Vertragsteils eine längere Kündigungsfrist als drei Monate vor Ablauf der zunächst vorgesehenen oder stillschweigend verlängerten Vertragsdauer;

dies gilt nicht für Verträge über die Lieferung als zusammengehörig verkaufter Sachen, für Versicherungsverträge sowie für Verträge zwischen den Inhabern urheberrechtlicher Rechte und Ansprüche und Verwertungsgesellschaften im Sinne des Gesetzes über die Wahrnehmung von Urheberrechten und verwandten Schutzrechten;

Materialien: 1. Teilber 64; RefE 13; RegE 27; BT-Drucks 14/6857, 5; BT-Drucks 14/6040, 160; s Staudinger/Schlosser Vorbem 5 ff zu §§ 305 ff.

Schrifttum

Blattner, Formularvertragliche Vereinbarungen im Anwaltsvertrag, AnwBl 2012, 237

Lindacher, Zur Zulässigkeit des formularmäßigen Ausbedingens von Vertragsabwicklungsgebühren bei Dauerschuldverhältnissen im Dienstleistungsbereich, dargestellt am Beispiel des Ausbedingens von Deaktivierungsgebühren durch Mobilfunkdienstanbieter, ZIP 2002, 49

Löwe, Langfristige Laufzeitklauseln in vorformulierten Verträgen über technische Anlagen, NJW 1995, 1726

Stoffels, Laufzeitkontrolle von Franchiseverträgen, DB 2004, 1871.

I. Allgemeines

1. Das Regelungsanliegen

1 **a)** Steht in einem einfachen Schuldverhältnis der Umfang der zu befriedigenden

Leistungsinteressen von vornherein fest, so setzen im **Dauerschuldverhältnis** erst Zeitablauf und Kündigung diesem die Grenze. Durch die Laufzeitbestimmung und die Festlegung der Kündigungsmöglichkeiten erlangen somit die übrigen vertraglichen Rechte und Pflichten im Dauerschuldverhältnis erst ihr eigentliches Gewicht. Entgeltzahlungs- und Abnahmepflichten führen in Verbindung mit einer langfristigen Laufzeitregelung zu einer nicht unerheblichen Einschränkung des Kunden in seiner Dispositionsfreiheit. Ihm wird für die festgesetzte Vertragsdauer das Risiko einer Änderung der wirtschaftlichen Verhältnisse sowie das Risiko der Verwertbarkeit und des Bedarfs an den vertragsgegenständlichen Warenlieferungen bzw Dienst- oder Werkleistungen zugewiesen. Die Vorschrift der Nr 9 will (vor allem) den Verbraucher vor den spezifischen Gefahren schützen, welche sich für ihn somit aus AGB-Klauseln ergeben, die ihn eine übermäßig lange Zeit an den Vertrag binden oder ihm die Lösung vom Vertrag durch eine unangemessen lange Kündigungsfrist erschweren, ohne dass er sich des Umfanges der eingegangenen Verpflichtungen und deren Auswirkungen überhaupt bewusst geworden ist.

b) Angesichts dieser Zielsetzung der Vorschrift einerseits und der Vielgestaltigkeit der zu regelnden Dauerschuldverhältnisse andererseits ergaben sich für den Gesetzgeber des AGBG erhebliche Schwierigkeiten, eine für sämtliche Dauerschuldverhältnisse passende Laufzeit- und Kündigungsfristbegrenzung in einer einzigen Norm zusammenzufassen, welche als Teil des Verbotskatalogs des heutigen § 309 ohne Ermessensspielraum auskommen sollte. Aus diesem Grunde wurden entgegen ursprünglicher Vorstellung (1. Teilb 83) in der endgültigen Gesetzesfassung die Gebrauchsüberlassungsverträge (Miete, Pacht, Leasing) aus dem Anwendungsbereich der Vorschrift ausgenommen. Zudem hat man die im Regierungsentwurf (§ 9 Nr 12, 37) vorgesehenen Höchstfristen erheblich verlängert, um für alle noch als Regelungsgegenstand verbliebenen Dauerschuldverhältnisse eine wirtschaftlich vertretbare einheitliche Fristenregelung zu erreichen. Folge dieses Kompromisses in der Regelung der Fristenlänge ist allerdings, dass die jetzt vorgeschriebenen Höchstfristen der Nr 9 für einen Teil der geregelten Dauerschuldverhältnisse zu lang sind, um dem Kunden ausreichenden Schutz zu gewähren. Für § 309 Nr 9 gewinnt daher § 307 als Auffangtatbestand (BGHZ 120, 108, 327; BGHZ 90, 280; ausdrücklich das Regelungsanliegen des § 309 Nr 9 im Rahmen von § 307 berücksichtigend BGH NJW 1997, 739) auch schon außerhalb des Geschäftsverkehrs zwischen Unternehmern Bedeutung (s unten Rn 11). **2**

Aus diesem Grunde behält sogar die vor Inkrafttreten des AGBG ergangene Rspr größere Bedeutung. Die Judikatur hatte nämlich schon früher der Vertragslaufzeit bei Dauerschuldverhältnissen Grenzen gezogen. Freilich hatte sie hierbei in der Regel nicht auf den Unterschied zwischen individuell vereinbarter und in AGB festgelegter Laufzeit bzw Kündigungsregelung abgestellt. Die Grenze für die zulässige Bindungsdauer gewann sie aus § 138 unter dem Gesichtspunkt der sittenwidrigen Knebelung (zu Bierbezugsverträgen: BGH NJW 1972, 1459; NJW 1974, 2089; WM 1977, 642; Zusammenfassung bei Hiddemann WM 1975, 942 ff und Klaas BB 1974, 1098 ff; zu Automatenaufstellverträgen: BGH NJW 1969, 230 f; LG Berlin MDR 1966, 584; zu Wärmeversorgungsverträgen: BGH NJW 1975, 1268). Speziell im Wege der Inhaltskontrolle von AGB hatte bereits das OLG Frankfurt (MDR 1976, 313) für den Gruppenunterricht im Rahmen von Schularbeitsgemeinschaften für schulisch schwächere Kinder einer Vertragslaufzeit von einem Jahr und einer Kündigungsfrist von sechs Monaten die Wirk- **3** samkeit versagt und stattdessen § 621 Nr 3 angewandt. Ebenfalls im Wege der AGB-Inhaltskontrolle wurde für einen sechsmonatigen Karatekurs eine Verlängerungsklausel wegen Unüblichkeit für unwirksam angesehen (LG München I BB 1973, 1602). Zur Rechtslage vor Erlass des AGBG vgl im Übrigen näher Schlosser/Coester-Waltjen AGBG § 11 Nr 9 Rn 1–6.

2. Anwendungsbereich

4 **a)** Entgegen dem Eindruck, der durch die Gesetzesüberschrift entsteht, deckt § 309 Nr 9 gerade nicht die typischen Dauerschuldverhältnisse. Der Wortlaut des § 309 Nr 9 verengt den Anwendungsbereich unter Ausschluss der Gebrauchsüberlassungsverträge (Miete, Pacht, Leasing). Nur **Warenlieferungs-, Dienstleistungs- und Werklieferungsverträge**, soweit sie sich auf eine regelmäßige Erbringung dieser Leistungen beziehen, werden erfasst, wenn der Verwender der Erbringer dieser Leistungen ist. Dies hat zu einer Vielzahl von Entscheidungen geführt, die sich mit der Abgrenzung der in den Anwendungsbereich fallenden Verträge beschäftigen (dazu unten Rn 12 ff).

5 **b)** Ausgenommen sind darüber hinaus nach HS 2 die früher in § 23 Abs 2 Nr 6 AGBG aufgezählten Vertragsarten, nämlich Versicherungsverträge und Verträge zwischen Inhabern urheberrechtlicher Ansprüche und Rechte einerseits und Wahrnehmungsgesellschaften andererseits sowie schließlich Verträge über die „Lieferung als zusammengehörig verkaufter Sachen“. Dies ergibt sich bei präziser Interpretation des § § 309 Nr 9 allerdings für Versicherungsverträge und „als zusammengehörig verkaufte Sachen“ bereits aus dessen Wortlaut.

Im ersten Fall wird die Leistung des Versicherers nicht „regelmäßig“ erbracht (Ulmer/Christensen Rn 8; Wolf/Dammann Rn 16–21; Stoffels Rn 725 – die regelmäßig erfolgende Verwaltung der Prämieneinnahme ist aber nicht der Vertragszweck). Abgesehen davon, dass außerhalb der Lebens- und Krankenversicherungsverträge § 11 VVG bereits zwingendes Recht vorsieht, bleibt für den restlichen Bereich eine Kontrolle an Hand von § 307 (BGH NJW 1997, 1849, 1850; OLG Stuttgart ZIP 1993, 1238 für Versicherungsverträge, die vor Inkrafttreten der Neufassung des § 8 VVG geschlossen wurden, unter Anlehnung an die Neufassung im Rahmen des damaligen § 9 AGBG; Staudinger/Coester § 307 Rn 541).

c) Bei Ratenlieferungsverträgen wiederum ergibt sich die Nichtanwendbarkeit von Nr 9 bereits daraus, dass es an einem ständigen Neuentstehen von Verpflichtungen, vor denen Nr 9 schützen soll, fehlt. Offensichtlich verleitet aber dieser Ausschlusstatbestand zu vertraglichen Gestaltungen, die nur scheinbar eine „zusammengehörige Sache“ betreffen (vgl bereits BGH NJW 1977, 714 – Aussteuersortiment: Zusammengehörigkeit verneint; BGH NJW 1993, 2052 – Buchreihe: Zusammenhörigkeit bejaht). Anders als der BGH in der letztgenannten Entscheidung ist dabei aber nicht auf die einheitliche äußerliche Gestaltung der Sachen, sondern – entsprechend dem Schutzzweck des § 309 Nr 9 – auf die Neuentstehung von Pflichten des Vertragspartners abzustellen. Entscheidend ist daher auch nicht, ob die gesamte Menge von vorneherein als geschuldet und abzunehmen festgelegt ist (so richtig Ulmer/Christensen Rn 10; **aA** Bamberger/Roth/Becker Rn 13), sondern ob die abzunehmende Leistung auch inhaltlich genau feststeht. Bei einem mehrbändigen Lexikon ist dies anzunehmen, bei Buchreihen – auch wenn die einzelnen Bände ähnliche Themenkreise umfassen – hingegen nicht (problematisch daher BGH NJW 1993, 2052 – „Die Großen" – Zusammengehörigkeit bejaht – krit auch MünchKomm/WURMNEST Rn 10; LG Saarbrücken NJW 1988, 347 – „Hundert schöne Liebesromane" – zu Recht Zusammengehörigkeit verneint).

Aus dem Ausschluss von Berechtigungsverträgen über geistiges Eigentum in § 309 Nr 9 schließt der BGH, dass diese Verträge jedenfalls grundsätzlich der AGB-Kontrolle unterliegen (BGH NJW 2002, 1713; GRUR 1998, 62). Laufzeitklauseln können nach § 307 geprüft werden. Einem analogen Ausschluss anderer Vertragsarten, bei denen ein Interesse an langfristiger Bindung beider Vertragspartner besteht, steht der BGH skeptisch gegenüber (BGH NJW 2009, 1738 Rn 24 – Grabpflege).

§ 310 Abs 4 S 1 schließt das Gesellschaftsrecht aus dem Anwendungsbereich des AGB aus (dazu STAUDINGER/SCHLOSSER § 310 Rn 76 ff). Die Form eines Vereins oder einer Gesellschaft wird daher häufig zur Umgehung AGB-rechtlicher Kontrolle gewählt (vgl BGH NJW 1988, 1729). In derartigen Fällen ist eine sorgfältige Prüfung, ob es sich um ein Umgehungsgeschäft iSd § 306a handelt, notwendig. So wurden „Club-Mitgliedschaften" zur Verschaffung verbilligter Einkaufsmöglichkeiten (BGH ZIP 1992, 326) über § 306a an § 309 Nr 9 gemessen. Auch Time-Sharing-Verträge mit nicht-dinglichem Charakter können der AGB-Kontrolle unterzogen werden (HILDENBRAND/KAPPUS/MÄSCH, Time-Sharing und Teilzeit-Wohnrechtsgesetz 1997 I 110; vWESTPHALEN/KAPPUS, Time-Sharing-Verträge Rn 77; BGH NJW 1995, 2673 – dort allerdings Kaufvertrag mit Treuhandmodell). Bei Letzterem steht allerdings idR die Gebrauchsüberlassung im Vordergrund, so dass nicht § 309 Nr 9, sondern § 307 eingreift, der eine sachangemessene Prüfung erlaubt. Entscheidend für die Nichtanwendung der AGB-rechtlichen Vorschriften ist, ob sich die Leistungs- und Benutzungspflichten/rechte unmittelbar aus der Satzung ergeben, mitgliedschaftlicher Natur sind und ob sie der Verwirklichung des Förderzwecks der Gesellschaft dienen (hM; MünchKomm/WURMNEST Rn 9; ERMAN/ROLOFF Rn 125; BAMBERGER/ROTH/BECKER Rn 8; STOFFELS Rn 721; vgl auch BGH ZIP 1992, 326; Einkaufsmöglichkeiten – insoweit gesellschaftsrechtlicher Charakter verneint; BGH NJW 1988, 1729 – Telefon- und Funkzentrale für Taxiunternehmer, genossenschaftlicher Charakter bejaht). 6

Der Ausschluss arbeitsrechtlicher Verträge ist in § 310 Abs 4 nur noch begrenzt; zudem sind arbeitsrechtliche Besonderheiten zu beachten. § 309 Nr 9, der Dienstleistungen des Verwenders betrifft, passt auf Arbeitsverträge jedoch nicht. Auch sonstige Vertragsgestaltungen, die den Arbeitnehmer zur regelmäßigen Abnahme von Waren oder Leistungen verpflichten, dürften praktisch kaum relevant werden (DÄUBLER/DORNDORF/BONIN/DEINERT Rn 1 mit dem auch dort als theoretisch bezeichneten Beispiel eines Abonnements der vom Arbeitgeber herausgegebenen Zeitschrift).

d) Für **Fernunterrichtsverträge** trifft das FernUSG (hierzu DÖRNER BB 1977, 1739; 7
FISCHER VuR 2002, 193) in § 5 für Laufzeit und Kündigungsmöglichkeit eine zwingende (vgl § 10 FernUSG) Sonderregelung. Der Teilnehmer kann den Fernunterrichtsvertrag ohne Angabe von Gründen erstmals zum Ablauf des 1. Halbjahres mit einer Frist von 6 Wochen, danach jederzeit mit einer Frist von 3 Monaten kündigen.

e) § 26 Abs 1 S 2 WEG sieht für Verwalterverträge eine Höchstlaufzeit von 5 8
Jahren vor (zur Nichtanwendung dieser Frist auf „betreutes Wohnen" BGH NJW 2007, 213

Rn 17). Diese Regelung bildet eine Sonderregelung zu § 309 Nr 9 und geht nach den andernorts (Staudinger/Schlosser Vorbem 21 zu §§ 305 ff) entwickelten Grundsätzen § 309 Nr 9 vor (BGHZ 151, 164 mwNw zum Streitstand in der Lit; vorgehend OLG Brandenburg NZM 2002, 131).

9 Verträge über Wasser, Elektrizität, Gas und Fernwärme sowie über Abwasserentsorgung, die in Art 243 EGBGB (früher mit eingeschränkterem Anwendungsbereich § 28 Abs 3 AGBG) eine eigene Übergangsregelung gefunden haben, unterliegen für Tarifkunden den Regelungen der inzwischen erlassenen Rechtsverordnungen. Diese AVB verdrängen insoweit die AGB-rechtliche Kontrolle (Staudinger/Schlosser Vorbem 21 zu §§ 305 ff; MünchKomm/Wurmnest Rn 9). Außerdem werden die §§ 308, 309 auf Verträge mit Sonderabnehmern in diesem Bereich nur insoweit angewandt, als die formularmäßigen Vertragsbedingungen zum Nachteil der Sonderabnehmer von den AVB abweichen (§ 310 Abs 2; dazu OLG Brandenburg GE 2008, 407). Eine Überprüfung nach § 307 bleibt aber insofern möglich, zumal Sonderabnehmer idR ohnehin Unternehmer sein werden und für Verbraucher die EG-Richtlinie 93/13 Anhang Nr 1h über § 307 zu beachten bleibt.

10 **f)** Neben § 309 Nr 9 bietet § 309 Nr 8a, b bb dem Kunden Schutz vor unzulässiger Bindung an den Vertrag bei **Pflichtverletzungen des Verwenders**. Diese Klauselverbote sind neben § 309 Nr 9 anwendbar und werden auch durch eine nach dieser Regelung zulässigen Bindungsklausel nicht eingeschränkt. Das Gleiche gilt für das **Kündigungsrecht aus wichtigem Grund**, welches bei allen Dauerschuldverhältnissen zwingend besteht (vgl auch § 314) und von der Regelung des § 309 Nr 9 nicht berührt wird.

11 **g)** Besondere Bedeutung erlangt neben § 309 Nr 9 die Generalklausel des § 307. Diese hat hier nicht nur für den Geschäftsverkehr unter Unternehmern, sondern auch für Verbraucherverträge große Bedeutung. Zum einen greift sie ein für die Vertragstypen, die aus dem Anwendungsbereich von § 309 Nr 9 ausgeklammert sind, zum anderen kann sie auch eine nach § 309 Nr 9 nicht beanstandete Klausel verwerfen (s oben Rn 2), weil in den konkreten Verhältnissen oder Vertragstypen die vorgesehene Bindung oder Verlängerung unangemessen erscheint. Bei der Beurteilung der Unangemessenheit sind betriebswirtschaftliche Notwendigkeiten, günstige Tarifgestaltung, ausgewogene Risikoverteilung uU wichtige Gesichtspunkte. Bei Verbrauchern ist zusätzlich die EG-Richtlinie 93/13 zu beachten. Zum Verhältnis zu § 308 Nr 5 s Rn 19.

II. Die tatbestandlich betroffenen Verträge

1. Warenlieferungsverträge

12 Unter Waren iS der Vorschrift sind (in Anlehnung an § 1 Abs 2 Nr 1 HGB aF) verkehrsfähige, bewegliche, körperliche Sachen zu verstehen. Verträge über unbewegliche Sachen und Rechte unterliegen daher nicht dem Verbot der Nr 9, spielen allerdings für den beschränkten Kreis von Geschäften, die unter § 309 Nr 9 fallen, ohnehin keine Rolle. Als Warenlieferungsverträge iS der Vorschrift kommen insbesondere Zeitungs- und Zeitschriftenabonnements, „Mitgliedschaften“ in Buchgemeinschaften, Buchklubs, Schallplattenringen und ähnliches in Betracht. Im Falle

einer echten gesellschaftsrechtlichen Ausgestaltung der Beziehung ist aber der Ausschluss nach § 310 Abs 4 S 1 (s Staudinger/Schlosser § 310 Rn 80 und oben Rn 6) zu beachten. Ebenso gehören hierzu grundsätzlich auch Bier- und sonstige Getränkebezugsverträge (OLG Frankfurt NJW-RR 1988, 177; OLG Frankfurt GRUR 1989, 71 – tatsächliche Verwertung spricht bei diesen Verträgen für individuelles Aushandeln; Staudinger/Coester § 307 Rn 539). Auch Verträge über Flüssiggas (OLG Düsseldorf VuR 1996, 88; OLG Frankfurt NJW-RR 1987, 1462) oder über Wärmeversorgung (OLG Rostock Grundeigentum 2004, 484) – soweit nicht § 310 Abs 2 oder die AVB (oben Rn 9) eingreifen – oder solche über Werbematerial (BGHZ 84, 113; bei Anfertigung *und* Gebrauchsüberlassung soll mietvertragliches Element überwiegen: LG Berlin ZMR 1997, 420) sind umfasst. Darlehen hingegen gehören nicht hierher, weil Geld keine „Ware" ist. Soweit Getränkebezugsverträge mit Gastwirten abgeschlossen werden, scheitert die Anwendbarkeit der Nr 9 allerdings in der Regel an deren Unternehmereigenschaft (BGHZ 147, 279; OLG Koblenz GuI 2002, 142 und unten Rn 25); das Gleiche gilt idR für Benzinlieferungsverträge mit Tankstellen (BGHZ 147, 104).

Die zu liefernden Waren müssen weder in Qualität noch in Quantität feststehen; zur Abgrenzung gegenüber den vom Anwendungsbereich des § 309 Nr 9 ausgenommenen Ratenlieferungsverträgen oben Rn 5.

2. Dienstleistungsverträge

Der Begriff der Dienstleistung ist unter Berücksichtigung des Schutzzwecks der Vorschrift weit auszulegen (Ulmer/Christensen Rn 11). Die Vorschrift umfasst insbesondere private Unterrichtsverträge aller Art, wie zB Verträge über berufliche Aus- und Fortbildung, Nachhilfeunterricht, Musik- und Tanzunterricht, Fahrkurse, Sportunterricht, Gymnastik, Schlankheits- und Bodybuildingkurse (vgl RegE BT-Drucks 7/3919, 37). Nr 9 gilt hierbei nur für den Direktunterricht (hierzu Dörner NJW 1979, 241 ff), da für den Fernunterricht das FernUSG als Sonderregelung eingreift (vgl oben Rn 7). Bei Verträgen mit Fitness-Studios ist zu prüfen, ob die Gebrauchsüberlassung oder der Service im Vordergrund steht (in BGH NJW 1997, 739 – an § 307 geprüft; ebenso BGH NJW 2012, 1431 Gebrauchsüberlassung vorrangig; LG Aachen BeckRS 2008, 06421); bei modernen Studios tritt letzterer Aspekt zunehmend in den Vordergrund (für Anwendung von § 309 Nr 9 AG Brandenburg NJ 2004, 39; AG Kaiserslautern v 1. 6. 2007 – 7 C 2243/06). Als Dienstleistungsverträge iS der Vorschrift sind weiterhin (Steuer-) Beratungsverträge, Bewachungs- (AG Brandenburg WuM 2003, 469 – auch bei Zurverfügungstellung der Fernüberwachungs-Anlage; zu Recht zweifelnd bei reiner Überlassung von Überwachungsanlagen LG Arnsberg v 11. 11. 2010 – 1 O 225710), Betreuungs- (BGH NJW 2007, 213 Rn 7 – betreutes Wohnen, auch für Teilungserklärung Fristen des § 309 Nr 9a maßgebend; LG Lüneburg NJW-RR 2001, 1637; **aA** bei Beurteilung der Wirksamkeit der Vermieter-Kündigung: AG Rendsburg NZM 2001, 423 – mietvertragliches Element steht im Vordergrund) Grabpflege- (BGH NJW 2009, 1738 Rn 23) und Pflegeverträge anzusehen. Auch auf Verträge mit Ehevermittlungsinstituten ist das Klauselverbot anzuwenden, freilich nur, wenn der Vertrag für das Institut eine Verpflichtung zum Tätigwerden vorsieht. Häufig werden diese Dienste jetzt auch in Form von Partnerschaftsclubs betrieben, so dass eine Abgrenzung nach den oben beschriebenen Kriterien zu erfolgen hat (Rn 6; Anwendung von § 309 Nr 9 bejaht: LG Potsdam VuR 1997, 182). Maklerverträge können nur dann hierher gerechnet werden, wenn der Makler zur **regelmäßigen** Tätigkeit **verpflichtet** ist, was auch beim Makleralleinauftrag zweifelhaft sein kann (BGH BB 1981, 756). Ebenfalls hierher 13 rechnen Verwaltungs- und Abrechnungsverträge (Erman/Roloff Rn 126; MünchKomm/Wurmnest Rn 6). Besonders häufig hat sich die Rspr mit Verträgen über Verwaltung und Abrechnung von Heizkosten und mit Verträgen über Telekommunikationsanlagen beschäftigen müssen. Dabei wird von den Verwendern die Gebrauchsüberlassung der entsprechenden Geräte in den Vordergrund gerückt und damit versucht, die Klausel den strikten Grenzen des § 309 Nr 9 zu entziehen.

Bei **gemischten Verträge**, in denen mit einer einmaligen Warenlieferung oder einer Gebrauchsüberlassung Dienstleistungen verbunden sind, findet § 309 Nr 9 dann Anwendung, wenn die Dienstleistung den Schwerpunkt und mit den übrigen Leistungspflichten eine wirtschaftliche Einheit bildet (vgl regelmäßige Reinigung bei Mietwäsche [Berufskleidung] LG Oldenburg NJW-RR 1999, 495; Betreuung der Wohnungseigentümer BGH NJW 2007, 213 Rn 17). Lässt sich hingegen der dienstvertragliche Teil des Vertrages von den übrigen Teilen in wirtschaftlich sinnvoller Weise trennen, so ist dieser Teil allein der Regelung der Nr 9 zu unterwerfen, soweit dann die eintretende isolierte Laufzeitbeschränkung nicht gerade dem von der Vorschrift beabsichtigten Kundenschutz zuwiderläuft (BGH NJW 1997, 739; ähnlich Schlosser/Coester-Waltjen AGBG § 11 Nr 12 Rn 13; vgl auch AG Rendsburg NZM 2001, 423 – Schutz des auf die Betreuung vertrauenden Mieters). Eine Aufspaltung eines wirtschaftlich sinnvollen Gesamtarrangements in zwei Verträge mit der Absicht, den Kunden über die lange Laufzeit des dem § 309 Nr 9 nicht unterliegenden Teiles praktisch, wegen der für den Kunden ohne die Dienstleistung bestehenden Wertlosigkeit desselben, insgesamt an die lange Laufzeit zu binden, ist eine Umgehung iSd § 306 a (OLG Frankfurt NJW-RR 2005, 1170). Dennoch überprüfen viele Gerichte die „gemischten" Heizkostenabrechnungsarrangements nur an § 307 (AG Saarlouis DWW 1999, 384; AG Dortmund DWW 1999, 394; AG Nidda DWW 1999, 383; wohl auch AG Mühlheim DWW 1999, 383; zu Recht **aA** LG Würzburg BeckRS 2009, 04955; AG Gießen NJW-RR 1996, 49; AG Mainz NJW-RR 1998, 732; offengelassen in BGH NJW-RR 2008, 818). Bei Verträgen über Telekommunikations- oder Computer-Anlagen wird ebenfalls das mietrechtliche Element in den Vordergrund gestellt, wenn auch die Anlage selbst zur Verfügung gestellt wird (häufig aber ohnehin wegen der Unternehmereigenschaft des Kunden dem § 309 Nr 9 entzogen: BGH NJW-RR 1997, 942; OLGR Celle 1999, 149; MDR 2000, 19; LG Saarbrücken NJW-RR 2002, 1715; AG Bremen NJW-RR 2000, 1585 – auch für Breitbandkabelanschluss: MünchKomm/Wurmnest Rn 8). Dementsprechend hängt bei Automatenaufstellverträgen die Anwendbarkeit der Vorschrift von deren Ausgestaltung im Einzelfall ab (näheres dazu Staudinger/Coester § 307 Rn 538; vgl auch BGH NJW 1997, 739 – Fitness; LG Berlin ZMR 1997, 420 – Werbematerial).

3. Werkverträge

14 Im Gegensatz zu den Dienstleistungsverträgen ist bei Werkverträgen die regelmäßige Erbringung eines Leistungserfolges Vertragsgegenstand. Die Abgrenzung zu Dienstleistungsverträgen ist im Rahmen von Nr 9 freilich nicht von Bedeutung. Auch der Begriff der Werkleistung ist unter dem Aspekt des Schutzzieles der Vorschrift weit auszulegen (Ulmer/Christensen Rn 12). Der Gesetzgeber dachte besonders an Wartungsverträge, welche die regelmäßige Überprüfung und Instandsetzung technischer Anlagen vorsehen. Auch Fenster- und Gehwegreinigungen fallen hierunter (Palandt/Grüneberg Rn 89). Für gemischte Verträge gelten dieselben Grundsätze wie bei gemischten Dienstleistungsverträgen (s Rn 13).

4. Regelmäßigkeit der Waren-, Dienst- oder Werkleistung

§ 309 Nr 9 verlangt ein auf eine regelmäßige Waren-, Dienst- oder Werkleistung gerichtetes Vertragsverhältnis. Im Gegensatz zu § 197 Abs 2 ist aber nicht die regelmäßige Wiederholung der Leistung an fest bestimmten Terminen erforderlich. Auch müssen die zeitlichen Abstände zwischen den Leistungsterminen und die zu erbringenden Lieferungen oder Leistungen nicht gleichbleibend sein (Ulmer/Christensen Rn 10; Erman/Roloff Rn 125; Palandt/Grüneberg Rn 86). Erforderlich ist allein, dass aufgrund des einheitlichen Vertragsverhältnisses während der vorgesehenen Vertragsdauer mehrfach Lieferungen oder Leistungen zu erbringen sind und dies in regelmäßiger, nicht in zufälliger Form stattfindet (verneint für Schlüsselfunkdienst KG NJW-RR 1994, 1267; verneint auch für Bahn-Card BGH NJW 2010, 2942 Rn 13). Dies ergibt sich aus dem auf den Kundenschutz gerichteten Regelungszweck der Vorschrift. Die entscheidende Gefährdung der Dispositionsfreiheit des Kunden liegt in den durch die Fortdauer des Vertrages für ihn fortbestehenden Entgeltzahlungs- und Abnahmepflichten, nicht in der genauen zeitlichen Fixierung der Lieferungen oder Leistungen des Verwenders. 15

5. Der Charakter der betroffenen Vertragsbeziehungen als Dauerschuldverhältnisse

Das Klauselverbot der Nr 9 bezieht sich nur auf Vertragsverhältnisse, welche als Dauerschuldverhältnisse ausgestaltet sind. Hieraus ergibt sich eine Abgrenzung in zwei Richtungen: Den regelmäßigen Sach-, Dienst- oder Werkleistungen muss **ein Vertragsverhältnis** zugrunde liegen. Es muss eine rechtlich bindende Vereinbarung vorliegen, aus welcher sich die Pflicht des Kunden zur regelmäßigen Abnahme von Lieferungen oder Leistungen, mindestens aber eine Ausschließlichkeitsbindung des Kunden für den Fall der Inanspruchnahme bestimmter Lieferungen oder Leistungen ableiten lässt. Es genügt nicht eine (tatsächliche) lockere Geschäftsverbindung, innerhalb der jeweils Verträge über Einzelleistungen neu abgeschlossen werden (Schlosser/Coester-Waltjen AGBG § 11 Nr 9 Rn 9; zur Bahn-Card ebenso BGH NJW 2010, 2942 Rn 13). 16

III. Höchstgrenze für die Primärlaufzeit des Vertrages

1. Höchstgrenze nach § 309 Nr 9a

In AGB darf eine Erstlaufzeit von mehr als zwei Jahren nicht festgesetzt werden. Längere Laufzeiten können nur individualvertraglich vereinbart werden. Soweit Letzteres geschieht, gelten die allgemein von der Rspr aus § 138 entwickelten Grenzen (s oben Rn 3). Wird dem Kunden in der vorformulierten Klausel eine Wahlmöglichkeit zwischen mehreren Laufzeiten geboten und steht hierbei auch eine Laufzeit von zwei Jahren oder weniger zur Auswahl, so greift das Verbot der Nr 9a nicht ein, selbst wenn der Kunde dann eine über zwei Jahre hinausgehende Laufzeit wählt. Dies gilt dann, wenn der Kunde sich bewusst und in freier Entscheidung für eine die Zwei-Jahresfrist überschreitende Laufzeit entschieden hat, so dass im Hinblick auf die konkrete Laufzeitregelung eine individualvertragliche Vereinbarung vorliegt (so jetzt auch BGH NJW 2009, 1738 Rn 26; allg BGHZ 175, 76 Rn 21; im abstrakten Verfahren zurückhaltender BGHZ 122, 66; generell misstrauisch gegenüber handschriftlichen Ein- 17 fügungen BGH NJW 1991, 2768; auch BGH NJW 1998, 1066, dort aber selbständige Ergänzungen in offene Leerstellen hinsichtlich der Vertragslaufzeit der AGB-Kontrolle entziehend; **aA** für angekreuzte Laufzeit Palandt/Grüneberg Rn 91; zurückhaltend Erman/Roloff Rn 127). Die Höchstgrenze der Nr 9a gilt nur für Klauseln, welche den *Kunden* binden. Die Zwei-Jahresfrist läuft ab Vertragsschluss, nicht erst ab Leistungsbeginn (BGHZ 122, 66; OLG Köln MDR 1998, 1212; OLGR Köln 1997, 2; KG NJW-RR 2009, 1212, 1213). Entscheidend für die nach dem Schutzzweck der Nr 9 wesentliche Einschränkung der Dispositionsfreiheit des Kunden ist das Entstehen der vertraglichen Bindung (BGH NJW 2009, 1738 Rn 21; BGH NJW 2013, 926 Rn 22; BGHZ 122, 66; Palandt/Grüneberg Rn 91; Wolf/Dammann Rn 40; zurückhaltend noch BGHZ 120, 108). § 309 Nr 9a greift aber nur ein, wenn die Summe von formularmäßig vereinbarter Laufzeit und Zeitraum zwischen Vertragsschluss und Laufzeitbeginn nur bei lebensfremder Betrachtung der Wahrscheinlichkeit nach 2 Jahre übersteigen würde (BGH NJW 2013, 926 Rn 24; **aA** noch OLG Naumburg BeckRS 2011, 17486 – beide Energieversorgungsverträge). Eine Probezeit wird nicht eingerechnet, wenn der Kunde ein Kündigungsrecht hatte (BGHZ 120, 108, 133; LG Mönchengladbach NJW-RR 2004, 416 [Testabo]; LG Essen BeckRS 2009, 09904; **aA** Wolf/Dammann Rn 41). Aufspaltungen von nacheinandergeschalteten Verträgen (Kollegstufe I und II – vgl OLG Köln MDR 1998, 1212) sind nur dann unbeachtlich, wenn der Kunde ohne Kündigungsmöglichkeit auch für die weiteren Stufen gebunden ist (vgl BGHZ 143, 104 – Option des Verwenders). Im Übrigen kann § 307 eingreifen (unten Rn 18). Nr 9a steht grundsätzlich einem formularmäßigen Abschluss des Vertrages auf unbestimmte Zeit nicht entgegen. Gesetzeskonform ist eine solche Gestaltung aber nur, wenn eine ordentliche Kündigungsmöglichkeit spätestens zum Ablauf des zweiten Jahres besteht, so dass der Kunde keinesfalls länger als zwei Jahre gebunden ist (Schlosser/Coester-Waltjen AGBG § 11 Nr 12 Rn 16; MünchKomm/Wurmnest Rn 13; Bamberger/Roth/Becker Rn 16; Erman/Roloff Rn 127; Ulmer/Christensen Rn 13). Die bloße Möglichkeit der Kündigung aus wichtigem Grund rechtfertigt in keinem Fall eine Laufzeitbestimmung über zwei Jahre (eine Beschränkung der außerordentlichen Kündigung macht die Klausel unwirksam BGH NZM 2012, 394 Rn 31). Auch kann bereits der Eindruck einer längerfristigen Bindung die Klausel unwirksam machen (vgl BGH NJW 1999, 276).

2. Klauselverbot trotz Einhaltung der Laufzeithöchstgrenze nach Nr 9a

18 Die Einordnung der verschiedenartigsten Typen von Dauerschuldverhältnissen unter eine Fristenregelung ohne Wertungsmöglichkeit führt dazu, dass nach § 307 immer überprüft werden muss, ob auch kürzere Laufzeitregelungen unter Berücksichtigung der Eigenart und der Interessenlage des Vertragsverhältnisses den Vertragspartner des Verwenders unangemessen benachteiligen (s oben Rn 2 aE, 11). Dies gilt insbesondere für diejenigen Vertragsverhältnisse, für welche eine kürzere Laufzeit als die in Nr 9a genannte üblich ist und für die sich die Notwendigkeit einer zweijährigen Laufzeit nicht begründen lässt. Allerdings verlangt der BGH, dass sich die Unangemessenheit aus besonderen, von dem konkreten Klauselverbot nicht erfassten Gründen ergibt (BGHZ 100, 373, 379; BGH NJW 1997, 739, 740; BGH NZM 2012, 394 Rn 25; OLG Hamm NJOZ 2010, 2157, 2158 – Mobilfunkverträge). Dies dürfte häufig bei Zeitschriften- und Zeitungsabonnements sowie Mitgliedschaften in Buchgemeinschaften der Fall sein (Ulmer/Christensen Rn 14; so noch OLG Hamburg NJW-RR 1987, 47 – aufgehoben durch BGHZ 100, 373 – Sonntagsblatt; wie BGH OLG Frankfurt NJW-RR 1989, 957 – Buchgemeinschaft). Ebenso ist bei Ausbildungs- und Unterrichtsverträgen eine

unter zwei Jahren liegende Begrenzung der Laufzeit geboten, wenn das Interesse des Teilnehmers sich nach Ziel und Art des Unterrichts auf eine nur kurzfristige Unterrichtung beschränkt (BGHZ 120, 108 – Tänzerausbildung; OLG Hamm MDR 2002, 750 – Heilpraktiker; OLG Köln MDR 1998, 1212 – Sportheilpraktiker; OLG Saarbrücken 2004, 295 – Ausbildung zur psychologischen Beraterin – Ausschluss der Kündigung für 12 Monate unwirksam; LG Bielefeld BeckRS 2009, 10457 – 12 Monate für schulbegleitenden Nachhilfeunterricht unwirksam; LG Köln BeckRS 2010, 22192 – 12 Monate für duales Modell Handelsmanagement wirksam; ähnlich LG Köln BeckRS 2011, 21884 und OLG Hamburg BeckRS 2011, 14582; OLG Köln NJW 1983, 1002; OLGR Koblenz 2002, 22 – Heilpraktiker; KG NJW-RR 2003, 1062 – Heilpraktiker – 10-monatige Bindung wirksam; OLG Karlsruhe NJW 1981, 1676; LG Kassel NJW-RR 2001, 425 – Heilpraktiker; LG Bonn NJW-RR 1999, 1361 – Privatschule; LG Gießen NJW-RR 2001, 1714 – Heilpraktiker; AG Berlin-Mitte VuR 1997, 61 – Heilpraktiker; bei Fitness-Studios wird eine längere Vertragsbindung akzeptiert BGH NZM 2012, 394; BGH NJW 1997, 739; für kürzere Bindung AG Kaiserslautern v 1. 6. 2007 – 7 C 2243/06; AG Brandenburg NJ 2004, 39; jedenfalls mehr als 24 Monate zu lang AG Aachen BeckRS 2008, 06241; ähnlich zum Single-Freizeitklub LG Potsdam VuR 1997, 182; s auch oben Rn 11. Näheres Staudinger/Coester § § 307 Rn 527 ff). Für Vertragstypen, die nicht unter § 309 Nr 9 fallen, ist die Rsp des BGH bzgl einer vermuteten Unwirksamkeit (nach § 307) für eine 10 Jahre überschreitende Bindung uneinheitlich (offengelassen in BGH NJW-RR 2008, 818 Rn 19 und BGHZ 143, 103, 114; unangemessen BGH NJW-RR 2002, 886, 887; **aA** BGH ZIP 1984, 335, 337).

IV. Höchstgrenze für Klauseln über stillschweigende Vertragsverlängerung, § 309 Nr 9b

1. Höchstgrenze nach § 309 Nr 9b

Klauseln, welche vorsehen, dass das Vertragsverhältnis sich stillschweigend um eine **19**
weitere Zeitspanne verlängert, sofern der Kunde nicht kündigt, sind gemäß Nr 9b unwirksam, wenn diese Verlängerung mehr als ein Jahr beträgt. Dieses Klauselverbot gilt nicht nur bei formularmäßig festgesetzter, sondern auch bei individuell vereinbarter Erstlaufzeit (Schlosser/Coester-Waltjen AGBG § 11 Nr 12 Rn 18; Ulmer/Christensen Rn 16; zur Verlängerungsoption des Verwenders im unternehmerischen Verkehr ebenso BGHZ 143, 104). Auch erfasst Nr 9b nicht nur die unmittelbar der Primärlaufzeit folgende Verlängerungsperiode, sondern jede weitere vorgesehene stillschweigende Vertragsverlängerung. Die Jahresfrist der Nr 9b beginnt mit Ablauf der Erstlaufzeit, bzw des vorhergehenden Verlängerungszeitraums. AGB können zwar grundsätzlich auch eine stillschweigende Verlängerung auf *unbestimmte* Zeit vorsehen. In diesem Fall muss aber für die Kunden die Möglichkeit der ordentlichen Kündigung spätestens zum Ablauf des ersten, bzw jedes weiteren Verlängerungsjahres gewährleistet sein. Nr 9b gilt nach seinem Wortlaut nur für Klauseln, welche eine **stillschweigende** Vertragsverlängerung vorsehen. Klauseln, welche dem Verwender eine einseitige Verlängerungsmöglichkeit durch ausdrückliche Erklärung gewähren (Leonardy DRiZ 1976, 111), binden den Kunden jedoch im Ergebnis in gleicher Weise, so dass die Höchstgrenzenregelung der Nr 9b auf solche AGB-Gestaltungen ebenfalls anzuwenden ist (BGHZ 143, 104 – allerdings für unternehmerischen Verkehr; Wolf/Dammann Rn 64).

Verlängerungsklauseln fallen, soweit sie für die stillschweigende Vertragsverlängerung auf das Nichterklären der Kündigung durch den Kunden abstellen, nicht etwa zusätzlich unter § 308 Nr 5 (BGH NJW 1987, 2012, 2014; MünchKomm/Wurmnest Rn 17; Bamberger/Roth/Becker Rn 21; **aM** AG Kassel NJW-RR 1989, 1525). Der Sache nach ist ein Vertragsverhältnis auf unbestimmte Dauer abgeschlossen, das periodisch ordentlich gekündigt werden kann (s § 308 Nr 5 Rn 3).

2. Klauselverbot trotz Einhaltung der Verlängerungshöchstfrist des § 309 Nr 9b

20 Auch für die Fristenregelung der Nr 9b gilt, dass die Jahresfrist nur die äußerste Grenze für stillschweigende Verlängerungsregelungen ist. Sie ist somit zusätzlich auch an § 307 zu messen (Erman/Roloff Rn 129; Bamberger/Roth/Becker Rn 21 f: MünchKomm/Wurmnest Rn 17). So ist auch bereits eine einjährige stillschweigende Verlängerung dann eine unangemessene Benachteiligung des Kunden, wenn bereits die Erstlaufzeit im Hinblick auf die Eigenart des Vertragsverhältnisses unter einem Jahr zu liegen hat (s oben Rn 18).

Bei Zeitschriften- und Zeitungsabonnements, Ehemäklerverträgen, manchmal auch bei Unterrichtsverträgen dürfte in vielen Fällen gemäß § 307 nur eine kürzere Verlängerungsperiode zulässig sein. Die Rspr orientiert sich allerdings auch hier an § 309 Nr 9a und verlangt besondere Gründe für eine kürzere Frist (BGH NJW 1997, 739). In zahlreichen Entscheidungen sind Verlängerungsklauseln für die Zeit von einem Jahr für zu lang gehalten worden (vgl OLG Celle NJW-RR 1995, 370; für eine Verlängerung um höchstens die halbe Erstlaufzeit OLG Karlsruhe NJW-RR 1989, 243; OLG Hamm NJW-RR 1992, 444; Erman/Roloff Rn 129; krit insgesamt zu Verlängerungsklauseln vHippel JZ 1997, 1009; Heidemann/Pauser VuR 1997, 181). Zu Einzelheiten s Staudinger/Coester § 307 Rn 531 ff, 605.

V. Höchstgrenze für Kündigungsfrist § 309 Nr 9c

1. Höchstgrenze nach § 309 Nr 9c

21 In den AGB darf für den Kunden keine längere Kündigungsfrist als drei Monate festgesetzt werden. Dies gilt für Kündigungen sowohl zum Ende der ersten als auch zum Ende der jeweils stillschweigend verlängerten Laufzeit. Die Beschränkung der Kündigungsfrist greift zudem auch dann ein, wenn ein auf unbestimmte Zeit abgeschlossener Vertrag beendet werden soll oder die Laufzeit des zu kündigenden Vertrages nicht formularmäßig, sondern durch Individualabrede festgelegt worden ist (Schlosser/Coester-Waltjen AGBG § 11 Nr 12 Rn 20; offenlassend KG NJW-RR 2009, 1212, 1213; **aA** Bamberger/Roth/Becker Rn 24; MünchKomm/Wurmnest Rn 19 – beide aber mit Orientierung an § 309 Nr 9c im Rahmen der Prüfung nach § 307). Auch in diesem Falle bedarf der Kunde des Schutzes vor einer formularmäßigen (daher Orientierung an §§ 573c, 624 aussagelos) übermäßigen Bindung durch überlange Kündigungsfristen. Unter entsprechender Anwendung von § 580 Abs 1 Nr 3 genügt zur Einhaltung der festgesetzten Drei-Monatsfrist eine Kündigung am 3. Werktag eines Monats zum Ablauf des übernächsten Monats; entscheidend ist die sich tatsächlich ergebende Frist, die auch nicht durch Vorgabe bestimmter Kündigungstermine über drei Monate hinaus verlängert werden darf (KG NJW-RR 2009, 1212, 1213; AG Hamburg NJW-RR 1998, 1593; AG Hamburg-Altona MDR 1982, 55; **aA** OLG Koblenz BeckRS 2011, 21307; OLG Köln

MDR 2012, 1022). Sind für die Kündigung in den AGB besondere Formerfordernisse vorgesehen, so ist § 309 Nr 13 zu beachten.

2. Klauselverbot trotz Einhaltung der 3-monatigen Kündigungsfristgrenze des § 309 Nr 9c

Ist eine 3-monatige bzw geringere Kündigungsfrist festgelegt, so ist auch diese noch an § 307 zu messen. Ein Verstoß gegen § 307 trotz Einhaltung der 3-Monatsfrist wird allerdings im Wesentlichen nur dann vorliegen, wenn die Laufzeit selbst recht kurz war (MünchKomm/Wurmnest Rn 19; OLG Hamm NJW 1992, 243; zu kürzeren Kündigungsfristen OLG Frankfurt NJW-RR 1989, 957; LG Hamburg NJW-RR 1988, 317 – Trainingsvertrag). Ebenso ist wiederum das außerordentliche Kündigungsrecht gemäß §§ 314, 627, 628 zu beachten, dessen völliger Ausschluss gegen § 307 Abs 2 Nr 1 verstößt (BGH NJW 1986, 3134; Bamberger/Roth/Becker Rn 25). Schließlich muss bei Verbraucherverträgen eine Orientierung an EG-Richtlinie 93/13 Anhang Nr 1b erfolgen, nach der die Kündigungsfristen nicht „ungebührlich" sein dürfen. Das zwingende Widerrufsrecht gemäß §§ 312, 495, 485 BGB und § 4 FernUSG besteht ebenso wie das zwingende Recht zur außerordentlichen Kündigung aus wichtigem Grund unabhängig von der Regelung der Nr 9c fort. 22

Ob der Vertragspartner mehr als vier Kündigungstermine pro Jahr (s oben Rn 21 aE) haben muss, hängt von dem Vertragsgegenstand ab (seine Prüfungskompetenz daher nicht voll ausschöpfend: AG Gütersloh MDR 1984, 404).

VI. Rechtsfolgen einer Überschreitung der Höchstfristen

Bei Verstoß gegen § 309 Nr 9 ist die entsprechende Klausel unwirksam. Dies ist inzwischen weitverbreitete Meinung in der Lit (MünchKomm/Wurmnest Rn 20; Palandt/Grüneberg Rn 95; Erman/Roloff Rn 131; Bamberger/Roth/Becker Rn 27; Martinek BB 1989, 1277) und entspricht der Rspr (BGHZ 84, 113). Der Wegfall der gegen § 309 Nr 9b verstoßenden Klauseln bereitet keine Schwierigkeiten, weil die Konstruktion einer Ersatzregelung nicht erforderlich ist, vielmehr eine Verlängerung nur bei ausdrücklichem oder konkludenten Verhalten beider Vertragsparteien ohne den Automatismus eintritt (MünchKomm/Wurmnest Rn 20). IdR wird sich diese Klausel ohne Probleme von den anderen Laufzeitbedingungen trennen lassen (BGH NJW 1982, 178, 181 – für § 308 Nr 3). Schwieriger wird die Ersatzregelung bei Wegfall der Bestimmungen über die (zu lange) Erstlaufzeit und die (zu lange) Kündigungsfrist. Eine Reduzierung der Klausel auf die gerade noch zulässige Dauer kommt nicht in Betracht (so Martinek BB 1989, 1277, 1289), weil damit dem Verwender jedes Risiko der Formulierung seiner Klauseln abgenommen würde (BGH NJW 1982, 2309, 2310). Der BGH hat in seinem vor der „Tagespreisklausel-Entscheidung" (BGHZ 90, 69, 75) ergangenen Urteil zu § 309 Nr 9 eine ergänzende Vertragsauslegung abgelehnt und dies für eine überlange Laufzeit eines Tankstellen-Belieferungsvertrags noch einmal bestätigt (BGHZ 147, 104; ebenso BGH NJW 1993, 326, 330 – Tänzerausbildung). Die Möglichkeiten des Einsatzes der ergänzenden Vertragsauslegung zieht der BGH hier zu Recht sehr eng (großzügiger in der Festlegung von Kündigungsfristen im Wege ergänzender Vertragsauslegung LG Gießen NJW-RR 2001, 1714). Unabhängig von dieser grundsätzlichen Streitfrage (dazu Staudinger/Schlosser § 306 Rn 22) ist zunächst auf die für die entsprechenden Vertragstypen vorhandenen gesetzlichen Regelungen (zB §§ 620, 23

621 für Dienstverträge, § 649 für Werkverträge) zurückzugreifen (OLG Frankfurt NJW 1981, 2760). Soweit es an solchen gesetzlichen Regelungen fehlt, wird in der Lit vorgeschlagen, unter Berücksichtigung der berechtigten Interessen beider Parteien Laufzeit und/oder Kündigungsfrist nach billigem Ermessen zu bestimmen (Bamberger/Roth/Becker Rn 27, 29). Richtiger erscheint eine richterliche Fortbildung des insoweit lückenhaften dispositiven Rechts (vgl Hart KritV 1989, 184, 192; Rüssmann BB 1987, 845; Fastrich 343; Coester-Waltjen Jura 1988, 116); notfalls ist der Vertrag auf unbestimmte Dauer geschlossen und jederzeit kündbar (so BGH NJW 2009, 1738 Rn 27; OLG Brandenburg GE 2008, 407; AG Kaiserslautern v 1. 6. 2007 – 7 C 2243/06).

VII. Verbraucher

24 Die Richtlinie beschäftigt sich in ihrem Anhang in dem hier interessierenden Bereich nur mit unangemessenen Kündigungsfristen, wobei die automatische Verlängerung eines befristeten Vertrages mit Kündigungsmöglichkeit des Verbrauchers als Beispielsfall gewählt ist (Nr 1 h). § 309 Nr 9c ist insoweit konkreter, aber gleichzeitig bzgl der Vertragstypen beschränkter. Dies wird jedoch durch § 307 aufgefangen. Soweit Verträge insgesamt von der Inhaltskontrolle nach §§ 307–309 ausgenommen sind (oben Rn 5 ff), schützt den Verbraucher entweder zwingendes Recht oder aber die – insb im Gesellschaftsrecht vom BGH vorgenommene – Inhaltskontrolle nach den Grundsätzen von Treu und Glauben (Fastrich 124 ff, 70 ff; Coester-Waltjen AcP 191 [1991] 5 ff). Die deutschen Regelungen sind damit gemeinschaftskonform.

Über § 310 Abs 3 gilt § 309 Nr 9 auch für vorformulierte Individualverträge. Das bedeutet, dass einem Verbraucher gegenüber auch nicht im Einzelfall eine längere Vertragsdauer angetragen werden kann. Da bei Einzelfallsituationen besondere Tarifgestaltungen idR keine Rolle spielen, ist zu befürchten, dass auf diese Weise dem Verbraucher besonders günstige Vertragsbedingungen versagt bleiben. Problematisch ist, ob der Vertragspartner des Verwenders nach Angebot einer besonders langen Vertragsdauer durch Nachgeben auf eine kürzere, zwei Jahre aber überschreitende Laufzeit, die Klausel der Inhaltskontrolle nach § 305 Abs 2 entziehen kann (Coester-Waltjen, in: FS Medicus [1999] 63, 66).

VIII. Geschäftsverkehr mit Unternehmern

25 Die starre Fristenregelung des § 309 Nr 9 gilt nicht für Unternehmer. Diese Regelung ist spezifisch auf den Schutz des Endverbrauchers bezogen, der vor einer „Überrumpelung" bewahrt werden soll. Sie wird den Erfordernissen des Handelsverkehrs nicht gerecht (allgM). Klauseln über Vertragsdauer und Kündigungsfristen sind aber auch im Handelsverkehr an § 307 zu messen. Die Grenzen für das Ausmaß der zulässigen Bindung ergeben sich hierbei theoretisch nicht nur aus den von der Rspr zu § 138 unter dem Gesichtspunkt der sittenwidrigen Knebelung entwickelten Grundsätzen (s oben Rn 3). Die Grenzen des § 307 sind vielmehr an sich enger als diejenigen von § 138 (s Staudinger/Coester § 307 Rn 34). In der Praxis laufen die beiden Bewertungsmaßstäbe jedoch zunehmend ineinander, so dass diese Rechtsprechung auch für die Auslegung von § 307 jedenfalls als Höchstgrenze heranzuziehen ist (zu Erwägungskriterien oben Rn 11; zu Einzelfällen vgl BGHZ 147, 279 – Bierbezug 10 Jahre nicht unangemessen; BGHZ 147, 104 – Tankstelle – Alleinbezugsverpflichtung 11 Jahre unangemessen; BGHZ 153, 148 – Gestattungsvertrag über Breitbandkabelanlage 25 Jahre offen

gelassen; BGH NJW 2003, 886 – Fernmeldeanlage 10 Jahre unangemessen; BGH BeckRS 2012, 00762 – 10 Jahre bei Tiermast wirksam; OLG Frankfurt BeckRS 2011, 26731 – 3–5 Jahre nicht zu lang für Nachrichtenagenturvertrag; LG Düsseldorf – 36 Monate bei Internet-System-Vertrag nicht zu lang; ebenso 48 Monate für Web-Hosting – BauR 2013, 825; OLG Koblenz GuT 2002, 142 – Bierlieferung 16 Jahre unbedenklich; LG Frankfurt NJW-RR 2001, 1350 – Werbefläche – 10 Jahre unbedenklich; OLGR Koblenz 2005, 157 – Software – vertragliche Bindung des Leistenden; LG Arnsberg v 11. 11. 2010 – 1 O 225/10 – 54 Monate für Überwachungsanlage nicht zu lang; zu Franchiseverträgen STOFFELS DB 2004, 1871; s allgemein LG Gießen NJW 1990, 566, 567; OLG Stuttgart NJW-RR 1994, 95; STAUDINGER/COESTER § 307 Rn 527 ff). Zu beachten ist, dass der BGH trotz vereinbarter Mindestlaufzeit die Kündigungsmöglichkeit nach § 649 BGB idR nicht ausschließt (BGHZ 188, 149 Rn 16; ebenso LG Düsseldorf BauR 2013, 825).

§ 309 Nr 10
Wechsel des Vertragspartners

Auch soweit eine Abweichung von den gesetzlichen Vorschriften zulässig ist, ist in Allgemeinen Geschäftsbedingungen unwirksam …

10. (Wechsel des Vertragspartners)
eine Bestimmung, wonach bei Kauf-, Darlehens-, Dienst- oder Werkverträgen ein Dritter anstelle des Verwenders in die sich aus dem Vertrag ergebenden Rechte und Pflichten eintritt oder eintreten kann, es sei denn, in der Bestimmung wird

a) der Dritte namentlich bezeichnet oder

b) dem anderen Vertragsteil das Recht eingeräumt, sich vom Vertrag zu lösen;

Materialien: 1. Teilber 85; RefE 19; RegE 38; BT-Drucks 14/6857, 5; BT-Drucks 14/6040, 160; s STAUDINGER/SCHLOSSER Vorbem 5 ff zu §§ 305 ff.

Schrifttum

BAUER/DILLER, Nachvertragliche Wettbewerbsverbote: Änderungen durch die Schuldrechtsreform, NJW 2002, 1609
BERGJAN, Zivilrechtliche Probleme bei der Übertragung von Kreditportfolien, ZIP 2012, 1997
KILGUS, Auswirkungen der Finanzkrise auf das Konsortialkreditgeschäft, BKR 2009, 181
KNOPS, Neuregelungen zum Kredithandel durch das Risikobegrenzungsgesetz: Kein großer Wurf, VuR 2009, 286
LANGENBUCHER, Kredithandel nach dem Risikobegrenzungsgesetz, NJW 2008, 3169.

I. Allgemeines

1. Regelungsanliegen

1 **a)** § 309 Nr 10 befasst sich mit einem besonders heimtückischen Fall einer „überraschenden Klausel“ und will daher Einzelauseinandersetzungen über ihren überraschenden Charakter von vornherein den Boden entziehen. Die Bestimmung soll vermeiden, dass sich der Kunde infolge einer formularmäßigen Klausel nachträglich einem Vertragspartner gegenübergestellt sieht, über dessen wirtschaftliche Leistungsfähigkeit und persönliche Zuverlässigkeit er sich vor der Entscheidung zum Vertragsabschluss nicht informieren konnte oder mit dem er, zum Beispiel wegen schlechter früherer Erfahrungen, den Vertrag bei entsprechender Kenntnis nicht abgeschlossen hätte (RegE BT-Drucks 7/3919, 38). Zum Klauselverbot der Nr 10 sah sich der Gesetzgeber insbesondere durch eine um sich greifende, bedenkliche Praxis in Verträgen über Zeitschriftenabonnements, Buchreihen und Fernkurse veranlasst. Der Vertragsabschluss mit dem Kunden geschah dort häufig durch bloße Vertriebsgesellschaften, die erst aufgrund einer Übernahmeklausel in den Verträgen mit den Beziehern nach entsprechender Entgeltzahlung die eigentlichen Lieferfirmen in den Vertrag eintreten ließen.

2 **b)** Große praktische Bedeutung hat die Vorschrift – außer ihrem möglichen präventiven Effekt – nicht entwickelt (Stoffels Rn 742; MünchKomm/Wurmnest Rn 1 – der immerhin eine wettbewerbspolitische Bedeutung sieht). Klauseln, die gegen § 309 Nr 10 verstoßen, beschäftigen die Rspr selten, was vor allem daran liegen mag, dass der Kundenschutz – insb durch § 309 Nr 10a – wenig effektiv ausgestaltet ist, weil der Kunde idR die AGB vor Vertragsschluss nicht lesen und sich dementsprechend auch nicht über die Zuverlässigkeit und Vertrauenswürdigkeit des dort Benannten informieren wird, die Einhaltung der Erfordernisse einer wirksamen Klausel also für den Verwender einfach ist. Zum anderen erscheint der Anwendungsbereich des § 309 Nr 10 sehr eng und die Einbeziehung der zunehmend in die Diskussion geratenden Substitution ist umstritten (s unten Rn 12).

2. Anwendungsbereich

3 **a)** Von einem Teil der Lit wird § 309 Nr 10 als leerlaufende Bestimmung mit bloßer Klarstellungsfunktion angesehen, da Klauseln mit einem dem Verbot der Nr 10 unterfallenden Inhalt bereits gemäß **§§ 305b und 305c** nicht Vertragsinhalt würden (Ulmer/Habersack Rn 1; Löwe/vWestphalen AGBG § 11 Nr 13 Rn 7). Dem ist nur in eingeschränktem Umfang zu folgen. Eine „Überschneidung“ eines Verbotes des Klauselkataloges mit § 305c ist nichts Ungewöhnliches (Staudinger/Schlosser § 305c Rn 2; Wolf/Dammann Rn 40, 41). Der Verbotstatbestand aus dem Katalog der §§ 308, 309 erlangt auch dann eine über § 305c hinausgehende, eigenständige Bedeutung: Jede den Verbotstatbestand der Nr 10 erfüllende Klausel ist unwirksam. Einer Überprüfung, ob der Kunde im Einzelfall durch sie überrascht worden ist, bedarf es nicht. Richtig ist auch, dass die Bestimmung der Vertragspartner Gegenstand der **Individualvereinbarungen** ist. Eine Klausel, welche die Auswechselung des Vertragspartners ermöglicht, ist jedoch ebenso wie der Leistungsänderungsvorbehalt, der von § 308 Nr 4 erfasst wird, und die Preisänderungsmöglichkeit des § 309 Nr 1 nicht durch § 305b ausgeschlossen. Außerdem bleibt für derartige Klauseln stets das abs-

trakte Kontrollverfahren nach §§ 1 ff UKlaG (BGHZ 92, 94 – zur Aushöhlung von Lieferzeitvereinbarungen).

b) Neben § 309 Nr 10 kann zusätzlich das Klauselverbot des § 308 Nr 4 dann eingreifen, wenn die Auswechselung des Vertragspartners zugleich zu einer Änderung des vertraglichen Leistungsgegenstandes führt (Wolf/Dammann Rn 45–79). Dies ist insb von Bedeutung, wenn es – wie häufig bei der Substitution – um persönliche Leistungen geht (vgl § 308 Nr 4 Rn 7 aE). In diesem Fall lässt sich eine Unwirksamkeit auch einer Klausel nicht vermeiden, die den Anforderungen von § 309 Nr 10 entspricht. **4**

c) Nicht in Konkurrenz zu § 309 Nr 10 tritt das Klauselverbot des **§ 308 Nr 5**. Zwar enthält die Vereinbarung der Zulässigkeit eines späteren Vertragspartnerwechsels auf der Verwenderseite zugleich die Zustimmung des Kunden hierzu. Bei dieser Zustimmung handelt es sich aber nicht um eine Fiktion iS des § 308 Nr 5. Diese Bestimmung gilt nicht für Erklärungen des Kunden, welche bereits bei Vertragsabschluss abgegeben werden (Wolf/Dammann Rn 45–79). **5**

d) Keine Überschneidung ergibt sich im Verhältnis von § 309 Nr 10 zu **§ 309 Nr 8b aa**. In letzterem Fall kommt es nicht zu einem Vertragspartnerwechsel oder auch nur zu einer Übertragung vertraglicher Pflichten auf der Verwenderseite. Der Verwender schließt vielmehr seine Gewährleistungspflichten aus und verweist auf Gewährleistungsansprüche, welche gegenüber einem Dritten aus einem weiteren Vertragsverhältnis bestehen (im Ergebnis ebenso Löwe/vWestphalen AGBG § 11 Nr 13 Rn 4). **6**

e) Besonders zu beachten sind die Ausnahme für Verträge mit Elektrizitäts-, Gas-, Fernwärme- und Wasserversorgungsunternehmen iS des § 310 Abs 2 und die Bereichsausnahmen des **§ 310 Abs 4**, wobei das Gebiet des Arbeitsrechts, der für derartige Klauseln die größere Bedeutung entfalten kann, nicht mehr vollständig ausgenommen ist. Den Besonderheiten dieses Rechtsgebietes muss aber Rechnung getragen werden (dazu Staudinger/Krause Anh zu § 310 Rn 196). Durch die Spezialregelung des § 613a Abs 6 wird die Problematik derartiger Klauseln aber ohnehin entscheidend entschärft (Däubler/Dorndorf/Bonin/Deinert Rn 2). Hinzukommt, dass die praktisch häufigere „Arbeitsleihe" von Nr 10 nicht erfasst wird, weil kein Wechsel des Vertragspartners stattfindet. **7**

II. Regelungsinhalt im Einzelnen

1. Der Verbotstatbestand

a) § 309 Nr 10 richtet sich nur gegen die **formularmäßige** Festsetzung einer Vertragsübernahme (-möglichkeit) auf der **Verwenderseite**. Individualvertraglich kann eine Vertrags- und auch Schuldübernahme bei und noch nach Vertragsabschluss vereinbart werden, wobei für Verbraucherverträge allerdings § 310 Abs 3 zu beachten ist. **8**

b) § 309 Nr 10 umfasst nur **Kauf-, Darlehens-, Dienst-, Werk- und Werklieferungsverträge** (allgM; vgl OLG Saarbrücken NJW-RR 1999, 1397 – Geschäftsbesorgung; diese Ent- **9**

scheidung, wie auch andere, die § 309 Nr 10 zitieren, betraf aber eher die Substitution bei der Vertragserfüllung, die idR an § 308 Nr 4 scheitert). Damit könnten **Arbeitsverträge** grundsätzlich in den Anwendungsbereich fallen (vgl aber oben Rn 7, unten Rn 11, 14 aE). Seit 19. 8. 2008 sind auch Darlehensverträge erfasst (BGBl I 1666 – Risikobegrenzungsges v 12. 8. 2008), die die höchstr Rsp aber bisher noch nicht beschäftigt haben (krit Knops VuR 2009, 286, 291). **Leasing-Verträge** (Finanzierungsleasing) besitzen nach hM überwiegend mietvertraglichen Charakter (so Flume DB 1972, 4; DB 1991, 265; s aber auch Staudinger/Stoffels [2004] Leasing Rn 64 ff [Vertrag *sui generis*] mwNw zu Streitstand) und unterfallen daher nicht dem § 309 Nr 10 (Palandt/Grüneberg Rn 97; Ulmer/Habersack Rn 5; Stoffels Rn 743; MünchKomm/Wurmnest Rn 3; **aA** Bamberger/Roth/Becker Rn 4 – entsprechend anzuwenden auf Finanzierungsleasing). Anderes gilt, wenn im speziellen Fall die kaufvertragliche Komponente überwiegt (Schlosser/Coester-Waltjen AGBG § 11 Nr 13 Rn 7). Nicht von Nr 10 erfasste Verträge sind an den §§ 305c Abs 1, 305b und 307 zu messen (LG Köln NJW-RR 1988, 1084 – § 307 auf Fitness-Studio-Vertrag angewandt). Für Verbraucherverträge fordert die Richtlinie eine dem § 309 Nr 10 weitgehend entsprechende Anwendung des § 307 Abs 1, 2, wenn der Vertragstyp nicht unter § 309 Nr 10 fällt (s unten Rn 17).

10 **c)** § 309 Nr 10 deckt nach seinem Wortlaut und Sinn die rechtsgeschäftliche Vertragsübernahme. Der Vertragspartner des Verwenders soll davor geschützt werden, dass die gesamte Vertragsposition mit allen Rechten und Pflichten auf einen anderen übergehen kann (AG Köpenick NJW 1993, 1005; daher kein Eingriff, wenn Wettbewerbsverbot auch gegenüber Nachfolger gelten soll; Bauer/Diller NJW 2002, 1609, 1615). Nicht erfasst sind Klauseln, die Regelungen der gesetzlichen Vertragsübernahme nachzeichnen, wie sie beispielsweise §§ 566, 578, 613a BGB, § 69 VVG vorsehen. Derartige Klauseln sind nach § 307 Abs 3 der inhaltlichen Kontrolle entzogen. Sie enthalten keine unangemessene Benachteiligung und sind auch nicht als überraschend anzusehen (MünchKomm/Wurmnest Rn 5).

11 **d)** Bei einem Betriebsübergang ergibt sich der Eintritt des Rechtsnachfolgers in laufende Verträge (auch außerhalb von § 613a) idR aus gesellschaftsrechtlichen Regelungen. Die „Nachfolge"-Klausel in den AGB ist also nicht konstitutiv (MünchKomm/Wurmnest Rn 6 aE; Bamberger/Roth/Becker Rn 7). Dies gilt insb für eine schlichte Änderung der Rechtsform, aber auch, wenn nicht nur eine andere Unternehmensform, sondern andere Personen den Betrieb weiterführen (Soergel/Stein AGBG § 11 Nr 13 Rn 351; MünchKomm/Wurmnest Rn 6). Die Haftung des Rechtsvorgängers kann aber – soweit entsprechende Regelungen überhaupt dispositiv sind – idR nicht ausgeschlossen werden. Eine entsprechende Klausel würde gegen § 307 verstoßen.

Etwas anderes gilt allerdings dann, wenn die Klausel so offen gestaltet ist, dass sie auch unabhängig von einer unternehmensrechtlichen Nachfolge eine Bindung an den Rechtsnachfolger ermöglicht (so zB in LG Köln NJW-RR 1988, 1084 – Fitness-Vertrag: offen gelassen, ob nach § 309 Nr 10 oder nach § 307 unwirksam).

12 **e)** Obwohl eine befreiende Schuldübernahme weniger als eine Vertragsübernahme ist, entspricht es der ratio des § 309 Nr 10, auch diese Form der „Nachfolge" in den Anwendungsbereich aufzunehmen (Ulmer/Habersack Rn 6). Die Gefahr, dass der Kunde auf Grund der AGB-Klausel eine dritte Person anstelle der ursprünglichen als Schuldner erhält, über deren Erfüllungsbereitschaft und -fähigkeit er sich

nicht vorab unterrichten konnte, ist auch bei einer befreienden Schuldübernahme gegeben (Ulmer/Habersack Rn 6; Palandt/Grüneberg Rn 98; Bamberger/Roth/Becker Rn 6; für zumindest analoge Anwendung Erman/Roloff Rn 135). Anderes gilt hingegen für die schlichte Erfüllungsübernahme (§§ 329, 415 Abs 3) und den Schuldbeitritt. In beiden Fällen wird der Verwender gegenüber dem Kunden nicht als Schuldner ausgewechselt, sondern bleibt weiterhin verpflichtet. Das Anliegen des § 309 Nr 10 wird also nicht durchkreuzt (allgM). Dasselbe gilt, wenn sich der Verwender eines Dritten als Erfüllungsgehilfen (§ 278) bedient, was in der Mehrheit der Fälle ohnehin geschehen wird. Hier behält der Verwender die vertragliche Verantwortlichkeit; das in ihn gesetzte Vertrauen des Kunden wird also nicht enttäuscht. Da auch Subunternehmer und Nachunternehmer als Erfüllungsgehilfen des Verwenders anzusehen sind, gilt für diese Entsprechendes. § 4 Nr 8 Abs 1 VOB/B hält also einer Prüfung an § 309 Nr 10 stand (Erman/Roloff Rn 135 aE).

Schwieriger ist die Frage bei Fällen der Delegation und der Substitution zu beantworten. Delegationsmöglichkeiten, die vor allem im Bereich des Gesundheitswesens vorgesehen werden, verändern idR ebenfalls nicht die vertragliche Verantwortlichkeit, sondern ermöglichen nur die Einschaltung eines anderen Leistungserbringers. Derartige Klauseln fallen daher nicht unter § 309 Nr 10, sind aber möglicherweise nach § 308 Nr 4 bzw nach § 307 unwirksam, insb wenn es dem Vertragspartner des Verwenders auf die persönliche Leistungserbringung ankommt (vgl § 308 Nr 4 Rn 7 aE mwNw aus Rspr und Lit). Soweit es sich allerdings um eine echte Substitution handelt, der Verwender also aus dem vollen vertraglichen Verantwortungsbereich ausscheidet und in diesen stattdessen einen Dritten einführt, für den er lediglich eine Auswahlverantwortlichkeit übernimmt, ist der Anwendungsbereich des § 309 Nr 10 eröffnet (ebenso OLG Saarbrücken NJW-RR 1999, 1397; MünchKomm/Wurmnest Rn 6; Hansen BB 1989, 2418; Koller ZIP 1985, 1248). Dies gilt auch, wenn nur für einzelne Leistungspflichten ein anderer die vertragliche Position übernehmen soll (Wolf/Dammann Rn 10; Ulmer/Habersack Rn 7; **aA** Bauer/Diller NJW 2002, 1609, 1615). Nr 3 Abs 2 AGB-Banken verstößt daher auch in ihrer (gegenüber der früheren Fassung der Nr 9) abgeschwächten Form für die sog „weitergeleiteten Aufträge" gegen § 309 Nr 10 (str; wie hier Baumbach/Hopt AGB-Banken 3 Rn 6; LG Köln WM 2000, 720 – Verstoß gegen § 307; **aA** OLG Frankfurt WM 2000, 1636).

Schlichte Forderungsabtretungen sind hingegen auf keinen Fall vom Verbot des § 309 Nr 10 erfasst (allgM; BGHZ 171, 180, 185). Klauseln, die ein gesetzliches Abtretungsverbot ausschalten wollen oder dem Schuldner im Falle der Abtretung zustehende Rechte einschränken oder ausschließen, sind an § 307 zu messen (krit zur Nichtanwendung des § 309 Nr 10 auf „Kreditverkäufe" Knops VuR 2009, 286, 291; zu den anderweitigen „Sicherungen" des Kreditnehmers Langenbucher NJW 2008, 3169, 3170). Zu Abtretungsverboten in AGB s Staudinger/Coester § 307 Rn 350 ff.

f) Schließlich fallen unter § 309 Nr 10 Klauseln, welche bereits bei Vertragsabschluss den Eintritt eines Dritten vorsehen. Dies gilt sowohl für Klauseln, die den Verwender als Angebotsempfänger berechtigen, das bindende Vertragsangebot des Kunden an einen Dritten weiterzuleiten, als auch für solche, die dem Verwender entgegen § 164 Abs 2 lediglich eine Stellvertreterrolle zuweisen (**aA** MünchKomm/Wurmnest Rn 6). IdR werden letztere Klauseln allerdings bereits an § 305b scheitern (BGH NJW-RR 1990, 613; BGH NJW 1991, 1420 – zur Identity-of-Carrier-Klausel). **13**

2. Wirksame Eintrittsklauseln

14 **a)** Das Verbot des § 309 Nr 10 greift nicht ein, wenn der Dritte, der an die Stelle des Verwenders treten soll, in den AGB **namentlich bezeichnet** wird. Der Dritte muss nach dem Gesetz in derselben Klausel bezeichnet werden, welche die Auswechselung des Verwenders vorsieht. Das bedeutet, Auswechselungsvorbehalt und Bezeichnung des Dritten müssen in einer für den Kunden sofort erkennbaren Weise räumlich und sachlich einander zugeordnet sein. Die Angaben über den Dritten müssen so umfassend sein, dass er vom Kunden zweifelsfrei identifiziert werden kann und dem Kunden seine nähere Überprüfung ermöglicht wird. In der Regel ist daher auch die Anschrift des Dritten anzugeben (BGH NJW 1980, 2518 – „stets"; großzügiger OLG Koblenz BeckRS 2010, 29329 – Telekom ausreichend; ebenso MünchKomm/Wurmnest Rn 7; skeptisch gegenüber der Effektivität des Schutzes Ulmer/Habersack Rn 10). In Arbeitsverträgen dürften letztlich aber allein diese Angaben (etwa in Konzernversetzungsklauseln) nicht ausreichen, weil derartige Klauseln trotz Konformität mit § 309 Nr 10a, b der Prüfung an Hand von § 307 unterliegen und dort scheitern (zur Unwirksamkeit der Klausel, weil – auch in der Form des Vorbehalt nach Nr 10 b – die Grundsätze von Bestandsschutz, Kündigungsschutz und personaler Bindung missachtet wurden, ErfK/Preis §§ 305–10 BGB Rn 83; Gotthardt Rn 285 und ZIP 2002, 277, 284; Däubler/Dorndorf/Bonin/Deinert Rn 2; Clemenz/Kreft/Krause Rn 124 f; Staudinger/Krause Anh zu § 310 Rn 198; krit Worzalla NZA-Beil 2006, 122, 127; ausführlich Maywald, Der Einsatz von Arbeitnehmern in Matrixstrukturen multinationaler Konzerne, 2009, S 89 ff).

15 **b)** Auch ohne namentliche Benennung des Dritten bleibt der Vertrags- bzw Schuldübernahmevorbehalt dann wirksam, wenn dem Kunden in unmittelbarem Zusammenhang hiermit (vgl entsprechend Rn 14) das Recht eingeräumt wird, **sich vom Vertrag zu lösen** (Kündigung, Rücktritt oder sonstiges einseitiges Recht zur Vertragsaufhebung). Nach dem Wortlaut des § 309 Nr 10 ist das Lösungsrecht des Kunden auch bereits dann vorzusehen, wenn die AGB nur die Möglichkeit des Eintritts eines Dritten festlegen. Streitig ist, wann dem Kunden in diesem Fall durch die Klausel die **Ausübung** des Lösungsrechtes ermöglicht werden muss. Die überwiegende Ansicht beruft sich zu Recht auf die Begründung des RegE, welche auf ein Lösungsrecht des Kunden „für den Fall des Wechsels" (BT-Drucks 7/3919, 38) abstellt, und lässt es daher ausreichen, wenn dem Kunden das Lösungsrecht nur für den Fall gegeben wird, dass der Verwender als Vertragspartner bzw Schuldner tatsächlich ausgewechselt wird. Erst ab diesem Zeitpunkt läuft der Kunde Gefahr, an einen unbekannten Vertragspartner gebunden zu werden und den Verwender als Vertragspartner zu verlieren (heute allgM).

Das Lösungsrecht des Kunden darf nicht durch hiermit verknüpfte besondere Voraussetzungen oder Nachteile erschwert werden; die Einräumung einer „Kündigungsfrist" ist also nicht ausreichend (LG Köln NJW-RR 1987, 885). Ebenso sind solche Klauseln unzulässig, welche bei Stillschweigen des Kunden auf die Anzeige des Partnerwechsels dessen Auflösungserklärung fingieren (Schlosser/Coester-Waltjen AGBG § 11 Nr 13 Rn 10 und § 308 Nr 5). Ein Schriftformerfordernis ist an § 309 Nr 13 zu messen (Erman/Roloff Rn 136 aE).

3. Spiegelbildliche Anwendung

Das Werkvertragsrecht geht grundsätzlich nicht von einer persönlichen Leistungspflicht des Unternehmers aus. Klauseln, die eine solche vorsehen, wie beispielsweise § 4 Nr 8 Abs 1 S 1 VOB/B, sind idR nicht zu beanstanden (Ingenstau/Korbion, VOB/B § 4 Nr 8 Rn 1). 16

III. Verbraucher

Die Richtlinie sieht im Anhang in Nr 1p vor, dass Klauseln dem Verwender nicht ermöglichen dürfen, die vertragliche Position auf einen anderen zu übertragen, wenn der Verbraucher dadurch geringere Sicherheiten der Vertragserfüllung hat. Diese sehr offene Formulierung erfasst alle Vertragstypen, so dass im deutschen Recht außer § 309 Nr 10 eine Anwendung von § 307 notwendig ist. Für das Verbrauchergeschäft wird darüber hinaus eine Klausel der Inhaltskontrolle nach § 307 auch dann zu unterziehen sein, wenn sie zwar den Rechtsnachfolger benennt, der Eintritt desselben aber für den Verbraucher weniger Sicherheiten bietet. Insofern ist § 309 Nr 10 jedenfalls im Bereich der Verbrauchergeschäfte keine abschließende Regelung. Die hier notwendig werdende Einzelfallüberprüfung – bezogen auf den Zeitpunkt des Vertragseintritts – wird im deutschen Recht nunmehr über § 310 Abs 3 Nr 3 ermöglicht. Zwar soll es nach § 310 Abs 3 Nr 3 auf die konkreten Umstände bei Vertragsschluss ankommen, eine ausgedehnte Betrachtungsweise des konkreten Vertragsschlusses auf den Zeitpunkt der Vertragsübernahme hinaus erscheint aber durchaus möglich. Schwieriger ist die Harmonisierung des deutschen Rechts mit den Vorstellungen des Richtlinienanhangs bzgl der Rechtsfolgen. § 309 Nr 10 läßt zur Wirksamkeit ein Vertragsauflösungsrecht des Verbrauchers ausreichen, während die Richtlinie in ihrem Anhang von der Unwirksamkeit einer entsprechenden Klausel ausgeht. Bei richtiger Betrachtungsweise ist jedoch die Einräumung eines Rücktrittsrechtes verbraucherfreundlicher, weil diesem damit die Möglichkeit der Bestimmung über das Schicksal des Vertrages gegeben ist. Die Regelung des § 309 Nr 10b entspricht daher durchaus der ratio der Richtlinie (Ulmer/Habersack Rn 4; Stoffels Rn 750). Bei vorformulierten Individualverträgen ist die uneingeschränkte Anwendung der Nr 10 jedoch durchaus problematisch (Coester-Waltjen, in: FS Medicus [1999] 63). 17

IV. Geschäftsverkehr mit Unternehmern

Da gerade im unternehmerischen Verkehr das Vertrauen auf Leistungsfähigkeit und Leistungstreue eine besondere Rolle spielt, sind die Grundgedanken des § 309 Nr 10 grundsätzlich auch auf diesen zu übertragen (Wolf/Dammann Rn 60 [sehr streng]; Erman/Roloff Rn 137; zurückhaltender Ulmer/Habersack Rn 15). Dies bedeutet zwar kein absolutes Verbot, aber doch eine gewisse Indizwirkung. Im Einzelfall kommt es auf die Abwägung der beteiligten Interessen an (BGH NJW 2010, 3708 Rn 21 – Gewerberaummiete; BGH NJW 1998, 2286 – Bierliefervertrag; NJW 1985, 53, 54; MünchKomm/Wurmnest Rn 9; Palandt/Grüneberg Rn 100; wohl auch, wenngleich zur Großzügigkeit tendierend, Lange ZIP 1999, 1373, 1375; krit vWestphalen NJW 2011, 2098, 2103; zu den Möglichkeiten wirksamer Kreditverkäufe Kilgus BKR 2009, 181, 188). Häufig werden derartige Klauseln allerdings im unternehmerischen Verkehr nach der Art ihrer Ausgestaltung bereits an § 305b scheitern (vgl BGH NJW 1991, 1420; BGH NJW-RR 1990, 613; BGHZ 171, 141, 147; dazu Herber TranspR 1990, 147, 148). 18

§ 309 Nr 11
Haftung des Abschlussvertreters

Auch soweit eine Abweichung von den gesetzlichen Vorschriften zulässig ist, ist in Allgemeinen Geschäftsbedingungen unwirksam ...

11. (Haftung des Abschlussvertreters)
eine Bestimmung, durch die der Verwender einem Vertreter, der den Vertrag für den anderen Vertragsteil abschließt,

a) ohne hierauf gerichtete ausdrückliche und gesonderte Erklärung eine eigene Haftung oder Einstandspflicht oder

b) im Falle vollmachtsloser Vertretung eine über § 179 hinausgehende Haftung

auferlegt;

Materialien: 1. Teilber 85; RefE 19; RegE 38; BT-Drucks 14/6857, 5; BT-Drucks 14/6040, 160; s Staudinger/Schlosser Vorbem 5 ff zu §§ 305 ff.

I. Allgemeines

1. Regelungsanliegen

1 **a)** Die Vorschrift will den Vertreter des Vertragspartners des Verwenders davor schützen, dass er durch eine innerhalb der übrigen vertraglichen AGB-Klauseln versteckte Bestimmung entgegen der Grundregel des § 164 Abs 1 in das Vertragsverhältnis zwischen Vertretenem und Verwender als Haftender einbezogen – Nr 11a – oder als vollmachtloser Vertreter einer über § 179 hinausgehenden Haftung unterworfen wird – Nr 11b – (RegE BT-Drucks 7/3919, 38).

2 **b)** Der Gesetzgeber knüpft mit dieser Bestimmung ausdrücklich (RegE aaO) an die **frühere Rspr** vor Erlass des AGBG an. Diese versagte Klauseln, welche eine eigene Einstandspflicht des Vertreters neben dem Vertragspartner des Verwenders vorsahen, regelmäßig die Wirksamkeit mit unterschiedlichen Begründungen (OLG Karlsruhe OLGZ 1969, 146; LG Nürnberg-Fürth NJW 1962, 1513; LG Frankfurt aM BB 1977, 819; LG Berlin NJW 1969, 140).

Trotz des seit 1977 nunmehr ausdrücklich formulierten Verbotes sind derartige Klauseln in Allgemeinen Geschäftsbedingungen zu finden. Der Reiz, sich auf diese Weise einen weiteren Schuldner zu schaffen, ist offensichtlich so groß, dass man dies ungeachtet der Klauselverbote versucht. Der Schwerpunkt der Problematik liegt dabei in der Abgrenzung zwischen einer unzulässigen Begründung der Eigenhaftung des Vertreters und der zulässigen Begründung von Vertragspflichten einer Mehrheit von Vertragspartnern; dies gilt insb bei der eher schwammigen Bezeichnung als „Mitbesteller" etc (näheres unten Rn 6).

2. Anwendungsbereich

a) Soll eine AGB-Klausel dem Abschlussvertreter eine eigene Einstandspflicht oder eine gegenüber § 179 Abs 3 verschärfte Haftung auferlegen, so könnte der Vertreter ohnehin hieraus nur verpflichtet werden, wenn die diese Klauseln enthaltenden AGB gegenüber dieser in fremdem Namen handelnden Person Geltung erlangen. Da der Vertretene und nicht der Vertreter Vertragspartei ist (§ 164 Abs 1), genügt hierfür nicht bereits die Einbeziehung der AGB gemäß **§ 305 Abs 2, 3** in den vom Vertreter für den Vertragspartner abgeschlossenen Vertrag. Sollen AGB-Klauseln auch gegenüber dem Abschlussvertreter Wirkungen entfalten, so muss der Vertreter vielmehr neben dem in fremdem Namen erklärten Einverständnis zur Einbeziehung der AGB in den Vertrag zusätzlich im eigenen Namen sein Einverständnis dazu erklärt haben, dass auch die ihn als Vertreter persönlich treffenden AGB-Klauseln gelten sollen. Eine derartige Einverständniserklärung des Vertreters wird sich – selbst stillschweigend oder konkludent – in vielen Fällen nicht feststellen lassen, denn die Vertragsunterzeichnung „als Vertreter" stellt in der Regel gegenüber dem Verwender klar, dass der Unterzeichnende gerade keine vertraglichen Verpflichtungen im eigenen Namen eingehen will (so bereits zutreffend LG Nürnberg/Fürth NJW 1962, 1513). Nur wenn der Vertreter bei Vertragsabschluss deutlich und in für ihn klar erkennbarer Weise darauf hingewiesen wurde, dass er zusätzliche eigene Einstands- und Haftungspflichten übernimmt, wird man sein im fremden Namen erklärtes Einverständnis mit den AGB zugleich auch als im eigenen Namen erklärtes Einverständnis mit der Geltung der ihn persönlich betreffenden Klauseln ansehen können. In vielen Fällen wird daher die Geltung einer dem Verbot der Nr 11 unterliegenden Klausel bereits an deren mangelnder Einbeziehung gemäß § 305 Abs 2 gegenüber dem Vertreter scheitern. Die Rspr setzt sich allerdings über diese Problematik mit dem Hinweis auf die generelle Erfassung der Vertragsabschlussklauseln hinweg (BGHZ 104, 95), obwohl die Situation hier schon wegen der Personenverschiedenheit anders als bei den typischen Vertragsabschlussklauseln etwa des § 308 Nr 1 liegt. Im Übrigen sind abgesehen von der Hürde des § 305 Abs 2 auch der Vorrang der Individualabrede (§ 305b) und die Nichteinbeziehung überraschender Klauseln (§ 305c Abs 1) schwer zu überwindende Hindernisse für den Verwender (Ulmer/Habersack Rn 4; Palandt/Grüneberg Rn 101; Bamberger/Roth/Becker Rn 1). Immerhin bereitet eine derartige Klausel aber auch ohne wirksame Einbeziehung im konkreten Fall dem Vertragspartner viel Ärgernis. Das Verbot spielt daher auch und vor allem für das abstrakte Kontrollverfahren eine Rolle. 3

b) Während mit anderen Vorschriften des Klauselkatalogs keine Überschneidungen bestehen (denn: wenn eine Einstandspflicht des Vertreters nur vermutet wird, ist dies kein Verstoß gegen § 309 Nr 11, sondern nur gegen § 309 Nr 12b), kann eine Formulierung in AGB außer an § 309 Nr 11 auch an §§ 305 Abs 2, 3, 305b, 305c scheitern (Ulmer/Habersack Rn 4; **aA** bzgl § 305c Bamberger/Roth/Becker Rn 8). Die Wirksamkeit nach § 309 Nr 11a impliziert nicht auch eine Wirksamkeit nach §§ 305b, 305c, obwohl durch die gesonderte Erklärung idR zumindest der überraschende Charakter genommen sein wird. 4

II. Der Regelungsinhalt im Einzelnen

1. Vertreter iS der Nr 11

5 Der von § 309 Nr 11 gemeinte **Vertreter** kann rechtsgeschäftlich bestellter, gesetzlicher oder auch Vertreter ohne Vertretungsmacht (§ 179) sein (MünchKomm/Wurmnest Rn 3). Die Vorschrift bezieht sich aber nur auf die Fälle **echter Stellvertretung**, nicht auf mittelbare Vertreter, Kommissionäre, Treuhänder usw, welche nach außen im eigenen Namen auftreten und nur im Innenverhältnis für eine dritte Person handeln (Erman/Roloff Rn 140). Kein Vertreter iS der Vorschrift ist derjenige, der lediglich **unter fremdem Namen** handelt, um seine Identität zu verbergen, aber sich selbst persönlich binden will.

Der Ehegatte, welcher im Rahmen der „Schlüsselgewalt" (§ 1357) Geschäfte zur angemessenen Deckung des Lebensbedarfs der Familie tätigt, ist nicht „Vertreter" seines Ehepartners iSv Nr 11, da beide Ehegatten nach einer gesetzlichen Regelung *sui generis* (§ 1357) berechtigt und verpflichtet werden. Eine Klausel, welche nur diese gesetzliche Lage des § 1357 wiedergibt, kann nicht gegen § 309 Nr 11 verstoßen (§ 307 Abs 3). Geht das von einem Ehegatten abgeschlossene Geschäft allerdings über den Rahmen des § 1357 hinaus und soll in diesem Falle der als Vertreter für seinen Ehegatten handelnde Ehepartner einer Einstandspflicht unterworfen werden, so greift wiederum die Verbotsbestimmung des § 309 Nr 11 ein (OLG Köln NJW-RR 1999, 733).

6 Grundsätzlich von Nr 11 nicht erfasst werden solche Personen, die den Vertrag im eigenen Namen **mitunterzeichnen**, also von vornherein als Vertragspartner oder auch zB als Mitbürgen auftreten (OLGR Dresden 2002, 287). In der Abgrenzung dieser Fälle liegt die eigentliche Problematik des § 309 Nr 11. Einerseits muss es möglich sein, mehrere Vertragspartner zu verpflichten, andererseits wollte der Gesetzgeber mit der Schöpfung von § 309 Nr 11 auch die überraschenden „Mitbestellerklauseln" erfassen (RegE 3). Handelt jemand nicht in fremdem Namen, so trifft ihn bereits nach § 164 Abs 2 die Eigenhaftung. Eine derartige echte „Mitbesteller"-Rolle wird idR dann anzunehmen sein, wenn auch der andere aus dem Vertrag Verpflichtete anwesend ist. Etwas anderes gilt bei der gesetzlichen Vertretung, soweit der Vertretene nicht selbst handlungsbefugt ist, wie zB im Regelfall bei minderjährigen Kindern. Anders als bei gleichzeitiger Anwesenheit beispielsweise beider Ehepartner wird man hier aus der Anwesenheit von Kindern und Eltern nicht schließen können, dass auch die Eltern Vertragspartner werden wollen. Auch bei Personen, die lediglich zur Unterstützung des eigentlichen Vertragspartners erschienen sind – wie beispielsweise Begleitpersonen bei der Einlieferung in das Krankenhaus – wird man trotz „untergeschobener Mitbestellerrolle" idR nur von einer Vertreterposition ausgehen können. Sind die Verhältnisse so offensichtlich, dann kommt es auf die formularmäßige Bezeichnung, die dem Vertreter zugedacht wird, nicht an (zur Begleitperson bei Krankenhauseinweisung OLG Köln NJW-RR 1999, 733; OLG Düsseldorf NJW 1991, 2352; LG Düsseldorf NJW 1995, 3062). Sind die Verhältnisse aber nicht so eindeutig – wie es insb im Falle der Vertretung juristischer Personen bei dem Geschäftsführer zugute kommenden realen Gebrauchsmöglichkeiten der Fall sein kann (vgl BGH NJW 2006, 996 Rn 17; BGHZ 104, 95; BGH NJW 2002, 3463) –, so mag ausschlaggebendes Kriterium die Wortwahl für die Bezeichnung des Handelnden sein. Unterschreibt er als

„Mieter 2", so erscheint es immerhin vertretbar, hier von einer echten Mitbestellerkonstellation auszugehen (so BGHZ 104, 95; krit GRUNEWALD ZIP 1987, 353, 355; „Gesellschafter der Franchisenehmerin" – BGH NJW 2006, 996 Rn 16; krit LINDACHER EWiR 2006, 325, 326; zu weit gehend LG Essen BeckRS 2008, 22400; dem BGH ähnlich OLGR Dresden 2002, 287). Ist hingegen davon die Rede, dass jemand neben dem Vertretenen die „Mithaftung" übernimmt, so ist dies ein Fall des § 309 Nr 11 (BGH ZIP 1996, 129; ähnlich BGH NJW 2002, 3464 – krit KOCH WuB IV c § 11 Nr 14a AGBG 1. 03).

Übernimmt der Vertreter bei einem Vertragsabschluss für den Vertretenen gleichzeitig bzgl eines Teils der vertraglichen Verpflichtungen die Position eines Vertragspartners, schließt er also den Vertrag in vollem Umfang im Namen des Vertretenen und im Teilumfang für sich selbst ab, so ist eine Klausel, die ihm die Haftung für die gesamte Verbindlichkeit auferlegt, ebenfalls an § 309 Nr 11 zu messen (OLG Frankfurt NJW 1986, 1941, 1943).

Von den vielen in der Praxis vorkommenden Fällen haben die Gerichte beispielsweise als von § 309 Nr 11 erfasst angesehen: die Eigenverpflichtung des Anmelders bei einem Reisevertrag (OLG Frankfurt NJW 1986, 1941; LG München NJOZ 2009, 4477), des Abholers oder Fahrers bei einer Autovermietung (LG Frankfurt aM NJW-RR 1987, 828; LG Osnabrück NJW 1985, 389), des Unterzeichners generell (LG Nürnberg-Fürth AGBE I § 11 Nr 125) sowie der Begleitperson bei einer Krankenhauseinweisung (Rn 6). Auch Rohrreinigungsunternehmen sind mit ihren Klauseln zur Haftung des Vertreters gescheitert (OLG Köln VuR 1996, 257). Sehen Vertragsbedingungen für eine Person, die in der Abwicklung des Vertrages die Rolle eines Boten ausfüllt, eine Eigenhaftung vor, so ist eine solche Klausel ebenfalls von § 309 Nr 11 erfasst (vgl den abgrenzenden Fall des AG Melldorf NJW-RR 1988, 249; **aA** WOLF/DAMMANN Rn 15 – § 307 anwendbar; ebenso ULMER/HABERSACK Rn 6). 7

2. Verbot der Eigenhaftung oder der Einstandspflicht des Vertreters (§ 309 Nr 11a)

a) Die Klausel darf den Vertreter nicht verpflichten, für Verbindlichkeiten aus dem von ihm im fremden Namen abgeschlossenen Vertrag einzustehen. Mit dem juristisch untechnischen Begriff der **„Einstandspflicht"** soll jede Art der Haftung des Vertreters erfasst werden, also sowohl die gesamtschuldnerische Haftung neben dem Vertretenen aus etwaigem Schuldbeitritt oder kumulativer Schuldmitübernahme, als auch dessen nachrangige Haftung, etwa als Bürge oder Garant (ULMER/HABERSACK Rn 9; WOLF/DAMMANN Rn 18–20; BGH NJW 2001, 3186; LG Osnabrück NJW 1985, 389). 8

b) Aus § 307 Abs 3 ergibt sich, dass eine Klausel nicht gegen das Verbot der Nr 11a verstößt, welche nur eine Haftung des Vertreters für die Fälle wiederholt, in denen eine Vertreterhaftung nach allgemeinem Zivilrecht ohnehin anerkannt ist. Dies gilt etwa für die Haftung aus unerlaubter Handlung oder aus cic (§ 311 Abs 3), wenn der Verwender dem Vertreter besonderes Vertrauen entgegengebracht hat oder wenn dieser an dem abzuschließenden Geschäft ein eigenes wirtschaftliches Interesse hatte (zur cic BGHZ 56, 81; zur Nichtanwendbarkeit von § 309 Nr 11 MünchKomm/WURMNEST Rn 6). Ebenfalls wird eine Klausel, welche eine Delkredere-Haftung (zB des Handelsvertreters gemäß § 86b HGB) vorsieht, nicht vom Verbot der Nr 11a betroffen, da die Einstandspflicht des Vertreters in diesem Falle nicht neben die 9

Haftung des Vertretenen tritt, sondern *gegenüber* Letzterem übernommen wird (so bereits RegE BT-Drucks 7/3919, 38).

3. Verbotsausnahme bei ausdrücklicher und gesonderter Erklärung

10 Das Verbot der Begründung einer Einstandspflicht für den Vertreter gilt nicht, wenn dieser eine hierauf gerichtete **ausdrückliche** und **gesonderte Erklärung** abgibt. Der Gesetzgeber hat sich hier angelehnt an die auch in anderen Gesetzen früher erforderliche „gesonderte Erklärung" (vgl § 1b Abs 2 S 3 AbzG aF; § 2 Abs 1 S 3 HWiG aF; § 7 Abs 2 S 2 VerbrKrG aF; § 361a Abs 1 S 4 BGB aF; § 355 Abs 2 S 2 BGB aF; § 1027 ZPO aF). Diese anderen Regelungen sind aber nunmehr entfallen. Die Forderung des BGH (NJW 2001, 3186) nach einer einheitlichen Auslegung geht daher jetzt ins Leere; wohl aber kann auf die früheren Grundsätze zu diesen Normen wie auch auf die generellen nunmehr anwendbaren Gesichtspunkte zu einer ordnungsgemäßen Belehrung im Zusammenhang mit Widerrufsrechten zurückgegriffen werden (Ulmer/Habersack Rn 11).

Der Vertreter muss somit neben der Vertragserklärung im fremden Namen zusätzlich im eigenen Namen erklären, dass er selbst für die Vertragspflichten einstehen will. Diese Erklärung hat er **ausdrücklich** abzugeben. Sie kann somit nicht stillschweigend oder konkludent erfolgen. Das Erfordernis der Ausdrücklichkeit steht aber einer formularmäßigen Erklärung nicht entgegen (Ulmer/Habersack Rn 10). Die Rspr hat in allen Fällen, in denen sie sich mit derartigen Klauseln beschäftigte, deren Wirksamkeit jedenfalls nicht an einer formularmäßigen Erklärung des Kunden scheitern lassen (vgl zB BGH ZIP 1996, 1209). Eine besondere Form ist für die Erklärung nicht erforderlich, soweit nicht die entsprechende Verpflichtung formbedürftig ist, wie zB die Bürgschaftserklärung nach § 766. In der Praxis wird eine solche Erklärung schon aus Beweisgründen idR schriftlich erfolgen (MünchKomm/Wurmnest Rn 7). Sie ist allerdings nur dann von Wert, wenn der Vertreter sie im eigenen Namen gesondert unterschreibt (Ulmer/Habersack Rn 11; Palandt/Grüneberg Rn 102). Unterschreibt der Vertreter den Vertrag insgesamt nur einmal, so kann nicht davon ausgegangen werden, dass dies eine § 309 Nr 11a entsprechende Erklärung ist. Dies gilt selbst dann, wenn der Vertreter teilweise auch im eigenen Namen handelt. Sein Wille, über seine eigene Teilverpflichtung auch für die Verpflichtungen des Vertretenen einstehen zu wollen, kommt damit nicht zum Ausdruck (OLG Frankfurt NJW 1986, 1941, 1943). Wenn das Gesetz eine gesonderte Erklärung verlangt, so bedeutet dies, dass sie abgetrennt vom übrigen Vertragstext abgegeben werden muss. Die schlichte Unterschrift auf dem Bestellformular reicht dafür nicht aus (BGH NJW 2002, 3464; NJW 2001, 3186; OLG Brandenburg DB 2001, 2593; OLG Koblenz ZIP 1998, 1670; OLG Hamburg MDR 1991, 541); es genügt aber den Erfordernissen einer gesonderten Erklärung, wenn sie unterhalb der Vertragsunterschriften angebracht ist und dann textlich abgehoben von einer nur ihren Inhalt betreffenden Unterschrift des Vertreters gedeckt wird (BGH NJW 1988, 2465, 2466; Hefermehl WuB IV C § 11 Nr 14a AGBG 1. 01). Eine drucktechnische Hervorhebung, wie sie nach dem Verbraucherkreditgesetz gefordert wurde (dazu BGHZ 126, 56; BGH NJW 1996, 1965), ist für die Erklärung nach § 309 Nr 11a nicht erforderlich. Aus der Gegenüberstellung mit anderen gesetzlichen Regelungen der gesonderten Erklärung (vgl zB § 1027 Abs 1 ZPO aF) ergibt sich des Weiteren, dass diese Erklärung nicht notwendig in einer gesonderten Urkunde enthalten sein muss (BGH NJW 2001, 3186; 1988, 2466), wenngleich dies zur Vermeidung von Unklarheiten empfohlen werden kann (so auch FAUST EWiR 2002, 181).

Die **Beweislast** dafür, dass der Vertreter eine auf seine eigene Haftung oder Einstandspflicht gerichtete ausdrückliche und gesonderte Erklärung abgegeben hat, trägt der Verwender.

4. Verbot der Haftungsverschärfung für den vollmachtlosen Vertreter (§ 309 Nr 11b)

Die Bestimmung der Nr 11b verbietet Klauseln, welche für den **vollmachtlosen Vertreter** eine über § 179 hinausgehende Haftung festsetzen. Formularmäßig darf dem Vertreter bei Nichtkenntnis des Mangels seiner Vertretungsmacht somit nur eine Haftung für die Erfüllung oder den Vertrauensschaden bis zur Höchstgrenze des Erfüllungsinteresses auferlegt werden (§ 179 Abs 2). Zudem darf der Vertreter formularmäßig nicht haftbar gemacht werden, wenn der Verwender den Mangel der Vertretungsmacht kannte oder hätte kennen müssen (§ 179 Abs 3 S 1) oder der Vertreter als beschränkt Geschäftsfähiger ohne Zustimmung seiner gesetzlichen Vertreter gehandelt hat (§ 179 Abs 3 S 2). § 179 wird mit dieser Regelung AGB-fest gemacht. Der gesetzliche Haftungsausschluss des Vertreters ohne Vertretungsmacht kann also durch eine formularmäßige Vereinbarung nicht beseitigt werden. Auch kann der in der Geschäftsfähigkeit beschränkte Vertreter selbst mit Zustimmung seines gesetzlichen Vertreters nicht entgegen § 179 Abs 3 S 2 haftbar gemacht werden. Die formularmäßige Zusicherung des Vertreters, dass er Vertretungsmacht habe, berührt die Haftung aus § 179 nicht; sie hat allenfalls beweisrechtliche Relevanz. 11

In der Praxis kommen Klauseln, die an § 309 Nr 11b zu prüfen sind, relativ selten vor. Die Gerichte gehen allerdings verschiedentlich davon aus, dass bereits die formularmäßig vorgesehene Einstandspflicht eines Vertreters ohne Vertretungsmacht als Abbedingung des § 179 Abs 3 verstanden werden müsse und daher unwirksam sei (LG Düsseldorf NJW 1995, 3062, 3063).

5. Analoge Anwendung

Das Klauselverbot der Nr 11a ist seinem Schutzzweck entsprechend analog anzuwenden, wenn ein Dritter formularmäßig dadurch in die Vertragspflichten einbezogen wird, dass derjenige, der den Vertrag im eigenen Namen abschließt, zugleich zum Vertreter dieses Dritten erklärt wird, der dann ebenfalls gesamtschuldnerisch haften soll (OLG Frankfurt BB 1976, 1245; **aA** AG Düsseldorf RRa 2004, 179). 12

III. Verbraucher

Zu den von § 309 Nr 11 betroffenen Problemen enthält die Richtlinie auch im Anhang keine Sonderregelungen oder Beispielsfälle. 13

Für den vorformulierten Individualvertrag bereitet § 309 Nr 11 insofern keine Probleme, als diese Regelung nicht generell eine Eigenhaftung des Vertreters ausschließt, sondern über das Ausdrücklichkeitserfordernis und die gesonderte Erklärung Warnfunktion ausüben will. Dass auch in einem vorformulierten Individualvertrag dem Verbraucher diese Schutzfunktion zugute kommt, ist nicht zu beanstanden.

IV. Verkehr unter Unternehmern

14 Die gemäß § 309 Nr 11 verbotenen Klauseln werden typischerweise im Verkehr mit Letztverbrauchern verwendet. Im Geschäftsverkehr mit Kaufleuten sind sie nahezu unbekannt. Sollten auch dort entsprechende Klauseln ausnahmsweise benutzt werden, so sind sie nach allgemeiner Ansicht ebenfalls unwirksam (Ulmer/Habersack Rn 15; **aA** Wolf/Dammann Rn 71 – keine Indizwirkung). Ihre Unwirksamkeit ergibt sich im Handelsverkehr entweder bereits aus § 305c Abs 1 oder aber aus § 307 Abs 2 Nr 1. Das Gleiche gilt für Nichtkaufleute, die Unternehmer iSd § 14 sind.

§ 309 Nr 12
Beweislast

Auch soweit eine Abweichung von den gesetzlichen Vorschriften zulässig ist, ist in Allgemeinen Geschäftsbedingungen unwirksam …

12. (Beweislast)
eine Bestimmung, durch die der Verwender die Beweislast zum Nachteil des anderen Vertragsteils ändert, insbesondere indem er

a) diesem die Beweislast für Umstände auferlegt, die im Verantwortungsbereich des Verwenders liegen, oder

b) den anderen Vertragsteil bestimmte Tatsachen bestätigen lässt;

Buchstabe b gilt nicht für Empfangsbekenntnisse, die gesondert unterschrieben oder mit einer gesonderten qualifizierten elektronischen Signatur versehen sind;

Materialien: 1. Teilber 87; RefE 6, 39; RegE 38; BT-Drucks 14/6857, 5; BT-Drucks 14/6040, 160; s Staudinger/Schlosser Vorbem 5 ff zu §§ 305 ff.

Schrifttum

Bennemann, Fiktionen und Beweislastregelungen in Allgemeinen Geschäftsbedingungen (1987)
Bork, Die Wirksamkeit von Unterwerfungsklauseln in Allgemeinen Geschäftsbedingungen, ZIP 2008, 2049
Freitag/Riemenschneider, Vollstreckbare Schuldanerkenntnisse in der deutschen und europäischen Klauselkontrolle, WM 2004, 2470
Gounalakis, Formularmäßige ärztliche Aufklärung im Lichte des AGB-Gesetzes, NJW 1990, 752
Hahn, Grundschuld und abstraktes Schuldversprechen, ZIP 1996, 1233
Hansen, Die Bedeutung der Klauselverbote des AGBG (§§ 10, 11) für AVB, VersR 1988, 1110

JUNGBECKER, Die formularmäßige Operationsaufklärung und Einwilligung, MedR 1990, 173
RASTÄTTER, Zur Zulässigkeit des Verzichts auf den Nachweis der die Fälligkeit begründenden Tatsachen bei notariellen Vollstreckungsunterwerfungsklauseln, NJW 1991, 392
STÜBING, Tatsachenbestätigungen und Fiktionen in AGB, NJW 1978, 1606
TESKE, Schriftformklauseln in AGB (1989)
THAMM, Umformulierung von Haftungsbegrenzungen in AGB wegen beweislastverändernder Klauseln, BB 1996, 653.

I. Allgemeines

1. Regelungsanliegen und Grundproblematik

Die Vorschrift lehnt sich an die schon vor Erlass des AGBG bestehende Rspr an, 1
welche es bisweilen mit anstößigen Beweislastregelungen in AGB zu tun hatte. Es ging vor allen Dingen um die Fälle, die jetzt in Buchst a angesprochen sind, in denen also versucht worden war, klare Beweislastregelungen des Gesetzes umzukehren. Sowohl im Verhältnis zu Privaten wie im Verkehr mit Kaufleuten akzeptierte die Rspr solches nicht (BGH NJW 1973, 1192 – Klausel unwirksam, die dem Einlagerer die Beweislast dafür überbürdete, dass das Personal des Lagerhalters am Verschwinden von Waren ein Verschulden treffe; BGHZ 41, 151 – Beweislast des Einlagerers für das Verschulden des Lagerhalters an der Beschädigung des Lagergutes; BGH VersR 1967, 402 – bei Übergabe von Privatgüterwagen an die Bundesbahn darf Beweislast für Schadensverantwortung nicht dem Übergeber auferlegt werden; BGH MDR 1969, 557 – Klausel mit Beweislast zu Ungunsten eines Kunden von Hafenschifffahrtsunternehmungen für Verlust und Beschädigung unwirksam).

Die in Buchst b enthaltene Regelung über Tatsachenbestätigungen ist erst im ersten RefE des AGBG in Verbindung mit den Beweislastregelungen eingebracht worden (s BR-Drucks 360/75, 6, 39). Die Unsicherheit des Gesetzgebers, wie sie sich in der Gesetzgebungsgeschichte zu diesem Komplex ausdrückt (dazu näher STÜBING NJW 1978, 1607), rührt daher, dass man die rechtliche Bedeutung von Tatsachenerklärungen nicht klar erfasste. Die Entscheidung des BGH zu einer formularmäßig im Mietvertrag sich findenden Bekundung des Mieters, mit der Übernahme des gemieteten Pkw dessen Fehlerfreiheit anzuerkennen (BB 1967, 118), gab den Ausschlag dazu, den beweisrechtlichen Gehalt solcher Klauseln hervorzuheben, obwohl gerade solche Bestimmungen in der endgültigen Fassung des AGB-Gesetzes unter § 10 Nr 5 AGBG (jetzt § 308 Nr 5) und nicht unter § 11 Nr 15 AGBG (jetzt § 309 Nr 12) fielen (s § 308 Nr 5 Rn 1).

Ist der Regelungsgehalt der Norm in den Buchst a und b noch klar fassbar, so ist sehr unklar, welche Fälle sie in ihrer generellen Aussage außerhalb des mit dem Wort „insbesondere" eingeleiteten Teils meint. Sicherlich kann damit nicht jedwede aus der Art der Vorformulierung von Vertragsinhalten entspringende Beweislastkonsequenz für unwirksam erklärt worden sein (s Rn 4, 8). Die Schuldrechtsmodernisierung hat keine inhaltliche Änderung der Vorschrift gebracht. Die Ausnahmeregelung für Empfangsbekenntnisse, nicht nur für unterschriebene sondern auch elektronisch signierte Bestätigungen, hat nur klarstellende Bedeutung; dies ergibt sich ohnehin aus § 126a.

2. Anwendungsbereich

2 **a)** Im Verhältnis zu § 309 Nr 12 sind die Regelungen in **§ 308 Nr 5 und Nr 6** vorrangig zu beachtende Sondervorschriften. Der Gesetzgeber hat zu erkennen gegeben, dass er insoweit von einem strikten Klauselverbot zu einem Verbot mit Wertungsmöglichkeit übergeht, weil die sich aus § 308 Nr 5 und Nr 6 möglicherweise ergebenden Beweislastveränderungen nicht in jedem Fall unangemessen sein müssen (Stoffels Rn 1047; MünchKomm/Wurmnest Rn 4, 5 und § 308 Nr 6 Rn 3). Umgekehrt entziehen §§ 476, 475 Abs 1 die Beweislastverteilung für das Vorhandensein eines Mangels bei Übergabe der Disposition der Parteien, so dass es einer Kontrolle nach § 309 Nr 12 nicht bedarf.

3 **b)** Ebenso ist **§ 309 Nr 5** lex specialis gegenüber § 309 Nr 12 (BGHZ 102, 41, 46). Die aus Schadenspauschalierungen folgende Beweislastverschiebung wird angesichts der legitimen Bedürfnisse des Verwenders, zur Erleichterung der Schadensabwicklung Schadenspauschalen vorzusehen, vom Gesetzgeber grundsätzlich akzeptiert (s § 309 Nr 5 Rn 4; zur grundsätzlichen Verteilung der Beweislast nach § 309 Nr 5s dort Rn 20; LG Hamburg BeckRS 2009, 87115 daher insoweit ungenau; richtig gestellt unter Betonung des irreführenden Eindrucks: BGH NJW 2012, 3023 Rn 25; BGH NJW-RR 2013, 146 Rn 23; BGH VersR 2013, 561 Rn 27; ungenau auch LG Dortmund BeckRS 2008, 01076, dort § 308 Nr 7 zu beachten).

4 **c)** Umstritten ist nach wie vor, wie weit der Anwendungsbereich des § 309 Nr 12 geht. Richtiger Ansicht nach ist die Norm nur anwendbar, wenn der Vertragsinhalt Raum für eine Verschiebung der Beweislast lässt. Inhaltliche Interessenverschiebungen durch AGB, die durch einen Gegenbeweis nicht mehr tangiert werden können, fallen nicht unter § 309 Nr 12 (MünchKomm/Wurmnest Rn 8, 10; Stoffels Rn 684 Fn 10, 1039; jetzt auch Ulmer/Habersack Rn 7; im Grundsatz auch Wolf/Dammann Rn 22; OLG Celle BeckRS 2008, 23609 M; BGH NJW 1988, 258 – Verpflichtung zur Zahlung eines Nutzungsentgelts unabhängig von tatsächlicher Nutzung fällt nicht unter § 309 Nr 12, sondern unter § 307 Abs 1, 2). Das gilt vor allem für **Fiktionen** (MünchKomm/Wurmnest Rn 5; **aM** Stübing NJW 1978, 1607, 1610; Wolf/Dammann Rn 20), unwiderlegliche Vermutungen und unwiderrufliche Bestätigungen. Gleiches gilt aber auch, wenn eine Klausel den **Beweis völlig abschneidet** (BGH NJW 1988, 258; MünchKomm/Wurmnest Rn 5; **aM** OLG Koblenz NJW-RR 2006, 419, 420; wohl auch OLG Celle BeckRS 2008, 12925 [obiter – „Unterlagen der Bank stets maßgebend"]; LG Tübingen NJW-RR 1992, 310; Ulmer/Habersack Rn 12; Wolf/Dammann Rn 20). Derartige Klauseln sind, soweit nicht bereits eine andere Spezialnorm eingreift (zB § 309 Nr 8b), an § 307 Abs 1, 2 zu messen. Ebenfalls nicht unter § 309 Nr 12 fällt die **Schiedsgutachterabrede** (Gottwald/Reichenberger/Wagner NZV 2000, 6, 8; Ulmer/Schmidt Teil 3 (8) Rn 1; **aA** LG Frankfurt aM NJW-RR 1988, 1132). Sie mag zwar im konkreten Fall auch konkrete Auswirkungen auf die Beweissituation des Vertragspartners des Verwenders haben, kann sich aber auch zu Lasten des Verwenders auswirken (vgl §§ 317, 319) und greift also nicht einseitig in die Beweislastregelungen ein. Ihre Unwirksamkeit – beispielsweise bei fehlender Neutralität des Schiedsgutachters – kann sich aber aus § 307 ergeben (vgl BGH NJW 1983, 1854; BGH NJW 1981, 2351).

5 Im Hinblick auf den Anwendungsbereich des § 309 Nr 12 verhält es sich ähnlich mit dem abstrakten Schuldversprechen und der Vollstreckungsunterwerfungsklausel. Beide fallen zwar nicht schon deswegen aus dem Anwendungsbereich des § 309

Nr 12 heraus, weil der Verwender von gesetzlich vorgesehenen Instituten Gebrauch macht (s bereits oben § 308 Nr 3 Rn 4; insofern Begründung bei GOTTWALD ua NZV 2000, 6, 8 problematisch – vgl Rn 4), sondern vielmehr weil es sich bei ihnen um eigene zusätzliche Rechtsinstitute handelt. So wird beim **Schuldanerkenntnis** eine neue Anspruchsgrundlage geschaffen, die zwar für den Anerkennenden eine andere Beweissituation als im Grundverhältnis herbeiführt, für das Grundverhältnis selbst aber die Beweislage nicht ändert (teilweise **aM** STAUDINGER/SCHLOSSER AGBG § 11 Nr 15 Rn 12; wohl auch AG Dortmund, NJW-RR 1996, 1358; FORNASIER/WERNER RdA 2007, 235, 238; REISS MittBayNot 2005, 371, 372; wie hier ULMER/HABERSACK Rn 13; STOFFELS Rn 1041; EICKMANN ZIP 1989, 137; VOMWEG Die Auswirkungen des Gesetzes zur Regelung der allgemeinen Geschäftsbedingungen auf den Immobiliarkredit [1990] 95; BGH NJW 2003, 2386; BGHZ 114, 9; 99, 274; BAG NJW 2005, 3164, 3166 [auch für das Arbeitsrecht]; ebenso STAUDINGER/KRAUSE Anh zu § 310 Rn 118, 225; DÄUBLER/DORNDORF/BONIN/DEINERT Rn 6; BGH NJW-RR 1990, 246). Wenn eine solche Klausel nicht bereits als überraschende ausscheidet (§ 305c Abs 1 – so uU für die arbeitsrechtliche Ausgleichsquittung GOTTHARD Rn 305; STAUDINGER/KRAUSE Anh zu § 310 Rn 225), ist sie nach § 307 zu überprüfen (und wird häufig scheitern – vgl BGHZ 114, 9, 12). Die **Vollstreckungsunterwerfungsklausel** als solche ändert die Beweislage ebenfalls nicht, sondern nur die prozessuale Initiativlage (so richtig BGH NJW 2002, 138 [aber Verstoß nach § 307 bejaht]; i Erg ebenso SCHIMANSKY WM 2008, 1049; krit BACHNER DNotZ 2008, 644]; BGH NJW 2010, 2041; 1987, 904, 906 – beide Verstoß gegen § 307 verneinend für Grundschuldansprüche; ebenso OLG Düsseldorf BeckRS 2008, 20386; incidenter auch BGH NJW-RR 1990, 246; OLG Schleswig ZIP 2009, 1802; STÜRNER NJW 1977, 432; ULMER/HABERSACK Rn 13; WOLF/DAMMANN Rn 28; BORK ZIP 2008, 2049, 2056; ders ZIP 2009, 1261, 1262; HABERSACK NJW 2008, 3173, 3175; RASTÄTTER NJW 1991, 393). Anders ist es allerdings mit den in diesem Zusammenhang häufig vorkommenden Klauseln, nach denen der Verwender von einem Nachweis der Fälligkeit der Leistung zur Erteilung der vollstreckbaren Ausfertigung entbunden wird. Durch diese Klausel gelangt der Verwender zu einem Titel, für dessen fehlende Voraussetzungen der Vertragspartner im Vollstreckungsgegenklageverfahren die Beweislast trägt. Derartige Klauseln sind daher schon nach § 309 Nr 12 unwirksam (ULMER/HABERSACK Rn 14; offen gelassen in: BGHZ 139, 387 [unwirksam bereits nach §§ 3, 12 MaBV]; dazu PAUSE NJW 2000, 769; Prüfung nach § 307: BGH NJW 2002, 138; OLG München BeckRS 2009, 77201; anders für Grundschuldansprüche BGH NJW 2010, 2041 Rn 32 – Schutz nach § 799a ZPO ausreichend; i Erg ebenso OLG Düsseldorf BeckRS 2008, 20386; BLOMEYER NJW 1999, 472 – unwirksam nach § 307; HERTEL ZNotP 1999, 34 [Möglichkeiten wirksamer Gestaltung]; wie hier: OLG Düsseldorf BauR 2002, 515; OLG München NJW-RR 2001, 130; OLG Hamm BauR 2000, 1509; OLG Nürnberg NJW-RR 1990, 1467; OLG Hamm NJW-RR 1991, 1151; ohne genaue Differenzierung zwischen Vollstreckungsunterwerfungsklausel und Nachweisverzichtklausel OLG Stuttgart NJW-RR 1993, 1535; OLG Koblenz BauR 1988, 748; LG Köln DNotZ 1990, 570).

d) Bestimmungen, welche nur die **gesetzliche Rechtslage wiedergeben**, unterliegen 6
nach § 307 Abs 3 S 1 der Inhaltskontrolle freilich ohnehin nicht. Das ist etwa der Fall bei einer Vorschrift, die sagt, dass das Fehlen höherer Gewalt vermutet werde, wenn ein Fall höherer Gewalt nicht unverzüglich angezeigt werde. Auch ohne eine solche Anzeige wird das Fehlen höherer Gewalt vermutet (dies anscheinend übersehen in LG Nürnberg/Fürth DB 1973, 818). Auch Maklerbedingungen, welche dem Kunden die **Beweislast** für seine Vorkenntnisse auferlegen, wiederholen nur die Rechtslage (BGH NJW 1976, 2345; offen gelassen in BGH NJW 2000, 282; zu den üblichen, auf eine Fiktion abzielende Vorkenntnisklauseln § 308 Nr 5 Rn 12). Dies gilt auch für solche Klauseln, die

dem Geschädigten die Beweislast für das Verschulden seines Vertragspartners überbürden, wenn sich die schädigende Tätigkeit öffentlich wahrnehmbar abspielt (BGH VersR 1967, 65; zu einer äußerst unklaren Vereinbarung der Schönheitsreparaturen im Hinblick auf die Beweislast BGH NJW 1998, 3114) oder wenn der Kunde ohnehin die Beweislast für die Mangelhaftigkeit der Leistung (OLG Düsseldorf NJW-RR 2000, 790) oder für den Eintritt des Versicherungsfalles hat (BGH NJOZ 2012, 204 Rn 21). Für die Arbeitnehmerhaftung ist die Beweislastverteilung des § 619a nach überwiegender Meinung nicht dispositiv. Abweichende Klauseln würden (ohnehin) an § 309 Nr 12a scheitern (Clemenz/Kreft/Krause § 309 Nr 12 Rn 148; wohl auch Staudinger/Krause Anh zu § 310 Rn 228).

Ist die Rechtslage ohne formularmäßige Vereinbarung unsicher, dh herrscht in Lit und Rspr Streit über die gegebene Verteilung der Beweislast, so wird zwar eine dem in § 309 Nr 12 zum Ausdruck kommenden Gedanken widersprechende Regelung formularmäßig nicht getroffen werden können. Liegt aber die Tatsache, für deren Nachweis die Beweislast umstritten oder offen ist, nicht im Verantwortungsbereich des Verwenders, so dominiert der klarstellende und nicht der gestaltende Aspekt der Klausel. Eine Überprüfung an § 309 Nr 12 sollte also nicht erfolgen.

7 **e)** Eine teleologische Reduktion der Norm ist in allen Fällen geboten, in welchen über eine bloße Beweislastverschiebung zu Lasten des Vertragspartners des Verwenders hinausgehend diesem die **Rechte ganz hätten aberkannt werden können**, deretwegen ihm der Beweis ihrer tatsächlichen Entstehungsgrundlagen überbürdet worden ist. Das gilt vor allen Dingen bezüglich der abweichend von §§ 280 Abs 1 S 2, 286 Abs 4 vorgenommenen Überbürdung des Beweises der einfachen Fahrlässigkeit des Verwenders und seiner Leute (Palandt/Grüneberg Rn 107; MünchKomm/Wurmnest Rn 8 [Vorrang der mat Regelungen]; Schlosser/Coester-Waltjen AGBG § 11 Nr 15 Rn 12; **aM** Ulmer/Habersack Rn 9; Wolf/Dammann Rn 21; Stoffels Rn 1045; offen gelassen in BGH NJW 1985, 3016; OLG Stuttgart BB 1996, 658; zur möglichen Beschränkung der Haftung oben § 309 Nr 7b). Ist die Beschränkung der Haftung möglich, so ist stattdessen auch eine Beweislastverschiebung (als weniger) zulässig. Das gilt auch im Verhältnis zu § 308 Nr 5, 6. Wenn der Zugang einer Erklärung ohne besondere Bedeutung formularmäßig fingiert werden kann, so muss er auch vermutet werden dürfen (s im Übrigen § 308 Nr 5 Rn 5). Der gegen diese Ansicht vorgebrachte Einwand (so Ulmer/Habersack Rn 9; ähnl Wolf/Dammann Rn 21), im Falle eines Rechtsausschlusses wisse der Kunde, woran er sei, bei Rechtsentwertungen durch Beweislastregelungen dagegen könne der Kunde in falschem Vertrauen auf den Vertragsinhalt zum Vertragsschluss bewogen werden, überzeugt nicht. Der Inhalt der AGB wirkt in den seltensten Fällen motivierend für den Vertragsschluss. Im Übrigen kann eine Beweislastumkehr immer als überraschende Klausel iSd § 305c Abs 1 oder als intransparente Klausel iSd § 307 Abs 3 S 2 bewertet werden, vor allen Dingen dann, wenn die Textgestaltung dem Kunden tatsächlich das Vertrauen nahe legt, die ihm gewährten Rechte seien nicht durch Beweislastregelungen entwertet (insofern geht auch die Kritik von Bamberger/Roth/Becker Rn 7 ins Leere). Dies bedeutet, dass arbeitsrechtliche Mankoabreden, wenn und soweit sie für zulässig gehalten werden (dazu Staudinger/Krause Anh zu § 310 Rn 31), auch in der nur abgeschwächten Form einer Beweislastverschiebung getroffen werden können (Schwirtzek NZA 2005, 437, 442).

8 **f)** Umstritten ist auch immer noch, ob die durch § 309 Nr 12 untersagten Beweis-

lastveränderungen im engen Sinne, also nur in reinen Umkehrungen der Beweislast zu sehen sind, oder ob alle Arten von Beweiserschwerungen für den Vertragspartner und Beweiserleichterungen für den Verwender einschließlich Beweismittelbeschränkungen hierher zu rechnen sind. Der BGH hat sich in Betonung der unterschiedlichen Formulierungen im Eingangssatz der Bestimmung einerseits und unter Buchstabe a andererseits für die letztgenannte weite Fassung entschieden (BGHZ 99, 374; BGH NJW-RR 1989, 817; OLG Nürnberg NJW-RR 2000, 436; OLG Köln NJW-RR 1998, 997; OLG Düsseldorf BB 1996, 658; OLG Stuttgart NJW-RR 1987, 143; **aM** OLG Karlsruhe BB 1983, 725). Auch ein großer Teil der Lit folgt dieser Meinung (Ulmer/Habersack Rn 9; Erman/Roloff Rn 147; Palandt/Grüneberg Rn 107; Stoffels Rn 1039; Bamberger/roth/Becker Rn 2). Angesichts des absoluten Charakters des Klauselverbotes geht dies jedoch zu weit (so auch OLG Karlsruhe BB 1983, 725). Zwar mögen Beweiserschwerungen und Beweismittelbeschränkungen, wenn sie Vorgänge in der Verantwortungssphäre des Verwenders betreffen, zu Lasten des Vertragspartners unangemessen sein; in diesen Fällen wird jedoch idR ohnehin der Verwender die Beweislast tragen, und eine Beweislastumkehr ist nach § 309 Nr 12 nicht zulässig. Praktisch werden die Beweislastveränderungen im oben bezeichneten weiteren Sinn daher überwiegend bei Geschehnissen im Einflussbereich des Vertragspartners relevant. Dann aber ist ein legitimes Interesse an einer vertragsmäßigen (auch formularmäßigen) Erschwerung der Beweisführung des Vertragspartners nicht uneingeschränkt und absolut von der Hand zu weisen. Vielmehr ist in diesen Fällen die flexiblere Norm des § 307 für eine Kontrolle die geeignetere. Das bedeutet also, dass sowohl formularmäßige Vereinbarungen über Beweisindizien, über die Beschränkung von Beweismitteln, über Beweiserleichterungen zugunsten des Verwenders durch Vermutungen oder einen prima-facie-Beweis, wie auch umgekehrt Beweiserschwerungen für den Vertragspartner durch die gleichen Maßnahmen – entgegen der Ansicht des BGH und Teilen der Lit – nicht nach § 309 Nr 12 sondern nur nach § 307 zu beurteilen sind. Dies hat zwar den Nachteil, dass für die richtige Einordnung einer Klausel grundsätzlich die uU schwierige Abgrenzung zwischen Beweislastumkehr und anderen Beweiserschwerungen getroffen werden muss. IdR wird sich jedoch an dem Ergebnis wenig ändern, da häufig – wenngleich nicht immer – derartige Klauseln auch nach § 307 unwirksam sind. Der Wortlaut des § 309 Nr 12 steht einer solchen Interpretation nicht entgegen, da er in sich nicht schlüssig ist. Die Formulierung „insbesondere" gibt nämlich bei Klauselverboten ohne Wertungsspielraum keinen rechten Sinn, weil das absolute Verbot auch die nicht beispielhaft erwähnten Fälle ohne Spielraum erfasst.

II. Der Regelungsgehalt der Norm im Einzelnen

1. Beweislastverschiebungen im Allgemeinen

§ 309 Nr 12 verbietet jede Beweislastumkehr zu Lasten des Vertragspartners des 9
Verwenders, gleichgültig in wessen Sphäre die zu beweisende Tatsache angesiedelt ist. Die Buchstaben a und b sind lediglich Verdeutlichungen der als unangemessen betrachteten Beweislastverschiebungen. Unwirksam ist daher auch eine Klausel, die die dem Verwender obliegende Beweislast für Tatsachen im Bereich seines Vertragspartners letzterem auferlegt. So hat die Rspr Klauseln, die dem Mieter den Nachweis des Nichtverschuldens für Beschädigungen der Mietsache auferlegen, für unwirksam gehalten (OLG Düsseldorf NJW-RR 2005, 13; LG Berlin Grundeigentum 2000,

1257), wobei allerdings in früheren Entscheidungen die ohne Vereinbarung bestehende Beweislastverteilung umstritten war (OLG München NJW-RR 1989, 1499; OLG Hamm NJW 1982, 2005, 2006; zu einer Wirksamkeit kam OLG Hamburg NJW-RR 1991, 1296, 1297; zur umstrittenen Beweislast BGH NJW 1964, 33; BGH NJW 1978, 2197). Entscheidend ist daher zunächst stets die Feststellung, wem die Beweislast obliegt (vgl BGH NJW-RR 2005, 1459 – Nachweis der Beeinträchtigung; NJW 2005, 2919; 2003, 3131 – jeweils für Beweislast bzgl Billigkeit bei Ermessensausübung). Für das Fehlschlagen der Nacherfüllung beispielsweise obliegt dem Vertragspartner des Verwenders die Beweislast (BGH NJW-RR 1990, 886; übertrieben daher OLG Karlsruhe MDR 1988, 778); entsprechende Formulierungen, die dies wiederholen, sind daher nicht zu beanstanden (BGH aaO). Die oben erwähnten Klauseln, in denen auf den Nachweis der Fälligkeit für die Erteilung einer vollstreckbaren Ausfertigung verzichtet wird, sind eindeutige Beispiele für die nach § 309 Nr 12 unwirksamen Beweislastklauseln (oben Rn 5), ebenso die die „Maßgeblichkeit" der Geschäftsbücher der Bank für das Sparguthaben auch in Abweichung von den Sparbucheintragungen vorsehenden Klauseln (AG Hamburg NJW 1987, 2022) sowie die Bestätigung der Ausführung einer Bestellung (OLGR Karlsruhe 2000, 215).

In Kaskoversicherungsbedingungen dürfen nicht Klauseln enthalten sein, welche von der in § 81 VVG enthaltenen Beweislastregelung abweichen, wonach dem Versicherten Vorsatz und das die Haftung reduzierende grobe Verschulden nachzuweisen ist, auch wenn sich der versicherte Gegenstand in seiner Obhut befindet (BGH NJW 1976, 44; LG Frankfurt aM NJW 1978, 952; zur Beweislastverteilung ohne Klausel BGH NJW 1997, 3028; zu § 61 VVG aF im unternehmerischen Verkehr OLG Köln NJOZ 2010, 880, 881). Ist in einer Klausel festgelegt, dass der Schuldner einen angelieferten Gegenstand „unbeschadet seiner Gewährleistungsansprüche" entgegenzunehmen habe, so verschiebt sich dadurch die gesetzliche Beweislast. Denn nach Übergabe treten an die Stelle der allgemeinen Vorschriften die Gewährleistungsansprüche, die einen vom Käufer zu beweisenden Mangel der Sache voraussetzen, während vorher der Verkäufer ihre Mangelfreiheit dartun muss. Die Klausel ist daher unwirksam (vgl auch LG Zweibrücken VuR 1997, 281, 283). In Verträgen mit kaskoversicherungs-ähnlichen Bestandteilen liegt eine unzulässige Beweislastumkehr in einer Bestimmung, die dem Vertragspartner (etwa dem Mieter) die Beweislast für das Fehlen von grobem Verschulden auferlegt. Denn Ausnahmen vom Versicherungsschutz hat immer der Versicherer zu beweisen. So liegen die Dinge etwa, wenn der Mieter eines Pkw sich durch Zahlung eines Zusatzentgeltes von seiner Haftung für einfache Fahrlässigkeit freikauft. Entgegen dem Grundsatz, wonach im Beschädigungsfalle grundsätzlich der Mieter den Entlastungsbeweis führen muss, ist auf einen solchen kaskoversicherungs-ähnlichen Vertragsbestandteil § 81 VVG entsprechend anzuwenden und formularmäßig unabdingbar (zu § 61 VVG aF BGHZ 65, 118; NJW 1978, 945; vgl aus dem VersR auch OLG Oldenburg NJW-RR 2000, 985 – § 4 Abs 2 Nr 4 AHB verstößt nicht gegen § 309 Nr 12; OLG Bamberg VersR 2003, 59 – § 14 Nr 1 AFB 87 verstößt nicht gegen § 309 Nr 12; Schlosser/Coester-Waltjen AGBG § 11 Nr 15 Rn 9 mit weiteren Rechtsprechungsbeispielen; zur Beweislastverteilung bei Berufsunfähigkeitsversicherungen BGH NJOZ 2012, 204).

Durch willkürliche Umformulierung läßt sich in Versicherungsverträgen die Grenze zwischen primärer Risikobeschreibung und Ausnahmetatbestand nicht verschieben. Ein Versicherungsunternehmen kann nicht eine Diebstahlversicherung für Skier auf Entwendungsfälle „bei Tag" beschränken; dies würde gegen § 307 verstoßen. Sind

Entwendungsfälle bei Nacht vom Versicherungsschutz ausgeschlossen und ist die Beweislast dem Versicherungsnehmer überbürdet, so ist Letzteres nach § 309 Nr 12 unwirksam (LG Frankfurt aM VersR 1971, 351).

2. Beweislast für Umstände im Verantwortungsbereich des Verwenders

Die gesetzliche Formulierung „Verantwortungsbereich" des Verwenders ist im un- 10
technischen Sinne zu verstehen. Nicht etwa ist damit auf die gesetzliche Beweislastregelung abgestellt. Das wäre im Verhältnis zu dem vor Buchst a stehenden Satzteil tautologisch. Der Begriff ist, ohne dass er einer kritischen Würdigung unterzogen worden wäre, der früheren Rspr des BGH (siehe Rn 1) entnommen. Dort ist er aber aus dem Gegensatz zur „Einflusssphäre" des Vertragspartners des Verwenders erwachsen. Gemeint ist mit „Verantwortungsbereich" also der rechtlich gesicherte Herrschaftsbereich über Umstände und ihr Fehlen, die im Zusammenhang mit der Vertragsabwicklung eine Rolle spielen. Buchst a trifft damit Fälle der Obhut über Sachen, der ausschließlichen Tätigkeit eines (Rohbau-)Unternehmens auf einer Baustelle, aber auch des Umgangs mit bestimmten Geräten und Materialien. Ob AGB-Bestimmungen insoweit die Beweislast zum Nachteil des Vertragspartners des Verwenders „geändert" haben, lässt sich freilich häufig aus dem Gesetz gar nicht ohne weiteres ablesen. Denn generell lässt sich durchaus nicht sagen, die Verteilung der Beweislast richte sich nach den beiderseitigen Beherrschungs- und Einflusssphären. Man muss auf die Regeln zurückgreifen, welche die Rechtsprechung entwickelt hat (insoweit allgM) und mit welchen sie die die jeweiligen Vertragsbeteiligten beweisrechtlich treffenden Risiken abgegrenzt hat. Da, wo die Rspr nicht fest gefügt, sondern nachhaltig bestritten, uneinheitlich oder gar diffus ist, „ändert" freilich ein AGB-Verwender die Beweislast auch dann nicht, wenn das konkret über einen Fall entscheidende Gericht bei Fehlen einer vorformulierten Regelung eine andere Beweislastsituation annehmen würde, s oben Rn 6.

Dem Buchst a unterfallen auch Klauseln, welche die Beweislast für deliktische Ansprüche betreffen, die mit vertraglichen konkurrieren, vor allem Klauseln bezüglich der Beweislast für die Produzentenhaftung, die auch im unmittelbaren Verhältnis zwischen Hersteller und Abnehmer nicht durch vertragliche Beziehungen verdrängt wird (BGHZ 67, 368).

Eine zum Nachteil des Vertragspartners des Verwenders gehende Änderung der Beweislast liegt auch dann vor, wenn diesem bei zulässiger Begrenzung des Haftungsmaßstabes auf grobes Verschulden des Verwenders (dazu siehe § 309 Nr 7 Rn 22 ff) die Beweislast für das Verschulden in solchen Situationen überbürdet wird, in denen die Schadensquelle eindeutig im Herrschaftsbereich des Verwenders liegt. Gerade im Bereich des Verschuldensnachweises finden sich noch häufig Klauseln, die die von der Rspr und Lit im Anschluss an §§ 282, 285 aF entwickelte Verteilung der Beweislast nach Gefahrenbereichen ändern wollen (BGHZ 132, 175, 178; 86, 284 – Luftfracht; BGH NJW-RR 1990, 856 – § 5 Abs 1 S 2 AVA; BGH NJW 1985, 3016 – Textilveredelung; LG München DAR 1991, 225; Thamm BB 1996, 653). Im Bereich der ADSp hat der BGH aufgrund der differenzierten Regelungen Ausnahmen gelten lassen, deren Legitimation sich allerdings nur auf den kaufmännischen Verkehr bezieht (BGH NJW 1995, 1492; vgl zu § 57 ADSp vWestphalen ZIP 1981, 119, 122).

3. Tatsachenbestätigungen

11 **a)** Viele in AGB sich findende Tatsachenbestätigungen haben das Ziel, den Kunden möglichst nachhaltig von der ihn treffenden Beweislast zu überzeugen, ohne dass der Schöpfer des Bedingungswerkes Überlegungen dazu angestellt hätte, wie die Beweislast kraft Gesetzes aussähe. Dazu gehören vor allen Dingen die klassischen Naiv-Klauseln, welche die Seriosität des Vertragsabschlusses, das Fehlen von Nebenabreden und die Wirksamkeit der Einbeziehung des Bedingungswerks dartun sollen („Ich bestätige, dass ich nicht überredet worden bin", „Ich bestätige, dass Nebenabreden nicht getroffen wurden" [BGH NJW 2000, 207 – zust Heinrichs EWiR 2000, 1; 1985, 2329, 2330; LG Frankfurt VuR 1998, 205], „Frau X ist sich darüber im Klaren, dass die Mitgliedschaft für einen längeren Zeitraum als 24 Monate vereinbart wird" [OLG Karlsruhe BeckRS 2008, 08724]; **aA** OLG Köln CI 1999, 135 – für Dauerschuldverhältnisse; **aA** Däubler/Dorndorf/Bonin/Deinert Rn 3 Fn 161 [für Arbeitsverhältnisse], „Ich versichere, vom Inhalt nachfolgender Bestimmungen Kenntnis genommen zu haben"). Häufig stimmen solche Bestätigungen mit der gesetzlich bestehenden Beweislage überein und sind für die Beweislastumkehr bedeutungslos (KG NJW-RR 1999, 1659; zum Beweis der Mangelhaftigkeit: OLG Düsseldorf NJW-RR 2000, 790; zur Einhaltung der Sorgfaltspflicht: OLG Köln WM 2003, 124; zur Vertragsmäßigkeit der Leistung OLG Koblenz NJW-RR 2006, 419, 420; zur Volljährigkeit und Geschäftsfähigkeit OLG Brandenburg BeckRS 2006, 00869; skeptischer Rott VuR 1998, 251, 343). Als Beweisindizien haben sie in einem gerichtlichen Verfahren kaum Bedeutung, da das Gericht diesen „Bestätigungen" in seiner freien Beweiswürdigung angesichts der schwachen Überzeugungskraft kaum Gewicht beilegen wird (LG Düsseldorf BeckRS 2008, 12989). Sie sind aber insofern gefährlich, als sie dem Vertragspartner eine für ihn schlechte Beweislage vorspiegeln. Insofern kommt ihnen ein gewisses Gewicht zu, das eine Kontrollbedürftigkeit nahe legt. Als Kontrollmaßstäbe sind § 305c und § 307 heranzuziehen (Dörner WuB IV C § 9 AGBG 2. 00; **aA** OLG Stuttgart BeckRS 2011, 09520 – § 309 Nr 12b anwendbar). Unter § 309 Nr 12b fallen nach der hier vertretenen Ansicht nur solche Tatsachenbestätigungen, die die Beweis*last* **verschieben**.

Dazu gehören vor allem solche Bestimmungen, die dem Verwender den Beweis der Korrektheit der von ihm erbrachten oder behauptetermaßen erbrachten Leistung entbehrlich machen sollen, indem der Kunde bestätigt, den Leistungsgegenstand (klassisches Beispiel: Bestätigung des Erhalts der Ware vor Auszahlung des Kredits beim finanzierten Kauf, s BGH NJW 1961, 166; LG Mannheim ZHR 1989, 338 – mangelfreier Zustand der Mietsache; ähnlich OLGR München 1997, 62; LG Freiburg BeckRS 2008, 12425; LG Frankfurt aM NJW-RR 1986, 1055 – Ware in einwandfreiem Zustand erhalten; KG ZIP 1981, 1105 – ebenso; AG Köln v 3. 9. 2012 – 142 C 284/11; zum Arbeitsrecht: Däubler/Dorndorf/Bonin/Deinert Rn 4 ff; die „Ausgleichsquittung" gehört aber nicht hierher und ist ein neg Schuldanerkenntnis, dazu oben Rn 5) oder bestimmte einzelne zur Leistung gehörende Gegenstände (Zubehörteile) erhalten zu haben, soweit der Kunde nicht ohnehin die Beweislast für die Mangelhaftigkeit oder Unvollständigkeit trägt.

b) Ein Teil der Rspr und Lit entscheidet freilich anders und fasst weitgehend alle Bestätigungserklärungen des Kunden unter das Verbot des § 309 Nr 12, weil sie von § 309 Nr 12 auch Beweis*erleichterungen* zugunsten des Verwenders bzw Beweiserschwerungen zuungunsten des Vertragspartners umfasst sieht (BGH NJW 1987, 1634 – zust Wolf JZ 1987, 727; BGH NJW-RR 1989, 817; OLG Stuttgart NJW-RR 1986, 275; OLG Stuttgart NJW-RR 1987, 143; OLG Düsseldorf BeckRS 2009, 27333 I 1c bb aE; AG Bremen

BeckRS 2011, 04064; offen gelassen in BGH NJW 1991, 1750; aus der Lit STOFFELS Rn 684; vWESTPHALEN Bestätigungsklauseln Rn 20; wie hier: OLG Köln WM 2003, 124 – zust Anm WERNER WuBID 5 b ec-Karte 1. 03; krit Anm HENSEN EWiR 2002, 461, 462; OLG Düsseldorf NJW-RR 2000, 790; OLG Karlsruhe BB 1983, 725). Sie begibt sich damit der Chance, legitimen Bedürfnissen des Verwenders nach Beweiserleichterungen unter besonderer Berücksichtigung der Gestaltung der formularmäßigen Erklärung (zB bei Aufklärungspflichten) Rechnung zu tragen.

IdR ohne nähere Auseinandersetzung mit Beweislastfragen wurden daher Bestätigungen nach § 309 Nr 12 für unwirksam gehalten, die sich auf einen körperlichen oder wissensmäßigen Zustand des Vertragspartners beziehen (BGH NJW-RR 1989, 817 – Fitness, Freiheit von ansteckenden Krankheiten; ebenso OLG Stuttgart NJW-RR 1988, 1082; LG Stuttgart VersR 1999, 179 [Unfallversicherung] – **aM** OLG Hamm NJW-RR 1987, 947; Kenntnisklauseln: OLG Frankfurt NJW-RR 1986, 245 – Kenntnis der örtlichen Verhältnisse in Bauträgervertrag; OLG München NJW-RR 1988, 1083 – Kenntnis von Methode und Inhalt des Unterrichts; BGH NJW 1986, 2574 – Richtigkeit der Maßangaben; ebenso OLG Frankfurt NJW-RR 1986, 274; OLG Düsseldorf NJW-RR 1994, 37 – Kenntnis des Prospekts und des Gesellschaftsvertrags bei Publikums-KG; LG Frankfurt aM NJW 1988, 499 – Besichtigung des Maklerprojekts). Häufig finden sich auch Klauseln, mit denen der Vertragspartner ein Vertragsabschlussgeschehen bestätigen soll. Dazu gehören Klauseln, die die Aushändigung der AGB oder die Kenntnisnahme derselben bestätigen (BGH NJW 1988, 2106; BGH NJW 1996, 1819; OLG Köln VersR 2000, 169; K & R 2002, 556; VuR 1996, 257, 258; OLG Düsseldorf BeckRS 2010, 28887 II 2a; LG Frankfurt v 22. 2. 2011 – 6a S 30/10 Rn 161), mit denen das Aushandeln der Vertragsbedingungen bezeugt werden soll (BGH NJW 1987, 1634; OLGR Düsseldorf 1999, 354; OLG Stuttgart NJW-RR 1986, 275), mit denen der Kunde erklärt, dass er den Vertreter bestellt habe (OLG Zweibrücken NJW 1992, 565; OLG Frankfurt NJW 1992, 246; OLG Düsseldorf BeckRS 2009, 23336; AG Bremen BeckRS 2011, 04064; LG Düsseldorf BeckRS 2010, 04596 – offensich bes häufig bei Partnerschaftsvermittlung), dass er über das Widerrufsrecht belehrt worden sei (OLG Naumburg VuR 1995, 42; OLG Koblenz NJW-RR 1994, 58) oder dass ihm eine Durchschrift des Vertrages oder der Hausordnung ausgehändigt worden sei (BGH NJW 1987, 2012; BGH NJW 1991, 1750; OLG Potsdam NJW-RR 2004, 273; OLG Dresden MDR 2000, 755; OLGR Celle 2000, 264; OLG Düsseldorf NJW-RR 1998, 1348; OLG Schleswig AGBE I § 11 Nr 129; OLG Hamburg NJW-RR 1987, 47; OLG Koblenz NJW-RR 1993, 1078; LG Halle VuR 2001, 336; ähnlich LG Gießen NJW-RR 1998, 1347). Wie weit eine Bestätigung über die Aufklärung vor einem ärztlichen Eingriff formularmäßig getroffen werden kann, ist in der Lit höchst umstritten (GOUNALAKIS NJW 1990, 752 mwNw). Auch hier zeigt sich, dass § 307 das bessere Kontrollinstrument ist (dazu STAUDINGER/COESTER § 307 Rn 620 f). Folgt man der grundsätzlichen Einstellung der hM, dann ist § 309 Nr 12 auch auf Erklärungen anwendbar, mit denen der Vertragspartner andere (angebliche) individualvertragliche Abreden – wie zB einen Verzicht – bestätigt. 12

4. Empfangsbekenntnisse

Von dem strikten Verbot einer Beweislastumkehr macht § 309 Nr 12 eine Ausnahme zugunsten der gesondert unterschriebenen oder elektronisch signierten (dazu NOACK DStR 2001, 1893) Empfangsbekenntnisse. Hintergrund ist die Überlegung, dass es dem Verwender schon möglich sein soll, sich den Empfang durch den Vertragspartner formularmäßig bestätigen zu lassen, wenn der Vertragspartner durch seine geson- 13 derte Unterschrift auf die Bedeutung der Erklärung hingewiesen wird und damit vor untergeschobenen Erklärungen nicht geschützt werden muss. Die Ausnahme bezieht sich aber nur auf reine Empfangsbekenntnisse (vgl § 368); Bestätigungen der Ordnungsmäßigkeit der Leistung nehmen an ihr nicht teil (OLG Köln VersR 2000, 169; OLGR Karlsruhe 2000, 215; OLG Koblenz NJW 1995, 3392; ebensowenig Empfangsbekenntnisse in Honorarvereinbarungen, weil diese an § 3 Abs 1 S 1 BRAGO scheitern OLG Düsseldorf BeckRS 2006, 27333). Die unterschriebene Erklärung darf sich auch nur auf die Empfangnahme beschränken. Von einer gesonderten Unterschrift kann nur gesprochen werden, wenn mit der Erklärung keine weiteren Äußerungen verbunden sind (vgl OLG Dresden ZIP 2000, 362, 363; zu dem gesonderten Unterschriftserfordernis beim Abzahlungskauf nach dem früheren § 1 b Abs 2 S 3 AbzG BGH NJW 1993, 64; s auch LG Paderborn BeckRS 2008, 12360 – nicht kombinierbar mit Widerrufsbelehrung). Einer gesonderten Urkunde bedarf es jedoch – wie sich aus der unterschiedlichen Formulierung zu § 1027 Abs 2 ZPO aF ergibt – nicht (OLG Köln BeckRS 2012, 05821).

5. Die Bedeutung der Unwirksamkeit von Klauseln, die § 309 Nr 12 nicht standhalten

14 Über die Nichtgeltung der gewollten Beweislastverschiebung hinaus hat das Fehlschlagen einer solchen auch zur Folge, dass die Klausel nicht einmal als Beweisindiz verwendet werden darf (Heinrichs NJW 1977, 1507 f; Stübing NJW 1978, 1610; Erman/Roloff Rn 153).

Die unwirksame Bestimmung vermag auch nicht einer anderen Klausel den möglicherweise überraschenden Gehalt zu nehmen. Mit der Beweiskraft einer Privaturkunde iSv § 416 ZPO hat die Unwirksamkeit vorformulierter Tatsachenerklärungen aber nichts zu tun. Diese Beweiskraft bezieht sich auf eine irgendwie geartete Wirkung der abgegebenen Erklärung nicht.

III. Verbraucher

15 Der Anhang zur Richtlinie enthält kein dem § 309 Nr 12 genau entsprechendes Klauselverbot, sondern in Nr 1i das Verbot der Zustimmungsfiktion allein für das Einverständnis mit vorformulierten Bedingungen, von denen der Kunde keine Kenntnis nehmen konnte. Diesem Anliegen entspricht im deutschen Recht bereits § 305 Abs 2. Daneben besteht in Nr 1q das Verbot der Rechtsverhinderung oder -erschwerung, wobei zu Letzterer auch die Beschränkung von Beweismitteln und die Umkehr der Beweislast zu rechnen ist. Das deutsche Recht fängt derartige Klauseln durch § 307 ab; für die Beweislaständerung hat die Regelung in § 309 Nr 12 eine Entsprechung.

Für vorformulierte Individualverträge erscheint die weite Auslegung des Verbots des § 309 Nr 12 durch die hM (oben Rn 8) problematisch, weil dem Verwender damit jede Möglichkeit der Beweiserleichterung genommen wird, zumal die Ausnahme des § 309 Nr 12 für andere Erklärungen als Empfangsbekenntnisse nicht gilt. Damit kann sich der Verwender auch eine Tatsache, für die der Vertragspartner die Beweislast trägt, nicht einmal individualvertraglich bestätigen lassen, wenn er über diesen Punkt nicht im Einzelnen verhandeln will. Bei einer individualvertraglichen

Bestätigung sind aber gerade die Überlegungen, die zum Klauselverbot des § 309 Nr 12 führten, nicht einschlägig.

IV. Geschäftsverkehr mit Unternehmern

Von kaufmännischen Spezialvertragstypen vielleicht abgesehen, erfährt der schon immer stark betonte Gerechtigkeitsgehalt klarer gesetzlicher Beweislastregeln (BGHZ 41, 151; LINDACHER, Phänomenologie der Vertragsstrafe 205; SCHMIDT-SALZER AGB Rn F 239; BR-Drucks 360/75, 38) keine Änderung dadurch, dass an einem Vertrag beiderseits Kaufleute beteiligt sind. § 309 Nr 12a gilt, vermittelt über § 307, daher auch im beiderseits kaufmännischen Verkehr (allgM; BGHZ 101, 172, 184; BGH NJW 2006, 47; 1985, 3016; OLG Düsseldorf NJW-RR 2006, 1074, 1075; anders allerdings für ADSp aF BGH NJW 1995, 1490 und für Umstände im Verantworungsbereich des Vertragspartners OLG Köln NJOZ 2010, 880, 881 und OLG Köln r+s 2009, 468 – beide zu Maschinenversicherungen; ähnlich BGH NJW 2008, 3772 Rn 29 für Notwendigkeit von Schönheitsreparaturen bei Gewerbeanmiete; zu derartigen Klauseln SCHMIDT NZM 2011, 561, 568 und LEHMANN GE 2006, 1209). Dies wird auch für Beweiserschwerungen angenommen (OLG Düsseldorf BB 1996, 658). Leugnet man die hier vertretene Notwendigkeit einer teleologischen Reduktion von § 309 Nr 12 (s oben Rn 8), dann ist es konsequent, jedenfalls im unternehmerischen Verkehr eine Beweislastumkehrung insoweit zuzulassen, wie man Haftungsbegrenzungen für möglich hält (ERMAN/ROLOFF Rn 154; offenlassend OLG Düsseldorf BB 1996, 658). Wie weit das Verbot formularmäßiger Tatsachenbestätigungen auch im unternehmerischen Verkehr geht, hängt davon ab, wie transparent die Vorschrift für den Vertragspartner ist, bei Zugrundelegung des weiten Anwendungsbereichs auch davon, wie effektiv die Beweisführung ihm erschwert wird. Die „Floskel“, dass der Vertragspartner die AGB gelesen und verstanden habe, hält der BGH auch unter Kaufleuten für unwirksam (BGH NJW 1996, 1819). 16

Für beruflich tätige Nichtkaufleute unter den Unternehmern dürfte die Indizfunktion des § 309 Nr 12 noch stärker sein.

§ 309 Nr 13
Form von Anzeigen und Erklärungen

Auch soweit eine Abweichung von den gesetzlichen Vorschriften zulässig ist, ist in Allgemeinen Geschäftsbedingungen unwirksam …

13. (Form von Anzeigen und Erklärungen)
eine Bestimmung, durch die Anzeigen oder Erklärungen, die dem Verwender oder einem Dritten gegenüber abzugeben sind, an eine strengere Form als die Schriftform oder an besondere Zugangserfordernisse gebunden werden.

Materialien: 1. Teilber 88; RefE 20; RegE 39; BT-Drucks 14/6857, 5; BT-Drucks 14/6040, 160; s STAUDINGER/SCHLOSSER Vorbem 5 ff zu §§ 305 ff.

I. Allgemeines

1. Regelungsanliegen

1 Die Bestimmung verbietet Klauseln, welche für Anzeigen und Erklärungen des Kunden übersteigerte Form- oder Zugangserfordernisse aufstellen. Sie bildet insoweit das „Gegenstück" zu § 308 Nr 6. Werden dort Klauseln für unwirksam erklärt, welche durch Fiktion dem Verwender den Nachweis des Zugangs seiner eigenen Erklärungen erleichtern, so soll hier umgekehrt verhindert werden, dass Erklärungen des Kunden durch Form- und Zugangsbestimmungen erschwert werden und dieser unverhältnismäßige Rechtsnachteile erleidet, wenn er sie – arglos – nicht beachtet. Denn zum Zeitpunkt der Erklärungs- bzw Anzeigenabgabe hat er, vor allem bei längerer Dauer der vertraglichen Beziehungen, die zur Vertragsgrundlage gemachten AGB häufig nicht zur Hand. Meist kommt er zudem gar nicht auf die Idee, sie könnten besonders qualifizierte Formerfordernisse zum Vertragsinhalt machen. Insofern erweisen sich derartige Klauseln als „Barrieren für die Rechtsdurchsetzung" (MünchKomm/Wurmnest Rn 1). Dies gilt besonders für die in der AGB-Praxis häufig vorgeschriebene Form des eingeschriebenen Briefes.

Nr 13 will den Vertragspartner des Verwenders nur vor unverhältnismäßigen Präklusionsfolgen schützen. Die **Rspr** vor Erlass des AGBG war kaum mit Klauseln befasst, die für Erklärungen des Kunden besondere Form- oder Zugangserfordernisse aufstellten. Das LG Freiburg (JZ 1973, 90) hielt allerdings – sogar über das jetzt geltende Klauselverbot hinausgehend – jede AGB-Bestimmung für unwirksam, welche für die Mängelrüge des Käufers eine Schriftform vorsah, da es sich hierbei um eine in AGB generell unwirksame „Handlungsnorm" handele (**aM** M Wolf JZ 1973, 92).

2. Anwendungsbereich

2 **a)** § 309 Nr 13 bezieht sich nur auf einseitige Anzeigen und Erklärungen **des Kunden**, nicht auf Erklärungen, Zusicherungen und Anzeigen, die der Verwender seinerseits abgibt, auch nicht auf Nachweise wie zB die Erbenstellung (Schröder/Meyer NJW 2006, 3253, 3253). Vor allem erfasst die Vorschrift der Nr 13 nicht **vertragliche Abreden**. Soweit sich Formklauseln auf Abreden im Bereich des Vertragsabschlusses selbst beziehen – wie zB Vertragsangebot und Nebenabreden –, können die AGB, welche erst Bestandteil des abzuschließenden Vertrages werden sollen, hierfür ohnehin noch keine Wirkung entfalten, da sie rechtsgeschäftlich erst mit Vertragsabschluss gelten (s Staudinger/Schlosser § 305 Rn 163). Schriftformklauseln für spätere vertragliche Nebenabreden und Abreden über Vertragsänderungen sind an § 305b (Staudinger/Schlosser § 305b Rn 39) und an § 307 zu messen (zu den arbeitsvertraglichen „doppelten Schriftformklauseln" Rn 3 aE).

3 **b)** § 309 Nr 13 lässt gesetzlich vorgeschriebene Formerfordernisse unberührt, wie sie zB in § 32 S 2 VVG enthalten sind (BGH NJW 1999, 1633).

Aufgrund der Besonderheiten des Arbeitsverhältnisses ist dieses Klauselverbot dort nur begrenzt anwendbar. Insbesondere erscheinen zweistufige Ausschlussfristen, die die Obliegenheit begründen, Ansprüche fristgerecht (zunächst schriftlich und sodann) gerichtlich geltend zu machen, diesen Besonderheiten angemessen (BAG NZA 2005, 1111, 1113; LAG Hessen BeckRS 2010, 71337; Preis/Roloff RdA 2005, 144, 147; Clemenz/Kreft/Krause Rn 162; **aA** Reinecke BB 2005, 387; Staudinger/Krause Anh zu § 310 Rn 224; Däubler/Dorndorf/Bonin/Deinert § 309 Rn 6 mwNw zum bisherigen Streitstand; zur Unwirksamkeit einer „doppelten Schriftformklausel" BAG NJW 2009, 316, 318; Däubler NZA-Beil 2006, 133, 137).

II. Anzeigen und Erklärungen

Unter Anzeigen und Erklärungen des Kunden sind sowohl einseitige rechtsgeschäftliche Willenserklärungen als auch rechtsgeschäftsähnliche Handlungen und Tatsachenmitteilungen zu verstehen, welche der Kunde nach Vertragsschluss bei Durchführung, Abwicklung und Beendigung des Vertragsverhältnisses abgibt oder vornimmt. Hierunter fallen beispielsweise Kündigungen, Rücktritte (BGH NJW-RR 1989, 625), Anfechtungen, Mahnungen, (Nach-)Fristsetzungen (zB §§ 281 Abs 1, 323 Abs 1), Aufforderungen (zB §§ 108 Abs 2, 177 Abs 2), Androhungen (zB § 384 Abs 1), Weigerungen (zB §§ 179 S 1, 295 S 1), Mängelanzeigen (zB §§ 536c Abs 1, 651c Abs 2, 651d Abs 2 BGB, § 377 HGB), Schadensmeldungen, Abtretungsanzeigen (§ 409 Abs 1; vgl OLG Brandenburg ZInsO 2012, 2100) und das Verlangen auf Nacherfüllung, Rücktritt, Minderung oder Schadensersatz. Gleichgültig ist, ob die Erklärung bzw Anzeige gegenüber dem Verwender oder einem Dritten zu erfolgen hat. Sie muss nur überhaupt empfangsbedürftig sein. Gemeint sind alle Bekundungen, die im Umkreis von Störungen in den Rechtsbeziehungen der Vertragspartner liegen oder die sonst nicht regelmäßig vorkommen und für die man im entscheidenden Moment an Formularzwang nicht denkt. Ob sich aus dieser Grundüberlegung eine teleologische Reduktion der Bestimmung dergestalt ergibt, dass sie sich auf Anweisungen in einem Geschäftsbesorgungsverhältnis (Banküberweisung) nicht bezieht, ist zumindest fraglich. Die sich früher ergebende Problematik mit Nr 32 AGB-Banken 1988 ist mit der Neugestaltung der Wertpapiergeschäftsbedingungen entfallen (für damalige Unwirksamkeit AG Rastatt NJW-RR 1991, 306); die besonderen Bedürfnisse des Wertpapiergeschäfts mochten kurze Fristen für Einwendungen bedingen, nicht jedoch jene besondere Form. Wer sich einer E-Mail oder – praktisch eher selten – eines reitenden Botens bedient, mag genau so schnell sein. 4

III. Verbot einer strengeren Form als Schriftform

Formerfordernisse, welche über diejenigen der vereinbarten Schriftform (§ 127) hinausgehen, können in AGB-Klauseln nicht zur Bedingung gemacht werden. Die Schriftform ist auch durch telegraphische Übermittlung und Fernschreiben, Telefax oder E-Mail (vgl Palandt/Ellenberger § 127 Rn 2; BGH NJW-RR 1996, 641; BGH NJW-RR 1996, 866) gewahrt. Nur die dem § 127 entsprechenden Anforderungen können verlangt werden. Der gesetzlichen Schriftform gleichgestellte oder mildere Formen können aber nicht ausschließlich verlangt werden (so auch Erman/Roloff Rn 157; Ulmer/Habersack Rn 7; Bamberger/Roth/Becker Rn 3; Wolf/Dammann Rn 25). Formularmäßig kann folglich nicht vereinbart werden: die eigenhändige Abfassung und Niederschrift der Erklärung bzw Anzeige, ihre Beglaubigung oder notarielle Beurkundung, ihre Erklärung zur Niederschrift bei einer dritten Person und ihre Protokollierung (Ulmer/Habersack Rn 7). Der Verwender kann formularmäßig auch nicht wirksam eine **spezielle Art der Schriftform** festsetzen. Er kann nicht vorschrei- 5 ben, dass Erklärungen und Anzeigen des Kunden nur fernschriftlich, durch Telekopie, E-Mail oder telegraphisch abzugeben sind (LG Dortmund BeckRS 2011, 19667). Auch die Benutzung von De-Mail kann nicht vorgeschrieben werden (zu De-Mail Spindler CR 2011, 309). Zwar ist die Zulässigkeit telegraphischer Übermittlung in § 127 Abs 2 eine formale Erleichterung gegenüber den Anforderungen an die Erfüllung der gesetzlichen Schriftform (§ 126 Abs 1). Die Beschränkung auf diese Übermittlungsart verursacht für den Kunden aber eine mit besonderen Belastungen und Kosten verbundene Erschwerung und beinhaltet für ihn daher im Ergebnis eine Verschärfung der gewöhnlichen Schriftform (Löwe/vWestphalen AGBG § 11 Nr 16 Rn 7; Ulmer/Habersack Rn 7). Wenn die Besonderheit einer Vertragsabwicklungssituation es erfordert, kann aber eine Beschleunigung von Mitteilungen verlangt werden, die praktisch zu Telegramm, Telekopie, E-Mail oder Fernschreiben zwingt, wenn man nicht ein Schreiben außerhalb des Postverkehrs befördern lassen will.

Eine unzulässige Verschärfung der Schriftform liegt auch vor, wenn AGB-Klauseln verlangen, dass schriftliche **Erklärungen des Kunden auf bestimmten Formularen** des Verwenders abgegeben werden (OLG Schleswig NJW-RR 2001, 818; OLG München NJW-RR 1987, 661, 664; Ulmer/Habersack Rn 7; Palandt/Grüneberg Rn 122; MünchKomm/Wurmnest Rn 4; Wolf/Dammann Klauseln A 44; **aM** noch Schlosser/Coester-Waltjen AGBG § 11 Nr 16 Rn 8). Entgegen der Ansicht des BT-Rechtsausschusses lässt sich der Vorschrift des § 309 Nr 13 Gegenteiliges nicht entnehmen. Die vom BT-Rechtsausschuss veranlasste Streichung des Wortes „einfach" vor dem Wort „Schriftform" (BT-Drucks 7/5422, 10) bringt dies entgegen den Vorstellungen des Rechtsausschusses selbst nicht zum Ausdruck, denn eine Unterscheidung zwischen einer „einfachen" und einer darüber hinausgehenden besonderen Schriftform ist dem Gesetz nicht bekannt. Die Festlegung des Erklärenden auf die Benutzung bestimmter Vordrucke ist auch nicht bereits vom allgemeinen Schriftformerfordernis gedeckt. In den §§ 127, 126 sind die für die Schriftform notwendigen Elemente abschließend beschrieben. Damit werden auch nicht in unzumutbarer Weise die Notwendigkeiten einer rationellen Geschäftsabwicklung missachtet. Der Verwender kann weiterhin die Benutzung von Formularen durch den Kunden empfehlen und ihm zur Ergänzung seiner Erklärung oder Anzeige vorgedruckte Fragebogen und Formulare übersenden. Er darf nur die Wirksamkeit der Erklärung als solcher nicht von der Formularbenutzung abhängig machen.

Umgekehrt ist das Verlangen nach Schriftform von Erklärungen meist angemessen (BGH NJW-RR 1989, 625). Gelingt dem Vertragspartner freilich im Einzelfall der Beweis, dass eine mündliche Mitteilung einem bevollmächtigten Adressaten in klar erfassbarer Weise zugegangen ist und dieser sie nicht mangels Schriftform zurückgewiesen hat, so verstieße es gegen Treu und Glauben, der Mitteilung die gewünschte Wirkung vorzuenthalten (iE ähnlich Ulmer/Habersack Rn 6).

IV. Verbot besonderer Zugangserfordernisse

6 Die Vorschrift verbietet dem Verwender, für Erklärungen oder Anzeigen des Kunden formularmäßig **besondere Zugangserfordernisse** aufzustellen. Die allgemeinen Zugangserfordernisse für empfangsbedürftige Willenserklärungen unter Abwesenden sind in den §§ 130–32 festgelegt. Diese gelten entsprechend für rechtsgeschäftsähnliche Handlungen (BGHZ 47, 357). Eine AGB-Klausel, welche weitergehende

Zugangserfordernisse vorschreibt, ist unzulässig. Sie darf daher für den wirksamen Zugang der Kundenerklärung unter Abwesenden nicht auf die tatsächliche Kenntnisnahme durch den Verwender oder auf eine von diesem vorzunehmende Mitwirkungshandlung (zB Empfangsbestätigung) abstellen. Ebenso darf der Zugang beim Verwender nicht vom (gleichzeitigen) Zugang der Erklärung bei einem Dritten abhängig gemacht werden. Unzulässig sind auch Klauseln, welche den gem § 130 Abs 1 maßgeblichen Zugangszeitpunkt verschieben wollen („Anzeigen, welche erst nach 10 Uhr morgens eingehen, gelten als erst am nächsten Tag zugegangen"). Die Form des **eingeschriebenen Briefes** darf als besonderes Zugangserfordernis nicht verlangt werden (BGH NJW 1985, 2585; OLG Düsseldorf NJW-RR 1998, 710; 1992, 55; LG Berlin BeckRS 2007, 65057; AG Bremen BeckRS 2012, 02201). Die Wirksamkeit der Anzeige oder Erklärung darf nicht davon abhängig gemacht werden, dass sie bei einer **bestimmten Stelle, Verwaltungsinstanz**, Person oder Abteilung des Verwenderunternehmens eingegangen ist. Entscheidend ist allein, dass die Erklärung in den Machtbereich des Verwenders, also zu einer Organisationseinheit des Verwenderunternehmens gelangt ist, welche zum Empfang iSv § 130 Abs 1 S 1 befugt ist (OLG München NJW-RR 1987, 661, 664). Dies gilt – entgegen der Rspr des BGH (BGHZ 141, 137; NJW 1999, 1633; OLG Saarbrücken NJOZ 2007, 1264, 1266) – auch dann, wenn eine Versicherung die Empfangsvollmacht des Versicherungsagenten für derartige Erklärungen in ihren AGB beschränkt (wie der Text BVerwG NJW 1998, 3216; MünchKomm/Wurmnest Rn 5 aE; Basedow NVersZ 1999, 349, 351; differenzierend nach Verkehrsanschauung Bamberger/Roth/Becker Rn 9; differenzierend nach Erklärungen im Zusammenhang mit Vertragsschluss und später E Lorenz VersR 1999, 568). Die Zugangsmöglichkeiten können nicht zu Lasten des Kunden durch eine besondere innerbetriebliche Zuständigkeitsorganisation eingeengt werden.

V. Rechtsfolgen eines Verstoßes gegen § 309 Nr 13

Verstößt eine Form- oder Zugangsklausel gegen § 309 Nr 13, so ist sie vollständig unwirksam. Eine Klausel, welche beispielsweise eine über das Schriftformerfordernis hinausgehende Form vorschreibt, kann nicht in der Weise aufrechterhalten werden, dass für die Erklärung bzw Anzeige des Kunden die gewöhnliche Schriftform gilt. Dies wäre selbst dann nicht Rechtens, wenn man im Übrigen einer geltungserhaltenden Reduktion von AGB-Klauseln das Wort redete, da die Schriftform in einem weitergehenden Formerfordernis nicht bereits als bloßes quantitatives Minus mitenthalten ist (Kötz NJW 1979, 787; Wolf/Dammann Rn 51; OLG Düsseldorf NJW-RR 1992, 55). An die Stelle der unwirksamen Formvorschrift treten gem § 306 die gesetzlichen Vorschriften. Der Vertragspartner des Verwenders kann somit idR seine Anzeige oder Erklärung formlos abgeben, es sei denn, das Gesetz setzt eine besondere Mindestform fest (zB § 568 Abs 1). 7

VI. Verbraucher

Eine dem § 309 Nr 13 entsprechende Regelung enthält der Richtlinien-Anhang nicht. Für vorformulierte Individualvereinbarungen passt das Verbot (auch Verbrauchern gegenüber) nicht – im Einzelfall muss der Verwender eine Möglichkeit haben, Form- und Zugangsbedingungen festzusetzen (beispielsweise Rückruf bei bestimmten Adressaten). 8

VII. Geschäftsverkehr mit Unternehmern

9 Die Vorschrift des § 309 Nr 13 ist auf den unternehmerischen Geschäftsverkehr nicht generell entsprechend anzuwenden (Alisch JZ 1982, 708; Lutz AGB-Kontrolle im Handelsverkehr 196; Ulmer/Habersack Rn 12; Wolf/Dammann Rn 70). Im Gegensatz zum Verbraucher besteht beim kaufmännischen Kunden nicht die gleiche Gefahr, dass er durch Form- und Zugangsvorschriften in AGB überrascht wird und hierdurch unzumutbare Rechtsnachteile erleidet. Er wird regelmäßig bei ordnungsgemäßer Geschäftsführung in seinen Geschäftsunterlagen die AGB des Vertragspartners greifbar haben. Im kaufmännischen Verkehr sind angesichts von teilweise äußerst kurzen Rügefristen (zB im Handel mit leicht verderblichen Waren wie Obst und Gemüse) telegraphische oder fernschriftliche Anzeigen weitgehend üblich. Die Festlegung derartiger Übermittlungsformen ist für den Kaufmann daher keineswegs immer überraschend und häufig interessengerecht. Ebenso entspricht die Abgabe vertragsbeendigender Erklärungen (insb Kündigungen) in eingeschriebener Form einer weitgehenden Übung im Handelsverkehr, so dass der Kaufmann auch mit der formularmäßigen Festlegung dieses Zugangserfordernisses rechnen muss.

Das absolute Klauselverbot der Nr 13 entspricht somit nicht den differenzierten Erfordernissen des kaufmännischen Verkehrs. AGB-Bestimmungen, welche eine strengere Form als die Schriftform oder besondere Zugangserfordernisse vorsehen, sind allein an § 307 zu messen. Eine unangemessene Benachteiligung iSv § 307 Abs 1 durch Form- oder Zugangsklauseln liegt dann vor, wenn das vorgeschriebene Form- oder Zugangserfordernis im Einzelfall sich nicht durch sachgerechte Gründe rechtfertigen lässt. So verstieße es gegen § 307 Abs 1, wenn für gängige und übliche Erklärungen eine notarielle Beurkundung oder öffentliche Beglaubigung vorgeschrieben würde. Ebenso lässt sich die Form des eingeschriebenen Briefes auch bei Kaufleuten regelmäßig nicht für gewöhnliche Mängelrügen und -anzeigen rechtfertigen (OLG Naumburg NZM 2000, 90, 92; für eingeschriebenen Brief OLG Schleswig NJW-RR 2001, 818). Gerade bei derartigen, regelmäßig eilbedürftigen und fristgebundenen Anzeigen ist genau zu überprüfen, ob das jeweilige Form- oder Zugangserfordernis nicht nur eine Erschwerung für den Vertragspartner enthält, ohne durch ein schutzwürdiges Verwenderinteresse gedeckt zu sein. Für die beruflich oder gewerblich tätigen Nichtkaufleute, die als Unternehmer einzustufen sind, ist eine noch zurückhaltendere Abwägung vorzunehmen. Sie mögen in vielen Situationen den kaufmännischen Gepflogenheiten ferner stehen, so dass in diesen Fällen Abweichungen von § 309 Nr 13 nicht angebracht sind.

§ 310
Anwendungsbereich

(1) § 305 Abs. 2 und 3 und die §§ 308 und 309 finden keine Anwendung auf Allgemeine Geschäftsbedingungen, die gegenüber einem Unternehmer, einer juristischen Person des öffentlichen Rechts oder einem öffentlich-rechtlichen Sondervermögen verwendet werden. § 307 Abs. 1 und 2 findet in den Fällen des Satzes 1 auch insoweit Anwendung, als dies zur Unwirksamkeit von in den §§ 308 und 309 genannten Vertragsbestimmungen führt; auf die im Handelsverkehr geltenden Gewohnheiten und Gebräuche ist angemessen Rücksicht zu nehmen. In den Fällen des

Satzes 1 findet § 307 Abs. 1 und 2 auf Verträge, in die die Vergabe- und Vertragsordnung für Bauleistungen Teil B (VOB/B) in der jeweils zum Zeitpunkt des Vertragsschlusses geltenden Fassung ohne inhaltliche Abweichungen insgesamt einbezogen ist, in Bezug auf eine Inhaltskontrolle einzelner Bestimmungen keine Anwendung.

(2) Die §§ 308 und 309 finden keine Anwendung auf Verträge der Elektrizitäts-, Gas-, Fernwärme- und Wasserversorgungsunternehmen über die Versorgung von Sonderabnehmern mit elektrischer Energie, Gas, Fernwärme und Wasser aus dem Versorgungsnetz, soweit die Versorgungsbedingungen nicht zum Nachteil der Abnehmer von Verordnungen über Allgemeine Bedingungen für die Versorgung von Tarifkunden mit elektrischer Energie, Gas, Fernwärme und Wasser abweichen. Satz 1 gilt entsprechend für Verträge über die Entsorgung von Abwasser.

(3) Bei Verträgen zwischen einem Unternehmer und einem Verbraucher (Verbraucherverträge) finden die Vorschriften dieses Abschnitts mit folgender Maßgabe Anwendung:

1. **Allgemeine Geschäftsbedingungen gelten als vom Unternehmer gestellt, es sei denn, dass sie durch den Verbraucher in den Vertrag eingeführt wurden;**

2. **§ 305c Abs. 2 und die §§ 306 und 307 bis 309 dieses Gesetzes sowie Artikel 46b des Einführungsgesetzes zum Bürgerlichen Gesetzbuche finden auf vorformulierte Vertragsbedingungen auch dann Anwendung, wenn diese nur zur einmaligen Verwendung bestimmt sind und soweit der Verbraucher auf Grund der Vorformulierung auf ihren Inhalt keinen Einfluss nehmen konnte;**

3. **bei der Beurteilung der unangemessenen Benachteiligung nach § 307 Abs. 1 und 2 sind auch die den Vertragsabschluss begleitenden Umstände zu berücksichtigen.**

(4) Dieser Abschnitt findet keine Anwendung bei Verträgen auf dem Gebiet des Erb-, Familien- und Gesellschaftsrechts sowie auf Tarifverträge, Betriebs- und Dienstvereinbarungen. Bei Anwendung auf Arbeitsverträge sind die im Arbeitsrecht geltenden Besonderheiten angemessen zu berücksichtigen; § 305 Abs. 2 und 3 ist nicht anzuwenden. Tarifverträge, Betriebs- und Dienstvereinbarungen stehen Rechtsvorschriften im Sinne von § 307 Abs. 3 gleich.

Materialien: In das BGB überführt durch Schuldrechtsmodernisierungsgesetz BT-Drucks 14/1640 (RE), 14/6857 (Rechtsausschuss). Zur Vorgängervorschrift (§ 24a AGBG): BT-Drucks 13/2713 und 4699. Abs 3 eingefügt durch Gesetz vom 19. 7. 1996 (BGBl I 1013); BT-Drucks 13/2713; 13/4699. Abs 2 S 3 eingefügt durch FoSiG v 23. 10. 2008 (BGBl I 2022); Abs 3 Nr 2 idF BGBl 2009 I 1574.

I. Schrifttum zu Absatz 1 (früherer § 24 AGBG)

Basedow, Handelsbräuche und AGB-Gesetz, ZHR 150 (1986) 469

Baudenbacher, Zur Bedeutung der Klauselkataloge des AGB-Gesetzes für den kaufmännischen Verkehr, JA 1987, 217

Berger, Abschied von der Privatautonomie im

unternehmerischen Geschäftsverkehr? ZIP 2006, 2149
ders, Keine AGB-Kontrolle im unternehmerischen Geschäftsverkehr, BB 2007, 2139
EBERSTEIN, Die zweckmäßige Ausgestaltung von Allgemeinen Geschäftsbedingungen im kaufmännischen Geschäftsverkehr (1997)
FISCHER, Praktische Probleme der Einbeziehung von AGB unter Kaufleuten, BB 1995, 2491
HENSSLER, Beispiele für Haftung und Haftungsbegrenzung im kaufmännischen Geschäftsverkehr, DZWiR 1992, 192
HENSEN, Die Auswirkungen des AGB-Gesetzes auf den kaufmännischen Verkehr, NJW 1987, 1986
KARATZENIS, Zur Anwendung der Generalklausel des § 9 im Handelsverkehr (1989)
KESSE/STOMPS, Haftungsklauseln im Geschäftsverkehr zwischen Unternehmern, BB 2009, 2666
LENKAITIS/LÖWISCH, Zur Inhaltskontrolle von AGB im unternehmerischen Geschäftsverkehr ZIP 2009, 441
LENTZ, AGB-Kontrolle im Handelsverkehr unter Berücksichtigung der Klauselverbote (1991)
LUTZ, AGB-Kontrolle im Handelsverkehr (1991)
MÜLLER/GIEBELER/PFEIL, Für eine maßvolle AGB-Kontrolle im unternehmerischen Geschäftsverkehr, BB 2009, 2658
MUNZ, AGB in den USA und Deutschland im Handelsverkehr (1992)
OHLENDORF/vHERTEL, Kontrolle von Allgemeinen Geschäftsbedingungen im kaufmännischen Geschäftsverkehr gemäß § 24 AGBG (1988)
PFEIFER, Vom kaufmännischen Verkehr zum Unternehmensverkehr, NJW 1999, 169
RABE, Die Auswirkungen des AGB-Gesetzes auf den kaufmännischen Verkehr, NJW 1987, 1978
REH, Einbeziehung und Inhaltskontrolle Allgemeiner Geschäftsbedingungen im kaufmännischen Verkehr (1990)
SCHLOSSER, Freizeichnungsklauseln im kaufmännischen Verkehr, in: Zehn Jahre AGB-Gesetz (1987)
VORDEROBERMEIER, Die Einbeziehung Allgemeiner Geschäftsbedingungen im kaufmännischen Geschäftsverkehr unter besonderer Berücksichtigung der überraschenden Klauseln (§ 3 AGBG) (1992)
WELLENHOFER-KLEIN, Strukturell ungleiche Verhandlungsmacht und Inhaltskontrolle von Verträgen, ZIP 1997, 774
WOLF, Preisanpassungsklauseln in AGB unter Kaufleuten, ZIP 1987, 341
ders, Entwicklungstendenzen im Recht der AGB, ZIP 1985, 449
WOLF, Auslegung und Inhaltskontrolle von AGB im internationalen kaufmännischen Verkehr, ZHR 153 (1989) 300
Österreich:
MICHAEL GRUBER, Die Geltungskontrolle Allgemeiner Geschäftsbedingungen (§ 864a AGBG) in der Rechtsprechung des Obersten Gerichtshofs, in: FS Kramer (2004) 561 ff.

II. Schrifttum zu Absatz 2

ACHIM/BÖRNER Preisanpassung für Erdgaslieferungen an Normsonderkunden, VersorgW 2011, 113
FRICKE, Die gerichtliche Kontrolle von Preisbestimmungspflichten im Energiebereich, ZNER 2011, 130
LEGLER, Preiskontrolle in Wärmelieferverträgen, ZNER 2010, 20
UNBERATHK/FRICKE, Vertrag und Haftung nach der Liberalisierung des Strommarktes, NJW 2007, 3601
GRAF vWESTPHALEN, Preisanpassungsklauseln in Energielieferverträgen mit Sonderkunden, ZIP 2008, 669.

III. Schrifttum zu Absatz 3

1. Schrifttum allgemein zur Richtlinienumsetzung

BERGER-WALLISER, Mißbräuchliche Klauseln in Verbraucherverträgen nach Inkrafttreten des Code de la consommation und Umsetzung der EG-Richtlinie 93/13 in Frankreich, RIW/AWD 1996, 459
BUNTE, Gedanken zur Rechtsharmonisierung in der EG auf dem Gebiet der mißbräuchlichen Klauseln in Verbraucherverträgen, in: FS Locher (1990) 325

Damm, Europäisches Verbrauchervertragsrecht und AGB-Recht, JZ 1994, 161

Eckert, Die EG-Richtlinie über mißbräuchliche Klauseln in Verbraucherverträgen und ihre Auswirkungen auf das deutsche Recht, WM 1993, 1070

Frey, Wie ändert sich das AGB-Gesetz?, ZIP 1993, 572

Habersack/Kleindiek/Wiedenmann, Die EG-Richtlinie über mißbräuchliche Klauseln in Verbraucherverträgen und das künftige AGB-Gesetz, ZIP 1993, 1670

Heinrichs, Die EG-Richtlinie über mißbräuchliche Klauseln in Verbraucherverträgen, NJW 1993, 1817

ders, Umsetzung der EG-Richtlinie über mißbräuchliche Klauseln in Verbraucherverträgen durch Auslegung, NJW 1995, 153

ders, Transparenzgebot und die EG-Richtlinie über mißbräuchliche Klauseln in Verbraucherverträgen, in: FS Trinkner (1995) 102

Hommelhoff, Zivilrecht unter dem Einfluß europäischer Rechtsangleichung, AcP 192 (1992) 71

Hommelhoff/Wiedenmann, Allgemeine Geschäftsbedingungen gegenüber Kaufleuten und unausgehandelte Klauseln in Verbraucherverträgen, ZIP 1993, 562

Kapnopoulou, Das Recht der mißbräuchlichen Klauseln in der Europäischen Union (1997)

Klaas, Zur EG-Richtlinie über mißbräuchliche Klauseln in Verbraucherverträgen „Stellen von AGB", insbesondere Inhaltskontrolle notarieller Verbraucherverträge, in: FS Brandner (1996) 247

Leich, Die richterliche Inhaltskontrolle von notariell beurkundeten Bauverträgen, BauR 1996, 155

Locher, Die Richtlinie 93/13 EWG des Rates über mißbräuchliche Klauseln in Verbraucherverträgen und ihre Bedeutung für das Baurecht, BauR 1993, 379

E Lorenz (Hrsg), Das Recht der Allgemeinen Geschäftsbedingungen nach der Umsetzung der EG-Richtlinie … (1998)

Markwardt, Inhaltskontrolle von AGB-Klauseln durch den EuGH, zugleich Besprechung EuGH v 1. 4. 2004 ZIP 2005, 152

Micklitz, AGB-Gesetz und die EG-Richtlinie über mißbräuchliche Vertragsklauseln in Verbraucherverträgen, ZEuP 1993, 523

Müller-Graff, in: FS Börner (1992) 303

Niebling, Haftungsbeschränkung für Rechtsanwälte trotz AGB-Richtlinie AnwBl 1996, 20

Reich, Zur Umsetzung der EG-Richtlinie über mißbräuchliche Klauseln in Verbraucherverträgen 93/13/EWG vom 5. 4. 1993 in deutsches Recht, VuR 1995, 1

Remien, AGB-Gesetz und die EG-Richtlinie über mißbräuchliche Verbrauchervertragsklauseln in ihrem europäischen Umfeld, ZEuP 1994, 34

Schmidt-Salzer, Transformation der EG-Richtlinie über mißbräuchliche Klauseln in Verbraucherverträgen vom 5. 4. 1995 in deutsches Recht und AGB-Gesetz, BB 1995, 733

ders, Transformation der EG-Richtlinie über mißbräuchliche Klauseln in Verbraucherverträgen vom 5. 4. 1995 in deutsches Recht und AGB-Gesetz: Einzelfragen, BB 1995, 1493

ders, Recht der AGB und der mißbräuchlichen Klauseln: Grundfragen, JZ 1995, 223

ders, Das textliche Zusatz-Instrumentarium des AGB-Gesetzes gegenüber der EG-Richtlinie über mißbräuchliche Klauseln in Verbraucherverträgen, NJW 1995, 1641

Ulmer, Zur Anpassung des AGB-Gesetzes an die EG-Richtlinie über mißbräuchliche Klauseln in Verbraucherverträgen, EuZW 1993, 337

M Wolf, Die Vorformulierung als Voraussetzung der Inhaltskontrolle, in: FS Brandner (1996) 299.

2. Schrifttum speziell zu § 24a AGBG (= § 310 Abs 3 nF)

Börner, Die „Heilung" von AGB durch Berücksichtigung vertragsabschlußbedingter Umstände nach § 24a Nr AGBG, JZ 1997, 595

Borges, Die Inhaltskontrolle von Verbraucherverträgen (2000)

ders, Die Inhaltskontrolle von Verbraucherverträgen nach § 24a AGBG, DZWiR 1998, 402

Brambring, Notariell beurkundete Verbraucherverträge nach § 24a AGBG, in: FS Heinrichs (1998) 39

Brandner, Maßstab und Schranken der Inhaltskontrolle bei Verbraucherverträgen, MKR 1997, 595

BRAUNFELS, Der neue § 24a AGBG und seine Auswirkungen auf die Inhaltskontrolle notarieller Verträge, DNotZ 1997, 356
BUNTE, Die EG-Richtlinie über mißbräuchliche Klauseln in Verbraucherverträgen und ihre Umsetzung durch das Gesetz zur Änderung des AGB-Gesetzes, DB 1996, 1389
CASPERS, Die den Vertragsschluss begleitenden Umstände im Sinne von § 310 Abs. 3 Nr. 3 BGB (2011)
COESTER-WALTJEN, Änderungen im Recht der Allgemeinen Geschäftsbedingungen, Jura 1997, 272
ECKERT, Das neue Recht der Allgemeinen Geschäftsbedingungen, ZIP 1996, 1238
ders, Der Anhang zur EG-Richtlinie ..., in: FS Reich (1997) 527
HEINRICHS, Das Gesetz zur Änderung des AGB-Gesetzes, NJW 1996, 2190
IMPING, Die Neugestaltung des AGB-Gesetzes, WiB 1997, 337
KRANZLEITNER, § 24a AGBG und Ausschluß der Gewährleistung beim Verkauf neu errichteter Häuser und Eigentumswohnungen, DNotZ 1996, 867
SCHERER/HEIL, Die Rechtszersplitterung im Bereich des AGB-Gesetzes nach Umsetzung der EG-Richtlinie über mißbräuchliche Klauseln in Verbraucherverträgen, JA 1997, 840
SCHWERDTFEGER, Änderungen des AGB-Gesetzes durch Umsetzung der Verbrauchervertragsrichtlinie, DStR 1997, 499
ULMER, Karlsruher Forum 1997, 9 (Versicherungsschriften 3)
ders, Notarielle Verbraucherverträge und § 24 a ABGB, in: FS Heinrichs (1998) 555
vWESTPHALEN, Die Novelle zum AGB-Gesetz, BB 1996, 2101.

IV. Schrifttum zu Absatz 4

1. Schrifttum zum früheren § 23 Abs 1 AGBG

COESTER-WALTJEN, Die Inhaltskontrolle von Verträgen außerhalb des AGBG, AcP 190 (1990) 1
FASTRICH, Richterliche Inhaltskontrolle im Privatrecht (1992).

2. Schrifttum zum Arbeitsrecht

S STAUDINGER/KRAUSE Fn zu Rn 84.

Systematische Übersicht

Alphabetische Übersicht

I. Abs 1

1. Zweck von Abs 1

1 **a)** Die Frage, ob und gegebenenfalls in welcher Weise das AGB-Gesetz auch Kaufleuten zugute kommen sollte, war in der rechtspolitischen Auseinandersetzung der frühen siebziger Jahre um den Schutz vor unangemessenen Formularbedingungen eines der meist diskutierten Themen (s Zusammenstellung bei Kötz Gutachten 50. DJT [1974] Bd I SA 11, Anm 7). Die Arbeitsgruppe beim Bundesminister der Justiz (Vorbem 4 zu §§ 305 ff) verstand ihre Aufgabe nur in der Erarbeitung einer Teilregelung und hat aus diesem Grund den Verkehr unter Vollkaufleuten ganz aus dem Anwendungsbereich des Gesetzes nehmen wollen (1. Teilber § 12). Der Referentenentwurf ist dem gefolgt (Betrieb Beilage Nr 18, 1974 zu Heft 39, § 12). Die dann Gesetz gewordene und in § 310 übernommene Fassung hat der Regierungsentwurf gebracht (BR-Drucks 360/75 § 12).

2 Sie beruht auf folgenden Überlegungen:

Hätte man einen Katalog verbotener Klauseln entwickeln wollen, der auch dem Verkehr unter Kaufleuten angemessen gewesen wäre, so hätten einmal umfangreiche rechtstatsächliche Untersuchungen angestellt werden müssen. Viele Klauselverbote hätten zudem wegfallen oder eine Relativierung erfahren müssen, was zu einer verbraucherpolitisch unerwünschten Rechtsunsicherheit geführt hätte. Daher hat das Gesetz den Katalog verbotener Klauseln in den heutigen §§ 308 f nicht auf den kaufmännischen Verkehr (heute: im Verkehr mit einem Unternehmer) bezogen. Desgleichen hat es auf eine Anwendung des heutigen § 305 Abs 2 und der damaligen IPR-Regelung in § 12 AGBG im kaufmännischen Verkehr verzichtet, die für diesen Bereich unpassend gewesen wären.

Das schließlich Gesetz gewordene Konzept des AGBG beruht auf dem Gedanken des allgemeinen Schutzes, der an die einseitige Inanspruchnahme der Vertragsfreiheit durch den AGB-Verwender anknüpft. Es geht um den Schutz des Vertragsteils, dem außerhalb der Festlegung der Hauptleistungspflichten die Formulierungsmacht abgeht. Dies kann auch der die Hauptleistung erbringende Teil sein. In dieser Konzeption hat sich das Gesetz bewährt, wenn man von gelegentlichen Übereifrigkeiten der Rspr absieht. Schwierigkeiten bereitete deshalb die Umsetzung der EG-Richtlinie über missbräuchliche Klauseln in Verbraucherverträgen, die an dem in Deutschland überwundenen Konzept des reinen Verbraucherschutzrechts festhält.

Die auf Absatz 1 Bezug nehmende Rechtsprechung betont in verschiedenen Einzelfällen, dass die Unwirksamkeitsgründe der §§ 308 f im Zweifel auch gegenüber Kaufleuten/Unternehmern wirken (markante Beispiele: BGHZ 174, 1 ff = NJW 2007, 3774 s Rn 12; OLG Hamburg Az 6 U 150/09 – juris: Totaler Haftungsausschluss des Verfrachters in Konnossementbedingungen). Sie ist in Zusammenhang mit den einzelnen Nummern der genannten Normen behandelt.

b) Die **EG-Richtlinie über missbräuchliche Klauseln in Verbraucherverträgen** betrifft nur Verträge, in denen AGB-Klauseln gegenüber einer natürlichen Person verwandt werden, die nicht in Ausübung ihrer gewerblichen oder beruflichen Tätigkeit handelt, also „Verbraucher" im Sinne des jetzigen § 13 ist. Die Richtlinie wurde durch § 24a des AGBG umgesetzt, der inhaltlich zu § 310 Abs 3 geworden ist. Für den kaufmännischen Verkehr verblieb es daher bei den ursprünglichen Regelungen, wenn man davon absieht, dass das durch das SchuldRModG kodifizierte Transparenzgebot (§ 307 Abs 1 S 2) auch für den kaufmännischen Bereich gilt. 3

c) Zu dem sich aus der Richtlinienumsetzung ergebenden dreigeteilten persönlichen Anwendungsbereich des Absatzes 3 s Rn 43 ff. 4

2. Tatbestandliche Voraussetzungen und Tragweite der Vorschrift

a) Wer **Unternehmer** ist, ergibt sich aus § 14. Alle Personen, die Kaufleute sind, sind auch „Unternehmer". Jedoch ist der Unternehmerbegriff weiter. Einzelheiten Rn 47. 5

Testamentsvollstrecker und Insolvenzverwalter sind Unternehmer nicht nur, wenn sie das frühere Unternehmen werbend weiter betreiben (Einzelheiten Rn 47). Ob der Verwender Unternehmer ist oder nicht, hat im Rahmen von Absatz 1 keine Bedeutung.

Die Versicherung der Unternehmereigenschaft des Kunden durch AGB des Verwenders reicht für die Begründung eines entsprechendenden Rechtsscheins nicht aus (BGH NJW 1982, 2301; auf „Kaufleute" bezogen). Erlangte der Vertragspartner des Verwenders erst durch Abschluss des Vertrages die Kaufmannseigenschaft, wie zB bei einem Handelsvertretervertrag, fand manchen zufolge auf diesen Vertrag § 24 keine Anwendung, da der Vertragspartner zum Zeitpunkt des Vertragsschlusses noch kein Kaufmann war (OLG Koblenz NJW 1987, 74; Horn Rn 6; **aA** OLG Oldenburg NJW-RR 1989, 1081; Brandner Rn 11; differenzierend MünchKomm/Basedow Rn 3). Im Anschluss an die zu Art 13 EuGVÜ ergangene Entscheidung des EuGH vom 3. 7. 1997 (Benincasa v Dentalkit EuGHE 1997 I 3767 = JZ 1998, 896) sollte man aber auch alle Verträge zur Vorbereitung einer Unternehmenstätigkeit als Unternehmerverträge 6 ansehen (Ulmer/Schäfer Rn 23; BGH NJW 2008, 435 – aber gegen Geschäfte abgrenzend, die der Vorbereitung der Entscheidung dienen sollen, ob es zu einer Existenzgründung kommt; OLG Oldenburg DB 2002, 423; **aA** AnwKomm/Kollmann Rn 5; Palandt/Grüneberg Rn 2; Prasse ZGS 2002 kn 356).

7 Bei Vertragsschluss durch einen **Vertreter des den AGB Unterworfenen** kommt es auf die Eigenschaft des Vertretenen an. Haftet der Vertreter aus § 179 Abs 1 auf Erfüllung, ist ebenfalls auf den Vertretenen abzustellen, was im Umkehrschluss aus § 179 Abs 2 S 2 folgt. Der Begriff des Unternehmers ist EU-einheitlich zu bestimmen. Darauf, ob der Verwender selbst Unternehmer war bzw ist oder nicht, kommt es nicht an. Auch nach einer **Vertragsübernahme** gelten für den übernommenen Vertrag die §§ 305 ff in der Weise, die für den Rechtsvorgänger maßgeblich war, es sei denn, die Parteien haben seinen Inhalt ausdrücklich oder stillschweigend bestätigen (§ 141) wollen.

8 Gegenüber Unternehmern, die privat Verträge schließen, sind die §§ 305 ff wie gegenüber einem Verbraucher anwendbar.

9 **b)** Juristische Personen des öffentlichen Rechts sind vor allem der Staat und die Gebietskörperschaften, sonstige rechtsfähige Körperschaften und Anstalten (Hochschulen, Sozialversicherungsträger). Näheres s Staudinger/Hüttemann/Rawert (2011) § 89 Rn 8 ff.

10 **Öffentlichrechtliche Sondervermögen** sind zwar gegenüber ihren Trägern haushaltsmäßig selbständig und treten nach außen wie eine rechtsfähige Sondereinheit auf, haben aber im Übrigen keine eigene Rechtspersönlichkeit. Die lange Zeit prominentesten Vertreter Bundesbahn und Bundespost sind mittlerweile in Aktiengesellschaften umgewandelt worden. Jetzt sind sie Unternehmer. Für die Wahrung der Rechte des Bundes an den aus dem Sondervermögen „Deutsche Bundespost" hervorgegangenen Deutsche Post AG, Deutsche Postbank AG und Deutsche Telekom AG ist die Bundesanstalt Deutsche Bundespost errichtet worden, PTNeuOG v 14. 9. 1994 (BGBl I 2326; dazu Gramlich NJW 1994, 2788). Im Bereich der Bundesbahn ist durch das ENeuOG (BGBl I 1993, 2378) das Sondervermögen „Bundeseisenbahnvermögen" geschaffen worden (Heinze NVwZ 1994, 748). Weitere Beispiele sind ferner das ERP-Sondervermögen und der LAG-Ausgleichsfond (MünchKomm/Basedow Rn 6) sowie der Sonderfonds Finanzmarktstabilisierung (FinanzmarktstabilisierungsG v 17. 10. 2008 – BGBl I 1582).

11 **c)** Gegenüber den genannten juristischen Personen und Sondervermögen finden die in Abs 1 genannten Normen keine Anwendung, da sie ebenso wie Unternehmer vermindert schutzbedürftig sind. Diese Ausnahme vom persönlichen Anwendungsbereich wichtiger Normen des AGB-Rechts beruht auf einer abstrakten gesetzgeberischen Entscheidung. Mit dem Nachweis bestehender Schutzbedürftigkeit im Einzelfall ist daher nichts auszurichten. Dies mussten Gemeinden der neuen Bundesländer in der ersten Zeit nach Wiederherstellung der staatlichen Einheit schmerzlich erkennen (Bsp OLG Hamm NJW 1995, 2499). Die Bedeutung der Ausnahme ist freilich gering, da die öffentliche Hand ohnehin meist als Verwender auftreten wird und dann die Ausnahmen nicht gelten. Zu den Bedingungen normativen Charakters s § 305 Rn 4 (speziell zu den Verträgen mit der Treuhandanstalt Kiethe/Imbeck ZIP

1994, 1250; LG Köln WiB 1995, 251 m Anm v Griessenbeck; LG Berlin ZIP 1994, 1320; BGH ZIP 1996, 1997 m Anm Hensen EWiR 1996, 1057).

3. Die Bedeutung der Ausnahmen vom Anwendungsbereich des § 305 Abs 2 und 3 sowie der §§ 308 f

Für die auch gegenüber Unternehmern und die ihnen gleichgestellten Personen nach § 307 stattfindende Inhaltskontrolle trifft Abs 1 S 2 zwei Aussagen (zur Unanwendbarkeit von § 305 Abs 2 s dort Rn 103):

a) Er stellt klar, dass die Unanwendbarkeit des Verbotskatalogs der §§ 308, 309 für den unternehmerischen Vertragspartner **nicht einen Umkehrschluss gestattet**, nämlich dass solche Klauseln dort immer zulässig seien. Er will damit einem ohnehin nicht naheliegenden Umkehrschluss vorbeugen. Wie im Einzelnen die Klauselverbote auf die nach § 307 stattfindende Inhaltskontrolle Einfluss nehmen, ist für die Praxis weitgehend geklärt. Zwar scheidet eine direkte oder analoge Anwendung aus. Andererseits ist anerkannt, dass es sich bei den Vorschriften der §§ 308 und 309 häufig um Ausprägungen der Generalklausel des § 307 handelt und kein Sonderkontrollrecht bei Beteiligung von Kaufleuten bzw Unternehmern als Vertragspartnern geschaffen werden soll, das sich von den §§ 308, 309 erheblich entfernt. Daher besteht im Wesentlichen Einigkeit, dass die Klauselverbote „wichtige Anhaltspunkte" entfalten, die den Richter „ermutigen" sollen, „aufgrund einer Parallelwertung in der Kaufmannssphäre" (MünchKomm/Basedow Rn 6), auch im kaufmännischen/unternehmerischen Bereich über § 307 zur Unwirksamkeit einer Klausel zu kommen. Die Rspr misst dabei den Klauselverboten eine **Indizwirkung** dahingehend bei, dass eine unter § 309 fallende Klausel auch im Falle der Verwendung gegenüber Kaufleuten/Unternehmern zu einer unangemessenen Benachteiligung des Vertragspartners führt (BGHZ 174, 1 ff = NJW 2007, 3774; BGHZ 103, 316, 328; 90, 273, 277; krit Rabe NJW 1987, 1978; vgl Staudinger/Coester § 307 Rn 14, 15). Eine solche Klausel hält nur dann der nach § 307 vorzunehmenden Inhaltskontrolle stand, wenn sie wegen der Interessen und Bedürfnisse des unternehmerischen Geschäftsverkehrs als angemessen angesehen werden kann (BGHZ 90, 273, 278; 103, 316, 329). Die Rspr kam damit iE zu einer mittelbaren Anwendung des Klauselverbotskatalogs im Verkehr gegenüber einem Unternehmer (früher: Kaufmann). Der Unterschied zwischen unternehmerischen und nicht unternehmerischen Geschäftsverkehr reduziert sich auf das Ausmaß der tolerierten Formulierungsungenauigkeit (s näher Schlosser ZIP 1985, 449, 459) sowie auf Abstriche bei den Transparenzanforderungen (BGH NJW 2007, 2176; BGH NJW-RR 2005, 1496 – beide Male aber Transparenz trotzdem als unzureichend empfunden). Substanzielle Sonderfreiheiten bleiben gegenüber Unternehmern kaum (für eine eigenständige Inhaltskontrolle bei Kaufleuten Rabe NJW 1987, 1893). Das liegt aber hauptsächlich an der überzogenen Anwendung von § 307 in seinem originären Anwendungsbereich und nicht an der Indizwirkung der §§ 308 f. Richtiger Ansicht nach ist aber auch darauf zu achten, ob der Unternehmer einen Vertrag abschließt, der zu seinem Kerngeschäft gehört oder nicht (MünchKomm/Basedow Rn 8). Sehr tolerant kann man im Verkehr mit einem Unternehmer bei solchen weit verbreiteten AGB sein, die, wie die VOB, nicht von einer Marktseite allein herrühren (MünchKomm/Basedow Rn 8). Bei Zwischenvermarktern kann nicht berücksichtigt werden, dass sie selbst harten AGB unterliegen (**aA** MünchKomm/Basedow Rn 8). Sie haben heute eine 12

Marktmacht, die es ihnen gestattet, den Druck an die Vorlieferanten weiter zu geben.

13 **b)** Mit vager Bezugnahme des Gesetzestextes auf die im Handelsverkehr „geltenden" Gewohnheiten und Gebräuche bei der nach § 307 durchzuführenden Inhaltskontrolle scheinen die Gesetzesverfasser keine sehr greifbare Vorstellung verbunden zu haben. Echte Geltung kraft Handelsbrauches liegt außerhalb der Inhaltskontrolle des AGB-Rechts (s § 305 Rn 188). Nicht etwa war der letzte Halbsatz von Abs 1 S 2 nötig, um Handelsbräuche als „zwingendem" Recht gegenüber der sonst obwaltenden „zwingenden" AGB-Inhaltskontrolle überhaupt berücksichtigungsfähig zu machen (Rabe NJW 1987, 1983; **aA** MünchKomm/Basedow Rn 10). Der Hinweis in Abs 1 aE betrifft daher branchenübliche Klauselgestaltungen, die sich noch nicht zu einem Handelsbrauch verdichtet haben. Sie können Indizwirkung gegen die aus §§ 308, 309 nahe liegenden Schlussfolgerungen haben (Bsp BGHZ 103, 316, 329 = NJW 1988, 1785 – Schiffsbauvertrag; BGHZ 127, 275, 282 = NJW 1995, 1490 – ADSp). Der BGH hat daher etwa die Branchenüblichkeit einer seit langem geübten Haftungsfreizeichnungspraxis (ADSp) respektiert (NJW-RR 1997, 1254). Die Üblichkeit einer Klausel hebt aber nicht die indizielle Wirkung der §§ 308, 309 auch für den unternehmerischen Verkehr (vgl Rn 12) auf (Oetker AcP 212 [2011] 232 f). Die Indizwirkung der Handelsbräuche spielt auch dann eine Rolle, wenn es an entsprechenden Vorgaben der §§ 308, 309 fehlt. Hier signalisiert der Handelsbrauch die Wirksamkeit einer Klausel und weist damit demjenigen die Beweislast zu, der die Klausel für unwirksam hält (MünchKomm/Basedow Rn 7). Auch gegenüber Unternehmern, die keine Kaufleute sind, sind Handelsbräuche berücksichtigungsfähig (MünchKomm/Basedow Rn 9).

13a **c)** Satz 3 spricht das Thema an, das ursprünglich in § 23 Abs 2 Nr 5 AGBG geregelt und dann in § 308 Nr 5b HS 2 und § 309 Nr 8b BGB eingebracht worden war. Das FoSiG vom 23. 10. 2008 (BGBl 2008 I 2022) hat es an seinen jetzigen Platz gebracht – unter Betonung dessen, dass die VOB/B ohne inhaltliche Änderung einbezogen worden sein muss und unter Aufgabe der Beschränkung auf einzelne Klauselverbote. Die Regelung ist jetzt auf Verträge mit Unternehmern beschränkt. Die Rechtsprechung, dass die VOB/B der Inhaltskontrolle unterliegt (s Schlosser § 1 UKlaG Rn 30), ist gegenüber Verbrauchern aufrechterhalten worden (so schon BGHZ 178, 1 ff = ZIP 2008, 1729). Gegenüber Unternehmern hingegen ist die VOB/B einer Inhaltskontrolle entzogen, aber auch das nur, wenn keinerlei Abweichungen vorgenommen wurden (Ulmer/Schäfer Rn 35b), was aber praktisch selten vorkommen dürfte (verschiedene Randprobleme behandelt bei Quack ZfBR 2009, 211. Beispiele für Inhaltskontrollverdikt: BGH NJW-RR 2007, 1317; BGH NJW 2009, 3717, 3721). Auf größeres oder kleineres Gewicht der Abweichungen kommt es nicht an (so unter Aufgabe früherer Rechtsprechung BGHZ 157, 346 = NJW 2004, 1597). Individualvertragliche Abweichungen müssen aber unschädlich bleiben. Zur Empfehlereigenschaft des „Deutschen Vergabe- und Vertragsausschusses" s § 1 UKlaG Rn 30. Zu Einzelheiten der VOB/B s den durch das Stichwortverzeichnis aufgeschlüsselten Zusammenhang.

Um einer allzu großen Ausuferung der Inhaltskontrolle im B2B-Geschäften entgegenzuwirken (s § 305 Rn 36a f), wird auf eine Gesetzesänderung gedrängt (Müller/Griebeler/Pfeil BB 2009, 2658; **aA** Graf vWestphalen NJW 2009, 2977).

II. Abs 2

Die Vorschrift schafft eine Ausnahme vom Anwendungsbereich der §§ 308, 309. Gegenüber der Vorgängerbestimmung § 23 Abs 2 AGBG sind die übrigen Ausnahmeregelungen teils entfallen, teils in die §§ 308, 309 transferiert worden. 14

Zum Verhältnis zu Abs 3 (Verbraucherverträge) s Rn 44.

§ 39 EnergiewirtschaftsG ermächtigt das Bundesministerium für Wirtschaft, durch RV mit Zustimmung des Bundesrats für Energieversorgung „Allgemeine Bedingungen" festzulegen. Davon wurde Gebrauch gemacht (s NAV – NiederspannungsanschlussVO, BGBl 2006 I 2477, NDAV – NiederdruckanschlussVO, BGBl 2006 I 2477, StromGVV, BGBl 2006 I 2391, GasGVV, BGBl 2006 I 2391, 2396). Art 243 EGBGB hat eine ähnliche Ermächtigungsgrundlage für die Versorgung mit Wasser und Fernwärme sowie die Entsorgung von Wasser gebracht (Näheres Staudinger/Schlosser [2003] Art 243 EGBGB). Die aufgrund dieser Ermächtigungen erlassenen Verordnungen unterliegen der Richtlinie und der Inhaltskontrolle nach §§ 307 ff nicht (BGHZ 100, 1 ff; BGH NJW 2011, 2501 ff) und gelten nur gegenüber sog Tarifkunden: § 310 Abs 2 betrifft ausschließlich die Rechtsverhältnisse von Versorgungsunternehmen mit Sonderabnehmern, für welche die genannten Verordnungen nicht gelten. In stark übertriebenem Verbraucherschutzeifer hat der EuGH (Rs C-92/11 RJW 2013, 299) entschieden, AGB mit Sonderabnehmern unterlägen der Inhaltskontrolle auch dann, wenn sie Bestimmungen von der entsprechenden VO textlich übernehmen. Komplizierte Preisanpassungsprobleme können sich bei vertraglichen Beziehungen ergeben, die vor Erlass der genannten Verordnungen begründet worden sind (zB LG Neuruppin 1 O 161/08 CuR 2010, 115): 15

Soweit Bedingungen in Formularverträgen mit Sonderabnehmern (für die wegen der großen Abnahmemengen oder wegen besonderer Abnahmeverhältnisse abweichende Regelungen angemessen sind) denjenigen der AVB entsprechen, also zB auf sie verweisen oder zum Vorteil der Sonderabnehmer von ihnen abweichen, scheiden §§ 308, 309 als Kontrollmaßstab aus. Die Erwähnung der letzteren Normen zeigt, dass nur Verbraucher als Sonderabnehmer gemeint sind (Ulmer/Schäfer Rn 99). Sinn dieser Regelung ist es, Sonderabnehmern keinen stärkeren Schutz angedeihen zu lassen, als er Tarifkunden zukommt (krit hierzu MünchKomm/Basedow Rn 14). § 307 ist weiter anwendbar. Ebenso wie im unternehmerischen Verkehr (s Rn 12), können auch Wertungen aus den §§ 308, 309 in die Anwendung der Generalklausel des § 307 Eingang finden. Der Inhalt der gegenüber den Tarifabnehmern geltenden Rechtsverordnungen ist aber ein starker Hinweis auf das, was als angemessen zu betrachten ist (BGHZ 138, 118, 126 ff= NJW 1998, 1640; BGH NJW 2005, 919 – zögernd; Ulmer/Schäfer Rn 99; zurückhaltend Wolf/H Schmidt § 310 Abs 4 Rn 1, 2 ff; MünchKomm/Basedow Rn 16; Danner BB 1979, 79). Eine unveränderte Übernahme der Preisanpassungsbefugnisse aus der entsprechenden Verordnung ist daher keine unangemessene Benachteiligung des Kunden (BGHZ 172, 315 = NJW 2007, 2540 Rn 16; BGH NJW 2010, 993 Rn 29 – im konkreten Fall aber wegen Abweichung Unwirksamkeit der Klausel). Eine Haftungsbeschränkung nach dem Modell der jeweiligen Verordnung ist daher wirksam (BGH NJW 1998, 1640; sehr krit zu den Preis- und Versicherbarkeitsargumenten des BGH: MünchKomm/Basedow Rn 16). Allerdings ist bei der Prüfung des § 307 auf sachliche Unterschiede zwischen dem Tarif- und dem Sonderkundenbereich zu achten (Wolf/Horn Rn 143). 16

17 Weichen Sonderbedingungen zum Nachteil des Abnehmers von den Allgemeinen Bedingungen ab, so ist eine Kontrolle ebenfalls nur nach § 307 möglich, wenn der Abnehmer Unternehmer oder Körperschaft des öffentlichen Rechts ist. Dies zeigt, dass dem Abs 3 Nr 2 im Regelfall keine große Bedeutung für die Inhaltskontrolle zukommt (MünchKomm/Basedow Rn 14). Fällt der Sonderabnehmer ausnahmsweise nicht unter Abs 1, was allerdings im Zuge der Liberalisierung des Energiemarktes zunehmend vorkommt, dann sind ihn im Vergleich zu den Tarifabnehmern benachteiligende AGB-Klauseln nur wirksam, wenn sie der nach §§ 307–309 vorzunehmenden Inhaltskontrolle standhalten. Soweit die Inhaltskontrolle die Unwirksamkeit einer Klausel ergibt, tritt nicht etwa von selbst dasjenige an deren Stelle, das für Tarifabnehmer gilt. Ersatzordnung ist vielmehr das dispositive Recht, wenn Regelungsgegenstände in Frage stehen, die nicht typisch für das betreffende Versorgungsverhältnis sind. Andernfalls (§ 306 Rn 12) ist der Stromvertrag ergänzend auszulegen. Dann ist auch Raum für eine analoge Anwendung von Bestimmungen aus den Allgemeinen Stromversorgungsbedingungen, weil diese Rechtssatzqualität besitzen. Vorbehalte wegen besorgter Richtlinieninkonformität der Ausnahme von Abs 2 (MünchKomm/Basedow Rn 14) sind unbegründet (s 306 Rn 29). Ein Zirkelschluss ist es, die Branchenüblichkeit einer Regel mit dem Argument zu ignorieren, der BGH habe, ohne auf den Gesichtspunkt der Branchenüblichkeit einzugehen, bestimmte Klauseln auch im B2B-Verkehr als gegen § 307 Abs 2 verstoßend angesehen (so aber Graf vWestphalen BB 2010, 200 unter fälschlicher Berufung auf eine angebliche BGH-Entscheidung NJW-RR 2008, 267). Zur Inhaltskontrolle im Einzelnen vgl bei §§ 308, 309 jeweils unter „Unternehmer".

III. Absatz 3 als Umsetzung der Richtlinie (RL) vom 5. 4. 1993 93/13 EWG über missbräuchliche Klauseln in Verbraucherverträgen

1. Grundlage der Richtlinie

18 Die Richtlinie 93/13 EWG über missbräuchliche Klauseln in Verbraucherverträgen (im folgenden RL) vom 5. 4. 1993 wurde auf **Grundlage des Art 100a EG-Vertrags aF** (jetzt Art 114 AEUV) erlassen (Damm JZ 1994, 162). Sie ist im Textanhang zu § 310 abgedruckt und dient dem Ziel der Rechtsangleichung der Privatrechtsordnungen der Mitgliedsstaaten, um die den Binnenmarkt störenden Unterschiede bei den Kontrollmaßstäben für AGB zu beseitigen. Die Richtlinie dient somit der Schaffung und dem Ausbau des Binnenmarktes. Gleichwohl lässt sie sich nicht lediglich als Binnenmarktrichtlinie mit einem unerlässlichen Maß an Verbraucherschutz interpretieren (Tonner JZ 1996, 538). Da sie aber noch vor Erlass des Maastricht-Vertrages erging, stand Art 129a EGV in dessen Fassung als Rechtsgrundlage noch nicht zur Verfügung.

19 Mit dieser RL hat die Europäische Union ihr bisher ehrgeizigstes Projekt auf dem Gebiet der Rechtsangleichung der Privatrechtsordnungen der Mitgliedsstaaten verwirklicht (Drobnig, in: FS Steindorff 1143). Während frühere Richtlinien auf dem Gebiet des Privatrechts vor allem Spezialmaterien betrafen, wie zB die Richtlinie über den Widerruf von Haustürgeschäften oder die Richtlinie für Produkthaftungsfälle, so greift diese RL erstmals mit der in ihr vorgesehenen Inhaltskontrolle von Verträgen in den Kernbereich der nationalen Vertragsrechtsordnungen ein. Gerade

wegen dieser weitreichenden Folgen war die RL lange Zeit Gegenstand heftiger Kontroversen.

Erste Vorarbeiten reichen bis in die siebziger Jahre zurück. So ist der Verbraucherschutz in der EG schon im „ersten Programm der EG zum Schutz und zur Unterrichtung der Verbraucher" vom 4. 4. 1975 (ABlEG C 92 vom 25. 4. 1975, 1) enthalten (Damm JZ 1994, 162). Auf dieser Grundlage wurden erste ausformulierte Vorschläge in den Jahren 1976 und 1984 vorgelegt (Doc ENV-384–6 und EG-Bulletin 1984, Beil I S 16). Diese Ansätze wurden aber nicht weiter verfolgt und sind heute Makulatur (Heinrichs NJW 1993, 1817). **20**

Die unmittelbare Entstehungsgeschichte der RL beginnt erst 1987, als die EG-Kommission einen Vorentwurf einer entsprechenden Richtlinie vorlegte. Dieser Vorschlag bildete dann die Grundlage für den „Vorschlag über eine Richtlinie über missbräuchliche Klauseln in Verbraucherverträgen" vom 24. 7. 1990 (ABl EG C243 vom 28. 9. 1990). Nach Meinung der Kommission sollte die Inhaltskontrolle auch auf alle Individualabreden in Verbraucherverträgen erstreckt werden sowie Regelungen auf dem Gebiet der Sachmängelgewährleistung enthalten. Ob auch eine Inhaltskontrolle des Preis-Leistungsverhältnisses und Leistungsbeschreibung selbst beabsichtigt war, ist nicht ganz klar. Insbesondere wegen der als zu weitgreifend empfundenen Inhaltskontrolle stieß dieser Vorschlag vor allem in Deutschland auf scharfe Kritik (Brandner/Ulmer BB 1991, 701; Hommelhoff AcP 192 [1992] 71; Bunte, in: FS Locher [1990] 325). In der umfassenden richterlichen Inhaltskontrolle sah man die Privatautonomie, eine allen europäischen Rechtsordnungen gemeinsame Basisinstitution als bedroht an (Müller-Graff, in: FS Börner 303, 307). Aber erst der „gemeinsame Standpunkt des Rates" vom 22. 9. 1992 brachte den Umschwung. In dieser Erklärung nahm der Rat die streitigen Punkte aus dem Regelungskonzept heraus und stellte fest, dass nicht vorformulierte Bestandteile von Individualverträgen und Hauptleistungspflichten nicht der richterlichen Inhaltskontrolle unterliegen sollten. Diese Korrekturen sind dann unverändert in die RL vom 5. 4. 1993 übernommen worden (Vorbem 9 ff zu §§ 305 ff). **21**

2. Der persönliche und sachliche Anwendungsbereich der Richtlinie

Der persönliche und sachliche Anwendungsbereich der RL decken sich nicht haargenau mit dem Anwendungsbereich der §§ 305 ff.

a) Der **persönliche Anwendungsbereich** der RL ist beschränkt. Sie gilt nur für Verträge zwischen einem Gewerbetreibenden (Art 1 RL) und einem Verbraucher (Art 1 RL). Verträge zwischen anderen Vertragspartnern werden nicht erfasst. Die RL verbietet es den nationalen Rechtsordnungen aber nicht, auch über ihren Bereich hinaus Regelungen zu treffen, die eine weitergehende richterliche Inhaltskontrolle ermöglichen. Bei Verbraucherverträgen will sie lediglich einen Mindeststandard schaffen (Art 8 RL). Soweit die Mitgliedstaaten auch andere Personengruppen mit einbeziehen (wie Deutschland in § 310 Abs 1), machen sie von ihrem Gesetzgebungsrecht Gebrauch. Die RL entfaltet hier keine Sperrwirkung. Abs 3 will aber sicherlich den Begriff „Verbraucher" nicht anders verstanden wissen als in § 13 und Art 2(b) der RL (MünchKomm/Basedow Rn 43). Daher unterfallen auch Existenzgrün- **22**

dungsverträge nicht dem Begriff des Verbrauchervertrags (EuGHE 1997 I 3767 – Benincasa, ergangen zu Art 13 EuGVÜ = Art 15 EuGVVO).

23 **b)** Im **sachlichen Anwendungsbereich** ergeben sich gegenüber § 305 Abs 1 Abweichungen. Die Richtlinie knüpft, im Gegensatz zu § 305 Abs 1, weder an die „mehrmalige Verwendung", noch an das Merkmal des „Stellens" einer Klausel an. Das hat für die Praxis vor allem der Arbeitsgerichte zur Folge gehabt, dass im Einzelfall als Voraussetzung der Inhaltskontrolle das Vorliegen einer Mehrfachverwendung oder des „Stellens" gar nicht mehr geprüft, sondern jene „jedenfalls" nach § 310 Abs 3 vorgenommen wurde (BAGE 121, 257 Rn 14; OLG Frankfurt MDR 2010, 176; LAG Rheinland-Pfalz 95a 444/10- juris; LAG Düsseldorf NZA-RR 2007, 238).

Nach Art 3 Abs 1 RL sind alle Vertragsklauseln, die nicht einzeln ausgehandelt sind, der Inhaltskontrolle zu unterwerfen. Eine nicht einzeln ausgehandelte Klausel liegt nach Art 3 Abs 2 RL immer dann vor, wenn sie im Voraus abgefasst wurde und der Verbraucher deshalb keinen Einfluss auf ihren Inhalt nehmen konnte. Damit ist aber eine Klausel auch dann der Inhaltskontrolle zu unterwerfen, wenn sie auf Vorschlag eines Dritten Vertragsinhalt geworden ist (Heinrichs NJW 1995, 157; Damm JZ 1994, 166; Kappus NJW 1994, 1848; **aA** Ulmer EuZW 1993, 342; Klaas 255 f; Eckert WM 1993, 1073; s Rn 41 und Rn 55). Die RL verzichtet bei ihrer Definition missbräuchlicher Vertragsklauseln auf das Merkmal des „Stellens". Soweit Art 7 Abs 1 RL von der „Verwendung missbräuchlicher Klauseln durch einen Gewerbetreibenden" spricht, meint dies lediglich, dass sich der Gewerbetreibende kraft seiner überlegenen Position auf die bereits Vertragsinhalt gewordene Klausel bezieht und sie nun in seinem eigenen Interesse durchzusetzen sucht. Daraus und aus dem neunten Erwägungsgrund lässt sich aber nicht entnehmen, dass der Gewerbetreibende selbst diese Klausel gestellt haben muss (Palandt/Grüneberg Rn 12; Bunte DB 1996, 1392, hM; **aA** Ulmer, AGB-Gesetz[9] § 24a Rn 43; Braunfels DNotZ 1997, 366). Diese Auslegung wird durch das Schutzkonzept der RL bestätigt, wonach der Verbraucher immer dann geschützt werden soll, wenn ihm vorformulierte Klauseln unterbreitet werden, ohne dass er eine Gelegenheit hatte, auf deren Inhalt Einfluss zu nehmen. Dann aber spielt es auch keine Rolle, ob die Klausel der Unternehmer oder ein Dritter vorformuliert hat. Diesem Standpunkt ist auch der Gesetzgeber in Abs 3 gefolgt. Die Frage ist damit – zumindest für Deutschland – insoweit eindeutig entschieden, wie es um die Verwendung einer für eine Vielzahl von Verträgen vorformulierten Klausel geht. Umstritten bleibt weiterhin, ob das Merkmal des „Stellens" nicht wenigstens für Einzelvertragsklauseln nach Abs 3 Nr 2 aufrechterhalten werden soll (s dazu Rn 57 f, 63).

Der Begriff des Vertrags ist euroautonom auszulegen (s Rn 46). Eine Beschränkung auf Verträge über Warenlieferungen und Dienstleistungen enthält die RL trotz einiger missverständlicher Andeutungen nicht (MünchKomm/Basedow Rn 27; **aA** Heinrichs NJW 1996, 2190 [2191]).

Die RL hat in Art 2 den rätselhaften Zusatz: „... auch wenn diese (Tätigkeit des Gewerbetreibenden) dem öffentlich-rechtlichen Bereich zuzurechnen ist". Sinnvollerweise können hierunter nicht generell vorformulierte Nebenbestimmungen zu Verwaltungsakten fallen, sondern nur zu öffentlich-rechtlich organisierten Dienst- und Versorgungsleistungen, wie sie strukturell auch von privaten Unternehmern angeboten werden könnten (ähnlich MünchKomm/Basedow Rn 40). Die legislatorische Tätigkeit des Verordnungsgebers fällt nicht unter den Zusatz (s Rn 16).

3. Die „andere" Schutzkonzeption der Richtlinie

Im Vergleich zu §§ 305 ff verfolgt die Verbrauchervertragsrichtlinie eine **andere Schutzkonzeption**. Hierin liegt die wichtigste Differenz beider Regelungswerke (Staudinger/Coester Vorbem 7 zu §§ 307 ff; Ulmer EuZW 1993, 337 f; Damm JZ 1994, 166). Das Konzept des BGB beruht auf dem Gedanken, allgemein zu verhindern, dass eine Partei faktisch allein die Vertragsfreiheit für sich in Anspruch nimmt und dadurch den anderen Teil über ein tolerierbares Maß hinaus benachteiligt (BGHZ 126, 326, 323; s Staudinger/Schlosser [1998] § 24 AGBG Rn 1). §§ 305 ff erfassen auch den Handelsverkehr und gelten unabhängig davon, ob im Einzelfall ein intellektuelles oder wirtschaftliches Ungleichgewicht zwischen den Vertragsparteien besteht (vgl Rabe NJW 1987, 1978). Die EG-Richtlinie hält strikt an dem Konzept des reinen Verbraucherschutzrechts fest. Es geht ihr um den Schutz des Verbrauchers in seiner „rollenspezifischen Unterlegenheit" (Hommelhoff/Wiedenmann ZIP 1993, 564; Kapnopoulou 75 ff). Daher verzichtet die RL auf das Merkmal des „Stellens" (s Rn 54) und auf das Merkmal der „Vielzahl" (s Rn 61). Nur in diesem Licht sind die wichtigsten Einzelregelungen der RL zu verstehen: 24

a) Für die **Inhaltskontrolle** sieht die Richtlinie in Art 3 Abs 1 RL lediglich eine Generalklausel vor. Der Klauselkatalog des Anhangs zur Richtlinie ist unverbindlich (EuGHE 2004 = NJW 2004, 1647 = RIW 2004, 551 – Freiburger Kommunalbauten; vgl Staudinger/Coester § 307 Rn 120 ff; Vorbem 13 zu §§ 305 ff). Zur Bestimmung der Missbräuchlichkeit einer Klausel werden in Art 4 Abs 1 RL Kriterien aufgestellt, die diese näher umschreiben sollen. Dabei sollen auch „die den Vertragsschluss begleitenden Umstände" für die Inhaltskontrolle mit herangezogen werden. Diese konkreten Anknüpfungspunkte einer Inhaltskontrolle waren in § 9 AGBG, der lediglich einen abstrakt generellen Prüfungsmaßstab anlegte, und sind in § 307 nicht vorgesehen. Abs 3 Nr 3 dient der Umsetzung dieser Eigenheit der Richtlinie für das Verbrauchergeschäft. 25

b) Die **Leistungsbeschreibung** und das **Äquivalenzverhältnis** sind nach Art 4 Abs 2 RL von der Inhaltskontrolle ausgeschlossen. Lediglich deklaratorische Klauseln fallen schon nach Art 1 Abs 2 RL nicht in ihren Anwendungsbereich. Zusammen entsprechen diese Regelungen dem Grundgedanken des § 307 Abs 3 S 1. Für Deutschland neu an der RL war der ausdrückliche Vorbehalt der Überprüfung der Einhaltung des Transparenzgebotes (Art 5 RL, zu den Einzelheiten s Staudinger/Coester § 307 Rn 315 ff). Wie Abs 4 einige Rechtsmaterien aus dem Geltungsbereich des AGB-Rechts herausnimmt, sieht auch die RL in ihrem Erwägungsgrund Nr 10 entsprechende Beschränkungen vor. Damit ist authentisch festgestellt, dass Beteiligte an solchen Verträgen keine „Verbraucher" iS der RL sind (s Rn 44). 26

c) Die RL fordert an mehreren Stellen, dass **„Klauseln klar und verständlich abgefasst"** werden (Art 4 Abs 2, 5 S 1 RL). Der deutsche Gesetzgeber hatte auf eine ausdrückliche Umsetzung verzichtet, obwohl dem AGBG ein ausdrückliches Transparenzgebot fehlte (krit dazu Staudinger WM 1999, 1546 ff). § 307 Abs 1 S 2 nF hat 27 dies nachgeholt, dabei aber nur die Rechtsprechung zum Transparenzgebot schlagwortartig übernommen (dazu s STAUDINGER/COESTER § 307 Rn 170 ff).

28 **d)** Die **Rechtsfolgen einer unwirksamen Klausel** werden in Art 6 Abs 1 RL geregelt, der tendenziell dem § 306 entspricht, aber den Gesetzgebern der Mitgliedsstaaten beträchtliche Ermessensspielräume lässt, wenngleich der EuGH unverständlicherweise diese sehr eingeschränkt hat (s § 306 Rn 29a aE).

29 **e)** Schließlich ist der **zwischenstaatliche Geltungsbereich** nach Art 6 Abs 2 der RL in einer Weise behandelt, die im SchuldRModG zum Anlass genommen worden war, in Gestalt von Art 29a EGBGB das Problem auf höherer Abstraktionsebene zu regeln (aus der Zeit davor A STAUDINGER Artikel 6 Absatz 2 der Klauselrichtlinie und § 12 AGBG [1998]). Zum jetzigen Stand im IPR s § 305 Rn 103.

30 **f)** Art 7 der RL schreibt vor, dass auch ein über die Einzelfallkontrolle hinausgehendes abstraktes Verfahren zugelassen werden muss, in dem Personen oder Organisationen, die „nach dem innerstaatlichen Recht" ein berechtigtes Interesse am Verbraucherschutz haben, die nationalen Gerichte anrufen können, um die Missbräuchlichkeit von Standardbedingungen geltend zu machen. Mit dem Verweis auf das innerstaatliche Recht ist klargestellt, dass keine Einzelpersonen oder Vereinigungen einen Anspruch aus dem Europarecht ableiten können, abstrakt gegen die Verwendung von unangemessenen Klauseln vorzugehen. Die Umsetzung der Richtlinie machte daher Ergänzungen zu den §§ 13 ff AGBG nicht nötig und ist heute im UKlaG niedergelegt.

31 **g)** Nach Art 10 RL war die RL bis zum 31. 12. 1994 umzusetzen. Nach Art 10 Abs 1 S 2 RL erfasst die RL nur Verträge, die nach dem 31. 12. 1994 abgeschlossen wurden. Eine dem § 28 Abs 2 des früheren AGBG vergleichbare Regelung für vor diesem Datum abgeschlossene Dauerschuldverhältnisse kennt die RL nicht. Siehe aber Rn 42.

32 **h)** Bei der RL handelt es sich um eine europarechtliche Norm, die innerhalb der Gemeinschaft einheitlich, **„autonom"**, ausgelegt werden muss. Die von Richtlinien verwandten Begriffe dürfen daher nicht nach dem Verständnis des Rechts des jeweiligen Mitgliedsstaates ausgelegt werden (EuGH NJW 1983, 1257; STAUDINGER/COESTER § 307 Rn 78 ff; STEINDORFF EuZW 1990, 252). Bleiben Zweifelsfragen über den Inhalt einer RL, so sind diese im Verfahren nach Art 267 AEUV durch den EuGH zu klären, sofern die Zweifel die richtlinienkonforme Auslegung des Umsetzungsaktes berühren und die Klärung entscheidungserheblich ist (HESS, Die Einwirkungen des Vorabentscheidungsverfahrens nach Art 177 EGV auf das deutsche Zivilprozessrecht, ZZP 108 [1995] 59 ff, 74). So wird etwa die These vertreten, eine richtlinienkonforme Auslegung von § 310 Abs 4 gebiete, die Bereichsausnahme dann nicht anzuwenden, wenn der Beitritt zu einer Gesellschaft ein Verbrauchergeschäft sei (OLG Frankfurt NJW-RR 2004, 991, 992; OLG Oldenburg NZG 1999, 846; GRUNDMANN JZ 1996, 284; WOLF, AGB-Recht RL Art 1 Rn 28; HEINRICHS NJW 1998, 1462; MünchKomm/BASEDOW Rn 26; **aA** OLG Naumburg OLG NL 2002, 111; MICHALSKI/SCHULENBURG NZG 1999, 896; DRYGALA ZIP 1997, 968; ausdrücklich offen gelassen, weil „richterliche" Inhaltskontrolle gleichwertig BGH NJW 2001, 1270). Allerdings ist dieser These zu widersprechen (s Rn 44).

Im Zusammenhang mit der RL über missbräuchliche Klauseln in Verbraucherverträgen entfällt das **Vorlageverfahren** zwar immer dann, wenn die fragliche Klausel bereits nach dem innerstaatlichen Recht eindeutig unwirksam ist; die Auslegung der RL ist dann nicht entscheidungserheblich (Nassall WM 1994, 1648). Dabei spielt es keine Rolle, ob sich die Unwirksamkeit der Klausel aus den §§ 305–309 oder einer allgemeinen Norm (§§ 242, 315) ergibt. Im Übrigen verfügt das Europarecht nicht über geeignete Maßstäbe, anhand deren sich die Missbräuchlichkeit von Klauseln sicher beurteilen ließe. Der EuGH (s Rn 25) hat daher mit Recht entschieden, dass die nationalen Gerichte im Allgemeinen abschließend über die Missbräuchlichkeit einer Klausel zu befinden haben (näheres Staudinger/Coester § 307 Rn 68 ff). 33

4. Das Gesetzgebungsverfahren zu § 24a AGBG

Das **Gesetzgebungsverfahren zu § 24a AGBG**, das der Umsetzung der RL diente, hatte ausgeprägte Eigentümlichkeiten: 34

Deutschland ist seiner **Umsetzungspflicht erst sehr spät nachgekommen**. Der zu diesem Zweck neu geschaffene eingefügte § 24a AGBG war mit Wirkung zum 25. 7. 1996 in Kraft getreten. Die Bundesregierung hatte ihren Entwurf am 20. 10. 1995 im Deutschen Bundestag eingebracht, nachdem der Bundesrat keine Einwendungen gegen ihn erhoben hatte. Mit diesem Gesetzentwurf war sie stark von den Vorstellungen des im Hinblick auf die Vorgaben der RL unzureichenden Referentenentwurfs abgewichen (s BB 1995, 110). Der fast unverändert zum Gesetz gewordene RegE beschränkt sich allein auf durch die RL absolut unerlässlich gewordene Änderungen (BT-Drucks 13/2713, 10).

Mit dem neu geschaffenen § 24a war der Gesetzgeber der überwiegenden Meinung im Schrifttum gefolgt, die sich für eine **Umsetzung der RL im Rahmen des AGBG** ausgesprochen hatte (Heinrichs NJW 1993, 1817; ders NJW 1995, 153; Ulmer EuZW 1993, 337; Damm JZ 1994, 161; Eckert WM 1993, 1070; Frey ZIP 1993, 572). 35

Die RL ist demgegenüber in den **meisten Mitgliedsstaaten der EG** als reines Verbraucherrecht umgesetzt worden (Tonner JZ 1996, 539; ders EuZW 1995, 101, 325; ders ZEuP 1995, 865; zum französischen Recht: Berger-Walliser RIW/AWD 1996, 459 ff; zum griechischen Recht: Kapnopoulou 41 ff). 36

Ein verbraucherorientiertes Parallelgesetz zum AGBG und jetzt zu §§ 305 ff hätte eine nicht zu rechtfertigende Komplikation der Rechtslage gebracht. Allein der Umstand, dass es gelungen war, mit § 24a AGBG den gesamten Umsetzungsbedarf zu meistern, rechtfertigte dieses systematische Vorgehen. 37

Andererseits barg die hier erstmalig erprobte „Umsetzung“ einer Richtlinie im Rahmen eines textlich kaum geänderten bestehenden Gesetzes eine gewisse Gefahr, künftig die europarechtliche Nachgründung der Rechtsmaterie aus den Augen zu verlieren. Die Gefahr hat sich aber nicht verwirklicht. Das europarechtliche Instrument der ins nationale Recht umzusetzenden Richtlinie hat zu dem gerade den Sinn, dem Rechtsanwender die Frage nach dem Inhalt des Europarechts zu ersparen und ihm eine Arbeit anhand von Maßstäben zu ermöglichen, die in die ihm geläufige Begrifflichkeit umgesetzt worden sind. Ein einheitliches am Maßstab des Europa- 38 rechts zu messendes Mindestmaß an Schutz vor missbräuchlichen Klauseln lässt sich auch nur selten finden (s Vorbem 9 ff zu §§ 305 ff).

39 Allerdings hat die hastige Umstellung auf das neue Konzept (s Rn 34) zu kleineren Ungereimtheiten geführt. § 24a Nr 1 und jetzt § 310 Abs 3 Nr 1 sind logisch misslungen. Um mit der Definition von Allgemeinen Geschäftsbedingungen in § 1 zusammenzupassen, muss gelesen werden: „Vorformulierte Vertragsbedingungen gelten …" (s Rn 55).

40 Bei der Auslegung von Abs 3 ist auch der von der RL verfolgte **spezielle Schutzzweck** mit zu berücksichtigen (s Rn 24). Dies gilt bei Verbraucherverträgen für alle Vorschriften, auch soweit sie nicht ausdrücklich zur Umsetzung der RL erlassen sind (Heinrichs NJW 1996, 2194).

41 Noch weitgehend ungeklärt ist, wann über die Anforderungen der RL hinausgehende Schutzregelungen zu einem Verstoß gegen die Grundfreiheiten (insbesondere die Dienst- und Warenverkehrsfreiheit) des EGV führen und damit Handelsbeeinträchtigungen und Wettbewerbsverzerrungen erzeugen (Wolf, AGB-Recht Art 8 RL Rn 4; Nassall WM 1994, 1648). Nach der Keck-Rspr des EuGH (EuGHE 1993 I 6097, NJW 1994, 121) sind regelmäßig nur noch produktbezogene Regulierungen anhand der Warenverkehrsfreiheit (und der anderen Grundfreiheiten) zu messen, während allgemeine Verkaufsmodalitäten, die allgemein gelten und auch nicht versteckt zu Lasten ausländischer Erzeugnisse wirken, nicht mehr in den Anwendungsbereich des Art 28 EGV fallen. Dies spricht für eine größere Freiheit des nationalen Gesetzgebers bei der Normierung von Regelungen auf dem Gebiet der Klauselkontrolle, auch wenn sie über den Verbraucherschutz hinausreichen.

IV. Die Inhalte des jetzigen Abs 3

1. Der Anwendungsbereich von Abs 3

42 **a)** Zu ihrem **zeitlichen Anwendungsbereich** sagt die Vorschrift nichts. Die Umsetzung der RL ist mit Verkündung des UmsetzungsG am 25. 7. 1996 in Kraft getreten (BGBl I 1013, Art 3). Es enthält keine Übergangsregelungen. Es erfasst alle Verbraucherverträge, die nach dem 24. 7. 1996 abgeschlossen wurden. Entscheidend ist, wann die den Vertragsschluss perfekt machende Willenserklärung zugegangen ist (§ 130 Abs 1). Altverträge werden nur erfasst, wenn sie durch wesentliche Änderungen seit diesem Zeitpunkt zu Neuverträgen werden (vgl auch BGH BB 1997, 2548 zum VerbrKrG). Keineswegs kann eine Verspätung in der Umsetzungsgesetzgebung dadurch wettgemacht werden, dass man das AGBG für die Zeit zwischen dem 31. 12. 1994 und dem 4. 7. 1996 „richtlinienkonform auslegt", indem man so tut, als sei die RL rechtzeitig umgesetzt worden (**aA** OLG Düsseldorf BauR 2004, 514; MünchKomm/Basedow Rn 28). Wie eine verfassungskonforme (Larenz, Methodenlehre der Rechtswissenschaft, Studienausgabe [2. Aufl 1992] 228), so ist auch eine richtlinienkonforme Auslegung an die Grenze des Gesetzeswortlauts gebunden (generell zu Einzelheiten der richtlinienkonformen Auslegung Canaris, in: FS Bydlinski [Wien, New York 2002]).

43 **b)** Bei der Ermittlung des **persönlichen Anwendungsbereichs der §§ 305 ff** ist neben der in Abs 1 geregelten Sonderbehandlung von Unternehmern und juristischen

Personen des öffentlichen Rechts auch die Sonderregelung des Abs 3 für Verbraucherverträge zu beachten. Je nach dem **Status der am Vertrag beteiligten Personen** sind die §§ 305 ff nunmehr in **drei Fassungen** anzuwenden (vgl auch STAUDINGER/COESTER Vorbem 16 ff zu §§ 307 ff):

Bei **Verträgen zwischen Unternehmern und Verbrauchern** gilt § 310 Abs 3 mit dem gegenüber § 305 Abs 1 erweiterten sachlichen Anwendungsbereich und einem zusätzlichen (Rn 64 ff), modifizierten Maßstab bei der Inhaltskontrolle nach § 307. Bei der Auslegung der §§ 305 ff ist auf die RL Rücksicht zu nehmen. Die Bereichsausnahmen nach Abs 4 gelten auch für alle Verbraucherverträge nach Abs 3. Dies widerspricht nicht der RL über missbräuchliche Klauseln in Verbraucherverträgen (im Folgenden RL; s Textanh zu § 310), da diese ausweislich mehrerer ihrer Bestimmungen nur für Verträge über den Verkauf von Waren und die Erbringung von Dienstleistungen (durch den Unternehmer) gilt, was mit der Klarstellung in Nr 10 der Erwägungsgründe der RL bestätigt wird. Außerdem ist ihr eingeschränkter Anwendungsbereich Folge von deren beschränkter Ermächtigungsnorm (DRYGALA ZIP 1997, 970). Daher ist die das Gesellschaftsrecht betreffende Bereichsausnahme auch insoweit unbedenklich, wie es um Verträge über den Erwerb gesellschaftsrechtlicher Beteiligungen als Vermögensanlage ohne unternehmerische Funktion geht (ULMER/SCHÄFER Rn 120; DRYGALA ZIP 1997, 968; **aA** OLG Oldenburg NZG 1999, 896; KG WM 1999, 731; OLG Frankfurt NJW-RR 2004, 991; REMIEN ZEuP 1994, 44; MünchKomm/BASEDOW Rn 26 f; PALANDT/GRÜNEBERG Rn 50; offen gelassen in BGH NJW 2001, 1270; s auch Rn 32). Aber selbst wenn man anders entschiede, stellt die „richterliche“ Inhaltskontrolle (s Rn 82 und § 306 Rn 29) sicher, dass Deutschland sich richtlinienkonform verhält (so mit Recht BGH NJW 2001, 1270). 44

Werden AGB **gegenüber einem Unternehmer oder einer sonstigen in Abs 1 genannten Person** verwendet, gelten die §§ 305–309 ohne die in Abs 1 genannten Vorschriften. Ebenso gelten die §§ 305–309 ohne Modifikationen bei **Verträgen zwischen zwei Verbrauchern**. 45

Der weite **euroautonome Vertragsbegriff**, den der EuGH zu Art 5 Nr 1 EuGVÜ (entspricht heute EuGVVO) entwickelt hat (EuGH NJW 2005, 811 – Janus-Versand = IPRax 2005, 239 m Kommentar LORENZ/UNBERATH 219; EuGHE 1992, 3990 – Handte = JZ 1995, 90; EuGHE 1988, 1539 – Arcado = NJW 1989, 1434; EuGHE 1983, 987 – Peters = RIW 1983, 871), gilt auch für die Auslegung von Abs 3 (MünchKomm/BASEDOW Rn 25). Konstitutiv für den Vertragsbegriff ist die Freiwilligkeit der Begründung eines Rechtsverhältnisses. Englische „Undertakings“ (dazu SCHLOSSER RIW 2001, 81 ff) und nach deutschem Recht durch einseitiges Rechtsgeschäft vorzunehmende Bevollmächtigungen (OLG Jena ZIP 1999, 1554; **aA** AnwKomm/KOLLMANN Rn 20) etwa muss man als Verträge werten. 46

2. Einzelheiten der gemeinsamen tatbestandlichen Voraussetzungen der in Abs 3 geregelten Fälle

a) „Unternehmer“ ist, wer in Ausübung seiner gewerblichen oder selbständigen beruflichen Tätigkeit handelt, § 14 (vgl Rn 5 f). Weil hierunter auch Freiberufler, Handwerker und Landwirte fallen (PFEIFFER NJW 1999, 169 [171 ff]; PALANDT/GRÜNEBERG Rn 5), hat der Gesetzgeber nicht den in der RL verwandten Begriff des „Gewerbetreibenden“ gebraucht, der in der deutschen Rechtssprache sonst in einem enge- 47 ren Sinne verstanden wird (s zB § 2 Abs 2 BRAO). Die Definition von § 14 ist aber im Lichte der europarechtlichen Vorgaben zu eng geraten. Auch Gesellschaften ohne eigene Rechtspersönlichkeit können Unternehmer sein (OLG Koblenz BauR 2003, 546 – GbR; MünchKomm/Basedow Rn 38). Vor allem aber zählen zu den Unternehmern auch nicht auf Gewinnerzielung ausgerichtete Organisationen wie Sportverbände und größere Sportvereine (Haas/Hauptmann SchiedsVZ 2004, 175 [184 f]). Idealvereine und Stiftungen ohne professionelles Management sind keine Unternehmer (französischer Begriff in der RL: „professionnel"). Nur noch wenige Fälle verbleiben jedoch, in denen die Einführung von AGB auf eine Person zurückgeht, die nicht Unternehmer ist. Zum privaten, nicht zum beruflichen Bereich, gehört die **Verwaltung und Anlage von Vermögen** des Vertragspartners des Verwenders (OLG Koblenz aaO). Dies ist in anderen Bereichen allgemein anerkannt (s Staudinger/Habermann [2013] § 14 Rn 42). Dann muss aber auch das Umgekehrte gelten, wenn der Vermögende auf der Anbieterseite, zB als Vermieter auftritt, solange der Bereich der Vermögensverwaltung nicht überschritten ist (allgM). Zu beachten ist dabei, dass die genaue Abgrenzung der beruflichen von der privaten Sphäre „autonom" nach den Vorgaben der RL zu erfolgen hat. Juristische Personen und Personengesellschaften sind bei allen ihren Tätigkeiten Unternehmer. Der Vertragsschluss muss **im Rahmen** der gewerblichen oder beruflichen Tätigkeit geschehen, also in einem sachlichen Zusammenhang mit dieser stehen (Ulmer/Schäfer Rn 22). Bei natürlichen Personen und sonstigen Personengesellschaften als Unternehmer ist dieser Zusammenhang zu vermuten, kann aber im Einzelfall fehlen (Ulmer/Schäfer Rn 22). Vermietet beispielsweise eine Partnerschaft von Rechtsanwälten (§ 1 Abs 1 PartGG) nicht mehr gebrauchte, leerstehende Räume zu Wohnzwecken, handelt sie nicht in Ausübung ihrer beruflichen Tätigkeit und ist somit auch nicht Unternehmerin. Abs 3 Nr 1 gilt auch im Verfahren nach dem UKlaG (BGH NJW 1999, 2180). Zu weiteren Einzelheiten s Staudinger/Habermann (2013) § 14 BGB.

48 **b)** Der Begriff **„Verbraucher"** ist in § 13 definiert (weitere Einzelheiten s Staudinger/Kannowski [2013] § 13). Wie der Begriff des Unternehmers (Gewerbetreibenden) ist auch der Begriff „Verbraucher" europarechtlich-autonom zu interpretieren (Pfeiffer NJW 1999, 169 [172]). Wie derselbe Begriff in der RL (s Rn 22) erfasst er nicht Existenzgründer (s Rn 6). Auch die RL meint nur eine selbständige berufliche Tätigkeit (MünchKomm/Basedow Rn 44). Auch wenn dies umstritten ist, so sind Arbeitnehmer jedenfalls gem § 13 als Verbraucher zu behandeln (BAG NJW 2005, 3305; BVerfG NJW 2007, 286). Juristische Personen, auch im Gründungsstadium als Vor-AG oder Vor-GmbH, sind daher niemals Verbraucher, BGB-Gesellschaften nur, wenn sie von natürlichen Personen zu nicht kommerziellen Zwecken gegründet wurden, auch solche aber, die zur Verwaltung größerer Vermögen gegründet worden sind (Ulmer/Schäfer Rn 56 f; Wolf, AGB-Recht Art 2 RL Rn 5; Palandt/Ellenberger § 13 BGB Rn 2; Staudinger/Kannowski [2013] § 13 Rn 36; BGHZ 149, 80 bezüglich VerbrKG; **aA** etwa Reiff, in: FS Schirmer [2005] 501, 508 ff; Erman/Roloff Rn 11). Zur Vermögensverwaltung s Rn 47. Die Geschäftsführung einer GmbH ist keine selbständige, sondern angestellte berufliche Tätigkeit, mit der Folge, dass der GmbH-Geschäftsführer bei Eigengeschäften, auch wenn sie einen Bezug zur GmbH aufweisen (zB Bürgschaften, Schuldbeitritt etc), Verbraucher ist (BGH NJW 1996, 2866; BGH NJW 1996, 2158 zum VerbrKrG). Der geschäftsführende Alleingesellschafter ist aber Unternehmer (BFH BB 2005, 1206; BGH BB 2005, 2598 – beide zum Insolvenzrecht). Handelt der Unternehmer als Privatperson, also ohne Bezug zu seinem Handelsgeschäft, so ist er Verbraucher. RL und

Abs 3 regeln nicht **Mischformen** von Verträgen, die Bezüge zur Privatsphäre wie zur selbständigen Tätigkeit aufweisen (sog „dual use"), wie beispielweise den Kauf eines PKW durch einen Freiberufler, der sowohl beruflich, als auch privat genutzt werden soll. Man muss auf die Absicht der überwiegenden Nutzung abstellen (MünchKomm/Basedow Rn 47; Pfeifer NJW 1999, 169 [173] mwNw zur ausländischen Literatur; **aA** vWestphalen BB 1996, 2101 – Verbrauchereigenschaft ausschlaggebend; ähnlich Schwerdtfeger DStR 1997, 500; Ulmer/Schäfer Rn 63 – unternehmerisches Element ausschlaggebend; ebenso zu Art 15 EuGVVO EuGHE 2005 I 439 C-464/1o1 = NJW 2005, 653). Verträge über die künftige Aufnahme einer beruflichen oder gewerblichen Tätigkeit sind nach der RL keine Verbraucherverträge (s Rn 22). Obwohl das nationale Recht sie gleichwohl als solche behandeln könnte, sollte man die in § 310 Abs 3 verwandten Begriffe im Sinne der europarechtlichen Parallelbegriffe auslegen (OLG Oldenburg NJW-RR 1001, 641). Darauf, ob der Unternehmer das Auftreten seines Vertragspartners als Verbraucher erkennen konnte, kommt es nicht an (Ulmer/Schäfer Rn 59 – zu Recht diese Schlussfolgerung aus BGH NJW 2009, 3780 ziehend).

Bei der **Mitverpflichtung** mehrerer Personen auf Seiten des Kunden ist die Verbrauchereigenschaft für jeden gesondert zu bestimmen. Bei der Mitverpflichtung Dritter kommt es nur auf den vom Dritten verfolgten Vertragszweck an, nicht auf den des Hauptverpflichteten (Ulmer/Schäfer Rn 65 f). Die vom BGH insoweit für das Verbraucherkreditgeschäft gefundene Lösung ist verallgemeinerungsfähig (BGHZ 133, 71 = NJW 1996, 2156). **Abtretungen** von Ansprüchen aus einem Verbrauchervertrag ändern die materiellrechtliche Natur des Vertrags nicht. Die zum prozessrechtlichen Verbraucherschutz ergangene Entscheidung des EuGH in der Sache Shearson (EuGHE 1993 I 139 = NJW 1993, 1251) ist auf das materielle Recht nicht übertragbar (MünchKomm/Basedow Rn 50). 49

c) Die **Beweislast** für das Vorliegen eines Verbrauchergeschäfts trägt der Verbraucher (BGH NJW 2009, 3780 – allerdings mit der sehr angreifbaren Einschränkung, beim Vertragsschluss mit einer natürlichen Person sei grundsätzlich von einem Verbraucherhandeln auszugehen). Daher kann § 344 HGB analog angewandt werden (Palandt/Ellenberger § 13 Rn 3). Unter dem Gesichtspunkt richtlinienkonformer Auslegung entwickelte Zweifel (vor allem Pfeiffer NJW 1999, 169 [173 f]) sind unbegründet (Wackerbarth AcP 200 [2000] 61). Die RL enthält keine beweisrechtlichen Vorgaben. Fast immer sind die fraglichen Tatsachen leicht festzustellen. Dem die Stellung als Verbraucher Beanspruchenden die Beweislast hierfür aufzubürden, tangiert den „effet utile" der RL daher nicht. Zur Beweislast für die Voraussetzungen der Nr 2 s Rn 66. 50

d) Abs 3 enthält wie die RL (s Rn 23) **keine Beschränkung auf bestimmte Vertragstypen**. Er erfasst daher alle Verträge zwischen einem Verbraucher und einem Unternehmer, also auch Sicherungsgeschäfte, Bürgschaften und Kaufverträge über Grundstücke (Ulmer/Schäfer Rn 45). Ob die RL selbst diesen weiten Anwendungsbereich erfordert hatte (zweifelnd Heinrichs NJW 1996, 2191; ders Rn 7; Schmidt/Salzer NJW 1995, 1645), kann dahinstehen, da die getroffene Umsetzung wegen Art 8 RL unbedenklich ist (Heinrichs NJW 1996, 2191). Wegen der Bereichsausnahmen des Abs 4 s Rn 44. 51

Durch Abs 3 ergeben sich ferner keine Änderungen im Anwendungsbereich der §§ 307–309 für die Behandlung von **Teilungserklärungen** und **Gemeinschaftsordnun-** 52

gen nach dem WEG, auch wenn Verbraucher daran mitwirken. Die Bestimmungen einer Teilungserklärung legen nicht den Inhalt eines schuldrechtlichen Vertrages fest, sondern formen ein dingliches Recht aus, da sie nach §§ 5 Abs 4, 10 Abs 2 WEG zum Inhalt des Sondereigentums werden. Diese Erklärung wird nicht gegenüber einem bestimmten Erwerber abgegeben, sondern ist eine abstrakt-generelle Regelung, die allgemeine Geltung beansprucht. Die Unterscheidungen nach den Absätzen 1 und 3 sind auf sie nicht in sinnvoller Weise anwendungsfähig.

53 **e)** Fällt ein Vertrag in den persönlichen Anwendungsbereich des Abs 3, ist das AGB-Recht mit den in Nr 1–3 genannten Modifikationen anzuwenden. Mit den Nrn 1 und 2 wird der in § 1 Abs 1 S 1 bestimmte sachliche Anwendungsbereich erweitert und dem der RL angepasst (s Rn 23 ff).

3. Die Rechtsfolgen von Abs 3 Nr 1

Obwohl nicht sofort im Text erkennbar, ist es das Hauptziel der **Nr 1**, auch **von dritter Seite formulierte Vertragsbedingungen** der Inhaltskontrolle zu unterstellen (a). Zudem kehrt die Vorschrift die Beweislast zugunsten des Verbrauchers um (b).

54 **a)** **Nr 1, der auch im UKlaG-Verfahren gilt** (BGH NJW 1999, 2180), verzichtet auf das Erfordernis des **„Stellens"**, nicht der Vorformulierung für eine Vielzahl von Verwendungsfällen. In diesem Rahmen unterfallen alle vorformulierten Vertragsbedingungen dem AGB-Recht, die nicht vom Verbraucher in den Vertrag eingeführt worden sind (BGH aaO). Ein lehrreiches Beispiel sind vom Vermieter verwendete, im Schreibwarenhandel erhältliche Formularmietverträge (AG Lichtenberg MM 2007, 267). Es kommt nur darauf an, ob der Verbraucher gerade auf die Fassung der fraglichen Klausel Einfluss genommen hat (LAG Düsseldorf 9 Sa 986/07 – juris, aus anderen Gründen aufgehoben durch BAG). Obwohl Nr 1 der Umsetzung von Art 3 Abs 2 RL dient, ist bei Vorliegen der Nr 1 das AGB-Recht auch insoweit anwendbar, als es über die RL hinausgeht. Interne Papiere (s § 305 Rn 21) sind auch in diesem Rahmen keine AGB (AnwKomm/Kollmann Rn 27).

An der Verantwortung des Unternehmers für den Vertragsinhalt fehlt es, wenn der **Verbraucher selbst Vertragsbedingungen eingeführt hat**. Dies ist beispielsweise der Fall, wenn er sich eines handelsüblichen Formulars bedient, wie bei einem Mietvertragsformular oder einem ADAC-Formular für den Autokauf (BT-Drucks 13/2713, 12). Dann findet keine Inhaltskontrolle zugunsten des Verbrauchers statt. Gegenüber dem Vertragspartner ist das AGB-Recht je nach seinem Status mit oder ohne die Einschränkungen des Abs 1 anzuwenden. Spontaneinigungen auf ein Formular sind aber noch kein Einführen durch den Verbraucher (MünchKomm/Basedow Rn 59). Der Verbraucher führt aber auch dann Vertragsbedingungen in den Vertrag ein, wenn er selbst den Vertragsentwurf fertigt oder ihn von einem Dritten (etwa Rechtsanwalt) fertigen lässt (Ulmer/Schäfer Rn 75; Palandt/Grüneberg Rn 13; Bunte DB 1996, 1391), nicht aber, wenn Verbraucher und Unternehmer den Notar beauftragen. Dabei spielt es keine Rolle, ob die einzelne Klausel einmalig oder mehrmals verwendet werden sollte. Besteht der Verbraucher auf der Aufnahme einer bestimmten Klausel in den ansonsten vom Unternehmer vorgelegten Vertragsentwurf, so ist allein sie nach Nr 1 vom AGB-Recht ausgenommen. Wird der Dritte sowohl von dem Verbraucher, wie auch von dem Unternehmer mit der Errichtung eines Vertragsentwurfs beauftragt, gilt die Verwenderfiktion der Nr 1 uneingeschränkt zu Lasten des Unternehmers (Ulmer/Schäfer Rn 76). Zu Notarverträgen s im Übrigen Rn 64 f.

Die §§ 305–309 sind auch **nicht anzuwenden**, soweit eine nach § 305 Abs 1 S 3 im Einzelnen ausgehandelte Vertragsbedingung vorliegt (Palandt/Grüneberg Rn 13). Denn auch nach Art 3 Abs 1 RL fallen im Einzelnen ausgehandelte Vertragsklauseln nicht in deren Anwendungsbereich. Zur notariellen Belehrung s Rn 65.

Nach Nr 1 fallen vor allem auch solche vorformulierten Vertragsbedingungen unter 55
die §§ 305 ff, die **auf Vorschlag eines Dritten** Vertragsinhalt geworden sind. Mit Hilfe der Fiktion der Nr 1 wollte der Gesetzgeber an der bewährten Definition der AGB in § 305 Abs S 1 und dem damit zusammenhängenden Verwenderbegriff festhalten, die außerhalb des Anwendungsbereichs des Abs 3 weiter gelten (BT-Drucks 13/2713, 12). Übertrieben ist es allerdings, auch einen vom Mieter beauftragten und bezahlten Makler als Dritten zu betrachten (**aA** AG Hannover NJW-RR 2010, 519). Sprachlogisch ist der Wortlaut der Vorschrift misslungen. Nach § 305 Abs 1 sind AGB nur „gestellte" Vertragsbedingungen, richtigerweise hätte auch hier – ähnlich wie in Nr 2 – von „vorformulierten Vertragsbedingungen" die Rede sein müssen.

In richtlinienkonformer Auslegung muss aber Nr 1 mit Nr 2 kombiniert werden. 56
Auch wenn Vorformuliertes nur einmal verwandt werden soll, gilt es als vom Unternehmer „gestellt" (MünchKomm/Basedow Rn 64 f, aber in Widerspruch zu Rn 56 ff; **aA** Ulmer/Schäfer Rn 74). Jedoch ist der Unterschied zwischen „gestellten" Vertragsbedingungen und solchen, auf deren Inhalt der Verbraucher keinen Einfluss nehmen konnte, praktisch nur bedeutsam, wenn Dritte die Bedingungen in den Vertrag eingeführt haben, vor allem Notare oder Makler.

Die von der Rspr bisher an § 242 orientierte Inhaltskontrolle notariell beurkundeter 57
Verträge (s § 305 Rn 54 ff) fand in dem jetzt zu Abs 3 Nr 1 und Nr 2 gewordenen § 24a Nr 1 u Nr 2 AGBG eine neue Grundlage, soweit Bedingungen einem Verbraucher gestellt werden (Heinrichs NJW 1995, 158). Der „Unternehmer" als Vertragspartner wird als Verwender fingiert. Zur Wiederverwendung gedachte Vorratsklauseln eines Notars unterfallen der Nr 1 (Brambring, in: FS Heinrichs [1998] 39, 46; **aA** Ulmer, in: FS Heinrichs [1998] 555, 560). Einmalige Verwendungen von Klauseln durch einen Notar unterfallen der Nr 2, wenn die Notarverhandlung so geführt wurde, dass der Verbraucher keine Chance hatte, seine Vertragsgestaltungswünsche zu artikulieren. Keinesfalls ist Nr 2 auf Bedingungen, die von Dritten eingeführt worden sind, unanwendbar (Heinrichs NJW 1995, 153, 157; Bunte DB 1996, 3191; Klaas, in: FS Brandner [1996] 247, 249; Braunfels DNotZ 1997, 356, 376; **aA** Ulmer, in: FS Heinrichs [1998] 555, 567).

Für das Eintragungsverfahren nach der **GBO** (s Staudinger/Coester Vorbem 26 zu 58
§§ 307 ff) ist Abs 3 kaum von Bedeutung. Dem Grundbuchamt sind die persönlichen Voraussetzungen des Abs 3 nicht bekannt. Sie müssen sich auch nicht aus den Antragsunterlagen ergeben. Eine Beweiserhebung, ob im Rahmen der beruflichen oder selbständigen Tätigkeit gehandelt wurde, scheidet aus. Selbst wenn das Grundbuchamt um die Voraussetzungen des Abs 3 weiß, kann es den Eintragungsantrag

nur beanstanden, wenn ein Verstoß gegen §§ 307–309 offensichtlich ist (BayObLG NJW-RR 2002, 1669; dass RNotZ 2003, 183 = ZfIR 2003, 513).

59 Von Dritten formulierte Bedingungen werden AGB iSv § 305 Abs 1 S 1, wenn sie für eine Vielzahl von Verträgen vorformuliert sind. Sie unterfallen dann auch dem Verfahren nach dem UKlaG. Der Unterlassungsanspruch ist gegen den Unternehmer als fiktiven Verwender zu richten (Palandt/Grüneberg Rn 14). Gleichzeitig erweitert sich der Umfang des Verbotsausspruchs, soweit die Klausel gegenüber einem Verbraucher iSv Abs 3 verwendet werden soll. Der Unternehmer verletzt bereits dann seine Unterlassungspflicht, wenn er einen Vertrag abschließt, in dem die verbotene Klausel enthalten ist, sofern nicht einer der Ausschlusstatbestände der Nr 1 vorliegt. Der Tenor des Urteils sollte ausdrücklich auch das Verbot der Verwendung von Bedingungen aufnehmen, die Dritte formuliert haben, damit für die künftige Zwangsvollstreckung (§ 890 ZPO) keine Unklarheiten über den Umfang des Verbots auftreten.

60 **b)** Sprachlogisch missglückt ist die Vorschrift auch, soweit sie eine **Beweislastregelung** treffen will. Es wird nicht fingiert („gelten“), sondern vermutet, dass vorformulierte Bedingungen vom Unternehmer gestellt wurden. Dieser kann zu seiner Entlastung aber vorbringen und im Bestreitensfall beweisen, dass sie auf Initiative des Verbrauchers in den Vertrag gelangten. Zu den übrigen Beweislastfragen s Rn 66 u § 305 Rn 51 f. Hintergrund der eigenartigen Formulierung ist folgender: Die RL bezieht sich auf Vertragsklauseln generell und enthält nicht das Merkmal des „Stellens“, Art 3. Sie befreit aber von der Inhaltskontrolle, wenn der Verbraucher den vorformulierten Text eingeführt hat. Bei der Umsetzung wollte man möglichst nahe an der Textstruktur des AGBG bleiben und arbeitete daher mit einer „Fiktion“ des „Stellens“.

4. Verbraucherschutz bei vorformulierten Individualvereinbarungen („Einmalbedingungen“) – Abs 3 Nr 2

61 Die für **einen bestimmten Individualvertrag vorformulierten Klauseln (Nr 2)** fielen ursprünglich aus Prinzip nicht unter das AGBG (s § 305 Rn 17). Da die RL auch für diesen Fall eine Inhaltskontrolle vorsieht (s Rn 23), musste das AGBG entsprechend erweitert werden. Eine Streichung des Merkmals „für eine Vielzahl“ aus § 1 Abs 1 kam nicht in Betracht, da dadurch das Gesetz insgesamt auch für die einmalige Verwendung von vorformulierten Vertragsbedingungen gelten würde und dann viele Einzelregelungen nicht mehr gepasst hätten. Andererseits wollte man auf die Anfügung eines weiteren, jeweils gleichlautenden Absatzes für alle auch auf Einmalklauseln anwendbare Vorschriften verzichten (BT-Drucks 13/2713, 12 f).

62 **a)** Vorformuliert ist eine Individualklausel, die ohne diesbezügliche Vorverhandlungen mit dem Verbraucher von dem Unternehmer (oder Dritten nach Nr 1) in eine sprachliche Fassung gebracht worden ist, und an der er unverändert festhalten will, damit sie in den Vertrag Eingang findet (Wolf, in: FS Brandner [1996] 303). Zeitlich liegt daher das „Vorformulieren“ vor der möglichen Einflussnahme durch den Verbraucher auf die Gestaltung der Klausel (vWestphalen BB 1996, 2102). Aber auch eine mündlich vorbereitete Erklärung genügt (Wolf, AGB-Recht Art 3 RL Rn 22). Eine Ab-

grenzung eines durchformulierten Vertragsangebots von vorformulierten Einzelvertragsbedingungen ist nicht möglich (MünchKomm/Basedow Rn 63).

b) Auch von **Dritten vorformulierte Klauseln** (Nr 1), die nur zur einmaligen Verwendung bestimmt sind, werden erfasst (s Rn 56). 63

c) Weitere Voraussetzung für das Eingreifen der Inhaltskontrolle ist, dass der Verbraucher **aufgrund der Vorformulierung** auf den Inhalt der Vertragsbedingung **keinen Einfluss** nehmen konnte. Die Bedeutung dieses Merkmals ist umstritten. Während die hM das hier verwandte Kriterium dem Aushandeln nach § 305 Abs 1 S 3 gleichsetzen will (Palandt/Heinrichs Rn 13; Bunte DB 1996, 1392; Brandner AnwBl 1994, 339; iE ähnlich vWestphalen BB 1996, 2102), sehen Ulmer/Schäfer (Rn 8) ein gesondertes Tatbestandsmerkmal, das geringere Anforderungen an die Einflussmöglichkeiten des Verbrauchers stellt, als dies bei einer echten Individualvereinbarung der Fall ist (ähnlich Klaas, in: FS Brandner [1996] 257). Danach reicht es aus, dass der Unternehmer die ernst gemeinte Bereitschaft signalisiere, auf Änderungswünsche des Verbrauchers einzugehen, auch wenn dieser hiervon keinen Gebrauch macht (BAG NJW 2010, 2827 – diese Formel aber ausdrücklich mit der des „Aushandelns" in § 305 Abs 1 S 3 gleich setzend; BAG NJW 2005, 3305, 3310). All diese Überlegungen sind für praktische Zwecke viel zu fein ziseliert. Der letzte Halbsatz bedeutet praktisch, dass bei „Einmal"-Bedingungen das in Nr 1 eliminierte Merkmal des vom Verbraucher zu beweisenden (Rn 66) Stellens der Vertragsbedingungen durch den Unternehmer wieder auflebt. Dass der BGH viel zu strenge Anforderungen an das „Aushandeln" stellt (s § 305 Rn 36a), die sich für eine euro-autonome Auslegung der Klauselrichtlinie nicht eignen, steht auf einem anderen Blatt. Keineswegs reicht es aus, dass der Unternehmer bestimmenden Einfluss auf die Einbeziehung genommen hat (**aA** MünchKomm/Basedow Rn 59), wenn es auch zahlreiche Situationen geben mag, in denen die reine Hypothese einer Einflussnahme abwegig erscheint (näher Wolf/Pfeiffer, AGB-Recht § 310 Abs 3 Rn 25). Der Inhaltskontrolle unterliegen aber auch „Einmal-Klauseln" nur unter der Voraussetzung des § 307 Abs 3 S 1. Mit Recht ist die Honorarregelung eines Zahnarztes, die auf die spezifische Behandlung eines Patienten zugeschnitten war, als Individualvereinbarung gewertet worden (s § 307 Rn 36). 64

Besondere Bedeutung kommt diesem Merkmal bei **notariellen Verträgen** und standardisierten Textbausteinen (dazu Ulmer/Schäfer § 310 Rn 73 f) zu, die – auch wenn sie nicht für eine Vielzahl künftiger Verwendungsfälle konzipiert sind – der Inhaltskontrolle nach Nr 2 unterliegen können. Für einen juristisch nicht vorgeschulten Verbraucher steht die Möglichkeit, in der Notarverhandlung auf den Vertragstext Einfluss zu nehmen, auch etwa aufgrund der notariellen Belehrung, meist nur auf dem Papier. Vorherige Zusendung des mit dem Unternehmer abgesprochenen Vertragstextes, einschließlich notarieller Belehrung, und in atemberaubendem Tempo vorgenommenes Verlesen in der Notariatsverhandlung ermöglichen praktisch keine Einflussnahme des Verbrauchers auf den Vertragsinhalt (tendenziell ebenso Heinrichs NJW 1996, 2192; Kanzleiter DNotZ 1996, 868 f; Remien ZEuP 1994, 50; MünchKomm/Basedow Rn 58; **aA** Braunfels DNotZ 1997, 380 f). Die Möglichkeit der Einflussnahme ist aber gewährleistet, wenn der Verbraucher den Notar ausgesucht hat oder beide Parteien über den vom Notar rechtzeitig gemachten Vertragsvorschlag verhandelten oder der Notar sich wirklich Zeit genommen hat, dem Verbraucher die kritischen Punkte des Vertragsvorschlags (etwa die Gefährlichkeit einer abstrakten Vollstreckungsunter- 65 werfung) zu erläutern. Vernünftigerweise kann man das Pronomen „ihren" in Nr 2 und Art 2 Abs 2 RL nicht wörtlich nehmen und die Einflussnahmemöglichkeit auf jede Klausel leugnen, über die nicht gesprochen wurde. Liegt keine Individualvereinbarung vor, ist die Inhaltskontrolle in erster Linie anhand des individuellen Prüfungsmaßstab nach Nr 3 iVm § 307 durchzuführen (s Rn 70 aE). Auch hier kann die Tatsache der notariellen Verhandlung, ein maßgeblicher Begleitumstand des Vertragsschlusses, für die Angemessenheit der fraglichen Klausel sprechen. Die Beweislast für das Fehlen einer Einflussnahmemöglichkeit trägt der Verbraucher (Heinrichs NJW 1997, 1409; Wolf Art 3 RL Rn 30).

66 **d)** Denn der Verbraucher trägt die **Beweislast** für alle Voraussetzungen der Nr 2 (BAG NJW 2010, 939; BGHZ 176, 140 = BGH NJW 2008, 2250; Ulmer/Schäfer Rn 77, 89; MünchKomm/Basedow Rn 66; **aA** vWestphalen BB 1996, 2103). Er muss daher auch darlegen und beweisen, dass er keine Einflussnahmemöglichkeit auf die vorformulierten Bedingungen hatte (heute wohl allgM, s etwa MünchKomm/Basedow Rn 66). Keinesfalls besteht zugunsten des Verbrauchers eine tatsächliche Vermutung (**aA** OLG Düsseldorf NJW-RR 2005, 13), wenn ihn auch eine sekundäre Darlegungslast dahin trifft, dass er Behauptungen des Unternehmers substantiiert bestreiten muss (BAG aaO; LAG Mecklenburg-Vorpommern aaO). Zur Beweislast für Verbrauchergeschäfte s Rn 50. Diese Beweislastverteilung widerspricht nicht der RL. Nach Art 3 Abs 2 S 3 RL trägt die Beweislast für ein Aushandeln der Unternehmer nur bei Standardvertragsbedingungen, was im BGB dem § 305 Abs 1 S 2 entspricht. Eine entsprechende Regelung für Einmalklauseln enthält die RL nicht. Da es sich hier um eine negative Beweisführung handelt, kommen dem Verbraucher aber Erleichterungen zugute. Nach den Grundsätzen einer abgestuften Darlegungslast muss der Unternehmer den Vortrag des Verbrauchers, er habe keine Einflussnahmemöglichkeit auf die Klausel gehabt, qualifiziert bestreiten und dabei darlegen, wie er, der Unternehmer, die Klauseln zur Disposition gestellt hat, und aus welchen Umständen darauf geschlossen werden kann, der Verbraucher habe die Klausel freiwillig akzeptiert. Als Indizien kommen dabei insbesondere die Art, Komplexität und Transparenz der vorformulierten Vertragsbedingungen, das Verhalten des Unternehmers bei Vertragsschluss und das wirtschaftliche und intellektuelle Gefälle der Verhandlungspartner in Betracht (ausführlich Ulmer/Schäfer Rn 86). Darüber hinaus kann dem Verbraucher auch eine Beweiserleichterung nach den Grundsätzen des Anscheinsbeweises zugute kommen (Palandt/Grüneberg Rn 13; Ulmer/Schäfer aaO). Die Verwendung eines unterschriftsreifen Vertragsentwurfs besagt keineswegs, dass der Verbraucher keine Möglichkeit der Einflussnahme gehabt hätte. Er braucht nicht eigens zu Gegenvorschlägen aufgefordert werden. Handelt es sich um einen notariellen Vertrag, bietet es sich an, den Individualcharakter der Vertragsbedingungen in der Urkunde selbst zu betonen (s Rn 65).

67 **e)** Auf die Einzelvertragsklauseln sind nur die **in Nr 2 genannten Vorschriften des BGB** anzuwenden. Dies entspricht den Vorgaben der RL, geht allerdings insoweit über deren Vorgaben hinaus, als sie als Kontrollmaßstab nur eine Generalklausel enthält. **Nicht erwähnt** ist **§ 305 Abs 2**. Aber auch Vertragsbedingungen, die nur einmal verwendet werden sollen, müssen nach allgemeinen Grundsätzen wirksam in den Vertrag einbezogen werden (offenbar für eine analoge Geltung des § 305 Abs 2 vWestphalen BB 1996, 2104). Die Bezugnahme auf § 3 AGBG (heute § 305c Abs 2) wurde erst zum Ende des Gesetzgebungsverfahren wieder gestrichen (BT-Drucks 13/

4699, 6), weil die RL die Einbeziehung nicht regelt und daher kein Umsetzungsbedarf gesehen wurde (ECKERT ZIP 1996, 1238 [1240]). Der Gesetzgeber ging im Übrigen zu Recht (BRANDNER MDR 1997, 312 [313]) davon aus, dass das Transparenzgebot der RL (s Rn 87) über § 9 AGBG hinreichend verwirklicht war und heute erst recht über § 307 Abs 1 S 2 (s dort Rn 121 ff) verwirklicht wird und deshalb auf die Anwendung des § 305c Abs 3, der als solcher in der RL kein Gegenstück hat, verzichtet werden kann. Die RL schreibt eine bestimmte Form der Umsetzung ihrer Ziele nicht vor (Art 249 Abs 3 EGV, heute Art 288 Nr 3 AEUV), womit der Gesetzgeber in der Wahl der rechtstechnischen Umsetzung frei ist. Auch § **305b** ist nicht in die Verweisung aufgenommen. Die Individualabreden haben aber bereits nach §§ 133, 157 Vorrang (vWESTPHALEN BB 1996, 2104; ULMER/SCHÄFER Rn 85). Die Unterlassungsklage (§ 1 UKlaG) gegen Einmalklauseln ist nicht zugelassen, was auch die RL nicht verlangt (Art 7 Abs 2 RL).

f) Fragen zur Auslegung des Art 3 Abs 2 RL können durchaus zum Gegenstand **68**
eines Vorabentscheidungsverfahrens gemacht werden (vgl NASSALL WM 1994, 1648, 1652). Durch den EuGH könnte zB geklärt werden, welche Voraussetzungen an eine im Einzelnen ausgehandelte Klausel zu stellen sind (vgl Rn 32 f).

5. Die Berücksichtigung begleitender Umstände – Abs 3 Nr 3

Mit Abs 3 Nr 3 wird Art 4 Abs 1 RL umgesetzt, der die zur Beurteilung der Miss- **69**
bräuchlichkeit einer Klausel nach Art 3 Abs 1 RL heranzuziehenden Umstände näher bestimmt. Hier zeigt sich erneut das aus der Sicht des deutschen Rechts etwas modifizierte Grundverständnis der europarechtlichen Missbrauchskontrolle (SCHMIDT/SALZER JZ 1995, 224). Keinesfalls aber ist Nr 3 auf vorformulierte Einmal-Bedingungen iSv Nr 2 beschränkt (**aA** AnwKomm/KOLLMANN Rn 35; REMIEN ZEuP 1994, 47; WOLF/LINDACHER Art 4 RL Rn 4. Wie hier ganz hM, zB MünchKomm/BASEDOW Rn 75; ULMER/SCHÄFER Rn 93; STAUDINGER/COESTER § 307 Rn 116 ff).

a) Die **konkret-individuelle Inhaltskontrolle** nach Abs 3 Nr 3 iVm § 307 tritt nach **70**
dem ausdrücklichen Wortlaut der Bestimmung **neben** die abstrakt-generelle Inhaltskontrolle nach § 307 (BT-Drucks 13/2713). Das ist aber nur aus dem historischen Kontext zu erklären (MünchKomm/BASEDOW Rn 71 ff, dem hier gefolgt wird). In den übrigen Mitgliedsstaaten der EU gibt es kein Verständnis für unterschiedliche Maßstabsstufen. Einige überperfektionistische dogmatische Versuche zur Klärung des Verhältnisses generalisierender Auslegung zur individuell-konkreten Interpretation (BORGES DZWiR 1997, 402 ff; BRANDNER MDR 1997, 312) trägt das Gesetz nicht. Im Individualprozess können die in Nr 3 genannten individuellen Umstände zu Gunsten der Wirksamkeit wie zu ihren Ungunsten wirken (BÖRNER JZ 1997, 595), also das durch die abstrakte Interpretation der Bestimmung indizierte Ergebnis in beide Richtungen umkehren (AnwKomm/KOLLMANN Rn 32; HEINRICHS NJW 1996, 2194; BRANDNER MDR 1997, 314; ULMER Karlsruher Forum 1997, 31; BUNTE DB 1996, 1340; HOMMELHOFF/WIEDEMANN ZIP 1993, 568, 569; **aA** MICHALSKI DB 1999, 679 f). Insbesondere sind die in Erwägungsgrund Nr 16–19 aufgezählten Gesichtspunkte zentral, denen in der deutschen Praxis bisher nur wenig Bedeutung beigemessen wurde. Gewiss hätte der deutsche Gesetzgeber auch über die RL hinausgehen und Klauseln schon dann für unwirksam halten können, wenn eine von Einzelumständen absehende Inhaltserfassung dieses Ergebnis trägt. Nr 3 würde sich dann nur zu Gunsten des Verbrauchers auswirken. Da der

Wortlaut der Nr 3 eine solche Interpretation nicht nahe legt, sollte man aber im Interesse der europäischen Rechtsangleichung so, wie hier vertreten, verfahren. In der Praxis wird es freilich in aller Regel an individuellem Auslegungsstoff fehlen (s § 305c Rn 128). Nur insoweit ist die Aussage zutreffend, die konkret-individuelle Auslegung trete nicht an die Stelle der abstrakten, sondern ergänze und korrigiere diese (MünchKomm/Basedow Rn 75 mwNw in Fn 155). Eine Besonderheit gilt allerdings für **Einzelvertragsklauseln** iSv Nr 2, auf die eine abstrakt-generelle Inhaltskontrolle nicht passt (Brandner § 9 Rn 183). Für diese hat die individuelle Überprüfung am Maßstab des Abs 3 Nr 3 ausschlaggebende Bedeutung, die auch eine nach § 307 abstrakt angezeigte Unwirksamkeit entfallen lassen kann.

71 **b)** Die Berücksichtigung konkret-individueller Umstände spielt praktisch **nur im Individualverfahren** eine Rolle, in dem sich die Wirksamkeit einer Vertragsbedingung stellt. Im Verfahren nach dem UKlaG kann dagegen in der Regel eine Klausel nur abstrakt-generell überprüft werden (BGH NJW 1999, 2182).

72 **c)** Zur näheren Bestimmung der bei der Prüfung nach Abs 3 Nr 3 **zu berücksichtigenden Umstände** sind Art 4 Abs 1 RL und die Erwägungsgründe Nr 16 u Nr 19 der RL mit heranzuziehen. Nach letzterem Erwägungsgrund kann auch das Preis-/Leistungs-Verhältnis eine Rolle spielen, s Stichwort „Tarifwahl" (AnwKomm/Kollmann Rn 34). Mit Recht hat das OLG Frankfurt (NJW-RR 2001, 780) einen Preisnachlass bei Verkauf eines nur 200 km gefahrenen Vorführwagens als Kompensation für Gewährleistungseinschränkungen gelten lassen. Jedoch verstößt Deutschland nicht gegen die Richtlinie, wenn es das „Preisargument" (s Staudinger/Coester § 307 Rn 129) außerhalb individueller Besonderheiten nicht generell zulässt. Die einzelnen Umstände müssen gegeneinander abgewogen werden. Wert als Merkposten hat die Einteilung der Umstände (Caspers aaO 45 ff mit Erörterung vieler Untergesichtspunkte; Brandner MDR 1997, 312; Michalski DB 1999, 677 [678]) in persönliche Eigenschaften der individuellen Vertragsparteien, Besonderheiten der konkreten Vertragsabschlusssituation, mit dem Vertrag verbundene Sonderinteressen des Verbrauchers. **Für die Unwirksamkeit** einer Klausel spricht (Caspers aaO; **aA** Borges aaO 70 ff): Art der Führung der Vertragsverhandlungen, vor allem eine Überrumpelungssituation, geschäftliche Unerfahrenheit, intellektuelles oder wirtschaftliches Ungleichgewicht der Vertragspartner, unlautere Art der Einflussnahme auf die Willensbildung des Verbrauchers, überraschender und intransparenter Inhalt der Klausel, wenn eine andere Vertragserwartung geweckt wurde, nicht aber generelle Marktmacht des Verwenders (Caspers aaO 44; **aA** Börner JZ 1997, 595, 599). **Dagegen** können im Einzelfall rollenspezifische Nachteile des Verbrauchers und Klauselgegners fehlen, wenn er geschäftserfahren und damit dem Unternehmer nicht unterlegen ist, wie zB ein Rechtsanwalt bei Privatgeschäften. Immer ist freilich darauf zu achten, dass Nr 3 nicht zum Einfallstor einer allgemeinen Billigkeitskontrolle von Verträgen wird (Caspers aaO 50 ff). Erhellend ist auch die Fallgruppenbildung (Caspers aaO 62 ff mit umfangreichen Einzelerörterungen) in Webeaussagen, fahrlässige Verletzung einer Aufklärungspflicht und Einflussnahme der lauterkeitsrechtlichen Wertungen des UWG.

Die Erstreckung des Sicherungszwecks auf Forderungen, die nicht den Anlass zum Abschluss des Sicherungsvertrages gegeben haben, hat die Rechtsprechung regelmäßig für unwirksam gehalten. Häufig hat sie neben § 305c Abs 1 (dazu s § 305c

Rn 36 ff) auch § 307 bzw deren Vorgängernormen herangezogen. In Abs 3 Nr 3 hat diese Rechtsprechung jetzt eine weitere Stütze erfahren.

Nach Art 4 Abs 1 RL sind auch „alle anderen Klauseln desselben Vertrags oder eines anderen Vertrags, von dem die Klausel abhängt“ zu berücksichtigen. Richtlinienkonform ist dies als den Vertragsschluss begleitende Umstände zu werten (Caspers aaO 51 ff mit zahlreichen Einzelerörterungen; Einzelheiten auch bei Staudinger/Coester § 307 BGB Rn 125 ff). Das „Preisargument“ ist aber auch in Verbraucherverträgen nicht tragfähig (Staudinger/Coester aaO Rn 141; Caspers aaO 60 – beide mit Nw zum unterschiedlichen Meinungsstand).

V. Der grundsätzliche Ausschluss bestimmter Rechtsbereiche, sog Bereichsausnahmen

Abs 4 wird von der RL nicht tangiert. Arbeitnehmer iSd Richtlinie sind etwas ganz anderes als Verbraucher. Art 15 ff und Art 18 ff EuGVVO zeigen, dass das Europarecht Arbeitnehmerschutz und Verbraucherschutz trennt. Zum deutschen Recht s Rn 48, 92. Auf den Gebieten von Erb- und Familienrecht sind Verträge, an denen ein Unternehmer in dieser seiner Eigenschaft beteiligt ist, praktisch nicht denkbar. Auf dem Gebiet des Gesellschaftsrechts genügt die bei Publikumsgesellschaften obwaltende richterliche Inhaltskontrolle den Anforderungen der RL (zweifelnd MünchKomm/Basedow Rn 29). 73

1. Erbrecht

Verträge auf dem Gebiet des Erbrechts sind bei Anwendbarkeit des deutschen Rechts Erbverträge, Erbverzicht, Verträge über Erbausgleich unter künftigen Miterben (§ 311b Abs 5), Erbauseinandersetzungsvereinbarungen sowie sonstige Abmachungen unter den Nachlassbeteiligten, nicht aber Verträge, welche der Erbe oder der Testamentsvollstrecker zur Verwaltung des Nachlasses mit Außenstehenden schließt. Daher ist auch der Erbschaftskauf nicht als ein Vertrag auf dem Gebiet des Erbrechts anzusehen (Wolf/Schmidt AGB-Recht § 310 Abs 4 Rn 6; Ulmer/Schäfer Rn 13; Palandt/Grüneberg Rn 49; **aA** MünchKomm/Basedow Rn 7; differenzierend nach Verkauf an Miterben oder Dritte AnwKomm/Kollmann Rn 38). Das Gleiche gilt für Schenkungen auf den Todesfall (§ 2301), soweit sich der Schenker schon zu Lebzeiten bindet und dadurch den Gegenstand der Erbmasse entzieht (differenzierend nach § 2301 Abs 2: Ulmer/Schäfer Rn 13). 74

2. Familienrecht

Die Ausnahme gilt für alle Verträge auf dem Gebiet des Familienrechts, dh solchen, die im Vierten Buch des BGB oder im Lebenspartnerschaftsgesetz (v 16. 2. 2001, BGBl I 266) vorgesehen sind. 75

Der AGB-Kontrolle unterliegen deshalb zB nicht notarielle Eheverträge (§§ 1408 ff), Vereinbarungen über den Zugewinnausgleich (§§ 1372 ff), über Unterhaltsleistungen (§ 1585c) oder den Versorgungsausgleich (§ 1587o). Auch wenn Anwälte Scheidungsvereinbarungen nach einem bestimmten Grundraster konzipieren, sind die Abmachungen ohnehin tatsächlich immer so besprochen, dass sie insgesamt Individualvereinbarungen darstellen. Vorformulierte Vertragsbedingungen sind etwa die von den Jugendämtern für Vaterschaftsanerkenntnisse und Unterhaltsverpflichtungen benutzten Formulare. Sie unterfallen den §§ 305 ff nicht.

Im ehelichen Vermögensrecht ist zu beachten, dass nicht jeder Vertrag, der zwischen Ehegatten geschlossen wird, schon ein solcher auf dem Gebiet des Familienrechts ist. Vermögensbezogene Verträge, die während bestehender und auch nicht in Auflösung begriffener Ehe geschlossen werden, sind, wenn der gesetzliche Güterstand gilt, keine familienrechtlichen Verträge, sofern sie nicht gerade dem Vollzug des vorzeitigen Zugewinnausgleichs dienen sollen. Ein Vertrag über Dienstleistungen des Ehepartners oder der Kinder ist nur dann ein familienrechtlicher Vertrag, wenn die gesetzliche bestehende Beistands- und Mitarbeitspflicht (§§ 1356, 1619) näher geregelt werden soll (Ulmer/Schäfer Rn 117). Handelt es sich um ein Arbeitsverhältnis, gelten Rn 84 ff.

Vereinbarungen zwischen Partnern einer heterogeschlechtlichen nichtehelichen Lebensgemeinschaft sind keine familienrechtlichen Verträge (Ulmer § 23 AGBG Rn 17). Sie können aber als Gesellschaft bürgerlichen Rechts unter die Bereichsausnahme des Gesellschaftsrechts fallen.

3. Gesellschaftsrecht*

76 **a)** Verträge auf dem Gebiete des Gesellschaftsrechts sind alle Verträge, welche die Rechtsordnung als Gesellschaftsverträge ausgeformt hat: Verträge zur Begründung einer bürgerlichrechtlichen oder handelsrechtlichen Gesellschaft, zur Begründung einer stillen (BGHZ 127, 176 ff = NJW 1995, 192 mwNw zur hM, zust Wolf/Schmidt, AGB-Recht Rn 11, ausdrücklich wieder offen lassend, dann aber in NJW 2000, 1270, jedoch „ähn-

* **Schrifttum**: Ekkenga, Wertpapierbedingungen als Gegenstand richterlicher AGB-Kontrolle, ZHR 160 (1996) 59; Heid, Die Inhaltskontrolle des Vertrags der Publikumspersonalgesellschaft nach AGB-Grundsätzen, DB 1985 Beil 4; Drygala, Anwendbarkeit des AGB-Gesetzes auch auf Gesellschaftsverträge – eine Nebenwirkung der Richtlinie über missbräuchliche Klauseln in Verbraucherverträgen?, ZIP 1997, 968; Fenn, Verbandsrechtliche Wettkampf- und Disziplinarregeln und das AGBG, in: FG Zivilrechtslehrer 1934/35 (1999) 103; Hille, Die Inhaltskontrolle der Gesellschaftsverträge von Publikums-Personengesellschaften (1986); Kallrath, Die Inhaltskontrolle der Wertpapierbedingungen von Wandel- und Optionsanleihen, Gewinnschuldverschreibungen und Genußscheinen (1994); Kanzleitner, Zur richterlichen Inhaltskontrolle von Gesellschaftsverhältnissen, in: FS 125 Jahre Bayer Notariat (1987) 231; Leipold, Richterliche Kontrolle vereinsrechtlicher Disziplinarmaßnahmen, ZGR 1985, 113; Raffel, Richterliche Inhaltskontrolle der Gesellschaftsverträge von Publikumsgesellschaften?, in: FS Rheinisches Notariat (1998); Reuter, Richterliche Kontrolle der Satzung von Publikums-Personengesellschaften, AG 1979, 371; H Schmidt, Stille Gesellschaft und AGB-Gesetz, ZHR 159 (1995) 734; Vieweg, Zur Inhaltskontrolle von Verbandsnormen, in: FS Lukes (1989) 809; vWestphalen, Richterliche Inhaltskontrolle von Standardklauseln bei einer Publikums-KG und der Prospekthaftung, DB 1983, 2745; Zöllner, Inhaltsfreiheit bei Gesellschaftsverträgen, in: FS 100 Jahre GmbH-Gesetz (1992) 85; Fastrich, Richterliche Inhaltskontrolle im Privatrecht (1992) 124 ff; Grunewald, Die in § 23 AGBG vorgeschlagene Bereichsausnahme für Gesellschaftsrecht, in: FS Semler (1993) 175 ff.

liche" Inhaltskontrolle aufgrund von § 242 vornehmend; **aA** Ulmer/Schäfer Rn 128, Basedow LM AGBG § 23 Nr 12) oder sonstigen Innengesellschaft, auch solche zum Zweck der reinen Vermögensanlage (s Rn 47). Auch körperschaftlich organisierte Handelsgesellschaften unterfallen der Ausnahmevorschrift (allgM, zB MünchKomm/Basedow Rn 9; OLG Frankfurt BB 1978, 927). Ferner zählen die Europäische Wirtschaftliche Interessenvereinigung (EWIV), die Partenreederei (K Schmidt, Die Partenreederei als Handelsgesellschaft [1995] 13 ff; MünchKomm/Basedow Rn 80) sowie die Partnerschaftsgesellschaft (BGBl 1994 I 1744) hierher. Entscheidend ist, dass der Vertrag dazu dient, einen gemeinsamen Zweck der Parteien zu fördern. Zur richtlinienkonformen Auslegung bei Beitritt von Verbrauchern zu Gesellschaften s Rn 32 und 44.

Schlichte Rechtsgemeinschaften, wie zB nach hM das Verhältnis unter Wohnungseigentümern (Wolf/Horn § 23 AGBG Rn 76; MünchKomm/Basedow Rn 85; Ulmer, in: FG Weitnauer [1980] 205, 216; **aA** BayObLG DNotZ 1989, 428, 429. Einzelheiten in Kommentaren zum WEG) und partiarische Rechtsverhältnisse ohne gemeinsamen Zweck (BGHZ 127, 176; Ulmer/Schäfer Rn 122, 126 ff; zur Abgrenzung im Einzelnen vgl Staudinger/Kessler 12 § 705 BGB), unterfallen daher der Bereichsausnahme nicht.

b) Ebenfalls nicht unter Abs 4 fallen Verträge, die zwar gesellschaftsrechtliche Fragen zum Gegenstand haben, die aber das **Mitgliedschaftsrecht nicht selbst unmittelbar regeln** (Grunewald 189). So fallen vorformulierte Interessenwahrungsverträge zwischen Gesellschaftern und Dritten (Ulmer/Schäfer Rn 122) sowie Stimmbindungs-, Depotstimmrechts- und Treuhandverträge mit Dritten (Wolf/Horn Rn 24) oder der Gesellschafter untereinander (Grunewald 190; Wolf/Horn Rn 74) sowie Abfindungsvereinbarungen bei Ausscheiden aus einer Gesellschaft (KG WM 1999, 731) nicht unter Abs 4 (zT **aA** AnwKomm/Kollmann Rn 41). Im Einzelnen werden aber allerlei Differenzierungen gemacht (zu Covenants in Finanzierungsverträgen s Weitnauer ZIP 2005, 1443 und Winkler, Rechtsgrundlagen der venture capital Finanzierung [2004] 93). Auch Bedingungen über Genussrechte, die keine gesellschaftsrechtlich geprägten Mitgliedschaftsrechte sind, sondern nur ein schuldrechtliches Gläubigerrecht verkörpern, sind deshalb einer Inhaltskontrolle nach dem AGBG nicht entzogen (BGHZ 119, 305, 312 = NJW 1993, 57). Das Gleiche gilt für Rückübertragungsvereinbarungen im Zusammenhang mit sog Manager- oder Mitarbeitermodellen (Ulmer/Schäfer Rn 122a) und Veräußerungen von Gesellschaftsanteilen (Ulmer/Schäfer Rn 123). Nichts anderes gilt im Falle mit Anspruchsverzichten verbundenen „Auszahlungsvereinbarungen" zwischen einem kündigenden Gesellschafter und der Gesellschaft (KG WM 1999, 731, 732; Ulmer § 23 AGBG Rn 21a; krit Drygala WuB IVc § 23 AGBG 2. 99). Stimmbindungsverträge zum Zwecke der gemeinsamen Einflussnahme auf die Gesellschaft unterfallen ebenfalls der Bereichsausnahme (Ulmer/Schäfer Rn 123). Wie auch sonst, sind höchst diffizile Erwägungen fehl am Platz, ob in Randbereichen die Klauselrichtlinie auch hinreichend perfektionistisch umgesetzt wurde. Eine Richtlinie ist ihrem Wesen nach Tendenzbestimmung und keine Detailregelung (s Rn 44 und § 306 Rn 29). **77**

Austauschbeziehungen zwischen einer Gesellschaft und ihren Mitgliedern haben häufig im Zusammenhang mit vereins- und genossenschaftsrechtlichen Grundverhältnissen den Bezug von Waren oder Dienstleistungen zum Gegenstand. Um unter Abs 4 zu fallen, müssen diese Rechtsverhältnisse nicht nur unmittelbar auf dem Gesellschaftsvertrag (Satzung) beruhen, sondern auch mitgliedschaftsrechtlicher **78**

Natur sein und den Gesellschaftszweck verwirklichen (BGH WM 1992, 99; BGHZ 103, 219, 222 – Genossenschaft zum Betrieb ua einer Telefonzentrale für Taxi-Unternehmen; anders bei Überlassung einer Wohnung durch Baugenossenschaft, AG Hamburg-Blankenese NJW-RR 1991, 998). Andernfalls wäre der Schutzbereich des AGB-Rechts von einem rein formalen Kriterium (Satzungsbestandteil) abhängig (Grunewald 183). Oft wird eine genaue Analyse dieser Voraussetzungen dazu führen, den Bezug von Waren über sog Buch- und Schallplattenclubs doch anhand der §§ 305 ff zu messen. Andernfalls ist weiter zu prüfen, ob ein Fall des § 306a vorliegt (s Rn 11).

79 **c)** Das AGB-Recht ist auf den **Versicherungsverein auf Gegenseitigkeit** anwendbar, weil der Sache nach ein reines Austauschverhältnis vorliegt (BGHZ 136, 394 = NJW 1998, 454 = ZIP 1997, 2123; BGHZ 141, 153 = JZ 1989, 900 = NJW 1999, 1865; Ulmer § 23 AGBG Rn 22; Wolf/Horn Rn 79; Präve RuS 1996, 249; Fricke VersR 1996, 1449; Baumann JZ 1999, 881). Dies gilt nicht nur für Versicherungsbedingungen, die aufgrund der Bestimmung des § 10 Abs 2 S 1 VAG in die Satzung aufgenommen wurden und die bei Aktienversicherungen in deren Allgemeinen Versicherungsbedingungen enthalten sind (Lorenz VersR 1996, 1206; Fricke VersR 1996, 1450), sondern auch für solche Satzungsbestimmungen, die sowohl das vereinsrechtliche als auch das versicherungsrechtliche Verhältnis betreffen, also sog „Doppelcharakter" haben, wie zB Anpassungsklauseln (BGH aaO; Präve RuS 1996, 249). Alle diese Satzungsbestimmungen unterliegen einer Inhaltskontrolle anhand der §§ 307–309 und können zum Gegenstand eines Verbandsklageverfahren nach dem UKlaG gemacht werden (BGH aaO; Präve RuS 1996, 249). Zwar handelt es sich bei den zuletzt genannten Satzungsbestimmungen um eine Besonderheit der Rechtsform des VVaG (vgl §§ 15 ff VAG), die aber nicht zur Anwendung der Bereichsausnahme nach Abs 4 führt. Denn das konkrete Versicherungsverhältnis wird im Einzelnen erst durch den außerhalb der Satzung liegenden Versicherungsvertrag begründet. Eine Inhaltskontrolle anhand der §§ 307–309 betrifft in erster Linie das versicherungsrechtliche Austauschverhältnis und führt zu keinem Eingriff in die Vereinsautonomie. So ist die der genannten Grundsatzentscheidung zu Grunde liegende Anpassungsklausel eine typische Regelung, die auch den materiellen Inhalt des Versicherungsvertrages betrifft und in vielen Versicherungsverträgen unabhängig von der Rechtsform des Versicherers zu finden ist (Fricke VersR 1996, 1450). Eine Freistellung solcher Satzungsregelungen von den Bestimmungen des AGB-Rechts würde in den Versicherungssparten des Massengeschäfts zu der wenig einsichtigen Ungleichbehandlung gegenüber Versicherern in der Rechtsform der Aktiengesellschaft führen. Oftmals ist sich der Versicherungsinteressent auch nicht bewusst, durch den Abschluss eines Versicherungsvertrages mit einem VVaG auch einer vereinsrechtlichen Organisation anzugehören (BGH aaO).

80 **d)** Auch den **Idealverein** muss man der Vorschrift unterstellen (allgM). Wenn man seine Gründung oder den Beitritt zu ihm nicht als einen Vertrag begreift, sind die §§ 305 ff ohnehin unanwendbar. Nimmt man aber einen Vertrag an, dann kann man ihn nur dem Gesellschaftsvertrag zur Seite stellen (Ulmer/Schäfer Rn 124; BGHZ 103, 219 = NJW 1988, 1729 Genossenschaften; BGHZ 105, 306 = WM 1989, 184 = NJW 1989, 1724 – Verein, aber Inhaltskontrolle nach § 242 BGB vornehmend). Dass auch der Gesetzgeber schon das AGBG auf Vereinssatzungen nicht anwendbar wissen wollte, ergibt sich aus der amtlichen Begründung, welche das Vereinsrecht – wie auch das Genossenschaftsrecht – ausdrücklich nennt (BR-Drucks 360/75, 41). Außerhalb der Satzung und

ihrer Nebenordnungen festgelegte Regelungen, welche die Mitglieder des Vereins im Zusammenhang mit dem Vereinsleben treffen, unterliegen dem AGB-Recht sehr wohl (Ulmer/Schäfer aaO). Eine vorgedruckte Erklärung, die Mitglieder eines rechtsfähigen Segelflugvereins beim Vereinsbeitritt abgeben und wonach, außer im Falle des Schädigungsvorsatzes, auf jede Haftung des Vereins, seiner Organe, Angestellten, Hilfskräfte und Mitglieder verzichtet wird, ist unwirksam (seinerzeit für nicht sittenwidrig gehalten vom OLG Karlsruhe VersR 1969, 287). Es besteht eine Garantie der Gleichbehandlung aller Mitglieder nur, wenn eine solche Bestimmung in der Satzung oder ihren Nebenordnungen selbst verankert wird (Grunewald 186). Als Satzungsbestandteil ist ein solcher Haftungsverzicht wirksam. Deshalb kann ein als eV organisierter landwirtschaftlicher Betriebshilfsdienst seine Haftung für Schäden, die ein von ihm eingesetzter Betriebshelfer im Betrieb seines Mitglieds verursacht, durch Satzungsbestimmung ausschließen (OLG Hamm OLG-Rep 1995, 6 f). Dritte, zB Gehilfen des Vereins, sind von diesem Haftungsausschluss nur dann mit erfasst, wenn dies ausdrücklich bestimmt ist und der Verein ein legitimes Interesse an deren Haftungsfreistellung hat, um etwa einen möglichen Rückgriff des Dritten zu vermeiden. Ein Haftungsverzicht kann in der Satzung auch dadurch zum Ausdruck gebracht werden, dass neu eintretende Mitglieder zur Abgabe einer entsprechenden ausdrücklichen Erklärung verpflichtet werden (OLG Hamm VersR 1995, 309 – Segelflugverein). Zur Inhaltskontrolle wie im Gesellschaftsrecht s Rn 82.

e) Verträge mit Dritten unterfallen der Bereichsausnahme nicht, zB nicht Ver- 81
äußerungen und Belastungen von Gesellschaftsanteilen (MünchKomm/Basedow Rn 83; Wolf/Schmidt Rn 13). Auch **satzungsgemäß zustande gekommene Regelungswerke** nehmen dann, wenn sie **in Verträge mit Dritten einbezogen** werden sollen, sehr wohl den Charakter von AGB zu diesen, nicht vereins- oder gesellschaftsrechtlich zu qualifizierenden, Vereinbarungen an (AnwKomm/Kollmann Rn 42). Vereine pflegen häufig mit Dritten, die vereinseigene Anlagen oder Einrichtungen benutzen, zu vereinbaren, der Benutzer sei an die Satzung des Vereins oder an bestimmte, vom Verein erlassene Nebenordnungen gebunden. So liegt etwa die Vertragsgestaltung zwischen einem Sportbund und einem **Sportler**, der an einem Wettbewerb teilnimmt. Mit Recht hat der BGH die freiwillige Bindung eines dem zuständigen Verband als unmittelbares Mitglied nicht angehörenden Pferdekäufers an die vom Verband erlassene Trabrennordnung als Vertrag qualifiziert und dieses Regelungswerk in seiner Funktion als vorformulierte Vertragsbestandteile der Inhaltskontrolle unterworfen (BGH MDR 1973, 34; BB 1972, 1073; OLG Frankfurt NJW 1973, 2208). Aber auch dann liegen AGB vor, wenn ein Verein die Benutzung seiner Einrichtungen durch Mitglieder von deren Anerkennung der Benutzungsbedingungen abhängig macht (OLG Düsseldorf NJW-RR 1998, 710 – Golfclub) oder sonst Rechtsverhältnisse zu Mitgliedern außerhalb der Satzung durch vorformulierte Bedingungen regelt (OLG Frankfurt NZG 2001, 904 Rn 138; Beuthien GenG 13 § 18 Rn 13).

Selbst die Rechtsbeziehungen zwischen einem **mittelbaren Verbandsangehörigen** und dem Verband sind nicht irgendein vereinsrechtlich zu qualifizierendes Unterwerfungsverhältnis, sondern Vertragsinhalte, wenn sie sich auf die Benutzung einer Vereinseinrichtung beziehen (Schlosser, Vereins- und Verbandsgerichtsbarkeit [1972] 76 ff; Lukes, in: FS Westermann [1974] 324 ff; **aA** Bruder MDR 1973, 897 ff). Der Fall „Gema" hat gezeigt, dass uU Mitglieder des Vereins gegenüber externen Nutzungsberechtigten benachteiligt sind (BGH NJW 2002, 1713 dazu Schricker EWiR 2002, 309).

Sportliche Regelwerke werden dementsprechend nur durch einen Unterwerfungsvertrag auch gegenüber Nichtmitgliedern in Geltung gesetzt. Trotzdem soll das Regelwerk diesen gegenüber nicht zu AGB iSv § 305 Abs 1 werden (BGHZ 128, 93, 101 ff = NJW 1995, 583, 585; zust ADOLPHSEN, Internationale Dopingstrafen [2003] 86 ff mwNw; HASS/HAUPTMANN SchiedsVZ 2005, 175 [185]; **aA** HEERMANN NZG 1999, 325, 328; FENN FG Zivilrechtslehrer 1934/1935 [1999] 103, 106 ff; Einzelheiten s auch § 305 Rn 4, 103). Aufgrund ihres Regelungsgegenstandes passen sie allerdings nicht in das Konzept der §§ 308 f, das prinzipiell auf gegensätzliche Interessen von Verwender und anderer Vertragspartei zugeschnitten ist. Eine Inhaltskontrolle der Regelwerke will die Rspr daher nur anhand des § 242 vornehmen (BGH aaO). Gleichwohl ist damit der Kontrast zwischen Bindung Dritter an Satzungsrecht einerseits und an sportliche Regelwerke andererseits nicht ausgeräumt. Dies erreicht man nur, wenn man sieht, dass §§ 305 ff zwar grundsätzlich anwendbar sind, die einzelnen Nummern der §§ 308 f aber teleologisch reduziert werden müssen, soweit sie auf Vertragsverhältnisse anzuwenden wären, die keinen Leistungsaustausch zum Gegenstand haben.

82 **f)** Der Ausschluss des Vereins- und Gesellschaftsrechts vom Anwendungsbereich der §§ 305 ff ändert nichts an der sich weiter entwickelnden **Rspr zur „richterlichen" Inhaltskontrolle von Satzungen und Gesellschaftsverträgen**. Das gilt einmal im Zusammenhang mit Publikumskommanditgesellschaften in der Form der GmbH & Co KG (BGHZ 64, 238 = NJW 1975, 1318; BGHZ 66, 86; dazu näher FASTRICH 124 ff) oder stillen Beteiligungen (BGH NJW 2004, 3706 [3708]; BGH NJW 2001, 1270). Nach dieser Rspr können zB außerordentliche Kündigungsrechte entgegen der Satzung bestehen (BGH NJW 1977, 2160; BGH BB 1979, 239) und die Haftungsmaßstäbe für Aufsichtsratsmitglieder entgegen § 708 BGB am Maßstab von §§ 93, 116 AktG ausgerichtet werden (BGH NJW 1977, 2311; NJW 1978, 425; BGH BB 1979, 239; weitere Rsprbsp: BGH NJW 1982, 2302; NJW 1982, 2495; BGHZ 101, 172 = NJW 1988, 969; BGHZ 104, 50 = NJW 1988, 1903). Das gilt aber auch im Zusammenhang mit sozial bedeutsamen Vereinen (BGH NJW 2000, 1028; BGH NJW 1999, 3552; BGH NJW 1989, 1724). Mit Vorsicht kann in diesem Zusammenhang auch auf Gedankengut aus den §§ 308, 309 zurückgegriffen werden (KG DB 1978, 102; **aA** OLG Frankfurt BB 1978, 927), was das OLG Frankfurt (NJW-RR 2004, 491) im Fall eines geschlossenen Immobilienfonds sehr konsequent getan hat. Die angeschnittenen Fragen sind in der gesellschaftsrechtlichen Lit eingehend behandelt (UWE H SCHNEIDER ZGR 1978, 1 ff; COESTER-WALTJEN AcP 190, 8 ff; LORITZ JZ 1986, 1077; NASSALL BB 1988, 286; ULMER/SCHÄFER Rn 131; FASTRICH 124 ff).

Gesellschaftsrechtliche Gestaltungen bei Timesharing: BUTTER ZMR 1999, 73; Wandelanleihen: ROZIJN ZBB 1998, 77.

83 **g)** Zu Versuchen, das AGBG durch gesellschaftsrechtliche Gestaltungsformen zu umgehen, s STAUDINGER/SCHLOSSER zu § 306a.

Anhang zu § 310

AGB-Kontrolle im Arbeitsrecht

Schrifttum

Annuss, Gedanken zum Freiwilligkeitsvorbehalt im vorformulierten Arbeitsvertrag, in: FS Picker (2010) 861
ders, Grundstrukturen der AGB-Kontrolle von Arbeitsverträgen, BB 2006, 1333
ders, Tarifbindung durch arbeitsvertragliche Bezugnahme?, ZfA 2005, 405
ders, AGB-Kontrolle im Arbeitsrecht: Wo geht die Reise hin?, BB 2002, 458
Aretz, Allgemeine Geschäftsbedingungen im Arbeitsvertrag (2006)
M Arnold, Änderungsvorbehalt zur Arbeitszeitdauer, in: FS Löwisch (2007) 1
J-H Bauer/Chwalisz, Instrumente zur Entgeltflexibilisierung, ZfA 2007, 339
ders/Günther, Neue Spielregeln für Klageverzichtsvereinbarungen, NJW 2008, 1617
Bayreuther, Vorbehalte in der arbeitsrechtlichen Vertragsgestaltung – Wie viel Flexibilität soll das AGB-Recht zulassen?, ZfA 2011, 45
ders, Die AGB-Kontrolle der Tarifwechselklausel, in: FS Kreutz (2010) 29
ders, Freiwilligkeitsvorbehalte: Zulässig, aber überflüssig, BB 2009, 102
ders, Widerrufs-, Freiwilligkeits- und Anrechnungsvorbehalte – geklärte und ungeklärte Fragen der aktuellen Rechtsprechung des BAG zu arbeitsvertraglichen Vorbehalten, ZIP 2007, 2009
ders, Vertragskontrolle im Arbeitsrecht nach der Entscheidung des BAG zur Zulässigkeit zweistufiger Ausschlussfristen, NZA 2005, 1337
ders, Das Verbot der geltungserhaltenden Reduktion im Arbeitsrecht, NZA 2004, 953
ders, Die Rolle des Tarifvertrags bei der AGB-Kontrolle von Arbeitsverträgen, RdA 2003, 81
Benecke, Flexibilisierungsklauseln im Arbeitsrecht und AGB-Kontrolle, AuR 2006, 337
dies/Pils, Der Arbeitsvertrag als Verbrauchervertrag, ZIP 2005, 1956
Benedict, Der Maßstab der AGB-Kontrolle – oder die Suche nach dem „indispositiven Leitbild" im Arbeitsvertragsrecht, JZ 2012, 172
Bergwitz, Zur Wirksamkeit von Widerrufsvorbehalten in Formulararbeitsverträgen, AuR 2005, 210
Bieder, Grundfragen der Auslegung arbeitsrechtlicher Willenserklärungen, RdA 2011, 142
ders, Richterliche Vertragshilfe durch Auslegung vorformulierter Arbeitsvertragsbedingungen, NZA Beilage 3/2011, 142
ders, Die „gegenläufige" betriebliche Übung – neu entdecktes Phänomen des AGB-Rechts?, DB 2009, 1929
ders, Arbeitsvertragliche Gestaltungsspielräume für die Entgeltflexibilisierung, NZA 2007, 1135
ders, Überzahlung von Arbeitsentgelt und formularvertraglicher Ausschluss des Entreicherungseinwandes, DB 2006, 1318
Birnbaum, Was sind die „im Arbeitsrecht geltenden Besonderheiten"?, NZA 2003, 944
Bratz, Arbeitsrechtliche Besonderheiten bei der Kontrolle Allgemeiner Geschäftsbedingungen (2005)
Brors, „Neue" Probleme bei arbeitsvertraglichen Vertragsstrafeklauseln?, DB 2004, 1778
ders, Die individualarbeitsrechtliche Zulässigkeit von Zielvereinbarungen, RdA 2004, 273
Brühler, Freiwilligkeitsvorbehalte bei Sonderzahlungen und entgeltrelevante Zielvereinbarungen in der Rechtsprechung des Zehnten Senats des Bundesarbeitsgerichts, JbArbR 46 (2009) 23
Coester, Das AGB-Recht in den Händen des BAG, in: FS Löwisch (2007) 57
ders, Inhaltskontrolle von Arbeitsverträgen, Jura 2005, 251
Däubler, AGB-Kontrolle im Arbeitsrecht – Bilanz nach 10 Jahren, ZTR 2012, 543
ders, Aktuelle Fragen der AGB-Kontrolle im Arbeitsrecht, NZA Beilage 3/2006, 133

ders, Zielvereinbarungen und AGB-Kontrolle, ZIP 2004, 2209
ders, Die Auswirkungen der Schuldrechtsmodernisierung auf das Arbeitsrecht, NZA 2001, 1329
ders/BONIN/DEINERT, AGB-Kontrolle im Arbeitsrecht (2010) (zitiert: DBD/Bearbeiter)
DAUNER-LIEB/HENSSLER/PREIS, Inhaltskontrolle im Arbeitsrecht (2006)
DEINERT, Neugestaltung der Arbeitsvertragsgrundlagen in Einrichtungen der evangelischen Kirchen über den 3. Weg, ZTR 2005, 461
DERLEDER, Der Konsument seines Arbeitsplatzes – Zum Verhältnis von Verbraucherrecht und Arbeitsrecht, AuR 2004, 361
DIEHN, AGB-Kontrolle von arbeitsrechtlichen Verweisungsklauseln, NZA 2004, 129
DIEKMANN/BIEDER, Wirksamkeit von Widerrufsvorbehalten in Formulararbeitsverträgen bei der Gewährung freiwilliger Leistungen, DB 2005, 722
DILLER, Nachvertragliche Wettbewerbsverbote und AGB-Recht, NZA 2005, 250
DORNDORF, Besonderheiten des Arbeitsrechts nach § 310 Abs. 4 BGB, in: FS 50 Jahre BAG (2004) 19
DÜWELL/EBELING, Rückzahlung von verauslagten Bildungsinvestitionen, DB 2008, 406
DZIDA/NABER, Risikosteuerung durch variable Vergütung, BB 2011, 2613
ders/SCHRAMM, Versetzungsklauseln: mehr Flexibilität für den Arbeitgeber, mehr Kündigungsschutz für den Arbeitnehmer, BB 2007, 1221
EBELING, AGB-Kontrolle von Arbeitsverträgen: Gegenstand und Maßstab (2006)
G ERNST, Tarifverträge und Transparenzkontrolle bei arbeitsvertraglichen dynamischen Globalverweisungen, NZA 2007, 1405
FENN, Formulararbeitsverträge, gesamteinheitliche Arbeitsbedingungen und das ABGB, in: FS Söllner (2000) 333
U FISCHER, Die formularmäßige Abbedingung des Beschäftigungsanspruchs des Arbeitnehmers während der Kündigungsfrist, NZA 2004, 233
FISCHERMEIER, Kirchliche Arbeitsvertragsregelungen und AGB-Recht, in: FS Bepler (2012) 159
D FRANKE, Anrechnung von Tariferhöhungen auf übertarifliche Zulagen, NZA 2009, 245
FRANZEN, Inhaltskontrolle von Änderungsvorbehalten im Arbeitsrecht, in: GS Zachert (2010) 386
FREIHUBE, Neue Spielregeln für arbeitsvertragliche Vereinbarungen von Sonderzahlungen, DB 2008, 124
FROMM, Zweistufige Ausschlussfristen nach der Schuldrechtsreform, ZTR 2003, 70
GAUL, Der Abschied vom Freiwilligkeitsvorbehalt, in: FS Hromadka (2008) 99
ders, Bezugnahmeklauseln – zwischen Inhaltskontrolle und Nachweisgesetz, ZfA 2003, 75
ders/KAUL, Verschärfung der Rechtsprechung zum Widerrufsvorbehalt, BB 2011, 181
ders/LUDWIG, Uneingeschränkte AGB-Kontrolle bei dynamischer Bezugnahme im Arbeitsvertrag bei arbeitgeberseitigen Regelungswerken – Richtlinien und Arbeitsordnungen des Arbeitgebers, BB 2010, 55
ders/MÜCKL, 5 Jahre AGB-Kontrolle von Altarbeitsverträgen – Abschied vom Vertrauensschutz?, NZA 2009, 1233
GIESEN, Die Auslegung von Bezugnahmeklauseln in Konflikt um Tarifanwendung und Tarifvermeidung, ZfA 2010, 657
GIESING, Inhaltskontrolle und Abschlusskontrolle arbeitsrechtlicher Aufhebungsverträge (2008)
GOTTHARDT, Arbeitsrecht nach der Schuldrechtsreform (2. Aufl 2003)
ders, Der Arbeitsvertrag auf dem AGB-rechtlichen Prüfstand, ZIP 2002, 277
D GROSS, Vertragsstrafen des Arbeitnehmers und Grenzen ihrer Vereinbarungsfähigkeit (2004)
GÜNTHER, AGB-Kontrolle von Arbeitsverträgen (2007)
HAAS/FUHLROTT, Ein Plädoyer für mehr Flexibilität bei Vertragsstrafen, NZA-RR 2010, 1
HANAU, Intensitätsstufen arbeitsvertraglicher Bindung, in: FS Deutsch (2009) 1051
ders, Die Rechtsprechung zu den arbeitsrechtlichen Besonderheiten im Sinne des § 310 IV BGB, in: FS Konzen (2006) 249
ders, Möglichkeiten und Grenzen der Vereinbarungen zur Dauer der Arbeitszeit, NZA Beilage 1/2006, 34

ders, Neueste Rechtsprechung zum flexiblen Arbeitsverhältnis: Erfurter Allerlei oder neues Rezept?, ZIP 2005, 1661
ders/Hromadka, Richterliche Kontrolle flexibler Entgeltregelungen in Allgemeinen Arbeitsbedingungen, NZA 2005, 73
Hauck, Die Vertragsstrafe im Lichte der Schuldrechtsreform, NZA 2006, 816
Heiden, Neue Entwicklungen im Recht der Sonderzahlungen, RdA 2012, 225
Henssler, Stichtagsklauseln im System variabler Entgeltgestaltung, in: FS Bepler (2012) 207
ders, Arbeitsrecht und Schuldrechtsreform, RdA 2002, 129
ders/Moll, AGB-Kontrolle vorformulierter Arbeitsbedingungen (2011)
M Herbert/Oberrath, Arbeitsrecht nach der Schuldrechtsreform – eine Zwischenbilanz, NJW 2005, 3745
R Hofmann, Die Kontrolle von Arbeitsverträgen nach der Schuldrechtsreform (2005)
Hohenstatt/Schramm, Neue Gestaltungsmöglichkeiten zur Flexibilisierung der Arbeitszeit, NZA 2007, 238
Hönn, Zu den „Besonderheiten" des Arbeitsrechts, ZfA 2003, 325
Höpfner, Nochmals: Vertrauensschutz bei Änderung der Rechtsprechung zu arbeitsvertraglichen Bezugnahmeklauseln, NZA 2009, 420
ders, Vertrauensschutz bei Änderung der Rechtsprechung zu arbeitsvertraglichen Bezugnahmeklauseln, NZA 2008, 91
Horcher, Inhaltskontrolle von Zielvereinbarungen, BB 2007, 2065
vHoyningen-Huene, Inhaltskontrolle von kirchlichen Arbeitsvertragsbedingungen, in: FS Richardi (2007) 909
Hromadka, Was bleibt vom vertraglichen Freiwilligkeitsvorbehalt?, DB 2012, 1037
ders, Änderung von Arbeitsbedingungen und Schutz gegen Änderungen – Klauseln in Allgemeinen Arbeitsbedingungen, in: FS Richardi (2007) 257
ders, „Pacta sunt servanda" und „Gesetzesumgehung" – AGB-Kontrolle von Leistungsbestimmungsrechten im Arbeitsvertrag, in: FS Konzen (2006) 321
ders, Schriftformklauseln in Arbeitsverträgen, DB 2004, 1261
ders, Schuldrechtsmodernisierung und Vertragskontrolle im Arbeitsrecht, NJW 2002, 2523
ders, Inhaltskontrolle von Arbeitsverträgen, in: FS Dieterich (1999) 251
ders/Schmitt-Rolfes, Die AGB-Rechtsprechung des BAG zu Tätigkeit, Entgelt und Arbeitszeit, NJW 2007, 1777
Hümmerich, Anwendbarkeit des § 308 Nr. 4 BGB auch bei freiwilligen Leistungen?, BB 2007, 1498
ders, Der Verbraucher-Geschäftsführer – Das unbekannte Wesen, NZA 2006, 709
ders, Widerrufsvorbehalte in Formulararbeitsverträgen, NJW 2005, 1759
ders, Alea iacta est – Aufhebungsvertrag kein Haustürgeschäft, NZA 2004, 809
ders, Gestaltung von Arbeitsverträgen nach der Schuldrechtsreform, NZA 2003, 753
ders/Holthausen, Der Arbeitnehmer als Verbraucher, NZA 2002, 173
Husemann, Ausschlussfristen im Arbeitsrecht, NZA-RR 2011, 337
M Jacobs/Naber, Arbeitsvertrag als Verbrauchervertrag, RdA 2006, 181
J Jensen, Arbeitsvertragsklauseln gegen betriebliche Übungen – was geht noch?, NZA-RR 2011, 225
Jesgarzewski, Inhaltskontrolle von Arbeitsverträgen nach dem AGB-Recht, AuR 2011, 9
ders, Rückzahlungsvereinbarungen für Fortbildungskosten, BB 2011, 1594
Joost, Betrachtungen zur Inhaltskontrolle vorformulierter Arbeitsverträge, in: FS 50 Jahre BAG (2004) 49
ders, Allgemeine Geschäftsbedingungen und Arbeitsverträge, in: FS Ulmer (2003) 1199
ders, Vertragsstrafen im Arbeitsrecht – Zur Inhaltskontrolle von Formulararbeitsverträgen im Arbeitsrecht, ZIP 2004, 1981
Jordan/Bissels, Gilt „der jeweils anwendbare Tarifvertrag in der jeweils gültigen Fassung" noch? – Wirksamkeit von großen dynamischen Bezugnahmeklauseln, NZA 2010, 71
Joussen, Arbeitsrecht und Schuldrechtsreform, NZA 2001, 745
Junker, Grundlegende Weichenstellung der

AGB-Kontrolle von Arbeitsverträgen, in: FS Buchner (2009) 369
ders, AGB-Kontrolle von Arbeitsvertragsklauseln in der neueren Rechtsprechung des Bundesarbeitsgerichts, BB 2007, 1274
KLEBECK, Unklarheiten bei arbeitsvertraglicher Bezugnahmeklausel – Zur angekündigten Anwendbarkeit des § 305c II BGB auf arbeitsvertragliche Bezugnahmeklauseln, NZA 2006, 15
KOCH, Das nachvertragliche Wettbewerbsverbot im einseitig vorformulierten Arbeitsvertrag, RdA 2006, 28
KOLBE, Gesamtzusagen in der Rechtsgeschäftslehre, ZfA 2011, 95
vKOPPENFELS, Vertragsstrafen im Arbeitsrecht nach der Schuldrechtsmodernisierung, NZA 2002, 598
KONZEN, Die AGB-Kontrolle im Arbeitsvertragsrecht, in: FS Hadding (2004) 145
KORT, Grenzen der arbeitgeberseitigen Änderung von Arbeitsbedingungen bei Versetzungen, in: FS Birk (2008) 459
KORTSTOCK, Zulässige Länge von einzelvertraglichen Ausschlussfristen, NZA 2010, 311
R KRAUSE, Freiwilligkeitsvorbehalte im Lichte von allgemeiner Rechtsgeschäftslehre und AGB-Kontrolle, in: FS Bauer (2010) 577
ders, Vertragsstrafen in der arbeitsrechtlichen Klauselkontrolle, in: FS Reuter (2010) 627
ders, Vereinbarte Ausschlussfristen, RdA 2004, 36 und 106
KRAUSHAAR, Noch einmal: Zulässigkeit und Länge einzelvertraglicher Ausschlussfristen nach der Reform des Schuldrechts, AuR 2006, 386
ders, Zulässigkeit und Länge einzelvertraglicher Ausschlussfristen nach der Reform des Schuldrechts, AuR 2004, 374
KRETS, Klageverzichts- und Abwicklungsverträge ohne Abfindung, in: FS Bauer (2010) 601
KRIEBITZSCH, Die Inhaltskontrolle von Allgemeinen Arbeitsbedingungen anhand der §§ 305 ff. BGB (2007)
KÜRTH, Änderungsvorbehalte im Arbeitsvertrag (2013)
LAKIES, Vertragsgestaltung und AGB im Arbeitsrecht (2. Aufl 2011)
ders, AGB-Kontrolle von Rückzahlungsvereinbarungen über Weiterbildungskosten, BB 2004, 1903
ders, AGB-Kontrolle: Ausschlussfristen vor dem Aus?, NZA 2004, 569
ders, Inhaltskontrolle von Vergütungsvereinbarungen im Arbeitsrecht, NZA-RR 2002, 337
LEDER, Aktuelles zur Flexibilisierung von Arbeitsbedingungen, RdA 2010, 93
ders/MORGENROTH, Die Vertragsstrafe im Formulararbeitsvertrag, NZA 2002, 952
ders/SCHEUERMANN, Schriftformklauseln in Arbeitsverträgen – das Ende einer betrieblichen Übung?, NZA 2008, 1222
LIEB, Grundfragen der arbeitsrechtlichen Angemessenheitskontrolle gem. §§ 305 ff. BGB nach Aufhebung der Bereichsausnahme, in: FS Konzen (2006) 501
ders, AGB-Recht und Arbeitsrecht nach der Schuldrechtsmodernisierung, in: FS Ulmer (2003) 1231
LINCK, Rechtsfolgen unwirksamer Allgemeiner Geschäftsbedingungen in Arbeitsverträgen, in: FS Bauer (2010) 645
LINDEMANN, Entgeltpauschalisierungsabreden für geleistete Überstunden, BB 2006, 826
dies, Einseitige Leistungsbestimmungsrechte auf dem Prüfstand, AuR 2004, 201
dies, Flexible Gestaltung von Arbeitsbedingungen nach der Schuldrechtsreform (2003)
dies, Neuerungen im Arbeitsrecht durch die Schuldrechtsreform, AuR 2002, 81
LINDEMANN/SIMON, Die Freistellung von der Arbeitspflicht – neue Risiken und Nebenwirkungen, BB 2005, 2462
LINGEMANN, Allgemeine Geschäftsbedingungen und Arbeitsvertrag, NZA 2002, 181
ders/GOTHAM, Doppelte Schriftformklausel – gar nicht einfach!, NJW 2009, 268
dies, Freiwillige Leistungen des Arbeitgebers – es gibt sie noch!, DB 2008, 2307
dies, Freiwilligkeits-, Stichtags- und Rückzahlungsregelungen bei Bonusvereinbarungen – was geht noch?, NZA 2008, 509
LINNEMANNSTÖNS, Die Auswirkungen des § 310 III, IV BGB auf das Arbeitsrecht (2005)
LÖWISCH, Bundesarbeitsgericht und Recht der Allgemeinen Geschäftsbedingungen, in: FS Canaris (2007) 1403
ders, Auswirkungen der Schuldrechtsreform auf

das Recht des Arbeitsverhältnisses, in: FS Wiedemann (2002) 311
ders, Zweifelhafte Folgen des geplanten Leistungsstörungsrechts für das Arbeitsvertragsrecht, NZA 2001, 465
LUNK/LEDER, Teilbefristungen – Neues Recht und alte Regeln?, NZA 2008, 504
MASCHMANN, Die Befristung einzelner Arbeitsbedingungen, RdA 2005, 212
MATIES, Freiwilligkeits- und Widerrufsvorbehalte in Arbeitsverträgen und bei der betrieblichen Übung, DB 2005, 2689
MATTHIESSEN, Arbeitsvertragliche Ausschlussfristen und das Klauselverbot des § 309 Nr. 7 BGB, NZA 2007, 361
MAUER, Zugangsfiktion für Kündigungserklärungen in Arbeitsverträgen, DB 2002, 1442
M MEYER, Der Freistellungsvertrag, NZA 2011, 1249
MOHR, Der Begriff des Verbrauchers und seine Auswirkungen auf das neu geschaffene Kaufrecht und das Arbeitsrecht, AcP 204 (2004) 660
MOLL, AGB-Kontrolle von Änderungs-und Bestimmungsklauseln in Entgeltregelungen, in: FS zum 25-jährigen Bestehen der Arbeitsgemeinschaft Arbeitsrecht im Deutschen Anwaltverein (2006) 91
MORGENROTH/LEDER, Die Besonderheiten des Arbeitsrechts im allgemeinen Zivilrecht, NJW 2004, 2797
MÜHLMANN, Flexible Arbeitsvertragsgestaltung – Die Arbeit auf Abruf, RdA 2006, 356
H-P MÜLLER, Noch einmal: AGB-Kontrolle vom vertraglichen Ausschlussfristen nach der Schuldrechtsreform, BB 2005, 1333
ST MÜLLER, Klageverzicht und Abwicklungsvereinbarung, BB 2011, 1653
OETKER, AGB-Kontrolle im Zivil- und Arbeitsrecht, AcP 212 (2012) 202
ders, AGB-Kontrolle bei Anstellungsverträgen von Vorstandsmitgliedern einer AG und Geschäftsführern einer GmbH, in: FS Buchner (2009) 691
ders, Arbeitsvertragliche Bezugnahme auf Tarifverträge und AGB-Kontrolle, in: FS Wiedemann (2002) 383
OHLENDORF/SALAMON, Die Aufrechterhaltung unwirksamer Formulararbeitsbedingungen – das Verhältnis des Verbots geltungserhaltender Reduktion zur ergänzenden Vertragsauslegung im Arbeitsrecht, RdA 2006, 281
PREIS, Unangemessene Benachteiligung des Arbeitnehmers durch Vereinbarung einer Durchschnittsarbeitszeit, RdA 2012, 101
ders, Der Arbeitsvertrag, Handbuch der Vertragsgestaltung (4. Aufl 2011)
ders, Probleme der Bezugnahme auf Allgemeine Arbeitsbedingungen und Betriebsvereinbarungen, NZA 2010, 361
ders, Der langsame Tod der Freiwilligkeitsvorbehalte und die Grenzen betrieblicher Übung, NZA 2009, 281
ders, Privatautonomie und das Recht der Allgemeinen Geschäftsbedingungen, in: FS Richardi (2007) 339
ders, AGB-Recht und Arbeitsrecht, NZA Beilage 3/2006, 115
ders, Das erneuerte BGB und das Bundesarbeitsgericht, in: FS 50 Jahre BAG (2004) 123
ders, Widerrufsvorbehalte auf dem höchstrichterlichen Prüfstand, NZA 2004, 1014
ders, Arbeitsrecht, Verbraucherschutz und Inhaltskontrolle, NZA Sonderbeilage 16/2003, 19
ders, Grundfragen der Vertragsgestaltung im Arbeitsrecht (1993)
ders/BENDER, Die Befristung einzelner Arbeitsbedingungen – Kontrolle durch Gesetz oder Richterrecht?, NZA-RR 2005, 337
ders/BLESER/RAUF, Die Inhaltskontrolle von Ausgleichsquittungen und Verzichtserklärungen, DB 2006, 2812
ders/GENENGER, Die unechte Direktionsrechtserweiterung, NZA 2008, 969
ders/GREINER, Vertragsgestaltung bei Bezugnahmeklauseln nach der Rechtsprechungsänderung des BAG, NZA 2007, 1073
ders/LINDEMANN, Änderungsvorbehalte – Das BAG durchschlägt den gordischen Knoten, NZA 2006, 632
dies, Änderungsvorbehalt in einem Formulararbeitsvertrag, AuR 2005, 229
ders/ROLOFF, Die neueste Entwicklung der Vertragsinhaltskontrolle im Arbeitsrecht – Zwischenbilanz und Ausblick, ZfA 2007, 43
dies, Die Inhaltskontrolle vertraglicher Ausschlussfristen, RdA 2005, 144
ders/SAGAN, Der Freiwilligkeitsvorbehalt im

Fadenkreuz der Rechtsgeschäftslehre, NZA 2012, 697
Quink, Inhaltskontrolle von Freiwilligkeitsvorbehalten in Arbeitsverträgen (2010)
Raab, Änderungskündigung, Widerrufsvorbehalt, Freiwilligkeitsvorbehalt und der Grundsatz „pacta sunt servanda“, in: FS Birk (2008) 659
Reichenbach, Konventionalstrafe für den vertragsbrüchigen Arbeitnehmer, NZA 2003, 309
Reichold, Neues zum Arbeitsrecht der Kirchen: Konsolidierung oder Irritation durch das BAG?, NZA 2009, 1377
ders, Arbeitnehmerschutz und/oder Verbraucherschutz bei der Inhaltskontrolle des Arbeitsvertrages?, in: FS 50 Jahre BAG (2004) 153
ders, Grundlagen und Grenzen der Flexibilisierung im Arbeitsvertrag, RdA 2002, 321
ders, Anmerkungen zum Arbeitsrecht im neuen Schuldrecht, ZTR 2002, 202
G Reinecke, AGB und Kollektives Arbeitsrecht, AuR 2012, 245
ders, Zur AGB-Kontrolle von Arbeitsentgeltvereinbarungen, BB 2008, 554
ders, Vertragliche Bezugnahme auf Tarifverträge in der neueren Rechtsprechung des Bundesarbeitsgerichts, BB 2006, 2637
ders, Vertragskontrolle im Arbeitsrecht nach dem Schuldrechtsmodernisierungsgesetz in der Rechtsprechung des Bundesarbeitsgerichts, JbArbR 43 (2006), 23
ders, Zur Kontrolle von Aufhebungsverträgen nach der Schuldrechtsreform, in: FS Küttner (2006) 327
ders, Die gerichtliche Kontrolle von Ausschlussfristen nach dem Schuldrechtsmodernisierungsgesetz, AuR 2005, 378
ders, Vertragskontrolle im Arbeitsrecht nach der Schuldrechtsreform, NZA 2004, Beilage zu Heft 18, 27
ders, Arbeitnehmerfreundlichste oder arbeitnehmerfeindlichste Auslegung Allgemeiner Arbeitsbedingungen, AuR 2003, 414
ders, Kontrolle Allgemeiner Arbeitsbedingungen nach dem Schuldrechtsmodernisierungsgesetz, DB 2002, 583
Reinhard, Inhaltskontrolle vertraglicher Ausschlussfristen im Arbeitsrecht (2004)
Reiserer, Flexible Vergütungsmodelle – AGB-Kontrolle, Gestaltungsvarianten, NZA 2007, 1249
Reuter, Gruppenautonomie und Übermachtkontrolle im Arbeitsrecht – Ein Rückblick auf Franz Jürgen Säckers Habilitationsschrift, in: FS Säcker (2011) 267
ders, Inhaltskontrolle im Arbeitsrecht (§ 310 Abs. 4 BGB), in: FS 50 Jahre BAG (2004) 177
Richardi, „Die im Arbeitsrecht geltenden Besonderheiten“ als integraler Bestandteil der Zivilrechtsordnung, in: FS Picker (2010) 1095
ders, Gestaltung der Arbeitsverträge durch Allgemeine Geschäftsbedingungen nach dem Schuldrechtsmodernisierungsgesetz, NZA 2002, 1057
Ricken, Betriebliche Übung und Vertragskontrolle im Arbeitsrecht, DB 2006, 1372
Rieble/Schul, Arbeitsvertragliche Bezugnahme auf Betriebsvereinbarungen, RdA 2006, 339
Ritter, AGB-Kontrolle kirchlicher Arbeitsvertragsrichtlinien?, NZA 2005, 447
Roeder, Zweierlei Maß oder das Ende der gegenläufigen betrieblichen Übung, NZA 2009, 883
Rolfs, Die Inhaltskontrolle arbeitsrechtlicher Beendigungsvereinbarungen, in: FS Reuter (2010) 825
ders, Die Inhaltskontrolle arbeitsrechtlicher Individual- und Betriebsvereinbarungen, RdA 2006, 349
ders, Das Verbot geltungserhaltender Reduktion im Arbeitsvertragsrecht, in: FS Schwerdtner (2003) 151
Roloff, Vertragsänderungen und Schriftformklauseln, NZA 2004, 1191
Salamon, Mitarbeitersteuerung durch erfolgs- und bestandsabhängige Gestaltung von Vergütungsbestandteilen, NZA 2010, 314
Schaub, AGB-Kontrolle in der betrieblichen Altersversorgung, in: GS Blomeyer (2003) 335
Schimmelpfennig, Inhaltskontrolle eines formularmäßigen Änderungsvorbehalts – zum Widerrufsvorbehalt in Arbeitsverträgen nach der Schuldrechtsreform, NZA 2005, 603
Schlewing, Vertragsgestaltung (Auslegung, Unklarheitenregel, geltungserhaltende Reduktion, blue-pencil-Test, ergänzende Vertragsaus-

legung und Verweisungsklauseln), NZA Beilage 2/2012, 33
dies, Die Rechtsprechung des Bundesarbeitsgerichts zur AGB-Kontrolle im Betriebsrentenrecht, in: FS Höfer (2011) 243
dies, Geltungserhaltende Reduktion und/oder ergänzende Vertragsauslegung im Rahmen der AGB-Kontrolle arbeitsvertraglicher Abreden?, RdA 2011, 92
dies, Die AGB-Kontrolle arbeitsvertraglicher Abreden und das Rechtsfolgenkonzept des § 306 BGB in der Rechtsprechung des Bundesarbeitsgerichts, JbArbR 47 (2010), 47
Schlodder, Der Arbeitsvertrag im neuen Schuldrecht (2004)
Schmalenberg, Befristung von einzelnen Vertragsbedingungen, in: FS zum 25-jährigen Bestehen der Arbeitsgemeinschaft Arbeitsrecht im Deutschen Anwaltverein (2006) 155
I Schmidt, Die Beteiligung der Arbeitnehmer an den Kosten der beruflichen Bildung, NZA 2004, 1002
Schmiedl, Freiwilligkeits-und Widerrufsvorbehalte – überkommene Rechtsinstitute?, NZA 2006, 1195
Schmitt-Rolfes, Anwendbarkeit von AGB-Recht auf Verträge mit Organmitgliedern, in: FS Hromadka (2008) 391
Schnitker/Grau, Klauselkontrolle im Arbeitsvertrag. Zur Vereinbarkeit von Änderungs-, Anpassungs- und Widerrufsvorbehalten mit dem Recht der Allgemeinen Geschäftsbedingungen, BB 2002, 2120
Schrader/Müller, Flexible Vergütungsvereinbarungen, RdA 2007, 145
ders, Neues zu Ausschlussfristen, NZA 2003, 345
Schramm, Neue Herausforderungen bei der Gestaltung von Vertragsstrafenklauseln, NJW 2008, 1494
ders, Versetzungsklauseln: Mehr Flexibilität für den Arbeitgeber, mehr Kündigungsschutz für den Arbeitnehmer, BB 2007, 1221
ders, Die Zulässigkeit von Freiwilligkeitsvorbehalten in Arbeitsverträgen, NZA 2007, 1325
Schütt, Die Vertragskontrolle von Ausgleichsquittungen (2008)
Schwab, Auslegung und Inhaltskontrolle arbeitsvertraglicher Bezugnahmen auf Tarifverträge (2007)
Schwarze, Der „Kernbereich des Arbeitsvertrages" – Zum richterrechtlichen Streitigkeitsschutz im Arbeitsvertrag, RdA 2012, 321
ders, Grenzen der Anfechtung einer betrieblichen Übung, NZA 2012, 289
Seel, Wirksamkeit von Überstundenregelungen in Formulararbeitsverträgen, DB 2005, 1330
Singer, Freiwilligkeitsvorbehalt beim Entgelt, RdA 2008, 246
ders, Flexible Gestaltung von Arbeitsverträgen, RdA 2006, 362
ders, Inhaltskontrolle von Arbeitsverträgen (2006)
ders, Arbeitsvertragsgestaltung nach der Reform des BGB, RdA 2003, 194
Söllner, Zur Anwendung der gesetzlichen Vorschriften über Allgemeine Geschäftsbedingungen im Arbeitsrecht, ZfA 2003, 145
Soiné, Die AGB-Kontrolle von Gesamtzusagen und betrieblichen Übungen, ZTR 2006, 465
ders, Die arbeitsvertragliche Klauselkontrolle nach der Schuldrechtsreform unter besonderer Betrachtung der im Arbeitsrecht geltenden Besonderheiten (2005)
Sprenger, Inhaltskontrolle von Freiwilligkeitsvorbehalten bei Leistungszulagen unter Ausschluss jeden Rechtsanspruchs, BB 2007, 1902
Stamm, Arbeitszeitregelungen in Allgemeinen Geschäftsbedingungen: Reglementierung oder Flexibilisierung im Gefolge der Schuldrechtsreform?, RdA 2006, 288
vSteinau-Steinrück/Hurek, Die im Arbeitsrecht geltenden Besonderheiten – Der Nebel lichtet sich!, NZA 2004, 965
Stoffels, AGB-Kontrolle einer Ausgleichsklausel im Aufhebungsvertrag, NJW 2012, 107
ders, Grundfragen der Inhaltskontrolle von Arbeitsverträgen, ZfA 2009, 861
ders, Altverträge nach der Schuldrechtsreform, NZA 2005, 726
ders, Vertragsgestaltung nach der Schuldrechtsreform – eine Zwischenbilanz, NZA Sonderbeilage 1/2004, 19
ders/Bieder, AGB-rechtliche Probleme der arbeitsvertraglichen Bezugnahme auf mehrgliedrige Zeitarbeitstarifverträge, RdA 2012, 27
Strick, Freiwilligkeitsvorbehalt und Wider-

rufsvorbehalt – Der Wille als Bedingung, NZA 2005, 723
Suckow/Striegel/Niemann, Der vorformulierte Arbeitsvertrag (2011)
Sutschet, Doppelte Schriftformklausel – AGB-Kontrolle, RdA 2009, 386
Thüsing, AGB-Kontrolle im Arbeitsrecht (2007)
ders, Unwirksamkeit und Teilbarkeit unangemessener AGB, BB 2006, 661
ders, Angemessenheit durch Konsens, RdA 2005, 257
ders, Inhaltskontrolle kirchlicher Arbeitsvertragsrichtlinien, ZTR 2005, 507
ders, Inhaltskontrolle von Formulararbeitsverträgen nach neuem Recht, BB 2002, 2666
ders, „Was sind die Besonderheiten des Arbeitsrechts?", NZA 2002, 591
ders/Lambrich, AGB-Kontrolle arbeitsvertraglicher Bezugnahmeklauseln – Vertragsgestaltung nach der Schuldrechtsreform, NZA 2002, 1361
ders/Leder, Gestaltungsspielräume bei der Verwendung vorformulierter Arbeitsvertragsbedingungen – Besondere Klauseln, BB 2005, 1563
dies, Neues zur Inhaltskontrolle von Formulararbeitsverträgen, BB 2004, 42
ders/Mengel, Flexibilisierung von Arbeitsbedingungen und Entgelt (2005)
Tiedemann/Triebel, Warum dürfen sich Arbeitgeber nicht auf die Unwirksamkeit ihrer AGB-Vertragsklauseln berufen?, BB 2011, 1723
Tödtmann/Kaluza, Anforderungen an allgemeine Geschäftsbedingungen in arbeitsrechtlichen Verträgen, DB 2011, 114
Tschöpe/Pirscher, Der Arbeitnehmer als Verbraucher im Sinne des § 13 BGB? – Eine immer noch offene Frage, RdA 2004, 358
ders, Sind Entgeltabreden der Inhaltskontrolle nach §§ 305 ff. unterworfen?, DB 2002, 1830
Uffmann, Die Unzumutbarkeitsschwelle als neue Voraussetzung einer ergänzenden Vertragsauslegung im Arbeitsrecht?, RdA 2011, 154
Ulrici, Betriebliche Übung und AGB-Kontrolle, BB 2005, 1902
Waas, Ausbildungskosten – Erstattung bei Arbeitgeberkündigung, RdA 2005, 120
Wensing/Niemann, Vertragsstrafen in Formulararbeitsverträgen: § 307 BGB neben § 343 BGB?, NJW 2007, 401
Wiedemann, Freiwilligkeitsvorbehalt bei Sonderzahlungen, RdA 2009, 186
Willemsen/Jansen, Die Befristung von Entgeltbestandteilen als Alternative zu Widerrufs- und Freiwilligkeitsvorbehalten, RdA 2010, 1
ders/Timon Grau, Alternative Instrumente zur Entgeltflexibilisierung im Standardarbeitsvertrag, NZA 2005, 1137
dies, Geltungserhaltende Reduktion und „Besonderheiten des Arbeitsrechts", RdA 2003, 321
ders/Mehrens, Rechtsqualität und Kontrolle kirchlicher Arbeitsrechtsregelungen, in: FS Bepler (2012) 619
Wisskirchen/Bissels, Arbeiten, wenn Arbeit da ist – Möglichkeiten und Grenzen der Vereinbarungsbefugnis zur Lage der Arbeitszeit, NZA Beilage 1/2006, 24
dies/Stühm, Anspruch des Arbeitgebers auf Änderung von unwirksamen Klauseln in alten Arbeitsverträgen?, DB 2003, 2225
Witt, Keine AGB-Kontrolle tariflicher Regelungen?, NZA 2004, 135
Worzalla, Die Wirksamkeit einzelner Arbeitsvertragsklauseln nach der Schuldrechtsreform, NZA Beilage 3/2006, 122
Zeller-Müller, Auswirkungen der Schuldrechtsreform auf die Inhaltskontrolle von Arbeitsverträgen und auf Aufhebungsverträge (2004)
Zöllner, Kritische Grundsatzüberlegungen zum AGB-Recht als arbeitsrechtlichem Kontrollinstrument, ZfA 2010, 637
ders, Vertragskontrolle und Gerechtigkeit, NZA Beilage 3/2006, 99
ders, Immanente Grenzen arbeitsvertraglicher Regelungen, RdA 1989, 152
Zundel, Wirksamkeit arbeitsvertraglicher Klauseln insbesondere unter dem Aspekt der AGB-Kontrolle, NJW 2006, 1237
Zwanziger, AGB-Kontrolle verweisender Klauseln im Arbeitsvertrag, in: FS Düwell (2011) 105.

Systematische Übersicht

Alphabetische Übersicht

I. Allgemeines

1. Rechtstatsächliches Vorkommen und Funktionen von AGB im Arbeitsleben

a) AGB in der Arbeitsvertragspraxis

Vorformulierte Arbeitsbedingungen prägen schon seit langem die Arbeitsvertragspraxis (vgl Gumpert BB 1974, 139). Nach empirisch gestützten Schätzungen sind **weit mehr als 90% aller Arbeitsverhältnisse** in Deutschland formularmäßig ausgestaltet (Preis/Preis, Der Arbeitsvertrag I B Rn 7). Das **klassische BGB-Modell** des ausschließlich aus individuell ausgehandelten Arbeitsbedingungen bestehenden Arbeitsvertrages **spielt im Arbeitsleben kaum eine Rolle**. Vorformulierte Arbeitsverträge finden sich bei **allen Arbeitnehmergruppen**, wobei innerhalb desselben Unternehmens entspre- 1 chend der Stellung in der betrieblichen Hierarchie (insbesondere gewerbliche Arbeitnehmer, Tarifangestellte, außertarifliche Angestellte) häufig unterschiedliche Vertragsmuster benutzt werden. Neben dem gedruckten Formulararbeitsvertrag wird zunehmend auf Textbausteine zurückgegriffen, die eine flexible Anpassung an die jeweiligen Anforderungen bei der Ausgestaltung des Arbeitsvertrages ermöglichen (Preis/Preis, Der Arbeitsvertrag I B Rn 15). Vorformulierte Arbeitsbedingungen weisen eine **unterschiedlich hohe Regelungsdichte** auf. Manche Formulararbeitsverträge beschränken sich auf wenige Bestimmungen und dokumentieren im Wesentlichen nur, dass der Arbeitsvertrag abgeschlossen wurde und welche Tätigkeit der Arbeitnehmer auszuüben hat. Tendenziell nimmt der Regelungsumfang in der Arbeitsvertragspraxis aber zu. So enthalten zahlreiche Arbeitsverträge vorformulierte Klauseln über die Erweiterung des Direktionsrechts (Versetzung, Leistung von Überstunden), Vergütungsfragen (Pauschalabgeltung von Überstunden, Gewährung, Befristung, Widerruf und Rückzahlung von Sonderleistungen wie Gratifikationen und Boni), das Schriftformerfordernis für Vertragsänderungen, die Freistellung des Arbeitnehmers insbesondere nach dem Ausspruch einer Kündigung, Wettbewerbsverbote, Vertragsstrafen, Ausschlussfristen, Ausgleichsquittungen, die Rückzahlung von Aus- und Fortbildungskosten und vieles andere mehr (Preis/Preis, Der Arbeitsvertrag I B Rn 13, 17 ff; siehe auch CKK/Klumpp § 307 Rn 92 ff; Lakies, Vertragsgestaltung und AGB im Arbeitsrecht [2. Aufl 2011] Kap 5 Rn 1 ff; Wolf/Stoffels ArbR Rn 84 ff). Hinzu kommen regelmäßig Verweisungen auf Tarifverträge und sonstige im Betrieb geltende Regelwerke (Preis/Preis, Der Arbeitsvertrag I B Rn 22 ff). Daneben sind oftmals deklaratorisch die gesetzlichen Bestimmungen insbesondere zum Urlaub, zur Entgeltfortzahlung im Krankheitsfall sowie zu Kündigungsfristen aufgenommen.

2 Vorformulierte Arbeitsbedingungen werden soweit ersichtlich **ausschließlich von der Arbeitgeberseite in den Arbeitsvertrag eingeführt**. Diese Arbeitsbedingungen werden in größeren Unternehmen regelmäßig selbst entwickelt oder doch zumindest in Auftrag gegeben. Bei kleinen und mittleren Unternehmen werden die Bedingungen dagegen vielfach von den Arbeitgeberverbänden zur Verfügung gestellt oder allgemein zugänglichen Musterhandbüchern sowie vermehrt auch dem Internet entnommen (Preis/Preis, Der Arbeitsvertrag I B Rn 2, 15, 87 ff).

3 Von Arbeitnehmern vorformulierte Klauselwerke sind **bislang nicht in Erscheinung getreten**. Allerdings findet der Abschluss von Arbeitsverträgen vor allem im Bereich höher qualifizierter Tätigkeiten nicht selten in der Weise statt, dass **dem Arbeitnehmer das Vertragsformular vor dem eigentlichen Vertragsschluss einige Zeit zur Verfügung gestellt wird**, was unterschiedliche Gründe haben kann. Teilweise geht es nur darum, dass der Arbeitnehmer die Gelegenheit erhalten soll, sich mit den unter Umständen recht umfangreichen Arbeitsbedingungen vertraut zu machen und gegebenenfalls sogar sachkundigen Rat einzuholen, ohne dass der Arbeitgeber damit zugleich Verhandlungsbereitschaft signalisieren will. Teilweise werden verschiedene in Betracht kommende Optionen offeriert, deren Vor- und Nachteile der Arbeitnehmer vor der Vertragsabschlussentscheidung erwägen soll. Teilweise stellen sich der vorformulierte Arbeitsvertrag oder zumindest einzelne Klauseln noch weitergehend nur als Verhandlungsgrundlage dar. Im Allgemeinen spielen **einzeln ausgehandelte Vereinbarungen** in der Arbeitsvertragspraxis aber selbst bei Führungskräften nur eine **geringe Rolle** (Junker, in: FS Buchner [2009] 369, 372). Am ehesten scheinen sie noch in den Fällen vorzukommen, in denen ein bestimmter Mitarbeiter

angeworben werden soll und es darum geht, einer besonderen persönlichen Belastung Rechnung zu tragen (zB Übernahme von Umzugskosten oder der Ausgleich von sonstigen mit dem Wechsel des Arbeitsplatzes verbundenen Nachteilen; Preis/Preis, Der Arbeitsvertrag I B Rn 9).

Die **Gewerkschaften entwickeln keine Musterarbeitsverträge**, um ihren eigenen Tarifverträgen keine Konkurrenz zu machen (Preis/Preis, Der Arbeitsvertrag I B Rn 82). Allerdings kommt es zuweilen zu schuldrechtlichen Absprachen auf der Ebene der Tarifvertragsparteien, die sodann einvernehmlich in einheitsarbeitsvertragliche Regelungen umgesetzt werden (vgl BAG NZA 2008, 1194; BAG NZA-RR 2012, 232). Darüber hinaus werden auch auf der betrieblichen Ebene teilweise Vereinbarungen mit einem Musterinhalt getroffen, die der Arbeitgeber dann in klauselartige Einzelverträge transformiert (vgl BAG AP InsO § 113 Nr 23; BAG NZA 2009, 896; BAG NZA 2012, 232). Ein solcher Hintergrund kann es rechtfertigen, bei der Angemessenheitskontrolle einen milderen Maßstab anzulegen (dazu näher Rn 235 f). 4

b) Funktionen von AGB im Arbeitsleben

Die Verwendung vorformulierter Arbeitsbedingungen dient grundsätzlich denselben Funktionen, die auch sonst mit der Verwendung von allgemeinen Geschäftsbedingungen verfolgt werden. An erster Stelle steht die **Rationalisierungsfunktion** (Entlastungsfunktion), die ebenso wie im Allgemeinen Geschäftsverkehr (BT-Drucks 7/3919, 1, 9; MünchKomm/Basedow Vor § 305 Rn 2; Kötz, Gutachten zum 50. DJT, Bd I [1974] A 23 ff; Wolf/Pfeiffer Einl Rn 1; Staudinger/Schlosser Vorbem 4 zu §§ 305 ff; Stoffels, AGB-Recht Rn 67; Ulmer/Habersack Einl Rn 4; ferner bereits Raiser, Das Recht der Allgemeinen Geschäftsbedingungen [1935] 19 ff; siehe auch Schäfer/Ott, Lehrbuch der ökonomischen Analyse des Zivilrechts [4. Aufl 2005] 426) als **legitimer Zweck** der Vorformulierung von Arbeitsbedingungen anzuerkennen ist (Preis/Preis, Der Arbeitsvertrag I A Rn 109). Ohne gleichlautende Konditionen, die im Verhältnis zu allen oder doch zu größeren Gruppen von Arbeitnehmern verwendet werden, ist ein effizientes Personalmanagement nicht denkbar. Der Rationalisierungsaspekt gilt zunächst für das **Vertragsabschlussstadium** (vgl Ulmer/Ulmer/Habersack Einl Rn 4). Vorformulierte Arbeitsbedingungen tragen dazu bei, die beim Einstellungsvorgang anfallenden Transaktionskosten erheblich zu verringern. Der Rückgriff auf einen bereits vorhandenen arbeitsvertraglichen Rahmen erspart sowohl dem Arbeitgeber als auch dem Arbeitnehmer ein zeit- und kostenaufwändiges Aushandeln von Nebenbedingungen, die im Interesse einer vorsorgenden Vertragsgestaltung eine Regelung als sinnvoll erscheinen lassen, im Verlaufe des Arbeitsverhältnisses aber möglicherweise bedeutungslos bleiben. Die Rationalisierungswirkung betrifft weiter das **Vertragsdurchführungsstadium** (vgl Ulmer/Ulmer/Habersack Einl Rn 4). Insoweit geht es zum einen um das grundsätzlich berechtigte Interesse des Arbeitgebers daran, die Abwicklung von Arbeitsverträgen zu vereinheitlichen und dadurch zu vereinfachen (zum allgemeinen AGB-Recht ebenso BGH NJW 1996, 988, 989). Zum anderen können vorformulierte Arbeitsbedingungen über die exakten Rechte und Pflichten beider Seiten dazu beitragen, bei der Vertragsdurchführung spätere ihrerseits wieder kostenträchtige Meinungsverschiedenheiten über den genauen Inhalt der Rechtsbeziehungen zu vermeiden (Stoffels, AGB-Recht Rn 67; plastisch schon Raiser, Das Recht der Allgemeinen Geschäftsbedingungen [1935] 20: „Inbegriff ersparter Prozesse"). Streitfragen, die bei jeder Auslegung und Anwendung von Vertragstexten letztlich unvermeidbar sind, müssen nur einmal geklärt und nicht immer wieder aufs Neue aufgrund abweichender Formulierungen eigen- 5 ständig durchdacht und entschieden werden (Preis/Preis, Der Arbeitsvertrag I A Rn 108).

6 Die zweite Funktion vorformulierter Arbeitsbedingungen besteht darin, es nicht beim vorhandenen Gesetzesrecht bewenden zu lassen, sondern die Arbeitsverhältnisse in einen den **praktischen Bedürfnissen entsprechenden vertraglichen Rahmen einzubetten** (vgl zum allgemeinen AGB-Recht Stoffels, AGB-Recht Rn 71). Da die arbeitsrechtlichen Gesetze anders als die meisten Normen des allgemeinen Zivilrechts außerhalb des Verbraucherschutzrechts regelmäßig zwingenden Charakter haben, geht es insoweit allerdings weniger darum, dass dispositive Einzelregelungen abgeändert werden sollen. Vielmehr steht im Arbeitsverhältnis die Substitution von fehlendem Recht, also die **Lückenausfüllungsfunktion** (so die Begriffsbildung von Locher, Das Recht der Allgemeinen Geschäftsbedingungen [3. Aufl 1997] 7; ihm folgend Stoffels, AGB-Recht Rn 71), im Vordergrund. Da es nach wie vor an einem Arbeitsvertragsgesetz fehlt, sind zahlreiche Fragen nicht gesetzlich geklärt, die von der Praxis häufig als regelungsbedürftig angesehen werden. Hierzu gehören etwa die Befugnis des Arbeitgebers, Überstunden anzuordnen, finanzielle Zusatzleistungen zu widerrufen oder den Arbeitnehmer freizustellen, wie auch die schnelle Herbeiführung klarer Verhältnisse durch Ausschlussfristen. Hinzu kommt, dass Manteltarifverträge, die zumindest teilweise in diese Bresche springen, infolge der zurückgehenden Tarifbindung eine immer geringere Anzahl von Arbeitsverhältnissen regulieren (vgl Ellguth/Kohaut WSI-Mitteilungen 2012, 297 ff). Beide Faktoren bewirken, dass ein erhebliches Bedürfnis nach einer vorformulierten Gestaltung von Nebenbedingungen auf der arbeitsvertraglichen Ebene besteht.

7 Weiter geht es um die aus dem allgemeinen AGB-Recht ebenfalls bekannte (BT-Drucks 7/3919, 9; MünchKomm/Basedow Vor § 305 Rn 3; Kötz, Gutachten zum 50. DJT, Bd I [1974] A 26 f; Stoffels, AGB-Recht Rn 73; Ulmer/Habersack Einl Rn 5; ähnlich bereits Raiser, Das Recht der Allgemeinen Geschäftsbedingungen [1935] 22: AGB als „Werkzeuge wirtschaftlicher Machterhaltung und -verstärkung") **Risikoverlagerungsfunktion**. Soweit das Arbeitsvertragsrecht keine zwingenden Vorgaben enthält, sondern Regelungsspielräume eröffnet, können mithilfe von vorformulierten Arbeitsbedingungen bestimmte Risiken, die das dispositive Recht an sich dem Arbeitgeber zuweist, etwa die Entgeltzahlungspflicht bei einer vorübergehenden Verhinderung an der Arbeitsleistung infolge persönlicher Gründe gemäß § 616, auf den Arbeitnehmer verlagert werden. Entsprechendes gilt in den Bereichen, in denen es von vornherein an geschriebenen normativen Vorgaben fehlt.

8 Eine **arbeitsrechtspezifische Funktion**, die im allgemeinen AGB-Recht keine Parallele findet, liegt darin, dass **betriebsorganisatorische Notwendigkeiten** vielfach eine einheitliche Ausgestaltung der Arbeitsverträge gebieten oder zumindest nahelegen. Dies betrifft diejenigen Arbeitsbedingungen, die sich unmittelbar auf die Einbringung der Arbeitsleistung in den betrieblichen Prozess beziehen, weil es insoweit regelmäßig einer Koordination der Einzelleistungen bedarf, um eine Gesamtleistung hervorzubringen. So können Kurzarbeits- oder Überstundenregelungen (Umfang, Ankündigungsfrist etc) sinnvollerweise nur einheitlich ausgestaltet werden, damit das mit der betriebsorganisatorischen Maßnahme verfolgte Ziel erreicht werden kann. Darüber hinaus tragen vorformulierte Arbeitsverträge zur **Gleichbehandlung der Arbeitnehmer** bei (Preis/Preis, Der Arbeitsvertrag I A Rn 107; siehe dazu auch Junker, in:

FS Buchner [2009] 369, 372). In zahlreichen Fällen wird dies zugleich durch den Gleichbehandlungsgrundsatz rechtlich geboten sein, weil sich der Vorrang der Vertragsfreiheit vor dem Gleichbehandlungsgrundsatz nur auf individuell vereinbarte Abreden, nicht aber auf die pauschale Unterwerfung der Arbeitnehmer unter vorformulierte Vertragsbedingungen bezieht (vgl ErfK/Preis § 611 BGB Rn 575; HWK/Thüsing § 611 BGB Rn 187; einschränkend aber Staudinger/Richardi/Fischinger [2011] § 611 Rn 507). Daneben ist eine Gleichbehandlung der Mitarbeiter aber auch personalpolitisch (betriebspsychologisch) vielfach unabweisbar, was insbesondere für die Gleichbehandlung von tarifgebundenen und nicht tarifgebundenen Arbeitnehmern gilt.

2. AGB-Kontrolle im Arbeitsrecht als eigenständige Rechtsmaterie

§ 310 Abs 4 Satz 2 HS 1 spricht davon, dass bei der Anwendung der §§ 305 ff „die im Arbeitsrecht geltenden Besonderheiten angemessen zu berücksichtigen" sind. Dass sich die arbeitsrechtliche AGB-Kontrolle seit ihrer Einführung zum 1. 1. 2002 durch das Gesetz zur Modernisierung des Schuldrechts zu einer Rechtsmaterie entwickelt hat, die eine gesonderte Kommentierung rechtfertigt, beruht freilich nicht in erster Linie auf dieser speziellen Vorschrift, sondern darauf, dass diese „wohl nachhaltigste Rechtsänderung im Individualarbeitsrecht nach der Verabschiedung des Kündigungsschutzgesetzes im Jahre 1951" (so Preis/Roloff ZfA 2007, 43, 44) zu einer großen Fülle an Entscheidungen sowie an begleitender Literatur geführt hat, welche die arbeitsrechtliche AGB-Kontrolle als einen **eigenständigen Rechtskorpus** erscheinen lassen. Freilich ist immer wieder in Erinnerung zu rufen, dass die arbeitsrechtliche AGB-Kontrolle und die allgemeine AGB-Kontrolle auf im Wesentlichen identischen legislativen Grundlagen beruhen, woraus sich die Notwendigkeit ergibt, gleichgelagerte Fragen gleich zu entscheiden. Ein Blick zurück erleichtert das Verständnis der gegenwärtigen Rechtslage. **9**

a) Entwicklung bis zum Schuldrechtsmodernisierungsgesetz

Das BAG hat schon sehr frühzeitig damit begonnen, arbeitsvertragliche Vereinbarungen einer **Inhaltskontrolle** zu unterziehen, die über eine reine Rechtskontrolle hinausgeht und sich auf die **Angemessenheit** der vertraglichen Regelungen erstreckt (umfassender Überblick über die Entwicklung bei Fastrich, Richterliche Inhaltskontrolle im Privatrecht [1992] 159 ff; Preis, Grundfragen der Vertragsgestaltung im Arbeitsrecht [1993] 147 ff; siehe dazu auch Heinrich, Formale Freiheit und materiale Gerechtigkeit [2000] 545 ff). Zur Begründung verwies die Rechtsprechung zumeist auf die **Störung der Vertragsparität**, die bei einer einseitigen Festsetzung der Arbeitsbedingungen durch den Arbeitgeber anzunehmen sei, wobei das BAG allerdings vielfach **keine klare Unterscheidung** zwischen der (situativen) Unterlegenheit des Arbeitnehmers kraft Vorformulierung der Arbeitsbedingungen durch den Arbeitgeber und der (strukturellen) Unterlegenheit des Arbeitnehmers kraft geringerer Verhandlungsmacht als Folge unterschiedlicher Angewiesenheit auf den Abschluss des Arbeitsvertrages traf (vgl BAG AP BGB § 242 Ruhegehalt-Unterstützungskassen Nr 1; BAG AP BGB § 242 Ruhegehalt Nr 144; BAG AP HGB § 65 Nr 6). Zuweilen wurde aber auch damals schon die arbeitsvertragliche Einheitsregelung als Aufgreifkriterium betont (BAG AP BGB § 305 Billigkeitskontrolle Nr 1; BAG AP BGB § 305 Billigkeitskontrolle Nr 2). Wenn in der älteren Judikatur überhaupt eine Rechtsgrundlage für die Inhaltskontrolle genannt (so etwa nicht in BAG AP BGB § 242 Ruhegehalt Nr 144; BAG AP BGB § 242 Ruhegehalt Nr 152; BAG AP **10**

HGB § 65 Nr 6) bzw nicht einfach nur auf Richterrecht verwiesen (BAG AP BGB § 305 Billigkeitskontrolle Nr 1; BAG AP BGB § 305 Billigkeitskontrolle Nr 2) wurde, tauchte § 315 auf (BAG AP BGB § 242 Ruhegehalt-Unterstützungskassen Nr 1 [unter gleichzeitiger Nennung von § 242 BGB]), daneben wurden aber auch § 138 (BAG AP BGB § 626 Nr 67) und § 242 (BAG AP BGB § 242 Ruhegehalt-Unterstützungskassen Nr 1 [unter gleichzeitiger Nennung von § 315]) erwähnt. Ferner wurde zuweilen das aus dem Sozialstaatsprinzip abzuleitende Arbeitnehmerschutzprinzip herangezogen (so BAG AP BGB § 242 Ruhegehalt Nr 161; BAG AP BGB § 242 Ruhegehalt Nr 170). Im Übrigen gehören der extensive Einsatz des Instruments der objektiven Gesetzesumgehung (zB BAG [GS] AP BGB § 620 Befristeter Arbeitsvertrag Nr 16; BAG AP BGB § 622 Nr 9; BAG AP BGB § 622 Nr 12; im Ansatz auch BAG AP BGB § 611 Direktionsrecht Nr 20), die Einordnung von Grundrechten als Verbotsgesetze (§ 134) (zB BAG AP GG Art 12 Nr 25) sowie der Rückgriff auf die Fürsorgepflicht (zB BAG AP BGB § 611 Fürsorgepflicht Nr 26; BAG AP BGB § 611 Gratifikation Nr 22) als Grenzen der Vertragsfreiheit im Arbeitsrecht letztlich ebenfalls in diesen Zusammenhang. Zu einem **klaren und durchschaubaren System** für die Angemessenheitskontrolle arbeitsvertraglicher Vereinbarungen ist die Rechtsprechung in dieser Frühphase **nicht gelangt**.

11 Die Kodifizierung des AGB-Rechts durch das AGBG von 1976, durch die der Gesetzgeber eine jahrzehntelange Rechtsentwicklung hin zu einer immer stärkeren Kontrolle von AGB durch die zivilgerichtliche Rechtsprechung (siehe dazu nur Stoffels, AGB-Recht Rn 20 ff; Ulmer/Ulmer/Habersack Einl Rn 10 ff) in der Sache bestätigte und auf eine neue Rechtsgrundlage stellte, hatte das Arbeitsrecht bewusst ausgespart (§ 23 Abs 1 AGBG [im RegE noch § 11 Abs 1 AGBG]). Die **Bereichsausnahme** wurde seinerzeit damit begründet, dass ein Schutz des schwächeren Vertragspartners vor unangemessenen Vertragsbedingungen auf dem Gebiet des Arbeitsrechts schon durch ein dichtes Netz von zwingenden Vorschriften und durch das besondere System der kollektivrechtlichen Vereinbarungen verwirklicht werde, so dass ein zusätzlicher Schutz durch das AGB-Recht nicht erforderlich sei. Falls eine weitere Verbesserung des Schutzes der Arbeitnehmer vor unangemessenen Bedingungen erforderlich erscheine, solle dies durch besondere gesetzgeberische Maßnahmen erfolgen (BT-Drucks 7/3919, 41). Damit brachte der damalige Gesetzgeber dreierlei zum Ausdruck: Erstens sah er den Grund für Schutzvorschriften zugunsten des Arbeitnehmers im allgemeinen Aspekt der persönlichen Unterlegenheit. Zweitens hielt er diesen Schutz durch die bereits vorhandenen Instrumente auf der gesetzlichen und auf der kollektivvertraglichen Ebene für hinreichend gewährleistet. Drittens sollten etwaige Schutzlücken durch spezielle zwingende Bestimmungen geschlossen werden. Die vom BAG bereits einige Jahre zuvor letztlich kraft Richterrechts entwickelte Inhaltskontrolle arbeitsvertraglicher Abreden blieb dagegen unerwähnt.

12 Die arbeitsgerichtliche Rechtsprechung hat diese Vorstellungen des Gesetzgebers zu keinem Zeitpunkt als Aufforderung zur Rückkehr zu einer exklusiven Zweigleisigkeit des Arbeitnehmerschutzes vor unangemessenen Arbeitsbedingungen durch zwingendes Gesetzesrecht auf der einen Seite und Kollektivverträgen auf der anderen Seite verstanden. Vielmehr wurde schon bald nach Inkrafttreten des AGBG (nicht näher begründete Behauptung der Notwendigkeit einer Interessenabwägung etwa in BAG AP BUrlG § 1 Unbezahlter Urlaub Nr 1 unter Berufung auf BAG AP BUrlG § 7 Betriebsferien Nr 3 [zu einem Fall vor Inkrafttreten des AGBG]; ferner BAG NZA 1984, 255) die bisherige

Linie einer **auf allgemeine Erwägungen gestützte Inhaltskontrolle von arbeitsvertraglichen Regelungen** fortgeführt (so ausdrücklich etwa BAG NZA 1994, 759: „Bereichsausnahme ... lässt die arbeitsrechtliche Inhaltskontrolle unberührt"). Spätestens seit der Bürgschaftsentscheidung des BVerfG mit ihrer Entwicklung einer verfassungsrechtlich geforderten Kontrolle rechtsgeschäftlicher Vereinbarungen zur Verhinderung von Fremdbestimmung im Gewande eines Vertrages (BVerfGE 89, 214, 231 ff – dazu noch näher unten Rn 47 ff) hätten sich die Überlegungen des Gesetzgebers, sofern ihnen überhaupt eine geschlossene Konzeption zu Grunde lag, ohnehin nicht mehr halten lassen. Für die innere Legitimation der Inhaltskontrolle führte das BAG wiederum zumeist den Aspekt der **gestörten Vertragsparität** ins Feld, die in den neueren Entscheidungen unter Anlehnung an die Judikatur des BVerfG vielfach ausdrücklich auf die **strukturelle Unterlegenheit des Arbeitnehmers bzw die damit korrespondierende stärkere Verhandlungsmacht des Arbeitgebers** gestützt wurde (BAG NZA 1994, 759; BAG NZA 1994, 937; BAG NZA 2002, 551; BAG NZA 2004, 484). Vereinzelt war zudem von der Unerfahrenheit des Arbeitnehmers und damit der Sache nach von der intellektuellen Unterlegenheit die Rede (BAG NZA 2001, 723). Darüber hinaus wurde die Angemessenheitskontrolle zuweilen aber auch explizit mit dem Vorhandensein einer arbeitsvertraglichen Einheitsregelung (so BAG NZA 1986, 782) bzw mit der Vorformulierung des Vertragsinhalts durch den Arbeitgeber gerechtfertigt (so BAG NZA 1994, 759 [bei gleichzeitiger Rückführung auf die stärkere Verhandlungsmacht des Arbeitgebers]). Die normativen Anknüpfungspunkte für die konkrete Verankerung der Kontrolle blieben im Vergleich mit der Zeit vor Inkrafttreten des AGBG weitgehend unverändert: Zu nennen sind die objektive Umgehung zwingender arbeitsrechtlicher Schutzvorschriften wie insbesondere das KSchG (BAG AP BGB § 620 Teilkündigung Nr 5; BAG NZA 1985, 321; BAG NZA 1987, 241; BAG NZA 1988, 95; BAG NZA 1994, 476; BAG NZA 1996, 603; BAG NZA 1997, 1160), der allgemeine Rekurs auf § 138 (BAG v 7. 11. 1984 – 5 AZR 278/83; BAG NZA 1991, 264; so auch der Ansatz in BAG v 25. 7. 1984 – 5 AZR 219/82; BAG NZA 1989, 101; BAG AP TVG § 4 Ausschlussfristen Nr 162 [insoweit Sittenwidrigkeit allerdings jeweils verneint]) oder auf § 315 (BAG NZA 1993, 353), die zunehmende Heranziehung von § 242 (BAG NZA 1994, 937; BAG NZA 1996, 314; BAG NZA 1996, 702; BAG NZA 1999, 79 [unter zusätzlicher Nennung von § 138]; BAG NZA 2001, 723; BAG NZA 2006, 542; grds auch BAG NZA 1996, 702) sowie verschiedene Kombinationen von Generalklauseln (vgl BAG v 27. 4. 2000 – 8 AZR 301/99: §§ 138 und 242; BAG NZA 2002, 551: §§ 138, 242 und 315; ebenso [bei gleichzeitiger Hervorhebung von Treu und Glauben] BAG NZA 2004, 484; für einen Altfall ferner BAG NZA 2007, 1154 Rn 39: §§ 138, 134 und 242).

Die **Bereichsausnahme** als solche wurde von der Rechtsprechung **akzeptiert** und **13**
nicht durch eine umfassende Analogie zum AGBG ausgehebelt (vgl BAG NZA 1984, 255; BAG NZA 1986, 782; BAG EzA BGB § 339 Nr 8; BAG NZA 1994, 759; offengelassen aber in BAG NZA 1998, 258; für eine Anwendung von § 9 Abs 1 AGBG in einem obiter dictum sogar BAG NZA 1994, 852). Zwar wurden verschiedene generelle Regeln des AGB-Rechts **als Ausdruck allgemeiner Rechtsgedanken** in die arbeitsgerichtliche Judikatur übernommen. Dies betraf die Ausklammerung überraschender Klauseln aus dem Vertrag (BAG NZA 1996, 702; BAG v 27. 4. 2000 – 8 AZR 301/99; BAG NZA 2001, 723; BAG AP BetrVG 1972 § 77 Nr 93) sowie den Grundsatz, Unklarheiten zu Lasten des Verwenders ausschlagen zu lassen (BAG NZA 1986, 64; BAG NZA 1992, 793). Vereinzelt griff das BAG sogar auf spezielle Klauselverbote zurück, um die Unwirksamkeit entsprechender arbeitsvertraglicher Abreden zu begründen (BAG NZA 1994, 937 [§ 11 Nr 15 lit b AGBG = § 309 Nr 12 lit b BGB]). Noch unmittelbar vor der Schuldrechtsreform hieß es aber

unmissverständlich, dass es die eindeutige gesetzliche Regelung verbiete, die Frage der Wirksamkeit einer Vertragsklausel in formularmäßigen Arbeitsverträgen mittels einer entsprechenden Anwendung des AGBG zu überprüfen (BAG NZA 2001, 723).

b) Die Einschränkung der Bereichsausnahme durch das Schuldrechtsmodernisierungsgesetz

14 Die zuletzt erwähnte Entscheidung des BAG, in der eine vergleichsweise kurze zweistufige Ausschlussklausel gebilligt wurde, ist deshalb bemerkenswert, weil sie zumindest den äußeren Anlass zur partiellen Streichung der Bereichsausnahme und damit zur bedeutendsten Entwicklung auf dem Gebiet des Arbeitsvertragsrechts der letzten Jahrzehnte bildete. Dabei hatten zunächst weder der Diskussionsentwurf (August 2000) noch der Regierungsentwurf (Mai 2001) für ein **Gesetz zur Modernisierung des Schuldrechts** das Arbeitsrecht thematisiert. Vielmehr sollte die **Bereichsausnahme** bei der geplanten **Integration des AGBG in das BGB ursprünglich unverändert bleiben** (BT-Drucks 14/6040, 12, 160). Dementsprechend hatte es in der Begründung des Gesetzesentwurfs lapidar geheißen: „Abs 4 entspricht wörtlich dem bisherigen § 23 Abs 1 AGBG“ (BT-Drucks 14/6040, 160). Auch soweit sich das Schrifttum seinerzeit mit den Auswirkungen der geplanten Schuldrechtsreform auf das Arbeitsrecht befasste, wurde dessen Herausnahme aus dem Geltungsbereich der §§ 305 ff regelmäßig nicht thematisiert (vgl etwa Löwisch NZA 2001, 465; Joussen NZA 2001, 745). Allerdings war zuvor immer wieder Kritik an der Ausklammerung des Arbeitsrechts aus dem Anwendungsbereich des AGBG laut geworden (siehe etwa Fenn, in: FS Söllner [2000] 333, 336 ff; Preis, Grundfragen der Vertragsgestaltung im Arbeitsrecht [1993] 241 ff; anders aber Zöllner RdA 1989, 152).

15 Gegen diese Fortschreibung der bisherigen Rechtslage wandte sich der Bundesrat und bat um Prüfung, ob die Herausnahme des Arbeitsrechts aus dem Anwendungsbereich der AGB-rechtlichen Vorschriften sachlich noch gerechtfertigt sei, weil das BAG bei der Inhaltskontrolle von Arbeitsvertragsbedingungen wie der BGH vor Schaffung des AGBG vorgehe und deshalb auf der Grundlage der §§ 242 und 315 so verfahre, als ob es § 9 AGBG (= § 307 BGB) auf Arbeitsverträge anwende (BT-Drucks 14/6857, 17). Die Bundesregierung griff diese Anregung auf und schlug eine **Neufassung der Bereichsausnahme** vor, aufgrund derer lediglich Tarifverträge, Betriebs- und Dienstvereinbarungen, nicht aber mehr Arbeitsverträge aus dem AGB-Recht von vornherein ausgeklammert werden sollten (§ 310 Abs 4 Satz 1; BT-Drucks 14/6857, 53 f). Die für diesen Kurswechsel gegebene Begründung beruht im Wesentlichen auf drei Überlegungen: Erstens sei im Gegensatz zur Einschätzung von 1975 nunmehr davon auszugehen, dass **zwingende Gesetzesvorschriften und Kollektivverträge nicht ausreichten**, um einen angemessenen Schutz gegenüber einseitig vom Arbeitgeber festgesetzten Arbeitsbedingungen zu gewährleisten. Offenbar zur Bekräftigung dieses Schutzbedürfnisses unterstrich die Bundesregierung das existenzielle Angewiesensein des Arbeitnehmers auf einen Arbeitsplatz. Zweitens wurde auf die nicht zu bestreitende **Uneinheitlichkeit der Rechtsprechung** im Hinblick auf die Strenge der von ihr durchgeführten Angemessenheitskontrolle von Arbeitsvertragsbedingungen hingewiesen, wobei neben einer Entscheidung des BAG von 1995 (BAG NZA 1996, 702) namentlich das erwähnte Urteil aus dem Jahr 2000 (BAG NZA 2001, 723) genannt wurde. Durch die (partielle) Streichung der Bereichsausnahme solle die hierdurch entstehende Rechtsunsicherheit beseitigt werden. Drittens

schließlich sei dafür zu sorgen, dass das **Schutzniveau der Vertragsinhaltskontrolle im Arbeitsrecht nicht hinter demjenigen des Zivilrechts zurückbleibe**.

Der Rechtsausschuss übernahm sowohl die grundsätzliche Konzeption als auch die Begründung der Bundesregierung (BT-Drucks 14/7052, 24, 189). Zu einer Änderung kam es nur bei der Formulierung der Besonderheitenklausel (§ 310 Abs 4 Satz 2 HS 1). Während die Bundesregierung noch davon gesprochen hatte, dass die im Arbeitsrecht geltenden Besonderheiten „bei Arbeitsverträgen" angemessen zu berücksichtigen seien, stellte der Rechtsausschuss klar, dass der **Bezugspunkt** für die Anwendung der Besonderheitenklausel **nicht die Ausgestaltung der Arbeitsverträge**, sondern **die Anwendung der AGB-rechtlichen Vorschriften auf Arbeitsverträge** sei. Mit dieser Modifikation (sowie einer weiteren Änderung im Unterlassungsklagengesetz) trat das Schuldrechtsmodernisierungsgesetz am 1. 1. 2002 in Kraft (zum zeitlichen Anwendungsbereich der Neuregelung Rn 279 ff). **16**

c) Entwicklung seit dem Schuldrechtsmodernisierungsgesetz

Das BAG hat die durch die Neuregelung geschaffene Möglichkeit zur Anwendung des AGB-rechtlichen Kontrollregimes auf vorformulierte Arbeitsverträge **sofort beherzt aufgegriffen** und in den letzten zehn Jahren zahlreiche Grundsatzentscheidungen zu dieser Thematik gefällt. Dabei besteht eine in ihrer Bedeutung nicht zu unterschätzende Besonderheit der Klauselkontrolle von vornherein darin, dass für AGB-rechtliche Fragen im Gegensatz zu zahlreichen anderen Bereichen des Arbeitsrechts nicht nur ein Senat zuständig ist, sondern einschlägige Probleme in verschiedenartigen Zusammenhängen zumindest als Vorfrage auftreten können. Dementsprechend haben sich zum AGB-Recht **alle Senate des BAG schon einmal geäußert**, was bisweilen zu Friktionen führt, so etwa bei der Beurteilung von Freiwilligkeitsvorbehalten (Rn 205) oder bei der Frage, unter welchen Voraussetzungen eine Vertragslücke aufgrund der Unwirksamkeit einer Klausel im Wege ergänzender Vertragsauslegung zu schließen ist (Rn 266). **17**

Das BAG hat sich in den ersten Jahren nach Inkrafttreten der Neuregelung bei der Klärung von grundsätzlichen Fragen der AGB-Kontrolle, aber auch bei der Interpretation von Detailaspekten des AGB-rechtlichen Kontrollregimes **vielfach an der Judikatur des BGH orientiert**. Am deutlichsten kam diese Vorgehensweise beim Verbot der geltungserhaltenden Reduktion zum Ausdruck, das vom BAG ausdrücklich in Anlehnung an die ständige Rechtsprechung des BGH (BGHZ 84, 109; BGHZ 153, 311) übernommen wurde (BAG NZA 2004, 727 unter B III 2c; BAG NZA 2005, 1111 unter IV 8 a), während das BAG in früheren Entscheidungen bei zu weit gefassten vorformulierten Klauseln insbesondere im Zusammenhang mit der Rückzahlung von Ausbildungskosten eine geltungserhaltende Reduktion vorgenommen hatte (siehe nur BAG NZA 1996, 321 unter 6; zahlreiche weitere Beispiele bei CKK/Krause Einführung Rn 21 ff). Diese Entwicklung zeigt, dass das BAG vor allem bei grundsätzlichen Aspekten der AGB-Kontrolle im Arbeitsrecht davon abgesehen hat, das AGB-Recht eigenständig zu interpretieren und eigene Begrifflichkeiten herauszubilden. Vielmehr besteht insoweit offenbar das **Bedürfnis nach einer rechtsgebietsübergreifenden Harmonisierung der Maßstäbe**. Da zahlreiche dieser Grundsatzfragen mittlerweile geklärt sind, verringert sich freilich im Laufe der Zeit die Notwendigkeit, fortwährend Parallelen zur zivilgerichtlichen Judikatur zu ziehen. Hinzu kommt, dass mit der fortschreitenden Ausformung einer arbeitsgerichtlichen Entscheidungs- **18** tradition im AGB-Recht ein immer größer werdendes Reservoir an „eigenen" Präjudizien zur Verfügung steht, aus denen geschöpft werden kann, ohne auf zivilgerichtliche Urteile angewiesen zu sein. Auch wenn eine solche Entwicklung praktisch unumgänglich ist und die vom Gesetzgeber geforderte angemessene Berücksichtigung der im Arbeitsrecht geltenden Besonderheiten (§ 310 Abs 4 Satz 2 HS 1) das Entstehen eigenständiger dogmatischer Strukturen geradezu herausfordert, spricht der **Gedanke der Einheit der Rechtsordnung** doch dafür, die Weiterentwicklung der AGB-Kontrolle im allgemeinen Zivilrecht stets im Blick zu behalten. Immerhin zählt das AGB-Recht zu den wenigen Rechtsgebieten, in denen hinsichtlich der Interpretation desselben Normenkomplexes eine praktisch bedeutsame **echte Doppelzuständigkeit von arbeitsgerichtlicher und zivilgerichtlicher Rechtsprechung** besteht. Grundforderung ist deshalb, dass bei den eher begrifflich-technischen Fragen des AGB-Rechts ein Gleichklang hergestellt wird, wobei der Arbeitsgerichtsbarkeit aufgrund des rund 25-jährigen Vorsprungs der Zivilgerichtsbarkeit bei der Interpretation dieses Bereiches in erster Line die Rolle eines Importeurs und nicht eines Exporteurs zukommt. Deshalb kann es nicht befriedigen, wenn beispielsweise bei der Kontrolle von Ausschlussfristen nach wie vor Diskrepanzen zwischen der Judikatur des BGH (vgl BGH NJW 2007, 674, 675) und des BAG (BAG NZA 2005, 1111 unter III 6) im Hinblick auf die Bedeutung von § 309 Nr 7 lit a und b bestehen, die vom BAG nicht einmal thematisiert werden (krit auch MATTHIESSEN NZA 2007, 361, 362 ff). Dasselbe gilt im Hinblick auf die Voraussetzungen einer ergänzenden Vertragsauslegung als Instrument zur Schließung einer Vertragslücke aufgrund der Unwirksamkeit einer Klausel (Rn 265 f).

19 In inhaltlicher Hinsicht hat das BAG in vergleichsweise kurzer Zeit **für zahlreiche verbreitet verwendete Klauseltypen Rechtssicherheit geschaffen**. Auch wenn einige deutlich wahrnehmbare Weiterentwicklungen nicht zu übersehen sind (so etwa bei der Pauschalabgeltung von Überstunden [Rn 249], bei Widerrufs- und Freiwilligkeitsvorbehalten [Rn 204 ff und 249] und bei Ausschlussfristen [Rn 224]), lässt sich die Ausdehnung der AGB-Kontrolle auf vorformulierte Arbeitsverträge im Hinblick auf die konkreten Ergebnisse doch eher als Evolution denn als Revolution bezeichnen (so COESTER, in: FS Löwisch [2007] 57, 57, 71). Immerhin belegt der anhaltende Strom neuer Entscheidungen, dass es sich bei der arbeitsrechtlichen Klauselkontrolle **nicht um einen nach wenigen Jahren endgültig befriedeten Rechtsbereich** handelt, was man je nach Standpunkt als Zeichen andauernder Missstände im Arbeitsleben oder umgekehrt als richterliche „Kontrollhektik" (in Anlehnung an ZÖLLNER AcP 176 [1976] 221, 246) begreifen kann, was letztlich aber eine Entwicklung widerspiegelt, die auch die allgemeine AGB-Kontrolle kennzeichnet. Von einer „Minimalisierung der Neuregelung" (so DÄUBLER ZTR 2012, 543, 544) kann jedenfalls nicht die Rede sein. Dies hat zur Folge, dass auf dem Gebiet der Arbeitsvertragsgestaltung die **Rolle des „Gegenübers"** faktisch nicht von der Arbeitnehmerseite, sondern **von der Rechtsprechung eingenommen** wird (prägnant PREIS/PREIS, Der Arbeitsvertrag I B Rn 85). Auch wenn die Rechtsprechung mit der AGB-Kontrolle grundsätzlich nur die Grenzen des dispositiven Rechts markiert, die durch echte Individualabreden überschritten werden können, führt der hohe Verbreitungsgrad von Formulararbeitsverträgen doch letztlich dazu, dass der Judikatur in einem immer stärkeren Maße die Funktion zuwächst, einen erheblichen Teil der rechtlichen Rahmenbedingungen, unter denen abhängige Arbeit geleistet werden soll, verbindlich festzuschreiben (siehe auch BENEDICT JZ 2012, 172 ff: Suche nach dem „indispositiven Leitbild" im Arbeitsvertragsrecht). Die

„Flucht des Gesetzgebers (insbesondere) in die AGB-rechtliche Generalklausel" erlaubt es der Rechtsprechung daher, im Hinblick auf Nebenkonditionen die Lücke zu schließen, die dadurch entsteht, dass es auf der einen Seite nach wie vor an einem Arbeitsvertragsgesetz fehlt, das die Grenzen des arbeitsvertraglich Regelbaren eindeutig aufzeigt, während auf der anderen Seite der Verbreitungsgrad tarifvertraglicher Regelungen und damit auch der Tarifschutz nachlässt.

Die Ausdehnung gerade des AGB-rechtlichen Kontrollregimes auf Arbeitsverträge ist im Schrifttum **von Anfang an umstritten** gewesen und sorgt bis heute für kontroverse Einschätzungen. So wird die vom Gesetzgeber aufgestellte These, dass im Arbeitsvertragsrecht gegenüber dem allgemeinen Zivilrecht ein Schutzdefizit bestanden habe, das durch die AGB-rechtliche Kontrolle auszugleichen sei, einerseits zwar geteilt (Reinecke DB 2002, 583; so bereits Preis/Stoffels ZHR 160 [1996] 442, 492; ähnl Preis, in: FS 50 Jahre BAG [2004] 123, 135 [„überfälliger Schritt"]; ebenso Stoffels ZfA 2009, 861, 863 f; Thüsing RdA 2005, 257, 261; Thüsing, AGB-Kontrolle, Rn 18; ferner jüngst Däubler ZTR 2012, 543, 544). Andererseits wird diese Sichtweise aber auch vehement bestritten (Benedict JZ 2012, 172, 179 [„dogmatischer faux pas"]; Joost, in: FS Ulmer [2003] 1199, 1200 [„missglückte Gesetzgebung", „Fehlschuss"]; Joost, in: FS 50 Jahre BAG [2004] 49, 50 ff; Reuter, in: FS 50 Jahre BAG [2004] 177, 178; Zöllner ZfA 2010, 637, 641 [„plakative Evokation von Gefühlsbewertung durch Laien"]; eher skeptisch ferner Oetker AcP 212 [2012] 202, 223; Richardi NZA 2002, 1057, 1060; Richardi, in: FS Picker [2010] 1095, 1096 f). Auch wird die von manchen als besonderer Vorzug herausgestellte Geeignetheit gerade der spezifisch AGB-rechtlichen Maßstäbe und Rechtsfolgen der Klauselkontrolle (vgl Preis/Roloff ZfA 2007, 43, 45 [„ein Stück Rechtskultur im Arbeitsvertragsrecht"]; Stoffels ZfA 2009, 861, 863 f; grds positiv auch Coester, in: FS Löwisch [2007] 57 ff; dafür bereits Fenn, in: FS Söllner [2000] 333, 336 ff) teilweise dezidiert in Abrede gestellt (Reuter, in: FS 50 Jahre BAG [2004] 177, 183 ff; Zöllner ZfA 2010, 637, 639, 643 ff; eher kritisch auch Löwisch, in: FS Canaris, Bd I [2007] 1403, 1419; Rolfs, in: Bieder/Hartmann [Hrsg], Individuelle Freiheit und kollektive Interessenwahrnehmung im deutschen und europäischen Arbeitsrecht [2012] 1, 34: „deutliche Zweifel, ob die Streichung der früheren Bereichsausnahme ... wirklich eine so gute Idee war."). In der Tat lässt sich nicht leugnen, dass die partielle Streichung der Bereichsausnahme und die dadurch bewirkte Erstreckung der AGB-Kontrolle auf Arbeitsverträge **überraschend** und **ohne eine** durch eine entsprechende Ankündigung des Gesetzgebungsapparats angestoßene **vorherige Debatte** vorgenommen wurde (siehe nur Joost, in: FS Ulmer [2003] 1199, 1200; Lieb, in: FS Ulmer [2003] 1231, 1244: jeweils „Schnellschuss"; Zöllner ZfA 2010, 637, 639, 640: „handstreichartig"). Allerdings war das Thema im Schrifttum bereits in grundsätzlicher Weise diskutiert worden (vgl Rn 14 aE). Die in der Literatur zuweilen geforderte vollständige oder doch zumindest partielle Rückkehr zum alten Rechtszustand (so Bauer NZA 2005, 1046, 1047; Löwisch ZfA 2007, 1, 7) ist jedenfalls realitätsfern. Stattdessen muss es nunmehr darauf ankommen, die §§ 305 ff unabhängig von der Bewertung der Motive und des Verfahrens des Gesetzgebers als geltendes Recht zugrunde zu legen und sachgerecht anzuwenden (in diesem Sinne auch Konzen, in: FS Hadding [2004] 145, 146). 20

3. Abgrenzung zu anderen Kontrollinstrumenten

Die AGB-rechtliche Angemessenheitskontrolle ist von **anderen Kontrollansätzen zu unterscheiden**. Auch wenn es sich insoweit grundsätzlich um ein allgemeines Problem handelt (dazu eingehend Staudinger/Coester § 307 Rn 17 ff), stellen sich doch ver- 21 schiedene arbeitsrechtliche Fragen, denen im Folgenden besonders nachzugehen ist. So bedarf es zum einen der Klärung, ob diese Kontrollmechanismen von den §§ 307 ff verdrängt werden, neben diese Regelungen treten oder sogar den Vorrang genießen. Zum anderen ist zu beleuchten, in welcher Weise die Ausdehnung der AGB-Kontrolle auf Arbeitsverträge auf die Reichweite konkurrierender Kontrollansätze zurückwirkt. Dies gilt vor allem im Hinblick darauf, dass das BAG in seiner älteren Rechtsprechung in der Zeit vor dem Schuldrechtsmodernisierungsgesetz mit verschiedenen rechtlichen Instrumenten versucht hat, unangemessenen Arbeitsbedingungen im Wege der Inhaltskontrolle zu Leibe zu rücken (dazu bereits Rn 10 ff).

a) Gesetzliche Verbote (§ 134) und zwingendes Recht

22 Soweit es um das Verhältnis der §§ 307 ff zu § 134 sowie zum zwingenden Recht geht, ist nach richtiger Ansicht **zwischen Verbotsgesetzen und privatrechtlich zwingenden Normen zu unterscheiden** ist (MünchKomm/Armbrüster § 134 Rn 3; Deinert, Zwingendes Recht [2002] Rn 56 ff; Flume, Allgemeiner Teil des Bürgerlichen Rechts, Das Rechtsgeschäft [4. Aufl 1992] § 17, 2, S 342 f). So begrenzt zwingendes Recht von vornherein die Ausübung privatrechtlicher Gestaltungsmacht und regelt damit die zivilrechtlichen Folgen eines Verstoßes selbst. Demgegenüber erklären gesetzliche Verbote, bei denen es sich zumeist um Vorschriften des öffentlichen Rechts handelt, ein bestimmtes Verhalten für rechtswidrig, ohne sich zu den privatrechtlichen Folgen eines Verbotsverstoßes zu äußern. Vielmehr wird die Nichtigkeit verbotswidriger Rechtsgeschäfte erst durch § 134 angeordnet, wobei aber letztlich nach dem Sinn und Zweck der Verbotsnorm zu entscheiden ist, ob die Nichtigkeitsfolge tatsächlich eintreten soll. Hieraus ergibt sich, dass die §§ 307 ff selber nicht als Verbotsgesetze iSv § 134 qualifiziert werden können, weil die Unwirksamkeit widersprechender Klauseln unmittelbar aus dem AGB-Recht als zwingende Grenze einseitig ausgeübter Vertragsgestaltungsmacht folgt (Staudinger/Coester § 307 Rn 31; DBD/Deinert § 307 Rn 39; Ulmer/Fuchs Vorb v § 307 Rn 55; Erman/Roloff Vor §§ 307–309 Rn 10). Darüber hinaus sind privatrechtlich zwingende Vorschriften generell nicht als Verbotsgesetze aufzufassen, auch wenn dies in der Rechtsprechung zuweilen geschieht (so der Ansatz in BAG NZA 2005, 1111 [Prüfung eines Verstoßes gegen § 202 Abs 1]; ohne einen Rekurs auf § 134 aber der Ansatz in BAG NZA 2006, 423 [Prüfung eines Verstoßes gegen § 12 TzBfG]).

23 Für das Konkurrenzverhältnis ergibt sich daraus Folgendes: **Zwingendes Privatrecht** führt automatisch zur **Unwirksamkeit hiergegen verstoßender vertraglicher Abreden**, ohne dass es darauf ankommt, ob es sich um vorformulierte Klauseln oder um echte Einzelvereinbarungen handelt. Dasselbe gilt bei gesetzlichen Verboten iSv § 134, der durch die §§ 307 ff nicht verdrängt wird (Ulmer/Fuchs Vorb v § 307 Rn 56; MünchKomm/Kieninger Vor § 307 Rn 9). Die zivilrechtliche Rechtsprechung geht sogar noch einen Schritt weiter und ordnet Verstöße gegen zwingendes Recht (zB BGH NJW 1995, 1552, 1554 [insoweit nicht abgedruckt in BGHZ 129, 186]; BGHZ 153, 6, 16; BGH NJW 2010, 298 Rn 26) oder gegen Verbotsgesetze (zB BGHZ 152, 121, 133) regelmäßig zugleich als unangemessene Benachteiligung iSv § 307 Abs 1 Satz 1 bzw Abs 2 Nr 1 ein, wobei letzteres freilich nur für die Fälle gelten kann, in denen das Verbotsgesetz den Schutz des Klauselgegners bezweckt. Der mit dieser Judikatur verfolgte Zweck, den Anwendungsbereich des Verbandsklageverfahrens zu eröffnen, das gemäß § 1 UKlaG auf Verstöße gegen die §§ 307 bis 309 beschränkt ist, spielt im Arbeitsrecht allerdings keine Rolle, weil dieses Gesetz nach § 15 UKlaG auf das Arbeitsrecht keine Anwendung findet (dazu noch Rn 85). Eine **zusätzliche Heranziehung der AGB-**

rechtlichen Kontrollmechanismen ist daher entbehrlich (ebenso Coester, in: FS Löwisch [2007] 57, 64; wenig befriedigend deshalb das Hineinschachteln von zwingendem Recht in die Angemessenheitskontrolle in BAG NZA 2006, 551 Rn 15 ff).

Vor diesem Hintergrund ist bei der Kontrolle der Wirksamkeit von arbeitsvertraglichen Klauseln **zunächst die Reichweite des zwingenden Rechts auszuloten**, das im Arbeitsrecht eine deutlich größere Rolle spielt als im allgemeinen Zivilrecht. Denn mit dem zwingenden Arbeitsrecht werden die Grenzen des arbeitsvertraglich Regelbaren vergleichsweise präzise vorgegeben. Demgegenüber weist die allgemeine Angemessenheitskontrolle weniger scharfe Konturen auf und stützt sich zu großen Teilen auf Maßstäbe, die erst von der Rechtsprechung entwickelt werden müssen. Ein **voreiliges Umschwenken auf die Angemessenheitskontrolle** bringt daher die **Gefahr** mit sich, **die durch die Schaffung zwingenden Arbeitsrechts intendierten Grenzziehungen aufzuweichen** und unter Umständen sogar den Geltungsanspruch des zwingenden Arbeitsrechts auszuhöhlen, indem eine allgemeine Interessenabwägung an die Stelle der Auslegung arbeitsrechtlicher Vorschriften gesetzt wird. Spätestens bei der Kontrolle inhaltsgleicher Tarifverträge, die keiner Angemessenheitskontrolle unterliegen (§ 310 Abs 4 Satz 1), kann indes der Frage nicht ausgewichen werden, ob eine Bestimmung gegen zwingendes Arbeitsrecht verstößt und deshalb vorbehaltlich einer Tarifdispositivität auch die Tarifvertragsparteien bindet oder ob sie nur inhaltlich unangemessen ist. Hiervon unberührt bleibt die Befugnis der Gerichte, bei nicht ohne weiteres zu behebenden Zweifeln über den zwingenden Charakter einer arbeitsrechtlichen Vorschrift, zu denen es aber kaum jemals kommen dürfte, aus Gründen der Prozessökonomie die Unwirksamkeit vorformulierter Klauseln jedenfalls aus den §§ 307 ff herzuleiten (vgl Staudinger/Coester § 307 Rn 19). 24

Allerdings ist auch der umgekehrten **Gefahr einer Überdehnung des zwingenden Arbeitsrechts** entgegenzutreten. So hatte die frühere Rechtsprechung mangels einer besonderen Legitimation zur Angemessenheitskontrolle arbeitsvertraglicher Abreden vielfach mit dem methodischen Instrument einer Umgehung von zwingendem Kündigungsschutzrecht gearbeitet und mit diesem Ansatz eine deutlich über den Anwendungsbereich des Kündigungsschutzrechts hinausgehende Inhaltskontrolle durchgeführt (BAG AP BGB § 620 Teilkündigung Nr 5; BAG NZA 1985, 321; BAG NZA 1987, 241; BAG NZA 1988, 95; BAG NZA 1994, 476; ferner bereits BAG AP BGB § 620 Befristeter Arbeitsvertrag Nr 16; BAG AP BGB § 622 Nr 9; BAG AP BGB § 622 Nr 12; im Ansatz auch BAG AP BGB § 611 Direktionsrecht Nr 20). Diese **Hilfskonstruktion** ist mit der Erstreckung des AGB-Rechts auf vorformulierte Arbeitsverträge **entbehrlich geworden** (so ausdrücklich BAG NZA 2006, 40 unter B II 1d; BAG NZA 2006, 423 Rn 33; ferner Lakies, Vertragsgestaltung und AGB im Arbeitsrecht [2. Aufl 2011] Kap 1 Rn 12; Preis/Roloff ZfA 2007, 43, 83). Den Zusammenhang von zwingendem Recht und AGB-rechtlicher Angemessenheitskontrolle hat das BAG in seiner Entscheidung zur Abrufarbeit (BAG NZA 2006, 423) klar herausgestellt. Hierbei hat sich das BAG für eine vergleichsweise enge Auslegung von § 12 TzBfG ausgesprochen und dies nicht zuletzt damit begründet, dass eine großzügige Interpretation deshalb nicht erforderlich sei, weil etwaige Lücken durch die AGB-Kontrolle geschlossen würden (BAG NZA 2006, 423 Rn 31). Eine solche Argumentation ist zutreffend, soweit damit der früher im Übermaß bemühte Umgehungstopos zurückgewiesen werden soll. Dagegen kann die Reichweite des zwingenden Arbeitsrechts nicht deshalb beschränkt werden, weil mit der AGB-Kontrolle ein weiterer Schutzmechanismus zur Verfügung steht, zumal man 25 wie erwähnt spätestens bei Tarifverträgen Farbe bekennen muss, wie weit der Geltungsanspruch des zwingenden Arbeitsrechts reicht. Ob vorformulierte Ausschlussfristen auch Ansprüche aus zwingendem Arbeitsrecht erfassen (dafür etwa BAG NZA 2005, 1111 unter II; ebenso Krause RdA 2004, 36, 41 mwNw; dagegen Ulber DB 2011, 1808, 1809 f), kann jedenfalls nicht mit dem Argument bejaht werden, dass etwaige Schutzlücken durch das AGB-Recht aufgefangen werden.

26 Von der Rechtsfigur der Umgehung zwingenden Rechts zu unterscheiden ist der gedankliche Ansatz, dass nicht nur dem im Arbeitsrecht ohnehin seltenen dispositiven Recht, sondern auch dem zwingenden Recht Wertungen entnommen werden können, in denen ein gesetzliches Leitbild iSv § 307 Abs 2 Nr 1 als tauglicher Maßstab für eine AGB-rechtliche Angemessenheitskontrolle zum Ausdruck kommt. Hiervon ausgehend ist es grundsätzlich möglich, dass vorformulierte Vertragsbestimmungen zwar nicht unmittelbar gegen zwingendes Recht verstoßen und somit schon aus diesem Grunde unwirksam sind, wohl aber **mit den im zwingenden Recht verkörperten Wertvorstellungen unvereinbar** sind und daher eine unangemessene Benachteiligung darstellen (Staudinger/Coester § 307 Rn 232 aE; Fastrich, Richterliche Inhaltskontrolle im Privatrecht [1992] 284; Ulmer/Fuchs § 307 Rn 209; grds ebenso BGH NJW 2010, 2272 Rn 15). In diesem Sinne lassen sich die Ausführungen des BAG zur Bedeutung von § 622 Abs 6 für die Unzulässigkeit einseitiger Ausschlussfristen (BAG NZA 2004, 852 unter B VI 2 b) deuten.

27 Im Übrigen ist es durchaus denkbar, dass **zwingendes Recht eine Thematik abschließend regelt**. Dies gilt für vorformulierte Befristungen des gesamten Arbeitsvertrages sowie insbesondere für Altersgrenzen, die nur am TzBfG bzw am AGG sowie gegebenenfalls an § 41 SGB VI zu messen, nicht aber einer zusätzlichen Angemessenheitskontrolle zu unterziehen sind (BAG NZA 2006, 37 Rn 32; Preis/Roloff ZfA 2007, 43, 85; krit aber Coester, in: FS Löwisch [2007] 57, 59 Fn 16). Dagegen geht es zu weit, zwingenden Arbeitsschutzvorschriften generell die Wertung zu entnehmen, dass vertragliche Regelungen, die von ihnen nicht untersagt werden, auch dann keiner Inhaltskontrolle unterzogen werden dürfen, wenn es sich um AGB handelt, weil dies auf eine richterliche Gesetzeskorrektur hinauslaufe (in diesem Sinne Benedict JZ 2012, 172, 177). Dies schließt es allerdings nicht aus, dass die konkrete Ausgestaltung des eine Thematik regelnden zwingenden Rechts **Maßstabsfunktion für die Angemessenheitskontrolle** in ähnlichen Fällen hat, um Wertungswidersprüche zu vermeiden. So ist die Kontrolle der Befristung einzelner Arbeitsbedingungen zwar anhand von § 307 und nicht nach Maßgabe der §§ 14 ff TzBfG vorzunehmen (BAG NZA 2006, 40 unter B II 1 c; BAG AP BGB § 305 Nr 8 Rn 26; BAG NZA 2008, 719 Rn 13; BAG NZA 2012, 674 Rn 18; ebenso für eine auflösende Bedingung BAG NZA 2011, 1289 Rn 27). Wenn es aber für die Wirksamkeit einer Sachgrundbefristung des gesamten Arbeitsvertrages ausreicht, dass ein Rechtfertigungsgrund objektiv vorliegt, ohne dass dieser Grund zusätzlich aufgeführt werden muss (vgl BAG NZA 2004, 255 unter 2 b; BAG NZA 2004, 1333 unter II 2 a), wäre es ungereimt, bei der Kontrolle der vorformulierten Befristung von Arbeitsbedingungen auf Transparenz iSv § 307 Abs 1 Satz 2 die Nennung des Grundes zu verlangen (BAG NZA 2009, 1253 Rn 24; Hohenstatt/Schramm NZA 2007, 238, 243; Schmalenberg, in: FS 25 Jahre Arbeitsgemeinschaft Arbeitsrecht im DAV [2006] 155, 167; Willemsen/Grau NZA 2005, 1137, 1142; **aA** Preis/Bender NZA-RR 2005, 337, 341; Preis/Lindemann NZA 2006, 632, 637 f). Darüber hinaus führen diejenigen Umstände, die eine Befristung des gesamten Arbeitsvertrages nach § 14 Abs 1 Satz 2 TzBfG rechtfertigen können, zumindest regelmäßig dazu, dass auch die Befristung einer einzelnen Arbeitsbedingung der materiellen Inhaltskontrolle iSv § 307 Abs 1 Satz 1 standhält (BAG NZA 2008, 229 Rn 22).

Sofern im Einzelfall eine vorformulierte Vertragsbestimmung auf der einen Seite gegen ein Verbotsgesetz bzw gegen zwingendes Recht verstößt, auf der anderen Seite aber auch als unangemessen einzustufen ist, stehen § 139, der im Zweifel eine Gesamtnichtigkeit des Rechtsgeschäfts vorsieht, und § 306, der den übrigen Vertrag grundsätzlich aufrecht erhält, in einem Spannungsverhältnis zueinander. In einer solchen Konstellation ist **§ 306 der Vorrang einzuräumen**, um den Arbeitgeber als Verwender von AGB, dessen Klauseln nicht nur gegen AGB-Recht, sondern zusätzlich gegen ein gesetzliches Verbot oder gegen zwingendes Recht verstoßen, nicht zu privilegieren (DBD/Deinert § 307 Rn 39; Preis/Roloff ZfA 2007, 43, 82). Allerdings entspricht die Einschränkung von § 139 bei Verstößen gegen arbeitnehmerschützende Verbotsgesetze in Arbeitsverträgen ohnehin gängiger Ansicht (siehe nur MünchKomm/Busche § 139 Rn 11; Erman/Palm/Arnold § 139 Rn 6; in diesem Sinne auch – zu einer Schwarzgeldabrede – BAG NZA 2004, 313 unter II 4), so dass insoweit keine Änderungen eintreten (hierzu noch näher Rn 250 ff). Zu Modifikationen kann es freilich – entsprechend zivilrechtlichen Vorbildern (BGH NJW 2006, 1059 Rn 20 f) – in den Fällen kommen, in denen sich der Verstoß gegen ein Verbotsgesetz bzw gegen zwingendes Recht unter Umständen durch eine geltungserhaltende Reduktion reparieren ließe. Da im AGB-rechtlichen Kontrollregime eine geltungserhaltende Reduktion ausgeschlossen ist (dazu Staudinger/Schlosser § 306 Rn 69 ff), enthält das AGB-Recht in diesem Punkt **eine strengere Rechtsfolge** (DBD/Deinert § 307 Rn 39; Preis/Roloff ZfA 2007, 43, 82 f). **28**

b) Richterrecht

Mit diesen Überlegungen ist auch der Boden für die Bestimmung des Verhältnisses von AGB-Kontrolle und Richterrecht bereitet. Wenn und soweit **Richterrecht** angesichts der Lückenhaftigkeit des Arbeitsrechts **zwingendes Gesetzesrecht substituiert**, sind hiergegen verstoßende arbeitsvertragliche Vereinbarungen unabhängig davon unwirksam, ob sie vorformuliert sind oder nicht (insoweit zutr LAG Brandenburg AuR 2004, 475). In diese Rubrik gehören allerdings nur wenige Fallgruppen, wie etwa die von der Rechtsprechung entwickelten **Grundsätze über die eingeschränkte Arbeitnehmerhaftung**, die jedenfalls in ihrem **Kern als zwingendes und nicht nur als dispositives Arbeitnehmerschutzrecht anzusehen** sind (vgl BAG NZA 2004, 649; MünchKomm/Henssler § 619a Rn 13; HWK/Krause § 619a BGB Rn 46; Waltermann RdA 2005, 98, 108 f; **aA** ErfK/Preis § 619a BGB Rn 11). Sofern Richterrecht dagegen nur die Funktion hatte, die vor der Ausdehnung der AGB-rechtlichen Angemessenheitskontrolle auf vorformulierte Arbeitsverträge fehlende Grundlage für eine Inhaltskontrolle zu ersetzen und der Sache nach Klauselkataloge zu entwickeln (hierzu Lieb, in: FS Konzen [2006] 501, 509; gegen jede Vorstellung einer Verfestigung zu Richterrecht bei der früheren Kontrolle einzelner Klauseln Joost, in: FS 50 Jahre BAG [2004] 49, 53), hat sich **dieser Ansatz erledigt** (ebenso Singer RdA 2003, 194, 198; Thüsing, AGB-Kontrolle, Rn 36). Stattdessen gründet sich die Inhaltskontrolle vorformulierter Arbeitsbedingungen insoweit nunmehr allein auf die §§ 307 ff (BAG NZA 2006, 40 unter B II 1 d; Maschmann RdA 2005, 212, 216; Preis/Bender NZA-RR 2005, 337, 338; Thüsing/Leder BB 2005, 938 jeweils Befristung einzelner Arbeitsbedingungen), die nicht unter pauschalem Verweis auf angeblich zwingendes früheres Richterrecht beiseitegeschoben werden können (ebenso ausdrücklich **29**

LAG Brandenburg ZTR 2005, 271; nicht überzeugend daher LAG Brandenburg AuR 2004, 475 [jeweils Befristung einzelner Arbeitsbedingungen]). Hiervon zu unterscheiden ist die Frage, ob ältere richterrechtliche Erkenntnisse bei der AGB-rechtlichen Inhaltskontrolle als dispositives Leitbild fungieren und/oder als im Arbeitsrecht geltende Besonderheiten iSv § 310 Abs 4 Satz 2 HS 1 zu berücksichtigen sind (dazu Rn 150).

c) Kollektivverträge

30 Bei Kollektivverträgen sind die geschilderten Ansätze und Unterscheidungen nur von geringer Bedeutung. Soweit Tarifverträge sowie Betriebs- und Dienstvereinbarungen unmittelbar und zwingend gelten (§ 4 Abs 1 Satz 1 TVG, § 77 Abs 4 Satz 1 BetrVG), werden mit diesen Regelungen nicht kompatible arbeitsvertragliche Vereinbarungen **grundsätzlich nur überlagert** und nicht vernichtet (vgl zu Tarifverträgen BAG NZA 2008, 649; JKOS/Jakobs, Tarifvertragsrecht [2. Aufl 2013] § 7 Rn 6; Wiedemann/Wank, TVG [7. Aufl 2007] § 4 Rn 371; zu Betriebsvereinbarungen BAG NZA 1990, 351; Fitting, BetrVG [26. Aufl 2012] § 77 Rn 197). Richten sich einzelvertragliche Klauseln diametral gegen die kollektivvertraglichen Vorgaben, sind sie darüber hinaus unwirksam, ohne dass man für diese Rechtsfolge zusätzlich § 134 heranziehen muss (so aber JKOS/Jakobs, Tarifvertragsrecht [2. Aufl 2013] § 7 Rn 6), soweit die kollektivvertragliche Regelung nicht ausnahmsweise ein Verbot bestimmter Verhaltensweisen enthält, bei dem sich die Frage nach den Auswirkungen auf entgegenstehende Vereinbarungen überhaupt erst stellt (vgl BGHZ 143, 283 [zum Verbot der Annahme von Geschenken gemäß § 10 BAT = § 3 Abs 2 TVöD bzw § 3 Abs 3 TV-L]). Der konstruktive Ansatz einer „Umgehung von Kollektivrecht" als Instrument einer Inhaltskontrolle außerhalb der unmittelbaren Reichweite des Kollektivrechts hat in der Judikatur des BAG in der Zeit vor der Ausdehnung des AGB-Rechts auf Arbeitsverträge soweit ersichtlich keine Rolle gespielt. Es besteht deshalb heutzutage erst recht kein Grund, eine solche Argumentationsfigur zu entwickeln. Hiervon zu unterscheiden ist die Funktion von Kollektivverträgen als Maßstab der AGB-rechtlichen Inhaltskontrolle, die freilich ebenfalls abzulehnen ist (näher dazu Rn 182).

d) Sittenwidrigkeit (§ 138)

31 Das Verhältnis der §§ 307 ff zu § 138 ist im allgemeinen AGB-Recht umstritten. Der BGH (BGHZ 136, 347; ebenso im Grundansatz BGH ZIP 1996, 957; BGHZ 147, 279) und die überwiegende Ansicht im Schrifttum (Staudinger/Coester § 307 Rn 34; Ulmer/Fuchs Vorb v § 307 Rn 60; Stoffels, AGB-Recht Rn 384) halten beide Regelungen für nebeneinander anwendbar. Ebenso sieht es das BAG (vgl BAG NZA 2005, 682). Demgegenüber qualifiziert ein Teil der Literatur die §§ 307 ff als leges speciales, die in ihrem Anwendungsbereich § 138 verdrängen (Palandt/Grüneberg Überbl v § 305 Rn 15; MünchKomm/Kieninger Vor § 307 Rn 10; Erman/Roloff Vor §§ 307–309 Rn 11). Diese unterschiedlichen Grundansätze führen allerdings insbesondere im Arbeitsrecht nicht zu abweichenden Ergebnissen. Zum einen besteht Einigkeit darüber, dass § 138 heranzuziehen ist, wenn sich die **Sittenwidrigkeit aus Umständen ergibt, die bei der AGB-rechtlichen Kontrolle keine Rolle** spielen, wie die Beeinträchtigung der Interessen Dritter oder das gemäß § 307 Abs 3 Satz 1 kontrollfreie Missverhältnis der Hauptleistungspflichten (vgl Staudinger/Coester § 307 Rn 33; MünchKomm/Kieninger Vor § 307 Rn 10). So sind beispielsweise vorformulierte **Mankoabreden**, die dem Arbeitnehmer einen Anreiz geben, ein zwischenzeitlich aufgetretenes Manko durch Unregelmäßigkeiten zu Lasten von Kunden wieder auszugleichen, wegen Verstoßes gegen § 138 Abs 1 unwirksam (so Stoffels AR-Blattei, SD 870.2 Rn 102), während die

Unangemessenheit iSv § 307 Abs 1 jedenfalls nicht auf die drohende Beeinträchtigung von Drittinteressen gestützt werden kann. Zum anderen spielt das zentrale Anliegen der hM, eine an sich wegen Sittenverstoßes zu bejahende Gesamtnichtigkeit des Vertrages nicht dadurch auszuschalten, dass einzelne anstößige Klauseln zuvor nach den §§ 307 ff eliminiert werden (vgl BGHZ 80, 153, 172; BGHZ 156, 302, 310; Staudinger/Coester § 307 Rn 34; Ulmer/Fuchs § 307 Rn 60; ferner BGHZ 136, 347, 355 f: Berücksichtigung überraschender Klauseln bei Sittenwidrigkeitskontrolle), bei Arbeitsverträgen keine Rolle. Aus allgemeinen Gründen des Arbeitnehmerschutzes darf der Umstand, dass nicht nur einzelne Klauseln unwirksam sind, sondern der Arbeitsvertrag insgesamt auf eine Übervorteilung des Arbeitnehmers abzielt, nämlich ohnehin nicht dazu führen, dass nunmehr der gesamte Vertrag nichtig ist. Vielmehr bleibt es bei der allgemeinen Regel, dass der **Arbeitsvertrag grundsätzlich aufrechtzuerhalten** und durch dispositives Recht zu ergänzen ist (in diesem Sinne auch DBD/Deinert § 307 Rn 40).

Diese Besonderheit bei den Rechtsfolgen kann im Übrigen **auf den Tatbestand zurückwirken**. So kann zwar auch eine Vielzahl von unwirksamen Klauseln nicht dazu führen, dass sich die vom BAG aufgestellte Grenze von weniger als $^{2}/_{3}$ einer üblichen Vergütung für das Sittenwidrigkeitsverdikt beim Lohnwucher (BAG NZA 2009, 837; BAG NZA 2012, 978 Rn 11; BAG NZA 2013, 266 Rn 19) automatisch nach oben verschiebt. Dagegen kann das für § 138 erforderliche subjektive Element der verwerflichen Gesinnung (BAG NZA 2012, 974 Rn 35 ff; zur Problematik siehe auch MünchArbR/Krause § 54 Rn 88 ff) umso eher zu bejahen sein, wenn der Arbeitgeber nicht nur ein vergleichsweise niedriges Entgelt zahlt, sondern darüber hinaus zahlreiche unwirksame Nebenbestimmungen verwendet. 32

Auf einem ganz anderen Blatt steht wiederum die Funktion von § 138 als Grundlage einer allgemeinen Angemessenheitskontrolle in der arbeitsgerichtlichen Rechtsprechung aus der Zeit vor der Schuldrechtsmodernisierung (vgl BAG AP BGB § 626 Nr 67; BAG v 7. 11. 1984 – 5 AZR 278/83; BAG NZA 1991, 264; ebenso der Ansatz in BAG AP AZO § 15 Nr 1; BAG AP BGB § 611 Mehrarbeitsvergütung Nr 5; BAG v 25. 7. 1984 – 5 AZR 219/82; BAG NZA 1989, 101; BAG AP TVG § 4 Ausschlussfristen Nr 162 [insoweit Sittenwidrigkeit allerdings jeweils verneint]). Mit der Ausdehnung der §§ 307 ff auf vorformulierte Arbeitsverträge ist dieser **Kontrollansatz** in dem Sinne **gegenstandslos geworden**, dass neben der auf das AGB-Recht gestützten Inhaltskontrolle kein Raum mehr für eine wirkungsgleiche Angemessenheitskontrolle nach § 138 bei Formulararbeitsverträgen ist (Preis/Roloff ZfA 2007, 43, 81). 33

e) Treu und Glauben (§ 242)

Im Ausgangspunkt **schließen die §§ 307 bis 309 als speziellere Regelungen einen Rückgriff auf § 242 aus**. Dieser für das allgemeine AGB-Recht anerkannte Grundsatz (Staudinger/Coester § 307 Rn 35; Ulmer/Fuchs Vorb v § 307 BGB Rn 62; MünchKomm/Kieninger Vor § 307 Rn 11; Stoffels, AGB-Recht Rn 389; **aA** Roussos JZ 1988, 997, 1006) gilt auch für das Arbeitsrecht (BAG NZA 2005, 1111 unter VI 2 a; DBD/Deinert § 307 Rn 41; Preis/Roloff ZfA 2007, 43, 81). Soweit sich das BAG bei der Kontrolle (vorformulierter) Arbeitsbedingungen auf inhaltliche Angemessenheit früher auf § 242 gestützt hat (BAG NZA 1994, 937; BAG NZA 1996, 314; BAG NZA 1999, 79 [unter zusätzlicher Nennung von § 138]; BAG NZA 2001, 723; BAG NZA 2006, 542; grds auch BAG NZA 1996, 702; BAG NZA 2004, 484 [Hervorhebung von Treu und Glauben neben einer pauschalen Nennung von §§ 138, 242 34 und § 315]; ferner BAG v 27. 4. 2000 – 8 AZR 301/99 [Hervorhebung von Treu und Glauben neben einer pauschalen Nennung von § 138 und § 242]), ist dieser Prüfungsansatz daher nunmehr ebenfalls überholt (DBD/Deinert § 307 Rn 43; Reinecke JbArbR 43 [2006] 23, 24). Damit ist nicht nur ein Austausch der Rechtsgrundlage der Wirksamkeitskontrolle verbunden. Vielmehr führt der AGB-rechtliche Ansatz zugleich zu einer gewissen, von den Besonderheiten des konkreten Falls absehenden Generalisierung der Umstände, die der Kontrolle zugrunde zu legen sind (BAG NZA 2006, 1042 Rn 28). Zu einer Verdrängung von § 242 kommt es freilich nur innerhalb des Anwendungsbereichs der §§ 307 bis 309. Dies spielt zwar im Hinblick auf die aus dem AGB-Recht ausgeklammerten arbeitsrechtlichen Kollektivverträge keine Rolle, weil Tarifverträge von vornherein keiner Angemessenheitskontrolle unterliegen und für Betriebsvereinbarungen mit § 75 BetrVG ein Prüfungsmaßstab vorhanden ist, der einem Rekurs auf § 242 ebenfalls entgegensteht. § 242 fungiert aber zum einen nach wie vor als Basis für die Kontrolle von echten Individualvereinbarungen bzw von vorformulierten Einmalbedingungen iSv § 310 Abs 3 Nr 2, bei denen eine fehlende Einflussmöglichkeit des Arbeitnehmers nicht festgestellt werden kann. Um den Abstand zum Maßstab des AGB-Rechts zu wahren, darf es sich bei dieser auf § 242 gestützten Kontrolle aber nicht um eine umfassende Angemessenheitskontrolle handeln (dazu näher Rn 139 ff).

35 Zum anderen **dient § 242 als Grundlage der von der Inhaltskontrolle strikt zu unterscheidenden Ausübungskontrolle** (Coester, in: FS Löwisch [2007] 57, 60 f; dazu eingehend Fastrich, Richterliche Inhaltskontrolle im Privatrecht [1992] 24 ff), sofern es sich nicht um einseitige Leistungsbestimmungsrechte des Arbeitgebers handelt, bei deren Ausübung § 106 GewO bzw § 315 als speziellere Vorschriften heranzuziehen sind (dazu sogleich Rn 38 ff). Diese Ausübungskontrolle ist der Inhaltskontrolle nachgelagert und zielt darauf ab, einen individuellen Rechtsmissbrauch des Verwenders zu dem Zeitpunkt zu verhindern, zu dem es in einem konkreten Rechtsstreit auf die fragliche Klausel ankommt (vgl BGHZ 93, 391, 399 f; BGHZ 105, 71, 88). Ihrer Funktion entsprechend knüpfen Inhaltskontrolle und Ausübungskontrolle an klar voneinander zu unterscheidende Elemente des zu beurteilenden Sachverhalts an. Während es bei der Inhaltskontrolle um die Wirksamkeit einer Klausel als solche geht, für deren Beurteilung eine von den Umständen des Einzelfalls im Grundsatz absehende abstrakt-generalisierende Betrachtungsweise zugrunde zu legen ist (näher Rn 188), soll mit der Ausübungskontrolle der Berufung des Verwenders auf eine wirksame Klausel deshalb entgegengetreten werden, weil dieser von einer Rechtsposition in zweckwidriger Weise Gebrauch macht oder weil sonstige Umstände die Rechtsausübung als treuwidrig erscheinen lassen (Staudinger/Coester § 307 Rn 36; Ulmer/Fuchs Vorb v § 307 BGB Rn 63; MünchKomm/Kieninger Vor § 307 Rn 11; Stoffels, AGB-Recht Rn 389). Aus dieser verschiedenartigen Zielsetzung resultiert ein **„Doppelverwertungsverbot“**: Wenn eine Klausel die Inhaltskontrolle passiert hat, dürfen die auf dieser Prüfungsstufe berücksichtigten Umstände nicht nochmals herangezogen werden, um die Anwendung der Klausel nunmehr an der Ausübungskontrolle scheitern zu lassen. Vielmehr dürfen auf der Ebene der Ausübungskontrolle nur zusätzliche Momente herangezogen werden, die auf der Ebene der Inhaltskontrolle noch nicht gewürdigt worden sind. Als Beispiel seien **Ausschlussfristen** genannt. So kann die Berufung des Arbeitgebers auf eine Ausschlussfrist, die nach Maßgabe der von der Rechtsprechung entwickelten Grundsätze wirksam ist (dazu näher Rn 224), deshalb im Einzelfall gegen § 242 verstoßen, weil der Arbeitgeber den Arbeitnehmer etwa durch eine

besondere Erklärung, die er im Zusammenhang mit einem umstrittenen Anspruch abgegeben hat, davon abgehalten hat, diesen Anspruch rechtzeitig geltend zu machen (vgl KRAUSE RdA 2004, 106, 118 ff; siehe auch BAG NZA 2012, 85 Rn 47; ferner BAG NZA 2005, 1111 [obiter dictum im Zusammenhang mit der Inhaltskontrolle außerhalb des AGB-Rechts]). Allerdings **dient die Ausübungskontrolle nicht dem Schutz des Verwenders**. So kann sich der Arbeitgeber als Verwender nicht auf die Unwirksamkeit einer von ihm selbst gestellten vorformulierten Ausschlussfrist berufen, um den Verfall eines eigenen Anspruchs gegen den Arbeitnehmer zu verhindern (BAG NZA 2006, 257; gleichsinnig bei Intransparenz einer Wettbewerbsabrede BAG NZA 2006, 1157).

Im Übrigen **darf die Ausübungskontrolle nicht zu stark auf Kosten der Inhaltskontrolle** 36
ausgedehnt werden, indem zu weit gefasste Klauseln im Rahmen der Inhaltskontrolle durch den Verweis auf die Ausübungskontrolle vor dem Unwirksamkeitsverdikt bewahrt werden. Hierdurch würden die präventive Schutzfunktion der Inhaltskontrolle und das darauf fußende Verbot der geltungserhaltenden Reduktion (dazu Rn 273 ff) unterlaufen werden. Es bedarf daher einer an objektiven Kriterien orientierten Abgrenzung, welche Umstände des Sachverhalts welcher der beiden Prüfungsstufen zuzuordnen sind. Eine solche Abgrenzung kann zunächst danach erfolgen, ob die Umstände bereits im Zeitpunkt der Vereinbarung der AGB vorlagen oder erst später eingetreten sind. So sind Umstände, die schon ursprünglich vorhanden waren, regelmäßig bereits bei der Inhaltskontrolle und nicht erst bei der Ausübungskontrolle in Rechnung zu stellen. Dies gilt umso mehr, wenn man den Arbeitsvertrag als Verbrauchervertrag qualifiziert (dazu Rn 108 ff), weil die den Vertragsschluss begleitenden Umstände dann gemäß § 310 Abs 3 Nr 3 bei der Beurteilung der unangemessenen Benachteiligung ausdrücklich zu berücksichtigen sind. Auch nachträglich eintretende Umstände können indes die AGB-Kontrolle beeinflussen, sofern sie vorhersehbar sind. Letztlich muss es entsprechend dem allgemeinen AGB-Recht (STAUDINGER/COESTER § 307 Rn 37; ULMER/FUCHS Vorb v § 307 Rn 64) darauf ankommen, ob es um eine **typisierbare Situation** geht, so dass dem Arbeitgeber als Verwender deren Ausformung zu einem eigenen Tatbestand zugemutet werden kann. Sofern dies zutrifft, sind alle entsprechenden Anwendungsmöglichkeiten bereits bei der Inhaltskontrolle der Klausel zugrunde zu legen und nicht erst der Ausübungskontrolle zuzuordnen. Geht es dagegen um fernliegende und nicht typisierbare Geschehensabläufe, so sind diese Umstände aus der Inhaltskontrolle auszuklammern und erst bei der Ausübungskontrolle zu berücksichtigen.

Ihrer Funktion als Instrument zur Verhinderung individuellen Rechtsmissbrauchs 37
entsprechend kommt die Ausübungskontrolle gemäß § 242 grundsätzlich erst dann zum Einsatz, wenn die Vertragsbedingung, auf die sich der Arbeitgeber stützt, rechtswirksam ist. Allerdings sind die Gerichte aus **Gründen der Prozessökonomie** befugt, die Wirksamkeit einer Klausel dahinstehen zu lassen, wenn ein Rechtsmissbrauch unproblematisch bejaht werden kann (vgl BGHZ 93, 391, 399 f).

f) Billigkeitskontrolle (§ 315 und § 106 GewO)

Von der Inhaltskontrolle klar abzugrenzen ist weiter die **Billigkeitskontrolle**, die bei 38
allen einseitigen Leistungsbestimmungsrechten vorzunehmen ist (PREIS/ROLOFF ZfA 2007, 43, 85). Zwar hat das BAG in seiner früheren Rechtsprechung auch die allgemeine Inhaltskontrolle arbeitsvertraglicher Abreden mehrfach als einen Fall des § 315 angesehen und sie zudem mit einer Billigkeitskontrolle gleichgesetzt (BAG AP

BGB § 242 Ruhegehalt-Unterstützungskassen Nr 1 [unter zusätzlicher Nennung von § 242]; BAG NZA 1993, 353; Nennung von § 315 [neben § 138 und § 242] auch in BAG NZA 2002, 551; BAG NZA 2004, 484). Diese Sichtweise wurde nicht nur im arbeitsrechtlichen Schrifttum geteilt (Söllner, Einseitige Leistungsbestimmung im Arbeitsverhältnis [1966] 22 ff), sondern befand sich auch im Einklang mit einzelnen Stimmen aus dem älteren zivilrechtlichen Schrifttum, welche die AGB-Kontrolle vor dem Inkrafttreten des AGBG auf § 315 stützen wollten (insbesondere Flume, in: FS 100 Jahre DJT, Bd I [1960] 135, 169 f; Flume, Allgemeiner Teil des Bürgerlichen Rechts, Das Rechtsgeschäft [4. Aufl 1992] § 37, 2, S 671; Lukes NJW 1963, 1897, 1900; Weitnauer, Der Schutz des Schwächeren im Zivilrecht [1975] 43; für eine Heranziehung von § 315 [analog] als Grundlage einer Vertragskontrolle ferner Kramer ZHR 146 [1982] 105, 111; Kronke AcP 183 [1983] 113, 132).

39 Die grundsätzlichen **Unterschiede beider Kontrollansätze** sind indes schon seit langem herausgearbeitet worden (Heinrich, Formale Freiheit und materiale Gerechtigkeit [2000] 306 ff; vHoyningen-Huene, Die Billigkeit im Arbeitsrecht [1978] 128 ff; ferner Fastrich, Richterliche Inhaltskontrolle im Privatrecht [1992] 14 ff; Preis, Grundfragen der Vertragsgestaltung im Arbeitsrecht [1993] 187 ff; Stütze, Die Kontrolle der Entgelthöhe im Arbeitsrecht [2010] 65 ff). Sie betreffen die Voraussetzungen, den Maßstab sowie die Rechtsfolgen. Die Billigkeitskontrolle nach § 315 knüpft an die vertragliche Einräumung eines einseitigen Leistungsbestimmungsrechts an (BAG NZA 2012, 450). Anders als die Inhaltskontrolle zielt sie nicht auf eine Korrektur einer vertraglichen Vereinbarung ab, sondern auf die **Begrenzung einer rechtsgeschäftlich übertragenen Gestaltungsmacht**, an der es bei der einseitigen Aufstellung von AGB indes fehlt. Weiter ist Maßstab der Billigkeitskontrolle die **Berücksichtigung aller Umstände des Einzelfalls**, während im Rahmen der AGB-rechtlichen Angemessenheitskontrolle **ein generalisierender Maßstab** anzulegen ist (Stoffels, AGB-Recht Rn 390). Ihren Hintergrund findet diese Differenzierung nicht zuletzt darin, dass die Billigkeitskontrolle auch bei Hauptleistungspflichten zum Tragen kommen kann, die gemäß § 307 Abs 3 Satz 1 grundsätzlich der Inhaltskontrolle entzogen sind, weil es bei Hauptleistungspflichten an generellen rechtlichen Kriterien zur Beurteilung der Angemessenheit der Leistungen fehlt (Fastrich, Richterliche Inhaltskontrolle im Privatrecht [1992] 17). Dementsprechend zielt die Billigkeitskontrolle nicht einfach auf eine Entfaltung klar vorgegebener rechtlicher Maßstäbe ab, sondern fragt danach, ob der Bestimmungsberechtigte eine abgewogene Entscheidung getroffen hat. Soweit es schließlich um die Rechtsfolgen geht, führt die Billigkeitskontrolle nach § 315 Abs 3 Satz 2 gegebenenfalls zu einer **gestaltenden richterlichen Entscheidung** und damit zu einer Art **Vertragshilfe** (beim Weisungsrecht des Arbeitgebers, das gemäß § 106 Satz 1 GewO [zwingend] nach billigem Ermessen auszuüben ist, scheidet eine richterliche Ersatzleistungsbestimmung mangels eines hinreichenden Einblicks in das betriebliche Umfeld allerdings aus; überzeugend Staudinger/Rieble [2009] § 315 Rn 186; **aA** MünchArbR/Reichold § 36 Rn 31). Demgegenüber wird bei der Inhaltskontrolle eine **richterliche Feststellung über die Wirksamkeit oder Unwirksamkeit einer bestimmten Klausel** vorgenommen (Stoffels, AGB-Recht Rn 391). Dies wirkt sich insbesondere bei überschießenden Regelungen aus. Während eine die Interessen des Arbeitnehmers zu stark beeinträchtigende Ausübung eines Bestimmungsrechts im konkreten Einzelfall gemäß § 315 Abs 3 Satz 1 auf ein **zulässiges Maß zurückgeschraubt** werden kann, gilt im Bereich der Inhaltskontrolle vorformulierter Klauseln das **Verbot der geltungserhaltenden Reduktion** (vgl Rn 273 ff).

40 Sind Billigkeitskontrolle und Inhaltskontrolle somit eindeutig voneinander abzugrenzen, bedeutet dies, dass es zur Kontrolle der Ausübung eines einseitigen Leistungsbestimmungsrechts erst dann kommen kann, **wenn dieses Recht dem Arbeitgeber wirksam eingeräumt worden** ist, was wiederum Gegenstand einer AGB-Kontrolle sein kann. Dasselbe gilt, wenn durch AGB der **Maßstab der Ausübungskontrolle verändert** werden soll. Damit ist die in der älteren Judikatur anzutreffende Tendenz überholt, die Frage der Wirksamkeit einer zu weit gefassten Vertragsklausel über den Widerruf von Leistungen zu übergehen und sich nur darauf zu konzentrieren, ob der Widerruf der Leistung im konkreten Einzelfall billigem Ermessen entsprochen hat (so etwa BAG AuR 1999, 111). Vielmehr ist **auf der ersten Stufe die vorformulierte Bestimmungsbefugnis des Arbeitgebers als solche auf ihre Wirksamkeit zu untersuchen**, während die hiervon zu trennende **Ausübung des Bestimmungsrechts erst auf der zweiten Stufe zu kontrollieren** ist (in diesem Sinne auch BAG NZA 2007, 809 Rn 27). Dies kann dazu führen, dass eine Klausel unwirksam ist, die in ihrem „Übermaßteil" in unangemessener Weise ein Risiko regelt, das sich im konkreten Fall überhaupt nicht realisiert hat (BAG NZA 2009, 428 Rn 25; BAG NZA-RR 2010, 457 Rn 25; BAG NZA 2011, 634 Rn 18; zust Gaul/Ludwig BB 2010, 55, 57). Rechtfertigen lässt sich diese scheinbar überschießende Wirkung der Vertragskontrolle dadurch, dass der Arbeitgeber generell davon abgehalten werden soll, eine zu weit gehende Verlagerung von Risiken auf den Arbeitnehmer zu betreiben.

Da es zu den begrifflichen Notwendigkeiten eines Arbeitsverhältnisses gehört, dass der Arbeitgeber ein Bestimmungsrecht im Hinblick auf die vom Arbeitnehmer konkret auszuübende Tätigkeit hat, während ein Bestimmungs- bzw Änderungsrecht des Arbeitgebers hinsichtlich des von ihm zu leistenden Entgelts nur aufgrund einer besonderen Klausel besteht, sind im Verhältnis von Inhaltskontrolle und Ausübungskontrolle im Einzelnen folgende Unterscheidungen zu treffen: Haben die Arbeitsvertragsparteien das allgemeine Weisungsrecht des Arbeitgebers, das ihm mit dem Abschluss des Arbeitsvertrages automatisch zusteht, nicht eigens geregelt, entfällt insoweit von vornherein eine AGB-Kontrolle. Vielmehr findet nur eine Billigkeitskontrolle der Ausübung des Direktionsrechts gemäß § 106 GewO statt. Haben die Parteien das allgemeine Weisungsrecht formularmäßig innerhalb des durch den Arbeitsvertrag aufgespannten Rahmens näher ausgestaltet **(unechte Direktionsrechtserweiterung)** oder aber auf Aspekte jenseits dieses Rahmens ausgedehnt **(echte Direktionsrechtserweiterung)** (zur Terminologie Preis/Genenger NZA 2008, 969, 970 ff), unterliegt diese vorformulierte Regelung **stets einer Transparenzkontrolle**. Im zweiten Fall ist darüber hinaus eine **Angemessenheitskontrolle** vorzunehmen, an die sich bei einer Wirksamkeit der Klausel eine **Billigkeitskontrolle des später konkret ausgeübten Direktionsrechts** anschließt (BAG NZA 2006, 1149; BAG NZA 2007, 145; BAG AP BGB § 307 Nr 26; BAG NZA 2007, 974; BAG AP BGB § 307 Nr 42; BAG BAG AP BGB § 307 Nr 45; BAG NZA 2010, 1355; BAG NZA 2011, 631; BAG NZA 2012, 1154; Kort, in: FS Birk [2008] 459, 466; Preis/Genenger NZA 2008, 969, 976). Behält sich der Arbeitgeber die einseitige Abänderung von Entgeltbestandteilen vor, erfolgt eine Inhaltskontrolle des Bestimmungsrechts anhand von § 308 Nr 4 sowie – bei einer Wirksamkeit der Klausel – wiederum eine Billigkeitskontrolle der späteren Leistungsbestimmung (BAG NZA 2005, 465; BAG NZA 2007, 87). 41

In beiden Gestaltungen ist auf das **Zusammenspiel von Angemessenheitskontrolle und Ausübungskontrolle** zu achten. So darf auf der einen Seite die Angemessenheit einer Klausel nicht damit begründet werden, dass durch die spätere Kontrolle der 42

Ausübung des Bestimmungsrechts ein angemessenes Ergebnis gewährleistet wird (DBD/Deinert § 307 Rn 41; Preis/Roloff ZfA 2007, 43, 86; in diese Richtung aber Kort, in: FS Birk [2008] 459, 475, wenn er die von einer Versetzungsklausel nicht ausgeschlossene Möglichkeit der Zuweisung einer geringwertigeren Tätigkeit aus der Inhaltskontrolle ausklammern und in den Bereich der Ausübungskontrolle schieben will). Dies führt freilich zur Folgefrage, welche Umstände bereits bei der Inhaltskontrolle und welche Umstände erst bei der Ausübungskontrolle in Rechnung zu stellen sind. Virulent wird dies bei **Versetzungsklauseln**, bei denen das BAG die Kriterien der **Angemessenheit der Entfernung** und der **Ankündigungsfrist** nicht schon zwingend bei der Inhaltskontrolle berücksichtigen will, sondern sie der Ausübungskontrolle zuordnet (BAG NZA 2010, 64 Rn 32). Dies korrespondiert mit der Frage einer Auslauffrist für den Widerruf von Entgeltbestandteilen, die vom BAG der Ausübungskontrolle zugeschlagen wird (BAG NZA 2005, 465 unter B I 4 c cc; BAG NZA 2012, 616 Rn 18), während im Schrifttum zumindest erwogen wird, eine Auslauffrist schon als ein für die Angemessenheit eines Widerrufsrechts erforderliches Element anzusehen (Preis/Roloff ZfA 2007, 43, 86). Auf der anderen Seite können die bereits bei der Inhaltskontrolle zu berücksichtigenden Umstände nicht erneut herangezogen werden, um die spätere Ausübung des Leistungsbestimmungsrechts trotz Wirksamkeit der Klausel zu Fall zu bringen (zu undifferenziert daher Kort, in: FS Birk [2008] 459, 469: beiderseitige Interessen wie bei der AGB-rechtlichen Inhaltskontrolle „erneut" gegeneinander abzuwägen). So darf man – um im Beispiel zu bleiben – die Einhaltung einer bereits in einer Widerrufsklausel vorgesehenen und im Rahmen der Inhaltskontrolle als angemessen qualifizierten Auslauffrist nicht bei der Ausübungskontrolle als unbillig brandmarken und korrigieren.

43 Sofern sich der Arbeitgeber nicht nur ein einseitiges Leistungsbestimmungsrecht vorbehalten hat, sondern die AGB darüber hinaus den Maßstab für die spätere **Kontrolle der Ausübung des Bestimmungsrechts** zu seinen Gunsten verschieben, also etwa das durch § 315 grundsätzlich vorgesehene billige Ermessen durch freies Ermessen oder gar durch freies Belieben ersetzen (vgl BAG NZA 1988, 95), ist auch diese vorformulierte Abrede einer AGB-Kontrolle zu unterziehen. Insoweit handelt es sich nämlich um eine Vorfrage der später vorzunehmenden Kontrolle der Ausübung des Bestimmungsrechts. Da eine Abweichung vom Beurteilungsmaßstab des billigen Ermessens durch AGB anerkanntermaßen unzulässig ist (§ 307 Abs 2 Nr 1), bleibt es in einem solchen Fall beim gesetzlichen Maßstab (MünchKomm/Gottwald § 315 Rn 33; Erman/Hager § 315 Rn 21; Staudinger/Rieble [2009] § 315 Rn 257).

g) Kontrolle von Vertragsstrafen (§ 343)

44 § 343 regelt die Möglichkeit der Herabsetzung einer unverhältnismäßig hohen Vertragsstrafe. Die Anwendung dieser Vorschrift setzt voraus, dass die Vertragsstrafe dem Grunde nach verwirkt worden ist, was wiederum **ein wirksames Vertragsstrafenversprechen erfordert** (vgl BAG NZA 2004, 727 unter B III 2 c; BAG NZA 2009, 370 Rn 75; BAG NZA-RR 2009, 519 Rn 65; DBD/Deinert § 307 Rn 44a; Leder/Morgenroth NZA 2002, 952, 956; ErfK/Müller-Glöge §§ 339–345 BGB Rn 30). Sofern eine Konventionalstrafe durch AGB geregelt ist, bedarf es daher zunächst einer AGB-Kontrolle der Vertragsstrafenvereinbarung. Dabei kann sich die Unwirksamkeit einer Vertragsstrafenabrede nach ständiger Rechtsprechung auch aus der Höhe der angedrohten Strafe ergeben (vgl BAG NZA 2004, 727; BAG NZA 2006, 34; BAG NZA 2009, 370; BAG NZA-RR 2009, 519; BAG NZA-RR 2011, 280; BAG NZA 2011, 89; hierzu auch Krause, in: FS Reuter [2010] 627, 638 ff – näher dazu Rn 229). Eine solche zur Unwirksamkeit führende

„Übersicherung" kann nicht unter Berufung auf die ausdrücklich vorgesehene Möglichkeit der Absenkung der konkret verwirkten Vertragsstrafe verneint werden (in diesem Sinne LAG Niedersachsen NZA-RR 2005, 65; LAG Hamm NZA-RR 2005, 128). § 343 hat nicht die Funktion, bei der Inhaltskontrolle von Vertragsstrafen insoweit eine geltungserhaltende Reduktion zu ermöglichen (BGHZ 85, 305, 314 f; LINGEMANN NZA 2002, 181, 191; ERMAN/SCHAUB § 343 Rn 1; im Erg auch BGHZ 153, 312, 324 f; **aA** vHOYNINGEN-HUENE SAE 2005, 155, 156 f; ebenso für die nicht von § 309 Nr 6 erfassten Fälle LAG Hamm NZA-RR 2003, 513). Zwar ist es theoretisch denkbar, dass eine Vertragsstrafenvereinbarung als generell noch wirksam anzusehen ist und die verwirkte Konventionalstrafe nur aufgrund der Besonderheiten des Einzelfalls als unverhältnismäßig hoch erscheint (so insbesondere WENSING/NIEMANN NJW 2007, 401, 402 ff; ferner etwa HAAS/FUHLROTT NZA-RR 2010, 1, 6; REICHENBACH NZA 2003, 309, 313; WOLF/STOFFELS ArbR Rn 210). Aufgrund der strengen Anforderungen, die das BAG an die Vermeidung einer „Übersicherung" stellt, ist es indes noch in keinem vom BAG auf der Grundlage des AGB-Rechts entschiedenen Fall einer vorformulierten Vertragsstrafe dazu gekommen, dass die Klausel die Wirksamkeitskontrolle passiert hat und erst durch Anwendung von § 343 die verwirkte Vertragsstrafe herabgesetzt worden ist (Anwendung von § 343 ohne abschließende Kontrolle der Wirksamkeit der Vertragsstrafenklausel aber durch LAG Düsseldorf NZA 2003, 382).

h) Kontrolle von Wettbewerbsverboten (§ 74a HGB)

Die §§ 74 ff HGB enthalten **Sondervorschriften für die Wirksamkeit von Wettbewerbsverboten**. Hervorzuheben ist vor allem § 74a Abs 1 Satz 1 HGB, der einen speziellen Fall der Inhaltskontrolle regelt. Danach ist ein Wettbewerbsverbot unverbindlich, soweit es nicht dem Schutz eines berechtigten geschäftlichen Interesses des Arbeitgebers dient. Entsprechendes gilt für die unbillige Erschwerung des Fortkommens des Arbeitnehmers (§ 74a Abs 1 Satz 2 HGB) sowie die Laufzeit von zwei Jahren seit Beendigung des Arbeitsverhältnisses (§ 74a Abs 1 Satz 3 HGB) als weitere Grenzen von Wettbewerbsverboten. Diese Vorschriften schließen einen Rückgriff auf die allgemeine Angemessenheitskontrolle gemäß § 307 Abs 1 Satz 1, Abs 2 aus (DILLER NZA 2005, 250, 251 [keine Abweichung iSv § 307 Abs 3 Satz 1]; STAUB/WEBER HGB [2008] § 74a Rn 4; in diese Richtung auch MünchKommHGB/vHOYNINGEN-HUENE § 74a Rn 33; **aA** KOCH RdA 2006, 28, 30 ff). Darüber hinaus sieht § 74a Abs 1 HGB bei einem Überschreiten dieser Grenzen eine **geltungserhaltende Reduktion** vor (BAG NZA 2010, 1175; ErfK/OETKER § 74a HGB Rn 5). Auch insoweit handelt es sich um eine Sonderregelung, die dem im allgemeinen AGB-Recht bestehenden Verbot der geltungserhaltenden Reduktion (dazu Rn 273 ff) vorgeht (LAG Hamm NZA-RR 2003, 513; ULMER/FUCHS § 310 Rn 224; ErfK/OETKER § 74a HGB Rn 5; WOLF/STOFFELS ArbR Rn 213; THÜSING, AGB-Kontrolle Rn 458; THÜSING/LEDER BB 2004, 42, 47). Dagegen ist das AGB-Recht anwendbar, soweit es im Zusammenhang mit Wettbewerbsverboten um Rechtsfragen geht, die von den §§ 74 ff HGB nicht adressiert werden. Dies gilt etwa für die Ausklammerung überraschender Klauseln iSv § 305c Abs 1 (BAG AP HGB § 74 Nr 78), aber auch für die Transparenzkontrolle gemäß § 307 Abs 1 Satz 2 (MünchKommHGB/vHOYNINGEN-HUENE § 74a Rn 33). 45

4. Grundlagen der arbeitsrechtlichen AGB-Kontrolle

Die richterliche Inhaltskontrolle von Verträgen versteht sich in einer dem Grundsatz der Privatautonomie verpflichteten Rechtsordnung nicht von selbst, sondern ist 46 auf den ersten Blick als staatliche Intervention sogar geradezu ein Fremdkörper. Immerhin gewährleistet Art 2 Abs 1 GG als Teilaspekt der allgemeinen Handlungsfreiheit das **Selbstbestimmungsrecht des Einzelnen im Rechtsleben** (BVerfGE 72, 155, 170; BVerfGE 114, 73, 89; BVerfG NJW 2006, 1783, 1784. Klassisch FLUME, Allgemeiner Teil des Bürgerlichen Rechts, Das Rechtsgeschäft [4. Aufl 1992] § 1, 1, S 1). Damit ist im Prinzip auch die **Vertragsfreiheit** verfassungsrechtlich abgesichert (siehe nur BVerfGE 8, 274, 328; BVerfGE 65, 196, 210; BVerfGE 74, 129, 151 f), wobei es nur eine untergeordnete Rolle spielt, dass Art 2 Abs 1 GG im Hinblick auf die grundsätzliche Befugnis zum Abschluss von Arbeitsverträgen sowie zur Gestaltung ihres Inhalts durch die Berufsfreiheit gemäß Art 12 Abs 1 GG verdrängt wird (so BVerfG NZA 2007, 85; siehe auch BVerfG NZA 2005, 153, 155; zur generellen Stellung der Vertragsfreiheit im Bereich der beruflichen Betätigung ebenso BVerfGE 117, 163, 181; BVerfG NJW 2011, 1339, 1340. Zur grundrechtlichen Verortung eingehend HÖFLING, Vertragsfreiheit [1991] 6 ff. Einfachrechtlich ist zudem § 105 Satz 1 GewO zu nennen). Darüber hinaus ist die Vertragsfreiheit **integraler Bestandteil eines marktwirtschaftlichen Systems** (zum Zusammenhang zwischen Vertragsfreiheit und Marktwirtschaft siehe etwa RITTNER, in: FS Sölter [1982] S 27 ff; RITTNER AcP 188 [1988] 101 ff), das sich zumindest im Grundsatz als effizienteste Form der Koordinierung wirtschaftlich relevanten Handelns erwiesen hat. Es ist daher danach zu fragen, ob sich bereits aus der Verfassung selbst Anhaltspunkte für eine arbeitsrechtliche AGB-Kontrolle ergeben. Ferner ist ein Seitenblick auf die Vorgaben des Unionsrechts zu werfen. Vor allem aber bedarf es einer möglichst exakten Herausarbeitung der Gründe, die eine Kontrolle nach AGB-rechtlichen Grundsätzen legitimieren, zumal sich viele Zweifelsfragen nicht anders als im allgemeinen AGB-Recht (vgl BGH NJW 1997, 2043, 2044 [antizipierte Aufnahme üblicher AGB des Gegners in das Angebot]; STOFFELS, AGB-Recht Rn 89; WACKERBARTH AcP 200 [2000] 45, 46) nur durch einen **Rückgriff** auf diese Gründe und damit auf den **Schutzzweck der AGB-Kontrolle im Arbeitsrecht** überzeugend lösen lassen (siehe die Argumentation in BAG NZA 2006, 257 [unter II 1a]; BAG NZA 2006, 1157 Rn 15; BAG NZA 2007, 875 Rn 24). Nur auf diese Weise kann zudem eine Dogmatik entwickelt werden, die der richterlichen Spruchpraxis **Leitlinien** an die Hand gibt und sich nicht darin erschöpft, lediglich die Judikatur nachzuzeichnen bzw systematisch zu ordnen.

a) Vorgaben des Verfassungsrechts

47 Das BVerfG hat sich mehrfach zu den verfassungsrechtlichen Vorgaben für eine Inhaltskontrolle von Verträgen geäußert und dabei auch die AGB-Kontrolle gestreift (zu den verfassungsrechtlichen Vorgaben für eine materiell verstandene Privatautonomie eingehend RUFFERT, Vorrang der Verfassung und Eigenständigkeit des Privatrechts [2001] 326 ff). Die ersten grundlegenden Ausführungen finden sich in der **Handelsvertreter-Entscheidung** (BVerfGE 81, 242, 253 ff). Danach hat der Staat die im Rahmen der Privatautonomie getroffenen vertraglichen Regelungen als Ausdruck der eigenverantwortlichen Gestaltung der Rechtsbeziehungen grundsätzlich zu respektieren. Wenn **einer der Vertragsteile ein so starkes Übergewicht** habe, dass er vertragliche Regelungen faktisch einseitig setzen könne, beruhe die Vereinbarung aber **nicht mehr** auf dem hinter dem Grundsatz der Privatautonomie stehenden Prinzip der **Selbstbestimmung, sondern bewirke** für den anderen Vertragsteil **Fremdbestimmung**. In einer solchen Situation **muss die staatliche Rechtsordnung ausgleichend eingreifen**, um den **Grundrechtsschutz** (Art 12 Abs 1) zu sichern und damit zugleich das **Sozialstaatsprinzip** (Art 20 Abs 1, 28 Abs 1 GG) zu verwirklichen.

In der **Bürgschafts-Entscheidung** hat das BVerfG diese Konzeption weitergeführt und die Kriterien konkretisiert, die vorliegen müssen, damit eine staatliche Intervention zum Schutz der Selbstbestimmung im rechtsgeschäftlichen Bereich gleichermaßen zulässig wie geboten ist (BVerfGE 89, 214, 231 ff; bestätigend BVerfG NJW 1994, 2749, 2750). Danach darf ein Vertrag aus Gründen der Rechtssicherheit zwar nicht schon bei jeder Störung des Verhandlungsgleichgewichts nachträglich infrage gestellt oder korrigiert werden. Wenn aber ein **typisierbarer Fall einer strukturellen Unterlegenheit des einen Vertragsteils** vorliegt und die Folgen des Vertrags für den unterlegenen Teil **ungewöhnlich belastend** sind, muss die Zivilrechtsordnung intervenieren. Konkret bedeutet dies, dass die Zivilgerichte bei der Auslegung und Anwendung von Generalklauseln wie § 138 und § 242 durch eine Inhaltskontrolle gewährleisten müssen, dass Verträge nicht als Instrument der Fremdbestimmung dienen. Mit seiner **Ehevertrags-Entscheidung** hat das BVerfG diesen Ansatz abermals bestätigt (ebenso BVerfGE 114, 1, 34; BVerfG VersR 2006, 961, 962; BVerfG NJW 2011, 1339, 1340; ferner bereits BVerfGE 98, 265, 395) und erstmals ausdrücklich auf die Schutzpflichtfunktion der Grundrechte rekurriert (BVerfGE 103, 89, 100). Dabei wird die Unterlegenheit des einen Vertragspartners auf das Vorhandensein **einer ungleichen Verhandlungsposition bzw einer gestörten Vertragsparität** (BVerfGE 103, 89, 101) zurückgeführt. Im Zentrum der verfassungsrechtlich gebotenen Inhaltskontrolle von Verträgen steht damit der Ausgleich einer Fremdbestimmung, die auf einer tendenziell an persönliche Umstände anknüpfenden Unterlegenheit beruht, auch wenn diese grundsätzlich nicht einzelfallbezogen zu ermitteln ist, sondern sich aus typisierbaren Umständen ergeben muss. **48**

Einen teilweise anderen Akzent hat das BVerfG in denjenigen Entscheidungen gesetzt, die sich gezielt mit der **AGB-rechtlichen Kontrolle** beschäftigen. So ist im ersten einschlägigen Beschluss zwar davon die Rede, dass die Kontrolle von Formularverträgen den **Mangel an Verhandlungsmacht** kompensiere. Dieser Mangel wird indes gerade **auf den Einsatz von AGB durch den Verwender zurückgeführt**, der es der anderen Vertragspartei regelmäßig verwehre, eine abweichende Individualvereinbarung zu treffen (BVerfG NJW 2005, 1036, 1037). Ebenso hat sich das BVerfG in einer neueren Entscheidung geäußert (BVerfG NJW 2011, 1339, 1341). Die ungleiche Verhandlungsmacht wird in diesen Fällen also offenbar als Folge der Verwendung von AGB und nicht als ein außerhalb der konkreten Vertragsabschlusssituation bestehendes Phänomen aufgefasst (so auch die Deutung von Oetker AcP 212 [2012] 202, 216). In seinem Urteil zur Überschussbeteiligung bei Lebensversicherungen geht das BVerfG noch einen Schritt weiter (BVerfGE 114, 73, 89 ff; bestätigt durch BVerfG NJW 2006, 1783, 1784 f). Die Entscheidung nimmt ihren Ausgangspunkt zwar auch bei der Überlegung, die Zivilrechtsordnung müsse verhindern, dass vertragliche Selbstbestimmung in Fremdbestimmung umschlage. Das Urteil spricht dann aber nicht allgemein von einem Mangel an Verhandlungsmacht, sondern identifiziert als Ursache der Fremdbestimmung ausdrücklich die fehlende Transparenz der Versicherungsbedingungen, die dazu führt, dass der einzelne Versicherungsnehmer auf die Ausgestaltung des Vertragsverhältnisses kaum einen Einfluss hat. Der damit angesprochene Aspekt der **Informationsasymmetrie** (dazu noch näher Rn 62) kommt insbesondere dadurch zum Ausdruck, dass das BVerfG den eingeschränkten Wettbewerb um das Produkt „Lebensversicherung" hervorhebt und als mögliches Abhilfeinstrument eine Verbesserung der Informationslage des Kunden ins Gespräch bringt (BVerfGE 114, 73, 104). Der grundgesetzlich gebotenen Inhaltskontrolle von Verträgen aufgrund struk- **49** tureller Unterlegenheit wird damit eine Inhaltskontrolle infolge situativer Unterlegenheit an die Seite gestellt.

50 Unmittelbar mit der **AGB-Kontrolle im Arbeitsrecht** beschäftigt sich ein Beschluss des BVerfG, in dem das Urteil des BAG, eine arbeitsvertraglich vorformulierte Abrufarbeit bei einem über 25 % hinausgehenden Anteil abrufbarer Arbeitsleistung gemäß § 307 als unwirksam zu qualifizieren (BAG NZA 2006, 423), verfassungsrechtlich gebilligt wurde (BVerfG NZA 2007, 85). Dabei stellt das BVerfG die arbeitsrechtliche AGB-Kontrolle in einen Zusammenhang mit der allgemeinen Inhaltskontrolle von Arbeitsverträgen und bezeichnet als **gemeinsamen Nenner das strukturelle Ungleichgewicht zwischen den Vertragspartnern**. Die Unterlegenheit des Arbeitnehmers wird also weniger auf den Einsatz gerade von AGB, sondern auf unabhängig davon bestehende Umstände gestützt (ebenso die Deutung von Oetker AcP 212 [2012] 202, 216). Damit übergeht das BVerfG die im allgemeinen AGB-Recht mittlerweile überwiegend vertretene Konzeption einer Informationsasymmetrie als Rechtfertigung der AGB-Kontrolle (dazu noch Rn 62), was nicht ganz befriedigen kann. Zutreffend ist freilich die nochmalige Bekräftigung des generellen Vorhandenseins eines ungleichen wirtschaftlichen Kräfteverhältnisses zwischen den Arbeitsvertragsparteien im Vertragsabschlussstadium, das auf das rechtstatsächliche Phänomen zurückzuführen ist, dass der einzelne Arbeitnehmer typischerweise ungleich stärker auf sein Arbeitsverhältnis angewiesen ist als der Arbeitgeber auf den einzelnen Arbeitnehmer (siehe dazu bereits Rn 10).

51 Das Verfassungsrecht liefert danach also durchaus das **Fundament für eine AGB-Kontrolle**, mit der auf die situative Unterlegenheit des Vertragspartners und die daraus resultierende faktisch einseitige Vertragsgestaltung durch den Klauselverwender bzw korrespondierend die Fremdbestimmung des Klauselgegners reagiert werden soll. Dieses Schutzkonzept ist im Ansatz deutlich von der Inhaltskontrolle vertraglicher Vereinbarungen zu unterscheiden, die durch eine strukturelle Unterlegenheit im Sinne eines typisierbaren Kräfteungleichgewichts ausgelöst wird, wenn sich diese Verhandlungsimparität in einseitig ungewöhnlich stark belastenden vertraglichen Regelungen niederschlägt. Die Differenzierung dieser beiden Schutzzwecke schließt es indes nicht aus, dass **bei vorformulierten Arbeitsverträgen beide Defizite der rechtsgeschäftlichen Selbstbestimmung zusammentreffen**. Da die Kontrolle aufgrund struktureller Unterlegenheit aber nur ein äußerstes Auffangnetz für Fälle offensichtlicher Unangemessenheit darstellt (dazu näher Rn 135 ff), kann sie als solche nicht dazu herangezogen werden, die erheblich feinere AGB-rechtliche Angemessenheitskontrolle noch weiter zu verschärfen, soweit diese nicht ihrerseits Elemente des Machtungleichgewichts in sich aufnimmt (dazu Rn 83).

b) Vorgaben des Unionsrechts

52 Mit der **Richtlinie 93/13/EWG über missbräuchliche Klauseln in Verbraucherverträgen** verfügt die AGB-Kontrolle seit rund zwanzig Jahren über eine **unionsrechtliche Grundlage**, die bis auf weiteres maßgeblich ist, weil der ursprüngliche Plan der Europäischen Kommission einer auch die Klauselrichtlinie umfassenden Verbraucherrechterichtlinie nicht realisiert werden konnte und die europäische Verbraucherrechterichtlinie 2011/83/EU als tatsächliches Ergebnis des Gesetzgebungsverfahrens nur zu einer geringfügigen Modifikation der Richtlinie 93/13/EWG geführt hat. Die Klauselrichtlinie erstreckt sich ausweislich ihres Erwägungsgrundes 10 **nicht**

auf Arbeitsverträge, weil sie alle Verträge ausklammert, die der beruflichen Tätigkeit des Klauselgegners zugerechnet werden können, ohne dass es – anders als in § 13 – darauf ankommt, ob es sich um eine selbständige oder um eine unselbständige Tätigkeit handelt (vgl Art 2 lit b RL 93/13/EWG). Darüber hinaus hat sich der EuGH in seiner Judikatur nach anfänglicher Kontrollfreudigkeit (EuGH NJW 2000, 2571) sehr zurückgenommen und klargestellt, dass die konkrete Feststellung der Missbräuchlichkeit einer Klausel Sache des nationalen Gerichts ist (EuGH NJW 2004, 1647; EuGH NJW 2007, 135; EuGH NJW 2009, 2367). Daher spielt die Frage, wie bei **überschießender Richtlinienumsetzung** zu verfahren ist (dazu Höpfner/Rüthers AcP 209 [2009] 1, 28 ff mwNw), bei der AGB-Kontrolle im Arbeitsrecht grundsätzlich nur eine untergeordnete Rolle. Dennoch sind die grundsätzliche Schutzkonzeption der Richtlinie 93/13/EWG wie auch die Sichtweise des EuGH zu bestimmten Aspekten ihrer Interpretation für das Arbeitsrecht nicht irrelevant. Da die Klauselrichtlinie das prinzipielle Verständnis und die Durchführung der allgemeinen AGB-Kontrolle beeinflussen, der deutsche Schuldrechtsmodernisierungsgesetzgeber mit der Ausdehnung der AGB-Kontrolle auf Arbeitsverträge den im Zivilrecht geltenden Schutzstandard auf das Arbeitsrecht übertragen wollte (BT-Drucks 14/6857, 53 f – dazu bereits Rn 15) und das BAG den Arbeitnehmer zudem als Verbraucher einstuft (hierzu näher Rn 109), ergibt sich daraus zwanglos, dass nicht nur einzelne Elemente des unionsrechtlichen Kontrollregimes (zB die Voraussetzungen für eine ergänzende Vertragsauslegung bei Unwirksamkeit einer Klausel; vgl EuGH NJW 2012, 2257 – dazu näher Rn 265 ff), sondern auch und gerade konzeptionelle Überlegungen europarechtlicher Provenienz mittelbar auch das Arbeitsrecht betreffen (generell für eine richtlinienkonforme Auslegung im Hinblick auf die arbeitsrechtliche AGB-Kontrolle DBD/Deinert § 307 Rn 7 unter Verweis auf EuGH NZA 2010, 151 Rn 27).

Tatsächlich ist die Richtlinie 93/13/EWG vom **Verbraucherschutzgedanken** getragen, **53**
der in der ursprünglichen Konzeption des AGB-Recht keine zentrale Rolle spielte. Ein Teil des Schrifttums interpretiert den Verbraucherschutzaspekt offenbar weniger im Sinne eines situationsbezogenen Schutzes als vielmehr im Sinne eines personenbezogenen Schutzkonzepts (vgl Damm JZ 1994, 161, 167). Die Vorstellung einer unionsrechtlich grundlegend anderen Schutzkonzeption des AGB-Rechts erscheint allerdings überzogen. Tatsächlich knüpft die Klauselrichtlinie den AGB-rechtlichen Schutz nicht an die Verbrauchereigenschaft als eine feststehende persönliche Eigenschaft. Vielmehr geht es um einen Schutz, der seine Rechtfertigung daraus bezieht, dass der Einzelne beim Abschluss eines Vertrags eine bestimmte Rolle einnimmt (Leuschner AcP 207 [2007] 491, 505). Insoweit kann man deshalb von einem **„rollenspezifischen Unterlegenheitsschutz"** sprechen (Hommelhoff/Wiedenmann ZIP 1993, 562, 565; zust Stoffels, AGB-Recht Rn 90; näher zur Konzeption eines situationsbezogenen Verbraucherschutzrechts Drexl, Die wirtschaftliche Selbstbestimmung des Verbrauchers [1998] 284 ff). Darüber hinaus bedarf es nach wie vor der Vorformulierung von Vertragsbedingungen, um das spezifisch AGB-rechtliche Schutzinstrumentarium zu aktivieren, obwohl auch in anderen Konstellationen eine Unternehmer-Verbraucher-Beziehung vorliegen kann. Dass die Richtlinie 93/13/EWG auf die konkrete Abschlusssituation reagieren will, zeigt sich daran, dass der EuGH im Hinblick auf deren Schutzsystem durchgängig von einem **geringeren Informationsstand des Verbrauchers** und damit in der Sache von einer **Informationsasymmetrie** spricht (EuGH NJW 2000, 2571; EuGH NJW 2007, 135; EuGH NJW 2009, 2367; EuGH EuZW 2009, 852; EuGH EuZW 2011, 27; EuGH NJW 2012, 1781; EuGH NJW 2012, 2257). Dies korrespondiert mit dem europäischen Ver-

braucherrechtsmodell, das generell auf umfassende Unterrichtungspflichten setzt, um eine möglichst informierte Entscheidung zu ermöglichen (zum Verbraucherleitbild im europäischen Recht Dreher JZ 1997, 167, 170 ff. Erhellend auch Micklitz, Gutachten zum 69. DJT, Bd I [2012] A 13 ff mit der Gegenüberstellung von materialisiertem Verbraucher*schutz*recht und (europäischem) reformalisiertem Verbraucherrecht europarechtlicher Provenienz). Auch die spezifisch verbraucherschutzrechtlichen Aspekte der RL 93/13/EWG lassen sich zu einem erheblichen Teil nahtlos in das Modell eines Schutzes bei **situationsbezogener Unterlegenheit** infolge einer Informationsasymmetrie integrieren. Dies gilt zum einen für die Einbeziehung von Einmalklauseln als Folge des weiten Klauselbegriffs iSv Art 3 Abs 2 RL 93/13/EWG, weil auch bei solchen Klauseln davon auszugehen ist, dass ein Unternehmer aufgrund seines allgemeinen Erfahrungswissens üblicherweise mit einem erheblich geringeren Aufwand als der Verbraucher ein Klauselwerk gedanklich durchdringen kann. Zwar stellt diese Regelung zusätzlich auf die fehlende Einflussnahme des Verbrauchers auf den Inhalt der vorformulierten Vertragsbedingungen ab. Dies besagt aber nicht, dass es im Rahmen des Verbraucherschutzes auf ein allgemeines Machtungleichgewicht ankommt. Vielmehr kann die Vorschrift ohne Schwierigkeiten dahin verstanden werden, dass die Vorformulierung den Verbraucher deshalb davon abgehalten hat, auf eine Änderung der Konditionen zu dringen, weil der damit verbundene Aufwand im Verhältnis zum Ertrag zu zeit- und kostenintensiv gewesen wäre. Zum anderen legt es die durch Art 4 Abs 1 RL 93/13/EWG angeordnete Berücksichtigung der den Vertragsschluss begleitenden Umstände nahe, insoweit auf etwaige Erläuterungen abzustellen, durch die dem Klauselgegner eine bei abstrakt-genereller Betrachtung intransparente Regelung verdeutlicht worden ist.

54 Allerdings spielt der Gedanke des Ausgleichs eines Machtungleichgewichts zwischen Verbraucher und Unternehmer durchaus eine Rolle. Zu den berücksichtigungsfähigen Begleitumständen zählt der Erwägungsgrund 16 der Richtlinie 93/13/EWG nämlich auch das **Kräfteverhältnis zwischen den Verhandlungspositionen der Parteien**. Dazu passt es, dass der EuGH stereotyp neben dem geringeren Informationsstand zusätzlich die **schwächere Verhandlungsposition des Verbrauchers** als Schutzgrund nennt (EuGH NJW 2000, 2571; EuGH NJW 2007, 135; EuGH NJW 2009, 2367; EuGH EuZW 2009, 852; EuGH EuZW 2011, 27; EuGH NJW 2012, 1781; EuGH NJW 2012, 2257). Der auf das Europarecht zurückgehende Verbraucherschutzgedanke hat nach alledem zwar neue Aspekte in die AGB-rechtliche Kontrolle eingeführt. Von einer klaren Dominanz der Vorstellung, dass es bei der Kontrolle um die Kompensation einer von der konkreten Vertragsabschlusssituation losgelösten allgemeinen strukturellen Unterlegenheit geht, kann indes keine Rede sein.

c) Rechtstheoretische Legitimation

55 Mit der Integration der Arbeitsvertragskontrolle in das allgemeine AGB-Recht hat der Gesetzgeber nicht nur die Maßstäbe und Methoden, die sich in rund 25 Jahren unter der Herrschaft des AGB-Gesetzes entwickelt haben, in das Arbeitsrecht überführen wollen. Vielmehr hat er damit zugleich die **generelle Konzeption**, die dem allgemeinen AGB-Recht zu Grunde liegt, **zumindest im Ausgangspunkt in das Arbeitsvertragsrecht transferiert**. Der Schutzzweck der AGB-Kontrolle gerade im Arbeitsrecht kann daher nur vor dem Hintergrund der Diskussion über den Geltungsgrund der allgemeinen AGB-Kontrolle ermittelt werden (im Ansatz ebenso Reichold, in: FS 50 Jahre BAG [2004] 153, 158 f, 173; zust DBD/Deinert § 307 Rn 22 ff). Allerdings müssen schon auf dieser Ebene die im Arbeitsrecht geltenden Besonderheiten (dazu näher Rn 143 ff) angemessen berücksichtigt werden. Das in § 310 Abs 4 Satz 2 HS 1 an den Rechtsanwender adressierte Gebot betrifft nicht nur die schlichte Interpretation der §§ 305 ff, sondern zugleich die tiefer gehende Frage, auf welchen grundlegenden Wertungen das Arbeitsrecht aufbaut und wie diese Wertungen in die AGB-Kontrolle integriert werden können.

Zur Rechtfertigung der AGB-Kontrolle sind im Laufe der Zeit zahlreiche Begründungen entwickelt worden (Frey ZIP 1993, 572, 573 Fn 10 listet mehr als 10 verschiedene Ansätze auf, die teilweise freilich nur in Nuancen voneinander abweichen. Umfassend nunmehr Hellwege, Allgemeine Geschäftsbedingungen, einseitig gestellte Vertragsbedingungen und die allgemeine Rechtsgeschäftslehre [2010] 554 ff, der immerhin neun Begründungsversuche unterscheidet. Zur Diskussion im Ausland ansatzweise Jansen ZEuP 2010, 69, 83). Die heutzutage vertretenen Konzeptionen lassen sich im Grundsatz danach einteilen, ob sie an das einzelne Rechtsverhältnis anknüpfen („rechtsverhältnisinterner Ansatz“) (so Leuschner AcP 207 [2007] 491, 495) und einen **individuellen Schutzzweck** anstreben oder ob sie das einzelne Rechtsverhältnis überschreiten („rechtsverhältnisexterner Ansatz“) (so Leuschner AcP 207 [2007] 491, 494) und **überindividuelle Schutzzwecke** verfolgen, wobei beide Ansätze allerdings häufig miteinander verknüpft werden (siehe nur Canaris AcP 200 [2000] 273, 321 ff; Staudinger/Coester § 307 Rn 2 ff; Fastrich, Richterliche Inhaltskontrolle im Privatrecht [1992] 79 ff; Ulmer/Fuchs Vorb v § 307 BGB Rn 29; Leuschner AcP 207 [2007] 491, 494; Stoffels, AGB-Recht Rn 81 ff, 85 ff, 88 ff; strikte Unterscheidung zwischen individuellen und überindividuellen Schutzkonzepten dagegen bei Hellwege, Allgemeine Geschäftsbedingungen, einseitig gestellte Vertragsbedingungen und die allgemeine Rechtsgeschäftslehre [2010] 563 ff). Daneben sind gerade im Zusammenhang mit dem Arbeitsrecht auch noch solche Überlegungen zu erwähnen, die an den **rechtlichen Charakter von AGB** anknüpfen, obgleich sie die aktuelle Diskussion im AGB-Recht nicht mehr prägen. 56

aa) Normentheoretische Modelle

Die These, AGB seien nicht als Vertragsbedingungen, sondern als vom Verwender geschaffene privatrechtliche Normen zu begreifen („private ordering“), ist nicht nur vor dem Inkrafttreten des AGBG (insbesondere Meyer-Cording, Die Rechtsnormen [1971] 84 ff, 92 ff, 97 ff [AGB als „Wahlnormen“]), sondern auch noch danach bis in die jüngere Vergangenheit hinein immer wieder vertreten worden (Mertens AG 1982, 29, 39; Pflug, Kontrakt und Status im Recht der Allgemeinen Geschäftsbedingungen [1986] 247 ff; Pflug AG 1992, 1, 4; E. Schmidt JuS 1987, 929, 931; E. Schmidt ZIP 1987, 1505 f; ansatzweise auch Kramer AcP 188 [1988] 423, 426 [vertraglich vereinbarte Normen]. Die Unterscheidung relativierend aber Bachmann, Private Ordnung [2006] 120 ff). Von dieser **Normentheorie** aus führt ein vergleichsweise kurzer Weg zur Inhaltskontrolle, weil die Normsetzung keine vertragliche Form der Gestaltung von Rechtsbeziehungen darstellt und somit auch nicht der Vertragsfreiheit unterfällt (Fastrich, Richterliche Inhaltskontrolle im Privatrecht [1992] 29). Allerdings würde die Inhaltskontrolle von diesem Ansatz aus tendenziell einen eher objektiven Charakter haben und nicht auf einen Schutz des Klauselgegners abzielen. Die sowohl im allgemeinen AGB-Recht (BT-Drucks 7/5422, 6; BGHZ 99, 160, 161; BGH NJW 1991, 353, 354) als auch in der Judikatur des BAG (BAG NZA 2006, 257) durchgängig vertretene Sichtweise, dass sich der Verwender nicht selbst auf die Unwirksamkeit einer von ihm in den Vertrag eingefügten Klausel berufen kann, wäre mit einem normenrechtlichen Verständnis von AGB daher kaum kompatibel. Trotz mancher 57

Unterschiede zeichnen sich die normentheoretischen Konzeptionen dadurch aus, dass sie aus dem tatsächlichen Erscheinungsbild der einseitigen Festlegung von abstrakten Regelungen („selbstgeschaffenes Recht der Wirtschaft") (so die bekannte Formulierung von GROSSMANN-DOERTH, Selbstgeschaffenes Recht der Wirtschaft und staatliches Recht [1933]) letztlich auf den Normencharakter von AGB schließen. Die Einordnung von AGB als Normen hätte im vorliegenden Zusammenhang freilich nur dogmengeschichtliche Bedeutung, wenn sie nicht gerade auch **im arbeitsrechtlichen Schrifttum** bis in die jüngste Zeit **Anhänger** findet. Neben einem frühen Vorstoß von SÄCKER (SÄCKER, Gruppenautonomie und Übermachtkontrolle im Arbeitsrecht [1971] 493 ff) ist insoweit namentlich REUTER zu erwähnen, der sich dafür ausgesprochen hat, den Betrieb als einen Verband anzusehen, bei dem die Arbeitsverhältnisse durch betriebseinheitliche Regelungen koordiniert würden. Ob die betriebliche Ordnung durch eine Betriebsvereinbarung oder durch eine faktisch einseitig vom Arbeitgeber erlassene arbeitsvertragliche Einheitsordnung hergestellt werde, spiele im Ergebnis keine Rolle. Vielmehr handele es sich in beiden Fällen um eine Form privatrechtlicher Normsetzung, die bestimmten inhaltlichen Anforderungen unterliege (REUTER Anm zu BAG AP BGB § 611 Gratifikation Nr 78; REUTER SAE 1983, 201, 202). Allgemeine Arbeitsbedingungen seien zumindest „Normenwerke sozialorganisatorischer Art" (so REUTER, in: FS 50 Jahre BAG [2004] 177, 184; REUTER, in: FS Säcker [2011] 267, 270).

58 Alle diese Ansätze vermögen angesichts des Wortlauts der §§ 305 ff, in denen ausdrücklich von Vertragsbedingungen die Rede ist, indes **nicht zu überzeugen**. Inhaltlich kranken sie daran, dass sie aus einem soziologischen Phänomen auf eine bestimmte rechtliche Einordnung schließen. Für eine Qualifikation von AGB als Rechtsnormen fehlt es schlicht an einer hinreichenden Ermächtigungsgrundlage. Dies gilt insbesondere auch für das Arbeitsrecht. Aus der den Betriebsparteien durch das BetrVG verliehenen Normsetzungskompetenz (dazu BAG NZA 2007, 453) lässt sich keine Normsetzungsbefugnis des einzelnen Arbeitgebers ableiten. Vielmehr finden vorformulierte Arbeitsbedingungen nicht anders als sonstige AGB nur auf vertraglichem Wege Eingang in die Arbeitsverhältnisse. Dementsprechend ist der Arbeitnehmer von Rechts wegen befugt, deren Geltung abzulehnen, auch wenn eine solche Option aus faktischen Gründen regelmäßig ausscheiden wird. Mit einer Einordnung von allgemeinen Arbeitsbedingungen als Rechtsnormen ist diese unstreitig bestehende rechtliche Befugnis nicht vereinbar. Ebenso wie im allgemeinen AGB-Recht gibt es deshalb auch im Arbeitsrecht keinen hinreichenden Grund, an einer **vertragsrechtlichen Qualifikation von AGB** zu zweifeln. In diesem Sinne legen sowohl die Rechtsprechung als auch das Schrifttum praktisch einhellig mit Recht die **Vertragstheorie** zugrunde und klassifizieren arbeitsrechtliche Einheitsregelungen dementsprechend schon seit langem als vertragliche Arbeitsbedingungen (siehe nur [im Zusammenhang mit der in den 1980er Jahren geführten Debatte um die Zulässigkeit ablösender Betriebsvereinbarungen] BAG [GS] NZA 1987, 168 unter C II 1a; ferner etwa MünchArbR/RICHARDI § 7 Rn 43). Damit ist freilich zugleich die Möglichkeit verbaut, von einem normentheoretischen Ansatz aus eine arbeitsrechtliche Inhaltskontrolle zu legitimieren.

bb) Rechtsverhältnisbezogene Konzeptionen

59 Die überwiegende Ansicht im allgemeinen AGB-Recht wählt für die Rechtfertigung der Inhaltskontrolle **einen auf das einzelne Rechtsverhältnis bezogenen Ansatz** und hält deshalb den **individuellen Schutz des Klauselgegners** für maßgebend. Unstreitiger rechtstatsächlicher Ausgangspunkt ist insoweit, dass AGB im Allgemeinen nicht zum Gegenstand der Vertragsverhandlungen gemacht, also nicht von beiden Vertragsparteien gestaltet werden, sondern vom Verwender eingebracht und vom Klauselgegner pauschal akzeptiert werden.

Nach einer in Rechtsprechung (BGHZ 126, 326, 332; BGHZ 130, 50, 57; BGH NJW 2010, 1131 f; BAG NZA 2006, 257 Rn 16; BAG NZA 2007, 875 Rn 24) und Schrifttum (Staudinger/Coester § 307 Rn 2; Ulmer/Fuchs Vorb v § 307 BGB Rn 26; Stoffels, AGB-Recht Rn 89; ähnl Wolf/Pfeiffer Einl Rn 16) verbreiteten Sichtweise geht es bei der AGB-Kontrolle um einen Ausgleich der Gefahren, die durch die **einseitige Ausnutzung der Vertragsgestaltungsfreiheit mittels vorformulierter Vertragsbedingungen** entstehen. Hinter diesem Ansatz steht der **vertragstheoretische Gedanke**, dass sich der Einsatz von AGB trotz ihres vertraglichen Charakters der Sache nach als eine **Fremdbestimmung des Klauselgegners** auswirkt (andere Akzentsetzung bei Fastrich, Richterliche Inhaltskontrolle im Privatrecht [1992] 88 f, der hinter der zitierten Formulierung als Schutzobjekt die objektive Rechtsordnung sieht). Damit wird auf die aus dem Prinzip der Privatautonomie abzuleitende Grundidee des Vertrages rekurriert, dass beide Parteien in freier Selbstbestimmung das vertraglich Vereinbarte als für ihre Rechtsbeziehungen verbindlich anerkennen (siehe nur Flume, Allgemeiner Teil des Bürgerlichen Rechts, Das Rechtsgeschäft [4. Aufl 1992] § 1, 6a, S 7). Fehlt es auf einer der beiden Seiten an einer solchen Selbstbestimmung, liegt trotz des äußerlichen Gebrauchs der Vertragsform der Sache nach eine Fremdbestimmung vor, die eine staatliche Intervention zum Schutz der unterlegenen Partei legitimiert. Insoweit kommt in der AGB-Kontrolle der das moderne Rechtsdenken kennzeichnende **Vorrang der materiellen Vertragsfreiheit vor der formalen Vertragsfreiheit** zum Ausdruck (vgl Canaris AcP 200 [2000] 273, 277 f, 321 [siehe aber auch die weiteren Ausführungen auf S 325 f: Verwendung von AGB als Beeinträchtigung der formalen Vertragsgerechtigkeit]; ferner Flume, Allgemeiner Teil des Bürgerlichen Rechts, Das Rechtsgeschäft [4. Aufl 1992] § 37, 2, S 670, nach dem sich die Schranken für den Inhalt von AGB gerade aus dem Prinzip der Privatautonomie ergeben). Damit kristallisiert sich als entscheidende Frage heraus, worin bei der Verwendung von AGB die **spezifische Unterlegenheit des Klauselgegners** liegt. **60**

Eine anfänglich verbreitet vertretene Auffassung favorisierte insoweit einen **personenbezogenen Ansatz**. Die **persönliche („strukturelle") Unterlegenheit** sei auf eine **wirtschaftliche bzw soziale oder auch intellektuelle Unterlegenheit des Klauselgegners** zurückzuführen (siehe etwa BGHZ 60, 243, 245; ferner Damm JZ 1978, 173, 178; in diese Richtung auch Wolf/Pfeiffer Einl Rn 3 f). Entscheidend war somit letztlich ein **allgemeines Machtungleichgewicht** zwischen den Parteien bei der Aushandlung der Vertragsbedingungen. Die AGB-Kontrolle war demnach nur ein Sonderfall der allgemeinen Vertragskontrolle bei struktureller Unterlegenheit. Der BGH (BGHZ 184, 259, 264; so bereits BGH NJW 1976, 2345, 2346) und die neuere Literatur (MünchKomm/Basedow Vor § 305 Rn 4; Becker JZ 2010, 1098, 1100; Canaris AcP 200 [2000] 273, 321 ff; Staudinger/Coester § 307 Rn 3; Fastrich, Richterliche Inhaltskontrolle im Privatrecht [1992] 81 ff; Ulmer/Fuchs Vorb v § 307 BGB Rn 27, 31; Hönn, Kompensation gestörter Vertragsparität [1982] 149 ff; Erman/Roloff Vor §§ 305–310 Rn 2; Stoffels, AGB-Recht Rn 88; Wackerbarth AcP 200 [2000] 45, 51 ff; siehe aber auch Hellwege, Allgemeine Geschäftsbedingungen, einseitig gestellte Vertragsbedingungen und die allgemeine Rechtsgeschäftslehre [2010] 567 ff, der am Ungleichgewicht immerhin als Schutzgrund festhalten will) haben sich vom Gedanken der dem eigentlichen Vertragsschluss vorgelagerten überlegenen Marktmacht des Verwenders als innere **61**

Rechtfertigung der AGB-Kontrolle indes weitgehend gelöst, auch wenn dieser Aspekt im Zusammenhang mit der Diskussion um die Zurückdrängung des AGB-Rechts im unternehmerischen Verkehr wieder eine gewisse Bedeutung gewonnen hat (vgl Leuschner JZ 2010, 875, 878). Tatsächlich lässt schon der Normtext der §§ 305 ff nicht erkennen, dass es auf eine von der Vertragsabschlusssituation abstrahierte Unterlegenheit des Klauselgegners als Anwendungsvoraussetzung ankommen soll. Vielmehr greifen die AGB-rechtlichen Kontrollmechanismen ohne Rücksicht auf eine wie auch immer messbare Differenz in der wirtschaftlichen Stärke, Finanzkraft oder Geschäftserfahrenheit von Klauselverwender einerseits und Klauselgegner andererseits ein. Selbst eine wirtschaftliche Unterlegenheit des Verwenders gegenüber der anderen Vertragspartei, die insbesondere im unternehmerischen Verkehr durchaus vorliegen kann, steht einer Anwendbarkeit der §§ 305 ff nicht entgegen. Hinzu kommt, dass sich die AGB-Kontrolle ausweislich der Regelung in § 307 Abs 3 Satz 1 **grundsätzlich nicht auf die Überprüfung des Äquivalenzverhältnisses zwischen Leistung und Gegenleistung**, sondern **nur auf Nebenbedingungen** erstreckt. Eine richterliche Inhaltskontrolle, die darauf abzielt, die strukturelle Unterlegenheit einer Vertragspartei auszugleichen, müsste sich aber gerade auf die Hauptleistungspflichten beziehen, weil sich in ihrer Dimensionierung ein Verhandlungsungleichgewicht am ehesten manifestiert (Leuschner AcP 207 [2007] 491, 493; Leuschner JZ 2010, 875, 878).

62 Als Haupterklärungsmuster für die Legitimation der AGB-Kontrolle hat sich demgegenüber die **situative Unterlegenheit** des Klauselgegners herauskristallisiert (zum Folgenden MünchKomm/Basedow Vor § 305 Rn 5; Becker JZ 2010, 1098, 1101; Bydlinski, System und Prinzipien des Privatrechts [1996] 756 ff; Canaris AcP 200 [2000] 273, 321 ff; Staudinger/Coester § 307 Rn 3; Drexl, Die wirtschaftliche Selbstbestimmung des Verbrauchers [1998] 332 ff; Fastrich, Richterliche Inhaltskontrolle im Privatrecht [1992] 91; Frey ZIP 1993, 572 ff; Ulmer/Fuchs Vorb v § 307 BGB Rn 33 ff; Gottschalk AcP 206 [2006] 555, 559 ff; Jansen ZEuP 2010, 69, 84 ff; Kötz JuS 2003, 209, 211 ff; Leuschner AcP 207 [2007] 491, 495 f; Lieb AcP 178 [1978] 196, 202; Roth ÖZW 1977, 33, 36 f; Wackerbarth AcP 200 [2000] 45, 77 ff). Dieser Begründungsansatz knüpft an die **Eigenheiten der Vertragsabschlusssituation** unter Einsatz vorformulierter Vertragsbedingungen an, stellt also nicht auf ein allgemeines Machtungleichgewicht zwischen den Vertragsparteien oder auf die persönliche Qualitäten der Beteiligten ab. Die situationsbezogene Überlegenheit des Klauselverwenders beruht zunächst darauf, dass dieser die Vertragsbedingungen **im Vorhinein ohne Zeitnot und vielfach unter Inanspruchnahme sachkundiger Beratung in seinem Sinne ausarbeiten** kann. Demgegenüber ist der Klauselgegner typischerweise außer Stande, den Bedeutungsgehalt der Vertragsformulierungen ad hoc zu erfassen und über die Nebenbedingungen sinnvolle Vertragsverhandlungen zu führen, weil **der durchschnittliche Verkehrsteilnehmer nur über beschränkte Kapazitäten zur Informationsaufnahme und Informationsverarbeitung verfügt** (vgl Eidenmüller JZ 2005, 216, 218; Leuschner AcP 207 [2007] 491, 495 f; Schäfer/Ott, Lehrbuch der ökonomischen Analyse des Zivilrechts [4. Aufl 2005] 65 ff). Daher besteht insoweit eine **Informationsasymmetrie**. Zwar wäre es theoretisch denkbar, sich die erforderlichen Kenntnisse über die Bedeutung der jeweiligen Klausel und die mit ihnen verbundenen Risiken anzueignen und anschließend über die einzelnen Konditionen zu verhandeln. Ein Klauselgegner handelt indes rational, wenn er davon absieht. Der hierfür erforderliche zeitliche und finanzielle Aufwand stünde nämlich regelmäßig völlig außer Verhältnis zum Nutzen, der für den Klauselgegner damit verbunden wäre. Dies gilt nicht

zuletzt deshalb, weil die Wahrscheinlichkeit, dass es auf eine Klausel im Rahmen der Vertragsdurchführung überhaupt ankommen wird, vielfach nur gering sein wird. Während der Klauselverwender sich jedenfalls bei einem Einsatz derselben AGB in einer Vielzahl von Verträgen **Skalenerträge** zunutze machen kann, so dass sich eine Investition in die Ausgestaltung der jeweiligen Nebenkonditionen lohnt, zahlt sich eine entsprechende Investition des Klauselgegners regelmäßig nicht aus. Die Informationsasymmetrie führt daher zu einer **Transaktionskostenasymmetrie**. Insoweit liegt beim Einsatz von AGB also ein **Informations- und Motivationsgefälle zwischen dem Verwender und dem Kunden** vor (MünchKomm/Basedow Vor § 305 Rn 5).

Allerdings handelt es sich hierbei letztlich **nur um eine modelltheoretische Betrachtung**. In den meisten Fällen wird der Klauselgegner keine umfassende rationale Analyse der Kosten und des Nutzens einer näheren Befassung mit den AGB vornehmen. Vielmehr wird sich der Klauselgegner aus Unwissenheit, Resignation oder Gleichgültigkeit in sein Schicksal ergeben und den vorgegebenen Inhalt der Nebenkonditionen akzeptieren, zumal er vom Verwender regelmäßig von vornherein erkennbar mit einer **„take it or leave it"-Situation** konfrontiert wird (Staudinger/Coester § 307 Rn 179 [ua mit dem treffenden Hinweis auf die „Scheinautorität des Gedruckten"]; Drexl, Die wirtschaftliche Selbstbestimmung des Verbrauchers [1998] 338 ff; Hellwege, Allgemeine Geschäftsbedingungen, einseitig gestellte Vertragsbedingungen und die allgemeine Rechtsgeschäftslehre [2010] 559; siehe auch Wiedemann, in: FS Kummer [1980] 175, 176 mit S 180 [„Sog des vorformulierten Gedankens"]), mag man die mangelnde Verhandlungsbereitschaft des Verwenders auch ihrerseits wieder ökonomisch als unüberwindlichen Entscheidungsaufwand des Klauselgegners deuten (so Behrens, Die ökonomischen Grundlagen des Rechts [1986] 172). Dies gilt auch für vergleichsweise einfach gehaltene Vertragsbestimmungen, weil es dem Klauselgegner vielfach an Verhandlungserfahrung oder einfach an einem geeigneten Ansprechpartner auf der Verwenderseite fehlt, um die Bestimmung wegzuverhandeln (vgl Canaris AcP 200 [2000] 273, 322; Miethaner, AGB-Kontrolle versus Individualvereinbarung [2010] 68). Hinzu kommt das Vertrauen, trotz fehlender Kenntnis der AGB vom Vertragspartner nicht übervorteilt zu werden (Bachmann, Private Ordnung [2006] 121). Auch ohne eine regelrechte informatorische Unterlegenheit werden sich Klauselgegner dem Verlangen des Verwenders nach Einbeziehung seiner AGB daher im Allgemeinen beugen, ohne dass man dieses Verhalten als „Nachlässigkeit" bezeichnen könnte (Becker JZ 2010, 1098, 1103; so aber Wackerbarth AcP 200 [2000] 45, 83). Dementsprechend hat der BGH das Vorbringen, der Partner des AGB-Verwenders sei sich über den Vertragsinhalt vollständig im Klaren gewesen, nicht als beachtlichen Einwand gegen eine AGB-Kontrolle angesehen (BGHZ 104, 232, 236). Fasst man insbesondere die verhaltenstheoretischen Überlegungen zusammen, lässt sich davon sprechen, dass der Verwender von AGB durch die Struktur des Vertragsabschlusses von vornherein eine größere Chance der Durchsetzung der eigenen Vorstellungen vom Vertragsinhalt hat als der Klauselgegner, kurz gesagt also beide Seiten über eine **situativ unterschiedliche Verhandlungsmacht** verfügen (Hönn, Kompensation gestörter Vertragsparität [1982] 93 f, 150; zur Bedeutung verhaltenstheoretischer Erkenntnisse auch Rehbinder AcP 174 [1974] 265, 296 f). 63

Die fehlende Einflussnahme auf den konkreten Vertragsinhalt kann für sich genommen die AGB-Kontrolle allerdings noch nicht vollständig erklären, weil auch die Hauptleistungspflichten sowie insbesondere der Preis bei standardisierten Verträgen regelmäßig nicht zum Inhalt der Vertragsverhandlungen gemacht werden. Vielmehr 64 kommt entscheidend hinzu, dass **AGB nicht am Mechanismus von Markt und Wettbewerb teilnehmen** und es dadurch an einem Korrektiv für inhaltlich unangemessene AGB fehlt (MünchKomm/Basedow Vor § 305 Rn 6; Baudenbacher, Wirtschafts-, schuld- und verfahrensrechtliche Grundprobleme der Allgemeinen Geschäftsbedingungen [1983] 206 ff; Drexl, Die wirtschaftliche Selbstbestimmung des Verbrauchers [1998] 329 ff; Fastrich, Richterliche Inhaltskontrolle im Privatrecht [1992] 86; Ulmer/Fuchs Vorb v § 307 BGB Rn 32; Kötz Gutachten zum 50. DJT, Bd I [1974] A 34 f; Sedlmeier, Rechtsgeschäftliche Selbstbestimmung im Verbrauchervertrag [2012] 256 ff. Insoweit auch Adams BB 1989, 781, 783 ff, der seine Überlegungen freilich nicht in den Kontext eines angemessenen Interessenausgleichs im Einzelrechtsverhältnis stellt. Gegen eine Rückführung gerade der Inhaltskontrolle auf einen mangelnden Konditionenwettbewerb aber Wackerbarth AcP 200 [2000] 45, 69 ff). Mit dem Verweis auf den gestörten Marktmechanismus kommen somit schon bei den rechtsverhältnisbezogenen Konzeptionen überindividuelle Aspekte ins Spiel, die freilich nicht den eigentlichen Schutzzweck ausmachen, sondern nur verdeutlichen sollen, warum innerhalb der individuellen Rechtsbeziehung eine situative Unterlegenheit des Klauselgegners besteht. Diese Unterlegenheit beruht darauf, dass sich die Aufmerksamkeit des Klauselgegners jedenfalls beim gewöhnlichen Konsumentengeschäft auf die vertraglichen Hauptleistungen konzentriert, während den Nebenkonditionen regelmäßig keine Aufmerksamkeit geschenkt wird. Zwar kann man darin ein Rationalitätsdefizit erkennen, weil der Klauselgegner durch den Vertragsabschluss unter Einbeziehung von AGB bei formaler Betrachtung Risiken auf sich nimmt, die er nicht vollständig überblickt und einkalkuliert hat (so Leuschner AcP 207 [2007] 491, 501; der Sache nach auch Canaris AcP 200 [2000] 273, 323 f; Staudinger/Coester § 307 Rn 3; Fastrich, Richterliche Inhaltskontrolle im Privatrecht [1992] 85 ff). Dennoch ist die Rechtsordnung gut beraten, wenn sie die typischerweise fehlende Rücksichtnahme des Klauselgegners auf den konkreten Inhalt von AGB bei der Entscheidung über den Abschluss eines Vertrages in Rechnung stellt, weil alle anderen theoretisch denkbaren Handlungsalternativen wie der umfassende Vergleich der AGB sämtlicher Anbieter oder der Verzicht auf den Vertragsschluss **eine Überforderung oder doch jedenfalls keine sinnvollen Optionen** darstellen (ebenso Canaris AcP 200 [2000] 273, 323 f; Lieb AcP 178 [1978] 196, 202; prägnant Fastrich, Richterliche Inhaltskontrolle im Privatrecht [1992] 86 ff [„Überforderung der Selbstvorsorge"]; eingehend Miethaner, AGB-Kontrolle versus Individualvereinbarung [2010] 63 ff [„legitime Ignoranz"]).

65 Man kann dies zum einen in willenstheoretische Kategorien fassen und davon sprechen, dass es im Hinblick auf die vertraglichen Nebenbedingungen **an einer reflektierten rechtsgeschäftlichen Entscheidung des Klauselgegners** fehlt (Wackerbarth AcP 200 [2000] 45, 79; Wiedemann, in: FS Kummer [1980] 175, 180; in diesem Sinne auch Canaris AcP 200 [2000] 273, 321 [„Einverständnis … sehr schwach fundiert"]; Kramer, in: FS Canaris, Bd I [2007] 665, 670 [„‚verdünnter' Konsens"]; Möslein, Dispositives Recht [2011] 169) und dessen Zustimmung daher **nicht als bewusste Inkaufnahme der durch sie übertragenen vertraglichen Risiken interpretiert** werden kann. In diesem Sinne hat der BGH in seiner älteren Judikatur von der pauschalen **Unterwerfung des Klauselgegners unter den vom Klauselverwender aufgestellten Vertrag** gesprochen und daraus den Schluss gezogen, dass sich das Einverständnis erkennbar nur auf solche Bedingungen beziehe, mit denen er billigerweise rechnen müsse (BGHZ 17, 1, 3; BGHZ 33, 216, 219; BGHZ 38, 183, 185; gleichsinnig BGHZ 41, 151, 154). Wichtiger ist im vorliegenden Zusammenhang indes der Aspekt, dass sich AGB keinem Qualitätswettbewerb stellen müssen und vom Markt deshalb keine Sanierung unangemessener AGB zu erwarten ist (so Kötz Gutachten zum 50. DJT, Bd I [1974] A 35; ebenso MünchKomm/Basedow Vor § 305 Rn 6). Diese Sichtweise fügt sich nahtlos in die durch § 307 Abs 3 Satz 1 geregelte Kontrollfreiheit von Hauptabreden, die damit begründet werden kann, dass sie – bei hinreichender Transparenz – von der bewussten Abschlussentscheidung erfasst werden und deshalb am Mechanismus von Markt und Wettbewerb teilnehmen (überzeugend Stoffels JZ 2001, 843, 847 f; ebenso Staudinger/Coester § 307 Rn 320, 324). Damit wird zugleich deutlich, dass es bei alledem nicht einfach um die schlichte Feststellung psychologischer Phänomene geht, sondern letztlich um die **normative Entscheidung, welche Anstrengungen von den Teilnehmern am Rechtsverkehr bei der vertraglichen Regulierung ihrer eigenen Angelegenheiten erwartet** werden (in diesem Sinne auch Enderlein, Rechtspaternalismus im Vertragsrecht [1996] 255 f). Mit dem AGB-rechtlichen Kontrollregime hat der Gesetzgeber klargestellt, dass er bei vorformulierten vertraglichen Nebenbedingungen ein geringeres Maß an Selbstvorsorge akzeptiert als bei den Hauptleistungspflichten. Dies gilt auch für Verbraucherverträge. Insoweit setzt § 310 Abs 3 nur die europarechtlichen Vorgaben (dazu bereits Rn 52 ff) um, ohne einen Konzeptionswandel einzuläuten, durch den an die Stelle der situativen Unterlegenheit eine strukturelle Unterlegenheit tritt.

cc) Rechtsverhältnisüberschreitende Konzeptionen

Eine Reihe von Autoren gründet die Legitimation der AGB-Kontrolle von vornherein ausschließlich oder zumindest auch auf Aspekte, die **bereits im Ansatz das einzelne Rechtsverhältnis überschreiten**. Hierzu zählen zunächst alle Konzeptionen, die den Schutz der Rechts- bzw Vertragsordnung als solche als einen Zweck des AGB-Rechts bezeichnen (Staudinger/Coester § 307 Rn 4; Fastrich, Richterliche Inhaltskontrolle im Privatrecht [1992] 88 ff; Hönn, Kompensation gestörter Vertragsparität [1982] 150; Wolf/Pfeiffer Einl Rn 16). In diesem Sinne sieht namentlich Zöllner im massenhaften Abweichen vom dispositiven Recht und damit im Unterlaufen der Gerechtigkeitsvorstellungen des Gesetzgebers die entscheidende Legitimation für eine Inhaltskontrolle (Zöllner JuS 1988, 329, 333; ders RdA 1989, 152, 157; ders, Die Privatrechtsgesellschaft im Gesetzes- und Richterstaat [1996] 45; dagegen aber Coester-Waltjen AcP 190 [1990] 1, 23 f). In einem gewissen Sinne mag man auch die vor allem in der Rechtsprechung vielfach verwendete Formel vom Ausgleich eines Missbrauchs der einseitig in Anspruch genommenen Vertragsgestaltungsfreiheit (dazu oben Rn 60) in diesen Zusammenhang stellen (so Fastrich, Richterliche Inhaltskontrolle im Privatrecht [1992] 88 f). Dass es bei der AGB-Kontrolle um die Bereinigung des Rechtsverkehrs geht, wird im Übrigen schon am Instrument der Verbandsklage nach dem UKlaG deutlich, bei dem es an einem zu schützenden individuellen Vertragsteil fehlt. 66

Vor allem aber hat sich die rechtsökonomisch inspirierte Vorstellung vom **Schutz des Marktes als solchem** immer stärker in den Vordergrund geschoben (zum Folgenden Adams BB 1989, 781, 783 ff; Behrens, Die ökonomischen Grundlagen des Rechts [1986] 170 ff; Frey ZIP 1993, 572, 573 f; Ulmer/Fuchs Vorb v § 307 BGB Rn 29, 31 ff; Köndgen NJW 1989, 943, 946 ff; Kötz JuS 2003, 209, 211 ff; Leuschner AcP 207 [2007] 491, 494 ff, 502 ff; Leuschner JZ 2010, 875, 879 f; Leyens/Schäfer AcP 210 [2010] 771, 779 ff; Schäfer, in: FS Ott [2002] 279, 282 ff; Schäfer/Ott, Lehrbuch der ökonomischen Analyse des Zivilrechts [4. Aufl 2005] 513 ff; vWangenheim/Rückebeil, in: Eger/Schäfer [Hrsg], Ökonomische Analyse der europäischen Zivilrechtsentwicklung [2007] 480, 485 ff). Danach wird die AGB-Kontrolle als ein Instrument zur **Verhinderung von Marktversagen** qualifiziert. Im Zentrum der Überlegungen steht erneut die soeben skizzierte **Informationsasymmetrie**. Ausgangspunkt ist inso- 67 weit, dass der Einsatz von AGB volkswirtschaftlich grundsätzlich sinnvoll ist, weil er durch den mit ihm verbundenen Verzicht auf eine Aushandlung der einzelnen Vertragsbedingungen zu einer **Minderung von vertraglichen Transaktionskosten** führt. Die einseitige Aufstellung der AGB durch den Verwender und die mit einem auf Nutzenmaximierung gerichteten Verhalten verbundene Gefahr ihrer Nachteiligkeit für den Klauselgegner (vgl Leyens/Schäfer AcP 210 [2010] 771, 778) wären bei vollständiger Markttransparenz und vollkommenem Wettbewerb kein Problem, weil die AGB dann ebenso wie der Preis und die Qualität eines Produkts bzw einer Dienstleistung in vollem Umfang von den Präferenzentscheidungen der einzelnen Marktteilnehmer umfasst würden. Durch den Wettbewerbsmechanismus würde sich für jede Qualität von AGB im Laufe der Zeit eine Marktbewertung herausbilden. „Schlechte" AGB würden vom Markt verschwinden oder müssten vom Verwender mit Zugeständnissen an anderer Stelle, insbesondere mit Preisabschlägen, erkauft werden, weil jedem Klauselrisiko ein bestimmter Erwartungswert zugeordnet würde, der in die Bemessung von Leistung und Gegenleistung einfließen würde. Eine Inhaltskontrolle wäre überflüssig (so folgerichtig Grunsky BB 1971, 1113, 1115 ff).

68 Die Vertragsabschlusssituation unter Verwendung von AGB führt nun allerdings zu der bereits beschriebenen (Rn 62) **Informationsasymmetrie** bzw **Transaktionskostenasymmetrie** zwischen Klauselverwender und Klauselgegner. Die Asymmetrie wiederum hat zur Folge, dass der Vertragspartner die „Qualität" der ihm angebotenen AGB nicht beurteilen, sie also auch nicht in die Risikobewertung und Preisgestaltung integrieren kann. Wenn ein Verwender die mit „besseren" AGB verbundenen Vorteile somit nicht vermitteln kann, ist er außerstande, die mit ihnen verbundenen Kosten als Preis am Markt durchzusetzen. Stattdessen wird derjenige Verwender zum Zuge kommen, der Kostenvorteile durch „schlechte" AGB kompensiert. Über kurz oder lang würde damit ein **„race to the bottom"** einsetzen. Da der Klauselgegner infolgedessen damit rechnen müsste, nur noch „schlechte" AGB angeboten zu bekommen, würde er diese letztlich ganz meiden wollen, so dass der Markt zusammenbräche.

69 Vor diesem Hintergrund dient das AGB-Recht modelltheoretisch der **Kompensation von Marktversagen** und erweist sich als Instrumentarium zur **Lösung des Akzeptanzproblems**. Da die Kunden aufgrund der §§ 305 ff davon ausgehen können, dass die ihnen angebotenen AGB eine bestimmte „Qualität" aufweisen, können sie auf die kostenintensive Prüfung der Konditionen verzichten, ohne hierdurch Nachteile zu erleiden. Auf diese Weise wird das **für den Rechtsverkehr unabdingbare Vertrauen** stabilisiert (zum Vertrauen als notwendige Verhaltensform zur Reduktion sozialer Komplexität grdl Luhmann Vertrauen [4. Aufl 2000] 27 ff), auch bei einer Unterwerfung unter die AGB des Vertragspartners nicht übervorteilt zu werden (Bachmann, Private Ordnung [2006] 121). Die volkswirtschaftlich erwünschten Rationalisierungseffekte bleiben somit erhalten. Gegenüber dieser modelltheoretischen Konzeption liegt zwar der Einwand nahe, dass auch „schlechte" AGB kaum einen Kunden davon abhalten werden, einen Vertrag abzuschließen. Immerhin lässt sich dem entgegenhalten, dass eine nicht von beiden Seiten auf der Grundlage umfassender Informationen vorgenommene Verteilung der vertraglichen Risiken aus rechtsökonomischer Perspektive ineffizient ist und deshalb das für Markttransaktionen zur Verfügung stehende Volumen verringert wird (so Leyens/Schäfer AcP 210 [2010] 771, 784).

dd) Bedeutung für die AGB-Kontrolle im Arbeitsrecht

Ob sich die im allgemeinen AGB-Recht entwickelten Konzeptionen zur Rechtfertigung der Inhaltskontrolle harmonisch in das Arbeitsrecht einfügen (in diesem Sinne Reichold, in: FS 50 Jahre BAG [2004] 153, 159, 173; ferner – wenngleich von einem anderen Ausgangspunkt („gleichartige Unterlegenheitsstruktur“) aus – auch Derleder AuR 2004, 361, 367) oder eher ein Fremdkörper sind (in diesem Sinne Reuter, in: FS 50 Jahre BAG [2004] 177, 179; Zöllner ZfA 2010, 637, 644), ist umstritten. Kaum leugnen lässt sich jedenfalls, dass sich die neueren Ansätze in einem gewissen **Spannungsverhältnis zur Inhaltskontrolle im Arbeitsrecht** befinden, die traditionellerweise unabhängig vom konkreten Prozedere des Vertragsschlusses auf eine persönliche (strukturelle) Unterlegenheit des Arbeitnehmers gegenüber dem Arbeitgeber beim Abschluss arbeitsvertraglicher Vereinbarungen gestützt wird (siehe nur BAG AP BGB § 242 Ruhegehalt-Unterstützungskassen Nr 1 („gestörte Vertragsparität“); eingehend Fastrich, Richterliche Inhaltskontrolle im Privatrecht [1992] 184 ff; ferner gerade im Hinblick auf allgemeine Arbeitsbedingungen Säcker, Allgemeine Arbeitsbedingungen im Schnittpunkt von Privat- und Kollektivautonomie [1970] 68 ff, dessen Darlegungen aber durchaus Berührungspunkte mit dem Modell einer (bloß) situativen Unterlegenheit aufweisen). Dies gilt allerdings von vornherein nur für diejenigen Konzeptionen, bei denen die Gesichtspunkte der Informationsasymmetrie bzw der Transaktionskostenasymmetrie im Vordergrund stehen. Dagegen trifft der Aspekt, im Interesse des allgemeinen Rechtsverkehrs auf einen angemessenen Inhalt der in der Praxis verwendeten AGB hinzuwirken, auch auf das Arbeitsleben zu (ebenso BAG NZA 2011, 89 Rn 37), wobei freilich nicht zu übersehen ist, dass es im Arbeitsrecht an der hierfür in erster Linie geeigneten Verbandsklage gerade fehlt und die im Individualprozess ergehende Entscheidung nicht automatisch dazu führt, dass eine unzulässige Klausel aus dem Rechtsverkehr entfernt wird (dazu noch Rn 84 ff). 70

Gegen eine Übertragung des informationsbezogenen Ansatzes werden im Wesentlichen zwei Einwände ins Feld geführt: Zum einen wird angezweifelt, dass es beim Abschluss von Arbeitsverträgen überhaupt eine der Situation beim Allgemeinen Verbrauchergeschäft vergleichbare Informationsasymmetrie gibt (so bereits Hromadka, in: FS Dieterich [1999] 251, 256). Zum anderen stellt man infrage, ob die für die AGB-Kontrolle sprechenden Gründe überhaupt mit den Gründen identisch sind, die eine Inhaltskontrolle von arbeitsvertraglichen Regelungen legitimieren (Reuter, in: FS 50 Jahre BAG [2004] 177, 179). Beide Einwände laufen darauf hinaus, dass **die spezifisch AGB-rechtlichen Kontrollmechanismen im Hinblick auf eine Kontrolle von arbeitsvertraglichen Vereinbarungen dysfunktional seien**, man also „Äpfel mit Birnen“ vergleiche. 71

Im Hinblick auf die Frage nach dem grundsätzlichen Vorhandensein einer Informationsasymmetrie beim Abschluss von Arbeitsverträgen lässt sich in der Tat nicht leugnen, dass das **informatorische Ungleichgewicht in vielen Fällen deutlich geringer** ausfällt als bei einem Vertragsschluss im Allgemeinen Geschäftsverkehr. Zunächst sind zahlreiche vorformulierte Arbeitsverträge vergleichsweise kurz gehalten und lassen auf den ersten Blick erkennen, „was auf den Arbeitnehmer zukommt“ (so die Forderung des BAG bei der Formulierung von Widerrufsvorbehalten, erstmals in BAG NZA 2005, 465 unter B I 5 b), wenn er sich auf den Vertragsschluss einlässt. So kann etwa bei einer hinreichend klar formulierten Ausschlussfrist von einem Monat nicht zweifelhaft sein, dass der Arbeitnehmer alle Ansprüche eben in einem Monat geltend machen muss. Das Problem liegt in diesem Fall nicht in der mangelnden Informa- 72 tion über den Klauselinhalt, sondern im Klauselinhalt selbst. Sodann ist der Abschluss eines Arbeitsvertrages für einen Arbeitnehmer regelmäßig von herausragender Bedeutung, so dass er häufig auch dessen Nebenbestimmungen **größere Aufmerksamkeit** zuwendet als etwa den AGB beim Kauf eines Artikels in einem Elektromarkt. Weiter werden vorformulierte Arbeitsverträge üblicherweise ohne Zeitdruck geschlossen (Hromadka NJW 2002, 2523, 2528) oder dem Arbeitnehmer nicht selten vor dem eigentlichen Vertragsschluss sogar überlassen, um dem Arbeitnehmer die Gelegenheit zu geben, sich mit den einzelnen Konditionen vertraut zu machen, was nicht zuletzt auch im Arbeitgeberinteresse liegen kann (zB im Hinblick auf Verschwiegenheitspflichten). Zudem lassen insbesondere leitende Angestellte mittlerweile des öfteren eine Vorabkontrolle durch selbst beauftragte Rechtsanwälte durchführen. Da Arbeitnehmer im Allgemeinen an einer längerfristigen Kooperation interessiert sind, kann das Vertragsvolumen, auf das in der neueren Diskussion über die Berechtigung einer AGB-Kontrolle vermehrt abgestellt wird (Becker JZ 2010, 1098, 1104 ff; Leuschner JZ 2010, 875, 884; Leyens/Schäfer AcP 210 [2010] 771, 793 ff; Müller/Griebeler/Pfeil BB 2009, 2658, 2662), in Gestalt mehrerer Jahresgehälter eine beträchtliche Höhe erreichen, so dass die **Transaktionskosten-Vertragswert-Relation** häufig keineswegs so ungünstig ist wie beim einfachen Umsatzgeschäft. Darüber hinaus richtet sich die Aufmerksamkeit von Arbeitnehmern in der Abschlussphase nicht selten auf einzelne Klauseln wie etwa die Befristung einer Zulage, ohne dass diese sogleich zum Gegenstand echter Verhandlungen gemacht werden. Kurz gesagt ist die Vertragsabschlusssituation bei Arbeitsverhältnissen durch eine außerordentliche Vielgestaltigkeit gekennzeichnet, die keineswegs stets zu einer informationellen Unterlegenheit führt, wodurch sie sich von der standardisierten Vertragsabschlusssituation im rechtsgeschäftlichen Massenverkehr nicht unerheblich unterscheidet.

73 Dieser rechtstatsächliche Befund schließt es selbstverständlich nicht aus, dass **auch beim Abschluss von Arbeitsverträgen vielfach eine Informationsasymmetrie** auftreten und eine umfassende Analyse der einzelnen Klauseln den Arbeitnehmer überfordern kann. So unterzeichnen einfache Arbeitnehmer das vorgelegte Klauselwerk nicht selten nach flüchtigem Durchlesen, ohne den Bedeutungsgehalt der Vereinbarungen wirklich erfasst zu haben. Hiervon ist auch bei höher qualifizierten Arbeitnehmern auszugehen, wenn es sich etwa um komplizierte Entgeltsysteme oder um Regelungen über die betriebliche Altersversorgung handelt. Da Formulararbeitsverträge jedenfalls in größeren Unternehmen immer wieder Änderungen unterzogen werden, deren Anlass im Laufe der Zeit insbesondere bei einem Wechsel in der Personalabteilung in Vergessenheit geraten kann, kann die Komplexität im Übrigen bisweilen sogar so weit gehen, dass selbst die Vertreter der Arbeitgeberseite die Bedeutung bestimmter Klauseln nicht auf Anhieb erläutern können. Dies ändert zwar nichts an der **dem Arbeitgeber als Verwender zuzurechnenden normativen Kenntnis über den Klauselinhalt**, belegt aber, dass eine Informationsasymmetrie beim Abschluss von Arbeitsverträgen nicht deshalb ausscheidet, weil der Regelungsgehalt arbeitsvertraglicher Vereinbarungen von einem durchschnittlichen Arbeitnehmer stets auf einen Blick problemlos erfasst werden kann.

74 Auch wenn es also zumindest in einzelnen Fällen ein informatorisches Ungleichgewicht über den Bedeutungsgehalt der AGB gibt, ist damit allerdings noch nicht die Geeignetheit gerade des AGB-rechtlichen Schutzinstrumentariums dargetan. Die

Zweifel werden dadurch genährt, dass die AGB-Kontrolle zumindest zu großen Teilen auf ein Marktversagen als Folge einer Informationsasymmetrie reagieren will (Rn 62), während der fehlende Einfluss des Arbeitnehmers auf die Gestaltung der Arbeitsbedingungen offenbar eher in anderen Umständen zu suchen ist (dazu näher noch Rn 78). Ausgangspunkt ist insoweit die Überlegung (dazu vor allem Köndgen NJW 1989, 943, 946 ff), dass kein Anlass für eine staatliche Intervention in vertragliche Vereinbarungen besteht, wenn die von einer Verhandlungspartei angebotenen Konditionen **von der anderen Verhandlungspartei umfassend analysiert** werden können und die damit verbundenen Risiken entweder **bewusst akzeptiert werden** oder bei fehlender Akzeptanz **die Möglichkeit besteht, problemlos auf einen anderen Anbieter von vertraglichen Konditionen auszuweichen**. Geht man vom Idealbild eines uneingeschränkten Konditionenwettbewerbs aus, werden somit auch die Nebenbedingungen zum Gegenstand der beiden denkbaren Marktentscheidungen des Klauselgegners, nämlich Vertragsverhandlungen („voice“) oder Abwanderung („exit“). Im Zentrum dieses Modells steht demnach der souverän entscheidende Klauselgegner, der durch seine Präferenzentscheidung die Qualität der angebotenen AGB beeinflusst.

Bei solchen Prämissen ist kein Raum für eine Angemessenheitskontrolle, weil die Parteien bei einer in jeder Hinsicht fehlerfreien Entscheidung bis zur Grenze des zwingenden Rechts bzw der Sittenwidrigkeit grundsätzlich jeden beliebigen Vertragsinhalt vereinbaren können, auch wenn er sich bei der Vertragsabwicklung erheblich zum Nachteil einer Vertragspartei auswirkt. Aufgabe des AGB-Rechts ist es vor diesem Hintergrund zum einen, auf Nebenbedingungen hinzuwirken, die eine **informierte Marktentscheidung** gewährleisten, was insbesondere am Transparenzgebot deutlich wird, indem dieses Gebot auf eine Klauselfassung dringt, die eine bewusste Auswahlentscheidung des Klauselgegners ermöglicht. Zum anderen substituiert das AGB-Recht den Umstand, dass es aufgrund der besonderen Vertragsabschlusssituation zu keiner umfassenden Analyse der Nebenbedingungen und damit zu keiner bewussten Aufnahme aller Detailregelungen in den rechtsgeschäftlichen Willen des Klauselgegners kommt, indem es eine Kontrolle der Klauseln auf inhaltliche Angemessenheit vorschreibt. Nach dieser Konzeption dient das AGB-rechtliche Kontrollregime mit seiner Kombination aus **primärer Unterstützung einer Selbsthilfe** und **sekundärer Intervention in materiell unangemessene Vertragsinhalte** (zu den verschiedenen Regulierungsmechanismen Hart AG 1984, 66, 74 f) allein der **Bewältigung eines Marktversagens**, das aus der Intransparenz der Nebenbestimmungen erwächst. Bei vollständiger Transparenz und vollständigem Wettbewerb wäre es entbehrlich. 75

Nun lässt sich auf den ersten Blick argumentieren, dass ein Arbeitnehmer **die Wahl des Arbeitsplatzes kaum jemals von der „Qualität“ der Nebenbedingungen**, also beispielsweise von der Transparenz einer Ausschlussfrist, **abhängig** machen wird (zu diesem Aspekt ansatzweise auch Stoffels ZfA 2009, 861, 878). Selbst bei einer modellhaft unterstellten umfassenden Informiertheit würde sich der Arbeitnehmer bei seiner Entscheidung über den Abschluss des Arbeitsvertrages praktisch ausschließlich an den Hauptkonditionen, nämlich an der Ausgestaltung des Arbeitsplatzes mitsamt seiner Lokalisation sowie dem dafür gezahlten Entgelt, orientieren. Eine Konkurrenz zwischen den arbeitsvertraglichen Nebenbedingungen verschiedener Arbeitgeber würde somit auch im Idealbild eines vollinformierten Arbeitnehmers als Klauselgegner nicht stattfinden. Wenn die AGB-Kontrolle ausschließlich den Um- 76 stand kompensieren soll, dass es infolge einer Informationsasymmetrie zu keinem Wettbewerb um Nebenkonditionen kommt, ein solcher Wettbewerb aber ohnehin illusorisch ist, könnte man daraus prima facie den Schluss ziehen, dass eine spezifisch AGB-rechtliche Kontrolle bei arbeitsvertraglichen Vereinbarungen mangels einer Kausalität zwischen informationeller Unterlegenheit und Abschlussentscheidung funktionswidrig ist. Diese Überlegung kann man anders als im allgemeinen AGB-Recht (dazu Staudinger/Coester § 307 Rn 176) nicht schon damit kontern, dass die Marktentscheidung eben doch an der konkreten Ausgestaltung der Nebenbedingungen orientiert sei, so dass etwa die Intransparenz einer Ausschlussfrist die Entschließungs- und Auswahlfreiheit des Arbeitnehmers beeinträchtigt (zur Bedeutung transparenter Nebenbedingungen für die Entschließungs- und Auswahlfreiheit eindringlich BGH NJW 2005, 3559, 3565). Vielmehr scheint die These von der Dysfunktionalität des AGB-Rechts noch dadurch verstärkt zu werden, dass der Gesetzgeber die Vorschrift des § 305 Abs 2, die ein wichtiges Element für die Gewährleistung von Abschlusstransparenz darstellt (vgl Staudinger/Coester § 307 Rn 176), für den Bereich des Arbeitsrechts durch § 310 Abs 4 Satz 2 HS 2 gerade ausgeschaltet hat und diese legislative Entscheidung auch nicht durch eine analoge Anwendung von § 305 Abs 2 korrigiert werden kann (BAG NZA 2008, 45 Rn 21; BAG NZA-RR 2008, 586 Rn 68; BAG NZA 2009, 154 Rn 19). Allerdings darf man diesen Aspekt nicht zu hoch gewichten, weil der zur Begründung der Unanwendbarkeit gegebene Hinweis auf das NachwG (BT-Drucks 14/6857, 54) eindeutig auf Fehlvorstellungen über die Voraussetzungen und die Wirkungsweise des NachwG beruht (näher dazu Rn 153).

77 Vor allem aber ist dem Einwand fehlender Kausalität entgegenzuhalten, dass er gedanklich auf dem Bestehen einer strukturellen Unterlegenheit aufbaut, die den Arbeitnehmer dazu bringt, auch solche Konditionen zu akzeptieren, mit denen er eigentlich nicht einverstanden ist. Demgegenüber baut das Modell des Konditionenwettbewerbs konzeptionell gerade **auf der Annahme gleicher Wettbewerbsbedingungen für alle Marktteilnehmer** und damit auf der **Möglichkeit souveräner Entscheidungen der Klauselgegner** auf, so dass die Vornahme oder das Unterlassen einer Transaktion ausschließlich auf einer subjektiven Präferenzentscheidung, nicht aber auf Umständen beruht, die eine gegen die eigenen Interessen gerichtete Entscheidung erzwingen oder doch zumindest nahelegen, weil die Verweigerung des Vertragsabschlusses keine sinnvolle Option ist. Ein vollinformierter und auf einen bestimmten Arbeitsplatz angesichts zahlreicher anderer identischer Arbeitsplätze nicht angewiesener Arbeitnehmer würde nur angemessene Nebenkonditionen akzeptieren bzw **sich auf unangemessene Nebenkonditionen indes nicht einlassen**. Selbst wenn die AGB-Kontrolle also nur eine Informationsasymmetrie kompensieren sollte, kann sie bei Arbeitsverhältnissen nicht allein deshalb entfallen, weil zu einer im Einzelfall bestehenden informationellen Unterlegenheit in der Realität noch eine strukturelle Unterlegenheit hinzukommt.

78 Freilich greift es ohnehin zu kurz, das Fehlen eines Einflusses des Arbeitnehmers auf die Gestaltung der Nebenkonditionen ausschließlich auf eine Informationsasymmetrie und eine daraus resultierende Transaktionskostenasymmetrie zurückführen (so aber Reichold, in: FS 50 Jahre BAG [2004] 153, 159, 173; gegen eine monistische Reduktion auf den Gesichtspunkt der informationellen Unterlegenheit gerade im Arbeitsrecht indes schon Singer, Selbstbestimmung und Verkehrsschutz im Recht der Willenserklärungen [1995] 28 ff). Vielmehr wird man die **Akzeptanz auch eindeutig nachteiliger Klauseln** zusätzlich **einer Reihe**

von anderen Gründen zuzuschreiben haben. So wird ein Arbeitnehmer, dem im Rahmen eines Stellenbesetzungsverfahrens an einer positiven Auswahlentscheidung gelegen ist, nicht durch ein **allzu offensives Verlangen nach einer Änderung von Nebenbedingungen das Missfallen des Arbeitgebers erregen** wollen. Da zu Beginn eines Arbeitsverhältnisses regelmäßig beide Seiten am Aufbau einer Vertrauensbeziehung interessiert sind, wird es vielfach fernliegen, diese Phase durch langwierige Vertragsverhandlungen zu belasten. Ferner wird ein Arbeitnehmer solche Klauseln nicht thematisieren, die nur für den Fall gescheiterter oder beendeter Vertragsbeziehungen zum Tragen kommen sollen (so bereits Dieterich RdA 1995, 129, 135). Wie das BVerfG mit Recht hervorgehoben hat, würde ein an diesem Punkt hartnäckig verhandelnder Arbeitnehmer nämlich Zweifel an seinem ernsthaften Willen zur Begründung eines dauerhaften Arbeitsverhältnisses hervorrufen und damit die Chancen auf eine Einstellung erheblich verringern (BVerfGE 98, 265, 396). Dies gilt etwa für eine aus der Sicht des Arbeitnehmers zu stark belastende Vertragsstrafenregelung, weil er einerseits regelmäßig nicht damit rechnet, dass sie jemals aktuell werden wird, und er andererseits nicht von vornherein den Eindruck erwecken will, mit dem Gedanken an einen Vertragsbruch zu spielen. Vergleichbares gilt für Verschwiegenheitspflichten. Zuweilen wird auch die **Einbettung bestimmter Klauseln in den betrieblichen Zusammenhang** einem näheren Aushandeln entgegenstehen. Dies gilt grundsätzlich für alle „systemischen" Regelungen, die Fragen betreffen, die nicht nur das bipolare Rechtsverhältnis zwischen den Vertragsparteien betreffen, sondern betriebs- bzw unternehmensweite Bedeutung haben, wie etwa Kurzarbeitsklauseln oder Ruhegeldordnungen. Kurz gesagt beruht der fehlende Einfluss des Arbeitnehmers auf den Inhalt der Arbeitsbedingungen zu großen Teilen auf Umständen, die mit einer Informationsasymmetrie nichts zu tun haben und die sich darüber hinaus nicht unerheblich von der Situation beim Abschluss eines Konsumentengeschäfts unterscheiden, das dem AGB-Recht vorschwebt.

Die entscheidende Frage ist daher, ob es gleichwohl gerechtfertigt ist, im Arbeits- 79
recht gerade an den Umstand des Stellens einer vorformulierten Vertragsklausel für das Eingreifen des AGB-rechtlichen Kontrollregimes anzuknüpfen. Nun gibt es schon im allgemeinen AGB-Recht **keinen zwingenden Grund, die AGB-Kontrolle monokausal auf den Gesichtspunkt einer Informationsasymmetrie zu stützen** (in diesem Sinne auch Oetker AcP 212 [2012] 201, 219 f; Preis, in: FS Richardi [2007] 339, 341), auch wenn dieser Aspekt aus gutem Grund eine prominente Rolle einnimmt. Vielmehr ist schon für das allgemeine Zivilrecht zutreffend herausgearbeitet worden, das sich eine AGB-Kontrolle auch dann rechtfertigen lässt, wenn zwar kein Informationsdefizit besteht, sowohl die Entscheidungsalternativen eines Verhandelns als auch eines Absehens vom Vertragsschluss aber aus anderen Gründen als unzumutbar zu qualifizieren sind (Bydlinski System und Prinzipien des Privatrechts [1996] 759 f; Staudinger/Coester § 307 Rn 179; Drexl, Die wirtschaftliche Selbstbestimmung des Verbrauchers [1998] 339 ff; Hellwege, Allgemeine Geschäftsbedingungen, einseitig gestellte Vertragsbedingungen und die allgemeine Rechtsgeschäftslehre [2010] 567 ff; Hönn, Kompensation gestörter Vertragsparität [1982] 150). Man kann sogar noch einen Schritt weiter gehen und als Legitimation der Inhaltskontrolle nicht die Art und Weise des Zustandekommens des Vertrags als solche ansehen, sondern die Vertragsabschlusssituation nur als **Aufgreifkriterium** einstufen, das **eine rechtlich ansonsten nur schwer fassbare Unterlegenheit des Klauselgegners kennzeichnet und an klare Voraussetzungen bindet** (so Drexl, Die wirtschaftliche Selbstbestimmung des Verbrauchers [1998] 344 ff; Hellwege, Allge-

meine Geschäftsbedingungen, einseitig gestellte Vertragsbedingungen und die allgemeine Rechtsgeschäftslehre [2010] 567 ff; in diesem Sinne auch PREIS, in: FS Richardi [2007] 339, 341; ähnl ENDERLEIN, Rechtspaternalismus im Vertragsrecht [1996] 255; ferner SEDLMEIER, Rechtsgeschäftliche Selbstbestimmung im Verbrauchervertrag [2012] 263: Vorformulierung als Indiz für fehlenden vertragsgestaltenden Einfluss des Klauselgegners bei gleichzeitigem Fehlen eines wirkungsvollen Konditionenwettbewerbs). So macht das Stellen von Nebenkonditionen anstatt eines Aushandelns der einzelnen Vertragsbedingungen nur dann einen Sinn, wenn der Arbeitgeber nicht zuletzt aufgrund von Erfahrungswerten davon ausgehen kann, sie gegenüber den Arbeitnehmern gleichförmig durchsetzen zu können, was eine überlegene Verhandlungsmacht indiziert.

80 Dass auch außerhalb der Verwendung von AGB von einer typischerweise bestehenden strukturellen Unterlegenheit des Arbeitnehmers auszugehen ist, liefert entgegen einer zuweilen vertretenen Ansicht (FASTRICH RdA 1997, 65, 77 f; HROMADKA, in: FS Dieterich [1999] 251, 256; ZÖLLNER RdA 1989, 152, 156; ZÖLLNER ZfA 2010, 637, 644) **kein hinreichendes Gegenargument**. Betrachtet man die Vertragsabschlusssituation näher, kann nämlich nicht in Abrede gestellt werden, dass die Konfrontation mit bereits ausformulierten Vertragskonditionen die schon vorhandene Unterlegenheit noch vertieft, indem sie beim Arbeitnehmer regelmäßig den Eindruck erweckt, als handele es sich um die betriebsübliche Regelung, die er bei einer Tätigkeit in diesem Betrieb als vorgegebene Ordnung einfach zu akzeptieren habe und die im Übrigen von den künftigen Kollegen auch schon akzeptiert worden sei. Insoweit gelten dieselben verhaltenstheoretischen Überlegungen wie im allgemeinen AGB-Recht (Rn 63). Die Anwendung AGB-rechtlicher Kontrollmechanismen ist indes nicht nur dann gerechtfertigt, wenn die Unterlegenheitssituation im Wesentlichen erst durch die spezifische Form des Vertragsschlusses zum Ausdruck kommt, sondern auch dann, wenn sie a priori bereits besteht und **durch die Art und Weise des Zustandekommens des Vertrags nur verstärkt** wird (in diesem Sinne auch WIEDEMANN/WANK JZ 2013, 340, 345 mit ihrer Differenzierung zwischen generell marktbezogenen sozialen Schieflagen und konkret entscheidungsbezogenen individuellen Schieflagen). Das AGB-Recht ist somit flexibel genug, auch diejenigen Ursachen zu integrieren, aufgrund derer es gerade beim Abschluss von Arbeitsverträgen dazu kommt, dass der Arbeitgeber seine Vertragsgestaltungsmacht einseitig ausüben kann. Dennoch ist nicht übersehen, dass die im allgemeinen AGB-Recht inzwischen dominierende Konzeption der Informationsasymmetrie bzw Transaktionskostenasymmetrie im Arbeitsrecht nur eine untergeordnete Rolle spielt.

81 Die namentlich von ZÖLLNER (ZÖLLNER AcP 176 [1976] 221, 244 f; ZÖLLNER RdA 1989, 152, 156 f) und REUTER (REUTER, in: FS 50 Jahre BAG [2004] 177, 183 ff) vorgebrachten **grundsätzlichen Einwände** gegen die Übertragung gerade des AGB-rechtlichen Kontrollregimes auf Arbeitsverträge **vermögen an den vorstehenden Überlegungen nichts zu ändern**. Dies gilt zunächst für das Argument, dass der Einfluss der Arbeitnehmerseite auf den Inhalt der Arbeitsbedingungen gerade bei Einheitskonditionen stärker als bei individuell ausgehandelten Vereinbarungen sei, so dass eine verstärkte Kontrolle von Formulararbeitsverträgen nicht nur entbehrlich, sondern geradezu kontraindiziert sei. Soweit es um den **institutionalisierten Einfluss durch Gewerkschaften und Betriebsräte** geht, ist empirisch nicht belegt, dass sie innerhalb ihres jeweiligen Zuständigkeitsbereichs wirksam für einen angemessenen Inhalt von einheitlichen Arbeitsvertragsbedingungen sorgen und aus diesem Grund im betrieblichen Alltag im Wesentlichen nur noch inhaltlich unbedenkliche Nebenkonditionen verwendet werden. Zudem befinden sich zahlreiche Arbeitsverhältnisse von vornherein außerhalb der Einflussmöglichkeiten von Gewerkschaften und Betriebsräten. Ferner belegt gerade die zurückgehende Tarifbindung (vgl Ellguth/Kohaut WSI-Mitteilungen 2012, 297 ff), dass auf den Mechanismus einer Transformation von Arbeitsbedingungen, die von der Arbeitnehmerseite als unangemessen empfunden werden, in angemessene Tarifbedingungen nicht vertraut werden kann.

Vergleichbares gilt für den im allgemeinen AGB-Recht entwickelten Gedanken, nach der das Eigeninteresse der Klauselverwender an einer **Vermeidung von Reputationsverlusten** unter bestimmten Voraussetzungen durch das schlichte Wirken von Marktkräften automatisch zu angemessenen Nebenbedingungen führt (Adams BB 1989, 781, 785 f; Becker JZ 2010, 1098, 1102 f; einschränkend aber Schäfer, in: FS Ott [2002] 279, 303). So belegt das arbeitsgerichtliche Fallmaterial der letzten Jahre zur Genüge, dass unangemessene Formulararbeitsverträge nicht deshalb gleichsam von selbst aus dem Arbeitsleben verschwinden, weil die Arbeitgeberseite an stabilen Kooperationsbeziehungen interessiert ist und ihren Kredit bei der Arbeitnehmerseite nicht verspielen will. Der Arbeitsmarkt ist nicht so strukturiert, dass die durch einen Ansehensverlust beim Arbeitgeber entstehenden Nachteile, zu denen es durch den Einsatz unangemessener AGB mittelbar kommen kann, größer als die Vorteile sind, die sich für den Arbeitgeber aus der Verwendung eben jener AGB unmittelbar ergeben. Schließlich können auch die Personengebundenheit des Arbeitsverhältnisses sowie die regelmäßige Einbettung in einen betrieblichen Zusammenhang die grundsätzliche Geeignetheit einer AGB-rechtlichen Kontrolle von allgemeinen Arbeitsbedingungen nicht infrage stellen, auch wenn nicht zu verkennen ist, dass sich die Arbeitnehmer insoweit in einer grundsätzlich anderen Situation befinden als die einzelnen Kunden beim Konsumentengeschäft. Aus diesen Besonderheiten des Arbeitsverhältnisses lässt sich daher nicht ableiten, dass unangemessene Arbeitsbedingungen keiner Korrektur bedürfen. Der richtige Weg besteht vielmehr darin, diese Besonderheiten in die arbeitsrechtliche AGB-Kontrolle zu integrieren und etwa den Aspekt der Gleichbehandlung als ein legitimes Interesse für Klauseln anzusehen, die der Vereinheitlichung der Arbeitsbedingungen dienen (dazu noch Rn 227). **82**

Nach alledem zeigt sich, dass die AGB-Kontrolle im allgemeinen Zivilrecht und die AGB-Kontrolle im Arbeitsrecht jeweils an die Vertragsabschlusssituation anknüpfen, es insoweit also um eine Reaktion auf eine situative Unterlegenheit geht, wobei die hierfür maßgeblichen Gründe aber **nur teilweise identisch** sind, während sie **teilweise auch divergieren**. Dies bedeutet indes nicht, dass der Gesetzgeber mit der Ausdehnung des AGB-Kontrollregimes auf das Arbeitsrecht einen im allgemeinen Zivilrecht bereits fest etablierten Mechanismus zweckwidrig auf das Arbeitsrecht übertragen hat. Vielmehr finden sich bereits im allgemeinen AGB-Recht Argumentationslinien, an die man im Arbeitsrecht anknüpfen kann, die dort allerdings entsprechend den Besonderheiten des Arbeitslebens ein besonderes Gewicht haben. Daraus folgt, dass bei der Anwendung der AGB-rechtlichen Regelungen die jedenfalls im Grundansatz als Reaktion auf eine Informationsasymmetrie zu verstehenden allgemeinen zivilrechtlichen Begründungsmuster **nicht unkritisch auf das Arbeitsrecht übertragen** werden können. Vielmehr sind die Besonderheiten des Arbeitsrechts iSv § 310 Abs 4 Satz 2 HS 1 nicht erst auf der operativen Ebene, sondern **bereits auf der konzeptionellen Ebene zu berücksichtigen**. Dies kann etwa **83** bedeuten, dass dem Transparenzaspekt in seiner Ausprägung als Abschlusstransparenz (zur Unterscheidung zwischen Abschluss- und Abwicklungstransparenz näher Rn 239) im Arbeitsrecht eine geringere Bedeutung als im allgemeinen Zivilrecht zukommt, weil die Förderung des Konditionenwettbewerbs als Zweck der Abschlusstransparenz im Arbeitsrecht ohnehin nur eine untergeordnete Rolle spielt, während bei den Klauseln, die sich unmittelbar auf die persönliche Rechtsstellung des Arbeitnehmers auswirken, eher ein strengerer Maßstab als im allgemeinen Zivilrecht anzulegen ist. Allgemeiner gesagt sind diejenigen Elemente der AGB-Kontrolle, die in besonderem Maße der Behebung einer Informationsasymmetrie geschuldet sind, im Arbeitsrecht weniger stark zu gewichten (in diesem Sinne für die Abschlusstransparenz auch Stoffels ZfA 2009, 861, 879), während die Elemente, durch die im engeren Sinne einer inhaltlichen Unangemessenheit entgegengewirkt werden soll, der sich auch ein vollinformierter Arbeitnehmer nicht erwehren kann, eine stärkere Betonung verdienen. Im Übrigen ist in Rechnung zu stellen, dass die **Vertragsabschlusssituation bei Arbeitsverhältnissen rechtstatsächlich eine erhebliche Bandbreite** aufweist, die einer pauschalen Übertragung des Wertungsaspekts des Ausgleichs einer Informationsasymmetrie entgegensteht.

5. Durchsetzung der AGB-Kontrolle im Arbeitsrecht

84 Bei der Inhaltskontrolle von AGB handelt es sich um eine Anwendung zwingenden Rechts, **die von Amts wegen** in jedem Rechtsstreit vorzunehmen ist, in dem es auf die Klausel ankommt (Staudinger/Coester Vorbem 25 zu §§ 307–309). Eine besondere Berufung des Arbeitnehmers als Klauselgegner auf die Unwirksamkeit einer Bestimmung ist daher nicht erforderlich.

85 Die im allgemeinen AGB-Recht schon seit langem bestehende und für die Effektivität des AGB-Rechts zentrale Möglichkeit, dass Verbände auf Unterlassung der Verwendung oder Empfehlung unwirksamer AGB klagen und dadurch den Rechtsverkehr von unzulässigen Klauseln freihalten (§§ 1 ff UKlaG, früher §§ 13 ff AGBG), ist vom Gesetzgeber im Zusammenhang mit der Ausdehnung der AGB-Kontrolle auf Arbeitsverträge **im Bereich des Arbeitsrechts gemäß § 15 UKlaG bewusst ausgeschlossen** worden (dazu krit Lakies, Vertragsgestaltung und AGB im Arbeitsrecht [2. Aufl 2011] Kap 1 Rn 414; zust aber Stoffels, AGB-Recht Rn 1114). Begründet wurde diese Entscheidung zum einen mit Unklarheiten über die Frage, welchen Gerichten solche Verfahren am ehesten zugewiesen werden sollten (Zivilgerichte oder Gerichte für Arbeitssachen; BT-Drucks 14/7052, 189). Zum anderen konnte sich der Gesetzgeber nicht darauf einigen, welche Verbände zu einer solchen Verbandsklage befugt sein sollten (BT-Drucks 14/7052, 189 f). Letztlich dürfte die Befürchtung, durch die Zulassung einer Verbandsklage die Gewerkschaftsmacht zu verstärken, den Ausschlag für die Ausklammerung des Arbeitsrechts gegeben haben (vgl DBD/Däubler Einl Rn 184). Immerhin hat der Gesetzgeber zugleich zum Ausdruck gebracht, dass bereits bestehende Klagemöglichkeiten der Gewerkschaften nicht geändert werden sollten, so dass insbesondere die Burda-Rechtsprechung des BAG (BAG NZA 1999, 887; dazu auch Krause, in: FS Kempen [2013] 313 ff) von alledem unberührt bleibt. Da § 15 UKlaG die Anwendbarkeit des UKlaG nur für das Arbeitsrecht ausschließt, steht für die AGB von arbeitnehmerähnlichen Personen die Verbandsklage zur Verfügung (DBD/Däubler Einl Rn 185; Ulmer/Witt § 15 UKlaG Rn 2; zum alten Recht Friedrich MDR 1979, 190, 191 f). Gewerkschaften könnten freilich nur dann entsprechende Verfahren anstrengen, wenn sie sich nach § 4 UKlaG als Verbraucherverbände registrieren lassen, wovon die Gewerkschaften soweit ersichtlich aber absehen.

Der **Betriebsrat** hat im Rahmen seiner allgemeinen Überwachungsaufgabe gemäß § 80 Abs 1 Nr 1 BetrVG auch darauf zu achten, ob die im Betrieb eingesetzten Formulararbeitsverträge den Anforderungen der §§ 305 ff entsprechen, weil es sich insoweit um zugunsten der Arbeitnehmer geltende Rechtsvorschriften handelt (BAG NZA 2006, 553; Fitting BetrVG [26. Aufl 2012] § 80 Rn 7; Reinecke AuR 2012, 245, 246 f). Gegenstand des Beteiligungsrechts ist allerdings **nur eine Rechtskontrolle und keine Zweckmäßigkeitskontrolle** der vom Arbeitgeber verwendeten Vertragsklauseln (BAG NZA 2006, 553; Fitting BetrVG [26. Aufl 2012] § 80 Rn 13). Dabei muss der Betriebsrat zunächst alle ihm zur Verfügung stehenden Erkenntnisquellen nutzen, um die Wirksamkeit der Klauseln zu prüfen, bevor er nach § 80 Abs 3 BetrVG auf einen Sachverständigen zurückgreifen darf (BAG NZA 2006, 553; dazu krit Lakies, Vertragsgestaltung und AGB im Arbeitsrecht [2. Aufl 2011] Kap 1 Rn 419). Stellt der Betriebsrat einen Rechtsverstoß fest, kann er beim Arbeitgeber auf Abhilfe drängen. Dagegen kann der Betriebsrat **weder** in einer Art **Prozessstandschaft** für die betroffenen Arbeitnehmer individuelle Rechtsstreitigkeiten führen, **noch** in einem **Kollektivverfahren** die Unwirksamkeit von AGB geltend machen bzw vom Arbeitgeber Unterlassung der Verwendung unwirksamer AGB verlangen (DBD/Däubler Einl Rn 190). Daran ist auf der Grundlage der geltenden Rechtslage nicht zu rütteln, was allerdings insofern bedauerlich ist, als hierdurch keine Möglichkeit einer flächendeckenden Klärung der Wirksamkeit oder Unwirksamkeit bestimmter betriebseinheitlich verwendeter AGB besteht. Ein unmittelbares Vorgehen gegen AGB ist dem Betriebsrat nur möglich, wenn der Arbeitgeber durch vorformulierte Vertragsklauseln Mitbestimmungsrechte unterwandert, weil der Betriebsrat dann den allgemeinen Unterlassungsanspruch (BAG NZA 1995, 40) bzw Beseitigungsanspruch (BAG NZA 1999, 49) geltend machen kann (DBD/Däubler Einl Rn 191; dazu eingehend Bachner NZA 2007, 536 ff). Im Übrigen darf der Betriebsrat die von unwirksamen AGB betroffenen Arbeitnehmer selbstverständlich über die Rechtslage aufklären. **86**

II. Reichweite und Gegenstand der arbeitsrechtlichen AGB-Kontrolle

1. Reichweite der Bereichsausnahme

Das Schuldrechtsmodernisierungsgesetz hat die Bereichsausnahme des § 310 Abs 4 Satz 1, die sich ursprünglich auf das gesamte Arbeitsrecht bezog, dahingehend geändert, dass nur noch **Tarifverträge, Betriebsvereinbarungen** und **Dienstvereinbarungen** aus der AGB-Kontrolle ausgeklammert sind (dazu bereits Rn 14 ff). Die Gemeinsamkeit dieser Kollektivverträge besteht darin, dass sie von der Arbeitgeberseite nicht einseitig vorformuliert und der Arbeitnehmerseite „gestellt" werden, sondern das Ergebnis von Aushandlungsprozessen zwischen der Arbeitgeberseite und der Arbeitnehmerseite sind (CKK/Kreft § 310 Rn 42). Dies gilt insbesondere auch für Nebenbestimmungen (Richardi, in: FS Picker [2010] 1095, 1105). Damit erfüllen die genannten Kollektivvereinbarungen (anders als eine vom Arbeitgeber einseitig aufgestellte „Arbeits- und Sozialordnung", vgl BAG NZA 2009, 428 Rn 22) schon begrifflich nicht die Voraussetzungen von AGB, so dass die Herausnahme aus dem Anwendungsbereich der §§ 305 ff grundsätzlich nur **deklaratorischen Charakter** hat (Joost, in: FS Ulmer [2003] 1199, 1205; Witt NZA 2004, 135, 136; anders Reichold NZA 2009, 1377, 1381, **87** der offenbar genau umgekehrt Tarifverträge grundsätzlich als AGB einstuft, weil § 310 Abs 4 Satz 1 ansonsten „sinnlos" sei). Darüber hinaus unterstellt das Gesetz inhaltlich, dass die Schutzfunktion durch die Tarifvertragsparteien bzw die Betriebsparteien wahrgenommen wird, ein **zusätzlicher Schutz kraft AGB-Kontrolle also nicht erforderlich** ist (BAG AP InsO § 113 Nr 23 Rn 35). Demgegenüber ist der rechtstechnische Aspekt des normativen Charakters der aufgelisteten Kollektivverträge (vgl § 4 Abs 1 Satz 1 TVG, § 77 Abs 4 Satz 1 BetrVG) weniger bedeutsam, auch wenn er dazu führt, dass die Arbeitsbedingungen automatisch und nicht erst aufgrund einer (vorformulierten) Bezugnahme gelten, die als Anknüpfungspunkt für eine AGB-Kontrolle in Betracht kommt.

a) Tarifverträge und vergleichbare Vereinbarungen

88 Am deutlichsten kommen die Gründe für die Unanwendbarkeit der AGB-rechtlichen Kontrollmechanismen bei **Tarifverträgen** zum Ausdruck. So gewährleisten die von der Rechtsprechung entwickelten Anforderungen an die Tariffähigkeit und damit an die Gewerkschaftseigenschaft von Arbeitnehmervereinigungen, zu denen vor allem eine hinreichende Durchsetzungskraft gegenüber dem sozialen Gegenspieler zählt (siehe nur BAG NZA 2006, 1112; näher JKOS/Schubert, Tarifvertragsrecht [2. Aufl 2013] § 2 Rn 86 ff), dass beim Aushandeln von Tarifverträgen von einem Kräftegleichgewicht zwischen der Arbeitgeberseite und der Arbeitnehmerseite ausgegangen werden kann. Dieses Gleichgewicht rechtfertigt es, im bilateralen Verhältnis eine **„Richtigkeitsgewähr"** oder **„Ausgewogenheitsgewähr"** bzw ein **„Richtigkeitsvertrauen" anzunehmen** (st Rspr, BAG NZA 1996, 437, 439; BAG NZA 2007, 343, 345; BAG NZA 2013, 45; umfassend Stütze, Die Kontrolle der Entgelthöhe im Arbeitsrecht [2010] 326 ff), wodurch eine AGB-Kontrolle von Tarifverträgen entbehrlich ist. Darüber hinaus gebietet es die Tarifautonomie als wichtigster Bestandteil der gemäß Art 9 Abs 3 GG geschützten Koalitionsfreiheit sogar, dass sich die Gerichte einer Angemessenheitskontrolle enthalten, wie sie für das AGB-Recht typisch ist. Hierin läge eine **mit Art 9 Abs 3 GG nicht zu vereinbarende Tarifzensur** (vgl BVerfGE 84, 212, 231). Die Gerichte für Arbeitssachen sind dementsprechend nach allgemeiner Ansicht nicht befugt, Tarifverträge für unwirksam zu erklären, weil sie unangemessen sind (BAG AP TVG § 1 Tarifverträge – Süßwarenindustrie Nr 1; Gamillscheg, Kollektives Arbeitsrecht, Bd 1 [1997] § 16 III 1, S 695 ff; Löwisch/Rieble TVG [3. Aufl 2012] Grundlagen Rn 198; Zöllner/Loritz/Hergenröder, Arbeitsrecht [6. Aufl 2008] § 39 VI, S 404 f). Die Ausklammerung von Tarifverträgen aus der AGB-rechtlichen Kontrolle ist somit nicht nur eine einfachrechtliche Frage, sondern verfassungsrechtlich geboten. Eine solche Angemessenheitskontrolle würde, wie es der Gesetzgeber ausgedrückt hat, „das System der Tarifautonomie" konterkarieren (BT-Drucks 14/6857, 54). Vielmehr sind Tarifverträge nur auf die Einhaltung zwingenden Rechts zu überprüfen (Einzelheiten bei JKOS/Krause, Tarifvertragsrecht [2. Aufl 2013] § 1 Rn 132 ff).

89 Die Bereichsausnahme kommt zunächst dann zum Tragen, wenn es um **tarifvertraglich geregelte Arbeitsbedingungen** geht, die kraft beiderseitiger Tarifbindung iSv § 3 Abs 1 TVG **normativ auf die Arbeitsverhältnisse** einwirken (MünchKomm/Basedow § 310 Rn 95; Ulmer/Fuchs § 310 Rn 145; HWK/Gotthardt § 310 BGB Rn 16). Dabei spielt es keine Rolle, ob es sich um einen **Verbandstarifvertrag** oder um einen **Firmentarifvertrag** handelt (ErfK/Preis §§ 305–310 BGB Rn 13; siehe auch BAG NZA 2006, 845 Rn 13). Dasselbe gilt für Tarifverträge, die aufgrund einer Allgemeinverbindlichkeitserklärung (§ 5 TVG) oder einer Rechtsverordnung nach dem AEntG bzw dem AÜG normative Geltung erlangen (vgl Wolf/Stoffels ArbR Rn 8). Eine AGB-Kontrolle scheidet ferner auch dann aus, wenn sich ein Tarifvertrag im Nachbindungsstadium iSv § 3 Abs 3 TVG befindet oder er gemäß § 4 Abs 5 TVG nachwirkt (ebenso jetzt BAG NZA 2013, 216 Rn 24; **aA** offenbar Thüsing/Lambrich NZA 2002, 1361, 1363). Gleiches ist bei der Fortgeltung eines Tarifvertrages nach § 613a Abs 1 Satz 2 anzunehmen, zumal das BAG diese Wirkung in seiner neueren Judikatur der in § 3 Abs 3 TVG geregelten Nachbindung gleichstellt (BAG NZA 2010, 41; BAG NZA 2010, 173 Rn 20). Zum einen führen diese Umstände nicht dazu, dass ein von der Arbeitgeberseite und der Arbeitnehmerseite abgeschlossener Tarifvertrag nunmehr zu einer einseitig vom Arbeitgeber gestellten Arbeitsbedingungen mutiert. Zum anderen bleibt auch die Vermutung der Angemessenheit des erzielten Interessenausgleichs grundsätzlich unberührt. Die Kontrollfreiheit erfasst an sich auch lediglich **schuldrechtlich wirkende Tarifverträge** (DBD/Däubler § 310 Rn 24), was für sich genommen allerdings unerheblich ist, weil die §§ 305 ff nicht das Innenverhältnis der Kollektivvertragsparteien, sondern die in den einzelnen Beschäftigungsverhältnissen geltenden Arbeitsbedingungen adressieren. Relevanz gewinnt dieser Aspekt erst im Fall einer Umsetzung schuldrechtlicher Tarifverträge durch vorformulierten Einzelvertrag (dazu sogleich Rn 91).

Nicht unmittelbar **unter die Bereichsausnahme** des § 310 Abs 4 Satz 1 fallen norma- 90
tive Tarifverträge, die durch eine **vorformulierte Globalverweisung einzelvertraglich in Bezug genommen** sind und die deshalb innerhalb der Arbeitsverhältnisse den Charakter von AGB haben. Stattdessen folgt die Herausnahme des **Bezugnahmeobjekts** aus der AGB-rechtlichen Inhaltskontrolle, die von der Kontrolle der **Bezugnahmeklausel** als solcher zu unterscheiden ist (hierzu Rn 249), erst aus § 310 Abs 4 Satz 3, der anordnet, dass Tarifverträge als Rechtsvorschriften iSv § 307 Abs 3 einzustufen sind (Diehn NZA 2004, 129, 130; Wolf/Stoffels ArbR Rn 8; zumindest missverständlich daher Oetker, in: FS Wiedemann [2002] 383, 399 f). Damit ist im Falle einer Übereinstimmung von Tarifvertrag und Arbeitsvertrag insbesondere keine materielle Angemessenheitskontrolle durchzuführen (dazu näher Rn 92). Dass sich diese Freistellung von den §§ 307 Abs 1 Satz 1, 308 und 309 aus § 310 Abs 4 Satz 3 und nicht schon aus § 310 Abs 4 Satz 1 ergibt, entspricht der eindeutigen Vorstellung des Gesetzgebers (vgl BT-Drucks 14/6857, 54). In der Rechtsprechung des BAG wird das an sich ebenso gesehen (BAG NZA 2006, 40 unter B II 1 f aa; BAG AP InsO § 113 Nr 23 Rn 35). Es finden sich aber auch zahlreiche Entscheidungen, die den Eindruck erwecken, als folge die Kontrollfreiheit von einzelvertraglich global in Bezug genommenen Tarifverträgen bereits aus § 310 Abs 4 Satz 1 (BAG NZA 2006, 845 Rn 13; BAG NZA 2007, 218 Rn 26; BAG AP TzBfG § 21 Nr 4 Rn 24; BAG NZA 2009, 896 Rn 22; BAG NZA-RR 2012, 232 Rn 46).

Von der Bereichsausnahme erst recht nicht erfasst werden **schuldrechtlich wirkende** 91
Tarifverträge sowie **sonstige Koalitionsvereinbarungen**, auf die individualvertraglich verwiesen wird (insoweit auch CKK/Klumpp § 307 Rn 162). Gleiches gilt bei einer einzelvertraglichen Nachbildung einer zuvor kollektivvertraglich ausgehandelten Vereinbarung (vgl BAG NZA 2008, 1194). Vielmehr handelt es sich hierbei ebenfalls um AGB, die grundsätzlich kontrollfähig sind. Allerdings darf der kollektivvertragliche Hintergrund nicht ausgeblendet werden. So ist auch bei schuldrechtlichen Tarifverträgen im Rahmen ihres intendierten Anwendungsbereichs von einer Ausgewogenheitsgewähr auszugehen, die einer Angemessenheitskontrolle entgegensteht. § 310

Abs 4 Satz 3 ist daher zumindest analog anzuwenden. Dasselbe gilt grundsätzlich auch für **nichttarifvertragliche Koalitionsvereinbarungen**. Wenn entsprechende Regelungen unter Mitwirkung repräsentativer Organisationen auf Arbeitgeberseite zustande gekommen sind, spricht alles dafür, dass sie einen angemessenen Ausgleich von Arbeitgeber- und Arbeitnehmerbelangen enthalten. In diesem Sinne hat das BAG die Erweiterung des Direktionsrechts des Arbeitgebers, die Mindestarbeitszeit um bis zu 75% aufzustocken, wodurch die für Arbeit auf Abruf an sich geltende 25%-Grenze bei weitem überschritten wird, unter Berufung auf ein vom Arbeitgeber und den Lehrerverbänden vereinbartes „Lehrerpersonalkonzept", das den gleichzeitigen befristeten Ausschluss betriebsbedingter Kündigungen enthielt, als angemessen gebilligt (BAG NZA 2008, 1194). Allerdings erwecken die Ausführungen des BAG den Eindruck, als wenn es die Vorgaben der Koalitionsvereinbarung, die in den Arbeitsvertrag übernommen wurden, zumindest auf eine gewisse Schlüssigkeit überprüft hat. Dies wird dem Umstand nicht gerecht, dass auch solche schuldrechtlichen Koalitionsabsprachen unter den Gewährleistungsgehalt von Art 9 Abs 3 GG fallen. Wenn eine derartige Koalitionsvereinbarung der Sache nach einen Tarifvertrag substituiert, ist daher § 310 Abs 4 Satz 3 (dazu näher sogleich Rn 92) entsprechend anzuwenden, zumal die Parteien jederzeit inhaltsgleiche Tarifverträge fordern können (vgl BAG NZA-RR 2003, 613 unter II 2 a cc [2]; zu pauschal für eine Evidenzkontrolle noch CKK/Krause Einl Rn 100). Eine umfassende Angemessenheitskontrolle, wie sie das BAG in mehreren Fällen vorgenommen hat, in denen der Arbeitgeber und eine Gewerkschaft eine schuldrechtliche Rahmenvereinbarung über ein unter bestimmten Voraussetzungen bestehendes **Rückkehrrecht nach der Auflösung des Arbeitsverhältnisses** abgeschlossen hatten, die dann den einzelnen Aufhebungsverträgen zugrunde gelegt wurde (BAG NZA-RR 2012, 232; BAG AP BGB § 307 Nr 58, 60 und 61), kann daher nicht überzeugen. Eine stärkere Kontrolle ist nur dann angezeigt, wenn Anhaltspunkte dafür bestehen, dass die Tarifvertragsparteien bewusst davon Abstand genommen haben, eine aus ihrer Sicht angemessene Vereinbarung auszuverhandeln, was nur bei unverbindlichen Abreden angenommen werden kann, die praktisch eher einen Diskussionsstand als ein wirkliches Verhandlungsergebnis dokumentieren (DBD/Däubler § 310 Rn 30 mit Fn 31). Handelt es sich um Tarifverträge oder um sonstige Koalitionsvereinbarungen, die **schuldrechtlich wirkende Vergünstigungen für die Arbeitnehmer oder für Dritte iSv § 328 Abs 1** vorsehen, ist § 310 Abs 4 Satz 1 unmittelbar bzw analog anzuwenden. Das BAG hat diese Frage für schuldrechtliche Koalitionsvereinbarungen zugunsten Dritter bislang offen gelassen (zB BAG AP BGB § 307 Nr 58 Rn 50). Führt man diese Vereinbarungen auf Art 9 Abs 3 GG zurück (JKOS/Krause, Tarifvertragsrecht [2. Aufl 2013] § 1 Rn 191 ff), gebietet der Respekt vor der Koalitionsfreiheit indes ein Zurückweichen der richterlichen Inhaltskontrolle.

92 Wenn durch eine **vorformulierte Klausel** – oder auch durch betriebliche Übung (vgl BAG NZA 2008, 478 Rn 25) – in vollem Umfang **auf einen Tarifvertrag verwiesen** wird, in dessen Geltungsbereich das Arbeitsverhältnis fällt, oder wenn dessen gesamter Inhalt wiedergegeben wird, sind die tariflichen Regelungen wie bereits angedeutet als AGB einzustufen (Ernst NZA 2007, 1405, 1407; Wolf/Stoffels ArbR Rn 111). Insbesondere spielt es keine Rolle, dass die Formulierung durch die Tarifvertragsparteien und nicht durch den Arbeitgeber vorgenommen wurde, weil AGB ohne weiteres von Dritten entworfen werden können (zutr Deinert Anm zu BAG AP BGB § 307 Nr 27 unter I 2 b; insoweit nicht überzeugend daher BAG NZA 2007, 1049 Rn 25). Der grundsätzliche

Charakter als AGB wird auch nicht dadurch ausgeschlossen, dass die tarifvertraglichen Bestimmungen das Ergebnis eines Aushandlungsprozesses zwischen der Arbeitgeberseite und der Arbeitnehmerseite sind, weil § 305 Abs 1 Satz 3 ein Aushandeln zwischen den Vertragsparteien verlangt (Ernst NZA 2007, 1405, 1407). Dennoch ist nach nahezu einhelliger Ansicht **keine AGB-rechtliche Kontrolle des in Bezug genommenen tariflichen Regelwerkes** durchzuführen (BAG NZA 2007, 218 Rn 26; BAG AP InsO § 113 Nr 23 Rn 35; BAG NZA-RR 2012, 232 Rn 46; HWK/Gotthardt § 307 BGB Rn 14; CKK/Kreft § 310 Rn 69; Lakies, Vertragsgestaltung und AGB im Arbeitsrecht [2. Aufl 2011] Kap 1 Rn 200; ErfK/Preis §§ 305–310 BGB Rn 13; Thüsing, AGB-Kontrolle, Rn 189; **aA** Annuss ZfA 2005, 405, 436 ff). Dies ist der Sinn der Gleichsetzung von Tarifverträgen mit Rechtsvorschriften iSv § 307 Abs 3 gemäß § 310 Abs 4 Satz 3 (BT-Drucks 14/6857, 54). Hierdurch wird **eine mittelbare Tarifzensur** verhindert, die stattfinden würde, wenn einzelvertragliche Regelungen, die mit tariflichen Bestimmungen in deren Geltungsbereich übereinstimmen, einer Inhaltskontrolle unterzogen würden (BAG NZA 2006, 40 unter B II 1 f aa). Da das AGB-rechtliche Kontrollregime deutlich strengere Maßstäbe an die Wirksamkeit von Vereinbarungen legt als das Tarifrecht, könnte es bei einer Inhaltskontrolle nämlich dazu kommen, dass eine einzelvertragliche Klausel verworfen wird, die lediglich eine Regelung aus dem einschlägigen Tarifvertrag widerspiegelt. Als Beispiel seien nur Ausschlussfristen genannt, die von den Tarifparteien deutlich kürzer gefasst werden können, als wenn es sich um eine einseitig vom Arbeitgeber vorformulierte Regelung handelt (dazu näher Rn 224). Die Anwendung unterschiedlicher Kontrollmaßstäbe könnte somit unter Umständen dazu führen, dass ein tarifgebundener Arbeitnehmer zu schlechteren Konditionen arbeiten müsste als ein Arbeitnehmer, auf den der im Betrieb geltende Tarifvertrag lediglich kraft Bezugnahme anwendbar ist. Dem Außenseiter kämen die Vorteile des Tarifvertrages zugute, ohne dass er die zum Gesamtpaket gehörenden Nachteile tragen müsste (Rieble/Schul RdA 2006, 339, 345). Eine solche **„Zweiklassenkontrolle"** (so CKK/Klumpp § 307 Rn 161) würde zu einer mit Art 9 Abs 3 GG nicht zu vereinbarenden Diskriminierung organisierter Arbeitnehmer führen (Löwisch, in: FS Canaris, Bd I [2007] 1403, 1404). Zudem kann davon ausgegangen werden, dass die Tarifvertragsparteien die wirtschaftlichen und sozialen Interessen zu einem angemessenen Ausgleich gebracht haben, der auch in den Arbeitsverhältnissen von Außenseitern eine Rücknahme der Kontrolldichte rechtfertigt (gegen einen Rekurs auf die Richtigkeitsgewähr des Tarifvertrages in diesem Kontext aber Rieble/Schul RdA 2006, 339, 345). Darüber hinaus würde eine mittelbare Kontrolle das dem Tarifvertrag entgegengebrachte Richtigkeitsvertrauen erschüttern und damit den Tarifvertrag selbst entwerten (Giesen ZfA 2010, 657, 663; CKK/Klumpp § 307 Rn 161; Schlewing NZA Beilage 2/2012, 33, 40). Insbesondere würden die Gewerkschaften desavouiert werden, indem ihnen attestiert wird, einer die Arbeitnehmer unangemessen benachteiligenden Regelung zugestimmt zu haben. Dies könnte nicht zuletzt einen die Tarifautonomie beeinträchtigenden Druck entstehen lassen, die fragliche Klausel bei den nächsten Tarifverhandlungen abzuändern, obwohl sie integraler Bestandteil eines kollektiven Gebens und Nehmens ist. Daran wird deutlich, dass die grundsätzlich **punktuell auf die Prüfung der Unangemessenheit einer Klausel fokussierte AGB-rechtliche Kontrolle** mit den **Mechanismen des collective bargaining nicht vereinbar** ist, so dass dieses System abgeschirmt werden muss, wenn es weiterhin seine sozial erwünschten Ergebnisse produzieren soll.

Können somit die Arbeitsbedingungen der Außenseiter keiner Klauselkontrolle **93** unterzogen werden, wenn sie den Tarifvertrag nachbilden, muss dasselbe für die tarifgebundenen Arbeitnehmer gelten, in deren Arbeitsverträgen auf den ohnehin schon normativ geltenden Tarifvertrag noch einmal **zusätzlich durch eine vorformulierte Regelung verwiesen** wird und diese Bezugnahme ausnahmsweise einen konstitutiven Charakter hat. Anderenfalls würde **eine um unangemessene Klauseln bereinigte vertragliche Parallelordnung entstehen**, die sich nach dem Günstigkeitsprinzip (§ 4 Abs 3 TVG) durchsetzen würde (siehe – zur vergleichbaren Situation bei der Betriebsvereinbarung – Rieble/Schul RdA 2006, 339, 345). Außerdem käme es dazu, dass nun umgekehrt der organisierte Arbeitnehmer deshalb besser stünde als der Außenseiter, weil der einschlägige Tarifvertrag in seinem Arbeitsverhältnis nicht nur qua Normwirkung, sondern auch qua Bezugnahme gilt, während die Verweisung auf den Tarifvertrag beim Außenseiter gerade die Wirkung hat, die in Bezug genommenen Regelungen einer AGB-rechtlichen Inhaltskontrolle zu entziehen. Eine solche Diskrepanz lässt sich auch nicht dadurch vermeiden, dass in diesen Gestaltungen ausnahmsweise auch die Arbeitsbedingungen der nicht organisierten Arbeitnehmer auf den Prüfstand des AGB-Rechts gestellt werden. Die Kontrolldichte in einem Rechtsstreit zwischen dem Arbeitgeber und einem Außenseiter, bei dem der einschlägige Tarifvertrag in Bezug genommen worden ist, kann schwerlich davon abhängen, ob der Arbeitgeber auch mit tarifgebundenen Arbeitnehmern eine schuldrechtliche Wirkung des Tarifvertrages vereinbart hat, selbst wenn man von den Problemen der praktischen Feststellbarkeit des Vertragsverhalten des Arbeitgebers mit Dritten absieht.

94 Die Freistellung von der AGB-rechtlichen Kontrolle (zum Umfang siehe Rn 97) gilt von vornherein nur für das **Bezugsobjekt**. Die vorformulierte **Bezugnahmeklausel** unterliegt in vollem Umfang dem AGB-rechtlichen Kontrollregime (dazu Rn 249). Grundvoraussetzung für die Kontrollfreiheit ist, dass der Arbeitsvertrag auf den **einschlägigen Tarifvertrag** verweist, also auf denjenigen, in dessen Geltungsbereich das Arbeitsverhältnis fällt, weil nur in diesem Fall die dargelegten Gründe für die Privilegierung zum Tragen kommen. Sofern in der Branche und der Region mehrere einschlägige Tarifverträge konkurrieren **(Tarifpluralismus)**, kommt die Richtigkeitsgewähr jedem dieser Tarifverträge zu. Daher scheidet bei jeder Bezugnahme auf einen dieser Tarifverträge eine AGB-Kontrolle aus, mag die Auswahl auch letztlich einseitig vom Arbeitgeber getroffen werden (Bayreuther RdA 2003, 81, 91). Bei einer Bezugnahme auf einen **branchenfremden Tarifvertrag** fehlt es an der Richtigkeitsgewähr, die der Freistellung zugrunde liegt, weil sich der von den Tarifvertragsparteien vereinbarte Ausgleich der wirtschaftlichen und sozialen Interessen lediglich auf die Verhältnisse in der jeweiligen Branche beziehen (CKK/Klumpp § 307 Rn 163; ErfK/Preis §§ 305–310 BGB Rn 14). Zudem tangiert die Verwerfung einer exportierten Klausel die Tarifvertragsparteien nur am Rande. Dasselbe muss für die Verweisung auf einen lediglich **ortsfremden Tarifvertrag** gelten, auch wenn die in Bezug genommenen tariflichen Bestimmungen in diesem Fall näher liegen (Diehn NZA 2004, 129, 131; HWK/Gotthardt § 307 BGB Rn 14; Löwisch/Rieble TVG [3. Aufl 2012] § 3 Rn 498; Witt NZA 2004, 135, 137; für eine – intensivere – Kontrolle der Bezugnahmeklausel in diesem Fall Wiedemann/Oetker TVG [7. Aufl 2007] § 3 Rn 344). Auch in einer solchen Konstellation stellt der Tarifvertrag ein auf die Bedürfnisse der jeweiligen Region zugeschnittenes Regelwerk dar, das nicht ohne Einbuße für die Richtigkeitsgewähr transferiert werden kann. Darüber hinaus besteht nicht die Gefahr, dass es infolge einer AGB-rechtlichen Kontrolle zu einer Zweiteilung der Belegschaft kommt (CKK/Klumpp § 307 Rn 165).

Dagegen kommt es nicht darauf an, ob der in Bezug genommene Tarifvertrag **noch aktuell gilt oder lediglich nachwirkt** (Löwisch/Rieble TVG [3. Aufl 2012] § 3 Rn 499; Wolf/Stoffels ArbR Rn 112). Dies folgt an sich schon daraus, dass man für die Vertragskontrolle grundsätzlich allein auf den **Zeitpunkt des Arbeitsvertragsschlusses** und damit der **erstmaligen Bezugnahme** abzustellen hat (vgl Witt NZA 2004, 135, 137), so dass der Eintritt des Tarifvertrages in das Nachwirkungsstadium prinzipiell keine Rolle spielt. Allerdings ist dieser Grundsatz bei dynamischen Verweisungen nicht vollständig durchzuhalten (ebenso Wolf/Stoffels ArbR Rn 119). Man kann daher durchaus die Frage aufwerfen, ob das Kontrollprivileg im Nachhinein entfällt. Hiergegen spricht indes, dass die Nachwirkung die organisierten Arbeitnehmer automatisch erfasst und bei einer nunmehr einsetzenden Kontrolle des Bezugsobjekts wiederum eine Schlechterstellung droht. Außerdem dient die Nachwirkung regelmäßig nur der Überbrückung des Zeitraums bis zum Abschuss eines neuen wiederum normativ wirkenden Tarifvertrages. Es würde aber nicht einleuchten, wenn im Nachwirkungsstadium im Hinblick auf den in die Arbeitsverhältnisse der Außenseiter integrierten Tarifvertrag vorübergehend ein strengerer Kontrollmaßstab etwa für Ausschlussfristen gelten würde, der mit dem Inkrafttreten des neuen Tarifvertrages dann sofort wieder zurückgeschraubt würde. Wird dagegen erstmalig auf einen bereits im Nachwirkungsstadium befindlichen Tarifvertrag verwiesen, besteht kein hinreichender Grund für eine Ausnahme von der AGB-Kontrolle (ebenso – wenn auch ohne klare Trennung der beiden Fallgruppen – DBD/Däubler § 310 Rn 50; CKK/Kreft § 310 Rn 71; Witt NZA 2004, 135, 137). Da der Tarifvertrag neu eingestellte Gewerkschaftsmitglieder nicht normativ erfasst (JKOS/Oetker, Tarifvertragsrecht [2. Aufl 2013] § 8 Rn 29 f), ist eine Schlechterstellung der organisierten Arbeitnehmer insoweit nicht zu befürchten. Allerdings kann es auf diesem Wege zu einer Differenzierung zwischen Alt- und Neu-Arbeitnehmern entsprechend dem eher (zufälligen) Zeitpunkt der Einstellung kommen, was aber letztlich unumgänglich ist. 95

Das Kontrollprivileg greift zunächst dann ein, wenn auf **sämtliche Tarifverträge** verwiesen wird, die im Fall einer Tarifbindung zur Anwendung kommen würden. Gleiches gilt, wenn (nur) ein **einzelner Tarifvertrag in vollem Umfang in Bezug genommen** wird (Giesen ZfA 2010, 657, 663; CKK/Kreft § 310 Rn 69; häufig ohne eine Differenzierung beider Fallgruppen im Ergebnis nahezu einhellige Ansicht, vgl DBD/Däubler § 310 Rn 50; HWK/Gotthardt § 307 BGB Rn 14; Lakies, Vertragsgestaltung und AGB im Arbeitsrecht [2. Aufl 2011] Kap 1 Rn 200; ErfK/Preis §§ 305–310 BGB Rn 13). In diesen Konstellationen wird die Schutzfunktion durch die Tarifvertragsparteien wahrgenommen (vgl BAG AP InsO § 113 Nr 23 Rn 35). Umgekehrt sind die § 305 ff uneingeschränkt anwendbar, wenn lediglich auf **einzelne tarifvertragliche Bestimmungen** verwiesen wird (BAG NZA-RR 2009, 593 Rn 29 f; Diehn NZA 2004, 129, 130 f; Henssler RdA 2002, 129, 136; CKK/Klumpp § 307 Rn 163; ErfK/Preis §§ 305–310 BGB Rn 16; Thüsing/Lambrich NZA 2002, 1361, 1363). Bei einer Zerlegung des Tarifvertrages in seine einzelnen Bestandteile („Rosinenpicken") entfällt die Vermutung eines angemessenen Interessenausgleichs. Bei einer Verweisung auf einen **in sich abgeschlossenen Regelungskomplex** bejaht die hM eine Kontrollfreiheit (BAG NZA-RR 2009, 593 Rn 29; Bayreuther RdA 2003, 81, 91; Diehn NZA 2004, 129, 131; D Gaul ZfA 2003, 75, 88 f; CKK/Klumpp § 307 Rn 164; Wolf/Stoffels ArbR Rn 115; tendenziell auch Henssler RdA 2002, 129, 136; offenlassend BAG NZA 2009, 1366 96

Rn 19; **aA** DBD/Däubler § 310 Rn 51 ff; Lakies, Vertragsgestaltung und AGB im Arbeitsrecht [2. Aufl 2011] Kap 1 Rn 218 ff; ErfK/Preis §§ 305–310 BGB Rn 17 ff; Reinecke BB 2005, 378; Thüsing/Lambrich NZA 2002, 1361, 1363). Angesichts der Abgrenzungsschwierigkeiten erscheint es überzeugender, eine solche Teilverweisung grundsätzlich nur dann zu privilegieren, wenn sie der Gesetzgeber ausdrücklich zugelassen hat, wie etwa in § 622 Abs 4 Satz 2, § 12 Abs 3 TzBfG, § 4 Abs 4 Satz 2 EFZG, § 13 Abs 1 Satz 2 BUrlG und § 7 Abs 3 ArbZG (Konzen, in: FS Hadding [2004] 146, 157). Gleiches ist für den Fall anzunehmen, dass der Arbeitgeber auf einen Teil eines einschlägigen Tarifvertrages verweist und den Rest einzelvertraglich nachbildet, weil er sich dann an das tarifvertraglich ausgehandelte Geben und Nehmen anlehnt (zu streng deshalb BAG NZA 2007, 875). Dasselbe gilt, wenn die nicht einbezogenen Teile des Tarifvertrages für das konkrete Arbeitsverhältnis ohnehin keine Relevanz haben (so letztlich die Gestaltung in BAG NZA-RR 2009, 593 Rn 29 f). Im Übrigen setzt das Kontrollprivileg voraus, dass der Kollektivvertrag **selber eine inhaltliche Regelung trifft** und nicht nur auf die Möglichkeit des Abschlusses von einzelvertraglichen Abreden verweist (BAG NZA 2006, 40 unter B II 1 f bb).

97 Sofern die Voraussetzungen für eine Freistellung von der AGB-rechtlichen Kontrolle vorliegen, gilt dies zunächst für den gesamten Bereich der materiellen Inhaltskontrolle (§§ 307 Abs 1 Satz 1, Abs 2, 308 und 309). Darüber hinaus unterfallen einbezogene Tarifverträge auch **keiner Transparenzkontrolle gemäß § 307 Abs 1 Satz 2** (BAG NZA 2007, 1049 Rn 25; BAG NZA 2008, 478 Rn 27; CKK/Klumpp § 307 Rn 168; Schlewing NZA Beilage 2/2012, 33, 40; **aA** HWK/Gotthardt § 310 BGB Rn 24; Lakies, Vertragsgestaltung und AGB im Arbeitsrecht [2. Aufl 2011] Kap 1 Rn 206 f; ErfK/Preis §§ 305–310 BGB Rn 15; Witt NZA 2004, 135, 138; Stoffels ZfA 2009, 861, 889). Die scheinbar entgegenstehende Sichtweise des Gesetzgebers (BT-Drucks 14/6857, 54) kann dahin verstanden werden, dass sich die Geltung des Transparenzgebots auf die Kontrolle der Bezugnahmeklausel und nicht des Bezugnahmeobjekts beziehen soll. Zudem verweist § 310 Abs 4 Satz 3 uneingeschränkt auf § 307 Abs 3 und damit auch auf Satz 2 dieser Vorschrift. Entscheidend aber ist, dass eine Transparenzkontrolle des inkorporierten Tarifvertrages jedenfalls bei tarifgebundenen Arbeitgebern wiederum zu einer Zweiteilung der Belegschaft führen und die organisierten Arbeitnehmer benachteiligen könnte, wenn diese sich beispielsweise eine nicht vollkommen verständliche Ausschlussklausel entgegenhalten lassen müssten, während diese Regelung gegenüber einem Außenseiter nicht anwendbar wäre. Darüber hinaus wird die an sich wünschenswerte Globalverweisung auf einschlägige Tarifverträge erschwert, wenn sich der Arbeitgeber nicht sicher sein kann, nicht einmal in diesem Fall vor einer Kontrolle des in Bezug genommenen Tarifvertrages auf Transparenz verschont zu bleiben (Schlewing NZA Beilage 2/2012, 33, 40). Anders ist aber zu entscheiden, wenn sich die Intransparenz gerade aus dem Zusammenspiel der tariflichen Bestimmung mit einer anderen Regelung des vorformulierten Arbeitsvertrages ergibt (HWK/Gotthardt § 310 BGB Rn 24; Stoffels ZfA 2009, 861, 889), weil der Tarifvertrag dann nicht entwertet wird (zu § 305c Abs 1 siehe Rn 154 ff).

98 Auch in Sonderfällen erheblich belastender Tarifnormen wie etwa im Zusammenhang mit **Sanierungstarifverträgen** ist keine nur auf die Außenseiter bezogene Inhaltskontrolle geboten (CKK/Klumpp § 307 Rn 167). Eine andere Frage ist es, ob ein Schutz der nicht organisierten Arbeitnehmer dadurch bewerkstelligt werden kann, dass der qua Bezugnahmeklausel übergeleitete Tarifinhalt in Ausnahmefällen als überraschend iSv § 305c Abs 1 zu qualifizieren ist (dazu Rn 161 ff). Dies hat mit einer ausnahmsweise eingreifenden materiellen Inhaltskontrolle aber nichts zu tun. Ob sich endlich die Arbeitsvertragsparteien **tarifdispositivem Gesetzes- oder Richterrecht** dadurch entziehen können, dass sie auf einen entsprechenden Tarifvertrag verweisen, hängt ausschließlich vom Inhalt dieses Gesetzes- oder Richterrechts ab. So sehen die soeben erwähnten Bestimmungen (Rn 96) ausdrücklich vor, dass sich die Individualvertragsparteien an das Regelungsmodell der Kollektivvertragsparteien in dessen Geltungsbereich anlehnen können. Für eine zusätzliche AGB-Kontrolle ist in diesen Fällen kein Raum. Erlaubt das zwingende Recht dagegen keine einzelvertragliche Gleichstellung, ist es nicht Aufgabe des AGB-Rechts, über diese Hürde hinwegzuhelfen (anders offenbar Thüsing/Lambrich NZA 2002, 1361, 1364).

b) Betriebs- und Dienstvereinbarungen sowie sonstige betriebliche Abreden

Betriebsvereinbarungen nach dem BetrVG und **Dienstvereinbarungen** nach den Personalvertretungsgesetzen sind nach dem klaren Wortlaut von § 310 Abs 4 Satz 1 ebenfalls aus der AGB-Kontrolle ausgenommen. Zwar können sich die Betriebsparteien bzw die Dienststellenparteien für ihren Abschluss nicht auf die Tarifautonomie bzw eine vergleichbare grundrechtliche Kompetenz berufen, so dass die Gesetzesbegründung, die pauschal auf das „System der Tarifautonomie“ abstellt, das nicht unterlaufen werden soll (BT-Drucks 17/6857, 54), insoweit fehl geht (krit auch Annuss BB 2002, 458, 459; Singer RdA 2003, 194, 198; Wolf/Stoffels ArbR Rn 10). Entscheidend ist demgegenüber, dass Betriebsvereinbarungen und Dienstvereinbarungen ebenso wie Tarifverträge nicht als einseitig vom Arbeitgeber gestellte AGB qualifiziert werden können. Zudem unterstellt die gesetzliche Regelung, dass die Schutzfunktion durch die Betriebspartner wahrgenommen wird (BAG AP InsO § 113 Nr 23 Rn 35). **99**

Die Bereichsausnahme bezieht sich zunächst wiederum auf diejenigen Fälle, in denen **Betriebs- und Dienstvereinbarungen** eine **normative Wirkung** entfalten, was freilich regelmäßig unproblematisch ist, weil auf Arbeitnehmerseite hierfür die Zugehörigkeit zur Belegschaft des Betriebs bzw der Dienststelle ausreicht (CKK/Kreft § 310 Rn 44). Der Begriff der Betriebsvereinbarung ist weit zu verstehen und umfasst auch Gesamtbetriebsvereinbarungen und Konzernbetriebsvereinbarungen (Wolf/Stoffels ArbR Rn 10). Auch spielt es keine Rolle, ob die Betriebsvereinbarung auf einem erzwingbaren Mitbestimmungsrecht beruht und gegebenenfalls von der Einigungsstelle (§ 76 BetrVG) beschlossen worden ist oder ob sie freiwillig abgeschlossen wurde. Schließlich unterliegen auch solche Betriebsvereinbarungen, die nach § 77 Abs 6 BetrVG oder § 613a Abs 1 Satz 2 weiterwirken, keiner AGB-Kontrolle. **100**

Die Herausnahme von Betriebsvereinbarungen aus der Anwendung AGB-rechtlicher Vorschriften hat zur Folge, dass beispielsweise die in einer Betriebsvereinbarung geregelten Widerrufsvorbehalte keiner Kontrolle anhand von §§ 307, 308 Nr 4 unterfallen (BAG NZA 2006, 563 und BAG NZA-RR 2010, 457 Rn 23). Weiter ist auch keine Transparenzkontrolle durchzuführen (BAG AP InsO § 113 Nr 23 Rn 35). Die Unanwendbarkeit des AGB-Rechts schließt eine **Inhaltskontrolle von Betriebsvereinbarungen auf der Grundlage von § 75 Abs 1 BetrVG** indes nicht aus, der die Betriebsparteien beim Abschluss von Vereinbarungen an die Grundsätze von Recht und Billigkeit bindet (BAG NZA 2007, 462; BAG NZA 2011, 1302; BAG NZA 2011, 1234). Dieser **101**

Prüfungsmaßstab bleibt in seiner Intensität zwar einerseits hinter demjenigen zurück, der bei vom Arbeitgeber einseitig vorformulierten Arbeitsbedingungen gilt, ist aber andererseits strenger als bei Tarifverträgen (vgl BAG NZA 2006, 563; BAG NZA 2007, 453; für eine Gleichstellung dagegen ROLFS RdA 2006, 349, 355 f). Aus der unterschiedslosen Erwähnung von Tarifverträgen einerseits und Betriebsvereinbarungen andererseits in § 310 Abs 4 Satz 1 kann nicht der Schluss gezogen werden, dass der Gesetzgeber damit zugleich die Anforderungen, die sich aus § 75 BetrVG an die Wirksamkeit von Betriebsvereinbarungen ergeben, modifizieren wollte, um die Prüfungsmaßstäbe vollständig zu parallelisieren (so aber ROLFS RdA 2006, 349, 355 f). Richtig ist indes, dass für eine frei schwebende Billigkeitskontrolle von Betriebsvereinbarungen gemäß § 315 (grdl BAG AP BGB § 242 Ruhegehalt Nr 142) kein Raum mehr ist (ANNUSS BB 2002, 458, 459; KONZEN, in: FS Hadding [2004] 145, 158 f).

102 Bloße **Regelungsabreden** zwischen Arbeitgeber und Betriebsrat entfalten **keine normative Wirkung** im Arbeitsverhältnis nach § 77 Abs 4 BetrVG, sondern binden nur die Betriebsparteien selbst. Auch wenn es sich begrifflich nicht um Betriebsvereinbarungen handelt, sprechen doch die überwiegenden Gründe dafür, § 310 Abs 4 Satz 1 analog anzuwenden (LOBINGER, in: FS Reuter [2010] 663, 673 ff; zust MünchKomm/BASEDOW § 310 Rn 95), was freilich grundsätzlich bedeutungslos bleibt, weil die §§ 305 ff wie erwähnt nicht auf eine Kontrolle des Innenverhältnisses der Kollektivvertragsparteien, sondern der Arbeitsbedingungen der Beschäftigten abzielen (in diesem Sinne auch CKK/KREFT § 310 Rn 46). Der gegenüber den §§ 305 ff weniger strenge Maßstab des § 75 BetrVG rechtfertigt sich dadurch, dass auch Betriebsabsprachen auf einer Vereinbarung zwischen Arbeitgeber und Betriebsrat beruhen. Dass jede Betriebspartei verlangen kann, dass eine Regelungsabrede von einer (inhaltsgleichen!) Betriebsvereinbarung abgelöst wird, spricht eher für als gegen die Gleichsetzung (anders aber DBD/DÄUBLER § 310 Rn 34).

103 Werden **kollektiv zwischen Arbeitgeber und Betriebsrat ausgehandelte Vereinbarungen** durch vorformulierte einzelvertragliche Klauseln in Bezug genommen oder nachgebildet, greift § 310 Abs 4 Satz 1 nicht ein. Dies gilt insbesondere auch dann, wenn in einem betriebsratslosen Betrieb auf die in einem anderen Betrieb geltende Betriebsvereinbarung verwiesen wird (vgl CKK/KREFT § 310 Rn 44; RICHARDI NZA 2002, 1057, 1058). Vielmehr handelt es sich stets um AGB, die im Ausgangspunkt einer AGB-Kontrolle unterliegen (BAG AP InsO § 113 Nr 23 Rn 35; BAG NZA 2009, 896 Rn 20). Stattdessen kann sich eine Kontrollfreiheit in diesen Fällen aus § 310 Abs 4 Satz 3 ergeben, was allerdings voraussetzt, dass die betriebliche Absprache eine Betriebsvereinbarung substituiert, die Parteien die lediglich schuldrechtlich geregelte Frage also auch normativ hätten regeln können (näher dazu Rn 100). Eine uneingeschränkte Anwendbarkeit der §§ 305 ff würde auf eine mittelbare Zensur der Absprache zwischen Arbeitgeber und Betriebsrat über eine Angelegenheit hinauslaufen, bei der die Betriebsparteien nur aus „kosmetischen Gründen" von der Schaffung eines Normenvertrages Abstand genommen haben. Dem entspricht es, wenn das BAG eine arbeitsvertragliche Einheitsregelung, die auf einen Mustertext in einem kombinierten Sozialplan und Interessenausgleich zurückgeht, keiner Inhaltskontrolle und nicht einmal einer Transparenzkontrolle unterzogen hat (BAG AP InsO § 113 Nr 23 Rn 35; ebenso BAG NZA 2009, 896 Rn 22). Da es um die inhaltliche Angemessenheit einer vertraglichen Abrede geht, besteht ein grundlegender Unterschied zum Kündigungsrecht, wo die Berufung auf eine Betriebsvereinbarung für die Wirksamkeit

einer Änderungskündigung keine Rolle spielt (vgl BAG NZA 2000, 592). Die Inhaltskontrolle ist in diesen Fällen somit (nur) in der Intensität durchzuführen, wie sie im Allgemeinen auch bei Betriebsvereinbarungen stattfindet, also tendenziell etwas strenger als bei Tarifverträgen (vgl Rn 101), aber weniger streng als bei vom Arbeitgeber einseitig vorformulierten arbeitsvertraglichen Regelungen (noch etwas großzügiger HROMADKA NJW 2002, 2523, 2528: Vermutung für Angemessenheit).

Dasselbe muss erst recht gelten, wenn eine **normativ auf das Arbeitsverhältnis anwendbare Betriebsvereinbarung** zusätzlich vollumfänglich in Bezug genommen wird und diese Regelung ausnahmsweise einen konstitutiven und nicht nur einen deklaratorischen Charakter hat (PREIS NZA 2010, 361, 365; **aA** offenbar CKK/KLUMPP § 307 Rn 170). Auch in diesem Fall würde durch eine AGB-rechtliche Kontrolle zum einen die Betriebsvereinbarung mittelbar auf den Prüfstand gestellt werden und zum anderen eine um unangemessene Klauseln kupierte vertragliche Parallelordnung etabliert werden, die nach dem auch im Betriebsverfassungsrecht geltenden Günstigkeitsprinzip Vorrang genießen würde (treffend RIEBLE/SCHUL RdA 2006, 339, 345). Insoweit besteht kein Unterschied zur Situation, dass bei einem tarifgebundenen Arbeitnehmer zusätzlich auf den einschlägigen Tarifvertrag verwiesen wird (Rn 93). Für den erforderlichen Schutz des Arbeitnehmers genügt es, das AGB-rechtliche Kontrollregime dann zu aktivieren, wenn die Betriebsvereinbarung geändert wird, die vorformulierten Bedingungen aber im ursprünglichen Zustand verbleiben sollen, weil eine Überprüfung die kollektive Abrede dann nicht mehr konterkarieren kann. **104**

Auf **Richtlinien** nach § 28 Abs 1 SprAuG ist § 310 Abs 4 Satz 1 analog anzuwenden, so dass sie einer AGB-Kontrolle entzogen sind. Dies gilt für normativ wirkende Richtlinien (so CKK/KREFT § 310 Rn 46; LÖWISCH, in: FS Canaris, Bd I [2007] 1403, 1404), ist aber auch für lediglich schuldrechtlich wirkende Richtlinien anzunehmen (generell **aA** CKK/KLUMPP § 307 Rn 172; ErfK/PREIS §§ 305–310 BGB Rn 9; unter Berufung auf das Fehlen der „Richtigkeitsgewähr" solcher Richtlinien ferner DBD/DÄUBLER § 310 Rn 36). **105**

c) Kirchliche Arbeitsvertragsrichtlinien

Kirchliche Arbeitsvertragsrichtlinien (AVR) sind in § 310 Abs 4 Satz 1 nicht erwähnt. Anders als die in dieser Vorschrift genannten Kollektivverträge entfalten sie keine normative Wirkung, sondern finden nur kraft einzelvertraglicher Bezugnahme auf ein Arbeitsverhältnis Anwendung (BAG NZA 2006, 611; BAG AP BGB § 611 Kirchendienst Nr 57 mwNw; FISCHERMEIER, in: FS Bepler [2012] 159, 160 f). Damit sind sie in rechtstechnischer Hinsicht AGB. Auch eine erweiternde Auslegung bzw analoge Anwendung von § 310 Abs 4 Satz 1 (so aber vHOYNINGEN-HUENE, in: FS Richardi [2007] 909, 918 ff; RICHARDI, Arbeitsrecht in der Kirche [6. Aufl 2012] § 15 Rn 44 f; THÜSING ZTR 2005, 507, 513 ff; im Erg auch RITTER NZA 2005, 447 ff) scheidet aus. Dass der Gesetzgeber kirchliche AVR in Kenntnis der Rechtsprechung des BAG zum Fehlen ihrer Tarifvertragsqualität (vgl BAG NZA 1997, 778) nicht in den Katalog des § 310 Abs 4 Satz 1 aufgenommen und von einer Kirchenklausel, wie sie in anderen Gesetzen zu finden ist (zB § 7 Abs 4 ArbZG), gerade abgesehen hat, belegt mit hinreichender Deutlichkeit, dass solche Richtlinien grundsätzlich der Kontrolle gemäß §§ 305 ff unterliegen sollen (BAG NZA 2006, 872). Das Selbstbestimmungsrecht der Kirchen nach Art 140 GG iVm Art 137 Abs 3 WRV wird dadurch nicht verletzt. Die Lösung ist vielmehr darin zu suchen, die Eigenheiten der Entstehung von AVR als „im Arbeitsrecht geltende **106**

Besonderheiten" iSv § 310 Abs 4 Satz 2 HS 1 zu berücksichtigen (BAG NZA 2006, 872; siehe auch BT-Drucks 14/7052, 189; ebenso CKK/KREFT § 310 Rn 47; WILLEMSEN/MEHRENS, in: FS Bepler [2012] 619, 626). Da die AVR auf dem so genannten **„Dritten Weg"** durch **paritätisch besetzte Arbeitsrechtliche Kommissionen mit weisungsunabhängigen Mitgliedern** zustande kommen, hat der Arbeitgeber bei der Gestaltung der Arbeitsbedingungen seine Interessen gerade nicht einseitig durchsetzen können. Das gilt umso mehr vor dem Hintergrund der vom BAG nunmehr an das Verfahrenskonzept des „Dritten Weges" gestellten Anforderungen, wenn damit eine gleichwertige Alternative zum antagonistischen Modell von Tarifvertrag und Arbeitskampfbefugnis etabliert werden soll (BAG NZA 2013, 448). Dieses eigenständige Konzept **legitimiert eine deutlich eingeschränkte Inhaltskontrolle**, die an diejenigen Maßstäbe anzulehnen ist, die für Tarifverträge gelten und die auf eine Kontrolle nur anhand zwingenden höherrangigen Rechts sowie der guten Sitten hinauslaufen (BAG NZA 2011, 634; BAG NZA 2011, 698; BAG AP BGB § 611 Kirchendienst Nr 69; BAG NZA 2012, 1440; FISCHERMEIER, in: FS Bepler [2012] 159, 168 f; WILLEMSEN/MEHRENS, in: FS Bepler [2012] 619, 626; **aA** DEINERT ZTR 2005, 461, 476 f). Die schlichte Existenz eines kirchlichen Letztentscheidungsrechts (Bischof bzw Synode) ändert daran nichts, solange es nicht ausgeübt wird (vHOYNINGEN-HUENE, in: FS Richardi [2007] 909, 922 f). Auch kommt es nicht (mehr) darauf an, ob die AVR die einschlägigen tarifvertraglichen Regelungen des öffentlichen Dienstes ganz oder im Wesentlichen übernommen hat (BAG NZA 2011, 634).

107 Dies alles gilt nicht nur bei der erstmaligen Einbeziehung von AVR in den Arbeitsvertrag, sondern **auch bei späteren Änderungen**. Die von einigen Senaten des BAG vorgenommene **Einordnung der Arbeitsrechtlichen Kommissionen als Dritte im Sinne von § 317** mit der Folge, dass eine gerichtliche Kontrolle auf grobe Unbilligkeit und gegebenenfalls eine Ersetzung der getroffenen Entscheidung gemäß § 319 zu erfolgen hat (BAG NZA 1997, 55 [10. Senat]; BAG NZA 2009, 1275 [3. Senat]; BAG NZA-RR 2010, 7 [4. Senat]; BAG v 21. 10. 2009 – 4 AZR 880/07 [4. Senat]), **kann nicht überzeugen**. Zunächst leuchtet es nicht ein, AVR nach unterschiedlichen Maßstäben zu kontrollieren, je nachdem, ob die Bezugnahme im Arbeitsvertrag vor oder nach der Änderung erfolgt. Weiter passt der Regelungs- und Kontrollmechanismus der §§ 317, 319 insgesamt nicht auf arbeitsvertraglich in Bezug genommene AVR. Bei der Verweisung auf AVR geht es nämlich um das Vertrauen der Arbeitsvertragsparteien auf die Ausgewogenheit eines Verhandlungsergebnisses und nicht um das Vertrauen auf die Redlichkeit eines Dritten. Darüber hinaus harmoniert die auf den Einzelfall bezogene Feststellung der groben Unbilligkeit nicht mit dem AGB-rechtlichen Ansatz, dass die Wirksamkeitskontrolle von AGB im Ausgangspunkt (siehe aber noch Rn 188) gerade übergreifend und losgelöst von den individuellen Besonderheiten beim Arbeitgeber oder Arbeitnehmer zu erfolgen hat. Schließlich wäre die unter Umständen nach § 319 Abs 1 Satz 2 vorzunehmende gerichtliche Ersetzung mit dem kirchlichen Selbstbestimmungsrecht gemäß Art 140 GG iVm Art 137 Abs 3 WRV schwer zu vereinbaren (BAG NZA 2011, 634; gegen eine Heranziehung der §§ 317, 319 auch FISCHERMEIER, in: FS Bepler [2012] 159, 167 f; vHOYNINGEN-HUENE, in: FS Richardi [2007] 909, 924 f; REICHOLD NZA 2009, 1377, 1381 f; THÜSING Anm zu BAG AP BGB § 611 Kirchendienst Nr 24 [unter III]).

2. Der Arbeitsvertrag als Verbrauchervertrag

a) Qualifikation des Arbeitnehmers als Verbraucher

108 Da § 310 Abs 3 für Verbraucherverträge gewisse Modifikationen der AGB-rechtlichen Kontrolle vorsieht, ist klärungsbedürftig, ob der Arbeitsvertrag als Verbrauchervertrag einzustufen ist, was im Kern auf die Frage hinausläuft, ob der Arbeitnehmer beim **Abschluss von Arbeitsverträgen** als **„Verbraucher"** iSv § 13 handelt. Auch wenn diese Problematik mit der Einführung der §§ 13 und 14 an sich bereits Mitte 2000 virulent geworden war, nahm die Diskussion erst im Zuge der Schuldrechtsreform an Fahrt auf und entwickelte sich rasch zu einem der Hauptstreitpunkte des Arbeitsvertragsrechts (vgl PREIS Sonderbeilage zu NZA Heft 16/2003, 19, 21: „arbeitsrechtliche Megafrage des Jahres 2002"). Hierbei hielten sich Befürworter (zB BOEMKE BB 2002, 96, 97; DÄUBLER NZA 2001, 1329, 1332 ff; GOTTHARDT, Arbeitsrecht nach der Schuldrechtsreform [2. Aufl 2003] Rn 8 ff; HÜMMERICH/HOLTHAUSEN NZA 2002, 173 ff; LINDEMANN, Flexible Gestaltung von Arbeitsbedingungen nach der Schuldrechtsreform [2003] 93 ff; PREIS Sonderbeilage zu NZA Heft 16/2003, 19, 21 ff; REINECKE DB 2002, 583, 587; SCHLEUSENER NZA 2002, 949, 950 f; THÜSING BB 2002, 2666, 2668) und Gegner (zB ANNUSS NJW 2002, 2844 ff; BAUER/KOCK DB 2002, 43 f; HENSSLER RdA 2002, 129, 133 f; HROMADKA NJW 2002, 2523, 2524; LINGEMANN NZA 2002, 181, 184; NATZEL NZA 2002, 595 ff; REICHOLD ZTR 2002, 202, 204; RICHARDI NZA 2002, 1004, 1008 f; RIEBLE/KLUMPP ZIP 2002, 2153, 2154 ff; TSCHÖPE/PIRSCHER RdA 2004, 358 ff; grds ebenso LIEB, in: FS Ulmer [2003] 1231, 1233 ff [aber mit Gleichstellung von Arbeitnehmern mit Verbrauchern im Rahmen von § 310 Abs 3]) der Verbrauchereigenschaft von Arbeitnehmern die Waage.

Mit seiner Grundsatzentscheidung vom 25. 5. 2005 hat sich **das BAG klar für die Qualifikation des Arbeitnehmers als Verbraucher ausgesprochen** (BAG NZA 2005, 1111 unter V). In seiner vergleichsweise knappen Begründung verwies das BAG in erster Linie darauf, dass sich der Gesetzgeber mit der Definition in § 13, der neben der gewerblichen nur die **selbständige berufliche Tätigkeit** ausklammert, vom allgemeinen Sprachgebrauch gelöst und einen **rechtstechnischen Oberbegriff** geschaffen habe, der einen konsumtiven Geschäftszweck nicht voraussetze und den Abschluss von Arbeitsverträgen umfasse. Zudem habe der Gesetzgeber bei der Ausdehnung der AGB-Kontrolle auf Arbeitsverträge die Regelung des § 305 Abs 2 und 3, nicht aber den auf Verbraucherverträge gemünzten § 310 Abs 3 für unanwendbar erklärt. Auch sei § 15 UKlaG gerade ausgeschlossen worden, um Verbandsklagen gegen vorformulierte Arbeitsverträge zu unterbinden. Für die Auffassung des BAG spricht zusätzlich die generelle Vorstellung des Gesetzgebers, dass das Schutzniveau der Arbeitsvertragskontrolle nicht hinter demjenigen des Zivilrechts zurückbleiben solle (vgl BT-Drucks 14/6857, 54). Weitere Äußerungen im Gesetzgebungsverfahren lassen eine vergleichbare Tendenz erkennen (vgl BT-Drucks 14/6040, 243; BT-Drucks 14/7052, 190). Diese Sichtweise ist rechtspolitisch nicht unzweifelhaft, weil sich der Arbeitnehmerschutz sowohl historisch als auch konzeptionell aus anderen Quellen speist als der Verbraucherschutz (LIEB, in: FS Ulmer [2003] 1231, 1233 ff; REICHOLD, in: FS 50 Jahre BAG [2004] 153 ff; RIEBLE/KLUMPP ZIP 2002, 2153, 2154 ff; siehe auch K. SCHMIDT, in: FS Konzen [2006] 863, 879 mit der treffenden Unterscheidung zwischen Arbeitsrecht als Unternehmensinnenrecht und Verbraucherschutzrecht als Unternehmensaußenrecht). Dennoch ist **dem BAG auf der rechtsdogmatischen Ebene zuzustimmen**. Auch unionsrechtlich bestehen gegen diese Erweiterung keine Bedenken. Zwar sind Arbeitnehmer nach dem europäischen Verbraucherschutzrecht als solche keine Verbraucher, weil die einschlägigen Regelungen stets alle Verträge ausnehmen, die der gewerblichen oder beruflichen Tätigkeit zuzuordnen sind, ohne dass es darauf ankommt, ob es sich um eine selbständige berufliche Tätigkeit handelt (siehe nur Art 2 lit b RL 93/13/EWG; ferner nunmehr Art 2 Nr 1 RL 2011/83/EU). Erwägungsgrund 10 der Klauselrichtlinie schließt Ar- 109 beitsverträge sogar ausdrücklich aus ihrem Anwendungsbereich aus (ebenso Erwägungsgrund 8 der Verbraucherrechterichtlinie). Die Ausdehnung des Verbraucherbegriffs und damit des Verbraucherschutzes über das Mindestniveau der Richtlinie hinaus ist aber unionsrechtlich unbedenklich (CKK/Kreft § 310 Rn 15). Die Harmonisierungsvorschrift des Art 4 RL 2011/83/EU steht dem nicht entgegen, weil es nicht um ein höheres Schutzniveau für Verbraucher im europarechtlichen Sinne geht, sondern um die Erstreckung des Schutzes auf solche Personen, die kraft Unionsrechts nicht erfasst sind (zur Zulässigkeit siehe auch Erwägungsgrund 13 RL 2011/83/EU).

110 Die Einstufung des Arbeitnehmers als Verbraucher bedeutet nach Ansicht des BAG allerdings nicht, dass sämtliche Verbraucherschutzvorschriften automatisch auch auf Arbeitsverträge anwendbar sind. Vielmehr ist anhand des jeweiligen **Schutzzwecks der Vorschrift** danach zu fragen, ob sie auch auf das jeweils zu beurteilende Rechtsverhältnis passt. Während dies im Hinblick auf § 312 Abs 1 bei einem am Arbeitsplatz geschlossenen Aufhebungsvertrag nicht der Fall ist (BAG NZA 2004, 597 unter B II 3), gibt es keinen Grund, Arbeitnehmern den zusätzlichen Schutz vorzuenthalten, den § 310 Abs 3 im Rahmen der AGB-rechtlichen Kontrolle etabliert (Wolf/Stoffels ArbR Rn 23).

111 Da die anderen Senate des BAG der Auffassung des 5. Senats gefolgt sind (vgl BAG NZA 2007, 85; BAG NZA 2007, 614 Rn 14; BAG NZA 2008, 229 Rn 11; BAG NZA 2009, 666 Rn 14; BAG NZA 2011, 89 Rn 15; BAG NZA 2013, 268 Rn 20) und neben der überwiegenden Literatur (DBD/Däubler Einl Rn 63 ff; Ulmer/Fuchs § 310 Rn 169; HWK/Gotthardt § 310 BGB Rn 2; CKK/Kreft § 310 Rn 14 ff; Lakies, Vertragsgestaltung und AGB im Arbeitsrecht [2. Aufl 2011] Kap 1 Rn 89 ff; ErfK/Preis §§ 305–310 BGB Rn 23; Staudinger/Schlosser § 310 Rn 48; K Schmidt JuS 2006, 1, 5; Thüsing, AGB-Kontrolle, Rn 46 ff) sogar das BVerfG Zustimmung bekundet hat (BVerfG NZA 2007, 85 [unter II 2 b aa 1]), ist die **Frage für die Rechtspraxis geklärt** (dazu auch Leder RdA 2010, 93, 94). Nur noch wenige abweichende Stimmen liefern aussichtslose Nachhutgefechte (MünchKomm/Basedow § 310 Rn 33). Neben dem Arbeitnehmer ist auch der **Fremdgeschäftsführer einer GmbH** (BAG NZA 2010, 939; Oetker, in: FS Buchner [2009] 691, 696 ff; Schmitt-Rolfes, in: FS Hromadka [2008] 391, 396 f; Wank RdA 2011, 178 ff) sowie der **Volontär** (BAG NZA 2008, 1004 Rn 17) als Verbraucher anzusehen. **Arbeitnehmerähnliche Personen** sind dagegen selbstständig beruflich tätig und daher als solche keine Verbraucher (DBD/Däubler Einl Rn 34; Lakies, Vertragsgestaltung und AGB im Arbeitsrecht [2. Aufl 2011] Kap 1 Rn 44; Thüsing, AGB-Kontrolle Rn 56).

112 Ein Verbrauchervertrag nach § 310 Abs 3 setzt über die Verbrauchereigenschaft des Vertragspartners hinaus voraus, dass der **Verwender** ein **„Unternehmer“** ist. Dies wird regelmäßig der Fall sein, ist aber nicht zwingend, weil nicht jeder Arbeitgeber automatisch Unternehmer iSv § 14 ist. So wird es bei einer Hausangestellten im Allgemeinen an der Unternehmereigenschaft ihres Arbeitgebers fehlen (CKK/Kreft § 310 Rn 20).

b) Folgen für die AGB-Kontrolle

113 Die Qualifikation des Arbeitsvertrags als Verbrauchervertrag führt zu **drei Modifikationen** der allgemeinen AGB-rechtlichen Vorschriften: Erstens kommt es zu einer **Fiktion des „Stellens“ von AGB** (§ 310 Abs 3 Nr 1; näher dazu Rn 128). Zweitens finden bestimmte Vorschriften (nämlich §§ 305c Abs 2, 306 und 307 bis 309 sowie Art 46b EGBGB) auch auf vorformulierte Vertragsbedingungen Anwendung, die nur zur einmaligen Verwendung bestimmt sind (sog **Einmalbedingungen**), sofern der Arbeitnehmer aufgrund der Vorformulierung auf ihren Inhalt keinen Einfluss nehmen konnte (§ 310 Abs 3 Nr 2; näher dazu Rn 124 ff). Drittens schließlich sind bei der Angemessenheitskontrolle nach § 307 Abs 1 und 2 auch die den Vertragsschluss begleitenden Umstände zu berücksichtigen (§ 310 Abs 3 Nr 3; näher dazu Rn 188).

3. Vorformulierte Arbeitsbedingung

Die arbeitsrechtliche AGB-Kontrolle setzt grundsätzlich das Vorliegen von AGB iSv § 305 Abs 1 voraus, wobei – wie soeben erwähnt (Rn 113) – bestimmte Vorschriften regelmäßig auch auf vorformulierte Einmalbedingungen anwendbar sind. Insoweit gelten zunächst die **allgemeinen Begriffsbestimmungen des AGB-Rechts** (eingehend Staudinger/Schlosser § 305 Rn 21). Die arbeitsgerichtliche Rechtsprechung hat davon abgesehen, die Tatbestandsmerkmale des § 305 Abs 1 anders zu interpretieren als die zivilgerichtliche Judikatur, die bei der Konkretisierung des Gesetzes einen rund 25-jährigen Vorsprung hat. Hierfür hätte es auch keinen vernünftigen Grund gegeben. Im Folgenden sollen daher nur die gerade für das Arbeitsrecht wichtigen Stichworte genannt werden. 114

a) Vertragsbedingung

Vertragsbedingungen sind alle Regelungen, die darauf abzielen, den **Inhalt eines Vertrages verbindlich zu gestalten**. Dabei spielt es für die Einordnung als AGB keine Rolle, welchen konkreten Inhalt die jeweilige Vertragsbedingung hat, ob der Gegenstand der Bestimmung also die Hauptleistungen oder Nebenabreden betrifft. Vielmehr ist jede Formulierung kontrollfähig, die sich auf den Inhalt des Vertrages, sein Zustandekommen, seinen Bestand oder seine Ausführung rechtsverbindlich auswirken soll. Damit scheiden unverbindliche Erklärungen oder tatsächliche Hinweise aus der AGB-Kontrolle aus, weil es sich hierbei nicht um Vertragsbedingungen handelt (Staudinger/Schlosser § 305 Rn 3). 115

Diese Abgrenzung ist vor allem in zwei Fallgruppen bedeutsam. Zum einen geht es um sog **Freiwilligkeitsvorbehalte**, mit denen der Arbeitgeber versucht, finanzielle Zusatzleistungen unverbindlich zu stellen, um sich von ihnen (insbesondere bei einer Verschlechterung der wirtschaftlichen Lage) wieder ohne weiteres lösen zu können. Ob in diesen Fällen überhaupt eine AGB-Kontrolle greift, hängt von der Vorfrage ab, ob der Freiwilligkeitsvorbehalt im konkreten Fall als rechtsverbindliche Regelung zu verstehen ist oder als ein bloßer Hinweis darauf, dass ein bestimmtes Arbeitgeberverhalten vom Arbeitnehmer nicht als Zusage einer Leistung bzw als vertrauensbegründender Umstand im Rahmen einer betrieblichen Übung verstanden werden darf. Dabei geht das BAG trotz einer immer stärkeren Zurückdrängung des Freiwilligkeitsvorbehalts (BAG NZA 2007, 853; BAG NZA-RR 2009, 576; BAG NZA 2011, 628; BAG NZA 2012, 81) nach wie vor davon aus, dass der Arbeitgeber durch einen solchen Vorbehalt in der Lage ist, das Entstehen einer betrieblichen Übung zu verhindern (BAG NZA 2008, 40 Rn 17; BAG NZA 2008, 1173; BAG NZA 2011, 628 Rn 16; BAG NZA 2012, 81 Rn 20), was nur erklärlich ist, wenn man diesen Vorbehalt zwar nach allgemeinen Grundsätzen der Auslegung des Arbeitgeberverhaltens zugrunde 116 legt, ihn insoweit aber nicht selber wiederum einer AGB-rechtlichen Kontrolle unterzieht (dazu näher Rn 206).

117 Die andere Fallgruppe betrifft **Verweisungen auf Kollektivverträge** (Tarifverträge, Betriebsvereinbarungen und Dienstvereinbarungen), die für das Arbeitsverhältnis ohnehin normativ gelten. In diesen Konstellationen ist als Vorfrage zu klären, ob die Bezugnahme überhaupt konstitutiv gemeint ist oder lediglich deklaratorische Bedeutung hat. Zu einer Vertragsbedingung wird die Verweisung erst, wenn die Arbeitsvertragsparteien **ausnahmsweise** eine unabhängig von der normativen Wirkung bestehende **konstitutive Geltung der Inhalte des Kollektivvertrages** als arbeitsvertraglich herbeiführen wollen (zur Anschlussfrage einer Inhaltskontrolle siehe bereits Rn 92). Dagegen ist die **regelmäßig vorliegende rein deklaratorische Bezugnahme auf ohnehin geltende Tarifverträge oder Betriebsvereinbarungen keine Vertragsbedingung**. Vielmehr handelt es sich lediglich um einen nicht rechtsgeschäftlichen Hinweis darauf, dass für das Arbeitsverhältnis weitere Bestimmungen gelten, die nicht im Text des Arbeitsvertrages enthalten sind (BAG NZA 2004, 803 unter I 1 a; BAG NZA 2007, 940 Rn 25). Demgegenüber hat die Verweisung auf Kollektivverträge, die nicht schon normativ anwendbar sind, regelmäßig konstitutiven Charakter und führt damit zur Kontrollfähigkeit. Dies gilt erst recht für Bezugnahmen auf einseitig aufgestellte Regelwerke des Arbeitgebers (Arbeitsordnungen, Dienstwagenrichtlinien etc).

118 Obwohl der Wortlaut von § 305 Abs 1 eindeutig auf zweiseitige Rechtsgeschäfte bezogen ist („Vertragsbedingungen"), erstreckt sich die AGB-Kontrolle auch auf **einseitige Erklärungen der Vertragsparteien**. Entscheidend ist allein, dass mit der jeweiligen Regelung auf die rechtlichen Beziehungen zwischen dem Verwender und dem Vertragspartner eingewirkt werden soll. Dies kann eigene Erklärungen des Verwenders ebenso wie Erklärungen des Vertragspartners betreffen. Damit sind beispielsweise sog „Ausgleichsquittungen" oder auch Einwilligungen in die Bearbeitung persönlicher Daten oder in ärztliche Untersuchungen kontrollfähig (CKK/Clemenz § 305 Rn 15; DBD/Deinert § 305 Rn 6).

119 Die AGB-Kontrolle erfasst (selbstverständlich) nicht nur **ursprünglich vorformulierte Arbeitsverträge, sondern** auch **formularmäßige Änderungsverträge** (BAG NZA 2006, 423 Rn 20; BAG NZA-RR 2010, 457 Rn 48; DBD/Däubler Einl Rn 27; Däubler, in: FS Richardi [2007] 205, 216). Damit unterliegt insbesondere die **nachträgliche befristete Änderung von Arbeitsbedingungen** der Überprüfung anhand der §§ 305 ff (siehe etwa BAG NZA 2006, 40; BAG NZA 2007, 351; BAG NZA 2008, 229; BAG NZA 2009, 1253). Der Umstand, dass sich der Arbeitnehmer in diesen Fällen bereits in einem – häufig bestandsgeschützten – Arbeitsverhältnis befindet, ist für sich genommen kein Grund, von einer Klauselkontrolle abzusehen. Zwar kann von einer eingeschränkten Aufmerksamkeit des Arbeitnehmers nicht anders als beim ursprünglichen Abschluss des Arbeitsvertrages lediglich bei umfangreichen Vertragsänderungen ausgegangen werden, während ein einfaches Enddatum etwa bei einer Aufstockung der Arbeitszeit dem Arbeitnehmer kaum entgehen dürfte. Dennoch lässt sich auch bei einer Vertragsänderung, die während eines bereits bestehenden Arbeitsverhältnisses vorgenommenen wird, nicht in Abrede stellen, dass der Arbeitgeber bei einer Vorformulierung die Vertragsgestaltungsmacht einseitig für sich in Anspruch nimmt und der Arbeitnehmer dem Ansinnen eines Änderungsvertrages trotz damit verbundener Nachteile bei Nebenkonditionen nicht widersprechen wird, weil er die Vertragsänderung als solche für vorteilhaft hält oder eine Belastung des Arbeitsverhältnisses vermeiden will (in diesem Sinne bereits M Wolf RdA 1988, 270, 272). Die Art und Weise des Zustandekommens des Änderungsvertrages ist unerheblich. Daher wird auch eine spätere **Gesamtzusage** von der AGB-Kontrolle erfasst (CKK/Clemenz § 305 Rn 19; Ulmer/Fuchs § 310 Rn 149; Kolbe ZfA 2011, 95, 113; Soiné ZTR 2006, 465 f; Wolf/Stoffels ArbR Rn 40). Das ist selbst dann anzunehmen, wenn die Gesamtzusage auf der Umdeutung einer unwirksamen Betriebsvereinbarung beruht, weil der Ausschluss von Kollektivverträgen aus der Klauselkontrolle gemäß § 310 Abs 4 Satz 1 dann nicht mehr greift (DBD/Däubler Einl Rn 27b).

Weiter erstreckt sich die AGB-Kontrolle auf Regelungen, die aus einer **betrieblichen** 120
Übung hervorgegangen sind (BAG NZA 2009, 49; BAG NZA 2009, 1105; Soiné ZTR 2006, 465 f; Ulrici BB 2005, 1902, 1903). Dies gilt in jedem Fall, wenn man die betriebliche Übung mit der Rechtsprechung als einen Sonderfall der Vertragsänderung ansieht (siehe nur BAG NZA-RR 2010, 293 mwNw), ist aber genauso anzunehmen, wenn man diese Rechtsfigur mit großen Teilen des Schrifttums als eine Haftung aus der zurechenbaren Setzung eines Vertrauenstatbestandes begreift (zB Hromadka NZA 1984, 241, 244; Zöllner, in: FS Canaris, Bd I [2007] 1519 ff). Auch wenn es bei einer vertrauenstheoretischen Begründung der betrieblichen Übung definitionsgemäß an einer einseitigen Ausübung gerade von Vertragsgestaltungsmacht fehlt, handelt es sich doch um die **einseitige Gestaltung von Arbeitsbedingungen durch den Arbeitgeber**, wodurch zumindest eine analoge Anwendung der §§ 305 ff gerechtfertigt ist (gegen eine Anwendung des AGB-Rechts aber [aus eher begrifflichen Gründen] Ulmer/Fuchs § 310 Rn 150), auch wenn man in diesem Zusammenhang nicht mit dem Umgehungsverbot des § 306a argumentieren sollte. Die Qualifizierung einer betrieblichen Übung als AGB scheitert ferner nicht am Merkmal des Stellens iSv § 305 Abs 1 Satz 1, weil es insoweit genügt, dass die vorformulierte Bedingung dem Arbeitgeber zugerechnet werden kann (ganz hM: BGHZ 126, 326, 332; MünchKomm/Basedow § 305 Rn 20; Erman/Roloff § 305 Rn 12; Ulmer/Ulmer § 305 Rn 27). Erst recht spielt die mangelnde schriftliche Fixierung keine Rolle (HWK/Gotthardt § 305 BGB Rn 7; ErfK/Preis §§ 305–310 BGB Rn 22), weil nach allgemeinen Grundsätzen des AGB-Rechts selbst „im Kopf gespeicherte Konditionen", die planmäßig in – gegebenenfalls konkludente – mündliche Abreden einfließen, als kontrollfähig angesehen werden (BGH NJW 1988, 410; BGHZ 141, 108, 109 f; BGH NJW 2005, 2543, 2544; MünchKomm/Basedow § 305 Rn 13; Staudinger/Schlosser § 305 Rn 22; Stoffels, AGB-Recht Rn 119). Praktische Bedeutung hat die Einordnung des Ergebnisses einer betrieblichen Übung als kontrollfähige Vertragsbedingung freilich nur in den Ausnahmefällen, in denen eine die Arbeitnehmer begünstigende betriebliche Übung mit nachteiligen Nebenbedingungen verknüpft ist oder eine betriebliche Übung den Arbeitnehmern zusätzliche Pflichten auferlegt (DBD/Däubler Einl Rn 27a).

Von der Einordnung der Bedingungen einer betrieblichen Übung als AGB zu un- 121
terscheiden ist die Frage, ob die Existenz einer **„negativen betrieblichen Übung"** mit der Begründung verneint werden kann, dass diese Rechtsfigur gegen das AGB-Recht verstößt (so BAG NZA 2009, 601 Rn 17 ff: Verstoß gegen § 308 Nr 5). Eine solche Argumentation kann jedenfalls dann nicht überzeugen, wenn man den Erklärungsgehalt der widerspruchslosen Weiterarbeit der Arbeitnehmer auf eine gesetzlich aus § 242 und damit nicht aus einer vertraglichen Bestimmung abzuleitende Offenbarungsobliegenheit stützt, weil sich das AGB-Recht **nur gegen vertragliche Konditio-**

nen wendet, nicht aber **gegen richterliche Rechtssätze** (Bieder DB 2009, 1929, 1930 f). Dementsprechend hat es der BGH abgelehnt, diejenigen individuellen Willenserklärungen am AGB-Recht zu messen, die den Vertrag nach den allgemeinen Regeln der Rechtsgeschäftslehre überhaupt erst zustande bringen (BGHZ 149, 129, 136 ff). In diesem Sinne hat auch das BAG die Erklärung des Arbeitgebers, mit der er ein Änderungsangebot des Arbeitnehmers angenommen hat, ebenfalls nicht als Vertragsbedingung eingestuft (BAG NZA-RR 2009, 18 Rn 28). Zu einem AGB-rechtlichen Kontrollproblem wird die „negative betriebliche Übung", bei der es sich in der Sache um einen konkludent geschlossenen Änderungsvertrag handelt, erst dann, wenn der Arbeitgeber durch eine entsprechende Klausel versucht, den Erklärungsgehalt der widerspruchslosen Weiterarbeit der Arbeitnehmer über das Maß hinaus auszudehnen, das sich aus Treu und Glauben ergibt (zur Kontrollfähigkeit von Vertragsabschlussklauseln Wolf/Dammann Klauseln R V 251 ff; Stoffels, AGB-Recht Rn 110).

b) Vorformuliert

122 Weiter müssen die Vertragsbedingungen vorformuliert sein, damit sie der AGB-Kontrolle unterliegen. Dies ist dann der Fall, wenn sie **vorbereitend für die spätere Verwendung fixiert** wurden und damit **vor Vertragsschluss feststehen**. Die Erfüllung dieser Voraussetzung ist angesichts des Verbreitungsgrades von Formulararbeitsverträgen von weit über 90 % (siehe dazu bereits Rn 1) regelmäßig unproblematisch. Die Art und Weise der Fixierung ist unerheblich. Auch wenn es sich zumeist um bereits vorhandene schriftliche Arbeitsvertragsformulare oder um elektronisch gespeicherte Daten handeln wird, die nur noch ausgedruckt werden müssen, genügt es, wenn die Klausel „gleichsam im Kopf des Personalleiters gespeichert" ist und den Arbeitnehmern beim Abschluss des mündlichen Arbeitsvertrages einseitig gestellt wird (BAG NZA 2012, 908 Rn 12). Nach dem Sinn und Zweck der AGB-Kontrolle kommt es nämlich ausschließlich darauf an, dass nicht zunächst verhandelt und dann gemeinsam eine Formulierung entworfen wird, die das Verhandlungsergebnis festhalten soll, sondern dass einer der Vertragspartner die Bedingungen, zu denen der Vertrag geschlossen werden soll, bereits **vorab entworfen** hat und sie nunmehr in diesem „Aggregatzustand" **in die Verhandlungssituation einbringt**. Hierbei ist auf die Entstehung der konkreten Klausel abzustellen. So können zwar zunächst Arbeitsvertragsverhandlungen über zentrale Fragen (Arbeitsaufgabe und Arbeitsentgelt) geführt worden sein, während der anschließend vom Arbeitgeber vorgelegte Vertragsentwurf zahlreiche weitere vorformulierte Nebenabreden zu anderen Aspekten enthält (CKK/Clemenz § 305 Rn 21).

123 Für die Anwendbarkeit der §§ 305 ff kommt es nicht darauf an, ob der Arbeitgeber die Vertragsbedingungen **selbst vorformuliert** hat oder ob sie **von einem ausgewählten Dritten** (Arbeitgeberverband, beauftragter Rechtsanwalt etc) **stammen** bzw den zahlreichen Formularsammlungen entnommen sind, die im Arbeitsleben kursieren (BAG NZA 2010, 342 Rn 30). Stets geht es um die Ausnutzung einseitiger Gestaltungsmacht, die auch darin zum Ausdruck kommen kann, dass der Arbeitgeber ein ihm genehmes Formular auswählt und zum Einsatz bringt. Sofern die Parteien einen Vertrag bzw bestimmte Vertragsbedingungen individuell aushandeln und der Arbeitgeber das Verhandlungsergebnis später als **Mustervertrag** weiterverwendet, wie es bei Arbeitsverträgen mit Führungskräften durchaus vorkommen kann, kann diese Regelung allerdings erst für den zweiten Fall der Verwendung als vorformuliert angesehen werden (CKK/Clemenz § 305 Rn 23). Keine Rolle spielt es dagegen, ob ein

bereits vollständiges Formular verwendet oder ob der Vertrag aus **Textbausteinen** zusammengesetzt wird (DBD/DEINERT § 305 Rn 12). Beim Arbeitsvertragsschluss werden vom Arbeitgeber häufig **Formulare** vorgelegt, die **vom Arbeitnehmer zu ergänzen** sind. Dabei ändert die Eintragung persönlicher Daten (Name, Adresse) selbstverständlich nichts am AGB-Charakter der sonstigen Regelungen (BAG NZA 2009, 896 Rn 20). Bei sonstigen Eintragungen ist zu unterscheiden: Fügt der Arbeitnehmer selbst und eigenverantwortlich bestimmte Bedingungen ein (Vertragslaufzeit, Kündigungsfrist, Berechnung einer Tantieme etc), kann die entsprechende Klausel nicht als vorformuliert angesehen werden (**aA** DBD/DEINERT § 305 Rn 11). Gehen die Einfügungen dagegen auf vom Arbeitgeber vorformulierte Regelungen zurück, die er dem Arbeitnehmer zuschiebt, handelt es sich um AGB (CKK/CLEMENZ § 305 Rn 25).

c) Für Vielzahl von Verträgen

Die Vertragsbedingungen müssen für eine Vielzahl von Fällen vorformuliert worden **124**
sein. Das Merkmal der „Vielzahl von Verträgen" wird vom BAG entsprechend der Sichtweise im allgemeinen Zivilrecht großzügig ausgelegt und ist schon bei einer **geplanten dreimaligen Verwendung** erfüllt (BAG NZA 2006, 746 Rn 20). Hierbei kann es sich durchaus um denselben Vertragspartner handeln (BAG NZA 2006, 746 Rn 20), so dass der AGB-Charakter von Arbeitsbedingungen schon dadurch erfüllt sein kann, dass der Arbeitgeber beabsichtigt, bei der Verlängerung eines befristeten Arbeitsvertrages immer wieder die gleichen Bedingungen zugrunde zu legen. Hat der **Arbeitgeber** (oder ein Dritter in seinem Auftrag) die Bedingungen selbst erstellt, kommt es allein auf **seine Absicht** an, sie auch bei künftigen Vertragsabschlüssen verwenden zu wollen. Greift der Arbeitgeber auf Formulare zurück, die von einem **Dritten** (zB Arbeitgeberverband) eigenständig angefertigt worden sind, ist dagegen **dessen Absicht** entscheidend. Damit kann es sich auch dann um AGB handeln, wenn der Arbeitgeber selbst nur einen zweimaligen Einsatz plant (vgl BAG NZA 2010, 342 Rn 30). In keinem der beiden Fälle muss es tatsächlich zu einem mehrfachen Einsatz kommen. Vielmehr sind die §§ 305 ff bereits **beim ersten Einsatz** anwendbar (ungenau deshalb BAG NZA 2007, 748 Rn 15; BAG NZA 2010, 342 Rn 30, wo jeweils offenbar von der Notwendigkeit eines bereits erfolgten dreimaligen Gebrauchmachens ausgegangen wird). Der **nur für den Einzelfall vorformulierte Vertrag** wird demgegenüber nicht schon von § 305 Abs 1 erfasst (siehe aber sogleich Rn 125). Dies gilt auch dann, wenn er auf Standardformulierungen eines Anwalts zurückgeht (vgl BGH NJW-RR 2002, 13, 14), was bei Führungskräften nicht selten vorkommt.

Da Arbeitsverträge grundsätzlich als Verbraucherverträge anzusehen sind (sofern **125**
dem Arbeitgeber nicht ausnahmsweise die Unternehmereigenschaft fehlt), gilt § 310 Abs 3 Nr 2. Danach sind zentrale Vorschriften der AGB-Kontrolle (§§ 305c Abs 2, 306 und 307 bis 309) auf vorformulierte Vertragsbedingungen auch dann anwendbar, wenn diese nur zur einmaligen Verwendung bestimmt sind und der Arbeitnehmer auf Grund der Vorformulierung auf ihren Inhalt keinen Einfluss nehmen konnte. Damit wird in Anlehnung an die Vorgaben der (für Arbeitsverträge allerdings nicht geltenden) Klausel-RL 93/13/EWG auf die Absicht der mehrfachen Verwendung verzichtet. **Einmalbedingungen** sind also **keine AGB im technischen** Sinne. Es bleibt aber beim Erfordernis, dass es sich um vorformulierte Vertragsbedingungen handeln muss (BAG NZA 2009, 666), wofür im Rahmen von § 310 Abs 3 Nr 2 dieselben Grundsätze wie bei § 305 Abs 1 gelten. Das **„Einflussnehmen"** iSv § 310 Abs 3 Nr 2 entspricht dem **„Aushandeln"** iSv § 305 Abs 1 Satz 3 (dazu noch Rn 129 ff). Danach setzt

die Möglichkeit einer Einflussnahme voraus, dass der Verwender die Vertragsbedingungen **ernsthaft zur Disposition stellt** und dem Vertragspartner **Gestaltungsfreiheit zur Wahrung von dessen eigenen Interessen einräumt** (BAG NZA 2005, 1111 unter VII 2; BAG NZA-RR 2009, 519 Rn 22; BAG NZA 2010, 939 Rn 25). Dies kann auch dann der Fall sein, wenn der ursprünglich in die Verhandlungen eingeführte Text nach gründlicher Erörterung beibehalten wird, weil der Klauselgegner nunmehr von seiner sachlichen Notwendigkeit überzeugt ist (BAG NZA-RR 2009, 519 Rn 22; BAG NZA 2010, 939 Rn 25). Die Einflussnahmemöglichkeit muss genau für diejenige Klausel bestanden haben, um deren Kontrolle es geht. Dies ergibt sich aus dem Wort **„soweit"** in § 310 Abs 3 Nr 2 (BAG NZA 2010, 939 Rn 26). Daher können vorformulierte Klauseln im selben Vertragswerk unter Umständen unterschiedlich zu behandeln sein, je nachdem, ob ein entsprechender Einfluss des Klauselgegners bestanden hat.

126 Schließlich fordert § 310 Abs 3 Nr 2 seinem **Wortlaut** nach, dass die **fehlende Einflussnahmemöglichkeit gerade auf der Vorformulierung beruht**. Diese Wendung könnte man dahin verstehen, dass eine Kontrolle nach AGB-rechtlichen Grundsätzen dann entfällt, wenn der fehlende Einfluss des Arbeitnehmers auf den Inhalt der Vertragsbedingungen bereits auf dessen strukturelle Unterlegenheit beim Arbeitsvertragsschluss zurückgeführt werden kann und sich die Vorformulierung nicht zusätzlich als einflussmindernd ausgewirkt hat (in diesem Sinne wohl Ulmer/Ulmer/Schäfer § 310 Rn 80). Eine solche Interpretation hätte indes zur Folge, dass eine stark ausgeprägte strukturelle Verhandlungsüberlegenheit des Arbeitgebers, die jede Einflussnahmemöglichkeit des Arbeitnehmers von vornherein ausschließt, eine weniger intensive Inhaltskontrolle zur Folge haben würde (dazu noch unten Rn 135 ff) als eine weniger deutliche strukturelle Unterlegenheit des Arbeitnehmers, bei der das Fehlen der Möglichkeit einer Einflussnahme auf den Vertragsinhalt erst durch den zusätzlichen Umstand der Vorformulierung komplettiert wird. Um dieses widersinnige Ergebnis zu vermeiden, ist der Einwand des Arbeitgebers nicht zuzulassen, sein generelles Übergewicht in den Vertragsverhandlungen sei so massiv gewesen, dass sich die Vorformulierung nicht mehr ausgewirkt habe, weil der Arbeitnehmer ohnehin jede Vertragsbedingung ungeachtet ihrer vorherigen Abfassung durch den Arbeitgeber akzeptiert hätte. Die Kontrolle nach AGB-rechtlichen Maßstäben wird im Falle einer Vorformulierung von Vertragsbedingungen also kurz gesagt schon durch das Fehlen von Einflussnahmemöglichkeiten auf den Vertragsinhalt und nicht erst durch einen spezifischen Zusammenhang gerade zwischen der Vorformulierung und der fehlenden Einflussnahmemöglichkeit legitimiert, zumal es ohnehin schwer sein dürfte, die verschiedenen Faktoren, die einen Einfluss des Klauselgegners auf die vertraglichen Konditionen ausschließen, klar voneinander zu trennen.

127 Die **Darlegungs- und Beweislast** für das Vorliegen der Tatbestandsvoraussetzungen des § 310 Abs 3 Nr 2 und damit für die Vorformulierung und das Fehlen einer hinreichenden Möglichkeit zur Einflussnahme trägt der **Verbraucher/Arbeitnehmer** (BAG NZA 2005, 1111 unter VII 2; BAG NZA-RR 2009, 519 Rn 22; ErfK/Preis §§ 305–310 BGB Rn 23; Erman/Roloff § 310 Rn 21; Ulmer/Ulmer/Schäfer § 310 Rn 89), weil er es ist, der sich auf die für ihn günstige Anwendbarkeit der genannten Vorschriften beruft. Allerdings gilt zu Gunsten des Verbrauchers/Arbeitnehmers eine **abgestufte Darlegungs- und Beweislast** (BAG NZA 2005, 1111 unter VII 2; BAG NZA-RR 2009, 519 Rn 22 ff) In einem ersten Schritt ist es Sache des Verbrauchers/Arbeitnehmers, dass er die Vorformulierung der Vertragsbedingungen und das Fehlen einer Einflussmöglichkeit – ggf unter Vortrag entsprechender Indizien – behauptet. In einem zweiten Schritt ist dann der Verwender/Arbeitgeber gehalten, im Einzelnen und substantiiert darzulegen, dass es keine vorformulierten Bedingungen und/oder Möglichkeiten der Einflussnahme gab. Diesem Vorbringen muss der Verbraucher/Arbeitnehmer substantiiert entgegentreten. Im Sreitfall muss er letztlich die Richtigkeit seiner Sachdarstellung beweisen.

d) Stellen durch eine Partei

§ 305 Abs 1 verlangt weiter, dass die vorformulierten Vertragsbedingungen von einer Vertragspartei der anderen bei Abschluss des Vertrages **„gestellt“** werden. Bei diesem Merkmal geht es darum, die Rolle des **Verwenders** zu bestimmen. Hierfür genügt es, wenn einer der Kontrahenten die AGB in den Vertrag eingeführt hat (BAG NZA 2005, 1111 unter VII 1; BAG NZA 2010, 939 Rn 20). Eine einseitige Durchsetzung der Konditionen gegenüber dem anderen Vertragspartner kraft überlegener Verhandlungsmacht oder ohne eigene Verhandlungsbereitschaft ist nicht erforderlich (DBD/Deinert § 305 Rn 18; CKK/Kreft § 310 Rn 23). Erst recht spielt es keine Rolle, ob der Verwender die AGB selbst vorformuliert hat, weil sich schon in der Einführung von AGB die einseitige Ausübung von Vertragsgestaltungsfreiheit manifestiert. Nun werden diese vergleichsweise geringen Anforderungen an das „Stellen“ von AGB regelmäßig darauf gestützt, dass ansonsten ein Widerspruch zu den besonderen Einbeziehungsvoraussetzungen des § 305 Abs 2 einträte (Staudinger/Schlosser § 305 Rn 27; Ulmer/Ulmer/Habersack § 305 Rn 26), was im Arbeitsrecht allerdings nicht trägt, weil § 305 Abs 2 gemäß § 310 Abs 4 Satz 2 HS 2 nicht anwendbar ist. Indes lässt sich aus § 310 Abs 3 Nr 1 ableiten, dass es für das Merkmal des „Stellens“ nur darauf ankommt, auf wessen Initiative die Einbeziehung der AGB in den Vertrag zurückgeht. Da AGB beim Arbeitsvertragsschluss praktisch ausschließlich von der Arbeitgeberseite eingeführt werden (oben Rn 2), ist der Arbeitgeber grundsätzlich als deren Verwender anzusehen. Die für Verbraucherverträge in § 310 Abs 3 Nr 1 geregelte **Fiktion**, dass die Bedingungen als „gestellt“ gelten, sofern sie nicht vom Arbeitnehmer eingeführt wurden, ist damit im Arbeitsrecht praktisch bedeutungslos und hat in der arbeitsgerichtlichen Judikatur dementsprechend soweit ersichtlich bislang keine Rolle gespielt. Eine Ausnahme bilden jene seltenen Fälle, in denen beide Arbeitsvertragsparteien eine zumeist **kollektiv ausgehandelte Mustervereinbarung** (häufig eine Abwicklungsregelung) als Vertragsgrundlage wünschen. In einer solchen Konstellation sind die §§ 305 ff nicht anwendbar (vgl Staudinger/Schlosser § 305 Rn 35; ohne Problembewusstsein daher BAG NZA 2009, 896 Rn 20). Bei einem **Betriebsübergang** (§ 613a) geht die Rolle des früheren Arbeitgebers als Verwender auf den neuen Betriebsinhaber über (CKK/Clemenz § 305 Rn 32). Da es bei der AGB-Kontrolle um den Schutz vor einseitig in Anspruch genommener Vertragsgestaltungsfreiheit geht, kann sich der Verwender, also regelmäßig der Arbeitgeber, nicht auf die Unwirksamkeit der Vertragsbedingungen berufen (BAG AP BGB § 613a Nr 387). **128**

e) Kein individuelles Aushandeln

Vertragsbedingungen, die individuell **ausgehandelt** werden, sind gemäß § 305 Abs 1 Satz 3 keine AGB (mehr) und unterliegen daher keiner AGB-rechtlichen Kontrolle. Auch eine Klausel, die ursprünglich als vorformulierte AGB von einer Seite gestellt wurde, ändert bei einem Aushandeln ihren Charakter, selbst wenn sich der Text letztlich nicht ändert (zum Charakter von § 305 Abs 1 Satz 3 als Einschränkung der AGB-Definition siehe nur Staudinger/Schlosser § 305 Rn 36, 44 mwNw). Materiell ist eine aus- **129** gehandelte Klausel nichts anderes als eine **Individualabrede** iSd § 305b (DBD/Deinert § 305b Rn 3). Allerdings setzt § 305b voraus, dass es zwei Vertragsbedingungen gibt, die den gleichen Regelungsbereich betreffen (nämlich Individualabrede und AGB), und ordnet für diesen Fall den Vorrang der Individualvereinbarung an (BAG NZA 2008, 1233 Rn 28; Bieder SAE 2007, 379).

130 Das **„Aushandeln"** iSv § 305 Abs 1 Satz 3 entspricht dem **„Einflussnehmen"** iSv § 310 Abs 3 Nr 2. Danach liegt ein Aushandeln vor, wenn der Arbeitnehmer als regelmäßiger Verwender die fragliche Klausel **ernsthaft zur Disposition stellt** und dem Arbeitnehmer **Gestaltungsfreiheit zur Wahrung eigener Interessen einräumt**. Für ein Aushandeln genügt es nicht, dass der Inhalt der fraglichen Klausel erläutert und erörtert wurde. Vielmehr muss sich der Arbeitgeber deutlich und ernsthaft zu einer Änderung der betreffenden Klauseln bereit erklären. Der Arbeitnehmer muss die reale Möglichkeit haben, die inhaltliche Ausgestaltung der Vertragsbedingungen zu beeinflussen (BAG NZA 2006, 40 unter B II 1 b bb 2; BAG AP BGB § 305 Nr 8 Rn 25; BAG NZA 2006, 746 Rn 21; BAG NZA 2010, 342 Rn 32). Ein übereinstimmendes Verständnis der Arbeitsvertragsparteien über den Inhalt der Vertragsbedingung stellt noch kein Aushandeln dar (BAG NZA 2010, 342 Rn 32). Ebensowenig genügt der Umstand, dass die Klausel anlässlich eines Disputs entstanden ist (BAG NZA 2010, 342 Rn 33). Die erforderliche Bereitschaft des Arbeitgebers, sich auf die Regelungsvorstellungen des Arbeitnehmers einzulassen, wird sich zumeist in erkennbaren Änderungen des vorformulierten Textes niederschlagen. Deshalb kann eine Regelung, in die der gestellte Entwurf unverändert eingeht, nur ausnahmsweise als ausgehandelt gewertet werden. Da § 305 Abs 1 Satz 3 ein Aushandeln zwischen den Vertragsparteien verlangt, genügt es im Übrigen insoweit nicht, wenn die Regelungen das Ergebnis eines Verhandlungsprozesses zwischen dem Arbeitgeber und Arbeitnehmervertretern (Gewerkschaft oder Betriebsrat) sind (Ernst NZA 2007, 1405, 1407). Bezugspunkt des Aushandelns ist ebenso wie im Rahmen von § 310 Abs 3 Nr 2 die einzelne Klausel und nicht das gesamte Vertragswerk (großzügiger CKK/Clemenz § 305 Rn 51 ff, nach der jedenfalls im Arbeitsrecht von einem insgesamt ausgehandelten Regelwerk auszugehen ist, wenn in einem vorformulierten Vertragstext einzelne nicht unerhebliche Änderungen vorgenommen worden sind). Allerdings kann sich in diesen Fällen eine Kontrollfreiheit aus § 310 Abs 4 Satz 3 ergeben (siehe dazu Rn 90 ff, 103).

f) Darlegungs- und Beweislast

131 Die **Darlegungs- und Beweislast für das Vorliegen von AGB liegt** bei demjenigen, der sich auf den Schutz der §§ 305 ff beruft (MünchKomm/Basedow § 305 Rn 45; HWK/Gotthardt § 305 BGB Rn 14; Erman/Roloff § 305 Rn 58). Das ist im Arbeitsrecht **in der Regel der Arbeitnehmer**. Dieser muss also darlegen und beweisen, dass der Arbeitgeber vorformulierte Vertragsbedingungen iSv § 305 Abs 1 gestellt hat. Dagegen tritt die Darlegungs- und Beweislast für ein Aushandeln iSv § 305 Abs 1 Satz 3 den Arbeitgeber (BAG AP BGB § 611 Gratifikation Nr 260 unter II 1 b).

132 Das BAG hat schon mehrfach angenommen, dass das **äußere Erscheinungsbild einer Vereinbarung** eine **widerlegbare tatsächliche Vermutung für ihren Charakter als AGB** insgesamt begründen kann (BAG AP BGB § 611 Gratifikation Nr 260 unter II 1 b; BAG NZA 2011, 1335 Rn 11; BAG NZA 2012, 674 Rn 17). Dies gilt insbesondere, wenn sich in einem Arbeitsvertrag bis auf die persönlichen Daten keine individuellen Besonderheiten finden (BAG NZA 2012, 1440 Rn 30). Zuweilen wird aber auch etwas enger der An-

schein nur auf die **Absicht der Mehrfachverwendung** bezogen (BAG NZA 2006, 746 Rn 20). In jedem Falle sind hierfür generalisierende oder formelhafte Wendungen im Vertrag erforderlich, die nicht auf die individuelle Vertragskonstellation bezogen sind, sondern nur allgemein vertragstypische Risiken regeln (vgl BAG NZA 2006, 746 Rn 22). Wenn die Mehrzahl der Vertragsbedingungen ersichtlich nicht auf die konkrete Situation zugeschnitten ist, kann der dadurch erweckte Anschein nicht damit widerlegt werden, dass der Vertrag in Teilen auch individuelle Vereinbarungen enthält. Sind die in einem Vertragstext enthaltenen Angaben dagegen individuell auf die Besonderheiten eines Arbeitnehmers abgestimmt, besteht jedenfalls kein Anscheinsbeweis für die Absicht der Mehrfachverwendung (BAG NZA 2008, 1004 Rn 14 f). Letzteres ist freilich ohnehin nicht erforderlich, wenn der Arbeitsvertrag – wie im Regelfall – Verbrauchervertrag ist und deshalb zum einen das „Stellen“ vermutet wird (§ 310 Abs 3 Nr 1) und zum anderem auch nur zur einmaligen Verwendung vorformulierte Vertragsbedingungen der Kontrolle nach den §§ 305c Abs 2, 306 und 307 bis 309 unterworfen werden (§ 310 Abs 3 Nr 2). Bei der weiterhin zu beweisenden Vorformulierung wird häufig ein Anscheinsbeweis greifen.

4. Sonstige Verträge zwischen Arbeitgeber und Arbeitnehmer

Auf **nichtarbeitsrechtliche Verträge** zwischen Arbeitgeber und Arbeitnehmer finden **133**
die §§ 305 ff uneingeschränkt und ohne Rücksicht auf die im Arbeitsrecht geltenden Besonderheiten Anwendung. Dies gilt zum einen für Verträge, die völlig losgelöst vom Arbeitsverhältnis abgeschlossen worden sind, zum anderen aber auch für Verträge, die nur deshalb zu Stande gekommen sind bzw besondere Bedingungen aufweisen, weil sich die Parteien zugleich in einem Arbeitsverhältnis befinden. Hierunter fallen etwa Verträge über Werkdienstwohnungen, Kaufverträge mit besonderen Personalrabatten oder Arbeitnehmerdarlehen zu einem besonders günstigen Zins. Die Anwendbarkeit des allgemeinen AGB-Recht auf alle diese Verträge entsprach schon früher der ganz herrschenden Meinung, weil es insoweit stets an einschlägigen arbeitsrechtlichen Schutzmechanismen fehlte, mit deren Existenz seinerzeit die Bereichsausnahme begründet worden war (BAG NZA 1993, 1029 [Kauf eines Jahreswagens]; BAG NZA 2005, 682 [Schuldversprechen]; LAG Saarland NZA 1988, 164 [Arbeitgeberdarlehen]; tendenziell bereits BAG NZA 1993, 936 [Arbeitnehmerdarlehen]; ferner NZA 2004, 484; abweichend aber Nicolai ZIP 1995, 359 ff). Daran hat sich durch die Einbeziehung von Arbeitsverträgen in die AGB-Kontrolle nichts geändert (DBD/Däubler Einl Rn 37 ff; Günther, AGB-Kontrolle von Arbeitsverträgen [2007] 100 ff; Lingemann NZA 2002, 181, 184; Erman/Roloff § 310 Rn 36; Wolf/Stoffels ArbR Rn 26). Demgegenüber gestalten Abreden über die Bereitstellung eines Dienstwagens auch zur privaten Nutzung die Gegenleistung des Arbeitgebers aus und zählen daher noch zu den arbeitsvertraglichen Vereinbarungen.

5. Vorformulierte Verträge mit arbeitnehmerähnlichen Personen

Arbeitnehmerähnliche Personen sind weisungsunabhängige **Selbständige**, die sich in **134**
wirtschaftlicher Abhängigkeit befinden und vergleichbar einem Arbeitnehmer schutzbedürftig sind (vgl § 12a Abs 1 TVG). Da sie keine Arbeitsverträge schließen, wurden sie von der Bereichsausnahme des früheren § 23 Abs 1 AGBG nicht erfasst und unterlagen deshalb von Anfang an dem AGB-Gesetz (OLG Nürnberg NJW-RR 1986, 782; LAG Hamm NZA-RR 1999, 405; OLGR Düsseldorf 1999, 468; Preis/Stoffels ZHR 160

[1996] 442, 454 f; offen gelassen in BGH AP AGB-Gesetz § 23 Nr 1; BGH NJW 1984, 1112). Daran hat sich durch die Schuldrechtsreform nichts geändert. Gehen arbeitnehmerähnliche Personen die als Grundlage für ihr Tätigwerden typische Rechtsbeziehung – Dienstvertrag oder Werkvertrag – ein, handeln sie hierbei in Ausübung ihrer selbständigen beruflichen Tätigkeit und sind – jedenfalls formal – als **Unternehmer** im Sinne von § 14, § 310 Abs 1 anzusehen. Damit finden § 305 Abs 2 und 3 – dies gilt gem § 310 Abs 4 Satz 2 HS 2 freilich auch für Arbeitnehmer – sowie §§ 308 und 309 auf Verträge mit arbeitnehmerähnlichen Personen keine Anwendung (DBD/Däubler Einl Rn 75; demgegenüber geht ErfK/Preis §§ 305–310 BGB Rn 10 offenbar von der Geltung des § 305 Abs 2, Abs 3 für die Verträge mit arbeitnehmerähnlichen Personen aus, ohne den Unternehmerbegriff und § 310 Abs 1 zu berücksichtigen). Im Rahmen von § 307 Abs 1 und 2 ist allerdings auf die besondere soziale **Schutzbedürftigkeit** dieser „Unternehmer"-Gruppe zu achten (vgl Ulmer/Fuchs § 310 Rn 147). Auch sind die „im Arbeitsrecht geltenden Besonderheiten" nicht zu berücksichtigen, weil arbeitnehmerähnliche Personen keine „Arbeitsverträge" im Sinne von § 310 Abs 4 Satz 2 HS 1 schließen. Im Ergebnis wird deshalb für Arbeitnehmer und arbeitnehmerähnliche Personen ein annähernd gleiches Schutzniveau bestehen (so auch MünchKomm/Basedow § 310 Rn 105; ErfK/Preis §§ 305–310 BGB Rn 10).

6. Inhaltskontrolle von Individualvereinbarungen

135 Echte Individualverträge und Individualvereinbarungen unterliegen **keiner AGB-rechtlichen Inhaltskontrolle**. Dies betrifft im vorliegenden Zusammenhang alle arbeitsvertraglichen Abreden, die entweder (Fall 1) vom Arbeitgeber überhaupt nicht vorformuliert sind (§ 305 Abs 1 Satz 1) oder (Fall 2) nur für höchstens zwei Arbeitsverträge vorformuliert sind und bei denen es trotz der Vorformulierung nicht an einer Einflussnahmemöglichkeit des Arbeitnehmers auf ihren Inhalt fehlt (§ 310 Abs 3 Nr 2; verneint man entgegen der hM die Verbrauchereigenschaft des Arbeitnehmers [zu dieser Problematik Rn 108 ff], liegt die zweite Fallgruppe schon dann vor, wenn die Klausel nicht für eine Vielzahl von Arbeitsverträgen [also für mindestens drei Verträge] vorformuliert worden ist) oder (Fall 3) nicht vom Arbeitgeber gestellt worden sind (§§ 305 Abs 1 Satz 1, 310 Abs 3 Nr 1) oder (Fall 4) trotz Erfüllung der allgemeinen AGB-rechtlichen Voraussetzungen im Einzelnen ausgehandelt wurden (§ 305 Abs 1 Satz 3; zur Deutung von § 305 Abs 1 Satz 3 als Einschränkung der AGB-Definition BGH NJW 1977, 624, 625; Erman/Roloff § 305 Rn 17; Stoffels, AGB-Recht Rn 147; Ulmer/Ulmer/Habersack § 305 Rn 40 ff). Die §§ 307 ff sind auf solche Individualverträge und Individualvereinbarungen (zur uneinheitlichen Terminologie vgl Miethaner, AGB-Kontrolle versus Individualvereinbarung [2010] 4 f) weder unmittelbar noch analog anwendbar (Thüsing, AGB-Kontrolle Rn 43), wobei es in allen Gestaltungen **nur auf die jeweilige Klausel**, nicht aber auf den Charakter des gesamten Arbeitsvertrages ankommt. Demgegenüber hatte die ältere Rechtsprechung des BAG bei der von ihr praktizierten Angemessenheitskontrolle häufig nicht danach differenziert, ob es sich um vorformulierte Arbeitsverträge im Sinne des AGB-Rechts oder um sonstige arbeitsvertragliche Vereinbarungen handelte (vgl Rn 10). Die durch das Schuldrechtsmodernisierungsgesetz bewirkte Ausdehnung der AGB-Kontrolle (nur) auf Standardarbeitsverträge einschließlich vorformulierter Einzelverträge iSv § 310 Abs 3 Nr 2 wirft daher die Frage auf, ob bei sämtlichen Arbeitsverträgen an einer unterschiedslosen Inhaltskontrolle festgehalten werden kann, ob also mit anderen Worten auch die nicht vom AGB-Recht erfassten Individualklauseln einer wirkungsgleichen Kontrolle unterzogen werden können.

Teile des Schrifttums sprechen sich dafür aus, auch bei echten Einzelvereinbarungen eine Angemessenheitskontrolle vorzunehmen, die zwar nicht auf die §§ 307 ff, aber offenbar mit gleicher Intensität auf § 242 gestützt werden soll. Zur Begründung beruft man sich regelmäßig auf das fehlende Verhandlungsgleichgewicht der Arbeitsvertragsparteien (DBD/Deinert § 307 Rn 46a; Hromadka NJW 2002, 2524, 2525; Konzen, in: FS Hadding [2004] 145, 158, 165 f; Maschmann RdA 2005, 213, 217; so zum früheren Recht bereits Dieterich RdA 1995, 129, 135; Fastrich, Richterliche Inhaltskontrolle im Privatrecht [1992] 199 ff; Fastrich RdA 1997, 65, 77 f; M Wolf RdA 1988, 270, 272). Dabei geht diese Sichtweise teilweise mit der Auffassung einher, dass die eigentliche Legitimation für eine Inhaltskontrolle von Arbeitsverträgen ohnehin nicht in deren Vorformulierung durch den Arbeitgeber zu sehen ist, sondern in gesteigerten arbeitsrechtlichen Treubindungen (Zöllner RdA 1989, 152, 158 [aber mit deutlicher Kritik gegenüber einer zu weit reichenden Inhaltskontrolle]) bzw darin, dass der Arbeitnehmer bei der Vereinbarung von Arbeitsvertragsbedingungen nicht in umfassender Freiheit handelt und von seinem Einverständnis daher nicht automatisch auf eine Angemessenheit des Vertragsinhalts geschlossen werden könne (Zöllner ZfA 2010, 637, 644 [allerdings wiederum krit gegenüber einer zu weit reichenden Inhaltskontrolle]). Das BAG hat sich nach einem anfänglichen Schwanken (BAG NZA 2004, 853 unter VI 2) demgegenüber klar für eine **Zweiteilung des Prüfungsmaßstabs** ausgesprochen. Danach sollen die §§ 305 ff eine abschließende Konkretisierung der auf Treu und Glauben zurückzuführenden allgemeinen Angemessenheitskontrolle darstellen. Wenn der Vertrag nicht durch den Einsatz vorformulierter AGB zustande kommt, sondern dadurch, dass die Vertragsparteien die Konditionen im Einzelnen aushandeln, dann könne grundsätzlich von einer angemessenen Interessenwahrung durch die Parteien selbst ausgegangen werden. Dementsprechend seien die Parteien regelmäßig bis zur Grenze der Sittenwidrigkeit frei, ihre Regelungen selbst zu bestimmen (BAG NZA 2005, 1111 unter VI 2). Auch bei einzelvertraglichen Vereinbarungen soll es aber im Falle einer strukturellen Störung der Vertragsparität zu einer im Vergleich zu § 138 Abs 1 verschärften inhaltlichen Kontrolle kommen. Das BAG übernimmt insoweit die vom BVerfG insbesondere in der Bürgschafts-Entscheidung (BVerfGE 89, 214, 231 ff; ebenso BVerfG NJW 1996, 2021; ähnlich BVerfGE 103, 89, 100 f) herausgearbeiteten verfassungsrechtlichen Vorgaben, die unter bestimmten Voraussetzungen eine Pflicht der Gerichte zur Inhaltskontrolle von Verträgen vorsehen (dazu bereits Rn 47 f). Das überwiegende Schrifttum hat sich dieser Sichtweise angeschlossen (Annuss BB 2006, 1333, 1335; Bayreuther NZA 2005, 1337, 1338; HWK/Gotthardt § 305 BGB Rn 9; Junker, in: FS Buchner [2009] 369, 372 f; Löwisch, in: FS Canaris, Bd I [2007] 1403, 1405; ErfK/Preis §§ 305–310 BGB Rn 24; MünchArbR/Richardi/Buchner § 33 Rn 15 [undeutlich aber Richardi NZA 2002, 1057, 1060]; Rolfs RdA 2006, 349, 351 ff; Wolf/Stoffels ArbR Rn 43; Thüsing, AGB-Kontrolle Rn 44 f; Thüsing/Leder BB 2005, 938, 941; so bereits Hanau NJW 2002, 1240, 1242; tendenziell auch I Schmidt NZA 2004, 1002, 1007). **136**

Dabei muss allerdings klar zwischen den **Voraussetzungen der Inhaltskontrolle** von ausgehandelten Arbeitsvertragsbedingungen auf der einen Seite und den **Maßstäben dieser Kontrolle** auf der anderen Seite unterschieden werden. Nimmt man das BAG beim Wort, so soll es zu einer verfassungsrechtlich gebotenen (Berufsfreiheit – Art 12 Abs 1 GG, Sozialstaatsprinzip – Art 20 Abs 1, 28 Abs 1 GG) Inhaltskontrolle in diesen Fällen auf den ersten Blick offenbar nur dann kommen, wenn sowohl eine strukturell ungleiche Verhandlungsstärke vorgelegen hat als auch der Inhalt des Vertrages eine Seite ungewöhnlich stark belastet, so dass der Vertrag offensichtlich **137** keinen geeigneten Interessenausgleich mehr darstellt. In diesem Sinne hatte sich auch das BVerfG in seiner Bürgschaftsentscheidung geäußert. Tatsächlich werden hierdurch der **Eingriffsgrund und der Kontrollmaßstab miteinander vermengt**. Legitimer Grund einer richterlichen Intervention, die sich nicht auf die Feststellung der durch das zwingende Recht vorgegebenen Grenzen beschränkt, sondern darüber hinaus geht, kann nur die **Einschränkung der Selbstbestimmung** des einen Teils sein, die aus dem Vertrag bis zu einem gewissen Grade eine Form der Fremdbestimmung durch den anderen Teil macht. Dagegen kann eine ungewöhnlich starke Belastung eines Vertragsteils für sich genommen keine Inhaltskontrolle rechtfertigen, wenn sie in völliger Freiheit übernommen worden ist. Vielmehr kann eine solche Belastung nur ein Indiz dafür sein, dass bei Vertragsschluss eine strukturelle Unterlegenheit bestanden hat.

138 Soweit es nun um den Eingriffsgrund geht, ist zunächst nach wie vor daran festzuhalten, dass sich **der Arbeitnehmer beim Aushandeln der Arbeitsbedingungen regelmäßig in einer Situation struktureller Unterlegenheit befindet**, weil er typischerweise in einem stärkeren Maße auf die Begründung des Arbeitsverhältnisses angewiesen ist als der Arbeitgeber (zur regelmäßig vorliegenden strukturellen Unterlegenheit des Arbeitnehmers beim Abschluss von Arbeitsverträgen siehe nur BVerfGE 84, 212, 229; BVerfGE 85, 191, 213; BVerfGE 92, 365, 395; ferner BAG NZA 1994, 937; zurückhaltend aber Preis, Grundfragen der Vertragsgestaltung im Arbeitsrecht [1993] 286 ff; grds gegen eine Verknüpfung von Ungleichgewichtslage und mangelnder Selbstbestimmung beim Abschluss von Schuldverträgen Zöllner AcP 196 [1996] 1, 24 ff). Vergleichbares gilt bei einer Änderung des Arbeitsvertrages während des Bestehens des Arbeitsverhältnisses, weil der Arbeitnehmer auch bei einem vorhandenen Bestandsschutz im Allgemeinen geneigt sein wird, das eigene Arbeitsverhältnis nicht zu belasten (BVerfG NZA 2007, 85; BAG NZA 2007, 853 Rn 22; DBD/Deinert § 307 Rn 33; in diese Richtung auch Maschmann RdA 2005, 213, 217; tendenziell anders aber BAG NZA 2009, 1337 Rn 49). Diese Typisierung der rechtstatsächlichen Situation schließt Abweichungen in Einzelfällen nicht aus, für die der Arbeitgeber dann aber als nachweispflichtig anzusehen ist. Dagegen kann es nicht überzeugen, wenn es das BAG in einer älteren Entscheidung für eine Inhaltskontrolle ausreichen ließ, dass eine gestörte Vertragsparität aufgrund struktureller Unterlegenheit des Arbeitnehmers (nur) „nahe liege" (BAG NZA 2002, 551).

139 Das grundsätzliche Vorliegen einer strukturellen Unterlegenheit des einzelnen Arbeitnehmers legitimiert nun zwar **eine über das zwingende Recht hinausgehende Wirksamkeitskontrolle**, die man formal auf § 242 (vgl Konzen, in: FS Hadding [2004] 145, 153 f, 165; I Schmidt NZA 2004, 1002, 1007; Zöllner RdA 1989, 152, 158) oder doch auf das allgemeine Rechtsprinzip von Treu und Glauben (vgl Coester-Waltjen AcP 190 [1990] 1, 16) stützen kann. Dies bedeutet aber nicht, dass auch bei echten Einzelvereinbarungen eine in ihrer Intensität den Maßstäben des AGB-Rechts gleichkommende Inhaltskontrolle vorzunehmen ist. Stattdessen ist die Entscheidung des Gesetzgebers ernst zu nehmen, eine allgemeine Angemessenheitskontrolle an das Vorhandensein einer vom Arbeitgeber vorformulierten Vereinbarung zu binden. Daher ist für die Inhaltskontrolle bei Einzelabreden ein gröberer Prüfungsmaßstab anzulegen und nur danach zu fragen, ob **der Vertrag bzw die konkrete Klausel als Instrument zum Ausgleich der beiderseitigen Interessen offensichtlich ungeeignet** ist. Dementsprechend führt nur eine ungewöhnliche Belastung zur Unwirksamkeit der betreffenden vertraglichen Regelung, während eine lediglich „einfache" Unangemessenheit nicht dem Unwirksamkeitsverdikt unterfällt (in diesem Sinne auch BAYREUTHER NZA 2005, 1337, 1338; THÜSING RdA 2005, 257, 262). Damit steht den Parteien einer echten Individualabrede ein „Mehr an Vertragsfreiheit" zu (so ausdrücklich I SCHMIDT NZA 2004, 1002, 1007). Diese Abstufung der Kontrollmaßstäbe wird an der Grundsatzentscheidung des BAG zu zweistufigen Ausschlussfristen deutlich: Danach ist eine Frist von vier Wochen für die zweite Stufe der Ausschlussklausel bei Anwendung der Maßstäbe des AGB-Rechts unangemessen kurz, während dieselbe Frist aufgrund des bei der Kontrolle von ausgehandelten Einzelvereinbarungen anzulegenden Maßstabs noch keine ungewöhnliche Belastung darstellt (BAG NZA 2005, 1111).

Dieser zweigeteilten Konzeption der herrschenden Meinung scheint entgegenzustehen, dass der Schuldrechtsreformgesetzgeber die Inhaltskontrolle von Arbeitsverträgen verschärfen, nicht aber absenken wollte (so die Argumentation von BENECKE AuR 2006, 337, 341; DBD/DEINERT § 307 Rn 46a). Allerdings kommt man nicht daran vorbei, dass der **Gesetzgeber eine ausdrückliche Legitimation zur Inhaltskontrolle nur für AGB bzw vorformulierte Einmalbedingungen vorgesehen hat**, nicht aber für sämtliche Arbeitsverträge. Zudem heißt es in den Gesetzesmaterialien ausdrücklich, dass das Schutzniveau der Vertragsinhaltskontrolle im Arbeitsrecht nicht hinter demjenigen des Zivilrechts zurückbleiben solle (BT-Drucks 14/6847, 54). Von einem höheren Schutzniveau im Arbeitsrecht, zu dem es bei einer umfassenden Angemessenheitskontrolle auch von ausgehandelten Einzelvereinbarungen käme, ist nicht die Rede. Weiter zeigt eine exakte Analyse der Entscheidungen des BAG aus der Zeit vor der Schuldrechtsmodernisierung, dass es schon damals zumeist um vorformulierte Klauseln – im früheren Jargon regelmäßig Einheitsregelungen genannt – ging (das Vorliegen einer Einheitsregelung als Aufgreifkriterium für eine Inhaltskontrolle ausdrücklich hervorhebend etwa BAG AP BGB § 305 Billigkeitskontrolle Nr 1; BAG AP BGB § 305 Billigkeitskontrolle Nr 2; BAG NZA 1986, 782; BAG NZA 1994, 759), so dass die Angemessenheitskontrolle echter Individualabreden in der älteren Judikatur nicht so breit abgesichert war, wie dies heute teilweise behauptet wird. Hinzu kommt die Überlegung, dass sich der Arbeitgeber bei der Verwendung von Formulararbeitsverträgen typischerweise gleich aus zwei Gründen in einer überlegenen Position befindet, nämlich einmal kraft situativer Überlegenheit als Folge eines Informationsvorsprungs und einmal kraft struktureller Überlegenheit als Folge eines Machtungleichgewichts. Wenn in solchen Fällen die AGB-rechtliche Angemessenheitskontrolle eingreift, ist es gerechtfertigt, beim eindeutigen Fehlen einer Informationsasymmetrie den Prüfungsmaßstab abzusenken und eine lediglich auf die Korrektur von ungewöhnlichen Belastungen begrenzte Inhaltskontrolle vorzunehmen (im Erg wohl auch PREIS/ROLOFF ZfA 2007, 43, 81 f, die zwar von einem Fortbestehen der allgemeinen Inhaltskontrolle bei besonderer Rechtfertigung ausgehen, zugleich aber davon sprechen, dass es sich hierbei um eine Kontrolle „2. Klasse" handeln soll). **140**

Die Intensität der Belastungen des Arbeitnehmers muss allerdings nicht stets so groß sein wie etwa bei der mithaftenden Tochter im Bürgschaftsfall (vgl Rn 48) und geradezu auf seinen wirtschaftlichen Ruin hinauslaufen (ebenso WIEDEMANN JZ 1994, 411, 412 f). Denn das BVerfG hat nur das verfassungsrechtlich gebotene Minimum an Vertragskontrolle definiert, über das die Fachgerichtsbarkeit bei der Konkretisierung rechtlicher Prinzipien aber durchaus hinausgehen darf (anders wohl ROLFS RdA 2006, 349, 351 ff; THÜSING RdA 2005, 257, 262). Auf dieser Linie liegen auch die Entscheidungen des BAG, in denen es sich noch vor der Schuldrechtsreform auf die Judikatur des BVerfG gestützt hatte, ohne dass es stets um vergleichbar große Belastun- **141** gen des Arbeitnehmers wie im Bürgschaftsfall ging (vgl BAG NZA 1994, 937; BAG NZA 2002, 551; BAG NZA 2004, 484). Gleichwohl muss ein **deutlicher Abstand zur AGB-rechtlichen Angemessenheitskontrolle gewahrt werden**, um die gesetzgeberische Entscheidung einer Beschränkung dieser Kontrolle auf vorformulierte Klauseln nicht zu unterlaufen (anders aber Wiedemann JZ 1994, 411, 413: Niveau des AGB-Rechts). Jedenfalls können nicht alle nach Maßgabe der §§ 307 ff unzulässigen Klauseln schlicht als ungewöhnliche Belastungen des Arbeitnehmers deklariert werden, um auf diese Weise eine vergleichbare Kontrollintensität bei Individualverträgen und Individualvereinbarungen herbeizuführen. Die grundsätzliche Bedeutung dieser gegenüber den §§ 307 ff verminderten Kontrolldichte ist bei Arbeitsverträgen angesichts der vergleichsweise niedrigen Anforderungen an das Vorliegen von AGB wie auch umgekehrt der hohen Anforderungen an das Aushandeln iSv § 305 Abs 1 Satz 3 freilich gering (Junker, in: FS Buchner [2009] 369, 373). Vielmehr kommt es in der ganz überwiegenden Anzahl von Fällen zu einer Angemessenheitskontrolle anhand des AGB-rechtlichen Kontrollregimes. Gelingt dem Arbeitgeber dagegen umgekehrt der Nachweis, dass es sich um eine tatsächlich frei ausgehandelte Vereinbarung handelt, also weder eine informationelle noch eine auf die Verhandlungsmacht bezogene Unterlegenheit bestanden habe, weil beispielsweise der Arbeitnehmer ein gesuchter Spezialist ist, der aus mehreren Vertragsangeboten das für ihn günstigste herausgesucht hat, scheidet selbst eine abgeschwächte Inhaltskontrolle aus (Lieb, in: FS Konzen [2006] 501, 504). Vielmehr bleibt es dann bei den allgemeinen Grenzen der Vertragsfreiheit, also bei den §§ 134, 138 sowie beim zwingenden Recht.

III. Durchführung der arbeitsrechtlichen AGB-Kontrolle

1. Grundkonzeption

142 Für die AGB-Kontrolle von Arbeitsverträgen gelten **im Ausgangspunkt weitgehend dieselben Grundsätze wie für die allgemeine AGB-Kontrolle**. Anders als bei den Verträgen iSv § 310 Abs 1 und 2 sind bei der eigentlichen Inhaltskontrolle die besonderen Klauselverbote der §§ 308 und 309 vom Gesetzgeber also nicht ausgeklammert worden. Diese Klauselverbote sind auch nicht etwa aufgrund einer teleologischen Reduktion auf Arbeitsverträge von vornherein unanwendbar (vgl BAG NZA 2004, 727 unter B II 1 zu § 309 Nr 6). Damit greifen die verschiedenen Kontrollebenen der Einbeziehungskontrolle (§ 305c Abs 1), der Transparenzkontrolle (§ 307 Abs 1 Satz 2, Abs 3 Satz 2), der materiellen Unangemessenheitskontrolle (§§ 307 Abs 1 Satz 1, Abs 2, 308, 309) sowie bei Leistungsbestimmungs- oder -änderungsrechten – der AGB-Kontrolle als solcher nachgelagert – der Ausübungskontrolle (§ 106 GewO bzw § 315 – dazu bereits Rn 38 ff). Allerdings bestehen zwei Abweichungen: Zum einen ist gemäß § 310 Abs 3 Satz 2 HS 2 bei der Einbeziehungskontrolle § 305 Abs 2 und 3 nicht anwendbar (hierzu Rn 153). Zum anderen schreibt § 310 Abs 3 Satz 2 HS 1 vor, dass bei der Anwendung des AGB-Rechts auf Arbeitsverträge die im Arbeitsrecht geltenden Besonderheiten angemessen zu berücksichtigen sind (dazu sogleich Rn 143 ff).

2. Berücksichtigung der arbeitsrechtlichen Besonderheiten

143 Mit dem Vorbehalt, dass bei der Anwendung der AGB-rechtlichen Vorschriften auf

Arbeitsverträge **die im Arbeitsrecht geltenden Besonderheiten angemessen zu berücksichtigen** sind (§ 310 Abs 4 Satz 2 HS 1), soll der Befürchtung entgegengewirkt werden, die Erstreckung der AGB-Kontrolle auf Arbeitsverträge würde dem Charakter des Arbeitsverhältnisses und den über Jahrzehnte gewachsenen Strukturen des Arbeitsrechts nicht gerecht werden. Die Bundesregierung hat in diesem Zusammenhang im Hinblick auf ihren (textlich noch etwas anders gefassten) Entwurf davon gesprochen, dass insbesondere bei der Anwendung der besonderen Klauselverbote ohne Wertungsmöglichkeit die besonderen Bedürfnisse eines Arbeitsverhältnisses zu berücksichtigen seien (BT-Drucks 14/6857, 54), während der Rechtsausschuss, auf den die gegenwärtige Formulierung zurückgeht, die Erwartung geäußert hat, dass hierdurch den Besonderheiten spezifischer Bereiche des Arbeitsrechts wie zB des kirchlichen Arbeitsrechts angemessen Rechnung getragen werden könne (BT-Drucks 14/7052, 189).

144 Um das genaue Verständnis des Vorbehalts war vor allem in der ersten Zeit nach der Ausdehnung der AGB-Kontrolle auf vorformulierte Arbeitsverträge eine lebhafte Diskussion entbrannt (umfassende Schilderung in BAG NZA 2004, 727), die sich mittlerweile freilich wieder beruhigt hat. In der Rückschau hat die **Vorbehaltsklausel die AGB-Kontrolle von Arbeitsverträgen weniger stark beeinflusst**, als dies ursprünglich prognostizieren worden war (vgl Junker, in: FS Buchner [2009] 369, 378 ff). Vielmehr hat die arbeitsgerichtliche Judikatur die im Arbeitsverhältnis bestehenden besonderen Bedürfnisse nicht selten in die Anwendung der allgemeinen AGB-rechtlichen Kontrollmechanismen integriert, ohne die Besonderheitenklausel mehr als nur floskelhaft zu erwähnen, so zB bei Widerrufsvorbehalten (BAG NZA 2005, 465; BAG NZA 2007, 87). In diesem Sinne hat das BAG schon frühzeitig ausgeführt, dass die Besonderheitenklausel bei denjenigen Vorschriften, die ohnehin eine richterliche Wertungsmöglichkeit eröffnen, kaum einen eigenständigen Regelungsgehalt habe (BAG NZA 2004, 727 unter B I 2 b aa). Da die Klauselverbote ohne Wertungsmöglichkeit in der arbeitsrechtlichen AGB-Kontrolle aber lediglich eine marginale Rolle spielen und das Schwergewicht eindeutig auf der Generalklausel des § 307 liegt, verwundert es nicht, dass sich keine umfassende Dogmatik zu den im Arbeitsrecht geltenden Besonderheiten herausgebildet hat.

145 Im Hinblick auf den **Anwendungsbereich** von § 310 Abs 4 Satz 2 HS 1 kann als geklärt angesehen werden, dass die arbeitsrechtlichen Besonderheiten grundsätzlich auf **allen Stufen des AGB-rechtlichen Prüfungsprogramms relevant** sein können, also für die Einbeziehungskontrolle, und zwar für die Einstufung einer Klausel aufgrund ihrer Üblichkeit im Arbeitsleben als nicht überraschend (vgl für Ausschlussfristen BAG NZA 2005, 1111 unter IV 3; für Bezugnahmeklauseln BAG NZA-RR 2009, 593 Rn 22), für die verschiedenen Anknüpfungspunkte der Inhaltskontrolle in Gestalt der Klauselverbote ohne Wertungsmöglichkeit (vgl BAG NZA 2004, 727 zu § 309 Nr 6; BAG NZA 2005, 1111 zu § 309 Nr 13), der Klauselverbote mit Wertungsmöglichkeit (vgl BAG NZA 2005, 465 zu § 308 Nr 4) und der Generalklausel (vgl BAG NZA 2006, 746 zum Transparenzgebot) sowie für die Bestimmung der Rechtsfolgen unwirksamer Klauseln (vgl BAG NZA 2009, 666 zur ergänzenden Vertragsauslegung). Dagegen stellen die im Arbeitsrecht durchaus beachtlichen Aspekte der Rechtssicherheit und Rechtsklarheit (dazu noch Rn 237) keine arbeitsrechtlichen Besonderheiten dar, welche in bestimmten Fällen eine AGB-Kontrolle von vornherein ausschließen (vgl zu einem Klageverzichtsvertrag BAG NZA 2008, 219 Rn 25).

146 Eine weitere grundsätzliche Frage geht dahin, ob von dieser Formulierung nur rechtliche und damit normative oder auch tatsächliche Besonderheiten erfasst sind. Das BAG hat dies zunächst ausdrücklich offen gelassen (BAG NZA 2004, 727 unter B II 2b). In späteren Entscheidungen wurden dann ohne nähere Begründung **auch die tatsächlichen Besonderheiten des Arbeitslebens einbezogen** und darauf die Zulässigkeit von zweistufigen Ausschlussfristen (BAG NZA 2005, 1111 unter III 6c), von Anrechnungsvorbehalten (BAG NZA 2006, 746 Rn 32) sowie von Versetzungsklauseln (BAG NZA 2006, 1149 Rn 34; BAG AP BGB § 307 Nr 26 Rn 40) gestützt (die Berücksichtigung der tatsächlichen Besonderheiten des Arbeitslebens bei der Frage einer ergänzenden Vertragsauslegung grds bejahend auch BAG NZA 2009, 666 Rn 28; siehe ferner BAG NZA 2008, 1194 Rn 40). Das Schrifttum ist gespalten: Neben zahlreichen Vertretern einer Berücksichtigung auch tatsächlicher Besonderheiten (zB Birnbaum NZA 2003, 944, 946; Hanau, in: FS Konzen [2006] 249; Joost, in: FS Ulmer [2003] 1199, 1203; Singer RdA 2003, 194, 199; Wolf/Stoffels ArbR Rn 18; ebenso im Wege der Gleichsetzung von Arbeitsverträgen mit Arbeitsrecht Löwisch, in: FS Canaris, Bd I [2007] 1403, 1413; dem BAG aus „pragmatischen Erwägungen" letztlich folgend ferner Thüsing, AGB-Kontrolle Rn 109, anders noch Thüsing NZA 2002, 591, 592 f) finden sich nach wie vor Stimmen, die für eine Beschränkung auf rechtliche Besonderheiten plädieren (zB DBD/Deinert § 310 Rn 64 ff; Hönn ZfA 2003, 325, 331; Lakies, Vertragsgestaltung und AGB im Arbeitsrecht [2. Aufl 2011] Kap 1 Rn 391).

147 Für eine solche Begrenzung spricht zunächst der Wortlaut von § 310 Abs 3 Satz 2. Danach geht es um die im Arbeits*recht* und nicht im Arbeits*leben* geltenden Besonderheiten. Weiter ist von *geltenden* Besonderheiten die Rede. Dies deutet auf das Erfordernis normativer Besonderheiten hin, weil nur Normen gelten oder nicht gelten können, während Tatsachen entweder wahr oder nicht wahr sind (zutr DBD/Deinert § 310 Rn 64). Allerdings **nimmt es der Gesetzgeber mit seiner Wortwahl nicht sonderlich genau**, indem er in § 310 Abs 1 Satz 2 davon spricht, dass bei der Inhaltskontrolle unter Kaufleuten auf die im Handelsverkehr *geltenden* Gewohnheiten und Gebräuche, also auf tatsächliche Gegebenheiten angemessen Rücksicht zu nehmen ist. Immerhin erlaubt diese Regelung den systematischen Umkehrschluss, dass es auf die im Arbeitsleben bestehenden tatsächlichen Usancen als solche nicht ankommen soll. Damit bleibt zunächst festzuhalten, dass schlichte Gepflogenheiten der arbeitsvertraglichen Klauselpraxis für sich genommen keinen Grund darstellen, von den in den §§ 305 ff enthaltenen Vorgaben abzuweichen (BAG NZA 2011, 1338 Rn 53 zum kompensationslosen Klageverzicht; Wolf/Stoffels ArbR Rn 17).

148 Hierdurch wird die Problematik aber noch nicht ausgeschöpft. Zum Bereich des Normativen sind über das Gesetzesrecht hinaus nämlich auch **Rechtsprinzipien** sowie **allgemeine Rechtsgrundsätze** zu zählen (DBD/Deinert § 310 Rn 65). Hierzu gehört etwa der Grundsatz, dass **legitime Bedürfnisse eines Vertragspartners** bei der Klauselkontrolle nicht übergangen werden dürfen. Solche Bedürfnisse lassen sich regelmäßig nur durch einen unverstellten Blick auf die Rechtstatsachen ermitteln. Tatsächliche Besonderheiten des Arbeitslebens können daher durchaus Relevanz erlangen, wenn sie zu **allgemein gültigen normativen Aussagen verdichtet** werden können (ebenso Preis/Roloff ZfA 2007, 43, 57 f; in diesem Sinne auch Dorndorf, in: FS 50 Jahre BAG [2004] 19, 21). Als Beispiel seien die Schwierigkeiten für den Arbeitgeber genannt, bei einem Vertragsbruch durch den Arbeitnehmer den entstandenen Schaden zu berechnen, zumal man sich darüber streiten kann, ob es sich hierbei lediglich um einen tatsächlichen Umstand handelt oder um eine Schwäche des Schadens-

begriffs und damit um ein rechtliches Phänomen (CKK/Kreft § 310 Rn 55). Außerdem können jahrelange Erscheinungen des Arbeitslebens den **Erfahrungshorizont des durchschnittlichen Arbeitnehmers prägen**, was insbesondere für die Anwendung des Transparenzgebots bedeutsam sein kann (BAG NZA 2006, 746 Rn 32). Diesen tatsächlichen Hintergrund begriffsjuristisch auszublenden würde den Sinn der Transparenzkontrolle verfehlen. Mit der Beschränkung auf rechtliche Besonderheiten soll letztlich nur verhindert werden, dass bloße Gewohnheiten der Arbeitsvertragsgestaltung, die praktisch ausschließlich durch die Arbeitgeberseite geprägt werden, die AGB-rechtlichen Kontrollmechanismen überlagern. Die Berücksichtigung tatsächlicher Bedürfnisse der Arbeitsvertragsparteien wird hierdurch nicht von vornherein ausgeschlossen. Vielmehr geht es lediglich darum, tatsächliche Besonderheiten zunächst auf ihre normative Relevanz abzuklopfen, bevor sie dann als im Arbeitsrecht geltende Besonderheiten bei der Klauselkontrolle Berücksichtigung finden. Mit dieser Sichtweise wird man auch der in der Gesetzesbegründung enthaltenen Wendung gerecht, wonach die „besonderen Bedürfnisse eines Arbeitsverhältnisses" berücksichtigt werden sollen (BT-Drucks 14/6857, 54). Die etwas kryptische Formulierung lässt sich ohne Schwierigkeiten mit der vorstehend erarbeiteten Konzeption in Einklang bringen, dass tatsächliche Umstände zunächst einen **normativen Filter durchlaufen** müssen, bevor sie als legitime Bedürfnisse im Rahmen der Klauselkontrolle in Rechnung zu stellen sind.

Die sich an diese Grundsätze anschließende Frage geht dahin, wie der Kreis der normativ relevanten Besonderheiten genau abzustecken ist. Insoweit besteht zunächst weithin Einigkeit darüber, dass es nicht nur um diejenigen Besonderheiten geht, die für bestimmte Arten von Arbeitsverhältnissen gelten. Der in der Gesetzesbegründung enthaltene Hinweis auf Arbeitsverhältnisse im kirchlichen Bereich (BT-Drucks 14/7052, 189) hat nur beispielhaften Charakter, ist aber nicht dahin zu verstehen, dass nur die Eigenheiten von Sonderarbeitsrechten eine Modifikation der §§ 305 ff rechtfertigen würden. Vielmehr sind die arbeitsrechtlichen **Besonderheiten in jedem Arbeitsverhältnis** zu berücksichtigen (BAG NZA 2004, 727 unter B II 2 b bb [2]). Darüber hinaus ist geklärt, dass es sich nicht um normative Besonderheiten handeln muss, die ausschließlich im Arbeitsrecht gelten. Anderenfalls müsste der Gesetzgeber zunächst nur im Arbeitsrecht geltende (dispositive) Normen schaffen, damit diese dann durch AGB wieder (teilweise) aus dem Weg geräumt werden können, wodurch die Besonderheitenklausel in die Bedeutungslosigkeit versinken würde (BAG NZA 2004, 727 unter B II 2 b cc [2]). Stattdessen genügt es, dass es sich um rechtliche Besonderheiten handelt, die sich **auf Arbeitsverhältnisse in besonderem Maße auswirken** (BAG NZA 2004, 727 unter B II 2 b cc [2]). Hierzu zählt etwa der Ausschluss der Vollstreckbarkeit des vertraglichen Primäranspruchs auf die Leistung von Diensten gemäß § 888 Abs 3 ZPO, der zwar nicht nur für Arbeitsverträge, sondern auch für sonstige Dienstverträge gilt, was außerhalb des Arbeitsrechts aber praktisch bedeutungslos ist (BAG NZA 2004, 727 unter B II 2b cc [2]). **149**

Ein letzter grundsätzlicher Punkt betrifft die Frage, ob die arbeitsgerichtliche Judikatur zur Inhaltskontrolle aus der Zeit vor dem Schuldrechtsmodernisierungsgesetz als eine rechtliche Besonderheit anzusehen ist, mag dieser Aspekt im Verlaufe der Zeit auch zunehmend an Bedeutung verloren haben. Tatsächlich ist eine **normative Relevanz der überkommenen rechtlichen Regeln als solche abzulehnen** (DBD/Deinert § 310 Rn 77; HWK/Gotthardt § 310 BGB Rn 22; Oetker AcP 212 [2012] 201, 243; ErfK/Preis **150**

§§ 305–310 BGB Rn 11; Preis/Roloff ZfA 2007, 43, 58 f; Wolf/Stoffels ArbR Rn 17; in diesem Sinne auch BAG NZA 2005, 1111 unter IV 7 d zur Länge von Ausschlussfristen; BAG NZA 2006, 40 unter B II 1d bb). Mit der Erstreckung der AGB-Kontrolle auf Arbeitsverträge wollte der Gesetzgeber gerade eine Vereinheitlichung der Prüfungsmaßstäbe herbeiführen (vgl BT-Drucks 14/6857, 54). Diesem Ziel würde eine unreflektierte Fortschreibung früherer Argumentationslinien zuwiderlaufen. Es besteht gerade **kein Kontinuitätsgebot** (treffend Wolf/Stoffels ArbR Rn 17). Daher kann man auch nicht etwa das Vertrauen in eine gefestigte Rechtsprechung als eine im Arbeitsrecht geltende Besonderheit qualifizieren (BAG NZA-RR 2010, 530 Rn 36). Dies schließt selbstverständlich nicht aus, auf Wertungen aus früheren Entscheidungen zurückzugreifen, soweit diese im Lichte der neuen Kontrollmaßstäbe weiter tragfähig sind (Dorndorf, in: FS 50 Jahre BAG [2004] 19, 22). Dieser Aspekt kommt wohl am deutlichsten bei Klauseln über die Rückzahlung von Ausbildungskosten zum Ausdruck (vgl BAG NZA 2009, 666 – näher dazu Rn 212).

151 Sofern arbeitsrechtliche Besonderheiten identifiziert werden können, wird dadurch die Inhaltskontrolle nicht von vornherein ausgeschlossen (ErfK/Preis §§ 305–310 BGB Rn 11). Vielmehr sind diese Besonderheiten lediglich **angemessen** zu berücksichtigen. Dies verlangt nach einem **sachgerechten Ausgleich** zwischen den allgemeinen Grundsätzen des AGB-Rechts einerseits und den im Arbeitsrecht geltenden Besonderheiten andererseits (CKK/Kreft § 310 Rn 57). Dies kann dazu führen, dass eine nach allgemeinem AGB-Recht unwirksame Klausel als wirksam anzusehen ist, wie dies namentlich bei Vertragsstrafen zu bejahen ist, bei denen das BAG das spezielle Klauselverbot des § 309 Nr 6 aufgrund der Besonderheit des Nichtvollstreckbarkeit der Arbeitsleistung (§ 888 Abs 3 ZPO) nicht anwendet (BAG NZA 2004, 727 unter B II 2b cc). Allerdings schließt es die Unanwendbarkeit spezieller Klauselverbote nicht aus, dass die fragliche Klausel unter Anwendung der Generalklausel des § 307 im Ergebnis gleichwohl als unwirksam zu qualifizieren ist (vgl BAG NZA 2004, 727 unter B III; BAG NZA 2009, 370; BAG NZA-RR 2009, 519 jeweils wegen „Übersicherung" aufgrund einer zu hohen Vertragsstrafe). Die arbeitsrechtlichen Besonderheiten haben also mit anderen Worten im Allgemeinen nur die Kraft, spezielle Klauselverbote zurückzudrängen, immunisieren vorformulierte Arbeitsbedingungen aber nicht vor einer Kontrolle auf eine unangemessene Benachteiligung. Im Übrigen kann theoretisch auch umgekehrt eine nach allgemeinem AGB-Recht wirksame Klausel aufgrund arbeitsrechtlicher Besonderheiten als unwirksam anzusehen sein, wofür aber bislang soweit ersichtlich kein Anschauungsmaterial aufgetreten ist.

152 Bei der Berücksichtigung der arbeitsrechtlichen Besonderheiten ist somit in **drei Stufen** vorzugehen. In einem ersten Schritt ist die fragliche Klausel an den allgemeinen Grundsätzen des AGB-Rechts zu messen. In einem zweiten Schritt ist zu klären, ob arbeitsrechtliche Besonderheiten existieren, insbesondere eine besondere Interessenlage der Arbeitsvertragsparteien, die eine abweichende Beurteilung normativ rechtfertigen. In einem dritten Schritt ist schließlich zu fragen, wie eine solche Besonderheit, die nach einer Abweichung verlangt, „angemessen" berücksichtigt werden kann (vgl Preis NZA 2004, 1014, 1015 f; HWK/Gotthardt § 310 BGB Rn 22; CKK/Kreft § 310 Rn 58; Lindemann, Flexible Gestaltung von Arbeitsbedingungen nach der Schuldrechtsreform [2003] 142 ff).

3. Einbeziehungskontrolle

a) Nichtanwendbarkeit von § 305 Abs 2 und 3

153 Das allgemeine AGB-Recht stellt in § 305 Abs 2 und 3 zum Schutz des Klauselgegners besondere Anforderungen an die Einbeziehung von AGB in den Vertrag. Diese Vorschriften sind gemäß § 310 Abs 4 Satz 2 HS 2 auf Arbeitsverträge indes **nicht anzuwenden**. Zur Begründung beruft sich der Gesetzgeber auf das Nachweisgesetz, das den Arbeitgeber ohnehin dazu verpflichtet, dem Arbeitnehmer die wesentlichen Vertragsbestimmungen auszuhändigen bzw ihn auf die anwendbaren Kollektivverträge hinzuweisen (BT-Drucks 14/6857, 54). Hierbei handelt es sich nach einhelliger Ansicht aber um einen gesetzgeberischen Missgriff, der auf einer Fehlvorstellung über die Wirkungsweise des NachwG beruht (siehe nur Joost, in: FS Ulmer [2003] 1199, 1200 ff; ErfK/Preis §§ 305–310 BGB Rn 26; Wolf/Stoffels ArbR Rn 44). Zum einen kann die Nachweispflicht nämlich auch noch nach dem Abschluss des Arbeitsvertrages erfüllt werden (vgl § 2 Abs 1 Satz 1 NachwG), so dass sie anders als § 305 Abs 2 zur Transparenz der Nebenabreden im Zeitpunkt des Vertragsschlusses nichts beitragen kann. Zum anderen ist die Erfüllung der Nachweispflicht keine Wirksamkeitsvoraussetzung für die jeweiligen Vertragskonditionen. Vielmehr führt ein Verstoß gegen § 2 NachwG allenfalls zu einem Schadensersatzanspruch (BAG NZA 2006, 37 Rn 15). Der unmissverständliche Gesetzeswortlaut schließt indes jede Analogie zu § 305 Abs 2 aus (BAG NZA 2008, 45 Rn 21; BAG NZA-RR 2008, 586 Rn 68; BAG NZA 2009, 154 Rn 19; BAG NZA 2012, 396 Rn 27; BAG NZA 2013, 148 Rn 24). Somit bleibt es für die Einbeziehung von AGB bei den **allgemeinen rechtsgeschäftlichen Grundsätzen**. Es genügt daher, wenn der Arbeitgeber zum Ausdruck bringt, dass die AGB Vertragsbestandteil werden sollen, und der Arbeitnehmer sich hiermit einverstanden erklärt. Eine Möglichkeit, bei Vertragsschluss in zumutbarer Weise vom Inhalt der AGB Kenntnis zu erlangen, muss der Arbeitgeber dem Arbeitnehmer nicht verschaffen. Deshalb muss einem ausländischen Arbeitnehmer auch keine Übersetzung der in deutscher Sprache abgefassten AGB überlassen werden (LAG Niedersachsen NZA-RR 2005, 401 unter II 2 a bb).

b) Ausschluss überraschender Klauseln

aa) Allgemeines

154 Nach § 305c Abs 1 werden **überraschende Klauseln nicht Bestandteil eines Formulararbeitsvertrages**. Dieser Grundsatz galt schon vor der Ausdehnung der AGB-Kontrolle auf das Arbeitsrecht (vgl BAG NZA 1996, 702; BAG NZA 2001, 723; BAG NZA 2004, 96). Auch der Prüfungsmaßstab war derselbe wie heute im Rahmen von § 305c Abs 1 (vgl BAG AP HGB § 74 Nr 78 unter II 1 b). Zur Begründung verwies das BAG auf das allgemeine Rechtsprinzip von Treu und Glauben (§ 242), während es eine analoge Anwendung von § 3 AGBG ablehnte (BAG NZA 1996, 702 unter II 2; BAG NZA 2001, 723 unter II 1; BAG NZA 2004, 96 unter I 2).

155 § 305c Abs 1 gilt für alle arbeitsvertraglichen AGB iSv § 305 Abs 1. Dagegen wird die Vorschrift in der enumerativen Liste der nach § 310 Abs 3 Nr 2 auf vorformulierte **Einmalbedingungen** anzuwendenden AGB-rechtlichen Bestimmungen **nicht aufgeführt**. Diese Regelung erlaubt jedoch **keinen Umkehrschluss** dahingehend, dass überraschende Klauseln bei Einmalbedingungen unbedenklich sind (in diese Richtung aber CKK/Hoefs § 305c Rn 4). Zwar lässt sich die für das allgemeine AGB-Recht vertretene Sichtweise, nach der das Transparenzgebot aus Art 5 Satz 1 der Klausel-

richtlinie 93/13/EWG im Wege richtlinienkonformer Auslegung zu einer Ausklammerung überraschender Klauseln zwingt (vgl Ulmer/Ulmer/Schäfer § 310 Rn 91), nicht unmittelbar auf Arbeitsverträge übertragen, weil diese nicht von der Klauselrichtlinie erfasst werden. Dennoch spricht vieles für einen gesetzgeberischen Willen, dass der insoweit „überschießende" Bereich ebenso zu interpretieren ist wie der unmittelbar durch die Richtlinie abgedeckte Bereich (dazu bereits Rn 52). Hinzu kommt, dass man die Nichteinbeziehung überraschender Klausel aus einem vorformulierten Vertrag in Anlehnung an die Judikatur des BAG aus der Zeit vor der Schuldrechtsreform (Rn 13) auf § 242 als allgemeinen Rechtsgedanken stützen kann (DBD/Deinert § 305c Rn 5). Zumindest aber wären überraschende Klauseln als intransparent und damit gemäß § 307 Abs 1 Satz 2 unwirksam anzusehen (vgl Schmidt-Salzer, in: FS Trinkner [1996] 361, 371 ff). Nach § 310 Abs 4 Satz 1 gilt § 305c Abs 1 hingegen eindeutig **nicht für Kollektivverträge** (zu Bezugnahmeklauseln siehe Rn 161 ff).

156 § 305c Abs 1 ist im Arbeitsrecht grundsätzlich ebenso zu interpretieren wie im allgemeinen Zivilrecht. **Arbeitsrechtliche Besonderheiten** iSv § 310 Abs 4 Satz 2 HS 1, die bei der Anwendung des § 305c Abs 1 zu berücksichtigen wären, bestehen nicht (DBD/Däubler § 305c Rn 6; HWK/Gotthardt § 305c BGB Rn 1). Allerdings kann der im Arbeitsleben zu erwartende Erfahrungshorizont der Arbeitnehmer die Antwort auf die Frage beeinflussen, ob eine Klausel als überraschend zu werten ist (vgl BAG NZA 2005, 1111 unter IV 3 für Ausschlussfristen; BAG AP BGB § 307 Nr 44 Rn 22 für Bezugnahmeklauseln). Eine Klausel in einem Formulararbeitsvertrag ist damit überraschend, wenn sie erstens **objektiv ungewöhnlich** und zweitens infolgedessen der Arbeitnehmer **subjektiv mit ihr nicht zu rechnen braucht** (BAG NZA 2012, 908 Rn 16). Beide Voraussetzungen müssen **kumulativ** vorliegen (DBD/Däubler § 305c Rn 8; CKK/Hoefs § 305c Rn 6), wobei sich die Kriterien allerdings teilweise überlappen. Allein der Umstand, dass ein Arbeitnehmer über den Inhalt einer bestimmten Regelung eines Formulararbeitsvertrages subjektiv überrascht ist, genügt nicht, wenn die Klausel objektiv betrachtet nicht ungewöhnlich ist. Umgekehrt ist der Tatbestand des § 305c Abs 1 nicht erfüllt, wenn dem Arbeitnehmer eine objektiv überraschende Klausel, etwa aufgrund einer konkreten Erläuterung beim Abschluss des Arbeitsvertrages, bekannt ist (vgl BAG NZA 2007, 614 Rn 30).

157 Die objektive Ungewöhnlichkeit einer Klausel kann auf verschiedenen Umständen beruhen. Im Vordergrund steht die objektive Ungewöhnlichkeit **aufgrund ihres Inhaltes**, was sich danach bemisst, wie stark die Klausel inhaltlich vom Normalfall abweicht. Die Normalität orientiert sich am dispositiven Recht (BAG AP HGB § 74 Nr 78), aber auch an der Verbreitung bestimmter Klauseln im Arbeitsleben (BAG AP HGB § 74 Nr 78; DBD/Däubler § 305c Rn 10; HWK/Gotthardt § 305c BGB Rn 3). So ist eine Klausel dann nicht objektiv ungewöhnlich, wenn es zu ihr zahlreiche Gerichtsentscheidungen oder Formulierungshilfen im arbeitsrechtlichen Schrifttum gibt (BAG NZA 2012, 908 Rn 18). Eine Klausel wird auch nicht allein dadurch überraschend, dass sie von den Gerichten anders ausgelegt wird, als es der Vorstellung des Arbeitnehmers entspricht (BAG NZA 2009, 318 Rn 32). Darüber hinaus kann eine Klausel auch wegen ihres **ungewöhnlichen äußeren Zuschnitts** oder ihrer **Unterbringung an einer unerwarteten Stelle im Vertrag** als objektiv ungewöhnlich einzustufen sein (BAG NZA 2006, 324 Rn 24; BAG NZA 2007, 614 Rn 22; BAG NZA 2008, 876 Rn 16; HWK/Gotthardt § 305c BGB Rn 3). Dies kann beispielsweise der Fall sein, wenn bei wiederholten Arbeitsverträgen die jeweiligen Änderungen an sich durch Fettdruck hervorgehoben wer-

den, bei einer weiteren Änderung eine solche Hervorhebung aber unterbleibt (so zB BAG AP BGB § 305c Nr 8). Dagegen spielt die inhaltliche Unbilligkeit einer Klausel für die Frage, ob sie objektiv überraschend ist, keine Rolle (BAG NZA 2007, 614 Rn 22; BAG NZA 2008, 219 Rn 23; HWK/Gotthardt § 305c BGB Rn 3).

Subjektiv überraschend ist eine Vertragsklausel, wenn sie so ungewöhnlich sind, dass der Vertragspartner des Verwenders mit ihr vernünftigerweise nicht zu rechnen braucht (BAG AP HGB § 74 Nr 78; BAG NZA 2008, 876 Rn 16). Der Klausel muss ein **„Überrumpelungs- oder Übertölpelungseffekt"** innewohnen (BAG AP HGB § 74 Nr 78; BAG NZA 2006, 37 Rn 21; BAG NZA 2013, 148 Rn 26). Zwischen den durch die Umstände bei Vertragsschluss begründeten Erwartungen und dem tatsächlichen Vertragsinhalt muss ein deutlicher, vernünftigerweise nicht zu erwartender Widerspruch bestehen, was unter Heranziehung sämtlicher Umstände des Einzelfalls zu ermitteln ist (BAG NZA 2006, 37 Rn 21; BAG NZA 2008, 876 Rn 16). Dieser Widerspruch kann zunächst am Grad der Abweichung vom dispositiven Gesetzesrecht und der für den Geschäftskreis üblichen Gestaltung seinen Ausdruck finden (BAG AP HGB § 74 Nr 78). Weiter kommt es auf das **äußere Erscheinungsbild** des Formularvertrages an („Verstecken" einer Klausel einerseits, drucktechnische Hervorhebung andererseits), das somit sowohl für die objektive Ungewöhnlichkeit einer Klausel als auch für das subjektive Überraschungsmoment bedeutsam ist. Schließlich wird die Erwartungshaltung durch den **Gang und Inhalt der Vertragsverhandlungen** geprägt. So kann etwa ein besonderer Hinweis des Arbeitgebers auf eine Klausel das subjektive Überraschungsmoment beim Arbeitnehmer ausschließen (BAG NZA 2005, 1193 unter II 4 b cc [1]). Entsprechendes gilt für die Korrespondenz zwischen dem Arbeitgeber und dem Arbeitnehmer im Vorfeld des Vertragsschlusses (BAG AP TzBfG § 21 Nr 4 Rn 31). Die bloße Aufforderung „Lies das durch und unterschreib" genügt indes nicht (BAG NZA 2008, 1193 unter II 4 b cc [2] [b]). Auch kann die Erzeugung von Zeitdruck durch den Arbeitgeber etwa bei einem Änderungsantrag die Erwartungshaltung beim Arbeitnehmer hervorrufen, dass es nur um bestimmte und leicht durchschaubare Änderungen geht (BAG AP BGB § 305c Nr 8). Dagegen ist eine Klausel nicht allein deshalb überraschend, weil es sich um mündliche AGB handelt (BAG NZA 2012, 908 Rn 19). Maßstab ist jeweils ein typischer, durchschnittlicher Arbeitnehmer, wobei aber zwischen verschiedenen Gruppen von Arbeitnehmern (zB Führungskraft oder Hilfsarbeiter) und deren Erkenntnismöglichkeiten zu differenzieren ist (BAG NZA 2013, 148 Rn 29; DBD/Däubler § 305c BGB Rn 13). **158**

Die **Darlegungs- und Beweislast** sowohl für die objektive Ungewöhnlichkeit der Klausel als auch für das subjektive Überraschungsmoment trägt derjenige, der sich darauf beruft, dass die Klausel nicht in den Vertrag einbezogen worden ist, also regelmäßig der Arbeitnehmer (HWK/Gotthardt § 305c BGB Rn 6; Ulmer/Ulmer/Schäfer § 305c Rn 25). Sofern sich der Arbeitgeber als Verwender darauf beruft, er habe den Arbeitnehmer auf eine Klausel hingewiesen, so dass diese nicht als überraschend qualifiziert werden könne, trägt er hierfür die Darlegungs- und Beweislast (DBD/Däubler § 305c Rn 17; HWK/Gotthardt § 305c BGB Rn 6). **159**

bb) Einzelne Klauseln

Während das **subjektive Überraschungsmoment stark einzelfallabhängig** ist, lassen sich für die Frage, ob bestimmte Klauselarten in einem Arbeitsvertrag als **inhaltlich objektiv ungewöhnlich** einstufen sind, einige **generalisierende Aussagen** treffen. So ist **160** die Vereinbarung einer automatischen Beendigung des Arbeitsverhältnisses bei Erreichen einer **Altersgrenze** (Vollendung des 65. Lebensjahres) regelmäßig nicht ungewöhnlich. Dies gilt für in Bezug genommene AGB (BAG NZA 2006, 37 Rn 22) ebenso wie für eine formulierte Versorgungszusage (BAG NZA 2004, 96 unter I 2 c). Dagegen kann eine auflösende Bedingung in einem Altersteilzeitvertrag, nach der das **Altersteilzeitarbeitsverhältnis** vorzeitig nach Ablauf des Kalendermonats endet, in dem der Arbeitnehmer zum Bezug der gesetzlichen Altersrente berechtigt ist, je nach dem Verlauf der Vertragsverhandlungen überraschend sein (BAG AP TzBfG § 21 Nr 4 Rn 31). Noch zum Recht vor der Schuldrechtsmodernisierung hat das BAG entschieden, dass eine Klausel nicht überraschend ist, die den Arbeitnehmer dazu verpflichtet, bereits ab dem ersten Tag der Arbeitsunfähigkeit eine ärztliche **Arbeitsunfähigkeitsbescheinigung** vorzulegen (BAG NZA 1998, 369 unter II 2 f bb). **Ausschlussfristen** sind im Arbeitsleben weit verbreitet und haben deshalb grundsätzlich keinen überraschenden Charakter, wobei es keine Rolle spielt, ob sie einstufig oder zweistufig ausgestaltet sind (BAG NZA 2005, 1111 unter IV 3; BAG NZA 2006, 149 unter II 3 c). Anders ist es dagegen, wenn eine Ausschlussfrist in den Schlussbestimmungen eines längeren Arbeitsvertrages „versteckt" ist (BAG NZA 2006, 324 Rn 23 ff). Wenn sich in einer „Ergänzung zum Arbeitsvertrag" eine Klausel über die **Beendigung des Arbeitsverhältnisses** findet, ist dies regelmäßig überraschend ist (BAG NZA 2007, 614 Rn 21 ff). Wird in einen gemäß § 14 Abs 2 TzBfG sachgrundlos befristeten Arbeitsvertrag eine weitere kürzere **Befristung**, nämlich eine Probezeitbefristung nach § 14 Abs 1 Nr 5 TzBfG hineingeschachtelt, ist dies als objektiv ungewöhnlich anzusehen. Dies gilt jedenfalls dann, wenn die zusätzliche Befristung nicht drucktechnisch besonders hervorgehoben wird (BAG NZA 2008, 876 Rn 15 ff). Aufgrund ihrer Üblichkeit im Arbeitsleben sind grundsätzlich nicht überraschend die Verlängerung von Kündigungsfristen (BAG NZA 2009, 1337 Rn 24 ff) und die Festlegung bestimmter jährlicher Kündigungstermine (BAG NZA 2009, 370 Rn 23 ff). **Erledigungsklauseln** (Abgeltungsklauseln) in Abwickungs- oder Aufhebungsverträgen sind weit verbreitet haben deshalb regelmäßig keinen überraschenden Charakter (BAG NZA 2009, 318 Rn 32). Dasselbe gilt für eine hinreichend deutliche Vereinbarung über den **Verzicht auf die Erhebung einer Kündigungsschutzklage** in einer Ausgleichsquittung (BAG NZA 2008, 219 Rn 22 ff). Dagegen handelt es sich bei einem **negativen Schuldanerkenntnis**, mit dem der Arbeitnehmer bestätigt, dass sämtliche Ansprüche aus dem Arbeitsverhältnis und seiner Beendigung abgegolten sind, in einem mit „Rückgabe Ihrer Unterlagen" betitelten Schreiben, um eine ungewöhnliche Klausel (BAG NZA 2005, 1193 unter II 4 b cc; zustimmend PREIS/BLESER/RAUF DB 2006, 2812, 2813). Die pauschale Abgeltung von **Überstunden** ist weithin üblich und daher nicht überraschend (BAG NZA 2012, 908 Rn 18). Ebenfalls nicht objektiv ungewöhnlich sind **Versetzungsklauseln**, die es dem Arbeitgeber ermöglichen, dem Arbeitnehmer einseitig einen anderen gleichwertigen Arbeitsplatz zuzuweisen (siehe dazu BAG AP BGB § 307 Nr 45). Dasselbe gilt für **Vertragsstrafenabreden** für den Fall der schuldhaften Nichtaufnahme der Arbeitstätigkeit bzw für die vertragswidrige Beendigung der Tätigkeit (BAG NZA 2009, 370 Rn 22 ff; LAG Schleswig-Holstein NZA-RR 2005, 351, 352 f) sowie als Sanktion von Verstößen gegen ein Wettbewerbsverbot (BAG NZA 2008 170 Rn 22) oder gegen eine Vertraulichkeitsverpflichtung. Weit verbreitet sind auch **Wettbewerbsverbote**. Daher ist die Vereinbarung einer aufschiebenden Bedingung für das Inkrafttreten eines nachvertraglichen Wettbewerbsverbots nicht überraschend, wenn sie in einem Arbeitsvertrag unter der Überschrift „Wettbewerbsverbot" enthalten ist (BAG AP HGB § 74 Nr 78). **Widerrufs-, Änderungs- und Anrechnungsvorbehalte** hinsichtlich der Gewährung von übertariflichen Entgeltbestandteilen oder sonstigen Zusatzleistungen sind regelmäßig nicht ungewöhnlich, müssen allerdings klar und verständlich geregelt sein (vgl BAG AP BetrVG 1972 § 77 Nr 93 unter II 2: Einstufung des Vorbehalts der Verringerung von Arbeitgeberbeiträgen zur betrieblichen Altersversorgung in einer bloßen Nebenabrede ohne drucktechnische Hervorhebung als überraschend).

§ 305c Abs 1 gilt nach § 310 Abs 4 Satz 1 **nicht für Kollektivverträge**. Dagegen ist § 305c Abs 1 auf Bezugnahmeklauseln anwendbar, mit denen auf Tarifverträge verwiesen wird, weil § 310 Abs 4 Satz 1 insoweit nicht eingreift (BAG AP BGB § 305c Nr 8 Rn 20; zumindest missverständlich daher BAG NZA 2007, 218 Rn 26). Für die Frage, ob die Bezugnahmeklauseln als solche einen überraschenden Charakter hat, kommt es in erster Linie auf ihre Üblichkeit und Verbreitung im Arbeitsleben an. Daneben ist darauf zu achten, dass die Anwendung von § 305c Abs 1 nicht zu einer kaschierten Inhaltskontrolle derjenigen Tarifverträge führen darf, die nach den §§ 307 Abs 3, 310 Abs 4 Satz 3 einer materiellen Inhaltskontrolle entzogen sind. Umgekehrt kann man keine Regel des Inhalts aufstellen, dass die Bezugnahme auf solche Tarifverträge, die nicht unter das Kontrollprivileg fallen, deshalb nicht als überraschend zu werten ist, um zu einer Angemessenheitskontrolle vorstoßen zu können (so aber Diehn NZA 2004, 129, 133). Vor diesem Hintergrund bereitet eine **statische Bezugnahme auf den einschlägigen Tarifvertrag** keine Probleme (CKK/Hoefs § 305c Rn 33; im Erg ebenso DBD/Däubler § 305c Rn 22). Weiter sind auch **dynamische Globalverweisungen auf den einschlägigen Tarifvertrag** für sich genommen nicht überraschend, weil sie im Arbeitsleben als Gestaltungsinstrument weit verbreitet und zur Gleichstellung von Gewerkschaftsmitgliedern und Außenseitern unumgänglich sind (BAG NZA 2009, 154 Rn 20; ebenso für dynamische Bezugnahmen auf das kirchliche Vertragsrecht BAG NZA 2012, 1440 Rn 40). Dies gilt auch für **dynamische Teilverweisungen auf abgeschlossene Sachkomplexe** (BAG NZA 2012, 396 Rn 27: Arbeitszeitregelung). Bei alledem kommt es nicht darauf an, ob der Arbeitgeber tarifgebunden ist oder nicht (CKK/Hoefs § 305c Rn 33). **161**

Ob über die Bezugnahmeklausel auch **ganz ungewöhnliche Bestimmungen** und insbesondere **spätere unvorhersehbare Entwicklungen des Tarifvertrages** in das Arbeitsverhältnis inkorporiert werden, ist umstritten. Das BAG hat in einer Entscheidung bereits die Anwendbarkeit von § 305c Abs 1 im Hinblick auf den Inhalt des durch eine vorformulierte Klausel in Bezug genommenen Tarifvertrages verneint (BAG AP TzBfG § 21 Nr 4 Rn 24). Dabei kann es allerdings nicht überzeugen, dass sich das BAG hierfür allein auf § 310 Abs 4 Satz 1 gestützt hat, weil sich die Einschränkung der AGB-Kontrolle bei einbezogenen Tarifverträgen erst aus § 310 Abs 4 Satz 3 ergibt (siehe Rn 90) und die Gleichsetzung von Tarifverträgen mit Rechtsvorschriften iSv § 307 Abs 3 grundsätzlich nur zur Unanwendbarkeit der §§ 307 Abs 1, Abs 2, 308 und 309 führt, während § 305c Abs 1 an sich anwendbar bleibt (Witt NZA 2004, 135, 138). In einer anderen Entscheidung hat das BAG die Frage offen gelassen (BAG NZA 2009, 154 Rn 21; siehe auch BAG NZA 2011, 634 Rn 23 zu dynamischen Verweisungen auf kirchliche Arbeitsvertragsregelungen), während sie in einem weiteren Urteil pauschal bejaht wird (BAG NZA 2012, 982 Rn 33). Das Schrifttum ist gespalten (für eine Ausklammerung ungewöhnlicher Tarifänderungen DBD/Däubler § 305c Rn 22; Lakies, Vertragsgestaltung und AGB im Arbeitsrecht [2. Aufl 2011] Kap 1 Rn 159; Thüsing, AGB-Kontrolle, Rn 195 f; Thüsing/Lambrich NZA 2002, 1361, 1365; dagegen Diehn NZA 2004, 129, 133; JKOS/Jakobs, Tarifvertragsrecht [2. Aufl 2013] § 6 Rn 227; Jordan/Bissels NZA 2010, 71, 72). Tatsächlich überzeugt es am meisten, das vom Gesetzgeber nicht vollends in den Griff bekommene **162**

Spannungsverhältnis zwischen der AGB-Kontrolle einerseits und der Privilegierung von Tarifverträgen andererseits dadurch aufzulösen, dass jedenfalls bei einer Auslegung der Bezugnahmeklausel als (wirksame) Gleichstellungsabrede auch prima facie außergewöhnliche Tarifklauseln zum Bestandteil der Arbeitsverträge der Außenseiter werden. Anderenfalls würde das letztlich aus Art 9 Abs 3 GG folgende Verbot der Tarifzensur ausgehöhlt werden und es gerade bei Sanierungstarifverträgen doch wieder zu einer Zweiteilung der Belegschaft unter Schlechterstellung der Gewerkschaftsmitglieder kommen, ohne dass freilich ein Unterschied zwischen Haustarifverträgen und Verbandstarifverträgen gerechtfertigt wäre (so aber zum alten Recht BAG NZA 2002, 1099 unter B II 1 c). Eine Absenkung von Arbeitszeit und Vergütung auf 87% zur Arbeitsplatzsicherung ist jedenfalls nicht überraschend (in diesem Sinne zum alten Recht BAG NZA 2002, 331 unter C). Dies gilt erst recht für bereits ursprünglich im Bezugnahmeobjekt enthaltene Ausschlussfristen (so zum alten Recht BAG NZA 2002, 1041 unter A II 4 b).

163 Als **objektiv ungewöhnlich** sind dagegen (statische oder dynamische) Verweisungen auf **ortsfremde** oder sogar **branchenfremde Tarifverträge** anzusehen (DBD/Däubler § 305c Rn 22; Lakies, Vertragsgestaltung und AGB im Arbeitsrecht [2. Aufl 2011] Kap 1 Rn 158; Thüsing, AGB-Kontrolle Rn 194). Will der Arbeitgeber diese Qualifikation verhindern, weil er beispielsweise innerhalb eines bundesweit tätigen Unternehmens ein einheitliches Tarifwerk zur Anwendung kommen lassen will, muss er eine solche Bezugnahme drucktechnisch besonders hervorheben oder den Arbeitnehmer auf die Regelung hinweisen (Gaul ZfA 2003, 75, 86). Einer materiellen Inhaltskontrolle entgeht der Arbeitgeber hierdurch allerdings nicht, weil das Kontrollprivileg der §§ 307 Abs 3, 310 Abs 4 Satz 3 für diesen Fall nicht gilt (Rn 94). Vermeiden kann der Arbeitgeber dies nur durch einen Unternehmenstarifvertrag einschließlich darauf verweisender Bezugnahmeklauseln.

4. Vorrang von Individualabreden

164 Ebenso wie im allgemeinen Zivilrecht kann es auch im Arbeitsrecht dazu kommen, dass die Parteien dieselbe Angelegenheit sowohl durch vorformulierte Vertragsbedingungen als auch durch eine individuelle Abrede regeln. § 305b ordnet für diesen Fall den **Vorrang der individuellen Vereinbarung** an (BAG NZA 2007, 940). Die Vorschrift ist als **Kollisionsregel** zu begreifen (BAG NZA 2008, 1233 Rn 28). Sie steht in einem gedanklichen Zusammenhang mit § 305 Abs 1 Satz 3. Während es bei der ausgehandelte Klausel iSv § 305 Abs 1 Satz 3 indes darum geht, einer vorformulierten Klausel den Charakter von AGB zu nehmen, adressiert § 305 Abs 1 Satz 3 das Nebeneinander von AGB und individueller Vertragsbestimmung. Grundvoraussetzung für die Anwendung dieser Kollisionsregel ist, dass sowohl die AGB-Klausel als auch die Individualabsprache für sich genommen wirksam vereinbart worden ist. Sofern eine Erklärung des Arbeitgebers zu einer finanziellen Zusatzleistung lediglich als Hinweis auf eine vorformulierte Vergütungsregelung zu verstehen ist, fehlt es daher an einer rechtsgeschäftlichen Individualabrede, so dass § 305b nicht greift (BAG NZA 2007, 940). Warum und in welcher Weise die Arbeitsvertragsparteien eine individuelle Vereinbarung treffen, spielt keine Rolle. Es ist daher sogar denkbar, dass der Arbeitgeber und der Arbeitnehmer eine vorformulierte Klausel übereinstimmend in einer bestimmten Weise interpretieren. Selbst wenn eine andere Auslegung der AGB an sich richtig wäre, liegt damit eine schlüssige Individualabsprache vor, die Vorrang vor der objektiv ausgelegten AGB-Klausel hat (BAG NZA 2009, 154 Rn 25; ähnlich BAG NZA 2009, 896 Rn 21). Auf die zeitliche Reihenfolge von individueller Abrede und AGB kommt es nicht an.

§ 305b hat **nur verdrängende, nicht aber vernichtende Wirkung**. Die AGB treten zurück, sind aber nicht automatisch unwirksam (BAG NZA 2008, 1233 Rn 28). Wenn die individuelle Vereinbarung endet, leben die AGB wieder auf (CKK/Clemenz § 305b Rn 16; **aA** HWK/Gotthardt § 305b Rn 4). Der Vorrang der Individualabrede besteht unabhängig davon, ob diese für den Arbeitnehmer günstiger oder weniger günstig ist. Insbesondere kann sich auch der Verwender, also regelmäßig der Arbeitgeber, auf eine für ihn vorteilhafte individuelle Vereinbarung berufen (BAG NZA 2009, 154 Rn 25). **165**

Auf **vorformulierte Einmalbedingungen** in Verbraucherverträgen und damit auch in Arbeitsverträgen (vgl Rn 108 ff) ist § 305b aufgrund der begrenzten Verweisung in § 310 Abs 3 Nr 2 an sich nicht anwendbar. Indes gilt der Vorrang von Individualabsprachen als allgemeiner Rechtsgrundsatz (CKK/Kreft § 310 Rn 35; Staudinger/Schlosser § 310 Rn 67). **166**

Eine **betriebliche Übung** ist unabhängig von ihrer dogmatischen Einordnung als konkludent geschlossener Vertrag oder als ein Anwendungsfall der Vertrauenshaftung **nicht als Individualabrede iSv § 305b anzusehen** (BAG NZA 2003, 1145 unter A II 3 c cc; BAG NZA 2008, 1233). Sie wird nicht zwischen den Arbeitsvertragsparteien ausgehandelt, was nach dem Sinn und Zweck des § 305b Voraussetzung für die Anwendung dieser Norm ist, sondern entsteht durch einseitiges Handeln des Arbeitgebers (Hromadka DB 2004, 1261, 1264; Ulrici BB 2005, 1902, 1903; **aA** Lakies, Vertragsgestaltung und AGB im Arbeitsrecht [2. Aufl 2011] Kap 1 Rn 112). Man kann insoweit auch von einer Besonderheit des Arbeitsrechts iSv § 310 Abs 4 Satz 2 HS 1 sprechen, welche die Anwendung von § 305b ausschließt (CKK/Clemenz § 305b Rn 12). **167**

§ 305b steht in einem Spannungsfeld zu **vorformulierten Schriftformklauseln**, mit denen der Arbeitgeber für die Zukunft Rechtssicherheit über die beiderseitigen Rechte und Pflichten gewährleisten will. Insoweit ist zunächst festzuhalten, dass sich der in § 305b verankerte Grundsatz des Vorrangs individueller Abreden gegenüber AGB auch gegenüber konstitutiven Schriftformklauseln in AGB durchsetzt (BAG NZA 2008, 1233 Rn 27 ff). Hierbei spielt es keine Rolle, ob es sich um einfache oder doppelte (qualifizierte) Schriftformklauseln handelt, weil die vom Gesetz angeordnete Priorität individueller Vereinbarungen nicht durch AGB wieder ausgehebelt werden darf. Dies gilt auch und gerade für mündliche Einzelabreden. Eine Ausklammerung mündlicher Einzelvereinbarungen, denen durch AGB die Wirksamkeit versagt werden soll, aus dem Anwendungsbereich von § 305b (so Sutschet RdA 2009, 386, 389), stellt die gesetzliche Wertung auf den Kopf (ebenso CKK/Clemenz § 305b Rn 22). Vor diesem Hintergrund enthalten **doppelte Schriftformklauseln** dann eine unangemessene Benachteiligung und sind deshalb **unwirksam**, wenn sie den Eindruck erwecken, als wären spätere vom Vertrag abweichende mündliche Einzelabreden nicht wirksam. Eine solche Klausel kann den Arbeitnehmer nämlich irreführen, indem sie ihn davon abhält, seine Rechte wahrzunehmen. Das BAG stützte sich hierfür auf § 307 Abs 1 Satz 1 (BAG NZA 2008, 1233 Rn 39 ff). Indes sollte darin eher ein Verstoß gegen das **Transparenzgebot** (§ 307 Abs 1 Satz 2) gesehen werden. **168**

Da sich eine doppelte Schriftformklausel aber gegenüber einer betrieblichen Übung durchsetzt, weil diese nicht unter § 305b fällt (Rn 167), ist eine solche Klausel dann wirksam, wenn der Arbeitgeber unmissverständlich klarstellt, dass sich die Schriftformklausel nur auf diese Gestaltung bezieht.

5. Auslegung von AGB

a) Allgemeine Grundsätze

169 Von der Inhaltskontrolle ebenfalls klar zu unterscheiden ist die Auslegung der Vertragsbedingungen. Während die Inhaltskontrolle auf die **Feststellung des von der Rechtsordnung Gesollten** abzielt, geht es bei der Auslegung um das **von den Parteien Gewollte** (Staudinger/Coester § 307 Rn 27; Fastrich, Richterliche Inhaltskontrolle im Privatrecht [1992] 21 ff). Dementsprechend setzt die Inhaltskontrolle erst dann ein, wenn durch Auslegung ermittelt worden ist, welchen Inhalt eine konkrete Vertragsklausel hat (BGHZ 123, 83; Ulmer/Fuchs Vorb v § 307 Rn 13; Preis/Roloff ZfA 2007, 43, 61). Um die Auslegung als gedanklich ersten Schritt von der nachfolgenden Inhaltskontrolle eindeutig abzuschichten, muss zweierlei vermieden werden (zum Folgenden auch Staudinger/Coester § 307 Rn 28). Auf der einen Seite dürfen vorformulierte Klauseln **nicht von vornherein AGB-rechtskonform interpretiert** werden, also in einer Weise, die den Anforderungen der Inhaltskontrolle gerade noch standhält. Hierdurch würde das auf der Rechtsfolgenseite aus Gründen der Prävention und der Transparenz entwickelte Verbot der geltungserhaltenden Reduktion (dazu Rn 273 ff) unterlaufen werden (DBD/Deinert § 307 Rn 45; Ulmer/Fuchs Vorb v § 307 Rn 13; Erman/Roloff Vor §§ 307–309 Rn 9). Die von der Rechtsprechung früher zuweilen vorgenommene „verdeckte" Inhaltskontrolle durch einschränkende Auslegung etwa von Widerrufsvorbehalten (BAG AP BGB § 611 Lohnzuschläge Nr 5; BAG AP BGB § 315 Nr 12; ähnl BAG AP BGB § 611 Lohnzuschläge Nr 6) lässt sich damit nicht mehr halten. Auf der anderen Seite dürfen der Inhaltskontrolle aber auch **nicht völlig fernliegende Interpretationsmöglichkeiten einer Vertragsbedingung mit dem Ziel zugrunde gelegt** werden, die Klausel auf diese Weise zu Fall zu bringen (Reinecke JbArbR 43 [2006] 23, 27).

170 Die Auslegung vorformulierter Arbeitsbedingungen erfolgt nach denselben Prinzipien wie die Interpretation sonstiger AGB, so dass der **Grundsatz objektiv-generalisierender Auslegung** gilt. Entsprechend ihrer einzelfallübergreifenden Regelungsintention sind AGB gemäß einer vom BAG vielfach benutzten Wendung nach ihrem objektiven Inhalt und typischen Sinn einheitlich so auszulegen, wie sie von verständigen und redlichen Vertragspartnern unter Abwägung der Interessen der normalerweise beteiligten Verkehrskreise verstanden werden (siehe nur BAG NZA 2012, 982 Rn 24; BAG NZA 2012, 1440 Rn 30 jeweils mwNw; **aA** Bieder RdA 2011, 142, 143 ff). Hierbei sind die **Verständnismöglichkeiten des durchschnittlichen Vertragspartners** des Verwenders, also regelmäßig des Arbeitnehmers zugrunde zu legen. Im Einzelnen hat das BAG ein Stufenverhältnis aufgestellt: Danach kommt es in erster Linie auf den Vertragswortlaut an. Sofern der Wortlaut des Formulararbeitsvertrages nicht eindeutig ist, richtet sich die Auslegung danach, wie sich der Vertragstext aus der Sicht der typischerweise beteiligten Verkehrskreise darstellt. Schließlich ist der Vertragszweck zu berücksichtigen, wobei aber nur typische und von redlichen Vertragspartnern verfolgte Zwecke relevant sind. Die Besonderheiten des Falles, das konkrete Verhandlungsgeschehen und die individuellen Vorstellungen der Parteien sind dagegen grundsätzlich bedeutungslos. Hieran vermag auch § 310 Abs 3

Nr 3 nichts zu ändern. Ausweislich des Gesetzeswortlauts sind die den Vertragsschluss begleitenden Umstände bei Verbraucherverträgen und daher auch bei Arbeitsverträgen lediglich auf der Ebene der materiellen Inhaltskontrolle, nicht dagegen auf der Ebene der Auslegung zu berücksichtigen (BAG NZA 2006, 423 Rn 22; BAG NZA-RR 2011, 541 Rn 39; Wolf/Stoffels ArbR Rn 58). Für die Auslegung spielen Begleitumstände im Allgemeinen nur dann eine Rolle, wenn sie nicht ausschließlich die konkrete Vertragsabschlusssituation betreffen, sondern beim Abschluss einer jeden vergleichbaren vertraglichen Abrede vorkommen (BAG NZA-RR 2011, 541 Rn 39). Bei vorformulierten Einmalbedingungen will das BAG allerdings anders entscheiden und die den Vertragsschluss begleitenden Umstände auch bei der Auslegung berücksichtigen (BAG NZA 2010, 935 Rn 37). Außerdem geht ein übereinstimmendes Verständnis der Parteien vom Inhalt einer bestimmten Klausel vor (BAG NZA 2010, 342 Rn 27).

Der Grundsatz objektiver einheitlicher Auslegung gilt auch dann, wenn **kollektiv ausgehandelte Vertragsbedingungen** in Bezug genommen oder vertraglich nachgebildet werden. Zum einen geht es auch insoweit um eine Vielzahl von Fällen. Zum anderen haben die Arbeitnehmer auf das Aushandeln der Kollektivvereinbarung keinen Einfluss nehmen können. Daher kommt es nicht auf das Verständnis der an den Kollektivverhandlungen Beteiligten an, sondern auf die durchschnittlichen Verständnismöglichkeiten der Arbeitnehmer, in deren Arbeitsverträgen die kollektive Regelung integriert wird (BAG AP BGB § 307 Nr 58 Rn 33). 171

b) Auslegung mehrdeutiger Klauseln

Zweifel bei der Auslegung von AGB gehen gemäß § 305c Abs 2 **zu Lasten des Verwenders und damit regelmäßig des Arbeitgebers.** Hinter dieser sog Unklarheitenregelung steht die allgemeine Überlegung, dass der Verwender dazu angehalten werden soll, sich bei der Formulierung von Vertragsbedingungen klar und unmissverständlich auszudrücken (BAG NZA 2006, 202 Rn 16; BAG NZA 2008, 179 Rn 13). Gegenstand der Unklarheitenregel sind die AGB, nicht aber Begleitumstände, die für den entscheidenden Fall bedeutsam sein können (BAG NZA 2008, 179 Rn 13). Die Anwendung von § 305c Abs 2 setzt voraus, dass nach Ausschöpfung der anerkannten Auslegungsmethoden **mindestens zwei verschiedene Auslegungsergebnisse vertretbar** sind und es nicht möglich ist, die Zweifel an der richtigen Auslegung der Klausel zu beheben. Dagegen genügt es nicht, wenn sich eine andere Auslegungsalternative lediglich als eine bloß entfernte Möglichkeit darstellt (BAG NZA-RR 2009, 576 Rn 15; BAG NZA-RR 2012, 122 Rn 23). Sofern arbeitsvertragliche Klauseln nicht lediglich mehrdeutig sind, sondern sich inhaltlich widersprechen, ist allerdings nicht die Unklarheitenregel, sondern das Transparenzgebot des § 307 Abs 1 Satz 2 mit der Folge heranzuziehen, dass die entsprechenden Klauseln unwirksam sind (BAG NZA-RR 2009, 576 Rn 15; BAG NZA 2010, 445 Rn 17). 172

Die Zweifelsregel des § 305c Abs 2, die nach § 310 Abs 3 Nr 2 auch bei vorformulierten Einmalbedingungen anzuwenden ist, führt grundsätzlich dazu, die **arbeitnehmerfreundlichste Auslegungsvariante** zu wählen. Um dem Arbeitnehmer aber nicht den Schutz zu nehmen, der ihm dadurch zuwachsen würde, dass die arbeitnehmerfeindlichere Auslegungsvariante zur Unwirksamkeit der gesamten Klausel führen würde, ist entsprechend allgemeinen Grundsätzen (Staudinger/Schlosser § 305c Rn 108) in einem zweistufigen Verfahren vorzugehen. So ist **zunächst die arbeitneh-** 173

merfeindlichste Auslegungsalternative zugrunde zu legen und auf dieser Basis eine Inhaltskontrolle durchzuführen. Stellt sich dabei heraus, dass die Klausel unwirksam ist, bleibt es bei diesem Ergebnis. Anderenfalls ist die Klausel zwar gültig. Bei der **nunmehr vorzunehmenden Interpretation muss dann aber die arbeitnehmerfreundlichste Auslegungsalternative** herangezogen werden (BAG NZA 2008, 1004 Rn 24; CKK/Hoefs § 305c Rn 52; Reinecke AuR 2003, 414, 415 f).

174 Bei der arbeitnehmerfeindlichsten Auslegung als Grundlage der Kontrolle einer umstrittenen Klausel (BAG NZA 2008, 1004 Rn 24; Reinecke JbArbR 43 [2006] 23, 27 f) sollte man sich am **Schutzzweck der AGB-Kontrolle** orientieren. Sieht man diesen Zweck zumindest auch in der **Kompensation einer Informationsasymmetrie**, zu der es durch die einseitige Ausübung von Vertragsgestaltungsmacht durch den Arbeitgeber als Verwender von AGB kommt (dazu Rn 70 ff), ist somit darauf abzustellen, unter welchen Voraussetzungen von einem Informationsvorsprung des Arbeitgebers gesprochen werden kann. Hierfür sind zwei Umstände maßgeblich: Zum einen muss die durch Auslegung ermittelte hypothetische Gestaltung, deren Berücksichtigung oder Nichtberücksichtigung den Ausschlag für die Angemessenheit und damit die Wirksamkeit der Regelung geben kann, mit einiger Wahrscheinlichkeit zwar nicht unbedingt im konkreten Arbeitsverhältnis, wohl aber in den von den AGB erfassten Arbeitsverhältnissen auftreten. Zum anderen muss die fragliche Interpretationsvariante noch von den Verständnismöglichkeiten eines durchschnittlichen Arbeitnehmers, der sich die Klausel im Zusammenhang mit der Durchführung seines Arbeitsverhältnisses vor Augen hält, umfasst sein. Sofern beide Voraussetzungen vorliegen, spricht nämlich eine gewisse Wahrscheinlichkeit dafür, dass die fragliche Interpretationsvariante dem Arbeitgeber als Verwender der Klausel auch tatsächlich zugute kommt. Das rechtfertigt es, diese Variante der Inhaltskontrolle zugrunde zu legen, selbst wenn erst ihre Berücksichtigung das Pendel zugunsten einer Unwirksamkeit ausschlagen lässt.

175 Bei **Bezugnahmeklauseln**, die auf Tarifverträge verweisen, ist zu unterscheiden. Soweit es um die **Auslegung der Bezugnahmeklausel** selbst geht, nimmt das BAG **im Zweifel eine dynamische und nicht nur eine statische Verweisung** auf einen Tarifvertrag an, wenn es an der Angabe eines konkret mit Datum benannten Tarifvertrages fehlt (BAG NZA 2006, 202 Rn 22; BAG NZA 2006, 923 Rn 37). Dabei ist grundsätzlich nur von einer **„kleinen dynamischen Verweisung"** auszugehen ist, bei der sich die Dynamik lediglich auf das zeitliche Moment bezieht, so dass der Außenseiter zwar an der Weiterentwicklung des in Bezug genommenen Tarifvertrages partizipiert, von sonstigen Änderungen (zB Verbandswechsel des Arbeitgebers und darauf beruhendem Tarifwechsel) aber nicht betroffen wird. Eine **„große dynamische Verweisung"**, die zur Anwendung des jeweils im Betrieb geltenden Tarifvertrages führt, also gegebenenfalls einen Tarifwechsel bewirkt, liegt dagegen im Zweifel nicht vor (BAG NZA 2009, 151 Rn 21 f). Weiter hat das BAG seine frühere ständige Rechtsprechung zur regelmäßigen Auslegung einer mit einem tarifgebundenen Arbeitgeber vereinbarten Bezugnahmeklausel als sog **Gleichstellungsabrede** unter Berufung auf die Unklarheitenregel **aufgegeben** (BAG NZA 2007, 965). Ein Austritt des Arbeitgebers aus dem Arbeitgeberverband, der dazu führt, dass die tarifgebundenen Arbeitnehmer nicht mehr von später abgeschlossenen Tarifverträgen profitieren, hat damit nicht mehr zur Folge, dass die ursprünglich vereinbarte Dynamik auch im Verhältnis zu den Außenseitern wegfällt. Einen Vertrauensschutz für die Arbeitgeberseite gewährt das BAG lediglich für Altverträge, die vor dem 1. 1. 2002 geschlossen wurden. Andere Stimmen setzen den maßgeblichen Zeitpunkt mit gewichtigen Argumenten stattdessen auf den 14. 12. 2005 (Höpfner NZA 2008, 91 ff; Höpfner NZA 2009, 420 ff), weil das BAG seinerzeit erstmals eine Änderung seiner ursprünglichen Rechtsprechung angekündigt hatte (BAG NZA 2006, 607). Im Hinblick auf die **Auslegung des Bezugnahmeobjekts** ist die Unklarheitenregel dagegen nicht anzuwenden. Grund hierfür ist, dass die dazu erforderliche Beurteilung einer Regelung als günstiger nicht losgelöst von dem jeweiligen Fall erfolgen kann (BAG NZA 2009, 154 Rn 27; offengelassen von BAG NZA 2012, 982 Rn 31). Damit bestünde die Gefahr, dass es zu einem für die Praxis nur schwer zu handhabenden „Hin und Her" bei der Tarifanwendung käme (BAG v 9. 6. 2010 – 5 AZR 122/09 Rn 18; Bayreuther NZA 2009, 935, 936; für Änderungen auf der Zeitachse dagegen DBD/Däubler § 305c Rn 43).

6. Inhaltskontrolle

a) Systematik

Soweit es um die der Einbeziehungskontrolle nachgelagerte **Inhaltskontrolle** geht, sind entsprechend allgemeinen Grundsätzen des AGB-Rechts zunächst die besonderen Klauselverbote des § 309 und des § 308 zu prüfen, bevor auf die Generalklausel des § 307 einzugehen ist. Allerdings enthalten die Klauselkataloge eine Reihe von Tatbeständen, die im Arbeitsrecht von vornherein unanwendbar sind oder doch jedenfalls keinen praktischen Anwendungsbereich haben (zB § 308 Nr 3 und 8, § 309 Nr 1, 8, 9 und 11). Auch sonst bildet die Kontrolle anhand der Generalklausel des § 307 und damit die Frage einer gegen Treu und Glauben verstoßenden unangemessenen Benachteiligung des Arbeitnehmers das **Zentrum des Entscheidungsmaterials**. Im Hinblick auf § 307 bestehen im allgemeinen AGB-rechtlichen Schrifttum unterschiedliche Auffassungen über die innere Struktur dieser Vorschrift und dabei insbesondere das Verhältnis von Abs 1 zu den in Abs 2 genannten Fallgruppen (siehe nur Staudinger/Coester § 307 Rn 227). Die arbeitsrechtliche Literatur vollzieht diese Vorstellungen regelmäßig nur in ihren Grundzügen nach (vgl Günther, AGB-Kontrolle von Arbeitsverträgen [2007] 190 ff; Thüsing, AGB-Kontrolle, Rn 93 ff). Für eine bereits im Ansatz eigenständige arbeitsrechtliche Konzeption der Inhaltskontrolle besteht ohnehin kein Anlass. 176

In der **Entscheidungspraxis des BAG** werden die verschiedenen **Anknüpfungspunkte** für eine Inhaltskontrolle nach § 307 Abs 1 und 2 ebenfalls **nicht umfassend aufgefächert**. Vielmehr greift das BAG nur vereinzelt auf § 307 Abs 2 zurück. So wurde § 307 Abs 2 Nr 1 als Kontrollmaßstab herangezogen, um aus § 615 Satz 1 Grenzen der Verlagerbarkeit des Wirtschaftsrisikos auf den Arbeitnehmer zu entwickeln (BAG NZA 2006, 423). Weiter wurde § 307 Abs 2 Nr 2 mobilisiert, um zu kurze Ausschlussfristen als Gefährdung der Durchsetzung des Vergütungsanspruchs des Arbeitnehmers zu brandmarken (BAG NZA 2006, 149). In den meisten Fällen, die unter Zuhilfenahme der Generalklausel gelöst werden, verzichtet das BAG allerdings auf eine klare Abgrenzung der verschiedenen Tatbestände von § 307 und zieht entweder kumulativ § 307 Abs 2 und Abs 1 heran (zB BAG NZA 2007, 684), beschränkt sich von vornherein auf § 307 Abs 1 (zB BAG NZA 2006, 1042; BAG AP BGB § 307 Nr 26; BAG AP BGB § 307 Nr 42; BAG NZA 2011, 89) oder nennt sogar nur ganz allgemein § 307 als Prüfungsmaßstab (zB BAG NZA 2006, 1431). Im Übrigen spielt jedenfalls der Tatbestand des § 307 Abs 2 Nr 1 im Arbeitsrecht deshalb nur eine untergeordnete Rolle, 177 weil große Teile des Arbeitsrechts zwingenden Charakter haben, während zahlreiche andere Fragen von vornherein gar nicht geregelt sind, es also anders als im allgemeinen Zivilrecht an einem umfassenden Bestand an dispositivem Recht als Grundlage eines gesetzlichen Leitbilds fehlt (Lingemann NZA 2002, 181, 188; ErfK/Preis §§ 305–310 BGB Rn 43; Thüsing, AGB-Kontrolle Rn 97). Eine vergleichsweise **große Rolle** spielt dagegen das **Transparenzgebot** des § 307 Abs 1 Satz 2 (vgl Coester, in: FS Löwisch [2007] 57, 67 ff; Oetker AcP 212 [2012] 202, 245 ff; Stoffels ZfA 2009, 861, 878 ff jeweils mwNw), dessen Nachteil freilich darin besteht, dass es nur eine formelle Prüfung der umstrittenen Klausel auf Verständlichkeit im konkreten Kontext des jeweiligen Formulararbeitsvertrages ermöglicht, die materielle Wirksamkeit der Klausel aber nicht zur Sprache kommt und somit keine rechtssicheren Bewertungsmaßstäbe entwickelt werden können (Leder RdA 2010, 93, 94; exemplarisch etwa BAG NZA 2011, 575: Pauschalabgeltung von Überstunden). Im Übrigen widmet sich das BAG bei Bedarf der Frage, welche vorformulierten Vertragsbedingungen gemäß § 307 Abs 3 der Inhaltskontrolle entzogen sind.

b) Grenzen der Inhaltskontrolle

178 Eine Überprüfung auf materielle Unangemessenheit iSv § 307 Abs 1 Satz 1 sowie §§ 308 und 309 findet nach § 307 Abs 3 Satz 1 nur statt, wenn es um Bestimmungen in AGB geht, die **von Rechtsvorschriften abweichend oder diese ergänzen**. Dies bedeutet zunächst, dass sog **deklaratorische Klauseln**, die sich darin erschöpfen, geltende Rechtsvorschriften zu wiederholen, keiner materiellen Inhaltskontrolle unterliegen. Hierfür kommt es nicht darauf an, ob die gesetzliche Norm, deren Inhalt in AGB überführt wird, zwingenden oder nur dispositiven Charakter hat. Wenn eine arbeitsvertragliche Regelung über das Direktionsrecht des Arbeitgebers daher lediglich den Tatbestand des § 106 GewO nachbildet und damit in der Sache die Arbeitspflicht umschreibt, erfolgt keine Überprüfung auf inhaltliche Unangemessenheit (BAG NZA 2010, 1355 Rn 24; BAG NZA 2012, 856 Rn 21; Preis/Roloff ZfA 2007, 43, 50; Stoffels ZfA 2009, 861, 866). Anders ist dies freilich, wenn es sich um eine direktionsrechtserweiternde Klausel handelt (dazu Rn 196 f). An einer Abweichung von einem „normativen Referenzrahmen" (so BAG NZA 2007, 1045 Rn 27) fehlt es auch im Hinblick auf eine Klausel, dass eine im Nachwirkungszeitraum eines Tarifvertrages getroffene Vereinbarung nur bis zu einer tarifvertraglichen Neuregelung gelten soll, weil dies der in § 4 Abs 5 TVG geregelten Rechtslage entspricht (in diese Richtung auch BAG NZA 2011, 1289 Rn 30).

179 Zweifelhaft ist, ob **normausfüllende Klauseln**, also Regelungen, die sich innerhalb eines von einer Vorschrift bereitgestellten Rahmens halten, einer Inhaltskontrolle zu unterziehen sind. Prominentes Beispiel ist § 622 Abs 3, der die Vereinbarung einer bis zu sechsmonatigen Probezeit erlaubt, innerhalb derer die Frist für eine ordentliche Kündigung verkürzt ist. Das BAG hat eine AGB-Kontrolle einer Probezeitvereinbarung mit der Begründung abgelehnt, dass die Parteien dadurch lediglich eine gesetzlich zur Verfügung gestellte Möglichkeit nutzen und hiervon nicht abweichen (BAG NZA 2008, 521 Rn 28; zust Wolf/Stoffels ArbR Rn 66). Dasselbe wurde für die Probezeit iSv § 20 BBiG angenommen (BAG NZA 2005, 578 unter II 1). Diese Auffassung ist freilich abzulehnen, weil der Gesetzgeber eine der Sichtweise des BAG entsprechende oder ihr doch zumindest nahekommende Regelung (vgl BT-Drucks 14/745, 6, 28) gerade nicht ins seinerzeitige AGBG aufgenommen hat (vgl BT-Drucks 14/1301, 18; siehe auch BT-Drucks 14/1067, 12). Auch erfolgt mit der Kontrolle der

vorformulierten Parteivereinbarung keine Angemessenheitskontrolle der gesetzlichen Regelung, die nach der ratio des § 307 Abs 3 Satz 1 ausgeschlossen sein soll (CKK/Klumpp § 307 Rn 25). Zudem kann aus der Schaffung eines dispositiven gesetzlichen Rahmens nicht gefolgert werden, dass auch vorformulierte Vereinbarungen innerhalb dieses Rahmens stets von jeder Kontrolle freigestellt sein sollen (DBD/Däubler § 307 Rn 261a; Preis/Roloff ZfA 2007, 43, 51). Dies kann nur bei qualifizierten Erlaubnisnormen angenommen werden, die es im Arbeitsrecht indes soweit ersichtlich nicht gibt (CKK/Klumpp § 307 Rn 25). In anderen Fällen geht das BAG denn auch wie selbstverständlich davon aus, dass eine Vorschrift, die Grenzen der Dispositionsbefugnis aufzeigt wie etwa § 202 im Hinblick auf Verjährungsvereinbarungen, eine AGB-Kontrolle von vorformulierten Abreden, die sich innerhalb der Grenzen bewegen, nicht ausschließt (vgl BAG NZA 2005, 1111 unter IV 7 b). Daher sind **normausfüllende anders als normwiederholende AGB auf inhaltliche Unangemessenheit zu kontrollieren**, zumal nur auf diesem Wege die Berücksichtigung vertragsschlussbegleitender Umstände gemäß § 310 Abs 3 Nr 3 möglich wird.

Zu den Rechtsvorschriften iSv § 307 Abs 3 Satz 1 zählen auch **allgemeine ungeschriebene Rechtsgrundsätze** wie etwa das **Prinzip der Vertragsbindung** (BAG NZA 2005, 465 unter B I 4 a; BAG NZA 2007, 853 Rn 17) oder das **Äquivalenzprinzip** (BAG NZA 2011, 1338 Rn 44). Dasselbe gilt für die Gesamtheit der wesentlichen Rechte und Pflichten, die sich aus der Natur des Vertrages ergeben (BAG NZA 2006, 324 Rn 44; BAG NZA 2008, 40 Rn 24), was der Wertung des § 307 Abs 2 Nr 2 entspricht und die **formularmäßige Aushöhlung von Kardinalpflichten verhindern** soll. Vor dem Hintergrund dieses weit verstandenen Begriffs von Rechtsvorschriften kann es nicht überzeugen, wenn das BAG arbeitsvertragliche Bestimmungen über einen über den gesetzlichen Urlaub hinausgehenden Urlaub mit der Begründung der materiellen Inhaltskontrolle entzieht, dass hierdurch die Vorschriften des BUrlG weder abgeändert noch ergänzt würden (BAG NZA 2009, 538 Rn 94; dazu krit Stoffels ZfA 2009, 861, 865). Schließlich gehört hierher auch das **Richterrecht** (BAG NZA 2008, 40 Rn 24; HWK/Gotthardt § 307 Rn 9). Letzteres gilt freilich nicht im Hinblick auf dasjenige Richterrecht, das lediglich als Hilfsmaßstab für eine Inhaltskontrolle aus der Zeit vor der Schuldrechtsmodernisierung zu qualifizieren ist. Wenn die ältere arbeitsgerichtliche Judikatur als solche keine im Arbeitsrecht geltende Besonderheit ist, die eine Angemessenheitskontrolle ausschließt oder doch beeinflusst (Rn 150), kann sie auch nicht über den Begriff der Rechtsvorschriften iSv § 307 Abs 3 Satz 1 dazu führen, dass eine Inhaltskontrolle nicht stattfindet. Davon zu unterscheiden ist die Frage, ob eine Abweichung von richterrechtlichen Grundsätzen (nur) nach § 307 beurteilen ist und es damit nur bei vorformulierten Arbeitsbedingungen zu einer Angemessenheitskontrolle kommt oder ob das Richterrecht bindenden Charakter hat und demzufolge auch echten Einzelvereinbarungen entgegensteht, was namentlich bei den Grundsätzen über die beschränkte Arbeitnehmerhaftung streitig ist (dazu Krause RdA 2013, 129, 137 ff). **180**

(Normativ wirkende) **Tarifverträge, Betriebs- und Dienstvereinbarungen** stehen nach § 310 Abs 4 Satz 3 Rechtsvorschriften iSv § 307 Abs 3 Satz 1 gleich. Der Sinn und Zweck dieser Bestimmung besteht darin, eine AGB-rechtliche Angemessenheitskontrolle dieser kollektiven Normenverträge zu verhindern (vgl BT-Drucks 14/6857, 54). Zur Reichweite des Kontrollprivilegs eingehend Rn 92 ff. **181**

182 Eine andere Frage ist, ob die Gleichstellung von Tarifverträgen, Betriebs- und Dienstvereinbarungen mit Rechtsvorschriften iSv § 307 Abs 3 Satz 1 zur Folge hat, dass diese Kollektivverträge ihrerseits als **Maßstab für eine AGB-Kontrolle** herangezogen werden können. Praktisch bedeutsam ist dies nur für Tarifverträge, weil es nur bei dieser Art von Kollektivvereinbarungen zukommen kann, dass sich ein Arbeitsverhältnis im Geltungsbereich eines (wirksamen) Tarifvertrages befindet, der Tarifvertrag mangels einer Tarifbindung des Arbeitgebers oder des Arbeitnehmers aber trotzdem nicht normativ wirkt, eine Abweichung also nicht schon aus diesem Grunde ausgeschlossen ist. Das BAG hat sich zu dieser Frage noch nicht geäußert. Der vereinzelten Formulierung, einem nur noch nachwirkenden Tarifvertrag komme nicht *mehr* die gesetzliche Leitfunktion iSv § 310 Abs 3 Satz 1 zu (so BAG NZA 2007, 1045 Rn 25) lässt sich nicht entnehmen, dass dies vorher zu bejahen sei. Im Schrifttum wird eine Einstufung von Tarifverträgen als Kontrollmaßstab teilweise befürwortet (DBD/Däubler § 307 Rn 279 ff; Lakies NZA-RR 2002, 337, 344). Hierdurch soll insbesondere eine Kontrollfähigkeit der Hauptkonditionen erreicht werden. Dabei wird als Maßstab für eine unangemessene Abweichung vom einschlägigen Tarifvertrag eine Orientierung an § 17 Abs 1 BBiG und der dazu ergangenen Rechtsprechung (siehe etwa BAG NZA 2008, 828 Rn 21 mwNw) mit der Folge empfohlen, dass eine in einem vorformulierten Arbeitsvertrag geregelte Vergütung nicht mehr als 20% unter der jeweils als Maßstab heranzuziehenden Tarifnorm liegen dürfe (DBD/Däubler § 307 Rn 288). Die ganz **überwiegende Ansicht spricht sich indes mit Recht gegen eine solche Sichtweise aus** (Bayreuther RdA 2003, 81 ff; HWK/Gotthardt § 307 Rn 11; Henssler RdA 2002, 129, 136; CKK/Klumpp § 307 Rn 35; Lindemann AuR 2002, 81, 86 f; Lingemann NZA 2002, 181, 188 f; ErfK/Preis §§ 305–310 BGB Rn 39; Thüsing, in: FS Wiedemann [2002] 559, 577 f; Thüsing/Lambrich RdA 2002, 193, 196). Neben dem Gesetzeszweck (siehe Rn 181, 92 ff) ist zu berücksichtigen, dass § 310 Abs 4 Satz 3 nur auf § 307 Abs 3 und nicht etwa auf den gesamten § 307 verweist, was nur den Sinn haben kann, Tarifverträge vor einer Kontrolle zu schützen, nicht aber sie selbst in den Rang eines Kontrollmaßstabs für AGB in den Fällen zu erheben, in denen sie nicht normativ eingreifen. Darüber hinaus wird vielfach die negative Koalitionsfreiheit der tarifungebundenen Arbeitsvertragsparteien (Art 9 Abs 3 GG) ins Feld geführt (Henssler RdA 2002, 129, 136; CKK/Klumpp § 307 Rn 35: „kalte Allgemeinverbindlicherklärung"), was freilich überspitzt erscheint, weil beispielsweise auch bei der Sittenwidrigkeitskontrolle von Entgelten nach § 138 das tarifvertragliche Niveau unter bestimmten Voraussetzungen als Maßstab herangezogen wird (siehe nur BAG NZA 2009, 837), ohne dass dem Art 9 Abs 3 GG entgegensteht (insoweit zutr DBD/Däubler § 307 Rn 284). Dennoch zeigt gerade § 17 Abs 1 BBiG, dass der Gesetzgeber eine Kontrolle der Hauptkonditionen nur ausnahmsweise anordnet und die Vorschriften über die AGB-Kontrolle überinterpretiert werden, wenn man ihnen die gesetzgeberische Entscheidung entnimmt, sämtliche vorformulierten Arbeitsentgelte nunmehr flächendeckend an Tarifverträgen zu kontrollieren.

183 Aus der Beschränkung der Inhaltskontrolle auf von Rechtsvorschriften abweichende oder diese ergänzende Regelungen ergibt sich, dass diejenigen vertraglichen Festlegungen, die **den Vertrag überhaupt erst konstituieren**, grundsätzlich nicht auf materielle Angemessenheit kontrolliert werden können (zum Transparenzgebot siehe aber unten Rn 238). Zum einen pflegen die Vertragsparteien ihre Aufmerksamkeit auf die Hauptleistungspflichten zu konzentrieren, so dass auch dann, wenn es sich nicht ohnehin schon um ausgehandelte, sondern stattdessen um vorformulierte Vertragsbedingungen handelt, der innere Grund gerade für die AGB-Kontrolle fehlt oder zumindest schwächer vorhanden ist. Zum anderen fehlt es im Hinblick auf die Hauptleistungspflichten im Allgemeinen an gesetzlichen Maßstäben zur Bestimmung ihrer Angemessenheit. Damit sind die **Arbeitsleistung** und das **Arbeitsentgelt grundsätzlich nicht inhaltlich überprüfbar** (BAG NZA 2008, 45 Rn 24; BAG NZA 2011, 576 Rn 31). Es ist plakativ gesprochen nicht Aufgabe der Gerichte für Arbeitssachen, den „gerechten Preis" zu ermitteln (BAG NZA 2006, 324 Rn 44; BAG NZA 2012, 908 Rn 25; BAG NZA 2013, 266 Rn 15; BAG NZA 2013, 512 Rn 39). Zwar nehmen die gesetzlichen Einflussnahmen auf die Festsetzung von Mindestentgelten zu (neben der traditionellen Allgemeinverbindlicherklärung gemäß § 5 TVG sind die zahlreichen Mindestlohnverordnungen nach dem AEntG sowie § 3a AÜG zu nennen). Allerdings handelt es sich hierbei stets um zwingendes Recht, das abweichenden Vereinbarungen unabhängig davon Grenzen setzt, ob es sich um vorformulierte Klauseln oder um echte Einzelabreden handelt, so dass die Kontrolle nicht (erst) anhand von § 307 zu erfolgen hat.

Dies gilt auch für § 6 Abs 5 ArbZG, der vorschreibt, dass den Arbeitnehmern für **184**
die während der Nachtzeit geleisteten Arbeitsstunden ein **angemessener Ausgleich in Form von freien Tagen oder eines Zuschlags zum Arbeitsentgelt** zu gewähren ist. Obwohl es sich beim Nachtarbeitsausgleich nach dem eigenen Bekunden des BAG um zwingendes Gesetzesrecht handelt (vgl BAG NZA 2005, 884 unter B II 2 a bb [2] [b]), spricht das BAG im Zusammenhang mit der AGB-Kontrolle einer Pauschalabgeltung des Nachtarbeitszuschlags davon, dass der vereinbarte Pauschalzuschlag deshalb angemessen sei, weil er deutlich über den von der Rechtsprechung im Allgemeinen für angemessen gehaltenen 10% liege (BAG NZA 2006, 324 Rn 47). Dies deutet auf die Durchführung einer AGB-rechtlichen Angemessenheitskontrolle hin. Zudem verweist das BAG in derselben Entscheidung darauf, dass § 307 Abs 3 Satz 1 einer Kontrolle der Hauptleistungspflichten ausnahmsweise nicht entgegenstehe, wenn diese durch Rechtsvorschriften bestimmt werden (BAG NZA 2006, 324 Rn 44). Stattdessen ist auch insoweit (nur) eine unmittelbare Kontrolle am Maßstab des § 6 Abs 5 ArbZG und keine zusätzliche AGB-rechtliche Überprüfung unter dem Blickwinkel inhaltlicher Unangemessenheit vorzunehmen, wodurch eine Transparenzkontrolle natürlich nicht ausgeschlossen ist (vgl dazu näher Krause Anm zu BAG AP ArbZG § 6 Nr 8 [unter 3]; siehe dazu auch Preis/Roloff ZfA 2007, 43, 53 f, die das Urteil anders interpretieren und annehmen, dass sich das BAG in AGB-rechtlicher Hinsicht auf eine Transparenzkontrolle beschränkt hat). Die grundsätzliche Unüberprüfbarkeit von Festlegungen der Hauptleistungspflichten auf inhaltliche Unangemessenheit gilt ferner auch dann, wenn dynamisch auf Regelungen verwiesen wird, die nicht vom Arbeitgeber gestellt werden (BAG NZA 2011, 576 Rn 31, dort auch mit klarer Differenzierung zwischen AGB-rechtlicher Transparenzkontrolle [Rn 29 ff] und materieller Inhaltskontrolle an den Grundwertungen des Betriebsrentenrechts [Rn 37 ff]). Vergleichbares gilt für sonstige Bezugnahmen, mit denen die Hauptleistung festgelegt werden soll (BAG NZA-RR 2011, 255: Verweis für die Berechnung des Ruhegehalts auf die jeweils geltenden Vorschriften des Beamtenversorgungsrechts). Diese Kontrollfreiheit schließt es entsprechend den zum allgemeinen AGB-Recht entwickelten Grundsätzen allerdings nicht aus, dass solche vertraglichen Bestimmungen einer materiellen Kontrolle unterliegen, welche die Hauptleistungspflichten einschränken, verändern oder ausgestalten (BAG NZA 2006, 40 unter B II 1 e aa).

185 Soweit es um die **Arbeitspflicht** geht, sind (echte) **direktionsrechtserweiternde Klauseln** damit auf inhaltliche Angemessenheit kontrollierbar (BAG NZA 2010, 1355 Rn 26). Dasselbe gilt für die Befristung einer Arbeitszeiterhöhung (BAG NZA 2006, 40; BAG AP BGB § 305 Nr 8) oder einer Regelung über die Ausgestaltung von Abrufarbeit (BAG NZA 2006, 423). Trotz erheblicher Kritik aus dem Schrifttum, die hierin einen zu intensiven Eingriff in die Vertragsfreiheit sieht (JUNKER, in: FS Buchner [2009] 369, 374 ff; CKK/KLUMPP § 307 Rn 31; LÖWISCH, in: FS Canaris, Bd I [2007] 1403, 1411 f), lässt sich die Sichtweise des BAG mit der Überlegung halten, dass diese Klauseln eben gerade nicht unmittelbar die Hauptleistung fixieren, sondern lediglich auf die anderweitig bestimmte Hauptleistung einwirken bzw eine Einwirkung ermöglichen. Dasselbe gilt an sich auch für die Befristung des gesamten Arbeitsverhältnisses. Insoweit ist das TzBfG aber lex specialis und verdrängt die allgemeine AGB-Kontrolle (BAG NZA 2006, 37 Rn 32; PREIS/ROLOFF ZfA 2007, 43, 85; krit aber COESTER, in: FS Löwisch [2007] 57, 59 Fn 16).

186 Im **Entgeltbereich** gehören **Widerrufs-, Änderungs- und Anrechnungsvorbehalte** zu den materiell kontrollfähigen Klauseln (BAG NZA 2005, 465). Gleiches gilt für **Freiwilligkeitsvorbehalte**, soweit sie nicht selber Teil der Willenserklärung sind, von der die Existenz einer finanziellen Zusage abhängig ist, sondern darauf abzielen, dem Erklärungsverhalten des Arbeitgebers einen vom objektiven Verständnis abweichenden Sinn zu geben (BAG NZA 2007, 853). Dagegen sind Abreden, mit denen das Entgelt unmittelbar reguliert wird, nicht inhaltlich überprüfbar. Dies betrifft Bruttolohnabreden (BAG NZA 2006, 688 Rn 15; BAG NZA 2009, 49 Rn 22) einschließlich der Einbeziehung von Zuschlägen für Nacht-, Sonntags- und Feiertagsarbeiten (BAG NZA 2006, 324) wie auch die Abwälzung der Pauschalsteuer auf den Arbeitnehmer (BAG NZA 2006, 682 Rn 25). Hierunter fällt auch eine pauschale Überstundenabgeltung, nach der die ersten 20 Überstunden monatlich „mit drin" sind (BAG NZA 2012, 908 Rn 26).

187 Keiner Angemessenheitskontrolle unterliegen **Bezugnahmeklauseln als solche**, weil sie keinen über die Verweisung hinausgehenden Regelungsgehalt haben und damit weder von Rechtsvorschriften abweichen noch diese ergänzen (BAG NZA-RR 2010, 7 Rn 43 ff; BAG NZA 2013, 512 Rn 37 ff). Gleiches gilt für die **Aufhebung des Arbeitsverhältnisses als solche** (BAG NZA 2004, 597 unter B IV 3; BAG NZA 2011, 1338 Rn 42; STOFFELS ZfA 2009, 861, 868). Wenn in einem vorformulierten Aufhebungsvertrag zusätzliche Regelungen wie etwa eine Ausgleichsklausel enthalten sind, greift insoweit freilich die Inhaltskontrolle (BAG NZA 2011, 1338 Rn 44).

c) Maßstäbe der Inhaltskontrolle

aa) Allgemeines

188 Für die nähere Bestimmung der inhaltlichen Unangemessenheit iSv § 307 Abs Satz 1 gelten im Arbeitsrecht dieselben Grundsätze wie im allgemeinen AGB-Recht. Danach ist als unangemessen jede Beeinträchtigung eines rechtlich anerkannten Interesses des Arbeitnehmers anzusehen, die nicht durch begründete und billigenswerte Interessen des Arbeitgebers gerechtfertigt ist oder durch gleichwertige Vorteile ausgeglichen wird (statt vieler BAG NZA 2012, 674 Rn 21). Dementsprechend muss in einem ersten Schritt eine Benachteiligung im Sinne einer Verschlechterung der Rechtslage gegenüber der ohne die fragliche Klausel bestehenden rechtlichen Situation **(Rechtslagenvergleich)** ermittelt werden, die dann in einem zweiten Schritt

daraufhin zu untersuchen ist, ob sie als unangemessen zu qualifizieren ist. In zeitlicher Hinsicht kommt es allein auf den **Arbeitsvertragschluss** an, so dass eine spätere Veränderung tatsächlicher Umstände, zu der es gerade beim Arbeitsverhältnis als einem häufig langfristigen Dauerschuldverhältnis kommen kann, unerheblich ist. Eine Verfeinerung rechtlicher Maßstäbe durch eine sich weiterentwickelnde Rechtsprechung kann dagegen durchaus in die Angemessenheitskontrolle einfließen (DBD/Deinert § 307 Rn 67; CKK/Klumpp § 307 Rn 4). Bei alledem ist grundsätzlich eine **typisierende überindividuelle Betrachtungsweise** anzustellen (BAG NZA 2008, 40 Rn 30). Infolge der Einordnung des Arbeitsvertrags als Verbrauchervertrag (Rn 108 ff) ist das dabei gefundene Ergebnis allerdings noch einmal darauf hin zu untersuchen, ob bei einer Berücksichtigung der den Vertragsschluss Begleitumstände ein anderes Resultat angezeigt ist (CKK/Klumpp § 307 Rn 46; Preis, in: FS 50 Jahre BAG [2004] 123, 137).

Die gemäß § 310 Abs 4 Satz 2 HS 1 vorgeschriebene Berücksichtigung der im Arbeitsrecht geltenden Besonderheiten zwingt dazu, über gewisse Eigenheiten des Arbeitsrechts Rechenschaft abzulegen, um der Klauselkontrolle nach Möglichkeit gewisse **Leitlinien** an die Hand zu geben. Darüber hinaus sind einige **übergreifende Wertungsgesichtspunkte** herauszuarbeiten, die insbesondere bei der allgemeinen Angemessenheitskontrolle mit ihrem Erfordernis der wechselseitigen Berücksichtigung und Bewertung rechtlich anzuerkennender Interessen der Vertragspartner von maßgeblicher Bedeutung sind. Wie das BVerfG – wenn auch in anderem Kontext – zutreffend betont hat, ist es mit einer einzelfallbezogen Güter- und Interessenabwägung nicht getan, auch wenn diese in besonderem Maße Einzelfallgerechtigkeit verwirklichen mag. Vielmehr muss das Richterrecht Grundsätze entwickeln, welche die Rechtsfindung normativ zu leiten in der Lage sind, um hierdurch den rechtsstaatlichen Geboten der **Berechenbarkeit des Rechts**, der **Rechtsklarheit** und **Rechtssicherheit** hinreichend Rechnung zu tragen (BVerfGE 66, 116, 138). Auch sollte das Instrumentarium der arbeitsrechtlichen AGB-Kontrolle mit Augenmaß gehandhabt werden, um das in der Grundtendenz unausweichliche Wachstum des Richterrechts in angemessenen Grenzen zu halten. Dabei steht die Rechtsprechung konzeptionell vor der Aufgabe, ein Leitbild des Arbeitsvertrags zu entwickeln, das in rechtstechnischer Hinsicht zwar dispositiv ist und deshalb an sich nur als Maßstab für die Kontrolle gerade von AGB dient (zu Kontrollfunktion von dispositivem Recht siehe nur Möslein, Dispositives Recht [2011] 35 ff mit zahlreichen Nachweisen), das vor dem Hintergrund der umfassenden Verbreitung vorformulierter Arbeitsverträge (vgl Rn 1) aber letztlich die in der Praxis wirksamen Schranken arbeitsvertraglicher Gestaltung markiert. In rechtstechnischer Hinsicht geht es damit sowohl um die Konkretisierung der wesentlichen Grundgedanken der für Arbeitsverhältnisse geltenden dispositiven gesetzlichen Regelungen iSv § 307 Abs 2 Nr 1 als auch um die Ermittlung der für die Erreichung des Vertragszwecks erforderlichen wesentlichen Rechte und Pflichten iSv § 307 Abs 2 Nr 2. **189**

bb) Leitgedanken der Inhaltskontrolle

(1) Anpassungsnotwendigkeit und Bestandsschutz

(a) Grundlagen

Der erste grundsätzliche Wertungsgesichtspunkt ergibt sich aus dem **Charakter des Arbeitsverhältnisses als Dauerschuldverhältnis**. Anders als bei einem Vertrag, der auf einen einmaligen Leistungsaustausch abzielt, handelt es sich beim Arbeitsverhältnis regelmäßig um eine auf längere Zeit angelegte Austauschbeziehung. Diese **Zu-** **190**

kunftsgerichtetheit (so prägnant BAG NZA 2008, 45 Rn 29; BAG NZA 2009, 154 Rn 31) macht das Arbeitsverhältnis anfällig für Veränderungen des vertraglichen Umfelds. Dabei ändern sich die wirtschaftlichen, sozialen und technischen Verhältnisse, in die der Arbeitsvertrag eingebettet ist, heutzutage in einem erheblich schnelleren Maße als bei zahlreichen anderen Dauerschuldverhältnissen (zB Wohnraummietvertrag). Eine arbeitsvertragliche Regelung, die sämtliche Eventualitäten der nächsten Jahre oder sogar Jahrzehnte vorwegnimmt und hierfür jeweils inhaltlich fest fixierte Lösungen vorsieht, ist weder praktikabel noch auch nur möglich (Hromadka, in: FS Dieterich [1999] 251, 266 f). Vertragsparteien können generell weder alle potenziell möglichen künftigen Entwicklungen vorhersehen, noch sind sie in der Lage, für alle vorhersehbaren Entwicklungen vorsorgliche Regelungen zu treffen (zur Unterscheidung beider Aspekte Möslein, Dispositives Recht [2011] 33). Die „many futures of the contract of employment" (so Deakin ESRC Centre for Business Research – Working Papers No 191 [2000]; dazu grdl MacNeil Southern California Law Review 47 [1974] 691 ff) sind einer abschließenden vertraglichen Steuerung nicht zugänglich. Der „vollständige Vertrag" ist ein nützliches Konstrukt in der ökonomischen Erfassung des Vertragsrechts (Schäfer/Ott, Lehrbuch der ökonomischen Analyse des Zivilrechts [4. Aufl 2005] 401 ff; Unberath/Cziupka AcP 209 [2009] 37, 44 ff; vertiefend Ayres/Gertner Yale Law Journal 99 [1989] 87 ff). In der Realität ist er indes nicht erzielbar. Zugleich existiert mit dem **Kündigungsschutz eine arbeitsrechtliche Besonderheit**, die es dem Arbeitgeber verwehrt, sich ohne weiteres vom Arbeitnehmer zu lösen und ihm eine Weiterbeschäftigung nur noch zu geänderten Konditionen anzubieten. Die für diese Fälle grundsätzlich zur Verfügung stehende Änderungskündigung stellt mit ihren hohen Anforderungen (vgl BAG NZA 2006, 587 zur Änderungskündigung zwecks Entgeltabsenkung; zum weniger strengen Maßstab bei der Anpassung von Nebenabreden siehe BAG NZA 2003, 1029) vielfach keine brauchbare Alternative dar.

191 Aus diesem Grunde hat das BAG **zutreffend mehrfach das Interesse des Arbeitgebers an sonstigen Änderungsinstrumenten als berechtigt anerkannt**, die es ihm ermöglichen sollen, die arbeitsvertraglichen Konditionen den veränderten Rahmenbedingungen anzupassen (BAG NZA 2005, 465 unter B I 4 c bb; BAG NZA 2006, 423 unter B II 7d; BAG NZA 2006, 1149 Rn 36; BAG NZA 2011, 64 Rn 31). Dies gilt in erster Linie hinsichtlich der **Ungewissheit über die künftige wirtschaftliche Entwicklung des Unternehmens**, die angesichts volatiler werdender Märkte für den Arbeitgeber immer schwerer prognostizierbar ist. Die Anpassungsleistung, die das Arbeitsverhältnis zu erbringen hat, ergibt sich aber nicht nur aus allgemeinen ökonomischen Veränderungen, sondern kann auch auf **Änderungen der betrieblichen Strukturen** beruhen, in die das Arbeitsverhältnis eingebettet ist. Darüber hinaus können auch **neue normative Rahmenbedingungen**, deren Einhaltung vom Arbeitgeber verlangt wird (compliance), eine Anpassung von arbeitsvertraglichen Regelungen erfordern. Schließlich ist auch das Interesse des Arbeitgebers beachtlich, die verwendeten AGB einseitig nachbessern zu können, soweit die Unwirksamkeit einer Klausel nur darauf beruht, dass die Rechtsprechung neue Maßstäbe entwickelt. Allerdings hat der Arbeitnehmer ein **gegenläufiges und ebenfalls schutzwürdiges Interesse an der Stabilität seiner Arbeitsbedingungen**. Im Grundsatz geht es im Hinblick auf den Flexibilisierungsaspekt also darum, welche Risiken und Unwägbarkeiten vorbehaltlich einer Kündigung bzw Änderungskündigung der Arbeitgeber zu tragen hat und in welchem Maße ihre Verlagerung auf den Arbeitnehmer noch als angemessener Interessenausgleich gesehen werden kann.

Eine erste grundlegende Grenze stellt der **„Kernbereich" des Arbeitsvertrages** dar (hierzu nunmehr umfassend SCHWARZE RdA 2012, 321 ff). Dieser Kernbereich steht einem einseitigen Zugriff des Arbeitgebers aus mehreren Gründen nicht offen: Erstens gebietet es das **Äquivalenzprinzip** als allgemeiner Rechtsgrundsatz iSv § 307 Abs 2 Nr 1 (dazu BGHZ 148, 74; STAUDINGER/COESTER § 307 Rn 235; ULMER/FUCHS § 307 Rn 214 f; STOFFELS, AGB-Recht Rn 513), dass sich der Arbeitgeber grundsätzlich nicht von seinen eigenen Leistungspflichten lösen, den Arbeitnehmer aber an seiner unveränderten Gegenleistungspflicht festhalten kann. Zweitens lässt sich aus § 615 die gesetzliche Wertung ableiten, dass das **Wirtschafts- und Betriebsrisiko grundsätzlich vom Arbeitgeber getragen** werden soll (BAG NZA 2006, 423 unter B II 5a). Auch diese zum dispositiven Recht gehörende Regelung ist Teil des gesetzlichen Leitbildes, das bei der Inhaltskontrolle als Maßstab dient. Damit zusammenhängend dürfen drittens die für einen Arbeitsvertrag typischen Pflichten, also **die Arbeitspflicht und die Entgeltzahlungspflicht, nicht so weit ausgehöhlt** werden, dass der **Vertragszweck gestört** wird, der nicht nur in einem rein schuldrechtlichen Austausch der beiderseitigen Hauptpflichten, sondern bis zu einem gewissen Grade auch in der Daseinsvorsorge als Kehrseite der Zurverfügungstellung von Arbeitskraft zur Disposition des Arbeitgebers besteht (vgl SCHWARZE RdA 2012, 321, 325 f). Die Reichweite dieses Kernbereichs ergibt sich folglich in erster Linie aus dem Arbeitsvertrag selbst und damit aus dem Leistungsversprechen des Arbeitgebers, wobei dieser das Arbeitsverhältnis freilich nur mit dem Charakter begründen kann, der ihm von der Rechtsordnung beigelegt wird. Für die nähere Bestimmung kann auf die Grundsätze zurückgegriffen werden, die von der Rechtsprechung zum Vertragsinhaltsschutz gemäß § 2 KSchG entwickelt worden sind (BAG NZA 2005, 465 unter B I 4 b bb; BAG NZA 2007, 145 Rn 21). Allerdings kommt es nicht auf eine konkrete Umgehung des Schutzes vor Änderungskündigungen an, so dass die Anwendbarkeit des KSchG keine Rolle spielt (BAG NZA 2005, 465 unter B I 4 b bb). Der Kernbereich umschreibt somit zugleich den Teil des Arbeitsverhältnisses, in den nur mit dem Instrument der Änderungskündigung eingegriffen werden darf. Soweit das Bedürfnis des Arbeitgebers nach einer Anpassung der Arbeitsbedingungen ein solches Ausmaß erreicht, das es den Kernbereich betrifft, muss sich der Arbeitgeber des gesetzlich vorgesehenen Mittels der Änderungskündigung unter Beachtung ihrer hohen Wirksamkeitsanforderungen bedienen. Mit vorformulierten Änderungsvorbehalten kann der Arbeitgeber hingegen nur ein **mittleres Flexibilisierungspotenzial** schaffen. **192**

Außerhalb der Grenzen dieses Kernbereichs (zur Konkretisierung Rn 198, 200, 204) lässt sich als allgemeiner Wertungsgesichtspunkt zunächst herausschälen, dass der Flexibilisierungsgedanke nur solche Klauseln legitimiert, deren Zweck darin besteht, **betriebswirtschaftliche Erfordernisse bzw Entscheidungen in das Arbeitsverhältnis zu transferieren**. Dabei geht es um Außenwelteinflüsse, die dem Arbeitgeber selbst durch die Marktverhältnisse unmittelbar vorgegeben werden, daneben aber auch um sonstige Maßnahmen, mit denen die Adaption des Arbeitsverhältnisses an das betriebliche Umfeld nachvollzogen oder vorweggenommen werden soll. Hieraus ist zum einen zu schließen, dass insoweit nur „marktrelevante" Arbeitsbedingungen Gegenstand entsprechender Klauseln sein können, also nur solche Konditionen, die sich auf die vom Arbeitnehmer auszuübende Tätigkeit oder auf das Entgelt als Gegenleistung des Arbeitgebers beziehen. Der Vorbehalt von Entscheidungsspielräumen im Hinblick auf andere Arbeitsbedingungen, etwa die Höhe einer Vertragsstrafe, lässt sich unter dem Flexibilisierungsaspekt nicht rechtfertigen, wodurch **193** andere Sachgründe freilich nicht ausgeschlossen werden. Zum anderen deckt dieser Gesichtspunkt nur Reaktionen des Arbeitgebers auf Marktgegebenheiten einschließlich deren Vorwegnahme. Änderungsinstrumente, die zumindest ihrer objektiven Wirkung nach eine Steuerung des Arbeitnehmerverhaltens ohne Rücksicht auf betriebswirtschaftliche Erfordernisse ermöglichen (etwa der Widerruf einer Zulage wegen „unbotmäßigen Verhaltens"), lassen sich nicht mit dem Bedürfnis einer Anpassung an veränderte Rahmenbedingungen begründen. Für diese Unterscheidung spricht zusätzlich die Überlegung, auf welche vertragliche Regelung sich die Parteien modellhaft geeinigt hätten, wenn sie für alle möglichen Geschehensabläufe eine antizipierte Lösung hätten fixieren wollen. In diesem Falle hätten sich die Arbeitnehmer zwar auf eine vorweggenommene Anpassung des Vertragsinhalts an geänderte Marktbedingungen eingelassen, um nicht durch ein starres Festhalten an den Ausgangskonditionen den Bestand des Unternehmens und damit auch ihrer Arbeitsverhältnisse zu gefährden. Einer Unterwerfung unter ein willkürliches Verhalten des Arbeitgebers hätten sie dagegen nicht zugestimmt. Daher ist ein **völlig konturenloser Änderungsvorbehalt**, der sich auf nahezu alle Arbeitsbedingungen bezieht, **unwirksam**, weil er keinem berechtigten Interesse des Arbeitgebers mehr dient und dem Arbeitnehmer jegliche Planungssicherheit nimmt (BAG NZA 2009, 428; ferner BAG AP BGB § 611 Kirchendienst Nr 57; siehe aber auch Rn 195 aE). Dies schließt die Bindung der Ausübung eines Änderungsvorbehalts an Gründe in der Person oder dem Verhalten des Arbeitnehmers nicht aus (ebenso grds BAG NZA 2005, 465 unter B I 5 b). Hierbei muss es sich aber stets um Umstände handeln, durch die legitime Erwartungen des Arbeitgebers an das Arbeitsverhältnis als ein nutzenbringendes Kooperationsverhältnis gestört werden.

194 Der **Zeithorizont des Arbeitsverhältnisses** legt noch einen weiteren Wertungsgesichtspunkt nahe. Sofern das Arbeitsverhältnis auf einen vergleichsweise kurzen Zeitraum befristet ist, besteht ein erhöhtes schutzwürdiges Interesse des Arbeitnehmers an der Aufrechterhaltung der Konditionen für die Dauer der Tätigkeit, während umgekehrt der Arbeitgeber bei einer Befristung den Zeitraum seiner Bindung grundsätzlich übersehen und mögliche Risiken einkalkulieren kann. Seinen Ausdruck findet dieser Gedanke in der Regelung des § 15 Abs 3 TzBfG, nach der ein befristetes Arbeitsverhältnis nur dann ordentlich gekündigt werden kann, wenn dies einzelvertraglich oder in einem anwendbaren Tarifvertrag vereinbart ist. Hinter dieser Vorschrift steht die Wertung, dass der mit der Befristungsabrede am Ende des Arbeitsverhältnisses eingebüßte Bestandsschutz regelmäßig durch einen erhöhten Bestandsschutz während der Befristungsdauer kompensiert werden soll. Diese Wertung lässt sich auch auf den Bereich der Nebenbedingungen übertragen.

195 Für die Wirksamkeit einer Klausel spricht es schließlich, wenn die Dynamisierung in der Weise bewerkstelligt wird, dass auf **andere Regelungswerke verwiesen** wird, die ihrerseits eine Gewähr für eine angemessene Berücksichtigung der Interessen beider Parteien des Arbeitsverhältnisses bieten (BAG NZA 2008, 45 Rn 29; BAG NZA 2009, 154). Dies gilt nach Ansicht des BAG im Bereich der betrieblichen Altersversorgung sogar für solche Klauseln, die auf die jeweilige Fassung einer vom Arbeitgeber selbst einseitig abänderbaren Ruhegeldordnung Bezug nehmen (BAG NZA 2013, 210 Rn 30 ff). Eine Änderungsklausel ist aber nicht allein deshalb unwirksam, weil der Arbeitgeber davon abgesehen hat, die Arbeitsbedingungen an das Schicksal eines einschlägigen fremden Regelwerks zu binden.

(b) Flexibilisierung der Arbeitsleistung

Das größte Anpassungs- und Flexibilisierungsbedürfnis besteht im Hinblick auf die **Tätigkeit des Arbeitnehmers**. Ein erhebliches Flexibilisierungspotenzial ist dem Arbeitsvertrag von vornherein immanent, weil der Arbeitgeber aufgrund und im Rahmen seines Direktionsrechts befugt ist, den Inhalt, den Ort und die zeitliche Lage der Arbeitsleistung näher zu bestimmen. Mit § 106 GewO hat der Gesetzgeber zu verstehen gegeben, dass er eine Anpassung der Arbeitsleistung an die betrieblichen Bedürfnisse für grundsätzlich unausweichlich hält. Dagegen unterliegen weder die Dauer der Arbeitszeit noch gar das Entgelt ursprünglich einem einseitigen Bestimmungsrecht des Arbeitgebers. Entsprechend den Grenzen des allgemeinen Weisungsrechts hat sich in der mittlerweile recht umfangreichen Judikatur des BAG zu **Versetzungsklauseln** (BAG NZA 2006, 1149; BAG NZA 2007, 145; BAG AP BGB § 307 Nr 26; BAG NZA 2007, 974; BAG AP BGB § 307 Nr 42; BAG BAG AP BGB § 307 Nr 45; BAG NZA 2010, 1355; BAG NZA 2011, 631; BAG NZA 2012, 856; BAG NZA 2012, 1154) als Leitgedanke herauskristallisiert, dass zwischen **unechten und echten Direktionsrechtserweiterungen zu unterscheiden** ist. Die Abgrenzung richtet sich danach, ob sich die Änderungen, die sich der Arbeitgeber im Hinblick auf die Tätigkeit, den Ort oder die zeitliche Lage der Arbeitsleistung vorbehalten hat, noch im Rahmen des Arbeitsvertrages halten oder diesen Rahmen modifizieren (dazu auch KORT, in: FS Birk [2008] 459 ff; PREIS/GENENGER NZA 2008, 969 ff). 196

Während bei **unechten Direktionsrechtserweiterungen** lediglich eine Transparenzkontrolle durchzuführen ist, unterliegen **echte Direktionsrechtserweiterungen** zusätzlich einer materiellen Angemessenheitskontrolle, weil nur diese Form des Änderungsvorbehalts auf eine Vertragsänderung abzielt. Damit hängt es maßgeblich von der Reichweite des arbeitsvertraglichen Rahmens ab, welchen rechtlichen Charakter eine Versetzungsklausel hat und welches Prüfungsprogramm abzuarbeiten ist. Der Versetzungsvorbehalt ist allerdings nicht nur Kontrollgegenstand, sondern determiniert bis zu einem gewissen Grad den Kontrollmaßstab, weil bereits bei der durch Auslegung zu klärenden Frage mit zu berücksichtigen ist, welchen Umfang der vertragliche Rahmen hat (BAG NZA 2010, 1355 Rn 18; BAG NZA 2011, 631 Rn 15; BAG NZA 2012, 856 Rn 17). Um einen **Zirkelschluss** zu vermeiden, ist eine weite Interpretation des Arbeitsvertrages und eine daraus folgende Beschränkung der Kontrolle der Versetzungsklausel auf die Einhaltung des Transparenzgebotes stets auf mehrere Aspekte und nicht lediglich auf den Umstand zu stützen, dass der Arbeitsvertrag eine Versetzungsklausel enthält. Es ist daher bedenklich, wenn das BAG bei der Ermittlung des arbeitsvertraglichen Rahmens in örtlicher Hinsicht praktisch ausschließlich darauf abstellt, dass sich die Parteien auf eine Versetzungsbefugnis des Arbeitgebers geeinigt haben und nur einen Überraschungsschutz konzedieren will (BAG NZA 2011, 631 Rn 20 ff). Stattdessen sollte anhand des gesamten Zuschnitts des Arbeitsvertrages sowie der Gepflogenheiten in der jeweiligen Branche und Berufsgruppe stärker darauf geachtet werden, ob die Beschränkung auf einen Arbeitsort üblich ist oder ob die Hauptleistung des Arbeitnehmers von vornherein darin besteht, gegebenenfalls an verschiedenen Orten einsetzbar zu sein. Dabei wird man deutlich stärker als das BAG davon auszugehen haben, dass sich das Weisungsrecht **im Allgemeinen nur auf Versetzungen innerhalb der Ortsgrenzen** erstreckt (HROMADKA NZA 2012, 233, 238; MünchArbR/REICHOLD § 36 Rn 53), wodurch sich die Gewichte in Richtung Angemessenheitskontrolle verschieben. 197

198 Bei der Beurteilung der **materiellen Angemessenheit einer echten Direktionsrechtserweiterung** zeigt sich das BAG streng, soweit es um die Befugnis des Arbeitgebers geht, dem Arbeitnehmer **eine geringerwertige Tätigkeit zuzuweisen**. Eine solche Regelung soll regelmäßig unzulässig sein, wobei das BAG insoweit auf § 307 Abs 2 Nr 1 rekurriert und den gesetzlichen Inhaltsschutz ins Feld führt (BAG NZA 2007, 145 Rn 23; BAG NZA 2010, 1355 Rn 28; anders offenbar früher BAG AP BGB § 611 Direktionsrecht Nr 2). Dabei soll es offenbar keine Rolle spielen, ob der Arbeitnehmer sein bisheriges Entgelt behält (so jedenfalls die – im Erg freilich zurückgewiesene – Auslegung der Entscheidung von DBD/DEINERT § 307 Rn 187; andere Interpretation aber bei DZIDA/SCHRAMM BB 2007, 1221, 1224, nach denen sich das Urteil nur auf solche Klauseln bezieht, die dem Arbeitgeber die Zuweisung einer geringwertigeren Tätigkeit bei gleichzeitiger Entgeltminderung ermöglichen sollen). Insoweit überzeugt es freilich mehr, solche Klauseln noch zu billigen, die aus gewichtigen betrieblichen Gründen die Zuweisung einer um bis zu zwei Vergütungsgruppen niedrigeren Tätigkeit zulassen, sofern damit keine Entgeltabsenkung verbunden ist (so DBD/DEINERT § 307 Rn 188 f; strenger PREIS/PREIS, Der Arbeitsvertrag II D 30 Rn 152: eine Vergütungsgruppe; siehe auch BONIN Anm zu BAG AP GewO § 106 Nr 11: Absenkung um bis zu 20%). Bei Klauseln, die eine Änderung des **Ortes der Arbeit** durch Versetzung in einen anderen Betrieb desselben Unternehmens ermöglichen sollen, urteilt das BAG demgegenüber vergleichsweise großzügig (zB BAG BAG AP BGB § 307 Nr 45) und setzt damit seine schon bei der vorgelagerten Frage der Vertragsauslegung anzutreffende Linie fort, reinen Ortswechseln innerhalb Deutschlands tendenziell keine Steine in den Weg zu legen (ebenso HROMADKA NZA 2012, 233, 238). Die Statthaftigkeit einer **Konzernversetzungsklausel**, durch die sich der Arbeitgeber einen Vertragspartnerwechsel vorbehält, ist bislang offengelassen worden (BAG AP BGB § 307 Nr 45 Rn 20). Eine Lösung dieser Frage über § 309 Nr 10 wird allgemein als unpassend angesehen (WOLF/STOFFELS ArbR Rn 127). Richtig erscheint es, den Vorbehalt einer dauerhaften Versetzung in ein anderes Unternehmen ohne aktuelle Zustimmung des Arbeitnehmers auf der Grundlage von § 307 abzulehnen. Insoweit schlägt die aus Art 12 Abs 1 GG abzuleitende Freiheit des Arbeitnehmers durch, sich seinen Vertragspartner aussuchen zu können (siehe zu grundrechtlichen Wertungen auch Rn 208 ff).

199 Ein weiterer Wertungsaspekt besteht in den **rechtlichen Folgewirkungen**, die durch die Zulassung einer bestimmten Klausel ausgelöst werden. Die Eigenheit dieses Phänomens besteht darin, dass es Gestaltungen gibt, in denen die Arbeitsrechtsordnung an das Vorhandensein einer Klausel, die den Arbeitnehmer in einer bestimmten Hinsicht schlechter stellt, in einer anderen Hinsicht vorteilhafte Folgen knüpft, so dass man es insoweit unzweifelhaft mit **Besonderheiten des Arbeitsrechts** iSv § 310 Abs 4 Satz 2 HS 1 zu tun hat. Dieser Gedanke findet sich in der Judikatur des BAG zu Versetzungsklauseln. Danach erweitern Versetzungsklauseln einerseits zwar die einseitigen Handlungsmöglichkeiten des Arbeitgebers. Andererseits verstärkt eine vergleichsweise weite Versetzungsklausel die Sicherheit des Arbeitsverhältnisses des Arbeitnehmers gegenüber einer betriebsbedingten Kündigung. Zum einen erweitert sie die Obliegenheit des Arbeitgebers, vor dem Ausspruch einer solchen Kündigung zu prüfen, ob ein freier Arbeitsplatz zur Verfügung steht. Zum anderen soll sie zu einer Ausdehnung des Kreises der in die soziale Auswahl einzubeziehenden Arbeitnehmer führen (BAG NZA 2006, 1149 Rn 37; BAG AP BGB § 307 Nr 26 Rn 42; ebenso HROMADKA NJW 2002, 2523, 2528; LINGEMANN NZA 2002, 181, 191; SCHNITKER/GRAU BB 2002, 2120, 2125; ferner bereits HROMADKA, in: FS Dieterich [1999] 251, 270; ZÖLL-

NER RdA 1989, 152, 160). Zwar können diese Überlegungen nur im Hinblick auf die Weiterbeschäftigungsmöglichkeit, nicht aber hinsichtlich der Sozialauswahl überzeugen, weil im Kündigungsrecht ein betriebsübergreifendes Versetzungsrecht nach Ansicht des zuständigen Senats gerade keine Erweiterung der Sozialauswahl zur Folge hat (BAG NZA 2005, 1175; BAG NZA 2006, 590; BAG NZA 2007, 798 Rn 27; zust GAUL/BONANNI NZA 2006, 289, 291; vHH/L/KRAUSE KSchG [15. Aufl 2013] § 1 Rn 906). Gleichwohl ist der Grundgedanke zutreffend, dass jedenfalls solche Verbesserungen, die durch die Struktur der Arbeitsrechtsordnung unmittelbar mit einer bestimmten Klausel verknüpft sind, für deren Zulässigkeit sprechen (siehe auch BAG NZA 2008, 1194 zu einer koalitionsvertraglichen Verknüpfung).

Klauseln, die den Arbeitgeber zu einer Änderung des **Umfangs der Arbeitszeit** **200** berechtigen sollen, sind nicht von vornherein unstatthaft, auch wenn dieser Aspekt vom allgemeinen Weisungsrecht grundsätzlich nicht erfasst wird (insoweit missverständlich BAG NZA-RR 2008, 129 Rn 22). Dies gilt sowohl für eine vorübergehende wie auch für eine dauerhafte Absenkung oder Aufstockung der regelmäßigen Arbeitszeit (BAG NZA 2006, 423). Allerdings darf das flexibel gestellte Arbeitszeitvolumen bei einer Abrede über die dauerhafte Erhöhung der regelmäßigen Arbeitszeit **nicht mehr als 25% der vereinbarten wöchentlichen Mindestarbeitszeit, bei einer Abrede über die Verringerung der regelmäßigen Arbeitszeit nicht mehr als 20% der vereinbarten wöchentlichen Höchstarbeitszeit** betragen (zur Frage einer Erweiterung dieses Umfangs aufgrund kollektivvertraglicher Wertungen siehe aber auch noch Rn 235; BAG NZA 2006, 423). Anderenfalls würde in den Kernbereich des Arbeitsvertrages eingegriffen werden. Bei einer lediglich vorübergehenden Verringerung (Kurzarbeit) bzw Verlängerung (Überstunden) der Arbeitszeit sind dagegen großzügigere Grenzen zuzulassen, weil der Kernbereich des Arbeitsvertrages in diesen Fällen nicht berührt wird. Dies gilt allerdings nur dann, wenn die Mindereinnahmen bzw die Mehrbelastung finanziell angemessen kompensiert werden.

Eine **befristete Erhöhung der regelmäßigen Arbeitszeit** ist angemessen, wenn hierfür **201** hinreichend gewichtige Gründe vorliegen. Das allgemeine unternehmerische Risiko der Ungewissheit über die künftige Entwicklung kann auf diese Weise aber nicht auf den Arbeitnehmer verlagert werden (BAG NZA 2006, 40; BAG AP BGB § 305 Nr 8). Zwar ist das TzBfG auf die Befristung einzelner Arbeitsbedingungen nicht anwendbar (Rn 27). Dennoch sind dessen Wertungen zumindest dann anwendbar, wenn es um eine befristete Arbeitszeiterhöhung in einem erheblichen Umfang geht (BAG NZA 2012, 674; grds ebenso BAG NZA 2009, 1253 Rn 29). Dagegen spielt der **Umfang der Arbeitszeiterhöhung keine Rolle** (BAG NZA 2008, 229 Rn 20). Der für die Arbeit auf Abruf entwickelte Grenzwert von bis zu 25% (Rn 200) ist nicht übertragbar (WILLEMSEN/JANSEN RdA 2010, 1, 5 ff).

Damit lässt sich verallgemeinernd festhalten, dass dem Interesse des Arbeitnehmers **202** an der Beibehaltung seiner Stellung in der betrieblichen Hierarchie ein vergleichsweise großes Gewicht zukommt, während das Veränderungsinteresse des Arbeitgebers insoweit ein geringeres Gewicht hat. Demgegenüber genießt das Interesse des Arbeitgebers an einer Änderung der Allokation der Arbeit sowie des in das Unternehmen eingebrachten Arbeitsvolumens als Reaktion auf Marktanforderungen einen größeren Stellenwert. Die **Marktnähe des Flexibilisierungsbedürfnisses** erweist sich damit auch insoweit als Wertungsgesichtspunkt.

(c) Flexibilisierung des Arbeitsentgelts

203 Für den Entgeltbereich gelten im Ausgangspunkt **ähnliche Grundsätze**, wobei vorab klarzustellen ist, dass vorformulierte Regelungen, die sich unmittelbar auf das Äquivalenzverhältnis von Leistung und Gegenleistung beziehen, keiner inhaltlichen Angemessenheitskontrolle, sondern nur einer Transparenzkontrolle unterliegen (BAG NZA 2006, 746 Rn 30; BAG NZA 2009, 49 Rn 22). Davon unberührt bleibt selbstverständlich die Kontrolle anhand zwingenden Gesetzesrechts (§ 138) bzw zwingenden Tarifrechts. Ferner lässt sich aus dem allgemeinen Schutzzweck der AGB-Kontrolle, den Klauselgegner vor einer einseitigen Ausnutzung von Vertragsgestaltungsmacht zu bewahren, der Umkehrschluss ziehen, dass die formularmäßig vorgesehene Möglichkeit, Zusatzleistungen zu gewähren, für sich genommen kontrollfrei bleibt (BAG NZA 2006, 682 unter II 4).

204 Widerrufsvorbehalte sollen es dem Arbeitgeber ermöglichen, eine zugesagte finanzielle oder sonstige Leistung (Dienstwagen) zu widerrufen, also einen existierenden Rechtsanspruch wieder zu beseitigen. Formale Grundlage der materiellen Inhaltskontrolle ist § 308 Nr 4. Bei der in diesem Rahmen erforderlichen Interessenabwägung ist auf der einen Seite das **Flexibilitätsbedürfnis des Arbeitgebers** aus den genannten Gründen wiederum **prinzipiell anzuerkennen**. Hinzu kommt der in der Rechtsprechung bislang offenbar nicht aufgenommene Gedanke, dass die aus dem Unternehmen zu ziehenden Erträge dessen Leistungsfähigkeit voraussetzen und deshalb ein gemeinsames Interesse daran besteht, den Fortbestand dieses Substrats durch zu hohe Ausschüttungen nicht zu gefährden (Hromadka NJW 2002, 2523, 2528). Auf der anderen Seite bildet der **Kernbereich des Arbeitsvertrages** erneut die Grenze für den Vorbehalt einseitiger Eingriffsbefugnisse. Diesen Kernbereich hat das BAG dahin konkretisiert, dass der widerrufliche Anteil bei **im Gegenseitigkeitsverhältnis zur Arbeitsleistung stehenden Entgeltbestandteilen** (Entgelt im engeren Sinne) **unter 25% des Gesamtverdienstes** liegen muss, während er bei nicht im Gegenseitigkeitsverhältnis stehenden Entgeltbestandteilen (Entgelt im weiteren Sinne) bis auf unter 30% der Gesamtvergütung ansteigen darf (BAG NZA 2007, 87 im Anschluss an BAG NZA 2005, 465). Darüber hinaus ist in den Entscheidungen etwas kryptisch davon die Rede, dass durch die Ausübung des Widerrufsvorbehalts der Tariflohn nicht unterschritten werden dürfe (BAG NZA 2005, 465 unter B I 4 c bb; BAG NZA 2007, 87 Rn 23), was sich eigentlich von selbst versteht. Sofern damit weiter gehend gemeint sein sollte, dass ein Widerrufsvorbehalt nur dann zulässig sein soll, wenn dem Arbeitnehmer auch unabhängig von seiner Tarifbindung ein Entgelt verbleibt, das dem tariflichen Niveau entspricht, ist dies freilich abzulehnen (CKK/Brühler § 308 Rn 42; Franzen, in: GS Zachert [2010] 386, 394). Ohne weiteres zulässig ist der **Widerruf der privaten Nutzung eines Dienstwagens** im Fall der wirksamen Freistellung eines Arbeitnehmers (BAG NZA 2012, 616). Die erstmalige **Festsetzung einer Leistung** fällt nicht unter § 308 Nr 4 und ist auch sonst nicht inhaltlich unangemessen, wenn die Klausel lediglich die Regelung des § 315 Abs 1 nachbildet (BAG NZA 2013, 148 Rn 32 ff; BAG NJW 2013, 1020 Rn 16 ff).

205 Noch nicht abschließend geklärt ist die Frage, ob und unter welchen Voraussetzungen der Arbeitgeber durch arbeitsvertragliche oder den jeweiligen tatsächlichen Zahlungen beigefügte Erklärungen, mit denen er jede Rechtsverbindlichkeit ausschließt **(Freiwilligkeitsvorbehalte)**, das Entstehen eines rechtlichen Anspruchs des Arbeitnehmers auf eine bestimmte finanzielle Leistung von vornherein verhindern

kann, um sich hierdurch ein höchstmögliches Flexibilisierungspotential zu verschaffen (dazu eingehend KRAUSE, in: FS Bauer [2010] 577 ff; ferner ANNUSS, in: FS Picker [2010] 861 ff; BAYREUTHER ZfA 2011, 45 ff; HROMADKA DB 2012, 1037 ff; PREIS/SAGAN NZA 2012, 697 ff). Das BAG (5. Senat) hat für **laufende Leistungen** (Entgelt im engeren Sinne) unter Berufung auf den Zweck des Arbeitsvertrages sowie den Grundsatz der Vertragsbindung (pacta sunt servanda) die **Zulässigkeit kategorisch ausgeschlossen** (BAG NZA 2007, 853). Demgegenüber hat das BAG (10. Senat) für **Sonderzahlungen** (Entgelt im weiteren Sinne) eine solche Befugnis des Arbeitgebers **grundsätzlich anerkannt** (BAG NZA 2008, 1173). In einer neueren Entscheidung hat das BAG (10. Senat) allerdings nunmehr Bedenken geäußert, ob ein arbeitsvertraglicher Freiwilligkeitsvorbehalt ein für alle Mal die Wirkung haben kann, späteren Handlungen des Arbeitgebers den Erklärungswert als eine konkludente dauerhafte Leistungszusage zu nehmen und damit das Entstehen einer betrieblichen Übung zu verhindern (BAG NZA 2012, 81 Rn 31). Jedenfalls aber greife ein pauschal im Arbeitsvertrag enthaltener Freiwilligkeitsvorbehalt zu weit, weil er sich auch auf laufende Leistungen erstrecke und damit dem Zweck des Arbeitsvertrages widerspreche, die Wertung des § 305b (dazu Rn 164 ff) unterlaufe sowie vom Grundsatz „pacta sunt servanda" abweiche (BAG NZA 2012, 81 Rn 32 ff).

Tatsächlich ist die entscheidende Weichenstellung in dieser höchst umstrittenen **206** Thematik darin zu sehen, ob die vertraglichen Erklärungen sowie das Gesamtverhalten des Arbeitgebers unter gleichzeitiger Berücksichtigung des Freiwilligkeitsvorbehalts den Schluss auf eine grundsätzlich erteilte rechtsgeschäftliche Zusage bzw auf das Vorhandensein einer betrieblichen Übung erlauben (näher dazu KRAUSE, in: FS Bauer [2010] 583 ff). Insoweit fungiert der Freiwilligkeitsvorbehalt lediglich als **Material bei der Interpretation der Erklärungen bzw des Verhaltens des Arbeitgebers**. Der Grundsatz „pacta sunt servanda" spielt auf dieser Stufe noch keine Rolle, weil es zunächst darum geht, ob der Arbeitgeber überhaupt eine rechtsgeschäftliche Bindung, also ein „pactum", eingegangen ist. Diese nach Maßgabe des allgemeinen Vertragsrechts zu entscheidende Frage ist der Anwendbarkeit des AGB-rechtlichen Kontrollregimes vorgelagert. Dabei spielt es durchaus eine Rolle, ob der Arbeitgeber eine Leistung konkret in Aussicht gestellt hat, um den Arbeitnehmer hierdurch zu einem bestimmten Arbeitsverhalten zu motivieren (zutr ANNUSS, in: FS Picker [2010] 861, 869 f, mit einem eher künstlichen Gegensatz zu KRAUSE, in: FS Bauer [2010] 583, 588). Sofern diese Schwelle überwunden ist, geht es um das weitere Problem, ob der Freiwilligkeitsvorbehalt in seiner (kumulativen) **Eigenschaft als Vertragsabschlussklausel** die Kraft hat, eine nach allgemeinen Grundsätzen an sich eintretende Bindung des Arbeitgebers zu verhindern. Dies ist indes eindeutig zu verneinen, weil auf diese Weise das Äquivalenzprinzip als allgemeiner Rechtsgrundsatz (§ 307 Abs 2 Nr 1), zumindest aber das Verbot der Aushöhlung vertragstypischer Rechte und Pflichten (§ 307 Abs 2 Nr 2) missachtet würde. Wird die Schwelle zur rechtsgeschäftlichen Bindung nicht überwunden, ist lediglich eine außerhalb des AGB-Rechts angesiedelte **Mißbrauchskontrolle** mit der Folge durchzuführen, dass grundsätzlich nur ein Anteil von bis zu 12,5% des Gesamtentgelts in das Belieben des Arbeitgebers gestellt werden darf (vgl KRAUSE, in: FS Bauer [2010] 583, 590 f; ebenso BAYREUTHER ZfA 2011, 45, 66; für eine 25%-Grenze unter Heranziehung von § 306a HEIDEN RdA 2012, 225, 235; vergleichbare Wertung bei SCHWARZE NZA 2012, 289, 293).

Vorformulierte Klauseln, mit denen der Arbeitgeber die Anrechnung übertariflicher **207**

Zulagen auf eine Erhöhung des tariflichen Entgelts vorwegnimmt oder sich eine solche Anrechnung vorbehält **(Anrechnungsklauseln)** werfen kein Angemessenheitsprobleme auf, weil es dabei in der Sache um eine Bruttolohnabrede geht, die nur das Verhältnis von Leistung und Gegenleistung betrifft und lediglich zu einer Verschiebung innerhalb der Gegenleistung vom übertariflichen zum tariflich garantierten Teil führt (BAG NZA 2006, 688 Rn 15; BAG NZA 2006, 746 Rn 31; BAG NZA 2009, 49 Rn 22). Zur Transparenzkontrolle siehe Rn 245.

(2) Grundrechtliche Wertungen

208 Eine weitere Eigenheit arbeitsvertraglicher AGB besteht darin, dass sie sehr viel häufiger als allgemeine AGB **grundrechtlich geschützte Interessen in besonders intensiver Weise berühren**, die Berufsfreiheit von Arbeitgeber und Arbeitnehmer also nicht nur in ihrer schlichten Eigenschaft als Arbeitsvertragsparteien betreffen (dazu BVerfG NZA 2007, 85). Gemeint sind damit alle Nebenbestimmungen, die das personenbezogene Element des Arbeitsverhältnisses tangieren und den Arbeitnehmer von der Wahrnehmung grundrechtlicher Freiheiten unmittelbar oder mittelbar abhalten (wollen). Die Berücksichtigung der grundrechtlichen Wertungen erfolgt im Rahmen der Angemessenheitskontrolle. Diese Kontrolle muss aus verfassungsrechtlicher Sicht mindestens den Schutz gewährleisten, der sich aus der **Schutzgebotsfunktion der Grundrechte** ergibt (vgl Rn 47 ff). Ein **Optimum an Grundrechtsverwirklichung ist** dagegen **nicht erforderlich**. Allerdings bietet § 307 Abs 1 Satz 1 auf der einfachrechtlichen Ebene einen nicht unerheblichen Spielraum für eine **verfassungsorientierte Auslegung**. Wenn die geregelte Angelegenheit auf eine Initiative des Arbeitnehmers zurückgeht, kann aus dessen Berufsfreiheit zudem auch einmal ein Argument für die Wirksamkeit einer Klausel gewonnen werden (vgl BAG NZA 2012, 85 Rn 44).

209 Das aus **Art 1 Abs 1 und 2 Abs 1 GG abgeleitete allgemeine Persönlichkeitsrecht des Arbeitnehmers** wird durch **Freistellungsklauseln** tangiert, die den Arbeitgeber dazu ermächtigen sollen, den Arbeitnehmer von seiner Beschäftigung zu entbinden. Dies gilt jedenfalls dann, wenn man den generellen Beschäftigungsanspruch des Arbeitnehmers, der durch eine solche Regelung beeinträchtigt wird, mit dem BAG aus dessen allgemeinem Persönlichkeitsrecht ableitet (vgl BAG – GS – NZA 1985, 702). Die Befugnis zur Freistellung ohne jeden sachlichen Grund benachteiligt den Arbeitnehmer unangemessen (LAG München LAGE § 307 BGB 2002 Nr 2; Fischer NZA 2004, 233, 234 f; Richter/Lange NZA-RR 2012, 57, 58 f). Im Übrigen ist zu differenzieren. Im gekündigten Arbeitsverhältnis genügt ein sachlicher Grund, während im ungekündigten Arbeitsverhältnis ein schwerwiegender Grund zu verlangen ist (CKK/Klumpp § 307 Rn 184). Noch strengere Anforderungen sind an **Ruhensvereinbarungen** zu stellen, weil hierdurch nicht nur der Beschäftigungsanspruch, sondern auch der Entgeltanspruch zum Fortfall gebracht werden soll. Akzeptiert werden können solche Klauseln praktisch nur dann, wenn die Annahme der Arbeitsleistung unzumutbar ist (etwa weil der Arbeitnehmer den Arbeitgeber, Arbeitskollegen oder Kunden bedroht), eine außerordentliche Kündigung aber nicht sofort ausgesprochen werden kann. Streng genommen ist eine Regelung für solche Extremfälle indes entbehrlich, weil sich die Befugnis des Arbeitgebers zur Zurückweisung des Arbeitnehmers bereits aus § 242 ergibt (vgl HWK/Krause § 615 BGB Rn 66 f). Das allgemeine Persönlichkeitsrecht in Gestalt des **Rechts auf informationelle Selbstbestimmung** kommt als Prüfungsmaßstab in Betracht, wenn es um vorformulierte Erklärungen auf dem

Gebiet des Datenschutzes geht wie etwa die Einwilligung gemäß § 4a BDSG in Überwachungsmaßnahmen und sonstige datenschutzbezogene Handlungen des Arbeitgebers (zur Einordnung der datenschutzrechtlichen Einwilligung als AGB siehe BGHZ 177, 253, 259) oder die Pflicht eines ins Ausland entsandten Arbeitnehmers, die Steuererklärung durch eine vom Arbeitgeber beauftragte Steuerberatungsgesellschaft erstellen zu lassen (BAG NZA 2013, 268).

Im Zentrum steht freilich die **Berufsfreiheit aus Art 12 Abs 1 GG**. Insoweit spielen Klauseln über eine Pflicht des Arbeitnehmer zur **Rückzahlung von Gratifikationen oder Aus- und Fortbildungskosten** bei einer Beendigung des Arbeitsverhältnisses vor dem Ablauf einer bestimmten Bindungsfrist schon seit Jahrzehnten in der Rechtsprechung eine prominente Rolle. Da ihr Zweck darin besteht, den Arbeitnehmer durch die Androhung wirtschaftlicher Nachteile von einer solchen Beendigung abzuhalten, greifen sie diametral in die Berufsfreiheit ein. In diesem Bereich hat das BAG seine über einen langen Zeitraum entwickelten richterrechtlichen Grundsätze praktisch nahtlos in das AGB-rechtliche Kontrollregime überführt. Daneben ist aber auch an diejenigen Regelungen zu denken, die sich auf **Nebenbeschäftigungen** und **wettbewerbliches Verhalten** beziehen. **210**

Soweit es um die **Rückzahlung von Gratifikationen** (Sonderleistungen, Weihnachtsgeld) geht, die keinen Entgeltcharakter in dem Sinne haben, dass sie (auch) die in einem Bezugszeitraum erbrachte Arbeitsleistung unmittelbar vergüten wollen, hat das BAG aus Gründen der Rechtssicherheit **feste Grenzwerte** herausgearbeitet (BAG NZA 2003, 1032; BAG NZA 2004, 924; BAG NZA 2007, 687; BAG NZA 2007, 875; BAG NZA 2008, 40). Dabei gilt als Grundsatz, dass eine Bindung des Arbeitnehmers umso länger statthaft ist, je höher die gewährte Sonderleistung ist. Beläuft sich der ausgezahlte Betrag auf nicht mehr als 100 EUR, ist jede Rückzahlungspflicht unzulässig. Bei einer Sonderzahlung von mehr als 100 EUR, aber weniger als einem Bruttomonatsgehalt, kann eine Bindung bis zum 31. 3. des Folgejahres vereinbart werden. Beträgt die Sonderleistung genau ein Bruttomonatsgehalt, kann der Arbeitnehmer bis zum ersten zulässigen Beendigungstermin nach dem 31. 3. des Folgejahres gebunden werden. Im Falle einer Sonderzahlung zwischen einem und zwei Bruttomonatsgehältern ist eine Bindung bis zum 30. 6. des Folgejahres statthaft (dazu näher MünchArbR/Krause § 59 Rn 41 ff). **211**

Im Hinblick auf Klauseln über die **Rückzahlung von Aus- und Fortbildungskosten** hat das BAG mehrere Grundregeln entwickelt (vgl BAG NZA 2003, 559; NZA 2006, 542; BAG NZA 2006, 1042; BAG NZA 2007, 687; BAG NZA 2007, 875; BAG NZA 2008, 40; BAG NZA 2009, 435; BAG NZA 2009, 666; BAG NZA 2009, 783; BAG NZA 2010, 342; BAG NZA 2012, 738). Erstens kann die Rückzahlungspflicht nur an solche Umstände geknüpft werden, die aus dem **Verantwortungsbereich des Arbeitnehmers** stammen, also an eine Eigenkündigung oder an eine vom Arbeitnehmer verschuldete sonstige Beendigung des Arbeitsverhältnisses, nicht aber an eine betriebsbedingte Kündigung. Zweitens setzt die Vereinbarung einer Rückzahlungspflicht voraus, dass die Aus- oder Fortbildungsmaßnahme **für den Arbeitnehmer einen geldwerten Vorteil** in Gestalt einer höheren Vergütung beim bisherigen Arbeitgeber oder eines gesteigerten Wertes der eigenen Arbeitskraft auf dem Arbeitsmarkt mit sich bringt. Drittens schließlich müssen die **Vorteile der Ausbildung** und die **Dauer der Bindung** in einem **angemessenen Verhältnis** zueinanderstehen. Soweit es um dieses Verhältnis geht, sind vom **212**

BAG ebenfalls Richtwerte herausgearbeitet worden, die aber einen weniger strikten Charakter als die Grenzwerte bei Gratifikationen haben. So soll bei einer Freistellung des Arbeitnehmers zur Fortbildung unter Weitergewährung der Bezüge von einem Monat eine Bindungsdauer bis zu sechs Monaten zulässig sein. Bei einer zweimonatigen Fortbildung erhöht sich die Bindungsdauer auf ein Jahr, bei einer drei- bis viermonatigen Fortbildung auf zwei Jahre, bei einer sechsmonatigen Fortbildung auf drei Jahre und bei einer mehr als zweijährigen Fortbildung auf fünf Jahre (mit beachtlichen Argumenten gegen eine Koppelung der Bindungsdauer an die Länge der Fortbildung und für eine Orientierung am Fortbildungswert als Relation von Fortbildungskosten und Entgelt des Arbeitnehmers Jesgarzewski RdA 2013, 52, 57 f). Außerdem muss die Rückzahlungspflicht bei längeren Bindungszeiträumen gestaffelt werden, so dass sich zB der zurückzugewährende Betrag bei einer Gesamtbindungsdauer von drei Jahren nach einem Jahr erwiesener Betriebstreue um ein Drittel der Kosten reduziert. Darüber hinaus hat das BAG die **Transparenzanforderungen** in letzter Zeit **hochgeschraubt** und verlangt nunmehr, dass die durch die Fortbildung entstehenden Kosten nach Grund und Höhe im Rahmen des Möglichen und Zumutbaren angegeben werden (BAG NZA 2012, 1428).

213 Eine vergleichbare Wirkung sollen **Stichtagsregelungen** entfalten, nach denen der Arbeitnehmer eine bestimmte finanzielle Leistung nur dann erhält, wenn er sich zu einem bestimmten Stichtag noch in einem (ungekündigten) Arbeitsverhältnis befindet. Insoweit zeigen neuere Entscheidungen (BAG NZA 2012, 499; BAG NZA 2012, 561; BAG NZA 2012, 620; siehe auch BAG NZA 2011, 989 zu einer auflösenden Bedingung in einer Betriebsvereinbarung) eine deutliche **Tendenz zur Verschärfung der Anforderungen** an wirksame Stichtagklauseln. Ausgangspunkt der Beurteilung ist die Charakterisierung der Zuwendung des Arbeitgebers. Handelt es sich um Arbeitsentgelt, das im **Synallagma zur Arbeitsleistung des Arbeitnehmers** steht, kann dem Arbeitnehmer bereits verdientes Entgelt nicht mehr durch eine Stichtagsregelung vorenthalten werden. Das BAG hat diese Frage bisher lediglich für einen außerhalb des Bezugszeitraums liegenden Stichtag entschieden. Es liegt jedoch in der Logik der Argumentation, dass dies gleichermaßen für einen Stichtag innerhalb des Bezugszeitraums gelten muss. Darüber hinaus greift diese Regel schon dann ein, wenn eine Zuwendung „auch" als Gegenleistung für erbrachte Arbeit zu charakterisieren ist. Die früher akzeptierten **Arbeitgeberleistungen mit Mischcharakter**, bei denen die Anspruchsvoraussetzungen (Arbeitsleistung und Betriebstreue) zum Nachteil des Arbeitnehmers kumuliert wurden (vgl MünchArbR/Krause § 59 Rn 26 ff), sind nach der neueren Judikatur **nicht mehr zulässig** (eingehend Heiden RdA 2012, 225, 227 ff; Preis SR 2012, 101, 114 ff; krit Salamon NZA 2011, 1328 ff). Nach wie vor statthaft sind dagegen Sonderleistungen, die **ausschließlich erwiesene oder künftige Betriebstreue honorieren** sollen, so dass solche Sonderzuwendungen auch an das Bestehen eines (ungekündigten) Arbeitsverhältnis zu einem bestimmten Stichtag innerhalb oder außerhalb des Bezugszeitraums geknüpft werden können. Das BAG hat bislang zwar davon abgesehen, die für Rückzahlungsklauseln entwickelten Grenzwerte auf Stichtagsklauseln zu übertragen. Angesichts der gleichen Interessenlage wird man in dieser Gestaltung aber ebenso zu entscheiden haben (CKK/Klumpp § 307 Rn 240; Leder RdA 2010, 93, 99). Anders als bei der Rückzahlung von Aus- und Fortbildungskosten (Rn 212) akzeptiert es die Rechtsprechung bei Sonderzuwendungen, wenn bei Rückzahlung- oder Stichtagsregelungen auch solche Beendigungstatbestände einbezogen

werden, die im **Verantwortungsbereich des Arbeitgebers** liegen, ohne dass § 162 Abs 2 dem entgegensteht (BAG NZA 2012, 620 Rn 14; zust CKK/KLUMPP § 307 Rn 241).

(3) Kompensation von Nachteilen

(a) Bedeutung des Vorhandenseins eines gesetzlichen Schutzsystems

Das Arbeitsverhältnis ist in vielfältiger Weise durch **zwingende gesetzliche Schutznormen** reguliert. Neben dem schon erwähnten kündigungsrechtlichen Bestandsschutz seien insbesondere das Urlaubsrecht, die Entgeltfortzahlung im Krankheitsfall sowie der Bereich des technischen und sozialen Arbeitsschutzes genannt. Während die allgemeine AGB-Kontrolle vor dem Hintergrund einer grundsätzlich dispositiven normativen Ordnung vorzunehmen ist, entfaltet sich die Kontrolle von vorformulierten Arbeitsbedingungen somit innerhalb eines zwingenden gesetzlichen Rahmens. Ein Teil des Schrifttums zieht aus diesem Umstand den Schluss, dass der **gesetzliche Schutz als eine Art vorweggenommene Kompensation in die Angemessenheitskontrolle einzubeziehen** ist (HROMADKA NJW 2002, 2523, 2528; ebenso bereits ZÖLLNER RdA 1989, 152, 160). Da es bei der Angemessenheitskontrolle anerkanntermaßen eine Rolle spielt, ob der Verwender für ihn günstige Abweichungen vom dispositiven Recht durch Vorteile für den Klauselgegner kompensiert (STAUDINGER/COESTER § 307 Rn 125 ff; ULMER/FUCHS § 307 Rn 144, 151 ff; STOFFELS, AGB-Recht Rn 487), würde die generelle Berücksichtigung des bereits vorhandenen zwingenden Schutzniveaus das Tor für vertragliche Gestaltungen, die zum Nachteil des Arbeitnehmers vom dispositiven Recht abweichen, weit öffnen. **214**

Gegen diese Sichtweise spricht indes zunächst, dass sich vorformulierte Arbeitsbedingungen thematisch vielfach auf Bereiche beziehen, in denen es **von vornherein kein zwingendes Arbeitnehmerschutzrecht** gibt. Zu nennen sind Vertragsstrafen, Ausschlussfristen und Schriftformklauseln. Insoweit besteht daher kein struktureller Unterschied zwischen der allgemeinen und der arbeitsrechtlichen AGB-Kontrolle. Darüber hinaus ist es vielfach kaum möglich, einen inneren Zusammenhang zwischen den Arbeitnehmer benachteiligenden arbeitsvertraglichen Klauseln auf der einen Seite und bestimmten gesetzlichen Schutzvorschriften auf der anderen Seite herzustellen. Schließlich besteht der Zweck von zwingenden Schutzgesetzen darin, dem Arbeitnehmer ein unabdingbares Mindestniveau zu verschaffen, also gleichsam die „Null-Linie" zu Gunsten des Beschäftigten zu verschieben. Dagegen **zielen diese Bestimmungen nicht darauf ab, dem Arbeitgeber Handlungsspielräume für vorformulierte vertragliche Regelungen zu verschaffen**, die er ohne die gesetzlichen Vorgaben möglicherweise nicht hätte. Daher kann der zwingende Arbeitnehmerschutz als solcher nicht als eine antizipierte Kompensation arbeitsvertraglicher Benachteiligungen des Arbeitnehmers qualifiziert werden. Hiervon unberührt bleibt die bereits erwähnte Möglichkeit, dass sich aus der Struktur der arbeitsrechtlichen Schutzvorschriften als Folge einer bestimmten Klauselgestaltung ein zusätzlicher Schutz ergibt (Rn 199). Eine solche Kompensation ist bei der Angemessenheitskontrolle in Rechnung zu stellen. **215**

(b) Freiwillige Begünstigungen

In seinen Entscheidungen zu Freiwilligkeitsvorbehalten (BAG NZA 2007, 853; BAG NZA 2008, 1173) hat das BAG die Frage aufgeworfen, ob die Zulässigkeit einer in rechtlicher Hinsicht den Arbeitnehmer benachteiligenden Klausel zumindest auch damit gerechtfertigt werden kann, dass der Arbeitgeber ohne diese Klausel von **216** einer den Arbeitnehmer in tatsächlicher Hinsicht begünstigenden Maßnahme abgesehen hätte oder absehen würde. Im Hinblick auf laufende Leistungen hat das BAG diesen Gedanken verworfen (BAG NZA 2007, 853 Rn 22), während er bei den Sonderzahlungen eine durchaus gewichtige Rolle spielt (BAG NZA 2008, 1173 Rn 35). In der Tat spricht prima facie einiges dafür, die Klauselkontrolle nicht so zu handhaben, dass sie sich faktisch letztlich zum Nachteil der Arbeitnehmer auswirkt. Allerdings erscheint es nur schwer möglich, diesen Aspekt in operable Formen zu fassen. Von vornherein **nicht tragfähig** ist jedenfalls die Überlegung, **dass der Arbeitgeber ohne die Vereinbarung bestimmter Klauseln vom Abschluss des Arbeitsvertrags abgesehen hätte oder auf lange Sicht weniger Arbeitnehmer beschäftigen wird**. Darüber hinaus kann es generell nicht überzeugen, eine rechtliche Benachteiligung durch eine faktische Begünstigung zu legitimieren. Dementsprechend wird im allgemeinen AGB-Recht einhellig die Ansicht vertreten, dass eine unangemessene Benachteiligung nicht durch einen günstigeren Preis gerechtfertigt werden kann (Staudinger/Coester § 307 Rn 129 ff; Ulmer/Fuchs § 307 Rn 145; Stoffels, AGB-Recht Rn 493). Ursache für diese Wertung ist nicht zuletzt der Umstand, dass das Gericht regelmäßig außer Stande sein wird, das Arbeitgeberverhalten zu simulieren, zu dem es ohne die fragliche Klausel gekommen wäre bzw künftig kommen würde.

217 Letztlich taucht an dieser Stelle das schon vor Jahrzehnten diskutierte Grundsatzproblem wieder auf, ob eine Inhaltskontrolle bei freiwilligen und ausschließlich begünstigenden Zusatzleistungen des Arbeitgebers gerechtfertigt ist. Für eine solche Kontrolle wurde schon frühzeitig überzeugend ins Feld geführt, dass finanzielle Zusatzleistungen nicht als altruistische Schenkungen qualifiziert werden können, sondern **mit jedem zusätzlichen Entgelt die Erwartung einer zusätzlichen Leistung des Arbeitnehmers** einhergeht (Wiedemann RdA 1969, 244, 247; ebenso Hildebrandt, Disparität und Inhaltskontrolle im Arbeitsrecht [1987] 66 f). Dieser Aspekt steht jedenfalls solchen Klauseln entgegen, die den Arbeitgeber in die Lage versetzen sollen, sich den in Aussicht gestellten Vergünstigungen trotz entsprechender Dispositionen der Arbeitnehmer wieder zu entziehen. Zudem streitet der Persönlichkeitsschutz gegen Abreden, die eine **übermäßig disziplinierende und damit die Abhängigkeit des Arbeitnehmers steigernde Wirkung entfalten** (Fastrich, Richterliche Inhaltskontrolle im Privatrecht [1992] 189). Die Lösung liegt daher nicht in einer weitgehenden Freistellung der Kontrolle generell begünstigender Regelungen auf damit verbundene rechtlich nachteilhafte Bedingungen, sondern darin, im Einzelnen zu untersuchen, wie intensiv **das Verhalten des Arbeitnehmers durch die jeweilige Klausel gesteuert** wird. Dagegen kann dem Arbeitgeber bei Bedingungen, die lediglich den Rahmen präzisieren sollen, der für zusätzliche Leistungen zur Verfügung steht, ein größerer Spielraum zugebilligt werden. Im Übrigen kann der Arbeitgeber wie erläutert (Rn 206) durch sein Erklärungsverhalten das Entstehen eines Rechtsanspruchs auf eine Zusatzleistung nach den allgemeinen Grundsätzen der Rechtsgeschäftslehre einschließlich der Regeln über die betriebliche Übung von vornherein verhindern, muss dafür aber mit der Unsicherheit „bezahlen“, die er bei den Arbeitnehmern hierdurch hervorruft und die wiederum ihr Arbeitsverhalten beeinflusst.

218 Von der soeben formulierten Grundregel ist eine Ausnahme für die Fälle zu machen, in denen **der Arbeitgeber mit einer Begünstigung uneigennützige Ziele verfolgt**. Seinen gesetzlichen Ausdruck findet dieser Gedanke in § 14 Abs 1 Satz 2 Nr 6 TzBfG. Danach kann die Befristung eines Arbeitsverhältnisses wirksam sein, wenn es ohne den in der Person des Arbeitnehmers begründeten sozialen Zweck überhaupt nicht zu einer Besserstellung in Form des Abschlusses eines Arbeitsvertrages gekommen wäre (BAG NZA 2009, 727). Diese Wertung lässt sich zunächst auf die AGB-Kontrolle der Befristung einzelner Arbeitsbedingungen übertragen, auch wenn diese Kontrolle nicht gemäß § 14 TzBfG analog erfolgt, sondern anhand der §§ 305 ff vorzunehmen ist (Rn 27 und 201). Man wird indes noch einen Schritt weiter gehen können und insbesondere Freiwilligkeitsvorbehalte für zulässig zu halten haben, wenn ein Arbeitgeber beispielsweise einem Arbeitnehmer aus sozialen Gründen über akute wirtschaftliche Schwierigkeiten hinweghelfen möchte, sich aber nicht auf Dauer rechtlich binden, sondern die Möglichkeit offenhalten will, die Leistungen nach Überwindung der persönlichen Krise ohne eine gerichtliche Überprüfung umgehend wieder einzustellen. Allgemeiner formuliert halten rechtliche Nachteile dann einer Inhaltskontrolle stand, wenn sie die **Kehrseite einer Begünstigung** sind, die allein oder zumindest im überwiegenden Interesse des Arbeitnehmers liegt, und wenn sie keine unverhältnismäßige Verhaltenslenkung entfalten sollen.

(4) Differenzierung nach Verkehrskreisen

(a) Arbeitnehmerseite

Eine weitere Eigenheit von Arbeitsverhältnissen besteht darin, dass es nicht „den" Arbeitnehmer gibt, sondern dass die Beschäftigten, mit denen vorformulierte Arbeitsverträge abgeschlossen werden, mit **höchst unterschiedlichen Verständnishorizonten** in die Vertragsverhandlungen hineingehen und innerhalb des Unternehmens auf **verschiedenen Ebenen der betrieblichen Hierarchie** ihren Platz einnehmen. Wie das BAG im Zusammenhang mit einer Vertragsstrafenregelung ausgeführt hat, ist diesem Phänomen dadurch Rechnung zu tragen, dass auf die **jeweilige Arbeitnehmergruppe abzustellen** ist, die von der Verwendung gerade dieser Klausel betroffen ist (BAG NZA 2009, 370 Rn 59). Damit knüpft das BAG an ältere Entscheidungen an, in denen – wenn auch noch recht allgemein – von der Möglichkeit gruppentypisch unterschiedlicher Ergebnisse die Rede ist (BAG NZA 2004, 727; BAG NZA 2006, 40). Dieser Ansatz einer unterschiedlichen Schutzbedürftigkeit („Verletzbarkeit") ist weiterzuführen, wobei aus Gründen der Rechtssicherheit in erster Linie eine Aufteilung in typisierbare Gruppen vorzunehmen ist. **219**

Eine Grundeinteilung betrifft die Unterscheidung zwischen **tariflichen Arbeitnehmern** und **außertariflichen Angestellten** (Ulmer/Fuchs § 310 Rn 176; Hromadka NJW 2002, 2523, 2528; siehe auch Preis, Grundfragen der Vertragskontrolle im Arbeitsrecht [1993] 316 ff: mildere Maßstäbe für Führungskräfte). Darüber hinaus wird man der im Schrifttum befürworteten weiteren Unterteilung ab der **Prokuraebene** beipflichten können (Ulmer/Fuchs § 310 Rn 176; Hromadka NJW 2002, 2523, 2528). Die Bedeutung dieser Unterscheidungen betrifft in erster Linie die Flexibilisierungsinstrumente, die den jeweiligen Arbeitnehmergruppen zugemutet werden können. Ferner können die Verständnismöglichkeiten der jeweiligen Personenkreise vor allem im Zusammenhang mit der Frage des Charakters einer Klausel als überraschend (§ 305c Abs 1; vgl BAG 28. 6. 2007 NZA 2007, 1069 Rn 17: Bezugnahme auf einschlägigen TV im öffentlichen Dienst nicht überraschend) oder entsprechend dem Transparenzgebot (§ 307 Abs 1 Satz 2) relevant werden. Gerade insoweit kann neben hierarchiebezogenen Gliederungen auch der konkrete Verkehrskreis, dem der Arbeitnehmer entstammt, eine erhebliche Rolle spielen. So kann es sein, dass eine bestimmte Kündigungsregelung für **220** eine Lehrkraft an einer allgemeinbildenden Schule aufgrund ihrer Üblichkeit weder ungewöhnlich noch überraschend ist (so BAG NZA 2009, 370 Rn 25), während dieselbe Klausel einen Arbeitnehmer der Metallindustrie „überrumpeln" würde. Eine pauschale Besserstellung von Beschäftigten im Niedriglohnsektor etwa durch das Aufstellen besonderer Anforderungen an die Wirksamkeit einer Vertragsstrafe ist jedoch nicht gerechtfertigt (BAG NZA 2009, 1337 Rn 47). Darüber hinaus werden unbestimmte und unklare Klauseln nicht deshalb durchschaubar, weil der Arbeitnehmer über eine akademische Ausbildung verfügt (BAG NZA 2012, 1428 Rn 28).

221 Ein Sonderproblem besteht insoweit darin, wie mit dem Umstand umzugehen ist, dass Arbeitnehmer im Laufe der Zeit in der betrieblichen Hierarchie aufsteigen können. Im Ausgangspunkt ist entsprechend allgemeinen Grundsätzen (BGHZ 143, 103, 117; BGH NJW 2010, 2041, 2043; Staudinger/Coester § 307 Rn 100; Ulmer/Fuchs § 307 Rn 117; Stoffels, AGB-Recht Rn 472) daran festzuhalten, dass es auf die **Verhältnisse zum Zeitpunkt des Abschlusses des Arbeitsvertrages** ankommt. Dies ergibt sich auch aus § 310 Abs 3 Nr 3. Nicht ausgeschlossen ist freilich, dass es dem Arbeitnehmer in extremen Ausnahmefällen verwehrt ist, sich auf die Unwirksamkeit einer Klausel zu berufen, wenn diese viele Jahre später angesichts der inzwischen eingetretenen Veränderungen evident wirksam wäre. In praktischer Hinsicht dürften sich die meisten Probleme aber dadurch erledigen, dass Arbeitnehmer bei einem Statusaufstieg zumeist einen neuen Vertrag erhalten und damit der Zeitpunkt der Klauselkontrolle mit der Karriere des Arbeitnehmers mitwandert. Im Übrigen kann die vom Arbeitnehmer vertraglich auszuübende Tätigkeit in bestimmten Fällen einen Wertungsaspekt darstellen, indem etwa bei Führungskräften Verschwiegenheitspflichten und Wettbewerbsverbote eine größere Rolle als bei anderen Arbeitnehmern spielen (Ulmer/Fuchs § 310 Rn 176; Thüsing BB 2002, 2666, 2671).

(b) Arbeitgeberseite

222 Auf der Arbeitgeberseite hat sich die Rechtsprechung soweit ersichtlich noch nicht ausdrücklich zu Differenzierungen bekannt. Auch insoweit ist indes an **branchenspezifische Differenzierungen** zu denken. So ist der Geheimnisschutz durch formularmäßig ausgeformte Verschwiegenheitspflichten in Hightech-Unternehmen von größerem Interesse als in einer Bäckerei (so das plastische Beispiel von Thüsing BB 2002, 2666, 2671). Weiter spricht vieles dafür, die geringere Leistungsfähigkeit von Kleinunternehmen angemessen zu berücksichtigen (Ulmer/Fuchs § 310 Rn 176; Hromadka NJW 2002, 2523, 2528). Dieser Aspekt kann allerdings im Wesentlichen nur die formalen Anforderungen an die Klauselgestaltung betreffen, die den „kleinen" Arbeitgeber als Klauselverwender nicht überfordern sollten. Außerdem ist dieser Gedanke lediglich in den Fällen tragfähig, in denen ein solcher Arbeitgeber die Klausel selbst gestaltet. Sofern er sich der Expertise etwa eines Verbandes oder eines Rechtsanwalts bedient, gibt es keinen hinreichenden Grund, ihm das insoweit vorhandene Fachwissen nicht zuzurechnen, zumal bei fehlerhaft erstellten Arbeitsbedingungen ein Regress gegen den Dritten nicht ausgeschlossen ist. Der materielle Schutz ist dagegen nicht zu relativieren. Hiergegen spricht einmal das **Fehlen eines Schwellenwertes** für die Anwendbarkeit der §§ 305 ff BGB. Außerdem steht dem Kleinunternehmer, der nicht unter den Anwendungsbereich des KSchG fällt, mit dem weitgehend ungebundenen Kündigungsrecht eine hinreichende Möglichkeit zur Seite, insbesondere Anpassungen des Arbeitsvertrags an geänderte Rahmenbedingungen vorzunehmen. Auch eine Verringerung des Schutzniveaus der Klauselkontrolle zu

Gunsten von „Jungunternehmern“ kann nicht überzeugen. Die beiden insoweit einschlägigen Vorschriften (§ 14 Abs 2a TzBfG und § 112a Abs 2 BetrVG) haben einen **zu singulären Charakter**, als dass sich daraus die generelle Wertung entwickeln ließe, die AGB-Kontrolle in den ersten Jahren nach der Unternehmensgründung grobmaschiger durchzuführen. Zudem würde eine solche Sichtweise zu dem wenig einleuchtenden Ergebnis führen, dass ein- und dieselbe Klauselformulierung im Verhältnis zu einem bereits von Beginn an beschäftigten Arbeitnehmer eventuell wirksam wäre, im Verhältnis zu einem später eingestellten Mitarbeiter aber unwirksam.

(5) Rationalisierung und Gleichbehandlung

Der **Rationalisierungseffekt** gehört anerkanntermaßen zu den Faktoren, die den Einsatz und die konkrete Ausgestaltung von vorformulierten Vertragsbedingungen rechtfertigen können (BGH NJW 1981, 117, 118; BGH NJW 1996, 988, 989; Staudinger/Coester § 307 Rn 156; Ulmer/Fuchs § 307 Rn 121; Stoffels, AGB-Recht Rn 489; so bereits Preis, Grundfragen der Vertragskontrolle im Arbeitsrecht [1993] 301). Die Standardisierung vereinfacht die Vertragsanbahnung und -abwicklung, indem sie Zeit und Kosten erspart. Darüber hinaus wird die Kalkulation sowie letztlich die gesamte Organisation des Unternehmens erleichtert. Unter diesem Blickwinkel kann man Ausschlussfristen und Ausgleichsquittungen als Instrumente ansehen, durch die nicht nur in einem eher allgemeinen Sinn Rechtssicherheit und Rechtsklarheit herbeigeführt werden (diesen Aspekt hervorhebend BAG NZA 2006, 149 unter II 5 d), sondern die gerade die Personalabteilungen davor bewahren sollen, sich mit lange zurückliegenden Forderungen auseinandersetzen zu müssen. 223

Für vorformulierte **Ausschlussfristen**, die sich vom gesetzlichen Leitbild des Verjährungsrechts entfernen (vgl BAG NZA 2006, 149 unter II 3 b), haben sich in der Rechtsprechung folgende Grundsätze herauskristallisiert (vgl BAG NZA 2005, 1111; BAG NZA 2006, 149; BAG NZA 2008, 293; BAG NZA 2008, 699; BAG NZA 2012, 971 Rn 35). Auf der einen Seite existiert kein spezielles Klauselverbot. Insbesondere ist § 309 Nr 13 nicht einschlägig, weil weder eine einstufige noch eine zweistufige Ausschlussfrist als Formvorschrift interpretiert werden kann (im Erg ebenso BAG NZA 2005, 1111 unter IV 5 unter Berufung auf arbeitsrechtliche Besonderheiten). Erst recht nicht anwendbar ist § 309 Nr 7 (vgl BAG NZA 2005, 1111 unter IV 6). Auf der anderen Seite ist eine Angemessenheitskontrolle vorzunehmen, in deren Mittelpunkt die Fristlänge steht. Dabei geht das BAG in ständiger Rechtsprechung davon aus, dass **sowohl die erste als auch die zweite Stufe einer Ausschlussklausel eine Fristlänge von drei Monaten nicht unterschreiten** dürfen. Im Schrifttum werden zwar teilweise kürzere Fristen bis zu einer Mindestdauer von drei Wochen bzw einem Monat (vgl Jacobs/Naber RdA 2006, 181, 186; Löwisch, in: FS Canaris, Bd I [2007] 1403, 1417) noch für angemessen gehalten. Dies erscheint indes zu kurz. Eindeutig unstatthaft sind ferner Ausschlussfristen, die **lediglich für Ansprüche des Arbeitnehmers** gelten sollen (BAG NZA 2006, 324 Rn 29). 224

Vorformulierte **Ausgleichsquittungen**, in denen der Arbeitnehmer bestätigt, dass ihm keine Ansprüche gegen den Arbeitgeber mehr zustehen, sind jedenfalls dann kontrollfähig, wenn sie nicht isoliert erfolgen, sondern Teil einer Beendigungsvereinbarung sind (BAG NZA 2011, 1338), weil sie ebenso wie Ausschlussfristen vom gesetzlichen Verjährungsfrist abweichen. Verzichtet der Arbeitnehmer einseitig und **ohne kompensatorische Gegenleistung** auf seine Ansprüche, liegt darin eine unangemes- 225 sene Benachteiligung. Insbesondere lässt sich aus den im Arbeitsrecht geltenden Besonderheiten iSv § 310 Abs 4 Satz 2 HS 1 nicht ableiten, dass die schlichte Üblichkeit von Ausgleichsklausel zu ihrer Rechtmäßigkeit führt (BAG NZA 2011, 1338 Rn 53). Fehlt es an einer kompensatorischen Gegenleistung, soll auch der **isolierte Verzicht auf die Erhebung einer Kündigungsschutzklage unwirksam** sein (BAG NZA 2008, 219). Hiergegen erhebt sich freilich Widerstand im Schrifttum, das mit beachtlichen Gründen darauf verweist, dass ein isolierter Klageverzicht als Hauptleistung der Vereinbarung zu qualifizieren ist und deshalb nur einer Transparenzkontrolle unterliegt (CKK/Klumpp § 307 Rn 139; Krets, in: FS Bauer [2010] 601, 608; Rolfs, in: FS Reuter [2010] 825, 833). Gerade an der isolierten Verzichtserklärung zeigt sich daher letztlich eine gewisse Schwäche des AGB-rechtlichen Kontrollregimes.

226 Ein weiterer mit der Rationalisierung zusammenhängender Wertungsaspekt ist in der **betrieblichen Verbundenheit der Arbeitnehmer** zu sehen. Auch ohne auf die vereinzelt vertretene Vorstellung von der betriebsverbandlichen Struktur der Belegschaft (so namentlich Reuter ZfA 1993, 221, 226 ff) zurückzugreifen, ist nicht daran vorbei zu kommen, dass vorformulierte Arbeitsbedingungen vielfach nicht ausschließlich die bilaterale Austauschbeziehung zwischen dem Arbeitgeber und dem einzelnen Arbeitnehmer regeln, sondern zusätzlich das multilaterale Zusammenleben und Zusammenwirken der Arbeitnehmer im Betrieb betreffen (Krause, in: FS Reuter [2010] 627, 637 f). Dieser Aspekt kann zwar nicht die grundsätzliche Geeignetheit einer AGB-Kontrolle infrage stellen (so aber Reuter, in: FS 50 Jahre BAG [2004] 177, 183 ff; ähnl bereits Zöllner AcP 176 [1976] 221, 245). Auch geht es zu weit, die Beschneidung von Arbeitnehmeransprüchen durch Ausschlussfristen und Ausgleichsquittungen auf die Überlegung zu stützen, dass die übrige Belegschaft ein Interesse an einem möglichst ungeschmälerten Betriebsvermögen hat (so Reuter, in: FS 50 Jahre BAG [2004] 177, 188 ff), weil sich mit dem Rekurs auf mögliche wirtschaftliche Folgewirkungen von Arbeitnehmerrechten letztlich jede Form des Arbeitnehmerschutzes infrage stellen ließe. (Hiervon ist der bereits erwähnte Aspekt [Rn 204] zu unterscheiden, dass Zusatzleistungen gegebenenfalls deshalb gekürzt werden müssen, um das weitere Fortbestehen des Unternehmens im Interesse des Arbeitgebers und der Gesamtheit der Arbeitnehmer zu sichern.) Jedoch kann im Zusammenhang mit finanziellen Zusatzleistungen wie auch mit Sanktionsregelungen in Form von Vertragsstrafen der Gedanke durchaus fruchtbar gemacht werden, dass das **einzelne Arbeitsverhältnis in eine betriebliche Organisation eingebettet** ist (Reuter, in: FS 50 Jahre BAG [2004] 177, 190 ff). So lassen sich vorformulierte Klauseln, die einen Umbau der Vergütungsstruktur ermöglichen sollen, grundsätzlich damit legitimieren, dass der Arbeitgeber hierdurch in die Lage versetzt wird, neue Formen von Leistungsanreizen zu etablieren und gegebenenfalls auch eine Schieflage der innerbetrieblichen Lohngerechtigkeit zu beseitigen. Soweit es um Vertragsstrafen als Instrument zur Sicherung der Arbeitspflicht geht, besteht ein für die grundsätzliche Zulässigkeit sprechender Aspekt darin, dass sich die Folgen des Ausfalls eines einzelnen Arbeitnehmers aufgrund der Einfügung seiner Arbeitsleistung in die Betriebsorganisation nicht hinreichend isolieren lassen und die Präventionswirkung der Schadensersatzandrohung damit weitgehend leer läuft. Hinzu tritt die Wirkung der Vertragsstrafe als Mittel zur Gewährleistung eines kollegialen Verhaltens, indem sie den Arbeitnehmer daran hindern soll, von heute auf morgen seinen Arbeitsplatz zu verlassen und die zu erfüllenden Arbeitsaufgaben damit faktisch den anderen Mitarbeitern aufzubürden (näher dazu Krause, in: FS Reuter [2010] 627, 630 f). Allgemeiner gesagt lässt sich aus dem Gesichts-

punkt der betrieblichen Verbundenheit der Arbeitnehmer ableiten, dass eine Klausel umso eher der Inhaltskontrolle standhält, je stärker sie dazu dient, die Funktionsfähigkeit des betrieblichen Systems aufrechtzuerhalten sowie insbesondere zur Bewältigung struktureller Anpassungspobleme beizutragen. Insoweit fordert und fördert eine richtig kalibrierte Inhaltskontrolle die **Rationalität innerbetrieblicher Verfahrensabläufe** (ansatzweise auch Derleder AuR 2004, 361, 368).

Ein zusätzlicher Gesichtspunkt wird mit dem **Gleichbehandlungsgedanken** angesprochen. Auch wenn das Interesse des Arbeitgebers an einer Vereinheitlichung der Arbeitsvertragsbedingungen nach ständiger Rechtsprechung des BAG für sich genommen keine Änderungskündigung rechtfertigt (BAG AP KSchG 1969 § 2 Nr 3; BAG NZA 1999, 1336; BAG NZA 2000, 592; BAG NZA 2003, 147; BAG NZA 2006, 587; BAG NZA 2010, 465; einschränkend ErfK/Oetker § 2 KSchG Rn 65), besteht gleichwohl ein grundsätzlich anerkennenswertes Interesse des Arbeitgebers an einheitlichen Vertragswerken bzw an Vertragsklauseln, die eine Vereinheitlichung von Arbeitsbedingungen ermöglichen sollen (im Grundsatz bereits Preis, Grundfragen der Vertragskontrolle im Arbeitsrecht [1993] 301). Einen gewissen Ausdruck findet der Gleichbehandlungsaspekt auch in der Judikatur des BAG, nach der ein im Arbeitsvertrag mit einem tarifgebundenen Arbeitgeber in Bezug genommener einschlägiger Tarifvertrag auch bei einem nicht tarifgebundenen Arbeitnehmer keiner Transparenzkontrolle unterliegt (BAG NZA 2007, 1069 Rn 25). Neben dem gleichsam mittelbaren Schutz des Tarifvertrags vor dem möglichen Verdikt der Intransparenz geht es insoweit auch darum, zu verhindern, dass dieselben Vorschriften im Verhältnis des Arbeitgebers zu einem tarifgebundenen Arbeitnehmer wirksam, im Verhältnis zu einem nicht organisierten Arbeitnehmer aber unwirksam sind, wodurch eine Spaltung in die Belegschaft hineingetragen würde. 227

(6) Sanktionierung von Pflichtverletzungen

Eine das gesamte Dienstvertragsrecht und damit vor allem das Arbeitsrecht auszeichnende Besonderheit ist weiter das **Fehlen eines eigenständigen Gewährleistungsrechts**. Dies hat in Verbindung mit der eingeschränkten Wirkung des Schadensersatzrechts bei (schuldhaften) Minderleistungen und sonstigen Pflichtverletzungen zur Folge, dass ein Interesse des Arbeitgebers an anderen Reaktionsinstrumenten nicht von der Hand zu weisen ist. Will man nicht der Kündigung als vergleichsweise scharfes Mittel das Wort reden, kommen (bei schuldhaftem Handeln) wiederum Vertragsstrafen, daneben aber auch ganz allgemein Änderungsvorbehalte in Betracht, um das Äquivalenzverhältnis von Leistung und Gegenleistung der konkreten Entwicklung anzupassen (Hromadka NJW 2002, 2523, 2528). Allerdings dürfen derartige Regelungen die Grundsätze über die beschränkte Arbeitnehmerhaftung (HWK/Krause § 619a BGB Rn 11 ff) nicht aushöhlen. 228

Vertragsstrafen sind im Arbeitsleben schon seit langem verbreitet und haben das BAG auch schon vor der Schuldrechtsreform vielfach beschäftigt. In einer Reihe von Entscheidungen hat die Judikatur die richterrechtlich entwickelten Grundsätze in das neue Kontrollsystem überführt und weiterentwickelt (BAG NZA 2004, 727; BAG NZA 2005, 1053; BAG NZA 2006, 34; BAG NZA 2009, 370; BAG NZA-RR 2009, 519; BAG NZA 2009, 1337; BAG AP BGB § 307 Nr 49; BAG NZA 2011, 89; Einzelheiten bei Krause, in: FS Reuter [2010] 627, 631 ff; Niemann RdA 2013, 92, 94 ff). Insoweit ist zunächst festzuhalten, dass das bereits tatbestandlich nur bestimmte Fälle erfassende Vertragsstrafenverbot des 229

§ 309 Nr 6 im Arbeitsrecht nicht anwendbar ist, weil der Ausschluss der Vollstreckbarkeit von Dienstleistungen gemäß § 888 Abs 3 ZPO sowie die Schwierigkeit der Schadensberechnung beim Vertragsbruch seitens des Arbeitnehmers dazu führen, dass der Arbeitgeber ein berechtigtes Interesse an einem alternativen Durchsetzungsmechanismus hat. Im Übrigen haben sich in der Rechtsprechung des BAG im Wesentlichen zwei schlagkräftige Grenzen von Vertragsstrafen herauskristallisiert. In formaler Hinsicht gilt das aus dem Transparenzgebot entwickelte **Bestimmtheitsgebot** (dazu noch Rn 247), wonach die Vertragsstrafenregelung klar erkennen lassen muss, an welche Pflichtverletzungen die Verwirkung der Konventionalstrafe geknüpft ist. So sollen die Formulierungen „schuldhaft vertragswidriges Verhalten des Arbeitnehmers, das den Arbeitgeber zur fristlosen Kündigung des Arbeitsverhältnisses veranlasst“ ebenso wie „gravierender Vertragsverstöße“ nicht ausreichen. In materieller Hinsicht darf es nicht zu einer **Übersicherung** des Arbeitgebers kommen. Dabei orientiert sich das BAG für den Fall des Vertragsbruchs an den Parametern **Dauer der Kündigungsfrist** und **Bruttosarbeitsentgelt** des Arbeitnehmers als **Maßstab** für den Wert, den die Arbeitsleistung für den Arbeitgeber gemeinhin hat, und damit für den möglichen Schaden, der ihm durch das Verhalten des Arbeitnehmers entsteht. Dies führt angesichts von § 622 Abs 1 in diesen Gestaltungen regelmäßig zu einer Höchstgrenze von einem Bruttomonatsentgelt, bei einem Vertragsbruch während der Probezeit zu einer Höchstgrenze von einem halben Bruttomonatsgehalt (vgl § 622 Abs 3). Allerdings hat es das BAG ausdrücklich **abgelehnt**, insoweit eine **generelle Obergrenze** für Vertragsstrafen festzulegen (BAG NZA 2009, 370 Rn 55). Es ist daher nicht ausgeschlossen, dass ein besonders starkes Interesse des Arbeitgebers an der Vertragserfüllung durch den Arbeitnehmer (weil dieser beispielsweise ein dringend benötigter Spezialist für einen wichtigen Kundenauftrag ist) eine höhere Konventionalstrafe rechtfertigt. Da die Vertragsstrafe nicht nur einer erleichterten Schadensberechnung, sondern zugleich der Schadensprävention dient, spielt im Übrigen der an sich zutreffende Hinweis (vgl DBD/Däubler § 309 Nr 6 Rn 14; ErfK/Müller-Glöge §§ 339–345 BGB Rn 17) keine Rolle, dass der Wert der nicht erbrachten Arbeitsleistung durch den Wegfall des Entgeltanspruchs ohnehin kompensiert wird (Niemann RdA 2013, 92, 97). Bei Verstößen gegen **Verschwiegenheitspflichten** und **Wettbewerbsverbote** haben sich von vornherein noch keine Regelwerte herauskristallisiert.

(7) Rechtsverfehlungsrisiko

230 Das aus dem allgemeinen AGB-Recht übernommene grundsätzliche Verbot der geltungserhaltenden Reduktion (dazu Rn 273 ff) wirft dann Schwierigkeiten auf, wenn es um Gestaltungen geht, in denen die Rechtsprechung das konkrete Ausmaß des rechtlich Erlaubten trotz der bei der Inhaltskontrolle an sich gebotenen typisierten Betrachtungsweise aufgrund der Eigenheiten der betroffenen arbeitsrechtlichen Materie erst anlässlich des jeweils zu beurteilenden Falls feststellt. In diesen Konstellationen kann es dazu kommen, dass der Arbeitgeber den Umfang des rechtlich Zulässigen nur deshalb überschreitet, weil die rechtlichen Grenzen diffus sind und von der Gewichtung verschiedener Variablen abhängen. Da das Verbot der geltungserhaltenden Reduktion seine Rechtfertigung in erster Linie darin findet, dass der Verwender davon abgehalten werden soll, bei der Klauselaufstellung unbedenklich über die Grenzen des rechtlich Zulässigen hinauszugehen und nur ein gerichtliches Zurückstutzen auf das gerade noch wirksame Maß befürchten zu müssen (siehe nur BGH NJW 1982, 2309; ferner etwa Erman/Roloff § 306 Rn 8; Staudinger/Schlosser

§ 306 Rn 22 ff; STOFFELS, AGB-Recht Rn 593), schießt es **über diesen Präventionszweck hinaus**, auch denjenigen Verwender mit einem ersatzlosen Wegfall der Klausel zu sanktionieren, der lediglich die von der Judikatur erst im Nachhinein konkret fixierten Grenzen verfehlt.

Zur Lösung dieser Problematik hat das BAG vor einiger Zeit den Weg zur ergänzenden Vertragsauslegung verbreitert und ein solches Vorgehen nicht mehr nur dann für statthaft erklärt, wenn sich das Festhalten am Vertrag für den Verwender als unzumutbare Härte iSv § 306 Abs 3 darstellen (hierzu Rn 276) oder wenn die uneingeschränkte Anwendung der §§ 307 ff auf Altverträge auf eine unzulässige Rückwirkung hinauslaufen würde (dazu noch Rn 282), sondern auch dann, wenn es für den Arbeitgeber objektiv schwierig war, die exakte Reichweite des rechtlich Zulässigen vorab zu ermitteln (BAG NZA 2009, 666). Auch wenn das BAG in diesem Zusammenhang von **„Prognoserisiko"** spricht, geht es der Sache nach nicht um eine Prognose im Hinblick auf einen tatsächlichen künftigen Geschehensablauf, sondern um die Verfehlung des rechtlich Zulässigen. Der Terminus „Prognoserisiko" führt sogar eher in die Irre, weil er den Eindruck erweckt, als ziele die Gestaltung vorformulierter Arbeitsbedingungen ausschließlich darauf ab, die richterliche Spruchpraxis vorherzusagen. Auch wenn dies rechtsrealistisch zutreffen mag („prediction theory"; grdl HOLMES Harvard Law Review 10 [1897]) 457 ff), muss es auf der Grundlage des geltenden Rechts im Ausgangspunkt doch dabei bleiben, dass sich die Frage, ob AGB wirksam sind, nach den normativen Vorgaben der §§ 307 ff richtet, die von der Rechtsprechung lediglich konkretisiert, nicht aber losgelöst vom Gesetz willkürlich festgesetzt werden. Inhaltlich handelt es sich damit um die Frage, **wie mit dem rechtlichen Irrtum des Arbeitgebers über das bestehende** (und nicht erst das zu schaffende) **Recht angesichts seiner Unbestimmtheit angemessen zu verfahren** ist. Diese Problematik stellt sich grundsätzlich auch im allgemeinen AGB-Recht und wird dort in der Literatur in zunehmendem Maße dadurch bewältigt, dass man die Totalnichtigkeit einer überschießenden Klausel zu Gunsten des „gutgläubigen Verwenders" (so treffend STOFFELS, AGB-Recht Rn 595) durch eine Reduktion auf ein angemessenes Maß substituiert (MünchKomm/BASEDOW § 306 Rn 13 f; CANARIS, in: FS Steindorff [1990] 519, 547 ff; ROTH JZ 1989, 411, 418 f; STAUDINGER/SCHLOSSER § 306 Rn 24 f). Auch wenn das Grundanliegen zu teilen ist, sollte man um der methodischen Klarheit willen nicht das grundsätzliche Verbot der geltungserhaltenden Reduktion relativieren, sondern stattdessen **dem Institut der ergänzenden Vertragsauslegung aufgeschlossen gegenübertreten** (in diese Richtung auch STOFFELS, AGB-Recht Rn 596). Diese Aufgeschlossenheit rechtfertigt sich durch das auch dem allgemeinen Zivilrecht zwar nicht unbekannte, im Arbeitsrecht aber doch besonders stark ausgeprägte Phänomen, dass sich das Urteil über die inhaltliche Angemessenheit häufig erst aus einer feinsinnigen Abwägung zwischen den Arbeitgeber- und den Arbeitnehmerinteressen ergibt. **231**

Eine ergänzende Vertragsauslegung, die einen Teil des Unwirksamkeitsrisikos vom Verwender auf den Gegner wieder zurückverlagert, ist freilich nur in den Fällen angezeigt, in denen sich die rechtlichen Maßstäbe für die Beurteilung der Wirksamkeit einer Klausel gleichsam aufspalten lassen in **gefestigte Grundsätze einerseits** und die **in hohem Maße unbestimmte konkrete Reichweite des zulässigen Vereinbarungsinhalts andererseits**. Wenn der Arbeitgeber in einer solchen Konstellation eine Klauselgestaltung wählt, die sich bei objektiver Betrachtung offenkundig von den **232** gefestigten Grundsätzen leiten lässt und lediglich die konkreten Grenzen geringfügig überschreitet, spricht dies für eine ergänzende Vertragsauslegung anstelle einer ersatzlosen Totalnichtigkeit der Klausel. Hinzu kommt, dass hierdurch das bereits angesprochene Gleichbehandlungsproblem (Rn 227) angegangen werden kann. Ohne eine in diesen Konstellationen vorzunehmende ergänzende Vertragsauslegung könnte eine noch so minimale Überschreitung des rechtlich Zulässigen insbesondere bei Bindungsklauseln nämlich dazu führen, dass der davon betroffene Arbeitnehmer von vornherein völlig ungebunden wäre, während ein Arbeitskollege mit einer fast oder sogar vollständig identischen Klausel aufgrund eines leicht abweichenden Sachverhalts oder auch nur einer anderen Einschätzung des erkennenden Gerichts nach Maßgabe des Klauselinhalts gebunden wäre (siehe dazu auch Reuter, in: FS 50 Jahre BAG [2004] 177, 192).

(8) Kollektivrechtliche Wertungen

233 Eine das gesamte Arbeitsrecht prägende Besonderheit ohne Parallele im allgemeinen AGB-Recht ist schließlich die **Existenz des kollektiven Arbeitsrechts**. Dabei geht es zum einen um die Auswirkungen koalitionsvertraglicher Regelungen im weitesten Sinne, zum anderen um den Bereich der betrieblichen Mitbestimmung.

(a) Koalitionsvertragliche Regelungen

234 Tarifverträge und sonstige Vereinbarungen unter gewerkschaftlicher Mitwirkung (Koalitionsverträge), die als solche gemäß § 310 Abs 1 Satz 1 keiner AGB-Kontrolle unterliegen, können sich in unterschiedlicher Weise auf die Klauselkontrolle auswirken. Dabei ist unbestrittener Ausgangspunkt, dass der AGB-Charakter von Vertragsbedingungen nicht dadurch entfällt, dass diese vor der Verwendung kollektiv ausgehandelt worden sind. Soweit es in diesem Zusammenhang um den **Verständnishorizont des Arbeitnehmers** geht, der bei der Überraschungskontrolle sowie bei der Transparenzkontrolle eine maßgebliche Rolle spielt, ist die **allgemeine Verbreitung einer Tarifklausel ein zu berücksichtigender Wertungsgesichtspunkt**.

235 Bei der Angemessenheitskontrolle ist zu unterscheiden: Soweit § 310 Abs 4 Satz 3 greift, findet von vornherein keine Überprüfung einer Klausel auf inhaltliche Angemessenheit statt (näher dazu bereits Rn 90 ff), Außerhalb der Reichweite des Kontrollprivilegs kann die **Üblichkeit von tariflichen Regelungen** als eine im Arbeitsrecht geltende Besonderheit iSv § 310 Abs 4 Satz 2 HS 1 **das Urteil über die Angemessenheit einer entsprechenden vorformulierten Vertragsklausel beeinflussen**, wie es das BAG im Zusammenhang mit Ausschlussfristen im Grundsatz zutreffend angenommen hat (BAG NZA 2005, 1111 unter IV 7 c). Allerdings rechtfertigt es die schlichte Tarifüblichkeit einer bestimmten Gestaltung nicht, eine damit übereinstimmende arbeitsvertragliche Praxis pauschal als angemessen zu bezeichnen, weil ein Tarifvertrag stets ein Gesamtgebilde darstellt, in dem sich Vorteile und Nachteile die Waage halten, aus dem eine einzelne Bestimmung aber nicht isoliert herausgegriffen werden kann (Preis/Roloff RdA 2005, 144, 150; insoweit nicht überzeugend daher Hromadka NJW 2002, 2523, 2528).

(b) Betriebliche Mitbestimmung

236 Ein weiterer Punkt betrifft die **betriebliche Mitbestimmung**. Ausgangspunkt ist insoweit, dass auch Betriebsvereinbarungen als solche gemäß § 310 Abs 1 Satz 1 nicht den §§ 305 ff unterfallen (näher dazu bereits Rn 99 ff). Auch insoweit geht die gesetz-

liche Regelung davon aus, dass die Schutzfunktion durch die Betriebspartner wahrgenommen wird (BAG NZA 2008, 1135 Rn 35). Der vollständige Ausschluss aus der AGB-Kontrolle wird wiederum dadurch ergänzt, dass Betriebsvereinbarungen und Dienstvereinbarungen mit Rechtsvorschriften iSv § 307 Abs 3 gemäß § 310 Abs 4 Satz 3 gleichgesetzt werden. Freilich erstreckt sich das Kontrollprivileg nur auf einschlägige Betriebsvereinbarungen. Eine arbeitsvertragliche Bezugnahme oder Nachbildung von **nicht einschlägigen Betriebsvereinbarungen schließt eine Inhaltskontrolle** dagegen **nicht aus**, weil in diesem Fall nicht von einem für das konkrete Arbeitsverhältnis passenden angemessenen Interessenausgleich ausgegangen werden kann (Diehn NZA 2004, 129, 131; Richardi NZA 2002, 1057, 1062; Singer RdA 2003, 194, 198; näher Preis NZA 2010, 361, 365 f; Rieble/Schul RdA 2006, 339, 345 ff). Dasselbe gilt auch für bloße Regelungsabreden bzw Betriebsabsprachen. Soweit sie an die Stelle einer an sich möglichen Betriebsvereinbarung treten, partizipieren sie am Kontrollprivileg. Anderenfalls ist eine Inhaltskontrolle durchzuführen. Immerhin ist nicht auszuschließen, dass die in einem Unternehmen bzw Konzern verbreiteten Vereinbarungen den **Erwartungshorizont des Arbeitnehmers** prägen und daher die Überraschungskontrolle sowie die Transparenzkontrolle beeinflussen.

(9) Rechtssicherheit und Rechtsklarheit

Als allgemeine Leitlinie empfiehlt es sich schließlich, bei der AGB-Kontrolle das **237**
allgemeine **rechtsstaatliche Gebot der Berechenbarkeit des Rechts** nicht aus den Augen zu verlieren. Die judizielle Sozialsteuerung sollte nicht nur retrospektiv für Vertragsgerechtigkeit sorgen, sondern sich auch daran orientieren, **durch klare bereichsspezifische Maßstabsbildung Planungssicherheit** zu schaffen. Dies bezieht sich naturgemäß eher auf die Konkretisierung der inhaltlichen Grenzen arbeitsvertraglicher Klauseln, während etwa die Einstufung einer Klausel als überraschend oder intransparent regelmäßig so stark von den konkreten Umständen des Einzelfalls abhängen wird, dass sich übergreifende Aussagen nur auf einer abstrakten Ebene bilden lassen. Die Festlegung von Richtwerten bei Arbeit auf Abruf (Rn 200), bei Widerrufsvorbehalten (Rn 204) und bei Rückzahlungsklauseln (Rn 212) ist daher zu begrüßen, während das Absehen von der Fixierung einer (vergleichsweise niedrigen) Obergrenze bei Vertragsstrafen (Rn 229) der Rechtssicherheit abträglich, angesichts der Unterschiedlichkeit der Fallgestaltungen aber praktisch unvermeidbar ist.

d) Transparenzkontrolle

aa) Allgemeines

Eine unangemessene Benachteiligung mit der Folge der Unwirksamkeit kann sich **238**
gemäß § 307 Abs 1 S 2 auch daraus ergeben, dass eine Bestimmung in AGB nicht klar und verständlich ist (grds Kritik an der Unwirksamkeitsfolge bei Transparenzverstößen Zöllner ZfA 2010, 637, 651 f). Diese Regelung ist durch das Schuldrechtsmodernisierungsgesetz gemeinsam mit der arbeitsrechtlichen AGB-Kontrolle in das Gesetz eingefügt worden, ist aber kein Neuland, sondern nimmt das zuvor in der zivilrechtlichen Rechtsprechung entwickelte **Transparenzgebot** auf (vgl Staudinger/Coester § 307 Rn 170). Das Transparenzgebot gilt ohne Einschränkungen auch für vorformulierte Arbeitsverträge unter Einbeziehung von vorformulierten Einmalbedingungen (§ 310 Abs 3 Nr 2). Besonderheiten des Arbeitsrechts iSv § 310 Abs 4 Satz 2 HS 1 stehen einer Anwendbarkeit nicht entgegen (DBD/Bonin § 307 Rn 144, 145). Eine wichtige Besonderheit besteht darin, dass sich das Transparenzgebot gemäß § 307

Abs 3 S 2 auch auf solche Bestimmungen bezieht, die einer materiellen Inhaltskontrolle nicht zugänglich sind. Damit können auch Abreden, die **unmittelbar die Arbeitsleistung sowie das Arbeitsentgelt betreffen**, auf eine Intransparenz kontrolliert werden. Im Arbeitsrecht wird diese beispielsweise relevant im Hinblick auf die Pauschalabgeltung des nach § 6 Abs 5 ArbZG als ein möglicher Ausgleich geforderten Zuschlags zum Arbeitsentgelt (vgl BAG NZA 2006, 324 Rn 43 ff) oder auf die Höhe der Betriebsrente (BAG NZA 2011, 576 Rn 31). Ferner werden auch normwiederholende (rechtsdeklaratorische) Klauseln erfasst (ErfK/Preis §§ 305–310 BGB Rn 44). Bei einer Bezugnahme auf Tarifverträge ist die Bezugnahmeklausel selber unstreitig einer Transparenzkontrolle zu unterziehen (hierzu näher Rn 249). Dagegen unterliegt der in Bezug genommene Tarifvertrag in den Fällen nicht dem Transparenzgebot, in denen er einer materiellen Inhaltskontrolle entzogen ist, um das aus Art 9 Abs 3 GG abzuleitende Verbot der Tarifzensur nicht zu umgehen (dazu bereits Rn 97 mwNw).

239 Der Schutzzweck des Transparenzgebots wird im Allgemeinen darin gesehen, eine inhaltliche Benachteiligung des Klauselgegners durch verständliche und zutreffende Informationen über die vertraglichen Rechte und Pflichten zu vermeiden. Im Einzelnen werden anerkanntermaßen zwei Ausprägungen unterschieden, nämlich die **Abschlusstransparenz** und die **Abwicklungstransparenz** (Staudinger/Coester § 307 Rn 175 ff). Bei der Abschlusstransparenz geht es darum, dass dem Vertragspartner durch nicht hinreichend klare und verständliche Klauseln die **Möglichkeit genommen** wird, die **Vorteile und Nachteile der vertraglichen Abreden sachgerecht zu beurteilen**. Auf diese Weise entgeht ihm zum einen die Chance, im Wege von Verhandlungen mit dem Verwender im Einzelfall zu besseren Konditionen zu gelangen. Zum anderen erschweren unklare und unverständliche Klauseln einen Vergleich mit den Konditionen anderer Verwender. Dies gilt zunächst für die Hauptleistungspflichten und dabei vor allem für die Preisgestaltung. Darüber hinaus behindern intransparente Klauseln aber auch den **Konditionenwettbewerb** als Surrogat für das zumeist aufgrund hoher Transaktionskosten nicht sinnvolle Ausverhandeln von Nebenbedingungen. Die Abwicklungstransparenz betrifft die **Vertragsdurchführung**. Intransparente Klauseln beeinträchtigen die Interessenwahrnehmung durch den Vertragspartner, indem sie ihn in einem Konfliktfall entweder davon abhalten, eigene Rechtspositionen wahrzunehmen, oder dazu veranlassen, vor vermeintlichen Rechten des Verwenders zu kapitulieren. Einen Teilaspekt bilden **einseitige Bestimmungsrechte**, mit denen der Verwenders versucht, sich einen möglichst großen Einfluss auf die Fixierung der vertraglichen Rechte und Pflichten der Vertragsparteien zu sichern. Sofern diese Bestimmungsrechte intransparent sind, kann ihr Potenzial bei Vertragsschluss vom Klauselgegner nicht sicher eingeschätzt werden, während es bei der Durchführung des Vertrages dazu kommen kann, dass der Klauselgegner eine getroffene Regelung nur deshalb akzeptiert, weil sie von einem solchen Bestimmungsrecht (vermeintlich) gedeckt ist.

240 Auch im Arbeitsrecht kommen beide Ausformungen des Transparenzgebots im Grundsatz zum Tragen. So hat das BAG mehrfach darauf hingewiesen, dass der Arbeitnehmer bei Vertragsschluss wissen muss, was gegebenenfalls „auf ihn zukommt". Dies gilt etwa für die **Widerrufsvorbehalte** (so erstmals BAG 2005, 465 unter B I 5 b) und für **Vertragsstrafen** (BAG NZA 2005, 1053 unter II 3 d bb), aber auch für die Frage, ob und in welchem Umfang geleistete **Überstunden vom Grundentgelt umfasst** sein sollen (BAG NZA 2011, 575 Rn 15 f). In diesem Sinne gehen große Teile des

Schrifttums ebenfalls davon aus, dass die für das allgemeine Zivilrecht entwickelten Überlegungen problemlos auch auf das Arbeitsrecht übertragbar sind (DBD/BONIN § 307 Rn 146 ff; CKK/KLUMPP § 307 Rn 79).

Allerdings erscheint doch eine gewisse **Zurückhaltung angebracht**, wenn das Transparenzgebot als geeignetes oder gar zentrales Instrument angesehen wird, um die Marktchancen des Arbeitnehmers beim Arbeitsvertragschluss zu verbessern. Eine solche Sichtweise erweckt den Eindruck, als würde die Marktschwäche des einzelnen Arbeitnehmers gerade auf einer Intransparenz der ihm vom Arbeitgeber vorgelegten Vertragsklauseln beruhen und weniger auf der allgemeinen strukturellen Unterlegenheit infolge unterschiedlicher Angewiesenheit auf den Abschluss des Arbeitsvertrages (dazu im Zusammenhang mit der grundsätzlichen Rechtfertigung der AGB-Kontrolle bereits oben Rn 78, 83). Noch sehr einleuchtend auf den Gedanken der Abschlusstransparenz rückführbar ist die Forderung, dass bei einer vorformulierten Abrede über die Rückzahlung von Fortbildungskosten der Umfang der auf den Arbeitnehmer unter Umständen zukommenden Kostenlast möglichst genau anzugeben ist, damit der Arbeitnehmer das Zahlungsrisiko bereits beim Abschluss der Fortbildungsvereinbarung, bei der es sich häufig um eine Nebenabrede im Rahmen eines bereits bestehenden Arbeitsverhältnisses handelt, einschätzen kann (BAG NZA 2012, 1228 Rn 19). Weiter kann sich zwar eine unklare und unverständliche pauschale Abgeltung von geleisteten Überstunden im Einzelfall auf die Abschlussentscheidung des Arbeitnehmers auswirken, indem er davon absieht, auf eine Regelung über eine gesonderte Bezahlung von Überstunden zu dringen oder bei einem anderen Arbeitgeber, der geleistete Überstunden von vornherein eigenständig vergütet, ein Arbeitsverhältnis zu begründen. Entsprechendes gilt bei einer undurchsichtigen Gestaltung der Pauschalabgeltung des Nachtarbeitszuschlags iSv § 6 Abs 5 ArbZG. Dennoch ist es schon in den zuletzt genannten Fällen **keineswegs selbstverständlich**, dass der Arbeitnehmer bei einer hinreichend klaren Regelung entsprechende Verhandlungen mit dem Arbeitgeber begonnen oder gar in einen umfassenden Konditionenvergleich mit den Stellenangeboten anderer Arbeitgeber, sofern solche überhaupt zur Verfügung standen, eingetreten wäre. Dies gilt erst recht im Hinblick auf solche Vertragsbedingungen, die sich nicht auf das regelmäßig im Mittelpunkt des Arbeitnehmerinteresses stehende Arbeitsentgelt beziehen, sondern auf solche Konditionen, die eher Randfragen des Arbeitsverhältnisses betreffen. Auch wenn damit keiner Intransparenz von arbeitsvertraglichen Regelungen das Wort geredet werden soll, muss doch realistischerweise erkannt werden, dass sich der Arbeitsplatzbewerber, der mit undurchsichtiger Konditionen konfrontiert wird, bei den Vertragsverhandlungen nicht anders verhalten und er keine anderen vertragsabschlussbezogenen Entscheidungen getroffen hätte, wenn ihm ein in jeder Hinsicht transparentes Vertragsformular offeriert worden wäre. Die vom BAG geforderte **Abschlusstransparenz steht** daher vielfach insoweit **auf tönernen Füßen**, als ihr Schutzzweck ins Leere läuft, weil der Arbeitnehmer auf ein höheres Informationsniveau nicht so reagiert hätte, wie dies vom allgemeinen AGB-rechtlichen Denkmodell zugrunde gelegt wird. Zumindest aber sollte eine starke Betonung der Abschlusstransparenz nicht dazu dienen, der Frage nach der inhaltlichen Unangemessenheit einer arbeitsvertraglichen Regelung auszuweichen (zurückhaltend deshalb auch STOFFELS ZfA 2009, 861, 878). **241**

Anders verhält es sich dagegen bei der **Abwicklungstransparenz**. Insoweit ist es **242** durchaus realistisch, dass Arbeitnehmer durch unklare und unverständliche Klauseln von einer zweckmäßigen Durchsetzung ihrer Rechtspositionen abgehalten werden oder sich gegen vermeintliche Rechte des Arbeitgebers nicht zur Wehr setzen (BAG NZA 2008, 1173; BAG NZA 2009, 538). Dies wird besonders deutlich bei intransparenten Ausschlussfristen, die dazu führen, dass Arbeitnehmer ihre Ansprüche wie etwa die Bezahlung von Überstunden oder Urlaubsabgeltung nicht rechtzeitig geltend machen (vgl BAG NZA 2008, 699). Allerdings muss auch insoweit differenziert werden. Zunächst ist es inkonsistent, wenn in einem Prozess, in dem ein Arbeitnehmer gegen den Arbeitgeber eine Rechtsposition einklagt, angenommen wird, eine Klausel sei deshalb aufgrund von Intransparenz unwirksam, weil sie den Arbeitnehmer davon abhalten könne, seine Rechte gegenüber dem Arbeitgeber geltend zu machen (so aber BAG NZA 2008, 40 Rn 18 ff; BAG NZA-RR 2009, 576 Rn 15; BAG NZA 2011, 1274 Rn 43). Wenn das BAG diesen Gedanken gleichwohl immer wieder ins Spiel bringt (vgl BAG NZA 2008, 45 Rn 27; BAG NZA-RR 2008, 586 Rn 77; BAG NZA 2009, 538 Rn 96 insoweit in concreto freilich jeweils verneint), lässt das auf die eher in ein Verbandsklageverfahren gehörende Überlegung schließen, dass unklare und unverständliche Konditionen bei einer größeren Zahl von Arbeitnehmern genau diese Wirkung haben können, sich solche Klauseln also für den Arbeitgeber auch dann „lohnen", wenn sich ein Arbeitnehmer im Einzelfall nicht davon abhalten lässt, seine Rechte durchzusetzen. Unter diesem Blickwinkel wäre es aber geradezu kontraproduktiv, eine Bestimmung deshalb nicht als intransparent zu qualifizieren, weil sich ein einzelner Arbeitnehmer trotz der konkreten Formulierung der Klausel nicht davon hat abhalten lassen, gegen den Arbeitgeber vorzugehen. Allerdings bleibt weiter zu berücksichtigen, dass die **Mobilisierung von Arbeitsrecht im laufenden Arbeitsverhältnis** zumeist weniger eine Frage unklarer und unverständlicher Arbeitsvertragsbedingungen ist. Vielmehr besteht der eigentliche Grund zumeist darin, dass der Arbeitnehmer **sein Arbeitsverhältnis nicht durch eine rechtliche Auseinandersetzung mit dem Arbeitgeber belasten** will. Auch insoweit greift es deshalb zu kurz, wenn man die Zurückhaltung von Arbeitnehmern bei der Durchsetzung bestimmter vertraglicher Rechtspositionen allein auf die Intransparenz der Konditionen zurückführen und die Unwirksamkeit entsprechender Klausel dementsprechend auf die Prämisse stützen würde, bei einer klaren und verständlichen Formulierung hätten für den Arbeitnehmer keinerlei Hindernisse mehr bestanden, seine Rechte gegenüber dem Arbeitgeber geltend zu machen. Immerhin können intransparente Klauseln zusätzlich dazu beitragen, dass Arbeitnehmern die Rechtsdurchsetzung erschwert wird. Schon diese Erschwernis, der das Transparenzgebot entgegenwirken will, rechtfertigt bei einem Verstoß aber das Unwirksamkeitsverdikt (**aA** Zöllner ZfA 2010, 637, 650 ff).

243 Für das **Verhältnis von Intransparenz und Benachteiligung** gelten dieselben Grundsätze wie im allgemeinen Zivilrecht (dazu Staudinger/Coester § 307 Rn 174). Danach ergibt sich auf der einen Seite aus der Intransparenz einer Klausel nicht automatisch eine Benachteiligung. Vielmehr kann sie nur im Einzelfall zu einer Benachteiligung des Klauselgegners führen. Intransparenz und Benachteiligung sind also grundsätzlich **zwei voneinander getrennt zu prüfende Aspekte**. Ob ein Mangel an Transparenz eine Benachteiligung zur Folge hat, ist entsprechend den soeben skizzierten Schutzzwecken daran zu messen, ob sie zumindest dazu beitragen kann, die Situation des Arbeitnehmers beim Vertragsschluss oder bei der Vertragsdurchführung (noch weiter) zu verschlechtern (DKK/Bonin § 307 Rn 152). Dies entspricht auch der Position des

BAG, wenn es im Zusammenhang mit einem Freiwilligkeitsvorbehalt ausführt, dass ein Verstoß gegen das Transparenzgebot nicht schon deshalb vorliegt, weil ein Arbeitnehmer keine oder nur eine erschwerte Möglichkeit hat, eine bestimmte Regelung zu verstehen. Stattdessen wird eine unangemessene Benachteiligung erst dadurch begründet, dass ein Arbeitnehmer durch eine unklar gefasste Klausel Gefahr läuft, seine Rechte nicht wahrzunehmen (BAG NZA 2007, 1045 Rn 30; BAG NZA 2008, 1143 Rn 44). Auf der anderen Seite kann sich eine **Unangemessenheit allein aus der formalen Intransparenz einer Klausel** ergeben. Eine zusätzliche materielle Unangemessenheit ist nicht erforderlich. Das BAG hat sich teilweise ebenfalls in diesem Sinne geäußert, indem es bei Vertragsstrafeversprechen ausdrücklich zwischen der Prüfung der Transparenzkontrolle und der inhaltlichen Unangemessenheit differenziert hatte (BAG NZA 2005, 1053 unter II 3 d bb und cc). Teilweise hat es diese Frage aber auch ausdrücklich offen gelassen (BAG NZA 2009, 154 Rn 33 mit zumindest missverständlicher Darstellung des Streitstandes).

Soweit es um den **Inhalt des Transparenzgebots** geht, lassen sich folgende Eckpunkte fixieren: Einerseits müssen AGB **möglichst klar und durchschaubar formuliert** sein. Sie sollen die Rechte und Pflichten beider Vertragspartner **richtig, verständlich und möglichst präzise** darstellen (BAG NZA 2006, 324 Rn 45). Andererseits darf das Transparenzgebot **den Verwender nicht überfordern** (BAG NZA 2009, 49 Rn 23). Daher besteht die Pflicht zur klaren und verständlichen Abfassung vorformulierter Klauseln nur im Rahmen des Möglichen und Zumutbaren (BAG NZA 2006, 324 Rn 45). Allerdings hat das BAG bislang soweit ersichtlich davon abgesehen, geringere Transparenzanforderungen an solche Klauselwerke zu stellen, die von kleinen Unternehmen verwendet werden oder sogar entwickelt worden sind. Maßstab für die Beurteilung einer Klausel als hinreichend klar und verständlich ist entsprechend allgemeinen Grundsätzen der **durchschnittliche und verständige Arbeitnehmer** (BAG NZA 2005, 1111 unter IV 4; BAG NZA 2006, 688 Rn 15; BAG NZA 2012, 81 Rn 19; CKK/Klumpp § 307 Rn 83; Preis/Roloff ZfA 2007, 43, 74). Dabei kommt es nicht darauf an, ob ein Arbeitnehmer, der den Vertragstext nur flüchtig betrachtet, den Sinngehalt sofort erfasst hätte. Vielmehr ist vom Arbeitnehmer eine aufmerksame und sorgfältige Lektüre zu erwarten (Preis/Roloff ZfA 2007, 43, 74). Im Einzelnen wird man **zwischen verschiedenen typisierbaren Arbeitnehmergruppen zu differenzieren** haben. Während eine Vertragsklausel, die gegenüber leitenden Angestellten verwendet wird, noch transparent ist, kann dieselbe Klausel bei einer Verwendung gegenüber einfachen gewerblichen Arbeitnehmern nicht mehr hinreichend verständlich sein (im Erg ebenso DKK/Bonin § 307 Rn 159; CKK/Klumpp § 307 Rn 83). Ebenso wie bei der materiellen Angemessenheitskontrolle (dazu Rn 219) muss auch bei der Transparenzkontrolle die teilweise sehr unterschiedliche Ausgangslage der einzelnen Arbeitnehmergruppen und dabei insbesondere die abweichende Aufnahmekapazität in Rechnung gestellt werden. Weiter sind gemäß § 310 Abs 3 Nr 3 aufgrund der regelmäßigen Qualifikation des Arbeitsvertrages als Verbrauchervertrag die **den Vertragsschluss begleitenden Umstände zu berücksichtigen**. Dies kann beispielsweise dazu führen, dass aufgrund der mündlichen Erläuterung einer Klausel bei Vertragsschluss (BAG AP InsO § 113 Nr 23 Rn 37) oder aufgrund der Vorgeschichte (vgl BAG NZA 2006, 324 Rn 50) eine Regelung hinreichend klar und verständlich ist. Dagegen lässt sich aus § 310 Abs 3 Nr 3, der gerade auf die vertragsbegleitenden Umstände abstellt, nicht ableiten, dass losgelöst von diesen Umständen stets der Verständnishorizont des individuellen Arbeitnehmers zu berücksichtigen ist (so aber DKK/Bonin § 307 Rn 160; **244** aA CKK/Klumpp § 307 Rn 83). Nach Vertragsschluss eintretende Umstände bleiben für die Transparenzkontrolle stets außer Betracht (BAG NZA 2008, 1004 Rn 29). Aus dem Transparenzgebot lässt sich keine Obliegenheit des Verwenders ableiten, die vereinbarten Klauseln mit einem Kommentar zu versehen (BAG NZA 2012, 663 Rn 18), zumal ein Übermaß an Information ohnehin kontraproduktiv wäre („information overload"). Erst recht besteht **keine Rechtsbelehrungspflicht**, so dass der Arbeitgeber den Arbeitnehmer in den AGB nicht auf Rechtspositionen und deren Durchsetzung hinweisen muss (ErfK/Preis §§ 305–310 BGB Rn 44; Wolf/Stoffels ArbR Rn 68). Ferner liegt das **Sprachrisiko beim Arbeitnehmer**, wenn und soweit es um die Verwendung von vorformulierten Arbeitsbedingungen auf dem deutschen Arbeitsmarkt geht (dazu Rieble, in: FS Löwisch [2007] 229, 240). Die Schwierigkeiten eines ausländischen Arbeitnehmers beim Verständnis von in deutscher Sprache abgefassten AGB können deshalb nicht dazu führen, höhere Anforderungen an die Transparenz zu stellen (CKK/Klumpp § 307 Rn 90).

bb) Ausprägungen des Transparenzgebots

245 Das Transparenzgebot hat anerkanntermaßen **verschiedene Ausprägungen**, die auch im Arbeitsrecht eine Rolle spielen, nämlich das Verständlichkeitsgebot, das Bestimmtheitsgebot und das Täuschungsverbot. Das unmittelbar aus dem Gesetzestext ablesbare **Verständlichkeitsgebot** besagt im Grundsatz, dass vorformulierte Klauseln die rechtlichen und wirtschaftlichen Konsequenzen einer bestimmten Vertragsgestaltung so deutlich zum Ausdruck bringen müssen, wie dies nach den Umständen zu fordern ist. Allerdings wird dieses Gebot vom BAG unterschiedlich streng gehandhabt. So ist in verschiedenen Entscheidungen davon die Rede, dass AGB die Nachteile und Belastungen erkennen lassen müssen, die durch sie herbeigeführt werden (BAG NZA 2007, 1045 Rn 29), auch wenn nicht alle gesetzlichen Folgen einer Vereinbarung ausdrücklich dargestellt werden müssen (BAG NZA 2006, 688 Rn 15). Derartige Anforderungen hat die Rechtsprechung insbesondere im Zusammenhang mit Vertragsstrafenabreden aufgestellt (BAG NZA 2008, 170 Rn 26). Bei **Anrechnungsklauseln**, mit denen bei einer Erhöhung der Tarifentgelte eine Anrechnung der bis dahin gezahlten übertariflichen Zulagen erreicht werden soll, zeigt sich das BAG demgegenüber sehr großzügig und lässt die Wendung „anrechenbare betriebliche Ausgleichszulage" (BAG NZA 2006, 746) oder sogar nur „übertarifliche Zulage" (BAG NZA 2009, 49) genügen. Ebenso soll sich aus der Bezeichnung einer Regelung als **„Ausschlussfrist"** mit hinreichender Deutlichkeit der Verlust von Ansprüchen ergeben (BAG NZA 2005, 1111; BAG NZA 2006, 324). Diese Sichtweise wird im Schrifttum nicht selten angegriffen (DKK/Bonin § 307 Rn 155a; CKK/Klumpp § 307 Rn 84). Man soll jedoch nicht übersehen, dass gerade Anrechnungsklauseln und Ausschlussfristen anders als Vertragsstrafen **Massenphänomene des Arbeitslebens** sind, die **für die Arbeitnehmerschaft keine Fremdkörper** darstellen, während sie eine erhebliche Bedeutung für eine reibungslose Personalwirtschaft haben. Auch wenn das BAG in diesem Zusammenhang nicht stets auf die im Arbeitsrecht geltenden Besonderheiten iSv § 310 Abs 4 Satz 2 HS 1 abstellt, so ist ihm doch zuzustimmen, wenn es gerade bei solchen Klauseln keinen allzu puristischen Standpunkt einnimmt und die Anforderungen an die Transparenz nicht zu hoch schraubt.

246 Eine besondere Form der Intransparenz entsteht durch die **Widersprüchlichkeit von Klauseln**. Insoweit verfährt die Rechtsprechung sehr streng im Hinblick auf Klauseln, mit denen der Arbeitgeber versucht, finanzielle Zusatzleistungen an die Ar-

beitnehmer flexibel zu gestalten, um diese auf eine möglichst unkomplizierte Weise und insbesondere ohne die Beschwernisse einer Änderungskündigung wieder abbauen oder zumindest verringern zu können. Wenn eine Regelung zugleich einen Widerrufsvorbehalt und einen Freiwilligkeitsvorbehalt enthält, so handelt es sich nach nunmehr gefestigter Rechtsprechung um eine intransparente Klausel (BAG NZA 2011, 628 Rn 20; BAG NZA 2012, 81 Rn 24 ff). Dasselbe gilt für den Fall, dass in einem Arbeitsvertrag eine Sonderzahlung (Weihnachtsgratifikation) zunächst zugesagt wird und anschließend in einer weiteren Klausel davon gesprochen wird, dass auf die Leistung kein Rechtsanspruch bestehe (BAG NZA 2008, 40 Rn 18 ff; BAG NZA 2008, 1173 Rn 45; BAG NZA-RR 2009, 576 Rn 16; BAG v 20. 2. 2013 – 10 AZR 177/12 Rn 20; krit Zöllner ZfA 2010, 637, 647 ff). Mit dieser Judikatur soll vor allem einer betrieblichen Entgeltpolitik zu Leibe gerückt werden, welche die Arbeitnehmer mit undurchsichtigen Klauseln über zusätzliche Entgeltbestandteile zu besonderen Leistungen anspornt, die Incentives zu einem späteren Zeitpunkt dann aber wieder einsammelt. Dass eine zu strenge Transparenzkontrolle zur Folge haben kann, dass Arbeitgeber von vornherein von der Gewährung zusätzlicher Leistungen absehen, weil sie befürchteten, dauerhafte finanzielle Lasten zu begründen (so eine vielfach geäußerte Kritik, vgl Bayreuther ZfA 2011, 45, 54 f; CKK/Klumpp § 307 Rn 89; dazu auch BAG NZA 2006, 1149 Rn 42; ferner Coester, in: FS Löwisch [2007] 57, 68), nimmt die Rechtsprechung in Kauf, weil sie diese Gefahr offenbar für geringer hält als die Gefahr einer zu starken Verflüssigung des Arbeitsentgelts.

Das **Bestimmtheitsgebot** als weiterer Teilaspekt des Transparenzgebots verlangt, dass die Voraussetzungen und Rechtsfolgen einer Klausel möglichst konkret formuliert werden müssen. Der Arbeitgeber soll daran gehindert werden, durch unpräzise gehaltene Regelungen in der Sache **ungerechtfertigte Bewertungsspielräume für sich in Anspruch zu nehmen** (BAG NZA 2006, 324 Rn 45; BAG NZA 2008, 170 Rn 26; BAG NZA-RR 2009, 519 Rn 44). Hierdurch würde die ohnehin schon im Arbeitsverhältnis angelegte Unterlegenheit des Arbeitnehmers gegenüber dem Arbeitgeber ohne Not noch weiter verstärkt werden. Das Bestimmtheitsgebot entfaltet seine Wirkung in erster Linie zum einen dann, wenn sich der Arbeitgeber bestimmte Gestaltungsbefugnisse ausbedingt, die sich nicht schon aus seinem allgemeinen Direktionsrecht (§ 106 GewO) ergeben. Dies gilt etwa für Änderungsvorbehalte, die möglichst klar die **Voraussetzungen und den Umfang der einseitigen Regelungsmacht** benennen müssen (BAG NZA-RR 2010, 457 Rn 29). Zum anderen geht es um Klauseln, mit denen auf das Verhalten des Arbeitnehmers eingewirkt werden soll, wie es insbesondere bei Vertragsstrafen der Fall ist, die neben ihrer Sanktionsfunktion auch eine Präventionsfunktion haben (siehe nur MünchKomm/Gottwald Vor § 339 Rn 6). In beiden Konstellationen soll der Arbeitnehmer eben (rechtzeitig) wissen, was gegebenenfalls „auf ihn zukommt" (dazu bereits Rn 239). **247**

Das **Täuschungsverbot** schließlich soll verhindern, dass dem Klauselgegner die Rechtslage in einer unzutreffenden oder zumindest missverständlichen Weise präsentiert wird. Im Arbeitsrecht spielen insoweit vor allem Schriftformklauseln eine Rolle, die den Eindruck erwecken, als könne trotz § 305b keine von den AGB abweichende wirksame mündliche Abrede getroffen werden (BAG NZA 2008, 1233). Dagegen genügt es nicht, wenn eine Vertragsstrafenregelung nicht in aller Deutlichkeit darauf hinweist, dass die Vertragsstrafe nur bei einer schuldhaften Pflichtverletzung verwirkt ist (BAG NZA-RR 2009, 519; krit DKK/Bonin § 307 Rn 156). **248**

cc) Einzelne Klauseln

249 Vorformulierte **Bezugnahmeklauseln** unterliegen unstreitig der Transparenzkontrolle. Hierbei zeigt sich das BAG aber großzügig. So werden die im Arbeitsleben typischen dynamischen Verweisungen auf einschlägige Tarifverträge ohne weiteres für transparent gehalten (BAG NZA 2009, 154 Rn 31; in diesem Sinne auch BAG NZA-RR 2010, 7 Rn 48 ff). Zur Wahrung des Transparenzgebotes genügt es, wenn die in Bezug genommenen Regelungen im Zeitpunkt der jeweiligen Anwendung bestimmbar sind (BAG NZA 2011, 42, Rn 43; CKK/Klumpp § 307 Rn 154). Das BAG hält darüber hinaus auch eine große dynamische Verweisung (Tarifwechselklausel) für hinreichend verständlich (BAG NZA-RR 2008, 586 Rn 78; BAG NZA 2013, 512 Rn 35). Eine Erläuterung der Inhalte der in Bezug genommenen Regelungen ist nicht erforderlich. Normative Unterstützung findet diese Sichtweise bei denjenigen gesetzlichen Regelungen, welche die Möglichkeit einer solchen Gleichstellung ausdrücklich vorsehen (wie etwa § 622 Abs 4 Satz 2, § 12 Abs 3 TzBfG, § 4 Abs 4 Satz 2 EFZG, § 13 Abs 1 Satz 2 BurlG und § 7 Abs 3 ArbZG). Darüber hinaus hält sich auch das NachwG mit den Pflichten des Arbeitgebers zur Information des Arbeitnehmers über die anwendbaren Tarifverträge zurück (siehe § 2 Abs 1 Nr 10, Abs 3 und § 3 Satz 2 NachwG). Vergleichbares gilt für die Verweisung auf beamtenrechtliche Regelungen (BAG NZA 2007, 1045 Rn 31; BAG NZA 2008, 45 Rn 28). In alledem spiegeln sich arbeitsrechtliche Besonderheiten iSv § 310 Abs 4 Satz 2 HS 1 wieder, nämlich zum einen die Notwendigkeit, das Arbeitsverhältnis als Dauerschuldverhältnis immer wieder den sich ändernden Rahmenbedingungen anzupassen, und zum anderen das personalpolitische Bedürfnis gleicher Arbeitsbedingungen für Gewerkschaftsmitglieder und Außenseiter (Wolf/Stoffels ArbR Rn 118). Wenn **Versetzungsklauseln** als unechte Direktionsrechtserweiterungen zu qualifizieren sind, müssen sie erkennen lassen, dass sie sich auf den materiellen Gehalt des § 106 GewO beschränken und nicht darüber hinausgehen. Dagegen bedarf es keiner Angabe der Gründe für die Ausübung des Weisungsrechts (BAG NZA 2010, 1355 Rn 25). **Pauschale Überstundenabgeltungen** werden vom BAG als **intransparent** eingestuft, wenn und soweit sie keine Begrenzung der vom Arbeitgeber abrufbaren Überstunden vorsehen, weil der Arbeitnehmer bei Vertragsschluss nicht erkennen könne, welche Arbeitsleistungen von der Abgeltung umfasst würden (BAG NZA 2011, 575 Rn 15; BAG NZA 2011, 1335 Rn 14; BAG NZA 2012, 861 Rn 15 f; BAG NZA 2012, 939 Rn 16). Dagegen soll die mündliche Abrede, dass die ersten zwanzig Überstunden im Monat „mit drin" seien, (nicht nur in Bayern) hinreichend transparent sein (BAG NZA 2012, 908 Rn 22). Ob es sich bei solchen Abgeltungen, die keinen Hinweis auf den Umfang der einbezogenen Überstunden vorsehen, tatsächlich um ein Transparenzproblem handelt, ist freilich fragwürdig, weil die Klausel dem Arbeitnehmer klipp und klar verdeutlicht, dass er keine weiteren finanziellen Leistungen des Arbeitgebers zu erwarten hat. Überzeugender erscheint demgegenüber eine materielle Inhaltskontrolle derjenigen Abrede, die den Arbeitgeber zur Anordnung von pauschal abgegoltenen Überstunden ermächtigt und die zur Unwirksamkeit solcher Klauseln führt, mit denen er die Äquivalenz zwischen Leistung und Gegenleistung deutlich verschieben kann (ebenso – wenn auch insoweit zu großzügig – Reichold Anm zu BAG AP BGB § 307 Nr 47 unter III). Als Grenze wird man hier im Allgemeinen 10% der vereinbarten Wochenarbeitszeit anzunehmen haben (HWK/Gotthardt Anh §§ 305–310 BGB Rn 41; CKK/Klumpp § 307 Rn 109), bei höheren Angestellten in Einzelfällen auch durchaus bis 25%. Bei **Widerrufsvorbehalten** muss die Klausel die Angemessenheit und Zumutbarkeit der Regelung und damit den Maßstab für die materielle Inhaltskontrolle nach §§ 308

Nr 4, 307 Abs 1 Satz 1 aus sich heraus erkennen lassen. Daher müssen die Voraussetzungen und der Umfang der vorbehaltenen Änderungen möglichst konkret benannt werden. Kurz gesagt soll der Arbeitnehmer von vornherein wissen, was gegebenenfalls „auf ihn zukommt". Dementsprechend sind zum einen die **Gründe** anzugeben, die den Arbeitgeber zum Widerruf der zusätzlichen Leistungen berechtigen sollen. Allerdings ist der erforderliche Konkretisierungsgrad noch nicht abschließend geklärt. Während der 5. Senat es genügen lässt, dass die Klausel die Richtung des Grundes (zB wirtschaftliche Gründe, Leistung oder Verhalten des Arbeitnehmers) angibt, der für einen wirksamen Widerruf ausreichen soll (BAG NZA 2005, 465 unter B I 5 b; BAG NZA 1987, 87 Rn 28; BAG NZA 2011, 796 Rn 10; BAG NZA 2012, 616 Rn 16; tendenziell auch Bayreuther ZfA 2011, 45, 55; Franzen, in: GS Zachert [2010] 386, 394; Stoffels ZfA 2009, 861, 880 f), verlangt der 9. Senat (teilweise) die Nennung eines typisierten Sachgrundes (BAG NZA-RR 2010, 457 Rn 29; anders aber BAG NZA 2007, 809 Rn 28). Vorzugswürdig erscheint in der Tat das Erfordernis einer **Angabe typischer Widerrufsgründe** (ebenso CKK/Brühler § 308 Rn 65 ff), ohne dass indes auch noch der Grad der Störung umfassend spezifiziert werden müsste (so aber DBD/Bonin § 308 Rn 33). Dabei ist bei leistungs- oder verhaltensbezogene Gründen ein etwas höherer Konkretisierungsgrad zu verlangen, damit der Arbeitnehmer sein eigenes Verhalten darauf einstellen kann, während bei wirtschaftlichen Gründen, die vom einzelnen Arbeitnehmer kaum beeinflussbar sind, ein geringerer Konkretisierungsgrad genügt. Zum anderen muss klar zum Ausdruck gebracht werden, in welchem **Umfang** der Arbeitgeber zur Änderung der Leistung berechtigt sein soll. Alles in allem soll der Arbeitnehmer in die Lage versetzt werden, mit den möglichen Änderungen zu kalkulieren (anders jetzt aber der 3. Senat auf dem Gebiet der betrieblichen Altersversorgung unter Berufung auf den erhöhten materiellen Schutz der Besitzstände; vgl BAG NZA 2013, 210 Rn 30 ff; strenger dagegen Blomeyer/Rolfs BetrAVG [5. Aufl 2010] Anh zu § 1 Rn 554). Bei der **Befristung einzelner Arbeitsbedingungen** bedarf es dagegen aus Transparenzgründen keiner Angabe des Befristungsgrundes (BAG NZA 2009, 1253). Zum Bestimmtheitsgrundsatz bei **Vertragsstrafen** siehe bereits Rn 247.

IV. Rechtsfolgen bei Nichteinbeziehung oder Unwirksamkeit

1. Überblick

Nach der Grundregel des § 139 führt die Nichtigkeit eines Teils eines Rechtsgeschäfts im Zweifel zur Nichtigkeit des ganzen Rechtsgeschäfts. Das BAG hat diese **Auslegungsregel** bei einem Verstoß einer arbeitsvertraglichen Regelung gegen Schutzvorschriften allerdings seit jeher **unangewendet gelassen** und ist davon ausgegangen, dass nur die konkrete Klausel unwirksam ist, während der Arbeitsvertrag im Übrigen wirksam bleibt, weil sich der mit der jeweiligen arbeitsrechtlichen Norm bezweckte **Schutz des Arbeitnehmers sonst in sein Gegenteil verkehren würde** (BAG AP BGB § 620 Befristeter Arbeitsvertrag Nr 1; BAG AP BBiG § 5 Nr 2 unter II 3 b; BAG AP BGB § 611 Anwesenheitsprämie Nr 11 unter 4). Diese als objektiver Rechtssatz und nicht als Auslegung des mutmaßlichen Parteiwillens zu begreifende Regel gilt auch heute noch unmittelbar, wenn es beispielsweise um Gesetzesverstöße bei ausgehandelten Arbeitsbedingungen geht (vgl etwa MünchKomm/Busche § 139 Rn 11; ErfK/Preis § 611 BGB Rn 342; in diesem Sinne auch – zu einer Schwarzgeldabrede – BAG NZA 2004, 313 unter II 4; anders aber bei einem freien Dienstvertrag, vgl BAG EzA BGB 2002 § 134 Nr 2). 250

251 Für AGB und vorformulierte Einmalbedingungen kommt dagegen seit der Schuldrechtsreform **das AGB-rechtliche Rechtsfolgenregime des § 306 zur Anwendung.** Diese „kodifizierte Abweichung von der Auslegungsregel des § 139“ (so BAG NZA 2008, 699 Rn 27; BAG AP BGB § 307 Nr 45 Rn 22; BAG NZA 2011, 1274 Rn 46; BAG AP BGB § 307 Nr 54 Rn 30) besagt in **Abs 1**, dass bei einer vollständigen oder teilweisen Nichteinbeziehung oder Unwirksamkeit von AGB der **Vertrag im Übrigen wirksam** bleibt. Hierin kommt das **Prinzip des geringstmöglichen Eingriffs in die vertragliche Regelung** zum Ausdruck (vgl Staudinger/Schlosser § 306 Rn 20). Damit stimmt das AGB-Recht von vornherein mit den arbeitsrechtlichen Wertungen außerhalb der §§ 305 ff (siehe soeben Rn 250) überein, so dass schutzzweckkonforme Ergebnisse nicht erst durch die Berücksichtigung arbeitsrechtlicher Besonderheiten iSv § 310 Abs 4 S 2 HS 1 erzielt werden können. Durch Abs 1 werden zunächst solche Vertragsbedingungen stabilisiert, die von vornherein außerhalb der AGB-rechtlichen Kontrolle stehen, weil sie individuell ausgehandelt sind, wie dies vielfach bei der Festlegung der Arbeitspflicht und des Arbeitsentgelts der Fall ist. Gerade insoweit dient die Aufrechterhaltung des Vertrages vor allem den Interessen des Arbeitnehmers, der durch nicht einbezogene oder unwirksame AGB ansonsten seines arbeitsrechtlichen Bestandsschutzes verlustig ginge. Auch würde eine Nichtigkeit des gesamten Vertrages über den Schutzzweck der AGB-Kontrolle weit hinausgehen. Die Wirkung des Abs 1 erstreckt sich darüber hinaus aber auch auf diejenigen Vertragsbedingungen, die der AGB-rechtlichen Kontrolle unterliegen und den dabei anzulegenden Maßstäben standhalten. Dabei besteht angesichts der häufig ineinander verschachtelten Regelungen ein zentrales Problem darin, eine klare Trennung zwischen denjenigen Klauselbestandteilen herbeizuführen, die dem Unwirksamkeitsverdikt anheimfallen, und denjenigen Klauselbestandteilen, die nach Abs 1 aufrechterhalten bleiben (näher dazu Rn 253 ff). Die durch die Nichteinbeziehung der Unwirksamkeit einer Klausel in den Vertrag gerissene **Lücke** soll gemäß **Abs 2 mithilfe der gesetzlichen Vorschriften als primäre Ersatzordnung geschlossen** werden. Allerdings kommt in bestimmten Fällen statt eines Rekurses auf (geeignetes) objektives Recht **als sekundäre Ersatzordnung auch eine ergänzende Vertragsauslegung** in Betracht (näher hierzu Rn 265 ff). Dagegen scheidet eine Lückenschließung durch Rückführung einer skalierbaren Klausel auf das gerade noch zulässige Maß aus (sog **Verbot der geltungserhaltenden Reduktion** – näher dazu Rn 273 ff). Sofern sich das Festhalten am Vertrag als unzumutbare Härte für eine Vertragspartei darstellt, wobei es sich sowohl um den Arbeitgeber als auch den Arbeitnehmer handeln kann, ist der Vertrag insgesamt unwirksam **(Abs 3)**. Für die Abwicklung gelten in diesem Fall die Grundsätze über fehlerhafte Arbeitsverhältnisse (siehe dazu nur ErfK/Preis § 611 BGB Rn 145 ff; MünchArbR/Richardi/Buchner § 34 Rn 39 ff; HWK/Thüsing § 611 BGB Rn 68 ff).

2. Anwendungsvoraussetzungen

252 § 306 betrifft zwei Fallgruppen, die im Arbeitsrecht gleichermaßen bedeutsam sind. Zum einen geht es um die Fälle der **Nichteinbeziehung von Klauseln**. Da die besonderen Einbeziehungsvoraussetzungen nach § 305 Abs 2 und 3 gemäß § 310 Abs 4 S 2 HS 2 auf Arbeitsverträge nicht anwendbar sind, bilden überraschende Klauseln iSv § 305c Abs 1 die wichtigste Form der Nichteinbeziehung. Die zweite Fallgruppe sind **unwirksame Klauseln**. Dabei kann die Unwirksamkeit einer Bestimmung anerkanntermaßen sowohl auf den §§ 307 bis 309 beruhen als auch aus einem Verstoß

gegen Vorschriften außerhalb des AGB-Rechts herzuleiten sein (siehe nur DBD/Bonin § 306 Rn 10; CKK/Schlewing § 306 Rn 18), zumal die Verletzung eines Verbotsgesetzes ohnehin zugleich zur AGB-rechtlichen Unwirksamkeit iSv § 307 Abs 2 Nr 1 führt (Preis/Roloff ZfA 2007, 43, 82). Bei einem Verstoß arbeitsvertraglicher Abreden gegen Verbotsgesetze oder gegen zwingendes Recht, der im Arbeitsrecht eine größere Rolle als im allgemeinen Zivilrecht spielt, ist daher das Rechtsfolgenkonzept des § 306 anwendbar. Im Hinblick auf die Grundregel der Aufrechterhaltung des übrigen Vertrages nach Abs 1 wirkt sich die Heranziehung von speziellem AGB-Recht im Ergebnis allerdings nicht aus, weil § 139 im Arbeitsrecht ohnehin überspielt wird (Rn 28). Dagegen können insoweit strengere Rechtsfolgen eintreten, als man bei einem Verstoß gegen Verbotsgesetze oder gegen zwingendes Recht zumindest in bestimmten Fällen nach dem Vorbild von § 74a Abs 1 HGB an eine geltungserhaltende Reduktion denken könnte (vgl Rn 45), während im AGB-Recht eine solche Rechtsfolge gemeinhin ausgeschlossen ist (dazu noch Rn 273 ff).

3. Abtrennung von Klauselbestandteilen

a) Allgemeines

Nach dem Wortlaut von § 306 Abs 1 können AGB nicht nur ganz, sondern auch teilweise nicht einbezogen oder unwirksam sein. Daran anknüpfend gehen das BAG (siehe nur BAG NZA-RR 2012, 232 Rn 64; BAG AP BGB § 307 Nr 54 Rn 30) und das arbeitsrechtliche Schrifttum (DBD/Bonin § 306 Rn 12 ff; Lakies, Vertragsgestaltung und AGB im Arbeitsrecht [2. Aufl 2011] Kap 1 Rn 405; ErfK/Preis § 305–310 BGB Rn 103; Wolf/Stoffels ArbR Rn 77; Thüsing, AGB-Kontrolle Rn 118 ff) im Anschluss an das allgemeine AGB-Recht (Staudinger/Schlosser § 306 Rn 20 ff) davon aus, dass auch **einzelne Klauseln teilbar** und daher gegebenenfalls lediglich **teilunwirksam** sein können. In konzeptioneller Hinsicht geht es allerdings nicht darum, eine scheinbar einheitliche Bestimmung erst auf der Rechtsfolgenseite künstlich aufzuspalten und nur einzelne Satzfragmente für unwirksam zu erklären. Vielmehr ist schon bei der exakten Festlegung des Kontrollgegenstandes zu berücksichtigen, dass eine äußerlich in einem Satz zusammengefasste Klausel materiell verschiedene Bestimmungen enthalten kann, die jeweils einer eigenständigen Wirksamkeitskontrolle zu unterziehen sind (in diesem Sinne auch BAG NZA-RR 2009, 519 Rn 41), wobei deren Ergebnis darin bestehen kann, eine Bestimmung als unwirksam und eine andere Bestimmung als wirksam zu qualifizieren (Uffmann RdA 2011, 113, 118; näher Uffmann, Das Verbot der geltungserhaltenden Reduktion [2010] 149 ff). Für die Frage der „Teilbarkeit" einer Klausel als Voraussetzung für eine bloße Unwirksamkeit folgt das BAG der Kombinationsformel des BGH (BGH NJW 1982, 178, 179) und stellt darauf ab, ob ein Klauselbestandteil **sowohl in sprachlicher als auch in inhaltlicher Hinsicht eine hinreichende Eigenständigkeit** aufweist (siehe etwa BAG NZA 2006, 1042 Rn 32; BAG NZA 2008, 699 Rn 28; BAG NZA 2009, 370 Rn 68; BAG NZA 2009, 783 Rn 11; BAG NZA 2010, 342 Rn 48; BAG AP BGB § 307 Nr 45 Rn 23; BAG NZA-RR 2010, 457 Rn 44; BAG NZA 2010, 1355 Rn 29; BAG AP BGB § 307 Nr 54 Rn 31). 253

Für die Feststellung einer hinreichenden Eigenständigkeit stützt sich das BAG in ständiger Rechtsprechung ausdrücklich auf den sog **„blue-pencil-test"** und geht damit zwar nicht inhaltlich, wohl aber – soweit ersichtlich – sprachlich über die Wortwahl des BGH hinaus (BAG NZA 2005, 1053 unter II 3 e; BAG NZA 2008, 699 Rn 28; BAG AP BGB § 611 Kirchendienst Nr 57 Rn 32). Im Einzelnen stellt das BAG regelmäßig 254 auf drei Voraussetzungen ab. Erstens muss es möglich sein, **den unwirksamen Teil einer Klausel mit einem „blauen Stift" zu streichen** (BAG NZA 2009, 783 Rn 11; BAG AP BGB § 307 Nr 45 Rn 22). Zweitens muss die nach der Streichung **übrigbleibende Regelung noch sprachlich verständlich und sinnvoll** sein (BAG AP BGB § 307 Nr 43 Rn 11; BAG AP BGB § 307 Nr 45 Rn 22). Drittens schließlich muss die **verbleibende Klausel ihren „spezifischen Sinn" behalten** (BAG AP BGB § 307 Nr 45 Rn 23) bzw noch dem **„Regelungsplan" des Verwenders entsprechen** (BAG AP TzBfG § 9 Nr 7 Rn 48). So hielt das BAG bei einer Klausel, die als Voraussetzung für die Auszahlung eines Bonus ein ungekündigtes Arbeitsverhältnis zum Abschluss des Geschäftsjahres verlangte, die Streichung des Wortes „ungekündigt" für möglich (BAG NZA 2009, 783 Rn 11), um auf diese Weise der Berufsfreiheit des Arbeitnehmers (Art 12 Abs 1 GG) Rechnung zu tragen. Weiter hat das BAG entschieden, dass bei einer Klausel, in der sich der Arbeitgeber das Recht vorbehalten hat, den Arbeitnehmer im Bedarfsfall an einem anderen Arbeitsort oder bei einer anderen Gesellschaft des Konzerns einzusetzen, der auf die Befugnis zur unternehmensübergreifenden Versetzung im Konzern bezogene Satzteil gestrichen werden könne, ohne dass hierdurch die auf die unternehmensinterne Versetzung bezogene Bestimmung hinfällig werde. Zudem behalte auch eine kupierte Versetzungsklausel für den Verwender ihren spezifischen Sinn (BAG AP BGB § 307 Nr 45 Rn 23). Demgegenüber hat das BAG erkannt, dass bei einer Arbeitszeitregelung, nach welcher der Arbeitnehmer verpflichtet sein sollte, im monatlichen Durchschnitt 150 Stunden zu arbeiten, die Streichung der Worte „im monatlichen Durchschnitt" zwar grundsätzlich möglich sei und auch einen verständlichen Satz hinterlasse, eine nunmehr starre Arbeitszeit aber dem auf ein flexibles Arbeitszeitregime gerichteten Regelungsplan des Verwenders widerspreche (BAG AP TzBfG § 9 Nr 7 Rn 48).

255 Die Sichtweise des BAG wird zwar vielfach geteilt (ErfK/Preis §§ 305–310 BGB Rn 103; Schlewing RdA 2011, 92, 93; Wolf/Stoffels ArbR Rn 77), stößt aber auch auf zahlreiche kritische Gegenstimmen (Bayreuther NZA 2004, 953, 955 f; Ohlendorf/Salamon RdA 2006, 281, 283 f; Thüsing BB 2006, 661 ff; Thüsing, AGB-Kontrolle, Rn 119 ff; Uffmann RdA 2012, 113, 119; Zöllner ZfA 2010, 637, 655: „blue-pencil-test" habe mit „seriöser Rechtsfindung nichts zu tun", sondern gehöre „in die Spielzeugkiste"). Tatsächlich erscheinen **alle drei vom BAG genannten Kriterien nicht unbedenklich** (Uffmann RdA 2012, 113, 119). Am deutlichsten wird dies beim Merkmal, ob der übrigbleibende Klauselteil noch die spezifischen Regelungsinteressen des Verwenders widerspiegelt. Sicher sollte die Klauselkontrolle nicht dazu führen, dass eine Regelung durch das willkürliche Herausstreichen von Satzfragmenten eine vom Verwender und im Allgemeinen auch nicht vom Vertragspartner intendierten Sinn erhält. Dennoch ist es sehr zweifelhaft, für die Frage, ob der verbleibende Teil der Klausel aufrechterhalten werden soll, an den Parteiwillen des Verwenders anzuknüpfen, wodurch man sich der Sache nach vom Regelungsgehalt des § 306 Abs 1 entfernt und – noch dazu im Arbeitsrecht – zur Auslegungsregel des § 139 zurückkehrt. Weiter erscheint auch das Merkmal, ob die nach der Streichung stehenbleibende Regelung bereits für sich genommen noch verständlich und sinnvoll ist, vor dem Hintergrund von § 306 Abs 2 fragwürdig. Wenn und soweit die durch die Unwirksamkeit einer Bestimmung gerissene Lücke durch gesetzliche Vorschriften gefüllt wird, müsste es an sich genügen, wenn durch das Zusammenspiel dieser Vorschriften mit dem restlichen Teil der Klausel eine sinnvolle Regelung entsteht. Schließlich ist das Merkmal der Streichbarkeit eines Klauselteils zu formalistisch, um überzeugen zu können, zumal es einen ungesunden

Anreiz zur Wortakrobatik setzt. Erst recht lässt sich ein Verstoß gegen das Transparenzgebot nicht dadurch bereinigen, dass man etwa bei undurchsichtig formulierten oder widersprüchlichen Regelungen bestimmte Einschübe einfach eliminiert und eine nunmehr verständliche, den Arbeitnehmer aber immer noch – wenn auch nur angemessen – belastende Regelung zurücklässt (ebenso BAG NZA 2012, 81 Rn 28). Eine nachträgliche Streichung kann die bereits eingetretene Beeinträchtigung der Chancen des Arbeitnehmers auf eine erfolgreiche Vertragsgestaltung oder Vertragsabwicklung nicht rückgängig machen. Deshalb ist das **Hauptgewicht auf inhaltliche Kriterien** zu legen und danach zu fragen, ob es in einer Klausel um unterschiedliche sachliche Regelungen geht, die nur äußerlich zusammengefasst sind, oder ob eine Regelung eine materielle Einheit darstellt, auch wenn einzelne Formulierungsbestandteile herausgebrochen werden können, ohne dass der verbleibende Teil dadurch seine Eigenschaft als eine noch in sich verständliche Bestimmung verliert.

b) Einzelne Klauseln

Als häufige Fallgruppe hervorzuheben sind zunächst **Ausschlussklauseln**. So pflegt 256
das BAG bei Ausschlussfristen, die auch Ansprüche aus vorsätzlichen Vertragsverletzungen und unerlaubten Handlungen einbeziehen und damit gegen § 202 Abs 1 verstoßen, alle sonstigen Ansprüche abzutrennen (BAG NZA 2005, 1111 unter III 2; BAG NZA 2006, 149 unter II 2 b), womit es freilich in die Nähe einer geltungserhaltenden Reduktion gerät (krit daher Preis/Roloff ZfA 2007, 43, 83). Weiter kann bei einer zweistufigen Ausschlussfrist die zweite Stufe als eigenständige Regelung abgespalten werden. Sofern nur die zweite Stufe aufgrund unangemessener Benachteiligung des Arbeitnehmers unwirksam ist, bleibt die **erste Stufe deshalb regelmäßig wirksam** (BAG NZA 2008, 699; in diesem Sinne auch BAG NZA 2005, 1111 unter IV 8). Im umgekehrten Fall ist zu differenzieren. So werden die erste und die zweite Stufe im Allgemeinen als separate Regelungen zu begreifen sein, so dass bei einer Unwirksamkeit der ersten Stufe **die zweite Stufe aufrechterhalten bleiben kann** (LAG Hamm v 17. 12. 2008 – 10 Sa 1113/08; DBD/Bonin § 306 Rn 12a; Preis/Roloff RdA 2005, 144, 158 im Anschluss an BGH NJW-RR 2000, 648, 649). Sind beide Stufen dagegen im Hinblick auf ihren Regelungsgehalt ausnahmsweise ineinander verschränkt, führt die Unwirksamkeit der ersten Stufe zur Unwirksamkeit der gesamten Ausschlussfristenregelung (HWK/Gotthardt § 306 BGB Rn 3). In keinem Fall kann die Ausschlussklausel hinsichtlich der Fristlänge geteilt werden. Eine solche Klausel kann daher nicht auf eine angemessene Länge ausgedehnt werden (BAG NZA 2005, 1111 unter IV 8 a; CKK/Schlewing § 306 Rn 28). Dies gilt auch für den wenn auch wohl nur theoretischen Fall, dass eine Ausschlussklausel mehrere gestaffelte Fristen in der Hoffnung enthält, dass zumindest eine dieser Fristen in der Klauselkontrolle Bestand hat. Zudem wäre eine solche Regelung, die aus sich heraus nicht klar erkennen lässt, welche Ausschlussfrist gelten soll, intransparent.

Dynamische Bezugnahmeklauseln auf andere Regelwerke lassen sich grundsätzlich in 257
die **Verweisung als solche** und in die **Jeweiligkeitsklausel** aufteilen. Sofern die Jeweiligkeitsklausel der AGB-Kontrolle nicht standhält, fällt sie zwar ersatzlos weg. Dagegen kann die **Klausel als statische Verweisungsregelung aufrechterhalten** bleiben, so dass das in Bezug genommene Regelwerk in der Fassung anwendbar ist, die im Zeitpunkt der Vereinbarung gegolten hat (BAG NZA 2009, 428; BAG AP BGB § 611 Kirchendienst Nr 57). Dagegen lässt sich eine einheitlich gefasste Bezugnahmeklausel nicht in der Weise zerlegen, dass sich der eine Klauselteil auf das grundsätzlich

kontrollfreie Hauptleistungsversprechen und der andere Klauselteil auf Regelungen über die Modifizierung des Hauptleistungsversprechens bezieht (BAG NZA 2011, 576 Rn 33). Sofern gleichzeitig auf mehrere verschiedene Tarifverträge in der Hoffnung verwiesen wird, die tarifvertraglich grundsätzlich statthafte Abweichung vom leiharbeitsrechtlichen Equal-Pay-Grundsatz (§§ 3 Abs 1 Nr 3 S 2, 9 Nr 2 HS 2 AÜG) möglichst „wasserdicht" zu gestalten, ist dies insgesamt intransparent und damit kein tauglicher Weg, um über die Unwirksamkeit einzelner Bezugnahmeobjekte hinwegzuhelfen (vgl BAG v 13. 3. 2013 – 5 AZR 954/11; **aA** STOFFELS/BIEDER RdA 2012, 27 ff).

258 Bei **Freiwilligkeitsvorbehalten** nimmt das BAG in ständiger Rechtsprechung ungeachtet der konkret gewählten Formulierungen an, dass sich die **grundsätzliche Zusage einer Leistung** und der **Freiwilligkeitsvorbehalt voneinander trennen** lassen. Hierdurch fällt nur der den Anspruch auf die Leistung ausschließende Klauselbestandteil dem Unwirksamkeitsverdikt anheim, während der Anspruch selber bestehen bleibt (BAG NZA 2007, 853 Rn 13; BAG NZA 2008, 40 Rn 20; BAG NZA-RR 2009, 576 Rn 13 ff). Die **Kombination von Freiwilligkeitsvorbehalt und Widerrufsvorbehalt** ist vom BAG **in zwei Schritten einer sich verschärfenden Kontrolle unterzogen** worden. Zunächst erkannte das BAG, dass bei einer solchen Verknüpfung jedenfalls der Freiwilligkeitsvorbehalt nicht hinreichend klar und verständlich artikuliert wird (BAG NZA 2011, 628 Rn 18 ff). Insbesondere könne ein Widerrufsvorbehalt nicht als „Verstärkung" des Freiwilligkeitsvorbehalts angesehen werden. Allerdings ließ das BAG zunächst noch offen, ob diese Kombination stets zur Unwirksamkeit der ganzen Klausel führe. In einer Folgeentscheidung hat das BAG nunmehr klargestellt, dass eine Kombination von Freiwilligkeitsvorbehalt und Widerrufsvorbehalt die Unwirksamkeit der Klage der gesamten Klausel zur Folge hat (BAG NZA 2012, 81 Rn 24 ff). Da sich die Intransparenz gerade aus dem Zusammentreffen zweier Klauselteile ergibt, kommt eine Teilbarkeit der Klausel und ihre partielle Aufrechterhaltung nicht in Betracht, selbst wenn der Freiwilligkeitsvorbehalt oder der Widerrufsvorbehalt für sich genommen hinreichend transparent und auch sonst wirksam sind. Anders dagegen ist es nach einer älteren Entscheidung, wenn in einer Klausel ein **Widerrufsvorbehalt und ein Anrechnungsvorbehalt kombiniert** werden. Da sich der Widerruf und die Anrechnung von übertariflichen Zulagen sowohl im Hinblick auf die Voraussetzungen als auch die Rechtsfolgen erheblich voneinander unterscheiden, handelt es sich um zwei eigenständige Regelungen, die aufgespalten werden und daher auch separat aufrechterhalten werden können (BAG NZA 2006, 746 Rn 26 ff). Der Unterschied beider Gestaltungen ist darin zu sehen, dass sich Freiwilligkeitsvorbehalt und Widerrufsvorbehalt in rechtstechnischer Hinsicht wechselseitig ausschließen, weil der Freiwilligkeitsvorbehalt einen Anspruch auf die Leistung von vornherein verhindern soll, während der Widerrufsvorbehalt dem Arbeitgeber die Befugnis verschaffen soll, einen bestehenden Anspruch wieder zu beseitigen. Demgegenüber können Widerrufsvorbehalt und Anrechnungsvorbehalt widerspruchsfrei nebeneinander existieren, indem sie es dem Arbeitgeber ermöglichen, in zwei unterschiedlichen Konstellationen auf einen bestehenden Leistungsanspruch zum Nachteil des Arbeitnehmers einzuwirken. Sofern Widerrufsvorbehalte in inhaltlicher Hinsicht zu weit gehen, indem sie den jederzeitigen Widerruf einer Leistung ermöglichen sollen (dazu bereits Rn 249), handelt es sich dagegen um eine einheitliche Regelung, so dass eine Zerlegung der Klausel in einen zulässigen und einen unzulässigen Teil nicht möglich ist (BAG NZA 2007, 809 Rn 32; BAG NZA-RR 2010, 457 Rn 44 f).

Eine weitere bedeutsame Fallgruppe betrifft Klauseln über die **Rückzahlung von Aus- bzw Weiter- oder Fortbildungskosten**. Dabei stehen zwei Aspekte im Vordergrund. Erstens geht es um diejenigen **Gründe, an deren Eintritt eine Rückzahlungspflicht geknüpft** ist. Wenn eine Regelung so abgefasst ist, dass der Arbeitnehmer vom Arbeitgeber geleistete Ausbildungskosten bei jeder Form der Beendigung des Arbeitsverhältnisses zurückgewähren muss, können die Beendigungsgründe nicht in zwei Gruppen aufgeteilt werden, um die Klausel mit dem Inhalt aufrechtzuerhalten, dass der Arbeitnehmer nur bei einem in seinen Verantwortungsbereich fallenden Beendigungsgrund zur Rückzahlung verpflichtet sein soll (BAG NZA 2006, 1042 Rn 31 f). Dies gilt auch dann, wenn der Arbeitgeber in einem mit „insbesondere" eingeleiteten Zusatz nur solche Gründe auflistet, die dem Verantwortungsbereich des Arbeitnehmers zuzurechnen sind. Hierdurch werden nämlich nur Beispiele erwähnt, ohne dass die Grundregel verändert wird, nach der jede Beendigung des Arbeitsverhältnisses eine Rückzahlungspflicht auslösen soll (BAG NZA 2007, 748 Rn 32). Zweitens geht es um die **Bindungsdauer**. Eine überlange und deshalb unangemessene Bindungsdauer kann nicht in einzelne Zeitabschnitte zerlegt werden (BAG NZA 2009, 666 Rn 23; BAG NZA 2010, 342 Rn 48). Die Rückführung einer eindeutig überdimensionierten Dauer der Bindung auf einen gerade noch zulässige Zeitraum wäre ein diametraler Verstoß gegen das Verbot der geltungserhaltenden Reduktion (dazu noch Rn 273 ff). 259

Schon häufiger musste sich das BAG schließlich mit **Vertragsstrafenabreden** befassen. 260
Insoweit geht es in erster Linie zum einen um die Tatbestände, die zu einer Zahlungspflicht führen sollen, sowie zum anderen um die Höhe der angedrohten Strafe. In der Frage der **Tatbestände** zeigt sich das BAG eher **großzügig**. Wenn eine Klausel drei verschiedene Sachverhalte nennt (Nichtantritt der Arbeit, Lösung durch Vertragsbruch und fristlose Kündigung durch den Arbeitgeber als Folge eines schuldhaft vertragswidrigen Verhaltens des Arbeitnehmers), sollen die ersten beiden Tatbestände als eigenständige Regelungen aufrechterhalten werden können (BAG NZA 2005, 1053 unter II 2 e). Darüber hinaus hat das BAG erklärt, dass die Sachverhalte des Nichtantritt der Tätigkeit und der vertragswidrigen Lösung, die sich in vielen Vertragsstrafenvereinbarungen finden, voneinander getrennt werden können, ihrerseits aber nicht weiter aufspaltbar sind (BAG AP BGB § 309 Nr 4 Rn 41). Sofern in einer Klausel vereinbart wird, dass ein Arbeitnehmer bei einem gravierenden Vertragsverstoß eine Vertragsstrafe zu leisten hat und in einem Klammerzusatz drei Beispiele genannt werden (Verstoß gegen das Wettbewerbsverbot bzw die Geheimhaltungspflicht oder eine Vollmachtsüberschreitung), sollen diese beispielhaft genannten Sachverhalte als eigenständige Regelungen aufrechterhalten bleiben (BAG NZA 2006, 34 Rn 21). Die auf den ersten Blick bestehende Diskrepanz zur Beurteilung vergleichbarer Formulierungen bei Rückzahlungsklauseln (Rn 259) lässt sich damit erklären, dass der jeweilige generelle Tatbestand, der durch Beispiele erläutert wird, in der Fallgruppe der Rückzahlungsklauseln Gestaltungen umfasst, an die per se keine Rückzahlungspflicht geknüpft werden darf, weil dies inhaltlich unangemessen ist (§ 307 Abs 1 Satz 1), während es in den Vertragsstrafefällen nur darum geht, dass der generelle Tatbestand nicht hinreichend bestimmt formuliert ist und deshalb (nur) gegen das Transparenzgebot verstößt (§ 307 Abs 1 Satz 2). Anders formuliert können konkret gefasste Beispiele dann verselbstständigt werden, wenn es darum geht, eine Verletzung des Transparenzgebots zu überwinden, nicht aber dann, wenn die generelle Regel, zu deren Veranschaulichung die Beispiele dienen, in materieller Hinsicht

so weit reicht und damit die Gefahr heraufbeschwört, dass ein Arbeitnehmer einer Zahlungspflicht unterworfen wird, obwohl dies in der Sache selbst nicht gerechtfertigt ist. Soweit es um die **Höhe der angedrohten Strafe** geht, folgt das BAG der praktisch einhelligen Ansicht zum allgemeinen AGB-Recht, dass eine unangemessen hohe Vertragsstrafe nicht zerlegt und hierdurch auf eine noch angemessene Höhe zurückgestutzt werden kann (BAG NZA 2004, 727 unter B III 2 c). Nun besteht eine Besonderheit von Vertragsstrafeversprechen darin, dass sich die Unwirksamkeit aus der Höhe der vereinbarten Strafe ergeben kann, die Unangemessenheit der Höhe aber wiederum vom jeweils vereinbarten Tatbestand abhängen kann. Dies ist der Fall bei Vertragsstrafen, die bei Nichtantritt der Arbeit bzw bei Vertragsbruch verwirkt sein sollen. Da deren Höhe das dem Arbeitnehmer während der Kündigungsfrist zustehende Entgelt als Indikator für das wirtschaftliche Interesse des Arbeitgebers nicht übersteigen darf (dazu näher Rn 229), die Kündigungsfristen nach dem Ablauf der Probezeit aber ansteigen (vgl § 622 Abs 1 und 3), muss die Klausel entsprechend differenziert ausgestaltet sein, wenn sich der Arbeitgeber nicht auf das in der kürzeren Kündigungsfrist während der Probezeit anfallende Entgelt beschränken, sondern darüber hinausgehen will. Unterlässt der Arbeitgeber dies, kann eine einheitlich gehaltene Klausel („vertragswidrige vorzeitige Vertragsbeendigung") nicht im Nachhinein in verschiedene Regelungen aufgespalten werden (Beendigung während der Probezeit und Beendigung nach der Probezeit), um zu erreichen, dass die Vertragsstrafenabrede für die Fälle eines Vertragsbruchs nach Ablauf der Probezeit aufrechterhalten bleibt, weil die angedrohte Vertragsstrafe insoweit nicht unangemessen hoch ist (BAG NZA 2011, 89 Rn 25; ähnlich die Konstellation in BAG NZA 2009, 370 Rn 63 ff: undifferenzierte Androhung einer Vertragsstrafe von drei Monatsgehältern bei jeder Verletzung der Pflicht einer Lehrkraft, das Arbeitsverhältnis zur Sicherung eines kontinuierlichen Unterricht nur zum 31. 7. mit einer zweimonatigen Kündigungsfrist zu beenden).

4. Schließung von Vertragslücken

261 Falls AGB ganz oder teilweise nicht einbezogen oder unwirksam sind, richtet sich der Inhalt des Vertrages gemäß § 306 Abs 2 nach den gesetzlichen Vorschriften.

a) Lückenfüllung durch dispositives Recht

262 Insoweit ist in erster Linie das **dispositive Gesetzesrecht** heranzuziehen. Hiermit verbindet sich die Vorstellung, dass auf diese Weise grundsätzlich ein angemessener Interessenausgleich zwischen den Parteien herbeigeführt wird. Zum dispositiven Recht gehören zunächst **geschriebene Normen mit einem sachlichen Regelungsgehalt einschließlich ihrer Fortentwicklung und analogen Anwendung**. Hinzu treten die aus allgemeinen Rechtsprinzipien gewonnenen gewohnheitsrechtsrechtlich oder richterrechtlich anerkannten **ungeschriebenen Rechtssätze**, sofern diese nicht ihrerseits zwingenden Charakter haben, wie dies etwa bei den von der Rechtsprechung entwickelten Grundsätzen über die eingeschränkte Arbeitnehmerhaftung anzunehmen ist (dazu bereits Rn 29). Ob hierher schließlich auch die §§ 133, 157 zählen, so dass die als solche allgemein anerkannte Möglichkeit der ergänzenden Vertragsauslegung von vorformulierten Bedingungen eine formale Grundlage in § 306 Abs 2 findet, ist umstritten (siehe dazu nur Staudinger/Schlosser § 306 Rn 10), für die Frage nach der grundsätzlichen Bedeutung der ergänzenden Vertragsauslegung als Instrument der Lückenfüllung (dazu Rn 265 ff) aber letztlich unerheblich (Uffmann RdA 2011, 154, 156).

Ausdrückliche dispositive und zur Lückenfüllung geeignete Normen sind in arbeitsrechtlichen Gestaltungen allerdings eher selten anzutreffen. So ist beispielsweise bei einem unwirksamen pauschalierten **Aufwendungsersatzanspruch** des Arbeitgebers auf die Bestimmungen über die ungerechtfertigte Bereicherung gemäß §§ 812 ff zurückzugreifen (BAG NZA 2010, 1237 Rn 38). Weiter sind beim Fortfall einer **Ausschlussklausel** die Verjährungsregeln der §§ 195 ff heranzuziehen (BAG NZA 2005, 1111; BAG NZA 2008, 293; BAG NZA 2008, 464). Im Falle einer unwirksamen **Überstundenabgeltung** steht mit § 612 eine geeignete gesetzliche Regelung zur Verfügung (BAG NZA 2011, 575 Rn 18). Bei einer unwirksamen **Versetzungsklausel** ist § 106 GewO anwendbar (BAG NZA 2010, 1355 Rn 30). Sofern eine solche Klausel (als unechte Direktionsrechtserweiterung) nur aufgrund Intransparenz unwirksam ist (dazu Rn 249), gibt dies dem Arbeitnehmer freilich Steine statt Brot, weil § 106 GewO ihn erst recht nur sehr oberflächlich darüber informiert, was „auf ihn zukommt". **Tarifliche Normen** gehören dagegen **nicht** zu den Vorschriften, mit denen Vertragslücken gefüllt werden können. Die Entscheidung des BAG zur Ersetzung eines Arbeitsverhältnisses mit einem flexiblen Arbeitszeitregime durch ein starres Vollzeitarbeitsverhältnis mit einer am einschlägigen Tarifvertrag orientierten Arbeitszeit (BAG AP TzBfG § 9 Nr 7 Rn 49 ff) stellt lediglich eine scheinbare Ausnahme dar. Zu diesem Ergebnis ist das BAG nämlich nur unter Heranziehung der in einer anderen Entscheidung aus dem Stehgreif entwickelten Auslegungsregel gelangt, nach der beim Fehlen einer Teilzeitvereinbarung im Zweifel ein Vollzeitarbeitsverhältnis begründet wird, dessen Umfang sich nach dem jeweils einschlägigen Tarifvertrag richtet (BAG EzA BGB 2002 § 615 Nr 27 Rn 19 f). 263

Die im Arbeitsrecht infolge des Fehlens einer umfassenden Kodifikation verbreiteten **richterrechtlich entwickelten ungeschriebenen Rechtsgrundsätze** fallen bereits unmittelbar in den Anwendungsbereich von § 306 Abs 2, müssen also nicht erst über die Besonderheitenklausel des § 310 Abs 4 Satz 2 HS 1 mobilisiert werden (Preis NZA 2003 Sonderbeilage zu Heft 16, S 19, 28). Richterrecht ist damit unter Umständen gleichzeitig Maßstab der Inhaltskontrolle iS von § 307 Abs 1 S 1 bzw Abs 2 Nr 1 wie Material für die Lückenfüllung auf der Rechtsfolgenseite (Wiedemann, in: FS Canaris, Bd I [2007] 1281, 1284). Diese **Rechtsgrundsätze** einerseits und die **Vertragsergänzung** andererseits sind entgegen einem zuweilen erweckten Eindruck (Preis NZA 2003 Sonderbeilage zu Heft 16, S 19, 28; I Schmidt NZA 2004, 1002, 1010) aber **nicht wechselseitig austauschbar**, was vor allem dann ergebnisrelevant wird, wenn man die Lückenfüllung durch dispositives Recht und durch ergänzende Vertragsauslegung an unterschiedliche Voraussetzungen knüpft (dazu näher noch Rn 265 ff). Deutlich machen lässt sich die erforderliche Abgrenzung beider Rechtsfiguren an Regelungen über die Rückzahlung von Aus- und Fortbildungskosten. Wenn eine vorformulierte vertragliche Vereinbarung über die Rückzahlung solcher Kosten durch den Arbeitnehmer bei einer (vorzeitigen) Vertragsbeendigung unwirksam ist, kann eine wirksame Zahlungspflicht nur durch ergänzende Vertragsauslegung begründet werden. Das gesetzesvertretend über Jahrzehnte entwickelte Richterrecht hatte stets nur die Wirkung, übermäßige Bindungen des Arbeitnehmers zu kassieren bzw zurückzustutzen, entfaltet für sich genommen aber nicht die Kraft, einen Zahlungsanspruch zu begründen, wenn es an einer vertraglichen Grundlage fehlt (undeutlich I Schmidt NZA 2004, 1002, 1010). Hiervon zu unterscheiden ist eine Vertragsergänzung, deren Inhalt sich an den von der Rechtsprechung aufgestellten Grundsätzen für 264 einen angemessenen Interessenausgleich orientiert (so bereits LAG Köln NZA-RR 2001, 461, 463 f).

b) Lückenfüllung durch ergänzende Vertragsauslegung

265 Eine Lückenfüllung durch dispositives Recht scheitert gerade im Arbeitsrecht allerdings vielfach daran, dass **entsprechende Normen inhaltlich nicht passen oder von vornherein fehlen**. Als Beispiel seien nur Vertragslücken genannt, die durch unwirksame Regelungen über den Widerruf von Entgeltbestandteilen oder die Rückzahlung von Aus- und Fortbildungskosten entstehen und für deren Schließung keine Vorschriften mit einem sachlichen Regelungsgehalt zur Verfügung stehen (die §§ 315 ff regulieren lediglich Rechtsfolgen eines wirksam vereinbarten Leistungsbestimmungsrechts, substituieren aber nicht die Abrede über ein solches Recht; Vergleichbares gilt für die richterrechtlich entwickelten Grundsätze über die Rückgewähr von Aus- und Fortbildungskosten). In diesen Fällen kommt einerseits eine ergänzende Vertragsauslegung als Ersatzordnung, andererseits aber auch ein ersatzloser Wegfall der nicht einbezogenen oder unwirksamen Klausel in Betracht. Unter welchen Voraussetzungen eine Vertragsergänzung anstelle eines schlichten Fortfalls der Vertragskondition zu erfolgen hat, ist Gegenstand eines heftigen Streits (zum Folgenden vor allem Uffmann RdA 2011, 154 ff; siehe auch Uffmann NJW 2011, 1313 ff u NJW 2012, 2225 ff; monographisch Uffmann, Das Verbot der geltungserhaltenden Reduktion [2010] 180 ff). Kurz gesagt wird die Vertragsergänzung in der – allerdings nicht ganz einheitlichen – Rechtsprechung des BAG an höhere Voraussetzungen gebunden als in der – allerdings ebenfalls nicht ganz einheitlichen – Judikatur des BGH.

266 Als noch unstreitige Grundvoraussetzung für eine ergänzende Vertragsauslegung wird vom BAG im Anschluss an den BGH (BGHZ 90, 69, 75 ff) formuliert, dass die Gesetzeslage ohne eine Vertragsergänzung **keine angemessene und die typischen Interessen der Vertragsparteien hinreichend berücksichtigenden Lösung** bietet (BAG NZA 2005, 1111 unter IV 8 b; BAG NZA 2006, 149 unter II 6 b; BAG NZA 2006, 783 unter II 4; NZA 2008, 293 Rn 29; BAG NZA 2008, 464 Rn 31; BAG NZA 2008, 1173 Rn 48; BAG NZA 2012, 738 Rn 36; BAG NZA 2012, 1428 Rn 31; DBD/Bonin § 306 Rz 24; ErfK/Preis §§ 305–310 BGB Rn 104; MünchKomm/Müller-Glöge § 611 Rn 75). Dies ist dann der Fall, wenn der Wegfall der Klausel den Verwender über Gebühr benachteiligt und umgekehrt dessen Vertragspartner in einem Maße begünstigt, das durch dessen schutzwürdige Interessen nicht mehr gerechtfertigt ist (CKK/Schlewing § 306 Rn 57). Der überwiegende Teil des BAG ist bei dieser Anforderung jedoch nicht stehen geblieben, sondern verlangt zusätzlich, dass sich das Festhalten am Vertrag ohne eine ergänzende Vertragsauslegung für den Verwender als eine **unzumutbare Härte iSv § 306 Abs 3** darstellt (vgl BAG NZA 2006, 1042 Rn 35; BAG NZA 2007, 809 Rn 32; BAG NZA 2007, 748 Rn 35; BAG NZA 2009, 370 Rn 74; BAG NZA-RR 2009, 519 Rn 35; BAG NZA 2009, 428 Rn 35; BAG NZA 2010, 342 Rn 49; BAG AP BGB § 307 Nr 54 Rn 34; BAG NZA 2011, 1274 Rn 50; offen lassend BAG NZA 2012, 1440 Rn 58). Verschiedene Stimmen im arbeitsrechtlichen Schrifttum haben sich dieser Sichtweise ausdrücklich angeschlossen (Lakies, AGB-Kontrolle im Arbeitsrecht [2. Aufl 2011] Kap 1 Rn 410; ErfK/Preis § 310 Rn 104; Stoffels ZfA 2009, 861, 891; Wolf/Stoffels ArbR Rn 75). Dagegen lässt es eine Minderheit innerhalb des BAG bei einer bloßen Unangemessenheit der sich bei einem ersatzlosen Wegfall der Vertragsklausel ergebenden Rechtslage bewenden, was bislang allerdings soweit ersichtlich nur in Altfällen angenommen wurde (BAG NZA 2005, 465 unter B II 1; BAG NZA 2007, 87 Rn 34; BAG NZA 2011, 796 Rn 13; grds ebenso BAG NZA 2008, 293 Rn 29; BAG

NZA 2008, 464 Rn 31; BAG NZA 2008, 1173 Rn 48). Diese Linie entspricht im Grundsatz dem BGH (vgl BGHZ 90, 69, 75 ff) sowie einer breiten Strömung in der arbeitsrechtlichen Literatur (LINCK, in: FS Bauer [2010] 645, 657; MünchKomm/MÜLLER-GLÖGE § 611 Rn 75; OHLENDORF/SALAMON RdA 2006, 281, 287; CKK/SCHLEWING § 306 Rn 57 ff; SCHLEWING RdA 2011, 92, 97 f; UFFMANN RdA 2011, 154, 158 ff; UFFMANN RdA 2012, 113, 119 f; gegen eine Umfunktionierung von § 306 Abs 3 zur Schwelle für eine Vertragsergänzung auch BIEDER NZA Beilage 3/2011, 142, 144). Einen Mittelweg beschreitet das BAG, wenn es für eine ergänzende Vertragsauslegung zwar eine unzumutbare Härte verlangt, diese Härte bei Klauseln über die Rückzahlung von Aus- und Fortbildungskosten aber schon dann bejaht, wenn es für den Arbeitgeber objektiv schwierig war, die von der Rechtsprechung noch akzeptierte Bindungsdauer zutreffend einzuschätzen (BAG NZA 2009, 666 Rn 29 f; zum „Prognoserisiko" bereits Rn 231).

Klammert man den Umgang mit Altfällen, in denen die Abrede aus der Zeit vor der Schuldrechtsreform stammt, zunächst aus (dazu noch Rn 279 ff), bleibt festzuhalten, dass die an die ergänzende Vertragsauslegung zu stellenden Voraussetzungen in die Grundfrage eingebettet sind, in welchem Verhältnis **Vertragsgerechtigkeit** und **Prävention** als Ziele der AGB-rechtlichen Inhaltskontrolle zueinander zu gewichten sind. Ausgangspunkt muss die Überlegung sein, dass das **Ziel des AGB-rechtlichen Kontrollregimes ein angemessener Ausgleich der vertraglichen Interessen** ist (BT-Drucks 7/3919, 1). Dies gilt nicht nur im allgemeinen AGB-Recht, sondern gleichermaßen bei der arbeitsrechtlichen AGB-Kontrolle. Diesem Ziel dient gemäß § 306 Abs 1 die Streichung von solchen Konditionen aus dem zwischen den Parteien geltenden Vertragsprogramm, die der Einbeziehungskontrolle oder der Inhaltskontrolle einschließlich der Transparenzkontrolle nicht standhalten. Für die Lückenfüllung ordnet § 306 Abs 2 ausdrücklich die Heranziehung der einschlägigen (dispositiven) gesetzlichen Vorschriften an. Die Anwendung dieser Regelungen, die nach der Vorstellung des Gesetzgebers für einen angemessenen Interessenausgleich sorgen sollen, ist eindeutig nicht daran geknüpft, dass ein ersatzloser Wegfall für den Verwender zu einer unzumutbaren Härte iSv § 306 Abs 3 führen würde. Nun ist auch die ergänzende Vertragsauslegung darauf ausgerichtet, Vertragsparität herzustellen. Anders als die geltungserhaltenden Reduktion (dazu noch Rn 273 ff) geht es bei der Vertragsergänzung nicht darum, den Interessen des Verwenders möglichst weitgehend zum Durchbruch zu verhelfen. Vielmehr hat sich die ergänzende Vertragsauslegung entsprechend dem Charakter von AGB an den typisierten Interessen der jeweils betroffenen Verkehrskreise mit dem Ziel eines angemessenen Interessenausgleichs zu orientieren. Die **Vertragsergänzung ist daher kein Fremdkörper im AGB-rechtlichen Rechtsfolgensystem**, sondern gehörte von vornherein zum Instrumentarium, um die Zwecke der AGB-Kontrolle zu verwirklichen (UFFMANN RdA 2011, 154, 156; WIEDEMANN, in: FS Canaris, Bd 1 [2007] 1281, 1287). Dementsprechend soll eine ergänzende Vertragsauslegung auch im Rahmen der arbeitsrechtlichen AGB-Kontrolle zu einer Regelung führen, die den **legitimen und generalisierten Interessen der Arbeitgeberseite und der Arbeitnehmerseite gleichermaßen Rechnung** trägt. Dies gilt letztlich auch für vorformulierte Einmalbedingungen iSv § 310 Abs 3 Nr 2. 267

Nun stützt sich die Mehrheitsmeinung innerhalb des BAG auf den **Präventionsgedanken**. Eine ergänzende Vertragsauslegung würde dem Verwender nicht anders als bei einer geltungserhaltenden Reduktion das Risiko zu weit gefasster Klauseln vollständig abnehmen und eine einseitige Vertragshilfe zu seinen Gunsten darstellen 268

(BAG NZA 2007, 748 Rn 37; BAG NZA-RR 2009, 519 Rn 64). Hierdurch wird dem **Aspekt der Prävention indes ein zu großes Gewicht** beigelegt (in diesem Sinne bereits I SCHMIDT NZA 2004, 1002, 1009 f). So wird die Freihaltung des Rechtsverkehrs von unangemessenen AGB in erster Linie durch die Sanktion der Unwirksamkeit bei gleichzeitiger Aufrechterhaltung des übrigen Vertrages nach § 306 Abs 1 verwirklicht. Auch stellt es einen Systembruch dar, wenn das BAG das Eingreifen der sekundären Ordnung in Form der ergänzenden Vertragsauslegung unter Berufung auf den Präventionsgedanken an deutlich strengere Voraussetzungen bindet als die Anwendung der primären Ordnung in Gestalt des dispositiven Gesetzesrecht, obwohl beide Ordnungen auf einen angemessenen Ausgleich der vertraglichen Interessen angelegt sind. Wenn die Anwendung der gesetzlichen Regelungen zur Lückenfüllung nicht mit dem Argument verneint werden kann, dass der Arbeitgeber hierdurch in einem zu geringen Maße von der Verwendung unzulässiger Klauseln abgeschreckt wird, ist es unstimmig, diesen Gesichtspunkt gegenüber der Vertragsergänzung generell deutlich höher zu gewichten. Insbesondere ist zu betonen, dass die ergänzende Vertragsauslegung dem dispositiven Gesetzesrecht inhaltlich näher steht als der geltungserhaltenden Reduktion. Die gegen die Rückführung einer überschießenden Klausel auf das gerade noch Angemessene sprechenden Argumente können daher nicht unbesehen gegen die Vertragsergänzung in Stellung gebracht werden. Daran vermag auch die aktuelle Judikatur des EuGH nichts zu ändern, der sich im Interesse einer strengen Präventionswirkung gegen jede gerichtliche Abänderung des Inhalts einer nach Maßgabe der Richtlinie 93/13/EWG unwirksamen Klausel ausgesprochen hat (EuGH NJW 2012, 2257 Rn 69 ff). Abgesehen von der Überbetonung des Präventionsaspekts ist fraglich, ob sich die Ausführungen des EuGH zu einem spanischen Vorlageverfahren überhaupt auf die Vertragsergänzung im Sinne des deutschen Rechts mit ihrer Orientierung an der Vertragsgerechtigkeit übertragen lassen (krit auch UFFMANN NJW 2012, 2225, 2230).

269 Allerdings ist ein Aspekt hervorzuheben, der es rechtfertigt, dem Präventionsgedanken im Arbeitsrecht ein etwas stärkeres Gewicht als im allgemeinen AGB-Recht zu verleihen. So ist das **Individualverfahren mangels einer Anwendbarkeit des Verbandsklageverfahrens** (vgl § 15 UKlaG; dazu bereits Rn 85) **der einzige Ort, wo die Präventionsfunktion verwirklicht** werden kann. Wenn die Rückfallposition aus der Sicht des Arbeitgebers schlimmstenfalls in einem angemessenen Interessenausgleich liegt, also keine wirklich spürbare Belastung mit sich bringt, besteht die Gefahr, dass ein Arbeitgeber nicht hinreichend intensiv davon abgehalten wird, auf breiter Front unzulässige AGB zu verwenden, weil erfahrungsgemäß nur kleiner Teil der betroffenen Arbeitnehmer den Weg zu den Gerichten findet. Eine kühle Kosten-Nutzen-Analyse würde daher bei einer großzügig bejahten Heranziehung der ergänzenden Vertragsauslegung als Instrument zur Lückenfüllung, das gerade im Arbeitsrecht infolge des weitgehenden Fehlens dispositiver Normen regelmäßig eine größere Bedeutung als im allgemeinen Zivilrecht hat, zum Ergebnis führen, dass sich die Verwendung unzulässiger Vertragsbedingungen „lohnt". Insoweit mag man von einer **im Arbeitsrecht geltenden Besonderheit** iSv § 310 Abs 4 Satz 2 HS 1 sprechen (angedeutet bei UFFMANN RdA 2011, 154, 162, die selber diesen Gedanken allerdings verwirft).

270 Vor diesem Hintergrund ist die Frage, ob eine ergänzende Vertragsauslegung zu erfolgen hat, nicht nur daran auszurichten, ob der ersatzlose Wegfall einer Klausel angesichts der sonstigen Rechtslage typischerweise zu einem unangemessenen Ergebnis für den Arbeitgeber führt. Vielmehr ist darüber hinaus die **Schutzwürdigkeit** des Arbeitgebers als Klauselverwender in Rechnung zu stellen (BAG NZA 2012, 1428 Rn 31 f). Daraus ergeben sich folgende – zusätzliche – Kriterien für die Entscheidung, ob eine Vertragsergänzung vorzunehmen ist oder die fragliche Klausel ersatzlos wegfällt. So kommt es zum einen darauf an, ob der Arbeitgeber mit der Klausel überhaupt ein **legitimes Regelungsziel** verfolgt hat. Fehlt es schon daran, scheidet eine ergänzende Vertragsauslegung von vornherein aus. Sofern das Regelungsziel als solches Anerkennung verdient, ist darauf abzustellen, ob sich der Arbeitgeber **ersichtlich darum bemüht hat, die Rechtmäßigkeitsgrenzen einzuhalten**, und nur an den vielfach nicht klar vorhersehbaren exakten Grenzziehungen der Rechtsprechung gescheitert ist, oder ob die Klauselgestaltung den Eindruck erweckt, als habe sich der Arbeitgeber vom grundsätzlichen Ziel einer ausgewogenen Vertragsgestaltung ohne Rücksicht auf die gegenläufigen Interessen des Arbeitnehmers bewusst entfernt (dazu auch schon Rn 232). Falls eine Klausel über die Rückzahlung von Aus- oder Fortbildungskosten eine etwas zu lange Bindung vorsieht, kann daher im Wege der Vertragsergänzung eine angemessene Bindungsfrist festgesetzt werden (BAG NZA 2009, 666 Rn 29 f). Sofern ein Arbeitgeber die Rückzahlung dagegen an Umstände bindet, die in seinen eigenen Verantwortungsbereitschaft fallen, und die Klausel zu einem Zeitpunkt verwendet wird, zu dem die Unwirksamkeit einer solchen Regelung in der Rechtsprechung bereits unmissverständlich geklärt ist, scheidet eine ergänzende Vertragsauslegung aus (BAG NZA 2012, 738 Rn 37). Dasselbe gilt grundsätzlich auch bei einer intransparenten Rückzahlungsvereinbarung (vgl BAG NZA 2012, 1428 Rn 31 f).

Wie bereits angedeutet, ist die ergänzende Vertragsauslegung **nach einem objektiv-generalisierenden Maßstab** vorzunehmen, **der am Willen und Interesse der typischerweise beteiligten Verkehrskreise auszurichten ist**. Entscheidend ist daher nicht der konkrete hypothetische Wille des individuellen Arbeitgebers und Arbeitnehmers. Vielmehr muss eine Regelung gefunden werden, die für den betroffenen Vertragstyp als allgemeine Lösung eines immer wiederkehrenden Interessengegensatzes angemessen ist (BAG NZA 2007, 853 Rn 26; subjektiverer Einschlag aber in BAG NZA 2006, 423 Rn 51), auch wenn es überzeichnet erscheint, darin eine objektive richterliche Fortbildung des Arbeitsvertragsrechts zu sehen, die in einem strikten Gegensatz zur ergänzenden Vertragsauslegung steht (so aber BIEDER NZA Beilage 3/2011, 142, 143 f). Jedenfalls unterscheidet sich die Vertragsergänzung klar von der geltungserhaltenden Reduktion (dazu noch näher Rn 273 ff). Während es bei der geltungserhaltenden Reduktion darum geht, das nach Maßgabe der §§ 307 ff „gerade noch Zulässige" zu ermitteln, zielt die ergänzende Vertragsauslegung **auf einen beiden Seiten so weit wie möglich gerecht werdenden Interessenausgleich ab** (BAG NZA 2007, 748 Rn 35; BAG NZA 2008, 40 Rn 34). Das kann sich im Einzelfall durchaus mit den Grundsätzen decken, die von der Rechtsprechung etwa bei der Rückzahlung von Aus- und Fortbildungskosten entwickelt worden sind (vgl BAG NZA 2009, 666 Rn 30; ebenso bereits I SCHMIDT NZA 2004, 1002, 1010). Als verkappte geltungserhaltende Reduktion sollte dies nicht gebrandmarkt werden (kritisch aber DBD/BONIN § 306 Rn 24), weil die richterrechtlichen Grundsätze funktional an die Stelle einer fehlenden gesetzlichen Regelung treten und § 306 Abs 2 ausdrücklich eine Lückenfüllung durch (dispositives) Recht vorschreibt (für eine Qualifikation der richterrechtlichen Regeln als einseitig zwingendes Recht aber ROLFS, in: FS Schwerdtner [2003] 151, 161), ohne dass das Verbot der geltungserhaltenden Reduktion dagegen mobilisiert werden kann. 271

272 Die ergänzende Vertragsauslegung muss sich **innerhalb des durch den Vertrag gezogenen Rahmens halten** und darf sich nicht in Widerspruch zu dem im Vertrag zum Ausdruck kommenden Parteiwillen setzen (BAG NZA 2008, 40 Rn 34; BAG NZA 2009, 428 Rn 38). Auch bedarf es hinreichender Anhaltspunkte dafür, welche Regelung die Parteien als redliche Vertragspartner bei typisierter Betrachtungsweise getroffen hätten. Fehlt es daran, ist eine Vertragsergänzung nicht möglich. Es ist nicht Aufgabe der Gerichte, den Arbeitsvertrag nachträglich umfassend neu zu gestalten, wenn sich bestimmte Klauseln als unwirksam herausstellen. So können pauschal formulierte Änderungsvorbehalte, die den formalen Anforderungen der Rechtsprechung nicht standhalten (dazu Rn 249), nicht im Nachhinein durch ergänzende Vertragsauslegung mit einem konkreten Inhalt versehen werden (BAG NZA 2007, 853 Rn 27; BAG NZA 2009, 428 Rn 37 ff). Entsprechendes gilt, wenn eine vorformulierte Stichtagsregelung unwirksam ist und es unklar ist, auf welche der vielen denkbaren und wirksamen Stichtagsregelungen sich die Parteien geeinigt, wenn ihnen die Unwirksamkeit der ursprünglich gewählten Klausel bekannt gewesen wäre (BAG NZA 2008, 40 Rn 35). Eine **intransparente Regelung kann keinesfalls** im Nachhinein **durch eine transparente Regelung ersetzt** werden (CKK/Schlewing § 306 Rn 66). Dies würde dem Schutzzweck des Transparenzgebots diametral zuwiderlaufen, weil die Nachteile für den Vertragspartner bei der Eingehung und/oder Abwicklung des Vertrages nicht im Nachhinein rückgängig gemacht werden können. Dagegen steht eine vereinbarte Schriftform einer ergänzenden Vertragsauslegung nicht entgegen (BAG NZA 2006, 423 Rn 52; vgl auch DBD/Bonin § 306 Rn 25b).

c) Keine geltungserhaltende Reduktion

273 Mit der Ausdehnung der AGB-Kontrolle auf das Arbeitsrecht hat sich in der Judikatur des BAG umgehend das im allgemeinen AGB-Recht entwickelte **Verbot der geltungserhaltenden Reduktion** (siehe dazu nur Staudinger/Schlosser § 306 Rn 22 ff) **durchgesetzt** (grdl BAG NZA 2004, 727 unter B III 2 c; seitdem st Rspr, vgl etwa BAG NZA 2005, 1111 unter IV 8 a; BAG NZA 2006, 149 unter II 6 a; BAG NZA 2006, 1042 Rn 29 ff; BAG NZA 2007, 748 Rn 29; BAG NZA 2008, 170 Rn 34 f; BAG NZA 2008, 40 Rn 32; BAG NZA 2008, 293 Rn 28; BAG NZA 2008, 1173 Rn 47; BAG NZA 2009, 666 Rn 22; BAG NZA 2012, 1440 Rn 56). Insoweit handelt es sich um einen der stärksten Impulse, die durch die Reform ausgelöst worden sind, hatte das BAG doch zuvor in ständiger Rechtsprechung die Rückführung überschießender Regelungen (Bindungsklauseln, Vertragsstrafenabreden) auf das gerade noch zulässige Maß favorisiert (zB BAG 1996, 314 unter 6). Das BAG hat damit klar der Versuchung widerstanden, seine frühere Sichtweise (systemwidrig) als eine im Arbeitsrecht geltende Besonderheit iSv § 310 Abs 4 Satz 2 HS 1 zu deklarieren und damit in das neue Kontrollregime hinüberzuretten. Große Teile des Schrifttums sind dieser Neuausrichtung gefolgt (DBD/Bonin § 306 Rn 14; Gotthardt Arbeitsrecht nach der Schuldrechtsreform [2. Aufl 2003] Rn 331; ErfK/Preis Rn 104; Schlewing JbArbR 47 [2010] 47, 49; Stoffels ZfA 2009, 861, 890 f; Wolf/Stoffels ArbR Rn 70 ff). Das Verbot der geltungserhaltenden Reduktion lässt sich vor allem mit der **Prävention** und der **Transparenz** als allgemeine Ziele des AGB-rechtlichen Kontrollregimes rechtfertigen. Ohne ein solches Verbot könnte jeder Arbeitgeber risikolos über die Grenzen des AGB-rechtlich Zulässigen hinausgehen, weil er dann darauf vertrauen könnte, dass die Gerichte im Streitfall eine unangemessene Klausel auf ihren gerade noch zulässigen Inhalt zurückführen würden. Dies würde dem Ziel, das Arbeitsleben von unwirksamen Klauseln freizuhalten, geradewegs zuwiderlaufen. Eine hinreichende Präventionswirkung entfaltet das AGB-Recht erst dann,

wenn der Arbeitgeber damit rechnen muss, dass eine überschießende Klausel durch eine beiderseits angemessene Regelung in Form dispositiven Rechts oder ergänzender Vertragsauslegung substituiert wird oder sogar ersatzlos wegfällt (dazu oben Rn 261 ff). Nur bei einem **drohenden Verlust der „Spanne" zwischen dem angemessenen Interessenausgleich und einer gerade noch zulässigen Abweichung** (vgl dazu LAG Köln NZA-RR 2001, 461, 463; SCHLEWING JbArbR 47 [2010] 47, 49) kann erwartet werden, dass ein rational agierender Arbeitgeber von der Verwendung unwirksamer AGB absieht. Zudem würde eine geltungserhaltende Reduktion der Intransparenz von Klauseln Vorschub leisten, indem der Arbeitnehmer zunächst mit überzogenen Klauseln konfrontiert wird und erst im Prozess den genauen Inhalt seiner Rechte und Pflichten erfährt. Darüber hinaus würde sich eine geltungserhaltende Reduktion als einseitige Vertragshilfe der Gerichte zu Gunsten des Arbeitgebers darstellen. Demgegenüber stellt § 74a Abs 1 HGB, der bei zu weit greifenden Wettbewerbsverboten eine geltungserhaltende Reduktion vorsieht (vgl BAG NZA 2010, 1175 Rn 22), eine Sonderregelung dar, die zwar über § 110 S 2 GewO im Arbeitsrecht generell anwendbar ist, aber nicht verallgemeinert werden kann (zu § 74a Abs 1 HGB bereits Rn 45).

Nicht anders als im allgemeinen AGB-Recht ist das Verbot der geltungserhaltenden Reduktion **auch im arbeitsrechtlichen Schrifttum auf Widerstand gestoßen** (BAYREUTHER NZA 2004, 953, 954; HROMADKA NJW 2002, 2523, 2529; SÖLLNER ZfA 2003, 145, 158 f; WILLEMSEN/GRAU RdA 2003, 321, 326 ff; ZÖLLNER NZA Beilage 3/2006, 99, 106 f). Die Kritik speist sich im Wesentlichen daraus, dass eine rigorose Unwirksamkeit überschießender Klauseln die Interessen des Arbeitgebers als Verwender von vorformulierten Arbeitsbedingungen in einem durch die Ziele der AGB-Kontrolle nicht gerechtfertigten Maß beeinträchtigen würde. Dies gelte umso mehr, als die Maßstäbe für das noch Angemessene gerade im Arbeitsrecht vielfach nicht durch klare gesetzliche Vorgaben, sondern durch richterrechtliche Bewertungen geprägt werden. Daher sei der Arbeitgeber auch bei gutem Willen vielfach nicht in der Lage, rechtssicher die Grenzen des Zulässigen zu bestimmen und danach die AGB abzufassen, zumal sich das Richterrecht sehr viel stärker als das Gesetzesrecht in ständiger Bewegung befinde. Weiter scheitere eine Lückenfüllung gemäß § 306 Abs 2 vielfach am Vorhandensein einer passenden gesetzlichen oder richterrechtlichen Ersatzordnung. Schließlich spreche der Grundsatz der Gleichbehandlung dagegen, eine Klausel, die im Verhältnis zu einem Belegschaftsmitglied nur in geringem Maße über die Grenzen des Angemessenen hinausgehe, als vollständig unwirksam zu qualifizieren, so dass ein Arbeitnehmer beispielsweise eine gewährte Sonderleistung bei einer vorzeitigen Eigenkündigung nicht zurückzahlen muss, während ein anderes Belegschaftsmitglied, dem gegenüber eine leicht modifizierte Klausel verwendet worden ist, in einem ansonsten vergleichbaren Fall zur Zahlung verpflichtet ist (zu diesem Aspekt REUTER, in: FS 50 Jahre BAG [2004] 177, 192; zum Gleichbehandlungsaspekt ferner bereits Rn 227). **274**

Wie in den vorstehenden Ausführungen schon verschiedentlich dargelegt, sind diese Einwände nicht von der Hand zu weisen. Die Lösung besteht indes nicht darin, das Verbot der geltungserhaltenden Reduktion zurückzudrängen, sondern in den hierfür geeigneten Fällen **stärker**, als es der gegenwärtigen Mehrheitsmeinung innerhalb des BAG entspricht, **auf die ergänzende Vertragsauslegung zurückzugreifen**, um zu einer angemessenen Gewichtung der beiderseitigen Vertragsinteressen zu gelangen (dazu **275** bereits oben Rn 265 ff). Hierfür spricht neben dem Präventionsargument, das zwar einer geltungserhaltenden Reduktion, nicht aber einer Vertragsergänzung entgegensteht, vor allem die Überlegung, dass sich eine ergänzende Vertragsauslegung harmonisch in das Rechtsfolgenkonzept des § 306 einfügt. Das dispositive Gesetzesrecht und die Vertragsergänzung sind nämlich als zwei grundsätzlich gleichwertige Ersatzordnungen anzusehen, um in unmittelbarer oder doch zumindest entsprechender Anwendung von § 306 Abs 2 die Lücke füllen, zu der es nach § 306 Abs 1 durch die Nichteinbeziehung oder die Unwirksamkeit einer Klausel gekommen ist. Demgegenüber stellt sich die geltungserhaltende Reduktion als ein Kunstgriff dar, mit der an der Vorschrift des § 306 Abs 1 vorbei die Unwirksamkeitsfolge vermieden wird, indem man die Klausel nur mit einem Inhalt aufrechterhält, der die Grenzen der Angemessenheit gerade noch wahrt. Daran zeigt sich freilich, dass es letztlich nicht erforderlich ist, mit einem eigenständigen Verbot der geltungserhaltenden Reduktion zu argumentieren. Vielmehr gelangt man (auch) im Arbeitsrecht zu überzeugenden Lösungen am ehesten durch eine unmittelbare Orientierung am Rechtsfolgensystem des § 306 (ebenso CKK/Schlewing § 306 Rn 73).

d) Salvatorische Klauseln

276 Zuweilen finden sich in Arbeitsverträgen **salvatorische Klauseln**, mit denen der Arbeitgeber für den Fall Vorsorge treffen will, dass sich eine Regelung als unwirksam herausstellt. Auf Bedenken stoßen solche Klauseln dann, wenn sie das Rechtsfolgensystem des § 306 modifizieren wollen. Daher ist eine Bestimmung unwirksam, nach der die Vertragsparteien dazu verpflichtet sind, eine unwirksame Klausel durch eine ihrem wirtschaftlichen Erfolg möglichst nahe kommende wirksame Regelung zu ersetzen, weil hierdurch **§ 306 Abs 2 ausgehebelt** wird. Darüber hinaus wird das Ergebnis der neuen Vereinbarung in keiner Weise konkretisiert, so dass insoweit ein **Verstoß gegen das Transparenzgebot** vorliegt (BAG NZA 2005, 1111 unter IV 8 c). Dasselbe gilt für Ersetzungsklauseln, die eine unwirksame Klausel automatisch durch eine andere Regelung substituieren wollen (BAG NZA 2012, 738 Rn 38).

5. Unwirksamkeit des gesamten Vertrages

277 Gemäß § 306 Abs 3 ist der Vertrag ausnahmsweise insgesamt unwirksam, wenn das Festhalten an ihm auch unter Berücksichtigung der nach Abs 2 vorgesehenen Änderung eine unzumutbare Härte für eine Vertragspartei darstellen würde. Da der Wegfall der ursprünglichen AGB typischerweise den Arbeitgeber nachteilig betrifft, kommt eine Unwirksamkeit nach dieser Vorschrift praktisch nur dann in Betracht, wenn die entsprechenden Voraussetzungen auf seiner Seite vorliegen. Hierfür bedarf es nach allgemeinen AGB-rechtlichen Grundsätzen (vgl nur BGH NJW-RR 1996, 1009, 1010) grundsätzlich einer **einschneidenden Störung des Äquivalenzverhältnisses von Arbeitsleistung und Arbeitsentgelt**. Zudem wird die Unwirksamkeit des gesamten Vertrages gemeinhin als **„ultima ratio"** angesehen (CKK/Schlewing § 306 Rn 83). Da § 306 Abs 3 von seiner Grundtendenz dem Gedanken diametral zuwiderläuft, Verstöße gegen Arbeitnehmerschutzvorschriften nicht auf den Bestand des Arbeitsverhältnisses durchschlagen zu lassen, hat die **Norm im Arbeitsrecht bislang keine praktische Bedeutung erlangt** und dürfte sie auch in Zukunft kaum erlangen (Lakies, AGB-Kontrolle im Arbeitsrecht [2. Aufl 2011] Kap 1 Rn 394; Zöllner NZA Beilage 3/2006, 99, 106). Zudem könnte es nicht gebilligt werden, wenn der Arbeitgeber sich dadurch ein Recht zur Auflösung des Arbeitsverhältnisses verschafft, dass er zahlreiche

unwirksame Klauseln in den Arbeitsvertrag einschleust, um sich bei deren Wegfall darauf zu berufen, dass die Fortsetzung des Arbeitsverhältnisses für ihn eine unzumutbare Härte darstellt (DBD/Bonin § 306 Rn 30).

Sofern die nicht einbezogene bzw unwirksame Klausel nicht Bestandteil des (ur- **278**
sprünglichen) Arbeitsvertrages, sondern einer **gesonderten Abrede** ist (Fortbildungsvereinbarung, Dienstwagenregelung), kommt eine darauf beschränkte Anwendung von § 306 Abs 3 in Betracht, so dass jedenfalls nicht der Bestand des gesamten Arbeitsverhältnisses auf dem Spiel steht. Auch in diesem Fall ist bei der Annahme einer unzumutbaren Härte aber Zurückhaltung geboten, um den durch die AGB-Kontrolle intendierten Schutz des Arbeitnehmers nicht zu seinem Nachteil ausschlagen zu lassen. So stellt es für den Arbeitgeber im Allgemeinen keine unzumutbare Härte dar, an einer Fortbildungsvereinbarung für die Vergangenheit festgehalten zu werden, wenn eine Rückzahlungsklausel unwirksam ist (BAG NZA 2012, 1428 Rn 37). Der Arbeitgeber kann die für die Fortbildung des Arbeitnehmers aufgewendeten Kosten auch **nicht über das Bereicherungsrecht** (§ 812 Abs 1 Satz 2 Alt 1 oder 2) zurückfordern, wenn der Arbeitnehmer die Fortbildungsmaßnahme abbricht (BAG NZA 2012, 1428 Rn 42 ff). Anwendbar ist § 306 Abs 3 daher im Wesentlichen nur bei **sonstigen Verträgen mit Arbeitnehmern** (vgl OLG Zweibrücken NZA-RR 2005, 485, 486: Arbeitnehmerbürgschaft auf erstes Anfordern).

V. Zeitlicher Anwendungsbereich und Umgang mit Altverträgen

Das Schuldrechtsmodernisierungsgesetz und damit die Ausdehnung der AGB-Kon- **279**
trolle auf Arbeitsverträge ist am 1. 1. 2002 in Kraft getreten. Folglich sind die §§ 305 ff. BGB auf alle **seit dem 1. 1. 2002 begründeten Arbeitsverträge (Neuverträge) anwendbar**. Da es um eine Vertragskontrolle geht, kommt es für die Qualifikation eines Arbeitsvertrages als Neuvertrag auf den Zeitpunkt des Vertragsschlusses durch Angebot und Annahme an, nicht aber auf den Zeitpunkt der vereinbarten oder der tatsächlichen Arbeitsaufnahme (Armbrüster/Wiese DStR 2003, 334, 336; Däubler NZA 2001, 1329, 1330; Wisskirchen/Stühm DB 2003, 2225; generell ebenso Hess NJW 2002, 253, 255). Wird der Arbeitsvertrag nach dem 31. 12. 2001 vollständig neu gefasst, handelt es sich insgesamt um einen Neuvertrag (so der Fall in BAG NZA 2006, 423 Rn 20). Im Übrigen kommt es für die Eigenschaft als Neuvertrag grundsätzlich auf die jeweilige Klausel an. Eine Nebenabrede ist daher nach neuem Recht zu beurteilen, wenn sie nach dem 31. 12. 2001 in einen bereits bestehenden Arbeitsvertrag erstmals eingefügt worden ist (BAG NZA-RR 2010, 457 Rn 48). Dem wird man die inhaltliche Änderung einer Klausel gleichzustellen haben. Dagegen überzeugt es nicht, wenn das BAG (BAG NZA 2008, 1173 Rn 49) einen Vertrag schon deshalb pauschal als Neuvertrag qualifizieren will, weil anlässlich einer Vertragsänderung zusätzlich die floskelhafte Vereinbarung getroffen wurde, dass alle anderen Konditionen unberührt bleiben sollen (dazu näher noch Rn 282 ff; abl auch Lingemann/Gotham DB 2008, 2307, 2308; Stoffels ZfA 2009, 861, 894). Eine Übergangsfrist hat der Gesetzgeber für Neuverträge nicht vorgesehen. Für einen Vertrauensschutz in dem Sinne, dass der Arbeitgeber bis zur ersten einschlägigen Entscheidung des BAG, in der es eine bislang akzeptierte Klausel auf der Grundlage der neuen Gesetzeslage verwirft oder aber eine Rechtsprechungsänderung zumindest ankündigt, auf die ältere Judikatur vertrauen darf (so tendenziell Stoffels ZfA 2009, 861, 894), besteht kein Anlass. Man kann den aus dem Rechtsstaatsprinzip bzw aus den einschlägigen Grundrechten

(Art 2 Abs 1, 12 Abs 1 GG) abzuleitenden Grundsatz des Vertrauensschutzes nicht so weit ausdehnen, dass der Gesetzgeber daran gehindert wird, ein von ihm als unbefriedigend empfundenes Richterrecht (vgl BT-Drucks 14/6857, 54) für die Zukunft zu ändern.

280 Für vor dem 1. 1. 2002 entstandene Schuldverhältnisse gilt gemäß Art 229 § 5 Satz 1 EGBGB an sich die allgemeine intertemporale Grundregel, dass Rechtsverhältnisse nur dem im Zeitpunkt ihrer Entstehung gültigen Recht unterfallen, um das Vertrauen der Parteien auf ein bestimmtes Sachrecht im Zeitpunkt der Begründung des Rechtsverhältnisses zu schützen und eine Entziehung von bereits erworbenen Vertragsrechten durch schlichte Gesetzesänderung zu verhindern (vgl BAG NZA 2004, 597). Für Dauerschuldverhältnisse und damit auch für Arbeitsverträge, die vor dem 1. 1. 2002 abgeschlossen worden sind (Altverträge), ist die diese Grundregel nach Art 229 § 5 Satz 2 EGBGB jedoch dahin modifiziert worden, dass **ab dem 1. 1. 2003 auf diese Schuldverhältnisse nur noch das neue Recht angewendet** werden soll. Damit wird zunächst zum Ausdruck gebracht, dass es zu einem Wechsel des anwendbaren Sachrechts auf solche Altverträge kommen soll, bei denen es sich um Dauerschuldverhältnisse handelt. Der Gesetzgeber rechtfertigt das zum einen damit, dass es bei den neuen Bestimmungen lediglich um eine Fortentwicklung des bisherigen Rechts ohne Wertungsbrüche gehe (BT-Drucks 14/6040, 273). Diese pauschale Einschätzung muss allerdings im Hinblick auf die Erstreckung des AGB-rechtlichen Kontrollregimes auf Arbeitsverträge erheblich eingeschränkt werden, weil es neben Kontinuitäten (etwa bei den Voraussetzungen für die Wirksamkeit von Klauseln über die Rückzahlung von Ausbildungskosten) auch verschiedene – angesichts der vorhandenen Rechtsprechung des BGH von vornherein absehbare – Verschärfungen (etwa hinsichtlich der formellen Anforderungen bei Widerrufsvorbehalten und bei der Frage nach der Zulässigkeit einer geltungserhaltenden Reduktion) gegeben hat (ebenso Gaul/Mückl NZA 2009, 1233, 1234).

281 Tragfähiger ist deshalb der zweite angegebene Grund, die **Anwendung doppelten Rechts zu verhindern** (BT-Drucks 14/6040, 273), zu der es ohne einen klaren Schnitt bei Dauerschuldverhältnissen auf Jahre hinaus gekommen wäre. Eine solche **doppelte Rechtsordnung** würde insbesondere bei Arbeitsverhältnissen zu **erheblichen Unzuträglichkeiten** führen, weil dann selbst innerhalb desselben Betriebs auf die Arbeitsverträge je nach Einstellungsdatum dauerhaft unterschiedliches Recht zur Anwendung kommen würde. Die im Schrifttum anfänglich vorgeschlagene teleologische Reduktion von Art 229 § 5 Satz 2 EGBGB (so Hanau/Hromadka NZA 2005, 73, 78), die Arbeitsverträge offenbar vollständig von der Änderung des anwendbaren Sachrechts ausklammern wollte, schießt deshalb deutlich über das Ziel hinaus, zumal der erforderliche Vertrauensschutz auch durch eine Rechtsfolgenkorrektur bewerkstelligt werden kann (Stoffels NZA 2005, 726, 727; dazu sogleich Rn 282 ff). Soweit es bei einem Arbeitsvertrag zu einem Wechsel auf neues Sachrecht kommt, ist dieses Recht ungeteilt anzuwenden. Man kann bei der Klauselkontrolle also nicht etwa einzelne möglicherweise als besonders belastend empfundene Anforderungen des neuen Rechts (vorübergehend) beiseite schieben (vgl BAG NZA 2005, 465: zu den formellen Anforderungen an Widerrufsvorbehalte). Den Umstellungszeitpunkt hat der Gesetzgeber bei Dauerschuldverhältnissen auf den 1. 1. 2003 hinausgeschoben, um den Vertragsparteien mit der Übergangsfrist von einem Jahr die Möglichkeit einzuräumen, ihre bereits bestehende Vertragsbeziehung an die neue Rechtslage anzupassen (BT-Drucks 14/6040, 273).

Die somit bei Arbeitsverhältnissen grundsätzlich gegebene Möglichkeit eines Wechsels auf neues Sachrecht führt zunächst zur Frage nach der genauen Abgrenzung derjenigen Fälle, die noch dem alten Recht bzw die schon dem neuen Recht unterfallen. Insoweit gilt zum einen, dass das alte Recht noch auf alle Dauerschuldverhältnisse anzuwenden ist, die **vor dem 1. 1. 2003 beendet** worden sind (BAG NZA 2011, 520). Dabei kann es keine Rolle spielen, ob zwischen den Parteien noch einzelne Ansprüche aus dem Dauerschuldverhältnis streitig sind. Dies konnte insbesondere bei Streitigkeiten über die Rückzahlung von Ausbildungskosten eine Rolle spielen, bei denen in den Jahren 2002 und 2003 darauf abzustellen war, wann das Arbeitsverhältnis rechtlich beendet wurde, wenn und soweit dieser Tatbestand die Rückzahlungsverpflichtung auslösen sollte (vgl BAG NZA 2004, 1035). Zum anderen bleibt es dann beim alten Recht, wenn das Dauerschuldverhältnis zwar (zumindest über den 31. 12. 2002 hinaus) fortbesteht, es aber um **Ansprüche** geht, die **vor dem 1. 1. 2003 zu erfüllen** waren (BGH NJW-RR 2008, 172; BAG NZA 2011, 520; zutr daher wohl BAG NZA 2006, 542, weil die Rückzahlungsverpflichtung bereits an die – noch in 2002 erklärte – Kündigung anknüpfte; abl dagegen ErfK/Preis §§ 305–310 BGB Rn 20). Demgegenüber handelt es sich bei allen im Jahr 2002 abgeschlossenen Änderungsverträgen und Aufhebungsverträgen um Neuverträge, auf die das neue Sachrecht von vornherein einschränkungslos anzuwenden ist (zu Änderungsverträgen BAG NZA 2006, 423 Rn 20; zu Aufhebungsverträgen BAG NZA 2004, 597 unter B II 2a cc und b). Dasselbe gilt für ein im Jahr 2002 vereinbartes negatives Schuldanerkenntnis, auch wenn es sich auf eine Forderung des Arbeitnehmers aus einem Altvertrag bezieht (BAG NZA 2005, 1193 unter II 4b aa). In allen diesen Konstellationen geht es nicht lediglich um eine bloße Durchführung des bisherigen Arbeitsvertrags, sondern um ein neues Schuldverhältnis. Alle diese Fallgruppen dürften heutzutage indes keine Bedeutung mehr haben. **282**

Die Umstellung auf neues Sachrecht bei Altverträgen am 1. 1. 2003 wirft die weitere Frage auf, **welche Möglichkeiten dem Arbeitgeber zur Verfügung stehen, Arbeitsbedingungen** aus solchen Verträgen an die Anforderungen der neuen Rechtslage bzw einer sich deshalb ändernden Rechtsprechung **anzupassen**, um einer Unwirksamkeit der betroffenen Klauseln vorzubeugen. Insoweit ist zunächst festzuhalten, dass weder eine Anpassung kraft Gesetzes eintritt noch eine gesetzliche Befugnis des Arbeitgebers besteht, die notwendigen Änderungen einseitig herbeizuführen. Ferner wäre auch eine entsprechende Änderungskündigung mangels eines betrieblichen Bedürfnisses für eine Änderung der Arbeitsbedingungen unwirksam (DBD/Däubler Einl Rn 175; Gaul/Mückl NZA 2009, 1233, 1235; Lakies, Vertragsgestaltung und AGB im Arbeitsrecht [2. Aufl 2011] Kap 1 Rn 38; Wisskirchen/Stühm DB 2003, 2225, 2229; obiter dictum auch BAG NZA 2011, 796 Rn 14). Dagegen könnte sich der Arbeitgeber zwar auf einen in einem Altvertrag vorsorglich vereinbarten Vorbehalt berufen, der ihn zu einer Anpassung der Vertragsbedingungen an eine neue Gesetzeslage berechtigen soll und der bei einer hinreichend klaren und inhaltlich begrenzten Konditionierung seinerseits wirksam wäre, weil darin keine unwirksame salvatorische Klausel (dazu Rn 276 f) zu sehen wäre. Solche Vorbehalte dürften in der Arbeitsvertragspraxis aber wohl nur theoretische Bedeutung haben, zumal die Ausdehnung der AGB-Kontrolle auf Arbeitsverträge auf der Ebene des Gesetzgebungsverfahrens keinen langen Vorlauf hatte und die Vertragsgestalter deshalb **283** kaum Gelegenheit hatten, entsprechende Regelungen in die Arbeitsverträge aufzunehmen. Nach alledem steht dem Arbeitgeber im laufenden Arbeitsverhältnis praktisch **nur der Weg über die einvernehmliche Vertragsänderung offen** (Wisskirchen/Stühm DB 2003, 2225, 2230), wobei er freilich auf ein entsprechendes Entgegenkommen des Arbeitnehmers angewiesen ist, weil ein regelrechter Anspruch des Arbeitgebers gegen den Arbeitnehmer auf Zustimmung zur Vertragsänderung abzulehnen ist (Wisskirchen/Stühm DB 2003, 2225, 2229 f; grds ebenso Armbrüster/Wiese DStR 2003, 334 Fn 9; **aA** unter dem Gesichtspunkt einer Störung der Geschäftsgrundlage aber Singer RdA 2006, 362, 373).

284 Die eigentlich entscheidende Frage geht jedoch dahin, wie mit den Altverträgen im Einzelnen umzugehen ist, die mit dem 1. 1. 2003 der AGB-rechtlichen Klauselkontrolle nach den §§ 305 ff. unterliegen. Unbestrittener Ausgangspunkt ist insoweit, dass die Anwendung des neuen Rechts dazu führen kann, einer nach früherem Recht wirksam vereinbarten Vertragsklausel nunmehr die Wirksamkeit zu versagen. Die darin liegende **(unechte) Rückwirkung** (vgl Rolfs, in: FS Schwerdtner [2003] 151, 166; Stoffels NZA 2005, 726; Wisskirchen/Stühm DB 2003, 2225, 2226; ebenso für Altverträge nach Inkrafttreten des AGBG BGHZ 91, 375; nicht überzeugend für eine Einordnung als echte Rückwirkung BAG NZA 2005, 465 unter B II 1; BAG NZA 2011, 796 Rn 13; Gaul/Mückl NZA 2009, 1233, 1236; Uffmann Anm zu BAG AP BGB § 308 Nr 9) wirft das Problem auf, **ob und unter welchen Voraussetzungen dem Arbeitgeber Vertrauensschutz zu gewähren** ist (dazu überblicksartig Schlewing JbArbR 47 [2010] 47, 64 ff). Dieses Problem lässt sich nicht einfach damit abtun, dass die Vertragsparteien generell nicht davon ausgehen dürften, die rechtliche Beurteilung einzelner Regelungen bleibe während der gesamten Dauer des Arbeitsverhältnisses unverändert (in diese Richtung aber BAG NZA 2008, 293 Rn 28), weil es nicht lediglich um eine Neubewertung durch die Rechtsprechung, sondern um eine gezielte Veränderung der gesetzlichen Rahmenbedingungen geht. Im Hinblick auf die Reichweite des dem Arbeitgeber zuzubilligenden Vertrauensschutzes haben sich im Wesentlichen zwei Ansichten herausgebildet: Der 5. Senat des BAG (BAG NZA 2005, 465; BAG NZA 2007, 87; BAG NZA 2011, 796) wie auch Teile des Schrifttums (Gaul/Mückl NZA 2009, 1233, 1236; HWK/Gotthardt § 310 BGB Rn 14; Rolfs, in: FS Schwerdtner [2003] 151, 166 f; Stoffels NZA 2005, 726, 727 ff; Uffmann Anm zu BAG AP BGB § 308 Nr 9) wollen dem Arbeitgeber bei Altverträgen **Vertrauensschutz** einräumen, auch **ohne dass dieser während der Übergangsfrist vom 1. 1. 2002 bis zum 31. 12. 2002 versucht haben muss, die Arbeitsbedingungen an das neue Recht anzupassen**. Dieser Vertrauensschutz sei bei den Rechtsfolgen anzusiedeln, wobei teilweise in erster Linie eine geltungserhaltende Reduktion vorgeschlagen wird (HWK/Gotthardt § 310 BGB Rn 14; Rolfs, in: FS Schwerdtner [2003] 151, 167; Stoffels NZA 2005, 726, 727 ff), während die Rechtsprechung eine ergänzende Vertragsauslegung präferiert (BAG NZA 2005, 465; BAG NZA 2007, 87; BAG NZA 2011, 796). Demgegenüber nehmen andere Senate des BAG (BAG NZA 2006, 1042; BAG NZA 2007, 809; tendenziell auch BAG AP BGB § 307 Nr 41; BAG NZA 2009, 428; BAG NZA-RR 2009, 576 Rn 19) wie auch Teile der Literatur (Coester, in: FS Löwisch [2007] 57, 70 f; DBD/Däubler Einl Rn 174 f; Lakies, Vertragsgestaltung und AGB im Arbeitsrecht [2. Aufl 2011] Kap 1 Rn 38 f; Singer RdA 2006, 362, 373; in diesem Sinne ferner Bieder RdA 2011, 142, 153) an, dass sich der Arbeitgeber **nur dann** auf **Vertrauensschutz** berufen könne, wenn er **in der Übergangsfrist dem Arbeitnehmer eine an den Vorgaben der neuen Rechtslage orientierte Umstellung der Nebenkonditionen angeboten** habe.

285 Im Ausgangspunkt ist die **erstgenannte Ansicht überzeugender**. Solange noch völlig unklar war, welche Schlussfolgerungen das BAG aus den neuen gesetzlichen Bestimmungen sowie insbesondere aus dem Gebot der Berücksichtigung der im Arbeitsrecht geltenden Besonderheiten (§ 310 Abs 4 Satz 2 HS 1) im Einzelnen ziehen würde, kann schwerlich von einer Anpassungsobliegenheit gesprochen werden, mag eine generelle Tendenz zur Verschärfung der Maßstäbe angesichts der bereits vorhandenen Judikatur des BGH auch absehbar gewesen sein. Insbesondere leuchtet es nicht ein, wenn Teile des BAG lange nach Ablauf der Übergangsfrist eine solche Anpassungsobliegenheit aufstellen, obgleich andere Teile des BAG (BAG NZA 2005, 465 unter B II 1) noch im Jahr 2005 davon gesprochen haben, dass niemand mit dem Unwirksamwerden einer zuvor stets als wirksam akzeptierten Klausel rechnen konnte und musste (insoweit auch Gaul/Mückl NZA 2009, 1233, 1236). Die für das Verbot der geltungserhaltenden Reduktion sprechende **Präventionsfunktion passt bei Altverträgen nicht**, bei denen der Verwender im Zeitpunkt der Vorformulierung der Klausel die von der Rechtsordnung gezogenen Grenzen noch gar nicht erkennen konnte (Gaul/Mückl NZA 2009, 1233, 1237; Hanau, in: FS Deutsch [2009] 1051, 1055). Bedenklich muss weiter die Überlegung stimmen, dass die Gegenansicht dem Arbeitgeber zur Last legt, den Arbeitnehmern in der Übergangsfrist keine massenhaften Vertragsänderungen angeboten zu haben, obwohl dies zu einer erheblichen Verunsicherung in den Belegschaften geführt hätte (BAG NZA 2011, 796 Rn 14). Ferner nimmt die Rechtsprechung auch bei Neuverträgen zumindest in bestimmten Fällen an, dass die ersatzlose Streichung einer unwirksamen Klausel nicht interessengerecht ist (BAG NZA 2009, 666). Vor diesem Hintergrund kann bei Altverträgen nicht von vornherein strenger verfahren werden (Linck, in: FS Bauer [2010] 645, 658). Wenn darüber hinaus auch der BGH im ungenutzten Verstreichenlassen der Übergangsfrist offenbar keinen Grund sieht, bei einer Unwirksamkeit eines Leistungsbestimmungsrechts gemäß § 308 Nr 4 BGB eine ergänzende Vertragsauslegung generell abzulehnen (vgl BGHZ 185, 166), besteht für eine abweichende Sichtweise im Arbeitsrecht kein Anlass. Schließlich sollte nicht außer Acht gelassen werden, dass bei dem in mancher Hinsicht vergleichbaren Übergang von der richterlichen Inhaltskontrolle gemäß § 242 BGB auf das AGBG Eingriffe in Altverträge nur insoweit befürwortet wurden, als ihr unveränderter Fortbestand „in unerträglichem Widerspruch" zu grundlegenden Wertungen des ABGB stand (vgl BGHZ 91, 375).

286 Die Lösung des Konflikts zwischen den Maßstäben des neuen Rechts und den Anforderungen des Vertrauensschutzes ist freilich **nicht in einer geltungserhaltenden Reduktion** zu suchen, die ohnehin nur für die Fälle in Betracht kommen würde, in denen die angemessene Benachteiligung in einem Übermaßverstoß besteht (treffend Stoffels NZA 2005, 726, 728). Vielmehr ist **von vornherein der Weg über die ergänzende Vertragsauslegung zu wählen**, um zu einer an den Interessen beider Vertragsparteien orientierten Regelung zu gelangen und die inkriminierte Klausel nicht lediglich auf das gerade noch zulässige Maß zurückzufahren. Allerdings sollte es bei Altfällen keinen Automatismus geben. Stattdessen ist die konkrete Schutzwürdigkeit des Arbeitgebers bei der Prüfung der Voraussetzungen, unter denen eine ergänzende Vertragsauslegung vorzunehmen ist, in Rechnung zu stellen. Insoweit gilt letztlich nichts anderes als bei der generellen Frage, wann eine Vertragsergänzung anstelle des ersatzlosen Wegfalls der Klausel zu erfolgen hat (dazu oben Rn 270 ff). Der Unterschied besteht nur darin, dass der Arbeitgeber in den allerdings immer seltener werdenden Altfällen tendenziell einen größeren Schutz verdient.

287 Im Einzelnen wäre **Vertrauensschutz etwa zu versagen**, wenn der ersatzlose Wegfall einer Klausel den Arbeitgeber nur geringfügig beeinträchtigen würde (ähnl BAG NZA 2008, 293) oder er spätere Änderungen einzelner arbeitsvertraglicher Konditionen nicht dazu genutzt hat, besonders bedenkliche Vertragsbestimmungen ebenfalls abzuändern. Dagegen geht es zu weit, wenn das BAG (BAG NZA 2008, 1173 Rn 49) aus der anlässlich einer Vertragsänderung zusätzlich vereinbarten floskelhaften Klausel, dass alle anderen Konditionen unberührt bleiben sollen, pauschal den Schluss ziehen will, dass es sich nunmehr um einen reinen Neuvertrag handelt (abl auch Lingemann/Gotham DB 2008, 2307, 2308; Stoffels ZfA 2009, 861, 894). Vielmehr setzt die Qualifikation einer Abrede als echter Neuvertrag voraus, dass die Vertragsbedingung selbst nach dem 31. 12. 2001 vereinbart worden ist oder doch zumindest in einem unmittelbaren sachlichen Zusammenhang mit einer neuen Klausel steht (Stoffels ZfA 2009, 861, 894). In allen anderen Fällen ist die Prüfung der Voraussetzungen, wann eine ergänzende Vertragsauslegung als Rechtsfolge vorzuziehen ist, das geschmeidigere Instrument, um mit Altfällen angemessen umzugehen.

Textanhang zu § 310

Richtlinie des Rates

vom 5. April 1993

über mißbräuchliche Klauseln in Verbraucherverträgen

(93/13 EWG) (Abl. Nr. L 095 vom 21.4.1993)

Der Rat der Europäischen Gemeinschaften –

gestützt auf den Vertrag zur Gründung der Europäischen Wirtschaftsgemeinschaft, insbesondere auf Artikel 100 a,

auf Vorschlag der Kommission*

in Zusammenarbeit mit dem Europäischen Parlament**,

nach Stellungnahme des Wirtschafts- und Sozialausschusses***,

in Erwägung nachstehender Gründe:

(1) Es müssen Maßnahmen zur schrittweisen Errichtung des Binnenmarktes bis zum 31. Dezember 1992 getroffen werden. Der Binnenmarkt umfaßt einen Raum ohne Binnengrenzen, in dem der freie Verkehr von Waren, Personen, Dienstleistungen und Kapital gewährleistet ist.

(2) Die Rechtsvorschriften der Mitgliedstaaten über Vertragsklauseln zwischen dem Verkäufer von Waren oder dem Dienstleistungserbringer einerseits und dem Verbraucher andererseits weisen viele Unterschiede auf, wodurch die einzelnen Märkte für den Verkauf von Waren und die Erbringung von Dienstleistungen an den Verbraucher uneinheitlich sind; dadurch wiederum können Wettbewerbsverzerrungen bei den Verkäufern und den Erbringern von Dienstleistungen, besonders bei der Vermarktung in anderen Mitgliedstaaten, eintreten.

(3) Namentlich die Rechtsvorschriften der Mitgliedstaaten über mißbräuchliche Klauseln in Verträgen mit Verbrauchern weisen beträchtliche Unterschiede auf.

(4) Die Mitgliedstaaten müssen dafür Sorge tragen, daß die mit den Verbrauchern abgeschlossenen Verträge keine mißbräuchlichen Klauseln enthalten.

(5) Die Verbraucher kennen im Allgemeinen nicht die Rechtsvorschriften, die in anderen Mitgliedstaaten für Verträge über den Kauf von Waren oder das Angebot von Dienstleistungen gelten. Diese Unkenntnis kann sie davon abhalten, Waren und Dienstleistungen direkt in anderen Mitgliedstaaten zu ordern.

(6) Um die Errichtung des Binnenmarktes zu erleichtern und den Bürger in seiner Rolle als Ver-

---

* ABl. Nr. C 73 vom 24.3.1992, S. 7.

** ABl. Nr. C 326 vom 16.12.1991, S. 108, und ABl. Nr. C 21 vom 25.1.1993.

*** ABl. Nr. C 159 vom 17.6.1991, S. 34.

braucher beim Kauf von Waren und Dienstleistungen mittels Verträgen zu schützen, für die die Rechtsvorschriften anderer Mitgliedstaaten gelten, ist es von Bedeutung, mißbräuchliche Klauseln aus diesen Verträgen zu entfernen.

(7) Den Verkäufern von Waren und Dienstleistungs[er]bringern wird dadurch ihre Verkaufstätigkeit sowohl im eigenen Land als auch im gesamten Binnenmarkt erleichtert. Damit wird der Wettbewerb gefördert und den Bürgern der Gemeinschaft in ihrer Eigenschaft als Verbraucher eine größere Auswahl zur Verfügung gestellt.

(8) In den beiden Programmen der Gemeinschaft für eine Politik zum Schutz und zur Unterrichtung der Verbraucher* wird die Bedeutung des Verbraucherschutzes auf dem Gebiet missbräuchlicher Vertragsklauseln hervorgehoben. Dieser Schutz sollte durch Rechtsvorschriften gewährleistet werden, die gemeinschaftsweit harmonisiert sind oder unmittelbar auf dieser Ebene erlassen werden.

(9) Gemäß dem unter dem Abschnitt „Schutz der wirtschaftlichen Interessen der Verbraucher" festgelegten Prinzip sind entsprechend diesen Programmen Käufer von Waren oder Dienstleistungen vor Machtmißbrauch des Verkäufers oder des Dienstleistungserbringers, insbesondere vor vom Verkäufer einseitig festgelegten Standardverträgen und vor dem mißbräuchlichen Ausschluß von Rechten in Verträgen zu schützen.

(10) Durch die Aufstellung einheitlicher Rechtsvorschriften auf dem Gebiet mißbräuchlicher Klauseln kann der Verbraucher besser geschützt werden. Diese Vorschriften sollten für alle Verträge zwischen Gewerbetreibenden und Verbrauchern gelten. Von dieser Richtlinie ausgenommen sind daher insbesondere Arbeitsverträge sowie Verträge auf dem Gebiet des Erb-, Familien- und Gesellschaftsrechts.

(11) Der Verbraucher muß bei mündlichen und bei schriftlichen Verträgen – bei letzteren unabhängig davon, ob die Klauseln in einem oder in mehreren Dokumenten enthalten sind – den gleichen Schutz genießen.

(12) Beim derzeitigen Stand der einzelstaatlichen Rechtsvorschriften kommt allerdings nur eine teilweise Harmonisierung in Betracht. So gilt diese Richtlinie insbesondere nur für Vertragsklauseln, die nicht einzeln ausgehandelt wurden. Den Mitgliedstaaten muß es freigestellt sein, dem Verbraucher unter Beachtung des Vertrages einen besseren Schutz durch strengere einzelstaatliche Vorschriften als den in dieser Richtlinie enthaltenen Vorschriften zu gewähren.

(13) Bei Rechtsvorschriften der Mitgliedstaaten, in denen direkt oder indirekt die Klauseln für Verbraucherverträge festgelegt werden, wird davon ausgegangen, daß sie keine mißbräuchlichen Klauseln enthalten. Daher sind Klauseln, die auf bindenden Rechtsvorschriften oder auf Grundsätzen oder Bestimmungen internationaler Übereinkommen beruhen, bei denen die Mitgliedstaaten oder die Gemeinschaft Vertragsparteien sind, nicht dieser Richtlinie zu unterwerfen; der Begriff „bindende Rechtsvorschriften" in Artikel 1 Absatz 2 umfaßt auch Regeln, die nach dem Gesetz zwischen den Vertragsparteien gelten, wenn nichts anderes vereinbart wurde.

(14) Die Mitgliedstaaten müssen jedoch dafür sorgen, daß darin keine mißbräuchlichen Klauseln

* ABl. Nr. C 92 vom 25. 4. 1975, S. 1, und ABl. Nr. C 133 vom 3. 6. 1981, S. 1.

enthalten sind, zumal diese Richtlinie auch für die gewerbliche Tätigkeit im öffentlich-rechtlichen Rahmen gilt.

(15) Die Kriterien für die Beurteilung der Missbräuchlichkeit von Vertragsklauseln müssen generell festgelegt werden.

(16) Die nach den generell festgelegten Kriterien erfolgende Beurteilung der Mißbräuchlichkeit von Klauseln, insbesondere bei beruflichen Tätigkeiten des öffentlich-rechtlichen Bereichs, die ausgehend von einer Solidargemeinschaft der Dienstleistungsnehmer kollektive Dienste erbringen, muß durch die Möglichkeit einer globalen Bewertung der Interessenlagen der Parteien ergänzt werden. Diese stellt das Gebot von Treu und Glauben dar. Bei der Beurteilung von Treu und Glauben ist besonders zu berücksichtigen, welches Kräfteverhältnis zwischen den Verhandlungspositionen der Parteien bestand, ob auf den Verbraucher in irgendeiner Weise eingewirkt wurde, seine Zustimmung zu der Klausel zu geben, und ob die Güter oder Dienstleistungen auf eine Sonderbestellung des Verbrauchers hin verkauft bzw erbracht wurden. Dem Gebot von Treu und Glauben kann durch den Gewerbetreibenden Genüge getan werden, indem er sich gegenüber der anderen Partei, deren berechtigten Interessen er Rechnung tragen muß, loyal und billig verhält.

(17) Die Liste der Klauseln im Anhang kann für die Zwecke dieser Richtlinie nur Beispiele geben; infolge dieses Minimalcharakters kann sie von den Mitgliedstaaten im Rahmen ihrer einzelstaatlichen Rechtsvorschriften, insbesondere hinsichtlich des Geltungsbereichs dieser Klauseln, ergänzt oder restriktiver formuliert werden.

(18) Bei der Beurteilung der Missbräuchlichkeit von Vertragsklauseln ist der Art der Güter bzw Dienstleistungen Rechnung zu tragen.

(19) Für die Zwecke dieser Richtlinie dürfen Klauseln, die den Hauptgegenstand eines Vertrages oder das Preis-/Leistungsverhältnis der Lieferung bzw der Dienstleistung beschreiben, nicht als mißbräuchlich beurteilt werden. Jedoch können der Hauptgegenstand des Vertrages und das Preis-/Leistungsverhältnis bei der Beurteilung der Mißbräuchlichkeit anderer Klauseln berücksichtigt werden. Daraus folgt unter anderem, daß bei Versicherungsverträgen die Klauseln, in denen das versicherte Risiko und die Verpflichtung des Versicherers deutlich festgelegt oder abgegrenzt werden, nicht als mißbräuchlich beurteilt werden, sofern diese Einschränkungen bei der Berechnung der vom Verbraucher gezahlten Prämie Berücksichtigung finden.

(20) Die Verträge müssen in klarer und verständlicher Sprache abgefaßt sein. Der Verbraucher muß tatsächlich die Möglichkeit haben, von allen Vertragsklauseln Kenntnis zu nehmen. Im Zweifelsfall ist die für den Verbraucher günstigste Auslegung anzuwenden.

(21) Die Mitgliedstaaten müssen sicherstellen, daß in von einem Gewerbetreibenden mit Verbrauchern abgeschlossenen Verträgen keine mißbräuchlichen Klauseln verwendet werden. Wenn derartige Klauseln trotzdem verwendet werden, müssen sie für den Verbraucher unverbindlich sein; die verbleibenden Klauseln müssen jedoch weiterhin gelten und der Vertrag im Übrigen auf der Grundlage dieser Klauseln für beide Teile verbindlich sein, sofern ein solches Fortbestehen ohne die mißbräuchlichen Klauseln möglich ist.

(22) In bestimmten Fällen besteht die Gefahr, daß dem Verbraucher der in dieser Richtlinie aufgestellte Schutz entzogen wird, indem das Recht eines Drittlands zum anwendbaren Recht erklärt wird. Es sollten daher in dieser Richtlinie Bestimmungen vorgesehen werden, die dies ausschließen.

(23) Personen und Organisationen, die nach dem Recht eines Mitgliedstaats ein berechtigtes Interesse geltend machen können, den Verbraucher zu schützen, müssen Verfahren, die Vertragsklauseln im Hinblick auf eine allgemeine Verwendung in Verbraucherverträgen, insbesondere mißbräuchliche Klauseln, zum Gegenstand haben, bei Gerichten oder Verwaltungsbehörden, die für die Entscheidung über Klagen bzw Beschwerden oder die Eröffnung von Gerichtsverfahren zuständig sind, einleiten können. Diese Möglichkeit bedeutet jedoch keine Vorabkontrolle der in einem beliebigen Wirtschaftssektor verwendeten allgemeinen Bedingungen.

(24) Die Gerichte oder Verwaltungsbehörden der Mitgliedstaaten müssen über angemessene und wirksame Mittel verfügen, damit der Verwendung mißbräuchlicher Klauseln in Verbraucherverträgen ein Ende gesetzt wird –

hat folgende Richtlinie erlassen:

Artikel 1

(1) Zweck dieser Richtlinie ist die Angleichung der Rechts- und Verwaltungsvorschriften der Mitgliedsstaaten über mißbräuchliche Klauseln in Verträgen zwischen Gewerbetreibenden und Verbrauchern.

(2) Vertragsklauseln, die auf bindenden Rechtsvorschriften oder auf Bestimmungen oder Grundsätzen internationaler Übereinkommen beruhen, bei denen die Mitgliedstaaten oder die Gemeinschaft – insbesondere im Verkehrsbereich – Vertragsparteien sind, unterliegen nicht den Bestimmungen dieser Richtlinie.

Artikel 2

Im Sinne dieser Richtlinie bedeuten:

a) mißbräuchliche Klauseln: Vertragsklauseln, wie sie in Artikel 3 definiert sind;

b) Verbraucher: eine natürliche Person, die bei Verträgen, die unter diese Richtlinie fallen, zu einem Zweck handelt, der nicht ihrer gewerblichen oder beruflichen Tätigkeit zugerechnet werden kann;

c) Gewerbetreibender: eine natürliche oder juristische Person, die bei Verträgen, die unter diese Richtlinie fallen, im Rahmen ihrer gewerblichen oder beruflichen Tätigkeit handelt, auch wenn diese dem öffentlich-rechtlichen Bereich zuzurechnen ist.

Artikel 3

(1) Eine Vertragsklausel, die nicht im Einzelnen ausgehandelt wurde, ist als mißbräuchlich anzusehen, wenn sie entgegen dem Gebot von Treu und Glauben zum Nachteil des Verbrauchers ein erhebliches und ungerechtfertigtes Mißverhältnis der vertraglichen Rechte und Pflichten der Vertragspartner verursacht.

(2) Eine Vertragsklausel ist immer dann als nicht im Einzelnen ausgehandelt zu betrachten, wenn sie im voraus abgefasst wurde und der Verbraucher deshalb, insbesondere im Rahmen eines vorformulierten Standardvertrags, keinen Einfluß auf ihren Inhalt nehmen konnte.

Die Tatsache, daß bestimmte Elemente einer Vertragsklausel oder eine einzelne Klausel im Einzelnen ausgehandelt worden sind, schließt die Anwendung dieses Artikels auf den übrigen Vertrag nicht aus, sofern es sich nach der Gesamtwertung dennoch um einen vorformulierten Standardvertrag handelt.

Behauptet ein Gewerbetreibender, daß eine Standardvertragsklausel im Einzelnen ausgehandelt wurde, so obliegt ihm die Beweislast.

(3) Der Anhang enthält eine als Hinweis dienende und nicht erschöpfende Liste der Klauseln, die für mißbräuchlich erklärt werden können.

Artikel 4

(1) Die Mißbräuchlichkeit einer Vertragsklausel wird unbeschadet des Artikels 7 unter Berücksichtigung der Art der Güter oder Dienstleistungen, die Gegenstand des Vertrages sind, aller den Vertragsabschluß begleitenden Umstände sowie aller anderen Klauseln desselben Vertrages oder eines anderen Vertrages, von dem die Klausel abhängt, zum Zeitpunkt des Vertragsabschlusses beurteilt.

(2) Die Beurteilung der Mißbräuchlichkeit der Klauseln betrifft weder den Hauptgegenstand des Vertrags noch die Angemessenheit zwischen dem Preis bzw dem Entgelt und den Dienstleistungen bzw den Gütern, die die Gegenleistung darstellen, sofern diese Klauseln klar und verständlich abgefasst sind.

Artikel 5

Sind alle dem Verbraucher in Verträgen unterbreiteten Klauseln oder einige dieser Klauseln schriftlich niedergelegt, so müssen sie stets klar und verständlich abgefaßt sein. Bei Zweifeln über die Bedeutung einer Klausel gilt die für den Verbraucher günstigste Auslegung. Diese Auslegungsregel gilt nicht im Rahmen der in Artikel 7 Absatz 2 vorgesehenen Verfahren.

Artikel 6

(1) Die Mitgliedstaaten sehen vor, daß mißbräuchliche Klauseln in Verträgen, die ein Gewerbetreibender mit einem Verbraucher geschlossen hat, für den Verbraucher unverbindlich sind, und legen die Bedingungen hierfür in ihren innerstaatlichen Rechtsvorschriften fest; sie sehen ferner vor, daß der Vertrag für beide Parteien auf derselben Grundlage bindend bleibt, wenn er ohne die mißbräuchlichen Klauseln bestehen kann.

(2) Die Mitgliedstaaten treffen die erforderlichen Maßnahmen, damit der Verbraucher den durch diese Richtlinie gewährten Schutz nicht verliert, wenn das Recht eines Drittlands als das auf den Vertrag anzuwendende Recht gewählt wurde und der Vertrag einen engen Zusammenhang mit dem Gebiet der Mitgliedstaaten aufweist.

Artikel 7

(1) Die Mitgliedstaaten sorgen dafür, daß im Interesse der Verbraucher und der gewerbetreibenden Wettbewerber angemessene und wirksame Mittel vorhanden sind, damit der Verwendung miß-

bräuchlicher Klauseln durch einen Gewerbetreibenden in den Verträgen, die er mit Verbrauchern schließt, ein Ende gesetzt wird.

(2) Die in Absatz 1 genannten Mittel müssen auch Rechtsvorschriften einschließen, wonach Personen oder Organisationen, die nach dem innerstaatlichen Recht ein berechtigtes Interesse am Schutz der Verbraucher haben, im Einklang mit den einzelstaatlichen Rechtsvorschriften die Gerichte oder die zuständigen Verwaltungsbehörden anrufen können, damit diese darüber entscheiden, ob Vertragsklauseln, die im Hinblick auf eine allgemeine Verwendung abgefaßt wurden, mißbräuchlich sind, und angemessene und wirksame Mittel anwenden, um der Verwendung solcher Klauseln ein Ende zu setzen.

(3) Die in Absatz 2 genannten Rechtsmittel können sich unter Beachtung der einzelstaatlichen Rechtsvorschriften getrennt oder gemeinsam gegen mehrere Gewerbetreibende desselben Wirtschaftssektors oder ihre Verbände richten, die gleiche allgemeine Vertragsklauseln oder ähnliche Klauseln verwenden oder deren Verwendung empfehlen.

Artikel 8

Die Mitgliedstaaten können auf dem durch diese Richtlinie geregelten Gebiet mit dem Vertrag vereinbare strengere Bestimmungen erlassen, um ein höheres Schutzniveau für die Verbraucher zu gewährleisten.

Artikel 9

Die Kommission legt dem Europäischen Parlament und dem Rat spätestens fünf Jahre nach dem in Artikel 10 Absatz 1 genannten Zeitpunkt einen Bericht über die Anwendung dieser Richtlinie vor.

Artikel 10

(1) Die Mitgliedstaaten erlassen die erforderlichen Rechts- und Verwaltungsvorschriften, um dieser Richtlinie spätestens am 31. Dezember 1994 nachzukommen. Sie setzen die Kommission unverzüglich davon in Kenntnis.

Diese Vorschriften gelten für alle Verträge, die nach dem 31. Dezember 1994 abgeschlossen werden.

(2) Wenn die Mitgliedstaaten diese Vorschriften erlassen, nehmen sie in den Vorschriften selbst oder durch einen Hinweis bei der amtlichen Veröffentlichung auf diese Richtlinie Bezug. Die Mitgliedstaaten regeln die Einzelheiten der Bezugnahme.

(3) Die Mitgliedstaaten teilen der Kommission den Wortlaut der wichtigsten innerstaatlichen Rechtsvorschriften mit, die sie auf dem unter dieser Richtlinie fallenden Gebiet erlassen.

Artikel 11

Diese Richtlinie ist an die Mitgliedstaaten gerichtet.

ANHANG

Klauseln gemäß Artikel 3 Absatz 3

1. Klauseln, die darauf abzielen oder zur Folge haben, daß

a) die gesetzliche Haftung des Gewerbetreibenden ausgeschlossen oder eingeschränkt wird, wenn der Verbraucher aufgrund einer Handlung oder Unterlassung des Gewerbetreibenden sein Leben verliert oder einen Körperschaden erleidet;

b) die Ansprüche des Verbrauchers gegenüber dem Gewerbetreibenden oder einer anderen Partei, einschließlich der Möglichkeit, eine Verbindlichkeit gegenüber dem Gewerbetreibenden durch eine etwaige Forderung gegen ihn auszugleichen, ausgeschlossen oder ungebührlich eingeschränkt werden, wenn der Gewerbetreibende eine der vertraglichen Verpflichtungen ganz oder teilweise nicht erfüllt oder mangelhaft erfüllt;

c) der Verbraucher eine verbindliche Verpflichtung eingeht, während der Gewerbetreibende die Erbringung der Leistungen an eine Bedingung knüpft, deren Eintritt nur von ihm abhängt;

d) es dem Gewerbetreibenden gestattet wird, vom Verbraucher gezahlte Beträge einzubehalten, wenn dieser darauf verzichtet, den Vertrag abzuschließen oder zu erfüllen, ohne daß für den Verbraucher ein Anspruch auf eine Entschädigung in entsprechender Höhe seitens des Gewerbetreibenden vorgesehen wird, wenn dieser selbst es unterlässt;

e) dem Verbraucher, der seinen Verpflichtungen nicht nachkommt, ein unverhältnismäßig hoher Entschädigungsbetrag auferlegt wird;

f) es dem Gewerbetreibenden gestattet wird, nach freiem Ermessen den Vertrag zu kündigen, wenn das gleiche Recht nicht auch dem Verbraucher eingeräumt wird, und es dem Gewerbetreibenden für den Fall, daß er selbst den Vertrag kündigt, gestattet wird, die Beträge einzubehalten, die für von ihm noch nicht erbrachte Leistungen gezahlt wurden;

g) es dem Gewerbetreibenden – außer bei Vorliegen schwerwiegender Gründe – gestattet ist, einen unbefristeten Vertrag ohne angemessen Frist zu kündigen;

h) ein befristeter Vertrag automatisch verlängert wird, wenn der Verbraucher sich nicht gegenteilig geäußert hat und als Termin für diese Äußerung des Willens des Verbrauchers, den Vertrag nicht zu verlängern, ein vom Ablaufzeitpunkt des Vertrages ungebührlich weit entferntes Datum festgelegt wurde;

i) die Zustimmung des Verbrauchers zu Klauseln unwiderlegbar festgestellt wird, von denen er vor Vertragsabschluß nicht tatsächlich Kenntnis nehmen konnte;

j) der Gewerbetreibende die Vertragsklauseln einseitig ohne triftigen und im Vertrag aufgeführten Grund ändern kann;

k) der Gewerbetreibende die Merkmale des zu liefernden Erzeugnisses oder der zu erbringenden Dienstleistung einseitig ohne triftigen Grund ändern kann;

l) der Verkäufer einer Ware oder der Erbringer einer Dienstleistung den Preis zum Zeitpunkt der Lieferung festsetzen oder erhöhen kann, ohne daß der Verbraucher in beiden Fällen ein entsprechendes Recht hat, vom Vertrag zurückzutreten, wenn der Endpreis im Verhältnis zu dem Preis, der bei Vertragsabschluß vereinbart wurde, zu hoch ist;

m) dem Gewerbetreibenden das Recht eingeräumt ist zu bestimmen, ob die gelieferte Ware oder erbrachte Dienstleistung den Vertragsbestimmungen entspricht, oder ihm das ausschließliche Recht zugestanden wird, die Auslegung einer Vertragsklausel vorzunehmen;

n) die Verpflichtung des Gewerbetreibenden zur Einhaltung der von seinen Vertretern eingegangenen Verpflichtungen eingeschränkt wird oder diese Verpflichtung von der Einhaltung einer besonderen Formvorschrift abhängig gemacht wird;

o) der Verbraucher allen seinen Verpflichtungen nachkommen muss, obwohl der Gewerbetreibende seine Verpflichtungen nicht erfüllt;

p) die Möglichkeit vorgesehen wird, daß der Vertrag ohne Zustimmung des Verbrauchers vom Gewerbetreibende abgetreten wird, wenn dies möglicherweise eine Verringerung der Sicherheiten für den Verbraucher bewirkt;

q) dem Verbraucher die Möglichkeit, Rechtsbehelfe bei Gericht einzulegen oder sonstige Beschwerdemittel zu ergreifen, genommen oder erschwert wird, und zwar insbesondere dadurch, daß er ausschließlich auf ein nicht unter die rechtlichen Bestimmungen fallenden Schiedsgerichtsverfahren verwiesen wird, die ihm zur Verfügung stehenden Beweismittel ungebührlich eingeschränkt werden oder ihm die Beweislast auferlegt wird, die nach dem geltenden Recht einer anderen Vertragspartei obläge.

2. Tragweite der Buchstaben g), j) und l)

a) Buchstabe g) steht Klauseln nicht entgegen, durch die sich der Erbringer von Finanzdienstleistungen das Recht vorbehält, einen unbefristeten Vertrag einseitig und – bei Vorliegen eines triftigen Grundes – fristlos zu kündigen, sofern der Gewerbetreibende die Pflicht hat, die andere Vertragspartei oder die anderen Vertragsparteien alsbald davon zu unterrichten.

b) Buchstabe j) steht Klauseln nicht entgegen, durch die sich der Erbringer von Finanzdienstleistungen das Recht vorbehält, den von dem Verbraucher oder an den Verbraucher zu zahlenden Zinssatz oder die Höhe anderer Kosten für Finanzdienstleistungen in begründeten Fällen ohne Vorankündigung zu ändern, sofern der Gewerbetreibende die Pflicht hat, die andere Vertragspartei oder die anderen Vertragsparteien unverzüglich davon zu unterrichten, und es dieser oder diesen freisteht, den Vertrag alsbald zu kündigen.

Buchstabe j) steht ferner Klauseln nicht entgegen, durch die sich der Gewerbetreibende das Recht vorbehält, einseitig die Bedingungen eines unbefristeten Vertrages zu ändern, sofern es ihm obliegt, den Verbraucher hiervon rechtzeitig in Kenntnis zu setzen, und es diesem freisteht, den Vertrag zu kündigen.

c) Die Buchstaben g), j) und l) finden keine Anwendung auf

– Geschäfte mit Wertpapieren, Finanzpapieren und anderen Erzeugnissen oder Dienstleistungen, bei denen der Preis von den Veränderungen einer Notierung oder eines Börsenindex oder von Kursschwankungen auf dem Kapitalmarkt abhängt, auf die der Gewerbetreibende keinen Einfluß hat;

- Verträge zum Kauf oder Verkauf von Fremdwährungen, Reiseschecks oder internationalen Postanweisungen in Fremdwährung.

d) Buchstabe l) steht Preisindexierungsklauseln nicht entgegen, wenn diese rechtmäßig sind und der Modus der Preisänderung darin ausdrücklich beschrieben wird.

Gesetz über Unterlassungsklagen bei Verbraucherrechts- und anderen Verstößen (Unterlassungsklagengesetz – UKlaG)

idF v 28. 8. 2002 BGBl I 3422 mit Änderungen, die bei den einzelnen Vorschriften vermerkt sind

Einleitung zum UKlaG

Schrifttum

(s auch Schrifttum zu § 1).

Einzelveröffentlichungen zur Entstehung und zur dogmatischen Erfassung des Gesetzes sind Legion und im Rahmen des Vertretbaren in der nachfolgenden Kommentierung berücksichtigt. Kommentierungen auch in BGB-Kommentaren und Kommentaren zum UWG. Auswahl aus dem Schrifttum:

Göbel, Prozeßzweck der AGB-Klage und herkömmlicher Zivilprozeß (1980)
Halfmeier, Popularklagen im Privatrecht (2006)
Hensen, Zur Effizienz der Verbandsklage nach § 13 AGB-Gesetz, FS Ulmer (2003) 1135 ff.
Greger, Verbraucherschutz- und Wettbewerbsrecht NJW 2000, 2457 ff
Hopt/Baetge, Rechtsvergleichung und Reform des deutschen Rechts- Verbandsklage und Gruppenklage, in: Die Bündelung gleichgerichteter Interessen im Prozeß, Beiträge zum ausländischen und internationalen Privatrecht, Bd 66 (1999) 11 ff
Kohler, Grenzüberschreitende Verbraucherverbandsklage nach dem Unterlassungsklagengesetz im Binnenmarkt (2006)
Köhler: in Köhler/Bornkam, UWG (30. Aufl 2012) Kommentar zum UKlaG
Lindacher, AGB, Verbandsklage und Rechtsschutzsystem, in: FS Deutsche Richterakademie (1983) 209
ders, Zur „Sonderprozeßrechtsnatur" der lauterkeitsrechtlichen Verbands- und Konkurrentenklage sowie der Verbandsklage nach dem AGB-Gesetz ZZP 103 (1990) 397
Micklitz, in: Münchner Kommentar zur ZPO (3. Aufl 2008) Kommentar zum UKlaG
Micklitz/Rott/Docekal/Kolba, Verbraucherschutz durch Unterlassungsklage (2007)
Reinel, Die Verbandsklage nach dem AGBG (1979)
Rott, Stand der grenzüberschreitenden Unterlassungsklage in Europa, ZZPInt 9 (2004) 3
Schaumburg, Neue Verbandsklagen (Übersichtsaufsatz), DB 2002, 723
E Schmidt, Die Verbandsklage nach dem AGB-Gesetz, NJW 1989, 1192
ders, Verbraucherschützende Verbandsklagen, NJW 2002, 28
Ulrici, Kollektiver Verbraucherschutz durch einstweilige Verfügung, WRP 2002, 399.

Stellenwert des UKlaG in der Rechtsordnung

Die Grundidee des Gesetzes geht zurück auf das UWG vom 7. 6. 1909. Man war sich durchaus im Klaren, dass unlauterer Wettbewerb, ausgedrückt in der Terminologie des Verstoßes gegen die guten Sitten, auch die öffentliche Ordnung berührt und nicht nur individuelle Belange konkurrierender Unternehmungen. Dem liberalen Zeitgeist war es aber zuwider, einen öffentlich-rechtlichen Rechtsschutz zu organisieren, Wettbewerbsämter zu kreieren, die Verbotsverfügungen erlassen und Geld- 1 bußen verhängen. Gleichwohl konnte und wollte man es nicht nur der Initiative eines verletzten Konkurrenten überlassen, gegen sittenwidrige Werbung vorzugehen, die sich ja typischerweise gar nicht gegen einen einzelnen Wettbewerber richtet. Daher hat man die notwendige kollektive Reaktion des Rechts ganz ins Privatrecht verlegt. In Gestalt rechtsfähiger Verbände zur Förderung gewerblicher Interessen hat man privatrechtliche Pseudobehörden ermächtigt, im Allgemeininteresse, aber auch und vor allem im Interesse der gewerblichen Marktteilnehmer, einzuschreiten. Sie sollten es aber nicht, wie beliehene Unternehmen, mit einer Verbotsverfügung tun dürfen, die dann vor den Verwaltungsgerichten hätte angefochten werden können. Vielmehr mussten sie das gewünschte Verbot bei den Zivilgerichten suchen. Dies hat man in die Form gekleidet, dass ihnen „Unterlassungs-Ansprüche" und später auch „Widerrufsansprüche" zuerkannt wurden.

2 Das Bewusstsein, dass Verbraucher, ebenso wie gewerbliche Marktteilnehmer, Opfer unlauteren Marktgebarens werden können, kam erst in den sechziger Jahren auf. 1965 (Änderungsgesetz zum UWG, BGBl I 625) erhielten im Wettbewerbsrecht neben den Wirtschaftsverbänden auch die Verbraucherverbände Klagebefugnisse. Im Zusammenhang mit der Diskussion um den Schutz vor allem der Verbraucher vor unangemessenen AGB (zur Gesetzesgeschichte der §§ 13 ff AGBG s Schlosser, in: Schlosser/Coester-Waltjen/Graba Kommentar zum AGBG § 13 Rn 2 ff) war dann Anfang der siebziger Jahre das Thema kollektiver Rechtsschutz der Verbraucher wieder akut geworden. Damals wurde sehr ernsthaft auch ein rein öffentlich-rechtliches Modell diskutiert, dessen radikalste Variante das Verbot von AGB mit Erlaubnisvorbehalt war. Bald wurde allgemein akzeptiert, dass eine privatrechtliche Lösung nicht ausreichend war, die sich darauf beschränkte, unangemessene Bestimmungen in AGB zwar für unwirksam zu erklären, die Gerichte aber nur einzuschalten, wenn im Individualprozess Ansprüche gestützt auf oder bekämpft mit solche(n) Bestimmungen geltend gemacht werden. Auch die privatrechtliche Lösung musste Instrumente schaffen, mit denen unangemessene AGB aus dem Rechtsverkehr verbannt werden konnten, noch bevor sie der anderen Seite, vor allem den Verbrauchern, in der Vertragsabwicklung entgegengehalten werden konnten. Da damals, wegen der 1976 zu Ende gehenden Legislaturperiode, in der Schlussphase der Schaffung des AGBG die Dinge mit Hektik betrieben wurden, hat man sich mehr aus Verlegenheit, denn in Verwirklichung eines gut durchdachten Modells, an die wettbewerbsrechtliche Unterlassungsklage angelehnt, um das privatrechtliche Konzept der „Lauterkeitskontrolle" allgemeiner Geschäftsbedingungen durchzuhalten. Die Grundnorm dieses Konzepts war § 13 AGBG, der die Unterlassungs- und Widerrufsklage begründete. Die Norm ist in ihrem Wortlaut unverändert geblieben, wenn man davon absieht, dass nunmehr auf §§ 307–309 BGB und nicht mehr auf die Vorgängernormen des AGBG verwiesen wird.

Der Vorteil dieser Lösung liegt weniger darin, dass privatrechtliche Verbände initiativberechtigt sind. Es handelt sich bei Letzteren um künstliche Gebilde, die zudem im Wesentlichen aus öffentlichen Mitteln finanziert werden. Welcher Verbraucher ist schon mittelbar oder unmittelbar Mitglied eines „Verbrauchervereins"! Der liberale Zuschnitt der Lösung wirkt sich vor allem darin aus, dass nicht eine immer wieder unter öffentlichen Druck gesetzte Behörde per Verwaltungsakt vorgehen kann, sondern dass schon die erste autoritative Entscheidung von einem unabhängigen und sachkundigen Zivilgericht ausgeht. Die Figur eines privatrechtlichen Anspruchs wirkt in der Tat seltsam, wenn es um die Wahrnehmung kollektiver Interessen eines nicht abgegrenzten Personenkreises gehen soll (insoweit richtig beobachtet von E Schmidt NJW 2002, 2525 ff). Als instrumentale Konsequenz des liberalen Ansatzes ist die Verwendung des zivilrechtlichen Anspruchs dennoch gerechtfertigt, s § 1 UKlaG Rn 3. Zu den Vorteilen dieses zivilrechtlichen Ansatzes gehört auch im Erfolgsfall der Initiative, dass die den Verwender treffenden Abmahn- oder Prozesskosten präventiv wirken. Demgegenüber mag als Nachteil stehen, dass die klagebefugten Stellen nicht – wie öffentliche Behörden – zur Objektivität verpflichtet sind und gelegentlich zu Übertreibungen neigen. Das ist aber bei Behörden, die mit einer dialektischen Aufgabe betraut sind, wie etwa Kartellämtern, auch der Fall. Die knappe Mittelausstattung der Verbraucherverbände wirkt im Übrigen von selbst regulierend.

In den anderen Mitgliedsstaaten der EU wurde zwar in den späten siebziger und **3** beginnenden achtziger Jahren eine Inhaltskontrolle allgemeiner Geschäftsbedingungen in dem Sinne eingeführt, dass inkriminierte Klauseln gegenüber dem anderen Vertragsteil nicht wirksam werden. Gegenüber dem Gedanken, zu einem Instrument zur präventiven Reinhaltung des Marktes von Klauselwerken mit solchem Inhalt zu schreiten, war man jedoch zunächst sehr zurückhaltend (s die Übersicht über die Rechtsentwicklung in den EU-Staaten bei Ulmer/Habersack Einleitung Rn 87 ff). Auch die EG-Richtlinie über missbräuchliche Vertragsklauseln von 1993 (93/13/EWG, s Vorbem 9 zu §§ 305 ff; § 310 Rn 18 ff) erkennt, wohl aus Rücksicht auf die Rechtsordnungen der meisten Mitgliedsstaaten, nur eine recht vage Vorschrift zum abstrakten Marktschutz. Art 7 (Textanhang zu § 310 BGB) sagt lediglich, dass „angemessene und wirksame Mittel" gegen den Missbrauch von Vertragsklauseln vorgesehen werden müssen, und dass diese Mittel auch „Rechtsvorschriften einschließen [müssen], wonach Personen oder Organisationen, die nach dem innerstaatlichen Recht ein berechtigtes Interesse am Schutz der Verbraucher haben … die Gerichte oder die zuständigen Verwaltungsbehörden anrufen können, damit diese darüber entscheiden, ob Vertragsklauseln, die im Hinblick auf eine allgemeine Verwendung abgefasst werden, missbräuchlich sind, und angemessene und wirksame Mittel anwenden, um der Verwendung solcher Klauseln ein Ende zu setzen."

Vielleicht war der Grund für die Zurückhaltung aber auch, dass man schon damals **4** an eine Richtlinie über den abstrakten Schutz von Verbraucherinteressen dachte. Jedenfalls kam es 1998 gegen die deutsche Stimme (Meyer WM 1998, 1508) zu einer solchen Richtlinie (s Anh zum UKlaG), genannt „über Unterlassungsklagen zum Schutze von Verbraucherinteressen", die 2009 in neuer Fassung herauskam. Ihre hervorstechenden Charakteristika sind die folgenden (Baetge 112 ZZP [1999] 331 ff):

a) Sie dient nicht nur dem Schutz des Marktes vor missbräuchlichen Vertragsbedingungen, sondern der Unterbindung von Verhaltensweisen, die in 13 weiteren Richtlinien als gegen die Interessen der Verbraucher verstoßend gebrandmarkt worden sind (näher § 2 UKlaG Rn 12 f).

b) Sie lässt den Mitgliedsstaaten zwar die Option, mit dem Schutz des Marktes auch Verwaltungsbehörden zu betrauen, denen entsprechende Handlungsverpflichtungen auferlegt werden können (ErwGr 9). Jedoch zeigt sich in der Tatsache, dass Gerichte an erster Stelle genannt sind und in der Verwendung des Begriffs „Unterlassungsklagen" (Englisch: action for an injunction, Französisch: action en cassation) schon in der Überschrift der Richtlinie und in mehreren ihrer Bestimmungen, dass das Gesetzeswerk die liberale zivilrechtliche Lösung favorisiert. Allerdings ist einem Mitgliedsstaat, der es so halten möchte, auch die Möglichkeit gegeben, auf Antrag einer „qualifizierten Einrichtung" eine Verwaltungsbehörde über ein Verbot entscheiden zu lassen.

c) Erklärtes Ziel der Richtlinie ist es auch, die „Freizügigkeit" der Unterlassungsklage herzustellen. Darunter versteht man aber nichts weiter, als dass auch auslandsansässige Verbraucherverbände Unterlassungsklagen erheben können, wenn die Geschäftstätigkeit der Beklagten auf das Gebiet ihres Staates übergreift. In § 3 Nr 1 hat dies insoweit seinen Niederschlag gefunden, als allen in der Liste der Kommission eingetragenen Einrichtungen der Anspruch zusteht. Praktische Bedeutung hat diese „Europäisierung" der Unterlassungsklage aber nicht erlangt.

5 Die Umsetzung der Richtlinie geschah zunächst an versteckter Stelle. Das Fernabsatzgesetz von 2000 (BGBl I 897) schuf völlig systemwidrig einen Abschnitt 3 „Sicherung der Anwendung von Verbraucherschutzvorschriften" des AGBG, das neben dem neu geschaffenen § 22a über die Meldung qualifizierter Einrichtungen an die Kommission den anderweit freigewordenen § 22 mit einem neuen Inhalt besetzte, der im Wesentlichen dem jetzigen § 2 UKlaG entspricht (dazu Greger NJW 2000, 2457 ff; zur Vorgeschichte Baetke 112 ZZP [1999] 331 ff).

6 Wie an anderer Stelle näher ausgeführt, hat die Schuldrechtsreform des Jahres 2001 (s Vorbem 16 zu § 305 ff) den Verfahrensteil des als solches aufgehobenen AGBG in ein neues Gesetz, nämlich das hier erläuterte UKlaG, überführt und gleichzeitig die Richtlinie über Unterlassungsklagen zum Schutz der Verbraucherinteressen (s Anh zum UKlaG) umgesetzt (BT-Drucks 14/6040, 37, 274 – Entwurf der Regierungsfraktionen; BT-Drucks 14/6857 Anlage 2, 39 – BR; BT-Drucks 14/6857 Anlage 3, 69 – Gegenäußerung Bundesregierung; BT-Drucks 14/7052, 80, 208 – BT-Rechtsausschuss). Das UKlaG musste daher der Tatsache Rechnung tragen, dass Deutschland die Unterlassungsklage auch zum Schutz der Umsetzungsgesetzgebung zu 13 weiteren Richtlinien zur Verfügung stellen musste. Es hat dies in § 2 getan, in den der Inhalt von § 22 AGBG letzte Fassung überführt wurde.

Anlässlich der Neukonzeption des UWG im Jahre 2004 (UWG v 3. 7. 2004, BGBl I 1414) hat man aber nicht etwa die im alten UWG verankerte Unterlassungsklageberechtigung von Verbraucherverbänden abgeschafft. Vielmehr hat man eine Abstimmung zwischen Unterlassungsklage nach dem UWG und nach dem UKlaG nur insoweit vorgenommen, als die klagebefugten Verbraucherverbände sich nach dem UKlaG richten. Die Befugnisse zur Erhebung der wettbewerbsrechtlichen Unterlassungsklage durch Verbraucherverbände wurden sogar noch erweitert. Jetzt müssen diese Verbände nicht mehr, wie früher, dartun, dass die zu unterlassene Handlung wesentliche Belange der Verbraucher berühren. Der einschlägige Text aus dem UWG (§ 8 Abs 3) lautet:

> **(3) Die Ansprüche aus Abs. 1 [§ 3 UWG nF] stehen zu:**
>
> **...**

3. Qualifizierten Einrichtungen, die nachweisen, dass sie in die Liste qualifizierter Einrichtungen nach § 4 des Unterlassungsklagengesetzes oder in dem Verzeichnis der Kommission der Europäischen Gemeinschaften nach Art 4 der Richtlinie 98/27/EG des Europäischen Parlaments und des Rates vom 19. Mai 1998 über Unterlassungsklagen zum Schutze der Verbraucherinteressen (Abl. EG Nr l 166 S 51) eingetragen sind;

…

(5) § 13 des Unterlassungsklagengesetzes und die darin enthaltene Verordnungsermächtigung gelten mit der Maßgabe entsprechend, dass an die Stelle der Klageberechtigten nach § 3 Abs 1 Nr 1 und 3 des Unterlassungsklagengesetzes die gemäß § 8 Abs 3 Nr 3 und 4 zur Geltendmachung eines Unterlassungsanspruchs Berechtigten, an die Stelle der Klageberechtigten nach § 3 Abs 1 Nr 2 des Unterlassungsklagengesetzes, die gemäß § 8 Abs 3 Nr 2 zur Geltendmachung eines Unterlassungsanspruchs Berechtigten und an die Stelle der in den §§ 1 und 2 des Unterlassungsklagengesetzes geregelten Unterlassungsansprüch, die in § 8 bestimmten Unterlassungsansprüche treten. Im Übrigen findet das Unterlassungsklagengesetz keine Anwendung, es sei denn, es liegt ein Fall des § 4a des Unterlassungsklagengesetzes vor.

Abschnitt 1
Ansprüche bei Verbraucherrechts- und anderen Verstößen

§ 1
Unterlassungs- und Widerrufsanspruch bei Allgemeinen Geschäftsbedingungen

Wer in Allgemeinen Geschäftsbedingungen Bestimmungen, die nach §§ 307 bis 309 des Bürgerlichen Gesetzbuchs unwirksam sind, verwendet oder für den rechtsgeschäftlichen Verkehr empfiehlt, kann auf Unterlassung und im Fall des Empfehlens auch auf Widerruf in Anspruch genommen werden.

Schrifttum (s auch Schrifttumsangaben vor Einl)

Göbel, Prozeßzweck der AGB-Klage und herkömmlicher Zivilprozeß (1980)
Lindacher, Zur „Sonderprozeßrechtsnatur“ der lauterkeitsrechtlichen Verbands- und Konkurrentenklage sowie der Verbandsklage nach dem AGB-Gesetz, ZZP 103 (1990) 397
ders, AGB-Verbraucherverbandsklagen bei transnationaler Klauselverwendung, in: FS vHoffmann (2011) 258
Reinel, Die Verbandsklage nach dem AGBG (1979)
E Schmidt, Die AGB-Verbandsklagebefugnis und das zivilistische Anspruchsdenken, ZIP 1991, 629
Teplitzky, Wettbewerbsrechtliche Ansprüche, Bd 2 (1986).

Systematische Übersicht

Alphabetische Übersicht

I. Allgemeines

1. Grundgedanken der Regelung

1 Die Vorschrift soll im Verein mit den weiteren, das sog „abstrakte Kontrollverfahren" regelnden Bestimmungen in den §§ 5–11 die (potenziellen) Vertragspartner der Verwender schon davor bewahren, mit unwirksamen Klauseln überhaupt konfrontiert zu werden (s Vorbem 7 zu § 305 ff BGB). Allgemeine aufsichtsbehördliche Maßnahmen werden dadurch nicht beschnitten, s Vorbem 23 zu §§ 305 ff BGB. Zur EU-rechtlichen Verwurzelung s Einl zum UKlaG Rn 3.

2. Anwendungsbereich

2 Die Unterlassungs- und Widerrufsklage hat ihren Anwendungsmaßstab nur in den §§ 307–309 BGB über unwirksame AGB, grundsätzlich nicht in den §§ 305 und 306 BGB, die von AGB sprechen, welche nicht Vertragsbestandteil geworden sind. Im Einzelnen dazu unten Rn 12 f. Die Bezugnahme auf §§ 307–309 BGB schließt die Bezugnahme auf § 305 Abs 1, § 307 Abs 3 (s Rn 12) und § 310 Abs 4 BGB ein. Einmal-Klauseln iSv § 310 Abs 2 Nr 2 BGB sind aber kein tauglicher Gegenstand einer Unterlassungsklage, weil in deren Rahmen gar nicht geprüft werden kann, ob der Verbraucher auf den letztlich zustande kommenden Vertragsinhalt Einfluss nehmen konnte bzw (Palandt/Bassenge Rn 7; allgA) kann. Das abstrakte Kontrollverfahren kann in diesem Rahmen gegen AGB jeder Art gerichtet werden, auch gegen solche, die von einer nationalen Behörde genehmigt werden mussten (BGH NJW 1983, 1322 ff; LG Heilbronn WM 3009, 603). Die „internationale" Herkunft des

Klauselwerkes begründet keine Ausnahme (BGH aaO – IATA). Die Richtlinie über Unterlassungsklagen (s Anh zum UKlaG) dient dem Schutz von Kollektivinteressen der Verbraucher, s Art 1 Abs 1. Davon sind die in § 310 Abs 3 Nr 2 u 3 BGB genannten Situationen nicht erfasst. Es besteht also insoweit kein Umsetzungsdefizit (**aA** NASSAL, in: GEBAUER/WIEDMANN, Zivilrecht unter Europäischem Einfluss 1051, 1056).

Die AGB-Verbandsklage und im Individualprozess der Einwand der Unwirksamkeit der AGB stehen grundsätzlich selbständig nebeneinander, da Parteien und Streitgegenstand verschieden sind und keine Rechtskrafterstreckung stattfindet. Für eine Individualklage auf Feststellung, dass einzelne Klauseln nicht Vertragsinhalt geworden sind, fehlt aber regelmäßig das besondere Feststellungsinteresse, wenn die betreffende Klausel schon Gegenstand einer Verbandsklage war. Ein Antrag, der auf Feststellung der Belieferungspflicht ohne Einverständnis des Kunden mit bestimmten Klauseln lautet, wirft ohnehin kein Konkurrenzproblem zur Verbandsklage auf (BGHZ 82, 238 = NJW 1982, 644).

Die Verbandsklage nach dem UWG und nach § 1 überlappen sich in ihrem Anwendungsbereich. Bei einer Klausel, die eine Marktverhaltensregel beinhaltet, besteht Anspruchskonkurrenz (ULMER/WITT Rn 2). Im Allgemeinen sind aber die §§ 305 ff keine Marktverhaltensregeln (OLG Köln NJW 2007, 3647; **aA** KG NJW 2007, 2266 – für Transparenzgebote; KÖHLER NJW 2007, 177 – generell). Eine auf das UWG gestützte Klage von Mitbewerbern, bestimmte AGB nicht zu verwenden, ist daher grundsätzlich nicht möglich (KG NJW 2007, 2266; OLG Stuttgart BB 1987, 2394). Die Vorschrift ist auf vor Inkrafttreten des ABGB bzw des SMG geschlossene Altverträge auch insoweit unanwendbar als sich der Verwender bei deren Abwicklung auf damals einbezogene AGB beruft (BGH NJW 1997, 1068).

II. Die Rechtsnatur der AGB-Verbandsklage

1. Die prinzipielle Anlehnung an die Verbandsklage des Wettbewerbsrechts

3 Der Verbandsklage liegt das aus dem UWG bekannte Grundverständnis (BGH GRUR 60, 379; BGHZ 41, 318 = NJW 64, 1369; BGH GRUR 67, 432; KÖHLER § 13 UWG Rn 4; BAUMBACH/HEFERMEHL § 13 UWG Rn 1 mwNw) eines materiellen Unterlassungsanspruchs zu Grunde. Man wäre anderenfalls gerade im AGB-Recht zu unnötig komplizierter Begriffsbildung gezwungen, wenn man mit § 1 Anschluss an andere Rechtsnormen und -institute finden müsste, wie da etwa sind: Kollisionsrechtliche Anknüpfung (s Rn 5), einstweiliger Rechtsschutz (s Rn 6), negative Feststellungsklage (s Rn 10). Die Annahme materieller Unterlassungs- und Widerrufsansprüche ist daher die sinnvollste begriffliche Zuordnung des Rechtsinstituts zu den dogmatischen Grundvorstellungen des Zivilrechts (st Rspr, vgl nur BGH NJW-RR 90, 887; BGH NJW 1995, 1488 f; statt aller ULMER/WITT Rn 1; WOLF/LINDACHER § 3 Rn 2; REINEL 126 mit jeweils unterschiedlichen aus dem überindividuellen Zweck des Rechtsbehelfs abgeleiteten Akzentuierungen) und hat in § 3 („Ansprüche auf Unterlassung und auf Widerruf stehen zu … “) ebenso wie in § 8 UWG nF ihre Bestätigung gefunden (BT-Drucks 14/2658, 52). Dogmatisches Aufbegehren dahin, dass nur „eingeschränkte Popularklagen“ begründet worden seien (HALFMEIER, Popularklagen im Privatrecht [2006] 275 ff; LAKKIS, Kollektiver Rechtsschutz der Verbraucher in der EU [1997] 124 ff), ist nicht gerechtfertigt. Daher kann der berechtigte Verband auch verzichten (ULMER/WITT Rn 42). Die Ansprüche sind seit 2000 auch

beschränkt abtretbar, s § 3 Abs 1 S 2. Der von MICKLITZ (aaO Rn 2, § 3 Rn 5) entwickelte Ansatz eines „Doppelcharakters" unter Einschluss einer „privatrechlichen Kontrollkompetenz" leidet unter der Ungewissheit, welches Element des „Doppelcharakters" welche Inhaltsbestimmung trägt. Die privatrechliche Anspruchslösung soll auch dazu dienen, mit ihren zivilprozessualen Kautelen, einschließlich des Kostenrisikos, einem jakobinischen Übereifer im Verbraucherschutz vorzubeugen.

2. Die Einfügung einer materiellrechtlichen Konzeption in die begriffliche Vorgabe anderer rechtlicher Regelungsbereiche

a) Der internationale Geltungsanspruch von § 1

4 Wie Verstöße gegen das UWG, gleich ob ein individuell Verletzter oder ein Verband als Kläger auftritt, sind auch die eine Klagebefugnis nach § 1 AGBG auslösenden Verhaltensweisen wie negatorische Ansprüche und damit wie unerlaubte Handlungen anzuknüpfen. So wie für (drohende) unerlaubte Handlungen der Ort ihrer (drohenden) Begehung und für Wettbewerbsverstöße der Marktort maßgebend ist, an dem sie zu befürchten sind (BGH st Rspr, zB NJW 1998, 2532 – jetzt Art 6 Rom II VO), so ist § 1 nur anwendbar, wenn AGB in Deutschland verwandt oder zur Verwendung dort empfohlen werden (BGHZ 182, 24 = NJW 2009, 3371; BGH NJW 2010, 2719). Das schließt bei Distanzgeschäften eine Verwendung gegenüber in Deutschland ansässigen Verbrauchern ein. Der Zweck der Verbandsklage, den inländischen Rechtsverkehr zu schützen (BGHZ 109, 29, 40 = NJW 1990, 317; BGHZ 92, 24, 26 mwNw = NJW 1984, 2468), bedingt dabei, dass nicht schon jede auf AGB bezogene inländische Handlung die Anwendung des § 1 nach sich zieht, sondern nur eine engere Inlandsbeziehung, die die Gefahr der Wiederverwendung im Inland, s Rn 20, mit sich bringt (im Inland wird für die entsprechenden Verträge geworben oder die Vertragsabwicklung soll wenigstens zum Teil im Inland erfolgen). Fehlt es an einer solchen Inlandsbeziehung, so hat die Kontrolle dieser AGB allein im jeweiligen Verwendungsland zu geschehen (**aA** LINDACHER aaO 260; KOCH 113 ZZP [2000] 413, 440). Die in den AGB vorgesehene Anwendung deutschen Rechts oder die Anwendbarkeit von Art 6 Rom II VO genügen nicht. Der dortige Begriff „die kollektiven Interessen der Verbraucher" ist aber von den Absätzen 2 und 3 mitgemeint (PALANDT/THORN Art 6 Rom II VO Rn 11; STAUDINGER/CZAPLINKSKI JNW 2009, 3375 – zu Recht gegen BGH aaO, der Art 4 anwenden will, aber übersieht, dass Art 6 eine Konkretisierung letzterer Norm ist), ohne dass es im Einzelfall auf die lauterkeitsrechtliche Marktbezogenheit einer Klausel ankäme. Für die Kontrolle von AGB, die den inländischen Rechtsverkehr nicht betreffen, fehlt es also an der Aktivlegitimation der Verbände, um Unterlassung, gestützt auf § 1, zu begehren. Im Rahmen der heutigen Globalisierung wird jedoch immer häufiger von einer potenziellen Gefährdung des inländischen Rechtsverkehrs ausgegangen werden können, man denke dabei nur an den „electronic commerce" im Internet. Strittig ist aber, ob auch Verstöße gegen ausländisches Recht gerügt werden können (offengelassen von BGHZ 112, 204 = EuZW 1990, 546; dafür KOCH JZ 1991, 1039, 1040). Jedenfalls können auch ausländische Verbände, die nach § 3 Abs 1 Nr 1 klageberechtigt sind, nur Unterlassungsansprüche nach ihrem eigenen Recht geltend machen, wenn sie in Deutschland klagen, die AGB aber nur auf dem Gebiet ihres eigenen Staates verwendet werden. Soll gegen den Verwender grenzüberschreitend „einheitlich" vorgegangen werden, so lässt am besten ein Kläger die Ansprüche nach § 3 Abs 1 S 2 abtreten. Wegen der Unterschiede im anwendbaren Recht muss

aber auch dann die Entscheidung nicht für alle Verwendungsländer einheitlich ausfallen.

Zur internationalen Zuständigkeit der deutschen Gerichte s § 14 Rn 3. Die AGB-Verbandsklage ist Zivilsache iSd Art 1 Abs 1, Art 5 Nr 3 EuGVVO/LugÜ (BGH aaO; BGHZ 109, 29 = NJW 1990, 317; BGHZ 119, 152 = NJW 1992, 3158). Das anwendbare Recht bemisst sich nach Art 6 Rom II VO (BGH: Art 4, s oben), soweit die „Verwendung" in Betracht kommt. Hinsichtlich der Wirksamkeit von Klauseln gilt aber das Vertragsstatut einschließlich der in den angegriffenen AGB vorgenommenen Rechtswahl. Für die Luftbeförderung von Personen hat der BGH (aaO) Art 28, 31 EGBGB aF anwenden wollen und damit auf die engste Verbindung abgestellt. Seit Inkrafttreten der Rom II VO ist dieser Ausgangspunkt weggefallen. Für Beförderungsverträge gilt Art 5 Rom I VO (BGH NJW 2010, 2719; Einzelheiten bei Ulmer/Witt § 4a Rn 8 ff).

b) Einstweiliger Rechtsschutz

5 Das AGBG kannte keine dem § 12 UWG entsprechende spezielle Vorschrift über einstweiligen Rechtsschutz. Doch muss ein solcher auch im Bereich der AGB-Verbandklage zur Verfügung stehen (st Rspr und allgM schon vor Inkrafttreten des UKlaG), zumal die Unterlassungsklagerichtlinie es in Art 2 ausdrücklich verlangt (OLG Frankfurt NJW 1989, 1489; OLG Düsseldorf NJW-RR 1989, 765). Mit der in § 5 angeordneten entsprechenden Anwendung von § 12 Abs 2 UWG ist zudem bezüglich des einstweiligen Rechtsschutzes Klarheit geschaffen worden. Frühere Kontroversen (s etwa Maly NJW 1989, 1472) sind damit obsolet geworden. Ein von einem materiellen Unterlassungsanspruch losgelöstes Verständnis von § 1 ließe für ihn nur über künstlich einzuführende begriffliche Brücken Raum. Denn eine irgendwie geartete Befugnis von Verbänden kann, wenn ihr materiellrechtliches Substrat abgeht, im Sinne von § 935 ZPO in seiner „Verwirklichung" niemals vereitelt oder wesentlich erschwert werden.

Im Wettbewerbsrecht wird aus § 12 UWG geschlossen, dass allein die Begehungsgefahr glaubhaft zu machen ist und daraus ohne weiteres die Dringlichkeit der Verfügung zu folgern ist. Seit der frühere § 15 AGBG auf § 25 UWG aF und § 5 nunmehr auf § 12 Abs 2 nF verweist, gilt dieser auch für die AGB-rechtliche Verbandsklage.

Im Einzelnen gilt Folgendes:

6 Der **Verfügungsanspruch** ist glaubhaft zu machen. Dazu gehört sicherlich die Tatsache der Verwendung der angegriffenen AGB. Die Wiederholungsgefahr (s Rn 20) ist Bestandteil des Unterlassungsanspruchs. Bestandteil des Verfügungsanspruchs ist in jedem Fall, dass die angegriffenen Klauseln tatsächlich gegen §§ 307 BGB ff verstoßen. Nach §§ 936, 920 Abs 2 ZPO ist dies „glaubhaft" zu machen. Nur in den seltensten Fällen wird es sich freilich insoweit um *Tatsachen* handeln, die glaubhaft zu machen sind. Entgegen hM (MünchKommZPO/Drescher § 920 Rn 10; Wieczorek/Thümmel § 920 Rn 13; OLG Hamburg WRP 1992, 493; **aA** aber Stein/Jonas/Grunsky[22] § 920 Rn 4) muss aber im einstweiligen Verfügungsverfahren auch die dem Antragsteller günstige *Rechtslage* nur wahrscheinlich („glaubhaft") sein, um den Erlass der Maßnahme zu rechtfertigen. Das Gericht braucht im Eilverfahren noch keine festen Rechtsansichten zu entwickeln (so mit Recht Leipold, Grundlagen des einstweiligen Rechts-

schutzes [1971] 64 f; GRUNSKY ZZP 85, 362; ZÖLLER/VOLLKOMMER § 922 Rn 6). Die dem Antragsteller günstige Rechtslage kann insbesondere dadurch glaubhaft gemacht sein, dass inhalts- oder gar textgleiche Bedingungen von Parallelverwendern oder von Empfehlern bereits in einem Unterlassungsverfahren für unwirksam erklärt wurden, das gegen diese angestrengt worden war. Das Institut der einstweiligen Verfügung bietet sich zur raschen Breitenumsetzung von Unterlassungsurteilen, die gegen einen Verwender oder einen Empfehler ergangen sind, geradezu an.

Die Dringlichkeit, der **Verfügungsgrund**, ist nicht mehr (s Rn 5) gesondert glaubhaft zu machen. Die diesbezügliche frühere Kontroverse (s STAUDINGER/SCHLOSSER [1998] § 13 AGBG Rn 8) hat sich erledigt. Die in der Praxis gelegentlich zu beobachtende Tendenz, einstweilige **Verfügungen** prinzipiell **ohne mündliche Verhandlung** zu erlassen, ist ein arger Missstand. So akut können die Verbraucherbelange nur selten gefährdet sein, dass ihr Schutz nicht einmal mehr einen kurzfristig anzuberaumenden Verhandlungstermin vertrüge (so auch OLG Hamm EWiR 1986, 219). Im AGB-Recht haben Überlegungen dazu, dass ein klagender Verband zu lange zugewartet haben mag, um Klage zu erheben, schon im Prinzip keine Berechtigung, weil letztlich die Belange der Vertragspartner des Verwenders und nicht nur ein subjektives Recht des Verbandes geschützt werden sollen (ULMER/SCHMIDT § 5 Rn 12). 7

Der Inhalt einer einstweiligen Verfügung muss nämlich entgegen ganz vorherrschender Praxis nicht und darf daher im Allgemeinen auch nicht immer auf Unterlassung der Verwendung bestimmter Klauseln gerichtet sein (ULMER/SCHMIDT Rn 13, hA und allgemeine Praxis). Die Richtlinie ist in diesem Punkt auch nur ganz allgemein gehalten. Es genügt mitunter, dem Verwender aufzugeben, durch einen gegebenenfalls aufzustempelnden Zusatz zu seinem Bedingungswerk seine Vertragspartner darauf aufmerksam zu machen, dass die Zulässigkeit bestimmter Klauseln zur Zeit gerichtlich überprüft wird und diese daher nur angewandt werden, wenn das Gericht sie als mögliche vorformulierte Inhalte vertraglicher Einbeziehung bestätigt. Dem Empfehler kann im Wege einstweiliger Verfügung aufgegeben werden, den Verwendern anzuraten, bis zum Abschluss des Hauptverfahrens ihren AGB solche Zusätze beizufügen. Allen berechtigten Belangen einstweiligen „Rechtsschutzes" wird dadurch Rechnung getragen. Steht jedoch die Unwirksamkeit einer Klausel aufgrund höchstrichterlicher Rspr fest, so ist auch eine den begehrten Anspruch in der Hauptsache vorwegnehmende einstweilige Verfügung angebracht. Deshalb kann sich der Verband auch schon im Verfahren des einstweiligen Rechtsschutzes gegen die Abwicklung der Vertragsverhältnisse auf der Basis der angegriffenen Klausel wenden (OLG Braunschweig ZUM 2012, 142). Eine auf Widerruf gerichtete einstweilige Verfügung würde jedoch die Hauptsache auf Dauer vorwegnehmen und ist daher unzulässig (allgM). 8

Wie im Wettbewerbsrecht spielt die Unterscheidung zwischen § 935 und § 940 ZPO als Grundlage der einstweiligen Verfügung keine Rolle.

c) Offizialprüfung der subjektiven „Klage"-berechtigung?

In einer Beziehung zwingt ein materiellrechtliches Verständnis der AGB-Verbandsklage zu einer Konsequenz, die inzwischen auch für das Lauterkeitsrecht gezogen worden ist. Man sagt, ob ein klagender Verband die Eigenschaften aufweise, die nach § 8 UWG Voraussetzung seiner Klageberechtigung sind, sei von Amts wegen 9 zu prüfen, weil es sich nicht nur um die „Aktivlegitimation", sondern auch um die „Prozessführungsbefugnis" des Klägers handele (BGH st Rspr, zuletzt NJW 1997, 1702, 1703; BGH NJW-RR 2005, 1128). Im Allgemeinen steht dem Inhaber der Aktivlegitimation aber auch die Prozessführungsbefugnis zu. Dann sind nicht etwa alle Voraussetzungen der Aktivlegitimation als solche auch der Prozessführungsbefugnis von Amts wegen zu prüfen. Vielmehr entfällt dann eine gesonderte Prüfung der Letzteren. Sie spielt nur eine Rolle, wenn sie von der Aktivlegitimation abgespalten ist und einem anderen Rechtssubjekt zur ausschließlichen oder konkurrierenden Wahrnehmung übertragen wurde (Zöller/Vollkommer vor § 50 ZPO Rn 18 f). Mag im Wettbewerbsprozess die Vorstellung mitschwingen, „eigentlich" stünden die von den Verbänden geltend gemachten Ansprüche den Verletzten zu: Mit einer materiellrechtlichen Deutung der in § 8 UWG verankerten Befugnis der Verbände (Rn 3) ist eine von Amts wegen zu veranstaltende Prüfung von deren „Prozessführungsbefugnis" aber nicht vereinbar. Die Verbände klagen aufgrund der in ihrer eigenen Aktivlegitimation steckenden Prozessführungsbefugnis (so mit Recht Bettermann ZZP 85 [1972] 135). Im Hinblick auf die AGB-rechtliche Unterlassungs- und Widerrufsklage, für die es an Ansprüchen individuell Verletzter gänzlich fehlt, ist für eine andere Sicht erst recht kein Raum (Greger NJW 2000, 2425; Balzer NJW 1992, 2721, 2726 f; **aA** AnwKommentar/Walker Rn 1; Lindacher ZZP 103, 397, 409; Wolf/Lindacher § 3 Rn 22 f). Auch die rechtspolitische Funktion der den Verbänden verliehenen Berechtigung fordert die Berücksichtigung von Amts wegen nicht (**aA** Lindacher aaO; Palandt/Bassenge Rn 2). Etatistische Ideologie fürchtet, dass die Parteidisposition über die Klagebefugnis Unheil stiften könnte. Die klagende Einrichtung wird nach Klageerhebung aber sicherlich niemals zu Unrecht das Fehlen ihrer Klageberechtigung einräumen. Eher wird sie die Klage zurücknehmen oder auf sie verzichteten (s § 8 Rn 8 ff). Der Beklagte aber muss nicht mehr davor geschützt werden, von einem in Wirklichkeit nicht klagebefugten Verband in Anspruch genommen zu werden, als er gegen sonstige unrichtige Tatsachenbehauptungen im Prozess geschützt werden muss.

d) Negative Feststellungsklage

10 Rechtspolitisch gibt es keinen Grund, eine negative Feststellungsklage gegen einen Verband nicht zuzulassen, der die Unwirksamkeit von AGB-Klauseln behauptet oder gar ihretwegen eine Abmahnung ausgesprochen hat (Palandt/Bassenge § 5 Rn 13; Ulmer/Witt § 5 Rn 24a; Wolf/Lindacher § 5 Rn 70 f). Eine andere als an den Ansprüchen orientierte Deutung der Verbandsklage nach dem UKlaG hätte es schwer, ein „Rechtsverhältnis" im Sinne von § 256 ZPO zu finden, dessen Nichtbestehen festgestellt werden soll.

Am **Rechtsschutzbedürfnis** fehlt es freilich, wenn der Prozessgegner kein vom Kläger unabhängiger Verein ist, und das Verfahren dem Zweck dienen soll, dem Unternehmer eine gerichtliche „Genehmigung" seiner Bedingungen zu verschaffen. Da der klagende Unternehmer die materielle Beweislast für das Vorliegen der tatsächlichen Voraussetzungen eines Rechtsschutzbedürfnisses trägt (BGH NJW-RR 2006, 138 für Fortbestehen der Zwangsverwaltung, aber verallgemeinerungsfähig), schließt bereits ein nicht ausgeräumter Verdacht der verbandsmäßigen Abhängigkeit des Beklagten vom Kläger die Zulässigkeit der Klage aus. Nicht ist es aber Voraussetzung für ein *Rechtsschutzbedürfnis,* dass der beklagte Verband erfolglos zur Rücknahme seiner Äußerung über die AGB des Klägers aufgefordert wurde (**aM** Ulmer/Witt aaO). Das streitige Rechtsverhältnis kann abgekürzt in der Form der Feststellung „der Wirksamkeit der Klauseln“ angesprochen werden (so mit Recht PALANDT/BASSENGE § 5 Rn 12; MünchKommZPO/MICKLITZ § 5 Rn 7). Für die Klage gelten die §§ 5, 6, 8, 9 Nr 1, 2, 12 grundsätzlich analog (WOLF/LINDACHER aaO; MünchKomm/MICKLITZ § 15 AGBG Rn 13; PALANDT/BASSENGE § 5 Rn 3; ULMER/WITT aaO). Das Rechtsschutzbedürfnis entfällt nachträglich, wenn der angegriffene Verband mit der Unterlassungsklage kontert (MünchKommZPO/MICKLITZ aaO Rn 7). §§ 5–11 sind sinngemäß anzuwenden. Zur örtlichen Zuständigkeit s § 6 Rn 2.

III. Die Unterlassungs- und die Widerrufsverpflichtung

1. Die Verwendung bzw Empfehlung unwirksamer AGB-Klauseln als der die Verpflichtung auslösende Vorgang

a) Klausel(n) als Angriffsobjekt

Jede inhaltlich selbständige Klausel bzw jeder inhaltlich selbständige Klauselteil ist 11
zusammen mit dem dazugehörigen Lebenssachverhalt (Tatsachen, die die Wiederholungsgefahr begründen; Empfehlungshandlung) tauglicher Gegenstand der Verbandsklage, für deren Zulässigkeit es nicht darauf ankommt, aus welchen rechtlichen Gesichtspunkten die Unwirksamkeit hergeleitet wird (TESKE EWiR 1992, 417 f). Äußerlich einheitliche, sprachlich zusammengefasste, aber inhaltlich teilbare Klauseln sind daher in ihren unwirksamen Teilen zum Gegenstand des Angriffes zu machen (BGH NJW 1982, 178). Für die Bestimmung der Streitgegenstände ist nicht maßgeblich, ob die Klage auf einen oder verschiedene rechtliche Gesichtspunkte für die Unwirksamkeit einer Klausel gestützt wird. Daher ist nicht etwa eine Teilabweisung auszusprechen, falls das Gericht nur ein Klauselverbot für gegeben hält, solange es jedenfalls aus irgendeinem Grund den Angriff für berechtigt erachtet (BGH NJW 1993, 2052 f mit ergiebigen Ausführungen zum Streitgegenstand im Rahmen des § 13 AGBG). Gegenstand der Überprüfung ist nur die Fassung der Klausel, die vom Gegner im Rechtsverkehr verwendet bzw empfohlen wird. Es ist somit unzulässig, eine inhaltlich nicht teilbare Klausel nur partiell und uU in ihrer Aussagekraft daher verändert anzugreifen (BGH NJW 1995, 1488, 1489 für eine Unterlassungsklage). Andererseits kann man zwar äußerlich getrennte Klauseln im Klageantrag zusammenfassen, soweit dadurch ihr Bedeutungsgehalt nicht verändert wird (etwa falls Klauseln, die die Gewährleistung betreffen und in den AGB verstreut und inhaltlich zum Teil sich überschneidend mit eigenen Ordnungszahlen enthalten sind, vgl BGH NJW-RR 1990, 1141 = EWiR 1990, 629 f Anm LINDACHER).

Notwendige Konsequenz der inhaltlichen Trennbarkeit einzelner Klauseln und Klauselteile ist, dass die Klauseln beschränkt auf ihren wirksamen Teil aufrechterhalten bleiben (BGH NJW 1985, 320; BGH WM 1981, 1354, 1357; WM 1984, 663, 665; BGH 1984, 986, 987). Klauseln mit Leerräumen sind AGB, wenn die Ergänzungen unselbständig sind. Die freie Vereinbarung einzelner Klauselelemente macht dann nicht die ganze Klausel zu einer ausgehandelten Vereinbarung (s § 305 BGB Rn 40). Es können freilich auch nur einzelne Ausfüllungsalternativen angegriffen bzw verboten werden (BGH NJW 1992, 503), wenn sie textlich vorgegeben sind. Ist dies nicht der Fall, so ist die Klausel insgesamt zu verbieten, wenn nur eine einzige Ausfüllungsmöglichkeit zur Unwirksamkeit führt (BGH NJW 1993, 1651 – handschriftliche Einfügung des Beginns der zwei Jahre dauernden Wartungspflicht im Rahmen eines viel früher abgeschlossenen Vertrags). Im Falle von Auslegungszweifeln ist eine Klausel in ihrer **kundenfeindlichsten Auslegung** Gegenstand der Kontrolle (s § 305c Rn 108 ff).

Eine faktische Vertragsabwicklungspraxis ist aber keine Verwendung von AGB, auch wenn für den Inhalt verbotener Klauseln nunmehr ergänzende Vertragsauslegung beansprucht wird (OLG Braunschweig VersR 2003, 1111). Eine „Verwendung" liegt nicht vor, wenn nach Rechtskraft des Unterlassungsurteils die Rückabwicklung bereits durchgeführter Verträge verweigert wird (LG Bamberg VersR 2011, 865).

b) Kontrollmaßstab

12 Eine Unterlassungs- oder Widerrufsverpflichtung löst nach dem Wortlaut des Gesetzes nur der Gebrauch solcher AGB-Klauseln aus, „die **nach §§ 307–309** dieses Gesetzes unwirksam sind", wozu natürlich auch gehört, dass sie von § 307 Abs 3 BGB erfasst werden (BGHZ 91, 55 = NJW 1984, 2161; BGHZ 116, 1 = NJW 1992, 179; BGH NJW 2009, 2051; LG München I WuM 2008, 100 – Koppelung des Gaspreises an den Ölpreis nicht kontrollfähig). Das BGB versucht klar, diese Art von Bedingungen von solchen zu unterscheiden, die nicht Vertragsbestandteil werden (§§ 305 Abs 2 bis 305c Abs 1 BGB). Im Individualverhältnis zwischen Verwender und seinem Vertragspartner macht es freilich keinen Unterschied, ob eine Bestimmung „unwirksam" ist oder „nicht Vertragsbestandteil" werden kann (s § 305c BGB Rn 2). Wichtig ist die Abgrenzung außer für den innerunternehmerischen Verkehr, für den die §§ 308 und 309 BGB nicht gelten, für den Anwendungsbereich des § 1 UKlaG, für welchen Klauseln nicht schon deshalb ein geeignetes Anknüpfungsobjekt sind, weil sie nach §§ 305c Abs 1 (BGH NJW-RR 1987, 45; OLG Düsseldorf NJW-RR 2005, 1692 OLG Koblenz NJW 1989, 2950, 2951 – Leichensektionsklausel) und 305b BGB nicht Vertragsbestandteil werden können (BGH NJW 1983, 2026, allgM). Die Einbeziehungspraxis des Verwenders ist nicht Gegenstand des UKlaG (BGH NJW-RR 2003, 103; OLG München MMR 2010, 53 – bezüglich gesetzlicher Formvorschriften für Gültigkeit einer Erklärung; OLG Brandenburg NJW 2001, 488 – Lesbarkeit der AGB). Eine Ausnahme machte aber der BGH für die Anpassung von Versicherungsbedingungen nach § 178g Abs 3 VVG aF = § 203 nF – begründet mit dem Fehlen einer sonstigen Einbeziehungskontrolle (BGH NJW-RR 2008, 624 insoweit unter Aufgabe von NJW-RR 2003, 103: anders noch OLG Köln VersR 2006, 1113). Der BGH hat es auch abgelehnt, tendenziell, also unabhängig vom Einzelfall, überraschende Klauseln der abstrakten Kontrolle zu unterziehen, s Rn 17. Jedoch fällt eine Klausel nicht allein deshalb aus dem Anwendungsbereich von § 1 UKlaG, weil sie sich im Individualprozess auch wegen ihres überraschenden oder individualvertragswidrigen Charakters oder wegen einer dem § 305 Abs 2 BGB nicht Rechnung tragenden Einbeziehungspraxis als ungeeignet herausstellen würde, Vertragsbestandteil zu werden (BGH st Rspr, zuletzt BGHZ 95, 362 = NJW 1986, 46, s § 3 Rn 2).

Im Verfahren nach § 1 wird also grundsätzlich eine vom Einzelfall losgelöste abstrakte Wirksamkeitsprüfung vorgenommen, so dass prinzipiell die vom Einzelfall abhängigen **Einbeziehungsfehler** nicht kontrolliert werden können. Kontrollfähig und nach § 307 BGB unwirksam sind aber Klauseln, die §§ 305 Abs 2, 305b, 305c BGB tendenziell modifizieren wollen, s Rn 14, 17.

13 Nach der Rspr sollen nur solche Umstände, insbesondere nur solche zur besseren Transparenz gemachte Zusatzinformationen, Berücksichtigung finden, die Bestand-

teil der AGB selbst sind; außerhalb des AGB-Textes dem Kunden gegebene Zusatzinformationen sollen daher keine Rolle spielen (st Rspr zuletzt BGH NJW 1999, 2180, 2182; BGH NJW 1997, 1068 ff; BGH RuS 1996, 123; BGH NJW 1992, 3; h LitM, zB ULMER/WITT Rn 11). Nicht ganz unproblematisch ist es zwar, ob man nach dieser Regel auch solche Umstände des Vertragsschlusses unbeachtet lassen muss, die regelmäßig für eine Vielzahl von Fällen vorliegen und deren Berücksichtigung sehr wohl im Rahmen des Schutzzweckes des Verfahrens nach § 1 lägen. Wird zum Beispiel der Vertragsschluss regelmäßig durch Übergabe eines Werbeprospektes vorbereitet und führen erst die darin enthaltenen Werbeaussagen in Verbindung mit den AGB zu einer Intransparenz der Letzteren, so ist man instinktiv geneigt, auch solche Umstände zu berücksichtigen (so LINDACHER NJW 1997, 2741; **aA** BGH NJW 1992, 3 = JZ 1992, 643, 644 abl KÖNDGEN). Es würde aber zu unübersichtlichen Abgrenzungsfragen führen, wenn man auf diese Weise von einer anderen AGB-Definition als der von § 305 BGB ausginge (**aA** MünchKommZPO/MICKLITZ Rn 9). Mit der Klage nach § 1 soll eine Handhabe dafür bestehen, die große Masse unwirksamer AGB-Bestimmungen aus dem Verkehr zu zwingen. Unter Überperfektionismus würde nur die praktische Handhabung des Systems leiden. Besser nimmt man in Kauf, dass gelegentlich Unwirksames scheinbar zum Vertragsbestandteil wird, das mit Mitteln des UKlaG nicht erreichbar ist, als dass die Verwendung von Klauseln verboten wird, obwohl – bisher – nach der Vertragsabschlusspraxis der andere Vertragsteils keine Unbill erleidet.

Wenn durch Regelungen in den AGB selbst abstrakt die Geltung der §§ 305–305c BGB eingeschränkt oder ganz ausgeschlossen werden sollen, können sie eben durch die Abänderung dieser gesetzlichen Regelungen gegen § 307 BGB verstoßen und unterliegen der Kontrolle nach § 1 (MünchKomm/MICKLITZ § 13 AGBG Rn 41 ff; WOLF/LINDACHER Rn 18), s Rn 17, 18. Die schlichte Versendung von Neufassungen von AGB, auch im Verhältnis zu Dauerkunden, reicht aber nicht aus (BGH NJW-RR 2003, 103), auch wenn die nunmehrige „Geltung“ des Klauselwerks behauptet wird, s auch Rn 12. **14**

Klauseln, die sich gegen den Grundsatz des **Vorranges der Individualabrede** richten, sind nach § 307 BGB unwirksam und unterliegen dem Unterlassungsanspruch nach § 1 (BGH NJW 1985, 320, 322; BGH NJW 1987, 1931 BII4; BGH NJW 1995, 1488, 1489 zu einer Schriftformklausel). Dasselbe gilt für Klauseln, die das Verhältnis von Einzelabreden und AGB missverständlich ausdrücken (BGHZ 131, 392 = NJW 1997, 1346). Manche der in den §§ 308, 309 BGB enthaltenen Regelungen über die Unwirksamkeit bestimmter Klauseln sind Sonderausprägungen des Schutzes von Individualvereinbarungen (s § 305b BGB Rn 4 ff) und daher ebenfalls mit der durch Verbandsklage zu realisierenden Unterlassungs- und Widerrufsverpflichtung sanktioniert. Klauseln, die sich zwar auf Individualvereinbarungen beziehen oder beziehen können, aber ohne Rücksicht auf die Kenntnis vom Inhalt einer konkreten Individualvereinbarung bewertbar sind, weil sie sich tendenziell gegen Individualvereinbarungen wenden, können auch nach § 307 BGB unwirksam sein und Grundlage eines Unterlassungs- oder Widerrufsanspruchs werden (BGHZ 92, 24, 26 = NJW 1984, 2468; s § 5 Rn 7). **15**

Da die **Intransparenz einer Klausel nach § § 307 Abs 1 S 2 BGB** zu deren Unwirksamkeit führen kann (s STAUDINGER/COESTER § 307 BGB Rn 121 ff), kann eine solche Klausel auch mit der abstrakten Kontrollklage bekämpft werden (BGH NJW 1991, **16**

2559; BGHZ 116, 1, 3 = NJW 1992, 179 m Anm HENSEN; BGH NJW 1996, 1346). Nach der allgemeinen Regel, dass im Verfahren nach § 1 die Umstände des Einzelfalles nicht berücksichtigt werden können, ist es dem Verwender nicht möglich, einzuwenden, er habe durch Zusatzinformationen die angegriffene Klausel transparent gemacht. Im Folgeverfahren nach §§ 890 ZPO, 11 UKlaG kann er sich jedoch darauf berufen, dass im Einzelfall die Klausel etwa durch Zusatzinformationen durchschaubar gemacht wurde. Im Verfahren nach den §§ 1 ff führt dieser Einwand aber nicht zu einem eingeschränkten Klauselverbot (BGHZ 116, 1, 3 = NJW 1992, 179). Das Gleiche gilt für den Einwand, die Klausel sei nicht isoliert, sondern mit Zusatzinformationen zu Optionsmöglichkeiten des Kunden verwendet worden (BGHZ 127, 36 = NJW 1994, 2693 – Laufzeit von Versicherungsverträgen). Im Rahmen der Erstbegehungs- bzw Wiederholungsgefahr ist jedoch berücksichtigungsfähig, wenn der Verwender regelmäßig zusätzliche Aufklärung leistet (WOLF/LINDACHER Rn 24). Wegen Intransparenz können auch Klauseln bekämpft werden, die der Inhaltskontrolle wegen § 307 Abs 3 nicht unterliegen (LG Köln WM 2001, 1946).

17 Tendenziell überraschende Klauseln können zwar gerade wegen dieser ihrer Eigenschaft iSv § 307 BGB unangemessen sein (s § 305c BGB Rn 2). Der BGH hat es zu Recht abgelehnt, auch § 305c Abs 1 BGB als Prüfungsmaßstab für diese Klage anzuerkennen (BGH MDR 1983, 113, BGH NJW-RR 2003, 103; BGHZ 116, 1 = NJW 1992, 179; BGH NJW 1990, 2313, 2314; NJW 1987, 1886; BGH NJW-RR 1987, 45; OLG Brandenburg ZMR 2004, 743; **aA** WOLF/LINDACHER Rn 42; ULMER/WITT Rn 8; ACKMANN JZ 1990, 925; KOLLER, in: FS Steindorff [1990] 667, 685 f; HANSEN WM 1990, 1521, 1526). Der gesetzliche Ausdruck ist in diesem Punkt unmissverständlich. Allerdings sind Klauseln bekämpfbar, die eine Einbeziehung für sie selbst spezifisch vortäuschen.

18 Ein Schluss de minore ad maius führt dazu, § 1 auch dann für anwendbar zu halten, wenn in AGB Klauseln enthalten sind, die **gegen allgemein zwingendes Recht verstoßen**, etwa Gerichtsstandsbestimmungen enthalten (BGH NJW 1995, 1554; allgM; BGHZ 118, 194 = NJW 1992, 1759; BGHZ 108, 1 = NJW 1989, 2247; BGH NJW 1987, 2867; BGHZ 86, 284 = NJW 1983, 1322; BGH NJW 1989, 1673) oder allgemein zwingenden Haftungsregeln widersprechen (OLG Düsseldorf WRP 2010, 802). Auch ein Verstoß gegen datenschutzrechtliche Gesetzesbestimmungen ist rügbar (BGH NJW 2003, 1237; BGHZ 95, 362 = NJW 1986, 46; BGH NJW 2008, 3055, BGH NJW 2010, 864 – implizit, aber im konkreten Fall keine Abweichung von Rechtsvorschriften feststellend). Auch Verstöße gegen das AGG können aufgegriffen werden (ULMER/WITT Rn 12). Selbst die Unwirksamkeit einer Vermittlerklausel kann mit der Unterlassungsklage angegriffen werden (BGH NJW 1992, 3158, 3160). Das Gleiche gilt, wenn die AGB Klauseln enthalten, die in der Form nicht zum Vertragsbestandteil werden können, die das Klauselwerk als Vertragsform voraussetzt. Schließlich ist auch § 305 Abs 2 BGB eine zwingende Vorschrift, so dass die abstrakte Kontrollklage durchaus zur Verfügung steht, wenn AGB etwas davon Abweichendes suggerieren (BGH NJW 1991, 1750).

Die Beweislast für die in Rn 11–18 genannten Voraussetzungen trägt der Kläger (BGHZ 112, 204 = NJW 1991, 36).

2. Die Unterlassungsverpflichtung

19 Der Begriff „verwendet“ ist in § 1 (s § 305 BGB Rn 33) weiter als jener, der die

Tätigkeit des „Verwenders" in § 305 Abs 1 BGB beschreibt. Eine „Verwendung" liegt auch darin, dass man sich **bei Vertragsabwicklung auf eine Klausel beruft** (BGH NJW 2010, 989 Nr 18; BGHZ 127, 35 = NJW 1995, 2693; BGH NJW 1995, 2710; BGHZ 116, 1 = NJW 1992, 179; BGH NJW-RR 1988, 819; BGH NJW 1984, 2468; NJW 1983, 1320; NJW 1981, 1511; OLG Braunschweig ZUM 2012, 142), was auch im Urteilstenor eigens verboten werden kann, oder dass man die geschehene Einbeziehung von AGB zu Unrecht beansprucht, etwa durch Aufdrucke auf Rechnungen oder Lieferscheinen (BGH NJW 1987, 2867; LG München BB 1979, 1789; Ulmer/Witt Rn 34). Der Erfolg der Klage nach dem UKlaG setzt nur voraus, dass der als Verwender in Anspruch Genommene Anstalten gemacht hat, das Bedingungswerk einem Vertragsschluss zu Grunde zu legen oder jedenfalls auf dem Markt in einer Weise aufgetreten ist, die seinen Willen bekunden, auf der Grundlage bestimmter AGB abzuschließen. Dazu gehört auch ein Auftreten gegenüber einem Kunden, das diesen veranlassen soll, einen Vertragsschluss anzunehmen, ohne dass die gesetzlichen Voraussetzungen hierfür erfüllt sind (OLG Düsseldorf NJW-RR 2001, 1563 – „Aufreißen der Verpackung verpflichtet zum Kauf"). Wer aber den Vertrag weder initiiert hat noch Rechtsnachfolger des Verwenders ist, kann nicht auf Unterlassung beansprucht werden, sich auf Klauseln zu berufen, die in Verträgen stehen, die er abwickelt, etwa nicht der Versicherer oder ein Inkassounternehmen. Zu der Vertragsseite, die „Verwender" ist, s § 305 BGB Rn 28 ff. Natürlich scheitert eine „Verwendung" nicht daran, dass der intendierte Vertragspartner sein Einverständnis verweigert oder dass die angegriffene Klausel aus irgendeinem anderen Grund nicht Vertragsbestandteil geworden ist (BGH NJW 1981, 979; OLG Düsseldorf JZ 1990, 982). Im Rahmen von § 310 Abs 3 Nr 1 Nr 1 BGB kann ein Unternehmer auch als Verwender von Bedingungen gelten, die auf Veranlassung eines Dritten in den Vertrag einbezogen worden sind (Ulmer/Witt Rn 26). Ehe der Inhalt des Unterlassungsanspruchs beschrieben wird (b), ist auf die Wiederholungsgefahr als seiner spezifischen Voraussetzung einzugehen (a).

a) Wiederholungsgefahr; Erstverwendungsgefahr

Sind AGB schon verwendet worden, so setzt der Klageerfolg eine **Wiederholungsgefahr** voraus (BGH BB 2001, 223; BGH NJW 1983, 2026; BGHZ 79, 117, 122 = NJW 1981, 867; BGHZ 81, 222, 225 = NJW 1981, 2412; BGH NJW 1982, 178; NJW 1982). Da das einmalige Verwenden von AGB aus der Natur der AGB als vorformulierte, für eine Vielzahl von Verträgen bestimmte Vertragsbedingungen auf eine Wiederholungsabsicht schließen läßt, gilt eine **tatsächliche Vermutung** für das Vorliegen der Wiederholungsgefahr. Der klagende Verband muss daher nur die Verwendung behaupten und beweisen, während der Verwender oder Empfehler die Vermutung zu widerlegen hat (BHGZ 91, 55 = NJW 1984, 2161; BGHZ 119, 165; zuletzt BGH MMR 2010, 173 Nr: 10; allgM). An das **Entfallen der Wiederholungsgefahr** sind hohe Ansprüche zu stellen, um Gefährdungen des Rechtsverkehrs für die Zukunft auszuschließen (vgl BGH NJW 1983, 2026; BGHZ 81, 222, 226 = NJW 1981, 2412; BGH NJW 2002, 2386). Übertreibungen müssen aber auch in diesem Bereich vermieden werden. Verteidigt der Verwender seine AGB, ist Wiederholungsgefahr immer gegeben (BGHZ 116, 1 = NJW 1992, 179; zuletzt BGH NJW 2002, 2386; OLG Düsseldorf WRP 2010, 802 Nr 41). Die Wiederholungsgefahr fällt regelmäßig erst (BGH NJW 1996, 988; NJW 1995, 2710; NJW 1992, 1108) mit Abgabe einer **strafbewehrten Unterlassungsverpflichtung** weg, wie sie sich als Instrument einer außergerichtlichen Streiterledigung im Wettbewerbsrecht entwickelt hat (darauf abstellend BGH aaO im Anschluss an BGHZ 81, 222, 225 ff). Ob man im AGB-Recht großzügiger auf die Abgabe einer strafbewehrten Unterlassungserklärung verzich- 20 ten kann, hatte der BGH zunächst offen gelassen (aaO – einen Ausnahmefall anerkennend). Bloße Versicherungen der künftigen Unterlassung (NJW 1996, 988; NJW 1992, 2710; BGHZ 119, 152 = NJW 1992, 3158; BGH NJW 1992, 1108; BGH NJW-RR 1990, 1141) oder die zwischenzeitliche Einführung neuer AGB und die interne Anweisung, auch der Abwicklung der Altverträge diese zu Grunde zu legen (BGH NJW-RR 2001, 485), ließ er aber nicht genügen. Wenn der Verwender seinen Vertragspartnern mitteilt, dass er sich einer gegen inhaltsgleiche Klauseln ergangenen höchstrichterlichen Rechtsprechung beugen wird und die Klausel auch bei der Vertragsdurchführung nicht verwenden wird, ist Wiederholungsgefahr nicht mehr gegeben (OLG Karlsruhe NJW-RR 2003, 778). Erst recht entfällt die Wiederholungsgefahr, wenn der Verwender seine AGB an die geänderte Gesetzeslage angepasst hat (OLG Hamburg 4 U 235/09 – juris) oder wegen dieser Gesetzesänderung eine Wiederholung nicht zu erwarten ist (BGH MMR 2010, 173 Nr 10). Auch die Unterwerfung genüber einem Dritten lässt die Wiederholungsgefahr entfallen, sofern dies nicht in Verdacht eines Ausweichmanövers steht (OLG Köln VVR 2011, 155; OLG Frankfurt NJW-RR 2003, 1430. Zur Parallelproblematik im UWG: BGH GRUR 1983, 186), s Rn 35. Wie im Wettbewerbsrecht auch, entfällt die Wiederholungsgefahr, wenn der mit einer einstweiligen Verfügung Belangte in einer Abschlusserklärung auf die Rechte aus §§ 924, 927 ZPO verzichtet. Die rechtskräftige Verurteilung in einem Parallelverfahren lässt die Wiederholungsgefahr ebenso entfallen (OLG Koblenz WM 1983, 1272) wie eine strafbewehrte Unterlassungserklärung gegenüber einer der in § 3 genannten Einrichtungen. Die Rechtsprechung (zB OLG Frankfurt NJW-RR 2003, 1430) ist insoweit übertrieben misstrauisch. Die Begrenzung der berechtigten Stellen auf seriöse Einrichtungen bannt die Gefahr lascher Durchsetzung von Unterlassungsverpflichtungen. In der Regel ist aber eine vorbehaltlose Unterlassungserklärung abzugeben, die eine Vertragsstrafenvereinbarung in ausreichender Höhe (OLG Köln VuR 1996, 257 ff) und alle Verwendungsmodalitäten enthält, die im Unterlassungsurteil aufgeführt werden würden, s § 9. Die Inanspruchnahme einer realistischen Umstellungszeit durch den Verwender und die Einschränkung des Vertragsstrafeversprechens auf Fälle, in denen auch ein Ordnungsgeld (in seinen subjektiven Voraussetzungen) vollstreckt werden könnte, ist aber unschädlich (OLG Köln NJW-RR 2003, 316). Während der Zeit, die die Umsetzung der Unterlassungsverpflichtung betriebsintern bei Begrenzung auf vernünftigen organisatorischen Aufwand benötigt, ist ein Verstoß nicht schuldhaft. Waren die Klauseln schon Gegenstand höchstrichterlicher Judikatur, so entfällt die Wiederholungsgefahr, wenn der Schuldner glaubwürdig bekundet hat, dass er sich ihr beugen wird (OLG NJW-RR 1993 778). Zur Fortführung der Vertragsabwicklung als Frucht ergänzender Vertragsauslegung s Rn 11. Nach Verschmelzung entfällt naturgemäß die Wiederholungsgefahr (BGH NJW 2013, 593). Jedoch sind dann an eine Erstbegehungsgefahr keine großen Anforderungen zu stellen.

20a Nach hM ist nämlich auch eine **„Erstverwendungsgefahr"** anspruchsauslösend. Dies folgert man aus dem Zweck des Gesetzes, unwirksame Bedingungen möglichst frühzeitig vom Verkehr fernzuhalten, um es gar nicht erst zu Vertragsschlüssen unter ihrer Einbeziehung kommen zu lassen (BGH NJW 1981, 979, 980; MünchKomm-ZPO/Micklitz Rn 26; Wolf/Lindacher Rn 37; nahezu allgM s auch § 305 BGB Rn 33). Das UKlaG hat trotz Bekanntheit der Rechtsprechung an dem Tatbestandserfordernis „verwendet" festgehalten. Es gibt daher keine erfolgreiche Unterlassungsklage kraft „Erstverwendungsgefahr", wenn nicht dieses Tatbestandserfordernis erfüllt ist. Auch für den Fall, dass AGB in Druck gegeben werden oder eine interne Weisung aufgedeckt wird, ist eine Ausnahme nicht gerechtfertigt (**aA** Ulmer/Witt Rn 39; Wolf/Lindacher Rn 35). „Bei Vertragsschluss" können AGB aber auch schon vor Vertragsabschluss verwendet werden. Wenn Handlungen unternommen werden, die unmittelbar zu einer Einbeziehung der streitgegenständlichen AGB führen sollen, werden AGB auch „bei" Vertragsschluss verwendet. Werden AGB als Vertragsgrundlage für Geschäftsbeziehungen allgemein veröffentlicht oder wird öffentlich auf sie hingewiesen, etwa in Briefformularen oder Lieferscheinen oder gar in Vertragsverhandlungen (BGHZ 101, 271, 275 = NJW 1987, 2867), so begründet dies eine tatsächliche Vermutung, dass sie auch bei Vertragsschluss verwendet worden sind. Auch um Vertragsabwicklung auf der Grundlage unwirksamer AGB bekämpfen zu können, bedarf es einer Erweiterung des Begriff des Verwenders gegenüber der Begriffsbestimmung in § 305 BGB. Es ist rechtsstaatlich erträglich, einen Begriff in einem Gesetz nach der von diesem Gesetz unternommenen Zielsetzung etwas weiter oder enger auszulegen, als der Definition in einem anderen Gesetz entspricht.

b) Inhalt des Unterlassungsanspruchs

Der **Inhalt der Unterlassungspflicht** geht beim **Verwender** (s Rn 20) dahin, die Verwendung inhaltlich identifizierter AGB bei bestimmten Arten von Verträgen, § 9, zu unterlassen, nicht aber eine bestimmte optische Gestaltung zu vermeiden, s Rn 12. Gegen diese Verpflichtung verstößt er nicht nur durch den Abschluss von Verträgen auf ihrer Grundlage, sondern in jeder Form, in der er mit den Bedingungen auf dem Markt auftritt (s Rn 19; § 305 BGB Rn 26; Beweislast s § 305 BGB Rn 51). Eine Aufbrauchsfrist sieht das Gesetz nicht vor (BGH NJW 1982, 2311). Sie muss aber nach § 242 BGB dem Verwender konzediert werden, wenn er sich im Prinzip um faire Regelungen bemüht hat oder etwa das Opfer einer Rechtsprechungsänderung geworden ist. Zur vernünftigen Umsetzungszeit s Rn 20. Zur Unzulässigkeit ergänzender Vertragsauslegung s § 306 Rn 19. 21

Den **Empfehler** trifft die Verpflichtung, außer die Empfehlung zu widerrufen, auch die Verpflichtung, eine weitere Empfehlung zu unterlassen, die von der Verpflichtung, die Bedingungen nicht selbst zu verwenden, scharf zu unterscheiden ist. Die Verpflichtung beinhaltet aber nur das, was dem Empfehler billigerweise zuzumuten ist, etwa eine weitere Auslieferung, aber kein Rückruf (**aA** MünchKommZPO/Micklitz Rn 40). Die Empfehlung begründet nicht für sich schon die Gefahr der Verwendung. Der Widerrufsanspruch kann daher ohne den Unterlassungsanspruch bestehen. 22

Im Wettbewerbsrecht gilt zwar der Grundsatz, dass der Unterlassungsanspruch auch einen **Beseitigungsanspruch** umfasst, wenn von einem Wettbewerbsverstoß fortlaufende Störungen ausgehen (BGH GRUR 1968, 431, 433; Köhler aaO Rn 18). Sehr fraglich ist aber auch dort schon, ob ein Unterlassungstitel auch die Beseitigungsvollstreckung ermöglicht. Ins AGB-Recht sind die genannten Grundsätze jedenfalls nicht übertragbar (Ulmer/Witt Rn 35; zT **aA** Köhler aaO, MünchKommZPO/Micklitz aaO Rn 74: Gefahrenbeseitigung, nicht aber Störungsbeseitigung). Das AGB-Recht hat den Störungsbeseitigungsanspruch besonders geregelt und ihn nur in der Form eines gegen den Empfehler gerichteten Widerrufsanspruchs begründet. Diese Regelung wäre überflüssig, wenn es auch im AGB-Recht einen allgemeinen Störungsbeseitigungsanspruch gäbe. Daher fehlt auch eine Verpflichtung des Verwenders, seine Vertragspartner auf die gerichtlich festgestellte Unwirksamkeit hinzuweisen (BGH NJW 2008, 1160 Nr 17; BGH NJW-RR 2008, 624 Nr 22). 23

24 Vom Beseitigungsanspruch zu unterscheiden ist der Umfang des Unterlassungsanspruchs bei **Dauerhandlungen** (Löwe Rn 2): Jemand kann sich, anstatt eine Behauptung mündlich oder schriftlich immer erneut zu wiederholen, technischer Mittel der ständigen Kundgabe an die Öffentlichkeit oder an einen bestimmten Personenkreis bedienen. Diese Kundmachung will er sich dauernd zurechnen lassen. Dann, aber nur dann, erfasst im Wettbewerbsrecht der Anspruch auf Unterlassung (und der ihn realisierende Vollstreckungstitel) auch den Anspruch auf Abbruch der Dauerhandlung durch positives Tun (BGH WRP 1993, 399, 402; Teplitzky § 1, 10 ff). In das AGB-Recht übertragen, ist dieser Gedanke etwa anwendbar, wenn AGB im Geschäftslokal des Verwenders angeschlagen oder in seinem Internetauftritt aufgeführt sind. Der Verwender ist gehalten, Anschlag oder Homepagebestandteil zu entfernen (Ulmer/Witt Rn 35), nicht aber den abgedruckten Text zu vernichten (**aA** MünchKomm/Micklitz § 13 AGBG Rn 74 aaO).

25 Der Gedanke des Unterlassens durch Abbruch einer Dauerhandlung erlaubt es nicht, den Verwender (in vollstreckbarer Weise aufgrund des Unterlassungstitels) für verpflichtet zu halten, Kunden von sich aus darüber aufzuklären, dass die beanstandeten AGB nicht wirksam sind. Zur Verwendung einer Klausel bei Vertragsabwicklung s Rn 19.

3. Die Widerrufsverpflichtung

a) Inhalt des Anspruchs

26 Der Inhalt der Widerrufsverpflichtung ist in § 9 Nr 4 genau festgelegt, s Rn 3 dort. Eine darüber hinausgehende Verpflichtung trifft den zum Widerruf gehaltenen Empfehler nicht (MünchKommZPO/Micklitz Rn 41). Auch wenn von der Empfehlung ein Störungszustand (Gefahr der weiteren Verwendung der AGB) ausgeht, der durch die in § 9 Nr 4 vorgesehene Bekanntgabe des Widerrufsurteils nicht beseitigt werden kann, ist der Empfehler nicht verpflichtet, von sich aus weitere Vorkehrungen zu treffen, um der Weiterverwendung der von ihm empfohlenen AGB entgegenzuwirken, soweit er nicht dazu als Teil der Unterlassungsverpflichtung angehalten ist.

b) Entstehung des Anspruchs

27 Der Anspruch **entsteht** mit der Empfehlung. Diese setzt lediglich voraus, dass eine die Verwendung bestimmter Bedingungen anratende Äußerung an mindestens einen Adressaten aus dem Addressatenkollektiv (s Rn 33) gerichtet wurde. Die Empfehlung muss nicht schriftlich ausgesprochen worden sein oder sich ausdrücklich auf „Allgemeine Geschäftsbedingungen für … “ beziehen. Sie kann auch als „Vorschlag“ oder „Vertragsgestaltungsmöglichkeiten“ auftreten und Alternativen für den Verwender enthalten (allgM).

c) Erlöschen des Anspruchs

28 Der Anspruch **erlischt**, wenn der Widerruf in einer dem § 9 Nr 4 entsprechenden Weise ausgesprochen worden ist (Ulmer/Witt Rn 41). Der Anspruch besteht auch dann nicht mehr, wenn die Gefahr auf andere Weise beseitigt worden ist, so dass der Widerruf als Gefahrenbeseitigungsmaßnahme nicht mehr erforderlich ist (MünchKommZPO/Micklitz Rn 41). Dies ist etwa dann der Fall, wenn auf andere Weise allen Empfehlungsadressaten bekannt geworden ist, dass der Empfehler von seinem

früheren Rat abgerückt ist. Das Erscheinen einer neuen, berichtigten und ausdrücklich sich als solche empfehlenden Auflage eines im Handel oder sonst vertriebenen Formulars reicht dafür durchaus.

4. Die Passivlegitimation als Verwender

Verwender ist immer derjenige, in dessen Namen Verträge unter Einbeziehung von AGB geschlossen wurden oder werden sollen (BGHZ 112, 204 = NJW 1991, 36, 39; OLGR Frankfurt 2003, 467; s auch Rn 19). Bei Unternehmensträgerwechsel ist grundsätzlich von der Fortsetzung der Geschäftstätigkeit gegenüber Verbrauchern auszugehen. Allerdings kann der Beteuerung des Wegfalls der Wiederholungsgefahr uU auch ohne strafbewehrte Unterlassungserklärung glaubhaft sein. 29

Auch wenn **Betriebsangehörige** ohne Wissen der Unternehmensleitung AGB in den Verkehr bringen, ist dies dem Unternehmen zuzurechnen. Der Entlastungsbeweis nach § 831 Abs 1 S 2 BGB steht trotz Fehlens einer dem § 8 Abs 2 UWG entsprechenden Vorschrift dem Geschäftsherrn nicht offen, weil es sich nicht um einen Anspruch aus dessen vermutetem Verschulden handelt (allgM). Auch die weite Auslegung des Begriffs „Beauftragter", welche die Rspr in Anwendung von § 13 Abs 4 UWG aF entwickelt hat (etwa LG Stuttgart WRP 1974, 353), lässt sich ins AGB-Recht übertragen (im Ergebnis allgM vgl nur MünchKommZPO/Micklitz Rn 19). Dafür, eine konkurrierende Passivlegitimation des Gehilfen anzunehmen, besteht im AGB-Recht, anders als im Wettbewerbsrecht (BGH MDR 1973, 30; LG Hamburg WRP 1974, 355), freilich kein Grund. Bevollmächtigte und Organwalter juristischer Personen und erst recht Gesellschafter (Wolf/Lindacher Rn 51) sind persönlich nicht passiv legitimiert (OLG Stuttgart NJW-RR 1996, 1209). Die Klagen nach dem UKlaG sind keine allgemeinen Störungsunterbindungsklagen (**aA** MünchKommZPO/Micklitz Rn 22 für den Fall erheblichen Eigeninteresses des Vertreters). Insbesondere hat § 2 Abs 1 S 2 in § 1 kein Gegenstück.

Selbständige Vermittler, zB Handelsmäkler, die eigene AGB für die von ihnen vermittelten Geschäfte verwenden, unterfallen zwar der Legaldefinition des Verwenders (§ 305 Abs 1 BGB) nicht. Da diese jedoch ohne Blick auf die Unterlassungsklage geschaffen wurde (s § 305 BGB Rn 33), ist es erlaubt, den Begriff des Verwenders für dieses Rechtsinstitut eigenständig zu bestimmen. Da, wo der Vermittler derjenige Beteiligte ist, welcher ein Klauselwerk in den Verkehr bringt, also Klauselwerke „verwendet", die ihm nicht eine Vertragspartei vorgegeben hat, oder wenn er im eigennützigen Interesse systematisch auf vertragliche Einbeziehung der AGB hinwirkt (BGH NJW 1991, 36), ist auch er „Verwender" im Sinne von § 1 (BGHZ 81, 229, 230 = NJW 1981, 2351; BGHZ 88, 368, 370 = NJW 1984, 360; in Abgrenzung dazu BGHZ 112, 204, 208 ff = NJW 1991, 36: Verwender nicht nur deshalb, weil man Hersteller eines verkauften Produkts ist und im Auftrag des Verkäufers unmittelbar an den Käufer liefern soll, auch wenn mit Inkassofunktion verbunden). Wer in die Vertragsabwicklung eingeschaltet ist, auch wenn er durch sie begünstigt wird, ist kein Verwender (BGH NJW 1991, 36).

5. Die Passivlegitimation als Empfehler

a) Verbandsempfehlungen

Auch nicht rechtsfähige Vereinigungen können Empfehler sein. So hat der BGH 30 bezüglich der VOB den Deutschen Vergabe- und Vertragsausschuss als Empfehler gewertet (BGHZ 178, 1 ff = ZIP 2008, 1729) und ihn auf die Klage des Bundesverbands der Verbraucherzentralen und Verbraucherverbände die Empfehlung verschiedener Klauseln in VOB/B untersagt. Dass nicht der Ausschuss die VOB veröffentlicht hat, sondern aufgrund seiner Satzung die Veröffentlichung im Bundesanzeiger vorgenommen worden ist, stand der Empfehlereigenschaft nicht entgegen. Auch öffentliche Körperschaften können Empfehler sein (Ulmer/Witt Rn 28); ebenso Behörden, die ohne gesetzliche Grundlage Musterverträge erstellen (allgM).

b) Verleger von Formularen

31 Die zweite typische Gruppe von Empfehlern, die mit § 1 erfasst werden soll, sind Personen oder Unternehmer, die „Formulare mit Allgemeinen Geschäftsbedingungen zur unmittelbaren Verwendung verbreiten" (so wörtlich 2. Teilber der Arbeitsgruppe, 41). Dazu gehören auch Verleger, auch wenn sie die verlegten Bedingungen nicht selbst als vorteilhaft anpreisen (MünchKommZPO/Micklitz Rn 38 Ulmer/Witt Rn 29; Reinel 31; **aA** Schippel/Brambring DNotZ 1977, 131; Pawlowski BB 1978, 161, 164). Tritt allerdings der Verfasser der Bedingungen namentlich in Erscheinung, etwa in Gestalt des empfehlenden Verbandes, so ist der Verleger nicht Empfehler. Er übernimmt dann keine inhaltliche Verantwortung für die Publikation (Ulmer/Witt aaO; im Ergebnis auch MünchKommZPO/Micklitz Rn 38). Rechtsprechungsfälle zu den Verlags- und Autorenempfehlungen sind bisher nicht bekannt geworden. Empfehlungen für die Gestaltung von Individualverträgen sind keine Empfehlungen von AGB.

c) Sonstige Empfehler

32 Die beim Bundesminister der Justiz eingesetzte Arbeitsgruppe (s Vorbem 7, 10 zu § 305 BGB) hatte sich darum bemüht, die in Rn 30 f angeführten Empfehlertypen jeweils gesondert tatbestandlich zu erfassen und auf eine generell gegen „Empfehler" von AGB gerichtete Klausel zu verzichten. Sie wollte damit Autoren wissenschaftlicher Abhandlungen und Verfasser von Formularbüchern sowie Rechtsanwälte und Notare, die AGB entwerfen, aus dem Kreis möglicher Beklagter ausscheiden. Der Rechtsausschuss des BT scheint sich über das Problem nur sehr kursorisch Rechenschaft abgelegt zu haben. Er wollte zwar einerseits „Stellungnahmen zu AGB im nicht rechtsgeschäftlichen, zB wissenschaftlichen Bereich nicht erschwert" wissen und hat aus diesem Grunde das einschränkende Tatbestandsmerkmal „für den rechtsgeschäftlichen Verkehr" geschaffen. Andererseits wollte er „die Verfasser" von Formularbüchern durchaus der Unterlassungs- und Widerrufsklage aussetzen (BT-Drucks 7/5422, 10). So, wie der Tatbestand der Norm schließlich geraten ist, lassen sich in der Tat publizierende Autoren von Klauselwerken nicht schlechthin als mögliche Passivlegitimierte eines Unterlassungs- oder Widerrufsanspruchs ausscheiden. Der Gesetzgeber wollte aber ersichtlich diejenigen Autoren aus dem Empfehlerrisiko ausnehmen, die nicht der Marktseite des angesprochenen Verwenderkreises verbunden sind (Ulmer/Witt Rn 31; s auch Rn 33). Architekten, die ihren Auftraggebern für die Bauverträge regelmäßig inhaltsgleiche Klauseln empfehlen, sind als AGB-Empfehler behandelt worden (OLG Karlsruhe BB 1982, 725), auch wenn sie Klauselwerke nahmen, die andere Bauherrn geschaffen hatten. Ähnlich wie bei Notarverträgen (§ 305 BGB Rn 54), liegen schon gar keine AGB vor, wenn die Adressaten die empfohlenen Klauseln in Individualverträge aufnehmen (s auch Rn 39).

d) Einzelheiten des Empfehlerbegriffs

Die den Empfehler betreffende Regelung in § 1 bedarf noch in mehrfacher Hinsicht einschränkender Interpretation, zum Teil sogar einer teleologischen Reduktion. 33

Modell der gesetzlichen Regelung ist die Verbandsempfehlung. In Art 7 der Klauselrichtlinie 93/13/EG (abgedruckt im Textanh zu § 310 BGB) ist überhaupt nur die Verbandsempfehlung erwähnt. Daher kann „Empfehler" iSv § 1 nur sein, wer eine Aktivität entfaltet, die der Verbandsempfehlung ähnlich ist. Wesentlich für sie, die kein Konditionenkartell ist, ist die Hilfestellung an ein Kollektiv. Einzelberatungen fallen daher nicht unter den Empfehlerbegriff des UKlaG, auch wenn sie auf Grund eines Schubladenmusters geschehen, etwa Beratungen durch Anwälte oder Notare (**aA** MünchKommZPO/Micklitz Rn 36 ff). Wer auf eine Bitte hin Vertragstexte zur Verfügung stellt, die er aus anderem Anlass erstellt hat, wird damit noch nicht zum Empfehler (**aA** OLG Karlsruhe BB 1983, 725).

Die Empfehlung muss also eine größere Vielzahl von Adressaten haben, da es andernfalls genügt, allein gegen den Verwender vorzugehen; eine zusätzliche Gefährdung des Rechtsverkehrs geht vom Empfehler dann nicht aus (im Ergebnis **aA** BGHZ 112, 204, 209 = NJW 1991, 36: mehr als nur ein potenzieller Verwender). Empfehler und Verfasser von Klauselwerken brauchen aber nicht identisch zu sein. Die Kaufempfehlung für ein Formular ist auch eine Empfehlung iSv § 1 (BGHZ 125, 315 = NJW 1994, 1729). Empfehler ist zudem nur, wer sich im **eigenen Namen** an die Verwender richtet (MünchKomm/Gerlach Rn 46). Ein für diese anonym arbeitender Autor ist ebenso wenig Passivlegitimierter von Unterlassungs- und Widerrufsansprüchen wie ein Jurist, der in selbständiger Funktion einem Verband eine Empfehlung zur Weiterempfehlung gibt, sofern sein Name nicht an die Verwender mitgeteilt wird (Löwe Rn 8). Jemand, dessen Formulare von anderen **ohne sein Zutun** übernommen werden, wird dadurch noch nicht zum Empfehler, auch wenn er seine eigenen Bedingungen werbemäßig als besonders günstig und ausgewogen („vorbildlich") herausstellt.

Allein die **Äußerung der Ansicht, bestimmte Klauseln** oder ein ganzes Klauselwerk seien **rechtlich unbedenklich**, ist in gewisser Weise schon eine „Empfehlung" zur Verwendung. Erst recht gilt dies, wenn ein Autor Vorschläge dazu macht, wie ein bestimmter Vertragstyp durch AGB in sinnvoller Weise rechtlich Gestalt erhalten kann. Solche Meinungsäußerungen, vor allen dann, wenn in sie eine Auseinandersetzung mit dem AGB-Recht integriert ist, stehen unter dem Schutz von Art 5 Abs 1 und 2 GG und können daher füglich nicht einer Unterlassungs- oder Widerrufsklage ausgesetzt sein (allgM, zB Ulmer/Witt Rn 31).

6. Verjährung, Verwirkung

Für die Verjährung gelten die §§ 194 ff BGB, da § 13 Abs 4 AGBG (zweijährige bzw vierjährige Frist) ersatzlos gestrichen wurde. In der Praxis haben Verjährungsfristen niemals eine Rolle gespielt. Jede Verwendung löst nach § 199 Abs 5 BGB eine neue Verjährungsfrist aus. Eine Verwirkungsmöglichkeit hat der BGH abgelehnt (NJW 1995, 1488). Angesichts der heutigen Verjährungsfristen besteht auch kein praktisches Interesse an Verwirkung. Jeder Klageberechtigte ist aber über seinen Anspruch verfügungsbefugt (s § 8 Rn 9 ff). 34

Ob eine einmal ausgesprochene Empfehlung nach Ablauf der Verjährungsfrist noch fortwirkt (die empfohlenen Bedingungen werden weiterverwendet), ist für die Verjährung des Widerrufsanspruchs gleichgültig. Nach Verjährungsablauf sind Klagen mit Aussicht auf Erfolg nur noch gegen die Weiterverwender möglich. Auch im Allgemeinen Wettbewerbsrecht kann ein Beseitigungsanspruch verjährt sein, wenn die Beeinträchtigung noch fortdauert, die ihn ausgelöst hat (BGH WRP 1984, 678; WRP 1974, 30; BGH NJW 1973, 2285). Nur bei Dauerhandlungen (s Rn 24) beginnt die Verjährung erst mit deren Ende (Abnahme eines AGB-Aushangs).

IV. Verfahrensrechtliches

1. Fehlen eines Rechtsschutzbedürfnisses wegen Funktionslosigkeit der Klage?

35 Das allgemeine Rechtsschutzbedürfnis liegt regelmäßig vor und muss nicht erst vom Kläger vorgetragen und bewiesen werden. Der Beklagte hat das Fehlen des Rechtsschutzbedürfnisses zu behaupten und zu beweisen (BGH NJW-RR 1990, 1141, 1142). Wenn der klageberechtigte Verband bereits eine **strafbewehrte Unterlassungserklärung** in Händen hat (s Rn 37 ff), soll nach hM die Klagemöglichkeit entfallen, wobei man meist mit dem Gedanken der weggefallenen Wiederholungsgefahr arbeitet (Ulmer/Witt Rn 38), s Rn 20. In der Entgegennahme einer solchen Unterlassungserklärung liegt jedoch wegen der bisherigen Verwendungsfälle (Lindacher GRUR 1975, 415 f) bereits ein Verzicht auf den Unterlassungs- und Widerrufsanspruch. Die Zurückweisung einer gesicherten Unterlassungserklärung durch den Klageberechtigten lässt nicht das Rechtsschutzbedürfnis für die Klage entfallen (**aA** Lindacher GRUR 1975, 417 f), macht freilich den Kläger nach § 93 ZPO kostentragungspflichtig. Wegen der Existenz dieser Vorschrift ist es auch nicht nötig, im Falle einer rechtskräftigen Verurteilung auf Klage eines anderen Verbandes die neue Klage für unzulässig zu halten (so aber Reinel, Die Verbandsklage nach dem AGBG, 129; Ulmer/Witt Rn 38).

2. Subsidiaritätsverhältnis unter den Passivlegitimierten?

36 Es kann schwerlich im Sinne des Rechtsinstituts liegen, dass sich ein Verband einen kleinen und schwachen Verwender aussucht, wenn er gegen weitverbreitete AGB vorgehen will (Reinel 65; Bunte BB 1980, 485). Es ist sicherlich rechtsmissbräuchlich, wegen der Konditionenempfehlung Kraftfahrzeugreparaturbedingungen eine Mini-Reparaturwerkstatt zu belangen, oder wegen der ADSp einen kleinen Spediteur anzugreifen. Wenn sich Bedingungen durch ein Vorgehen gegen Empfehler oder Schwerpunktverwender eindeutig mit größerer Nachhaltigkeit verdrängen ließen, so fehlt für eine nur gegen einen kleinen Verwender oder kleinen Weiterempfehler gerichtete Klage das Rechtsschutzbedürfnis (Bunte DB 1980, 485; Reinel, Verbandsklage 65; **aA** Ulmer/Witt Rn 43; Wolf/Lindacher § 5 Rn 43; OLG Frankfurt WRP 1980, 2075). Deren Eigenverantwortlichkeit zu beschwören, ist bei AGB seriöser Herkunft unrealistisch. Die geringe Finanzausstattung der Verbraucherverbände kann keine Rechtfertigung für das willkürliche Herausgreifen eines Einzelnen abgeben und ist zudem ein gutes Regulativ gegen das Streben nach Überperfektionismus.

3. Die Bedeutung der Abmahnung

a) Vorherige Abmahnung – Klagevoraussetzung?

Schon im Wettbewerbsrecht ist eine vorherige erfolglose **Verwarnung keine Voraussetzung für die Zulässigkeit der Unterlassungsklage** oder des Antrags auf Erlass einer einstweiligen Verfügung, die auf Unterlassung gerichtet ist. Daran hat auch die Soll-Vorschrift in § 12 Abs 1 S 1 UWG nF nichts geändert. In weitem Umfange wird aber die These vertreten, im Allgemeinen seien nach § 93 ZPO dem erfolgreichen Kläger bzw Antragsteller die Kosten des Verfahrens aufzuerlegen, wenn er keine wettbewerbsrechtliche Verwarnung ausgesprochen hatte (dazu ausführlich Teplitzky § 41 Rn 4 ff; Bornkamm, in: Köhler ua § 12 UWG Rn 18; BTDrucks 15/1487, 25). Sie besteht im Vorwurf wettbewerbswidrigen Verhaltens, dem Verlangen, sich für den Fall von dessen Fortsetzung einer Vertragsstrafe zu unterwerfen, einer Fristsetzung und der Androhung gerichtlicher Schritte für den Fall der Weigerung (Köhler aaO). Es gilt das Gleiche wie im Recht des gewerblichen Rechtsschutzes (dazu die bisherige Rspr bestätigend BGH GrZS BGHZ 164, 1 = BB 2005, 2260, 2263; s Rn 42). Soweit Verbände als Klageberechtigte in Frage stehen, ist die grundsätzliche Abmahnungsobliegenheit seit langem unbestritten. Für diesen Bereich kann man daher von einem fest gefügten Gewohnheitsrecht sprechen. Diesen Rechtssatz kann man, da § 1 hinsichtlich der Verbandsklage genau an § 8 UWG anknüpft, in das AGB-Recht übertragen (allgM). Allerdings ist die Abmahnobliegenheit in § 12 UWG heute zu einer bloßen Soll-Vorschrift geworden. Deshalb ist jedenfalls seit Inkrafttreten des UWG 2004 die vorherige Abmahnung keine Zulässigkeitsvoraussetzung der Klage (mehr). Ihr Obliegenheitscharakter folgt nur daraus, dass ohne Abmahnung der Beklagte die Kostenfolge des § 93 ZPO auslösen kann (Ulmer/Witt § 5 Rn 3). 37

b) Inhalt der Abmahnung

Die Verwarnung muss den Vorwurf der Verwendung (bzw Empfehlung) unwirksamer AGB-Klauseln, das Unterlassungs- (bzw Widerrufs-)Verlangen, das Verlangen, sich zur Unterlassung vertraglich zu verpflichten und sich für den Fall jeder Zuwiderhandlung einer an den Abmahnenden (oder eine karitative Einrichtung zu zahlenden) Vertragsstrafe in bestimmter Höhe zu unterwerfen, sowie die Androhung der Erhebung einer Unterlassungs- bzw Widerrufsklage für den Fall enthalten, dass dem Verlangen nicht binnen bestimmter Frist nachgekommen wird. Die beanstandeten Bestimmungen sind zu bezeichnen, der Rechtsgrund der Beanstandung ist anzugeben (Ulmer/Witt Rn 4; MünchKommMicklitz § 15 ABGB Rn 9; ganz hM; **aA** Wolf/Lindacher § 5 Rn 15). Hinsichtlich des **Inhalts der Abmahnung** im Einzelnen und bezüglich der Voraussetzungen, unter denen ausnahmsweise auf eine Verwarnung verzichtet werden kann, ergeben sich im AGB-Recht kaum Besonderheiten. Auf die einschlägigen Erläuterungswerke zum UWG kann verwiesen werden. Die Besonderheiten des AGB-Rechts bedingen lediglich zwei Abweichungen (s Rn 45 f). 38

Zu beachten ist einmal, dass vorformulierte Teile der Abmahnung ihrerseits wieder AGB sein können, wenn sie wie häufig für eine Vielzahl von Fällen Verwendung finden sollen und daher selbst nach § 307 BGB unwirksam sein können, etwa wenn gegen die Grundsätze des Vertragsstrafenrechts verstoßen wird, indem der uneingeschränkte Verzicht auf die Einrede des Fortsetzungszusammenhanges verlangt wird (zur Parallelproblematik im Wettbewerbsrecht: BGHZ 121, 13, 21 = NJW 1993, 721).

39 Die Klagebefugnis der Verbände dient zum anderen nicht nur dem Schutz der Verbraucherschaft generell, sondern speziell auch den Kunden des Verwenders, die auf der Grundlage der beanstandeten Bedingungen Verträge mit ihm geschlossen haben. Dies folgt aus § 11. Daher kann der klageberechtigte Verband auch die Abgabe einer Erklärung des Inhalts verlangen, dass der Verwender seinen Vertragspartnern gegenüber keine Rechte aus den angegriffenen Klauseln geltend machen werde (MünchKomm/Micklitz Rn 32; s Rn 19). Zu Verträgen zugunsten aller Kunden iS von § 328 BGB werden solche Vereinbarungen wegen der Unüberschaubarkeit des Personenkreises aber nicht. Das Verlangen, sich einer Vertragsstrafe zu unterwerfen, ist zur Vermeidung der Kostenfolge des § 93 ZPO nicht nötig. Wenn aber auch ein solches Verlangen gestellt und ihm nicht entsprochen wird, indiziert dies die Wiederholungsgefahr. Für die Höhe der verlangten Vertragsstrafen kann man auf die üblichen Streitwertbestimmungen (s § 5 Rn 2) zurückgreifen (Stoffels Rn 1127).

40 Eine Dringlichkeit von solcher Intensität, dass sie eine vorherige **außergerichtliche Abmahnung** als Voraussetzung der Kostenüberbürdung auf den Beklagten entbehrlich macht, ist im AGB-Recht kaum vorstellbar. Auf diese Weise könnten allenfalls solche Kunden geschützt werden, die während des Laufes der dem Verwender zu setzenden Frist Gefahr laufen, dessen AGB unterworfen zu werden. Ihnen gegenüber kann der Verwender, wenn er rechtskräftig zur Unterlassung verurteilt ist oder gegen eine ihn treffende einstweilige Verfügung das Hauptverfahren nicht betreibt, seine Klauseln aber faktisch später doch nicht durchsetzen (s § 11 Rn 6). Daher entfällt die Abmahnungsobliegenheit auch nicht bei offenkundig vorsätzlichem Verhalten des Verwenders, soweit nicht weitere Umstände hinzutreten, die die Abmahnung nutz- oder aussichtslos machen (ähnlich Ulmer/Witt aaO).

c) Außergerichtliche Kosten in Zusammenhang mit einer Abmahnung

41 Die Kostenerstattungsvorschrift von § 12 Abs 1 S 2 UWG hat § 5 für entsprechend anwendbar erklärt. Die frühere Kontroverse um diese Frage (Staudinger/Schlosser [1998] § 13 AGBG Rn 47) ist damit obsolet. Die Einschaltung eines Rechtsanwaltes hielt man freilich nur für geboten, wenn die Abmahnung durch den Verband selbst keinen Erfolg habe oder verspreche (Palandt/Bassenge § 5 Rn 6 mit Hinweisen auf Rspr zum UWG). Dieser Standpunkt ist nach wie vor gültig (OLG Brandenburg WM 2008, 418). Regelmäßig kann man nämlich davon ausgehen, dass die klagebefugten Verbände selbst über die erforderliche Sachkunde und Organisationsstruktur verfügen, um ohne anwaltliche Unterstützung die Abmahntätigkeit zu betreiben (vgl Ulmer/Witt aaO Rn 8 Rn 64). Auch für die routinemäßige Abschlusserklärung nach Erlass einer einstweiligen Verfügung bedarf es nicht der Beauftragung eines Anwalts (OLG Brandenburg aaO). Die Rspr billigt den Verbänden aber die Geltendmachung einer maßvollen Pauschale in der Größenordnung von € 200 zu (BGH NJW 2010, 2719 Nr 55; Ulmer/Witt aaO mwRsprNw). Bei teilweiser Unbegründetheit der Abmahnung ermäßigt sich die Pauschale nicht (Ulmer/Witt aaO; BGH NJW 2010, 864 Nr 41; BGH NJW 2010, 989 Nr 39)

Bei Klageerfolg sind die vorausgehenden Kosten der Abmahnung keine Prozesskosten (KG JurBüro 2006, 84 ff; OLG Rostock Rpfleger 1996, 526; OLG Hamm MDR 1997, 705; Ulmer/Witt § 5 Rn 8a; **aA** OLG Nürnberg WRP 1992, 558; MünchKommZPO/Micklitz § 5 Rn 11). Für den Ersatzanspruch des zu Unrecht Abgemahnten gelten die lauterkeitsrechtlichen Grundsätze entsprechend.

d) Der **zu Unrecht Abgemahnte** hat Schadenersatzansprüche. Nach der Entscheidung des Großen Zivilsenats des BGH (s Rn 37) kann nach wie vor bei Betroffenheit von Rechten des gewerblichen Rechtsschutzes in einer unberechtigten Abmahnung ein Eingriff in den eingerichteten und ausgeübten Gewerbebetrieb liegen. Auf das Lauterkeitsrecht und das UKlaG ist dieser Rechtsgedanke zwar nicht übertragbar. Jedoch verlangt § 12 Abs 1 S 2 UWG aus Gründen der prozessualen Waffengleichheit eine umgekehrte Anwendung: Der zu Unrecht Abgemahnte kann die Kosten seiner Abwehr ersetzt verlangen. Zwar begründet die Abwehr von solchen Angriffen noch kein Prozessrechtsverhältnis. Sie steht jedoch in so engem Zusammenhang mit der prozessualen Rechtsdurchsetzung, dass die Grundsätze zur prozessualen Waffengleichheit auch auf das Abmahnverhältnis angewandt werden müssen. 42

4. Sonstiges

Wegen der entsprechenden Anwendung der ZPO-Vorschriften s § 5. Zuständigkeit s § 6. Veröffentlichungsbefugnis s § 7. Besondere verfahrensrechtliche Vorschriften gerade für die auf § 1 gestützte Klage enthalten §§ 8–11. 43

§ 2
Unterlassungsanspruch bei verbraucherschutzgesetzwidrigen Praktiken

(1) Wer in anderer Weise als durch Verwendung oder Empfehlung von Allgemeinen Geschäftsbedingungen Vorschriften zuwider handelt, die dem Schutz der Verbraucher dienen (Verbraucherschutzgesetze), kann im Interesse des Verbraucherschutzes auf Unterlassung in Anspruch genommen werden. Werden die Zuwiderhandlungen in einem geschäftlichen Betrieb von einem Angestellten oder einem Beauftragten begangen, so ist der Unterlassungsanspruch auch gegen den Inhaber des Betriebs begründet.

(2) Verbraucherschutzgesetze im Sinne dieser Vorschrift sind insbesondere

1. die Vorschriften des Bürgerlichen Rechts, die für

a) Haustürgeschäfte,

b) Fernabsatzverträge,

c) Verbrauchsgüterkäufe,

d) Teilzeit-Wohnrechteverträge, Verträge über langfristige Urlaubsprodukte sowie Vermittlungsverträge und Tauschsystemverträge,

e) Verbraucherdarlehensverträge, Finanzierungshilfen und Ratenlieferungsverträge,

f) Reiseverträge

g) Darlehensvermittlungsverträge sowie

h) Zahlungsdiensteverträge

zwischen einem Unternehmer und einem Verbraucher gelten,

2. die Vorschriften zur Umsetzung der Artikel 4, 10 und 11 der Richtlinie 2000/31/ EG des Europäischen Parlaments und des Rates vom 8. Juni 2000 über bestimmte rechtliche Aspekte der Dienste der Informations gesellschaft, insbesondere deselektronischen Geschäftsverkehrs, im Bonnenmarkt („Richtlinie über den elektronischen Geschäftsverkehr", Abl. EG Nr. L 178 S. 1),

3. das Fernunterrichtsgesetzes,

4. die Vorschriften des Bundes- und Landesrechts zur Umsetzung der Artikel 10 bis 21 der Richtlinie 89/552 des Rates vom 3. Oktober 1989 zur Koordinierung bestimmter Rechts und Verwaltungsvorschriften der Mitgliedstaaten über die Ausübung der Fernsehtätigkeit (Abl. EG Nr. L 298 S. 23), geändert durch die Richtlinie 97/36 EG des Europäischen Parlaments und des Rates vom 30. Juni 1997 zur Änderung der Richtli nie 89/552/EWG des Rates zur Koordinierung bestimmter Rechts- und Verwaltungsvorschriften der Mitgliedstaaten über die Ausübung der Fernsehtätigkeit (Abl. EG Nr. L 202 S. 60),

5. die entsprechenden Vorschriften des Arzneimittelgesetzes soöwie Ar tikel 1 §§ 3 bis 13 des Gesetzes über die Werbung auf dem Gebiete des Heilwesens,

6. § 126 des Investmentgesetzes

7. die Vorschriften des Abschnitts 6 des Wertpapierhandelsgesetzes, die das Verhältnis zwischen einem Wertpapierdienstleistungsunternehmen und einem Kunden regeln,

8. das Rechtsdienstleistungsgesetz,

9. § 37 Abs. 1 und 2, § 53 Abs. 2 und 3, §§ 54, 55 Abs. 2 und 3 sowie § 56 des Erneuerbare-Energien-Gesetzes.

10. das Wohn- und Betreuungsvertragsgesetz.

(3) Der Anspruch auf Unterlassung kann nicht geltend gemacht werden, wenn die Geltendmachung unter Berücksichtigung der gesamten Umstände missbräuchlich ist, insbesondere wenn sie vorwiegend dazu dient, gegen den Zuwiderhandelnden einen Anspruch auf Ersatz von Aufwendungen oder Kosten der Rechtsverfolgung entstehen zu lassen.

1 Die inhaltlich dem heutigen Text weitgehend entsprechende Vorschrift wurde in der Vorauflage mitkommentiert, weil sie – systemwidrig – zuvor in § 22 AGBG idF v 2000 stand. Da sie mit Allgemeinen Geschäftsbedingungen nicht zu tun hat, wird in dieser Bearbeitung von ihrer Erläuterung, ebenso wie von den Erläuterungen zu § 2a und 12 Abstand genommen.

§ 2a
Unterlassungsanspruch nach dem Urheberrechtsgesetz

(1) Wer gegen § 95b Abs. 1 des Urheberrechtsgesetzes verstößt, kann auf Unterlassung in Anspruch genommen werden.

(2) Abs. 1 gilt nicht, soweit Werke und sonstige Schutzgegenstände der Öffentlichkeit aufgrund einer vertraglichen Vereinbarung in einer Weise zugänglich gemacht werden, dass sie Mitgliedern der Öffentlichkeit von Orten und zur Zeiten ihrer Wahl zugänglich sind.

(3) § 2 Abs. 3 gilt entsprechend.

Die Vorschrift wurde mit Wirkung vom 1. 9. 2004 durch G v 10. 9. 2003 (BGBl I 1774) 1
eingefügt. Sie betrifft nicht Allgemeine Geschäftsbedingungen und wird daher in dieser Bearbeitung nicht mehr erläutert, s Bem zu § 2.

§ 3
Anspruchsberechtigte Stellen

(1) Die in den §§ 1 und 2 bezeichneten Ansprüche auf Unterlassung und auf Widerruf stehen zu:

1. qualifizierten Einrichtungen, die nachweisen, dass sie in die Liste qualifizierter Einrichtungen nach § 4 oder in dem Verzeichnis der Kommission der Europäischen Gemeinschaften nach Artikel 4 der Richtlinie 98/27/EG des Europäischen Parlaments und des Rates vom 19. Mai 1998 über Unterlassungsklagen zum Schutz der Verbraucherinteressen (ABl. EG Nr. L 166 S. 51) in der jeweils geltenden Fassung eingetragen sind,

2. rechtsfähigen Verbänden zur Förderung gewerblicher oder selbständiger beruflicher Interessen, soweit sie insbesondere nach ihrer personellen, sachlichen und finanziellen Ausstattung imstande sind, ihre satzungsgemäßen Aufgaben der Verfolgung gewerblicher oder selbständiger beruflicher Interessen tatsächlich wahrzunehmen, und, bei Klagen nach § 2, soweit ihnen eine erhebliche Zahl von Unternehmern angehört, die Waren oder Dienstleistungen gleicher oder verwandter Art auf demselben Markt vertreiben und der Anspruch eine Handlung betrifft, die die Interessen ihrer Mitglieder berührt und die geeignet ist, den Wettbewerb nicht unerheblich zu verfälschen;

3. den Industrie- und Handelskammern oder den Handwerkskammern.

Der Anspruch kann nur an Stellen im Sinne des Satzes 1 abgetreten werden.

(2) Die in Absatz 1 Nr. 1 bezeichneten Verbände können Ansprüche auf Unterlassung und auf Widerruf nach § 1 nicht geltend machen, wenn Allgemeine Geschäftsbedingungen gegenüber einem Unternehmer (§ 14 des Bürgerlichen Gesetzbuchs)

verwendet oder wenn Allgemeine Geschäftsbedingungen zur ausschließlichen Verwendung zwischen Unternehmen empfohlen werden.

Materialien: Abs 1 Nr 2 idF BGBl 2004 I 1414.

1 Die Vorschrift bestimmt exklusiv die zur Klageerhebung berechtigten Organisationen, die in Abs 2 mit dem Sammelbegriff „Einrichtungen" bezeichnet sind. Im Zentrum stehen die Verbraucherverbände und -vereine, während die Wirtschaftsverbände sowie die öffentlich-rechtlichen Kammern in der Praxis nur eine geringe Rolle spielen. Für sie wäre die Einführung einer exklusiven Liste ein unverhältnismäßiger Aufwand. § 3 umschreibt die Anspruchsinhaberschaft und nicht Prozessführungsbefugnisse oder sonstige Zulässigkeitsvoraussetzungen der Klage, s § 1 Rn 2 (Ulmer/Witt Rn 2; Greger ZZP 113 [2000] 399; ders NJW 2000, 2457, 2462; Kohler Lit Einl Rn 65 ff; Wolf/Lindacher Rn 22; als selbstverständlich vorausgesetzt in BGH ZIP 2008, 1724 Rn 16). Das hat der Gesetzgeber klar zum Ausdruck gebracht (BT-Drucks 14/2658, 52). Selbstverständlich stehen einzelne Verbraucher oder Personenvereinigungen, die nicht nach § 3 legitimiert sind, keine Ansprüche nach dem UKlaG zu. Allenfalls können die Voraussetzungen von § 8 UWG erfüllt sein, was aber sehr selten der Fall ist (allgM, statt aller Ulmer/Witt Rn 4). Auskunftsansprüche stehen den Verbänden nicht zu, auch nicht solche aus § 675a BGB (BGH WM 2010, 647), sofern nicht § 13 eingreift.

1. Verbraucherverbände und -vereine

2 In Nr 1 des Abs 1 ist gegenüber den bis 2000 vorgesehenen Regelungen durch das FernabsG vom 27. 6. 2000 (BGBl I 897) eine ganz erhebliche Vereinfachung geschaffen worden. In einem laufenden Zivilprozess muss nicht mehr geprüft werden, ob die klagende Einrichtung materielle Seriositätskriterien erfüllt, die dringend notwendig waren, um das lukrative Abmahnunwesen zu bekämpfen, das auch im AGB-Bereich um sich gegriffen hatte. Der Nachweis der Eintragung in eine der beiden in Nummer 1 genannten Listen genügt für die Darlegung der Aktivlegitimation (s § 1 Rn 9), ist aber andererseits auch konstitutiv. Die materielle Prüfung der gesetzlichen Seriositätskriterien obliegt dem Bundesverwaltungsamt (s § 4 Rn 8). Nur ganz rudimentär macht § 4 Abs 4 ein Zugeständnis an den Beklagten, der an Bestand oder Fortbestand der Eintragungsvoraussetzungen Zweifel hat. Im Übrigen genügt der „Nachweis", in eine der Listen eingetragen zu sein. Häufig wird die Eintragung gerichtsbekannt sein. Jede der etwas über 70 eingetragenen Einrichtungen wird auch im Besitz einer Bescheinigung sein, die das Bundesverwaltungsamt nach § 4 Abs 3 S 2 ausgestellt hat. Die Aufführung als Eingetragener in der Homepage des Bundesverwaltungsamts begründet einen Anscheinsbeweis für die Eintragung.

Das Bundesverwaltungsamt gibt auch den Satzungszweck der eingetragenen Einrichtung an, so dass eine etwaige sachliche oder geographische Beschränkung ihres Aufgabenbereichs evident ist, etwa wenn es in Nr 3 der aktuellen Liste heißt „Wahrung der Interessen der Mieter in Berlin durch Aufklärung und Beratung; zur Führung von Verbandsklagen im Interesse der Mieter berechtigt". Eine solche satzungsmäßige Begrenzung des Aufgabenbereichs der Einrichtung bedeutet natürlich auch eine Begrenzung der Klagebefugnis. Wenn die geographische Begrenzung der

Tätigkeit der Vereinigung nicht so klar wie in dem gebrachten Beispiel ausgedrückt ist, kommt es wie im Wettbewerbsrecht auf den Ort an, wo eine der inkriminierten und zu verbietenden Handlungen begangen worden ist (MünchKomm/Michlitz § 13 AGBG Rn 103 mit Rechtsprechungsbeispielen aus dem Wettbewerbsrecht).

Verbraucherverbände sind – **gegenüber Empfehlern** – nicht legitimiert, „wenn AGB zur ausschließlichen Verwendung zwischen Unternehmern" empfohlen werden. Einerseits genügt zum Ausschluss der Klagebefugnis der Verbraucherverbände ein Hinweis des Empfehlers, dass das Klauselwerk nur im Verkehr zwischen Unternehmern verwendet werden soll, auch wenn die Empfehlungsadressaten neben Geschäften mit Kaufleuten solche mit Letztverbrauchern betreiben (BGHZ 178, 1 = ZIP 2008, 1724) und selbst wenn die Gefahr auf der Hand liegt, dass sie das Klauselwerk auch in diesem Rahmen verwenden. Andererseits braucht die personelle Einschränkung der Empfehlung nicht ausdrücklich zu sein, wenn sich aus den gesamten Umständen ergibt, dass diese sich die Empfehlung für einen Geschäftstyp ausgesprochen wird, der nur unter Unternehmern üblich ist, oder wenn sich die Empfehlung an Adressaten richtet (Großhändler), die es geschäftstypischerweise nicht mit Letztverbrauchern zu tun haben (BGH aaO). 3

Zu in der Tenorierungspraxis gelegentlich etwas gequält wirkenden Formulierungen führt Abs 3 dann, wenn AGB schwerpunktmäßig gegenüber Verbrauchern, aber auch gegenüber Unternehmen verwandt werden. Denn ein Verbraucherverband als Kläger muss im Klageantrag zum Ausdruck bringen, dass Unterlassung bzw Widerruf der Empfehlung nur gegenüber Personen begehrt wird, die nicht Unternehmer sind. Dementsprechend ist auch die Urteilsformel zu fassen. 4

Richtet sich die Klage gegen den **Verwender**, so wirkt nur eine solche Verwendung anspruchsbegründend, die nicht gegenüber einem Unternehmer erfolgte. Stützt sich der klagende Verband nur auf die Existenz gedruckter Exemplare von AGB, so ist seine Klage erfolglos, wenn es der Verwender geschäftlich gar nicht regelmäßig mit Verbrauchern zu tun hat (OLG München BB 1978, 1183). Ein Verbraucherverband als Kläger muss im Klageantrag zum Ausdruck bringen, dass Unterlassung bzw Widerruf der Empfehlung nur gegenüber Personen begehrt wird, die nicht Unternehmer sind. Dementsprechend ist auch die Urteilsformel zu fassen. 5

Verbraucherverbände sind im Übrigen sehr wohl aktiv legitimiert, wenn es sich um Verträge handelt, die mit der öffentlichen Hand abgeschlossen werden oder werden sollen. § 310 Abs 1 S 1 BGB hat in § 1 Abs 3 keine Entsprechung, soweit er sich auf juristische Personen des öffentlichen Rechts bezieht. Dabei ist aber zu beachten, dass die genannte Vorschrift den Prüfungsmaßstab entsprechend einschränkt. 6

Ein Verein, der nicht nach § 4 in die Liste aufgenommen worden ist und auch nicht der Nr 2 unterfällt, kann nur Rechte seiner namentlich zu nennenden Mitglieder nach den Grundsätzen der gewillkürten Prozessstandschaft geltend machen; selbst die satzungsmäßige Ermächtigung, die Interessen seiner Mitglieder gerichtlich geltend zu machen, deckt nur die kollektiven Interessen aller Mitglieder. Nur Klage für einen Bruchteil genügt nicht (OLG Köln 19 U 99/09 – juris).

2. Wirtschaftsverbände

7 Nr 2 und ihre Vorgängernorm im AGBG lehnte sich ursprünglich an § 13 Abs 2 Nr 2 UWG aF an. Für Klagen nach § 2 ist der Gesetzestext auch heute weitgehend mit dem von § 8 Abs 3 Nr 2 UWG synchronisiert. Im UKlaG kommt nur das Tatbestandsmerkmal hinzu: „… die geeignet ist, den Wettbewerb nicht unerheblich zu verfälschen." Warum das UKlaG nicht auch in diesem Punkt der Neufassung des UWG angepasst wurde, liegt im Dunkeln. Die Aktivlegitimation für Klagen nach § 1 ist hingegen bewusst breiter gefasst als für die von § 8 Abs 3 Nr 2 UWG. Insbesondere gilt für sie das Merkmal „die Waren oder Dienstleistungen gleicher oder verwandter Art auf demselben Markt zu vertreiben" nicht (BGHZ 152, 122 = NJW 2003, 290). Eine Liste klageberechtigter Verbände, ähnlich der Liste der in Nr 1 behandelten Verbraucherverbände aufzustellen, ist im Gesetzgebungsverfahren als unpraktisch abgelehnt worden. Daher obliegt die Prüfung der vom Verband darzulegenden und gegebenenfalls nachzuweisenden Klagebefugnis den Zivilgerichten (Greger NJW 2000, 2459; allgM). Es handelt sich auch hier nicht um die Prozessführungsbefugnis (s § 1 Rn 9). Ist die Trägerschaft eines Verbands als Berechtigter eines Unterlassungsanspruchs einmal vom BGH anerkannt worden, so ist von ihrem Fortbestand auszugehen, solange nicht die Gegenseite Tatsachen vorträgt, aus denen eine Änderung der Anspruchsvoraussetzungen abgeleitet werden kann (OLG Bremen OLGR 2003, 229).

8 Der Verband braucht kein berufsständischer zu sein. Jede Förderung gewerblicher Interessen reicht als Satzungszweck aus. Im Sinne von § 3 Nr 2 sind alle Interessen „gewerblich", die es mit dem wirtschaftlichen Fortkommen von Menschen zu tun haben. Dazu gehören auch die professionellen Interessen freiberuflich Tätiger (OLG Stuttgart AnwB 1975, 406 – Anwaltsverein) und der Landwirte (BGH WM 1999, 425). Die Klagebefugnis von „Wettbewerbsverbänden" folgt nicht schon aus § 13 Abs 1 und 5 (OLG Bremen OLGR 2003, 229).

Der Verband muss nicht die gewerblichen oder beruflichen Interessen von Personen in ihrem ganzen Umfange fördern wollen. Auch Verbände, die sich speziell und ausschließlich der Aufgabe widmen, unlauteren Wettbewerb (BGH GRUR 1957, 607) oder, noch spezieller, unangemessene Geschäftsbedingungen (MünchKomm/Gerlach[3] Rn 73a) zu bekämpfen, sind klageberechtigt. Die reiche Kasuistik, welche sich in der Rspr zu § 13 UWG aF und zur Klageberechtigung von Verbraucherverbänden angesammelt hat (s Staudinger/Schlosser [1998] § 13 AGBG Rn 12 ff), kann Auslegungsrichtlinie sein. Die Förderung gewerblicher Interessen braucht nicht das einzige und auch nicht das prägende Merkmal des Verbandes zu sein (BGH GRUR 1965, 486 – Blindenverband, „Versehrtenseife"; OLG Celle NJW 1999, 344 – landwirtschaftliche Erzeugergemeinschaft). Jedoch muss sich der Verbandszweck aus der Satzung ergeben, weil er von anderswo nicht hergeleitet werden kann (MünchKommZPO/Micklitz § 3 Rn 22). Der Verbandszweck muss auch tatsächlich wahrgenommen werden (BGH-RR 2001, 36), was nur bei einer gewissen verselbständigten Organisationsstruktur der Fall ist (BGH NJW 1994, 2548). Skepsis ist gegeben, wenn Rechtsanwaltsbüros ersatzweise tätig sind. Ein Teil des Finanzaufwands kann aber durchaus aus Vertragsstrafen und Abmahngebühren gedeckt werden (BGH 2000, 73).

9 Wirtschaftsverbände können unabhängig von der Verbraucherbetroffenheit der Ver-

wendung oder Empfehlung von AGB klagen, also auch, wenn ausschließlich Verträge oder Empfehlungen für **Verträge zwischen Unternehmern** zur Debatte stehen. Freilich ist dann Prüfungsmaßstab nur die Generalklausel von § 307 BGB. Dazu, inwieweit, vermittelt durch diese Vorschrift, die Klauselverbote der §§ 308 und 309 BGB auch für den Verkehr zwischen Unternehmern gelten (s Staudinger/Coester § 307 Rn 14 sowie jeweils den letzten Abschnitt in den Erläuterungen zu den einzelnen Nummern der §§ 308 und 309 BGB).

Bei Wirtschaftsverbänden ohne in Erfahrung verwurzeltem Grund wollte der Gesetzgeber im Jahre 2000 die Missbräuche durch Abmahnvereine bekämpfen und führte für Klagen nach § 2 das Merkmal „Unternehmer", die Waren oder Dienstleistungen gleicher oder verwandter Art auf demselben Markt vertreiben, ein in Textidentität mit (heute) § 8 Abs 3 Nr 2 UWG, wo in der Tat eine marktstufenübergreifende Klagebefugnis missbrauchsanfällig wäre. 10

Mit dem in der Vorschrift angesprochenen „rechtsfähigen Verband" ist nichts weiter gemeint, als ein rechtsfähiger (eingetragener) Verein. Unter „Verband" versteht man zwar häufig nur eine Vereinigung, welche ihrerseits lediglich Vereine zu Mitgliedern hat. Der Ausdruck ist jedoch ungeprüft aus dem § 13 AGBG übernommen worden, wo auch für Verbraucherschutzklagen die Aktivlegitimation „rechtsfähigen Verbänden" zugesprochen worden war. Dort war der Ausdruck ganz eindeutig auch als Verein mit mehr als 75 Personen als Mitgliedern ausgewiesen. Grundsätzlich hat der BGH zur Problematik ausgeführt (NJW 2000, 74): „... [es reicht] aus, wenn die Gewerbetreibenden die die Mitgliedschaft vermittelnde Organisation mit der Wahrnehmung ihrer gewerblichen Interessen beauftragt hat, sei es, dass diese die Interessen ihrer Mitglieder selbst wahrzunehmen berechtigt und imstande ist, oder sei es, dass sie einen anderen Verband ... mit der Wahrnehmung der Interessen ihrer Mitglieder beauftragt." 11

Mit dem Normbestandteilen „erhebliche Zahl von Unternehmers" und „Handlungen ... die geeignet sind, den Wettbewerb nicht unerheblich zu verfälschen", der in § 8 Abs 3 Nr 2 UWG kein unmittelbares Gegenstück mehr hat (anders als in § 3 Abs 2 Nr 2 UWG aF), ist nichts weiter gemeint als die „nicht nur unerhebliche Beeinträchtigung" iSv § 3 UWG. In einem AGB-Fall hat das OLG Stuttgart bei der Erstreckung von Gewährleistungsbürgschaften und Klauseln über die Ablösung von Gewährleistungseinbehalten eine Wettbewerbsbeeinträchtigung angenommen (ZfIR 2002, 370).

In der Praxis sind Verbandsklagen nach Nr 2 selten. Viel beachtete Fälle waren die Klagen von Kraftfahrzeughändlerverbänden gegen zahllose Klauseln in den Konzessionsverträgen von Kraftfahrzeugherstellern (BGHZ 93, 29 = NJW 1985, 623 – Opel; BGHZ 124, 351 = NJW 1994, 1060 – Daihatsu) und von Verbänden von Versicherungsvertretern gegen große Versicherungsunternehmungen (BGZ 2003, 1241): Daher soll zu den organisationsbezogenen Seriositätskriterien des Gesetzes nur folgender weiterer Hinweis gegeben werden: In Staudinger/Schlosser (1998) § 13 AGBG Rn 13 ff ist im Einzelnen kommentiert, was zu den entsprechenden Seriositätskriterien für Verbraucherverbände zu sagen war, bis das FernabsG die Lösung der heutigen Nr 1 gebracht hat. Im Übrigen können Judikatur und Literatur zu § 8 Abs 3 Nr 2 UWG, bzw seiner Vorgängernorm (§ 13 Abs 2 Nr 2 UWG aF), verwertet werden. 12

3. Industrie- und Handelskammern

13 Dass Abs 2 Nr 3 die Industrie- und Handelskammern sowie die Handwerkskammern (Bsp LG Konstanz BB 1981, 1420) ausdrücklich nennt, hat nur klarstellende Bedeutung (BT-Drucks 7/5422, 11): Die Aufzählung ist nicht abschließend (Löwe Rn 86; MünchKommZPO/Micklitz Rn 35). Auch öffentlichrechtliche Verbände, die der Förderung gewerblicher Interessen dienen, haben das Klagerecht, selbst solche, die in Nr 3 nicht eigens erwähnt sind, wie etwa Anwaltskammern, Ärztekammern (im Ergebnis, weil sie zu den Wirtschaftsverbänden rechnend, ebenso Ulmer/Witt Rn 10). Nr 3 bringt aber zum Ausdruck, dass öffentlich-rechtliche Wirtschaftsverbände den Nachweis nicht zu führen haben, dass sie ihre satzungsmäßigen Aufgaben auch erfüllen.

4. Ausländische Kläger

14 Auch ausländische Einrichtungen, die in die Liste eingetragen sind oder solchen Einrichtungen funktional äquivalent sind, können in Deutschland klagen, etwa wenn ein transnationaler Gebrauch behauptet wird (Lindacher, in: FS vHoffmann [2011] 261 f). Die Angreiferkompetenz richtet sich allein nach der lex fori (**aA** Palandt/Thorn[72] Art 6 Rom II VO Rn 11)

§ 3a
Anspruchsberechtigte Verbände nach § 2a

Der in § 2 a Abs. 1 bezeichnete Anspruch auf Unterlassung steht rechtsfähigen Verbänden für nicht gewerbsmäßigen und nicht nur vorübergehender Förderung der Interessen derjenigen zu, die durch § 95 b Abs. 1 Satz 1 des Urheberrechtsgesetzes begünstigt werden. Der Anspruch kann nur an Verbände im Sinne des Satzes 1 abgetreten werden.

S Bem zu § 2.

§ 4
Qualifizierte Einrichtungen

(1) Das Bundesamt für Justiz führt eine Liste qualifizierter Einrichtungen. Diese Liste wird mit dem Stand zum 1. Januar eines jeden Jahres im Bundesanzeiger bekannt gemacht und der Kommission der Europäischen Union unter Hinweis auf Artikel 4 Abs. 2 der Richtlinie 98/27/EG des Europäischen Parlaments und des Rates vom 19. Mai 1998 über Unterlassungsklagen zum Schutz der Verbraucherinteressen (ABl. EG Nr. L 166 S. 51) zugeleitet.

(2) In die Liste werden auf Antrag rechtfähige Verbände eingetragen, zu deren satzungsmäßigen Aufgaben es gehört, die Interessen der Verbraucher durch Aufklärung und Beratung nicht gewerbsmäßig und nicht nur vorübergehend wahrzunehmen, wenn sie in diesem Aufgabenbereich tätige Verbände oder mindestens 75 natürliche Personen als Mitglieder haben, seit mindestens einem Jahr bestehen und auf Grund ihrer bisherigen Tätigkeit Gewähr für eine sachgerechte Aufgabenerfül-

lung bieten. Es wird unwiderleglich vermutet, dass Verbraucherzentralen und andere Verbraucherverbände, die mit öffentlichen Mitteln gefördert werden, diese Voraussetzungen erfüllen. Die Eintragung in die Liste erfolgt unter Angabe von Namen, Anschrift, Registergericht, Registernummer und satzungsmäßigen Zweck. Sie ist mit Wirkung für die Zukunft aufzuheben, wenn

1. der Verband dies beantragt oder

2. die Voraussetzungen für die Eintragung nicht vorlagen oder weggefallen sind.

Ist auf Grund tatsächlicher Anhaltspunkte damit zu rechnen, dass die Eintragung nach Satz 4 zurückzunehmen oder zu widerrufen ist, so soll das Bundesamt für Justiz das Ruhen der Eintragung für einen bestimmten Zeitraum von längstens drei Monaten anordnen. Widerspruch und Anfechtungsklage haben im Fall des Satzes 5 keine aufschiebende Wirkung.

(3) Entscheidungen über Eintragungen erfolgen durch einen Bescheid, der dem Antragsteller zuzustellen ist. Das Bundesverwaltungsamt erteilt den Verbänden auf Antrag eine Bescheinigung über ihre Eintragung in die Liste. Es bescheinigt auf Antrag Dritten, die daran ein rechtliches Interesse haben, dass die Eintragung eines Verbands in die Liste aufgehoben worden ist.

(4) Ergeben sich in einem Rechtsstreit begründete Zweifel an dem Vorliegen der Voraussetzungen nach Abs 2 bei einer eingetragenen Einrichtung, so kann das Gericht das Bundesamt für Justiz zur Überprüfung der Eintragung auffordern und die Verhandlung bis zu dessen Entscheidung aussetzen.

5) Das Bundesministerium der Justiz wird ermächtigt, durch Rechtsverordnung, die der Zustimmung des Bundesrates nicht bedarf, die Einzelheiten des Eintragungsverfahrens, insbesondere die zur Prüfung der Eintragungsvoraussetzungen erforderlichen Ermittlungen, sowie die Einzelheiten der Führung der Liste zu regeln.

Materialien: § 4 Abs 1 Satz 1, Abs 2 Satz 5, Abs 3 Satz 2 u Abs 4: IdF d Art 4 Abs 14 Nr 1 G v 17. 12. 2006 BGBl I 3171 mit Wirkung vom 1. 1. 2007.

§ 4 Abs 5: Früherer Abs 5 aufgehoben, früherer Abs 6 jetzt Abs 5 gem Art 4 Abs 14 Nr 2 u 3 G v 17. 12. 2006 BGBl I 3171 mit Wirkung vom 11. 1. 2007.

I. Rechtlicher Stellenwert der Vorschrift

Mit der Vorschrift sollte zum einen Art 4 der Unterlassungsklagen-Richtlinie (s Textanhang zum UKlaG) umgesetzt werden. Hinter dieser Vorschrift der Richtlinie stand die aus Sicht der Praxis unrealistische Vorstellung, es müsse Vorsorge für eine grenzüberschreitende Unterlassungsklage getroffen werden. Bei Gelegenheit der Umsetzung der Richtlinie entschied sich aber der deutsche Gesetzgeber mutiger- und billigendswerterweise zu einer radikalen Vereinfachung der Handhabung der Seriositätskriterien, die Verbraucherverbände und -vereine erfüllen müssen, um als klageberechtigt anerkannt werden zu können. Das Bundesamt für Justiz, auf das die 1 entsprechenden Aufgaben des Bundesverwaltungsamts übergegangen sind, erlässt einen konstitutiven Bescheid über die Anerkennung einer Einrichtung. Dieser Bescheid wirkt nicht nur konstitutiv, sondern auch exklusiv: Nur, zu wessen Gunsten ein solcher Bescheid ergangen ist, ist auch Inhaber eines Unterlassungsanspruchs. Der einzelne Unterlassungsklageprozess ist daher von einer Prüfung der Aktivbefugnis entlastet.

Das UKlaG und das UWG sind insoweit auch einander angepasst worden, § 8 Abs 5 UWG. Da aber der Verbraucherschutz im UWG keine zentrale Bedeutung hat, ist § 4 UKlaG zentrale Vorschrift über die verwaltungsmäßige Anerkennung von aktiv befugten Verbrauchervereinigungen, auf die das UWG verweist.

§ 16 bringt eine Übergangsvorschrift zugunsten von Einrichtungen, die nach § 29 AGBG eingetragen waren

II. Voraussetzungen der Eintragung

1. Mit öffentlichen Mitteln geförderte Vereinigungen

2 Aus Abs 2 S 2 („unwiderlegliche Vermutung") folgt, dass das Bundesamt für Justiz blindlings Eintragungen vorzunehmen hat, wenn ihm die Förderung des Antragstellers durch öffentliche Mittel nachgewiesen wird. Die Förderungsstelle entscheidet also praktisch über die Klageberechtigung. Das ist nur theoretisch bedenklich, weil die Knappheit der zur Verfügung stehenden Mittel von selbst eine Konzentration auf seriöse Vereinigungen bewirkt. „Verband" ist wie sonst auszulegen (s § 3 Rn 11). Allerdings muss es sich um eine im Vergleich zum Gesamthaushalt der Einrichtung substantielle und auch nicht nur zweckgebundene sektorale Förderung handeln. Durch kleinere an spezielle Zwecke gebundene Zuwendungen (etwa für bestimmte Tagungen) aus dem Haushalt irgendeiner öffentlich-rechtlichen Institution lassen sich die Eintragungsvoraussetzungen nicht herstellen (Ulmer/Witt Rn 4a).

2. Nicht öffentlich geförderte Vereinigungen

3 Im Falle von Eintragungsanträgen ohne öffentliche Förderung der antragstellenden Vereinigung muss das Bundesamt für Justiz die materiellen Seriositätskriterien von Amts wegen prüfen (OVG Münster NJW 2004, 1123). Dabei hat es, wenn man vom Unterschied zwischen Offizialmaxime und zivilprozessualer Verhandlungsmaxime absieht, dieselbe Arbeit zu leisten, die früher den Zivilgerichten oblag.

a) Verbraucherbezogene Beratung und Aufklärung als notwendige Verbandsaufgabe

4 Der Satzteil „zu deren satzungsmäßigen Aufgaben es gehört, die Interessen der Verbraucher durch Aufklärung und Beratung wahrzunehmen", war schon in der ursprünglichen Fassung des AGBG wörtlich aus § 13 UWG aF übernommen. Man konnte daher nicht umhin, die nach einer Grundsatzentscheidung des BGH (NJW 1972, 1988) nicht mehr bestrittene Auslegung dieser Vorschrift ins AGB-Recht zu übertragen (BGH NJW 1986, 1613; Wolf/Lindacher § 13 AGBG Rn 7; Löwe Rn 72; Ulmer/Hensen § 13 AGBG Rn 27): Anspruchsberechtigt war ein Verein nur, wenn er auch

wirklich tut, was er in seiner Satzung zu seinem Programm erhoben hat. Das gilt nunmehr auch als Eintragungsvoraussetzung.

Als Formen von tatsächlicher Wahrnehmung von verbraucherbezogener Aufklärung und Beratung kommen in Betracht: Individualberatung, Verbreitung von Schriften, Organisation von Vorträgen, öffentliche Anprangerung verbraucherfeindlicher Geschäftspraktiken. Verbraucherbezogene Aufklärung und Beratung kann auch indirekt dadurch geschehen, dass ein Dachverband die ihm angehörigen Verbände berät, wie sie Verbraucheraufklärung und Beratung betreiben sollen. Der Verband muss zudem die für seine Aufklärungs- und Beratungstätigkeit erforderlichen personellen und sachlichen Voraussetzungen besitzen, was in der Regel aber nicht notwendigerweise eine eigene Geschäftsstelle bedingt (BGHZ 126, 148 = NJW 1994, 2548; allgA).

b) Die Satzung muss verbraucherbezogene Beratung und Aufklärung im Fremdinteresse als Aufgabe des Vereins ausweisen, und zwar im Hinblick auf private Letztverbraucher. Der Verein darf sich nicht darauf beschränken, die Verbraucherinteressen seiner Mitglieder zu vertreten (BGH NJW 1972, 1988). Er darf sich auch nicht nur allgemein um Verbraucherbelange bemühen wollen, sondern muss dies speziell durch Beratung und Aufklärung zu leisten sich vorgenommen haben (Ulmer/Witt Rn 3). Freilich sollte man realistischerweise einsehen, dass Aufklärung und Beratung Tätigkeiten sind, die ineinander fließen. Es ist daher ohne Sinn, pedantisch zu verlangen, dass der klagende Verband sowohl berät wie aufklärt (Ulmer/Witt Rn 3) und sich nicht auf eine dieser beiden Tätigkeiten beschränkt (so mit Recht für ausreichend gehalten von Tetzner NJW 1965, 1944 f). Eine Beschränkung auf individuelle rechtliche Beratung ist nicht erforderlich, der Verband kann auch durch technische Beratung etc Verbraucherinteressen wahrnehmen (OLG Frankfurt NJW-RR 1992, 396 f). 5

Im Interesse einer effektiven und möglichst umfassenden vorsorglichen Kontrolle von AGB genügt es, wenn der klagende Verband seine Mitglieder und die Öffentlichkeit in Verbraucherbelangen umfassend informiert, sich im Übrigen aber auf die gerichtliche Durchsetzung von Verbraucherinteressen spezialisiert hat. Die Ende der 70er Jahre im Gebühreninteresse von Anwälten entstandenen „Abmahnvereine“ sind heute verschwunden. Eine Spezialisierung nur auf Abmahnung und Gerichtsverfahren begründet aber die Aktivlegitimation noch nicht Der Verband darf neben seiner Verbraucherschutzaufgabe durchaus andere Ziele verfolgen (BGH NJW 1986, 1613), nur keine solchen, welche spezifische Anliegen der anderen Marktseite sind. So ist etwa der ADAC zu Recht eingetragen. Verbraucherbezogene Aufklärung und Beratung muss ausdrücklich als Verbandszweck in der Satzung der Vereinigung festgehalten sein. Es genügt nicht, wenn die Auslegung der Satzung diesen Zweck unübersehbar erkennen lässt. **Mischverbände**, die sowohl Verbraucher- als auch Gewerbeinteressen verfolgen, haben im Lauterkeitsrecht grundsätzlich keinen Unterlassungsanspruch, aber dann doch, wenn einer der Satzungszwecke nach § 8 Abs 3 Nr 2 oder Abs 3 klar überwiegt (BGH NJW 1983, 1061 f; BGH GRUR 1988, 833). In Abs 2 von § 4 kann diese Sicht nicht übertragen werden. An der Aktivlegitimation fehlt es auch, wenn der Verband verbraucherbezogene Beratung und Aufklärung nur „nebenbei“ als untergeordnete Nebenaufgabe betreibt, während es unschädlich ist, wenn der Verbraucherschutz nicht als Hauptzweck aber doch mit einer gewissen Intensität betrieben wird (BGH NJW 1986, 1613; allgA). Umgekehrt sind Verbraucherverbände nach § 8 Abs 3 Nr 3 UWG nur klageberechtigt, wenn die gerügten Wettbewerbsverstöße sich gerade gegen Verbraucherinteressen wenden (KG GRUR-RR 2005, 359).

In ihrer heutigen Verfassung sind **Gewerkschaften** keine Verbraucher- sondern Produzentenverbände (Palandt/Bassenge Rn 6). Der **ADAC** hingegen wurde als Verbraucherverband anerkannt (BGH NJW-RR 1988, 1443). Er wurde auch in die Liste des Bundesamts für Justiz eingetragen.

6 Ein Verband, der seine Tätigkeit sachlich auf Teilbereiche des Verbraucherschutzes einschränkt, besitzt auch nur für diesen Bereich eine Aktivlegitimation (BGH NJW 1989, 2247 – Mieterbund; BGH MDR 1988, 1027 – ADAC). Der Verband beschränkt dadurch seine eigene Aktivlegitimation. Eine räumliche Beschränkung des Tätigkeitsbereiches führt ebenfalls zur Beschränkung der Aktivlegitimation (BGH NJW 1983, 1320; allgA). Antidiskriminierungsverbände (§ 23 AGG) sind antragsfähig und beschränkt klageberechtigt, wenn sie für den satzungsmäßig betroffenen Personenkreis Aufklärung und Beratung in Angelegenheiten des Verbraucherschutzes betreiben (BT-Drucks 16/1780 s 48 f).

7 Ein Verband soll aktivberechtigt werden, wenn er auf dem **Gebiet der Verbraucheraufklärung und Beratung tätige „Verbände als Mitglieder"** hat. Hinter der Unbeholfenheit dieses Textes kann sich nur die Vorstellung von Vereinen verbergen, die Mitglieder des klagenden (Dach-)Verbandes sind. Wenn schon der klagende „Verband" selbst aus natürlichen Personen bestehen kann, können an den eingegliederten „Verband" füglich keine anderen Anforderungen gestellt sein. Das Gesetz verlangt für einen eingegliederten „Verband" weder ein bestimmtes Mitgliederquorum noch Rechtsfähigkeit (BGH NJW 2000, 73). Solche Anforderungen zu stellen, ist auch von der Sache her nicht notwendig. Ist eine effiziente verbraucherbezogene Beratung und Aufklärung beim Dachverband gewährleistet (s Rn 13), so mag er sich ruhig aus kleineren Verbänden zusammensetzen. Auch der eingegliederte Verein muss tatsächlich verbraucherbezogene Aufklärung und Beratung betreiben, braucht dies aber nicht als satzungsmäßige Aufgabe zu tun. Ebenso wenig wie beim Dachverband braucht die verbraucherbezogene Beratungs- und Aufklärungsarbeit die einzige Aufgabe des Vereins zu sein. Die einzelnen Verbände können in verschiedenen Bereichen tätig sein (BGH NJW 1986, 1613).

Der Dachverband muss nicht nur Verbrauchervereine zu Mitgliedern haben. Er kann auch aus solchen Vereinen – zwei genügen – und weniger als 75 natürlichen Personen zusammengesetzt sein (BGH NJW 2000, 73 mwNw). Seine Seriosität kann dadurch begründet werden, dass die eingegliederten Verbände ihrerseits Mitglieder haben, deren Belange der Dachverband wahrnimmt (BGH aaO mwNw). Er kann neben Vereinen, welche in der verbraucherbezogenen Aufklärung und Beratung tätig sind, auch andere Vereine oder Gewerbetreibende (so zu § 13 UWG aF mit Recht BGH NJW 1983, 1061, 1062; OLG Stuttgart GRUR 1970, 613; OLG Celle GRUR 1970, 473; Hefermehl GRUR 1969, 658; Borck WRP 1965, 320; **aM** OLG Köln BB 1969, 1150; Pastor 418) zu Mitgliedern haben. Eine Art **„Gegnerfreiheit"** des Verbandes ist nicht Voraussetzung seiner Klageberechtigung, solange kein regelrechter Mischverband vorliegt und Verbraucherschutz effektiv betrieben werden kann, s Rn 5.

Die alternative Voraussetzung eines **Mitgliederbestandes von 75 natürlichen Personen** ist rein formal zu verstehen. Seine Voraussetzungen sind auch erfüllt, wenn wenigen aktiven viele passive Mitglieder aus deren Bekannten- und Verwandtenkreis gegenüberstehen (Wolf/Lindacher Rn 9). Selbst wenn das Hauptmotiv des Zusammenschlusses ist, den Gründern, die Anwälte sind, Prozesse zu verschaffen, ist die Vereinigung eintragungsberechtigt, sofern nur hinreichend verbraucherbezogener Aufklärung und Beratung betrieben wird. Eine Relation zwischen dem Umfang verbraucherbezogener Aufklärungs- und Beratungsarbeit einerseits und der Zahl der zu führenden Abmahnungen und Gerichtsverfahren zu verlangen, gestattet das Gesetz nicht. Es gelten im Übrigen die gleichen Grundsätze wie zu § 8 Abs 3 Nr 2 UWG. Mit dem Erfordernis von 75 Mitgliedern wollte der Gesetzgeber das aus dem UWG bekannte Problem der unseriösen, weil auf Prozessverschaffung für Anwälte ausgerichteten, Verbraucherverbände im Interesse der Rechtssicherheit mit einem ganz formalen Kriterium lösen. Zum Problem der Beschränkung der Verbandstätigkeit auf AGB-Probleme s Rn 6, zu dem der „Gegnerfreiheit" s Rn 7. 8

III. Verfahren und Entscheidungswirkungen

Die in Abs 5 erwähnte Rechtsverordnung ist noch nicht erlassen. Bisher scheint das Bundesamt für Justiz mit einer am VwVfG orientierten Handhabung gut zurechtgekommen zu sein (bestätigt in OVG Münster NJW 2004, 1123). Die Notwendigkeit der förmlichen Zustellung führt zur Anwendung des VwZG. Über den Widerspruch nach § 68 VwGO entscheidet gemäß § 73 Abs 1 Nr 2 VwGO das Bundesamt für Justiz selbst. 9

Die Eintragung wirkt konstitutiv; dh nur eingetragene Einrichtungen sind Träger des Unterlassungsanspruchs, nicht eingetragene niemals in der Eigenschaft einer qualifizierten Einrichtung. Die Eintragung wirkt aber nicht erst vom Zeitpunkt ihrer Vornahme an. Ist eine Einrichtung eingetragen, so wird ihre Anspruchsinhaberschaft auch für früher angestrengte Verfahren hergestellt. Nach dem Grundsatz der sofortigen Wirkung prozessrechtlicher Normen heilt dies den früheren Mangel (KG BB 2001, 641). Im Internetauftritt des Bundesamtes für Justiz findet sich eine ständig aktualisierte Liste der eingetragenen Einrichtungen. Die Zustellung des Bescheids wirkt sofort, nicht erst ab 1. Januar des folgenden Jahres (OVG Münster aaO). Allerdings fehlt den **Verbraucherverbänden** im Wettbewerbsrecht die Aktivlegitimation für Klagen, die nicht die Einhaltung von Normen des Verbraucherschutzes bezwecken (KG GRUR-RR 2005, 359). Im AGB-Recht (§ 1) gibt es aber eine solche Beschränkung nicht. Die Klagen nach § 1 sind gegenüber dem Wettbewerbsrecht in ihren Voraussetzungen unabhängig (OLG Köln VuR 2011, 155). 10

Lediglich in ganz rudimentärer Weise erlaubt es **Abs 4** den Zivilgerichten, Einwendungen gegen das Vorliegen der Eintragungsvoraussetzungen zu berücksichtigen. Die Aussetzung des laufenden Rechtsstreits ist Ermessenssache. An das Vorliegen begründeter Zweifel sind aber strenge Anforderungen zu stellen (BGH NJW-RR 2010, 1560 – lauterkeitsrechtlicher Fall). Von seinem Ermessen wird das Gericht nicht Gebrauch machen, wenn es eine Aufhebung der Eintragung nur theoretisch für möglich hält. Der Ermessensspielraum schrumpft freilich auf Null, wenn das Ruhen der Eintragung gemäß Abs 2 S 5 angeordnet worden ist, s Rn 12. Beide Maßnahmen sind nicht notwendigerweise zu koppeln. Das Gericht kann auch das Bundesamt für 11

Justiz zur Überprüfung der Eintragungsvoraussetzungen auffordern, ohne den Rechtsstreit auszusetzen. Es kann in diesem Zusammenhang das Bundesamt für Justiz auch um eine Äußerung bitten, ob es eine Aussetzung des Rechtsstreits für sinnvoll hält. Natürlich ist die Aufforderung entbehrlich, wenn das Bundesamt für Justiz sich seinerseits der Sache schon angenommen hat. Aus der Existenz des Abs 4 folgt, dass eine Aufhebung der Eintragung den Fortbestand des Unterlassungsanspruchs entfallen lässt (s Rn 12).

IV. Die Aufhebung der Eintragung

12 Sätze 4 und 5 von Abs 2 sind Sondervorschriften gegenüber dem allgemeinen Verwaltungsrecht. Auch wenn die Voraussetzungen für die Eintragung in Wirklichkeit niemals vorgelegen haben, kann die Eintragung nur mit Wirkung für die Zukunft zurückgenommen werden. Maßgebend ist die Wirksamkeit des Aufhebungsbescheids (§ 43 Abs 1 VwVfG), nicht die Löschung selbst. Bei der Kostenentscheidung in einem laufenden Verfahren nach Erklärung der Erledigung gemäß § 91a ZPO ist zu berücksichtigen, dass der Wegfall des Anspruchs dem Beklagten nicht zuzurechnen ist. Rechtskräftig abgeschlossene Verfahren werden von der Löschung ebenso wenig berührt wie Entscheidungen, die trotz Rücknahme der Eintragung nicht angefochten werden. Das Bundesamt für Justiz prüft die Aufhebungsvoraussetzungen von Amts wegen (OVG Münster NJW 2004, 1123). Die Anordnung des Ruhens der Eintragung steht für seine Dauer ihrer Aufhebung gleich (LG Arnsberg GRUR-RR 2011, 287). Anhängige Verfahren kommen zum Ruhen (Ulmer/Witt Rn 7). Nicht konstitutiv wirkt die Bescheinigung nach Abs 3 S 2 (KG BB 2001, 641).

§ 4a

(1) Wer innergemeinschaftlich gegen Gesetze zum Schutz der Verbraucherinteressen im Sinne von Artikel 3 Buchstabe b der Verordnung (EG) Nr 2006/2004 des Europäischen Parlaments und des Rates vom 27. Oktober 2004 über die Zusammenarbeit zwischen den für die Durchführung des Verbraucherschutzes zuständigen nationalen Behörden (Abl EU Nr L. 364 S. 1), geändert durch Artikel 16 Nr 2 der Richtlinie 2005/29/EG des Europäischen Parlaments und des Rates vom 11. Mai 2005 (Abl. EU Nr L. 149 S 22), verstößt, kann auf Unterlassung in Anspruch genommen werden.

(2) § 2 Abs. 3 und § 3 Abs. 1 gelten entsprechend.

Materialien: In der neu eingeführten Fassung BGBl 2006 I 3367. Betrifft so gut wie nicht AGB. Allerdings hat der BGH (BGHZ 182, 24 = NJW 2009, 3371) entschieden: „Nach § 4a kann auf Unterlassung in Anspruch genommen werden, wer in der Bundesrepublik Deutschland Allgemeine Geschäftsbedingungen verwendet, die gegen Gesetze eines anderen Mitgliedestaates zum Schutze der Verbraucher … verstoßen …"

1 Es gibt nur theoretisch Anwendungsfälle, und zwar deren zwei. Der erste ist der im Ausland ansässige Verwender oder Empfehler bezüglich der Verwendung im Inland

sich nach ausländischem Recht richtender AGB. Der zweite ist der im Inland ansässige Verwender oder Empfehler, der im Innerunionsausland tätig wird. Insgesamt handelt es sich um eine praktisch bedeutungslose überperfektionistische Umsetzung der VO (EG) Nr 2006/2004 vom 27. 10. 2004, die ihrerseits von überperfektionistischen Ambitionen geprägt ist (Einzelheiten bei ULMER/WITT Rn 5).

Abschnitt 2 **Verfahrensvorschriften**

Unterabschnitt 1 **Allgemeine Vorschriften**

§ 5 Anwendung der Zivilprozessordnung und anderer Vorschriften

Auf das Verfahren sind die Vorschriften der Zivilprozessordnung und § 12 Abs. 1, 2 und 4 des Gesetzes gegen den unlauteren Wettbewerb anzuwenden, soweit sich aus diesem Gesetz nicht etwas anderes ergibt.

Materialien: IdF BGBl 2004 I 1414.

Schrifttum

S Einleitung vor § 1.

1. Die grundsätzlich nur klarstellende Bedeutung der Vorschrift

1 Die Vorschrift hat nur klarstellende Bedeutung, weil eine andere Gerichtsbarkeit als die ordentlichen Gerichte und die Verfahrensart der ZPO nicht in Betracht kommen. Im Verbandsklageprozess gelten damit auch der Beibringungs- und der Dispositionsgrundsatz (LINDACHER, in: FS Deutsche Richterakademie [1983] 215 f; ULMER/WITT Rn 17, HALFMEIER aaO 158; GREGER 113 ZZP [2000] 409 f). Wie LINDACHER (aaO 215 f) überzeugend dargelegt hat, folgt auch aus der Wahrnehmung öffentlicher Interessen im Verbandsklageverfahren nicht die Notwendigkeit, den Parteien die Herrschaft über den Streitstoff und den Streitgegenstand zu entziehen. Zudem hat der Gesetzgeber bei Verfahren nach § 1 bewusst darauf verzichtet, dem Gericht die Möglichkeit zu eröffnen, andere als die vom Kläger benannten Klauseln zu überprüfen (s § 8 Abs 1; dort weitere Einzelheiten zum Dispositionsgrundsatz in Fällen des § 1). Auch die Ermittlung sozialökonomischer Tatsachen, die sich in der Praxis noch nie als weiterführend erwiesen hat, rechtfertigt keine Abweichung (HALFMEIER aaO 166 ff, 341 ff; ULMER/WITT Rn 32).

Die normalen zivilprozessualen Grundsätze gelten auch für Klagen nach § 2, deren

Nähe zu Klagen nach § 8 Abs 2–4 UWG ohnehin evident ist. Die aktiv berechtigten Einrichtungen können auch gerichtliche und außergerichtliche Vergleiche schließen (Palandt/Bassenge Rn 1; ganz hM; **aA** E Schmidt NJW 1989, 1192; 2002, 15), in denen sie anerkennen, in bestimmten Hinsichten keinen Unterlassungsanspruch zu haben. Ein solcher Vergleich kann sinnvoll insbesondere dann sein, wenn er mit einer in Relation zum befürchteten Verfahrensausgang für die klagebefugte Einrichtung günstigen Kostenregelung verbunden ist.

2. Kosten- und Streitwertfragen

2 Für die Kostenentscheidung gelten die §§ 91 ff ZPO. Der Verband kann die zum Zweck der Information aufgewandten Reisekosten eines nicht am Sitz des Prozssgerichts lokalisierten Anwalts nicht ersetzt verlangen (OLGR Köln 2008, 406). Die Streitwertbegrenzung des § 22 AGBG ursprF war schon durch das KostÄndG in § 12 Abs 1 S 2 GKG aF aufgenommen worden, der nunmehr zu § 48 Abs 1 S 2 GKG nF geworden ist. Dies hat – wohl entgegen der Gesetzesbegründung (BT-Drucks 12/6962, 61) – einen gespaltenen Streitwert in Verfahren nach dem UKlaG zur Folge (so schon zum bislang geltenden Recht Wolf/Lindacher § 22 AGBG aF Rn 2 und 5. Aufl, § 5 Rn 73 ff). Es ist der Wert der Beschwer und ein Gebührenstreitwert zu unterscheiden: Wegen der ohnehin bestehenden ausschließlichen sachlichen Zuständigkeit der LGe (§ 14) für Klagen nach dem UKlaG kommt der freien Streitwertbestimmung nach §§ 3 ff ZPO nur noch Bedeutung für den Wert der Beschwer zu. Dieser ist nunmehr, ohne die Begrenzung nach § 48 Abs 1 S 2 GKG, nach allgemeinen Grundsätzen zu ermitteln. Von Bedeutung ist dies vor allem für die Frage, ob der Wert der Beschwer für eine revisionsrechtliche Nichtzulassungsbeschwerde erreicht ist (§ 26 Nr 8 EGZPO). Gerade diese Frage bereitete unter der Geltung von § 22 AGBG aF große Schwierigkeiten (vgl BGH NJW-RR 1991, 179; 1991, 1074). Für den Fall der Erfolglosigkeit des Verbraucherverbands beim OLG soll sich der revisionsrechtliche Streitwert nach dem vom Verband verfolgten Interesse der Allgemeinheit richten (BGH Urt v 26. 3. 1997 – III ZR 296/96).

Dagegen ist der Gebührenstreitwert unterhalb der Obergrenze von § 48 Abs 1 S 2 GKG nach § 3 ZPO eigenständig festzusetzen, wobei zudem § 12 Abs 4 UWG zu beachten ist. Die Abkoppelung des Gebührenstreitwerts vom Wert der Beschwer folgt aus der systematischen Stellung und der Ratio des § 48 GKG. Das Interesse der Allgemeinheit an einer Niedrighaltung des Kostenrisikos soll nicht zu Lasten des an sich eröffneten Rechtszuges gehen (BGH NJW-RR 1998, 1465 – wohl auch für den Gebührenstreitwert gemeint). Bei der Ermittlung des Gebührenstreitwerts nach § 48 GKG bleiben die zu § 22 AGBG ursprF gewonnenen Grundsätze gültig (vgl BT-Drucks 12/6962, 61). Der Gebührenstreitwert ist durch eine Herabrechnung von dem gesetzlichen Höchstbetrag zu bestimmen.

Zu DM-Zeiten hatte sich für Zwecke der Revisionszulässigkeit ein Regelstreitwert je angegriffener Klausel von DM 3 000 herausgebildet (BGH NJW-RR 1998, 1465; 2001, 352; BGH NJW 2003, 1694, aber Ehöhungsmöglichkeit auf DM 5.000, 8.000 oder sogar 10.000 einräumend, vor allem, wenn es um eine einzige bedeutsame Klausel ging). Da die Wertgrenze für die Nichtzulassungsbeschwerde – heute – bei € 20 000 liegt, hat der BGH aber noch nicht Gelegenheit gehabt, über die Legitimität höherer Werte im Einzelfall nachzudenken. Die ihm unterbreiteten Fälle zeigen aber, dass Gebührenstreitwerte bis zu DM 10 000 angenommen worden waren, was auch allgemein für möglicherweise berechtigt gehalten wird. Bei Klauseln mit grundlegender Bedeutung für ganze Wirtschaftszweige (OLG Frankfurt NJW-RR 1994, 60) sowie bei Klagen gegen einen Empfehler kann in der Tat ein wesentlich höherer Betrag als € 2 500 je angegriffener Klausel, der Betrag der vom BGH als Normalwert begriffen wird (NJW-RR 2007, 497), gerechtfertigt sein. Ohnehin ist der vom BGH angenommene Gebührenstreitwert zu niedrig (OLG Düsseldorf NJW-RR 2005, 1693: € 3000). Jedenfalls betonte der BGH im Zusammenhang mit AGB-Klauseln immer wieder – gemeint wohl auch für den Gebührenstreitwert –, dass das Interesse der Allgemeinheit an der Beseitigung von „gesetzwidrigen" AGB-Bestimmungen und nicht das Interesse des Verwenders maßgebend ist. Seine Tendenz geht offenbar dahin, das Gebührenrisiko für die Kläger gering zu halten. Für Klagen nach § 2 kann füglich nichts anderes gelten.

3. Drittbeteiligungen

Das Gesetz kennt leider keine allgemeinen Vorschriften über eine Beteiligung Dritter. Anwendbar sind die Vorschriften über die **Nebenintervention**. Im Verfahren gegen den Verwender kann ohne Rücksicht auf Regressgefahr der Empfehler beitreten, da er immer ein rechtliches Interesse am Obsiegen des Beklagten hat, im Prozess gegen den Empfehler jeder Verwender (wie hier Ulmer/Witt Rn 22). Die Interventionswirkung beschränkt sich aber auf das Verhältnis des Beklagten zum Intervenienten, etwa wenn der Verwender den Empfehler wegen sorgloser Empfehlung schadensersatzpflichtig machen will. Unter einer solchen Voraussetzung ist auch **Streitverkündung** zulässig. Auch parallele Verwender (Empfehler) inhaltsgleicher Bedingungen für dieselbe Art von Rechtsgeschäften können als Intervenienten beitreten (Ulmer/Witt aaO; **aA** leider BGH NJW-RR 2011, 907). Eine förmliche **Beiladung** Dritter ist der ZPO außerhalb besonders geregelter Spezialfälle, wie etwa im Rahmen von § 640e, fremd. 3

Jedoch gibt es keine Vorschrift der ZPO, die es dem Gericht verböte, von sich aus Personen, die nicht Verfahrensbeteiligte sind, Gelegenheit zu Stellungnahmen zu geben, insbesondere von Amts wegen anzuregen, dass sie als Nebenintervenienten dem Verfahren beitreten. Derartiges empfiehlt sich, wenn ein Klauselwerk durch eine Klage angegriffen wird, die ersichtlich nicht gegen seinen Hauptverwender gerichtet ist oder gegen einen von vielen Verwendern erhoben wird, obwohl im Hintergrund ein zentraler Empfehler steht (s § 1 Rn 35).

4. Rechtshängigkeit, Rechtskraft, innerprozessuale Bindungswirkung

Das Gericht, das später über das Vorliegen eines Verstoßes gegen das Unterlassungsgebot zu befinden hat (§ 890 ZPO), ist an die rechtliche Begründung, die dafür maßgebend war, gebunden (**aA** OLG Hamm NJW-RR 1991, 182) und kann nicht aus einer nachgeschobenen ersetzenden Begründung eine erweiternde oder einengende Auslegung des Verbots herleiten. Verwendungsarten sind vom Verbot erfasst, wenn sie dem „Kern" des Verbots zuwiderlaufen (Einzelheiten § 9 Rn 5 u Kommentare zu § 890 ZPO). Die weitere Klage eines anderen Klageberechtigten ist weder hinsichtlich der Parteien noch im Streitgegenstand mit der erhobenen identisch. Ihr steht der Einwand der Rechtshängigkeit nicht entgegen (allgM, etwa Ulmer/Witt Rn 28). Es gilt 4 nichts anderes als im Wettbewerbsrecht auch. Zum Rechtschutzbedürfnis s § 1 Rn 35.

5. Aussetzung

5 Sind mehrere Unterlassungsklagen bei den Gerichten rechtshängig, so kann mangels Vorgreiflichkeit nicht etwa eines der Verfahren ausgesetzt werden (Ulmer/Witt Rn 28).

Ein Individualprozess kann aber sehr wohl bis zum rechtskräftigen Abschluss eines Unterlassungsverfahrens ausgesetzt werden (§ 148 ZPO), wenn das dort angestrebte Unterlassungsurteil nach § 21 (s dort Rn 6) für die Vertragsabwicklung bindend sein würde.

6 Siehe im Übrigen: § 1 Rn 5 ff (einstweiliger Rechtsschutz), Rn 19 (Amtsprüfung der Aktivberechtigung), Rn 10 (negative Feststellungsklage), Rn 34 ff (Rechtsschutzbedürfnis, Abmahnung).

§ 6
Zuständigkeit

(1) Für Klagen nach diesem Gesetz ist das Landgericht ausschließlich zuständig, in dessen Bezirk der Beklagte seine gewerbliche Niederlassung oder in Ermangelung einer solchen seinen Wohnsitz hat. Hat der Beklagte im Inland weder eine gewerbliche Niederlassung noch einen Wohnsitz, so ist das Gericht des inländischen Aufenthaltsortes zuständig, in Ermangelung eines solchen das Gericht, in dessen Bezirk

1. **die nach den §§ 307 bis 309 des Bürgerlichen Gesetzbuchs unwirksamen Bestimmungen in Allgemeinen Geschäftsbedingungen verwendet wurden,**

2. **gegen Verbraucherschutzgesetze verstoßen wurde oder.**

3. **gegen § 95b Abs. 1 Urheberrechtsgesetz verstoßen wurde.**

(2) Die Landesregierungen werden ermächtigt, zur sachdienlichen Förderung oder schnelleren Erledigung der Verfahren durch Rechtsverordnung einem Landgericht für die Bezirke mehrerer Landgerichte Rechtsstreitigkeiten nach diesem Gesetz zuzuweisen. Die Landesregierungen können die Ermächtigung durch Rechtsverordnung auf die Landesjustizverwaltungen übertragen.

(3) Die vorstehenden Absätze gelten nicht für Klagen, die einen Anspruch der in § 13 bezeichneten Art zum Gegenstand haben.

Materialien: Abs 1 S 2 idF BGBl 2003 I 1774.

I. Zuständigkeitssystem

Die sachliche Zuständigkeit ist in Abs 1 als einer lex specialis im Verhältnis zu den Vorschriften des GVG geregelt. Das LG ist ohne Rücksicht auf den Wert des Streitgegenstandes, also auch in Bagatellfällen, zuständig. Für die Zuständigkeit der Kammer für Handelssachen fehlt es an einer Rechtsgrundlage, auch in solchen Fällen, in denen sich die Klage gegen AGB richtet, die überwiegend oder gar ausschließlich unter Kaufleuten verwandt werden (allgM). Die Zuständigkeit der Kammer für Handelssachen wird auch bei einer Verbindung der Klage mit einer solchen nach § 8 UWG nicht begründet (Zöller/Lückemann § 95 GVG Rn 2). Über § 937 ZPO gilt § 6 auch für Anträge auf Erlass einstweiliger Verfügungen. Für die Anwendung von § 942 ZPO ist kein Raum, weil sich der Streitgegenstand naturgemäß nicht in einem Gerichtsbezirk befinden kann und zudem eine solche Dringlichkeit nicht auftreten kann, die eine Inanspruchnahme des Landgerichts verböte. 1

Die örtliche Zuständigkeit richtet sich nach der Subsidiaritätsleiter von Abs 1. Die Regelzuständigkeit ist am Ort der Hauptniederlassung des Beklagten gegeben (s Rn 8 ff). Das gilt auch für die negative Feststellungsklage. Für den allgemeinen Gerichtsstand gilt nicht der Grundsatz, dass die negative Feststellungsklage da erhoben werden könnte, wo die Leistungsklage der Gegenseite eingebracht werden könnte (Foerste, in: FS Kollhosser [2004] 141 ff; Baltzer, Die negative Feststellungsklage aus § 256 I ZPO [1980] 123 ff). 2

Die internationale Zuständigkeit deutscher Gerichte leitet man im Allgemeinen aus deren örtlicher Zuständigkeit ab (BGHZ 109, 34; Zöller/Geimer IZPR Rn 37 ff; allgM). Das gilt auch für die in § 6 verankerte Zuständigkeit, soweit der Beklagte eine Person mit Wohnsitz/Sitz außerhalb der EU ist, Art 4 EuGVVO. Für Verfahren gegen Personen, die ihren Wohnsitz/Sitz in einem anderen Mitgliedsstaat der EU haben, richtet sich die internationale Zuständigkeit der deutschen Gerichte ausschließlich nach der EuGVVO, Art 3 Abs 1 (Lindacher, in: FS vHoffmann [2011] 261, 263 f) Deutsche Gerichte können danach entweder nach Art 5 Nr 5 („Niederlassung") oder nach Art 5 Nr 3 EuGVVO zuständig sein. Die Verwendung inhaltlich unzulässiger AGB ist als unerlaubte Handlung nach Art 5 Nr 3 EuGVVO zu qualifizieren (EuGHE 2002 I 8111 = NJW 2002, 3617 – „Henkel"). Da die EuGVVO in Art 5 jeweils auch die örtliche Zuständigkeit regelt, ist insoweit § 6 daneben nicht anwendbar. Art 22 EuGVVO findet bei Verbandsklageverfahren keine Anwendung (Wolf/Lindacher Rn 15; offen gelassen in BGHZ 109, 23 ff, der das Tatbestandsmerkmal „Miete" für Reiseverträge verneint). Im Geltungsbereich des Lugano-Übereinkommens (Abl EU 2009 L 147/5, abgedruckt auch in Rauscher, Europäisches Zivilprozess- und Kollisionsrecht [Bearbeitung 2011] S 983) gilt das zur EuGVVO Gesagte entsprechend. In entsprechender Anwendung der „Sheville-Doktrin" (EuGH Slg 1995 I 415 – C-68/93) kann aber bei Inanspruchnahme der Deliktszuständigkeit nur auf Unterlassung in dem betreffenden Staat geklagt werden. 3

Sollen **mehrere** (Empfehler und Verwender) **verklagt werden**, für die nach § 6 ein gemeinsamer Gerichtsstand nicht begründet ist, so ist § 36 Nr 3 ZPO anzuwenden. 4

Gerichtsstandsvereinbarungen sind wegen der Ausschließlichkeit der in § 6 begründeten Gerichtsstände grundsätzlich nicht möglich. Auch durch rügeloses Verhandeln 5 zur Hauptsache lässt sich eine Zuständigkeit nicht begründen, § 40 Abs 2 S 2 ZPO. Im Anwendungsbereich der EuGVVO/LugÜ (s Rn 3) sind Vereinbarungen über den Gerichtsstand und rügelose Einlassung nach Maßgabe der Art 23, 24 EuGVÜ, bzw Art 17, 18 LugÜ möglich.

6 Die **Konzentrationsermächtigung** nach Abs 2 ist dem § 27 UWG aF (= § 13 Abs 2 UWG) nF nachgebildet, unterscheidet sich von dieser Regelung aber dadurch, dass von der Befugnis nicht global Gebrauch gemacht werden muss. Vielmehr kann nach Arten von AGB unterschieden und verschiedenen Landgerichten jeweils fachlich spezialisierte Zuständigkeit übertragen werden („Rechtsstreitigkeiten" ohne bestimmten Artikel). Die Regelung gilt auch für das Berufungsverfahren, wenn durch die Konzentrationsverordnung einem anderen OLG Zuständigkeit zugesprochen wird, als dies der Fall wäre, wenn das LG entschieden hätte, das ohne Konzentrationsverordnung zuständig gewesen wäre (allgM).

Folgende Bundesländer haben von der Konzentrationsermächtigung Gebrauch gemacht:

Bayern: GVBl 1988, 6; 97: LGe München I, Nürnberg-Fürth, Bamberg jeweils für den entsprechenden OLG Bezirk.

Hessen: GVBl 1977, 122: LG Frankfurt aM.

Mecklenburg-Vorpommern: GVBl 1994, 514: LG Rostock.

Nordrhein-Westfalen: GVBl 2002, 446: LGe Düsseldorf, Dortmund, Köln, jeweils für den entsprechenden OLG Bezirk.

Sachsen: GVBl 1994, 1313: LG Leipzig.

Zur Bildung spezieller Kammern kann es in der Geschäftsverteilung der Gerichte nach unterschiedlichen Auswahlkriterien kommen, auch aufgefächert nach den sonstigen Spezialmaterien der betreffenden Kammern.

II. Zuständigkeitsrelevante Rechtsbegriffe

7 Der Begriff **„gewerbliche Niederlassung"** ist zwar an § 21 ZPO angelehnt. Nach hM begründet daher jede selbständige Niederlassung einen Gerichtsstand, sofern die inkriminierte Handlung von dieser Niederlassung ausgeht (MünchKommZPO/Micklitz Rn 5; zum Teil **aM** Wolf/Lindacher Rn 7). Jedoch sollte die Verwendung des Begriffs im Singular („seine gewerbliche Niederlassung") zum Anlass genommen werden, allein die Hauptniederlassung entscheidend sein zu lassen, die bei juristischen Personen meist mit dem Satzungssitz zusammenfällt. Die Gegenansicht (dezidiert Ulmer/Witt Rn 4) verführt zum forum shopping, wenn der Beklagte mehrere Niederlassungen hat. Das aber sollte durch die Einführung eines ausschließlichen Gerichtsstands gerade vermieden werden. Die Verantwortung für die Verwendung allgemeiner Geschäftsbedingungen liegt so gut wie immer bei der Hauptniederlassung. Wenn das Gesetz dem Kläger schon keinen Klägergerichtsstand gewährt, so hat dieser auch keine legitime Erwartungshaltung, am Sitz der Niederlassung zu klagen, die für

ihn am angenehmsten ist. Auch wenn von AGB des Verwenders hauptsächlich Verbraucher im Umfeld einer speziellen Niederlassung betroffen sein sollten, ist es dem Kläger zumutbar, am Ort der entfernteren Hauptniederlassung zu klagen. Bei ausländischen Hauptniederlassungen gilt Art 5 Nr 5 EuGVVO/LugÜ. Das LG Dortmund (WM 2009, 723) hat in einem obiter dictum gesagt, nur dann sei ein Zweigniederlassung gerichtsstandsbegründend, wenn AGB lediglich in ihrem geographischen Tätigkeitsbereich verwendet würden. Freie Berufe haben keine „gewerbliche“ Niederlassung. Jedoch ist die Vorschrift auf ihre berufliche Niederlassung entsprechend anzuwenden (Wolf/Lindacher Rn 7).

Für den Begriff des **„Wohnsitzes“** sind die §§ 7, 11 BGB, 35 ZPO maßgebend. Bei juristischen Personen ist entsprechend auf deren Sitz abzustellen. **8**

Für den Begriff des **„Aufenthalts“** gilt § 16 ZPO. Nicht notwendig ist ein „gewöhnlicher“ Aufenthalt. Auch ein sich auf einer Verkaufsreise befindender Ausländer kann im Gerichtsstand des § 6 verklagt werden. **9**

Der Begriff **„Ort der Verwendung“** von AGB lässt sich in Anlehnung an § 32 ZPO bestimmen. Verwendungsort ist jeder Ort, an welchem von AGB Gebrauch gemacht worden ist, nicht nur der Ort eines Vertragsabschlusses. Dazu gehört auch der Ort der Anbahnung von Vertragsverhandlungen, bei schriftlichen Verhandlungen der Ort der Absendung einer auf Einbeziehung gerichteten Willenserklärung sowie der Ort, an welchem dem Adressaten eine solche Erklärung zugeht. Im Fall der Wiedergabe von AGB im Internetauftritt des Verwenders muss eine Geschäftstendenz nach Deutschland vorliegen (**aA** OLG Karlsruhe MMR 2002, 814, 815). Der Kläger hat unter mehreren Verwendungsorten die Wahl (Palandt/Bassenge Rn 7; Wolf/Lindacher Rn 10). **10**

Im Falle einer **Empfehlung** ist in Ausfüllung einer planwidrigen Gesetzeslücke maßgebend der Ort der Empfehlung, worunter sowohl der Ort der Abgabe als auch der des Zugangs der Empfehlung zu verstehen ist. Richtet sich die Empfehlung (etwa eines außerhalb der Bundesrepublik ansässigen internationalen Verbandes) an potenzielle Verwender, die in der ganzen Bundesrepublik verstreut wohnen, so ist jedes deutsche LG zuständig.

„Klagen nach diesem Gesetz“ sind alle Klagen, die aus dem dritten Abschnitt erwachsen, etwa auch solche aus § 10 und über die Erstattung von Abmahnkosten (s § 1 Rn 40; Ulmer/Witt § 5 Rn 8a), die aber nicht als Prozesskosten iSv § 91 ZPO geltend gemacht werden können, sondern selbständig neben dem Unterlassungsbegehren einzuklagen sind. Entsprechend gilt § 6 auch für Feststellungsklagen des Verwenders gegen einen die Wirksamkeit einzelner Klauseln bestreitenden Verband (s Rn 3 und § 1 Rn 10; Wolf/Lindacher Rn 3). Klagen auf Zahlung verwirkter Vertragsstrafen gehören aber nicht dazu (Rieble JZ 2009, 716 ff: **aA** LG München I NJW-RR 1991, 1143; Ulmer/Witt § 5 Rn 5; Wolf/Lindacher Rn 3; OLG Karlsruhe VuR 1992, 130.) **11**

§ 7
Veröffentlichungsbefugnis

Wird der Klage stattgegeben, so kann dem Kläger auf Antrag die Befugnis zugesprochen werden, die Urteilsformel mit der Bezeichnung des verurteilten Beklagten auf dessen Kosten im Bundesanzeiger, im Übrigen auf eigene Kosten bekannt zu machen. Das Gericht kann die Befugnisse zeitlich begrenzen.

I. Die Bekanntmachung auf Kosten des Klägers

1 Die Befugnis zur Veröffentlichung einer Tatsache hängt auch dann nicht von einer gerichtlichen Genehmigung ab, wenn es sich um ein gerichtliches Urteil handelt. Daher kann die bloße Tatsache einer Urteilsveröffentlichung selbst unter Namensnennungen, die den Verfassungsschutz der aktiven Informationsfreiheit genießt, auch nicht nach § 717 Abs 2 ZPO schadensersatzpflichtig machen (**aM** Ulmer/Witt Rn 7; Palandt/Bassenge Rn 5). In der Veröffentlichung allein kann niemals ein Eingriff in den eingerichteten und ausgeübten Gewerbebetrieb liegen. Der Beteuerung, die Veröffentlichung von Urteilen nach allgemeinen Grundsätzen bleibe unbenommen (Ulmer/Witt Rn 1), ist ein einengender Sinn nicht abzugewinnen. Immerhin begründet die gerichtliche Anordnung eine Verpflichtung des Verlags des Bundesanzeigers, die Veröffentlichung vorzunehmen.

II. Veröffentlichung im Bundesanzeiger auf Kosten des Beklagten

2 Welche verbraucherschützende Wirkung sich der Gesetzgeber von der Möglichkeit versprochen hat, im Unterlassungs- und Widerrufsverfahren ergangene gerichtliche Urteile im Bundesanzeiger auf Kosten des Beklagten veröffentlichen zu lassen, ist nicht auszumachen. Als ob Letztverbraucher oder Geschäftsleute, die AGB unterworfen zu werden drohen, auf den Gedanken kommen könnten, sich durch ein regelmäßiges Studium des Bundesanzeigers zu schützen! Auch Verbraucherverbände werden sich über die vorhandene Rechtsprechung anderweit informieren. Das Gericht wird daher von seiner Ermessensbefugnis nur in den höchst seltenen Fällen Gebrauch machen können, in welchen ihm ein konkreter Sinn dieser Maßnahme plausibel gemacht ist (OLG Frankfurt WM 1989, 1216; BGH NJW 1992, 505 aE), woran es bei nicht aussagekräftigen Urteilsformeln fehlt (BGH NJW 1994, 318; BGH NJW 2003, 1237. Allgemein zur Abwägungsobliegenheit BGH NJW-RR 2007, 1287; BGH MDR 2008, 319 – mit sehr vager Begründung Antrag stattgegeben). Ein für Dritte wenig aussagekräftiger Urteilstenor oder eine ohnehin zu erwartende Publizität der Entscheidung stehen der Begründung der Veröffentlichungsbefugnis entgegen (BGH NJW 2003, 1237, 1240; BGHZ 136, 261 = NJW 1997, 2752; BGHZ 124, 354, 362 = NJW 1994, 318). Eine Unterlassungsverfügung reicht als Basis nicht (Ulmer/Witt Rn 3; **aA** Anwaltskommentar/Walker Rn 4). Wenn schon eine Veröffentlichung nach § 9 Nr 4 angeordnet ist, ist eine weitere Veröffentlichung überflüssig. Im Revisionsverfahren muss eine vom OLG ohne nähere Begründung ausgesprochene Erlaubnis aufgehoben werden (BGH NJW 1992, 1450 – allein in diesem Punkt OLG-Urteil aufgehoben und Sache zurückverwiesen). Die Bekanntmachungskosten sind Vollstreckungskosten iSv § 788 ZPO (allgM), die schon nach vorläufiger Vollstreckbarkeit des Urteils beigetrieben werden können (allgM). Sollte das bereits bekannt gemachte Urteil später auf ein Rechtsmittel hin aufge-

hoben werden, hat der Verwender/Empfehler aus § 717 Abs 2 ZPO einen Anspruch auf berichtigende Bekanntmachung.

Anwendungsbeispiele: OLG Zweibrücken ZuM 2001, 346; OLG Stuttgart VersR 1999, 832; LG Dortmund BB 2001, 854; LG Köln BB 2001, 1271; LG München I NJW-RR 1998, 417.

III. Gemeinsame Verfahrensfragen

Der Antrag stellt einen eigenständigen Streitgegenstand dar (allgM). Er sollte be- **3**
gründet werden, damit das Gericht sein Ermessen ausüben kann (BGH NJW 1992, 1450; Ulmer/Hensen § 17 AGBG Rn 4). Wegen seiner geringen Bedeutung ist sein Streitwert nicht höher als 1/10 des (Gebühren-)Streitwerts des Unterlassungsanspruchs (**aA** Ulmer/Hensen § 18 AGBG Rn 10, der eine Bewertung mit DM 3000 empfiehlt). Wird er abgelehnt, so bedeutet dies teilweise Klageabweisung, die aber im Allgemeinen nach § 92 Abs 2 ZPO kostenunschädlich ist (**aA** Ulmer/Witt Rn 9). Die Abweisung begründet für Rechtsmittel eine selbständige Beschwer.

Unterabschnitt 2
Besondere Vorschriften für Klagen nach § 1

§ 8
Klageantrag und Anhörung

(1) Der Klageantrag muss bei Klagen nach § 1 auch enthalten:

1. den Wortlaut der beanstandeten Bestimmungen in Allgemeinen Geschäftsbedingungen,

2. die Bezeichnung der Art der Rechtsgeschäfte, für die die Bestimmungen beanstandet werden.

(2) Das Gericht hat vor der Entscheidung über eine Klage nach § 1 die Bundesanstalt für Finanzdienstleistungsaufsicht (Bundesanstalt) zu hören, wenn Gegenstand der Klage

1. Bestimmungen in Allgemeinen Versicherungsbedingungen sind oder

2. Bestimmungen in Allgemeinen Geschäftsbedingungen sind, die der Bundesanstalt nach Maßgabe des Gesetzes über Bausparkassen oder des Investmentgesetzes zu genehmigen hat.

Materialien: Abs 2 idF BGBl 2003 I 2676, Abs 2 Nr 2 idF BGBl 2005 I 1373.

Schrifttum

S bei § 5.

1 Die Vorschrift übernimmt in Abs 1 den früheren § 15 Abs 2 AGBG und in Abs 2 in etwas modifizierter Form den früheren § 16 AGBG.

I. Der Dispositionsgrundsatz bei Klagen nach § 1

1. Streitgegenstand der Klauselkontrollklage

2 Der BGH hat sich mit Recht dagegen gewandt, in jedem aus dem AGBG (heute: §§ 307–309 BGB) oder zwingendem Recht hergeleiteten Unwirksamkeitsgrund einen eigenen Streitgegenstand zu sehen mit der Folge, dass die Klage teilweise abzuweisen ist, wenn sie nicht aus allen Gründen Erfolg hat.

3 Mit Recht hält er fest, dass der neben dem Klageantrag den Streitgegenstand konstituierende Lebenssachverhalt in der Verwendung bestimmter Klauseln als solcher liegt (BGH NJW 1993, 2052 f, im Anschluss an eine nahezu einhellige LitM). Der Kläger kann aber das Gericht auch nicht auf eine bestimmte materiellrechtliche Anspruchsgrundlage festlegen (MünchKommZPO/Becker/Eberhard vor § 253 Rn 39).

4 Wenn aus den verschiedenen materiellrechtlichen Anspruchsgrundlagen ein unterschiedlich weiter Umfang des Verwendungsverbotes folgt, ist, im Rahmen der gestellten Anträge, das materiellrechtlich am weitesten gehende Verbot auszusprechen.

Beispiele

(1) Eine Klausel verstößt gegen ein spezielles Klauselverbot des § 309 BGB und ist gleichzeitig wegen inhaltlicher Intransparenz nach § 307 Abs 1 S 2 BGB unwirksam (vgl OLG Stuttgart NJW 1992, 887; BGH NJW 1993, 2052; Wolf/Lindacher § 15 AGBG Rn 5). Die Verwendung der Klausel ist dem Verwender schlechthin zu untersagen, obwohl bei bloßer Intransparenz ein klarstellender Hinweis (bei Vertragsschluss) genügen würde.

(2) Eine in AGB vorgesehene Schadenspauschale eines Partnerschaftsvermittlungsinstituts, die durch die Kündigung des Kunden ausgelöst werden soll, kann einmal gegen § 309 Nr 5 BGB verstoßen, wenn dem Kunden der Gegenbeweis zur Schadenshöhe abgeschnitten ist. Die Klausel ist aber auch nach § 307 Abs 2 Nr 1 BGB unwirksam, wenn man schon den Schadensersatzanspruch an sich als gegen das gesetzliche Leitbild des § 656 Abs 2 iVm Abs 1 BGB verstoßend betrachtet (so OLG Hamm NJW-RR 1991, 182).

Ist man der letzteren Ansicht, so ist die Verwendung der Klausel schlechthin zu verbieten. Mitunter muss durch Auslegung der Entscheidungsgründe ermittelt werden, wie weit das Unterlassungsgebot reicht (s § 5 Rn 4).

Je apodiktischer der Kläger die Klauselinhalte nennt, die nicht verwendet werden dürfen, und je abstrakter er die geschäftliche Tätigkeit kennzeichnet, für die das

Verbot gelten soll, umso mehr trägt er also das Risiko teilweisen Unterliegens. Es gilt das Gleiche wie im Wettbewerbsrecht für die Bezeichnung der zu verbietenden Handlungen.

2. Besonderheiten des Klageantrags

Abs 1 stellt besondere Anforderungen an die Genauigkeit des Klageantrags und eines Antrags auf Erlass einer einstweiligen Verfügung. Es handelt sich um eine Spezifizierung von § 253 ZPO, der im Übrigen gilt. 5

a) Der Klageantrag muss den **Wortlaut der beanstandeten Bedingungen** enthalten. Ein zweckloser Formalismus ist freilich nicht gefordert. Es genügt, wenn der Kläger ein vervielfältigtes Exemplar der AGB vorlegt und in der Klageschrift die beanstandeten Bedingungen kenntlich macht (Wolf/Lindacher Rn 3). Insoweit kann es sich der Kläger leichter machen als das Gericht später im Urteil, s § 9. Anderseits kann der Kläger aber auch einzelne mit eigener Ordnungszahl versehene Klauseln im Klageantrag ohne Wiederholung der Ordnungszahlen zusammenfassen, sofern damit ihr Bedeutungsgehalt nicht verändert wird (BGH NJW-RR 1990, 1141). Bei Klagen auf Unterlassung der Verwendung ergänzungsbedürftiger Klauseln folgt aus § 253 Abs 2 Nr 1 ZPO, dass bestimmte, nach Ansicht des Klägers unwirksame, Vervollständigungskombinationen angegeben werden müssen (BGH NJW 1992, 504). Auch das Verbot der „Verwendung" von Klauseln bei der Abwicklung von Verträgen (s § 1 Rn 19) kann in Antrag und Tenor aufgenommen werden.

Der Gesetzgeber hat Vorschläge bewusst nicht aufgegriffen, die darauf zielten, das Gericht zu ermächtigen, nicht eigens angegriffene Klauseln in das Verfahren einzubeziehen, wenn dies wegen des Sachzusammenhangs tunlich erscheint. Daher besteht de lege lata eine strikte Bindung des Verfahrensgegenstandes an die angegriffenen Klauseln (Ulmer/Witt Rn 20). Dies schließt aber nicht aus, nicht beanstandete Klauseln zur Beurteilung der angegriffenen Klauseln mit heranzuziehen (Ulmer/Witt aaO). So kommt es für eine Beanstandung einer intransparenten Klausel im Verfahren nach § 1 (nur) darauf an, ob sich die notwendige zusätzliche Information aus einer anderen AGB-Bestimmung in zumutbarer Weise ergibt (BGH BB 1991, 2394).

b) Die **Art der Rechtsgeschäfte**, für welche Bestimmungen in Allgemeinen Geschäftsbedingungen beanstandet werden, konkretisiert den Umfang des mit der Klage nach § 1 geltend gemachten Unterlassungsanspruchs (vgl § 9 Nr 2). AGB sind normalerweise nicht schlechthin zu beanstanden, sondern nur nach Maßgabe des jeweiligen Geschäftstyps und des betroffenen Kundenkreises des Verwenders/Empfehlers. Die erfassten Rechtsgeschäfte müssen daher möglichst griffig gefasst werden (Ulmer/Witt Rn 4). Der Abgrenzung dient einmal der Rechtstypus der Geschäfte (Kaufverträge, Automatenaufstellverträge). Der Antragsteller kann aber auch gegenständlich bestimmte Geschäftstypen bezeichnen, wie etwa „Verkauf von PKW", „Mietverträge über Wohnraum", „Errichtung von Ein- und Zweifamilienhäusern", „Abzahlungsverkäufe von Elektrogeräten aller Art", „Hypothekenbestellungen auf Ein- und Zweifamilienhäusern sowie Eigentumswohnungen". Ein markantes Rechtsprechungsbeispiel (OLG München WM 2002, 2288) ist: „Zeichnung von Neuemissionen bei Nichtzuteilung: je Order 10 Euro". Ferner kann auch auf die 6

Modalität der Gegenleistung abgestellt werden müssen (vgl BGH NJW 1985, 326, „Teilzahlungsgeschäfte"). Mitunter muss für bestimmte Unwirksamkeitsgründe der Kreis der Rechtsgeschäfte noch näher spezifiziert werden (zB für § 309 Nr 8b BGB: „KFZ-Verkauf über neu hergestellte KFZ").

7 Ein weiteres praktisch wichtiges Merkmal ist, ob auch der unternehmerische oder nur der nichtunternehmerische Geschäftsverkehr erfasst sein soll. Verbände nach § 3 Abs 2 müssen eine entsprechende Einschränkung in ihrem Klageantrag aufnehmen. Je nach dem gewählten Geschäftskreis variiert auch der Prüfungsmaßstab, § 310 Abs 1 S 1 BGB. Umfasst der Antrag des Klägers auch Geschäfte des Verwenders, für die das Gericht zu dem Ergebnis gelangt, dass für diese die angegriffene Klausel verwandt werden darf, dann ist die Klage teilweise abzuweisen. Zur Problematik des teilweisen Klageerfolgs im Übrigen s § 9 Rn 2.

7a **c)** Bei zu weit gefassten Anträgen ist Prozessabweisung geboten, wenn die Angreifzuständigkeit des Klägers fehlt, etwa weil er nur Verbraucherbelange wahrnehmen darf; sonst ist sachliche Klageabweisung, eventuell „im Übrigen" geboten, wenn sich die Dinge klar trennen lassen.

3. Parteidispositionsakte während des Verfahrens

8 **Anerkenntnis- und Verzichtsurteile** sind wie im normalen zivilprozessualen Erkenntnisverfahren zulässig (BGH NJW 1989, 1675; Ulmer/Witt Rn 25). Ein Anerkenntnisurteil entfaltet die gleichen Wirkungen wie ein sonstiges zivilprozessuales Erkenntnis

9 In der **Hauptsache erledigt** ist der Rechtsstreit bei der Unterlassungsklage in Konsequenz der hM etwa, wenn der Beklagte eine durch Vertragsstrafe gesicherte Unterlassungsverpflichtung abgibt oder in einem Parallelprozess rechtskräftig verurteilt wird (Ulmer/Hensen § 15 AGBG Rn 25). Dann soll das Rechtsschutzbedürfnis entfallen. Zu dem hier eingenommenen Standpunkt s § 1 Rn 35.

10 Die Parteien können sich auch **vergleichen**, s § 5 Rn 1. Eine Veröffentlichungsbefugnis nach § 7 muss in den Vergleich ausdrücklich aufgenommen werden, wenn sie auf Kosten des Verwenders oder Empfehlers begründet werden soll. Auf eigene Kosten kann der klagende Verband den Inhalt des Vergleichs immer veröffentlichen (s § 7 Rn 1). § 11 ist aber auf einen solchen Vergleich nicht anwendbar (Ulmer/Witt Rn 32). Wegfall der Geschäftsgrundlage ist aber zu beachten, ebenfalls sind es die in § 10 Rn 11 genannten Gesichtspunkte.

11 Die Vorschriften über eine **Klageänderung** sind anwendbar. § 264 Nr 2 ZPO ist heranzuziehen, wenn die Klage im Laufe des Verfahrens auf weitere Klauseln erstreckt wird oder wenn ein Angriff auf einzelne Klauseln fallengelassen werden soll. Nicht mehr anzuwenden ist die Vorschrift aber, wenn in einem laufenden Verfahren erstmalig Bestimmungen aus einem formell selbständigen anderen Klauselwerk beanstandet werden, welches der Beklagte für andere Geschäftstypen oder gegenüber einer anderen Gruppe von Personen zu verwenden pflegt (Wolf/Lindacher § 5 Rn 76).

Eine Änderung von Klauseln durch das Gericht kann zulässigerweise nicht beantragt werden. 12

II. Zweck und Anwendungsbereich von Abs 2

Mit dem dritten Gesetz zur Durchführung versicherungsrechtlicher Richtlinien des Rates der Europäischen Gemeinschaften (BGBl 1994 I 1630) entfiel die vorherige behördliche Genehmigungspflicht der Allgemeinen Versicherungsbedingungen auch für Verbraucherrisiken, nachdem sie seit dem 1. 7. 1990 schon für sog Großrisiken abgeschafft war (BT-Drucks 12/6959, 45). 13

Die Allgemeinen Versicherungsbedingungen brauchen auch nicht systematisch mit Aufnahme des Geschäftsbetriebes vorgelegt zu werden. Ausnahmen gelten für den Bereich der Pflicht- und der Krankenversicherungen. Die präventive Kontrolle ist einer nachträglichen Überprüfung anhand von Einzelfällen durch die Aufsichtsbehörden gewichen (BT-Drucks 12/6959, 45). Diese Freistellung soll es dem Verbraucher erlauben, von einer größeren Vielfalt von Angeboten Gebrauch zu machen (BT-Drucks 12/6959, 45). Auf Versicherungsverträge war, auch gegenüber ausländischen Versicherern im Rahmen des IPR, das AGBG weiter anwendbar. Der Gesetzgeber hält auch nach dem Wegfall der Genehmigungspflicht Allgemeiner Versicherungsbedingungen bei AGB-Unterlassungsklagen an der allgemeinen Anhörungspflicht der Aufsichtsbehörden des Versicherungswesens fest, jetzt in Gestalt von § 8 Abs 2.

Für die ratio des Abs 2 Nr 1 entfällt damit die Genehmigung von AGB in einem behördlichen Verfahren, an das weiterhin Nr 2 anknüpft. Gesetzeszweck ist für Nr 1 vielmehr der allgemeinere Gedanke, dass im gerichtlichen Kontrollverfahren in erster Linie die Sachkompetenz der zuständigen Fachbehörden und die umfassende Würdigung aller Bewertungsgesichtspunkte ausgeschöpft werden soll (Wolf/Lindacher Rn 11). Ein weiterer Grund für die Anhörung der Aufsichtsbehörden des Versicherungswesens liegt darin, diesen die Entwicklungen auf dem (deregulierten) Versicherungsmarkt zur Kenntnis zu bringen, damit von den Eingriffsbefugnissen Gebrauch gemacht werden kann. Denn nach wie vor ist die Aufsichtsbehörde zum Verbot der Verwendung von AGB-Klauseln berechtigt (BVerwGE 107, 101 ff = NJW 1998, 3216). Mit der Neufassung des § 16 AGBG und seiner Überleitung in § 8 Abs 2 UKlaG ist allerdings die Analogiebasis für eine Erstreckung dieser Vorschrift auf alle Fälle einer gegen öffentlichrechtlich genehmigte Bedingungen gerichteten Unterlassungsklage entfallen. Die Anhörungspflicht entfällt, wenn es im Verfahren nur um die Wiederholungsgefahr geht (OLG Karlsruhe NJW-RR 2003, 778) oder wenn eine Anhörung bereits in einem Parallelverfahren stattgefunden hat, oder das Gericht eine angegriffene, aber genehmigte Klausel bestätigen will (Wolf/Lindacher Rn 17).

Es spricht aber nichts dagegen, dass sich die Gerichte bei anderen genehmigungsbedürftigen AGB in großzügiger Handhabung der §§ 273 Abs 2 Nr 2, 358a Nr 2 ZPO um eine Beteiligung der zuständigen Behörden bemühen.

III. Die in Abs 2 erfassten Fälle

14 Anzuhören ist immer die Bundesanstalt für Finanzdienstleistungsaufsicht, bei der heute die Kompetenzen zusammengefasst sind.

Bausparkassengesetz idF vom 15. 2. 1991 (BGBl I 454): §§ 5, 8, 9 „Geschäftsbedingungen", die als **objektives Recht** verbindlich sind (s § 1 Rn 3), unterliegen der Unterlassungsklage ohnehin nicht.

15 **Abs 2** gilt nicht für den Individual-Prozess, in dem eine der in Abs 2 genannten Klauseln fragwürdig wird (Wolf/Lindacher Rn 12). Jedoch kann nach § 273 Abs 2 Nr 2 ZPO eine Stellungnahme erbeten werden (allgM). Abs 2 Nr 2 ist nur für bereits genehmigte AGB anzuwenden, da nicht genehmigte ohnehin nicht wirksam in Geschäfte einbezogen werden.

IV. Die Rechtsstellung der Anhörungsberechtigten

16 Die Stellung der Anhörungsberechtigten hat sonst in der ZPO kein Vorbild. Die Anhörung dient nicht etwa dazu, der Bundesanstalt die Wahrnehmung subjektiver Rechte zu ermöglichen.

Sie sind nicht materiell „Verfahrensbeteiligte" (allgM, vgl Wolf/Lindacher Rn 20; MünchKommZPO/Micklitz Rn 8). Ihnen steht daher auch kein verfassungsrechtlicher Anspruch auf Gewährung rechtlichen Gehörs zu (Wolf/Lindacher aaO), wohl aber eine durch einfaches Gesetz begründete Anhörungsgarantie (Löwe Rn 8). Das bedeutet, dass das Gericht nicht etwa gehalten ist, endgültig erst zu entscheiden, wenn der gesamte im Laufe des Verfahrens angefallene Prozessstoff auch den Anhörungsberechtigten bekannt geworden ist. Vielmehr ist der Vorschrift schon Genüge getan, wenn der Behörde der Inhalt des gegen die genehmigten **Bedingungen** gerichteten Angriffs mitgeteilt und ihr Gelegenheit zu einer einmaligen Stellungnahme gegeben wird (Wolf/Lindacher Rn 19; **aM** Ulmer/Witt Rn 9). Ob ihr Gelegenheit zu schriftlicher Äußerung oder darüber hinaus zur Teilnahme an der mündlichen Verhandlung zu gewähren ist, liegt ganz im Ermessen des Gerichts. Die Behörde und andere Anhörungsberechtigte brauchen über das Verfahrensergebnis auch nicht informiert zu werden (MünchKommZPO/Micklitz Rn 11 f). Gleichwohl sollte das Gericht dies fairerweise veranlassen. Im Rechtsmittelzug muss die Behörde nicht nochmals gehört werden (Wolf/Lindacher Rn 23; **aA** Palandt/Bassenge Rn 6).

Ein Verstoß gegen Abs 2 begründet einen durch Genehmigung oder rügeloses Einlassen der Parteien nicht heilbaren Verfahrensmangel. Prozessual überholt ist dieser aber, wenn die Behörde im Rechtsmittelzug angehört wurde. Eigene Rechtsmittelbefugnisse gehen der Behörde ab (allgM).

§ 9
Besonderheiten der Urteilsformel

Erachtet das Gericht die Klage nach § 1 für begründet, so enthält die Urteilsformel auch:

1. die beanstandeten Bestimmungen der Allgemeinen Geschäftsbedingungen im Wortlaut,

2. die Bezeichnung der Art der Rechtsgeschäfte, für welche die den Unterlassungsanspruch begründenden Bestimmungen der Allgemeinen Geschäftsbedingungen nicht verwendet werden dürfen,

3. das Gebot, die Verwendung inhaltsgleicher Bestimmungen in Allgemeinen Geschäftsbedingungen zu unterlassen,

4. für den Fall der Verurteilung zum Widerruf das Gebot, das Urteil in gleicher Weise bekannt zu geben, wie die Empfehlung verbreitet wurde.

Materialien: Nr 2 und 3 idF BGBl 2004 I 1414.

Die Vorschrift legt zusätzlich zu den sonst für den Urteilstenor geltenden Bestimmungen zwingend einige seiner Bestandteile fest. Einen nahe liegenden Fragenkomplex (Widerrufsurteil) hat das Gesetz nicht geregelt. 1

Zur Rechtskraft s § 10 Rn 2, § 5 Rn 4, 9. § 9 gilt auch für einstweilige Verfügungen (Ulmer/Witt Rn 3; MünchKommZPO/Micklitz Rn 2), nicht aber für Entscheidungen, die inzident von der Unwirksamkeit einer AGB-Klausel ausgehen. Zu den Entscheidungswirkungen im Übrigen s § 11 Rn 1.

Die Kostenentscheidung richtet sich nach §§ 91 ff ZPO. Ein in die Liste nach § 4 eingetragener Verband ist in der Regel in der Lage, einen Prozessbevollmächtigten am Sitz des Prozessgerichts schriftlich und telefonisch zu instruieren. Verkehrsanwaltskosten sind daher prinzipiell nicht erstattungsfähig (BGH NJW 2006, 301).

1. Das Unterlassungsurteil

Die Nr 1–3 sind auf das Unterlassungsurteil zugeschnitten.

Die Nr 1 und 2 entsprechen den besonderen Anforderungen, die § 8 Abs 1 an die Bestimmtheit des Klageantrags stellt (s dort Rn 5 ff). Ein Unterschied ergibt sich nur daraus, dass der Urteilstenor nicht auf ein vorgelegtes Exemplar von AGB verweisen, sondern aus sich selbst heraus eine den Originalwortlaut möglichst wahrende Sinneinheit darstellen muss, die ohne Lektüre weiterer Dokumente verständlich ist. Eine Durchsicht der beim BKartA früher nach § 20 AGBG erfolgten Registrierungen zeigt groteske Beispiele gerichtlicher Gedankenlosigkeiten. Als Beispiel soll eine Entscheidung bezüglich der Bedingungen eines Einkaufsmarktes dienen: 2

> „Der Antragsgegnerin wird … verboten, im nicht-kaufmännischen Geschäftsverkehr mit ihren Kunden/Bestellern folgende Klausel in ihren AGB zu verwenden:

Ziff 2, 2. Absatz, 3. Satz

‚Darüber hinaus haftet der Verkäufer nicht für Schäden, die dem Käufer wegen verspäteter, mangelhafter oder unterlassener Lieferung entstehen'

Ziff 4, 2. Halbsatz

‚... oder Kostenersatz in Höhe von 15% des Kaufpreises zu verlangen!' "

Niemand kann den Sinn dieser Gebote begreifen, ohne den gedruckten AGB-Text vor sich zu haben, der dem Gericht vorgelegen hat. Wenn die gedruckte Gestalt einer Klausel nur teilweise anstößig ist, der anstößige Teil aber als Textteil aus sich heraus nicht verständlich ist, muss er in der Urteilsformel entsprechend ergänzt werden. Die Nr 1 von § 9 kann dann nicht mit sklavischer Genauigkeit angewandt werden. In den wiedergegebenen Beispielen hätte es etwa heißen müssen:

„... eine Klausel zu verwenden, die seine Schadensersatzhaftung für alle Fälle außer für [etwa] grob schuldhaftes Verhalten leitender Angestellter ausschließt";

„... eine Klausel, die im Falle (etwa) der Nicht-Abnahme der Ware 15% des Kaufpreises als geschuldet bezeichnet".

Wenn entsprechender Anlass besteht, kann auch die Berufung auf die unwirksame Klausel ausdrücklich untersagt werden (OLG Köln VVR 2011, 155). Es ist im Übrigen entbehrlich, im gerichtlichen Unterlassungsgebot die Nummer zu kennzeichnen, unter der sich der Verwender in seinem derzeitigen Druckexemplar einer bestimmten Klausel bedient.

3 Sind im Klageantrag zulässigerweise mehrere Klauseln zusammengefasst (s § 8 Rn 5), dann ist auch das gerichtliche Unterlassungsgebot entsprechend abzufassen (BGH NJW-RR 1990, 1141). Die Anforderungen an die **Genauigkeit des Klageantrags** (§ 8 Rn 5 ff) gelten für die Urteilsformel erst recht.

4 Verstößt eine Klausel gegen das **Transparenzgebot** und ist sie deshalb unwirksam, so ist sie nach § 9 Nrn 1, 2 (in isolierter Verwendung) uneingeschränkt zu verbieten (BGHZ 116, 5; BGHZ 108, 1 = NJW 1992, 179 = WM 1991, 1452). Erst im Vollstreckungsverfahren kann dann der Verwender im Einzelfall nachweisen, dass die beanstandete Klausel nicht isoliert verwendet wurde, sondern dass er durch zusätzliche Informationen Sinn und Zusammenhang hinreichend deutlich dargestellt habe. Gelingt ihm dies, fehlt es an einem Verstoß gegen das Unterlassungsurteil (s § 1 Rn 16). Kann freilich der Verwender schon im Erkenntnisverfahren darlegen, dass er die Klausel durchgehend nur in einer Weise verwendet, die sie transparent macht, so fehlt es schon am Unterlassungsanspruch (WOLF/LINDACHER § 1 Rn 24).

5 Die **Nr 3** bringt ein sonst nicht bekanntes Urteilselement. Das Unterlassungsurteil richtet sich nicht auf den Wortlaut der beanstandeten Bestimmungen, sondern auf ihren Inhalt, umfasst also in allen seinen Urteilswirkungen auch umformulierte, aber inhaltsgleiche Klauseln. Das, was die Rspr im UWG-Bereich im Rahmen der so-

genannten „Kerntheorie" entwickelt hat (BGHZ 5, 193 = NJW 1952, 665 [LS]), ist auf das AGB-Recht übertragbar (MünchKommZPO/MICKLITZ Rn 4; ULMER/WITT Rn 6; WOLF/LINDACHER Rn 8; lehrreiche Beispiele für Inhaltsgleichheit OLG Hamm NJW-RR 1991, 182 u OLG Schleswig v 9. 2. 2010 5 U 156/09 – juris). Nr 3 hat daher nur klarstellende Bedeutung. Fehlt ein solcher Ausspruch, so ändert sich an der Tragweite der Urteilswirkungen nichts. Der Nr 3 braucht auch nicht in einem eigenen Satz der Urteilsformel entsprochen zu werden. Es genügt, wenn der Beklagte zur Unterlassung der Verwendung bestimmter Klauseln „wörtlich oder ihrem Sinne nach" verurteilt wird. Betroffen sind aber wirklich nur qualitativ und quantitativ inhaltsgleiche Klauseln. Umgekehrt verändern klarstellende Einschränkungen den Inhalt der Klausel, vor allem wenn sie dem Unterlassungsurteil entsprechen, selbst wenn der ursprüngliche Text im Übrigen beibehalten wird (KGR Berlin 2009, 394). Fehlt es an der Inhaltsgleichheit, ist neue Unterlassungsklage nötig und zulässig (OLG München NJW-RR 2003, 1286).

Ermäßigt der Verwender etwa eine beanstandete Frist, so ist die neue mit der alten nicht inhaltsgleich, auch wenn man sie immer noch als zu lang oder zu kurz betrachtet (WOLF/LINDACHER aaO), es sei denn, die Änderung ist so minimal, dass sie wirtschaftlich nicht ins Gewicht fällt (OLG Hamm NJW-RR 1991, 182). Es kann aber beantragt werden, zur Unterlassung von Klauseln mit einer eine bestimmte Grenze überschreitenden Frist zu verurteilen. Denn in der Verwendung einer exzessiven Klausel ist die Verwendung der relativ maßvolleren (aber immer noch unwirksamen) Klausel inbegriffen. Zur näheren Konkretisierung der verbotenen Handlungen s § 1 Rn 21 ff.

Bei Klagen gegen den Empfehler gelten die Nrn 2, 3 nach allgM entsprechend 6
(ULMER/WITT Rn 5).

2. Das Widerrufsurteil

Die große Hast der Gesetzesverabschiedung (s Vorbem 7 zu § 305 ff BGB) hat den 7
Nrn 1, 3 eine Redaktion gebracht, deren Wortlaut das Widerrufsurteil nicht erfasst. Gleichwohl sind diese Bestimmungen **entsprechend auch auf das Widerrufsurteil** anzuwenden (allgM).

Die Nr 4 regelt die Art und Weise des Widerrufs, und zwar abschließend (KOCH/ 8
STÜBING Rn 6). Außer dazu, das Urteil bekannt zu geben, ist der Empfehler nicht etwa auch noch zur Versendung eines Widerrufsschreibens zu verurteilen. Erst recht muss der Verurteilte nicht bei den Adressaten der Empfehlung um Rücksendung noch vorhandener Exemplare nachsuchen (ULMER/WITT Rn 8).

Die Urteilsgründe müssen regelmäßig nicht mit bekannt gemacht werden (allgM, vgl WOLF/LINDACHER Rn 9). Der Klageantrag braucht nicht ausdrücklich auf Bekanntgabe des Urteils an einen bestimmten Personenkreis in einer bestimmten Weise gerichtet zu sein. Es genügt, wenn der Kläger Widerruf begehrt (WOLF/LINDACHER Rn 9). Unterlässt er es freilich, dem Gericht Angaben zu machen, die hinreichend konkret sind, um diesem eine Verurteilung nach Nr 4 zu ermöglichen, so ist der gesamte Widerrufsantrag mangels hinreichender Substantiierung abzuweisen (LÖWE Rn 25). Denn das Widerrufsurteil muss die Art seiner Bekanntmachung genau festlegen (allgM, vgl WOLF/LINDACHER Rn 9).

9 Die Nr 4 zu vollziehen, ist nicht sonderlich schwierig, wenn die Empfehlung durch **Rundschreiben, Veröffentlichung oder mündliches Anraten** zustande gekommen ist. Dann ist der Empfehler zu einer Bekanntgabe des Urteils auf gleichem Wege anzuhalten. Der Verfasser als Empfehler (s § 1 Rn 32) muss das Urteil dem Verleger bekanntgeben (Ulmer/Witt Rn 9). Verlegt dieser das Klauselwerk weiter, wird er selbst zum Empfehler (s § 1 Rn 32). Die Art und Weise der Bekanntgabe muss im Urteil von Amtswegen (Ulmer/Witt Rn 9) konkret beschrieben werden. Dass der Empfehler dem Urteil nachgekommen ist, muss er zur Vermeidung der Zwangsvollstreckung nachweisen. Lässt sich der Kreis der Empfehlungsadressaten nicht mehr genau bestimmen, so kann er nach generellen Merkmalen annähernd rekonstruiert werden, etwa: alle Mitglieder eines Verbandes, auch wenn jene nur auf Anforderung Exemplare zugesandt erhalten (zust Wolf/Lindacher Rn 11).

10 Wie gegen einen **Verleger als Empfehler** (s § 1 Rn 32) zu erkennen ist, scheint der Gesetzgeber nicht eigens erwogen zu haben. Die Empfehlungsadressaten (Käufer des Formulars) sind dann in der großen Vielzahl nicht mehr feststellbar. Die Nr 4 hat daher in diesem Fall nur einen beschränkten Anwendungsbereich. Man braucht aber deshalb einen Widerrufsanspruch für diesen Fall nicht als ausgeschlossen zu betrachten (so aber Ulmer/Witt Rn 9). Man muss vielmehr versuchen, den Regelungssinn des Gesetzes zum möglichst großen Teil zu verwirklichen. Lässt sich feststellen, dass ein bestimmter Personenkreis (Branchenangehörige) typischerweise das Formular benutzt, dann ist der Verleger dazu zu verurteilen, die gerichtliche Entscheidung diesem Personenkreis bekannt zu machen, auch wenn dies auf andere Weise geschehen muss als auf dem Weg, auf dem die Erwerber des Formulars in seinen Besitz gelangt sind (MünchKommZPO/Micklitz Rn 6; Wolf/Lindacher Rn 11).

Dass der Verleger seinen eigenen Vorrat an gedruckten Empfehlungen nach des Urteils nicht weiter vertreiben darf, steht unabhängig von Nr 4 fest. Für eine Übertragung der im Wettbewerbsrecht geltenden Grundsätze zur Bewilligung einer Aufbrauchsfrist ins AGB-Recht fehlt es fast immer an einem Bedürfnis (allgM; s § 1 Rn 20 f). Der Verleger kann sich immer behelfen, indem er dem alten Formular berichtigende Blätter beifügt, die angeben, welche Bedingungen nicht mehr oder in geänderter Fassung verwendet werden sollten.

Nur durch Veröffentlichung einer neuen, berichtigten Auflage eines Formulars kommt der Verleger seiner Widerrufspflicht nicht nach.

3. Der Dispositionsgrundsatz

11 Das Gericht darf über die Wirksamkeit nicht angegriffener Klauseln nicht urteilen (s § 5 Rn 3). Es darf auch nicht rechtskraftfähig über die Wirksamkeit möglicher Ersatzklauseln (s Rn 1) entscheiden, sofern nicht klage- oder widerklageweise darum angegangen. Für die Widerklage besteht immer ein Rechtsschutzbedürfnis, wenn der Kläger die Wirksamkeit einer Ersatzklausel nicht anerkennt. Wie immer kann der Kläger auch teilweise unterliegen. Wenn der Kläger alle Klauseln von einem bestimmten Grad an („jede Frist von mehr als zwei Wochen") zum Verfahrensgegenstand gemacht hat, muss ein der Klage nur teilweise stattgebendes Urteil ergehen, wenn das Gericht großzügiger denkt („jede Frist von mehr als drei Wochen"). Der Klage nur teilweise stattgeben kann das Gericht auch, wenn es meint,

nicht für alle vom Kläger genannten Verträge (s § 5 Rn 4) sei eine angegriffene Klausel unwirksam (ULMER/WITT Rn 12). Dann kann es den Kreis der betroffenen Rechtsgeschäfte selbst formulieren, darf aber kein Rechtsgeschäft mit einbeziehen, das nicht auch vom Klageantrag erfasst wäre.

§ 10
Einwendung wegen abweichender Entscheidung

Der Verwender, dem die Verwendung einer Bestimmung untersagt worden ist, kann im Wege der Klage nach § 767 ZPO einwenden, dass nachträglich eine Entscheidung des Bundesgerichtshofs oder des Gemeinsamen Senats der Obersten Gerichtshöfe des Bundes ergangen ist, welche die Verwendung dieser Bestimmung für dieselbe Art von Rechtsgeschäften nicht untersagt, und dass die Zwangsvollstreckung aus dem Urteil gegen ihn in unzumutbarer Weise seinen Geschäftsbetrieb beeinträchtigen würde.

Schrifttum

BASEDOW, Kollektiver Rechtsschutz und individuelle Rechte – Die Auswirkungen des Verbandsprozesses auf die Inzidentkontrolle von AGB, AcP 182 (1982) 335
GAUL, Die Erstreckung und Durchbrechung der Urteilswirkungen nach §§ 19, 21 AGBG, in: FS Beitzke (1979) 997
GRUNSKY, Zur zeitlichen Wirkung eines Urteils auf Unterlassung der Verwendung bestimmter Klauseln in Allgemeinen Geschäftsbedingungen, in: GS Rödig (1978) 325
KELLNER, Probleme um die Vollstreckungsabwehrklage nach § 19 AGBG (Diss München 1979)
REINEL, Die Verbandsklage nach dem AGBG (1979) 87
SCHILKEN, Verfahrensrechtliche Probleme nach dem AGB Gesetz – eine Untersuchung zu §§ 19, 21 AGBG – in: Recht und Wirtschaft, Osnabrücker Rechtswissenschaftliche Abhandlungen (1985) 99
URBANCZYK, Die Verbandsklage im Zivilprozess (1981).

I. Rechtsnatur der durch die Vorschrift begründeten Befugnisse

Ziel der Vorschrift ist es, gleiche Wettbewerbsbedingungen zu gewährleisten. Der zur Unterlassung der Verwendung bestimmter Klauseln Verurteilte soll gegenüber seinen Mitbewerbern keinen Nachteil erleiden, wenn der BGH die Klausel in einem anderen Verfahren „gehalten" hat. Ihm soll vielmehr wieder die Möglichkeit eröffnet werden, ebenfalls diese Klausel zu verwenden (KELLNER 24 f; WOLF/LINDACHER Rn 1). Irgendein praktischer Anwendungsfall der Vorschrift ist aber bisher nicht bekannt geworden. Nur für das allgemeine Wettbewerbsrecht hat der BGH einen vergleichbaren Fall entschieden (BGHZ 181, 373 = NJW 2009, 3303). Es handelt sich um eine aus Überperfektionismus entstandene Norm. In der Praxis setzt sich der Unterlegene des Vorverfahrens wohl immer in informellen Vereinbarungen mit dem Verbraucherverband durch. 1

Die Versuche einer näheren dogmatischen Einordnung der Klage als wiederaufnahmeähnliche Wettbewerbsschutzklage (Ulmer/Witt Rn 3) oder besondere Form der Vollstreckungsgegenklage (Kellner 90, 110) oder Feststellungsklage (Gaul aaO; Schilken 103; MünchKommZPO/Micklitz Rn 4) können zur praktischen Handhabung der Vorschrift wenig beitragen. Wichtig ist nur, den Einfluss von § 10 auf die Vollstreckungswirkung und auf die materielle Rechtskraft des Unterlassungsurteils auseinander zu halten. Theoretisch hat § 11 S 2 nicht zur Folge, dass auch aus dem Unterlassungsurteil gegen den Verwender nicht mehr vollstreckt werden könnte.

1. Funktion des Rechtsbehelfs und materielle Rechtskraft des Unterlassungsurteils

2 Als Leistungsurteil hat ein Unterlassungsurteil nicht nur Vollstreckungs-, sondern auch **materielle Rechtskraftwirkungen**.

Diese äußern sich, wie auch sonst, in einem „ne bis in idem" sowie in einer Präjudizialwirkung: Der Anspruch, zu dessen Erfüllung der Beklagte verurteilt wird, wird für künftige Folgeprozesse, in denen er präjudizielle Bedeutung annimmt, festgestellt. Nach allgemeinen Grundsätzen würde die Rechtskraft eines auf § 1 sich stützenden Unterlassungsurteils die Unwirksamkeit der beanstandeten AGB-Bestimmung nur inzident, aber nicht rechtskräftig feststellen (Gaul 1030). § 11, der primär eine auf Einrede zu beachtende Erstreckung von materieller Rechtskraft auf Dritte verfügt, bringt freilich gerade deshalb mittelbar zum Ausdruck, dass das Unterlassungsurteil auch die Unwirksamkeit der beanstandeten Klausel feststellt. Denn mit der Formel „die Wirkung des Unterlassungsurteils" (scil, auf welche sich der Vertragsteil berufen kann) sind solche Wirkungen vorausgesetzt und müssen dann erst recht gegenüber dem damaligen Prozesssieger bestanden haben (MünchKomm/Micklitz § 11 Rn 5; Koch/Stübing § 21 Rn 3; Löwe Rn 8; **aM** Gaul 1034). Was bleibt im Lichte von § 10 von diesen Urteilswirkungen? Aus § 11 S 2 ergibt sich, dass es zur Beseitigung der Feststellung der Unzulässigkeit der Verwendung bestimmter Klauseln nicht der konstitutiven Aufhebung des Unterlassungsurteils oder der Erklärung der Unzulässigkeit der Zwangsvollstreckung als eines prozessualen Gestaltungsurteils bedarf. Mit Erlass des BGH-Urteils steht vielmehr zwischen den Parteien des Unterlassungsprozesses fest, dass die Verwendung der fraglichen Klauseln nicht unzulässig ist (vgl Lames 36, 39 f, der in § 19 [nur] die Bestätigung der allgemeinen Regel erblickt, wonach die Rechtsprechungsänderung zeitliche Grenze der Rechtskraft sei).

2. Funktion des Rechtsbehelfs und Vollstreckungswirkung des Unterlassungsurteils

3 Mit der Vollstreckungsgegenklage hat der in § 11 genannte Rechtsbehelf also gemeinsam, dass er nur die Vollstreckungswirkung des Unterlassungsurteils bekämpfen soll. Seine materielle Rechtskraft hört mit dem Urteil des BGH von selbst zu bestehen auf. Der Erfolg einer auf § 10 gestützten Klage knüpft, anders als der Erfolg der Vollstreckungsgegenklage, aber nicht an eine Änderung der Rechtslage nach Urteilserlass an, sondern an die Erkenntnis eines obersten Bundesgerichts, aus der die anfängliche Unrichtigkeit des Unterlassungsurteils folgt. Daher ist die Vollstreckungswirkung des Urteils insgesamt aufzuheben, auch wegen solcher Verstöße gegen das Unterlassungsurteil, die vor Erlass des BGH-Urteils vorgekommen sind. Unter Einbeziehung des zur Rn 2 Ausgeführten verbleiben nach erfolgreicher In-

anspruchnahme von § 10 keinerlei Urteilswirkungen mehr, wenn man vom Kostenausspruch und der formellen Rechtskraft absieht. Letztere aber ist, wenn sie nicht Vollstreckungs-, Gestaltungs-, materielle Rechtskrafts- oder Nebenwirkungen auslöst, für sich genommen ohne Regelungsfunktion, eine bloß formale Hülse.

Auch ohne § 10 könnte der verurteilte Verwender geltend machen, aufgrund einer Änderung der Gesetzeslage, des Stellenwerts einer im Wortlaut unveränderten Klausel im Gesamtgefüge eines Bedingungswerkes oder wegen einer Änderung allgemeiner Werthaltungen sei eine für verwendungsunzulässig erklärte Klausel jetzt zulässig (Grunsky, in: GS Rödig 328 ff). Es liegt dann keine unter das Verbot fallende Verwendung mehr vor. 4

II. Voraussetzungen des Rechtsbehelfs

1. Rechtsbehelfsbefugnis

Das Gesetz nennt ausdrücklich nur den verurteilten Verwender. Gründe, warum gleiche Befugnisse nicht auch einem verurteilten **Empfehler** zustehen, sind aus dem Gesetzgebungsverfahren nicht belegt. Man könnte für die Begrenzung auf Verwender anführen, dieser sehe sich unter den Voraussetzungen von § 10 einer Konkurrenz gegenüber, die mit Klauseln arbeite, welche ihm verboten seien, einer Situation, in welche der Empfehler nicht geraten könne. Indes kann sich der Verleger als Empfehler (s § 1 Rn 32) durchaus einer solchen Lage ausgesetzt sehen. Aber auch allgemein wäre es einigermaßen skurril, wenn Bedingungen auf dem Markt durch alle Unternehmen massenweise verwandt werden könnten und im Allgemeinen auch zur Verwendung empfohlen werden dürften – nur nicht durch einen einzigen oder wenige Empfehler, die früher zur Unterlassung verurteilt wurden. Man muss sich auf den Sinn der Bestandskraft gerichtlicher Urteile besinnen. Wer die gerichtliche Bestätigung eines Rechts mit irgendeinem Rechtsgüterzuweisungsgehalt erstritten hat, soll geschützt werden, auch wenn sein Erfolg auf einem Rechtsirrtum des Gerichts beruht. Dem nach § 1 klagenden Verband fehlt es aber an einer eigenen Rechtsgüterzuweisung. Er klagt im Allgemeininteresse oder doch im Interesse einer unbestimmten Vielzahl von Personen. Die gegen den Empfehler gerichtete Klage hat den Sinn, die zentrale Stelle der Marktverseuchung zu erfassen. Diesen Sinn kann die Vollstreckung aus einem gegen den Empfehler erstrittenen Urteil nicht mehr leisten, wenn aufgrund höchstrichterlicher Entscheidungen jedermann praktisch risikolos mit den gleichen Bedingungen auf dem Markt auftreten darf. Daher muss man auch dem Empfehler den Rechtsbehelf zuerkennen (Wolf/Lindacher Rn 8; MünchKomm/Micklitz § 10 Rn 6; **aM** Ulmer/Witt Rn 5; Palandt/Bassenge § 10 Rn 2; Schilken 115). Die unzumutbare Beeinträchtigung des Geschäftsbetriebs, s Rn 9, folgt schon aus der Restriktion der Empfehlungsmöglichkeiten und daraus des Wettbewerbs mit anderen Empfehlern. 5

2. Objekt des Rechtsbehelfs

Der Rechtsbehelf kann sich gegen jedes den Unternehmer zur Unterlassung, den Empfehler zu Unterlassung und Widerruf anhaltende gerichtliche Urteil wenden. Auch Versäumnis- und Anerkenntnisurteile machen keine Ausnahme (allgM; Ulmer/Witt Rn 5; MünchKomm/Micklitz § 19 AGBG Rn 17; Wolf/Lindacher Rn 10). Gegenüber 6 einstweiligen Verfügungen fehlt es jedoch für den Rechtsbehelf in aller Regel an einem Rechtsschutzbedürfnis. Der Antragsgegner braucht dann nämlich nur nach § 936 iVm § 926 ZPO vorzugehen. Lediglich dann, wenn die einstweilige Verfügung durch Verzicht auf Widerspruch und Klageprovokation (§ 926 ZPO) zu einem endgültigen Titel geworden ist, dem auch materielle Rechtskraft oder jedenfalls für die Praxis eine faktisch ihr nahezu gleich kommende Wirkung eignet (MünchKommZPO/Heinze vor § 916 Rn 53; Schuschke/Walker, Vollstreckung und vorläufiger Rechtsschutz Bd II [1995] § 922 Rn 24), kann sich der Rechtsbehelf auch gegen sie richten (Ulmer/Witt Rn 15; **aA** Wolf/Lindacher Rn 11). Für einen gerichtlichen Vergleich ist unter den Voraussetzungen des § 10 die Geschäftsgrundlage entfallen (§ 779 BGB), was rechtstechnisch durch Fortsetzung des damaligen Verfahrens geltend zu machen ist.

Eine strafbewehrte Unterlassungsverpflichtung, sowie vollstreckbare Unterwerfungserklärungen gem § 794 Abs 1 Nr 5 ZPO kann der Verwender aus wichtigem Grund kündigen (Palandt/Bassenge Rn 3; Ulmer/Witt Rn 15). Gegen ein Urteil, das in einem **Individualprozess** inzident die Unwirksamkeit einer Klausel angenommen hat, steht der Rechtsbehelf nicht offen (allgM). Ebenso wenig kann sich der Vertragspartner des Verwenders mit der Klage aus § 10 gegen ein Urteil wenden, das eine Klausel entgegen der (späteren) höchstrichterlichen Rspr als wirksam behandelt hat (OLG Köln WM 1992, 714; Ulmer/Witt Rn 15; **aA** Sieg VersR 1977, 494; s § 21 Rn 7). Aus § 10 folgt nämlich nicht, dass Urteile, die einen im UKlaG geregelten Anspruch betreffen, generell nur einer „geminderten Rechtskraft" fähig wären. § 10 gilt nur für den Verbandsprozess und kann nicht auf Individualverfahren übertragen werden.

3. Der die Rechtsbehelfsbefugnis auslösende Anlass

7 Die höchstrichterliche Entscheidung, welche den Rechtsbehelf zulässig macht, muss die Eigenschaft haben, die Verwendung einer Klausel, die mit der dem Rechtsmittelführer verbotenen identisch ist, „nicht zu untersagen". Die Formel ist ein logisches Monstrum. So gut wie alle Urteile, die der BGH tagtäglich erlässt, erfüllen diese Voraussetzung! Gemeint ist ein Urteil, das in einem gegen andere Verwender oder Empfehler wegen inhaltsgleicher Klauseln nach § 1 durchgeführten Verfahren ergangen ist und die Klage in höchstrichterlich bestätigter oder korrigierter Weise aus sachlichen Gründen (auch ein Versäumnisurteil; **aA** Ulmer/Witt Rn 6) abgewiesen hat. Ein solches Urteil stellt fest, dass der klagende Verband nicht berechtigt ist, dem Beklagten die Verwendung bzw die Empfehlung der fraglichen Klauseln zu verbieten. Gleiches gilt auch für eine erfolgreiche Feststellungsklage eines Verwenders gegen einen Verband (s § 1 Rn 10; Ulmer/Witt Rn 6).

4. Bindungswirkung der höchstrichterlichen Rechtsprechung im Verfahren nach § 10

8 Das Gericht, das über eine Klage des Verwenders nach § 10 zu entscheiden hat, ist an das höchstrichterliche Urteil gebunden (MünchKommZPO/Micklitz Rn 13; Schilken 116 f; **aA** Wolf/Lindacher § 19 AGBG Rn 5; Kellner 80 f). Auch die Einordnung dieses Rechtsbehelfs als eine besondere Art der Wiederaufnahme (s Rn 1, 3) zwingt nicht dazu, die abweichende Entscheidung lediglich als Zulässigkeitsvoraussetzung auf-

zufassen und das erkennende Gericht in der Sache neu entscheiden zu lassen (so Wolf/Lindacher aaO). Anders als in den Fällen der Wiederaufnahme geht es hier nicht um einen besonders schweren Fehler im Verfahren, auf dem möglicherweise die damalige Sachentscheidung beruht, sondern um deren inhaltliche Überholung aufgrund veränderter Rechtsanwendung. Schon der Wortlaut des § 10 legt nahe, dass damit die materielle Rechtskraft des Unterlassungsurteils hinfällig werden soll (s Rn 3). Die damit einhergehende Bindung der Gerichte findet ihre Rechtfertigung in der ratio des § 10, Wettbewerbsnachteile auszuschließen (Schilken 117). Daher ist die Bindung auch für laufende oder erst später angestrengte Verfahren trotz Verwendung des Begriffs „nachträglich" zu bejahen (**aA** mit Nachdruck Wolf/Lindacher aaO; Löwe § 19 AGBG Rn 13; MünchKommZPO/Micklitz Rn 14). Da die Klageberechtigung nicht im Eigeninteresse des Klägers verliehen ist, ist diese Erweiterung der subjektiven Grenzen der materiellen Rechtskraft zu rechtfertigen.

Schließlich erscheint es nicht sinnvoll und widerspricht der Prozessökonomie, den Verwender zu zwingen, den Rechtszug erneut bis zum BGH auszuschöpfen, damit jener nochmals mit der Frage befasst wird (**aA** Lames 42). Eine „Versteinerung" der Rspr geht damit nicht einher, da das Schwergewicht der Inhaltskontrolle im Individualprozess liegt.

Die Bindung betrifft die Frage, ob eine bestimmte Klausel gegen die Klauselverbote der §§ 307–309 BGB verstößt. Das erkennende Gericht muss prüfen, ob die untersagte und die höchstrichterlich bestätigte AGB-Klausel identisch sind und die gleichen Rechtsgeschäfte erfassen (MünchKommZPO/Micklitz Rn 23; s Rn 11). Ferner hat es die Voraussetzungen des § 19 festzustellen.

5. Besonderes Unzumutbarkeitskriterium

Die Rechtsbehelfsvoraussetzung der unzumutbaren Beeinträchtigung des Geschäftsbetriebs des verurteilten Beklagten sollte man liberal (Wolf/Lindacher Rn 21; Gaul 1045; Schilken 118 f; **aM** MünchKomm/Micklitz § 19 AGBG Rn 20 mwNw; Ulmer/Witt Rn 12 ff) handhaben. Denn unter den sonstigen Voraussetzungen des Rechtsbehelfs (und seines Erfolges) kann der vordem siegreiche Verband keine berechtigten Interessen mehr daran haben, Rechte aus dem Urteil geltend zu machen. Jede Beeinträchtigung des Geschäftsbetriebs des Verurteilten ist daher ebenso unzumutbar wie eine Last, substantiierte Darlegungen zu machen, warum und wie das Fortbestehen des Vollstreckungstitels ihn belasten würde. Dies alles gilt umso mehr, als das Urteil ohnehin keine materielle Rechtskraft mehr entfaltet. Allerdings muss von dem früheren Urteil eine spürbare Beeinträchtigung des Geschäftsbetriebs ausgehen (Ulmer/Witt Rn 13). 9

III. Entsprechende Anwendung

Denkbar sind mehrere Situationen, die sich für den verurteilten Verwender oder Empfehler in ähnlicher Weise auswirken, wie in § 10 vorausgesetzt. Obwohl Ausnahmevorschrift, muss diese Bestimmung dann analog angewandt werden. 10

1. Vorher ergangene höchstrichterliche Entscheidungen

11 Die funktionsblinde Anlehnung an den dem individuellen Interessenschutz verpflichteten § 767 ZPO hat das Tatbestandsmerkmal „nachträglich ergangen" erzeugt. Die Interessenlage ist nicht anders, wenn die Entscheidung des BGH oder des Gemeinsamen Senats der Obersten Gerichtshöfe „vorher" ergangen, aber noch nicht bekannt war. Ja, man muss es sogar genügen lassen, wenn das das bekämpfte Unterlassungsurteil fällende Gericht sie (noch) nicht gekannt hat und seine Entscheidung einem Rechtsmittel nicht unterliegt. Wenn alle Welt sich nach einer höchstrichterlichen Rspr richtet, kann man einen Klauselverwender nicht für alle Zeit an ein davon abweichendes Unterlassungsurteil binden, das dem, der es erstritten hat, nur formal einen individuellen Rechtsgüterschutz bringen soll. Die in der Kommentarliteratur überwiegende Auffassung will auf die Zugänglichkeit der Divergenzentscheidung für den Verwender im Erstprozess abstellen (Wolf/Lindacher Rn 18; MünchKommZPO/Micklitz Rn 9; Koch/Stübing Rn 4; Lakkis, Kollektiver Rechtsschutz S 240; ferner Kellner 64). Andere haben sich unter strikter Respektierung des Wortlauts von § 10 gegen jede Berücksichtigung von vor Erlass des Ersturteils ergangenen Divergenzentscheidungen (Schilken 107; Ulmer/Witt Rn 10) ausgesprochen.

2. Inzidententscheidungen

12 Hat sich eine aus einem Individualprozess hervorgegangene höchstrichterliche Rechtsansicht in der Rechtspraxis verfestigt, dann ist es einem Einzelunternehmer ebenfalls nicht mehr zumutbar, an einem abweichenden Unterlassungsurteil festgehalten zu werden. Ein in individuellen Interessen materiell schutzwürdiger Prozesssieger steht ihm auch dann nicht gegenüber. Einbußen für die Rechtssicherheit bringt die somit empfohlene (Wolf/Lindacher Rn 15; MünchKommZPO/Micklitz Rn 7; Palandt/Bassenge Rn 4; **aA** Schilken 112; Ulmer/Witt Rn 8) analoge Anwendung von § 10 auf höchstrichterliche Entscheidungen aus AGB-Individualprozessen nicht. Denn immer muss der BGH festgestellt haben, dass eine Klausel Gegenstand einer Einbeziehungsvereinbarung sein kann, die mit der dem Rechtsbehelfsführer verbotenen inhaltsgleich ist. Ob der BGH so entschieden hat, wenn auch in den Gründen seiner Entscheidung, lässt sich unschwer feststellen. Besonderes Augenmerk ist darauf zu richten, ob im Individualprozess die Klausel nur aufgrund der „kundenfreundlichsten" Auslegung (§ 305a BGB Rn 100 ff) der Inhaltskontrolle standgehalten hat (eingehend Basedow 353 ff; Schilken 113). Ist für das Verbandsklageverfahren ein anderer Regelungsgehalt zugrunde zu legen (s § 305a BGB Rn 108 „kundenfeindlichste Auslegung"), fehlt es an einer inhaltsgleichen Bedingung. Ist die Billigung nur aufgrund besonderer Umstände des Einzelfalls erfolgt, so hat das darauf ergangene Urteil ebenfalls keinen Einfluss auf den Unterlassungstitel (Wolf/Lindacher Rn 15).

3. Festgefügtes Richterrecht allgemein

13 Denkbar ist, dass sich nach Erlass des Unterlassungsurteils gegen den Verwender oder Empfehler Richterrecht entwickelt, ohne dass der BGH eingeschaltet worden wäre, etwa weil mehrere Oberlandesgerichte, unterstützt von der Lit, in gleicher Weise, aber abweichend von der Ansicht des Gerichts entschieden haben, welches

das anstehende Unterlassungsurteil gefällt hat. Auch dann können Situationen eintreten, in welchen es dem verurteilten Beklagten aus Konkurrenzgründen füglich nicht zugemutet werden kann, sich als einziger auf dem Markt iSd gegen ihn erlassenen Gerichtsentscheidung zu verhalten. Auch dann muss § 10 entspr angewandt werden (**aM** MünchKommZPO/Micklitz Rn 11; Schilken 114). Freilich genügt das Urteil eines einzelnen OLG als rechtsbehelfsbegründender Anlass grundsätzlich nicht (Ulmer/Witt Rn 11), allenfalls dann, wenn es das für den Tätigkeitsbereich des Verwenders zuständige Gericht ist. Sonst muss man eine inhaltsgleiche Rspr mehrerer Oberlandesgerichte verlangen, an der sich die Kautelarpraxis orientiert (zust Wolf/Lindacher Rn 16).

4. Analoge Anwendung gegen Verwender und Empfehler

Man kann gerechterweise nicht umhin, § 10 analog auch **gegen** Verwender und Empfehler anzuwenden (MünchKomm/Minckwitz § 19 AGBG Rn 14; **aA** Wolf/Lindacher § 19 AGBG Rn 9; Schilken 116). 14

Es wäre unerträglich, wenn ein Verwender, der im Unterlassungsverfahren vor einem Instanzgericht rechtskräftig obsiegt hat, sich dadurch auf die Dauer einen Marktvorsprung gegen die Konkurrenz sichern könnte, die an ein abweichendes höchstrichterliches Urteil gebunden ist oder doch faktisch keine Chance hat, unbehelligt mit Bedingungen auf dem Markt in Erscheinung zu treten, die höchstrichterlicher Rspr zuwiderlaufen. Wer im Unterlassungsprozess die „Wirksamkeit" bestimmter AGB-Klauseln erfolgreich verteidigt hat, hat keine ausgrenzbaren subjektiven Rechte verteidigt, sondern nur einen Freiheitsrahmen, der denknotwendigerweise anderen in gleicher Lage auch zustehen soll. Diese Voraussetzung entfällt, wenn andere in ihrem Bewegungsspielraum wieder eingeengt sind. Auf einen endgültigen Bestandsschutz kann der siegende Verwender oder Empfehler ohnehin nicht vertrauen. Andere klageberechtigte Verbände könnten ohne Rechtskraftsperre (s § 5 Rn 14) jederzeit gegen ihn vorgehen.

Im Falle einer Gesetzesänderung, einer Änderung des Stellenwerts einer im Wortlaut unveränderten Klausel im Gesamtgefüge eines Bedingungswerkes sowie bei Änderung allgemeiner Werthaltungen besteht ohnehin keine Rechtskraftsperre (Grunsky, in: GS Rödig 331; s auch oben Rn 4).

5. Analoge Anwendung in einem erstmaligen Unterlassungsverfahren gegen einen bestimmten Verwender

Wenn ein gegenüber anderen Parteien ergangenes Gerichtsurteil schon die Wirkung hat, eine Neuaufrollung rechtskräftiger Verfahren zu veranlassen und in diesem Rahmen bindend zu wirken, so folgt daraus nicht, eine Bindung (s Rn 8) müsse erst recht bestehen, wenn ein Verwender entgegen höchstrichterlicher Rspr (s Rn 10 f) erstmals auf Unterlassung belangt wird (Wolf/Lindacher § 19 AGBG Rn 5; Kellner 80 f, Schilken 118). Einen Wettbewerbsvorsprung kann er sich dadurch nicht verschaffen, weil er höchst wahrscheinlich verurteilt werden wird. Er muss aber die Chance haben, die Richtigkeit höchstrichterlicher Rspr in Frage zu stellen. 15

IV. Prozessuale Einzelheiten

16 Die rechtstechnische Verweisung auf § 767 ZPO gilt nur soweit, wie die sachliche Natur der Klage (s oben Rn 1, 3) der Anlehnung an diese Norm nicht entgegensteht, vor allem also für die Zuständigkeitsregelung.

Besondere Anforderungen an das Drohen der Zwangsvollstreckung sind nicht zu stellen (MünchKommZPO/Micklitz Rn 12; **aA** Ulmer/Witt Rn 10). Richtiger Ansicht nach ist dies schon im ursprünglichen Anwendungsbereich von § 767 ZPO keine Zulässigkeitsvoraussetzung für die Klage (Stein/Jonas/Münzberg § 767 Rn 42). Das Rechtsschutzbedürfnis fehlt nur, wenn der Prozessgegner des Verwenders unter Herausgabe der ihm erteilten vollstreckbaren Ausfertigung des Urteils auf alle Rechte aus ihm in liquider Weise verzichtet (MünchKomm/Micklitz aaO). § 767 Abs 3 ZPO ist anwendbar (MünchKomm/Micklitz aaO). Dagegen ist § 767 Abs 2 ZPO nicht anwendbar, da § 10 eine mögliche Präklusion eigenständig regelt (Schilken 107; s auch oben Rn 10).

§ 11
Wirkungen des Urteils

Handelt der verurteilte Verwender einem auf § 1 beruhenden Unterlassungsgebot zuwider, so ist die Bestimmung in den Allgemeinen Geschäftsbedingungen als unwirksam anzusehen, soweit sich der betroffene Vertragsteil auf die Wirkung des Unterlassungsurteils beruft. Er kann sich jedoch auf die Wirkung des Unterlassungsurteils nicht berufen, wenn der verurteilte Verwender gegen das Urteil die Klage nach § 10 erheben könnte.

Schrifttum

S Angaben zu § 10.

I. Rechtsnatur der dem Kunden gewährten Befugnis

1 Da die Kunden des Verwenders in einem gegen diesen nach § 1 angestrengten Verfahren nicht Partei sind, würde ein ergehendes Unterlassungsurteil zu ihren Gunsten nicht wirken, auch wenn der Kern des Streits gerade darum ginge, ob ihnen gegenüber die angegriffenen Klauseln wirksam seien. Die Vorschrift will erreichen, dass die Kunden aus dem Unterlassungsurteil ausnahmsweise doch Rechte herleiten können, bringt also eine **atypische Erweiterung von Urteilswirkungen** (zu den entstehungsgeschichtlichen und rechtspolitischen Aspekten der Vorschrift s ausführlich MünchKommZPO/Micklitz Rn 1 f; Koch/Stübing Rn 1 ff; Löwe Rn 1 ff; Gaul, in: FS Beitzke 1003). Die Vorschrift macht den § 10 nicht im Grunde überflüssig, weil sie die Vollstreckungswirkung nicht erfasst.

2 Es handelt sich einmal um Urteilswirkungen **zugunsten Dritter**. Anders als solche zu ihren Lasten kann ein Gesetz derartiges verfügen, ohne gegen Art 103 Abs 1 GG zu

verstoßen (Ulmer/Witt Rn 10; unbestr). Darin, dass dem obsiegenden Verwender eine gleichartige Urteilswirkung vorenthalten bleibt, liegt kein Verstoß gegen das Grundgesetz. Der Grundsatz der prozessualen Waffengleichheit folgt nicht aus Art 103, sondern aus Art 3 Abs 1 GG und muss daher allen Differenzierungen weichen, für die vernünftige Gründe bestehen. Solche Differenzierungen sind: Die typischerweise bestehende wirtschaftliche Überlegenheit des Verwenders einerseits und andererseits die Gefahr, dass seine Kunden allein schon vor der Prozessführungslast kapitulieren, auch wenn ihnen günstige, aber sie nicht bindende gerichtliche Vorentscheidungen existieren.

Es handelt sich um eine Urteilswirkung, die nur auf **Einrede** zu beachten ist. Unterlässt der Kunde, sie zu erheben, darf das Gericht nicht ohne erneute Prüfung von der Richtigkeit der dem Unterlassungsurteil zugrunde liegenden Rechtsauffassung ausgehen (Koch/Stübing Rn 18), auch nicht, wenn es dieses Urteil selbst erlassen hat. Der EuGH (s Rn 10) wollte sich mit der im zweiten Halbsatz erscheinende Formel „von Amts wegen“ sicherlich nicht gegen die Einredelösung wenden. Die Einrede ist keine solche, welche die Zulässigkeit der Klage (§ 296 Abs 3 ZPO) beträfe, und unterliegt daher nur den allgemeinen Präklusionsvorschriften nach § 296 Abs 1, 2 ZPO (Gaul 1040; allgM). Wird die Einrede erhoben, so ist jedes Gericht, gleich welchen Ranges, an den Inhalt des gegen den Verwender ergangenen Unterlassungsurteils gebunden. 3

Aus § 11 ist mittelbar zu folgern, dass die Rechtskraftwirkung des Unterlassungsurteils auch die Feststellung der Unzulässigkeit der Verwendung der inhaltlich beanstandeten Klausel erfasst (s § 19 Rn 2). § 11 bringt also eine **ausnahmsweise nur auf Einrede zu beachtende einseitige Rechtskrafterstreckung** (Wolf/Lindacher Rn 3; MünchKommZPO/Micklitz Rn 4). Das entspricht im Ergebnis allgM. Strittig ist nur die dogmatische Einordnung dieses Ergebnisses. Neben unverbindlichen und wenig aussagekräftigen Formulierungen wie „prozessuale Bindungswirkung“ (Sieg VersR 1977, 494), „eigenartige Wirksamkeitserstreckung“ (Schilken 120 ff) findet sich auch die Vorstellung, es handle sich um ein „Rechtsgebilde eigener Art“ (Gaul 1014 ff, 1043) oder eine „materiellrechtliche Schutznorm“ (Ulmer/Witt Rn 11). Praktisch hat das Bemühen um richtige Einordnung keine Bedeutung. Die Modifikationen gegenüber den im Normalfall der Rechtskrafterstreckung geltenden Grundsätzen sind aber nicht so ausgeprägt, dass man sich gegen eine Einordnung in das Institut der Rechtskrafterstreckung sträuben sollte. Europarechtlich ist eine solche Rechtskrafterstreckung nicht zu beanstanden (EuGH Rs C-472/10 RIW 2012, 483 – formuliert für eine Rechtsordnung, die ein Feststellungsurteil und kein Unterlassungsurteil vorsieht). Der EuGH hat keineswegs entschieden (**aA** Graf vWestphalen NJW 2013, 961, 964), das Urteil wirke auch gegen einen am Verfahren nicht beteiligten Unternehmer, s Rn 10. 4

II. Voraussetzungen der Einrede

Das Gesetz bezeichnet den die Einredebefugnis tragenden Titel als **„Unterlassungsurteil“**. Da es sich um Rechtskrafterstreckung handelt, muss das Urteil rechtskräftig sein (allgM). **Einstweilige Verfügungen** sind einem Urteil iSv § 11 nicht gleich zu erachten (OLG Düsseldorf NJW 1978, 2512; Wolf/Lindacher Rn 10; MünchKommZPO/Micklitz Rn 5; Ulmer/Witt Rn 4), selbst wenn sie ausnahmsweise in Urteilsform ergangen und vielleicht sogar materiell rechtskräftig sind (§ 10 Rn 6; Palandt/Bassenge Rn 4; 5

MünchKommZPO/Micklitz Rn 7; Schilken 123 f; Koch/Stübing Rn 13). Ein **Vergleich**, der nichts weiter enthält als die durch Vertragsstrafe gesicherte Unterlassungsverpflichtung des Verwenders, reicht für die Begründung der Einredebefugnis des Kunden ebenfalls nicht aus (MünchKomm/Micklitz Rn 5; Löwe Rn 18). Der klagende Verband kann aber darauf dringen, dass der Verwender vergleichsweise auch zugunsten Dritter, nämlich der Kunden, die Unterlassungsverpflichtung übernimmt. Sie ist dann zweckmäßigerweise so zu formulieren, dass sie sich auch auf die Anwendung der AGB auf früher abgeschlossene Verträge bezieht (s Rn 6). Solange der Verwender nicht bereit ist, eine solche Ausdehnung seiner Verpflichtungen zu akzeptieren, hat er Anlass zur Klageerhebung iSv § 93 ZPO gegeben (s § 1 Rn 34).

6 Der Verwender muss dem Urteil **zuwider handeln**. Gerade wegen § 11 ist es besonders wichtig zu erkennen, dass auch eine auf der Grundlage der beanstandeten AGB-Klauseln betriebene Abwicklung früher geschlossener Verträge eine erneute Verwendung des Klauselwerks und daher eine Zuwiderhandlung gegen das Unterlassungsurteil darstellt (s § 1 Rn 19). Entgegen den in den Gesetzesberatungen artikulierten Vorstellungen (BT-Drucks 7/5422, 13) wirkt § 11 daher nicht nur zugunsten solcher Kunden, die nach Rechtskraft des Unterlassungsurteils Verträge mit diesem abgeschlossen haben. Der Verwender unwirksamer AGB genießt auch keinen Vertrauensschutz (BGH NJW 1994, 2693). Er trägt das Risiko der Unwirksamkeit der von ihm verwendeten Klauseln. Hierzu zählt auch, dass eine geänderte Rechtsauffassung eine bislang für unbedenklich gehaltene Klausel nunmehr als unzulässig ansieht. Dieses Risiko trifft den Verwender schon in jedem Individualprozess, in dem um die (Un-)Wirksamkeit seiner AGB gestritten wird. Der Verwender vermag die Anwendung beanstandeter Klauseln Altkunden gegenüber faktisch ohnehin mit Sicherheit nicht durchzusetzen, wenn sie nur um die Existenz des Unterlassungsurteils wissen. In anhängigen Verfahren kommt eine Aussetzung gem § 148 ZPO in Betracht (s § 5 Rn 5).

7 Liegt bereits eine im Individualprozess mit seinem Kunden ergangene rechtskräftige Entscheidung zugunsten des Verwenders vor, steht dem Vertragspartner eine Einrede nach § 767 ZPO iVm § 11 S 1 nicht zu. Dem (Alt-)Kunden kommt die spätere Unterlassungsverpflichtung des Verwenders nicht mehr zugute (Löwe § 21 AGBG Rn 21; **aA** wohl Sieg VersR 1977, 494). Dies folgt aus dem Vorrang der Rechtskraft des im Individualprozess ergangenen Urteils. Außerhalb dieses Sonderfalles ist die dogmatische Behandlung bereits abgewickelter Verträge noch wenig geklärt. Im Ergebnis besteht jedoch Einigkeit, dass § 11 abgewickelte Verträge nicht erfasst (BGH NJW 1981, 1511; Ulmer/Witt Rn 2; Wolf/Lindacher Rn 5; Basedow 345 ff) werden.

8 Gegenüber dem Rechtsnachfolger des Verwenders/Empfehlers wirkt das Unterlassungsurteil nach § 325 ZPO.

9 In S 2 kehrt die überperfektionistische Sorge wieder, die zur Schaffung von § 10 geführt hat. Zu den Voraussetzungen, unter denen der Verwender nach § 10 „Vollstreckungsgegenklage" erheben könnte (s § 10 Rn 5 ff). Die nachlässige gesetzliche Terminologie vermag die sachlich gebotene Einschränkung nicht zu verhindern:

Gemeint sind die Voraussetzungen des Klageerfolgs. Hat der Verwender bereits erfolgreich Klage erhoben, fehlt es ohnehin an einem Unterlassungsgebot, das gem

§ 11 S 1 noch zugunsten Dritter wirken könnte (Wolf/Lindacher § 21 AGBG Rn 13; s § 10 Rn 3). Die praktische Bedeutung der Klage nach § 10 liegt demnach, obwohl an sich nur auf Beseitigung der Vollstreckungswirkung gerichtet, vor allen darin, die Rechtslage mit bindender Wirkung zu klären. Ist eine Klage nach § 10 rechtshängig, so muss das im Prozess des Verwenders mit dem Kunden entscheidende Gericht inzident prüfen, ob sie Erfolg haben wird (allgM), sofern es nicht das Verfahren aussetzt. Ist eine Klage nach § 10 rechtskräftig abgewiesen, so wirkt dies auch zugunsten des Kunden (Koch/Stübing Rn 22), weil dann mit Aussicht auf Erfolg nicht erneut geklagt werden kann, was § 11 voraussetzt. Satz 2 wirkt zugunsten des Verwenders nur, wenn er auf die Einrede des Kunden mit einer entsprechenden Gegeneinrede antwortet (Wolf/Lindacher § 21 AGBG Rn 14; Palandt/Bassenge Rn 7; **aA** Ulmer/Hensen § 21 AGBG Rn 13; Schilken 126, die eine Prüfung von Amts wegen annehmen).

III. EuGH

In einer überaus verschachtelten und kaum verständlichen Sprache zu der dem § 11 entsprechenden Vorschrift der Richtlinie hat der EuGH Folgendes entschieden (C-472/10 Nemezi Fogyastóvédelm Hatdoság v Invitel Tádközlén v 26. 4. 2012): *„Art. 6 Abs. 1 in Verbindung mit Art. 7 Abs 1 und 2 der Richtlinie 93/13 ist dahin auszulegen dass* **10**

- *er dem nicht entgegensteht, dass die Feststellung der Nichtigkeit einer missbräuchlichen Klausel in den Allgemeinen Geschäftsbedingungen von Verbraucherverträgen im Rahmen einer Unterlassungsklage im Sinne von Art 7 der Richtlinie, die von einer nach innerstaatlichem Recht benannten Stelle im öffentlichen Interesse und im Namen der Verbraucher gegen einen Gewerbetreibenden erhoben worden ist, nach diesem Recht Wirkungen gegenüber allen Verbrauchern entfaltet, die mit diesem Gewerbetreibenden einen Vertrag geschlossen haben, auf den die gleichen Allgemeinen Geschäftsbedingungen anwendbar sind, einschließlich derjenigen Verbraucher, die nicht Partei des Unterlassungsverfahrens waren;*

- *die nationalen Gerichte, wenn im Rahmen eines solchen Verfahrens die Missbräuchlichkeit einer Klausel der Allgemeinen Geschäftsbedingungen angenommen worden ist, auch in der Zukunft von Amts wegen alle im nationalen Recht vorgesehenen Konsequenzen zu ziehen haben, damit diese Klausel für die Verbraucher unverbindlich ist, die mit dem betreffenden Gewerbetreibenden einen Vertrag geschlossen haben, auf den die gleichen Allgemeinen Geschäftsbedingungen anwendbar sind".*

In den zwei Absätzen sind einerseits die bereits geschlossenen und andererseits die in der Zukunft zu schließenden Verträge gemeint.

Unterabschnitt 3
Besondere Vorschriften für Klagen nach § 2

§ 12
Einigungsstelle

Für Klagen nach § 2 gelten § 15 des Gesetzes gegen den unlauteren Wettbewerb und die darin enthaltene Verordnungsermächtigung entsprechend.

Materialien: IdF BGBl 2004 I 1414.
Betrifft nicht AGB, s Bem zu § 2.

Abschnitt 3
Auskunft zur Durchführung von Unterlassungsklagen

§ 13
Auskunftsanspruch der anspruchsberechtigten Stellen

(1) Wer geschäftsmäßig Post-, Telekommunikations-, Tele- oder Mediendienste erbringt oder an der Erbringung solcher Dienste mitwirkt, hat

1. **qualifizierten Einrichtungen, die nachweisen, dass sie in die Liste gemäß § 4 oder in das Verzeichnis der Kommission der Europäischen Gemeinschaften gemäß Artikel 4 der Richtlinie 98/27/EG eingetragen sind,**

2. **rechtsfähigen Verbänden zur Förderung gewerblicher oder selbständiger beruflicher Interessen und**

3. **Industrie- und Handelskammern oder den Handwerkskammern**

auf deren Verlangen den Namen und die zustlleungsfähige Anschrift eines Beteiligten an Post-, Telekommunikations- oder Telemediendiensten mitzuteilen, wenn diese Stellen schrtiftlich versichern, dass sie die Angaben zur Durchsetzung ihrer Ansprüche gemäß § 1 oder § 2 benötigen und nicht anderweitig beschaffen können

(2) Der Anspruch besteht nur, soweit die Auskunft ausschließlich anhand der bei dem Auskunftspflichtigen vorhandenen Bestandsdaten erteilt werden kann. Die Auskunft darf nicht deshalb verweigert werden, weil der Beteiligte, dessen Angaben mitgeteilt werden sollen, in die Übermittlung nicht einwilligt.

(3) Der Auskunftspflichtige kann von dem Anspruchsberechtigten einen angemessenen Ausgleich für die Erteilung der Auskunft verlangen. Der Beteiligte hat, wenn

der gegen ihn geltend gemachte Anspruch nach § 1 oder § 2 begründet ist, dem Anspruchsberechtigten den gezahlten Ausgleich zu erstatten.

Materialien: IdF BGBl 2009 I 2355.

I. Der Auskunftsanpruch gegen Diensteerbringer als zentraler Inhalt der Norm

1. Nur theoretisch betrifft die Vorschrift auch Klagen nach § 1, s Abs 1 und 3. 1
Jedoch ist die Vorschrift insoweit ohne praktische Bedeutung. Keines der in „juris" registrierten Urteile hat es mit Auskunftsansprüchen zur Vorbereitung eines Vorgehens wegen AGB-Verwendung zu tun gehabt. Daher ist diese Kommentierung nur knapp gehalten.

Zweck und rechtsstaatlicher Zuschnitt des neu geschaffenen Anspruchs entspringt nicht etwa der übertriebenen Sorge, es könnten AGB gestellt oder verbraucherschutzwidrige Verhaltensarten gepflegt werden, die Erhebung der Verbandsklage aber daran scheitern, dass es an einer ladungsfähigen Anschrift fehlt. Aktivitäten, die das kollektive Interesse der Verbraucher verletzen, deren Urheber aber mit vollständiger Anschrift nicht zu ermitteln sind, gibt es ausweislich der veröffentlichen Entscheidungen von Instanzgerichten durchaus (AG München Magazindienst 2005, 491; LG Bonn CR 2005, 198 = ZUM 2004, 767 – allerdings § 13a betreffend, aber verallgemeinerungsfähig für den Fall, dass massenweise unerbetene Werbung durch SMS verschickt wird). Der Eingriff in das Fernmeldegeheimnis ist denkbar gering, weshalb die Vorschrift großzügig gehandhabt werden kann, wenn man akzeptiert, dass die Auskunft nur Zug um Zug gegen Aufwandserstattung geschuldet wird (s unten Rn 5). Der von der Auskunft Betroffene braucht weder gefragt noch informiert zu werden. Wegen der Geringfügigkeit der Berührung legitimer Interessen des Betroffenen genügt auch die schriftliche Versicherung des den Anspruch stellenden Teils nach Abs 1 Nrn 1 und 2

2. Auskunftspflichtig sind nur Unternehmen, die geschäftsmäßig jene Art von 2
Dienstleistungen anbieten, die in Abs 1 aufgeführt sind, also jener Unternehmen, die es ermöglichen, dass Allgemeine Geschäftsbedingungen gestellt oder – vor allem – verbraucherschutzwidrige Praktiken gepflegt werden, ohne dass der betroffene Verbraucher oder deren Interessenverbände in Erfahrung bringen könnten, wer eigentlich verantwortlich ist und wie seine ladungsfähige Anschrift lautet. Legaldefinitionen finden sich in § 4 Nr 4 PostG, § 3 Nr 5 TelekommunikationsG, §§ 2, 3 TelemediendiensteG. Des letzteren Abs 1 verlangt als Tatbestandsmerkmal nicht, dass das Unternehmen, dessen Adresse erforscht wird, über die Dienste des in Anspruch Genommenen sein inkriminiertes Verhalten organisiert hat. Da die Belastung des Schuldners gering und der Betroffene nicht schutzwürdig ist, ist es nicht nötig, aus dem Sinnzusammenhang der Norm ein solches Tatbestandsmerkmal in sie hinein zu interpretieren. Auch wenn Verbraucher massenhaft über Telefon, Fax, Handy (SMS) oder E-Mail mit Werbung belästigt werden, hilft das Gesetz zudem nicht dabei, die Dienste zu identifizieren, über die die Störung organisiert wird. Auch deshalb ist es gerechtfertigt, dass ein gedanklich nahe liegendes Unternehmen auf Verdacht um Auskunft angegangen wird – auf das Risiko hin, dass die Auskunft

negativ sein kann. Bei Internetadressen mit dem Top-Level Domain „de" ist verpflichtet die Denic Verwaltungs- und Betriebsgesellschaft für den Provider und dieser für den Seitenbetreiber.

Anspruchsschuldner ist immer nur der Unternehmensträger, niemals also ein Organwalter oder Angestellter, wohl aber ein selbständiger Absatzmittler, soweit er selbst über die Daten verfügt (Ulmer/Witt Rn 3).

3 **3.** Geschuldet wird (Anspruchsinhalt) die Angabe des (Firmen-)Namens an der ladungsfähigen Anschrift. Auch die gesetzlichen Vertreter sind anzugeben, selbst wenn der Anspruchsberechtigte nach Kenntnis von Firma und örtlichem Sitz des intendierten Beklagten diese selbst ermitteln könnte (Palandt/Bassenge Rn 5). Anspruch auf Information über verwendete ABG besteht nicht (Ulmer/Witt Rn 8), auch nicht ein Anspruch auf Information über Preis- und Leistungsverzeichnisse (BGH BB 2010, 530; OLG Frankfurt OLGR 2009, 831). Gesetzlich eingeschränkt ist der Anspruch ausdrücklich auf das, was sich anhand der „Bestandsdaten" sagen lässt. Letztere sind in § 5 TeledienstedatenschutzG (BGBl 1997 I 1870) definiert. Der Schuldner braucht also keine über die sich ohnehin in seinem Besitz findenden Bestandsdaten hinausgehenden Ermittlungen anzustellen. Die Beweislast dafür, dass die Bestandsdaten mehr enthalten, als mitgeteilt wird, hat der Auskunftsberechtigte (**aA** Palandt/Bassenge Rn 6). Abs 2 S 1 ist gerade nicht negativ formuliert. Der Umstand, dass der Berechtigte über Einzelheiten des Tatbestands nicht Bescheid wissen kann, rechtfertigt nicht eine Umkehr der Beweislast, sondern begründet nur eine sog sekundäre Behauptungslast des in Anspruch Genommenen (s statt aller aus neuer Zeit grundsätzlich BGH NJW 1999, 579, 580; Zöller/Greger 26 vor § 284 Rn 34 mit vielen weiteren Rechtsprechungsnachweisen). Sind die Angaben des Schuldners zweifelhaft, so kann in entsprechender Anwendung von §§ 259 Abs 2, 260 Abs 2 BGB die Abgabe einer eidesstattlichen Versicherung verlangt werden (AG München Magazindienst 2005, 491):

4 Ein Missbrauch des Auskunftsanspruch ist gegeben, wenn die Versicherung, die der Anspruchsberechtigte nach Abs 1 Nr 2 gegeben hat, offensichtlich nicht stimmt, etwa weil man an die Information bei einer gewissen Findigkeit im Internet oder durch einen als harmlos aufgemachten Telefonanruf gelangen kann. In Internet oder Telefonbüchern leicht erhältliche Informationen kann das Gericht als gerichtsbekannt werten.

5 **4.** Realitätsnah hat der Gesetzgeber den Auskunftsberechtigten nicht nur zum Ersatz der Kosten verpflichtet, sondern zur Zahlung eines „angemessenen Ausgleichs". Angesichts der Geringfügigkeit der in Frage kommenden Beträge lohnt sich der Buchführungsaufwand kaum. Die objektive Funktion des Anspruchs kann sich angesichts der Dimension der als Schuldner in Betracht kommenden Unternehmen nur darin bestehen, die berechtigten Stellen vor bequemen Auskunftsbegehren abzuhalten. Es ist auch entgegen der Begründung des Regierungsentwurfs (BT-Drucks 14/6857, 71) nicht gerechtfertigt, den Anspruch noch deshalb zu kürzen, weil seine Geltendmachung auch der Herstellung gleicher Wettbewerbsbedingungen dient, die im Interesse des Auskunftspflichtigen lägen. Denn nur in seiner analogen Anwendung durch § 8 Abs 5 UWG hat § 13 Abs 4 des UKlaG mit lauterkeitsrechtlichen Erwägungen im Wettbewerb etwas zu tun. Nicht nur die Arbeitszeit von Personal ist auszugleichen, sondern auch die Betriebsbeeinträchtigung durch be-

triebsfremdes Ansinnen als solche. Es ist dem Verpflichteten auch nicht zuzumuten, sich um geringfügige Eurobeträge mit dem Berechtigten auseinander zu setzen. Es handelt sich vielmehr um einen Anwendungsfall von § 315 BGB. Der Auskunftspflichtige hat also ein Festsetzungsermessen im Rahmen der äußersten Grenzen der Billigkeit. Vor allem ist es dem Auskunftspflichtigen nicht zuzumuten, mit Erteilung der Auskunft eine Vorleistung zu erbringen. Die Erteilung der Auskunft und die Leistung eines angemessenen Ausgleichs sind vielmehr Zug um Zug zu erfüllen. Da die schriftliche Erteilung der Auskunft gegen Barzahlung als zu umständlich ausscheidet, muss der Auskunftsberechtigte praktisch die vom Auskunftsverpflichteten festgesetzte Vergütung vorleisten. Im Prozess ist eine Verurteilung Zug um Zug auszusprechen.

II. Verfahrensrechtliche Fragen

Es handelt sich um einen zivilrechtlichen Anspruch. Zuständig sind daher auch hier die Zivilgerichte. § 5 ist anwendbar. § 6 hingegen, gilt ausweislich seines Abs 3 nicht, obwohl es wegen der in § 6 Abs 2 stehenden Konzentrationsermächtigung sinnvoll gewesen wäre, für die Auskunftsklage dasselbe Gericht zuständig sein zu lassen, das über den Unterlassungsanspruch befindet. Abs 4 S 2 lässt sich indes auch prozessrechtlich iSd Begründung eines Gerichtsstandes des Sachzusammenhangs lesen (Palandt/Bassenge Rn 12). 6

Eine einstweilige Verfügung, die die Erteilung einer Auskunft anordnet, nimmt im rechtstechnischen Sinne zwangsläufig die „Hauptsache" vorweg, was im Prinzip nicht zulässig ist. Jedoch ist eine einstweilige Verfügung auf Erteilung einer Auskunft dann zulässig, wenn die Realisierung eines übergeordneten Anspruchs, gewissermaßen der wirtschaftlichen Hauptsache, nur nach vorheriger Erteilung einer Auskunft möglich ist (Stein/Jonas/Grunsky ZPO[22] vor § 935 Rn 53 wmN). In solchen Fällen ist eine Rechtsanalogie zu § 19 Abs 3 MarkenG, § 24b Abs 3 GebrMG, § 140 Abs 3 PatG, § 101a UrhG möglich. Die klageberechtigte Einrichtung als Gläubiger eines Unterlassungsanspruchs muss also Vorgänge glaubhaft machen, die, wenn zutreffend, einen Unterlassungsanspruch begründen, der aber nicht erfolgreich geltend gemacht werden kann, solange sie nicht über eine ladungsfähige Anschrift des Schuldners verfügt. 7

§ 13a
Auskunftsanspruch sonstiger Betroffener

Wer von einem anderen Unterlassung der Lieferung unbestellter Sachen, der Erbringung unbestellter sonstiger Leistungen oder der Zusendung oder sonstiger Übermittlung unverlangter Werbung verlangen kann, hat die Ansprüche gemäß § 13 mit der Maßgabe, dass an die Stelle des Anspruchs nach § 1 oder § 2 sein Anspruch auf Unterlassung nach allgemeinen Vorschriften tritt.

S Bem zu § 2.

Abschnitt 4
Außergerichtliche Schlichtung

Dieser Abschnitt betrifft nicht AGB und wird daher nicht kommentiert.

§ 14
Schlichtungsverfahren

(1) Bei Streitigkeiten aus der Anwendung

1. der Vorschriften des Bürgerlichen Gesetzbuchs betreffend Fernabsatzverträge über Finanzdienstleistungen,

2. der §§ 491 bis 509 des Bürgerlichen Gesetzbuchs,

3. der §§ 675c bis 676c des Bürgerlichen Gesetzbuchs und der Verordnung (EG) Nr. 924/2009 des Europäischen Parlaments und des Rates vom 16. September 2009 über grenzüberschreitende Zahlungen in der Gemeinschaft und zur Aufhebung der Verordnung (EG) Nr. 2580/2001 (Abl. L 266 vom 9. 10. 2009, S. 11) oder

4. des § 2 Absatz 2a Satz 3 und des § 23b des Zahlungsdiensteaufsichtsgesetzes zwischen E-Geld-Emittenten und ihren Kunden

können die Beteiligten unbeschadet ihres Rechts, die Gerichte anzurufen, die Schlichtungsstelle anrufen, die bei der Deutschen Bundesbank einzurichten ist.

(2) Das Bundesministerium der Justiz regelt durch Rechtsverordnung, die nicht der Zustimmung des Bundesrates bedarf, die näheren Einzelheiten des Verfahrens der Schlichtungsstelle nach Absatz 1 und die Zusammenarbeit mit vergleichbaren Stellen zur außergerichtlichen Streitbeilegung in anderen Vertragsstaaten des Abkommens über den Europäischen Wirtschaftsraum. Das Verfahren ist auf die Verwirklichung des Rechts auszurichten und es muss gewährleisten, dass

1. die Schlichtungsstelle unabhängig ist und unparteiisch handelt,

2. ihre Verfahrensregelungen für Interessierte zugänglich sind und

3. die Beteiligten des Schlichtungsverfahrens rechtliches Gehör erhalten, insbesondere Tatsachen und Bewertungen vorbringen können

Die Rechtsverordnung regelt auch die Pflicht der Unternehmen, sich nach Maßgabe eines geeigneten Verteilungsschlüssels an den Kosten des Verfahrens zu beteiligen; das nähere, insbesondere zu diesem Verteilungsschlüssel, regelt die Rechtsverordnung.

(3) Das Bundesministerium der Justiz wird ermächtigt, im Einvernehmen mit den Bundesministerien der Finanzen und für Wirtschaft und Technologie durch Rechts-

verordnung mit Zustimmung des Bundesrates die Streitschlichtungsaufgaben nach Absatz 1 auf eine oder mehrere geeignete private Stellen zu übertragen, wenn die Aufgaben dort zweckmäßiger erledigt werden können.

Abschnitt 5
Anwendungsbereich

§ 15
Ausnahme für das Arbeitsrecht

Dieses Gesetz findet auf das Arbeitsrecht keine Anwendung.

Die Vorschrift gilt trotz der vorsichtigen Einbeziehung des Arbeitnehmerschutzes in 1
das AGB-Recht durch § 310 Abs 4 S 2 BGB. Der Begriff „Arbeitsrecht" ist in Übereinstimmung mit § 2 ArbGG auszulegen (Näheres s bei STAUDINGER/RICHARDI [2005] Vorbem 136 ff zu § 611 ff BGB). Auch da, wo Arbeitgeber mit Arbeitnehmern unübliche Zusatzvereinbarungen abschließen (etwa Lohnstundung, Kreditgewährung, Wohnungsmiete, Bezug von Waren aus der Produktion), sollte man diese zum Arbeitsrecht zählen und damit der Unterlassungsklage entziehen. Die Gründe, die zur Zeit der Geltung des AGBG dazu geführt hatten, solche Zusatzvereinbarungen nicht zum Arbeitsrecht zu rechnen (zB BAG NJW 1994, 215 – Jahreswagen), sind für § 15 nicht einschlägig.

Abschnitt 6
Überleitungsvorschriften

§ 16
Überleitungsvorschrift zur Aufhebung des AGB-Gesetzes

(1) Soweit am 1. Januar 2002 Verfahren nach dem AGB-Gesetz in der Fassung der Bekanntmachung vom 29. Juni 2000 (BGBl. I S. 946) anhängig sind, werden diese nach den Vorschriften dieses Gesetzes abgeschlossen.

(2) Das beim Bundeskartellamt geführte Entscheidungsregister nach § 20 des AGB-Gesetzes steht bis zum Ablauf des 31. Dezember 2004 unter den bis zum Ablauf des 31. Dezember 2001 geltenden Voraussetzungen zur Einsicht offen. Die in dem Register eingetragenen Entscheidungen werden 20 Jahre nach ihrer Eintragung in das Register, spätestens mit dem Ablauf des 31. Dezember 2004 gelöscht.

(3) Schlichtungsstellen im Sinne von § 14 Abs. 1 sind auch die auf Grund des bisherigen § 29 Abs. 1 des AGB-Gesetzes eingereichteten Stellen.

(4) Die nach § 22a des AGB-Gesetzes eingerichtete Liste qualifizierter Einrichtungen wird nach § 4 fortgeführt. Mit Ablauf des 31. Dezember 2001 eingetragene Verbände brauchen die Jahresfrist des § 4 Abs. 2 Satz 1 nicht einzuhalten.

Textanhang zum UKlaG

Richtlinie 2009/22/EG des Europäischen Parlaments und des Rates

vom 23. April 2009

über Unterlassungsklagen zum Schutz der Verbraucherinteressen

(Abl EU) L 110 vom 1. 5. 2009, S. 30–36

(Text von Bedeutung für den EWR)

DAS EUROPÄISCHE PARLAMENT UND DER RAT DER EUROPÄISCHEN UNION –

gestützt auf den Vertrag zur Gründung der Europäischen Gemeinschaft, insbesondere auf Artikel 95,

auf Vorschlag der Kommission,

nach Stellungnahme des Europäischen Wirtschafts- und Sozialausschusses [1],

gemäß dem Verfahren des Artikels 251 des Vertrags [2],

in Erwägung nachstehender Gründe:

(1) Die Richtlinie 98/27/EG des Europäischen Parlaments und des Rates vom 19. Mai 1998 über Unterlassungsklagen zum Schutz der Verbraucherinteressen [3] wurde mehrfach und erheblich geändert [4]. Aus Gründen der Klarheit und der Übersichtlichkeit empfiehlt es sich, die genannte Richtlinie zu kodifizieren.

(2) In einigen in Anhang I aufgeführten Richtlinien werden Vorschriften zum Schutz der Interessen der Verbraucher festgelegt.

(3) Die zur Zeit sowohl auf innerstaatlicher als auch auf Gemeinschaftsebene bestehenden Mechanismen zur Gewährleistung der Einhaltung dieser Richtlinien ermöglichen es nicht immer, Verstöße, durch die die Kollektivinteressen der Verbraucher beeinträchtigt werden, rechtzeitig abzustellen. Unter Kollektivinteressen sind die Interessen zu verstehen, bei denen es sich nicht um eine Kumulierung von Interessen durch einen Verstoß geschädigter Personen handelt. Dies gilt unbeschadet von Individualklagen der durch einen Verstoß geschädigten Personen.

(4) Im Hinblick auf den Zweck, Verhaltensweisen zu unterbinden, die im Widerspruch zum geltenden innerstaatlichen Recht stehen, können innerstaatliche Maßnahmen zur Umsetzung der fraglichen Richtlinien in ihrer Wirksamkeit beeinträchtigt werden, wenn diese Verhaltensweisen sich in einem anderen Mitgliedstaat auswirken als dem, in dem sie ihren Ursprung haben; dies gilt auch für Schutzmaßnahmen, die über die in diesen Richtlinien vorgesehenen Schutzmaßnahmen hinausgehen, jedoch mit dem Vertrag vereinbar und nach diesen Richtlinien zulässig sind.

(5) Diese Schwierigkeiten können dem reibungslosen Funktionieren des Binnenmarkts abträglich sein; denn es würde genügen, den Ausgangspunkt einer unerlaubten Verhaltensweise in einen anderen Staat zu verlegen, um vor jeglicher Durchsetzungsmaßnahme geschützt zu sein. Dies aber stellt eine Wettbewerbsverzerrung dar.

(6) Diese Schwierigkeiten sind dazu angetan, das Vertrauen der Verbraucher in den Binnenmarkt zu beeinträchtigen, und können den Handlungsrahmen für die Verbraucherorganisationen oder die unabhängigen öffentlichen Stellen einschränken, die für den Schutz der durch eine gemeinschaftsrechtswidrige Verhaltensweise beeinträchtigten Kollektivinteressen der Verbraucher zuständig sind.

(7) Die fraglichen Verhaltensweisen gehen oftmals über die Grenzen zwischen den Mitgliedstaaten hinaus. Es ist dringend notwendig, die innerstaatlichen Vorschriften über die Unterbindung dieser unerlaubten Verhaltensweisen unabhängig davon, in welchem Land sich diese ausgewirkt haben, in gewissem Umfang einander anzugleichen. Hiervon unberührt bleiben hinsichtlich der gerichtlichen Zuständigkeit die Vorschriften des internationalen Privatrechts und des internationalen Zivilprozessrechts sowie der zwischen den Mitgliedstaaten geltenden Übereinkünfte, wobei die allgemeinen Verpflichtungen der Mitgliedstaaten aus dem Vertrag, insbesondere die Verpflichtungen im Zusammenhang mit dem reibungslosen Funktionieren des Binnenmarkts, einzuhalten sind.

(8) Das Ziel der geplanten Maßnahme kann nur durch die Gemeinschaft erreicht werden. Infolgedessen obliegt es dieser, tätig zu werden.

(9) Nach Artikel 5 Absatz 3 des Vertrags darf die Gemeinschaft nicht über das für die Erreichung der Ziele des Vertrags erforderliche Maß hinausgehen. Gemäß Artikel 5 sind die Besonderheiten der nationalen Rechtsordnungen weitestmöglich zu berücksichtigen, indem den Mitgliedstaaten die Möglichkeit eingeräumt wird, zwischen verschiedenen Optionen gleicher Wirkung zu wählen. Die Gerichte oder Verwaltungsbehörden im Sinne dieser Richtlinie, die für die Entscheidung über die Rechtsbehelfe zuständig sind, sollten berechtigt sein, die Auswirkungen früherer Entscheidungen zu überprüfen.

(10) Eine Option sollte darin bestehen vorzusehen, dass eine oder mehrere unabhängige öffentliche Stellen, die speziell für den Schutz der Kollektivinteressen der Verbraucher zuständig sind, die in dieser Richtlinie vorgesehenen Handlungsbefugnisse ausüben. Eine andere Option sollte vorsehen, dass diese Befugnisse entsprechend den in den innerstaatlichen Rechtsvorschriften festgelegten Kriterien durch Organisationen ausgeübt werden, deren Zweck im Schutz der Kollektivinteressen der Verbraucher besteht.

(11) Den Mitgliedstaaten sollte es möglich sein, sich für eine dieser beiden oder für beide Optionen gleichzeitig zu entscheiden und entsprechend die auf innerstaatlicher Ebene für die Zwecke dieser Richtlinie qualifizierten Stellen und/oder Organisationen zu bestimmen.

(12) Im Hinblick auf grenzüberschreitende Verstöße innerhalb der Gemeinschaft sollte für diese

Stellen und/oder Organisationen der Grundsatz der gegenseitigen Anerkennung gelten. Die Mitgliedstaaten sollten gemäß den Bestimmungen dieser Richtlinie auf Antrag ihrer nationalen Einrichtungen der Kommission Namen und Zweck ihrer nationalen Einrichtungen mitteilen, die in ihrem Land zur Klageerhebung berechtigt sind.

(13) Es obliegt der Kommission, ein Verzeichnis dieser qualifizierten Einrichtungen im Amtsblatt der Europäischen Union zu veröffentlichen. Solange nicht eine gegenteilige Erklärung veröffentlicht wird, gilt eine qualifizierte Einrichtung als zur Klageerhebung berechtigt, wenn ihr Name in dem Verzeichnis aufgeführt ist.

(14) Die Mitgliedstaaten sollten vorsehen können, dass die Partei, die eine Unterlassungsklage zu erheben beabsichtigt, eine vorherige Konsultation durchführen muss, um es der beklagten Partei zu ermöglichen, den beanstandeten Verstoß abzustellen. Die Mitgliedstaaten sollten vorsehen können, dass in diese vorherige Konsultation eine von ihnen benannte unabhängige öffentliche Stelle einzubeziehen ist.

(15) Wenn die Mitgliedstaaten eine vorherige Konsultation vorsehen, ist eine Frist von zwei Wochen, gerechnet ab dem Eingang des Antrags auf Konsultation, festzusetzen; wird die Unterlassung des Verstoßes nicht innerhalb dieser Frist erreicht, so ist die klagende Partei berechtigt, die zuständigen Gerichte oder Verwaltungsbehörden ohne weiteren Aufschub mit der Klage zu befassen.

(16) Es ist angezeigt, dass die Kommission einen Bericht über das Funktionieren dieser Richtlinie und insbesondere über deren Anwendungsbereich und die Durchführung der vorherigen Konsultation vorlegt.

(17) Die Anwendung dieser Richtlinie lässt die Anwendung der gemeinschaftlichen Wettbewerbsregeln unberührt.

(18) Diese Richtlinie sollte die Verpflichtungen der Mitgliedstaaten hinsichtlich der in Anhang II Teil B genannten Fristen für die Umsetzung der dort genannten Richtlinien in innerstaatliches Recht und für die Anwendung dieser Richtlinien unberührt lassen –

HABEN FOLGENDE RICHTLINIE ERLASSEN:

Artikel 1

Anwendungsbereich

(1) Ziel dieser Richtlinie ist die Angleichung der Rechts- und Verwaltungsvorschriften der Mitgliedstaaten über Unterlassungsklagen im Sinne des Artikels 2 zum Schutz der Kollektivinteressen der Verbraucher, die unter die in Anhang I aufgeführten Richtlinien fallen, um so das reibungslose Funktionieren des Binnenmarkts zu gewährleisten.

(2) Ein Verstoß im Sinne dieser Richtlinie ist jede Handlung, die den in Anhang I aufgeführten Richtlinien in der in die innerstaatliche Rechtsordnung der Mitgliedstaaten umgesetzten Form zuwiderläuft und die in Absatz 1 genannten Kollektivinteressen der Verbraucher beeinträchtigt.

Artikel 2

Unterlassungsklagen

(1) Die Mitgliedstaaten bestimmen die zuständigen Gerichte oder Verwaltungsbehörden für die Entscheidung über die von qualifizierten Einrichtungen im Sinne des Artikels 3 eingelegten Rechtsbehelfe, die auf Folgendes abzielen können:

a) eine mit aller gebotenen Eile und gegebenenfalls im Rahmen eines Dringlichkeitsverfahrens ergehende Anordnung der Einstellung oder des Verbots eines Verstoßes;

b) gegebenenfalls Maßnahmen wie die Veröffentlichung der Entscheidung im vollen Wortlaut oder in Auszügen in der für angemessen erachteten Form und/oder die Veröffentlichung einer Richtigstellung, um die fortdauernde Wirkung des Verstoßes abzustellen;

c) sofern dies nach dem Recht des Mitgliedstaats zulässig ist, eine Anordnung dahingehend, dass die unterlegene beklagte Partei im Fall der Nichtbeachtung der Entscheidung innerhalb einer von den Gerichten oder Verwaltungsbehörden festgesetzten Frist in eine öffentliche Kasse oder an einen anderen im Rahmen innerstaatlicher Rechtsvorschriften bezeichneten Begünstigten einen bestimmten Betrag für jeden Tag der Nichtbeachtung oder jede andere Summe zahlen muss, welche die innerstaatlichen Rechtsvorschriften vorsehen, um die Beachtung der Entscheidungen zu gewährleisten.

(2) Diese Richtlinie lässt die Vorschriften des internationalen Privatrechts und des internationalen Zivilprozessrechts hinsichtlich des anzuwendenden Rechts unberührt, so dass normalerweise entweder das Recht des Mitgliedstaats, in dem der Verstoß seinen Ursprung hat, oder das Recht des Mitgliedstaats, in dem sich der Verstoß auswirkt, angewendet wird.

Artikel 3

Klagebefugte Einrichtungen

Im Sinne dieser Richtlinie bezeichnet der Ausdruck „qualifizierte Einrichtung" jede Stelle oder Organisation, die nach dem Recht eines Mitgliedstaats ordnungsgemäß errichtet wurde und ein berechtigtes Interesse daran hat, die Einhaltung der in Artikel 1 genannten Bestimmungen sicherzustellen; er bezeichnet insbesondere

a) in Mitgliedstaaten, in denen solche Stellen bestehen, eine oder mehrere unabhängige öffentliche Stellen, die speziell für den Schutz der in Artikel 1 genannten Interessen zuständig sind, und/oder

b) Organisationen, deren Zweck im Schutz der in Artikel 1 genannten Interessen besteht, entsprechend den im Rahmen der nationalen Rechtsvorschriften festgelegten Kriterien.

Artikel 4

Grenzüberschreitende Verstöße innerhalb der Gemeinschaft

(1) Jeder Mitgliedstaat trifft die erforderlichen Maßnahmen, damit im Fall eines Verstoßes, dessen Ursprung in seinem Hoheitsgebiet liegt, jede qualifizierte Einrichtung eines anderen Mitgliedstaats,

in dem die von dieser qualifizierten Einrichtung geschützten Interessen durch den Verstoß beeinträchtigt werden, nach Vorlage des in Absatz 3 des vorliegenden Artikels vorgesehenen Verzeichnisses das nach Artikel 2 zuständige Gericht oder die nach Artikel 2 zuständige Verwaltungsbehörde anrufen kann. Die Gerichte oder Verwaltungsbehörden akzeptieren dieses Verzeichnis als Nachweis der Berechtigung der qualifizierten Einrichtung zur Klageerhebung unbeschadet ihres Rechts zu prüfen, ob der Zweck der qualifizierten Einrichtung deren Klageerhebung in einem speziellen Fall rechtfertigt.

(2) Im Hinblick auf grenzüberschreitende Verstöße innerhalb der Gemeinschaft und unbeschadet der Rechte, die anderen Stellen gemäß den einzelstaatlichen Rechtsvorschriften zustehen, teilen die Mitgliedstaaten auf Antrag ihrer qualifizierten Einrichtungen der Kommission mit, dass diese Einrichtungen berechtigt sind, eine in Artikel 2 vorgesehene Klage zu erheben. Die Mitgliedstaaten teilen der Kommission Namen und Zweck dieser qualifizierten Einrichtungen mit.

(3) Die Kommission erstellt ein Verzeichnis der in Absatz 2 bezeichneten qualifizierten Einrichtungen und gibt darin deren Zweck an. Dieses Verzeichnis wird im Amtsblatt der Europäischen Union veröffentlicht; Änderungen an diesem Verzeichnis werden unverzüglich veröffentlicht und eine aktualisierte Liste wird alle sechs Monate veröffentlicht.

Artikel 5

Vorherige Konsultation

(1) Die Mitgliedstaaten können Vorschriften einführen oder beibehalten, wonach die Partei, die eine Unterlassungsklage zu erheben beabsichtigt, dieses Verfahren erst einleiten kann, nachdem sie versucht hat, die Einstellung des Verstoßes entweder in Konsultationen mit der beklagten Partei oder mit der beklagten Partei und einer der in Artikel 3 Buchstabe a bezeichneten qualifizierten Einrichtungen des Mitgliedstaats, in dem die Unterlassungsklage erhoben wird, zu erreichen. Es ist Sache des Mitgliedstaats, zu entscheiden, ob die Partei, die eine Unterlassungsklage erheben will, die qualifizierte Einrichtung konsultieren muss. Wird die Einstellung des Verstoßes nicht innerhalb von zwei Wochen nach Eingang des Antrags auf Konsultation erreicht, so kann die betroffene Partei ohne weiteren Aufschub eine Unterlassungsklage erheben.

(2) Die von den Mitgliedstaaten festgelegten Einzelheiten der vorherigen Konsultation werden der Kommission mitgeteilt und im Amtsblatt der Europäischen Union veröffentlicht.

Artikel 6

Berichte

(1) Die Kommission legt dem Europäischen Parlament und dem Rat alle drei Jahre und erstmals spätestens am 2. Juli 2003 einen Bericht über die Anwendung dieser Richtlinie vor.

(2) In ihrem ersten Bericht prüft die Kommission insbesondere:

a) den Anwendungsbereich dieser Richtlinie in Bezug auf den Schutz der Kollektivinteressen von Personen, die im Handel, in der Industrie, im Handwerk oder in freien Berufen tätig sind;

b) den Anwendungsbereich dieser Richtlinie, wie er durch die in Anhang I aufgeführten Richtlinien bestimmt wird;

c) ob die vorherige Konsultation gemäß Artikel 5 zum wirksamen Schutz der Verbraucher beigetragen hat.

Gegebenenfalls sind dem Bericht Vorschläge zur Änderung dieser Richtlinie beizufügen.

Artikel 7

Weitergehende Handlungsbefugnisse

Diese Richtlinie hindert die Mitgliedstaaten nicht daran, Bestimmungen zu erlassen oder beizubehalten, die den qualifizierten Einrichtungen sowie sonstigen betroffenen Personen auf nationaler Ebene weitergehende Rechte zur Klageerhebung einräumen.

Artikel 8

Umsetzung

Die Mitgliedstaaten teilen der Kommission den Wortlaut der innerstaatlichen Rechtsvorschriften mit, die sie auf dem unter diese Richtlinie fallenden Gebiet erlassen.

Artikel 9

Aufhebung

Die Richtlinie 98/27/EG, in der Fassung der in Anhang II Teil A aufgeführten Richtlinien, wird unbeschadet der Verpflichtungen der Mitgliedstaaten hinsichtlich der in Anhang II Teil B genannten Fristen für die Umsetzung der dort genannten Richtlinien in innerstaatliches Recht und der für die Anwendung dieser Richtlinien aufgehoben.

Verweisungen auf die aufgehobene Richtlinie gelten als Verweisungen auf die vorliegende Richtlinie und sind nach Maßgabe der Entsprechungstabelle in Anhang III zu lesen.

Artikel 10

Inkrafttreten

Diese Richtlinie tritt am 29. Dezember 2009 in Kraft.

Artikel 11

Adressaten

Diese Richtlinie ist an die Mitgliedstaaten gerichtet.

Geschehen zu Straßbourg am 23. April 2009.

Im Namen des Europäischen Parlaments

Der Präsident

H.-G. Pöttering

Im Namen des Rates

Der Präsident

P. Nečas

[1] ABl. C 161 vom 13. 7. 2007, S. 39.

[2] Stellungnahme des Europäischen Parlaments vom 19. Juni 2007 (ABl. C 146 E vom 12. 6. 2008, S. 73) und Beschluss des Rates vom 23. März 2009.

[3] ABl. L 166 vom 11. 6. 1998, S. 51.

[4] Siehe Anhang II Teil A.

ANHANG I

LISTE DER RICHTLINIEN NACH ARTIKEL 1 (1)

1. Richtlinie 85/577/EWG des Rates vom 20. Dezember 1985 betreffend den Verbraucherschutz im Fall von außerhalb von Geschäftsräumen geschlossenen Verträgen (ABl. L 372 vom 31.12.1985, S. 31).

2. Richtlinie 87/102/EWG des Rates vom 22. Dezember 1986 zur Angleichung der Rechts- und Verwaltungsvorschriften der Mitgliedstaaten über den Verbraucherkredit (ABl. L 42 vom 12.2.1987, S. 48) (2).

3. Richtlinie 89/552/EWG des Rates vom 3. Oktober 1989 zur Koordinierung bestimmter Rechts- und Verwaltungsvorschriften der Mitgliedstaaten über die Ausübung der Fernsehtätigkeit: Artikel 10 bis 21 (ABl. L 298 vom 17.10.1989, S. 23).

4. Richtlinie 90/314/EWG des Rates vom 13. Juni 1990 über Pauschalreisen (ABl. L 158 vom 23.6.1990, S. 59).

5. Richtlinie 93/13/EWG des Rates vom 5. April 1993 über missbräuchliche Klauseln in Verbraucherverträgen (ABl. L 95 vom 21.4.1993, S. 29).

6. Richtlinie 97/7/EG des Europäischen Parlaments und des Rates vom 20. Mai 1997 über den Verbraucherschutz bei Vertragsabschlüssen im Fernabsatz (ABl. L 144 vom 4.6.1997, S. 19).

7. Richtlinie 1999/44/EG des Europäischen Parlaments und des Rates vom 25. Mai 1999 zu bestimmten Aspekten des Verbrauchsgüterkaufs und der Garantien für Verbrauchsgüter (ABl. L 171 vom 7.7.1999, S. 12).

8. Richtlinie 2000/31/EG des Europäischen Parlaments und des Rates vom 8. Juni 2000 über bestimmte rechtliche Aspekte der Dienste der Informationsgesellschaft, insbesondere des elektronischen Geschäftsverkehrs, im Binnenmarkt („Richtlinie über den elektronischen Geschäftsverkehr") (ABl. L 178 vom 17.7.2000, S. 1).

9. Richtlinie 2001/83/EG des Europäischen Parlaments und des Rates vom 6. November 2001 zur Schaffung eines Gemeinschaftskodexes für Humanarzneimittel: Artikel 86 bis 100 (ABl. L 311 vom 28.11.2001, S. 67).

10. Richtlinie 2002/65/EG des Europäischen Parlaments und des Rates vom 23. September 2002 über den Fernabsatz von Finanzdienstleistungen an Verbraucher (ABl. L 271 vom 9.10.2002, S. 16).

11. Richtlinie 2005/29/EG des Europäischen Parlaments und des Rates vom 11. Mai 2005 über unlautere Geschäftspraktiken im binnenmarktinternen Geschäftsverkehr zwischen Unternehmen und Verbrauchern (ABl. L 149 vom 11.6.2005, S. 22).

12. Richtlinie 2006/123/EG des Europäischen Parlaments und des Rates vom 12. Dezember 2006 über Dienstleistungen im Binnenmarkt (ABl. L 376 vom 27.12.2006, S. 36).

13. Richtlinie 2008/122/EG des Europäischen Parlaments und des Rates vom 14. Januar 2009 über den Schutz der Verbraucher im Hinblick auf bestimmte Aspekte von Teilzeitnutzungsverträgen, Verträgen über langfristige Urlaubsprodukte sowie Wiederverkaufs- und Tauschverträgen (ABl. L 33 vom 3.2.2009, S. 10).

---

(1) Die unter den Nummern 5, 6, 9 und 11 aufgeführten Richtlinien enthalten spezifische Bestimmungen über Unterlassungsklagen.
(2) Die genannte Richtlinie wird mit Wirkung vom 12. Mai 2010 durch die Richtlinie 2008/48/EG des Europäischen Parlaments und des Rates vom 23. April 2008 über Verbraucherkreditverträge (ABl. L 133 vom 22.5.2008, S. 66) aufgehoben und ersetzt.

ANHANG II

TEIL A

Aufgehobene Richtlinie mit ihren nachfolgenden Änderungen

(gemäß Artikel 9)

Richtlinie 98/27/EG des Europäischen Parlaments und des Rates (ABl. L 166 vom 11.6.1998, S. 51).	
Richtlinie 1999/44/EG des Europäischen Parlaments und des Rates (ABl. L 171 vom 7.7.1999, S. 12).	Nur Artikel 10
Richtlinie 2002/65/EG des Europäischen Parlaments und des Rates (ABl. L 178 vom17.7.2000, S. 1).	Nur Artikel 18 Absatz 2
Richtlinie 2002/65/EG des Europäischen Parlaments und des Rates (ABl. L 271 vom 9.10.2002, S. 16).	Nur Artikel 19
Richtlinie 2002/65/EG des Europäischen Parlaments und des Rates (ABl. L 149 vom 11.6.2005, S. 22).	Nur Artikel 16 Absatz 1
Richtlinie 2006/123/EG des Europäischen Parlaments und des Rates (ABl. L 376 vom 27.12.2006, S. 36).	Nur Artikel 42

TEIL B

Fristen für die Umsetzung in innerstaatliches Recht und für die Anwendung

(gemäß Artikel 9)

Richtlinie	Frist für die Umsetzung	Datum der Anwendung
Richtlinie 98/27/EG	1. Januar 2001	—
Richtlinie 1999/44/EG	1. Januar 2002	—
Richtlinie 2000/31/EG	16. Januar 2002	—
Richtlinie 2002/65/EG	9. Oktober 2004	—
Richtlinie 2005/29/EG	12. Juni 2007	12. Dezember 2007
2006/123/EG	28. Dezember 2009	—

ANHANG III

ENTSPRECHUNGSTABELLE

Richtlinie 98/27/EG	Vorliegende Richtlinie
Artikel 1 bis 5	Artikel 1 bis 5
Artikel 6 Absatz 1	Artikel 6 Absatz 1
Artikel 6 Absatz 2 Unterabsatz 1 erster Gedankenstrich	Artikel 6 Absatz 2 Unterabsatz 1 Buchstabe a
Artikel 6 Absatz 2 Unterabsatz 1 zweiter Gedankenstrich	Artikel 6 Absatz 2 Unterabsatz 1 Buchstabe b
Artikel 6 Absatz 2 Unterabsatz 1 dritter Gedankenstrich	Artikel 6 Absatz 2 Unterabsatz 1 Buchstabe c
Artikel 6 Absatz 2 Unterabsatz 2	Artikel 6 Absatz 2 Unterabsatz 2
Artikel 7	Artikel 7
Artikel 8 Absatz 1	—
Artikel 8 Absatz 2	Artikel 8
—	Artikel 9
Artikel 9	Artikel 10
Artikel 10	Artikel 11
Anhang	Anhang I
—	Anhang II
—	Anhang III

Sachregister

Die fetten Zahlen beziehen sich auf die Paragraphen, die mageren Zahlen auf die Randnummern.

J. von Staudingers
Kommentar zum Bürgerlichen Gesetzbuch
mit Einführungsgesetz und Nebengesetzen

Übersicht vom 1. 12. 2013

Die Übersicht informiert über die Erscheinungsjahre der Kommentierungen in der 13. Bearbeitung und deren Neubearbeitungen (= Gesamtwerk STAUDINGER). *Kursiv* geschrieben sind die geplanten Erscheinungsjahre.

Die Übersicht ist für die 13. Bearbeitung und für deren Neubearbeitungen zugleich ein Vorschlag für das Aufstellen des „Gesamtwerk STAUDINGER“ (insbesondere für solche Bände, die nur eine Sachbezeichnung haben). Es wird empfohlen, die Austauschbände chronologisch neben den überholten Bänden einzusortieren, um bei Querverweisungen auf diese schnell Zugriff zu haben. Bei Platzmangel sollten die ausgetauschten Bände an anderem Ort in gleicher Reihenfolge verwahrt werden.

	13. Bearb.	Neubearbeitungen		
Buch 1. Allgemeiner Teil				
Einl BGB; §§ 1–12; VerschG	1995			
Einl BGB; §§ 1–14; VerschG		2004	2013	
§§ 21–89; 90–103 (1995)	1995			
§§ 21–79		2005		
§§ 80–89		2011		
§§ 90–103 (2004); 104–133; BeurkG	2004	2004		
§§ 90–124; 130–133			2012	
§§ 125–129; BeurkG			2012	
§§ 134–163	1996	2003		
§§ 134–138			2011	
§§ 139–163			2010	
§§ 164–240	1995	2001	2004	2009
Buch 2. Recht der Schuldverhältnisse				
§§ 241–243	1995	2005	2009	
§§ 244–248	1997			
§§ 249–254	1998	2005		
§§ 255–292	1995			
§§ 293–327	1995			
§§ 255–314		2001		
§§ 255–304			2004	2009
AGBG	1998			
§§ 305–310; UKlaG		2006		2013
§§ 311, 311a, 312, 312a–i			2005	2013
§§ 311b, 311c			2006	2012
§§ 313, 314			*2014*	
§§ 315–327		2001		
§§ 315–326			2004	2009
§§ 328–361	1995			
§§ 328–361b		2001		
§§ 328–359			2004	
§§ 328–345				2009
§§ 346–361				2012
§§ 362–396	1995	2000	2006	2011
§§ 397–432	1999	2005	2012	
§§ 433–534	1995			
§§ 433–487; Leasing		2004		
§§ 433–480			2013	
Wiener UN-Kaufrecht (CISG)	1994	1999	2005	2013
§§ 488–490; 607–609		2011		
VerbrKrG; HWiG; § 13a UWG	1998			
VerbrKrG; HWiG; § 13a UWG; TzWrG		2001		
§§ 491–507			2004	
§§ 491–512				2012
§§ 516–534		2005		2013
§§ 535–563 (Mietrecht 1)	1995			
§§ 564–580a (Mietrecht 2)	1997			
2. WKSchG; MÜG (Mietrecht 3)	1997			
§§ 535–562d (Mietrecht 1)		2003	2006	2011
§§ 563–580a (Mietrecht 2)		2003	2006	2011
§§ 581–606	1996	2005	2013	
§§ 607–610 (siehe §§ 488–490; 607–609)	./.			
§§ 611–615	1999	2005		
§§ 611–613			2011	
§§ 613a–619a			2011	
§§ 616–619	1997			
§§ 616–630		2002		
§§ 620–630			2012	
§§ 631–651	2000	2003	2008	2013
§§ 651a–651l	2001			
§§ 651a–651m		2003	2011	
§§ 652–704	1995			
§§ 652–656		2003	2010	
§§ 657–704		2006		
§§ 675c–676c			2012	
§§ 677–704			2013	
§§ 705–740	2003			
§§ 741–764	1996	2002	2008	
§§ 765–778	1997	2013		
§§ 779–811	1997	2002	2009	
§§ 812–822	1994	1999	2007	
§§ 823–825	1999			
§§ 823 E–I, 824, 825		2009		
§§ 826–829; ProdHaftG	1998	2003	2009	2013
§§ 830–838	1997	2002	2008	2012
§§ 839, 839a	2002	2007	2013	
§§ 840–853	2002	2007		
Buch 3. Sachenrecht				
§§ 854–882	1995	2000	2007	2012
§§ 883–902	1996	2002	2008	2013
§§ 903–924; UmweltHR	1996			

	13. Bearb.	Neubearbeitungen		
§§ 903–924		2002		
§§ 905–924			2009	
UmweltHR		2002	2010	
§§ 925–984; Anh §§ 929 ff	1995	2004	2011	
§§ 985–1011	1993	1999	2006	2013
ErbbVO; §§ 1018–1112	1994	2002		
ErbbauRG; §§ 1018–1112			2009	
§§ 1113–1203	1996	2002	2009	
§§ 1204–1296; §§ 1–84 SchiffsRG	1997	2002	2009	
§§ 1–64 WEG	2005			
Buch 4. Familienrecht				
§§ 1297–1320; Anh §§ 1297 ff; §§ 1353–1362	2000	2007		
§§ 1297–1352			2012	
LPartG		2010		
§§ 1353–1362			2012	
§§ 1363–1563	1994	2000	2007	
§§ 1564–1568; §§ 1–27 HausratsVO	1999	2004		
§§ 1564–1568; §§ 1568 a+b			2010	
§§ 1569–1586b	*2014*			
§§ 1587–1588; VAHRG	1998	2004		
§§ 1589–1600o	1997			
§§ 1589–1600e		2000	2004	
§§ 1589–1600d				2011
§§ 1601–1615o	1997	2000		
§§ 1616–1625	2000	2007		
§§ 1626–1633; §§ 1–11 RKEG	2002	2007		
§§ 1638–1683	2000	2004	2009	
§§ 1684–1717	2000	2006	2013	
§§ 1741–1772	2001	2007		
§§ 1773–1895; Anh §§ 1773–1895 (KJHG)	1999	2004		
§§ 1773–1895			2013	
§§ 1896–1921	1999	2006	2013	
Buch 5. Erbrecht				
§§ 1922–1966	1994	2000	2008	
§§ 1967–2086	1996			
§§ 1967–2063		2002	2010	
§§ 2064–2196		2003	2013	
§§ 2087–2196	1996			
§§ 2197–2264	1996	2003		
§§ 2197–2228			2012	
§§ 2229–2264			2012	
§§ 2265–2338a	1998			
§§ 2265–2338		2006		
§§ 2265–2302			2013	
§§ 2339–2385	1997	2004		
§§ 2346–2385			2010	
EGBGB				
Einl EGBGB; Art 1, 2, 50–218	1998	2005	2013	
Art 219–222, 230–236	1996			
Art 219–245		2003		
EGBGB/Internationales Privatrecht				
Einl IPR; Art 3–6	1996	2003		
Einl IPR			2012	
Art 3–6				2013
Art 7, 9–12	2000			
Art 7, 9–12, 47		2007		
Art 7, 9–12, 47, 48				2013
IntGesR	1993	1998		
Art 13–18	1996			
Art 13–17b		2003	2011	
Art 18; Vorbem A + B zu Art 19		2003		
Vorbem C–H zu Art 19		2009		
IntVerfREhe	1997	2005		
Kindschaftsrechtl Ü; Art 19	1994			
Art 19–24		2002	2008	
Art 20–24	1996			
Art 25, 26	1995	2000	2007	
Art 27–37	2002			
Art 1–10 Rom I VO		2011		
Art 11–29 Rom I-VO, Art 46b, c		2011		
Art 38	1998			
Art 38–42		2001		
IntWirtschR	2000	2006	2010	
IntSachenR	1996			
Vorläufiges Abkürzungsverzeichnis	1993			
Das Schuldrechtsmodernisierungsgesetz	2002			
Eckpfeiler des Zivilrechts	2005	2008	2011	2012
BGB-Synopse 1896–2005			2006	
100 Jahre BGB – 100 Jahre Staudinger (Tagungsband 1998)	1999			
Demnächst erscheinen				
§§ 249–254	1998	2005	*2014*	
§§ 1569–1586b			*2014*	
Art 19–24	2002	2008	*2014*	

oHG Dr. Arthur L. Sellier & Co. KG – Walter de Gruyter GmbH, Berlin
Postfach 30 34 21, D-10728 Berlin, Telefon (030) 2 60 05-0, Fax (030) 2 60 05-222

www.ingramcontent.com/pod-product-compliance
Lightning Source LLC
La Vergne TN
LVHW010656300926
849161LV00005B/1137
* 9 7 8 3 8 0 5 9 1 1 7 8 8 *